教育思想事典
増補改訂版

教育思想史学会【編】

勁草書房

増補改訂版刊行にあたって

　本事典は，2000年5月，「教育についての思想の貧困」という指摘に対して，「多産的教育言説の時代にあって，錯綜する教育の思想史的状況を整理する」という任務のために刊行された（初版「序言」）。教育思想史学会が，その前身である近代教育思想史研究会としての歩みをはじめてから，10年を経ずしてのことであった。

　その後17年余が経過した。研究会から発展した私たちの学会は会員数も増加し，その活動と成果は日本の教育学界において注目度を高めてきた。しかし組織と活動の拡張は，私たちの学会に新たな課題を迫った。会員の多様化や拡散が，研究会創設以来の学会の目的や存在意義への関心を稀薄化しているのではないか。実践的効用性志向を強める教育学の趨勢のなかで，教育思想史研究には何が求められるのか。現代思想や政治哲学等の活発な展開からの影響にさらされつつ，「教育」の思想史的研究の独自性や役割をどのように発揮すればよいのか。こうした問題が，学会大会の諸企画のなかで問われてきている。

　一方この間，教育の現状も大きく変化した。教育基本法が改正され，教育制度の多様化や弾力化が進み，教育行政の仕組みにも変革がもたらされた。また社会や教育における格差問題への関心が高まり，教育は福祉や経済，政治など社会のさまざまな領域との連動性を強めている。そして外国語や道徳など，教育内容のあり方も見直しが進んでいる。さらに「評価」のまなざしは，教育と学習のすみずみに向けられるようになった。いわゆる「グローバル化」の傾向は，大規模な大学改革の大きな誘因となり，さらにそれは学校教育における「教育」や「学習」，およびその両者の関係について概念的な再構成を迫っている。

　本事典初版刊行から十数年以上が経過して，私たちの学会は，「思想の貧困」に対しては，それに立ち向かう知的基盤を着実に形成してきていると自負できる。しかし「多産的教育言説」や「錯綜する教育

の思想史的状況」についてはどうであろうか。いまなお，いっそう多くの，そして大きな課題に直面しているのではないか。そうしたなかで，私たちは『教育思想事典』の増補改訂版を企画し刊行することにした。

幸い出版元の勁草書房からも増補改訂版の提案があった。2013年8月に編集担当の藤尾やしおさんと当時学会会長であった私とで最初の相談の場をもち，9月の理事会において，学会としてこの企画に着手することが承認された。その後，『教育思想事典』改訂編集委員会を組織し，私のほか，江口潔，北詰裕子，下司晶，西村拓生，藤川信夫，山内紀幸の各会員に委員を委嘱した。企画・編集で最も大きな課題は増補項目の選定であった。これについては，私以外の委員を関東／関西で二分し，それぞれで項目選定のためのワーキング・グループ（以下WG）を編成した。WG委員は別掲の方々にお願いした。各WGでは，2000年以降に刊行された『近代教育フォーラム』，『教育哲学研究』（教育哲学会），『教育学研究』（日本教育学会）等の掲載論文の主要概念を検索・整理してリストを作成し，教育思想（史）研究の最新動向が盛り込まれるようにした。そして東西のリストをつきあわせ，最終的に項目（人名26，事項81，最終的に掲載不可となった事項4項目を含む）を確定した。執筆者については，編集委員が理事会の意見（推薦）も参考にしながら選任した。

増補改訂版の企画・編集にあたっては，もとより初版各項目をも再検討することが望ましかった。しかし時間的にも態勢的にもその余裕はないと判断して他日を期し，今回は項目の増補に作業を集中させた。また改訂増補版の価格や頁数についても，編集・販売上の制限があり，少しでも多くの増補項目や内容を盛り込みたいとの編集委員や項目執筆者の希望との間には葛藤があった。できるだけ多くの項目を所定の頁数におさめるために，各項目の分量を縮減し，それを執筆者に強く求めざるを得なかった。大きな制約のなかで，編集・執筆にあたってくださった会員各位にあらためてお礼とお詫びを申し上げたい。

初版「序言」には，企画から刊行までに8年近い歳月を要したこと

が記されている。増補改訂版も4年以上を要し，当初の刊行予定よりも1年半遅れてしまった。すべて編集委員長の不手際によるものである。ご協力いただき刊行を心待ちにされていた，編集委員各位，WG委員各位，歴代の理事，さらに執筆者各位に，あらためて感謝申し上げたい。

　勁草書房の藤尾やしおさんは，企画案の作成にはじまって，実に長い間，辛抱強く編集作業を見守ってくださった。特に校正や索引の作成など，最終段階の細やかな作業については，校務に忙殺される私を見かねて，全面的に引き受けてくださった。藤尾さんにも心より感謝を申し上げたい。なお索引作成は，慶應義塾大学大学院社会学研究科後期博士課程在籍の原田早春君に協力いただいた。

　私たちの学会に，もしもいまなお「近代教育批判」のための思想運動という任務が残っているのだとすれば，私たちの批判はこの『教育思想事典』自身にも向けられなければならない。増補改訂版の刊行は，次の改訂に向けての新たな出発点であることを確認しておきたい。

　　2017年8月

　　　　　　　　『教育思想事典』改訂編集委員会を代表して

　　　　　　　　　　　松浦　良充

初版への序言

　いま，教育についての思想の貧困の時代だと言われる。教育が混迷しているとき，それを導く思想が求められているからとも言える。しかし，何時の時代にも「教育の思想」は生まれる。常に経験の中にある教育について，こうもありたい，ああもありたいという人の願いが，あるいはそうあってはならないという批判が一定の哲学的思考を経て「教育の思想」に結実する。だから，思想の絶対的貧困というより，今はそれを求める気持ちが強まっている時代ということであるだろう。

　社会の変動に伴って教育の世界に困難な問題が未決状態のまま山積していてそれが解決を迫っているが，改革が忙しく進むのに対して，それを導く力を持つ理念や目標が見えてこないという声がしきりと聞こえている。「思想の貧困」とはこの改革の時代のいらだちの表現であると言えよう。しかるに，そう言いながら，現時，教育についての言説が量産状況にあることも事実であろう。人々はたしかに教育について多弁になっている。だが，皮肉なことに，多弁であればあるほど状況は循環して，いっそう混雑し，混迷する。

　われわれがここに教育思想を振り返ってみようとしているのは，いまさら，その懐かしい世界に遊ぶためではない。かといって，性急に，過去の思想の中に今日の問題に適用すべき原理を探そうとしているのでもない。そうではなく，われわれの任務は，多産的教育言説の時代にあって，錯綜する教育の思想史的状況を整理することにあると思っている。このとき望み多い思想的産出力を期待するならば，その状況にあえて分け入って，現時の教育を作り上げた思想史的経緯をこそ知らなければならないだろう。人々の言説を現実に支えている教育的観念がどのような歴史的構造によって作られてきたかを知っておく必要がある。いま，われわれが思想の転換点に立っているとされるこのと

きこそ，むしろ一歩退いて思想形成に関わる事実の整理をしておくべきであろう。

　本書の役割は，今日の教育の状況を思想史的側面からふり返り整理しようとするときにその資料となるべきものの一部を提供することである。しかし，振り返り整理するに当たって，状況の向かうべき方向を直接主張しようとするわけではない。事典というものの性質上，執筆に当たって客観的な記述につとめることは基本的な要求である。議論や主張のための基礎資料として事典はある。したがって，ここに提供できるのは，改革を導く思想的材料というよりも，導く思想を形成するための材料である。そのことはしかし，議論や主張に役立たないものまで並べることを意味しない。ここに取りあげた項目はきっと今日的な議論に資することができるものであると自負している。
　教育思想の事実には込み入っているものがあり，その整理のためには大項目（6000字程度）および中項目（3000字程度）を必要とした。単に語意を知らせるだけではここで果たすべき用には不足であろう。諸概念をその語源的意味に遡りつつ，いっぽうで歴史を下って今日の思想状況に位置づけることは大いに苦労であったが，そこに力を尽くしたつもりである。そのことから本書は，引く事典と合わせて読む事典としての意味ももっている。そのように活用してもらいたいと思う。

　本書は教育思想史学会を母体として作られている。教育思想史学会は近代教育思想史研究会を前身とする。この研究会は今日の教育の思想状況を規定している近代教育思想を対象化し，とりわけ自明的に理念化されてきた教育諸概念の歴史的構造を再検討しようとして1991年に始められ，活発な討論の場として機能してきたが，1996年に発展的に学会になった。事典の刊行は研究会が立ち上がって間もなくの頃に企画され，それから今日までに8年近くが経過している。事典づくりには時間がかかることは承知していたが，それにしても予想を超えて遅延してしまった。そのことが大きく影響して，企画から執筆に

いたる人的組織は現学会員と範囲を異にしている。このことを特に記して，関係各位に対し謝意を表したい。

　本書は又，多くの人たちの手作り作業に支えられた。特に学会の新進のメンバーによる，煩わしい編集実務や索引作成などに関わる献身的な協力に多くを負っている。最後になるが，出版事情のよくない環境の中で引き受けてくださった勁草書房に，とりわけ伊藤真由美さんに感謝したい。

　2000 年 4 月

編集委員を代表して
原　聡介

『教育思想事典』改訂編集委員会

［委員長］　松浦良充

［委員］　江口潔　　　北詰裕子　　　下司晶　　　西村拓生
　　　　　藤川信夫　　山内紀幸

追加項目選定ワーキング・グループ

［委員］　井藤元　　　尾崎博美　　　國崎大恩　　　柴山英樹
　　　　　髙宮正貴　　辻敦子　　　　日暮トモ子　　広瀬悠三

初版編集委員

［企画］　市村尚久　　小笠原道雄　　金子茂　　　原聡介
　　　　　三笠乙彦　　宮寺晃夫　　　毛利陽太郎　森田伸子
　　　　　森田尚人　　山内芳文

［制作］　今井康雄　　北本正章　　　田中智志　　原聡介

執筆者 (50音順)

青柳宏幸（山梨学院短期大学）

浅沼茂（立正大学）

阿部生雄（筑波大学名誉教授）

綾井桜子（十文字学園女子大学）

荒井聡史（長野県短期大学）

新井保幸（淑徳大学）

安藤聡彦（埼玉大学）

生田久美子（田園調布学園大学）

池田全之（お茶の水女子大学）

生澤繁樹（名古屋大学）

石井正司（元日本大学）

磯部裕子（宮城学院女子大学）

井谷信彦（武庫川女子大学）

市村尚久（早稲田大学名誉教授）

井藤元（東京理科大学）

今井重孝（川口短期大学）

今井康雄（日本女子大学）

上地完治（琉球大学）

上原秀一（宇都宮大学）

鵜野祐介（立命館大学）

江口潔（芝浦工業大学）

エスヴァイン三貴子（カイザース
ラウテルン工科大学／ドイツ）

衛藤吉則（広島大学）

遠藤司（駒澤大学）

大関達也（兵庫教育大学）

大田直子（元首都大学東京）

大戸安弘（横浜国立大学）

大西勝也（神奈川大学）

大森直樹（東京学芸大学）

小笠原道雄（広島文化学園大学）

岡部美香（大阪大学）

岡本哲雄（関西学院大学）

小川哲哉（茨城大学）

荻路貫司（福島大学）

奥野佐矢子（神戸女学院大学）

尾崎博美（東洋英和女学院大学）

越智康詞（信州大学）

小野文生（同志社大学）

影山礼子（関東学院大学）

片桐芳雄（日本女子大学名誉教授）

片山勝茂（東京大学）

加藤守通（上智大学）

金子茂（九州大学名誉教授）

金子晃之（桜花学園大学）

川瀬邦臣（中部学院大学）

河原国男（宮崎大学）

北詰裕子（東京学芸大学）

執筆者　xi

北野秋男（日本大学）

北村三子（駒澤大学）

北本正章（青山学院大学）

喜名信之（滋賀大学）

國崎大恩（神戸常盤大学）

黒沢惟昭（中国・東北師範大学名誉教授）

下司晶（日本大学）

小国喜弘（東京大学）

児玉衣子（龍谷大学）

小玉重夫（東京大学）

小玉亮子（お茶の水女子大学）

小松佳代子（東京藝術大学）

斎藤新治（新潟大学名誉教授）

坂倉裕治（早稲田大学）

坂越正樹（広島大学）

櫻井歓（日本大学）

櫻井佳樹（香川大学）

佐藤隆之（早稲田大学）

佐藤哲也（宮城教育大学）

清水重勇（神戸大学名誉教授）

志村聡子（立正大学）

朱浩東（玉川大学）

白銀夏樹（関西学院大学）

菅野文彦（静岡大学）

鈴木志乃恵（元獨協大学）

鈴木晶子（京都大学）

鈴木慎一（早稲田大学名誉教授）

関川悦雄（日本大学）

関根宏朗（明治大学）

相馬伸一（広島修道大学）

高橋浩（横浜商科大学）

髙橋舞（立教女学院短期大学）

高橋勝（横浜国立大学名誉教授）

髙宮正貴（大阪体育大学）

田代尚弘（茨城キリスト教大学）

田中智志（東京大学）

田中毎実（武庫川女子大学）

田沼光明（学校法人横浜学園）

辻敦子（京都ノートルダム女子大学）

堤大輔（育英短期大学）

寺岡聖豪（福岡教育大学）

鳶野克己（立命館大学）

豊泉清浩（文教大学）

鳥光美緒子（中央大学）

中井裕之（元佛教大学）

永田佳之（聖心女子大学）

西岡けいこ（香川大学）

西村拓生（奈良女子大学）

野平慎二（愛知教育大学）

橋本昭彦（国立教育政策研究所）

橋本美保（東京学芸大学）

早川操（椙山女学園大学）

原聡介（東京学芸大学名誉教授）

日暮トモ子（目白大学）

執筆者

菱刈晃夫 （国士舘大学）

樋田大二郎 （青山学院大学）

平石晃樹 （金沢大学）

広瀬悠三 （奈良教育大学）

弘田陽介 （福山市立大学）

鬢櫛久美子 （名古屋柳城短期大学）

藤井佳世 （横浜国立大学）

藤川信夫 （大阪大学）

藤本夕衣 （清泉女子大学）

古屋恵太 （東京学芸大学）

細川たかみ （元東京都立大学）

本図愛実 （宮城教育大学）

眞壁宏幹 （慶應義塾大学）

松浦良充 （慶應義塾大学）

松岡靖 （神戸松蔭女子学院大学）

松下晴彦 （名古屋大学）

松下良平 （武庫川女子大学）

丸橋唯郎 （清和大学）

丸山恭司 （広島大学）

三笠乙彦 （元東京学芸大学）

緑川ゆかり （元東京都立大学・院生）

宮崎康子 （国際日本文化研究センター）

宮寺晃夫 （筑波大学名誉教授）

宮本健市郎 （関西学院大学）

三輪貴美枝 （滋賀大学）

村上光朗 （鹿児島国際大学）

村島義彦 （池坊短期大学）

村田恵子 （就実大学）

村松灯 （東京大学）

室井麗子 （岩手大学）

森岡修一 （大妻女子大学）

森重雄 （元電気通信大学）

森岡次郎 （大阪府立大学）

森田伸子 （日本女子大学名誉教授）

森田尚人 （元中央大学）

森田裕之 （大谷大学）

諸富祥彦 （明治大学）

安川哲夫 （筑波大学）

矢野智司 （京都大学）

矢野博史 （日本赤十字広島看護大学）

山内規嗣 （広島大学）

山内紀幸 （山梨学院短期大学）

山内芳文 （東日本国際大学）

山﨑洋子 （武庫川女子大学）

山名淳 （京都大学）

山室吉孝 （鶴見大学）

李燕 （創価大学）

林昌鎬 （高神大学校／大韓民国）

輪島道友 （金沢美術工芸大学名誉教授）

渡邊隆信 （神戸大学）

渡邉満 （広島文化学園大学）

凡　例

I　見出し
1. 配列は 50 音順配列を原則とした。
2. 見出し語に続けて対応する外国語を必要に応じて付した。
3. 人名については生没年を付した。西洋人名には原綴りを付した。中国人名については，日本語読みとピンインを付した。

II　本文
1. 常用漢字・現代仮名づかいを原則としたが，必要に応じて正字を使用した。
2. 外国語の片仮名表記は原音に近い表記を採用したが，慣用にしたがった場合もある。たとえば，アビトゥーア→アビトゥア，イエーナ→イエナ，ペスタロッチィ／ペスタロッチー→ペスタロッチ，ルネッサンス→ルネサンスなど。
3. 本文中の外国人名には，必要に応じて原綴りを付した。
4. 年号表記は西暦を基本とし，必要に応じて和暦を付した。
5. 数詞・数字は原則としてアラビア数字とした。
6. 書名は『　』，論文名は「　」，また強調・引用は「　」で示し，特別な場合にのみ〈　〉を使用した。
7. 各項目末に関連する見出し項目を示した。
8. 執筆者名を項目の末尾に（　）でかこんで示した。

III　参考文献
1. 和文の書名・全集・雑誌名は『　』，論文は「　」でかこんだ。
2. 欧文の書名・全集・雑誌名はイタリックとし，論文名は〝　〟でかこんだ。
3. 和書は出版社・刊行年を付し，洋書は出版地（版元）・刊行年を付した。ただし原則として 19 世紀以前に出版された洋書については，出版地を省略した。
4. 外国語文献，日本語文献の順で記載し，外国語文献はアルファベット順，日本語文献は 50 音順とした。訳書のあるものについてはそれを優先したが，必要に応じて原書を先に挙げた。

IV　転写法
1. ギリシャ語は慣例にしたがってローマ字表記とし，アクセントはすべて省略した。

xiv 凡 例

ただし参考文献については原綴りのままとした。

2. ロシア語は英国式を基準とした。ただし ё→yo, й→i, ы→y, э→e とし，参考文献については原綴りのままとした。

V 索引

1. 人名索引および事項索引を巻末に置いた。

2. 配列は 50 音順による。ただし，カタカナ人名の延音（音引）は，直前の音の母音と同音の扱いとした。また，中国人名は日本語読みで配列した。

3. 人名にはすべて生没年を，さらにカタカナ人名には原綴を付した。

4. 本事典の性格上頻出度の著しい項目（例，学校，教育）は見出しとなっている頁のみを示した。

5. 見出しになっている項目については，その該当頁を太字で示した。

6. 意味上類似的な項目は→を付し，一括した。（例，陶冶性→教育可能性）

7. 慣用上二様に表記される項目は（　　）を用いて併記した。（例，産婆術（助産術））

ア

愛
英 love／独 Liebe／仏 amour

▶ **語義** 愛の理念的考察は，宇宙や万物の生成原理，あるいは人間の生命の根本駆動力ないし究極目的への関心に彩られながら，古来多様に展開されてきた。智への愛，神の愛，隣人愛，人類愛，夫婦愛，親子愛，恋愛，友愛など，これまでに語られてきた愛のモデルは枚挙にいとまがない。諸モデルを包括し，愛の本質を一義的に概念化することが容易でないのは，愛が，現実的には，必ずしも体系的な整合性へとは至らない矛盾をはらんだ日常的で身近な体験でもあるからである。これらを踏まえつつ敢えて定義づければ，愛とは，ある特定の対象に向けられた，その対象との合一ないし融合を目指す欲求およびその欲求がたどる独特の精神過程であるとすることができよう。

▶ **愛の原型としてのエロスとアガペ** 対象との合一ないし融合への欲求として愛を捉えるというとき，まず問題となるのは，欲求の対象の性格と欲求の根拠である。すなわち，我々は如何なる対象と何故に一つに融け合うことを欲するのかということである。思想史を繙いてこの問いに対する解答の一原型を見いだそうとするなら，プラトン（Platon）の説く，ギリシア神話に依拠したエロス（eros）としての愛の論理を挙げることが許されよう。

彼によれば，エロスとは，善きもの，美しきものとしての価値あるものとの合一への欲求である。エロスの対象はまずもって価値あるものなのである。そしてエロスがこのような欲求としてあることの根拠は，それが富裕（多策と智恵）の神ポロスを父とし，貧困

（無策と無智）の神ペニアを母として生まれた中間者だからである。貧困なき富裕も，富裕なき貧困も，本来的には互いに相手を必要としない自己完結態としてあるが，中間者としてのエロスは，富裕へと突き動かされる貧困であり，自己の有限性と不完全性に，また想起される永遠に不死なるものへの憧れに目覚めた存在である。エロスの論理からすれば，我々が対象との合一を求めるのは，それによって自己に欠けたるものを充足し，自己を価値的に向上させるためである。エロスは，このような価値的欠如態としての自覚から，価値あるものをどこまでも追い求め続ける。しかしながら，プラトンによればエロスが真に求めているのは，対象そのものであるより，むしろその対象を通じて見いだされる価値のほうである。価値との合一によって自己の有限性と不完全性が全面的に克服された状態を理想とするエロスは，個々の価値ある対象の獲得にとどまらず，究極的には，不変不動の真実在としての善美のイデアとの合一を目指す。この点で，エロスにおいては，愛の対象は善美のイデアに照らして価値的に位階づけられ，その位階に即して選り分けられるものとならざるをえない。ここでは，如何なる対象に愛が向かうかは，その対象に潜在する価値がイデアを写し担っている程度によることになる。

エロスとしての愛の論理から，合一への欲求は価値的対象に向かい，その欲求の根拠はイデアに照らしての価値的欠如態としての自覚にあることが明らかになった。このことは同時に，エロスでは，愛の対象は愛する主体にとって価値実現のための手段となる性格を免れないことを示している。もちろん，愛する主体としてのわれわれは，個別的な対象のもつ価値が，プラトンのエロス論で説かれたイデア的普遍性に十分叶うものではないにもかかわらず，むしろしばしばその個別性にこそ主体にとっての当該の対象のかけがえのなさを見いだし，そのような対象を獲得することで自己を価値的に充実させようとする。つ

まり対象が写し担う価値そのものをではなく、ほかならぬこの対象における、価値の固有に具体化された姿を欲し求めるのであるが、この場合も愛の対象が愛する主体によって手段化されることにかわりはない。であるとしてもなお、愛において主体は自己の価値的向上を目的として対象を選別し、手段化するという捉え方は、合一を求めるわれわれの、対象とのかかわりの体験を隈無く説明するとはやはり言い難いだろう。なぜなら、愛の体験には、主体の価値的充実の手段として対象をわがものにしようとする側面からのみならず、対象に向けて、対象のために主体が自己を全面的に差し出し、贈与しようとする側面においても論じられるべきものが含まれているからである。すなわち、合一への欲求としての愛には、対象を主体に取り込もうとする傾向と、主体が自己を対象に投げ入れようとする傾向とが混在しているのである。

　愛における後者の傾向を純化させた立場の原型として、キリスト教思想におけるアガペ（agape）の論理が挙げられてよい。一般にアガペの愛は、全知全能の絶対者としての神が、等しく罪のうちにある被造物としての人間を、そのエロス的価値の有無を超えて無条件無差別に赦し救うべく、ひとり子イエスをキリストとしてこの世に遣わしたことに根拠づけられる。イエス＝キリストは、自身には微塵の咎もないにもかかわらず、万人の罪を背負い、自らを犠牲に供したのちに甦って、神の愛を証したのであった。この証の内実を、愛の対象が主体の価値的自己向上のための手段なのではなく、むしろ愛の主体こそが対象を生かすための手段であることと捉えるとき、アガペとしての愛は、キリストの業にならい、すすんで自己を愛の対象へと投げ入れ、神の名のもとに対象と主体とを生の新たな意味次元に一挙に再生させようとすることであるといえる。対象のもつエロス的価値ゆえに主体のうちに対象を合一させるべく対象を欲するのではなく、神の愛の僕として、対象への価値的選別的視点を超え、ひたすら自己を対象に贈り与えようとすること、これがアガペの要諦である。もちろん、あらゆる愛の体験が、こういった明確にキリスト教的な神の愛に即して論じきられうるわけではない。対象にエロス的価値を見いだし、それを自己のうちに取り込むべくわれわれが対象を求める面のあることは明らかである。しかし同時に、われわれが日々の生活の中で特別にいとおしさを感じ心を傾けている対象を思い浮かべるとき、われわれは、対象のもつエロス的価値がどうあれ、ときに自己のすべてを供してでもその対象の役に立ちたいとの強い願いを抱くこともまた、紛れのない事実であろう。アガペの論理が愛の体験に不可欠の一面を照射しうる所以である。

▶ 他者という謎　　愛する主体は対象との合一を求める。この合一への欲求には、いわば対象を奪い取りたいとの思いと対象に奪い取られたいとの思いとがない合わされている。そして上述の愛の理念的な二原型のいずれの場合も、主体は孤立的に個であることを打ち破られている。愛する主体としてのわれわれはもはや孤立的に自己完結的ではありえず、エロス的な手段としてであれアガペ的な目的としてであれ、見いだされた愛の対象とのかかわりを通じて自己の生を意義づける存在となる。愛とともに主体は、自己が自己ならざるものへと開かれ、駆動させられてあることを知るのである。だが愛の体験の真髄は、主体がその孤立性を破られ対象とのかかわりに導き入れられながらも、対象との合一を畢竟完遂しえないという点にこそあるのではないか。なぜなら、愛がわれわれにもたらす快楽と苦痛、恍惚と不安の一切は、主体が出会い、差し向けられる対象が、自己ならざる他者として、主体にとってどこまでも不可思議な謎であり続けることから生じ来るものであり、合一の完遂が、主体と対象との隔たりの消失と完全な一体化として、閉じられた全体化を意味するかぎり、それがエロスのように主体に向けてなされようとアガペのように対象に向けてなされようと、そこにはすでに、両者

の一体性を揺さぶり，突き破る他なるものが存在しないからである。

　愛が対象との合一への欲求として生起するとしても，愛する主体の欲求がたどるのは，主体の孤立性を破りつつ同時に合一の完遂を拒み続けるという対象の他者性がいよいよ深まりゆく過程なのである。したがって，愛が，われわれがそこに共にあることを見いだす生の共同をもたらす原理として語られるときも，その共同性が意味するものとは，主体と対象との一体化によって打ち固められる生の確たる基盤などではなく，むしろ愛する主体にとって対象が謎としての他者であり続けることを通じて裂き開かれてくる生の測りがたい深淵であろう。愛し合うとは，それぞれに主体でもあり対象でもあるふたりが互いに，この生の深淵としての共同性への冒険を生きることにほかならない。

▶ **教育と愛**　　従来の教育思想における愛の論じられかたを瞥見すると，おおよそエロス的文化的な価値愛とアガペ的宗教的な人格愛との総合としての教育的な愛の独自性が賞揚されるパターンが際だっている。教育をそのような愛の実践として位置づけることで，教育思想の領域では，もはや愛を新たに捉え直す余地はないかのようであった。しかし，教育活動の自明性を疑い，その根拠や目的を，歴史的社会的な相対化を通じて理論化し直そうという教育思想研究の現代的潮流のなかで，教育がこれまで愛の実践の名のもとに隠蔽し，狭隘化してきたものもまた露わとなっていかざるをえない。今日なおも教育と愛とのかかわりを論じうるとすれば，それはおそらく教育における人間関係が，互いに向けて開かれつつ決して解明されえない謎である者同士としての，教え育てる者と教わり育つ者とにおける，上述の意味での共同性への冒険という視点から語られ出すときであろう。

　　[**参考文献**] Blanchot, M., *La Communauté inavouable*, Paris 1983（西谷修訳『明かしえぬ共同体』筑摩書房　1997）／Rougemont, D. de, *L'Amour et l'Occident*, Paris 1956（鈴木健

朗・川村克己訳『愛について ── エロスとアガペ』（上・下）平凡社　1993）／稲富栄次郎『教育の本質』福村出版　1954／木村素衞『表現愛と教育愛』信濃教育会出版部　1965
　　[**関連項目**]　キリスト教／プラトン／母性愛
（蔦野克己）

アイデンティティ

英 identity／独 Identität／仏 identité

▶ **語　義**　　アイデンティティということばは，ラテン語の identitas に由来し，「全く同一であること，一致」，「その人に相違なく本人であること，正体，身元」，「独自性，主体性，個性」などという意味を持つ。この他にも，多義的で広範な意味を含んでいる。日常場面では，identity card などとして用いられ，「私は○○です」という形でアイデンティティが示される。

▶ **歴　史**　　西洋の哲学史の中では，形式論理学の重要概念として古くから用いられてきた。アイデンティティの議論は，「ＡはＡである」という同一律に注目するパルメニデス（Parmenides）と，万物は流転するというヘラクレイトス（Herakleitos）に始り，この対立はプラトン（Platon）をへて，ライプニッツ（Leibniz, G. W.）により確立されたと言われている。

　アイデンティティという名詞が現代的な意味で常用されるようになったのは，歴史的に見て比較的新しいことである。「自分が何者であるか」といったアイデンティティの意識は，自然の中で自然と一体になって生きている時代，大部分の人々が生まれた土地から離れることなく一生を送る時代にあっては表面化しなかった。アイデンティティが強く意識されたり問題となるのは，時代や歴史，文化の変容に深く関係している。17世紀にデカルト（Descartes, R.）の心身二元論に始まる近代西洋の二項対立的な思考は，近代科学を生み，社会の産業化，市場経済化を促進させ，情報化社会を出現させ，合理主義的な世界観や人間観をもたらした。このような中から，

個々の人間の身体の内側に，アイデンティティをもった主体としての自我が宿るという感覚の「近代的自我」が成立したと言われる。

19世紀末に，フロイト（Freud, S.）は唯物論的科学観，合理主義的，個人主義的人間観に立脚しながら，無意識的な本能の力の重要性を明らかにすることで人間の合理的理性に対する絶大な信頼を破壊した。その後，フロイトの精神分析理論の基盤となった思考モデルを批判し隣接諸科学との関わりから，新たな精神分析の再構成を試みる動きが続いた。20世紀の中頃に，文化人類学的方法を駆使し，フロイトの心理生物学的理論を心理社会的理論に発展させたエリクソン（Erikson, E. H.）が，精神分析の基礎概念としてアイデンティティという用語を用いた。1960年以降に少数民族問題や，青少年の問題が激化するという社会変動と重なって，アイデンティティという言葉はナショナルアイデンティティという言葉にいったん集約され，その後，哲学の領域を超えて精神医学，心理学，社会学，政治学，教育学といった人間に関するあらゆる領域で用いられるようになった。さらに，今日ではエリクソンの理論を離れて専門家のみならず，一般の人々の間でも多義的に頻繁に用いられている。日本では，「同一性」「主体性」「存在証明」などと訳されたが定着せず，「アイデンティティ」として使われていることが多い。

今日のアイデンティティ論は，「主体としての個人」という孤立的な観点の近代的自我のイメージとは対照的に，他者を通じて自我が形成されるという観点から論じられている。このような考え方は，発達の各段階に応じて重要な意味ある他者との関係によってアイデンティティが規定されるという，エリクソンの理論の中にみられる。

▶ **エリクソンのアイデンティティ論**　エリクソンは，アイデンティティという用語を1940年『医学百科』に「乳児期と幼児期初期の諸問題」と題する論文を寄稿するに当たって初めて公に用いた。社会構造が変化する時代に，人間にとってアイデンティティの問題は，食物や安全などの一次的欲求と同様に重要であることを論じている。

第二次世界大戦中，戦争という緊急状況のために，人格的同一性（identity）感覚と歴史的連続性感覚とを失った退役軍人たちは，自分自身に対する中枢的制御能力の欠如という点で傷ついていた。エリクソンは，彼らは「自我アイデンティティ」の喪失について問題があると考え，「アイデンティティの危機」という言葉を「ユダヤ系退役軍人社会復帰診療所」での診療目的のために用いた。そしてこのような病理的側面から発達的側面へとまなざしを向け，アイデンティティの問題が最も危機にさらされ，問い直しを必要とされる時期は，青年期であることを明確にしたのである。これらの研究成果は，1950年に出版された『幼児期と社会』の中に書き記された。

エリクソンのアイデンティティ論には，エゴ・アイデンティティ，セルフ・アイデンティティという名のもとに説明される心理社会的アイデンティティ，つまり自我心理学的側面と，思想としてのアイデンティティの二つの側面がある。

▶ **自我心理学的アイデンティティ**　自我心理学的アイデンティティの感覚は，個人の核心としてのアイデンティティと，共同体文化の核心に位置づけられたアイデンティティとのずれをつなぎ留めようとするアイデンティティの感覚である。エリクソンは，アイデンティティの主観的感覚とは，生きている本人の斉一性（sameness）と連続性（continuity）の感覚であると定義し，個人の核心としてのアイデンティティの説明として，ウィリアム・ジェームズ（James, W.）が，妻に宛てた手紙の表現を引用して説明している。

「人間の性格というものは，ある精神的もしくは道徳的な態度の中におかれたときに，はっきりとしてくるものです。つまり，そのような態度が身に宿るとき，人間はものごとに積極的に，しかも生き生きと対処できる自分を，きわめて深く，強く生き生きと感じる

のです。そのような瞬間には，次のように叫ぶ内なる声が聞こえてきます。『これこそが本もののわたしだ！（This is the real me!）』。ここでジェームズは「性格」という言葉を使っているが，行動的な緊張感と，自分を支えてくれるような感覚を含んだこのような経験，これはアイデンティティの感覚の描写だとエリクソンは述べている。

　一方，社会的な観点からのアイデンティティの感覚の説明としては，フロイトが自分とユダヤ人たちとの結び付きを明確にしようとして用いた言葉，「内的同一性（inner identity）」が引用されている。この言葉でフロイトは，彼の属する民族（ユダヤ民族）の特異な歴史によって培われた固有の価値観と，ひとりの個人（フロイト）との絆を意味している。しかもそれは，この個人に固有の独自の発達の礎石をも意味している。

　心理社会的なアイデンティティとは，自分自身によって意識の内部で連続的に保証されるアイデンティティと，他者や社会から保証されるアイデンティティの二つのアイデンティティの相互関係から成るものである。

▶ **超越的アイデンティティ**　　アイデンティティの社会的側面は，世代間の相互交渉を通して，社会規範からみて肯定的な評価を受けるアイデンティティが継承されることにより発達する。その相互交渉をエリクソンは，「儀式化」という概念で説明している。「儀式化」は広義の教育である。エリクソンは，「儀式化」によりアイデンティティの形成が進められると，他のグループのアイデンティティは「否定的アイデンティティ」とみなされ，自らのグループを「擬似種族化」していくことになり，「儀式化」（教育）が差別感覚や偏見を生み出すというパラドックスを含んだものであることを論じている。そして，アイデンティティ形成の持つ，不可避的な否定的側面を認識し乗り越えるために，「超越的アイデンティティ」（beyond identity）という概念を組み込んでいる。すべてのアイデンティティが擬似種族であることを自覚し，よ

り包括的なアイデンティティへと自己超越運動をしていくことを目指すエリクソンのアイデンティティ論の思想的側面が「超越的アイデンティティ」の議論の中に展開されているのである。

　[**参考文献**]　Erikson, E. H., *Childhood and Society*, W. W. Norton 1963（仁科弥生訳『幼児期と社会』みすず書房　1977）／Erikson, E. H., *Identity : Youth and Crisis*, W. W. Norton 1968（岩瀬庸理訳『アイデンティティ　青年と危機』金沢文庫　1973）／Erikson, E. H., *Toys and Reasons : Stages in the Ritualization in Experience*, W. W. Norton 1977（近藤邦夫訳『玩具と理性　経験の儀式化の諸段階』みすず書房 1981）／Erikson, E. H., *The Life Cycle Completed : A Review*, W. W. Norton 1982（村瀬孝雄・近藤邦夫訳『ライフサイクル，その完結』みすず書房　1989）／Freud, S., *Address to the Society of B'nai B'rith. The Standard Edition of Complete Psychological Works*, London 1926／James, W., *Letters, Volume* 1, Boston 1920／鑪幹八郎他共編『アイデンティティ研究の展望』ナカニシヤ出版　1984／鑪幹八郎ほか（共編）『アイデンティティ研究の展望』ナカニシヤ出版　1995／西平直『エリクソンの人間学』東京大学出版会　1993／見田宗介ほか『岩波講座現代社会学2　自我・主体・アイデンティティ』岩波書店　1995
　[**関連項目**]　自我　　　　　　（鬢櫛久美子）

アウグスティヌス
（Aurelius Augustinus, 354-430）
▶ **生　涯**　　古代ローマ帝国の属州北アフリカ・ヌミディアの町タガステ（Tagaste），現在のアルジェリア領スーク・アラス（Souk Ahras）に生まれる。父パトリキウス（Patricius）は没落しつつあった小土地所有者であり，母モニカ（Monnica）はキリスト教徒であった。両親の出自については詳らかではないが，当時かなりローマ化していたカルタゴのフェニキア語文化の影響を受けた，ラテン語を母語とする言語環境のなかで育ったと思われる。タガステとマダウラで基礎教育を受ける。父の資力が続かず，タガステの有力者ロマニアスの援助を受けカルタゴに出

6　アウグスティヌス

て修辞学を学ぶ。「私はカルタゴに来た（Veni Carthaginem）」、と『告白（*Confessiones*）』（397-400）第3巻を書き始めている。大都市カルタゴがこの才気溢れる多感な若者を魅了したことをうかがわせる表現である。母の影響でキリスト教会に通うことはあったが、キリスト教はこの時期の彼の精神形成にほとんど影響を与えてはいない。18歳の頃よりある女性と同棲し、息子アデオダトゥス（Adeodatus）をもうける。『教師論（*De magistro*）』（389）はこの夭折した息子との対話というスタイルで書かれている。この頃修辞学の教材としてキケロの『ホルテンシウス（*Hortensius*）』（原本は現存しない）を読み、「哲学」すること、すなわち「知恵への愛」に目覚める。この「ホルテンシウス体験」は、「神義論」的問いを彼のうちに引き起こし、当時の地中海世界においてキリスト教に匹敵する知的影響力をもっていたグノーシス的宗教であるマニ教に入信させる。カルタゴよりタガステに戻り文法の教師になるが、再びカルタゴに出て修辞学の教師となる。383年カルタゴよりローマに移り、修辞学の教師としての地歩を固める。翌年、ミラノの国立学校の修辞学教授に任命される。ミラノにはキリスト教的プラトン主義のサークルが形成されており、プロティノス、ポルフィリオス等の著作（翻訳者は後にキリスト教に改宗するマリウス・ヴィクトリヌスである）が読まれていた。この新プラトン主義との接触がマニ教から離れ、ミラノ司教アンブロシウスを識るきっかけとなる。386年夏、アウグスティヌスは個人的悩みを相談すべくアンブロシウスの弟子にあたるシンプリキアヌスを訪ねるが、その折りヴィクトリヌスの回心談を聞かされる。この回心談と14年間生活を共にしたアデオダトゥスの母である女性との母モニカによる強いられた離別が、彼をキリスト教信仰に導いたとする研究者の指摘もある。特に、アウグスティヌスに『告白』を書かせた動機の根底にこの女性に対する「贖罪」の感情があったのではないかとの解釈（山田晶）は注

目に値する。苦悶の中、ミラノの庭園で「取って読め（Tolle, lege!）」の声を聴き、新約聖書・パウロ書簡を読み、ついに洗礼志願者となる。受洗準備のためミラノ郊外カッシキアクムに移り、修道院的共同生活を友人、弟子たちと営む。アンブロシウスの新プラトン主義による聖書の寓喩的（アレゴリカル）釈義と説教が回心に至らせる決定的動因であったといわれている。『独白（*Soliloquia*）』、『秩序論（*De ordine*）』等の初期哲学論文はこの時期の作品である。翌387年4月24日の復活祭の夜、ミラノ司教アンブロシウスより受洗。オスティア、ローマを経て故郷タガステに帰る。母モニカ、オスティア滞在中に死す。

　391年春、ヒッポ・レギウス（Hippo Regius, 現在のアルジェリア・アナバ）を訪問、そのまま司祭に叙任される。396年司教に叙階される。欧米で「ヒッポのアウグスティヌス」と呼ばれるのはこのためである。カトリック教会聖職者として約40年間、マニ教、ドナトゥス派（ローマ皇帝の迫害による棄教者の教会復帰を容認しない強硬派）、ペラギウス派（神の恩寵と人間の意志の関係をめぐる論争において人間の自由意志を認める立場）等との論争のなかで、西方キリスト教神学の基礎となる膨大な著作を残す。既に挙げたものの他、『キリスト教教程（*De doctrina christiana*）』（397-）、『霊と文字（*De spiritu et littera*）』（412）、『三位一体論（*De trinitate*）』（400-419）、『神の国（*De civitate Dei*）』（413-426）等、『再考録（*Retractationes*）』（427）によれば232巻（libri）93著作（opera）を残している。『再考録』はアウグスティヌス自身による自己の著作に対する回顧と批判の書である。430年8月、ヴァンダル族がヒッポを包囲するなか、託された司牧の職務を最後まで放棄することなく熱病のため没す。76歳。

▶ **思想および教育思想史的意義**　「漁夫と大工の宗教」がローマ帝国の「国教」として体制化するためには、新しい概念による神学思

想と人間学が必要である。ギリシャ的思考法とラテン的思考法の統合と言ってもよい。アウグスティヌスの思想史上における偉大さはこの統合の独創性にある。

その典型例は、キリスト教の正統的教理である「三位一体」論の形成と確立における貢献である。神、キリスト、聖霊の三者の関係をどのように理解するか。この命題は2世紀以降、キリスト教世界における最大の論争点であった。その教理の基礎は東方ギリシア教父によって定式化され、ギリシャ語で「一つのウシア、三つのヒュポスタシス」と表現された。これを「エッセンティア（essentia）」と「ペルソナ（persona）」にラテン語訳したのはアフリカの教父テルトゥリアヌス（Tertullianus）であるが、この用語法におけるペルソナ概念を正統的教理に発展させたのがアウグスティヌスである。彼の『三位一体論』は、神の三位一体性を人間精神の三一の構造（人称構造）との類比において把握しようとする試みである。ペルソナ思想の発展は西欧世界に固有のものであり、その歴史的源流はアウグスティヌスのこの著作にあるといってよい。『告白』は「自伝」として読まれるのが通例であるが、その叙述の背後にある自己認識の独自性に注目するならば、この書はまさにアウグスティヌス自身のペルソナの生成と発展の記録であり、古代における「教養小説（Bildungsroman）」である。その自己省察の深さは「精神分析」を連想させ、あるいは「実存」という言葉をもって表現すべき人間存在の深淵をのぞかせる。その意味においてこの書は西欧的の「個」の発見の書でもある。

教育思想との関連で注目すべき著作は、当然のことながら『教師論』である。しかし、この著作は通常の意味における「教師論」ではない。現代の文脈に位置づけるならば「教育的認識論」であり「言語論」である。トマス・アクィナスは『真理論（De veritate）』でこの著作を取り扱っている。「言葉・記号（verbum, signum）」と「事柄（res）」の関係および知識の伝達と認識の可能性をめぐる

議論が展開されているからである。アウグスティヌスによれば、教師は「事柄」そのものを認識させることはできない、「探究」するように指示するだけであるという。『再考録』は、「福音書にしるされている『あなたがたの教師はただひとりである』に従って議論され、探究され、発見されている」と記す。ヴィトゲンシュタイン（Wittgenstein, L. J. J.）がアウグスティヌスを愛読したという事実は、「言語論」の視点から見て示唆的である。

その膨大な著作の多くは、「ルターの場合と同様、政治的・社会的・牧会的・教会的あるいは教理に関わる危機的状況に迫られて書かざるをえないものであった」（W. v. レーヴェニヒ）。したがってその著作の叙述スタイルは論争的であり体系性に欠けるきらいがある。しかし西欧世界において歴史を貫き今日に至るまで論じられてきたあらゆる神学的・哲学的命題の原型がアウグスティヌスの思想に萌芽的に存在する。著作の大部分が失われることなく後世に伝えられた事実は、その神学・哲学が、いわば西洋キリスト教文化の「百科全書」としての役割を果たしてきたことを示すものである。

［参考文献］ *Bibliothèque Augustinienne, Œuvres de St. Augustin*, Paris 1947-（全85巻、デクレ版『アウグスティヌス著作集』）/『アウグスティヌス著作集』教文館 1979-（全30巻の予定）/Brown, P., *Augustine of Hippo*, Berkeley 1969/Loewenich, W. v., *Augustin. Leben und Werk*, München 1965（宮谷宣史・森泰男訳『アウグスティヌス 生涯と業績』日本基督教団出版局 1984）/Chadwick, H., *Augustine*, 1986（金子晴勇訳『アウグスティヌス』教文館 1993）/Markus, R. A., *Saeculum: History and Society in the Theology of St. Augustine*, Cambridge 1970（宮谷宣史・土井健司訳『アウグスティヌス神学における歴史と社会』教文館 1998）/坂口ふみ『〈個〉の誕生——キリスト教教理をつくった人々』岩波書店 1996/茂泉昭夫『アウグスティヌス研究 徳・人間・教育』教文館 1987/山田晶『アウグスティヌス講話』新地書房 1986

［関連項目］ キリスト教 　　　　（輪島道友）

アガンベン

(Giorgio Agamben, 1942-　　)

▶ **経歴**　イタリアの哲学者。ヴェイユ (Weil, S.) の政治思想研究でローマ大学を卒業後、『中身のない人間』でデビュー。ヴァールブルク研究所での研究は『スタンツェ』等のイメージ論に結実。イタリア語訳ベンヤミン (Benjamin, W.) 著作集を編集し、パリ国際哲学コレージュにてディレクター、マチェラータ大学、ヴェローナ大学、ヴェネツィア建築大学にて美学・哲学の教授。

▶ **思想**　古代ギリシア、ラテン文化圏の古典や詩学に通じ、ユダヤ思想、イスラーム思想にも目配りするなど、地中海世界の巨大な思想的ダイナミズムを体現する稀有な思想家。美学、文学、言語学、政治学、法思想、神学など各領域を自在に交叉させ、古代から中世、ルネサンス、現代思想まで網羅する。アリストテレス (Aristoteles)、スピノザ (Spinoza, B.)、ハイデガー (Heidegger, M.)、ベンヤミン、フーコー (Foucault, M.) らを斬新な視点で読み解き、思想史を大胆に塗り替えると共に現代社会へのアクチュアルな論点を提示する両極性を持つ。『ホモ・サケル』や『アウシュヴィッツの残りもの』以来続く《ホモ・サケル》シリーズでは、古代ギリシアの生の区別（ゾーエー／ビオス）、古代ローマ法のホモ・サケル（聖なる人）を、例外状態（シュミット (C. Schmitt)／ベンヤミン）、全体主義国家と強制収容所（アレント (Arendt, H.)）、生政治（フーコー）などの政治概念に接合することで、法の庇護の外部に排除されつつ包摂される「剥き出しの生」の産出過程を分析。テロ対策、リスク管理、民主主義、自由の名目で例外状態が規則となり、難民、捕虜、棄民、強制収容所が生み出される現代社会の異常な日常を批判するための視座を提供する。パウロ (Paulos)、ルター (Luther, M.)、ベンヤミンらのメシア的時間構造を論じた『残りの時』、言語活動と経験の可能なる条件を問い直した『インファンティアと歴史』、アリストテレス、ヘーゲル (Hegel, G. W. F.)、ハイデガーらを否定性の観点から省察した『言葉と死』、潜勢力それ自体の救済可能性を論じた『思考の潜勢力』や『到来する共同体』などで、否定即完成という弁証法を哲学と思想史の中心に蘇らせると共に、「残りもの」が生み出される閾の場から人間的なものの境界を問い、存在でも無でもない〈非在〉から新たなエチカを構想する。単純な図式を提示するメソッドとは対極的に、アポリアへ思考を追い込み、アナロジーに満ちた多層的解釈へ誘うスタイルは、それ自体が「思考の潜勢力」の在り処を示す実践であり、方法や意味を機能主義的に追求しがちな教育的心性に反省を迫る。教育は広義の〈法〉と分かち難いからには、〈法〉と人間の関係を問うアガンベンの思想からは、能力、成熟、学習、共同性、受動性といった概念の再考のほか、様々な教育学的主題を受け取ることができる。

[**参考文献**] Lewis, T. E., *On Study. Giorgio Agamben and educational potentiality*, London, 2013／小野文生「〈経験とパトスのむすぼれ〉を追想する――アーレントとアガンベンの思索から」岡部美香・小野文生編『教育学のパトス論的転回』東京大学出版会　2018予定

(小野文生)

悪

英 evil／独 Böse／仏 mal

　一般に悪は善の対立概念とされるが、美醜や吉凶、幸不幸などの価値判断を含む良い good／悪い bad の対比と区別して、宗教的・道徳的意味に限定して考察される。悪の存在を認めるプラトン哲学のような二元論では悪は善の対立概念とされるが、神による無からの創造が説明できないためアウグスティヌス (Augustinus, A.) のように悪を「善の欠如」として捉え、悪そのものは存在しないとするキリスト教倫理学的一元論がある。ストア学派の思想やライプニッツ (Leibniz, G. W.) の弁神論も、悪の根源を人間の不完全性（原罪）に求める点においてこの考えに近い。孟子の性善説や荀子の性悪説などの儒

教の人間観でも，人間は良心や道徳的努力によって君子や聖人のような最高善の状態に近づいていくと考えられる。

近代に入ると，悪は，道徳や国家，社会の在り方との関連で考察される。ロック（Locke, J.）やルソー（Rousseau, J.-J.）は，悪を後天的で経験的なものとして捉えた。カント（Kant, I.）は悪を自由と理性の領域における行為主体としての人間の問題として，人間は意志によって善にもなりうるが，自由ゆえに悪ともなりうるとした。この「根源悪」の概念は，シェリング（Schelling, F. W. J.）やキルケゴール（Kierkegaard, S. A.）に影響を与えている。また，ヘーゲルに（Hegel, G. W. F）おける善悪は意志によって転倒可能とされる。悪を社会の成立と構造から派生する疎外と捉え，そこから解放された社会の実現を目指したマルクス（Marx, K. H.）や，悪の起源を抑圧に見たフロイト（Freud, S.）は，人間に内在する自らを破壊する力を悪とみなして克服の手段を探った。さらにフロム（Fromm, E. S.）は，悪を相対的なものと捉えた。

実存主義思想は，悪を非理性的なものと捉える。ハイデガー（Heidegger, M.）にとっては，人間における非本来性・非真実性であり，そこからの本来性への回帰が重要な意味を持つ。実存の不条理さを悲劇の主題としたカミュ（Camus, A.）や，社会的アンガージュマンによって克服しようとしたサルトル（Sartre, J-P. C. A.）も世界を悪として捉えていた。また，ニーチェ（Nietzsche, F. W.）は善悪二元論を，強者による「優良な／劣悪な」という価値図式に対抗する弱者のルサンチマンとして拒絶した。

20世紀には新しい悪の概念が提出されている。バタイユ（Bataille, G.）は人間性に内在し，自己を解体し超出しようとする動きを，善悪の二項対立そのものを侵犯する（大文字の）悪とした。アーレント（Arendt, H.）は陳腐さを特徴とする悪を指摘している。

[**参考文献**] Arendt, H., *Eichmann in Jerusalem: A Report on the Banality of Evil*, Viking Press 1963.（大久保和郎訳『イェルサレムのアイヒマン──悪の陳腐さについての報告』みすず書房 1969）／Bernstein, R., *Radical Evil: A Philosophical Interrogation*, Polity 2002.（阿部ふく子ら訳『根源悪の系譜──カントからアーレントまで』法政大学出版局 2013）

（宮崎康子）

遊び
英 play／独 Spiel／仏 jeu

▶ **語義**　従来より指摘されている遊び論に従うと，遊びの特徴は活動それ自体を目的とした活動であり，労働や道徳的義務にもとづく活動と異なり，活動の外にある要請や目的から解放されていることである。このような特徴を，コミュニケーション論からとらえると，次のように定義することができる。遊びとは，本当と嘘とのパラドックスを超えることによって成立する，自律的なコミュニケーションのシステムである。この自律的なシステムにおいては，日常とは異なるルールが自己組織的に展開していく。システムの自律性は，遊びの参加者に対して自己と世界との境界の溶解体験として体験される。この体験によって，遊びの参加者の慣習的な認識枠組みは変容を遂げ，新たな意味が生成する。したがって，遊びとは，外的な目的に従属することのない，遊びのコミュニケーション過程自体を目的とする行為の集合を指す。

▶ **遊戯概念の歴史**　ギリシャ神話のなかでは，遊ぶのは人間ではなく神々であり，人間はその神々の駒にすぎない。しかし，古代ギリシャの哲学者たちは，遊びを芸術と結び合わせることによって，遊びの理論の基礎を築くことになった。まず，プラトン（Platon）は遊び（paidia）を芸術同様に模倣（mimesis）としてとらえた。そして子どもは無理強いされることによってではなく，遊びによって勉学に導かれるべきだと述べている。しかしながら，イデアの模倣にすぎない遊びや芸術は，それ自体に価値があるわけではなく，教育と道徳的訓練の下位に位置づけられるこ

とになった。これは遊びと教育の連結について反省した最初の例でもあった。もっとも，ホイジンガ（Huizinga, J.）に従えば，古代において教養と呼ばれたものを振り返ると，弁論術や音楽やスポーツといったものすべてが遊びであったということもできる。ローマ時代においては，日常において遊びは隆盛をきわめていたが，キケロ（Cicero, M. T.）の義務に対する厳格な要請にみられるように，遊びは肯定されているわけではなく，理論においては進展がみられなかった。

またキリスト教は，たとえば初代教会の教父のひとりが「われわれに遊びの機会を与えるのは神ではなく悪魔である」と述べたように，遊びに対して，反感と無視の態度をとった。トマス・アクィナス（Thomas Aquinas）は，労働と緊張からのくつろぎとしての遊びに言及しているが，そこで遊びは節度や規律正しさが同時に要求されているのである。中世において，遊びは教育との関連でテーマとされることはほとんど皆無であった。また，近代以前（16世紀頃まで）には，子どもの遊びと大人の遊びとの間には厳密な区別は存在せず，子どももしばしば大人と同じ遊びをしていた。ブリューゲル（Brueghel, P.）の絵画『子供の遊戯』には，91種類もの遊びをみることができ，またラブレー（Rabelais, F.）の『ガルガンチュワ物語』のなかでは，218種類の遊びをかぞえることができる。しかし，古代ゲルマンの遊びも，13世紀以降には，たびたび都市条令によって厳しく制限され，とくに賭事については14・15世紀になると全面禁止にする都市も現われた。

17世紀に入ると，近代子ども観の成立とともに，子どもの遊びを分類し，悪い遊びを子どもに禁止するような配慮が登場してくる。プロテスタンティズムの禁欲倫理は遊びを否定したが，そのことはこれまで聖性を帯びていた労働の世俗化をまねくことになった。結果として「自然科学的認識を基礎にして技術学的法則にしたがう道具＝手段の体系」としての近代的な労働観を産みだした。こうして，

近代的労働観と対立する遊びという観念を産みだすにいたった。この事態をカイヨワ（Caillois, R.）に従って言い換えれば，それまで聖の世界と区別されていなかった遊の世界が自立し，近代的な遊の観念が成立したということもできる。

ところで，遊びの教育的意義について，ふたたび関心が向けられるようになるのは，人文主義教育の運動以降である。16世紀前半にエラスムス（Erasmus, D.）は，早期からの教育を主張し，そのさい子どもの発達段階に適った学習方法を提案している。啓蒙主義は，想像力や創造性や芸術の特性として遊びを認めるようなことはなかったが，これまで無視されてきた遊びを単なる教育手段として，教育言説のなかに位置づけるようになる。たとえば，ロック（Locke, J.）によると，玩具は子どもが自分の手で作るようにさせ，またあらゆる遊びと気晴らしは「良い，役に立つ習慣」がつくように指導されるべきだと述べている。

遊びが芸術と関連づけられ哲学の舞台に再登場するのは，カント（Kant, I.）においてである。カントは『判断力批判』において，遊びを芸術と自由の連関において語っている。シラー（Schiller, J. C. F.）はカントの理論を批判修正することによって，遊びの思想を深化させることに成功した。シラーは『美的教育論』のなかで，「人間は文字どおり，人間であるときだけ遊んでいるのであって，彼が遊んでいるところだけ，彼は真正の人間なのである」と述べている。ロマン主義者は「黄金の子ども時代」を発見したが，ジャン・パウル（Jean Paul）は，観察のなかから，子どもの遊びを分類し遊びにともなう喜びや空想の楽しさを評価し，遊びが子どものすべての力を育てることを力説することによって，遊びがもつ独自の価値を主張した。シラーの影響下，これを実践したのは，ロマン主義教育思想家のフレーベル（Fröbel, F.）であった。フレーベルは，遊びを彼の教育目的である生の合一を実現するための重要な教育方法

としてとらえた。また恩物（Gabe）は教育的遊具のはしりというべき物で，後の教育玩具に大きな影響を与えている。

このような教育学の議論と並行して，19世紀半ばの進化論の登場によって子どもに対する関心が高まり，子どもの遊びについても観察や調査といった経験科学的知見が蓄積されるようになってきた。スペンサー（Spencer, H.）はシラーの理論をもとに，遊びを余剰エネルギーの放出とする余剰エネルギー理論を展開した。また，グロース（Groos, K.）は，芸術活動を人間の遊戯本能によって営まれると主張し，子どもの遊びを大人の生活のための準備とみる準備説を唱えた。さらに，ホール（Hall, G.S.）は進化論の立場から，子どもの遊びを人類の歴史が経過した発展段階を個人の発達において再現したものだとする反復説を展開し，都市の子どもの遊びの具体的な調査等も行なった。また19世紀末の児童心理学の誕生，児童研究運動の発展等を見逃すことはできない。

しかし，遊びが一般の学校教育においても重要な位置を占めるようになるのは，新教育運動以降においてである。新教育は，遊びを仕事へといたる重要な活動としてとらえた。たとえば，デューイ（Dewey, J.）は遊びを仕事へといたる前段階として位置づけ，遊びを通して子どもの経験を拡大深化させ，遊びをより組織化された探求にもとづく仕事へと転化させていくことを，教育者は目指さねばならないとした。また，ケルシェンシュタイナー（Kerschensteiner, G.）は，デューイ等の影響を受けながら，彼独自の労作教育論を形成し，教育における遊びと労働との関係の考察を展開した。

ところで，遊びが教育のなかに組み込まれるときに，遊びの大きな意味上の変容があったように思われる。それというのも，仕事は近代学校を支えてきた目的―手段関係のなかに，うまく組み込むことができるのに対して，遊びはその性格において，目的―手段関係から外れてしまう。当然，遊びの教育的意味は，

遊びがもたらす役割取得の訓練や情操の育成や健康な身体教育といった，さまざまな社会化の機能に分解されることになる。結果として，遊びのもつ本質特性である意味生成が，無視されないまでも軽視されることになっている。

▶ **今日の遊戯理論**　今日の遊戯研究を方向づけたのは，ホイジンガであることは間違いない。彼は，遊びの形式的特徴として，①自由な活動であること，②虚構であること，③いかなる物質的利害とも関係ないこと，④規定された時間と空間のなかで決められた規則にしたがうこと，⑤非日常であることをあげている。ホイジンガは，これまで遊びとは無縁として考えられてきた法律や戦争あるいは哲学といったものに，いかに遊びが関与しているかを，博識な知識をもとに明らかにした。そして，遊びをあらゆる文化の根底にあり，文化を生みだし，文化を生かし続けるものとして位置づけ，そこからホモ・サピエンス，ホモ・ファーベルよりも根源的なものとしてホモ・ルーデンス（遊戯人）として人間を定義した。

カイヨワは，ホイジンガの遊戯理論には欠けていた偶然の遊びと眩暈の遊びを取りあげて，遊びを定義し直した。さらに遊び世界での遊戯者の根本的な心的態度にしたがって，遊びを次の四つに分類した。競争＝アゴン（サッカーやチェス），偶然＝アレア（ルーレットや宝くじ），模擬＝ミミクリ（ごっこ遊び），眩暈＝イリンクス（ブランコやジェットコースター）。重要なことは，ホイジンガの聖（遊）・俗の二項図式に対して，カイヨワは聖と遊との区別を明確にし，さらに聖・俗・遊の三項図式の概念を提出したことにある。デュルケーム（Durkheim, E.）の聖―俗二項図式への批判的継承を通して，カイヨワは聖という概念がもつ「清浄」と「汚穢」の両義性から，遊の概念を独自のものとして分離することになる。そこから，聖の力が相対的に低下した現在，社会を分析する図式を獲得したのである。

12 アソビ

カイヨワ以降の遊戯研究について簡単に述べよう。ハイデガー（Heidegger, M.）の存在論をもとに遊戯の存在論を発展させたのはフィンク（Fink, E.）であった。フィンクは人間の実存に固有なものとして死，労働，権力，愛とならべて遊びをとりあげ，人間の遊戯の存在論的考察を展開している。一方，ガダマー（Gadamer, H.-G.）は，ドイツ語のSpiel という用語の使用方法の分析から，人間の遊動という在り方が人間が遊ぶことを可能にしているといえるとし，さらに遊動が芸術へと発展するプロセスを現象学的な視点から明らかにしている。また，ボイテンディック（Buytendijk, F. J. J.），アンリオ（Henriot, J.），西村清和らによって現象学的遊戯理論が展開されている。また，記号論による本田和子の一連の子ども研究における遊戯理論も見逃すことはできない。

ベイトソン（Bateson, G.）は，コミュニケーションにおけるパラドックスとして遊びをとらえた。ベイトソンはコミュニケーションを，メッセージとそのメッセージがどのような種類のものであるかを伝えるメタ・メッセージ＝枠づけ（たとえば「これは冗談です」）とに分ける。そして，遊びにおいては，さまざまな行為を枠づける「これは遊びだ」というメタ・メッセージが，それ自体パラドックスを含んだ自己言及文となることを指摘し，さらに，遊びはこのような論理の抽象度の異なるコミュニケーションがもたらすパラドックスを越えて生起することを示唆した。この理論は後のゴフマン（Goffman, E.）のフレイム理論，またサットン－スミス（Sutton-Smith, B.）やシュワルツマン（Schwartzman, H. B.）らの文化人類学的な遊戯研究に影響を与えている。

心理学における遊びの研究は多種多様である。ピアジェ（Piaget, J.）の認識の発達図式の視点からの研究，フロイト（Freud, S.），エリクソン（Erikson, E. H.）等の精神分析からの研究を参照。また動物との比較研究は，遊び研究の領域の一つであったが，近年霊長類との比較研究が進展している。

▶ **遊びと教育の思想課題**　教育学や心理学・児童学において発展してきた子どもの遊びについての研究には，大きな共通点がある。それは，子どもの遊びの特色を反復のなかにみているということである。従来の遊戯理論はいずれも，繰り返される子どもの遊びを理解するために，何か根源的な反復の原型・原体験（イデア）が必要だと考え，それを探し求めてきた。たとえば，子どもの遊びは，宗教儀礼の没落したものを反復するといわれた。また，類としての人間の進化と歴史過程が，個としての子どもの発達において反復するのだといわれ，あるいはこれから大人になる準備のための練習として反復するといわれてきた。このような遊戯理論においては，子どもの遊びはすべて原型・原体験（イデア＝オリジナル）の似像（コピー）にすぎない。結局，これまでの子どもの遊戯理論は，遊びを模倣ととらえるプラトンの遊戯理論を反復しているのである。しかし，この原理では，遊びはなにものかの代理以上のものではないことになる。したがって，遊びはいつも教育的機能として理解され，遊び自身が固有に有する生成（生命の横溢）の価値をとらえることはできない。そのため，遊びから労働へという図式の論争を，ここから超えることはできないだろう。遊びは意味生成の形成論において，その独自の機構と価値が論証される必要がある。そこでは，単に教育において遊びとは何かという問いを超えて，意味生成の基本形である遊びのなかで，教育とは何かが問われなければならない。

［参考文献］　Ariès, Ph., *L'Enfant et la vie familiale sous l'Ancien Régime*, Paris 1960（杉山光信・杉山恵美子訳『〈子供〉の誕生』みすず書房　1980）／Bateson, G., *Steps to An Ecology of Mind*, New York 1972（佐藤良明訳『精神の生態学』思索社　1990）／Caillois, R., *Les Jeux et les Hommes*, Paris 1958（清水幾太郎ほか訳『遊びと人間』岩波書店　1970）／Fink, E., *Oase des Glücks*, München 1957（石原達二訳『遊戯の存在論』せりか書房　1976）／Flitner,

A. (Hg.), *Das Kinderspiel*, München, 1978／Huizinga, J. H., *Homo Ludens*, Haarlem 1958, 1938（高橋英夫訳『ホモ・ルーデンス』中央公論社　1973）／Röhrs, H., *Spiel und Sportspiel*, Hannover 1981（長谷川守男監訳『遊戯とスポーツ』玉川大学出版部　1987）／Scheuerl, H., *Das Spiel*, Weinheim 1977／Schwartzman, H. B., *Transformations*, New York 1978／Sutton-Smith, B., *Toys as Culture*, New York 1986／西村清和『遊びの現象学』勁草書房　1989／本田和子『子どもの領野から』人文書院　1983／矢野智司『ソクラテスのダブル・バインド』世織書房　1996

[関連項目] 神秘主義／模倣　　　（矢野智司）

アダムズ, ジェーン

(Jane Addams, 1860-1935)

▶ 生涯　アメリカ・イリノイ州のシーダーヴィル生まれ。2歳で母と死別の後、クェーカー教徒で後に上院議員を務める父、さらには父の盟友であったA・リンカーンの影響を受けて育つ。1877年、ロックフォード女学院に入学。1881年、父の死後、フィラデルフィアの女子医科大学に入学するが、病気のために数ヶ月で中退。闘病と苦悩の生活の後、2度目のヨーロッパ旅行中の1888年に、産業革命によって発生した大量の貧困者をケアするための最初のセツルメントであるロンドンのトインビー・ホール（1884年創設）を訪問。翌年、それをモデルにして、大きな問題になりつつあったヨーロッパ諸国からの移民の貧困や社会的分断の問題の解決をめざし、エレン・スター（Starr, E. G.）と共に、シカゴの貧民街にセツルメント、ハル・ハウス（Hull-House）を開館する。その後はハル・ハウスを拠点に、児童労働反対運動、シカゴの市政改革運動、労働条件改善運動、女性の諸権利拡張運動等にかかわり、文筆・講演活動や政治活動を精力的に続けた。第一次世界大戦に際しては平和運動にも従事し、亡くなるまで女性国際平和自由連盟の総裁を務めた。1931年、ノーベル平和賞を受賞。シカゴにて死去。故郷シーダーヴィルに眠る。

▶ 思想・活動の内容　ハル・ハウスでの活動は、子どもへのケアの支援をはじめとする生活上のさまざまな支援だけでなく、美術・音楽・演劇をはじめとする種々のクラブ活動の組織、各種の授業、社会調査の実施、立法・行政当局へのはたらきかけ等々、多岐にわたった。それらの活動を支えたアダムズの教育論は、革新主義思潮の影響下にあって、教育における生活や労働の意義を強調する点で「進歩主義」の教育諸理論と多くの共通点をもっている。なかでもデューイ（Dewey, J.）との交流は有名であり、両者とも学校を社会的な機関としてとらえ、教育と民主主義の結合を説いた。ただし、アダムズには理想主義的ヒューマニズムに支えられた啓蒙の思想家の顔が色濃く、啓蒙と反啓蒙の対立を乗り越えようとしていた当時のデューイとは、思想的に異質な側面もある。

▶ 位置づけ　文化的多元論者としてのアダムズは、各民族や人種に固有の言語・習慣・伝統の多様性や異質性を保持した中での人々の共同や共生という課題と格闘した最初期の思想家・実践家として位置づけることができる。高等教育を受けた女性の第一世代であるアダムズの生き方、あるいは高等教育を受けた女性を中心に営まれたハル・ハウスの活動は、女性の自立を女性性（ケアの精神）の尊重と社会的自立の両面から追求する先駆的試みでもあった。またアダムズらによる社会調査（『ハル・ハウス地図と論集』1895年）は、都市社会学のシカゴ学派の源流ともみなされている。

[参考文献] Lasch, C., *The Social Thought of Jane Addams*, Bobbs-Merrill 1965／Lagemann, E. C. (ed.), *Jane Addams on Education*, Teachers College Press 1985／笠原克博「J・アダムスの産業教育論——進歩主義教育の一展開」『社会福祉評論』No. 50　1983

[関連項目] 進歩主義教育　　　（松下良平）

アダムズ, ジョン

(John Adams, 1735-1826)

アメリカの独立期における政治家、政治思

想家。独立革命の指導者であり，合衆国第二代大統領となるアダムズは，独立期における統治と教育との関係性について深く考察した政治思想家である。アダムズは，ドロルム（De Lolme, J. J.）のイングランドの保守的な政体論，モンテスキュー（Montesquieu, C.-L. de S., B. de la B. et de）の権力分立論，カルヴィニズムの人間性否定の思想などから影響を受け，『統治の思想――アメリカの植民地の現在の状況に適用して』（*Thoughts on Government*, 1776）と『合衆国諸邦憲法の擁護――1778 年 3 月 22 日付けのプライス博士への書簡における M・チェルゴーの批判に対して』（*A Defence of the Constitutions of Government of the United States of America*, 1787）を著わした。アダムズは，これらの著作によって合衆国憲法制定論争の頃から，「連邦派」（federalist）として，「抑制」（check）と「均衡」（balance）という混合政体論を唱えながら，権力メカニズムのバランスによる制度的統治を表明した。

アメリカの独立がたんなるイギリスからの国家的自立をめざしたものではなく，本質的には「アメリカ人」や「アメリカ民族」の新たな形成と統合を企てたものであるとするならば，独立後のアメリカにおける緊急の課題は，民族の統一や自律にとって必要な共通信条や価値を公教育の普及によって達成することであった。初期のアダムズも，知識の普及による人民の自己統治と有徳化を不可欠なものとし，公教育の重要性を訴えた。

しかしアダムズは，合衆国憲法制定のころから，人間本性における野心や強欲といった情念を人間自らが抑制することは不可能であると考えるようになる。その結果，人民の自己統治と有徳化に強い不安を覚え，人間の内面を形成する教育に対しては露な不信を表明している。カルヴィニズムの影響を受けて，人間の本性を否定的に考えるようになったアダムズは，人間の徳にかわって法や制度による統治の必要性を訴え，唯一完全な諸制度が人間の不完全性を救済するとし，統治は徳に

よって作られるのではなく，徳は統治によって作られると主張する。

アダムズの内面に自由／抑圧，国家／人民，神／人間，エリート／民衆，宗教・教育／法治・権力，公共利益／自己利益といった対立的な二項コードが存在し，アダムズ自身はたえずその間で揺れていたといえる。しかし，アダムズは結局人間の本性とは野心や強欲といった情念によって支配されていると考え，教育が人民の自己統治に有効であるとすることに反対し，公教育を否定する。独立期には，多くの公教育プランが立案されたにもかかわらず，それが実現されなかったのはアダムズのような公教育に対する否定的言説が支配的であったからである。

［**参考文献**］ Adams, J., *The Works of John Adams*, 9 vols., New York 1971／Ferling, J., *John Adams: A Life*, Knoxville 1992／Howe, Jr. J. R., *The Changing Political Thought of John Adams*, Princeton 1966／Wood, G. S., *The Creation of American Republic, 1776-1787.*, Chapel Hill, NC 1969　　　　（北野秋男）

アップル

（Michael W. Apple, 1942-　　）

1942 年，アメリカに生まれる。1962～66 年まで，小・中学校の教師をしながら，1967 年にグラスボロー州立大学教育学部を卒業。1969～70 年，コロンビア大学助手をへて，1970 年にはコロンビア大学より教育学博士（カリキュラム論）学位を取得する。同年，ウィスコンシン大学マディソン教育学部助教授に就任し，1967 年より同大学教授，現在に至る。

アップルの主要な議論は，教育と政治的・経済的・文化的不平等との関係を批判的に論究するもので，たとえば，ボウルス（Bowles, S.）とギンタス（Gintis, H.）の「教育の再生産理論」，すなわち，学校教育制度は，社会的生産関係と資本蓄積，再生産の過程に内在する矛盾を投影するというマルクス主義的な議論と通底する側面をもっている。しかし，アップルの教育理論においては，再生産理論

よりも子どもたちの具体的な教育現実が重視されている。彼によると、子どもとは日常的な学校生活の場において、教科内容よりむしろ、先生の態度や特徴など、それに付随するさまざまな「形態（form）」に触れることで、成長、発展を遂げる存在である。したがって教科カリキュラムも、子どもの教育現実における実態が十分に考慮され、認識されたものでなければならない。こうした問題関心に導かれて、以後彼は、独自のカリキュラム論を展開するに至る。アップルは近年、*Curriculum Politics: National Curriculum and Recent Educational Reform*（1994）の中で、改めてカリキュラムについて触れ、政治的・経済的・文化的な支配と再生産にカリキュラムがいかに関与しているかということを強調している。

[参考文献] Apple, M. W., *Ideology and Curriculum*, Boston and London 1979／Apple, M. W., *Education and Power*, Boston and London 1982（浅沼茂・松下晴彦訳『教育と権力』日本エディタースクール出版部 1992）／Apple, M. W., *Cultural and Economic Reproduction in Education: Essays on Class, Ideology and the States*, Boston and London 1982／Apple, M. W., *Teachers and Texts: A Political Economy of Class and Gender Relations in Education*, Boston and London 1986（長尾彰夫訳『教師とテキスト——教育における階級関係とジェンダー関係の政治経済学』東信堂 1994）／Apple, M. W., *Curriculum Politics: National Curriculum and Recent Educational Reform*, Boston and London 1994／宇沢弘文『日本の教育を考える』岩波書店 1998（丸橋唯郎）

アドルノ

(Theodor Wiesengrund Adorno, 1903-1969)

▶ 生 涯　ドイツの社会哲学者。フランクフルト学派第一世代の理論的指導者のひとりであり、社会学・社会心理学・美学などの幅広い領域で健筆を揮った。

フランクフルトの裕福なユダヤ系商人の家庭に生まれる。フランクフルト大学で哲学を専攻し、学位取得後はウィーンに逗留し作曲

を学ぶ。またこの時期にベンヤミン（Benjamin, W.）やホルクハイマー（Horkheimer, M.）等の影響のもとで独自の思想を形成する。ヒトラー政権発足後、イギリスを経てアメリカへと亡命。かの地で後に『権威主義的パーソナリティー（*Studies in the Authoritarian Personality*）』（1950）として世に出る心理学研究を進めながら、ホルクハイマーと共同で『啓蒙の弁証法（*Dialektik der Aufklärung*）』（1947）を執筆する。49年にフランクフルトに戻り、フランクフルト大学哲学・社会学教授、（フランクフルト大学付設）社会研究所所長、ドイツ社会学会会長を歴任。「実証主義論争」として知られるポパー（Popper, K. R.）との論争、ハイデガー（Heidegger, M.）批判、アウシュビッツをめぐる議論などの一翼を担い、論争的な知識人としても活躍した。69年、保養先のスイスにて死去。

▶ 思 想　アドルノの念頭にあったのは第二次大戦、ファシズム、管理社会といった現代の「野蛮」を批判することであった。ただし、この批判の根拠となるべき人間の理性こそが現代の「野蛮」を可能にしたとアドルノは考えた。『啓蒙の弁証法』によれば、このような「野蛮」の由来は生物的な自己保存の原理に支えられた理性と自然との関係、すなわち主体―客体関係の確立に見いだされる。人間は自らを支配する主体として、また他者を支配される客体として形成することで理性による自然支配を可能にした。しかし、この支配の客体には生の目標を設定する「内なる自然」も含まれていたため、「内なる自然」の支配は目標を失った全面的な支配を招来し、合理性に支えられた「野蛮」が横行するに至ったとされる。

哲学的主著『否定弁証法（*Negative Dialektik*）』（1966）においてアドルノは、「野蛮」を支える自然支配の原理を「同一性」としてとらえ直すとともに、その批判の根拠を「同一性」にとって異質な他者である「非同一的なもの」に見いだす。「野蛮」を可能にする

16 アノミー

「同一性」の原理は思考自身にも内在するが、「非同一的なもの」を経験するまなざしによって理性は「同一性」の原理に盲従することなく、「同一性」への批判的な反省を行うことができるとされる。この「非同一的なもの」との関係に、アドルノは自然支配とは異なる理性の可能性を見いだすのである。

主に講演や対談の形式をとるアドルノの教育論は、このような思想を反映した自律（成人性）の理念に収斂している。「非同一的なもの」の経験は現状からの外化を可能にし、現状に対する批判的対峙というかたちで自律を保証する。そして教育の課題は芸術教育や政治教育によって、この自律の機会を提供することとされる。

なお、以上のようなアドルノの思想を積極的に受容したのは、1970年代を中心に西ドイツ教育学を席巻した解放的教育学であった。ただし、そこで主に注目されたのは現代社会の状況に対する批判的洞察と成人性の理念であった。しかし近年ではフランス現代思想との対照において「非同一的なもの」をめぐるアドルノの思想を評価する動向も現れており、アドルノの思想を参照しつつ教育学の思考様式を批判する試みもいくつか登場している。

［参考文献］ *Adorno Gesammelte Schriften.* 20 Bde., Frankfurt am Main 1971/81／Adorno, Th. W., *Erziehung zur Mündigkeit,* Frankfurt am Main 1971／Gruschka, A., *Negative Pädagogik. Einführung in die Pädagogik mit Kritischer Theorie,* Wetzlar 1988／Kappner, H.-H., *Die Bildungstheorie Adornos als Theorie der Erfahrung von Kultur und Kunst,* Frankfurt am Main 1984／ヴィガースハウス, R.（原千史・鹿島徹訳）『アドルノ入門』平凡社ライブラリー 1998 　　　　　（白銀夏樹）

アノミー
仏 anomie

▶ **語義**　デュルケーム（Durkheim, E.）によって定式化された社会学概念。近代化・産業化の進展にともない、伝統的な諸規範が社会や個人に対する拘束力を弱めることから生じる「欲望の無規制状態」をさす。語源的には、「無法状態」をあらわすギリシャ語の anomia に発している。後にこの概念は、アメリカにおいて、マートン（Merton, R. K.）により逸脱発生の原因論として応用された。また、メイヨー、マッキーバー、リースマンらも、大衆社会における個人のアトム化や疎外感、自律性の喪失に焦点づけて独自のアノミー概念を展開している。この他にも、「急性アノミー」と「単純アノミー」とを区別したデ・クレージアや、経験的調査にもとづいてアノミーの社会心理を尺度化しようと試みたスロールがいる。

▶ **デュルケームのアノミー論**　デュルケームは、道徳的基準が権威を有することで、個人の欲望や情念に歯止めが加えられると考える。この道徳的基準とは、その社会の機能的存続にとって必要な二つの配分である「幸福・快楽の配分」と「職務・人材の配分」に関する伝統的な準則である。これは、パーソンズ流に言えば、「報賞」および「地位―役割」の配分をつかさどる基準にほかならない。

けれども近代化にともない、そうした伝統的な道徳的基準が崩壊し、これに代わる基準が見いだせないまま、人々は欲求の限界を見失って嫉妬や羨望に苦しむことになる。この状況をデュルケームは「アノミー」と称した。

作田啓一によれば、業績主義は職務・人材配分の基準たりえても、一方では無制限の欲望を正当化するため、今日の業績中心社会ではデュルケームの示した慢性的なアノミー状況にあるとされる。

▶ **マートンのアノミー論**　デュルケームのアノミー概念は、その後、アメリカにおいてパーソンズやマートンらによって、より社会機能論的に定式化された。なかでもマートンは、アメリカ社会を例にとり、極端に強調化された文化的目標と、それを実現するための制度的手段の過少さとの矛盾関係に着目した。そして、この矛盾関係が社会内に緊張やフラストレーションを潜在化させ、種々の逸脱行動の発生原因になるとともに、アノミーを生

じさせると考えた。

▶ **今日の教育とアノミー**　現代社会における「個人主義」と「平等主義」は，学校教育の場でも中心的なエートスであるが，これらは教育システム内部にアノミーを生じさせる原因ともなる。すなわち，亀山佳明によれば，個人主義とは，制度への反抗を許容する原理でもあるため，個人は制度を外部的拘束として意識しやすく，このため規律の所有する正当性が疑問視され，結果的に拘束者（教師）や規律の権威が貶められてしまう。他方，平等主義は，教師＝生徒間あるいは生徒相互間の社会的差異を極小化するように機能する。したがって，欲望の対象に関しても「同一の対象に」欲望することが正当化される。このとき，他人の欲望は自分の欲望のモデルであるとともに，自分の欲望も他人のモデルであるという「欲望の模倣ゲーム」が生じる。そして，このゲームは，教師の権威が希薄化した状況下ではますます促進され，欲望は他律的にエスカレートし，アノミーを招来することになる。とりわけ今日の教育には，斉一的な競争目標への動機づけをおこなう「煽る教育」は盛んな反面，「鎮める教育」が不在なため，アノミーは，ますます促進されることになりやすい。

　ところで，すでにデュルケームは，アノミーを克服する途も模索していたが，とりわけ道徳教育に期待している。彼は，道徳形成の三要素として「規律の精神」「集団への愛着」「意志の自律性」をかかげ，これらを生徒自身が内在化するためには，「教師の権威」が重要な契機であると考えた。そして，その権威の淵源を，教師が己の職責に対して抱く深い自尊の念と，自己に課せられた使命についての崇高な理念に求めた。

　今日，教育を通じたアノミー超克を目指して，教師または人間の新たな権威が，より広い社会的文脈のなかで理論的・実践的に再構築される必要があると思われる。

　[**参考文献**] デュルケーム（宮島喬訳）『自殺論』中公文庫　1985／デュルケーム（麻生誠・山村健訳）『道徳教育論（1・2）』明治図書　1964／マートン（森東吾ほか訳）『社会理論と社会構造』みすず書房　1961／作田啓一「アノミーの概念」『社会学評論』第16号　1954／亀山佳明『子どもの嘘と秘密』筑摩書房　1990
　[**関連項目**] 逸脱／規範／権威／道徳

（村上光朗）

阿部重孝
（あべ　しげたか，1890-1939）

　大正・昭和時代前期の教育学者。教育制度・行政に関する実証的研究方法を導入し，教育科学運動に大きな影響を与えた。

　新潟県に生まれる。1913（大正2）年東京帝国大学文科大学教育学科を卒業後，文部省普通学務局に勤め，各国教育の行政資料調査等に従事した。東京帝国大学助教授を経て，1934（昭和9）年同大学教授となり，主として教育制度に関する講義を担当した。1923年万国教育会議に参加，その後アメリカで教育の実証的・科学的研究について学ぶ。1931年発刊の岩波講座『教育科学』の企画に参加，執筆する。教育研究会（のち教育改革同志会）を組織し教育制度改革案作成にあたった。

　阿部の学問的な業績は，当時教育学の主流であった思弁的，抽象的な研究方法を批判し，「実証的統計的研究」を主張し，その方法によって教育事象の分析を行ったことである。阿部は，現実の教育問題解決のための学問を志向し，数量的なデータから導かれる学校制度や内容に関する具体的な事実こそ，教育学の研究対象であると見ていた。このような立場は『実験教育学綱要』（1919）によって明らかにされ，調査活動として，3校の小学校調査，台湾の教育調査，師範学校に関する調査などを実施した。たとえば，初等教育の統計的研究では，明治以来の学科課程について各教科目ごとに配当時間数を一覧表に集計しているが，このような試みは，教育学を科学として成り立たしめるべく，教育の事実に迫ろうとしたものである。

　阿部による「事実としての教育」研究，あるいは「客観的方法による」学科課程の研究

は，19世紀末に始まるアメリカの教育科学運動から大きな影響を受けていた。教育の科学的研究には，教科書や授業の内容における知識の項目を量的に測定することと，子ども自身がそれらの知識をどのように理解し，習得しているのかを解明するという二つの側面があった。教育における科学的探究の対象として，カリキュラムに関する知識や技能，子どもの活動を中心に据えたことは，観念論的なドイツ教育学が盛んな戦前の時代にあって，斬新な試みであった。阿部の斬新さは教育の「質」を問題としていたことにもみられる。子どもの成長の過程を具体的に，観察可能な事実として見ることが教育学の独自の領域としてあるという阿部の考え方は，教育の科学化運動の重要な遺産として戦後の教育学研究に継承されていった。

　［参考文献］　留岡清男「阿部重孝論」『教育』1936年1月号／阿部重孝「学科課程論」岩波講座『教育科学』1932／阿部重孝「教育財政」岩波講座『教育科学』1933　　　（橋本美保）

アラン

（Alain，本名，シャルティエ Emile-Auguste Chartier，1868-1951）

　フランスの最高学府，高等師範学校（エコール・ノルマル）を卒業後，各地の高等中学校（リセ）で哲学を講じ，市民の啓蒙にも力を注いだ教育者。師ラニョー（Lagneau, J.）の実践的合理論の影響を受ける。ソルボンヌ大学の招聘も辞して，1910年以降，第二次世界大戦への出征期間を除き，高等師範学校への準備級が設置されたパリのアンリ四世校で教鞭を取る。ソクラテス（Socrates）を彷彿とさせる対話式教授法により，モーロワ（Maurois, A.），プレヴォー（Prévost, J.）などの弟子を輩出した。

▶ **著　作**　日常生活のうちに人間性を探究するモラリストの伝統を継ぎつつ，自説を体系的に述べるのではなく，『ルーアン通信』などの地方新聞や『新フランス評論』（N. R. F.）に掲載された短い語録（プロポ）の

簡潔で明快な文章のなかに，広範な視野と鋭い洞察力を伺わせる。これをテーマ別にまとめた『幸福語録』（1925），『人間素描』（1927），『教育語録』（1932），『文学語録』（1933），『政治語録』（1934），『経済語録』（1935），『宗教語録』（1938）に加えて，『思想と年齢』（1927），『海辺の対話』（1931），『思想――プラトン，デカルト，ヘーゲル』（1932）などの哲学的著作，『音楽家訪問』（1927），『芸術20講』（1931）などの芸術論，『スタンダール』（1935）などの文学論，『わが思索のあと』（1936），『大戦の思い出』（1937）の回想録など，著作は多岐にわたる。

▶ **思　想**　理性と意志による想像力の統制を基調とする芸術論に鮮明にみられるように，人間理性を越えた神秘的な力ではなく，良識を重んじるデカルト的主意主義的合理論の立場に立つ。労苦によって人間は真の快楽を獲得し，それを受け取るに足る価値を自らの内に形成できるとする。独創性の獲得に表現手段の積極的学習と模倣を重視し，意志力の訓練，論理的訓練，規律ある模倣の模範として古典の普遍的価値を重んじる立場から，新教育運動に子供の想像力に任せた奔放な自由放任をみて，その個性重視を批判した。現実の人間から普遍的な意味を引き出す一方，あらゆる権力に腐敗と圧政の可能性をみて，国家と戦争を批判する急進共和主義に立つ。また，市民の絶えざる監督と抵抗によって民主主義を規定し，自由意志による行動を重んじる。この徹底的な個人主義に対しては，具体的な事例に基づく歴史研究の媒介なしに永遠の観念を素朴に導き出して，制度や思想に潜在する特殊的な性格を見落としているとした，アロン（Aron, R.）の批判がある。

　［参考文献］　『アラン著作集』全10巻，串田孫一・中村雄二郎ほか訳，白水社　1982／Reboul, O., *L'homme et ses passions d'après Alain*, Paris 1968／ルブール（橋田和道訳）『人間的飛躍』勁草書房　1996／カルネック（安斎和雄・並木治訳）『アランとルソー』法政大学出版局　1989／巽幸孝「アラン」松島鈞編『現代に生きる教育思想3』ぎょうせい　1981

（坂倉裕治）

アリエス
（Philippe Ariès, 1914-1984）

▶ 生涯　フランスのロワール河畔の町
バロアにて，熱心なカトリック王党派を両親
として生まれる。ソルボンヌ大学で歴史学を
専攻し，その間アクシオン・フランセーズ
（王党派および，カトリック主義を掲げる極
右の政治運動の日刊紙）に投稿する。卒業後
は大学のアカデミックな歴史学からは距離を
おき，熱帯果実研究所での勤務の傍ら独自の
研究を続け，自らを「日曜歴史家」と称した。
1960年の『〈子ども〉の誕生』の成功によっ
て，アメリカをはじめ一躍注目を浴び，1978
年にはフランス社会科学高等研究院の研究主
任として認められる。

▶ 思想背景　フェーブル（Febvre, L.）と
ブロック（Bloch, M.）を創立者とする『ア
ナール』（『経済社会史年報』から後に『年報
──経済・社会・文明』へ改名）の影響を受
ける。新たな歴史学の潮流のなかで，ある特
定の時代や地域に属する人々に共有されてい
る，ものの感じ方や考え方（心性：マンタリ
テ）に注目し，事件史や制度史といった「表
層の歴史学」とは異なる「深層の歴史学」を
めざす。また，経済構造の変化に全てを還元
し，客観的かつ科学的な法則性を目指すマル
クス主義の歴史学を「一般史（グランド・イ
ストワール）」として批判する。アリエス自
身は「個別の歴史」をめざし，かつての人々
の具体的な体験を捉え，そこに「近代」との
差異を見いだす。従来歴史学ではそれほど
注目されなかったテーマ，すなわち，家族・
子ども・死・性といった日常生活の根底に位
置づく諸相を描き，それらを文化的かつ社会
的に生成されるものとして重視する。数多い
著作のなかでも，とりわけ『〈子ども〉の誕
生』『〈教育〉の誕生』の教育学に与えた影響
は大きい。

▶ 近代教育の相対化　『〈子ども〉の誕生』
と『〈教育〉の誕生』は教育学に対して，近
代教育の相対化の視点をうちだした。中世に
は子ども期が存在していなかったというアリ
エスの主張は，あたかも子どもが普遍的に存
在すると想定してきた近代教育学の自明性を
根底からくつがえすことになった。アリエス
は子どもが近代社会の産物であることを，近
代になって「子ども期」という語が年齢区分
に対応し，大人と区別した存在を指し示すた
めの語になったこと，日誌や書簡や図像に子
どもが単独で描かれるようになったこと，あ
るいは，子ども服や玩具の誕生を具体的にと
りあげるなかで例証した。『〈子ども〉の誕
生』は，中世との比較対照を通じて，近代人
の子どもに対する深い関心を際立たせるがあ
まり，中世固有の子育ての習俗を無視してい
るという批判を浴びた。しかしながら，本著
が教育学の枠を越えて広く受け入れられたの
は，管理社会への批判の高まりのなかで，近
代社会における新たな公と私の関係を〈国
家〉と〈家族〉のあり様のなかに位置づけ，
伝統的な共同社会の変容と崩壊の過程と重ね
合わせつつ論じたからに他ならない。

　アリエスは〈子ども〉を語る関係枠として
〈家族〉と〈学校〉をあげる。アリエスによ
れば，近代的な子ども観が成立する過程は，
17世紀から18世紀にかけて，共同体の絆
（ソシアビリテ）からの分離を経験したブル
ジョワ家族の私生活化と重なる。それが，
〈子ども〉を道徳的に配慮された教育環境へ
と隔離する「封じ込め」の過程であるとして
いる点で，フーコー（Foucault, M.）の規
律・権力についての研究と方向性を同じくす
る。『〈子ども〉の誕生』の第二部「学校での
生活」では，モラリストの監視のもとにおか
れた学寮（コレージュ）の規律の進化をあげ
つつ，この過程を「学校化」として論じてい
る。『〈教育〉の誕生』では，近代的な子ども
観の成立は，教養という新たな教育観と結び
ついている。アリエスによれば，近代の〈教
育〉（éducation）とは，養い育てること
（élever）と知育（instruction）という，か
つては別々であった二つの観念を包括してい

る。近代的な意味での〈教育〉は，共同体とソシアビリテの中で特定の職業へ準備する，かつての見習い奉公と異なって，社会的に有用な教養のある人間という，より普遍的な目的に向けて子どもを形成する。近代の家族は，大人の社会から〈子ども〉を引き離して，〈子ども〉への配慮を一層徹底化させると同時に，教養を身につけさせるために，学校という環境に特別の価値を見いだすようになる。アリエスは，いわば子どもへのまなざしを通じて，近代特有の家族・教育・社会の連関構造を描き出した。その著作は現在もなお，近代教育が，かつてないほどに〈子ども〉に対して自覚的に責任をもち，監視と統制という近代人の目的意識的な道徳的配慮によって成立しえたことについて，教育学に自己省察を促す一契機となっている。

［参考文献］アリエス，Ph.（伊藤晃・成瀬駒男訳）『死と歴史：西欧中世から現代へ』みすず書房　1983／アリエス，Ph.（成瀬駒男訳）『日曜歴史家』みすず書房　1985／アリエス，Ph.（杉山光信訳）『歴史の時間』みすず書房　1993／アリエス，Ph.（杉山光信・杉山恵美子訳）『〈子ども〉の誕生』みすず書房　1980／アリエス，Ph.（中内敏夫・森田伸子編訳）『〈教育〉の誕生』新評論　1983／宮澤康人編『社会史のなかの子ども』新曜社　1988／森田伸子『子どもの時代』新曜社　1986　　　　（綾井桜子）

アリストテレス

（Aristoteles, B. C. 384-B. C. 322）

　イデアの超越を中心とするプラトン（Platon）に対して，経験を重んじる実証主義の学風を掲げてあらゆる学問分野を整理した「万学の祖」ともいうべきギリシャの代表的哲学者。

▶ 生　涯　前384年，マケドニアの支配下にあったスタゲイロスに医師の子として生まれる。前367年，17歳でアカデメイア（Academeia）の門をたたき，晩年期のプラトンの下で，以後20年の学園生活を送る。「読書家」あるいは「学園の知性」とも呼ばれる学究の徒であったが，超越的なイデア論や数理

哲学は好むところではなかった。

　前347年，プラトンが没し，甥のスペウシッポス（Speusippos）が学園を継ぐと，アカデメイアを去る。小アジアのアッソス，レスボス島のミュティレネで研究に従事し，のちマケドニアに招かれて，首都ペラに7年間とどまる。アレクサンドロス（Alexandros）王子の家庭教師も務めた。

　前335年，アテナイに戻り，いっそう数学的・思弁的な学風を強めつつあったアカデメイアに対抗して，マケドニアの支援を受けつつ，生物学的・実証主義的な学風を中心とする学園をリュケイオン（Lykeion）に創設する。その学派は，園内を散策しながら（ペリパテオ）行われた講義の様式にちなみ，「ペリパトス学派」（peripatetikoi）とも呼ばれた。今日に残る『アリストテレス全集』（Corpus Aristotelicum）の大半は，リュケイオン時代の講義録（と学生による筆記録）とも見られている。

　前323年，アレクサンドロス大王の死とともに，反マケドニア運動が活発化し，身の危険を覚えたアリストテレスは，母の国カルキスに逃れる。前322年，この地において62歳で病没。リュケイオンの学園は，学友のテオプラストス（Theophrastos）が継承した。

▶ 思想の内容　アリストテレスの思想を知ろうとすれば，今日に残る膨大な著作群（いわゆる『アリストテレス全集』）に目を通すのが一番の近道であろう。とはいえ，これら著作群は，古典ギリシャと古代ローマの読者たちが目にしたところの，あのローマ最大の文章家であるキケロ（Cicero, M. T.）によって「黄金の輝きをもった雄弁の流れ」と絶賛された，おそらくはアカデメイア在学中に執筆・公刊されたと想像される初期の作品群ではない。一読すれば明らかなように，現今の『アリストテレス全集』は，文章形態も単純で，かつ会話風の非完結文で満たされていて，上のキケロの絶賛を跡付けるのはむつかしい。これらは主として，アリストテレスがリュケイオンを去るにあたりテオプラストスに託し

た，この学園時代の未公刊の講義草稿群（と学生の筆記ノート）からなる。

アリストテレスの草稿群はしかし，その後，まことに数奇な運命を辿ることになる。というのもそれらは，テオプラストスの遺言により，弟子かつ友人であったネレウスに預けられ，ネレウスの子孫はのち，ペルガモン王朝とアレクサンドリア図書館相互の書物回収争いを避けて，およそ200年間これらを地下に隠していたが，ペルガモン王朝の衰亡を機会に，金持ちの好事家アペリコンに売り渡した。アペリコンはこれらを修正し公表したが，かれの文庫はその後，アテナイを包囲したローマの将軍スラによって故国に持ち帰られ，それが前40年，リュケイオンの最後の学頭であったアンドロニコス（Andronikos）の手で──学園内に残されていた往時の学生たちの筆記ノート類も交えつつ──改めて編集され公刊されたからである。こうした成立の事情を反映して，『アリストテレス全集』は，プラトンの対話篇にみられるような内容上の完結性と文体上の精錬を欠いている。それゆえ，多くの解釈と批判をおのずからに迫る〝問題提起の泉〟でもある。

ともあれ，現今の『アリストテレス全集』には，「万学の祖」と呼ばれる著者自身にふさわしく，論理，自然，霊魂，倫理，政治，弁論，芸術，形而上学等に及ぶ広大な学問領域を網羅した数々の著作が収められている。今，それらに簡単な整理をほどこすなら，まず最初に，あらゆる学問を進めていく上で共通に必要な「オルガノン（道具）」としての論理学関係の著作群があり，次いで，これらオルガノンを用いて具体的に展開されるべき，〝観る〟〝行う〟〝作る〟といった人間の基本的営みに対応した三つの学問分野，すなわち〝観察〟〝実践〟〝制作〟に関わった著作群がそれぞれある。具体的な作品名を当て嵌めるなら，およそ以下のようになるだろう。

（1）論理学関係のグループ：『カテゴリー論』『命題論』『分析論前書』『分析論後書』『トピカ』『詭弁論駁論』（2）観察学関係のグループ：自然学方面の『自然学』『天体論』『生成消滅論』『霊魂論』および自然学小論集，動物学方面の『動物誌』『動物部分論』『動物進行論』『動物発生論』，第一哲学としての『形而上学』（3）実践学関係のグループ：倫理学方面の『ニコマコス倫理学』『エウデモス倫理学』，政治学方面の『政治学』（4）制作術関係のグループ：『弁論術』『詩学』

上にみた作品群の中でも，『自然学』『形而上学』『ニコマコス倫理学』の三者は，わけてもアリストテレスの代表作に数えられている。全部で8巻からなる『自然学』は，諸々の自然的存在の運動変化についての観察研究の書であって，その範囲は，永遠不変の運動を反復する天体，地上の生物や無生物，それらを合成する元素にまで及んでいる。今日の学問でいうなら，天文学，気象学，力学，物理学，化学，生物学等を総括した自然科学と，自然哲学を統合したものがこの作品であるということができよう。そこではだから，運動変化を説明づける上で不可欠な「基体」「形相」「欠如」の三原理，さらに自然とは，その運動とは，そのための場所および空虚とは，また時間とはそれぞれ何であり，この時間を感知する霊魂は当の時間とどう関係するか等々の問いが，豊富な具体例を介して実証的に考察されている。

また，全部で14巻からなる『形而上学』は，「メタ・フィジカ」というギリシャ名も語るように，元々は「自然学（フィジカ）のあとで（メタ）」読まれるべき書物といった意味をもち，そこで考察されているのは，存在一般と最高存在としての神である。存在をまさに存在そのものとして扱うこの学は，具体的な自然存在を扱った自然学に次いで学ばれるべきだと判断されたからであろうか。今日の言葉でいうなら神学ないし存在論となるであろうこの学は，「形の世界を越えた事柄を扱う」という内容の特徴に照らして「メタ」が「越えた」の意味に解され，のちには，文字どおり「形而の上の学」と呼ばれるようになった。

22　アレント

さらに，全部で10巻からなる『ニコマコ
ス倫理学』は，「エチカ」というギリシャ名
も語るように，もともとは「エートス（人
柄）に関わる考察一般」を意味した。およそ
人柄こそは，人間の善い・悪いを決定する当
のものだからである。ここでのテーマはそれ
ゆえ，最高善，人柄としての徳，行為を構成
する諸要素，正義，思考の働きとしての徳，
抑制と無抑制，快楽，愛，幸福等々である。

ところで，これらを貫いて見られるのは，
実に，一定の結論や診断をいきなり下すので
なく，先人の意見の周到な顧慮と吟味，現象
や事実の注意深い観察，さらに粘り強い探求
と考察を通して，最も公平で最も妥当な解決
をめざす徹底した実証主義の精神であった。
アリストテレスの特色を端的に示すなら，こ
のように，理論的・超越的傾向のプラトンと
は異なって，あくまでも経験的・現実的傾向
を貫く点に求められるであろう。とはいえ，
彼の経験的・現実的傾向は，他方において，
物事を始まりからでなく終わりからみる目的
論や，質量よりは形相を，始動因よりは目的
因を，可能態よりは現実態を優先させるプラ
トンに繋がる特色と微妙に交ざり合ってもい
る。これらは実に，アリストテレスの内に残
されたアカデメイアの刻印と判断できないで
あろうか。

▶影響　アリストテレスの著作は，中
世後期に入るとアラビア訳を介して西欧に逆
輸入され，神学研究の基礎科目として盛んに
学ばれたばかりでなく，この時期が西欧の大
学の創立期とも重なっていたことから，パリ
大学やオックスフォード大学での哲学の教科
目として大きな位置を占めるにいたった。現
在のわれわれは，こうした史実を介して，哲
学的考察を進める上での核となる諸概念――
たとえば実体と属性，形相と質量，可能態と
現実態，特殊と普遍，類と種，命題，三段論
法等々――の多くを，アリストテレスから借
用している状況にある。今のわれわれには，
このアリストテレスを欠いて哲学するのはむ
つかしい。これに加えて，理論的・超越的傾

向のプラトンとは趣を異にした経験的・現実
的傾向のアリストテレスは，当人の傾向がこ
れほどに異なるなら，類似したテーマ（たと
えば存在自体や自然物一般）を扱う際にもい
かに中身が異なってくるかの具体例を，それ
ゆえ，哲学における「アリストテリアン」と
「プラトニスト」が生まれてこざるを得ない
必然的事情を，われわれに考えさせてもくれ
る。その意味ではまさに，ラファエロの描く
『アテナイの学堂』は，学問の領域における
アリストテレスとプラトンの位置を何よりも
暗示しているとみなければならない。という
のも，この絵の中央には，居並ぶ当代の学者
たちを圧して，老齢のプラトンと壮齢のアリ
ストテレスが，一方は天を，他方は地を指さ
す姿で共に歩みを進めている様が描かれてい
るからである。

［参考文献］Ross, W. D., *Aristotle*, London
1923, 1949（第5版）／Jaeger, W., *Aristoteles,
Grundlegung einer Geschichte seiner Entwick-
lung*, Berlin 1923／G・ロイド（川田殖訳）『ア
リストテレス』みすず書房 1973／今道友信
『アリストテレス』（人類の知的遺産8）講談社
1980／アリストテレス（出隆監訳）『アリスト
テレス全集』（全17巻）岩波書店　1968-73
（村島義彦）

アレント
(Hannah Arendt, 1906-1975)

第二次世界大戦後アメリカで活躍した，ド
イツ系ユダヤ人の政治思想家，哲学者。マー
ルブルク，フライブルク，ハイデルベルクの
各大学で哲学，神学を学び，ハイデガー
(Heidegger, M.)とヤスパース（Jaspers, K.)
から強い影響を受ける。ナチスの迫害から逃
れるため，41年にアメリカに亡命した。戦
後はニュースクール・フォー・ソーシャル・
リサーチ等で講義を行うとともに，積極的な
言論活動を展開した。

1958年に刊行された前期の主著『人間の
条件』では，言論や行為を通じて，人びとが
互いに固有な存在として見られ聞かれる「活
動（action）」としての政治理解が示された。

彼女によれば，人びとがともに「活動」することでこの世界に新しい出来事がもたらされることに，「政治」ないし「公的」なものの存在理由がある。こうした政治観は，アレント独自の近代批判に根ざしている。彼女は，近代の特徴は，本来私的なものの原理であったはずの生命の維持・増進が唯一の関心事となり，生物学的なヒトとしての画一性が前景化することによって，「政治」の条件である人びとの「複数性（plurality）」が根こぎにされた点にあるという。

こうした前期アレントの政治理論は，教育学の領域においても，教育の公共性やシティズンシップ教育に関わる文脈で導入され，広く共有されつつある。ただし，教育に関する彼女自身の言及は決して多くない。さらに，『過去と未来の間』（1961）所収の「教育の危機」や論文「リトルロックの省察」（1959）といった，教育論として読まれる数少ないテクストにおいては，彼女の政治理論と直接的には接続しない議論が展開されていることに注意が必要である。というのは，彼女は教育を公的，私的，社会的なものの原理がせめぎ合う場として描くとともに，教育は「権威」を必要とする点において「政治」と区別されると論じるからである。

また，後期のアレントには，前期の彼女の議論とは異なるモチーフが現れてくる。1961年アレントはアイヒマン裁判を傍聴し，『イェルサレムのアイヒマン』（1963）にまとめられる報告を雑誌「ニューヨーカー」に連載した。そこで示された「無思考性」と「凡庸な悪」というテーゼをめぐって，彼女は厳しい批判にさらされ，これ以降精神活動を主要な検討対象とするようになった。その思索は「思考」「意志」「判断」の三部からなる『精神の生活』にまとめられるはずであったが，心臓発作による急逝によって，「判断」については未完のまま死後に出版された（1978年）。ただし，書かれなかった判断論については，『カント政治哲学講義録』（1982）にその構想の概略をうかがうことができる。

主要な著作として他に『全体主義の起原』（1951），『革命について』（1963）など。

[参考文献] Hannah Arendt, *The Human Condition*, The University of Chicago, Chicago 1958（志水速雄訳『人間の条件』ちくま学芸文庫 1994）／Hannah Arendt, *The Life of the Mind*, Harcourt, New York 1978（佐藤和夫訳『精神の生活』岩波書店 1994）／Elisabeth Young-Bruehl, *Hannah Arendt: For Love of the World*, Yale University Press, New Haven 1982（荒川幾男ほか訳『ハンナ・アーレント伝』晶文社 1999）

[関連項目] 公共性（教育における）／シティズンシップ／ハイデガー　　　　　（村松灯）

イ

伊沢修二
（いさわ　しゅうじ，1851-1917）

明治時代の教育者，教育行政官。師範教育・音楽教育・体育教育・吃音教育・教科書・国家主義教育・学制改革運動・教育費国庫助成要求運動・植民地教育などさまざまな分野の開拓的指導者。

伊沢修二は信濃国伊那郡高遠藩の下級藩士の家に生まれた。1869（明治2）年に上京してしばらくの間英語を中浜万次郎に師事し，1870年には貢進生に選ばれ南校に学ぶ。工部省出仕を経て，1874年官立愛知師範学校長に就任，翌年師範学科取調員として米国ブリッジウォーター師範学校に派遣された。1878年に帰国後，東京師範学校，体操伝習所，音楽取調掛，文部省などに籍を置き，普通教育の定着のための学校の組織化と条件整備に努力した。1891年に官を辞してからは，国家教育社社長として論陣を張り，さらに台湾の植民地教育，吃音矯正事業なども興した。

伊沢の教育思想の根幹は渡米前に形成された。南校時代の恩師フルベッキ（Verbeck,

G. F.）から贈られたクリーゲ（Kriege, M. H.）の *The Child* は伊沢が教育界へ入るきっかけとなったものであり、彼はこの書からフレーベル主義、とくに子どもの自己活動の重要性を学び、愛知師範学校附属小学校において「唱歌嬉戯」を実践し「実物課」を教授した。また、クリーゲの書に加えて、ページ（Page, D. P.）やノルゼント（Northend, C.）の著作からアメリカに興った初期ペスタロッチ主義の教育理論を受容して、日本初の教育学教科書『教授真法』を著した。伊沢はこれらの米国書籍の影響を受けて、初等教育カリキュラムを構想し、附属小学校において実践した。彼のカリキュラムの第一の特色は、人間の調和的完成という教育目的から演繹された知育・徳育・体育すべてに関する教科構成にあり、第二は児童の身体的認識的発達特性を考慮した内容配列の工夫にある。すなわち、伊沢はアメリカの近代カリキュラムに対し、その背景にある発達観や子ども観をも含めて原理的理解を示していたのであって、彼の近代的なカリキュラム概念は当時の教育課程法制に理論的な裏付けを与えるものであったと評価できる。

帰国後の文部省官吏としての活躍は、渡米前既に形成されていた彼のカリキュラム概念と留学によって得られた自らのペスタロッチ主義教育の体験によって展開されたものであった。留学の成果である『学校管理法』（1882）と『教育学』（1882-83）は、いずれも師範学校教科書として広く普及し師範教育の内容の充実に貢献した。

伊沢の活動は、常に日本の現状、国民の教育の現状への強い関心に支えられていた。1890（明治23）年、「国家教育の本義を説明し、忠君愛国の精神を発揮する」という目的から、国家教育社を設立したこともそのような姿勢からであるが、この後の伊沢の教育活動（特に台湾における植民地教育行政など）が、日本の国家主義教育を押し進める大きな力になったことも否めない。

［**参考文献**］ 上沼八郎『伊沢修二』吉川弘文館 1962／橋本美保『明治初期におけるアメリカ教育情報受容の研究』風間書房 1998

（橋本美保）

意 志

英 will／独 Wille／仏 volonté

▶ **語 義**　生理的・心理的・社会的な諸要求を取捨選択しかつ制御して、その要求の実現のために障害を乗り越えて、ある行動を貫こうとする心的傾向、またはその能力をいう。単なる一次的欲求を越え、それの反省にもとづく二次的要求として、ヒトの高等な精神機能の一つとされる。

▶ **概念史**　意志はもと神の意志であり、さらには自然の意志であった。また、社会的にもそれは人の個体を越えた精神的実体であるとみなされ、集団の意志、一般意志、国家意志などはその現象であって、その実体を探し当て、それに従おうとすることが人の義務であった。意志論はかくして、人の人格を超越する意志を探ることを意味する目的論であった。したがって、意志は単なる意欲や欲望などとは異なる価値的に肯定的意味を持つものであった。キリスト教にあっても、意志は知性と並んで生存の基盤であり、意志の消滅を言うことは断罪されるべきことであった。善と真とは同じことであり、善を求めるべき意志の否定は真の否定である。古代にあって、たとえば「徳は知なり」というソクラテス（Sokrates）の教説にあるように、善は認識されるべき客観であり、主観によって欲することの対象ではなかった。意志と知性は必ずしも分別されず、争い合う関係になかった。

神や自然によって決定されていない自由なる意志が人のものとなり、さらに、その意志が形成される対象となったのは近代である。「意志は悟性がわれわれに提供するものをわれわれが肯定もしくは否定するために、すなわち、それに従うかもしくはそこから逃げるかするために、どんな外的な力にも拘束されていると感じないような形でこれを行うところにのみ存するのである」（デカルト Deskartes, R.）。また，近代になって，意志は主観的に善あるいは幸福を追求する権能を持ち，その意味で理性と競うことになる。

近代思想は理性に対する信頼のもとに，意志が理性に導かれることを，あるいは意志を導き得る働きを理性がもつことを希望的に前提にしつつ形成されたが，その一方で，近代史の歴史的現実（とくに19世紀以降の階級間や国家間の闘争状態）において，そういった近代合理主義に対する疑念が生じ，意志を理性から独立させ，より実体的にとらえる立場が現れた。すなわち，人間の本質を理性よりも意志において捉えようとする考え方であり，ショウペンハウアー（Schopenhauer, A.）がその代表であり，後にニーチェ（Nietzsche, F.）に継承される。

意志は人間の精神機能を一般的に包括する意味にもなり，そうなると意志という心的領域を特別に設けること自体が成立しない。意志の心理学は心理学一般のことになる。したがって，心理学的に意志の領域を特定することは難しく，今日なお意志は心理学にあって多義的である。ヴュルツブルグ学派による意欲的エネルギーの実験的研究は，それを測定可能なものにすることによって後の行動主義へ影響を与え，他方そのエネルギーの背後にあるとする行動決定傾向の理論（アッハ）は無意識の動因による意志の意味をとらえ，フロイト（Freud, S.）に影響した。

▶ **教育学**　意志形成論は，近代教育学のテーマになった。決心の堅さ，行動の一貫性，などを支える意志の強さが個人的資質として認識され，その強さが形成可能なものとして教育の対象となった。近代教育は同一の対象に対する意志が誰にも同じように現れることを前提に近代的個人の存立を基礎づけつつ，他方，個別化の進行によるエゴイズムへの不安から個別意志の抑制の方法に関心をしめした。たとえばルソー（Rousseau, J.-J.）はエゴイスティックな意志を趣味（美的情念）の育成によって制御する情念指導を試み，また，道徳性を最高の教育目的とするヘルバルト

（Herbart, J. F.）は，カント（Kant, I.）等の先験論的な善意志の説明に対して，その意志の陶冶可能性を独自に表象の力学から論証しようと，教育的教授の説を出した。さらにナトルプ（Natorp, P.）は感性・悟性・理性の段階に対応して，衝動，選択的意志，批判的意志の三段階をそれぞれ家庭教育，学校教育，社会的教育に合わせる，意志陶冶の段階的方法を提唱した。いわゆる新カント派の立場から教育を「自然の理性化」と捉えるわが国の篠原助市が描くところの無律（衝動），他律（意志），自律（理性意志）へと上昇するプロセスもこういった理想主義の流れを受け継ぐ。いずれにしても，利己的意志を抑えて，他者の幸福を願う意志は，特に訓練を必要とするものであった。

しかし，次第に意志は道徳的意味における意志を離れ，学習意欲，やる気，根性としての意志につながり，単なる意欲や努力の概念の中に取り込まれ，さらに今日では，そのような意味としての意志形成が単に方法化され，内容を失っている状況にある。意志の善し悪しを越え，悪しき意志（悪いことを強い意志でやり通す）であるかどうかに関係なく，たとえば根性をつけるとか勉強の意欲をつけるとか，などの訓練がある。ヘルバルトが意志の美学として「五道念」を定立したのは，意志形成の単なる方法化を越え，その目的を示したものであった。

［**参考文献**］　矢田部達郎『意志心理学史』培風館　1942／ショーペンハウアー『意思と表象としての世界』中央公論社　1980／ナトルプ『社会的教育学』玉川大学出版部　1954
［**関連項目**］　訓練／道徳／理性　　　（原聡介）

石井十次

（いしい　じゅうじ，1865-1914）
キリスト教社会事業家。日向国（宮崎県）高鍋藩士の家に生まれる。1878（明治11）年，高鍋学校を卒業，翌年に東京芝の攻玉社に入学するが，帰郷。小学校勤務，警察署勤務を経て，1882（明治15）年，岡山県甲種

医学校入学。同年，天主教（ローマ・カトリック教会）の岡山教会にて受洗するが，1884（明治17）年には岡山基督教会において金森通倫牧師より受洗。1887（明治20）年，医学校卒業試験に失敗，岡山県邑久郡の診療所において医療活動に取り組む折，前原定一という8歳の少年に出会い，幼女も抱えたその母親から定一の養育を頼まれる。さらに2人の男児も引き取り，岡山の三友寺を借り受けて「孤児教育会」（のちの岡山孤児院）を設立した。定一との出会いに前後して，来日したイギリスのブリストル孤児院長ジョージ・ミューラーの講演記録を新聞にて読み，感激した。医学の道棄て難く，1888（明治21）年に第三高等中学校医学部に入学するが，翌年には親しんだ医学書全てに火を放ち，医学から離れることを決意，退学して孤児の事業に専念するに至る。

1891（明治24）年，濃尾大震災の折には93名の孤児を救済，名古屋に震災孤児院を開設した。自身の出身地にほど近い茶臼原に院児を送り，開拓に着手するなど，以後拠点を宮崎県下にも置く。孤児無制限収容を宣言，1906（明治39）年には東北凶作地の孤貧児を救済，院児数は1200名にのぼった。事業の維持は会員制による会費徴収から臨時寄付金制，あるいはこれを断って独立採算をめざすなど石井の裁量により方針は変遷をたどるが，キリスト教関係者，外国人宣教師らの支援などに多くを負った。

当初孤児院から院児らを公立学校に通わせていたが，これを退学させ，独自の労働教育並行主義を実践し，各種の実業教育を行なった。その教育法は「時代教育法」と称され，その著書『新刊岡山孤児院』（1898）によれば，「幼年時代（6歳以上10歳まで）は遊ばしめ少年時代（10歳から16歳まで）は学ばしめ青年時代（16歳より20歳まで）は働かしむる」とされ，幼年時代は茶臼原で遊ばせ，少年時代は岡山孤児院で小学教育を施し，青年時代は院内の実業部で働かせるか他の農工商家に奉公させて教育を行った。

また，岡山孤児院十二則として，家族主義，委託主義，満腹主義，実行主義，非体罰主義，宗教主義，密室主義，旅行主義，米洗主義，小学教育，実業教育，托鉢主義を掲げた。このうち「家族主義」とは，10人くらいの院児に「主婦」ひとりがその世話を担当する制度を指すもので，「満腹主義」においては，求めるだけ食を与えたいとした。

一方，施設での養育の限界を補い，里親制度を試みたりもした。彼の没後，生前からの後援者であった倉敷紡績株式会社社長大原孫三郎は，その精神を評価しながらも，岡山孤児院を整理解散させ，大阪に石井記念愛染園を設立，さらに大原社会問題研究所を開設して，石井の精神の継承を目指した。

石井の事業は，社会の要請を先取りしながらも，その提供する養育の質において，問題を抱えざるを得なかった。石井の思想研究においては，彼の大胆さと無謀さとを視野にとらえながら，客観的に分析した柴田善守『石井十次の生涯と思想』（春秋社，1964）がある。

[参考文献] 石井十次『新刊岡山孤児院』（『明治文化資料叢書第6巻社会問題編』）風間書房1972／『石井十次日誌』石井記念友愛社／石井記念協会『石井十次伝：伝記・石井十次』（『伝記叢書17』）大空社 1987／葛井義憲『闇を照らした人々：相馬黒光・山室軍平・石井十次・井口喜源治』新教出版社 1992 （志村聡子）

石田梅岩
（いしだ ばいがん，1685-1744）

18世紀前半の思想家・社会運動家。庶民階層を中心に幅広い支持を得た教化運動「石門心学」の創始者である。

石田梅岩は，通称を勘平，諱は興長といい，梅岩は号である。1685（貞享2）年9月15日，丹波国桑田郡東懸村（京都府亀岡市）において農家の次男として生まれた。数え年で8歳から15歳までの間，京の商家に入って奉公人として過ごし，いったん帰郷して農業を手伝ったが，23歳の時に再び京に出て上京の商家・黒柳家に奉公人に入った。以後，

45歳になる1729（享保14）年までの間，主家の業務の傍ら，神道の研究に励んだ。

梅岩の学識は，独学による部分が多いが，1727（享保12）年，43歳の時に儒学や禅に通じた町人学者・小栗了雲に出会い，その強い影響を受けて，独自の実践哲学思想を確立した。了運が世を去った1729年，自らの責務にめざめた梅岩は，主家を辞して本格的に教化活動に入るべく，京は車屋町通御池上ル東側の自宅で講釈の席を開いた。門前に「席銭入不申候，無縁にても御望の方々は無遠慮御通り御聞可被成候」と掲示し，お金や紹介人を持たない人でも希望次第にて気軽に聴講するように，との方針を示している。講釈を通じた教化活動は，数年のうちには朝晩に50人以上の聴衆が集まるまでになり，近郊や大坂からも出張講釈の依頼が増えた。1739（元文4）年には，門弟との対話形式によるテキストともいえる『都鄙問答』を刊行した。その好評を受けて1744（延享元）年には実践的考察を盛り込んだ『斉家論』を著したが，この年の9月，梅岩は病に倒れて急逝した。活動開始の年齢が高かったこともあって，梅岩の直弟子と呼べる者は400人を超えない数であったが，その中には杉浦宗仲，手島堵庵，大江資衡らがおり，梅岩の教えを発展させていった。

心学の思想的特徴は，その実践性にある。そして実践に有効であると梅岩が考えた知識や発想は，神道，仏教，儒学など何であれ，すべて梅岩の個性に取捨選択され，教義に取り込まれた。このような成り立ちの折衷性にも大きな特徴がある。梅岩が目標としたところは，「安んじて善を行ひ，努めずして悪を避けるまでに熟達した心境」の獲得であった。それには，ある人が外界の事象や規範を自分の心の中に内面化することと，その人の心が今度は外界に働きかける行為とが，一連の有機的な過程を形成することが必要とされた。心学については様々な角度からの意義づけが可能であるが，ここでは，商業主義の台頭が人間性をおびやかしつつあった江戸中期の社会において，人間と外界の疎外を教授と学習によって克服しようとする，大衆的な教化運動として評価しておきたい。

[参考文献] 石川謙『石田梅岩と都鄙問答』岩波書店　1968　　　　　（橋本昭彦）

イソクラテス

(Isocrates, B. C. 436-B. C. 338)

▶ 生涯　アテナイの富裕な楽器製造者の子に生まれ，クセノポン（Xenophon）やプラトン（Platon）（9歳年少）とほぼ同世代に属する。高名なソフィストのゴルギアス（Gorgias）について学び，30代は法廷弁論の代作人となったが，生来の臆病と声が小さいために法廷に立つことはなかった。前390年頃，40代の半ばでアテナイに弁論・修辞学の学校を開き，以後ほぼ50年間にわたって教育者としての活動を続け，多数の弟子を育てた。彼の修辞学校は，数年遅れて開設されたプラトンのアカデメイアとともに，アテナイ最初の高等教育機関であった。しかし，アカデメイアが900年余にわたって続いたのに対し，イソクラテスの修辞学校は彼一代をもって終わった。

▶ 思想　彼の教育思想をうかがう上で重要な著作は「反ソフィスト論」「アンティドシス」「パンアテナイア祭演説」の三つである。「反ソフィスト論」は，修辞学校開設と前後して書かれた宣言的な文章で，修辞学校の教養理念が語られている。「アンティドシス」は「財産交換論」とも訳される後期（80代）の大作で，彼のいうピロソピアーについての考えをのべた理論書という性格をもっている。「パンアテナイア祭演説」は，死の前年に執筆されたもので，汎ヘレニズムの政治理想が展開されている。

イソクラテスが教育家の道を選んだのは，法廷弁論代作人という仕事を恥じて（後年，この経歴については沈黙を守っている），生計維持の手段として教師生活を選んだためもあるが，それだけではなかった。有能な弁論家は黒を白といいくるめることが巧みな人間

であるが，イソクラテスが教育目的としたのは単に有能なだけでなく，有徳でもある人間であった。そのような人間を彼は，善き教養人，優れた弁論家と呼んだ。教養ある人とは，物事を適切に処理することのできるドクサ（健全な判断力）をもち，礼節をわきまえ，思慮（プロネーシス）に富む人のことである。言論の錬磨を中軸とする教養理念のことを，イソクラテスはピロソピアーと呼んだ。なぜ言論の錬磨なのか。教養ある人々をそうでない人々から区別する特徴は，前者が立派に語るということであり，善き言論は善き思慮の現れである，と彼は考えたからである。イソクラテスは，今日にいたるまでのヨーロッパの知的伝統である言論重視の流れを形作った有力なひとりであった。

イソクラテス自身は平穏と閑居を好み，現実政治に関わることは慎重に避けていたが，政治に対して無関心であったわけではない。それどころか，彼は弁論の主題を公的で普遍的な事柄に限定した。今日風にいえば政治思想や社会倫理学で論じられるような問題を，弁論・修辞の教育で彼はとりあげた。社会，政治，ことに倫理に彼が強い関心をいだくにいたったのは，ソクラテス（Socrates）の影響といわれている。イソクラテスはソクラテスに直接師事したことはなかったが，尊敬していたようであり，一方ソクラテスもイソクラテスに好意的な評価を与えている。また，両者とも自然学にはあまり関心を示さなかった。

イソクラテスの修辞学校はプラトンのアカデメイアとは対立関係にあった。それは主として，教養理念や教育内容をめぐる争いのためであった。アカデメイアで教えられていた知識はエピステーメ（厳密知）であったが，イソクラテスはこのような知識を核とする教養理念に対しては否定的であった。アカデメイアで教えられている厳密学をいくら研究しても，人間界の問題を処理していく上ではほとんど役に立たない。イソクラテスはこのようにアカデメイアの学問の非実際的性格を批

判し，自らの修辞学的教養の実際性を自負していた。教養理念をめぐる両者の対立，したがって二つの学園の対立は，イソクラテスの側からは「実践知」対「厳密知」，「人文学」対「自然学」の対立ということになる。この対立は，ことにドクサに対する両者の評価のちがいに現れている。プラトンにおいてドクサは根拠の不確かな臆断，臆見で，単なる思い込みとして退けられたが，イソクラテスにとってそれは，多くの場合において最善のものに到達できる善き意見，健全な判断を意味した。

思慮（プロネーシス）には認識論的側面と倫理学的側面とがあり，このうち認識論的側面にあたるのがドクサである。ドクサとは，エピステーメとは異なる知り方であり，知る働きを表す概念であって，その内容には関わらない。思慮の倫理学的側面とは，思慮の内容が専ら倫理学的な問題——たとえば「徳とは何か」といった——に関わることを意味している。

教養理念をめぐるイソクラテスとプラトンの論争の帰趨をみると，後者は哲学者として前者とは比べものにならないくらい高名であったにもかかわらず，アカデメイア側の敗色はヘレニズム時代にすでに濃厚となり，ローマにおいては決定的となった。アカデメイアの学問が自然哲学や近代科学の源泉であったのに対し，イソクラテスの弁論・修辞学は人文主義的教養理念の源流となった。イソクラテス的な修辞学的教養理念の伝統は，ローマではとりわけキケロ（Cicero, M. T.），イタリア・ルネサンスではペトラルカ（Petrarca, F.）を中心とする人文主義に，さらに下ってはイエズス会の教養理念や新人文主義の陶冶理論へと継承されていった。

[**参考文献**] 廣川洋一『イソクラテスの修辞学校』岩波書店　1984／同『ギリシア人の教育』岩波新書　1990／脇屋潤一「イソクラテス」上智大学中世思想研究所（編）『教育思想史Ｉ　ギリシア・ローマの教育思想』東洋館　1984

（新井保幸）

依 存

英 dependency／独 Abhängigkeit／仏 dépendance

▶ **語 義**　ある人が他の人やもの，環境などに頼り，それを恃みとすること。あるいはその状態や心情。

　信頼に基づいた適度な依存が対象との関係を円滑にしうるものである一方で，それなしではいられないほどに対象の存在に深く寄りかかってしまう過度の依存については一般的にネガティブなものとして認められており，たとえば米精神医学会による診断・統計マニュアル『DSM-5』(2013) では不安型パーソナリティのひとつとして依存による自己喪失や分離不安をともなった「依存性パーソナリティ障害 (dependent personality disorder)」があげられている。古くは 19 世紀初頭から使われていた特定の物質ないし過程に固着する嗜癖的な「中毒 (poisoning)」に代わる概念として，世界保健機関 (WHO) は 1957 年に学術概念たる「依存・依存症 (addiction, dependence)」の使用を提起している。また 1970 年代の終わりには，依存—被依存の人間関係のうちに停留した状態を指す「共依存 (codependency)」という言葉が臨床的に用いられるようになった。

▶ **教育における依存**　このように，もともと依存とは否定的な意味合いの強いものであるが，しかしこと教育の分野においては必ずしもその限りではない。たしかにカント (Kant, I.) は自らの悟性使用につき他者に依存する態度を「未成年状態」と呼び，そこに留まる怠惰を厳しく批判した。だがここで想定されている自律した自己主体はあくまで成長を遂げた成年であり，庇護されるべき子どもではない。むしろ教育の分野において依存は人間形成に不可欠な要素としてさえ見なされる。たとえば母子分離における依存的な「移行」の推移を記述したウィニコット (Winnicott, W. D.) や，乳幼児期の心理的課題克服のうちに反復される依存をみたエリクソン (Erikson, E. H.)，養育者への親密な「愛着

(attachment)」経験の重要性を強調したボウルビィ (Bowlby, J.) など，とくに精神分析的な発達論においてそれは肯定的に論じられた。同様に土居健郎は，価値論的ではないが関係性において不可欠な緩衝的要素として「甘え」を定式化している。

　近年は，他者のニーズへの応答責任を説くケアの倫理において依存の視角が再評価されており，その流れを受けたキテイ (Kittay, E.) は他に依存する「弱い」主体を単位とした新たな社会倫理構築の可能性を提案している。

[**参考文献**] American Psychiatric Association, *Diagnostic and Statistical Manual of Mental Disorders: DSM-5*, Washington DC, American Psychiatric Publishing 2013 (高橋三郎・大野裕監訳，『DSM-5　精神疾患の診断・統計マニュアル』医学書院　2014)

[**関連項目**] ケア (ケアリング)　　(関根宏朗)

逸 脱

英 social deviancy, deviance

▶ **二つの逸脱把握**　逸脱とは，一定の社会文化状況において，個人ないし集団の行動が，一定の標準にそぐわないとして，否定的に定義され解釈される事態である。この定義から明らかなように，逸脱を構成する要件は，社会文化状況，標準，逸脱者の行動とその定義・解釈という相互行為である。さまざまの逸脱論は，議論の重点が，この場合の「標準」の幾分固定化した既成性に置かれれば社会実体論的であり，「標準」のそのつどの相互行為による社会的構成に置かれれば相互行為論的である。

　社会学が近代市民社会の危機へ対応するものとして成立したことはすでに常識であるが，逸脱論は，社会学の領域でこの危機意識と直結して展開されてきた。その最初の展開は，犯罪の社会維持機能を論じたデュルケーム (Durkheim, E.) の機能論的把握である。このような構造機能論的な把握は，マートン (Merton, R. K.) の議論で一応の完成を見た。これらの社会実体論的な逸脱把握に対抗して

1960年代以降展開されてきたのが，逸脱の社会的構成に焦点づける相互行為論的なラベリング論である。80年代以降ラベリング論に対して幾つかの対案が提起されているが，これらは，相互行為論的把握をさらに洗練するものであるか，社会実体論的把握を再生させるものであるかの，いずれかである。

逸脱はラベリング論の言うように，行為表出，逸脱認定，認定付与による行為者のアイデンティティ再形成，という一連の相互行為的・生成的過程である。しかし逸脱は社会構造の自己維持機能でもあり，構造は逸脱を生み出すことによって境界を作りだし，自分自身を維持し再生産する。集団を凝集させるために「犠牲の羊」が繰り返し生み出されるように，逸脱は，社会構造の維持と統制のために社会自身によって繰り返し生産され，その逸脱が社会構造を再生産する。社会を変革する逸脱ですらも，大きく捉えれば，社会が生み出す社会そのものの自己生成の契機なのである。こうして逸脱の実体論的把握と相互行為論的把握はともに正しく，互いに相補的である。非行と教育について考える場合にも，この相補的な視点をとる必要がある。

▶ **少年非行の現状と境界性の消失**　近年，少年非行の件数は，少年人口の減少に比例して徐々に減少している。問題は，貧困の文化の消滅とともに遊び型非行などの新たな類型が増加し，しかも非行少年と一般少年の境界が曖昧化して「どの子も非行に走る可能性をもつ」ことにある。非行少年の内的理解はひどく難しくなり，しかもその供給源は無際限に拡大している。非行性の境界消失に加えて，年齢境界もまた曖昧化している。これまでは犯罪の量刑は責任能力の有無で決定され，責任能力のない子どもや精神異常者は，刑罰よりも教育や治療の対象と考えられてきた。子どもの責任能力の限定は，子どもの人権のさまざまな制約，その対価である学習権・受教育権の保障などと，強く関わっている。しかしこの三つの結合もまた，年齢境界の曖昧化とともに緩みつつある。今日，学校や家庭が

機能を大幅に喪失し，少年法や少年院や家庭裁判所など子ども専用の法的諸制度・施設がその存在意義を徐々に薄れさせつつあることは，このような年齢境界の曖昧化と深く連動している。

▶ **逸脱・非行と教育**　社会構造の高度化や複雑化によって，教育はますます社会統制の意義を負わせられてきている。しかも非行は悪質化して理解の及ばないものとなり，学校や家庭に機能障害を引き起こしている。教育の世界で逸脱について多くが語られるのは，このためである。しかしこのように逸脱が繰り返されることによって，場合によっては，曖昧になった社会的規準が再確立され，非行性を一般性から区別する新たな境界が作りだされ，社会構造が再編成される。この場合には，逸脱や非行は，拡大し高度化し過ぎて統制の難しくなった学校複合体などの社会システムが自らを今一度構造化するために自ら生み出す，自己生成の契機であるといえよう。

逸脱をめぐる相互行為の過程はつねに，社会構造の自己維持過程に組み込まれている。しかし，このように社会実体論に偏った逸脱の見方は，どんなものであれ具体的な相互行為のレベルを見損なっており，ただ一面的であるばかりではなく，実践への答責性を欠いている。相互行為論的に見れば，逸脱は，ラベルを貼る側にも貼られる側にも立ち会う人々にも，自分たちのアイデンティティ再構築のチャンスである。逸脱を契機とする相互行為のすべては，相互形成の過程である。逸脱が教育的な意味をもつのは，このような相互形成の力動性が十分に働いている場合だけなのである。

逸脱に接近するためには，社会実体論的／相互行為論的な二つの視点を同時にとる必要がある。このいわば「複眼」の視点から見れば，逸脱は，社会構造に規定された構造の構造化の過程であり，しかし同時に，相互形成的な過程である。しかも，具体的な逸脱事例を見れば分かるように，それはどんな場合にもある程度，社会構造の既定の構造化の範囲

を超える創造的契機をもっている。逸脱はつねにこのような意味で，個人の人格構造にとっても社会構造にとっても，生成的なのである。

[参考文献] 宝月誠『逸脱論の研究』恒星社厚生閣 1990
[関連項目] アイデンティティ／アノミー／社会化 　　　　　　　　　　　　（田中毎実）

一般教育
英 general education

▶ **概　念**　　学習者全般に共通で，将来の進路にかかわらず，誰にとっても習得することが望ましいとされる，基礎的かつ総合的・包括的な内容による教育をさす。特殊な専門的知識や技能の習得ないしは特定の職業や能力形成へ向けての教育ではなく，そうした教育の前提や基盤をなし，社会に生きる市民としての基本的素養の形成をめざす。言語や数理，情報処理などの基礎的学習技能に加えて，人間とその文化，人間の社会的関係や制度，人間をとりまく自然の環境などについての幅広い知識や視野，および諸々の規範や価値観にかかわる学習や経験を促す教育である。

　字義通りには，普通教育と同義であり，通常形式的には，専門（的）教育や職業（的）教育と区分され，時には対立する。ただし専門教育や職業教育においても，その基礎的部分や周辺的側面には，他の領域と重複ないしは共通する一般的な内容の教育が含まれる。したがって広義に捉えれば，この概念の意味が適用される範囲は広い。

　けれども教育学上の用語としては，その意味はさらに限定される。すなわち一般教育とは，英米語，とくにアメリカにおける general education の訳語として，第二次世界大戦後のわが国に導入され制度化された概念である。戦後新制大学の発足時，わが国の大学の教育課程は，アメリカをモデルとして，専門教育と一般教育を二大構成要素とすることになったのである。ただし general education は，もともと成人教育を含めたあらゆる教育段階に適用される概念であった。ところがわが国では，大学・高等教育における general education の訳語として「一般教育」があてられ，それ以外，とりわけ初等・中等教育については「普通教育」という語が用いられてきた。

▶ **わが国における一般教育**　　1991 年に大幅に改訂されるまでの大学設置基準において，一般教育科目は，外国語科目，保健体育科目および専門教育科目とともに「大学で開設すべき授業科目」を構成していた。その際，一般教育科目は「人文，社会及び自然の三分野」にわたって開設するものとされ，その授業科目は，単一分野，もしくは特定の主題にかかわって複数分野の内容を総合したもの，とされていた。さらに卒業要件 124 単位以上のうち，上記 3 分野にわたって 36 単位の修得が規定されていた。このように一般教育とは，人文・社会・自然の三つの学問領域の授業科目から構成され，各分野全般にわたってなるべく均等に学習することが求められる教育課程である。したがって厳密には，外国語や保健体育に関する科目は含まれない。ただしこれは狭義の理解であり，通常はこれらも一般教育に含んで捉えることが多い。

　戦後日本の新制大学に一般教育の制度と理念が採用される契機となったのは，第一次アメリカ教育使節団報告書の勧告である。同報告書は，戦前の旧制大学・高等教育における「専門化」や「職業教育」偏重の問題性を指摘した。これを受けて，新制大学の教育課程に「一般教養」ないしは「一般教育」を導入するための議論と作業が展開されることになった。そして最初の大学基準（1947 年 7 月）では，「一般教養科目」として，人文・社会・自然の 3 系列にわたって大学が設置すべき科目数と科目名の例示，および卒業に必要な科目数が定められた。大学基準は 1950 年に大幅に改訂され，その際，3 系列から各 3 科目以上計 36 単位の履修が要求された。ここでは，ある分野に偏ることなくまんべんなく履修させようとする，均等履修の考え方が強く見られる。なおこの改訂の際に，「一般

教養」が「一般教育」という用語に統一された。ただしその理由は、必ずしも明確ではない。

1956年、文部省令として大学設置基準が制定されたが、大学基準の一般教育に関する履修要件は原則としてそのまま引き継がれた。なおこの時、一般教育科目の一部を専門の基礎教育科目で充当できるとする措置がとられた。さらにその後、領域横断的な総合科目の設置が認められるなど、均等履修に関する規定は柔軟化する傾向にあった。けれども基本的に、わが国の一般教育は、現代の学問分野をカヴァーすると考えられる人文科学、自然科学、社会科学の三つの学問分野にわたる均等履修によって、幅広い知識や視野を習得させるという理念を追求してきたといえよう。

▶ **一般教育と普通教育**　わが国の学校教育法は、各学校の目的として、小学校で初等普通教育、中学校で中等普通教育、高等学校では高等普通教育および専門教育をそれぞれ施すこと、としている。ところが、通常アメリカにおいて general higher education という場合、カレッジ段階の学士課程教育における一般教育をさす。わが国ではこのような概念の混乱によって、大学の一般教育と高等学校における高等普通教育との相違が不明確なままに制度が運営されてきた。そのため、しばしば大学の一般教育は、高等学校教育の繰り返しである、との批判や不満が発せられた。とりわけわが国では、ほとんどの大学で、学生募集が学部・学科別に行われる。すなわち学生は専攻する専門・学科等を決定した上で入学しており、専門教育の前に一般教育（普通教育）を受けても、なかなかその意義を理解しにくい。アメリカのリベラル・アーツ（非職業・非実用）系カレッジでは、入学後に一般教育を履修しながら自らの専攻を選択してゆくのがふつうである。わが国では、アメリカをモデルとして一般教育（普通教育）を導入したはずであったが、大学の学士課程教育全体におけるその位置づけについて、制度上・理念上の齟齬があったことは否めない。

▶ **一般教育の解体**　このような普通教育との関係とともに、わが国の一般教育に関しては、均等履修を統合する原理が明らかでない、という問題があった。三系列・分野に配置される授業科目は、各学問分野の概論や入門的性格をもつものが多いが、学生は、それらを履修規定に応じてつまみ食い的に選択してゆく傾向が強かった。一般教育36単位全体の履修によって、どのような統合的な知識や視野が身につくのか、さらにそれが、学部・学科の専門的教育・学習とどのような連関をもつのか、ということが必ずしも明確にはされてこなかったのである。すなわち一般教育の統合原理および、それが専門教育との関連で学士課程教育全体の統合原理にどのような役割を果すのか、ということが、教育を実施する側、教育を受ける側の両者に充分理解されてこなかったといえよう。

とりわけ教養（一般教育）部・課程など、一般教育の運営実施組織や教員組織が、学部・学科組織から分離・独立することによって、この問題は一層深刻化した。戦後、多様な旧制高等教育機関が大学に移行したという歴史的経緯も背景にあって、一般教育担当教員と専門教育担当教員との間には、制度上・心理上の不幸な隔絶が存在した。一般教育実施組織が独立していることは、一般教育課程の充実・改革には好都合である。実際1979年、一般教育学会が発足し、一般教育の改善を含めて大学教育の改革努力に一定の成果をあげたといえる。ただし独立は孤立と表裏一体である。一般教育の充実が、専門教育ひいては学士課程教育全体の改革につながらなかったところに、戦後の一般教育「制度」の大きな構造的問題点が存在したといえるだろう。

1991年の大学設置基準の改訂によって、教育課程における一般教育と専門教育との科目区分が廃止され、法令的用語としての一般教育という概念は消滅した。これにともない大学の教育課程をめぐる言説や議論の準拠枠としても、一般教育という語が急速に姿を消しつつある。一般教育学会も1997年、大学

教育学会と名称を変更した。ただし新しい大学設置基準では，教育課程の編成において，専門教育とともに，「幅広く深い教養及び総合的な判断力を培い，豊かな人間性を涵養するよう適切に配慮」することが求められている。このことからも明らかなように，従来一般教育が担ってきた，あるいは担うことが期待されていた教養的教育の必要性がなくなったわけではない。学士課程教育のなかで，専門教育と密接な連関をもちながら孤立することのない教養的教育の構築が求められている。そのためには，一般教育のみ，あるいは教養的教育のみの再構成を検討していても，同じ歴史の轍を踏むことになる。学士課程教育全体の文脈のなかで，教養的教育のあり方を再検討して再構築しようとする視点が必要であろう。

▶ **アメリカにおける general education**
アメリカにおいて general education 概念が普及するのは，第一次世界大戦後のことである。この時期，高等教育において，専門的に分散化する知識やカリキュラムに対する反省が強まった。特に学士課程に共通必修の概論科目（survey course）を設置する大学が増えた。それらは，人間の根本的在り方や理想を探究したり，世界文明や平和，社会経済制度の諸問題について，分化した学問領域を横断して検討しようとする科目である。こうした科目群を中軸として，専門に埋没しない幅広い教育を確保しようとする動きが，一般教育運動として認識されるようになる。これは第二次世界大戦後にも引き続き，特に大学の general education を中等教育や成人教育とも関連づける改革提言を行ったハーバード大学の報告書『自由社会における一般教育』（*General Education in a Free Society*, 1945）は全米の注目を集め，わが国の一般教育導入についても大きな影響を与えた。

ただし general education の用語例自体は，すでに19世紀のはじめに認められる。またさらにさかのぼれば，古代ギリシャにおける *ἐγκύκλιος παιδεία*（＝encyclopaedic learn-ing）という概念に類似の意味を見出すことができる，との説もある。もともとアメリカ植民地期以来の伝統的カレッジのカリキュラムは，聖職者（牧師）や指導的市民の養成を目的として，学生全員に古典的リベラル・アーツを中心とした共通必修科目を課していた。すなわち学士課程カリキュラムそのものが，内容的には一般教育的であったわけである。ただしこうした教育は，当時 liberal educa-tion と呼ばれていた。Liberal education は，リベラル・アーツによる教育を意味する。リベラル・アーツは，伝統的には，文法・修辞学・論理学の三科および算術・幾何・天文・音楽の四科からなるカリキュラムとして中世ヨーロッパで定式化されたが，もともとそれは，古代ローマの弁論家（orator）の素養形成に必要な科目としての *artes liberales* に歴史的起源をもつ。ただし時代と社会の変遷のなかで，その具体的科目は多様に変化している。

アメリカにおいて，liberal education とは別に general education 概念が用いられるようになったのは，高等教育の多様化・専門化・大衆化の傾向と関係している。すなわち主に19世紀に入って，大学進学者の属性やニーズの多様化が進み，また一方，啓蒙主義や科学的知識の拡大にともなって，学士課程カリキュラムに，近代科学的・実用的科目および職業教育的科目が導入されるようになった。こうした動向によって，カレッジの共通必修カリキュラム制度が崩れ始め，選択科目制や単位制が導入される。また19世紀後半のドイツ大学からの影響によって，アメリカの大学はいわゆる「ユニヴァーシティの時代」を迎えた。大学院制度とともに「研究」概念が導入されたり，専門職養成大学院が設立されるなど，大学における教育や学問の専門分化の傾向に拍車がかかったのである。こうしたなかで，学士課程カリキュラムは，全専攻共通必修の科目群と専攻ごとの専門科目群とに分化してゆき，前者が一般教育と呼ばれるようになったのである。さらに liberal education は，前述したように古代にまでさかのぼる伝統的概念であって，エリート教育と連想されることが多かった。そのため民主主義社会の大衆化した高等教育にふさわしく，一般庶民のために，誰でもが共通に必要とされる一般的知識という意味で general education という語が好まれた。

ただし実際には，general education と liberal education は，ともに過度の専門分化や職業教育化に対抗する教養的教育としてほぼ同義で用いられることも多い。現代のアメリカの多くの大学では，非実用・非職業系カレッジの学士課程全体が liberal education と呼ばれる。そしてそれは，①基礎的・一般的教育を行う general education，②専攻・専門教育 concentration or major，③自由選択 free electives の三つの要素から構成される。すなわち学士課程における専攻教育を含んだ教育全体を liberal education として捉え，そのうちの基礎的・共通的部分が general education とされるのである。

一般教育概念は，このようなヨーロッパおよびアメリカにおける liberal education の思想史のなかで生まれた概念であり，高等教育とくに学士課程教育の歴史的文脈の全体像において適切に位置づけ評価されなければならない。

[参考文献] Ernest L. Boyer, *College: The Undergraduate Experience in America*, New York: Harper & Row 1987／Jerry G. Gaff, *General Education Today: A Critical Analysis of Controversies, Practices, and Reforms*, San Francisco: Josey-Bass 1983／Bruce A. Kimball, *Orators & Philosophers: A History of the Idea of Liberal Education*, New York: Teachers College Press 1986／Russel Brown Thomas, *The Search for a Common Learning: General Education, 1800-1960*, New York: McGraw-Hill 1962／海後宗臣・寺﨑昌男『大学教育』（戦後日本の教育改革9）東京大学出版会 1969／大学基準協会『大学に於ける一般教育——一般教育研究委員会報告』1951／舘昭『大学改革　日本とアメリカ』玉川大学出版部 1997

[関連項目] 教養／高等教育／人文主義（ヒューマニズム）／大学／普通教育　　　（松浦良充）

遺伝・遺伝学

英 heredity（遺伝），genetics（遺伝学）

遺伝とは，先行する親の世代から後続の子や孫の世代になんらかの特性や形質が，生殖を通じて伝承される現象のことである。この遺伝という現象を科学的・生物学的に解明し，体系化したものが遺伝学である。

遺伝の法則が体系的に明らかとなったのは19世紀以降のことである。1865年，植物学者のメンデル（Mendel, G. J.）によって遺伝の法則性が発表される。1900年にメンデルの法則が再発見されたことを契機として，遺伝学は飛躍的な発展を遂げる。遺伝形質に作用する「遺伝子」という概念が確立し，分子遺伝学や遺伝子工学といった学問の緒を拓くことになる。

また同時期にゴルトン（Galton, F.）は，統計学的な家系調査という手法を用いた人間の遺伝的改良と社会の発展，というアイデアを発表する。このゴルトンのアイデアは，生殖への人為的介入により劣性の遺伝形質を淘汰し，優性のものを保存する，という優生思想・優生学へとつながっていく。

「遺伝か環境か（氏か育ちか）」という二項図式による議論は，遺伝決定論と環境決定論，生得主義と経験主義，といった用語に置き換えられながら，長い間繰り返されてきた。遺伝の優位性を主張する前者の立場に対して，教育の意義や成果を強調する後者の立場からは，環境要因の重要性が示される。

近代教育学の前提である子どもの（無限の）教育可能性は，人間形成における遺伝的な影響を少なく見積もり，環境決定論や経験主義を重視することによって基礎づけられている。実際には遺伝的要因と環境の要因を峻別して研究を行うことは不可能であり，遺伝的な個体差に環境による影響が加わることで成長すると考えるのが妥当であろう。

とはいえ，現代遺伝学の飛躍的な発展によ

り，近年では遺伝決定論的な言説が力を増している。人間の遺伝情報の解読が完了し，身体的・精神的な特徴や能力の発現が遺伝子の役割と結びつけられ，解明されつつある。

生殖への介入，遺伝子の改良によって，遺伝要因の疾病を治療し，ある特定の能力を増大させる。このことの正否はさておき，人間の特徴が遺伝学的に解明され，遺伝情報の人為的改編が可能となったとき，環境要因を重視するこれまでの人間観と教育観は大きな転換を迫られることになるだろう。

[参考文献] 安藤寿康『遺伝と教育──人間行動遺伝学的アプローチ』風間書房 1999／金森修『遺伝子改造』勁草書房 2005／Dawkins, R. *The Selfish Gene*, Oxford University Press 1976（日高敏隆ほか訳『利己的な遺伝子』紀伊國屋書店 1991）

[関連項目] 教育可能性／近代教育／教育心理学 　　　　　　　　　　　　　　　（森岡次郎）

井上 毅

（いのうえ　こわし，1844-1895）

明治前期の官僚・政治家。第二次伊藤博文内閣の文部大臣。

肥後国熊本藩陪臣の家に生まれる。藩校時習館で学び，江戸遊学を命ぜられてフランス学を修める。1871（明治4）年に官途について司法省に出仕，1872年に官命によりフランスに留学，さらにベルリンに赴いて1873年帰国し，明治政府のブレインとなる。伊藤博文の為に「教育議」を起草後，岩倉具視・伊藤らの命で各種の意見書の起案をするようになり，1881（明治14）年の政変では岩倉具視や伊藤の黒幕として活躍。1882年以後，参事院議官，内閣書記官長などの要職に就く傍ら，伊藤を助けて憲法の制定準備にあたった。1888年には，法制局長官・枢密院書記官長となり憲法審議の説明役を務め，1889年に大日本帝国憲法の発布となった。

また，井上は1890（明治23）年に法制局長官として，元田永孚らと協力して教育勅語の起草にあたった。かつて，伊藤博文の「教育議」や森有礼の「閣議案」等を起草した経験のある井上は，わが国教育の根本理念のあり方に深い関心を寄せていた。教育勅語に関する彼の立場は，終始一貫，開明派官僚としての立場であり，「今日ノ立憲政体ノ主義ニ従ヘバ君主ハ臣民ノ良心ノ自由ニ干渉セズ」（「井上毅伝史料篇」第二）といったように，特に憲法との関連に留意した。彼が勅語原案の起草をあえて引き受けたのは，事態の重大性についての認識から，自ら執筆するほかはないという憂国の至情に起因するものと考えられる。勅語起草が具体化するや，法制局長官として文部省草案（中村正直執筆）を批判し，原案を作成して元田らとその修正に努めた。

1893（明治26）年，第二次伊藤内閣で文部大臣に就任し，産業近代化に伴う教育制度の拡充をめざして全面的な学制改革を計画し実行した。初等教育段階では，就学の普及を進めるための教育費国庫補助の復活（教育費国庫補助法）を試み，実業教育制度の基礎を築くための「工業教員養成規程」「実業補習学校規程」「徒弟学校規程」「簡易農学校規程」を制定した。中等普通教育では「尋常中学校ノ学科及其程度改正」，「尋常中学校実科規程」の制定に関与し，中学校教育の実用化を図った。さらに高等教育段階では「高等学校令」（高等中学校を専門教育機関としての高等学校に改める）「帝国大学令改正」（帝国大学官制の制定，講座制の設置など）等を定めたほか，「実業教育費国庫補助法」を制定した。この一連の改革の目的とするところは，個人の学習要求と国家社会が必要とする人材の需要に対応して，学校体系の各段階に，実社会に出てすぐに職に就くことのできる完成教育機関を設けることであった。井上の改革は，特に実業教育の振興を実現し，森有礼のそれと並んで，わが国教育制度史上に画期をもたらした。

[参考文献] 井上毅伝記編纂委員会編『井上毅伝』1966／明治史料研究連絡会編『明治政権の確立過程』1957／海後宗臣『井上毅の教育政策』東京大学出版会 1968 　（橋本美保）

意　味

英 meaning／仏 sens, signification／独 Sinn, Bedeutung

▶ **意味の意味**　プラトン（Platon）いらいの西欧形而上学において，意味は，イデアールなもの（超越的な実体）であり，ことばに代表される記号は，この意味を再現するものであるとされた。だが，現在，記号論（記号学）は，この意味／記号という二項関係（上下関係でもある）のかわりに，a：記号ないし語（音声形態であれ書記形態であれ），b：その記号ないし語が特定しているもの，c：その特定されたものが指示したり伝達するもの，という三項関係を設定する。つまり，意味の意味はこの三項関係である。このとき，aはbを象徴し（symbolize），bはcを指示・含意する（refer to）という。たとえば，ある教育工学者が「学習」という語を用いるとき，その語は，彼のイメージした，社会的に生きるための準備行為を象徴し（＝意味し），その意味は，じっさいの学習行為の総体を指し示している，あるいは子どもの成長，社会の進歩を肯定する態度を含意している。

なおaは，たいていの場合，記号（symbol）・ことば（word, nom）と表記されるが，b／cは，さまざまに表現されている。たとえば，オグデン（Ogden, C. K.）＝リチャーズ（Richards, I. A.）は，思考（thought, reference）／言及対象（referent），モリス（Morris, C.）は，記号表示条件（significatum）／被表示事物（denotatum），クワイン（Quine, W. V. O.）は指示物（reference）／意味（meaning）という。またフレーゲ（Frege, G.）や解釈学は，意味（Sinn）／意義（Bedeutung）といい，デュルケーム（Durkheim, E.）は，概念（idee, concept）／事実（chose）・事物（fait），サルトル（Sartre, J.-P.）は，意味（sens）／意義（signification）という。なお，ソシュール（Saussure, F. de）のいう記号表現（signifiant）／記号内容（signifié）は，ほぼa／bに相当する。

▶ **意味についての言説**　近代以前においては，語義論（semasiologie），名称論（onomasiologie）などもあったが，いまでは，意味論（semantique）が主流である。近現代の意味論は，一般に記号論の三つの領域のうちの一つであり，記号とその記号に表意されたものとの関係を扱う領域である。ほかの二つは，統辞論（syntaxe 記号と記号との相互の関係を扱う），語用論（pragmatique 記号とその記号を利用する人との関係を扱う）である。むろん，近現代においても，記号論的な意味論のほかに意味（上記のc）の意味についての学説がさまざまに存在するが，そうした学説の意味（c）の定義は，およそ次の四つにまとめられる。

①デュルケーム，そしてフレーゲなどの論理実証主義が採用している意味＝モノ説。この学説は，語の意味はその語が指し示す現実のモノであるとする。②ロック（Locke, J.），ヴェーバー（Weber, M.），さらに現象学・解釈学が採用してきた意味＝観念説。この学説は，語の意味は主観的な思念，個別的な心象（images），一般的な概念（concepts）であるとする。③モリス，ブルームフィールド（Bloomfield, L.），行動科学的な色彩のつよい記号学が採用している意味＝行動説。この学説は，語の意味は発話をひきおこす刺激（ないし状況）であり，発話によってひきおこされる聴き手の行動であるとする。④ヴィトゲンシュタイン（Wittgenstein, L.），そしてオースティン（Austin, J. L.）のような日常言語学派が採用している意味＝用法説。この学説は，語の意味は特定の文脈におけるその語の「使用の仕方」であるという。ヴィトゲンシュタインは，語の意味は命題のなかに，しかもじっさいにその命題が使用されるなかにしかないといい，オースティンは意味を「発話行為」に還元する。

こうした意味の定義は，さまざまに批判されてきた。たとえば，②の意味＝観念説の場合，概念は論理的に言語に先行するものか，そもそも，それらは内観から出てくるものだから検証のしようがないではないか，と。し

かし，こうして意味の定義がかかえる最大の問題は，これらの意味の定義が意味をほかのなにかに置換するにとどまる傾向にあるということである。なんらかの特殊な用語の意味を語るなら，そのような置換も意味ある操作だが，意味の意味を語るさい，そのような操作は，たんに「意味とはこういう意味である」というトートロジーにおわる。

このトートロジーを避ける方法は，冒頭に述べたように意味の三項関係を設定し，意味をその構造的側面から記述することである。しかし，冒頭の定義が示していることは，語（記号）一般の意味関係形式であり，意味作用すなわち特定の人にとってある特定の意味が現れるという，ごく日常的な事象ではない。日常的に人が意味を与え・意味を了解することは，たとえば，ある人が ka という音を聴いて「可」ではなく「禍」を想起すること，まただれかにむかって「君の議論はまったく無意味だ」と発言することである。こうした意味作用は，人がある事象をその事象よりも重要である事象に結びつけるという「階層的な分節化」（classification）である。意味にかんする学説としての解釈学が「意味付与」「意味了解」という概念で注目していることは，このことである。すなわち，「意味付与」「意味了解」は，一定の社会的な土俵（「意味地平」）のうえに立ちながらも，自分自身の態度を決定するという，当事者ならではの「実存と世界との関係づけ」である。

ちなみに，ルーマン（Luhmann, N.）は，このような意味のとらえ方と親和的な意味のとらえ方をしている。すなわち，まず彼は，意味はシステムを環境から区別するものだから，それはシステムにではなくシステムと環境をあわせた「世界」に属するカテゴリーであると考える。そのうえで，意味を「体験を加工する形式」と定義する。つまり，ルーマンにとっての意味とは，人がある現実に直面し，多くの可能性からある一つの可能性を選択するときに頼りにするコードである。

▶ 教育研究への含意　このようにみてくる

と，個々の教育過程・学習過程（社会化過程）は，むろん特定の歴史的・社会的条件のもとでという限定がつくけれども，一人ひとりの意味付与・意味了解そのものとして把握できるようになる。たとえば，「ものごとを考える」ということも，代替不可能な個体の代替不可能な意味付与である。つまり「考える」ということは，「私にいえることは万人にいえる」という前提を置くことではなく，主体の設定する一定の意味連関の外部にいる者にかかわるというスタンス，いいかえれば，私と他者とのあいだに決定的な落差があるという認識を要することである。

またより根源的に考えるなら，教育過程・学習過程は，クリステヴァ（Kristeva, J.）や井筒俊彦のいう意味関係の生成過程の一環とみなすこともできる。クリステヴァは，意味関係の生成過程は，あらゆる意味が壊乱し分節されず，欲動がざわめく言語の極限，つまり「記号的なもの」（le sémiotique）が実体化し，「象徴的なもの」（le symbolique）として現れることだ，という。また井筒俊彦は，意味関係の生成過程は，無数の潜在的な意味形象が下意識の闇のなかに「意味可能体」として瞬間ごとに点滅し変貌し，「意味エネルギー」として泡だちたぎるところ，「言語アラヤ識」の部分が単独に，ないし連合して活性化され，表層意識に浮かびあがってくることだ，という。これらの「記号的なもの」も「言語アラヤ識」も，ソシュールのいう「うごめくかたち」（Gestalt en mouvement）としての「言語」（langage），フロイト（Freud, S.）のいう「無意識」，そしてディルタイ（Dilthey, W.）のいう「生」（Leben）に通じる概念である。こうした概念があらわす意味のダイナミズムは，人間形成（人間生成）論の基礎的な概念になりうるだろう。

しかしながら，こうした概念も，意味関係の〈外〉，つまり権力関係・権力装置についての現実に密着した考察を欠くなら，理性／ロマン，科学／生，文明／文化といった近代的な分節に回収され，換骨脱胎されてしまう

だろう。あるいは〈言語〉や〈生〉が普遍化され，具体的なかけがえのない個体，意味付与を行う実存としての人の在りようが，主体や自律的な個人という概念によって，あるいは子どもらしい子ども，生徒らしい生徒という概念によって，塗りつぶされるかもしれない。

[参考文献] 飯田隆『言語哲学大全Ⅰ・Ⅱ』勁草書房 1988, 1989／井筒俊彦『意味の深みへ』岩波書店 1985／尾関周二『言語と人間』大月書店 1983／立川健二・山田広昭『現代言語論』新曜社 1990／丹下隆一『意味と解読』マルジュ社 1984／Langeveld, M. und Danner, H., *Methodologie und Sinn*, Eenst Reinhardt 1981（山崎高哉訳『意味の教育』玉川大学出版部 1989）／Luhmann, N., *Soziologische Aufklärung*, Bd.1, Westdeutcher 1974／Luhmann, N. *Essays on Self-Reference*, Columbia University Press 1990／Ogden, C. K. and Richards. I. A., *The Meaning of Meaning*, Keagan & Paul 1932（石橋幸太郎訳『意味の意味』新泉社 1967）／Sartre, J.-P., *Situation* 1947（加藤周一ほか訳『シチュアシオン』人文書院 1967）／Wittgenstein, L., *Philosophische Untersuchung*, Basil Blackwell 1953（藤本隆志訳『哲学探究』大修館書店 1977）

[関連項目] 解釈学／記号／言語／言語行為論
（田中智志）

イリイチ
（Ivan Illich, 1926-2002）

▶ **生い立ちと著作**　1926 年にウィーンの貴族の家柄（大地主）に生まれる。母はスペイン系ユダヤ人。ナチスの迫害を恐れ，1941 年にイタリアに移住する。のちにイタリアのフローレンス大学とローマ大学で自然科学を学び，またローマ・グレゴリオ大学で神学・哲学を学ぶ。1951 年，ザルツブルグ大学で歴史学博士号をとる。1951 年からカトリックの聖職者（叙任司祭）としてアメリカにわたり，プエルトリカンの多く住むニューヨークのスラム（Incarnation Parish）で宗教活動をおこなう。1956 年，プエルトリコにわたり，サンタマリア大学の副学長に就任する。1960 年にラテンアメリカの近代化＝アメリカ化を支援したカトリック教会（ローマ法王ヨハネス 23 世）を批判したかどで，同職を解任される。1962 年にメキシコのクエナカバルに国際文化形成センター（Center for Inter-cultural Formation（CIF））を開設し，宣教師にたいして派遣を拒否するための教育を行い，カトリック帝国主義を批判した。1967 年，同センターを国際文化資料センター（Center for International Documentation（CIDOC））に改組し，世界各地から研究者をつのり，近代産業制度を批判的に検討するためのセミナーとする。フレイレ（Freire, P.），ホルト（Holt, J.），グッドマン（Goodman, P.），スプリング（Spring, J.）が参加する。1969 年に『自覚の祝祭』（邦訳『オールターナティブズ』），1971 年に『脱学校化社会』（邦訳『脱学校の社会』），1973 年に『コンヴィヴィアリティの道具』，『エネルギーと公正』，1975 年に『医療の報復』（邦訳『脱病院化社会』）をそれぞれ出版する。1976 年，国際文化資料センターを閉鎖する。1977 年に『有益な非雇用の権利』，『不能化する専門職』（邦訳『専門職時代の幻想』）を出版する。1979-81 年にカッセル大学，1981-82 年にゲッチンゲン大学の講師となり，1981 年『シャドウワーク』を出版する。1982 年にベルリン高等学術研究所の客員研究員になり，『ジェンダー』を出版する。1983 年からマールブルク大学の客員教授。1985 年に『H$_2$O と水』，1988 年にサンダース（Sanders, B.）とともに『ABC』を出版する。1991 年，『聞こえるものから見えるものへ』（未邦訳）を出版。

▶ **（教育）思想**　1980 年ころまでのイリイチの研究は，「近代産業社会批判」と呼ばれている。それが一貫して描き出してきたことは，産業化とともに生じた価値（教育，医療，仕事，文字など）の「制度化」（人々から自分で学ぶ力を奪う学校化，自分で病を癒し病とつき合う力を奪う病院化，ともに働く歓びを奪う労働化，言語の自生的で多様なあり方を失わせる国家語化など）が，その価値の根

付いている場（サブシステンスないしヴァナキュラーな領域）に含まれていた「コンヴィヴィアルなもの」（まなぶ，いやす，はたらくなど）を失わせている，という事態である。これらの制度化は，たんに産業化に付随して生じただけではなく，産業化を拡大し膨張させるものでもある。

80年代以降のイリイチの研究は，フーコー（Foucault, M.）の影響をうけ，歴史研究の色合いを強めていく。とくに『ジェンダー』は市場経済の離床に先だって存在していた男女の役割分担と価値（ジェンダー）をコンヴィヴィアルなものの要として位置づけ，産業化は，労働力を確保するためにこのジェンダーを中性化しセクシズムを生みだしたために，ジェンダーに基づいて成り立っていた生活の場（サブシステンスとしての家族）が破壊され，性的区別が性的差別に変わっていったと論じている。教育にかんしては，1970年代は，近代社会を「学校化社会」（schooled society）として析出し，学校の存在を自明とする社会がそうすることによって隠蔽している人間の奴隷化という事態を暴き，学校なき教育・学習，学校なき社会を唱えたことで知られる。しかし80年代以降イリイチは，それまで用いていた学校＝悪／教育＝善という図式を超えて，教育が近代に固有の権力装置であると把握し，また近代社会において教育が，国家語の普及とともに全称化し，身体を「ホモ・エドゥカンドゥス」として編成していったと論じている。

[参考文献] Illich, I., *Deschooling Society*, Harper & Row 1971（東洋ほか訳『脱学校の社会』東京創元社 1977）／Illich, I., *Energy and Equality*, Calder & Boyars 1973（大久保直幹訳『エネルギーと公正』晶文社 1979）／Illich, I., *Medical Nemesis*, Pantheon Books 1975（金子嗣郎訳『脱病院化社会』晶文社 1979）／Illich, I., *Disabling Professions*, Marion Boyars 1977（尾崎浩訳『専門家時代の幻想』新評論 1984）／Illich, I., *Shadow Work*, Marion Boyars 1981（玉野井芳郎・栗原彬訳『シャドウ・ワーク』岩波書店 1982）／Illich, I., *Gender*, Marion Boyars 1982（玉野井芳郎訳『ジェンダー』岩波書店 1984）／Illich, I., *H₂O and Water*, Marion Boyars 1985（伊藤るり訳『H$_2$O と水』新評論 1986）／Illich, I. and Sanders B., *ABC*, North Point Press 1988（丸山真人訳『ABC』岩波書店 1991）／Illich, I. *Du lisible au visible*, Paris: Cerf 1991 （田中智志）

印刷術
英 printing

▶ **印刷術の起源**　印刷術の原型を紙の発明以前に求めることもできる。すでに紀元前3000年以上前からオリエントで行われていた，シリンダー状の型を粘土盤に押しつけて多くの同じ「文書」を作る方法は，紙とインクを欠いてはいても，印刷と同様の行為の構造を示していたといえる。オリエントの他中国でも行われた封印用や官職用の印の使用も，同様の印刷類似の行為である。

しかしもちろん，印刷術の発展にとって紙の発明は決定的な重要性を持つ。西暦105年の蔡倫に帰せられている紙の発明は，薄く平坦な面を大量に提供することを可能にし，印刷術発展の前提条件を作った。印刷の起源は，紙への押印という行為の，いわば逆転のなかに求めることができる。つまり，紙の上に印を押すのではなく，墨を塗った版の上に紙を載せて圧迫すること，である。こうした印刷術は唐代の中国で8世紀に始まった。宋代の11世紀には活版印刷も発明される。しかし，18世紀の『康熙字典』のような活字を使った大規模な事業を除けば，中国における印刷の主流はその後も木版印刷であった。日本においても，活版印刷は16世紀に朝鮮経由とヨーロッパ経由の二つのルートで伝えられ，江戸時代初期には活字本の流行を見たが，その後は再び木版が主流となった。

▶ **ヨーロッパにおける活版印刷**　中国や日本の場合と違って，ヨーロッパの場合，活版印刷の発明がしばしば画期的な出来事として強調される。ヨーロッパにおける活版印刷は，1450年ころ，ドイツ中部の都市マインツで，グーテンベルク（Gutenberg, J.）によって始

められたと言われる（発明者については諸説がある）。それは，金属製活字の鋳造，その組版，プレス機械の開発，といった細々とした技術的問題の克服の結果であった。ところが，このように純粋に技術的な発明であったものが，ヨーロッパの精神史に決定的な影響を与えたとされる。印刷術は，古典的テキストへの客観的な態度を可能にすることによってルネサンスを単なる古典復興から近代的な個人意識の生成へと導いた。印刷術はまた，聖書研究や平信徒の読書を促進することによって宗教改革の前提を作るとともに，ビラやパンフレットを利用したプロテスタント側の宣伝工作を可能にし，宗教改革の運動を促進した。さらに，印刷術は，データの固定や蓄積を可能にすることによって科学革命にも決定的な影響を与えたとされる（Eisenstein 1983）。しかし，中国，朝鮮や日本において，活版印刷の発明・導入が何らの決定的な社会変化も引き起こさなかったことを考慮すれば，ヨーロッパにおける近代思想の形成を活版印刷の発明から説明することには無理があることがわかる。確かに，活版印刷の発明は，廉価な書物をヨーロッパ中に大量に流布させた。このことが識字率の上昇に何らかの影響を与えたかもしれない。しかしこの点でも，たとえば近世の日本における識字率の上昇は活版印刷の導入なしに生じたのであるから，活版印刷は識字率向上の必要条件とは言いがたい。ヨーロッパにおいては，活版印刷の前駆形態は羊皮紙への筆写であった。木版のテキスト印刷が，そこでは東アジアの社会のようには普及していなかった点を考慮する必要があろう。つまり，ヨーロッパ人にとって活版印刷の登場は，事実上，印刷術一般の登場を意味したのである。こうした技術上の飛躍と，近代化という当時のヨーロッパ社会の趨勢が重なり合うことによって，活版印刷は近代社会・思想の形成という革命的な変動を促進する一要因となったと考えられる。

▶ **印刷術の教育への影響**　印刷術の普及が識字率の上昇につながることは容易に推測できる。15-19世紀のヨーロッパ社会において，印刷物の増大・普及と識字率の上昇とは並行して進行している。しかし，この両者の因果関係を論証することは実際上困難である。並行関係を示すことは可能だとしても，社会の近代化という全般的要因から印刷術という要因を切り離すことは不可能だからである。しかし，印刷術の普及にもかかわらず識字率が上昇しなかった中国社会の例を考慮すれば，読み書き能力を少数の読書人層の特権から生活の必要事へと変化させるような社会的変化が加わったとき，印刷術は識字率上昇の決定的な要因となるのだと考えてよかろう。近世の日本では，手習いの必要が寺子屋を発達させ，寺子屋での教育を往来物のような版本が支えた。逆に，版本の増大・普及が手習いの必要を自覚させたという側面も考えられる。全員就学の近代学校において，印刷文化と学校教育のこうした循環関係はより大規模な形で実現した。

学校教育と密接に結びついた印刷術の普及は，単なる量的な拡大にとどまらず，思考様式の質的な変化をもたらしたと考えられる。グディ（Goody, J.）やオング（Ong, W.-J.）の研究に従えば，文字を持たない「声の文化」は，文字による記録を前提とする「文字の文化」とは異なる特質を有している。声の文化においては，伝承されるべき事柄は記憶されねばならない。それは必要なときには声によって活性化されるが，活性化された記憶がもともとの伝承と同一であるか否かを確認する原テキストは存在しない。伝承は，その時々の状況に応じて変形しつつ生きつづけるほかない。伝承に対して距離をとり，批判的に吟味するといった営みは，声の文化ではほとんど不可能なのである。文字の文化への移行によって，伝承の客観化・対象化が原理的に可能になる。しかし，文字の文化の勝利を決定的にするのは印刷術である。印刷術によって，伝承されるべき文化がテキストの形で視覚的に固定される。文化は朗唱や儀式といった聴覚的で集団的な営みから切り離され，

個々人が批判的にそれを吟味できるようになる。と同時に，文化は日常生活から切り離して伝承可能な客観的な実在とみなされるようになる。こうした印刷術によって形成された文化のなかに生きる，視覚中心で理性的・個人主義的な人間を，マクルーハン（McLuhan, M.）が「活字人間」と呼んだことはよく知られている。近代学校は，教科書という形で客観化・対象化された文化を，批判的な吟味を通して習得させることを通して，活字人間を再生産していると言ってよい。

▶ 印刷術以後？　　印刷術の普及は，近代的な「子供」の観念の形成とも深くかかわっていると考えられる。ポストマン（Postman, N.）によれば，「子供期」は，話せはするがまだ読み書きができない時期，として登場したのであり，このような特別の時期は印刷術によって読み書き能力が必須教養となることによって形成されたのである。したがって，読み書き能力なしでも理解できるメディア——たとえばテレビ——の普及によって，子供期そのものが今や消滅しつつあるのだという。ポストマンのこの診断はいささか短絡的すぎるというべきであろう。現代的な電子メディアによって声の文化の復興がある意味では見られるとしても，それは文字どおりの復興ではなく，文字の文化を基礎にした声の文化なのである。しかし，パソコン通信ができるためにも読み書き能力が必要であるにしても，ディスプレイ上の文字は活字のようなモノとしての確かさをもはや持っていない。「データベース」の概念は，印刷されたテキストを，文化財としてではなく流通する情報として理解するよう促している。こうした趨勢は，「活字人間」の形成をめざしてきた近代学校のあり方にも根本的な見直しを迫ることになろう。

　　[参考文献]　Eisenstein, E. L., *The Printing Revolution in Early Modern Europe*, Cambridge 1983（別宮貞徳監訳『印刷革命』みすず書房　1987）／Engelsing, R. E., *Analphabetentum und Lektülre. Zur Sozialgeschichte des Lesens in Deutschland zwischen feudaler und industrieller Gesellschaft*, Stuttgart 1973（中川勇治訳『文盲と読書の社会史』思索社　1985）／Febvre, L., Martin, H.-J., *L'apparition du livre*, 1971（関根素子ほか訳『書物の出現』上・下，筑摩書房　1985）／Goody, J., *The Domestication of the Savage Mind*, Cambridge 1977（吉田禎吾訳『未開と文明』岩波書店 1986）／McLuhan, M., *The Gutenberg Galaxy. The Making of Typographic Man*, New York 1962（森常治訳『グーテンベルクの銀河系——活字人間の形成』みすず書房　1986）／Ong, W.-J., *Orality and Literacy*, New York 1982（桜井直文ほか訳『声の文化と文字の文化』藤原書店　1991）／Postman, N., *The Dissapperance of Childhood*, New York 1982（小柴一訳『子どもはもういない』新樹社　1985）／シャルチエ（福井憲彦訳）『読書の文化史——テクスト・書物・読解』新曜社　1992
　　[関連項目]　メディア　　　　　　（今井康雄）

ウ

ヴィゴツキー
(Lev Semenovich Vygotsky, 1896-1934)

▶ 生　涯　　ベロルシア（現在のベラルーシ）の小都市オルシャに生まれ，20 世紀の 20 年代から 30 年代にかけて心理学理論家・児童学者として数多くの業績を残した。彼の研究は児童心理学や教育心理学など心理学固有の領域のみならず，教育学，言語学，精神病理学など隣接科学の広い界域にまで及んでいる。モスクワ心理学研究所（当時は国立モスクワ大学付属研究所）でルリヤ（Luriya, A. R.）やレオンチェフ（Leont'ev, A. N.）らの研究員とともに共同研究に着手した彼は，いわゆる「社会・文化・歴史的発達理論」を構想し，精神現象の発達に対しての史的アプローチを試みた。

▶ 思想と影響　　理論研究にとどまらず，農

業集団化や文盲撲滅運動といった当時の政治的課題と関連した領域での合同調査を行うなかで，ヴィゴツキーは「心理過程の本質は，長きにわたる社会・文化・歴史的発達の結果と解すべきものであり，高次精神機能は，その構造において反射的なものであるが，機能的特質についてみれば意識的で随意に統御できるもの，そして発生から言えば社会・文化・歴史的なものである」ことを確信するに至った。このテーゼを基幹とするヴィゴツキー理論の主要テーマはワーチ（Wertsch, J. V.）に従えば以下の三つに要約できる。

1. 発生（発達）的分析　　ヴィゴツキーは，人間の行動の本質を明らかにするにはその行動の起源と発生的変化を分析することが必要であると主張し，人間の精神発達研究にこの考え方を敷衍した。子どもはその成長の過程で，教育や社会的経験の影響のもとに，知覚・思考・行動の一定の方法を自分のために「習得」する。その過程は，個人の遺伝的発達や成熟とか，あるいは環境の外的作用に左右されるだけでなく，一定の生理的・神経的条件に基づいて不可避の発達を遂げていく。彼は「未開」人の生物学的「知的劣性」を主張する西欧人優位の考え方を批判し，いわゆる未開人と文化的人間の発達の間には本質的な違いはなく，もし両者の違いがあるとしても，それは文化的発達の位相においてであり，しかも学校教育などによって改変可能なものであると考えた。

2. 高次精神機能の社会的起源　　人間の内的な精神過程は外的な精神間的活動・社会的活動に起源をもつと考えたヴィゴツキーは，高次精神機能の発達のプロセスを精神間カテゴリー（社会的水準）から精神内カテゴリー（心理的水準）への移行と捉えた。つまり，人間に固有の高次の精神活動は，当初は人々との共同活動・社会的活動の中で発生する外的な，精神と精神との間に成立する成員間の共有の過程として機能するが，それはしだいに個々人の中に内面化され精神内的機能に転化する，と考えたのである。

ヴィゴツキーは教育が発達を先回りするものでなければならないとして，「発達の最近接領域」の概念を打ち出した。それは「子どもの現下の発達水準と可能的水準との隔たり」であり，「自力で解決する問題によって規定される前者と，おとなに指導されたり自分よりもできる仲間との共同で子どもが解く問題によって規定される後者との隔たり」であって，教育はこの「発達の最近接領域」において行われなければならない，と主張した。

ピアジェ（Piaget, J.）の自己中心的言語の概念を俎上にのせて，いちはやく彼の学説に対する批判の口火を切ったのが他ならぬヴィゴツキーであった。ピアジェは，幼児のひとりごと（反復，独語，集団的独語など）は，子どもが未だ社会化されていないが故の自己中心的発話だと考えたが，ヴィゴツキーはこの考えに反対し，言語はそもそも社会的なものであって，コミュニケーションの道具としての言語（外言）が思考の手段としての言語（内言）へ転化するさいに自己中心的言語が生じる，と考えた。内言は社会的ことばの一層の「内化」と「個人化」である。これはのちにガリペリン（Gal'perin, P. Ya.）などによって精細に定式化されたが，同時代人のバフチン（Bakhtin, M. M.）もロシアフォルマリズムをめぐる言説の中で，同様の考え方を「対話」研究を通じて深化させている。

3. 高次心理過程における「道具・記号」による間接的被媒介性

ヴィゴツキーは，道具の使用と記号の使用の類似点をその媒介的機能の中に認めるとともに，道具は自然の征服に向けられた人間の外的活動の手段であるが，記号は他人，あるいは自身の行動に対する心理的働きかけの手段であり，自らをコントロールする内的活動の手段であるという点に両者の相違点を見いだしている。とくに言語の自己統制的機能についてはのちにルリヤによって大きく発展させられた。

▶ 位置づけ　　近年欧米でもヴィゴツキーの心理学理論に対する関心は急速に高まってき

ており，80年代はヴィゴツキーの「ルネッサンス時代」であるとまで言われている。

　[参考文献]　ヴィゴツキー，L.S.（柴田義松訳）『思考と言語　上・下』明治図書　1962／ヴィゴツキー，L.S.（柴田義松・森岡修一訳）『子どもの知的発達と教授』明治図書　1975／ヴィゴツキー，L.S.（柴田義松・森岡修一訳）『児童心理学講義』明治図書　1976／ヴィゴツキー，L.S.（柴田義松・森岡修一ほか訳）『心理学の危機』明治図書　1987／レオンチェフ，A.A.（森岡修一，米重文樹，桑野隆訳）『現代ソビエト心理言語学　上・下』明治図書　1980／ルリヤ，A.R.（森岡修一訳）『認識の史的発達』明治図書　1976／高取憲一郎『心理学のルネッサンス』法政出版　1987／ブルシューリンスキー，A.V.（中村和夫訳）『ヴィゴツキーとルビンシュテーイン』ひとなる書房　1986／中村和夫『ヴィゴーツキの発達論』東京大学出版会　1998／Wertsch, J.V., *Vygotosky and the social formation of mind*, Harvard University Press 1975／Левитин, К. Е., *Личностью нерождаются*, М., 1990　　　　（森岡修一）

ヴィトゲンシュタイン
（Ludwig Wittgenstein, 1889-1951）

　世紀末ウィーンに生まれ，ケンブリッジ大学で活躍した言語哲学者。論理実証主義と日常言語学派それぞれの形成を促し，現在でも分析哲学の枠を越えて広く注目されている。

▶ 生涯　　1889年ユダヤ系家庭の第八子としてウィーンに生まれる。父親は鉄鋼業で成功を収めた資産家で，世紀末文化を支えたパトロンのひとりであった。14歳までは家庭で教育を受け，その後は実科学校に入学，機械工学への興味から工科大学を転々とする。この間に関心は論理学へと向かい，ラッセル（Russsell, B.）に認められて1912年ケンブリッジの学生となる。間もなく父親が他界するが，遺産の相続を拒否。第一次大戦が始まるやオーストリア軍に志願し，戦火のなかで書き留めた手記をもとに1918年『論理哲学論考』（以下『論考』）を完成する。これによって哲学の問題は本質的に解決されたと考え辺地の小学校で教職に就くことを希望，新教育運動が隆盛してくるなか6年間教師を勤めた。

その後は修道院の庭師の手伝いや姉の家の設計に携わる一方，次第に『論考』の試みが不十分であったことに気づくようになり，1929年ケンブリッジにて再び哲学を始める。1939年には教授に選ばれ9年間この職にあったが，第二次大戦中はしばしばロンドンの病院で奉仕活動にあたった。1951年癌にて死去，62歳であった。

▶ 著作と哲学　　ヴィトゲンシュタイン自身は生涯を通じてわずか2冊の著作しか刊行していない。しかもそのうちの1冊は，教員時代に編纂した『小学校向け語彙集』（1926）である。そのため，彼の哲学は『論考』の出版（1921）によって知られる以外は，もっぱら講義の聴講者を介して伝えられるのみであった。しかしながら一方で彼は膨大な草稿を遺しており，1940年頃の考察をまとめた『哲学探究』（以下『探究』）（1953）を皮切りに，『数学の基礎』（1956）『哲学的考察』（1964）『哲学的文法』（1969）『確実性の問題』（1969）『心理学の哲学』（1980）等，遺稿管理者の編集を経て数多くの資料が公刊され続けている。

　ヴィトゲンシュタインは，言語に対する誤解が哲学的問題を生じさせると考え，言語の働きを明瞭に見通すことを生涯の課題とした。ただ彼の言語観は，『論考』を主著とする前期と，『探究』を中心とする後期とで大きく異なっている。『論考』において，命題は事実を写し出す像と考えられ（写像理論），言語と世界の論理構成が問われた。しかし後に彼は，そうした言語観では言語実践を十分に捉えることができないことに気づき，言語の使用をゲームにたとえるようになる（言語ゲーム論）。言語使用を一つのゲームと見なすことの利点は，言語の働きを行為の相から見て取ることができる点にある。彼は子どもの言語習得場面のような原初的な言語ゲームの記述を通して，語の意味や理解は心的な現象ではないこと，われわれの生活形式は端的に学ばれた所与であり，根拠にもとづくものではないことを示した。これらの帰結によって

彼は伝統的な言語観・哲学観の誤謬性を明らかにし、その根本的な問い直しを求めたのである。

▶ **影響**　ヴィトゲンシュタインがもたらした影響は多岐にわたる。前期哲学は論理実証主義の成立を促し、後期哲学は日常言語学派の形成を助けた。『論考』は、論理的意味論において今なお一つの集大成である。また、言語ゲームという着想は、科学哲学や心の哲学の発展に寄与し、さらに社会科学の諸領域においても広く採用されている。教育研究に関しては、ピーターズ（Peters, R.S.）の教育概念の分析やハースト（Hirst, P.H.）の教育課程論に後期ヴィトゲンシュタインの影響を見ることができ、また言語ゲームを授業分析の枠組みとして利用した研究も教育社会学や発達心理学の領域においてなされている。一方、次々と遺稿が出版されるなか、教育哲学研究として彼の哲学の遺産に正面からとりくむ努力がスマイヤーズ（Smeyers, P.）らによって試みられており、新たな動向として注目される。

［参考文献］Monk, R., *Ludwig Wittgenstein: The Duty of Genius*. London: Jananthan Cape 1990（岡田雅勝訳『ウィトゲンシュタイン1・2』みすず書房　1994）／Smeyers, P. and Marshall, J.D.（eds.）, *Philosophy and Education: Accepting Wittgenstein's Challenge*. Dordrecht: Kluwer Academic Publishers 1995／『ウィトゲンシュタイン全集』（全12巻）大修館書店 1975-88／山本信・黒崎宏編『ウィトゲンシュタイン小事典』大修館書店　1987（丸山恭司）

ヴィネケン

（Gustav Wyneken, 1875-1964）

ドイツの教育実践家・思想家。ハンブルク近郊の町シュターデに生まれる。父親はシュターデの女学校の校長。大学で哲学・神学を学んだ後、1900年、1898年にリーツ（Lietz, H.）が創設した田園教育舎イルゼンブルク校の教師となる。1903年、第二の田園教育舎であるハウビンダ校に転じる。このハウビンダ校でベンヤミン（Benjamin, W.）が学び、ヴィネケンから大きな影響を受けた。1906年、リーツと決裂、ゲヘープ（Geheeb, P.）、ハルム（Halm, A.）、ルゼルケ（Luserke, M.）らとともに「自由学校共同体ヴィッカースドルフ」（Freie Schulgemeinde Wickersdorf）を設立。ヴィッカースドルフ校は学校としての枠組みをリーツの田園教育舎から継承するが、男女共学をとり、生徒による自治を大幅に認めるなど、より「進歩的」な内容を持っていた。1909年、校長として学校を代表していたゲヘープがヴィッカースドルフ校を去りオーデンヴァルト校を設立すると、ヴィネケンを校長とするヴィッカースドルフ校に学校としての許可を与えるかどうかが問題となり州当局はこれを拒否、ヴィネケンはヴィッカースドルフ校を去ることを余儀なくされる。その後は、文筆・講演活動を通して自由学校共同体の理念を普及することに専念。とくに、伝統的な学生組合に対抗して設立された「自由学生連合」を中心とする学生層と、当時高揚期を迎えていたドイツ青年運動（ワンダーフォーゲル運動）への浸透をはかった。学生層との関係では、ベンヤミン、ベルンフェルト（Bernfeld, S.）ら自由学生連合のヴィネケン派の学生が中心になって1913年5月に創刊した雑誌『アンファング』が重要。ヴィネケンはその責任編集者となった。『アンファング』誌上には、学校を批判するギムナジウム生や学生の生の声が掲載されて社会的スキャンダルとなり、雑誌は1914年12月に発行禁止となった。ドイツ青年運動との関係でも、ヴィネケンは青年運動を学校改革の運動へと引き込もうと努めた。1913年10月には、青年運動諸団体が結集して「マイスナー宣言」を発した「自由ドイツ青年大会」に参加して学校改革の必要を訴え、大会の重要な一翼をなした。自由ドイツ青年大会では偏狭なナショナリズムを批判するリベラルな立場をとったが、第一次大戦が勃発すると戦争支持の論陣を張り、これがきっかけとなってベンヤミンはヴィネケンに絶縁状を送ることになる。第一次大戦後、社会民主

党の文部大臣ヘーニッシュ（Haenisch, K.）の顧問としてプロイセンの教育政策の立案に参加。ワイマール期には何度かヴィッカースドルフ校の校長も務めたが最終的には決裂。不首尾に終わったもののナチス政権下でも公職を求め，その際にナチス的なレトリックを使うこともあったが，ナチス党には入党していない。戦後，自由ドイツ青年運動を再興しようとしたが果たせなかった。

[参考文献] Kupffer, H., *Gustav Wyneken 1875-1964*, Stuttgart 1970／ヴィネケン，ゲヘープ（鈴木聡，W. ヴィルヘルム訳）『青年期の教育』明治図書　1986／今井康雄『ヴァルター・ベンヤミンの教育思想──メディアのなかの教育』世織書房　1998　　　　（今井康雄）

上田　薫

（うえだ　かおる，1920-　　）

▶ 経　歴　　現代日本の教育学者。1920（大正9）年，大阪府北河内郡枚方町に父操，母彌生の長男として生まれる。父操は裁判官，母彌生は西田幾多郎の長女。1933（昭和8）年，兵庫県立第一神戸中学校に入学。1939年，西田の旧友山本良吉が校長を務める武蔵高等学校に編入学。同校にて務台理作，下村寅太郎らの授業を受ける。1942年，京都帝国大学文学部哲学科に入学（純粋哲学専攻）。西田家に止宿する。主任教授は田邊元。しかし1943年に徴兵猶予が停止され応召，45年の敗戦を中国で迎える。1946年より文部省に勤務し，小学校社会科学習指導要領の作成に携わる。1951年より名古屋大学教育学部助教授（68年，教授）。1958年，長坂端午，重松鷹泰，大野連太郎と「社会科の初志をつらぬく会」を結成。東京教育大学教授（1968-72），立教大学教授（1972-84），都留文科大学学長（1984-90）を歴任。また信濃教育会教育研究所長（1960-69，1991-94），教育哲学会代表理事（1983-89）を務める。

▶ 思　想　　自らの経験主義の立場を「動的相対主義」と規定する上田は，個人の知識獲得と活用が個性的にしか行われないという意味の相対性と，知識自体が常に自己否定的に発展し新しくなるという意味の相対性との「二つの相対性」を強調する（『知られざる教育』1958）。こうした知識論・認識論の立場から，政策転換後の文部省の推進する徳目主義のインドクトリネーションと，イデオロギー上これと対立するマルクス主義教育学による科学主義のインドクトリネーションとの双方が批判の対象とされた。教育科学研究会の大槻健らとの間で交わされた論争（1962-63）は後者の典型的な例である。なお近年の研究では，経験主義＝プラグマティズム教育論とマルクス主義教育学との対立構図にとどまらず，上田を京都学派教育学との関連から捉え直そうとする課題提起や，アフォリズム（警句）という表現をとる上田の教育言説にレトリック論の観点から注目する研究もみられる。

[参考文献] 井上専「上田薫の教育人間学──問題解決・動的バランス・人間生成」皇紀夫・矢野智司編『日本の教育人間学』玉川大学出版部　1999／『上田薫著作集』全15巻　黎明書房　1992-94／大野僚『上田薫の人間形成論──新しい教育言説の誕生』学術出版会　2010／汐見稔幸「教育における科学主義と相対主義──系統主義批判への批判の構図をめぐって」唯物論研究協会編〈唯物論研究年誌 第2号〉『相対主義と現代世界──文化・社会・科学』青木書店　1997／田中毎実『聞き書　村井実，上田薫回顧録』を読む」『教育哲学研究』第101号　2010／森田尚人編『聞き書　上田薫回顧録』教育哲学会特定課題研究助成プロジェクト「教育学史の再検討」グループ　2009

[関連項目] 京都学派／勝田守一　　（櫻井歓）

ヴェーバー

（Max Weber, 1864-1920）

▶ ヴェーバーの位置　　マックス・ヴェーバーはドイツの経済学者（経済史家），社会学者。彼は19世紀と20世紀をまたぐドイツにあらわれた資本主義起源論争において，飽くことのない利潤追求に資本主義の起源を見いだしたブレンターノ（Brentano, F.），封建的土地財産の動産化に資本主義の起源を見いだしたゾンバルト（Sombart, W.）に対して，

独自のエートス論をもって，マルクス主義経済学が自明の前提とする労働価値説（等価交換）そのものをなりたたせる倫理基盤としてのプロテスタンティズムの意義に注目し，それを資本主義の起源に位置づけた人物である。

▶ ヴェーバーの問題関心　ヴェーバーは中世取引所の研究によってその名を高からしめたが，彼の当初の資本主義規定はおおまかには貨幣経済そのものであり，このため資本主義の起源をさまざまな古代文明にまでさかのぼり，貨幣経済という意味での資本主義の歴史的文化的遍在性を見いだすにいたって，極度のノイローゼ状態に陥った。というのも，資本主義が通文化的・通歴史的であるならば，研究対象としての資本主義は，歴史的に見ればきわめて平凡な現象であり，とくに考察に値しないということになってしまうからである。

そこで彼は，ノイローゼに対抗しつつ精力的な研究を行い，資本主義が近代西欧に固有の経済社会的現実であるという，当初の彼自身の資本主義規定からみればまったく逆転された資本主義規定をつかみ出すにいたった。この記念碑的発現が『プロテスタンティズムの倫理と資本主義の精神』（1920）である。ここに彼の問題関心は，資本主義をうみだした西欧近代の固有性に焦点づけられることになる。

▶ ヴェーバーと教育分析　少なくともこのようなヴェーバーの問題関心のドラスティックな転換を知る者であるならば，ヴェーバーにもとづくとされる教育研究の大多数は皮相的かつ虫食い的の観を否めない。その多くは『経済と社会』（1921-1922）中にある『支配の諸類型』および『支配の社会学』に記された，教育の歴史的変移の表層的記述を拾いだして，ありきたりな現状的事実（学歴・資格主義化，文化的再生産に結びつく教育の金権制化）の指摘をオーソライズするためだけにヴェーバーを用いている。あるいは「葛藤理論」などと称して，ヴェーバーの資本主義分析におけるその位置を骨抜きにし，たんに諸

集団は敵対し葛藤しあうという凡庸な事実をあたかもヴェーバーが初めて発見したかのような見地もみられる。このようなありさまでは，教育研究におけるヴェーバー理解の水準が，社会学・社会科学方面から深刻に問われるか，あるいはもはや笑止されるべきものとされるのも当然のことであろう。この一例には，Stände（status group）を「地位集団」や「身分」と訳すことを知らず，「身分集団」などといった社会科学のターミノロジーからみれば意味不明の訳出を行う教育社会学の，非社会学性・没社会学性・非および没社会科学性があげられよう。

▶ ヴェーバーの方法　ヴェーバーは自然科学と文化科学（Kulturwissenschaft）とでは，その研究方法に大いに違いがあることを指摘する。自然科学では法則定立がめざされ，できるだけ一般的に妥当する自然法則を発見するために実験等の方法が用いられる。これにたいして人間事象をあつかう文化科学においては，むしろ個性記述がめざされ，現象の固有性の画定とその由来を理解することが方法的に重要となる。この文化科学の見地は，資本主義の一般性から固有性への，ヴェーバー自身が経験した問題関心の転換の賜物である。そのさい，個性記述を行う文化科学的認識の客観性はどのように保証されるのか，という問題が生じる。ここにヴェーバーは「理念型」ないしは「理想型」（Idealtypus）という概念を提起する。これは事象の因果帰属を発見するための仮説的構成であり，事象はこの理念型・理想型からのいわば距離において因果帰属の妥当性を判断される。たとえば近代資本主義の理念型・理想型が封建体制にあてはまらない場合，近代資本主義はその理念型・理想型の固有性において個性記述され，かつこの作業は封建制度の理念型・理想型の仮説構成を触発するわけである。そのさい，この理念型・理想型がけっして現実のものではないことを自覚し，理念型・理想型との関係において現象の個性的因果帰属を見いだしていることをつねに意識していることが，文

化科学における客観性の証となる。

ヴェーバーの「価値自由」ないしは「価値判断排除」あるいは「没価値性」（Wertfreiheit）の概念提起は、直接的にはシュモラー（Schmoller, G. von）らの「講壇社会主義者」たちにたいする批判として現われたが、この方法的文脈からとらえるならば、理念型・理想型を現実のものととりちがえ、かつ理念型・理想型のレベルで価値判断を行い、文化科学の客観性をいちじるしく損なうことにたいする警鐘という位置をもっている。

[参考文献] ウェーバー（濱島朗・德永恂編訳）『社会学論集』青木書店 1971／ウェーバー（出口勇蔵・松井秀親・中村貞二編訳）『社会科学論集』河出書房新社 1982／ウェーバー（尾高邦雄訳）『職業としての学問』岩波書店 1936／増田四郎「封建制の崩壊をめぐる理論と史實」『思想』325号 1951／森重雄「ウェーバーの教育社会学」『教育社会学研究』第38集 1983／柳治夫『学校のアナトミア』東信堂 1991　　　　　　　　　　（森重雄）

ウシンスキー

(Konstantin Dmitrievich Ushinskii, 1823/4-1870)

▶ 生 涯　中部ロシアの都市トゥラに県税務長顧問官の子として生まれた。1844年にモスクワ大学法学部を優秀な成績で卒業後、まもなくヤロスラヴリの法律専門学校教授の職を得るが、危険思想の持ち主として1849年同校を追放された。

その後数多の曲折を経て、ウシンスキーはガチンスキー孤児学院、スモリヌィ女学院の教師や視学官を歴任する一方、1860年には「国民教育省雑誌」の編集者を務めるなど多彩な研究・実践活動を展開し、「教育的人間学」にもとづいた独創的な教育学理論をうちたてた。彼の功績に対しては「ロシアの教師の教師」「ロシアの国民学校の父」といった最大級の讃辞が呈される。

▶ 思想と影響　ウシンスキーは、スモリヌィ女学院の職を免ぜられた1862年からほぼ5年間、スイスを中心としたヨーロッパ諸国の教育事情をつぶさに見聞し、帰国後は欧米各国の教育理論を批判しつつ「国民性」を基礎とした独自の国民教育論を構想した。

国民教育に関する彼の主張は次の7項目に定式化できる。①全国民に共通するような教育のシステムは存在しない。②どの国もそれぞれ固有の伝統的制度をもつ。③教育における他の国民の経験は、普遍的な歴史の経験という意味で全国民にとって貴重な遺産である。④科学は教育と混同されてはならず、それはあらゆる国民に共通のものである。⑤公教育は生活の諸問題を解決するものでも歴史を導くものでもなく、それに従うものである。⑥公教育は、その問題が社会と家庭の問題になる時にのみ現実性を帯びる。⑦教育の改革にとって唯一の確実な基礎は国民の世論である。

こうして彼は教育における具体的な国民性の原理を提唱するとともに、主としてドイツ教育学の抽象性を批判して、公教育を国民の手にゆだねることを主張したのである。その原則は、a. 義務教育の完全実施、b. 実質的教養と労働への準備、c. 陶冶・訓育両面における母語の教授の重要性、d. 高い道徳性と調和ある人間性の育成、e. 男女平等の教育、f. 他国の教育体系や経験の無批判的受容の禁止、の6項目であり、とりわけ初等教育における母語の重要性が強調された。音声式分析・総合法を取り入れた画期的な教科書『子どもの世界』（1861）『母語』（1864）は多大な成果をあげ、その後の母語教授法のみならず、一般教授学の発展に大きく貢献した。

主著『教育の対象としての人間──教育的人間学試論』（1868-69）は未完に終わったが、同書はその副題が示すごとく教育者は「現実の人間がいかなるものか」を全面的に知らなければならないとし、著者自らにその任務を課したものである。彼は、科学に基礎をおく最も高度な技術の実践学が教育学であると主張し、「事実を何よりも尊重する」立場から教育理論と実践との統合を説いた。

▶ 位置づけ　ソ連邦崩壊後もウシンスキーの言説がしばしば引用されており、エスニック・コンフリクト解決への示唆を与えている。

また，わが国では「教える」ことと「学ぶ」ことが短絡的に対立させられ教育現場に混乱を招いており，道徳教育においても「徳目注入主義」が横行して誤った「心の教育」を助長している。こうした悪弊を再検討する際にも，学習を努力と興味の相互交替的な能動的過程ととらえ感情の形成を教育の根底に置くウシンスキーの教育学理論は示唆に富む。

［参考文献］ В. К. Зажурило, *Ушинский в Петербурге.* Лениздат, 1979／Н. К. Гончаров, *Педагогическая Сисиема К. Д. Ушинского*, М. 1974／柴田義松訳『教育的人間学 1-2』明治図書出版 1960／柴田義松訳『ウシンスキー教育学全集』明治図書出版 1965-67　　　　（森岡修一）

梅根 悟
（うめね　さとる, 1903-1980）

▶ **主な職歴**　教育学者，東京文理大学・東京教育大学教授（1949-66），和光大学初代学長（1966-80），教育史学会代理事（1969-80），日本教育学会会長（1974-80），第 11 期中央教育審議会委員（1977）等を歴任。

▶ **生涯と研究活動**　福岡県嘉穂郡にて，大工の父と雑貨屋を営む母の長男として誕生。小倉師範学校卒業後，東京高等師範学校に入学し，夜間にはフランス語学校にも通う。1927 年，東京高等師範学校卒業後，岡山師範学校に奉職。この時期，岡山県教育会編『備作教育』にソビエトの「コンプレックス・システム」の論文を上梓。1930 年，母校で西洋教育史を学ぶために妻子を伴って上京。コメニウスを，宗教，政治，教育の観点から民衆教育に取り組んだ思想家として評価し，共鳴する（1969 年，チェコスロバキア共和国政府より文化功労賞授与）。恩師の篠原助市は「梅根の前に梅根なく，梅根の後にも梅根なし」と高く評価。卒業後，埼玉県で教育実践に取り組み，東京文理大学助教授となる。石山脩平，海後勝雄，重松鷹泰，長坂端午らとともに民間教育研究団体，コア・カリキュラム連盟（1948 年 10 月結成。1953 年，日本生活教育連盟に名称変更）を主宰し，和光学

園を実験校とした。190 以上の学校が登録するほど連盟の活動は期待され，梅根は三つの学習場面（日常生活課程，中心課程，系統課程）と四つの学習内容（健康，経済・自然，社会，文化）による三層四領域論を展開した。それは「コンプレックス・システム」，ドイツの「合科学習」，アメリカの「ヴァージニア・プラン」を統合したものであった。だが，「コア」や経験主義に対する自己批判も加わり，活動は低迷していった。その後，学位論文『中世ドイツ都市における公教育制度の成立過程』を刊行（1953）し，400 年間を俯瞰した『世界教育史』（1955）では，新教育思想と帝国主義との親和性を解明した。さらに，勝田守一との共同監修『世界教育学選集』（全 100 巻）（1960-86）においては，総勢 100 人以上の研究者を率い，勝田の死後（1969），その事業を達成。晩年には，アジアやアフリカとの連帯を志向し，梅根悟監修『世界教育史大系』（全 40 巻）（1974-78）（毎日出版文化賞特別賞受賞）を刊行。こうした外国の教育史や教授学の体系的刊行は，諸外国にも類例がない。さらに，日本教職員組合「教育制度検討委員会」（1970-74）の代表として『日本の教育改革を求めて』（1974）をまとめた。1331 点以上の著作・論文・評論と広範な研究・教育活動を通じて，戦後日本の教育実践の改善とカリキュラム改革を精力的にリードした。

［参考文献］ Akira Nakano and Yoko Yamasaki, "Satoru Umene: Curriculum Reform and the World History of Education," Yoko Yamasaki and Hiroyuki Kuno (eds.), *Educational Progressivism, Cultural Encounters and Reform in Japan*, Oxon: Routledge 2016／梅根悟『梅根悟教育著作選集・全 8 巻』明治図書出版　1977／和光大学附属梅根記念図書館編『梅根悟著作目録』東京：和光大学　1984／渡邊隆信「梅根悟における新教育観の変化──『新教育への道』（1947）と『世界教育史』（1955）の間」，神戸大学教育学会『研究論叢』(21), 45-52　2015

［関連項目］ 勝田守一／カリキュラム／コメニウス／篠原助市／新教育　　　　（山﨑洋子）

エ

衛生学
英 hygiene／独 Hygiene／仏 hygiene

▶ **語源・用法・定義**　医学関係の辞書の一般的定義によれば，人の健康を保持増進する手段方法を考究する学問のこと。英独仏語のいずれにおいても hygiene の語が用いられているが，その語源は，ギリシャ神話の健康の女神ヒギエイア Hygieia にもとづいて，紀元2世紀にローマのガレヌス（Galenos. 129頃-199）が提唱した名称に由来する。わが国の「衛生」という語は，1875年明治8年に，内務省に hygiene を司る局が誕生したとき，長与専斎（ながよせんさい）が訳語として，「荘子」の中の「衛生」の語をあてたことに由来する。

▶ **衛生学の成立とその社会史的意味**　「養生法」はすでに古くから存在していたが，公衆衛生領域を含む今日の「衛生学」の確立過程は，比較的研究の進展しているドイツ語圏を参照にしていうと，以下の三局面に分けて整理することができる。第一に17世紀末から18世紀にかけての絶対主義国家の時代。「人口」の量的質的改善に対する国家的関心のもとに住民の身体の調査管理を扱う「医療警察」文献が多数輩出する。なお「警察」（Polizei）とは現代にいう警察のことではなく，国政の担当領域として外交に対する内政を意味する。第二に19世紀後半，都市化にともなう環境問題の危機化の時期，伝染病対策を契機として環境衛生の学が整備される。さらに第三に世紀転換期の大衆市民社会の成立期。個人と社会環境の衛生管理に加えて，人口調節を扱う生殖衛生領域が重要な課題として浮上し，今日の衛生学の原型が整えられる。

　衛生学の成立史はもともと，医学の前史として発展したが，この領域は近年では医学をこえて，広く社会史研究者の関心を集めている。その契機としては，第一に1970年代以降の家族史研究の進展によって乳幼児についての衛生学的な知と近代家族の心性との連関が示唆されたこと，そして第二にとりわけ，フーコー（Foucault, M.）が近代固有の権力分析のカテゴリーとして「生–権力」を提示し，その際衛生学的知が，住民の身体の上に張り巡らされる「生のポリティーク」の中核的なテクノロジーとして位置づけられたことが大きい。以降，衛生学的知は，身体の濃密化と規範化，セクシュアリティの歴史，国民統合など多様なテーマ連関において注目されていく。

▶ **衛生学的知と教育学研究**　これらの知見をとおして，近代以降の子どもの成長に関しては，教育学的な知のみならず，衛生学的な知もまた大きな役割を果たしたことが，明らかにされた。だが，これらの知見をどのように教育学的問題設定のなかに取り込むのかについては，現在のところ明確な方向づけは出されていない。家族史研究の進展をうけて提案された「歴史的社会化研究」（Herrmann, 1984）構想や「［家族のおこなう教育］の歴史」（中内，1992）構想も，相対的に孤立した構想の域を出ていない。新しい社会史的知見をふまえた実証的研究の展開を可能にする，理論的な枠組みの検討が望まれる。

　[**参考文献**]　Foucault, M., *L'Histoire de la sexualité 1, La volonté de savoir*, Paris 1976（渡辺守章訳『性の歴史1　知への意志』新潮社1986）／Foucault, M., *La politiqué de la sante au XVIIIe siécle*, M. Foucault et al., *Les machines a guérir*, Paris 1979（福井憲彦訳「健康が語る権力」桑田禮彰ほか編『ミシェル・フーコー　1926-1984』新評論　1984所収）／Herrmann, U., "Neue Wege der Sozialgeschichte," *Pädagogische Rundschau* 38, 1984／川越修『国民化する身体』『思想』884号1998／中内敏夫『新しい教育史』（新版）新評論 1992
　[**関連項目**]　フーコー／性　　　　（鳥光美緒子）

映　像

英 image／独 Bild／仏 image

▶ **語　義**　「映像」は多義的な語である。広義にとれば、それは「イメージ」の訳語であり、類似によって対象と結びついた像一般を指す。つまり、心のなかの主観的なものか対象化された客観的なものか、人間の手の加わった人工的なものか加わらない自然的なものかを問わないわけである。ラテン語のimago に対応するギリシャ語の eikon が、すでにこうした意味の広がりをもっていた。しかし今日では、「映像」という語がこのような広い意味で使われることはまれである。岡田晋によれば、かつて――少なくとも第二次大戦前まで――は、「イメージ」は「影像」と訳され、心的像の意味で使われたが、その後「映像」が使われるようになり意味も変化したという。今日「映像」という語が使われる場合――たとえば「映像文化」――、それは写真、映画、テレビといった光学的・電子光学的に複製された像を意味している。映像の中核的意味としてこの光学的・電子光学的に複製された像を置き、広義の映像として客観的・主観的な像一般を考えることができるであろう。

▶ **広義の「映像」と教育**　西洋の教育思想の出発点にプラトン（Platon）の映像批判が位置していることは注目すべきことである。プラトンは『国家』の有名な洞窟の比喩のなかで、洞窟の奥に映った映像を実在と見誤っている人々を無教育のモデルとして描いている。教育とは、そのような映像を信じている状態からイデアの方向へと魂を向け変えることなのである。しかし、このようなイデア論的な映像批判によって映像の持つ教育的意味が見失われてしまったわけではない。キリスト教においては、偶像禁止はユダヤ教やイスラム教のようには貫徹されなかった。聖母マリアの造形は信仰を支えることになったし、教会の壁画は文字を読めぬ民衆にキリスト教の教えを伝えるのに役立てられた（わが国にも、絵をもとにして仏教の教えを伝える「絵

説き」の伝統があった）。また、ルネサンス的な博識を批判して教授学の原理を感覚的経験に置いたコメニウス（Comenius, J. A.）は、その原理を実現するために絵入りの教科書『世界図絵』を考案し、それはその後数百年にわたって驚くべき成功を博した。近代教育の一大原理である直観の原理は、映像の利用と深く結びついていたわけである。

▶ **狭義の「映像」と教育**　広義の映像が古くから教育との密接な関係を有しており、ほとんど自明の教育的意味を認められてきたのに対して、狭義の映像は、特に 20 世紀になって文化全体のなかでの比重を増してきたにもかかわらず、むしろ教育から排除される傾向にあった。もちろん、いわゆる視聴覚教育の文脈においては、スライドをはじめ、映画、テレビ、ビデオなど、狭義の映像の教育利用が試みられてきた。特に、19 世紀末の映画の出現は、今日「視聴覚教育」と呼ばれているようなタイプのアプローチの出現を促した当のものであった。しかし、教育思想のレベルで見ると、狭義の映像はほとんどもっぱら批判の対象としてしか扱われてこなかった。この批判は、伝統的な文字文化を重視する保守的な立場からなされたばかりでなく、直観や経験を重視する新教育の立場からもなされた。各国で展開された芸術教育運動のなかに、映画のための場がまったく与えられなかったのはまことに象徴的である。広義の映像を教育に取り入れる根拠となった直観の原理が、狭義の映像については逆にそれを排除する方向に作用したように思われる。このような映像批判の背後には、映画が、科学よりは見せ物の系譜で、学校のコントロールのきかない大衆文化として発展したという現実的な事情があった。しかし、より根本的な事情は、狭義の、新しいタイプの映像が、直観の原理の前提となっている主観と客観の明確な分離を揺るがす可能性を持っている点にあったと考えられる。ここから、新しいタイプの映像が〈現実を歪める〉ことに対する教育的批判が生まれる。こうした批判は、映画草創期の

「俗悪映画」に対する批判から始まって，テレビ，漫画から最近のビデオやコンピュータ・ゲームに対する批判に至るまで，途切れることがない。しかし，現代の社会が「イメージのなかに世界がある」（Busch 1989）という状況に立ち至っているとすれば，〈現実〉を絶対の根拠にした映像批判はスローガン以上の科学的説得力を獲得しがたいだろう。映像と教育との関係を考察することは，コメニウス以来の近代教育の原理を根本的に考え直すことにつながっていくように思われる。

[参考文献] Busch, B., *Belichtete Welt*, München 1989／岡田晋『映像学・序説』九州大学出版会 1981／『映像と教育』日本放送教育教会 1980／秋山隆志郎・岩崎三郎（編著）『視聴覚教育』樹村房 1985
[関連項目] メディア （今井康雄）

エマソン
(Ralph Waldo Emerson, 1803-1882)

アメリカの思想家，文筆家。「19 世紀アメリカ国民の教師」として親しまれる。アメリカ的思想の源泉をなしたという意味で，「アメリカの知的独立宣言」者として称えられる。教育の領域では，進歩主義教育の思想的源泉と考えられる。

1803 年，ボストンのユニテリアン派教会の牧師職の家に生まれる。ハーヴァード大学神学部卒業。1829 年にボストン第二協会（ユニテリアン派）の牧師に就任したが，伝統的な教会制度に疑念を抱き，良心の命ずるまま，1832 年に同教会の牧師を辞任。二度とその教会に復帰することはなかった。自説である自恃（自己信頼）の精神を地でいったといってよい。エマソンの「自己信頼」はself-trust というタームで表現されるが，同じ概念を表すものとして self-reliance という語を用いることのほうが多い。日本語の「自恃」がこれに相当し，エマソンの個人主義思想のキー概念である。エマソンにとって，現行の聖餐式に象徴されるような伝統的・形式的な社会制度は，すべて個人の独立自尊と個

性の独自性を疎外するものでしかなかった。このようなエマソンの社会感覚は，次のような言辞に端的に表されている。「社会はいたるところで共謀して，その構成員すべての人の真の勇気を喪失するように仕向けている。社会は一種の合資会社で，社員たちは，出資者各人によりいっそう確実にパンを保証するため，そのパンを食べる人の自由や教養を放棄することに同意しているのである。そこで最も要請される徳は迎合であり，自恃は社会の嫌悪するところである。そのような社会は，実在や創造を好まず，名目や慣習を好む」("Self-Reliance")。エマソンは牧師辞任の理由を込めておこなった説教「主の晩餐」において，「わたしが教会の皆さんに対し，パンや葡萄酒を用いる儀式をとりやめようというのは，このような儀式をおこなうこと自体に，なにか権威があるかのように主張することをやめようと提案しているのです」と述べている。信者個人が制度としての宗派や宗閥に拘束されることなく，信仰の本質に立ち帰らせることを主張したのであった。

牧師を辞任した翌 1833 年，ヨーロッパに思想家や遺跡・博物関係機関などを歴訪。そのとき訪ねたコールリッジ（Coleridge, S. T.）やカーライル（Carlyle, T.）との議論のなかで，物質主義や功利主義に反対して魂の優位性や超越についての思想を確認するとともに，彼らの影響も受けた。とくにカーライルとは，その後，頻繁に文通するなど，終生親交を結んだ。

ヨーロッパの旅での知見は，日頃あたためてきた超越主義（transcendentalism）の思想を一段と醸成させることになった。その思想は，代表作『自然論』（*Nature*, 1836）において結実した。そのなかで超越主義思想が典型的に表明されている言辞を求めると，次のように列挙することができる。

（1）「荒涼とした大地に立ち，――頭を爽快な大気に洗わせ，無限の空間にその頭をもたげると，――すべての卑しい自負心は消え去る。私は一箇の透明な眼球となる。私は無

心の状態になり，いっさいのものが見えると
ともに，『普遍的な存在』（Universal Being）
の流れが私の全身にめぐり，私は神の一部
だ」。

（2）「人間は個人生活の内部あるいは背後
に普遍的な魂（Universal Soul）の存在する
ことを意識しているが，この魂のなかにおい
ては，あたかも大空のように，『正義』，『真
理』，『愛』，『自由』の本性があらわれ輝いて
いるのである。この普遍的な魂を，人は『理
性』（Reason）と呼ぶ。その理性は，私のも
のでも，あなたのものでも，彼のものでもな
くて，われわれの方が理性に属しているので
ある。われわれ人間の方こそ，理性の所有物
であり，従僕である」。

（3）「われわれは正義と理性の本性をあら
わな状態において眺めていると，絶対的なも
のと，条件的あるいは相対的なものとの違い
がわかるのである。われわれは絶対的なもの
を了解する。いわばそこにはじめて，われわ
れは存在し，不滅な存在となる。なぜならわ
れわれは，時間と空間は物質の関係であり，
これが真理の認識あるいは有徳の意志となん
らの類縁も認められないことを知っているか
らである」。

エマソンは，合理主義や物質主義のもとで
発展・整備されてきた19世紀アメリカ社会
の諸制度，なかんずく公教育制度が，個性を
疎外している状況をいち早く察知し非難する。
100年以上も前に，「教育論」（"Education",
1876）のなかで，マス・プロ教育を告発する
など，個性を尊重し，子どもの自発性と可能
性に絶対の信頼を寄せた論陣を張っている。
このようなエマソンの個性を尊重する思想の
精髄は，デューイ（Dewey, J.）の教育論や
パーカースト（Parkhurst, H.）の教育方法論
など，20世紀の進歩主義教育の思想と実践
のなかに受け継がれることになる。

エマソンの個性尊重の教育思想は，子ども
の個性のなかに神性を直観するという万有在
神論的なロマン主義に立脚している。その認
識の方法は，詩人の想像力に象徴されるよう

な直観そのものであるという。したがってエ
マソンの思想の方法は，体系や論理性をあえ
て重視せず，直観による了解的認識を特徴と
する。

当時，エマソンのまわりには，パーカー
（Parker, T.），オルコット（Alcott, A. B.），
リプリー（Ripley, G.），ソロー（Thoreau,
H. D.），フラー（Fuller, M.）などの超越主義
者たちが集まり，コンコード（Concord）は，
アメリカ文芸のルネサンスのメッカの観を呈
した。エマソンはこれら超越主義者たちの中
心的人物で，晩年には「コンコードの聖人」
との名声を博した。1882年，79歳の生涯を
閉じ，コンコードの松柏の丘スリーピーホロ
ー（Sleepy Hollow）に眠る。

［参考文献］Emerson, R. W., *The Complete
Works of Ralph Waldo Emerson*. 12 vols., Cam-
bridge, Houghton Mifflin 1903-4／Gilman, W.
H., et al (eds.), *The Journals and Mscellaneous
Notebooks of Ralph Waldo Emerson*. 16 vols.
Cambridge, Belknap Press of Harvard Univ.
Press 1960-82／Homes, O. W., *Ralph Waldo
Emerson*. London, Kegan Paul, Trench & Co.
1885／Rusk, R. L., *The Letters of Ralph Waldo
Emerson*. 10 vols., New York, Columbia Univ.
Press 1939-95／Rusk, R. L., *The Life of Ralph
Waldo Emerson*. New York, Columbia Univ.
Press 1949（Republished 1964）／市村尚久「ラ
ールフ・W・エマソン」市村尚久編『現代に生
きる教育思想』ぎょうせい 1981／市村尚久
「個性尊重教育のロマン」長井和雄ほか編『ロ
マン主義教育再興』東洋館出版社 1986／市村
尚久『エマソンとその時代』玉川大学出版部
1994／エマソン，斉藤光ほか訳『エマソン選
集』（全7巻）日本教文社 1960-61／エマソン
（酒本雅之訳）『エマソン論文集』（上・下）岩
波書店 1972-3／エマソン（市村尚久訳）『人
間教育論』明治図書 1976（再版）／斉藤光
『エマソン』研究社 1957　　　（市村尚久）

エラスムス
（Desiderius Erasums Roterdamus, 1469-1536）

エラスムスは，オランダのロッテルダムに
生まれた。ネーデルランドのデフェンテルな
どの諸都市で中等教育を受け，共同生活兄弟

会経営の学校で学んだ。1488年修道誓願を立てて修道士となり，以後パリ大学留学，コレット（Colet, J.）やモア（More, S. T.）などのヒューマニストとの交流を得た英国訪問などを始めとして，ヨーロッパ各地を巡りながら文筆活動に従事し，「ヒューマニストの王者」として，その名を全ヨーロッパに高めていった。当時多くのヒューマニストにとって教育は大きなテーマの一つであったが，エラスムスは，このヒューマニストの教育思想を代表する人物でもあった。彼の膨大な著作の中で教育論として主要なものは，『学習方法論』（1512），『幼児教育論』（1529）などである。まずこの『幼児教育論』を通して，エラスムスの教育思想の特色についてみていこう。

アリエス（Ariès, Ph.）が指摘しているように，中世においては，二つの教育形態が存在していた。一つは，主に「見習奉公」apprentisageという言葉で示されるもので，すべての階層にわたって共通にみられる基本的な教育形態である。もう一つは，特に聖職をめざす人々を対象として知育を行う形態で，これは主に「教授」instructionという言葉でよばれた。これらは，いずれも，職業への準備を意味するものであり，自覚的・意識的な人間形成という意味での「教育」éducationは，概念としてもまた現象としても存在していなかったのである。

この人間形成という意味での教育という概念がはじめて登場するのはヒューマニストの著作の中であるが，エラスムスは，この概念を明確にし，理論化を試みた中心人物のひとりであった。エラスムスは，『幼児教育論』の中で次のように述べている。「樹木は，たとえそれが野生のまま，実を結ぶことさえない場合にも，おそらく樹木として生まれる。また馬はいかに役立たずであっても，馬として生まれる。しかし人間は，人間として生まれるのではない。人間につくられるのである。」エラスムスにとって，人間は，樹木や馬と異なり，そのままでは人間になることは

できない。ここには，人間が人間になるためには，何らかの意識的な働きかけ，すなわち教育が必要であることが示唆されている。それではこの働きかけとはどのようなものであろうか。エラスムスは，幸福という人間の理想状態を語る文脈の中でこの問題を論じている。「一般原則として，人間の幸福は，欠くことのできない次の三つのことにかかっている。すなわち自然と学習と習熟である。自然とは，善に向かう人間の生まれつきの能力と傾向を意味する。学習とは，助言と教訓からなる知識の習得であると理解される。また習熟とは，自然によって与えられ，学習によって作り上げられたものを練磨することを意味する。自然は，学習を通してのみ実現されるのであり，習熟は学習に導かれない限り，多くの過ちや危険に陥る」。エラスムスにとって，人間は本来善である自然naturaを有している。この自然を学習ratioを媒介として伸ばし，これをさらに練磨し，習慣として実践化させる習熟exercitatioにいたることが理想のあり方である。したがって人間を人間たらしめる働きかけとは，人間の外部にある何かを教え込むことではなく，人間の内部にある善なるものを引き出し，それを社会的・実践的なレベルに引き上げることであった。ここには，それまで意識的に語られることのなかった「人間形成としての教育」の概念が提示されている。一方，助言と教訓にもとづく知識の習得である「学習」とは，ギリシャ・ラテンなど古代の知識の習得である。エラスムスらヒューマニストにとって，ギリシャ・ラテンの世界とは，人間が溢れんばかりの豊かな人間性に到達し，普遍的な人間性が描かれた世界である。したがってエラスムスの教育の理想は，善なる自然を有する人間をギリシャ・ラテン世界との接触を通して普遍的な人間性にまで高めることであるといってもよい。ここにエラスムスの教育思想のエッセンスがある。このような教育観を原理として，エラスムスはこうした教育を行うことが両親の神に対する義務であること，教育の

時期は早くから始められるべきこと（早期教育）、また教師と生徒の関係は愛情にもとづくべきこと、教育の方法としては、鞭による厳しい詰め込み主義よりも、遊戯的方法や競争的方法などを活用すべきこと、また子どもの成長や興味に適合した教材を選択し配列すべきこと、子どもの個性を尊重すること等、注目すべき見解を主張している。これらの中には、近代教育理論の萌芽ともいうべき主張が含まれている。

　一方、こうした教育思想と同時に、エラスムスは、身体と教育の問題についても強い関心をもっていた。その問題は、『子どもの礼儀作法について』（1530）の中で論じられている。それは、礼儀作法を、身体の抑制としてではなく、目に見えるもの（外面）と見えないもの（内面）の対応という観点からとらえることによって、身体を媒介とした人間形成を目指すものだったのである。この著作は以後、多くの類似書をうみ、礼儀作法の教育は、19世紀までヨーロッパの家庭や学校で最も重要なもののひとつとして位置づけられていた。

　このようなエラスムスの教育思想は、彼がヒューマニストとして、また思想家として追求してきた問題とどう関係するのであろうか。今日、エラスムスは、『痴愚神礼賛』（1509）や『対話集』（1519）などの著者として名高いが、彼自身が思想家として生涯をかけたものは、『校訂新約聖書』（1516）などに結実する宗教的な領域に属するものであったことはよく知られている。この事実が意味することは、エラスムスの思想家としての生涯の課題は、キリスト教世界の再生とヨーロッパの平和にあったということである。というのは、神学上の問題が常に争乱の種になったこの時代に、聖書や古代の教父たちの著作を正しいテキストによって、正しく読むことによって、誰もが納得できる解釈に到達することこそ平和を可能にすると考えられたからである。教育思想の面においても、この問題が意識されていた。エラスムスが、『キケロ派』（1528）

の中で強調しているように、深く生きたキリスト教的な内面性は、ギリシャ・ラテン文学研究（フマニタス）の世俗性と結びついたものである。つまりキリスト教徒としての真の倫理的人間形成が可能となるためには、ギリシャ・ラテンの文学の中で示されているような普遍的な人間性の高みに到達することが必要となるのである。この普遍的人間性の形成とキリスト教との結合こそが、共通の言語と共通の文化の中で人間相互を結びつける、普遍的隣人愛の絆をつくりあげると考えたのである。このことは、すでに述べた『子どもの礼儀作法について』にも同様にいうことができる。この著作は、それ以降の礼儀作法書と異なり、普遍的な身体作法の必要性を主張するという点で、独自性を有している。それは身体の共同性の回復を通して、人間の絆を回復するというエラスムスの思想の中心につながる問題意識を含んでいたからであった。こうした意味で、エラスムスの教育思想は人間の新しい結びつきとそれによる宗教的・社会的統合という壮大な構想における中心的な位置を占めるものであったということができる。

　エラスムスの教育思想の後世への影響力は絶大なものであった。当初エラスムスの思想の支持者たちは、絶対主義宮廷貴族層と、その周辺から現れ、しだいに力を得ていく上層市民階層であった。中世的封建制度が崩壊し、新たな制度が成立するまでの過渡期に生きた彼らの多くは、中世の封建貴族の「血」のように、自らの正当性を絶対的に保証するものをもたない人々であった。エラスムスらヒューマニストが提示した普遍的人間性という概念は、この欠落を埋めることになる。彼らは、この時空を超えた普遍的人間性という価値を自らのアイデンティティとし、それが他の階層の人々との区別を表示するものとなったのである。こうした自己意識は、上層市民層から市民階層全体に広がり、ラテン語の教育を中心とする中等学校を通して、彼らの子弟にも継承されていった。ヨーロッパの学校教育の中核的な存在であった中等学校は、普遍的

人間性という理念を標榜しながら，実際はエリートとそうでないものを分かつ場となっていったのである。

普遍的人間性という概念は，近代の教育の理念として浸透していったが，それはエラスムスが期待したような人間の絆の回復へと向かうのではなく，エリート教育のモットーとして，エリートと民衆の間に新たな断層を築いていくことになった。エラスムスが構想した共通の言語と共通の文化によるヨーロッパの秩序の回復という夢は，ナショナリズムの隆盛と近代資本制社会の成立という歴史の流れの中では，彼のめざしたこととは全く異なった方向に展開することになっていったのである。

[文献リスト] エラスムスの著作
(1) エラスムスのラテン語原典
・全集 Opera Omnia（ヨアンネス・クレリクス編集，1703-1707，これは LB 版と呼ばれる）この LB 版の復刻版が，1961 年から 1962 年にかけてヒルデスハイムのゲオルク・オルムス（Georg Olms）書店から刊行されている。
・全集 Opera Omnia（1969 年よりアムステルダムの出版社 North-Holland publishing Company から刊行されている）
(2) エラスムスの著作英訳
・全集 Collected works of Erasmus（University of Toronto Press より刊行）25 巻（1985），26 巻（1985）は教育論を集めたものである。
(3) エラスムスの著作の日本語訳
・『エラスムス教育論』中城進訳，二瓶社 1994『子供たちに良рос徳と文学を惜しみなく教えることを出生から直ちに行う，ということについての主張』，『子供の礼儀作法についての覚え書き』，『教育的勧告』が訳出されている。またそれぞれに詳細な解説が加えられている。
・『愚神礼讃』渡辺一民訳，岩波書店 1954
・『痴愚神礼讃』，『対話集』渡辺一民・二宮敬訳，中央公論社「世界の名著」，1969
・『平和の訴え』箕輪三郎訳，岩波書店 1961
・『評論・自由意志』山内宣訳，聖文社 1977
・二宮敬『エラスムス』，講談社「人類の知的遺産 23」には，月村辰男による『学習計画』，『パラクレシス』，『戦争は体験しないものにこそ快し』が訳出されている。また二宮による思想家としてのエラスムスの全体像が明快に描か

れている。

[参考文献] 二宮敬「宗教改革・ルネッサンス——エラスムスの通った道」（講座現代倫理 10『転換期の倫理思想』所収 筑摩書房 1958／野田又夫『ルネサンスの思想家たち』岩波書店 1963／ドレスデン（高田勇訳）『ルネサンス精神史』平凡社 1970／ベイトン（出村彰訳）『エラスムス』日本基督教団出版局 1971／金子晴勇『宗教改革の精神——ルターとエラスムスとの対決』中央公論社 1977／リザッティ（栗原福也編訳）『エラスムス——ヨーロッパ人文主義の先駆者』平凡社 1977／斎藤美州『エラスムス』清水書院 1981／二宮敬「フランス・ルネサンスの寛容論とその背景」季刊『社会思想』第 1 巻 3 号 社会思想社 1971／アリエス（中内敏夫・森田伸子訳）『〈教育〉の誕生』新評論 1983／デュルケーム（小関藤一郎）『フランス教育思想史』行路社 1981／ガレン（近藤恒一訳）『ヨーロッパの教育——ルネサンスとヒューマニズム』サイマル出版 1974　　　　　　　　　　（喜名信之）

エリート

英 elite／独 Elite／仏 élite

▶ 語用史　英語圏・フランス語圏，および日本で社会学・政治学用語として用いられている「エリート」という言葉は，もともと，13 世紀に生まれた古フランス語であり，「次のもの・あとに続くもの」を意味していた。しかし，15 世紀にそれが英語に移入されたころには，「選ぶこと・選ばれたもの」という意味をもつようになり，さらに 17 世紀になると，それは等級性をおびて，「優れたもの・高級なもの」を意味するようになった。そして，現在のように「一定の支配権をもつ・ないし指導的な地位にある少数の社会集団」を意味するようになったのは，公教育が普及しはじめる 1820 年代・30 年代以降であり，それが社会学用語・政治学用語として定着したのは，さらにくだって，代表民主制の形骸化および社会主義のドグマ化にたいする批判が強まった 1930 年代である（なお，日本では，エリートは「選良」とも訳される）。
▶ エリートについての学説　エリートは，さまざまに規定されている。古典的なところ

では、「エリート周流理論」（歴史上のすべての社会の構成員は、統治エリートと一般大衆に区分されるが、統治エリートの支配は長続きせず、不可避的に革命的な交代劇が起こるという理論）を立てたパレート（Pareto, V.）が、エリートを男性性・壮年・頑健な肉体・高い知性・優れた道徳性などの側面、つまり、指導に必要な身体的な特性の側面から定義している。また1930年に、大衆社会批判の先駆である『大衆の反逆』を著したオルテガ（Ortega y Gasset, J.）は、エリートを大衆に対置し、それを「自己を超克する衝迫をもつ」という人格的な特性の側面から定義している。また「パワーエリート」（経済権力・軍事権力・政治権力を独占するエリート層）という概念を普及させたミルズ（Mills, C. W.）は、エリートを権力・権威をともなう組織的な地位という側面から定義している。こうした定義を総合すると、エリートとは、大衆を指導・支配する存在であり、そのために必要な機能的特性・人格的特性・組織的地位をもつ人々の集団、と定義できるだろう。

▶ **エリートの近代性**　しかしながら、概念史的にみた場合に重要なことは、エリートという概念が近代的な概念であるということである。いかなる社会・組織にあっても、支配権を握る者（指導的な地位にある者）は少数である（これを「少数者支配の法則」minority rule という）。しかし、前近代社会における支配層（王侯・貴族など）は、政治・経済・司法・宗教・文化などの主要な領域を包括的に支配する存在であった。しかもその地位は、支配層の閨閥によって世襲・独占されていた。支配層がこのように諸領域の支配権を包括し世襲独占するために用いた方法は、血縁と閉鎖的な学寮制度による社交資本・文化資本の世代間伝達であった。しかしながら、近代社会においては、こうした包括的・独占的な支配権は、相対的に少なくなりつつある。近代社会における支配権・指導権は、趨勢上、各領域（各社会的サブシステム）に分散しているし、世襲されにくい。つまり社会学・政治学は、エリートをしばしば一般概念として用いているが、それは、さきに確認したエティモロジーからも裏付けられているように、近代社会において、分散的であり・かつ非世襲形態である、支配権をもつ・ないし指導的な地位にある少数者を指す概念、つまり近代的な概念であるといえる。

▶ **教育とエリート形成**　近代社会におけるエリートの出現は、二つの近代的な制度、すなわち、ヒエラルキー的に秩序化され、万人に門戸を開放し、能力・年齢を階梯上昇の規準とする教育制度の登場と、おなじくヒエラルキー的に秩序化され、規則にもとづいて組織を運営し、業績・年功を職階上昇の規準とする官僚制組織の登場と不可分である。なぜなら、近代社会においてエリートと呼ばれる者は、多くの場合、行政・司法・経営・医療・工学などの高度に専門分化した領域において指導的な地位にある者（幹部）であり、これらの領域の組織は、基本的に官僚制であり、高度の学歴資格・専門知識にもとづいて幹部候補者を採用し、幹部昇進者を決定するからである。したがって、近代社会におけるエリートの形成は、多くの場合、官僚（タイプの）エリートの形成であり、かつ学歴エリートの形成である。

［**参考文献**］　Giddens, A., *The Class Structure of the Advanced Societies* 1973（市川統洋訳『先進社会の階級構造』みすず書房　1977）／Mills, C. W., *The Power Elite* 1956（鵜飼信成・綿貫譲治訳『パワーエリート』東京大学出版会　1958）／Ortega y Gasset, J., *La rebelion de las masas* 1930（寺田和夫訳『大衆の反逆』中央公論社　1961）／Parato, V., *Trattato di sociologia generale* 1915（井伊玄太郎訳『社会学大綱』白揚社　1939）

［**関連項目**］　文化　　　　　　（田中智志）

エリクソン

(Erik Homburger Erikson, 1902-1994)

　精神分析家。アイデンティティ論、ライフサイクル論の創始者。

▶ **経　歴**　1902年、ドイツのフランクフ

ルト近郊に生まれた。両親はデンマーク人であるが，エリクソンの生まれる前に離婚していた。3歳の時，カールスルーエの小児科医と母が再婚した。ミドルネーム，ホンブルガーは義父の名前である。ギムナジウム卒業後，芸術家を目指した放浪の時期を過ごす。この体験がモラトリアム，アイデンティティ概念の基礎となっているといわれている。後にウィーン精神分析研究所で，精神分析を学ぶ国外からの研究者の子弟の教育に携わる。ここでの教育は，後にアメリカで関係した進歩主義教育の仕事にも影響を与えている。この間にモンテッソーリ教育法の教師免許状を取得した。この経験は，遊戯観察法をエリクソンが用いる下地を築いた。アンナ・フロイト（Freud, A.）から精神分析の訓練を受け，精神分析の道に入る。

1933年，ドイツナチズムの脅威を逃れてアメリカに渡る。児童精神分析家として開業するとともに，ハーヴァード大学，イェール大学，カリフォルニア大学などで，研究や教育に従事する。1939年，アメリカ市民権を得る。1950年反共忠誠審査問題で，カリフォルニア大学を退職。オースティンリッグズセンター，ピッツバーグ大学，ハーヴァード大学を経て，シカゴのロヨラ大学エリクソン幼児教育研究所顧問。1994年5月死去。

▶ **研究**　アメリカ原住民の観察，歴史的人物の分析を行い，社会的な歴史的な力が幼児期に与える影響に関して『幼児期と社会』にまとめる（1950）。その後，『青年ルター』（1958），『自我同一性』（1959），『青年の挑戦』（1963），『主体性　青年と危機』（1968）などの著作により，青年期の問題，アイデンティティの危機について取り扱った。さらに，『ガンディーの真理』（1969）は成人期の問題を扱い，1970年ピューリッツア賞，全米ブックアウォード受賞。そして『老年期』（1986）では老人の問題を扱った。このようにエリクソンの研究は，年を重ねるにつれて研究対象も高齢化してゆく傾向にあり，一生を通してライフサイクル論を展開している。

エリクソンの発達論は，フロイト（Freud, S.）の生理心理学的な研究に，社会的な側面を加味したものであるといわれる。それまでの大半の発達論が，成人するまでを対象としているのに比べ，発達に成長期だけでなく衰退期までも含めている点が特徴である。

アイデンティティという概念を，エリクソンが精神分析的自我心理学の基礎概念として用いたことで，この用語は哲学の領域を超えて，精神医学，心理学，社会学，教育学といった人間に関するすべての科学領域で用いられるようになった。また，人間理解を深める言葉として，文学や日常生活においても使用されている。

［**参考文献**］ Coles, R., *Erik H. Erikson: The Growth of His Work*, Boston: Little Brown and Co. 1970（鑪幹八郎訳『エリク・H・エリクソンの研究』ペリカン社　1980）／Erikson, E. H., *Childhood and Society*, New York: W. W. Norton 1963（仁科弥生訳『幼児期と社会』みすず書房　1977）／Erikson, E. H., *Toys and Reasons: Stage in the Ritualization of Experience*, New York: W. W. Norton 1977（近藤邦夫訳『玩具と理性　経験の儀式化の諸段階』みすず書房　1981）／Erikson, E. H., *The Life Cycle Completed: A Review*, New York: W. W. Norton 1982（村瀬孝雄・近藤邦夫訳『ライフサイクル，その完結』みすず書房　1989）／西平直『エリクソンの人間学』東京大学出版会 1993　　　　　　　　　（鬢櫛久美子）

エルヴェシウス

(Claude Adrien Helvétius, 1715-1771)

フランス啓蒙期の唯物論哲学者。代々医師の家系に生まれたが，旧体制のもとで産をなすのに有利であった徴税請負人という財務官吏の地位を得，廷臣（王妃の料理頭）として宮廷に入った。妻とともにサロンを主宰し，当時の知識人たちと交流をもった。ロック（Locke, J.）の白紙説的認識論を，単純明快に人間精神とその教育に適用することで，近代教育思想における環境決定論の古典的な論理を示した。人間の行動体系を快不快および利害関心によって説明し，法と教育による社

会変革を主張して，封建制からの脱却をめざ
した。旧体制に対する痛烈な批判をふくむ彼
の著作は，パリ高等法院によって焚書とされ
た。

『精神論』（1758）では，環境決定論が唱え
られる。すなわち，「精神は自然の与えたも
のか，教育の結果か」と問い，それは教育の
結果であるとする。彼のいう教育とは，「教
師，政治体制，友達，愛人，周囲の人々，読
み物，その他原因不明で偶然的な不特定事
件」等々をすべて，つまり環境一般を含む概
念である。そして，そのような教育を考える
ならば，人間精神はすべて教育の産物なのだ，
と主張される。このように教育と環境を同義
として用いるところにエルヴェシウスの特徴
がある。

死後出版された『人間論』（1772）では，
有名な「教育はすべてをなしうる」という主
張がなされる。これはいっけん環境決定論か
ら教育万能論への変化を思わせるが，実際に
は，狭い意味での教育の万能が論証されてい
るわけではない。『精神論』の場合と同様に，
この教育概念も環境一般を意味する。しかし，
ここでは環境の操作可能性に関してエルヴェ
シウスに論理の混乱がある。彼は，環境一元
論的な原理にもとづいて，教育をいわば最適
環境の設定作業として把握するからである。
彼の考える最適環境は，観念獲得のための動
機づけの多い環境のことである。彼が動機づ
けとして用いたのは，諸情念，殊に「他に抜
きん出たいという欲望」であり，この情念を
操作する技術が，教育である。そして，教育
の科学が完成することによって，国民の強さ
と幸福とがもたらされると，彼は考えた。し
かし，彼のそもそものねらいは，教育の万能
をいうことではなく，人の才能の違いは，先
天的因子によるのでなく，すべて後天的作用
によるのだということの論証であり，その意
味で社会的平等の思想としての課題をもって
いた。そうした側面は，後に，オウエン
（Owen, R.）に見られるような 19 世紀の空想
的社会主義に影響を与えることになる。

[参考文献] Helvétius, C. A., *De l'esprit*, Fa-
yard 1988／Helvétius, C. A., *De l'homme*, I, II,
Fayard 1989／森村敏己『名誉と快楽——エル
ヴェシウスの功利主義』法政大学出版局 1993
／永冶日出雄「エルヴェシウスの教育思想——
平等の理論を中心に」『教育学研究』第 31 巻第
2 号 1964 　　　　　　　　　　　（上原秀一）

オ

オウエン
(Robert Owen, 1771-1858)

▶ 生 涯 　ウェールズ，ニュータウンの
金物商・馬具商の家に生まれ，10 歳の時ロ
ンドンに赴き年季奉公を始める。1798 年，
27 歳の時に，スコットランドのニュー・ラ
ナークにあるデイル（Dale, D.）所有の紡績
工場を買い取り，1825 年まで経営に従事す
る。労働者住民の生活全般，宗派対立等の問
題，彼らとオウエンとの間の資本賃労働関係
の問題に，企業経営の面から対処した。そこ
での実践に基づいて執筆した著作が『新社会
観』（1813-14）であり，「性格形成原理」に
立脚する社会改革の提案であった。1815 年
以降，対仏戦争終結後の平和恐慌を契機に，
それまで維持すべき自明の前提とみなしてい
た資本制市場経済を批判し始める。1817 年
には「一致と相互協同」の共同体構想を表明
すると同時に，既成宗教を否定した。以後，
三部作といわれる『ラナーク州への報告』
（1820），『現下窮乏原因の一解明』（1821），
『社会制度論』（1826-27）を発表する。1825-
28 年まで主にアメリカ，インディアナ州ニ
ュー・ハーモニーを拠点として活動し，自ら
の共同体構想の実践に従事した。その後，活
動の拠点をイギリスに戻し，「労働交換所」
の開設や「労働組合大連合」を経た後，「万
国全階級協会」（1835）を結成し，執筆と啓
蒙活動に専念して「新」世界の理論を詳細に

示そうとした。またチャーティスト運動を含む、すべての党派による社会改革を批判した。オウエン主義者による「新」世界準備の活動が衰退した1845年以後も、二月革命の際にフランスへ赴いて革命家たちと交流し、その翌年に思想の集大成である『人類の精神と実践における革命』（1849）を発表した。活動は晩年になっても衰えることなく、生涯にわたって、「性格形成原理」に基づいた社会改革以外はありえないとして、自己の思想の有効性を確信していた。『自叙伝』（第1巻1857，第1巻A 1858）は、自己の生涯にわたる偉業を綴り、主要な著作を収めたものである。

▶ **思想の内容**　性格（character）とは一般に人の総合的な特性を表している。オウエンのいう「性格」も、感情、習慣、考え方をはじめとする、特性、人格を指しているが、それらに加え、思想、宗教も含んでいた。オウエンは、人間の性格が個人の意志によって形成されるという考えを「誤謬」とし、この考えにもとづいて構成される社会を「旧」世界とした。それに対して人間の性格が個人の意志ではなく周囲の「環境」（周囲の人間がもつ性格、生活様式、社会諸制度、風土）によって創られるという考えを「真理」とし、この考えにもとづいて社会諸制度を整備し、個と全体との幸福の実現に向けて人間本性の発達を組織化していくものを「性格形成原理」と呼んだ。そしてこの原理に立脚してこそ「新」世界が開かれると考えた。彼にとってすべての社会悪の根源は「旧」世界の「誤謬」にあり、これらが克服され、「真理」にもとづいた「新」世界が実現されれば、全世界の全階級の人々が救済されるのであった。こうしたオウエン的な世界観を根底にもった「性格形成原理」を人々が理解し内面化するためには、継続的な訓練が要求された。またこの原理とは、人間本性と知識と幸福との連環を示したものであった。生まれながらに幸福を得たいとの欲求である利己心を全体の幸福と結び付けるためには、相手を愛し、自己

とは異質の人間や物事に対して思いやりを抱いて、互いの幸せのために働きかけることが必要であった。オウエンにおいてこうした感情は、「隣人愛（charity）」に代表される愛、博愛、愛情、親切として表現された。そしてこれらの感情を創出するには、個人の幸福と全体のそれとが結び付くことを教え込み、人間の考え方が環境に影響を受けるがゆえに、物事に対する判断基準が絶対的なものではなく相対的なものであることを深く理解させることが必要であった。その際、個人と共同体の構成員が同じ知識を持つことと「推理」する能力とが重視された。オウエンはこの能力を、人間が物事を「受容、伝達、比較」し、誤謬から真理を区別する力だとし、人間が環境に深く影響を受けることを理解するのに不可欠な力とみなした。人間本性として想定したこの能力の啓発、隣人愛に代表される感情の創出といった、「新」世界の中で生きる人間に必要な「性格」（考え方、感情、習慣）をつくることが、オウエンの「教育」の課題である。ニュー・ラナークでオウエンが設立した「性格形成学院」での子どもや若者の教育は、2-5歳の幼児学級、10歳ないし12歳までの年長学級、10-20歳の夜間の学級という形態で実践された。教育目標として、個と全体との幸福の結び付きが掲げられ、「推理」する能力の形成は、特に地理と古代・現代史の授業で実践された。教育実践では、知識の獲得といったことは取り立てて要求されず、五感を通して感じとることが強調され、実物教授の採用と暗記の排除が行われた。彼の改革論は、社会諸制度の改革と人間の改革とが同時進行であり、その人間の改革は、現世代を担う成人よりも次世代を担う子どもや若者に、より力点が置かれていた。

▶ **影　響**　オウエンの思想は、18世紀から19世紀前半にかけての、功利主義、環境論、千年王国論、心霊主義、宗派の共同体実践から影響を受けたと考えられる。特にフランス革命がもたらした専制的な恐怖政治や19世紀初頭の機械破壊に対して抱く脅威が、

『新社会観』執筆の強い動機としてあり，それが漸次的な平和的革命や信仰の自由を求める姿勢を，その後においても一貫させたと考えられる。彼が当時与えた主な影響は，協同組合運動やオウエン主義者による共同体実践に対してであり，さらにオウエン主義者の教育活動を始め，ウィルダースピン（Wilderspin, S.），性格形成学院の教師であったブキャナン（Buchanan, J.）といった幼児教育の実践家に対してであった。協同組合運動やオウエン主義の共同体実践に参加した者たちは，いずれもオウエンの思想に何らかの形で共鳴した者たちであったが，オウエンとの対立もあり，ほとんどの者がオウエンの思想を実践の段階で修正して行った。また彼らは1820年代から自らの思想を「社会主義」と称して「個人主義」と区別した。19世紀前半のブリテンにおいて「社会主義」とはオウエン主義であり，個々人や個々の家族として，個別に労働し生きる社会，分業と個人的競争が支配する対立的な社会ではなく，皆が同じ労働を行い自治に参加し，共同体の成員として共有すべき「感情」を持ち，一つの大きな家族として生きる「社会的」もしくは「社交的」な社会を構成する意味をもっていた。この考えは比較的豊かな職人層を中心に労働諸階級に支持された。

▶ 位置づけ　オウエンの性格形成原理は，「新」世界の人間づくりばかりでなく，産業革命期において要求された，秩序ある規律正しい労働力の養成に応えるものであり，資本賃労働関係の調整にも適応できるものであった。また性格形成学院での世俗教育は，民衆向けの教育内容の世俗化の流れにあったと言える。このような意味では資本主義下の労働力養成や，政治，経済，文化の面で労働諸階級を体制内に取り入れること，労働諸階級の自立等の問題を巡る当時の教育の課題を，他の同時代人たちと共有していたと言える。しかし彼の教育論の独自性は，個と全体とを統合しえる「感情」を創出して「新」世界を担う人間の発達を可能にするのが，性格形成原理に基づいた「教育」以外にはないと彼が考えたことにあったと言える。また，人間が日々の生活の中で感じる幸福というものを利潤の追求よりも優先したこと，異質な人間・思想・宗教・文化に対する寛容さ，人への隣人愛，信仰の自由，人と人との社交性などを重視した社会改革の思想と実践は，今日的な意義を提起している。

［参考文献］　Silver, H., *The Concept of Popular Education*, Methuen & Co. Ltd. 1965／Harrison, J. F. C., *Quest for the New Moral World: Robert Owen and the Owenites in Britain and America*, Alden & Mowbray Ltd. 1969／Stewart, W. A. C., "Robert Owen and the New Lanark School," "The followers of Owen: Working-class Educators and Utopians," Stewart, W. A. C. and McCann, W. P., *The Educational Innovators 1750-1880*, Macmillan 1967／五島茂『ロバアト・オウエン著作史』大阪商科大學經濟研究會　1932／『ロバアト・オウエン著作史　続』　1934／『新訂 ロバアト・オウエン著作史 豫備的考察』一橋大学社会科学古典資料センター　1994／都築忠七（編）『資料イギリス初期社会主義 オーエンとチャーティズム』平凡社　1975／土方直史『協同思想の形成　前期オウエンの研究』中央大学出版部　1993／永井義雄『ロバアト・オウエンと近代社会主義』ミネルヴァ書房　1993　　　　　　（金子晃之）

荻生徂徠
（おぎゅう　そらい，1666-1728）

▶ 生涯　江戸時代中期の儒学者。父方庵の次男として江戸に出生。館林侯（のちの将軍綱吉）の侍医だった父が江戸払いに処せられ上総の僻村に14歳から25,6歳のころまで移住する。元禄3（1690）年に赦されて江戸に帰るまでの間，書籍に不自由するなど「サマザマノ難儀」をした。元禄9（1696）年柳沢吉保に儒臣として仕え，時の将軍綱吉にも『論語』などをしばしば講じる。大儒・伊藤仁斎（1627-1705）の書（語孟字義など）に感動し，宝永元（1704）年39歳のとき手紙を送り，教えを乞う。宝永6年，吉保の隠居に伴い日本橋茅場町に私塾蘐園を開いた。

その前後から安藤東野，山形周南，服部南郭，太宰春台らが入門した。『論語徴』『弁道』『弁名』『学則』などの主要な学問上の著作は，塾開設以後の享保期に成稿したもの。享保11（1726）年には政治上の論策「政談」の稿成り，翌12年将軍吉宗に提出した。優秀な門人たちのそれぞれの個性を認め，師としても並ならぬ力量を発揮したが，その当の徂徠みずからは「道学先生」たることを嫌い，むしろ世の「棄物」という意識を抱き，近しい門弟にはそうした自己について自嘲的に語った。門流，それに近い人々に私的自由を享受しようとする文人気質，あるいは道徳的退廃の向きが少なくなかったのは，そうした徂徠の人格的特性と無関係ではない。

▶ 人間形成の思想　徂徠以前の儒学者が個人の徳の完成（「修身」）ということに儒教の本質的な目標を理解していたのに対して，徂徠はなによりも治国平天下という社会全体の政治課題の達成に主たる関心を向け（儒教の政治化），その関心を基本的前提として人間形成の認識を示した。'近代的なもの'の形成という観点から，徂徠のその認識を捉えようとするならば，まずもっとも注目されるのは，人間の個体性＝「気質の性」に対する認識（「性は人々に殊なり」）をもち，万人それぞれの個性（「長所」）の発揮を重視したという点である。「聖人は学んで至るべし」ということ，すなわち人間だれしもが「学」を通じて「聖人」という道徳的完成者に到達しうるという一種の完成可能性に対する朱子学の主張を，オプティミスティックなものとして徂徠は否定したのだった。たとえていえば「米はいつ迄も米，豆はいつまでも豆」であって，米は豆に変化するわけではない。重要なことは，それぞれの「その気質を養い候て，其生れ得たる通りを成就」することであると彼は主張した。そうした「気質」の個性とは各人のとくに機能的な（「運用営為」する）特性であった。そして各人のその「気質」と，社会の公共的で不可欠なさまざまな職能的課題＝「職分」とが適合する状態を求めた。だ

れでも「長短得失」はあっても「其長所を用候時は天下に棄物棄才は無御座候」（答問書）ということが「聖人の道」にかかわる徂徠の基本的な確信なのだった。その場合彼が期待したのは，個人の「気質」と社会の「職分」との双極的な方向からの適合であって，どちらか一方を即自的に固定し，それに対する一方向的な合致ではなかった。ここに各人の発達についての徂徠の思想的立場が示されていた。この発達の課題は人為による諸「制度」——そのなかでもとくに彼が重視したのは，万人に対して「自然」的な人間形成機能をはたす礼・楽の制度——の確立と相伴って遂行されねばならない。この改革の担い手たるべき為政者の自己形成として徂徠は「学」の努力を求めた。その場合二つの「学」の基本的様式をかれは識別した。「みな聖人の道を学ぶことを務めずして，聖人を学ぶことを務める者のみ。故に聖賢の言う所，行う所に効法して聖賢の心を悟らんと欲す」（弁名）。徂徠が第一義的に尊重するのは，特定の人格を離れて，中国古代の経典に示されている普遍的な価値理念＝「道」そのものを目指し追求すること，そしてそのかぎりで「学者」がたがいに結びつくことである。『論語』の注釈（論語徴）においてかれが孔子とその弟子たちの言行に認めたのは，そうした「道」を媒介にしての師弟の同志的関係だった。徂徠の重視する古学とはそのように意味づけられた古典への努力を指す。それは，師（聖人）がみずからの言行などで手本を示し，それを弟子が直接模倣するという直接的な結合とは厳しく区別された。そしてその種の「学」の具体例として，当時の最高学府たる昌平校において慣行化した「講釈」（受講）の問題状況について，徂徠は批判的に論究した（「十害」論）。

▶ 福沢諭吉との関連　徂徠は同時代の思想界に「事件」（子安宣邦）とよぶにふさわしい反響，すなわち穏当な学説批判というよりも，人格攻撃に集中するような批判を呼び起こした。徂徠の学説そのもの，とくに個人道

徳に対する政治的統合の優位の説を自覚的に継受したという点では、藩校を通じての人材登用の構想との関連（福岡藩校など）が着目される。が、本人の継承・批判の自覚の有無は別にしてもっとも高度な理論的達成度をもって思想的近似の関係をよく示しているのは、後の福沢諭吉である。すなわち、学者政治への志向（徂徠）と治者の世界から独立した学者共同体への志向（諭吉）という点などで差異が認められるが、次の諸点での共通性が注意される。不断に変化するものに対する感覚（徂徠の「活物」説、諭吉の「文明」論）、両面的な認識態度（徂徠の「両端」説、諭吉の「両眼」説）、物事の「名」ではなく、具体的な働きいかんを問う思考方法、人間関係を人為的な約束事として捉えること、とくに役割分業の視点で人間の諸関係を捉えていること、その役割関係では上下の価値的序列はないと判断していること、制度変革とともに人々の精神、とくに精神的習慣のレヴェルでの不断の変革を重視していること、そして啓発を重んじ模範主義教育を批判していること、などである。

　日本における教育の史的展開、とくに近世日本においてどれだけ'近代'は思想的に達成されたか、そして今日でもなお持続的にわれわれの思考習慣を規定しているかもしれぬいかなる基本問題を提起したか、その問いに対して、徂徠は諭吉とともに十分にその検証に値する思想像を呈示している。その検証のこころみは、われわれの継続すべき課題の一つとして現在も残されている。

[参考文献]　丸山真男『日本政治思想史研究』東大出版会　1952／同上『「文明論之概略」を読む』上・中・下、岩波書店　1986／平石直昭『荻生徂徠年譜考』平凡社　1984／子安宣邦『「事件」としての徂徠学』青土社　1990／辻本雅史『近世教育思想史の研究』思文閣　1990／河原国男「徂徠学における主体形成の方法認識に関する一考察」『教育学研究』52巻4号　1985／同上「徂徠学における発達観念に関する一考察」『教育学研究』54巻4号　1987／同上「徂徠学における『制度』の人間形成機能・論

に関する一考察」『宮崎大学教育学部紀要・教育科学』68号　1990／同上「徂徠学における『学』の概念に関する一考察」『宮崎大学教育学部紀要・教育科学』73号　1993
[関連項目]　儒教／孔子／中江藤樹／貝原益軒
(河原国男)

長田 新
(おさだ　あらた, 1887-1961)

▶ 生涯　長野県諏訪郡豊平村に生まれる。1910年広島高等師範学校英語科を卒業、大分師範学校教諭を経て、京都大学文学部哲学科で小西重直の指導の下、教育学を専攻、1915年大学卒業後澤柳政太郎の秘書となり、成城小学校の創設に参画した。1919年広島高等師範学校講師となり、1929年新設された広島文理科大学助教授、1945年同学長、1949年広島大学教授となり1953年に退官。その間、ペスタロッチ（Pestalozzi, J. H.）教育学の研究と運動の普及に尽力し、1941年にスイス政府からペスタロッチ賞を授与されている。同時期、国家主義的傾向の強まるなか、自律的教育学研究の確保をめざして「日本教育学会」を創設、初代会長となった。1945年8月6日広島市内の自宅で原爆により重傷を負い、この体験を原点として平和運動に取り組み、被爆した子どもたちの作文集『原爆の子』（岩波書店1951年）を編纂、「日本子どもを守る会」を結成して会長を務めた。

▶ 教育学　長田は広島文理科大学特別講義（1950年10月）において、自らの教育学を次のように整理している。①教育哲学―『現代教育哲学の根本問題』(1925)、『教育学』(1933)、『最近の教育哲学』(1938)、『国家教育学』(1942)、②教育古典――『ペスタロッチー教育学』(1934)、『ペスタロッチー』(1936)、『モルフ・ペスタロッチー伝』(1939-41)、『ペスタロッチー伝』上・下(1951-52)、③教授学――『教育活動の本質』(1936)。長田は③教授学によって「私の教育学は完成する」とした。

　①教育哲学は、『教育哲学――教育学はど

こへゆく』（1959）を含めてそれぞれの時代的な特質を示している。1920年代はドイツの生命哲学やナトルプ（Natorp, P.），シュプランガー（Spranger, E.）を援用しながら，教育学の基礎づけ，文化教育学の構想を論述している。1930年代にはリット（Litt, Th.）に依拠して，自由と放任といった弁証法的な教育の本質や時代的な国家，政治と教育の関係を論じている。さらに1959年著作では，それまでの生命哲学から社会科学の立場への転換を教育学の歴史的発展と標榜している。

②教育古典はすなわちペスタロッチ研究といってもよいほど，長田はペスタロッチ研究に没頭し，その伝記的研究によってペスタロッチの全人的姿，神でもあれば動物でもある人物像と思想を跡づけた。長田が多くの研究者を統括し精緻な編集校閲の上，公刊された『ペスタロッチー全集』（全13巻，平凡社，1959年）は，長田の40年にわたる構想が実ったものである。

③教授学について，長田は『教育活動の本質』のほか，戦後にまとまった著作として教授学研究を公表することはなかった。しかし他の諸科学とは異なる教育学独自の究極の在りようが教授学（あるいはメトーデ）であるとしたことは，コメニウス（Comenius, J. A.），ペスタロッチの跡をたどり，その精神を長田が継承しようとしていたことを示している。

　［参考文献］『長田新著作集』全7巻，学術出版会　2011／日本教育学会編「長田新博士追悼集」（『教育学研究』第28巻第2号　1961）
（坂越正樹）

乙竹岩造
（おとたけ　いわぞう，1875-1953）

明治から昭和時代にかけての教育学者，日本教育史研究者。

三重県上野市に生まれる。高等師範学校卒業後，同校助教諭兼訓導となり同校附属中学・小学校の教壇に立つ。1904-1907年の3カ年半，独・仏・英・米国に留学し，倫理学，教育学，教授法を研究した。おもにベルリン大学で学び，帰国後東京高等師範学校教授を経て，東京文理科大学教授となり，1929（昭和4）年に文学博士となった。1939年に退職するまで，教員検定委員や教科用図書調査委員など文教関係の各種委員として活躍した。

谷本富の門下生であった乙竹の活動は，明治末年ごろまで欧米教育学説の紹介や実験教育学，障害児教育などの研究に力点が置かれていた。著書『実験教育学』（1908）では主観的・叙述演繹的な教育学の方法を批判して事実の探求による実証的な基礎の確立を主張しており，ドイツのライ（Lay, W. A.）とモイマン（Meumann, E.）の「実験教育学」によるところが大きい。大正時代には教授法や文化教育学へと研究関心を広げ，『現代教授思潮』（1914），『文化教育学の新研究』（1926）など多くの著作を発表している。さらに，1912年より着手した日本教育史研究の成果をまとめ，『日本庶民教育史』全三巻（1929）を出版した。この書は，18年間にわたって収集された寺子屋関係史料によるもので，全国規模で実施された江戸時代の教育体験者のアンケート調査結果をふまえて，その実態を明らかにすると同時に経済・文化・教育の関係を論じたものである。近世庶民教育史研究の先駆的研究として，また明治以後の初等教育との関連を解明して近代教育との連続性を実証的に説明した点に功績が認められ，学界から高い評価を受けた。収集された貴重資料は「乙竹文庫」として東京教育大学附属図書館に収蔵された。この後も『現代教育学汎論』（1934），『日本教育史の研究』（1935），『日本教育学の枢軸』（1939）などを著したほか，『日本国民教育史』（1940）においては国民教育の観点から教育内容の展開過程を詳述するとともにその普及過程を解明することに努めた。さらに，教育学・心理学・近世教育史・学校管理法・論理学などの分野に関わる師範学校教科書を数多く執筆し，師範教育の内容の拡充にも貢献した。

　［参考文献］　坂本稲太郎「文学博士乙竹岩造氏

の学究足跡を辿る」『教育』1937／乙竹岩造先生喜寿祝賀会『記念誌』1953　　　（橋本美保）

親子関係

英 relationship between parents and children／
独 Eltern-Kinder-Beziehung／仏 filiation

▶ **内　容**　親子関係には，子の出生によって生じる生物学的関係のみならず，養親／養子，継父母／継子など血縁によらない関係も含まれる。さらに，親子関係のメタファーは，家族関係を超えて，保護者／被保護者ないしは指導者／被指導者などさまざまな社会関係において用いられている。たとえば，名付け親等，人間の成長過程でさまざまな儀礼の際に擬制的親子関係が設定されるほか，親方／子方，親分／子分あるいは親会社／子会社というように個々の人間関係だけでなく，社会集団にも適用される。このように親子関係はきわめて多様に用いられているため，これまでその分析は，法学的，社会学的，人類学的，心理学的に，多方面から検討されてきた。そのような説明において共通の前提とされてきたのは，親子関係において本質的なものは情緒的絆であるという観念である。これに対して疑いをはさむような議論をすることは，今日でもきわめて困難である。

　確かに，「子どもを愛せない」という親の言を聞くことは希ではないし，親から放置される子どもたちも後を絶たない。しかしながらそのような例は，しばしば正常な親子関係から逸脱したものとして説明されている。また，「問題児は問題親がつくる」と言われるように，子どもたちが反社会的・非社会的問題行動を起こすとき，その問題行動の原因は，過保護，溺愛あるいは放任といった親子関係の情緒的絆の問題から説明される傾向が強い。このような説明において暗黙の前提とされているのが，親子関係の本質を愛の絆とみなすような理想の家族像である。近年本格的になってきた親子関係に関する歴史的分析は，この愛の絆を本質とする親子関係という観念を相対化しつつある。

▶ **家族史の展開と親子関係**　親子関係の歴史は，家族の歴史的変容から説明されているが，今日の家族史研究に直接関連する諸研究については，三期に分けて整理することができる。第一期は19世紀ヨーロッパを中心としてなされた諸研究で，それらに共通するのは家族の歴史的変化を大家族から小家族への変化として捉える立場である。ここに属する研究として，家族に関する実証研究を基礎として大家族から小家族への歴史的変化を論じたフランスのル・プレ（Le Play, F.）とドイツのリール（Riehl, W. H.）のものがある。それらにおいては，伝統的大家族はもはや評価されないものの，当時，出現しつつあった都市小家族は不安定家族とみなされ，それに対して，株家族（ル・プレ）や全き家（リール）と呼ばれる家父長制的な直系家族が高く評価された。

　第二期のものに，20世紀初頭から半ばにかけてアメリカ社会学を中心に行われた諸研究を挙げることができる。それらは大家族から小家族へという家族の歴史的変化の図式を継承しつつも，その変化を進歩として評価するものである。小集団内部の相互作用論を展開したバージェス（Burgess, E. W.）は，このような家族の変化の特徴を「制度から友愛へ」と論じた。家族内の人間関係が制度的な拘束を中心とする時代から，現代では愛情による関係を中心とするものとなったというものである。さらにこの変化を前提に，「核家族」という言葉を用いて現代家族を分析したのが，パーソンズ（Parsons, T.）である。家族がその規模を縮小するに従い，家族が果たす機能は最も本質的なものに限定されることになる。すなわちそれは，子どもの社会化と大人のパーソナリティの安定化である。

　これらの議論においては，大家族では，家族の担う機能は生産活動や家産の維持など多様であったが，家族が小規模になることによって多くの機能が家族外に譲り渡され，その機能は最小のものに限定されると考えられている。そこに残されたのが，子どもの養育で

ある。伝統的な大家族のもとで，親子関係は家産の保持という目的をもつ制度的に強い拘束のもとにおかれ，家長は子どもに対して強い支配力を結婚・職業統制などに行使することができた。それが，近代に家族が小家族と化していくなかで，父の支配力は低下する。権力者ではなく，しかし指導力ある父親と愛に満ちた母親という分業体制のもとで，子どもの社会化が最も適切に行われると考えられた。

▶ 近代家族論のインパクト　　上記のような情緒性を家族の本質とみなし，子どもの養育を家族に最終的に欠くことのできない重要課題とみなすような家族認識に対して，この本質的と見なされたもの自体を相対化する試みに着手したのが家族史研究の第三期である。ここには，1960年代以降に盛んになった新しい社会史研究の影響を受けた家族史研究が含まれる。ここでは，伝統的家族に対置される「近代家族」という言葉をキーワードとして，現代において考えられている家族のもつ普遍性を自明の前提とせず，その前提それ自体の歴史固有性を明らかにすることが試みられた。第三期の直接的なきっかけが，アリエス（Ariès, Ph.）の家族と子どもに関する歴史研究で，そこでは，今日我々が考える家族の情緒的な絆それ自体が，歴史的に形成されたものであることが論じられた。アリエスの議論は，非常にインパクトが大きく，いくつもの論争を生み出した。その一つに，近代的親子関係と伝統的な親子関係を対比させて，「近代以前に親はそれほど子どもを愛していなかった」という議論と「近代以前も以後も親にとって子どもは愛の対象であった」という議論の対立があり，また，「近代以降の親子関係は改良されてきた，ないしは進化した」という議論と「近代以降，親子関係は抑圧的な関係となった」という議論の対立があった。このような対立は複雑に絡み合い，必ずしもかみ合ったものとなったわけではなかったが，数々の興味深いモノグラフを生み出すこととなった。それらの中で，これまでの

緊密な情緒的絆を本質とする親子関係論からは病理とみられる子殺し・子捨て，児童虐待など，あるいは，近代的な家族制度からはずされる私生児や，さらに親子関係の補完ないしは代替制度である里子制，乳母といったものが歴史分析の対象となった。現在では，これらが徐々に歴史的に再構成されるのと同時に，これらに向けられた近代の言説の分析が進められている。例えば，近代のモラリストたちの子育てに対する助言，ルソー（Rousseau, J.-J.）とその後の新教育論者らの母子関係を重視する思想的系譜の再検討などが進められている。

これらの議論においては，近代の親子関係における強い情緒性それ自体の歴史性が問われ，これらは，もはやパーソンズの核家族論を家族の本質を描いたものとみなす立場にはたたない。このような議論は，また，一方でフェミニスト歴史家による母性愛イデオロギー批判に，他方でアンチ・ペダゴーギクを唱える人々による近代教育批判にも影響を与えている。

[**参考文献**]　Ariès, Ph., *L'Enfant et la vie familiale sous l'ancien régime*, Paris 1960（杉山光信・杉山恵美子訳『〈子供〉の誕生』みすず書房 1980）/Burgess, E. W. & Locke, H. J., *The Family-from Institution to Companionship*, American Book Company 1945/Howard, R. L., *A Social History of American Family Sociology, 1865-1940*, Greenwood Press 1981（森岡清美監訳『アメリカ家族研究の社会史』垣内出版 1987）/de Mause, L., Chapter 1, "The Evolution of Childhood" from *Foundation of Psychohistory*, New York 1982（宮澤康人ほか訳『親子関係の進化』海鳴社 1990）/Parsons, T. & Bales, R. F., *Family. Socialzation and Interaction Process*, Routledge and Kegan Paul 1956（橋爪貞雄ほか訳『家族』黎明書房 1981）/Stone, L., "Family History in 1980s," *Journal of Interdisciplinary History*, XII (1), 1981

[**関連項目**]　家族／親権／母性愛／アリエス

（小玉亮子）

カ

解 釈 学
英 hermeneutics／ 独 Hermeneutik／仏 herméneutique

▶ **歴史と現在**　時間的または空間的に疎遠で異他的な精神的所産の解釈・理解の術や，そこから派生する哲学的問題に関する学。ギリシャ神話に登場する神々の使者（人間との仲介者）ヘルメス（Hermēs）の名に由来する。その起源は，ホメロスらの詩がすでに疎遠なテクストとなった古代ギリシャの「解釈術」（technē hermēneutikē）にまで遡ることができるが，今日的な解釈学の原型は，古代ギリシャ・ローマの古典や聖書の新解釈が迫られたルネサンスと宗教改革の時代の文献読解の営みに見いだせる。その後，解釈学は神学・法学・古典文献学の補助学として解釈技法の解明と反省に携わってきたが，シュライエルマッハー（Schleiermacher, F. E. D.）は，19世紀の歴史意識の成立（ヘーゲル主義やロマン主義の抬頭）に促されながら，個別領域の解釈学を一般的解釈学へと統合した。さらに，この一般的解釈を「精神科学」の方法論的基礎づけの学に発展させようとし，テクスト解釈の理論を超えて哲学理論としての解釈学の可能性を開拓したのがディルタイ（Dilthey, W.）である。ディルタイは，自然科学に対比されるものとしての精神科学の方法論の基礎を，人間の生の表出としての「表現」に自己移入し，その表現の背後にある「体験」を追体験することによって，その生の連関の意味を「理解」することに置いた。過去や他者の歴史的生を創造的に理解し，そのことによって自己理解を深め自己形成を可能にするのが解釈学であった。

　その後，解釈学に新しい次元を開いたのが，ハイデガー（Heidegger, M.）とガダマー（Gadamer, H. -G.）である。ハイデガーは解釈学を人間存在の本質にかかわる学として位置づけ直すことによって解釈学を根本的に変貌させた。その成果を引き継いだガダマーの「哲学的解釈学」は，精神科学の方法論の基礎づけの学としての解釈学を超えて，人間の基本的な存在様式としての理解や，あらゆる認識活動の基底にあるものとしての理解という考え方を発展させた。ガダマーは，それ自体として存在する〈客観〉とそれに向き合う〈主観〉（主体の理解活動）という，西洋哲学を伝統的に支配してきた二元論を批判し，代わりに「解釈学的循環」の性格をもつ理解の意義を説く。解釈学的循環とは，部分の理解によって全体の意味を理解する一方，その部分は全体の意味の予見によって理解せざるをえないという理解の循環的過程である。伝統的哲学の側からはしばしば悪しき循環として誤解されてきたこの解釈学的循環によって構造化された理解を，ガダマーは次のように再構成する。すなわち，すでに伝統のなかに投げ込まれている人間が，テクストや伝承を理解しようとして，自らの先入見を明るみに出し，その先入見が埋め込まれている解釈者自身の歴史的地平（状況）をテクストや伝承の背後にある地平（状況）と，部分と全体との弁証法的な往還作用によって新たな調和をめざして関係づけることである。この「地平の融合」を通じて，自己を捉え直すと同時にテクストや伝承を批判的に「適用」するような形でなされる理解，いいかえれば過去のテクスト・伝承の解釈と現在の実践や自己形成とが一体となった理解こそが，ガダマーのいう理解にほかならない。ガダマーはこうした理解を，（科学主義的な）「方法」に拠らない真理獲得の方途として位置づけたのであった。そしてこのような理解において，自己の認識の歴史的帰属性ゆえの有限性が自覚され，つねに途上にあって決して完了することのない人間の認識の性格が意識される（「影響作用史的意識」）。自己の先入見を賭けることによ

って，歴史的・文化的に疎遠で異他的なものを理解しようとする，言語に媒介されたこの循環的過程をガダマーは「対話（会話）」にたとえるが，これこそが彼にとっての解釈学の課題と方法を最も象徴的に表しているといえる。

一方，解釈学とは従来縁の薄かった英米語圏においては，後期ヴィトゲンシュタインの哲学の影響下にあるポスト実証主義の科学論（クーン Kuhn, T.S. の「パラダイム」論等の科学哲学・科学史）によって，科学知の基底に人間の理解（伝統や先入見のなかでの解釈行為）の契機が存在していることが明らかにされ，科学知の解釈学的次元の発見という文脈で解釈学が注目されている。たとえば現代プラグマティズムの代表的な理論家であるローティ（Rorty, R.）は，これらの成果やガダマー流の解釈学概念を継承しつつ，西洋の伝統的〈哲学〉を支配してきた「認識論」から「（異質なもの同士の）刺激的で実りある不一致」をめざす知的活動としての「解釈学」への移行を主張している。今日，解釈学は，ガダマーやリクール（Ricoeur, P.）らの正統的な解釈学だけでなく，ポスト分析哲学的な英米圏の哲学，ハーバーマス（Habermas, J.）らのフランクフルト学派の批判理論，デリダ（Derrida, J.）やフーコー（Foucault, M.）らのポスト構造主義，ギアツ（Geertz, C.）らの文化人類学，等々を巻き込んだ，幅広い潮流として位置づけられることが少なくない。

▶ 解釈学と教育学　　シュプランガー（Spranger, E.），ノール（Nohl, H.），リット（Litt, T.），フリットナー（Flitner, W.），ボルノウ（Bollnow, O.F.）らに主導された，ドイツにおけるディルタイ以降の精神科学的教育学は，解釈学によって教育学を基礎づけようとし，歴史的文化的生の全体性と個別性・一回性に特に焦点を定めた，反科学主義的な人間形成論を展開した。しかし今日，解釈学と教育学の結びつきは，精神科学的教育学というこの歴史上の枠組みに限定はされな

い。この両者の結びつきはさまざまな次元で考えることができる。まず解釈学は教育学の方法論に関する学として，テキスト解釈の方法をはじめ，過去や現実の教育実践・思想・制度等の理解＝研究の方法を問い直し，統計・調査・実験等の「経験科学的」教育研究の解釈学的次元（研究の基底に一定の社会的文脈のなかでの解釈＝イデオロギーが存在していること）を明るみに出す。さらに，もちろんそれは，教育者による被教育者の行動やことばの理解，学習者の理解過程の解明，等々にも応用できる。

だがさらに注目すべきは，解釈学的営為（対話的理解）そのものが教育的経験であるという事実であろう。というのも，自己の既存の枠組みとは「共約不可能」であるがゆえに変則的でなじみのないものとの「対話」や「会話」によって真理を獲得していく解釈学的活動そのものが，理解の対象が何であれ，同時にガダマーのいう Bildung（陶冶），あるいはローティのいう edification（啓発）としての自己形成にほかならないからである。それゆえ，知一般の解釈学的基底に自覚的なガダマー以降の解釈学に依拠すれば，〈精神的所産の理解を通じた自己形成〉と〈（自然）科学的知識の習得〉の間にもはや深い断絶を認める必要はない。この解釈学は，「対話」的構造のなかで理解がめざされる限りにおいては，芸術作品の理解も物理学的法則の理解も，共に自己形成に貢献するものとみなすからである。なるほど，ディルタイ以降の精神科学的教育学によって注目されてきたのは，もっぱら文学的テクストや芸術作品といった人文学的遺産の理解や，他者や自己の生の理解を通じた自己形成であった。一方，解釈学に依拠した教育学はたしかに，科学知の伝達や学習の意義に懐疑的な傾向をもっている。しかし，それが批判するのはあくまでも，学習者を非歴史的で抽象的な個人とみなし，科学知の背後にある人間的な意味地平を忘却してしまう科学知の伝達にすぎない。すなわち，伝達や理解を，学習者と知識の相互往還的活

動としてではなく，一定の教育方法や技術（を司る教師）を介しての学習者による科学知の一方向的な受容として捉えてきた伝統的な教育の理論と実践を批判しているのであって，科学知の伝達や学習そのものではない。理解過程を「対話」や「会話」になぞらえる解釈学は，文化の再生産 vs. 生産（創造・批判），権力の行使 vs. 権力からの解放，特定文化への組み込み vs. 異者との共生，知的能力（学力）形成 vs. 人間（人格）形成，といった伝統的教育学の抱える諸々のアポリアから脱出するための鍵を与えてくれると考えられる。

[参考文献] Bernstein, R. J., *Beyond Objectivism and Relativism : Science, Hermeneutics and Praxis*, University of Pennsylvania Press 1983（丸山高司ほか訳『科学・解釈学・実践──客観主義と相対主義を超えてⅠ・Ⅱ』岩波書店 1990）／Danner, H., *Methoden geisteswissenschaftlicher Pädagogik*, Reinhardt 1979（浜口順子訳『教育学的解釈学入門──精神科学的教育学の方法』玉川大学出版部 1988）／Dilthey, W., "Die Entstehung der Hermeneutik," Tübingen 1900（久野昭訳『解釈学の成立』以文社 1973）／Gadamer, H.-G., *Wahrheit und Methode*. 4. Aufl., J. C. B. Mohr 1975（轡田收ほか訳『真理と方法Ⅰ』法政大学出版局 1986）／Gallagher, S., *Hermeneutics and Education*, State University of New York Press 1992／Rorty, R., *Philosophy and the Mirror of Nature*, Princeton University Press 1979（野家啓一監訳『哲学と自然の鏡』産業図書 1993）／野家啓一『科学の解釈学』新曜社 1993

[関連項目] 理解 　　　　　（松下良平）

概　念
英 concept／独 Begriff／仏 concept

▶ 概念とは何か　　概念とは，多くの事物について，共通する要素・特質を抽象することによって，一定の諸事物をひとまとめにして把握し，そのそのまとまりに一つの言語的ラベルを与えたものである。そのまとまり（すなわち概念）には，該当する事物の範囲（すなわち外延）という側面と，まとまりをまとまりたらしめる共通性（すなわち内包）とい

う側面とを見ることができる。

　概念が言語的ラベルを持つという一側面に特に注目するとき，そのラベルを名辞（term, name）という。名辞ひいては概念は，文や命題ではなく，推論でもなく，文や命題においては主語や述語になるものである。名辞は，品詞的に言って名詞型であらわれるとは限らない。たとえば「教える」「硬い」も名辞ひいては概念とみなすことができる。なお，単数的事物や一回生起的事象に対して（固有名詞や，「このコップ」というような指示形容詞つきの名詞というかたちで）名称を与えたものに関しては，それを概念と認める見解と認めない見解とがある。

　概念というものに関する伝統的な見解によれば，一つの概念（たとえば「鳥」）の内包を構成する諸特徴（翼がある，飛ぶ，二本足，動物，……）は，一つ一つ単独で見ればどれも，ある事物が当の概念の事例となるために不可欠な特徴（すなわち必要条件）である。そして，全ての特徴を兼備することが十分条件になる。そのような諸特徴の総体が，概念として表象される。一方，認知科学におけるロッシュ（Rosch, E.）やポズナー（Posner, M. I.）以来の次のような見解は，われわれの日常的な実感により近いものと言えるだろう。それによれば，概念として表象されるのは，「原型（prototype）」──すなわち一つあるいは複数の最も典型的な事例（カナリヤ，雀，……）が持つ諸特徴の集合体──である。そうした諸特徴の一つ一つは，必要条件ではないので，いずれかの特徴（飛ぶ）を欠く事物（ペンギン）を当該概念（「鳥」）の事例として認めても背理にはならない。要するに，典型性（鳥らしさ）の度合いが異なるさまざまな事例が認められる，ということになる。こうした見解を促したのは，ヴィトゲンシュタイン（Wittgenstein, L.）の次のような洞察である。すなわち，一つの概念の諸事例は，互いに「家族的類似（family resemblance, Familienähnlichkeit）」という関係にあるにすぎないかもしれない──少なくとも，そう

でないという保証はない。つまり，どの事例も少なくとも他の一つの事例とどこか部分的に似ているのはたしかだが，一方（全体を見渡せば），すべての事例にもれなく備わっているような何らかの共通特徴が必ずあるとはかぎらない，ということである。

▶ **概念の機能**　概念の使用者にとって，概念は次のような機能をはたす。(1) 環境からの複数の刺激を，（その気になれば弁別できる場合でもしばしば）同一視して概念を形成すれば，環境を単純化してとらえることになり，認識や思考や行動やコミュニケーションが容易になる。(2) その場に無い事物や，理想的に設定された状況内での仮想的な事態や，さらに（既成の諸概念から新しい概念を創ることによって）反事実的な事物などに関する思考が容易になる。(3) ある事物を概念的に把握するとき，その事物を（たとえそれが一回生起的な事物であるとみなされうる場合であっても）いったんもろもろの一般的・抽象的な特徴へと還元し，そういった諸特徴の複合態として把握することになるので，一般的な観点からの客観的な認識を得ることができる。この一般性のゆえに，過去の諸経験から学んだ概念を，今現在の状況に当てはめて，その概念が持つ情報を利用することができる──「目の前にいるのは犬だ……犬なら肉が好きかもしれない」など。このことの裏面として，概念によって一般的に把握されたものは，もはやもとの事物とは別物になってしまう，と考えることもできる。この点で概念的把握と対照されるのが，直観（intuition, Anschauung）による把握（直観的把握）である。直観的把握は，特殊的・個別的な事物そのものを全体として無媒介的に把握するものだとされるからである。

▶ **概念の形成ないし習得**　認知科学の知見によれば，個々人は知覚のレヴェルでも認識のレヴェルでもそれぞれ，能動的で無意識的なはたらきによって，本来は多様な入力を，"同じ"もの（等価なもの）のグループ（すなわちカテゴリー）へと分類して受けとって

いる。このことは，概念の形成ないし習得が，先験的な側面や無意識的な側面を持つ可能性を示唆するものであろう。ともあれここでは，われわれが教育者や学習者として意識的に手順を踏む過程について考えてみよう。まず，新しい概念の形成において，〈諸事物の観察→共通点の抽象→命名〉という順序は普通であろう。また，既成概念の学習においては，まず多くの該当事例や反例を見て，どのような概念なのかを，やがて正しく推測する，という道筋は基本的であろう。しかしこうした帰納的な順序とは別に，たとえば，既成概念を材料として，一部修正や組み合わせによって新しい内包や名辞を先に造ってしまうことで別の概念を構成したり，既習の諸概念との異同を説明してもらって未習の概念を習得したりすることも可能である。こうした操作によっても，諸概念のネットワークが増殖していくことができる。

　ある人がある概念を実際に形成ないし習得したと判定できるためには，その人が必ずしもその概念の明示的定義を示せなくてもよい，という見解がある。たとえば哲学者飯田隆に従えば，「個人がある概念を理解しているということを，さしあたって証拠立てると考えられる要因」は，(1) 適用できる事例をいくつか挙げることができ，(2) 他の概念との関連上正しく用いることができ，(3) これまで出会わなかったようなケースに関しても，その概念の適用に関して，①問題なく適用される，②問題なく適用されない，③適用できるかどうか問題になる，という三通りのどれにあてはまるかを判断できる，ということである［飯田 1989］。これはいわば言語でやりとりして生きている"現役プレーヤー"としての概念習得の話であろう。もう一方にはやはり，定義や説明ができるという意味での，"解説者"的な概念習得もある。両者の区別と相互関係は，すぐれて教育学的な論点と言える（たとえば，「クリスマスケーキはきれいに見栄をはっていました」などと言っていながら，「見栄」の辞書的説明はよくできる

子どもがいるかもしれない)。この問題に関係する教育思想史上の遺産として、ペスタロッチ（Pestalozzi, J. H.）の論考をとりあげよう。彼によれば、子どもが、悟性の領域において明晰な概念をみずから形成する段階にまで達するためには、その基礎に直観（Anschauung）がなければならない。幼児は先ず、あらゆる認識や思考の基本的3要素たる「数（Zahl）・形（Form）・言語（Sprache）」のうちの「数」「形」を真に獲得するために、外界の対象から、言語化困難な映像的・全体的な要素を、感性を通じて受け取り体得しなければならない――「外的直観」。次に、この基礎の上に形成される「言語」と、心情・意志・身体活動とによって、幼児は、外界および自分自身の精神内の諸要素を直観し、能動的に意味づけるようになる――「内的直観」。こうすることによって、子どもにとって「数・形・言語」は真に我がものとなり、この基礎の上に、受け売りではない真に自前の認識や思考が可能になる。このとき子どもの精神の中には、直観から概念への、飛躍の無い階梯ができているのである。以上のようなペスタロッチの議論は、言語主義（verbalism）の教育を批判するエラスムス（Erasmus, D.）やコメニウス（Comenius, J. A.）といった系譜の上に位置づけられるものであるが、その問題意識は今日の教育論にも引き継がれていると言えよう。

▶ 「概念分析」という方法　教育学・教育哲学におけるさまざまなアプローチの一つとして、いわゆる日常言語学派の哲学の流れをくむ、「概念分析」というものがある。このアプローチは、教育に関する見解を自らが述べるのではなくて、すでにある教育論議における諸概念の意味・用法を分析しようとする。この「概念分析」の意義や限界という方法論的な論争も、これまで長く展開されてきた。一般に（前述の「家族的類似」の洞察からして）、ある概念が日常生活において人々の間で了解されスムーズに流通しているように見える場合でも、あらゆる使用者のあらゆる使

用機会を通じてまさしく共通であるような意味を必ず持っているという保証はない。また、一般に、複数の論者が互いに別々の語句を用いつつ実はほとんど同じ内容を論じているのに、そのことが気付かれていない、という場合もありうる。こうしたことからしても、「概念分析」の効能と言えるのは、教育論争における用語法の相互誤解や相互無理解を解消することによって、噛み合った論争の枠組を提供することである。また一方、「概念分析」の限界として指摘されることがある。すなわち、「概念分析」とは、諸概念が現状ではどのような意味で用いられているか、ということを記述する作業に過ぎないのであって、用語法についても、教育の実際的指針についても、拘束力ある提言は何らなしえない、という指摘である。とはいえ、「概念分析」の結果として、よりすぐれた用語法――たとえば、整合性、簡潔性、エレガンス、汎用性、一般性、などの観点から――が提案され採用されるようになることは、充分にありうることである。

また、教育に関する研究において、いわば「概念分析」を通時的に行なうアプローチ、すなわち、概念史的研究というものがある。一般に、（人工的に構成・約定された概念は措くとしても）人々の生活の中でいわば自然発生してきた諸概念が、互いに含意したり含意されたり連想を促したりというようなかたちで結びついているとき、その結びつきはしばしば、必然的というよりも、偶然的で歴史的なものである。このことからして、概念史的研究に期待されることは、諸概念が結合したネットワークの全体としての在り方の歴史的な運動を視野に入れ、その相対化――すなわち、別様の在り方をする過去の事例や理論上の可能性と見比べて、現にどれほど特異な（または逆に必然的な）在り方をしているか（してきたか）、ということの査定――を行うことである。そして場合によっては、われわれが、知らずしらず捉われている観念から距離をとって、違った眼で教育の現実を捉える

のを助けることである。

[参考文献] スミス，E.E.（鈴木宏昭訳）「概念と帰納」ボズナー編『記憶と思考』産業図書 1991 所収／ミチャルスキー，R.S.（辻健二郎訳）「概念学習」大須賀節雄監訳『MARUZEN 人工知能大辞典』所収／ペスタロッチ（前原・石橋訳）『ゲルトルート教育法・シュタンツ便り』玉川大学出版部 1987／Peters, R.S. and Hirst, P.H., *The Logic of Education*, Routledge & Kegan Paul 1970／ライル（板木・宮下・服部訳）『心の概念』みすず書房 1987／シェフラー（村井実監訳）『教育のことば──その哲学的分析』東洋館出版社 1981／ウィトゲンシュタイン（藤本隆訳）『哲学探求』『ウィトゲンシュタイン全集 8』大修館書店 1976 所収／飯田隆『言語哲学大全 II』勁草書房 1989／清水御代明「概念的思考」『現代基礎心理学 第 7 巻 思考・知能・言語』東京大学出版会 1983 所収／寺岡隆「概念の概念」板元昂・東洋編『学習心理学』新曜社 1977 所収／村山功「人間にとってのカテゴリー」佐伯・佐々木編『アクティブ・マインド』東京大学出版会 1990 所収
（堤大輔）

貝原益軒

（かいばら えきけん, 1630-1714）

▶ **生 涯**　福岡城内に生まれる。父寛斎は祐筆役。その関係もあり，幼少期から和漢の書に親しんだ。慶安元（1648）年 19 歳のとき藩主忠之に仕えるが 2 年後には退けられ失職，以後 7 年のあいだ浪人の身となる。しかしこの間に読書・研鑽の機会を得，22 歳のとき朱子学の基本文献『近思録』を読み，のち 39 歳のときそれについての先哲の註疏を編輯し，自説も加えた『近思録備考』を著すにいたる。医者となるため明暦元（1655）年 26 歳のとき江戸に行く。幕府の儒官林鵞峰（林羅山の子）をたずねる機会をもつ。同 2 年藩医として藩に復帰する。同 3 年には藩の内意により京都に遊学する。その間，すでに朱子学者として一家を成していた松永尺五，山崎闇斎，木下順庵らを訪ねその講義も聴く。また，本草学者稲生若水らとも交友する。一時帰国するが寛文 5（1665）年ふたたび京都に滞在する。この年と同 8 年，朱子学を疑い

古学を構想していた伊藤仁斎と出会う。朱子学徒として内的緊張を抱きつつ後に仁斎の『童子問』を手にいれその批判『童子問批語』（元禄 15 年成稿）をのちに書く。寛文 5 年末父を失い，翌 6 年福岡に帰る。大老黒田一任から命を受け 7 年をかけて延宝 8（1678）年 48 歳のとき膨大な『黒田家譜』12 巻を完成させ，献上した。元禄 13（1700）年 71 歳で辞職を許される。以後はもっぱら著述活動に専念する。諸国を廻歴し，数多くの紀行文・地誌を書く。『筑前国続風土記』は元禄 16 年 73 歳のときの作。宝永 6（1709）年薬学の書『大和本草』を完成させる。翌年，79 歳のとき『大和俗訓』を出版する。以来『楽訓』『和俗童子訓』『五常訓』『家道訓』『養生訓』など益軒十訓といわれる通俗教訓書のほとんどを死去する前年までの晩年に著し続けた。正徳 4 年，死去する 2 カ月前に『大疑録』の稿成る。朱子学尊信のこれまでの立場を疑う境地にまで達した。

▶ **教育思想**　人のつとめ行うべきものとして益軒は，第一に義を行うこと（人倫の道，とくに天地の恩・父母の恩・主君の恩・聖人の恩を報じて身をおさめること），第二に生を養うこと（飲食の欲，好色の欲などの内欲をおさえ，風寒暑湿の外邪をふせぎ元気をそこなわないこと），第三に業を務めること（おのおのその家業をつとめてその衣食を求めること）と捉え，重要性もこの順によると考えた（『大和俗訓』）。益軒の教育の認識はこうした生の総体にかかわる三つの重要な課題に応えようとする。そして，この教育の認識は，一般に他の儒学者の場合人性論，政治・経済論などと密接に関連してやや断片的に示されることが多いのに対し，益軒の場合にはまとまった論著＝教訓書としてそれぞれ体系的に明らかにされた。たとえば，『和俗童子訓』（宝永 7 年）では読書・習字・躾方などにわたり，また一般成人（主として武士）を対象とした『大和俗訓』（宝永 5 年）では学問の法（『中庸』にいう博学・審問・慎思・明弁・篤行）・心術（名利色貨の私欲

をとりさるなど）・行為（視・聴・言・動）などにわたり、広範囲な目配りをもって論じられた。その点で益軒を朱子学にもとづく──「天理すすめば、人欲しりぞく」といった人性の原理に従った──「教育思想家」として特徴づけることには十分な理由をもっている。とくに『和俗童子訓』は、大人と子どもの世界を本質的に異なるものとした発達観に基づく教育の考え方を顕著に示したものとして注目されてきた。すなわち、「随年教法」という6歳、7歳、8歳、10歳、15歳、そして20歳の元服にいたるまで発達段階に応じた教育法を詳細に説いた。子どもの発達についての益軒のこの関心はその初期における教育の重要性を強調したことに一つの特徴をもつ。その序文には「人ニ教ル之法、予メスルヲ以テ急ト為ス」と主張される。その拠り所としたのは「凡ソ事予スレバ則立チ、予セザレバ則廃ル」という四書の一つ『中庸』（孔子の孫の子思の作）にもとづく（『大和俗訓』）。「いとけなき時よりはやくをしゆべし。もし、をしえいましむる事おそくして、あしき事おそくみならひ、ききならひ、くせ（癖）になり、ひが事いできて後、をしえいましむれども、はじめより心にそみ入りたるあしき事、心の内に、はやくあるじ（主）となりぬれば、あらためて善にうつる事かたし」。ゆえに「ゆだんして、其子のこのむ所にまかすべからず。ことに高家の子は物ごとゆたかに、自由なるゆえに、このむかたに心ははやくうつりてやすくして、おぼれやすし」。益軒のこうした早期教育の主張は、「幼年・壮年・老年」程度のおおよその発達段階の見方をもったほぼ同時代の荻生徂徠が示した、未成年者についての自由放任の教育認識（「武士ヲ田舎ニテソダタセテ、幼少ノ内ハ心ノママニハネアリカセ、知恵ノ遅クヒラクルヲカマワズニ置タランニハ、大量ノ人多ク出来ルベシ」『太平策』）と対極的なものとして位置づけられる。このように早期教育を積極的に進めることを求める益軒の主張は、より徹底すれば、同時代の一般の胎教論と共通の

認識にいたる。そしてこの主張は、かならずしも発達の初期にのみに限定されなかった。「今日は明日の計をなし、今月は来月の計をなし、今年は明年の計をなし、平生は一生の計をなし、生前に早く死後の計をなすべし。おこたるべからず」（『大和俗訓』）というごとく、一生涯においてその時々の「一時の快きを求むる」のではなく将来の準備のための教育という考え方を彼は示した。その考え方はかれについての周知の思想──かならずしも思弁的原理（朱子学のそれ）からただちには演繹せず、さまざまな（人間の生き方の問題をも含めた）経験則をも考慮し、そのゆえに経験的合理主義とも評しうる（源了円）思想態度と、どのような関連があったのか注意される。が、いずれにせよこの準備の教育の考え方は、目的とする内容こそ相違するとはいえ、今日までも持続的にわれわれの日常慣例的な教育認識の基底に流れ込んでいるかに見える。

▶ **朱子学への懐疑**　最晩年の『大疑録』で益軒は、「人は聖人にあらざれば、賢者といえども、多く偏曲あり。故にその学識性行もまた必ず、通ずるあり、塞がるあり、長ずる所あり、短なる所あり」という現実認識に達し、朱子の重視した「敬」の実践について、「色荘」（うわべをかざる）「拘迫」（きゅうくつ）「畏縮」「束縛」などの言葉で批判するにいたった。この時彼は、現実における諸個人の個体性（とくにその可能性と限界性）を認めるとともに、人間を「活物」として把握し、その生の活動性を尊重しようとする徂徠の思想的立場と接近することになった。

[参考文献]　荒木見悟『貝原益軒の思想』『貝原益軒　室鳩巣』日本思想体系34, 岩波書店 1970／石川謙「解説」『養生訓・和俗童子訓』岩波書店　1961／井上忠『貝原益軒』吉川弘文館　1963／江森一郎『『勉強』時代の幕開け』平凡社　1990／松田道雄「貝原益軒の儒学」『貝原益軒』日本の名著14, 中央公論社　1969／源了円『徳川合理思想の系譜』中央公論社 1972

[関連項目]　儒教　　　　　　　　（河原国男）

カウンセリング

英 counseling／ 独 Beratung／ 仏 Thérapie de Conseil

▶ **語義**　カウンセリングとは，社会的適応上の様々な問題に直面して援助を求めている人に対して，一定の専門的訓練を受けた人が，固有の対人関係の中での心理的相互作用を通して行う援助的営みの総称である。この場合，援助を行う人を「カウンセラー（counselor）」といい，援助を求めている人を「クライエント（client）」という。

▶ **カウンセリングの歴史：ロジャーズを中心に**
アメリカにおけるカウンセリングの原型は，20世紀初頭に行われた，青年の職業選択を援助する職業指導運動にみることができる。まず，1908年に開設されたボストン職業局において，個人の分析と職業の分析を基に，個人に適した職業を見出そうとした職業指導が行われ，全米に普及した。さらに，ほぼ同時期に始まった心理測定運動，精神衛生運動と相まって，1930年代に入ると，ウィリアムソン（Williamson, E.G.）が，より個人的な問題に対処するため，クライエントの診断と治療のための技術体系として臨床的カウンセリングを位置づけ，それが特に学校や大学などの場において，職業指導，進路指導に適したものとして，いわゆるガイダンス活動の一環として用いられていくこととなった。

その後1940年代に入ると，青少年の社会的，心理的適応の問題がアメリカ社会の中でも大きく取り上げられるようになり，カウンセリングも，適応の過程を援助するための，いわゆる心理療法的性格を強くもつようになってきた。この時期に，ロジャーズ（Rogers, C.R.）が，『カウンセリングと心理療法』（1942）を著し，心理療法的カウンセリングの概念を確立した。この中でロジャーズは，カウンセリングの目的は，「特定の問題を解決する」ことにあるのではなく，「個人が成長するのを援助する」ことであり，「問題に統合的に対処できるようになること」であると提唱した。この考え方は，従来の「指示

的」（directive）なアプローチに対して，「非指示的」（non-directive）なアプローチと称され，カウンセリングの一つの技法として受け取られ，広められることとなった。

その後ロジャーズは，『クライエント中心療法』（1951）を発表し，非指示的という技法面よりも，クライエントが主体的に成長する過程を尊重するというカウンセラーとしての態度に重点を置き，「クライエント中心」（client-centered）という考え方を強調するようになる。さらに，『パーソナリティ変化の必要にして十分な条件』（1957）の中で，カウンセラーの態度条件をより明確な形で呈示した。さらに，晩年には，カウンセリングの理論と方法を，単にカウンセラーとクライエントとの関係にのみ成り立つこととはとらえずに，より広い範囲において，たとえば家族，学校，政治，社会，国際関係などの場面においても成り立つこととらえ，「パーソンセンタード・アプローチ」（person-centered approach：PCA）の名称のもとに，広く活動していくこととなった。

▶ **クライエント中心療法の基本的考え方**　ロジャーズは，みずからの基本的な潜在能力を実現しようとし成長しようとする傾向をもつものとして人間をとらえ，その傾向がカウンセリング関係において最大限に発揮されることをカウンセリングの目的としていた。このようなパーソナリティの変化が望ましい形で起こるために必要な条件を，『パーソナリティ変化の必要にして十分な条件』の中で述べている。その条件とは，下記の六つである。

1. ふたりの人間が心理的な接触（psychological contact）をもっていること

2. 第一の人——クライエントと呼ぶ——は，不一致（incongruence）の状態にあり，傷つきやすく（vulnerable），不安（anxious）の状態にあること。

3. 第二の人——セラピストと呼ぶ——は，この関係の中で，一致しており，統合されている（integrated）こと。

4. セラピストは，クライエントに対して，

無条件の積極的関心（unconditional positive regard）をもっていることを体験していること。

5. セラピストは、クライエントの内部的照合枠（internal frame of reference）に共感的理解（empathic understanding）をしていることを体験しており、そしてこの体験をクライエントに伝達する（communicate）ように努めていること。

6. セラピストの共感的な理解と無条件の積極的関心をクライエントに伝達するということが必要最低限は達成されていること。

これらの条件がカウンセラーの中に成立しており、かつ、そのことがクライエントに対して伝達されている場合、カウンセラーが用いる技術とは関係なく、クライエントに対する診断的知識に関係なく、クライエントの問題の種類にも関係なく、パーソナリティの建設的な変化が起こるとロジャーズは述べた。ここにおいて、カウンセリングはカウンセラーというひとりの人間の態度の問題そのものとなるのである。

この6条件の中で、3の自己一致、4の無条件の積極的関心、5の共感的理解の3条件が、カウンセラーの態度として特に重視されることとなる。

3の自己一致について、ロジャーズは、カウンセラーがクライエントとの関係の中で自由にかつ深く自己自身であり、体験が自己意識によって正確に表現されることであると述べている。つまり、カウンセラーが自らの体験過程を意識化し、クライエントに伝える過程の中で、自分自身をもクライエントをも欺かないことが重要なのである。

4の無条件の積極的関心について、ロジャーズは、カウンセラーがクライエントを一個の独立した人間として、自分自身の感情や体験があって然るべきものとして大切にすることであると述べている。その際、カウンセラーにはクライエントを1人の人間としてまるごと受容するという自分自身の在り方を模索することが求められることとなる。

5の共感的理解について、ロジャーズは、クライエントの私的な世界を、あたかも自分自身のものであるかのように感じとり、しかもこの「あたかも……のように」という性格を失わないことであると述べている。このような共感的理解が深く、また広くなり、正確さが増すならば、クライエントが体験しながら意識化できない意味をも、言語化して伝えることができるようになるのである。

▶ カウンセリングにおける人間観

1. 人間は主体的、能動的存在である。

人間はひとつの有機体であり、その有機体を維持したり拡大したりする方向性をもつ。この方向性は、健全に成長していこう、自己を実現していこうという一定の傾向を示す。ここにおいて、有機体としての自らの在り方を最大限実現していこうという意味において、人間は主体的であり能動的存在である。

2. 人間は社会的存在である。　人間は社会的な存在であり、自己を実現していこうという傾向が最も発揮されるのは、ある関係を生きることにおいてである。人間は自己を実現することのできる関係をもとめている。ある一つの関係の中で、自己を実現することのできる可能性に対して非常に敏感であり、喜んで反応する傾向をもつ。

3. 人間は独自的存在である。　人間はすべて、自分が中心であるところの経験の世界に存在し、自分自身がその中心である体験の世界をもっている。個人に経験される世界は、客観的で絶対的な実在の世界ではなく、各個人によってさまざまに知覚される、私的な現象学的な場（phenomenological field）である。個人の行動は、外在物や外界からの刺激によって直接に引き起こされるのではなく、本人がそれらをどう経験し、知覚するのかに規定されている。それぞれの体験の世界は他者にはわからない、それぞれの個人にとって重要な意味を持つ独自な私的世界なのである。したがって、個人の行動の意味と原因を知るためには、外的な要因を分析するだけでは不充分であり、その個人の内的照合枠から理解し

ようとする態度が必要なのである。

[参考文献]『ロージァズ全集』全18巻 岩崎
学術出版社 1966／伊東博『カウンセリング
（第4版）』誠信書房 1995／河合隼雄『カウン
セリングの実際問題』誠信書房 1970／佐治守
夫『カウンセラーの〈こころ〉』みすず書房
1996／佐治守夫・岡村達也・保坂亨『カウンセ
リングを学ぶ』東京大学出版会 1996
[関連項目] ロジャーズ　　　　　（遠藤司）

カウンツ
(George Sylvester Counts, 1889-1974)

▶ **生涯**　アメリカの進歩主義教育運動
に密接にかかわった教育思想家，教育社会学
者。第一次対日アメリカ教育使節団の一員と
して来日し，戦後日本の教育改革に参画した。

1889年にカンザス州ボールドウィンに生
まれる。同市にあったベイカー大学を卒業の
のち，近隣のハイスクールの教師および校長
をつとめる。そのときの教職体験がきっかけ
となって，1913年にシカゴ大学大学院に進
み，心理学者のジャッド（Judd, C. H.）の指
導をうける。1916年に同大学院からアメリ
カ最初の教育学の博士号（Ed. DではなくPh. D）を取得した（副専攻は社会学）。1926
年にシカゴ大学の「教育社会学」(educa-
tional sociology) の教授に就任するが，1年
で退職。1927年からコロンビア大学ティー
チャーズ・カレッジの教授になり，歴史学者
のビアード（Beard, C.）や教育学者のキル
パトリック（Kilpatrick, W. H.）と生涯にわ
たる親交をむすぶ。56年に同大学を退職。
大学における研究・教育のみならず，教師や
大衆に対する啓蒙運動にいそしみ，雑誌『社
会的フロンティア』(*The Social Frontier*)
の編集長（1934-37）をつとめたり，「アメリ
カ教師連盟」(American Federation of Teach-
ers) ―― しばしば「アメリカ教員組合」と
訳される ―― の会長をつとめた（1939-42）。
また全米教育協会（NEA），進歩主義教育協
会（PEA）の主要メンバーでもあった。
▶ **思想**　カウンツは，1932年に『学校
は新しい社会秩序を構築しようとしている

か』という短いけれども，彼を一躍有名にし
た本を著した。そこで彼は，児童中心主義を
となえて社会変革を忘れているリベラルな進
歩主義教育を批判し，アメリカの教師は「教
化」(indoctrination) をつうじて，「産業主
義」に浸食されたアメリカ社会をより平等に
富を分配する社会に再構築すべきであると論
じた。カウンツにとっては，教師が「社会問
題」を解決するために子どもを「教化」する
ことなく，たんに中立的であることは，教育
責任の放棄を意味した。こうしたカウンツの
教育による「社会的再構築」(social recon-
struction) 論は，「学校はデモクラシーを教
えるための実験室である」というデューイの
主張の展開であるようにみえるが，カウンツ
は「成長」や「教示」(teaching) というかわ
りに「教化」といっている。またカウンツ
の「デモクラシー」概念も独特である。

カウンツは，自分を社会的再構築にかりた
てるものはなにかと考え，そこにアメリカ社
会固有の「デモクラシー」という文化的な伝
統をみいだした。それは，いわば個人の力で
はいかんともしがたい強い力で人を方向づけ
る歴史的な構造である。その内容は，カウン
ツにおいては必ずしも一貫していないが，お
よそ古き良き共同態的な秩序の枠のなかでの
たえざる自己更新の動態である。社会問題の
在りようにあわせてそれは，あるときは富の
平等な分配をもとめる労働運動にちかい姿を
とり，あるときは個人の自由を宣揚する反全
体主義そのものの姿をとる。それを節操がな
いとみるか，臨機応変とみるかは，みる者が
リアリズムにたっているか，ノミナリズムに
たっているかによって決定される。

カウンツは，デモクラシーは19世紀以来，
アメリカの社会を保全し規定してきたし，そ
の規定力は非人格的で有無をいわせないもの
であったという。だからこそ，カウンツにと
って，教師による教化は恐れるべきものでは
なかった。教化は文化が発揮する構造化作用
の人間におけるあらわれにすぎないからであ
り，どのような社会においても，その保全の

ために，教育はつねに優勢な文化による教化を前提にしているからである。さらにアメリカの場合，当時，そのデモクラシーが危機に瀕していたからである。カウンツ自身が「最高の著作」と評する『教育とアメリカ文明』（1952）では，デモクラシーを危うくするものが全体主義から「科学技術」にかわり，デモクラシーは絶えざる自己更新の動態から寛容な共同態と人間の尊厳を求めるヒューマニズムに変わっているが，彼の基本的な考え方はなにも変わっていない。

カウンツの教化概念は，問題解決法であれ，プロジェクト・メソッドであれ，また自発性尊重であれ，教授者中心であれ，教える人が学ぶ人に知識技能を伝えるという基本的な概念（「教授・学習過程」）にたいする根本的な批判である。しかしその社会的再構築論は，革命による変革ではなくあくまで教育による変革であるのに，アメリカのデモクラシーを枠づけている伝統的な共同態がこの教育をつうじて「科学技術社会」において再興されうるという社会学的な見通しを示していない。

［参考文献］ Counts, G. S., *Dare the School Build a New Social Order?*, New York : John Day Co. 1932（中谷ほか訳『地域社会と教育』明治図書 1981）／Counts, G. S., *Education and American Civilization*, New York, Teachers College 1952／Gutek, G. L., *The Educational Theory of George S. Counts*, Columbus : Ohio State University Press 1970／Dennis, L. J. and Eaton, W. E., *George S. Counts : Educator for a New Age*, Carbondale : Southern Illinois University Press 1980／毛利陽太郎「ジョージ・S・カウンツ」市村尚久（編）『現代に生きる教育思想1』ぎょうせい 1981 （田中智志）

科学教育
英 science education

▶ **科学教育の理念** 科学を教育の主たる内容にし，それにより科学的なものの見方，考え方の育成をめざすとともに，科学の発展，いや人類・社会の発展に寄与しようとする教育が，科学教育である。そのさい，どのような内容が「科学」にあたり，どのような見方が「科学的見方」なのかは，時代とともに変遷してきている。

中世までの長い間，高等教育機関で教育内容をなしてきたのは，自由民のための学問，つまり「七自由科」であった。それは文法・修辞・弁証法の三学と，算術・幾何・天文・音楽の四科からなりたっていた。この高等教育機関に入るための準備教育としてなされていたのが，ギリシャ語・ラテン語の古典語教育である。古典語の習得は，高等教育を受けるための必須要件であったばかりでなく，人間としての修養にも有効であると信じられていた。つまり，中等教育の基調をなしていたのは「人文主義」（humanism）であった。

近世から近代になると，中等教育機関でも，自然科学の発展に合わせて教育内容に人文系のものばかりでなく，実科系のものも取り入れられるようになる。つまり，「実学主義」（realism）が受け入れられるようになっていった。そして近代から現代にかけて，「人文主義」と「実学主義」とはしだいに相補うような関係になっていき，実科系の教育内容にも，かつて人文系の教育内容に期待されていた人間形成的な要素が見出されるようになった。科学が，カリキュラムの中で中枢部に位置づけられるようになるのは，科学の中に，そうした教育的要因が見いだされるようになったからである。

▶ **科学と科学教育** フランス革命のさなかに，その革命議会に提出された『教育改革案』で，コンドルセ（Condorcet, M. J. A. N. de C.）は「科学教育」の必要性について次のように述べている。「長時間の思索に耽ったり，どんな知識でもこれを探求したりすることのないような人々にとっては，初歩のものでさえ科学の学習は彼らの知的能力を発達させ，正しく推理し，思想を十分に分析することを教える最も確実な手段である」と。その理由は，コンドルセによれば，科学においては，人文系の諸学と違って，観念が純粋かつ厳密に規定されているからである。科学は

学びやすい上に，これを使えば，人々の知的能力，つまり推理力・思考力を精確なものに陶冶していくことが可能である，とコンドルセは考えたのである。科学が進歩していけば，それを学ぶ人々の知性も進歩していき，社会全体の進歩にもつながる。しかも，科学の進歩には限界がないから，人類・社会の進歩は無限である，とコンドルセは科学教育の可能性を明るく描いたのであった。

コンドルセが「科学教育」の名で推進しようとしたのは，実際には数学と物理学の教授であった。しかし，19世紀になると，「科学」に含められる学科と分野はこれらに止どまらず，飛躍的に拡大していく。なかでもイギリスのスペンサー（Spencer, H.）は，子どもに教える内容を，人文系の諸学を含めて，すべて「科学」の名のもとで再構成していこうとした。スペンサーは「どの知識が最も価値があるか？」と問いかけて，「完全な生き方」（complete living）に関わりを持つすべての知識，つまり科学である，と答えている。その科学のリストには，個人が自己保存を図るのに直接関わりのある知識や，親そして市民になるために必要な知識などが掲げられている。これらの「生きること」に結びつく科学を学ぶことは，たんに実用的な意義を持つだけではなく，知性の陶冶や道徳的な訓練にもつながる，とスペンサーは見なした。つまり，科学は「教育する」のである。

▶ 科学教育と世界観　スペンサーが科学の典型と見なしたのは，生きることと関わりの最も深い「生命（bio-）の学（logos）」，すなわち生物学（biology）であった。とくにスペンサーは，ダーウィン（Darwin, Ch. R.）の進化論の「自然選択」の考えを引継ぎ，「適者生存」の原理を定式化した。これを社会の科学である社会学にも適用して，社会進化論を唱えた。このように広がりを帯びてくると，「科学」が，たんにその純粋性や厳密性の点で特徴を持つだけではなく，ある種の思想性を持っていることが一段と明らかになってくる。科学教育は，本来的に，人々のも

のの考え方，つまり世界観・宇宙観の形成に大きな影響力を持つ教育なのである。

宇宙は旧くは「コスモス」として受け取られていたが，近世ないし近代になると「ユニバース」として捉えられるようになり，現代では単に「スペース」と見られるようになった。コスモスとしての宇宙観は，アリストテレス（Aristoteles）が『自然学』で展開して見せたように，空虚（ケノン）な場としての宇宙が否定され，同心円状の層的秩序としてそれが描き出されたとき成立したが，元来それは目的論的世界観にもとづいていた。それに対して，ユニバースとしての宇宙観への転換は，ニュートン（Newton, I.）が『プリンキピア』で証明を試みたように，目的因による説明をぎりぎりまで排除して，森羅万象を単一の法則で説明し尽くすことによって推進された。それを促したのは機械論的な世界観であった。

とはいえ，コスモスからユニバースへの「転換」，およびその底流としての目的論的世界観から機械論的世界観への「移行」は，一方向的なものでは決してない。たとえば，力学をモデルにしたニュートンの世界観は，「第一原因」としての神の存在を否定してはいない。むしろそれは，森羅万象に神の摂理を見る「自然神学」の成立を促し，それと共存していた。これは，科学の不徹底，ないし未発達のゆえになったことではない。日常生活の諸経験を，すべて因果律の説明に還元することは不可能で，科学は，つねにそうした日常体験と抱き合わされている。デューイ（Dewey, J.）は，知識をすべて「科学」化してその教育的意義を論じたスペンサーを批判して，次のようにいっている。「スペンサーの議論は，私たちの日常の諸活動の教科内容を，科学の形式に変形する方法を見過ごしていたため，科学がそれによってのみ科学であるところの方法を無視してしまった」と。日常経験と科学との橋渡しとしての「方法」（methods）を重要視するデューイは，科学教育の課題を，科学的世界観の形成などと実

体化せず，機能主義的にとらえていた。

[参考文献] コンドルセ（松島鈞訳）『公教育の原理』明治図書 1967／スペンサー（三笠乙彦訳）『知育・徳育・体育論』明治図書 1969／デューイ（松野安男訳）『民主主義と教育（上）』岩波書店 1975

[関連項目] 人文主義（ヒューマニズム）／コンドルセ／スペンサー　　　　（宮寺晃夫）

学　習
（動詞形「学ぶ」）英 learn／独 lernen／仏 apprendre

▶ **語　義**　語源的にいえば，learn（英）と lernen（独）は同根から派生しており，どちらも lehren（独・「教える」）と同系に属する。また apprendre（仏）には，「学ぶ」と同時に「教える」の意味がある。これらのことから示唆されるように，「教える」と「学ぶ」とは，概念上，親密な一体感で結ばれている。それは，こんにち「教授＝学習過程」などといわれるときのような，教師―生徒間の相互作用の関係よりも，はるかに親密な一体感である。学習が教授から切り離され，それ自体で独自の研究対象となり，学習研究が教育研究の基礎科学として位置づくようになるのは，それほど古いことではない。それはたかだか，20 世紀初頭の「教育の科学化」運動や「児童研究」運動にはじまることである。それ以来，学習研究は〈科学〉として自立していき，一方の教育研究は，技術学ないし規範学の性格を帯びていく。一般に「教育は学習を援助し，指導していく作用である」と観念されるとき，学習そのものは，教育に先行する所与の事実として前提にされている。

「学習」の定義は，もっぱら心理学者の側から与えられてきた。なかでも，行動主義の心理学者による定義は，「学習」の標準化された定義として，教育辞典の類いでもそのまま採用されることが多い。「一定の経験をした後で，行動に持続的な変化が見られるとき，学習がなされたという」。こうした類いの定義は，たとえば，「キスとは，好意をもつ両性間で，性的な刺激を交換するためになされる，口唇の接触をいう」といった無味乾燥な定義と同様に，子どもの教育に実践的な関わりを持つ者にとって，どれだけ意義のあるものとなるか。この点を根本的に問い直すことがないまま，教育学は心理学の学習概念を請け売りしてきた。教育学の側からの，学習概念の買戻しは，今後の課題として残されている。

▶ **学習の古典的意味**　古代ギリシャの哲学者プラトン（Platon）は，『メノン』のなかで，「学ぶということは想い出すことである」といって，学習＝想起説を唱えた。人は，ほとんど無知といってもいいような分野でさえ，教師から直接教えてもらわなくても，ヒントを少し与えられれば，ひとりでなんとか学んでいける。なぜなら，人が新たに学ぶものは，じつは，前世において既に知っていたことであり，それをただ想い出せばよいからである。教師の役割は，想い出そうとする気持ちを起こさせることである，というのである。

この学習＝想起説を特徴づけているのは，プラトン一流の霊魂不滅の神話だけではない。「知（知ること）」の本性にかかわる知識論もまた，それを特徴づけている。「学ぶ」とは，なによりも「知るようになる」ことである。したがって「知」の対象になりえないものは，学ぶことができない。たんなる技能や態度は，繰り返しドリルされることによって身に付けられることもあるが，それだけでは「学んだ」ことにはならない。技能や態度の中身をいったん「命題」として表現し，「知識」化していかなければ，学習の対象とはならないのである。知識の限界が学習の限界でもある。このように，「知識」の獲得を学習の中核にすえるのが，学習の古典的理解である。

▶ **説明原理としての学習**　出生後の人の成長・発達の変化は，僥倖によるものの外は，次のような相異なる原理によって説明されてきた。その一つは，成長・発達の変化を，生得的な素質の展開として説明したり（アリストテレス Aristoteles の目的論的な発達観），

内発的な成熟の過程として説明したりするもので，近代の合理論がこの立場を代弁している。もう一つは，人の成長・発達の変化を，出生後環境からうける影響などの獲得的要因で説明するもので，近代の経験論がこの立場を代弁している。「学習」は，近代以降，後者の経験論による人の成長・発達の説明原理として用いられてきた。そのときの「学習」は，たんなる「知識」の獲得という古典的意味をはみだして，いっそう幅ひろい用いられ方をしている。たとえばこうである。「あの人は，どうしてそれができるようになったのか？」「それは，学習したからだ」。

成熟過程と学習過程が絡みあって相互作用していることは，よく知られている。心理学の研究は，成熟過程の結果とされてきた事柄に，学習過程が不可分にかかわっていることを明らかにする方向でなされてきた。つまり心理学は，人の行動を，ぎりぎりの限界まで，学習の結果として説明しようとしてきた。一方，たとえば動物行動学のように，人ないし動物の行動を，種に特有なもの（「本能」）として説明したり，成熟の結果として説明したりして，「学習」による説明を極力ひかえようとする立場もある。ただ，行動の変化を説明する原理として，「本能」は明らかに限界をもっているし，また，その変化を起こさせる原因の説明として，「成熟」もまた限界をもっている。そこで後に残るのは「学習」だけとなる。「学習」は，その説明可能性に限界を置きがたいだけに，適用範囲を拡げてきている。

学習は，人の成長・発達の説明原理であるとともに，成長・発達の起動因としても捉えられてきた。とくに，人の成長・発達と社会全体の進歩・発展を重ね合わせる啓蒙主義の立場からは，そのような捉え方がなされてきた。そうなると，学習そのものよりも，「いかに」学習させていくか，「何を」学習させていくかが，人々の関心事となる。そうした関心が高まっていくにしたがい，「学習の本性」を精確に捉えた上で，学習を効率的に導

いていこうという方法の開発が，関心を喚ぶようになっていった。かくして学習研究の時代を迎えることになる。

▶ **心理学者の学習研究**　心理学者による学習研究は，人の行動をいかに効率よく変化させていくか，という操作主義の意図から無縁になされてきてはいない。それを例証するために，代表的な三人の心理学者の学習研究を取り上げてみる。

ソーンダイク（Thorndike, E.L.）は，心の内部を覗き込むような「内観法」に代えて，実験的な方法で学習研究に取り組み，その後の学習研究の原型をつくった。ソーンダイクは，動物を使った「問題箱」の実験によって，洞察や推理による学習とは異なるタイプの学習を検出し，それを「試行錯誤」（trial and error）による学習と呼んだ。同じ試みを何回となく繰り返すと，動物が所定の位置から餌場にいたる所要時間は，不規則ではあるが徐々に改善されていく。その過程をグラフに表したものが，「学習曲線」と呼ばれる。ソーンダイクによれば，学習曲線は二つの「法則」によって支配されている，という。その第一は「練習の法則」（law of exercise）で，なすことによって学習のされ方は改善され，なさないことによってそれは弱められる，という法則である。第二は「効果の法則」（law of effect）で，成功のたびに報酬が与えられると，その学習は強められる，という法則である。「法則」の名のもとで示された練習と効果は，学習させる側，つまり教育する側の方法的な技法でもあるから，ここでの学習研究は，かならずしも教育的・操作的な意図から独立したものではなかった。（"The psychology of learning" *Educational Psychology* 2, 1913）

トールマン（Tolman, E.C.）の場合も，人の行動（B）は，環境的刺激（S），生理的動因（P），遺伝（H），過去の訓練（T），年齢または成熟度（A）の五つの独立変数によって規定される従属変数である（つまり，関数 $B = f(S, P, H, T, A)$ が成り立つ）とされる

一方で，従属変数（B）を五つの独立変数に全面的に依存させる機械的な説明が修正され，両者の中間に，操作可能な領域として，新たに媒介変数が挿入された。人の心的能力（mental capacities）や心的出来事（mental events）がそれである。つまり，一定のことができるようになったり，一定の反応ができるようになったりしていけば，それだけ，独立変数に左右される度合いが少なくなる。そうした操作可能な媒介変数を置くことにより，行動の形成に学習が関与する領域がいっそう拡げられるとともに，媒介変数の操作により，人の行動の予測と制御の可能性も開かれることになる。("Operational behaviorism and current trends in psychology", 1936, in : *Behavior and Psychological Man*, 1961.)

スキナー（Skinner, B. F.）にいたると，行動とその原因の関係よりも，行動とその結果の関係の調整によって，行動の変化が一段と効率よく操作されるようになっていく。スキナーは次のようにいう。「学習論の分野で，近年，いくつかの有望な前進がなされてきた。いわゆる『強化の随伴性』（contingencies of reinforcement）と呼ばれるもの——つまり，一方には行動があり，他方にはその結果があって，この両者の間で広く生じるさまざまな関係——を調整することによって，より効果的な行動の制御が得られるような，特別な技術が考案されてきたのである」。好ましい結果に，そのつど強化を与えていくと，人は（動物は）そうした結果を得ることをめざして，みずから行動を変化させていく。こうした操作主義の立場に立った学習研究が，スキナーの場合，人間工学から社会工学までの適用範囲をもっているのは特徴的である。("The science of learning and the art of teaching", *Harvard Educational Review*, 1954.)

▶ **認知科学と学習**　近年の認知科学（cognitive science）の隆盛は，これまで本来的に経験論に立ってきた学習研究を，その前提から掘り崩した。「学習」の概念は，「経験」や「行動」との結びつきよりも，「知覚」・「記憶」・「想起」などとの結びつきで論じられることが多くなり，「学習」という呼称自体，一般的な領域を指すものとして使われる外は，避けられるようにさえなってきた。人の行動の変化は，外界からの刺激の結果としてではなく，マインドの内部での情報処理過程の結果として理解されるようになってきているのである。学習研究は，経験論の側から合理論の側に立脚点を移しつつある。

言語学者のチョムスキー（Chomsky, N.）は，外界からの刺激にしろ，結果への強化にしろ，人の行動の形成要因を人のマインドの外に求める説明に，明らかな限界があることを指摘した。たとえば言語の習得でいえば，子どもは限られた言語体験のもとでも，実際にはほとんど無限の言語使用の能力を身に付けていく。つまり，入力と出力との間には，大きなずれがある。しかも，どのような子どもも，一定の年齢までに，ほぼ同じような言語使用のレヴェルに達する。そうした事実は，言語使用能力の生得性を裏づけている，とチョムスキーはいい，17世紀の合理論への回帰を訴えるのである。(*Cartesian Linguistics, a chapter in the history of rationalist thought*, 1966.)

外界から押し寄せる刺激やデータは，それ自体としては無秩序でばらばらである。それにもかかわらず，人のマインドの内部では，混乱なく適切に処理がなされていき，まとまりのある知覚が産み出されていく。そうした情報処理の機構（オルガノン）自体は学習されるものではなく，生得的であり，ただ成熟していくのみである。——このように認知科学が主張するとき，「学習」の名のもとで人の行動の変化に関わりのもてる領域は，かなり限定されてくる。オルガノンそのものの形成よりも，オルガノンに入力する教材の開発の時点に，学習研究は局限されることになる。

▶ **人間の全体性と学習**　「学習」ということばを使って，人の形成や社会の生成が一体どこまで問題にしうるのか。経験論，ないし

啓蒙主義の立場からすれば，学習は人の形成のすべてにかかわり，社会の発展の推進力ともなっている。「学習」に，そうした進歩的，積極的な意味を付与する考え方は根づよい。とりわけ日本の場合，明治期から大正期にかけて，学校教育の体制が国家主導のもとで画一的に営まれていたころ，子どもの自発性や活動性の尊重が，「学習」の名のもとで唱えられた経緯がある。なかでも木下竹次は，「自律的学習」の成句によって，学習は子ども自身がすること，教育はそれを不当に型にはめてはならないこと，要するに「教育」者に対して「学習」者が優位性を保っていることを強調した。それ以来，日本語の「学習」には，単なる事実的意味だけではなく，ある種のプラス指向の喚情的意味が付きまとっている（木下『学習原論』1923）。

一方，そうした教師—生徒関係のなかでの学習や，実験室のなかでの人為的な学習をモデルにするのではなく，文化や生態系のなかで自然の学習を捉え直そうとする試みもなされてきた。この場合学習者は，「学習」そのものを意識することなく，生まれ落ちた文化の中にイニシエイトされていき，生態系の中に適合していく。そうした「状況に埋め込まれた学習」（situated learning）への着眼は，認知的諸過程の担い手としての人間と，文化的・歴史的諸制度の担い手としての社会とを，「学習」の視点から統一的に捉えていこうとする試みとして注目される。「生涯学習社会」の提起とともに，学校学習はモデルとしての規範力を失い，むしろ学校における学習自体が，生涯学習への準備性を付けていくものとして位置づけられるようになった。実際の社会のなかでの，よりリアルで，より自然な学習が，人為的に操作される学校学習にとって替わられようとしている。これがまた，「学習」をめぐる新たな思想状況をつくりだしてきていることも見逃せない。人も社会も，すみずみまで学習の機会に取り囲まれ，それからの逸脱が社会的不適応と見なされかねない状況が，今まさに現出しようとしているから

である。

[参考文献] Komisar, B. P. and Macmillan, C. J. B. (eds.), *Psychological Concepts in Education*, Rand McNally & Company 1967／Peters, R. S., *The Concept of Motivation*, Routledge & Kegan Paul 1958／Petrie, H. G., *The Dilemma of Enquiry and Learning*, University of Chicago Press 1981／Taylor, C., *The Explanation of Behaviour*, Routledge & Kegan Paul 1964／レイヴ，ウェンガー（佐伯胖訳）『状況に埋め込まれた学習』産業図書 1993
[関連項目] 学力／児童中心主義／発達／認知科学／行動主義 　　　　　　（宮寺晃夫）

学 力
英 achievement

▶ **語 義**　概念というより字義の解釈をすれば，「学力」とは，学習して得た能力，それゆえ次の学習への準備性となる能力，ということになろう。しかし「学力」は，この字義以外にさまざまな思い入れがなされてきており，観念のみがひとり歩きしている観がある。しかもそれは特殊日本的な論争史の中での歩みである。たとえば勝田守一は，学力を「人間的能力の発達の基礎的な部分」として捉え，その基礎を「認識という知的能力」に求めるとともに，それは「学校で育てられる認識の能力を主軸として」捉えられるべきである，と主張した。こうしたニュアンスは，英語 'achievement' にはまったくなかったことである。

アメリカの教育学辞典，たとえば戦前のモンローの辞典（*A Cyclopedia of Education*, 5 volumes, 1913），戦後のマックミラン社の辞典（*The Encyclopedia of Education*, 10 volumes, 1971）には，どちらも achievement の項がない。だが，教育学辞典ではないが，同じマックミラン社の社会科学辞典（*International Encyclopedia of the Social Sciences*, 17 volumes, 1968）には，achievement testing の項が見える。当然のことながら，そこでの記述は，社会調査の一方法としての「達成テスト」の方法論の解説が主である。つまり，

「達成テスト」は、「人が学んで知ったり、できるようになったこと」を測定するテストであって、生まれつきの能力を測定する「知能テスト」（intelligence test）や、好みや態度を測定する「性向テスト」（aptitude test）から区別される、と説明されている。

▶ **達成としての学力**　子どもの能力を「達成」（achievement）として捉えるということは、20世紀はじめに起こった教育測定（educational measurement）運動によって推進された考え方である。とくに、アメリカの実験心理学者ソーンダイク（Thorndike, E. L.）は、「存在するものはすべて、なんらかの量をもって存在し、それは測定可能である」と主張し、量的測定の方法を教育に持ち込んだ。測定のためのテストが標準化されるにしたがい、すべての子どもの学力を平均値からの偏差で算定することも可能になっていった。これらのデータは、教育方法の改善に役立てられるだけではなく、子ども一人ひとりの個人差の判定材料ともなっていった。

教育測定運動は、「科学」の名のもとで、教育実践の客観的基礎づけを志向した。それは何よりも、〈事実〉として確定できる部分に照明をあてた。達成としての学力は、生得的能力としての知能とともに、客観的にとらえやすい部分であった。しかし、達成をあまりに静的に捉えすぎている点が批判されるようになり、教育測定運動は教育評価論に取って替わられることになる。

達成としての学力は、子ども間に達成差があることを前提にしている。この差を、学習の結果として測定の対象にしていくだけではなく、学習過程の中で、修正可能な操作対象にしていこうとしたのが、現代アメリカの評価論者ブルーム（Bloom, B. S.）である。ブルームにとって、「学習における個人差とはあらかじめ予測し、説明し、多種多様な方式で変化させ得る一つの観察可能な現象」である。ブルームは個人差を、認知的前提能力と情意的前提特性の両面でとらえ、それを「質の高い授業」、つまり各学習者の必要に適合

した授業によって縮めていこうとした。

［参考文献］　勝田守一『能力と発達と学習』国土社　1964／ブルーム（梶田・松田訳）『個人特性と学校学習』第一法規　1980

［関連項目］　学習／評価／試験　　　（宮寺晃夫）

学力問題
英 problem of achievement

▶ **戦後の学力問題**　学力問題の中心は「学力とは何か」ということであるが、学力問題が容易に解決できないことは、戦後から現在まで続く学力論争の歴史が物語っている。日本の学力論争は、学力の概念規定が曖昧で、かつ科学的根拠もないままに自己の正統性を主張する結果、多くの学力論争が対立、もしくは未解決に終わる場合が一般的である。戦後の学力論争は、次の5期に区分される（石井）。第1期（1950年前後）は、「問題解決学力」を重視した新教育に対する批判として3R's を中心とした「基礎学力」の低下が主張された。第2期（1960年代前半）は、広岡亮蔵による「知識層と態度層」に区分した二重学力構造に対する「態度主義」批判、勝田守一による計測可能な学習内容を学力とする「測定学力」への批判が展開された。第3期（1970年代中頃）は、学力と人格の関係を争点とした「坂元忠芳・藤岡信勝論争」が有名である。第4期（1990年代前半）は、「ゆとり」対「詰め込み」、「基礎学力」対「生きる力・考える力（新学力観）」といった新旧の学力観をめぐる対立であった。第5期（2000年代前半）は、大学生の算数や数学能力の低下を契機とし、各学校段階における学力低下問題が国民的関心を喚起した。

わが国の学力問題の大きな転換点は、文部省による「新学力観」の提示であり、1998（平成10）年の学習指導要領の改訂では「ゆとり教育」とともに「総合的な学習の時間」などによる問題解決能力の育成が掲げられた。この学習指導要領改訂の背景には、文部省の学力保障政策の転換があった。それまでの文部省は、学習指導要領を「マキシマム・スタ

ンダード」と位置づけたが，以後は「ミニマム・スタンダード」に変更している。学習指導要領のミニマム・スタンダード化は，文部科学省による学力保障政策の実現を地方自治体に転嫁するものでもあり，「ローカル・オプティマム」（地域における最適状態）と呼ばれた。全国の地方自治体は，この「ローカル・オプティマム」政策下において，「少人数学級の実現」「教員の加配」「教育課程の弾力化」「地方学力テストの実施」などを独自政策として展開した。とりわけ，地方学力テストの実施は「ゆとり教育」による学力低下問題を地方独自で検証するものであった。

しかしながら，2003年の経済協力開発機構（OECD）による「PISA」（国際学力調査）の結果は「数学的リテラシー」6位（前回1位），「読解力」14位（前回8位）となり，日本の学力低下を示す根拠・指標となった。いわゆる「PISAショック」である。この衝撃的な結果により，文部科学省は「脱ゆとり教育」路線を鮮明にし，学力テストによる「学力向上」を国家的ミッションに掲げつつ，2007年には「全国学力・学習状況調査」（以下，「全国学テ」）を実施した。約50年ぶりの悉皆調査に基づく学力テストの復活である。

▶ **今日の学力問題**　わが国における今日の学力問題を，全国学テとの関連から指摘しておきたい。第一には，全国学テの問題は「知識」に関する問題（A問題）と「活用」に関する問題（B問題）で構成されているが，A問題とB問題の相関関係の割合は高く，基本的には同じ学力を測っていると指摘される（藤田）。つまりは，全国学テにおいては知識の系統的・体系的な習得が不可欠であり，必ずしも活用問題が重視されているわけではない。そもそも，PISAで求められた学力とは「コンピテンシー（能力）」（competency）と呼ばれ，「個人の人生にわたる根源的な学習の力」（ライチェン）であり，テストで測定できるような知識や技能だけではなく，動機づけ・態度，自己イメージ，専門的な知識

と技能の習得にいたる学習の力であり，行為や行動をも含んだ能力であった。コンピテンシーの中心は，個人が変化に応じて，経験から学び，批判的に考え，行動することの重要性を示したものであり，文部科学省が全国学テによって測定・評価しようとした知識重視型の学力観や問題構成とは大きく異なるものである。

第二には，全国学テの目的は「学力の実態把握」や「学力向上」であったが，2007年から2015年までの全国学テの平均点の推移は，ほぼ横ばい状態であり，学力は上がっていない。今日の学力問題において解決すべき課題は，貧困や家庭問題などを要因とする学力低下が顕著な児童生徒への学力支援と学力格差の是正であろう。しかしながら，学力テストの結果は児童生徒に対する早期の選別・差異化を助長するだけでなく，学校間の序列化といった学校間格差を増大させる要因ともなっている。学校間格差の問題は，裕福な階層にとって有利な中高一貫校の設立といった学校制度改革とともに，新たなトラッキングの問題としても認識されている。

［**参考文献**］石井英真「学力論議の現在――ポスト近代社会における学力の論じ方」松下佳代編『〈新しい能力〉は教育を変えるか』ミネルヴァ書房　2010／藤田英典『安倍「教育改革」はなぜ問題か』岩波書店　2014／ライチェン，ドミニクS. 他編著（立田慶裕監訳）『キー・コンピテンシー――国際標準の学力をめざして』明石書店　2012
［**関連項目**］学力／教育評価と教育測定／試験
（北野秋男）

家　族
英 family／独 Familie／仏 famille

▶ **近代家族と教育**　家族の定義はきわめて多様である。一般に家族の定義の中に含まれるとされる，生殖，子どもの養育，成人男女の性的結合，同居，生計を共にすること，等々は，そう定義するそばからそれに当てはまらない「家族」の存在によって脅かされることになる。あるアメリカの社会学者は，異

星からやってきたサイボーグがこの地球上で
「家族」と呼ばれているものは何かを探る旅
に出て、結局、ある関係を「家族」と呼ぶ
人々の言説の中にのみそれは存在する、とい
う結論に達した、というお話からその家族論
を始めている。しかし、教育思想史における
家族とは何か、と問い直すならば、家族の像
はもう少し限定されるかも知れない。それは
子どもを「教育」する機能を中心に結ばれる
ことになるからである。アリエス（Ariès,
Ph.）の『〈子ども〉の誕生』（原題『アンシ
ャン・レジームにおける子どもと家族生活』）
は、家族の教育思想史的研究の画期をなした
著作である。この著書の原題と、さらには、
この大部な著書の半分近くが学校の歴史に当
てられていることから明らかなように、ここ
で扱われているのは、子ども、家族、学校の
三角形の構図である。きわめて多様な構造と
機能を持ちながら等しく家族と呼ばれてきた
集団は、時代と場所を越えて存在するが、こ
の三角形の構図にはまる家族はそれほど普遍
的なものではない。この特有な構図は、ヨー
ロッパの近代社会の成立と深く関わりながら
17, 8世紀にその姿を徐々に現しだし、19世
紀には完全に勝利し、今なおわれわれ現代人
の家族観に深く刻印されている。この構図は、
近代社会における私生活化、近代人の性行動
と生命観の特徴、そして養育や訓練とは区別
された「教育」という新しい観念の誕生と深
く関わっている。

▶ **私的空間としての家族**　家族が子どもの
教育という機能を中心に再構成されてきた背
景には、人々が暮らす生活空間の変化が指摘
されている。かつては広場や往来、あるいは
貴族の大きな館のような多様な階層や年齢の
人々に開かれた半ば公的な空間を主な生活空
間としていた人々は、次第に、ごく親密な身
内の家族だけの、静かで快適な私的空間に守
られた生活を好むようになった。こうした変
化は、たとえば、多目的に使用された殺風景
な広間中心の住居から、主人家族用の居間や
寝室を中心とした住居への変化、それらをよ

り快適にするための家庭的な室内装飾の発達，
家族の誕生日やクリスマスなどの家庭的な祝
祭の発達など、さまざまな分野で指摘されて
いる。こうした私生活化の傾向は都市ブルジ
ョワ層を中心に17, 8世紀頃から現れ始め、
19世紀以降はあらゆる階層において支配的
となったものである。こうした私生活の勝利
を、アリエスは古い社交性 sociabilité の解体
と呼び、社会学者のセネット（Senett, R.）
は公共性の喪失と呼んでいる。いずれの呼び
方にも、共同体的な絆を犠牲にして勝利した
近代の私生活主義に対する批判と懐疑の念が
表明されており、また、いずれの場合も、こ
うした私生活主義と表裏一体の関係で、国家
という巨大な公的空間の支配が貫徹している
ことへの警告が込められている。こうした変
化と共に、かつての共同体の子どもから、家
族の子どもと国家の子どもとに引き裂かれた
新たな子ども観が生まれた。この変化を最も
ドラスティックに表現したのは、ルソー
（Rousseau, J.-J.）の『エミール』という教育
論である。彼は、家族＝自然の教育＝私教育，
国家＝徹底的に社会化（脱自然化）された教
育＝公教育という二項を対立させ、それらを
二律背反の相のもとに描き出した。彼は、家
族と国家を共に絶対的価値を持つものとして
対立させつつ、同時に、家族こそが人間本来
の自然の性向が発揮される場であるとした。

▶ **近代的な親子感情と避妊の心性**　子ども
の内的な「自然」は、家族という最も「自
然」な最小の社会の中で、親子の愛情という
最も「自然」な感情に支えられてこそ最も正
常な、「自然」に適った発達をたどることが
できる。『エミール』が、主人公の少年が結
婚するまでの長きにわたる教育論であること
に象徴されているように、かつて、生むこと
とせいぜい幼児期を脱するまでの養育だけに
関わっていた（その養育さえも、乳母に任せ
きりのことが多かったわけだが）親たちは、
今や子どもの知的、道徳的、社会的、職業的
な一切の訓練に最終的な責任を負う存在とみ
なされるようになった。このことと、近代家

族の生殖のパターンとの間には深い関係があると見られている。人口動態史の研究によれば、ヨーロッパでも日本でも、18世紀後半頃から出産率と乳幼児死亡率が共に低下していく傾向が見られ、この傾向は19世紀から20世紀へと加速化されている。さらに、結婚生活の初期にまとめて子どもを産むという傾向も定着した。これらの現象の背景には、夫婦間での避妊の普及という事実が指摘される。ここには人間の意志による生命のコントロール、子どもを自然や神の賜としてではなく夫婦の制作品と見なす心性、「自分の」子どもに対して徹底的な干渉と愛情を注ごうとする態度など、近代的な教育の心性にとって重要な契機が含まれている。

　こうして夫婦とその子どものみからなる閉ざされた家族の形が、何よりも子どもの成長や発達を中心として絶対化されたその頂点に登場したのは、父・母・子の閉ざされた三角形をエディプス神話に重ね合わせたフロイト（Freud, S.）の幼児性欲論であった。この理論は20世紀、俗流精神分析学の隆盛によって、世の親たちに親であることの宿命的な困難を深く印象づけるに至ったのである。

▶ **学校教育と家族**　　かつて養育の時期を過ぎた子どもの教育は、社会のあらゆる層に張り巡らされた徒弟奉公の習慣が引き受けていた。子どもは自分が属すことになる身分や職業集団の中で、あらゆる年齢や身分の者と生活を共にすることを通して必要なことをすべて習得していった。近代家族はこうした雑居状態を好まない。とりわけ子どもの教育にとってそれは最も厭わしいものとなった。17, 8世紀のヨーロッパでは、学校教育と家庭教育の是非を問う論争がしばしば繰り返されている。ロック（Locke, J.）やルソーといった代表的な近代教育思想家はいずれも学校教育を非難し、家庭教育を擁護しているが、そこで非難されている学校とは、年齢も出身もまちまちな聖職志願者達が雑然と集う、中世の徒弟修業的な性格を多分に残した学校であった。これに対して近代学校は全く新しい理念

の上に発達した。それは、理想的な人格形成の場である家族の延長、あるいはそれを補完するものとして位置づけられている。19世紀以降ブルジョワ子弟の学校として隆盛を見る寄宿学校は、子どもをより教育的な純粋な環境の中で育てたいという親たちの要求と手を携えて発達したし、同じ頃、都市に多く作られるようになった民衆用の学校は、いまだ親としての自覚もゆとりも持ち得ない労働者の親たちに代わって、躾や道徳教育を施すための擬似的、人工的な家族であった。19世紀末に成立した公教育制度は、学校に対して、家族の延長や補完という機能から、さらに国民国家の担い手の創出といういっそう公的で積極的な機能を求めるようになった。しかし、この新たな機能もまた、親の子に対する私的な教育要求や関心に応えることなくしては果たされることができない。近代教育は家族を不可欠の契機として抱え込んでいるということができる。

　［**参考文献**］　Burguière, A. dr., *Histoire de la famille*, tomes 3, Armand Colin 1986-1994／グリアム、J.F. 他（中河伸俊ほか訳）『家族とは何か：その言説と現実』新曜社　1997／フランドラン、J.L.（森田伸子ほか訳）『フランスの家族』勁草書房　1993／マスグロウブ、F.（執行嵐ほか訳）『家族と教育』新評論　1972／宮澤康人編『社会史の中の子ども』新曜社　1988／セネット、R.（北山克彦ほか訳）『公共性の喪失』晶文社　1991

　［**関連項目**］　養育／アリエス　　　（森田伸子）

ガダマー

（Hans-Georg Gadamer, 1900-2002）

▶ **生　涯**　　ドイツのマールブルクに生まれる。ドイツ文学や哲学などをブレスラウ大学、ミュンヘン大学、マールブルク大学で学んだ後、1922年にナトルプ（Natorp, P.）のもとで博士の学位を、1929年にハイデガー（Heidegger, M.）のもとで教授資格を取得した。ナチス政権下ではマールブルク大学の私講師、員外教授を務め、1939年にはライプツィヒ大学の正教授となった。第二次世界大戦後は

占領下で同大学学長に選出された。その後
1947年にフランクフルト大学に移り、1949
年から1968年まではヤスパース（Jaspers,
K.）の後任としてハイデルベルク大学で教授
を務めた。1960年に出版された主著『真理
と方法』で哲学的解釈学の要綱が提示され、
現代思想に大きな影響を与えた。ハイデルベ
ルクで死去。

▶ **思想**　ガダマーの功績は、ハイデガー
による現存在分析を手がかりに、テクストの
理解がいかにして成立するのかを解明した点
にある。いわく、テクストを読む解釈者は有
限で歴史的な存在である以上、先入見
（Vorurteil）を持っている。独断的な先入見
は不当であるが、テクストに開かれた先入見
は正当であり、生産的でさえある。なぜなら、
テクストの語る言葉を聴き、その問いかけに
応答するという仕方でテクストを読むならば、
解釈者は自己の先入見を意識化し、その妥当
性を吟味することができるからである。そし
て、テクストが書かれた過去の地平と解釈者
が生きている現在の地平とが相互に働き合う
ことで、両者の間に「地平の融合」が起こり、
新しい意味地平が形成されるからである。こ
うして、テクストの理解は時代の隔たりや異
文化間の差異を媒介する対話として成立する、
と。

　しかしながら、ハーバーマス（Habermas,
J.）やデリダ（Derrida, J.）からは次のよう
な異論が唱えられた。理解を規定する言語は
社会における支配や権力の媒体でもある以上、
それらを意識化するイデオロギー批判が必要
ではないか。あるいはまた、理解が成立する
条件は、了解への「善き意志」ではなく、い
っさいの媒介を停止させる断絶ではないか、
と。これらの批判に対し、ガダマーは社会的
実践としてのレトリックや終わりのない対話
の意義を確認することで応答している。さら
に晩年のガダマーは対話によって他者から学
ぶこと、自ら問いを立て答えを模索すること、
自己の判断力を形成しつつ自由と連帯を社会
で実現することを教養（Bildung）あるいは

教育（Erziehung）の課題であると説いた。
このような思想は、文化的背景の異なる他者
と対話しつつ共生する社会を築くために、ど
のような教養教育が必要かを示唆している点
で注目に値する。

　[**参考文献**]　Gadamer, H.-G., *Wahrheit und
Methode: Grundzüge einer philosophischen
Hermeneutik*, Tübingen 1975（1960）（轡田収
ほか訳『真理と方法』Ⅰ・Ⅱ・Ⅲ、法政大学出
版局 1986-2012／Gadamer, H.-G., *Gesammelte
Werke*, Bd. 1-10, Tübingen 1985-1995／Gron-
din, J., "Gadamer's Experience and Theory of
Education: Learning that the Other May Be
Right," *Education, Dialogue and Hermeneutics*,
edited by Paul Fairfield, London／New York
2011, pp. 5-20／Hellekamps, S., "Bildung und
das Gespräch in pluralen Sinnwelten: Leistun-
gen und Grenzen der Hermeneutik Hans-
Georg Gadamers und Günther Bucks," *Viertel-
jahrsschrift für wissenschaftliche Pädagogik*,
75. Jg., 4. Quartal, Wien 1999, S. 413-427
　[**関連項目**]　解釈学／対話／理解　（大関達也）

価　値

英 value, worth／独 Wert／仏 valeur

▶ **暫定的定義**　「価値」の概念規定は困難
を極めているが、一般的には、次のように定
義できよう。人が何かを「よい」と思い、
「望ましい」と思うさいの、その対象の側に
属する性質が価値である、と。要するに価値
は、人の主観的な思いの側にあるのではなく、
その思いが差し向けられる対象の側にある。
つまり客観的なのである。その客観的な価値
の形式にしたがって、主観的な思いの側に形
式（form）を付与していくのが、形成作用
（formation）としての教育に他ならない。

　そこで問題は、この価値が人の思いから独
立に、自律した基礎づけと体系を持っている
のかどうか、である。ドイツの教育学者シュ
プランガー（Spranger, E.）は、「価値には本
来序列があるのか、もしあるとすれば本質的
に、ある価値が他の価値よりも優先しており、
しかもその優先が完全な体験において意識
されるのか」といって、「価値の序列体系」

（Rangordnung der Werte）の存在について問いかけをしている。この問いかけに答えることが、価値をめぐる論議のメイン・テーマである。

▶ **ニヒリズムの到来**　　かりに、価値の秩序体系が成り立っているとすれば、なんらかの価値が〈最高の価値〉として据えられているはずである。しかし、その〈最高の価値〉に到達しようとする努力が意義を失えば、価値の秩序体系はいっきょに崩れ、いっさいの価値はみな等価値になってしまう。そして、どの価値を「よい」と思おうと各自の自由になり、なぜその価値を「よい」と思うかの理由も、もはや問われることがなくなる。そうしたニヒリズムの到来が、近代から現代にかけて、人々を脅かしつづけてきた。この危機感にいち早く気づいたニーチェ（Nietzsche, F.）は、こう言っている。「ニヒリズムとは何を意味するのか？──至高の諸価値がその価値を剥奪されるということ。目標が欠けている。〈何のために？〉に対する答えが欠けている（こと）」と。

ニヒリズムの到来は、〈人間形成〉としての教育、いい換えれば〈客観的な価値の体系性にしたがって形式を付与していく作用〉としての教育を、深刻なアポリアに突き落とさずにはおかない。そのとき教育は、人々の主観的な思いに、一体〈何〉にしたがって形式を付与していけばよいのかが、分からなくなる。そのような状態から抜け出すのは、相当に困難な思想課題である。

この難問に、教育学は二つの戦略でもって対処してきた。その一つは、自らをアカデミズムの世界で、価値中立的な実証科学ないし方法科学として位置づけ、「価値」問題との取り組みを回避するという戦略である。もう一つは、教育に固有な「内在的価値」を想定することによって、〈教育〉領域の自律化を図るという戦略である。もとより、これらのどちらもニヒリズムと全面的に対決するための戦略とはいえず、むしろ、これらの戦略自体がニヒリズムにはまってしまっている疑い

さえある。

▶ **教育の内在的価値説**　　社会・文化の分野で、価値の序列体系が崩れかかっても、教育の領域にはそれ固有の内在的な価値がある、とする考えは、確かに魅惑的である。とくに、政治の価値、経済の価値などが、価値の序列体系を無視して、教育の領域に勝手に価値観を押しつけてくるとき、「教育には、教育固有の内在的な価値がある！」と言い張りたくなるのは充分理解できる。たとえばイギリスの教育哲学者ピーターズ（Peters, R. S.）はこういった。「教育は、それ自身を超えるいかなる目的も持つことができない。教育の価値は、教育に内在する原理と規準から引き出される」と。

しかしそれでは、「教育の価値」がそこから引き出されるという「教育に内在的な原理と規準」とは、一体どのようなものなのか。ピーターズ自身は「教育の規準」として三点を掲げているが、その第一点は、「教育は価値あるものの伝達である」という規準である。しかし、「教育に内在的な価値」の一つが、「教育は価値あるものの伝達である」というのは、明らかにトートロジーである。問題は、伝達されるべき「価値」が何なのかである。これをこそ明確に、そして具体的に語るべきなのであるが、こうした現実的な課題に取り組もうとすれば、教育学者もまた、ニヒリズムから超然とした態度はとれないはずである。

しかし、かりに教育によって伝達すべき諸「価値」が確定されたとしても、それらを「内在的価値」と「外在的価値」とに区別する規準を、教育の「原理」そのものから引き出すのには困難がともなう。というのは、たとえば「子どもの知性を開発すること」を内在的価値とし、「子どもを労働力として育成すること」を外在的価値とするとしても、この区別を教育の規準ないし原理に求めるのは、論点先取りの誤りを犯すことになるからである。教育の価値の規準を、教育の内部に求めようとすると、どうしても、こうした誤謬を免れることができない。価値の規準は、教育

88 ガッキュウ

を取り巻く社会的・文化的状況に探し求める
より他ないのである。

▶ **価値観の多様化**　社会の多文化化・多人
種化などにともない，同一社会の中に複数の
価値規準が存在し，それらがたがいに，妥協
の余地のない「神々の争い」をくりひろげて
いるような社会が現出しつつある。そうした
価値多元社会は，価値観の多様化をもたらし，
価値の秩序体系の再建をますます困難にして
いる。

　ヘッフェ（Höffe, O.）が言うように，価値
観が多様な社会では，学校教育を通じて社会
全体に特定の考えを行き渡らせようとすると，
それは「歴史的には反動的で，政治的には全
体主義的で，倫理的，教育的にみれば独断
的」な企てだと批難されてしまう。そのため
人は，すべての子どもに，〈これだけは身に
付けてほしい〉と願うような価値（「根本価
値」）について，まともに議論をするのを避
けてきた。だがヘッフェは，「多元社会とい
う特殊な事情においては，統一がこわされた
り，社会全体が解体したりしないように，集
団の異質性や競争を規制する，枠組みとして
の規範が必要である」と見なす。ここで必要
視される〈枠組みとしての規範〉は，一つ一
つの価値観のあり方を，少なからず制約せず
にはおかないが，それ自体はどれか特定の価
値観に属するものではない。そうした〈規範
的な価値〉の一つとして挙げられたのが，
「寛容」という価値である。「寛容」は，特定
の価値観に属する価値というよりも，価値観
相互のあいだの関係を整序する〈規範として
の価値〉である，とヘッフェは見なした。こ
の「寛容」は一例に過ぎないが，社会の枠組
みにかかわる規範としての価値が，今まさに
求められている。

▶ **リベラリズムと価値観**　リベラリズムは，
特定の価値を絶対視したり目指したりするこ
とを拒否し，場合によれば，敵対者の価値を
も擁護することで自己を表出したりもする。
その一方，政治権力に対しては，特定の価値
への加担を固く禁じ，中立性（neutra-lity）

を厳しく要求する。リベラリズムは，価値の
剥奪と目標の喪失感をもたらした「ニヒリズ
ムの到来」とともに出現したばかりでなく，
今日の価値多元社会の現実化に対応して，そ
の真価が再び問われてきている。フェニック
ス（Phenix, P. H.）のような普遍的価値論の
立場からの批判はあるものの，「リベラリズ
ムの再考」はこんにち各方面で取り組まれる
べき課題となっている。

　[参考文献]　Peters, R. S., *Ethics and Educa-
tion*, London 1966／シュプランガー（伊勢田耀
子訳）『文化と性格の諸類型　1・2』明治図書
1961／ニーチェ（原佑訳）『権力への意志
上・下』ニーチェ全集12, 13巻，筑摩書房
1993／ヘッフェ（青木隆嘉訳）『倫理・政治的
ディスクール』法政大学出版会　1991／フェ
ニックス（岡本道雄・市村尚久訳）『コモン・グ
ッドへの教育』玉川大学出版部　1995
　[関連項目]　自由主義（リベラリズム）
　　　　　　　　　　　　　　　　　（宮寺晃夫）

学　級
英 class／独 Schulklasse／仏 classe

　同一年齢の子供はほぼ同一の知的発達能力
をもつことを前提にして，一つの教室に集め
られ，ひとりの教師によって同一の教材を教
えられ，試験され，進級していくという形で
の「学級」が実質的に定着するのは19世紀
末に入ってからのことに過ぎない。学級の内
包する問題点は，こうした形で定着するまで
の歴史を吟味して初めてあきらかとなる。

▶ **歴　史**　(1) 欧米における近代学校の
起源を中世ヨーロッパに求める場合，7〜8
世紀の修道院学校（Klosterschule）では，
ひとりの教師の下に，学習進度を異にする多
様な年齢の子供達が集められ，その教授様式
は教師が生徒をひとりずつ呼び出して学んだ
ことを「復唱」させるというものであり，生
徒はその他の時間は自習か相互の教え合いで
過ごした。その場合，修道院そのものが10
人組（decania）を単位として運営されてい
たこととの類比で，生徒が10人組に分けら
れていた可能性は高い。12世紀に入り，学

校の担い手が修道院から司教座聖堂に移ったとしても（司教座聖堂付属学校 Domschule），この形態に大きな変化はなかった。15世紀の学校規定には，学校が高等，中等，初等に三区分され，それぞれの課程（等）がさらに三つに小区分（級）さるるべきことという規定を見ることができる。この課程の区分基準は中世の教養内容を示す七自由科との関連でなされていた。たとえば，イギリスの代表的な学校であるウインチェスター校では，等級の区別は使われている教科書によって決まってくるので学級のことを「本」（Book）と呼んでいた。等級は教場での座席の位置によって明確に区分されていたために，学級は「ベンチ」（Form）という言葉で示されてもいる。あるいは，10人組を示す「decuria」が使われている場合もある。等と級の呼び名は一定していない。これを「クラス」という言葉で呼ぶようになる最初の事例は1517年のグラスゴー大学の記録であるといわれる。

一つの教場に区分されている等級がどのような呼び名で呼ばれていたにせよ，ひとりの学校親方（それを補助する職人＝副教師がいる場合もあるが）の下で行われる教育活動は，生徒にとってみれば，「模倣と記憶」あるいは「教えることによって学ぶ」という原則に従うものであった。こうした様式は，基本的には19世紀に至るまでほとんど変化することはなかった。

（2）　基本原則は変わらなかったといっても，そこにはさまざまな変容がなかった訳ではない。16世紀の宗教改革による社会変動は，学校に大きな影響をもたらした。新旧両派の厳しい対立は，聖俗両界に有能な官僚群を必要とさせ，学校での教育効率の向上を強く求めることになった。結果として，このような要求に応えうる有能な教師はより高い報酬を求めて流動化しはじめる。学校設置者の方でも教師の間に校長，副校長，副教師等々の職階を設け，給与格差を大きくした。それが流動化を一層高めたことは言うまでもない。こうした動きの中で教育の安定化をはかり，

教師の力量を判定するために，教科書を統一し，カリキュラムを明確化し，各課程の学習期間を確定するなどの工夫がなされることになる。こうした変化をもっとも効果的に利用したのは，カトリックを代表する修道会であるイエズス会（1540年，正式認可）の学校であった。その結果，この会が運営する学校では，学校は複数の教室から構成され，一つの教室ではひとりの教師が全責任をもつという原則が確立したのである。もっとも，一つの教室には複数のクラスが存在するという点では従来の学校との違いはなかった。

（3）　学校を同一年齢の子供によって構成される「学年別」クラス制において捉える考え方は，コメニウス（Comenius, J. A.）に始まると言われる。たしかに，彼はすべての人間は，自分自身（とともに，あらゆるもの）を知り（学識），支配し（徳性），正しく神に向け（敬神）なければならないという目的をもっており，しかもこの三つの目的に到達できる可能性（種子）をもっている以上，この目的を同一・不変の方法によって実現できるはずである，と考えていたのである。ここから，すべての子供は6年間の母親の膝の下での母親学校を終わったならば，次の母国語学校に通わなければならない，という要請が出されることになるのである。ここでは「生徒全体を六つの学年（クラス）」に分け，それらの「場所もできるだけ離して互いに邪魔にならないようにする」ことが必要だとされている。この限りにおいては，彼の見解は今日の学年制クラスと変わるところはない。しかしながら，このクラス（または学校）の具体的な経営方式を詳しく吟味してみると，それは従来の学校とほとんど変わらないことがはっきりしてくる。コメニウスのクラス観は学年制への萌芽を含みつつも，なお等級制のレベルに止まっていたと見るべきであろう。

（4）　ドイツでは18世紀も後半になると，一つの教場でひとりの学校親方（および副教師）が複数のクラスを教えるにせよ，複数の教室にそれぞれひとりの教師がいてその下に

複数のクラスが存在している場合（コメニウス方式）にせよ、原理的にはひとりの教師がひとりの生徒を教えることには変わりがなく、それはすこぶる非効果的，非能率的であるという非難の声が高まってきた。こうした方法に代わって、これからは教師はクラスを対象として、「黒板」を使って一まとめにして説明し、集団全体に対して、あるいは必要な場合には個々人に対して質問をすることを通して授業が進められなければならない。こうした一斉教授（Zusammenunterricht）の有効性は明らかである、と主張されたのである。ますます増大してくる生徒に対する対応策としての新しい工夫であった。

こうした一斉教授法に対して、19世紀初頭のイギリスにおいて華々しく展開されたベル（Bell, A.）とランカスター（Lancaster, J.）のいわゆるモニトリアル・システムは、伝統的な教授法の精緻化であったとしても、決して一斉教授法ではなかった。

（5）　ところで、上述の一斉教授法は、一つの教場の中で区分されている複数のクラスのうちの一つのクラスを対象とした教授法であって、このクラスが授業を受けている間は他の生徒たちはそれぞれの座席で復習を続けるという点では従来型の授業様式となんら変わるところはなかった。教室にいるすべての生徒が先生と対面して座り、教師が同一の教育内容を教室の全員に対して教授するという様式が成立するのは、19世紀も後半の都市の大規模学校においてのことであったのである。

19世紀を通じて見られる変化は、一つには一つの教場の中でカーテンや簡単な柵や板壁などによって区分されるようになってきていた学校親方と副教師の活動空間が、それぞれ一つの独立した教室としてはっきりと分離していく動き、二つには従来はひとりの教師に対してひとりの生徒が「復唱」することが基本形であった教授法が、学年別の教科書を媒介として集団（学年）を対象とした読解―復唱の方法へと転換していく動きである。

1880年代に世界的に隆盛を迎えるヘルバルト派教授法は、こうした動きをもっとも典型的に示していると言えよう。

（6）　（仮想されている）均質集団に対して同一レベルの知識・技術を効率的に教える方法としてヘルバルト派教授法が民衆学校の方法として定型化していった時期は、同時にそうした均質化・画一化への激しい批判を生み出した時期でもあったのである。生物世界における進化の成功は、同じ種の中に異質なものが生み出される点にかかっているというダーウィン（Darwin, C. R.）の進化論が人間社会に適用された時、学校教育においても子供の平等・均質化ではなくて，差異性・個性の尊重という点に人々の関心が向けられるようになったからである。20世紀に入るとそうした動きは、アメリカではドルトン・プラン、ドイツではイエナ・プランといった形で具体化した。それにともなってクラスの在り方にも変化が起こってきた。

（7）　近代日本における学級の歴史は、欧米における歴史を濃縮する形で経過し、一教室＝一教師型の学年制学級が確立した時点で、その枠組みを維持しつつも画一化を廃して、可能な限り個性化への努力をしたところに「学級王国」という主張が生まれた（手塚岸衛『自由教育真義』1922）。学級で育てられる子供たちの未来像の捉え方の違いによって、学校全体の中での学級の位置付けも違ってくる。また、学校と家庭との関係についての考え方の違いによっても異なってくる。多様な取り組みを抱え込みながら、学級はその枠組みを今日まで保持し続けている。

▶ 展 望　学年制学級が成立する前提は、同一年齢の子供は同一の教育的働きかけに対して、同一の学習・発達をとげるという仮説にある。しかし、現実には学習の質量における差異は無視しがたい。この問題に対処するために、個々の生徒の自己学習を促進する意味で学年制クラスを解体しようとする試みがなされて久しい。それらは能力別学級編成、習熟度別学級編成という形で具体化される場

合もあるし，複数の学級を合体して複数の教員が緊密な連携を保ちながら教育を実践していこうとする場合もある（ティーム・ティーチング）。これらの試みは，学年制学級の成立以前の歴史を引証しながらその正当性を主張しようとしている。いずれにせよ，学年制学級がもっていた生活集団的意味合いが後退する傾向にあることは否めない。当然のことながら学級は，学校の在り方と密接に関係しながら変化していくであろう。

[参考文献] Hamilton, D., *Towards a Theory of Schooling*, London 1989（安川哲夫訳『学校教育の理論に向けて──クラス・カリキュラム・一斉教授の思想と歴史』世織書房 1998）／アリエス（杉山訳）『〈子供〉の誕生』みすず書房 1970／志村広明『学級経営の歴史』三省堂 1994

[関連項目] 学校／学校建築 （金子茂）

学 校

英 school／独 Schule／仏 école

▶ **語義** 学校を意味する英，独，仏語（escole, 11c.）はすべてラテン語の "schola" から来ており，このラテン語はギリシャ語の "scholē" に由来する。ギリシャ語の "scholē" が「暇」を意味することから，学校とは本来，苦しい労働から解放された暇を利用して学習や討論をする場所であったはずであり，したがってそこでの学習や討論も楽しいものでなければならない。このことは学校がローマ時代には "ludus"（遊び）という言葉でも表現されてもいることからも証明されている，といった解釈がなされる。他方，学校とは本来，労働から解放されている特権者が知識・技能を伝達─修得することによって，その特権を維持し，強化する場所であった，とする解釈も出されている。あるいは，奴隷制社会であるギリシャ・ポリスの社会を念頭におけば，市民が労働から解放されていることは自明のことであり，事改めて強調するほどのこともない。むしろ「暇」が意識されるのは，宇宙・世界・人間について深く「観照」するところにこそある，とする立場もありうる。この立場にたつならば，ローマ時代に高等教育機関が "schola" と称され，初等教育機関が "ludus" と呼ばれたことがよく理解できることになる。いずれにせよ，語源から事柄の本質を導き出すという手法は一見魅力的ではあるが，解釈者の価値観が濃厚に組み入れられる危険性を避けることができない，と言わざるをえない。

▶ **歴史** (1) 近代の日本の「学校」がそのモデルを欧米に求めたことは言うまでもない。欧米の学校の歴史は，内容においてギリシャ・ローマ時代の遺産を強く受け継いではいるが，その形態を含めた全体像は中世キリスト教世界に起源をおいている。西ローマ帝国の崩壊後，6世紀前半のイタリアの状況は「深い夜がラテン世界をおおい，この闇の中では教会のローソクと修道院の奥で修道士が灯す寂寞たるランプのほかに，光り輝くものは何一つなかった」という言葉に象徴されているように，文化はわずかに修道院によって保存されているだけであった。ヨーロッパの修道院制を支える代表的会則は「ベネディクト会則」（534-547年の間）であるが，この会則においては修道院とは，「主に奉仕するための学校（schola）」である，と規定されている。ここで問題になるのは，後期ラテン語の "schola" には「軍団」という意味があった，という点である。もし，この意味で理解するとすれば，修道院とは神の栄光のために戦う軍団ということになるからである。しかし，一般にはこのような解釈はとられていない。だが，会則によれば修道院の規模が大きい場合には「副長」（decani）が選ばれ，「万事にわたり10人からなる集団（decania）の面倒をみる」（21章）ことになっているが，この10人という組織単位（decuria）は騎兵隊の小隊を意味していたことに象徴されているように，修道院の規律の原理が軍隊のそれに通底するものがあったことは否定できないように思われる。修道院にはそこに参加してきた年少者のための「修道院学校」（Kloster-schule）が設けられたが，ここでの規律は長

くヨーロッパの学校の在り方を規定した。ちなみに，"decuria" は教場での生徒のグループ分けの名称として使われた。

ベネディクト会則が全ヨーロッパ的規模で通用するようになったのは，カール大帝（742-814）によるヨーロッパの統一とその政策によるところが大であり，以後，学校は領土的統一と宗教・イデオロギー的統一とを確保するための機関として位置づくことになる。11世紀の教会改革と関連して修道院がその本来の趣旨を重んじるようになると，修道院から年少者の養成という機能が後退し，この機能は司教座聖堂付属学校（Domschule）に譲り渡されることになる。だが，聖職者によって支配され，ラテン語を媒介とする学校が学校の中心であることに変わりなく，都市・商業の復活にうながされた母国語による読み・書き・算の学校が簇生しても，それらは副次的な位置を占めるに過ぎなかった。

（2）　教会の権威がルネサンス人文主義者たちの攻撃を受け，ルター（Luther, M.）やカルヴァン（Calvin, J.）による宗教改革によってその根底を揺るがされるや，中世の普遍性を担ってきた学校が新旧両派の対決の場となったのは理の当然であった。教会による儀礼を媒介とした救済を否定し，個人の全存在をかけた「ただ信仰のみ」に救済の道を求めたルターがその信仰原理を貫徹するために，世俗権力者と手を結ばざるを得なくなったことは歴史の大きな皮肉である。新教地域ではそれまで聖職者の専管領域であった学校に世俗権力者の意向がストレートな形で反映されることになる。ルターが都市市民層の子弟の中から将来の聖職・世俗指導者層の選抜を意図して，彼らの就学を奨励しているところに学校の新しい位置づけを見ることができる。こうした動きに対抗して旧教派も明確な対決姿勢を表明する。ロヨラ（Loyola, I. de）によって創設され，1540年に教皇から修道会としての認可をえたイエズス会がそれを代表する。戦闘的布教活動の中心は中等・高等教育におかれ，文字通り神の栄光のための「軍団」としての "schola" を精力的に設置・運営した。イエズス会の教育は1599年に最終決定がなされた「学則」にもとづき，厳しい規律と競争原理によって効率的な成果をあげた。中世以来の学校に見られたような学力進度の異なった多様な生徒を一つの教場に集めて，ひとりの教師がひとりずつの生徒を指導するという方法は改められた。そこでは，一つの教室には可能な限り同一進度の生徒を集めてひとりの教師が責任をもって指導するシステムが導入され，カリキュラムが整備され，生徒の「名誉とその報酬への欲望」をバネとした試験による進級制を基盤にして，「教会のための戦士」が養成されたのである。この教育は無償であった。経費は修道会が負担した訳ではなく，それを誘致した世俗指導者層によって負担されたのであり，彼らがこの教育を支持していたことは明瞭である。

（3）　新旧両派の絶え間のない血なまぐさい争いと荒廃，支配―被支配の間に見られる悲惨さの中から，それとは対極にたつユートピアが生まれた。新しくこの世に生まれ出た者たちを既存の社会に生きる人間とは別の人間に作り上げることによってのみ，平和と人間らしい関係を望み見ることができたのである。そこから学校をめぐる壮大な構想が描き出された。コメニウス（Comenius, J. A.）の『大教授学』（1639）は，それを典型的に示している。彼は「男女両性のすべての青少年がひとりも無視されることなく……あらゆる事柄を教わることができる学校」を望んだ。徹底した平等原理こそ大原則であった。しかも，教授方法・内容においては「事物」を重視するリアリズムに貫かれている点でそれまでの学校の在り方を根底的に否定するものであった。だが，そうした学校が誰によって立てられるかという点では，すこぶる歯切れが悪い。現実には牢固たる身分制が支配する歴史社会において，完全なる平等原理にもとづく学校を実現することは，まさしく「夢物語」に過ぎなかったのである。

こうしたユートピアとは別に，18世紀に

入ると，身分制を堅持し経済的にも政治的にも遅れた国々，経済の面でいち早く資本主義への道を歩みつつあった国と対抗するために富国強兵政策を取らざるを得なかった国々，その典型としてのドイツの一つの王国プロイセンでは，農民大衆を対象とした就学義務を強要する政策が現実化していった。子どもを教育するという親権を履行できないと見なされた親は，「国家の施設としての学校」へ子どもを送るべしとされたのである。「人間の製作所」としての学校は，コメニウスの意図とは全く別の機能をになわされて実現されて行った，と言えよう。

　（4）　フランス革命（1789）は身分制の上に築かれた絶対王制を打破した。「人間と市民の権利」にもとづく人民を代表する国家は，原理的にはコメニウスの平等原理を実現する条件を備えていたはずである。コンドルセ（Condorcet, M. J. A. N. de）が 1792 年の国民議会の公教育委員会で行った『公教育の全般的組織に関する報告及び法案』は，その一つの典型を示している。そこでは，中世以来の学校の在り方を根底的に清算して，宗教的権威のみならず，「いっさいの政治的権威からできるかぎり独立していなければならない」ことが，明確に宣言される。公教育は，一方ではすべての個々人の生得的才能を十分に発達させる便宜を保証し，国民の間に平等を実際に樹立すること，他方では各世代の身体的，知的，道徳的能力を発達させることによって人類の全般的かつ漸進的な完成に貢献することという二重の目的をもつこととなる。こうした平等原理にもとづく学校を実現する者は誰か。旧権力を否定する点でいったんは「いっさいの政治的権威」からの独立を宣言したコンドルセではあったが，「公権力」を「人民を代表する議会」にみることによって，これらの二つの目的を実現することを「公権力の義務」としたのである。

　公権力によって支えられる初等学校からアカデミーにいたる単線型学校制度の土台は言うまでもなく，初等学校にある。あくまでも

「便宜」を保証することを義務とする公権力は，就学を強制することはないし，私立学校の存在も認めている。真理と人間の自由を追求するコンドルセは，論理一貫していたと言えよう。だが，現実の国家は，「憲法も人権宣言さえも，国民のいかなる階級に対しても崇拝し，信仰しなければならない神からの賜りものとして提示されることはない」とするコンドルセの原理を受け入れることはできなかった。さらには，この原理は，人は自由へと強制されることなしに自由になることができるかという基本問題を抱え込んでいたのである。

　（5）　アメリカ独立戦争（1776）もフランス革命も，人間の尊厳の回復をめざして戦われたはずではあったが，基本的には支配する者と支配される者との関係を廃絶するものではなかった。イギリスに始まった産業革命は，アメリカにおいては第二次独立戦争といわれる 1812 年の戦争後に進行し始め，人口の都市集中と貧富の差の拡大をもたらし，社会不安が現実化していった。こうした新たな状況の下での学校論は，マサチューセッツ州初代教育長マン（Mann, H.）において見ることができる。1837 年教育長に任命されるや，精力的に講演旅行を敢行し，それまでは学区レベルでの自治にまかされていたコモン・スクールに対して上からの指導による改造に乗り出した。こうした動きに対する反発は，40-41 年の段階で噴出する。この苦い経験から彼は，学校の改善はすべての人間の生活向上にある，という目的を前面に掲げることになる。自分の活動を総括して，「たしかにすべての人に共通の教育を与えること以外のいかなるものをもってしても，この資本の支配と労働の隷属という傾向を制御することは不可能である。……教育は富める人々に対する貧しい人々の敵意を取り除く以上のことをするのだ」と述べている。それが彼の真意であったとしても，結果的には，貧しい人々を学校に誘導することによって生活向上上の夢＝幻想を与え，既存の社会は彼らを秩序へと適応

94 ガッコウカ

させ，優秀な人材を選抜する道を開くことになったのである。そうであるならばあるだけ，こうした学校は公権力によってたんに提供されるだけではなく，就学を強制されなければならなくなる。こうしてマサチューセッツ州には1852年，アメリカ最初の義務教育令が成立する。

(6) 19世紀の70-80年代に入り，ヨーロッパの各国では資本主義体制の整備が完成し，労働者勢力の拡大と世界市場の獲得競争の激化を前にして，マンによってモデル化された国民教育制度を実現することがいよいよ必須の政治課題となってきた。明治維新によって鎖国政策を終結させた日本が学校制度の整備に乗り出したのも，ちょうどこの時期にあたっており，教育的伝統とともに後発国の有利さをもって，その整備を進行させていった。

ヨーロッパのいわゆる列強諸国は，いくどかの政治的変革を経験しながらも，基本的には明確な形で階層区分を温存させていた。中世以来の大学に連続する中等学校系の学校系列と近代になって新しく上から創設され，初等レベルで終了する学校系列とは，階層区分に対応した複線型学校制度を構成していた。学校が生活向上への夢をかきたてうるためには，初等学校から大学へつながるハシゴが目に見える形でかけられていなければならない。さらには，大学における科学・技術の開発と産業の発達の関係が濃密になればなるほど，広範な初等学校から高等教育機関への選抜機構が整備されなければならない。こうして第一次世界大戦前後には，この必要性は「統一学校運動」という形で発現し，しだいに制度化されていくが，その動きは今日に至るまでなお継続しているといえよう。

▶ 今日的状況　日本の学校制度は，そのモデルに従って，ほぼ額面通りの姿で実現していると言ったなら過言であろうか。逆に，額面通りの姿で実現しているからこそ，その内部に含まれている矛盾も露骨な形で現れていると言えよう。1957年のスプートニク・ショックを契機に始まる教育爆発を経て，70

年代に世界的規模において展開されることになる近代学校批判は日本に導入され，脱学校論，ヒドゥン・カリキュラム論，新しい教育社会学，再生産論と今日なお学校批判は一層その激しさを増している。かつての学校批判において見られたように，それらの批判がラディカルに見えれば見えるほど，現実にとって代わる具体策に乏しいことは否めない。しかも悪いことには，脱学校論のように提案者自身がその説を否定しているにもかかわらず，批判部分のみが独り歩きしているケースもある。こうした状況の中で，価値多元性の重視と個性の尊重，あるいは家庭・地域・学校の共生といったシンボルを逆用することによって，学校体系は新たな再編成にむけて着実に動き出しているように思われる。

［参考文献］ Illich, I., *Deschooling Society*, 1970（東洋・小澤周三訳『脱学校の社会』東京創元社　1977）／Silberman, C. E., *Crisis in the Classroom*, 1970（山本正訳『教室の危機』サイマル出版　1973）／堀尾輝久・奥平康照編『学校とはなにか』（講座学校 1）柏書房　1995
［関連項目］　学級／学校建築　　　　（金子茂）

学 校 化
英 schooling, scolarisation（schoolization）

▶ 語 義　片手に余る言語を操るウィーン生まれの歴史学博士，というよりも希代の思想家イヴァン・イリイチ（Illich, I.）があみだした用語。定訳にもとづいて『脱学校の社会』や『脱学校化の可能性』のなかで「学校教育」と訳されていた英語 schooling を，イリイチの主旨を正しく汲みとって「学校化」と訳すべきことを提唱したのは山本哲士である。

じっさいアリエス（Ariès, Ph.）は，『〈子供〉の誕生』の1973年版の序文で，イリイチの思想にならうかたちで，アリエス自身の研究を scolarisation にかんする研究であったとして自己理解を深めている。

学校化とは，現象面では端的に，子どもが学校に囲い込まれ閉じこめられている近現代的状況をさす言葉である。しかしこの現象に

は多くのインプリケーションがあり，これに応じて学校化は文脈によって多様な概念内容をもっている。

▶ **学校化概念の重層性**　　一つには，学校化は，本来は本人の必要にもとづいて自主的・自発的におこなわれるはずの学習が，学校によって他律的・強制的に編成された知識パッケージを受動的に消費させられてしまう過程に転化してしまう状況，およびこの状況が自明化している状態，を意味している。これと関連して，いま一つには，学校化はさらに一般的に，内生的必要の充足にもとづく共同体的・第三世界的な自立自存のヴァナキュラーな（土着的すなわち地に足のついた）生活が，内生的必要の限界を解体する外生的操作すなわち先進国による第三世界の「開発」によって瓦解させられ，このために天井知らずとなってしまった必要・需要によって物質面での過剰利用・資源浪費が引き起こされ，最終的には資源・環境の疲弊・汚染（資源環境問題）をまねく原因となる過程，を意味してもいる。

この二つの学校化のインプリケーションは，じつは同一の事態をさしている。というのも，学校によって，人々は学習という人間精神の最も中核的かつ奥深い部分で自立自存性を喪失させられ，自分にとって必要な知識は学校が与えてくれる知識だととりちがえるようになる。この点で，学校はいわば〈魂の去勢〉を行う場所にほかならない。そしてこの〈去勢〉を原基として，かつては存在せずまた必要でもなかった商品に依存し，その購入に走る種類の第三世界原住民の心性の変化があらわれる。

それゆえ学校化とは，第三世界プエルト・リコに派遣された宣教師イリイチの目に映った，先進国主導の近代化・開発の本質的問題点を突く概念なのである。しかし学校化は，パラドキシカルにも消費社会状態を自戒する概念として，むしろアメリカを中心とする先進国で広く受け容れられることになった。

ちなみに，イリイチ自身はのちに，学校化概念は，自然資源・環境の乱開発によるその疲弊・汚染を指摘し自然利用の限界をうちだしたメドゥズ（Meadows, D. H. & D. L.）らローマクラブの『成長の限界』に対応した，学校や教育による人間精神の去勢の指摘にもとづく人間精神の全面的疲弊・汚染に対する警告であったと述べている。

▶ **学校化と脱学校化**　　脱学校化（deschooling）は学校化の対概念である。そしてむしろこの脱学校化の概念のほうが，イリイチのschooling がたんに「学校教育」と訳されたこともあって，当初は新しく感じられ，教育界の耳目を引いた。

脱学校化とは，冠辞が post ではなく de であるのだから，厳密には「学校解体」と訳されなければならない。ところが 1970 年代は，社会学・社会科学において「脱工業化社会（post industrial society）」論が華やかなりし時分であったから，教育界もそれにあやかって「脱」と訳出したものと思われる。とはいえ脱学校化という訳出は，学校化からの脱出という点で，はからずも正鵠を射た訳語である。

学校解体としての脱学校化は，フリースクールやホームスクーリングなどを正当化し，また促進する概念であった。この傾向と表裏一体のかたちで，脱学校化は学校批判のキーワードにもなった。すなわち，教授—学習過程の硬直的な制度化としての学校の問題性が，脱学校化という概念で浮き彫りにされるかたちになったわけである。これによって，アメリカを中心とする先進諸国ではカリキュラムのアップ・トゥ・デイト化，学校運営への住民の参加，教育機器の革新，などが提唱されまた実行に移されもした。

しかしながら，イリイチ自身はそのような対応は，イリイチが明らかにした事態にたいするまったく的外れの対応だと指弾する。というもの，イリイチが学校化によって指摘した問題は，能動的で自立自存的な人間が学校によってその最も奥深い部分において去勢され，このため人々が自己にとっての精神的・

物質的な必要とその限界を見失い，たんに受動的に与えられる精神的・物質的商品を自己にとっての必要物だと倒錯的に認識させられるようになる，学校の「隠されたカリキュラム（hidden curriculum）」およびその重大で圧倒的な社会的波及効果であったからである。

それゆえ学校解体としての脱学校化は，現実の学校の何らかの改善によってはけっして果されることはできず，人々の魂を去勢する学校の隠されたカリキュラムの破砕をこそ意味する。ところで学校はこの隠されたカリキュラムをこそその本領とする。そこでイリイチからすれば，学校は改善（reschool）ではなく解体（deschool）されなければならないものなのであった。このように脱学校化概念は，学校化からの脱出，具体的な学校解体という根源的革命性を内包した概念であった。

▶ **教育の脱構築**　ところで学校化・対・脱学校化というイリイチの図式は，「真の教育」のあり方をめぐるきわめて明瞭な二項対立のうえに成立していた。つまり，真の教育は学校というレイアウトではけっして行うことができず，イリイチのいう，脱学校型の「学習のためのネットワーク」のもとにはじめて可能になる，と考えられていた。この学習のためのネットワークとは，ある知識を必要とする人とその知識を提供できる人をアドホックに結合することであり，それはコンピュータ・ネットワークにもとづくデータベース構築というテクノインフラによって可能となる。ここでは固定的な教師―生徒関係は生まれないし，出来合いの知識のパッケージを必要な知識であると思い込まされることもない。これによって真の意味での教育が可能になるとイリイチは考え，これが真の教育を可能にする脱学校化の具体的な姿であるとして提唱したのである。

ところがイリイチは，少なくとも 1974 年のフレイレ（Freire, P.）との対話以降，この真の教育というコンセプトそのものに異議をさしはさむようになる。ここに教育自体を，その現実的な意味においても理念的な意味に

おいても懐疑し相対化するという，イリイチの思想の発展がみられる。つまり，私たち現代人は歴史的にみれば〈教育という営みがありそれについての表象をもつ特殊な社会〉，社会契約論風に言えばいわば〈教育状態〉に生きているがゆえに，教育や学校について云々しているだけだ，とする脱構築的スタンスの登場である。

このスタンスはすでにプエルト・リコ時代のイリイチに胚胎してはいたが，1970 年代中盤以降のこのスタンスの徹底的開示によって，イリイチは〈教育のない社会〉を展望する新たな思想水準を切開した。ちなみにこの思想的発展はアメリカのホームスクーリングの雄ジョン・ホルト（Holt, J.）がたちいたった自己懐疑と相通ずるものがあろう。ともあれ，この〈教育状態論〉への発展により，学校化概念は近現代社会の根源的問題性をとらえる概念的価値をさらに増したのである。

［参考文献］　イリイチ（東洋・小澤周三訳）『脱学校の社会』東京創元社　1977／イリイチ（松崎巌訳）『脱学校化の可能性』東京創元社　1979／イリイチ vs. フレイレ（角南和宏・林淳・島田裕巳・伊藤周訳）『対話』野草社　1980／イリイチ（玉野井芳郎・栗原彬訳）『シャドゥ・ワーク』岩波書店　1982／イリイチ（尾崎浩訳）『オルターナティヴズ』新評論　1985／ホルト（大沼安史訳）『なんで学校へやるの』一光社　1984／森　重雄「『学校は死んでいる』――ライマー」金子茂・三笠乙彦（編著）『教育名著の愉しみ』時事通信社　1991／森重雄「近代・人間・教育」（田中智志編《教育》の解読』世織書房　1999）／山本哲士『教育の分水嶺』せんだん社・三交社　1984

［関連項目］　近代化／潜在的カリキュラム

（森　重雄）

学校建築

英 school building, school architecture／独 Schulbau, Schulgebäude

▶ **対　象**　学校教育法によれば，学校とは幼稚園から大学に至る多様な教育機関を総称する概念である。日本の小学校建築の定型は，文部省が 1895（明治 28）年に出した

「学校建築図説明および設計大要」によって決定され，校舎は片側廊下型の平面形式，教室は「4間×5間」の広さに代表され，この形式は全国的に今日に至るまで継承されている。それに対して，明治20年代に建てられた帝国大学の工科大学，理科大学，あるいは全国各地に配置された高等中学校5校の外観を見ただけでもその間の格差は歴然たるものがある。大学と高等学校との間でも，工科大学本館の坪当たり単価127円に対して，一高本館は坪63円余りと格差は明瞭である。これらを一括して学校建築として論ずることには無理がある。

　日本の学校がモデルとしたヨーロッパでは，大学と学校は明瞭に区別して考えるという伝統をもっている。学校建築の歴史を考察する場合には，この区別を承認しておかなければならない。さらに注意しておかなければならない点は，学校建築を考える場合，普通，一教室＝一教師の複数学級の大規模学校を暗黙のうちに前提してしまいがちであるが，それは近代ヨーロッパにおいては，ごく近い過去の産物に過ぎないということである。定型化された学校とそれ以前の学校とを比較することによってのみ，今日の学校建築の特質を客観化することができよう。

▶ 歴史　(1)　ヨーロッパの学校のルーツは修道院に付設されていた学校にある。820年のスイスのSt. ガレン修道院の設計図の中には，学校に割り当てられている空間をはっきりと読み取ることができる。中央の一つの大きな空間を取り囲んで小さな12の空間が分けられている。これが12グループの居住空間であるのか教室であるのか定かではない。1382年に設立されたイギリスのウインチェスター・カレッジに付設されていた学校は，ひとりの校長とひとりの副教師，70人の寄宿生，若干の有償生からなり，カレッジの内部には一部屋十数人が生活する複数の居住空間と一つの教場があった。そのたたずまいはまさに僧院そのものであった。
　(2)　中世全体を通じて学校建築は，身分

制社会の特色をじかに反映していた。独立した親方は自分の家をもち，職業活動はその居住空間の一部において行われる。活動を遂行するにあたっては，職人を雇っている。学校親方（Schoolmaster）も例外ではない。親方の家に一つの教場があり，職人としての副教師（Usher）はそこで親方と一緒に働く。この学校が寄宿制であるか通学制であるかは，建築様式に影響しない。教場内部の様子は，教師が生徒をひとりずつ呼び出して教える様式をとっていた。一日のうちで生徒が教師と触れ合う時間はごく限られたものであり，大部分の時間は自習か生徒同士の教え合いで過ごされた。教場が教師の居住空間と壁で仕切られていたとすれば，少なくとも三方は窓であり，そこから光が取り入れられたはずである。生徒は窓に向かったベンチに座り，先生と対面してはいなかった。生徒は普通，学習進度に応じてグループ分けされ，グループ内でも座席によってその地位が明確に特定されていた。この意味では，教場は親方を中心とした強力な統制と，個々人の特性が徹底的に重んじられていたと言えよう。
　(3)　中世的な学校の在り方は，一般的には19世紀に至るまで何世紀にもわたって保持され続けた。ただ，その間にも，16世紀の宗教改革をきっかけに新旧両派の対立が激化し，聖俗両世界が優秀な官僚群を必要とするようになると，学校の需要も増大し，教育様式が変化し，建築も変わって行った。とくにカトリック派のイエズス会がその典型をなしている。会の運営する学校は，そこの教師が修道士養成過程の一環に組み入れられていた関係で，教師が数年で変わってしまう点で従来からの学校と大きく違っていた。その違いはカリキュラムの明確化と一つの教室をひとりの教師が担当するというシステムが取られた点に顕著にあらわれている。学校建築の様式も当然変化した。
　(4)　17-18世紀になると，とくにドイツでは国家が教育を通して貧民大衆を制御することに本格的に乗り出し，就学の義務化とと

もに教育内容・方法の標準化を推し進めることになった。この流れの一つに学校建築が入ってくる。その典型的な事例は、プロイセン王国に新たに編入されたシュレジエン州、さらにはオーストリア帝国の民衆教育の政策担当者として活躍したフェルビガー（Felbiger, J. I. von）において見ることができる。彼は1783年に『農村地帯の学校家屋を適切に区分し、安価で耐久性と耐火性をもたせて建造するための手引き』を発表している。タイトルが示しているように、ここではまだ学校は職住一体という原則を維持してはいるが、教場と居住空間が区別されているだけではなく、学校親方と学校職人との住居・教場空間がはっきりと区分されている。さらに注目すべきは、標準的設計図としては初めて、教師と生徒の対面座席が求められている点である。これは授業様式が1対1の復唱よりも、教師が複数の生徒からなるグループを相手にした一斉教授を実行しようとしていたことの現れとしなければならない。大量の貧しい民衆を相手に教育しなければならないという必要性は18世紀末から19世紀初頭にかけてのイギリスにおいては、ベル＝ランカスター教授法によって応えられていた。この教授法によって、数百人の生徒を一つの教場に収容できるような大規模校舎の建設がうながされ、学校建築も新たな局面を迎えることになる。

（5）19世紀に入って、第二次独立戦争（1812）を戦ったアメリカ合衆国は産業革命期に入り、人口の都市集中が急速に進んだ。このことは民衆教育の必要性を増大させた。1830年代には、学校建築のもつ教育的意義が多面的に論じられるようになり、学校の立地条件、環境から始まって、換気・採光・便所・暖房・いすと机・運動場などについて、既存の学校批判という形で活発に議論された。中でも、38年以来コネチカット州の各地で講演し、41年以来各種の教育雑誌で論じてきたものを集大成したバーナード（Barnard, H.）の『学校建築』（1851）のもつ意味は大きい。こうした動きはイギリスにおいても見られ、1833年の最初の国庫補助金は本来初等学校の建物の必要性の緊急性と深くかかわったものであったのである。1840年の枢密院教育委員会の覚書には、16の学校設計図がつけられているが、そこにはベル・ランカスター方式か一斉教授法方式かをめぐる意見の対立が如実に示されている。

（6）欧米諸国では、1880年代以降、国民教育制度の確立期に入る。急速な人口の都市集中にともない初等学校においても多級学校が一般化していく。ここに生み出されたのが兵営型学校（Schulkaserne）である。2〜3階建てで、「クラス」という空間単位をもち、それぞれの教室の床面積は画一化され、天井の高さや窓の配列も一様であった。特別教室は普通教室の1.5ないし2倍といった具合に倍増することで間に合わされた。教育内容・方法の画一化と符合して、学校も単調化したと言えよう。

▶ 展望　19世紀末に定型化された兵営型学校に対する批判は、ほぼ同時代的にすでに生まれており、20世紀全体を通じて展開されてきたと言えよう。とりわけ、学校教育が内包する諸矛盾が大きな社会問題になるまでに深刻化したこの数十年、学校そのものの否定論はともかくとして、その内部改革への提言と実践は大胆に実行されてきている。この動きは、一人ひとりの生徒の個性を尊重するという観点から学年別クラスの解体、比較的多人数の生徒で構成されるグループを複数の教師が協力しながら運営するという、いわゆるオープン・スクールにおいて典型的に見ることができるのである。これと並行して学校建築も大きな転換期を迎えつつある。しかし、他方では、学校効率を徹底的に向上することを目指して追求する従来型の学校様式が、いわば公的学校を補完する形で肥大化している事実も看過することはできない。こうして学校建築におけるダブル・スクール現象は、教育の今日的問題の深刻さを具体的に表現しているのである。

［参考文献］Lange, H., *Schulbau und Schul-*

vervassung der frühen Neuzeit, Julius Beltz 1967／Schmidt, R., *Volksschule und Volksschulbau*, Mainz 1961／Seaborne, M., *The English School. Its architecture and organization 1370-1870*, London 1971／長倉康彦『開かれた学校』日本放送出版協会　1973／宮本雅明『日本の大学キャンパス成立史』九州大学出版会　1989

[関連項目]　学校／学級　　　　　（金子茂）

カッシーラー

（Ernst Cassirer, 1874-1945）

　ドイツのユダヤ系哲学者。当時ドイツ領だったブレスラウ（現ポーランド・ヴロツワフ）の商家を営む裕福な家庭に生まれる。1896年新カント派のマールブルク学派のもとで研究を始め，デカルト（Descartes, R.）研究で1899年博士号を，1906年にはベルリン大学から『近代の哲学と科学における認識問題』（第1巻）で教授資格を取得した。審査はリール（Riehl, A.）とディルタイ（Dilthey, W.）。1919年新設されたハンブルク大学に正教授として迎えられる。ハンブルクでは，心理学研究所のシュテルン（Stern, W.）やヴェルナー（Werner, H.）らの発達心理学，環世界研究所のユクスキュル（Uexküll, J.）の環世界論，さらにはヤコブソン（Yakobson, R.）の言語学やゴルトシュタイン（Goldstein, K.）の脳病理学にも触れ，研究の幅を広げる。しかしもっとも大きな影響を受けたのが，ハンブルクのユダヤ系銀行家の出で在野の美術史研究者だったヴァールブルク（Warburg, A.）のヴァールブルク文庫である。美術史・民族学・言語学・神話学・比較宗教学に関する稀覯本や研究書を独特な分類で整序したこのコレクションとの出会いから，人間の精神活動が科学認識にとどまらない様々な形式をもつシンボル活動であることを学ぶ。こうして『シンボル形式の哲学』（全3巻1923，1925，1929）が著され，マールブルク学派を大きく超えていくことになった。1929年にはドイツ初のユダヤ人学長となる。この年はスイスの保養地ダヴォスで開催された国際高等教育セミナーでハイデガー（Heidegger, M.）とカント（Kant, I.）解釈をめぐって討論した年でもある。しかし，1933年4月にナチ政権がユダヤ人公職追放の法律を施行したため，イギリス，スウェーデン，1941年にはアメリカへと亡命を余儀なくされる。1944年，イェール大学からコロンビア大学に移る。翌年4月，プリンストンで急逝。アメリカ時代には『人間―シンボルを操るもの』（1944），『国家の神話』（1946）が執筆された。

　カッシーラーの研究は，科学認識論と科学史，シンボル活動による文化形成を考察する文化哲学，近世近代のヨーロッパ精神史研究から成っている。ランガー（Langer, S. K.）やパノフスキー（Panofsky, E.）など多くの学者に影響を与えた。日本では戦前に京都大学の心理学者矢田部達郎が『シンボル形式の哲学』を抄訳・紹介したのが最初期の受容である。戦後になって宮城音弥，1980年代には生松敬三や木田元らによる翻訳が開始され，主要著作はほぼ邦訳で読める。近年，ハンブルク版カッシーラー全集が刊行され，遺稿集も刊行中で，カッシーラー研究は新しい段階に入った。もっとも教育学への影響は，カッシーラーが教育について書かなかったこともあり，ドイツにおいてさえ限定的で，子どもの遊びや言語発達，芸術活動を様々な「シンボル形式」の獲得と解釈する研究がなされている程度である。

[参考文献]　カッシーラー『人間―シンボルを操るもの』宮城音弥訳，岩波文庫1997／カッシーラー『シンボル形式の哲学 [一]～[四]』生松敬三・木田元・村岡晋一訳，岩波文庫1989～1997／Ernst Cassirer, Gesammelte Werke Bd. 1～25, Felix Meiner Verlag: Hamburg, 1998～2009

[関連項目]　シンボル　　　　　（眞壁宏幹）

勝田守一

（かつた　しゅいち, 1908-1969）

▶ **京都学派の影響**　勝田守一は戦後日本で活躍した教育学者である。1932年に京都帝

国大学文学部哲学科を卒業した。京都大学在学中天野貞祐，田邉元，和辻哲郎らに師事し，三木清の影響も受けつつ，主にシェリング（Schelling, F. W. J.）の研究を行い，当時の京都学派のなかで思想形成を行った。京大卒業後，1934年9月から1942年10月まで旧制松本高等学校の教師をつとめた。この時期の勝田は，京都学派の強い影響のもとで，近代西洋哲学の前提をなしている個人主義的世界観を批判し，近代的主体の存立構造の基盤にある非合理性と，関係論的で共同的存在の位相に着目した「われら」の思想を展開していた。

▶ **戦後の転換**　1942年11月から文部省図書監修官となり，戦後は，公民教育刷新委員会世話人，教科書局社会科主任などを歴任した。1949年4月文部省を退職後，学習院大学文政学部教授を経て，1951年から東京大学教育学部教授となり，教育科学研究会（教科研）の中心メンバーとして活躍した。勝田は戦後改革に関与するなかで，京都学派の関係論的世界観からの脱却を強め，個人の認識形成と発達に焦点をあてた教育的価値の追究に力点をおくようになる。

▶ **教育の脱政治化を主導**　当時，教科研をはじめとする民間教育運動においてヘゲモニーを握っていた日本共産党は1955年の第6回全国協議会（六全協）で過激な政治闘争路線を放棄した。それを受けて，民間教育運動も教育を政治闘争と結びつける路線を転換し，子どもの発達保障に焦点化した教育実践と教育学の構築に向かった。勝田の教育的価値論はこうした民間教育運動の路線転換を主導するものであった。その成果は，堀尾輝久との共著「国民教育における『中立性』の問題」（1958年），『能力と発達と学習』（1964年）や『教育と認識』（1968年）に結実した。

このような勝田の子どもの発達に焦点をあてた教育的価値論は，政治権力からの自律性を確保しようとした戦後教育学に理論的基礎を提供した。他方で，そうした勝田の思想に対しては，教育的価値に内在する政治性や権力への批判が視野の外におかれ，脱政治化に陥っているのではないかという批判があり，そうした視点から，京都学派の影響下にあった時代の思想との関係を含めた思想の再検討が進められている。

[参考文献]　桑嶋晋平「京都学派の思想圏における勝田守一の思想形成——「直接的なもの」の分節化としての「自覚的なる行」」『近代教育フォーラム』25，教育思想史学会　2016
[関連項目]　戦後教育学　　　　　（小玉重夫）

カッツ
(Michael B. Katz, 1939-)

アメリカの教育史学者，歴史学者。アメリカ教育史学会会長（1975-76）の後，1978年からペンシルベニア大学歴史学教授。カッツは，1960年代から70年代に登場するアメリカ教育史研究における「リヴィジョニスト」（revisionist）の代表的研究者のひとりである。アメリカ教育史研究におけるリヴィジョニストとは，それまでの進歩主義的歴史観に立った制度史研究を批判しながら，公教育制度の社会統制的機能をアメリカの社会的・階級的構造と関連づけながら解釈したラディカルな研究者の一群である。

カッツは，おもに19世紀のアメリカにおける産業化と都市化にともなう階級や官僚制の問題を教育史，都市史，貧困と福祉の歴史などの領域から考察し，これまで数々の研究業績を刊行している。とりわけ，教育史研究として注目されるのは，19世紀におけるアメリカの公教育の起源とその後の制度化のプロセスを批判的に解明した『初期学校改革のアイロニー——19世紀中葉のマサチューセッツにおける教育革新』（1968），『階級・官僚制と学校——アメリカにおける教育変革の幻想性』（1971）である。カッツは，これらの研究によって，アメリカの公教育が民主主義と人道主義の産物であり，強力な平等化を推進した機関であるとした伝統的な見解を修正し，アメリカの公教育が階級的ギャップや不平等を拡大した非民主的機関として機能し

たことを明らかにした。

また，「公教育の起源——再考」（1976）では，19世紀初頭から中葉にかけて制度化されたアメリカの公立学校が，当時の貧困と犯罪の増加，若者の危機，移民の増加にともなう社会的・文化的分裂の危機に対処するために，子どもの技能や知的能力の育成よりも，WASP（White Anglo-Saxon Protestant）社会の価値観と伝統的社会構造を強化する社会的・文化的機関として設立されたことを解明するものであった。

しかし，こうしたカッツの一連の研究はたんにアメリカの公教育をWASP中心主義，人種差別主義であると批判的に位置づけただけでなく，業績主義，能力主義，官僚主義，専門主義といった近代公教育の基本理念を理論的・実証的に批判するものでもあった。カッツの研究は，その実証的な研究方法とともに，アメリカにおいて自明とされていたホイッグ的教育史観を根本的に再修正したという意味で，その後の教育史研究に多大な影響を与えたといえる。

［**参考文献**］Katz, M. B., *The Irony of Early School Reform : Educational Innovation in Mid-Nineteenth Century Massachusett*, Cambridge 1968／Katz, M. B., *Class, Bureaucracy, and Schools : The Illusion of Educational Change in America*, New York 1971／Katz, M. B., "The Origins of Public Education ; A Reassessment," *History of Education Quarterly*, Vol. 16（4），pp. 381-407，1976／カッツ，M. B.（藤田英典ほか訳）『階級・官僚制と学校——アメリカ教育社会史入門』有信堂　1989
（北野秋男）

カリキュラム
英 curriculum／独 Curriculum, Lehrplan

▶ **語義**　語源とされるラテン語の "cursus" は，「走路」，「競争」，「経過」を意味する。ラテン語の "curriculum" は，「走路」，「循環」，「競走用馬車」などを意味し，また，古代ローマの政治家であり著述家でもあったキケロ（Cicero，前106-43）にまでその起源を

遡ってみれば，「人生の競争」あるいは「来歴」（curriculum vitae）という比喩的な意味でも使用されていた。そのような語の使用が敷衍されて，さらに，秩序づけられた連続的な学習の経験およびその過程という意味をもつようになった。ハミルトンによれば，教育用語としてのカリキュラムは，16世紀後半の組合教会派のラテン語文献に源を発するとされる。とりわけ，カルヴァン（Calvin, J.）の思想に影響を受けたグラスゴー大学やライデン大学の記録では，各学生がそれに沿って進んでいかなければならない複数年の全課程およびその完了という意味で，カリキュラムという語が使用されている。

教育用語としてのカリキュラムの重要性は，とりわけ19世紀末のアメリカにおいて強まったとされるが，カリキュラムが意味するところは必ずしも一義的ではない。行動主義的な狭義の定義では，カリキュラムは，ある教育目標の設定に基づいて教育内容を選択し，編成し，また評価するという教育に関する一連の全体計画とみなされる。近年においては，カリキュラム自体の意味が拡大しており，時間割の上に示された公的ないわば顕在的なカリキュラムに対して，無意図的に暗黙のうちに教育される潜在的カリキュラムの存在が指摘されている。また，学習指導要領で示された教育内容，教科書に示された教育内容，教師の教案に示された教育内容，実際に教えられた教育内容，生徒が学習した教育内容など，様々な次元が区別されるようになっている。さらに，学習経験の総体をカリキュラムと定義する事例もあらわれている。

▶ **歴史**　カリキュラムの前史として，時代ごとに教育されるべき内容がどのように変遷したのかということに注目する必要があるだろう。学校が成立する以前においては，弓矢の使い方，船の漕ぎ方，魚の取り方等生計の立て方が教育内容であった。やがて，部族にイニシエーション儀式が成立し，その儀式に附属する形で学校が形成されていく。そこで教えられたのは，神話やタブー，掟とい

った教育内容であった。この段階では，イニシエーションに伴い生計の方法とならんでその部族社会に特有のコスモロジカルな知の体系が教育内容となる。やがて，分業が進展し，都市が生まれ，国家が生まれ，四大文明が栄える頃になると，エジプトでは，書記になるための職業教育がなされた。

ギリシャ時代になると，教育は職業や生活から離れた一般教育となり，音楽的，体操的な教育が重視され，音楽と体操が教育内容となった。ローマ時代には，雄弁家の教育が重視され，雄弁術が教育内容となった。中世になると，文法，修辞学，弁証法の三学と代数，幾何，天文，音楽の四科が，教育内容として確立する。この七自由科（septem artes liberales）は，神学を頂点とするキリスト教の教育という性格を帯びていた。キリスト教に傾いた学校教育とは別に，中世には，騎士のための教育と職人のための教育がそれぞれ，宮廷学校，徒弟という形で行われていた。そこではそれぞれ，戦闘の仕方と騎士としての教養，職人としての技能が教育内容であった。騎士，職人，僧侶という三つの身分に対応する形で教育制度が分化していたのが中世の特徴であるが，やがて，僧侶のための教育が一般教育を引き受ける形で近代の学校制度が成立してくる。騎士の教育はすたれ，職人の教育は学校教育からははずれた形で維持される。

中世の封建社会のたがが緩み近代都市が生まれてくると，商業上の読み書き能力の教育の必要性が生じてくる。また，16世紀の宗教改革により，民衆が母国語により自分で聖書を読む必要性が強調された。さらに17世紀には科学革命が起こり，書物の中にではなく自然の中に真理が探求されはじめる。こうして，中世の三学四科は，古典語教育となり，新たに，母国語や実科が教育内容として加わってくる。この過程で，人文主義的な中等学校と実学的な中等学校との間での競争が起こり，しだいに実学的な中等学校が力を伸ばしていく。20世紀にはいると，生活と教育の連携が強調され，家庭科，保健体育科，職業

科等の生活教科がさらに加わり現在の教育内容が出そろうことになる。

教育内容の上での変化の大枠は以上の通りであるが，近代以降知識の拡大が進展するにつれて，百科全書的にすべての内容を教えるべきであるとするコメニウス（Comenius, J. A.）のような実質陶冶の考え方と，教える知識の内容にではなくて訓練される思考力，判断力の方に教育目的があるとする形式陶冶の考え方が対立する。知識か精神能力かという教育内容をめぐる古典的対立は今でも未解決の問題ではあるが，学習の方法を学習するという形で形式陶冶に有利なように考えられる傾向にある。とはいえ，日本の場合は欧米と異なり，受験勉強との関係で知識の量が重視される傾向にある。

▶ **アメリカのカリキュラム論**　20世紀に入り，とくに進学率の上昇の著しいアメリカで最初に全体カリキュラムの構成が問題にされるようになる。教育がマス化していくと，従来の古典語中心のカリキュラムではやっていけなくなる。そこで改めて何をどう教えるべきかについての反省が始まることになる。こうした，教養主義的なカリキュラムへの反省に理論的に大きな影響を与えたのは，イギリスのスペンサー（Spencer, H.）であった。彼は，「いかなる知識が最も価値があるか」と題する論文の中で，古典語のような実際の生活に役に立たない知識は価値が低い。自然科学の知識は，精神訓練の価値のみならず，生活にとっても価値が大きいとして，実学の重要性，生活準備の重要性を主張した。こうした，生活への準備を強調する功利主義思想の影響を受けて，アメリカでは，従来の教科中心のカリキュラムとは全く異なって，青少年の要求を調査しそれに合わせたカリキュラムを構成する，社会生活に必要な活動を分析してそこからカリキュラムを構成する等の試みが行われる。こうした中で，学問体系に基づいた教科ではなくて，子供の興味にあった内容，子供の経験を中心として構成されたカリキュラムの重要性が主張された。教科の相

関を重視した相関カリキュラム，自然，社会，健康のような広領域カリキュラム等も試みられた。子供中心のこうした新しいカリキュラム構想は，ボビット（Bobbitt, J. F.），チャーターズ（Charters, W. W.）らによってなされた。

こうした子供中心の考え方に対して学力が低下するとの批判がなされエッセンシャリズムの側から教育内容のミニマム・エッセンシャルズを決めて教えるべきであるとの動きが起こる。やがてこの流れは，PSSC 物理，SMSG 数学，CHEMS 化学等の教科の現代化を標榜した新カリキュラム，学問中心カリキュラムにつながっていくことになる。この後もう一度反動がきて，人間中心カリキュラムがいわれ，さらに学力低下問題が浮上し，学力の向上，基礎学力の上昇，基礎に帰れとの強調がなされる。経験カリキュラムと学問中心カリキュラムをどう調和させるかが現在でも未解決の課題となっている。

▶ ドイツのカリキュラム論　戦後すぐの時期は，ドイツ独自の精神科学的教授学にもとづく範例学習が唱えられた。ヴァーゲンシャイン（Wagenschein, M.）らによって主張された範例学習は，教材の過剰に対するに教材の精選をもって対処しようとしたものであるが，以下のような特徴を持つ。①選ばれた教材がその教科の本質，全体を開示するような典型例でなければならない。②学習主体の内面活動が重視され，精選された教材の法則や原理を学習者みずからが再発見することが求められる。範例学習の理論は，その抽象性ゆえに，やがて実践への無能を批判されるに至る。こうした批判の中からベルリン学派や工学的教授学が生まれてくる。

ベルリン学派は，ハイマン（Heimann, P.）によって創始され，シュルツ，ペーターゼンによって発展させられた。彼らは，教師が自分で授業を分析し，授業計画案をたてる力量をつけることが望ましいと考え，授業分析，授業計画のための分析モデルを提起するにいたる。次の 6 要素がモデルの基本的な枠組みになるとされる。①意図，②内容，③方法—組織，④教授メディア，⑤人類学的—心理学的決定要因，⑥社会的—文化的決定要因。以上の六つの基本要素を把握することにより教師は何を決断しなければならないか，何が裁量のきかない条件として与えられているか，を把握することができるという。

工学的教授学は，フランク（Frank, H. G.）により基礎が置かれ，フォン・キューベ（Cube, F. von），メラー夫妻により発展させられた。フランクは先述のベルリン学派の 6 基本要素を認めつつそれらのいずれもが数量的に把握可能であることを示すことによりサイバネティックス教授学の基礎づけを行った。目標達成の最適化をはかる工学的教授学は，一方でプログラム学習と結びつくとともに，他方で，教育目標の決定，選択，分類を研究する行動科学系のカリキュラム研究と結びつく傾向を示している。

1960 年代になると，ロビンゾーン（Robinsohn, S. B.）が「カリキュラム改訂としての教育改革」を著し，アメリカのカリキュラム理論の移入を図った。彼は，カリキュラムの構成を，社会に必要とされる資格から導き出すというドイツにとっては大胆なカリキュラム構成論を展開した。フライ（Frey, K.）を所長とするキール大学附属の自然科学教育研究所では，アメリカの新カリキュラムのドイツ版ともいうべき，化学，物理の教科書が編集された。

ロビンゾーンらの新しいカリキュラム研究のあり方を積極的に評価しながらも，学問の果たす政治的—社会的機能を無視している点を批判し，カリキュラム研究にイデオロギー批判の立場を導入しようとしているミュンスター学派がある。教育内容編成の科学化と，解放教育学のイデオロギー批判の立場を調和させつつ，労働科，社会科などの具体的な教科において，教育内容編成の基本的枠組みを示したものが「教授学的格子構造」と呼ばれるものである。

▶ 新しいカリキュラム論　1960 年代の後半

以降、イギリスにヤング（Young, M.）等の「新しい教育社会学」が現れ、教育知識の社会的基盤を問い直し始めた。彼らにより、知識が統制の手段となっていることを暴露する研究がなされた。バーンスティン（Bernstein, B.）は、労働者階級の話す言語は「制限コード」であり、中産階級の話す言葉は「精密コード」であり、学校の言語は「精密コード」にもとづいているが故に中産階級に有利であると論じた。アメリカにもネオ・マルクス主義のカリキュラム研究が現れ、アップル（Apple, M. W.）が学校がイデオロギーの再生産に果たしている役割を明るみに出した。同様の階級的視点にもとづいたカリキュラム研究は、ジルー（Giroux, H. A.）やボールズ（Bowles, S.）、ギンタス（Gintis, H.）にも見られる。フランスでも類似の研究が現れ、ブルデュー（Bourdieu, P.）は文化資本による階級の再生産構造を明らかにした。また、イリイチ（Illich, I.）等の脱学校論者は潜在的カリキュラムのもつ支配力を強調した。イリイチによれば、学校という制度の持つ価値の神話、測定可能性への神話、無限に進歩するという神話等が植え込まれるという。

カナダ、アメリカを中心として、現象学的な教育学研究が生まれた。パイナー（Pinar, W. F.）、ファン・マネン（van Manen, M.）、アオキ（Aoki, T.）らは、現象学的なカリキュラム研究を展開した。ファン・マネンは、カリキュラムをめぐる日常的な経験を分析すること、経験科学と理論とは異なること、子供中心でなければならないこと、教育的こつが大切であることを主張した。

また、システム論的なカリキュラム論をルーマン（Luhmann, N.）が展開している。ルーマンによれば、カリキュラムは、コードとプログラムのプログラムに当たるとされる。彼は、教育システムにおける選別コード、できる・できないの基準によって評価可能な教育内容であれば、原理的にはいかなる教育内容を採用してもかまわないという議論を展開している。

▶ 課題　教育内容に関する哲学的な考察は、いくつか全体カリキュラムの構想を生み出しているが、現実のカリキュラム編成に対しては必ずしも大きな影響を与えていない。この理由は、ルーマンのいうように教育システムのプログラムとしての教育内容は、基本的に選抜の手段になるものであれば何でもいいがために、歴史的な偶然性に左右され、それまでの伝統的な教科を支える諸勢力の力関係の結果で決まることになる、からである。そのために、さまざまな教科が乱立する傾向が現れ、また一度成立した教科はなかなか廃止できなくなる。とはいえ、歴史的に、カリキュラム理論の影響が全く無かったわけではなくて、経験カリキュラム運動の中で総合科目としての社会科ができたがこれは世界的に影響を与え一般化している。また、子供の発達段階の重視の考え方も、ほぼ世界的に共通に必要性が認められているように思われる。また、教科カリキュラムを中心として部分的に経験カリキュラムを持ち込もうとするのがとりわけ初等段階のカリキュラムの共通の動向であるように思われる。「生活科」の導入はまさしくこうした流れに沿うものと見られる。

教育思想との関係でカリキュラムを考えると以下のようになろう。コメニウス（Comenius, J. A.）は百科全書的にすべてのものを教えようとした。ペスタロッチ（Pestalozzi, J. H.）は、手、胸、頭の調和的発達と数、形、語の教育、自然による直感教授を唱えた。ヘルバルト（Herbart, J. F.）は、多方興味を唱え、多角的な表象の発展を図ったが基本的に古典語カリキュラムを擁護していた。スペンサーにより、役に立つ教育が前面に出ることになる。こうしたプラグマティックな思想が、アメリカの1900年代のカリキュラム研究を支えた。その後、マルクス主義の影響で、知識の階級性が批判され、現象学の影響で、教授の見えない部分に光が当てられるようになったが、全体カリキュラムの構成については力となっていない。システム理論も、教育シ

ステムのコードとプログラムという観点からは，教育内容は原理的に何でもよいということになってしまうが，知識の性格の分析を行っている学問論のシステム論的分析の結果を応用すれば，反省知と学問知を区別した上で新しく全体カリキュラムの構想をする可能性が開かれてくる。

[参考文献] Dolch, A., *Lehrplan des Abendlandes*, Ratingen 1971（3. Aufl.）／Kliebard, H. M, *The Struggle for the American Curriculum. 1893-1958*, London／New York 1995（2. Ed.）／Pinar, W. F.／Reynolds, W. M.（Eds），*Understanding Curriculum as Phenomenological and Deconstructed Text*, New York & London 1992／Robinsohn, S. B., *Bildungsreform als Revision des Curriculum*, Neuwied & Berlin：Luchterhand 1975（5. Aufl.）／安彦忠彦編『カリキュラム研究入門』勁草書房 1985／安彦忠彦編『新版カリキュラム研究入門』勁草書房 1999／アップル，M.（門倉正美ほか訳）『学校幻想とカリキュラム』日本エディタースクール出版部 1986／岡津守彦監修『教育課程事典』小学館 1983／ハミルトン，D.（安川哲夫訳）『学校教育の理論に向けて』世織書房 1998／的場正美『西ドイツのカリキュラム開発と授業設計』勁草書房 1987／今井重孝「カリキュラム理論における『知識』の再検討」『カリキュラム研究』第2号 1993／佐藤学『カリキュラムの批評』世織書房 1996

[関連項目] 学校／教育方法／教授学

(今井重孝)

カルヴァン

(Jean Calvin, 1509-1564)

▶ 生涯 東北フランス・ピカルディー地方ノワイヨン（Noyon）に，Gérard Cauvin の次男として生まれる。Cauvin が本姓。父が教会参事会の書記的職務に就いていたことから教会禄（一種の奨学金）を得て14歳の時パリに出て，ラ・マルシュ学寮とモンテーギュ学寮に学ぶ。宗教改革者としての生涯の基礎がこの修学時代に形成されたとは言い難いが，教授学者としてその名を教育学史上にとどめてしかるべき M・コルディエ（Cordier, M.）の薫陶を受けたことは注目に値する。

後年コルディエはジュネーヴに招かれ，カルヴァンの宗教改革に協力することになる。19歳の時，教養学士（maître ès arts）の称号を得てモンテーギュ学寮を去る。1528年から29年にかけて，オルレアンとブールジュで法学を学ぶ。オルレアン時代に，ヴォルマール（Wolmar, M.）からギリシャ語を学んだことがカルヴァンの「回心」と無関係ではないと指摘するカルヴァン研究者は多い。ヴォルマールはルターの同調者であった。1532年，パリで『セネカ「寛容論」註解』を出版。この頃フランソワI世によって設立された「王立教授団（Lecteurs royaulx）」の講義に出席する。諸説あるが，1533年の初め，福音主義への「回心」が起こる。同年11月の「ニコラ・コップ演説事件」（カルヴァンの友人でパリ大学総長であったコップの新学期開始演説の内容が福音主義的であるとして教会当局から糾弾され，その草稿を書いたのがカルヴァンであると見做された事件），翌34年10月の「檄文事件（Affaire des Placards）」（「教皇のミサの恐るべき，重大，耐えがたい弊害についての真正なる諸箇条」と題する檄文が，パリをはじめフランス各地に撒かれ，福音主義者への激しい弾圧を招いた事件）をきっかけにフランス各地を放浪，最終的にストラスブールへ安住の地を求めて亡命をはかる。その途次1535年，バーゼル滞在中に『キリスト教綱要』（*Christianae religionis institutio*）を書き上げ（出版は1536），組織的福音主義神学者の名声を得ることになる。なおこの著作は，1559年までにラテン語版，フランス語版と増補改訂を重ね，書名も，*Institutio Christianae Religionis*, と改められる。

1536年7月ストラスブールへ向かう途中，戦乱を避けて迂回したジュネーヴで宗教改革者，G・ファレル（Farel, G.）に説得され，同年5月の市民総会で宗教改革を宣言したこの都市にとどまり，宗教改革を推進することになる。1537年1月，「ジュネーヴ教会規則」を市議会に提出，2月に「信仰の手引

き」、4月に「ジュネーヴ教会信仰問答」を作成し、改革されるべき教会の基礎を固めようとする。しかし1538年4月、復活節の「聖晩餐」執行の方法をめぐり市当局と対立、保守派によって追放される。一時バーゼルに滞在するが、宗教改革者、M・ブツァー（Butzer, M.）の招きでストラスブールに赴き、亡命フランス人教会の牧師となる。1541年9月、ジュネーヴに帰還。以後、聖書講義、説教、神学論文の執筆によりジュネーヴ教会の改革と形成に尽力する。この教会改革の企図には、福音主義神学と人文主義にもとづく初等教育から高等教育までの一貫した教育改革プログラムが含まれており、その頂点が1559年に設立されたジュネーヴ・アカデミーである。『セネカ「寛容論」註解』出版以降32年間、その精力的な著作活動はまさに超人的といってよく、全集59巻、現在も刊行が続いている未発表の説教、書簡集などを加えれば優に70巻を超える膨大な作品を残している。ジュネーヴで死去。55歳。

▶ **思想および教育思想史的意義**　カルヴァンはルターよりも一世代後に属する。この世代の違いはそのまま宗教改革者として置かれた歴史状況の違いであり、カルヴァンの生涯およびその思想を理解する上で重要である。一般にルターの宗教改革は「信仰のみによる義認」という一点に集中し、宗教改革のすべてをこの「贖罪論」から導き出すという傾向にある。カルヴァンの場合、カトリック教会の対抗宗教改革（Counter Reformation）のなかで、教理的にも教会制度の面でも、体系的・組織的に神学化し行動する必要に迫られた。ルターによって「再発見」された福音主義的諸原理を踏襲しつつも、それらを現実化する場としての教会の改革、そのために「教会＝共同体論」の神学的構築という課題が課せられた。またジュネーヴという都市における教会改革は、領邦国家ドイツのそれとは歴史的諸条件を異にする。あえて事柄を単純化すれば、カルヴァンの改革の核心は、「教会権自律」とりわけ「聖晩餐」（サクラメント＝聖礼典）執行の主体としての「教会権」の確立にあった。教科書的俗説として、カルヴァンの宗教改革の本質を「祭政一致」の都市政治の確立にあると見做す見解があるが、そうではなく、彼がめざしたのは「教会」と「国家」の明確な統治的分離であった。「神のもの」と「カイザルのもの」との識別である。ルター派とカルヴァン派の近代市民社会における歴史形成力の違いはそこに起因する。

カルヴァンの教説の中心に「予定説（Predestination）」があると言われるが、この教理はカルヴァンの「発見」になるものではない。すでにアウグスティヌスに明瞭に見られ、カトリック、プロテスタントを問わずキリスト教神学には必ず潜在的に含まれる教理である。カルヴァンは教義的論争のなかでこの教説をプロテスタント神学として論理的に厳密化し、その主張において非妥協的であったために対立する陣営から非難されるのである。この教説は彼の神学思想全体において統合的に解釈されるべきである。「予定の教理」は「救いの確証の教理」と同時に論じられる。カルヴァンは「選び」を特権的に主張するために、あるいは「裁き」の恐怖に訴えるためにこの教説を用いない。「選ばれた者」の「人間的責任」を強調するためである。また「救いの確証」を「共同体＝教会」に所属することとの関わりにおいて論ずる。そこから、あのヴェーバー・テーゼ（「プロテスタンティズムの倫理と資本主義の精神」）が導出される。すなわち「救いの確証」を証しする行動規範としての「敬虔＝禁欲」と「労働＝勤勉」の倫理である。しかも、それらが「個人倫理」としてではなく「共同体の倫理」として認識されていることである。ジュネーヴにおける教会改革の目的が、「教会権自律」（その実質は「聖晩餐」の純正を保つための「戒規執行権」である）の確保であったことの意義も、このような社会思想史的文脈において理解されなければならない。

近代公教育の諸原則を構成する「政教分離」の思想は、萌芽的形態ではあるがカルヴ

ァンの思想と実践のなかに明瞭に読みとれる。ジュネーヴにおける「教育改革」の試みをカリキュラム論や学校論からだけではなく、この視点からも再評価すべきであろう。カルヴァンの教育改革は、宗教改革の正統性を保持するために準備された「教会の論理」に貫かれていたとはいえ、「教育権」の主体を、聖俗一体化した「国家権力」から「誓約共同体としての教会」と「自立した市民」に分離・転換させる社会的契機を内包しており、近代市民社会における教育の「私事性の原理」へと発展する可能性を秘めていたと見ることができる。カルヴァン自身の思想と後のカルヴィニズムと呼ばれる思想形態を区別することは必ずしも容易なことではないが、近代的政治原理と経済原理に適合的な「人間類型」の創出にカルヴァンの思想が大きく与っていたことは、近代教育思想の内実を再検討する際に看過されてはならない歴史的事実であり、また歴史解釈の視座である。

[参考文献] Baum, G., Cunits, E., Reuss, E. (éds), *Corpus Reformatorum : Calvin Opera*, 59 tomes, 1863-1900 (Reprint 1964)／Bouwsma, W. J., *JOHN CALVIN : A Sixteenth Century Portrait*, Oxford 1988／McGrath, A.E., *A Life of JOHN CALVIN*, Oxford 1990／Neuser, W., *Calvin*, Berlin 1971（池永倫明訳『カルヴァン』一麦出版 1996）／カルヴァン（渡辺信夫訳）『キリスト教綱要』新教出版社 1962-1965／久米あつみ『カルヴァンとユマニスム』御茶の水書房 1997／田上雅徳『初期カルヴァンの政治思想』新教出版社 1999／出村彰『スイス宗教改革史研究』日本基督教団出版局 1971／渡辺信夫『神と魂と世界と──宗教改革小史』白水社 1980　　　（輪島道友）

感　覚
英 sense／独 Sinn／仏 sense, sensation

▶ **語義**　身体の器官に属している感覚（＝感官）を通じて、動物のみならず人間もまた外界の事物を感知し、自身の身体の状況における快や苦などの変化を感知する。しかし人間は動物と共通する外的感覚と同時に内的感覚も持っている。その場合、コモン・セ

ンス、モラル・センス、インターナル・センス、美的感覚のように、限定詞をつけて区別される。感覚は一方では、受動性を内にはらむものとして人間の有限性の現れという意味を持つと同時に、他方では人間と世界を結ぶ最も基本的な認識の足場をつくりだす役割を持つ。ギリシャ以来、人間の存在は皮膚感覚のような動物に共通する部分と霊魂のような不滅なものを認識できる高次の理性の部分から成り立つと考えられ、感覚を通して得られた観念は、究極的目的（テロス）を観照する理性によって加工される素材の地位に閉じこめられてきた。そこから感覚が解放されるのは 17 世紀であった。そのとき、個人は初めて自己の身体と人格の所有者として「万人の万人に対する闘争状態」のなかで私的に所有する感覚を通じて得られる認識に依拠して生きなければならなくなった。

　それ以前、中世時代のスコラ哲学において感覚は、絶対的神の栄光によって照らし出され、それをひたすら感じ取る力を持つ限りにおいて評価された。聖職者の教育においてはアリストテレスの論理学中心であり、民衆の教育においては魔術的儀式中心であった。次のルネサンスと宗教改革の時代（16 世紀）において今度は、絶対的国家の君主の権威が神の権威に取って代わった。教育は古典の模倣の学習においてのみならず、聖書の母国語の読みと解釈においても言語偏重主義（verbalism）であった。古典の言語による自己表現の技術の錬磨は王権を神授された君主の権威を高めるために使用されたし、民衆の聖書の母国語の読みは、プロテスタントの各セクトの絶対的神の権威を解釈するために使用された。「聖書は、好みに応じてひっぱったり、延ばしたりできる柔らかな蠟のような本である」（ブルクハルト）。誰もが母国語聖書を通して勝手に宗教的権威を解釈した。言語偏重主義が、17 世紀前半の宗教戦争の元凶であったことはホッブズの指摘するところである。

　感覚的実学主義者コメニウスは、「あらかじめ感覚に存在しなかったものは、知性の中

にはない」という命題に立って，まず言葉に
先立って万人が共通に感覚しうる「汎知の体
系」を提示した。言語偏重主義のもたらす概
念の混乱を断ち切るために，まず言葉に先立
って事物の映像を感覚に映し出そうとした。
しかし，この感覚の重視は，『世界図絵』の
ような絵入り百科事典を作り出したが，その
後，言語学習の効率を高める教育方法上の工
夫に矮小化されていくことになる。

　伝統の権威（王権神授説）は，あらかじめ
神に刻印されている「生得観念」によって認
識されるべきものであった。それを破壊する
批判的機能を「感覚」に期待し，この問題を
真正面から追求したのは『人間悟性論』
(1690) を書いたロック (Locke, J.) である。
「生得観念」は，神によってあらかじめ理性
に刻印されたものであるのに対し，近代の個
の精神は「拭われた書版」または白紙，蝋の
ようなもので，すべては外から感覚を通して
持ち込まれたものであることが主張された。
ベーコン，ロック，コンディヤック，エルヴ
ェシウスのような感覚重視の哲学者たちは，
自分たちが組み込まれている，時代遅れと
なり，今や桎梏になってしまっている伝統的
な信条や権威に対して深く不信の念を抱いて
いた。ルソーによる諸感覚の訓練の主張は，
何よりも人の手で汚された概念の教え込みを
否定するための消極的教育であって，後のモ
ンテッソーリの感覚訓練のように，訓練その
ものに価値を見いだそうとしたものではなか
った。

　ロックの「感覚」は，伝統的生得観念をひ
とまず破壊する機能を期待されたが，直接に
教育実践に結びつくものではなかった。解放
された個を教育する問題においては，先ず，
苦難に耐える身体の養護と訓練に向けられ，
次に，感覚を通じて得られる素材を加工し，
操作する精神能力の訓練へと向かい，記憶力，
推理力，比較能力を錬磨する形式陶冶説を生
みだしていった。それまで観念と観念をしか
るべく結びつける鎖の輪が究極の目的の下で
連鎖していたのが，バラバラになった近代に

あって，個々の観念の連合は勝手に走りだし，
衝突せざるを得ない。この無秩序の原理から
脱するためには可能な限り誤りの少ない観念
連合を作り出さなければならない。そこに形
式能力を訓練する必要性が生じる。近代教育
において，感覚的実学主義にそったカリキュ
ラムのシークエンスの拡大が図られるよりも，
能力の訓練（形式陶冶説）がより強く打ち出
された理由はまさにここにある。それは，
「直観」や「統覚」の教授理論へと連続して
いった。ペスタロッチの直観教授において，
語，数といった形式訓練の思想があり，次の
ヘルバルトの教授段階論において各段階は
「統覚」(Apperzeption) をもって統合され
た。ロックは対象物からひたすら感じ取る作
用を perception と言ったが，統覚する力は，
人間の内部で一つの「統覚の塊」に成長し，
新しい表象を飲み込んでしまうのである。19
世紀末にいたるまで，感覚はヘルバルトの表
象心理学とロックの能力心理学によりながら，
学校教育の実践の中に吸い上げられていった。

　感覚がそれ自体としての教育の対象に取り
上げられるようになったのは，20世紀に入
り，心身に障害のある人たちの個別の感覚の
リハビリ，幼児期の感覚教育，モンテッソー
リの感覚教具による教育，視聴覚教育等の必
要が生じてからであった。それらの限定を免
れた「感覚」はもはや，それ自体要素として
取り出されることはなく，児童の心身の全体
的な発達の過程のなかでとらえなおされてい
く。環境の影響を受けると同時に，それに働
き返す児童の活動において認識の発展するこ
とを明らかにしたのはデューイの問題解決学
習であった。プロジェクト・メソッドは，感
覚教具を使用する学習の批判から出発し，現
在の生活科，総合学習などの児童の活動中心
の学習理論を支えている。また，ピアジェは，
認知発達研究において「感覚運動期」をもって
幼児の能動性を説明している。しかしそこ
には，近代の教育思想において期待された
「感覚」の，生得観念破壊の毒性はもはや消
されている。感覚には，既存の人工的環境へ

の効率的な適応の役割を期待されているに過ぎない。

この閉塞的な状況の中で，われわれは「感覚」を通じて得られる諸々の観念が，それぞれ勝手に誤りと失敗の連合を重ねながらも，生きるのに役立つ認識につながると考えられて出発した近代教育思想の精神にたちもどってみる必要がある。

[参考文献] ボイド，W.（中野善達ほか訳）『感覚教育の系譜——ロックからモンテッソーリへ』日本文化科学社　1979／原聡介「直観の論理」長尾十三二編『国民教育の歴史と論理——欧米教育史研究序説』第一法規出版 1976／金子茂・三笠乙彦編著『教育名著の愉しみ』時事通信社　1991／Brubacher, John S., *A History of the Problems of Education*, McGraw-Hill 1947／Locke, John, *An Essay Concerning Human Understanding*, A. C. Fraser, Oxford 1690／Quick, R. H., *Essays On Educational Reformers*, Cambridge 1868

（斎藤新治）

環　境
英 environment／独 Umwelt／仏 environnement

▶ 語　義　「環境」とは主体を取り巻く外界一般を意味する。それゆえ主体を何に措定するかによって「環境」という概念の意味は異なり，しかも主体を固定した場合でもその主体とそれを取り巻くものとの関係の見方によって，その意味は異なってくる。

教育思想の中に入り込んでいる環境という概念の背景には，内省的環境論，記載的環境論，構想的環境論という環境論の三つの系譜がある。

▶ 歴　史　(1)　内省的環境論は，外界からの様々な影響のもとに構築される主体としての人間の認識や感覚に対する認識論的・心理学的反省から出てくる環境論である。ロック（Locke, J.）は，生得観念を否定し，「タブラ・ラサ」としての人間の心は反省によって得られる心の作用についての観念とともに感覚を通して得られる外界の物質的事物についての観念によって真なる知識を構成するも

のとした（『人間悟性論』1690）。それに対して，ヒューム（Hume, D.）（『人間本性論』1738）やカント（Kant, I.）（『純粋理性批判』1780）における理性の批判的考察は，「倫理的なもの」や「美的なもの」の認識をめぐる観念論的考察を新たな課題として浮上させ，そこからロマン主義運動とも一体となった人間と自然との関係をめぐる問い直しが 19 世紀前半にかけて進行することになった。20 世紀に入ってのユクスキュル（Uexküll, J. v.）による生物学的環境論（『動物と人間の環境世界への散歩』1934）やコフカ（Koffka, K.）における「地理学的環境」と「行動的環境」との区別（『ゲシュタルト心理学の諸原理』1935）なども，後者の影響の下にある。

(2)　記載的環境論は，自然ないし自然に人間が介入することによって形成した聚落や都市の観察と記載にもとづく環境論である。それは自然誌的研究に起源を有し，地質学，地理学，人類学，生態学等に分化していったフィールド・サイエンスのなかで発展を遂げた。生態学の始祖とも称される A・フンボルト（Humboldt, F. H. A. von）は，「植生の相観がもたらす大まかな輪郭や，自然を見つめることで生じる印象の類似性」によって植生の区分を行ったが（『植物地理学試論』1807），それはヘッケル（Haeckel, E. H.）による「生物同士あるいは生物と環境との関係生理学」という「生態学」の定義（1866）をはさんで，19 世紀末から 20 世紀はじめにかけての生態学の自立化へとつながり，さらにそこから生物群集と無機的環境とによって構成されるシステムとしての「生態系」概念がタンズリー（Tansley, A.）によって提唱されることになる（1935）。こうした生物の環境についての知見の集積とともに，人間をとりまく環境の研究がモンテスキュー（Montesquieu, C.-L. de S., B. de la B. et de）やヘルダー（Herder, J. G.）らの風土論的考察，またフンボルトやリッター（Ritter, C.），ラッツェル（Ratzel, F.）らの地理学的アプローチの開拓によって始められる。そこではマ

ーシュ（Marsh, G. P.）のような「人間行動によって変形された自然地理」の研究（『人間と自然』1864）が試みられる一方，ゼンプル（Semple, E. C.）（『地理的環境の影響』1911）のような諸民族の形成にとっての環境要因の重要性を強調する「環境決定論」も現れることになった。

（3）構想的環境論は，人間生活の営まれている現存の空間を批判ないし否定し，オルタナティヴな空間を構想あるいはデザインする環境論である。宗教的な来世思想（たとえば，「約束の地」）やユートピア思想に淵源を有するこの環境論は，工業化・都市化に伴う人間の居住空間の変動を経ることによって，オウエン（Owen, R.）ら「空想的社会主義者」のコミュニティ論やパリ市長オースマン（Haussmann, G.-H.）らテクノクラートたちによる都市改造論，さらにはピュージン（Pugin, A. W. M.）（『対照』1839）やラスキン（Ruskin, J.）（『建築の七燈』1849）らのゴシック建築保全論のような空間再編論となって登場してくる。「都市計画」という概念がそうした展開のなかから誕生し，19世紀末以降専門プランナーと様々な法制度によって具体化されてきたが，1970年代以降，たとえばアレグザンダー（Alexander, C.）（『パターン・ランゲージ』1977）にみられるように，その発想自身が問い直されつつある。なお，19世紀半ば以降の自然保護論や今日の国際環境政策論もこの構想的環境論の系譜に属するものと考えてよいだろう。

これら環境論の三つの系譜は実際には絶えず相互に影響しあっており，それゆえ一つの環境論（オウエンのそれとか，現象学的地理学のそれとか）を取ってみても，そこには複数の環境論の系譜が入り込んでいるのを見ることができる。

「環境」という概念は，主体と主体をとりまく外界との関係性，およびその外界の一体性や包括性を強調するところに特徴がある。それゆえ，主体としての人間が外界とともに不動であると見なされる場合にはこの概念がことさら強調されることはないが，いったん両者のあり方および関係性に変化あるいは危機の契機が認識されることになると，この概念がさまざまな言葉の試用を経ながら（英語で言えば，circumstance, surroundings, environment など），前面に登場してくることになる。スペンサー（Spencer, H.）が『心理学』（1855）以降自らの進化哲学を論じるにあたってこの概念（environment）を導入し，それが19世紀末から両大戦間期にかけての英米の諸学に影響を与えたこと，また近代科学的な主体—客体の二分法を問い直す19世紀末以降の一連の哲学的反省のコンテクストのなかで，たとえばフッサール（Husserl, E.）に見られるように「生活の環境世界」概念が重要な意味を有するに至ったこと，さらに1960年代以降「環境問題」が世界的な規模で注目されるなかでこの概念がエコロジカルな意味合いを有するに至ったことの背景には，この概念特有の上記のような性格が存在していた。

▶ 教育思想と環境　環境論の三つの系譜は，教育思想と深い関係を有してきた。その影響は多岐にわたるが，主として内省的環境論は教育方法論に，記載的環境論は教育内容論に，そして構想的環境論は教育空間論に影響を及ぼしている。

人間の諸認識の形成と環境との関係に関心を注ぐ内省的環境論からは，観念連合論にもとづく教育論（たとえば，ミル（Mill, J.S.）に従って「〈観念連合〉の普遍的原理をもととして，環境によってすべての人間の性格が形成され，またこの結果，教育によって人類の道徳的，知的状態は無限に改善される可能性を有する」としたハートリー Hartley, D. の教育論）や統覚論にもとづく教育論（たとえば，ヘルバルト学派の教授理論）が現れてくる。19世紀半ば以降のドイツのハイマートクンデ論や1920年代以降のイギリスの環境学習論における地域的環境の観察の重視，両大戦間期におけるドイツでの教育的環境学の試み，あるいはトルストイ（Tolstoi L. N.) からシャツキー (Shatsky, S. T.) に至るロシア・ソビエト教育学における自然教育論などもこの系譜に属するものである。

人間によって認識される環境の内容そのものを問題とする記載的環境論からは，教育内容に「環境」を位置づけようとする試みがなされる。19世紀半ば以降大学において地理学や生物学が次第に独立した講座を設置するに及んで，そうした講座の担い手であった科学者たちを中心として，それらの科目の初等・中等教育への導入を求める動きがおこされてくる。1870年代以降のアメリカやイギリス・ドイツにおける自然学習論やそれらの国々における地理教育論が，その代表であるだろう。それらの動向はおりからの新教育運動とも結びつくことによって，19世紀末から20世紀はじめにかけて各国・地域の初等・中等学校カリキュラムに位置づけられていった。なお，1910年代になると，ロンドンやシカゴのような大都市を中心にして，都市学習も模索され始めている。

オルタナティヴな空間を求める構想的環境論からは，学校を含む人間形成にかかわる諸施設をトータルにデザインする教育的空間論が登場する。オウエンのニューラナークでの実験はもとより，いわゆる空想的社会主義者たちのコミュニティ構想には子どもの遊び場から成人教育施設に至る多様な人間形成の場と施設への配慮がなされていた。その発想は，都市計画を一種の教育計画と考えたゲディス (Geddes, P.) やマンフォード (Mumford, L.) の都市論によって継承されている。

今日，「環境教育」environmental education という言葉を用いる人々によって，しばしばそれを，education in/about/for education と定義する試みがなされるが，それは以上の環境論と教育論との歴史的関係をふまえ，それらの統合を求める運動である。そこでは教育学と環境学との対話，あるいは教育学の環境学的反省が今後の課題として浮上しつつある。

[参考文献] Benevolo, L., *Le Origini Dell'-urbanistica Moderna*, 1963（横山正訳『近代都市計画の起源』鹿島出版会 1976）／Bowler, P. J., *The Norton History of Environmental Sciences*, W. W. Nortor & Co. 1993／Watts, D. G., *Environmental Studies*, Routledge & Kogan Paul 1969／Willey, B., *The Eighteenth Century Background*, Chatto and Windus 1940（三田博雄ほか訳『十八世紀の自然思想』みすず書房 1975）／Worster, D., *Nature's Economy*, Sierra Club Books 1977（中山茂ほか訳『ネイチャーズ・エコノミー』リブロポート 1989） （安藤聡彦）

観　察
英 observation／独 Beobachtung／仏 observation

▶ **語　義**　一般的には，主に視覚を媒介とした事物・現象についての経験的知識の獲得方法を意味する。哲学および科学の文脈においては，観察は経験知 (Empirie) を支える人間の活動として，また実証主義的研究領域における基礎的方法として重視されてきた。観察を〈測定〉あるいは〈実験〉と区別することもできるが，広義には〈測定〉は「量的観察」，また〈実験〉は「人工的条件の下での観察」ということもでき，それらを統括して観察の範疇に入れることもできる。観察についての考察は，たとえばアリストテレス (Aristoteles) からカント (Kant, I.) にいたる思想家にも見られるが，とりわけガリレオ (Galilei, G.) ら近代物理学者たちに重視され，また社会科学の手法にも影響を与えている。

▶ **教育における観察という語の使用**　通常，教育に関して観察という語が使用されるとき，少なくとも以下の3種類の用法が認められる。第一に，観察は生徒が獲得すべき能力として語られている。たとえば，理科などにおいて習得および利用されるべき科学的技法として観察について言及される場合などがそうである。第二に，教育場面（とりわけ授業場面）における当事者間の観察が考えられる。その場合，教授者と生徒による日常的な自己観察ならびに他者観察のみならず，広義には研究授業などのように教授者によって制度化され

た観察行為，あるいは保護者による授業参観なども含められよう。観察という語の第三の使用法は，教育事象に対する教育学者の研究手法に関わっており，とりわけ社会学的手法として検討されている。その場合，前もって観察のための枠組みを与える「組織的・統制的観察」と，あらかじめ特別な形式を与えない「非統制的観察」とが区別される。後者は，さらに，局外者としていわば外部から観察する「非参与観察」と，調査対象の一成員として参加し，対象者の常態的生活過程を観察する「参与観察」とに分けられる。

▶ 観察行為と観察対象　観察行為は観察対象を〈直接的〉に把握するための方法と説明される場合もあるが，この点については様々な疑問の余地がある。まず第一に，観察者の視点あるいは前もって与えられた知識の種類などによって異なった観察結果がもたらされるということが起こりうる。第二に，観察行為自体が観察対象を変えてしまう可能性がある。たとえば，被観察者が観察されていることを知ることによって常態を示さない場合などがそれにあたる。これらのことは，先に示した教育における第三のレベルの観察（研究方法としての観察）のみならず，第一（教育内容としての観察），第二（教育における当事者間の観察）のレベルに関しても考慮されるべきである。とりわけ，第二のレベルにおいては，教師がある子供の特性をあらかじめどのように捉えているかによって子供の変容が左右されることがある。観察行為と観察対象との間に自己言及的な影響関係をそこに認めることができる。学校では子供は通常複数人であり，さらに教師対子供のみならず，子供対子供の相互観察も行われていることが事態を一層複雑にしており，そのような意味で，教育場面をいわば主観的な〈観察の網目〉によって構成された特別な社会化の場として解釈することもできよう。

▶ 観察概念の拡張　近年認知科学の領域で注目度を増しているギブソン（Gibson, J. J.）の「生態学的認識論」は，観察概念に対する

再考をも促している。彼とその後継者たちの理論は，観察概念を軸にして自己と環境との関係性を問い直す契機をも提供しており，今後教育における観察について考察するうえで参照される理論の一つとして注目される。

観察に関するもう一つの新たな議論の方向性は，システム理論によって提起されている。これまで述べてきた説明においては，人間の視覚を中心とする活動としての一般的な観察概念が念頭に置かれていたが，ルーマン（Luhmann, N.）はこの観察概念をより普遍的に定義し直し，区別（Unterscheidung）を通して表示（Bezeichnung）を行う操作として再定式化する。この定義に従えば，観察は人間の意識的行為のみならず，サーモスタットのような機械，神経システムのような生体システム，さらには社会システムの操作としても理解される。このような観察の再定義が教育学に対してもたらす貢献度については未知数である。ルーマン自身は，教育システムを社会の部分システムとして相対的に理解する際の鍵概念の一つとして観察概念を用いることを示唆している。

［参考文献］Gibson, J. J., *The Ecological Approach to Visual Perfection,* Boston 1979（古崎敬ほか訳『生態学的視覚論』サイエンス社 1985）／Luhmann, N., *Erkenntnis als Konstruktion,* Bern 1988／Luhmann, N., Schorr, K.-E., "Nachwort 1988", *Reflexionsprobleme im Erziehungssystem,* Frankfurt a. M. 1988（1. Aufl., 1979）

［関連項目］教育関係／実証主義／認知科学

（山名淳）

鑑　賞
英（aesthetic）appreciation／独 Kunstgenuß／仏 appréciation（estétique）

　芸術作品の受容活動を意味する。鑑賞は芸術教育において，また一般に芸術作品の教材としての機能を考える際に重要な概念であり，たとえば現行の音楽や図画工作・美術等のいずれの芸術教科の学習指導要領においても「鑑賞」は「表現」と対になって教科を構成

する領域とされている。にもかかわらず、わが国においては従来、鑑賞に対する実践的・理論的な関心は、一部の例外（たとえば「創造美育協会」に対する「新しい絵の会」の批判など）を除いては希薄であった。その理由の一端は、子どもの主体的活動や自己表現の尊重という新教育運動期の一般的傾向が今日にいたるまで芸術諸教科のあり方に影響を及ぼし、制作・表現活動を実際の学習活動の主要部分たらしめているためであると考えられる。しかし、たとえばシラー（Schiller, J. C. F. von）の美的教育論では、美的経験ということで意味されていたのは、むしろもっぱら受容・鑑賞活動であり、ドイツ芸術教育運動においても、とりわけ初期にはリヒトヴァルク（Lichtwark, A.）等によってGeschmack（趣味・美的判定能力）の陶冶ということが中心課題とされていた。

1960年代以降の米国では、進歩主義教育における制作・表現活動の偏重に対する反省から、芸術に関する概念的学習を大幅に取り入れ、生徒の受容・鑑賞能力の育成を図る芸術教育カリキュラムの開発が盛んになり、それらの成果は近年、Discipline-based Art Education（学問的訓練に基礎づけられた芸術教育）として総括されている。その前提となっているのは、カッシーラー（Cassirer, E.）やランガー（Langer, S. K.）等にもとづき、芸術の本質を他の認識活動には還元できない独自の「美的認識」である点に認める芸術理論である。それによると芸術作品の意味は、作品が表示する「主題」や「内容」のレベル、作品が社会的・文化的文脈において果たす「機能」のレベル、そして作品の「かたち」そのものに内在する、「美的認識」に固有の意味レベル（これは芸術的シンボルによってのみ表現可能な「感情」のあり方と不可分であるとされる）等に分析される。作品に関する概念的学習は、これらの意味のレベルを識別し、芸術的認識に固有の意味を明らかにするために必要とされるのである。本質性・固有性ということに関しては見解が分かれよう

が、いずれにせよ受容・鑑賞の教育に際しては、作品のどの意味レベルを問題にするのかが明確にされる必要がある。

また、同じく60年代以降のいわゆる「受容美学」の議論も、芸術作品の鑑賞ということの本質を考える際に看過することができない。それらに従えば、作品というのは常に「開かれて」おり、たとえば「作者の意図」というような特権的・一義的な意味や、或る作品によって喚起されるべき特定の「情操」などというものはあり得ないことになる。作品の意味が受容行為においてはじめて産み出されるものであるとすれば、受容・鑑賞活動はすぐれて創造的な営みとして、その意義を再認識されねばならない。と同時に、そこでの意味創出の機制をめぐって、今後、検討されるべき多くの問題が顕在化して、鑑賞教育は根本的な見直しを迫られることになるであろう。

［参考文献］ *The Journal of Aesthetic Education 21, No. 2, Special Issue, "Discipline-based Art Education"*, Chicago 1987／Reimer, B. & Smith, R. A. (eds.), *The Arts, Education, and Aesthetic Knowing, 91st Yearbook of NSSE : Part II*, Chicago 1992／イーザー（轡田収訳）『行為としての読書——美的作用の理論』岩波書店 1982／エーコ（篠原資明・和田忠彦訳）『開かれた作品』青土社 1984／リヒトヴァルク・岡本定男『芸術教育と学校』明治図書 1985

［関連項目］ 芸術／シラー／新教育／進歩主義教育 　　　　　　　　　　　（西村拓生）

感　情
英 affection, emotion／独 Gefühl, Emotion／仏 sentiment, émotion

▶ 感情のとらえ方　　人間の精神的な能力を、知・情・意の三機能に分割する伝統的なとらえ方は、教育界では今もって廃れていない。この場合、「情」つまり感情は、知性や意志から機能の上で分けられる。また別のとらえ方で、人間の能力を身体的なものを含めて、次のように三分割するとらえ方も今日の教育

界で有力である。認知的能力・情意的能力・技能的能力の三分割法がそれである。この場合, 各能力は独立した能力というよりも, 全体的な能力の各側面として受け取られている。ただ, どちらのとらえ方も, 感情を知性ないし認知的能力に解消したり, 還元したりせずに, 独自のはたらきを持つものと認めている点で共通している。

人間には, 知性によってコントロールされない独自のはたらきが備わっている, という見方をする考え方は, 時代を超えて広くいきわたっている。この知性から区別される独自の部分が, 「感情」・「情緒」・「情念」・「情動」などと呼ばれてきた。感情が, 逆に知性や認知的能力を駆動させ, そのあり方を左右する, いや現に左右している, という見方もなされてきている(後述)。また, 感情は感覚とともに, あらゆる人間に等しくそなわる根源的な能力である。この根源性・普遍性に注目して, 18世紀啓蒙主義の時代より, 感情は個人と個人を結びつける社会的原理として注目されてきた。アダム・スミス(Smith, A.)が「共感」(sympathy)を重視し, ルソー(Rousseau, J.-J.)が「憐れみ」(pitié)を重視したのは, その現れである。しかし反面, 感情はその存在が知性にとって不可知なものであるために, 不確定・不安定な要素を含み, また不可解で不気味なものでもある。このように, 感情の存在は, すべて「不」の形でネガティヴに表象されるより仕方がないのである。

▶ **感情教育の可能性**　それだけに, 感情を教育の対象として, 正面切って据えるのには, 困難がつきまとう。教育, とりわけ教授の方法自体が, 知性のはたらきに合わせて調整されてきており, 感情を無理に教育の対象に据えようとすると, 感情を掬いそこねたり, 感情を殺してしまったりしかねない。そのため, これまで「感情の教育」の名で論じられてきたのは, もっぱら, 感情の対象を価値の高いものに向け直すような教育, すなわち「情操教育」に局限されている。ドタバタ騒ぎをし

たい, という感情を, ピアノを弾くことに転化させる(昇華させる)教育がそれである。これは, 感情そのものへの教育作用, というよりも, 感情の志向性への教育に過ぎない。感情そのものは根源的なもの, ディオニュソス的なもので, 加工したり, 形成したりできるものとは考えられていないのである。もし, 感情そのものへの教育を可能にしようとするならば, ドイツの新カント派の哲学者ナトルプ(Natorp, P.)がしたように, 感情を意志の系列に組み込んで, 「たんなる衝動」から「理性意志」に至る意志陶冶の段階論を展開していかなければならない。この場合, 感情は意志の母体にあたり, いずれは意志に取って替えられるべき前段階として位置づけられる。

このような伝統的な意志陶冶論から区別して, あくまでも「感情の教育」の独自性を主張しようとするならば, 発想を切り替えて, 「教育」の概念の方を感情のあり方に合わせて組み替えていかなければならない。少なくとも, 〈陶冶〉とか, 〈形成〉とか, 〈開発〉とかの意味で「教育」を使う限り, 感情は教育の対象にはなりづらい。そうしたオーソドックスな「教育」概念を転換して, 〈解放〉(liberation)を中核にしそれを組み替えるならば, 「感情の教育」は, 「意志の教育」とも, 「知性の教育」とも異なる新たな教育の地平を切り開くことになる。要するに, 感情を教育するということは, 感情を解放し, 人を自由にして, あるがままの自己を取り戻させていくことなのである。

▶ **精神分析学と感情**　自由と教育とを結びつける考えは, 発想として旧くから見られる。「真理は人を自由にする」の聖句をはじめ, それを学ぶ人を自由にしてくれるものとしての「リベラル・アーツ(自由諸学科)」などは, その典型である。ただしこれらは, 真理や諸学科を学んだ結果として, 自由がえられることを示唆したもので, 学習過程が忍耐を要するものであることを, 打ち消してはいない。学習過程そのものが抑圧の過程である以

上，それを経なければなれない「自由人」も，実は真に解放された人間とはいえない。学習過程そのもの，成長過程そのものから抑圧を取り除いてこそ，「自由な教育」と呼ぶことができる。そうした根底的な自由教育論——しばしば「ラジカリズム」と呼ばれる——の成立に大きな影響を与えたのが，フロイト（Freud, S.）の精神分析学であった。

フロイトは，知性によって捉えられる意識の世界の根底に，巨大な無意識の世界があり，感情はこの意識できない世界が表出したものである，と想定した。しかもフロイトは，知性と感情のとらえ方を逆転させて，感情こそが人の根源的なエネルギーに相当する，と見なした。知性はそれに対して，感情の抑圧された形態でしかないのである。したがって，人を解放するには，まず意識の世界を飛び越して，無意識の世界の表出に注目しなければならない。そしてそれが何を意味するかを，「分析」によって明らかにすることにより，人を抑圧から解放していかなければならない，とフロイトは考えたのである。

▶ ニイルと「感情の教育」　フロイトの精神分析学を，たんなる精神疾患の治療法から，子どもの教育法にまで一般化しようとしたのがニイル（Neil, A.S.）である。ニイルは，彼自身が校長を務めるサマーヒル学園での経験から，子どもの誤った性癖が，幼児期の子育て，とくに母親による性的な抑圧に原因がある，と見なして初期原因説を唱えた。幼児期の好奇心が満足されず，逆に誤った知識が授けられた結果として，子どもは自然な感情の表出ができないでいる。それゆえ，なによりも抑圧をつくらないような人間関係，とりわけ無罰主義の教育関係を子どもに保証し，子どもの好奇心や感情が，そのまま満足されるような環境をつくることが必要である，とした。こうした方針の裏づけをニイルはフロイトの精神分析学に求めたのである。

ニイルの教育方針は，「頭よりも心を！」（Hearts not Heads!）のスローガンにも表れているように，感情重視の考えに貫かれている。感情の自然の表出を抑圧する「原因」さえ明らかになれば，人間の自由は回復する，とニイルは信じていた。しかし，こうした機械論的ともいうべき説明は，感情の表出の記号論的説明，つまり，感情の表出をめぐる，「意味を表すもの」と「表される意味」との区別，および前者を通しての後者の解釈，についての説明を，明らかに単純化している。改めて，フロイトからレヴィ＝ストロース（Lévi-Strauss, C.）の構造主義への流れや，リクール（Ricœur, P.）などの解釈学への流れの中で，「感情の教育」にかかわる方法論が問い直されなければならない。

▶ 情意的前提特性　18世紀イギリスの哲学者ヒューム（Hume, D.）は「理性は，それ自体では意志に対するいかなる動機にも決してなりえない」（『情念論』1757）といい，意志への作動力としての感情の役割を特に強調した。プラスに作用するにせよ，マイナスに作用するにせよ，意志を作動させ，知性を回転させる起動力（e-motion）としての感情は，知の行詰まり状況の中で期待がかけられてきている。現代アメリカの評価理論の第一人者ブルーム（Bloom, B.S.）が，子どもの「認知的前提能力」（cognitive entry behaviors）のさらに前提に，「情意的前提特性」（affective entry characteristics）を想定したのも，それが充分に確保されなければ，すべての能力が満たされない，と見たからである。

[参考文献]　長尾十三二（編）『世界新教育運動選書・別巻2・新教育運動の理論』明治図書　1988／ブルーム，B.S.（梶田・松田訳）『個人特性と学校学習』第一法規　1980／フロイト（懸田克躬訳）『世界の名著・49　フロイト』中央公論社　1973
[関連項目]　知識／道徳／陶冶／フロイト／ニイル　　　　　　　　　　　　　（宮寺晃夫）

完　成

英 perfection／独 Vollkommenheit／仏 perfection

教育思想において「完成」と訳される perfection／Vollkommenheit／perfection の語源

は，中世神学が語るラテン語の perfectio であり，この perfectio の語源は，新約聖書が語るギリシャ語の teleios である。teleios は神の属性としての「完全性」を意味する。新約聖書においてイエスが「山上の垂訓」で神の完全性として示したものは，アガペーとしての愛であり，それはまた，イエスが人に体現するように求める「義」（dikaioshune／iustitia）でもある。perfectio の語義は「十全になる」という人の運動である。それは，カトリック／プロテスタントを問わず，「義認」と訳されるラテン語動詞 iustificare の「義となる」と重なる。それは，内からの働きかけで人が義に向かうことであり，類似する「聖化」（sanctificare）は，外からの働きかけで義に向かうことである。これらは，完全に成るという意味で「完成」と表現されうるが，人に具現できることではない。それは，不可能への試みである。

　神の完全性に倣うという不可能への試みは，2・3 世紀から中世にいたるまで，ギリシャ哲学の完成概念と結びつけられて語られた。たとえば，オリゲネス（Origenes Adamantius），アウグスティヌス（Augustinus, A.）などの完全性論が，それである。ギリシャ哲学の完成概念は，プラトン（Plato），アリストテレス（Aristoteles），セネカ（Seneca, L. A.）などに見いだされる。プラトン，アリストテレスは，人間は神を模倣することで「最高の善」「完全な正義」を体現しうると論じ，セネカは，人間は完全な理性である神を模倣することで「完全な理性」を体現できると論じた。こうしたギリシャ哲学の完成は，アガペーに向かうことではなく，また具現も可能であるが，キリスト教思想に組み込まれ，義認・聖化として語られた。中世神学の泰斗トマス（Thomas Aquinas）が説く完全性（義認・聖化）論は，その集大成である。

　こうしたキリスト教神学の完全性（義認・聖化）概念は，ルソー（Rousseau, J.-J.），カント（Kant, I.），ヘーゲル（Hegel, G. W. F.），ヘルバルト（Herbart, J. F.）などの近代教育思想の基礎概念である「完成可能性」（perfectability／perfectibilité），「道徳的完全性」（moralische Vollkommenheit），「形成可能性（陶冶［可能性］）」（Bildsamkeit）の原型である。これらの概念は，人間が道徳的・理性的に完全化する内在的可能性（内包的能力）を意味し，しばしば「人間の自然本性」（human nature／nature humaine／Menschenheit）と重ねられた。そこでは，キリスト教的なアガペー，神と人の関係は後退し，個人の自律性・有用性という「能力」が強調された。現代の教育言説・教育実践は，こうした近代教育的な傾向をさらに推し進め，規範・制度からの超越を退け，自由を閑却する傾向にある。

　［参考文献］ Braun, W. *Vollkommenheit und Erziehung.* Weinheim 1996／Flew, R. N. *The Idea of Perfection in Christian Theology.* Oxford 1934／Passmore, J. *The Perfectibility of Man.* New York 1971 　　　　（田中智志）

カント
(Immanuel Kant, 1724-1804)

▶ **カントの生涯と代表的著作**　　カントはドイツ・プロイセン王国ケーニヒスベルクに，馬具職人の第四子として生まれた。幼少年時代のカントは敬虔主義（Pietismus）の影響を受けて育った。父母は熱心な敬虔主義の信者であった。道徳的で信仰を重んずる家庭の雰囲気は，彼の生涯や思想に大きな影響を与えたといわれる。1732 年，敬虔派の牧師でヴォルフ哲学の権威であったシュルツ（Schultz, F. A.）が在職していたフリードリヒ学院に学んだ。1740 年，ケーニヒスベルク大学に進み，シュルツの弟子で敬虔主義者でもあったクヌッツェン（Knutzen, M.）の指導の下で，ライプニッツ（Leibnitz, G. W.）やヴォルフの合理哲学とニュートンの自然科学に接し，哲学者となるべき基礎を築いた。大学卒業後，家庭教師をして研究を続け，1755 年，母校の無給の私講師となった。私講師としての初期の時代は自然哲学者として

数学や物理学に関心が強かったが，1760年代から関心の焦点を人間存在へ移していった。この頃のカントに大きな影響を与えたのはヒューム（Hume, D.）とルソー（Rousseau, J.-J.）であるといわれる。ヒュームからは独断論（合理論）の否定や単なる経験主義への懐疑，ルソーからは万人に普遍的な人間性の尊重などの思想的影響を受けたといわれる。正教授に就任（1770）前後から批判哲学の精力的著作活動に入り批判期を代表するいわゆる三批判書，『純粋理性批判』（*Kritik der reinen Vernunft*, 1781），『実践理性批判』（*Kritik der praktischen Vernunft*, 1788），『判断力批判』（*Kritik der Urteilskraft*, 1790）を10余年の間に相次いで公にした。カントはこの時期に重なる1776年から約10年間哲学部の正教授として教育学を講義した。カントはこの講義で教科書の一つにバゼドウの『方法書』（*Methodenbuch*, 1770）を使用している。カントは1774年バゼドウがデッソウに創設した汎愛学舎に対して支援のための推薦文『汎愛学舎論』を書き，この実験的教育施設を世に宣伝し多くの人々に援助を訴えた。批判期後も『単なる理性の限界内における宗教』（*Die Religion innerhalb der Grenzen der blossen Vernunft*, 1793），『永遠平和のために』（*Zum ewigen Frieden*, 1795），『道徳の形而上学』（Die *Metaphysik der Sitten*, 1797），『実用的見地における人間学』（*Anthropologie in pragmatischer Hinsicht*, 1798），『教育学』（*Pädagogik*, hrsg. von Rink, 1803）等多数の著作を次々に発表し，啓蒙主義を完成しそれを超えた思想家として，ドイツのみならず，全ヨーロッパの哲学に対して大きな影響を与えた。

▶ **カント哲学の特色**　批判哲学といわれるカントの哲学の特色は「理性」における哲学であり，感性（五感の総体）や啓示宗教（信仰）に基づくものではない。純粋理性に基づく哲学であることから先験的（超越論的）観念論（Transzendentale Philosophie）ともいわれる。カントは，人間理性の有限性の考察を通じて，人間の生と歴史の現実における「可能」「当為」「許容」を示し，人間とは何かという問いを明らかにしようとした。カントが教育を説く場合，その基礎にこの超越論的な人間への問いが控えている。カントのいう批判（Kritik）は，コペルニクス的転回（kopernikanische Wendung）と呼ばれるもので，混沌とした現象界をわれわれ人間の側から主体的に秩序づけようとするものである。カントは，時間・空間に支配されない思惟作用は純粋理性にもとづく思惟作用であり，純粋理性にもとづく表象は普遍性を有し，すべての人に妥当し，すべての人が真理として理解できるとした。カントが主張するのは，認識においてわれわれ人間は対象を創りだすことではなく，ただ現象界における対象の表象を認識できるに過ぎないということである。純粋理性が理論的に使用されるときは，「認識」が主要な問題となり，実践的に使用されるときは「自由」とその自由を実現する「道徳性」（Moralität）が主要な問題となる。

カントの道徳哲学が目的と手段の転倒を許さぬ厳格主義（Rigorismus）といわれるのは，人間の心底に根源悪（das radikale Böse）を見ているからである。この根源悪はエゴイズムの顕現であり，これを制限できるものは道徳性であり，「定言的命法」（kategorischer Imperativ）に他ならない。カントでは，理論から実践への橋渡しをするものとして，判断力の働きが考えられている。我々人間には統制的（規定的）判断力の他に，混沌とした現象界における特殊（個別）から普遍に至る合目的的な判断力がある。この判断力は反省的判断力といわれる。この反省的判断力は「発見教導的」（heuristisch）に働く理性の能力による。この反省的判断力において，われわれ人間は理念（Idee），すなわち「無制約者」（das Unbedingte）を構築し，さらには理念の総体である理想（Ideal）を構築するということが理想主義のカントの主要課題であった。理想の世界は，自然および道徳の究極目的であり，「目的の王国」

（Reich der Zwecke）とも呼ばれ，独自の目的論から人間を論じた。

▶ **カントにおける教育思想**　カントは，「強制において如何に自由を養うか」を教育における最大の問題とした。そして，教育は機械的なかつ思慮的な二面をもった合自然の技術であるとする。「人間は教育されなければならない唯一の被造物である」，「人は教育によって人間に成れるまでのことである」というカントは，人間が単に自然であることから教育的強制が必然であるのではなく，人間を人間たらしめる道徳の次元から義務・命令としての強制が必然とされるとする。強制は自然に基盤を持ちながらかつ自由である人間が，自然を介して自由になるための合目的性（Zweckmäßigkeit）を有した自己否定的手段の作業として位置付けられている。

しかしカントは，現象において他律が自律へ飛躍するためには，他律的強制の根底に常に，原理的（zum Grunde liegen）に自発性の自由や自覚が伴っているのでなければならないとする。つまり，純粋の目的自体と，自然の合目的的な諸目的系列の自覚を予想することなしには，強制は意味ある必然性として実現化されないとする。強制と自覚の原理の相違・働きの相違は，道徳的感情と道徳的自覚の相違として，その働きの根本性と前後関係がカントとルソーでは異なっている。教育における経験的・連続的側面（道徳的感情）を重視するルソーからの影響を受けながらも，カントは叡知的・非連続的側面（道徳的自覚）を自律的主体的人格の根拠とした。

人格の内容が，人を他から区別する特徴としての性格である。道徳的性格の形成はカントの教育説の核心を成すものである。道徳的性格は自然に与えられた善の素質にもとづいて，人間が自らの責任において創りだすものである。道徳的性格の形成は，行為の適法性ではなく，考え方の道徳性が問われる。『教育学』でも，「性格の樹立」が説かれている。『教育学』は「自然的教育」と「実践的教育」について論じているが，道徳的性格の形成は，

「実践的教育」の中で「技術的実践」から「道徳的実践」への移行をなすものである。感性的なメカニズムの原理にもとづく徐々の「改革」から，考え方の原理にもとづく自覚による一挙の「革命」への移行が必要とされるものとして説かれている。

　［**参考文献**］『カント全集』全18巻，理想社 1965-1988／カッシーラー，E.（門脇卓爾・高橋昭二・浜田義文監修）『カントの生涯と学説』みすず書房　1986／竹市明弘・坂部恵・有福孝岳編『カント哲学の現在』世界思想社　1993／日本カント協会編『カントと現代』晃洋書房 1996　　　　　　　　　　　　（鈴木志乃恵）

管　理

独 Regierung

▶ **語　義**　ドイツの講壇教育学者ヘルバルト（Herbart, J.F.）がその教育学理論において初めて位置づけた教育作用の一つである。彼は，表象の集合体である思想界を拡充・深化することを任務とする「教授」および被教育者の心情や感情や意志に直接働きかけてこれらを陶冶する作用である「訓練」を「本来の教育」と考える。この「本来の教育」である教授や訓練が行われるのにふさわしい秩序を形成・維持するために被教育者の行動を一定の状態に規制する作用が，「管理」と考えられた。「管理」は，「本来の教育」には属さないが，「本来の教育」を成立させる条件を整備する作用であり，この意味において広義の教育に含まれると考えられたのである。

▶ **ヘルバルトの管理論**　教育作用の一つである管理の目的と方法について初めて論究したのは，ヘルバルトであった。意志を持たずに生まれてくるので，どんな道徳的関係を結ぶ能力をももちあわせていない子どもにまず発達するのは，「無秩序の原理である野生の粗暴さ」だけであって，自己決定の能力をもつ真の意志ではない。この有害な粗暴さを抑制することが管理という作用なのである。ヘルバルトによれば，この管理が貫徹されている秩序ある状態のもとで，教授と訓練という本来の教育が行われなければならない。

ヘルバルトは管理の目的として，①粗暴さによって生じる子ども自身や他人にとって有害なものの除去，②不調和そのものであり，道徳的悪である闘争の排除，③社会を闘争へと導く衝突の回避，の３点を挙げている。ここには，闘争自体を悪と断定し，社会を静態的にしかとらえていないヘルバルトの保守的な社会観がうかがわれる。それはともかく，管理の目的は，要するに不調和や闘争のない秩序の形成・維持と考えられているのである。しかしながら，管理によって形成・維持されるべき秩序がなんのための秩序であるのか，が問われなければならない。つまり，管理による秩序の確立がなんのために必要とされているのかが重要なことなのである。ヘルバルトによれば，それは，本来の教育作用である教授と訓練とが円滑に遂行されるのに必要なのである。管理などしなくても本来の教育が順調に行われうるような状態であれば，それに越したことはない。否，管理なしで本来の教育が行われうるのが，もっとも理想的なのである。とはいえ，現実的に考えれば，管理作用は，本来の教育のための不可欠の条件整備（地ならし）として必要視されるのである。管理は，あくまで教授や訓練のために必要なのであって，管理自体には固有の目的はないのである。

次に，ヘルバルトは，以上に述べた目的を達成するための管理の方法として「おどかし」「監視」「懲罰」「作業」の四つを挙げている。①むき出しの粗暴さが現れないようにするには，子どもにおどかしをかける必要がある。ただ，おどかしの結果として子どもにいかなる心的変化が見られるか，たとえば，どんなおどかしをも意に介さないタイプ，おじけづいて萎縮してしまうタイプなど，子どもの性質の個人差を十分に考慮のうえでおどかしを与えるべきである。②監視は，子どもに対して命令・禁止・制限等を行う措置のことである。ただ，長期間にわたって規則づくめで監視を行うと，監視すればするほど監視の必要性がますます大きくなってしまって，

子どもの自主性や独創性を殺いでしまいかねない。監視の結果，「自分に命令された仕事を一様に無関心に繰り返すことが当然で好ましいことだとするような，いつも単調な気質をもった人間」がつくりだされてはならず，「活発さ，独創力，勇気ある冒険，確実な態度などを期待する」ことができるような適度な監視にとどめるべきである。子どもの主体性と大人の監視との微妙なバランスへの着目が看取される。③他にどんな方法もなく，やむをえずとらざるをえない方法として懲罰が用いられる。懲罰は，実際に行われることの必要性に力点がかけられているのではなく，秩序を乱すようなことをするとこれが加えられるという恐怖心を抱かせる効果があればよいとされている。④『一般教育学』では論じられていなかった「作業」については，『教育学講義綱要』において論及されている。子どもになんらかの活動に従事させることは，管理の基礎をなすことである。作業は，精神の陶冶に対して積極的な意義を有するものではないが，作業をさせることによって粗暴な行動にはしることを回避することができるという意味において有意義である。作業は，子ども自身によって選択された作業であることに越したことはない。

ところで，以上に述べた管理の方法が有効かつ円滑に機能するためには，その前提的条件として子どもの心情の中に権威への服従と愛の感情とが定着していなければならない。教育者と被教育者との関係の緊密さは，権威と愛の深さに依存している。この権威と愛に裏打ちされた人間関係の場面が設定されていることこそが，管理の絶対的条件であり，したがって「本来の教育」が十全に行われうる基盤である。この場面は，今日の学校教育に即して言えば，学校経営，学級経営のことを指していると言ってよいだろう。この意味でヘルバルトの管理論は，学校（学級）経営論として理解することも可能であろう。

▶ **ヘルバルト以後の管理論**　管理論はヘルバルトによって初めて教育学の俎上にのせら

れたが，彼以後における管理論は，採りあげ
るに足る展開をみていないようである。すぐ
にヘルバルト派が念頭に浮かぶが，彼らの関
心は専ら教授論に向けられており，管理論に
ついてはヘルバルトのそれをほぼ踏襲してい
ると言ってよかろう（ツィラー Ziller, T., シ
ュトリュンペル Strümpell, L. など）。ヘルバ
ルト派の最終走者であるライン（Rein, W.）
は，ヘルバルトの三区分論を利用して次のよ
うに教育学概念を区分している。すなわち，
教育を教授と指導（Führung）ないし教導学
（Hodegetik）とに二分し，後者をさらに管
理と訓練に細分している。それぞれの概念の
意味は，ヘルバルトのそれらから大きく踏み
出すものではなかった。

▶ 教授・訓練との関係　「教授」と「訓練」
は，ともに「道徳的品性」へと向かう強固な
意志の主体を形成するという任務をもつもの
として固有の目的を有している。しかし，
「管理」は，それ固有の目的をもっていない。
前述したように管理は，教授や訓練が順調に
行われうるための環境を整備するためのもの
であった。教授や訓練のための秩序形成を図
ることのみに管理の意義があるのである。管
理はあくまでも教授や訓練のための手段とし
ての意義しか有していないのである。

　ところで，子どもの心情や意志に働きかけ
る作用である点では，訓練と管理とは同じで
ある。この両者を実践場面で明確に境界づけ
ることは困難なことであろう。にもかかわら
ず，この両者を理論的に区分してその差異を
明らかにしたのは，ヘルバルト教育学の特質
の一つであろう。①訓練には固有の目的があ
るのに，管理には手段としての意義しかない。
②訓練が子どもの将来の姿を展望して行われ
るのに対して，管理は子どもの現在の姿を重
視する。③訓練が教育者と子どもとの持続的
で内面的な関係を統一的に形成しようとする
のに対して，管理はその場その場の整然たる
秩序を維持するための個別的な活動である。
これらの差異を明確にするために，ヘルバル
トが訓練と管理とを区別していることには注

目を要するであろう。というのは，彼の区分
論は，今日わが国で横行しているいわゆる管
理主義教育への警告を示唆しているように思
われるからである。管理のために管理をする
（管理を自己目的化する教育＝管理主義教育）
ことと教授・訓練のために管理をすることと
は異なることであるかぎり，両者を峻別して
考えることが肝要なことなのである。次に，
管理は前述のように，教授・訓練に奉仕する
という一方的関係として両者の関係をとらえ
るべきではなく，相互的関係として理解され
るべきである。管理の結果として子どもに定
着する服従や愛は，強制や束縛によって押し
つけられるのではなく，子ども自身の意志や
心情に結びつけられてはじめて可能なのであ
る。この意志や心情は，とりもなおさず本来
の教育である教授や訓練の結果としてのみ期
待されうるのである。教授や訓練の成果を前
提にしなければ，管理は十分には行われえな
いわけである。このように両者の関係が存在
するのである。

　教育理論として本格的に探求することが等
閑に付されてきた管理論を以上に述べた諸点
を念頭において論究することも，教育学研究
の取り組むべき一つの重要な課題であろう。

　［参考文献］　Herbart, J. F., *Allgemeine Päda-
gogik aus dem Zweck der Erziehung abgeleitet,*
Göttingen 1806（三枝孝弘訳『一般教育学』明
治図書　1969）／Herbart, J. F., *Umriß pädago-
gischer Vorlesungen,* Göttingen 1835（是常正
美訳『教育学講義綱要』協同出版　1974）／
Asmus, W., J. F. *Herbart. Eine pädagogische
Biographie,* 2 Bde. Heidelberg 1968-1970／是
常正美『ヘルバルト教育学の研究』玉川大学出
版部　1979／鈴木晶子『判断力養成論研究序
説』風間書房　1990
　［関連項目］　ヘルバルト／教授／訓練
（川瀬邦臣）

キ

記 憶
英 memory

▶ **語義・歴史・問題点**　記憶とは経験をとどめおき，のちに過去のものとして呼び起こす心的機能をいう。また，その過去の経験自体を記憶と呼ぶこともある。さらに英語のmemory には記憶の能力（記憶力）を意味する用法もある。記憶と学習は広くは同義と見なされるが，学習の場合，行動の変容に力点が置かれる。

　記憶はわれわれの生活が成り立つうえで不可欠な機能である。たとえば，母親を識別できるのも，日本語が話せるのも，毎日迷うことなく家に帰ることができるのも記憶機能が備わっているからである。記憶機能がなければ，アイデンティティが問題になることも，約束の遂行が問われることもないであろう。しかしながら，記憶と呼ばれる多様な現象を総括的に説明する理論をわれわれはまだもってはいない。心理学者はさまざまなモデルを使って記憶の仕組みを説明し，神経生理学者は脳内の物理的・化学的変化として記憶をとらえるけれども，いずれもわれわれが記憶と呼ぶ現象を十分に説明できる段階にあるとは言いがたい。

　今日の記憶研究は心理学を中心に行われているが，心理学が哲学から分化するはるか以前から記憶は人々の考察の対象とされてきた。プラトン（Platon）は心の中にはロウのような素材があって，それに感覚などが押し当てられ残った型が記憶であると述べているし，ロック（Locke, J.）は必要なときに取り出せるよう観念を蓄えておく貯蔵庫を記憶としている。現在最も説得力があるとされるのは二貯蔵庫モデルである。何度も繰り返し覚えた自宅の電話番号はなかなか忘れない（長期記憶）が，電話帳からひいた知人の番号は電話をかけたとたんに忘れてしまうことがある（短期記憶）。二貯蔵庫モデルはこうした現象を二つの異なる記憶貯蔵庫を想定することによって説明する。短期貯蔵庫の容量には限界があるので，入ってくる情報量が多いとすぐに外に出され忘れられてしまうが，何度も復唱・リハーサルされることによって情報は長期貯蔵庫へ移され，長く保存される。この説明は多くの事例にあてはまるようにも思えるが，記憶内容の相違，たとえば特定の出来事に関わる記憶（エピソード記憶）と一般的知識に関する記憶（意味記憶）の相違や，同じ内容でも処理レベルの違い（表現の形態に着目するか意味に着目するかなど）によって記憶の程度に差が出ることが顧慮されていない。

　最近の精密機器の発展によって実際の脳の働きが観察可能となり，記憶の生理学的機構が次第に明らかにされ始めている。学際的研究を目指す認知科学は，そうした成果を踏まえ，記憶モデルに実体を与えるべく理論の精緻化に努めている。しかし，記憶にはそうした努力に際して留意すべき概念上の特質があることを見落としてはならない。記憶機能は大きく分けて，記銘，保持，再現の三つの過程から成るとされる。まず印象が刻み込まれ，それが消え去ることなく残り，過去のものとして立ち現れるという三過程である。ここで興味深いのは，動詞形「記憶する」は「覚える」とともに記銘のみをさすにもかかわらず（保持は「記憶している」，再現は「思い出す」によって表現されよう），記憶できたかどうかは再現に依存していることである。再現があって初めて記銘と保持の存在を知りうるのであり，いわば記銘と保持は再現によって論理的に要請される過程なのである。それゆえ，日常語でいう記憶は，研究者が機器を用いて確認する脳内の物質的化学的の変化とは異なる概念であり，それらを同一視するとき混乱が生じることになる。確かに「覚えているのに思い出せない」というのは日常よくあ

る経験だろうが，それと「覚えていたのに忘れた」あるいは「覚えたつもりだったが覚えていなかった」は，外的な証拠に訴えない限り，区別できないだろう。

このことは，記憶という，過去の経験に関する心的機能がいかに現在の活動の中に埋め込まれたものであるかを示している。たとえば，記憶の正しさについて語ることが有意味であるのは，記憶の三過程が正しく遂行されたかどうかをわれわれが知りうるからでも，過去の経験が生じた時点に遡って事実と記憶を比較することができるからでもない。現時点において記録などが記憶の正しさを支持する可能性があるからである。また，もはや正しさが問えない記憶や，たとえ記憶間違いであっても，それらはわれわれの生活の中で極めて重要な働きをしている。長い間に変更・再構成された記憶が人格を決定する一要素となっている場合さえあろう。記憶は単なる過去の写しではなく，今の生活を豊かに彩る営みなのである。

▶ **教育学と記憶問題**　教育が可能となるかどうかは学習者の記憶力に依存している。教授法の改善はしばしば記憶方法の改善を意味しよう。このことは学習者の記憶力が教育の論理的前提であるということであって，記憶のみによって教育が成り立つということではまったくない。しかしながら，教育の歴史を振り返ると，生徒に暗記させることを教育と考えていた時代が長いことに気づく。20世紀初頭の新教育運動は，子どもの生活と無関係な教育内容をただ暗記させてきた伝統的教育に対し根本的な批判を向けたが，はたして今日の教育がこの批判を免れているかどうかは心もとない。一方，教育されてきた過程を一つの記憶問題と見るアプローチもある。教育がいかに心理的抑圧を生み出すものであるのか，教育の思い出がその後の生活にいかなる影響をもつものであるのかを明らかにしていく努力は，臨床教育学のみならず，教育とは何であるかを問ううえでも重要であろう。

[**参考文献**]　Dewey, J., *Experience and Education*. New York: Collier Books, 1963（原田訳『経験と教育』春秋社　1956）／市川伸一ほか『岩波講座 認知科学5 記憶と学習』岩波書店 1994／Locke, J., *An Essay Concerning Human Understanding*. Oxford: Clarendon Press 1975（加藤卯一郎訳『人間悟性論』岩波書店　1940）／Miller, A., *Am Anfang war Erziehung*. Frankfurt a. M.: Suhrkamp 1980（山下公子訳『魂の殺人』新曜社　1983）／『プラトン全集2』岩波書店　1974／Schulte, J., *Erlebnis und Ausdruck*. München: Philosophia Verlag 1987／高野陽太郎編『認知心理学2 記憶』東京大学出版会　1995

[**関連項目**]　学習／新教育／認知科学

（丸山恭司）

キケロ

(Marcus Tullius Cicero, 106-43 B. C.)

▶ **生　涯**　ローマの共和制最後をかざる政治家であり雄弁家であった。早くよりギリシャ語に精通し，青年期にはアテネおよびロードスに遊学し，ストアの論理説や新アカデミア学派の哲学を学んだ。また，弁論術（レトリック）についてもギリシャ語での演説訓練を重ねソフィスト同様にギリシャ語で演説を行ったという。当時のギリシャ的教養を広く身につけた彼は，ローマの政治家・雄弁家として活躍すると同時に，哲学や弁論術，法律などの著作をものしたが，アントニウス攻撃の演説がもとで，その敵として殺害された。

▶ **思　想**　ギリシャ哲学の所説を総合し，ラテン文化固有の哲学を樹立しようとした折衷主義哲学の代表的存在である。その業績は，まず，古代ギリシャの倫理・哲学の理論を適用することによって，ローマ帝国の現実を分析したことであり，また，自然法に関する基礎理論を構築したことである。彼によれば，法的自然は理性と同様に人間に備わっているものであり，自然法は不変なものとして，可変な他の法律の上位にあるという。さらに，彼は古代ギリシャの哲学・倫理学上の諸概念をラテン語に翻訳した。その後の西欧哲学が近代までラテン語を共通言語として発展したことを鑑みると，彼の思想上の功績は意義深

い。

▶ **教育思想** 彼はその生涯を通じてラテン語による雄弁術学習の水準向上に努めた。当時はごく一部の間でギリシャ語による高度な弁論術の学習が行われていた一方で，他方，ローマ人の実生活にすぐ役立つことのみを意図し，安易な技術主義に走ったラテン語による弁論術が一般に流布していた。この状況を憂えた彼はラテン語によるラテン文化固有の雄弁術をギリシャの水準にまで高め，それを弁論家養成の方法論として体系づけた。雄弁を誇る彼の演説は，その後，雄弁術を学ぶ者たちの文体の模範となっただけでなく，彼がラテン語に翻訳したギリシャの雄弁家たちの著作，さらに彼の手になる雄弁術学習法に関する著書『弁論家について』などは，15・16世紀における人文主義教育はもちろん近代に至るまで中等学校における古典教育の基礎として多大の影響を及ぼした。心身の調和のとれた教養ある人間を養成するという古代ギリシャのパイデイアの精神は，イソクラテス（Isokrates）らによって雄弁術など言語教育に集約されていったが，キケロは，ローマ的な意味でのパイデイアすなわちローマ的教養人の養成を雄弁術の学習を通して実現しようとした。彼は雄弁術の学習が全人的養成に結びつくよう配慮し，雄弁術の錬磨に，哲学など幅広いギリシャ的教養をはじめローマ人の生活の基礎たる法律や歴史の知識，さらに豊富な人生経験が欠かせないと強調した。

［**参考文献**］ Cicero, M. T., *Orator* (lat.-dt., Sammmlung Tusculum), München/Zürich 1988／Cicero, M. T., *Topica* (lat.-dt., Sammlung Tusculum), München/Zürich 1993
［**関連項目**］ 教養 　　　　　　　（鈴木晶子）

記　号
英 sign／独 Zeichen／仏 signe

▶ **語　義** 日本語において，「コドモ」という音（音声形態）ないし文字（書記形態）は，〈子ども〉という意味を表す。交通法規において，「ミドリ」という色は〈進め〉と

いう意味を表す。「コドモ」も「ミドリ」も，感覚によって知覚できる現れであり，〈子ども〉や〈進め〉は，この現れが運んでくる内容である。ふつう，このうちの現れを「記号表現」（signifiant），内容を「記号内容」（signifié）とよび，この記号表現／記号内容の関係をもつものすべてを「記号」（sign）とよぶ。つまり，記号とは，何かを，自分から区別される何かで指示するものであり，もっと具体的にいえば，ある人が見て，聞いて，触れて，なにかを想像するもの，意味づけるものすべてである。

人が記号表現から記号内容をえられるわけは，上の例でいうと，人が日本語の決まり・交通規則を知っているからである。このように決まり（コード）を媒介として記号表現から記号内容を読みとることを「解読」（decode）という。これにたいして，所与のコードがなかったり曖昧なとき，人はやむをえず自分でコードを作りながら，記号表現から記号内容を読みとるが，このようなかたちで記号内容を読みとることを「解釈」（interpret）という。解釈の場合，所与のコードは存在しないから，解釈の帰結である了解に「解釈の幅」や「見解の相違」が生じる。

▶ **記号論・記号学** 記号は，記号を対象とする言説によってさまざまに定義されてきた。ふつうその言説は，記号論ないし記号学とよばれ，言語を記号の一つとするといういみで，言語学をサブ学問とする一般学問として構想されてきた。さかのぼれば，それはアリストテレス（Aristoteles）に端を発し，ストア派およびアウグスティヌス（Augustinus, A.）によって体系化された「記号学」（semiotica）である。記号学は，すでに構成された制度のなかで使用されている記号とその指示対象との関係を問う。ストア派の定義によれば，典型的な記号はことばであり，ことばは〈音声（semainon 意味するもの）／概念（semainomenon 意味されるもの）〉という二項関係である。またアウグスティヌスの定義によれば，記号（signum）は，〈シグナーンス

〈感覚に訴える与件としての音声〉／シグナートゥム（その音声に担われ他のことばに翻訳されうる超越的な意味）〉という二項関係である。こうした記号の二項図式は、〈ロゴス／こえ〉、〈事物／名称〉、〈観念／表象〉、〈実在／表象〉というように、近代のさまざまな思想に継承されている。

近代以降の記号の言説は、記号論（semiotics）と記号学（semiologie）とに大別される。一般に、記号論はコードの不在（つまり創造的な意味作用）を前提にし、記号学はコードの所在（つまり定型的なコミュニケーション）を前提にしているといわれるが、こういう整理の仕方が精確なものではない。まず一方の記号論は、ロック（Locke, J.）に端を発し、パース（Peirce, C.S.）、モリス（Morris, C.）に代表されるアングロアメリカ系の記号の言説である。たとえば、パースの唱える記号論は、「記号とその対象と解釈項という三項の共同作用、ないしその作用を含んだ作用または影響関係」（パース）を問う研究である。またこの記号論は、記号を、①映像や擬音語のような「図像」（icon）、②病気の徴候や矢印のような「指標」（index）、③社会的な約束や自然言語のような「象徴」（symbol）にわけている。たとえば、猫の絵という図像は、〈猫／その絵〉という類似する二項関係を前提にし、煙という指標は、〈火／煙〉という物質的に隣接する二項関係を前提にし、鳩という象徴は、〈平和／鳩〉といった文化的に隣接する二項関係を前提にしている。しかしこれら二項関係の関係性は、パースにおいては問われることなく、各項は実体化されている。そのいみで、パースの記号論は、アリストテレス以来の記号学の伝統にそうものである。

他方の記号学は、ソシュール（Saussure, F. de）が提唱し、プリエート（Prieto, L. J.）、ヤーコブソン（Jakobson, R.）、バンヴェニスト（Benveniste, E.）に継承されたヨーロッパ系の記号の言説である。有名なソシュール記号学のキー概念は記号システムである。記

号システムは、たしかに記号という要素から構成されているが、その記号は、自存的に存立するものではなく、記号表現／記号内容の二項関係であり、さらにこの二項関係は、たんに一つの二項関係（A／A′、B／B′、C／C′、……）として自存しているものではなく、少しずつ異なる記号表現の系列（A・B・C・……）、それに対応する、やはり少しずつ異なる記号内容の系列（A′・B′・C′・……）、この二つの差異の系列の対応関係の総体のなかで、価値（位置価）をもつものである。

初期のソシュールは、この記号システム（＝言語）が物象化された結果生まれる、いわゆる意味や価値となったものを「ラング」（langue）とよび、このラングに規制されながら具体的に発話されることばを「パロール」（parole）とよんだ（なお、マルティネMartinet, A. は、ラング／パロールをコード／メッセージに読みかえた）。後期のソシュールは、記号システム（＝言語）は意識であり、意識は言語であるという前提を立てて、ラングもパロールも制度化された言語（表層の意識）であると考えるとともに、これとは別に制度化されていない言語（意識の深層）に注目するようになった。それは、「たとえる」といった、新しい意味を生成する言語活動そのものである。

記号システムを意味生成の動態とみるなら、〈実在／表象〉〈本質／現象〉といった〈オリジナル／コピー〉の二項図式は、言葉・生活によって制度化された特定の共時的な文化のなかでのみ存立するものであり、通時的にみれば、恣意的なもの（arbitraire）にすぎないということになる。すなわち、記号を実体とみることは、①恣意的に結ばれた〈オリジナル／コピー〉の二項を物象化し、②言語のなかでことば（各辞項）の価値（位置価）がほかのことばとの対立関係のみから決定されるという恣意性を無視するという錯認である。後期ソシュール記号学の核心は、すべての記号はべつの記号の歪んだコピーであると考えること、すなわちコピーはコピーされるとい

うコピーの自己増殖のなかにのみ在ると考えることである。

▶ **教育研究への含意**　こうした記号論・記号学の教育研究への応用は，きわめて乏しい。しかし，すくなくとも記号学のほうは，記号・文化をシステムとしてとらえることによって，教育に関する事象を実体的にとらえるかわりに歴史的・社会的な事象としてとらえることを容易にするだろう。

たとえば，①たしかに記号が喚起する意味作用は，人々の視野を広げ，世界とのかかわりを実現する契機である。しかし，それとともに記号が前提にする言説は，人々の批判を封じ，世界とのかかわりを固定する契機でもあるから，いわゆる教育の二律背反は，記号の二律背反として読みとくこともできる。②また『再生産』においてブルデュー（Bourdieu, P.）＝パスロン（Passeron, J.C.）が試みたように，ソシュールの恣意性概念を活用すれば，教育（教授行為）のもっている「暴君性」（arbitraire）ないし「象徴的暴力性」を，権力論だけでなく記号論からも暴くことができる（詳しくは，ブルデューの項を参照）。③さらにデリダ（Derrida, J.），ベンヤミン（Benjamin, W.）が指摘しているように，象徴が生みだす〈個々のものに一般的なものが潜んでいる〉という錯覚を暴くこともできる。たとえば個性という象徴（理念）は，その形式において一般性であるから，けっして〈この私〉のかけがえのなさを語りえないにもかかわらず，あたかもこのかけがえのなさを語っていると考えられている。この錯覚を示すことで，しばしばみられる，このかけがえのなさを個性にすり替えた個性教育論のはらむ偽瞞も，見えてくる。

[**参考文献**]　Benveniste, Emile, *Problemes de linguistique generale*, I-II, Paris 1966-1974（岸本通夫ほか一部訳『一般言語学の問題』みすず書房　1980）／Bourdieu, P., Passaron, J.C., *La reproduction*, Paris 1970（宮島喬訳『再生産』藤原書店　1991）／Peirce, C.S., *Collected Papers*, Cambridge, MA 1931（内田種臣編訳『パース著作集2 記号学』勁草書房　1986）／

Strobinski, J., *Les mots sous les mots*, Paris 1971／池上嘉彦『詩学と文化記号論』講談社 1992／立川健二『〈力〉の思想家ソシュール』書肆風の薔薇　1986／丸山圭三郎『文化のフェティシズム』勁草書房　1984／丸山圭三郎『ソシュールの思想』岩波書店　1981

[**関連項目**]　意味／言語行為論／システム論／伝達　　　　　　　　　　　　　　　　（田中智志）

技術・技能

英 art, technique, skill

　一般的に，「技術」は人間が自然に働きかけて改善，加工する方法あるいは手段を意味するのに対して，「技能」は諸種の「技術」を行使する人間の能力を意味している。しかし「技術」はこのような狭義の「生産的技術」のみならず，各種の「社会的技術」をも意味し，またそれに応じて「技能」の意味範囲も拡大する。教育における「技術」はしばしば「技術教育」というカテゴリーの中で狭く「生産的技術」に限定されて問題にされ，また「技能教育」も狭く特定の身体運動の形態を形成することを目的とした教育であるとみなされてきた。しかし実際には「技術」と「技能」の関係が「手段」対「能力」という図式に単純に置き換えられて問題にされる事柄でないことは，「技術・技能」概念の歴史的推移を概観しても，また後述するような「技術論争」が引き起こされた事態を見ても明らかである。以下では「技術・技能」概念の歴史的推移をたどりながら，その主要な捉え方を概観する。

▶ **「技術・技能」概念の歴史的推移**　「技術」はギリシャ語のテクネー techne に由来する欧語の訳語である。プラトン（Platon）はソフィストとは何であるかを言論（定義）によって明らかにする中で（『ソピステス』），「技術の全体は〈獲得の技術〉と〈作る技術〉とからなる」というエレアからの客人の言明を通して「技術」の分類を試みた。またアリストテレス（Aristoteles）は『ニコマコス倫理学』の中で，「『われわれの魂がそれによって，肯定とか否定とかの仕方で真を認識（アレー

テウエイン）するところのもの』として，われわれは，五つのものを挙げなくてはならぬ。すなわち，技術（テクネー）・学（エピステーメー）・知慮（フロネーシス）・智慧（ソフィア）・直知（ヌース）がそれである」と言い，「技術（テクネー）」を，「それ以外の仕方においてあることのできないもの」としての「学（エピステーメー）」に対して，「それ以外の仕方においてあることのできるものごと」の領域に入るものとして，「その真を失わないことわりを具えた制作可能の状態」であると規定した。すなわち，彼は「技術」を，事物のさまざまな可能性の中から人間がある新しい事物をつくりだす能力として規定したのである。

ローマにおいては，技術学の父と称せられるウィトルウィウス（Marcus Vitruvius Pollio）が『建築書』の中で機械論（技術論）を展開している。彼の「技術論」の特徴は，機械（技術）の仕掛けを「宇宙の廻転を教師として」できあがったもの，自然が生み出したものとしてみなした点，すなわち「技術」を「自然」に結びつけて捉えた点にある。ウィトルウィウスの「技術論」に比するものとしてあげられるのは，時代はかなり下るが，冶金についての学術書である『デ・レ・メタリカ』（1553）中に示されたアグリコラ（Agricola, R.）の「技術論」である。彼はその中で「鑛業者は実際の術と科学とに精通していなくてはならぬ」と主張し，特に計測に関する学術を重視した。素材や手段を「測る」ことの重要性のこうした主張によって，「技術」は科学の法則の世界へと近づいていくことになった。

さらに「技術」が一つの文化領域として人々の注目を引くようになった「近代」にさきがけて，ディドロ（Didro, D.）やダランベール（d'Alembert, J. L. R.）による『百科全書』（1751-1772）の編纂はその重要な契機となった。『百科全書』の中でディドロは，「技術」を同一の目標に協同するところの手立てや規則のすべての体系として捉え，「科学」と「技術」とが相互に助け合うものであること，したがってそこに「これらの両者を結合する鎖」がなくてはならぬことを強調した。「技術」と「科学」の接近・統合のこうした方向に対して，カント（Kant, I.）は「技術Kunst は，人間の熟練として，科学から区別され（なしうる［技倆］が知る［知識］と区別される），実践的能力として理論的能力から，また技法として理論から区別される（測量術が幾何学と区別されるように）」（『判断力批判』1790）ものとして，「技術」を「科学」から分離させ判断力の世界に入るものとして規定した。それは，法則的知識のように他に伝えることができない，すなわち教えることのできない能力であり，人はこれに習熟する外にこの能力を自分のものにすることができないものとして捉えたのである。

20世紀の前半になって，デッサウアー（Dessauer, F.）は「技術」の本質として，①人間労働についての法則の存在，②人間の側からの加工，③人間による目的の設定という三つの基本的要素をあげ，この三つを統一するものが「発明」であると考えた。

上記のような「技術・技能」概念の歴史的推移の概略からその特徴を整理してみると，それは①「技術」と「技能」概念間の不明瞭性を根底にして，②「科学」や「法則の体系」としてみなす立場，と一方③「伝達不可能な人間の能力」としてみなす立場が存在したという点に集約される。二つの概念の違い，あるいは関係の捉え方については，日本で戦前戦後に展開された「技術論争」に注目することによってより明確になるであろう。「技術」の規定をめぐる「技術論争」とは，ブハーリン（Bukharin, N. I.）の『史的唯物論』（1921）の影響を強く受けた相川春喜，岡邦雄，戸坂潤らによる唯物論研究会が結論づけた「技術とは労働手段の体系である」とする「労働手段説」と，武谷三男が提起した「技術とは生産的実践における客観的法則性の意識的適用である」とする「意識適用説」の間での論争である。以下に「技術論争」の争点

を踏まえて,「技術・技能」概念についての主要な捉え方を四つあげる。

▶ 四つの「技術・技能」概念

(1) 「労働手段説」における「技術・技能」概念　相川春喜 (1909-1953) は「技術」を「労働手段の体系」として規定し,一方「技能」を「労働手段［技術］を合目的的に活用し得る能力」として捉えた。彼は「知識的能力の体現されたものが技術的能力で,前者が後者を要約し,後者が前者を具現化する関係にたつ」と言う。この説における要点は,「技術」を「手段（体系としての知識）」すなわち「道具」として捉えた点,そして一方「技能」をそうした「手段」あるいは「道具」を合目的的に活用する能力として,しかも「知識的能力」の体現されたものとして捉えた点にある。

(2) 「意識適用説」における「技術・技能」概念　武谷三男 (1911-) は『弁証法の諸問題』(1968) の中で,「技術」を「人間実践（生産的実践）における客観的法則性の意識的適用である」と規定した。彼は「技術は実体概念で把むべきものでなく,本質概念によって把握せねばならない……すなわち技術は以前に唯物論者達が規定したような労働手段というような実体概念ではない」と言い,「技術」を本質（機能）概念として捉えることを主張した。「技術」と「技能」の関係については,「技能は主観的心理的個人的なるものであり,熟練によって獲得されるものであり……技術はこれに反して客観的であるゆえに,組織的社会的な物であり,知識の形によって個人から個人へと伝承という事が可能」であると主張し,両者を明確に区分した。武谷の説における要点は,①「技術」は客観的知識として表現することや伝達することが可能であるのに対して,「技能」は個人における主観的（客観的知識として表現することが不可能な）能力として規定した点,また②法則を「意識的」に適用することは「知識的」であるのに対して,「無意識的」に適用することは「非知識的」である（したがって

徒弟式の訓練は「非知識的」である）とした点,要するに「知識」としての「技術」と個人的能力としての「技能」を分離して捉えた点にある。この説は「技術」と「技能」を分離して捉えている点においては「労働手段説」における規定と共通しているが,①前説では「技能」は知識的能力に裏打ちされているとしたのに対して,「技能」を非知識的であると規定した点,また②前説では「技術」を人間の「技能」によって操作される存在として規定したのに対して,「技術」を「技能」と並置して捉え「カンやコツといった非知識的な『技能』は技術化されなければならない」と主張した点に特徴がある。

(3) 三木清における「技術・技能」概念　三木清 (1897-1945) は『技術哲学』(1967)の中で,「知能或ひは技能はそれ自身技術的なものであり,時にはそれが技術と呼ばれている。技術を身につけねばならぬなどといふ場合,技術と考えられているのはそのような知能或ひは技能である」と述べ,①,②の説が「技術」と「技能」を別個の存在として捉えたのに対して,「技術」と「技能」を同義に捉える「技術論」を展開した。三木は「技術」を単に「生産的技術」に限定して捉えるのではなく,主体の,特に知識を基礎としての環境に対する働きかけとして捉え,「技術の本質は形成である」ないしは「技術は行為の形である」と考えた。また「技術は主観的なものと客観的なものとの綜合であり,しかもそれは形における綜合であるというところから,技術は単なる理性にではなくむしろ構想力に属すると考えられねばならぬ」として,「構想力」を「技術」にとってもっとも本質的な要素として規定した。しかし「自然法則の認識」を「理論的なもの」とし,他方「目的の設定」を「実践的なもの」として,両者の統一が「技術」の形をなすとする三木の説は依然として「理論」と「実践」を分離している点で①,②の説における困難と共通した問題を残している。

(4) G・ライルにおける「技術・技能」

概念 「技術・技能」概念を考察する上で上述の説とは異なる観点から分析を試みたライル（Ryle, G.）の業績を見逃すわけにはいかない。ライルは「心」と「身体」を並列的な別個の存在として捉える心身二元論を否定（『心の概念』1949）し、人間の「技能（Knowing how）」は「知識の所有（Knowing that）」に従属するものでも、それと並列的に存在する別個の事柄でもないと主張した。すなわち「知識（Knowing that）」も「技能（Knowing how）」もともに人間の「知性（Intelligence）」の二つの異なる表れにすぎないと考えたのである。彼は、「技能そのものは行為ではない。すなわち、それは目撃可能な行為ではなく、また目撃不可能な行為でもない」し、「ある行為の遂行の際に行使される技能をカメラによって一コマずつ記録することができない理由は、技能というものが神秘的な、あるいは幽霊的な出来事であるということではなく、それがそもそもまったく出来事といわれる種類のものではないということなのである」と言い、「技能」を一つの傾向性（disposition）、ないしは諸々の傾向性の複合体として解釈した。ライルの「技能論」の特徴は「技能（行為）」の発現それ自体を「知性（intelligence）」の表れとして見なした点にあり、それは①「知識」と「技能」が並列（対立）的に存在すると考え、「体系的な知識」としての「技術」の獲得と「技能の習得」を別個の事柄として捉えることの問題性や、②「技能」を単一あるいは単純な表れ方をする傾向性として捉え、目に見える形で何かが「できる」ことの集合としてその行動特性を記述することの問題性を指摘している。ライルの説に従うならば、前述の「技術論争」の中で規定された「技術・技能」概念も、また三木の説における「技術（技能）」概念も「理論」と「実践」を前提とする二元論的枠組みの中での規定であるということになる。また、「技能」の習得はただ手続きの集合として記述可能な「体系的な知識」としての「技術」を所有すればよいわけでも、また反

復訓練によって反射能力を育成すればそれでよいわけでもなくなる。むしろ、ライルは、「技術・技能」の問題は「人間の認識」の問題と離れては十全な議論はできないということ、つまり「知識（技術）」対「技能」、「手段」対「能力」あるいは「理論」対「実践」という図式から離れて議論する必要性を主張しているのである。こうしたライルの主張は最近の認知研究にも受け継がれており、そこでは「技術・技能」は「知識」概念を構成する重要な要素として位置づけられている（たとえば、『わざから知る』［生田 1987］や『からだ——認識の原点』［佐々木 1987］における「技術・技能」の捉え方を参照）。この点が現代の「技術・技能」の取り扱われ方の特徴であり、それはまた従来の「技術教育」や「技能教育」の再構成へ向けての新たな視点を提供していると言えよう。

［参考文献］ Ryle, G., *The Concept of Mind* Huchinson, London 1949（坂本百大ほか訳『心の概念』みすず書房 1987）／アリストテレス（高田三郎訳）『ニコマコス倫理学』岩波書店 1971／生田久美子『わざから知る』東京大学出版会 1987／ウィトルーウィウス, M.（森田慶一訳）『ウィトルーウィウス建築書』東海大学出版会 1971／カント, I.（坂田徳男訳）『判断力批判』（世界の大思想 11）、河出書房 1965／佐々木正人『からだ——認識の原点』東京大学出版会 1987／武谷三男『弁証法の諸問題』（武谷三男著作集 1）、勁草書房 1968／プラトン（藤沢令夫訳）「ソピステス」『プラトン全集』岩波書店 1976／星野芳郎『技術論ノート』真善美社 1948／三木清『構想力の論理』（三木清全集 8）、岩波書店 1967／三木清『技術哲学』（三木清全集 7）、岩波書店 1967／三枝博音『技術の哲学』岩波書店 1951

［関連項目］ 知識 （生田久美子）

城戸幡太郎

（きど まんたろう, 1893-1985）

　1930 年代から 40 年代にかけてすすめられた教育科学運動を組織した行動的な研究者として著名。1924 年からは法政大学などの教壇に立ち、戦後は、戦争直後期の教育改革や

教員養成にかかわる。四国松山に生まれ，早稲田大学予科を経て1916年卒業の東京帝国大学専科で心理学を学んだ。1922年から2年間，ドイツに留学，精神科学や教育科学の最新の動向にふれる。留学を含めた1930年代までの時期，精神科学の枠組みで体験と表現との関係を追求する表現心理学を深める一方，その問題に介在する教育に関心を向け，帰国後の1925年の『文化と個性と教育』では，教育を「文化の個性化」と定義し，その技術と実践を課題とする教育科学を構想した。これには，先行する篠原助市（しのはら　すけいち）の「自然の理性化」が参照されるべきであろう。

　1935年の，「教育学の方法についての試論」という副題を持つ論文「形象と技術」において，主観的な要素を持つ人間の歴史や社会をつくりだす能力として，形成力というカテゴリーを考える。歴史や社会が客観的な必然性を持つのは，人間の形成力が，技術に媒介されて発現するからである。この問題の検討は，カントの第一批判書でふれられる主観と客観を総合する構想力を手がかりに遂行された。論点は，構想力がうみだす人間の主題にもなお主観が残る，というものであった。今や，形成力というカテゴリーをおくことによって，主体の立場そのものの歴史＝社会的な被拘束性が明らかにされ，超越的な価値理念である文化というものの媒介なしで，安んじて主体の立場をうちだせることになったのである。1933年の『社会的教育学』では，新たな教育の目的は歴史と社会の客観的な洞察，すなわち，「存在の内に規範を発見する」という手続きにもとづいて割り出され，教育学の過程では，具体的な生活の場で必要とされる技術の学習が子どもを発達させるという観点に到達した。

　教育学における形成力と技術の論理は，城戸が留学の船上で語り合った三木清の，実質的に転向をはたしたあと転向者のユートピアを描きながら危機の時代の超克を模索する1932年の「危機意識の哲学的解明」からは

じまり，1939年に着手された『構想力の構想』にいたる同時代の思想的な営みにほとんど符合する。同年の，三木が起草したとされる昭和維新運動をめざした近衛文麿の「昭和研究会」の公式的な文書『協力主義の哲学的基礎』では，城戸とおなじ意味を込めて，形成という概念が使われているのが注目される。

　1936年，法政大学の心理学研究室に設置の児童研究所を発展させて，現場の保育者と保育問題研究会を結成し，1937年には，留岡清男たちと教育科学研究会を組織する。1931年から33年までの『講座教育科学』と続く雑誌『教育』により始まっていた教育科学研究運動は，これにより教育運動に脱皮し，生産力の向上を考えていないと批判した北方性教育運動の生活綴方教師たちなどを吸収した。このとき城戸は，昭和研究会の専門部会である教育改革同志会に参加している。官制化で脱退するものの大政翼賛会にも参加する。

　城戸が，新体制でのもとの教育理念は，大日本帝国憲法の告文中の文言からとられた「民生慶福」をはかる「生活力の涵養」と規定し，それを「民生教育」と名付けた（『民生教育の立場から』1938年）。生活力の涵養は，子どもの生活に即して考えられているが，その背後には，社会全体の高い水準の生産力が実現されていなければならず，生産力を媒介する技術の持つ合理性が教育に浸透して，子どもの生活力そのものも整序されることが期待された。

　民生教育のいま一つの理念によれば，教育は，「社会的協同精神」にむかって訓練することが中心になる。その点では，とくに幼児に特有の自己中心性が互いに協力し合うように順致されなくてはならないとされた。民生教育は，「利用厚生」の教育とも言われた。利用厚生とは，「個体が全体に利用されることによって，全体は個体を生かしていく」ということであった。これは，現実には，国家総動員体制の教育になるに過ぎなかったが，あるいは，「奴隷のことば」で，主体性と合理性と共同性を語ることにより，日本の現状

を一点突破しようとしたのかも知れない。しかし、日本は破滅した。1943年、城戸は、治安維持法違反の容疑で逮捕されるが、当時の緊迫した政治情勢からいえば、いろいろな解釈ができる。

［参考文献］　文中の引用文献の他、戸坂潤『思想と風俗』伊藤書店　1936／城戸幡太郎先生80歳祝賀記念論文集刊行委員会編『日本の教育科学』日本文化科学社　1976／宮川透『三木清』東京大学出版会　1970　　　　（三笠乙彦）

帰納と演繹
英 induction and deduction

▶ **語義と特質**　帰納と演繹は異なる二つの推論の方法である。推論とは、すでに与えられている事柄（前提）から新たな判断（結論）を導き出す過程をいう。帰納的推論では個別の事例にもとづいて一般的言明が求められ、演繹的推論においては前提間の論理関係から導かれる必然的結論が問われる。たとえば、これまで遭遇したカラスはみな黒かったという観察結果から、すべてのカラスは黒いという一般的な結論を下すのが帰納的推論であり、「すべての人間は死ぬ」「ソクラテスは人間である」という二つの前提から必然的結論として「ソクラテスは死ぬ」をうるのが演繹的推論である。

演繹の特徴は、前提の内容に関係なく論理形式に従って結論が導かれることである。上記のソクラテスの例も「すべてのbはcである。すべてのaはbである。ゆえに、すべてのaはcである」という形式それ自体によって推論の妥当性が保証されている。つまり、たとえ前提が偽であったとしても（実はソクラテスがアンドロイドだったとしても）、推論の妥当性は損なわれない。前提がみな真であれば結論も必ず真となる。妥当な推論が行われたにもかかわらず結論がおかしければ、それは前提に問題があったということである。

帰納は過去に観察された一部の事例から全体を推測し、未来を予測する方法である。演繹による結論は前提の言い換えにとどまるが、帰納は前提を越えて新しい情報を提供する。それだけに誤った結論を導く危険性が常につきまとう。帰納の場合、前提がすべて真であっても結論が真であるとは限らないのである。過去に遭遇したカラスがすべて黒かったという事実は、次に出遭うカラスが白いであろう可能性を否定しない（カラスに抵抗があればヒツジでもクマでもよい）。観察例を増やすことによって結論の確からしさの程度を増すことはできるが、演繹と同じ意味で必然的な結論をうることはできないのである。

英語の reasoning という言葉が示すように、推論は理性の営みとされる。西洋の知的伝統の中で、理性のもたらす推論の必然性は確実な知識の拠り所となると強く信じられてきた。一方、実際の推論の特性を明らかにすることを目指す心理学研究は、純粋に論理的な推論と人間の推論が異なることを示唆している。日常生活においては演繹的推論であっても、明示された前提だけでなく、さまざまな暗黙の前提をたどりながら発見法を通してなされることが多いのである。

▶ **歴　史**　いかに有効な推論を行うかは既に古代ギリシャにおいて重要な関心事の一つであった。論敵の誤りを指摘し、自らの主張の正しさを証明するのにしばしば演繹法が用いられた。アリストテレス（Aristoteles）は推論構造の徹底した形式化・類型化を試み、伝統的論理学の基礎を築いたが、その際、三段論法として知られる推論形式を演繹のモデルとして用いて演繹的推論の特性を明らかにした。また、帰納を「個物から普遍へ至る道」と定義し、一つの推論形式として紹介した。ただし彼のいう帰納はすべての個物を枚挙することであり、演繹的推論を援助する一方法に過ぎなかった。

アリストテレスは学問研究の道具立てとして論理学を構想し、演繹を研究方法の理想としたが、こうした哲学態度はその後も主流であり続けた。近世の認識論の隆盛において演繹はとりわけ大陸合理論の中心原理であった。他方、帰納は経験に依拠した方法であること

からイギリス経験論者に擁護されることが多かった。たとえば、デカルト（Descartes, R.）は、確実な知識体系の構築を目指して、演繹の出発点となるべき疑いえない知識を求めたのに対し、ベーコン（Bacon, F.）は、演繹中心のアリストテレス論理学では実質的な知識をえられないとし、実験と帰納こそ望ましい知識獲得の方法であると主張した。彼にとって、そうしてえられた自然法則に関する知識のみが自然を支配する力となり、人類に福利をもたらすものであった。

観察にもとづきながらも最終的には自然法則を数式として表現するニュートン物理学は自然科学の方法論的勝利として迎えられたが、他方、ヒューム（Hume, D.）の因果律批判は帰納の無根拠性を暴露することになる。彼によれば、われわれが確認するのは原因と呼ばれる出来事に引き続いて結果と呼ばれる出来事が生じてきたということだけであり、原因と結果の必然的結合はわれわれの想像の産物でしかないのである。ミル（Mill, J.S.）は、帰納だけが学問の方法にふさわしいと考え、自然は以前と同じ状態にあるという自然斉一性の原理を導入して帰納の正当化を試みた。しかしこの斉一性の原理自体が帰納的推論の結果であり、帰納の根拠を帰納に求めるという誤りを犯していると言わざるをえない。

20世紀にはポパー（Popper, K.）が科学の命題は事実によって常に反証可能であるということを積極的に受け入れることで（すべてのカラスは黒いという仮説は一羽の白いカラスと出会うことによって反証される）、帰納の無根拠性を問題としない科学理論を提唱した。とはいえ現代では、以上のような帰納の理論的困難をよそに、確率・統計の問題として未来の予測の理論化が進められている。

▶ **教育との関わり**　帰納と演繹のどちらを知識獲得の原理と考えるかによって教育をめぐる見解も多岐にわたる。たとえば、教育内容は普遍妥当な教育目的から自ずと演繹されるとする教育観や、学校で何が教えられるべきかは現実社会の現象から帰納されるとする

教育観。また、人間は生得観念をもって生まれてくるとする学習観や、観念はただ経験を通して形成されるとする学習観など。一方、推論能力の発達と教育も教育研究のテーマである。ピアジェ（Piaget, J.）の思考発達の研究は論理的に妥当な推論が可能となる年齢段階を指定したが、最近の研究は推論行為が社会の近代化や学校教育という外的な要因に大きく左右されることを示唆している。また、アリストテレス以来、論理学は西洋の高等教育において必須科目であったが、最近、日常生活における論争点を明確にする能力（批判的思考力）を育むことを目指したカリキュラムが導入され始めている。

［**参考文献**］ Broudy, H.S., Ennis, R.H. and Krimerman, L.I. (eds.), *Philosophy of Educational Research*. New York: John Wiley & Sons 1973／Brown, H.I., *Perception, Theory and Commitment*. Chicago: The University of Chicago Press 1977（野家啓一ほか訳『科学論序説』培風館 1985）／Passmore, J., *Philosophical Reasoning*. New York: Charles Scribner's Sons 1961／『アリストテレス全集1』岩波書店 1971／佐伯胖編『認知心理学講座』第3巻（推論と理解）、東京大学出版会 1982

［**関連項目**］ アリストテレス／ミル父子／合理論／認知科学／実証主義 　　　（丸山恭司）

規　範
英 norm／独 Norm／仏 norme

▶ **語　義**　規範とは、社会的（または対人的）行為を規制する原理の総称であり、直接的には、妥当な行為様式に関する指示（指令）と、指示への同調を高めるためのサンクション（sanction：賞罰の体系）とから成る。しかし規範の背景には、望ましい行為に関する価値基準が存在する。いいかえると、一つの社会集団に属する成員が共有している、一定の状況下で、何をなすべきか、また何をしてはいけないかということについて自他の行為を評価する上での行為基準である。

▶ **価値と規範**　一般に、規範が特定の状況下でなされるべき（あるいは、なされるべき

でない）行為についての指示であるのに対し，価値はもっと抽象的な，望ましさについての一般的な基準を表す。ひとが行為の目的や方法を選択する際に，影響を及ぼす要因の一つとして，望ましさということがある。この望ましさに関して，個人または集団がいだく観念が価値である。望ましいものとしての価値は，単に望まれるもの（欲求や願望など）から区別される。望ましさという見地から，欲求について反省するところに価値という観念が生まれる。規範は，価値が特定の行為様式を通して発現したものである。その意味で，規範は価値によって基礎づけられている。価値と規範は，抽象―具体の関係にあるが，すべての価値が規範へ具体化されるわけではない。規範がかかわる価値は，社会的行為にかかわる価値であり，端的にいえば善という価値である。これに対して，美や真などの価値は，直接的には規範にかかわらない。

▶ **規範の内面化と制度化**　規範の内面化（internalization）とは，規範が外的な強制力によって遵守されるのではなく，良心あるいはフロイトのいう超自我が形成されることによって，自発的に遵守されるようになることをいう。規範はこのようにして行為者にとって外在的であることをやめ，内なる行為原理もしくは規範意識へと転じていく。規範への同調を確保するために，規範に従った行為に報賞を与え，規範に従わない行為に処罰を科す仕組みをサンクションと呼ぶ。法的サンクションのように，物理的強制力を行使するものから，仲間はずれにしたり，心理的圧力を加えるだけのものまで，サンクションの形態と強さはさまざまである。規範の内面化とサンクションとによって，規範が現実に人々の行為を有効に規制するようになるとき，規範は制度化されたという。

▶ **規範の種類**　規範の種類としては，一般に，慣習（custom），道徳（moral），法（law）の三つが挙げられるが，このほかに宗教を数える論者もある。慣習とは，長期にわたって持続的に存在し，成員に遵守されている共通の行動様式である。慣習は成員に必ずしも規範として意識されているとはかぎらず，サンクションも道徳や法に比べると弱い。W・G・サムナーは慣習を，規範としての拘束力の程度により，さらに習俗（folkways）と習律（mores）とに分類した。習俗は，伝統とか世論のように，拘束力の比較的弱い規範を指す概念である。また習律とは，習俗のうち，正しくて真実であると見なされ，全体の福祉に役立つ，拘束力の相対的に強い行動様式のことである。道徳は，習律がいっそう合理的に洗練され，とくに善悪の判断が明確化されたものである。規範としての拘束力は慣習よりも強い。慣習が主として外的行動にかかわるのに対して，道徳は内面化された規範であり，外的強制力によらず自発的服従によって支えられるところに特色がある。法は，国家権力によって正当化され，国民に対して普遍的に適用される規範であり，規範への服従を確保するために，必要とあらば最も強い強制力（暴力）の行使が許されている唯一の規範である。その目的は，国民の権利を保護・調整することにある。法が規制対象とするのは外的行動のみであり，思想・信条などの内面には及ばない。

ヘーゲルの『法の哲学』においては，法（Recht）― 道徳（Moralität）― 人倫（Sittlichkeit）の三段階が区別される。法においては，規範の客観性が明確にされるが，規範は形式的で，個人の自覚の有無にかかわらず効力をもつ。道徳においては，主観の判断が重視されるが，それが客観性をもつとはかぎらない。人倫においてはじめて，法における客観性・普遍性の原理と道徳における主観性の原理とが止揚される。このようにヘーゲルは，主観的・個人的倫理としての道徳と，客観的・共同的倫理としての人倫とを区別する。シュプランガーも，道徳（Moral）と倫理（Sittlichkeit）を区別するが，彼の場合はヘーゲルとは逆に，道徳が集団的性格をもち，倫理が個人的性格を有する。個人倫理（persönliche Sittlichkeit）は，特定の個人がいだく行

為規範であり，集団道徳（kollective Moral）から相対的に独立している。個人倫理も，元来は集団道徳から生まれたものであるが，個人ごとの価値観に応じてそれに修正が加えられたもので，良心といってもよい。個人倫理の基準は，多くの場合，平均的な集団道徳よりも厳しい。

▶ **教育学における規範の問題** 存在ないし事実を記述する経験科学に対して，当為ないし規範を扱う科学を一般に規範科学（normative Wissenschaften）という。19世紀末から20世紀初めにかけて，社会学や心理学などが経験科学化していくのと並行して，規範科学という概念は登場した。教育学においても経験科学化の傾向が見られた（デュルケーム，モイマン，ロッホナー等）が，それに対して規範的契機を強調するタイプの教育学が規範的教育学とか哲学的教育学と呼ばれた。ヘルバルトの時代に規範的契機と現実的契機を混在させていた教育学は，20世紀になって経験的教育科学と規範的教育学に分化した。1920年代頃までのドイツ教育学は，ナトルプなどに代表される規範的教育学と，教育科学と，両契機の統合を意図した精神科学的教育学とに分極化した。

規範的教育学はその後，低迷状態を続けたが，その理由としては，抽象的・思弁的な議論に傾斜して経験的事実との対応関係が明確でなかったこと，規範の合理的な基礎づけが十分でなかったこと，価値に関する相対主義的動向を考慮しなかったことなどが挙げられる。要するに，規範的教育学は現実に即応した合理的で有効な規範を提出することに成功しなかった。望ましい教育目的を設定したり，妥当な教育方法を選択するという，理念的規範および技術的規範にかかわる問題は，解決されないままに残された。教育学の経験科学志向や，価値多元主義社会における規範設定の困難性などから，教育学において規範の問題は長らく回避される傾向にあったが，近年ふたたびそれが注目を集めるようになっている。たとえば，教育科学の推進論者として知られるW・ブレツィンカも，規範の問題を扱う教育学部門（「教育の哲学」および「実践的教育学」）の必要性を認めている。

1960年代から70年代にかけて，概念整理によってイデオロギー問題は解消するという立場をとる分析的教育哲学が，英語圏を中心に全世界を風靡した。しかし，1980年代以降，分析的教育哲学自体もリベラリズムというイデオロギー的立場に立脚していることが指摘され，その立場を乗り越えようとする新たなる規範的教育哲学が台頭しつつある。

［**参考文献**］Sumner, W., *Folkways*, Boston: Ginn, 1907（青柳清孝・園田恭一・山本英治訳『フォークウェイズ』青木書店 1975）／Parsons, T. & E. A. Shils（eds）, *Towards a General Theory of Action*, Harvard UP, 1952（永井道雄・作田啓一・橋本真訳『行為の総合理論をめざして』日本評論社 1960）／Rombach, H. & K. Kippert, 'Norm', 'Normalität' in *Lexikon der Pädagogik*, 3. Aufl., Herder, 1970-71／Riedel, M., *Norm und Werturteil. Grundprobleme der Ethik*, Reclam, 1979（宮内陽子訳『規範と価値判断』御茶の水書房 1983）／Brezinka, W., *Metatheorie der Erziehung*, E. Reinhardt, 1978（小笠原道雄監訳『教育学から教育科学へ』玉川大学出版部 1990）／川島武宜『近代社会と法』岩波書店 1959／見田宗介『価値意識の理論』弘文堂 1966／宮島喬「社会規範」北川隆吉（監修）佐藤守弘・三溝信・副田義也・園田恭一・中野収（編集）『現代社会学辞典』有信堂 1984
［**関連項目**］道徳／価値 （新井保幸）

義務教育

英 compulsory education／独 obligatorischer Unterricht／仏 énseignement obligatoire

義務教育を，ある社会においてその成員に一般的かつ義務的に適用する教育形態と定義するならば，それはいまのところ17世紀にまでしか遡れない。それ以前には，たとえば古代ギリシャのスパルタでのリュクルゴスの治世において行われた教育や，ローマの，そしてカール大帝のフランク王国での教育，さらにはジェームズⅣ世の15世紀後半スコットランドでの教育があるが，それらは，い

ずれもただ男子のみを，しかも自由民や貴族のそれを対象としていたりするもので，これを近代の義務教育の歴史的な起源とするには，かなりの無理がある。

ルターを義務教育の思想的な定礎者とする歴史理解はかなり定説化している。ことに『ひとはその子を就学させるべきであることについての説教』(1530) においては，その標題がしめしているように，ルターがここにおいて展開しているその内容が 17 世紀以降の義務教育のありようにおおきな影響をあたえたことが容易に予想される。

「私は政府にはその民を強制して彼らの子どもを，とくにうえに述べたような身分の子どもたちを，学校に就学させるようにする責任があると考えている。なぜならば，政府には彼らのような職分，すなわち牧師，教区長，法律家，書記，医師などを確保しなくてはならない責任があるからである。もし政府に戦争でその民に槍や鉄砲で武装させ，城壁をよじ登らせることを強制する権限があるならば，政府にはそれ以上に，その民に彼らの子弟を学校に行かせるよう強制する権限があるはずである」。

ここからは，ルターが特定の身分に限定して，その後継者確保のための義務教育論を論じていることが明確に読みとれる。この論策では，「この世は後継者を必要としているのであって，さもないとこの世の権威は解体してしまうことになる」ともいっているからである。しかしながら，「わたくしは誰もが自分の子どもをそのような務めへと教育しなければならないなどと強要しようとするわけではない」というとき，「君侯やえらい人びとの子ども」だけがその教育の対象となるわけではない。「神のみ手のわざは，無からすべてのものをお創りになるのと同様に，乞食をも君侯にしてしまうようなものである」(121) といっていることは，それがたんに世襲による後継者確保，すなわち身分内部の自己教育の必要性を指示していたわけではないこともしめしている。すべてのひとびとが神

との直接的な関係にあるとされるとき，世俗世界における身分の確保は，可能性としては，すべてに開かれていたのであった。

このルターの論策は，17 世紀のなかばにひとつの画期的な実践例を見出すことになる。チューリンゲンの小さな領邦ゴータ公国の領主エルンスト (1601-75) による「ゴータ学校令」(1642) といわれる義務教育令である。それは，「児童はいずれの土地においても，すべて男女を問わず，1 年中を通じて継続的に就学しなければならない」(2-49)，あるいは「児童は 5 歳に達したさいには，必ず入学させなければならない」(2-51) と規定し，さらには「父母は，5 歳以上 12 歳以下の子どもでいまだ字の読めない者をすべて就学させなければならない。この義務を怠り，あるいは履行しないものは何人たるを問わず処罰される」(13-361) と厳命している。この義務教育令の編纂にあたっては，法令の成立時にはすでに没してはいたもののラトケの影響が強く働いていたことはよく知られている。このゴータ学校令については，ともするとその「課程主義」(梅根悟によってはじめて用いられ，「年限主義」をとる近代義務教育に対して，その前近代性を強意する時に使用される概念) の側面のみが強調され，これに続く絶対主義の義務教育の先駆としての位置があたえられることになる。しかしながら，30 年戦争という未曾有の災禍のなかで，教授法の改革と統一的な教育制度を構想したラトケはその汎知学を媒介としてコメニウスにもその先行者としてつながっていたのであり，この学校令は，現世の平和と来世の平安とを希求する教育改革運動の一環として，位置づけておく必要がある。学習内容や時間の「合理」的な配分，さらには唱歌 (賛美歌) の楽譜まで規定するその至れり尽くせりぶりにおいて，コメニウスの教授学と基底をおなじくしているといえないことはない。

おなじ 1642 年，アメリカのマサチューセッツ植民州でも，一種の義務教育法が制定された。「タウンの代表者たちは，つねに，す

べての親や雇用者およびその子どもたちの読書力および宗教の原理ならびにわが国の主要な法令についての理解の程度を監督しなければならない。また，これを拒む者に対しては罰金を課せられる」というものだが，これはいわば趣旨をかかげているといってもよいものであって，煩瑣な条項はともなっていない。神に対する親の義務が隣人愛を基調とする共同体において再確認されている。

18世紀の後半にはいって，プロイセンの啓蒙君主フリードリヒⅡ世（大王）が新教地域を対象に制定した「一般地方学事通則」で，「すべての臣民は，両親，後見人あるいは領主として青少年の教育に責任をもつものである以上，自分の子どもまたは後見をゆだねられている子どもを，男女の別なく，おそくとも5歳または6歳以後，学校に就学させなければならない。そして，13歳または14歳まで就学を秩序正しく継続させ，彼らがキリスト教の必須事項を習得し，よく読み書きできるとともに，朕の宗務局によって指定あるいは認可された教科書によって教授される事項について，［学業査察をする説教師の試問に］受け答えができるようになるまで学校に在学させなければならない」と指示している。これは，かたちのうえでは，ゴータ学校令を踏襲したものといってよいが，その思想がうけとめる状況はあきらかに変わっている。マリア＝テレジアのオーストリアとの7年戦争の結果，軍事力の底辺へのテコ入れ策の一環だったという評価はおおむね妥当なものといえよう。

フランス革命の過程でおおくの教育論がおおやけにされたが，たとえば，タレーラン（＝ペリゴール）は，「国は教育というおおきな恵沢をすべてのひとびとに提供する。しかし，だれにも強制はしない」として，子どもの就学は親の任意とし，義務就学の考えを否定している。コンドルセもまた，公教育（instruction publique）はすべてに開放的でなければならないとはいうものの，啓蒙主義者として，ほぼおなじ立場に立つ。ただ，彼の

場合には，『人間精神進歩史』においても，義務教育は，古代奴隷制社会の遺物であり，文明によって克服されたはずのものとして，否定された。しかしながら，その古代，ことにスパルタに範をとり，そのコアに愛国心の涵養をおくルペルチェの国民教育（éducation national）は，期間を男女ともに5歳から開始し，終期は男12歳，女11歳とする義務教育が「国民教育舎」とよばれる全国ネットの施設で展開されるべきとの計画をもっていた。

アメリカ独立革命の過程においても，後年大統領となるジェファソンによるものをはじめとして，ラッシュやコラムなどの，おおくの教育論がおおやけにされたが，その基本線はコンドルセとほぼおなじであった。つまり公立の初等教育はこれを用意はするものの，それを受けることを強制はしなかった。彼らの関心は，まず「義務よりも無償」であった。マサチューセッツ植民州の時代の義務教育が国家的立場から特定内容の教育を強制して「無償よりも義務」を強調したこととはいちじるしく対照的である。

18世紀のおわりから19世紀のはじめにかけての義務教育は，児童労働への対応，さらに国民教育の構想，そしてそれらの交錯といった問題において，あらたな展開をみせることになる。イギリスでは，19世紀のはじめ，「被雇用児童の道徳と健康を維持する法律」（1802）が制定され，工場主に対して徒弟に教育（読みかた，書きかた，そして算術，またはそれらのなかのいずれか）を義務づけることになった。また，プロイセン，ことにあらたにその領土に編入されたラインラント地方においては，たとえば，ジュフェルンの「学校制度に関する一般法案」（1819）のように，「親および学齢児童を雇用する工場主・手工業者・農場主が，児童に所定の普通教育を授けなければならない年齢は，通常7歳から14歳までとする」との規定が盛りこまれていた。そのジュフェルンは，また，おなじ「一般法案」で，「初等教育は6歳から13歳

までの両性の子どもにとって義務である」ともしていた。イギリスにおいては、児童労働の制限の問題が「工場法」のレベルを越えて、国民教育制度（National System of Education）を展望するにいたるが、プロイセンやザクセンなどドイツの諸国においても、国民教育というおおきな枠組みのなかで、義務教育の問題が議論されはじめていた。アメリカでも、19世紀の半ば、マサチューセッツ州教育長、ホレース・マンによって、義務教育のいわば先進国であるドイツ諸国を視察した結果にもとづいて、アメリカ最初の本格的な義務教育令が制定される。これは、「8歳から14歳の児童の保護者に対して、少なくとも毎年12週間、そのうち6週間は継続的に公立学校に就学させなければならない」というものであった。

19世紀の第3の4半世紀から20世紀のはじめにかけて、それは一定の決着をみることになる。フランス第3共和制でのジュール・フェリーによる「教育は国家の市民に対する義務」の確信は、1882年法にいたる過程で変質を余儀なくされ、家庭も含めた教育施設における親の教育義務において落着したが、イギリスは1870年法で初等教育の義務化にいたり、すでに義務化を達成していたドイツでも、第2帝政の1873年の「プロイセン民衆学校の組織、課題、目的に関する一般規程」において、義務教育を前提としたこまかな規定の作成にのりだしていた。16世紀に思想化され、17世紀から制度化されてきた強制的で、したがってたぶんに治安的な傾向をもった義務教育の系譜はここで完結する。このような義務教育制度の確立にとって、たとえば、カントにおけるような自由意志論にもとづいた近代的な義務論はまったく前提とされえない。その意味で、思想的には、近代的な義務教育はいまだ成立しえていないといってもよい。近代ヨーロッパの言語における強制を指示する表現の残存が、そのことを如実にしめしている。20世紀におけるその課題は、すでに中等教育段階の義務化へと移行

していた。ワイマール憲法は、8年の就学義務とともに、18歳までの実業補修学校への就学を義務づけており、また、トーニー（Tawney, R. H.）は、「中等教育をすべての者 に（Secondary Education for All）」（1922）で、つぎのようにいっていた。

「子どもはすべて、彼らの両親の収入、階級、職業にかかわりなく、11プラスの年齢で、初等レベルの学校からいろいろなタイプの中等学校に進学し、そこで16歳まで就学できるようにするため、公立の中等教育を発展させることが必要だ」。

[参考文献] 義務教育思想、あるいは義務教育論の通史はみあたらない。ただ、制度史としては、梅根悟『義務教育史』（世界教育史大系第28巻、1977）がある。個々の事例については、ルター、フリードリヒII世、フランス革命期、さらにはイギリス工場法、プロイセン改革、してジュール・フェリー、トーニーなどについては、それぞれそれ自体についての研究がある。たとえばゴータの学校令については、L. Fertig, *Obrigkeit und Schule. Die Schulreform unter Herzog Ernst dem Frommen (1601-1675) und Erziehung zur Brauchbarkeit im Zeitalter des Absolutismus.* 1971のように、その義務教育の内実を敬虔主義や啓蒙主義のレアリスムの先駆として位置づける精緻な研究もでている。

[関連項目] 国民教育／普通教育／初等教育／公教育 （山内芳文）

木村素衞

（きむら もともり、1895-1946）

▶ 生 涯 　第二次世界大戦前・戦中期の教育哲学者。石川県生まれ。1920（大正9）年、京都帝国大学文学部哲学科選科に入学して西田幾多郎に師事。ドイツ観念論研究に従事し、1931（昭和6）年にフィヒテ（Fichte, J. G.）『全知識学の基礎』の翻訳を出版。広島文理科大学を経て、1933（昭和8）年、京都帝国大学文学部教育学教授法講座に赴任。1939（昭和14）年にまとめられた『表現愛』においては、京都学派特有の「表現」「形成」「自覚」概念に基づく美的な色彩の濃い人間形成論が論じられている。また、大正末から敗戦

直後まで信州の各地で百回以上の講演を行い，教師たちに敬慕された。1946（昭和21）年2月，講演先の上田で急逝。

▶ **思想と位置づけ**　主著と目される『表現愛』における木村の思想の要諦は以下の四点にある。第一に「表現的・形成的存在」という人間の存在論的規定。ここで「表現」とは芸術的・美的なそれに限らず，善／美の区別以前の人間の根本的構造と捉えられている。それ故，美的表現における美のイデアが，行為一般における価値志向性と同一視される。このようなプラクシスとポイエシスの「相即」が第二の要諦である。木村はこの「表現」の動的構造を「内と外とが互いに否定的に媒介し合う弁証法」と見る。「外」とは表現の素材であるが，木村は特にその歴史性を強調する。「内」に関して木村は，表現を導くイデアは内と外とが切り結ぶ一点において「生まれ出ずる」とする。この「生成するイデア」の観念が第三の要諦である。そして第四に「エロスとアガペの弁証法」。善美を求める人間の価値志向的な愛（エロス）は，絶対的な限界をもつが故に，一切をありのままに肯定する無条件的な愛（アガペ）によって「包越」され，救済される。この二つの契機の動的連関（弁証法）を木村は「表現愛」と呼ぶのである。

「表現」「形成」が人間存在の本質的契機とされるが故に，木村の表現論は直ちに人間形成論となる。教育者と被教育者との「表現的交渉」としての教育行為の只中でこそ教育の目標たるイデアが生成する，という教育理解は，所与の目標へと被教育者を形成する，という近代教育の形而上学（大西正倫）に対する根本的なオルタナティヴである。「エロスとアガペの弁証法」は，教育における価値志向性と絶対的肯定性との逆説的な結びつきを原理的に明らかにしている。

その早過ぎた死の故，木村の思想は教育学において広く受容されてきたとは言い難いが，それは蜂屋慶を経て矢野智司の「発達／生成」論へと受け継がれ，近年では「京都学派

教育学の発端」（田中毎実）といった思想史的位置づけも定着している。

[参考文献]『木村素衞著作集』全5巻，学術出版会　2014／蜂屋慶編『教育と超越』玉川大学出版部　1985／大西正倫『表現的生命の教育哲学──木村素衞の教育思想』昭和堂　2011／西村拓生「「京都学派」教育人間学の暫定的マッピングの試み」『近代教育フォーラム』23　2014　　　　　　　　　　（西村拓生）

キャリア教育

英 career education

▶ **語　義**　将来の生き方に関する学びを指す。従来の職業教育のように特定の技術を育てることや，進路指導のように特定の進路選択を対象にした教育的な関わりだけでなく，より長いスパンでの人生設計や，社会生活に関わる学習をも含んでいる。

▶ **経　緯**　20世紀初頭にボストンで始められた職業相談を嚆矢とする職業指導運動においては，職業に関する知識を与えることや職業意識を向上させること，さらには個人の職業に対する適性を判定することに取り組んでいた。この運動はデューイ（Dewey, J.）やケルシェンシュタイナー（Kershensteiner, G.）らの影響も受けており，当時の学校を取り巻く変化に対応したものであった。

その後，アメリカでは心理学に基づいたキャリアの考察がすすめられ，特性・因子の判定だけでなく，ロジャーズ（Rogers, C. R.）らの非指導的カウンセリングも取り入れられた。また，スーパー（Super, D. E.）の職業的発達理論においては，職業へ至る過程だけでなく全生涯にわたる生き方を視野に入れていくようになっていく。

日本では，高度経済成長期に高校進学率が上昇していく中で，1970年代にアメリカで論じられるようになったキャリア・エデュケーションも，進路指導に関わる領域で紹介されていた。2000年以降になって学校教育と職業世界との乖離に対する関心が高まるようになり，職場体験学習や職業に関わる専門的な学習，さらにはインターンシップなど多岐

にわたる取り組みが行われていくこととなる。

2000年代のキャリアに関する議論においては心理学的知見だけでなく、社会的な課題も取り上げられるようになった。児美川孝一郎が説く権利としてのキャリア教育や小玉重夫が説くシティズンシップ教育の一環としての政治教育の登場は、学校と職場だけでなく、その外の世界との連携も問われるようになっていることを示していよう。そこでキャリアを論じるにあたっては教育や福祉との関係を視野に入れていくことは不可避となっている。このような視点は、社会的な関係性の中でキャリアを捉えるという点で、個人のスキルアップや意識づけにとどまらないキャリア教育の今日的な性格を示している。

[参考文献] 小玉重夫「「無能」な市民という可能性」本田由紀編『労働再審 1 転換期の労働と〈能力〉』大月書店 2010／児美川孝一郎『権利としてのキャリア教育』明石書店 2007／吉田辰雄・篠翰『進路指導・キャリア教育の理論と実践』日本文化科学社 2007
[関連項目] 職業教育 (江口潔)

教 育

英 education／独 Erziehung／仏 éducation

▶ 語 義　ヒトに生まれながらには備わっていない能力を身につけさせようとする行為（作用）、またはその結果を言う。ここにいう能力には、技能や知識や思考力など、ヒトの生存に必要な身体的・知的・情操的な諸力が含まれる。これらの能力の獲得を学習と呼ぶとすれば、教育は学習を促し助成する作用として理解される。またこの場合の作用は、普通には、先立つ世代が新しく生まれた世代に対して意図的に行う場合をいうが、広くは、同じ世代からの、さらにある場合には後の世代からの、意図的あるいは無意図的な作用をも含むことがある。

▶ 機 能　教育はまずヒトの個体の生存機能として理解される。教育の必要は自助能力をもたずに生まれるヒトの生物としての生存様式の特殊性にもとづいており、教育行為なしにヒトの生存を予想することはむずかしい。ヒトは生まれながらに持ち合わせた能力によって生きることはできず、後天的に獲得される能力を必要とする。後天的能力のシステムを文化と呼ぶならば、文化獲得としての教育は文化的事象であるとともに、生物としてのヒトにとっていわば自然的機能である。この意味で、種としてのヒトは、自然的機能として文化を獲得しつつ生存する生物であると言わなければならない。新しく生まれたヒトの個体は、その個体にとって外在している文化を自己の内に学び取っていくことによって生物的生存能力を身につける。

さらに教育は、社会的機能として理解される。ヒトは社会の中に生まれ落ち、社会を構成する個人として生存する。個人の生存の維持は社会の維持に依存する。社会の維持のためには、それがもっているさまざまな規範や行動様式、すなわち文化がその構成者たる個人に保持される必要がある。社会に共通する文化を個人に獲得させて、共同生活を可能にする過程を社会化と言うが、それは教育のもつ社会的機能として最も基本的なものである。また社会が維持されるためには、教育の他にも多くの機能がいわば自然発生的に働いて、物の生産、交換、消費などの経済的活動、社会を法の下に統治する政治的活動、あるいは言語や道徳、宗教、芸術など、広範な営みが社会を支えるが、教育はこれらの機能の一つであるとともに、これら諸機能をささえる機能である。たとえば、国家権力は最終的に物理力による統治手段を備えているが、いわゆる成熟した社会であればあるほど、それは常には隠れていて顕在化せず、日常的には働かない。この状態を作り出すことが、教育のもつ政治的社会化の機能である。

▶ 概念の二層性
〈組織的教育と非組織的教育〉　後天的能力を身につけさせようとする作用は、意図的あるいは無意図的に行われる。この作用の場面は、意図的教育を組織的に行う機関である学校をこえて家族や友人関係、あるいは地域

や職場, さらには国家や国際社会へと広がる空間をもち, 一方で誕生から死に至る時間的経過の中にある。さらにまた自然的作用も数えるとすれば, あらゆる環境は教育的作用を及ぼす。それは広いだけでなく, 生存能力を身につけるための豊かな内容をもっており, したがって, 教育をその広い領域に対応し得るように理解しておくことが必要である。そのためには, 教育についての理念的規範的な把握の前に, 現実に人間がどのような教育的作用を受けているかをまず理解しておかなければならない。こういった教育的作用の領域は, 個人が自らの生存責任を負うに至った近代市民社会の形成期において拡大した。「生きることを教えたい」と言うルソー (Rousseau, J.-J.) が「教育は自然か人間か事物かによって私たちに与えられる。私たちの諸能力および諸器官の内部からの発達は, 自然の教育である。この発達するものの使い方を私たちに教えるのは人間の教育であり, 私たちに影響を及ぼしてくるさまざまな事物について, 私たち自身が経験を積んでゆくのは事物の教育である」と, 教育の中に広い作用を含ませたのは歴史的意味のあることであった。また同時代のエルヴェシウス (Helvétius, C.-A.) が「教育はすべてをなし得る」というときの教育は環境一般のことであったように, 18世紀にすでに教育は拡大された意味を持っていた。教育は, 文化の構造が複雑化する現代にあって空間的にも時間的にも急速に拡大された世界の中にあることはいうまでもないだろう。

なお, この時エルヴェシウスが用いた「教育の科学」は素朴ながら, 事実における教育のメカニズムへの関心を示していた。20世紀になってそれは洗練整備され, クリーク (Krieck, E.) によって「教育は初めから課題であるのではなく所与であり, 人間の生成に関する精神と社会の根本機能である」と表現されたような, いわば社会の自然的作用として教育を対象化する方法となり, またデュルケーム (Durkheim, E.) によって, 政治的,

道徳的, 宗教的, 等のあらゆる種類の集合的意見によって社会的存在を形成する教育的機能を「社会的なもの」として記述する科学となった。いずれにしても, いわば社会の中の自然的機能として無意図的に発生する教育的作用の領域と事実を把握しておくべき問題関心がその背景にある。

しかしながら, 単に拡大された環境一般や社会全体の人間形成機能を教育一般に等値することは教育の意図性を消去することになる。教育は一方ですぐれて人為的かつ価値志向的な働きであり, 当然ながらその働きに望ましい結果を期待される。とくに近代国家においては, 近代的文化状況において国民の生存と幸福を実現する基礎条件として学校教育制度を整備することが必須の国家的営為となる。そのことから, 人為的に配慮可能の範囲にある教育を把握しておかなければならない。それゆえ, 普通には, 狭く意図的計画的教育と, その周辺に広がる意図と計画のない教育との二層に分けて理解されることになる。デューイ (Dewey, J.) はこのことを組織的教育と非組織的教育の区別として分かりやすく説明した。また, クリークやデュルケームが「教育科学」とは別に, 意図的教育に関する「教育学」を立てたのもこのことに関連する。

〈教育と教授〉　教育概念の二層性は教育と教授の関係にも存在する。教育を日常的な用法として用いる場合には, 多様な意味が含まれるが, それを目標の上から, 道徳性などの人格形成に関わる意味と, 知識や技能の伝達に関わる意味とに, 大きく分けてみることができる。実際, 古くから, それらに別々の用語を当てて表現してきた。たとえばギリシャ語で didaskein, paidein, と askein, agein, ラテン語で disciplina, artes と doctorina, studia, ドイツ語で Zucht, Erziehung と Unterricht, Lehre, 英語で education, disciplin, と instruction, teaching, などが多く用いられてきた。

日本語にあっても, たとえば親が子を「教育する」「導く」と言い, 知識や技術を「教

える」「伝える」という言葉遣いにも意味の違いが含まれている。一般には，教育（あるいは訓育）と教授（あるいは知育）の用語が当てられ，意味の使い分けがなされる。しかるに，教育と教授をまとめるための上位の用語としてもう一度教育を用いることになるが，そのことは education などの欧語においても同じである。ここにもまた教育概念の二層的な構造がある。なお，ドイツ語でよく用いられる Bildung（陶冶）は普通には教育と同じ意味を持つが，狭義の教育すなわち訓育と並ぶ場合には教授の意味になり，それ自体に2層がある。

教育と教授の区分は教育理論上の用語法にしばしば現れる。たとえば，フランス革命時においてジロンド派のコンドルセ（Condorcet, M.）とジャコバン派のルペルシェ（Lepeletier, L.-M.）の間にあった公教育の任務としての教授中心か教育中心かの主張の違い，あるいは 19 世紀の教育学を指導したドイツのヘルバルト（Herbart, J. F.）が唱えた「教育的教授」の学説は，両概念の別にもとづいている。さらに，19 世紀末からの新教育運動期に，リーツ（Lietz, H.）が自ら創設した学校に命名した「田園教育舎」には従来の教授学校から教育学校への転換の意味があった。

▶ 用　語

〈教育〉　文字の成り立ちとして，教育の「教」は「爻と子」（長じた者から子への模倣）と「攴（ボク）」（軽く打つ）の合わさったものであり，励まして模倣させること，といった意味になる。「育」は，子の逆さの形と肉月で作られている。子が生まれる様（さま）（逆さになって産まれる）とそれを養って肉を付ける意味があるとする説がある。孟子に「教育」の用例として，「君子に三楽有り，……天下の英才を得て之を教育するは二楽なり」がよく知られている。わが国で用いられるのは江戸中期以降であるが，近世では精神を導いて善に進ませるという意味で「教化」を用いることが多かった。教育は幕末以

降の用語である。「教化」は中国できわめて古く，すでに『詩経』に見えるが（「美教化，移風俗」），概して徳育的意味が強かった。今日では，この意味を受けながら，さらに教え込みの意味が重なり，英語の indoctrination の訳語の一つに当てられる場合が多く，indoctrination が education に対すると同じように，「教化」に対置される語法になっている。

〈education〉　語源的にはラテン語の educare（育てる）と educere（導く）に求める 2 説がある。さらにギリシャ語にさかのぼれば，子ども（paidi）を学校へ導いて行く（ago）役目をもつ奴隷（paidagogos）の仕事・技術（paidagogia）があり，ここから 15 世紀頃に「教育学」（pedagogy）が出た。16 世紀に現れ始める education（モンテーニュ Montaigne, M. やヴィーヴェス Vives, J. L. などでは，institution が多く用いられる）には，文字の構成として「子ども」を含まないが，「導く」の意味の経緯としてはギリシャ語に連なっていると見てよい。なお，この場合の「導く」には，近来の解釈にあるような，内在する可能性を引き出すという意味はない。

古代ギリシャにあって，教養を意味するパイデイア（paideia）も，もとは母または乳母による子どもの養育のことであったが，B.C. 4 世紀までに子ども・青年を善なる人間に形成する教育や教授を一般的に意味するに至る。6 歳前後に始まる家庭外の学校教育に当てて理解され，次第に教授・訓練・教育の内容及び過程，およびその結果（学識，教養）を意味するに至った。それはイデアに向かうべき政治と溶け合った概念であり，公共芸術および建築物をも含む都市の市民的文化的生活，またポリスの法律に従って営まれる生活のための教授もパイデイアの重要な側面であった。

アリストテレス（Aristoteles）によって労働外の知的卓越性として定式化され，ヘレニズム期に完成をみるパイデイアはローマに移

ってフマニタス（humanitas）の語に当てられ，さらに下って自由学芸（liberal arts）を形成する。この系列のもとに知の階層的資産が形成され，「教養」（パイデイア）が上層的かつ高踏的概念となり，後世に少なからぬ影響を及ぼした。労働を免れた閑暇階層の知的資産が労働を担う近代民衆一般に奇妙にも継承されるべき価値となったのは，たしかに社会的上昇志向のもとに知の機会の均等化を求める近代原則によることであった。しかしながら，教養と近代民衆の出会いは，解体の憂き目にあう教養にとっても，また階層的知のシステムによって身を飾ろうとする近代民衆にとっても，不幸な出会いであった。今日，教養の復権が唱えられるが，現代的地平における教養のシステムは多く試行の中にある。

一方，education は，共同体から析出され生存責任を自ら負わなければならない近代個人一般を支援する課題をもって，近代的地平に降り立った。その時，in-stitution や in-struction が中に構造物を建てる意味（struct into, build into）を持つのに対して，education は，近代個人を成長目標を先在させた植物に類推し，栽培概念（educare＝bringing up）として意味づけられた。

institution は 18 世紀には教育を指す意味になく，instruction, indoctrination は pedagogue とともに蔑称となった。しかるに，その一方で，education が paidagogia の経緯から離れて独り歩きし，educere に拠りながら，引き出すという意味として解釈されはじめ，とくに 20 世紀になってそれまで内含していた indoctrination の意味が排出され，それと対置させられながら概念の純化が進み，内在論的な可能性の引き出しの意味で解釈されるようになった。デューイはこのことについて，「引き出す」ことが注入と対照する意味に限っては有効であるが，教育における形成（shaping, molding など）の意味を失ってはならないと批判した。

[参考文献] Brubacher, J. S. *Modern Philosophies of Education*, New York 1950／Dewey, J.,
Democracy and Education, New York 1916／Durkheim, E., *Sociologie et Éducation*, Paris 1922／篠原助市『改訂理論的教育学』協同出版 1949／勝田守一『教育と教育学』岩波書店 1970／森昭『現代教育学原論』国土社 1968
[関連項目] 教育学／近代教育 （原聡介）

教育科学

英 science of education／独 Erziehungswissenschaft／仏 science de l'éducation

▶ **語義・歴史**　教育の目的および方法を思弁的に決定して，教育の全過程にわたる体系的理論を展開した従来の思弁的（哲学的）教育学に対して，教育を一つの社会的事実としてとらえ，これを客観的・実証的に研究しようとする立場をいう。20 世紀の初め頃から，この言葉がフランス，ドイツ，アメリカなどで使われるようになった。従来の思弁的で抽象的な教育学に対して，教育の科学的研究を主張し，新しい学問体系を標榜したが，何を「教育の事実」として把握するか，あるいは「科学的研究」の「科学的」の意味をどのように考えるかによって，様々な見解・立場があり，教育科学についての解釈も決して一様ではない。

（1）フランスの社会学者デュルケーム（Durkheim, É.）が「教育科学」という言葉を最初に用いたといわれている。彼は従来の個人主義的・規範的な教育学に対して，事実判断を主とする社会科学たる教育科学，現実にあるものを認識し，理解する科学としての教育科学を提示した。その際，彼は教育をいかなる社会にも欠くことのできない社会機能と考え，この機能を究明するためには，現実に存在した多くの教育を観察しなければならぬと考えたのである。したがって，デュルケームにとっては，教育の科学（教育科学）は，科学として他の諸科学と異なった特殊な性格をもつものではない。それは科学として，次のような一般的な諸特性をもつべきことを要求される。

①研究の観察に与えられた後天的諸事実を，

また現実的諸事実を対象としたものであること，②これらの事実は，同一の範疇内に分類されるために十分な同質性を相互の間に示しているので，規則的な性質が発見されること，③これらの事実を研究するに際して，科学はまったく没価値的に，ただ知るためにだけ研究するもので，ただ現実を表白するだけで，それに対して価値判断をしないこと，としている。このデュルケームの科学観から，教育についての科学は，対象の同質性によって，同一のカテゴリーに属するものの科学として，成立することになる。

（2）ドイツにおける教育科学　「純粋教育科学」を標榜するクリーク（Krieck, E.）の立場は，デュルケーム同様，教育を社会の根源的機能として理解し，教育の目的を規定する価値や当為から出発する従来の教育学に対して，徹頭徹尾，教育の事実に立脚して教育の本質を探究しようとする。彼はその本質をとらえるために，現象学的な方法と比較法とを用いた。すなわち現象学的本質直観によって社会的根本機能としての教育の必然性をとらえ，また個別的なものの中に必然的なものを，歴史的事実を相互に比較し把握しようとした。この場合，本質直観とは，いわゆる現象学的還元によって「事象そのものへ」迫ることによって本質のもつ構造をとらえることであるが，クリークの場合，教育機能が社会機構のうちに統一されている事実を現象学的に明らかにしようとした。しかし彼の教育科学は，実証的・実験的な教育科学とは異なり，たとえば，歴史的事実を相互に比較し，それによって歴史的なものから超歴史的なものに到達しようとしたことなどからも明らかなように，思弁的な傾向をもっていた。ここからクリークによって把握された教育の基底としての生活共同体社会は，しだいに民族国家主義的性格を色濃く帯びることによって，やがてファシズムと結合することになる。

他方，ドイツにおける「教育の事実研究」の系譜として1920年代の「経験的教育学」の立場も重要である。ペーターゼン（Peters-en, P.）は社会的・文化史的立場から，教育科学の研究に従事したが，その際，彼は社会と共に与えられている教育をその研究対象とする科学を「一般教育科学」と呼称し，意図的に行われる教育を対象とする「教育学」と区別した。このペーターゼンの「一般教育科学」の立場は1920年代以降，ロッホナー（Lochner, R.）の「記述的教育学」，そして今日「批判的合理主義」の立場に立つブレツィンカ（Brezinka, W.）の新たな「教育科学」の構想を嚮導する。ブレツィンカによれば，今までの教育学が，その学問の正当性を検証する確実な手続きや保証をもちあわせていないこと，そのために多様な教育問題を実証的に解明する能力に欠けていることを指摘し，科学性を備えた新たな「教育科学」を提示する。彼によれば，教育の対象領域についての科学的諸理論が，教育科学とよばれるものである。

（3）アメリカの教育科学は，「教育研究の科学化運動」（Scientific Movement of Education）として，1910年代以降に展開された実証的な教育調査の流行を背景にして発展した。具体的には，バーナード（Barnard, H.）の学校調査，シェルドン（Sheldon, E. A.）の実験学校の試み，ホール（Hall, G. S.）およびキャッテル（Cattell, J. M.）の心理学実験室の開設，精神検査，さらにライス（Rice, J. M.）の教育測定などを源泉として，特にアメリカにおける教育科学の探究は，実践から要請されて，教育事実の実証的で客観的な認識を求めるものとして成立し展開した。したがって，大体において実用主義の立場に立脚した実際的な教育問題の合理的な解決を目指して行われる研究を意味し，実証性と同時に実用性が重視された。一般にアメリカでのこのような傾向から，教育科学は広く「教育の科学的研究」（Scientific Study of Education）と解すべきものであろう。

（4）ソビエトの教育科学　ソビエト教育学においては，教育科学という呼称の下に，教育学，心理学，欠陥学，学校衛生学，体育

学などが含まれている。その際，教育科学は自然科学的基礎づけをもたなくてはならぬものとされ，パブロフ（Pavlov, I. P.）の生理学，特に第二信号系に関する理論が重視される。

（5）日本における教育科学は，フランス，ドイツ，アメリカなどの教育の科学的研究の考え方などに刺激されながら，さらにわが国独自の社会状況下で1930年代に，城戸幡太郎を指導者とする教育科学研究会の教育科学運動がその嚆矢となった。

教育科学研究会の教育科学運動は，岩波講座『教育科学』（1931-33）の刊行に端を発する。この講座は阿部重孝，城戸幡太郎の編集企図によるもので，当時のわが国の教育学が教育の目的および方法を思弁的，観念的に決定する方向をとっているのに対して，（反「教育学」の意味を含めて）実証的に教育の事実を把握し，解明することの必要性を強調するため「教育科学」の名称が標榜された。その後，この講座に引きつづき，1933（昭和8）年から雑誌『教育』が発刊され，城戸および留岡清男が編集に当たり，生活主義と科学主義の二つのスローガンがしだいに強く打ち出された。すなわち，教育が一般の国民生活から遊離している現状に対するレジスタンス，さらに当時の日本精神論および学問と教育の自由を拘束する国家に対するレジスタンス（反教説，反権力）としての科学主義の強調であった。1935年頃から雑誌『教育』の読者を中心に種々の研究グループがつくられ，教育科学研究会と総称され，1939年には全国組織が結成され，1940年第2回教育科学研究協議会では，教育の具体的事実を的確に把握し，日本の教育を科学的に企図すること，教育実践家，専門家，さらに各種職能人の協力による教育研究の協同化が標榜された。1939年頃からこの運動に対して弾圧が始まり，「生活学校事件」によって地方の会員が多数検挙され，1941年城戸会長は教育科学研究会を解散，1943年および1944年には研究会の中心メンバーが検挙され，雑誌『教育』も1944年廃刊した。

戦後，先の教育科学研究会のメンバーは，1947（昭和22）年雑誌『教育』を復刊して，戦前の会の伝統をこの雑誌を中心にして発展させようとしたが1951年廃刊となる。同年，戦前のメンバーに宗像誠也，勝田守一，宮原誠一を加え，再び教育科学研究会の結成が企図され，11月，雑誌『教育』が再復刊され，「教育科学研究会綱領案」が発表され，新たな運動を展開した。その後この「綱領」は1952年3月第1回全国協議会によって修正確認され「教育科学運動綱領案」となった。その組織は，活動の相互の経験の交流・協力を容易にするため，教育科学研究全国連絡協議会（教科研と略称）という連絡機関の形態をとった。この教育科学の立場は，現実の課題に取り組むリアリズムとヒューマニズムであったと要約することができるが，そこでは反権力の合理的・批判的精神に貫かれた教育科学の建設が志向された。

今日では，先のブレツィンカの論にもみられるように，教育科学とは，教育状況や教育現象に作用する諸要因や，諸関係および諸法則を識別するための研究分野を網羅する学問の総体と考えられるが，現代フランスの教育学者ミアラレ（Mialalet, G.）は，三つのカテゴリー（分野）を挙げ，「教育科学」について説明している。すなわち①教育の一般的条件および地域的条件を研究する分野，②教育状況および教育の働きそのものを研究する分野，③教育について省察や教育の進展の考察に関する分野，の3分野である。彼はこの三つのカテゴリーを検討した後に，教育実践の側面との関係において，教育科学を新たに分類し，①の分野に取り組むものとして，教育史，教育社会学，教育人類学，教育人口統計学，教育経済学，教育行政，比較教育学，②の分野は，教育的働きかけの直接的条件を研究する分野で教育生理学，教育心理学，小集団を扱う社会心理学，コミュニケーション学，各科教授学，教育方法学，教育技術学，評価学，③の分野として，教育哲学，教育プラン

ニングとモデル論を挙げている。

[参考文献] Brezinka, W., *Grundbegriffe der Erziehungswissenshaft*: Analyse, *Kritik, Vorschläge*, München, Reinhardt Verlag 1977 （小笠原道雄ほか訳『教育科学の基礎概念』黎明書房 1980）／Brezinka, W., *Metatheorie der Erziehung*, München, Reinhardt Verlag 1978 （小笠原道雄監訳『教育学から教育科学へ——教育のメタ理論』玉川大学出版部 1990）／König, E., *Theorie der Erziehungswissenschaft*: *Wissenschaftstheoretische Richtungen der Pädagogik*, München, Wilhelm Fink Verlag 1975 （ルーメル・江島共訳『教育科学理論』学苑社 1980）／Mialalet, G., *Les sciences de l'éducation*, Paris, PUF,〈Que sais je?〉N. 1645, 3e édition, 1984（石堂常世訳『教育科学』白水社 1987）／宗像誠也編著『教育科学』国土社 1956

[関連項目] 教育学 　　　　　（小笠原道雄）

教 育 学
英 education／独 Pädagogik／仏 pédagogie

▶ **語 義**　広く教育という事象を対象とする科学の意。第二次大戦までは思弁的方法を中心とする教育研究の領域を教育学とよび，教育史や教育心理学などと区別する場合が多かった。戦後は教育哲学，教育史，教育社会学，教育心理学，比較教育学，教育方法学，教科教育学，教育工学，教育行政学，学校経営学，社会教育学などに分化したため，教育学はこうした教育諸科学の総称として用いられる場合が多くなった。この場合，教育学は教育科学と同義語として用いられる。

▶ **語 源**　教育学のことを英語でペダゴジィクス（pedagogics），ドイツ語でペダゴーギク（Pädagogik），フランス語でペダゴジー（pédagogie）という。これらのことばはギリシャ語のパイダゴーギケー（paidagōgike）に由来し，「子供を導く術」を意味していた。つまり「子供」（パイース pais）と，「私は導く，指導する，しつける」（アゴー ago）の複合語で「子供を導くところの」という形容詞の名詞的用法であるという。一説によれば，ギリシャ語のパイダゴー

ギケー・テクネー（paidagōgike techne）からテクネーの省略によって成立した名詞的用法と考えるべきで，それゆえ，パイダゴーギケーはパイース（子供）とアゲイン（導く）とテクネー（技術）との三語を要素として成立しており，子供を導く技術と学問を意味する。したがって，このような語源に由来する「教育学」は広く教育についての技術，教育について研究する学問と考えられ，広い意味での教育理論の名称となっている。

▶ **成 立**　語源から教育学は，あらゆる時代のまた社会のあらゆる段階にみられる「子供をどう教育するか」という実際的な教育することの技術として出発した（技術論としての教育学）。

▶ **技術論としての教育学**　こうした教育学は，日常的な教育の実践的知恵としての教育論や教育説として，ヨーロッパではギリシャ以来，基調となっているものである。たとえば，ルネサンス時代には，王侯，貴族や豪商の子供たちのための教育論が，その家庭教師であった人々の手によって数多く書かれているが，とくに，彼らによるラテン語（当時，上層階級の人々にとって必須の教養であった）教授方法論から「子供を導く技術」としての教育学は出発しているのである。

　このような家庭教師によるラテン語教授中心の教育論を集大成し，包括的な教授学の体系にまでまとめあげたものとして，17 世紀，ボヘミア（いまのチェコ）のコメニウス（Comenius, J. A.）による『大教授学』（Didactica Magna）があげられる。

▶ **近代教育学の成立**　さらに，18 世紀社会の激動に直面して，とくに，啓蒙期の後半にかけて，フランスのルソー（Rousseau, J.-J.）やスイスのペスタロッチ（Pestalozzi, J. H.）は，真の人間性を育成する問題を，とくに，その方法上の問題と取り組み，教育論（教授論），教育思想を展開した。なかでもペスタロッチは人間性の調和的発展を目ざす基礎陶冶論を中心とした教育論を展開し，また社会と教育の関係に言及するなど，近代教育学成

立の基礎を提示した。

ところが19世紀に入り，技術と科学の新しい関係が発展してくるにつれて，技術論としての教育学に対して，理論の学としての教育学（科学理論としての教育学）のあり方の可能性も探究され，ここに二つの教育学のあり方の関係が大きな問題となった。全体的に述べれば，「教育」という事象に対して，直接的事実としての教育と，学的認識・反省においてとらえられた教育とが相互に複雑な関係をもって分節する。大まかにいえば，英語圏における教育学は，前者の立場にたって，とりわけ学校制度に関心をもち教育学の哲学的（理論的）な発展にはあまり関心がもたれなかった。これに対して，ドイツにおいては後者の立場から，教育学の哲学的関心が強くもたれ，実践的な経験の事実については，あまり関心が払われず，大学において学問として教授される教育学もせいぜい教師養成のための理論へと狭められていた。このような状況のなかで，科学としての教育学を最初に体系化し，成立させたのがヘルバルトである。

▶ **科学としての教育学**　ヘルバルトはケーニヒスベルク大学におけるカント講座の継承者で，当然，カント哲学の影響が大であるが，教育学への関心は，若いころの家庭教師の経験を基点として強まり，これがやがて彼の『一般教育学』（*Allgemeine Pädagogik*）として体系化されるのである。そこには教育が単に経験や慣習によって行われるべきではなく，科学的基礎をもたねばならないことが主張されている。かくてヘルバルトは教育の独自性を見つめ，教育学を固有の対象領域，固有の研究方法をもった自律の学として構築しようと企てた。後期の著作『教育学講義綱要』（*Umriss Pädagogischer Vorlesungen*）において，「科学としての教育学は実践哲学と心理学に依存し，前者は陶冶の目標を示し，後者は道，手段ならびに障害を示す」と述べ，教育学の基礎科学として実践哲学（倫理学）と心理学を取り入れることによってその体系化を試みたのである。

ヘルバルトによる体系化された教育学は，その後，思弁的な倫理学と実証的な心理学への分離・分裂を導くことになる。しかしながら，この教育学はいわゆるヘルバルト派としてドイツ国内はもとより，広く世界（当然日本も）の教育界に宣布された。その後の教育学は，ヘルバルト教育学の継承ないし批判によって発展していくといっても過言ではない。

▶ **展　開**　20世紀の教育学は二つの系列に分類され展開する。すなわち，①経験によって基礎づけられた教育の理論を構成しようとするものと，②哲学に方向づけられた教育の理論を構成しようとするもの，である。このことは「科学的」ということが二つの意味において理解されていることを示すものである。①では実証科学の立場をとることが科学的であるとされるのに対して，②では原理科学的な反省，すなわち哲学的反省に基づくことが科学的であるとみなされるのである。

▶ **経験によって基礎づけられた教育学**　①の系譜として，(a) ブント（Wundt, W.）の実験心理学に影響を受け，従来の思弁的・観念的教育学に反対して，観察，実験，統計を手段とする「実験教育学」（experimentelle Pädagogik）の立場がライ（Lay, W. A.），モイマン（Meumann, E.）によって創始された。さらにこの実験教育学の弱点を克服しようとしたのがペーターゼン（Petersen, P.）の「教育的事実研究」である。その後，ドイツの実証主義的研究はとくに現象学的方法に依拠したフィッシャー（Fischer, A.）によって「記述的教育学」（deskriptive Pädagogik）の構想に展開し，ロホナー（Lochner, R.）によって体系化が進められ，経験的教育学としての教育科学が構築された。しかしながらこれらの教育（科）学は，以後，ドイツよりもむしろアメリカで発達し，ソーンダイク（Thorndike, E. L.），デューイ（Dewey, J.）らによって教育の原理，教育の科学（science of education）として組織され，有力になる。

(b) 他方，フランスの実証主義の社会学

者であるデュルケーム（Durkheim, É.）は教育を一つの社会的事実としてとらえ，これを客観的・実証的に研究しようとし，従来の教育学に対して「教育科学」（science de l'éducation）を提唱し，教育の科学的研究に新しい方向を示した。ドイツではクリーク（Krieck, E.）がデュルケーム同様，教育を社会の根源的機能として理解し，教育の目的を規定する価値や当為から出発する従来の教育学に対して，徹頭徹尾，教育の事実に立脚して教育の本質を探究しようとし「純粋教育科学」（reine Erziehungswissenschaft）を標榜した。

▶ **哲学に方向づけられた教育学**　②の系譜の発展としては，(a) 一般に「新カント学派」と呼称され，とくに教育学の分野ではマールブルク学派のナトルプ（Natorp, P.），ヘーニヒスヴァルト（Hönigswald, R.）らがあげられる。彼らは新しい規範的教育学の樹立に努めた。

(b)　経験科学的教育学，教育科学等の自然科学的方法の立場，さらには普遍妥当性を主張する規範的教育学の両者を批判するものとして「精神科学的教育学」（geisteswissenschaftliche Pädagogik）の立場が1920年代ドイツ教育学の主流を形成する。ノール（Nohl, H.），シュプランガー（Spranger, E.），リット（Litt, T.），フリットナー（Flitner, W.）さらにこれらの人物の弟子であるボルノウ（Bollnow, O. F.），オランダのランゲフェルト（Langeveld, M. J.）などがあげられる。

この教育学はそれぞれの人物によって強調点は異なるが，人間精神の客観的表現である「文化」に教育の基礎を求め，歴史的文化とそれを受容する個人との関連で教育理論を展開するところに特徴がある。科学的方法としては，ディルタイ（Dilthey, W.）に依拠する解釈学的方法によって研究を行う。具体的には，教育や教育学にかかわる既存の文献を資料として，それを「解釈」し，その教育学的内実を抽出しつつ，歴史的に考察し，教育学的に新たに意味づけをし，定式化しようとする。

▶ **日本の教育学**　「明治・大正・昭和にわたる60年間のわが国教育学（説）は，欧米近代の教育学（説）と密接な関係を保ちつつ発展してきている」（海後宗臣）との指摘は，日本の教育学の性格を端的に物語っている。1882（明治15）年，のちに東京高等師範学校長になった伊沢修二による『教育学』が，わが国で「教育学」という名をもって公刊された最初の著書である。この書物は1875年，伊沢が師範学校教科取調べのためアメリカに留学し，マサチューセッツ州でリッジウォーター師範学校の校長ボイデン（Boyden, A. G.）の講義を聴講した際の講義ノートをもとに，帰国後，一般読者を対象に著述したものである。その内容は大部分が心理学であって，それに若干教育論が付け加えられている。著者は心理学によって教育の学問体系をたて，これをわが国最初の教育学にする考えであったと推察される。

一方，東京帝国大学で「教育学」の講義を初めて行ったのは，1887年，明治政府が招聘したドイツのギムナジウム教師ハウスクネヒト（Hausknecht, E.）であった。この教育学はヘルバルト派のそれであった。このように，日本の教育学は欧米教育学の移植として始まり，とくにドイツ教育学の潮流と密接な関係をもって発展し，後年日本の教育学のあり方に深い影響を与えた。

無論，明治末期から大正期にかけて，従来の教育学に対する批判として，わが国の教育の現実を直視し，そこから実践的諸課題にこたえうる教育学の構築を企図するもの，また大正末期から昭和初期にかけて，①教育学アカデミズムともいうべき教育学の体系的構築を意図する著作も出版された。②他方，これらアカデミズムに対して，1930年代には，「教育科学」の探究が，とくに民間教育運動として展開されている。そこでは，教育の現実や教育実践に対する科学的な究明が意図されたのであった。

▶ **第二次世界大戦後の動向**　戦後は，まず，アメリカの教育科学，とくにデューイの実験主義の教育（哲）学および教育の実証的研究に大きな影響を受け，教育の心理学的・社会学的研究が著しく推進された。1950 年代から，戦前の観念的な教育学に対する批判として，教育を社会過程に位置づけ，その社会的機能を考察する教育科学が日本の教育危機と呼応して主張された。いわゆる 50 年代後半の「教育科学論争」は教育諸問題を社会科学的に分析し，そこから教育の危機を克服する方途をみいだそうとする新たな展開を示すものであった。同時に，ソビエト教育学の紹介とともに社会主義社会における教育と教育学の理論が教育学研究の視野に取り入れられ，以後，多様な教育学理論が展開されるようになった。

▶ **教育学の領域・課題**　子供を導く技術として出発した教育学は，今日，単に子供のみならず，大人の教育を意味するアンドラゴジー（Andragogy）をも包摂し，研究の領域も対象も拡大し発展を遂げている。

　教育学は一方では諸分野に深化の傾向を示し，①教育の本質や究極目標に迫ろうとする教育哲学や，②教育思想，教育事実の歴史的発展を解明しようとする教育史の領域，他方では，③教育と社会との関係を究明しようとする教育社会学，④教育の制度や学校という組織を分析しようとする教育制度学や教育行政学，⑤諸外国の教育を比較研究する比較教育学の領域，⑥授業，指導の方法や管理のあり方に関心をもつ実践的，技術的な傾向をもつ教育心理学，教育方法学，教育工学，教育経営学などに分化している。さらには，近年では乳幼児教育，障害者教育，治療教育，大学教育等も包摂する一大学問領域を形成している。しかしながら，このように多様化した研究領域は，一方で，各研究領域でのそれぞれの個別研究の方法論（たとえば，教育社会学であれば社会学の方法論）に立脚して研究が遂行されるために，おのおのが孤立化し教育学研究における著しい細分化現象を生み出

しているのも事実である。

　このような教育諸科学の細分化現象は，一方で科学の発達の過程で必然的にみられるものであるが，同時に，教育学という科学が人間の形成といった視点を基底に専門分化した諸研究の成果を統合し，固有の研究の対象と方法論的基礎をもった自立的な科学でなければならない，といった自覚もなされてきた。総合的な人間形成の学としての教育学の理論の探究が課題であろう。

　[**参考文献**]　稲垣忠彦（編）『近代日本教育論集 8　教育学説の系譜』国土社　1972／海後宗臣ほか編『教育学の理論』（『増補版　教育学全集 1』）小学館　1975
　[**関連項目**]　教育科学／教育哲学

（小笠原道雄）

教育可能性
英 educability／独 Bildsamkeit／仏 éducabilité

▶ **教育可能性への問いとその規定**　教育可能性は，人間形成という事実的与件の成立根拠を考える場合，何よりもまず最初に問われる。ヘルバルト（Herbart, J. F.）は，その体系の冒頭に「教育学の根本概念は生徒の陶冶性（Bildsamkeit）である」という命題を掲げるが，これは，教育可能性が教育理論の体系的な構成にあたってまず最初に位置づけられるものであることを示している。しかし教育可能性は，何よりも教育実践のうちで，わけても失敗しあるいは成立さえしなかった実践への実践者の反省においてこそ，はるかに深刻にそして徹底的に問いつめられる。プラトン（Platon）が繰り返し問う「徳を教えることができるのか」という問いは，人格的自律化をもたらそうとする教育の成立可能性を問うものであるが，この問いは，切実な実践的問いかけのもっともラディカルな形である。教育可能性を問うことは，教育の理論構成の上でも実践の上でも不可避である。教育可能性に関する議論は，実践的な問いかけと理論的な問いかけとの二つに引き裂かれながら，それぞれの仕方で応答の道筋をたどるのであ

る。

「教育可能性」は，多くの論者によってさまざまに規定されており，一定の共通理解を見出すことは容易ではない。あえて定義を試みるなら，まず実践との関連に留意しなければならない。教育可能性は，「教育する側」（個人／集団／世代／制度をまとめて「教師」と呼ぼう）の教育実践によって開かれる。したがって，それをただちに「教育される側」（これもまとめて「生徒」と呼ぼう）の何らかの実体的属性として規定することはできない。教育可能性にはつねに，「教師が教育的働きかけによって生徒のうちに切り開く教育的働きかけの余地」という，相互行為論的・関係論的なニュアンスがある。これに加えて「生徒の自己形成力」との複雑な相関がある。教育可能性はたしかに，生徒の自己形成力の実現ないし展開である。しかし，シュプランガー（Spranger, E.）などの定義に示されているように，教育可能性は，教師の一定の教育意図を前提する。教師の意図が規定する「可能性」は，つねに生徒の自己形成力の発現とスムーズに同調するわけではない。教師の意図する可能性の実現は，ある場合には，生徒の自発的な自己形成力の発現によって制約されるのである。

まとめれば，教育可能性は，次のように定義できる。「教育可能性」とは，「教師が教育的働きかけによって生徒の自己形成力と切り結びつつ生徒のうちに切り開く教育的働きかけの余地」である。この定義に込められる生徒の自己形成力との相関（切り結び）や教育的働きかけとの相関（切り開き）がどのように把握されるかによって，定義の具体的解釈は，教育万能論から教育無力論に至るまでの幅でさまざまに分かれる。種々の教育可能性規定はすべて，この幅広い定義を限定する一つの解釈として，定義の範囲内にそれぞれに位置づけることができるのである。

▶ **教育可能性の近代的把握** 生物学的な教育人間学のいうように人間が生得的に教育を必要とする存在であるとすれば，教育可能性は，実践的な意味では，人類の歴史上いつでもつねに問題とされたと考えてよい。しかし，これが集中的に問われるのは，近代以後のことである。近代以降，個人は，身分・門地・性別・人種などの属性的（ascribed）諸契機によってア・プリオリに規定される存在者ではなく，むしろ業績（achievement）を達成しつつ自分をア・ポステリオリにしかも社会的に形成する存在者となってきた。ア・プリオリに制約されるとみなされた教育可能性は，フランス啓蒙思想における"souplesse"，"éducabilité"，"perfectibilité"などの強調，そしてロック（Locke, J.）の『教育論』やカント（Kant, I.）の『教育学講義』での教育の力への信頼などを端緒として，ただひたすらより大きく見積もられてくる。教育可能性の拡大は，属性的諸契機の規定力が理論的に相対化され，その反面で教育的働きかけの余地が理念上拡大されるという形で進む。今日では身体や知能の面で障害のある人々の教育機会もまた，徐々に拡大されてきているが，これもまた，"ascribed"な諸契機の相対化という，近代以降の一貫した文脈のうちにある出来事なのである。

近代以降，教育の機会もまた，社会の成員を，資本主義的産業構造に適応させ，中世的共同体の解体を受けて国家的公共性へと統制し統合するために，ただひたすら拡大されてきた。教育機会の拡大は，理念的には，無際限な教育可能性によって支えられる。逆にいえば，教育機会の爆発的な拡大は，これに見合う極度に大きな教育可能性の見積もりを要求する。教育機会と教育可能性の見積もりはともに，相互促進的・螺旋的に限りなく拡大するのである。この爆発的拡大は，高度産業社会で頂点に達する。現代の教育状況の特質は，学校教育の極端な大衆化・高度化によって，学校・学校外の養育施設・教育産業・家庭・地域・職場などが互いに癒合して「学校複合体」ともよぶべき巨大なシステム連関を構築していることにある。学校複合体の制度化は，教育可能性と教育機会の互いに促進し

合う自動的で無機的な，つまりは非反省的な拡大の帰結なのである。

この特殊な教育状況に対応して，今日のわが国では，「無限の教育可能性」なるものへのきわめて楽観的な信仰が力をもっている。教育可能性への無反省な信仰は，子どもたちをある場合には外からの加工に無際限に開かれた素材であるかのようにみなし，別の場合には努力万能主義という形で過剰な教育期待をかけ無意味な競争に駆り立てる。この反省性の欠如した粗野な信仰は，啓蒙期の楽観論がもっていた現状変革力や革命性を失っているばかりではなく，生徒を物象化する抑圧的機能を果たしつつある。この非反省性に徹底的な反省を加えることが，教育可能性論の重大な責務である。生徒への抑圧性は，近代以降の教育可能性把握にとってけっして無縁なものでもなければ偶然のものでもなく，むしろその本質的属性である。

▶ **教育可能性論の変革性と抑圧性**　教育への楽観論や教育万能論は，素朴な形では，たとえばフランス啓蒙思想において「教育の力」を讃美するエルヴェシウス（Helvétius, C. A.）などに見られる。教育万能論は，封建的身分秩序を突破する革命的意義をもつ。そればかりではなく，教育への楽観的信頼がなければ，本来どんな実践も成立しない。教育実践とオプティミズムは，切り離しえないのである。しかし，歯止めのない楽観論は，人間存在の技術主義的統制へ道を開く。教育万能論のこの両義的特質は，コメニウス（Comenius, J. A.）の理論に明白に認められる。彼の議論は，近代以降での教育機会の無際限な拡大と人間形成の技術的操作化に，ともに弾みをつけたのである。

コメニウスの理論では，教育可能性は，どんな子どもにも認められる無際限な「模倣」の能力として論じられている。模倣の力によって子どもは，身分や性別などの属性的差異とは無関係にすべて教育の対象となり，人生の初期は「学齢期」になる。分業によって効率的に大量生産を行う工場まがいのコメニウ

スの学校構想は，模倣論と学齢期論を必須の前提としている。「学校」という —— 彼の言葉によれば ——「人間の工場」では，無際限な教育可能性をもつ大量の子どもたちが，マニュアルに従う少数の教師によって効率的に教授されるが，ここで子どもたちは，従順な物的素材であり，カリキュラムの順序にしたがってベルトコンベアの上を移動し，一律に加工されるのである。コメニウスの議論の技術主義的・物象化的な特質は，個々の教育状況のユニークネスを無視する「普遍的技法」という彼の言葉や，大量生産の威力をみせつけた当時の最先端技術である印刷術を比喩的に用いる「教刷術」（didacographia）というグロテスクな造語などに，象徴的に示されているのである。

近代以降の教育可能性論の多くは，盲目的に拡大する教育の制度化を支える物象化的な技術主義と野合して，これをイデオロギー的に正当化する機能を果たす。これらの教育可能性把握は，封建的秩序を突破する革命的性格と生徒を物象化する抑圧的性格の二重性を帯びているのである。一部の教育可能性論は，物象化に対抗する議論を展開してきたが，批判の要点は，教育可能性を従来のように生徒属性とみなすのではなく，これを実践との関連から，しかも社会文化的歴史的な相関性／相対性の下で，再把握することにある。このような議論は，ドイツ教育学で徐々に展開されてきた。

▶ **教育可能性論の批判的・統合的再構成**

ヘルバルトは教育可能性を，教育実践に先立ってある陶冶性という生徒属性として論じた。これに対して，シュプランガーは教育可能性を，教師の実践が生徒の素質・発達・環境・運命などの制約条件へ対抗しながら生徒の内部に切り開く教育の余地であるとして，実践関連的に再規定した。次いで，フィッシャー（Fischer, W.）は教育の成立可能性を，人間の生物としての適応可能性・教育への心理学的レディネス・精神の自己規定能力などに分けて人間学的かつ階層論的に把握し，さ

らに教育可能性の歴史的文化的相対性についても論じた。最後にフリットナー（Flitner, W.）は，教育状況から抽象された陶冶性一般ではなく，「ある特定の時点で，ある特定の状況の下で，ある特定の生徒に見いだされる」「具体的陶冶性」こそが問題であると述べ，この陶冶性は「教育関係」や「生徒のそれまでの歴史から出現する陶冶へのレディネス」に規定されるという。フリットナーによれば教育可能性論は，このような陶冶性を把握しようとする実践者の反省を，一般的に先取りするのである。

　これらの議論は，生徒属性として論じられてきた教育可能性を，それを組み込む社会的な文脈の全体から実践関連的に捉え直そうとしている。こうして教育可能性は，操作性への無反省な頽落を免れ，それを制約する社会文化的諸条件／それを開発しようとする教育的諸力／それを捉え返そうとする学習者の自己教育力などとの力動的な相関から，ダイナミックにしかも全体的構造的に再把握されるのである。先に示した「教育可能性」の定義——「教師が教育的働きかけによって生徒の自己形成力と切り結びつつ生徒のうちに切り開く教育的働きかけの余地」——は，この再把握を受け止めるものである。しかし残念なことに，これらの議論を継承しているはずのロート（Roth, H.）やゲルナー（Gerner, B.）などドイツの今日の教育人間学では，議論は再びヘルバルトのそれにまで後退させられており，教育可能性は今あらためて，教育必要性とともに人間存在の本質的属性と見なされている。彼らの議論は，シュプランガー以来の議論が切り開いてきた教育可能性の状況拘束性や実践関連性などという重大な論点を，現在見失っているのである。これらの教育可能性の力動的で全体的な構造に関わる知見はむしろ，今日の個別教育諸科学や社会諸科学の領域で，それとして十分に自覚されていないままではあるが，大量にしかも洗練された仕方で提出されているとみることができる。

　教育技術学や教育工学は，教育可能性の効率的で最大限の実現のための技術開発を目指してさまざまな成果を挙げてきており，心理学のさまざまな領域においても学習可能性の開発に関して多くの議論が展開されている。社会学のさまざまな領域でも，教育可能性を制約する諸条件について多くの生産的な知見が積み上げられている。たとえば，ミクロ社会学のレベルでは，自己成就的予言やラベリング論や教師期待効果論などを応用する諸研究が，教育可能性の実現に関わる相互行為論的な次元に着目して，多くの成果を上げている。さらにマクロ社会学のレベルでも，バーンスタイン（Bernstein, B.）やブルデュー（Bourdieu, P.）／パスロン（Passeron, J.-C.）らによって，階級・階層や文化の再生産に関して多くの議論が展開されており，教育可能性の実現への社会的文化的制約に関してきめ細かな議論が展開されている。しかし，このようにして提起された知見は，シュプランガー以来の議論の生産的展開を補強するものとして十分に生かされてはいない。この理論的統合が，今日の教育可能性論の課題である。それにしても，近代以降の教育可能性把握の抑圧性は，これらの議論の延長上で実際に克服可能であるのだろうか。

▶ 教育可能性の反省的再把握　　教育可能性へのオプティミズムなしには，どんな教育実践も成立しえない。このように実践にとっての基盤である教育可能性は，近代以降の教育理論にとっては，理論構成上の根本概念でもある。しかし，近代教育学での教育可能性の過度な強調は，努力万能論などの形で子どもたちに対して抑圧的に機能する。この抑圧性を克服するためには，何よりもまず，生徒属性に限定して把握された教育可能性を，それを組み込む関係構造の全体から実践関連的に捉え直すことが必要である。つまり，教育可能性を，実践者や理論構成者を含む文脈の全体から，批判的・反省的に捉えなおさなければならないのである。

　人間存在の対象化的物象化的操作に対抗するのには，人間的自然を含む自然総体への畏

敬を回復することや存在のうちでの人間の分を弁えることなどの，反省的な視点が有効である。野生児神話などによって近代的に粉飾された無反省な教育万能論にとっては，障害や老いへ対処しようとする議論が，時として，失われた機能の積極的な「補償論」から，本人と周りの人々による障害や老いの「受容論」へと真摯な後退戦を戦っているのを知ることが，適切な解毒剤になる。たとえば，老人の生活の指導理念としての「活動」説は，きわめて常識的ではあるが，場合によっては，不可避の衰退に直面する老人たちにただ無意味な苦痛を強いる。これに対抗して，老いを受容する静謐な生活を志向する「引退」説が述べられる。これもまた，後退戦の顕著な実例である。教育への楽観論と悲観論は，教育への全体的反省を導く不可欠の二つの視点であり，ともに相補的なのである。このような反省を通して，教育可能性は，操作性・抑圧性への無反省な頽落を免れることができる。

　しかしながら，教育可能性把握の抑圧性は，実は，近代教育学の本質的属性の部分局面にすぎないと考えることもできる。近代教育学は教育を，啓蒙主義的な理念の下で，子どもの受動性・客体性から能動性・主体性へ向かう自律化の過程 —— これが「発達」である —— を助成する営為であると見なしてきた。自律化とは，操作されるものから操作するものへの発達である。ここには，「教育的配慮」にもとづく操作性の有無を基準として，教育主体と学習主体との間に力の非対称性が存在する。この力の非対称性のもとで，教育可能性は一方的に生徒の側に帰属させられ，操作性や抑圧性のもとに置かれたと考えることができるのである。とすれば，教育可能性把握の抑圧性を克服するためには，近代教育学の本質部分に前提されているこの力の非対称性を，根源的に再考しなければならない。このような再考は，在来の教育学を人間形成論へと再構成することを促すものである。

▶ 教育可能性論から人間形成論へ　カント (Kant, I.) の「自律性」が自然的傾向性の自発的抑圧を必須の条件としていることから明らかなように，近代教育学における教育主体の自律性そのもののうちには，自分自身への操作的支配と従属が，不可欠の契機として組み込まれている。加えて，力の非対称性は，主人と奴隷の関係に見られるように，サディズム／マゾヒズムの絶対的相互依存をもたらす。教育主体の主体性は，「主体／従属者 (sujet)」のそれであるにすぎない。他方，学習主体の主体性もまた，多くの場合，その気もないのにその気にさせる「誘惑術」(宮沢康人) によって人為的操作的に作り上げられる擬似的な主体性であるにすぎない。このような物象化的操作的な教育では，教育される側の教育可能性が無際限な量と見なされ，抑圧的操作の対象になることは免れえない。しかしそればかりではない。ここでは，教育する側もされる側もともに，その存在可能性のあまりにも多くの部分がスポイルされるのである。この貧困な状況を脱却するためには，操作性や力の非対称性が無効にされる地点，すなわち相互性へ理論の焦点を当てる必要がある。このような視角の転換によって，教育可能性把握の抑圧性は，根底的に回避可能になると見込めるのである。

　力の非対称性のもとでは，教育は，被教育者の教育必要性と教育可能性に応える教育者の一方的な活動である。ここで前提されているのは，「人間は高度に教育の必要でかつ教育の可能な存在である」という知見である。しかし人間は，「自ら教育を担うことを避けることのできない存在」(homo educans) でもある。しかも，このように教育を担うことが，教育する者自身の成熟にとって不可欠の契機である。在来の教育理論が見落としてきたのは，教育を担う存在という人間存在の規定と異世代間の相互形成である。この二つを組み入れるなら，在来の「教育学」(pedagogy, Pädagogik) は，その語源によって制約された「子どもを導く術」という狭い自己理解から解放されて，ライフサイクルの全体と異世代間の相互形成を主題的に議論する「人

間形成論」へと再構成されなければならない。

▶ **教育可能性の相互行為論的把握から人間形成論的把握へ**　人間形成論は、人間存在を「教育必要な存在，教育可能な存在，教育を担う存在」の三者から総合的に再規定するが、この三つの人間存在規定は、互いに補い合って、異世代間の相互形成連関を指示する。この人間存在の再規定は、在来の教育学の前提にある「教育主体と学習主体との教育的配慮を媒介とする実体的・非対称的分裂」という構図を全面的に破壊する。人間形成論は、互いの存在への互いのレスポンスによって互いに成熟していく異世代間の相互性という新たな発想によって、在来の非対称的な教育関係論を乗り越えるのである。これは、教育可能性の相互行為論的把握を螺旋的循環的に高次化させ前進させるものでもある。このような視点においてこそ、教育可能性把握の抑圧性は、批判的に克服されるだろう。

[参考文献]　Bernstein, B., *Class, Codes and Control*, Vol. 1-3, London 1971-9.／Fischer, A., "Bildsamkeit" (1930), in: Höltershinken, D. (Hrg.), *Das Problem der pädagogischen Anthropologie in deutschesprachigen Raum*, Hannover 1976／Flitner, W., *Allgemeine Pädagogik*, Stuttgart 1970／Gerner, B., *Einführung in die Pädagogische Anthropologie*, Darmstadt 1974（岡本英明訳『教育人間学入門』理想社 1975)／Herbart, J.F., *Umriß pädagogischer Vorlesungen*, in: *Herbart Sämt-liche Werke* Bd. 10., Langensalza 1980.／Rist, R., *The Urban School: A Factory for Failure*, Boston 1973／Roth, H., *Pädagogische Anthropologie*, Hannover 1966／Spranger, E., *Das Problem der Bildsamkeit* (1916/17), in: *Gesammelte Schriften*, Bd. 2, Heidelberg 1973／田中毎実「教育可能性論の人間形成原論的構想」愛媛大学教育学部・教育学研究室『教育学論集』第10号、1983／原聡介「教育可能性の拡大を支えた人間像」大浦猛編『人間像の探究』第一法規　1976／原聡介ほか「フォーラム1」『近代教育フォーラム』創刊号　1992／宮寺晃夫ほか「フォーラム1」『近代教育フォーラム』第2号、1993　[関連項目]　教育人間学／近代教育

（田中毎実）

教育関係

英 educational relationship／独 pädagogisches Verhältnis

▶ **語　義**　いまだ成熟した概念とは言えないが、一般に以下のように定義可能である。

人間の社会的営みには、多種多様な人間関係が存在する。そうした人間関係のなかで、特に「教育的」という言葉で形容される関係を「教育関係」と呼ぶことができる。したがって、「教育」という言葉がどのように定義されるかによって、「教育関係」という言葉で包含される人間関係の範囲も決定されることになる。仮に「教育」を広義に、大人と子どもの世代関係を基盤にした子どもの人間形成という意味で捉えるならば、無意識レベルの作用を含む家庭内での親ー子関係や中世ギルド共同体内での親方ー徒弟関係など、子どもの発達に関わるありとあらゆる人間関係を「教育関係」と解することができる。それに対して、「教育」を狭義に、一定の時間と空間の内部で明確な内容と方法の自覚をもっておこなわれる、子どもに対する大人の目的意識的働きかけと捉えるならば、「教育関係」を近代学校内での教師ー生徒関係などに限定することも可能である。

「教育関係」が論じられる場合、このように「教育」とは何であるかがまず考察され、そこから演繹的に「教育関係」という概念が規定されることが多い。しかしそうした発想とは異なり、宮澤康人が述べるように「教育関係」という語を、「教育」とは何かを追求するためのひとつの方法的概念と理解することもできる。つまり、人間の発達に影響を及ぼす事実上の人間関係の諸相を調べ、そこから帰納的に「教育」の意味を明らかにしようとする発想である。そこでは、「教育」の意味内容をあらかじめ限定することを留保したうえで、「教育らしき」現象の記述を蓄積してゆく作業を通して、新たな「教育」概念を構築していくことが目指されるのである。

▶ **近代教育学における「教育関係」論**　「教育関係」という概念が教育学において明確な

かたちで使用され始めたのはそれほど古いことではなく、19世紀末から20世紀初頭にかけてのことである。もちろん、様々な要素からなる教育事象の考察を、教師と生徒という二者の相互作用に限定するという思考様式は、ロック（Locke, J.）、ルソー（Rousseau, J.-J.）、ペスタロッチ（Pestalozzi, J. H.）といったヨーロッパ教育学の伝統のなかに確認することができる。彼らは、家庭における教育作用の分析を基にして、教師がいかに生徒の発達過程に働きかけるべきかを提示しようとした。教育を教師─生徒関係の視点から論じるという傾向は、ヘルバルト（Herbart, J.F.）において一層顕著に見られる。彼は、生徒の道徳性の陶冶を教育の最高目的と見なし、その目的達成のために教師がしたがうべき方法論を、理論的に組織化したのである。けれども「教育関係」という概念が、彼らの教育理論において自覚的に使用されることはなかった。教育学において「教育関係」という概念が明確に理論的考察の対象となるきっかけをつくったのは、ドイツのディルタイ（Dilthey, W.）である。「生の哲学」の代表者のひとりである彼は、ベルリン大学時代の講義草稿『教育学体系の草稿』（1884-1894）において、「教育」を「成長した者が成長しつつある者の心的生を形成しようとする計画的活動」と理解し、その成長した者（教育者）と成長しつつある者（生徒）との関係、すなわち「教育関係（Erziehungsverhältnis）」の分析こそが、教育学の第一の課題であると見なした。その意味において彼は、「教育学という科学は、教育者と生徒との関係における教育者の記述から始めることができるにすぎない」と言明している。

教育者の創造的活動が生徒の自己発展的魂と出会い生徒の心的生を形成する、というディルタイの「教育関係」の基本図式を引き継ぎながら、「教育関係（pädagogischer Bezug）」という術語を確立し、それを教育学の根本概念として定式化したのが彼の弟子、ノール（Nohl, H.）である。彼は、『教育学

ハンドブック』第1巻（1933）所収の「陶冶の理論」と題する論文において、「教育関係」を次のように把握している。「教育の基本は、成熟した人間の成長しつつある人間に対する情熱的な関係である。しかもそれは、成長しつつある者自身のための、彼が自己の生と形式を獲得するための関係である」。クラフキ（Klafki, W.）によれば、こうした彼の「教育関係」の定義は、さらに細かく特徴づけることができる。すなわち、「教育関係」は、①子どもひとりひとりに方向づけられていること、②教育者と子どものいずれにアクセントを置くかによって歴史的に変化すること、③教育者の愛と権威および子どもの愛と服従に基づく相互的な関係であること、④教育者によって強制されえないこと、⑤それ自体の解消を最終的な目的としていること、⑥子どもの現在性と未来の可能性とによって二重に規定されること、である。「教育関係」に関するノールの理論は、一方において、教育思想の歴史的発展についての分析から、また他方で、青年運動や社会教育学的な実践活動に関わった彼自身の経験から生まれた。それと同時に、他の人間関係に還元されえない教育にふさわしい特殊な「関係」を規定しようとした彼の試みは、教育学が大学の一学科として自律的な地位を獲得しようとしていた20世紀初頭のドイツ教育学の状況からも理解されねばならない。つまり、実践レベルでの「教育関係」の独自性を主張することは、教育学に固有の研究対象が存在することを根拠づけるものであり、ひいては他の学問分野からの教育学の相対的自律性をも要請するものだったのである。

▶ 「教育関係」論の展開　「教育関係」という概念によって、教育事象を分析するための有効な視点が与えられたが、ノールに代表される伝統的な「教育関係」論に対して、これまで多方面からさまざまな批判が投げかけられてきたのも事実である。なかでもリット（Litt, T.）は第二次大戦後いち早く、全体主義体制を念頭におきつつ、非常に鋭い指摘を

おこなった。彼によれば，従来の「教育関係」論では，教師と生徒との一対一の人格的関係の考察に視野が狭められる傾向にあった。その結果，両者が埋め込まれている「超個人的な力」とりわけ政治的・社会的力が見落とされ，いわば「教育関係の孤立化」という事態を招来してしまったというのである。

さらに 1960 年代以降，伝統的な「教育関係」論に対して，主にイデオロギー批判的な観点から徐々に批判がなされる。すなわち，確かにこれまでも教師と生徒の相互作用的関係が論じられてきたのだが，その場合，教師はどちらかといえば与える者として，生徒はむしろ受け取る者として認識されてきたのであり，そうした認識は権威主義的・支配的関係を示しているという批判である。こうした主張は一般に，「教育関係から教育的相互作用（pädagogische Interaktion）へ」というスローガンにまとめられる。教育学において最初に本格的にこの「相互作用」の問題を取り上げたのはモレンハウアー（Mollenhauer, K.）である。彼は，その綱領的著作『教育過程の理論』（1972）において，ハーバーマス（Habermas, J.）の「目的合理的行為」と「コミュニケーション的行為」の区分を援用して，「教育」を大人と子どもの相互作用のプロセスとして捉え直そうとした。彼によれば，従来の教育理解では，大人と子どもとの間の「成熟の落差」が前提とされており，そこでは大人の意図の貫徹を目指した一方的な行為（目的合理的行為）がもくろまれていた。しかし，教育とはそうした操作的な行為ではなく，大人と子どもとがディスクルス（Diskurs）を通して共同決定にいたることを可能にしてゆくような行為（コミュニケーション的行為）であるという。そこでは，大人が子どもの人間形成を一方的に援助するという「教育関係」論から，両者が相互作用パートナーとして互いに形成的になることのできる「教育関係」論への構造転換が図られているのである。

[参考文献] Dilthey, W., *Gesammelte Schrift-* *en*, Band 9, Leipzig 1934（日本ディルタイ協会訳『教育学論集』以文社 1987）／Nohl, H., u. a.（Hrsg.）, *Handbuch der Pädagogik*, Band 1, Langensalza 1933／Klafki, W. u. a., *Funk-Kolleg Erziehungswissenschaft*, Band 1, Frankfurt am M. 1970／Litt, T., *Führen oder Wachsenlassen*, Stuttgart 1949（石橋哲雄訳『教育の根本問題』明治図書 1971）／Mollenhauer, K., *Theorien zum Erziehungsprozeß*, München 1972／秋永雄一「〈教育的な関係〉の特質について」『東京大学教育学部紀要』 1983／坂越正樹「H. ノールの『教育的関係』論に関する一考察」『広島大学教育学部紀要』 1988／大人と子供の関係史研究会編刊『大人と子供の関係史』第一論集 1994, 第二論集 1996／宮野安治『教育関係論の研究』渓水社 1996／宮澤康人『大人と子供の関係史序論』柏書房 1998

[関連項目] 親子関係／コミュニケーション

（渡邊隆信）

教育基本法

（英）Basic Act on Education

▶ 旧法の制定　　教育基本法は 1947 年 3 月 31 日に公布・施行された（旧法）。制定の過程には教育刷新委員会が深く関わり，その内容の骨子は，教育刷新委員会建議（1946 年 11 月 29 日第 13 回総会採択，同年 12 月 27 日建議）において示されている。それは，教育勅語に代わる教育の基本法と位置づけられた。その意味で，日本国憲法と並んで，戦後民主主義の理念を高く掲げる法律として制定された。国家が教育に関与することに対してはきわめて抑制的で，第 2 条にあるように，「教育の目的は，あらゆる機会に，あらゆる場所において実現されなければならない」とされ，教育の目標を具体的に規定することをしなかった。

▶ 2006 年の改正　　しかし，2006 年 11 月 16 日の衆議院本会議において，改正がなされて，現行法となった。現行法では，前文に「公共の精神」を尊ぶことが新たに掲げられた。また，旧法にはない「教育の目標」が第 2 条に掲げられ，そこで前述の「公共の精神」に加えて，「豊かな情操と道徳心を培う」

ことや,「伝統と文化を尊重し,それらをは
ぐくんできた我が国と郷土を愛する」ことな
どが新たに規定された。

▶ **改正をめぐる論争**　旧法は戦後民主主義
を体現し個人の人格の尊重に焦点化した自由
主義的,リベラルな性格を強く有するもので
あった。そして,教育目標を具体的に規定す
ることはせず,国家が教育に関与することに
対してきわめて抑制的であった。これに対し
て,現行法は公共の精神を重んじ,具体的な
教育の目標として,道徳心や愛国心を規定し
ている。このように,リベラルな旧法に対し,
現行法はより共和主義的,共同体主義的な色
彩を有するものになっている。このような現
行法の性格が戦前の国家主義的な体制への回
帰につながるのではないかとする強い危惧や
批判が存在する。事実,改正の背景にはそう
した政治的意図があったとする指摘もある。

　他方で,その運用のしかたによっては,
「公共の精神」は共和主義的なシティズンシ
ップ(市民性)教育につながる可能性を有す
るという評価もある。2015 年の 18 歳選挙権
成立を受けて高等学校の公民科に新たに設置
される科目「公共」などは,その帰趨を左右
する試金石になるであろう。

　[参考文献]　市川昭午『教育基本法改正論争
史——改正で教育はどうなる』教育開発研究所
2009
　[関連項目]　教育勅語／公共性／シティズンシ
ップ　　　　　　　　　　　　　　　（小玉重夫）

教育計画
英 educational plan

▶ **語義**　設定された教育の目標に到達
する過程を計画的計測的に表明したもの。人
間形成の過程における意図的目的意識的系統
的働きかけを教育の本質とするとの規定に立
てば,自覚的な教育の営みは,漠然とした意
味では,いずれも教育計画と呼びうる。しか
し,社会経済の発展における教育の役割が見
直されるにともない,社会経済の将来の発展
を見通し,これを達成するために必要な教育

を量的質的に計画する必要が唱えられ,単に
教育課程のみならず,教育の制度および財政
をふくむ長期総合的教育計画が成立するよう
になる。とくに一国の社会経済発展計画の要
請と密接に関係づけられた中央地方教育行政
計画であるところに,カリキュラム改造計画
などを内容としたそれ以前の教育計画とは区
別される現代の教育計画の特質がある。

▶ **歴史**　教育計画の用語が現在の意味
で使われるようになったのは,1950 年代後
半から 60 年代にかけてのことである。1957
年人類史上最初の人工衛星スプートニクの打
ち上げの成功によって明らかになったソ連の
計画経済および教育計画の優位性は,西側資
本主義諸国に多大なショックを与えた。そこ
から資本主義諸国においても社会経済の発展
についての計画の必要性が認識されたのであ
る。とくに経済発展に対する教育の役割が高
く評価されるようになり,教育支出をもはや
社会需要に対する消費的経費とするのではな
く,経済発展を担う人的能力の養成に対する
生産的投資と把握するマンパワー理論が
1960 年代の世界各国の教育計画をリードし
ていく。すでに述べたように現在の長期総合
教育計画への注目をかきたてた端緒はソ連の
教育計画であるが,それは国家総合計画(ゴ
スプラン)の一環に位置づくものであった。
これに刺激をうけた資本主義諸国の長期総合
教育計画の展開にとくに大きな役割を果たし
たのは OECD(経済開発協力機構)と
UNESCO(ユネスコ)である。OECD は
1958 年を基準年度として 1970 年までの間に
毎年の教育投資額を平均 2 倍に増加させるこ
とを目標とした教育投資計画を加盟国に提示
した。ユネスコは 1964 年に『教育計画』を
発行し,資本主義国・社会主義国・発展途上
国を広く視野に入れた教育計画立案のための
基礎理論を提示した。ユネスコの後援によっ
て 1960 年 1 月にとりきめられたカラチ・プ
ランは初等教育拡充のためのアジア地域にお
ける長期教育計画である。ここでは 1980 年
までに初等教育の就学率を 20% に引き上げ

ることが主要な目標とされた。同プランはその後中等・高等教育および成人教育を包括した総合教育計画へと修正された。

わが国では 1960 年の国民所得倍増計画の提唱の下で，1963 年の経済審議会答申「経済発展における人的能力開発の課題と対策」などによって具体化が進められて行った。1962 年に発行された教育白書『日本の成長と教育』においては長期総合教育計画の意義と必要性および理論的根拠などが詳細に展開・主張されている。なお，同白書は長期総合教育計画の策定のための参考事例としてフランスにおける第二次大戦後の国家総合計画本部学校教育施設委員会の活動にも注目している。

しかし，今日ではマンパワー理論に対しては論理的明快さは別として，その現実的な有効性に疑問が投げかけられている。とりわけ人材需要を完全に予測し，人材需要に即応した教育計画を策定するといった発想には硬直性があるとの認識が強まっている。

▶ **教育思想と教育計画**　教育計画という用語を，ある理想社会を想定し，その状態を生成・維持・発展させる手段としての教育について計画を立てることを意味するものととらえるならば，そのアイディアはすでにトマス・モアの『ユートピア』(1516) に見ることができる。同書では，一種の共産主義社会であるユートピアがどのように生成されるかは触れられていないものの，ユートピア社会秩序の維持・発展が，教育に大きく依存していることが生き生きと描かれている。同じ発想が，祖国再建を目指したコメニウスにも見られる。

このアイディアがふたたび思想家達の意識に登ったのは 18 世紀である。その形態には二つのものがあった。一つは，古典派経済学の祖アダム・スミスに見られるものである。アダム・スミスにとっての理想社会は「市場社会」であり，彼にとっては教育はその「市場社会」実現のために積極的に位置付けられるのではなく，むしろ現実の市場社会である

資本主義社会の弊害を除去し，市場を補完するものと見なされ，教育は後景に位置するものとされた。そのためここでは市場がもたらす労働力奇形化を防ぐ最小限の教育計画が提唱される。もう一つはフランス革命期に表れたものである。ここでは共和制の祖国の建設と「自由，平等，博愛」という革命の目標を現実化するために教育が重要な位置を占めることになる。フランス革命議会では公教育計画が重要な議題となった。

19 世紀後半から 20 世紀前半にかけて展開された新教育運動においてはカリキュラム改造計画として多様な教育プランが提唱された。日本でもよく知られているものとしては，1920 年にアメリカのパーカストが実験したドルトン・プランがある。これは，従来の暗記中心の教育方法を批判し，子どもの自主性を尊重した個別学習方式を取り入れたものであるが，1921 年に澤柳政太郎らによって日本に紹介され，1924 年にはパーカストの来日により本格的に実践に移される。アメリカではその後も，単元学習方法により，子どもの自主性，生活や経験を重視する新しいカリキュラム編成が次々と実験されていく。なかでも 1930 年代から 1940 年代に開発されたヴァージニア・プランなどは有名である。さらに，社会と学校教育とのつながりを強調するコミュニティ・スクール運動などの展開もみられた。これらは第二次大戦敗戦直後の日本に大きな影響を与えた。各地で地域教育計画と呼ばれる様々な教育プランが提唱され，実践されたが，なかでも川口プランや本郷プランなどが有名である。これらはカリキュラム改造計画を越えて，教育が地域の生産と生活に結びつくことを指向するものであったが，一国の社会・経済発展計画と結合し，教育の水準と内容を社会の労働力需要を基礎に計量的に把握し，教育への公共的投資の適切性を投入経費と獲得成果から計測するという資本投資の論理によって説明される現在の教育計画とは異なる性質をもつものである。現在の教育計画論においては，労働市場を媒介とし

て教育システムと経済システムは均衡状態を形成するという前提から，経済計画を主とし教育計画を従とすることが無自覚のうちに前提とされることが多い。経済的合理性という観念の前に，合理的経済人という，経済学の世界においてはすでに多くの疑問が突きつけられている人間像が，かえって教育計画の世界では不問に付される傾向があることが問題となる。

[参考文献] UNESCO, *Economic and Social Aspects of Educational Planning*, Paris 1964（木田宏訳『教育計画』第一法規 1966）／市川昭午・菊地城司・矢野眞和『教育の経済学』第一法規 1982／佐藤学『米国カリキュラム改造史研究』東京大学出版会 1990／シュルツ，T. W.（清水義弘・金子元久訳）『教育の経済価値』日本経済新聞社 1981／ベッカー，G. S.（佐野陽子訳）『人的資本――教育を中心とした理論的・経済的分析』東洋経済新報社 1976／『持田栄一著作集』明治図書 1980
[関連項目] 近代化　　　　　　　　　（大田直子）

教育権・学習権

英 educational rights, right to learn／独 Erziehungsrecht／仏 droit d'enseigner, droit d'apprendre

▶ **教育権**　　教育権とは，広義には，子ども，親，教師等の教育に関わる諸当事者間の，責任と権限の関係の総体をいう。狭義には，教育の主体の法的に規定された権能をさして用いられる。前者（広義の教育権）の構造をいかに解するかにより，後者（狭義の教育権）の解釈に対立が生じる。すなわち，教育の意思決定において，親，教師，国家といった教育の主体のうちのいずれが第一次的な権限を有するかが争点となる。たとえば日本では，現行法の解釈をめぐり，教育裁判という形をとって，この問題が争われた。

▶ **教育権の構造**　　広義の教育権の構造は，思想史的には，公教育制度の成立のなかで形成された。したがって，教育権の構造把握をめぐる対立は，公教育の制度理念の形成過程における思想的相克を反映している。教育権思想の形成は，近代市民社会の展開における

二つの異なる文脈から，把握することができる。第一は，17世紀から18世紀の市民社会形成期に，国家権力や教会権力の介入に抵抗し，精神的自由の領域としての教育の自律性を擁護するための論拠として，教育権の思想が形成される文脈である。第二は，18世紀から19世紀にかけて，近代国家が恣意的な特権を廃絶して，平等な公教育を創設する際の論拠として，教育権が主張される文脈である。この二つの文脈のいずれを，より基底的なものとみなすかによって，教育権の構造把握に対立が生じる。すなわち，第一の文脈からは，親権にもとづく私教育の自由の思想や，真理のエイジェントとしての教師の教育の自由の思想が導かれる。このうち，私教育の自由の思想においては，教師の教育権限は，親からの信託にもとづくものとして構成される。これらの場合，教育権の自由権的な側面が強調される。他方，上述の第二の文脈においては，教育権の所在は，国民の共同利益（公共の福祉）の組織者としての国家（福祉国家）にもとめられる。この場合，教育権の社会権的な側面が強調される。両者の立場の間に存在する対立は，近代市民社会が構想した自由と平等という二つの理念の間の相克の反映にほかならない。

▶ **学習権**　　学習権の思想は，上述の対立を克服する一つの試みとして，すなわち自由と平等を統合する構想として登場する。思想史的には，近代における発達の可能態としての子どもの発見が，学習権思想の源流であり，ルソー（Rousseau, J.-J.）の『エミール』が典拠として引合いにだされる。学習権思想において，教育権は学習権に従属し，それを保障するための権限としてとらえ直される。したがってそこでは，学習権の主体である子どもの存在が，教育権の行使を正当化し，かつ吟味，制約する原理として，決定的な意義を付与される。その意味では学習権思想の本質は，教育主体の自由に主張の力点がある自由権的な性格ではなくむしろ，子どもの生存権保障に力点をおく社会権的な性格にあるとい

える。しかしながら同時に，学習権の思想には，義務教育を自由権的な観点から再構成するための原理という役割が期待されている。それは，学習権の思想を軸として，教育権の構造を以下のように構成することによって果たされる。すなわち，学習権の保障に際して第一次的な責任と権限を有するのは親であり，親は教師に対して，その権限（親義務）の一部を委託する（親義務の共同化）という構造である。このような論理構成によって，精神的自由の領域としての教育の自律性を擁護する立場を生かしながら，同時に，共同利益（公共の福祉）の実現をもみたしうるような教育の意思形成の論理が確立される。社会権保障を行う福祉国家の統治は，学習者である子どもやその親の自律性を通じて行われた（ドンズロ）から，そこでは学習権と教育権は必ずしも対立的ではなく，むしろ相補的な関係をなしていたということができる。この両者の相補性にこそ，近代教育関係の特徴を見いだすことができる。しかしながらこの相補性は同時に，教育の自由との葛藤を内包したものでもあった。

▶ **学習権思想の実践的展開**　1960年代から1970年代にかけての日本の教育裁判では，教科書検定や学力テストの実施，教師に対する勤務評定，学習指導要領などの是非が争われた。そこで学習権思想は，教育の自律性を擁護し，国民の教育権と教育の自由を根拠づける思想として，実践的な役割を果たした。教科書裁判に対する「杉本判決」（1970.7.17東京地裁）は，子どもの学習権論を取り入れ，親およびその信託をうけた教師の教育の自由を肯定した。しかしながらその後，1980年代になると，教師による子どもの人権侵害に対する父母や子ども自身の抵抗をはじめとする，教師と父母，子どもの間での教育紛争が顕在化する。これは，学習権保障に直接責任をおう当事者間の紛争であり，上述のような近代教育関係内部での葛藤の顕在化であった。このような教育紛争の性格変容によって，教育権と学習権の思想に，新たな課題が提起さ

れるようになる。

▶ **教育権・学習権思想の現代的課題**　自由と平等を統合するための原理として構想された学習権の思想は，今日，新たな課題に直面している。第一に，学習概念そのものが理論的に問い直されているという問題がある。たとえば認知科学において注目されている正統的周辺参加論では，学習を一般的な発達の過程に還元するとらえ方が批判され，固有の文脈を有する共同体への参加として学習をとらえなおしていこうという問題提起がなされている。また，学習概念を参加概念と結びつけて理解しようという上述の提起とも密接に連動しながら，子どもを権利保障の対象とだけとらえるのではなく，公共的世界に参加しそこで権利を行使する主体として位置づけ直そうという動きが生じている。たとえば国連の「子どもの権利条約」では，子どもに意見表明権をはじめとする市民的自由への権利行使を認めている。以上のような動向のなかで，学習権の思想は，教育権の行使を正当化，ないしは吟味，制約する原理としての地位を超えて，教育権と対立し，それを相対化する原理としての性格をもち始めている。第二に，このような学習権概念の意味変容は，学習権思想によって統合されていた教育権思想における自由権的な側面と社会権的な側面との間の相克，対立の問題を，再び顕在化させる。とりわけ，1970年代以降，再生産論の登場に代表されるように，平等を保障するという公教育の機能の正統性が危機に陥っているという問題が，公教育における教育主体の存立に重大な影響をおよぼしている。そこから，教育権の根拠づけを再吟味する必要性が生じる。教育権論を現代的に再構成するためには，福祉国家における社会権の一環として構成されてきた教育権を根底から見直す必要がある。これは，ポスト福祉国家段階における新しい教育の公共性を問う課題にほかならない。

［参考文献］　Donzelot, J., *La Police des Familles*, Éditions de Minuit 1977（宇波彰訳『家族に介入する社会』新曜社　1991）／Lave, J., Wenger,

E., *Situated Learning*, Cambridge University Press 1991（佐伯胖訳『状況に埋め込まれた学習』産業図書　1993）／堀尾輝久『現代教育の思想と構造』岩波書店　1971／堀尾輝久『人権としての教育』岩波書店　1991／持田栄一『教育管理の基本問題』東京大学出版会　1965

［関連項目］　教育の自由／公教育／国家／人権

（小玉重夫）

教育思想
英 educational thought

▶ **概　念**　　まず思想とは思惟すること（Denken）ではなく，思惟されたこと（Gedanke），すなわち思惟の過程ではなく結果に属する事象である。しかし思惟された結果がすべて思想であるのではない。一過的個別的経験については言うに及ばず，社会的に行われる議論や決定に含まれる思考や判断であってもそれをただちに思想とは言わない。また，学的な知識や理論に含まれる思考もそうは呼ばないのが普通である。思想は政治や経済，あるいは社会や人生などの一定の包括的意味をもち，かついくつかの価値的態度を含む事象に関する統一的な判断体系をさし，特定の人物によって言説として表現される。したがって，その判断は価値志向をもち，その限りで主観的判断であり，科学的判断とは異なった意味を持つ。

教育事象に関する統一的判断体系としての教育思想は広くは教育事象に関わるすべての問題領域（目的，内容，方法，機能，……）についての思惟結果を含むことができるが，それは教育諸科学の各領域において示される科学的理論体系と必ずしも同じではない。教育思想と呼ばれるものには，多くの場合，その中核に教育そのものについての主観的思惟結果としての教育観（conceptions of education）が含まれる。すなわち，広義の教育思想の中核に狭義の教育思想（教育観）があると言ってよい。なお，この場合，教育観と教育の概念（concept of education）とを分けておく必要がある。教育思想として取り扱われるのは教育概念ではなくて，教育観である

からだ。教育の態様について思考し，反省し，理論化していく時，その前提になる基礎概念として「教育」を規定する必要があるが，その場合の「教育」という概念がただちに教育観を示すものではない。

教育思想は，普通には，ある特定の人物が著作において表現した，教育事象（今日では，主に学校教育）のあり方についての理念的な形式の言説として理解される。もっとも，教育は日常的事象として経験されるし，特に今日学校における教育の一般化によって可視的な事象であるから，教育について誰もが意見をもち，それを述べることができる。教育に関する判断体系をこのような意見を基点に願望，信念，批判，理念の段階へと思考の抽象度に応じて階層化する事ができるだろう。特定の人物によって表現される教育思想の背景には，こういった判断体系の階層的構造が存在する。しかしながら，その構造内を一般的意見から単に上昇的に成熟し洗練された判断として，当の教育思想を理解してはならない。それは，一般的意見やいわゆる時代精神から醸成される場合もあれば，それとの対抗においてはじめて産み出される場合もある。

▶ **用　語**　　「教育思想」の語が今日好んで多用される程度には，その歴史的由来は必ずしも明らかでない。まず，思想という語が初めて用いられた例は明確でない。中国の古い用法として，たとえば，三国時代の曹植に「思想懐故邦」の詩句などがあるが，その場合は，思う，思いやるという動詞的な意味であり，また日本語で用いられる場合にも，たとえば，中村正直がスマイルズ（Smiles, S.）の『西国立志編』の邦訳（1870・明治3）において「暗中に模索し，懸空に思想して」などのようにしばしば思想の語を用いているが，今日のような意味はなかった。中期になって三宅雪嶺の「関係と思想とは結局同一体」（哲学涓滴，1889）という場合，井上円了の「（哲学ハ）思想ノ法則ヲ究明スル学」（哲学雑誌創刊号，1886）の場合のような名詞用法においても思考の意味で読むことになる。精

神活動の形式でなくその成果としての世界観等の意味を持つ思想の語は明治期後半から次第に用いられるようになったが、その早い例として「生命思想」（北村透谷、1892頃）などがある。初めの頃は、社会主義や自由主義など体制批判的な主張を内容とする意味合いが濃く、それは当時の「思想家」の呼び名にも、1912年に出た大杉栄らの雑誌『近代思想』にも反映していた。

「哲学」の造語が西周によって philosophy の訳語に当てられたことはよく知られているが、いっぽう「思想」は造語でないだけでなく、それがどの欧語に対応するものであるか、必ずしも明確ではない。たしかに、thought (s) とか idea (s) などの欧語があるが、それらの用例は日本語で用いられるほどの頻度はなく、また、日本語の「思想」を欧語（英語）に直そうとしてそれらの語を当てるとき違和感が残るのも事実である。日本語の哲学よりも広い意味を持つ philosophy との重なりや、その他に theory や ideology, conception など類似の語もあり、語義の対応関係にずれが生じる。実際、わが国における思想史研究のテキストとして影響力をもってきた『社会思想史概論』（1962）に挙げられている基本文献の中で、26点の欧文の文献中「思想」に当たる語をタイトルにもつものは3点であるのに対して、邦文の場合は5点中4点であり、またそれら欧文文献の邦訳に「思想」の名がある場合も原題にはそれを欠いている。

教育思想という語の用いられ方についても判然としないところが多い。教育思想が教育学あるいは教育哲学とは独立に用いられ始めるのは明治期後半である。国立教育研究所編集『明治以降教育文献総合目録』によれば、タイトルに「教育思想」の名を含むものの初出例はロック教育論の翻訳である『洛克氏教育思想』（大日本教育会訳、1895）であり、次いで下田次郎『教育思想の変遷』（1906）、藤原喜代蔵『明治教育思想史』（1909）などがある。しかし、これらに教育思想の概念説明はなく、「教育の主義目的の変遷」（下田）、「教育思想は時代産物なり」（藤原）の記述があるだけである。その後、大正期に入って、入沢宗寿『近代教育思想史』（1914）、小西重直『教育思想』（1923）があるが、昭和になって教育思想の研究が教育史の大きな流れとなり、長田新『ペスタロッチの教育思想』（1927）、由良哲次『近世教育思想における内在観の研究』（1928）、入沢宗寿『汎愛派教育思想の研究』（1929）、稲富栄次郎『明治初期教育思想の研究』（1944）を初め多くの本格的思想研究が現れた。また、戦後に急増し、平均して1年に1〜2点程度の教育思想の名をもつ著作が刊行された。とりわけ1965年以降、教育学あるいは教育哲学と題する著作の数と逆転しそれを大きく超えることになった。概ね、人名、国名、時代がつく場合の学説説明に教育思想のタイトルを用いるものが多いが、戦後が一般にいわば思想の時代となったことに加え、とりわけ教育学にあってはその理論的反省を学説として説明するよりは、思想として説明するほうが容易であったとも言える。それは、理論的確からしさの水準において「学説」と表現することのためらいと、とりわけ論争的環境におかれてきた教育の現実によるのかもしれない。

▶ **教育思想と教育学または教育哲学**　教育についての理論的反省を教育学というならば、教育思想にも同じことが言える。しかしながら、一般に思想と科学との対比に応じて考えるならば、主観的価値的判断体系としての教育思想と客観的没価値的判断体系としての教育学とを分けてとらえることができる。高島善哉は方法と分けて方法態度という用語を設け、方法態度とは科学的方法の次元にまで昇華された思想のことであり、科学者は思想を磁場として科学の領域へ向かう、としたが、その意味で、教育思想は教育学そのものでなく、教育学に向かわせる「磁場」である。だが、教育学を本来的に価値的な判断体系であるとみなし、それとは別に没価値的な教育科学が成立すると考えるなら、教育思想は教育

学に近くなる。一方，教育哲学もまた価値学としての教育学と同じく教育に関する価値的な方法的態度を含むものであるとすれば，それは教育思想と近い。しかし，教育哲学が，それ自体として価値的態度を離れて，教育学の一分科（ディシプリン）としてたとえば概念分析や知識論，意味論等に入り込んでいく場合，教育思想とは異なることになる。

▶ **教育思想の研究**　教育思想は歴史的所与であるから，教育思想の研究は，本来歴史研究の作業（教育思想史）であるとも言えるが，それでもなお研究態度としては，大きく学理的研究と歴史的研究に分けることができる。端的に言えば，教育思想の研究において，時空を超えた真理としての教育的知見を学ぶために当該教育思想の真理性を問うか，あるいは教育思想を歴史過程の中に位置づけて（歴史に返して），今日の教育的思考の歴史的理由を把握するために当該教育思想の歴史性を問うかという違いになる。ただし，前者にあって，超時間的真理（あるいは真理らしさ）の析出を行う場合，それが真理であることの保証はどこからくるのかという問題がある。仮にある言説が学理的に正しいとされる時，そのことによる効果は現に存在する教育的知見を新たに増やすことにあるのではなく，（なぜなら，当該思想の真理性は現に存在する教育的知見によって検証されることになるから）その思想が今日も適用可能であることを確認するか，またはその言説の主体である人物の評価として現れるしかない。それに対して，今日の教育的思考の歴史的理由を把握するということは，まずは，教育に関する現時の思想の理由を尋ね，なぜ現時の思想はそのようであるのかと批判的に問うことであって，かならずしもその発展過程を整備し承認することではない。しかし，前者の場合のように前もっての検証基準がないから，批判的に問うと言ってもその基準は主観的関心から構成されざるをえないところに隘路がある。

また，研究的ディシプリンとしての教育思想史を，教育の思想史と見るか，教育思想の歴史と見るかという問題がある。教育を思想史的に研究すること，すなわち教育研究の一つの方法として教育思想史を捉えることと，教育思想という精神的所産の歴史を研究すること，すなわち教育思想を教育学の領域として捉えることとの違いになる。前者の場合，教育思想史は方法の意味を持ち，後者の場合，教育学の一分科的意味になる。

▶ **教育思想史の教育的意味**　かつて師範学校教育における教育史は多く教育思想史であった。教育思想史を教える意味について，古くから影響力を保ってきたコンペーレ（Compayré, G.）の説明を例にとれば，①教育が道徳的・宗教的・政治的諸信念の反映であることを学ぶこと，②過去の諸理念を整序し和解させることによって普遍的な教育的真理を発見させること，③そこから道徳的刺激を引き出し，先人たちに習って困難に向かう教師の努力をエンカレッジすること，が挙げられている。わが国でも大瀬甚太郎『近世教育史』など多くの教科書で同様の意味づけが行われてきた。これらは上記の研究態度の別で言えば学理的研究に近い対応関係にあるが，最近では過去の教育思想をできるだけ過去に返し相対化していこうとする教育思想史教育の傾向が見られる。だが，それだけに教育思想の教育的意味が分かりにくくなっているとも言える。教育思想の歴史的相対化は本来教育現実の何が問題かという問いに基点があることから見て，結局はこの問いへの導きに教育思想史教育の成否がかかっていることになる。

▶ **教育思想の研究団体**　わが国における教育思想の研究団体としては，比較的多くの研究が教育思想を対象とする教育哲学会や教育史学会，また部分的にその研究を含む日本教育学会などがあるが，教育思想を直接に対象とするものとして1991年に近代教育思想史研究会が生まれ，それが発展して1996年に教育思想史学会となったのが初めての例である。

[**参考文献**]　教育哲学会『教育哲学研究』43号1981,（研究討議「教育思想の比較文化的考

察」），同 53 号，1986，（研究討議「教育哲学に
おける教育思想研究のあり方」）／近代教育思想
史研究会『近代教育フォーラム』第 1 号，1992
／教育思想史学会『近代教育フォーラム』第 6
号，1997／高島善哉ほか『社会思想史概論』岩
波書店　1962／武田清子編『思想史の方法と対
象』創文社　1961／原聡介ほか編『近代教育思
想を読みなおす』新曜社　1999／宮澤康人『近
代の教育思想』放送大学教育振興会　1993／村
井実『原典による教育学の歩み』講談社　1974
／山崎正一『近代思想史論』東京大学出版会
1956／吉田昇ほか編『近代教育思想』有斐閣
1979／『教育学全集 2』小学館　1967
　　［関連項目］　教育学／教育理論／教育哲学
　　　　　　　　　　　　　　　　　（原聡介）

教育実践
英 educational practice

▶ **理論と実践**　　英語で 'education' と言え
ば，「教育をすること」と「教育を考えるこ
と」の両義が同時に含まれる。英語でも，教育
の〈理論〉を〈実践〉から区別する表記が
ないわけではないが（たとえば pedagogy＝
教育学），ふつう日本語の「教育学」やドイ
ツ語の Pädagogik は，英語では たんに
'education' で置き換えられる。要するに，教
育をするということのなかには，どうやって
教育するかを考えることもまた含まれている。
そういう〈理論〉と〈実践〉との不可分性，
あるいは融合性が，'education' の用語法には
見られる。そうした用語法を支えてきたのは
プラグマティズムの考え方である。
　　実用主義とも訳されるプラグマティズムは，
「為されたこと」を意味するギリシャ語
pragma から造られた呼び名で，〈観念の真
理性は，それを行動に移したときの結果で判
定されるべきである〉とする立場を指してい
る。この立場からすれば，実践をことさら理
論的に対象化する必要はない。実践しながら，
そのつど問題点を正していけばよいのであっ
て，そのこと自体が実践の一部である。
　　それに対して，〈理論〉と〈実践〉を意識
的に分けて，理論の応用として実践を見たり，
実践の中から理論を引き出したりすることも

ある。この場合でも，理論と実践とは，それ
ぞれのあり方の相異点（一方は「観念」，も
う一方は「現実」）ばかりでなく，おたがい
の間の往復関係にも，注意が向けられるのが
つねである。特に教育は，哲学的思考が陥り
がちな概念的割り切りが，そのままでは通用
し難い領域である。デューイ（Dewey, J.）
が「教育は哲学的な仕分け方が具体化され，
テストされる実験室である」といったのは，
この意味である（*Democracy and Education*,
chap. 24）。

▶ **機能としての教育・実践としての教育**　　社
会の中での教育のあり方は，大きく分けて，
「意図的教育」と「無意図的教育」，あるいは
「形式的教育」と「非形式的教育」などと分
類されてきた。これらのうち後者の部類の教
育，つまり「無意図的教育」ないし「非形式
的教育」は，人類の歴史とともに古く，社会
の基本的機能の一つと見なされてきた。この
意味でそれは，「機能としての教育」とも呼
ばれる。機能としての教育は，よい意味でも
悪い意味でも，社会を現に支えており，価値
判断以前に存在している。つまり，機能とし
ての教育は，よい・悪いを別にして，ニュー
トラルな事実なのである。問題は，事実とし
て機能している教育が「教育」の名で呼ばれ
ることによって，もう一方の領域の教育が，
どのような影響を受けるかである。
　　もう一方の領域の教育とは，意図的・形式
的になされている教育，つまり実践としての
教育である。実践としての教育は，とうぜん，
どのような目的を，どのような方法で実現
していく「べき」かの，理想や当為の意識を含
んでなされる。教育の概念史から言えば，こ
ちらのほうの教育が，「教育」の名に相当す
る対象であったが，この認識を逆転させたの
が「教育科学」の発想である。
　　ドイツの教育理論家クリーク（Krieck, E.）
は，実践としての教育を対象にする「教育
学」（Pädagogik）から区別して，機能とし
ての教育を純粋に研究する「教育科学」（Er-
ziehungswissenshaft）を構想した。クリー

クはこう言う。「すべての教育機能は本来共同社会の他の諸機能の中に有機的に編み込まれているのである。この共同社会の諸機能の一部が高度の文化状況において，意識的にして計画的な教育活動として分離し，特有の職員とともに特有の方法および組織を獲得するに至るのである。しかし教育の意味はそのあらゆる種類および段階を通じて同一である。すなわち成長に影響しそれを形成して，生活共同社会の後継者を成熟せる成人の成員の中に嵌め込むようにするということである」（稲富・佐藤訳『教育哲学』1943。現代表記に改めて引用した）。

この「純粋教育科学」の見方からすれば，意図的・形式的な教育，つまり実践としての教育もまた，機能としての教育と同様，社会・共同体を支え，人々をその中に嵌め込んでいく作用の一部である。とするならば，歴史上さまざまな教育実践家が，それぞれの目的意識を持って困難な課題と取り組んできたその努力もまた，実は，子どもをよりよく社会の中に嵌め込むための「高度な」努力に過ぎなかったことになる。たとえばペスタロッチ（Pestalozzi, J. H.）が，見捨てられた貧民の子どもを集めて，「ノイホーフ」の学校で半労半学の教育実践をしたのも，それは，社会が産業社会化していくなかで，その中に子どもをよりよく嵌め込むための必死の努力にほかならない。ペスタロッチの「実践」者としての能力は，社会の要求とその中での生きる道を，「高度な」観点から見通すことができた点に求められるだけである。

▶ **パフォーマンスとしての教育実践**　もちろん，実践者の努力をすべて社会の機能の代理に還元してしまう「教育科学」を，批判し去ることは難しいことではない。現に，クリークがナチス・ドイツの指導的な学者であったことを引き合いに出すことによって，そうした批判はすでに充分なされてきた。しかし，その反動として，教育実践を実践者の「意図」の範囲内で解釈しようとする限り，思想史研究としての教育実践研究は成り立たない。

この意味で，教育実践の成果を「教育学」に組み込む前に，いったん「教育科学」の冷厳な目を通すことの有効性は失われてはいない。

歴史的パフォーマンスとしての教育実践を，教育思想史研究の対象として見ていくときの方法の一つは，テキスト論である。過去の教育実践をテキストとするとき，それが位置づけられるコンテキスト（文脈）もまた解釈の対象になる。というより，コンテキストとしての歴史的背景は，事実として与えられているわけではなく，それを再構成することも研究の一部となる。現代の思想史家ラカプラ（LaCapra, D.）はこう言う。「歴史家にとって『コンテキスト』あるいは『現実』の再構築それ自体，テキスト化されている過去の遺物を基盤になされるのである」（山本・内田・金井訳『思想史的再考』平凡社 1993）。テキストとしての教育実践を通して，その実践のコンテキストを再構成していくとき，思想史家自身の解釈がつねに問われる。この問い直しのなかで，過去の実践が意味を放つようになるのである。

教育実践を，超歴史的な人類の遺産と見なし，そこから「教育学」的な英知を学ぼうとする態度は根強い。また，実践を「プラクティス」としてではなく，「プラティック」として，つまり日常的慣行として客観視する傾向も今日見られる。いずれにしろ，現代のわれわれが真に学びとることができるのは，教育実践をそのコンテキストのなかで再構成することを通しての，われわれ自身の解釈だけである。教育実践と向き合うことによって，われわれは自身の教育解釈と向き合っているのである。教育実践が歴史的パフォーマンスであるように，われわれもまた，自身の解釈的パフォーマンスをくりひろげる以外に，教育実践との正当な向き合い方はないのである。

[**参考文献**]　石戸谷哲夫『日本教員史研究』講談社　1967／クループスカヤ（勝田昌二訳）『国民教育と民主主義』岩波書店　1954／ジェイムス，W.（桝田啓三郎訳）『プラグマティズム』岩波書店　1957

[関連項目] 教育学／教育科学／教育方法

(宮寺晃夫)

教育社会学

英 sociology of education

▶ 語義　最も広義には，教育にかかわる諸変数（たとえば学歴など）を組み込んだ社会学的研究の総体。この意味では，社会移動研究や階層研究などの一部も教育社会学と解釈されうる。しかしながら，固有の意味での教育社会学とは，「教育事実および教育問題を社会学的に研究」（清水1955）する学問領域であり，教育学の内部において社会学的方法でさまざまな教育事象を分析する専門分野のことである。

▶ 歴史　形式的・名義的な系譜からとらえるならば，教育社会学は1907年，アメリカのコロンビア大学教育学部のヘルバルト派教育学者スザロ（Suzzallo, H.）によるEducational Sociology と銘打つ講義の開講によって，その名を立ちあげた。しかしながら，このスザロの教育社会学は，価値創造的な規範科学的色彩が強く，現在の実態分析的な経験科学としての教育社会学とはその内容をまったく異にしている。

　むしろ内容的な系譜からとらえるならば，彼自身は一度たりとも教育社会学を語らなかったけれども，アカデミック社会学の始祖，フランスのデュルケーム（Durkheim, É.）が提唱した「教育科学（science de l'éducation）」に端を発している。デュルケームは，この教育科学を経験科学であるとして，規範科学としての教育学（pédagogie）に対峙させるかたちでもちだしたのであった。

　しかしながら教育社会学の歴史における規範科学的な要素は20世紀中盤まで勢力をたもち，デュルケームとスザロの違いに象徴されるように，必ずしも教育社会学の学問的意思が統一されていたわけではなかった。1949年にブルコーヴァー（Brookover, W. B.）は，アメリカには七つの教育社会学があるとした。その七つとは①社会進歩の手段として教育を振興する議論，②教育目的を社会的状況から設定しようとする議論，③カリキュラム立案に社会調査を応用する議論，④教育を社会化ととらえる議論，⑤教員養成のために一般教養として用意された社会学の講義，⑥教育関係者（教員および教育委員）のとりわけ地域社会における役割を検討する議論，⑦学校内および学校―地域間の社会関係を検討する議論，であった。そして規範科学的な要素は，このいずれにも浸透していた。

　ブルコーヴァーはこれらを educational sociology とし，デュルケームの提唱をなぞるかたちで，これにたいする sociology of education の定立が急務であり，それこそが学問としての教育社会学の確立であることを強調した。

　この educational sociology から sociology of education への転機は，イギリスではフラウド（Froud, J.）とハルゼー（Halsey, A. H.）によって，日本では清水義弘によって，アメリカでは社会的不平等研究にたずさわる多くの社会学者たちによって，もたらされた。そこでは明確に，教育制度を社会学的に研究し，実態分析にたずさわる経験科学として教育社会学がうちだされたのである。以降，この線にそうかたちで教育社会学はしだいに学問的統一性を獲得してゆくことになる。

▶ 対象領域　この sociology of education としての教育社会学の対象領域はきわめて広範にわたる。というのも，社会学は研究方法であって，教育にかかわるありとあらゆることがらが教育社会学の研究対象となるからである。試みに，日本教育社会学会の学会誌『教育社会学研究』の文献目録の大分類を以下にあげれば，①総論，②人間形成，③家族，④学校，⑤高等教育，⑥生涯教育／生涯学習，⑦地域社会，⑧文化，⑨社会構造／社会体制，⑨経済，教育工学，その他，となる。

▶ 最近の動向　sociology of education としての教育社会学の確立期は，世界的好況期にあたり，日本をふくめた先進国では，経済成長を加速し将来の雇用構造にマッチした人的

資本論政策が華やかなりし時代であった。この時期の教育社会学には，経済学ならびに計量的方法への志向が強く，このため政策科学的な教育のマクロ制度構造分析ならびに戦後教育改革の効果測定に力点が置かれることになった。この時点では，個々の学校はいわばブラックボックスとされ，アグリゲート・データにもとづくインプット―アウトプット分析，すなわちマクロな数値間の相関分析や回帰分析によるマクロ実態把握や将来予測が主流であった。

しかし，アメリカの人種的不平等研究の結晶である1966年のコールマン・レポート（Coleman, J. S.），および1970年代のイギリスに起こった「新しい教育社会学（new sociology of education）」の運動によって，研究対象はしだいにミドルないしはミクロ化されてゆく。それまでブラックボックスとされてきた個々の学校が「スループット」として教育社会学の分析対象となりはじめたのである。

この背景には，経済的ブームの衰退，教育改革をつうじた社会的不平等の改善の失敗，戦時平等主義の残滓たる教育の機会均等政策がもたらしたパラドキシカルな学歴社会状況，などがあった。この時期のフランスでいえば，ブルデュー（Bourdieu, P.）の『遺産相続者たち』（1964）および『再生産』（1970）やブードン（Boudon, R.）の『機会の不平等』（1973）が著わされたが，これは学校教育が階層・階級的不平等を改善するよりもむしろ維持・拡大しているのではないかという，従来のオプティミスティックな学校教育観，教育の機会均等観からの決定的な転換のしるしであった。これらはまさしく，形式的な教育機会の平等が学校教育の内部で骨抜きにされ，実質的不平等はなんら変化しないどころかさらに悪化している，といったいわば学校性悪説的な認識の登場である。

ここに，学校教育の内的過程，学校の組織過程が The School in Question として問題化されるにいたった。アメリカにおけるその嚆矢はシコレル（Cicourel, A. V.）らの1963年の研究に求められよう。この関心の変化によって，学校が不平等生成の文脈で社会学的研究の対象となり，かつての統計的調査から事例的調査への社会学的調査手法の重点のシフトが起こった。現在では，ジェンダー的不平等を中心とした学校の臨床的事例研究（エスノグラフィー）が脚光を浴びるにいたっている。くわえて，歴史的・社会史的研究ならびに高等教育研究が，天野郁夫の諸研究を代表として盛んになっている。

▶ **教育社会学批判**　　しかし，統計的方法をとるにせよ，事例的方法をとるにせよ，あるいは対象を現代にとるにせよ過去にとるにせよ，およそ教育領域を対象に社会調査という方法を用いればそれで教育社会学になる，といった安直な観点は誤っている。それは社会調査の方法自体が社会学に固有のものではないからである。調査は事例分析という意味でも統計分析という意味でも，社会学の独占物ではない。教育社会学が往々にして誇る「実証主義」なるものは，本来は社会調査によって自動的にもたらされるものではなく，その基盤には新堀通也のいう「方法原理」の自覚がそなわっていなければならない。

デュルケームによれば社会学は社会学的精神の賜物であり，この社会学的精神とは社会実在論的社会認識に帰着する。このような社会学にたいする深い理論的理解を欠いた状況では，教育社会学はいつまでたっても真の社会学的教育分析からみれば似て非なる学問的代物でありつづけ，実証主義の名のもとにわかりきったことをただ確認するか，そうでなければわかりきったことをわざわざ小難しく言いかえるか，極度の些末主義に陥るだけの学問となってしまうであろう。

[**参考文献**] Froud, J. and Halsey, A. H. "The Sociology of Education.", *Current Sociology*, Vol. 7, No. 3, 1958／麻生誠編『社会学講座第10巻 教育社会学』東京大学出版会　1974／岩内亮一・仲康・武藤孝典・本吉修二編著『教育と社会』学文社　1985／天野郁夫編『テキストブ

ック社会学（3）教育』有斐閣　1978／天野郁夫・藤田英典・苅谷剛彦『教育社会学』放送大学教育振興会　1994／シコレル＆キツセ（山村賢明・瀬戸知也訳）『だれが進学を決定するか』金子書房　1985／新堀通也『現代日本の教育病理』ぎょうせい　1976／セクストン（麻生誠・石田純訳）『教育社会学』至誠堂　1971／柴野昌山・菊池城司・竹内洋編『教育社会学』有斐閣　1992／清水義弘『教育社会学の構造』東洋館出版社　1955／清水義弘『教育社会学』東京大学出版会　1956／新堀通也「研究の動向と課題」『教育社会学研究』第17集，1962／デュルケーム（佐々木交賢訳）『教育と社会学』誠信書房　1976／デュルケーム（麻生誠・山村健訳）『道徳教育論』全2巻，明治図書　1964／デュルケーム（小関藤一郎訳）『フランス教育思想史』合本版，行路社　1981／仲康・岩内亮一『教育社会学』慶應通信　1991／友田泰正編『教育社会学』有信堂　1982／馬場四郎・仲康・岩内亮一・本吉修二編著『教育社会学』学文社　1960／姫岡勤・二関隆美編著『教育社会学』有斐閣　1968／フセーン（河野重男・中嶋博・澤田利夫監訳）『問われている学校教育』第一法規　1982／ブルデュー（宮島喬訳）『再生産』藤原書店　1991／ブードン（杉本一郎・山本剛郎・草壁八郎訳）『機会の不平等』新曜社　1983／松原治郎・麻生誠ほか編『社会学セミナー（3）家族・福祉・教育』有斐閣　1972／森重雄「教育社会学小史」『東京大学教育学部紀要』第28巻，1989
　［関連項目］　教育／教育学／教育科学／教育理論　　　　　　　　　　　　　　　　　（森重雄）

教育心理学
英 educational psychology

▶ **教育心理学の成立**　　教育心理学は心理学研究と教育実践を媒介する研究領域である。ロック（Locke, J.）やルソー（Rousseau, J.-J.）の例をあげるまでもなく，個人の心理的発達という観点から教育を考察することは近代教育学に固有な特徴といえる。ヘルバルト（Herbart, J.F.）は教育学を体系化する試みのなかで，心理学に教授過程を科学的に基礎づけるという重要な役割を担わせていた。20世紀教育科学のありように決定的な影響を与えたデュルケーム（Durkheim, E.），あるい

はデューイの構想においても，心理学は教育の方法にかかわるものとして，社会学とならんで教育学の学問的支柱をなすものと考えられた。

　教育心理学は，心理学が実験科学として成立するとともにはじまった。だが，それを新たな学問領域として成立させた要因はむしろ制度的事情にあった。19世紀末アメリカの大学において，ドイツのアカデミズムに範をとった制度的改編が進められたとき，心理学者たちは哲学から独立した学部の創設をめざした。そのとき彼らが強調したのは，心理学は教育問題の解決に役立つ学問であるという実用的理由であった。実際この時期のアメリカは公教育制度の整備にともなって，教員養成システムの改善や教育行政の専門職化など教育改革が著しく進展しており，それがこの学問分野を成立させる社会的基盤となった。だが，教育と心理学を媒介するという中間的性格ゆえに，教育心理学の学問的アイデンティティはつねに不確かにならざるをえなかった。教育心理学は実験的方法に基づいて教育固有の法則性を解明するための心理学の一部門なのか，それとも一般心理学の知見を教育の実際に適用する応用的な学問分野にすぎないのであろうか。

　教育心理学の先駆者として，ふつうヴント（Wundt, W.）のもとで実験心理学を学んで『実験教育学入門講義』を著したモイマン（Meumann, E.）や，ジェームズ（James, W.）があげられる。だが，ジェームズは教師に向けた有名な連続講義のなかで，科学としての心理学は教育の技術に関する知見を提示しえないと述べて，実践的有効性についてむしろ懐疑的であった。教育心理学の先蹤となったのは，むしろ優生学の創始者ゴールトン（Galton, F.）の仕事であったといえよう。彼は天才といわれた人々の家系調査を踏まえて極端な遺伝決定論を主張し，その後1世紀あまりにわたって遺伝説と環境説とのあいだの激しい論争を引き起こすことになった。だが，ゴールトンの個人差の測定に対する関心は，

個人の心理的性格が環境的諸条件から独立した実体であるとみなす二元的人間観として、またそれを客観的に測定するために開発した統計分析の手法は経験科学的方法論として、教育心理学に永続的な影響を与えることになった。

▶ **教育改革と教育心理学**　20世紀前半のアメリカ教育界を特徴づけるのは、教育心理学が教育改革の動向に決定的影響を及ぼしたことである。当時の教育改革の流れは、一方に教育活動は子どもの自然的発達のプロセスに従うべきとして、その自発性や自己表現の尊重を謳った新教育運動があり、他方で科学の方法を教育の領域に応用して、新たな産業社会に対応したカリキュラム改革を社会統制と社会的効率の原理にもとづいてなし遂げようとする動きがあった。こうした改革路線の違いは、それぞれホール（Hall, G.S.）とソーンダイク（Thorndike, E.L.）によって代表される理論傾向を生んだ。

ホールの立場は発達論的と呼ばれ、現代の発達心理学につながるものである。彼は児童研究運動を組織し、全国の親や教師に質問紙を送って子どもの心の内容に関するデータを蒐集した。それは個人の発達は人類の歴史を繰り返すという反復発生説の立場から、子どもの自然な成長の過程を明らかにしようとするものであった。そして、教育はこうした子どもの生得的な発達水準に適合するように組織されねばならないというのが、ホールの児童中心教育の主張であった。ゲゼル（Gesell, A.）によって提起された学習におけるレディネスの観念は、その師ホールの遺伝決定論的な発達観の枠組みから出てきたものである。その観念がわれわれにとってさえなじみ深いのは、発達論的観点が初等段階の学校現場で広く受け入れられていったことを物語るものであろう。

だが、教育心理学を一つの学問領域として確立したのはソーンダイクである。彼は自ら創刊した『教育心理学雑誌』で、教育心理学は厳密な科学の方法を教育問題に適用すると

ころに成立すると宣言した。工場をモデルにした学校において、科学はより効率的な教育を可能にするはずであった。ところで、ソーンダイクにとって科学の意味するものは、その学問的歩みがダーウィニズムの影響のもとで、動物の知能の実験的研究から始まったことに端的に現れている。動物の単純な学習が人間の学習の理解の基礎となるという信念にもとづいて、ソーンダイクは学習を刺激と反応の機械的な結合とみなす教授理論をつくりあげた。その結合説は、人間の精神を諸能力の束とみなす能力心理学に対するアンチテーゼであり、彼の有名な精神能力の転移を否定した実験は、能力心理学に根ざす形式陶冶論に対する最後の一撃となった。ソーンダイクの研究は伝統的な中等教育を支配してきた形式陶冶論に代わって、一定の教科内容の教授を重視する実質陶冶論の勝利を導いたのである。

ホールとソーンダイクの理論的隔たりが大きかったにもかかわらず、教育心理学は両者の影響が相互に補完するかたちで、時代の差し迫った要請に応えて発展した。こうした事情は、教育の効率化に貢献した知能テストがホールの弟子であったターマン（Terman, L.M.）によって考案されたことに、端的に示されている。教育の大衆化にともなって個人差を測定する手段として生まれた知能テストは、もともとフランスの心理学者ビネー（Binet, A.）によって考案されたが、それは普通教育についていけない遅進児を前もって選び出す手だてとして開発されたものであった。だが、知能テストがアメリカにわたると、ターマンの案出した知能指数（IQ）の概念によって、多様な能力をもつ子どもたちを一定の基準に照らして選別するための効率的な方法として発展させられた。知能テストが普及するきっかけとなったのは、第一次世界大戦時に徴兵検査で利用するために開発された「陸軍知能テスト」の成功であり、大戦後生徒を能力に応じて選別する手段として学校現場で広く利用されるようになった。

168 キョウイクシンリガク

▶ 教育心理学と教授理論　第二次世界大戦後，知能テストが前提としていた固定的知能観や遺伝決定論的発達観はきびしい批判にさらされるようになり，教育心理学者の関心は統制された環境の力によって効率的に子どもの知的能力の向上をめざす教授理論の建設に向かうようになった。それにはピアジェに代表されるような遺伝と環境の相互作用を重視する発達観がしだいに浸透していった事情もあるが，他方で，大戦の長期化にともなって，兵員の資質向上に向けた選抜と訓練のありように関心が向けられたという軍事的要因も作用していた。こうした動向ははじめ教育工学と呼ばれ，ソーンダイク流の行動主義の系譜に連なるものであった。スキナー（Skinner, B.F.）の刺激—反応の結合モデルにもとづく学習理論（プログラム学習）や，ガニェ（Gagné, R.）の学習階層性モデル，またスクライブン（Scriven, M.）の形成的評価などが混乱する教育現場に具体的な教授計画の指針を与えた。他方で，ソビエトの人工衛星スプートニクの与えた衝撃は，1958年に国防教育法を成立させ，新しい数学や科学のカリキュラム作成に向かわせた。その改革の指導理念となったのは，「いかなる問題であろうと，年齢を問わず誰に対してもきちんとしたかたちで教えることができる」というブルーナー（Bruner, J.）のテーゼであった。それは子どもの思考の発達段階や知識の構造についてのピアジェ理論に影響を受けたものであった。1960年代のアメリカにおける社会的平等への関心の高まりは，都市の貧困層の子どもを対象にしたヘッド・スタート計画をスタートさせたが，ピアジェ心理学はそうした動きに対しても理論的根拠を与えたのである。

▶ 認知革命以後　1970年代後半にはじまった「認知革命」は心理学にパラダイムの転換といえるような新たな事態を引き起こすことになった。この革命は異質な起源をもつ二つの認知科学の出会いによって引き起こされた。一つは，心の働きを情報処理の中枢過程になぞらえて研究を進めてきたコンピュータ

ー科学であり，いま一つは，心的活動の文化的・社会的性格を強調して，シンボルを媒介にした意味生成の過程に関心を向けた文化主義である。従来の心理学が人間の心の働きを遺伝ないし環境の作用といった外的な要因に還元して説明してきたのに対して，新たなアプローチは認知の主体的構成的作用の解明を主題にする。また，前者が心の働きを生物進化の法則に従うものとして，その普遍的性格を明らかにしようとしたのに対して，後者はいかなる知的機能も特定の社会的コンテクストに規定された歴史的・文化的性格をもつことを強調する。「認知革命」が教育心理学にもたらしたものを認知の構成的作用や知識の構造の発見として理解するならば，その理論的源泉はピアジェに求められるであろう。だが，この革命に本質的な影響を及ぼしたのは個人の精神機能の社会的起源を論じたヴィゴツキー（Vygotsky, L.S.）であった。彼は高次精神活動が技術的道具や記号という心理的道具によって媒介された社会的・歴史的性格をもつことを論じた。

先にふれたように教育心理学の歴史は，子ども中心モデルと社会統制モデル論との間で，振り子のように揺れ動いてきた。だが，両者は学習を本質的に個人的なことがらとみなす視点を共有しており，教師による知識の伝達か，それとも子ども自身による学習かのいずれの側面を強調するかに起因する対立にすぎなかったのである。それに対して，新しい認知心理学では，学習をコミュニティへの参加による社会的変容の過程としてとらえる集団主義的アプローチがめざされている。もはや学校は文化の伝達・形成のための唯一の機関とはみなされず，たとえばレイヴ（Lave, J.）とウェンガー（Wenger, E.）の学習概念では徒弟制がモデルとされる。彼らのいう正統的周辺参加の理論は，学習を共同体への実践的参加と規定して，参加者相互の交渉を通して互いに世界を作り上げていくプロセスとみなすものである。そこでは知識や学習が関係的なものとして，特殊な社会状況に埋め込まれ

た活動にほかならないと考えられている。

　こうした個人と社会を二元的に対立させて捉えることそれ自体を拒否する社会＝心理学的視点は，構築主義（constructivism）として括られることが多い。それは学習活動のモデルを日常生活の特殊な状況のなかに求める立場であり，学校という場が歴史の所産にすぎず，学習活動にとってきわめて人為的な環境であることを指摘することによって，制度化された学問としての教育心理学の理論的前提そのものを相対化するものといえよう。とりわけ興味深いことは，こうした構築主義の認識論的基礎がデューイのプラグマティズムにまで遡ることができることである。20世紀の教育心理学の歴史において勝利したのは，ホールやソーンダイクの実証主義の系譜であり，デューイの心理学理論は現場への実際的な影響という点では敗者に甘んじなければならなかった。しかしながら，100年を経て，デューイのラディカルな心理学理論に対する再評価の機運が高まっている。

　[参考文献]　Beatty, B., "Rethinking the Historical Role of Psychology in Educational Reform," D. R. Olson and N. Torrance (eds.), *The Handbook of Education and Human Development*, Oxford: Blackwell 1996／Bruner, J. S., *The Process of Education*, Cambridge, MA 1961（鈴木・佐藤訳『教育の過程』岩波書店 1963）／Bruner, J. S., *The Culture of Education*, Cambridge, MA 1996／James, W., *Talks to Teachers 1899*; New York: Norton 1958／Glover, J. A. and R. R. Ronning (eds.), *Historical Foundations of Educational Psychology*, New York: Plenum 1987／Gould, S. J., *The Mismeasure of Man*, New York: Norton 1981（鈴木・大和訳『人間の測りまちがい：差別の科学史』河出書房新社　1989）／McV. ハント，宮原訳『新しい乳幼児教育の役割』新曜社 1978／Joncich, G., *The Sane Positivist: A Biography of Edward L. Thorndike*, Middletown, CT 1968／Lave, J. and E. Wenger, *Situated Learning: Legitimate Peripheral Participation*, Cambridge 1991（佐伯胖訳『状況に埋め込まれた学習：正統的周辺参加』産業図書　1993）／Rogoff, B., *Apprenticeship in Thinking*, New York 1990／Ross, D., *G. Stanley Hall: The Psychologist as Prophet*, Chicago 1972／Thorndike, E. L., *Educational Psychology*, 3 vols. New York 1903-04／Walberg, H. J. and G. D. Haertel, "Educational Psychology's First Century," *Journal of Educational Psychology*, 84: 6-19 1992／White, S. H., "The Visions of Psychology of Education," in L. T. Landsmann (ed.), *Culture, Schooling and Psychological Development*, Norwood, NJ: Ablex 1991
[関連項目]　教育科学／発達　　　（森田尚人）

教育哲学
英 philosophy of education／仏 philosophie de l'éducation／独 Philosophie der Erziehung

▶ 語　義　　教育の問題を哲学的態度・方法によって研究する教育学の立場。その際，哲学的態度・方法の基本的特徴として，教育の問題を根源的（根本的），全体的（総合的）に問い，統一的認識を獲得することが挙げられる。ただ，哲学的態度・方法のあり方をめぐって，またそれに起因する哲学と教育学の関係から多様な教育哲学の立場，主張がある。
▶ 立場・性格　　教育哲学の立場と性格を教育現実から出発する教育理論の層序の中に，常識（common sense），教育科学（science of education），教育学（＝教育哲学 pedagogy）を位置づけ，これらとの対比において説明する（石山脩平参照）。

　教育哲学は，第一に教育に関する問題の全体を考察の対象とする。すなわち，①教育的常識が部分的な，問題についての一つの見解にすぎず，必ずしも他の問題に関して妥当せず，むしろ矛盾した見解に逢着する。ここから教育的常識は自らのアポリアを自覚することによって，教育の問題を矛盾なく処理し得る全体的見地を要求する。これが教育的常識から教育哲学への道である。②教育科学の立場もまた対象の一部分ないし一側面を対象としていることによって，教育現実の全体的処理に関しては不十分ならざるをえない。従って，教育現実を文化連関全体において見通す立場が必然的に要求される。これが教育科学

から教育哲学への要請であり，志向である。

教育哲学の第二の特色は，根本性ということである。常に「より根本的なる立場」を求めるのが哲学の立場であるが，教育に関する常識のもつ浅薄さ，狭隘さに対して，その根拠を求め，科学性にまで深化させることは，根本的立場への第一歩といえよう。しかしながら周知のように，「科学」には，その目的，方法に応じて立場の深浅，あるいは層序といったものが存する。たとえば，応用（実用）科学から基礎（原理）科学への方向は，より根本的立場への方向といえよう。だが，すべての科学が，結局，何らかの前提に立っていることにわれわれは注目しなくてはならない。にもかかわらず，科学自体は，その前提そのものの吟味を対象とせず，その前提の上に，あるいはその前提を容認し，肯定して理論を構築する。このように，特定の前提を当然の真理として肯定し，これらの前提に立脚することによって，科学の対象は限定され，その妥当性が限界づけられることになる。したがって，全体的立場に立つ教育哲学は，教育科学の立脚する前提それ自体を問題として吟味する。それは，前提それ自体を吟味の対象とするということで，無前提の立場に立脚して「一切の根本」に向かうものである。

第三の特色は，統一性ということである。とくに，それは存在と価値との統一を志向するという特色である。具体的に述べれば，教育とは何であるのかという問題と何であるべきなのかという問題を不可分的に統一するのが教育哲学の立場である。

このように，全体性，根源性，統一性（普遍性）を求めるということは，一般に哲学的態度として，ほぼすべての哲学研究者に認められているところであろう。問題は，これら全体性，根源性，統一性をどのような仕方で具体化するかということである。すなわち，これらの哲学的立場に立って，どのように教育的現実をみ，どのように教育的問題を普遍性，全体性，根源性において捉えるかということである。

▶ **成立・発展**　教育に関する理論的な学問としての教育学（＝哲学的教育学）は哲学との深い結び付きのなかで成立，発展をみた。18世紀後半に初めて教育学が大学において講ぜられて以来（1776年，カントが，当時のドイツ領にあったケーニヒスベルク大学において教育学の講義を開講），19世紀まで，その講義は哲学教授によって行われていた。

つまり，教育学（＝哲学的教育学）は一般哲学理論の教育問題への適用として，あるいは特定の哲学体系の特殊な応用と考えられていた。19世紀前半，カント（Kant, I.）の講座の継承者であるヘルバルト（Herbart, J. F.）によって，初めて教育学が固有の概念（独自の対象と方法）をもつべきことが主張され，体系的理論としての教育学が構想された（「科学としての教育学は実践哲学と心理学に依存している。前者は陶冶の目標を示し，後者は道，手段並びに障害を示す」『教育学講義綱要』(1835)）。しかしその学としての教育学も本質的には哲学から演繹された「哲学的教育学」（＝教育哲学）にほかならなかった。その後，経験科学の発達とその影響のもとで，教育の問題に関する帰納的，実証的な研究が盛んになるにつれて，哲学と教育学の分離がみられ，哲学的教育学に対して「教育科学」という名称が用いられるようになる。

▶ **類型・展開**　教育の哲学的研究は多様な態度・方法によって行われているが，(1) 時代の有力な哲学思想（理論）に依拠して行われる場合には，たとえば，現代では①生の哲学によるもの，②プラグマティズムによるもの，③実存哲学によるもの，④分析哲学によるもの，⑤マルクス主義によるものなど，教育哲学の諸類型がみられるし，(2) 教育の役割を社会との関連においてとらえる立場からは，たとえば，1950年代アメリカのブラメルド（Brameld, T.）のように，①本質主義，②永遠主義，③進歩主義，④改造主義の類型化もみられる。

現今では，有力な哲学思想の適用，応用という立場より，むしろ広く人間の生成，形成

という教育の相対的に独自な領域に対して、生物学、心理学、社会学などの諸科学の成果を学際的に統合する「教育人間学」の立場や、社会科学の立場から「行為研究」(action research, Handlungsforschung) としての教育科学の構想や、社会学と教育学との新しい接合として、シンボリック相互作用論、非行動主義的コミュニケーション理論および文化人類学的方法理論といった、互いに似通ったそれゆえに明確な区別が困難な研究端緒ないし理論端緒もみられる。これらにみられる基本的特徴は、単純化していうならば、人間の行為、とりわけ人間間の関係における行為（＝教育）が、「刺激」に対する「反応」としては理解され得ず、常に意味を含んだシンボル (symbol) を通して媒介されるということである。このように今日、教育哲学研究の革新が図られている。

▶ **方 法**　一般に哲学の方法としては、科学の方法である分析的、観察的方法と対比して、①直観的方法、②批判的・反省的方法が主張されてきた。教育哲学においても教育事象・問題の解明の性格としてこの方法が、とりわけ「反省」および反省による「批判」の方法がとられねばならぬであろう。教育事象の究明それ自体が教育哲学の任務ではなく、解明の性格（方法的態度）こそが問題なのである。その際「反省」(Reflexion) とは「自然的態度において自己を忘れ、事象に向かっている自己の方向を転じ、自己それ自身を主題化して意識へともたらすこと」の意であるが、方向を転ずる、ないしは自己を主題化し意識へともたらす力を批判的に精査する能力をわれわれはいかに考えるか。このようなコンテクストにおいて、哲学における解明の性格として「批判的機能の回復」（ハーバーマス Habermas, J.）が強調されよう。「批判的」とはなによりも、吟味されていない根本諸仮定や諸前提に注意を払うことである。教育哲学は、教育に関する個別諸科学ならびに非・科学的主張の認識論的な基礎ないし前提を問に付すということである。これらを通じて、

教育の個別的事態（事柄）の中に必ず内包されているはずの他との関係の筋目を見極め、それぞれの部分認識を、人間形成にとっての全一的な知へと脈絡づけ、定位し、収斂につとめることである。批判をどれほど科学（教育学）の基礎の深層において設定するかが教育哲学の質を決定することになる。

従来から、教育事象の全体的把握の方法としては、「直観」こそ、ものの「本質」を認識する能力とする現象学的方法、人間の全体的・具体的な生を「生そのもの」から理解しようとする解釈学的方法、教育そのものが弁証法的性格を有するがゆえに、その把握は弁証法的方法であるとする立場が主張されてきた。これら諸方法の中で、いわゆる精神諸科学における独自な科学的認識の方法論ないし認識方法の学としての「解釈学」を中心に、「現象学」「弁証法」の方法によって補充された「精神科学的教育学」(Geisteswissenschaftliche Pädagogik) の立場がある。この立場（＝方法）は、出発点を人間の生命に、歴史に、そして人間の存在そのものに求め、具体的にはいつもすでにそこにある教育から出発しようとする。このようにこの教育学は、教育の実践に固有の方法と絶対的な優先を与え、しかもその解明の方法としては、解釈学、現象学さらには弁証法に基づき、実践の意味、解釈、改善を目標とすることから「解釈学的・実践的教育学」（フリットナー Flitner, W.）と特色づけられている。

この教育学は、ドイツの教育学界において「黄金の20年代」といわれる1920年代から1933年、すなわちナチ政権が出現するまで、ドイツの大学で主流となった研究方向を形成し、さらに戦後いち早く研究活動を開始し、戦後ドイツ教育学の再興を促したのである。代表的人物としては、ノール (Nohl, H.)、シュプランガー (Spranger, E.)、リット (Litt, T.)、フリットナー (Flitner, W.)、ヴェーニガー (Weniger, E.)、さらにはこれらの人物の弟子であるボルノウ (Bollnow, O. F.)、オランダのランゲフェルト (Langeveld, M. J.)

らが挙げられる。

この教育学に共通する諸特徴を要約的に指摘すると，①教育理論と教育実践との関係については，本来的に，教育においては理論と実践とは明確に二分しえない行為であるとする。それゆえに，「単なる認識のための純粋理論的関心」から教育事象を観察し，分析し，教育実践に接近しようとするものではない。少なくとも，教育実践における「理論」の萌芽，換言すれば，教育実践それ自体のうちに宿る理論の萌芽に注目する。②教育学の「相対的自律性」について。この場合，子どもという個性的な人格と教育者という個性的な人格との関係において生起し，それを通じて営まれる「固有な世界」が問題とされる「教育作用」そのものの自律性と，教育作用を含む教育実践の「反省の学」としての教育学の自律性が「相対的自律性」と把握される。③教育現実および教育学理論の歴史的拘束性について。この派の教育学の把握によれば，普遍妥当的な教育目的，教育制度あるいは教育の方法は存在しない。それらはすべて，歴史的過程の中でさらに発展し変化する歴史的条件のもとで，つねに新たに解釈され，具体化されねばならぬものなのである。④科学的認識の源泉および方法について。この教育学は，ディルタイ（Dilthey, W.）との関連でいわゆる「理解」の概念における解釈学的方法によって研究を行うわけであるが，具体的には，教育や教育学に係わる既存の文献（著作，記録，文書等）を研究資料として「解釈」し，その教育学の内実を抽出しつつ歴史的に考察し，教育学的に新たに意味づけを行い，明確に定式化する。

▶ 課 題 　 (1) 諸学全体のなかでの教育学の位置づけと，教育学内部での諸研究分野の位置づけとをあわせもつ「教育学論」，あるいは「総合教育学」の提示の必要性。 森昭は，教育哲学の任務を「多様に分化せる教育諸科学とそれらの研究成果を全体として究極的に総合しようとすること」と指摘し，「人間生成」の視点からその『教育人間学』

(1961) を構想し，遂行した。今日，教育研究領域の多様化は，一方で，各研究領域でのそれぞれの個別研究の方法論に立脚し，研究が遂行される結果，各々が孤立化し，教育学研究における著しい細分化現象を生み出している。このような教育諸科学の細分化現象は，科学の進歩として必然的な傾向であろうが，他方で，教育学独自の問題の把握，解明の立場を不明なものにしている。そのことは，まさに「教育学（研究）」の危機といわねばならぬであろう。教育問題に対する全体的，究極的な位置づけ，意味づけといった教育哲学の働きが，今日，とりわけ強く要請される所以である。

(2) 　 教育実践に対して全体的，究極的方向づけをあたえること。 　 教育哲学は，教育の意味（「何のための教育か」），本質，目的探求の立場から，その「反省」「批判」の方法を通じ，「教育実践に対して，全体的，究極的理念をあたえようとする」（森昭）役割を担っている。とくに，具体的な教育問題の解決という「処方的教育学」さらには「臨床的教育学」の基本的な部分としての教育学の役割が指摘される。その際，主要には，一般に「教育目的論」といわれる人間像，能力等に関する究明が指摘される。ただその際注意すべきは，過去の多くの教育哲学研究にみられた，哲学，倫理学の応用ないし適用としての一般的，抽象的「教育目的論」への反省は必要であろう。

(3) 　 教育問題に関する諸用語の規定等の問題。 　 今日，教育問題の理論的解明を志向する場合，とくに，その「前提条件」ないし「予備作業」として，「教育」に関する「用語」「概念」の規定，さらには広く教育問題の把握および解明のための共通分母としての理論レベルの区分の問題が存する。一般には，「分析哲学」の一学派としての「批判的合理主義」に立脚する「教育科学」の立場が，「概念分析」「教育理論の理論化」としてその学的営為をなしている。しかし，これは単に一流派の視点（立場）ではなく，広く教育学

（研究）全体の問題でもある（無論，この立場には，それ独自の「科学論」を有しているのではあるが）。この視点の欠如，無関心が，教育科学理論の立ち遅れ，問題解決能力の不足，不毛性と無縁ではないように思われる。ここでは結論的に，ケーニッヒ（König, E.）に従って，教育実践―教育科学―教育科学理論といった理論段階のレベルを，しかも各々のレベルでの記述的理論と規範的理論を区別して考察する立場を一つの参考モデルとして紹介したい。この理論段階の区分に対する無関心，レベルの混同，逆にいえば，研究者，論者の勝手な言い回し，ここに教育学が教育学になり得ない理論の未熟さの一要因がある。この「前提条件」「予備作業」の基礎的部分の探究に，教育哲学はその役割を積極的に担わねばならぬであろう。

（4）わが国の教育問題の解明と日本人の「教育」観の究明　わが国の教育哲学研究は，過去の，欧米の，しかも特定の人物を中心とする教育思想・理論に関する研究がその主流を形成してきた。それなりの優れた業績を残し，その研究を通じ，欧米におけるその時代の教育思潮なり，教育状況なり，それをめぐる「あるべき教育」状況への洞察等々，多くの教育的思索への方途をわれわれに示してくれた。その学的遺産を批判的に吟味し，継承することも大切である。しかし今後は，研究の主軸を「人物研究」から「テーマ研究」に移す必要があるし，その際の対象（テーマ）は，わが国の教育問題を中心として取り上げ，「課題」の（1）から（3）までの問題に留意しながら，積極的に問題解決に寄与すべきであろう。重ねて強調するが，「人物研究」もさることながら，「事象」研究，問題解決のための理論，方向性が，全体的観点のもとで，今日とくに求められている。その中核には，日本人の「教育」観――きわめて具体的でかつわれわれの教育的関心，教育的行為を引きおこしている体質的，実体的教育観の究明が必要ではなかろうか。

[参考文献]　石山脩平「教育哲学の立場――そ
の性格・対象・方法」長田新編『教育哲学の課題』東洋館出版社　1954／小笠原道雄編者『教育学における理論＝実践問題』学文社　1984／小笠原道雄『教育哲学』福村出版　1991／クラフキー，W.（小笠原道雄監訳）『批判的・構成的教育科学』黎明書房　1984／ケーニッヒ，E.（江島正子ほか訳）『教育科学理論』学苑社　1980／ブレツィンカ，W.（小笠原道雄ほか訳）『教育科学の基礎概念』黎明書房　1980／ブレツィンカ，W.（小笠原道雄監訳）『教育学から教育科学へ――教育のメタ理論』玉川大学出版部　1990／細谷恒夫『教育の哲学』創文社　1962／村井実『教育学入門』（上），講談社　1976／森昭『教育人間学』黎明書房　1961

[関連項目]　教育科学／教育学／教育人間学

（小笠原道雄）

教育内容

英 content of education →カリキュラムを参照

教育人間学

英 educational anthropology／ 独 Pädagogische Anthropologie

▶ 語義　「教育人間学」に類似したタームである「教育人類学」から説明すると，それは1960年代以降米国において飛躍的に発展した学問領域であり，教育現象を広く文化伝達として捉え，そのメカニズムを人類学的手法で研究する文化人類学の一部門である。その対象は，未開社会の教育慣行に始まり，今日では産業社会の定型化された教育（学校教育）へと拡大されたが，実証的な学問としての性格を有する。それに対して，「教育人間学」は，1960年代の（西）ドイツ教育学界の議論から生成した相対的に思弁的ないし全体論的な学問概念である。教育人間学とは，教育を人間から，あるいは人間を教育から考察し，人間と教育の諸相の全体を包括的に捉えようとする考察方法ないし研究領域である。その方法論や学問的位置づけを巡って活発な議論が展開されたものの，一定の学問構想に集約されることなく，相対立したプログラム構想のまま議論が打ち切られた。1960年代後半以降，教育の社会的機能や社会さらには

教育の解放へと教育学者の関心が移行するにつれて，「人間の本質」を普遍的に問題にする考察方法の限界が指摘され，十分な展開を見せずに端緒として留まった。しかし，1990年代以降新しい観点から再び関心が向けられつつある分野である。

▶ **概念の生成過程**　教育人間学に対する関心が浮上した要因としては，まず第一に哲学的人間学の成立が指摘されねばならない。1920年代後半にシェーラー（Scheler, M.）によって基礎づけられた哲学的人間学の成立以降初めて，「人間学」は心理学や社会学，民族学など人間に関する様々な個別諸科学の集合概念として用いられるようになった。さらには各個別諸科学の中で人間の全体を志向した問いとして「人間学的問い」が展開された。この意味で生物学的，心理学的，神学的人間学等の名称が付与され，それらは「領域人間学」と呼ばれた。

しかし教育学が哲学的人間学の影響を受けるのは，第二次世界大戦後の1950年代であった。その間に教育学を巡る内外の環境に大きな変化が生じたのである。まず第一に，教育学を支える人間観の変遷が指摘できる。ボルノウが『実存哲学と教育学』（1959）で指摘したように，1920年代の教育運動の基礎にあったのは，ドイツ理想主義の楽観的人間像，つまり人間に内在する根源的な善なる能力への揺るぎなき信頼であり，それらを全面的に展開することが教育であるという確信であった。そうした確信が国家社会主義の悪夢の中で崩壊し，今や教育を支えるべき新しい人間像を確立しなければならなくなる。「人間とは何か」が実存主義的に問われざるをえなくなった。

次に，経験諸科学の発展とその教育学への影響が指摘される。デルボラフ（Derbolav, J.）は，1959年教育人間学が必要な理由として，戦後10年間に経験諸科学的知見が教育学の中に大量に流入してきたことを指摘し，そうした諸科学と教育学との関係を位置づけることの必要性を述べた。また，ロート

（Roth, H.）も個別諸科学が人間について明らかにした膨大な資料の教育学への統合が遅れていること，そのため教育学が個別科学へと分解する危険性を警告したのである。

以上のような背景の中で，経験諸科学の資料を駆使して，「人間とは何か」を新たに問い直そうとする教育人間学構想への動きが活発化した。その中で1960年代の（西）ドイツにおいて，教育人間学の方法論を巡って様々な構想が提出された。教育の理論や実践が，何等かの人間把握を潜在的に含んでいるのは当然のことであり，その意味で人間学的見方の歴史は古い。しかし，それを一つの自立した学問にまで高めようとするのが，この時期に現れた試みの斬新さであった。

▶ **類型**　様々な形で提出された教育人間学の構想を整理することは容易ではないが，ゲルナー（Gerner, B.）による「統合的に方位づけられた教育人間学」と「哲学的に方位づけられた教育人間学」の二分法（1974）は，今日でも有効な見方である。「人間学」のもとに「人間に関する個別諸科学の全体」を理解するのが前者であり，「哲学的人間学」を理解するのが後者である。

上述したように，人間に関する個別諸科学のそれぞれが「人間学的転回」を遂げ，「領域人間学」を形成し，それらが一つの「統合的人間学」（フリットナー，A.）へと有機的に関連づけられることが前者において求められた。その際人間学と教育学は互いを利用しあう関係に位置する。教育学は教育現象からみた人間に関する見解を人間学的理論に与える。一方人間学は，その調査結果を教育学に付与し，教育学はそれらの中から自己の目的や課題解決に寄与するものを受容する。

『教育人間学への道』（1963）と題されたフリットナーの試みは，個別諸科学の各論者に各専門領域における人間学運動を記述してもらい，教育学がその中から自己に有用なものを受容できる可能性を探ろうとする試みであった。ところで，1950年代には人間に関する経験諸科学の知見を教育科学の中に体系的

に取り入れて，それを教育人間学という「部分学科」として独立させようとする最初の試み（デルボラフ，1959）がすでに提出されていた。それに続いてロートの『教育人間学』（1966，1971）が，統合的プログラムの具体的成果を提示したのである。しかし個別諸科学の統合方法に関しては，両者は一致していない。デルボラフは，「生物学的視点」「心理学的視点」「社会学的視点」そして「教育学的視点」と下から順次ヒエラルキー的に秩序づけ，次第に教育人間学の問題に接近するものと捉えた。だがロートは各視点を教育学的視点に対して等距離に位置づけた。その際「教育学的視点」として，「陶冶性」（Bildsamkeit）と「規定」（Bestimmung）ないし「発達」（Entwicklung）と「教育」（Erziehung）という二対四個の基本概念を設定する。陶冶可能な人間がいかなる人間になるべきなのか，その生成過程を発達と教育の相関関係の中に見ようとするのがロートの教育人間学構想であった。

「哲学的人間学」は領域人間学の一つであると同時に，各個別諸科学を「人間学化する」方法原理としても機能する。この方法原理に注目するのが，「哲学的に方位づけられた教育人間学」の主唱者，とりわけボルノウである。ボルノウにとって問題なのは，特にプレスナー（Plesner, H.）の哲学的人間学において展開された方法原理を教育現象の解釈学へ応用すること，つまり「危機」や「出会い」などの人間形成上意味ある現象を人間学的に解釈することであった。それは教育学の部分学科ではなく，むしろ「教育の（哲学的）人間学」と規定された。そこでは統合的人間学のようなデータの豊富さが問題ではなく，むしろ全体としての人間の本質への哲学的洞察が重要であった。つまり「生の事実に与えられたこの特殊な現象が，そこにおいて有意義かつ必然的な項として把握されるためには，全体としての人間の本質はいかなるものでなければならないか」を問うたのである。しかしボルノウは，「開かれた問いの原理」

として，この人間の本質を固定的に捉えず，未来に開かれたものとした。この点についてデップ゠フォアバルト（Döpp-Vorwald, H.）は，教育人間学は教育学・教育実践のために存在すべきであるとボルノウを批判し，人間の本質をより積極的に規定しようとした。一方「人間一般」を問う人間学ではなく，「子ども」として始まる人間の事実に着目し，「子どもの人間学」を提唱するランゲフェルト（Langeveld, M. J.）も「哲学的に方位づけられた教育人間学」の主唱者のひとりである。彼によれば，子どもにとって教育はその生から切り離せ得ない本質的な要件である以上，「子どもの人間学」はそれ自体として「教育人間学」なのである。

▶ 最近の動向と課題　　ドイツ教育学においては，1990年代に入り教育人間学に対する新しい関心が浮上してきた。フーコー（Foucault, M.）の「人間終焉宣言」などの影響を受けて，今日の人間諸科学は従来の哲学的人間学や教育人間学のように「人間一般」について語ることが困難になった。人間学批判により人間学は，「歴史的人間学」としてのみ営まれることになる。教育人間学も，「歴史的教育人間学」として，研究対象と研究者自身のもつ二重の歴史性を自己の理論構成の中に組み込まねばならない。人間一般，子ども一般，教育者一般について言明するという従来の教育人間学の普遍主義が批判され，歴史的，文化人類学的，認識論的に相対化された教育人間学が求められている。閉じた人間学的システムや全体的解釈の時代が過ぎ去り，今日では多元的な人間学的知の産出のみ可能である。こうした観点で教育人間学を再構築しようとするヴルフ（Wulf, C.）らの試みが注目されている。

一方，人間行動学，神経解剖学，社会生物学などの自然諸科学のもたらした新しい知見が，人間についての従来のイメージを解体しつつある。たとえば神経解剖学の進展により，遺伝・環境問題に新しい光が投げかけられた。どの発達段階にいかなる教育をなすべきかと

いう問いは，「脳神経組織は遺伝的・環境的にいかに形成され，どのように発展するのか」という問いとして，より実証的なレベルで答えられようとしている。また動物行動学の研究により，人間に特有なものとされる道具使用や一定の記憶力が動物にも存在することが発見されたり，有用な社会経験が伝承されている事実（教育現象）が確認された。これにより，教育人間学が前提としてきた人間と動物を二分する境界線が新しく規定されねばならなくなり，また教育人間学のデータ収集・解釈のあり方も問われ始めた。教育学は人間についての像を伝統的に宗教的，哲学的地平から得てきた。自然諸科学の発展，あるいは電脳社会の到来は動物・人間・機械の定義を動揺させ，再び「人間とは何か」「教育とは何か」という問いをわれわれに突きつけ始めたのである。

1960年代から1970年代にかけての議論が方法論・学問論中心であり，内容的側面の議論は重視されなかったことは大きな課題を残したと言える。教育人間学を学問として固定的に捉えようとする努力よりも，人間についての実り豊かな記述が具体的に展開されねばならない。ドイツにおける新しい視座などを参照しながら，人間形成・人間生成の具体的内容を巡る議論が深化されねばならない。その際教育を人間生成と捉え，人間を生成の相の下に考察した森昭の『教育人間学 —— 人間生成としての教育 ——』(1961)や，それをさらに自ら批判的に深化させた『人間形成原論』(1977)など，日本における同様の試みに対する批判的考察も必要な作業である。その取り組みが近年まさに開始されたことは興味深い（皇，矢野 1999）。またベイトソン（Bateson, G.）のコミュニケーション論を手がかりに「近代教育」が陥るアポリアを超出する豊かな事象（遊び，メタファーなど）から教育を〈意味生成〉として捉え直す，矢野智司の「意味生成の教育人間学」の試みが，新たな教育人間学の可能性を示している（矢野 1996）。

［参考文献］ Bollnow, O.F., *Die anthropologische Betrachtungsweise in der Pädagogik*, Essen 1965（岡本英明訳『教育学における人間学的見方』玉川大学出版部 1977）／Gerner, B., *Einführung in die Pädagogische Anthropologie*, Darmstadt 1974（岡本英明訳『教育人間学入門』理想社 1975）／Wulf, C., *Einführung in die pädagogische Anthropologie*, Weinheim／Basel 1994／Thema, "Pädagogische Anthropologie", *Zeitschrift für Pädagogik*, 40, S.192-288 1994／皇紀夫・矢野智司編『日本の教育人間学』玉川大学出版部 1999／矢野智司『ソクラテスのダブル・バインド —— 意味生成の教育人間学』世織書房 1996
［関連項目］ 教育学／教育哲学 （櫻井佳樹）

教育の自由

英 educational freedom／独 Freiheit der Bildung／仏 libetrte de l'enseignement

▶ **語 義** 教育の自由とは，保護者・教育者の立場からいえば「教育を行う自由」を意味し，学習者の立場からいえば「教育を受ける自由」を意味する。より具体的にいえば，前者は親の自律的な家庭教育，親の学校選択の自由，親を含めた国民一般の私立学校開設の自由，教師の自律的な教育活動であり，後者は子どもの自律的な学習である。多くの近代国家において前者の「教育を行う自由」は，思想・信条・表現の自由，言論・出版の自由などとともに「市民的自由」（civil liberties）の一環として憲法に規定されている。

前者の「教育の自由」はまた，一般にリベラリズム（および「良心の自由」や「個人の内面の自律性」を大前提とした自然権思想）を文脈にした人間の基本的な権利（自然権）として理解されている。リベラリズムは，自律的な個人の異なる価値観や信条を相互に認め合うという意味での「個人の自由」を規準とする。したがってリベラリズムにもとづく「教育の自由」は，たんに個人・私的団体が教育に関して外的な強制・支配を受けないという消極的な状態であるだけではなく，欲望や衝動を抑制する自律的な主体が教育に関して自己決定するという積極的な状態でもある。

しかし，あとで述べるように，自律的な主体という在り方そのものが近代の権力を構成しているというフーコー（Foucault, M.）の指摘を考えるなら，従来の「教育の自由」を単純に承認することはできない。

▶ 歴史　「教育を行う自由」としての「教育の自由」という概念は，18世紀の啓蒙思想家ロック（Locke, J.），ルソー（Rousseau, J.-J.），コンドルセ（Condorcet）らの教育論にみいだせる。彼らは，人間は自己統治する人間になりうる存在であるとし，その自律性を無視した強制を否定した。ルソーは，『エミール』（1762）において自己保存，自己愛といった自然法の中心原理に依拠しながら，自律的な主体として生きる「人間」（homme）を形成する必要性を説いた。またコンドルセは，子どもを教育する権利は親に属し，教育は家庭で行われるべきであるから，公教育は知育に限定されるべきであり，個人の価値観（つまるところ個人の自律性）にかかわる宗教や道徳教育の領域に国家が介入すべきではないと主張した。

ルソーはともかく，ロック，コンドルセの教育論の特徴は，親ないし親の委託を受けた教育者が子どもを自律的な主体に形成することが主権国家を可能にするというところにあった。同じように，ミル（Mill, J.S.）が『自由論』（1859）のなかで「個性の価値」「個性を育む自由」を力説し，それらの育成を妨げる国家の教育統制に断固反対し，思想・言論の自由とともに，人間の内面を形成する自由の重要性を説いたのも，逆説的ながら「公衆」（the public）という主権国家を可能にする自律的な主体を形成するためである。

他方で，「教育を受ける自由」としての「教育の自由」，すなわち子どもの「教育を受ける権利」（受教育権）としての「教育の自由」は，遡るなら，『幼児教育論』のなかで「子どもは自由人である」から，その自発性・個性を重視した「自由な教育」をしなければならない，と述べたエラスムスに至りつくだろう。しかし，それを権利概念として明確に規定したのは，アメリカのジェファソン（Jefferson, T.），とりわけ19世紀中期のアメリカの教育思想家・教育行政官ホレース・マン（Mann, H.）である。マンは，子どもが教育を受ける権利は人間が生まれながらに持っている「自然権」であるとし，公教育をこの自然権を保証する制度として実現しようとした。

この子どもの「教育を受ける権利」は，20世紀に入って社会権的な権利思想の影響を受けながら，子どもの学習権概念へと発展した。子どもの学習権は，子ども固有の成長・発達という事象に注目し，子どもが自発的に学ぶ主体であることを前提にしてきた。戦後日本の教育学においてこの概念は，親にたいして子どもに対する教育を「親の権利」ではなく「親の義務」と位置づけ，教師にたいして子どもの学ぶ権利を専門的・科学的に保障する「専門職性」を要請していった。とりわけ，専門職としての教師のもつ「教育の自由」は，子どもの学習権を保障するために，いかなる権力統制からも自由であり，教育の「内的事項」を自律的に決定する権利を持つことを意味するようになった。またこうした考え方は，「学問の自由」の理念によって，とりわけ大学以外の教師にも真理探求や知的研究活動の自由が保障されるべきであるという考えによって正当化されていった。

▶ 問題と課題　これまでおもに自律的主体ないし自然権によって正当化されてきた教育の自由の根底には「教育は善きものである」という前提があった。戦後日本の教育学において，教育を人権思想によって正当化してきた人々は，一方で，本来の公教育を私事の組織化（教育上の親権を共同化し，それを専門の教師に委託し学校を組織すること）とみなし，他方で，実際の公教育を国家権力と資本主義に適合する人間を作り，不平等や社会問題を拡大する組織的な教化とみなしてきた。そこでは「教育の自由」は，本来の教育を妨げる国家権力・資本主義に対抗する崇高な理念として宣揚された。

しかし教育は，国家権力と資本主義から自由ではないだけでなく，教育自体に内在する近代の権力からも自由ではない。フーコーが論じているように，近代の権力は専制君主のような抑圧的な権力ではなく，学校，病院，監獄，軍隊，工場などの諸制度をつうじて人を主体化する「牧人的＝司祭的」な権力である。主体化とは，人が自発的に権力や真理に従属するように，人をその内側から再編成することであり，自律化が臣従化を確立していくという逆説的な過程である。とりわけ近代の学校教育は，一望監視体制（パノプティコン）によって子どもの主体化（従属化）をはかり，試験制度を中心とした選抜・競争システムによって子どものなかに近代的な正常性（ノーマリティ）を普遍的な正常性として刻み込む。ようするに，フーコーに従えば，学校教育は，近現代社会を可能にする権力装置であり，人を主体化することで人を近現代に釘づけにする装置である。

ところで，日本の臨時教育審議会の「教育の自由化」論は，親や子どもの教育選択の自由を問題にしているが，それは，基本的に学校の民営化，学校への法的規制の緩和という市場原理に立脚した自由化論にすぎない。たしかに日本における「教育の自由」は，戦後から今日にいたるまで管理主義や画一化の脅威に晒されてきた。しかし，近年の深刻な教育問題の根本的な原因を考えるとき，そこに見えてくるものは，真の自由の喪失という事態だろう。とすれば，そして私たちが今後も「教育の自由」を求めるとすれば，それは自由化論のような「教育の自由」にとどまるものではなく，近現代からの自由を可能にするような創造的な自己形成を可能にする新しい「教育の自由」である。

［参考文献］　内野正幸『教育の権利と自由』有斐閣　1994／田中智志編『ペダゴジーの誕生』多賀出版　1999／藤原安信ほか編『政治思想史講義』早稲田大学出版部　1991／堀尾輝久『日本の教育』東京大学出版会　1995／マン，H.（久保義三訳）『民衆教育論』明治図書

1960／ミル，J.S.（堀秀彦訳）『ミル自由主義教育論』思索社　1950／矢島杜夫『権威と自由』御茶の水書房　1996／山本哲士『ディスクールの政治学』新曜社　1987
　［関連項目］　教育権・学習権　　　　（北野秋男）

教育の中立性
英 neutrality of education／独 Neutralität der Erziehung／仏 neutralité de l'éducation

▶ **語　義**　　教育は，私的な関心事としてではなく，公共的な事業として行われるべきであるとすれば，特定の個別的な利害の達成をめざすものであってはならない。むしろ，特定の諸勢力・団体による教育への関与を排除することによって，それらからの教育の自立性が確立・保証されるべきことが主張される。この主張こそ教育の中立性といわれるものであり，公教育の義務性・無償性と並んで近代公教育制度の基本原則の一つである。

欧米の近代公教育制度の成立過程においてその確立がめざされた教育の中立性は，他の二原則に比べてきわめて複雑な歴史的事情を内包している。それは，教育の義務性と無償性とが主として教育のいわば外的事項にかかわる原則であるのに対して，教育の中立性は教育の内的事項そのものにかかわる原則であるからである。教育の内的事項（教育内容）が中立であるべきであるということは，さほど簡単で明快なことではない（矛盾を孕んでいる）と言わなければならないのである。教育の中立性については，①教育行政の中立性，②教員の中立性，③教育内容の中立性，の3点から考察することができよう。

▶ **教育行政の中立性**　　教育行政の中立性という場合，以下の三つの観点において考えられる。①一般行政からの教育行政の独立。公教育の中立性を保持するには，一般行政が教育行政に介入・干渉することがあってはならず，教育行政は一般行政から独立していなければならない。②教育内容への教育行政の介入の排除。教育行政の任務は，教育の外的事項を整備することにあるのであって，内的事

項に及んではならない（support but not control）。③教育行政を司る構成メンバー（委員）の中立性。構成メンバーのうち，特定の勢力・団体に属する人が多数（過半数）を占めることがあってはならない。②と③は，後述する教育内容の中立性と関連しており，また③は②を確保するのに必要な制度的措置の一つと考えられる。

▶ **教員の中立性**　公教育の最前線を担う教員は，学校・教室において特定の立場に立脚して活動してはならないとされる。現代公教育においては，教員が特定の政治的・宗教的立場にたって自己の教育活動を行ってはならないことは当然である。とはいえ，教員といえども一市民として思想・信条の自由の享受者である。教員は，教育公務員としての立場と市民としての立場とを峻別することを要求されるが，これはそれほど容易なことではない。教員が教育公務員として特定の政治的・宗教的立場に立たずに教授・訓育活動に取り組むとはいったいいかなることなのか。教員が中立的内容を用いて教授や訓育を行うことは可能なのだろうか。これらの問題は，次に述べる教育内容の中立性について問うことに必然的につながっている。

▶ **教育内容の中立性**　以上に述べたことから判明するように，教育の中立性について考察するということは，煎じつめれば，教育内容の中立性を問うことにゆきつく。教育史上においてとりわけ問題とされてきたのは，教育の政治的中立性と宗教的中立性（世俗性）である。

教育の政治的中立性とは，与党であれ野党であれ，特定の政党の見解を普及するために（あるいは抑圧するために）教育してはならず，「政治的教養」（教育基本法第8条）の啓培に努めるべきであるという理解に基づく原則である。近代社会においては思想の自由が保障されているが，だからといって公教育における特定の思想の教授（教化）が許されるわけではない。平等であるべき近代社会においてはそれは認められない。しかし，特定の

諸思想をすべて教授することは不可能である。したがって，いかなる特定の思想にも傾斜がかけられない教授が「政治的教養」の名のもとに要請されることになる。いわば思想的に無色透明な「政治的教養」なるものの教授に限定されるべきことが要求されるのである。

教育の宗教的中立性についても，事情は政治的中立性と同様である。近代公教育においては特定の宗派の信仰内容を伝達するために（あるいは阻止するために）教育してはならず，形式的・一般的な「宗教教育」に限定すべきであるというのが，教育の宗教的中立性の原則である。近代社会においては信仰の自由が認められているからといって，公教育において特定の宗派教育が許容されるわけではない。それは，近代社会における平等原則に反するからである。だからといって，すべての宗派教育を公教育において保障することももとより不可能である。そうであれば，いかなる特定の宗派の教義にも依拠しない宗教教授が「宗教的寛容」（教育基本法第9条）の名のもとに要請されることになる。近代公教育における宗教教育は，特定宗派からいわば解放された宗教教育として「宗教的寛容」の定着・深化をめざして行われることになる。（西洋）教育史研究が明証しているように，この教育が国民統合政策の一環として国民として必要な道徳教育（公民教育）の推進と不可分であったことにも注意を要するであろう。

さて，事柄はなにも教育の政治的・宗教的中立性に限定されるのではなく，教育内容の中立性と価値観教育との関係をめぐる論議へと展開される。教授しようとする内容が異論の余地のない客観的な事実（たとえば$1+1=2$，ある事件が起こった年など）とされる知識であれば，厄介なことは生じえない。教育内容の中立性を確保するためには，客観的な知識の教授に限定され，そうではない内容の教授を排除しさえすればよいのである。或る事象に対する認識や解釈（たとえば或る事件が起こった理由を問うこと）に多様性が認められる場合，特定の認識や解釈のみを教授

対象にすることはできない。そうであるとすれば、価値観や評価の多様性をその存立の基盤としている人文科学的・社会科学的な内容については、その多くが教授対象から排除されるか、無味乾燥な客観的内容に限定されることになる。そうすることによってはじめて教育内容の中立性は確保されることになるからである。認識・解釈にかぎらず、思想・信仰にかかわることがら、総じていえば価値観にかかわることがらの教授は、教育の中立性に抵触することにならざるをえないのである。

▶ **中立性教育のパラドックス**　ところで、近代以降の公教育の歴史過程において、教育内容の中立性原則は厳正に保持されてきたのであろうか。教育史が明らかにしているところによれば、特定の価値の教授が禁止されているにもかかわらず、実は特定の価値の教授が実施されてきたのである。つまり、近・現代の公教育は、教育を受ける主体である子どもの豊かな個性の展開に即応する多様な教育の実現を標榜しているにもかかわらず、現に存在する政治・経済・文化・宗教などの特定（多数）集団の維持・発展に都合のよい有利な価値が教授対象として採りあげられ、逆にその特定集団に対立する他の集団に有利な価値が排除されたり、隠蔽されたりするのである。しかも、現実の体制を批判したり、これに対抗したりする集団が立脚している価値を教授することこそ教育の「中立」性に反することであり、現実の体制の維持・発展に寄与する価値の教授こそが教育の「中立」性に合致することであるという論理が、駆使されてきているのである。現実擁護のための教育の中立性の確保という論理の跋扈が、近・現代公教育の現実の姿であると言わざるをえないのである。

[**参考文献**] Becher, H. u. Kluchert, G., *Die Bildung der Nation*, Stuttgart 1993／長尾十三二『近代ヨーロッパの教育と政治』明治図書 1971／堀尾輝久『現代教育の思想と構造』岩波書店 1971
[**関連項目**] 価値／近代教育／公教育／公民教育　　　　　　　　　　　（川瀬邦臣）

教育評価と教育測定
英 educational evaluation, educational measurement

▶ **語　義**　教育測定は、対象者の学力や身体的能力などを数値や言葉などによって段階化して把握することを目的としている。一方で、教育評価はこれまでの経緯や、今後の方向性との関わりを重視して、教育的な働きかけを念頭においた対象の把握を目的としている。日本では、戦後になって偏差値の算出方法を学力の表記に適用したものが進路指導において広く用いられるようになったこともあって、教育測定は、学校の有する選抜機能を問い直す立場からしばしば批判されてきた。

▶ **経　緯**　日本では、1960年代に示された学力テスト批判により、テストによって学校の統制をすすめることが問題視されることとなり、全国を対象とした学力テストは中止されることとなる。しかしながら、2007年に全国学力・学習状況調査が実施されてからは、学力テストは個々人の学習状況に関してだけでなく、各自治体における教育の成果を検討するためのエビデンスとして取り上げられるようになってきた。

学力調査の方法的基礎となった初期の教育測定研究は、科学的管理法との結びつきが指摘されているように、学業の達成度を数値化することによって、効率的に学校を運営することや、児童生徒を科学的に指導することを目的としていた。そこで用いられる方法の開発にあたって、アメリカではソーンダイク（Thorndike, E. L.）らによってすすめられた教育測定研究がよく知られている。日本でも久保良英や田中寛一らが、学業成績尺度の作成に取り組んでいた。

1933年に開始された八年研究に関わったタイラー（Tyler, R. W.）による教育評価研究が示されたことで、数値の高低によって学習状況を把握するだけでなく、教育目標に準拠した評価を重視するようになる。その後、

ブルーム（Bloom, B.S.）によるタキソノミーが示されると，それが広く受け入れられるところとなり，日本でもこの方法を参考として到達度評価運動がすすめられた。

この方法に対しては，ボビット（Bobbitt, J.F.）らの工学的アプローチと重なるものと見なす立場もある。教育評価の理念を重視する立場は，教育測定研究の対象が狭い範囲にとどまっているとみなしていたが，個々のタスクを分節化する傾向のあるブルームの方法も工業化社会に即応した枠組みにとどまっていると批判されたのである。

一方で，ブルームとは異なる方法として注目されたものにアイスナー（Eisner, E.W.）の鑑識眼に基づいた評価がある。これはいわゆる暗黙知や「タクト」と呼ばれる即興の知とも関連づけられるものである。このような方法は，分節化された外在的な尺度にはめこむことではなく，内的な思考の過程を外化していくことを重視していくという点で従来の工学的なアプローチとは異なる視点を示しているとして評価された。

今日，これまでの教育評価をめぐる議論をふまえた上で，一定の評価を得ているものに「真正な評価」論がある。これらは社会的な文脈を重視した評価方法であり，パフォーマンス評価とも呼ばれるものである。先のアイスナーの鑑識眼も学校で与えられている課題の枠内にとどまっていることが批判されていたが，今日の評価論では社会生活において実際に求められているパフォーマンスを指標とするようになっている。

これらの教育評価をめぐる議論は，評価の対象となる能力が，個人の保有するものとして理解されるのではなく，社会的な文脈において理解されるようになっているといえよう。言い換えれば，学力が人々の生活と切り離されているのではなく，それと関係づけられているということである。このことは学力テストに対しても，教育に携わる様々な立場の人々が，それを行う目的とともに，その結果をどのように解釈すべきなのかを考え続けて

いく必要があることを示している。

［参考文献］ 天野正輝編『教育評価論の歴史と現代的課題』晃洋書房 2002／田中耕治『教育評価』岩波書店 2008／江口潔『教育測定の社会史』田研出版 2010／石井英真『増補版 現代アメリカにおける学力形成論の展開』東信堂 2015／浅沼茂・奈須正裕編『カリキュラムと学習過程』放送大学教育振興会 2016
［関連項目］ 学力／学力問題／試験／能力

(江口潔)

教育法
英 law of education

教育法は，文字どおり，教育の制度についてその規範的な側面を，法一般の原理的・技術的原則にもとづき定め記述したものである。それは，法治国家の国民，住民がまもるべき教育に関する権利義務を一般的に規定すると同時に，国家ないしそれに相当する統治機構において国民・住民に対する公共的教育サーヴィスを提供する場合の基準となり，制度としての教育の具体的な運営に関しては，国政レヴェルあるいは地域レヴェルにおける政策決定や，個別教育機関の教育目標の選択や内容方法の選択についても一定の拘束力あるいは方向づけをおこなうような教育規範の体系をその内容としている。教育法の体系的分類については諸説があり一定しない。教育行政法規説（相良惟一），教育関係法規説（天城勲），教育特殊法（固有法）説（兼子仁），教育人権法説（永井憲一）などが知られている。

教育も法も，どのような文明であれ，人間の社会的生活にあって欠くことのできない基礎的過程で，一つの文明を生み支える社会集団の諸価値と緊密な連関をもつ。同時に社会的制度として，文明一般の制度装置が備える諸特徴を顕在的潜在的に備え，しかも，当該文明の個性的な特徴を伴っている。したがって，所与の「教育法」は，法の形態として成文法・判例法・慣習法・条理の相違を示すばかりでなく“当該文明において支配的な法一般”の理念・目的・法技術的装置・制度とそ

の背景をなす政治・経済・宗教の制度価値ならびに「制度知」とにかかわって多様な規範内容を備える可能性をもっている。他方、教育の実際的慣習と、受け容れられあるいは探求されつつある人間観に促されて、「制度」としての教育はその目的・内容・方法・実際的過程とその担い手について"当該文明において支配的な個性的特質"と各文明に共通な制度的教育としての多少とも普遍的な特質を備えている。そのいわゆる個性的特質は、当該文明において支配的な諸制度の背景をなす諸価値と緊密に連関することはいうまでもない。

"法の現象"としての「教育法」は、今日では国内法と国際法的環境の下における法との二つの具体的形態を備える。西欧型近代社会を前提とした歴史の現代化過程を背景として、教育法を整理すれば、概要以下のようにいうことができよう。また、これらの体系に即して、国内的国際的に裁判所をふくむ司法制度が整備されていることもある。

(1) 近代法の体系原理であった「自由」（人身の自由、思想・信条・表現の自由、私有財産と経済活動の自由）とそれを基礎とする諸法に対して、公的な規制を加える立場から新しく作られるようになった国内法の体系がある。一般に現代法と呼ばれる社会保障法・経済法・医事法・交通法・環境法がそれであるが、教育法もその系列に含まれる。現代法としての教育法は、その内部に、幾つかの基幹的法規範と技術的法基準を整備していることが通例である。それは、国民国家型統治レジームの下における公権力と国家成員の教育関連事項（教育価値と教育手段）に関する「基本法—行政法」的の記述体系であることが多い。

(2) 主権国家群の存立を背景にして、人類社会の発展と平和を念願する立場から、教育に関する国際的取り決めや約定、基準が作られ、幾つかの国際機関がその監視実現に当たるようになった。それらのうちの少なからぬものは、「条約」「宣言」「行動計画」等の形態をとり、国際的な規範性を備え、監視機関は各主権国家を代表して教育規範とされる普遍性を備えた教育価値の実現と反価値の抑制と回避にあたっている。国際的教育規範あるいは基準とされる価値の内容は、基本的人権・識字・学力・文化・差別克服・職業訓練・教員の地位にかかわるものが多い。

法規範は、成文法および不文法としての規範体系（法源）の他に、自然法的規範体系（法源）を予想することが一般である。教育法規範についても同様の構造を指摘することができる。たとえば国民国家が定める実定法を国際法が自然法的に超越するように、さらには法実証主義を自然法主義が超越するように、人間の生存と存続を条件付ける社会的状況や自然の状況について、人類の種の持続と文化の持続について、子どもの現状と未来について、人間とくに子どもの尊厳を守る立場から、既存の経済社会（市場メカニズム）・政治社会（代表制原理）の一般性をさらに越えるものとしてさまざまな人類的価値が掲げられ唱導されるにいたったが、それらはその価値に同意する政治的社会の集団に対して、その国家構造と国家権力の如何を問わず、宗教的規範のいずれを問わず強制力をもつことを求める。古くは「子どもの権利に関するジュネーブ条約」（1924）から「子どもの権利宣言」（1955）を経て、『子どもの権利条約』（*Convention on the Rights of the Child,* 1989）にいたる国際的要請はその典型例である。なお、子どもの権利条約が子どもに各種の権利を認め、人類社会が直面する諸問題の解決について、成人が子ども達と共に問題の解決を図ろうとしたことは、教育においても教育規範の伝承と創造を、子どもの学習者・生活者・歴史創造者としての当事者性に付託するところのあることを確認するもので、きわめて画期的である。多様な文化圏における実定的教育法規範のそれぞれの展開にとって、この条約の含む規範価値は将来にわたり及ぶところが大きい。

先に触れたように教育法は教育に関する

「制度知」としての特質を担う。制度知としての教育法は，①その教育を基礎過程とする文明の法にとっては多種多様な「制度知」の一つとしての意味を持ち，同時に　②それは法との互換的再帰的な"規定−被規定"関連の中で，また，法以外の諸制度とそれらが対応する諸価値との連環の中でそれ自体の内容を規定された知識として，その成立要件を条件づけられている。このことから，具体的文明圏における教育法は，実質的にさまざまな条件に拘束される。それは，あたえられた文明圏における当該教育法の価値がそれらの条件によって実現されることを拒まれあるいは制約されることを意味するばかりではなく，国際法的あるいは自然法的にひろく人類に受け入れられるべき価値としての教育規範に対しても対抗的に作用することを意味している。さらに，行政国家と呼ばれる国家形態のもとでは，教育法は国政の多元的目的に関連して制定されることが常態化しており，社会的政治的目的のために教育の本源的意義に照らして反価値的とみなされるような行政目的の選択・行政基準の設定・行政手続きが教育立法を媒介して正当化されるような場面も少なくない。そのような観点からみれば，いずれの教育法も実体的にその支える価値を実現するために教育に係わる当事者（とりわけ親・子ども・青年・教師）の教育法創造への積極的参加を期待しなければならない。具体的には，教育機会を選択する自由，体罰・暴力からの解放，性的・民族的・宗教的・文化的差別からの解放，教育における政治的自由と宗教的自由の獲得など，学習権・発達権の保護と発展を目指した，裁判規範の新しい創造をも含む教育法実践がなおもとめられるということである。

　この要請は，しかしながら，多くの困難を伴う。たとえばヨーロッパ統合は，教育サーヴィスに関する国内教育行政の調整・改革を参加国に求めるばかりでなく，教育行政の諸原則類についても再検討を要請する。しかもそのうえで国内に教育に係わる司法的紛争が生じた場合，国内裁判所等の判断を不服とする住民がヨーロッパ法廷に提訴し問題の解決を図ろうとする事態も生まれる。男女の生活における社会的役割選択をめぐる葛藤，世代間の対立とも言うべき学校内暴力・不登校・非寛容，両性によらない婚姻関係の公的承認など，広く教育法の伝統的規範性を修正しあるいは検討することを求める社会現象が情報産業社会の内部に発現している。また，たとえば権利の概念に関して異文化間には異質的な解釈が並立しており，それらは男女共学や世俗的公教育などについて対立を生じるであろうし，さらに本質的には人格の概念とその理想を巡り西欧型近代の人間観・社会観と対峙しあるいはそれを凌駕しようとする人間観・社会観の提示と相互の相克を意味している。イスラム文化圏，キリスト教文化圏，仏教文化圏，ヒンズー教文化圏その他，相互間に生じる価値観の対立はその具体的な事例の背景をなしており，多文化状況を呈する国々や地域においては，すでにこれらの点について個人および集団としてのアイデンティティをめぐる問題として，いくつかの課題を抱えるに至った。あらためて国民的統合と主権国家的政治レジームの確立を求める民族が簇生する 20 世紀末において，教育法は新しい役割を担いつつあるように思われる。それはいわゆる公教育の原理と制度の再検討を迫るもので，その観点からは教職の社会的地位と役割を再定位する問題に通じ，そのことも教育法の今後の課題である。

　人類社会が今日抱えている課題は，その解決の多くを教育に期待する場合が少なくない。しかしながら，その解決に至る道筋には教育観を根底から組み替えることを求めるような契機が数多く存在する。なかでも人類の内部においては子どもの養育について人工授精の水準からシングルマザーの例にみられるような性関係についての新しい習慣が形成されつつあり，その衝撃に耐える教育の実践と制度を創造しなければならない。また，人類と他の種との関係の中では，それぞれの種の持続

に関する〈生命系─経済系〉形態のヒトと他の種との間に存在する矛盾を解決し，さらに相互の共存のための新しい形態の発見について早急に取り組まなければならない。これらの契機は教育観の組み替えを促しつつ傍ら新しい教育法の形成に向かう一般的自然法的要件となっている。

［参考文献］Suzuki, S. (ed.), *Modernization and Educational Reforms: Prospects for the 21st Century*, 1993 International Symposium Organizing Commitee 1996／天城勲『教育法規』第一法規 1971／兼子仁『教育法』(新版)有斐閣 1978／永井憲一『教育法学』エイデル研究所 1993／平原春好・牧正名編著『教育法』学陽書房 1994／神田修・寺崎昌男・平原春好編『史料教育法』学陽書房 1993／日本教育法学会編『教育法学辞典』学陽書房 1993
［関連項目］公教育／国家　　　（鈴木慎一）

教育方法
英 method of education

▶ **語義**　「教育方法」とは，文字通り教育をしていくときの方法を指す。そして「方法」(method) とは，そのギリシャ語源（「メタ・ホドス」）の釈義によれば，「道」（ホドス）の「後に従って」（メタ）行くことを意味している。どこかへ行くために道に従うのであるから，当然のこととして，目的地が定まらなければ方法も定まらない。つまり方法の延長線上に目的があり，この意味で，「方法」にはなんらかの目的意識（目的論）が含まれている。目的に照準を合わせることによって，方法のあり方は，そのつど具体化されていくのである。

とはいえ，教育の目的が定まれば，そこに至る方法が自動的に決まるというわけにはいかない。方法には，それ独自の「原理」があって，実際にはそれが教育のなされ方を規制している。しかも教育の方法原理には，さまざまなタイプがあり，それらは異なる歴史的背景のもとで定式化されてきた。教育の実際の営まれ方に関して，教育の方法原理と目的論は，ちょうど相補的な関係にある。しかし教育の方法原理には，目的論から自律して〈マニュアル〉化していく契機がつねにはらまれている。

▶ **教育方法の二類型説**　道としての方法は，ただひと筋だけあるというわけではなく，可能性としてはいく筋もの方法が考えられる。それらを大きく束ねるならば，二類型の方法が区別できる，とするのが伝統的な教育学の定説である。つまり，直接的に教育の目的に迫っていく方法と，多少回り道をしながら，間接的に目的に迫っていく方法の二類型である。現代の用語法で言えば，前者が「生活指導（生徒指導）」にあたり，後者が「学習指導」にあたる。

ドイツの教授学者ヴィルマン（Willmann, O.）は，『陶冶理論としての教授学』(*Didaktik als Bildungslehre*, 1903) で，「ギリシャの時代から現代に至るまで，単一の言葉でまとめて教育を呼ぶことができないため，つねに二重の言葉で教育を呼んできた」と言って，ギリシャ語とラテン語の用例や，ドイツ語の用例を数多く挙げている。その二重の言葉とは，日本語で表わせば，子どもを「鍛えていくこと」と，「教えていくこと」が相当する。これらは，どちらも同じように教育の目的を指向する方法を指しているが，方法論の上で混同されるべきではない，と言うのである。子どもを「鍛えていく」とき，人々の頭にあるのは子どものあるべき姿である。一方，子どもに「教えていく」とき，人々の頭にあるのは教えていかなければならない教材，つまり教育内容である。要するに，教育関係を「教師─子ども」の二肢構造として受けとめる場面と，「教師─教材─子ども」の三肢構造として受けとめる場面とで，教育方法は区別されるべきである，とヴィルマンは考えたのである。この考えを引き継いで，エッガースドルファー（Eggersdorfer, E. X.）も，『青少年陶冶──授業の一般理論』(*Jugendbildung, allgemeine Theorie des Schulunterrichts*, 5 Auflage, 1950) で，「子どもを直接に形成する教育」と「子どもにいろいろな経

験をさせていくことを通しての教育」とを区別し，一方を「指導」（Führung），もう一方を「陶冶」（Bildung）と呼んだ。

このような教育方法の二類型説は，すでに，学問としての教育学の創始者と言われるヘルバルト（Herbart, J. F.）にも見られる。ヘルバルトの『一般教育学——教育の目的から導かれた』（*Allgemeine Pädagogik aus dem Zweck der Erziehung abgeleitet*, 1806）は三部構成を取っているが，その第一部では「教育一般の目的」，第二部では「興味の多面性」，第三部では「強固な道徳的性格」が論じられている。これらのうち，第二部の「興味の多面性」と第三部の「強固な道徳的性格」は，二つの教育方法に対応する二つの教育目的を示している。その二つの教育方法が，教授（Unterricht）と訓練（Zucht）である。そして教授という方法は，子どもの興味を幅広く拡大していくことを目ざし，訓練という方法は，子どもの性格を道徳的に強固なものにすることを目ざしている。この二つの方法が合わさって，はじめて教育（Erziehung）の全体的な目的の達成が可能になる，と言うのである。

以上に見られるように，伝統的な教育学は，教育と教育の諸方法についての概念整理を積み上げてきた。そして教育方法の二類型説は，旧社会主義圏の教育学のテキストでも踏襲されるまでに一般化していった。この間問われ続けてきたのは，子どもの興味を拡大し，知的な能力を伸ばすこと（つまり「知育」）と，子どもの性格を道徳的に確かなものにしていくこと（つまり「訓育」）とが，教育の全体的な目的の中で，どのような位置関係にあるのか，ということである。言いかえれば，知育が上位か，訓育が上位か，あるいはそれらは横並びの関係にあるのか，である。これは，ヘルバルト，ヘルバルト派の教育学のみならず，ソビエト教育学でも問われた問題であった。このことからも窺えるように，教育方法論の問題は，教育目的論の問題と対応しており，それから切りはなしては語りえないのである。どちらかといえば，ヘルバルトは教授の方法に力点を置き，その上で，それが知育ばかりでなく訓育にも結びつくためにはどのように考えていけばよいか，を中心に，『一般教育学』の問題を展開している。「教育的教授」論，つまり「訓育をしていく教授」の理論が，ヘルバルトのいわば解答例であった。

▶ 「技術」としての教育　近世から近代にかけて，教育の機会は人々の間で飛躍的に拡大した。こうした教育の大衆化は，高等教育機関のような高度な学識を必要としない教育方法の改善を促した。そのさい，教育方法の原理となったのは次の二つのモデルである。一つは，いったん作動しだせば同じ製品を精確に造りつづける「機械」のはたらきであり，もう一つは，特別の作為を施さなくても，時期が来れば植物を開花させてくれる「自然」のいとなみである。この「機械」と「自然」が教育方法を改善していくときのモデルであった。そして，この二つのモデルが合体していくとき，いっそう抽象的なモデルが導入されることになる。それが「技術」（あるいはもっと端的に「術」）というモデルである。技術とは，自然の法則に基づいて，自然を助けていく機械に他ならない。これら「機械」・「自然」・「技術」のモデルの歴史的起源を，もう少したどってみることにする。

まず，17 世紀のボヘミアで活躍したコメニウス（Comenius, J. A.）は，「あらゆる人に，あらゆる事物を教授する普遍的な教授法」を示すために，『大教授学』（*Didactica magna*, 1638）を書いた。この書でコメニウスは，「あらゆる事物を感覚にふれさせよ」をはじめとして，「普遍から特殊へ」・「易しいものから難しいものへ」・「近きから遠きへ」などの方法原理を公理として示した。またそれらの公理を組み合わせて，次々に新たな原理を構成していった。このように公理から原理，原理から方法を導いていく手順や，それら全体をシステマティックに配列していく見取図は，人々が機械的な生産を営むときの作業工程に合わせて構想されたものである。

また，18世紀のジュネーブおよびフランスで活躍したルソー（Rousseau, J.-J.）は，教育小説『エミール』（Émile, ou de l'éducation, 1762）で，いったん自然をモデルにして，作為を排した教育方法を描きだした上で，後段では，それらの自然的教育方法を，教育本来の目的である道徳性の訓練プログラムのなかに位置づけ直していった。つまり，ルソーにとって自然は人為とぶつかり合う方法原理であると同時に，人為的な道徳訓練がそこから出発する原基点でもあったのである。〈自然人〉はやがて〈有徳者〉として鍛えられていかなければならなかったのである。

さらに，18世紀から19世紀にかけてスイスで活躍したペスタロッチ（Pestalozzi, J. H.）に至ると，「自然」はいちだんと理念化していく。「自然」はたんにあるがままの事物の姿としてよりも，あるべき姿を表わすものとして受け取られていく。したがって，自然をモデルにする教育方法は，たんに自然にもとづくだけではなく，自然を実現していくものでなければならない。そのためにこそ，技術が造り出されなければならなかったのである。ペスタロッチは『ゲルトルートはその子をいかに教えるか』（Wie Gertrud ihre Kinder lehrt, 1801）のなかで，こう言っている。「もし，母親たちの心が，げんにそのみどり児に対して盲目的な自然衝動に駆られていることを，自然の仕事を援助するこの技術のおかげで，成長していく子どもに対して，衝動ではなく自由な理性にしたがって継続することができるようになったならば，……きわめて多くの貢献をすることが，どんなにかたやすくなることでしょう！」ペスタロッチは，「自然の仕事を援助する技術」に従って教育方法を改善することを，「教育の機械化」とも呼んでいる。

▶ **心理学と教育方法**　ただし，ペスタロッチ自身，「教育の機械化」という表現に抵抗を感じたらしく，これに代えて，「教育の心理化」という表現を使うようになる。このことからも窺えるように，心理学は，技術としての教育方法を支える基礎理論として，すでに期待されていた。その後，教育方法が心理学に依存する度合いが急速に増していくが，それにしたがい，教育目的論が関与する余地は逆に狭くなっていった。この傾向は，19世紀末から開始される児童研究運動，教育の科学的測定運動を通して，決定的となった。実験的な手法を駆使する学習心理学の成立は，もはや「教育」者の側の目的意識を必要としなくなり，どのような目的に対しても役立つ教育方法の開発が推進された。教育方法そのものは，教育目的に対してニュートラルである，という認識が産み出されたのである。

20世紀はじめの新教育運動は，「子どもから」の標語にも表れているように，教育方法の改善を，子どもの興味や活動をそのまま解放することに目的を置いた。そのとき，教育方法の原理として唱えられたのが「自己活動」である。子どもが，自らの興味にしたがい，自ら活動していくことを促すような教育方法が，それ自体教育的に価値の高い方法であると見なされたのである。児童心理学の発展によって，教育における目的意識・規範意識は，一段と不要視されるようになるが，こうした「心理学主義」に対して，後にフランスの心理学者ドベス（Debesse, M.）は次のように警告を発している。「教育を型にはまった慣習の束縛から解放してくれた児童心理学が，今度はすべての人間形成のもつ規範的側面をおおい隠してしまうことがあってもならないだろう」（堀尾輝久・斉藤佐和訳『教育の段階』岩波書店　1982）。

▶ **効率性と教育方法**　「成功した教育方法」（successful teaching）を評価する基準の一つが，「効率性」にあることは疑いない。子どもの心理への配慮も，効率的な教育方法を求めることと深くかかわっている。効率的な教育方法を求めて，これまで，一斉指導のような教師中心の授業がくりかえし批難されてきた。一斉指導に代えて，たとえばマンハイム・システムなどの能力別指導が試みられたり，分団学習のような個別指導に一歩近づけ

た指導法が提案されたりしてきた。こうした教育方法の効率化への改善は、「個別化」（individualization）の方向で進められてきている点に特徴がある。教育方法は、一人ひとりの子どもの能力・発達・興味・志望など、要するに一人ひとりの子どもの心理的条件に合致したとき、はじめて効果的になる、という考え方である。一斉指導は、子ども一人ひとりの間の個人差を考慮していないから、効果的ではない、とされたのである。工学的発想と結びついた教育方法、つまり教育工学は、個別化の方向で教授の効率性を追い求めたとき、当然帰結する考え方であった。スキナー（Skinner, B. F.）の教授理論に見られるように、教育工学は、たんに特定の刺激に特定の反応を結合させるだけの方法ではなく、期待される反応を自ら進んで起こさせるような方法であった。教育工学では、たんに認知面だけではなく、興味や意欲など、情意面のはたらきをも組み込んで、教育方法としての効率化が図られているのである。近年のコンピュータを利用した教育方法（CAI）は、この傾向をいっそう促進させている。こうした個別化された効率性の対極にあるのが、集団主義（collectivism）の教育方法であった。「個人の利益よりも全体の利益のほうを上に置く用意」とされる集団主義は、確かに、教育方法の評価基準として、近代の教育理論が定式化してきた方法原理とはまったく異質のものを提起した。それはまた、教育の目的論への回帰を促す契機をはらんでいたが、これがどこまで「知育」領域での評価基準になりうるかどうかは、論点として残されている。

[参考文献] Komisar, B. P. and C. J. B. Macmillan, C. J. B. (ed.), *Psychological Concepts in Education*, Rand McNally & Company 1967／Skinner, B. F., *The Technology of Teaching*, Prentice-Hall 1968／Passmore, M., *The Philosophy of Teaching*, Harvard University Press 1980／Macmillan, C. J. B. and Garrison, J. W., *A Logical Theory of Teaching: Erotetics and Intentionality*, Kluwer Academic Publishers 1988
[関連項目] 教育目的／学習／教授学／教授／

授業　　　　　　　　　　　（宮寺晃夫）

教育目的
英 aim(s) of education

▶ 語　義　「教育目的」とは、文字通り「教育が目ざすもの」を意味する。しかし、たとえば教養教育と専門教育が目ざすものはどのように違うのか、あるいは、どちらも「教育」である以上、究極的には同じものを目ざすのか、と問われるならば、いろいろな答え方ができる。「教育が目ざすもの」といっても、意味のレヴェルは必ずしも同じではないのである。

教養教育の各分野が目ざすものとなると、それこそ千差万別である。それらを共通項で括るのは、そう簡単にできることではない。しいて共通の教育目的を立てるとすれば、たとえば、「教育を受ける者の技能や知識をできるだけ幅広く練磨すること」といったレヴェルの目的が、それにあたるかもしれない。しかし、これにしても、教養教育の目的を包括的にいい表したものに過ぎず、教育の究極的な目的とはいえまい。技能や知識を磨いて、いったいなにを目ざすのかが、示されていないからである。「教育目的」（aim of education）は、普通、このさらに上位にある目的を指しており、それにいたる経過的な諸目的は「教育目標」（objective of education）と呼ばれて、便宜上区別される。

▶ 問題の発端　それでは、各教科ないし各分野の教育目標ではなく、まさに教育そのものの目的を問うという高次のレヴェルの探求は、どのような局面で着手されるのか。少なくともそれは、社会の進むべき方向が定まっていて、人々の生き方も、それに沿うかたちで営まれるか、あるいはそれに反した生き方が許されないようなところでは、はじめられることはない。一元的価値社会では、教育目的の探求は、差し迫った必要性がないのである。しかし、いろいろな生き方の人が一緒に社会を構成するようになり、社会の進路と人々の人生設計とが、必ずしも不可分の関係

ではなくなると、あらためて、「社会はどうあるべきか」・「人はどう生きていくべきか」・「教育はなにを目ざすべきか」と真剣に問わなければならなくなる。古代ギリシャの都市国家（ポリス）でいえば、ペロポネソス戦争（B.C. 431〜B.C. 404）をきっかけに、それまで比較的安定していた社会体制が崩れて、異民族の流入と内部の抗争が相次ぎ、ポリスの政治機構が極度に混乱したとき、教育と教育目的に関する活発な議論が起こった。いうまでもなく、ソクラテス（Sokrates）、プラトン（Platon）、アリストテレス（Aristoteles）がそのときの代表的な論者であった。

ソクラテスは、自分自身のいい分より、国家の決定の方を重視して、死刑判決をすすんで受け入れた。そうした一貫性のある生き方によって、ソクラテスは、人としての生き方が国家のあり方と不可分であることを、身をもって教えたのであった。その弟子プラトンは、著書『国家』のなかで、今日からいえば国家主義的色彩の濃い教育論を展開し、青少年を、国家体制の維持に必要な、生産者・軍人・支配者の三つの階層に選別する手順を説いた。またアリストテレスにいたると、人は本来的に国家を離れて生きてはいけない存在、つまり「ポリス的生き物」であると規定される。これらはすべて、社会のあり方と人の生き方との結びつきが緩くたわみはじめたころ、もう一度それを引き締めるために示されたもので、そのとき教育の目的は、「徳」の概念を中心に展開された。教育の目的は、人々のなかに徳を尊重する心を育てることであり、有徳な人とは、自分自身の生き方と社会のあり方とを、重ね合わせて考えていくことができる人のことである。このように、社会のあり方や人の生き方とかかわって展開される教育目的論は、「道徳主義の教育目的論」と呼ぶことができる。

古代ギリシャに典型的に見られる道徳主義の教育目的論は、近代に至って、たとえばルソー（Rousseau, J.-J.）によって継承されている。ルソーは、身分制に支配される社会から、自由な市民の社会への変革期において、社会と人との新たな関係の結び直しの難しさを予感しながら、教育への関心を深めた。ルソーの教育論（『エミール』1762）が、社会変革のための著書（『社会契約論』1762）と同じ年に書かれていることは重要で、ルソーの教育目的論も「徳」の概念を中心に展開されている。

▶ **教育目的論の自立**　教育の目的が、人類史上まず、社会のあり方や人々の生き方との密接な結びつきのなかで探求されたことは、重要である。教育目的の探求は、これからの社会のあり方や人としての善き生き方の探求と連動し、政治的・道徳的・倫理的な文脈のなかで、まずなされたのである。その限り、教育目的の探求は、子どもの教育に直接たずさわる者だけがかかわる、分離した問題領域というより、たとえ自身の子どもを持たない人でも、将来の人生設計とかかわって、市民として関心を持たざるを得ない社会的な問題領域に属している。したがって、教育の目的が、「教育目的」の名のもとで自覚的に論じられたり、定式化されたりするのはむしろ稀であった。

近代になって、さまざまな趣旨の『教育論』が体系的に書かれるようになると、「教育目的論」は、その書き出しの部分に位置を占めるようになる。そこから一貫して、「教育方法論」・「教育内容論」・「教育制度論」などが順序よく展開されるようになっていく。そうなると、教育目的論は文字通り〈教育の〉目的論として、〈政治的〉・〈道徳的〉・〈倫理的〉な文脈から自立していくことになる。教育目的論に期待されるのは、社会のあり方や人の生き方とかかわった、社会的・道徳的議論というよりも、むしろ、制度としての教育をそれ自体でまとまりのある自立的営みにしていくための、統合理論である。教育目的は、広い社会的・倫理的な文脈のなかで正当化されるよりも、教育という限定された営みのなかで、〈ディレクター〉ないしは〈パイロット〉（水先案内人）としてどれだけ

有効かどうかという観点から，正当化されていくようになるのである。このように，目的が果たす機能を中心に展開される教育目的論は，「機能主義の教育目的論」と呼ぶことができる。

機能主義の教育目的論の典型は，アメリカのプラグマティズムの教育哲学者デューイ（Dewey, J.）の『民主主義と教育』（1916）に見られる。この著書のなかで，デューイは次のようにいう。「教育の目的を追求するに当たって，われわれは，教育の過程の外にあって教育を支配する目的を発見しようとはしない。われわれの考え全体がそれを許さないのである。われわれは，むしろ，目的がそれ自体の作用する過程の内部にある場合と，目的が外部から与えられる場合との間にある対比について論ずるのである」。そしてデューイは，「善い目的の規準」として，①現実の諸条件から産み出された目的であること，②状況に応じる柔軟な目的であること，③活動を自由にする目的であること，の三条件を掲げる。これらの条件は，いずれも，教育の営みがなされるさいに，目的が〈ディレクター〉ないし〈パイロット〉として，よりよく機能していくための条件である。この意味で，よりよく機能する目的が「善い目的」なのである。そうした条件を備えた善い教育目的は，デューイによると，次のように定式化される。「子どもの経験の現在の状態をよく見渡し，試験的な取扱いの計画を練りながら，その計画を絶えず見通し，しかも，条件の展開に応じてそれに手を加えていく」ような目的である。このように，機能主義の教育目的論においては，「善い目的」か否かは，目ざされるものが道徳的に善いか・悪いかの価値判断とはまったく別なのである。

機能主義の教育目的論は，教育の目的を，社会的・道徳的・倫理的な文脈から自立させ，教育だけの固有の領域内で，目的の機能論を展開した。それは「目的」についての形式的な議論である。それの中身となるべき教育目的の実質的な議論は，空白のまま残されている。要するに，機能主義の教育目的論は，道徳主義の教育目的論のように，特定の目的（たとえば「徳」）を示して，それの道徳的な善さを主張していくような議論を迂回して，ただたんに，目的が備えるべき形式的な条件についてかかわりを持つだけである。そしてこの形式的な条件の側から，「教育目的」として立てることのできるものと，できないものとを，あるいは「教育目的」として有効性を持つものと，持たないものとを，仕分けていこうとするのである。このような観点からすれば，「徳」のように，意味の内実が複雑で，しかも個人の主体性を押し潰すような目的は，「教育目的」としてふさわしいものとはいい難い，ということになる。

▶ **教育目的の正当化**　このような機能主義の教育目的論からすれば，当然のこととして，「教育そのものの目的は何か」というような本質主義的な問いは意味をなさない。この種の問いについては，教育思想史上，これまでさまざまな世界観や立場から，それぞれ特色のある教育目的「観」が示されてきた。それらから，適宜，いろいろなアイデアやヒントを得ることは大切だが，どれか一つの考え方だけで教育目的を立てようとすると，教育目的論はイデオロギーと同様の扱いを受けることになる。価値観の多様化が常態となっている現代社会では，教育目的論もまたイデオロギー対立の渦中にあるのである。

世界的に見て，現代社会の特徴は，それぞれの社会が，異なる文化や対立する利害を抱え込みながら成り立っていることである。しかも相異や対立の調整や，合意の形成は，難しくなるいっぽうである。というより，文化間の相異のように，なくすことができないもの，なくさなくてもよいものも少なくなく，価値の多元性は現代社会の特徴の一つと見なければならない。たとえば，かつて取り上げられることの多かった，「恥」の文化と「罪」の文化の相異がそうであるように，文化と文化の間では，価値の基準の優劣を問うことは不可能に近い。いずれにしろ，文化的な基盤

の等質性が保証されない状況で，全体的な教育目的の設定がなされなければならないのである。それだけに，何か特定の教育目的を設定しようとすれば，つねに，「なぜこの教育目的が社会全体にとって正しいものなのか」という正当化の論証が要求される。現代において，教育目的論に期待されているのは，教育目的の定式化そのものよりも，まさにこの「教育目的の正当化論」なのである。

　教育が，政党の政治的な宣伝や，特殊な職能の訓練を意図するものであるとき，そのような特殊な目的が，社会のすべての人を対象とする教育の目的として正当化されないのは明らかである。教育目的として正当化されるのは，とうぜん，もっと一般性と公共性を備えた目的でなければならない。そこで，「宣伝」や「訓練」などのような，特殊な実用目的を追求する作用を「教育」から排除し，人間形成の一般的な目的を追求する作用のみを「教育」と呼ぶような見解がだされる。とりわけ分析的教育哲学者は，「教育」とそれ以外の作用との概念上の区別を厳密に立て，その上で教育目的を「教育」の概念のなかから引き出そうとしてきた。その代表者ピーターズ（Peters, R. S.）は次のようにいう。「特定の外在的な目的を頭においているときには，私たちはふつう，『訓練する』ということばを使うだろう。しかし，個人の可能性の開発とか，知力や性格の発達とかの正しい『目的』が立てられるならば，私たちがあるべき教育と見なすものにとって，内在的な目的となるであろう」（Ethics and Education, 1966）。教育の目的は，「教育」の概念のなかに含まれており，それ以外の目的は，すべて「外在的な目的」で，この外在的目的を追求する作用は「教育」とは呼べない，というのである。

　しかし，「個人の可能性の開発」や「知力や性格の発達」だけが，なぜ教育の「内在的な目的」として「正しい」とされるのか。そのような，いわば「個人の利益」や「子どもの幸福」と結びついた教育目的のみが正当化され，その対極にある，たとえば「社会の必要」や「全体の利益」などの目的が，教育の目的として正当化されないのはなぜか。議論の上だけで見れば，どちらの目的も，一般性と公共性を備えた目的である点では，変わりがないはずである。

▶ **内在的教育目的論を超えて**　　内在的教育目的論は，教育目的の正当化論としては，明確な限界を持っている。どのような種類の目的を「内在的」と見なすかに関して，論者の個人的な思い入れを排除できないからである。教育目的を正当化する手続きを，「教育」の概念分析に求めようとすると，こうした隘路を抜け出すことができなくなる。教育目的を公共の場で正当化するには，少なくとも，教育を，「人（子ども）の幸福」との関連ばかりでなく，「社会全体の福利」との関連からも，多角的に探求していくことが必要である。現代イギリスの教育哲学者ジョン・ホワイト（White, J.）が，著書『教育目的・再説』（Aims of Education Restated, 1982）をはじめとする諸論考で取り組んだのは，この両方向からの教育目的の正当化である。教育は子どもの幸福を目ざしてなされる，としても，その幸福の構成要素には，他者との交わり，社会への積極的な貢献もまた含まれているはずで，そうした利他主義的な性向を育てることも，「子どもの幸福」の名のもとで目ざさなければならないことである，とホワイトは見なす。要するに，教育目的を正当化するには，異なる価値の視点を用意して，それらを交差させながら見ていかなければならない，とホワイトは主張したのである。

　教育目的の正当化論としては，このような価値哲学的な発想ばかりでなく，システム論的な発想も，ルーマン（Luhmann, N.）などの議論によって，今日有力となってきている。

　[**参考文献**]　Peters, R. S., "Aims of education —a conceptual inquiry," *The Philosophy of Education*, ed. by R. S. Peters, Oxford University Press 1973／原聡介ほか著『教育と教育観── 現代教育の本質と目的を考えるために』文教書院　1990／近代思想史研究会編『近代教

育フォーラム』第2号　1993／マッキンタイア（篠塚栄訳）『美徳なき時代』みすず書房　1993／ルーマン，N.（馬場靖雄・上村隆広訳）『目的概念とシステム合理性』勁草書房　1990
　[関連項目]　道徳／教育方法／価値／教育
（宮寺晃夫）

教育問題
英 educational problem

　広義では，教育に関連して，研究，論議して方向性を探求し，解決すべきとされる事柄，教育関係者や広く一般の人々の注目を集めている事柄，をいう。教育とは，つねになんらかの「よりよい」価値を実現するためにあるものであるから，新たな価値を探索し，さらに発展していくために克服・解決されるべき問題をみつけていくこと自体が教育に内在化されているといってもよい。教育改革はつねに時代の問題であり，時代・社会の状況に応じて，教育的まなざしの展開に応じて教育問題も生成され変化していくのである。このようにいうからといって，教育問題が教育の内在的な価値にのみ対応して生成されるというわけではない。むしろ，その時代，その社会の社会問題と深い関連があり，社会問題のなかで，教育によって達成・解決できる，あるいはすべきとされる諸問題が教育問題となる（国家統合，啓蒙，理想社会の実現など）。

　狭義における教育問題は，教育が解決すべき，あるいは教育に関連して生じるとされる「困った事態」を指す。

　教育に関連して生じるとされる「困った事態」は大きく分けて二つある。

　一つは，社会問題としての教育問題（教育の外部から教育に課せられる教育問題）で，もう一つは，教育（学校教育）に内在的な教育問題である。

　まず，社会問題としての教育問題について説明しておこう。このタイプの教育問題に属する問題といえば，たとえば，社会統合や社会秩序に関する問題，社会的人材育成に関する問題，教育のイデオロギー性に関する問題，階層の再生産・社会的不平等に関する問題，多様化・情報化・国際化する社会を見越しての問題などをその例として挙げることができる。これらの問題は，社会正義や社会秩序の実現や社会不安の抑制といった社会問題や今後予想される社会問題として生まれてきたものだが，教育の責任において解決すべき，あるいは解決できるとされるがゆえに，教育問題として掲げられるものである。ところで，このようなタイプの教育問題はきまって定義が曖昧である。たとえば，イデオロギー教育の問題に関していえば，いかなる教育がイデオロギー的であり，問題であるかはその人の属する社会集団や立場によって異なっており，社会全体で意見が一致しているわけではない。教育の中立性を目指す場合でも，なにをもって中立と考えるかの対立はなくならないのである。できるだけ中立性を維持するために，政治的色彩のない科学的教育を行うこともまた一つの政治的立場であるからである。また，後述するように，教育は人々の関心が集中する，結果が曖昧である，無限の可能性があるかに考えられるなどの理由から，見通しが暗く，解決の見出しにくい社会問題の解決の切り札としてしばしば利用されるので，このタイプの教育問題は，教育に過剰な負担をかける傾向がある。とくに，制度やシステムのレベルで生じている問題を個人の能力やモラルのレベルで解決しようとする規範的な言説は教育への期待を強める傾向がある。ともあれ，教育は常に社会から課題を受け取り，過剰な問題状況にあることが常態化しているのである。このような言説の構造上，十分かつ適切な教育は原理的にありえないのである。

　次に，教育（学校教育）に内在的な教育問題について説明しよう。この，教育に内在的な教育問題は，さらに大きく二つのタイプの問題に分類できる。教育の対象である子どもに関連する問題と，教育の制度や組織や行為に関する問題の二つがこれである。

　まず，子どもに関連する問題であるが，さらにここには，学校教育の内部の問題と学校

教育の外部で第一次的に生じる問題がある。学校教育内部の教育問題としては，不登校，いじめ，校内暴力，非行，高校中退，学業不振などのように，学校教育と相関して生じる問題，あるいは学校的価値に照らして憂慮される生徒の逸脱現象がある。このタイプの教育問題は教育問題のなかでも核となるもので，最も話題に取り上げられやすい。というのも，これらは，教育的な視点からみて望ましくないものであるばかりでなく，子どもにとってよきものとされる学校そのものに疑問を投げかけるものだからである。実際，これらの問題は教育の荒廃現象とセットで語られる傾向が強い。このように学校教育のあるべき姿を自明視して，その立場から形成される逸脱問題とともに，学校に過剰適応するがゆえに生じる問題，よい子の挫折，ストレス，学校化（生徒化）といったものも，問題として注目されるようになってきた。これも，学校教育そのものの問題性を浮き彫りにするものである。

　子どもの問題としてもう一つ挙げられるのは，都市化，地域解体，家族崩壊，情報化，子どもの遊びの変容など子どもを取り巻く環境の変化にともなって生じる青少年問題である。近年では，オタク，コミュニケーション不全，性風俗の乱れなどの問題がクローズアップされている。このタイプの教育問題は，上で述べた社会問題としての教育問題とも深いつながりがあり，その犠牲者が子どもであるがゆえに教育において解決すべき問題とされる問題である。

　以上は，子どもに関する問題であり，教育的まなざしから派生する一次的なものである。教育に内在する「困った事態」の第二は，教育のシステムや制度や組織や行為そのものの問題，そこから生み出される問題である。教育過程や教育機能そのものの異常，教育制度・組織・行為自体に内在する，危機，矛盾，偏向，退廃等の，なんらかの憂慮される事態や諸現象，教育のあるべき姿を害し，本来，教育が果たさなければならない機能を低下さ

せ，ひいては社会や文化の全般に悪い影響を及ぼしかねないと考えられる事柄がこれである。過度の管理主義や学歴主義，偏差値教育，画一化，詰め込み，学校の荒廃などがこれに含まれる。制度に関する教育問題にもふたつの種類がある。子どもへの悪影響を憂慮する教育問題とそれ以外の問題である。後者としては，教師の過労やバーンアウトの問題，公立学校ばなれの問題，大学の生き残りの問題，不平等や学閥としての学歴主義の問題がこれである。教育の荒廃として意識されるのは前者で，学歴主義の問題も，過度の入試競争による教育の疎外と人間形成に与える影響，子どもへのストレスや子どもの人間関係に与える影響の問題は，前者に含まれるのである。ところで，教育問題として取り上げられやすいのは，前者で，子どもに関連のない問題は，さほど世間の関心を引きにくいと思われる。

　さらに，歴史的にみて，どのタイプの教育問題が主題化されやすいかも変化している。明治期の教育改革は，人材育成と効率性と道徳教育（社会統合）に重点があり，戦後は平等が重要な課題だった。今日では，自由化，個性化，多様化が求められ，したがって，教育の画一化と管理主義が問題となっている。また，子どもの問題をみても，進学率の低い1960年代までの時期は，青少年問題，就職の問題，地域解体の問題など，学校教育の外の教育問題が主流であった。それが，今日では，不登校，いじめ，学級崩壊など，圧倒的に学校教育の内部の問題が多い。しかも，それは非行のように社会に悪影響を与えるものではなく，子どもが教育の理想からみて，学校の立場からみて，困った状態にあることが問題の主流を占めている。それにともなって，教育の過剰が問題になり始めている。

　以上，教育問題の分類を行ってきたが，上の記述からも示唆されるように，教育問題は問題化する視点と相関的なものである。次にわたしたちは教育問題の分析の方法そのものに目を向けることにしよう。

　「教育の荒廃」としてくくられる教育問題

は，とくに教育社会学の領域において，教育病理として概念化されてきた。病理という概念は医学的概念から借りてきた比喩なのであるが，この概念の使用によって，個々の問題を別々に，「よい・悪い」の判断でとらえる規範的な認識法から距離をとろうとした。つまり，個々の問題現象が問題なのではなく，その背後にあるシステム障害こそが問題の真の所在なのだという認識法である。この視点により，問題相互のつながり，表面化しない問題（潜在的機能），関連する諸問題のより効果的な解決法が発見されやすくなった。しかし，これは，あるなにか正常に機能するシステムを想定し，そこからシステム障害を演繹するという方法的視点にすぎない。つまり，この方法は，その自意識とは裏腹に，必ずしも価値中立で客観的な認識方法ではありえない。どのレベルの実体をシステムとするかで，何が障害とみなされるかも変わってくるからである。だが，この方法をとることで，これまで問題とみなされてきたことが，より大きなシステムの視点からすると問題ではなく，むしろ正常な機能の一部でもありうることが気づかれてきた。客観的な視点を確立するという当初の目的からすれば明らかに失敗であり，そのため最近は評判が悪い方法であるが，問題の相対性（何かに準拠してはじめて問題であるということ）を明るみにだし，いかなる意味で問題なのかを自覚させる方法としては有効であった。システムの病理という視点をとる研究者は，個々の問題から距離をとることができるようになるのである。もちろん，逆に科学的手法を自認することでシステムおよび病理を実体化してとらえ，それに働く権力作用を隠蔽するというマイナス面もあった。

1980年代以降，教育社会学の領域では，教育問題に関しては構築主義的な立場をとる研究が増大した。この一連の研究は，ある事象を問題として構成する言説，ある事象が問題として構築される社会的プロセスを問題にするものである。教育病理という認識技法は，やはりどこかに問題が「ある」という実感を

素朴に受け継いでいたのであり，知らずしらずのうちにそれを実体化する傾向があった。これに対し，構築主義的な研究は，教育問題を素朴に問題として受け継ぐ立場から，問題化する視点の問題へとそのまなざしをラディカルに方向転換したのである。これらの研究は，問題が問題を生むという教育の場の特質によって生み出された過剰な問題意識やモラル・パニックを抑え，問題化するプロセスやそこに働く権力作用に反省を迫るうえで有効なものであった。

最初に述べたように，教育とはそもそも「よりよい」という価値を目指す運動であり，その意味でそれは不可避的に，新たな問題を生成し，問題にまみれているものである。もちろん，その「よりよい」を目指す運動の基準が正しいかどうか，また「よりよい」を目指すこと自体が「よい」ものであるかどうかはわからない。構築主義の運動は，こうした教育の性質そのものを明るみにだし，これに自己反省を迫るものであった。しかし，構築主義の運動は，新しい実践の方向性を示すことはあまりない。これが示すものは，問題を生みだす形式的なメカニズムやプロセスである。極端な場合，それは教育の営みを無効にする一つの立場となる。立場の違いにとどまれば，そこに対話は成立しないが，これを相対化することを越えて，教育の場が問題を生成する仕方やその帰結についての知を教育システムに戻してやることによって，教育システム自体の反省の幅を広げることが必要であろう。

［参考文献］　田中智志編著『〈教育〉の解読』世織書房　1999／中河伸俊『社会問題の社会学』世界思想社　1999
［関連項目］　逸脱／教育の中立性　（越智康詞）

教育理論

英 educational theory／仏 theorie de l'éducation／独 Bildungstheorie

▶ 語　義　　もっとも広いいみの理論とは，事象（実践）から区別されつつ，それを表現

（表象）する命題から構成されている言説である。語源史的にいえば，theory という言葉は傍観・静観することを意味するラテン語 theoria に由来し，見ている事象に見ている人が巻きこまれないことを前提にしている。theoria の語源であるギリシャ語 theos が神を意味することも，神がひと・ものから絶対的に区別されていることを前提にしている。

現代において，理論を構成する諸事象を表現する命題は，おもに，①帰納，②演繹，③解釈といった方法をつうじて創り出される。それにおうじて命題は次の三つにわけられる。

①素朴な実在論の立場から，事象（たとえば日常的に「教育」とよばれる実践）をよく観察し，それを帰納によって一般化するとき，その事象は検証可能な命題（verifiability 検証可能性）として表現される。②ポパー流の批判的合理主義の立場から，ある事象を生じさせる原因をさがし，それを演繹によって法則化するとき，その事象は反証可能な命題（falsifiability 反証可能性）として表現される。③ハイデガー，ガダマーなどの哲学的解釈学の立場から，ある事象を意味づけ，それを解釈するとき，その事象は了解可能な命題（Verständlichkeit 了解可能性）として表現される。こうした検証可能な命題・反証可能な命題・了解可能な命題はすべて，抽象的にのみ理解される。

こうした抽象的にのみ理解される命題はさらに二つにわけられ，それにもとづいて理論も二つにわけられる。①実験や資料によって裏づけられた検証可能な命題・反証可能な命題から事象を説明したもの。②反照（reflection）によって得られる了解可能な命題からなり，検証可能・反証可能な命題を存立可能にする概念枠組のようなもの。パーソンズ（Parsons, T.）は，前者を「説明理論」（explanational theory）とよび，後者を「分析理論」（analytical theory）とよぶ。哲学の場合，説明理論にあたるものは「対象理論」とよばれ，分析理論にあたるものは「メタ理論」とよばれることがある。

このような命題概念・理論概念にもとづいて教育理論を定義するなら，教育理論とは，教育実践を遂行するための価値命題（つまり教育理念や教育方法原理）を中心に構成される言説ではなく，教育という事象（実践）から区別された，教育についての検証可能な・反証可能な・了解可能な命題から構成された言説であり，それらはさらに教育の説明理論と教育の分析理論にわけられる。

たしかに，ドイツ語圏の教育学に顕著にみられるように，これまでの教育学は教育理論と教育実践との絶対的な区別を否定してきた。すなわち，教育実践を価値概念化し，教育理論をそれに奉仕するものと位置づけ，教育実践を教育理論に接続してきた。たしかにそうすることは，近代科学の設定する〈主体／客体〉という認識論的な区別をのりこえ，主体と客体との相互依存性を示すことになる。しかしそれはまた，〈教育理論／教育実践〉という区別そのものが教育学内部における区別であるということの含意をみすごすことにつながる。つまり，これまでの〈教育理論／教育実践〉という区別（相互依存性）を生みだすものは，教育学内部における教育の理解であり，教育学外部における教育の理解ではない。教育学外部からの教育の理解は，教育学内部での教育の理解の仕方も理解することができる。教育学と教育諸科学が背反的であるのは，教育諸科学が説明理論的であり，教育学がそうではないということよりも，この理解する位置の外部／内部という差異に由来している。要するに，教育理論は教育概念・教育実践のなかに埋没するのではなく，それらを対象化する非教育（学）の地平に位置しながら，いわば不即不離のかたちで，それらと関係しなければならない。

▶ **教育理論の類型**　これまでの教育の分析理論の多くは，社会学，心理学，哲学，人類学などの分析理論を援用したものであり，教育の説明理論は，この分析理論によって説明できない教育的な事象を説明する理論である。たとえば，社会学の権力概念を用いて教師／

生徒関係を〈権力関係〉とみなすと，その概念ではとらえきれない〈互いに学びあう関係〉があらたに説明されるべき事象としてみえてくる。また法学の処罰概念を用いて〈子どもへの罰〉を考えようとすると，その概念ではとらえきれない〈責任主体になりつつある子どもへの処罰〉があらたに説明されるべき事象としてみえてくる。また心理学の学習概念を用いて〈子どもの学習〉をとらえようとすると，その概念でとらえきれない〈子どもが教育的価値を学習することの正当性〉が説明されるべき事柄としてみえてくる。

　またこれまでの教育理論の多くは，おもに各教育研究領域の内部で形成されてきた。それは大きく次の三つにわけられる。①教育的な働きかけ，またこの働きかけの直接的な条件についての研究領域（フランスで les sciences pédagogiques といわれる領域，ブレツィンカが praktische Pädagogik とよぶ領域）。たとえば，教育心理学，教育生理学，教育方法学，各科教育法など。②教育が成り立つための一般的な条件についての研究領域（フランスで les sciences de l'éducation とよばれる領域，ブレツィンカが Erziehungswissenschaft とよぶ領域）。たとえば，教育社会学，教育人類学，教育経済学，教育政治学など。③教育の思想的・社会的な前提を問う研究領域，教育哲学，教育史，教育思想史，理論的教育社会学など。このような領域区分にもとづいていえば，①，②の領域の教育理論は守備範囲の限られた説明理論であり，教育現実や教育現実を方向づける要素を整合的に記述する理論である。③の領域の教育理論は，①，②の領域の教育理論だけでなく，自分も反照する分析理論である。つまりそれは教育の説明理論の記述の仕方を記述したり，自分の前提命題の前提命題を問う分析理論である。

▶ **教育的な働きかけにかんする理論**　教育的な働きかけそのもの，またこの働きかけの直接的な条件についての研究における教育理論は，学習理論・発達理論・人格理論などの心理学理論，コミュニケーション論の援用にと

どまってきた。ソーンダイク（Thorn-dike, E. L.），ワトソン（Watson, J. B.）以来の学習理論が環境優位論を唱えるわけは，その理論が経験論的な連合主義ないし行動主義を前提にするからである。その系譜に属するスキナー（Skinner, B. F.）の学習理論は，直接に観察可能な刺激とその刺激にたいする有機体の行動（反応）との関数関係をあきらかにしようとするものであり，その関数関係は，ひとにかぎらずすべての種に見いだされる普遍的なものであるとされている。この場合，教育は，関数関係の設定の仕方しだいでいつからでも始められ，また発達をどのような方向にも向けることができる「工学」となる。

　また，こうした行動主義に対立するといわれ，じっさいに早すぎる教育の無効をといたピアジェ（Piaget, J.）の学習理論は，知識を外的な「操作」の内在化（じっさいにやってみなくても，過程や結果が予想できるようになること）ととらえ，その「構造」を論理的―数学的な構造として定式化し，学習は主体と環境とのあいだの相互作用によっておこるという「発達段階論」を前提にするとともに，認知能力は「うまくやる」という実践的な知恵からしだいに論理的にただしい抽象的な概念にすすむという普遍的な法則に従うという考え方，つまり「認知能力の普遍的方向性」という考え方を前提にしている。この場合，教育は，「構造」の自然な発達をさまたげないような相互作用ないし「援助」となる。

　1980年代から，ピアジェのいう「発達段階論」におけるリニアな発達概念，「認知能力の普遍的方向性」における所与の普遍性（ないしものさし）を批判し，認知の状況依存性を強調する「状況認知論」（theory of situated cognition）をとなえるポストピアジェ運動がアメリカにおこった。ヴィゴツキー（Vygotsky, L. S.）を援用するレイブ（Lave, J.），エスノメソドロジーを方法とするサッチマン（Suchman, L.）たちによって展開された状況認知論は，主体の働きかける対象である認識対象の構造は主体の働きかけと不可

分なものであるというピアジェ認識論を反復しながらも、ピアジェとちがって知識はすべて状況に結びついたものであり、論理的・抽象的な知識が頭のなかにできあがるわけではないという。たとえば、数学的な記号操作は、具体的な道具である記号を操作するわざ（skill）だから、形式的にみえても具体的であり、その操作は、特定の状況を構成する道具やわざがなければできないことだから、状況依存的であるという。数学的な記号操作も、大工道具の使い方も、同じように状況依存的であるから、具体から抽象へという「認知能力の普遍的方向性」はありえない、と。彼らにとって状況は、たんに所与のもの（規準化されるもの）ではなく、たえずそのつどそのつど主体が意味づけるもの・創出するものである。このとき、人がそれぞれ、そのつどそのつど多様なかたちで外界とかかわり合いながら、そのかかわり合いの場にそれぞれ自分の活動範囲を押し広げていくことが教育目的として語られ、そのための場面設定を工夫することが教育実践として語られている。

▶ **教育の社会的な条件にかんする理論**　教育が成り立つために必要な社会的な条件についての理論的な研究の主流は、教育社会学である。教育社会学理論は、デュルケーム（Durkheim, E.）以来ながく、理論／現象、社会／個人を区別し、教育を社会化、すなわち〈人々が社会秩序の内容を自分のなかにとりいれること、あるいは人々にそうさせることである〉ととらえてきた。1960年代から70年代にかけて、まずパーソンズ（Parsons, T.）の「構造機能主義」（structural-functionalism）がひろく援用され、教育は近代に成立した社会化の「システム」ととらえられた。1970年代中期からこの構造機能主義にたいする批判としてコリンズ（Collins, R.）の「葛藤理論」（conflict theory）があらわれ、教育を「身分集団」間闘争の場としてとらえた。またボールズ（Bowles, S.）＝ギンタス（Gintis, H.）のとなえた再生産理論は、教育を国家のイデオロギー装置かつ資本主義構造

の再生産装置としてとらえた。また、バーンステイン（Bernstein, B.）は、教育を言語的な社会化過程としてとらえ、その階級ごとの違いから階級再生産のメカニズムを示している。しかしどの理論も、〈教育は社会化の一形態である〉という前提を維持したままである。すなわちそこでは、〈社会／個人〉の区別を前提にしたうえで、社会から個人にはたらく作用が一貫して強調されていた。

しかし1980年代にはいってから、社会学が社会（システム）を実体と考えることをやめ、また個人／社会という対立を乗り越える媒介項としての意味の重要性を強調しはじめるとともに、教育現実は、意味として人々によって紡ぎだされるものと考えられるようになった。その結果、教育社会学の理論は、教育の説明理論であるにとどまらず、教育を自明化し正当化している条件を暴く分析理論という側面をもつようになった。たとえば、ブルデュー（Bourdieu, P.）は、教育を特定のハビトゥス（そして文化資本）の形成をつうじて資本主義体制を実体化する「象徴的暴力」とみなしている。またルーマン（Luhmann, N.）は、パーソンズの構造機能主義を換骨脱胎して、「意味の反照的（reflective）な選択プロセス」を中心にすえた社会システム論を構想し、教育をこのような社会システムととらえたうえで、反照性を実現する教育システム固有のテクノロジーの欠如を指摘している。また現在、彫塑の過程にあるとはいえ、森重雄の「批判的教育社会学」は、教育学の外部から、そしてマテリアリズムの立場から、教育の存立機制、そしてその環境としてのモダンな社会の存立機制をあばこうとしている。ほかにも、ヴィトゲンシュタインの言語ゲーム論、現象学的な社会学、人類学の「民族誌」（ethnography）の手法をとりいれたエスノメソドロジーなどが、教育の場における相互作用・意味生成のプロセスに着目し、教育現実を子どもの生活世界と学校の言説世界とのせめぎあいのなかでたえず再構築されつづけるものととらえ、新しい教育分析理論

の地平を開きつつある。

▶ 哲学的な教育理論　教育についての反照的な研究の主流をしめる分析理論は、教育哲学のそれである。哲学的な教育理論の主題は、教育ないし人間形成の本態を存在論的な次元において明らかにすることであり、また教育にかかわる自明性——記述概念であれ、規範概念であれ——を論理的に批判することである。むろん教育を論じることは、教育・人間の目的・理念についての規定を必要とするために、教育哲学は、社会科学・人文科学（フランスの「人間科学」）とちがい、価値論を必要とする。しかし価値命題の宣揚は、反照的な哲学的な教育理論の主題というよりも付録であるというべきだろう。

ともあれ、整理していえば、哲学的な教育理論の主題は、①教育目的の下位概念である複数の目標の論理的な整合性を問うこと、②教育目的と教育を超えたより広範な目的——たとえば、「生の意味」（Lebenssinn）・「究極の意味」（letzter Sinn）など——との論理的な整合性をはかること、③すでにある目的・理念の前提にしている命題の二律背反（たとえば、文化／自然、自由／規律）・パラドクス（たとえば、自己教育、主体形成のパラドクス）の論理構造や実効性（とくに社会構造との齟齬）を問うこと、④予想されるけれども具体的に分析できない可能性状況に対する態度を探究すること、などである。

ふりかえってみると、1970年代までの、おもな哲学的な教育理論の母胎は、精神科学、プラグマティズム、マルクス主義、実存主義、現象学、哲学的解釈学、フランクフルト学派の批判理論などであった。たとえば、ドイツのフリットナー（Flitner, W.）、ボルノウ（Bollnow, O. F.）の「教育人間学」は精神科学・解釈学を前提にしている。またこうした精神科学的な教育哲学を退けるブレツィンカ（Brezinka, W.）の「教育科学」は批判的合理主義に依拠している。イギリスのピータース（Peters, R. S.）、ハースト（Hirst, P. H.）、アメリカのシェフラー（Sheffler, I.）の「教育の知識理論」は、分析哲学に依拠している。ドイツのモレンハウアー（Mollenhauer, K.）のとなえる「批判的教育学」はフランクフルト学派の批判理論に依拠し、アメリカのジルー（Giroux, H.）のとなえる「批判的教育学」も当初はその批判理論に少なからず依拠していた。こうした1970年代から1980年代前半の哲学的な教育理論に共通することは、主体形成・人間形成という教育の命題を基礎づけること（正当化すること）自体を疑わず、教育が普遍的な統一性を標榜することを前提にしているということである。

しかし1980年代後半から、これまで教育学の正統派であった教育的な命題を基礎づける規範理論をゆるがす哲学的な教育理論が新しく現れるようになった。「反教育学」「教育の脱構築」とよばれる理論である。その先駆者ともくされているフーコー（Foucault, M.）は、「考古学」「系譜学」の名において、主体形成という教育学の根本命題を根底からゆるがす歴史的かつ反照的な教育理論を展開している。フーコーによれば、主体は近代的な権力を自明視する身体であり、教育はこの主体形成をめざす近代に特徴的な権力テクノロジーである。また「超越論的批判教育学」をめざすドイツのフィッシャー（Fischer, W.）は、リオタールのポストモダニズムを借用して、規範を基礎づける（正当化する）究極的な規範を排除し、教育の理念は普遍的な統一性による人々の同質化ではなく差異化・多元性であるべきだと論じ、理論を規範理論とせず、いわば反照思考の技法にとどめようとしている。また「ポストリベラル教育理論」をめざすアメリカのボワーズ（Bowers, C. A.）は、フーコーの手法を援用して、デューイ（Dewey, J.）やロジャーズ（Rogers, C. R.）などの教育理論の前提命題を暴き、それらの命題はもはやポストモダンの社会状況にも生態系（エコシステム）にも背反する可能性が大きいと論じている。

▶ 教育理論の創出　教育理論にかぎらず理論というものは、つねに更新されることを運

命づけられている。大脳旧皮質・辺縁系の即自システムにもとづいて現実世界にのみ生きる他の動物とちがって、人は大脳の新皮質の認知システムによって即自システムを抑制し、言説世界を構築しそこに生き、必要におうじてまた言説世界をつくり、しばしば混乱をうみだし、この混乱を調停するためにまた新しい言説世界をつくるからである。たとえば、ハーバーマス（Harbermas, J.）は、理論に固有の原動力は「たんに技術的に利用できる知識の生産にとどまることなく、たえずそれを超えていくように科学を、また科学の自己反省を押し進めること」であると述べている。またクワイン（Quine, W. V. O.）以降のアメリカの科学哲学においては、「理論科学の言語は隠喩的であらざるをえず、形式化不可能なものであり、科学の論理とは、データを理論の観点から、また理論をデータの観点からというように、循環的に解釈し、また解釈しなおし、自己修正を行うことである」（ヘッス）といわれている。

しかしながら、仮説形成つまり説明理論の創出はともかく、分析理論つまり反照的な教育理論を厳密に創造しようとするなら、その理論は、現代の優勢な教育実践に準拠し、その教育実践のより広範で速やかな達成を課題とするような理論に還元されるべきではない。なぜなら、そのような教育理論は、教育（学）の内部において形成される理論であり、そのかぎりで教育（学）に対して充分に反照していないからである。反照的な教育理論の形成は、教育（学）そのものを反照の対象とした、教育（学）の外部における営為でもなければならない。それは、教育実践に直接に役立とうとするものでもなければ、教育実践を指導するような議論をするものでもない。

この教育（学）の外部に立つ反照的な教育理論よりも、近代教育学のように、教育の内部に親しみそれを血肉化して教育を反照することのほうが、教育のリアリティに迫りうるはずであると思われるかもしれない。しかし、どちらの反照が教育のリアリティにより肉薄

できるのか、判断しがたい。なぜなら、どちらの反照も、自分に見えるものを見るだけであり、自分に見えないものは見ないからである。すなわち、近代教育学がその命題にもとづいて教育を反照するかぎり、近代教育学はその命題の特殊性を理解することができないし、近代教育学にたいする反照も、自分の理論的な命題に基づいて反照するかぎり、それらもそれらの命題から自由に近代教育学を理解することができない。

とはいえ、教育理論の真価は、なによりも教育を徹底的に反照（懐疑）しているかどうかにかかっている。たしかに、近代教育学も教育を反照しているが、その反照の反照がもっとも厳密な反照的な教育理論の原点である。「教育は善いものである。なぜなら善い人間を形成するからである」――このトートロジーは、教育に準拠し教育を達成課題としているかぎり、問題にならない。しかし内部にいるかぎり必然に見えるものも、外部からみるなら捏造に見えてくる。教育（学）の外部に立つことによって、「教育は善いもの」という命題の成り立ちを明らかにする可能性がひらけてくる。そのいみでフーコー、ルーマン（Luhmann, N.）、そして森重雄の教育分析は厳密な反照的な教育理論に属している。

▶ 反照的な教育理論を要請するもの　　教育は、ポランニー（Polanyi, M.）の用語を借りていえば、「暗黙知」を必要としてきた。教育学は、教師が自分の身体を教育装置として利用すること、つまり教師は自分が自由にコントロールできない「暗黙知」を使うことを前提にしてきたし、こうした暗黙知の活用という現実を記述しようとしてきた。しかし、その記述は充分な解像度を示さなかった。これは、教育学の解析力不足に由来するものではなく、社会関係における感覚・認識・実践といったものの複雑性に由来する。また教育学は、教育を分析対象ではなく達成課題とみなしてきた。それゆえ、どこかで教育がうまく行われたりすると、ただちにそれに関心をもち啓発されるが、「なぜ自分たちが教育の成功する

条件に関心をもつのか?」ということを分析しようとしなかった。通常の実証科学は，対象を外部から観察することを前提にして，観察者を観察から除去し，高い確実性を達成してきたが，以上の理由からこれまでの教育学は，対象の外部に立つことはできなかった。したがって，教育学は実証科学化しえないし，もしも実証科学化するなら，教育のリアリティをとらえそこねることになる。

しかし，教育学が実証科学になりえないということは，教育学の致命傷的な問題ではなく，むしろ可能性の開示である。教育学が完全に実証科学になりえないということは，教育についての学が〈真理／虚偽〉という区別（コード）に規定されている営為であるだけではなく，教育に対して〈反照的／非反照的〉という区別（コード）によっても規定されている営為でもあるということを含意しているからである。ここに，教育学における反照的な教育理論の存在理由がある。そのような教育理論は，ドグマティークではなく，教育実践・教育政策などにかんする教育知・実証科学を反照する営為である。いいかえれば反照的な教育理論は教育（学）の反照であり，教育を遂行するための実践知，またその知を生産する理論知を篩いにかけ，その成り立ちを説明する営みである。

このような反照的な教育理論は，社会的な伝統・趨勢的な現実にたいする懐疑の可能性に開かれている。そのかぎりにおいて，教育理論は教育の限界開示の視界を確保できる。なぜなら，教育学的な教義の強要，政治的な介入，財政的な圧迫，人口的な脅威といったものは，目の前の教育問題にばかり人の関心をひきよせ，教育の社会的・歴史的な存立条件を明らかにするという長期的で基底的な議論を不可能にするからである。伝統的な教育学も教育の実証科学も，教育を自家撞着的に記述してきたけれども，反照的な教育理論は，教育の存立条件を析出していく。このような反照的な教育理論には，共時的・通時的な比較が不可欠である。教育システム（教育領域）に見られる事態が経済領域，法領域，政治領域といった社会的領域にも見られるかどうかを確認することが，共時的な比較であり，各社会的領域の言説の時系列上の変化を比較することが，通時的な比較である。こうした比較によって教育理論は，モダンな社会についての理論を構築することにも寄与できるだろう。

[参考文献] Bowers, C. A., *Elements of a Post-Liberal Theory of Education*, New York 1987／Brezinka, W., *Metatheorie der Erziehung*, München 1978（小笠原道雄監訳『教育学から教育科学へ』玉川大学出版部 1990）／Fischer, W. *Unterwegs zu einer skeptischtraszendentalkritischen Pägagogik*, St. Augustin 1989／Harbermas, J., "The Entwinement of Myth and Enlightenment," *New German Critique* 26 1982／Hesse, M., *Revolutions and Reconstructions in the Philosophy of Science*, Bloomington 1980／Hirst, P. H. ed., *Educational Theory and the Its Foundation Disciplines*, London 1983／Lave, J., *Cognition in Practice*, Cambridge, MA 1988／Luhmann, N. und Schorr, K. E., *Reflexionsprobleme im Erziehungssystem*, Frankfurt 1988／Parsons, T., *The Social System*, New York 1951（佐藤勉訳『社会体系論』青木書店 1974）／Rogoff, B. and Lave, J. eds., *Everyday Cognition*, Canbridge, MA 1984／Suchman, L., *Plans and Situated Actions*, Cambridge, MA 1987／今田高俊『自己組織性』創文社 1986／田中智志編『ペダゴジーの誕生』多賀出版 1999／村上陽一郎『科学のダイナミックス』サイエンス社 1984／森重雄『モダンのアンスタンス』ハーベスト社 1993

[関連項目] 教育学／教育科学／教育社会学／教育心理学／教育哲学／教育人間学

(田中智志)

教員養成

英 teacher training, teacher education
独 Lehrerausbildung

▶ 語 義　学校教育に従事する専門職としての教員に対する教育は一般に教師教育と呼ばれる。教師教育は大きく採用前の教員養成と採用後の教員研修に分けられる。したがって教員養成とは教師教育の第一段階であり，

大学等において教員に必要な専門的な資質能力の基礎を培う職業準備教育である。

▶**歴史**　西洋では近代学校が生起しても長らく，親方の教員（学校マイスター）のもとで手工業の見習い修業に似たかたちで教員は養成されてきた。教員見習いは親方のもとで模倣と稽古を通して授業の手ほどきを受けた。18世紀後半以降，学校教育制度の拡充にともない，大学や師範学校等の公的機関で教員養成が行われるようになる。学校教育の成果の多くは教員の力量に左右されることから，有能な教員の養成が国家レベルで追究された。その際，教員が獲得すべき専門性は時代や社会によってさまざまであった。

▶**課題**　教職の専門性とは何かという問いは，教員養成の制度，理論，実践をつらぬく中心問題である。教職の専門性は長らく教員の人格特性によって説明されてきた。教員人格の中核は，ヴェーニガー（Weniger, E.）によれば「教育的態度（erzieherische Haltung）」である。教育的態度とは，学校と授業にかかわる知識や技能を付与されることで，いかなる場合でも教育的な問いを設定し教育的な決断を下すための基盤であり，教育という困難な活動のための「生活形式」と見なされた。シュプランガー（Spranger, E.）はそれを「精神の情熱」と「教育愛」に満ちた「生まれながらの教育者」という理想像によって表現した。またケルシェンシュタイナー（Kerschensteiner, G.）は，教員が備えるべき教育的態度を，①個々の人間形成に対する純粋な愛着，②有効な方法でこの愛着に従う能力，③現に成長しつつある人間にむかうという独特な傾向，④発達に感化影響を与えるたゆみない決意，に分けて説明した。教育的態度という伝統的で観念的な理想像が形成されるとき，教員養成の目的もまた学生に教育的態度を習得させることにおかれる。

教育の科学化が叫ばれた1950年代以降，教育的態度をもつ理想的教員像は，その過大な要求のために，またその効果が検証不可能であるために，徐々に批判されていった。

1990年代以降先進諸国では，教職の専門性は教員の質保証という文脈のもと，コンピテンス概念による資質能力の同定によって特徴づけられる。教員養成と研修の目的，内容，方法，評価等を検討するためにも，ひいては教職を自律的な職能集団となすためにも，教職専門性基準の確立とその不断の吟味が重要な課題である。

［**参考文献**］佐藤学『専門家としての教師を育てる』岩波書店　2015／林泰成ほか編『教員養成を哲学する』東信堂　2014
［**関連項目**］教師　　　　　　　（渡邊隆信）

教　科

英 school subject／仏 matière d'enseignement／独 Lehrfach

▶**語義**　学校において教授すべき知識，技能，態度などを領域毎に区分したものを教科といい，戦前の日本では，初等教育は教育をそして中等教育以上は学問を行うものとされたため，初等教育では教科と，中等教育以上では学科と呼ばれた。また，学習段階に応じたその配列を教育課程といい，初等教育では教科課程と，中等教育以上では学科課程と呼ばれた。戦後になって，それらはそれぞれ教科，教育課程と呼ばれることになる。

教科は，時代と共にまた社会と共に変化する。長い歴史を有する欧米について見ると，異なる社会的基盤の上に成立した初等教育と中等教育で教科は別個に組織されてきた。民衆子弟を対象とした教区学校，慈善学校などで教えられる初等教科が，3Rs，賛美歌，日常道徳を中心に組織も纏まりもほとんど持たなかったのに対して，貴族等の子弟を対象としたパブリックスクール，コレージュ，ギムナジウムなどの特権学校での中等教科は，古典語中心に長い歴史の中で組織付けられたものであった。19世紀になって国民教育が次第に整備され初等教育と中等教育がその階梯として再編されていくに従って，単線型の普通教育の内容として組織と纏まりを持った新しい普通教科が誕生していくことになる。

▶歴史 教科の起源は古代ローマに誕生した七自由科にあるといわれる。それは，三学（文法，修辞学，弁証法）と四科（算術，幾何，天文，音楽）から構成され，ギリシャ古典古代社会の市民教育をモデルに支配階級子弟の人間形成を目指したものであった。だが，抜粋集等から構成されたその内容は厳密な意味での構造を有しておらず，また段階的内容配列という考え方を持ち合わせていなかったといえる。

11世紀になり中世の大学が誕生してから，七自由科は，神学など専門教育の準備のための教科として整備されていく。そこでは，主として三学中心の言語的な内容のみが重視され，次第に，全人的な人間形成を目指した自由学芸とは言えないものへ，つまり専門教育に必要なラテン語の習得を目指した言語主義的なものへと変質していく。

同じ頃，教区学校では母国語の読み，書きが教えられた。しかし，それは，民衆の子弟を対象に宗教教育の片手間に教えるといったものであった。また，大きな商工業都市には私塾が誕生し，読み，書き，算術，ラテン文法が教授された。それは，新しく誕生した市民階級の世俗的な教育欲求に応える実用的な教育であり，商業文書の「実用ラテン語」，日常業務に役立つ知識の習得を目指すものであったが，未だ組織化されてはいなかった。

ルネサンス時代を迎えると，中世スコラ学の下で「学習ラテン語」習得のための教科になっていた七自由科は批判され，代って，古典ラテン語，ギリシャ語の学習を通して古典古代世界の原典に触れさせ，市民の全人的な人間形成を再興しようとする人文主義的教育が主張される。次第に，教育目的に適合した教育課程の明確化と学校教育の組織化がなされていき，ついに，人文科と呼ばれる人文主義的な古典教科が誕生する。論理学に代り修辞学が教育の中心に位置を占め，字義の解釈でなく作品内容の説明に授業の重点が置かれている。その内容は，勃興しつつあった新上流階級の教育欲求に応えるためのものであったといえる。

宗教改革とともに，民衆の子弟を対象とした母国語学校の設立が計画され，一部では義務教育として読み，書き，算術を教える学校が生まれる。だが，実際に宗教改革や反宗教改革期に発展したのは世俗的な富裕層の子弟の教育需要に応えるグラマースクール，コレージュ，ギムナジウムなどの特権学校であった。そこでは，原典でなく抜粋集や辞典を用い言葉の暗記を重んじた古典教科の教育が行われた。人文主義の形式化によって，内容は言語主義的なものとなり，生きた教養でなく死んだ博識の獲得が重要視されていた。

ところで，次第に都市を中心に中産階級が勃興し新しい市民社会が誕生し始める。その結果，古典古代世界への憧憬でなく眼前の世界の自然の姿に対して関心が抱かれ，コメニウス（Comenius, J. A.）などによる汎知学的教育の主張が出現する。彼らは科学的な実学的内容の導入を主張した。

17，18世紀になると市民社会の一層の発展に伴い近代化の動きは加速され，科学の進歩に裏付けられながら知性と文明社会の進歩を目指す啓蒙主義が誕生する。そして，近代的な内容の知識教育を行うべきとの主張が展開される。すでに誕生していた実学教科は市民社会生活の拡大に伴って発展し，自然科学的内容から社会科学的内容まで含んだ百科全書的なものへと変化していく。従来の古典教科論に代わる新しい近代教科論の誕生である。

18世紀には，フランスで近代的な民主的国家が誕生し，新しい教育制度化へ向けての動きが始まる。革命期の公教育計画は，国民に共通な普通教育の理念の下に階梯としての初等教育，中等教育を構想し，初等普通教科として，国民生活に必要な「読み，書き，計算，道徳，自然，経済など」を，また，中等普通教科として，発展的知識である「数学，博物，物理，政治，法律，文法，形而上学，論理，歴史，地理，道徳など」を教えることを主張する。近代教科を中心に据えた新しい国民教育における普通教科論の誕生である。

だが，実際には，そうした教育構想の実現は容易ではなかった。19世紀になってからも複線型学校体系の下で，民衆対象の初等教育では実際的内容の初等教科が，中産階級を含め支配者階級子弟を対象の中等教育では古典教養中心の中等教科が教えられた。中産階級の発展と共に一部で，中等教育への「現代外国語，歴史，地理，数学，博物，物理・化学，図画など」の近代教科の導入が進められはするが，支配者階級による文化的伝統尊重の傾向は消えず，古典教科が中心教科であり続ける。ただし，実業者の子弟を対象に実学教科を教える専科中等教育が古典科の傍らに，また，民衆のエリート養成のために実際的教科の発展の上に実学的教科を教える高等小学校教育が小学校の延長として誕生した。

古典的なグラマースクールに代って実学的なアカデミーが発展し，さらに19世紀後半には大衆的，実際的教育を行う公立ハイスクールが中等教育の主流を占めることになるアメリカの場合を別にすれば，ヨーロッパにおいては，以上のような状況であった。

普通教科の誕生はヨーロッパではゆっくりと進む。フランスの場合を見ると，1926年に小学校と中等学校予科のカリキュラムの統合が実現し，全国民が同じ初等普通教科を学ぶことになる。次に，1902年に古典科と近代科の統合によって統一的な中等教育制度（前期，後期）が誕生し，それを受けて1937年には前期中等教育と高等小学校教育とのカリキュラム上の統合が実現する。だが古典と近代と移行の3コースが存在しており，1975年の統一コレージュの誕生により初めて全国民が同じ前期中等普通教科の教育を受けることになる。ヨーロッパには，現在でも三本立ての前期中等教育を有する国も存在している。

後期中等教育は長い間限られた子弟を対象とする一般教育の役割を担っていたが，近年，進学者の増加に伴い，一部では，技術教育，更に職業教育の役割を担うところも現れている。一般的な近代教科や古典教科のほかに，職業的な専門教科の導入が始まっているのである。

[参考文献] ガレン（近藤恒一訳）『ヨーロッパの教育』サイマル出版会　1974／デュルケーム（小関藤一郎訳）『フランス教育思想史』上・下巻，普遍社　1966
[関連項目]　学校／初等教育／中等教育／国民教育／普通教育／義務教育／一般教育／カリキュラム／教養　　　　　　　　（荻路貫司）

教　化

英 indoctrination／仏 l'endoctrinement／独 Indoktrination

▶ **語義と歴史**　日本ではもともと，「人間その他の生けるものを教え導いて，悪を善に，不信心を信心に，転じさせる」というような意味の仏教用語──「きょうげ」と読まれた──であったが，江戸時代には，（知識教育と対照されるような意味で）社会秩序維持のための感化・徳化を意味する儒教用語としての「教化」──これ以降の読み方は「きょうか」──も併存することになり，次第に後者が主流になっていった。明治期以降は，戦前を通じて，政府が「教化」の語を旗印として，民衆を対象に，天皇制国家としての人心統制（いわゆる思想善導）を推進した。明治後期から民間団体として発足した諸々の「教化団体」は，その後次第に官僚統制下に入り，また全国的統合の方向に進んだ。1924（大正13）年には半官半民の性格を持った「教化団体聯合会」が発足している。「教化」は明治以来，宗教行政に位置づけられていたが，この時期1928（昭和3）年に「教化団体」の掌握業務が内務省から文部省社会教育局の主管へと正式に移管されたように，学校教育と両輪をなすべき教育業務という形を整えた。このころ政府は，関東大震災（1923）・金融恐慌（1929）などを経て社会主義思想への危惧を強め，またおりからのデモクラシー思想の台頭や国際情勢の切迫を懸念していた。そこで1929年に「教化総動員」運動を開始し，青年団・婦人会・（基督教・仏教・神道などの）宗教団体なども正式に「教化団体」とし

て認めた。1930年には文部大臣訓示として，「国体観念の明敏，国民精神の作興，経済生活の改善，国力の培養」という基本方針のもとに「全国教化総動員」体制の確立を唱え，講演会・学習会，映画・音楽会，パンフレット・ポスターの配布，各種行事における「国旗の掲揚並遥拝」「国歌の合唱」などを，団体間の連携のもとに行なった。また1930年代には，吉田熊次『社会教化論』・下村寿一『社会教化運動』などによって社会教化論の体系化が進められ，学校・家庭を含めた社会全体が一つの有機的な社会教化機関となることが唱えられた。

　以上の歴史の上では，「教化」という言葉は，仏教・儒教・国政をそれぞれ担う者によって，肯定的に使われていたことになる。しかし現在の教育論では主に，「押しつけ」「注入教育」「教え込み」などとも言い換えられるように，（教育的作用の行き過ぎという方向での）ある種の“悪しき教育”を指すような蔑称として否定的に用いられている。この変遷の原因としては，一つには，「教化」という概念が指していた営み自体が，特に戦後，否定的に評価されるようになった——ないしは，否定的評価を下す陣営の側から主に論じられるようになった——という一面があるだろう。しかし他方，「教化」という概念が，しだいに理論的に捉え直されてきて，この概念の指示対象がそもそも変わった，という面も指摘できる。つまり，（次の段落で示すような）理論的に捉え直された「教化」概念は，より抽象的・原理的な概念であって，もはや，歴史上の特定の出来事や，政策担当者が企てる特定のプロジェクトを指すものではなくなった，ということである。むしろ，いかなる時代のいかなる日常的な教育的場面の中でも生じうるような，あるタイプの教育関係を指すような概念である。以上のような変遷は，「教化」という言葉が，西欧語の「インドクトリネーション（indoctrination, l'endoctrinement)」の訳語としても定着してきたことと深く関わっていると見てよいであろう。「イ

ンドクトリネーション」という概念は，「ドクトリン」という語幹が物語るように，中世以来，カトリシズムの教義を教えることと結びついてきた概念であって，これも本来は悪い意味は持たなかった。しかし近代において民主主義の理念や手続きが発達してくるにつれて，この概念のもつ宗教的含蓄が否定的に評価されるようになり，「インドクトリネーション」は民主主義にそぐわない強圧的・権威的な教育形態だとされるようになってきた。そしてそこで言われる民主主義（ないしは民主主義的教育）なるものが理論的（内包的）に捉え直されるのに応じて，その反対物としての「インドクトリネーション」の概念も理論的に捉え直されることになる。19世紀末から，そのような捉え直しを始めたのは，パーカー（Parker, F.）・デューイ（Dewey, J.）などの，アメリカ合衆国の進歩主義的教育者であった。彼らは，イデオロギーやその宣伝を批判する社会哲学的関心と，子どもの主体的で知性的な活動を尊重する児童中心主義的な関心とを持っていたから，彼らに復刻された「インドクトリネーション」の概念は，もっぱら批判の対象となるために再生したようなものである。そして実際，現在に至るまで，主に英米圏の教育哲学の一つの大きな論題とされてきたのである。以下では，そうした理論的概念としての「インドクトリネーション」と互換可能な概念としての「教化」について概観しておきたい。

▶ **概念規定**　従来の多くの論者による多様な概念規定をできるだけ総合して，次に記してみよう。

　（1）教育方法面に着目し，被教育者の主体性という観点から捉えるとき，「教化」とは，彼ら自身の興味を無視し，自発的な活動を勘案せず，自主性を圧殺するような教授法だとされる。また，理性ないし知性という概念を媒介として捉えるとき，「教化」とは，被教育者が，ある特定の見解を，批判的・反省的な吟味や比較考量を自分自身で行うことなしに，絶対的なものとして受け入れてしま

うような教育方法だとされる。特定の見解を説明抜きに反復したり，畏怖心や熱狂などの情緒面に訴えて印象づけたり，別の見解が浮上しないように情報や問答を操作したりすることなどが含まれる。

（2）　教育内容に着目した場合，「教化」とは端的に言って，誤った内容，ないしは（しばしば「イデオロギー」の名で想起されるような）偏った内容を教授することだとされる。批判的吟味を経ずに選定された内容を教授することも含まれる。

（3）　教育者側の意図に着目した場合，「教化」とは，たとえば「被教育者が（証拠や反証がどうあろうと）ある特定の信念を持つようにさせよう」[Snook 1972]，といった意図のもとになされる教育だとされる（以上の（1）～（3）のような分類法は，Snook など多くの論者に見られる）。また，（1）～（3）とは別の観点として，教育者側の意識的無意識的な行為のみから「教化」と判断するのではなく，被教育者の側にしかるべき結果が生じたことをもって「教化」が成立したとみなす考え方も提起されている[Smith 1974, Casement 1983]。以上のような各着目点のうち，ある論者がどれとどれを採用するか，そしてそれらを「かつ」でつなぐか「または」でつなぐか，必要条件とみるか十分条件とみるか，などによって，「教化」の概念規定は変わってくることになる。また，前述のような歴史的経緯からしても，それぞれの論者の概念規定は，「教化」に反対するような価値観や，"予防策"や"治療策"といった実践的側面と，表裏の関係になっていることが多い。したがって，「教化」に関するある一つの理論を吟味するときには，そうした全体像を視野に入れることが肝要であろう。

▶ 論争点　　「教化」を批判する理論は，以下のような問題に直面することがある。

（1）　「教化」とそうでないもの（単に「教えること」など）との違いは，もしかすると言葉の上の違いに過ぎず，現実には境界線など引けないのかもしれない，という疑念がある。この点は，一つには実証的な研究に委ねられる問題である。ただし他方，違いがあってもなくても，思想ないし言説の問題として次のような扱いも成り立つ。すなわち，「教化」とは，当事者あるいは観察者としての論者による，戦略的用語法の一つだと見ることである。たとえば，ある一定の事象をことさらに別の（たとえば暗い連想を促すような）言葉で言い表すことによって，その事象が認識される文脈やイメージを転換しようと企てるような戦略の一環として，である。そのように見ていくなら，論者の思想がそもそも何にこだわり，何に対置することで「教化」なるものを論じているのか，という視点が有効になるだろう。

（2）　いわゆる「潜在的カリキュラム（hidden curriculum）」などについても言われるように，いかなる教育活動においても，①教育者が意識しないような何らかの作用が被教育者へと常に不可避的に浸透していて，②その無意識的な浸透のうちの一部は人間の生活において不可欠の機能を果たしていて，③しかもその機能は他の方法では代替できない，といったことを指摘する議論がある。ただし一般的に言って，もし①～③の全てが承認されても，そこから主張しうるのは次のことにとどまる。すなわち，そういった浸透をも「教化」に含めた上で，その意味での「教化」を100％除去しようと考えるなら非現実的であり，またその意味での「教化」をもっぱら害悪とみなすなら一面的だ，ということである。したがって，これらの議論だけでは，たとえば，「教化」は概して肯定すべきだという主張にはならないし，教育実践の一つの努力目標を示す意味で「教化」の批判をすることが誤りだとも言えないだろう。

（3）　「教化」は，教える事柄の性質や状況によっては，むしろ必要である（ないしは望ましい）という反論がある。たとえば，とくに低年齢の子どもに対していちいち理由を説明しながら教えたとしても理解されるはずもなく，またとくに九九や漢字に代表されるよ

うな基本的な事柄に関してはドリル学習など
の暗記学習がむしろ理にかなっている，とい
うことが指摘される。これらはほんとうに
「教化」を擁護する材料となるだろうか。こ
の問題は，一方では，「教化」概念の鍛え直
しにかかっているだろう。また他方，学習に
ついての実証的な知識を積み上げていくこと
も重要であろう。

　また別の指摘として，たとえば，愛国心そ
の他の情操や信念の形成にとっては合理的批
判的精神がかえって邪魔になる，というよう
なものがある。この場合にはむしろ，根本的
な価値観の問題が正面から論じられるべきで
あろう。たとえば，何かを絶対的に信じて生
きることと，誤謬と修正の可能性を含みおき
ながら生きることとの違いを，一つの大きな
問題とすることができる。「教化」を批判す
るうえで民主主義や科学的探究が引き合いに
出されてきたのは，後者の生き方に見合う原
理としてであった。

　なお，「教化」の肯定論の中でも特に逆説
的な見解として，子どもを "民主主義へと
「教化」すること"（indoctrination for de-
mocracy）は正しい，という見解がある。先
鞭をつけたのはカウンツ（Counts, G.）であ
った。彼は1930年代に，他の多くの進歩主
義教育者が価値観の問題に態度保留する傾向
を批判しつつ，これを主張した。民主主義と
いうものは，前述のように，「教化」という
概念を捻出する拠点であったから，カウンツ
のような議論は，いわば "「教化」を避ける
ための「教化」" というような逆説を突きつ
けているように見える。民主主義（という生
活様式）を教える（あるいは子どもが大人と
共有するようになる）という事態は，それも
また一つの「教化」にならざるをえないのだ
ろうか？　この問題に関しても，一方では，
「民主主義」「教化」といった概念の再検討が
待たれる。そして他方では，言葉の上での逆
説にとらわれず，こうした論争の各陣営の立
論においては具体的に何をどうすることが是
（ないし非）とされているのか，より詳細に

詰めることが有効であろう。

　（4）　総じて，「教化」を批判する思想を教
育者が抱くということは皮肉なことである。
この思想は，被教育者を何らかの呪縛から自
分達の側へと解放するという思想でありうる
のと同時に，自分達のもとから解放するとい
う思想でもありうる。ただ，これら両契機を
つなぐのが，理性ないし知性という　"第三
者" だ，というのが，これまでになされて
きた多くの議論の趣意であろう。

　［参考文献］　Casement, W, "Another Look at
Indoctrination", *The Journal of Educational
Thought*, Vol. 17 (3) 1983／Counts, G. S., *Dare
the School Build a New Social Order?*, New
York 1932／Dewey, J, *Education Today*, New
York 1940／Gatchel, R. H, *Evolution of Con-
cepts of Indoctrination in American Education*,
Ph. D. dissatation 1957／Raywid, M, "The Dis-
covery and Rejection of Indoctrination", *Edu-
cational Theory*, Vol. 30 (1) 1980／Raywid, M.,
"Perspectives on the Struggle Against Indoc-
trination", *Educational Forum*, Vol. 48 (2)
1984／Smith, L., "Indoctrination and Intent",
Journal of Moral Education, Vol. 3 (3) 1974／
Snook, I. A. ed., *Concepts of Indoctrination*
Routledge & Kegan Paul 1972／国立教育研究
所編集発行『日本近代教育百年史』第7巻，第
8巻，1974／龍谷大学『仏教大辞典』冨山房
1914　　　　　　　　　　　　　　（堤大輔）

教科書
英 textbook

　教育において学習者が学習する内容や情報
を整理し，一定の順序にしたがって編成され
た図書を意味する。教科書は，多くは紙に印
刷された媒体である。しかし，電子メディア
が発達してきている現代社会においては，そ
の媒体は，印刷された文字や図にとどまらず，
電子の情報として存在することも可能性とし
てありうる。しかしながら，教科書は多くの
学習者にとっては，今もなおお手にとって開い
て見ることのできる印刷物を意味する。

　近代以前の日本の社会においては，仏教典
や儒教の四書五経のような経典が教科書とし

て存在した。他方，平安末期から往来物と呼ばれる手紙文を集めた教科書が登場し，この教科書が中世においては，歴史，地理，手習い，教訓などに分化発展した。さらに，近世においては，手紙文の形式を抜け，教訓的往来物，産業的往来物，地理的往来物など，商売や地理に関する往来物へ分化していった。

明治期に入り，往来物が学校の教科書として使われていた時期もあるが，『小学読本』『地理初歩』『日本略史』『小学算術書』などが登場し，1881（明治14）年の「小学校教則綱領」によって，学年段階別の教科書が工夫され，開発教授法に影響を受けた教科書などが登場した。1886（明治19）年の小学校令において，教科書を検定することが規定された。それによって明治初期の欧米文化を紹介する一般啓蒙書や往来物が姿を消し，学年段階ごとに画一化が進み，東京がその画一化の中心となった。その後日本においては，検定教科書から，国定教科書へと変わっていった。

教科書は，多様な教授メディアが存在する中で，つねに大きな位置にあった。しかしながら，その学習材としての性質は，17世紀のコメニウス（Comenius, J. A.）の『世界図絵』によって大きく変わった。その中では，従来言語を通して理解されてきた学習材が，事物の観察を基礎に言語へと転換するという能力の構造的な発展が描かれていた。このように視覚的な要素が言語表象に代わって重要な位置を占めるようになったことは，教科書において単なる言語的操作から他の世界への広がりを可能にした。この意味で，教科書がどのような形で作られるか，その内容の表現型がどのような物であるかは，人類の文化の発展と成長の過程を明らかにする上で重要な資料である。

さらに，教科書は，近代国家の正統性を作り出す装置としても機能している。歴史の教科書が戦後処理問題として長く政治問題化してきたことに典型的に示されるように，教科書は，つねに政治的なイデオロギーの対立の中で重要な位置にある。教科書は，国家の正統性のヘゲモニーを競う典型的な場ともなっている。教科書の記述の正確さをチェックするために教科書調査官がおり，検定制度がある。それは，単純に事実や法則についての記述の正誤だけではなく，何を載せ，何を載せないかという，国定の知識を選択し，権威づけを行う役割をもっている。教科書裁判の判例の多くは，学習権の保障というよりも，教育権がいまだ国家の主権としてあるという論理を前提にしている。

国家の主権を根拠とする教科書の内容管理の論理は，国民が獲得する知識の内容を国家が保証し，強制することの正統性にもとづくものである。たしかに，子どもの接しうるメディアが限られていた時代は，教科書による教育内容の正統性の獲得のための戦いは，子どもたちの将来の人間像を決める重要な場であった。しかし，現代のように漫画やテレビなどのように子どもたちが接しうるメディアが多様に氾濫している時代においては，教科書の影響力は相対的に低下している。

子どもたちが実際に何を学んでいるかということをよく観察してみるならば，教科書は，現代社会のメディアの氾濫の中で，非常に限定的な意味にとどまる。たとえば，テレビや雑誌のマンガなどのメディアの力は大きい。その影響力は，誰もが認めていながら，「測りがたい（intangible）」というだけで，私たちの研究対象としてあまり認知されてはこなかった。このように教育作用をもちながら，それについて語ることがはばかられてきた教科書以外の教育メディアというものを考えるなら，教科書の位置は，かつてよりも小さくなってきているといえる。

教科書については，かつても今も，教科書「を」教えるのではない，教科書「で」教えるのだと，故事のように繰り返し強調されてきた。それは，あくまでも，教科書は内容そのものに意義があるのではなく，教科書を一つの資料として，あるいは道具として，そこにある価値を自ら獲得していくという手段的

な位置にあるということである。つまり、教材の価値を生み出す源泉は、教材の中にあるのではなく、教材を使いこなす主体自身の中にある。この教材に関わる価値の問題は、教材と学習主体の関係を考える上で重要である。教科書は、個々人の主体的な体験との関係性においてはじめて意味を獲得する。体験は、教科書にある事物や出来事についての判断の素材となる。教科書はそれだけで価値があるのではなく、その使っている文脈があってはじめて意味や価値を持ちうるのである。

教科書は、それが使われる文脈（curriculum-in-use）においてその意味が考えられるべきである。教科書は、各自の主体にとっては、進路選択という選別や正統性に対抗する材料の一つにすぎなくなってしまっている。内容についての理解の質は、教科書に書いてあるか否かということで決まるのではなく、あくまでも学習する主体の側の可能性とその内容に接する仕方による。

以上、教科書を使用する文脈から考えるならば、その内容よりもそれに関わる意味づけの重要性が浮かび上がってくる。このような視点から見るならば、教科書に記載された内容の正統性を単に疑うことだけが問題になるのではない。どのような内容も、それは、一つの思考訓練の素材としてその価値を見直すことにより、現代教育に生きてくるはずである。たとえば、これまでの知識の無謬性を前提とした書き方でなく、その真実の妥当性を確かめるプロセスや真実と仮定されていることについての価値対立などを覆い隠すのではなく、そのプロセスや対立状況を生徒が自ら判断する素材の一つであるという前提の下に多様な反対意見などを盛り込んだ内容にするのも、一つの提案として重要である。このような問題場面設定型の探究学習テキストは、何の葛藤もなく、事実を記述してあるだけのテキストよりも、より思考力を高め、より興味をもって学習するような動機づけを可能にするものと言える。

このような柔軟な考え方は、教科書を多様なメディアの一つの形（form）にすぎないとする認識にもとづいている。

[参考文献] Apple, W. M., *Teachers and Texts*, London 1986／Apple, W. M., *Cultural Politics and Education*, New York 1996／アップルほか『カリキュラム・ポリティクス』東信堂1994

[関連項目] 教材・教具／カリキュラム

（浅沼茂）

教材・教具

英 Instructional material／独 Lehrmittel／仏 matériel d'enseinment

▶ **語 義**　「教材・教具」として一括して扱われる場合、教授・学習活動を成立させるために用いられる言語的または非言語的素材の総体が言い表される。教材・教具が広義に解釈される場合、教科書や各種メディア機器などの範囲を超えて、教育に関する設備・備品、遊具、文具（学用品）、さらに学校建築をも包含するものとして把握されることがあるのはそのためである。

これまで教材と教具を区分しようと様々な定義づけが試みられてきた。たとえば、教材を「教育活動をなりたたせる直接の媒介物」、教具を「間接の媒介物」とする区別（城戸）、あるいは教材は教授・学習内容を含むものであるのに対して、教具はそれを伝達するための媒体物であるとする区別、さらには言語的なものを教材、非言語的なものを教具とする区別などが存在する。だが、両者を分ける確実な基準は現在のところ得られていない。城戸が教材と教具を上述のように暫定的に定義した後に、両者の区分が絶対的なものでないことを指摘していたことが想起されるが（たとえばラジオは、言語学習のための教具であるが、ラジオそのものの操作法を習得するために用いられる場合は教材である等）、教材と教具を一括して扱うことが多いのは、そのように明確な区分が困難なことに由来している。また、外国語との対応関係も必ずしも明確でなく、時と場合によって様々な対応語が考えられている（たとえば、英語では subject matter, teaching instrument, instructional material, resource to teaching 等）。

▶ **教材・教具に関する研究史**　教材・教具に関する先行研究は，大別して二つの方向性を有している。第一に教材・教具を開発ないし改良することを目的とした諸研究が存在する。中内も指摘するとおり，既存の「教材・教具研究の大半は，教育目標や内容……をいかに有効に子どもに伝達するかという教材・教具の通信量，制御力，モチベーション性能等をめぐる」実践本位の研究であった。教材・教具に関してわが国で最も早い時期になされた本格的な研究の一つとされる戸倉の研究においても，すでに考察の主眼は教育に関する既成の「もの」を紹介しつつ，その改善の道を模索することにあった。教材・教具に関する考察の多くは，この戸倉の研究の延長線上にあり，開発者（改良者）もしくは教育者のよりよき教材・教具への意志に支えられている。

　教材・教具研究における第二の方向性は，よりよき教材・教具の開発（改良）から距離を取り，教材・教具の形態及びその変遷のうちに，教授形態，教育的人間関係，あるいは社会全体の変化の投影を見出し，意図と無意図の両次元に関わって展開される教材・教具と教育活動（あるいはより広く文化活動全般）との関係を明らかにすることを目指すというものである。すでに城戸は，『生活技術と教育文化』（1939）において，「個人の工夫」を超越した「文化の蓄積」としての道具と教育とのダイナミズムに対して注意を促すために「教具史観」という造語を示し，教育に関わる「もの」に対する考察が不可欠であると主張した。近年では，「『もの』を通じて，その時点における教育をめぐる人々の意識や思考のありようを探」るという問題関心から，広義の教材・教具の歴史が重要であることを強調した佐藤，また学校文化の「モノ的な側面」（学校建築，設備・備品，文具，制服，校旗・校章シンボルを含む）が学校やそこでの教育のあり様をどのように規定しているの

かを問わねばならないとした石附らの研究がその延長線上にある。

▶ **教材・教具の「縮減」機能**　フォーゲル（Vogel, P.）によれば，教授活動の中心的な課題は，「複雑性の縮減（Komplexitätsreduktion）」，すなわち「複雑な事象を本質的な諸要素へと還元し，学習者にとって見通し可能かつ把握可能となるようにすること」にある。このような教授学的な「縮減」は，教授内容の選び取りの結果として編集された教科書，諸事象の関連を図解するために用いられる黒板，あるいは板書内容を書き写すためのノートや鉛筆など，様々な「もの」によって支えられている。無論，この「縮減」は「もの」の作成者（たとえば教科書の編纂者）によって完全規定されるわけではない。教師のおこなう教材研究は，そうした「縮減」の仕方と度合いとを教授者が調整する代表的な行為である。

　注意すべきは，教授活動における「複雑性の縮減」の意味するものが単に教授内容に関する「縮減」に限定されるべきでないということである。ルーマン（Luhmann, N.）が示唆しているとおり，授業という状況が「他ではほとんど見られないような極端な社会的状況」であって，外部の妨害要因を遮断し，教師と生徒という明確に特徴づけられた役割対置を際だたせ，他の役割諸可能性を制限しているとすれば，学校建築（教室）あるいはそこに備えられる椅子や机などの設備などは，本来は存在したであろう状況の複雑性を構造的に「縮減」し，学校における人間関係および個々人の活動を規定していることになる。コスト（Kost, F.）による学校椅子の研究などは，そのような「もの」の「縮減」機能を示唆している例であり，広義の教材・教具研究に分類することができる。

▶ **教材・教具の高度化**　今日，電子工学の発達により開発された各種メディア，とりわけコンピューターの進歩は，最新機器が学習を支援するCAI（computer-assisted instruction）の領域をも開示している。現在「も

の」と教育の関係は，いち早く視聴覚機器に注目していた城戸の想像した域をはるかに超え出ている。

人間の身体とその「延長物（extension）」（ホール　Hall, E. T.）である道具との距離が増大するにしたがって，教材・教具の多様性も増大する。この新たな道具に依拠した社会において生活せざるをえないという点からも，また教授活動がそのような社会に組み込まれた一活動であることから考えても，教材・教具の高度化は，その必要性如何が問われる前に，まずは不可避的である。残された課題の一つは，本来教授活動の「複雑性」を「縮減」し，教師の負担を軽減すべきはずの教材・教具が，逆に教師の負担にならないように，意図と無意図の両次元で教材・教具の高度化が及ぼす作用を予見することにある。

[参考文献]　Kost, F., Die "Normalisierung" der Schule", *Zeitschrift für Pädagogik*, 29, 1983／Luhmann, N., "Strukturelle Defizite", Oelkers, J.／Tenorth, H.-E. (Hrsg.), *Pädagogik, Erziehungswissenschaft und Systemtheorie*, Weinheim／Basel 1987／Vogel, P., "Reduktion, didaktische", Haller, H.-D.／Meyer, H. (Hrsg.), *Ziele und Inhalte der Erziehung und des Unterrichts*, Stuttgart 1986／石附実編著『近代日本の学校文化史』思文閣出版　1992／奥田真丈ほか編『教科書・教材教具』ぎょうせい　1980／佐藤秀夫『ノートや鉛筆が学校を変えた』平凡社　1988／城戸幡太郎『生活技術と教育文化』賢文館　1939／戸倉広雅『校具及教具の研究』昭文堂　1910／中内敏夫『新版 教材と教具の理論 —— 教育原理 II』あゆみ出版　1990
[関連項目]　学校建築／教科書　　　　（山名淳）

教　師
英 teacher／独 Lehrer／仏 maître

▶ **語　義**　近代教育思想史上にあらわれた教師像は，教育愛に燃え教育者となって生涯を全うしたペスタロッチその人に求められる。「わたしは老年の身で，ヒラ教員としてこの仕事に携わったことを，わたしの生涯の栄誉と考えています」（『ゲルトルート児童教育法　第1信』）。この姿は，20世紀になっ

てケルシェンシュタイナーの「教育者の心」において，教師の本質は社会的型の人間であると規定された。デューイは，「私の教育的信条」において，教師は「神の王国の案内人である」と述べた。単なる知識・技能のインストラクターを超える人間愛の指導者たることが教師に求められた。ロックは，その『教育論』において，親が息子の教育をゆだねる家庭教師を論じて，学識よりも人格の優れている人物を「不動産を買い増すつもりで，金に糸目をつけずに」求めることを親に勧めている。ルソーはこれを受けてさらに極端に，エミールの教師の資格を，金で買われることのない一生一回きりの人物に求めた。この資格を満たしうる人といえば父親しかいない。教育をする主体は親であり，教師はその委託を受けた人物であった。近代社会の学校組織の中の教師は，現実には教員でありながら父親代わりの教育愛に燃えた教師として登場してきたのである。

「教師」という概念には，「教員」よりは，はるかに歴史的に広がりのある意味が込められていた。たとえば教師の原型とされる，ギリシャ時代のソフィストであるが，彼らは学芸の教授によって報酬を受取り営業する人々であり，それは当時の神殿の建築設計をする技師の報酬を超えていた。本格的な学校組織は中世時代に始まるが，そこでの学校教師は，文法のマスター —— 音楽のマスター —— として表される。それは「ティーチャー」とは決して置き換えられるものではなかった。マスターは学位であり，開校できる営業権を意味した。文法のマスターは，中世社会を通じて，また絶対主義国家の成立においても，完全に公務員化することはなかった。専制君主といえどもマスターを雇用するための給与表を作ることができない限り，マスターの営業権を認めざるを得なかった。

このようなスクール・マスターの思想は，近代国家の成立とともに発生したティーチャーの意識の底に深く沈殿していった。教員，法令上そう定義づけられても完全なる被雇用

人たることには還元し得ない仕事を教員は自ら担わなければならなかったからである。教育公務員であると同時に，親代わりの教育愛をもって仕事をすることを期待される教師は，とりわけ肉体労働者層の子弟を教える教師の中には，自己を彼らの側に引きつけて教員組合を結成する一部の教師もいたが，歴史の流れとしては，教師と教員へと分裂する意識を専門職（teacher as profession）の思想を持ち出すことで克服しようとした。

▶ **専門職としての教師**　専門職の概念を整理すると次のようになる。「プロの活動は，基本的には単純な肉体労働的なものではない。個人の大きな責任が仕事の遂行に必要とされる。専門職は系統的知識の学習を基礎になり立つものであって，ルーチン・ワークではない。しかし厳密な理論の追求よりは実践的なものであるが，専門職の技能は教授可能なものでなくてはならない。専門職は自律した組織原理をその内部に有するものである。専門職は社会の善のために働くものであるから，他人への奉仕活動にむけて動機づけられる必要がある。」教職が単なる請け負い仕事ではなく，自律した専門職であるためには，こうした条件を満たさなければならなかった。19世紀後半より，整備された師範学校に教育学や心理学が供給され，専門職たる教師が養成されていった。だからといって教育諸科学に精通した専門家たる教師の精緻な教育実践が，そのまま受け手の親の素朴単純な教育需要を満足させるものには必ずしもならないところに児童教育のパラドックスが生じるのである。新しい教育内容や方法の教育的価値を保護者たる親に説明し，納得させる責任（アカウンタビリティ）を教師が果たさないと，保護者たる者は，公立学校そのものに疎外感を持つことになる。

　20世紀の50年代半ばより，世界の冷戦構造が高まる中で自由主義国家は，福祉サービスの供給を拡大しながら，階級対立の融和をはかろうとした。住宅，保険年金，医療等の事業が巨額の資金を必要とするのに比べ，教育の機会均等の実現は，比較的少ない資金で実行可能な，しかも人間の感情の深いところまで影響を与えることのできる重要な福祉サービスの分野となった。初等教育から中等教育へと一貫した教育の機会均等政策は「静かなる社会革命」を引き起こすことになった。この文脈に教師の専門職の思想はよく適合するものであった。カリキュラム作成の専門家，親と子どもに対するカウンセリングの高度な専門家，そして社会的不平等の解消に取り組む指導者となっていった。しかし，1970年代に至って，専門的力量を高めた教師の実践にもかかわらず，若い世代の基礎学力の低下，集団規律の乱れ，高い失業率が心配されていった。福祉の先進国英国において，教育のプロフェッショナリズムを攻撃する「黒書」（Black Paper, 1969）は，その不信の口火を切った。教職の専門性といっても他の専門職のように短時間で教育効果が測定できるものではないし，むしろ政治や経済の影響力に左右されることが大きい。それなのに，戦後30年，教師の果たしてきた業績は，教育の機会均等の実現の面からも，子どもの規律と基礎学力向上の面からも，満足のいくものではないと批判を浴びせられ，教職の専門性そのものに疑惑の目が向けられていった。

▶ **教職の専門性に向けられた批判**　「アカウンタビリティ」と「選択」，この二つが教師を批判するときに使用される用語であった。前者は，親に対して，子どもの将来の生活に直結する基礎学力の向上に資する実践であることを納得のいくよう説明する責任である。後者の「選択」は，前者と関連して，公立学校の専門教師の教育内容・方法に不満を持つ親が，自分の望む教育をしてくれる学校を選択できる自由を意味した。1988年教育改革法によって，両親が一定の数を集めれば公立の学校を離脱し，新たな学校理事会を経営することが認められたのである。こういう事態を結果として招いてしまったのは，教師たちが福祉国家の組織の中に安住し，上から新教育を垂れ流したからであると攻撃された。草

の根の民衆にして素人たる親の疎外感は高まった。この黒書のセンセーショナルな攻撃に、教師たちが為すすべもなく無防備であったとすれば、彼らの拠り所であった専門職の捉え方に問題があったと考えざるを得ない。そもそも教職の専門性とは、その歴史の出発時点でいかなる問題を含んでいたのであろうか。19世紀の40年代以降、イギリスにおいてはじめて国費の補助を受けた師範学校で養成された正規の免許状を有する教員が公立の学校に勤務することになった。視学官の調査の明らかにしたところによれば、親たちの多くは、設備の整った公立学校を避けて、町の片隅の貧弱な私営の学校に身銭を切って子どもを通わせていた。教育の専門家の立場から見て最も望ましい学校は、衛生環境が良く、規律の厳しい学校であったが、親たちはそうは見ていなかったのである。福祉国家の家父長的な教育実践と、親の教育選択の自由の矛盾は、最初から教職に内在していたのである。

公立学校の教師の専門性を痛烈に批判する外部の人たちは、新保守派（ニュー・ライト）と呼ばれた。彼らは福祉国家の組織内で支配力を持つ左翼教師の排除を目指した。公立学校の選択の自由は、保守政権によって大きく市場の原理の文脈に取り込まれ、教育政策の焦点に絞り込まれていった。教育改革を促進した側には二つの立場があった。一つは、「新保守主義」（The Neo-Conservatives）といわれる人たちであった。彼らはイギリスの伝統ある国家の権威の復活、規律ある社会、位階と服従、強力な政府の指導力を重視した。これまで教師の推進してきたヒューマニテリアンな開発的学習、人種差別反対の学習、エイズの学習、そして同性愛者の権利を学習するプログラム等の、いわゆるクロス・カリキュラム的な総合学習を、英国の伝統に反するものとして攻撃した。これまで、専門的訓練を受けた教育行政官や教師が、家父長的な配慮から一方的に流してくる教育に対して疎外感を持つ親たちの草の根の感情に直接的に語りかけたのは、新保守主義者たちであった。公

立学校の教師を「愚かなレフト」（loony left）とする彼らの攻撃から、教師は身を守ることはできなかった。教師の専門的力量と言っても、その内容を規定しなければ無意味である。親のニーズをもっぱら基礎学力に限定してそれを高める力量なのか、それとも、福祉国家の大義を国民に指導していく力量なのか。

もう一つの改革勢力は、「ネオ・リベラル主義者」（The Neo-Liberals）と言われる人たちであった。ミルトン・フリードマンは、『資本主義と自由』（1962）の中で、教育における政府の役割を論じた。公費の支出される学校が認められるのは、それが持つ「隣人効果」を果たす限りにおいてである。安定した民主主義社会において秩序が維持されるためには、市民の一人ひとりが最低限のリテラシーと規律の訓練を受けていなければならない。それを受けない人間ひとりの非行が、まわりの隣人に被害を及ぼさないようにしなければならない。公教育の受益者を個人的に確定することは困難であるが、隣人のすべてに利益がある限り公費が支出される、と説いた。公費の教育は、最低限の基礎学力と生活訓練を青少年に与えることに失敗した社会の規律の低下を招いた。本来の隣人効果を上げることに戻すには、肥大化した公教育のリストラが断行されなければならない。その梃子は親の公立学校選択の自由であった。キーワードは、「選択の自由」「個人」「市場の原理」「小さな政府」である。これによれば、親と子どもは顧客と規定され、教育は彼らにより選択され、購入されるべき商品ということになる。教師と学校は、生き残りを賭けて教育の魅力ある商品を供給しようと学校市場の中で競争しなければならない。この論理の中で、教師の専門的自律性を一方的に主張できる余地はない。一見、矛盾する政策、一方で全国統一カリキュラムの実施、他方で顧客のニーズに応答して、親の学校選択の自由を法的に承認する政策がとられた。必修8科目の指定、そのうちコア科目として英語、数学、理科をもってカ

リキュラムの 30〜40％ を埋め，全体として 75〜85％ を満たせとの全国基準である。これまでの新教育的・実験的な試みは 25％ の周辺に追いやられた。しかも必修科目は 7 歳から 16 歳までに全国統一試験によって到達度が測定されることになった。

わが国においても，昭和 30 年代の全国学力テスト反対運動が起きたとき，カリキュラム編成の自由を持つイギリスの専門職の教師が理想として引き合いに出された。しかし，1988 年の教育改革法が通過した現在，教師の専門職とはいかなる範囲で許されるのか，見極められる必要がある。なぜなら，教員として福祉国家の学校組織に組み込まれて存在している限り，教師の専門性には一定の限界があるからである。では，この状況において教師のアイデンティティはどこに求めたらよいのであろうか。公務員的プロフェッショナルズ（dependent professionals）が一方にいる。上から決められた全国統一カリキュラムの枠内で教え，数字によってその勤務成績が評価される専門職ということになる。他方には，親の私費の支出を受けるに値する教育内容を開発できるプロフェッショナルがいる。実践を演出するという意味において，プロデューサーのプロであるともいえよう。

高度に発達した福祉国家において，この教職専門性の両極分解の現象はどこにも生じるものといえよう。わが国では東京都の品川区内の公立小学校を対象に親の学校選択権が平成 11 年 10 月に認められた。それは，現代の日本における公立学校の教師の威信の低下，私立学校の上昇，教育産業の繁栄等に連動して現れたものである。近代の教育思想にあらわれたペスタロッチの社会的型の理想的教師像の本質は，学校組織の現実の中で教師が直面するジレンマを見つめ直すことによって明らかにできるのである。

［参考文献］ 梅根悟『世界教育史大系　第 30 巻　教員史』講談社　1981／長尾十三二『教師教育の課題』玉川大学出版部　1994／市川昭午『専門職としての教師』明治図書　1969／ケル

シェンシュタイナー（玉井成光訳）『教育者の心』協同出版　1957／Morris, R., *Central and Local Control of Education after the Education Reform Act 1988*, Longman 1990　　　（斎藤新治）

教　授

英 instruction／仏 instruction／独 Unterricht

▶ 語　義　　知識や技芸の伝授など教えること一般を指す。広義には教育と同義に用いられることもあるが，狭義には教育の一形態として，様式や方法において養育や訓練と区別される。授業の旧式名称であるとする見方もあるが，他方，教授においては，個々の教える行為だけでなく，そうした行為の積み重ねによる一連の行為全体ないし教育現実の全体を把握する視点が含まれるとして，授業とは区別する見方もある。また，授業を通した被教育者の学習活動における偶然的要素を排除するために施される教える配慮，計画，行為を指すとして，授業と教授を区別する見方もある。

▶ 特　徴　　教授は直接的・間接的な形で人間に影響を及ぼし，刻印づけ，形成していく一連の行為である。したがって教授には知的陶冶だけでなく，情動的・感覚運動的な領域での陶冶ばかりか意志形成や道徳性の陶冶も含まれる。また，学校教育だけでなく，生涯にわたるあらゆる人間形成に関わるものとして学習とともに人間と人間との出会いの場全体と関連づけて捉える必要がある。どんな内容をどんな方法で教授するかは，教える側の目的性と責任性に依っている。教授に際しては，教授する側およびされる側全ての人間を含む世界にとって重要と思われる内容を効果的に教授に生かすため，①予め文化財を適切な内容へと精選し，その内容を発達段階に合わせて系統的に配列し，組織する他，②その内容をどのような方法で個々の教授行為を通して教授していくかについても吟味・検討される。したがって，教授はその行為に関わる人間を含めた世界の精神史的状況や歴史観，また，その教授行為を条件づけている政治・

経済・社会などの諸条件，さらに学校教育であれば教育制度，教育政策，学校組織，学級集団などによっても影響を受ける。と同時に科学的基礎にもとづいて開発され，方法として確立された教授は，教師や生徒をはじめ教育に関わる人間すべてに対して，その教授や教育一般についての考え方を規定する働きをも合わせもっている。教授することを通して教師はその教育的なものの見方を身につけていくのであり，また教授行為における教師・生徒間の相互行為が，教師・生徒関係における規範を形成していくこともある。教授理論も教授行為も，それ自体の内に教授や教育についての知を人間や社会に敷衍させていく，ある力を有していることを見逃してはならない。

▶ 近代的教授の誕生　　教授についての見方は，人間，自然，社会をめぐる知のあり方がその根底から覆されたいわゆる近代の科学革命の影響を受けて，大きな転換をみせた。古代から中世，近世に至る教授の中心課題は言葉を操る能力を術として養成することであった。これは近代以前の学問観に由来し，また弁論術・雄弁術など近代以前の教育における主要教科の教授を通して確立された教授法である。言語能力を認識・思考能力と同一視するこの考え方は，科学的知識が言葉の知識のみによってもたらされるとする当時の科学観を反映したものである。レトリックや文法のテキストを読むことによってのみ，人間は世界を認識できるとするこの立場では，書物の解読が認識能力の養成を意味していた。これは生徒自身が自分の眼で対象を見ることを通して世界を認識することを主眼に置いた近代以降の教授とは全く異なる考え方である。

このいわゆる言語主義は形骸化した方法論だと批判されながらも，16世紀に至るまで根強い影響力を保ち得た。シュトルム（Sturm, J.）は悟性の訓練よりも，話すことの教授，つまり舌の師でありたいと述べている。またメランヒトン（Melanchton, Ph.）も，雄弁を伴わない単なる知識は野蛮であるとしている。

しかし，17世紀に入り，ルネサンスと宗教改革を通してヨーロッパ全土に波及した人文主義が古典信奉主義に陥り形骸化し，またスコラ的学問の権威が失墜すると，観察に基づく教授の重要性を指摘する声もきかれるようになる。ヴィーヴェス（Vives, J.L.）は生徒一人ひとりの知能を観察すべきことを主張し，また，エラスムス（Erasmus, D.）も人文主義の言葉偏重に対する批判的な立場から，子どもの発達段階や興味・関心に応じた内容を，その能力に応じた適切な水準で教えること，子どもの個人差を考慮すべきことに言及している。　近代科学的精神にもとづく機械論的自然観・人間観および実証主義・帰納主義は教授の思想を大きく変えた。ベーコン（Bacon, F.）は，人間の本性（自然）を自然の秩序と類似した理性的自然として第二の自然へと模倣を通して制作することを教育として捉えて，人間的自然の可塑性を強調した。また，観察と実験を通して自然を正しく認識・制御するというデカルト（Descartes, R.）の科学的精神も，自然を制作・管理の対象とする意味で，人間の制作可能性を否定するものではなかった。近代科学の精神は子どもの能力の観察による見極め，発達の段階としての把握，また発達段階に応じた教授の必要性を再確認させただけでなく，対象を感覚による経験を通して認識するという近代的認識方法に則した教授法の開発をもたらした。それは，事物を子どもに直接提示することを通して認識に至らしめるという実物教授の方法である。ラトケ（Ratke, W.）は個々の事例を提示することによって一般的概念を教授すべきだと述べ，またコメニウス（Comenius, J.F.A.）は言葉の詰め込みに終始していた，それまでの教授を批判し，知覚による事物の直観，悟性による事物の本質把握，認識した事柄の反復・練習による記憶と応用を，教授原理として展開した。知覚の世界を図解した彼の『世界図絵』は，合自然にもとづく教授の新しい形態を象徴するものである。

▶ **近代的教授のパラドックス**　近代科学的精神は教授における教師と生徒の関係をも変化させ、さらに教授のもつ困難さを露呈していった。人間的自然の制作可能性に立脚した教授は、生徒を観察しながら、生徒に関わっていくという観察と参与を旨とする臨床医学的な特質を教授行為に付与した。そして、学校教育制度の中に組織化されていった教授は、生徒の状況の観察と記録、能力の測定、行動の管理など、生徒の徹底的な把握と管理を目指すものとなる。しかし、この近代的教授は啓蒙主義が主張するように、人間を主体的・自律的に自由へと生成させていくべきものでもあった。人間の主体性や自律性を損なうことなく、しかも制作という外からの働きかけによって教育していくことは果たして可能なのか。教授を通して被教育者の内に自ら学ぶ姿勢を養成していくにはどうしたらよいのか。強制から自由を生むという難題は、指導と放任、依存と自律、社会化と個性化、教科中心主義と児童中心主義といった二項対立的な構図の中でその後、さまざまに論じられていく。

▶ **教授への近代的視点**　近代における教授をめぐる視点は人間を個体・個我として把握し、その環境との主体的相互作用を通して発展・成長するものと理解するアトミズム的発想においては共通している。しかし、その発展・成長過程において学習者の自己活動にどのような形で関わっていくかによって、教授のあり方をめぐる考えは異なってくる。

（1）学習活動を認識に至る過程として表象概念によって説明する立場からは、その認識過程を教授過程と重ね合わせ、教授活動全体を構造化する試みが現れた。これは18世紀半ばから19世紀にかけての臨床医学や博物学の分野で採用された系統分類学的手法と共通するもので、認識対象を要素に分解・還元し、さらにそれらを複合させることによって認識に至る過程を、表象の機械的組み合わせによって説明する表象の力学ともいうべき方法論である。分析や総合を通して完全な表象に至る過程を認識と捉えるこの立場では、

その過程を可能にする能力を近代美学における直観的認識や美的直観、美的判断力（趣味）の働きに求める。教授理論としては、汎愛派の直観的認識にもとづく教授法や、ペスタロッチ（Pestalozzi, J. H.）の直観教授法、さらにヘルバルト（Herbart, J. F.）の段階教授法がある。ペスタロッチは直観をあらゆる認識の基礎であると考え、直観から表象、して概念へと至る認識活動の原理をもとに教授の原理を方法化した。そして直観認識を明晰化する手段として形と数と語をあげ、それを認識の基本的範疇かつ教授の基礎点として位置づけた。彼の分類体系をさらに教師の視点から徹底させたのはヘルバルトである。彼は美的直観ないし判断力による完全なる表象に至る認識の過程を基礎に教授活動を系統分類学的方法によって方法化した。予想される教育上の諸現象を分節化し、要素に分解した教育活動を便覧した彼の『一般教育学』は、分析・総合、明瞭・連合・系統・方法、など教授上の主要な要素を結合法により網羅している。また、彼はそれらの要素を組み合わせ、教授活動を自ら組織していく能力として、美的判断力や構想力とも言い換えられる「教育的タクト」を教師に要請した。系統分類学的方法によって分析された教授は、汎愛派にあっても、またペスタロッチやヘルバルトにおいても、結局のところ直観や美的判断力の問題に行き着いた。それは、カント（Kant, I.）が美的判断力を共通感覚として社会における公共的性格をもつものとして提示したことを鑑みれば、教授がもはや単なる認識能力の養成だけでなく、道徳性育成をも課題としていたことを意味していた。それは道徳的趣味の養成を性格形成の主眼とみたヘルバルトが「教育なき教授」も「教授なき教育」をも否定し、「教育的教授」を主張したことにも表れている。

分類体系により系統づけられ定式化されたこの教授法は、教授学の歴史からみれば、教育目的の吟味、教育内容の検討、教材の選択や配列、教授の単元構成、教授過程の分析お

よび計画立案など教授上の主要な論点を初めて体系的に明確化させたものといえる。この教授法は，その後，ツィラー（Ziller, T.）らヘルバルト派により，さらに，文化史段階にもとづく教材の選択と配列，各教科の中心統合法による結合，形式段階を踏まえた教材の取扱いなど，誰にでも分かりやすい段階教授法として定式化された。そして，ドイツ国内はもちろん，広くヨーロッパ，アメリカ，さらに日本へも普及した。しかし，この教授法はまた，定式化されたがゆえに，教師一人ひとりの教授観を画一化してしまう危険をはらんでいた。便利な教授法が，個々の教授状況を把握するための枠組みとして教師を縛りつける危険があるということ，つまり教授法の開発が，その方法論的確立によって教授行為の硬直化をもたらすことは，教授研究の抱える難題として留意すべき点である。

（2）アトミズム的な世界観は受け入れながらも，それを有機体的に捉えるロマン主義的自然観にもとづく立場からは別な教授法が提示された。ここでは，教授は子どもの生命に宿る力を原理によって展開される。教授は単に科学の成果や文化財を成長しつつある人間に媒介する手段ではない。教授において科学や文化は，子どもの精神の問いの中に置かれ，意味に向けて吟味されるという経験の機能を通して息吹を吹き返し，活性化されていくという。教授は人間の文化を生成させ，人間をその根源的生に向けて連れ戻す手段であり，硬直化する文化に根源的な生動性を再びもたらすものとなる。自然や精神の生成の有機的ダイナミズムを原理とするこの教授思想は，形式的・画一的教授法を乗り越えるものとして，個性尊重，個別教育，体験主義の教授法を生みだした。それはフレーベル（Fröbel, F.）をはじめ，新教育運動の児童中心主義や，デューイ（Dewey, J.）の教育思想，さらには問題解決学習，プロジェクト・メソッド，プログラム学習などさまざまな教授法となって展開された。

▶ **教授研究の方向性**　教授研究への取り組みは，人間の成長発達ないし学習過程を基礎にした教授モデルを提示するという実践的関心に支えられてきた。だが，「教授」が「授業」と言い換えられ，教授が教育者と被教育者の相互行為として学習の観点からも捉えられることにより，教授研究は次第に学習論や授業論へと吸収されていきつつある。学習論には心理学や人工頭脳研究など隣接諸科学の成果が取り入れられ，また授業論ではコンピュータなどメディア機器を駆使した授業方法の開発や授業分析など技術上の精密化が進んでいる。また，社会学的手法の導入した生徒集団や潜在的カリキュラムの研究など，学校教育をとりまく社会的諸条件に関するマクロ・ミクロな視点からの分析もさかんである。その中で，教授研究の意義はますます曖昧になりつつある。

こうした学習論や授業論と連携した教授研究が今後求められるのはもちろんだが，また，教授研究固有の視点を模索する必要もあるだろう。それはたとえば，学習論や授業論においてややもすると欠けがちな諸観点，たとえば学習過程の論理学的解明や，技能・能力の養成過程における模倣と創造の関係についての行為論的研究，教授における価値伝達や教師・生徒関係についての人間学的・現象学的解明など，そうした諸点を補う上で，教授研究がこれまで蓄積してきた哲学的ないし思想史的接近法は十分に有効なはずである。また教授研究の成果が教授に及ぼす影響という観点からだけでなく，教授行為の積み重ねが生み出していく「教授についての知」を解明することも重要である。近代以降の教授研究ではその科学的方法上の限界のゆえに，教授行為を規範研究や実証研究の対象として限定づけ，教授の実践から乖離しがちであった。教授の実際場面における様々な行為が教授ばかりか教育一般についての知を生み出す過程を解明することは，教授のもつ固有の領域をその教授に関する言説形成の現場で捉えるものとして，近代教育学に新たな問題提起を為すものとなるだろう。

[参考文献] Bollnow, O. F., *Die Pädagogische Atmosphäre. Untersuchungen über die gefühlsmässigen ziwischenmenschlichen Voraussetzungen der Erziehung*, Heidelberg 1965（森昭・岡田渥美訳『教育を支えるもの』黎明書房 1969）／Comenius, J. A., *Große Didactik*, Düsseldorf/München 1954（鈴木秀勇訳『大教授学 1・2』〈世界教育学選集 24・25〉明治図書 1962）／Dewey, J., *Democracy and Education*, Carbondale 1916（松野安男訳『民主主義と教育』岩波書店 1975）／Herbart, J. F., *Allgemeine Pädagogik aus dem Zweck der Erziehung abgeleitet*, 1806（是常正美訳『一般教育学』玉川大学出版部 1968）／Klafki, W., *Neue Studien zur Bildungstheorie und Didaktik*, Weinheim 1985／Marrou, H.-I., *Historie de l'éducation dans l'Antiquité*, Paris 1948（横尾壮英・飯尾都人・岩村清太訳『古代教育文化史』岩波書店 1985）／Oelkers, J., Tenorth, H.-E. (Hrsg.), *Pädagogisches Wissen*（*Zeitschrift für Pädagogik*, 27. Beiheft), Weinheim/Basel 1991／Pestalozzi, J. H., *Wie Gertrud ihre Kinder lehrt*, 1801（長田新訳『ゲルトルートはいかにしてその子を教えるか』〈ペスタロッチ全集第 8 巻〉, 平凡社 1960）／稲垣忠彦『明治教授理論史研究』評論社 1966／上智大学中世思想研究所編『教育思想史』全 6 巻, 東洋館出版社 1985／加野芳正・矢野智司『教育のパラドックス／パラドックスの教育』東信堂 1994／高橋勝『子どもの自己形成空間——教育哲学的アプローチ』川島書店 1992／和田修二・山崎高哉『人間の生涯と教育の課題——新自然主義の教育学試論』昭和堂出版 1988

[関連項目] 教授学／ヘルバルト／授業／学校
（鈴木晶子）

教授学

英 didactics／独 Didaktik

▶ 語義 　教育学の一部門であると同時に, 各教科の教授法を統括する総合領域を指す。教育学の一般理論と, 各教科の専門科目との中間に位置し, 両分野の橋渡し, ないし媒介の役割が期待されている。歴史的に言えば, 教育学の成立よりも古く, むしろ, 教育学のほうが教授学から派生したとさえ言える。現代でも, ドイツおよび旧社会主義圏では独立した分野をなしているが, アメリカをはじ

め英語文化圏の国ぐにでは, これを名乗る文献はほとんど見られない。

ドイツ語の 'Didaktik' は, ギリシャ語で「教える」を意味する 'didaskein' に由来する。しかし, 英語で 'didactic'（形）といえば,「教えたがり」などの軽蔑的な意味を含んでおり, 英語文化圏では, 学問として didactics（教授学）は成り立っていない。人は教えてもらうまでもなく, 自ら学んでいくものだ（つまり, 自学していくものだ）, という認識が支配的だからである。人々の〈自学〉に委ねるのではなく, 人々にきちんと〈教えていくこと〉もまた必要である, という明確な意識のなかから, はじめて「教授学」の着想は出てくる。問題は, そうした〈教えること〉の必要性がどのような背景のもとでいだかれてきたのか, である。

▶ 歴史的起源 　修道院や大学などの中世の教育機関では, アリストテレス（Aristoteles）の学問体系やスコラ学を忠実に受け継ぐことが, 教育の主要な役割であった。そこでも, 師にあたる人がいないわけではないが, なんといっても自学が基本であった。学問は, 教則本を相手に, 各自が刻苦勉励して, 自ら身に付けていくべきものであったのである。そのかわり, 各自が教則本にそれぞれ独自の解釈を加えてしまう可能性も, そこにははらまれていた。そのため, 異端的解釈の出現に対して, 宗派のリーダーや為政者はつねに目を光らせておくことが必要であった。エーコ（Eco, U.）の小説『薔薇の名前』（1980）は, 中世の修道院を舞台とする, 教団内部の正統と異端との確執をミステリー・タッチで描いている。

それに対して, 近世になって教育の機会が民衆レヴェルに普及するようになると, 為政者は, 人々の自学に任せるよりも, 定められた内容を, 定められた解釈にしたがって, 一斉に教え込むことに乗り出すようになる。17 世紀のヨーロッパでは, ドイツを中心に, 諸侯が競って学者を抱え込むようになり,〈教え方〉の開発にあたらせるようになった。そ

れが「教授学」の起源であり、「教授学者」の始まりである。アルステット（Alsted, J. H.）、シュップ（Schupp, J. B.）、ラトケ（Ratke, W.）などの教授学者が次々に輩出したのは、この時代である。

要するに、17世紀において教授学は、教育方法の重心が「自学」から「教授」へと転換したとき、成立したのである。教授すべき内容、特に言語・実科・教義などの内容について、正統派の解釈が厳然と確立しているところでは、あとに残された課題は、いかにそれらの内容を精確に、合理的に教え込むかの〈技術〉の開発である。教授学者に、神学者・聖職者が多いのは決して偶然ではなく、この傾向は現代でも変わらない。聖職者が、人々と神との間に立ち、人々に神のみ言葉を精確に伝えることを使命としていたのと同じように、教授学者もまた、民衆と国家ないし教会との間に立ち、国家ないし教会がさだめる教科内容を精確に教授していくことを使命としていたのである。人々の「自学」に任せるよりも、教師による「教授」により、どのような人にも、同じ内容を、精確に、分かりやすく教え込んでいくことができる。そうした技術の開発が、彼ら教授学者の〈聖なる〉使命であった。

▶『大教授学』　17世紀最大の教授学者コメニウス（Comenius, J. A.）は、神の名のもとで、まさに「あらゆる人に、あらゆる事柄を教授する普遍的な技術」を提示するために、『大教授学』（*Didactica magna*, 1638）を書いた。本書の全編にみなぎる神学的な雰囲気は、もちろん著者自身がボヘミア同胞教団の熱烈な聖職者であったことと無関係ではない。人々に、教団の正統な教義を伝え、あわせて、基本的な語彙や定義、また実科の知識や技能を教授し、それによって人々を教団のよりき信者として救い出そうとしたのである。そのさいコメニウスは、同じ17世紀に芽生えはじめた自然科学の方法論、とりわけベーコン（Bacon, F.）の観察法や帰納法の方法論を取り入れることに躊躇しなかった。神学と

自然科学とは、互いにぶつかり合うこともなく、一方は教授内容、他方は教授方法と深く関わりを持っており、教授学をつくりあげていく上での、二つの大きな礎石と見なされたのである。

コメニウス自身の計画にしたがえば、『大教授学』の本論、つまり教授方法論では、「事物の自然そのものから発掘され、その真理は、工作技術の相似例によって論証され、その順序は、年・月・日、時間に配分され、最後にそれらを成就する、容易な、確実な道」が示されることになっていた。要するに、合自然の方法が、手工業生産の技術のモデルに即して示されているのである。

▶ **現代の教授学**　20世紀ドイツの代表的な教授学者ヴィルマン（Willmann, O.）とエッガースドルファー（Eggersdorfer, F. X.）も、ともにカトリック教会に深く帰依するなかで、教授学の大成に生涯を捧げている。とくにヴィルマンは、ヘルバルト（Herbart, J. F.）が「教育学」の中に「教授学」を包摂し、両者を上下関係に置いたのに対して、「教授学」の独立性を基礎づけようとした。そのさいヴィルマンが強調したのは、教授内容が「教育」意図から相対的に自律していて、それ独自のはたらきをすること、つまり「財の運動」（Güterbewegung）である。財は生活共同体に属しており、この財の運動の中に子どもを参加させていくことが、ヴィルマンによれば教育なのである。教育はけっして、子どもが任意の内容を学習していくのを助けていくいとなみとして、個人主義的に考えられるべきではないのである。

ヴィルマンの『陶冶理論としての教授学』（*Didaktik als Bildungslehre*, 1882-1889）の基本理念を祖述し、さらに発展させたのが、エッガースドルファーの『青少年陶冶論』（*Jugendbildung*, 1928）である。エッガースドルファーは、教授＝陶冶過程を、学校の授業過程に即していっそう技術的に精緻化していっている。そのときとられた基本的視点も、「陶冶財」の側から「授業過程」を規定して

いくことであった。

旧社会主義圏では、「教授過程の合法則性」の名のもとで、感覚・悟性・実践の認識過程に合わせた授業過程の合理化が推進されたが、そうした〈科学的〉学問分野が「教授学」と呼ばれた。ポーランドのオコン（Okon, W.）の『教授過程』（*Proces nauczania*, 1956）は、この分野の代表的な著作である。

旧社会主義圏での教授学の隆盛は、その背景として、国家機関による教授内容の正統化があったことを抜きには考えられない。ここでもまた、〈教えていくこと〉の必要性、特に〈国家が教えていくこと〉の必要性が、自学の尊重に優先していたのである。

一方アメリカでは、戦前のモンロー（Monroe, P.）の『教育学辞典』（*A Cyclopedia of Education*, 1911）においてごくあっさりと、「わが国では、didactics という用語の代わりに、general method という用語の使用が一般的である。とくにヘルバルト派により、教育学理論の用語法が高度に精緻化されているドイツでは、Didaktik が、一般教育学の一つの分野を指すものとして使用されている」と記述されているのみである（執筆者は J・デューイ）。戦後のマクミラン社の『教育学辞典』（*The Encyclopedia of Education*, 1971）には、didactics の項目がない。これは、〈教授〉優先主義の考えが、アメリカでは薄いこと、いい換えれば〈自学〉主義が優勢であることと無関係ではないのである。

[参考文献] 江藤恭二『西洋教育史叙説——近代教育思想の形成』福村書店　1967／コメニウス（鈴木秀勇訳）『大教授学』明治図書　1962
[関連項目] 教育学／教授／授業／教育方法
(宮寺晃夫)

共 生
英 living together

共生（共棲）は明治期に、異種間の生物が利害関係を持ち共に生きる関係性を示した生物学用語 "symbiosis" の翻訳語として日本に輸入された。だが今日の思想化した概念である共生（living together）は1970年代後半から法学者や哲学者、社会学者らが、自らの他者と関わる生活実践から生活言語として独自に編み出してきた独自の系譜を持ち、80年代後半より人間間、人間と生物・環境との理想的関係性を示す「共存」に代わる用語として日本社会で流布され社会思想化した。

▶ **symbiosis としての共生**　明治期末期から大正期にかけ、日本では生物学に依拠し植民地支配を拡大していった経緯があるが、中でも台湾総督府の高級官僚であった東郷実は、朝鮮など激しい民族抵抗運動をまねいた同化主義政策より効率的に植民地を支配する原理とし、弱者を保護しつつ経済的利益を上げる「共生主義」を掲げ台湾支配に影響を与えた（小熊）。このように当時の共生には階層秩序を肯定する差別主義的分離主義の意味合いが込められていた。

▶ **今日の二つの潮流**　今日の共生観を形作ったものとして1993年『週刊読書人』誌上の共生をテーマとしたリレー式掲載が知られている。他者を自己目的手段とする意図が含意されるギリシャ語起源の symbiosis に代え、「会食」「宴」を語源とするラテン語起源の conviviality としての共生を提案し、「自律の気構え」と「寛容の度量」を持って平等な自他の差異を楽しみ相互啓発する関係性と規定した連載第1回担当の井上達夫の共生論に対し、第3回担当の花崎皋平は、共生を要請する文脈は「強弱、優劣、上下という水平ではない関係を主語」としており、これを「水平的な個と個の差異だとみなして差異をたのしむ作法を語るのは、私にとっては虹のように美しいが手の届かない彼方である」と批判論文を掲載し、ヴァルネラビリティ（傷つきやすさ）を受け入れざるを得ない「コンパッショナブルな実践関係」として規定し直している。これを発端に最首悟や川本隆史ら知識人間でも論争が起こり、以後共生思想は平等性を基盤とする概念か平等性を目指す概念かの見解の異なりで二潮流をうんだ。

教育学では哲学・思想領域において、他者

の差異や他者性が人間形成や生成のための「教師」となる他者論の射程として井上の共生論が受容されている一方で，日本語教育や異文化間教育など，文化的マイノリティを対象とし非対称性問題に直面している教育実践領域で，花崎の共生論への依拠がみられ，多文化主義，文化相対主義，カルチュラルスタディーズ，ポストコロニアル理論など海外由来の思想と共に鍵概念になっている。

［参考文献］　井上達夫『共生の作法』創文社1986／花崎皋平『アイデンティティと共生の哲学』筑摩書房　1993／川本隆史編『【岩波】新・哲学講義⑥　共に生きる』岩波書店　1998／小熊英二『日本人の境界』新曜社　1998／矢野智司「共生と教育の２つのかたち」『教育哲学研究』第85号，教育哲学会　2002
［関連用語］　他者／多文化主義／文化的相対主義　　　　　　　　　　　　　　（髙橋舞）

矯　正
英 reformation, correctional education／
独 Zwangserziehung／仏 éducation corrective

▶ 概　念　　矯正は，身体に関して，正常から逸脱したと見なされる歪みに対する外科的な措置を指すものであるが，これとのアナロジーで，犯罪など反社会的・非社会的行動をとった者に対する処遇をさす言葉として用いられている。現在，「少年矯正」という場合には，非行少年の矯正を目的とする全施策ではなく，現在法務省の管轄する施設内処遇に限定される。

このような理解は，明治期以降，矯正概念が定着する過程と密接な関係を持つ。近代日本の犯罪および非行少年の処遇の出発点は，明治５年に若年受刑者を対象とした懲治監が設けられたときに始まり，その後の歴史は，少年処遇の独立をめぐる模索の過程であった。その過程で一つの画期となるのが，旧少年法および矯正院法の成立した大正11年である。それ以前，犯罪少年の処遇は若年囚を対象とした特別な監獄と感化院のもとにあったが，この時期以降，監獄と感化院の中間的性格を持つものとして司法省管轄の矯正院の設置が定められたことにより，矯正概念が新たに法的に位置づけられた。その目的は「性格の矯正」と「紀律の下での教養」および「実業」の習得であった。

最初に設置された矯正院は，東京の多摩少年院と大阪の浪速少年院であった。当時の議論において，英米独など各国の例が参考とされ，刑罰ではない少年の処遇に関して，感化，矯正，強制教育，保護教育など多様な概念が用いられた。たとえば，留岡幸助は reformatory に感化獄という言葉を用い，また，小河滋次郎は普通教育と区別される非行少年の処遇を意味する Zwangserziehung に強制教育という概念をあてた。昭和８年に感化法が教護法に改正されたこともあり，現在では，感化という概念よりも，矯正ないし保護が主として用いられている。

▶ 近代学校と矯正　　近代学校の教育と矯正施設の教育の関係については，それらの目的をどのように捉えるのかに関して，二つの捉え方がある。「無月謝・強制就学」である近代国民学校に関していうと，一つは，その目的を 3Rs の教授とみる立場が，もう一つは「3Rs の訓練をとおして新しい生活規律をたたき込む」とみる立場がある。後者の立場をとるならば，それは先にみた矯正院の目的と一致する。「学校を一つ作れば牢獄が一つ閉鎖される」と言ったのはマン（Mann, H.）であったが，ここでは学校と犯罪者の処遇に対して等しい意味づけが与えられていたという理解ができる。このような近代の言説を踏まえるとき，近代学校と矯正との関係を考えることはきわめて重要な課題となるだろう。

［参考文献］　矯正協会編『少年矯正の近代的展開』廣済堂　1984／宮澤康人「近代の大衆学校はいかに成立したか」『教育学を学ぶ〔新版〕』有斐閣　1987　　　　　　　　（小玉亮子）

競　争
英 emulation, competition

▶ 語　義　　概念の上では，emulation が目標の達成において他者と同等か，あるいは彼

を上回ろうとする努力，願望を意味するのに対して，competition は他人が獲得しようとしているものを同時に獲得しようとする努力の行為を意味する。権力や名誉，第三者から愛され尊敬されることを求めて争うことは emulation に属し，ある物の獲得をめぐってのコンテストや相対的優位を決定しようとする対抗試合，選抜試験などは competition に属する。しかし両者はそれほど厳密に区分されずに使われている。

▶ **学校における競争**　競争や褒賞は現代では身近なものであるが，学習の動機づけの手段としてその意義が認められ学校に導入されるようになったのは，近代に入ってからである。古代ローマのクィンティリアヌス（Quintilianus）にならって，生徒相互の「ライバル意識の喚起」を訴えたエラスムス（Erasmus）の『学習方法論』（1512）は，競争の教育的価値を認めた初期の作品として有名である。コメニウスも「席順や褒美のかかった競争試験」を提案したことで知られている。競争を包括的，組織的に導入して実践した学校として歴史上とくに有名なのは，16 世紀後半から革命前までフランスの中等教育に君臨したイエズス会（Jesuits）のコレージュと，1682 年にラ・サール（la Salle, J. B. de）によって創設されたキリスト教学校兄弟会の学校，それに 19 世紀前半のイギリスやアメリカで一世を風靡したベル（Bell, A.）とランカスター（Lancaster, J.）のモニトリアル・スクールである。競争を支える理念に違いはあるが，これらの学校が競争心の喚起のために組織した教育形態は，著しく類似していた。

学校はクラスに編成され，生徒たちは絶えざる競争＝戦闘状態におかれた。たとえばイエズス会の学校では，生徒たちはローマ・クラスとカルタゴ・クラスに分かれて，互いにどちらが勝つか競い合った。各クラスはさらに小グループ（十人組）に分けられ，その各々が他の十人組のなかに競争相手をもっていた。モニトリアル・スクールでも同様の組織化がなされ，席次取りの「コンテスト」が「戦闘員」（combatant）の間で毎日繰り広げられた。学校は「競技場」（arena）であった。

競争とクラス化の結合には，人的資源の階層的（ヒエラルヒー的）再配分がともなっていた。イエズス会のクラスには，皇帝，長官，護民官，元老などの称号で呼ばれる役職が配置され，彼らが担当クラスの生徒たちの教育と監督を引き受けた。モニトリアル・スクールでは，上位のクラスから選ばれたモニター（監視者）たちがこの任に就いたが，彼らもまた仕事の内容によって細かく区分され，上位者の命令に従うことが要求された。こうした役職や地位は名誉あるものであったので，一般の生徒たちの羨望と競争の的にもなった。

競争心をあおるため，学校にはさらに褒賞制度が導入された。ランカスターはこれを，平均的な生徒たちの学習努力を促す有用な刺激として，積極的に利用した。生徒たちは成績に応じて賞品や「メリット・バッジ」と呼ばれる勲章を授与され，パレードで表彰された。学業成績優秀で他の生徒たちの指導・改善でとくに顕著な功績をあげた者は，金メッキの鎖で首から下げられた銀メダルで区分された。こうして与えられた賞や区分は，競争に勝ち続けなければ没収されるため，学校全体の「秩序と改善への刺激」として大いに役立った，とランカスターはいう。彼によれば，「競争と褒賞が学校の基礎」であった。

生徒の怠惰を防ぎ，学習を促進するという目的で導入された競争は，こうして学校に階層秩序的な空間を創出し，年齢や能力・素質の異なる雑多な生徒集団を，各人の能力や適性に応じて配分していく序列づけの技術，ないしは差異化の技術として機能した。そしてそれは学校の規律化の本質的な原動力となった。イエズス会やモニトリアル・システムが教育の歴史に一大革命をもたらすことができたのは，この競争の系統的組織化と学校のヒエラルヒー的構造化によってであった。

▶ **競争と共感**　競争は，虚栄心の満足，賞品や称賛を獲得したいという願望，それに名

誉や区分を失うことの不安・恐れを，その内実としてもっている。それゆえに競争の起源を利己心（self-love）に求め，競争は妬みや憎悪の感情を生み出すとして，その有害性が強調されることがある。たとえばホッブズ（Hobbes, T.）は，利己心の計算から，競争を「万人の万人に対する戦争」の原因の一つとみなし，ルソー（Rousseau, J.-J.）もまた，競争は欲望を増大させ，人間を社会的道徳的に堕落させると批判した。しかし，近代の学校教育における競争の意義と役割は，利己心に人間自然をみる原理から直接引き出されてきたのではなかった。

競争は，近代教育の上では，個人の道徳化と主体性の形成の手段として承認され，積極的に学校に導入されてきた。その基礎理論を準備したのは，競争を「共感」（sympathy）と結びつけ，競争は個人の自己改善と社会の進歩の原動力であると主張した，スミス（Smith, A.）の社会哲学であった。スミスは競争心を第三者の好意や称賛を得たいという欲望から引き出し，こう主張した。称賛に対する欲望は，利己心を反映しているのではなく，道徳感情である共感に対するわれわれの力を表している。共感がなければ競争もありえない。両者は不可分の感情で，共感が社会の結合を促し，競争が社会の進歩を支える。したがって，虚栄心から自己の利益を追求し，富と名誉と地位をめざす競争も，社会で共感され是認される程度であれば，十分に承認される，と。

ランカスターも競争を情念から引き出し，競争心は「賢明な目的のために人間自然に植え付けられた」「無垢な」情念で，「うまく規制されるならば，有用な奉仕者」となる，と主張した。ここから彼は emulation を competition や rivalry に結びつけて，コンテストの結果によって報酬が配分される競争主義的環境を学校のなかに作ったが，そこには，同時代のオウエン（Owen, R.）——彼は「友愛的競争」を主張した——に批判されるような個人主義原理の行き過ぎがあった。スミス

の社会理論に基礎をおく教育家たちの課題は，ランカスターの教育システムを共感概念と結びつけ，競争を学校教育理論の中心に位置づけることであった。ここから近代の教育的学校観が，つまり，多数の人間が集まる学校でこそ共感は強く働くので，そこでの競争は，家庭のような私的な環境下での競争と違って，いかなる敵意の感情も産み出さないし，またそれゆえに，子どもたちはより良く教えられ，より容易に，より完全に学習するという学校観が生まれてきた（たとえば『学校教育』1822）。

▶ **競争の機能**　競争は，個人の側からみれば，主観的な満足を得るための手段である。しかし，競争する者は自らをコントロールして，すべてのエネルギーを必要な方向に振り向けていかなければならないため，競争は必然的に当事者に自己改善を促していく。他方，集団の側からみれば，競争は，一定の目標に向かって全員が共通の規範や規則に従うことを要求するため，当事者間に新しい共同関係や交流をもたらし，統一意識や共同意識，また帰属意識を育成していく。競争のこうした価値創出と統合の機能を取り込むことで，近代学校は既存の社会制度とは異なる独自の制度として発達することができたが，しかし他方では，選良（エリート）とそうでない者とを選別していくため，人々に不安と孤立化をもたらし，また「学校化された社会」ないしは「規律・訓練的な社会」の出現によって，学校は，自らの自律性を確保するために作りだした競争によって，逆に機能不全に陥っている。このため競争を学校の病理現象とみなし，一切の競争をなくして完全な平等主義を目指すユートピア論が現れてくるが，これは競争の問題の本質を必ずしも正確にとらえていない。問題は，欲求の満足や価値の創出を，個人的な力の競争（相互の対立）に委ねるのか，それとも個人の力の合理的な組織化（相互の協力）に委ねるのかにある。

[**参考文献**] Hamilton, D., *Towards a Theory of Schooling*, London: The Falmer Press, 1989

（安川哲夫訳『学校教育の理論に向けて』世織
書房 1998）
［関連項目］ 賞罰／試験／体罰 （安川哲夫）

共 同 体
英 community／独 Gemeinschaft

　共同体とは，言語，民族，文化，宗教，政
治，経済，あるいは道徳，伝統，習慣，地
縁・血縁などある一定の相互的な関係性や結
びつきによって構成され形づくられた集団を
意味する。農村や都市のようなある地域性・
生活様式をもつ単位，さらには家族，学校，
国民国家のような特定の象徴的構造や機能を
もつ組織，またギルドや科学者集団といった
職業的・専門的なエートスを共有する団体も
共同体の範型として特徴づけられることもあ
る。その定義は，社会学，人類学，歴史学，
政治学など研究領域によっても理解が異なり，
事実的・記述的な意味だけでなく，理想的・
規範的な意味も込められるため多義的である。
　テンニース（Tönnies, F.）の『ゲマインシ
ャフトとゲゼルシャフト』（1887）とともに
共同体は「社会」と対比的な概念として捉え
られがちである。だがそれは近代のグレー
ト・ソサイエティの勃興のなかで見失われ，
解体されてしまった有機体としての共同体の
理念や機能を回復させようとする近代批判の
物語において再発見された近代的な理解とい
える。社会学者のディランティ（Delanty,
G.）によれば，アリストテレス（Aristo-
teles）の描く「友愛」の原理において結ば
れた古代ギリシャのポリスが政治や経済の契
約的関係を内包し，部族や農村とは異なる都
市的性格をもっていたように，17, 18 世紀
頃の近代啓蒙の時期までは，共同体はむしろ
社会と入れ換え可能な概念であり，近代初期
において両者はともに国家と対照的な社会的
関係を表現する概念であった。しかしそれ以
降の近現代は，官僚制や市場経済を中心に国
家がむしろ社会との結びつきを強め，合理化
された社会から削ぎ落とされていく共同体の
規範的概念を取り戻そうと試みる思想や運動

の出現に彩られた歴史であった。アンダーソ
ン（Anderson, B.）は，共同体が原初的村落
でさえも例外でなく，対面的な社会的関係の
自然なつながりというよりもアイデンティテ
ィや文化などの「象徴」によって形成された
ものであると説き，国民からなる「想像の共
同体（imagined community）」としてナショ
ナリズムが形成される過程を説明したが，共
同体は，ナショナリズムだけでなく，共和主
義，保守主義，共産主義，社会主義，無政府
主義，シオニズム，ファシズムなど様々な政
治的イデオロギーの理想とするユートピアや
革新的実験として描かれ，その実現が求めら
れてきた（Delanty）。
　封建的秩序や存在の鎖としての共同体の概
念が後退し，個人や主体の出現に取って代え
られる近代化の過程を共同体の解体や個人の
解放として理解するのはやや誤解をもたらす
説明である。哲学者のテイラー（Taylor, C.）
がいうように，共同体の秩序が減算され，原
子としての個人がその秩序から解き放たれた
ものとして残ったとする「引き算の物語
（subtraction story）」として近代化の過程を
読むべきでなく，共同性が蝕まれ消失したと
いうよりも，共同性をめぐる社会的想像の仕
方に新たな組み替えが起こったと理解した方
が適切である。なぜなら，ルソー（Rous-
seau, J.-J.）やモンテスキュー（Montesquieu,
C.-L.），ヘーゲル（Hegel, G. W. F.）やマルク
ス（Marx, K.），あるいはシヴィック・ヒュ
ーマニズムやロマン主義の伝統といった近代
思想の多様な系譜を眺めると，むしろ共同体
の秩序はアトミズムとは異なる文脈で問いな
おされ，共同体は個人の形成に不可欠な社会
的母型として考えられてきたともいえるから
である（Taylor）。
　かたや共同体の概念が近代に対する批判原
理として機能してきたとみるならば，コミュ
ニタリアニズム，多文化主義，ラディカル・
デモクラシー，エコロジー運動，トランス・
ナショナリズム，コスモポリタニズムといっ
た現代思想の多くは共同体の再理解を通して

近代の諸原理を問いなおすものであったと考えられる。とりわけ近代リベラリズム（自由主義）がその政治哲学や社会理論の基礎においた「個人」という概念は，自由，平等，自律性の理解に洗練をくわえる一方で，共同体は個人が集まることによって形成され，趣味や嗜好に基づき手段的に選び取ることのできるものとするアトミズムの理解に拍車をかけたと批判される。サンデル（Sandel, M. J.），マッキンタイア（MacIntyre, A.），テイラー，ウォルツァー（Walzer, M.）など1980年代以降のコミュニタリアニズム（共同体主義）によるリベラリズム批判は，人間が共同体の文化や伝統といった関係の網目と紐帯から遊離した「負荷のない自己（unencumbered self）」ではなく，まさに共同体こそが自己のアイデンティティや性格を形づくる物語を供給する道徳的・政治的源泉であり，諸個人の集合体には還元できないことを強調した。アリストテレスやヘーゲルに影響を受けるこうした思想は，中央集権的政府によって周縁化される地域社会に再び自治や市民の自発的政治参加をもたらそうとするシティズンシップ論へと展開し，政治的・文化的差異に基づく連帯意識と集合的行為とをエンパワーメントすることで支配文化への対抗的言説を構築する多文化主義の運動にもつながっている（Kymlicka 2001）。ただし共同体が共通の目的や信念，文化や規範の共有によって人びとを育み結びつけるという厚い理解は，その紐帯や結束が強まるほどに，共同体がみずからの外部や内部の他者を排除する原理として機能しうるという逆説や矛盾にも同時に直面することになるだろう。

［参考文献］Delanty, G., *Community*, Routledge, 2003（山之内靖ほか訳『コミュニティ』NTT出版　2006）／Kymlicka, W., *Contemporary Political Philosophy* (2nd ed.), Oxford University Press　2001（千葉眞ほか訳『新版現代政治理論』日本経済評論社　2005）／Taylor, C. *A Secular Age*, Harvard University Press　2007　　　　　（生澤繁樹）

京都学派
英 Kyoto School／独 Kyoto-Schule／仏 l'école de Kyoto

　戸坂潤によって批判的意図を込めて命名された「京都学派」は，西田幾多郎と田邊元という緊張関係を有した2人の哲学者を中心とし，絶対無の思想を基にして，ハイデガー（Heidegger, M.）の存在論とマルクス主義の社会哲学とを批判的に受容し多様な形を生みだした，京都帝国大学の卒業生を中心メンバーとしたサークルのことである。1930年代から1950年代にかけての日本の教育学は，西田・田邊の哲学と京都学派の人間学を中心に置くことで，一見して対立するように見える同時代の教育学説も含めて，相互に連関し共振する運動態として捉えることができる。

　しかし，京都学派の成立以前にすでに西田哲学が教育学に大きな影響を与えていた。1910年代，京都帝国大学で哲学の教鞭をとった桑木厳翼・朝永三十郎そして初期の西田は，いずれも日本における新カント派の代表的な思想家と見なされていた。西田哲学と新カント派の思想との差異が明確に認識されてこなかったこともあり，西田の影響は新カント派の教育思想の影響として理解されてきた。この時期は，西田が『善の研究』（1911）から『自覚に於ける直観と反省』（1917）へと発展する時期にあたり，ベルクソン（Bergson, H.）の直観とリッカート（Rickert, H.）の反省とを，フィヒテ（Fichte, J. G.）の事行を手掛かりに自覚論として統合を試みていた。篠原助市・長田新・小原國芳・土田杏村・赤井米吉といった大正自由教育に関係する教育学者はこの時期に西田の教えを受けた。例えば，従来より新カント派と見なされてきた篠原の主著『教育の本質と教育学』（1930）は，西田の自覚論を基に展開されていた。「自覚の教育学」と呼ぶべき教育学が西田哲学とともに発展していたが，京都学派の成立と共に西田哲学はさらに広範囲に教育学に影響を与えることになる。

　1930年代から敗戦期までの京都学派と教

育学との関係は5つの系に集約することができる。①京都学派の人間学の成果を基に、教育学として最も深い形で表現したのは木村素衞であった。木村はフィヒテ研究と美学研究から出発し、西田の自覚論に決定的な影響を受けつつ、田邊の種の論理とも関わりながら、「自覚の教育学」として独自の表現的生命の教育哲学を構築し、『国家に於ける文化と教育』(1946) を出版した。②京都学派の周辺部で影響を受けた教育学者として篠原助市と長田新の名前を挙げることができる。篠原の『教育学』(1939) には西田の行為的直観の影響が、また長田の『国家教育学』(1944) には西田と田邊の影響が色濃く出ている。③また近藤壽治・竹下直之といった京都帝国大学で学び文部行政を推進した国家主義的な教育学者たちの仕事は、京都学派の人間学の「日本教育学」的形態と呼んでよいものである。戦時期には京都学派の思想と結びついていた教育学の多くは、「自覚の教育学」から「国民的自覚の教育学」へと転回していった。④思想的に対立する城戸幡太郎・山下徳治・海後勝雄といった戦後教育学を方向づけた教育科学の教育学者たちにも、西田の行為的直観が三木清の技術哲学などを介して影響を及ぼしていたことに注意が必要である。⑤さらに国民道徳に関して、和辻哲郎が吉田熊次などと対立しながら国民道徳論を展開していたことも、戦後との連続性を捉えるうえで重要である。

敗戦前後における、西田・三木・木村の相次ぐ死去、京都学派の中心的哲学者たちの公職追放などにもかかわらず、京都学派の教育学への影響は継続した。長田の『教育哲学』(1959) の人間観は西田の行為的直観を承けたものであったし、ヒューマニズム論は西田・田邊の影響を受けた務台理作の理論を基にしていた。戦後の森昭の著作の歩みは、京都学派の哲学（とりわけ田邊哲学）を母体としヤスパース（Jaspers, K.）やデューイ（Dewey, J.）と対話し『教育人間学』(1961) へと展開する歩みでもあった。忘れてはならないのは、戦後の教育政策において京都学派の哲学者たちが果たした役割である。天野貞祐は第三次吉田内閣の文部大臣となり、教育基本法が制定されたとき、教育勅語に代わる国民道徳論の執筆を高坂正顕・西谷啓治・鈴木成高に依頼し「国民実践要領」(1951) として示した。この課題は高坂の「期待される人間像」(1966) へと引き継がれる。近年、西田をはじめ京都学派の哲学の再評価が進み、それと並行して、京都学派の哲学と教育思想との関係の研究も進展し、日本の近代教育思想史の書き換えが進んでいる。

［参考文献］　矢野智司「人間学 ── 京都学派人間学と日本の教育学との失われた環を求めて」森田尚人・森田伸子編『教育思想史で読む現代教育』勁草書房　2013　　　　（矢野智司）

興　味
英 interest／独 Interesse／仏 intérêt

▶ **語　義**　　interest は、ラテン語の inter-esse に由来し、もともとは「間に在る」ということを意味した。古代ローマ法においては、損害賠償にかかわる経済・法律用語として登場してくるが、この関心・興味が哲学用語として、今日の意味で使用されるようになったのは、16・17世紀においてである。その語源が意味するように、興味という言葉には、人間と人間の行為の対象や成果との間の距離をなくすことが含意されている。いいかえれば、興味とは、人間が自己や世界に対し積極的にかかわり、それと結合する根本的な構えや態度を意味している。どのような興味をもっているかが、その人間が何を価値とみなし、何を意味あるものとしているかを明らかにする。

▶ **概念の歴史**　　教育学においてこの用語が問題にされるとき、それはなにより子どもの学習動機の文脈においてである。子どもの興味に対する教育的な配慮は、古代の文献においてもみいだすことができるが、それが教育学の重要なテーマとなったのは、近代以降においてである。

ロック（Locke, J.）は，子どもの気質や精神の特質を知ることが，教育を成功させるうえで不可欠であることを主張し，理性にもとづく権威と，子どもからの信頼を受けた両親の承認と否認によって，すなわち賞罰によって，子どもの欲求と欲望とを統御することを教育の課題とした。ルソー（Rousseau, J.-J.）はこのロックから教育的知見の多くのものを批判的に受け継いだが，ルソーは子どもの欲求や欲望を賞罰によってではなく，教育者によって統制された「自由の状態」に置くことによって規制しようとした。子どもは「現在の利害」を動機とすることによって学ぶのであるから，教材は子どもの現在の利害に適ったものでなくてはならず，そのために教材は「有用なもの」である必要がある。また翻って，子どもの興味は，この「有用なもの」によって形成されるというのである。

ロックにみられたように，子どもの興味・関心は，主として知的学習において着目されてきた事柄であったが，ペスタロッチ（Pestalozzi, J. H.）はこれを道徳教育にまで拡張しようとした。しかし，ペスタロッチのこの試みは，まだ萌芽的なものにすぎなかった。教授内容・方法において，興味概念の体系化を実現したのはヘルバルト（Herbart, J. F.）である。ヘルバルトにとって，興味は成長しつつある人間の内部にあるエネルギーを意味した。ヘルバルトは，この子どもの興味を喚起するために，人間の生活の内容を秩序づけ教材化して提示し，できるだけ多くの開放された多面的な興味を開発しようとした。さらに多面的な興味を統合していけるような強固な道徳的品性の形成を目的とした。ここでは，興味は従来のように学習のための単なる手段ではなく，興味自体が教育の目的となっている。

デューイ（Dewey, J.）は，ヘルバルト学派の興味論を批判的に摂取することによって，ヘルバルト学派の唱えた知的・道徳的な観照的興味論ではなく，活動をも包括した興味理論を展開した。デューイは，興味と努力とを対立的にとらえようとする理論に対して，成長の過程から両者をとらえ直し，興味を活動（欲求，努力，思考）における自己と対象行為の帰結との有機的統一を示すものとして定義した。このように，デューイは興味概念を内的な心理事象としてではなく，対象をも含み込んだ概念に作りかえることによって，子どもの興味を教育の出発点としてとらえ，興味の発達自体を教育の目的としてとらえることができた。

このように新教育運動において興味という概念は，児童中心主義教育から文化教育学にいたるまで，児童理解と教育方法において，中心概念でありつづけた。今日，興味概念は教育学では深められることもなく，心理学の「動機」「探索欲求」「認知欲求」といった概念に取って代られている。しかし，より精密に整理された心理学の用語が存在しても，なおかつ興味概念が重要なのは，人間と世界，子どもと教材との関係を，二元論にとらえる原理を乗り超えようとするデューイの文脈においてであろう。興味論における二元論克服の企ては，教育という動的な事象をとらえるうえでなおかつ重要な課題である。なぜなら，子どもが世界に対して開かれた在り方をし，世界のリズムと共振し，世界の事物に対して喜びに満ちた知覚をもち，そのために事物に驚嘆する存在であるとき，興味という概念は模倣（ミメーシス）や好奇心と同様，子どもと世界との生きた関係を写しとることのできるすぐれた概念となりうるはずであるからである。

[参考文献] Cobb, E., *The Ecology of Imagination in Childhood*, New York 1977（黒坂三和子訳『イマジネーションの生態学』思索社 1986）／Dewey, J., *Interest and Effort in Education*, Boston 1913（杉浦宏訳『教育における興味と努力』明治図書 1972）／長尾十三二「興味論」長尾十三二編『新教育運動の歴史的考察』明治図書 1988
[関連項目] 好奇心／模倣　　　　　（矢野智司）

教 養

英 culture／独 Bildung, Kultur／仏 culture

▶ **語 義**　人間は自然・社会・文化という環境と一定の関係を保ちながらその生存を維持しているのであるが，この生存維持活動として重要で有力な人間形成の作用は，陶冶（Bildung）——明治初期に西周によって Bildung が陶冶と訳された——と呼称されている。一人前の人間にまで，換言すれば完成された人格の持ち主にまで形成する作用を陶冶と呼んでいる。陶冶と訳されたビルドゥングは，人間（人格）を形成する過程・作用を意味するのであり，土を十分にこねあげて陶器を作り上げたり，金属を鍛え上げて製品を作り上げたりする作用のアナロジーとして人間形成の作用にも援用される用語なのである。

　陶冶という用語が，どちらかというと，人間形成という作用の過程を指し示すのに用いられるのに対し，おなじく Bildung の訳語である教養は，人間として形成（bilden）された結果として一人ひとりに内面化された状態や内容などを指示するのに用いられる場合が多い。また，Bildung としての教養が，個々人の内面に血肉化された内容や状態を意味するのに対して，一定の社会において蓄積されてきた文化（culture）が陶冶の内容＝陶冶財として活用され，それが個々人に内面化されるということから，culture としての教養は，個々人が修得すべき客観的な陶冶財そのものを意味すると考えられよう。

　教養という用語の内実は，Bildung であれ culture であれ，社会や文化のあり方に大きく左右されることは言うまでもない。教養にこめられる内容は，一定の社会の指導層が認定している理想的人間像やそれを内容的に保障する文化のあり方によって規定されるのである。たとえば，古代ギリシャ（アテネ）のパイデイア，西洋中世における七自由科，わが国における平安貴族のたしなみであった詩歌管弦，江戸時代の武士に要請された儒学など。要するに教養とは，ある時代のある社会において要請される理想的人間像の内実を構成するものとして求められる知的・技能的な能力なのである。

▶ **教養の歴史**　西洋教育史において教養として最初に確立されたものは，七自由科（Septem artes liberales ＝ seven liberal arts）である。古代ギリシャの哲学者によって自由人にふさわしく理性的判断力を獲得するための学習内容として主張された諸教科が中世初期に集約されたものが，七自由科である。6世紀のローマの著述家カシオドルス（Cassiodorus）によって決定されたとされている七自由科は，文法，修辞学，論理学（弁証法）という形式教科と算術，幾何（地理と博物に該当），天文学，音楽という実質教科とから構成されていた。初級段階で学ぶべき前者（三学）と上級段階で学ぶべき後者（四科）とにイシドール（Isidor）によって区分された七自由科は，中世初期以降 17・18 世紀に至るまで西洋の中等・高等教育の主要な学習内容としての位置を占め続けたのである。知的世界で活躍する人間にとって七自由科の全般にわたって精通することは，まさしく不可欠の基盤であり，この基盤に立脚して個別の専門科学への取り組みが行われたのである。

　七自由科は，中世の教会付属の諸学校においてキリスト教教義と並んで教えられていたが，12 世紀以降に陸続と設立された大学においても教授対象とされた。七自由科は，中世大学において下級学部とされていた学芸学部（教養学部，facultas artium）で教授されていた。学芸学部は，知的専門職にとって広く必要とされた一般的な諸能力を育成することをねらいとする（studium generale）機関であった。七自由科に象徴されている言語的・人文的な能力を学芸学部において獲得した学生は，上級学部と位置づけられていた神学部・法学部・医学部においてそれぞれ専門職に就くための専門的な勉学にいそしんだ。七自由科の勉学を通して修得される教養は，専門職の人間形成的基礎をなすものとしてことのほか重視されていたのである。

　七自由科の確立以来，教養の内容として継

承され続けた人文的教育内容は、ルネサンス運動を推進したヒューマニストたちによっていっそう強力な支持を得た。ルネサンスによって再発見された古典古代の学芸の修得・精通こそが、教養人と評価されるための不可欠の要件であった。人文的教養は、ルネサンス衰退後の17世紀にはその本来の精神を逸したため衒学と批判されたり、科学革命の進展による自然科学的・実学的な諸学問の分離・独立という事態にさらされたりした。ここに、教養史上において人文主義と実学主義との対立・抗争が開始され、この図式は、今日に至るまでの教養史を規定することになるのである。18世紀半ば以降めざましい進展をとげる産業革命による諸成果が続々と顕現したことを追風にして実学主義教育の実際的有効性が強く説かれ、他方で人文主義思想の再興（新人文主義）を通して人文的教養の人間形成的意義がますます強調されることになった。19世紀西欧の中等・高等教育の世界は、人間形成における伝統的な人文的教養の正当性の擁護とこれに対する新興の実学的教養の挑戦とにいろどられた世界であったといえよう。

実学の世界からの強力な挑戦をうけつつも、人間形成における人文的教養の意義を力説するのに一定の役割を果たしたのは、18世紀末から19世紀末までに広範な読者層を獲得した教養小説（Bildungsroman）であった。教養小説は、人生においてもっとも苦悩多き青少年期において教養人（教養市民層）へと自己形成してゆくプロセスが主題として展開されており、当代の若き教養市民層に人間形成（Bildung＝formation）の典型として強いインパクトを与えた。ヴィーラント（Wieland, C.M.）の『アガトン』（1766-1767）を先駆とする教養小説は、ゲーテの『ヴィルヘルム・マイスター』（1796, 1821-1829）によって文学史上に不動の地位を獲得し、その後もディケンズ（Dickens, C. J. H.）の『デイヴィッド・コパフィールド』（1849-50）やケラー（Keller, G.）の『緑のハインリッヒ』（1854, 1879, 1880）などにおいて多

彩に展開された。

19世紀の西欧において進展し続ける社会の産業化による影響・要求を否応なしにうける中等・高等教育界においてなおも一貫してその中心的地位の保持を主張し続けた人文的教養は、19世紀後半以降に無視しがたい批判をうけることになった。一つは、産業社会の要求に即応しうる功利性の観点からの批判であった。産業社会のいっそうの進展に有効に役立つ科学・技術の教育の拡充を力説する勢力からは、人文的教養は無用の長物として拒絶されたのである。いま一つは、「文化批判」の観点から（人文的）教養の虚飾性を批判するものであった。教養教育に求められる課題は創造力・洞察力・感受力などの育成にあるべきなのに、社会的上昇の道具ないしは獲得された社会的地位を飾るメッキとして教養の保持にうつつをぬかす当代の教養人が激しく論難されたのである（ニーチェの「教養俗物」）。人文的教養は、厳しく批判をうけたとはいえ、20世紀に至っても中等・高等教育においてなお根強くその命脈を保ち続けていることもまた打ち消しがたいことである。

▶ **教養教育の課題**　西洋の古代・中世における教養は、その歴史が示しているように、人文科学的な内容によって占められていた。しかし、近代に至ると、そこから社会科学的な内容（たとえば、経済学、法律学、政治学、社会学など）や自然科学的な内容（たとえば、博物学→生物学（植物学、動物学、生理学）、自然哲学→物理学、化学など）が分化し、独立科学としての地位を確保するようになった。学問の分化（発展）に伴って、教養の内容は、人文科学的な内容にとどまらず、社会科学的・自然科学的な内容をも包含し、拡大していった。かくして近代以降における教養教育は、人文・社会・自然という三系列の学問分野への取り組みを通して行われるようになった。諸学問の総合化を理念として遂行されてきた教養教育は、近代の学問の進展に伴って、その理念とは逆行する諸学問の分化・専門化の強化にさらされることになったのである。

人文・社会・自然という三系列の分立および各系列内でのさらなる細分化の拡大が進めば進むほど、諸学問相互間の関係性や個々の学問の意義を問うことが等閑に付される傾向が強まっていった。近代の学問の発展過程に立脚した教養観は、学問の総合化という理念との対立に陥るというパラドックスにはまりこむことになってしまったのである。とくに現代社会においては脳死、臓器移植、バイオテクノロジーなどの生命倫理問題、開発と自然破壊をめぐる環境問題などにみられるように、近代の学問分化の方向性ではなく、むしろ学問の総合化の方向性のもとでその解決を迫られている諸問題が生起している。今日、このような事態に対して教養は、従来のような分化の方向性のみではなく、総合の方向性をもつ新たな基盤のうえに構想され、確立される必要があるように思われる。

問われるべきもう一つの課題は、人間の形成（ビルドゥング）をめざすものとしての教養教育が専門教育（職業教育）といかなる関係にあるべきかという問題である。教養教育と専門教育との関係のあり方については、教養史上以下のような三つの見解に整理することができよう。

（1） 教養教育を専門教育の入門段階とする見解。この見解は、教養教育に固有の意義を認めず、専門教育の予備的・入門的準備としての役割を教養教育に与えるのである。広く専門職業人に要請される一般的諸能力の訓練の場として教養教育が必要視される場合でも、教養教育を専門教育の前提条件とみなすという意味においてこの見解に含めることもできようが、次の（2）の立場での教養教育と考える方が適切であろう。

（2） 事象を科学的（学問的）に探求する方法論を訓練するという機能を教養教育に付与する見解。専門教育がそれぞれの専門領域における実質的な知識・技術の修得に力点をかけて行われるのに対して、人間・社会・自然をめぐる事象を科学的・批判的・芸術的に追求する方法を訓練したり、追求する能力を啓培したりすることに教養教育の意義を見出し、この意味での教養教育を重視する立場である。探求方法の十分な訓練の基礎の上に専門教育が位置づけられる。教養教育は、専門教育の不可欠な土台としての探求方法の訓練の場と考えられるのである。

（3） 専門教育を総合する機能を教養教育に担わせる見解。専門教育は、学問（科学）の分化（＝分科）という動向を必然的に反映する。学問の研究の進展にともなって学問分野が細分化されればされるほど、専門教育も区々に個別的に行われる。専門教育が個別的に行われると、その専門領域と他の専門領域との関連性、個々の専門領域を包括するより広い専門領域における個々の専門領域の位置についての認識が希薄化してくる。あるいは、人間の生命（生活）・社会における個々の専門領域の意味を問いかえすことが等閑視されてくる。専門教育の細分化によるこれらの弊害を解決する方策として、教養教育の位置づけがクローズアップされる。すなわち、個々の専門教育の人間生活にとっての意味を総合的に検討する諸能力を獲得するという機能を教養教育に課そうとするのである。専門教育の個々の成果を総合的・批判的に判断する能力の付与を教養教育独自の役割と考え、これを重視するのである。換言すれば、専門教育それ自体のあり方を吟味・批判する作業として教養教育を尊重しようとする立場と言えよう。

▶ **教養教育をめぐる近年の動向**　わが国の大学教育における教養教育は、近年瀕死の状態にある。戦後日本の大学教育を特徴づけてきた特質の一つは、もとより一般教育の尊重であった。とはいえ、一般教育は「尊重」されつつも、その意義が十分に自覚され、その実施が充実していたわけではない。一般教育の形式化・空洞化が進行していたのである。この動向に追い撃ちをかけたのは、大学審議会答申にもとづいて改正された（1991年6月）大学設置基準による「大綱化」である。新・大学設置基準は、旧基準に規定されてい

た一般教育科目，外国語科目，保健体育科目，専門教育科目という授業科目の区分を廃止した。「大綱化」は，授業科目の区分の廃止であって，授業科目群そのものの廃止ではない。しかし，科目区分の廃止は，一般教育課程を支える制度的枠組みの廃止を意味し，一般教育の軽視・弱体化への可能性（危険性）を孕むものと解されねばならない。現に多くの大学において一般教育課程における教養教育のあり方の検討・反省を十分に行うことなく，「大綱化」をうけてただちに一般教育課程の削減措置がとられている。いくつかの大学にみられる教養部の改組・転換も，大学における教養教育の弱体化と軌を一にする動向である。

新・大学設置基準は一般教育課程そのものの削減を規定しているわけではないにもかかわらず，授業科目区分の廃止を待ちうけて多くの大学はすすんで一般教育課程の縮減に努めた。カリキュラム編成の自由による「専門教育の強化・充実」という美名のもとに遂行されつつあるこの改編は，教養教育を風前の灯火とする措置であろう。人間・社会・自然をめぐる諸矛盾が露呈している現今の状況において，それらを総合的・批判的に考察する場が求められるべきであろう。大学教育におけるこの場は，教養教育にこそ求められよう。専門教育が単に肥大化するのを座視するのではなく，人間生活全体にとっての専門教育の意味を検討することを課題とする一般教育のあり方，人文・社会・自然と分立させるのではなくこれらを総合的・学際的に関連づける作業として一般教育を性格づけることなどを含めて一般教育の意義についてこの際十分に論議することが肝要であろう。さもないと，新・大学設置基準も明定している（第19条第2項）ように，大学教育において「幅広く深い教養及び総合的な判断力を培い，豊かな人間性を涵養する」ことは到底不可能である。大学教育の不可欠な一環としての一般教育課程における教養教育の意義・役割についての十分な議論の結果を踏まえて，これを大学教

育に正当に位置づけることが，大学を功利の機関である単なる「専門学校」におとしめないための一つの要諦であろう。

[参考文献] Bracht, U., Keiner, D., Zimmer, H. (Hrsg.), *Intelligenz und Allgemeinbildung 1848-1918*, Münster & New York 1990／Paulsen, F., *Geschichte des gelehrten Unterrichts*, 2 Bde., Leipzig 3. Aufl., 1919-1921 (Nachdruck 1965)／Ringer, F. K., *The Decline of the German Mandarins*, Hannver & London 1969（西村稔訳『読書人の没落』名古屋大学出版会 1991）／Ringer, F. K., *Fields of Knowledge. French Academic Culture in Comparative Perspective, 1890-1920*, Cambridge, New York & Paris 1992（筒井清忠ほか訳『知の歴史社会学』名古屋大学出版会 1996）／沼田裕之・増淵幸男・安西和博・加藤守通『教養の復権』東信堂 1996

[関連項目] 一般教育／ゲーテ／人文主義（ヒューマニズム）　　　　　　（川瀬邦臣）

キリスト教

英 christianity／独 Christentum／仏 christianisme

▶ 概念　父・子・聖霊の三つの位格に明示される唯一神（God）の信仰で，神の子イエス・キリスト（Jesus Christ）の人格と教えを根本かつ究極の規準として承認する信仰の諸形態全体を指す語。救世主を意味する「キリスト」はヘブル語の「油注がれた者」に由来し，この世の贖いはイエスの受肉（神が肉体となりただ1回だけ自身を歴史の中に啓示），受難（人間の原罪の償い），復活（人間の救いの成就）によりなされると考えられている。人間を神の被造物，罪人，恩寵の下に立つ者と見るキリスト者は，キリストの呼びかけで自己の罪を知らされ，キリストの贖罪によって赦されるという神との出会いを通して回心を経験し，隣人との交わりにおける徹底的な愛の奉仕の実践でキリストの恵みに応えて行くことを目指すものである。キリスト教は神に対して人間の絶対的服従を説くので，そのヒューマニズムは人間性のあるがままの肯定ではなく，否定を媒介とした人間性や主体性の肯定であり，そうした限界を踏ま

えた上での人間価値の承認である点が，人間中心的なヒューマニズムと異なる。また神により創造され，原罪を担いつつも神の救いの座に等しく招かれている点での万人平等観，神への畏敬によって媒介された人間相互の信愛の情といった同胞主義も特色である。歴史的には，カトリック教会はローマ帝国と結び統一的な世界秩序を打ち立てたが，中世以後，東方正教会と西方のローマ・カトリック教会に分裂，さらに後者は近世にルター（Luther, M.）やカルヴァン（Calvin, J.）などの宗教改革運動を契機に，聖書の福音を重視するプロテスタント諸教派を生んだ。また英国国教の英国教会（聖公会）は，カトリックとプロテスタントの両要素を含むが，17世紀にカルヴァン主義の改革を範とし，絶対主義国家と結ばないで徹底した改革を主張した人々を，とくにプロテスタントの中でもピューリタン（清教徒）と呼ぶ。このピューリタン運動は民主主義，人権理念，信教の自由，社会契約論等の基本理念を生み，資本主義との関連も指摘される。彼らは理想実現のため米国に渡り，当地のプロテスタント諸教派の起源となった。今日のキリスト教は大別して，教皇に具現化された中央集権により全世界の教会に指導性を発揮するローマ・カトリック教会，独立した国家教会に分かれる東方正教会，プロテスタント諸教派からなる。

▶ **キリスト教教育の歴史**　キリスト教は伝道の宗教といわれるが，たとえば聖書の「全世界を巡りて凡べての造られし者に福音をのべ伝えよ」（マルコによる福音書16章15節）はキリストの命による。したがって，古代より伝達をモチーフにする教育は伝道の必然的な一要素であった。そのためキリスト教教育は宗教そのものと同様に古く，長期間，宣教の手段であった。キリスト教会の教育はイエス・キリストに始まり，新約聖書ではキリストを教師として直接に指すことが多い。古代の教会教育を指す「カテーケーシス」は「上から響くこと」の意で「人にあることを伝達する」「人を教える」の意味内容をもつ。こ

れは洗礼志願者の準備教育の手引きとして定型化し，ここからカテキズム（教理問答）教育が発展，現在も教会の教育として継続されている。16世紀欧州の宗教改革運動は，新しい社会秩序と人間の内面そのものの変革を追求し信仰の基盤を聖書にのみ認めたもので，その福音を全ての人々に徹底するために一般庶民を対象にした教育を重視し，義務教育制度の端緒を開いた。他方，この運動はカトリックの再建をも促し，中でもイエズス会は中等教育機関を世界各地に創設，また18世紀以降のプロテスタント外国伝道運動も福音宣教と共に教育を重視し，ミッション・スクールを各地に設立した。18世紀後半にはイギリスで，レイクス（Raikes, R.）が日曜学校を開き世界的運動となった。アメリカでは政教分離の原則からキリスト教教育は教会教育として発展し，18～19世紀には急激な回心を求める信仰復興運動が興った。一方ニューイングランド地方では，シュライエルマッハー（Schleiermacher, F. E. D.）の近代神学の流れの中で自由主義的宗教教育思想が展開されたが，聖書批判，神の内在性，成長の理論，歴史的イエスの前提を説く，この教育思想体系の創始者はブッシュネル（Bushnell, H.）とされる。彼の後継者コウ（Coe, G. A.）はデューイ（Dewey, J.）の教育哲学を援用して教会教育に適用し，宗教教育運動の契機となった。しかし20世紀半ばになると，神の言葉の神学を説き人間学に転化した神学のテーマを回復しようとしたバルト神学の影響を受け，スミス（Smith, H. S.）等は自由主義神学を批判し軌道修正したキリスト教教育運動を展開した。現在，ブーバー（Buber, M.）の「我と汝」の関係を基調とする宗教哲学は教育学と神学をつなぐ理論として注目されるが，絶対的・超越的な拠り所を喪失した人間の，並列的で核のない価値の多元化状況を克服する視点を秘めているように思われる。これまでキリスト教教育は，その理論と実践を教育理論と神学の双方から引き出し，いずれか一方に力点を置く傾向にあった。依然とし

て神学と人間学の統合の課題は残る。しかし，あくまでもキリスト教の教育では教育の主体は神であり，教師の役割は神の愛の業に奉仕する者として位置づけられることに変わりはない。そして，神の真理の人間という受け手への伝達は，もっぱら神の側から人間への自己啓示という下降的運動を根拠にして可能となるのである。

▶ **キリスト教と教育思想**　近代以降は教育の自律が主張され教育学は神学からの離脱をモットーとしたが，思想形成史的見地からは近代教育も，とくに欧米では先行思想（キリスト教）との継続的な連続面が存在するであろう。17～18世紀の教育思想家は人間の自然性に対する考察から，キリスト教の絶対性，先験性を従来のように当然視せず，人間性との関連で批判的に考察したのであり，人間の堕落後も何らかの意味で神の像の残存を人間に認めることから出発していると思われる。たとえば，コメニウス（Comenius, J. A.）は聖書啓示と共に自然啓示を重視し直観的な教授法を発達させた。中世の神秘主義の伝統を受け継いで情意的，内的経験を重視し，人間に内在する神性を開発する教育理論を展開したドイツ敬虔主義の名の下に総括できる立場に立つのは，フランケ（Francke, A. H.），ペスタロッチ（Pestalozzi, J. H.），フレーベル（Fröbel, F.）などである。ヘルバルト（Herbart, J. F.）は道徳性が教育の根本的目標であり，宗教はその不可欠の補足と信じていた。またロック（Locke, J.）等ピューリタニズムの媒介を経た英国啓蒙思想は理神論に立つが，仏国の無神観的な理神論とは異なる。ただしルソー（Rousseau, J.-J.）の場合も，人間的な自然の強調から幼児期の宗教教育を拒否したが，青年期に自覚的に信仰を得ることには意義を見いだしている。このようにキリスト教文化圏では教育思想はキリスト教と融合し，その連続面が顕在化しにくい。したがって，教育者の神観，人間観を含むトータルな教育思想把握によって，近代からデューイ，現代思想の流れをキリスト教概念や観念との連続・非連続面をもって構造的に捉えることが，課題であろう。他方，日本近代ではキリスト教の神観，人間観，社会観，家庭観等が日本の伝統思想や天皇制教育思想と異質であった結果，キリスト教は日本人の人格改造を通して様々な領域で際立った変革思想となり得た。とくに人間形成を課題とする教育分野へのインパクトは大きく，プロテスタント男性宣教師，新島襄，井深梶之助，内村鑑三，新渡戸稲造等は代表的な教育者である。中でも当時は顧みられなかった女子教育に女性宣教師，中村正直，巌本善治，澤山保羅，成瀬仁蔵，津田梅子，安井てつ，羽仁もと子等，社会事業教育に生江孝之，留岡幸助，山室軍平，石井十次等，幼児教育に倉橋惣三等の果たした役割は大きい。ただ，日本の場合はキリスト教教育者個人の思想構造をより明確化する作業，さらに体系的なキリスト教女子教育史の構築も待たれる。

[**参考文献**]　Burgess, H. W., *Models of Religious Education*, Wheaton, IL: Victor Books 1996／高崎毅ほか編『キリスト教教育辞典』日本基督教団出版局　1969／吉岡良昌『キリスト教教育研究』聖恵授産所出版部　1994
[**関連項目**]　宗教教育　　　　　　（影山礼子）

規律・訓練
英 discipline／独 Disziplin／仏 discipline

▶ **語　義**　おもに監獄・学校・軍隊などの近代的な施設・組織において，そこにいる人々のものの考え方（思考形態），日常のふるまい方（行動様式）の規制・拘束をつうじて，彼（女）らを精神的にも身体的にも支配し，かつ自発的に服従させる習俗・実践の総体をさす。学校の場合，それに含まれるものは，日常的な教員と生徒との支配／服従関係，成績による序列化，制服や身体にかかわる細かな規則による拘束，礼をして着席するといった（日本的な）儀礼など，子どもが自分を類別し位置づけ，かつ子どもにそうする自分・そうである自分を納得させる教育実践すべてである。つまり，「規律・訓練」という

discipline/Disziplin の訳語は，「規律」という規範としての意味と「規律化」という作用・行為としての意味をともに含んでいる。

discipline/Disziplin は，おそくとも近世あたりまでは，すくなくともつぎの三つの意味をもつ言葉であった。一つは，スコラ哲学における厳格な師弟関係のもとでの弟子（disciple）のように，従順であること。もう一つは，この弟子の意味から転じて，厳格な訓練を必要とする学問。そして最後に「教会規律」（Ecclesiastical Discipline）のように，「教会が悪人の罪に応じて処罰し，その悪人をまっすぐに直す（normalize）ための統治の指針」（Cartwright, T.）である。しかし近代以降，discipline／Disziplin は，あたらしく冒頭に述べた規律・訓練（規律化）の意味をもつようになった。

こうした一次概念（つまり日常用語）としての discipline／Disziplin の意味にたいして，二次概念（つまり分析用語）としてのそれは，ヴェーバー（Weber, M.），デュルケーム（Durkheim, É.），エストライヒ（Oestreich, G.）の使用例がある。しかし，冒頭にあげた意味で二次概念としての discipline／Disziplin がひろく知られるようになったのは，1970 年代にフーコー（Foucault, M.）が主題的にそれをとりあげてからであり，「規律・訓練」という訳語も，フーコーの『監視と処罰』の邦訳『監獄の誕生』ではじめて用いられた。この二次概念としての規律・訓練（規律化）概念は，「道徳教育」「学校規律」という近代教育学の概念を近代社会の装置ないし近代的な思考様式の一環として逆照射（対象化）する契機である。

▶ **規律・訓練（規律化）の学説**　学説史上，最初に主題的に規律（化）をとりあげたヴェーバーは，『法社会学』や『支配の社会学』のなかで，規律とは「一定範囲の多くの人々のあいだに，彼らの習性化した態度によって，ある命令に対する俊敏で自動的で型どおりの服従が認められるとき，その服従の契機となるもの」であり，「規律の奉仕を望み，また

規律の生産を可能にするすべての権力に献身する」ものであるという。その母胎は「軍隊の規律」であり，その最終形態は「アメリカ式の科学的管理方法」である。ヴェーバーにとって，つまるところ規律化は，内容としてみれば，すべてを計算可能なものにし没主観的な献身をひきだすように人を合理化する働きかけ，機能としてみれば，主観的な動機や意図に関係なく生じる一定集団規模の行為を近代的な合理性に一致させる働きかけである。

これに対してデュルケームは，規律を社会的に機能を満たすための義務の体系，また道徳性をもった内在的な性向と位置づけている。『道徳教育論』（1923）のなかで述べられているように，規律とは「行為に規則性を与えることをめざすものであり，また一定の条件のもとでつねに同じような行為がくりかえされることである」（第 2 講）。前者はたとえば「学校規律」，つまり子どもの行為をあらかじめ定めた規則の体系であり，後者は「規律精神」，つまり自己による「自己支配」（とりわけ欲望抑制）の習慣である（第 9 講）。デュルケームにとって，この「規律精神は，学校規律の実行によってこそ，はじめて子どもに教え込むことができる」ものである（第 10 講）。

またエストライヒは，「社会的規律化」という用語を用いて近代国家の統治様式を特徴づけている。たとえば，17 世紀後期のゴータ候国においてエルンスト公（Ernst der Fromme）が展開した義務教育政策は，この社会的規律化の一環である。その背後にあった思想は，当時のルター派がとなえた「統治」（Regiment）論，つまり「ポリッツァイ学」（Polizeiwissenschaft ふつう「行政学」と訳される）である。ポリッツァイ／統治は，世俗的な生活と宗教的な生活の両面にわたり国家の「共通利益＝よい状態」を維持し，法・正義を領民に分け与えるために，すべての身分・臣民にたいして行使される。具体的にいえばそれは，臣民のキリスト教信仰にふさわしい共同生活であり，それを実現する施

政である。この施政の核に学校があり，その学校で行われる「キリスト教的な規律（Disziplin）と信心を植えつけ養うこと」（ゴータ学校教育法第9章）は，神ないし隣人によってたえず自分が監視されているという「畏怖心」（信心）を育てあげ，内面に自己規制を生みだすことである。この監視装置（たがいがたがいを監視しあいしかも告発しあうこと）は，国全体に展開されるべきものであった。

フーコーは，フランスやイギリスに注目し，規律化は，17世紀末期に，施療院が老齢者・不具・病人・貧困者など憐れみの対象を保護する施設から，狂人・貧困者・無信仰者・同棲者・犯罪者など不道徳だが道徳的な主体になりうる者を強制労働させ，道徳的に矯正する施設になったとき，そのやり方（身体技術）として生まれた，という。この憐れみの対象から道徳的な主体へという移行は，狂気・貧困から宗教的な神聖さが喪われ，それらがたんに道徳的な欠陥とされたことを意味している。フーコーによれば，18世紀になると，規律化は重商主義（Kameralismus, mercantilism）の生産規範にむすびついて，西ヨーロッパ全体にひろがり，不道徳な人をひたすら道徳的な反省をおこなう場所に閉じ込め，「監視」（surveillance）し，強制的に厳格な肉体的訓練をほどこす方法，つまり「調教」（docile）する方法として制度化されたという。19世紀初期になると，規律化は，さらに健康規範に結びつき，社会全体に権力網として広がりはじめ，人々を親・国家・社会の代理人としてこの権力網のなかに位置づけるようになったという。つまり，この時期から規律化は，強制や暴力を濫用することなく──日本で「修身」という身体規律が徳育であるように──精神次元の原理を身体次元の原理に転移させる契機となり，「労働なしに生きられないすべての人を労働可能な身体にかえ，また労働を必要とする身体にかえる技術の総体」（フーコー）となっていく。

▶ **教育研究への含意**　規律・訓練（規律化）は，近代的な思惟の宿る近代的な身体の編制にかかせない契機である。それは，内面以外のすべての要素，すなわちいっさいの外に表れる言動を一人ひとり拘束するだけでなく，社会空間に透明で普遍的な事実（合理的・生産的・道徳的な言説，合理的・生産的・道徳的な身体）の位置づく地平を開き，それまでの多様な宗派や多様な民族の並存していたモザイク空間を一律に平準化していった。そして，この平準化された近代的な地平は反転して，各人の罪が芽ばえ祈りが宿る内面を構成し，そこに私秘的な（private）領域，すなわち外面的な拘束（権力）に負けない「良心」という実体を生みだし，権力／良心という二項対立を生みだした。

19世紀以降，教育における規律・訓練（規律化）は，おもに一律の動作を予定する学校空間によって確立された。たとえば，1840年代にイングランド，アメリカで作られた，子どもをベンチに横ならびに座らせるランカスター型の教室は，全員がいっせいに教師の命令に従うという行為を自明化し，また同じころアメリカで作られたクインシースクールは，椅子も机も規格化ししかもボルトで床に固定し，全員がきちんと前を向いて座る以外ない状態を自明化していった。一斉教授法も「多動児」という表現も，このような一律の動作を予定する学校空間のなかではじめて意義・意味をもつ。

さらに，規律・訓練（規律化）は，身体／精神の媒介項としての教育学的な教育概念の具体化とともに，教育の予見によって想像的に編制されるようになる。たとえば，かりに「オープンスクール」のように近代的な教室空間を撤廃し一見ランダムにみえる学校空間を設定しても，あるいは「個別学習」といわれる学習方法を採用しても，教師の教育的な視線や教育的な働きかけがあり，同時に子どもがその存在を予見するかぎり，子どもは，教育的な空間を想像的に実体化し，その想像的実体をつうじて彼らの規律化は，遂行されつづけるからである。

[参考文献] Cartwright, T., *A Directory of Church Government*. (D. Neal ed., *History of the Puritans*, vol. 5. 1822 に収録)／Foucault, M., *Historie de la Folie*, 2nd edn, Paris 1972（田村俶訳『狂気の歴史』新潮社 1975）／Foucault, M., *Surveiller et punir*, Paris 1975（田村俶訳『監獄の誕生』新潮社 1977）／Oestreich, G., *Strukturprobleme der frühen Neuzeit*, Berlin 1968／Weber, M., *Wirtschaft und Gesellschaft*, Tübingen 1972（世良晃志郎訳『法社会学』創文社 1974／世良晃志郎訳『支配の社会学 I』創文社 1962）／千葉徳夫「17 世紀ゴータ候国のお上と教育」『法律論叢』63（4-5）1991／森重雄『モダンのアンスタンス』ハーベスト社 1993

[関連項目] ヴェーバー／権力／デュルケーム／道徳／フーコー　　　　（田中智志）

キルパトリック

(William Heard Kilpatrick, 1871-1965)

アメリカのジョージア州ホワイトプレーンズに生まれる。地元のマーサー大学で数学を専攻した後、1891 年にジョンズ・ホプキンス大学大学院に進学して研究を続ける。数学者として身をたてることを志しながら、学費の捻出などを理由に、数度にわたって教師や校長を勤め、1897 年には母校マーサー大学に数学と天文学の教授として迎えられた。各所で教壇に立つかたわら、たびたび参加した大学のサマー・スクールや教員養成の講習会において、パーカー（Parker, F. W.）や、デューイ（Dewey, J.）らから、子どもの活動や経験を重視する教育の実践や理論を学んで感銘を受け、次第に教育への関心を深めていく。1907 年、36 歳の時にコロンビア大学大学院ティーチャーズ・カレッジに入学、教育学の研究に専心する。

ティーチャーズ・カレッジでは、はじめモンロー（Monroe, P.）のもとで教育史を研究したが、後にデューイに師事して彼の教育哲学に傾倒する。1912 年に Ph. D. を取得。1918 年には、教授に昇格し、同年、国内外の教育現場に広く影響を与えた論文「プロジェクト・メソッド」を著し、以後進歩主義教育運動を理論的に支える。その一方においてプロジェクト・メソッドで表明された教育理念に従い、目的意識を喚起することで一人ひとりの積極的な参加を目指した講義を行って数多くの生徒を指導し、「百万ドル教授」と讃えられた進歩主義教育の実践者でもあった。1937 年に停年退職。

キルパトリックは、デューイ教育哲学の影響を受け、実験主義教育理論にもとづいて、主体的に思考し、行動することによってこそ学習が成立するという、生活経験論を一貫して主張した。それを方法論へと結実させたプロジェクト・メソッドは、目的を設定し、それを実行するための計画を立て、実行し、その成果を判断するという一連の過程がカリキュラムや教材を規定すると考えられているように、活動主義を基礎としている。1930 年代半ばから 1940 年代前半にかけては、『ソーシャル・フロンティア』誌（後に『フロンティアズ・オブ・デモクラシー』）の中心的な指導者として教育による社会改革を説いた。その際にも、絶えまない変化を特徴とするがゆえに新たな問題が次々と生ずる現代社会において、教育の役割は、既定の知識や秩序を教え込むことではなく、個々が問題を自ら察知して批判的に検討し、克服できるように導くことであると説いた。

キルパトリックはまた、教師が教えていることをきっかけとしながらも、それとは別に、生徒が感じたり思ったりすることで成立している学習領域を「付随学習」と呼んで着目し、学習者の多様な反応を包括した独自の人格形成論を確立した。この付随学習は、場合によっては教師や生徒が意図しないところで展開しながら、道徳的に重要な役割を果たしていると考えられている点で、潜在的（隠れた）カリキュラム研究の先駆をなす。

[参考文献] Beineke, J. A., *And There Were Giants in the Land: The Life of William Heard Kilpatrick*, Peter Lang, New York 1998／Kilpatrick, W. H., "The Project Method——The Use of the Purposeful Act in the Educative Process", *Teachers College Record*, Vol. 19 (4) 1918（市村尚久訳『プロジェクト法』明玄書房 1967）／Kilpatrick, W. H., *Foundations of Method —— Informal Talks on Teaching*, Macmillan New York 1925（西本三十二訳『教授法原論』東洋図書株式合資会社刊 1928）／Kilpatrick, W. H., *Philosophy of Education*, Macmillan New York 1951（村山貞雄・柘植明子・市村尚久訳『教育哲学1・2』明治図書 1969）／Tenenbaum, S., *William Heard Kilpatrick —— Trail Blazer in Education*, Harper & Brothers, New York 1951／佐藤学「キルパトリック "プロジェクト・メソッド" の検討 —— 単元法の定式化と教材構成の退化」『三重大学教育学部研究紀要』第36巻，教育科学 1985　　　　　　　　（佐藤隆之）

近代化

英 modernization／独 Modernisierung

▶ **語義**　類似の言葉に，民主化，合理化，工業化，都市化，効率化等の言葉がある。政治における民主主義化，経済における生産力の拡大，制度における合理化，効率化等，産業革命，科学革命，市民革命以後の世界のありかたを特徴づける包括的な言い方が近代化であるといえる。したがって，近代化のメルクマールをなにに取るかは難しい問題である。

教育の近代化ということであれば，無償，義務，非宗教の三原則を備えているのが，近代的な教育制度であり，複線型学校体系から分岐型学校体系を経て単線型学校体系への移行が教育制度上の近代化といえよう。教育方法の上からは，子どもの興味，経験の重視といった原則の採用がそれであり，現代ではさらにティーチング・マシンやCAIの導入が現代化のメルクマールであるといえよう。

▶ **近代化論**　近代化の考え方に対しては，マルクス主義の側から，体制擁護のイデオロギーであるとの批判がなされたことがあるが，社会主義ソビエト連邦が崩壊した現在，社会主義においてもまた近代化とりわけ経済の近代化が重要であることが示唆されている。近代化の問題が我が国で大きく取り上げられる

ようになったのは1960年に箱根で開催された「近代日本に関する会議」を契機としてである。これ以後，開発途上国の近代化を促進する上で教育の果たす役割が強調されることになる。1960年代には，教育の近代化が経済の発展の鍵を握るという教育投資論が幅をきかせ，この理論にもとづき実際に教育制度の整備が進められた。しかし，教育制度の整備は，必ずしも所期の目的を達成せず，逆にインフラストラクチャーの不備が卒業生の失業を生み出すことになり，教育投資論は，下火になってゆく。

近代化の有力仮説である，ヴェーバーの論は，プロテスタンティズムとりわけカルヴィニズムが近代的なエートスの形成を可能にしたという仮説であるが，この論に対し，NIESの発展を説明するために，最近では，儒教倫理と近代化の関係に関心が持たれている。ヨーロッパにおけるカルヴィニズムの役割をアジアでは儒教が担うというわけである。また，生態系の破壊を伴う旧来の近代化の方式に代わって，柔らかいテクノロジーを主張し，生態系とマッチした近代化を模索しようとする動きも現れている。

▶ **近代化と教育**　日本は遅れて近代化した国としては希な成功を収めた国と考えられている。その日本を近代化のモデルとしようとする傾向も強いが，なぜ日本が近代化に成功したかについては，ドーア（Dore, R. P.）等により，江戸時代における寺子屋による教育の高度の普及と高い識字率が成功の原因である，とか，明治維新のあと最初の近代的「学制」が敷かれたのは1872年であり，期せずして，ヨーロッパやアメリカにおける国民教育制度の確立期と同時期であるということが指摘されている。とはいえ，遅れて，経済システム，政治システム，教育システム等すべての近代化を進めた後発国日本は，欧米諸国には見られない学歴主義，進学競争が支配することとなった。こうした過激な進学競争は，後発国であればあるほど激しくなるという後発効果仮説がドーアによって唱えられている。

1960 年代には，教育が近代化の鍵を握っているという考え方が，アンダーソン（Anderson, C. A.），ヴェイジー（Vaizey, J.），シュルツ（Schultz, T. W.）らの教育経済学者によって主張され，実際に開発途上国で政策として採用されていく。教育経済学における，教育の経済への寄与の算出方法は，生産力の増大分で説明できない分を教育の成果として考えるなど，それほど明確な根拠のあるものではなかった。GNP の高い国はいずれも高い経済発展を達成しているとの主張もなされたが，これも相関関係と因果関係を混同するものであった。また，教育計画が社会的需要アプローチ，やマンパワーアプローチによって立てられたが，予測の困難さが証明されたにすぎなかった。また教育投資論にもとづいた財政援助と教育制度の拡充は，逆に高学歴失業者を増大させ，世情不安を招いた。そこで，近代化の産業国家による援助そのものが，開発途上国を搾取するためのものであり，新しい植民地主義の形態であるとの批判がなされるに至った。さらに，ウォラーステイン（Wallerstein, I.）の唱える世界システム論の立場から，中核と周辺を精緻化した，中核都市は周辺国の中核都市と学歴，人材，思想，財源等により結びつき，周辺国の内部にも中核と周辺が構成されているとの論が立てられた。さらには，近代化とは社会の機能分化により政治システム，経済システム，宗教システム，教育システム，家族システムが相対的に自立的なサブシステムとして独立し，サブシステム自身がサブシステムの圧力によりさらに分化発展してゆくとのシステム論による新しい近代化論も現れている。

▶ **課題**　ローマ・クラブの報告書以降，現在進行中の近代化，工業化が，地球環境の破壊，生態系の破壊をもたらしこのままでは人類の存亡の危機を招くという認識がようやく生まれ始めている。国際連合も「持続可能な開発」（sustainable development）を主張し，環境と開発の調和を図ろうとしている。とはいえ，現実に現在急速な近代化を目指している中国等は，先進諸国が公害を出していままで蓄積してきた悪を煩かむりして，新興国家に対してだけ厳しい工業化の条件を課するのは，先進国の自分達だけ工業化の果実を味わおうというエゴイズムにすぎない，という考えから，従来型の近代化に邁進しているのが現実である。

こうしたなかにあって，先進諸国は，自国の内部において，環境に優しい技術の開発に努めるとともに，安い労働力を利用するための工場の海外移転ではなくて，ソフトテクノロジーの面での協力が現在要請されている。教育に関しても，単に産業界に役立つ人材の育成ではなくて，地球全体，人類全体の福利厚生を考えるような人材の育成が教育システムに期待されている。

教育システムは，社会の中で選別機能を果たしているので，どうしても，競争圧力を免れないというのは否定できない事実であるが，その教育内容に公害問題，地球環境問題等を入れることは十分に可能である。

［参考文献］　ハルゼー，A. H. ほか編（清水義弘監訳）『経済発展と教育』東京大学出版会 1963／Jansen, M. B. (ed.), *Changing Japanese Attitudes Toward Modernization,* Princeton University Press, Princeton 1965／Halsey, A. H., Floud, J., Anderson, C. A. (eds.), *Education, Economy, and Society* The Free Press of Glencoe, NY 1961／Passin, H., *Society and Education in Japan,* New York 1965（パッシン，H., 国弘政雄訳『日本近代化と教育』サイマル出版会 1969）／鶴見・川田編『内発的発展論』東京大学出版会 1989／ウィーナー，M. 編著（上林良一・竹前栄治訳）『近代化の理論』法政大学出版局 1968
［関連項目］　近代教育／システム論

（今井重孝）

近代教育

英 modern education／独 Erziehung und Bildung in der Moderne／仏 éducation moderne

▶ **語義**　一般に近代教育と言うとき，そこには，普通に近代とされる時代区分において生起する教育事象を言う場合と，近代的

理念を表現する教育事象（思想や制度）を言う場合の二義性がある。いずれにしろ、近代における社会的生存様式の特質からくる教育の課題及び現実との関係において近代教育の基本的意味を捉えておく必要がある。そのことから意味を狭く限定しておくならば、近代教育は、封建的共同体に代わる新しい社会形態としての国民国家によって経営される教育のシステムであり、封建的共同体的な生存管理から抜け出て自ら生存責任を負うにいたった近代的個人の生存能力を一般的に形成することを課題としつつ、その能力形成に対する国家経営的関心からの作用として生起する教育事象ということになる。

国家的関心からの作用の基点にはいつも、国民の政治的社会化及び能力の配置がある。たとえば国家が統治の最終原理としてもっている物理力装置が常時には働かないところに成熟社会の徴表があるとされるが、教育に対する国家の関心にはいつもそのような結果を産む社会化機能の期待がある。また、国家を政治的経済的に経営するためには効率的な能力の形成と配置が必要である。ここに、安定した社会における生存と幸福の条件として、国家が学校制度によって国民個人の能力の形成に向かうことの理由づけがあり、またそのことによって個人は教育獲得競争の努力を継続する。国家規模における能力の形成と配置の作用は、必然的に教育競争を引き起こし、その競争力によってまた形成配置の作用としての学校制度を可能なものにするという循環ができあがった。

▶ **近代教育の発生**　人間という種において教育はその個体の基本的生存を可能にする機能であるが、その個体のそれぞれが生存と幸福の責任を直接に負うにいたった近代において、生存条件としての教育の機能は現実的意味を持つのである。人間の生存や幸福が共同体の管理の中に包摂されている場合、教育は、それが現実に働きかけるところの各個人の生存や幸福には直接の利害を及ぼさないからである。近代人にとっては、好むと好まざるとにかかわらず、教育は欠かすことのできない労苦となった。近代教育がそれ以前の教育と質的に異なる意味を持つ理由がここにある。

こうしていわば生物的自然的行為としての養育から社会的制度的教育への展開が人間一般に対してみられるのが近代である。だが、そのことが一度に現出したわけではない。その契機として、家族感情の親密化、社会的上昇移動の志向、階層的道徳の囲い込み、など生存主体の個別化に伴う社会的意識の変動があった。これらのことはまずは先行して生存主体となった上層階級の意識の現れであったが、やがて学校教育という営為へ人を一般的に向かわせる動因となった。さらに、宗教闘争からの転化の受け皿として、また絶対主義権力の統治手段として、教育は新しい社会的関心の的となった。これは個別の教育意思を超えることではあるが、個別化の進行を前にしてそれに対する秩序化、統合化の社会的運動であり、やがて狭義の近代教育へと転換していく運動である。

近代教育を発生的に見れば、西洋において、上記のようにすでに近代革命前の宗教改革及び絶対主義体制の成立によって教育に対する社会的要求が急速に高まる16世紀あたりを始期とすることができる。それに対してわが国の近代教育は、西洋教育の移入を契機として理解されることによって一般に明治期以降のものとして記述される。また、特にわが国にあって、近代教育によって今日までの時代の教育を総称する場合と、現代教育をそこから分けて言う場合とがあるが、歴史的意味づけの上で必ずも判然とはしない。

▶ **制度としての近代教育**　共同体から析出されてくる個人の自己保存能力の一般的形成という課題を方法化するために、国民教育制度としての学校制度が形成され、教育の内容と方法が整備された。

近代の社会的生存が国家の形式を持ち、その中に国民が擬制されることに伴って、国民のすべてを対象とする普通教育（universal education）に基づく国民教育制度が作られ

た。教育は国民に対する国家の責務としての組織的サービスであるとともに，国家経営の視座からなされる統合的機能として組織された。こういった普遍的教育のための学校制度の構想は，早く17世紀のコメニウス（Comenius, J. A.）などにその例があるが，現実には19世紀後半にいたり，西ヨーロッパ先進資本制国家において近代公教育としての制度的確立を見た。この時，義務制・無償制・中立性（世俗性）の原則が伴い，公教育に機会均等の原理とともに絶対的な普遍性が与えられた。また，教職が職業化されたが，そのことによって古くから相互に包摂関係にあった教育と学習が分化され，二項関係として明確化されることになった。

近代の教育内容について言えば，まずそれまで上層のものであった知識体系が教育獲得競争に参加する階層の拡大に伴い，次第に拡散し一般化した。そこでは，「知は力なり」の言葉に代表されるところの知に対する信頼のもと，できるだけ広い範囲の知の体系が教育内容として組織された。それがやがて啓蒙主義を支え，進歩への信頼を確実なものとしていくことになる。しかしながら，産業革命後の民衆教育の展開において，職業能力の形成とともに生活と教育の結合が求められ，教育内容の原理がリベラリズムからリアリズムへシフトしていき，実科を大きくとりいれたカリキュラム改造が行われ，かつての自由学芸に代わって母国語を中心とする近代教科の体系が作られた。そしてこの時，近代教科はナショナリズムに支えられた国民統合的役割を担うことにもなった。

さらに教育方法は，まず直観主義的方法が用意され，そのことによって教育可能性が著しく拡大された。よく知られているように，それはコメニウス（Comenius, J. A.）によって理論的に提供され，ペスタロッチ（Pestalozzi, J. H.）によって民衆教育の実践に用いられた。だが，コメニウスの実物教授が実物や絵を多く提示すること自体を眼目とするのに対して，ペスタロッチはそれらを要

素に分解した上で改めて順序立て，カリキュラムとして再構成するところに大きな努力を払った。実物を与えさえすれば後は人間に与えられた天賦の認識能力によっておのずから概念形成ができるようには，ペスタロッチには見えなかった。

直観的方法が学習を容易にする方法であったとすれば，次にその学習に向かわせるための動機づけが方法化されることになった。学習意欲のメカニズムが心理学的に再構成されることによる動機づけの理論はやがて学習の操作技術を可能にするものとして，近代教育理論の中で大きく展開した。いっぽう，それに重なりながら，個人差対応の方法的関心が進んだ。一般化し大量化した学習者に対する教育経営の必要から学級ができたが，そこで行われる一斉教授は教育の量的拡大を実現する代わりに，個別能力（実際には，高序列に配置すべき能力）の選別と効率的育成には困難をもたらした。学級経営における個人差対応の指導原理が求められ，とりわけ20世紀に入ってそのための方途が試みられてきたが，最近のコンピュータの発達はその流れに有利に働いている。

▶ **近代教育批判**　教育の制度化，管理化が進むと，過剰組織が発生するとともに，学習内容の構成原理から主観的要素が疎外され，そのことに対する抵抗が生まれた。これはまず，児童中心的方法を基調とする19世紀末からの新教育運動として展開された。帝国主義段階に入って進取の気象をもった新しい人間像が求められていたこと，また，大衆社会状況の進行の中で人々が自己の個性を探しつつあったこと，などがその背景にある。さらに，20世紀後半になって，学生運動に発する教育批判が現れた。直接には，大学の巨大化，官僚制化の中で次第に抑圧感を増していた学生たちの反抗であったが，それが一つの引き金になって，教育システム全体に対する批判が展開されることになった。1970年代のいわゆる脱学校論はラディカルな学校否定を論じ，大きな衝撃を与えた。それは絶えず

行われてきたはずの学校改革への失望であるとともに、学校信仰の崩壊を示すものであった。人はこの議論に触発を受けながら、その前に世に出ていたアリエス（Ariès, ph.）の子ども観史研究に子ども観の近代化が子どもを教育的に囲い込んでいく過程であることを読みとり、そこに新教育をも含む近代教育総体に対して批判を重ねることになる。また、ブルデュー（Bourdieu, P.）などによって論証された階級的文化の再生産過程は機会均等原則に基づいて階層間格差の縮減に向かうはずの公教育に対する信頼を壊すことになった。

こういった批判に重なる形で、さらに1980年代には、いわゆるポストモダンの議論が出てきた。それは、近代西洋教育の理論的枠組みとそれがもつ政治的覇権に対する疑念に発している。近代教育が普遍的価値として掲げる自由や理性などの理念に対して、権力から離れた普遍的真理や超利害的知識の存在に疑問を出した。教育の制度化に対する反抗には、制度や「普遍的真理」による個の抑圧に対する抵抗とともに、制度や真理の持つ権力が国家などの部分社会によって保持されていることに対する抵抗が意味されている。また、近代教育にメカニカルで非人間的な管理的性質をとらえるところから、これらの議論には、一つには前近代的世界に視座をおく共同社会論的な、あるいは自然愛好的な立論の傾向が、もう一つには、近代内部に発生する個の絶対的自律の観念に基礎をおく傾向が少なからず伴っている。

こういったことから、個性化、自由化、さらには国際化の名の下に、カリキュラムの多様化、多文化主義、などの動きが近代教育がめざしてきた普遍的文化体系に代わって力を得てきた。しかしながら、そのことによって皮肉にも世界的な力関係にもとづく文化の新しい階層構造が形成されつつあることも事実である。また、制度の硬直性を減らし、わが国の例で言えば、不登校や受験資格などに寛容かつ柔軟に対応することも社会的要求となっているが、その要求に応えながら、それら

を周縁的事象として許容することによって、社会的なシェマにおける教育的生産性はかえって高く確保されることになりつつあると言えるだろう。むしろ、こういった状況こそが近代教育の構造原理に相応しいことであって、今日の多くの批判は皮肉にもその構造を深部において活性化するように働いていることになる。

こうして、近代教育はさながら敵陣による全面的包囲の中にありながら、容易に陥落しそうにもない。内在的自己矛盾の表現としてパラドキシカルに次々に異なった相貌を示しながら、近代教育はしぶとく自己展開を繰り返している。

[参考文献] アリエス, Ph.（中内敏夫・森田伸子編訳）『〈教育〉の誕生』新評論　1983／海後勝雄・広岡亮蔵編『近代教育史』誠文堂新光社　1952-1956／清水重勇『スポーツと近代教育』紫峰図書　1999／長尾十三二編『国民教育の歴史と論理』第一法規　1976／原聡介ほか編『近代教育思想を読みなおす』新曜社　1999／堀尾輝久『現代教育の思想と構造』岩波書店　1971／安川哲夫『ジェントルマンと近代教育』勁草書房　1995

[関連項目] 義務教育／公教育／国民教育／ポストモダン　　　　　　　　　　　（原聡介）

ク

クインティリアヌス
（Marcus Fabius Quintilianus, 35?-96?）

▶ 生涯　　ローマ帝政期の代表的な教育者クインティリアヌスは、北スペインのカラグリス（現在のカラオラ）に生れた。その年は、35年とも、38年あるいは42年ともいわれているが、くわしいことはわからない。父はローマで相当の弁論家として活躍しており、クインティリアヌスも若くしてローマに行き、高名な弁論家ドミティウスについて弁論術を

学んだ。その後，郷里の北スペインにあったが，68年スペイン総督ガルバが反ネロ帝の狼煙をあげて挙兵するにおよび，クインティリアヌスもそれに同行した。ネロ帝の自殺，やがてガルバの暗殺と，時代は目まぐるしく変わるが，彼自身はウェスパシアヌス帝の欽定弁論講座の初代勅任弁論術教授に選ばれた。約20年間，その地位にあって職責を全うし，同時に弁論家としての活動をもおこなった。小プリニウスなど，多くの門弟が輩出した。帝政時代のローマでは，その体制維持のため，教育機関の設備改善の必要性が叫ばれ，歴代の帝はこれに積極的だった。クインティリアヌスがその恩顧をうけたウェスパシアヌス帝は，ことに教師の生活条件の改善に熱心であり，修辞学校の教師に対し補助金を支給した。

　91年前後，弁論教授の職を辞し，著述をつづけると同時に，後輩の指導にあたった。最初の著作は『雄弁術衰退原因論』（De causis corruptae eloquentiae）であるが，やがて人々の要請にこたえて『弁論家の教育』（De institutione oratoriae, 12巻）を著した。クインティリアヌスは晩婚で，しかも妻と二人の子は早くして世を去っていたので，彼の晩年はさびしいものだったといわれる。クインティリアヌスが亡くなったのは，生まれた年とおなじようにはっきりとしてはいない。しかし，それは，96年の妃の手によるドミティアヌス帝暗殺の前後であったとされている。

▶ **教育思想**　　クインティリアヌスの弁論家の教育のねらいは，術だけでなく，知と徳を兼ね備えた理想的な弁論家の育成にあった。弁論家は，その雄弁と修辞の能力によって，すでに共和制においてその地位を確立させていたが，これも帝政期にはたんなる形式と技巧とに堕していた。タキトゥスが『年代記』で記しているような政治家の弁論の堕落は，クインティリアヌスに，弁論家の計画的な養成を決意させた。すなわち，教養をもったコミュニケーションの担い手を当代ローマの支配層に期待したのだった。

　クインティリアヌスの名を不朽のものとしている『弁論家の教育』は，彼自身の20年間の弁論家体験を凝縮させたもので，全12巻から成っており，弁論術の理論・方法を詳述した浩瀚な書物である。幼少年期における基礎陶冶からはじめて，その最高段階としての法廷での弁論まで，またその内容としては当時の学芸のほとんど全領域をカバーしていて，それはローマにおける最も体系的な教育論といってよいものだった。クインティリアヌス自身がその最終の第12巻でいうように，キケロ（Cicero）が徳目の提示に終わった「完全なる弁論家」は，同時に「善き品性の人」でなければならなかった。まえの第11巻において法廷弁論でプラクチカルな叙述をしめくくったクインティリアヌスは，第12巻で，カトーの理想を再確認して，「品性善にして，弁舌にたけた人」を弁論家の教育の最終目標とする。それは，ただたんに弁論の特殊な技術にひいでているだけではなく，公正で善徳をもつものでなくてはならない。ギリシャ以来，卓越した人士は，例外なく，哲人であり，また弁論家なのであった。知や徳は弁論家に必須なものとして考えられ，哲学，ことに倫理学と修辞学とは，クインティリアヌスにおいては，この点で，確実に結合されていた。

　クインティリアヌスは，ローマ帝国の最初の勅任弁論術教授として，帝政期ローマの政治原理として，その公共における弁論のもつ重要性に着目し，これを理想主義的に純化しようとした。『弁論家の教育』の最終の第12巻の最後の部分で，クインティリアヌスは，高らかに，こう謳う。「弁論を行うという威光そのものをこそ，満腔の願いをこめて希求するとともに，常に最善のものに向けて努力しようではないか。そうすることによって，われわれは絶頂に辿り着くか，せめてわれわれの下方に多くの人々を見降ろすことになることであろう」（小林博英訳）。このような理想主義的な人間形成の思想が，ルネサンス以降の教育家，そして人文主義者に深い共感をもって迎えられたことは，よく知られている。

1416年，教会の「大分裂」解決のために召集されていたコンスタンツ公会議を古典探索の好機としてザンクト・ガレンに赴いた人文主義者のポッジオ（Poggio）によって『弁論家の教育』の完本が当地の修道院で発見され，それをきっかけとして，15世紀におおくの教育論が書かれることになった。しかしながら，それ以前にも，中世を通してそれはすでに伝承されており，たとえばペトラルカ（Petrarca）が，14世紀の中頃，『弁論家の教育』の不完全な写本を手にして，『クインティリアヌスへの書簡』を書き，たんなるローマの法廷弁論家にとどまらず，人間形成の基本を提示した恩人として，クインティリアヌスへの賛辞を贈っている。そしてまた，アグリコラ（Agricola），さらにはエラスムス（Erasmus）などは，クインティリアヌスから決定的な影響を受けている。

［参考文献］　小林博英訳・解説『弁論家の教育1・2』（世界教育学選集96・97），明治図書1981／横尾壮英『クィンチリアヌス』（大教育家文庫）牧書店　1957　　　　　（山内芳文）

空　間
英 space／独 Raum／仏 espace

▶ **概念**　空間は，モノや人間をその中に収容する入れ物として，つまりタテ，ヨコ，高さの三次元において構成される容器を指すものとして，理解されてきた。それは，三次元の同質的な広がりであり，無限に分割でき，その延長において制限のないものとして表されてきた。しかし，それは，実は抽象化された理念的想定物であって，実際には，空間とは，身体的・志向的存在である人間の一定の方向性と広がりをもった行動経験の中で，開示されるものであることが理解されるようになった。

ニュートン（Newton, E.）は，ユークリッド幾何学をふまえて，空間とは，人間の主観から独立して実在するものであり，人間や事物などの延長物をその内部に収容する容器と考えた。こうした絶対空間（absolute space）

の考え方やカント（Kant, I.）的な認識の先験的形式としての空間の概念が，実は抽象の結果の産物に過ぎないことを明らかにしたのは，現代物理学における場の理論や非ユークリッド幾何学，さらにはフッサール（Husserl, E.）以後の現象学の功績である。特にメルロ＝ポンティ（Merleau-Ponty, M.）は，人間は，物理的空間の中に布置された存在ではなく，むしろ逆に「生きられる身体」がその行動においてつねに世界を分節化し，意味的に「構造化された空間を生きている」現実を明らかにした。

▶ **生きられた空間**　かつてベルクソン（Bergson, H.）は，時間に関して，時計ではかることのできる数学的で抽象的な時間と「生活している人間によって具体的に体験されている時間」とを区別した。全く同じように，空間についても，三次元的に抽象化された空間と「具体的に体験されている人間的空間」とを区別することができる。

たとえば，ボルノウ（Bollnow, O. F.）は，三次元のユークリッド空間の特徴を次のように指摘している。①空間を構成するどの点，どの直線も，他の点や直線に対して価値的に優越しない。②この空間は，もともと座標の原点をもたない。③それは，目的に応じて，任意に選んだ直線を座標軸とすることができる。④空間は，どの方向に向かっても完全に等質であり，すべての方向に向かって無限に広がっている。

ボルノウは，こうしたユークリッド空間に対して「体験された空間（der erlebte Raum）」を対置する。それは，次のような性格を有する。①ここでは，空間は，体験している人間の「居場所」を通して開示されるので，他に優越する原点が常に存在する。②それは，人間の身体の世界に対する構え（志向性，Intentionalität）において現れる。③したがって，この空間は，つねに質的に分節化されている。④体験された空間は，まずは完結した小宇宙として現れ，その後の諸経験によって初めて無限の広がりを示す。⑤それ

は，人間の行為から切り離された空間ではなく，行為によって分節化され，意味づけられた空間である。ボルノウは，これを，精神病理学者のミンコフスキー（Minkowski, E.）の言う「生きられた時間」になぞらえて，「生きられた空間（der gelebte Raum）」とも呼んでいる。

人間の生そのものが，空間の「中にある」のではなく，この空間と「ともにある」ことを，ボルノウは強調する。ボルノウは，機能的に配置された産業社会において，子どもたちが，生産性の論理に縛られない「やすらいだ空間」，「庇護された空間」を家屋（Haus）の中で経験することの重要性を指摘している。それは，世界に対する脅威や不信感を培うのでなく，基本的信頼の態度を形成する上で重要な役割がある。ボルノウは，家屋という空間のもつ人間形成的機能を，次のように分析している。

①家屋は人間生活の中心であるという意味において，世界への定位の中心をなす。②それは，聖なるものとの類比において理解できるような固有の性格をもっている。③家屋は外部の見知らぬ世界の脅威から身を守る平安の領域であり，「やすらぎの中心部」である。④それは，人間にとっては，最初の秩序ある世界（コスモス）である。幼い子どもは，家屋に根を下ろしているからこそ，成長してより大きな世界に参加していくことができる。このように，空間とは，モノや人間がその中に点在する容器ではなく，人間生活及び人間形成に深く結びついた構造として現れるのである。

▶ **課題** ドイツにおいて，1970年代の初頭から，学校を「経験の空間（Erfahrungsraum）」としてとらえ直そうとする教育実践や研究運動が活発化している。それは，学校を「生きられた空間」としてとらえ直す試みでもある。それまでの機能主義的な学校の理解，すなわち，多数の子どもを一ケ所に収容し，効率的に知識を与え，社会化する場所として学校を見なす考え方が，批判されて

くる。そこでは，たとえば，学校に対して次のような批判がなされている。①学校は，空間的には，家庭や地域から，物理的に隔離された閉鎖的な空間である。②時間的には，学校の運営は，年間の授業計画や毎週の時間割によって機械的に進行する工場生産に酷似している。③内容的には，学校で教えられる内容は，子どもの生きている現実からますます疎遠なものとなりつつある。④学校は独特の規律・秩序が支配する等質空間である。

要するに，ここでは，「制度化された学習の場」としての学校が批判の対象となる。子どもたちの「日常の学習」がますます衰弱化していく中で，逆に「制度化された学習の場」の中に子どもたちが取り込まれていく現実が批判されている。「学習工場としての学校」（ヴェターリング，H.）といった批判が，脱学校論の文脈の中で展開される。

これに対する一つの対案が，「経験の空間」としての学校の主張である。ビーレフェルト大学教授として附属実験学校を開設し，子どもの活動空間を開くカリキュラムを構想したヘンティヒ（Hentig, H. v.）や「実践的学習」の理論的リーダーであるフリットナー（Flitner, A.）などがこの運動をリードしている。

そこに共通して流れる主張は，学校は，子どもを収容する単なる容器ではない，ということである。むしろ遊びを含めた子どもの生活や諸活動を積極的に支持し，幅広く活動できる空間をどう作り出すかということが問題になる。オープンスペース，ワークスペース，プレイルーム，ラーニングセンターなどの子どもの生きた活動空間が，「経験の空間」を演出することになる。それは，無機的な等質空間としての学校を，多様な関係性の網目を織り成す「生きられた空間」としての学校に抜本的に組みかえていく試みにほかならない。

[**参考文献**] Hentig, H. von, *Schule als Erfahrungsraum?*, Stuttgart 1973／Kasper, H. (Hrsg.), *Vom Klassenzimmer zur Lernumgebung*, Vaas Verlag 1979／ヴァンデンフェルス，

B.（新田義弘ほか訳）『行動の空間』白水社 1987／高橋勝「『経験の空間』としての学校をめぐる問題」『横浜国立大学教育紀要』第 32 号 1992／トゥアン，Y.-F.（山本浩訳）『空間の経験』筑摩書房 1990／高橋勝『子どもの自己形成空間』川島書店 1991／ドッシー，L.（粟野康和訳）『時間・空間・医療——プロセスとしての身体』メルクマール社 1987／バシュラール，G.（岩村行雄訳）『空間の詩学』思潮社 1969／ボルノウ，O.F.（大塚恵一・池川健司・中村浩平訳）『人間と空間』せりか書房 1988 　　　　　　　　　　　　　　（高橋勝）

偶　然

英 contingency／独 Zufälligkeit／仏 contingence

必然の対概念。必然が，必ず（そうで）あること，また（そうで）あることの根拠を自らの内に有していることを意味するのに対し，偶然は，（そうで）あることもできれば（そうで）ないこともできること，また，（そうで）あることないし（そうで）ないことの根拠を，自らの内にではなく，他のものの内に有していることを意味する。

西洋では，古くには，世界の発生と生成が原子の偶然かつ任意の運動に帰着すると唱えるエピクロス（Epikouros）の偶然論があり，キリスト教神学においても，アウグスティヌス（Augustinus, A.），トマス・アクィナス（Aquinas, T.），ライプニッツ（Leibniz, G. W.）に見られるように，救済や神・人間の自由を論じる際にはしばしば偶然が取り上げられてきた。

だが，一般的には，古代ギリシャの世界観・自然観を始め，世界は全能の神の摂理によって導かれるとする考え方（たとえば，カルヴァン主義），アリストテレス以来の有機体論的・目的論的な自然観を批判するデカルト（Descartes, R.）の機械論，そして理性による歴史の支配を説くヘーゲル（Hegel, G. W. F.）の歴史哲学に至るまで，世界ないし自然とは必然を原則として成り立つものであり，それゆえ偶然は学問の主題にはならないと見なされる傾向にあった。

とはいえ，他方では，人間の自由と実存に関する議論や伝統的形而上学の克服をめざして存在の根本的な無根拠性を問う議論のなかで，とりわけキルケゴール（Kierkegaard, S. A.），ニーチェ（Nietzsche, F. W.），ハイデガー（Heidegger, M.）らに代表されるような 19〜20 世紀にかけての哲学的思潮のなかで，偶然は積極的に主題化された。

この状況をふまえ，日本でも，近代西洋哲学の批判的継承をめざす九鬼周造が，数学的な分析（確率論など）や東洋思想の偶然論（自力・他力本願など）にも目配りしつつ『偶然性の問題』（1935）を著している。九鬼によれば，偶然は，同一性の法則に回収されない個人・個物（定言的偶然），複数の独立した因果系列の遭遇・邂逅（仮説的偶然），実際に生起した現実が有する「そうではない」ありようの形而上学的な可能性（離接的偶然）に大別される。これらはそれぞれ，個人・個物の特異性，（統合・融合されえない）他者との出会い，偶然に生起したあるいは決定された一回きりの出来事を運命と見なし引き受ける自由として，一人ひとりの人間が自らのかけがえのない生を〈いま・ここ〉で生きるリアリティにわかちがたく結びついている。

偶然に関する上述の諸思想は，人間の生をめぐる個別と普遍，人間の主体的自由，（対象化した）他者との関係をめぐる倫理，因果系列に基づく発達論的な時間論など，近代思想の概念・観念の批判的な問い直しにとって不可欠の契機となっている。また近年では，災害の出来事性をどう捉えるかという喫緊かつ切実な課題ともかかわっている。

[参考文献]　九鬼周造『偶然性の問題』岩波書店　1935（九鬼周造『九鬼周造全集　第二巻』岩波書店　2011）。

[関連項目]　遊び／時間／実存主義／自由／主体／生成／他者／パトス／ロゴス　　（岡部美香）

倉橋惣三

（くらはし そうぞう，1882-1955）

幼児教育理論家。静岡県にて，旧幕臣の家系の家に生まれる。第一高等学校在学中，キリスト教思想家内村鑑三の薫陶を受ける。勉学のかたわら，東京女子高等師範学校附属幼稚園に出かけ，子どもたちと遊んだ。東京帝国大学に進学，元良勇次郎のもとで心理学を学ぶ。東京女子高等師範学校講師を経て，1917（大正6）年，東京女子高等師範学校教授に着任，同附属幼稚園主事を兼任した。文部省派遣の欧米留学，同附属高等女学校主事着任の折など，同附属幼稚園主事の職を離れる時期もあるが，同幼稚園の実践・研究をリードした。行き過ぎたフレーベル主義を批判，恩物の系統をごちゃまぜにしてかごに入れたエピソードは有名。日本幼稚園協会発行の雑誌『幼児の教育』の編集にあたり，その影響は全国に及んだ。大人本位の教育を退けることを主張，幼稚園を考案したフレーベル（Fröbel, F.）の精神に立ち返り，子どもの自発性にもとづく実践を提唱した。子どもの自由な遊びをその生活に実現する中で，さらに充実しまとまりをもった子どもの生活の展開をめざす「誘導保育」を『幼稚園保育法真諦』（1934）に発表，「生活を生活で生活へ」というフレーズを伴って理解を求めた。幼稚園を，「幼児の生活が十分に自己充実の出来るやうな設備と自由さとを具へて居るところ」と位置づけ，環境は教育目的を内在するものとした。「保姆」の子どもへの関わりについてはこれを限定しながらも，子どもの自発性を支える役割を期待した。

代表的著作として知られる『育ての心』（1936）は，子どもの情感豊かな描写や教育に関する著述を集めたもので，母親や保育関係者に好評を博し，版を重ねた。その序に「自ら育つものを育たせやうとする心。それが育ての心である。世にこんな楽しい心があらうか」とつづられた。

一方，1929（昭和4）年には文部省社会教育官を兼任し，以後社会教育局の「家庭教育振興」の政策を支え，女子教育・家庭教育について発言した。文部省主催家庭教育指導者講習会での講師を務めたのをはじめ，全国に講演に赴き，後にそれを「家庭教育行脚」と呼んで述懐した。家庭教育を「家庭生活それ自体の裡に存する教育」と「家庭に於て特に施行せらるゝ方法によつて行はるゝ教育」とに分けた上で前者を強調，家庭にある教育力，さらには「家風」への着眼を促した（「家庭教育」『岩波講座教育科学』第10冊，岩波書店，1932）。母親の子どもへの「感化」によって教育が行われることから，母親の修養を唱え，社会教育行政と歩調を合わせた。戦後は教育刷新委員会のメンバーとして，幼児教育・家庭教育・宗教教育に関わって発言，戦後改革の一翼を担った。日本保育学会の設立に参加し，初代会長に就任，実践と研究との発展を期した。

倉橋の思想研究においては，宍戸健夫（『日本の幼児保育・上』青木書店 1988）や諏訪義英（『日本の幼児教育思想と倉橋惣三』新読書社 1992）らによって，倉橋の国家主義的傾向が指摘されたのに対して，森上史朗（『子どもに生きた人・倉橋惣三』フレーベル館 1993）からの反論があったように，国家主義者か児童中心主義者かという議論がある。これについては，時代状況や彼の思想の変遷を考慮する必要があるが，倉橋思想を分析する新たな視点も求められている。

［参考文献］『倉橋惣三選集』全5巻，フレーベル館 1965（第1-3巻）1967（第4巻）1996（第5巻）／倉橋惣三・新庄よしこ共著『日本幼稚園史』東洋図書 1934

［関連項目］幼児教育 （志村聡子）

クラフキ

（Wolfgang Klafki, 1927-2016）

▶ 略　歴　オストプロイセン，アンガーブルク生まれ。高等学校卒業後，1945年ダンツィヒ，ザムラントにおいて第二次世界大戦の前線を体験。戦後，ハノーファー教育大学を卒業，初等学校教員となる。1948年か

ら 1952 年まで，ゲッティンゲン大学ヴェーニガー（Weniger, E.）のもとで教育学を，ボン大学リット（Litt, T.）のもとで哲学，教育学を学ぶ。ハノーファー教育大学助手，ミュンスター大学助手を経て，1963 年から 1992 年までマールブルク大学教育学教授。その間，ノルトライン・ヴェストファーレン，ヘッセン，ブレーメン州等の各種教育改革委員会委員長を歴任，1960 年代から今日に至るドイツの教育改革を先導する。1986 年から 1988 年まで，ドイツ教育学会会長。

▶ **教育理論**　クラフキは戦後のドイツ教育学においてもっとも重要な位置を占める人物のひとりであり，彼の教育理論の展開は，戦後ドイツの教育学の発展と軌を一にする。その出自は自ら認めるとおり，ワイマール期からドイツ・アカデミズムの教育学の主流を占めていた精神科学的教育学である。クラフキはヴェーニガーのもとで『基礎的なものの教育学的問題と範疇陶冶の理論』（*Das pädagogische Problem des Elementaren und die Theorie der Kategorialen Bildung*, 1959, erw. 1964）により学位を取得する。これは，人間形成に不可欠のさまざまな客観的内容を範疇として解明し，同時にその内容を習得するための学習者の主観的範疇の形成をめざすという，精神科学的な教授学である。この立場は，『陶冶の理論と教授学研究』（*Studien zur Bildungstheorie und Didaktik*, 1963）等の著作を通して展開され，旧西ドイツおよび日本における教授学研究に大きな影響を与えた。

1960 年代以降，ドイツ教育学において教育学研究方法論をめぐる論争が活発になる。つまりそれまで主流であった解釈学にもとづく精神科学的教育学が，実証主義的の経験的な教育科学と社会批判的な解放的教育学によって科学としての曖昧さ，イデオロギー性を批判される。精神科学的教育学は，その第二世代と見なされるクラフキによって，『精神科学的教育学時代の終わり』（*Geisteswissenschaftliche Pädagogik am Ausgang ihrer Ep-*

oche: Erich Weniger., 1968）において終焉を宣告される。ヴェーニガーを追悼するこの論文集は，同時に「精神科学的教育学」という術語を完結した綱領的概念として歴史化する嚆矢となった。精神科学的教育学の意義を今日的に問い直そうとするクラフキの試みは『ラジオ講座・教育科学』（*Funk-Kolleg Erziehungswissenschaft*, 3Bde., Mitverf., 1970-71）等を通して，『批判的・構成的教育科学』（*Aspekte kritisch-konstruktiver Erziehungswissenschaft*, 1976：小笠原道雄監訳，黎明書房 1984，邦訳は原著の一部を新しい論文と差し替えたもの）において結実する。これは，イデオロギー批判の視点を基底に経験科学的方法と解釈学的方法を補完的に媒介させながら，教育的行為の研究へと向かおうとする統合的な教育科学の構想を示したものである。関連する著書として，『放送大学・精神科学的教育学』（*Geisteswissenschaftliche Pädagogik, Vier Kurseinheiten*, 1978, erw. 1990），『T. リットの教育学』（*Die Pädagogik Theodor Litts*, 1982）等があげられる。

現実的な戦後ドイツの教育改革に関わっては，『キルヒハイン地区総合制学校計画』（*Gutachten zur Schulplanung der Gesamtschule in Kirchhain und einiger Nachbargemeinden*, 1967），『ヘッセン中等教育カリキュラム』（*Zur Lehrplanrevision für die Sekunderstufe in Hessen*, Bericht, 1968/1969）等，総合制学校を中心とする中等教育改革への提言，また現在は「平和」「環境」等の時代が要請する「鍵的問題」を中心にした教科統合的カリキュラム編成への提言が注目されている。この問題領域での理論的な教授学的考察は，『新・陶冶の理論と教授学研究―批判的構成的教授学』（*Neue Studien zur Bildungstheorie und Didaktik. Beiträge zur kritisch-konstruktiven Didaktik*, 1985, erw. 1991）において示されている。

さらに，教育史研究においては『ペスタロッチーのシュタンツだより――クラフキーの解釈付』（*Pestalozzi über seine Anstalt in*

Stans, 1959, 1971：森川直訳，東信堂　1997）があげられ，ナチズム期の教育をその時代を生きた人々の自伝から分析した『誘惑，隔たり，酔い覚め──ナチズム期青少年の自伝研究』（*Verführung, Distanzierung, Ernüchterung. Kindheit und Jugend im Nationalsozialismus. Autobiographisches aus erziehungswissenschaftlicher Sicht*, hrsg. von Klafki, W., 1988）においても彼は新たな歴史研究の可能性を提起している。

[参考文献] Mattes, E., *Von der geisteswissenschaftlichen zur kritisch-konstruktiven Pädagogik und Didaktik. Der Beitrag W. Klafkis zur Entwicklung der Pädagogik als Wissenschaft*, Weinhiem u. Basel 1992／Stübig, H. (Hrsg.), *Bibliographie Wolfgang Klafki*, Weinheim u. Basel 1992／クラフキ，W.，小笠原道雄共編著『教育・人間性・民主主義』玉川大学出版部　1992／渡邊光雄『クラフキの「二面的開示」に関する研究』勁草書房　1994

（坂越正樹）

クループスカヤ

（Nadezhda Konstantinovna Krupskaya, 1869-1939）

▶生　涯　旧ソ連邦，ロシアの教育学者，思想家。レーニン（Lenin, V. I.）の妻。ペテルブルグの進歩的な軍人の家庭に生まれ，父親の転職に伴いウクライナ，ポーランド等を転々としたが，この間の異民族との出会いが，幼いクループスカヤに多民族国家ロシアの教育への関心と熱意を呼び覚ました。私立ギムナジウム時代の彼女はトルストイ（Tolstoi, L. N.）の著作を耽読し，彼の教育実践を自らの活動にも導入しようとしたほどであったが，20歳を越えた頃からしだいに労働運動・政治活動へ接近していくようになり，22歳にペテルブルグの夜間・日曜学校教師となったときからマルクス主義への傾斜を急速に強めていった。

レーニンとの出会いはその後のクループスカヤの生き方を決定したといってもよく，流刑，亡命といった過酷な生活の中でルナチャルスキー（Lunacharskii, A. V.）が「レーニンの有能な助手」と評したほどの献身的な活動を続け，1915年には彼女の代表作『国民教育と民主主義』を書き上げた。1917年の10月革命によって帝政ロシアが崩壊し新政権が誕生すると同時に，ルナチャルスキーの指導で教育人民委員部が組織されたが，クループスカヤは校外局の要職をこなし，1919年にモスクワで開催された校外教育の第1回ロシア大会を成功させた。

1921年からは教育人民委員部の国家学術会議教育学部門議長を務め，ブロンスキー（Blonskii, P. P.）やシャツキー（Shatskii, S. T.）らとともにコンプレックス・システムによる新教育課程の準備にあたった。コンプレックス・システムは，教育内容を個別教科によってではなく中心統合的に配列し，知識の統一性を目指す一種の合科教授であり，グース（国家学術会議）プログラムと呼ばれた。

その主軸は「労働」であるが，同時に唯物論的世界観の形成にかかわる「自然」，ならびに社会生活の階級的理解を企図する「社会」の計3領域の境界域を区別せず，総合科（コンプレックス）として教授するものである。これはのちの1931年の党中央委員会決定では，基礎学力の低下を理由に廃止されることになるが，クループスカヤはその間も精力的に活動を続け，1924年には党中央統制委員，さらに1927年以降は党中央委員以外にも，全ロシア中央執行委員会委員，連邦中央執行委員会委員などを歴任するなど，激務をこなした。レーニンの死後1929年に教育人民委員部次官に就任したクループスカヤには，その後ソ連邦科学アカデミー名誉会員，教育博士号などが授与された。

▶思　想　マルクス主義の教育学においては教育と労働との結合を全面発達の中核に置くが，前述のクループスカヤの主著『国民教育と民主主義』においては「総合技術教育」「教育と労働の結合」などの原則が打ち出され，これらの実践を通じて初めて人間の全面的発達が可能になるとしている。彼女は，子どもを生活の主人とするための教育内容は，

生産力の発達と切り離すことのできない社会の教育要求によって条件づけられると考えた。その上で，子どもの全面発達を目指す学校を単一労働学校と規定することによって，子どもを生活と生産の主人にするための総合技術教育（ポリテフニズム）の実現に努めた。

▶ **影響**　前述したように，クループスカヤの構想した総合技術教育は特定の教科を指すものではなく，全教科に及ぶとともに，自然科学や社会科学の教材選択に反映するものであり，教科間の結合，さらにはそれら教科と労働の教授＝学習との結合を要請するものであった。だが，クループスカヤらの努力にもかかわらず，彼女が他界する直前には，上級学校への進学にあたって基礎学力を重視する傾向とともに「労働科」の廃止や学校の作業室の閉鎖のやむなきにいたった。

▶ **位置づけ**　クループスカヤの提唱するような構想の実現のためには，搾取のない社会における健全なアスピレーションが不可欠である。その後ソ連邦崩壊の危機の中で，総合技術教育には一再ならず改革の手が加えられたが結局それは成功せず，CIS 誕生後はますます総合技術教育や労働教育への関心は薄れ，したがって「全面発達」という語とともに死語になった感すらある。それがはたしてクループスカヤの教育理論の破綻を意味するものなのかどうか，彼女の「ブルジョア国家」観の是非とともに再検討が迫られている。

［参考文献］ Шинкаренко, В. В., *Планирование в коммунистическом воспитании: педагогическая концепция*, Н. К. Крупской, М., 1988／Обичкин, Г. Д., *Надежда Константиновна Крупская*, М., 1988／矢川徳光ほか訳『クループスカヤ選集』1-10，別巻，明治図書 1969／海老原遥編訳『ロシア革命の教育思想』明治図書 1984／関啓子・嶺井明子「クループスカヤ；人間解放と全面発達の教育思想」川野辺敏ほか『現代に生きる教育思想──ロシア・ソビエト』第6巻，ぎょうせい 1981　　　　（森岡修一）

クレミン
(Lawrence A. Cremin, 1925-1990)

アメリカの代表的な教育史家。1925 年，ニューヨークに生まれる。1946 年にニューヨーク市立大学卒業後，コロンビア大学において教育史を専攻し，1947 年に修士号，1949 年には博士号を取得。同年から 41 年にわたって，コロンビア大学教育系大学院（ティーチャーズ・カレッジ）に所属する。うち 1974 年から 1984 年の 10 年間，同大学院の学長も務めた。1990 年 9 月 4 日，65 歳の誕生日の 1 ヶ月前に，心臓発作により急逝。

クレミンは生涯に 16 の著作を残している。そのなかでも第 7 番目の書であり，1961 年に刊行された『学校の変容──アメリカ教育における進歩主義』（*The Transformation of the School: Progressivism in American Education 1876-1957*）は，進歩主義教育を実証的かつ包括的に論じたものとして高い評価を受け，卓越したアメリカ史研究に贈られるバンクロフト賞（Bancroft Prize）を受賞した。以後彼は，アメリカ歴史協会（American Historical Association）の要請もあって，総合的なアメリカ教育史の研究に着手する。その成果は，1988 年まで，23 年もの月日を費やして，3 冊の大著にまとめられた。三部作の第一巻は，*American Education: The Colonial Experience 1607-1783*（1970 年刊），第二巻は *American Education: National Experience 1783-1876*（1980 年刊），第三巻は *American Education: Metropolitan Experience 1876-1980*（1988 年刊）である。このうち第二巻は，1981 年に歴史部門のピューリッツァ賞を受賞した。

クレミンの教育史観の特徴は，教育を学校に限定することなく，知識，価値，態度，技能などを伝達し喚起させる試行の結果すべてと見なしたところに認められる。教育史を，educational の側面，つまり計画的かつ意図的な側面のみならず，educative の側面，つまり間接的で無意図的な側面も視野に入れつつ論じたのである。それにより彼は，それ以

前の公教育の役割を賛美する史的解釈に修正を迫り、1960 年代に始まるアメリカ教育史再解釈の端緒を開いた。

1960 年代後半になると、クレミンの考察も、人種、女性、移民などに対する差別を考慮しないリベラリズムに傾斜した解釈として、ニューレフト史学にたつ教育史家であるリヴィジョニストたちによって批判的に受け止められることになる。しかし、彼らの研究もクレミンの業績を踏まえ、またそれに触発されて進展されたものである点において、彼に負うところが大きい。

［参考文献］Cremin, L. A., *The American Common School: An Historic Conception*, New York 1951／Cremin, L. A., *The Transformation of the School: Progressivism in American Education 1876-1957*, New York 1961／Cremin, L. A., *American Education: The Colonial Experience 1607-1783*, New York 1970／Cremin Lawrence A., *Public Education*, New York 1976／Cremin, L. A., *The Traditions of American Education*, New York 1977／Cremin, L. A., *American Education: National Experience 1783-1876*, New York 1980／Cremin, L. A., *American Education: Metropolitan Experience 1876-1980*, New York 1988

（丸橋唯郎）

グローバリゼーション
英 globalization／独 Globalisierung／仏 mondialisation

グローバリゼーションは、とりわけ 20 世紀後半から現在に至るまでの世界に顕著に見られる現象である。グローバリゼーションを構成する globe はラテン語の globus（球，塊，集団）に由来し、地球の球状の表象を意味する。グローバリゼーションとはしかしながら、経済や政治、文化をはじめ様々な領野で見られる複雑な現象であるため、いまだに明確に定義されていない論争的な概念である。このような状況においてより包括的に捉えるならば、「グローバリゼーションとは、人々の間の地球全体にわたる（transplanetary）つながり――また最近ではとりわけ領土を超えた

（supraterritorial）つながりが広がることである」（Scholte）。このように理解されるグローバリゼーションの明白な特徴は、輸送・伝達手段をはじめとする技術の進歩による事象の加速化（acceleration）と、地理的空間の圧縮による世界の超領土化（supraterritorialization）である。

思想史的に見てグローバリゼーションは、意識の超領土性という点では、古代における宗教的・哲学的営みにまで遡ることができるが、事物を伴う超領土性をもつグローバリゼーションがはっきりと現れはじめたのは、19 世紀になってからである。特定の場所に依存せずに経済活動を行う資本主義が、グローバリゼーションの素地を作り上げ、また高速度の輸送と、電話等の伝達手段の出現により、地理的な空間が圧縮され劇的に人間が交流する可能性が広がった。20 世紀に入ってこの傾向は強まり、1960 年代にあらゆる領野で加速化が生じ、「グローバル・ビレッジ」（McLuhan）が出現していると捉えられるようになった。その後 1970 年代から、グローバリゼーションということばが徐々に使用されるようになったが、急速にグローバリゼーションが広まったのは、1980 年代からである。ロールズに代表されるリベラリズムに支えられた自由主義・社会民主主義的な国家の衰退により、規制緩和、市場化、民営化の波が押し寄せ、強力な私的所有権、自由市場と企業活動の自由を唱える新自由主義が台頭した。この新自由主義に基づく政治・経済活動が、利潤を生み出す技術の急速な進歩と地理的場所性を超えた活動を促すことによって、グローバリゼーションを推し進め、さらに 1991 年のソ連崩壊後、単一のグローバル市場を作り上げることになった。一方で、グローバリゼーションによって地域の独自性や多様性が失われることを危惧して、ローカリゼーションが「地域を優遇することによってグローバリゼーションの風潮を後退させる」べく現われた（Hine）。しかしグローバリゼーションは、ローカルなものをすべて根絶するわけで

はない。むしろグローバリゼーションは，地域に由来するものを全世界に広げるとともに，グローバルなものを土着化するグローカリゼーションにも関わるという意味で，ローカリゼーションと完全には対立していない。ローカルとグローバルのせめぎあいにおいて，ナショナリズム（国家主義）や文化的・社会的なコミュニティを重視するコミュニタリアニズム（共同体主義）が台頭する中，人間は地理的空間の所属の違いにかかわらず一つのコミュニティの市民であるとするコスモポリタニズム（世界市民主義）が，21世紀に入ってとくに注目を集めている。

　グローバリゼーションが教育に与えた影響について，以下の4点を挙げることができる。①新自由主義の台頭に基づく教育の興隆とその反動が現れた。高い市場価値をもつスキルやコンピテンシーを育成するため，OECDによるPISAの影響力が増大し，また大学ランキングによる高等教育機関の数値的序列化が盛んにされるようになった。これは，「教育のグローバルな民営化」によって，教育が経済成長や雇用のための教育に縮減されていることを意味する。この有用な教育に対抗すべく，単純な有用性を超えた自然や芸術，宗教などへの関わりを重視する生命性をもつ教育が論じられるようになった。②グローバルな機関であるUNESCOが，生涯学習やESD（持続可能な発展のための教育）を全世界規模で実施することを試みることで，グローバルな課題（環境問題，貧困問題等）を教育によって解決する糸口が見出された。③国家によって制約を受ける公教育に代わるオルタナティブ・スクールが，国境を超えて全世界に広がるようになった。例えば，シュタイナー学校やモンテッソーリ学校，サマーヒル学校などである。④既成の国家に囚われない市民の育成をめざすシティズンシップ教育と，さらに国家の枠を超えた世界市民の育成をめざす，コスモポリタン・シティズンシップ（世界市民）教育が影響力をもつようになった。

［参考文献］Harvey, D., *The Condition of Postmodernity*, Oxford 1989／Harvey, D., *A Brief History of Neoliberalism*, Oxford 2005／Hine, C., *Localization: A Global Manifesto*, London 2000／McLuhan, M., *Understanding Media: The Extensions of Man*, New York 1964／Robertson, R., 'Globality', *International Encyclopedia of the Social and Behavioral Sciences*, Oxford 2001（6254-8）／Scholte, J. A., *Globalization: A Critical Introduction*, 2nd Edition, New York 2005／Spring, J., *Globalization of Education*, 2nd Edition, New York 2015／矢野智司『自己変容という物語——生成・贈与・教育』金子書房 2000
［関連項目］リベラリズム／新自由主義／シティズンシップ　　　　　　　　　　（広瀬悠三）

訓　育
英 education, moral education, discipline／独 Erziehung, Zucht

▶ **語　義**　字義上は，「訓」つまり「教え，戒め，さとす」こととしての教育を意味する。だが，今日一般には，知識や技能の教育としての教授や陶冶と対比されて，行動の指導や性格の形成としての人格形成の意味で用いられる。そもそも「訓育」という語は，わが国公教育制度の確立の途上にある1890年頃，広義の教育の下位諸概念の区分設定に際して，ドイツ語 Erziehung の訳語として登場したとされる。しかしながら，その後今日に至るまで，この語は，単に訳語であることを越えて，個々の歴史的背景や社会的文脈に応じてさまざまな意味や異なるニュアンスで用いられてきた。そこでここでは訓育を，このような来歴をもった，わが国固有の語として位置づけたうえで，その意味を大きく三つに分けて論じることにする。

▶ **教授（知育）や知的陶冶と対比される教育としての訓育**　古来，教育という概念は，その対象，目的，内容，方法等々の違いに応じて，いくつかの下位概念に区分されてきた。近代西洋においては広義の教育や陶冶は，「教育・教授」（Erziehung/Unterricht, education/instruction）や「教育・陶冶」（Erziehung/Bildung）のように，しばしば二つの下位概念に区分される。訓育は，この場合の狭義の教育，すなわち行動・態度・性格・世界観等の形成（人格形成）を指す。つまり，知識や技能の教育としての教授（知育）や狭義の陶冶とは相対的に異なる内容や方法をもった教育である。訓育という語がわが国で登場したときも，それが意味していたのはこの狭義の教育であった。当時でも今日でも，訓育の最も一般的な意味はここにある。

ただし，「訓育（教育）・教授」等の二分法は単に教育内容や方法の相違を表しているのではない。それらが近代市民社会で使われ始めた頃，その区分はその社会固有の現実的課題への関心を深く反映していた。たとえば，国民教育の理念と制度の確立という課題に直面していた 18 世紀末の市民革命期フランスにおいて，この二分法に依拠しつつコンドルセ（Condorcet）が，「訓育」（éducation）を私的領域に属するものとみなして公教育を「教授」（instruction）に限定すべきとの提案を行ったとき，そこには教育の教会支配（政治的権力支配）からの自律という目的意識があった。他方，このコンドルセ案とは対照的に，ルペルチエ（Lepeletier de St-F., L.-M.）が国民教育では「訓育」こそを重視すべきと提案したとき，そこには，あらゆる人々の人格形成に公的にかかわることを通じての貧者の救済という動機がひそんでいた。かくして，この対立からもうかがえるように，訓育と教授の二分法の発想は，その両者をいかにして統合するかという問題につねに直面することになる。ペスタロッチ（Pestalozzi, J. H.）やヘルバルト（Herbart, J. F.）に始まる「訓育的（教育的）教授」の思想や実践は，まさにこの問題への解答の試みであった。

この「訓育的教授」の理念は，戦前のわが国では，1890 年前後以降にヘルバルト派の教授法のなかで具体化が試みられた。だがそれは，道徳教育（＝国民教化や鍛錬主義）による知育（教科教育）の統轄という国家イデオロギーに矮小化されてしまい，その本来の意義を裏切るものでしかなかった。一方，戦後は 1960 年前後以降に，「生活指導」の概念を「教科指導」の概念と区別していく過程で，この両者相互の関連づけという課題が自覚され，東ドイツやソビエト教育学の影響下にある生活指導論者を中心にこのテーマが議論された。その後は，受験学力のもたらす非人間性といった問題とも絡められながら，「学力形成を通じた人格形成」「授業における自己形成」といったより一般的な表現でこの訓育的教授の課題が探究される場合が多い。たしかにこの課題は，理論 vs. 実践，科学（事実）vs. 価値といった二元論の克服という課題とも関連し，依然として教育学の重要な課題の一つであるといってよい。ただしこの課題においては，訓育的教授の理想と，「知育における人格形成」に名を借りたフーコーのな「規律・訓練」（discipline），すなわち微分化された権力＝知による身体や精神の管理としての主体形成の発想とを理念的・実態的に区別しておくことが不可欠である。

▶ **意志や感情の形成としての訓育**　訓育（狭義の教育）という語は多くの場合，単に行動や性格や態度の形成としてではなく，さらに限定された意味で用いられる。その一つが，意志や感情（心情）に直接はたらきかけて，道徳的習慣や行動力を形成し，品性・性格を陶冶する作用としての訓育である。方法概念としてのこの訓育概念の成立を支えているもののなかで重要なのは，17 世紀に誕生した近代の啓蒙主義的道徳観，すなわち共同体倫理（ゲマインシャフト的倫理）から自律した非歴史的で抽象的な規則体系として道徳をとらえる近代特有の道徳観である。そもそもこの道徳観は「教育（訓育）・教授」等の教育概念の分化にも重要な影響を与えたと考えられるが，他方でその道徳観のために，すでにたとえばロックの教育思想に見られるように，人格形成としての狭義の教育（訓育）は，行動規範や道徳規則（＝脱文脈的・抽象的な規則）の実行化や習慣化のための意志・情操の訓練や性格陶冶に還元されてしまった

のであった。したがって，この道徳観の影響下にある限り，狭義の教育（訓育）が，同時に意志や心情の形成であることを免れるのはむずかしい。

訓育のこのような用法は主に戦前に見られる。当時，この訓育は訓練や徳育の類義語とみなされたが，両者の違いが強調されることもしばしばであった。たとえば，訓練がヘルバルトのいう Zucht の意味であるときは訓練と訓育は同義であり（ヘルバルト派は訓練と管理を併せて訓育とみなす場合もあったが），訓練が training を意味するならば訓練の方がより実際的・外面的な含みをもつ，などとされた。また訓育は一般に修身教授と区別されたので，徳育が修身教授を包む場合などには訓育と徳育の間にはズレが認められるときもあった。この訓育は実際には，示範・命令・訓戒・威嚇・監視・賞罰・例話や寓話の使用といった方法を用いながら，遊戯，作業（教室掃除・当番の仕事等），学校行事（祝祭日や式日の儀式・遠足・運動会・学芸会等）において直接に行われたり，授業を通じて間接的に行われたりした。こうしてこの訓育は，鍛錬主義的・精神主義的傾向をもち，また軍国主義体制下の国民教化と一体であったことから，戦後は一般には否定的ニュアンスをもった概念とみなされるようになる。今日では，意志や感情の形成はもっぱら徳育（より日常的には規律やしつけ等々）と呼ばれる。

▶ 国家による道徳教育の対抗概念としての訓育
狭義の教育としての訓育は，道徳教育という意味ももつ。戦前にもこの用法はあった（たとえば梅根悟）。だが戦後は特に，（戦前の否定すべき道徳教育と連続性をもった）国家・行政主導型の〈道徳教育〉や〈徳育〉を批判するために，「訓育」が「民主的人格形成」という意味で用いられるときが少なくない。この戦後の用法は，1958 年の学習指導要領の改訂や，その前後の勤務評定反対闘争や安保条約反対闘争等を契機に登場した。1920年代の「生活訓練」論（野村芳兵衛）の流れ

を汲んだ生活教育や生活綴方の系譜に属する人々を中心に，今日でもこの意味で用いられるときがある。日本教育学会の機関誌『教育学研究』の 1980 年の「現代訓育論」特集も，ほぼこの用法を踏襲している。

この意味の訓育論者は，学習指導要領の三領域説に立った特設「道徳」中心の〈道徳教育〉を，おおよそ次のような観点から批判する。①〈道徳教育〉は国家権力による民衆支配の手段である点で，天皇制や軍国主義体制維持のための戦前の道徳教育と連続的である。それに対し訓育は，民衆が自らの生活を改革していくための民衆のモラルの教育である。②〈道徳教育〉は個人に向けられた抽象的規則中心の道徳か，あるいは戦前のように家長支配的な古代ゲマインシャフト的倫理を教えようとしているが，訓育は民主化された共同体自治にもとづくゲマインシャフト的倫理の創造を中核とする。③〈道徳教育〉の方法は徳目主義，つまり言語主義的な教え込みであるのに対し，訓育は子ども自身が自らの生活のなかで自らの理解の論理に沿いながら道徳的価値を体得することをめざす。

ところが，1960 年頃を境に訓育論がソビエトや東ドイツの集団主義教育論との結合を強めるにつれて，この訓育の言説や実践はしばしば元来の自己の理念を欺くようになる。すなわち訓育は時として，①既存の労働運動や階級闘争をモデルとしつつ，表面に現れた単一的な権力の打倒を民衆の生活の改革と安易に同一視し，②抽象的規則中心の古典的啓蒙主義道徳＝自然権的権利論に立脚しながら，規律正しく統制されて個人の差異性を抑圧する"自治的"集団の力を用いて，③子ども自身が自らを主体的・自発的に管理し規律・訓練するよう仕向けること，に顛落してしまった。こうしてみると，この意味の訓育論が当初もっていた〈道徳教育〉批判の課題は継承しつつも，特殊な歴史的状況の下でそれが自己を欺いていった過程を内在的に分析し反省することが今日迫られている。それは同時に道徳教育概念の捉え直しでもあり，歴史上た

えず秩序中心で個人抑圧的な刻印を帯びていた訓育という用語の見直しにもつながろう。

[参考文献] 梅根悟『現代訓育思潮』成美堂 1936／『小川太郎教育学著作集1』第1巻、青木書店 1979（『教育と陶冶の理論』1963『教育科学研究入門』1965）／国立教育研究所編『日本近代教育百年史4』教育研究振興会 1974／日本教育学会『教育学研究』第47巻2号 1980／松島鈞『フランス革命期における公教育制度の成立過程』亜紀書房 1968／松濤泰巌「訓育論」岩波講座『教育科学』第14冊 1932

[関連項目] 管理／教授／規律・訓練／訓練／しつけ／集団主義／道徳／陶冶　　（松下良平）

訓　練

英 discipline, training／独 Zucht, Übung

▶ **概念**　「訓練」とは何かある一定の習慣，技能，態度等に習熟するために行う活動を指している。これを教育学的に換言すれば，教育過程のなかで一定の目標に到達することを目指している実際的活動を指す方法的概念であるといえる。また類似した概念として，あるいは同義に扱われる場合もある概念として「訓育」がある。両者は一定の行動様式の習慣づけという性格を共有する点においてその内包を同じくしている概念である。

しかし，あえてここで「訓練」と「訓育」の語義の違いを際立たせておくとすれば，「訓育」はより教育学的な用語として道徳教育における習慣形成を図る行為を意味しているのに対し（discipline），「訓練」は他の文脈においても使用可能なより一般的な用法として一定の技能に対して習熟を図る行為を意味する場合がある（training）ということができる。

教育学の学的な体系化の端緒に位置づけられるヘルバルト（Herbart, J. F.）によって教育作用が管理（Regierung），教授（Unterricht），訓練（Zucht）の三つに分けられたことをここでは想起したい。この区分においては「訓練」は「教授」と対比される方法的概念として用いられており，「教授」が主として知的教育に関わる概念であるのに対し，「訓練」は教師と生徒との直接的関係のなかで生徒の道徳的品性を意図的に陶冶することとして位置づけられていた。これと関わって日本では明治中期におけるヘルバルト派教育学の盛んな紹介が契機となり，「訓練」は「徳性の涵養」に関わる語として教育学のなかに一定の位置を占めるようになった。

また大正新教育においては，子どもの実生活に接近した教育が目指されたが，その試みのなかでこの「訓練」概念は「生活指導」という概念として転成し展開をみせた。それ以降現在でもこの「生活指導」の概念は継承され，その理論化が試みられている。

▶ **「訓練」の実際的展開 (I)**　歴史を遡れば，それぞれの社会が持つ「通過儀礼」のなかに「訓練」の萌芽を認めることが可能である。「通過儀礼」とは，その社会的地位に相応しい行動様式を個人に課すという性格を持つものだからである。また教育的な意図と関わらせるならば，ポリス共同体のなかで行われた教育活動も見逃すわけにはいかない。そこでは他の学科と並んで身体の鍛錬が重視されており，ギュムナシオン（公立体育場）において体育や武道の錬成が行われていた。そこでもやはり「訓練」と呼べるものが行われていたといってよい。

またその後，中世になって修道院に付設された学校において行われた古典学芸の伝授なども，僧職およびそれに従ずる者の養成を目的とした一種の職業訓練という側面を持っていたともいえるものであったし，さらにこれと同時代に行われた騎士の教育や徒弟教育等にも同様な性格づけを与えることができる。

こうした中に「訓練」の基本的性格を看取することができる。その基本的性格とは，まず第一に，「訓練」が身体の鍛錬や技芸の習得と関わっているという点であり，そして第二に，単なる技芸の習得を越えた規範的なものへの同化，あるいは定型化の作用にも関わっているという点である。「通過儀礼」に至ってはあらためて述べるまでもないであろう

が，僧職，騎士，職人共にその養成過程は技術的な性格を持っていると同時に，その世界に通用する規範を身につける過程でもあったのである。

ここで注意しておきたいのは，社会変化の速度が緩やかであり，加えて帰属するべき「共同体」が自明であった中世では，社会はその「共同体」に対する同化に特に意図的に介入する必要がなかったという点である。「近代」の訪れの以前には，意図的な「訓練」は特定の職業集団の成員養成に限定的に用意されていただけであったのである。

▶ 「訓練」の実際的展開（II）　一方では，この規範への同化作用，定型化の働きという基本的な性格をそのままに残しながら，他方では，近代の到来を境目にして「訓練」の教育的意義，あるいは役割は大きく変化していく。それは近代という時代が，それ以前とは大きく異なった性格づけを持った社会，すなわち「市民社会」として編成されるために，新たな社会的制度の確立と整備を急いだからである。

近代化の過程において，都市化が進行する一方で，伝統的な農村共同体は解体されていった。その結果，都市で生活する人々には，旧来の「伝統」から解放された自由な主体としての個人となることが要請されることになったのである。これを社会の側から捉え直せば，社会のなかに「共同性」を再措定し，人々をそこに取り込んでいく必要が生じたといえる。そこで「訓練」には，重要な役割が要請されることになったのである。

その同時代，たとえばスペンサー（Spencer, H.）においては，子どもたちに来るべき将来に精神的に準備させると同時に身体的にも耐え抜く準備をさせるために「訓練」（training）の必要性が強調されている。近代社会において，個人に負わされた責任である「自己保存」能力を獲得するための方法として「訓練」（スペンサーにおいては特に体育）の重要性が主張されるのである。

しかし，そういった主体形成の理念に対し，フーコー（Foucault, M.）の『監獄の誕生』に見られるように，実はその学校が，子どもを従順な存在へと規律化していく権力装置であったと考えられるようになっている。カリキュラムのなかに分割して配分され，等質化された学校のなかの時間に従うことによって，あるいは障害物がなく可視的であることを通じて等質化された空間を持った学校建築のなかに身を置くことによって，その「訓練」は遂行されていった。そこでは規範を内面化した「従順な身体」への規格化が行われていたと見なされるようになっている。

こうした点は日本においても同様であった。近代化を目指した明治以降，教育はそのシステムに相応しい人材の形成を目指していた。富国強兵の旗印のもとで，国民の市場経済システムへの編入と強靱な兵士の養成が急務とされたのである。そこでは兵式体操などの「訓練」の導入によって「従順な身体の形成」が試みられていたのである。

近代教育思想のなかでの「訓練」の位置は，現在では，このように教育の政治的な機能との関わりにおいて捉え直されようとしているといえる。

[**参考文献**]　スペンサー，H.（三笠乙彦訳）『知育・徳育・体育論』明治図書　1969／竹内常一『生活指導の理論』明治図書，1969／フーコー，M.（田村俶訳）『監獄の誕生』新潮社 1977／ヘルバルト，J.F.（是常正美訳）『教育学講義綱要』協同出版　1974／村井実『教育思想』上下巻，東洋館出版社　1993

[**関連項目**]　訓育／通過儀礼　　　　（矢野博史）

ケ

ケア（ケアリング）

英 care, caring／独 sorgen, curare

▶ **語　義**　英語圏のケア（care）の語源はラテン語の cura であり，①心配，苦労，不

安，②思いやり，献身の2つの意味をもつ。メイヤロフ（Mayeroff, M.）は，日常的にさまざまな場面で使用されるケアの意味を「最も深い意味で，その人が成長すること，自己実現することをたすける」ものとした。ここでのケアは，単なる一方向・一時的な感情や行為を超えた，人間の行動や倫理的判断を規定する概念である。

ギリガン（Gilligan, C.）は，コールバーグ（Kohlberg, L.）による人間の道徳性発達理論を普遍性や原理を偏重する男性的観点に基づく道徳理論であると批判し，責任と応答性を重視する女性的観点に基づく道徳理論として「ケアの倫理」（Ethics of Care）を提唱した。ノディングズ（Noddings, N.）は，ケアリング（Caring）は人間存在にとって最も根本的な要素の一つであり，その特徴は受容性，専心没頭，動機の転移，互恵性，応答性，物語性であるとした。その上で，ケアリングを「身近な他者へのケア」（Caring for）と「見知らぬ他者へのケア」（Caring about）とに分類し，両者の間の関係性に注目を促した。

▶ **受 容**　ケア（ケアリング）は，看護，医療，福祉，環境，倫理学，法学などの領域で当該の行為や主体を問い直すものとして受容されている。特に教育領域における議論では，近代教育におけるリベラリズム批判の文脈で用いられる。第一にケア（ケアリング）は，リベラリズムが前提する普遍的な理論の在り方とは異なり，性別・文化・習慣などの個別的な観点から人間や社会を説明する理論として捉えられる。第二にケア（ケアリング）は，リベラリズムが個人を想定する上で自由・自立・理性などに過度の評価を与える点に疑義を呈し，関係・依存・感情などへの再評価としてみなされる。第三にケア（ケアリング）は，権利・義務・交換などに基づく社会から共同・責任・贈与などに基づく社会への転換を要請するものとして位置付けられる。

これらの結果としてケア（ケアリング）は，一方でフェミニズムやジェンダーに基づく教育思想との親和性が強調され，他方で正義論や政治的活動を重視する思想とは相対するものとして議論が展開されることになる。

▶ **課 題**　近年の教育学的ケア（ケアリング）に関する議論が深まる中での課題のひとつは，ケア（ケアリング）が二項図式・対立図式を強化する危険性をもつ点である。ジェンダー・バッシングの言説が端的に示すように，ケア（ケアリング）は特定の文脈や個別性との結びつきを重視するがゆえに，女性性vs男性性，情愛vs理性，私的領域vs公的領域といった二項図式を固定化しかねない。それは，教育理論における既存の価値づけへの批判となりえても，「ケア」というものの単なる付け足しや置き換えの要請に収束する危険性がある。

もうひとつの課題は，ケア（ケアリング）の限定・矮小化である。ケア（ケアリング）が「カウンセリング」や「ケアリング・マインド」といった特別な行為や職業に特有のものとして偏って強調される場合，それは脱文脈化・商品化される結果を招きかねない。これらの課題は，「ケア」という語が多義性や多様な用途を持つ点，および近代教育やリベラリズムのもつ二項対立的図式の影響の大きさを示唆している。

▶ **可能性**　こうした課題を克服するためには，そもそも教育という営みにとってケア（ケアリング）がどのような示唆をなしうるかという根本的な問いへの回帰が必要である。

第一に，ケア（ケアリング）を教育という営みが志向する「知」的なものや「思考様式」を構築する要素として論ずることである。マーティン（Martin, J. R.）によれば，ケア（ケアリング）における感情や感覚は単なる心情主義的なものではなく，事物や観念と学習者との間に有機的な関係性を構築する知的関心の基盤となるものである。それは理性と切り離された感情・感覚という見方に対するオルタナティブを提示する議論を要請する。

第二に，ケア（ケアリング）を公と私の二元論を克服し新たな公私の在り方を模索する

視点として捉えることである。ケア（ケアリング）は個人的な結びつきやホーム（家庭）における要素の再評価を求めるが，キテイ（Kitty, E.F.）が指摘するようにそれは，公的領域や正義とは何かを問い直すための作業である。以上の視点としてのケア（ケアリング）は，デューイ（Dewey, J.）の民主主義や協働概念，フーコー（Foucault, M.）の指摘する主体概念，ハイデガー（Heidegger, M.）の配慮概念に関する議論との共通点と検討の余地とをもつのである。

［参考文献］ Gilligan, C., *In a Different Voice*, Massachusetts 1982（岩男寿美子監訳『もうひとつの声』川島書店 1986）/Martin, J.R., *The Schoolhome*, Massachusetts 1992（生田久美子監訳『スクールホーム』東京大学出版会 2007）/Mayeroff, M., *On Caring*, New York 1971（田村真・向野宣之訳『ケアの本質』ゆみる出版 2005）/Noddings, N., *Caring*, California 1984（立山善康ほか訳『ケアリング』晃洋書房 1997）

［関連項目］ ホーム／公共性（教育における）／コールバーグ／デューイ／道徳教育／正義／主体／他者　　　　　　　　（尾崎博美）

ケイ

(Ellen Key, 1849-1926)

▶ **人と時代**　世紀転換期スウェーデンの急進主義を代表する女流文明評論家。開明的な地主貴族の家に生まれ，領地の館で3人の家庭教師から教育される。22歳の時，国会議員になった父にともなわれストックホルムに出る。父の秘書役のかたわら，サロンや講演会，あるいは，成人女性のための学院ロサンデル校などで自由な自己形成につとめた。

この時期，ヨーロッパのもっとも貧しい小農業国で，文化的にも社会的にも立ち遅れた文明の周縁の地スウェーデンにも，近代化が浸透しはじめ，厳しい新教の教えや家父長制的な権威主義の束縛のもとにおかれた個人の自立・解放が問題になり，短期間に集中的に進行した工業化・都市化とあいまって思想的にも社会的にもさまざまな混乱と問題が引き起こされていた。ケイは，不断の読書・交

友・旅により転換期に揺れるヨーロッパの新しい文化動向に直接・間接にふれ，現状批判の眼を深めていったのである。

1860年代後半，農民党の父を介して，疲弊した農村の救済・国民の再生をはかる急進的な「スカンジナヴィズム運動」に接近し，グロンウイの「国民高等学校」と出会う。自我を確立して自己決定のできる個人をつくりだし，遅れた社会を改革していくという急進主義がケイの思想の基調となったのは，この経験による。その戦略を啓蒙と実際の授業の中間にある評論活動に求めた。この間，ケイは，「婦人問題」にも開眼し，そのなかで若い地主貴族で文明評論家のウルバン・フォン・フェーリッツェンの自由恋愛論を深め，母性の主張と家庭中心の教育論に道をつけていき，女権拡張を目的とする当時の支配的な女性解放運動と明確な一線を引くことになった。

経済的な理由から1880年代のはじめに一家は離散し，ケイは，友人の女子学校の教壇にたち，同時に，新聞などへの政治評論の寄稿で自活をはかる。教育問題に筆を染めるのは，1880年代からで，独自に深化させた婦人問題や社会問題と密接に関連していた。

▶ **「女性の世紀」から「児童の世紀」へ**　ケイは，19世紀を「女性の世紀」とする。同時代の婦人解放運動は，男女同権や女性の社会的な解放という女性の地位向上に一定の成果をあげた。しかし，ケイは，そこに陥穽をみた。権利追求が自己目的化した婦人解放運動は，利己的な動機を野放しにして，さまざまな悪影響を社会全体に及ぼしていたのである。とりわけ深刻なのは，夫や子どものいる家庭がおろそかにされ，女性という性にとってもっとも自然で大切な母性が忘れ去られたことである。さらに，工業化がもたらした大量の女性工場労働者は，家庭の外においやられ，母性は，危機の様相をつのらせる。こうみれば，「女性の世紀」とは，近代化の問題性にたいするメタファーだったのだ。

ケイは，到来した20世紀を「児童の世紀」

と宣言する。この発想自体は，かならずしもケイだけのものではなく，当時の問題作といわれたハロルド・ゴーテの戯曲『獅子の子』のなかにあり，ケイはそれに共感したのだ。そして，芝居から引用の台詞「子どもが権利をもつとき，道徳が完成する」にケイのすべてが凝縮されているのである。個人をたてなおし，社会を改革する（道徳の完成）には，視座を子どもに転換しなければならない。その条件は，だれでも社会や法律以外の絆で自分が創った生命と結びつくことである。では，どうすればよいのか。ケイの『児童の世紀』（1900）は，この問いからはじまる。

▶ **自由恋愛と優生学**　本書でいう「児童の権利」は，「子どもの親を選ぶ権利」と逆説的にライトモティーフ化され，自由恋愛と優生学がその権利実現の手がかりとなる。当時の先端科学である進化論の登場は，より新しい人間の発生を好ましい方向に操作する可能性を開いたと主張するケイは，スペンサー，ダーウィン，ゴールトン，ワイスマンなどの進化論を検討したすえに獲得形質の遺伝を認める部分があるという理由で，ダーウィンやそれに同調する学説を斥け，自然淘汰に力点をおくゴールトンなどに依拠する。

とくに，ゴールトンは，人間社会では，経済的な動機や同情心がはたらき，結婚と生殖に自然淘汰が純粋に貫徹しないといった。だからこそ，性本能が豊かな人間感情に昇華したところに成立する自由な恋愛にもとづき，結婚という形式にとらわれない男女の結合は，生まれてくる子どもについても深い責任感をもつことができる。母性本能に恵まれた女性の場合は，なおさらだとケイはいう。自然淘汰がつくりだしていく新しい人間の説明には，社会進化論は場をもたず，ニーチェの「超人」が採用された。進化による人間の完全化は，あくまでも子ども個人に即して把握されている。その点で優生学にも関心を示した。

▶ **母性と未来の学校**　自我にめざめた女性は，母性にかえる。生命を生み，育てるのが女性の本来的な役割や任務であり，真に男女

が対等になるのは，その権利が確立したときであるからだ。その考えは，イプセンの『人形の家』の悲劇による衝撃を契機とした。母性の座は，家庭である。フレーベルは，子どもに生きようといったが，子どもを生かそうというのがケイの立場である。家庭は，ことさらに教育をしないけれども，精神的に高められた両性の自由な結合にもとづく家族の等位関係は，子どもを同様に自由にするし，母性のいたわりは，自由のなかにも利他感情を育む。それには，コントやミルの実証主義的な概念を援用して，ニーチェの超人への唯一の留保としている。ラスキンにしたがい，簡素な家庭生活の美は，「高尚な人間」を育てるともされた。子育てを中心に，ケイは，新しい女性家長制度の復活の提案にすすむ。そして，10歳ぐらいまでの幼稚園や幼児学校はもうやめて，それらを家庭にかえようという。群に馴致する一切の集団的な養護は認められない，子どもの未来の学校は家庭だというのがケイ教育論のクライマックスである。

ケイは，現行の学校では，性と階級を超えた国民教育制度の確立を強く望んだ。それまでの統一を欠く学校は，それのみだけではなく，「児童の虐殺」をおこなっていただけだから，その内容は，新教育で組み替えることが必要だとして，その系譜をモンテーニュまで遡及し，検討した。他方，学校の生活は自由でも，子どもが適応を学べるように親と教師は配慮する，このテーゼは，スペンサーからの着想であり，つまるところ，ケイの新教育は，自認のとおり，ニーチェの超人とスペンサー進化論の適応理論との均衡をはかるものであった。しかし，視点をずらせば，それはあやうい綱渡りにもみえるのではなかろうか。

▶ **影響関係**　スウェーデンでは，世への態度・自由恋愛＝結婚観・家庭観・道徳観・反キリスト教的な態度などから『児童の世紀』は，刊行時から攻撃にさらされ，以後も長らく冷淡な扱いしかうけなかったのにたいして，まず，ドイツにおいて拡大しつつあった「改

革教育学」の潮流に受容され，「児童の世紀」は，「時代を画期する合い言葉」（ブリットナー）となった。ケイの教育思想の影響は，戦間期までの間に新教育運動をつうじて国際的な広がりをもつようになり，わが国でも大正期新教育の基礎文献として読まれた。ケイを無視してきたフェミニズム運動は，現在の錯綜した状況のなかで，母性や家庭の問題を再び取り上げつつある。

［参考文献］　ケイ，E.（小野寺僧・百合子訳）『児童の世紀』冨山書房　1979／トールビヨルン・レングボルン，T.（小野寺僧・百合子訳）『エレン・ケイ教育学の研究』玉川大学出版部1982　　　　　　　　　　　　　（三笠乙彦）

経　　験
英 experience／独 Erfahrung／仏 expérience

▶ **語　義**　　一般に「経験」ということばが使われるとき，それは，現実に感覚を通して接触できる対象や直接的にかかわる事物・事象に繰りかえし対応しているなかで，技能や知識が獲得されることを意味する。たとえば，農業や工業で「熟達した人」とか，技芸的な職種で「達意の人」などと表現される場合においてである。すなわち，書物などをとおしての抽象的な知識ではなく，なんらかのかたちで身体性とのかかわりをもって，それぞれの仕事に精通した人を指している。

このように「経験」は，人々がなんらかの現実を自分のものとして分かろう（知ろう）とする一つの認識様式である。むろん実際の経験は多種多様である。味覚，触覚，嗅覚といったより接触的に感官に訴える感覚から，視覚をとおしての能動的な知覚，さらには直覚的にイメージする象徴化といったような間接的な経験に至るまで，経験の内実は幅広く多様である。

ところが，経験概念を規定するうえで，必要な共通項を抽出するとなると，感覚をとおして実感されるという特質が浮かんでくる。つまり経験概念は，感覚（感性）という生物学的・心理学的な要素と不可分の関係にある

ということである。したがって経験の実体は，細分化したり，先鋭化するような分析的な思考方法にははなはだなじみにくいものである。それだけに，経験は，合理主義による認識論においては軽視されがちであったが，今日では自然科学はもとより社会科学においても，それは重視されはじめている。とくに人間の成長・発達の理論構成に深くかかわる教育学においては，人間認識についての経験的側面は無視しえないものと考えられている。

「経験」（experience）という語は，「実験」（experiment），「熟達者」（expert），「危険な」（perilous）という語と共通の語根（per）を持っている。イーフー・トゥアン（Tuan, Y.-F.）は，その語根に忠実な解説を「経験」に与えている。「能動的な意味で経験するためには，人は思い切って未知のもののなかに入っていき，捉えがたいもの，はっきりしないものに関して実験を試みなければならない。熟達者になるためには，人は新しいものがもたらす危険にあえて直面しなければならない」（『空間の経験』）。実際に，実験という試みは，近代教育の成立と発展に不可欠な経験の要因であった。とくに新教育（運動）の理論，なかんずく進歩主義教育（運動）の理論は，実験的経験主義の定立とその援用なくしては展開しなかったであろう。

▶ **史的展開**　　経験概念をめぐって哲学的な考察が試みられたのは，古典ギリシャ時代に遡る。その後の経験概念の展開については，「アリストテレスの古代からトマス，ロックを経てフランス啓蒙思想に流れている太い流れに，『あらかじめ感覚の中になかったもので，認識能力の中にあるものは何一つない』という有名な命題がある」（コメニウス『大教授学』）という論評がある。認識にかかわる感覚の位置（意味）づけが端的に述べられているくだりである。

この言説は，経験という概念が理性概念と並んで，認識能力との関連で古くから問題にされてきたことを物語っている。また同時に「知る」という認識行為が，歴史的には，一

方では感覚的な側面から，他方では理性的な側面からアプローチされるというように，対極的に捉えられながらも，その両側面は連結し統合されうることも示唆している。コメニウスの教授学の基底をなす認識理論は「感覚から理性へ高める」という定式で説明される感覚主義である。

　歴史的にみて，感性と理性の統合をはかろうとする力学は同時に，それを阻もうとする反作用を生みだし，それを克服することは困難であった。このような状況は，すでにギリシャの古代哲学のなかにみられる。アリストテレス（Aristoteles）は，人間を理性的動物とみなし，その精神的魂を「理性」（ヌース nous）ということばで表現している。この意味での「理性」は感覚から引き離され，感性との対比においてその上位に位置づけられている。

　アリストテレスは『分析論後書』（Analytica posteriora）において，感覚から記憶が得られ，その反復によって経験が生ずるとした。しかもその種の経験は，コメニウスが理解したように，普遍的な知識への前段階として位置づけられたが，感覚を理性的判断のレベルから区別されるべき側面も強調した。アリストテレスは，経験は感覚レベルで処理されるべきものであり，それは不確実な技能知というものであると貶めた。アリストテレスにおいては，経験は技能的・職業的な訓練にかかわるような実際的な事柄を処理するうえで必要とされるという意味で「技能」であると考えられた。古典ギリシャ時代において，このアリストテレスの経験概念は特異なものではなかった。

　中世をとおして，経験概念に関心を寄せたのは，トマス・アクィナス（Thomas Aquinas）である。アリストテレスの思想を援用して全盛を迎えたスコラ哲学の代表者であるトマスもまた，アリストテレスの経験概念を踏襲した。トマスは，形而上学の基礎を「存在」（esse）においた。トマスの存在論的発想のなかでは，人間をはじめとして，あらゆ

る動植物や物体の存在するものへの認識は，経験主義の立場に依拠していた。理性といえども質料（物質）の制約を受けてはじめて，理性的人間の生存が可能であるとした。認識が質料の世界から作られるとする観点は，トマスもアリストテレス同様に認めた。ところがトマスは，質料を感知する感覚だけでは真理の把握は不可能であると判断したのだった。「真理はなるほど感覚作用に随伴する事柄として感覚のうちにある。それは事象のあるがままに感覚の判断が下されることを思えばよい。しかるに真理は感覚のうちに，感覚に感得される事柄として存するわけではない。何故というに，感覚は自らの感覚作用の自覚はあるが，感覚の本性を知るに至らないからである」（トマス・アクィナス『真理論』）。

▶ ロックの経験論　「経験とは経験的認識，すなわち知覚によって客観を規定する認識である」（『純粋理性批判』）とは，カント（Kant, I.）のことばである。このように，経験概念が知覚との対応関係によって規定されるに至るには，それに先だって，ロック（Locke, J.）による感覚論的経験論哲学が定立されていなければならなかった。ロックの経験論哲学の構想にあずかった基本的な考え方は，「生得観念は存在しない」という原理であった。

　ロックは，デカルト（Descartes, R.）およびデカルト派が容認していた生得観念を否定するとともに，すべての知識の起源を感覚的経験に求めることによって，理性万能主義に抵抗した。「生得観念の無さ」の論証に援用されたのが「タブラ・ラサ」（tabula rasa＝何も書かれていない書板）という比喩であった。ロックが『人間知性論』（An Essay concerning Human Understanding, 1690）のなかで用いた「白紙」（whitepaper）や「空っぽの部屋」（empty cabinet）といった表現も，この比喩と同義である。ロックは，これまで知識の源泉として疑われることのなかった「生得観念」の存在を否定するキーワードとして「タブラ・ラサ」を援用したのである。

すでに 17 世紀も後半に入ってきたが，な
お当時としては，「生得観念」を排撃するこ
とはあいかわらず神を冒瀆することであると
いう誇りを免れなかった。当時，ヨーロッパ
大陸で主流であったデカルト派の哲学では，
人間の知性（精神）は神によって神の似姿と
して造られるものと確信されていた。そのた
め，生まれながらにして人間は合理的な観念
を人間の属性として持ち合わせているはずで
ある，と信じて疑われなかった。このような
思想状況にあって，ロックといえども万物を
創造した全知全能の神の存在を否定すること
はできなかった。

ロックは，生まれながらの能力として人間
の感覚と推理能力としての理性をとおしての
知識に至るには，その先行条件としての神の
存在と神の意志の働きを仮定しないわけには
いかなかった。ところが，ロックは，人間が
自然法を認識する手段として，人間に感覚と
理性という能力が与えられるのは神意による
ものであると解釈したものの，神の実在性を
論証するにいたらなかった。ロックは，結局，
神の実在性について理性的認識による推論を
展開しようとはせず，ダン（Dunn, J.）の指
摘するように，「ロックは，人生のいかなる
時点においても，ある人々が神への義務を認
識していることを一つの経験的真理として信
じていた」のであった。ロック自身は，すで
に『人間知性論』において「およそ神の啓示
したもうたことはすべて絶対確実な真であ
る」と述べている。神の存在と人間の信仰の
問題は，すべては神の恵みと啓示に基づくも
のという認識に立つかぎり，人間の感覚と理
性によって解き明かすことを断念するしかほ
かはない事柄だったのである。

ロックは教育論においても，当然のことな
がら，感覚的な経験を基盤とする教育が十全な
かたちで展開されるための思想の方法を具体
的に叙述した。そしてその叙述を貫く中心的
課題として，感覚の担い手である身体が健全
でなければならないという命題を導きだした。
精神と身体との関係については，ロックの教

育論『教育に関する考察』（*Some Thoughts
concerning Education*, 1693）の随所で論及
されているが，その論調は習慣形成からの視
点からであるといってよい。同書でロックは
こう述べている。「あらゆる徳と価値の偉大
な原理と基礎がおかれているのは，人間は自
己の欲望を拒み，自己の傾向を抑え，欲望が
別の方向に向いても，理性が最善として示す
処に純粋に従うことができるという点であ
る」。「欲望」や「傾向」という概念は，身体
性を色濃く反映する概念である。この側面は，
ロックの表現では「外部感覚」（outward
sensation）の対象とされている。

この外部感覚の担い手である身体が理性の
命ずる方向に「しつけられる」のが，ロック
の教育論の核心部分，つまり習慣形成論であ
る。ロックの感覚的経験論は，その教育論に
おいて，外部感覚としての感性と内部的思惟
としての理性とを統合する接点を見いだした
ということである。

▶ 経験の再構成論　　デューイ（Dewey, J.）
は，主著『民主主義と教育』（*Democracy and
Education*, 1916）において，「哲学は教育の
一般理論」という仮説を立証した。実験主義
（Experimentalism）の理論構成において，
人間行為の有効性を検証する理論が入念に構
築されたのであるが，この実験主義理論のキ
ーコンセプトは「経験の再構成」である。

「経験の再構成」が「教育」であるという
命題の論理は，つぎのように述べられている。
「教育は発達である，といわれるならば，そ
の発達をどのように考えるかで，すべてが決
まってくる。われわれの正味の結論は，生活
は発達であり，発達すること，成長すること
が生活なのだ，ということである。このこと
を，それと同じ意味をもつ教育的表現に翻訳
するならば，それは（1）教育の過程はそれ
自体の目的なのだということ，および（2）
教育の過程は連続的な再構成，改造，変形の
過程なのだということになる」（『民主主義と
教育』）。生活経験の再構成の過程それ自体の
なかに教育目的と方法を設定することは，実

験的経験主義教育哲学の精髄である。

▶ **経験概念の諸相**　日本の「近代の思考」において，経験論者は，超越的な認識も経験の範疇に入れて論陣を張った。その代表的な哲学者が西田幾多郎である。西田は経験について，実在全体を把握することが「直接経験」であり，「純粋体験」であるという。彼は『善の研究』(1911) の序文において，経験の超越的な側面を主張した。「個人あって経験あるにあらず，経験あって個人あるのである」と。このような認識の様式は，「われわれの背後には何時でも全体」があり，神が存在するという信の世界を前提にしている。したがって西田においては，経験するという事実は，即（そのまま）物事を知ることを意味したのである。

経験の実相は，個人的―個性的なものであるが，その経験の個別性を超克する論理は，森有正においても直観されていた。「本当の内面の感覚の質は，自然も個人もすべてを含む超個人的な現実があり，その作用が発動する場所が個人だ，ということができる」(『バビロンの流れのほとりにて』)。この森有正の経験的認識について，饗庭孝男は，「西田幾多郎の『経験あって個人ある』と共振する思考だということができよう」と解説している。個人の経験にも普遍性がみられることがあるということを，われわれは経験的に知っているが，あらためて，経験の超越主義的な解釈が経験哲学にとっての課題となろう。最近，西田哲学が再検討される機運（たとえば『思想』岩波書店　1995 年 11 月号の西田幾多郎特集など）がみられるのは，個人（個性）の社会とのかかわりにおける閉塞状況から脱出するための思考のヒントを，西田の説く超越主義経験論や「群論的世界概念」に期待するからではないだろうか。西田からのヒントは，ポストモダンの脱工業化社会の理想像を構想するうえで，一つの有力な手がかりになることが期待されるからである。

個人の経験が普遍性を持つという命題について，エア (Ayer, A. J.) は，感覚与件の内私性の問題をとりあげている。エアは「人が直接経験できるのは，自分自身にとって私的なものだけである，という命題」を超克するために，私の経験を他人にも擬することによって，他人も私と同じ状態で同じような経験をもつ，という類比の論理を提唱している。その論理を掘り下げ，つまりその思想構造を明確にし，説得力のある類比理論の定立は，残された課題である。

経験の個別性を克服するいま一つの論理は，クワイン (Quine, W. V.) によるものである。クワインは，「外的世界に関するわれわれの言明は，個別的にではなく，一つの集合体 (a corporative body) としてのみ，感覚的経験の裁きに直面する」という。しかも経験の単位は，私的なものではなく，科学的全体であるとみなしている。かれは，直接に経験に晒されて真偽のほどが問われるようなものではない「知のネットワーク」という概念で，経験の個別的閉塞性を克服しようとしている。

クワインの「知のネットワーク」論は，野家啓一によると，以下のように解説されている。科学者共同体を形成しているパラダイムを，アプリオリな「規則」ではなく，具体的な「模範例」として捉えることによって，われわれは『『図式と内容』の二元論に拘束されない科学に関する新たな描像を手に入れることができるのである」と。またこのようなパラダイムは「経験に先立ち，経験を構成する要素として，その能力を発揮しうるのである」と。クワインの「知のネットワーク」理論も，経験の個別性の論理から解放される，一つの有力な手がかりである。

▶ **批判と課題**　デューイの実験的経験論はプラグマティズム (Pragmatism) を基盤とするものであるが，この種の経験論に対しては，古くはデュルケーム (Durkheim, E.) による，近くはブルーナー (Bruner, J.) による批判がある。前者のデュルケームによると，プラグマティズムにおける真理は，本質的個人的なものに帰着するがゆえに，それは伝達や表示の対象にすることはできないので

ないか，という疑念が生じるというのである。経験の主体が個人であるかぎり，デュルケームの疑念は，すくなくとも形式論理上，必然であろう。後者のブルーナーによると，デューイの経験論による経験学習は「生活適応」や「直接経験」といった甘ったるい流行概念で表されたセンチメンタルな飽食暖衣的な考え方である。「すべてこれ，教育過程についての実験もせず，ただデューイの名においてのみ正当化された児童観にすぎない」（『デューイの後に来るもの』）という批判は，認知心理学による系統主義教育の立場からなされた。

このような辛辣な批判に対して，デューイの経験に擁護すべき側面があるとすれば，それはブルーナーがデューイの提唱した「第二次経験」の質を無視した点である。デューイのいう第二次経験の概念には，直接経験が反省的に深化・拡充されて，それが理性や知識との関連において創出される創造的知性が含意されているからである。

たとえば，デューイが「社会と個人とが相互に真に有機的な関係にあるとすれば，その場合個人には社会が凝縮されているのである」（『民主主義の倫理』）と述べていることや，「個人が世界に居るという言明は，具体的には，一連の状況（situation）の中に生きるということである」（『経験と教育』）と述べていることは，経験の個別的閉塞性を超克する方向を示している。個人の生きている一連の状況のなかで相互作用が営まれ，そこで得られた経験が反省的思考のもとに連続的に再構成されていく過程は，他者と共有されうる創造的な知的経験を約束するものである，と理解される。

ところが，この経験の相互作用の概念をめぐって，近年，一つのデューイ解釈がなされた。ローティ（Rorty, R.）によるもので，デューイの形而上学における「相互作用の性質」を問題にしている。ローティは，デューイによる二元論の克服には疑義をはさんだ見方を示し，それを次のように説明している。

「われわれは，経験的自我と物質的世界との関係という問題を解決したつもりだったが，結局はその両方を産出する超越的自我を再び持ち出して決着をつけたにすぎないのではないか」（『プラグマティズムの帰結』）と。またローティは，デューイは「『相互作用』や『状況』といった概念を，それが『第一資料』や『物自体』のように神秘的に響くまでに拡張してしまったのだ」（前掲書）という批判的見解を示している。

経験概念をめぐる今後の課題は，これまでの記述の随所に示されているように，経験の個別性を超克するに説得力のある新しい認識の枠組みを模索し定立することである。それは個の普遍性の論理を開発することでもある。

[参考文献] Ayer, A. J., *The Foundations of Empirical Knowledge*, London Macmillan 1940（神野慧一郎ほか訳『経験的知識の基礎』勁草書房 1991）／Bruner, J., *On Knowing: Essays for the Left Hand*, Cambridge Havard Univ. Press 1962（橋爪貞雄訳『直観・創造・学習』黎明書房 1969）／Dewey, J., *Democracy and Education*, New York 1916（松野安男訳『民主主義と教育』岩波書店 1975）／Dewey, J. *Experience and Education*, New York 1938（原田実訳『経験と教育』春秋社 1950）／Dunn, J., *Locke*, Oxford, Oxford Univ. Press 1984（加藤節訳『ジョン・ロック』岩波書店 1987）／Locke, J., *An Essay concerning Human Understanding*, 1690（大槻春彦訳『人間知性論』岩波書店 1977）／Locke, J., *Some thoughts concerning Education*, 1693（服部知文訳『教育に関する考察』岩波書店 1967）／Rorty, R., *Consequences of Pragmatism*, Minneapolis, Univ. of Minesota Press 1982（室井尚ほか訳『哲学の脱構築──プラグマティズムの帰結』御茶の水書房 1985）／Tuan, Y.-F, *Space and Place*, Minneapolis, Univ. of Minesota Press 1977（山本浩訳『空間の経験』筑摩書房 1993）／コメニウス，J.A.（鈴木秀勇訳）『大教授学』明治図書出版 1962／鈴木剛「ジョン・ロックの習慣形成」『教育哲学研究』第59巻，1989／トマス・アクィナス（花井一典訳）『真理論』哲学書房 1990／野家啓一『科学の解釈学』新曜社 1993

[関連項目] 進歩主義教育／直観 （市村尚久）

稽 古

古（いにしえ）を稽（かんが）えるの意から転じて，中世以降，芸能や武術の練習を意味するが，それらの技芸が中世仏教，とりわけ禅の精神性と結びついた「芸道」の思想においては，単なる技能の習得にとどまらない人間形成的意義を担った概念である。

世阿弥の能楽論をはじめ，茶道・華道・歌道・書道・剣道・弓道等々の芸道稽古論には，「型に入って型を出る」という方法原理が共通して認められる。すなわち稽古の過程は，まず伝統的な「型」をひたすら模倣することに始まる。修行者は個我への拘泥を捨て，身心共に「型」に同化することを求められるが，その過程はさらに，「型」への意識的なとらわれからも自由になること（いわゆる「型破り」）をもって，究極の境位とする。稽古によって到達される，この無碍の境地（世阿弥の「無心の位」等）は，禅仏教における「絶対無」の悟りと同一であるとされる。稽古は，いわば悟りへの道，方法論としての意義を担っているのである。本来は仏教用語である「修行」の語が中世以降，学問技芸の修練の謂で用いられるようになったのも，その故である。さらに，稽古のもつ如上の精神的意義は身体的契機によってこそ実現されるという意味で，芸道においては身心の二元論的な分化以前の関係が重視される。すなわち，習得されるべき「型」とは姿（身体的な形）と心（精神的境位）との相即不離のあり方（いわゆる「身心一如」）を意味しており，技芸の修練による精神的境位の深まりと，深められた精神による技芸のパフォーマンスとは，「往相・還相」という双方向において不可分であるべきとされているのである。それ故また，習得されるべき「型」とは決して抽象的なものではなく，常に具体的な師の技芸と人格とにおいて体現されているべきものである。稽古における師匠は単なる技能の伝達者ではなく，その姿と心との全体をもって弟子の前に存在し，模倣の対象となる。ただし，師の側から直接に教え得るのはごく基本的な技能のみであり，しばしば「盗む」という表現が用いられるように，稽古の本質は弟子の側の徹底した自己学習，自己開悟の過程にある。たしかに稽古論には「卒啄同時」といった一種の教育的タクト論も見られるが，芸道の師弟関係は，近代的な「教授」における教育関係とは根本的に異質なあり方を示しているといえる。

近世初期までは特殊な職能集団および支配階級の精神的エリート層の専有物だった各種芸道は，18世紀後半までに家元制度の確立と共にしだいに大衆化し，稽古の概念も通俗化していく。明治期以降，近代化の中での芸道の生き残りの努力は，「柔道」の創始者である嘉納治五郎に典型を見るような理念的純化を生む一方，女子の良妻賢母教育と茶道，華道との結びつきや，軍国主義的な国民統制と武道との結合をも生じさせた。第二次大戦後，とりわけ茶道や華道における圧倒的な女性の進出にともない，一部の芸道がさらに大衆化した結果，いわゆる嫁入り道具としての「お稽古事」という表現が示すように，稽古の概念はいっそう形骸化した。その故か，教育学においても従来，芸道稽古論は必ずしも正当に評価されてきたとはいいがたい。それは，因襲的，非創造的，没主体的であるとして，その前近代性を否定視されるか，或いは逆に，そこに近代的な発達論や教授論を読み込んで，それらの先駆形態として評価されるかであった。しかし今日では芸道の思想は，「主体性」「創造性」「身心関係」「教育関係」等のテーマに関して，むしろ近代的な教育概念を相対化し，克服するための手掛かりを孕んだものとして注目に値する。

[参考文献] 表章・加藤周一編『日本思想体系24 世阿弥・禅竹』岩波書店 1974／西山松之助・渡辺一郎・郡司正勝編『日本思想体系61 近世芸道論』岩波書店 1972／倉沢行洋『（増補）藝道の哲学——宗教と藝の相即』東方出版 1987／源了圓『型』創文社 1989／山村賢明『茶の構造』世織書房 1996
[関連項目] 芸術／模倣 （西村拓生）

芸　術
英 art／独 Kunst／仏 art

▶ **カロカガティアとミメーシス**　芸術概念が混沌としている現代，それを一義的に確定するのは困難である。とくに教育ないし人間形成に即してこの概念を考える際，「美」の概念との関係は錯綜している。思想史上，既にプラトン（Platon）において両者の関係は単純ではない。プラトンは一方で，『国家』（Politeia）や『法律』（Nomoi）において，幼少年期の教育はギムナスティケー（体育）とならんでムシケー（音楽と文芸）によって行われるべきである，と主張している。それは次のような古代ギリシャの通念にもとづいていた。すなわち，芸術とはミメーシス（模倣）のテクネー（技術）の一種であるという考え方，および，「美なるもの」はすなわち「善なるもの」であるというカロカガティア（美にして善）の観念である。それ故，音楽や文芸は，美しきもの＝善きものの模倣を通じて，模倣者に「美にして善」の感覚を習慣づける，というのである。しかし他方で，ムシケーによる教育は，やがて来たるべき理性の教育を準備する，という限定的な位置づけしか与えられていない。なぜなら，プラトンのイデア論においては，たしかに究極の美の経験は善のイデアの観照と同一視されるものの，芸術活動によって模倣される個物の美とは，その超感覚的イデアの単なる反映に過ぎない，と見なされるからである。教育において最終的に目指される善のイデアの認識というのは，あくまで感覚を超えた理性的思惟によってのみ得られる，というのである。

東洋においても，中国では古代より，音楽には人心を感化し社会秩序を保つ働きがあるとして，それを尊重する「礼楽」の思想が存在した。またわが国の中世から近世にかけては，茶の湯や剣法などの芸能や武術における「型」の習得に人間形成的意義を認める「芸道」の思想が発展した（「稽古」の項参照）。

▶ **新人文主義的陶冶理想としての美**　プラトンの思想のうち，テクネーとしての芸術概念は，プラクシス（倫理的実践）とは区別されるポイエーシス（制作）の学であるアリストテレスの『詩学』（Poetica）において発展させられ，ラテン語の ars を経て，art や Kunst の概念に継承されていく。ただしそれらは本来，広く学問・技芸を意味しており，「美しい art」（fine arts, beaux-arts, schöne Künste）としての，美を本質とする「古典的」な芸術概念が確立したのは，ようやく18世紀にいたってであった。それにともない，語源的には「感性的認識」を意味する「美的」（aesthetic, ästhetisch）という概念——この言葉はバウムガルテン（Baumgarten, A. G.）の『美学』（Aesthetica, 1750-58）においてはじめて用いられた——が，新人文主義やドイツ観念論の文脈の中で，しだいに美に関わる価値概念として用いられるようになる。これらの，いわば「美的なるもの」の自律化の傾向は，ハーバーマス（Habermas, J.）が指摘するような「近代というプロジェクト」における三つの価値領域（科学，道徳，芸術）の分化に対応するものと見なすことができよう。

他方，プラトンにおけるもう一つの契機，すなわち美に実践的・人間形成的意義を認める思想は，「ヨーロッパのプラトン」と称されたシャフツベリー（Shaftesbury, 3rd Earl of）の美的世界観を経て，やはり18世紀ドイツ新人文主義の陶冶理想，とりわけシラー（Schiller, J. C. F. von）の美的教育論において再び開花することとなる。「詩こそ人類の原言語である」というハーマン（Hamann, J. G.）の言葉に象徴されるように，新人文主義では一般に芸術が重視された。それはシュトルム・ウント・ドランク期から新人文主義にいたる思潮が，一方では啓蒙主義の合理主義的・主知主義的偏向の克服，他方でまた，感性に対する実践理性の絶対的優位を主張するカント的リゴリズムの克服を，その主要動機としていたためである。シラーのいう「美しき魂」とは，非合理的・情意的側面をも含み，叡知界と感性界との二元性を克服した人

間性の調和的全体性を象徴する陶冶理想にほかならなかった（「シラー」の項参照）。いわば，上述のようなハーバーマス的「近代」の全面展開を前にして，人間存在の全一性への最後の拠り所が美と芸術に求められたわけである。

▶ **教科としての芸術**　19世紀以降，芸術そのものの多様な発展は古典的な芸術概念の枠組みを乗り越えていく。その一方で，各国において成立しつつあった公教育に芸術諸教科が導入されていったが，その際，芸術の教育的意義に関しても様々な主張が行われた。それらの言説は次のようなタイプに分類することができる。①「知・情・意」といった人間の諸能力の全面的・調和的な発展の一環として美的・感性的能力をも重視すべしという議論（いわば新人文主義的陶冶理想の形式的理解）。②芸術は子どもの心情に直接働きかける力をもつが故に，道徳的意志の形成に役立つという議論。『教育の主要任務としての世界の美的表現』におけるヘルバルト（Herbart, J.F.）や，わが国の明治期以降の「徳性の涵養」としての「情操教育」論も，この類型に含まれる。③直観教授説にもとづいて，手工や音楽をすぐれて感性的・具象的な活動として擁護する議論。④スペンサー的功利主義の価値体系の中に芸術を位置づけ，有意義な余暇活動を可能にするために趣味の教育が必要であるという議論，等である。しかし，実際には芸術諸教科の導入は，たとえば図画教育は産業労働者の「眼と手の訓練」に役立つ，といった実利的な動機に促された場合が多く，教育方法も，手本を忠実に模写させる「臨画」のような形式的なものにとどまっていた。

▶ **新教育における芸術**　芸術と教育の関係が新たな展開を見せたのは，19世紀末から20世紀初頭にかけての世界的な新教育運動においてであった。とりわけドイツでは芸術教育運動が一連の改革教育運動を先導する役割を果たした。それは，かつてのシュトルム・ウント・ドランク期と同様，19世紀文明の「空疎化」（ノール Nohl, H.）に対する文化批判を根本動機とする改革教育運動にとって，新たな生き生きとした教養・陶冶の源泉は，何よりもまず芸術にあると考えられたためである。同様に米国の進歩主義教育でも，またわが国の大正自由教育においても，芸術は単なる一教科として重視されるのみならず，教育改革の重要な契機と見なされた。これら新教育運動における芸術の重視は，一般に以下のような特徴を示している。①かつての新人文主義的な芸術教育思想においては主として芸術作品の受容・鑑賞活動が念頭に置かれていたのに対し，子どもの自己活動性を尊重する新教育では，制作・表現・創造といった主体的活動の方へ重点が移行した（「鑑賞」の項参照）。それにともない，②子どもの「自己表現」が鍵概念となり，芸術活動は一人ひとりの子どもの「個性」の自由な表現であるが故に意義があるとされた。また，③従来は特殊な芸術的天才のみが有すると考えられた「創造性」が，一般の子どもの表現活動に認められるようになった。「芸術家としての子ども」観の成立。当時，発展しつつあった深層心理学が，しばしばこれらの主張の根拠とされた。④自由画に代表されるような，子ども自身の欲求と関心とに即した新たな芸術教育の方法が創出された一方，⑤多様な作業や主題を包摂し得る芸術活動は，しばしば統合的カリキュラムにおける諸教科領域の結節点としても重視された。──しかし，このような児童中心主義的傾向の芸術教育は，社会意識の形成や社会改革といった，新教育運動において重視された教育目的に対する限界を，やがて露呈することとなる。ノールは，そもそも日常的現実との厳しい取り組みを欠く点に，芸術教育の本質的限界があったとも指摘している。

▶ **現　代**　第二次大戦中に執筆され，戦後，世界的に読まれたリード（Read, H.）の『芸術による教育』は，プラトンとシラーの継承者を自認しつつ，19世紀末以来の芸術教育の潮流を総括し，戦後に媒介する役割を

果たした（「リード」の項参照）。その影響下、教科としての芸術教育に関しては、各国において新教育の遺産を継承しつつ教育内容・方法の充実が見られた。リードは後に、カッシーラー（Cassirer, E.）等に依拠して芸術教育の哲学的基礎づけを試みた。この理論的方向は、1960年代以降の米国において進歩主義教育への反動を契機として継承され、"The Journal of Aesthetic Education" 誌を中心に、制作・受容の両面を含む芸術活動の意義を、他の認識活動には還元できない独自の「美的認識」である点に認める、記号論的・認知理論的色彩の強い芸術教育理論が展開されている。一方ドイツでは、1980年代以降の教育学の「ポストモダン」論議の中で「美的なるもの」への関心がふたたび高まりつつある。モレンハウアー（Mollenhauer, K.）による「イロニー的戯れ」としての美的経験への着目や、レンツェン（Lenzen, D.）の「教育学的メテクシス」の概念等が、近代教育の孕むアポリアを克服するための戦略的契機たり得るか否か、今後の理論展開が注目される。

[参考文献] Lenzen, D. (Hrsg.), *Kunst und Pädagogik*, Darmstadt 1990／Nohl, H., *Die pädagogische Bewegung in Deutschland und ihre Theorie*, Frankfurt am Main 1935／Smith, R. A. & Simpson, A. (eds.), *Aesthetics and Arts Education*, Urbana & Chicago 1991／竹内敏雄編『美学事典（増補版）』弘文堂 1974／前田博『教育における芸術の役割』玉川大学出版部 1983／ハーバーマス（三島憲一訳）「近代——未完のプロジェクト」『思想』696号 1982

[関連項目] 鑑賞／稽古／構想力・想像力／児童中心主義／新教育／判断力／美・美的なもの／ポストモダン／模倣／ロマン主義

（西村拓生）

啓 蒙
英 enlightening／独 Aufklärung／仏 lumière

▶ 歴史的概念としての啓蒙　語義としては、英語、独語の場合は灯をともして明るく照らす、という意味を、仏語の場合は、光そのも

のを意味する言葉である。いずれの場合も、無知や偏見、迷信の支配する暗闇を、理性の明るい光によって追放するという思想的な態度を表しており、歴史的には、17世紀後半にはっきりとした形をとり、18世紀に全面的に開花した大きな思潮を指す。17世紀はいわゆる「科学革命」の時代であった。ニュートン（Newton, I.）の力学は、かつては混沌と見えた自然現象が実は整然たる法則性に従っているのだ、ということを人々の目に明らかにした。同様に、ロック（Locke, J.）は人間や社会の事象もまた、一見混沌としているにもかかわらず、普遍的な理性の法によって支配されているのだ、ということを一連の著作を通して示して見せた。18世紀の代表的な啓蒙思想家であるヴォルテール（Voltaire）は、この二人のイギリス人を啓蒙の時代の幕を開けた人物として深い尊敬を持って紹介している。

フランス啓蒙思想の特徴は思弁的な書斎の哲学を越えて、社会的実践的な広がりを持った思想運動を形成したという点にある。フランスにおいては、宗教や政治、経済、さらに社会のあらゆる分野における旧習を批判、攻撃する知識人たちは、幾分かの揶揄と尊敬を込めて「哲学者たち」と呼ばれる一つの層を構成した。ディドロ（Diderot, D.）が中心的な編者となって長い年月と膨大なエネルギーを費やして刊行した「百科全書」は、哲学者たちが結集して行った一大事業である。他方、ドイツの啓蒙思想は、このような実践的性格よりも、理論的思弁的傾向が強く見られた。ライプニッツ（Leibniz, G. W.）の流れをくむヴォルフ（Wolf, C.）やメンデルスゾーン（Mendelssohn, M.）といったドイツの代表的な啓蒙思想家はいずれも、神学的合理主義を説くアカデミシャンであり、フランスやイギリスの場合と大きな対照をなしている。

このような違いが存在する背景には、それを支える新しい社会階層の成熟の違いがあった。ロックの時代のイギリスは、古い封建領主にかわる、新しいブルジョワ的起源を持つ

地主階級であるジェントリが，議会制度を武器にして力を発揮するようになった時代であった。18世紀のフランスは未だイギリスのような市民革命は経験していなかったが，都市のブルジョワたちがその経済力を背景に新しい文化を築きつつあった。上流階級の夫人の居間を舞台としたサロンや，街角のカフェや貸本屋兼読書クラブなどが知識や情報の伝播をうながした。印刷文化は広く普及し，青本などと呼ばれた粗末な廉価本が，農村の隅々にまで行商人の手で流通していた。啓蒙思想の理念は，旧来の信仰書や文学書の隙間をぬって様々な階層に浸透し，市民革命の土壌を築いていった。旧制度を廃棄し，理性の法を打ち立てる，という啓蒙の理念は，1776年のアメリカ独立革命と1789年のフランス革命においてその歴史的な結実を見たが，やがてフランス革命がロベスピエール（Robespierre, M.-F.-I. de）の恐怖政治を生み，ナポレオン（Napléon Bonaparte）の帝政によって終息を迎えるとともに，狭義の意味での啓蒙の時代は終わることになる。他方，ドイツにおいては政治経済的には市民革命の土壌の形成は最も遅れていた。しかし，「啓蒙とは何か」と正面から問い，「啓蒙とは自らの理性を使用する勇気と意志を持つことである」と答え，この答えの延長線上に，人間の理性と意志についての批判的考察，『純粋理性批判』と『実践理性批判』を著したのは，この最も遅れたドイツの一地方大学の教授であったカント（Kant, I.）であった。カッシーラー（Cassirer, E.）の指摘するように，このカントの体系こそ，啓蒙の克服であると同時にその最も深い正当化でもあったとすれば，市民勢力の成熟の最も遅れたドイツにおいてこそ啓蒙思想の完成を見ることになったとも言えよう。

▶ **啓蒙の原理**　以上見たように啓蒙思想は，多様な顔を持った思潮であり，一様に特徴づけることはできないが，およそ次のような思想的特徴を持つものと考えられる。

第一の特徴は，宗教的な価値や権威に対する批判の姿勢である。啓蒙思想は，制度としてのキリスト教が政治的権力と結びついて社会を統合し，支配していた時代の思想である。異端への迫害がなおも続く状況の中で，啓蒙思想は，宗教的寛容，つまり，宗教の多様性を認める態度を強調することからまず始めなければならなかった。ロックの『寛容論』をはじめ，多くの啓蒙思想家はこの点に関して共通した見解を持っていた。さらに，キリスト教の彼岸主義に対して現世主義，世俗主義を強調するのも一般的特徴である。この世の悲惨さと神のもとでの至福を強調する，キリスト教的モラリストであるパスカル（Pascal, P.）に対して，ヴォルテールが挑んだ論争はとりわけ有名である。この世は永遠の魂の至福に至るために通過しなければならない牢獄のようなものではない。人間はこの世でこの肉体を持ったままで，十分幸福になるだけの力を持っている。キリスト教の原罪説に対する闘いこそ，啓蒙思想のゆずれない一点であった。

第二は，理性の力への絶対的信頼である。この世界を人知を越えた超越的で神秘的な原理に支配されたものと見，それをつかむためには，個人の側からの信仰という飛躍と，社会における伝統の力とをもってしなければならないとするキリスト教の教えに対して，啓蒙思想は，それこそが迷信と圧制による支配そのものだと批判し，この世界の事象はすべて人間の理性の力によって把握することが可能である，と主張した。理性のとらえ方に関しては，大陸の伝統であるデカルト（Descartes, R.），ライプニッツらの流れをくむ合理論と，ロックらのイギリス経験論の流れとの二つの流れがあるが，それはやがてカントの批判的認識論の中にともに流れ込んでいくことになった。

第三は，普遍主義である。そもそも，啓蒙の理性主義を支えていたのは，理性がすべての人間に共通であり，それゆえ，理性が認める真理はただ一つであるという確信であった。こうした普遍的原理としての理性という観念

は，古くは神法と人間理性の間の対応関係を認め，そこから法や規範の普遍性を強調する中世の神学的自然法思想に由来している。啓蒙思想はこうした自然法の観念を，枠組みはそのままで，世俗化して継承している。キリスト教の布教者たちが，神の法のいまだ行き渡らない異教徒たちの世界をキリスト教化することに，大いなる使命感と人間愛をもってしたように，啓蒙の申し子たちにとっては，普遍的な理性の光の恩恵を受けていない「未開の」あるいは「野蛮な」世界を「文明化」することこそ人類の進歩への大いなる貢献と考えられた。そこでは，多様な民族や文化という観念よりも，ただ一つの普遍的な人類の文明という観念が有力であり，コスモポリタニズムが啓蒙の特徴の一つに数えられる。

▶ 啓蒙と教育　　教育への関心は，多様な知的文化的運動である啓蒙のコアとも言うべき部分をなしている。教育こそが啓蒙の普遍的な原理を具体的な形あるものとすることができるのであり，すべての啓蒙思想家は，民衆も含めてすべての人間を教育することの必要性と重要性とを一致して説いた。しかし同時に，教育論こそ，啓蒙がその普遍的な原理のうちに隠し持っている矛盾や葛藤が最もあらわに露呈される場所でもあった。

啓蒙の教育論が第一の拠り所としたのは，人間理性は何か神秘的な力のようなものではなく，すべての人間が備えている諸感覚器官とそれが生み出す感覚から段階的な順序を追って発達し形成される能力に他ならない，という原理であった。それゆえ，理性は段階を踏んだ正しい方法で導かれるならば，すべての人間が手に入れることができる。この，段階を踏んだ正しい方法とは何かという点については，ロック，コンディヤック（Condillac, É. B. de），ルソー（Rousseau, J.-J.）らが体系的な理論を作り上げ，さらに，ドイツの汎愛派の人々やペスタロッチ（Pestalozzi, J. H.）らが自らの実践活動に取り込み発展させた。感覚と理性の宿りである身体を十分に訓練し発達させること，個々の感覚を訓練し

鋭敏な感覚能力を育てること，言葉に始まり言葉に終わる従来の転倒した教育を排し，具体的な事物の認識から始めてゆっくりと少しずつ抽象的一般的観念へ，そして言語へと導くこと，身体的苦痛や恐怖によってではなく発達しつつある理性のあらわれである生き生きとした興味や関心によって学習を動機づけること，など啓蒙の教育論が掲げた新しい教育方法はすべて，権威に盲目的に従う人間ではなく，自ら主体的に判断し行動する理性的人間を形成するという目的に向けられたものであった。さらに同様の観点から，教育内容についても批判が加えられた。批判は，当時のエリート層の教育のほとんどすべてを占めていたラテン語の教育に向けられた。日常語としては死語であり，宗教や学問の世界でのみ用いられている古典語の世界に幼い子どもの時代から閉じこめてしまうような教育は，理性の教育の対局にあるものとみなされた。母国語や近代外国語，自然に関する諸科学の教育がそれに代わるべきものとしてあげられている。このような教育方法と内容に関する新しい提案は，19世紀の近代教育学が啓蒙から遺産として継承し，さらに，20世紀初頭の新教育運動によって新たに科学的根拠を与えられ今日まで広く流布するにいたる。

このように啓蒙の教育論は，理性を感覚から連続的段階的に発達するものとしてとらえることによって，理性がすべての人間に到達可能な普遍的な原理であることを，より一層具体的に，かつ説得的に示すことができた。しかしながら，理性の普遍性とその連続的発達の理論は，同時に，人々の間の理性の差異を正当化する理論そのものともなった。理性の働きが，感覚的日常的経験の段階にとどまっている人々もいれば，深い真理の認識の段階にまで到達する人々もいる。そして，人口の圧倒的部分を占める民衆は明らかに前者である，と考えられた。このことは，啓蒙の教育論のもう一つのジャンルとして18世紀にさかんに書かれた民衆教育論にはっきりと表明されている。彼等が民衆に与えようとした

教育は，読み書き算，日常的な知識，職業に必要な知識，そして法と秩序への尊敬を教える道徳教育であった。ヴォルテールのように，道徳の世俗化を精力的に進め，過激な宗教批判を展開しながら，民衆教育論においては民衆用の宗教の必要を説くケースも決してめずらしくはなかった。民衆に期待されたのは，自ら真理を発見する能力ではなく，真理として与えられたものを正しく受容する能力であり，そのためにはこのような限られた教育で十分だったのである。ラ・シャロテ（La Chalotais）をはじめとして，当時民衆教育を論じた人々はほとんどが，民衆に余分な教育をあたえることを嫌い，父の職業や身分にふさわしい教育に限定すべきことを強調している。他方，中で最も先進的であったディドロの場合は，民衆の間に埋もれた才能を見いだし，学資の保証を与えて高度な教育を与え，国家の人材として登用することを提案している。この場合には生まれや身分に代わって才能という新たな基準が設定されており，理性の普遍的原理に一層忠実であると言える。しかしいずれにせよ，すべての人間が哲学者になれるわけではないのだ。おそらく大多数の人間は一生成熟した大人の理性に到達することはできないだろう，というのが啓蒙の共有していた認識であった。しかしながら，民衆は大人とはなりえないとしても，教育を受けた理性ある子どもにはなりうる。つまり，かつてのように自らの社会的境遇を宿命として受け入れそれに盲目的に従うのではなく，社会秩序の中での自分の位置と役割を正しく認識し，自ら主体的，自覚的に従うようになることはできる。これが民衆教育がもたらすはずの成果であった。

　このような民衆教育論は，国民国家形成の途上にあった当時の政治状況とその課題に対して啓蒙が提起した一つの解答でもあった。啓蒙の民衆教育論は，ほとんどが国民教育論として書かれている。従来，漠然と下層の人々と同一視されていた民衆を，特定の国家を構成する集合的な存在としての国民へと作

り替えることが問題だったのである。そこでは，国民教育は国家の独占的な仕事であることが繰り返し強調された。従来，教育に関心を寄せ，それに取り組んできたのはもっぱらキリスト教勢力であった。エリート層の学校は教会聖職者を養成する機関として生まれ，しだいに世俗的な教育にまで拡大されてきたものであったし，カテキズムを作り，教区ごとの小さな学校を運営して民衆の教化に取り組んでいたのも教会であった。啓蒙がなによりも闘わなければならなかったのは，こうした教会による教育の独占とそれを許してきた世俗権力の教育への無関心であった。そこで，初等教育から高等教育まですべての階梯の教育を国家の一元的な統制のもとに置く体系的な公教育の組織が第一に提案された。第二に，その目的は国民の形成に置かれた。世俗の秩序よりも神の秩序への尊敬を教えるキリスト教の普遍主義は，むしろ国内に分裂をもたらすものとして断罪され，祖国愛の教育がいたるところで強調された。patrie 祖国という言葉と，それに対応する citoyen 市民という言葉が啓蒙の時代の流行語となったのである。ルソーのような例外を除いて，パトリオティズムとコスモポリタニズムとの間に深刻な対立や葛藤を認める議論は見られなかった。啓蒙の言う祖国とは，ルネサンス以来の理想化された古代共和国像になぞらえて創られた，普遍的，道徳的な社会のモデルにほかならなかった。フランス革命の共和主義を鼓舞したのも，こうした古典主義的な祖国の観念であった。19 世紀のナショナリズムが生まれてくるのは，こうした普遍的理念を旗印にヨーロッパ侵略に向かったナポレオンとの闘いの過程でのことであり，公教育が本格的に現実の問題として論じられるようになるのは，そのさらに先のことであった。その意味で，啓蒙の公教育論は教会主導の旧い教育から近代公教育への過渡期的な性格を持つものであったということができよう。

［参考文献］Chisick, H., *The Limits of Reform in the Enlightenment*, Princeton: Princeton University Press 1981／Schmidt, J. ed. *What is Enlightenment?*, Berkley, CA: University, Calfornia Press 1996／Outram, D., *The Enlightenment*, Cambridge: Cambridge University Press 1995／カッシーラー, E. (中野好之訳)『啓蒙主義の哲学』紀伊国屋書店 1962／カッシーラー, E. (原好男訳)『十八世紀の精神』思索社 1979／グレトゥイゼン, B. (井上尭祐訳)『フランス革命の哲学』法政大学出版局 1977／ゲイ, P. (中川久定ほか訳)『自由の科学』ミネルヴァ書房 1986

（森田伸子）

ゲーテ

(Johann Wolfgang von Goethe, 1749-1832)

▶ 生涯 フランクフルト・アム・マインに生まれる。生涯は, 文学作品の上から, ①『若きヴェルテルの悩み』(1774) に結晶する,「疾風怒濤 (Sturm und Drang) 時代」の騎手としての時期, ②イタリア旅行 (1786～88, 1790) を経て『ヴィルヘルム・マイスターの修業時代』(1790),『ヴィルヘルム・マイスターの遍歴時代 第1部』(1821) 等に代表される, 燈明で秩序的な「古典主義」の時期, ③『ヴィルヘルム・マイスターの遍歴時代』の完成 (1829), 生涯の作『ファウスト』の完成 (1831) に至ってロマン主義的色調ををも帯びた晩年の時期, 等と区分される。また, 早くから自然研究にも関心を寄せ,「原型」と「変態」で知られる形態学や, ニュートン光学に挑んだ色彩論のほか, 気象学, 地質学など広範な成果を残した。さらにワイマールのカルル・アウグスト公に請われて政務も担当した, 多彩な巨人であった。

▶ 思想の内容と位置づけ 彼の教育思想は主に,「教養小説 (Bildungsroman)」としての『修業時代』や『遍歴時代』から読みとられている。そこでは, Bildung が自己形成として捉えられ, 新人文主義的な「普遍的・多面的教養」も尊重されつつ, さまざまな過誤や迷いの体験を通して自己の素質や個性を発見し,「一面的教養」へ, 具体的には「手仕事」等を通して職業世界へと自己を限定して

ゆく過程として描写される。そして, 自我を制御する「諦念」や「上なるもの, 等しきもの, 下なるものへの畏敬」を旨とし, 子どもの個性を見極めてゆく共同生活の場の一つとして,「教育州」の姿が具体的に描き出されている。こうしたゲーテの教育思想の主要局面は, 彼の自然観, とりわけ形態学 —— その主題は「有機体の Bildung と Umbildung」と表現されていた —— の諸観念からも説明可能である。「個性への自己限定」は, 動植物が原型 (普遍性, 根源的同一性) の規制の下で, 変態 (可変性・多様性) を通して具体的・個性的な形態をとることと対応している。「原型」(原動物, 原植物) は諸々の動植物の形態すべてを包摂する普遍的な形象であり, 個々の具体的な形態はその「原型」の特殊な現れであった。このことはまた, 諸個人の「自己限定」を, 人間社会全体における「普遍性・全面性の分有」と見なす発想とも照応するであろう。さらに, その過程での迷いや過誤は,「変態」の推進力である「両極性 (収縮—拡張, 行為—思慮, 自然—理性などの対立)」や「高昇 (向上への志向性)」と類比的である。ゲーテはこうして, 人間の Bildung と動植物のそれとを同一の位相, あるいは共通性の高いモティーフで描いていた。以上のように, Bildung 概念史においてゲーテは, 変態途上のこの概念に独自の自然哲学的・有機的な意味合いを付与したのである。

▶ 影響 19世紀末, 批判的実証主義や還元主義的精密自然科学が支配的になるにつれ, それへの反動として, 広く「ゲーテ復興」と包括され得る諸動向が生じた。それは, ①ニーチェの「教養俗物」批判や, 始源的な, いわば「原芸術」「原道徳」の追究など文化批判の領域, ②ディルタイにおける「生」や「世界観」の「原型 (類型)」論など精神科学の領域, ③ヘッケル (Haeckel, E. H.) による「原型」「変態」の進化論的読み替えを通した「反復発生説」の提示など自然科学の領域, といった多方面にわたって確認できる。それらと照応しつつ,「改革教育学 (新教

育）」においても，①田園教育舎運動，とくにゲヘープ（Geheeb, P.）らによる『遍歴時代』の「教育州」の再現志向，②シュプランガーらによる人間の「原型」＝「原人間」の追究，③ゲーテの自然研究の特に方法論・認識論を入り口に，独自の人智学による教育思想と実践を展開したシュタイナー等に，ゲーテの思想の残響を見いだすことができよう。

[参考文献]　Günzler, C., *Bildung und Erziehung im Denken Goethes*, Köln 1981／Spranger, E., *Goethe: Seine geistige Welt*, Tübingen 1967（林昭道訳『国民教育を支えるもの──ゲーテ：その精神世界』明治図書　1986，長井和雄訳「ゲーテと人間のメタモルフォーゼ」『文化と教育』玉川大学出版部　1983）／Steiner, R., *Grundlinien einer Erkenntnistheorie der Goetheschen Weltanschauung*, Dornach 1886, 1960（浅田豊訳『ゲーテ的世界観の認識論要綱』筑摩書房　1991）／ゲーテ（浜田正秀訳）『誌と真実・教育州・箴言』玉川大学出版部 1984／日本ゲーテ協会『ゲーテ年鑑』第1巻─第11巻（1932-42），第1（通巻第12）巻─（1959-）／ゲーテと自然科学の集い『モルフォロギア』第1号，ナカニシヤ出版　1979／土橋寶『ゲーテ教育学研究』ミネルヴァ書房　1996
（菅野文彦）

ゲヘープ

（Paul Geheeb, 1870-1961）

ドイツ新教育運動を代表する教育実践家のひとり。オーデンヴァルト校の創設者。ドイツ中部のレーン地方のガイザに生まれる。1889年にアビトゥア合格後，ギーセン，イエナ，ベルリンの大学で10年間，神学，哲学，医学等を修める。その間ベルリンでは，反アルコール運動や女性解放運動の闘士として活動。イエナでは，ライン（Rein, W.）の教育学ゼミナールに参加するかたわら，トリューパー（Trüper, J.）の養護教育施設で教師として働く。1899年に大学での学業を終えた後，フェール島のヴィクにあるグメリン（Gmelin, C.）の療養所で子どもたちの世話をする。1902年，イエナ大学時代からの友人リーツ（Lietz, H.）に請われて，ドイツ田園教育舎ハウビンダ校に赴く。1904年からは同校の校長に就任。1906年，同じくハウビンダ校で教師をしていたヴィネケン（Wyneken, G.）とともにリーツから離反，二人でヴィッカースドルフ自由学校共同体を創設する。1910年，ヴィネケンとも袂を分かち独自にオーデンヴァルト校を開く。ナチスが政権を掌握した翌年の1934年，スイスに亡命して新たに学校を創設する。戦後もスイスにとどまり，1961年，ゴルデルンにて永眠。

学校教育に共同体（ゲマインシャフト）という視点を導入する試みは，広くドイツ新教育運動全般において見受けられる。ゲヘープはそうした学校の共同体化をもっともラディカルに実践した人物のひとりである。彼はオーデンヴァルト校を「自由学校共同体」として構想した。その際，ヴィネケンが重視した指導者原理を否定し，学校の全構成員に自由と責任が平等に認められることを目指した。こうした理念を象徴的に示しているのが，「学校共同体」と名づけられた一種の全校集会である。そこでは教師も生徒も自由に提議や議論をおこなうことができ，票決に際しては参加者全員に同等の投票権が与えられた。またゲヘープは，学校を社会（マクロな共同体）の縮図と理解していたので，オーデンヴァルト校の生徒や教職員をできる限り多様な人種，階層，性別，年齢の人々で構成しようとした。なかでも徹底した男女共学は，男女別学が一般的であった20世紀初頭のドイツ社会において，きわめて革新的な実験として注目を浴びた。

[参考文献]　Näf, M., *Paul Geheeb. Seine Entwicklung bis zur Gründung der Odenwaldschule*, Weinheim 1998／Schäfer, W., *Paul Geheeb. Mensch und Erzieher*, Stuttgart 1960／鈴木聡，ウィルヘルム，W.，ヴィネケン，G.，ゲヘープ，P.『青年期の教育』明治図書　1986／Shirley, D., *The Politics of Progressive Education. The Odenwaldschule in Nazi Germany*, Cambridge 1992
[関連項目]　ヴィネケン／新教育／ライン
（渡邊隆信）

ケルシェンシュタイナー

(Georg Kerschensteiner, 1854-1932)

▶ 生 涯 ミュンヘンに生まれ，師範学校に学び，後にミュンヘン大学で数学と物理学を学ぶ。大学卒業後，一時ミュンヘンの気象台の技師を務めた後，1883年から1895年まで，ニュールンベルク，シュバインフェルト，ミュンヘンの各地でギムナジウムの教壇に立ち，数学，物理学，植物学などを教える。1985年，41歳でミュンヘン市視学官（Schulrat）となり，24年間の在職中に作業教育，公民教育さらには実業補習学校（Fortbildungsschule）の思い切った改革で，ミュンヘン市の教育を一躍作業教育運動のメッカらしめる。1912年，帝国議会議員に当選。1918年，ミュンヘン市視学官在任中に，ミュンヘン大学教授となる。翌年，帝国議会議員および視学官の職を退き，ミュンヘン大学名誉教授となる。以後，陶冶理論（Bildungstheorie）研究に専念し，1932年，ミュンヘンにて病没する。

▶ 作業学校論の形成 ケルシェンシュタイナーは，アメリカのデューイ（Dewey, J.）やロシアのブロンスキー（Blonskij, P. P.）とほぼ同時代に，独自な作業学校（Arbeitsschule）の理論を構成し，その実践を具体的に指導した教育者として知られている。その萌芽は，1890年に36歳で自然に恵まれたシュバインフェルトのグスタフ・アドルフ・ギムナジウムに転勤し，それまでは数学の教師であった彼が，はじめて生物学，動物学，鉱物学を担当したことから始まる。彼は，それらの教材を深く研究するために，近くのヴュルツブルク大学で，1年間，週2回ザックス（Sachs, Julius von）の植物生理学やゼンパー（Semper, K.）の動物学の講義を受講した。その過程で，生徒が，生きた動・植物に実際にかかわり合い，観察することの必要性を痛感するようになる。そこで，理科の授業では，グループごとにそれぞれ独自の目的をもって昆虫，植物採集，標本づくりにあたらせ，さらに採集した昆虫，動植物の分類，名称を自分たちで調べさせるという方法をとった。当時のギムナジウムでは，生徒自身に，採集，調査させるという理科の授業は，きわめて異例のことであった。しかし，彼は，自ら活動し，探究し，発見することによって，生徒の自然認識への欲求をかきたてることができると考えた。

しかし，3年後の1893年にミュンヘンにあるルードヴィッヒ・ギムナジウムに転任するが，この大都会にある学校は，彼がシュバインフェルト時代に行った数々の試みをすべて挫折させる環境にあった。都会にあっては，生物学の授業を野外で行うことはまず不可能であるばかりか，実験・観察に必要な器具すらも不足していたのである。ミュンヘン市の視学官に就任した後に，彼は，『自然科学的教授の本質と価値』（1914）と題する理科教育の著書を出版するが，それは，シュバインフェルト時代の実践をもとにして，ミュンヘンの遅れた理科教育を改善しようとする意図が込められている。

ケルシェンシュタイナーの作業観は，チューリッヒのペテロ教会に招かれて行ったペスタロッチ祭記念講演（1908）で明確にされている。彼は，子どもをまず「生き生きとした活動性」（lebendige Aktivität）のもとにとらえ，遊ぶこと，作業すること，活動すること，実験すること，経験することなど，要するに「絶えず現実を媒介にして学習すること」が子どもの学習の基礎となることを力説している。他者と共同して新たなものを作り出す作業活動には，次の3点の教育的意味が含まれている。

① 作業において重要なことは，子どもの「手による作業」（manuelle Arbeit）が単に技能を身につけさせるばかりでなく，同時に「精神の作業」（geistige Arbeit）そのものを活性化させる点にある。

② 学校における作業の内容は，子どもの日常的な実生活の場（家庭，地域社会）で実際に行われている労働の内容と密接な関連を有することから，子どもの学習を日常生活に

結びつけることができる。

③　一つの作業課題を仲間集団で協力して遂行していく経験を積むことで，子どものなかに社会性や公民的資質を育てていくことができる。

要するに，ケルシェンシュタイナーは，子どもの作業活動を通して，「精神の作業」の活発化，家庭や地域労働の学校への導入，作業による社会的，公民的性格の育成という3点をとくに実現しようとしたと考えられる。

▶ **公民教育論**　ケルシェンシュタイナーが主張する「有用な公民」（der brauchbare Staatsbürger）形成の背景となる国家論は，多分に国家有機体説（die organische Theorie des Staats）の色彩が強い。彼によれば，国家は，二重の目的を有する。その第一は，利己的目的で，内外の敵から国民を守り，国家の構成員の精神的，身体的幸福を確保しようとする配慮である（福祉国家論）。第二は，利他的目的で，国家が自己を倫理的共同体にまで発展させ，文化国家を実現させていくという目的である（文化国家論）。

公立の学校（実業補習学校も含めて）には，新しい世代に対して，この二重の課題の実現に向けて教育し，指導していくことが求められる。すなわち，子どもは，国家や共同体という目的集団のなかで，それぞれの能力や適性に応じた何らかの役割を占め，一つ一つの仕事を誠実に遂行するというエートス（倫理的習慣）を身につけていくことが求められる。学校教育の営みを作業共同体の精神で一貫して組織化することは，単に作業活動や職業意欲の育成にとどまらず，共同体や他者への献身というエートスを培う上で，重要なこととされた。

▶ **職業教育論**　ケルシェンシュタイナーは，民衆学校ばかりでなく，実業補習学校の改革にも着手した。フンボルト（Humboldte, K. W. von）やジュフェルン（Süvern, J. W.）らの新人文主義の時代からヘルバルト学派に至るまで対立概念とされてきた「一般的陶冶」と「職業陶冶」，もしくは「陶冶」（Bil-

dung）と「訓練」（Ausbildung）の問題を，新たに公民教育の視点を導入することで統合しようとした。彼は，民衆学校卒業後の生徒が通い，それまでは各種の職能団体に運営が任されていた「実業補習学校」を，民衆学校の単なる付け足し，単なる職業訓練的なものから，教育機関としての位置づけを行った。すなわち，14歳から18歳までの学校を終えた勤労青年の補習学校への就学義務，職業別に構成された専門補習学校の実現，専任の補習学校教員の任用，授業時間の夜間から労働時間内への移行，職業教育に対する地方公共団体と実業組合との連携などを提案し，その実現に努めた。

▶ **その影響**　晩年は，ヴィンデルバンド（Windelband, W.），リッケルト（Rickert, H.），シュプランガー（Spranger, E.）などの影響を受け，文化教育学の立場から，自らの実践を基礎づけ，体系化する陶冶理論の研究に没頭したが，そこに独自なものを見いだすことは，難しい。やはりケルシェンシュタイナーが注目されるのは，学校改革のプランと実践である。シュプランガーは，ケルシェンシュタイナーの作業学校の実践を評して，「現代のペスタロッチ」と絶賛したが，公民教育論や職業教育論との関連で，作業学校論をとらえ直すならば，そこには国家論や職業観において，多元主義とは相容れない多くの問題点を含むものであることが，明らかにされてきている。

[**参考文献**]　Kerschensteiner, G., *Ausgewählte pädagogische Schriften*, 2 Bände, besorgt von G. Wehle, Ferdinand Schöningh 1966/68／Wilhelm, T., *Die Pädagogik Kerschensteiners. Vermachtnis und Verhängnis*, Stuttgart 1957／Wehle, G. (Hrsg.), *Kerschensteiner*. Wissenschaftliche Buchgesellschaft 1979／Wehle, G., *Bibliographie Georg Kerschensteiner*, Westdeutscher Verlag 1987／Walder, F., *Georg Kerschensteiner als Hochschullehrer und Bildungstheoretiker*, Julius Klinkhardt 1992／Gonon, Ph., *Arbeitsschule und Qualifikation*, Peter Lang 1992／ケルシェンシュタイナー，G.（高橋勝訳）『作業学校の理論』明治図書

1983／山崎高哉『ケルシェンシュタイナー教育学の特質と意義』玉川大学出版部　1993

(高橋勝)

権　威

英 authority／独 Autorität／仏 autorité

▶ **語　義**　共和制ローマ時代の auctoritas に起源が求められる。一説として，auctor（＝証人，発案者，助言者，模範者などをあらわすラテン語）たりうる根拠となるような能力，もしくはそのような能力を有する主体を意味したとされる。社会学者や分析哲学者の類型化の試みにもかかわらず，常に歴史的・社会的に規定される権威の定義に関してはさまざまな見解が今なお併存している。一般には，外的強制や特別な説得を必要とすることなく，相手に対して従順な反応や同意を促しうる能力，またはそうした能力を有する主体（人，集団，制度，職業，地位，観念体系など）を意味する語として用いられる。

▶ **歴　史**　ローマ時代から今日に至るまで，権威概念は，法，宗教，政治など，人間生活に関わる多様な文脈のもとで用いられてきた。今日の社会との関連で重要と考えられる権威概念の変化は，19・20世紀転換期に概念の拡張がみられたことである。19世紀において中心的に論じられた政治的権威を一部として含み込むような，社会の分析概念としての権威について，社会学の分野を中心として語られるようになった。だが，20世紀前半におけるファシズムの台頭とともに権威の政治的モデルが優先され，他の社会的な諸権威も政治的モデルを枠組みとして再編成されるようになると，権威の問題はふたたび政治の領域へと引き寄せられた。強制なき服従という権威の理念の解釈とは異なり，実際には権威の問題は常に物理的暴力と超越論的価値との緊張関係のなかにあり，個人の普遍的拡張としての国家という理念的前提と個人の「自由」を制限してしまうという現実との軋轢が，権威の問題群のなかから政治的権威の問題を突出させたのである。ホルクハイマー（Hork-heimer, M.）の「権威と家族」に関する考察，フロム（Fromm, E.）やアドルノ（Adorno, T. W.）が行った権威主義（および権威的パーソナリティ）に関する研究，あるいは権威概念をめぐるアレント（Arendt, H.）の検討には，そうした政治的権威の問題が色濃く反映している。ただし，権威に関するそのような考察の照準が，たんにファシズムの問題だけでなく，家父長制批判や階級論などを経由して，広く近代社会にも向けられていることを看過すべきではないだろう。

▶ **教育における権威のパラドックス**　たとえばファシズム期の教育について議論される場合のように，政治的権威と教育との関連に注目することは重要である。だが，教育者と被教育者との間に生じる権威関係について論じるためには，それだけでは十分ではない。教育関係のなかで生じる権威は，一般にその必然性は認められるが常に正当化を求められるという意味において，少なくともルソー（Rousseau, J.-J.）以降，近代教育の重要な論点の一つとなっている。『エミール』のなかでルソーは，教育関係のうちに「見かけはあくまで自由に見える隷属状態」，すなわち，「生徒がいつも自分は主人だと思っていながら，いつもあなたが主人であるよう」な状態をつくりだすことを称揚したが，ここではすでに教育の場における権威が定式化されているといえよう。先行世代が後続世代に対して有するそうした権威は，哲学の思惟によって（カント Kant, I.），生物学的な論拠に基づいて（ポルトマン Portmann, A.），あるいは精神分析の成果に依拠して（フロイト Freud, S.），などさまざまなかたちで正当化することが可能である。

　教育の場における権威に対しては，他方でまた，絶えず懐疑の目も向けられてきた。家庭や学校における既存の世代間関係を「権威主義的」とみなし，新たな世代間関係を構築しようという試みは，とりわけ1960年代の学生運動の興隆とともにあらわれた。教訓がふんだんに盛り込まれた有名な絵本『もじゃ

もじゃペーター』のパロディ（Waechter 1970）が象徴するように、「反権威主義的」な教育論は、先行世代が後続世代に対して有するべきとされてきた権威そのものへの懐疑と挑戦を内包していた。同様の傾向は、反教育学の試みにも見受けられる。

教育の場における権威への抵抗は、しかしながら、理念としての権威の否定と教育関係のうちに必然的に生じる権威の肯定との狭間で絶えず困難に陥っている。アドルノは、理念化された教育的権威を擁護するリヒテンシュタイン（Lichtenstein, E.）の見解を批判し、権威の乱用が人々の「総愚鈍化」を引き起こすことを指摘するが、他方で、精神分析などの成果を引用しつつ、「権威という要素が、成人となる過程のための発生的要素として仮定される」ことを承認せざるをえなかった。既存の権威への依存を前提としない教育の可能性を模索したドイツの解放的教育学が、「解放」の内実を規定することで自らが権威と化してしまうという陥穽を避けつつ理論構築しようとして直面した困難のなかにも、教育における権威の問題に関するアドルノの困惑と同様のものを見てとることができる。

▶ **近代教育における権威の制度化**　近代教育の歴史は、権威をめぐる理想と現実の相克の過程としてだけでなく、教育者が「主人」であることを消失させつつ被教育者に自発的従順を促すさまざまな技法の変遷として記述することができる。もちろんそのような技法は、個人のパフォーマンスの次元にのみ限定されるものではない。教育に関する時・空間および人間関係を、教師の権威を生成する構造として解読していくことも可能である。その場合、教育的権威を擁護し、先行世代が後続世代に対して有する文化伝達の責任を強調する立場の教育論や教育実践だけが、視野に捉えられるわけではない。新教育運動、反権威主義的教育、反教育学、あるいはオールタナティヴ・エデュケーションの理論と実践もまた、権威の否定もしくは制限という観点から理解されるだけでなく、権威の正当化と維持の一様式として捉え直されよう。

なお、教育学自体が、教育的営為に関する専門鑑定科学としての権威を有していることを看過してはなるまい。自らも対象の一部と見なすような、いわば教育的権威の自己省察もまた、教育学に課せられている。

［**参考文献**］Adorno, Th. W., *Erziehung zur Mündigkeit*, Frankfurt a. M. 1970／アドルノ, Th. W. 他（田中義久ほか訳）『権威主義的パーソナリティ』青木書店　1980／アレント, H.（志水速雄訳）『歴史の意味』合同出版　1970／Boschenski, J. M., *Was ist Autorität?* Freiburg 1974／ホルクハイマー, M.（清水多吉編訳）『権威と家族』イザラ書店　1970／フロム, E.（日高六郎訳）『自由からの逃走』創元社　1951／Waechter, F. K., *Der Anti-Struuwelpeter*, Zürich 1970／ヴェーバー, M.（阿閉吉男ほか訳）『社会学の基礎概念』角川書店　1968

［**関連項目**］権力／児童中心主義／ファシズム
(山名淳)

言　語

英 language／　独 Sprache／　仏 langage, langue, parole

▶ **語　義**　言語とは、分節化された音声や文字という形態をとる、世界開示や意思疎通の媒体である。それによって、生の混沌が差異化・分節化され、人間の認識と存在が可能となる。個々の言語活動は、空気の振動やインクの染みの形をとって現れるが、言語とは、そのような物理音や線分自体を指すのではなく、それらの形態を通して何事かを表現し、意思疎通を可能にする働きそのもののことである。

一定の物理音や線分が意味を担いうるためには、話し手や書き手が任意にそれらの形態に何らかの意図を込めるだけでは不十分である。言葉の意味は、聞き手や読み手からの応答を待ってはじめて、両者の間に成立する（その応答が、話し手や書き手の意図通りの場合もあれば、そうでない場合もある）。通常、言葉の意味は、対話者が形成する言語共同体のなかで慣習的に規定されている。けれども意味を決定する最終的な審級は原理的に

存在しない。私たちは、他者とのコミュニケーションのなかで不断に言葉の意味を、ひいては自己の存在の意味を確認し続けてゆかざるをえない存在である。言語は、このような自己と他者とのコミュニケーション的関係を前提として作用する。

▶ **言語観の転換**　言語のこのような公的な性格が認識されるようになったのは、さほど古いことではない。古来、言語は、それとは無関係に存在する物理的、心理的対象を指し示す記号だと考えられてきた。欧米の哲学では、ソクラテス的対話の伝統に見られるように、なるほど真理に到達するプロセスとして対話が重視される場合があるものの、重要視されていたのは言語から独立して存在する普遍的な純粋思惟のようなもの——ロゴス、イデア、観念、意識など——のほうであり、言語はそれを表現する不十分な手段にすぎず、できれば哲学の営みから排除したいものだった。

こうした言語観は現在も根強く残っているものの（たとえば、チョムスキー（Chomsky, N.）の生成文法の理論や、表象主義的な認知科学の理論など）、ハーマン（Hamann, J. G.）を嚆矢として18世紀ごろから変化しはじめる。この時代、聖書研究や文献学の枠を越えて、現実に存在する多種多様な言語それ自体に研究の目が向けられるようになり、19世紀には、言語の起源と進化が歴史的に研究された。しかし、言語観の転換を決定的なものとしたのは、20世紀の哲学における言語論的転回（linguistic turn）である。イギリスでは、日常言語の考察を通して哲学の諸問題を解消しようとする動きが生じた。フランスでは、ソシュール（Saussure, F. de）の共時的な言語研究を受けて、差異からなる恣意的な価値体系としての言語の深層構造が探究され、ロゴス中心主義の解体が試みられた。ドイツでは、精神科学の伝統を受け継ぐなかで言語と人間存在との関係が問われ、また言語によるコミュニケーションのなかに倫理や社会科学の基礎づけが見いだされた。

このような動向のなかで、言語を記号やコミュニケーションの道具と捉える見方が論破され、言語が人間の認識と存在、真理の成立にとって不可欠の契機であることが明らかにされた。

▶ **前近代学校と言語**　学校では古くから計算と並んで読み書きの教授が中心を占めたが、一般の民衆にとって、それは日常的な交際に不自由しない程度に言葉を学んでいればよいという考え方にもとづくものだった。西洋の教養階層や学術界においては、古典語、とくにラテン語が重視された。ラテン語は、16世紀初頭には国際的な学術語であると同時に、なお常用語としても用いられていた。また、コメニウス（Comenius, J. A.）の例に見られるように、ラテン語の教授法の改良が、教授法一般の展開にも結びついた。

17世紀後半から18世紀にかけて生じた、経済の発達、自然科学や市民社会の思想の展開、都市や国民国家の形成などの社会変化、人々の生活形態の変化とともに、母国語での日常会話が一般的となり、常用語としてのラテン語の優位は失われていった。同時に、文法規則の反復暗記によるラテン語の学習方法と、それを中心に据えた従来の学校教育は、日常的、直接的な生活経験との結びつきを欠いた「言語主義」であると批判されるに至った。

▶ **近代教育思想と言語**　中世の世界秩序が崩れるなかで、人間は、神に代わって自らの手で世界の在り方を規定できる自律的な存在へと変化した。そのような自律的な人間の形成を課題とする近代教育学では、主体的な認識や思考には言葉が重要な役割を果たすとの認識から、古典語よりも日常語の教育が重視された。

たとえばコメニウスは、ベーコン（Bacon, F.）などの経験論に影響を受けながら、言語教育に関する一連の著作のなかで、言葉は事物と切り離して学ばれるべきではなく、少なくとも事物の感覚的経験と同時に、むしろ後から学ばれるべきであることを説いた。彼は、

直接的な感覚で捉えられた事物に一定の秩序を与えることによる知識伝達を意図していた。このような考え方は，後のルソー（Rousseau, J.-J.）やペスタロッチ（Pestalozzi, J. H.）に受け継がれ，直観教授の構想を生み出した。ペスタロッチは，教授の一般的過程はまず直観から始まり，それが概念へと高められ，最後にそれに名称が付与されるべきだと考えた。『ゲルトルート教育法』（1801）では，言葉は数，形と並ぶ認識の基本要素の一つとされ，日常的な対話を重視した言語教育の方法が描かれている。その背景には，話すことや聞くことの教育が顧みられず，十分な理解と意思表明ができない民衆が，間に合わせの印刷物を教科書にした読み書きの練習に膨大な努力を浪費するという，当時の学校教育の実情があった。

　生活経験に即した日常語の教育の重要性は，近代教育学の歴史のなかで，学校が言葉による知識の教授に馴れて硬直化するたびごとに，繰り返し強調されてきた。とは言え，言語の働きはやはり，それとは独立して存在する直観や概念を名指すことだと見なされていた。言葉と認識や思考との関係は，いわば間接的なものであった。これについてボルノウ（Bollnow, O.F.）は，言語は，教育内容の一領域であると同時に，あらゆる教育過程を成立させるメディアでもあることを指摘し，言葉と事物との等根源性を説いている。ボルノウによれば，教授は，言語を媒体として常にすでに子どものなかに存在する先行理解から出発し，それを組み替えてゆく過程として捉えられねばならない。

▶ **近代学校と言語**　　近代学校制度の確立は，一つの国の子どもたちすべてに一律に標準語（国家語）が教えられるという事態をもたらし，国内の誰の間でも対話が容易にできるようになった。反面，特定の言葉が，国家権力によって正当化された標準語（たとえば，いわゆる「正しく美しい日本語」）として教えられることで，個々の地方や民族や社会階層などで使用されている固有の言葉（母語）が

排除・抑圧されるという事態も引き起こされた。固有の言葉の否定は，その言葉を使用する共同体の世界観や生活様式，さらには存在自体の否定にもつながりうる。今日なお世界各地で言語紛争が生じているのもそのためである。バーンステイン（Bernstein, R. J.）やラボフ（Labov, W.）などの言語社会学の研究は，社会階層ごとに特有の言語使用が見られる場合があり，それが人々の思考や行動様式と深く結びついていることを明らかにした。そのような結びつきを考慮しないで一律に国家語を教えるならば，それはむしろ子どものあらゆる認識，理解，学習の障害となり，学校での言葉の教育による主体的な個人の形成という理念とは正反対の，社会階層の固定的再生産という結果を招く。

　また，学校での標準語の習得は，一般に言語の拡大的発達として肯定的に捉えられている。しかしそれは子どもに多大な緊張を強いる過程でもあり，また標準語の習得によって逆に失われてゆく面もあることを忘れてはならない。すなわち，親をはじめとする特定の近親者を相手に，具体的な文脈のなかで，対話によって母語を獲得した子どもは，学校では，評価権をもつ人物（教師）を相手に，必ずしも自分の個人的な思いや生活経験に密着しない事柄（教育内容）について，場合によっては書き言葉によって一方向的に（筆記試験の場合など），標準語によって意思疎通することを求められるのである。標準語の学習は，母語の学習の単なる延長でも，それとは別個のものでもなく，母語の十分な確立と維持を基礎にしてなされるべきものである。日本の民間教育運動として生まれた生活綴方は，この二つの言葉を架橋する丹念な指導実践の試みである。

　さらに，学校を通した一斉の母国語教育は，宗教教育と並んで，共通の国民感情や連帯感を培う重要な手段とされ，ナショナリズムの確立に大きな役割を果たすことにもなった。生活経験に即した言葉による個人の認識と思考の育成という言語教育の重要な側面が忘れ

去られるとき，母国語教育は，政治的文盲を生み出す手段となる。フレイレ（Freire, P.）などの解放教育の実践において，識字化と対話が重視されるのも，単に文字どおりの文盲を解消すること以上に，社会的な支配―抑圧の関係を克服しうる個人の育成が目指されているためである。

▶ **言語と思考**　言語と思考との関係は，教育学や心理学の重要な研究課題であるが，両者をいかに性格づけるかによって，その関係の捉え方は異なってくる。

たとえばピアジェ（Piaget, J.）は，子どもの言語獲得が，相手との対話が意図されていない自己中心的言語から，他人にも理解できる社会的言語へと移行することから，自己中心的言語は子どもの思考の自己中心性の表れであり，思考の脱中心化にともなって消滅するとした。これに対してヴィゴツキー（Vygotskii, L. S.）は，子どもにとって言語は，最初は大人とのコミュニケーションの一つの形式として生じ，その後に自分自身の精神活動の形式へと移行するとした。彼によると，言葉は最初音声を伴って何事かを伝達する手段（外言）として発生するが，後に思考の道具（内言）としての機能をもつようになる。自己中心的言語は，音声をともなって思考することで思考のための言葉が内面化され，外言から内言が分化する過渡期の現象であるとした。

この両者の見解は，言語の機能とその分化過程の捉え方において対照をなすが，言語という表現形式から独立した思考という精神作用を想定し，あらためてその二つの関係を問う点では共通している。しかし，ヴィトゲンシュタイン（Wittgenstein, L.）が指摘するように，言葉の意味とはその対象ではなく行為状況のなかで相互主観的に決定されるものであること，また思考という内的作用も，何らかの実体として存在するものではなく，状況に応じて言語行為の背後に想定される構成物である点を看過してはならない。言語と思考は，ある程度まで区別して捉えることができるが，両者の間には，因果関係ではなく意味論的な相互依存関係があると理解しておくのが適当である。

▶ **行為としての言語**　言葉を語ることは，単に声を出すことにとどまらず，相手の認知，状況や文脈の把握，言語行為の種類や，語る速度や，語彙や，抑揚などの選択，表情や身振りの随伴など，膨大な要素からなる全身体的な行為である。オースティン（Austin, J. L.）は，言葉の働きを事態の記述に限定する伝統的な言語観を批判し，言葉を語ることは何らかの行為の遂行であると説いた（言語行為論）。ヴィトゲンシュタインは，言語使用をゲームとの類比で捉え（「言語ゲーム」論），他者との間で言語使用の規則を確立してゆく「教える―学ぶ」という関係を，コミュニケーションの原初形態であるとした。ハーバーマス（Habermas, J.）は，言葉を語ることは，対話者との間で世界についての妥当要求を相互に認証する相互行為（コミュニケーション的行為）であるとし，言語による世界開示と行為調整の機能を解明している。竹内敏晴は，「からだとしてのことば」という観点から，言語による相互理解の在り方や，概念的なものと感覚的，身体的なものとを媒介する言葉の働きを解明している。竹内によれば，子どもの身体から発せられるメッセージを読み取り，それに応える過程を通して身体を育み，それをもとに言葉を育んでゆくことが人間形成の基礎に置かれなければならない。

▶ **現代的な研究課題**　今日，人々の言語生活は大きく変化しつつある。さまざまなメディアやテクノロジーの発達は，一方では世界と主体とを媒介する接点であった身体器官の感覚様式を増幅・拡張し，他方では従来では考えられなかった時空間や世界現実を提供している。また，圧倒的な社会の情報化とシステム化の進行は，言葉によるそのつどの意思疎通を必要としない，記号や貨幣や権力などの抽象的，一義的なメディアにコントロールされた人間関係を生み出している。テクノロ

ジーによって拡張された身体は，メディアやシステムの提供する情報や現実を処理すればするほど，それらが有意味な経験として自己に組み込まれることがますます少なくなり，身体感覚と生活実感を喪失させる結果となっている。このような現状を前にした時，対話能力を記号操作と情報処理の能力に限定することも，伝統的な生活経験を通した言語能力の育成に素朴な期待をかけることも，ともに現代版の「言語主義」にほかならない。今日では，生活経験の貧困化（ベンヤミン）と言葉と現実の記号化という困難な条件のもとで，対話能力の形成はいかに可能かが問われなければならない。

［参考文献］ ウィトゲンシュタイン（藤本隆志訳）『哲学探究』全集第 8 巻，大修館書店 1976／オースティン（坂本百大訳）『言語と行為』大修館書店 1978／岡本夏木『子どもとことば』岩波書店 1982／岡本夏木『ことばと発達』岩波書店 1985／コメニウス（井ノ口淳三訳）『世界図絵』平凡社 1995／シェフラー（村井実監訳）『教育のことば』東洋館出版社 1981／竹内敏晴『ことばが劈かれるとき』思想の科学社 1975／ハーバーマス（川上倫逸ほか訳）『コミュニケイション的行為の理論』全 3 巻，未来社 1985-87／バーンステイン（萩原元昭編訳）『教育伝達の社会学』明治図書 1985／ハッキング（伊藤邦武訳）『言語はなぜ哲学の問題になるのか』勁草書房 1989／ペスタロッチ（長田新訳）『ゲルトルートはいかにしてその子を教うるか』（全集第 8 巻），平凡社 1960／ボルノー（森田孝訳）『言語と教育』川島書店 1969
［関連項目］ 意味／記号／言語論的転回／コミュニケーション 　　　　　　　　　　（野平慎二）

健　康
英 health／独 Gesundheit／仏 santé

狭義には，個人の良好な生理的恒常性，病気でないこと。広義には，身体的・精神的・社会的に良好な状態であること。現代の健康概念は後者が適用され，その根拠として 1984 年の世界保健機関（WHO）の定義がしばしば引照される。しかしそれは，健康概念の定義というより，むしろ WHO の掲げる改善運動の目標である。日本国憲法の用例すなわち「健康で文化的な最低限度の生活」にも同じ性格が見られる。

経験的理解を離れて，健康概念の原義としての個体の生活状態の良し悪し，順調さ，あるいは十全性などを科学的に定義することはきわめて困難であり，何らかの規範ないしモードを自明の前提とせざるをえない。予防医学では，クラーク（Clark, E.G.）等の，個体・環境・病因の 3 要素説による健康モデルという規範化が長らく支持されてきたが，ラロンド（Lalonde, M.）の，人間生物学・環境・ライフスタイル・保健医療体制の 4 要素説が健康モデルの構成要素として一般化しつつあるといわれている。このように，健康の概念は，広い意味での環境と個体の相互過程における問題解決の一定の行動モデルとして，科学的記述と民主的手続きを通して政策的に定義される。

古来，健康は，善や美の概念あるいは身体概念，自然概念と深い関わりを保ちながら教育を構成する概念となりえたのである。古代ギリシャにおけるカロカガティアの理想は善・美の調和として健康の概念を含んでいた。近世の家政論や教育論は，伝統的に子どもの体力と健康を道徳形成に結びつけている。ロック（Locke, J.）は，子どもの身体的自然性のなかに健康の概念を見出した。ルソー（Rousseau, J.-J.）は幼児期の健康な体質の形成を重視した上で，長寿願望のライフスタイルを生み出す医学を批判した。しかし近代教育は，フランク（Frank, J.P.）等啓蒙的医学者の養生論による健康の科学化，合理化の影響を受けた。

フーコー（Foucault, M.）の『臨床医学の誕生』によれば，18 世紀末に国家的政策の一部となった医学は，治療術の領域を超えて人間一般が健康になるための行動モデルを構築し，模範的人間の定義にまで入り込み，それによって人々の日常性の管理と規範化に大きく関わるようになったという。イリイチ（Illich, I.）の『脱病院化社会』は，医療機関

そのものが健康の恐れをつくる，と医療管理社会への懐疑を呈した。ソンタグ（Sontag, S.）の『隠喩としての病い』を裏返せば，社会的テクストとしての健康の神話を解読する必要性が示唆されている。

[参考文献] イリイチ，I.（金子嗣郎訳）『脱病院化社会，医療の限界』晶文社 1979／エルズリッシュ，C.，ピエレ，J.（小倉孝誠訳）『《病人》の誕生』藤原書店 1992／ソンタグ，S.（富山太佳夫訳）『隠喩としての病い』みすず書房 1982／デュボス，R.（田多井吉之介訳）『健康という幻想，医学の生物学的変化』紀伊国屋書店 1964／フーコー，M.（神谷美恵子訳）『臨床医学の誕生』みすず書房 1969 [関連項目] 規律・訓練／小児医学

(清水重勇)

言語行為論

英 speech act theory

▶ **語 義** たとえば，「後ろから自転車が来てるよ」という発話は，路上の光景を記述したものであるように響く。けれどもそれは，状況によっては，「危ないから避けたほうがいいよ」という忠告としての行為を遂行する。言語行為論とは，このような行為遂行的な言語使用（言語行為 speech acts）についての理論であり，1950 年代に英国日常言語学派の哲学者オースティン（Austin, J.L.）によって創始された。オースティンは，従来の言語論が言語の役割を事態の記述に限定し，それに〈真―偽〉という規準のみを適用していた点を批判し，発話のもつ行為遂行的機能を指摘したうえで，言語行為を，発語行為（locutionary acts），発語内行為（illocutionary acts），発語媒介行為（perlocutionary acts）という 3 種類のクラスに区分した。

たとえば，授業中，教師がひとりの生徒に「何をしているんだ！」と言ったとしよう。この時，教師は，①その文を組み立て声に出して発するという意味で「発語行為」を遂行し，②同時に「質問」という「発語内行為」を遂行し，③さらに，それによって，ある場合には生徒を「叱責」したり，またある場合には「鼓舞」する，などの「発語媒介行為」を遂行しているのである。

オースティンによれば，命令，約束，依頼といった発語内行為は，それに後続する相互行為を方向づける一定の力（発語内の力 illocutionary force）を備えている。それゆえ，発語内行為に用いられる文には，〈真―偽〉ではなく〈適切―不適切〉という規準が適用されるべきであり，また，その適切さ（発語内の力が効力を発揮するか否か）は慣習によって決まるとされる。

▶ **言語行為論の展開** 言語行為論は，関連する諸理論（生成文法，内包論理の意味論的研究，言語ゲーム論など）との接触を重ねるなかで，英米の言語哲学の問題領域の一つとして議論されていった。まず，言語行為論の理論的体系化を図ったサール（Searle, J.R.）は，〈慣習的〉という規準に代えて〈規則に支配された〉という考え方を導入，さらに規則を〈構成的〉〈統制的〉という 2 種類に分類し，構成的規則に従うことで発語内行為は成立すると説いた。また，1970 年代に入ると，言語行為論を語用論との関連で捉える動きがフランス，イギリス，ドイツなどで生じる。なかでもハーバーマス（Habermas, J.）は，発語内行為の意味は話し手の意図や慣習ではなく対話者相互の合意（妥当要求の相互承認）のなかで決定され，相互行為を調整する正当な力を生むと説いた。言語行為論を実践哲学ないし社会科学の基礎に据えた彼のコミュニケーション論は，単独の行為者の目的論的な視点，あるいは第三者の客観主義的な視点にもとづく方法論の一面性を克服する方向を示している。

▶ **教育研究への示唆** オースティンの三分法に従えば，授業に特徴的な言語行為である「発問」は，質問という発語内行為の形をとってはいるが，教える側がすでにその答えを知っているという意味では，純粋な質問ではない。むしろそれは，学ぶ側の思考にゆさぶりをかけ，それまで見えなかった事柄を見えるようにすることを目指す，発語媒介的な効

果を狙った行為となる。

発問に限らず、教えるという言語行為では、一般に、教える側の考え方や行動の仕方——生活形式の規則——を学ぶ側に共有してもらうことが意図されている。逆に言えば、教授・学習の過程では、教える側の発話がいかに理解されるべきかの規則が、学ぶ側との間で共有されていない。発話がどのように理解されたのかは、学ぶ側からの応答——それもまた、多くの場合言語行為の形をとる——を待って判断されるほかはなく、またそれが意図どおりに理解されたことの保証はない。

一般に、コミュニケーションにおいては対話者の間で共有された規則に従ってメッセージが理解されると考えられているが（ラスウェルの図式がその典型）、柄谷行人も指摘するように、そのような規則は見かけ上のものに過ぎず、そのような規則を前提としない〈教える—学ぶ〉という関係がすべてのコミュニケーションの原型であることを、言語行為論は示している。

[参考文献] Apel, K.-O. (Hrsg.), *Sprachpragmatik und Philosophie*, Frankfurt am Main 1976／オースティン（坂本百大訳）『言語と行為』大修館書店 1978／サール（坂本百大・土屋俊訳）『言語行為』勁草書房 1986／柄谷行人『探究Ⅰ』講談社 1986
[関連項目] 意味／ハーバーマス／発問
(野平慎二)

言語論的転回
英 linguistic turn

▶ **語義**　20世紀の西洋哲学の傾向を表す言葉で、哲学の主たる方法が意識分析から言語批判へと変化したことの総称。私的言語の不可能性、および言語と行為の不可分性の認識が、この変化の基調をなす。言語論的転回という言葉は、ウィーン学団の一員であったベルクマン（Bergman, G.）が1960年に最初に用い、1967年にローティ（Rorty, R.）が編集した同名のアンソロジーによって一般に広まった。

▶ **哲学的意義**　西洋の哲学的伝統のなかでは、主客二元論の前提のもとで真なる認識や存在が探究されてきた一方、言語はもっぱら、言語から独立して存在する世界を記述するための透明な（もしくは不完全な）媒体とみなされてきた。これに対して言語論的転回は、社会的現実のなかで認識や存在を条件づけている言語の働きをさまざまなアプローチにおいて明らかにし、私秘的な言語観に依拠する近代意識哲学のパラダイムの転換をもたらした。この転換には、言語を恣意と差異の体系と捉えたソシュール（Saussure, F. de）の言語学や、意味＝用法説を唱えた後期ウィトゲンシュタイン（Wittgenstein, L.）の言語ゲーム論などが大きく寄与した。なお、初期の分析哲学における論理実証主義や理想言語の構想も言語論的転回のひとつに数えられるが、その言語観はなお私秘的なものである。

▶ **教育学への影響**　言語論的転回はその後の人文社会諸科学に大きな影響を及ぼした。教育学への影響も以下のように多岐にわたる。①現実を言語によって構成されたものと捉える社会構築主義は、教育学の多くの研究分野において基本的な前提となった。とりわけ学習論の分野では、学びの共同性や状況依存性などの解明に寄与した。②言説が人々の社会認識を規定したり権力を作動させたりする様相を探究する言説分析は、教室談話や社会的な教育言説の分析を通して、教育に内在する権力構造や、教育問題が歴史的、社会的に作られるメカニズムを解明した。これらにより、政治から相対的に自律した領域として教育を捉える従来の認識に替えて、教育自体のもつ政治性ないしは権力性が明らかになった。③私的言語の不可能性の指摘は他者性の主題化へとつながり、教育における他者としての子ども論の展開、教育や理解がはらむ暴力性や排他性の解明、それらを踏まえた教育倫理学や共生教育の模索を促した。④政治過程における合意や非合意、声（なき声）の聞き届けなどをめぐる政治哲学的議論は、教育と民主主義についての教育学的探究の展開を促した。⑤言語論的転回は1980年代以降、物語論的

転回（narrative turn）という形でさらなる展開を見せ，教育学においても，語り（直し）という契機に着目して人間形成の様相を解明する質的なアプローチを生み出した。

[参考文献] Rorty, R. (ed.): *The Linguistic Turn. Recent Essays in Philosophical Method.* Chicago (University of Chicago Press) 1967／新田義弘ほか編『言語論的転回』（岩波講座現代思想 4），岩波書店 1993／森田伸子編著『言語と教育をめぐる思想史』勁草書房 2013
[関連項目] 言語／社会構築主義／物語／ローティ
（野平慎二）

現象学
独 Phänomenologie／仏 Phénoménologie
▶ **語 義**　現象とは，もとは，世界の背後に形而上学的な実在を想定し，この世界を「単なる現象」として軽視して語ることばであった。18世紀半ばに現象学という用語が造られ，さまざまな使われ方がされてきた。今日では，20世紀初頭にフッサール（Husserl, E.）が提唱した哲学的立場と，それを起点とする思想運動をさすことが，一般的である。
▶ **フッサールの現象学**　彼は同時代のマッハ（Mach, E.）による「現象学的物理学」の用法を学んだ。マッハは，人間が直接経験できない絶対時空間という一種の形而上学的な実在を想定しその結果として物理現象を論じる学が19世紀後半に優勢であったことに異議を唱え，現象界内部での現象相互の関数的依属関係の記述に徹する旨の，「現象学的物理学」を提唱していた。フッサールも，直接経験されない物理的―生理的過程を想定して要素還元主義的に意識現象を説明する当時の実験心理学に対抗し，あくまでも人間に意識される現象そのものの内部構造の記述に徹する新しい心理学を構築し，『論理学研究』第2巻（1901）で「記述心理学あるいは現象学」，と称した。さらにフッサールは，この発想を人間科学全般の革新として推進すべくその哲学的基礎付けに専念し，現象学を「超越論的観念論」として展開する。そして，

『ヨーロッパ諸学の危機と超越論的現象学』（1936）に代表される後期に至ると，近代科学が構築した客観的世界の基底でありつつも近代科学によって隠蔽されている「生活世界」の記述に，現象学の課題を見出した。
▶ **現象学運動の展開**　フッサールの弟子であったシェーラー（Scheler, M.）に伴走・促進されるかたちで，エクスキュル（Uexküll, J.）の「環境世界理論」，ベルリン学派のゲシュタルト心理学，ゴルトシュタイン（Goldstein, K.）の「全体論的神経心理学」など，人間科学諸領域での改革が開始された。さらに1930年代に入ると，現象学はフランスの若い世代の哲学者に積極的に吸収された。なかでもメルロ＝ポンティ（Merleau-Ponty, M.）は，現象学を，まずはシェーラーに近い姿勢で受容し『行動の構造』（1942）と『知覚の現象学』を著して脚光を浴び，次第にフッサールの異端の弟子ハイデガー（Heidegger, M.）の思想も咀嚼して，世界への人間の根づきにおける絶えざる意味生成を叙述する方法論として，深化させた。

[参考文献] 木田元ほか『現象学事典』弘文堂 1994／木田元『現象学の思想』筑摩書房 2000
[関連項目] メルロ＝ポンティ／ハイデガー
（西岡けいこ）

権 力
英 power／独 Macht／仏 pouvoir
▶ **語 義**　広義には，他者の行為に対して影響をおよぼすことのできる能力一般をいう。権力という現象は社会に広く，多数存在するが，そのなかでもとくに，ある一つのまとまりをもった社会全体の再生産を可能にする権力を，政治権力と呼ぶこともある。
▶ **権力論の諸相**　権力のとらえ方には，丸山眞男も指摘するように，二つの系譜がある。第一は，権力を人間や人間集団によって所有され，行使される道具，あるいはものとしてとらえる，実体的，道具的権力概念の系譜である。第二は，権力を具体的な状況のもとでの人間や人間集団の相互作用関係においてと

らえる，関係的権力概念の系譜である。これら二つのうちいずれの権力観に立つかによって，教育と権力についてのとらえ方にちがいが生じる（後述）。

前者の実体的権力概念では，特定の利害関心を有する人間や人間集団による，社会的な諸価値の保有や独占が，現実の機構や制度による媒介に注目する形で対象化される。それは，制度実体に分析の焦点をあてる権力についての制度論的アプローチと結びつきやすい傾向をもっている。その一例として，国家を階級支配の道具としてとらえる，道具主義的な国家把握が挙げられる。この実体的権力概念によって，単なる個人的な相互関係とは異なる次元ではたらく，人間の行動様式を特定の方向に水路づける力の認識が可能になる。この認識は，共同体的権威に埋没せずその外部に特立する，近代的公権力の特質をとらえている。しかし，実体的権力概念では，権力が人間や人間集団によって所有されるもの，あるいは人間や人間集団に本質的に備わっている属性として考えられており，権力の存在それ自体は，自明なものとして前提視されている。そこには，権力がどのようにして生み出されるのか，また，それがどのような形で作用するのかといった，権力の成立や機能を含むその存立メカニズムを問題にする視点がない。

関係的権力概念の方法論的含意は，この点を問題にし，権力についての機能論的，過程論的アプローチを取り入れようとする点にある。たとえば，1960年代以降の欧米の国家論論争のなかで，プーランザス（Poulantzas, N.）らによって提起された国家＝関係説は，このような関係的権力概念の含意を国家論に適用しようとするものである。そこでは，国家を社会的諸関係が凝集される結節点としてとらえる立場から，イデオロギーやヘゲモニーに注目して国家支配の正統性の調達メカニズムや国家意志の存立メカニズムが対象化される。その際，権力を人間や人間集団によって利用されるものや道具として把握するので

はなく，むしろ，権力の成立と機能のメカニズムそれ自体が，イデオロギー装置や社会的場のはたらきの問題として議論される。

▶ **権力論の展開**　欧米の国家論論争の展開は，権力についての制度論的アプローチと機能論的，過程論的アプローチを関係的権力概念によって統合する，一つの契機となった。しかし同時に，国家＝関係説の展開のなかから，関係的権力概念にたつ論者のなかでの対立が浮上した。それは，社会的諸関係が国家のような凝集性を有する実体に編制されるメカニズムを認識する際に，社会的諸関係のミクロな多様性と，それがマクロな実体へと凝集される必然性の，いずれをより基底的なものとみなすかという論点である。

この点について，前者のミクロな多様性を重視する立場を鮮明にしている論者のひとりとして，フーコーを挙げることができる。フーコーは，近代国家の存立を，個別化しつつ全体化する権力形式に着目して把握しようとする。その際彼は，社会の統一性をあらかじめ前提にして議論することをせず，むしろ，社会に遍在する権力関係の多様性に注目して，支配と抵抗がせめぎあう戦略的な関係として権力関係をとらえる。

これに対してプーランザスは，マクロな必然性をより重視する。彼は，権力関係が社会に遍在しているというフーコーの指摘を受け入れつつ，そうした遍在性を基底的なものととらえるフーコーの立場を批判し，むしろそれが階級支配のマクロな必然性に促されて国家という制度実体に凝集される側面に，基底性を見いだす。フーコーにおいて権力は，支配関係の形成に還元されない無定型的なものとしてとらえられるのに対して，プーランザスの場合は，権力はあくまでも支配関係の形成のためにあるという目的論的な含意を内包するものとして把握される。関係論の目的論的な含意を払拭するかどうかという点に，関係的権力概念の直面する一つの論点があることを，両者の対立は示している。

▶ **教育と権力**　実体的権力概念は，政治権

力の専制性や暴力性を強調する考え方としば
しば結びついてきた。このような考え方から
は、権力を教育にとっての反価値として措定
し、教育と権力の区別に主眼をおく立論が導
出される。このような立論において強調され
るのは、教育関係の形成にある種の力がはた
らくとしても、そこには政治的支配に方向づ
けられる権力関係には還元されない教育に固
有の論理が含まれているという点である。

　これに対して、関係的権力概念からは、あ
らゆる社会的諸関係のなかに政治的メカニ
ズムが組み込まれているという点が、強調され
る。たとえばフェミニズムは「個人的なこと
は政治的である」という視点によって、男と
女というミクロな関係のなかに政治性を見い
だした。教育についても、再生産論などによ
って、教育のなかに政治性を見いだす観点が
提唱されてきている。その場合、教育は固有
の論理をもちながらも、そのことをつうじて
政治的支配の編制に寄与する、一つの権力に
ほかならないとされる。

　このように、関係的権力概念によって、教
育と権力の重なり合いに分析の焦点があてら
れるが、そうした重なりをどのようなものと
して把握するかは、関係的権力概念の相対立
する上述の二つのとらえ方によって異なる。
支配関係の形成というマクロな必然性を重視
して権力をとらえる立場からは、教育もまた、
そうした支配関係の構造を支える一つのメカ
ニズムであるという分析がなされ得る。これ
に対して、ミクロな多様性を重視し、関係論
の目的論的含意を取り払おうとする立場から
は、多様な諸力がせめぎあう場として教育を
とらえる際に、権力概念が導入される。再生
産論や上述のフーコーの権力論はその具体例
であるが、そのほかに、権力をコミュニケー
ション・メディアの一環としてとらえるルー
マンの権力論も、広い意味でこの立場に属す
るものであるということができる。

　[参考文献] Foucault, M., L'Historie de la sex-
ualité, I, La volonté de savoir, Paris 1976（渡
辺守章訳『性の歴史Ⅰ知への意志』新潮社

1986）／Jessop, J., State Theory, Cambridge
1990（中谷義和訳『国家理論』御茶の水書房
1994）／Luhmann, N., Macht, Stuttgart 1975.
（長岡克行訳『権力』勁草書房　1986）／丸山眞
男「政治権力の諸問題」『増補版　現代政治の
思想と行動』未来社　1964／Millet, K., Sexual
Politics, New York 1970（藤枝澪子・横山貞
子・加地永都子・滝沢海南子訳『性の政治学』
ドメス出版　1985）／Poulantzas, N., L'État, le
pouvoir, le socialisme, Paris 1978（田中正人・
柳内隆訳『国家・権力・社会主義』ユニテ
1984）

　[関連項目]　権威／国家／再生産論／フェミニ
ズム　　　　　　　　　　　　　　　（小玉重夫）

コ

行　為
英 action／独 Handlung／仏 acte

▶ **語　義**　　一方で行為は、客観的に観察
可能な出来事の連続としても知覚されるが、
また他方で行為は、行為者によって意図的に
主導され、目的によって方向づけられた活動
としても体験されうる。これらの側面のいず
れに焦点を当てるかによって、さまざまに異
なった行為論と行為概念が展開される。複数
の主体が相手の意図や期待を考慮しつつ相補
的に行為する場合には、その連関は相互行為
と呼ばれる。教育には教育者と被教育者が関
係することから、教育者の行為と被教育者の
行為という2種類を区別することができる。
またその二つを区別せず、行為連関を教育的
相互行為として包括的に捉えることもできる。

▶ **行為と規範性**　　行為についての省察は、
行為遂行の際の道徳的判断および法的正当化
を主題として始められた。アリストテレス
（Aristoteles）は、主体が物に対して遂行す
る行為をポイエーシス（対象制作）、社会的
状況で遂行される行為をプラクシス（実践）
と分類した上で、行為の動機構造を「実践的

三段論法」として定式化し，行為をその目的に関係づけて構想した。以来，正しい行為の基準を目的の善さに求める立場は，目的論的ないし価値論的立場と呼ばれる。功利主義もこの立場の典型である。これに対しカント（Kant, I.）は，道徳の超越論的基礎づけにもとづいて，行為を理性意志の自己規定としての動機という局面から分析し，行為の正しさをその目的や価値から判断する考え方を退け，普遍的に妥当する義務としての道徳法則を行為遂行の基本原理とする形式主義的な義務論の立場をとった。

▶ **行為の説明**　19世紀末になると，「正しい行為とは何か」という実践哲学的な問いを一時留保し，言語行為論や後期ヴィトゲンシュタイン（Wittgenstein, L.），ライル（Ryle, G.）などの展開した言語分析的な方法の影響下で分析的に「行為とは何か」を問う行為論が生じてくる。行為は，①設定された目的を，その実現に有効な手段の投入によって追求する活動と見なされる場合には，目的論的に，②行為者の意図とその行為の間を因果関係で媒介する場合には，因果論的に，③ある動作と，それについて言語で表された理由との関係の観点から論じられる場合には，志向論的に，それぞれ説明される。分析的な行為論は，①意図と行為との論理的関係をめぐる論理的志向論（メルデン，テイラー，ヴリクト）と因果論（チザム，ダント，デイヴィドソン）の論争，②行為の反復可能性をめぐる個別主義（ブラント，ダント，デイヴィドソン）と普遍主義（チザム，ゴールドマン）の論争，③身体動作と行為記述の対応関係をめぐる還元主義（チザム，ダント，デイヴィドソン）と複数主義（ゴールドマン）の論争を主たる中心として展開されている。現在では，意図と身体動作の総和として行為を理解するのではなく，行為とその特徴づけに不可分に結びついている心的な現象を，行為にとって不可欠かつ構成的な要素と見なす解釈論的立場が主流である。これは行為を，存在論的な意味での実在ではなく，それが記述される際の前理解やコンテクストに依存し，意味論的な解釈にもとづいた理論的構成物と捉える立場で，相互行為論にも通じるものである。

▶ **相互行為論**　ミード（Mead, G. H.）は，プラグマティズムの思想を受け継ぎ，複数の主体の間で交わされる相互行為の理論を基礎づけた。相互行為は言語に代表される有意味なシンボルに媒介されて成立し，主体の意識や自我同一性，社会的諸関係も相互行為のなかで形成されると説くその構想は，象徴的相互行為論と呼ばれる。この理論の特徴は，社会的学習過程を単なる適応の過程に還元する機能主義的な社会理論に対し，社会的状況における自己規定と他者規定の弁証法を視野に含めた点で，社会科学の方法論にも大きな影響を及ぼした。たとえば，行為を目的論的に規定し，目的合理性という基準を割り振るヴェーバー（Weber, M.）的な行為理解に対し，ハーバーマス（Habermas, J.）は，相互行為が目的合理的な局面に限定されない対話的な合理性にもとづいて調整されるべきことを主張して，主観主義的，客観主義的アプローチの双方を批判し，コミュニケーション的行為という概念をもとに社会理論の新たなパラダイムを提示した。

▶ **行為論と教育学**　古典的，規範的教育学の伝統のなかでは，教育的行為は目的論的に解釈され，「教育的行為とは何か」という問いは，教育の目的の固有性をめぐる問い（教育の目的は何か）に置き換えられて論じられた。そこでは教育の目的は陶冶と規定され，その道徳哲学的，倫理学的正当化が主題となった。たとえばヘルバルト（Herbart, J. F.）は，教育と教授を統合し，教育的教授について語っているが，それは道徳的品性の陶冶を目的とした活動であり，その際陶冶はいわば作品の概念で捉えられていた。教育学の科学化とともに陶冶概念が変化し，過去から伝承された理想像を被教育者に体現させるイメージから，未来を指向した継続的改善というイメージに変わるにつれて，狭義の行為論的問題設定が教育学にも導入される。批判的合理

主義の立場に立つブレツィンカ（Brezinka, W.）は，教育的行為のメルクマールを，他者の心的性向をより善くしようとする意図に求めた。これに対して，モレンハウアー（Mollenhauer, K.）は，象徴的相互行為論，批判理論などを援用しつつ，教育の過程自体を教育の目的とする教育的相互行為論を展開した。象徴的相互行為論はまた，経験的，量化的な研究方法への反省，および社会科学的方法を従来の解釈学的教育理解に結びつけるという意図のもと，社会化や教育の過程，教育的諸制度の分析と批判に応用された。被教育者の行為に関しては，習得した知識とそれにもとづく行為との連関が重要な問題構成をなしている。現在では，ミメーシス（模倣）という美的概念を手がかりに，道具主義的に切りつめられた知識観を克服しようとするアプローチが現れている。

[参考文献] Brezinka, W., *Grundbegriffe der Erziehungswissenschaft*, München 1974／Mead, G. H., *Mind, Self and Society from the Standpoint of the Social Behaviourist*, (ed.) Ch. W. Morris, Chicago 1967／Meggle, G. (Hrsg.), *Analytische Handlungstheorie*, Bd. 1, Frankfurt a. M. 1977／Mollenhauer, K., *Theorien zum Erziehungsprozess*, München 1972／アリストテレス（加藤信朗訳）『ニコマコス倫理学』岩波書店 1973／アンスコム（菅豊彦訳）『インテンション』産業図書 1984／ウィトゲンシュタイン（藤本隆志訳）『哲学探究』大修館書店 1976／ヴリクト（丸山高司・木岡伸夫訳）『説明と理解』産業図書 1984／オースティン（坂本百大訳）『言語と行為』大修館書店 1978／カント（波多野精一ほか訳）『実践理性批判』岩波書店 1979／ハーバーマス（川上倫逸ほか訳）『コミュニケイション的行為の理論』全 3 巻，未来社 1985-87／ライル（坂本百大ほか訳）『心の概念』みすず書房 1987

[関連項目] 意志／規範／言語行為論

(野平慎二)

好奇心

英 curiosity／独 Neugier／仏 intérêt

▶ 語 義　好奇心とは世界の新奇な事象に対して，参加し認識しようとする生命体の内的な強い志向性を意味する。

▶ 概念の歴史　curiosity は，同義のラテン語 curiositas に由来し，今日の意味での使用法「好奇心」が登場するのは，イギリスにおいては 17 世紀になってからである。たとえば，ホッブズ（Hobbes, T.）は，好奇心を人間だけがもっている知ろうとする意欲と定義した。ロック（Locke, J.）は，『教育に関する考察』において，好奇心に一章をあてている。ロックは好奇心を知識欲としてとらえ，子どもの質問に答え好奇心を育てるように主張している。19 世紀に入ると，関心概念と同様，心理学の成立とともに好奇心の研究は，観察と調査・実験にもとづいて研究されるようになる。新教育運動においては，好奇心は興味とならんで教育の出発点としての子どもの自発性の原理を形成していた。たとえば，デューイ（Dewey, J.）は新しい対象を求め，新しい関係を作るための努力，不断に経験の領域の拡大を図る諸傾向を総称して好奇心と呼び，好奇心を思考の訓練のための基本的要素としてとらえた。しかし，今日，教育学では好奇心について言及されることは多くはない。心理学では，好奇心は，動機づけ，とりわけ内発的動機づけに関わる仮説的構成概念の一つとしてとらえられている。また精神分析学では，「禁じられた好奇心」の問題として取り扱われている。

▶ 教育と好奇心　好奇心という概念は，教育思想の歴史において，興味と対に展開されてきた。興味が教育方法においてのみならず子どもの理解にとって重要な意味をもっていたのと同様に，好奇心もまた子どもの世界の理解にとって重要な手がかりとなる。それというのも，好奇心は，探索・遊戯・模倣と同様に，子どもに特徴的にみいだすことのできる，外的な動機を伴うことのない未知の対象への強い志向性を表わしているからである。好奇心は，世界に対して積極的に働きかけることによって，意味発見を実現していくという，世界に対する人間特有の態度を表わす人間学的事象ということができよう。アリスト

テレス（Aristoteles）は，驚嘆を哲学の開始であると述べているが，好奇心は子どもが未知の対象に対して抱く驚嘆の能力と深く結びついている。好奇心のこのような特性は，ミメーシスの能力といいかえることもでき，子どもの身体性として世界に対する開放性と意味生成と連関することから，身体論の問題としてとらえることができる。

[参考文献] Cobb, E., *The Ecology of Imagination in Childhood*, New York 1977（黒坂三和子 訳『イマジネーションの生態学』思索社 1986）／Gorlitz, D. & Wohlwill, J.F., *Curiosity, Imagination, and Play*, Hillsdale, NJ 1987／Voss, H.-G. & Keller, H., *Curiosity and Exploration*, New York 1983
[関連項目] 模倣　　　　　　　　　（矢野智司）

公教育

英 public education／独 öffentliche Erziehung／仏 éducation publique

▶ **語義**　狭義では，国・地方公共団体のような公権力主体の管理により，国民一般およびそれぞれの地方住民に提供される教育をいう。私立学校等においても，公共の目的に奉仕することを期待され，公法にもとづき，公的機関の管理のもとに維持される教育機関は，公教育またはそれに準ずるものとされる。私塾のように私的経営に属する施設などは，これに含まれない。

公教育は，しかし，一意的で明確な境界（定義）をもつわけではない。少なくとも，現在のところ，公教育とそれ以外の教育とを区別するには，次のような多様な基準が必要である。①当該教育制度の成立および運営に，国家または公共団体がどのように，またどの程度関与しているか，②当該教育制度が，国民一般にどの程度開かれたものであるか（公開性），③当該教育制度における教育の目的および内容がどの程度，公的・公共的・社会的な性格をもつか（公的機能），④当該教育制度の成立が国民の「教育を受ける権利」の保障をどの程度意識したものであるか。

今日，公教育とされる制度が他の教育（制度・機関）と明確な境界をもつかのように見えるのは，われわれのもつ国家概念が以上の多様な基準を包括する機能を果たしているからである。つまり，われわれは国家に対し，公共的な利益を守り，また，国民の教育を受ける権利を保障する義務をもつ主体であることを期待し，かつ認めている。それゆえ国家によって管理・運営される教育制度・学校が公教育の理念を実体化した公教育制度としてみなされるのである。冒頭に掲げた定義が妥当性をもつゆえんである。しかし，歴史的にみると，これらの諸特徴は必ずしも一致するものではなかったし，また，現在でも完全な一致に至っているわけではない。そこで，以下では，公教育制度および公教育なる概念が成立してきた歴史を簡単に振り返っておく。

▶ **公教育成立の歴史**　近代社会成立のためには，宗教改革，市民革命，産業革命など社会変革を必要とし，それらの変革は，公教育の成立に寄与した。公教育とは「公」という政治的・社会的概念が人間の教育にかかわりをもつことを含意するのである。

公教育の歴史は，その管理制度的な側面についてみれば古代までさかのぼることができるが，それらは公衆に開放され，公共的な機能をもつ制度といえるようなものではなかった。このような公的機能をもつ，とくに世俗性，義務性，無償制を原理とする公教育制度はドイツにおいて最も早く成立をみた。だが，これらは近代市民社会の理念に立つ公教育制度ではなかった。ドイツにおいて公共的な教育機関がいち早く成立した背景には宗教改革と絶対主義国家の影響がある。ルター（Luther, M.）は都市の繁栄と福祉のためには，教会にかわって世俗権力が学校を設置し，市民と人材を育成すべきと唱えた。また，絶対主義国家は，教育制度を国家の物的福祉の増進や権力強化の手段と位置づけた。国民は国家を守る義務がある。ここに徴兵制と並んで就学強制（しかも有償）が成立し，一切の公の学校は国家の監督下に置かれることになった。絶対主義崩壊後のブルジョワ民主主義的

諸改革においても，近代国民国家の形成，つまり民族意識の形成，愛国心，国民意識の高揚を目的に近代的国民教育制度が構想された。単なる庶民教育でなく，ドイツ国民教育が求められたのである。そして，人間の普遍的陶冶を目的とし，特定の職業教育でない学校を「公の普通教育機関」として位置づけた。ドイツにおいて特徴的なのは公立学校主義なのである。

これに対しイギリスでは，救貧法，工場法（産業革命が進行するなかで，児童労働が発生し，徒弟の健康と道徳に関する法律として成立した）などの，社会立法に起源をもつ貧民教育が拡大して一般民衆を対象とする公教育法制が成立するという経緯をたどった。福祉社会の教育理念に即して，教育保障の充実がはかられてきたのである。もちろん，その影では，労働者階級の道徳状態の劣悪化のなか，社会秩序を守るため，民衆を無知から解放し，知的・道徳的教育が必要であるという観点から，政府は「道徳的教師」となることが求められていた。ただし，この場合でも決して無限定的な国家関与が認められたわけではない。親や教会の力で不十分な点を補うという点から，国家介入は認められたのである。イギリスでは，もともと集権化を危険視し，ボランタリーな原則を重視する思想が強かったためである。

国家権力をミニマムにという発想の結果，エリート教育は公教育の外に置かれた。パブリック・スクールは，国家の支配を受けないが，全国から入学を認める公開の学校として成立した。これは，理念の面では公的な性格をもつ教育であるが，現在の公教育の定義にあてはまらない事例である。イギリスでは，このような教育のボランタリーな性格の保障が階級を残存させることにもなったが，半面，国民の教育権の保障という視座からすれば，公教育が国家目的等に利用される程度が少なくなるというメリットがあった。

イギリスにおいてもう一つ注目されるのは，労働者の側から教育が求められたことである。チャーチスト運動は，労働者階級による議会改革の運動だが，これは公教育の「対象」に措定された労働者階級が教育を自らの権利と認識し，政府に対して学習の権利を保障するよう要求するものであったという点で注目に値する。公的に保障される教育という点では同等でも，教育は慈善として上から与えられるものから，社会それ自体から当然に派生する権利として公的に拡充されるべきものへと変化したのである。

▶ **公教育思想の構造**　「国や地方公共団体の管理による教育」という公教育の定義と「公教育思想」とのずれを認識するには，「市民社会」という概念が重要である。前者の定義においては国家と市民社会の区別は廃棄されているが，公教育思想は，市民社会の理念の上に打ち立てられ，国家と公教育の関係はそのなかで思考された。その典型的な思想をコンドルセ（Condorcet, M. J. A. N. C. de）に見ることができる。コンドルセは，人間社会は自然法をその基盤にもつものであると考え，人間の自然的・市民的および政治的諸権利としての自然権は，あらゆる社会制度に先行すべきものとした。人間の理性（一般意志）は，このような自然法を求めるものであり，自然法の支配する社会が市民社会であった。そして，彼は，このような自然法を求める理性が実現しないのは，旧制度が庶民に無知・隷従を強いてきたからだと考え，①国民全体を啓蒙して，自然法の支配を求めるような理性（一般意志）を生ぜしめること，②すべての国民に自然権を十分享受せしめるような国民主権の法治国家を形成することを求めた。この①の部分こそ公教育の意義・役割であり，このような見地から，彼は，全市民に等しく開かれた全階梯無償の公教育を主張した。博愛の精神をもって自由と平等の人権を行使しうる独立的人格の形成を公教育に求めると共に，良心の自由を守るという見地から公教育の教育内容の国家権力からの独立，教育の宗教的中立性の保障，教育の知育への限定を求めた。

コンドルセの教育観が一種の進歩史観にたち、「啓蒙されればされるほど、真理や正義を求める心が強まる」という信念をもつことは明らかだが、ここで重要なのは、一人ひとりの自律した意志と判断力をもつ市民から構成される市民社会のロジックが公教育を必然的に要請するものであったという点である。したがって、啓蒙主義の時代に成立をみた公教育思想において、国家は一方で公教育を保障する義務を負うと同時に、公教育への介入を厳しく制限されてもいたのである。

▶ 「公」概念の歴史的展開　公教育と国家の関係を考える上でもう一つ注意すべきは、「公」という概念の意味の変化である。元来、「公」public という概念は「秘」secret の対概念であり、誰もが参加でき、誰に対してもそれが開放されているという性質を指し示すものであった。ハーバーマス（Habermas, J.）によると、もともとそこには次の二つの意味が含まれていた。①各市民が自分の意見を持ち、それを議論によって共同意志にまで高める「批判的公開性」。②国家権力から離れた、共同体がその主体であるところの場。このような公共の場は、17世紀市民社会形成期において実体的にも存在し、たとえば情報交換、社交の場として存在したサロンやコーヒーハウスがこれであった。このような観点から「公」の意味がとらえられていたため、当時の公教育は、①公開された場における教育（家庭教育に対する学校教育、個人指導に対する教室における授業）さらには、②公的な機能を果たすための教育（個人の楽しみや実利のためではなく、若者に公人として行動する能力と責任を課す目的のもの）を指すものとしてとらえられていた。つまり、「公」の概念は、私的な人間の活動が公共的意義を担うに至った市民社会の生活圏を指し示すと同時に、諸個人の活動が直接的な当事者を超えて広く社会的に影響を及ぼすようになった機能に対する自覚を表現するものであった。ところが、18世紀半ばから、誰もが自由に出入りできるコーヒーハウスなどの社交の場

が衰退するとともに、「公」の概念も大きく変化することになった。「公」は大衆の福祉を掲げて国家が担うものとなり、「公」の対概念は、「秘」から「私」private へと変化した。「公」は、①住民の共通な要求、②国家（あるいは公権力）による統制を意味するようになった。かくして、公教育とは公費教育、公権力の統制に服する教育を意味し、それ以外のものが「私」教育として観念されることになったのである。市民の自律性に基づく公共性という観念は国家（公共性）と私事（市民の権利）へと分散したのである。

▶ わが国における公教育の展開　わが国の教育は周知のように、国家権力主導で作られてきた。わが国の近代化は、市民による自治という思想によってではなく、国家権力によって押し進められ、そのなかで国民は、国家、あるいは国民から超絶し神格化された権力としての「天皇」に対する「臣民」として位置づけられていた。国民は歴史を押し進める能動的な主体としての役割を与えられず、国家によって解決され与えられた自由や権利を享受する存在として規定されていたのである。わが国において「公」とは個々人を包摂するより大きな集団により、集団のために行われる事柄であり、これに対立するのは、そのなかのエゴ（わがままや甘えの許される領域）としての「私」であった。

戦後の日本国憲法は、主権在民を高らかに宣言するとともに、あらゆる人間的幸福および生命の犠牲を強要する献身の道徳のかわりに、「生命、自由及び幸福追求」を国民の「権利」としてうたいあげ（13条）、明治以来の伝統的な価値体系を民主主義的なそれへと変革するという課題をわれわれに課すことになった。

では、わが国の教育はこれによってどのように変化したか。主権在民の思想に基づき、あるいは国民の教育権の考えにもとづき、わが国でも「私事の組織化」として公教育をとらえる視点が主流を占めることになったが、この視点は戦前から引き継がれてきた国家に

よる押しつけ教育への批判の視点として機能するに止まることになる。それというのも、そこでは「公」は全体や集団の利益を代表するもの、「私」は個人的利益を代表するものとして二項対立的にとらえる構造は受け継がれてきたからである。要するに、わが国では、階級文化などに支えられた「私」の実体的な多様性が強力には存在せず、また、市民社会のロジックも浸透しなかったので、結果的に、「価値中立性」の原理が「私事の組織化」と国家主導の制度構造の間を媒介し、さまざまな政治的対立を隠蔽することになった。国家による教育統制は、普遍的で客観的な原理にもとづくものであることを強調することによって、何の矛盾もなく受け入れられてきたのである。その結果、わが国では、教育の平等と効率化を同時に押し進めることができたが、多様な価値観を教育の場から締め出し、画一的教育を生みだすことにもなった。そして、それが「私」の多様性、ひいては「公」と「私」の対立を隠蔽し、制度は安定性を得るに至ったのである。

戦後の日本は、産業化や情報化の進展などにより、伝統的な意味での「公」（集団原理）は、機能不全に陥りつつある。かといって、すでに見たような西欧的・近代的な「公」の概念が確立しているわけでもない。「公」のこのような不在状況のなかで、また、物質的な生活の復興と繁栄のなかで、「私」領域はますますふくれあがりつつある。また、学歴主義的な学校の現実は、公的な公認ルールのなかでの「私」の追求を押し進めるものとなっている。

市民社会における個人は、自然法へと導かれた理性をもつ者として想定されることで、そのなかに公共性・社会性を含意するものであった。国家権力や国家の機能の限定は、必ずしも社会や公共性の否定ではなかったのである。ところが、個人が私的利益を求めることに奔走するという現実のなかで国家の機能を私的利益の保護へと限定的に考える議論は、公共性が衰退し、私事化された社会の現状を正当化する機能しかもたない。こうした状況に対し、デューイ（Dewey, J.）の公共性概念は示唆的である。彼は公共性を機能の観点からとらえる。彼によれば、ある二者間の行動、個人的行動も、その結果が当事者を超えて第三者に影響を及ぼすなら、それは公的なものとみなされる。そうした結果を統制しようとするのが、国家であり、公共性なのである。だが、このような現実を具体的にいかに統制するかは未解決のままである。ともあれ、公教育をどのように考え、どのように編成していくかという点についてはまだまだ残された課題が多いのである。

［**参考文献**］堀尾輝久『現代教育の思想と構造』岩波書店　1971／牧柾名編『公教育制度の史的形成』梓出版　1990／ハーバマス, J.（細谷貞雄訳）『公共性の構造転換』未来社　1973
［**関連項目**］教育／公民教育／国民教育

（越智康詞）

公共性（教育における）

英 the public／独 Öffentlichkeit

▶ **国民国家の形成**　義務教育制度は国民教育という性格を備えている。児童や生徒は学校教育を通じて、国民としてのアイデンティティを獲得していくことが期待されている。このような国民教育制度は、19世紀の国民国家形成とともに公教育（public education）として確立していった。そこで公共性は国民国家とほぼ同義のものととらえられていた。

▶ **国家とイデオロギー**　国民国家における教育の公共性は、経済的な不平等や格差を隠蔽、あるいは正統化する機能を果たしてきた。アルチュセール（Althusser, L.）によれば、社会が安定的に再生産されるのは、人々が学校などのイデオロギー装置を通じて、不平等や格差の存在にもかかわらずこの社会を正統なものとして受け入れるからである。つまり、学校は公共性の名の下に国民教育を行うことによって、社会の不平等や格差を隠蔽し正統化する働きを担っているという。

▶ **市民的公共性へ**　この再生産理論の影響

などにより，20世紀の末から21世紀にかけて国民国家の内部にある格差や不平等が顕在化すると，国民概念の統一性にもゆらぎがみられるようになる。

もともと，国民国家の国民という概念には，同質的なアイデンティティの共有による民族（nation）の側面と，市民革命以降の政治に参加する市民（citizen）の側面があった。前者はフィヒテ（Fichte, J. G.）の『ドイツ国民に告ぐ』などに代表される，言語的同一性にもとづく民族共同体が含意される。後者は，ハーバーマス（Habermas, J.）やアレント（Arendt, H.）らによって主張される，政治に参加する市民が創り出す市民的公共性の系譜に連なるものである。前述のように国民国家の内部にある格差や不平等が顕在化したことによって，国民概念のこの二つの側面にも亀裂が現れるようになったのである。

たとえば，グローバリゼーションを背景として，これまで単一民族国家であると考えられてきた国の内部に，移民やマイノリティ，経済的格差などによって，多様な民族，人種，社会階層の存在が認められ，顕在化するようになっている。そして，狭い意味での国民教育とは区別された新しい市民教育としての公教育を追求しようとする動きがはじまっている。これが，アレントが主張する異質な他者同士の関係へと開かれた市民的公共性を基盤とする，シティズンシップ教育の1990年代以降における台頭につながっている。

▶ シティズンシップ教育　　シティズンシップ教育の例として，イギリスのクリック・レポートがある。イギリス政府は，1998年に政治学者クリック（Crick, B. R.）らが中心になって，シティズンシップ教育に関する政策文書，通称「クリック・レポート」を発表した。そしてこれにもとづいて，2002年から，中等教育段階でシティズンシップ教育が必修となった。「クリック・レポート」では，シティズンシップを構成する三つの要素，「社会的道徳的責任」，「共同体への参加」，そして「政治的リテラシー」が挙げられている。

特に「政治的リテラシー」については，日本でも，2015年の18歳選挙権成立を契機とした主権者教育の導入や，高等学校公民科の科目「公共」の創設などに影響を与えている。

▶ 公共性の再定義　　このような20世紀末以降の市民的公共性の台頭は，学校教育を基礎づけていた公共性概念の再定義をもたらす。学校教育の公共性は，国や地方の政府や教育委員会が学校を管理運営し，カリキュラムの大枠も決めることによって，保証されてきた。しかし20世紀末以降，このような教育の公共性のあり方が問い直され，学校の管理運営やカリキュラムの決め方を政府や教育委員会だけに任せず，各学校や教師，保護者，市民の選択や参加を取り入れる動きが台頭した。

たとえばアメリカでは，1970年代以降，学校選択制を徹底させた教育バウチャー（voucher）制が一部で導入された。1990年代以降は，チャータースクール制度によって，有志が新しい公立学校を創設し運営できるようになった。このような動きは日本にも波及し，フリースクールなどを含む多様な教育機会を確保することを趣旨とした教育機会確保法が2016年12月に成立した。ただしこの法律に関してはフリースクール関係者のなかでも賛否が分かれるなど，教育の公共性の再定義をめぐっては論争がある。

［参考文献］　小玉重夫『教育改革と公共性──ボウルズ＝ギンタスからハンナ・アレントへ』東京大学出版会　1999／小玉重夫『シティズンシップの教育思想』白澤社　2003

［関連項目］　アレント／教育基本法／再生産論／シティズンシップ／ハーバーマス

（小玉重夫）

孔　子
（こうし，Kŏng zi, B.C. 551-B.C. 479)

▶ 生　涯　　儒教の開祖。春秋時代末の魯の国に生まれた。52歳のころ魯国に仕え町長となる（前501）。やがて大司寇という最高裁判官に任ぜられ（前499)，また外交官も兼ねた。が，前497年，56歳のときやむなく失脚して祖国を離れた。そして徳に基づ

く社会秩序を樹立するという理想を達成するため諸国に遊説をつづけ，諸弟子と13年間の長きにわたり歴遊した。しかし結局，政治には絶望して魯国に前484年，69歳のとき帰った。以後は『詩』『書』などの古典の編纂に従事し，また門弟・青年たちを教育し，自己の理想を伝えることに努めた。

▶ **論　語**　孔子の言行，弟子たちとの問答の記録として『論語』20篇が残されている。そこには，みずからも「好学」者たる孔子とその弟子たちとの対話的な関係を通じての人間形成の姿が，具体的に描き出されている。「人に誨えて倦まず」（述而篇）とはいえ，ただちに注入教授するのではない。啓発主義あるいは産婆術ともいえる教育方法を重んじたこと（「憤せずんば啓せず，悱せずんば発せず，一隅を挙げて，三隅をもって反さずんば，復せざるなり」述而篇）。君子たる者は人間の多様性，すなわち各人の全面の発達ではなく各人それぞれに特殊な才能の発揮を尊重するという考えを孔子はもっていたこと（君子は「其の人を使うに及びてや，之れを器とす」。小人は「其の人を使うに及びてや，備わるを求む」子路篇）。優れた弟子たちが孔子を囲みそれぞれの個性（おだやかな中庸を得ている，また剛強・果敢な態度の，またにこやかな様子の，等の個性）が存分に発揮していることに孔子は満悦していたこと（「閔子，側に侍す，誾誾如たり。子路，行行如たり。冉有，子貢，侃侃如たり。子楽しむ」先進篇），また「徳行」「言語」「政事」「文学」といった諸方面でどれか一つに秀で弟子たちそれぞれの才能を見きわめていたこと（先進篇）。このように学習者の自発性をたしかに孔子は尊重するが，しかし個人の体験的内容をそのまま表現するという点を重視したわけではない。それどころか，祖述はするが一個人の恣意におちいりやすい創作は差し控えたい（「述べて作らず」述而篇）。こう自戒するほど古典そのもの，また古典的教養を尊重し，それを通じての自己形成を求めたこと（「子のつねに言うところは，詩，書，

執礼，皆つねに言う也」述而篇，「子曰わく，詩に興り，礼に立ち，楽に成る」泰伯篇）。等々。

▶ **シンボルとしての「孔子」像──近世日本の場合**　中国の古典を読むことが学問の基本的態度とされてきた近世の日本では，「孔子」は理想的教育者のシンボルの一つとしてとくに崇敬の対象とされた。高度な学問的達成とともに『論語』を注釈（『論語徴』）し，そのなかで師弟関係についても独自な所見を示した荻生徂徠は，「人　孔子の学ぶところを学ばずして，孔子を学ばんと欲す」と後世の学者たちが求める「学」のありかたの問題を指摘したが，その言のように，孔子が求めたものではなく孔子という人格そのものに体現されていたと信じられた道徳的人間像を徳川時代の教育界（とくに武士社会）は一般に理想とした。そのことを具象的に示すのは，孔子廟（聖堂）という孔子を祭る建築物，孔子像，そして孔子を祭る典礼をいう釈奠などである。孔子廟は徳川時代には宗教的儀式を行いうる建築物として一般に普及した（飯田論文）。江戸忍ヶ岡の聖堂は将軍綱吉によって湯島に遷され，中央に大成殿が位置し朱塗りの大規模な建築物を備えた。この湯島の聖堂の建築様式に諸藩藩校も倣ったものが多く，笠井助治によれば，全国282校のうち藩校内に独立した聖堂を有するものが59校に達している。またこの聖堂の有無にかかわらず，少なくとも藩校106校では聖堂その他これに準ずる所で釈奠（一般に毎年春と秋に孔子廟に蔬菜を供え幣を飾る儀式。久木幸男によれば，わが国ではじめて行われたのは701年，祭儀が整備されたのは748年以後）が行われた。孔子に対する人々の尊崇の心的態度を象徴的に表すこの典礼についてR・P・ドーアはこう指摘している。それは「もちろん日本儒教の基調である敬虔な自然の発露だった。日本の儒家の大半は宋学を奉じていたが，儒教倫理に合理的な裏付けを与えようとする宋学の哲学的試みには必ずしも釈然としないものを感じ，教義に神意の啓示の絶対性を与え，その聖人

を信仰の対象とする道を選んだ。……儀式を──19世紀には既に慣律化していたように──学校で行うときは，もちろん更に具体的な目的があった。すなわち，生徒に対して，彼らがたずさわっている学問の神聖さを印象づけることである。或る学者は，彼の藩主に聖堂建立を勧めるにあたって，釈奠は『道を崇むことを示し人に〔先師に対する〕敬を教える』と説いている。またその延長として現在の教師に対する尊敬を高めることになり，これによる少なからぬ規律維持の効果は，自分自身は尊敬に値する資質など殆どないような教師にとっては大変ありがたいことだった」。当の孔子自身はといえば，鬼神の吉凶禍福を本にして道徳を説くことを嫌っていたと推定される（狩野直喜）にもかかわらず，こうした事態を招いたことが注意される。

▶ **シンボルとしての「孔子」像──近代日本の場合**　明治以降，「孔子」は「徳器を成就した円満な人」（尋常小学修身書，昭和14），「大聖として徳化の尚今日に著しきもの」（尋常小学読本，明治43）として称えられてはいるものの，しかしその扱いは国定教科書に現れた多数の理想的人物のなかのひとりとしてとりあげられるにすぎず，その相対的比重は明治天皇・二宮金次郎などとははるかに及ばない。しかし，「教育ノ僧侶」（森有礼の言葉）として教師自身を権威づけるとともに，模範者（「師表」）としての教師その人に対する児童・生徒の無批判的従属を求める精神的習慣が明治以降の学校の現場においてもなお存続していたとすれば，ドーアが指摘したような，釈奠を恭しく行うことによって自身に対する尊敬を獲得しようとする教師の資質のタイプは，その自覚いかんは別として近代日本の教師たちの人格のうちにも依然として持続していたことを示すだろう。

『論語』を含め古典そのものに向かうこと──理想的には，たとえば徳川時代の古学者がこころみたような注釈──を第一に重視する学的態度が精神的伝統として歴史的に持続していたら，どのような教育状況が出現していたかを推測したい。

［**参考文献**］　貝塚茂樹『孔子』岩波書店　1951／吉川幸次郎『論語』上・中・下，朝日新聞社　1978／俵木浩太郎『孔子と教育』みすず書房　1990／飯田須賀実「江戸時代の孔子廟建築」『近世日本の儒学』岩波書店　1939／久木幸男『日本古代学校の研究』玉川大学出版部　1990／笠井助治『近世藩校の総合的研究』吉川弘文館　1960／Dore, R. P., *Education in Tokugawa Japan*, London 1965（松居弘道訳『江戸時代の教育』岩波書店　1970）／狩野直喜『中国哲学史』岩波書店　1953／唐沢富太郎『教科書の歴史』創文社　1956

［**関連項目**］　儒教／中江藤樹／貝原益軒／荻生徂徠　　　　　　　　　　　　（河原国男）

構造主義

英 structuralism／独 Structuralismus／仏 structuralisme

▶ **語　義**　広義においては，対象の「実在」や「本質」といったものをアプリオリに想定しないで，形式化（とりわけ数学的な形式化）という操作によって，ものごとのなかに隠された構造（structure）を析出する方法を意味している。ひとことでいえば，なんらかの諸要素の関係とべつの諸要素の関係との関係である。狭義においては，1950-70年代におもにフランスを舞台として展開した研究方法・思想の総称であり，1960年代にレヴィ＝ストロース（Levi-Strauss, C.）／サルトル論争によって実存主義に対立する哲学的な立場になり，ひろく流布していった。

構造を論じる議論として，社会学のパーソンズや社会人類学のラドクリフ＝ブラウンのとなえる機能主義（ないし構造─機能主義structural-functionalism）もあるが，そこで用いられる構造概念は，狭義の構造主義のそれとは異なる。こうしたアメリカの機能主義的な社会学や人類学における構造はパターン（やり方）であり，記述概念である。これに対してフランスの構造主義のいう構造は，レヴィ＝ストロースが規定しているように，パターンを数学的に変換するときに現れる形式であり，説明概念である。たとえば，ジャン

ケンのパターン，つまり機能主義のいう「構造」は世界中にさまざまあるが，それらを数学的に変換すると，三すくみという，構造主義のいう「構造」が現れる。

また，心理学においてヴント派が唱えた「構成心理学」ないし「構成主義」も「構造」を論じている。この「構成主義」の原語はStrukturalismus であり，そこで分析対象とされている「構造」の原語も Struktur であるが，一般にヴント派「構成主義」は，構造主義に含められていない。構成主義はたんに，ピアジェの構造主義心理学に先行した機能主義心理学にさらに先行したものと考えられている。しかしその「構造」は，数学的な形式化こそ施されていないけれども，意識を構成する諸要素という実体ではなく，それらの関係性つまり関数概念であり，構造主義の構造に類比的である。

フランスを中心にした狭義の構造主義の源流は，①リーマン（Riemann, G. F. B.）やヒルベルト（Hilbert, D.）ら，ゲッチンゲン学派といわれる 19 世紀後期の形式主義数学，②音韻論の大家トゥルベツコイ（Trubetzkoy, N. S.）やヤコブソン（Jakobson, R.）ら，プラハ言語学派といわれる 1930 年代の構造主義運動である。形式主義数学は，フランスのブルバキグループ（Nicolas Bourbaki を名のるが，これは数学者グループのペンネーム）に受けつがれ，構造主義数学を生みだした。またプラハ言語学は，ソシュール（Saussure, F. de）とともに（かれは「構造」という用語をほとんど用いていないが，ラングが構造に相当する），文学批評のバルト（Barthes, R.），人類学・社会学のレヴィ＝ストロースによつよく影響を及ぼした。ほかにも，ひろい意味で構造主義に属する論者として，精神分析のラカン（Lacan, J.），哲学のアルチュセール（Althusser, L.），心理学のピアジェ（Piaget, J.）などがあげられる。なおフーコーは，構造主義に含められてきたが，フーコー自身はそうされることを嫌っている。

狭義の構造主義の構造概念も，ブルバキの

数学的な構造（すべての数学理論を特徴づける統一的な形式）からヤコブソンの音韻論的な構造まで多様である。レヴィ＝ストロースのいう構造は，未開社会の親族組織に女性の交換についての構造（偶数の集団間で二集団ごとに相互交換をおこなう「限定交換システム」，循環する輪をつくる「一般交換システム」など）であり，またギリシャ神話やアメリカインディアンの神話の構造（変奏される主題としての「神話論理」）である。ラカンのいう構造は，フロイトのいう無意識の構造（鏡に写る自分を自分自身として引き受けるという「鏡像段階」など）である。アルチュセールのいう構造は，マルクスのいう階級対立という社会関係上の構造であり，この資本主義的な構造ゆえに，人間の内在的な本質の展開としての「歴史」も，自律的な個人としての「主体」も成り立たないという。ちなみに，言語構造を「表層構造」（surface structure）と「深層構造」（deep structure）にわけ，深層構造から派生しそれを変換したものが表層構造であるというチョムスキー（Chomsky, N.）の生成文法論は「構造」を論じているが，構造主義に含められていない。

▶ **教育研究への含意**　構造主義の意義は，その構造概念の多様性にもかかわらず，一貫して近代ヨーロッパの思想において支配的であった前提命題を否定し，新しい客観的な認識方法をうちだそうとしたことにある。すなわち，①主体を前提とした命題——たとえば，〈社会は諸個人の算術的な合計である〉〈文化は個人の制作物である〉といった命題——を否定し，主体の思想と行動を軌道づけるような，特定の社会・文化に固有な隠された構造があると考えたこと。②聖書解釈に象徴されるように，テクストを権威づけるという中世いらいヨーロッパに広くゆきわたっていた解釈概念を否定し，テクストを自由に「読むこと」を提案したこと。③そして，ただ一つの真理を求めるというヨーロッパの伝統的な真理概念を否定し，真理は歴史的・社会的に作られた「制度」であると考えたこと，などで

ある。したがって構造主義は，主体性やテクストの権威を前提にしつつ，真理の唯一性を信じる近代教育（学）にたいするラディカルな批判となる可能性を秘めている。

しかしながら，ともすれば，構造主義的な思考は構造の析出にかまけるあまり，構造の変革・変容のメカニズムをなおざりにしてしまう。そのため，未来志向・実践志向の人々から，構造主義は変革の可能性を無視していると批判されてきた（たとえば，ブルデュー／パスロンの再生産論やボールズ＝ギンタスの再生産論にたいする教育学者の批判がそうである）。しかしながら，そう批判している人々が無意識のうちに前提にしている教育（学）的な構造を暴き，気づかないままその構造に誘導されて，ありきたりの未来を描くことを未然に防ぐことにこそ，教育研究に対する構造主義の意義がある。そうするかぎりにおいて，構造主義的な思考はラディカルな自由をめざす思考である。

とはいっても，1970年代あたりから，やはり構造主義の構造の静態性（時間の欠如，つまり構造変容論の欠如）を補い，分析方法を再編成しようとする動きが生じた。それがいわゆる「ポスト構造主義」である。この流れには，ドゥルーズ（Deleuze, G.），デリダ（Derrida, J.），クリステヴァ（Kristeva, J.），リオタール（Lyotard, J. F.），フーコー（Foucault, M.）などが含まれているが，いささか拡大解釈するなら，その流れには，再帰的構造化論をとくギデンス（Giddens, A.）や，オートポイエーシス・システム理論を展開するルーマン（Luhmann, N.）もふくまれるだろう。

［参考文献］ Althusser, L., *Philosophie et philosophie spontanée des Savants*, Paris 1977／Althusser, L. and Balibar, E., *Lire le Capital*, nouvelle edn., 2 vols. Paris 1968／Bourdieu, P., *Le Sens pratique*, Paris 1980（今村仁司ほか訳『実践感覚』1・2みすず書房 1988/1990）／Lévi-Strauss, C., *Les structures élémentaires de la parenté*, Paris 1949（馬淵東一ほか訳『親族の基本構造』番町書房 1978-9）／Lévi-Strauss, C.,

Anthropologie structurale, Paris 1970（生松敬三ほか訳『構造人類学』みすず書房 1972）／Piaget, J., *Le structuralisme*, Paris 1968（滝沢武久ほか訳『構造主義』白水社 1970）／浅田彰『構造と力』勁草書房 1983／新田義弘ほか編『構造論革命』（岩波講座現代思想5）岩波書店 1993／原聰介・森田伸子・クラパレード『機能主義教育論』明治図書 1987

　［関連項目］ 主体　　　　　　　（田中智志）

構想力・想像力

英 imagination／独 Einbildungskraft／仏 imagination

▶ **語義**　感覚与件を想起し組み替えることにより像（イメージ）を産出ないし再産出する能力。構想力は，対象の現前がなくても，直観のうちに表象する能力としてカントが提示した術語 Einbildungskraft の訳として日本語に定着したもの。

▶ **歴史**　アリストテレスは想像力を知覚と思惟との間にある中間的存在として捉えた。想像力は思惟なしでも知覚なしでも見出し得ないという。この中間的存在としての想像力の捉え方は，トマス・アクィナス（Thomas Aquinas），さらにヴォルフ学派にも受け継がれた。感性と悟性の中間的能力という想像力の存在は，感性重視ないし悟性重視のそれぞれの思想の文脈においてその評価が分かれている。ヘルメス思想や新プラトン主義をはじめ，パラケルスス（Paracelsus）やブルーノ（Bruno, G.），ルネサンス思想の系譜では，記憶術の研究を通して，想像力は場（トポス）をイメージする能力として，奥深いところで無限と通じ合う魔術的要素を具えた能力，ないし芸術活動を可能にする能力として重要視してきた。近代合理主義的精神のもとでは，想像力は感性や情動と同様に身体を盲動させ，人間の知覚や判断を誤らせる危険なものとして退ける思潮が支配的であった。だが，啓蒙主義の時代になると，ロック（Locke, J.）やヒューム（Hume, D.）らが理性の限界や科学的認識のもつ暫定的性格についての指摘もあって，想像力は理性を補完し

つつ人間性を成り立たせるものとして，ふたたびその価値を認められた。カント（Kant, I.）は，こうした中間的存在としての性格をもとに，構想力を，受動的な「再生的構想力」と，能動的な「産出的構想力」とに区別した。「再生的構想力」は，連想の法則により諸表象を結合し，「産出的構想力」は，悟性の規則に従いカテゴリーに適合するように諸表象を結合するという。構想力は総合の働きをなすものとして，経験の可能性の一条件であり，表象を認識へともたらす認識の可能性条件である。直観の多様性を悟性と結びつけ感性と媒介させる構想力は，感性を認識能力と位置づける近代美学の美的判断力とともに，認識論上の術語となった。美的表現活動における想像力（構想力）の働きに着目した三木清は，カントを基礎に，また西田哲学の批判的受容を通して『構想力の論理』を著し，詩的制作行為・表現行為としてのポイエーシスにおける構想力の働きを人間形成の論理として提示した。また芸術活動における想像力の暗示的かつ隠喩的な働きに注目するバシュラール（Bachelard, G.）は，想像力を現実の像を形成する能力ではなく，現実を超え出ていく像を形成する能力と捉え，実在を詩へと転ずる超人間的な資質として，既成の古い像への固着から人間を解き放つ創造的能力として提示した。さらに現象学の観点からサルトル（Sartre, J.-P.）は，想像力こそが世界をその本質的な構造において無化するものであるとしている。想像上の世界を創造することを意識の基本的機能と考えるサルトルにおいて，想像力は超越的自由を行使する人間独自の力と考えられた。イメージや想像力のもつ能動性や自由に関する一連の思想は，カントの「産出的構想力」のもつ超越論的統合としての側面をさらに広く人間の諸活動との接点で探求し，近代の認識論上の枠組みや秩序を見直す契機を提供するものとして新たな注目を集めている。

▶ **教育思想との関わり**　　教育思想において想像力は，まず，空想ともいわれる産出的想像力としての側面よりも，むしろ記憶力，すなわち再現的・再産出的想像力としての側面が注目された。場をイメージするための論であるトピカ（トポス論）は古代ギリシャ以来の記憶術の訓練として雄弁術の一部をなす教育上の主要科目であったが，印刷術の発明によって記憶術訓練の意味は失われていった。また，近代科学の合理主義的精神のもとで記録・測定・観察を通した認識を重視する学習方法が支配的になると，想像力は子どもの客観的認識を妨げるものとして否定的に捉えられるようになる。だが，記憶術を基礎に言語とイメージの関係を記号論や組み合わせ術によって論理づけたライプニッツ（Leibniz, G. W.）に触発され，言語学習における表象（イメージ）の重要性が指摘されるにつれ，再評価されていく。ペスタロッチ（Pestalozzi, J. H.）の直観教育では直観による諸表象の結合として，イメージする力の訓練が重要視された。この直観教育法を表象の力学的関係によって数理的に分析したヘルバルト（Herbart, J. F.）は，表象から認識に至る過程を4段階に分節化し，その認識過程に適応する教育方法として段階教授法を開発した。そして表象から認識へと導く能力として彼は美的判断力や構想力を指摘する。と同時に，教育とは教師が世界を美的に表現することであるとして，世界の美的提示ないし表現を可能にするような教師の教授能力に，当時の近代美学と深い関わりをもっていた想像力ないし構想力の働きを求めていた。この表現能力としての想像力の働きは，新教育運動における芸術教育などでも重視されてきた。

[**参考文献**] Herbart, J. F., *Über ästhetische Darstellung der Welt als das Hauptgeschäft der Eerziehung*, 1804（高久清吉訳『世界の美的表現』明治図書　1972／Kant, I, *Kritik der reinen Vernunft*, 1781（原佑訳『純粋理性批判』理想社　1981）／三木清『構想力の論理』岩波書店1946／Yates, F. A., *The Art of Memory*, London 1966（玉泉八州男監訳『記憶術』水声社1993）

[**関連項目**]　美・美的なるもの／カント／直観

（鈴木晶子）

校　則

英 school regulations, school code, discipline／独 Schulordnung／仏 règlements scolaires

▶ **語　義**　広義には，初等・中等教育機関の学校において，学校教育の円滑な運用を目的とし，組織を秩序正しく管理運営していくために定められる学校内規の総称である。この場合，当該学校の運営に関わる規則，教職員に関する規則，児童・生徒に関する規則など広範囲にわたる規則がそのなかに含まれる。しかし，慣習的に校則は当該学校により児童・生徒の管理や生徒指導等を目的として，児童・生徒が守るべき内規（「生徒規則」）あるいは児童・生徒が自発的に遵守すべき規範（「生徒心得」）として明文化された規則を指し示す概念として使われることが多い。そのなかには，たとえば，「児童・生徒の学校生活に関する規則」「授業に関する規則」「髪型・服装に関する規則」「校外生活に関する規則」など広範囲の規則が存在している。

　ところで，上記の記述からもわかるように，校則とはきわめて曖昧な存在物であり，その目的，性質，運用法のいずれにおいても明確な定義や合意が存在しているわけではない。否，むしろ現状の校則は，次のような多面的な性質をもつ規則＝規範であるといえる。すなわち，校則とは，正常な学校運営に必要とされる行動規則であると同時に，生徒の望ましい行動様式として定義された規範でもあり，学校という組織においてその成員が守るべきルールであると同時に，それに従うこと自体が教育的意義をもつ道徳的規範であるとも考えられている，そうした規則＝規範である，と。

▶ **日本における校則の歴史**　生徒規則・生徒心得は，わが国では，明治時代になり近代学校が発足していらい，各学校で制定されてきた。1873（明治6）年に文部省が制定した「小学生徒心得」がその最古のものと考えられる。だが，こうした規則・規範が，より厳格かつ詳細に規定されるようになるのは明治後期，とくに中学校においてである。当時の中学校では，「生徒管理規則」「生徒心得細則」「教室規則」「授業規定」「服装ニ関スル心得」などの名称のもと，厳しく・細かな諸規則が制定された。この時期に作られた諸規則は，高度な学校秩序を求める要求と，人物の養成という目的および人物評価（操行査定）と不可分に結びついたものであり，生徒の一挙手一投足に対して厳格な規制を行おうとする志向をその特色とするものであった。また，当時は「特別権力関係論」の考え方に見られるように，法的根拠がなくとも学校は一方的に規則を制定することができ，さらに生徒は学校側の制定する規則に対し異議を唱え反論する余地は残されていなかった。民主主義を標榜する現在の日本においても，「特別権力関係論」の考え方がそのまま肯定されることはないが，学校側が一方的に生徒に対し規則を制定する権利が存在することは「在学契約説」「学校部分社会論」「教育権上の学校責任論」などの説によって根拠づけられており，校則そのものの位置づけは大きく変化してはいない。

　では，校則の実態は戦後どう変化してきたのか。第二次大戦後しばらくの期間，日本の学校は民主的教育を標榜したこともあり，生徒の自主活動を尊重し，校則を通して生徒をコントロールしようとする傾向は抑えられていた。だが，1960年代後半頃から学校の内部秩序への関心の高まりとともに，生徒の規範意識の低下が憂慮されるようになり，これと連動して，生徒規則・生徒心得に対する学校側の関心もふたたび強まってきた。さらに，1980年を過ぎた頃から，校内暴力に象徴されるように学校の秩序が大きく揺らぎはじめ，その結果，校則は中学校を中心に，学内秩序を再建し生徒指導体制を整備・強化する手段として重要な位置を占めるようになった。こうした校則の強化さらにはその運用方法の形式化は，校則から自然な「規範」としての性質を奪い，厳格かつ形式的に適用される「管

理規則」としての姿を浮き彫りにすることになる。そして、校則が「管理規則」としての姿を露わにすればするほど、教育現場において校則を巡るトラブル（校則違反やそれへの反抗）も深刻化し、こうした状況に対処すべく、さらなる校則の細分化、運用の強化に向かうといった悪循環も生じた。しかし、現在では不登校やいじめという新たな種類の問題現象に直面して、子どもの個性や心の教育が叫ばれるようになり、規則で縛り管理を強化するという方法そのものが社会から厳しい批判を受けるようになっている。

「子どもの権利条約」への批准は、こうした校則への批判運動に現実的・理論的支柱を与えることになった。日弁連は 1985 年 10 月、この「権利条約への批准」にもとづき、「人権擁護シンポジウム」で校則問題をとりあげ、「子ども人権 110 番」や「子どもの人権救済センター」などを開設した。また、1988 年 3 月に発足した「子どもの人権弁護団」主催のシンポジウムにおいて、子ども自身の手により「私たちの人間宣言」が宣言された。こうした動きのなか、日教組も中央委員会で校則問題を取りあげ、内からの校則みなおし運動を進め、1988 年には文部省も「過度に形式主義的・瑣末主義的な管理教育や体罰等を改め」ることを提言した臨時教育審議会での答申（第 2 次答申）を受け、行きすぎた校則の見直しを各学校に指示した。

ところで、こうした校則見直しに向けての運動は、たしかに一定の成果を上げてはいるものの、必ずしもすべての教育現場にスムーズに受け入れられてきたわけではない。社会全体の雰囲気として、管理教育批判や校則見直しの運動の機運が高まる一方で、一部の現場の教師たちを中心に、管理教育批判の言説・運動がいかに教育現場の現実に対する無知と無責任さによるものであるかを批判する言説・運動も出てきつつある。彼らは、教育は社会を維持するための営為・必要悪である（ことを直視すべきである）とする立場から校則批判や管理教育批判の運動やムード、さ

らにはその背後にある子ども中心主義的な教育観を厳しく批判している。実際問題としても、校則を管理主義教育の象徴的存在として批判し、校則の内容を大幅に見直してきた学校において、かえってソフトなかたちの管理・支配が強化されつつあるという指摘もある。このように現代日本における校則を巡る状況は、現場においても、また言論の世界でも混迷の度を高めつつあるといえるだろう。

▶ 欧米における校則の変化　校則は形式的には学校の定める規則として定義できるが、その内容に即してみるならば、校則には、ある明確な目的に向けて合理的に作られた規則＝契約としての側面と、学校での実践（プラチーク）や教育観・子ども観と結びついた学校規律 discipline を構成する一部、あるいはそれらが表現・明文化された規則・規範としての側面がある。そして、校則の歴史を振り返ってみるならば、前者の側面のほうが例外であり、後者の側面のほうがより実態に近いといえる。

校則に現れた学校規律と学校の構造＝実践の内的な結びつきを、歴史＝構造的に解き明かしたのはアリエス（Ariès, Ph.）の業績である。アリエスによれば、ヨーロッパ中世の学校における校則や学校規律は合目的的に作られた規則というよりも、学校という装置の構造や実践（プラチーク）の変化、とりわけ権威主義的なヒエラルヒー的統治の確立と不可分に結びついて自然発生的に進化してきた規律である。実際、15 世紀より以前に学生は、学生組合的な団体をこえるいかなる権威にも従うことはなかったが、15 世紀以来、学校の構造など諸々の条件の変化により、しだいに教える者（教師）は彼らが指導する子どもたち（学生）からはっきり区別されるようになり、──子どもは弱く傷つけられやすい状態にあると表象され、教師は子どもの精神を形成し、徳を植えつけ、陶冶する役割をもつ者として期待されるようになった──これと同時に子どもに課せられる規律もより厳格かつ詳細なものへと進化してきたのである。

また，アリエスによると，この時代の学校規律は，次の三つの主要要素からなるシステムとして構成されていた。絶えざる監視，制度的にうち立てられた密告，拡大して適用される体罰がこれである。校則とはこれらのシステムを支える一部だったのである。

18世紀になると，子どもは大人と対立させられるよりは，大人への生活の準備をするものとされ，さまざまな配慮と段階からなる教育が要求されるようになる。こうして，それ以前の厳しい規律を支えてきた諸観念，すなわち，少年期を区別し，そこに属している子どもたちを服従させるために，少年たちに恥辱的な罰を与えようとする観念は次第に弱まっていくことになった。そして，19世紀には，子どもに大人の責任を自覚させること，尊厳の感覚をよびさますことを要求する新しい「教育」の観念が支配的になっていく。このように18世紀〜19世紀を通じて「教育」の観念は「規律＝規則への服従」を求める集合心性から区別されるようになり，教育はできるだけその個人の自律性・主体性を育てる・引きだすものであることが求められるようになった。こうして，それまで学校関係者にとって自明のものであった数々の校則も，とくに合理的に根拠づけられないものを中心に，管理的で非人間的なものとして表象され，徐々に取り除かれていくことになった。

もちろん，こうした校則見直しの動力となってきたのは，教育観や子ども観の変化のみではない。人権の視点にもとづくさまざまな批判運動が子どもを過度に保護し特別な市民として扱うことの抑圧性を浮き彫りにすることになったのである。この側面を徹底的に追求した一つの例としてアメリカを挙げることができる。この国では，生徒には学校が侵害することのできない，憲法によって保障された権利があるのだとする原則にもとづいた改革が進められてきた。服装や身だしなみは，自己表現の一部であるとする観点から学校の制定した規則が違法とされ，法廷で却下されるといったケースもでてきた。各学区で定め

られる「生徒行動規範」は，その内容において大幅に見直されただけでなく，制定・実行の形式においても教師や規則制定者の恣意的権力から生徒の権利が保障されるようさまざまな工夫がこらされている。たとえば，各学区の定める「生徒行動規範」は，州の法律および教育委員会方針に沿って策定されることが規定されており，しかもそこでは規則違反に対する懲戒処分の内容や手続き（不服申し立て法を含む），さらには子どもの有する権利の内容もはっきりと明記することが原則となっている。

ところで，アメリカにおいて，このように校則を近代的な法規範にその形式を近づけることは二重の観点から正当化されている。それは子どもの人権を守るために必要な原則であると同時に，自主性の伸張，個性の尊重を中心に置き，自由のなかに責任を遂行しようとする厳しさを教えるといった生活指導の目的にもかなっている。しかし，逆にいえばこうした動きは自由主義社会の契約と責任のシステムが社会全体を支配し，そのなかに学校も組み込まれた結果生じた事態であるともいえる。アメリカの「生徒ハンドブック」は学校と子ども・親の間の契約なのである。たしかに，自己責任の原理のもとに規則を遵守する主体を確立すること自体に教育的意義が込められているのだとみることも可能だが，行為者・生徒の立場からするとこうした契約としての校則は，行為を形式的・外的に規制するルールに過ぎなくなっている。いわば，校則はゲマインシャフトの原理によって要求される規律や規範（集合意識）としての性質を失い，ゲゼルシャフト的社会のなかで合理的に構築された法＝規則へと変化してきたのだといえるだろう。

契約の原理にもとづき規則を合理化する上記の方法とは異なる方向で，学校規則と子どもの人権を調停しようとする試みもある。つまり，学校を一つの小社会とし，子どもを学校という民主社会の成員＝主体として扱うという原則を徹底させて，校則を見直そうとす

る動きがこれである。その特徴は，子どもの主体性を自己責任の原則においてのみならず学校運営への参加という側面において位置づけようとするところにある。もちろん，ここで子どもがどの程度，現実に責任をもって学校運営に参加できるのかといった疑問もあるが，逆にこの方法は学校という民主社会の運営に参加する実践自体が，将来の全体社会の運営者としての市民を育成する教育実践でもあるとして正当化されている。スウェーデンでは，こうした方針を国全体で打ちだしている。この国では，1969年改訂の「基礎学校学習指導要領」において，学校規則は父母の代表や児童・生徒を含んだ「学校運営協議会」で討議されることと規定している。

▶ **日本の校則の課題**　日本人は西欧の学校から「規則のない自由な学校」を好んで引用するが，これは現実の偏った認識というだけでなく，一つの重要な問題を見落としている。それは，明文化された校則・学則を削減することが，必ずしも学校における支配や拘束を縮小させることにつながるわけではないという点である。学校の構造や実践，あるいは大人・子どもの区別や教育観をそのままにして，ただ明文化された規則を減少させた場合，子どもに対する学校の支配がより強化される可能性も高いのである。明示化された（＝批判されやすい）校則が，機能的に等価な他の方法，たとえば部活動（スポーツ）を通しての規律強化，心理学的に洗練された見えない統制方法，生徒の規則や権威への依存性の強化といったより巧妙な支配の技法に置き換えられないという保障はないのである。この点をどう考えるかは欧米を含む世界の学校教育に残された共通の課題であるといえる。

また，日本においては，校則の問題を議論する前にわれわれの素朴な校則観や規則観そのものを問い直す必要がある。日本では，校則について議論が行われる場合，契約としての規則，実践に埋め込まれた規律や内面化された道徳，そして，目的としての教育とがほとんど区別されず，その関係が曖昧なまま議論が行われているという現実がある。日本の学校において「規律の乱れ」に対する危機意識が無際限な校則の増殖と結びついたり，逆に自由や個性の強調がヒステリックな校則批判や自由放任主義へと直結しやすいのは，こうした区別や配慮の欠如と深い関連があるのである。先行世代による後続世代の社会化すなわち規律の注入を重視した理論家として知られるデュルケーム（Durkheim, É.）が，道徳的に振る舞うこと，つまり個人を越えたインパーソナルな規則に従うことと，個別の学校や教師の支配に服従することとを厳しく区別し，子どもの自発性を押しつぶす教師の権力の濫用から子どもの自由を守ることの重要性を何度も強調していることはよく知られている。もちろん，これは一つの区別＝分析視角に過ぎないが，ある感傷的な立場からあらゆる権力，あらゆる校則＝規則を無責任に否定・排除してしまったり，学校での実践的な必要性などから恣意的に作られた校則＝規則を，あたかも子どものためのものであるかに見せかける欺瞞を行わないためにも，校則や規律を分析する概念を洗練させ，われわれ自身の校則観を反省的に捉え直す作業が必要であろう。

[**参考文献**]　Ariès, Ph., *L'Enfant et la vie familiale sous l'Ancien Régime*, Paris 1960（杉山光信・杉山恵美子訳『〈子ども〉の誕生』みすず書房 1980）／Durkheim, É., *L'Education morale* 1925（麻生誠・山村健訳『道徳教育論1・2』明治図書 1964）／越智康詞「校則の社会学的研究」『信州大学教育学部紀要』 1994／斉藤利彦『競争と管理の学校史』東京大学出版会 1995／森重雄『モダンのアンスタンス』ハーベスト社 1993／高野桂一『学校内部規定の研究』明治図書 1976／高野桂一『生徒規範の研究』ぎょうせい 1987／高橋健男『アメリカの学校　規則と生活』三省堂 1993／坂本秀夫『校則の研究』三一書房 1986／『教職研修総合特集 No. 57 校則生徒心得読本』教育開発研究所 1989

[**関連項目**]　規律・訓練　　　（越智康詞）

高等教育

英 higher education／独 Hochschulbildung／仏 enseignement superieur

　高等教育の概念は，19世紀において，初等・中等・高等という教育の制度的な階梯が整備されるのにおうじて，大学などが，それに算入されるにおよんで，歴史的に成立する。すでに中世の初期から，聖書解釈，そして神学のための基礎的な学問，すなわち後に七自由学芸とよばれる知の体系が，修道院や教会に付設される学校でしだいに確立し，それはやがて大学とよばれることになる学問が行われる場所にひきつがれることになる。托鉢修道会，ことにトマス・アクィナスを輩出したドミニコ修道会は，大学の神学部でおおきな勢力を維持することになった。大学（university）は，すでに12，3世紀以来，ボローニャやパリなど，ヨーロッパ各地において成立していたし，その初期の形態は，そのラテン語 universitas が示しているように，中世に特有の同業組合（ギルド）の一形態，つまり教師や学徒のギルドといってよいものだった。しかしながら，それらの universitas がやがて聖あるいは俗の権力によって把握され，その機構のなかに位置づけられるにおよび，ギルド的な，あるいは団体的な自由と自治は，当然のように規制されることになる。

　14世紀のなかばごろから領邦の君主たちによって創設されはじめるドイツの大学，たとえば神聖ローマ帝国皇帝カルルIV世によって創設されたプラハやファルツ選帝侯によってたてられたハイデルベルクなどは，はじめから君主への依存と，そして君主の統制も強く，ことに宗教改革ののちは，それらは領邦の宗教政策のセンターとして，その役割を期待されていた。このような傾向は，ドイツの大学に限らず，フランスの大学においても見いだされた。教授たちは官僚化し，また伝統的な神・法・医の3学部は，教会，司法，そして医療の官僚養成のための機構として整備されてゆくことになった。フランス革命は，このような伝統的な，そして特権的な大学に対して破壊的で，大学にかわって，あるいは大学の学部を独立させて，種々の専門学校を設立することに熱心だった。しかしながら，このような施策は，一部，すでに絶対主義の旧制度（アンシャン・レジーム）のもとで実行に移されていた。ドイツの場合も，すでに18世紀のはじめから大学に対する「いまいましさ」は増幅され，大学の専門学校化への気運があらわれていた。その気運と，そしてそれに反対する気運が，ナポレオンによるドイツ占領という事態のもとで，ドラスティックにぶつかりあうことになった。

　カントが『学部の争い』（*Der Streit der Fakultäten*）という奇妙な表題の書物を著したきっかけは，旧著『たんなる理性の限界における宗教』がプロイセン王フリードリヒ・ウィルヘルムII世の寵臣ウェルナーが支配する宗務局の検閲にかかるにおよんで，その権限が自分が所属するケーニヒスベルク大学の哲学部にあることを主張しようとしたことにあるが，これが，はからずも，大学における哲学部の優位についての議論を喚起することになった。ナポレオンによるドイツ占領という事態は，新王フリードリヒ・ウィルヘルムIII世に「物質的に失ったものを精神的に取り戻さなくてはならない」との決意を促し，これは，やがてベルリンにおける新大学の設立として結実することになる。そのベルリンにおける新大学の創設にさいしては，各方面に意見が求められ，また各方面から意見が寄せられた。シュライエルマッハー，フィヒテ，シュテフェンス，それにその創設において中心的な役割を果たした W. v. フンボルトらの大学論は，こうして書かれた。それぞれの思いは複雑に交錯しながらも，かれらに共通するその骨子は，大学を学問の総合センターとしているところにあった。フンボルトの有名な「孤独と自由の原理」は，つぎのような文脈で語られている。それは，その新大学の基本理念を的確にいいあらわしているものといってよい。「この施設（大学などの高等学問施設）は人々ができるだけ，せいいっぱい学

問の純粋な理念と対決することによってその目的を達成することができるものであるから、そこでは孤独と自由が支配的な原理となる。しかしながら人間の知的活動は共同活動によって実り多いものになってゆくものである」（梅根悟訳）。

ベルリンの大学は、こうして、19世紀のおわりには、世界の大学に発展したが、ことにビスマルクの時代、さらに第二帝政期に、たとえばアルトホフなどの官僚の主導のもとで拡大の一途をたどった。そして、それは、プロイセン・ドイツ軍国主義国家の要請に忠実に応える学問とその担い手、さらには国家をささえるマン・パワーの生産を意味していた。数々の国家試験の導入が、大学における学問の質を大きく規定していた。ベルリン大学の創設にあたって、その理念を担う中核に位置づけられていた哲学部が、精神科学系と自然科学系とに分割され、専門分化のなかで、その実体を失ってゆく。しかしながら、19世紀をとおして、さらに20世紀になってからも、大学の危機にさいしては、このフンボルトの理念が顧みられるのである。創設100年記念の1910年、ライプツィヒ大学教授シュプランガーが行った講演『100年来の大学の本質の変化』は、フンボルトの理念に最も忠実たろうとしてきた哲学部の苦悶を如実に表現している。ヤスパースが1923年、45年、そして61年と行った意見表明である『大学の理念』、さらに最近では、ハイデルベルクにおける彼の講座の後継者でもあるガダマーがそのハイデルベルク大学の創設600年記念の行事において行った講演である『大学の理念』においても、「自由と孤独」、あえてそれにつけ加えるならば、「共同活動」の原理によってささえられる団体の理念がいぜんとして強調されている。

このようにして、大学論が思想として成立しえたのは、19世紀なかばのイギリスにおけるW・ハミルトンやニューマンなどの一部の例外、さらに、現代の歴史家ホフスタッターが描くような19世紀以降社団としての

自治慣行が定着していたアメリカの場合を除けば、そのほとんどがドイツにおいてであり、またそれは、なんといっても19世紀はじめのベルリン大学の成立をめぐるマスター・プランの作成過程においてである。19世紀イギリスもアメリカも、こと高等教育の問題に関しては、ドイツをモデルとしていた。それにしても、そのようなことを可能ならしめた背景として、20世紀のはじめまでは、ドイツの知識人のほとんどが大学教授だった、という特殊な事情がある。

[参考文献]　高等教育ないしは大学の歴史を描いた通史は、内外ともに、意外と少ない。梅根悟監修「世界教育史大系」（講談社）第26, 27巻に収められている『大学史』（平塚一郎代表執筆　1973）、島田雄次郎『ヨーロッパの大学』（至文堂　1964）などが至便。さらに、高等教育ないしは大学論のそれということになるとほとんどみあたらない。ベルリン大学の創設をめぐる大学論の簇生についての個別研究は多い。解説を付した原典は、Spranger, E. (Hrsg.), *Fichte, Schleiermacher, Steffens über das Wesen der Universität*, 1910 (Philosophische Bibliothek Bd. 120)。カント、フンボルト、シェリングを加えたその邦訳は、以下のとおり。カント『学部の争い』（1798）：伊勢田耀子『教育学講義他』明治図書　1971／フィヒテ『ベルリンに創設予定の、科学アカデミーと緊密に結びついた、高等教授施設の演繹的プラン』（1807, 出版　1817）、シュテフェンス『大学の理念についての講義』（1809）、フンボルト『ベルリン高等学問施設の内的ならびに外的組織の理念』（1809）／梅根悟『大学の理念と構想』明治図書　1970／シュライエルマッヘル『ドイツ的意味における大学についての随想』（1808）／梅根悟・梅根栄一『国家権力と教育』明治図書　1961／シェリング『アカデミックな学問研究の方法についての講義』（1809）／勝田守一『学問論』岩波書店　1957
[関連項目]　大学／大学改革　　　（山内芳文）

行動主義
英 behaviorism

▶ 語義　20世紀初頭のアメリカで生まれた心理学の一派。刺激（S）とそれに対する反応（R）を客観的に観察、測定、記述し

て，それをもとに人間の行動を予測し，統制することを心理学の課題とした。内観によって人間の心の構造を解釈しようとする方法（構成主義）を徹底的に排除して，心理学を自然科学の一分野として確立することに努めた。環境の刺激を制御することによっていかなる種類の人間も形成できるという，環境決定論の傾向が強い。学習のメカニズムをSとRの関係という視点からとらえて，20世紀の教育方法の改革に大きな影響を与えた。

▶ **学問的背景**　1913年にワトソン（Watson, J. B.）が「行動主義者の見た心理学」という論文を『心理学評論』に発表したのが行動主義の始まりとされている。これ以後，とくにアメリカ合衆国において，行動主義の心理学が広く普及することになった。行動主義の出現の背景には二つの学問的流れがあった。第一は，機能主義の心理学である。1860年代にドイツでヴント（Wundt, W. M.）が科学としての心理学を構想し始めて以来，心理学は心の内容を内観によってとらえる方法が主流であった。これに対して，19世紀末のアメリカでは心の機能と行動を問題にする客観的な心理学が，機能主義として提唱され始めた。これは，実用的な心理学を求めるアメリカ人の欲求から生まれたものであり，プラグマティズムの産物であった。この方向は，心が身体にどのように現れるかを検討したジェームズ（James, W.）の『心理学原理』（1890）のなかに明確に現れている。ワトソンの指導教官であったシカゴ大学のエンジェル（Angell, J. R.）も，代表的な機能主義心理学者であり，意識を排除して，心の機能すなわち行動を客観的に記述することこそ重要であることを主張していた。

　第二は，動物心理学である。19世紀末から，生物学や生理学のなかで，動物の行動が刺激の関数であることを示す研究がロエブ（Loeb, J.）などによってなされていた。20世紀の初頭には，さらに厳密な実験が繰り返され，動物の行動の変化を観察し，測定する方法が確立し，動物の行動の変化を刺激に対

する反応とする見解が普及していった。その結果，心理学から意識や思考が排除され，動物実験の結果として発見された法則が，そのまま人間の行動の説明にも応用が可能となった。行動主義の出現にとってとりわけ重要なのは，パブロフ（Pavlov, I. P.）とソーンダイク（Thorndike, E. L.）である。パブロフは，動物実験をもとに，高次精神過程は刺激にたいする条件付けられた反応であるとして，意識には言及することなく生理学の用語で説明できることを示した。また，ソーンダイクは，動物における試行錯誤学習の実験から，ある刺激にたいして満足を伴う反応は繰り返し起こりやすいことを主張し，刺激と反応との具体的な結合を形成することが学習であると考えた。このようにして，心理学において，心の機能と行動との関係が問題とされ，それが刺激と反応という形式で客観的にとらえられるようになったのである。それは，刺激を統制することによって，人間の心を改善する可能性を心理学が見いだしたことであり，行動主義の幕開けであった。

▶ **社会的背景**　ワトソンの提唱以来，行動主義が20世紀前半のアメリカ合衆国に生まれ，支持を集めた理由は，当時のアメリカ社会の状況に由来している。第一に，心理学それ自身の科学としての自己主張であった。19世紀になると，神学や哲学が学問の中枢を占めていた時代は過ぎ去り，これに代わって，自然の観察と実験に基礎をおく自然科学が，専門分化しつつ，目覚ましい発達を遂げ，それぞれが確固たる地位を確立しつつあった。科学の発達は人類社会の繁栄を約束するものであると思われていたからである。このような時期に，心理学も自然科学となることが要請されていた。そのために，心理学は哲学から離れ，存在を確認しえない意識や心にではなく，確実に存在を証明でき，かつ操作もできる要素に着目したのである。第二に，行動主義が20世紀初頭のアメリカ合衆国における社会改革運動（革新主義）の時代のなかから生まれたということである。アメリカ人は

建国以来，常に理想の共和国を追求して来た。しかし19世紀末のアメリカは，物質的繁栄の達成との引き換えに，政治腐敗，貧富の格差の増大，人民の道徳的退廃といった社会的混乱を経験していた。革新主義運動は，このような状況に対処するために，社会を科学的に統制すること，そしてそのための官僚機構を築き上げることを意図していた。行動主義は人間の行動を統制する方法を与えてくれるものであったから，社会を合理的かつ能率的に統制するための強力な武器となりうると考えられたのである。

▶ **行動主義理論の展開**　ワトソンの理論は今日では古典的行動主義と呼ばれている。その特徴の一つは，意識や心的現象を検討の対象から完全に除外したことである。思考でさえ潜在的な発話であり，運動としてのみ検討された。もう一つの特徴は，行動を刺激と反応との直接の関係から説明した点にある。彼によると，学習は刺激と反応との連結の形成であり，情緒は特定の刺激に対する身体的反応である。本能も社会的に条件づけられた反応であった。具体的には，受容器（感覚器官）と反応器（筋・腺）との連絡を可能にする神経系統の機能を行動の単位と考えた。このようなワトソンの行動主義の立場からでは，人間は刺激の受容者に過ぎず，行動の目的や自由意志は存在しえないことになる。

1930年を過ぎると，行動主義の内部でも，新行動主義と呼ばれるさまざまな解釈が現れた。トールマン（Tolman, E. C.）は，客観的に観察できる独立変数（刺激，生理的動因，遺伝など）と従属変数（行動）とを媒介するものとして，有機体の内的過程（O）を想定し，S—R説に代えて，S—O—R説を提唱した。たとえば，食べたいという意志は，客観的に観察することはできないけれども，食物剥奪と摂食との関数として，実験変数と関係づけることはできるというのである。さらに彼は，感覚と腺との関係というような微視的関係よりも，有機体全体としての反応に関心を向け，その際，入って来た刺激が心によっ

て加工されることを認めた。これは後の認知心理学を予感させるものである。また，スキナー（Skinner, B. F.）は，ティーチング・マシーンやプログラム学習の開発によって，現代の教育理論に対してもっとも大きな影響を与えている新行動主義者である。彼の学習理論の基礎になっているのはオペラント条件づけである。箱のなかに入れられた空腹なネズミが，箱のなかでレバーを押せば餌が出てくることを偶然学んだとする。するとレバーを押すことが餌をうることによって強化されて，そのうち自発的にレバーを押すようになる。このような自発的に見える動物の行動も実は強化されたものであることを，実験によって彼は示した。スキナーは人間の実生活における自発的な活動も，じつは強化されたオペラント行動であると考えたのである。試験でよい点数を取れば褒美がもらえることを経験的に知った生徒が，よい点数を取ろうと努力するようになったとすれば，それはオペラント条件づけなのである。プログラム学習はオペラント条件づけを直接に応用したものである。学習内容をスモールステップに分けて，学習者が一つ一つ積極的に答えていき，自己訂正によって正しい方向に即時に強化され，自分のペースで学んでいくのである。この方法は，ティーチング・マシーンにもセットすることが可能であり，またコンピュータを利用すればCAI（computer assisted instruction）となる。

▶ **教育思想における行動主義の位置**　行動主義は人間の学習のメカニズムを観察可能な刺激（S）と反応（R）の連結として，客観的に分析した。さらに，S—Rの関係を強化することによって，人間の行動を統制することが可能であることを実証しようとした。20世紀前半のアメリカ合衆国においては，このような行動主義理論が学習心理学の主流であって，人間の行動を統制するためのさまざまな教育方法が開発されたのである。

しかし，行動主義の対象は，強化という方法によって条件付けられた観察できる行動に

限定されており，認知過程を無視し，価値や目的や意識を含まない。だが，人間においては刺激への反応は，単なる物理的なものではない。それぞれの場面で，自分なりの解釈を加えて反応する。これらを含まない限り，行動主義は行動の意味を解明することには役立たない。このような批判の上にたって，1960年前後から，心理学に，意識，心，内観を取り戻そうとしているのが認知心理学である。また，動物実験のデータを人間に応用するのではなく，愛情，憎しみ，恐れ，希望，責任感，および生きることの意味など，実験室での操作ができない事柄を研究の対象にすえた人間性心理学が出現することになる。

[参考文献] Watson, J. B., *Behaviorism*, rev. edn., New York 1930（安田一郎訳『行動主義の心理学』河出書房新社 1980）/ Schultz, D. P. & Schultz, S. E., *A History of Modern Psychology*, 5th edn., New York 1992（村田孝次訳『現代心理学の歴史（第3版）』培風館 1986）/ Leahey, T. H., *A History of Psychology: Main Currents in Psychological Thought*, Englewood Cliff 1980（宇津木保訳『心理学史』誠信書房 1986）/ O'Donnell, J. M., *The Origins of Behaviorism: American Psychology, 1870-1920*, New York 1985 / Bruner, J. S., *In Search of Mind*, New York 1983（田中一彦訳『心を探して』みすず書房 1993）

[関連項目] 教育心理学／条件づけ／認知科学／進歩主義教育　　　　　　（宮本健市郎）

公民教育

英 civic education／独 staatsbürgerliche Erziehung

▶ 語　義　　「公民」という言葉は，国民や市民と異なり，独特のニュアンスを有する概念である。もともと「公民」は，有権者として国政に参与する一員，もしくは公務に参画する権利を有する者の意味であり，公民権などの言葉で用いられてきた。その意味では，公民教育とは，有権者として国政に参与できる能力や資質を養成する教育，ということができる。

公民教育に相当するドイツ語は，"staatsbürgerliche Erziehung"で，この場合には，国家的理念にもとづいて，国家公民の教育を行う，という性格が濃厚である。他方，これに相当する英語は，"civic education"もしくは"citizenship education"で，市民社会，民主主義社会における良き市民として必要な資質，能力の育成という意味が含まれている。したがって，「公民教育」は，このように幅の広い概念として理解しておく必要がある。しかし，いずれにせよ，国家もしくは市民社会の存続の必要から，政策的に求められる教育であるという共通の性格を有する。

▶ 歴　史　　近代国家は，国民の一人ひとりが何らかの仕方で国家の統合に参画することによって成立する。そのために国家は，公教育を通じて，個人の国家・社会への積極的な参加意識を涵養しようとする。このような意味での公民教育の発想は，近代国家の成立とともに生まれる。ロック（Locke, J.）の『教育に関する考察』（1693）やルソー（Rousseau, J.-J.）の『エミール』（1762），さらにはコンドルセ（Condorcet, M. J. A. N. de C. M. de）の『革命議会における教育計画』（1792）のなかに，こうした統合意識の萌芽がすでに見られる。しかし，公民教育という言葉が実際に使われるようになったのは，19世紀末になってからのことである。

19世紀後半から20世紀初頭にかけて，欧米の先進資本主義国では，労働運動の高まりとともに，普通選挙権が拡大され，出版，結社の自由等，国民の国政への参加が次第に実現するようになる。また社会主義運動の高揚と社会政策のための立法は，国民がそれぞれの立場から国政や社会機構を変革する機会を与えた。このために，より広汎な国民が，国家・社会の秩序を維持し，さらには，新たな秩序を形成していく能力や資質を形成する必要性が生まれる。こうして，国家・社会の制度や成り立ちに関する知識を啓蒙し，それを積極的に支える道徳的規範を国民のなかに形成する教育が，職業教育や道徳教育と結びつきながら中等教育において成立する。

たとえば，ドイツにおいては，1889年5

月に発布されたウィルヘルムⅡ世の勅令，「社会主義および共産主義の理念との闘いにおける学校および教員養成所の任務」に関する文書に，そうした危機意識を見てとることができる。そこには，「学校は，神への畏敬の念と祖国愛を涵養することによって，国家的・社会的諸関係を健全に理解するための基礎を培わねばならない」として，青少年の「共同体（Gemeinschaft）」意識の涵養を，教育政策の重要課題として要請している。

当時ミュンヘン市視学官の職にあったケルシェンシュタイナー（Kerschensteiner, G.）は，『公民教育の概念』（*Der Begriff der staatsbürgerlichen Erziehung*, 1910）を著し，近代国家の存立根拠を，次の二重の課題のもとにとらえている。第一に，国民を内外の敵から保護し，彼らの精神的，身体的安全と幸福を増強させること。第二に，国家それ自体が，自己を倫理的共同体へと発展させ，文化国家・法治国家を実現すること。そして，この①福祉国家と②文化国家の実現という二重の課題の実現に積極的に参加し，奉仕する国民こそが，「国家有用の公民」（der brauchbare Staatsbürger）であり，こうした公民を養成することが，公民教育の役割に他ならないと説いた。ケルシェンシュタイナーは，とくに以下の三点を強調した。第一に，職業教育の普及による青少年の労働能力および労働意欲の育成。第二に，働くことの意味を国家や職業集団の全体のなかで関連づけるために，職業教育の段階で道徳教育を重視すること。第三に，国家や共同体を，倫理的共同体として実現できるように，青少年のなかに道徳的，奉仕的性格を養成すること。その後，紆余曲折を経て，この主張は，ワイマール憲法下における「公民科」（Staatsbürgerkunde）として具体化されるに至る。

アメリカでは，ダン（Dunn, A. W.）やヒル（Hill, H. C.）を中心に「地域社会公民科」（Community Civics）が提唱され，この構想は，全米教育協会によって「社会科」（Social Studies）の一科目として位置づけられた。

▶ **公民教育の性格**　以上のように，公民教育は，歴史的に見れば，国民国家の成立にともなって，国家社会の新しい担い手を養成する必要性から，次第に学校教育や職業教育のなかに取り入れられるようになったと見ることができる。

しかしながら，それは単一の形態をとらず，むしろ歴史的事情や文化的背景の違いにともなって，やや性格の異なる二つのタイプの公民教育論が形成されてきている。一つは，国家主義的色彩の強い公民教育で，20世紀初頭のドイツの場合のように，国家的理念に即した「公民」（Staatsbürger）の育成をめざす公民教育論である。もう一つは，アメリカがその典型であるように，市民社会における責任ある市民としての能力や資質を育成する「市民性（citizenship）」教育としての公民教育論である。

歴史的に見るならば，戦前から戦後にかけて，わが国の公民教育は，この二つの流れの間を大きく揺れ動いてきたと言ってよい。大まかに言えば，戦前の公民教育は，ドイツ型の性格が強く，戦後の一時期は，アメリカ型に近い形態をとろうとしてきた。社会科教育を中心とした公民教育のねらいは，日本社会の民主化にあったと言える。

しかし，1990年代に入り，東西ブロック対立の構図が崩壊したことで，かえって激しい民族対立やナショナリズムの高揚を招き，高度産業社会における教育は，その根幹において，新しい国家主義によって基礎づけられつつある。今日の教育が，子どもの自己学習力や個性の開発を一方で要請しつつ，他方で公民的資質の涵養がつねに求められているのは故のないことではない。

[**参考文献**] Hentig, H. von., *Die entmutigte Republik, Politische Aufsätze*, Carl Hanser 1980／Oetinger, F., *Partnerschaft, Die Aufgabe der Politischen Erziehung*, Stuttgart 1953／ケルシェンシュタイナー（玉井成光訳）『公民教育の概念』早稲田大学出版部　1981／デュルケーム（麻生誠・山村健訳）『道徳教育論』Ⅰ・Ⅱ，明治図書　1968／藤沢法暎『現代ドイツ政治教

育史』新評論　1978／フルキエ（久重忠夫訳）
『公民の理論』筑摩書房 1977
　　［関連項目］　ケルシェンシュタイナー
　　　　　　　　　　　　　　　　　　（高橋勝）

功利主義
英 utilitarianism

▶ 語　義　　功利主義の中心テーゼは，行
為の善悪は，動機の善し悪しによってではな
く，結果によってのみ判断される，という点
にある。しかしその言葉で最も一般的に指し
示されるのは，イギリスのジェレミー・ベン
サムと彼の後継者たち（哲学的急進派と呼ば
れる）によって唱道された「最大多数の最大
幸福」の学説である。『功利主義』（1863）の
なかでミル（Mill, J.S.）はそれをこう定義し
た。「功利 Utility あるいは最大幸福原理を道
徳の基礎として受け入れる信条は，行為は幸
福の促進に役立つのに比例して正しく，幸福
に反することを生み出すのに比例して悪であ
ると主張する。幸福とは，快楽と，苦痛の欠
如を意味し，不幸とは，苦痛と，快楽の喪失
を意味する」。
　功利主義は，幸福と快楽を同一視して，幸
福＝快楽を意図的行動すべての目標とし，道
徳的にも善であるとする倫理体系である。そ
の前提となっているのは，快楽を求め，苦痛
を避けようとする欲求は，人間の心理学的事
実である，とする認識である。これを原則と
して功利主義はまた，個人の幸福を人間の究
極目的とすることができた。というのも，社
会は個々人から構成されるので，社会の幸福
とは個々の成員の幸福の総計にほかならず，
したがって最大多数の最大幸福は，個人が各
自の幸福を最大限に追求してのみ実現される
からである。
　功利主義の革新性は，この幸福追求能力に
おいて個人が快苦を感じる力はみな等しい，
とする徹底した平等主義と，法や道徳は人間
性の客観的法則にもとづいて確立されるべき
だ，とする合理主義にある。功利主義が，理
性を尺度とした 18 世紀的人間観を批判する

哲学思想として，また近代的な統治の原理あ
るいは社会改革の基本原理として，19 世紀
に発展していく基盤も，ここにある。
▶ 功利主義と教育　　功利の原理にもとづけ
ば，教育の目的は，人生の目的と同様，幸福
にある。幸福は個人の行為に依存し，行為は
感情や思考によって生じてくる。したがって，
ある一定の感情や思考を生ぜしめ，他の感情
や思考の生起を抑制することが，教育の課題
である。しかしながら，人間の精神や感じ方，
またその知的道徳的能力はすべて観念連合の
産物であるとされるので，一定の有益な観念
の連合を持続的に作り上げることが，教育の
仕事となる。
　観念連合に圧倒的な力をもっているのは，
習慣と快苦である。これらを手段として利用
することで目的は達成されるが，その際，動
機づけの道具として重要な意味をもっている
のは賞罰である。全体の利益に役立つ行為に
は，称賛したり褒美を与えるなどして快の観
念との連合を，また有害な行為には，恥をか
かせるなどの心理的罰を与えて苦痛の観念と
の連合を生み出すことで，教育は人間の欲望
をコントロールし，個人の幸福や利害を他人
の幸福や利害に一致させる行為を導く意志を
形成することができる。ここに，「あらゆる
人間の性格は普遍的な観念連合の原理を通し
て環境によって形成される。したがってまた，
人類の知的道徳的条件は教育によって無限に
改善することが可能である」（朱牟田訳『ミ
ル自伝』）という，功利主義の教育思想の基
本命題が成り立ってくる。
　教育による無限の改善可能性の思想，社会
的条件づけの手段としての賞罰の意義，また
動機づけにおける快楽の役割の強調はロック
の教育論にもみられたが，これらは功利主義
者たちの快苦に対する道徳的な態度において
とくに顕著な特徴となっている。彼らが 19
世紀の教育改革，とりわけ，民衆教育の促進
と制度化に多大の貢献をもたらすことになる
のも，このためである。
▶ 功利主義のその後　　経験からも知られる

ように，個人が自己の幸福＝快楽の極大化を求めて行動することと，自己の快楽を犠牲にして最大多数の最大幸福を求めて行動することとの間には，時に衝突が生じる。ベンサムはこの問題を，幸福（快楽）は量的に計算可能であるとして，独自に考案した幸福＝快楽計算によって解決しようとした。だが，かかる利己的・数量的快楽主義にもとづいた功利主義に対しては，以後内部からも批判・修正が加えられていった。たとえばJ・S・ミルは，「満足した豚よりも満足しない人間である方がよく，満足した愚者であるよりも満足しないソクラテスである方がよい」とのべて，幸福に質の差があることを認め，またシジウィック（Sidgwick, H.）も，事実としての快楽から道徳原理を引き出すことはできない，公正の原理こそが道徳の基礎であると説いた。そして20世紀に入ると，ムーア（Moore, G. E.）は快と幸福以外のもの，とりわけ真理，美，愛なども善であると主張し，理想的功利主義を唱えた。1970年代以降，イギリスとアメリカを中心に功利主義批判の潮流は盛んで，功利主義擁護派とロールズ（Rawls, J.），ノージック（Nozick, R.），ドゥウォーキン（Dworkin, R.）らの正義論や権利論との間で論争が続けられている。

［参考文献］ Bentham, J., *Introduction to the Principles of Moral and Legislation*, 1780（山下重一訳『道徳および立法の諸原理序説』中央公論社 1979）／Mill, J. S., *Utilitarianism*, 1863（水田・永井訳『功利主義論』河出書房新社 1972）／Halévy, E., *The Growth of Philosophic Radicalism*, 1928／Plamenatz, J., *The English Utilitarians*, 1949（堀田彰ほか訳『イギリスの功利主義者たち』福村出版 1974）／Moore, G. E., *Principia ethica*, 1903（深谷昭三訳『倫理学原理』三和書房 1977）／内井惣七『自由の法則利害の論理』ミネルヴァ書房 1988
［関連項目］ 賞罰　　　　　　　　（安川哲夫）

合理主義・非合理主義
英 rationalism／irrationalism
▶ 語　義　　人間の生活や社会の在り方の現実および思想を論理的必然にもとづく理性的思惟によって規制しようとする思考態度のことを一般に合理主義，またその規制原理として理性的思惟を超えるものをあえて重視しようとする態度を非合理主義と言う。この場合，この二つの態度はそれぞれを強調的に自己規定しようとする性格をもっており，したがって，単に合理主義的でないことによってある種の思考態度が必ずしも非合理主義と呼ばれるわけではない。その意味で，非合理主義は非・合理主義として，すべての思考態度を合理主義と背反的に分け合う関係にはない。合理主義と非合理主義とはたがいに争い合う態度であるが，その主たる争点は理性的思惟にとってとくに障害となる事象に向けられ，多くの場合，信仰，経験，感情をめぐるところにあった。しかるに，これらのことはいずれも教育に関する思考態度に強く反映するものであった。

▶ 宗教思想　　合理主義は，まず何よりも，人間の理解を超える実在に関する最強の観念体系である宗教との対決のなかで育ってきた。その場合，あらゆる宗教的信念を否定しようとする立場と，自然宗教など，理性的に説明しうるものを守ろうとする立場がある。前者は，しばしば無宗教，無信仰などと同義的とされるが，あえて合理主義的であろうとするとき，単に宗教的無関心であることをこえて神に対する人間の批判的自律性を表明する。後者は神に対する信仰を保持しつつ，とくに教会や聖書の権威に対する批判的態度として表明される場合が多く，教義の構成においても，超自然的光明と同じく神の贈り物であるところの自然の光明としての理性に重要な地位を与えようとする。信仰と理性の関係については，実を言えば，古くから何らかの和解が図られてきた。「われわれは，われわれが理性に恵まれた存在であるのでなければ，信ずることさえできない。」とアウグスティヌス（Augustinus, A.）は言い，トマス・アクィナス（Thomas Aquinas）もまた人間の理性による神の認識が不完全ながら可能である

ことを示し，スコラ哲学を導いた。それはやがて，皮肉ではあるが，自然宗教論にまで繋がっていく。むろん，これらの神学的合理主義において，理性の働きはつねに控えめで限定的である。しかし，それでもなお，理性の働きに余地を残すことが究極の宗教的本質である非合理的要素を誤認させる契機となることがラディカルに批判されてきたし，そこから神秘主義など非合理主義の宗教思想が生み出されてきた。現代にあっては，神学者のどのような理性的企てをも人間的なるものとして無効にする K・バルト（Barth, K.）の例がある。

▶ **認識論**　次に，認識論において，合理主義は本来経験主義に対置される。知識の確実性は先験的叡知的な原理にもとづくものであり，それを確保するためには感覚的与件の偶然性を除かなければならない。認識論的合理主義の最も古い形式は，理性が（プラトン Platon のイデアのような）非感覚的本質という固有の対象を有し，可視的世界から離れることによってこの対象を発見する，という確信にもとづいている。また，17 世紀のいわゆる大陸合理論も，知の経験的源泉に扉を開かなかった。しかしながら，近代の経験科学にもとづいて認識の理論を精錬する人々もまた，やがて広い意味で「合理主義者」と呼ばれる基礎資格を共有することになる。これは，自然の法則性に関する人間の認識能力の有効性についての信念であり，神秘的経験に由来するものに科学の名を与えることに対する拒否である。つまり，神秘への依存の拒否において合理主義者と経験主義者は共通の地平にある。合理主義は経験論を超える性質をもちながら，こうして，いわば経験主義的合理主義が成立することになる。実際，経験的でありかつ数学的である物理学の発達が経験的なるものと合理的なあるものとを結びつける認識論を必要としていたと言える。現代の合理主義は科学的合理主義という自覚と自信のもとに，あらゆる形而上学，先験的認識論，啓示や直観による知の様式を拒否しようとす

るとともに，いわゆる「古典的合理主義」「先験的合理主義」に対抗するにいたっている。とはいえ，科学の与件である経験の偶然性の処理，それを合理化するときの精神の能動的作用など，方法の前提について十分に整備されることは困難であり，そこから漏れて，たとえば直観論のような認識態度がいつも生み出される。本来対岸にあった合理論と経験論の間の溝は今日なお埋められるにいたっていない。

▶ **行為論**　さらに人間の行動原理をどこに求めるかという問題がある。感情表現が論証的思惟である理性によって規制され得ず，逆に理性が感情表現を排除する傾向をもつことにもとづいて，人間の行動準則として感情と理性とを分け，しかも感情を優位に置こうとするところに非合理主義としてのロマン主義が生まれる。このとき感情は単にゆきずりの気持ちの揺れではなく，その揺れの動因となるべき愛とか信頼，あるいは苦悩とか不安などとして把握される。あるいはさらに，最終的な感情原理として良心を立て，理性を規制する準則を求めようとする態度をそこに含めることができるであろう。また，合理的分析的な世界認識の普遍性を拒否して，現実的体験のなかでそれを歴史のなかに相対化し，生の直接的体験によって世界を理解しようとする態度が生まれる。

▶ **教育論**　こういった思考態度は教育上の合理主義と非合理主義としても色濃く反映された。自己保存の責任主体が共同体中心から個人中心へ移動する近代の歴史過程において，人は自らの判断能力を求められることになった。そこに近代教育の道が準備されるが，17 世紀ポールロワイヤルの「小さな学校」での試みは，個別化し拡散する判断の混乱の危険を前にそれを秩序化し知の確実性を確保するための方法としてまさしくデカルト的合理論に支えられたものであった。しかるにここでも，やがて合理論は経験主義と合体し，ロック（Locke, J.）から啓蒙主義に連なりながら経験主義的合理主義として近代教育思想

の源流を形成する。この流れは，それに疑念を抱くルソー（Rousseau, J.-J.）と闘いながらも，人類の進歩の手段としての教育に信頼を置くコンドルセ（Condorcet, M. J. N. de C.）やその教育の可能性を理論化しようとしたヘルバルト（Herbart J. F.）を経て，大きく成長し，近代教育思想の本流となったと見えた。しかし，文字どおり数学的な表象力学にもとづいて合理的に構成されたヘルバルトの教育学は，教育学の普遍妥当性を批判するディルタイ（Dilthey, W.）によって相対化されることになった。そこから生の哲学に基盤をおく精神科学的教育学が展開する。他方，知性に意志が先行することを宣言してニヒリズムの先駆をなしたショーペンハウアー（Schopenhauer, A.）の思想は教育についての合理主義的思考態度に冷水を浴びせるものであった。また，神に至る道は独りでしか通れないとして単独者の概念を提出したキルケゴール（Kierkegaard, S.）は教育そのものを拒否した。その後実存主義的な立場からむしろ教育への接近があり，ボルノウ（Bollnow, O. F.）らにみられるように「出会い」，「範例」などの方法的概念構成が試みられているが，これもまた，教育における合理主義が安泰に育たない状況を示している。

19世紀末に始まる新教育運動にも合理主義と非合理主義との争いがある。新教育運動は，教育科学の進展に促された合理主義的要求に支えられながら，他方そこに子どもの世界を大人から離して構成しようとするロマン主義の要事をもつとされてきた。もっとも，これはロマン主義そのものの教育理論というよりも，例えばシュタイナー（Steiner, R.）やニイル（Neill, A. S.）にみられるように，自己活動や直観や自治を通じて子どもの心の深層を保全しようとする，児童中心の実践を意味するが，少なくとも当時の教育科学が要求する合理主義的な認識論では解けない問題を持ち込んだことになるだろう。ここにはエランヴィタール（生の飛躍）を導入したベルクソン（Bergson, H.）を含めておかなければ

ばならないだろう。さらに今日的には，論理的理性的認知を超えて，教育における美的認識の意味やさらには臨床の場におけるカウンセリングやボランティアなどの体験や同感にもとづく直観的学習が求められるに至っている。しかしながら，これらの要求はいまだ個別的であり，合理主義に対抗しつつ求められているところの人間の生の全体を理解できるような認識のシステムにいたっているとは言い難い状況にある。

一方，教育諸概念の論理的分析によって多様に展開される教育言説を整序し，そこに合理的基盤を批判的に用意しようとするところに分析的教育哲学が生まれた。それを現代における合理主義の再生と呼ぶこともできるかも知れない。しかし，概念の分析的整理以上に積極的な教育理念を立てようとすることによって，そこに合理主義という思考態度そのものを争わせることになり，自ら価値論争に入り込む事態を避けることが難しくなる。

いずれにしろ合理主義と非合理主義とは，単に個別の教育理論の合理非合理を争うというよりも思想史の俯瞰的な流れにおいて見れば，従前の支配的な思想あるいは心性に対する抵抗あるいは超克として発生してきた。たとえば，ルター（Luther, M.）における信仰への，ルソーにおける良心への，マルクス（Marx, K.）における共同体への回帰という，近代合理主義への反抗という一種の過去への反転がその合理主義をさらに変革していく契機となる逆説を読みとっていかなければならないだろう。その意味では，合理主義に絶望した19世紀のニヒリズムにも積極的な思想的課題を読みとっていかなければならない。

[参考文献] ドゥラテ，R.（田中治男訳）『ルソーの合理主義』木鐸社 1979／宮寺晃夫『現代イギリス教育哲学の展開』勁草書房 1996／山崎正一『近代思想史論』東京大学出版会 1956／ロディス-ルイス，G.（福居純訳）『デカルトと合理主義』白水社 1967／「研究討議 教育における合理主義と非合理主義」『教育哲学研究』第63号 1991

[関連項目] 感情／神秘主義／理性／ロマン主

義 　　　　　　　　　　　　（原聡介）

合理論

英 rationalism／独 Rationalismus／仏 rationalisme

▶ **語 義**　　①存在の原理を理性に求める
プラトンのイデア論などの立場。②感覚主義
的な経験論に対抗して，知識は生得的で明証
的な原理にもとづくとするデカルト（Des-
cartes, R.），スピノザ（Spinoza, B.）らの立
場。③主知主義とほぼ同意義で，神秘主義や
伝統主義を排し，実践の基礎を理性の原理に
求める立場。④神学において，自然の光によ
って認められるもののほかは信仰信条として
受け入れない立場。

▶ **教育思想と合理論**　　教育思想史において
合理論が問題となるのは，②にあげた認識論
的問いにかかわってであった。ヨーロッパの
17 世紀は，「子どもの誕生」の世紀であった
一方，「科学革命」の世紀でもあった。ゆえ
に，この時代にあって「いかに教えうるか」
を体系的に論じようとするかぎり，単に技術
の問題にとどまらず，認識の確実性から人間
学的な問いにまでさかのぼらなければならな
かった。

　この人間学的な問いにとりくんだのがデカ
ルトである。彼は，「コギト（わたしは考え
る）」を疑い得ない認識の出発点とし，人間
は自然を数学的に構成し理解できるとした。
デカルト哲学の教育思想史的意義としては，
主として次の三点があげられよう。

　第一に，その教育的人文主義批判を指摘で
きる。中世以来のスコラ的伝統，ルネサンス
以来の人文主義の復興に対してデカルトは，
『方法叙説』において，とくにイエズス会教
育批判をとおして，「文字による学問」が真
理探求の方法としては不十分であることを主
張した。デカルトは，彼の哲学体系が学校で
採用されるのを望んでいた節があるが，彼の
哲学はイエズス会からの厳しい批判にさらさ
れ，彼の哲学はフランスの諸大学では禁制と
された。しかし，非公認の教育機関や知識人
のサークルで彼の哲学は語られ，啓蒙主義が

興隆する 18 世紀に向けて，その地歩を拡大
していくことになる。

　第二に，認識論的楽観主義を背景とした教
育可能性の積極肯定を指摘できる。デカルト
は，「良識はこの世で最も公平に配分されて
いる」と考え，人間の理性能力に信頼をおく。
そして人間は，「自然の主人であり所有者」
にすらなりうるという。しかし，それは潜在
的可能性にとどまるゆえに，「理性を正しく
導く」ことが課題となり，教育に期待がかけ
られることになる。デカルト自身，自覚的に
は教育論を著してはいないが，彼の哲学は，
啓蒙主義の教育力信仰を準備するものであっ
た。

　第三に，その方法意識が教育に及ぼした影
響を指摘できる。デカルトにあって「方法」
とは，「順序」と「配置」のことにほかなら
ない。人間の身体をも「もの」とみなす彼の
哲学にあっては，真理探究の精神は自然のみ
ならず人間にも向けられる。この観点は，心
理学的な人間理解，およびそれにのっとった
教育方法の案出にあたって，原理的な基盤を
提供するものであった。

　デカルト自身が特別な教育著作を残さなか
ったために，教育史における彼への言及は多
くない。しかし，その哲学のエポック・メイ
キングな性格は，スピノザにみられるように，
彼自身の限定づけを越えて人間諸科学に大き
な影響を与えた。

　教育史上における彼の哲学の影響関係は，
さまざまな広がりを見せる。デカルトを最も
積極的に受容したと考えられるジャンセニス
ムの指導者アルノー（Arnauld, A.）は，デ
カルト哲学を評価しつつ，デカルトが知や
学識の獲得を評価していたのに対し，精神の
訓練を強調するかぎりにおいてデカルト的方
法を受容した。

　また，コメニウス（Comenius, J. A.），お
よびその盟友デュアリ（Dury, J.）は，とも
にデカルトに面談する機会をもったが，その
対話はいずれも一種の齟齬をきたした。パス
カル（Pascal, B.）がデカルトの神を「哲学

者・科学者の神」としてしりぞけたように，彼らもまた，人間理解にあたって神学的基礎づけを必要としていた。デカルトと彼らとの間の齟齬は，世界を理解する主体としての人間にまなざしをむける合理論者デカルトと，発達しつつある人間——17世紀の文化過程の産物としての子ども——にまなざしを向けるがゆえに教育する他者をも問題とせざるを得ず，さらに教育的行為の倫理的正当性を絶対他者としての神に求めざるを得なかった教育思想家とのあいだの断絶であった。この断絶はまた，認識論と行為論という，教育思想においても避けて通れない考察課題を投げかけている。

［参考文献］ H. Perkinson, René, "Descartes and Modern Education", In: Paul Nash（ed.）, *History and Education*, New York 1970／Ulrich Kunna, "Das Krebsgeschwürder Philosophie" *Komenskýs Auseinandersetzung mit dem Cartesianismus*, Sankt Augustin 1991／D. Garber, "Pescarres, or the Cultivation of Intellect," in A. Rorty（ed.）, *Philosophers on Education*, London 1998／相馬伸一「ジョン・デュアリ教授論における哲学的基底」日本教育学会『教育学研究』59巻4号

［関連項目］ 経験／教授学／コメニウス

（相馬伸一）

コールバーグ

（Lawrence Kohlberg, 1927-1987）

▶ 経歴　発達心理学者，教育学者。1958年，シカゴ大学で博士号を取得（哲学）。シカゴ大学を経て，1968年，ハーバード大学教授（教育学，社会心理学）。1974年，同大学道徳教育センター所長に就任。1987年没。

▶ 思想　彼の主な功績は，ピアジェの認知発達論を道徳性の領域に適用し，これを前慣習的レベル，慣習的レベル，原理的レベルの三つの水準に分けた六段階からなる道徳性発達段階説として定式化したことにある。その際，道徳性の発達は，内的な心の構造の質的変容のみでも外的な環境による社会化のみでもなく，両者の「相互作用」を通じた段階

的自律として描かれた。この道徳性発達段階説はやがて道徳性の発達を促す教育プログラムへと適用され，モラル・ジレンマと呼ばれるようになる。ただし道徳性の発達それ自体を教育目的として設定する理論と実践の関係維持のためには，道徳性発達段階説の諸段階の価値の序列化，およびそれを正当化できる一貫したロジックが必要とされる。当初コールバーグはその唯一の形式として，ロールズ（Rawls, J.）の『正義論』などを援用しつつ正義（justice）の推論の発達過程として道徳性発達モデルを描き出したが，その理論は後にさまざまな論客から異議申立てを受けた。たとえば配慮と責任の倫理が欠如していると指摘するギリガン（Gilligan, C.）ら，討議（Diskurs）を通じたメタ倫理学的観点から第六段階より高次の段階を設定すべきと考えるハーバーマス（Habermas, J.）ら，あるいはリベラリズムという特定のイデオロギーの無批判な普遍化を懸念するサリバン（Sullivan, E. V.）らなどが挙げられる。

▶ 影響　先述のモラル・ジレンマは，仮想的に示された道徳的な葛藤状況について考え討論することを通じて道徳性の段階的上昇をねらったプログラムであり，英米圏のみならず日本においても広汎に取り入れられている。ただしスコアリングの結果，日本の子どもたちの道徳判断は英米圏のそれと比べて慣習的水準が優勢であることが指摘されており，これを発達の遅れとみるか，道徳性発達段階説の文化的バイアスとみるかについては判断が分かれている。その後コールバーグは，教室など実際の道徳的環境に左右されがちなモラル・ジレンマの「限界」を乗り越えるため，直接民主主義に基づく学校運営を通じて公正な共同社会を組織化する教育プログラム（ジャスト・コミュニティ）を考案しており，これにより個のみならず集団の道徳性発達をも目指した。

［参考文献］ Kohlberg, L., *Essays on Moral Development*, vol. I & vol. II, Harper & Row 1981, 1984／山岸明子『道徳性の発達に関する

実証的・理論的研究』風間書房　1995
［関連項目］道徳／ピアジェ　（奥野佐矢子）

国民教育
英 national education／独 nationale Erziehung／
仏 éducation nationale

▶ **語　義**　旧東ドイツの国民教育史家ヘルムート・ケーニッヒは国民教育について次のようなテーゼを提起している。「国民教育の歴史はいわゆる近代的国民の歴史とは切り離せない。国民はある任意の歴史的範疇ではない。それは一定の時代，資本主義興隆期の歴史的範疇である。国民教育もまたこの時代の産物である。国民教育はブルジョワ的国民に適合的な，彼らにとって典型的な教育現象である」。このテーゼが正しいとすれば，国民教育は資本主義の興隆とともに発生，発展し，それはブルジョワ階級的性格を持ってくるといえる。

資本主義のノーマルな発生，発展は次のようであろう。封建社会のなかに発生してくる中産的生産者層（独立自営農民や小商品生産者など）はブルジョアジーとプロレタリアートに両極分解しながら，局地的市場圏，地域的市場圏を拡大，深化し，国民的市場圏を形成する。この各市場圏，とくに国民的市場圏内の経済活動を円滑にするため共通の言語（国語），共通の文化，共通の感情を持つようになる。そしてこれらが政治意識まで高まってきたとき国民，国民国家が誕生する。この過程に随伴して出現してくる教育現象が国民教育である。

▶ **国民教育思想（論）**　中産的生産者層，また上昇してくるブルジョアジーは従来までの封建的な（あるいはまた他民族支配下の）教育，教養を桎梏と感じ，彼ら自身の利害に即した教育，そして究極的には自主独立の，人間性を全面的に開花させる教育を要求してくる。そして封建的諸勢力に対抗してみずからの教育実践を開始する。これが国民教育の萌芽的な現実態である。この動向に伴って発生し，この動向を促進，方向づけるものとして国民的教育思想（論）が生まれてくる。

上述のように，資本主義がノーマルに，順調に発展した国々，すなわちイギリスやアメリカでは格別国民，国民教育という意識は自覚化されず，国民教育の現実態（制度など）をつくっていった。これに対し，資本主義の後進国は，この過程を意識的，自覚的に形成しなければならなかった。そのため，形はさまざまであるが，輪郭のはっきりした国民教育思想が登場してくる。

フランスでは，1763年にラ・シャロッテ（La Chalotais）の『国民教育論』（アンチ・イエズス会の教育改革）があらわれてきた。フランス革命前夜には啓蒙思想家の国民教育思想があらわれてくる。ルソー（Rousseau, J.-J.）の『ポーランド統治論』（1772），ディドロ（Diderot, D.）の「ロシヤ大学論」（1776）などである。フランス革命の革命議会に提案された公教育案も国民教育の思想，計画である。タレラン（Tallerand, C. M.）案（1791），コンドルセ（Condorcet, M.）案（1792），ルペルチェ（Lepeletier, L. M.）案（1793）などがそれである。

ドイツでも事態は同じである。しかしドイツの方がより後進国であるがゆえに国民教育思想の発生，その形態はより複雑で，曲折に富んでいる。ドイツの国民教育思想は大別して二つの類型に分けられる。一つは，1776-1800年頃の啓蒙主義的国民教育思想，もう一つは，1800-1820年頃の理想主義的国民教育思想である。啓蒙主義的国民教育思想は，プロイセン絶対主義を頂点とする封建制からの解放を求める国民教育思想であるから当然のこと啓蒙主義であり，ブルジョワ的普遍的価値（理性，合理主義，功利主義，自由主義など）に立脚している。啓蒙主義的国民教育思想とは教育史上よく知られている汎愛主義教育のことである。汎愛主義者はみんな画一的な思想家と見られるが，国民教育へのアプローチの仕方はそれぞれ異なっている。バゼドウ『人類の友，有産者への説論』（1768），レーゼヴィッツ（Resewitz, F. G.）『市民教

育論』(1773) は重商主義，ロッヒョウ (Rochow, F. E. v.)「民衆学校によって国民性を」(1779) は重農主義，ラッハマン (Lachmann, C. L. F.)「ドイツの諸階級を教育，啓蒙する一般的理念」(1790) は唯物論，カンペ (Campe, J. H.)『公宗教，国民教育の立法原理，フランス国民公会に捧ぐ』(1793)，ヴィラウメ (Villaume, P.)『アテネ，スパルタ，ローマの公教育，現代適用可否論』(1790) は人権思想の見地から国民教育思想を論じている。

理想主義的国民教育思想は，啓蒙主義的国民教育思想とはまったく異なった状況で発生してくる。1806 年プロイセン・ドイツはナポレオンに敗れ，シュタイン・ハルデンベルグ改革 (1807-1809) で，「いわゆる国民国家」を建設し始めた。この時期に理想主義的国民教育は発生してくるのである。それは封建制からの解放だけでなく国民国家の建設に資するものでなければならない。したがって，それは，ブルジョワ的な普遍的価値とナショナルな特殊的価値（国民精神，愛国心など）を統合した国民教育思想でなければならない。そこでそれはいきおい理想主義（ドイツ観念論，新人文主義）の国民教育思想にならざるを得ないのである。その代表者はフィヒテ『ドイツ国民に告ぐ』(1807) である。彼の国民教育思想の理論的構造は国民性（ナショナルな特殊的価値）を通して人間性（ブルジョワの普遍的価値）を形成するということである。彼は，国民性を普遍的神的生命が地上に啓示されたもの，それゆえそれは精神的，倫理的，宗教的存在とみなした。それゆえに国民性を通しての教育は人間性の教育になるのである。この時期に発生してくる国民教育思想はすべて「国民性を通した人間性の教育」であり，理想主義的国民教育思想である。ヤッハマン (Jachmann, R. B.)『ドイツ国民教育論文集』(1812)，ハルニッシュ (Harnish, C. W.)「ペスタロッチ主義のドイツ国民学校」(1812) の国民教育思想も同類である。

▶ **国民教育制度** 国民教育制度は，上述の

国民教育思想から理念型的に造ればこういうことになろう。すなわちそれは，国民の基本的人権，受教育権にもとづき，国民はその能力に応じて平等に教育を受けられる教育制度である。したがってその中枢は，初等学校から最高学府まで何らの差別もなく自由に進学，移行できる学校制度である。またこれを拡充するものとして，充実した社会教育をも包含する。

さて中産的生産者層，ブルジョアジーの成長にともない，国民教育の萌芽的な現実態（制度）がつくられ，国民国家の成立によって国家が関与した国家的規模の教育制度，すなわち国民教育制度を形成する。しかしこの国民教育制度は，各国の歴史的事情によって千差万別である。先進国イギリス，アメリカでは国民教育の理念は暗黙の了解だったから，完備した国民教育制度をつくったとはいえない。後進国プロイセン・ドイツは，国家が上から教育制度をつくってきたから比較的完備した教育制度をつくった。しかしその内実は国民教育の名に値しないものになってしまった。すなわち臣民教育である。1819 年ジューフェルン教育法案が廃案となり，国民教育制度を確立する機を逸してしまった。それ以来第二次大戦の敗戦にいたるまで，臣民教育だったといっても過言ではない。それが真に国民教育制度を確立するのは第二次大戦の敗戦以降である。日本でも事態は同じである。

[**参考文献**] König, H., *Zur Geschichte der Nationalerziehung in Deutschland im letzten Drittel des 18. Jahrhunderts*, Volk und Wissen 1960／Ders. *Schriften zur Nationalerziehung in Deutschland am Ende des 18. Jahrhunderts*, Volk und Wissen 1954／Ders., *Deutsche Nationalerziehungspläne aus der Zeit des Befreiungskrieges*, Volk und Wissen 1954／石井正司『民衆教育と国民教育・プロイセン国民教育思想発生期の研究』福村出版 1970.

[**関連項目**] 国家／公教育 （石井正司）

個人主義

英 individualism／独 Individualismus／仏 individualisme

▶ **語　義**　個人主義は，端的にいえば個としての人間の存在を承認し，その価値を認める思想である。個人主義の思想において個としての人間は，自己の内面に目的や価値の中心をもち，他者，共同体，国家などの外部の権威による不当な支配を拒否する独立性と尊厳をもつとみなされる。だが自己の利益の過度な追求は，他者を自己目的の手段にする危険性をもはらんでいる。個人主義のこの否定的側面が力をもつとき，人間関係や社会関係において軋轢が生じ，不平等，不正がめばえてくる。この意味で，個人主義は積極的要素と否定的要素との両方を内包している。

　個人主義の思想は「個人」の「尊厳」，「自律性」，「プライバシー」，「自己発達」という多様な基本的諸観念から構成されている。「尊厳」とは，個々の人間存在にとって最高価値であり，究極の道徳的原理でもある。この観念は，とりわけ魂の至高性を唱えるキリスト教的な考え方にもとづいている。つまりルターおよびカルヴァンによる個人の救済の観念と，各人は独自の目的をもちつつ等しく神の子であるという宗教的原理とを土台としている。個人の至高の価値という観念は，やがてルネサンス人文主義者によって多様に表現され，西欧における近代の倫理学理論や社会理論に継承されていく。

　カントは尊厳の観念を，「人間，一般にあらゆる理性的存在は，彼自身目的として存在しており単に手段として存在しているのではない」と定式化し，「あなた自身の人格においても他人の人格においても，人間性を決して単に手段としてではなく，つねに同時に目的としてあつかうように行動せよ」という実践的命法を定立した。「自律性」とは，個人が所与の規範を批判的に評価し，自らの理性的反省をとおして実践的な自己決定を下す権利をもつという観念である。この観念はとくに社会的・政治的な領域において，啓蒙主義の中心的な価値の一つであった。「プライバシー」とは，公共的世界での私的生活の時間・空間を意味し，個人が他人による不必要な干渉を免れる権利を示す観念である。「プライバシー」の観念は近代的な観念であり，この観念は自由主義の中心観念をなすものでもある。「自己発達」の観念は，ロマン主義にその起源をもち，ゲーテやルソーらによって多様な形で展開された。「自己発達」の観念は，一方で有機的共同体の理論として発達し，他方でJ・S・ミルを通じて自由主義的伝統のなかに入り込み，またマルクス主義的思想の倫理的基礎づけの重要な要素となった。個人主義を構成するこれらの基本的諸観念は，平等と自由の観念を構成する要素でもある。人間の「尊厳」の観念は，平等の観念の核心をなし，「自律性」，「プライバシー」および「自己発達」の観念は自由の観念を変革する契機となる。

　思想史的にみれば「個人主義」という言葉自体は，フランス革命や啓蒙主義に対する反動が全ヨーロッパに広まった時代に，保守的な思想による啓蒙思想批判のなかで用いられた。当初，保守主義の思想は，個人主義を共同体の解体につながるアナーキーな思想として否定的に評価していた。つまり，個人主義とは個人を高揚させることで国家を脅かす野蛮な考え方とされ，それは国家の基本原理を混乱状態へおとしいれるものととらえられた。

　ドイツにおいては啓蒙思想の抽象的・画一的な基準を批判する観念として，個人の独自性，独創性，自己発達が賛美された。やがて個人主義の観念と思想は，19世紀以降アメリカにおいてきわめて巨大なイデオロギー性を含んで展開されることになる。アメリカでは，個人主義という言葉が社会的解体や未来の調和的社会秩序への移行を表す観念としてではなく，人類の進歩を実現する根本的な考え方として受け入れられた。

▶ **形態と運動**　個人主義の考え方にはさまざまな立場があり，それを政治的個人主義，経済的個人主義，宗教的個人主義，倫理的個

人主義，認識論的個人主義などに類型化することもできる。この諸類型は，抽象的個人という観念を中心としている。抽象的個人とは，個人をある利害，欲求，目的，要求などをもった所与のものとしてとらえ，そこから個人を理解する方法的な観念である。他方，個人の本能，能力，要求，欲望，権利は抽象的個人の概念からすれば，社会的な文脈から独立したものと考えられる。個人，社会および国家の関連においては，社会的・政治的な諸規則や諸制度は個人の目的を満足させる社会的装置，変更可能な道具あるいは手段とみなされるからである。

古典的自由主義の中心観念は政治的個人主義として特徴づけることができる。政治的個人主義において，個人は「意識の自律的な担い手」，自律的な存在としての市民と位置づけられる。市民は，自律的，理性的な存在であり，自己の欲求や趣味の唯一の創造者であり，また自己の利害の最高の判定者なのである。政治的個人主義という観念からすれば，市民の同意にもとづく統治こそが重要なのであり，政治的代表とは社会的身分や社会的階層の代表なのではなく，個人的利益の代表を意味する。したがって政府の目的は，個人の欲求の充足と利益の追求を保障し，そして個人の権利を擁護することにおかれる。

経済的個人主義とは，経済的自由に対する信仰の表現といえる。経済理論は私有財産，市場，自由な生産，契約と交換および個々人の利益の自由な追求の上に成り立つが，しかしそれは同時に，規範的の理論として自己調整機能をもち，自由と規範の調整をすることで個々人の最大限の満足と進歩が達成されると見なす。ちなみに政治的個人主義と経済的個人主義の間には密接な概念的関連がある。両者に共通する概念は合理性，計算可能性，効用であり，そうした観点から個人が理解される。

宗教的個人主義は，個人の宗教的信仰がいかなる媒介者も必要とせず，信者自身の努力で神との直接の関係を獲得する権利，あるいはその義務をもつという考え方である。そして，この観念は精神的平等と自己審査という二つの観念を前提としているが，宗教的個人主義は近代以前にその萌芽をもっている。

倫理的個人主義とは，道徳上の価値および道徳的原理の源泉，道徳的評価の基準の創造者を個人と見なし，個人は道徳的諸価値の最高の裁定者，最終的な権威者であるという考え方に立つ。この考え方は，自律の観念を倫理的終点にまで徹底させた哲学的帰結でもある。認識論的個人主義とは，知識の性質に関して知識の源泉が個人の内にあると主張する考え方である。この考え方は主として経験論者に見いだすことができる。経験論者は人間が自分の純粋に主観的な経験を超えては何ものも知り得ないと主張する。つまりわれわれの経験は，精神とそれが受け入れる感覚と範囲に閉じ込められていると見なされる。J・ロックはそれを「観念」と呼び，ヒュームは「印象」および「観念」と名付けた。

ちなみに個人主義の思想は，民主主義の思想的基盤をなすものでもある。いいかえれば民主主義の成熟は，個人の自律性と個々人の尊厳の相互承認を前提とするとともに，個人の政治的・経済的・宗教的な自律的成熟に依存している。わが国においても，西欧の技術や制度をとり入れた近代化の結果として，個人主義は明治時代以降に広がり，第二次世界大戦をへて民主主義の思想的基盤として受け入れられているが，前述のごとく個人主義は他者を無視したり，自己の利益のみを追求する自己目的の手段に陥る危険をもっている。欧米の社会のように個人主義が民主主義的な不可侵の理念として意識されている精神状況と比べると，日本の社会は集団思考的な伝統が根強く，個人の精神的な状況と行動においても，個人主義と利己主義の混乱が一般に指摘される。

［参考文献］　ルークス，S. M.（間家宏監訳）『個人主義』御茶の水書房　1981　（田代尚弘）

個 性

英 individuality／独 Individualität／仏 individualité

▶ **語 義**　　古代ギリシャ時代の昔から、人間を規定して「社会的動物」（アリストテレス）であるといわれてきたことは、よく知られている。しかし、同じように社会的である人間が「個性」を有する個別的な存在でもあることも否定できない。われわれが人間一人ひとりを他の人から区別して認識することができるのは、その人ならではの個性を直覚できるからである。

個性は、『広辞苑』によると、「個人に具わり、その個人を他の個人と異ならせる性格。個物または個体に特有な特徴あるいは性格」と規定されている。『大辞林』でも同じ文脈で、「個人・個物と他の人・物から区別しうるような、固有の特性。パーソナリティ」と規定されている。このような規定は、個性の語義的な解釈にすぎない。個性の独自性の意味内容にも言及して定義されるものとなると、次のような記述を取り上げることができるだろう。「身体を基礎に性格を中核として、知的な能力や技能、運動能力、行動様式などが関連的・統合的に作用するという構造をもつ、かけがえのない個人の全体的な唯一性であり、独自性である」（『現代教育目標事典』）。

『大辞林』にみられるように、個性は、「パーソナリティ」（personality）と同義語として扱われることが少なくない。日本語において「人格」と訳されるパーソナリティは、もともと個人の独自性を形式面からとらえた概念である。このパーソナリティの内面性を強調してとらえた概念が個性である、ということができる。パーソナリティの内面性としての個性の世界は、オルポート（Allport, G. W.）のいうように、「厳密にいえば、二人の人がまさに同じ特性を持つことのない」個人特性の領域である。その個人特性は、「独自の遺伝資質、それぞれの発達歴、二度とは繰り返されない外界からの影響がそれぞれのパーソナリティを決定していることを考えると、何が期待されるであろうか。独自な決定因の

最終産物は独自なもの以外にはあり得ない」（『パーソナリティ』）と説明されている。個性の内面の極致を強調した言説である。

▶ **教育対象としての個性**　　個性の独自性が遺伝的資質の側面や身体的側面からなどの生物学的視点からのみ素質論として説かれると、個性は決定論的に規定されることになる。ところが、「個性教育」という教育領域が成り立っているように、個性はすぐれて教育の対象となりうる。

個性教育についての関心が自覚されるようになってきたのは、1920年代の新教育運動においてである。しかし、近年のわが国におけるその関心の高まりは、1985年の臨時教育審議会の「教育改革に関する第一次答申」において、「個性重視の原則」が打ち出されたことを直接の契機としている。もちろん、その答申作成の前後において、教育における個性尊重の概念は、資本主義経済の市場原理に加担するのではないか、あるいは教育の公共性を脅かすのではないか、といった観点からの疑念をめぐって議論され、広範な関心を呼んだ。翌86年に示された「臨時教育審議会第二次答申」においては、次のように個性教育の方向づけがなされた。「本答申で目指すものは、個性重視の原則に立って、生涯学習体系への移行を主軸とする教育体系の総合的再編成を行うことにより、現在の教育荒廃を克服し、21世紀に向けてわが国における社会変化および文化の発展に対応する教育を実現しようとすることである」と。

個性それ自体が教育価値として、教育の対象とされた言説を紹介することができる。エマソン（Emerson, R. W.）とデューイ（Dewey, J.）の場合である。

（1）**エマソンの個性認識と教育論**　　エマソンは19世紀後半のボストンやクインシーの学校現場を観たにちがいなく、個性を尊重する教育の欠落を、1876年の『教育論』（"Education"）のなかで指摘している。「私たちは、生徒のもつ天分、すなわち未だ知られていない生徒の本性の可能性を犠牲にして

いる。かつてギリシャ人により神殿の壁にのこされた価値ある古代芸術のモザイクに，トルコ人が漆喰を塗り込めたように，生徒の天分を手際よく無難なやり方で整理し画一的なものにしてしまうのである」と。アメリカのニューイングランド地方の都市では，19世紀後半ともなると，教育の官僚制化がすすみ，学年進級制の採用や一斉授業の拡充に伴う諸規則が整備され，教育制度のいっそうの画一化がすすんできた。こうした教育状況をエマソンは，個性の進展を閉ざすものとして告発したのであった。

その「告発」の論理は，わが国の今日的教育状況と酷似している。「規模の大きな学校では，学校を規則づくめで運営することによって，先生たちは熟慮し努力することが軽減され，大いに能率があがる。生徒各個人の精神的要求に応じるという際限のない教育活動をなおざりにし，蒸気という機械的動力（規則）によって生徒を管理したいという誘惑にいつもかられる状況がみられる。その状況には，莫大な犠牲が伴っているのである」（『教育論』）。エマソンの個性教育論は，今日のわが国の学校教育の問題状況を120余年もまえに，「予言者エマソン」と呼ばれるにふさわしく，先取りしていたということができる。

エマソンが教育の対象として尊重されるべきであるとした個性は，人が万有在神論的な神性を帯びているという認識に立つロマン主義的な色彩の濃厚なものである。神性を有する個性が尊重されるべき理由は，エマソンの「自恃」（self-reliance）の精神に依拠する倫理的命題として展開されている。「ひとり生徒だけが自己の教育についての秘密を解く鍵を握っているのである。あなた方大人がよけいな手出しをし，干渉し，妨害してあまりにも支配しすぎると，生徒は自分自身の目的を妨げられ，自分自身を見失いかねない。子どもを尊重せよ」（『教育論』）。

（2）デューイの個性教育論　個性の独自性を強調しすぎ，それを固定的・不変的にとらえることは，個性の発達可能性を閉ざすことになる。個性を人間的価値としてとらえ，しかもそれが社会的関係のなかで形成されうる可能性に着目したのが，デューイである。デューイは個性を状況に対する反応様式としてとらえ，次のように説明している。「［個性は］生来の選択力から一定の方向性や継続性を与えることができるが，明確な個性の表現は，むしろ変化する具体的な状況や多様な形態のなかに見いだされるのである。そしてこの状況の選択的決定と利用は不断に行われ，しかもやり直し続けられなければならない」（『新しい個人主義の創造』）。

デューイは個性の固定的な側面を認めながらも同時に，個性を成長への可能性とみなし，しかもそれが社会環境のなかで主体的に形成される側面も重視した。「個性は，最初は自発的であり，形をもたない。個性は可能性であり，発達に向かう能力である。……個性は世界のさまざまな衝撃を感じ，これらの衝撃に対し選択的傾向を示す明確な様式であるから，個性は，実際の諸条件との相互作用をとおしてのみ形成されていくものである」（前掲書）。もともとデューイは，「教育されるべき個人は『社会的個人』（a social individuality）である」（"My Pedagogic Creed," article 1.）と認識しており，そこにいう「個人」はそのまま「個性」に置き換えることもできる。したがって社会的個性の形成的側面にもまた，デューイ理論の中核である経験の再構成理論が適用されうる。この推論の妥当性を補足するかのように，谷口忠顕は「デューイにおける広義の『個性』概念は，やはり『教育的』経験としての積極的な意味を含むものとして解釈されるのである」（『デューイの個性教育論』）と述べている。

▶ **個性教育への示唆**　個性を尊重する教育の成否は，個性概念のとらえ方いかんによる。デューイは，その主著『民主主義と教育』の第四章「成長としての教育」において，子どもの個性を尊重すべきことの理由づけとなると，かれが最も敬遠した超越的世界にかかわるロマン主義の色彩の濃厚なエマソンの「教

育論」から大幅な引用をしている。「未成年者を尊重することについての真の原理をエマソンほどに適切に言い得た者はいない」と前置きして，デューイは次のように引用している。「子どもを徹頭徹尾尊重せよ。……子どもの訓練における二つの要素は，子どもの本性（nature）を保ち，子どもの大騒ぎや愚行や粗暴を阻止しなさい，ということであり，しかもその本性が指示するままの方向にそった知識でその本性を強化せよ，ということである」。このエマソンからの引用に言及されている「本性」は「天性」と同義語であって，エマソン独自の個性教育論である。

基本的には，自然主義に立脚する実験的経験主義者デューイが，超越主義に立脚するロマン主義者エマソンから，教育対象としての個性概念とその教育方法まで無条件に受認している事実をどう理解すべきだろうか。これは思想の方法論上の問題である。その問題解決の間接的なヒントとして，夏目漱石の講演「教育と文芸」の結びの言葉をとりあげることができる。「近頃，教育者には文学はいらぬというものもあるが，自分の今迄のお話は全く教育に関係がないといふ事が出来ぬ，現時の教育に於いて小学校中学校はロマン主義で，大学などに至りてはナチュラル主義のものとなる。此の二者は密接な関係を有して，二つであるけれどもつまりは一つに重なるものと見てよろしいのであります。故に前申した通り文学と教育とは決して離れないものであります」。

教育という営みにより適切にアプローチする方法論のあり方について，主義主張に厳密な枠組み論の超克が示唆されている。デューイにとって，少なくともエマソンのロマン主義とみずからの自然主義は教育理論の方法上，厳密な境界を設けることはできなかったのである。ちなみに夏目漱石も個性をエマソンやデューイと同様，固定したものとはとらえなかった。むしろ次のように述べて，状況次第で発達することを示唆している。「私は常から斯う考えています。第一に貴方がたは自分

の個性が発展出来るような場所に尻を落ち着けるべく，自分とぴたりと合った仕事を発見する迄邁進しなければ一生の不幸であると」（講演「私の個人主義」）。

▶ 個性教育の方法的課題　中央教育審議会の第一次答申「21世紀を展望した我が国の教育の在り方について」（平成8年7月19日）において，「これからの学校教育の目指す方向」として，「一人ひとりの個性を生かすための教育の改善」が「生きる力をはぐくむ」という視点から求められている。この要請は，従来，公共的知識を重視するあまり，画一的な教育課程や指導方法に力点がおかれがちであった側面の見直し論と無縁ではない。この要請から学校教育にとっての緊要な課題として，個性尊重の視点から，ポランニー（Polanyi, M.）の提唱するような「個人的知識」（personal knowledge）も大切にする思想と方法が積極的に開発され，とりあげられることが要請される。

その課題にアプローチする有力な方法論としては，ポランニーの次のような言説からヒントが得られよう。「『個人的なもの』が自らは独立したものと認知した要請に屈従するかぎりにおいて，それは主観的ではない。しかしそれが個人の情熱によって導かれるかぎりでは，客観的でもない。それは主観的・客観的の切断を超越したものである」（『個人的知識』）。また市川浩が提唱している「中間者」という認識枠組も，このポランニーの言説と同質なものと考えられる。

世界をより厳密な差異を求めて，際限なく分析的に分節化するという抽象的枠組認識の方法は，近代合理主義の申し子にひとしい。たしかにこの方法は，事物・事象の認識において，それが科学的・客観的であろうとする場合，否定すべくもなく有効な方法である。しかしこのことを認識しながらも，今日の社会（世界）において互いに複雑に絡み合い隣接する事物・事象の領域が現出したことを看過するわけにはいかなくなってきた。むしろそのことを直視し，新たに直観と分析の方法

を越えた第三の思想の方法としての「中間者」の論理の定立が求められよう。とくに個性を対象とする教育のあり方を学校（教室）で模索するうえで、それは十分に検討に値する方法的課題である。

［参考文献］依田新監修『新教育心理学事典』金子書房　1977／日本教育方法学会編『個性の開発と教師の力量』（教育方法 16）明治図書出版　1978／市村尚久「個性」『新教育学大事典』第一法規出版　1990／夏目金之介「私の個人主義」『漱石全集』第 16 巻, 岩波書店　1995／夏目金之介「教育と文芸」『漱石全集』第 25 巻, 岩波書店　1996／市川浩『〈中間者〉の哲学』岩波書店　1990／市村尚久「個の尊重と普遍性」, 早川操「探究の精神と人間形成」, 林幹夫「個性への統治」, 広石英記「個へのかかわり」市村尚久・天野正治・増淵幸男『教育関係の再構築』東信堂　1996／Allport, G. W., *Personality*, Henry Holt & Co., 1937（詫摩武俊ほか訳『パーソナリティ』新曜社　1982）／Emerson, R. W., "Education," *The Complete Works of Ralf Waldo Emerson*, Vol. 10, Houghton Mifflin 1903-4／Dewey, J., *Individualism, Old and New*, Minton, Balck & Co. 1930（明石紀雄訳「新しい個人主義の創造」『ジョン・デューイ』研究社　1975）／Polanyi, M., *Personal Knowledge*, Univ. of Chicago Press 1958（長尾史郎訳『個人的知識』ハーベスト社　1985）

［関連項目］　経験／進歩主義教育　（市村尚久）

国　家
英 state／独 Staat／仏 état

▶ **語　義**　ある種の政治的共同体としての国家は人類文明のはじまりとともに存在してきたといえる。また, 国家のありようを教育と関わらせて論じることは, プラトン（Platon）やアリストテレス（Aristoteles）にみられるように, 古代ギリシャにまで遡ることができよう。だが, state としての国家の観念はなによりも近代という時代の所産であり, 古代ギリシャのポリス（それは共通の信仰を核とし, 個人の善と社会の福祉とが不可分な倫理的共同体であった）からはっきりと区別されねばならない。

英語の state やフランス語の état は, 16世紀に使用されるようになったイタリア語の stato に由来するものであり, その語源は事物の状態や人の地位をあらわすラテン語の status にあり, それは同時に支配者や王国の状態や地位という意味も含むものでもあった。stato がヨーロッパ諸国に政治用語として流通するにあたって, マキャヴェリ（Machiavelli, N.）の『君主論』が大きな役割を果した。stato は一定の領域内に存在する人々に対して, 権力を行使する独立の機構を意味する語として用いられるようになる。当初それは, 中央集権的な政治構造をつくりあげることによって, 教会中心の普遍世界に代わって新たな主権国家となった絶対主義国家に照応する概念であった。

やがて絶対王政を覆した市民革命は, 平等の原理のもとにすべての階級にまたがる国民全体を取り込んだ国民国家（nation-state）を成立させた。したがって, 近代に特有な国家形態とはこの国民国家をさすのであり, それは同時にナショナリズムの所産であって, 国民統合のために教育・文化の普及を本質的な契機とする国家でもあった。国家と国民はしばしば置き換え可能なものとして用いられることがあるように, 国家というタームはそれ自体のなかに本質的なあいまいさを孕んでいる。それは, 国家という観念がもともと権力を実際的に行使する権力者, あるいはその機構をさすものでありながら, 他方で権力が行使される被治者としての国民, または領域をさすものとしても用いられるという両義性をもっているからである。

▶ **国民国家とナショナリズム**　国民国家とはふつう国境によって区切られた一定の領土において, 同一の文化・言語を共有する人々から構成され, またそれらの人々の利益に奉仕する代表者によって統治される政治共同体として定義される。だが, 歴史上こうした定義に完全にあてはまるような同質的な国民は存在しなかったし, また国民の利益に十全に奉仕しえた国家も存在しなかったから, 国民国家の本質とはなによりもそのフィクショナ

ルな性格に見出されるであろう。「国民とは
イメージとして心に描かれた想像の政治共同
体である――そしてそれは，本来的に限定さ
れ，かつ主権的なものとして想像される」
（アンダーソン）。

こうした国民国家の本質的な虚構性が，近
代社会における国家と教育の不可分な関係を
浮き上がらせる。ゲルナー（Gellner, E.）は，
国民国家成立の背景に産業社会のたえまない
経済発展があったことを指摘する。平等主義
と移動性という産業社会の原理は人々を個別
的主体として産出する避けがたい傾向をもつ
とともに，他方で複雑な分業制度は早期から
専門分化しない，標準化された教育・訓練と
いう共通基盤の上にはじめて可能であった。
そうした教育は国家のみが提供しうるもので
あったが，国家は秩序維持の観点からも，ば
らばらな諸個人を一つの国民として統合すべ
く教育制度を整備することになる。近代社会
の特徴はその秩序が直接的な暴力よりも，む
しろ知によって支えられたことにあったので
あり，統治は文化と結びつくことによって
人々に国民としての一体性を与え，それゆえ
国家の正統性を主張しえたのである。そして，
ここにこそ国民国家の形成にあたってナショ
ナリズムの果たした決定的な役割が見出され
る，とゲルナーはいう。逆説的だが，「国民
を生み出したのはナショナリズムなのであ
る」。

したがって，啓蒙主義からロマン主義へと
いたる近代の諸思想のなかで，国家形成にお
いて教育と文化が果たすべき役割が不可欠の
契機として重視されていたことは，けだし偶
然ではない。とりわけ平等な諸個人の自発的
な社会契約による国家形成への道筋を描いた
ルソーの政治思想は，こうした歴史的事情を
端的に表現している。ルソーは『エミール』
のなかで，新たな国家が呼びかけを行う政治
主体がいかなる教育によって形成されねばな
らないかを論じるとともに，『ポーランド統
治論』などで国民国家の存立はナショナリズ
ムの感情の内面化をまって可能になることを

強調しているからである。

▶ **マルクス主義国家論の展開**　ゲルナーの
議論には，国家が内に対しては階級間の葛
藤・闘争を通して，外に対しては他の主権国
家との対立・競争を通して形成される歴史的
過程の分析が欠けている。われわれはそうし
た視点をマルクス主義の国家論によって補完
することができるだろう。マルクスの古典テ
クストのなかに国家についての体系的な論述
が見いだせないこともあって，正統派マルク
ス主義は国家を社会的生産関係と，それにと
もなう階級闘争から派生する現象にすぎない
とみなしてきた。そこで国家は資本家に奉仕
する階級支配の道具として，抑圧的な権力機
関の側面がもっぱら着目されてきたのである。
だが，グラムシ（Gramsci, A.）のヘゲモニ
ーの概念は，観念とイデオロギーが土台とし
ての経済的諸関係に対して決定的な役割を果
たすこと，また資本主義社会における支配は
抑圧的な権力によって統制されるだけでなく，
被支配階級の同意を通して行使されることを
強調することによって，ネオ＝マルクス主義
と呼ばれる新たなマルクス主義国家論の展開
に道を拓いた。

国家が警察や軍隊などの「抑圧装置」のほ
かに，教会・学校・家族・マスコミなどの
「イデオロギー装置」から構成されるとする
アルチュセール（Althusser, L.）の議論は，
経済的諸関係から相対的に自律した国家の機
能に眼を向けさせることになった。国家はイ
デオロギーの内面化を通して，個人を主体と
して認識させるとともに，より高い権威（国
家）に進んで服従させることによって社会的
諸関係の再生産を可能にする。アルチュセー
ルは資本主義国家のイデオロギー装置のなか
でも，とりわけ学校が支配的な地位を占める
ことを指摘している。学校―家族という組み
合わせが，教会―家族という古い支配的イデ
オロギー装置に取って代わったのである。

アルチュセールの構造主義の視点は〈国家
関係説〉と呼ばれるプーランザス（Poulant-
zas, N.）の国家論に受け継がれた。プーラン

ザスの議論が示唆に富んでいるのは，それが資本主義社会において国家はばらばらに個人化された人々を主体として形成するという積極的機能を果たすことを指摘しただけでなく，国家が階級支配の道具として単一のイデオロギーをもつ，一枚岩的な階級的実体とみなす通説をのり越える視点を提起したからである。国家はそれ自身が階級闘争に従属した一つの関係，つまり力の均衡としての階級関係を凝縮したものなのである。国家による個人の主体化が生産諸関係と社会的分業に基礎づけられているように，国家そのものもまたそうした基盤のうえに，支配階級のみならず従属階級の諸集団から構成され，その内部で権力をめぐる階級闘争が行われる「戦略的な場」にほかならない。教育という場において国家の権力意志が一方的に貫徹するとみなしてきた従来の議論を斥けるプーランザスのこうした視点は，資本主義国家における教育政策の歴史を諸階級・集団の利害が交錯するダイナミズムとして分析することを可能にすることによって，国民国家と教育の関係を考察する上にきわめて重要な示唆を与えている。

▶ **国家と公共性の問題**　　第二次世界大戦後，文部省と日教組の対立を軸にしたわが国の教育政策の歴史は，国家の教育権と国民の教育権の対立として描かれてきた。そうした図式が広く受け容れられてきたのは，国家を大多数の国民諸集団の外部に存在して，権力的に統治する階級的な抑圧機関とみなしてきたからにほかならない。だが，国民は国家と対立して，国家の教育政策を一方的に押しつけられる客体でもなければ，逆にその私的利害がそのまま公共性に連接するような普遍的な存在でもない。国家をそれ自体の内部で階級闘争が闘われる戦略的な場とみなす観点に立つならば，現実の教育政策を諸階級のあいだで闘われたヘゲモニーをめぐる争いの帰結として具体的に検証することが可能になるだろう。

このことはわれわれに教育の公共性についての再概念化を求めることになるだろう。公教育と私教育はもはや次のようなかたちでは区別できないからである。つまり，一方で公教育は私教育と対立するある種の制度的実体として，公費，無償，義務制といった指標によって特徴づけられるものでなければ，他方で私教育もまた国家から自立した近代家族の市民的自由にもとづいて営まれる教育の形式を意味するものでもない。近代国家における教育の公共性は，それがエリート教育であれ，大衆を対象としたものであれ，国家の担い手としての国民の形成という公的な機能を果たしてきたという事実にこそ求められねばならない。ハーバーマス（Habermas, J.）のいうところとは逆に，公共性は近代家族が外部に存在する国家に対抗して創り出したのではなく，近代社会の出現とともに国家によって設定されたものなのである。「国家がすべての公私の区別の条件なのである」（アルチュセール）。つまり，近代国家は自らを公的領域として設定すると同時に，家族に私的領域を割り当てるべく線引きをしたのである。それゆえ公教育をめぐる問題は，この制度が国家のヘゲモニー装置の一つとして，階級的諸関係のなかで諸勢力の争いを通してどのように形成されてきたかを，この制度の具体的なありようのなかに探ることにあるといえるだろう。

[**参考文献**]　Althusser, L.「イデオロギーと国家イデオロギー装置」(1970) 柳内隆訳『アルチュセールの〈イデオロギー〉論』三交社 1993／Anderson, B., *Imagined Communities: Reflections on the Origin and Spread of Nationalism*, London: Verso 1983（白石隆，白石さや訳『想像の共同体』リブロ 1987）／Carnoy, M., *The State and Political Theory*, Princeton U. P. 1984（加藤哲郎ほか訳『国家と政治理論』御茶の水書房 1992）／Dale, R., *The State and Education Policy*, Milton keynes, London: Open U. P. 1989／Gellner, E., *Nations and Nationalism*, London: Blackwell 1983／Greenfeld, L., *Nationalism: Five Roads to Modernity*, Cambridge, MA: Harvard U. P. 1992／Hall, J. A. and G. K. Ikenberry, *The State*, London: Milton keynes, Open U. P. 1989（星野智・斉藤俊明訳『国家』昭和堂 1996）／Jessop, B.,

322　コテン

State Theory: Putting Capitalist States in Their Place, London: Blackwell 1990（中谷義和訳『国家理論：資本主義国家を中心に』お茶の水書房　1994）／Morrow, R. A. & C. A. Torres, *Social Theory and Education: A Critique of Theories of Social and Cultural Reproduction*, New York: State University of New York Press 1995）／Poulantzas, N., *L'Etat, le Pouvoir, le Socialisme*, Paris PUF 1978（田中・柳内訳『国家・権力・社会主義』ユニテ　1984）／西川長夫『国家イデオロギーとしての文明と文化』『思想』1993年5月号／森田尚人「公教育の論理と歴史的構造」森田尚人ほか編『学校＝規範と文化：教育学年報2』世織書房　1993
[関連項目]　権力／公教育／国民教育

（森田尚人）

古　典

英 classic(s)／独 Klassik／仏 classique

▶ **語　義**　漢語としての「古典」には、「古代の儀式や制度」と「古代の典籍や経典」という二つの意味がある。また「古典」と訳される classic という語は、その語源とされるラテン語の classicus に本来「古い」という意味は含まれず、「社会における筆頭の階級」を価値的に指し示す言葉であった。しかし中世およびルネサンス期を通じて、古代ギリシャ・ローマ時代の代表的諸著作が知識階級に不可欠の教養として教育の場に導入され、とりわけ人間の生き方や芸術の在り方の理想を古代ギリシャ・ローマのそれに希求したルネサンス期に入り、これらのギリシャ・ラテン語で著された書物は、聖書からは独立した模範的な価値をもつとされるようになった。すなわち「第一級の価値をもつ」ということに「古い」ということが重なり合って、これらの諸著作は classics と呼ばれるに至ったのである。以後サント・ブーヴ（Sante-Beuve, C. A. de）やエリオット（Eliot, T. S.）らによる著名な定義づけの試みを経て、今日では「古典 classic」という語は、古代ギリシャ・ローマの書物にととまらず、一般に、それが生み出された時代を越えて普遍的な模範性をもつものとして評価の定まった学問・芸術上

の諸作品を指すことが多い。

▶ **古典と教育**　さて、教育思想と関わって古典が問題となるのは主に次に挙げる二つの点においてであろう。一つは、古典のなかに表現されている人間的諸価値を教育の目指す人間の在り方にどう活かすかということであり、これは陶冶理想を実現するための陶冶財としての古典の問題である。もう一つは、教育思想研究における古典の意味とは何かということであり、これは学問における古典研究や文献研究の意味一般の問題にもつながっている。

▶ **古典と陶冶理想**　古典が時代を越えて評価の定まった模範性を有する学問・芸術上の諸作品を指すとき、教育にとってのその模範性とは、作品の形式や内容、なかんずくそこに描かれている人間像や人間理解の在り方が人間陶冶にとって垂範的な喚起力をもつことであるとされる。たとえばルネサンス期の代表的な教育思想である人文主義（ヒューマニズム）においては、フマニタス（人間性）の理念をいきいきと体現した古代ギリシャ・ローマの人々の生活が人間陶冶の理想像とされ、古典語としてのギリシャ・ラテン語とそれによる書物は、彼らの生き方を学び、その理想を自らのものとするための必須の陶冶財であった。古典についてのこういった人文主義的な把握の仕方は、古代ギリシャ・ローマの書物についてに限らず、今日に至るまで古典の教育的意味を論じる際しばしば援用されてきた。しかし、現代を人間理解の大きな転換期と受けとめ、人間理解の人文主義的精華としての「人間性」の理念がもつ有効性について、人間を人間たらしめている精神的諸力の統一的総体を論じるというその発想も含めて根本から再吟味することが今日の教育思想研究の課題の一つであると考えるとき、従来の多くの教育論における古典の教育的意味づけが依拠していた前提が揺らぐことに気づく。すなわち、教育にとって古典のもつ模範性の人文主義的自明性とでも呼ぶべきものが問いに付されるのである。教育における人間理解の新

たな枠組みの模索に即して，古典に見る教育的模範性の根拠と内実もまた捉え直されねばならないと思われる。

▶ **古典と教育思想研究**　学問・芸術を問わず，或る分野に関心を寄せる者にとって，当該分野の古典に取り組むことが重要であるとはよく指摘されるところである。それは古典がその分野のもつ基本的な意義や特質，課題や可能性を典型的な形で表現していると価値づけられていることによる。さらに，この価値を一見脅かしそうな潮流が抬頭してきても，その普遍性が常に解釈し直されつつ生き続けるのが古典であるとも言われる。教育学においても事情は同様であろう。しかしこのことは同時に，古典の価値の普遍性が，それに取り組む者の問題意識から独立してあるのではないことを示している。そして教育思想研究の現代的課題を先のように捉える立場からすれば，この問題意識は，時代を越えたその普遍性に古典の思想的価値を見いだして安んじるのではなく，それが生み出された歴史的社会的文脈を含めて，その古典が現代の教育や人間形成が直面している問題の本質を明らかにする上で発揮しうる力を語ろうとするのである。したがってこうした問題意識に貫かれた取り組みのもつ可能性はまた，完結した「作品としての古典」それ自身に内在する主題や著者の意図の解明に意を注ぐことにおいてより，むしろどこまでも未完の「テクストとしての古典」が現代の問題状況と相互に織り合わされるとき，そこに生成してくる意味をたえず新たに発見していくことにおいてこそ開かれると言えよう。

［**参考文献**］　前田博『自由人の育成と一般陶冶』未来社　1970／篠原助市『欧洲教育思想史（上）』玉川大学出版部　1972／Barthes, R., *Introduction à l'analyse structurale des récits*, Paris　1966（花輪光訳『物語の構造分析』みすず書房　1979）

［**関連項目**］　教養／人文主義／陶冶

（蔦野克己）

子ども
英 child／独 Kind／仏 enfant

▶ **語　義**　子どもという語は今日では一般に，日本語でも欧米語でも，年齢の低い幼い者と，直系の血縁関係にある息子・娘の二つの意味で用いられている。しかし，かつてはこれ以外に，子孫全般を指したり，身分の低い者や目下の者を呼ぶ呼称としても用いられた。このような語義の多様性とその歴史的変化のなかに，子どもという存在に対する人々の心性の変化を読みとることができる。とりわけラテン語とそこから派生したフランス語の場合，その変化ははっきりとしている。ラテン語では，「話すことのできない者」を表す infans という語がおよそ 5, 6 歳くらいの幼い子どもを指す語として用いられ，6 歳以上，15 歳くらいまでの少年，少女を表す puer, puella という語とはっきりと区別されていた。また，息子，娘の総称としての子ども，という場合には，liberi という別の語が用いられ，ここでも区別ははっきりとしていた。こうした区別は，10 世紀末くらいになると曖昧となり，他の言葉を押し退けて infans からできた enfant という語が一般的となる。他方で，学問や書物の世界では依然としてラテン語が支配し，そこでは古代の区別がそのまま残される。中世の時代を通して人生の年齢段階を六ないし七つに区切る表現が辞典類や版画に繰り返し現れるが，そこでは，enfant は揺りかごの幼子，puer は本を手にした姿など，区別して描かれている。しかし，日常語のなかではこうした厳密な区別が意識されることはなく，enfant という語はむしろ年齢を問わず，一人前ではない者，従属する者，仕える者，何らかの庇護のもとにある者，といった意味で広く用いられており，こうした状況を指して，歴史家（Ariès, Ph.）は中世社会を年齢階梯としての「子ども」が存在しなかった社会であると規定している。彼によれば，中世の社会は多産多死の人口動態と，家族を越えた地縁や血縁や職能などで結ばれた多様な共同体的絆によって特徴づけ

られる。

　こうした社会では，乳幼児は次々と生まれては容易に死んでいくはかなく頼りにならない存在として人々の関心を引くにはいたらず，他方，幼児期を脱した puer とも呼ばれるべき子どもたちは，早々と家族から離れて，社会に広く張り巡らされた徒弟制度の網の目のなかに，奉公人として，したがって，他の従属的な地位にある大人達と基本的には変わらない存在として参入していったと言う。中世社会における enfant という語の多義的な性格はこうした社会的実態を反映したものであったと言える。

▶ 近代的観念としての子ども　　子どもがこのような曖昧さから抜け出て，年齢的に幼い者としての固有の意味づけを与えられ，それが広く人々の心性にまで浸透していった事態を指して，近代における「子どもの発見」という言い方がしばしばされている。「子どもの発見」の背景には，出生率と乳幼児死亡率の低下という人口動態上の変化，共同体的絆の衰退と夫婦親子を中心とする近代家族の成立といった社会的変化が存在するが，同時に，新しい人間観の探究のなかで，子どもに対して新たな意味を意識的に付与していこうとした思想的な実践もまた存在する。子どもは，近代思想のなかで，重要な戦略的価値を担うものとして新たに創造されたと言い換えてもいいかも知れない。このような意味での「子どもの発見＝創造」に最も深く関与したとされる思想家が J. J. ルソー（Rousseau, J.-J.）である。彼の教育論『エミール』は，子どもに何を教えるかよりも，大人となる前の子どもとはどのような存在であるかを明らかにした書物として新しい価値を持っているとされるが，それはルソー自身の自負するところでもあった。実際，大人と子どもとの間の絶対的差異の強調によって，この作品は子ども観の大きな転換を記すものとなった。この差異の強調は，もとより，もっぱら子どもの観察それ自体から実証的に引き出されたものであったわけではない（ルソー自身はそのように

述べてはいるけれども）。キリスト教の原罪説的人間観に対して，自然の善性を主張するという啓蒙思想に共通する課題をルソーもまた担っていたのだが，ルソーの場合，原罪説を否定しつつ，現状の社会と人間に対しても根源的な拒否の態度を取ることで，啓蒙思想のなかでも特異な位置を占めている。この二重の否定を可能とし，さらにはその彼方に新たな人間像を構築するために取られた戦略こそ，大人と子どもの絶対的差異の強調であった。『エミール』における子どもとは，ちょうど原罪に堕ちる前のアダムのように，即自的な自然そのものである。そこには悪はいっさい存在しない。もし悪が存在するとすれば，それは自然の外部である社会（大人）の側から入り込んできたものに他ならない。既存の大人・社会＝悪，子ども・自然＝善という図式が，さらに，善なる子ども・自然を「正しく」発展（発達 développer）させることによる社会の再生という図式がそこには存在する。ここでは子どもは人類の歴史を正当なものとする最後の切り札でもあるのだ。

　ルソーが子どもの自然に（同時に子どもの自然を正しく導く教育に）強烈な価値付与を行うことによって人類の救済を考えたのに対して，彼と同時代の他の多くの啓蒙思想家達は，既存の社会の悪を，理性の担い手たる知的エリートによって導かれた文明の力によって克服する可能性を信じた。この時子どもは，自然という価値によってというよりは，その「白紙」のような文明受容能力，教育可能性，あるいは可塑性によって，旧弊に染まった大人よりも価値あるものとされたのである。この背後には，彼らが圧倒的な影響を受けたロックの経験論の認識論が存在している。このように啓蒙期に成立した子ども観は，その方向性においては多様な面を持ちながら，人間社会の変革あるいは進歩という文脈のなかに子どもを明確に位置づけ価値づけている，という点で共通した構造を示している。

▶ ロマン主義と実証主義の子ども観　　19世紀を通してこのような近代の子ども観の構造

は二つの思潮のなかで新たな変容を受けた。第一のものは、啓蒙への反動、としてしばしば説明されるロマン主義の子ども観である。ブレイク（Blake, W.）やワーズワース（Wordsworth, W.）といったイギリスロマン主義の詩人達の名前と共に想起される子どもは、無垢や天使の純真さの表象であると同時に、文明（とりわけ当時のイギリスにおいて進行しつつあった都市化と工業化に象徴される）によって汚されない自然の持つ清らかで喜びに満ちた生命力の象徴でもあった。善なる自然と子どもを結びつける点で、ロマン主義は啓蒙主義の子ども観を継承していると言えるが、他方で、それは子どもを社会的進歩や変革と直接的に結びつけることをしりぞける。ロマン主義者にとっては、普遍的な人類の未来よりも個別的な一回限りの生が、理性よりも自然との直接的な感応や感情が価値あるものであったから、各人の失われた幼年期と、子どもが持つ自由で生き生きとした感性は、それ自体がかけがえのない価値であった。「子どもは大人の父である」というワーズワースの言葉は啓蒙主義の子ども観に対する強烈なアンチテーゼである。第二のものは、19世紀末から20世紀初頭の人間科学の勃興のなかで成立した児童心理学の子ども観である。ダーウィンの生物学の影響のもとに、最も高度な知性も含めて、人間性を発生的な視点から実証的に研究しようとする流れのなかで、大人と異なる子どもの特性が新たに注目されるようになる。さらに当時先進国において初等教育が一般化し、教育現場からの実践的な要請も差し迫ったものとなった。ホール（Hall, G.S.）やビネー（Binet, A.）、クラパレード（Claparède, E.）やピアジェ（Piaget, J.）、ワロン（Wallon, H.）といった心理学者達による児童心理学の研究が盛んになったのは、こうした理論的、実践的背景のもとでであった。児童心理学における主要な関心は、月刻み、年刻みのこまかな発達段階の差異とその移行の問題であった。ここでは子どもとは一定不変の段階を追って発達する存在であり、その法則的な発達は大人の都合や社会的要請によって左右することのできない客観的なものとされる。「子どもから」というのがこれらの心理学の影響のもとに展開された新教育運動の児童中心主義教育のスローガンであった。子どもはロマン主義の場合と同様、不動の神聖なる中心となったのである。

▶ **今日の子どもをめぐる思想状況**　近代以降の子ども観の発展は、明示的な形では国際連盟のジュネーブ宣言（1923）や、戦後の児童の権利宣言（1959）に要約されている。そこではすべての子どもが、幸福に生きる権利と、健全な成長と発達を遂げるための教育を受ける権利とを有することが謳われている。さらに、子どもは個々の親や国家のためではなく何よりも全人類の奉仕へと向けて育てられなければならない、とされている。ここには、人権の思想、人類という観念、そして、特別の保護と教育を必要とする、大人とは異なる固有の存在としての子ども、という観念など、近代の理念がそのまま結実している。そして、近代の理念が理性の絶対的な担い手をその外部に想定することではじめて矛盾なく成立し得たように、子どもの権利という観念もまた、「子どもにとって最善の利益」とは何かを誤りなく判断し得る存在を子どもの外部に設定することで成立し得た。現実の場面では、子どもの最善の利益を判断する責任は、時には親に、時には教師に、時には心理学者などの専門家に、そして時には行政官に帰せられ、それぞれの見解が異なる時には子どもをはさんで彼らの間に深刻な闘争がくりひろげられる。子どもの利益という観念がいかに多義的であり得るかは、児童虐待の問題をとってみても明らかである。児童虐待の問題が微妙で複雑な様相を呈するのは、それが子どもの将来の利益のために、教育の一環として行われたという主張がまかり通りがちであること、しかもそれが単なる言い逃れではなく虐待者当人の深い確信であることもしばしばある、ということによる。子どもが権利の主体であるべきだという思想が矛盾なく成

り立つためには，何が自己にとっての最善の利益であるかについて子ども自身の意見の表明と決定権が保障されなければならない。1989年に国連総会で採択された子どもの権利に関する条約は，まさにこの点を正面から取り上げ，子どもに対して，意見表明権，表現，思想，良心，宗教，結社・集会の自由を認める条項を明記したものである。これは，大人と子どもの差異を一貫して強調し，絶対化してきた近代の子ども観からの大きな転換を示したという意味で，子どもの歴史における近代からポスト近代への一つの画期をなしているといえる。このような傾向は，1970年代以降，近代教育が前提としてきた諸理念が社会と文化の大きな変動のなかで根本的な再検討を迫られてきた，という事情と無関係ではない。たとえば，近代を象徴する文化がグーテンベルクの発明に始まる活字文化であったとすれば，ポスト近代の文化は直接的な映像が家庭のなかに送り込まれるテレビ文化に象徴される。活字文化は，文字を識る者と識らない者，さらに，より高度な読みを識る者とそうでない者，といった差異と階層化を特徴とするのに対して，映像の文化はすべてをすべての者にさらけ出すことによって差異を極小にする。たとえば，近代において大人と子どもを分かつ一つの決定的な障壁であった性は，もはや秘密のものではなくなり，性行為の低年齢化が歯止めなく進みつつある。他方で，高度消費社会・大衆社会のなかで，近代が措定した大人らしさや成熟という価値もまた崩れてきた。子どもの文化と大人の文化はこうして双方から浸透しあい混ざりあっていく。このような状況のなかで，大人と子どもの近代主義的な（今日では伝統的となった）二分法に安住した教育は現実の進展によってもはや不可能にされつつある，という危機感が広く我々を捉えているのが現状だといえよう。他方，こうした状況にあって，そこに危機をではなく，子どもの真の解放の可能性を見る立場もまたある。このような立場は，子どもの発見や子どもの権利の保障を謳って

きた近代教育が，その本質においては，大人が子どもをその深い内面にいたるまで支配する権力関係であったとみなし，いま求められるべきはむしろ，そのような教育からの解放であると考える。イリイチらの脱学校化論は，近代の義務教育制度を非人間的な抑圧の制度とみなし，その背景の一つに大人と子どもという硬直化した二項対立の存在をあげている。ここには，フーコー（Foucault, M.）らに代表される現代哲学による権力論の刷新や，アナール派などの新しい歴史学からの近代像のとらえ直しなど今日のさまざまな思想的な流れもまた重なり合っている。このように，近代の子ども観は今日流動化のなかにある。この流動化のなかからどのような新しい子ども観が形成されるか，まだ早急に結輪を出すことはできない。

[参考文献] アリエス，Ph.（杉山光信・美恵子訳）『子供の誕生』みすず書房 1983／カヴニー，P.（江河徹監訳）『子供のイメージ』紀伊国屋書店 1979／ポストマン，N.（小柴一訳）『子どもはもういない』新樹杜 1985／宮澤康人編『社会史の中の子ども』新曜社 1988／森田伸子『子どもの時代』新曜社 1986
[関連項目] 人権 　　　　　　　（森田伸子）

コミュニケーション

英 communication

▶ **語 義** 　通信，伝達，交信，交通等と訳されることもあるが，そのまま片仮名でコミュニケーションと表記するのが一般的である。コミュニケーションという言葉は，ラテン語の communis に由来し，common 等の言葉と同様，共通性を成立させる，情報，思想，態度を共有するという原意を持っている。日常語の次元では，コミュニケーションとは，「コミュニケーションが足りない」という表現に見られるように，かなり一義的に理解される言葉となっている。しかし，学術語としては，160の定義例を挙げる学者もあるように，非常に多義的である。とはいえ，物質のコミュニケーション，機械のコミュニケーションを主に扱う情報理論系のコミュニケーシ

ョン論と，人間のコミュニケーションを扱う社会学系のコミュニケーション論とに大きく分けられる。人間のコミュニケーションに関しても，言語的コミュニケーションと非言語的コミュニケーション，パーソナル・コミュニケーションとマス・コミュニケーションに区分されることが多い。

　動物の間においても，言葉以外の手段を用いたコミュニケーションが行われている。アリやミツバチが餌の在処を伝達したり，鳥や魚の雄と雌とが求愛のコミュニケーションを行ったりしているのはよく知られている。したがって，言葉のコミュニケーションに限らなければ，コミュニケーションは人類誕生以前から延々と続けられているわけである。

　人類のコミュニケーションの歴史は，コミュニケーション手段の発展により，言葉による口頭コミュニケーションの時代，文字の発明以後の手書き文字時代，印刷術の発明による活字文字時代，そして，ラジオやテレビなどのマスメディアの発明による，マスコミュニケーションの時代に区分できる。

▶ **コミュニケーションと教育**　　教育は本来何らかのコミュニケーションを介して行われるものであり，メディアの変化につれて教育の方式も変化する。文字のない時代の教育は記憶が重要な役割を果たすことになるし，文字が発明されて以後は，文字の学習が大きなウエイトを占めるようになる。それでも，印刷術の発明される以前は，教師だけが教科書を持ち，生徒はそれを暗記するだけの授業が長く続いた。印刷術が発明されてようやく全員が同じ教科書を用いて授業を行うことができるようになる。コメニウス（Comenius, J. A.）の教授学はこの方式を前提としたものである。マス・メディアの登場により，教育的コミュニケーションの手段として，テレビやあるいはパソコンが時に利用されるようになってくる。したがって，教育的コミュニケーション自身がコミュニケーション手段の影響を強く受けている。

　他方，デューイ（Dewey, J.）が，「あらゆるコミュニケーションは教育的である」と述べているように，すべてのコミュニケーションは何らかの教育的な効果を持つといえる。学校内のコミュニケーションのみならず，家庭内あるいは仲間内，あるいは地域社会におけるコミュニケーションも，すべて，肯定的にせよ，否定的にせよ，何らかの教育的影響を与えている，と考えられる。

▶ **家庭内のコミュニケーション**　　家庭内のコミュニケーションの分野では以下のような研究結果がえられている。同性のきょうだいの下の子の場合には，対人技能得点と仲間集団内での人気度が高い。異性のきょうだいをもっていると異性的傾向があらわれる。その効果はその異性が年上である方が，より強い。喧嘩に対する対処として，本人を叱責する型，両方を叱る型，相手を叱る型，原因を重視する型，介入しない型，の五つに分けた場合，両方を叱責する場合に，きょうだい間の感情関係がよいという結果がえられた。夫婦関係の悪さが子どもに与える悪影響は大きく，基本的に家族のなかでは，夫婦関係はプラスの関係でなければならない，とされる。妻優位型，夫優位型，一致型，自律型，に分けた場合，子どもの社会化にとって望ましいのは，自律型であり，夫優位型がこれにつぐという。また，一致型は，子どもの達成意欲が低い，学業成績が悪い，不安傾向が高い等の特徴が見られ，妻優位型も，学業成績はよいが，不安傾向が非常に高いという。

▶ **教室のコミュニケーション**　　教師と生徒のコミュニケーションについては，ホワイトとリピットの研究がある。この研究は，教師のリーダーシップのあり方により権威的（専制的），民主的，放任的の三つの態度を実験的に操作し，民主的リーダーシップが最も優れた成果を生み出すことを論証した。また，課題遂行型かどうか，成員維持型かどうかを基準として四つの類型を立てて検討した研究結果によると，課題遂行においても，成員維持においても積極的な教師の場合に生徒のモラールが高くなることが知られている。また，

ローゼンタールとヤコブソンの研究により，教師の期待が生徒の学力に対して大きな影響のあることが指摘された。

▶ **コミュニケーション論の類型**　コミュニケーションの理論を類型化すると，一つは通信理論やサイバネティックスから出されている自然科学的なコミュニケーション論，一つはその対極にある哲学的，実存主義的なコミュニケーション論，それと両者の中間に位置づく社会学的なコミュニケーション論に分類できる。社会学的コミュニケーションには，シンボリック相互作用論，ハーバーマス（Habermas, J.）のコミュニケーション論，ルーマン（Luhmann, N.）のコミュニケーション論などがある。

▶ **サイバネティックス系のコミュニケーション論**　この考え方によれば，まず発信者が自分のいわんとすることをある記号を用いて発信する（コード化と呼ばれる），そして，記号はメディアを介して受信者のところに届けられ，受信者は届いた記号を解読する（ディコードと呼ばれる）。メディアを介して届けられるうちによく聞こえなくなったりするのは雑音と呼ばれる。この雑音をできるだけ少なくするのがこの通信理論の課題である。ここに欠けているのは，ディコードによる意味解釈のズレが問題にされていないことである。

▶ **実存的コミュニケーション論**　ヤスパース（Jaspers, K.）は，コミュニケーションを，対象の共通性により成立するコミュニケーション，他者をある目的の手段としてつまり物としてしか扱わないコミュニケーション，それに人間の実存と実存が触れ合う実存的コミュニケーションの三つに区分している。ヤスパースによれば，哲学すること自体が実存的なコミュニケーションであり，プラトン（Platon）の対話篇等は，合理性に導かれた対話であり実存的な対話とはいえない。コミュニケーションにはまたコミュニケーションの断絶，拒否があるがこの形態についてもいくつか分類をしている。ヤスパースの実存的コミュニケーションに近いのは，ブーバー（Buber, M.）の我汝関係である。我汝関係は神との関係であり，汝に内在する神と我に内在する神のコミュニケーションである。ボルノウ（Bollnow, O. F.）のいう覚醒もまたこうしたコミュニケーションの一例といえる。

▶ **シンボリック相互作用論**　シンボリック相互作用論では，人間性と社会秩序はコミュニケーションの産物である，と考える。また，人間がシンボルを持つ動物，意味の世界に住む動物であることを強調する。このシンボルは人間どうしの相互作用過程において形成される。しかも，シンボルの意味は，人間が主体的に選択し，解釈し，再構成するものと位置づけられる。この主体性を保証するものが自我であるが，この自我自体が，社会的相互作用から，他者の役割の取得によって成立すると考えられる。主体による意味付与という能動的契機を重視したという意味で，客観主義的なパーソンズ（Parsons, T.）らの行為理論を批判する意味をもつと評価できるが，ディス・コミュニケーションの問題はやはり問題とされていない。

▶ **ハーバーマスのコミュニケーション論**　ハーバーマスは合理性概念を再検討することにより，近代における合理性が，矮小化された合理性であるがために，近代のさまざまな問題が生じてきていると見る。近代の問題は，近代のプロジェクトを貫徹することによって，言い替えれば，新しい合理性概念，今まで無視されてきたあるいは軽視されてきた合理性概念，コミュニケーション的合理性の概念により乗り越えられるとする。

さて，ハーバーマスによると，行為は，目的論的（戦略的）行為と規範に規制される行為と演劇的行為とコミュニケーション的行為の四つの類型に分けられる。目的論的行為にとって問題なのは，自分の知覚と思考を世界に一致させることができるかどうか，つまり思考が正しいか誤っているか，あるいは世界の事象を行為者の願望や意図に一致させることができるかどうか，つまり成功するか失敗するかである。したがって，基本的に客観

世界とのみ関連をもつ。規範に規制される行為には，社会的世界があらわれる。社会的世界とは，どのような相互行為が正当な相互人格的な関係の全体に属するかを決定する規範的なコンテクストである。演劇的行為においては，自分の姿を表現することにより自分独自の主観的世界に対する態度を取らねばならない。これに対しコミュニケーション的行為は，言語による合意形成が目指される。ここにおいて言語は単なる手段としてではなくて，完全な了解の媒体として把握される。シンボリック相互作用論もハーバーマスも基本的に行為論の立場に立ってコミュニケーション論を展開している点に特徴がある。

▶ **ルーマンのコミュニケーション論**　ルーマンは社会の構成要素がコミュニケーションであるという立場に立つことにより，オートポイエティックなシステムとして社会を把握する可能性を開いた。彼は，社会システムの構成要素としてのいわば広義のコミュニケーションについては，たとえば経済的コミュニケーションを成立させる貨幣というメディア，法的コミュニケーションを成立させる正義というメディアを想定したわけであるが，いわば狭義のコミュニケーションに関しては，従来のような，発信者，メッセージ，受信者とした把握の仕方を批判し，コミュニケーションを，情報，伝達，理解の3要素からなるものとして把握する視点を提出している。

この理解によれば，情報の選択の段階，伝達行為の段階，理解の段階の3段階において，ディス・コミュニケーションの可能性が生じることになる。にもかかわらずあるいはそれゆえにこそ，コミュニケーションは，無限に続いていくことになる。ズレの可能性が差異を生みだし，その差異がさらなるコミュニケーションの動因となっていくわけである。教室のコミュニケーションも教師の情報の選別，伝達行為の選別，生徒の理解による選別といった三重のズレの可能性を分析枠組みにする必要があるということになる。

▶ **コミュニケーション理論と教育**　ハーバーマスのコミュニケーション論は，ドイツの教育学に影響を与え，シャラー（Schaller, K.）やシェーファー（Schäfer, A.）らにより，コミュニケーション的教育理論として，展開された。一つは，教育内容の伝達に収まりきらない，教師と生徒の人間関係，生徒相互の人間関係のありかたの重要性，社会的学習の重要性を改めて強調し，そこでの，理想的な発話状況におけるコミュニケーションと現実のコミュニケーションとのズレを問題にするメタ・コミュニケーションの重要性等が述べられている。しかし，教師と生徒の間のコミュニケーションに解放とか理想的な発話状況を適用するのには無理があると見られる。基本的に教師と生徒の間にはコミュニケーションの非対称性があるのであるから。非対称性とは，教師の方が生徒より知識の面であるいは成績評価の面で優位に立っていること，教師はひとりであるのに対し生徒は複数であること，教師は通常生徒よりしゃべる時間が多い，等の事態をさしている。

ルーマンのコミュニケーション理論に基づいた授業分析の可能性については，情報，伝達，理解というコミュニケーションの3要素よりもむしろ，相互行為システムの分析と因果プランの提示において，示されていると言える。教室のコミュニケーションは，ルーマンによれば，授業自体の自己準拠的コミュニケーション・システムとして把握される，生徒と教師の内面の変化の問題は，それぞれ心的システムの問題とされ，異なったシステム次元と把握される。従来の授業内コミュニケーションが，教師と生徒の対話という把握が多かったのに対し，授業を自己準拠システムとして捉える視点は，新しい授業分析の可能性を含むものである。

また，因果プランに関しては，自己準拠システムとしての生徒は，外部の意図通りに操作することは不可能なので，教育技術に頼ることはできず，生徒の反応をその都度予測する教師の側の因果プランが重要な役割を果たす，と考えられている。実際の授業で教師は

330 コメニウス

いかなる因果プランによって授業を行っているのか，また因果プランの精緻化はいかにして可能になるか，重要な授業研究の課題となる。

［参考文献］『講座 現代の社会とコミュニケーション1 基礎理論』東京大学出版会 1973／『コミュニケーション史 講座コミュニケーション2』研究社 1973／ホグベン（寿岳・林・平田・南訳）『洞窟絵画から連載漫画へ──人間コミュニケーションの万華鏡』岩波文庫 1979／今井重孝「コミュニケーションとしての教育」『東京工芸大学紀要』1994 No. 2／Luhmann, N., *Soziale Systeme*, Frankfurt 1984（佐藤勉監訳『社会システム理論（上）』恒星社厚生閣 1993）／Habermas, J., *Theorie des kommunikativen Handelns*, 2 Bde., Frankfurt 1981（河上倫逸他訳『コミュニケイション的行為の理論（上）（中）（下）』未来社 1985, 1986, 1987）／Schäfer/Schaller, *Kritische Erziehungswissenschaft und kommunikative Didaktik*, Heidelberg 1976／Masschelein, J., *Kommunikatives Handeln und pädagogisches Handeln*, Leuven 1991／林進編『コミュニケーション論』有斐閣 1988／Jaspers, K., *Philosophie II*, Berlin, Göttingen, Heidelberg 1956／船津衛『シンボリック相互作用論』恒星社厚生閣 1979／大坊郁夫他編『社会心理学パースペクティヴ 1, 2, 3』誠信書房 1990／マクルーハン, M.（森常治訳）『グーテンベルクの銀河系』みすず書房 1986

［関連項目］ システム論／教授／学習

（今井重孝）

コメニウス

(Johann Amos Comenius, 1592-1670)

▶ 生 涯 ヨハン・アモス・コメニウス（チェコ語では，ヤン・アモス・コメンスキー Joham Amos Komensky）は，1592 年 3 月 27 日，今日のチェコの中央部，モラヴィアの小さな町ウヘルスキー・ブロートの近くに生まれた。1992 年が生誕 400 年ということで，彼の母国では，誕生日前後に，盛大な催しが行われた。郷土の学校，そして祖国を遠く離れた西部ドイツのヘルボルンの大学（hohe Schule）に学び，学業をおえたのち，彼が属し，また彼の学業を支援してくれたボ

ヘミア同胞教団の牧師となった（1618）。しかし，この年におこったボヘミアの反ハプスブルク反乱の結果，1621 年には，住んでいたフルネックの町がハプスブルクのドイツ皇帝軍のために戦火にあい，一切の家財とそれまで書きためていたノートを失っただけでなく，同胞教団が解散を命ぜられたため，他の教団幹部たちとともに一時国内に潜行したが，1625 年にはポーランドのリッサに亡命し，それ以後，コメニウスは二度と祖国の土を踏むことができなかった。

ボヘミア商業貴族の対ハプスブルク一揆を端緒とするこの反乱は，「三十年戦争」と呼ばれるヨーロッパを悲惨のどん底に追い込んだ大戦争へとつながってゆく。フリードリヒ・シラーがドラマチックに描いたこの戦争は，イギリスにおけるペストの流行とともに，17 世紀のヨーロッパに決定的な破局をもたらした。この悲運に見舞われたコメニウスは，この間，『現世の迷路と魂の天国』を書くが，それは，このような悲惨な現世の害悪を呪い，神秘的な隠遁生活において，ただひとりひたすら神との合一を求めようとするものだった。そのようなとき，折しも，予言者コッター（Christoph Kotter）と運命的な出会いによって，近い将来にカトリック教会およびハプスブルク皇帝家が破滅し，やがて，キリストが再来して，千年王国が出現することの確信をもつ。コッターとの出会いに勇気づけられたコメニウスは，こうして，祖国の独立と同胞教団の復活の可能性を信ずるようになり，そのために積極的に努力しようと決意するようになった。コメニウスは，1628 年から 1641 年までの約 13 年間，そのリッサで，ボヘミア同胞教団の同志たちとともに領主ラファエル伯の庇護をうけ，そこのギムナジウムの教師をやりながら，教育による教会と世界の平和を模索しつつ，著作に専心した。コメニウスは，祖国の解放とキリスト教世界の再建が人間の再形成（re-formare）によらなければならないことを確信し，そのためには，すべての青少年を組織的に，また効果的に教

育するための，システィマティックな学校教育の整備と，合理的な教育方法を確立することが必須であるとして，そのための研究を進めた。そこで生まれたのが，後に『大教授学』（Didactica Magna）としてその教育学を結晶させることになるチェック語の『教授学』，そして2冊の新しい言葉の教科書『語学入門』（Janua Linguarum Reserata）および『語学入門手引』である。後者の教科書は，当時のヨーロッパで国境を越えて有名となり，版を重ねた。18世紀のなかごろ，七年戦争の結果，新たにプロイセン領となった旧ポーランドのサガンでフェルビガーが奨励したのもこの教科書だった。そのうち『語学入門』は1631年に出版されて，たちまちヨーロッパ諸国語に翻訳されて各国に広く流布し，教育界に大きな反響をまき起こした。また『語学入門手引』は前者の更に一段階前の初歩教科書として構想されたもので1633年に出版され，これまた広くヨーロッパ各国に流布した。コメニウスは，また，この頃から教育内容を充実させるために，のちに汎知体系（パンソフィア）の名で呼ばれることになる知の体系化に本格的にかかわり始めていた。『教授学』や『語学入門』において試みた学校の新しいカリキュラム構成のための知の体系化とその確立の必要性から，後に「汎知体系」（Pansophia）の名で呼ばれることになる知識体系の完成を求め始めていた。こうして，『汎知体系序説』，さらに『事物の門』が1634年ごろに書かれた。

さきのふたつの教科書の出版が機縁となって，ヨーロッパの人々とも交遊関係ができた。そのなかでも，当時のイギリスの首府ロンドンにあって広くヨーロッパ各国の知識人の国際交流に精力的に活動していたサムエル・ハートリブ（Samuel Hartlib）は，コメニウスにただならぬ関心をもち，彼との文通で，とくにコメニウスが汎知体系の著作を志していることを知っておおいによろこんだ。こうして，コメニウスがハートリブに送った『汎知体系序説』の原稿はハートリブによって，

1637年オックスフォードで出版された。ハートリブを肝煎りとするサークルの招きで，1641年にイギリスに渡ったが，ピューリタン革命のさなか，その難を逃れ，9ヶ月で滞在を打ち切って，オランダに入る。有名な大学町ライデンで，デカルトと会見するが，その詳細はわかっていない。オランダの豪商デ・ゲールの斡旋によってスウェーデン王室の援助をうけるためにストックホルムに行き，そこで当代きっての才女スウェーデン女王クリスティナや宰相オクセンシェルナと会談した。その結果，スウェーデンの大陸における橋頭堡でもある西プロイセンのエルビングに6年ほどの居を定めることになり，スウェーデン王室の保護と支援によって教授学や教科書の著述活動に関する著作を進める。具体的には，それは，『語学入門』の改訂，『最新言語教授法』などの教師用指導書および辞書，文法書の編集などであった。汎知体系に関しても『汎知学大系』（全7巻）を構想し，その第1巻として『汎警醒』を完成，これは，その援助を教育実践に必要な指導書の編纂に限定していたスウェーデン王室の意向を考えて，匿名で出版した（1645）。

ふたたびリッサに戻った1648年，亡命同胞教団の主席牧師の地位についたコメニウスは，まもなくウェストファリア条約の締結に接した。ヨーロッパを悲惨のどん底に追いやった三十年戦争は終結をみたが，その条約は，コメニウスの悲願だった祖国チェコの独立を認めず，またボヘミア同胞教団メンバーの帰国を許さないものであった。

一時は絶望の淵に突き落とされたコメニウスだったが，やがてふたたび祖国チェコ解放のための活動を開始する。ジーベンビュルゲン伯国の領主ラコッキー家の招きで，1650年から1654年までハンガリーのサロス・パタークに住んで，そこで新しい学校を作ることになった。『汎知学校の輪郭』，『世界図絵』（Orbis Pictus sensualim），『遊戯学校』（Schola Ludus）はこの学校に関連して書かれた。いずれも重要な歴史的文献である。し

かし彼がここに来たのは単にモデル・スクールを作るためのみではない。ハンガリーに渡ったコメニウスは、『教授学』や『語学入門』で展開されたその構想にもとづいた新学校を経営したサロス・パタークを拠点に、ウェストファリア体制の解体の活動に奔走する一方、『汎知学校の輪郭』、『遊戯学校』などを世に送り、のちに『世界図絵』(1658) として結実するものの構想をたてた。

1655 年, 女王クリスティナのカトリック転宗とローマへの移住という劇的な事件のあとをうけついだカルル・グスタフのポーランド侵入にはじまるポーランド戦役は、やがてラコッキー伯も参戦し、コメニウスは、この戦争にハプスブルク打倒の夢をかける。彼は戦火を避けてアムステルダムに移住し (1656)、そこでかってスウェーデン行きの援助をうけたデ・ゲール家の庇護のもとに、祖国の独立、ハプスブルク家の打倒とキリスト教世界の平和の可能性を期待した文筆活動を行うとともに、教育関係の著作の整理を試み、1657 年『コメニウス教授学全集』(*J. A. Comenii Opera Didactica Omnia*) 全 1 巻を出版する。ラテン語の『大教授学』は、そのなかに収められている。

しかしながら、ポーランド戦役の終息によっても、コメニウス念願の祖国の独立もキリスト教世界の平和も実現されなかった。コメニウスは、それにもめげず、さらにハプスブルク打倒、キリスト教世界の国際平和機構の樹立に向かって世に説き、また一方では、『人事改善総勧告』の完成に専心するが、1670 年 11 月 15 日、力尽きて 78 歳の生涯を閉じた。その墓は、アムステルダム近郊のナールデンの小さな教会のなかにある。

▶ **教育思想**　コメニウスは、その流浪の生涯において、多くの著作を残しており、その教育思想を克明に叙述することは、至難のことといってよい。そこで、ここでは、主著『大教授学』において、その構成をてがかりに、それをつらぬく教育の論理がフォローされる。

『大教授学』の前身である『教授学』は、コメニウスがリッサに寄寓するまえから構想されていたが、それは母国語であるチェク語で書かれた。その原稿は 1632 年に完成したが、久しく原稿のままで出版されず、19 世紀の中頃になって、はじめて、その存在が陽の目をみた。その後、コメニウスは、これをラテン語に訳し、広く世界に読者をもとめることを計画し、それは 1639 年に完成を見たが、これもすぐには出版の運びとはならなかった。1657 年になってはじめて、コメニウスが自分の教育関係の著作を集めて出版した『コメニウス教授学全集』のなかに『大教授学』として収められて、はじめて世に出た。

『大教授学』は全編 33 章から成っている。その序論にあたる部分が大切な内容を含んでいることはいうまでもないが、主題の『大教授学』という書名を内容的に説明するように、本論を要約するような長い副題が開巻第 1 ページを飾っている。

あらゆるひとに、あらゆる事柄を教授する普遍的な技法を提示する

大教授学

いかなるキリスト教王国のであれ、それの集落、すなわち都市および村落のすべてにわたり、男女両性の全青少年が、ひとりも無視されることなく、学問を教えられ、徳行を磨かれ、敬神の心を養われ、かくして青年期までの年月の間に、現世と来世との生命に属する、あらゆる事柄を、容易に、愉快に、着実に、

教わることのできる学校を創設する的確で熟考された方法

ここで提示されるすべての、

基礎は、事物の自然そのものから発掘され、

真理は、工作技術の相似例によって論証され、

順序は、年、月、日、時間に配分され、

最後に、それらを成就する、平易で、的確な道が、示される。

『大教授学』の内容についての説明は、コメニウス自身が示してくれているこの表題に

尽きる。しかし，簡にして要を得た説明があ
る（梅根悟『コメニウス』）ので，それを借
用して，構成上の説明に代えたい。33章か
らなるその章ごとには，その内容を要約する
小見出し的な説明が欄外に付けられている。
終わりの2章は結びの考察といってもよいの
だから，本論は，31章といってよい。初め
に教育の目的と内容を論じ（1-6），次に学校
教育の必要性（7-10），さらにその学校の不
完全きわまる現場の批判とその改革の可能性
を論じ（11-12），それからいよいよ新しい教
授技術の確立の必要性と，その一般原理を述
べ（13-19），さらに進んで，科学・技術・言
語分野の特殊技術について論じ（20-26），そ
して最後に学校制度論と各級学校の組織管理
論が取り扱われる（27-31），という大筋にな
っている。

『大教授学』において，コメニウスは，何
もかも逆立ちし，乱れきって崩れ去り，私た
ちの営みのなかで，それが本来あるべきすが
たをとっているものがいまやあるだろうかと
自問して，万物の創造主である神の意志に，
まず思いをめぐらす。賢明にも，コメニウス
は，ここで，神は自らを模して創った人間に，
彼らよりもまえに創造したすべてのものを治
めるよう命じたはずであり，それゆえ，たび
たびの堕落や堕罪にもかかわらず，人間を全
体としては，けっして見捨てるようなことは
なかったと確信していた。人間は，本来，被
造物のうちでは，最も精妙なもの，すなわち
世界のすべての素材とあらゆる段階にわたる
形式が，いわばひとかたまりにあつめられて
いて，神の知恵の業（わざ）のすべてを表し
ていて，その飽きることのない受容の能力は，
彼らを，学識，有徳，そして敬神へと導くは
ずだった。しかるに，彼ら人間は，それを神
に向けずにただ自分たちの欲望のために利用
することしか求めない。神は，ノアの箱舟の
場合のように，自らを畏れず，自分をないが
しろにした人間を罰し，自分を信ずるものた
ちにさえ厳しい試練を課した。コメニウスに
とっても，17世紀のこの災禍こそ，神があ

たえた人類最後の試練と思えたことだろう。
しかし，彼は，神はけっして信仰篤きものを
見捨てるようなことはしない，きっと救済の
みちを残しておいてくれるはずだとも信じて
いた。『大教授学』では，コメニウスはこう
いう。神は，そのようなときには，いつでも
選ばれたものに永遠の楽園を用意し，荒野を
よろこびの庭に変えてくれた，と。

コメニウスは，学習論に，現世の生命が永
遠の生命の準備にほかならないことをしめす
役割を期待したが，それは，この場合，教師
の力が無垢な人々を学識，徳の調和，そして
敬神の心の持ち主へとつくり上げていく希望
そのものだった。コメニウスにおいては，無
垢なものとしての子どものイメージは，神の
王国へ入る可能性をもっているものでしかな
い。人間の精神は放っておいては，自分の力
で完全なものとなることはできない。事物の
認識能力は経験から生まれてくる。人類の祖
先である「堕落」の当事者たちが豊かな経験
をもっていなかったことが何よりの証拠だ。
そして，そのことが，人間にとって学習
（discere）を統制する教育（disciplina）が必
要であることを示している。人間は，神の意
志と力によって教育されなくては，人間には
なれない。

コメニウスは，教育にあたることばを巧み
に使いわけている。まず環境による経験への
期待，人間としての陶冶（cultura），そして
システムとしての教育（institutio）の必要性。
教育（educatio）概念は，ここでは，後代に
おけるような一般性をまだ獲得していない。
学習の論理は事物の認識を獲得する経験への
期待において保存されているが，これを環境
決定論とみなすことはあたらない。その環境
自体は，神が人間に感覚されうるように配置
しているものなのだ。陶冶論は野生児の例や
植物類推のかたちをとっているが，その場合
の文明理解は，むしろ文明批判ですらある。
コメニウスは，文明の愚かさを反省し，神の
門に入る準備をすること，すなわち神に向い，
学識，徳の調和，そして敬神の心をつくり上

げていくことをそれに求めたのだ。そして、最後にシステムとしての教育。教授と学習の方法の基礎は神の名においてたずねられ、したがって人類に住みついている欠陥を救う手段は、神によってそのようなものとして存在させられている自然のみちゆき以外には求めることができない。最終的には、技術は、自然を模倣することができなければ、なにごともなしえないからだ。有名な印刷工場になぞらえられる学校体系論や時計のしくみになぞらえられる教授過程の「合理的な」システムも、この「真理」の延長にある。近代の教授理論が継受したのは、この合理的な教授システムだといわれるが、これには無理がある。ごく一部をのぞいて、コメニウスのなまえが伝承されていたのは、ゲーテやヘッセも読んだ『世界図絵』の異本によってだけであった。しかしながら、今日では、その教育思想のもつ神秘主義的な本質に着目するルドルフ・シュタイナーをはじめ、教育思想史におけるその重要性を確認することはきわめて当然のこととになっている。

[参考文献] 現在、チェコのアカデミア出版から全集（*Dilo Jana Amose Komenskeho*）が刊行中、1998年春までに、全40巻（予定）のうち15巻が刊行されている。コメニウス（鈴木秀勇訳）『大教授学』（1・2）世界教育学選集24、25、明治図書 1962／梅根悟『コメニウス』牧書店 1956・1963（改訂新版）／堀内守『コメニウス研究』福村出版 1970／鈴木秀勇『コメニウス『大教授学』入門』（上・下）、明治図書 1982／堀内守『コメニウスとその時代』玉川大学出版部 1984／井ノ口淳三『コメニウス教育学の研究』ミネルヴァ書房 1998 なお、チェコ本国ではチャプコバ女史（Dagmar Capkova, *Myslitelsko-vychovatelsky odkaz Jana Amose Komenskeho*, Praha 1987）ら、ドイツではクラウス・シャラー（Klaus Schaller, *Die Pädagogik des Johann Amos Comenius: die Anfänge des pädagogischen Realismus im 17. Jahrhundert*, Heidelberg 1962）らのものがある。　　　　　　　　　　　　（山内芳文）

コンディヤック
(Etienne Bonnot de Condillac, 1714-1780)

▶ **生涯**　　フランス啓蒙期の哲学者。感覚論の代表者。グルノーブルの法服貴族の家系に生まれる。パリのコレージュ・マザランで数学・物理学・論理学・デカルト哲学などを、サン・シュルピス神学校とソルボンヌ大学で神学やスコラ哲学などを学び、1741年司祭に就任する。しかし、生涯1回しかミサを行わず、サロンに出入りして、ルソー（Rousseau, J.-J.）、エルヴェシウス（Helvétius, C. A.）、ディドロ（Diderot, D.）らと親交を保ちつつ、世俗的な研究をつづけることになる。1758年からの10年間、パルマ公国王子の家庭教師に携わる。1768年、アカデミー・フランセーズ会員。

▶ **思想の内容**　　ロック（Locke, J.）の経験論が感覚と反省を認める二元性をもつことを批判し、感覚論を大成した。最初の著作『人間認識起源論』（1746）では、デカルト的な生得観念説を否定して、知識の起源を経験のみに還元することを目指し、魂の働きの起源を知覚に、記号の働きの起源を身振り言語に求め、その生成過程をたどった。主著『感覚論』（1754）では、無感覚の大理石像に嗅覚、聴覚、味覚、視覚、触覚の五感を順次与えるという思考実験によって、注意、反省、判断、推理、記憶といった人間の精神能力の成立を感覚一元論的に説明した。パルマ公国での仕事をもとに執筆された『パルマ公王子の教授のための教程』全16巻（1775）では、その序文において、学習論を展開し、理性年齢 l'âge de raison をめぐってルソーと対立的な見解を示した。すなわち、ルソーが理性的学習にさきだって感官訓練の必要を説くのに対し、感性的学習（観察）と理性的学習（推論）を同時的機能ととらえて、子どもにも理性的な学習が可能であることを主張した。これをきっかけとしてポーランド政府からの依頼を受け、学校用教科書『論理学』（1780）を執筆し、死後出版された。

▶ **影響と位置づけ**　　コンディヤックの『全

集』は，フランス革命期に広く読まれた。コンドルセ（Condorcet, M. J. A. N. de C.）や，さらに19世紀の観念学派への大きな影響が認められる。また，イタール（Itard, J. M.-G.）やセガン（Séguin, É. O.）の精神薄弱児教育や，それを経由した新教育運動への影響が指摘される。その他，『論理学』は，ペスタロッチ主義者のジョセフ・ネーフ（Neef, J.）によって英訳されるなど，広く用いられ，当時の教育界に影響を与えた。ジェームズ・ミル（Mill, J.）の『教育論』でも重要視されている。コンディヤックの学習原理は，ルソーによる子どもの発見にあたる，もう一つの近代教育的革新として，啓蒙主義的な立場からの教育の合理化に中心的な役割を果たしたといえる。

[参考文献] Condillac, E. B. de, *Oeuvres philosophiques de Condillac*, Paris 1947-1951／Rousseau, N., *Connaissance et langage chez Condillac*, Genève 1986／コンディヤック（古茂田宏訳）『人間認識起源論』（上・下）岩波書店 1994 　　　　　　　　　　　　（上原秀一）

コンドルセ

(Marie Jean Antoine Nicolas de Caritat, marquis de Condorcet, 1743-1794)

▶ 生涯　　フランス革命期の数学者，哲学者，政治家。最後の啓蒙思想家としてフランス革命に実際に参加したことで，その教育思想は，公教育論へと具体化された進歩思想としての特徴をもつ。北フランス，ピカルディ地方の侯爵家に生まれる。1758年，15歳でパリの名門コレージュ・ド・ナヴァルに入学。そこでダランベール（d'Alembert, J. le R.）らによって数学の才能を認められ，数学研究に専念するようになる。『積分論』（1765）や『解析論』（1768）などの優れた業績を発表し，26歳で科学アカデミー会員となる。後に同アカデミーの常任幹事として，物故会員への頌辞を数多く著すこととなり，それによって数学のみならず，幅広い分野にわたる知識を得ることになる。ヴォルテール

（Voltaire）やテュルゴー（Turgot, A. R. I.）など時の指導的な哲学者や政治家とも交際したが，とくに，テュルゴーとの交際はコンドルセの政治家としての才能を開花させた。1774年に，フランス経済の危機に際してテュルゴーが財務長官に登用されたとき，コンドルセは造幣長官として協力した。テュルゴーの政策は自由放任主義的なものであったが，コンドルセは重農主義と自由貿易主義とを主要理論とするフィジオクラシー（physiocratie）の経済原則によってこれを支えた。またそのころ『百科全書』へ「独占および独占者」の項目を寄せている。1782年，39歳でアカデミー・フランセーズ会員となる。その就任講演において「社会数学」の構想を発表し，数学と社会科学との結合を唱えた。1789年，フランス革命が勃発すると，ジロンド派としてこれに参加。1791年に最初の教育論「公教育に関する五つの覚書」を発表する。同年秋，立法議会議員に選出され，さらに翌92年，公教育委員会（Comité d'instruction publique）委員に任命される。彼はここで中心メンバーとして，「公教育の全般的組織に関する法案」，いわゆるコンドルセ案を作成し議会に報告した。この案は，対外関係の緊迫と国内政争の激化のため採択されなかったが，立法議会の決議により1792年に刊行され，国民公会の命により，翌年再刊された（「革命議会における教育計画」）。1793年，モンターニュ派の台頭による恐怖政治に際して，追放ののち，逮捕令，死刑宣告を受ける。1794年，逮捕，投獄され，獄死。逮捕までの約9ヶ月の逃亡期間中に執筆した『人間精神進歩の歴史的展望の素描』は，彼の代表作となった。

▶ 思想の内容　　コンドルセの教育思想の根底にあるのは啓蒙主義的な楽天的人間観・社会観であったといわれ，その歴史観はしばしばブルジョワ的進歩史観と要約される。そうした傾向は『人間精神進歩の歴史的展望の素描』に示されている。この著作は，人類の歴史を人間理性の進歩を基準として十段階に分

け，革命の時代を九番目の時代とし，そこに至る過去の八つの時代と，やがて到来すべき未来の十番目の時代とをそれぞれに論じたものである。すなわち，フランス革命を理性支配という理想の実現過程とみて，諸国民間における不平等などの撤廃，国民内部における平等の確立，人間の現実的完成によって，財産や人権や教育が平等に与えられるべき理想社会を目指すものであった。十番目の時代を到来させるためには，これまでに進歩してきた理性をすべての人々の間に行き渡らせなければならない。こうして人類の進歩が理性の進歩によって約束されるという啓蒙思想の立場から，公教育の必要性が根拠づけられることとなる。

コンドルセは，こうした啓蒙主義的な進歩の観念に支えられて，具体的に公教育制度を構想した。彼は，教育の目的を，知識の進歩を絶えず促進して技術の完成を図るとともに，身体的道徳的能力を陶冶して個人と社会との幸福繁栄を図り，「人類の完成」に貢献することに求めた。彼は生得の才能の発揮，職務の遂行能力の獲得，法の定める権利の行使，を各人に保証する公教育の組織と整備は国民に対する社会の義務と考える。そこで，彼は国民教育（instruction nationale）において，具体的には市民間の真の平等の確立と，法律によって承認される政治上の平等の実現を直接の目的としてその達成を希求し，国民すべてが「理性開発」の機会を受けることを原則とした。コンドルセ案によれば，国民教育は，①小学校，②中学校，③アンスティテュ（institut），④リセ（lycée），⑤国立学士院，の段階をもつ。この単線型の学校体系は，能力を唯一の進学基準とする。アンスティテュは社会的指導者の養成機関，リセは大学に相当するものとして位置づけられる。国立学士院は，学術の研究と普及にあたり，あわせて公教育の監督指導にあたる。コンドルセ案においては，19世紀以降における公教育の三大原則（非宗派性・無償制・義務性）の一つである教育の義務性の規定がかけている。これ

は革命初期においては一般に「義務教育」（enseignement obligatoire）は「強制教育」（enseignement forcé）であり，革命の原理たる自由主義に反するものと考えられていたことによるが，同時に18世紀啓蒙思想家としての彼の楽天的人間観・社会観にもとづくものでもあった。

彼の公教育思想は，自由主義，合理主義の色彩が強い。コンドルセが提案した公教育は理性の原理に立つ知育中心のものであり，公教育は「教授」（instruction）に限定されるべきことが明示された。それは「教育」（éducation）が職業や財産に関係なく同一のものであり，また「教授」が能力や職業に応じて分割できることに対して分割できないこと，さらに，思想や宗教にまでわたる拡がりを持つことによって，公権力の支配するところではないという理由からであった。教育は，国家の権限外の問題であり，家庭ないしは各個人に一任されるべきものであるとされたのである。このように自由の原理が強く支配するいっぽうで，公教育を国家の手によって構成しようとする統制の原理も受容された。この自由と統制の二つの原理の交流点が国立学士院の設立だった。コンドルセはこの機関を設立することによって政治的影響から教育の自由を確保し，しかも国立学士院の構成員は選挙によって決定されるのであるから，世論にしたがって教育行政を運営することとなり，自由と統制との二つの原理は矛盾なく綜合されるものと考えていたのである。

▶ 位置づけと影響　　コンドルセの公教育案は，アンシャン・レジーム末期のラ・シャロッテ（La Chalotais）の「国民教育論」にみられる絶対主義的開明教育思想，および革命議会にモンターニュ派を代表する教育計画として提案されたルペルシエ（Lepelletier, M.）の「国民教育案」にみられる統制主義的平等教育思想と対比される。コンドルセ案は，第三共和制におけるジュール・フェリー改革（1870）など，19世紀以降のフランス教育制度の指導理念として大きな影響を及ぼし，教

育史上一つの画期となっている。とくに教育の自由や教育を受ける権利の思想は，第二次大戦後のわが国の教育運動においても参照された。なお彼の数学論はその合理的な社会数学に表現され，サン・シモン（Saint-Simon, C. H. de R., C. de）やコント（Comte, I. A. M. F. X.）の社会学に影響をあたえた。

[**参考文献**] Condorcet, M. J. A. N. C. de, *Oeuvres de Condorcet*, 12 vols., Paris 1847-1849／安藤隆穂『フランス啓蒙思想の展開』名古屋大学出版会 1989／コンドルセ（松島鈞訳）『公教育の原理』明治図書 1985／松島鈞『フランス革命期における公教育制度の成立過程』亜紀書房 1968／渡辺誠『コンドルセ』岩波書店 1949 　　　　　　　　　　（上原秀一）

サ

蔡 元培

（さいげんばい，Cài Yuán-péi, 1868-1940）

中国近代の思想家，教育家。浙江省紹興の出身。字は鶴卿，号は孑民。1892年進士合格，1894年翰林院編修に任ぜられる。戊戌変法失敗の後，清王朝への失望から官を辞し，紹興中西学堂，上海南洋公学の運営・教育にたずさわり，1902年，章炳麟らとともに中国教育会を発足，会長となる。1904年光復会会長，1905年中国同盟会への参加など政治変革に力をつくすとともに，愛国学社，愛国女学校の設立にも参画，革命の担い手となる人材の養成をはかった。

1912年中華民国初代教育総長就任の後，軍国民教育，実利主義教育，公民道徳教育，世界観教育，美感教育などを提唱した。こうした教育思想が生みだされた背景には，強国への想いと実業振興による社会建設への希求があった。しかし一方で，蔡の世界観教育は教育の観念世界の追究であり，教育を形而上で捉える蔡思想の特質を表している。1907年ドイツに留学し，翌年からライプチヒ大学で哲学・心理学・美学・歴史学などの研究に従事した。この時期に接したカントの著作をはじめとしたドイツ哲学は蔡の教育思想形成に深い影響を与えた。ドイツ滞在中に『中国倫理学史』，『中学修身教科書』を著し，儒学などを通して中国思想を再評価するとともに東西思想の継承を土台とした道徳観構築の必要性を訴えた。高い志と高邁な人格の形成，集団性，公共性の重視は，蔡の多角的な学問研究の経験にもとづくものであった。

袁世凱の独裁に対する批判から教育総長を辞任した蔡は，再びヨーロッパに渡り，李石曾，呉稚暉らとともに華法教育会を設立し，働きながらも学びつづけることを勧める「勤工倹学運動」などの活動にも力をそそいだ。帰国後1917年，北京大学総長となり，立身出世主義の風潮を排し，学問の自由，大学の自治を標榜した。「兼包並容」の精神を実践し，陳独秀，胡適，李大釗，銭玄同，劉師培，陳漢章など，学問や思想の流派，政治的立場の違いを超え広く人材を登用し，大学に新たな学術振興の礎をきずいた。これにより北京大学は新文化運動の舞台のひとつとなった。

1927年より南京政府の大学院長，中央研究院院長に就任，1932年中国民権保障同盟の発足にも加わった。1937年上海から香港に遷居し，1940年香港で逝去。蔡の政治活動の軌跡は中国社会の変革において重要な位置を占めるだけではなく，教育思想にも独自の系譜を築き多くの教育者にいまなお光を与えつづけている。

［参考文献］　中国蔡元培研究会編『蔡元培全集』1-18巻，浙江教育出版社　1997／聶振斌『蔡元培及其美学思想』天津人民出版社　1984／蔡建国『蔡元培与近代中国』上海社会科学院出版社　1997／中目威博『北京大学元総長蔡元培　憂国の教育家の生涯』里文出版　1998
（朱浩東）

再生産論

英 reproduction theory

▶ **語 義**　1960年代の末から1970年代の前半に，欧米の思想や社会科学のなかから生まれた理論潮流。当初の中心的な担い手としては，フランスのアルチュセール（Althusser, L.）やブルデュー（Bourdieu, P.），イギリスのバーンスタイン（Bernstein, B.），アメリカのボールズ（Bowles, S.）とギンタス（Gintis, H.）らを挙げることができる。再生産論は彼らによって，政治や社会における教育の位置に関するそれまでの認識方法を根本的に批判する企図をもって提唱された。

再生産論は，それを提唱した論者によって理論の出自を異にしているが，次の点でモティーフを共有している。すなわち，再生産装

置という教育制度観を提起することによって，教育制度を再生産過程に対して中立的なものとみなす道具主義的制度理解を退けようというモティーフである。マルクスの哲学的読解を通して政治的実践哲学の再建を志すアルチュセールは，1970年に発表された論文「イデオロギーと国家のイデオロギー装置」で，国家を階級支配の道具とみる立場を批判し，階級対立をめぐる政治的実践が展開される舞台とその存立メカニズムを，国家のイデオロギー装置論として概念化した。アルチュセールによれば，国家のイデオロギー装置は，生産諸関係の再生産を保証すると同時に，再生産をめぐるコンフリクトが展開される場である。そこでイデオロギーは，主体の歪められた観念としての虚偽意識ではなく，むしろ，日常的な慣習行為（プラチック）の調整によって主体それ自身を構成する作用として把握される。そして，家族と学校が，近代国家における支配的なイデオロギー装置であるとされる。また，社会学者のブルデューとパスロン（Passeron, J.-C.）は1970年の『再生産』で，権力による正統性の調達という点に注目して再生産メカニズムの理論化を行った。彼らもまた，再生産のメカニズムを把握するに際して日常的慣習行為の調整による主体の構成に着眼するが，それをより教育に内在的な視点から理論化した点にその特徴がある。そこでは，慣習行為の生成原理が，ハビトゥスという概念によって把握される。ハビトゥスとは，日常的慣習行為に一定の型を与えるような無意識の次元を含んだ構造の生成原理である。ブルデューとパスロンによれば学校教育は，近代における階級的不平等の正統化に寄与するようなハビトゥスの産出に，重要な役割を果たすという。学校を再生産装置としてとらえようというアルチュセールやブルデュー，パスロンの提起は，当時のフランスにおいて，学校を社会的なコンフリクトから中立的な機関としてとらえる発想に対する異議申し立ての，理論的よりどころとなった。同じころ，イギリスでは言語社会学から出発したバーンスタインが，社会階級による言語コードの違いに注目して，階級構造が学校教育によって再生産されるメカニズムを明らかにした。バーンスタインは，学校教育が特定の社会階級の言語コードの構造に親和的な形で組織化されているという点に，階級構造の再生産の重要なメカニズムを見いだした。また，アメリカ合衆国の教育経済学者であったボールズとギンタスは，人的能力の開発による社会の平等化を唱えていた人的資本論に対する内部的批判を展開し，学校教育が果たす社会的不平等の再生産機能に注目した。その際彼らは，再生産の構造として，学校で形成される社会的関係と職場で形成される社会的関係との構造的対応を重視し，この視点は，1976年の『アメリカ資本主義と学校教育』で，「対応原理」として定式化された。イギリスやアメリカでは1960年代にそれぞれ労働党と民主党の政権下で，総合制中等学校（コンプレヘンシブ・スクール）の拡充（イギリス），学校教育における人種統合の推進（アメリカ），補償教育政策などをつうじ，学校教育の拡充と整備による社会的平等の実現をめざす政策が展開されていた。バーンスタインやボールズ，ギンタスの議論は，学校が社会的平等の実現に寄与するどころかむしろ不平等の再生産機能を担っていることを指摘することによって，このような政策に対する批判的視点を提起するものであった。

▶**背景**　再生産論がなぜ1970年代初頭に各国で提起されたのかについては，さしあたり，その理論的背景と社会的背景を指摘することができる。まず，理論的背景についてであるが，再生産論は広い意味で，構造主義の内在的克服という思想的運動から生まれた理論的成果であるということができる。たとえばアルチュセールの場合に即してみると，彼の理論的出発点は，経済還元主義や人間主体中心主義のような，歴史の方向性を規定する主体をアプリオリに措定する目的論を，本質主義として批判する点にあり，その点では構造主義のモティーフを明瞭に含むものであ

った。しかし歴史の方向性を否定して共時的な側面に定位する構造主義は、社会の変動や歴史の運動そのものを否定するスタティックな理論であるという批判を招くことにもなる。そこでアルチュセールは、目的論を排除した形で歴史と変化の問題を理論化するという課題を構造主義の内在的克服のために提起する。そこから導き出されたのが、再生産という概念であり、それは「主体も目的もない一過程」としての歴史を把握するための概念にほかならなかった。他の論者の場合にも、多かれ少なかれ同じような理論的モティーフを共有していた。たとえばブルデューのハビトゥス概念は、レヴィ゠ストロース（Levi-Strauss, C.）の構造把握を動態化するための概念戦略であったし、バーンスタインの言語コード理論は、構造主義言語学の動態化を試みたサピア（Sapir, E.）らの影響下に構築されたものであった。また、ボールズとギンタスの対応原理は、労働価値説に含まれている経済主義と労働主体中心主義の双方を批判する観点を内に含んでいた。

次に、社会的背景についてであるが、これは1960年代末から1970年代にかけて資本主義諸国に生じた社会構造の転換と密接に関わっている。第二次大戦以後、資本主義諸国では、経済成長を背景に、ケインズ主義的経済政策や福祉国家の建設に立脚して、所得の再分配による社会的平等の実現がはかられていった。そのような動向のなかから、とくに1960年代には、豊かな産業社会の実現による階級的分断の解消をとなえる議論が社会学者や経済学者らによって提起された。その際、社会的平等の実現のための手段として重要な位置づけを与えられていたのが学校教育であった。そこで学校教育は、教育機会を均等にすることで貧困の世代的再生産の循環を断ち切り、階層の流動化を促進するための制度として考えられていた。しかしながら他方で、1960年代にはすでに、このような産業化にもとづく平等の実現を阻むような社会構造上の変化が潜在的に進行し、それは1970年代になると経済的危機として顕在化した。すなわち、国際通貨システムの不安定化や石油ショックによって、資本主義の経済システムが根本的な再編成を余儀なくされていった。具体的にはまず、経済成長の鈍化によって、福祉国家的な再分配の前提そのものが崩壊した。また、ハーバーマスが指摘するように、この経済的危機は、家族や学校をはじめとする社会、文化システムにおける正統性の危機を誘発し、1960年代末以降、青年を中心的担い手とする社会運動の高揚や、青年・学生の社会からの退却、アパシーなどをもたらした。再生産論が登場する背景には、このような1960年代末から1970年代の社会構造の転換による、社会の平等化装置としての学校制度の正統性の動揺という事態があった。

▶ **再生産論のインパクト**　　再生産論は、学校を不平等の再生産装置として把握するが、これは二つの理論的含意に分節化してとらえることができる。第一の点は、個々の階級あるいは階層の世代的再生産という視点である。たとえばブルデューは、文化資本という概念を用いて、文化的な階層構造とそれが文化資本の継承によって世代的に再生産されていくありようを分析している。この視点によって、世代的再生産の循環を断ち切り階層の流動化を促進するという従来の学校制度把握が正面から批判され、階層的不平等の再生産装置という学校観が対置された。第二の点は、階級、階層構造全体の再生産とその正統化という視点である。この視点によってとくに強調されるのは、再生産過程に含まれている政治的メカニズムの問題である。すなわち再生産論は、単に階層的不平等の世代的再生産を記述するだけではなく、階層的諸関係の階級対立のような形での政治化が所与の階級、階層構造の正統化によって阻止されるというそれ自体すぐれて政治的なメカニズムを、認識の俎上にのせる。そして教育制度は、そうした政治的メカニズムの主要な舞台として把握される。その場合、このメカニズムのはたらき方は、教育内容にあらわれる公然たる教義の注入の

ような仕方ではなく，むしろ，イデオロギー（アルチュセール）やハビトゥス（ブルデュー）による日常的慣習行為の調整や，日々の教育的経験によって形成される社会的関係（ボールズ，ギンタス）のように，制度的な次元にかくれた形で組み込まれているとされる。こうして，教育制度にはたらく政治的作用は，明示的なカリキュラムに現れる教育内容の次元においてだけではなく，教育という関係を成り立たせる制度形式それ自体の次元において把握される。この視点はとくに，ヒドゥン（潜在的）カリキュラム論の展開に重大なインパクトをもたらした。

▶ **批判と分岐**　1970年代後半以降，再生産論に対する批判とそれをめぐる論争のなかからいくつかの理論的立場が派生し，また，再生産論自体も分岐していく。再生産論に対して寄せられた批判は，大きく二つの点に整理することができる。第一の批判は，再生産論が，教育制度を不平等な社会構造の再生産にアプリオリに寄与するものとしてとらえる，決定論的で機能主義的な性格をもっているというものである。この批判は，再生産論が再生産の過程に変容を加える実践の可能性と構造変動についての視点を欠いているという主張を含むもので，ウィリス（Willis, P.）やジルー（Giroux, H.）らによって展開された。たとえばイギリスの労働者文化論の研究から出発したウィリスは，再生産論の機能主義的な性格をのりこえる意図で，被支配階級の自律性を導き出すための概念として，「文化的生産」という概念を導入した。また，ジルーは，このウィリスの提起を抵抗の理論として発展させることを提案した。第二の批判は，再生産論がマクロな構造の把握にとどまっていて，再生産のミクロ的なメカニズムを十分内在的に説明していないというものである。この批判からは，学校内部のメカニズムを把握するためのさまざまな手法が再生産論を補うものとして導入された。ウィリスが労働者文化を記述する際に用いたエスノグラフィーはその一つである。そのほかにも，イギリス

の「新しい教育社会学」の潮流では，カリキュラムの組織原理の研究などに，象徴的相互作用論や現象学的社会学の方法が取り入れられた。しかしながら，再生産論に対するこれらの批判に対しては，再生産論の側から次のような反論が加えられた。まず，機能主義的で構造変動の視点が欠落しているという第一の批判に対して，ブルデューやボールズ，ギンタスは，再生産という視点によって動態化された構造概念自体のなかに，すでに変動の視点が組み込まれているという認識を対置した。また，ミクロ的なメカニズムの把握が欠落しているという第二の批判に対して，バーンスタインは，批判者たちの立場を批判し返すことによって反論した。バーンスタインによれば，ミクロの説明をマクロの説明とは別の方法で行い両者を結びつけるという批判者たちの主張には，二つの説明が異なる理論的前提に立脚している点についての方法論的吟味が欠落しているという。彼は，構造概念そのもののなかに，ミクロ的メカニズムを問う視点が含まれている点を強調した。このように，再生産論とその批判者たちとの間の対立は，構造の再生産を支えたりそれに変容を加えたりするメカニズムをどのように把握するかをめぐるものであった。批判者たちがこのメカニズムを抵抗の主体などの形で構造の外部にもとめたのに対して，再生産論の側は，構造の内部に定位してそれを把握しようとした。この論点は実践的には，不平等な構造の再生産をのりこえる実践の可能性を，教育制度の外部の社会運動などにもとめるか，教育制度の内部的な組み替えに求めるかの対立にもつながっていく。再生産論は基本的に後者の立場をとるが，それ自体，その後の展開において理論的な分岐をとげた。たとえばバーンスタインは，学校内の言説構造の内部的組み替えを行うための基礎理論の構築に関心を焦点化させていった。また，ボールズ，ギンタスは，教育制度と他の社会的諸制度との間の接合関係に視野を広げ，その総体を組み替えるための社会理論の構築に向かっている。

▶ **課題** 上述のように再生産論にはもともと，世代的再生産という視点と，社会構造の再生産という視点が共存している。しかしながら，この両者の視点の関連づけという点については，これまでの再生産論は必ずしも十分な概念化を行っているとはいえない。たとえばフェミニズムが再生産という用語を用いるときにはもっぱら家庭内での出産，育児のような世代的再生産に関わる営みをさすが，このような用語法が，再生産論とどのように結びつくのか，あるいはつかないのかという問題がある。1980年代以降，ブルデューやボールズ，ギンタスがフェミニズムとの理論的接点を追求していることは，こうした問題に接近する一つの端緒であるとも考えられる。これまでの再生産論が家族の再生産労働を十分概念化し得ていないという問題は，それが学校教育に比重をおいて議論され，家族の問題が必ずしも中心的な位置づけを与えられてこなかった点にも由来している。したがって，学校と家族の双方を視野に入れつつ，世代的再生産と社会構造の再生産との結合様式と，その歴史的種差性について，トータルな理論構築を行うことが，再生産論に課せられた重要な課題であるといえる。

［参考文献］Althusser, L., "Ideologie et Appareils Idéologiques d'Etat", *La Pensée*, 151, 1970（西川長夫訳『国家とイデオロギー』福村出版 1975，柳内隆訳『アルチュセールの〈イデオロギー〉論』三交社 1993）／Apple, M., *Ideology and Curriculum*, Routledge & Kegan Paul 1979（門倉正美・宮崎充保・植村高久訳『学校幻想とカリキュラム』日本エディタースクール出版部 1986）／Apple, M., *Education and Power*, Routledge & Kegan Paul, 1982（浅沼茂・松下晴彦訳『教育と権力』日本エディタースクール出版部 1992）／Bates, R. J., "New Developments in the New Sociology of Education", *British Journal of Sociology of Education*, 1(1), 1980／Bernstein, B., *Class, Codes and Control*, Vol. 1, *Theoretical Studies towards a Sociology of Language*, Routledge & Kegan Paul 1974（萩原元昭編訳『言語社会化論』明治図書 1981）／Bernstein, B., *Class, Codes and Control* Vol. 3, *Towards a theory of educational transmissions*, Routledge & Kegan Paul 1977（萩原元昭編訳『教育伝達の社会学』明治図書 1985）／Bernstein, B., *The Structuring of Pedagogic Discourse : Class, codes and control*, vol. 4, Routledge 1990／Bernstein. B., *Pedagogy, Symbolic Control and Identity* Taylor & Francis 1996（久冨善之・小玉重夫・長谷川裕・山崎鎮親・小澤浩明訳『〈教育〉言説，象徴統制，アイデンティティ』法政大学出版局 2000）／Bourdieu, P., Passeron, J-C., *La Reproduction*, Minuit 1970（宮島喬訳『再生産』藤原書店 1991）／Bourdieu, P., *Le Sens Pratique*, Minuit 1980（今村仁司・福井憲彦・塚原史・港道隆訳『実践感覚』1, 2, みすず書房 1988, 1990）／Bowles, S., and Gintis, H., *Schooling in Capitalist America*, Basic Books 1976（宇沢弘文訳『アメリカ資本主義と学校教育Ⅰ・Ⅱ』岩波書店 1986, 1987）／Bowles, S., Gintis, H., *Democracy and Capitalism*, Basic Books 1986／Cole, M. (ed.), *Bowles and Gintis Revisited*, The Falmer Press 1988／Giroux, H., "Theories of Reproduction and Resistance in the New Sociology of Education: A Critical Analysis", *Harvard Educational Review*, Vol. 53 (3), 1983／Habermas, J., *Legitimationsprobleme im Spätkapitalismus*, Frankfurt a. M: Suhrkamp Verlag, 1973（細谷貞雄訳『晩期資本主義における正統化の諸問題』岩波書店 1979）／Lynch, K., *The Hidden Curriculum : Reproduction* in *Education, A Reappraisal*, The Falmer Press, 1989／Willis, P., *Learning to Labour*, Saxon House 1977（熊沢誠・山田潤訳『ハマータウンの野郎ども』筑摩書房 1985）／Willis, P., "Cultural Production and Theories of Reproduction", in Barton, L. and Walker, S. (ed.) *Race, Class and Education*, London and Canberra 1983

［関連項目］カリキュラム／教育社会学／権力／公教育／構造主義／潜在的カリキュラム／平等／フェミニズム／労働 （小玉重夫）

作　業（労作）

英 work／独 Arbeit／仏 travail manuel

▶ **語義** 手を使って「ものを作り出す」という作業活動が，子どもの思考，認識能力の形成の重要な基礎になるという考え方が成立したのは，歴史的に見れば，宗教改革以後

のことであり，およそ17世紀以降のことである。それ以前には，たとえば，古代ギリシャにおいて，自由市民に求められたのは，「観想（テオーリア）」であり，そのモデルは，「行為（プラークシス）」も「製作（ポイエーシス）」も行うことなく，ただ「観想」のみにふける神々の生き方であった。「製作」という「技術（テクネー）」にかかわる労働や作業は，奴隷階級に与えられた卑しい仕事でしかなかった。このような区別は，中世における「自由学芸（liberal arts）」と「機械技術（mechanical arts）」の対立図式のなかにもそのまま引き継がれている。しかし，宗教改革と産業革命を経て，18世紀の新人文主義の時代になると，Arbeitの語は，卑しい骨折り仕事ばかりでなく，「頭の作業（Kopfarbeit）」，「書物の労作（Bücherarbeit）」，「学者の労作（gelehrte Arbeit）」，「精神的作業（geistige Arbeit）」などの意味でも用いられるようになった。さらに19世紀後半になると，高度の産業化と技術化に伴って，"Arbeit"は，人間の最も本質的な行為と見なされ，子どもが発達する上で不可欠の営みとして理解されるようになった。しかし，その背景には，遊びや閑暇を無駄なものとして退け，労働と禁欲を生活の至上の原理と見なすピューリタニズムのエートス（倫理的習慣）が強く作用していることを見逃すことはできない。

▶ **展 開**　「作業」を子どもの学習の中心にすえようとする考え方は，ルソー（Rousseau, J.-J.）にまで溯ることができる。彼は，当時の上流階級の子弟の学習が，書物や言葉中心であったことを批判し，むしろ子どもは，事物，自然とかかわり，それにはたらきかけることを通して，「生存」に必要な知識を獲得することができると説いた。それは，農民や職人の携わる「手仕事」こそが，人間の諸能力を開くものだという彼の認識に裏づけられている。

　同じくスイス出身の教育実践家，ペスタロッチ（Pestalozzi, J. H.）は，ルソーのこの考え方をさらに実践的に発展させ，子どもは，「生活の必要」と結びついた作業活動に取り組むなかで，事物を正確に認識する力（知性），対象を操作する力（技能），他者と助け合う力（道徳性）の三つの能力を統合的に形成できると主張した。

　1880年代から1920年代にかけて展開された国際的な作業学校運動（Arbeitsschul-bewegung）は，こうしたルソー，ペスタロッチ的な「生活教育」の回復を基調としながらも，さらにそれを生活共同体の文化規範と結びつけたところに，大きな特徴がある。つまり，「作業」を単に個人の「生存」のための労働とするよりも，それを通して，価値ある精神文化（ケルシェンシュタイナー），あるいは民主主義的な生活の仕方（デューイ）を実践的に身につけさせるものとして理解されるようになる。単なる「生存」や功利性を越えたところに，作業の意味づけがなされるようになる。

▶ **作業学校運動**　この時期の作業学校運動には，およそ三つの方向性が見られる。

　第一は，主として「手の作業」を通して，子どもの技能と意志の力を形成しようとしたケルシェンシュタイナー（Kerschensteiner, G.），「自由な精神的作業」を重視して，子どもの自由な自己活動を援助しようとしたガウディヒ（Gaudig, H.）などの作業学校論の流れが，これにあたる。

　第二は，子どもの自己表現的，構成的衝動を解放すると同時に，料理，木工，裁縫などの「社会生活の基本」に取り組ませることで，産業の発展やコミュニティの生活を理解させようとしたデューイ（Dewey, J.）に代表される潮流である。

　第三は，科学，技術，組織の支配する産業社会において，科学・技術を合法則的に駆使できる生産労働者を形成しようとしたブロンスキー（Blonskij, P. P.），エストライヒ（Oestreich, P.）に代表されるマルクス主義的な「生産学校」（Produktionsschule）の流れである。

子どもの「作業」を梃子とした学校改革の流れは、ほぼ同じ時期に展開されながらも、その社会体制、文化圏の違いによって、このように実に多様な様相を示している。ここに"Arbeit"の語を、単に「労作」とのみ訳し切れない理由が存在する。

こうした作業学校の運動は、大正末から昭和初期にかけて日本の教育界にも大きな影響を及ぼし、管理と教授中心の学校から、子どもの作業活動を中心とする学校への転換を促す役割を果たした。小西重直の『労作教育』(1931)、梅根悟の『労作教育新論』(1933)、小林澄兄の『労作教育思想史』(1934)などは、この時期の代表的著作である。第二次大戦後の新教育の時期においても、子どもの作業活動を生かした学習がさまざまに展開されたが、それはほんの一時期のことで、高度経済成長と科学・技術重視の政策のなかで、こうした試みは、次第に後退を余儀なくされていった。

▶ **高度産業社会における作業**　高度に産業化され、技術化された現代社会において、子どもの「作業」は、一体どのような教育的意味をもちうるのか。すでに述べたように、"Arbeit"の語は、人間が自然を対象化して、その資源を利用しつつ何らかの生産物を作り上げる活動を意味している。つまり〈ヒト─モノ〉モデルで構成されており、ヒトがモノを支配し、加工する行為(テクネー)に、人間発達の範型を求めている。とすれば、現代は、モノを対象とするテクネー(技術的行為)が、近代科学という名のロゴスと結びついて、その生産性を飛躍的に増大させた時代であるということができる。すなわちテクノロジーが支配する時代である。このテクノロジーは、モノを対象とした生産の技術ばかりでなく、ヒトを相手の操作やコミュニケーションの場面においても存分に発揮される。もはやテクノロジーや情報メディアを抜きにして、社会生活を送ることはできない。

こうした技術化されたメディア社会においては、子どもの周辺からはたらきかけるべき自然や事物が消滅し、他者との相互行為すら十分に行われにくい状況が生まれる。言いかえると子どもの存在感そのものが希薄化せざるをえない。したがって、従来のように、「作業」を単に〈ヒト─モノ〉モデルで考えるのではなく、〈ヒト─他者〉モデルで、すなわち相互のコミュニケーション行為としてとらえ直すことが、求められている。

[**参考文献**] Reble, A. (Hrsg.), *Die Arbeitsschule*, Julius Klinkhardt 1969／Fauser, P., Fintelmann, J. K., Flitner, A. (Hrsg.), *Lernen mit Kopf und Hand*. Beltz 1983／Hackl, B., *Die Arbeitsschule*, Verlag für Gesellschaftskritik 1990／Frey, K., *Die Projektmethode*, Beltz 1993／Dieckmann, B., *Der Erfahrungsbegriff in der Pädagogik*. Deutscher Studien Verlag 1994／Hasenclever, W.-D. (Hrsg.), *Reformpädagogik heute*, Peter Lang 1993／ハーバーマス, J. (河上倫逸ほか訳)『コミュニケイション的行為の理論』上・中・下, 未来社 1988／小林澄兄『労作教育思想史』玉川大学出版部 1971／高橋勝訳『作業学校の理論』明治図書 1983
[**関連項目**] デューイ／ケルシェンシュタイナー
（高橋勝）

佐藤信淵

（さとう　のぶひろ, 1769-1850）

江戸時代後期の経済思想家, 農政家。西洋からの情報に通じ, 多くの著述をなす。諸大名からの諮問にもしばしば応じ, 公による国民教育形成についても献策している。

通称は百祐, 字は元海, 号は椿園・松庵・融斎・祐斎・万松斎など。出羽国雄勝郡西馬音内（秋田県雄勝郡羽後町）に農政家佐藤信季の長男として生まれた。佐藤は, 自分の学問は父祖5代の家学であると号していたが, 真偽のほどは不明である。13歳から父に従って見聞を広めたが, 1784（天明4）年に16歳で江戸に出て宇田川玄随に本草学・蘭学, 井上仲竜に儒学を学ぶなど, 遊学生活に入った。1808（文化5）年40歳の時に徳島藩家老・集堂家の顧問となったころから, 海防関係の書物を著し始める。徳島を3年で辞して, 上総国, 続いて武蔵国に隠棲。40代半ばに

平田篤胤に師事するなど，国学や神道を学び始めるとともに，著述・講演・献策活動を本格化させた。

彼の思想は，荻生徂徠や太宰春台などの儒学（古学派）からは社会政策的センスを，国学・神道の教説からは日本国・日本民族の優越性の意識を受け取り，さらに洋学からは西洋の文物・制度に関する知識を吸収して形成されたと言える。彼は，農政家の父とともに回村して悲惨な社会状況をつぶさに見，社会の矛盾を減らすことを常に念頭に置いていたようである。すなわち，富を増やすためには「開物の法」による殖産興業を行ない，社会的平等を達成するためには「復古の法」による富の再分配に意を用いる必要性を訴え，『経済要録』『農政本論』『物価余論』『経済問答』等々，30部8000巻とも言われる多数の書物を著した。天保改革期以後には，封建制を超えた絶対主義的な中央集権国家制度を構想した『垂統秘録』『鎔造化育論』などを著した。彼の著作の中には，中央集権的な国家制度のもとでの中央教育行政機関（教化台）や，統一的学校制度（教育所→小学校→大学校）などが示され，西洋の知見を活かした育児法などが紹介されている。多分に情報操作的であり，また民衆の視点から遠いなどの限界が指摘されるが，近世から近代への教育情報・教育観の展開を知る上で，興味深い人物である。

［参考文献］羽仁五郎『佐藤信淵に関する基礎的研究』岩波書店　1929／中泉哲俊『日本近世学校論の研究』風間書房　1976年

（橋本美保）

ザルツマン

(Christian Gotthilf Salzmann, 1744-1811)

▶ **民衆教育者としての出発**　ザルツマンは18世紀後半ドイツの汎愛派に属する教育家・著作家である。トラップ（Trapp, E. C.），カンペ（Campe, J. H.）らとともにドイツ教育史上「教育の世紀」といわれる時代を築いた。

ザルツマンは1744年，エルフルト北東部のゼーメルダ村に教養のある牧師の息子として生まれた。イエナ大学で神学を修めた後，父の希望に沿い68年にエルフルト近郊のロールボルン村の牧師に着任。この頃，村の貧困とか，自身の新婚（1770）早々に肉親の相次ぐ不幸や病苦に直面し始め，72年にはエルフルトへ転任後，7年戦争（1756-63）後未だ残る傷痕――都市の荒廃と戦争孤児――や，チューリンゲン地方を襲った不作と疫病を目の当たりにした。最初は牧師として活動したが，一連の不幸を体験するにともない，その無力を感じ，しだいに汎愛派教育家として悲惨な民衆の啓蒙とその子弟の教育に生涯を捧げるようになった。

▶ **教育啓蒙書**　ザルツマンは直接的にはバゼドウの著書に刺激を受けて，時代遅れの教理問答書と非合理的な暗誦主義を改めるべく1780年に『宗教教授法』を著した。翌年，それが注目されて，バゼドウのデッサウ汎愛学舎の宗教教師として2年間ほど招かれた。

80年にはさらに『非合理的な児童教育の指針』を刊行。これは世の親が子どもを駄目にしている悪い事例を示した教育書であって，実際はそれとは正反対の教育を行えばよいと示唆した。同書が『蟹の小本』と改題されたのは92年である。社会批判書『カール・フォン・カールスベルク』（1784），自らの汎愛学院論『教育余論』（同），『蟹の小本』とは好対照的な家庭教育書『コンラート・キーファー』（1796），教師の合理的教育書『蟻の小本』（1806）などを世に出した。どの著作も，古い教育法を排し合理的な方法を用いた，子どもの幸福を願う実践的手引書である。

▶ **学校創設**　1784年，ゴータ公エルンストII世の資金援助を得て，チューリンゲンの自然豊かなシュネッペンタールに自ら汎愛学院を開いた。学校はよく組織され，ザルツマン死後も続き1884年彼の息子により創立百周年記念を迎え，デッサウ汎愛学舎を凌いだ。

生徒数は最初少人数で始まりやがて60人

位に抑え，温かい家庭的雰囲気をもつ小規模の寄宿舎学校とした。学校維持費はすべて生徒の親，社会階層の高い親にも頼った。教育目的は，汎愛派にふさわしく，健康かつ快活，善良で理知的な人間をつくり，それによって幸福になることにあった。教科内容には，当時としては珍しく博物や体操・水泳が導入されたり，ドイツ語や手工・実務的な科目が重視された。啓蒙主義の近代的功利性が窺われる。

▶ **影響・位置づけ**　ザルツマンの学校の一体育教師から，グーツムーツ（Guts-Muths, J. C. F.）が近代体操の創始者として，また身近な地理学習と旅行の奨励で成長した一生徒から，リッター（Ritter, K.）が近代地理学の祖として輩出した。

　民衆教育者ザルツマンはラトケ，コメニウス，ルソーと続く直観教授・自然主義教育の系譜のなかに位置づけられる。何よりも，彼ほど明確に，身近な動植物や産業を教材としてとりあげ，子どもにそれを観察させ，知識として獲得させたり，子どもに自己活動として農作業や紙細工を直接やらせるなど実践した者はいない。この直観教授法と実科的内容の実践が興隆途上の初期ブルジョワ社会の生産様式に適合する人材の育成に寄与するようになる。

［参考文献］　Herrmann, U., *"Salzmann"*, Hrsg. von Scheuerl, H., *Klassiker der Pädagogik, I*, München 1979／石井正司「C. G. ザルツマン――家族的学校の実践者」金子茂編『現代に生きる教育思想4――ドイツ（I）』ぎょうせい 1981／村井実著作集6『かにの本・ありの本』小学館 1987　　　　　　　　　　（関川悦雄）

沢柳政太郎
（さわやなぎ　まさたろう，1865-1927）

　明治・大正期の教育家。明治後半期は，主に文部官僚として日本の公教育体制の構築に重要な役割を果たし，大正中期以降は，成城小学校を中心に大正新教育の指導者として活躍。実証的教育学の理論家・実践家としても知られる。

▶ **生涯と教育実践**　信濃国松本藩士の長男として出生。1888（明治21）年（東京）帝国大学文科大学哲学科卒業後，文部省入省。1893年親友・清沢満之の懇請で大谷尋常中学校（真宗大谷派）長となるが，翌年同校が廃止され辞職。1895年群馬県尋常中学校長。1897年第二高等学校長。1898年第一高等学校長を経て，33歳で初等・中等教育を統轄する要職である普通学務局長として文部省に復帰。1906年文部次官。この間文部官僚として第三次小学校令による初等教育法制の確立，小学校教科書の国定化，義務教育年限の4年から6年への延長，中等教育法制の整備，高等教育機関（東北・九州帝大）の増設などにたずさわった。1908年退官して著述に専念。1911年東北帝国大学初代総長。同理科大学入学資格を高等専門学校卒業者，中等教員検定試験合格者まで拡大し，帝大としてはじめて女子学生の入学を認め，女性に博士学位取得の門戸を開く唯一の大学として改革。1913（大正2）年京都帝国大学総長に転じたが，学問上・人格上帝国大学教授として不適格との理由で7人の教授の罷免を断行，教授陣の強い抵抗にあい「沢柳事件」となった。この事件は，日本において学部教授会が教員人事の自治権を獲得する契機となった。1914年49歳で辞任，以後在野の教育家となる。1916年帝国教育会会長，成城中学校長。翌年同小学校を創設，校長として子どもの自発性を重視した教育の研究と実践を展開し，同校を大正新教育運動の拠点の一つに成した。1926年大正大学初代学長。欧米を教育視察し太平洋問題調査会，世界教育会議等の国際会議の日本代表。1927年62歳で死去。

▶ **教育思想**　沢柳の活動は教育行政面では，官公私立の初等から高等教育にと多岐にわたるが，教育思想は端的に言えば，東洋的な儒教倫理と仏教の自力戒律信仰に西欧近代のヒューマニズム，合理主義を結合した独自性をもつ。まず宗教観については，学生時代から接した真言律僧・釈雲照と清沢に強い感化を受けた。自らは雲照に学んだ「十善戒」を柱

とする実践倫理的な自力戒律主義を実行し、信仰を純個人的な主体の救いと形成においた。この自戒自律の道徳的主体形成論は沢柳の中で深化させられ、彼の教育論の原型を成している。即ち、自ら形成するものとしての主体の把握は、自己修養の観念を介し学習の主体を児童にみる自学自修の教育へと晩年に結実したと思われる。だが、理性を支柱とした彼の仏教思想は、近代的な自律的主体形成の根拠となり得たが、他方、人間の罪の認識が薄く、その人間観・教育観はあるがままの人間を肯定するヒューマニズムの域を出るものではなかった。女性観については、女子高等教育の制度面で先鞭をつけ、また全国小学校女教員会会長を勤めるなど進歩性が認められるが、彼の意見は家族制度下での性別役割分業観を内包しており、また当時の国内外の女子教育の動向をも考えると思想的には決して革新的とはいえないように思われる。次に国家観としては、士族階級の出自でエリートとしての学歴・職歴を持つ沢柳の思想の核には日本国家の発展があり、日本を西欧諸国なみに向上させ得る国民の養成が教育の課題でもあった。文部官僚として教科書を国定化するなどしたが、文部省復帰以前の早い時期から、教育の目的を人類的・個人的に設定し国家に優先させている。そのような彼の論述や宗教観・人間観からは、絶対主義国家の秩序に収まりきれない沢柳の一貫した内面的要素がうかがえる。教育と宗教は分離説をとり、教育勅語は日本国民の行動の原則として排除しなかった。したがって彼の教育観は普遍的・個人的であるが、同時に国体の枠内という前提があり、アンビバレントな側面を持つ。さらに沢柳は『実際的教育学』(1909)で、従来の教育学の観念論的な性格を批判し、教育の事実を対象とする科学的な教育学の構築を目指した。また沢柳は、教育の原点を教師と子どもの関係に求め、とくに教師の役割を重視し、当時のいわゆる師範タイプの教師像を主体的・能動的な教師像へと転換することを試みた。ただ彼の教師観は、教師自身の知的・内面的発達と教職の地位向上に尽力した反面、教師論を人生の問題へと収斂させる修養論的性格も強く、教師に犠牲的献身を要求する聖職観的性格も持っていた。なお、沢柳という個人名が主に登場するのは成城小学校創立以降で、資料の不足もあり、文部官僚としての業績についてはいまだ十分な研究がなされているとはいえない。今後は、官僚および大正新教育の指導者として二つの側面を持つ彼の思想と行動を、社会状況との対応の側面と、思想的な内的連関から、トータルに解明する視座が求められる。

［**参考文献**］ 『沢柳政太郎全集』全10巻別巻1 国土社 1975-79／沢柳礼次郎『吾父沢柳政太郎』冨山房 1937／新田貴代『沢柳政太郎』成城学園沢柳研究会 1971
［**関連項目**］ 新教育 （影山礼子）

シ

死
英 death／独 Tod／仏 mort

▶ **死の問題性** 死は生の対概念である。誕生と死は、人間存在が具体的個体として蒙る代替不可能な必然的関連性をもった一回性の経験である。死は、われわれ一人ひとりに無規定的だが確実に起こる個体としての生命の消失であり、存在の解体であり、人間としての自己同一性の喪失である。しかし、受け入れ難いこの現実をどのように把握し、意味づけるかは、一義的ではなく、正解はない。われわれの認識にとって誕生の「前」と死の「後」は、存在の神秘の中に隠された謎である。したがって、誰も「私」の死を過去形で語ることはできず、ソクラテスの指摘するように、死を知っている者は誰もいないのである。だが原始以来、ネアンデルタールの葬送の行為に示されているように、われわれにと

って死は「問題」であり続けている。それは人間が、自己自身を他者の位置に置くことのできる精神的存在として、身体を持って世界に生きているからである。死を問うことは、死すべき者として既に生まれ、現在を生きることの中でのみ遂行される。したがって、死の概念は、生きることをどのように把握しているかということの反映であり、死すべき未来から規定された可能性としての生の考察が表裏一体をなしている。またそのことが死についての比喩の多様性となって表現されている。「死後生」を含む可能的な生の考察は、死の不安や孤独に対峙する中で、実存的な本来的自己の在り方や共に生きる「他者」・「生きられる時間や場」とは何かの考察に導く。いずれにせよ、われわれは誕生以来、世界の現前する日常的世界の場に身を置いて、多種多様な「他者」（人・動植物等）との重層的な関係的世界の生成（誕生）と消滅（死）の経験を通して、また自己以外の「他者」に起こった死の経験の追体験を通して、死の事実や現象を把握し、さまざまなイメージや比喩を駆使しながら死についての理解を深め、死とのかかわり方や来るべき自己の死についての洞察を得ようとしてきた。

死は、とりわけわれわれがどのような状況で「他者」との関係的世界を生きるかによって、つまり死が単に無名の三人称の死としてのみ経験されるのか、時空を共有して生きた掛け替えのない者の死、二人称の死として経験されるかで、そこに語られる意味が本質的に異なる。われわれは決して一人称の「私」の死を体験して語ることができない。したがって、「われわれ」の死として受けとめられる二人称の死の経験は、人生の共同者の手による死者儀礼の遂行の形で社会的文化的に位置づけられ、確実なる自己の死についての認識を形成するための疑似体験、共同経験の機会として制度化されてきたと考えられる。人間社会における死者儀礼の普遍性は、その形式や意味づけの多様性はさておき、儀礼という非日常的な集団行為の型を媒介した死の概

念の獲得が、個人にとっても集団にとっても共同の自己教育として重要であったことを物語っている。

脳死の判定をめぐる線引きの攻防は、今日の死が、科学の客観性の視点で記述され、分析された抽象的な三人称の死によって支配されかねない状況にあることを示している。核兵器の出現によって、人類は自殺の能力を持ったと言われるが、個人の死のみならず人類の死が無感動な量として操作される状況が想像力によらなければ見えぬ現実として広がっている。発達したメディアの、人間の感覚への過剰な侵入は、経験世界の現実と幻想の境界を曖昧にし、ひいては自己と他者、生と死の境界を曖昧にする状況を生みだしている。マス・メディアを通して進行する死をめぐる経験は、反復と量によって無感動に転化した非個性的な死である。今や死の概念は、共同体の崩壊と自然科学の客観性のまなざしとメディアの感覚の肥大化によって、根底から揺らいでいる。

▶ **死に対する態度の心性史**　アリエス（Ariès, Ph.）は、生物的なものと文化的なものとの境界に存在する「集合的無意識」あるいは「主観性」の領域である神秘的な心性現象を照らし出す有効な「方法」として家族・子ども・性などの現象とともに死の現象を取り上げた。彼の心性の歴史叙述から、西欧社会における死に対する態度の変化を類型的に整理すると、①自己意識、②未開の自然に対する社会の防衛、③死後の生への信仰、④悪の存在への確信、の四つのパラメーターの変化で分析された次の五つの型が挙げられる。

（1）「飼いならされた死」：古代社会では、死者の霊が生者に対して害を与えるのを恐れて墓に葬った。中世社会では、キリスト教によって死はなじみ深いものとなり、人々は宗教的儀式の内に不可避のものを甘受する準備を整え、共同体の一員として皆死んでいった。
（2）「己れの死」：12世紀に始まる個人の発見によって、墓は存在の証としての記念碑になり、霊魂は人格の基本要素になった。死は

個人的な一生の終わり，あるいはその縮図と見なされた。(3)「遠くて近い死」：ルネサンス以降，宗教改革のなかで死は野性的非合理的な力を失った。死や死者は身近にあったが，人々の死の想念や想像力の中に安全な距離を取って移し替えられた。しかしバロック時代に，死は想像力を通路として陰険で残酷なもの，恐怖を抱かせるものに変貌した。また，この頃から人間的な秩序に対する自然の無秩序の侵犯として，死と性愛は深く結びつけられるようになった。(4)「汝の死」：18世紀以降，大都市を中心に家族や恋人の死が強い感情を呼び起こし，新しい死者崇拝が生まれた。人々は死者と交流し，その思い出を永遠に残すため郊外に清潔な共同墓地を造り，参詣を習慣にした。しかし「他者」の死後の世界への気遣いの反面，自分の死には関心が薄かった。(5)「倒立した死」：19世紀以降，医療技術と衛生観念の進歩によって，死は醜くて汚れたものとしてタブー視され，病院で隠れた死に姿を変えていく。20世紀に入ると，工業化，都市化，社会化の最も進んだ地域では，死は社会や公開の儀礼から切り離され，家族からも遠ざけられた私的行為となり，誰も死の主体ではなくなる，新しい死の型が出現した。

▶ **教育学的意味**　教育は人間が「人間」に成るための，個と類にとって必然的な営みであるとするならば，人間以下でもなく人間以上でもなく，まさに「人間」に成るという課題的可能的な在り方生き方とは何かを，必然性や絶対性や永遠性から逆照射する死の概念は，生涯にわたる人間形成の統合原理であり，教育学にとって生の全体性の視点から考究すべき本質的な内容である。

死の理解は，「精神としての身体」をもって世界の中に生きる人間にとって，意識上の明晰判明な知的理解であるよりは，「ことばの前のことば」の機能や，身を以て表現する身体行為，「心情」による「前理解」，五感を統合して働く根源的感覚としての「共通感覚」を本領とする理解として，幼児にも，未

開社会にも，本来的に開かれていたものである。しかし，近代教育とともに発展した教育学においては，死のみならず性も，狂気も老いも，主題にはならなかった。公教育制度としての近代の学校教育は，その世俗性と合理的客観的な知の所有を万人の権利とした公共性によって，これらを私的な問いとしてはじめから排除していた。西欧の科学主義的な発達論は，「操作性」の認識を指標とする知的発達を重視した。したがって，言語と機能的に等価であるが，矛盾した機能でもある模倣やイメージに基づく「形象性」の認識を，主観的で未分化な認識として軽視し，幼児に生や死は理解されないという考えを生みだした。祈ることもできる幼児の「なぜ」「どうして」という問いを封ずるような教育的配慮は，死の現象を人間形成から無縁にした。

[参考文献]　ファイフェル，H.（大原健士郎・勝俣暎史・本間修訳）『死の意味するもの』岩崎学術出版社　1973／ローフス，E.編（麻生九美訳）『子供たちにとって死とは？』晶文社　1987／アリエス，Ph.（伊藤晃・成瀬駒男訳）『死と歴史──西欧中世から現代へ』みすず書房　1983／アリエス，Ph.（成瀬駒男訳）『死を前にした人間』みすず書房　1990／岡田渥美編『老いと死』玉川大学出版部　1994

[関連項目]　社会史・心性史　　（鈴木志乃恵）

ジェファソン

(Thomas Jefferson, 1743-1826)

アメリカ革命の指導者，政治思想家，独立宣言の執筆者，第三代アメリカ合衆国大統領（1801-09），ヴァージニア州知事（1779-1781），ヴァージニア大学の創設者（1825）。

ヴァージニアの裕福なプランターの家に生まれる。カレッジ・オブ・ウィリアム・アンド・マリーで教育を受け，1767年に法学の学位を取得した。1774年，31歳のときに，『ブリティッシュ・アメリカの権利の概要』（*Summary View of the Rights of British America*）という著作によって，政治理論家としての名声をえる。それは，アメリカの白人男性に「自然権」（natural rights）が神から付

与されていることを宣言したものである。それから2年後の1776年，かれは「独立宣言」の草稿をかきあげた。同宣言を根本的にささえているものは，さきの「自然権」であり，それは「すべての人間が平等かつ独立に造られている」ことであり，「生命と自由の保全，幸福の追求という生来の奪われざる権利」である。しかし，このすべての人間に大陸先住民（「インディアン」）はふくまれていなかった。「すべての人間」とは，野蛮人を征服することを許された「文明化」された人間だけである。

「独立宣言」の採択ののち，ジェファソンはヴァージニアに帰り，州議会において法制改革にとりくんだ。教育を教会の支配から解放するために1786年に「ヴァージニア信教自由法」を設立させたが，州政府が管理する初等学校レベルから大学レベルにいたる統一的な公教育システムの設立を目的とした「知識普及法案」（Bill for the more General Diffusion of Knowledge）は，ジェファソンの懸命な努力にもかかわらず，ついに可決されることがなかった。ヴァージニア州においては，1851年になるまで，コモンスクール（全州規模の無償の公立初等学校）は設立されなかった。裕福なプランターたちが，貧困層の子どもの教育のために「自分たちの税金」を使うことに断固反対したためである。ただし，この知識普及法案においても，黒人の子どもは公教育の対象からはずされていた。

1790年，初代大統領ワシントンのもとで国務長官に就任するが，財務長官のハミルトンと激しく対立し，この二人の対立がアメリカ初の全国的な政党，フェデラリスツ，リパブリカンズの形成につながった。1800年の大統領選挙ではリパブリカンズが勝利し，ジェファソンは大統領に選出された。大統領在任中のジェファソンは，教育に関する法制化活動をほとんど行っていないが，ホワイトハウスを離れヴァージニアにもどってから，多くの教育に関する書簡をしたためている。彼は合衆国の将来を案じながらも，けっして人間の「完成可能性」（perfectibility），すなわち「自己統治」（self-government）の実現可能性を疑うことがなかった。その意味で，ジェファソンは，ヨーロッパの啓蒙思想をうけついでいるといえるだろう。しかしながら，ここでも彼のいう「人間」に，大陸先住民や黒人がつねにふくまれていたといえる論拠は，ほとんど見いだせない。

なお，ジェファソンは，生涯に5万通の手紙を書いたといわれるが，出版された著作は，1785年に刊行された『ヴァージニア州にかんする覚え書き』（*Notes on the State of Virginia*）だけである。

[参考文献] *Dictionary of American Biography*, 10 vols. New York: Charles Scribner's Sons 1936／Hellenbrand, H., *The Unfinished Revolution*, Newark: University of Delaware Press 1990／Jefferson, T., *Autobiography of Thomas Jefferson*, Malone, D., ed., New York: G. P. Putman's Sons 1959／Jefferson, T., *The Papers of Thomas Jefferson*, 26 vols, Boyd, J. P., et al., eds., Princeton: Princeton University Press 1958-／Miller, C. A., *Jefferson and Nature*, Baltimore: John Hopkins University Press 1988／田中智志編『ペダゴジーの誕生』多賀出版 1999 　　　　　（田中智志）

ジェンダー
英 gender

社会的性役割や身体把握など，文化によってつくられた性差。

▶ **語 義**　もともとジェンダーは言語学の用語で，名詞を性別化して分類する文法的性別を意味したが，第二波フェミニズム以降の文脈では，社会的・文化的な性差を表すものとして使われている。性差別的な社会を記述するため，「ジェンダーは男女で階層化されている」といった否定的なニュアンスで使用されるのが一般的である。

ごく早い段階でこの視点をもたらしたのは，米の人類学者ミード（Mead, M.）である。そののち心理学者のストーラー（Stoller, R.）は『性と性別』（1968）でセックスとジェン

ダーを区別し、ジェンダーは生物学的性差であるセックスのうえにつくられる文化的性別だと規定した。また『脱学校論』(1971)で著名なイリイチ(Illich, I.)には『ジェンダー』(1982)という著作があるが、そこでは男女が相互に補完的分業をする前近代的社会が理想的なジェンダー配置とみなされており、この語の導入において目指される批評性とはずれている。

ジェンダーは、党派的な色合いが濃いとされる「女性学」や「フェミニズム」を避け、中立的な分析因子として使われる場合がある。だが後述するように、ポスト構造主義以降のジェンダー論においては、ジェンダーが2つの項ではなく1つの非対照的な階層秩序であるという見方が定着してきたため、今日ではセックスとジェンダーとの区別についても慎重な態度が求められる。

▶ **ジェンダー研究の台頭**　ジェンダー研究は、人を男女という性別に二分し配置する社会的・文化的装置について研究する新しい学問潮流として、1980年代以降に立ち現れてきた。そのさい、従来の女性学研究における男性による女性支配の歴史と現状の記述・分析から進んで、男女という二分化されたジェンダーを作りだし、再生産する社会と文化の仕組みを解明するという方向性が打ち出された。異性愛を正統とし、他の性的志向を異端として排除する装置としてのジェンダーに着目した諸研究は、ゲイ・スタディーズ、レズビアン・スタディーズ、クィア理論、さらには男性の立場からジェンダーを研究する男性学にまで広がりをみせている。

▶ **ポスト構造主義とジェンダー研究のゆくえ**　80年代後半以降に台頭してきたポスト構造主義フェミニズム、特に90年代のクィア理論により、セックスは生物学的事実で、ジェンダーは文化的構築物であるとする考え方そのものも覆された。たとえばスコット(Scott, J. W.)は歴史学の立場から、ジェンダーを「身体的差異に意味を付与する知」と述べた。その見地を更に推し進めたバトラー

(Butler, J.)は、ジェンダーをセックスの結果とする因果関係を逆転させ、社会的に非対称であるジェンダーが、セックスをその起源であるかのように遡及的に構築すると指摘した。この考えに従うなら、セクシュアリティも、セックスも、ジェンダーの二分法により事後的に構築されたものと見なし得る。またそうした見方を構築するジェンダー概念は、結局、性差別的な異性愛主義を補強してしまうため、この概念を維持したままの「ジェンダーの平等」という理念は否定されざるをえない。

上記のようなジェンダー概念の強固な二分法を流動化する手立てとして、ジェンダーを行為(perform)しながら、二分法の意味領域をずらしていく行為遂行性(performativity)概念が注目されている。たとえばシェアハウジングやステップファミリー、ゲイ家族など、一対の異性愛者によらない新しい「家族」を行為する実践は、ジェンダー・アイデンティティとセクシュアル・アイデンティティが交叉する場所で、性的アイデンティティという概念自体が検証され、結果として性差別や異性愛主義とは異なるシステムへ道を開く可能性につながる。ただし行為によって当初の意味を攪乱する実践は必ずしも意識的に行われるわけでなく、また意識的に行われた攪乱行為が逆に性規範の強化につながる場合もあるために注意が必要である。

[**参考文献**] Butler, J., *Gender Trouble*, 1990 (竹村和子訳『ジェンダー・トラブル』青土社 1999)／Scott, J. W., *Gender and the Politics of History* 1988 (荻野美穂訳『ジェンダーと歴史学』平凡社 2004)
[**関連項目**] イリイチ／性／バトラー／フェミニズム　　　　　　　　　　　　(奥野佐矢子)

自　我
英 ego, Self／独 Ego, Ich／仏 ego, moi

▶ **語　義**　"ego"は、ラテン語では「私」を示す代名詞であるが、これが学術語としての共通理解の内容であるわけではない。伝統

的な共通理解によれば，"ego"とは，反省し認識する自由な責任主体としての「私」である。この超越論的自我と日常的な経験的存在としての自我との相関が，伝統的な議論の争点である。たとえば，ソクラテス（Sokrates）が心身をはっきりと分離し，無知を自覚する反省的存在として自我を捉えるのに対して，アリストテレス（Aristoteles）は，身体の感覚や経験と知的経験との間に連続性を認める。これは，自我に関する先験論と経験論の対立の先行形態である。しかし，自我はむしろ，人間存在の共同体からの離脱にともなってこそ明晰に自覚化され，その意味ですぐれて近代以降の概念である。まずデカルト（Descartes, R.）は，自我を「考えるわれ」という超越論的反省我としてとらえる。この先験論に対して，コンディヤック（Condillac, E. B. de）やヒューム（Hume, D.）などの経験論は自我を，身体的経験としての感覚や感情を含めた総体から考える。この先験的自我論と経験的自我論の対立を調停する仕方で，カント（Kant, I.）は，両者の存在を認めながらも，多様な経験的自我にはそれらを可能にし統一する先験的制約として「われおもう」という先験的統覚があり，この先験的自我が諸経験一般を可能にする根拠であると規定する。これ以後の自我論は，フィヒテ（Fichte, J. G.）からヘーゲル（Hegel, G. W. F.）に至るドイツ観念論の展開，さらにはフッサール（Husserl, E.）の現象学における純粋自我の本質記述などを経て，今日のポストモダン諸理論での超越論的自我の相対化ないし解体の議論に行き着く。この自我の相対化は，近代以後の歴史のなかで，徐々に準備されてきたのである。

▶ **自我の相対化**　近代における世界観の「神中心から人間中心への転換」をうけて，「人間存在」は，関係から切断され・外部から関係を見たり働きかけたりする透明で創造的な「主体」と表象される。しかしこの超越論的主体としての自我像は，それ以後の歴史過程で徐々に相対化される。その契機は，ま

ず地動説や進化論による人間中心主義の破綻であり，さらには地理上の発見以後の非西欧世界との出会いによる西欧的自我の脱中心化である。やがてこれらは，自我の理論的相対化に結実する。たとえば，生の哲学や実存哲学などは人間存在を駆動する生動的力に着目したが，これに呼応して，行動や認識の無意識的動因について，フロイト（Freud, S.）やユング（Jung, C. G.）をはじめとして，自我心理学や対象関係論やラカン派精神分析理論に至るまで，豊かな理論が蓄積される。加えて，マルクス（Marx, K.）からデュルケーム（Durkheim, É.）をへてアルチュセール（Althusser, L.）に至る社会学的決定論，人類学の文化決定論を正当に継承するレヴィ＝ストロース（Lévi-Strauss, C.）の神話学，さらにはフーコー（Foucault, M.）のいうエピステーメによる認識の創出など，人間の存在や認識を創造する構造的諸規定性について理解が深められる。この一連の理論的連関に，人間の存在論的構造に関するハイデガー（Heidegger, M.）の理論やさまざまな身体主体論を加えてもよい。近代以後の自我論の展開は，自我の成立根拠として自我の根底にある「自我であらざるもの」──他者・非西欧・社会・神話・エピステーメ・無意識・存在・身体──の自覚化の過程である。超越論的自我は，カントのいう自律性が普遍性による自然性の抑圧を必須の成立条件としているように，「主体／従属者（sujet）」なのである。

▶ **自我の再規定のために**　自我は，有機体と環境との交通の所産であり，非自我との交通経験の蓄積による生成物である。経験を通して自我は徐々に，諸関係の結節点となり，他に解消不能なユニークな実存へと生成する。ところで，自我はたしかに経験による二次生成物ではあるが，この体験のすべては，常にあらかじめ「私の経験」として色付けられている。この矛盾が，伝統的諸理論の中心問題であったし，次項で述べるように近代教育学にとっても根本問題である。さらに，「私」という意識には，「私たち」の共生が先行す

る。メルロ＝ポンティ（Merleau-Ponty, M.）は、身体性や言語が発生的にも構造的にも、まず相互主観的であると指摘する。「私たち」の共生こそが、そこから「私」という一人称の実存的意識や、三人称関係に立脚する社会関係が生い立つ、本来の第一次的基盤である。無意味で不気味な「被投性」を人間の存在論的本質規定とするハイデガーに対抗して、ボルノウ（Bollnow, O.F.）は「被包性」を提起するが、これもまた、共生の発生的構造的第一次性を示す一例である。自我をめぐる経験、共生、実存意識、社会関係などの連関が、教育と自我の関係を考える場合の前提条件でもある。

▶ **自我と教育理論**　伝統的な理論では先験的自我と経験的自我との相関が議論されてきたが、近代以降の教育理論にとっては、両者の「発生的」な連関がもっともヴァイタルな問題である。それというのも、「自律」を理念的目標として掲げる近代教育はつねに、「超越論的自我の経験的形成の可能性」という難問に直面するからである。ヘルバルト（Herbart, J.F.）の陶冶性論やピアジェ（Piaget, J.）の認知構造の発達論などは、これを主題的に議論している。他方、実践的にはこれは、「自律せよ」というパラドキシカルな命令の実現可能性の問題である。この問題は、ルソー（Rousseau, J.-J.）の「消極教育」、新教育運動の「児童中心主義」、シュプランガー（Spranger, E.）の「訴えかけ」、ボルノウの「教育の非連続形式」などさまざまな形で繰り返し論じられているが、これらの議論は総じて、子どもを「その気もないのにその気にさせる」「誘惑術」（宮澤康人）の形式で論じられる。「自律せよ」という命令によって形成される自我は、「主体／従属者」なのである。ところで、この自律的自我の形成という「個人主義的な」（デュルケーム）教育理念のもとで、近代以後の教育システムは、際限もなく大衆化し高度化して、大規模に組織化される。現実の教育は、この巨大な制度化によって社会統制の文脈に強く組み入

れられ、自我を自発的同調に導く機能を果たしつつある。こうしてシステム同調への強制が目に余るため、子どもの主体性ないし自我が抑圧されるというロマン主義的な抗議が呼び起こされることになる。この抗議が、実存主義やヒューマニスティック心理学の影響を受け、子どもの「自己実現」や「自己受容」や「自己概念」などを強調する今日の諸理論を根底で導く、根源的駆動力なのである。

▶ **今後の課題**　「超越論的自我の自律性への形成」という近代の教育目的は、共生、実存意識、社会関係、身体、無意識という自我をめぐる一連の全体的連関において、あらためて原理的・統合的に再把握されるべきである。その際には、現行の官僚制的に制度化され物象化された教育システム内部での共生の実現可能性を考え、さらに、あまりにも強調されすぎた「自律性」に対抗して、価値的に貶められた「依存性」の教育意義を再考する必要がある。この自我問題について、日本の事情は、西欧のそれとは幾分倒錯した状況にある。明治期に「近代的自我」の確立を目指したモダンは、たとえば〔さかしらからごころ〕に対して〔もののあはれをしるやまとごころ〕を強調する前代的ポストモダンと戦った。高湿度の関係優位の前代的状況のなかで伸吟してきたモダンの自我は、高度産業社会への社会文化変動によって、いつのまにかなしくずしに優位に立ち、しかもシステム同調する自我へと急速に顛落しつつある。甘えなどの依存性の能力が急速に失われるのにもかかわらず、その代価として確立されるのは「主体／従属者」である自律的自我を超えて、自発的にシステム同調する自我である。そこで、われわれは当面、戦略的には、自我の確立に努めると同時に、不断にその相対化をも試みるという、曖昧で困難な両面作戦をとるほかはないのである。

[**参考文献**] Heidegger, M., *Sein und Zeit*, Halle 1927／Buber, M., *Ich und Du*, Leipzig 1923／Freud, S., *Das Ich und das Es*, Frankfurt a. M. 1923

[関連項目] 主体／自律性／人格 （田中毎実）

私 学
英 private school

▶ **定義** 私立学校およびそれを設置する学校法人をさす。政府によって設置される国立学校や官立学校（官学），また地方政府や地方公共団体が設置する公立学校と区別され，公的立場にない私人や法人によって設立される。厳密に捉えれば，公的な制度・規制や補助の枠外にあって，独自財源により私的・民営的に設置・運営されるものである。私学＝私「立」学校という捉え方における「公／私」区分は，専ら設置主体の観点からの概念構成である。そのほか教育における「公／私」枠組みは，制度化された公的教育と，それに包含されない私的・個人的あるいは非制度的教育・学習との間にも設定されうる。

▶ **公教育における私学** 近代国家において制度化された学校は，政府などの公的機関によって設置・運営されなくとも，公教育制度の一翼を担い公的な性質をもつと考えられる。日本の私学もそうである。教育基本法第8条は「私立学校の有する公の性質及び学校教育において果たす重要な役割にかんがみ，国及び地方公共団体は，その自主性を尊重しつつ，助成その他の適当な方法によって私立学校教育の振興に努めなければならない」と規定する。また学校教育法第2条では「法律に定める学校は，公の性質を有するもの」とされ，国・公立学校とともに学校法人によって設置される私立学校もそこに含まれる。特に日本の大学制度においては，学校数，在籍者数ともに私学が7割以上を占めており，公教育制度において不可欠の存在となっている。1970年以降，私立大学への公的な経常費補助金制度が創設され，高等学校段階までの私立学校に対しても，都道府県からの経常費補助のために地方交付税による財政措置がとられた。そして75年には私学助成を根拠づける私学振興助成法が制定された。

▶ **私学の独自性** もっとも私学が公的制度の一翼を担うとしても，その独自性や自主性が強調・尊重されなければ，「私」学としての存在意義はない。私学は固有の建学の精神や教育思想・理念のもとで設立され，独自の教育のあり方を追求することで，社会的な役割を果たしている。私学は「公」教育制度のなかの「私」として，公共性とともに，自主性・独自性を追求することを教育思想的な課題としている。私学は歴史を通して，社会変動による需要に敏感に対応し，学校教育の大衆化や普遍化の促進に寄与してきた。また女性の学習・教育，国際化の促進，地域の文化や産業に根ざした人材育成，先進的な教育や学習支援の試み，宗教を基盤とする人間形成などの領域で独自の役割を果たしている。

▶ **「公／私」の確立とゆらぎ** 教育・学校にかかわる「公／私」区分は，近代公教育の制度化以降に成立したものである。逆説的だが，「私」学は「公」教育の成立によって生まれたのである。近代以前，共同体や家族関係，職業的環境における教育や学習は，ゆるやかな共同性を有しつつも，基本的には私的に営まれていた。近代教育の思想や制度は，組織化以前の状態にあった教育を公事化・公共化した。私的な教育・学習活動や学校の多くが，近代以降，公的な教育制度に組み込まれ，国家・政府の強い影響のもとで，一部は「公」に移管され，一部は「公」のなかの「私」学として包含され制度化されたのである。

一方近年，社会の各局面において，主として市場原理主義の影響のもとでの「私事化」傾向が指摘されている。教育の分野においても顕著である。公的な学校教育の使命や機能の縮減傾向や，個人の選好による学習・教育の多様化，私学部門の制度的拡大や，国・公立大学の法人化，大学・学校経営への民間企業的手法の導入や参入が進んできている。

こうしたなかで，教育における「公／私」枠組みの再検討が思想的課題となっている。公共哲学においては，従来の公私二元論を克服する提案もなされるようになった。「公／私」枠組みの融解によって，現代教育におけ

る私学の独自性がかえって損なわれる可能性も出てきた。「公／私」をいたずらに二元論的対立の構図で捉えることにはすでに限界が来ていることは明らかである。教育の公共性を再構成する作業のなかで，あらためて私学の公共性と独自性をどのように構成してゆくのか。その課題は，私学の思想史の研究成果に裏付けられる必要がある。

[参考文献] 市川昭午『教育の私事化と公教育の解体──義務教育と私学教育』教育開発研究所 2006／佐々木毅・金泰昌編『公と私の思想史』（公共哲学 1）東京大学出版会 2001／松浦良充「私学の思想史──その課題と展望」『近代教育フォーラム』24，教育思想史学会 2015

[関連項目] 学校／近代教育／公教育／公共性／国民教育／国家 　　　　（松浦良充）

時　間
英 time

▶ **語義**　時間とは何か，という問いに対する回答の戦略は二つに大別される。一つは「前と後に関しての運動の数」というアリストテレス（Aristoteles）の時間規定に代表されるもので，物理的・客観的な時間を追究する戦略である。もう一つは，未来を期待に，現在を知覚に，過去を記憶に対応させたときにアウグスティヌス（Augustinus, A.）がとった戦略であり，主観的な生きられた時間を追究しようとするものである。教育において時間が問題となるのは，教育の理論や実践が，物理的・客観的時間と主観的な生きられた時間とを関係づけるという営みにかかわっていることに起因する。

▶ **時間と教育**　時間の観念が，客観的な時間に関しても主観的な時間に関しても文化や時代によって変化するように，この関係づけの営みもさまざまに構想可能である。実際それは文化や時代によって著しく異なる形態をとってきた。しかし，現在のわれわれが「教育」と呼んでいるようなタイプの関係づけの営みは，近代社会の成立とともに成立してきたと考えられる。この近代的タイプの特質は，

(1) 近代的な時間観念と学校，(2) 進歩史観と発達，(3) 教育的行為の前提としての未来展望，という三つのレベルで捉えてみることができる。

(1)　パノフスキー（Panofsky, E.）によれば，背に砂時計を負い，大鎌を持ってすべてを破壊する「時の翁」という，恐るべき時間のイメージはルネッサンスの発明であって，時間を瞬間的な「好機」または「永遠」として捉えていた古典古代には見出すことができない。ルネッサンスにおける時間のイメージの転換は，時間が自然のリズムから切り離され始めたことに対応しているかもしれない。ヨーロッパでぜんまい式の時計が発明されたのは 14 世紀後半であるが，16 世紀半ばにはすでに秒針つきの時計が現われていた。機械時計の普及とともに，日常の時間も日の出・日の入りという自然のリズムから切り離され，細分化されていった。ルネッサンスの時代には，時間は次第に，抜け目なく利用すべき希少な財貨として考えられるに至る。このような細分化された近代的な時間の観念は学校にも浸透する。生徒が学年に分けられ，カリキュラムが学年，学期，月，等々に配分され，さらにそれが計画的に時間割のなかに配当される。生活のなかの主観的な時間（疲れたから休む，お腹がすいたから食べる）を機械的に進行する学校的時間に順応させることが，新入生の最初の課題になるわけである。

(2)　機械的に測定される時間進行は，単に同じことが繰り返されるのではなく，子どもの段階的な発達や人類の進歩・発展がそのなかで実現すべき舞台として考えられる。ルソー（Rousseau, J.-J.）においては，子どもの発達の観念は社会の退歩・堕落の観念と結びついていた。しかしそれは，20 世紀の新教育や発達心理学においては科学的に証明可能な事実として確定され，さまざまなタイプの進歩史観と同調可能となる。こうして，教育の理論や実践は，機械的に進行する時間を子どもや人類の発達・進歩という主観的に生きられるべき時間へと転換することを，自ら

の課題とみなすようになるのである。

（3） もっとも（1）（2）のような客観的時間と主観的時間の関係づけの様式は，必然的に不安定さを含まざるをえない。機械的な時間が円環的な時間の安定性を破壊し，進歩史観が伝統の連続性を破壊することによって，教育は不確定的な未来へと投げ出されざるをえないからである。客観的時間の次元では不確定となった未来に，教育の営みが根拠を求めざるをえないということ，これもまた近代教育に特徴的な教育と時間の関係づけのあり方であろう。

[参考文献] ボルノー『人間学的に見た教育学』（浜田正秀訳）玉川大学出版部 1969／Quinones, R. J., *The Renaissance Discovery of Time*, Cambridge, MA 1972／Zinner, E., *Aus der Frühzeit der Räderuhr*, München 1954／Panofsky, E., *Studies in Iconology*, New York 1962（浅野徹ほか訳『イコノロジー研究』美術出版社 1987） （今井康雄）

試　験

英 examination／独 Prüfung／仏 examen

▶ 語義　人間の能力，性向，技能等を検査すること。その目的により，入学試験，進級試験，卒業試験，学力検定試験，職業資格試験，知能テスト，適性テスト等に区分される。また，試験の方法により，口述試験と筆記試験が，評価の客観性の観点から主観テストと客観テストが，区別される。現代社会では，選別の手段としての試験が一般化し，試験社会を現出している。

▶ 歴史　旧来より学校においては何らかの試験がなされた可能性があるので，試験の成立は，学校の成立とともに古いともいえる。学校の起源をイニシエーションに求める考え方によれば，試験は，部族社会にまで遡ることができる。しかし，制度化された試験として歴史的に有名なのは6世紀隋代にはじまり1300年間続いた中国の科挙である。科挙は，身分によらず能力によって人材を登用するための筆記試験制度であった。この科挙の制度はヨーロッパの試験制度に影響を与え，

ヨーロッパにおいては，学校制度，職業資格制度と結びつくことになる。かくて，医師試験，弁護士試験，教員試験等の専門職のための試験や卒業者の資格認定試験が成立する。資格試験は競争試験と違い，一定の水準に到達したものは全員パスするという試験であり，特定の人数を上から取るような競争試験とは基本的にそのコンセプトが異なっている。

ヨーロッパの場合は，中世に大学における学位試験が口頭試験として行われていたが，1702年にケンブリッジ大学が筆記試験を導入したのを契機として，筆記試験が導入されていく。

日本の試験制度は，明治期，ヨーロッパの試験制度をモデルに創出された。それ以前も，学問吟味，素読吟味等の試験が一部においてなされてはいたが，近代的な入学者選抜方法が導入されたのは明治以降である。当初は，小学校の進級試験も厳しく行われていたがやがて試験の弊害がいわれるようになり，明治30年代に小学校の試験は廃止されるにいたる。とはいえ，中等教育においては試験は生き残り，何度も改革されることになる。戦後は，進学率の増大にともない受験地獄と呼ばれる事態が進展する。日本は，試験をテコとして教育システムの確立と日本の近代化を押し進めたと見られる。遅れて近代化すればするほど，受験競争が激しくなるというドア（Dore, R. P.）の指摘が日本の場合あてはまる。

▶ 試験の類型　面接や講演等の口述試験と論文試験や多肢選択式試験等の筆記試験に分けられる。客観性と大量処理の必要から，日本やアメリカでは多肢選択式の試験が幅をきかせているが，知識の記憶に偏り判断力，構想力，総合力を見られないという問題点がある。日本の学生に独創性がないというのはこうした試験方法と無関係とは考えられない。ヨーロッパの場合，進学率が高くないこともあるが，基本的に論述試験を重視しており，知識の記憶より思考力，まとめる力，構成力，判断力などを試験している。

評価が採点者の主観を離れて客観的に行えるかどうかにより客観テストと主観テストが区別される。誰が採点しても同じ結果になる多肢選択式試験の方が客観性が高いと考えられる傾向があるが，出題形式により出題が限られてしまうという問題，別の問題で試験すればまた異なった点数になるという問題，特定の時間内で解かせる場合はゆっくり考える型の子どもが不利になる等の問題点があり，必ずしも公正とはいえない。また主観テストの代表とされる論述式も，基準の客観化，二人の採点者を用いる等の措置によりかなりの程度客観性が維持できるということが忘れられてはならない。

▶ **大学入試**　現在最も注目を浴びているのは，大学入学試験である。大学入試の方法については，高校の卒業試験である，アビトゥア，バカロレア，マツリタ等に合格することが同時に大学入学資格を与えるというヨーロッパ・タイプと日本に代表されるような大学が入学試験を行うタイプがある。ヨーロッパ型の試験はエリート教育時代のなごりでマス化がさらに進展してゆけば，やがて，大学入試を併用するか，資格試験を大学の専門との関係で多様化してゆくか二つに一つの選択を強いられよう。日本の大学入試は共通一次試験の導入，推薦入試制度の併用，面接の併用，帰国子女等の別枠入試の実施，内申書重視，小論文テストの併用，試験科目数の多様化等，全般的に多様化される傾向にあるが，主流は客観テストによる学力試験であるといえよう。共通一次試験（1990年より大学入試センター試験と改称）の導入を契機として，私立大学を含めた学部毎の序列が業者テストに基づいた偏差値を手がかりに進み，いわゆる輪切りの事態が進展している。こうした事態に対し，入学者の偏差値以外の特徴を重視するため，試験科目を極端に減らしたり，一芸入試を導入したりする動きもある。

▶ **信頼性と妥当性**　テストが優れているかどうかを判定する基準として，テストの妥当性，信頼性，客観性，効率性ということがいわれている。妥当性とは，テストが測定しようとしているものを測定しているかどうか，また別のものを測定しているのではないかを示す指標である。しかしこれは測定のしようがないので，測定しようとしている内容を偏り無く含んでいるかどうかという内容的妥当性，テストの結果から立てられた予測がどの程度あたるかという予測的妥当性，別の測定結果との一致度による併存的妥当性，理論からの推定がテスト結果にあうかどうかという概念的妥当性等によって代えようとする考え方がある。

信頼性とは，条件が同じであれば同じ結果が得られるというテストの安定性のことである。この測定方法としては，①同一テストを時間をおいて同一の被調査者に実施しテスト間の相関係数を求める再検査法，②等質な2種類の問題をつくり，対の一方だけそれぞれ集めて二つのテストを作り相関係数を取る並行テスト法，③テストを二つの部分テストに分け部分テスト間の相関係数を求める折半法等がある。

▶ **課題**　試験を何のためにするか，に関しては，選別の手段としての試験と，改善の手段としての試験に大きく分けられる。大学入試にせよ，資格試験にせよ，社会における試験は選別の手段として発展してきたものである。これに対し，近年では，学習の仕方の反省，教え方の反省，教える内容の難易度の反省など，教育の改善の手段としての評価の考え方が強くなってきている。

こうした評価思想の転換に対応して，授業時間中の小テストや中間テスト，期末テストを，単に序列化の手段として用いるのではなく，改善の手段として利用することが望ましい。具体的には，テスト結果を，その生徒の伸び具合についての情報として，さらには，教師の教育方法の反省材料として，また教育内容の適切さを判定する材料として用い，その結果を次の授業の進め方にフィードバックさせることが大切である。

[**参考文献**]　天野郁夫『試験の社会史』東京大

学出版会　1983／ドーア，R.（松居弘道訳）『学歴社会　新しい文明病』岩波書店　1978／中島直忠編『世界の大学入試』時事通信社　1986／矢野真和『試験の時代の終焉』有信堂　1991／佐々木亨『大学入試制度』大月書店　1984

［関連項目］評価　　　　　　　　（今井重孝）

システム論
英 system theory

▶ **語義**　二つ以上の要素からなり，何らかの秩序を示すものをシステムと呼ぶ。システム論とは，対象をシステムとして取り扱う理論である。システムにはさまざまな種類，次元があるが，ボールディングによると，システムは，静態的構造のレベル，時計じかけのレベル，サーモスタットのレベル，細胞のレベル，植物のレベル，動物のレベル，人間のレベル，社会組織のレベル，超越的レベルの九つのレベルに分けられる。システム論は，大きく分けると，生物学をモデルとする生態システム論の系譜と，物理学，数学の流れから発展してきた機械論的システム論の系譜に分類される。経済学の市場分析や経営分析は機械論的システム論に位置づけられる。心的システム，社会システムの分析は生態システム論の流れに位置する。

▶ **歴史**　システム論は，18世紀に理論物理学の一領域から生まれ，主に自然科学において発展した理論である。システム論の母胎ともいうべきシステム工学は第二次大戦の頃，戦争の作戦研究から始まったオペレーション・リサーチ，シャノンとウィーヴァーの始めた情報理論，ウィーナーの提唱したサイバネティックス，チューリングの基礎数学，フォンノイマンのコンピュータ理論を源流として成立し，アポロ宇宙計画で輝かしい成果を挙げることになる。こうした工学分野のシステム論を，生物学，行動科学，社会科学，哲学にも適用可能な一般理論として構想したのは，ベルタランフィであった。社会学の分野では，パーソンズが「社会システム論」を

著し，さらにルーマンがパーソンズの理論を飛躍的に発展させることになる。

1960年代以降は，システム論自体にも大きな変化が見られる。第一の変化は，生物学，シナジェティックス，化学，大脳生理学等の分野から，自己組織性，自己準拠性が問題にされはじめる段階である。自己組織性は，今田高俊や吉田民人により社会理論の分野で発展させられている。第二の変化は，マチュラナ／ヴァレラによりオートポイエティックなシステム構成が問題にされる段階である。この理論はとりわけルーマンにより社会システムへの適用がなされている。

▶ **機械論的システム論**　教育工学においては機械論的なシステムモデルに基づいた研究がなされている。このモデルでは，システムの内部はブラックボックスとされ，そこへのインプットとアウトプットからシステムの作動を把握しようとする。しかもインプットとアウトプットの関係は函数的に把握される。授業システムやプログラム学習，CAIといった学習システムのみならず，教育システム全体をシステム分析しようとした試みもクームスによりなされたことがあるが，やはりこれもシステム内をブラックボックスとし，インプットとアウトプットにより把握しようとするシェーマを用いていた。こうした把握の限界は，学習主体たる子どもをインプットによりアウトプットが予測できるトリヴィアル・マシーンとして把握している点にある。

▶ **社会システム論**　ルソーの社会契約論，デュルケームの社会分業論等も社会システム論といえようが，社会システム論の開祖は何と言ってもパーソンズである。パーソンズは「社会システム論」のなかで，行為システムをパーソナリー・システム，社会システム，文化システムの三つのサブシステムに分類した。のちパーソンズはシステムの機能要件に着目し，AGILモデルすなわち適応（Adjustment），目標達成（Goal Attainment），統合（Integration），パターン維持（Latent Pattern Maintenance）の四つの機能モデルを提

示した。このモデルは，しかし，社会に個人を同調させる，歴史的変化の把捉が困難であるとの批判を受けた。こうした構造機能主義の持つ難点を機能構造主義により乗り越えようとしているのがルーマンの社会システム論である。

▶ **ルーマンのシステム論**　ルーマンによれば，社会は，古代の環節型社会から中世の層化社会を経て現代の機能的に分化した社会へと発展したとされる。現代の機能的に分化した社会においては，法システム，経済システム，学問システム，宗教システム，家族システム，教育システム等のサブシステムがオートポイエティックなシステムとして自立しているとされる。この自立性を保証するのが，経済におけるお金，学問における真理，法における正義等のシンボルとして一般化されたメディアであり，経済の場合は支払える・支払えない，学問の場合は，真理・非真理，法の場合は，正義・非正義といった二区分コードである，とされる。

　［**参考文献**］クニール，ナセヒ（舘野受男ほか訳）『ルーマン　社会システム理論』新泉社1995／中山慶子ほか著『社会システムと人間』福村出版　1987／新田俊三編『社会システム論』日本評論社　1990／フォン・ベルタランフィ（長野敬・太田邦昌訳）『一般システム理論』みすず書房　1973／渡辺茂・須賀雅夫『新版システム工学とは何か』日本放送協会　1988
　［**関連項目**］構造主義／ルーマン　（今井重孝）

自然主義

英 naturalism／独 Naturalismus／仏 naturalisme

▶ **語　義**　哲学において，実在の世界はすべて自然科学的に説明され，超自然的原因を必要としないという一元論的立場をいうが，一般には，道徳，芸術，法律，宗教などの文化的社会的諸事象の原因や法則あるいは規範を自然の概念によって説明したり解釈しようとする思考態度を指す。この思考態度の前提には，存在する事象はすべて自然的なるものであり，文化的事象も自然的なるものに還元され，したがって自然の因果法則によって認

識されるという存在論と認識論がある。そこから帰結される認識は，その事象における自然のメカニズムを説明し，人が則るべき準則を表現すると同時に，ひるがえって現実の文化的事象のあり方を批判する原理となる。ただし，基礎となる自然概念は多義的であり，人間の認識の対象としての自然現象を指すほかに，現象をそうあらしめている本質，さらには人間的営為としての文化や歴史に対置された非人為的事象を広く含む。

　自然主義には文化的事象を説明するために本来それと対置されるべき自然が引照されることによって論理的困難が内包されている上に，引照される自然の概念が一義的でないことによって，また，その概念が適用される対象領域や解決課題の違いによって，この思考態度の果たす歴史的役割や機能は一様ではない。自然主義倫理学，自然神学，自然法論，自然主義文芸，など，それぞれの思想領域において固有の理論と歴史が見られる。それらには，多くの場合，何らかの形で実証性や現実性を根拠にして，キリスト教や理想主義，超越主義などの伝統的な思想体系に抵抗する態度が含まれている。しかしながら，一方で，自然科学的な世界理解に通じる経験主義や実証主義，あるいは唯物論に近づくが，他方，文化批判やペシミスティックな世界観を経て，自然崇拝や自然愛好（naturism）といった一種のロマンティックな趣味にも通じ，この場合にはかえって反科学的ないし前科学的な意味さえもつにいたる。また，現象（所産的自然）から本質（能産的自然）を知ろうとして，超越的存在へと遡ることになり，この場合には方法論としての自然科学とも存在論としての唯物論とも異なる意味を持つ。

▶ **教育上の自然主義**　自然現象に類推して教育の概念を説明したり，教育の目標や内容，方法などについて自然にそのモデルを求める思考態度を，一般に教育上の自然主義と見てよいが，すぐれて人為的な教育という営為を非人為的に規定しようとするこの思考態度には，いくつかの思想的課題が含意されている。

（1）　文化批判としての自然主義——当代の文化を道徳的観点から悲観的に捉え，堕落せざる自然をそれに対置し，できるかぎり非人為の世界に教育的理想を設定しようとする。学習内容を自然的環境のなかに求め，書物からよりも，いわば自然を書物として直接自然から学ばせ，方法的にも，自然をして人間を鍛錬させる方法（たとえば，自然罰）を採る。また，都市文化に対する批判を背景に，教育の場として田園を選び，農民の生活に教育の内容や方法のモデルを求める場合も多い。

（2）　内在論的教育観としての自然主義——ちょうど植物が種子に発達の目標と可能性を組み込んであるように，人間にも自然として内在しているものがあると想定し，それの発達（de-velopment，巻き込まれてあるものの発現）を保全するところに教育の意味を捉えようとする。自然的諸力として備わっていると見なされるものを開発し鍛錬するために，子どもの自己活動や興味を尊重する教育の方法原理が求められる。

（3）　科学主義としての自然主義——発達や学習の過程に関する法則性を，あるいは素質としての学習能力を，自然の原理と見なして教育上それに依拠することを科学的態度として要求する。これは，自然のメカニズムとみなされた学習や発達の原理を再構成して，それを技術化方法化する操作主義的な態度を意味すると同時にたとえば社会ダーウィニズムの適者生存説や遺伝環境論争に示される人種理論など，自然的生物的理論に教育政策立案の根拠を求めるイデオロギー的立場に繋がる場合もある。

▶　近代教育観としての自然主義　　教育上の自然主義は，部分的には，教師に医師と同じように自然の技術に従うことを求めたトマス（Thomas Aquinas）や，さらには，教育の条件としての子どもの自然的素質の弁別を説くプラトン（Platon）らの中世・古代の教育論にさかのぼることができる。しかし，自然の原理が教育の現象を規定するものとして教育思想の全面に現れてくるのは，近代になっ

てからである。身分や共同体規制から脱出した個人の生存を支えるために，また拡大した社会を道徳的に再編するために，教育上に要請された自然概念は，個人に内在する生存能力を一般的に承認し，かつそれを開発する役割，さらには同情や社交性，家族の情愛などの原初的心情に遡って，文化や道徳を堕落から蘇生させる役割を担うものであった。教育理論の上では，コメニウス（Comenius，J. A.）やロック（Locke，J.）におけるような，直観や観念連合の自然的学習原理を技術化することによる教育可能性の拡大，ルソー（Rousseau，J.-J.），フレーベル（Fröbel，F.），ペスタロッチ（Pestalozzi，J. H.）の唱えるような，自然的発達に従う方法が目指された。

なお，これらに引照される自然とは，多くの場合，自ら動き成長する原理を持つ生物的有機体的自然であり，なかでも，植物的概念であった。人間の発達を，発達目標が先在し，かつ一定の順序のある植物の生長に類推し，教育をそれの助成として捉える一方，さらにそれに栽培の概念を重ねて，技術としての教育の自然的基礎づけを試みるものであった。動物的自然は，欲望に支配され，道徳的かつ教育的な価値に反するものであった。しかし，進化論以後，今日では，動物の発達過程や，親子関係，社会関係などに関する心理学的生態学的観察が進み，その影響のもとに，むしろ動物的自然の類推によって教育を理解する傾向が強い。

［参考文献］梅根悟「近世教育思想史における自然概念及び合自然原理の発展」『教育史学の探求』講談社　1966／近藤洋逸『デカルトの自然像』岩波書店　1959／コリングウッド，R. G.（平林康之・大沼忠弘訳）『自然の観念』みすず書房　1974

［関連項目］近代教育／教育学　　　　（原聡介）

しつけ
英 discipline／仏 discipline

▶　概念　　子どもに，その属する社会や共同体においてひとり前であるために必要とされる生活技術・行動様式・礼儀作法を身に

つけさせること，また，すでにそれらが身に付いていること。民俗学者や文化人類学者たちが注目したように，「しつけ」は，もともとは「稲の苗を植え付ける」こと，田畑の「作物のしつけ」というように，農耕文化的な背景を持っていたが，やがて，着物の「しつけ」，「しつけ」奉公，「しつけ約束」などの用例でも明らかなように，「作りつける」「矯めて育てる」といった形成的な意味を持つようになり，人をひとり前に仕立て上げる，その訓練の過程と技術を指していわれるようになった言葉である。工業化以前の社会では，「生活の全体が教育する」と評されるように，しつけはあらゆる生活場面で行われていた。共同体の人間関係一般は，相互扶助と相互干渉の密着状態にある，そこから生まれる「なれなれしい」共同体的な性格が日常生活に通底していたために，どこにおいても，いつでも，誰によってでも，「しつけ」が行われていたが，伝統的な共同体が解体し，核家族化と個人主義化がすすんだ現代では，学校などの制度化された教育空間の登場によって，伝統的なしつけは解体・縮小された。

▶ **しつけと教育**　「しつけ」の過程は，個人がある特定の社会集団の生活様式・規範・文化を習得し，その集団の成員として実質的に参加してゆく社会化の過程と重なる。その意味で，「しつけ」は広い意味での社会化および社会教育の一形態であって，ある社会集団の成員がその集団への新参者に対して，日常生活における習慣・価値観・行動様式などを教え・習得させる過程一般をさしている。

「しつけ」を教育伝達・教育方法の観点からみると，おおよそ以下のような四つの特徴を引き出すことができる。日本人の伝統的な「しつけ」の第一の特色は，それが共同体の生産力的性格を色濃く帯びており，生活の全面において行われていたことにある。それぞれの職業分野における生産技術の習得はもとより，人間関係の基本的ルールや倫理・宗教に至るまで生活全般にわたる行動パターンと価値観の習得が目標とされていた。伝統社会では，子どもをひとり前に仕上げるには，生産労働を行う上での技術や能力の習得ということだけではなく，その属する社会関係を構成する人々が承認（sanctions）する生活習俗（practices）や社交性（civility），ものの見方や感じ方（mentalité），精神的態度（attitudes），価値体系（value system）などを生活のなかで会得させる必要があった。このため，幼少の頃から学びとらねばならない事柄は非常に多く，子どもたちは早くから衣・食・住のあり方，成り立ち，作法を，生産と消費・分配という観点から習得するよう厳しく「しつけ」られていた。また，大人の労働時間のなかにあって，さまざまな生活技術を「模倣」することで未来の労働力，共同体の未来の構成員として成人の行動様式の初歩を学んでいた。そこでは，子どもの遊びもまた，農具や道具，生産活動の模倣行為として組織的に伝承され，生産力的な性格が強かった。このような生産力的性格の強い社会化は，いくつかの年齢集団に加入することでいっそう補強されていた。

第二の特徴は，しつけが集団志向的に行なわれ，各人の個性を伸ばすことよりも「十人並み」「世間並み」の人間が目指されるなど，共同体的な性格が現れていることである。「しつけ」は個性を強調するよりも，衆人に承認されることをまず重んじたため，日常の生活・行動の集団的な場面に結びつけられて行われることが多かったのである。「恥を知る」ことや「人前で恥をかかない」といった表現にそのことが端的に示されていることから，この特徴を捉えて「しつけ」の文化を「恥の教育」「笑いの教育」の文化と表現することもある。共同作業の場面，夕食後のいろり端や大人たちの集まりの場面，年中行事や祭礼といった場面は，言葉遣いや振る舞いを反省する好機であり，やがてなるべき共同体の一員としてのハレの日の心持ちを体得する機会であった。また，法事など，死者を祭る周期的な行事では，その地域の子ども組が招かれるが，その際，子どもたちが招待者や会

衆者たちに示す挨拶，言葉遣い，所作，食事の作法，辞退・退席の仕方などが大人たちによって観察され，「あの子はよくできた子だ」という評価を受けることが，子ども本人の名誉と社会的信用を得ることになるばかりでなく，「しつけ」をする親や祖父母の名誉と信用を得ることにもなった。「しつけ」の厳しさ・よさ・わるさなどの評価が主に応対贈答の言葉・振る舞い，食事の作法・身なり・身だしなみや家具・道具などの取り扱い，さらに身持ちの良さなど，広く生活の全面にわたり，ことに消費を中心とした生活，対人行動に傾いて用いられるのは，「しつけ」の主要な関心が共同体において信用を得ることと社会集団内の役割をまっとうすることにあったからである。また，昔の「しつけ」には「何々をしてはならぬ」という禁止事項が多いが，そのなかには神に対する禁忌から発したものが大部分であり，道徳判断の規準が，家父長的な経験則と並んで，超越的な価値規準にてらして決定されていたことを反映している。

第三に，「しつけ」には一定の年齢段階が想定され，年齢・性差・社会的責任・役割とのあいだに対応関係を持たせるという特徴があった。たとえば，子ども組，若者組，娘組，といった年齢集団は共同体内のモラルの監視機能を果たすとともに，各年齢段階ごとに習得すべきしつけの項目を，ある部分は世代関係の基軸を通して，またある部分は通過儀礼的な場面を通じて伝達された。幼稚園や学校といった明示的な教育制度がなかった時代では，生後の「三日祝い」に始まる成長の節目ごとに，人生段階のかなりの時期に及んで，男女それぞれに共同体が期待する徳目に沿った「しつけ」がおこなわれていた。とりわけ7歳という年齢を大切に考え，子どもが身体的にも精神的にもまわりの生活に適応することができると考えられ，本格的な「しつけ」がおこなわれた。たとえば，わが国の例で言えば，伊豆七島では一般に「水汲み」作業は女性たちの大事な仕事とされていたが，女児

が7歳になると「小さな桶」を持たせて水汲みの「真似」をさせたという。また，「ほうき」を持たせて「掃除」をさせたり，「草刈り鎌」と「籠」を与えるなど，生産用具の雛形を「玩具」として与え，それによって子どもに仕事を見習わせた例は洋の東西を問わず多い。この段階になると，同輩集団を形成する子ども仲間の遊びも加わり，「子ども組」があるところでは，友達との交際や子どもの行事（子どもの祭りなど）に参加して組織的な訓練を受けた。幼少時の「しつけ」は父母を主とするが，その他にも労役分担組織としての「年齢集団」や商人や職人などが組織する職業集団の下部組織における仲間や先輩の訓練などもあった。「しつけ」が基本的な心身の振る舞いに関するものであると考えられていたために，子どもが社会生活を経験する初期の段階で，「しつけ」を繰り返すのが最も有効だとされた。子どもがまだ幼少の時，集団加入の初期に，ことさらやかましく仕込まれたのはこのためであった。それと同時に，「しつけ」は男女差に応じて行なわれていた。幼年時代の男女の遊戯・交際が「子ども組」に入る前後から分離され，成年式の後あらためて交際を始め，あるいはこのとき以降きびしく大人としての「心掛け修行」を要求されるなど，「通過儀礼」ごとに成育の段階と性別とに応じて変化し，またその属する集団・社会によってもさまざまなかたちで組織的に行われていた。

第四に，「しつけ」の方法的な特色は，文字よりも言葉によって繰り返し行なわれたことである。「しつけ」という言葉が「叱る」こと，または「罰する」ことと同義に用いられるのは，「できていない」「当たり前でない」言行のあったときにこれを「戒め」「諭す」のをその主要な手段としたからである。目・耳・鼻・皮膚・手足など，直接，身体的な諸感覚に訴えてその人，その場所にふさわしい言行を促し，表情・身振りや，禁止・叱責・批評・諷刺・嘲罵または是認・賞賛などの短い語句や諢やあだ名あるいは体罰などが

好んで用いられ，謎解き・昔話・物語などの口承文芸もまた「しつけ」の手段とされてきた。無文字社会にあっては，「書き言葉」ではなく，「語り言葉」によって，共同体が期待する価値観と感情様式が繰り返されることによって慣習化していた。徳目が文字によって表現されるのではなく，繰り返し語りかけられ，歌われ，具体的なしぐさで示されたことから，諺が生まれ，「諺による教育」が「しつけ」の重要な手段とされることとなったのである。こうして，「しつけ」文化にあっては，言葉は学習主体の身体技法の全面にわたって実体化していた。

教育の文化史の観点から見た場合，伝統文化に深く，幅広く位置づいていた「しつけ」の諸機能を，近代学校がどのように再編成し，それらを人間形成の技術としてじゅうぶんに取り込むことができたかどうかという問題は，まだ解明されていない。

［参考文献］Benedict, R., *Chrysanthemum and the Sword: Patterns of Japanese Culture*, 1946／Elias, N., *Über den Prozeß der Zivilization*, 1939, 1969（赤井慧爾ほか訳『文明化の過程』法政大学出版局 1977-78）／Loux, F., *Le jeune Enfant et Son Corps dans la Médicine Traditionelle*, 1978（福井憲彦訳『〈母と子〉の民俗史』新評論 1983）／Loux, F., *Le Corps: pratique et savoirs populaires dans la société traditionelle*, 1979（倉持不三也・信部保隆訳『肉体──伝統社会における慣習と知恵』社会評論社 1983）／我妻洋・原ひろ子『しつけ』弘文堂 1974／宮本常一『家郷の訓』1943『愛情は子供と共に』1948，いずれも『宮本常一著作集6』未来社 1967 所収

［関連項目］道徳／訓育／文明化／社会化
（北本正章）

実　験
英 experiment／独 Experiment／仏 expérience

▶ **語　義**　一定の条件のもとで，ある仮説にもとづいて，ある対象を因果法則的に検証する行為をさす。教育研究においては，教育学の研究方法論としての実験もあれば，理科教育などで，子どもが自然を認識する上で必要な教育方法としての実験もある。前者は，教育研究上の実験であり，後者は，子どもの認識能力を高める手段としての実験である。また，教育の実験や検証を行うために，一定の教育理論に基づいて特別に組織された学校は，実験学校（experimental school）と呼ばれている。

▶ **研究方法**　教育研究における実験の必要性は，とりわけ20世紀初頭の実験教育学（experimentelle Pädagogik）の提唱者たちによって主張された。これは，19世紀後半に形成された実験心理学の方法を導入して，観察，実験，統計の方法を用いて教育問題を研究し，教育学を科学として独立させようと意図したものである。その代表者は，1903年に『実験教授学』を著したライ（Lay, W. A.）と心理学者ヴント（Wundt, W.）の高弟モイマン（Meuman, E.）である。ライの主張は，授業の方法ばかりでなく，教育の目的や価値を含む問題までも実験と検証を通してとらえ直すことにあったが，モイマンの実験教育学は，教育の全領域をおおうものではなく，とくに子どもの心身の発達や授業の研究部門において，実験・観察的方法の必要性を強調するものであった（『実験教育学入門講義』1907）。

また，アメリカでは，実験主義（experimentalism）の立場を確立しつつあったデューイ（Dewey, J.）が，1896年にシカゴ大学の附属施設として実験学校（laboratory school）を開設し，その教育理論を実践的に検証する場を設けた。

▶ **課　題**　教育行為は，子どもを対象にした価値実現の行為である。したがって，そこには，常に実験を行うさいの倫理的制約が存在する。子どもを，モノや動物をモデルにした実験材料として扱うことはできないからである。したがって，通常の実験でなされるような統制群法などは，安易に行われるべきではない。授業研究において，実験を行う場合には，環境条件の統制の他に，教師の教授行為と子ども（たち）の学習行為を含めて，

「原因―結果の」因果関係が一義的に明らかな具体的要因をすべて抽出し、それらの要因群の相関を測定する基準を予め確定しておかなければならない。しかし、その基準には、価値観が不可避的に介入せざるをえないので、モノや動物をモデルにした実験に比べて、多くの困難がどうしてもつきまとうことになる。

[参考文献] モイマン、E.（上野陽一・阿部重孝訳）『実験教育学要綱』大日本図書 1919／メイヨー、K.C.、エドワード、A.C.（梅根悟・石原静子訳）『デューイ実験学校』明治図書 1978／木内陽一「実験教育学の終焉」『教育哲学研究』61号 1990
[関連項目] 実証主義　　　　　　　（高橋勝）

実証主義
英 positivism

▶ 語　義　「実証的」の原語である positive には、単なる想像ではなく事実に即している、という意味がある。ここから実証主義は、事実にもとづいたことのみを扱うよう主張する学問的立場をさす。事実の観察によってえられた経験のみが認識の対象であり、経験を越えた実体を想定する思弁的な考察は科学の名に値しない、というのが実証主義の見解である。

実証主義を広く解せば経験諸科学に共通に見られる研究態度だと言えるが、実証主義の主張にはさらに次のような前提ないし要請が含意されてきた。すなわち、経験がすべての認識の基礎であり、諸経験の間に見いだされる因果連関を法則として説明することが科学の課題であること。分野を問わずこの手続きは物理学を範としつつ数学ないし論理学の形式的な方法を通してなされること。そして、諸学はこの単一の方法を獲得することによってそれぞれ最も成熟した段階へと達し、共同して世界を解明していく一つの体系へと統合されることである。いわば実証主義は、進歩思想に彩られた科学万能主義をその特徴としてきたのであった。

一方、思想史のうえで実証主義という場合、とくに19世紀前半のフランスのコント（Comte, A.）によって展開された古典的実証主義運動ないし20世紀前半にウィーンを中心に起きた論理実証主義運動をさす。これらの運動は実証主義の理論化と普及に寄与した思想運動であったが、社会改革にも強い関心を示した。二つの運動が哲学的にも政治的にも真理の希求と人類の進歩を妨げるものとの闘争であったように、実証主義にはその基準にそぐわない学派や党派を非科学的であるとして徹底的に批判し排除する側面がある。

▶ 歴　史　実証主義的態度は17世紀のベーコン（Bacon, F.）やデカルト（Descartes, R.）に見て取ることができる。また実証主義の主張内容の多くは18世紀の経験論や功利主義、啓蒙思想において既に述べられている。しかし、実証主義の明確な理論化は19世紀のコントを待たねばならなかった。当時のヨーロッパは自然科学の急速な進展と産業革命の影響により、人類の将来に対し楽観的なムードに包まれていたが、その一方で市民革命によってもたらされた急激な政治変動は多くの社会混乱を引き起こしていた。実証哲学と呼ばれるコントのプロジェクトは、進んだ自然科学の方法を社会改革の基礎とするための理論化の試みであった。

コントは師であるサン－シモン（Saint-Simon, C.-H.）から着想をえて、次のような学問観を実証主義の基礎に置いた。知的探求は、初めはすべての事象を超自然的な力によるものと見なす神学的状態にあるが、次に「原因」や「実在」といった抽象観念を想定して事象を説明する形而上学的状態へと移行する。そして最終段階として、観察によって法則的真理を明らかにし事象の予測を可能とする実証的状態にいたる（三状態の法則）。また学問は数学、天文学、物理学、化学、生物学、社会学の六領域に分けられ、後者になるほど実証的状態への移行が遅くなる（諸学の百科全書の階梯）。コントはこうした考えをもとに、当時の社会混乱を解消するためには社会学を実証的な状態へと移行させねばならないと

説いた。

19世紀後半，人類教を創設して神秘主義的傾向を増すようになるとコントの理論面での影響力は弱まっていったが，彼の研究方法論はミル（Mill, J. S.）によって批判的に継承され，また実証主義を構成する科学主義と進歩史観はマルクス（Marx, K.）やスペンサー（Spencer, H.）などその後の思想家に広く受け入れられた。しかしその一方で科学の範とされた数学と物理学の内部からそれぞれの学的整合性を脅かす諸問題が指摘され，これに応じるように世紀末にはさまざまな反科学主義の思想が現れた。ディルタイ（Dilthey, W.）による自然科学と精神科学の峻別はその代表例だと言えよう。

科学の危機と受けとめられた諸問題は20世紀の初めにラッセル（Russell, B.）の記号論理学とアインシュタイン（Einstein, A.）の相対性理論によって一応の解決を見る。この動きに触発されて1920年代後半ウィーン大学を中心に新しい思想運動が興る。論理実証主義と呼ばれるこの運動は，最新の科学理論に裏付けられた認識論をもって非科学的思考を廃し統一科学を実現することを目的とした。哲学者，数学者，物理学者，社会学者など多領域にわたる専門家からなるこの学者集団は自らウィーン学団と称し，欧米各地に賛同者を得て，扇動的な語調とともに積極的に運動を展開していった。

論理実証主義の理論的特徴は，その名が示すとおり，経験とともに論理と言語が認識論の中心に置かれたことである。この新しい実証主義はまず，実質的な知識は，観察によって与えられる経験を要素として論理的に構成されていると見なす。そして知識が言語記号によって表現される根拠を，知識を構成する論理形式と言明を構成する論理形式が同型であることに求めて，もっぱら言明の構成原理と有意味性の規準を探求したのであった。この認識論の成果が形而上学の言明の無意味性を暴露し，共同して真理を明らかにしていく統一科学の構想に基礎を与えると期待された

のである。さらに非科学的思考を排除するという彼らの関心は学理論にとどまらず，社会改革へも向けられた。非合理的な社会支配から脱却するためには制度の合理化が必要であるとして，たとえば教育と建築におけるウィーン市の社会主義的政策を高く評価した。

論理実証主義は目的において一つであったが，認識論の精緻化に際しては論争と修正を繰り返し，統一見解にいたることはなかった。また，1930年代半ばにナチスが台頭してくるにつれ，思想的にも政治的にも相容れなかったウィーン学団のメンバーは弾圧を逃れて欧米各地へ離散し，論理実証主義は運動の母体を失うことになる。一方，学団離散はとりわけ米国において絶大な影響を及ぼした。当地の行動主義は論理実証主義と合流して科学主義的傾向を補強し，また哲学は言明の論理分析による議論の明確化を主な課題とするようになった。

実証主義に対しては異なる立場から多くの批判が向けられている。論理実証主義の理論的不備を指摘し，より洗練された科学理論を提出しようとする立場から，実証主義の前提そのものを疑う立場までさまざまである。後者に関しては，人間理解の一面性，イデオロギー批判力の欠如，観察の中立性をめぐる幻想，進歩や科学の方法を普遍的と想定することによってもたらされる異者排除の問題などが主な反論点である。

運動としての実証主義は政治的理由による離散と理論的な行き詰まりによって終焉を迎えたが，その考え方は現在なお我々の思考様式に深く影を落としている。論理と経験の両者に着目することによって合理論と経験論を統合し，進歩主義と科学主義を打ち出した実証主義はいわば西洋近代思想の寵児であり，これをいかに相対化していくかは今日的課題であると言えよう。

▶ **実証主義と教育**　今日，実証主義教育学と呼ばれる学派は存在しない。しかし，その研究観，人間観，知識観を通して，実証主義は教育の研究と実践の双方に大きく影響を与

えている。19世紀末デュルケーム（Durkheim, E.）は教育科学を構想する。これによって彼が目指したのは，コントの路線に則って教育研究を実証的段階へ移行させることであった。デュルケームは教育現実を明らかにする教育科学と，実践を導く理論からなる教育学とを区別したうえで，教育学は教育科学に基礎づけられねばならないと説いた。現在でも，教育実践が教師の独断に陥らないためには，実証された科学的知見を応用して実践的理論を導くべきとする思考法が広く共有されていよう。また，効率的な実践のために，教授計画から曖昧な語使用を排除し，観察可能な行動を記述する表現を用いるべきとする主張も実証主義の流れを汲むものと見なすことができよう。

一方，実証主義に向けられた諸批判はとりわけ教育において重大な問題を提起する。教育は人との関わりにおいて生じる営みであり，極めて文化依存的である。純粋な観察や客観的な知識というものを想定してしまうと，たとえば，研究者や教師の文化的背景ないし先入観が観察結果や教育課程にどの程度反映されているのか知る由もないであろう。科学主義へと傾いた今日の教育研究の成果を正当に評価するためには，まずその限界を深く認識する必要があるのである。

［参考文献］ Broudy, H. S., Ennis, R. H. and Krimerman, L. I. (eds.), *Philosophy of Educational Research.* New York: John Wiley & Sons 1973／Lecourt, D., *L'Ordre et les Jeux.* Paris: Grasset 1981（野崎訳『ポパーとウィトゲンシュタイン』国文社 1992）／Sarkar, S. (ed.), *Science and Philosophy in the Twentieth Century.* New York: Garland Publishing, Inc. 1996／富永健一『現代の社会科学者』講談社 1993／von Wright, G. H., *Explanation and Understanding.* Ithaca, N. Y.: Cornell University Press 1971（丸山・木岡訳『説明と理解』産業図書 1984）／渡邊二郎『現代哲学』日本放送出版協会 1991

［関連項目］ 解釈学／啓蒙／行動主義／功利主義／合理論／進歩主義教育／分析哲学

（丸山恭司）

実存主義

英 existentialism／独 Existenzialismus／仏 existentialisme

▶ 語 義　自ら「実存主義」と称する文字通りの実存主義は，第二次大戦直後のフランスでサルトルやメルロ＝ポンティが展開した思想運動に限定される。人間の絶対的な自由をうたうこの思想は熱狂的なブームを呼んだ。しかし本稿ではこの語を，教育思想との関係で重要な意味を持つ広義のそれと解する。その場合，一般にこの立場の思想的源流とみなされるキルケゴールやニーチェ，さらには20世紀初頭の「キルケゴール・ルネサンス」の影響下に青年期を送ったヤスパースやハイデガー，マルセルらも，この流れのなかに位置づけることができる。

▶ existentia　existentia というラテン語を哲学史上最初に使用したのは4世紀の教父マリウス・ビクトリヌスだと言われる。彼はこの語が元々「外へ（ek）立ち現れる（sistere）」という意味を持つことから，substantia（本質ないし実体）や subsistentia（基体）と区別して「事物の本質が現象の世界に立ち現れた実在」の意味で使用した。しかし神こそ究極の実在と考えられた中世では，この語は神の意味で使用されることもあり，また次第に使われなくなった。近世になってはじめて「本質存在に対する事実存在」という意味がこの語に定着するが，形而上学の伝統では絶えず本質存在に優位が置かれてきた。

これに対し，非合理的な事実存在に着目して両者の関係の逆転を試みた思想家にシェリングが挙げられる。1841年に処女作『あれかこれか』の執筆を兼ねてベルリン大学に留学したキルケゴール（Kierkegaard, S.）はシェリングの講義を聴講した。しかし，最初はシェリングの使う「現実性」という言葉に興奮したものの次第に落胆し，途中で聴講を放棄したと言われている。こうした経過の後，この語を単なる事実存在の意味ではなく，歴史のなかで現に主体的に生きている人間存在の意味で使用したのが，キルケゴールである。

実存思想誕生の書と言われる『哲学的断片への結びとしての非学問的な後書き』(1846)では，客観性や体系性を重んじるヘーゲル派の哲学に対抗し，真理を主体的に問い求める場合には対象へ向かう主体の関係こそが重要になると説き，「主体性こそは真理である」というテーゼを提出した。ここには，自らの人生を何に懸けるべきか苦悩した22歳のキルケゴールによる次の言葉の結晶化が見られる。「重要なのは私にとって真理である真理を見出すこと，私がそのために生きかつ死ぬことを願う理念を見いだすことである」（傍点は原文でイタリック）。

▶ **思想の内容**　　　それぞれの思想家によって思想内容は大きく異なる。ヤスパースはキルケゴールの思想の骨格を比較的忠実に受け継ぐが，サルトルは無神論を標榜。存在一般の意味の究明を目指すハイデガーは，人間（現存在）の構造を問うのはその通路にすぎないと言い，実存主義という呼称を拒否した。

　それでも敢えて共通点を取り出すと以下のようになろう。①観念論の抽象性に対して生身の具体的な人間存在を説く。身体を具え，世界に投げ出されている現実の人間存在は，理性で割り切れるものではない。また実存は，自己自身に基づいて一切を普遍的に基礎づけうる観念論的主観と異なり，自己の存在すら自分で基礎づけえない。②「なすべきことはなしうるのでなければならない」というカント流の理想主義のテーゼは19世紀の半ばから第一次大戦にかけて破綻。「いくらなすべきでもなしえない」人間の現実の姿が露呈された。未来の見通しが立たない不安の直中でなまなましい人間の現実を直視する（サルトルはヴェールを剝がされた存在そのものに直面した時の不条理感を「嘔吐」と表現した）。③具体的な人間存在は「人間とは〜である」式の本質規定では尽くせず，その「外へ立ち現れる」。「実存は本質に先立つ」（サルトル）のである。④科学技術の支配下で人間が物象化され客体化されてゆく傾向に抗し，自己回復を訴える。⑤「水平化」「畜群」「ひと」といった言葉で「大衆」批判を展開。大衆に埋没しない個の在り方を重視する（キルケゴールの「単独者」）。⑥ツァラトゥストラの最高徳目はキリスト教道徳に由来する「誠実」に他ならない。ニーチェは研ぎ澄まされた「誠実」の感覚のゆえに，キリスト教的世界解釈の虚偽と欺瞞に対して嘔吐をもよおした。ここに，教会や牧師の手で「楽しみの宗教」に変質したキリスト教を，本来の「苦悩の宗教」へ復帰させようと教会攻撃を展開したキルケゴールとの類縁性を見出しうる。この立場では，認識においても倫理においても自己に対して「誠実」であることを何よりも重んじるのである。

　以上のような特徴を持つ実存主義であるが，1960年代フランスにおける構造主義との論争の後，徐々に影響力を失っていったように見える。この論争において問われたのは，デカルト以降，近代思想の土台とされてきた「主体」概念の有効性であった。そこでは，「人間的主体が歴史をつくる」という実存主義的マルクス主義の見地は，人類学や言語学や精神分析学の教える「主体はむしろ，社会関係や構造の産物である」という見地の前で劣位に立たされたのである。

▶ **教育学的意味・位置づけ**　　　教育学における実存思想の導入に最大の貢献を果たしたのはボルノウの『実存哲学と教育学』(1959)である。ボルノウは伝統的な教育観として①人間を随意に形成される素材とみなす手細工的教育観と②自己に固有な法則に従って成長するのに委ねる有機的教育観とを挙げ，両者共，人間の発展の根本形式として連続性と漸次的な改造を前提していると言う。これに対してボルノウは，生の進行を突然中断する非連続的な事象（例：危機）を通してだけ可能となる根本的な転回が存在することに着目し，教育学を拡大する必要を説いた。そしてこの非連続的な教育事象に着目する「発見原理」として用いられたのが実存哲学なのである。

　そこでは主に以下の諸概念が援用された。元来キリスト教の概念であり，戦後シュプラ

ンガーが教育学に取り入れた「覚醒」の概念。ブーバーが人間同士の関係に関して用い、その後幅広い対象に拡大された「出会い」の概念。ヤスパースの「呼びかけ」と強制的な「命令」の中間に位置する「訓戒」の概念。しかしボルノウの関心は最初から従来の教育学の拡大にあり、実存的教育学の構築にはなかった。彼はその後「希望」や「被護性」といった肯定的現象に着目して独自の人間学的教育学を展開していった。ボルノウの人間学的教育学は、（直接的な生の現象であれ人間諸科学の扱う現象であれ）個々の特殊な現象から出発してそれを人間の全体へと連れ戻し、当該現象が意味深いものとして理解される仕方で全体としての人間の本質を解明しようとする。人間学的な考察様式を取る教育学者には他にランゲフェルト、キュンメルらがいるが、いずれも学際的でトータルな人間理解を目指している。わが国におけるこの方向での研究成果としては、生物学、心理学、社会学等の人間諸科学の成果と哲学的思索によって「人間生成論」の構築を試みた森昭の『教育人間学』（1961）などが挙げられる。

　今後の展望として次のことが期待される。従来、教育学において実存思想は、教育のかなり特殊な局面としか関係しないとか、意図的計画的な教育実践につなげることは不可能であるとみなされがちであった。しかし、キルケゴールの著作の検討からは、教育実践につながる諸原則を抽出しうる。彼は、ソクラテスの「間接伝達」に学び、作家活動における読者の実存覚醒という実践に生涯を捧げた人物だからである。また、「個」の究明においてこそ普遍本質的真理が獲得されるというキルケゴールの指摘は、個々の対象の具体的な「例」においてこそ諸科学における「本質的なもの」の学習と学習主体の「価値的体験」とが同時に可能になるという「範例方式」の考えにつながるものである。実存思想の検討から教育学は、今後、こうした具体的で実践的な知恵をこそ学ぶべきではあるまいか。

［参考文献］ ボルノウ，O. F.（峰島旭雄訳）『実存哲学と教育学』理想社　1966／ボルノウ，O. F.（浜田正秀訳）『人間学的に見た教育学』玉川大学出版部　1969／キルケゴール，S.（杉山好・小川圭治訳）『哲学的断片への結びとしての非学問的な後書き』（キルケゴール著作集第7巻～第9巻）白水社　1968-1970／森昭『教育人間学　人間生成としての教育』黎明書房　1960　　　　　　　（諸富祥彦）

シティズンシップ
英 citizenship

▶ **語　義**　シティズンシップという言葉は主に、①市民権、②市民のあるべき姿（市民性）、③市民性の教育という三つの意味で用いられる。①市民権としてのシティズンシップは、ある特定の国や地域の成員としての法的・政治的地位を指す。また、選挙で投票する権利や納税する義務など、市民としての権利と義務をも指す。②市民性としてのシティズンシップは、民主的社会の形成者たる市民として望まれる資質能力や、政治や社会活動、地域活動などを通して社会に積極的に参画することなど、市民のあるべき姿を意味する。③市民性教育としてのシティズンシップは、市民権への理解と自覚を深めさせ、市民性を育成するための教育活動や教科を指す。

▶ **権利としてのシティズンシップ**　シティズンシップをめぐる思想的立場は、リベラルな伝統と市民的共和主義（civic republicanism）の伝統に大別することができる（Heater 1999）。前者が権利を強調するのに対し、後者が義務と市民性を強調する。権利としてのシティズンシップ論として最も著名なのは、マーシャル（Marshall, T. H.）の1949年の講演「シティズンシップと社会階級」である。マーシャルはシティズンシップを（表現の自由や思想・信条の自由といった）市民的権利、（投票権などの）政治的権利、（教育や医療を受ける権利といった）社会的権利の三つに区別し、それぞれがイギリスで18世紀、19世紀、20世紀に獲得されてきたとする。社会的権利は福祉国家を前提とし、社会的権利に

よってこそ市民的権利と政治的権利もひとびとに平等に保障される。

▶ **市民的共和主義**　市民的共和主義の伝統は，古代ギリシャのアテナイの民主政や，古代ローマの共和政にまでさかのぼる。著名な思想家としては，アリストテレス（Aristoteles）やキケロ（Cicero），マキャヴェリ（Machiavelli, N.），ルソー（Rousseaus, J.-J.），アレント（Arendt, H.）などが挙げられる。

市民としての義務や市民性の具体的内容としては，古来，法律に従うこと，国を守るため兵役の義務を果たすこと，民会に政治家・立法者として参加すること，裁判に陪審員として参加すること，政府を監視すること，投票することなどが挙げられてきた。現代では，ボランティアや寄付などの形で地域の問題の解決に取り組み，社会に奉仕することもアクティブ・シティズンシップの名で奨励されている。現代の民主主義理論は，投票に先立つ討議・熟議（deliberation）や意見形成の過程を重視する（Kymlicka 2002）。公的な問題について自らの意見とその理由を表明し，他者の意見とその理由に耳を傾け，応答するという討議をさまざまなレベルで実践することが望ましいと考えられている。

▶ **コスモポリタニズムとリベラル・ナショナリズム**　グローバリゼーションの進展に伴い，先進国と途上国の経済的な格差や，難民・移民の大量流入，地球温暖化など，地球規模での解決が必要な問題が顕在化している。国家のレベルを超えて，ひとびとが地球市民として問題解決に取り組むべきことを唱えるのがコスモポリタニズム（cosmopolitanism）の立場である。ヌスバウム（Nussbaum, M. C.）によれば，世界市民（コスモポリタン）とはたまたま生まれ落ちた国に対してよりも，「人類という世界的なコミュニティに忠誠を誓う者」である。

他方，あくまで国というレベルに着目し，共通の言語や歴史，文化的背景に基づくナショナル・アイデンティティの役割を重視するのがリベラル・ナショナリズム（liberal nationalism）の立場である。ミラー（Miller, D.）によれば，共通のナショナル・アイデンティティは，累進課税や機会均等法といった「社会正義を促進する政策をひとびとによろこんで支持するようにさせる」。また，選挙で負けた政党が政権を移譲することのリスクを受け容れるようにさせるとともに，討議民主主義を実現させるためにも役立つ。

　[参考文献]　Heater, D., *What Is Citizenship?* Cambridge: Polity Press 1999（田中俊郎・関根政美訳『市民権とは何か』岩波書店　2012）／Kymlicka, W., *Contemporary Political Philosophy: An Introduction (Second Edition)*, Oxford: Oxford University Press 2002（千葉眞・岡﨑晴輝訳『新版　現代政治理論』日本経済評論社　2005）
　[関連項目]　グローバリゼーション／公民教育／デモクラシー／討議／ナショナリズム
　　　　　　　　　　　　　　　　　　　（片山勝茂）

児童中心主義
英 child-centered education

▶ **児童中心主義とは何か**　教師の指導のもとで教科書の知識を記憶させることを主たる教育の仕事としてきた伝統的教育に対して，19世紀末の産業社会の変化に対応して起こった新教育運動は子どもの生活の必要から出発する教育改革をめざした。この運動はカリキュラムを子どもの個性と発達段階にあわせ，その自発的な活動を中心に組織すべきと主張したがゆえに，児童中心教育とも呼ばれた。だが，1920年代の新教育運動の最盛期においても，英語で child-centeredism という言葉が熟さなかったように，それは明確な内容をもつイデオロギーというより，子どもの自由な自己表現を尊重する教育実践を広く指すものであった。わが国で通用している児童中心主義という言い方は，大正期に欧米の影響のもとではじまった新教育実践とともに用いられるようになった。今日ではスローガンに児童中心主義を掲げる教育実践はほとんどみられない。だが，オープンスクールをはじめ，1960年代後半以降欧米で試みられた教育改

革実践は何らかのかたちで子どもの立場に立った教育を志向しており，わが国の教育現場にも影響を与えてきた。児童中心主義ということばは使われなくなっても，教育活動が子どもの生活や自己表現に対する配慮を軸に進められねばならないという教育論は広くコンセンサスをえているようにみえる。それはマスコミなど教育界の外部の人たちによる学校批判の言説にみられるだけでなく，小規模な私立学校から公立学校にいたる教育現場にもあまねく浸透している。

▶ **児童中心教育のはじまり**　児童中心教育の思想的先駆として，ルソーの『エミール』やフレーベル（Fröbel, F.）の幼稚園運動があげられることがある。だが，彼らの著作からただちに児童中心主義の主張が引き出されたわけではない。むしろ19世紀末以降にもたらされた心理学研究の新たな知見を媒介にして，彼らは新教育思想の先駆者として再発見されたというべきであろう。欧米諸国で散発的に試みられた教育改革の試みに人々の眼を向けさせ，一つの運動へと盛り上げるきっかけとなったのは，エレン・ケイ（Key, E.）の『児童の世紀』であった。愛情にみちた結婚と優生学的選別によって「種の改良」をめざしたケイは，硬直した学校教育のありようが子どもの自然的本性を抑圧し，その結果彼らを頑迷な群衆の一部に仕立てているときびしく告発した。ケイの構想した学校改革は中産階級の家庭をモデルに，少人数クラスで子どもの個性を尊重することをめざすものであった。

　児童中心教育が科学としての心理学の成立とともにはじまった事情は，アメリカにおける心理学の開拓者であったホールの仕事にみてとれる。彼は児童研究運動を組織し，全国の親や教師に質問紙を送って，子どもの心の内容に関する膨大な資料を蒐集した。ホールは進化論の観点から，子どもの行動のなかに当座の環境を反映せず，しかも年齢とともに自然に消滅してしまう行動があることに着目し，それを系統発生的に説明するためのデー

タとしてこの資料を利用した。さまざまな発達段階における子どもの行動は，たとえそれが嘘や乱暴な行為のように大人の眼からみて倫理的でないとしても，人類の歴史を反復する必然的なものであるから，そうした衝動を抑制することはのちの人生に思いもかけない不幸を招くことになるだろう。こうした反復発生説に立つ子どもの自然的成長と自由の尊重という教育観は，発達の可能性は遺伝的に決定されるという心理学的視点をともなって，幼稚園や初等段階の教育に大きな影響を与えた。

▶ **進歩主義教育運動のなかの児童中心主義**　ラッグ（Rugg, H.）は，アメリカにおける児童中心教育のはじまりはデューイの実験学校（1896-1904）にあるという。その後各地で教育改革をめざす実践がさまざまに行われたが，児童中心主義は1919年に結成された進歩主義教育協会の指導理念となることによって，戦間期アメリカの教育改革運動の主要な一翼を担うことになった。伝統的教育を批判して生まれた新しい学校では，生徒の多くは上流中産階級の出身であり，また芸術や独創的な自己表現を重視するという点で共通していた。だが，児童中心教育が実際には何を意味するかはきわめて多義的であり，子ども自身のイニシアティヴで教材を選ばせる学校から，子どもにとって価値ある教材を教師が自主編成する学校までの幅があった。こうした児童中心教育は進歩的ジャーナリズムや教員養成学部の教員など幅広い層によって支えられたが，1930年代にはいると陰鬱な時代の雰囲気のなかで急速に支持を失っていった。そのきっかけとなったのは，教育が社会改革において積極的な役割を果たすために，あえてイデオロギーを教え込むことの必要性を強調したカウンツ（Counts, G. S.）の論文であった。

　ところでデューイが実験学校の教育実践を「コペルニクス的転回」になぞらえ，そこでは子どもが太陽であって，そのまわりに教育の営みが組織されると述べたことはよく知られている。その意味でラッグに代表されるよ

うに，アメリカにおける児童中心主義のはじまりをデューイにみる通説は，まったく根拠がないわけではない。だが，デューイ自身は自分の教育観が児童中心主義として解釈されることに困惑を隠さなかった。『経験と教育』（1939）において，彼は「あれかこれか」という哲学的な問題設定それ自体を批判し，旧教育と新教育を排他的に対立させて，子どもの自由と衝動の解放を一面的に強調する児童中心主義教育の主張に対してきびしい批判の眼を向けた。彼はアカデミックな教材の学習の重要性を決して否定しなかったが，カウンツのような「教え込み」の主張に対しても強く反対した。後に実験学校を回想したとき，デューイは自分の思想はいかなる意味でも児童中心主義ではなかったと述べている。あえていえば「コミュニティ中心」であった，と。

▶ 児童中心主義をどう評価するか　われわれは児童中心主義をどのように評価したらよいのだろうか。70年代以後繰り返されたわが国の教育改革論議を支配していたのは，じつは児童中心主義の言説であったといっても過言ではない。受験競争やいじめなど教育問題がジャーナリスティックに論じられるとき，きまって対案として提示されるのは子どもの立場に立った教育改革の必要性であり，このことに関しては国民的合意があるように思われる。いまや個性化は国際化や生涯学習とならぶ教育政策の三本柱の一つとなり，他方で，進歩的教育学者やジャーナリズムも子どもの権利を中核にした「真の」教育の実現をめざすべきだと論じている。このように教育界の論議が児童中心主義のレトリックを競って駆使していることが，教育問題の所在をあいまいにしてしまっているように思われる。

歴史的にみれば，児童中心主義は本質的に保守的な運動であり，社会の安定と社会統制をめざす教育目的にきわめて適合的であった。たしかに社会的効率という原理を掲げた保守的な教育者は社会統制という教育目的をあからさまかつ直接的に追求した。だが，児童中心主義はその目的をより穏健かつ間接的なや

り方で達成しようとしたに過ぎない。1970年代のイギリスの進歩的な初等学校について社会学的調査をおこなったシャープとグリーンは，子どもの自発性を重視する進歩的教師の教育実践において，教師の実際の教育的行為と自分の行為に対する説明との間に大きなひらきと矛盾があり，児童中心教育の調査結果は生徒を能力別に編成した上で形式的な教育をおこなう伝統的な教育の場合とほとんど違いがなかったことを指摘している。

1950年代のアメリカは児童中心主義のムードが公教育にまで広がったという意味で，今日の日本の教育状況に酷似しているといえるかもしれない。子どもの世界はできるだけ子ども自身に任せなければならないという教育界の雰囲気に対して，きびしい批判の眼を向けた思想家にアーレント（Arendt, H.）やホーフスタッター（Hofstadter, R.）がいる。彼らは，児童中心主義が教師の権威を通して子どもの欲求や衝動を方向づける社会的基準を見失わせることになったこと，その結果もたらされたものは仲間集団へのコンフォーミティであったことを指摘する。「この圧力に対する子どもの反応は，順応主義に向かうか，少年犯罪に向かうかのいずれかである」。こうした歴史の経験は，われわれをとりまく教育の混迷が児童中心主義的言説の勝利による大人世界の権威の失墜に原因があることを示唆しているように思われる。

[参考文献] Arendt, H., *Between Past and Present*, Viking Press 1968（引田・斎藤訳『過去と未来の間』みすず書房 1994）／Bowers, B. A., *Progressive Educator and the Depression: The Radical Years*, New York: Random House 1969／Dewey, J., *The Child and the Curriculum*, Chicago: University of Chicago Press 1902（市村尚久訳『学校と社会／子どもとカリキュラム』講談社学術文庫 1999）／Dewey, J., *Experience and Education*, New York: Macmillan 1938（原田実訳『経験と教育』春秋社 1950）／Graham, P., *Progressive Education: From Arcady to Academe*, New York: Teachers College Press 1967／Hofstadter, R., *Anti-Intellectualism in American Life*, New York:

Alfred A. Knopf 1964／Karier, C. J. *Shaping of the American Educational State: 1900 to the Present*, New York: Free Press 1975／Key, E., *Jahrhundert des Kindes*, Berlin: Fisher 1902（小野寺信・小野寺百合子訳『児童の世紀』冨山房　1979）／Rugg, H. and A. Shumaker, *The Child-Centered School: An Appraisal of the New Education*, New York: World Book Co. 1928／Sharp, R. and A. Green, *Education and Social Control: A Study in Progressive Primary Education*, London: Routledge 1975／Strickland, C. E. and C. Burgess, *Health, Growth, and Hereditary: G. Stanley Hall on Natural Education*, New York: Teachers College Press 1965／森田尚人「エレン・ケイ『児童の世紀』」村田泰彦編『家庭の教育』講談社　1981
［関連項目］　新教育／デューイ　　　（森田尚人）

児童文化
独 Kinderkultur

▶ 語　義　　この語は，1930 年代，児童出版，映画，玩具，ラジオの児童向けプログラム，紙芝居などを統括する用語として用いられるようになった。波多野完治の回顧によれば，これは彼自身の造語であるというが，すでに大正期末期の生活つづり方の文献にも見られるという指摘もあって，文献における初出は確認されていない（波多野，1961）。1938 年（昭和 13 年）に内務省警保局図書課が「児童読物改善に関する指示要綱」を定めて児童図書の浄化運動にのりだし，波多野がそれを我が国における「児童文化運動」の本格的な開始として積極的に意義づけたことから，この用語は急速に浸透した。

　波多野の問題提起の背後にあったのは，昭和初期以降，営利目的の子ども向け大量生産文化の広がりに対する危機意識である。我が国では，明治末期から大正期にかけて子ども向け出版市場が出現し，あふれ出す「俗悪な」児童読み物に対抗する運動として，「赤い鳥」（大正 7 年創刊）に代表される，童心主義にもとづく児童文学運動や児童画運動が成立するが，これに対して波多野は，純粋芸術創造を志向する童心主義の限界を指摘し，

大量生産文化それ自体の大規模な浄化と規制を訴える。「児童文化」という用語は，この浄化運動の対象に形を与えるものとして登場した。

　なお，児童文化という用語は従来，たとえば児童文学が Jugendschrift の訳語として定着したのに対して，わが国独自の概念であるとされてきた（管，1967）。この指摘は誤りではないが，波多野の提案自体，欧米における先行する動向に示唆を得ていることから見て，その意味内包は必ずしもわが国独自のものではないことに留意する必要がある。また，（西）ドイツで刊行された教育学事典には‘Kinderkultur’の項目が設定されており，それによると，ドイツ教育学の場合，教育科学的には，この語は，1978 年，後期資本主義における子ども向け大衆文化の拡張に関連して導入されたが，ただし用語自体はすでに，1906 年の文化人類学の文献にも見いだされるという（Lenzen, 1984）。

▶ 児童文化とは何か　　波多野の児童文化論は，児童文化運動と切り放しがたく結びついており，そこにおける児童文化の定義は，それ自体，運動の対象と方向づけを明示するためのものであった。

　これに対して，戦後になると，児童文化論が幼児教育関係の学科目として大学や短大に制度化されたことから，「児童文化」をタイトルに冠した多数の概説書が出版され，それらにおいて，児童文化運動とは相対的に独立して児童文化論が論じられるようになる。結果として，まず第一に，児童文化の概念整理が進展する。そして第二にさらに進んで，児童文学を初めとするさまざまな児童文化の下位諸領域の知見のダイジェストの寄せ集めの観を呈している児童文化論の現状をふまえ，児童文化論を自律した学として，それも現代の子どもの問題状況に接近可能な学として整備しようとする動きも看取されるようになる。

　今日，もっとも一般的に見られる児童文化の定義の最大公約数はおよそ，次のようなものである。すなわち，児童の「ための」大人

の設定した文化と児童「の」文化とをあわせて、狭義の児童文化と捉えること。その際、児童「のための」文化には、児童文化財（おもちゃ、ラジオ・テレビ・ファミコン、児童文学、児童美術、児童音楽、児童演劇など）と児童文化施設、児童文化運動・政策が含まれる。他方、児童「の」文化には、大人によって指導された児童の文化活動に加えて、大人の世界とは相対的に独立して展開される遊びや労働が含まれる。そしてこれらの狭義の児童文化に対しては、児童に対する意図的・無意図的な文化的影響の総和としての広義の児童文化が区別される。

なお、このような総花的な定義に対しては、児童文化領域を基底文化、限界文化、大衆文化、芸術文化のように四層的に構造化する試みがなされているほか（上、1976）、さらに、児童文化の独自性を領域の規定にではなく、文化解読の際の「子ども」という視点に求めるべきだとの提案もなされている（本田、1973）。

▶ **理論化への胎動**　これらの提案が学的統合への契機を含みつつも、問題を提起するにとどまったのに対して、その手がかりをさらに発展させ、自律した研究領域としての児童文化研究の確立の努力を一貫して続けているのが、古田足日である。彼は、児童文化研究確立の基礎として次の二点を提案する。すなわち、児童文化財にとどまらない、広範な文化的影響を視野に入れること、そして第二に、文化財を教授される子どもの主体形成が、児童文化理論の中核的な問題になるべきであること。この立場からすれば、児童文学を対象とするとしても、その文学としての価値を問う児童文学研究とは異なって、児童文化研究はそれを子どもの主体形成との関連において問題にするものとなる。

このようなわが国における理論化への動向と対比して注目されるのは、レンツェンの理論構想である。広範な文化領域への着目、そして、それら文化領域を、児童に対するその「媒介的」機能に関連して問題にすることの

提案において、レンツェンの提案は古田と軌を一にする。異なるのは、古田にあっては曖昧なままの、対象領域の確定の可能性を暫定的にだが、以下のように示唆していることである。まず大きく、児童のための文化領域と児童の文化領域が区分され、さらに児童のための文化領域は次の四つに区分される。つまり、制度（教育、保健、児童保護などの諸制度と諸学）、対象物（栄養、服装、空間的構造、レジャー施設）、芸術（児童文学、演劇、音楽、絵画）、出来事（イニシエーション儀式や誕生祝い、旅行などを含む諸行事）。他方、児童の文化の領域としては、遊び、労働、さらに児童の美的、性的、遊戯的活動。これらの対象領域の確定をとおして、それらに関する文化人類学的、社会学的、教育学的知見を、児童文化論に固有の「媒介的」視点から捉えなおすという研究構想が、おぼろげながら姿を表す。

▶ **展　望**　我が国における児童文化論の展開の特徴は、それが児童文学者や幼児教育関係者を主要な担い手として、教育学研究の動向とは相対的に独立して展開したことに求めることができる。このような事情は、論者の実践的関心にそくした着実な理論形成の展望を開くというメリットをもたらす一方で、細分化によって特徴づけられる我が国の学会組織上の問題もあって、教育学領域における知見の蓄積や、レンツェンのような同様の方向をめざす試みについての知見を取り込むことを困難にするというマイナス面をももたらした。文化と子どもの発達との関係を子どもの主体形成との関連において問題にするという児童文化理論の方向性は、従来、教育人間学や人間形成論として論じられてきた領域の問題関心と基本的に重なる。児童文化論の動向は、主体形成の解明をその主要課題とする教育学領域の研究者に対して、文化の問題をどう捉えるのかという問いを、改めて提起する。

[**参考文献**]　波多野完治「児童文化理念と体制」国語教育学会編『児童文化論』岩波書店

1941／波多野完治『子どもの生活と分化』弘文堂　1961／本田和子『児童文化』光生館　1973／古田足日『児童文学とは何か』久山社　1996／上笙一郎『日本の児童文化』国土社　1976／管忠道「項目　児童文化」『教育社会学辞典』東洋館出版社　1967／Lenzen, D., *Kinderkultur, in: Erziehungswissenshaft Enzyklopädie*, Bd. 6, 1984
［関連項目］　子ども／文化　　　　（鳥光美緒子）

篠原助市
（しのはら　すけいち，1876-1957）

▶ 生涯　愛媛師範学校を卒業後，愛媛県内の小学校の教師となり，その後東京高等師範学校に入学して教育学を学ぶ。東京高師卒業後，福井師範の教諭となり，附属小学校の主事を務め，「発動主義の教育」の名のもとで新教育の実践にたずさわる。この時以来，のちに千葉師範附小で「自由教育」を実践する手塚岸衛に思想的影響を与えつづけた。37歳のとき，京都帝国大学哲学科に入学。主としてナトルプ（Natorp, P.）をはじめとする新カント派の哲学を学び，その思考様式を用いて独自の「批判主義教育学」を打ち立てた。その成果を『理論的教育学』（1929）に発展させたのち，1930年東京文理科大学教授になる。文理大教授兼務のまま，文部省調査部長して国民学校の発足（1941）に力を尽くす。敗戦後は，一転して民主主義の教育理念に理解のあるところを示した。

▶ 思想の内容　カント（Kant, I.）ならびに新カント派の理想主義（観念論）哲学に思想のバックボーンを求める一方で，子どもの活動を重んじる新教育の教育理論にも関心を持ち続けた。その結果として，篠原は教育を次のように定義する。「教育は被教育者の発展を助成する作用である」（『理論的教育学』）。被教育者つまり子どもの側に，みずから発展していく発動力を認めながら，その発展を，あるべき方向に差し向けていくのが教育である，と篠原は考えたのである。自己活動的な発展性と，価値指向的な指導性とを，矛盾なく整合的に結びつけたのが「助成としての教育」であった。

篠原は「助成としての教育」を軸にして，『理論的教育学』では「教育という現象の純粋な姿を把捉しよう」とした。それにより，時代の制約を超えた普遍的な教育のあり方を示そうとしたのである。その一方で，篠原は「実際的教育学」をも構想し，時代と国家が要求する教育，とくに国民学校の教育のあり方を示そうとした。『教授原論——特に国民学校の授業』（1942）はその代表的な著作である。ここでは，かつての「発動主義の教育」，およびこの考えに依拠した「助成としての教育」の考え方が薄められ，いや逆転されて，「受動的発動」という考え方が示された。篠原は次のように言う。「教授はしばしば誤り解せられているごとく，新しい認識の発展，言いかえれば新しい内容を構成せしむるのことではなく，かえって既存の内容を伝達し，獲得せしむる作用である。新しき内容の自己創造ではなく，既存のものを学ばしながら，それをあたかも創造せるかの如くに思わしめる作用，あるいは既に完成せるものを未完のものであるかの如くに処理する作用，一言に『かの如くに』という場面における教育作用である」（『教授原論』，現代表記に直して引用した）。

▶ 思想としての教育学体系　「助成としての教育」と「受動的発動」とは，篠原の教育学体系のなかでは，矛盾した考え方とは見なされていない。というのは，一方は「理論的教育学」によって示される教育の純粋な姿であり，他方は「実際的教育学」によって示される教育の歴史的現象形態であるからである。しかし，この「理論的」と「実際的」との使い分けは，篠原個人の思想遍歴を正当化してくれない。敗戦の辛酸をなめ，復興への教育課題を語らなければならなくなったとき，篠原は「実際的教育学」の完成を通して発言するよりもさきに，まず，『民主主義と教育の精神』（1947）の著者として自らを再デビューさせた。大正期の新教育，昭和10年代の国家統制下の教育，敗戦後の民主主義教育を，

第一線の教育学者として生きつづけた篠原は，時代の変遷のなかでの思想的一貫性を，自己の学問の体系性によって保とうとし，最後まで，自らの普遍的教育学そのものを，歴史の所産として対象化することはできなかった。敗戦後，「実際的教育学の一部としての訓練論」を書き，ようやくにして教育学体系を完成させた篠原は，この書の執筆の意図にふれて次のように述懐している。「時の流れに投じようなどとの意図からでは尚更ない。時の動きのなかにあって時を貫くもの，時において時を超える教育の真理性，それをこそ私は永年探し求めた」と（『訓練原論』1950）。こうした超歴史性への志向に，篠原教育学の歴史性が端的に表れている。

[参考文献] 篠原助市『教育生活五十年』1951／篠原助市『欧州教育思想史（上・下）』大浦猛解説 玉川大学出版部 1972／宮寺晃夫「理論的教育学＝篠原助市」金子茂・三笠乙彦編著『教育名著の愉しみ』時事通信社 1991
[関連項目] 新カント派／教育学
（宮寺晃夫）

自 発 性
英 spontaneity／独 Spontaneität／仏 spontanéité

▶ **語 義** 自発性とは，集団や他人など外部から教唆され，また影響されるのでなく，自己自身の内に根拠，動機を有する行動特性をいう。自発性は，しばしば自主性や自律性（autonomy, independence）などと同じ意味あいで使われることもある。しかし，両概念は，厳密には必ずしも同一ではない。自主性や自律性が，集団や他人などの外部的制御および自己の欲望や利害得失などから脱却した，自己規律（カントのいう定言命法）にもとづく倫理的行動をさすのに対して，自発性は，それ以前の内部的に湧き起こる行動意欲や行動への動機づけをさしている。その意味では，自発性は，内発的な行動を指す自己活動（self-activity）の概念に近い。
▶ **歴 史** 近代的市民のための教育を最も早い時期に説いたロック（Locke, J.）は，子どもに古典語の知識や道徳的説教を一方的に与えることに反対し，興味や好奇心など子どもに潜む自然な要求に従う教育法の必要性を説いた。子どもの諸活動を通して，社会生活に必要な知識や道徳的規律を習得させる方法を提示した。しかしながら，子どもの精神を白紙（tabula rāsa）とみる経験論の立場では，子どもの自発性を理論的に基礎づける上での限界があった。

ロックとほぼ同時代のライプニッツ（Leibniz, G. W.）は，宇宙を単純な実体である「単子（monad）」とその集合体から成り立つと説明した。この単子の一つ一つは，内から湧き起こるエネルギーによってみずから生き生きと活動する。それは，それだけで独自の世界をなし，外物によって規定されることがない。各々の単子は，それ自身の内発的な力において活動し，万物の姿を映し出す一つの小宇宙（ミクロコスモス）であると考えられた。人間においては，この単純な実体である単子は，理性的精神と呼ばれるものである。それは，外部から与えられるものではなく，人間の内部に活動の根拠を有し，その活動を通して発現していくものである。このライプニッツのモナドロジー（Monadologie）は，外部からのはたらきかけを主題とする教育理論の基礎とはなりえなかったが，逆に子どもの自発性や自己活動を前提とする近代的学習理論に哲学的基礎を与えた。

自発性の問題を，中世的な社会制度に縛られた大人においてでなく，そこから自由な子どもの生活や行動のなかに見いだし，それを学習理論の基礎として深化させたのは，ルソー（Rousseau, J.-J.）である。ルソーは，子どもは子どもであることに価値があるとする。それは，子どもが大人になることのなかに，既成の文化や制度の枠組みを内面化することが不可欠に組み込まれているからである。それでは，子どもの内部に潜む生き生きしたエネルギーである「自然」は窒息する他はない。そこで，彼は，子どもという植物のまわりに垣根を作り，外部的世界がその植物を踏み荒らさない実験場（教育空間）を構想する。子

どもという植物は，こうした保護された空間のなかで，内的な自然のエネルギーを存分に発揮して行動し，その身体的欲求を満たし，五感の力を磨いていく。

『エミール』（1762）のなかで，ルソーは，生徒エミールをモデルにして，既成の文化や社会制度の枠組みに抑圧されない人為的な教育空間を作り出し，そのなかで，子どもは，みずからの内発的な欲求や五感の力（直観）をもとに生き生きと行動し，事物の操作能力ばかりでなく，他者との共感能力（pitié）や理性的判断能力まで発現できることを描き出した。しかし，それは，見方を変えれば，自己の能力を限りなく開発し，絶え間なく自己保存を遂げてゆかざるをえない近代人の孤独な姿として見ることもできる。

ルソーの影響を受けて，青年時代から農民解放運動に取り組んだペスタロッチ（Pestalozzi, J.H.）は，後に貧民の子弟を集めた農場学校を経営し，子どもの自発性と直観の力を重視した教育実践を行った。彼によれば，人間にはもともと発達を遂げる内在的な力（理性，心情，技能など）が素質としてそなわっている。貧民の子どもたちにおいて，それらの素質が埋もれているのは，それにふさわしい活動の場が与えられていないからである。ペスタロッチはこう考えて，農場のなかに，子どもたちが，さまざまな力を発揮できる場を用意した。そうすれば，人間の内に潜む理性，心情，技能の衝動が調和的に発揮され，諸能力がおのずから形成されると考えた。

ペスタロッチは，「生活が陶冶する（das Leben bildet）」として，父母兄弟を含めた家庭生活，近隣や農場での共同作業，そして知的な問題解決を要する生活場面での自発的な活動を重視した。素質を目覚めさせ，諸活動を通して，諸力を獲得させていく直観，作業，経験がペスタロッチの教育実践の原理をなしている。

幼稚園（Kindergarten）の創設者，フレーベル（Fröbel, Fr.）は，ペスタロッチの直観を，自己表現的活動の原理からとらえ直した。

子どもの活動への欲求は，自己を表出し，表現する衝動に基づいている。したがって，幼児においては，さまざまな遊戯を通して，構成的衝動や発見的衝動を目覚めさせていくとされた。

▶ **現代的課題**　フロイト（Freud, S.）やライヒ（Reich, W.）の影響を受けたニール（Neill, A.S.）は，精神分析学の方法を用いて，子どもの自発的な活動と自治を教育原理とする寄宿舎学校（サマーヒル学園）を設立した。子どもは，外部からの知識の詰め込みや道徳的規律の抑圧を受けることがなければ，みずから学び，共同自治を実践できるとして，授業選択および授業参加の自由，教師と生徒の合同による全員協議会（general meeting）など徹底して子どもの自発性を尊重する教育を行い，今日の教育にも大きな影響を与えた。

今日，子どもの自発性，能動性の欠如が指摘されている。「自発性を育てる教育」や「自主性を育てる教育」などが研究テーマとされることも多い。しかし，ここで考えなければならないことは，「自発性」は果たして外部から育てるものか否かということである。それが育てられるものであるとするならば，外部から育てられた「自発性」とは一体「自発性」の名に値するものなのかが，次に問われねばならないであろう。それは，学習者としての子どもの主体性が確保されるべきこと，つまり教育行為の前提となるはずのものであって，目的となるものではないことに留意しなければならない。

[**参考文献**]　Hentig, H. von, *Cuernavaca oder Alternativen zur Schule?*, Ernst Klett, 1972／Wilimzig G., *Lernen und Selbsttätigkeit*, Peter Lang, 1984／Rödler, K., *Vergessene Alternativschulen*, Juventa, 1987／ルソー，J.-J.（長尾十三二・原聡介ほか訳）『エミール』Ⅰ・Ⅱ・Ⅲ，明治図書　1983／ニール，A.S.（霜田静志・堀真一郎訳）『ニール著作集』（全10巻）黎明書房　1977／ヘルト，K.（新田義弘ほか訳）『生き生きした現在』北斗出版　1988／栗山次郎『ドイツ自由学校事情』新評論　1995
[**関連項目**]　生活／作業（労作）　（高橋勝）

資本主義

英 Capitalism／仏 Capitalisme／独 Kapitalismus

　経済活動全体が資本の自己増殖を目的として遂行される社会のこと。また広義にはこれに対応する制度や意識，思想・文化などを含めることもある。歴史的には，近代社会を経済的側面から捉えたものであるといえる。資本主義は，18世紀の産業革命によって本格的に成立し，19世紀後半に独占資本主義段階へと発展してきたとされる。

　マルクス（Marx, K.）によれば，資本とは自己増殖する価値の運動体である。その特徴はG-W-G′（G′＝G＋ΔG）という資本の一般等式によって表現される（Gは貨幣，－は流通過程，Wは商品を表す）。資本は市場で貨幣（G）で商品（W）を購入し，その商品を再び市場で販売することによって元の投資額（G）に一定の利潤（ΔG）を加えた額の貨幣（G′）を回収する。一般に商品交換は特定の商品の機能や有用性（使用価値）を目的とするものであるからその商品を入手し消費すれば完結するものであるのに対し，資本の運動は価値を量的に増殖させることが目的であるから無限に反復されることになる。ところで，市場での購買が等価交換である以上，市場取引だけでは社会全体では価値は増加せず，完結したシステムとしての資本主義は成立しえない。資本主義における利潤の源泉は生産過程にある。すなわち，資本は原材料や機械などの生産手段と労働力を商品として購入し，それらを利用して新しい商品を生産することによって剰余価値を生産する。資本主義が成立するためには資本が生産過程を捕捉することが必要であった。労働力も市場においては他の商品と変わることなく，資本と労働者は労働力商品の買い手と売り手として法的に自由で平等な関係として出会う。しかし，生産過程においてはこの自由で平等な関係は命令―服従の関係へと変化する。資本主義は自由・平等を原理とする市場と，支配と不平等を原理とする生産過程からなる「深層」の二重構造からなるシステムである。

　生産過程が資本のもとに置かれたことから，資本主義の二つの特徴が構成される。まず絶えざる生産力の増大による社会変化が常態化したことである。利潤をより増やすために，資本は新製品の開発やより効率的な生産方法，新市場の開拓，新しい組織の導入，そして絶えざる技術革新を推進していく。この結果，世界全体が一体化するとともに，生産される社会の富は飛躍的に増大した。また，経済を統制する中央集権的な主体が存在しないということも資本主義の特徴である。経済全体を計画的な運営にゆだねるよりも個々人の自己利益の追求が見えざる手によって結果として公共利益をも最大化させることができると，この特徴の利点を強調するのがスミス（Smith, A.）やハイエク（Hayek, F.）の経済的自由主義である。他方，全体を調整する主体をもたない資本主義では恐慌が必然的に起こるとして，資本主義の本質的不安定性を指摘したのがマルクスやケインズ（Keynes, J. M.）である。マルクスは共産主義革命による資本主義的関係そのものの廃棄を主張したのに対し，ケインズは政府の経済政策を通じて資本主義の社会的制御を志向した。1990年前後の計画経済を採用していた社会主義体制の崩壊により資本主義の社会的制御への不信が強まり，資本主義の勝利が喧伝され，資本の自由な利潤追求が全世界的な規模でなされている。

　なお，マルクスは「資本主義」という用語を用いていない。彼は経済学の対象となる経済システムを「資本家的生産様式（Kapitalistische Produktionsweise）」と表現した。「資本主義」という用語は1850年にピエール・ルルー（Leroux, P.）が，商人＝資本家の強欲さを批判する用語として使用したのが始まりであるとされる。これがブラン（Blanc, L.）やブランキ（Blanqui, L. A.）などの社会主義者に広まっていった。「資本主義」という語が近代的な経済システムを指し示す学術用語として一般化したきっかけは，ドイツ歴史学派の経済学者ゾンバルト（Sombart, W.）の

『近代資本主義』（1902）であるとされる。ゾンバルトは「資本主義」を資本家的企業による利潤追求経済として捉えてその非人間性を指摘するとともに，その起源を利潤欲と経済合理主義が独自に結合した資本家的精神に求めた。資本主義の起源をめぐるゾンバルトとヴェーバー（Weber, M.）の論争を通して「資本主義」概念は，経済システムだけでなくそれを支える社会・文化をもさす言葉へと拡張されながら，一般に普及していった。

［参考文献］ 宇野弘蔵『経済原論』岩波書店 2016／重田澄男『資本主義を見つけたのは誰か』櫻井書店 2002

［関連項目］ ヴェーバー／社会主義／マルクス
（青柳宏幸）

下中弥三郎

（しもなか やさぶろう，1878-1961）

日本最初の教員組合啓明会の指導者，教育運動家，社会運動家，出版人。兵庫県多紀郡今田村に生まれ，家業の陶器製造に従事した後，1898（明治31）年小学校代用教員となり，同准教員の検定試験に合格（翌年本科正教員検定試験合格）。1902年に上京し，『児童新聞』『婦女新聞』編集に従事。1910年，中等教員検定試験に合格，翌1911年より1918（大正7）年まで埼玉県師範学校嘱託，教諭として教鞭をとる。この間，1914年に，平凡社創業。1919年，埼玉県の小学校教員を中心とする教員団体啓明会を組織（翌年日本教員組合啓明会と改称）。

日本教員組合啓明会は，わが国最初の教員組合であり，運動綱領として「教育改造の四綱領」を掲げた。「一，教育理想の民衆化」「二，教育の機会均等」，「三，教育自治の実現」，「四，教育の動的組織」から成る「教育改造の四綱領」は，第一次世界大戦後の国際動向に対する態度，教育を学習者の側の権利（「人間権利の一部」としての「学習権」）として位置づける視点，教育委員会の設置・教員組合の組織化の主張等にその特徴が見いだされるが，そこには，農本主義的世界観を支

柱とする下中の考え方が反映されている。たとえば，第二項「教育の機会均等」では，社会的不平等の要因としての教育機会不平等の是正，即ち生活への権利としての学習権の公的保障が，生存権を前提に提起されている。下中は，「天然資源の万人有」という言葉に象徴されるように，すべて人間は生まれながらに生存・生活に必要なあらゆるものへの権利を有しているとした。その背景には，経済的条件等により教育機会を剝奪されている農民や労働者らの生活のなかに存在する「民衆文化」への確信があった。啓明会が，慈恵的色彩を排除した人間の権利としての学習権を明示し得たのは，こうした下中の思想的影響によるところが大きい。

1923（大正12）年，『万人労働の教育』を刊行，野口援太郎らと共に「教育の世紀社」を結成，池袋，御影，雲雀ヶ岡の三カ所に「児童の村小学校」を設立。農民自治会運動，大政翼賛会等の活動を経て，戦後は，公職追放解除後平凡社取締役社長に就任，世界連邦運動等の社会運動に参加した。

［参考文献］ 下中弥三郎伝刊行会編『下中弥三郎事典』平凡社 1965／島須節子『下中弥三郎の思想 —— デモクラシーからファシズムへの軌跡』歴史評論』No. 365，1980／小林千枝子『教育と自治の心性史 —— 農村社会における教育・文化運動の研究』藤原書店 1997

（村田恵子）

社 会 化

英 socialization／独 Sozialisation／仏 socialisa-tion

▶ 語 義 近代市民社会は，単なる個々人の集合である以上の有機的な社会であり，統制が困難で時として人々を不幸にせしめる社会であった。社会学や文化人類学では社会や文化が不断に更新され存続されるしくみや社会統制のしくみを解き明かそうとする問題意識が生まれ，精神分析学や心理学では生物学的に誕生した人間がどのようなメカニズムで社会的人間になるのか解き明かそうとする問題意識が生まれた。そして，これらの問題への答えが社会化であった。前者の答えが

〈社会の社会化〉、後者の答えが〈個人の社会化〉である。社会化は、人間社会に不可欠な過程であり、一方で、社会が個人のうちに社会的なるものを内在化せしめ、他方で、それによってその人間が社会を存続・更新せしめるという双方向的な過程である。社会化は、成員性の習得の過程であり、学習を通してなされ、個人のパーソナリティを社会体系に結びつけるものである。

▶ **社会的事実と社会化**　フランスの社会学者デュルケーム（Durkheim, E.）は、社会の更新と存続を、社会的事実、社会的拘束、サンクション（制裁）、社会化などの概念を用いて議論した。彼は、個人を越えたところにあり、それゆえ個人の意識や欲求に関わりなく個人の行為に対して強制力を持つ集合表象を社会的事実とよんだが、社会的事実は外在的であるがゆえに、個人に対して枠付けと方向付けを課す。デュルケームはこれを社会的拘束とよんだ。社会的拘束からの逸脱者は、外的な社会統制のメカニズムであるさまざまな社会的サンクションを受けることになる。しかし、ひとは日常生活では、社会的拘束と衝突することも、社会的拘束を意識することも少ない。他人の社会化によって社会的拘束を血肉化しているからである。この血肉化によって、個人のなかに内的な社会統制のメカニズムが働くようになり、社会はスムーズに更新・存続していくのである。デュルケームは、社会化を、個人が所属する社会集団の価値・規範・行動様式・技能などを内在化させることとした。

なお、デュルケームは社会学を社会的事実についての科学であると限定している。そして社会化論ではおもに〈社会の社会化〉を論じており、〈個人の社会化〉過程における自立性や独自性の問題は十分に考慮されていないという問題がある。

▶ **役割取得とパーソナリティ発達**　アメリカでは、象徴的相互作用主義（Symbolic Interactionalism）が、社会的人間の発達の解明を試みた。彼らは、個人と社会構造の融合点に〈役割〉を置き、役割のなかに社会が取り込まれる過程から社会化を論じた。クーリー（Cooly, C. H.）は、社会的所産としての社会的自我の発達によって、すなわち人々が相互に抱いている観念の体系の発達によって、社会と個人が結合されるとした。ミード（Mead, G. H.）は、役割の概念でパーソナリティと社会構造とを関連づけた。ミードは自我を〈me と I〉とに分けたが、〈me〉は他者の役割を取り入れることによって形成される自我の社会的側面であり、社会に代わって個人の行動を検閲し、個人の社会適応を可能にし、それが〈社会の社会化〉を可能にする。これに対してパーソナリティの観点から社会化研究に新しい道を開いたのが精神分析学者フロイトとフロイトをもとにパーソナリティ発達と社会環境との関連を明らかにしたパーソンズである。精神分析学者フロイト（Freud, S.）はパーソナリティをイド＝潜在意識 id と自我 ego と超自我 super ego の三つの領域に区分して、パーソナリティには無意識の領域や、社会が内在化された領域があることを論じた。社会学者のパーソンズ（Parsons, T.）は、フロイトの理論から、パーソナリティの構造についておよびパーソナリティの発達過程と社会環境との関連の二つの視点を採用し、それらと社会体系からの役割期待とを結びつけて、構造機能主義的な社会化論を展開した。パーソンズは、役割を十分に演じるために必要な構えの習得が学習過程で、その特殊な一部分が社会化であるとした。

▶ **社会化の内容**　社会化によって、個人のなかにどのような社会が内在化されるのだろうか。この議論はこれまで主として、①どれだけ普遍的世界や個人が所属する社会集団の共通要素の内在化がなされるべきか、および、②どれだけ個性化（＝個人の能力や個性、環境に応じてなされる内在化）がなされるべきかという二つの視点を含みながら議論されてきた。このとき、二つの視点は一つの軸の対極にあるのではない。社会への同調と

個性の伸長が同時に目指されてきた。 ③これらに加え、近年、解釈論的アプローチによる「どれだけ解釈能力が形成されるか」という視点からの議論がなされている。解釈論的アプローチでは、社会化は「子どもが大人との関係のなかで能動的に現実世界に意味を与える解釈能力（相互作用能力）を獲得すること」とされる。 ④最後に、今日のポスト・モダンでかつネットワーク化された社会状況下では、多様でバラバラのままの主体が、自らを社会に有機的に結合させる能力の形成が議論されよう。

なお、社会変動の加速化と社会の多様化によって、明確な社会化モデルが喪失され、しかも子ども時代になされた社会化だけで生涯を通じて社会適応を果たすことが困難になった。こうしたなかで、今、どの状況やどの時代にも対応できるための、生涯を通じての再社会化の機会の確保といちいち他者から社会を内在化されなくても自分から主体的に社会化する能力の育成（解釈論的アプローチの視点からいうと解釈と意味付与の能力の育成）が求められている。

▶ **学校の社会化機能と隠れた側面への注目** 社会化は、選抜と配分、正当化とならんで学校の主要な機能の一つである。そして学校における社会化は他の二つの主要な機能やその他の学校の特性に規定されながら、次のような特徴を持っている。 ①未来の未確定な職業や社会的位置に対する準備であり、通常最終段階の学校に入るまでは、どのような状況にも対応できる普遍的社会化がなされる、②集団でなされるので、集団規範の修得が求められ、集団であるゆえの管理や支配（権威への従属、匿名性、没人格化、画一性、役割への自己同調）がある、③社会的選抜と配分に規定されているなどの特徴がある。また、社会化は意図的・意識的社会化と、無意図的・無意識的社会化とがあるが、近年、後者の社会化が注目され、「隠れたカリキュラム（ヒドゥン・カリキュラム）研究」が進められている。たとえば、子どもは学校で隠れた

カリキュラムとして忍耐、秩序、約束、レトリカルな記述などを学んでいることが明らかにされている。また、そうした隠れたカリキュラムのなかに階層の再生産や不平等の再生産を解くカギが求められている。

臨教審以降、ヒドゥン・カリキュラムへの意図的介入が試みられ、児童・生徒に対して態度・意欲・関心の操作、さまざまな形での身体と情動の動員の要請、学習のリソースの所有またはアクセシビリティの形成などの働きかけがなされている。

▶ **社会化機能の再配分** 今日、学校や学齢期に集中しすぎた社会化の見直しが進められている。継時的には、社会化が子ども時代・青年期に限られるのではなく人生の他の時期にも社会化や再社会化がなされるようになった。第二に共時的には、学校の社会化機能の縮小と家庭教育、社会教育、塾・お稽古、マスコミ、地域集団などのエージェンシーの社会化機能の強化や再編が行われている。

［**参考文献**］ デュルケム、É.（宮島喬訳）『社会学的方法の基準』岩波書店　1978／デュルケム、É.（佐々木交賢訳）「教育と社会学」誠信書房　1976／クーリー、C.H.（納武律訳）『社会と我――人間性と秩序』日本評論社　1921／パーソンズ、T.（佐藤勉訳）『社会体系論』青木書店　1974　　　　　　　　（樋田大二郎）

社会構築主義
英 Social Constructionism

社会構築主義は、現実の知識一般またその捉え方が社会的に構築されていると捉える立場である。その淵源の一つは、社会的なものが人間によって能動的に形作られていることを強調するゴフマンらのシカゴ学派の社会学やシュッツらの現象学であり、さらには、言語論的転回の帰結としての構造主義言語学を経て、構造の決定不可能性を唱えつつ現実は言説によって構築されるとするフーコーやデリダらのポスト構造主義である。これらに続いて影響力のあったのが、バーガーとルックマンやスペクターとキツセらの研究である。現実は社会的に構築されるという問題の立て

方は，一つの知のパラダイムとして経験諸科学において批判的に継承されていった。その具体的な成果（問題系）は，①社会問題②物語叙述（ナラティブ）③カテゴリーやアイデンティティなどをめぐる構築主義である。具体例として，①では，ラベリング論における逸脱行動や原因の実体化（当然視）や，状況に対する研究者自身の役割や研究活動における（定義やクレイムの）構築的側面が批判された。②では，ナラティブ・セラピーにおいて，従来の専門家からの一方的な定義づけが批判され，クライアントの語りえなかった経験が語りなおされ共有されていくことが目指された。③では，ジェンダー研究において，生物学的性差（本質主義）と文化的に構築されるジェンダーの双方が批判的考察の対象となり，異性愛のアイデンティティは逸脱（非異性愛）を前提とし，排除することによってのみ構築されるというセクシャリティの脱構築が企図された。このような成果の反面，社会構築主義の外延は，反本質主義を共有しつつも拡散的である。その多様性を批判的に捉えるための有効な手立ては，ハッキング（Hacking, I.）による分析である。約言すると，X が社会的に構築されたと主張される場合，X は「対象」「観念」「エレベーター語」（「事実」「現実」などの語）の三つのタイプに分類でき，特に「エレベーター語」は前二者とは異なるレベルで使用される（存在について語っている）こと，また構築へのコミットメントには段階があること（X は歴史の偶然的な所産だという指摘から，X をなくすべく社会の変革を求めるものまで）に留意すべきだというものである。概して，社会構築主義には「語りえないもの」をいかに語るかという自己言及的な課題が不可避であるが，その点を踏まえつつ，具体的な実践において成果が求められている。

[参考文献] Hacking, I., *The Social Construction of What?*, Harvard University Press 1999（出口康夫，久米暁訳『何が社会的に構成されるのか』岩波書店　2006）／上野千鶴子編『構築主義とは何か』勁草書房　2001

[関連項目]　意味／概念／ジェンダー

（松下晴彦）

社会史・心性史

英 social history／独 Sozialgeschichte／仏 histoire sociale／英 history of attitudes／仏 histoire de la mentalité

▶ **語義**　過去の歴史変化について，主として社会や自然に対する普通の人々の意識や感情様式に注目しながら，それぞれの心理的な条件や要因を明らかにしようとする歴史学の学派。「感性の歴史学」と評されたり，「生活意識の歴史学」とも評される。学問史的に見れば，心性史ということばは比較的最近になって使われだしているが，社会史ということばを冠した歴史学の伝統は古くからあった。たとえば社会経済史的社会史と生活文化史的社会史など，さまざまな傾向を帯びて社会史・心性史の前史を形成している。社会関係に通底する，感情様式を含めた価値意識の解明を経済学の観点から課題にしたのがマックス・ヴェーバー（Weber, M.）の「エートス（ethos）」という概念であり，社会学の観点から課題にしたのがエミール・デュルケーム（Durkheim, E.）の「集合表象（représentation collective）」という概念であったことからもわかるように，歴史変動の心理的要因を解明することは，19 世紀半ば以降の学問史のなかで常に意識されてきた方法論上の課題であった。ヨーロッパ歴史学に新しい地平を開いた「アナール学派」が，その草創期にデュルケームの比較の方法論の影響を受けているのはそうした方法論上の課題が受け継がれていたことを端的に示すものである。いっぽうまた，「心性」という点で，社会史・心性史の方法意識は，広義のサイコヒストリー（psychohistory）の方法意識とも重なるが，狭義のサイコヒストリーは，1960 年代以降のアメリカで登場した歴史心理学派をさして言う。とくに S・フロイト（Freud, S.）の仮説的概念を歴史研究に援用しようとする立場

をさすが，この学派が資料源として自伝や日記といった個人の生活史記録にのみ依拠していて，社会構造全体の歴史的な変化要因を分析する方法としては説得力に欠ける点，また，フロイトの概念枠組みが，19世紀末のいわゆる「ビクトリアン・ファミリー」の心理特性から発生したものであったという事情から，それを他の時代や社会に適用することに問題がある点などが批判された。このような問題点を克服しようとするサイコヒストリーの試みとしてはE・H・エリクソン（Erikson, E. H.）らによる精神分析学派の研究があり，家族史研究にライフサイクル，年齢段階，役割，自己認識，自我同一性，危機意識，宗教意識などについての精神分析学的解釈といった方法論的視点を導入することによって歴史の心理要因の分析に一定の貢献をしているが，以下に見る資料分析，史的ダイナミズムの解明という点で，社会史・心性史とは区別される。社会史・心性史は，実証主義的な歴史研究が陥ったいわゆる「素朴実証主義」（いっさいの主観を排除した事実にのみ基づいた考証）の脱イデオロギー志向と，進歩主義のもとに歴史を革命への過程と見るマルクス主義の目的論的歴史記述のイデオロギーとをともに批判し，歴史記述の認識論的な課題（過去と現在との相互規定性）を自覚しつつ，人間と社会の諸関係の全体性を解明することを主張する歴史研究の新しい立場を構築し，ヨーロッパ歴史学に新しい地平を拓くとともに，世界の歴史学にも多大な影響を及ぼし続けている。

▶ **社会史・心性史の特色**　その特色の一つは，研究資料とそれに対する分析視角，および独自の時間論的歴史哲学にある。まず資料の面では，主として文書資料を研究対象にしていた伝統的な歴史学が扱わなかった数量的データ（たとえば人口動態，犯罪統計，気候変動，穀物価格など）や人間の精神生活を反映するデータ（たとえば文学作品，日記，自叙伝，遺言，口承伝承など）の利用方法を積極的に模索している。また，文化人類学や社会学におけるフィールドワークや参与観察法

などがとらえてきた民俗慣行などの文字化されない諸行為・諸感覚に関するデータを利用する歴史人類学としての社会史とともに，言語学における構造主義的認識や社会学における集合表象の機能主義的分析などの方法を取り入れ，「比較の方法」をその歴史記述構築の基礎としている。伝統的な「事件史」「制度史」「編年史」が無自覚なままに前提にしてしまっていた社会変動の時間的前後関係と因果関係の同一視を超えた，歴史の構造主義的把握をめざしている。

次に，分析視角の点でも歴史変動の心因性の解明をめざすところにその特色が示されている。歴史の心理的な要因を探る意義については，19世紀半ば過ぎ，当時の伝統的な歴史学を「精神生活へのあまりにも少ない関心，法律や政治のうつろいに眼を奪われて，観念や習俗，国民の心の内奥の動きをないがしろにしている」と批判したJ・ミシュレ（Michelet, J.）によって指摘されていた。その後，この方法論上の分析視角はH・ベール（Berr, H.）やL・フェーヴル（Febvre, L.）とマルク・ブロック（Bloch, M.）ら，いわゆる「新しい歴史学」を標榜する「アナール学派」（このように呼ばれることになったのは，新しい歴史学者たちの機関誌ともいえる雑誌『社会経済史年報』（*Annales d'histoire économique sociale*）にちなんだ「年報（Annales）」に由来するが，今日ではこれに加えて，現在の「社会科学高等研究院」Ecole des Hautes en Science Sociale によった歴史研究者たちを含めた総体をさして言う）第1世代によって発展的に継承され，「心性史」「感情の歴史学」「歴史人類学」のなかで具体的な主題に即して深められた。社会史・心性史は，歴史変化の要因を，政治経済的な事件や権力関係といった「表層」においてではなく，日常生活において繰り返される家族関係，親子関係，子どもの誕生，子育て，性，罪意識，死などに対する普通の人々の「感情の積層」「ものの感じ方や考え方」「心性（mentalité）」をその「深層」においてとらえようと

する。そこで考察の対象にされている心性と
は，繰り返される日常生活に規制されつつ，
人々の生活意識の深層を構成している「ここ
ろのありよう」のことで，英語の mentality,
attitudes に相当する。マルク・ブロックは
心性を，「感じ，考える，その仕方（façons
de senir et de penser）」と表現しているが，
日常世界における事物や事柄，出来事などに
対して人々が潜在意識に沈澱させている価値
意識のような自覚されない隠れたレベルから，
感覚，感情，情緒，欲求，不安感，迷い，惑
溺，意見，価値観，世界像，時間意識，空間
認識に至るまでのさまざまなレベルにおいて
通底している「ものの感じ方や考え方」であ
る。

　このような二つの特徴の背景には，社会
史・心性史にふさわしい，歴史に対する時間
哲学が構想されており，それが三つめの際だ
った特色になっている。社会史・心性史では，
ただ一つの時間単位によってではなく，複数
の時間単位あるいは時間の層のようなものを
想定して，日常的なことがらの「変化の積
層」を探ろうとする。いわば「事実」を「時
間の多面体」「時間の集積物」と見て，時間
に対する「考古学的手法」によって表層部分
の経験事実から下層へのそれへと掘り進み，
数ヶ月とか数年といった「短い時間幅」では
なく，数百年とか数千年あるいは数万年以上
の「長期的な時間幅」を想定することによっ
て，繰り返し恒常的におこなわれてきたかに
見えることがらが，ゆっくりと「変化」して
いることが明らかになる。それは，フェルナ
ン・ブローデル（Braudel, F.）の構想に典型
的に示されているように，「表層の時間」と
「深層の時間」の組み合わせによって歴史変
動を三つの時間，すなわち人間の地理学的・
自然学的環境を支配している「動かざる歴史
時間」，共同体や社会の「構造」を支配して
いる「緩やかに変動する歴史時間」，そして，
事件や具体的な出来事を支配している「動く
歴史時間」という三つの時間の積層を解明す
ることによって，「変化」という現象を多層

的に説明しようとするのである。ここには，
人間の時間は決して同質ではなく，その粘度
も質量も，方向性も，厚みも一様ではないと
いう認識があり，歴史における時間を人間主
義的に解釈しようとする立場が貫かれている。

▶ 社会史・心性史と教育思想史学　　20世紀
半ば以降の歴史学を人間の歴史として再構成
しようとする世界的な規模の研究運動を推進
している「アナール学派」をはじめとする各
国の社会史・心性史研究者は，歴史のなかの
普通の人々の心性を発掘する研究分野として，
人間の誕生・子育て・教育・親子関係・性・
結婚・世代関係・死といったライフサイクル
の全体を対象にし，それぞれの節目で，誰も
が経験する生物学的・社会文化的な経験事実
に対する人々の「ものの感じ方や考え方」の
積層とその変容過程に注目している。その結
果，社会史・心性史研究は，非エリート的な
日常生活史を再構成し，その歴史変化の「構
造」を解明することを通じて，ミクロな歴史
とマクロな歴史を統合すると同時に，思想史
と感情史を統合して「新しい文化史」の可能
性をひらくことになったといえよう。たとえ
ば，死に対する心性史，性に対する心性史，
夫婦関係と親子関係を軸にした家族関係の心
性史，経済・労働・政治・権力などをジェン
ダーの視点から描こうとする女性史，子ども
の誕生や子育ての習俗に込められた人々の教
育意識を明らかにしようとする子ども観史，
結婚を習俗史と人口動態史や政治文化史の観
点から描こうとする結婚観の心性史，時間意
識の心性史，罪と罰に対する心性史といった，
従来の歴史学がほとんど扱わなかった研究領
域を開拓した。このような社会史・心性史
の試みは，人間と社会の「生きた歴史学
（l'histoire vivante）」を創造し，「全体史
（l'histoire totale）」を志向する「新しい歴史
学」の基本的な視点として，「アナール学派」
第三世代に至るまでの世界の歴史学研究にお
いて，多数の重要な研究成果を生み出すいっ
ぽう，社会学，言語学，民族学，人類学，神
話学，現象学，心理学，精神分析学，民俗学，

教育学，医学，生物学，人口動態学など人間に関する人文社会学系の諸分野と博物自然学・医学系の諸分野に対しても，学際的な研究方法論のレベルと認識論のレベルで多大な影響を及ぼしている。教育学が注目するのは，社会史・心性史の方法論上の諸特質ばかりでなく，人間のライフサイクル全体を対象とした「社会化」機能の複合的な解明である。今日までに展開されている，教育学と密接な関連性を持つ研究分野としては，まず，人口動態史と家族史の枠内で進められ，女性史やジェンダーの歴史とも密接な関係を持つ「子育ての社会史」「母子関係史」「子どもの社会史」「子ども観の社会史・心性史」「若者の社会史」「親子関係史」などがある。また，アナール学派の初期の段階で着手されていた「書物」の社会文化史は，「Literacyの社会史・心性史」に包摂されるかたちで，「学校」における文字教育の社会的機能の史的展開とその問題性を明らかにするというだけでなく，人間の経験・知識・技術などの「教育伝達の社会史・心性史」という観点からも取り組まれるようになっており，各国において優れた研究成果を生み出している。その他，「学校制度の社会史」「教室・教育空間の社会史」や「教材・教具の社会史」「師弟関係の社会史・心性史」「Civilityの社会史・心性史」「しつけの社会史・心性史」といった研究も着手されている。これらはいずれも，教育思想についての古典的な人物史研究や制度史研究から導かれるパターン化した教育認識の枠組みを再構成し，伝統的な教育思想史学が依拠していた概念枠や基本的な命題を社会史的に相対化することによって，教育の社会的本質をとらえ直すさまざまな試みを刺激するものである。

[参考文献] Van den Berg, J. H., *Metabletica, of Leer der Veranderingen*, Uilgeverij G. F. Callenbach N. V., Nijkerk, 1956（早坂泰次郎訳『メタブレティカ』春秋社 1987. *The Changing Nature of Man: Introduction to a Historical Psychology*, 1960, 1961）／Barbu, Z., *Problems of Historical Psychology*, Grove Press 1960（真田孝昭・山本武利・永井邦明訳『歴史心理学』法政大学出版局 1971）／Ariès, Ph., *L'Enfant et la vie familiale sous l'ancien regime*, 1960; *The Centuries of Childhood. A Social History of Family Life*, 1962; *Geschichte der Kindheit*, 1975（杉山光信・恵美子訳『〈子供〉の誕生——アンシャン・レジーム期の子供と家族生活』みすず書房 1980）／Hunt, David, *Parents and Children in History: The Psychology of Family Life in Early Modern France*, Harper Torchbooks 1970／De Mause, L., "Evolution of Childhood", L. de Mause（ed.）, *History of Childhood*, The Psychohistory Press 1974（宮澤康人訳『親子関係の進化——子ども期の心理発生的歴史学』海鳴社 1990）／Stoianovich, Traian, *French Historical Method: The "Annales" Paradigm*, Ithaca 1976／二宮宏之『全体を見る眼と歴史家たち』木鐸社 1986／Ariès, Ph., "L'histoire des mentalités", J. Le Goff（dir.）, *La nouvelle histoire*, Rez 1978／Ariès, Ph., *Problems de l'education, La France et des Frances*, Gallimard 1972（中内敏夫・森田伸子訳『〈教育〉の誕生』新評論 1983）／Greven, Philip, *The Protestant Temperament: Patterns of Child-Rearing, Religious Experience, and the Self in Early America*, The University of Chicago Press 1977／Iggers, Georg G., *New Directions in European Historiography*, Wesleyan University Press 1975（中村幹雄ほか訳『ヨーロッパ歴史学の新潮流』晃洋書房 1986）／Sterns, Carol Z. and N. Sterns（eds.）, *Emotion and Social Change: Toward a New Psychology*, 1988／Gay, Peter, *The Bourgeois Experience: From Victoria to Freud*, 3vols, Oxford University Press 1984–1993／Burke, Peter, *The French Historical Revolution: The "Annales" School, 1929–89*, Stanford University Press 1990

[関連項目] アリエス （北本正章）

社会主義

英 socialism／独 Sozialismus／仏 socialisme／露 социализм

▶ 語 義　社会主義の多義性についてはしばしばクロスランドの「社会主義は社会主義者の数だけある」ということばが引用され，その定義の困難さが指摘される。広義には，

資本主義（体制）に対する批判的言説や思想・社会観および実践の総称であり，狭義には，①プロレタリア革命後の共産主義の第1段階である社会体制としての社会主義社会，②財貨の生産と分配の手段の公有および公的管理を通じて前記社会の実現を目指す思想・運動としての社会主義，の二つに区別される。

▶ **概念の歴史**　社会主義（者）の語は1820年代後半からイギリスとフランスで相次いで使用されるようになり，40年頃までには「生産手段（資本，土地，財産）の所有ならびに統制は，全体としての共同社会によって保持され，万人の利益のために管理されるべきである」というほぼ共通した理念的意味内包を得るに至ったが，発生的には相互に独立したものと見なされる。

1826年にロンドンの『コオペラティブ・マガジン』で用いられた「社会主義者」の語は，まもなくイギリスのオウエン主義者の自称として使用されるようになった。一方，フランスでは1832年，『ル・グローブ』の新聞紙上にはじめて「社会主義者」の語が登場し，サン＝シモンの門下生を指して用いられた。同紙上でルルーは，個人主義のアンチテーゼとしてsocialisme（社会主義）の語を用いて，さらにレイノーとともにその語を広め，ヨーロッパ諸国の社会思想に対する影響力の大きさから，ついにはフランス語のsocialismeがヨーロッパ語系諸国の社会主義を表すことばの共通語源とされるに至ったのである。

社会主義の語源は，ラテン語のsocius（仲間，協同）に由来し，友愛精神に基づく協同社会の実現に向けた思想をも含意しているので，古代ギリシャのプラトンの思想などをその前史とする場合もあるが，一般には封建社会の解体と資本主義の発生が連動して前提とされ，ルネサンス以降の思想（トマス・モア More, T.『ユートピア』1516，トマス・カンパネラ Campanella, T.『太陽の都』1632，など）を以て前史の嚆矢とする。

前述のサン＝シモンやフーリエ（Fourier, C.），オウエン（Owen, R.）などの思想は，後にマルクスとエンゲルスによって「空想的社会主義」にカテゴライズされ，唯物論的史観に基づく「科学的社会主義」と対比された。以後さまざまな経緯を経て，マルクス的社会主義が「科学的社会主義」の名の下に支配的パラダイムとなっていくが，19世紀末から20世紀初頭にかけてロシアに生じた革命の嵐によって，マルクス主義的社会主義は革命的社会主義（共産主義）と社会民主主義とに二分された。レーニンを中心とするボルシェビキは前者の思想を掲げ，多民族国家ソ連邦の基礎を築いたが，1989年以降はエスニック・コンフリクトと経済的破綻が顕在化し，当時のゴルバチョフ共産党書記長が打ち出した「ペレストロイカ」と「グラスノスチ」政策は，結果的にはソ連邦の崩壊を早めた。加えて中国の天安門事件や東欧での政変などが，社会主義崩壊論に拍車をかけることになった。

エリツィン新政権誕生後もロシアの政治・経済体制の混乱はさらに度を加えており，それらの政策的危機を科学的社会主義の理論的過誤に帰すべきか否か，また社会民主主義や資本主義は「市場経済」との関係でどう評価されるべきか，といった問題として新たな現実的課題を「社会主義」に突きつけており，多くの論議を呼んでいる。

▶ **教育学的意味**　1980年代半ば頃まではソ連，東欧諸国，極東諸国，インドシナ3国，キューバなど計16カ国が社会主義国家に数えられていたが，1990年以降は社会主義混迷の状況下にあって，純然たる社会主義国家を正確に数え上げることは困難な情勢となってきている。というのも，ロシア，東欧，中国における社会主義の主要路線は，それぞれの体制改革後三極に分岐し，さらに，ベトナム，キューバ，北朝鮮などの第三世界の社会主義が独自の路線を歩みつつあるからだ。そうしたなかで，1998年はマルクス，エンゲルスの『共産党宣言』150周年にあたるところから，それに因んだ記念行事が相次ぎ，混迷打開のきっかけを同書に求めようとする機運が高まった。同宣言は，先進諸国では生産

手段を国有化する方策として以下のやり方が可能としている。①土地所有を収奪し、地代を国家の経費に充てる。②強度の累進課税。③相続権の廃止。④亡命者、反逆者の財産の没収。⑤国家の手中への信用の集中。⑥全運輸機関の国家への集中。⑦国有工場の増大と共同的計画による土地改良。⑧すべての人に平等な労働義務。産業軍、とくに農業産業軍の設置。⑨農業経営と工業経営の統合。都市と農村の対立の除去。⑩児童への公共無料教育。児童労働の撤廃。教育と生産との結合。その他。

このうち②⑤⑥⑦⑩などは先進資本主義諸国では実現されているところもあるために、資本主義優位の根拠とされることも多い。が、それに対しては、近代資本主義の歴史総体を視野に収めつつ、これまでの社会主義的実験の理論的―実践的批判を通じて社会主義の可能性を探る試みの必要性が指摘されている。

1998年は同時に、中国共産党が改革・開放路線を決定した、あの第11期中央委員会第3回全体会議(三中全会)から20周年にあたる記念すべき年でもあった。1978年に開かれた同会議は、それまでの「貧しい社会主義」と訣別し、「中国の特色を持つ社会主義」(鄧小平)建設理論によって市場経済へ転換する路線を打ち出して、現在の中国の社会主義政策の基本的方向を決定した。

すでに1997年の15回党大会では、社会主義の根幹とも言うべき「生産手段の公有制」の解釈にも手が加えられ、いわば資本主義の象徴である株式制も「広い意味で公有制」とされた。その後企業の大半は民営化路線をとることになったが、同年の15期三中全会は実質的な農家の土地私有制を認め、「共産党の一党独裁」以外はすべて大幅な変更が加えられてきている。さらに1998年には、江沢民中国共産党総書記(国家主席)によって、社会主義初級段階の基本路線の実行など11項目の基本方針が確認された。

このような改革・開放政策は、文化大革命の極端な左傾化路線を断ち切ることで始まっ

たのであるが、社会主義イデオロギーと相容れるか否かの論議は以後長く続いており、共産党は「開放」(1981年;文革に関する歴史決議、1987年;社会主義初級段階論、1992年;社会主義市場経済など)と「引き締め」(1979年;北京の民主の壁禁止、1987年;ブルジョワ自由化反対運動、1989年;天安門事件など)政策を交互に繰り返して今日に至っている。

いかなる政治権力も自己を正当化する原理を有しており、社会主義の場合はいうまでもなくマルクス主義が正当化原理として機能するが、社会主義諸国においてはとりわけ政治体制の創設者や建国者の権威と結びついてカリスマ的支配が生じやすい。スターリン、毛沢東、チトー、チャウシェスクなどがその一例であり、生前のいきすぎた神格化と偶像化の反動として、没後は故人の全面否定に至ることも少なくない。これは、多くの社会主義国家がイデオロギー優先の権力・イデオロギーの一元化を図っており、権力の循環過程を情報統制等によって抑制し、官僚集団の分化が進行していることによる。

コックス(Cox, R. W.)はマルクスの「生産様式」の概念を多義的であるとして退け、資本と労働との関係、国家のあり方(国家形態)、国際関係のあり方(世界秩序)という3要因の相互規定関係によって説明するために、生産過程に従事する社会諸集団の配置図を示して、「生産の社会関係のモード」の概念を導入した。

彼によれば、史上存在したモードは以下のとおりであり、再配分的発展のとが社会主義に属することになる。

〈単純再生産〉①生存②小作―領主③原初的労働市場④家事労働〈資本主義的発展〉[競争段階]⑤自営⑥企業労働市場⑦2頭主義[独占段階]⑧企業コーポラティズム⑨3頭主義⑩国家コーポラティズム〈再配分的発展〉[社会主義]コミューン型中央計画

この図式は、資本と労働の関係や国家形態の相互規定性が、現在の複雑かつ多様な国際

関係の諸要因までも視野に収めた明確なパースペクティヴで捉えられている点で優れている。ここには，マルクスとエンゲルスが，彼らの目指す社会とみなした「階級と階級対立の上に立つ旧ブルジョワ社会に代わって，各人の自由な発展が万人の自由な発展の条件であるような一つの協同体」と一見共通する見取り図が描かれているようにも思えるが，とりわけについては，その特異性と両義性に注意が払われなくてはならない。つまり，理念的にはともかくとしても，現存する多くの社会主義国家（過渡的なものも含めて）に対してはさまざまな批判が加えられており，本来ニュートラルであるはずの「中央計画」は，そのシステム化に伴って以下のような否定的現象を引き起こす可能性のあることを，コックスのその図式は示唆しているのである。

(1) 資本主義社会に対する社会主義社会の経済的優位性を立証できない。たとえば，計画経済の限界，水増し報告や闇市場の助長など。(2) 党決定をはじめとして，その運営システムは民主的でなく官僚的であり，その点ではむしろ帝国主義的でさえある。(3) ノーメンクラトゥーラに象徴されるように社会成層の経済的不均衡，権力的不平等は温存され，時にはむしろ資本主義諸国より格差が大きい。(4) 党権力を正当化するだけの硬直化したイデオロギー。

たとえばロシアの教育においては，ペレストロイカ以降，従来の中央集権的，官僚主義的な教育管理体制を改めて，学校の民主化，人間化，自治・自由の拡大，教育の個別化を図るべきことが叫ばれ相次いで改革案が出されたが，当初，経済成長の加速化と効率化，教育をも含めた社会体制の民主化とグラスノスチを目指して「社会主義の刷新」をスローガンとして掲げたペレストロイカ政策は，1989年末から1990年初頭にかけて徐々に「脱社会主義」路線に転向していく。それらの動向は，政治的には共産党の分裂（脱社会主義派，中道派，社会主義擁護派）と，経済的には社会主義的所有制への大転換が図られた時期と符合する。

その後ついに，ロシア共和国教育省合議会決定「ロシア共和国普通教育施設における教育活動の民主化について」（1991年1月）では，私立学校をも含むオルタナティブな学校の設置とその援助についての具体的記述が登場し，一見資本主義国家の教育改革案と見紛うばかりのものとなっている。

このいわゆる「脱社会主義」教育の傾向が近年ますます顕著となるにともない，一部の新エリート層は別として，多くのロシア住民に大きな経済的不安と文化的アイデンティティ・クライシス，新たな〈ロシアの「ロシア問題」〉といった現象が広がりつつある。現在，ロシア住民の間で増大しつつある「伝統的にロシア的なもの」への回帰傾向は，かつてのような民族的な誇りではなく，何よりも（非ロシア人に対する）ロシア民族としての「不安」がその底流を成している。回帰的なアイデンティティ志向は，実はアイデンティティ・クライシスの端的な徴表なのである。最近のアンケート調査の回答を見ても，ロシア人が目指すべき価値として「ソビエト的なもの」（換言すれば社会主義的，あるいは共産主義的なもの）や「西洋的なもの」よりも，かつての絶対的権力の「帝政」イメージの色濃い「伝統的にロシア的なもの」の方に遥かに高いポイントを与えていることが，何よりもそのあたりの事情を雄弁に物語っているといえるだろう。市場経済への移行を目指した経済改革の挫折によって，その傾向はさらに強まりつつある。

▶ 位置づけ　ここでは主として，わが国におけるソビエト教育学研究の問題点に触れつつ，社会主義思想の受容をめぐる課題に領域を限定して略述する。

社会学者ルーマン（Luhmann, N.）は，システムが自己の活動に関して行う反省を，その行為に向けて意味が構築される「事実的」「時間的」「社会的」次元の三次元で捉えている。それでは，前項で述べたような，ペレストロイカ以降の改革案における先行教育シス

テム批判は，果たしてルーマンのいう「何を なしているか」という現実的（事実的）反省 といえるのだろうか。

ルーマン流にいうならば，それらの反省は 「何をなすべきか」という一種のイデオロギ ー的反省にすぎず，教育システムそれ自身の 反省にはなっていないと見てよい。それまで のシステムを「中央集権的」「官僚主義的」 体制と貶め，これから目指そうとするシステム を「民主化」「人間化」「自治・自由の拡 大」「教育の個別化」といった抽象的言辞で いくら飾り立ててみても，それだけではやは り事実抜きのイデオロギー的反省というほか なかろう。

関啓子は，わが国におけるロシア・ソビエ ト教育学の歴史的研究の問題点として，ソビ エト教育をモデル化していたこと，ソビエト 研究者の見解に研究内容を依存させていたこ と，体制や一定の政治性をバックにした研究 を求める傾向がわが国にはあること，そのた めに，あるべき体制や主義から見て，モデル として役立つならば学ぶが，役立たなくなっ たときには無視し，また役立ちそうに見える ときには研究を再開するというプラグマティ ックな態度が助長されてきたことを指摘して いるが，けだし卓見である。

論敵に対する安直なレッテル貼り（たとえ ば日和見主義など），ロシアの多民族性をほ とんど考慮しないかあるいは「民族の友好」 といったソ連政府のスローガンをそのままス クラップにしたような歴史研究，欧米経由の 研究人気の浮沈による直接的影響（たとえば 最近のヴィゴツキー（Vygotskii, L.S.）人気 の再燃ぶりを見よ），等々，の例はその傍証 と言えるだろう。最近ではマカレンコ（Makarenko, A.S.）をはじめとして，かつて諸手 をあげて賛美されていた教育学者や思想家の 批判的再検討が始まっており，新たな段階に 入った。関の指摘に従って言うならば，研究 者にとって，マルクス主義教育学，社会主義 教育学の原理的研究にどれほど厳密であった かという真価が今問われている。

［参考文献］　村山士郎・所伸一編『ペレストロ イカと教育』大月書店　1991／関啓子『クルー プスカヤの思想史的研究』新読書社　1994／川 野辺敏監修『ロシアの教育・過去と未来』新読 書社　1996／宇沢弘文ほか『転換期における人 間』（岩波講座，全10巻）岩波書店　1989／近 藤国康・和田春樹編『ペレストロイカと改革・ 開放──中ソ比較分析』東京大学出版会　1993 ［関連項目］　集団主義　　　　　　（森岡修一）

社会的教育学

独 Sozialpädagogik

▶ **語 義**　社会的教育学という概念は， ドイツ教育学の基礎的な概念の一つで，二つ の意味あるいは系譜がある。一つは社会的見 地に立つ教育学という意味であり，いま一つ は「社会教育」という意味である。第一の意 味での社会的教育学は，ある時代の教育学の 特徴・傾向を表現する歴史的概念である。し かし，社会的教育学という言葉は，近年では 第二の意味で用いられることが多い。

▶ **教育研究の視座としての社会的教育学**　社 会的教育学という言葉の最初の用例はディー スターヴェーク（Diesterweg, A.）の『教師 養成の指針』（1850）に見いだされる。彼は 19世紀半ばの産業社会に生起する諸問題， とりわけ青年世代の困窮と社会問題に目を向 け，啓蒙期の個人主義的精神の克服を企図し た。社会的関心の高まりは教育を社会的見地 からとらえる気運を育み，その結果，社会的 教育学を標榜する理論が19世紀末から20世 紀初めにかけて相次いで登場した。ナトルプ （Natorp, P.），ベルゲマン（Bergemann, P.）， バルト（Bart, P.）などがその代表者である。 ナトルプは「社会的基盤に立つ意志教育の理 論」という副題を持つ『社会的教育学』 （1889）を著して，「教育の社会的条件と社会 生活の教育的条件」を研究する必要を説いた。 ベルゲマンは，『経験科学に基づき，帰納法 を用いた一般教育学ないし文化教育学として の社会的教育学』（1900）を著した。バルト は，『教育史の社会学的・精神史的解明』 （1911）において，「教育とは社会の繁殖であ

る」とのべた。

これらの例が示すように，社会的教育学は，教育を社会的広がりにおいて考察する理論という意味で，ヘルバルトなどの個人的教育学（Individualpädagogik）と対比される。社会的教育学を標榜する論者たちは一様に，個人の人格陶冶に主眼をおく後者の立場の狭さを批判した。個人的教育学というのは，けなし言葉である。この意味での社会的教育学は，社会的見地に立つことで個人的教育学の限界を乗り越えようとする理論の総称である。社会的教育学には，ナトルプのように観念的性格の強いものから，ベルゲマンのように教育学の基礎を生物学におく立場を経て，デュルケーム（Durkheim, É.）やクリーク（Krieck, E.）のように社会化ないし同化を強調する立場まで，さまざまなヴァリエーションがある。また，教育を文化の繁殖ととらえる文化教育学も社会的教育学の一変種と見なすことができる。

シュプランガー（Spranger, E.）は，社会的教育学を，社会学的教育学（soziologische Pädagogik）と教育学的社会学（pädagogische Soziologie）とに区別する。前者は，教育を固有の目的とはしない社会諸組織（家庭・教会・職業団体・国家等）が果たしている教育機能を研究する。それは一般社会を「教育の相のもとに」眺める。後者は，教育を目的とする共同体（学校・孤児院・青年団体等）の形式を研究する。この両者が明確に区別されずに，どちらも社会的教育学と呼ばれたのである。しかし，彼が提案した区分も広く支持されるにはいたらなかった。両者を併せた意味での社会的教育学は，今日のわが国にあてはめてみれば，社会教育学（＝社会教育の理論）よりもむしろ教育社会学（＝教育事象の社会学的研究）に対応している。

▶「社会教育」としての社会的教育学　ノール（Nohl, H.），モレンハウアー（Mollenhauer, K.）等は，「社会教育」としての社会的教育学の系譜に位置づく。ノールとその学派は，ディースターヴェークの提起した問題関心を

継承し，学校外の領域における教育的企図を社会的教育学へ発展させた。この意味での社会的教育学は，学校教育でも家庭教育でもない教育のすべて，つまり社会教育の理論と実践である。Pädagogik には教育学とともに教育という意味もある。

ただし，ドイツにおける社会教育の概念と，今日のわが国におけるそれとの間には違いもある。社会教育という言葉は，今日のわが国では，成人教育とほぼ同義に用いられ，成人を対象とした教育・学習機会の提供と考えられているが，ドイツでのそれは，社会的弱者や恵まれない立場の青少年に対する補償教育という意味合いが強く，犯罪者の更生や青少年保護とも密接に関連する概念である。また，就学前教育（幼児教育）も，この意味での社会教育の一環と位置づけられている。

社会的教育学は，当初，家庭教育や学校教育の補完として登場したが，今日ではそれらと並ぶ第三の独立した教育領域としての位置を占めている。モレンハウアーは，社会的教育学を「現代社会の諸問題に応える教育的な措置と制度の総体」と解し，それが青年の解放につながる批判意識と批判能力の育成に寄与すべきことを主張する。このように社会批判的もしくは社会変革的な志向を有する教育学が，社会的教育学と呼ばれることもある。

［参考文献］Siegel, E., Sozialpädagogik, in *Neues pädagogisches Lexikon*, Stuttgart, Kreuz Verlag, 1971／Küchenhoff, W., Sozialpädagogik, in *Lexikon der Pädagogik*, 3. Aufl., Herder, 1970-71／Thiersch, H., Sozialpädagogik, in *Pädagogisches Wörterbuch*, Ch. Wurf (Hrsg.), Piper Verlag, 1975／Natorp, P., *Sozialpädagogik*, 1889（篠原陽二訳『社会的教育学』玉川大学出版部，1956）／Wilhelm, Th., Zum Begriff der Sozialpädagogik, in *Zschr. f. Päd*, 1961／Mollenhauer, K., *Einführung in die Sozialpädagogik*, 1965／Blochmann, E. (Hrsg.), *H. Nohl, Aufgaben und Wege der Sozialpädagogik*, 1965／Röhrs, H. (Hrsg.), *Die Sozialpädagogik und ihre Theorie*, 1968／城戸幡太郎「社会的教育学」岩波講座『教育科学』第20冊 1931／小笠原道雄「社会的教育学」『新教育学大事典』

第一法規 1990
[関連項目] 教育学／教育理論　　（新井保幸）

社 交 性
英 sociability／独 Geselligkeit

▶ **語 義**　　単なる辞典的意味としては人
との付き合いを好む性質，また，人とうまく
付き合ってゆける性質のことを指す。社会性
ともいう。しかし，この概念は人間の社会生
活において要求される人間の本質的な要素と
してのみではなく，精神的・哲学的・教育学
的意味を有する重要な概念としても取り上げ
られ，理解されてきた。以下では，後者の社
交性概念の意味内容について述べることにす
る。

▶ **歴 史**　　かつてアリストテレスは人間
を「ゾーン・ポリティコン」と規定し，人間
が本質的に社会的存在であることを指摘した。
この定義は同時に人間が社交的存在であるこ
とをも意味している。社交性と関連してプラ
トン的な人間関係における精神的恋愛の伝統
は，中世ヨーロッパの騎士道精神に引き継が
れ，少なくともルネサンス時代まで継承され
た。

　16世紀になって礼儀の概念がヨーロッパ
社会の文明化の独特な形態を特徴づけるもの
として具体化されると，社交性は礼儀のなか
の核心概念としてさらに注目を浴びることに
なる。たとえば，この時代最も影響力をもた
らしたものとして1530年刊行されたエラス
ムスの小著『少年礼儀作法論』（De civilitate
morum puerilium）を挙げることができる。
エラスムスにとって社交性の問題は，如何に
して上品な振舞い（とくに食卓において）が
できるかということであった。このような社
交的な振舞いに興味を持っていたのは一般的
に貴族に限られていた。しかし，18世紀末
から産業革命とフランス革命の時代となり，
社会の急激な変化のなかで，宮廷人や貴族た
ちには新しく出現した中産階級市民との接触
が必然的に要求され，また中産階級市民たち
も彼らとの接触を通していわゆる優雅な世界

（宮廷貴族の社交界）の文芸を身に付けよう
とした。そして彼らが集うサロンのなかで，
貴族の社交界と市民の知識層との間に，一種
の教養人としての対等関係が次第に形成され
た。カントも彼の『人間学』のなかで社交性
を重要視し，社交性が単に複数の人間の社交
的集いを意味するものではなく，人間の知識
伝達を支えるメカニズムと捉えてはいるが，
同時に彼はそれを状況に応じて身につける一
種の衣装に過ぎないと述べてもいた。これに
対し，シュライエルマッハーはそのメカニズ
ムを生き生きとした社交的対話のうちに見て
とるのみならず，社交性の社会倫理的・美的
な特性や教育学的な要素をあらゆる階層を包
括する人間一般の必然的な要求として，はじ
めて哲学的な理論として発展させ体系化した。
以下では，シュライエルマッハーの社交性概
念を簡単に述べることにする。

▶ **教育学的意味**　　シュライエルマッハーは
1799年発表した「社交的な振舞いの理論の
試み」という論文のなかで社交性概念を，道
徳的な方向性をもつ人間の本来的な要求とし
て描き出そうと試みた。この理論とは，まず
参加者は社交の雰囲気の全体を受容しなけれ
ばならないというマナーの法則，社交に参加
している個々人の個性が社交全体に自由に表
現されなければならないという素材の法則，
そして，最後に社交の雰囲気の全体と参加者
の個々人の個性が調和的に，社交の本来的な
目的にふさわしいものとして統合されなけれ
ばならないという統合の法則という三つの法
則性によって説明されている。教育を古い世
代の若い世代に対する働きかけとして理解し
ている彼において，社交性とは，一方の世代
が他方の世代を引き受け，さらに異世代を調
和的に融和させることのできるものである。
世代間に見られる年齢差を克服できるように
するためには，異世代の間に精神的な橋渡し
が必要となるが，彼は社交性を異世代の間の
精神的橋渡しとして設定したのである。

▶ **影響と位置づけ**　　社交性概念はシュライ
エルマッハーが体系化して以来，個性と社会

の問題としてジンメル（Simmel, G.）社会学の理論形成に影響を与えた。また，ヒンリッヒス（Hinrichs, W.）はこの概念を教育学的問題として具体的に論じている。この語の類似概念としては実存主義哲学の概念である交わり（Kommunikation）がある。

［**参考文献**］Schleiermacher, F., *Versuch einer Theorie des gesellingen Betragens*, 1799.／Ariès, Ph., *L'Enfant et la vie familiale sous l'Ancien Régime*, Plon 1960（杉山光信ほか訳『子供の誕生』みすず書房 1980）／Elias, N., *Über den Prozeß der Zivilisation. Soziogenetische und psychogenetische Untersuchungen.* 2 Bände. Bern und München, 1969（吉田正勝ほか訳『文明化の過程』上・下 法政大学出版局 1995）／Hinrichs, W., *Schleiermachers Theorie der Geselligkeit und ihre Bedeutung für die Pädagogik*, Weinheim, 1965

［**関連項目**］シュライエルマッハー／文明化
（林昌鎬）

自 由
英 freedom, liberty／独 Freiheit／仏 liberté

▶ **語 義**　「自らに起因する」を原義とする「自由」は，中国では①「専恣横暴」と②「他の拘束を受けない」の意がある。日本では①が一般的だったが，禅宗とともに「外界の繋縛にとらわれない」の意が入り，明治初頭に西洋語の訳として②の語義が定着した。「民族の」を意味する印欧語 "leudho-" に由来するギリシャ語の「自由（eleytheria）」は「民族に属する」を原義とし，「自由人の身分に属する」を，さらに「貢納・賦役からの免除」の特権を意味するようになった。古代共和国では，共同体のノモス（法，規律）に従うことに自由をみる傾向が強い。同様の事情は，ラテン語，ヴェーダ語，ゲルマン語系諸語にみられる。英語の "free" は，自己への所属性を指示する印欧語 "priio-" に由来し，奴隷と対比された「自己の属する集団」の属性として，政治的社会的自由を指した。

リード（Read, H.）は，①創造的活動，主観の客観化，自己実現といった積極的状態を意味する "freedom" と，②特定の対象や統制からの自由という消極的状態を意味する "liberty" の区別の存在を指摘する。しかし，統制の欠如を "freedom" と表現する例（出版，結社，貿易の自由）もあり，用例上の統一は厳密ではない。なお，自由概念の内容整理に際して，①積極的自由（〜への自由，自己支配）と②消極的自由（〜からの自由，拘束の不在）というバーリン（Berlin, I.）の二分法がしばしば参照される。

▶ **消極的自由の展開**　個人の自由を普遍的価値とし，社会制度を個人の自由の保障の手段とみる自由主義（liberalism）が国家の指導原理となったのは近代ヨーロッパに固有の現象とされる。個人の目的実現の手段として社会を形成するという原子論が前提とする，人間が単独で自足しうるという見解は，人間を社会内でしか能力を十分に開花できない「社会的動物」とみる見解への反論であった。人文主義の人間尊重，宗教改革をめぐる信教の自由，自然権理論や社会契約説による個人の権利をめぐる議論を経て，反権威主義的な態度を基盤に成立した政治的自由主義は，各人が固有の価値と完成可能性を持つことを認め，個人の自発性を社会の発展に不可欠な条件とみる。近代社会の成立に付随して生じた，私的領域と公的領域，欲求と理性，個性と共同体などの緊張関係に対応して，自由をめぐる議論は広範な領域に及ぶ。人間の意志や行動に対する外的束縛や障害の欠如という意味での自由は，文脈に応じて，放任，解放，独立，無償，私的，民営，閑暇，放縦などを意味する。市民社会における個人の活動を反映して，財産，家族，労働など市民社会の諸要素が政治権力から独立した領域として認知され，財産の自由，職業選択の自由といった個人の権利主張が憲法事項とされた。経済活動への国家の干渉の最小化を唱えた自由主義が産業化に伴う社会問題の発生をみて批判されたのに応えて，自由の実現のために国家の果たすべき積極的役割を認めて自由主義を再解釈し，福祉国家の行き詰まりの打開をめざす試みを新自由主義（neoliberalism）と呼ぶことがあ

る。また，米国で「リベラル」が福祉国家論に近い立場を指すのと区別して，人類の社会的進化の基本条件として「消極的自由」や自由市場を尊重し，国家機構の最小化と私的領域の最大化を提唱する立場を「自由至上主義（libertarianism）」と呼ぶようになった。この立場に対しては，歴史的に形成された共同体の伝統や慣行のなかでのみ，個人が道徳的存在および政治的行為主体となりうるとする「共同体論者（communitarians）」の徹底した批判が1980年代に展開された。

▶ **積極的自由の展開**　近代思想がめざした封建的秩序体系からの個人の解放は，原理的には自己保存の責任を個人に帰すとともに，各人の利害対立の調整と政治的統合を可能にする公共原理を要請した。しかし，解放された情念は，虚栄心，狂信，名誉心など，信奉する価値のために自己保存さえも犠牲にさせうる価値観の問題をも含んでおり，理性の快楽計算だけでは諸個人の対立を調整できない。自己決定によって道徳的に自律的な行為者になる能力の開花が，個人の権利行使に対する障害の欠如を前提とするとしても，それを十分条件とみることには議論の余地がある。ルソー（Rousseau, J.-J.）は個別意志の一般意志への合致という否定的媒介によって獲得される道徳的自由への自然的自由（自己保存への権利）の転換を論じ，カント（Kant, I.）の定言命法に原型を与えた。人間の身体が自然法則（必然）に従うことを認めつつも，人間が道徳的に自由意志をもつ存在と見做されるべく要請されているとするカントは，自ら定立した道徳法則に従う意志の自律性に人間の尊厳を認め，類において完成される普遍的理性への服従を求めた。このような，内的束縛（本能，衝動，欲望）の大きさに比例して，外的束縛による抑制を要請する「理性による自己支配」の理念は，より高次の要素（教育，理性）を備えた者による，非理性的存在を啓蒙するための管理，監督，統率，強制などのパターナリズムを是認する論理を含んでいる。

▶ **自由教育**　自由教育（liberal education）は西洋教育の根底をなす理念である。古代ギリシャでは，奴隷のための職業教育に対する自由人にふさわしい教養，すなわち，閑暇と観想を基盤に包括的世界観を探究して知性を啓発し，社会の公共善と幸福の増進のために献身する公民（積極的自由の主体）の形成以外の目的の手段とならない，自己目的的教育を意味した。古典文学が人間精神の最高の発露とされ，諸能力の調和的形成による全人教育がめざされた。自由七科に具現された自由教育には，神学の専門性にも法学や医学などの世俗的実用性にもとらわれないという自由が含意されていたが，やがて聖職者や法官等の養成に向けた専門教育に先行する準備教育とみなされるようになり，ルネサンス以降の古典文芸の復興後も，文法と修辞の機械的模倣という形式主義に陥った。大学における専門教育に対する一般教育は自由教育の理念を現代に受け継ぐものであり，職業分化と専門教育の孤立化が進むなかで，人間性の回復への契機として再編が試みられている。また，人間性の全人的涵養をめざす自由教育の理念は，国家の定めた統制的制度や教会勢力などの干渉から離れて，生徒の自発的活動や，地域社会の実情や教師の自主性を重視する立場と結びつき，とくに，生徒の個性や自発性を重視する新教育運動が世界的に広がるなかで，日本でも自由民権運動期に，国家統制に抗する政策批判としての自由教育論が展開された。山本鼎の自由画教育の提唱，土田杏村らの自由大学の運動，羽仁もと子の自由学園（1921），池袋児童の村小学校（1924）などの実践があり，単なる「拘束からの解放」は健全な発達の妨げともなる放縦に通じかねないという認識から，理性的な自己決定の能力を獲得しうる形での生徒の自由の確保がめざされた。

［**参考文献**］　バーリン，I.（小川晃一他訳）『自由論』みすず書房　1971／田中正司『現代の自由』お茶の水書房　1983／ハーツ，L.（有賀貞訳）『アメリカ自由主義の伝統』講談社　1994／グレイ，J.（藤原保信・輪島達郎訳）『自由主義』昭和堂　1991／バリー，N.（足立

幸男監訳)『自由の正当性』木鐸社　1990／シャンド，A. H.（中村秀一，池上修訳）『自由市場の道徳性』勁草書房　1994／藤原保信『自由主義の再検討』岩波書店　1993／中野光『大正自由教育の研究』黎明書房　1968
［関連項目］個性／自発性／自律性／自由主義（リベラリズム）　　　　　　　　（坂倉裕治）

習　慣
英 habit, custom／独 Gehaben, Gewohnheit／仏 habitude, coutume

▶ **語　義**　①反復を通して固定化された行動様式，②社会集団において規範や制裁を伴うことがないにもかかわらず，反復されることによって生じる一定の行動様式，慣習を指す。語源は古代ギリシャに遡り，①は徳に代表されるような習慣，つまり人間が意図的かつ主体的に形成し獲得した習慣を表す Hexis（ヘクシス）に，②は人間が社会や集団のなかで自ずと身につけた風習，慣習，慣行を表す Ethos にそれぞれ源をもつ。

▶ **近代以前**　アリストテレス（Aristoteles）は，ヘクシスとしての習慣，つまり理性や意志など心あるいは魂の能力に付加された状態や性質としての習慣を，性質のカテゴリーとして捉えた。彼によれば，倫理的徳は習慣から生じるものであり，習慣的になるとは自然的になることであるという。習慣を第二の自然と考えたアリストテレスの見方に示されるように，習慣は単なる慣れや癖といったものである以上に，人間のあり方を規定するものであり，自然本性と密接に結びついている。トマス・アクィナス（Thomas Aquinas）ら中世スコラ哲学では，習慣は知恵や学問的知識，技術，賢慮，正義，勇気など倫理的徳を指していた。つまり習慣は人間の自然本性としてもともと備わっている可能性が完成された状態を意味していたといえる。近代以前においては，習慣は人間知性の意識的な働きを中断させ，単なる身体的行為へと人間を惑わすものではなく，人間を完成された徳の状態へと導く，そしてさらには人間の自由を拡大するものであった。人間の自然本性を可塑的なものとして捉える，すなわち人間を根本的に未完成なものと捉えると，生得の可能性ないし能力はそれが十分に発揮できる状態にするまで，学習や修練を通じて完成へと方向づけられなければならない。この人間の現実状態と究極目的としての完成状態の間の落差を埋めるものこそ，神の無償の恩寵に支えられた人間の努力や勤勉という習慣であった。

▶ **近代以降**　人間の自由を拡大するものと考えられていた近代以前とは対照的に，精神と身体を二元論的に捉える近代科学的精神の下では，習慣は単なる反復の結果としてもたらされる身体の無意識的な行為ないし自動機械のような働きを意味するようになっていく。習慣を人間の自由の縮減と考えるようなこの立場とは別に，自然と精神，物質と精神を分離や対立の二元論で捉えることを否定し，その両者を統一的，連続的に捉える思想の系譜もある。この思想系譜には大雑把にいって，フランスのスピリチュアリズムと，英米のプラグマティズムの流れがある。前者の系譜には，習慣獲得を人間の最高の能力と考えたモンテーニュ（Montaigne, M. E. de）や，自然本性を第一の習慣ではないかと述べたパスカル（Pascal, B.）がいる。また，精神と身体を共に扱う人間科学の構築に習慣分析が有効であると考え，人間の努力や意志といったその能動性を形而上学的に解明したビラン（Biran, M. de），習慣を精神が形となって現われたものと捉え，習慣において精神と身体が根源的自然のなかでの神秘的合一をなすと考えたラヴェッソン（Ravaisson, F.），さらには習慣は習慣によってしか超えられないとして，自動機制と自由の葛藤から生じる意識としての純粋自我を指摘し，創造的進化の過程に伴う習慣と生との葛藤の諸相の内に人間の自由や創造を見出だそうとしたベルクソン（Bergson, H.）などがいる。またプラグマティズムの系譜には，ジェームス（James, W.），パース（Peirce, Ch. S.），そしてデューイ（Dewey, J.）の名を挙げることができる。個々の

394　シュウキョウキョウイク

感覚的経験を人間的経験の根本的所与とみなすような従来の経験主義に対して批判的だったデューイは，経験する主体と客観的環境との統合としての習慣こそ，本源的な経験であると主張し，経験の再構成を人間形成の原理として理論化した。そこでは習慣の形成は人間の自己創造と呼ぶに相応しい過程であり，哲学的人間学の基礎概念であると位置づけられた。

▶ **習慣と教育**　習慣形成における反復の主観的および客観的側面をどのように評価するかによって，習慣形成を通した教育への評価は分かれてくる。アリストテレスは単なる行為の反復によってではなく，その行為をなすための規則を理解してはじめて徳に至ることができるとして，習慣形成における主観的側面を指摘した。記憶術をはじめ雄弁術の訓練における反復もまた単なる繰り返しを意味してはおらず，規則の完全なる修得を通してはじめて実現される自由な術の働きを重視していた。そこには習慣形成を通して獲得されていく人間の自由や創造性への着目があった。近代の機械的自然観や人間観のもとでは，行為の反復は機械の動きと同様に，人間の単なる自動化にすぎないと考えられるようになり，反復学習や習慣形成は子どもの主体性を無視した強制的教え込みとして批判されるようになる。このような一面的捉え方への留保を表明するルソー（Rousseau, J.-J.）は，自然に適った習慣と人為的な習慣とを区別しつつ，前者のような事物の必然に従う習慣以外は認めようとしなかった。後者のような強制された習慣は，彼がその教育思想において最も重要だと考えた自然に対して人為的なものであり，そのうえ自然が為す最初の動きのもつ善さや正しさがもたらすであろう人間の自己保存や幸福を妨げるものであった。その後の近代の学習論では，身体を介した反復訓練や練習などは軽視される傾向にある。だが，たとえ習慣形成における行為の反復が，その行為の目的が同じであるという意味においては反復であったとしても，その際に為される行為

は一つとして同じものではない。目的合理的行為をもって教育的行為全てを説明しようとする近代学習論の弱点を指摘する立場からは，習慣形成の行為反復の内に創造的要素を見出だそうとした教育思想も散見される。たとえば，ドイツでは，身体訓練を重視したドイツ汎愛派や，その汎愛派に影響を与えたカント（Kant, I.）の名を挙げることができる。世界を感性（自然）世界と超感性的（自由）世界とに分けたカントは，自然から自由を生む力，つまり習慣から創造を生む力を，超越的な力としての才（ingenium）に求めた。またカントの才を判断力の養成として読み替えたヘルバルト（Herbart, J. F.）は，教育や学習を広義の美的な表現行為と捉え，行為の積み重ねを通した性格形成を理論化した。芸術的ないし美的・表現的行為のもつ反復を通した創造性に注目したという点では前掲のデューイも同様である。作業を通した訓練のもつ教育的意義に着目し，そうした技術訓練の活動を単なる強制的反復にしてしまわないため彼が考えたことは，子ども自身が活動の主体となるような活動，すなわち古典的な意味での技術（アート）の訓練ともいうべき芸術的活動にすることであった。

[参考文献] 三輪正『習慣と理性──フランス哲学研究』晃洋書房　1993／三宅中子『習慣と懐疑──モンテーニュ・パスカル・ベルクソン』南窓社　1985／Dewey, J., *Democracy and Education. An Introduction to the Philosophy of Education*, 1916（松野安男訳『民主主義と教育』岩波書店　1975）／稲垣良典『習慣の哲学』創文社　1981
[関連項目]　生活／適応／模倣／ロック
（鈴木晶子）

宗教教育
英 religious education／独 religiöse Erziehung／仏 education religieuse

▶ **語義**　語源的には，英語 religion はラテン語の religare（結び合わせる），ないし religio（畏敬）に由来するといわれるが，現代ではその外延があまりに広くなっているた

め，一義的に規定することがむずかしい。

「宗教」とは，キリスト教，イスラム教，仏教などのように，その信仰が世代から世代に伝えられ，地域から地域へ広められることで維持される正統化された教義の体系である，とするならば，宗教は教義問答や布教・宣教などといった教育活動によって受け継がれてきた，と見ることができる。そうした教育活動が禁止されれば，その宗教はやがて廃れていくことになる。一方，「宗教」とは，どのような社会にも見られる象徴や儀礼行為の一種で，新入者をそれに参加させることによって社会の統合を維持していく普遍的な機能である，とするならば，宗教はそれ自体が教育の機能をふくんでいることになる。宗教のこの教育機能が麻痺すれば，社会自体の存続も危ぶまれることになる。いずれにしろ，「宗教」と「教育」との結び付きにはある種の歴史的な必然性がともなっており，それは個人の意図以前になされていることである。

デュルケーム（Durkleim, É.）は，オーストラリアの原住民のトーテム信仰の事例研究を通して，宗教がどの社会にも見られる基本的な機能であることを明らかにしている。それは，人々に社会の〈聖〉的領域と〈俗〉的領域との区分を厳格に遵守させ，それによって，〈俗〉的領域での人々の生活に正当性を与えていくという機能である。またマックス・ヴェーバー（Weber, M.）は，西洋文明に独自な合理主義的生活様式が，神への献身による労働の聖別と，それによる呪術的生活様式の克服の過程で成立してきたことを明らかにしている。しかもこの合理主義的生活様式は，その宗教的基盤から切り離されることによって自己目的化し，近代人の宿命として重く背負わされていくことになる，ともヴェーバーは見通している。これら宗教社会学の成果も，宗教教育が単に学校のなかの道徳教育や情操教育に対応する教育課題には尽くされないことを示している。それは，広く言えば，社会のあり方や社会のなかでの人間のあり方にも深くかかわるテーマである。それだ

けに，西洋の教育思想家の多くは宗教教育に言及しており，またかれらの宗教観を抜きにして教育思想の全体像をとらえることが困難なことも少なくない。

そのなかでも，宗教教育に格別の力点をおいている教育思想の系譜を，近代以前の時期にはたどることができる。「より人間的な生き方」をもとめたキリスト教的ヒューマニストのエラスムス（Erasmus, D.）は，敬神を第一の教育目的とする一方で，人々をそこまで導くために，「事物を認識すれば力になる。しかし言語の認識はそれに先立つ」として認識能力の陶冶を重んじた。宗教改革の立役者ルター（Luther, M.）も，信仰によってこそ人は義とされることを説くとともに，自作の教義問答書をテキストとして使わせながら，民衆の読み書き能力の普及につとめている。またコメニウス（Comenius, J. A.）も，ヨーロッパ全体を覆った戦乱の時代に，ルター派に近い教団の聖職者として神の摂理が支配する世界平和の到来を目ざして，その夢の実現を教授法の改革に託した。これらの思想家にとって，教育それ自体が宗教活動の一環であり，教育思想は宗教教育思想であった。

近代の啓蒙主義の時代になると，宗教教育は，個人の理性能力の形成とどのような位置関係をたもつか，という問題を抜きにしては語れなくなる。ルソー（Rousseau, J.-J.）は，既成の宗教への帰依を拒否して，一人ひとりの個人に与えられている理性の判断力の訓練を通して，最終的には個人の判断で宗教を選択させるべきだとした。ルソーにとっては，「神性に関するもっとも偉大な諸観念はただ理性のみを通じてわれわれにもたらされる」ものなのである（『エミール』「サヴォワ助任司祭の告白」）。それに対してシュライエルマッハー（Schleiermacher, F. D. E.）は，宗教を感情の問題として理性の管轄下から切り離し，科学的な探求との共存をはかろうとした。「絶対帰依の感情」を本質とする宗教は，科学的真理が支配する学問の世界や，権力が支配する政治の世界とはことなる独自の精神世

界を形成しているとしたのである。ルソーの場合は，感覚の訓練にはじまり道徳的判断力の陶冶にいたる理性能力の形成が，そのまま宗教教育の内実をなしていたのに対して，シュライエルマッハーの場合は，理性能力の形成とは別の系列で，感情への直接的な呼びかけが宗教教育の課題として立てられている。この近代の宗教教育観の二類型は，その中間にさまざまなヴァリエーションを生んでいる。

たとえばフレーベル（Fröbel, F.）は，一方では〈感覚と理性能力の形成〉を重視しながら，他方では〈感情への直接的な呼びかけ〉をそれに組み込もうとした。幼児用に開発された「恩物」は，感覚と思考力の訓練のための教材であると同時に，その背後にある神の御業を予感させるための象徴であった。子どもたちを車座に腰掛けさせて教師の話を聞かせる独特の授業形態も，神が創造されたままの統一ある世界の象徴であり，それは子どもたちのなかに「国民」としての連帯心をまえもって養っていくための配慮でもあった。ディルタイ（Dilthey, W.）は「心情の陶冶」によって超越的なものに目覚めさせることの必要性を強調する一方で，客観的な科学や伝統的な文化による「精神の陶冶」をも重視し，民衆のあいだに広まりを見せていた自由主義思想をくいとめようとした。またエマソン（Emerson, R. W.）やソロー（Thoreau, H. D.）のような超越論者といわれる思想家も，身分や地位にこだわらない内面的な自由に人間らしさの根拠をもとめる一方で，自然観察の精確さと社会批判の冷厳さをもあわせもっており，宗教的なるものに基礎をおく人間像を示している。これらの事例は，明示的には「宗教教育」としては語られてはいないものの，実証主義と自由主義が主流になりつつあった19世紀にあって，それらのみでは解決されない教育課題，とくに国民形成や人間的尊厳の確立という課題に宗教がなお重要な役割をはたしていることを示している。

19世紀にはまた，先進諸国では国民教育制度が整備されていき，それにともない制度としての公教育と宗教との関わりが問題になった。そのとき，カトリック教会が強い影響力をもっていたフランスでは「ライシテ」の名のもとで，またさまざまな宗派が混合して存在していたアメリカでは「ニュートラリティー」の名のもとで，「教育の中立性」の原則が確立していき，宗教教育は私事と見なされ公教育から切り離されていった。20世紀には，社会が多宗教社会としての性格を強めていくにしたがい，私立校をのぞいて学校における宗教教育は，特定宗派の教義を教えることよりも，人々にさまざまな宗教の教義の特徴や儀礼の特殊性を理解させ，「寛容の精神」を広めることに重点がおかれるようになった。「寛容であること」が，人々を結び付ける普遍的な枠組みとして定着するようになったが，その反面，イスラム教徒のように，寛容に普遍的価値を認められないような人々の側からは，それは新たな「教義」の押し付けと受け取られる状況も生まれてきている。

［参考文献］デュルケーム，É.（古野清人訳）『宗教生活の原初形態』岩波書店　1941, 1975／ヴェーバー，M.（大塚久雄訳）『プロテスタンティズムの倫理と資本主義の精神』岩波文庫1988／タウンズ，E.L. 編著（三浦正訳）『宗教教育の歴史——人とその教育論』慶応通信1985

［関連項目］合理主義・非合理主義／道徳／シュライエルマッハー　　　　　　（宮寺晃夫）

自由主義（リベラリズム）

（英）liberalism（独）Liberalismus（仏）liberalisme

▶ **語　義**　　自由主義は，一般に近現代における自由主義を指す。それが意味するところは多義的であるが，基本的にあらゆる目的・価値のなかで自由にもっとも重要な価値をみいだす思想ないし精神である。自由に第一義的な価値をおく根拠は，個人の人格の形成や個性の発達には自由が必要であるという自由主義者の確信である。これは，人格の形成や個性の発達が画一性や統一性ではなく，多様性や多種性を前提とし，強制や統制によ

っては不可能であることを意味する。自由主義における人格や個性はあくまでも個人の人格であり、個人の個性である。すなわち、自由主義においては、いかなる社会集団の要求よりも、個人の道徳の方が優先される。ただし、個人の自由は、他人の自由を奪ってまで認められるものではない。みな平等に自由は保障されなければならないものである。

▶ **自由観**　近代の自由主義において特徴とされる自由は、個人の活動を妨げるあらゆる制限や障害の排除、抑圧や圧迫に対する批判や抵抗としての自由、すなわち「～からの自由」である。本来自由は外部からの強制や抑圧が存在せず、自己の意志を実現することのできる状態を意味する。ところが、近代の国家は、一つの権威的秩序を基礎にして誕生した。同時に近代は自覚的な意志を所有し、自律的に活動できる市民階級を成長させた。近代の自由主義は、こうした市民階級が国家権力や社会的慣習に対して批判や抵抗を行うなかで確立され、拡大していったものである。ただし、近代の自由主義は、無政府主義ではない。必要にして最小限の干渉までも否定することはない。個人の自然権や幸福を擁護するための手段としての機能は、国家に認めている。

▶ **社会観**　近代の自由主義において、個人はあくまでも自己の行為を合理的に律することのできる自律的で理性的な主体であるという合理主義が前提されていた。この結果、自由主義は個人の存在を重視し、個人を唯一の社会生活の単位とみなす原子的社会論の立場に立っていた。こうした社会観こそが、自由主義の確立や拡大にとっては不可避なものだったのである。つまり、中世においては実質的に国家と教会は分離していなかったために、公的生活と私的生活は分離されていなかった。しかし、近代になって、自覚した主体として成長した個人が登場し、私的生活の延長としての社会が導入された。それによって、中世において曖昧であった世俗的権威と教会的権威の関係が、国家と社会という問題に置

き代わった。こうして、国家の統治と関連する公的生活と個人の私的領域とを分離することが可能となったのである。ただ、こうした社会観からは、社会は精神的な有機体や生活共同体になりえず、究極的には原始的に孤立した個人に還元されてしまう。

▶ **歴史的背景**　こうした自由主義が生まれた近代は、イギリスにおいていえば、前期は絶対王政の時代で、産業が大いに発展し、市民階級が成長した時代であった。後期は立憲国家の時代で、前期の重商主義に代わって、資本主義が著しく発達した。しかも、人民の基本的権利が確立し、議会政治が慣行化された時代であった。

こうした時代のなかで、自由主義をとなえ、体制を批判し抵抗したのが「市民階級」であった。近代に主体的な自覚と行動力を有し、自由を求めるこうした市民階級が成長しなければ、ピューリタン革命、名誉革命も生じなかったであろう。近代において「人間の発見」がなされたといわれる。その場合の「人間」とは「市民階級」を指し、個人の自由は主として市民階級の自由であった。このため、近代の自由主義が描いた社会構想も、市民階級の理想郷であった。

自由主義的な教育思想といえば、こうした自由主義的個人主義の原理を基にして、既存の国家権力からの自由を主張し、その権力の支配から自由な教育の創造を説いたものである。ドイツにおける自由主義思想の開花期は、フランス革命から1820年の大弾圧開始までの約30年間である。この間に教育についての運動もまた展開された。この時期におけるドイツの自由主義の影響をうけた高名な教育思想家の一人としてフレーベル（Fröbel, F.）をあげることができる。フレーベルは人間を神性を宿している理性的存在ととらえ、人間性および人間の理性に信頼をおく。そのため、子どもの自ら伸びる力を尊重し、子どもの自由で創造的な遊びや活動を重視した教育を提唱した。しかし、その後のプロイセン政権の反自由主義体制によって迫害を受けることに

なる。1826年のフレーベルの主著である『人間の教育』には、民族主義的、ナショナリズム的な色合いはまったく見られない。

▶ **自由主義批判**　近代の自由主義は確かに権威的秩序を解体し、封建的共同体の桎梏から個人を解放した。しかしその結果、自由主義は「負担なき自我」あるいは「遊離せる自我」などと呼ばれる社会関係から切り離され、自己決定だけを拠り所とする内容を欠いた空虚な自我を生みだしたと共同体主義（コミュニタリアニズム）に批判されている。

　こうした批判を行う共同体主義は、現代アメリカにおける自由主義の個人主義に対抗する立場である。近代の自由主義が、個人の自由と解放のために共同体の解体を押し進めたのに対して、共同体主義は全体や他者への関心にしたがって物事を判断し行動する主体として個人をとらえなおそうとする。自由主義は、個人の理性を尊重する。それに対して、共同体主義は共同体の歴史を尊重する。個人の理性の限界が指摘されている今日、自由主義に対する共同体主義の批判は有意味なものである。ただし、共同体主義は個人主義そのものを否定しているわけではなく、共同体を前提にして個人主義は成立すべきものであるとしている。そもそも個人主義を支持し擁護する共同体が存在しなければ、個人主義の存続はありえなかったであろう。

　教育においても、自由主義は個人の自発性を重んじ、自分のやり方で独自の真理を追究したり、自分自身で善を選択することができる理性的で自律的な個人の育成をめざす。そのため、道徳的真理や宗教的真理などの教え込みを排して、あくまで中立性を重んじる。ただし、個人は、本質的に社会のなかでしか生きていけない相互依存的な存在であって、けっして孤立的で自己完結的存在ではない。また、個人には社会への帰属意識の要求もある。そのため、個人は社会の一員として認められ、受け入れられるように、自分が所属する社会において同じ善悪の価値基準を共有したり、社会の要求に応えていこうと努力するのであ

る。たしかに、批判や修正をまったく認めないほど権威主義的に社会の伝統や価値規範を個人に押しつけることは問題である。しかし、他の人々と共通の善や価値を共有する努力をするように教育していくことは必要であろう。

　[参考文献]　Gray, J., *Liberalism*, London: Open University Press 1986（藤原保信・輪島達郎訳『自由主義』昭和堂 1991）／Mendus, S., *Toleration and the Limits of Liberalism*, London: Macmillian 1989（谷本光男ほか訳『寛容と自由主義の限界』ナカニシヤ出版 1997）／Sandel, M., *Liberalism and the Limits of Justice*, Cambridge: Cambridge University Press 1982（菊地理夫訳『自由主義と正義の限界』三嶺書房 1992）／梅根悟『西洋教育思想史3・自由主義教育思想の時代』誠文堂新光社 1969／日下喜一『自由主義の発展』勁草書房 1981／藤原保信『自由主義の再検討』岩波書店 1993

　[関連項目]　価値／社会化／フレーベル／主体
（山室吉孝）

習　俗

英 folkways／独 Sitte／仏 mœurs

▶ **語　義**　人々が社会生活を送る上で意識的・無意識的に、その属する社会集団の伝統的なエートス・規範にしたがう反復的な行為。習俗は、一般的に承認された自然発生的な行動の型であって、特定社会の基本的生活欲望を、時にはタブーという倫理規範によって統制する信条であるモーレス（mores）とは区別される。習俗のなかには合理的な便宜性だけでは説明しきれない、因襲化した非合理的な、あるいは権力によって強制されたようなものもある反面、そうした硬直性にも拘わらず、新しい条件に適合すべく変化してゆく面もあり、法的な規則とは違って、それらに違反した場合、明確な罰則があるわけではないものの、ある程度の拘束力を持ち、その拘束力の強度と表現に地域的な特色や歴史的な経験が示されることが多い。このため習俗は、伝統的な生活のしきたりや掟が内包する社会関係の特質や社会的規範の範囲と程度を説明したり、儀礼やそれにかかわるさまざ

な地域的民族的な象徴的意味を説明する場合に用いられ，社会構造の分析と考察の対象にされる。フランスの社会学者L・レヴィ＝ブリュール（Lévy-Bruhl, L.）は，道徳の科学的研究方法として，習俗を社会的事実と見て，自然科学における自然に対するのと同じように扱うことによって客観的に記述し，構造を分析し，法則を発見しようとする習俗科学（science des mœurs）を提唱した。習俗は，あらゆる時代・社会の慣習のなかにみられ，現代社会においても，高度な技術の発達とともに，それに適応してゆくための個人や集団の特殊な慣習が発達しており，そこに「進歩の思想」が見え隠れしつつも，習俗特有の因襲的性格を見いだすことができる。習俗はまた，欲求を満足させるための意欲の表現であり，多数の人々によって日常的に営まれる行為の反復過程で発生し，歴史や自然環境，生活風土などに制約されつつ浸透・固定・沈澱し，「見えない制度」として人々の行動様式を規制するという機能を持つことから，倫理観や道徳観の社会的起源であると考えられてきた。

▶ **習俗と社会思想**　習俗は人種間および民族間のコミュニケーションの発達にともなって次第に学問的な関心の対象となってきたが，歴史的に見ると二つの時期に集中的に議論の対象になってきた経緯がある。その最初の時期は，18世紀の啓蒙の時代であって，この時期のヨーロッパの精神文化は，世界貿易の拡大や交通形態の発展などを与件として，世界の諸習俗をはじめて人類学的なまなざしで「観察」し始めた。未開地の旅行者の観察記録や旅行記によって紹介され，交易あるいは侵略などによってもたらされた新世界のさまざまな習俗や事物は，人々の観察眼や分類コードを洗練させることになったが，この「大いなる観察の時代」は，生物学や医学などの自然科学を博物学に包摂するかたちでの発展を促したばかりでなく，新たに登場した市民生活の規範のあり方について，ヨーロッパ以外の生活習俗を観察し，「野蛮」や「自然」

の発見とそれをめぐる議論が示しているように，それをヨーロッパの市民生活の法的規準として模索する社会思想，政治哲学や法哲学の発展を刺激した。その典型的な例として，フランスのモンテスキュー（Montesquieu, Ch.）は，世界各地の生活習俗を観察し，比較検討することによって新しい市民法の体系を考察した。モンテスキューは，『法の精神』（1748）のなかで，「習俗は法律を表現し，生活様式は習俗を表現している」と述べ，「習俗と生活様式とは，法律が制定したのでもなく，また制定することもできず，制定しようともしなかった慣行である」と言っている。また，「法律と習俗とのあいだには，法律がよりいっそう公民の行動を規制するのに対し，習俗はよりいっそう人間の行動を規制するという区別がある。習俗と生活様式とのあいだには，前者がよりいっそう内面的な振舞いにかかわり，後者が外面的な振舞いにかかわるという区別がある」と言って，習俗が「風習」や「風俗」ほど任意的ではなく，「法」や「制度」ほどの強制力はないが，一定の集団の人々によって強く支持され，かつその人々の生活感覚に根ざした価値観と結びついている事実に注目している。また，イギリスでは，成文法の領域が拡大するはるか以前から，生活習俗の伝統のなかで自生的に作られ，慣行として受け入れられていた，いわゆる慣習法（customary law）が存在したが，習俗はその淵源をなしており，近代国家がその法体系を整備しようとする際，習俗としての慣習が重要な社会史的基盤を構成していたことをよく示している。

もう一つの時期は，19世紀末から20世紀初めにかけての時期であった。この時期には本格的な工業化の発展によって，大規模な都市型産業社会が生まれ，それに呼応する社会システムが胎動し始め，かつての伝統的な生活習俗の衰退，とりわけ農村を基盤とする伝統的な共同体での生活習俗の急速な衰退は，社会の持続性と安定性の解明という点で，国内的にはそれを保存しようとする民俗学を発

展させ，対外的には植民地の再分割・再統合に呼応した人類学の発展を刺激した。この時期のオランダ人類学，イギリス人類学，ドイツ民俗学の学問的展開の背景には，国内における都市化と近代化による伝統文化の破壊という危機意識と，国外におけるアジア，アフリカなどにおける植民地経営の上での政治経済的要請があった。それぞれの国内において急速に失われつつあった伝統的な生活習俗の保存とそれについての民俗学的分析は，新しい社会の登場によってもたらされた道徳観の社会的基盤を解明するために援用される一方，この時期に発展することになる社会学と結びついた。アメリカの社会学者サムナー（Somner, W.G.）が1907年に著した『フォークウェイズ（民習）』はそうした時代の典型的な学問的産物といえよう。そこでは，習俗という言葉は，社会的・道徳的慣習であるモーレス（mores）と対置して用いられた。サムナーは，ある種のフォークウェイズは社会の安寧にとって不可欠であり，それから逸脱することが社会的紐帯と安定感に災厄を招くという信念ないし意義を多数の人々が感じたとき，モーレスとなり，集団生活における成員の態度・行動を規制する社会規範になると考えた。このように，習俗は社会構造の分析にとって不可欠な検討対象として20世紀社会学の重要な分野として位置づいている。

▶ 習俗と教育　　社会生活の多くは習俗によって構成されており，社会構造は習俗の鏡である。次世代に対する「しつけ」は習俗や慣習を媒介して行われ，「社会化」もまた，発達主体が属する生活習俗に色濃く左右されながら行われる。デュルケーム（Durkheim, É.）が，社会的な事象としての教育を問題にしつつ，「人間のもっともよきもの，他の存在に伍して彼を異色あらしめ，固有の地位を占めさせるすべてのもの，すなわちその知的および道徳的教養のすべてを社会習俗から受け取る。……人間性を構成する諸属性は社会習俗からわれわれにくる。社会は，個人によって，また，個人の内にのみ生存し，生活する

のである。社会習俗という観念が個人の精神内で消滅したら，集合体の信念・伝承・熱望が，個々人によって感じ取られ，分有されることを休止したら，社会習俗は死滅するであろう」と述べていることからも明らかなように，教育作用の社会的被拘束性を問題にするにせよ，社会化による文化の再分岐過程を問題にするにせよ，あるいは教育の社会的規範性を問題にするにせよ，習俗に対する発達・成長関係の切り結び方がその時代や社会の教育の機能と特質を規定することは確かな事実なのである。

［参考文献］　Montesquieu, Ch., *De L'esprit des Lois*, 1748（野田良之・稲本洋之助・上原行雄・田中治男・三辺博之・横田地弘訳『法の精神』岩波書店　1989）／Lévy-Bruhl, L., *La morale et la science des mœurs*, 1903（勝谷在登訳『道徳社会学』東学社　1939）／Lévy-Bruhl, *Les fonctions mentales dans les sociétes inférienres*, 1910（山田吉彦訳『未開社会の思惟』岩波書店　1953）／Somner, W.G., *Folkways: A Study of the Sociological Importance of Usages, Manners, Customs, Mores, and Morals*, 1907（青柳清孝ほか訳『フォークウェイズ，現代社会学体系3』青木書店　1975）／Durkheim, É., *Les Formes élémentaires de la Vie religieuse, Le Système totemique en Australie*, 1912（古野清人訳『宗教生活の原初形態』岩波書店　1941-42）／Illich, I., *Shadow Work*, London 1981（玉野井芳郎・栗原彬訳『シャドウ・ワーク』岩波書店　1982）／Varagnac, A., Varagnac, M.C., *Les Traditions populaires*, 1978（蔵持不三也訳『ヨーロッパの庶民生活と伝承』白水社　1980）／蔵持不三也『シャリヴァリ──民衆文化の修辞学』同文館　1991

［関連項目］　通過儀礼／しつけ　　（北本正章）

集団主義

英 collectivism／独 Kollektivismus／仏 collectivisme／露 Коллективизм

▶ 語　義　　collectivism は，広義には経済学用語として自由放任主義の対語として用いられ集産主義と訳されることもあるために，それと区別して groupism という場合もある。たとえばコルホーズのように，主として社会

主義社会における社会的活動での共同化や生産手段の共同所有を指す場合には，集団主義は集産主義と同義とみなされる。また行動原理，編成原理として用いられる場合には，個人主義と対置させられる。

collectivism の語源がラテン語の colligere（結合する）であることからも窺えるように，ここでの集団は単なる人々の集まりを指すのではなく，集団との強い連帯感を持つ人々の集合体を意味しており，したがって公衆や大衆のような未組織集団と区別されるとともに，基礎的集団（家族や民族のような血縁的集団，村や町のような地縁的集団）と機能的集団（国家や政党のような政治的集団，企業や組合のような経済的集団，学校や教団のような文化的集団，軍隊などその他の集団）の組織化に関するあらゆる教育活動を指す。

▶ 教育学的意味　　教育学的概念として集団主義の用語を用いる場合にはさらに限定して，マカレンコ（Makarenko, A. S.）やクループスカヤ（Krupskaya, N. K.）などの提唱した生徒の共同的活動を組織する理論としての集団主義教育の原理を指すことが多い。彼らの言う集団の特性としては，①社会的に承認された一定の目的を達成するための人々の統合と規範，②統合の自発性と「われわれ」感情の存在，③団結とまとまりの組織性，④集団の社会的に有用な活動の効果を保障するような集団主義的な相互関係の持続性と安定性，⑤人格の全面的・調和的発達の条件の確立，といった要因が挙げられるが，「集団主義」という場合にはとりわけマルクス主義的教育学としての階級性の概念が強調される。

▶ 概念の歴史　　マカレンコによる「集団」それ自体の定義は，「組織されており，集団の機関をそなえている個人たちの目的志向的な複合体」という比較的単純なものであった。彼は，集団の組織があるところには集団の機関，集団によって信任されて全権を持っている人達の組織があるという。「同志と同志との関係の問題は，友情の問題ではなく，愛情の問題でなく，隣人の問題でなくて，それは

責任のある依存関係の問題であります」と指摘して，集団における組織性，成員間の責任のある依存関係を強調する。この考え方は，さきほど述べたような「集団」一般の特性にほぼ共通するものである。だが，マカレンコがさらに「ソビエト同盟のなかには集団からはなれた個人というものはあり得ない」と指摘し，集団は「それの社会主義的な性格から明白に生れてくるまったく明白な性質をそなえていなくてはならない」と言うときには，明らかにその「集団」観は階級的性格を帯びてくる。

彼は，10 月革命後ソビエト社会が生み出した新しい人間の特徴として「世界的な関心と世界的な問題をもった人間」「才能のある技師」「意識的な規律」「要求の多い，高い原則性をそなえた，文化性の高い読者」「諸民族の全人民的統一」を挙げ，新社会のモラルとして，①労働に対する積極的態度　②集団主義のモラル　③人間に対する積極的要求　④新しい実務能力，の 4 項目を挙げている。つまりここでは，集団主義とソビエト型人間とは分かちがたく結びついてくるのである。

教育科学アカデミーの『ソビエト教育科学辞典』（ロシア語版 1960，邦訳 1963 発行）では集団主義を「社会主義的イデオロギー・心理・道徳の奪うべからざる特色」として定義しており，社会主義・共産主義的教育のみが真の集団を作り上げられると主張しているが，ソビエトのみならずわが国の教育学者の多くがこうした集団主義教育観を自明のものとして，時には無批判に支持してきた。たとえばソ連邦崩壊以前の 1988 年に発行されたグビシアニ，D. M. 監修の『社会学小辞典』では，「集団主義の原則は，社会主義の生活様式の最も重要な生活様式の一つとなっている。発達する社会主義にとって特徴的なことは，労働，社会・政治，教育，軍事，スポーツ，文化，日常生活などの統一性のある集団主義の体系を作り上げることである」として集団主義と社会主義の不可分性を強調しているが，ソビエトの他の分野の辞書においても

ほとんど同様の記述を見いだすことができる。

1983 年発行のダヴィドフ，V. V. やザポロジェッツ，A. V. の監修による『心理学辞典』では，マカレンコ，A. S.，クループスカヤ，N. K.，シャツキー，S. T.，スホムリンスキー，B. A. の名を挙げるとともに，彼らの集団主義に対する考え方をほぼ忠実に現代社会心理学理論に取り込んでいる。またペトロフスキー，A. V. とヤロシェフスキー，M. G. 監修の『心理学小辞典』（英語版，1987）は 1985 年に刊行されたロシア語版からの翻訳であるが，同書では，労働に媒介された人間関係の理論に基づいた集団主義の社会心理学的特性が，価値志向的統一体としての集団結束力，集団主義者の自己決定やアイデンティティ，対人間での選択や動機，さらにはそれらの結果に対する原因帰属といった問題と関連づけられるとともに，西欧の社会心理学における，たとえばグループ・ダイナミックスのような研究での小集団での対人関係の規則性を，集団主義に当てはめることはできないとしている。なぜならば集団主義の社会心理学的規則性は，低次の発達レベルのグループにおける規則性とは質的に異なっているからだという。

同書にも先ほどの『心理学辞典』同様スホムリンスキーの名が挙がっているが，彼はマカレンコと同じウクライナに生まれ，大学も同じポルタヴァ大学に学んでマカレンコの思想的影響を受けた。彼の論文は 300 をこえ，著書も 30 冊近くにのぼるが，そのなかでも「生徒の集団主義の教育」「中学校の教師集団」「集団教育の方法論」などの論稿は，教育における集団の意義と重要性，組織の方法論を直接論じたものである。

スホムリンスキーは，「子どもの全面的発達をうながす仕事を成功させる最も重要な条件は，教師集団の豊かな，多面的な知的生活である」として，教師自らが「興味の多様性，視野の広さ，旺盛な知識欲，科学上の新事実に対する感受性」をそなえるとともに，教師集団と児童集団との創造的活動を通じて良き教師となるよう集団づくりに努めた。

▶ **位置づけ**　わが国においては，大正期から始まった生活綴り方運動などのなかに集団主義の独自の展開を見ることができるが，とりわけ 1920 年代末からの北方性教育運動は，生活的概念と科学的概念の接点を仲間との協同における集団的生活性に求めた点で注目される。戦後の民主化は労働者の自覚を促し権利を拡大するなかで，教育面でも労働や日常生活と密着した『山びこ学校』（1951）などの生活綴り方運動として展開された。

わが国でのマカレンコの紹介や翻訳は 1950 年代に始まり，生活綴り方運動の組織論としても大きな影響を与えた。第四次教研集会（1954）で「仲間意識」という用語がはじめて使われ，50 年代後半からは「学級づくり」の用語が登場するようになったが，大西忠治を中心とする集団づくり論はマカレンコの影響を強く受けており，生活指導と学習指導を領域概念としてとらえるとともに，生活指導での集団づくりを学級づくりとして位置づけている点に特色がある。1959 年に設立された全国生活指導研究協議会（全生研）は，活動家としての核（アクチーフ）の育成と班の編成による「学級集団づくり」の研究と実践に力を入れている。

集団主義に対する反省や批判としては，集団主義教育が単なる学級づくりに矮小化してしまうことの問題点や，集団を個人に優先させるあまり，適正でないリーダーシップあるいは形骸化した班競争によっていじめの問題が生じやすいなどの点が指摘されている。

［**参考文献**］　杉山明男『集団主義教育の理論』明治図書　1977／大西忠治『班，核，討議づくり』明治図書　1974／スホムリンスキー，B. A.（杉山明男訳）『中学校の教師集団』明治図書　1962／Макаренко, А. С., *Сочинения*, Т. 1-7, М., 1957-58（矢川徳光ほか訳『マカレンコ全集』明治図書　1964-65）／小川太郎編『講座集団主義教育全 3 巻』明治図書　1967／柴田義松『ソビエトの教授理論』明治図書　1982／Аникеева, Н. П., *Психологический климат в коллективе*, М., 1989／Доицов, А. И., *Психологиякол-*

лектива, M., 1984

[関連項目] 学級／マカレンコ　　（森岡修一）

修　養

▶ **語　義**　もと道家の養生法を意味したという（『大漢和辞典』等）。朱熹らの共編『近思録』（1176）中「論学」の「修養之所以引年」（修養すればこそ長寿を保ち――市川安司訳），また貝原益軒『養生訓』（1713）の「修養の道をしらずして天年をたもたず」などの用法は身体の健康法に力点が置かれており，修養はもともと「養生を修める」の意と解するものもある。また仏教でも（「シュヨウ」と読む）第一に養生法を意味するという（『仏教語大辞典』）。もとより『養生訓』に「養生の術，まづ心法をよくつつしみ守らざれば，行はれがたし。……故に心を養ひ身を養ふの工夫，二なし，一術なり」とあるように，心身一元論に立つこれら東洋の伝統思想においては，修養は身体の健康法にとどまらず，精神練磨の方法をも意味した。

明治以降になると西洋の心身二元論の影響のもと「政府にて関渉すべからざる第二類は才智を修養する方法の如きものなり」（中村正直訳『自由之理』）や，「此様子では已はまだ大いに性格上の修養をしなくてはならない」（森鷗外『青年』）など，もっぱら精神の側面を強調する用法が現われ，また「修養」を「身を修め気（心，徳）を養う」の意と解するのが一般的になる。1932-35年刊行の大槻文彦『大言海』が「精神ヲ研（ミガ）キテサメテ，品性ヲ養成スルコト。学業ヲ修得シ，徳性ヲ涵養スルコト」と釈するのはこれらの用法をふまえたものであるが，同書に用例として元代の張養浩の「寿子詩」から「維人之心，匪悪伊善，由弗修養，道乃違叛」があげられているのを見ると，精神的側面を強調した用法が，中国古典にもすでに存在したことを示している。

しかし日露戦争後多数刊行された修養書のなかでは，伝統的な用法にしたがって，版を重ねた加藤拙堂『修養論』（1909）のように「身体を看過して修養を談ずることの不可能なること」を強調したものが多い。沢柳政太郎は「修養の方法」として学生に対して徒歩主義，早起主義，禁酒主義をあげ（1910），新渡戸稲造は『修養』（1911）で「継続心修養」のため冷水浴のほか散歩や定時の起床等を勧めている。この他参禅，流汗（修養団創設者蓮沼門三），静座（岡田虎三郎）など何らかの身体的活動を通して精神の練磨が説かれるのが特徴である。しかしこれらの場合は身体の健康法それ自体ではなく精神練磨の手段とされる傾向がつよい。

▶ **修養論の展開**　日露戦争によって明治維新以来の「富国強兵」の国家目標が一応達成され，国家の体制整備が進む一方，時代閉塞が感じられるようになった明治末期，修養書ブームが起こった。それは①西洋輸入の「啓蒙」文化への反動としての伝統思想への回帰，②実利的功利的傾向への懐疑と反発，③国家の問題から個人（自己）の問題への関心の移行，④立身出世の手段としての中・高等教育要求の高まりとその望みを絶たれた青年層の向上欲求の増大などの社会的・文化的背景によるものであった。やがてこのなかから，社会的現実への関心を喪失させ，西洋古典の読書などを通じてひたすら個人の内面的自由を求める「教養」主義が高踏的ディレッタンティズムに堕しつつ分化する一方，「修養」もまた俗流化し，いっそう反知性主義的・反エリート主義的傾向を強めることになる。「修養」は，1915年の内務省・文部省共同訓令で青年団が「青年修養の機関」と規定されたように，社会教育の分野で，修養運動として，各種教化団体の集団的鍛錬を通じて普及する。そして1928年講談社の『修養全集』刊行とその成功は，エリートの「教養」主義（「岩波文化」）に対する大衆の「修養」主義（「講談社文化」）との図式を成立させた。戦時期の「行学一如」論は明治末期修養論を継承するものであり，また俗流化した「修養」は，知識教授の軽視，作業・勤労の重視，訓練第

一主義として，この時期の「錬成」論を下から支えるものとなった。

▶ **修養と学校教育**　明治末期に主張された「修養」は，何よりも自己内発的な契機を重視するものであるがゆえに，立身出世のための機関に成り上がった学校教育を批判する契機となりえた。沢柳政太郎はこの観点から修養を論じ，芦田恵之助は人生科としての綴方を提唱し，中村春二は成蹊学園を創設した。この潮流は西洋教育思想の系譜とともに大正期自由教育論のもう一つの流れを形成した。また公教育の外で展開した修養運動は，反近代学校運動としての側面を合わせもつものであった。「修養」が心身一元論にもとづく主体的な自己形成の営みであるかぎり，それは本質的に公教育とはなじまず，またそれ故に近代学校批判の一つの契機となり得るであろう。

［参考文献］唐木順三「現代史への試み」『唐木順三全集』第3巻，筑摩書房　1949／堀尾輝久「国民教育における教養をめぐる問題」『思想』522号，1967年12月／中内敏夫・上野浩道「解説」『澤柳政太郎全集』2，国土社　1977／筒井清忠「近代日本の教養主義と修養主義」『思想』812号，1992年2月／清水康幸「修養運動と教育」寺崎昌男他編『近代日本における「知」の配分と国民統合』第一法規　1993

［関連項目］教養／身体／沢柳政太郎

（片桐芳雄）

朱　熹（朱子）

（しゅき，Zhū Xī, 1130-1200）

朱熹は福建省に生まれ育った。19歳で科挙の進士に合格したが，官吏をつとめた期間は短く，生涯の大部分は著述と書院での講義にあてられた。朱熹が宋代の教育思想を大きく発展させたことが多大に評価されている。彼の功績は，おもに人間性論，教育目的論，教育内容・方法論にある。

人間性論は天地の本性と気質の本性との相違，普遍的人間性と特殊的人間性との関係，善と悪の根源を分析する論説である。それは，天地の本性という理と，気質の本性という気との統合によって，宇宙の万物が存在，生成，発展するとしている。理は自然界の本質，規律，秩序，原因，目的，動力であり，気は自然界の材料の構成とその生成，発展の容量である。理と気は不可分の統一体であり，宇宙全体を成している。理と気とが流れ，育成，変化するうちに，宇宙の万物が生成しつづける。理は普遍的人間性をいい，人間の共同の本性であり，宇宙が平等に人間に与える種々のエネルギーである。気は特殊的人間性であり，人間の気質であり，生理，心理，感性のメカニズム，生物的存在の支えである。普遍的人間性に対して，特殊的人間性は人によって差異が大きい。気は清明の気と混濁の気があるが，人間本性の表現は気によって制約される。清明の気が善の現しで，混濁の気が悪の根源である。現実の人間の善悪は，先天のもつ気と後天の環境に関係する。教育の役割は，天下の人々に混濁の気を清明の気に変えさせ，本性にもどして，善としての人間の価値を発揮させることにある。

教育目的論は，社会の中の人間倫理を明白にし，聖人賢人の風骨と気概を育成することである。人間は元来，道徳的本性をもっている。そしてそれは，「三綱五常」（父が子の綱，君主は臣の綱，夫は妻の綱と仁，義，礼，智，信）を通して認識し，自覚した行為で社会の秩序と規範を守ることである。しかし，倫理を守る人間の精神を無理なく自覚的な行為にするには，倫理を超越する闊達な聖人と賢人の人格を形成すべきであろう。それは，精神的に高い境涯と，聖人賢人の風骨と気概を育成することである。朱熹は孔子を推賞し，孔子のように自発的かつ内的な，道徳的本性を思想と行動で表現できることを，模範とした。聖人賢人の風骨と気概は，人間の内的な教養と精神的に高い境涯の外的な表現であり，聖人賢人においては，それが人間としての日常的な態度であり，振る舞いである。それは，慈悲深く優しく，そして寛厚である人間の本性を根本にした，勇敢さと決断力を意味している。

教育内容は礼を学ぶことを中心とする。礼が理の外面的表現の形式であり，人間関係や一切の物事に通ずる性質と言える。また教育方法については，「小学」（小学校）と大学でそれぞれ礼を学ぶが，「小学」では基礎段階である礼儀を学び習得する。大学では学習の連関性を示し，礼の理を究明し，発明する。教育では，教えることより上手に学べることを目的とする。積極的に追求，習得，自己教育することが，学習を進める要である。個人の学習があくまでも中心であり，教えることは補助的活動であるが指導も大事である。教師が目的と方法を正しく示し，学習内容を観察し，適切な忠告と指導をする。また，読書も重視すべきであり，それは，自覚的な倫理人格，倫理を超越する闊達な人格の育成と密接に関連するからである。読書では「博学，審問，慎思，明辨，篤行」を行い，かつ，礼儀の実践，学問の長期間の積み重ね，倫理教養の生活化と現実化，学習と思考との連関性や旧知と新知との一貫性などの発見もできるからである。

[参考文献] 朱熹・呂祖謙『近思録』上海古籍出版社 1994／朱熹『四書集注』芸文印書館 1996／朱熹・呂祖謙『小学集注』台湾中華書局 1980／王懋竑（清朝）『朱熹年譜』中華書局 1998／孫培青・李国鈞『中国教育思想史』華東師範大学出版社 1995　　　　　（李　燕）

儒　教
英 Confucianism

▶ 語　義　　孔子を開祖とする教え。その学術面をさして儒学という。前漢の武帝がその教えを官学として固定して以来清末まで王朝によって国教的な権威を保証されてきた。その経典はいわゆる四書五経によって代表される。それらの典籍のうちなにを中心的な経典するか，その経典のうちいかなる章句，語句，概念，等を重んずるかによって，儒教の本質についての諸規定が生ずる。が，それらの典籍を通じて強調されてきた教説の基本は，修己（個人の道徳的修養）・治人（政治）を

めざすことである。すなわち五常の徳（仁，義，礼，智，信）を修養し，五倫（父子の親，君臣の義，夫婦の別，長幼の序，朋友の信）という上下の別を基本にした特殊で自然的な人間と人間との情誼的諸関係の秩序 —— 超俗的な神との関係でも，聖なる‘事柄’や‘理念’との関係でもなく —— の実現につとめることが期待された（ヴェーバー，M.）。そして，人間と人間との諸関係を成り立たせる諸徳のうちとくに孝が，「徳之本」として重んじられてきた。

▶ 近世日本の儒教　　日本へは5世紀ごろに儒教の典籍が伝来した。書物の上での儒教に関する断片的あるいは系統的な知識としてでなく，個人の世界観，人間観，教育観等を形づくる思想としての意味をもって普及したのは，16世紀後半以降，すなわち近世の儒教とくに宋代の朱子学や明代の陽明学などを継受したものである。後者については中江藤樹，熊沢蕃山，佐藤一斎，大塩中斎，などの一部の学者や幕末の志士に，認識（知）と実践（行）との一致を求める主体形成の学として一般に受容されたが，幕府の昌平校，藩校，等を通じて官学的な性格を備えつつ（とくに寛政以降）社会的に広範に普及したのはとくに前者である。その朱子学は，系譜的には，周濂渓・程明道・程伊川によって発展され朱子（朱熹）によって大成された学的体系を継受したもので，日本では林羅山，山崎闇斎とその学統に属する人々などが主な担い手である。その教説の基本はこれまでの儒教を存在論（「理・気」の説）・人性論（「性即理」の説）・「学」の実践論（「居敬」，すなわち，個人に内在する「天理」を保持するためにとくに静座を通じて心に乱れが生じないようにすること，および「窮理」，すなわち，一事一物に内在する「天理」を読書を通じて究明すること）の諸領域にわたって理論的に体系化したものだった。この学説では，何びとも人性に「天理」を宿し「本然の性」という絶対善を内在して，聖人という五常の徳を兼備した道徳的完成者になる可能性を人性のうちに

有している，そのゆえにその本性をくまなく顕現させ聖人に到達するために「学」の実践に努めよ（「聖人学んで至るべし」「人みな聖人たるべし」），という教えを導く。これは，「人は皆な以て尭舜と為るべし」という聖人への到達可能性を万人に認めた孟子の主張を「理・気」説（とその展開としての「性即理」の説）という形而上学によって根拠づけたものだった。各人の「学」の習慣を通じての後天的な努力を積極的に要請するという点において，「性は相近し，習へば相遠し」（『論語』）や「玉磨かざれば器と成らず，人学ばざれば道を知らず」（『礼記』）という経書の教えと相通ずる。のみならず，「実語教に，人学ばざれば知なし，知無き者は愚人なりとあり。されば賢人と愚人との別は，学ぶと学ばざるとに由って出来るものなり」と説いた福沢諭吉『学問のすゝめ』初編（1872）の精神とも，朱子学の教説は万人に対する後天的な努力とその有効性への期待という点にかぎれば類似する認識を示している。江戸時代においては「向上」の可能性（possibility of 'Improvement'）という観念そのものがすでに行きわたっていたというドーア，R. P. の指摘があるが，朱子学の万人を対象とした「学」についてのその教説（人間の完成可能性に関する一種の説）は理論的厳密さをもってそのことを例証する。こうした説を非現実的で楽天的なもの，そのゆえに非寛容で強制的な努力を要求するものとして批判して伊藤仁斎，荻生徂徠らの儒学＝古学（古代の経典に対する後世の朱子などの注釈を二次的に扱い，古代の経典そのものを第一義的に重視しそれをみずから注釈する）が展開した。仁斎が示した生の活動（「活物」）性の認識を批判的に受け継いだ徂徠は，聖人学んで至るべからずと否認し，各人それぞれに知愚賢不肖ある多様な現実の人間性（「気質の性」）への認識とそれに基づく個性伸長の教育説（「長養」・「自得」の説）を展開した。頂点的な思想家の担ったこうした朱子学・古学の動向とともに，儒教は，為政者の配布した教諭書

（『六諭衍義大意』など），寺子屋での教科書，石門心学などの道話などを通じて，庶民のための通俗的な道徳として普及し，とくに所与の境遇・家職・身分に各人が安んずる「分限」の観念を教えるものとして広く流布した。

▶ **近代日本の儒教**　一口に儒教といっても封建的因習的であるとはかならずしもいえず，仁斎・徂徠などによって理論的に深く追求された近代的思惟傾向の契機も含まれる（丸山の研究）のだが，しかし明治初期にとりあげられた儒教は，明六社を中心とする啓蒙的知識人によって因習的なものとして厳しく批判された。とくに福沢は，先天的なものとして主張される「上下貴賤の名分」（分限の観念に含まれる）に拘束され，各人の実質的な機能的職分の発揮とその調和的関係を重視しない儒教に典型的に現れていた思惟様式を批判した（『学問のすゝめ』九編，明治7，その他）。しかし，名分のなかでも「孝」という人情の自然に基づく特殊で先天的な人間関係を中心とする儒教の伝統的倫理は，「忠」と結びついて明治中期以降，国民道徳の教説の中心として教育勅語でとりあげられるのみならず，学校の現場で教材（「水兵の母」など）にとり入れられ，「我等国民は子の父母に対する敬愛の情を以て万世一系の皇位を崇敬す。是を以て忠孝は一にして相分かれず」（国定教科書高等科，1910）という「我が尊い国体」に基づく「家族国家」の観念を支える「忠良な臣民」像の形成に寄与することになる。

[**参考文献**]　Weber, M., *Gesammelte Aufsätze zur Religionssoziologie* I, Tübingen 1947（木全徳雄訳『儒教と道教』創文社　1971）／丸山眞男『日本政治思想史研究』東京大学出版会1952／Dore, R. P., *Education in Tokugawa Japan*, London, 1965（『江戸時代の教育』岩波書店　1972）／Bary, Wm. T. de., *Liberal Tradition in China*, Hong Kong 1983（山口久和訳『朱子学と自由の伝統』平凡社　1987）／Tetsuo Najita, *Visions of Virtue in Tokugawa Japan*, Chicago 1987（子安宣邦訳『懐徳堂』岩波書店　1992）／笠井助治『近世藩校における学

統学派の研究』上・下，吉川弘文館　1969–
1970／川島武宜『イデオロギーとしての家族制
度』岩波書店　1957／石田雄『明治政治思想史
研究』未来社　1954
　[関連項目]　孔子／中江藤樹／貝原益軒／荻生
徂徠　　　　　　　　　　　　　　　（河原国男）

授　業
英 class teaching／独 Unterricht／仏 leçon

▶ **語　義**　敗戦後のわが国での用語法の
変遷を例にとれば，授業は，次のように異な
る言葉で順次呼ばれてきた。まず「学習指
導」と呼ばれ，やがて「教授＝学習過程」と
も呼ばれるようになり，今日ではおおむね
「授業」と一般に呼びならわされている。今
から思えば，「学習指導」はある種の主張の
こめられた呼び名であった。すなわち，それ
には，敗戦前の「教授」に付きまとう教師中
心主義を払拭して，児童中心主義に切り替え
るべきだ，という主張がこめられていた。授
業の主人公は児童・生徒で，かれらの学習を
サポートし，方向づけていくこと，つまり学
習を指導していくことが教師の役割である，
という認識がそこにはあった。「教授＝学習
過程」は，この児童中心主義を批判する人々
のなかから使われはじめた呼び名であった。
児童中心主義の批判者からすれば，児童・生
徒の学習は，教師の指導以前にそれ自体で生
起する自立的な活動と見るよりも，教師の教
授活動との交渉のなかで，つねに具体的に方
向づけられて存在している，と見るべきであ
る。こうした認識にもとづいて，「教授＝学
習過程」は，教師－生徒間の相互規定的な認
識活動を統一的に把握する用語として導入さ
れた。その次に「授業」は，明治の初期以来，
すでに使い旧された観のある呼び名だが，近
年ふたたび，比較的ニュートラルな観点から，
文字通り「授ける」べき教材に重点を置くも
のとして一般的に使われるようになってきた。
その結果として，主張や立場を超えて，教材
研究・教材開発が一気に鼓舞されることにな
り，その手順の「法則化」が運動として定着

することにさえなった。
　このように，わが国での用語法の変遷には，
短いタイム・スパンながら，少なからず重心
の移動（「学習者」→「教授者＋学習者」→
「教材」）が見られる。そればかりか，そうし
た重心移動から，その時どきの思想状況の変
化，たとえば自由主義的「新教育」の輸入，
ソビエト教育学からの影響，無思想的な技術
主義の到来，などが透けて見えてくる。しか
し，これらすべては，「授業」という教育の
形式ないし形態を前提にした上でのヴァリエ
ーションである。それらの共通の根底には，
「授業の教育思想」とでも言うべきものが存
在している。

▶ **一斉指導の教育思想**　孔子やソクラテス
（Sokrates）は，テキストを使ったわけでも，
ノートを取らせたわけでもなく，ただごく普
通に弟子たちと会話をしながら教えていった。
これが，「対話法」という授業のモデルとし
て立てられるようになるのは，教師から生
徒・学生への一方向的な「講義法」への批判
からであった。講義や一斉指導は，授業の最
もありふれた形態であるが，教育思想の上で
は，批判の対象として登場することが多い。
つまり，一斉指導は，新しい教育思想を産む
否定媒介ではあっても，それ自体が教育思想
を産むことはない。いつの時代でも，一斉指
導は，個性を無視し，学習者を受動的にする，
教師主導型の指導形態として，「新しい」教
育思想によって非難されつづけてきた。それ
にもかかわらず，一斉指導は廃れることなく
維持されてきている。それは，一斉指導が，
経済上の効率性と，管理上の合理性とを併せ
持つことによる。
　19世紀のイギリスでは，それまで一部の
篤志家により維持されてきた慈善学校（chari-
ty school）は，産業革命後大量に町に放出さ
れた子どもたちの教育に対して，もはや対応
できなくなった。そこで，経費をかけずに大
量の子どもを対象にする教育法が必要とされ
た。この要求に応えたのが，ベル（Bell, A.）
とランカスター（Lancaster, J.）によってそ

れぞれ開発された「助教制」(monitorial system) という一斉指導方式である。従来の学校では，ひとりの教師のもとに，年齢も能力も異なる生徒が，一人ひとり順番に個別指導を受けていた。その間，他の子どもたちは同じ教室で順番を待たされており，管理上も困難な問題を抱えていた。それに対して，助教制の学校では，同じような能力の子どもをグループに分け，グループごとにひとりずつ助教と呼ばれるリーダーをつけて指導させ，教師自身はこの助教たちを教えていく，という一斉指導体制をとっていた。助教は子どもたちのなかから選ばれた。その結果，ひとりの教師が，一度に1000人もの子どもを一斉に指導することも可能になった。

　一斉指導の授業形態のモデルとなった助教制は，廉価な民衆教育を可能にしただけではなく，民衆を訓練する合理的な管理システムをもつくりだした。助教制の学校の参観者は，学校の様子を次のように伝えている。「700人も800人もの子どもを収容しているランカスター式の学校は，秩序や方法に十分の配慮がなかったならば，たちまち没落するにちがいない。この点についてもランカスター氏は，まことにすばらしい成功をおさめている。……子どもが席につくと皆立って助教が，帽子をつるせ，と号令をかけるのに応じて，あらかじめ，ひものつけてある帽子を首につるす。初級の子どもが砂板に字をかくときは，皆一斉に助教の方を見つめる。助教の命令一下，軍隊のような正確さで一斉に命令どおり作業をする」(梅根悟『世界教育史』1967)。一斉指導は，廉価な上に，管理上合理的な支配システムであった。

▶ **授業とコンテクスト**　　一斉指導の授業形態が典型的に表しているように，授業では，教師はつねにすべての子どもの様子を見渡せる位置にいる。それはちょうど，イギリスの功利主義の哲学者ベンサム (Bentham, J.) が考案したパノプティコン，つまり中央の一ヵ所の見張り所からすべての独房の内部が監視できる円形刑務所と類比的である。授業に

おいて，子どもは学習しつつ，その学習が見られていることをも学習する。「これは学習である」という枠組みの意識のもとで，子どもは学習をすすめることになり，課せられた学習のみならず，今している学習のコンテクストもまた学習するのである。その結果子どもは，授業のなかでは，「こんな勉強なんの役に立つの？」という疑いをもつことが禁じられていることを，学習するのである。学習を「学習」として取り組んでいかなければならない。そうしたコンテクストのなかで授業がなされていることを，子どもは学習していくのである。『精神の生態学』(1972) の著者ベイトソン (Bateson, G.) は，こうしたコンテクストの学習を「学習II」と呼んでいる。

　「強制からの解放」を旗印にした自由教育は，教師を見張り所の位置から確かに消し去ったものの，子ども自身の内部に，教師を内なる監視者として棲まわせていく。かくして子どもは，コンテクストの設計者の意向にそってみずから進んで学習していく。つまり子どもは新たに「学習III」をしていくことになるのである。このように授業は，どこまで進化しても，子どもに対して，逃れがたい学習状況をつくりだしていくのである。

▶ **授業と競争**　　一斉指導としての授業は，また，子ども間の出自，能力などの相違や格差を斟酌しないという意味で，平等原理の上に成り立っている。授業の結果生まれる達成の差は，授業者の責任というより，子どもの側の前提条件と努力の差であって，その差を子どもは受け入れざるを得ない。この差をめぐる子ども間の競争意識は，授業が平等原理の上に成り立っているからよけいに，授業のなかでの学習の有力な動機づけを果たしてきた。しかし，授業のなかでは，競争が半ば必然的であるにもかかわらず，競争の教育的効果よりも，むしろそれの弊害がくりかえし指摘されてきた。実際，子どもたちは競争し合うよりも，協力し合うように促される。そうした，たてまえと本音の使い分けも，授業のなかで習得されるのである。

授業は，このように，それ独自のコンテクストを通して，子どものメンタリティの深部を長い時間かけて形成していく。平等原理の上に成り立つ不平等な配分に，だれしも疑問を抱かなくなる。そうして授業は，あらわな形ではないものの，社会の秩序維持の一翼を担っていく。現代フランスの人類学者ブルデュー（Bourdieu, P.）は，「文化の再生産」の概念を用いて，学校教育のこうした役割を明らかにしようとしている。

[参考文献] コメニウス，J. A.（鈴木秀勇訳）『大教授学』明治図書 1962／Bentham, J., *Chrestomathia*, 1816／森田・藤田・黒埼・片桐・佐藤編『教育学年報2・学校＝規範と文化』世織書房 1993

[関連項目] 新教育／教育方法／教育実践／教授 （宮寺晃夫）

主 体
英 subject, human agent／独 Subjekt／仏 sujet

▶ **語 義** 「主体」という言葉が意味するものは，二つに大別される。日常的な用法の主体と哲学的な用法の主体である。日常的な用法の主体は，動詞の主語（subject）のように，動詞（動作）が帰属する人称的な当人──を意味し，分割されていない自己を内包している。これにたいして，哲学的な用法の主体は，デカルトの語る「コギト」や，カントの語る「超越論的な自己意識」のような，倫理的・合理的な規範として機能する審級的な自己をもつ，自律的な個人を意味し，この審級的な自己とそれ以外の自己とに分割された自己を内包している。自由／隷従という近代的な区別は，人が人称的な当人であることによってではなく，自律的な個人であることによって，はじめて確保される。

おそらく，人称的な主体は，いつの時代においても，どのような社会においても，主語／述語の関係を日常の言語活動をつうじて学ぶことによって成立していた，と考えられる。しかし，自律的な主体は，多くの人々が自分の行為を自分に起因し，したがって自分に帰責されるものと信じることによって，つまり，

多くの人々がローカルな共同態（のしがらみ）から離れ独立する，モダンな社会においてはじめて成立した，といえよう。19世紀以降になってはじめて教育言説が「人格形成」「主体形成」「自己統治」を語りはじめたことは，その端的な例証である。このように，モダンな理念として語られた自律的な主体がモダンな社会にふさわしい身体であるとすれば，それは，自律的でありながら，そのじつ，モダンな社会の基本的な構造を内面化している，と考えられる。

したがって，20世紀後期になって，モダンな社会の揺らぎがさまざまな角度から語られるようになるとともに，自律的な主体への批判が始まったことは，当然である。たしかに，自律的な主体への批判は，ヘーゲル（Hegel, G. W. F.），ニーチェ（Nietzsche, F.），マルクス（Marx, K.）に見いだせるが，本格的なそれがはじまったのは，1960年代以降である。おもなところをあげるなら，現存在論をとくハイデガー，構造主義的な傾きをもつマルクス主義（とりわけアルチュセールAlthusser, L. の議論），そしてポスト構造主義的な傾きをもつニーチェ主義（とりわけフーコー Faucault, M. の議論）である。こうした自律的な主体への批判のもとでは，行為（動作）の起点は，主体や著者ではなく構造や言説であり，たとえば，カントのいうように「わたしが判断する」のではなく，判断とは「わたしにおいて判断されること」である。

▶ **由 来** 人称的な主体の淵源は判然としないが，自律的な主体の淵源は，おそらく初期キリスト教において，「神の置いたもの」を意味していた subjectum にみいだせよう。たとえば，4世紀にアウグスティヌスは，人の道徳性の源泉は人の内面にあり，それは神に結びついているといい，この神に結びついた内面を「神の置いたもの」という意味で subjectum と呼んでいる。そして，16世紀に，「アウグスティヌスに帰れ」と叫んだルターにおいても，subjectum の意味するところは同じである。しかし，アウグスティヌス

もルターも，のちの自律的な主体の概念が前提にしているような，人間に固有のものであり，絶対的な審級である「理性」や「良心」を設定していない。

一般に，自律的な主体の概念を先駆的に提示したのはデカルトである，と考えられている。なるほど，1641 年にデカルトは，『省察』のなかで，代名詞「わたし」（ego）と固有名詞「デカルト」とは置換不可能であると論じている。「デカルト」はひとりの人物（人格）の名前であるが，「わたしは思惟する」の「わたし」は思惟の主体であり，神に由来する「魂」である，と。たしかにここに，人称的な主体から区別される理性的な主体が登場しているが，その「わたし」は理神論的ながら神から独立していない。また，近代的な市民概念の提示者とされているホッブズは，1650 年に『リヴァイアサン』のなかで，至上の権力（コモンウェルス＝合議にもとづく国家）に服従し，身の安全を保障される者を subject と呼んでいる。しかし，ホッブズのいう subject も，まだ神から独立していない。

自律的な主体が登場する時期は 18 世紀後期であり，subject が自律性，つまり自己（auto）の統治（nomos）——英訳は self-government——を体現している身体を意味するようになったときである。この下僕から自律的な主体への転回は，人が完全な存在であるためには神（また善のイデア）との結びつきが不可欠であるという考え方が，人は十全な存在であるためには内面の奥底にある「理性」や「良心」や「道徳感覚」に結びつかなければならないという考え方に変わってきたことを意味している。この変化は，「[内なる]自然＝本性に帰れ」と叫んだルソー，また「神の痕跡」としての「道徳感覚」の発現を説いたスコットランド道徳哲学の主導者ハチソン（Hutcheson, F.）の議論にはっきりみいだせる。しかし，なによりも有名な自律的な主体の概念は，カントのといた「人格」としての「主体性」Subjektivität を担っている人間であろう。そして，日本語の「主体」

という言葉がはじめて用いられたのも，西田幾多郎がカントの Subjektivität を「主体性」と訳したときであり，いわゆる「主体」はその転用であると考えられる。

▶ **現存在と主体**　近年の自律的な主体批判の先駆であり，のちに，フーコーの徹底的な自律的な主体批判をみちびくことになるハイデガーは，人間の在りようについて画期的な議論を残している。1927 年の『存在と時間』，また 1929 年の『形而上学とはなにか』のなかで，彼は「現存在」（存在していることを了解している人）は一連のできごとが生起する場であり，さまざまなものが出会う「明るみ（開け）」（Lichtung）である，と論じている。つまり人間は，自律的な主体などではなく，変化し連鎖するできごとであり，自分の意志や意識にもとづいてというよりも，「世界」（＝意味連関の全体）にうながされて，すべての存在者（＝物や人）を一定の形態で現象させる存在であるという。

このような人間の存在論にもとづいてハイデガーは，1950 年の『世界像の時代』や，1955 年の『技術への問い』のなかで，主体を 17 世紀以降に生まれた人間の在りようであり，すべての存在者を自分の表象のなかに求め，技術を駆使してそれらを操作可能なものにしたてる人間である，とみなしている。したがって，ハイデガーにとっては，自律的な主体という在りようは，歴史的なできごとの一つにすぎない。「人間が主体として在ることが歴史的な人間の本質，唯一の可能性であったということは，これまでもなかったし，……これからもないだろう」（『世界像の時代』）。このように，ハイデガーは「存在の歴史」を語ることによって，つまり人間の在りように歴史性をみいだすことによって，「技術性」（効率化のために効率化をはかること）におぼれて環境を破壊し恣意を極める人間としての主体がけっして必然的な人間の在りようではないということを示したが，なんらかの「本来的」な人間の在りようを前提にしていたといういみでは，やはり形而上学的であ

った。

▶ イデオロギーと主体　これにたいして，アルチュセールは，マルクス主義の立場から自律的な主体を批判した代表的な人物である。かれは，イデオロギー再生産のメカニズムの核心に自律的な主体を見いだした。かれにとって，イデオロギーは，頭のなかにある「観念」ではなく，主体にねざし主体をめざす社会的な構造であり，それは，不断の「実践」（＝定型的な行為）が人を特定の社会関係にとりこむときに，作りだされるものである。また，このイデオロギー＝実践は，さまざまな装置によって組織されている。とりわけ教会，学校，家族，共同体といった「国家のイデオロギー装置」が国家権力を可能にする「実践」を日常的なものにみせかけることによって，けっして無理じいすることなく，人をイデオロギーにとりこみ，現存する社会的な構造を再生産している，と論じている。

アルチュセールは，人を主体に転化する契機は「呼びかけ＝不審尋問」（interpellation）という実践であるという。たとえば，ある人が背後から呼びかけられる（＝尋問される）と，その人はたいてい振りかえる。アルチュセールによると，この〈呼びかけ（＝尋問）／応答〉関係が成立する条件は，そのとき当人が，自分がだれかに呼びかけられた（＝尋問された）ということを，自分が自分自身に呼びかけられた（＝尋問された）ということに等値することである。つまり呼びかける人（＝尋問者）を超越的な審級として位置づけ，それを内在化することである。人が真の自分（＝アイデンティティ）を「認識＝再認」（recog-nition）することは，他者にとっての自分と自分にとっての自分が一致することであり，それは，まさにこの日常的な〈呼びかけ（＝尋問）／応答〉関係の本質である。

アルチュセールの論じる主体形成論は，けっして唐突なものではない。かれの〈呼びかけ（＝尋問）／応答〉の関係は，キリスト教における「召命」callingをモデルにしているからである。召命においては，呼びかける（＝尋問）者は，唯一絶対の大いなる主体である神であり，この大主体に呼びかけられた者は，この神の下僕subjectとしてみずからを認識する信徒である。信徒は大主体の似姿であり，それを示すものが内在する神の痕跡である「理性」や「良心」である。

すべての人がひとしく大主体の模写であるというこの考え方から，近代的な自由・平等の観念が生まれたことは，まちがいない。またアルチュセールは，国家のイデオロギー装置は，自律的な個人という身体形式を自明化することによって，国家の再生産をはかってきたといい，さらにすべての営為が主体の内部で生じるという「主体の哲学」を正統化し，イデオロギー批判をおこなう足場であるイデオロギーの外部を隠蔽することによって，所与のイデオロギーを永続化しているという。

なお，浅田彰は，このアルチュセールのいう〈大主体／主体〉の模写関係は前近代のモデルであり，近代においては，大主体は消滅し，主体の虚しい空まわりがはじまる，といっている。しかし近代においても，大主体は，たとえば共和国，国家，国民，権利といった極度に抽象化された概念として存在しているのだから，それはやはり人々を主体化するメカニズムである，というべきである。

▶ 主体形成の装置　こうした，ハイデガーやアルチュセールの議論をふまえて，フーコーは，自律的な主体を，近代社会の権力装置によって作られ，近代社会の権力装置を再生産する身体形式である，と定義している。彼によると，近代社会を特徴づけている権力は，17世紀の絶対主義国家の統治論に由来する「生─権力」（bio-pouvoir）であり，それは，人々を全体的にかつ個別的に生かし生産させる働きかけの総体である。そして，この生─権力の効果であり要素である主体形成の装置は，ベンサム（Bentham, J.）の考案した監獄の一望監視装置（panopticon）と，教会の「告白」（aveu/confession）である。

一望監視装置の場合，囚人は独房で孤立させられたうえに，自分の外面を中央の監視塔

によって監視されているから，自分というものを内面にしか求められない。そして囚人が，いつも自分は監視塔に象徴される権力に監視されていると信じはじめると，囚人は，唯一の依りどころとなった内面によって自分で自分を監視するようになる。これが主体である。告白の場合，一望監視装置における監視塔のかわりに牧師（pastor）がいて，囚人のかわりに信者がいる。司祭は，一頭一頭の羊に気をくばる牧人（pastor）のように，信者に対して，一人ひとりが自己を救済する義務を果たせるように配慮する。その配慮は，信者一人ひとりの行動・生活・内面をすべて知ることによって，彼らを信仰に回収し支配することである。このとき，信者は自発的にみずからの隠された真実（たとえば性行為）を告白しなければならない。隠された自己の真実を自発的に告白し，それが牧師によって解釈されるとき，つまり自律化が他律化によって媒介されるときに，人は，告白する主語とともに告白した行為に一致し，主体化する。フーコーは明言していないが，19世紀以降，西欧社会に広まり日常化していった主体化の装置は，一望監視装置であるというよりも告白であったといえるだろう。

▶ **含 意**　教育学においては，主体形成は，19世紀初期以来，揺るがせない大前提であった。しかしながら，他律化による自律化というパラドックスをはらんだ主体形成の観念が，近代社会を前提にして成立し，近代社会によって自明化され，近代社会の再生産にかかわっているのなら，この主体の観念に無批判であることは，教育を厳密に把握し的確に批判するうえで，障害となる。とりわけ，現代社会がしだいにポストモダン化しつつあるのに，教育は近代的なままだからである。現代の教育学は，これまでのように主体形成を教育理念としてかかげて安心するかわりに，主体形成を教育理念化してきた近代社会の基本的な存立構造をあきらかにすることで，主体という在りようが自明性を失っていく現代の社会的な現実を説明しなければならないだ

ろう。

［参考文献］ Althusser, L., *Lenin and Philosophy and Other Essays*, London, 1971（西川長夫訳『国家とイデオロギー』福村出版 1975）／Foucault, M., *Histoire de la Folie*, 2nd edn. Paris, 1972（田村俶訳『狂気の歴史』新潮社 1975）／Foucault, M., *Surveiller et punir*. Paris, 1975（田村俶訳『監獄の誕生』新潮社 1977）／Foucault, M., *Histoire de la sexualité, 1: la volonté de savoir*. Paris, 1976（渡辺守章訳『性の歴史Ⅰ——知への意志』新潮社 1986）／Martin, L. H., et al. (eds.), *Technologies of the Self*. Boston, 1988（田村俶ほか訳『自己のテクノロジー』岩波書店 1990）／新田義弘ほか編『構造論革命』（岩波講座現代思想5）岩波書店 1993／浅田彰「アルチュセール派イデオロギー論の再検討」『思想』707号，1983
［関連項目］ キリスト教／規律・訓練／権力／人格／フーコー　　　　　　　　　（田中智志）

シュタイナー

(Rudolf Steiner, 1861-1925)

▶ **生 涯**　当時ハンガリー領であったクロアチアのクラリエヴェック（旧ユーゴスラビア領）に鉄道官吏の長男として生まれ，ウィーン工科大にて，数学・自然科学を学ぶ。彼の研究は，当初，ゲーテ（Goethe, J. W.）の形態学・認識論へと向けられ，1883年以降の『ドイツ国民文学叢書』中のゲーテ自然科学論文やワイマール版『ゲーテ全集』の叙述，および『自由の哲学』（1894）において結実することとなる。その後，1897年にベルリンに移り，『文芸雑誌』の編集にあたったのち，1899年から1904年まで労働者教養学校で教鞭をとる。その間，当時の自然科学的な思考を補完する立場として，独自の精神科学ならびに人智学を確立し，その立場より『いかにして超感覚的世界の認識を獲得するか』（1904-05），『神智学』（1904），『精神科学の観点からみた子どもの教育』（1922）を出版する。1913年には，世界観へ至る認識方法の相違により，1902年以降彼の思想活動を支えてきた神智学協会と決別し，自らの手によって人智学協会を設立することになる。

大戦後の 1919 年には，疲弊したドイツ社会に対して発した「ドイツ国民に告ぐ」という声明を皮切りに，彼の活動は自由な精神の実現を目指した「社会三層化運動（精神・経済・政治の分化）」として展開される。その果実として，1919 年に実業家モルトの援助のもとシュツットガルトに創設されたのが，自由ヴァルドルフ学校である。この学校は，彼の死から 70 年近く経った現在，彼が主唱した人智学的な医学・農業・建築・宗教・芸術とともに世界的な広がりをみせている。

▶ 思想の内容　　シュタイナーの思想は，彼独自の立場である人智学にもとづいている。人智学（Anthroposophie）とは，ギリシャ語の anthropos（人間）と sophia（叡智）を組み合わせたもので，「真の人間認識へと導く学」という意味をもち，彼のいう「精神科学（Geisteswissenschaft）」によって基礎づけられる。具体的には，その立場は，前期の著作に特有な哲学的論理的記述と，後期に顕著となる自らの「心霊能力」にもとづく神秘主義的な記述によって語られる。

その哲学的基盤は，カント的な認識の二元論，つまり，認識の範囲を知覚世界に限定し，物そのものについては「不可知論」をとる立場や，当時の自然科学的な思考に代表される唯物論へのアンチテーゼとして形成される。つまり，知覚的経験と理念認識としての体験を，カント的な意味において科学と形而上学に区分するのではなく，ゲーテの意味において認識の源泉を一つのものとみるのである。このような視点に立つことによって，事物を要素化する従来の自然科学の方法ではなく，「生き生きと働きかけつつ全体から部分へと向かう」自然研究の別の道が開けるとされる。しかも，こうした認識論的視点は，ゲーテのメタモルフォーゼ（変態）の考え方に代表される，人間存在の質的な変化・発達を前提としているのである。

また，この人間発達の垂直的次元は，彼の「心霊能力」や神秘主義的思想を通しても記述される。彼の神秘主義的思想は，17 世紀以降，自然科学的要素を含んで生じた薔薇十字会や 18 世紀のフリーメーソン，および東洋的神秘思想を含んだ神智学（Theosophie）の影響を受けたとされる。しかも，これらの神秘主義的見解と先の哲学的・認識論的見解は矛盾するものではなく，彼の幼少期からの課題であった「可視の事実」と「不可視の本質」との総合といった視点によって一貫性をもつのである。

▶ ヴァルドルフ学校の影響　　シュタイナーの学校は，ドイツを越えて広がった学校運動の出発点といわれるように，ナチスによる閉鎖期間を除いてヨーロッパを中心に世界的な広がりをみせた。現在その数は 600 校を超え，ここ 10 年間にドイツにおいては倍以上，世界的には 3 倍以上といったように急速な増加をみせている。しかも，その勢いは旧社会主義諸国にも広がり，また，アメリカにおいては荒廃する学校を立て直す「救い主」とみられ，一部の市ではその公立化が実現している。このように，公立学校の閉塞性が指摘される今日，ヴァルドルフ学校はオルタナティブスクールとして注目されている。その特色としては，〈8 年間一貫担任制〉，〈周期集中授業（Epochenunterricht）：約 4 週にわたる午前中 2 時間の同一科目による集中授業〉，〈言語・身体芸術としてのオイリュトミー（Eurythmie）〉，〈フォルメン（Formen）：図形の湾曲，伸展，リズム，運動を共感する形態体験〉，〈低学年からの外国語の授業〉，〈競争主義の廃止〉，〈能力原理によらない総合学校〉，〈自立した学校運営〉，〈教師・両親・生徒の連携〉等があげられる。また，わが国においても，子安美知子の『ミュンヘンの小学生』（1975）以後広く知られるようになり，高橋巖・弘子，新田義之・貴代等の翻訳および著作活動，長尾十三二，広瀬俊雄，吉田武男，天野正治等の思想史や方法論，制度論に関する研究により教育学上の研究も充実してきている。また，非公式ながら 1981 年には東京に「日本ルドルフ・シュタイナーハウス」が設立され，現在ではかなりの幼稚園が

414　シュプランガー

すでにシュタイナーの教育理念をとりいれた実践を重ねている。

▶ 教育学における位置づけ　シュタイナーの教育は、戦前のドイツではフリットナー（Flitner, W.）やカールゼン（Karsen, F.）によって実験学校の一つにあげられる一方、パウルゼン（Paulsen, F.）等によって、その背景にあるキリスト教理解や宇宙論が批判の対象となった。戦後から1970年代前半にかけても同様で、フリットナーやウィルヘルム（Wilhelm, T.）およびシャイベ（Scheibe, W.）等によって〈主知主義の否定〉、〈実用・手工・芸術的活動〉、〈統一学校制度〉、〈男女共学〉、〈合議制の自治〉、〈子どもへの無償の愛〉といった点で改革教育学のなかに位置づけられる一方、プランゲ（Prange, K.）やウルリヒ（Ullrich, H.）等によって経験科学の立場からその「非科学性」が指摘された。しかし、1970年代後半以降、ヴァルドルフ学校自身の公開性への取り組みにより、現在にいたっては、ヴァルドルフの教育学者と一般の教育科学者との間で定期的な交流がはかられ、「精神科学としての位置づけ」や「科学概念の拡張」といった視点も含めた新たな議論が展開されている。

　わが国においては、関連した叙述を大正末から昭和初期にかけての隈本有尚、吉田熊次、入澤宗壽、谷本富等の著作にみることができる。隈本は密教的瑜伽的観点からいち早く言及し、吉田は精神を直接間接に教育の根本原理とするドイツにおける新たな立場として紹介し、入澤は当時の新教育の分析を通してシュタイナーの教育思想を精神科学的教育学の最たるものに位置づけ、谷本は晩年においてシュタイナーの人智学に自らの長年の構想であった宗教教育の完成をみたのであった。しかも、この時期のこれらの受容姿勢に共通していることは、単にドイツの一教育学の受容といったものではなく、わが国固有の精神（密教、仏教等）に馴染むものとして紹介されていることである。このことは、今後、東洋的ホーリズムの視点からシュタイナー教育

思想を読み解く有効性を示唆している点で興味深い。

　［参考文献］　広瀬俊雄『シュタイナーの人間観と教育方法』ミネルヴァ書房　1988／衞藤吉則「シュタイナー教育学をめぐる『科学性』問題の克服に向けて」『人間教育の探究』日本ペスタロッチ・フレーベル学会紀要第10号　1997／衞藤吉則「ルドルフ・シュタイナーの人智学的認識論に関する一考察」『教育哲学研究』教育哲学会紀要　第77号　1998／衞藤吉則「シュタイナーとドイツ改革教育運動」小笠原道雄監修『近代教育思想の展開』福村出版　1999
（衞藤吉則）

シュプランガー
(Eduard Spranger, 1882-1963)

▶ 生　涯　1882年、ベルリンに玩具商のひとり息子として生まれた。ベルリン大学に進み、はじめディルタイ（Dilthey, W.）に師事したが、学位論文はパウルゼン（Paulsen, F.）に提出した。その後、私講師をしながら研究を続け、その成果は2冊のフンボルト研究に結実した。1911年、モイマン（Meumann, E.）の後任としてライプツィヒ大学に赴任。1920年、母校のベルリン大学に哲学および教育学の教授として招聘される。ワイマール期には2冊の主著（『生の形式』1921、『青年心理学』1924）の他、『文化と教育』をはじめ、多くの著作を著した。ヒトラー政権成立直後の1933年春にはナチスによるユダヤ人迫害や言論弾圧に抗議して辞表を提出したが、周囲の慰留もあって間もなく撤回し復職した。1936年から翌年にかけて日独交換教授として来日し、全国各地で精力的に講演活動をおこなった。1944年7月、ヒトラー暗殺未遂事件に連座した廉で拘禁されるが、大島浩・駐独日本大使の取りなし等で釈放された。敗戦後の数ヶ月ベルリン大学総長代理を務めたが、1946年ソ連占領地区のベルリンを去ってチュービンゲン大学に移り、旺盛な著述・教授・講演活動を晩年まで続けた。『教育学的展望』(1951)や『現代の文化問題』(1953)等が戦後の代表作である。1963

年没，享年 81 歳であった。死後，全集 11 巻が刊行された。

▶ 思想 ギリシャ・ローマ以来の人文主義，キリスト教（ルター派プロテスタンティズム），ドイツ観念論哲学の三つが，シュプランガーの思想の基盤を形作っている。彼の思想形成過程は，初期（ライプツィヒ大学教授時代まで），中期（ベルリン大学教授時代），後期（チュービンゲン大学教授時代）の三期に分けられる。

▶ 精神科学的心理学の基礎づけ 初期シュプランガーがとりくんだ課題の一つは，精神活動を知覚・感情・意志などの要素に還元して説明する自然科学的な心理学を批判し，精神科学としての心理学を基礎づけることであった。精神活動とその所産は了解される。了解とは対象を有意味なものとして把握することであり，有意味な活動とは価値志向的な活動である。対象への関わり方によって価値を真・利・美・聖の四つに分け，さらに二つの対人的な価値（支配と利他）を付け加えたところに彼独自の工夫がある。学問・芸術・経済・宗教・政治・社会という文化諸領域はこれらの価値志向的な活動の所産である。どの個人もこれらすべての価値関心を有するが，そこにはおのずから強弱の違いがあり，支配的な価値に対応して理論的・経済的・美的・権力的・社会的・宗教的という六種類の人間類型が構成される。『生の形式』では文化諸領域と人間の精神構造との対応関係が論じられ，『青年心理学』では青年期の精神的発達がこれらの価値との関係で論じられている。また初期の教育思想では，個人の美的形成に力点がおかれていた。

中期のシュプランガーは体系的文化哲学の構築に向かい，それにともなって教育は文化活動の一環として論じられるようになる。精神哲学の体系では，まず主観的精神と客観的精神が区別され，客観的精神はさらに共通精神と客観化された精神とに分かれる。最後にそこに精神の第四の様態である規範的精神が付け加わる。精神哲学の体系を文化哲学の用語に翻訳すると，主観的精神は文化の担い手，客観化された精神は文化財，共通精神は文化共同体，そして規範的精神は文化理想になる。

▶ 文化観 シュプランガーは文化を生物有機体とのアナロジーで説明するシュペングラー（Spengler, O.）等の見解を，文化における倫理的契機を説明できないとして退ける（「文化循環理論と文化没落の問題」1926）。他方で彼は，神と人間を峻別して人間精神の所産＝文化を無価値とする危機神学（バルト K.，ゴーガルテン F. 等）の立場にも反対する。現世における人間の営みに積極的な意義を認めるシュプランガーは，文化を肯定的に評価する。

▶ 価値における相対主義批判 シュプランガーの文化哲学は世紀転換期以降の相対主義を克服しようとする志向に発しており，この課題はワイマール期ではとりわけ歴史的相対主義の克服という形で論じられた。彼は歴史的思惟の不可避性を承認しつつも相対主義には与せず，それを克服する拠りどころを，文化過程の「導きの星」としての規範的精神に求めた（「歴史哲学的に見た現代ドイツの陶冶理想」1928）。

▶ 学問における実証主義批判 価値の優劣を客観的に論じることはできないとして，学問の任務を経験的事実とその因果関係の認識に限定する，ヴェーバー（Weber, M.）に代表される実証主義的学問観にシュプランガーは反対した。学問にたずさわることを通じて人間が陶冶されるという思想は，学問が正邪善悪の問題に答えを出せるという前提のもとに成り立つからである（「精神科学における無前提性の意味」1929）。

▶ 文化と教育 文化活動には創造と伝達の二面がある。文化を創造し得るためには，個人は客観的文化を修得して自らがまず精神的存在となる必要がある。文化の創造と伝達の循環関係にあって，文化伝達を担当するのが教育である。さしあたりは精神ならざる個人が，文化価値を内面化することによって主観的精神となり，主観的精神となった個人が文

化創造活動にたずさわることによって，文化はさらに豊かになりゆく。文化教育学（Kulturpädagogik）はこのように主観的精神と客観的精神の相互作用を説く理論であるが，それを支えていたのは文化過程を統御する規範的精神への信頼であった。

　同時代の改革教育運動に対するシュプランガーの関わりは両義的で，積極面（職業陶冶の理念にもとづく実業補習学校の改革や郷土科の基礎づけ）と消極面（統一学校運動や総合大学における教員養成）とがある。エリートと大衆の二分法という制度的な枠組みを維持しつつ，大衆の教育についてその内容的な改革を図る，これが改革教育運動への彼の対応の基本的なスタンスであった。

▶ **政治教育**　シュプランガーは生涯に四つの政体（君主制，ワイマール共和制，ナチス独裁制および連邦共和制）を経験した。そのすべての時代を通じて彼はドイツの政治的・社会的現実に積極的に関わったが，基本的に彼は優秀者支配制（アリストクラシー）を支持する保守主義者で，民主主義に対しては懐疑的で，ワイマール共和制を擁護する「理性の共和主義者」の陣営には属さなかった。彼が民主主義に「改宗」するのは第二次大戦後のことである。中期までの彼の政治教育論は「国家のための教育」と定式化され，国家への国民の自発的な奉仕の念を強調する。指導的エリートへの大衆の信従を基調とするプロイセン的義務思想を彼は信奉していた（『民族・国家・教育』1932）。

▶ **良心の覚醒**　第二次大戦後になると，教育を論じるスタンスはふたたび個人的見地に重点を移した。文化教育学の立場は後退し，代わって宗教性の契機が前面に現れ，「良心の覚醒」が教育の課題として強調されるにいたる。教育思想のこの転換は実存哲学への接近とも関係するが，より根底的には，同時代の政治的社会的現実が規範的精神への信頼を揺るがせ，それに代わる拠りどころを彼が個人の良心に求めるようになったためである。また初等教育への関心が高まっていったのも

後期の特徴である（『小学校固有の精神』1955）。

［**参考文献**］Spranger, E., *Gesammelte Schriften*, 11Bde. 1969-80／Spranger, E., *Lebensformen*, 1921（伊勢田耀子訳『文化と性格の諸類型』I, II 明治図書 1970）／Spranger, E., *Psychologie des Jugendalters*, 1924（原田茂訳『青年の心理』協同出版 1973）／Löffelholz, M., *Philosophie, Politik und Pädagogik im Frühwerk Sprangers*, 1977／Sacher, W., *Eduard Spranger. Ein Erziehungsphilosoph zwischen Dilthey und Neukantianer*, 1988／Eisermann, W., Meyer, H.J., Röhrs, H. (Hrsg.), *Maßstäbe. Perspektiven des Denkens von Eduard Spranger*, 1983／Hohmann, J.S. (Hrsg.), *Beiträge zur Philosophie Eduard Sprangers*, 1996／村田昇『国家と教育――シュプランガー政治教育思想の研究』ミネルヴァ書房 1969／長井和雄『シュプランガー研究』以文社 1973／シュプランガー，E.（村田昇・片山光宏訳）『教育学的展望』東信堂 1987／シュプランガー，E.（村田昇・山崎英則訳）『人間としての在り方を求めて』東信堂 1990／シュプランガー，E.（岩間浩訳）『小学校の固有精神』青山社 1992／田代尚弘『シュプランガー教育思想の研究』風間書房 1995／村田昇（編）『シュプランガーと現代の教育』玉川大学出版部 1995／シュプランガー，E.（村田昇・山邊光宏訳）『人間としての生き方を求めて』東信堂 1996／山崎英則『シュプランガー教育学の基礎研究』学術図書出版社 1997　　　　（新井保幸）

趣　味

英 taste／独 Geschmack／仏 goût

▶ **語義**　「趣味」は，一般には嗜好の意味で用いられるが，思想史上では，美を判断する能力として，17，18 世紀の美学における中心概念となった。美学における「趣味」は，対象のもつ美的価値を評価すると同時に，その対象に対する人間の内部に生じた反応をも評価する感性的認識能力を意味している。

▶ **歴史**　「趣味」を五感の感覚としてだけでなく，美と結びつけて論じるようになったのはルネサンス期に遡る。17 世紀にはスペインのグラシアン（Gracian）が，「趣味」を人生のさまざまな場面においてものの本当

の価値を判断する能力として捉えたことにより、「趣味」は哲学的考察の対象となった他、詩論や芸術論上の用語にもなった。18世紀には、「趣味」の能力としての根拠づけや、その判断のもつ普遍性をめぐってさまざまに論じられた。デカルト（Descartes, R.）の影響を受けたフランスの合理主義的な美学では「趣味」の理性的な側面や悟性判断との類似性が強調されたのに対し、ロック（Locke, J.）の影響を受けたイギリスの感覚主義的な立場では、「趣味」は感情や快・不快の感覚としての側面が強調された。ドイツのバウムガルテン（Baumgarten, A.G.）は、その『美学』において、「趣味」を感性的認識・判断の能力として位置づけた。「趣味」の働きにみられる性質、つまり対象に対する総合的判断や状況における臨機応変さについての認識論的および心理学的研究は、「趣味」のもつ普遍性の問題として、さらには社会における人間の共通性の問題へと結びついていった。カント（Kant, I.）は「趣味」による判断のもつ主観的普遍妥当性を共通感覚を基礎に証明してみせた。しかし、美学の基礎を絶対的なものに求めようとするシェリング（Schelling, F. W. J. von）やヘーゲル（Hegel, G. W. F.）らの哲学が台頭し、芸術がもはや感情や快・不快の問題ではなく、感覚を媒介にした認識の問題として取り扱われるようになると、「趣味」概念のもつ認識・判断能力一般としての意味は次第に失われていくこととなる。

▶ **「趣味」の養成可能性**　美学において「良い趣味」がものの本質を見抜いたり、公正な判断を下す能力として、道徳と結びつくようになると、「趣味」が教育によって養成可能であるかどうかが、大きな関心を集めるようになった。フランスにおいて「良い趣味」の養成は理性や良識の養成と同様に重視された。イギリスの紳士教育において「趣味」は内的感性を通して表れる常識（common sense）と道徳感覚（moral sense）を結びつける感覚として、その養成の必要性が

論じられた。カントは判断力が教え込みによってではなく、修練を通して養成されていくことを指摘したが、その修練による養成をヘルバルト（Herbart, J. F.）は教育方法論として発展させた。道徳性（Sittlichkeit）を具えた人間へと性格を形成していく方法として、彼は「道徳的趣味（sittlicher Geschmack）」の養成を挙げた。しかし、19世紀後半、人間に関わる哲学一般にも通じるような美学の包括的性格が失われ、心理学的な方向が強調されるようになると、人間の判断力ないし行為を可能にする実践的能力を「趣味」概念だけで捉えることの不備が指摘されてくる。それにともない、「趣味」の養成可能性に関する論議は教育学のなかでも次第に姿を消していった。ところが、20世紀の末に流布し始めたポストモダン論議のなかから新たに、近代教育学を克服するための視点として、美学的なものへの関心が高まってきている。モレンハウアー（Mollenhauer, K.）は美的経験における自我の形成に注目することにより、近代におけるアイデンティティ形成の抱える問題を乗り越えようとしているが、そこではカントの意味での美学や美的判断力がふたたび人間形成と関連づけられている。また、教育社会学者ブルデュー（Bourdieu, P.）は、社会化に関する実証研究を通して、「趣味」が年齢や社会階級、職業、教育など、所属する社会集団における社会化によって形成されてくることを明らかにした。

[参考文献] Baumgarten, A. G., *Aesthetica*, Frankfurt a. d. Oder 1750/58（松尾大訳『美学』玉川大学出版部　1987）/Kant, I., *Kritik der Urteilskraft*, 1790.（原佑訳『判断力批判』理想社　1965）/Baeumler, A., *Kants Urteilskraft, ihre Geschichte und Systematik. 1: Das Irrationalitätsproblem in der Ästhetik und Logik des 18. Jahrhunderts bis zur Kritik der Urteilskraft*, 1923, Darmstadt 1967/Bourdieu, P., *La Distinction. Clitique Sociale du Jugement*, Paris 1979（石井洋二郎訳『ディスタンクシオン I/II, 社会的判断力批判』藤原書店 1990）

[関連項目] 判断力／美・美的なるもの／天才

（鈴木晶子）

シュライエルマッハー
(Friedrich Ernst Daniel Schleiermacher, 1768-1834)

▶ 生 涯　　ドイツの教育学者，神学者，哲学者。ドイツのブレスラウ（現在ポーランド共和国，ブロツワフ）の改革派教会の従軍牧師の家に生まれ，敬虔な信仰環境のなかで育つ。1783年キリスト教の敬虔主義団体であるヘルンフート兄弟団の学校に入り強い敬虔主義的な教育を受けた後，1787年ハレ大学に進み神学を学ぶ。ハレ大学では，ヴォルフ（Wolff, Ch.）の継承者としてカント哲学に対抗していたエバーハルト（Eberhart, J. A.）のもとでプラトンやアリストテレス等の古典を深く研究する。1790年からシュロビッテンのドーナー伯爵の家庭教師として招かれおよそ3年間教育実践の経験を持つ。牧師試験に合格し，1796年ベルリンの慈善病院付き牧師として赴任する。6年間続けたベルリン生活時代を通してシュレーゲル（Schlegel, F.），フィヒテ（Fichte, I. H. von），ノヴァーリス（Novalis），ティーク（Tieck, L.）らのロマン主義者たちと交際しながら主著の一つである「宗教論」（1799）と「独白録」（1800）を発表する。1804年ハレ大学教授兼大学説教者として任命されるが，1806年ナポレオンのプロイセン侵攻によりハレ大学が閉鎖されふたたびベルリンに戻る。ベルリンで始まったプロイセンの教育改革に参加しフンボルト（Humboldt, W. von），フィヒテらと共にベルリン大学の創設に協力，1810年同大学神学部教授となる。以後，彼は1834年2月急性肺炎で死去するまで24年間ベルリン大学の教授として，ベルリン学術院の一員として，そして三位一体教会の説教者として活躍した。

▶ 思想の内容　　彼の教育に関する主著書としてはベルリン大学での講義ノートが残されている。同大学で彼は1813/14と1820/21年の冬学期，1826年夏学期にわたって3回の教育学講義を行なった。教育学講義の内容は，1849年彼の弟子のプラッツ（Platz, C.）によって編集され彼の全集（全30巻）の第3部の第9巻としてはじめて出版された。そのなかでもとくに1826年の教育学講義の内容が最も充実したものとして評価されている。教育学講義以外の教育に関する彼の論文としては，近代大学論の古典ともなっている「ドイツ的意味における大学についての随想」（1808）や「国家の教育的使命について」（1814）等が挙げられる。教育を古い世代の若い世代に対する働きかけとして理解している弁証法的教育学者シュライエルマッハーは，柔軟な態度で歴史的・現実的に教育現象を幅広く包括的に考察し，教育固有の法則性を捉えようと試みている。彼の教育学の課題は，個々人の個性を最大限に発揮させることによって人間的自然を完成し，また教育を通して個々人を倫理的な共同社会（国家，教会，家庭，自由な社交社会および知識の社会）に導き入れる点にある。個性と社会は彼の教育学の中心概念である。教育学講義のなかに見られるように，彼は教育の全能主義と無力主義，教育の始まりと終わり，保持と改善，社会的な平等と不平等，教育における現在と未来，個性と社会，人間の受容性と自発性，教師活動における抑制作用と助成作用，というまったく相反する概念を対立させ両方の短所を指摘し，また両方の長所も取り上げながらそれぞれの意味を認めた上で，教育的な観点から両方の調和の道を求めている。彼の弁証法には，常に二つの対立のなかで共通な点を見出して新しい総合を求め，さらに全体的な状態の漸進的な進歩を考えるという特徴がある。

▶ 影響と位置づけ　　ディルタイ（Dilthey, W.）によって教育学に歴史的意識が持ち込まれ教育目標の歴史性，教育一般の歴史的制約が強調されるようになってから，シュライエルマッハーの教育思想は本格的に取り入れられるようになった。今日ドイツ教育学においては精神科学的教育学の端をなすものとして位置づけられており，ヘルバルト（Herbart, J. F.）と共に19世紀における科学的教

育学の本来的創始者と見なされている。とくに，シュライエルマッハー教育学に関する主な研究は1960年前後にドイツを中心に活発に行なわれている。1984年には西ベルリン（当時）において没後150年を記念する第1回国際シュライエルマッハー大会も開催された。

[**参考文献**] Schleiermacher, F. E. D., *Über die Religion*, 1799（高橋英夫訳『宗教論』筑摩書房 1991）/Schleiermacher, F. E. D., *Monologen*, 1800（秋山英夫訳『独り思う』角川書店 1962）/Schleiermacher, F. E. D., *Die Vorlesungen aus dem Jahre 1826*, 1902（長井和雄他訳『教育学講義』玉川大学出版部 1999）/Schleiermacher, F. E. D., *Gelegentliche Gedanken über Universitaten in deutschem Sinn*, 1808（梅根悟ほか訳『国家権力と教育』明治図書 1970）/*Schleiermachers sämtliche Werke*, 32 Bde., Berlin 1835, 1864.（彼の批判本著作全集 *Kritische Gesamtausgabe* は，1980年第1巻が出て以来出版を継続している。）

[**関連項目**] 教育学／ロマン主義　　（林昌鎬）

生涯教育
英 life-long education

▶ **生涯教育の語義と思想的系譜**　生涯教育とは，学校時代だけではなく生涯にわたって教育を行うということであり，学習者の立場からいえば，だれもが，いつでも，どこでも，学びたいときに学べるという意味である。

人間が生涯にわたって学ぶべきであるという考え方は，洋の東西，古今を通じて語られてきた。因みに，この点に関する次の孔子の教えは有名である。「吾十有五にして学に志す。三十にして立つ。四十にして惑わず。五十にして天命を知る。六十にして耳に順う。七十にして心の欲する所に従えども矩を踰えず」。この例にかぎらず，社会にでてからの教育こそが本当の教育である，という説話を卒業式などで校長先生ほかから聴かされた青少年期の想い出を記憶する者も少なくないだろう。

また，近代教育学の始祖ともいわれたコメニウス（Comenius, J. A.）も「すべての人にあらゆること」を教える汎知主義（パンソフィア）の立場から，年齢段階を分けて，その区分に応じた学校を構想したことで知られる。

近年では，1919年にイギリスの復興省の成人教育委員会が提出した『最終報告』（ファイナル・レポート）に添付された委員長の手紙のなかには次のように述べられている。「成人教育は，国として，永遠に欠かすことのできない市民性育成のための要件である。だから，万人に対して行われるだけでなく，一生を通して行われなければならない」。

▶ **現代社会の課題とラングランの思想**　以上，アットランダムに生涯教育の思想的萌芽の一端を示したが，こうした思想が世界的に広まり，実現する契機になった事情についてはユネスコの活動が特筆されるべきであろう。つまり，1965年12月に，パリで開催されたユネスコの第三回成人教育委員会は，「生涯教育」について討議し，次のような提案をユネスコ事務局に送ったのであった。

「ユネスコは誕生から死にいたるまでの人間の一生を通じて行われる教育の過程——それゆえに全体として統合的であることが必要な教育の過程——をつくり活動させる原理として生涯教育という構想を承認すべきである」。

当時ユネスコの成人教育の責任者であったラングラン（Langrand, P.）の『生涯教育について』は前述のユネスコの会議の「ワーキングペーパー」であったが，この会議とこのペーパーが大きなきっかけとなって，それ以降，世界各国，とりわけ先進諸国で「生涯教育」という言葉とそこに込められている新しい教育観が関心をあつめ討議，研究されることになったのである。ラングランが用いたフランス語の éducation permanente（永続教育，恒久教育）が英語では life-long education となり，日本語では「生涯教育」と訳されたのである。

生涯教育の語義は前出の引用に見られるとおりであるが，次のラングランの説明も生涯教育の理解のために参考になる。

「生きるということは，人間にとって，万人にとって，つねに挑戦の連続を意味するものだった。老衰や疾病，親愛なる人の喪失，人との出会い，とりわけ男女の出会い，生涯の伴侶の選択，相続く諸世代を巻き込まずにはおかなかった戦争や革命，誕生する子ども，生命の神秘や宇宙の謎，この世の生の意味，有限な存在の無限な者との関係，見つけねばならぬ職業や金銭，払わねばならない税金，競争，宗教的及び政治的な掛かり合い，（政治的，社会的，経済的な）隷属と自由，夢と現実，等々。これらの挑戦は，特定の個々人の生涯ごとに，また特定の全体社会ごとにそれぞれ独自な組み合わせと相異なる優先順位を呈するとはいえ，依然として現存しており，その強さや切実さや圧力をなんら失っていない。これら人間の条件の基本的既知事項に，20世紀の初頭以来，個人や社会の運命の諸条件を大幅に変え，人間の活動をさらに複雑化し，また，世界や人間行動に関する説明の伝統的な図式に疑問を付するような，一連の新しい挑戦が，いよいよ増大する鋭さをもって加わってきた」。

「今日では，成人であること，あるいはむしろ成人になることは，どんな労作であれ，科学的または芸術的な性格の労作の仕上げが要するのと同じような情熱と持続力と勤勉さを必要とする。この全てに成功するには，それが必要であるとの意識に依拠するのでなくてはならない。これからは，誰もが代理者として哲学者や詩人や市民であるわけにはいかないのである」（波多野完治訳『生涯教育入門』）。

▶ **生涯教育とレジスタンス運動**　さらに注目すべきは，ラングランは生涯教育の発想を自らのナチスに対する「レジスタンス」の経験から得たと述べていることである。命令によって行動する正規軍とは異なり，レジスタンスは情報を自らあつめ，それらを自主的に分析し，統合し，それにもとづいて行動を律し，決定しなければならない。たとえ，「指令─受諾」の関係があるにしても，レジスタンスの場合は時々刻々と変化する状況に即応していくことが強く求められる。ラングランは，正規軍を学校組織と考え，それがいまや人間解放の手段であるどころか，人間抑圧の機構にさえなりがちである現実を批判し，レジスタンスに特有な自律・自立の思考・行動に刮目し，それを槓杆にして学校教育を相対化し，教育全体を活性化しよう，それこそがまさに生涯教育なのだと提唱したのであった。しかもこの生涯教育によって人生のあらゆる非人間的なものにレジストし，その克服のためにチャレンジして，人間解放を実現しようとしたところにラングランの真意があった。

▶ **近代学校と生涯教育**　近代学校教育との関連で見ると，もともと教育の概念に含まれていた「生活」に根ざす「自己教育」の面が，近代学校の成立・整備・発展につれて，背景に退き，裏面に隠れていった経緯がある。生活実践における能力形成，すなわち，日々の生活過程において，自分で必要な情報を蒐めてそれを分析，再構成しつつ生活の要求に対応しかつ対自然，対他関係（そこには当然諸関係の「環」「項」としての「自己」も含まれる）を変革していこうとする意志と実践こそ教育の原点であった。しかし，近代学校制度の成立，拡充とともに，学校教育が実際の社会・生活とはしだいに遊離する傾向はいたしかたないところであった。

そこで，デューイ（Dewey, J.）などの学校の「生活化」の試み──戦前日本の「生活修身」，「生活指導」，戦後の「社会科」，さらに最近の「生活科」の例もこの文脈で捉えられよう──がこれまでも繰りかえし行われてきたが，学校教育では教室内の「授業」を中心とする教科指導が中心になっていたことは否定できない。また，限られた学校時代の成否がその人の生涯の成否を決定するというマイナス面も無視できなくなった。ラングランは，教育に元来含まれていた「生活」の面を最大限に復活させ，生活から遊離してしまった近代学校教育の大転換を意図したのであった。さらに自己教育を重視することによって，

従来の「教える（教師・知識人）vs 教えられる（生徒・大衆）」という固定した関係を批判的にとらえかえそうというラディカルな提唱であった。また、それは、教育を限定された学校から解放すること、つまり学歴社会の打破をも意味するもので、まことにドラスティックな改革構想であったといわねばならない。

▶ **OECD と生涯教育**　ユネスコに少し遅れて 70 年代初めに、OECD（経済協力開発機構）ではリカレント教育（Recurrent Education）が提唱された。これは具体的には OECD の CERT（教育研究革新センター）が提起した 70 年代の代表的教育改革構想で、「急激に変化しつつある社会において、学習がすべての人に生涯にわたって必要であるという前提に立ち、従来のような人生の初期の年齢で教育を終えるのではなく、義務教育もしくは基礎教育を修了した人が生涯にわたって、しかも回帰的な方法によって教育を受けることができるようにしようとする、教育に関する総合的戦略である」（日本生涯教育学会編『生涯学習事典』）と説明されている。

▶ **学習社会と生涯教育**　さらに、ユネスコでは、1971 年に設置された「教育開発委員会」が翌 72 年、ユネスコ事務総長に『未来の学習』（Learning to Be）を提出した。これは委員長のエドガー・フォール（元フランス首相）の名をとって「フォール報告書」ともいわれるが、そこでも、「すべての人は生涯を通じて学習を続けることが可能でなければならない」と述べられ、生涯教育を主軸にした「学習社会」（Learning society）が構想されている。「学習社会」とは、始祖ハッチンスによれば、「すべての成人男女に、いつでも定時制の成人教育を提供するだけでなく、学ぶこと、何かを成し遂げること、人間的になることを目的とし、あらゆる制度がその目的の実現を志向するように価値の転換に成功した社会」（前掲『事典』）と定義される。

先のリカレント教育もあわせ考えると、そこには、「生涯にわたる学習と教育」、「いつでも…学ぶこと…」などの表現に明らかなように、前出のラングランによる生涯教育の理念、構想と軌を一にするものと見ることができる。

▶ **生涯教育の日本への移入**　「生涯教育」論がユネスコで提唱された 60 年代半ばは、日本は高度成長のただ中であり、技術革新、情報化社会が到来し、次第に拡大していった時代であり、それと関連して労働社会が激変した時期でもあった。具体的にいえば、これまでとは違った新しいタイプの労働者、つまり可動性の大きい、自己形成的な労働者が企業にとって必要の度を増したのであった。高度成長によって、賃金も上昇し、逆に労働時間も短縮される傾向にあり、それに応じて、「余暇」時間の「管理」も企業にとって極めて重要になった。このような時代の変化に、従来の学校教育による人材養成ではうまく対応できないという懸念が企業から生じ、そのために「生涯教育」が歓迎されたのであった。事実、企業内でも、「ZD 運動」とか「QC サークル」などに典型的な「小集団」による「労働者参加型」の管理方式は旧来の「上意下達」による管理とは趣を異にする方法であり、一定程度の労働者の「自己決定」を加味するものであった。その限りで「生涯教育」の発想と一致するといえよう。

当時、高度成長にともない大学進学率が急速に上昇し、それとの関連で、職業高校を中心として後期中等教育の「多様化」政策のひずみが顕著になりつつあった。また、受験勉強の過熱化の弊害も社会問題化していた。そのようなときに、ユネスコの「お墨付き」を携えて生涯教育はパリからさっそうとなお「途上国」的状況の日本に渡来したのであった。如上の教育問題解決の「救世主」として朝野を分かたず歓迎されたのも無理からぬところであった。しかし、企業がこのコンプセプトのラディカルな面に留目し、積極的に導入しようとしたこと、つまり、生涯教育の構想が単なる教育界を越えた普遍性をもっていたことが、一過性の流行、モードに終わらず

ややかたちを変えて国の教育の基本政策にすえられることにいたったのである。

▶ **臨時教育審議会と生涯教育** たしかに，80年代前半の臨時教育審議会は生涯教育を生涯学習と名称変更してではあったがこれを教育の政策の一大支柱と確定した。それではラングランの理念はこの国において遂に国家レベルにおいて実現したのであろうか。一面において然りであり，反面において否である。

73年に高度成長は終焉したが，75年に日本の第3次産業就労人口は50％を越え，高度情報，高度消費社会となった。そこでは市民社会の成熟化が進み，画一化が嫌われ，個性化，多様化現象が顕著となった。教え育てるというニュアンスの強い「教育」よりも学んで習う「学習」の語が好まれる状況に至ったのである。すなわち，ラングランらが強調する「生涯教育」の実現を国に迫る基盤が生じたのであった。反面，先進国の国家財政はいずこも危機的状況に追い込まれたため，教育も国家の機能から一定程度切り離し，民間・市場に開放する必要が生じた。そのためには，国民の「自発性」「自己責任」を活用する必要があった。教育から学習への名称変更はこのような意味も込められていた。極端にいえば，やる気のある者，自己負担能力のある者にはそれに応じて学習の機会を与えるが，そうではない者は切り捨てても致し方ないという政策であった。様々な変異は伴いつつも，臨教審以降の教育政策は大枠としてはこのような原理で進められている。その結果，教育の格差構造は拡大の傾向にある。

▶ **現代社会の課題と生涯教育** したがって，現代の生涯教育の課題は，一方で個々人の自由を宣揚し，自発性を促進しつつ，他面で社会的連帯を強め，格差構造を是正することにある。このアポリア解決のために二つの視点が必要と思われる。

一つは，70年代前半にラングランのユネスコの地位を継承したジェルピ（Gelpi, E.）の思想である。当時，国際諸機関に「第三世界」の国々が多数参加し，先進国中心の世界の格差構造を激しく批判した。ジェルピはこの潮流を受けて，「抑圧と解放の弁証法」としての生涯教育を提唱する。つまり，現存する抑圧面を是認はしないが，さりとて理念的な反対論を提示するだけでもなく，二つの契機のせめぎ合いを冷徹に見つめ，変革の方向，解放に向けて具体的なアクションを起こすこと，そのための「自己決定学習」（Self-directed learning），政治的「参加」こそが生涯教育の目的なのだと主張するのである。

もう一つは，元ユネスコの「人権・平和部」部長のカレル・ヴァザークの「第三世代の人権」である。これは従来の，第一世代＝自由権，第二世代＝社会権を前提にしつつも，それらを「連帯」（友愛）を視軸に統合しようとする人権構想である。この人権概念は現在のところ構想の段階であるが，「自由」「平等」「友愛」という近代の古典的人権を，これまで軽視されてきた「友愛」を中核に据えて，現代の国際状況において再構成する視座を大胆に提起した人権思想としてその具体化が注目されている。

最近，国家行政の行き詰まり打開のためもあって，地方分権化の流れが次第に大きくなりつつある。また，数年前の阪神淡路大震災以降，ボランティア，NPOなどの動きも活発である。一方，各自治体の生涯教育プラン作成も盛んである。すなわち，国家に奪われていた教育の権利，機能が徐々に市民社会に開放されつつある。すでに指摘した生涯教育の国際的思想をこれら日本の潮流と結合できたときにこそ個々人の自由，自発性の尊重と社会的連帯というアポリアが生涯教育において解決される展望が生ずるであろう。

［**参考文献**］　森隆夫『生涯教育』帝国地方行政学会　1970／天城勲編『日本の生涯教育——その可能性を求めて』総合研究開発機構　1980／市川昭午『生涯教育の理論と構造』教育開発研究所　1981／Lengrand, P., *An Introduction to Lifelong Education*, 1970（波多野完治訳『生涯教育入門』全日本社会教育連合会　1971）／Gelpi, E., *A Future for Lifelong Education*, vol. 1, Manchester 1979（前平泰志訳『生涯教

育』東京創元社　1983)／上杉孝實・黒沢惟昭
編『生涯教育と人権』明石書房　1999
[関連項目]　人権　　　　　　　（黒沢惟昭）

障害児教育の思想
英 thought of special education, special needs
education

　障害児を対象とした教育は，18世紀後半
以降にヨーロッパや北米を中心として広まっ
た。むろん，それ以前にも障害を持つ子ども
は存在していたが，障害児に対する集団的・
組織的な教育は行われていなかった。障害児
が教育の対象となる以前には，重度の障害を
持つことが明らかな嬰児は遺棄され，軽度の，
とりわけ知的障害をもつものについては，
「障害」児とは認識されずに共同体のメンバ
ー，労働力として扱われていた。
　近代以降の障害児教育・障害児学校が成立
する以前にも，聾唖児や盲児といった視聴覚
障害を持つ子どもへの教育は，個人的・慈善
的な活動として，また職業教育として行われ
ていた。たとえば，16世紀のスペインでは，
聖職者が家庭教師として富裕層の聾唖児への
個別指導を行っており，17世紀頃の日本で
は盲人に対する職業訓練の場として，鍼治講
習所が開設されている。しかし，知的障害児
（者）については，ごく一部の権力者や富裕
層が道化として珍重していた，という以外に
は記録が残されておらず，社会的役割を与え
られていなかった。
　障害児教育が組織的に展開されはじめる黎
明期においても，まずは聾唖児や盲児に対す
る寄宿制教育施設が作られる。聾唖児，盲児
を対象とした教育の場（学校）は，18世紀
後半にヨーロッパで開始され，アメリカ合衆
国において大きく展開する。それに対して，
知的障害児を対象とした教育が本格的に開始
されるのは，19世紀中盤のことである。
　障害種別によって教育の対象となる時期が
異なっている背景には，近代教育以降の教育
観，すなわち，子どもの「教育可能性」に対
する信憑がある。知的障害を持つ子どもは長

い間，「教育不可能」であると認識されてい
た。知的障害を持つ子どもが教育の対象とな
り，すべての子どもに発達・学習する権利が
認められるのは，19世紀後半以降，20世紀
を待たねばならなかった。
　知的障害児を対象とした学校の設立に大き
な影響を与えたのは，フランス人教育者のセ
ガン（Séguin, É. O.）である。セガンは「白
痴」（idiocy）と呼ばれた知的障害児への教
育活動と研究を通じて「白痴児」の「教育可
能性」を立証し，その後の「白痴」学校の設
立に多大の影響を与えた。セガンは医学的知
識に基づいた独自の教材や教育技術，「生理
学的教育法」を開発し，「白痴児」に対する
教育的成果は高く評価された。また，セガン
は知的障害児に対する拘束・隔離・排除とい
った処遇を否定し，「白痴児」への教育や訓
練の場面における教育者（治療者）の人格
的・道徳的影響を重視した。
　精神医学や心理学の発展に伴って，20世
紀には知的障害の新たな症候群が「発見」さ
れる。とくに教育上重要な意味を持ったもの
は，1943年に児童精神科医カナー（Kanner,
L.）によって報告された「早期幼児自閉症」，
および，1944年に小児科医アスペルガー
（Asperger, H.）によって発表された「自閉
的精神病質」である。こうした研究成果は
1960年代以降，カナー型・アスペルガー型
という分類とともに日本にも輸入され，知的
障害児への教育実践に大きな影響を与えてい
る。
　19世紀までの障害児に対する施策は，慈
善事業・救貧政策の一環であったが，20世
紀以降には，障害児教育は公教育制度の中に
位置づけられる。さらに20世紀後半には，
障害児教育をめぐるパラダイムが大きく転換
することになる。
　1948年に開催された国連総会では「世界
人権宣言」が採択され，1975年には「障害
者の権利宣言」が採択される。同じく，1989
年には「子どもの権利条約」が採択され，障
害による差別の禁止が規定される。さらに，

1994 年にはユネスコ・スペイン政府共催の「特別ニーズ教育に関する世界会議」が開催され、「特別ニーズ教育における諸原則、政策および実践に関するサマランカ声明」と「特別ニーズ教育に関する行動大綱」（両者をあわせて「サマランカ声明」と呼ばれている）が採択されている。

障害児（者）を隔離や排除の対象とすることなく、教育を受ける権利を認め、通常の学校や学級に通学することで教育的に進歩（発達）し、社会参加を可能とする。第二次大戦後の障害児教育をめぐる動向は、教育を受ける権利と固有のニーズを有する一人の人間として障害児を位置づけることを目指して展開している。

障害児を既存の通常学校（学級）に統合・同化させるインテグレーション（Integration）政策・教育が進められ、さらには「サマランカ声明」を契機として、障害の有無や種別に関わらず「すべての子どもは固有の教育的ニーズを有している」という子ども観に基づいた、「インクルーシヴ教育」（inclusive education）という概念が用いられるようになった。2000 年代以降には「インクルーシヴ教育」の理念に基づき、障害カテゴリー別に教育を施すことを目的とした「特殊教育」から、個々の子どもの多様なニーズに対応した「特別支援教育」への転換が求められている。

［参考文献］　堀正嗣『新装版　障害児教育のパラダイム転換』明石書店　1997／中村満紀男ほか編著『障害児教育の歴史』明石書店　2003
［関連項目］　教育可能性／教育権・学習権／近代教育　　　　　　　　　　　　（森岡次郎）

状況的学習
英 situated learning／独 Situuiertes Lernen／仏 apprentissage situé, apprentissage contextualisé

▶ **語義**　　具体的な状況の中でなされる学習、社会・生活の活動に組み込まれている学習の総称。狭義では実践共同体や社会的実践への参加を通じてなされる学習を指す。その

提唱はヴィゴツキー（Vygotsky, L.）やデューイ（Dewey, J.）にまで遡ることができるが、大きな転換点となったのは、1990 年代初めにレイヴ（Lave, J.）とウェンガー（Wenger, E.）が提起した、「実践共同体」への「正統的周辺参加」（Legitimate Peripheral Participation）を通じた学習という考え方である。徒弟制の中での学習がその典型であり、実践（仕事）の周辺部の活動に従事し、実践共同体の中で役割や任務を変化・深化させていく過程で、実践に必要な能力や技や知識を身につけ、実践者としてのアイデンティティを形成していく。今日では、組織経営、学習環境デザイン、実習や体験活動などに応用され、多様な展開を見せている。

▶ **近代の教育観・学習観の問い直し**　　状況学習論は近代教育の原理に疑問を突きつけ、まったく別の学習観を提示する。近代の教育は、合理的な学習とそれを計画的に促すための学校教育を支持し、徒弟制の中での学習を非合理的で独善的で特殊なものとみなす。学習を個人の頭や心の中でなされる表象や記号の操作とみなした上で、知識の体系や構造を明確化し、学習者の認知過程や発達水準に沿った合理的方法を用いて知識の伝達をめざすのである。さらにそこから知識を適用・応用するための教育や行動を促すための教育が派生し、徳育や体育が分岐していく。それに対して、正統的周辺参加論以降の状況学習論が開示するのは、具体的なコンテクストに置かれた多様な他者や人工物や表象との関係の中で生じる学習、意図的・計画的な教授を必要としない学習、頭や心だけでなく身体と結びついた学習であり、現実場面で機能する知識や能力の獲得、実践への構えの涵養、人間関係の構築、自己や人格の形成、共同体の再生産を一体のものとして可能にする学習である。この学習は徒弟制だけでなく近代以前の日本の学びとも類縁性がある。それらの学習がもつ歴史的・社会的制約をどのように乗り越えて現代社会に適合させ、学校教育とどのような関係を築くのか。さらなる探究が求められる。

[参考文献] Lave, J. and Wenger, E., *Situated Learning: Legitimate Peripheral Participation*, Cambridge University Press 1991（佐伯胖訳『状況に埋め込まれた学習——正統的周辺参加』産業図書　1993）
[関連項目] 学習／従弟制／認知科学／学び／わざ　　　　　　　　　　　（松下良平）

条件づけ
英 conditioning

▶ **語義**　動物がある刺激に対して特定の反応（条件反応）または行動をとるように習慣づけること，またはそのための訓練過程。動物実験から得られた結果を人間に適用しようとする行動主義の立場では，人間の学習も条件づけとしてとらえられる。古典的条件づけと道具的条件づけ（オペラント条件づけ）という二つのタイプがある。

▶ **古典的条件づけ**　1902 年から 1923 年にかけて，パヴロフ（Pavlov, I. P.）がおこなった厳密な実験が，古典的条件づけの基礎理論を提出している。犬は餌を見ると唾液を出す。この場合，餌は無条件刺激（US）であり，唾液の分泌は無条件反応（UR）である。ところが，餌を見せると同時にメトロノームの音を聞かせることを繰り返すと，メトロノームの音だけで唾液を出すようになる。この場合は，メトロノームの音は条件刺激（CS）で，唾液の分泌は条件反応である（CR）。本来無関係であったメトロノームの音と唾液を出すという反応とが関連づけられたのである。これが古典的条件づけと呼ばれている。意識に言及することなく，生理学の方法で，動物の精神過程も客観的に研究できることを示して，行動主義の基礎を与えることになった。

▶ **道具的条件づけ**　パヴロフの実験に先立って，19 世紀の末に，アメリカではソーンダイク（Thorndike, E. L.）が，にわとり，猫，犬，などを用いて，刺激と反応との関係を確かめるための実験をおこなっている。問題箱のなかに入れられた猫が，最初はデタラメに反応しているが，たまたま箱のなかにあるレバーを押せば外にでられて餌がもらえるということを経験すると，しだいにレバーを押すという行動が起こりやすくなる。彼は，餌にありつくという報酬が満足をもたらすからであるとこの行動を説明した。1930 年ころ，スキナー（Skinner, B. F.）も，ネズミを使ったほぼ同様な方法で，報酬と動物の反応との関係を実験し，刺激への対応としてのレスポンデント反応と，自発的なオペラント反応とを区別した。オペラント反応は学習者のなかにもともと存在していた反応の一つであるが，それは，報酬を与えられることによって強化される。行動が，その行動の結果によって影響をうける，という意味で，道具的条件づけ（オペラント条件づけ）と呼ばれている。また，動物実験で確かめられた結果が人間にも応用できることを前提として，実験者が強化のための条件を操作することができるならば，行動は実際に完璧に統制することができると，スキナーは主張した。さらに，彼は，オペラント条件づけを人間に応用することによって，ユートピア社会をつくることまでを構想していたのである。

▶ **教育への応用**　人間は条件づけの方法を古くから，ほとんど無意識に利用してきた。動物に芸を教えるために，調教師が期待する活動ができたら動物に餌を与えるのは，道具的条件づけである。しかし，条件づけのメカニズムが科学的に解明されたのは 19 世紀末から 20 世紀にかけて，心理学が科学としての自立をめざしていたときであった。ダーウィニズムの影響下にあって，心理学者が動物と人間との連続性に着目し，動物実験の結果を人間にも適用しようとしたのである。また動物実験に基づくデータは科学的との印象を心理学にあたえることにもなった。

このような心理学の成果はすぐに教育の現場にも応用されていった。近代の教育は，一方では，子どもに積極的に働きかけ，行動を統制しようとしたし，その一方では，子どもの自発性や自己活動を尊重しようとしていた。オペラント条件づけは，この難題に対する行

動主義の立場からの解答であった。動物が本来的にもっている反応の方法を強化することがオペラント条件づけであるから、それは動物の自己活動を認める方法であるし、同時に、動物の行動を動機づけ、方向づけ、実質的に統制するための科学的な方法でもあるからである。

オペラント条件づけは、今日、さまざまな分野に応用されている。望ましい行動を強化する行動変容をもたらす手段として、精神病院や刑務所や学校における異常行動を矯正するために広く利用されている。また、学校教育の現場では、プログラム学習やティーチング・マシーンなどに応用されている。プログラム学習では、学習者は自分にあったペースで自分で問題を解き、それに対して直ちに正誤の結果が与えられ、その結果がすぐに学習者の次の行動への方向づけとなる。

条件づけは、行動の方向づけであり、統制である。今日、そのメカニズムは解明されつつあるが、どのような理念と目的をもって、誰が統制するのか、つねにその構造を認識する努力が現代人には必要である。

［参考文献］ Schultz, D. P. & Schultz, S. E., *A History of Modern Psychology*, 5th ed., 1992（村田孝次訳『現代心理学の歴史（第3版）』培風館、1986）／Skinner, B. F., *Walden Two*, 1948（宇津木保訳『心理学的ユートピア』誠信書房1969）／Bjork, D. W., *B. F. Skinner: A Life*.（New York, Basic Books）／Leahey, T. H., A *History of Psychology: Main Currents in Psychological Thought*, 1980（宇津木保訳『心理学史』誠信書房　1986）

［関連項目］ 行動主義／動機づけ／近代教育／教育心理学　　　　　　　　（宮本健市郎）

小児医学
英 paediatrics

▶ 概　念　　子ども、とくに小児の内科的および外科的疾患治療を専門とする医学の分野。子どもの病気に対する介護の歴史は、それぞれの時代と社会における子どもの発達観を映し出している。子どもの生命を病気から守ろうとする意識は人類の歴史とともに古くから存在し、さまざまな病気の対症療法と養生法についての経験的知見は、古くガレノス（Galen, C. c. 130-c. 200）の時代に始まる。しかし、小児医学の歴史は科学的な病理学とさまざまな呪術に満ちた民間療法とのあいだの葛藤の歴史であって、大人とは区別される子ども期に固有な疾病に対する病理学的な分類と処方箋が模索されるようになるまでには近代の啓蒙主義医学の時代を待たなくてはならなかった。その様相はテクストとしての養育書の系譜を見ればあきらかである。

▶ 小児医学史と子ども観　　ルネサンス期には、バゲラルド（Paolo Bageraldo, *Book on Infant Diseases*, 1472）、メトリンガー（Bartholomaeus Metlinger, *A Regimen for Young Children*, 1473）、ヴュルツ（Felix Wurtz, *The Children's Book*, 1563）らの医学的な養育書があらわれたが、子どもの病気への関心は示されているものの、子どもの発達段階や生理学をふまえた身体観を理論的基盤として確定していたわけではなかった。子どもの病気の分類学として最初のモデルを示していたのはトマス・フェアーの『子どもの本』（Thomas Phayre, *The Boke of Chyldren*, 1544）であった。これはその後ハリス（Walter Harris, *A Treatise on the Acute Diseases of Infants*, 1689）やキャドガン（William Cadogan, *Essay on the Nursing and Management of Children*, 1748）ら、啓蒙医学者による子どもの医療改革運動に引き継がれ、小児病理についての医学的な関心の深まりを大いに助け、18世紀の啓蒙時代以降の小児医学書の典拠になった。小児医学が啓蒙主義的な知識観、人間観と結びつき、子どもの病気の医療技術と発達知識の宣伝に力を入れていたことは、この時期以降に増加する、小児医学的な知識にもとづいた子育て書、養育書の教本に示されている。18世紀前半の、ローゼンシュタイン（Rosenstein, N. R. von）、アームストロング（Armstrong, G.）、アンダーウッド（Underwood, M.）らによる小児医学のテク

ストがそれである。このなかでもとくにアンダーウッドの『子どもの病気について』(*Treatise on the Diseases of Children*, 1784) は、同じ啓蒙時代のドイツのストゥルーヴ (C. A. Struve, *A Familiar View of the Demestic Education of Children*, 1797) や、スイスのディーウィーズ (William P. Dewees, *Treatise on the Physical and Medical Treatment of Children*, 1825) の養育書とならんで、広く流布したものである。他方、小児医療の制度化が進んだのも 18 世紀半ば以降であった。イギリスではトマス・コラムによって 1741 年に最初の孤児院がロンドンに設立されたが、これはやがて小児医療の臨床知識を豊富に提供するところとなり、世界有数の小児科病院へと発展することになった。また、これより少し遅れて、1769 年には最初の小児施療病院 (Dispensary for the Infant Poor) が、アームストロングによってロンドンに設立されている。フランスでは、1802 年、世界最初の小児病院 (Hopital des Enfants Malades) がパリで開業したが、この時期には既に、リィエ (Riliet, F.) とバルテス (Barthez, E.) の手になる標準的な小児病教科書 (*Traité clinique et pratique des maladies d'enfants*, 1843) が使われていた。子どもの病気の分類学とその独自の処方が、医学分野の独立領域として発展し始めたことは、用語法において確認することができる。脊柱湾曲症や内反足その他の小児疾患に対する外科的治療法としての整形外科(オーソペ
ディクス)が、パリのニコラ・アンドリ (Nicolas Andry, 主著『整形術』*L'Orthopédie, ou l'art de prevenir et de corriger dans les enfants les difformités du corps*, 1741) によって始められたことはそのことを象徴的に示しており、子ども (παιδιον) のかたちをまっすぐにする (ορθοζ) という意味で Orthopaedics という言葉が造語されたのであった。

子どもの病理現象に対する小児医学的な分類学のまなざしの深まりは、啓蒙主義に支え

られ、啓蒙主義のもっとも現実的な改革運動として、近代市民生活における衛生観念の改善、産科医学の発展、そして近代的子ども観の登場などと通底している。小児医学は、18 世紀半ば以降の臨床医学の発展とともに専門分化し、ビタミンなどの基本栄養素の発見に見られる近代栄養学の進歩や、細菌病理学の登場と免疫機能の発見、個体発生 (development) についての知見、すなわち発生(胎生)学 (embryology) や遺伝学の登場とそれに伴う進化論的生物学の発展に刺激され、またそれらの分野の新しい知見に補強されながら、しだいに、子どもの発達の自然科学的基盤を担う分野として、教育学にとって、心理学とならんで重要な隣接領域を構成するようになっている。

[**参考文献**] Still, G. F., *The History of Pediatrics*, London 1931／川喜田愛郎『近代医学の史的基盤』岩波書店 1977／Gélis, J., *L'arbre et fruit: La naissance dans l'Occident moderne XVIe-XIXe siecle*, Paris 1984／Beekman, D., *The Mechanical Baby: A Popular History of the Theory and Practice of Child Raising*, London 1977／Bercé, Y.-M., *Le Chaudron et la Lancette: Croyances populaires et médicine préventive, 1798-1830*, Paris 1984(松平誠・小井高志監訳『鍋とランセット──民間信仰と予防医学』新評論 1988)／北本正章「子どもの生命観の変貌──イギリス近代小児医学史から」北本正章『子ども観の社会史』新曜社 1993

[**関連項目**] 養育／健康 (北本正章)

承 認

英 Recognition／独 Anerkennug

▶ **概念の背景** 承認概念は、ドイツ観念論の哲学者ヘーゲル (Hegel, G. W. F.) がフィヒテ (Fichte, J. G.) の自由な共同体に関する理論を再構成する際に注目した概念である。ヘーゲルによれば、自己の個別性は他者の意識を経て認識される。ところが、自己の個別性は他者の個別性を否定して成立する。その意味で、他者は、自己意識を成立させる要素であると同時に、破棄される対象でもある。

この矛盾は，他者もまた自己と同様であるという相互承認により，一者としての普遍的意識に統合され，解消される。こうして生まれた普遍的意識は，国民精神となり，妥当性を有すると考えられた。そのため，相互承認は人倫的共同体としての社会形成にかかわる概念である。

▶ **展開** フィヒテ，ヘーゲルによって論じられた承認論は，20世紀に入り，フランクフルト学派第三世代と称されるホネット（Honneth, A.）によって，新たな脚光を浴びる。ホネットは，ヘーゲルのイエナ期における承認概念に着想を得て教授資格論文を執筆し，『承認をめぐる闘争』を出版した。そのなかで，社会的承認の形式として三つの関係があげられている。それは，愛の関係，法の関係，価値共同体における関係である。それぞれの関係に対応する承認様式は，情緒的気遣い，認知的尊重，社会的価値評価である。承認の毀損は，虐待や権利の剥奪，尊厳の剥奪として現れ，存在そのものが語られないという状況もまた同様である。これらのことから，ホネットは，承認が十分になされていないと感じるとき，そこには不正が潜んでいると指摘する。承認をめぐる闘争は，不正をめぐる闘争でもある。

ホネットの承認概念は，教育学だけでなく，さまざまな専門領域に影響を与えている。例えば，バトラー（Butler, J.）は，ホネットの承認概念が非常に社会的であり，既存の規範を再構成するような力を持ち得ていないと批判する。バトラーにとって承認は，身体的傷つきやすさに関わる概念であり，他者との関係や自己に変化をうながすものである。フレイザー（Fraser, N.）は，今日的な社会問題は，承認の問題だけでなく分配の問題でもあり，承認を強調することによって分配の不正が見えなくなることを問題にしている。いずれにせよ，承認のありかたは，歴史的に変化するものである。承認をめぐる展開は，今後さらに議論の広がりをみせるだろう。

［**参考文献**］ Butler, J., *Precarious Life: The Power of Mourning and Violence*, Verso 2004. （本橋哲也訳『生のあやうさ——哀悼と暴力の政治学』以文社 2007）／Hegel, G. W. F., *Jenaer Systementwürfe I.* （hrsg. von Düsing, K./Kimmerle, H.）Hamburg 1975. （加藤尚武監訳『イェーナ体系構想』法政大学出版局 1999）／Honneth, A., *Kampf um Anerkennung. Zur moralischen Grammatik sozialer Konflikte*. Suhrkamp 1994. （山本啓・直江清隆訳『承認をめぐる闘争——社会的コンフリクトの道徳的文法』法政大学出版局 2003）／Fraser, N./Honneth, A., *Umverteilung oder Anerkennung?. Eine politisch-philosophische Kontroverse*. Suhrkamp 2003 （加藤泰史監訳『再配分か承認か？——政治・哲学論争』法政大学出版局 2012） （藤井佳世）

賞　罰
英 rewards and punishments

▶ **語義** 褒めたり叱ったり，時には叩いたりして，相手をこちらが望むような方向に仕向けることは，動物の調教に限らず，人間の世界のなかでも古くから行われてきた。しかし，こうした通俗的意味の賞罰と，学習の内発的動機の確立や道徳的人間形成のために学校教育にシステムとして導入された賞罰とは，明確に区分されなければならない。後者の意味での賞罰は，競争の観念とともに，近代に入ってはじめてその意義が認められてきた。たとえば，エラスムス，コメニウス，ロックなどによって。そしてそれは，イエズス会のコレージュ，キリスト教学校兄弟会の学校，それに19世紀のランカスター（Lancaster, J.）の学校などで組織的に実践されてきた（競争の項目を参照せよ）。

賞罰の機能は，快を求め苦を回避する人間の性向を前提として，善い結果（成績や行い）には称賛と褒賞を与えて快と名誉の観念とを結びつけ，また悪い結果（成績や行い）には非難や罰を加えて苦痛と恥の観念とを結びつけるなどして，子どもを社会的に条件づけていくことにある。その際，賞罰は常に一定の基準にもとづいて行われるため，それは共同体の規範（と逸脱）をすべての成員に明

示することになる。賞罰は，それ自体で，共同体を前提とした一種の社会化のプロセスなのである。

▶ **歴　史**　近代の賞罰は体罰に代わる教育システムとして登場した。その特徴は，生徒の自尊心や名誉心，称賛や名声に対する愛着を刺激し，他方で，人々の尊敬や地位を失うことの不安，不名誉や恥の感情を強化する心理的戦略を多く取り入れた点にある。このために，たとえば，賞品や賞金，賞状や勲章の授与，全校生徒の前での表彰，点数制によるチケット・システム，学校に特別に設けられた名誉座席の割り当て（たとえば，ランカスターの学校の「オーダー・オブ・メリット」）など，さまざまな賞制度が学校に導入・適用されていったが，優秀者だけに与えられる賞や褒賞は，それを獲得できる可能性をもった少数者には学習への励みとなるが，それ以外の多くの者の学習意欲をかきたてない。

そこで18世紀後半あたりから，競争心を学校全体に行き渡らせるために，賞の獲得をすべての者にオープンにし，個人の努力に対しても報いるようなシステムが考案されてくることになる。出席簿や業績簿などの記録にもとづいて個人の能力と素質を客観的に評価し，彼らを階層序列化＝秩序化していくやり方がそれである。これによって，生徒たちは序列を上下するだけで学習への動機づけを行い，期待された成果に向けて努力するようになった。序列それ自体が賞罰なのである。近代の教育は，こうして，人為的な奨励策（アメとムチ）がなくとも，生徒自らが秩序ある行動を形成していく規律・訓練的なシステムを学校のなかに確立することができた。

［**参考文献**］Foucault, M., *Surveiller et Punir*, Paris 1975（田村俶訳『監獄の誕生』新潮社 1977）／Hamilton, D., *Toward a theory of schooling*, London 1989（安川哲夫訳『学校教育の理解に向けて』世織書房 1998）
［**関連項目**］体罰／競争／功利主義
(安川哲夫)

情　報
英 information

▶ **概　念**　「情報」という言葉そのものは，たとえば「陸軍情報部」のような形で，日本語として第二次大戦以前から使用されていた。しかし，「情報伝達」「情報処理」といった形で現在頻繁に使用される「情報」は明らかにinformation の訳語であり，シャノン（Shannon, C. E.）の情報理論，ウィーナー（Wiener, N.）のサイバネティックス，フォン・ノイマン（Neumann, J. von）のコンピュータ理論，等によって1940年代以降に構築された情報科学を背景としている。

▶ **情報科学と情報概念**　「情報」の概念の形成に決定的な影響を与えたシャノンの情報理論を例にとってみよう。情報理論は，通信（communication）とその制御のための理論として発想された。通信を工学的に制御するための研究から，通信される〈もの〉を定量的に扱う必要が生まれ，これが情報理論へと結実した。シャノンによれば，情報の伝達とは複数の可能性から一つを選択することであり，可能な選択肢が多いほどその選択の情報量は多くなる。シャノンは，この情報量が2を底とする選択肢数の対数で表現されることを見出し，これをビット（bit）という単位で呼んだ。Yes か No かを相手に伝えるとすれば，その情報量は $\log_2 2 = 1$ ビットとなり，この二者択一が情報の単位となる。仮名1文字は，45ある選択肢のなかから選択されたわけであるから，$\log_2 45 = 5.5$ ビットの情報量を持つことになる。このような定量化によって，情報の概念は知識の実体化をもたらすことになる。われわれは，通信あるいはコミュニケーションによって何かを知るわけであるが，この知ることの内容を，知るという働きから切り離し，〈もの〉として実体化するところに情報の概念が成立する。このような実体化によって，情報という概念は，もともとの知るという働きから独立して使用することも可能となる。情報は，機械から機械へ，あるいは細胞から細胞へも伝達されるわけであ

る。

もちろん，今日一般に使用される情報概念が，シャノンの理論のような高度に抽象的な情報理論に従って使用されているわけではない。シャノンの情報理論に従えば情報の意味的側面はすべて捨象されざるをえない。これに対して，われわれが日常的に「情報伝達」「情報処理」といった言葉を使うとき，そこでの「情報」には明らかに意味的側面が含まれているのである。しかしその場合でも，情報の，知ることの内容を〈もの〉として実体化するような側面は保持されているように思われる。つまり，情報を伝達し処理するというとき，われわれはそこで，伝達や処理という働きとは別に，そうした働きかけが行なわれるべき情報という〈もの〉が存在することを前提にしているわけである。

情報科学は，放送の周波数の割当てから軍事技術まで，現代の生活を規定するさまざまな技術の基礎理論となった。しかし，上述のような〈もの〉としての情報の概念をわれわれに実感させたのは何といってもコンピュータの発展である。コンピュータの歴史は，パスカルが考案した歯車式の計算機械にまで遡ることもできるが，電子工学の発展とプログラム内蔵方式（フォン・ノイマンの発案になると言われる）の開発によって，数値計算の道具から汎用の情報処理機械への発展が可能となった。現在では，われわれの生活のかなりの部分が，好むと好まざるとにかかわらず，コンピュータによってなされる機械的・定量的情報処理に立脚しているのである。

▶「情報化社会」　「情報化社会」という言葉は，1960年代から1970年代にかけて，ベル（Bell, D.），カーン（Kahn, H.）らアメリカの社会学者や「未来学者」が提唱した「脱工業社会（post-industrial society）」の構想に由来する。ベルは，それまでの彼の主張を集大成した著書『脱工業社会の到来』のなかで，財貨の生産を基礎とする工業社会からサービスの提供を基礎とする脱工業社会への社会の変化について論じた。脱工業社会では，

物の生産自体が技術やそれを支える科学的知識に大幅に依存することになるとされる。そこでは，物の生産よりは情報の生産がますます重要になると考えられるのである。こうした脱工業社会をポジティヴに規定する用語として，わが国では当初から「情報化社会」という語が使われた。その後，コンピュータ技術の急速な発展を基礎に，国際的にも，脱工業社会を情報化社会（Information Society）として捉えるという傾向が見られる。脱工業社会論から情報化社会論へのこの変化は，単なる名称変更ではなく，社会観の微妙な変化を伴っている。脱工業社会は，多くの人々が肉体労働から解放され，知的な創造性が促進され，物質的充足ではなく生活の意味が重視されるような，豊かで多様で柔軟な社会としてイメージされた。ところが，コンピュータ技術の普及によって現実に登場してきた社会は，決して創造性を促進するとは言えない情報労働者（information worker）を大量に必要とし，大量の失業者を恒常的に生みだすような社会でもあった。「情報化社会」に関する，いたずらに悲観的でもないがユートピア的でもないような，よりリアルなイメージが作られつつあるように思われる。

▶「情報化社会」と教育　このような「情報化社会」に関するイメージの変化とはほとんど無関係に，コンピュータ技術と通信技術は現代社会の牢固とした基盤を構成するに至っている。この両技術の発展・普及，さらには結合によって，事柄からの情報の自立が実現される。知ることの内容を〈もの〉として実体化するという傾向は情報の概念にもともと含まれていたが，それが社会的規模で実現されるわけである。コンピュータで組立作業を制御する労働者や，テレビの戦争報道を見る視聴者は，物を作ったり現実と関わっているというよりは，ディスプレイ上に表示される情報を相手にしている。事柄から自立したまま流通するこうした情報を適切に処理する能力の形成が，情報化社会では不可欠だとしばしば主張されるようになった。そこで要求

されている情報処理能力には，大別してマス・メディアへの対応能力とコンピュータへの対応能力があると考えられるが，近年のわが国の議論においては比重は大きく後者に傾いている。臨時教育審議会の答申（最終答申は1987年8月）は「情報社会への対応」や「情報化への対応のための改革」を強調した。それを受けて1989年に改訂された現行の学習指導要領やその後の施策を見ると，「情報化への対応」は，ほとんど学校教育へのコンピュータの導入とそのための支援体制の確立に集中している。中学校技術科に「情報基礎」という学習項目が取り入れられたのもこの一環である。

▶ 知識と情報　　50年前には考えられもしなかった交通安全のための教育やエイズ対策のための教育が今日必要になったというのと同じような意味で，コンピュータへの対応能力の育成が今日必要とされていることは確かである。しかし，この新たな必要が，教育の構造の変化をどの程度まで要求する要因であるかを明らかにするためには，いかに役立つか，というレベルを越えた考察が必要となる。そのためにも，情報処理能力と，ソクラテス（Sokrates）以来教育の中心的な目標であり続けてきた知識との関係についての検討，知識は情報処理能力に（どの程度）還元可能かについての原理的な検討が重要である。この問題については，知識は情報処理能力には還元できないとするコンピュータ批判の立場からの，シェフラー（Scheffler, I.）やドレイファス（Dreyfus, H. L., Dreyfus, S. E.）らの考察がある。彼らはともに，人間の知的な行動はコンピュータ的な情報処理のモデル——知的な行動は〈頭の中〉での知的な情報処理に導かれてはじめて可能になる，とする——によっては説明できないと主張した。興味深いことに，知識は〈もの〉として実体化された情報やその処理には還元できないとする同様の考え方が，他ならぬコンピュータ科学の研究のなかにも生まれている。コンピュータ科学は，人間と同様に考え行動することができ

る人工知能の実現を最終的な目標に，大量の情報を蓄え処理することができるようなシステムの構築に腐心してきた。ところがその結果，真の困難は，情報の量や処理の速度にではなく，情報の蓄積や処理に枠を与えている「常識」の再構成にあることが明らかになってきたという。われわれの身体的存在と深く結びついた全体的な状況の理解が，情報処理をはじめとする知的な行動を支えているのであり，このような理解そのものは，情報の伝達や処理のモデルによっては再構成できない。ところが，われわれが知識と呼ぶものは，このような全体的な理解を支柱としてはじめて可能となるのである。

情報処理能力の育成が声高に叫ばれる以前から，とくに教育の領域では，知識の問題は常識的に——新教育の数々の試みにもかかわらず——情報処理のモデルで考えられてきたと言ってよかろう。つまり，〈頭の中〉に知識を蓄えることがその後の知的行動を導くと考えられてきたのである。「情報社会への対応」は，むしろこうした常識的な知識観や教育観を批判することを要請するであろう。現代の社会において情報処理能力が真剣に追求されるとすれば，その努力は，すぐ役立つコンピュータ利用法の伝達にのみ向けられるのではなく，そうした情報処理に枠組みや方向や意味を与える知的な能力の探究にこそ向かわねばならないからである。

[参考文献]　天野郁夫「情報化と教育」『情報化と社会』東京大学出版会　1984／佐伯啓思『シミュレーション社会の神話』日本経済新聞社　1988／佐伯胖『コンピュータと教育』岩波書店　1986／高橋秀俊『情報科学の歩み』（岩波講座・情報科学1）岩波書店　1983／『情報』東京大学出版会　1971／林雄二郎『情報化社会』講談社　1969／文部省教育改革実施本部（編）『情報化の進展と教育』ぎょうせい　1990／Bell, D., *The Comming of Post-industrial Society*, New York 1973（内田忠夫他訳『脱工業社会の到来』ダイヤモンド社　1975）／Bell, D., "The Information Society", Dertouzos, M. L./Moses, J. (eds.), *The Computer Age*, Cambridge/Mass. 1979（小松崎清介・小林宏一訳

「脱工業化社会の進展と情報化」『コンピュータ・社会・経済』コンピュータ・エイジ社 1980)／Dreyfus, H. L., Dreyfus, S. E., *Mind Over Machine*, New York 1986（椋田直子訳『純粋人工知能批判』アスキー出版局 1987)／Lyon, D., *The Information Society*, Cambridge 1988（小松崎清介監訳『新・情報化社会論』コンピュータ・エイジ社 1990)／Poster, M., *The Mode of Information*, Cambridge 1990（室井尚・吉岡洋訳『情報様式論』岩波書店 1991)／Scheffler, I., "Computer at School?", *Teachers College Record*, vol. 87, 1986, no. 4（生田久美子訳「コンピュータと学校」『現代思想』1986年2月)／Slack, J. D., Fejes, F. (eds.), *The Ideology of Information Age*, Norwood 1987（岩倉誠一・岡倉隆（監訳）『神話としての情報社会』日本評論社 1990)

[関連項目] コミュニケーション／伝達／メディア　　　　　　　　　　　　（今井康雄）

職業教育
英 vocational education／独 Berufsbildung

▶ **語 義**　特定の職業に必要な知識・技能・態度の形成を主たる目的とする教育をさす。将来の職業に関わりなく国民一般が受けるべきものとされる「普通教育」や、人間一般に必要とされる知識・能力の形成をめざす「一般教育」「自由教育」と対比して使われる。ヨーロッパ中世の大学で行われていた聖職者、法律家、医師の養成も職業教育の範疇に入らないわけではないが、そうした高度の専門教育は一般教育・自由教育を前提としていた。これに対して通常の職業教育は、学校制度の枠内でではなく、徒弟制度のなかで、つまり職業実践に組み込まれた形で行われてきた。職業教育が学校制度との関わりを持ち、それとともに職業教育と普通教育・一般教育との関係が問題となってきたのは近代以降のことである。以下では、ドイツを中心としてその事情を概観しよう。

▶ **啓蒙主義の職業教育思想**　ブランケルツ（Blankertz, H.）によれば、職業指向的な学校制度をはじめて提唱したのは啓蒙主義の教育学であった。そこでは、教会立の小学校やラテン語学校に替わるべきものとして身分別の職業教育制度が構想された。このような職業教育制度の構想を促進した思想的背景として、17、8世紀に展開された重商主義、敬虔主義、汎愛主義の三つの思潮を挙げることができる。

重商主義者たちは、国家権力の強大化とともに増加する国家財政を、輸出振興による貿易差額によってまかなおうとした。個々の臣民がそれぞれの職業で最善を尽くすことが国家の重要な関心事となり、そうした職業的能力を身につけさせるための教育制度が構想された。したがって目標は個々人の職業的な特殊化に置かれた。若者をできるだけ早く将来の職業に合わせて訓練し、不用な知識はできるだけ与えないようにすること、これがめざされた。

敬虔主義もまた職業的・実科的方向への学校制度の転換をもたらす大きな力となった。この転換は、カルヴィニズムが経済倫理にもたらした転換と比較可能である。敬虔主義は、宗派的に見ればルター派に属する運動であるが、利潤追求に対するルターの否定的な態度を共有せず、職業に精励することを世俗内禁欲の手段と解釈した。「祈りと労働」が彼らの生活を律する原理であり、労働は彼岸での生活を準備するための此岸的目的となった。敬虔主義に従えば、教育は宗教的な理念の伝達に尽きるものではなく、この世にふたたび秩序をもたらすための職業的な能力をも伝達せねばならないのである。

汎愛派の人々は、キリスト教会から距離をとって、実科的な教科を中心とした、子どもにとって楽しみの場であるような学校を実現しようとした。ただし、彼らは重商主義的な身分国家を理論的な前提として受け入れていた。汎愛派の教育理論の中心になっていたのは、18世紀の教育学のキー概念となった「勤労精神」（Industriösität）という概念である。「勤労精神」とは、勤勉かつ創造的に生産的な営利活動に従事することを可能にするような人間の性質であって、これが、「紳士」

（Gentilhomme）たることをめざす上流階級向けの教育から市民や農民向けの新しい教育制度を区別する基盤となっていた。汎愛派の産業学校（Industrieschule）は、自らの労働力を経済的に利用する方向へと、子どもの人間的可能性をできるだけ早くから、しかも、身分によって前もって定められた職業領域のなかで発達させることをめざした。産業学校の思想は、民衆全体を社会的徳目としての勤労精神へと教育しようとするものであったが、所与としての政治経済的秩序そのものに手をつけようとはしなかった。

これは汎愛派が影響を受けたルソーの思想との大きな違いである。一般的な人間形成を重視するルソー的な立場に対して、カンペ（Campe, J. H.）は、一般教育と職業教育を等置するという重要な考え方を導入している。新人文主義、たとえばその代表者であるフンボルト（Humboldt, W. von）は、教育を職業教育と同一視するというこの考え方を批判した。そうした同一視は、生まれついた身分から派生する職業の必要に人間を従属させるものであり、それによって子どもの才能や個性は発見されも促進されもしないというのである。新人文主義は、身分に従ってではなく個人的な才能に従って教育されるべき近代的な市民の育成を目標にしていたことになる。しかしそれは同時に、19世紀における一般教育学校と職業教育学校の分離や職業教育の教育学的貶価をももたらしたのであった。

▶ **工業化以後の状況**　工業化は計画的で体系的な職業教育の成立を促したが、さしあたり求められたのは中級以上の技術的・管理的職種の養成であり、そのモデルとなったのはフランス革命時に設立されたパリのエコール・ポリテクニクであった。産業労働者のための体系的な職業教育制度は、職業教育の人間教育的意味を強調するペスタロッチの教育思想にもかかわらず、また、ペスタロッチとは逆に職業教育を除外した一般教育・普通教育を構想したヘルバルト派の強い影響もあって、19世紀には実現しなかった。労働者の

ための職業教育の役割を担ったのは、18世紀に創立された宗教的日曜学校（たとえばプロイセンの religiöse Sonntagsschule）や実業的日曜学校（たとえばヴュルテンベルクの gewerbliche Sonntagsschule）——19世紀後半からは、前者から生まれた一般補習学校（allgemeine Fortbildungsschule）と後者から発展した実業補習学校（gewerbliche Fortbildungsschule）——であった。19世紀末から20世紀20年代にかけては、職業教育を一般教育の出発点とすることによって両者を統合しようとするケルシェンシュタイナー（Kerschensteiner, G.）やシュプランガー（Spranger, E.）の職業教育論も展開される。ケルシェンシュタイナーは、補習学校に実習作業を組み込み、それを核として職業に関わる認識の育成や公民教育を展開しようとした。しかし、制度レベルで実現しその後の職業教育を規定したのは、徒弟制と補習学校とを組み合わせた、いわゆる「デュアル・システム」（duales System）であった。ブランケルツによれば、職業学校が補習学校の地位にとどめられ、また独自の理論体系がなかったこともあり、企業の教育での細分化された職業別特殊化が職業学校での授業の目安ともなって、それが授業の科学化や職業構造変動への対応を阻害するという問題も生じた。

▶ **まとめ**　一般に、工業国の職業教育を三つのモデルに分類することができる。スウェーデンの一般高等学校内でのモデル、上記のドイツモデル、日本の企業中心のモデルがそれである。第一のモデルは、同等の職業教育を受ける機会を保障するが、教育内容が仕事からかけ離れ、費用がかかりすぎる欠点がある。職業を通しての社会化に重点をおくドイツの「デュアル・システム」モデルでは、職業教育、とくにドイツ企業での教育訓練の目標、内容などが職業訓練規則で統一して定められているので、企業間での労働力の流動化が促進されやすい反面（日本企業での教育訓練は、それが統一されていないので、この流動化がおこりにくい）、企業の人材への二

ーズは変化が激しいにもかかわらずそれにあった人材を育成するのがむずかしいという問題が生じる。また，企業内教育訓練と学校教育を並行して行うこのモデルでは，実技と理論の授業の進路の調整が実際にはとてもむずかしいという現場からの声も聞かれる。一方，企業での社会化に重点をおく日本のモデルは，中小企業に入社した場合十分な職業訓練が保障されない，また入社しないと職業訓練が受けられないという短所があげられる。しかし，日本企業の戦力が欧州で通用する個人レベルの職業の専門性強化によるのではなく，トヨタ生産方式にみるような集団の生産力向上にあると考えると，日本の職業教育の神髄は「内在型」同調を奨励する小学校普通教育からの潜在的カリキュラムにあるとの考え方も出てくる。

［参考文献］ Arnold, R. & Lipsmeier, A. (Hrsg.), *Handbuch der Berufsbildung*, Opladen, Leske/Budrich 1995／Blankertz, H., *Bildung im Zeitalter der grossen Industrie. Pädagogik, Schule und Berufsbildung im 19. Jahrhundert*, Hannover, Hermann Schroedel 1969／Lauglo, J., "Contrasting Vocational Training Modes. Sweden, Germany and Japan. Programme for Research on Education" in, *The International Encyclopedia of Education*, Vol. 11, Oxford, Pergamon Press 1992

（エスヴァイン・三貴子）

女子教育
英 women's education

▶ **語 義**　女性を対象にした教育。社会背景により女性観も変化するので，時代と場所で異なる概念。歴史的には男女の生物学的性差と性別役割分業観が対応させられ，とくに近代以降は男子の教育と異なったレベルで組織され独自のジャンルを形成してきた。しかし1970年代以降は，フェミニズム思想と行動の活発化により，女性のニーズに焦点を当て意図的にデザインする積極的な教育へと意味内容が変化し，女性の補償教育としての生涯学習をも含む女性のための教育へと視座が変化した。1990年代では，男女両性の経験をトータルな人間経験として個人のなかに統合する人間の教育が要求されている。したがって，このマイノリティの構造をもつ女性に特別に与えられた概念は将来，消滅することが望まれる。

▶ **現状と課題**　近代以降の社会では生産（公的な有償労働）と再生産（おもに家族や家庭に関する私的活動で無償労働）の二種の社会過程がジェンダーに関連し，文化がジェンダーに結びつける特性につながり，それが社会の既成秩序と同位相にある学校教育に対応し，前者は男性の教育と，後者は女性の教育にと結ばれ，生産過程を上位に置いた社会過程のヒエラルヒーが今日まで存続している。とすると，家庭ファクター抜きに教育と就労との合理的な整合性が成立するのは，家庭的制約から自由な男性においてであり，もし教育の諸概念が社会の生産過程と結合されたものならば，教育ある人間の理想像は男性の文化的ステレオタイプと一致し，教育目標は男性的な特質を獲得することとなる。先進国では高等教育を受ける女性の数は急増し女性の就労も当然視されるに従い，女性観も変化し男女両性の教育的な平等は個人の権利として保障されている。しかし同時に，女性に家庭的責任を要求する風潮も依然として根強い。そのため女子教育政策は共学化は進んだものの，その内容は吟味されずに，女性の個人的権利を損ねないような妥協策となっているとも感じられる。アメリカでは性差別の解消を目的に，1972年に改正教育法タイトルⅨ，1974年に女性教育公正法が成立し，教育の機会均等の見地から70年代に共学化が促進された。しかし，性役割は学校教育の現場に浸透，同一の教育は男女に平等の結果をもたらさず，むしろジェンダーを無視した教育は，性別のステレオタイプを強化し，また生産過程一辺倒の教育を男女共に推進するとも懸念されている。そこで，生物学的性差とジェンダーが人間の基本的様相で社会に深く根差した特徴であるならば，教育理論と実践はジェ

ンダーに敏感であるべきとの主張もある。それは男女の特性への留意ではなく、文化的にステレオタイプ化された特性とジェンダーとの関係に注目し、教育から性的バイアスをなくし、そこに反作用する教育プログラムを創造することが対等な結果を得るとの見解である。したがって重要な課題は、ジェンダーを固定的に捉えたり生産過程を優位におく既存の価値観を変革し、個人のなかに両生産過程双方の価値を統合することであろう。

▶ **女子教育思想史と研究の視座**　欧米では、古くは紀元前にプラトンが『国家』で家族制度を公的領域とした上で支配者層に男女同一の教育を説いたが、とくに近代以降は結婚・家庭・家族観が変化し私的領域と認識されるにつれ、歴史上の思想家は社会の再生産過程と、それに付随する特性、仕事、機能、制度との関連を吟味し独自の女子教育思想を説いた。フランスではカトリックの聖職者フェヌロン（Fénelon, F. de S. de la M.）が伴侶養成を目的に貴族の少女のために『女子教育論』（1687）を著したのを契機に、女子教育の必要性が認められ、ルソーは『エミール』（1762）で男性には市民の、女性には家庭人としての二本立ての教育思想を展開した。その後女性観も次第に変化し、コンドルセは『公教育の本質と目的』（1791）で男女平等、共学の公教育を構想した。イギリスのウルストンクラーフト（Wollstonecraft, M.）は『女性の権利の擁護』（1792）でルソーの女子教育思想を批判し男女同権による同一の教育を主張した。また同時期にスイスのペスタロッチは『リーンハルトとゲルトルート』を著し母親の教育的機能を重視した。19世紀になるとアメリカのビーチャー（Beecher, C.）は『家事経済論』（1842）を発表、教育者、家事の専門家としての女性の新しい役割を認めた思想へと発展させた。20世紀半ばになるとフランスのボーヴォワール（Beauvoir, S. de）が『第二の性』（1949）で「人は女に生まれない。女になるのだ」と従来の女性観を批判し、男女の教育的・社会的平等を更に

推進する契機となった。またアメリカのフリーダン（Friedan, B.）は『新しい女性の創造』（1963）で教養ある中産階級の主婦の満たされない生活を告発し、70年代以降の第二次フェミニズムの先鞭をつけた。教育思想研究は70年代以降、フェミニズム研究の推進により視座と方法が変化し、ジェンダー視点の導入の有効性が認識されている。アメリカのマーティン（Martin, J. R.）等がジェンダーを視野に入れた新しい女性研究の成果を発表しているが、たとえばデューイ（Dewey, J.）の思想は学校と社会、教育と生活などの二分法を退けたので、葛藤を克服する理論構築の可能性を秘めているともいう。

日本では近代以降、天皇制国家主義思想が強化されるにつれ国家主義的な良妻賢母思想がとくに公立の女子中等教育機関で強調された。女性観は、いずれも家庭的役割を否定しないが、「女大学」に象徴されるような伝統的な儒教的女性観、欧米の近代的市民的女性観、キリスト教の人格主義的女性観も説かれ多様性があった。なかでも19世紀後半以降、キリスト教女性宣教師が日本の女子教育に果たした役割は大きい。初代文部大臣となる森有礼は「妻妾論」（1874）で一夫一婦論を提唱、福沢諭吉は「女大学評論・新女大学」（1898）で女性のみに服従を説く儒教的女性観を批判し欧米的女性観を啓蒙した。中村正直は日本人の人間改造論を唱え「母親の感化」（1887）を著した。『女学雑誌』（1885～）の主幹・巌本善治等は因襲的な女性観を批判、成瀬仁蔵は『女子教育』（1896）でキリスト教的な人格教育に基礎を置いた女子高等普通教育を説いたが、一方三輪田真佐子等は『女鑑』（1891～）で儒教的女訓に基づいた女性の育成を主張した。19世紀末から20世紀初めには女性も教育と主体的に関わり、津田梅子は英語の、吉岡弥生は医学の専門教育を重視した。羽仁もと子は『家庭之友』（1903～、のちに『婦人之友』と改題）で女性を主体にした生活合理化思想を展開した。安井てつは新渡戸稲造と共にキリスト教主義女子高等教

育に尽力した。また与謝野晶子は男女共学の平等教育を説いた。なお「良妻賢母」思想に関しては，深谷等は国体観念，家族国家観，儒教との関連を重視，戦前日本の女性を抑圧する体制派思想と捉えたが，対して小山は普遍的な近代国家や近代家族の成立との関係を重視，性的役割分業を支える思想ではあるが，歴史的状況の変化に応じて女性自身の欲求を吸収し内実を変化させて行った女性改良思想として位置づけている。いずれにせよ教育思想研究では，女性思想家の主張や女性が担ってきた再生産過程に注目し，これまでの解釈を統合させる試みが期待される。

[参考文献] Martin, Jane R., *Reclaiming a Conversation── The Ideal of the Educated Woman*, Yale University Press 1985（村井・坂本・坂上訳『女性にとって教育とは何であったか』東洋館出版社　1987）／Conway, Jill K., "Perspectives on the History of Women's Education in the United States," *History of Education Quarterly*, vol. 14, No. 1, Spring 1974／Duru-Bellat, Marie, *L'Ecole des Filles*, L'Harmattan 1990（中野訳『娘の学校』藤原書店　1993）／深谷昌志『増補 良妻賢母主義の教育』黎明書房　1990／小山静子『良妻賢母という規範』勁草書房　1991／坂本辰明『アメリカの女性大学：危機の構造』東信堂　1999
[関連項目] フェミニズム／近代教育
（影山礼子）

舒 新城
（じょ　しんじょう，Shū Xin-chéng 1893-1960）

湖南省漵浦県の生まれ。小農の家の出で，私塾，書院，県立高等小学，単級師範養成所で学び，1917 年湖南高等師範学校を卒業。その後ミッション系の福湘女子中学，湖南第一師範学校，東南大学附属中学，成都高等師範学校などで教鞭をとった。その間舒はデューイやソーンダイク（Thorndike, E. L.）らの著作を通じて教育学を学んだ。1920 年『実用教育学』を著しているが，彼の名はドルトン・プランを紹介しかつそれを 1922 年呉淞中国公学中学で実験的に試行したことで知られている。胡適や陶行知が理論的側面か

らデューイらの児童中心主義に接触し始めたのに対し，英語の教師であった舒は彼らよりもより実践的側面から児童中心主義に関わることになった。舒は，新式の学校ではかつて私塾や書院などでみられた個別的な指導や師弟間の人格的な関係が存在せず，生徒の個性を無視して教師が一斉教授を行っていると批判した。当時プロジェクト・メソッドなど各種の新式教授法が中国で紹介されてはいたが，舒はドルトン・プランこそが児童の個性や自発性の尊重に役立ち，かつ人間の個性と社会性を調和的に発達させる最も有効な教授法であると考えその普及に尽力した。だが舒はドルトン・プランの指導者として各地の学校を訪問するなかで，外国の新式教授法に対しては教授法の質的な検討もせず形式的な模倣ばかり行う中国教育界の動向に不信感を抱きはじめた。以後舒は中国における教育の在り方を探索するために中国の教育史研究に取りかかることになった。

舒の著作も初期は教授方法論や心理学に関するものが中心だった。だが中国の教育界の現状に不信感をもつようになってから，『教育叢稿第一集』（1925）『近代中国教育史料』4 冊（1928）『中国近代教育思想史』（1929）などの著作では，中国における教育の在り方およびその方向性の問題について論じるようになった。その過程で舒は中国の教育に問題が生じた原因を，小農制社会という中国の社会現状を考慮せずに資本主義が反映されている西洋式の教育の導入が行われたことにあると認識する。

上述のような認識により舒は中国教育改造案を多方面にわたって展開した。舒はまず，「教育権回収運動」という国家の主権としての教育権を教会学校などの外国勢力から取り戻すための抗議運動に理論的根拠を提出した。当時多くの教会学校は中国史の教育を軽視し宗教と外国語の教育を重視していた。その状況は舒にとって中国の文化に対する侵略が教会学校によって行われていると考えられたのである。また舒は『中国教育建設方針』

（1931）で，農村の子どもが無償で勉学できるようにするために，昔の書院にならい各地に図書館・科学館・体育館をそれぞれ設置し，かつそれぞれ指導員をおいて就学できない子どもの指導に当たらせるといった「三館制」という案を提出し，農村における教育の普及も試みた。

舒はその後も教育史研究を中心に行い，その遺稿は『中国近代教育史資料』3冊（1961）として公刊されている。

[参考文献] 阿部洋「舒新城」阿部洋編『現代に生きる教育思想 8 アジア』ぎょうせい 1981／舒新城（阿部洋訳）『中国教育近代化論』明治図書 1972 　　　　　（日暮トモ子）

初等教育
英 primary education, elementary education

▶ 語義　初等教育は，歴史的に概観すれば，一義的に規定できるものではない。ただし，これを教育制度の上から位置づければ，高等教育と中等教育の前段階，すなわち学校教育の最初の段階に行われる教育といえよう。年齢的には，5歳ないし6歳から，11歳ないし12歳までの子どもを対象としている。また，初等教育を教育内容の側面から見れば，すべての子どもに対して，将来の生活を営む上で，共通に必要とする基礎的な知識，技能および態度を養うための教育といえよう。

▶ 歴史　教育問題はいつの時代においても，社会の動向を敏感に反映してきた。初等教育もその例外ではないだろう。以下，その歴史を概観していくことにする。

（1）「小さい学校」（petite école）の普及
中世には，修道院付属学校，都市の学校，大学という三種類の学校が存在した。11-12世紀にかけて，商業活動の規模が拡大するにつれて，都市の重要性が増した。そのなかで，田舎の教区教会を中心にして，教区学校（parish school）が基礎的な教育を行っていた。ここでは，ひとりの教師が4歳から14歳くらいまでの子どもたちを対象として，読み書き，文法，算術，教理問答，礼儀作法が

教えられた。ただし，学校とはいっても，授業は教師の家で行われ，その期間も秋から春にかけての農閑期が中心であった。

この「小さい学校」は，18世紀に入ると各地に広まった。とくに18世紀後半，従順なキリスト教徒の育成を目的とする教会側の意図とは別に，比較的裕福な農民たちの間で子どもに知識を学ばせたいという要求が高まってきた。こうした「小さい学校」の普及は，やがて民衆の識字能力の向上に大きく貢献することになった。

（2）初等公教育の成立　近代以降，初等公教育の学校（普通教育を行う場としての学校）は，社会の大きな変化を背景として登場した。産業革命によって，職住分離（家族と職業の分離）が進むなかで，家族は崩壊の危機に直面し，家庭の教育的機能が急速に低下した。また都市への人々の移動，ならびに共同体からの家庭の隔離などによって，伝統社会においては有効であった共同体の機能も弱体化した。そのいっぽうで，子どもたちは新しい生産様式に対応するために，文字文化を中心とする知識と技能，労働の規律を習得しなくてはならなかった。こうして，学校は家族や職業，共同体に代わって，子どもの発達を保障するという公教育の機能を担うことで，教育機関として市民権を獲得した。

他方，学校は犯罪の防止や「性格の矯正」という社会政策的な機能も担うようになった。というのは，工業化と都市化の進行は「怠惰」，「不道徳」，「不衛生」，「不節制」，「犯罪に走りやすい」，「無秩序」など，ありとあらゆる非難を浴びせられた都市の貧しい労働者階級を生みだしたからである。そのため，初等教育への投資は国家にとって，社会生活の防衛上，避けられないこととなった。国家が教育に介入するのは何よりも，無知が社会の財産，諸権利を侵害するからに他ならなかったのである。たとえば，イギリスでは，宗教・道徳教育と読み書き算を中心とするパブリック・スクール（public school）が，政府の援助（1833年の国庫助成制度の導入）を

得て，続々と誕生した。その背景には無知，蒙昧で，犯罪を犯しやすい危険な階級を訓致，教導するために，彼らに教育を与える方が得策だと考える者たちがしだいに増えてきたことが考えられる。

したがって，子どもたちに教えられたのは，単なる知識だけではなかった。毎日，規則正しく繰り返される学校生活を通して，子どもたちは知らずしらずの内に一定の態度，性向，規範が植え付けられた。子どもたちは日々の学校生活を通じて，「時間厳守」，「整理整頓」，「恭順な態度」，「清潔」，「感情の抑制」など，物事の判断基準となる新しい規範を刷り込まれ，近代社会にふさわしい大人に仕立てられたのである。

（3）国民教育——国民統合としての初等教育　産業革命を通して，産業，経済および科学技術は急激に発展し，それに伴って人々の日常生活やライフサイクルも大きく変化した。その結果，それぞれの国で，その変化に対応できるような人材養成が必要となった。19世紀後半から，義務教育が国民教育として公教育制度の下で推進されたのは，まさにそのためであった。このような国家による教育の奨励は，他方，教育を受けたいという民衆の要求とも一致したため，義務教育はしだいに普及していった。

このように，初等教育の歴史を，義務教育の歴史とともに，教育制度において跡づけていくことはできる。しかし最近，教育の内実をより明らかにするために，ミクロな視点から，初等教育における国民統合をテーマとして，それを読み解こうとする研究もなされている。その一例として，言葉の問題がある。

現在のわが国の状況からすれば，成人の能力として，読み書きは当たり前のことであろう。しかし，文字を読んだり書いたりする能力は歴史的には，誰にでも備わっているものではなかった。チポラ（Cipolla, Carlo M.）の算定によれば，1850年頃のヨーロッパにおける成人の40-50％は文字が読めなかった。しかも，この数字は最小限の非識字率と考え

るべきと言う（『読み書きの社会史』）。また，現在の国家を自明のものと考えると，たとえばフランス人なら，誰でもみなフランス語を話したり，書いたり，読んだりすることができると考えるだろう。しかし，そういった現象は実のところ，この100年間においてようやく実現したことなのである。したがって，「言語的な統一こそ国民国家の基盤にあるものであり，そしてそれを保証しうる国家の装置こそ〈学校〉にほかならなかった」と考えられる（桜井哲夫『「近代」の意味』）。

このように，ことばの問題一つだけを取り出してみても，初等教育が果たしてきた役割は国民国家を形成する上で，非常に大きかったといえるだろう。初等教育段階の学校は生活に最低限必要な知識や技能を教えるだけでなく，それを通して規範となる文化も同時に提示してきた。つまり，学校は教会に代わって「国家のイデオロギー装置」として強力に機能することとなったのである。

したがって，国民全体の系統的な規範のなかに押し込む「学校化社会」が出現したとき，国家は国民統合のための安定した地歩を築くようになる。しかし，その統合の過程は初等教育のみによって明らかにされるわけではない。その解明には，民衆の労働，生活世界のあらゆる側面からの総合的な考察が不可欠である。教育は国民統合の要所にはあるが，独立して存在するものではないからである。いくつかのシステムの相互関連が明らかにされてはじめて，初等教育の占める位置もより一層明確になるであろう。

以上，欧米の初等教育の歴史を概観してきたが，それは次のように要約できるのではないだろうか。

「①われわれは，学校に社会改革を期待することはもうやめるべきである。犯罪，貧困，不平等，疎外，その他さまざまの社会問題は，社会・経済構造に根ざしている。

②われわれは，公立学校は常に精神よりも道徳に関心を持ってきたという事実の意味を，熟考すべきである。

③われわれは，諸機関が近代の創出物であることを覚えておかねばならない。

④かつて若者たちは，今とは違う成長の過程をたどっていた」（カッツ『「公教育の起源」再考』）。

（4）　寺子屋　次に，わが国における初等教育の原初的形態として，寺子屋について簡単に触れておきたい。

わが国では，国民教育という観点から初等教育が制度化されたのは，1872（明治5）年の「学制」以後のことである。しかし，教育内容の点からすれば，すでに寺子屋によって初等教育と同程度の教育が行われていた（以下，石川松太郎『藩校と寺子屋』を参照）。

寺子屋とは，主に民衆の子どもに読み・書きなどの基本的な学習をおこなった民間の教育機関のことである。この教育機関が17世紀から19世紀後半（江戸時代）にかけて，広範に普及した背景としては，民衆階層も日常生活において，読み・書きの能力を必要としたことが考えられる。たしかに民衆は長い間，文字文化とは縁のない暮らしをしていた。しかし，江戸時代以後，産業生活および公民生活との関連から，民衆階層のなかでも文字を習い，文字によって学習しようとする気運が高まってきた。そして，寺子屋に多くの子どもたちを集めて，簡単な文字の勉強を組織的にさせるようになった。

その背景には，次のような理由が考えられる。まず第一に，江戸時代における商業資本の活動と産業の発展である。江戸時代に入ってからは，確かに鎖国政策によって，商業資本が海外に活動の場を拡大することはできなくなった。しかし，それだけに，国内では幕藩体制の下でも，その壁を越えて，全国を網羅した経済体制が築かれていった。それは，資源の開発・財貨の増産・交通運輸の進歩を促進し，都市の町人だけでなく，農民の労働や生活までも，商品経済・貨幣経済の網に組み込むこととなった。このような社会構造の転換は，民衆の日常生活においても，簡単な読み書きや計算の能力を不可欠なものとした。

たとえば，商売の取引を記録したり，手紙をやりとりすることが必要となったし，また，民衆の間でも文化交流が盛んになり，さまざまな分野の学問・技術書や教養書を書いたり，読んだりする機会が増えた。

第二の理由は，幕藩公権力が文書によって，民衆の労働や生活を一元的に統治しようとしたことである。とりわけ江戸中期から末期にかけて，幕藩体制が崩壊の危機にさらされると，幕府と諸藩は，諸法度・お触れ書き・ご高札・五人組帳前書などの法令ないしそれに準ずるものの内容を強化するとともに，文書にして領内一円に配布し政策遂行の徹底を期した。そのため，このような文書そのもの，あるいはそれを平易に書き直したものを，手本として学習することを，積極的に奨励するようになったのである。

まとめれば，寺子屋は民衆の立身出世に役立った一方，幕藩公権力にとっては社会の規律化を押し進めるのに有効であった。ここに，寺子屋の果たした教育的機能を見いだすことができるであろう。

▶　**今日的課題**　最後に，学校の担ってきた（担わされた）機能についてまとめておく。

まず代理機能である。学校は，家族，教会，共同体，刑務所，徒弟制など，本来それぞれの場が行っていた諸機能を負わされ，それらが学校に持ち込まれるようになった。近代学校の歴史は，その機能の展開の歴史とも考えられる。次に，学校は新しい社会的訓練・規律の形成の機能を負わされた。たとえば，学校は子どもを近代社会にふさわしい大人に仕立てるために，「時間厳守」，「整理整頓」，「清潔」などといった物事の判断基準となる新しい規範を刷り込む場でもあった。また，学校制度が普及するなかで，学校は階層の再生産と再配分の機能を担わされてきた。「学校化社会」の成立は，この学校の社会的再生産機能に強く影響を受けたからである。

このようにまとめてみると，学校の本質的な機能とは何かが問われてくるだろう。わが国は今，全国に何万人いるかわからない「登

校拒否児＝不登校者」，体罰，学校週5日制，生涯学習社会など，早急に解決しなくてはならない教育問題を数多く抱えている。その解決策を考えるとき，教育機能の再配分，学校の本質的機能と相対化を教育史のなかで明確にしなければならない。

[参考文献] アリエス（中内敏夫・森田伸子編訳）『〈教育〉の誕生』新評論　1983／石川松太郎『藩校と寺子屋』教育社　1978／伊藤和衛編『公教育体系　第2巻　公教育の歴史』教育開発研究所　1988／梅根悟監修『世界教育史大系　第23巻　初等教育史』講談社　1981／カッツ（藤田英典ほか訳）『階級・官僚制と学校──アメリカ教育社会史』有信堂　1989／金子茂「近代学校における『クラス』の史的変遷と教授方法の転換──ドイツの学校をめぐって」『日本の教育史学』第32集1989／堀尾輝久『現代教育の思想と構造──国民の教育権と教育の自由の確立のために』岩波書店　1971／三好信浩『イギリス公教育の歴史的構造』亜紀書房1968／ミュラーほか編（望田幸男監訳）『現代教育システムの形成──構造変動と社会的再生産・1870-1920』晃洋書房　1989／森田尚人「公教育の概念と歴史的構造──19世紀イギリスとアメリカにおける学校改革」，森田尚人ほか編『教育学年報　第2巻　学校＝規範と文化』世織書房　1993

[関連項目] 国民教育／公教育　　（寺岡聖豪）

シラー

(Johann Christoph Friedrich von Schiller, 1759-1805)

▶ 生涯　ドイツの詩人，劇作家。西南ドイツのヴュルテンベルク公国マールバッハに敬虔なプロテスタントの軍医の子として生まれる。牧師を志望するも，領主カール・オイゲンの命により軍学校への入学を強制され，法律と医学を学ぶ。この間，スコットランド学派の哲学者の著作を通じてシャフツベリー（Shaftesbury, 3rd Earl of）に感化を受ける。文学的にはルソーやシェークスピアの影響を経て，処女戯曲『群盗』（Die Räuber, 1781）ほかの成功によりゲーテ（Goethe, J. W.）等と共にシュトルム・ウント・ドランクの旗手となるが，オイゲン公の不興を買い，放浪生

活にはいる。古典主義様式への転回点となった『ドン・カルロス』（Don Carlos, 1787）の完成と同時に，ゲーテやヘルダー（Herder, J. G. von）等のいた文壇の中心地ワイマールに移る。イエナ大学の歴史学員外教授就任（1789）に前後してカント哲学に魅了され，それとの思想的苦闘を通じて『優美と尊厳について』（Über Anmut und Würde, 1793），『人間の美的教育に関する書簡』（『美育書簡』）（Über die ästhetische Erziehung des Menschen, in einer Reihe von Briefen, 1795），『素朴文学と情感文学について』（Über naive und sentimentale Dichtung, 1795-96）など，一連の美学および美的教育に関する論文を書く。1794年以降，ゲーテと親交を結び，それを機にふたたび精力的に創作に没頭して，相携えてドイツ古典主義の黄金期を築き上げた。

▶ 思想内容　　『美育書簡』を中心とする一連の論文におけるシラーの教育思想の核心は，人間性における感性と理性との二元的対立の，美と芸術による克服という問題にある。既に初期の思想からシラー固有のモティーフであったこの問題は，カント哲学との対決を通じて，徹底した原理的・哲学的考察に付されることになった。カントに従えば，人間は感性界（因果的必然や自然的欲望に支配される経験的世界）と叡知界（道徳律によってのみ支配される理念的世界）との二つに引き裂かれており，しかも彼のリゴリズムは，後者に属する実践理性の絶対的優位を要求する。シラーの課題は，この二つの世界の間を媒介することであった。『美育書簡』において彼は，感性と理性に対応する二つの根本傾向──「生命」（Leben）を対象とする「質料衝動」（Stofftrieb）と「形相」（Gestalt）を対象とする「形式衝動」（Formtrieb）──に加えて，両者を媒介する「遊戯衝動」（Spieltrieb）を人間性に見出す。この第三の衝動の対象は「生ける形相」（lebende Gestalt）すなわち「美」であり，「美」は経験的実在でも理念的実体でもない「仮象」（Schein）であるが故

に，人間が「遊戯衝動」に従って「仮象」の世界に遊ぶときにのみ，本来はまったく媒介不可能なはずの感性と理性の統一が可能となり，全体的・調和的な人間性が完成される，というのである。

▶ **位置づけと影響**　『美育書簡』における如上の議論をして，シラーはカント哲学を超克して，美的経験による「美的道徳」の実現を説いたとする解釈――その際には，しばしばシャフツベリーの美的世界観の影響が強調される――が，19世紀以来，存在する（ヴィンデルバント，レーマン等）。ブレットナー（Blättner, F.）もまた，シラーを新人文主義的精神のなかに位置づけつつ，同時に美的教育論にヘーゲルの弁証法の先駆を認め，それがカント的な二元対立を「止揚」する試みであったと述べている。それに対して前田博は，シラーにおける「美」を，人間性の完成への媒介方途であると同時に理想原理であると捉えている。美的教育の過程は「美によって美へ」というフンボルト的な螺旋形の向上過程であり，『優美と尊厳について』における「（真に）美しき魂」とは，このきわめて新人文主義的な陶冶理想の表現に他ならないとされる。このような解釈は，シラーにとって「仮象」としての「美」は，あくまで人間の調和的全体性の象徴であり，決して道徳性の原理ではあり得ないとする点で，シラーがむしろカント哲学の徹底者であったことを強調する。いずれの解釈をとるにせよ，カントの二世界説が近代人の分裂の哲学的表現であるとするならば，それに対してシラーの美的教育論が，まさに一つのラディカルな近代克服の試みであることは確かである。19世紀以降，現代にいたる，文化批判的契機を孕んだ多くの芸術教育思想・運動（「芸術」の項参照）が常にシラーを拠り所として来たのは，決して国民的詩人としての彼の名声の故ばかりではない。

[**参考文献**]　Blättner, F., *Geschichite der Pädagogik*, Heidelberg, 1973／Koopmann, H. (Hrsg.), *Schiller-Handbuch*, Stuttgart, 1998／

Sharpe, L., *Schiller's Aesthetic Essays; Two Centuries of Criticism*, Columbia 1995／シラー（石原達二訳）『美学芸術論集』冨山房　1977／前田博『ゲーテとシラーの教育思想』未来社　1966　　　　　　　　　　　　　　（西村拓生）

自律性
英 autonomy／独 Autonomie／仏 autonomie

▶ **歴史**　アリストテレス（Aristoteles）以後において，自律性という概念がはじめて明確にされたのは，トマス・アクィナス（Thomas Aquinas）によってであると言われている。中世の伝統的教義では，上位者の命令が正当であるかないかにかかわらず，それに従わなければならなかった。それに対して，トマスは，上位者の命令に背くことになっても，理性に照らして，自分で判断して行動するべきであると主張したのである。トマスによれば，キリスト教信仰の真理は，理性を越えるものではあるが，理性と対立するものではない。ただ，理性による神の知への参与をより完全にするためには，外部からの干渉を退け，自らの固有の方法で探求を押し進めなければならないとして，理性の自律性を主張したのである。ケンブリッジ大学教授であるウルマン（Ullmann, W.）によれば，この主張が，道徳の領域における個人の自律性を主張する端緒になったとしている。

宗教の領域において，自律性を明確に表したのは，宗教改革の旗手として有名なルター（Luther, M.）である。ルターは，個人を中世教会の絶対的権威から解放した。これによって，当時教会の支配と結びついていた社会秩序までも打ち破られることになった。ルターは，すべてのキリスト教徒が，一つの福音の下にある限り，等しく司祭であり，信仰における正誤を吟味し，判断することができると主張したのである。これによって，神から与えられた良心にもとづき，自己の責任において行動する自律的な個人を生み出した。ただ，ルターは，救いに対する決断の自由を説くエラスムス（Erasmus, D.）の人間主義的

な色合いの濃い『自由意志論』に対して、『奴隷意志論』を著した。これは、人間の自由を無条件に認めようとするエラスムスの主張に反対して、人間の自由は、神の自由に裏付けされてはじめて成り立つものであると主張し、人間の無力を強調したものであった。ルターの主張から生み出された自律的な個人は、神への信仰が結びついたものであった。

哲学史上、自律の概念を最も体系的に解明したのは、カント（Kant, I.）である。カントが生きていた18世紀のヨーロッパは、近代市民社会が、啓蒙思想に導かれた政治改革によって、登場してきたところであった。近代市民社会において、人々はそれぞれ特殊目的たる独立の個人であり、また自己の利益を目的とする私人でもある。そのため、人々は自己の利益や欲求の満足を求めて、飽くなき競争を繰り広げた。ただ、人々が自己の利益や欲求だけを求めれば、必然的に社会は崩壊する。それをくい止めるために、近代市民社会は個人の利益や欲求充足の自由を認めながらも、他人の自由を侵害しないように、外的強制力として法を定めた。

こうした社会状況のなかで、カントは法の必要性を認めながらも、法を単に義務として他律的に守るのではなく、その義務を意志の内面的な動機として自律的に守るように求めた。そこで、道徳法則においても、カントは適法性と道徳性を区別したのである。適法性とは、行為が道徳法則に外面的に適合し、義務に適っていることを意味する。それに対して、道徳性とは、客観的には道徳法則に意志が規定されてはいる。しかし、主観的には道徳法則に対する純粋に自発的な尊敬によってのみ動機づけられている場合に認められるものである。この道徳法則に対する尊敬は、伝統や権威に対する尊敬と同じものではない。あくまで自己が理性にもとづいて自己に与えた法則であるがゆえに自律的に従うのである。

このように、合理主義を特徴とする啓蒙思想家においては、自律性の概念に個人の自由が不可分に結びついている。ところが、自律

的な自我を、現実の経験的自我ではなく、「合理的」な自我であると解釈してしまうと、合理性の名の下に自由であるべき個人が国家や政党などの集団のなかに埋没してしまう危険が起こる。こうした危険に対して、19世紀に、ミル（Mill, J. S.）とトクヴィル（Tocqueville, A. de）は、すでに疑念を抱き、安易な他人への同調や慣習への服従を否定していた。官僚化が進み、多くの形態の抑圧や疎外、そして操作の広く行き渡った現代の産業社会においては、自由主義者以外にも、個人の自律性の重要性を指摘する論者は少なくない。その代表的な人物に、マルクーゼ（Marcuse, H.）やフロム（Fromm, E.）がいる。

以上から、他者の命令や束縛によらずに、自分の立てた規範に従って行動するといった自律の問題は、理性が脚光を浴び始めた頃から生じてきたもので、理性と結びついていたことがわかる。ただ、今日では、理性は自律の形成にとって絶対の要因ではないことがわかってきた。

▶ **教育と自律**　デュルケーム（Durkheim, É.）は、それまで宗教的基盤に支えられていた道徳教育から、宗教を切り離し、純粋に合理主義的道徳教育を提唱した。デュルケームによれば、我々の理性は、真実として認められたものだけを自発的に真実として受け入れるべきである。そのため、どんな種類の圧力もかからない完全な自らの自由意志によって成就した行為だけが、道徳的であるとした。デュルケームは、『道徳教育論』のなかで、道徳性の要素を三つに分け、第一と第二の要素を「規律の精神」と「社会集団への愛着」とし、第三の要素を「意志の自律性」とした。道徳的行為を行うためには、規則を尊び、社会集団に愛着するだけではなく、道徳の意味を深く理解し、自律的にかかわっていかなければならないと考えたのである。デュルケームによれば、道徳規則は、まずは教育によって外側から子ども達に権威的に強制される。しかし、道徳規則の性質を探求し、その存在や存在理由を理解すれば、他律的にではなく

自律的に，道徳規則を受け入れることができるのである。

デュルケームの見解に対して，次のような問題点が指摘されている。一つは，デュルケームが道徳を個人の意志を越えた改善の余地のないものとして捉えているとする点である。つまり，デュルケームの主張する「自律性」とは，単に社会の規範を個人が内面化させたにすぎず，規範それ自体を主体的に改善させようとするものではない。このため，デュルケームの場合，自律性の問題が，道徳教育において重視されていたにもかかわらず，社会規範の個人への社会化に重点が置かれ，その結果，結局は個人は社会集団の規律に従属させられることになったと。二つ目は，啓蒙主義の理性信仰が，払拭されていないとする点である。確かにどんなに科学的に社会的規範の必要性が解明され，それを個人が，知的に納得したとしても，それを受け入れるかどうかは理性の役割ではない。そのため，理性に全面的に信頼を置いた教育では，自律性を育成することはできないであろう。

柴野昌山によれば，自律性とは，単に受動的に自己が社会化されることではなく，社会化されながらも，同時にその社会化を主体的に選択して，自らを社会化するものであるとしている。その場合の主体的選択は，「純粋に個人的かつ任意的欲望」や「主観的意図」の表出だけではなく，同時に「社会規範の命令を勘案」されることによって成されるものである。ただ，「律」という価値規範的内容に注目した場合には，両者を単に調整するだけというのでは，「自律性」の意味が弱いとする見解を取る人もいる。すなわち，既存の価値規範が，自己の価値規範に照らして納得するものであるならば，既存の価値規範を受け入れればよいのであるが，もし両者が矛盾する場合には，自己の価値規範に従って，既存の価値規範に反対するか，あるいは改善を申し立てる態度こそが，「自律性」の性格であるとするのである。ただ，こうした「自律性」を育成するには，理性を中心とした教育

だけではなく，自己の価値規範を追求し，形成していけるような教育も必要であろう。

［参考文献］　古川哲史編『倫理思想史』有信堂高文社　1979／ルークス，S. M.（間宏監訳）『個人主義』お茶の水書房　1981／南澤貞美編『自律のための教育』昭和堂　1991／マッキンタイア，A.（篠崎榮訳）『美徳なき時代』みすず書房　1993／デュルケーム，É.（麻生誠・山村健訳）『道徳教育論』明治図書　1976
（山室吉孝）

ジルー

（Henry A. Giroux 1943-　　　）

1943年9月18日，アメリカ合衆国ロードアイランド州の州都プロヴィデンスに生まれ。1969年から7年間，同州のバーリントンでハイスクールの歴史教師を務めた後，1977年にカーネギー＝メロン大学にて学位を取得。ボストン大学（1977-1983），マイアミ大学（1983-1992）などを経て，現在ペンシルヴェニア州立大学教授。

ジルーは，当初，潜在的カリキュラム論で著名なアップル（Apple, M.）とともに，学校や社会における文化や権力の問題を論究していたが，しだいにアップルと袂を分かち，その独自性を打ち出すようになる。アップルが学校文化のなかに隠された潜在的な権力関係や，それによって再生産される社会的関係を浮かび上がらせ，批判することに力点を置いていたのに対して，ジルーはその批判のもつ重要性を認めた上で，さらに，こうした現状を社会的不平等の是正に向けていかに変革するかという課題に積極的に取り組むのである。

ジルーの思想形成上の特徴は，学校と社会との関係に関わるデューイの遺産をベースに，ハーバーマス（Habermas, J.）らに代表されるドイツの批判理論やイギリスの知識社会学，あるいはフレイレ（Freire, P.）の識字教育など多彩な思想の成果をアメリカ風にアレンジした点にあるといえよう。ジルーの批判的教育学（critical pedagogy）は，まずは彼の抵抗論が再生産論を克服する試みとして主に

教育社会学の領域において 1980 年代初めに注目され，ついで抵抗論に基づく彼の学校論が評価されるようになった。『教育における理論と抵抗』のなかでジルーは，ボールズ／ギンタス（Bowles, S., Gintis, H.）やブルデューらの再生産論を，現状に対する批判の観点からは意義あるものとして評価しつつも，そこには支配的なイデオロギーに対する個々人の抵抗が考慮されていないと再批判する。学校は生徒を再生産する単なる工場ではなく，そこには常に生徒による抵抗の可能性も存在している。ジルーは，この抵抗の可能性をよりどころとして，社会的マイノリティの抑圧された現状を変革する希望の場所として，すなわち公共領域として学校を再構築することを主張し，そのために教師に変革的知識人としての役割を求める。

その後，1990 年代に入ると，ジルーの批判的教育学にはそれまでの基本的モティーフに加え，ポストモダニズムの影響が色濃く見られるようになる。1990 年代の代表作である『ボーダー・クロッシングズ』では，『ポストモダン教育』などにおいてなされた考察をさらに発展させ，他者との差異を「境界」（border）として捉え，そこに働く独自の認識の限界を意識し，その境界を越えること，つまり「越境」（border crossing）の必要性を強調するのである。この意味において，ジルーの批判的教育学は，1980 年代から一貫した課題であるモダニズム的な平等ないしは解放という理念と，差異を強調するポストモダニズム的な視座を結合する試みであるといえよう。

なお，ポストモダニズムの影響とともに，ジルーはポピュラー・カルチャーの研究にも力を入れ始め，いくつかの著作を著わしている。このようなジルーの批判的教育学は，現在，従来の再生産論や学校論のみならず，多文化主義やカルチュラル・スタディーズの領域をも射程に収めている。

[参考文献] Aronowitz, S., Giroux, H. A., *Postmodern Education: Politics, Culture, and Social Criticism*, Minneapolis 1991／Giroux, H. A., *Theory and Resistance in Education: A Pedagogy for the Opposition*, New York 1983／Giroux, H. A., *Teachers as Intellectuals: Toward A Critical Pedagogy of Learning*, New York 1988／Giroux, H. A., *Border Crossings: Cultural Workers and the Politics of Education*, New York 1992／Giroux, H. A., *Fugitive Cultures: Race, Violence, and Youth*, New York 1996／Giroux, H. A., *Channel Surfing: Racism, the Media, and the Destruction of Today's Youth*, New York 1997／上地完治「ジルーの批判的教育学に関する一考察──『差異』と公共領域」教育哲学会編『教育哲学研究』第 75 号 1997
（上地完治）

人　格

英 person, personality／独 Person, Persönlichkeit

▶ **語　義**　「人格」ということばは，我が国に啓蒙運動の展開があった明治 30 年頃に，カントの倫理学における「ペルゾーン（Person）」の訳語としてつくられて日本の思想界に定着したと言われる。カントはその『人間学』（1798）において，人間は，自我をもち意識の統一を保つことのできるペルゾーンとして，理性をもたない獣とは完全に区別され，いかなる障害にあっても道徳法則を守りぬく崇高な存在であることを，述べている。ここには，およそ人間であるかぎり自らを律することのできる理性的存在であり得るはずだ，とする啓蒙思想的な人間観が見いだせる。ペルゾーンとはラテン語ペルソナから発した語である。古代ローマでは，ペルソナとは，役者が演技においてかぶる仮面ひいては役割を意味していた。その後，キリスト教神学で三位一体論が論じられるなかでペルソナの語が用いられるようになった。カントがペルゾーンということばで人間を論じたのには，神とのアナロジーにより，禽獣とは絶対的な意味で区別される存在としての人間の崇高性を主張する意図があったと考えられる。尚，訳語としての「人格」に使われた「格」とは，元来，木が高くそびえるさまをあらわして高いランクを意味する語である。

このように、「人格」とはまずは啓蒙思想的な価値観をともなうことばとして日本の思想界にもたらされた。だが超越神をたてない思想の伝統下にある我が国においては、「人格」について、カント的な絶対的に優れた崇高な理性的存在、という意味のみならず、語源である仮面としてのペルソナの意味に注目して論じる向きが起こった。和辻哲郎は「面とペルソナ」（1921）という一文で、日本の伎楽面、舞楽面、能面の秀逸さを具体的な事例として語りながら、「顔面は人の存在にとって核心的な意味をもつもの」として「人格の座」であること、そのような面を意味するペルソナということばが、劇におけるそれぞれの役割の意味となり、さらには劇を離れて現実の人間生活におけるそれぞれの役割を意味しうるようになっていくことの順当性を論じる。その論述には、和辻倫理学の基本的主張、即ち、人を人たらしめているのは「世間」とか「世の中」などとも呼ばれる人と人との「間」ないしは「間柄」である、という主張がこめられている。さらに、和辻の思想を発展的に継承する坂部恵は、「仮面と人格」（1974）などにおいて、「人格」という観念を、独立した閉鎖的な実体としてではなく、他者との関係を本質的な構成要素とし相互主体的な場において構成される関係の束としてとらえるべきことを論じる。そのような他者との関係の内なる自らのありようを把握していく経過が「人格形成」である。そしてそのような「人格形成」のしくみは、幼児が鏡のなかの像を自らの姿として認める経過に、集約的に読み取れるとされる。即ち、人間は自分の全身の姿を自分自身が直接的に見ることはできないのだから、鏡像とは他者が見ているその子のありようである。そこで、鏡像を自らであると認められることは、実は、他者が見ているその子のありようを受け入れることである。そしてそれは、子どもが他者との関係内に生きている自らの存在性を意識化するようになるにつれて可能なのである。以上のように、和辻・坂部らは、「人格」を、人に固有の絶対的な価値観を示すことばとしてではなく、人々のなかに現に生きている人としてのありようを示すことばとしてとらえる。そして、ありようとしての「人格」を語ることは、またそのなりたちのありさまとしての「人格形成」を語ることになる。こうした和辻・坂部らの思索は、西欧近代に固有の思想、即ち、「主観—客観」、「自己—他者」、「理性—感覚」といった固定的な二項図式をうちたてる思想を乗り越えようとする20世紀の世界的な潮流のなかにも位置づけられる。幼児の鏡像理解の重要性に関する指摘は多くの論者がなすところであるが、メルロ＝ポンティ（Merleau-Ponty, M.）のいわゆるソルボンヌ講義、即ち児童心理学と教育学に関する論考のなかの「子どもにとっての他者との関係」（Les relations avec autrui chez l'enfant）に詳しい。

以上、哲学における人格という概念に、カントに代表される実体論的なそれと、和辻、坂部、メルロ＝ポンティらに代表される関係論的なそれとがあることを述べた。双方は人格という概念のとらえかたにおいて相反するものである。それでもまた、実体的なみかたは関係性を否定するものではないし、関係論的なみかたも暗黙の内に実体的なものを想定しているのだともいえる。そこで、概念の定義を本領とする哲学の分野を離れ、より具体的な問題の検討を目的とする心理学、社会学における用語としての「パーソナリティ（personality）」においては、実体論的であるか関係論的であるかという区別は哲学の場合ほど明確ではない。

▶ **教育学的意味**　第2次世界大戦後に制定された教育基本法第1条（教育の目的）に「教育は、人格の完成をめざし……」と示されたことなどから、「人格」は我が国の教育実践が語られる際に使用頻度の高い用語となった。それは、教育政策をうちだし擁護する文脈においても、あるいは逆に教育政策が全体主義的な方向に反動化していると非難する文脈においても、共に、用いられた。なお、

60年代以降，教育政策を非難する立場からは「民主的人格の形成」という表現が，その基本的理念の一つとして掲げられている。そのように立場の相違はあっても，教育実践を論じる文脈で語られる際の「人格」には，総じて，それが関係概念であるという認識は希薄であり，個的な実体性を示す概念として用いられてきた。そこで，「人格形成」という用語も，教師と子どもとの境界を明確に区分して，前者が後者に働きかけて理想的な状態に導く，という啓蒙的な教育観の意味で用いられてきた。このような教育観は，公的な学校教育のシステムの成立を推進してきたものであり，あるべき倫理的な人間像を共有する場としての機能を学校に担わせるためには必要であった。しかし，急速な産業社会化の進展と共同体社会の崩壊のなかでかつてのその機能は形骸化している。今や学校は，将来の社会生活においての交換価値を個々人に付与する機能を中心的に発揮する場となりはて，子ども達の現時点での生活の充実をもたらす場ではなくなりつつある。そのことの危険性はさまざまに指摘されており，もはや教師が一方向的に教え導くという啓蒙的な教育観では現状に対処できない，という認識は広くある。そして学校を子ども達にとっての生活の場として活性化するためのさまざまな試みが始まっている。そうした試みが小手先的な技術に帰結しないために肝要なことは，教師が生活者として子どもの前に現れ，学校が教師にとっても生活の場としての意味をもつようになることである。それは教師が自らの生身の姿を子ども達にさらし子ども達からの反応を受けとめて変わっていく経過を引き受けることによるのであろう。今，求められるのは，そうした教師の側の変容の過程を視野に含み，教師と子どもとの相互性の観点にたつ教育観である。そして，このような教育観の文脈においては，子どもの「人格」とは，個的に価値的な実体を意味することばとしてではなく，おとなとの相互的関係性のなかにあって常に新たに生成されるプロセスとしての子どもの

ありようであり，その子に向かいあうおとなの姿勢を反映しているありようとして，とらえなおされるべきことばである。

［参考文献］　和辻哲郎「面とペルソナ」(1921)『和辻哲郎全集　第17巻』岩波書店　1963／坂部恵「仮面と人格」(1974)『仮面の解釈学』東京大学出版会　1976／Merleau-Ponty, M., *Les relations avec autrui chez l'enfant*, Centre de Documentation Universitaire 1951 (滝浦・木田訳『眼と精神』みすず書房　1966 に「幼児の対人関係」のタイトルで収録)

（西岡けいこ）

進化論

英 evolution theory

▶ 語義　　進化(evolution)の語源はラテン語の evolutio に由来し，「(巻いたものを)拡げる」ことを意味していた。そこでは胚のなかに含まれている完全な有機体のミニチュアが拡張するという前成(preformation)の意味で，つまり，予定された目的に向かって前進する成長のかたちがイメージされていた。だが，19世紀になると生物の進化は単純な形態から多様で複雑な形態へと累積的な変化を経て形成されるという後成的な(epigenic)過程とみなされるようになる。だが，進化ということばにもともと含意されていた発展のイメージは，啓蒙の時代から受け継がれた社会進歩への信念とあいまって，ダーウィン(Darwin, C.)以後の進化論の受容に大きな影響を与え，とりわけ社会思想の領域において，進化の観念に前進的発展の意味が込められる一因となった。

▶ ダーウィン以前の進化の観念　　古代ギリシャの思想家のなかでは，生物の発生について，また社会・文化の発展に関して進化的な見解が支配的であったといわれる。アリストテレスの生物学的研究は徹底した実証的調査にもとづくものであり，『動物誌』に無生物から生物へ，植物から動物への進化を示唆する叙述を見出すことができる。だが，自然界のなかに種の不動・不変性と，完全性をめざす生物の階層秩序をみるアリストテレスの基

本的観点は，キリスト教によってもたらされた創世記のデザイン論とともに，その後2000年にわたってヨーロッパ世界で進化思想の出現を阻む最大要因となった。その間，現実世界の種の多様性を説明するのに用いられた原理は，もっとも下等な被造物からもっとも完全なるものへと至る世界の秩序を，ヒエラルキカルな連鎖として整序する〈存在の連鎖〉の観念であった。ビュフォン（Buffon, G.-L. L.），モーペルテュイ（Maupertuis, P.），ラマルク（Lamarck, J. B.）らの18世紀の進化思想には，生命の歴史は予め定められた目標に向かって直線的に進歩するという目的論的性格が強くみられる。それらは〈存在の連鎖〉の観念の「時間化」とでもいうべきものであった。

▶ **ダーウィンの進化論**　ダーウィン『種の起源』（1859）の出版は，種は固定して変化しないという聖書に由来する創造説に対する最後の一撃となった。その科学史上の意義は，進化論をはじめて検証可能な仮説的理論として提起して，それを地質学から生態学にいたる膨大な証拠によって論証しようとしたところにある。ダーウィンは種の変遷をうみだすメカニズムを種内部の自然選択の過程に求めた。変異はあまねく存在しているが，新しく出現した環境諸条件に有利に適応しえた個体が，同種あるいは他種の個体との競合をしのいで繁殖に成功し，その形質を子孫に伝えて進化するというのである。つまり，ダーウィンは進化を適応の過程とみなし，そのメカニズムを自然選択という機械的な概念によって説明して，神の計画とか自然に内在する目的といった目的論的図式を科学理論から追放した。『種の起源』は西洋文化に革命的な衝撃を与え，その唯物論的性格を嫌った宗教家や保守的な社会階層から激しい反発を呼び起こしたといわれる。

▶ **社会ダーウィニズム**　しかしながら，ヴィクトリア時代の際立った思想的特徴は，進化論に対する抵抗の強さよりも，それがきわめて急速，かつ広範囲にわたって受容された

ことであった。こうした事情はしばしばダーウィニズムと資本主義的な社会秩序との親和性から説明されてきた。実際，ダーウィンがマルサス（Malthus, T. R.）の『人口論』を読んで「自然選択」の着想を得たことはよく知られている。進化論が生物学の領域を超えて，優勝劣敗の競争を通じて社会の漸進的進歩を信じる社会理論と結びつくのは不可避であった。〈最適者生存〉という言葉はスペンサー（Spencer, H.）のつくったものといわれるが，国家干渉を極力排して，自由放任主義の経済体制のもとでの社会進歩を説いたスペンサーの思想は，有機的進化を軸とした壮大な宇宙論哲学の体系とともに，社会ダーウィニズムを一時代を代表する思想にまでおしあげた。だが，スペンサーの思想はダーウィンの進化論にのっとっていたというより，「獲得形質の遺伝」として知られるラマルキズムに近いものであった。変化する環境に適応して新しい習慣を学んだ人々は，教育を通してそれを伝達することによって，人類の未来を方向づけることが可能になるだろう。

スペンサーの社会ダーウィニズムがアメリカにもたらされたとき，それは一方で，サムナー（Sumner, W. G.）によってレッセ＝フェール資本主義を擁護する保守主義の思想として受容されるとともに，他方で，ウォード（Ward, L.）によって社会改革のイデオロギーに転用され，今日の福祉国家イデオロギーの先蹤となった。だが，政治的立場の違いにもかかわらず，サムナーとウォードはスペンサーのラマルキズムを受けついで，環境の改善，とくに教育によって人類の道徳的資質の向上が可能になると主張した点で共通していた。社会関係や習俗，制度が諸個人の生き方や社会生活を統制・支配するのであるから，教育によって新しい習慣を獲得することが社会発展につながることになる。このように教育を社会進歩の担い手として，その社会統制的機能を強調する社会学的な思惟は，社会ダーウィニズムの言説からはじまったのである。

▶ **進化の発展モデル**　『種の起源』の出版

からほぼ80年間，自然選択説への批判はとだえることなく，進化論の名の下に主張された理論的内容が実際にはラマルキズムをはじめとする，非（あるいは反）ダーウィニズムであったことは，生物学の世界でも同様であった。この間に一般に受容された進化論は古来からの目的論的世界観を取り入れたものであって，進化の発展論モデルとでも呼ぶべきものであった。発展論モデルは個体の成長パターンを生物進化のモデルとするものであり，進化論と発達観ないし教育論との緊密な（だが逆転した）結びつきを示している。とくにヘッケル（Haeckel, E.）が〈生物発生原則〉と名づけた，個体発生は系統発生を繰り返すという反復説のテーゼは，必然的な目標（つまり成体）に向かう前進的で直線的な発展のイメージを進化の観念に持ち込むことになった。

こうした進化の発展モデルは，その後の心理学研究に根強く浸透した。ダーウィンの心理学的関心は人間の高等な心的能力がどのようにして生じたかにあったが，そのために彼は人間の能力が動物に起源をもち，連続していることを強調した。さらに子どもの心理発達について反復説にきわめて近い説明を与えることもあった。ロマニーズ（Romanes, G.）はダーウィンの直接的な支持をえて構想された精神的進化の理論において，発展モデルにたって進化の目的は人間によって達成された水準にまで知性を発達させることにあるという目的論的な説明を与えた。だが，「心理学のダーウィン」を自称したアメリカの心理学者ホール（Hall, G.S.）によって始められた児童研究運動は，ヘッケルの反復発生説の直接的な影響のもとで進められたものであり，その後の発達研究の端緒を画するとともに，新教育運動に理論的基礎を与えることになった。だが，ダーウィニズムの影響を受けた心理学者はホールにとどまらなかった。動物実験にもとづいて学習理論をつくりあげたソーンダイク（Thorndike, W.L.）の教育心理学の体系は，動物と人間の心の働きを連続した

ものとみなすダーウィンの視点を受け継いだものであった。また，フロイト（Freud, S.）の精神分析の形成過程においても，ダーウィンの影響が指摘されている。進化論は科学的な心理学，とりわけ発達心理学の理論的母胎となったのである。

▶ **進化論の現在**　　ダーウィンのなしとげた偉大な業績は進化という事実を認めさせたこと，そして進化のメカニズムを説明する自然選択説を提起したことにあった。ダーウィン自身，この二つの仕事の間に重大な相違があることを自覚していた。自然選択説が科学者の間に引き起こした理論上の論争は，なによりもそれが広範な科学的探求を促す理論仮説であったことを示している。『聖書』に述べられているように種は個別に創造されたものでなく，地球の長い歴史を通して変化してきたという進化の事実は現代科学によって確証された真実であって，それ自体が科学者の間で論争の対象となっているわけではない。だが，1920年代に「スコープス裁判」を通して知られることになったテネシー州の「反進化法」は公立学校で進化論を教えることを禁じたものであって，進化論をめぐる争いが科学者の間で決着をみていたにもかかわらず，とりわけアメリカ南部においては政治的，教育的問題として先鋭化していたことを物語っている。1980年代以後アメリカ政治の保守化傾向のなかで，『聖書』を字句通りに信じるファンダメンタリストは南部諸州を中心に，進化論とならんで聖書の創造説も授業で扱わねばならないという州法を成立させていった。こうした州法が連邦裁判所によって違憲と判断された後も，ファンダメンタリストは教科書闘争というかたちをとって反進化論の動きを強めている。こういった意味で進化論はいまなお政治的争点となっているのである。

それでは自然選択説が仮説であるという点についてはどうであろうか。19世紀末以後，進化論の勝利にもかかわらず，ダーウィン理論は急速に衰退していった。だが，1930年代半ばに集団遺伝学とナチュラリストの研究

が結びついて，集団内で進行する個体を標的にした自然選択の影響のもとで適応的進化をとらえる進化の総合学説が確立されると，多くの生物学者は『種の起源』で提起されたダーウィンの理論にたちかえることになった。だが，ダーウィンの進化のパラダイムはいくつかの理論からなる複合理論であって，ダーウィン主義者の間にあってさえいまなお理論的混乱や対立がみられる。反ダーウィニズムが否定された後に生じているこうした論争は，むしろ総合学説が新たな理論的探究を促す開かれた理論体系であることを示唆するものであろう。たとえばグールド（Gould, S. J.）らは，ダーウィンが執着した漸進主義（進化的変化は漸進的であり，決して跳躍しない）に対して，断続平衡説を対置する。進化上の主要なできごとが突然現れることは，ダーウィンが想定したように化石記録の不完全さによるのではなく，種形成が最初から完全にできあがった状態で行われ，そのあとほとんど変化を示さない停滞期に入るからだという。こうしたグールドの漸進主義批判は歴史の本質について興味ある視点を提起している。それは歴史を，それ自体に固有な偶発性（contingency）の原理にもとづいて説明しようとする立場であり，それは一方で目的論的歴史観を，他方で自然法則になぞらえた決定論的歴史観を批判するものなのである。とすれば，こうした歴史観をめぐる進化論論争は教育思想の方法論に対してきわめて示唆に富む論点を提起しているのではないだろうか。

[参考文献] Bannister, R. C., *Social Darwinism: Science and Myth in Anglo-American Social Thought*, Philadelphia: Temple University Press 1979／Boakes, R., *From Darwin to Behaviourism: Psychology and the Mind of Animals*, Cambridge, Cambridge University Press 1984（宇津木保ほか訳『動物心理学史』誠信書房 1990）／Bowler, P. J., *Evolution: The History of an Idea*, Berkeley, CA: University of California Press 1984（鈴木善次ほか訳『進化思想の歴史』朝日新聞社 1987）／Bowler, P. J., *Non-Darwinian Revolution: Reinterpreting a Historical Myth*, Baltimore: Johns Hopkins University Press 1988（松永俊男訳『ダーウィン革命の神話』朝日新聞社 1992）／Darwin, C., *On the Origins of Species by Means of Natural Selection*, 1859; Cambridge, MA: Harvard University Press 1964（八杉龍一訳『種の起源』岩波文庫 1990）／Eldredge, N., *The Monkey Business: A Scientist Look at Creationism*, 1982（渡辺政隆訳『進化論裁判』平河出版社 1991）／Glass, B., et al., *Forerunners of Darwin*, Baltimore: Johns Hopkins University Press 1959（抄訳 谷秀雄監訳『進化の胎動』大陸書房 1988）／Gould, S. J., *Hen's Teeth and Horse's Toes*, New York: Norton 1983（渡辺・三中訳『ニワトリの歯』早川書房 1988）／Gould, S. J., *Wonderful Life: The Burgess Shale and the Nature of History*, New York: Norton 1993（渡辺政隆訳『ワンダフル・ライフ』早川書房 1993）／Hofstadter, R., *Social Darwinism in American Thought*, 1944; Boston: Beacon Press 1959（後藤昭次訳『アメリカの社会進化思想』研究社 1973）／Lovejoy, A. O., *The Great Chains of Being*, 1936; New York: Harpar and Row 1960（内藤健二訳『存在の大いなる連鎖』晶文社 1975）／Mayr, E., *The Growth of Biological Thought*, Cambridge, MA: Harvard University Press 1982／Phillips, D. C., "The Idea of Evolution in Educational Thought," in E. L. French (ed.), *Melborne Studies in Education*, 1965／Richards, R. J., *Darwin and the Emergence of Evolutionary Theories of Mind and Behavior*, Chicago: University of Chicago Press 1987

[関連項目] スペンサー／ダーウィン／発達
（森田尚人）

新カント派

英 neokantians／独 Neukantianer／仏 néokantistes

▶ **語 義**　19世紀後半から20世紀はじめにかけて，自然科学の発展や唯物論の興隆のなかで，自然科学的方法の台頭による旧来のドイツ観念論哲学の凋落傾向に対して，カント哲学，とくにその認識における批判主義に依拠しながら哲学を諸科学の基底として再興させようとした哲学の復興運動を中心的に担った人々に与えられた学派の呼称。一般にはコーエン（Cohen, H.）を中心とするマール

ブルク学派とヴィンデルバント（Windel-band, W.）を中心とするバーデン（西南ドイツ）学派とに分けられる。これらは「カントを現代に生かす」上での観点の違いに由来する。両者共に自然科学の一面的方向を批判的に捉えながら、カントの認識論に焦点を置いてそれを発展させ、学問的認識の確立を目指すという点では一致していたが、前者は数学および自然科学を学問の基盤と捉え、後者は価値科学としての歴史科学、文化科学に基礎を置くという点で一定の独自性を形作っていた。20世紀になると、前者ではナトルプ（Natorp, P.）、カッシーラー（Cassirer, E.）、後者ではリッカート（Rickert, H.）、ラスク（Lask, E.）等がこの学派の学問的活動を継承・発展させ、その影響は認識論の領域のみではなく、科学論、諸科学の方法論、文化問題、心理学、社会科学等々の多方面に及んでいた。とくに哲学では、第一次世界大戦前後は、現代思想にもつながる現象学、解釈学、生の哲学、哲学的人間学といった新たな諸端緒が出現するが、それらは当時支配的であったこの新カント派との連関のなかで生まれてきたとも言うことができ、それらに対して与えた新カント派の影響力は等閑視し得ない。またヴェーバー（Weber, M.）の科学論への影響も少なからぬものがある。

▶ **新カント派の教育学**　この学派の学問的活動は諸科学に及ぶが、教育学における活動もその後の教育学の展開にとって重要な意義を有していた。ナトルプ、コーン（Cohn, J.）はその代表である。ナトルプは人間存在一般の哲学的な規定と人間であることの規定から、人間陶冶の原理と課題を引き出す。そして人間であることの全体的性格とそれを明らかにする哲学の体系性とから、陶冶内容の体系の学としての教育学を展開した。また陶冶内容の体系は、客観的には文化内容であり、その文化内容の習得は共同社会において意味的に具体化される。当時支配的であったヘルバルト学派へのナトルプの批判は、哲学体系の全体による教育学の基礎づけの主張であると共

に、個人的教育学への批判でもあった。一方、バーデン学派に属すコーンは、彼自身自己の教育学を「個人的教育学」と名づけたように、ナトルプとは対照的であった。教育の目標は「倫理的自由」を可能にすることであり、「自然の拘束」からの生徒の「解放」であって、生徒を自律性にまで導くこと、つまり「価値による、価値において自由な人格」の「倫理的陶冶」であった。ここには人格を文化共同社会の積極的な担い手として位置づけ、文化共同社会からの自立をむしろ課題とし、生徒の自由を不可欠と考える彼の立場が示されている。

このようなナトルプとコーンの教育学は、わが国の大正デモクラシー下の学としての教育学の形成と自由主義的な教育思想に大きな影響を与えた。とくに、人格と共同社会という契機の下に捉えられた教育の理念に基づく教育の目標についての考察や、理論と実践の分離と各々の独自性、とりわけ実践の独自性の意義の主張は、教育者の課題と生徒の課題の独自性を提起するものとして自由主義的教育思想を支える根本思想に結びつくと言わなければならない。しかしながら、教育学の体系としては、陶冶内容の学と教育者と生徒との間の教育作用の学とが各々分離することによって不十分さを免れない。両者の総合が課題となるが、それを果たそうとした学派継承者に、たとえば、ヘーニヒスヴァルト（Hönigswald, R.）がいる。彼は教育を「一定の真理在庫ないしは妥当在庫の、時間的に最も近接した世代の媒介による世代から次の世代への伝承」と定義し、その妥当理論（Geltungstheorie）によって文化の体系的構造とそれの生徒における可能性を示す「統合」（Konzentration）と教師と生徒との間での相互主観的な意味規定としての「限定」（Determination）という二つの原理を教育学の根本原理として示した。

しかし、彼の構想も相互了解としての教育の基礎づけという画期的な端緒は有していたが、論理主義的性格や生の現実からの遊離、

観念的な社会把握といった新カント派に共通の特質は免れがたく，また個性を等閑視するとの精神科学的教育学からの厳しい批判もあって，さらには哲学におけるハイデガー（Heidegger, M.）の新カント派批判とも重なって，ドイツにおいてもまたわが国においても新カント派は，急速にその影響力を失うこととなった。

[参考文献] 小笠原道雄編『ドイツにおける教育学の発展』学文社 1984／Oelkers, J., Schulz, W. K., Tenorth, H.-E. (Hrsg.), *Neukantianismus*, Frankfurt a. M. 1989 （渡邊満）

新教育

英 new education／独 Reformpädagogik／仏 éducation nouvelle

▶ **新教育という現象**　19世紀末から20世紀初頭にかけて，従来の教育を「旧教育」として批判し教育の新しいあり方を模索する試みが欧米諸国を中心に目立って現われるようになる。1920年代にピークを迎える一連のこうした教育批判・教育改革の試みとそれを支える理論・思想を総称して「新教育」と呼ぶ。

新教育の現象としてまず目につくのは，明確な理念とプログラムをもった，私的なイニシアティヴに立脚する学校の創設である。なかでもセシル・レディ（Reddie, C.）が1889年イギリスのアボツホルムに創設した学校は，リーツ（Lietz, H.）による田園教育舎（ドイツ，1896年創設）やドモラン（Demolins, J. E.）によるロッシュの学校（フランス，1899年創設）のモデルとなり，新教育の国際的広がりを示す。彼らの学校はいずれも，都会の喧騒を離れた寄宿舎制の学校のなかで教師が生徒と起居をともにし，全人格的な影響を与えることで新時代のエリートを育てることを目指した。わが国でも，日本済美学校（1907年創設），成蹊実務学校（1912年創設）といった同種の学校が創設されることになる。

以上の田園教育舎系の学校はいずれも中等段階の学校であるが，初等段階の新学校とし

てはデューイ（Dewey, J.）が1896年にシカゴ大学に付設した実験学校が名高い。デューイはそこで，自らの教育理論を検証すべく，教科の系列ではなく子どもの作業の系列を軸にしたカリキュラムを実践に移した。作業を軸に据えることで，教師中心・教科中心の学校から子ども中心の学校への「コペルニクス的転回」をめざしたのであった（『学校と社会』1899）。ドイツではケルシェンシュタイナー（Kerschensteiner, G.）が，子どもを受動的にする旧来の「書物学校」を批判し，子どもの自発的活動（「自己活動」）を基礎に，それを作業という形に組織することによって精神的活動へと無理なく導く「作業学校」の必要を訴えた（「未来の学校としての作業学校」1908）。デューイやケルシェンシュタイナーの構想を支えているのは，教育は子どもの自由な興味・関心から生まれる自己活動を起点にすえるべきだとする主張である。そこには子どもの自己活動に信頼を置く子ども尊重の思想が見られる。スウェーデンの評論家エレン・ケイ（Key, E.）の著作の表題『子どもの世紀』（1900）は，こうした子ども尊重の思想のスローガンとなった。ドイツでは「子どもから！」を旗印に「学校改革連盟」が設立され（1908），アメリカでは，1918年設立の「進歩主義教育連盟」がデューイの思想を基盤に児童中心主義の教育を推進した。

わが国においても，芦田恵之助の随意選題綴方（『綴方教室』1913），山本鼎の自由画教育（『自由画教育』1921），千葉師範附属小の自由教育（手塚岸衛『自由教育真義』1922）等，それまでの画一的で詰め込み的な教育方法を批判し子どもの側の自由な自己活動を尊重する新しい教育が試みられた。こうしたわが国における新教育の試みは，主に大正年間に展開されたため「大正新教育」とも呼ばれる。沢柳政太郎の創設になる成城小学校（1917年創設）は大正新教育のなかで中心的な役割を果した。成城小学校は「個性尊重の教育」「科学的研究を基礎とする教育」を標榜し，低学年には修身科を課さず「聴方」科

を置くなどユニークな実践を展開した。

▶ **新教育の基本的性格**　新教育は全体として、完成した近代的な学校教育システムに対する批判・改革の試みとして理解できる。欧米においても日本においても、近代的な学校システムが完成するのは19世紀の最後の四半世紀、つまり新教育の試みがまさに開始される時期である。初等教育では、義務教育が単に宣言されるのではなく実効ある形で実施されるに至る。中等・高等教育では、それまでバラバラの形で成立し運営されてきたさまざまな学校が、法的・制度的に結びつけられ階層秩序的に組織される。こうして、まずは全員を初等段階の学校に組み込み、次にその「能力」に応じて子どもたちを中等段階以上のさまざまな学校へと配分し、あるいはそこから排除する学校制度が、一大システムとして登場することになる。教育機会の量的拡大とシステム化において、学校制度は一応の飽和状態に達したと言える（教育機会拡大の要求はその後さらに中等・高等教育に向けられていくが）。

　ところが、全員就学というコメニウス（Comenius, J. A.）以来の大目標が達成されたとき、この近代的な学校システムの持つ弊害が強く意識されるようになった。学校教育は、一定量の知識や特定の価値・行動パターンを大量の子どもにできるだけ能率的に伝達することをめざして工夫を重ね、それなりの成果を上げた（たとえば、ほとんど百パーセント近い識字率）。その学校教育が、画一的な管理と一方的な教授と強圧的な訓練によって子ども本来の自発的な興味・関心や学習意欲を押しつぶす悪しき「旧教育」として批判の対象となる。「旧教育」の理論的支柱として批判されたのが、管理・教授・訓練からなる教育行為論や五段階教授法のような、近代学校に適合する理論構成によって19世紀の支配的教育学となったヘルバルト派教育学である。

　以上のように新教育は、近代的な学校教育システムの画一的で子どもの自己活動を抑圧するような側面に対する、批判・改革の運動と

いう性格を持っていた。しかし、新教育のこの性格は、一筋縄では解釈できない二重の両義性を内包している。第一。新教育は既成の学校教育に対する批判運動ではあるが必ずしも社会批判をめざすものではなく、むしろ新たに形成されてきた帝国主義や大衆民主主義の状況に学校教育をよりよく適応させようとする運動でもあった。19世紀後半、資本主義「列強」は対外的には帝国主義的な国際競争の時代を迎え、国内的には労働者を含む国民全体が政治的決定に参加する時代を迎える（たとえば普通選挙）。こうした状況において求められたのは、指図に従うだけの「忠良な臣民」であるよりは、自らのイニシアティヴで「海外に雄飛」し、あるいは自発的に国家を支えていこうと意欲する活動的な国民であった。新教育の主唱者の多くは、彼らの学校教育批判がこうした新時代に求められる国民形成をめざすものだということを隠していない（たとえばリーツ、ケルシェンシュタイナー）。第二。新教育が学校教育批判の拠り所にしたのは子どもの自己活動であった。この自己活動への注目は、大人が失ってしまった子どもの芸術的天才を賛美し、あるいは子どもを時代の救世主にまつりあげるような熱狂的な児童中心主義と結びつくこともあった。しかし他方でそれは、教育の基盤として登場してきたこの自己活動を、一つの事実として究明しようとする科学的な子ども研究にも結びついた。子どもの能力を測定し、発達の法則を発見し、能力発達に及ぼす遺伝や環境の影響を解明する冷静な科学的研究によってこそ、個々の子どもに最適の教育的手だても開発可能になると考えられた。熱狂的な児童中心主義と冷静な科学的子ども研究というこの両方が同じひとりのなかに同居していることも稀でない（たとえばモンテッソーリ Montessori, M.）。

　以上述べた二重の両義性は以下のようにまとめることができる。

　近代的学校教育システムの批判・改革運動としての新教育：

1) 帝国主義と大衆民主主義の時代の国民形成
2) 教育の基盤としての子どもの自己活動への注目：
　2-1) 児童中心主義
　2-2) 科学的な子ども研究

▶ **新教育と教育学**　新教育は教育学の性格にも構造的な変化をもたらした。教育学は、教職のための科学としてよりも教育現実の科学として理解されるようになるのである。ヘルバルト（Herbart, J.F.）にとって教育学は「教育者のための科学」であり、教育者に対して現われる教育という領域の地図を描くことが教育学の課題であった（『一般教育学』1806）。この考えを受け継いだヘルバルト派教育学にとっても、教育という領域は教師の教育的意図に対して現われる限りで意味を持つ。子どもは「生徒」として、社会はその生徒が将来参加すべき職業生活として、教育学の視野に現われることになろう。ところが新教育は、こうした教師の教育的意図やそれを支えている既成の学校制度の正当性そのものを疑問に付したのであった。教育を正当化するものは、もはや既成の学校制度ではありえない。それに代わる正当化の基盤として考えられたのは、一つには有機体論的に考えられた「社会」である。しかしこの立場をデュルケーム（Durkheim, É.）（『道徳教育論』1920）のように明瞭に打ち出したものは例外にとどまる。上述の二重の両義性の構図にも見られたとおり、社会という有機体を生き生きとさせるためにも子どもの自己活動の尊重されるべきことを新教育は主張した。教育の正当化の基盤は子どもに、しかも教育的意図に先立って自己活動する子どもに求められた。子どもの興味・関心に対応し子どもの自己活動から出発することが教育に求められる（児童中心主義）。そのために、まずこの子どもの事実 —— 素質、能力、障害、発達段階、等々 —— を科学的に明らかにすることが求められるのであり（科学的子ども研究）、この事実としての子どもに影響を及ぼすさまざまな領域が、上述の「社会」も含めて「教育現実」と理解されて教育学の研究対象を構成する。学校や教師は教育学の起点としての特権的位置を失い、この教育現実の一部へと相対化されることになろう。こうして、現代にまでつながる教育学の基本的な性格が、つまり教育現実の科学としての教育学が形作られることになった。

▶ **教育思想としての新教育——新教育の地平性**
子どもの自己活動に対応することが教育に求められ、教育学はこの子どもの自己活動を核とする教育現実の解明を課題とすることによって科学として自立する（独自の研究対象を獲得する）——新教育が成立させたこの構図は循環を含んでいる。それに対応することが教育に求められる「子ども」やその「自己活動」の確からしさは、実はそれを「教育現実」として特定する教育学によって保証されているのである。子どもの自己活動に対応する教育実践が教育学によって正当化され（自己活動という科学的「事実」に即応しているのだから）、自己活動を究明する教育学が教育実践によって正当化される（教育が直面する実践的「事実」を対象にしているのだから）。この正当化の循環から、新教育的な意味での「教育」のポジティヴなイメージが生み出されてくる。子どもの自己活動を事実として前提した上で、教育をその目的合理的コントロールとして理解するような教育のイメージがそれである。あらゆる両義性にもかかわらず新教育が「よき実践」のモデルとして今日まで通用しているのは、教育を〈子どもの自己活動の目的合理的コントロール〉と理解するこの教育観の通用力によると考えられる。このことは、われわれが新教育が生み出した教育についての自明性の地平に、いわば〈新教育の地平〉に今なおとどまっていることを示している。実際、「校内暴力」「いじめ」「登校拒否」といった、新教育的な教育観では対応困難と思われる教育問題が登場し、なおかつ対応困難という事実が理論的には了解されているような場合でも、問題解決の処

方箋を問われたときには，子どもの自己活動の究明（「子ども理解」）とその目的合理的コントロール（「適切な指導」）という形でわれわれは絶えず〈新教育の地平〉に回付されてしまうのである。いずれにせよ，〈新教育の地平〉に収まりきらない問題の存在が了解され始めたということは，われわれがこの地平の限界に近づきつつあるということ，またそのことに薄々気づきつつあることを意味している。しかし言うまでもなく〈新教育の地平〉の果てが世界の果てなのではない。このことを明示するために，教育についての〈新教育の地平〉に代わるべき了解の地平を構想することが，現代の教育学には求められているといえよう。

[参考文献] Oelkers, J., *Reformpädagogik. Eine kritische Dogmengeschichte*, München 1989／Tenorth, H.-E., "Berufsethik, Kategorieanalyse, Methodenreflexion. Zum historischen Wandel des "Allgemeinen" in der wissenschaftlichen Pädagogik", in *Zeitschrift für Pädagogik*, 30. Jg., 1984, 1. H.／長尾十三二編『世界新教育選書』全30巻，別巻3巻，明治図書／ケイ（小野寺信・小野寺百合子訳）『児童の世紀』冨山房百科文庫 1979／中野光『大正自由教育の研究』黎明書房 1968／リット（石原鉄雄訳）『教育の根本問題──指導か放任か』明治図書 1971／フリットナー（森田孝監訳）『教育改革──20世紀の衝撃』玉川大学出版部 1994／松村將『シカゴの新学校──デューイ・スクールとパーカー・スクール』法律文化社 1994／今井康雄『ヴァルター・ベンヤミンの教育思想──メディアのなかの教育』世織書房 1998／テノルト（小笠原道雄・坂越正樹監訳）『教育学における「近代」問題』玉川大学出版部 1998
[関連項目] 子ども／近代教育／大正新教育（日本の新教育） （今井康雄）

親 権

独 Elternrecht, elterliche Gewalt／仏 puissance paternelle

▶ 語 義　親権は，親が子に対して親としてもつ権利と義務の総体を表したものである。現行日本国民法においては，第四編「親族」のなかに第四章「親権」が規定されてい

る。そこでは，まず「総則」において，未成年の子は親権に服すること，養子は養親の親権に服し，父母の婚姻中の親権は共同行使とし，父母の一方が親権を行うことができない場合は，他方が単独で行うこと，離婚に際してはいずれか一方を親権者に指定することが規定されている。親権のもつ内容は，子どもの心身の保護・教育に関する身上監護と，子の財産の確保のための権限を定めた財産管理に大別される。身上監護には，「親権を行うものは，子の監護および教育をする権利を有し，義務を負う」（820条）という監護教育権のほか，居所指定権，懲戒権，職業許可権がある。

この監護教育権に関しては，多くの議論がなされている。とくに，「権利を有し，義務を負う」の意味する内容に関して，この義務とは誰に対する義務であるのかが問題となってきた。これについては今日でも解釈論上，この義務を私法上の子に対する義務とするもの，社会ないし国家に対する義務とするもの，折衷的に子および社会にたいする義務とするものがある。これらは旧民法制定時からの論点で，明治23年の法典論争および明治31年の旧民法制定の際の法典調査会での論議のなかでも激しく争われた。そのなかで，穂積八束は親子は対等な関係ではないから「義務を負う」という表現は削除すべきであると論じた。そして，これはたとえもし親に義務があるとするとしても，それは国家に対する義務であるから民法に規定するのは不適当であるという議論に接続された。これに対して，「親権を民法で規定する以上は権利というよりもむしろ義務」であると考える梅謙次郎は，親は子どもを教育する義務があるのであり，それは「国家に対してではなく子に対してである」ことを主張した。

今日では，親権は「子の福祉のため」に親に与えられた職分責任であると考えられている。したがって，親権は，子をひとりの健全な社会人に養育することを目的として，その義務を果たすために親に与えられた権能と見

なされるようになっている。

▶ **歴　史**　このような現行民法の規定は、いわゆる「子のための」親権として位置づけることができる。法制史においてこのプロセスは、もともと「家のため」の親権であったものが、「親のため」の親権となり、それがさらに「子のため」の親権となると説明されてきた。「家のための」親権とは、家支配権である家父長権に属する権利である。家父長権とは、家長が家に属する構成員全てに対して持つ権限で、この権限は父親に限定されないばかりか、たとえ子が成人となり結婚しても家長が死去しないかぎりその権限は効力を持つ場合もあった。代表的なものとしては、古代ローマ法における家父長権（patria potestas）にみられるように、生殺与奪の権とも言われた、親の子どもに対する生命をも左右する絶対無制限の権力がある。ただし、古代ローマの家父長権が歴史的に特筆される子どもに対する強大な権力であったとはいえ、それは不変のものではなくローマ時代が経るなかで、権限の絶対性は次第に制限される方向に変化していった。その際、絶対性を制限させる存在として注目されるのが、国家的権力の出現である。家支配権を制限するものとして、同時に家支配権を支えるものとして、国家的権力は重要な役割を果たすものとして登場したのである。

近代において、親権は自然的関係としての親子関係に限定されるものとして、もっぱら親にのみ帰せられることになる。近代の自然法の思想家らによって、親権は子どもを育てる義務をその起源としていることが論じられた。すなわち、家支配権の一部から独立して、「家」ではなく、いわば「親」の親権といわれる親権概念が理論化されるようになる。しかしながら、法制史上、「子のための」親権概念が広い支持を得るようになるには、もう一つの段階を経ることが必要とされた。近代絶対主義諸国家において、近代法の整備がはかられ、ここで親の権限に対する介入は、詳細に法的に整備されることになった。たとえば、その典型として挙げられるものに、プロイセン一般ラント法（1794）がある。そこでは親権は親の権限であるとみなされる限りにおいて、もはや「家」の親権ではないものと考えられていたことは明白であったが、さらに、それは親の利益のみに服するものではないと考えられていた。なぜなら、子どもは第一義的に親子関係のもとにあるが、同時に社会の、とりわけ国家の構成員であるからである。したがって、国家が親権を制限するものであるのと同時に親権を支えるものとして力を持つこととなった。これを典型的に表現するものが、親の懲戒権と親権剝奪規定である。親の子に行使する力を支えるものとして、ローマ法以来の懲戒権が認められるのと同時に、その行き過ぎを制限し、親としての適性を判断する地位に国家を位置づける親権剝奪規定が強力に意識されるようになるのである。このことは国家と親の権力の密接な関係を示すものであった、と同時に、とりわけ近代国家と近代家族が子どもに対する圧力を強めるという文脈での共犯性の結節点として親権を位置づけることを可能とするものである。

プロイセン一般ラント法の後継者であり、日本の民法制定に影響を与えたドイツ民法典（1897）において、親権は elterliche Gewalt として明文化されたが、そこでは、親子関係が権威・服従関係であることを明記した条項が削除されるなど、支配性の強いローマ法の家父長権（patria potestas）に対して、保護性の強いゲルマン法の家父長権（Munt）が意識され、子どもに対する支配権ではなく保護権としての特徴が強化された。さらにワイマール憲法制定（1919）以降、憲法において、親権は、Elternrecht として規定された。

その後、親権は、「子の福祉」を強烈に意識するようになってようやく「子のため」のものとして広く認められるようになった。今日ではさらにドイツにおいて、Gewalt という言葉は暴力・権力を含意することから、適切でないと見なされ、1979年の親子法改正の際に、elterliche Sorge（「親の配慮」）と

いう言葉に改められた。このようにみてくると、親権の概念史の限りにおいて、親の持つ力は、国家的存在との緊張関係のなかでしだいに限定されてきたということができる。

▶ **親権と現代の課題**　現代において「子のため」の親権は、民法上の問題のみならず学校教育とその諸問題において、鍵を握るものとして議論されている。教育権は、教育主体に付与された権限であるが、これに関して親権における身上監護権が、その第一次的基礎を構成していると考える教育権論がある。そこでの親権概念は「子のため」という特徴をもち、子に対する義務性が前面に出るものであることから、学習権思想を根拠づけるものとなる。このような親権把握に立つとき、子どもの学習権を第一次的に保障するものとして親の教育権があり、教師の教育権は、その親の教育権の委託として説明される。

しかしながら、みてきたように親権は国家の支持により子どもを統制する機能を持ちうるものでもある。児童虐待などの問題を考えるとき、親権のもつ権能それ自体を再考することも現代においては課題となっている。

　［**参考文献**］　中川善之助編『註訳親族法（下）』1952／堀尾輝久『現代教育の思想と構造』岩波書店　1971／牧柾名ほか編著『懲戒・体罰の法制と実態』学陽書房　1992
　［**関連項目**］　親子関係／懲戒／教育権・学習権
（小玉亮子）

人　権

英 human rights／独 Menschenrecht, Grundrecht／仏 droits de l'homme

▶ **語　義**　人権とは、すべての人間が生まれながらにして持っている不可侵の権利である。その具体的な内容は、第一に、たとえば日本国憲法に規定されている基本的人権がそうであるように、自律的な個人の持っている所有権、職業選択の自由、移動の自由、思想・信仰の自由、言論・集会の自由、婚姻の自由などである。第二にそれは、国際連合の人権委員会が中心となって規定した人民の自決権、発展の権利（right of development［従来 development は「開発」と訳されてきたが、自律性を示すために「発展」と訳されはじめた］）、平和的な生存権、健全な環境を求める権利などである。

いま述べた人権の第一の内容は、国家の権力／個人の自由という対立的な図式を前提にしている。こうした図式は、フランスの「人権宣言」以来の近代的な人権（リベラルな人権）概念に通底している。第二の内容は、先進国の支配／発展途上国の自立という対立的な図式を前提にしている。この図式にもとづく人権は、国際連合の教育科学文化機関——略称ユネスコ（UNESCO）——の呼ぶところの「第三世代の人権」である（こう呼ぶとき、第一世代の人権は近代的な人権をさし、第二世代の人権はこの近代的な人権を保障する積極的な行動（Affirmative Action）を国家に要求する人権をさす）。

語彙についていえば、「人権」に相当する言葉は、アメリカでは（fundamental）human rights、フランスでは「人権宣言」（1789）に述べられている droits de l'homme（人間の権利）、ドイツでは「フランクフルト憲法」（1949）に規定されている Grundrecht（基本権）または Menchenrecht（人権）、イギリスでは natural rights（自然権）または fundamental rights（基本権）である。また日本語の「人権」は「基本的人権」の略称であり、この「基本的人権」という言葉は、もともとは「ポツダム宣言」（1945）において日本の降伏条件として掲げられた「fundamental human rights の尊重」の fundamental human rights の訳語である。その内実は上記の日本国憲法に規定されているそれにひとしい。なお「世界人権宣言」（1948）および「国際人権規約」における人権は human rights である。

分析哲学的にいえば、人権は事実命題ではなく規範命題である。なるほど、人権は「人間は自由という不可侵の権利をもつ」といった事実命題として語られている。しかしその

命題は,「人間は自由という不可侵の権利を
もつべきである」という規範命題を信じて疑
わない者がその規範命題を事実命題として表
現したものである。人類が地球上に登場した
原始時代以来,人間は自由という不可侵の権
利をもっていたにもかかわらず,ながいあい
だその権利が侵され奪われてきたと考えるこ
とも,またそれが18世紀の西欧における市
民革命によって奪還されたと考えることも,
非現実である。

一般に規範命題は,それが正当な規範であ
ることを示す根拠(正当性)をもたなければ
ならない。しかし人権の正当性は,形式論理
のうえでは,証明不可能である。いいかえれ
ば,神のような超越的な審級を持ち出さない
かぎり,〈人間は自由であるべきである。し
たがって人間の自由を侵してはならない〉と
いうように,人権はトートロジカルに正当化
されるほかない。したがって人権を否定し懐
疑する者を納得させる人権の正当性は,形式
論理に従って得られるものではない。人権に
正当性を与えているのは,じっさいに人権を
要求し規範とする人々の存在である。すなわ
ち,人権は,人権に対する大規模な社会的要
求によってはじめて実体化する。ベンサム
(Bentham, J.)が「自然で絶対的な権利は修
辞的なナンセンス,大言壮語のナンセンス」
と断じた理由もここにある。

▶ 歴史 「人権」という言葉が人々の口
吻にのぼるようになったのは,フランス革命
における「人権宣言」(1789)以降である
(なお,この「人権宣言」は略称であり,精
確にいえばそれは「人間および市民の権利の
宣言」(Déclaration des droits de l'home et
du citoyen)である)。この人権宣言におけ
る「人権」は,信教の自由,思想の自由,意
見表明の自由など,市民革命のイデオローグ
(ロック,モンテスキュー Montesquieu, Ch.-L.
de, ルソーなど)の論じた「自然権」とし
ての個人の自由,そして安全,所有権,圧制
への抵抗権である(なお,平等は,これらの
人権を享受するための自然な前提条件であり,

自然権=人権ではない)。それらは,国家権
力に対抗しうる個人の実践的な権利である。

アメリカにおいて「人権」という言葉が広
まったのは,アメリカ革命のイデオローグで
あったペイン(Paine, T.)の高名な著作『人
間の権利』(The Rights of Man)によるとこ
ろが大きい。ペインのいう rights of man が
「人権宣言」の droits de l'homme の直訳であ
ることはまちがいないだろう。しかし現在の
アメリカでは,rights of man のかわりに hu-
man rights を用いるほうが一般的である。
これは,とりわけ19世紀末期から20世紀初
期にかけて参政権が拡大され,「人間」であ
ると同時に「男性」を意味する man という
言葉が権利所有者を特定する言葉として不適
切になったためだと考えられる。

いずれにしても,リベラリズムに立脚した
人権という社会的な理念(要求)は,西欧近
代という固有な歴史的・社会的文脈における
国家の権力と個人の自由との緊張関係のなか
ではじめて成立した。

こうしたリベラルな人権概念は,第二次大
戦後,国際法的な意味を帯びてくる。それを
端的に示しているものが,国際連合人権委員
会が起草し1948年に採択された「世界人権
宣言」であり,1966年に国際条約として採
択された「国際人権規約」(精確には,「経済
的・社会的および文化的権利に対する国際規
約[A規約]」と「市民的および政治的権利
に関する国際規約」[B規約])である。

しかし1960年代以降,アジア・アフリカ
の旧植民地諸国が国連に大量加入するととも
に,国連の人権概念の重心は,国家/個人と
いう図式から先進国/発展途上国という図式
に変化していった。そこに生まれたのが先に
述べた「第三世代の人権」論である。そこで
要求されている人民の自決権はすでに国際人
権規約に含まれていたが,もう一つの発展の
権利は,国際連合の「発展の権利に関する宣
言」(1986)においてはじめて規定され,残
る平和的な生存権と,健全な環境を求める権
利は「人間および人民の権利に関するアフリ

カ憲章（バンジュル憲章）」(1981)において
はじめて規定された。

　これら第三世代の人権は、発展途上国の
人々のリベラルな人権の前提条件である。発
展途上国は、「南北問題」といわれるように
先進国の犠牲になることが多い。第三世代の
人権は、この先進国の支配／発展途上国の従
属という国際秩序を抜本的に再編成するため
に、発展途上国の自決権を保障し、自律的に
国を発展させる権利を保障し、軍備に依存せ
ずに国家が存続できる権利を保障し、さらに
先進国の資本による環境破壊から国を守る権
利を保障することを要求している。この発展
途上国の政治的・経済的な解放の要求は、
「連帯」「共存」というスローガンに象徴され
るように、諸文化・諸民族が多元的に互いを
認め合う状態（多文化主義 malticulturalism）
を目指している。

▶ **教育と人権**　　教育と人権は、まず「教育
を受けられること」が人権であるという関係
にある。たとえば、世界人権宣言第 26 条
(1) は「教育を受ける権利」は人権の一つで
あると謳っている（ちなみに、日本国憲法第
26 条「教育を受ける権利」は国民の権利で
ある）。また 1989 年に国連総会で採択され、
1994 年に日本でも発効した「子どもの権利
条約」（政府訳は「児童の権利に関する条
約」）は、子どもの学習する権利、遊ぶ権利、
表現の自由、意見表明の権利も子どもの不可
侵の権利であると規定している。

　教育と人権は、また「人権は教育される内
容である」という関係にもある。この「人権
教育」(teaching of human rights/human rights
education) は、一般にユネスコの活動と連
動して展開されている。そのユネスコが人権
教育の立場を明確に示した「国際理解、国際
協力および平和のための教育ならびに人権お
よび基本的自由に関する勧告」(1974) は、
「教育は……この勧告の目的〔つまり人権擁
護の教育〕に反するすべてのイデオロギーに
反対する闘争活動に貢献すべきである」(6
項) と規定している。人権も教育も、個人の

自由と平等を理念とする近代という社会的・
歴史的文脈を前提にして成り立つものであり、
人権という社会的要求を形成することが近代
の教育の役割の一つでもある。したがって近
代国家において人権教育が行われること、日
本において全国同和教育研究協議会の発足
(1953) とともに本格化した（のちに「解放
教育」と呼ばれるようになる）同和教育、ま
た障害者差別や女性差別を問う教育が行われ
ることは当然である。しかし人権教育は、難
しい問題を孕んでいる。

　多くの人権教育論は、教育を人権を保障し
擁護する重要な手段として位置づけている。
これは人権の普遍的な正当性を前提にした考
え方であり、人権そのものの普遍的な正当性
を懐疑する考え方を含んでいない。つまり、
人権の前提である近代的な人間形態としての
（自律的）個人という概念を相対化するスタ
ンスをとっていない。マルクス（Marx, K.）
の「いわゆる人権のどれ一つとして、利己的
な人間、……すなわち私利と恣意に閉じこも
って共同体から分離された個人であるような
人間を超え出るものはない」（「ユダヤ人問題
によせて」）という批判は、いまも有効であ
る。教育が既存の体制を変革する力を誘発す
る働きかけでもあるのなら、教育は「人権問
題」だけではなく「人権という問題」も──
「教育という問題」とともに──考えなけれ
ばならない。

　人権という問題の本質は、それがドグマ化
することである。人権の実現を求める要求は、
「疎外された人間性を回復し」、「非人間的な
状況をのりこえること」を目指しているとい
われる。しかし、個人が国家権力に対峙し自
由を要求するときであれ、社会に染みついた
差別に対峙し平等を要求するときであれ、人
権論者はどこにも実在しない「人権の保障さ
れた状態」からすべての人権侵害、すべての
人権懐疑を断罪している。人権理念が普遍的
な正当性として君臨するとき、それは「自分
たちだけが理不尽にも差別されている」とい
う幻想と、その裏返しである特権的な憤怒を

生みだす。かつてバーク（Burke, E.）が「人権」は「大いなる深みを持つ泉を破壊し、私たちを滅亡させ」かねないと危惧した理由も、この憤怒の特権性にあった（『フランス革命の省察』）。この特権的な憤怒が新たな暴力を現出させるという趨勢的な事実は、過去に神の名のもとに行われた戦争の数かずの示すところである。この人権理念の喚起する憤怒が前面に出るとき、社会的な現実の複雑性に対する直観的な認識は衰弱し、人間の内面に潜む悪への傾斜に対する反省的な了解は喪失されるだろう。

「禍福は糾える縄の如し」といわれている。私たちの生きている社会的な現実は、多様な関係性の渦まく複雑性に彩られている。また人間の内面的な実態は、自分自身ですらはかり知れない複雑性を抱えている。意図せざる悪、自分でも思いがけない悪意が生じるのは不思議ではない。そしてそれらが陰翳・含羞・哀愁を生む。しかし近代的な理念は、社会／個人の二重の複雑性を個人の自由意思という概念によって裁断し、行為の自由と責任を個人に帰する。その結果、たとえば少年司法は、いじめや不登校の責任を当人（と保護監督者）に帰し、事件の背後にある社会と学校との矛盾、つまり社会システムの責任を問わない。また精神疾患、未成年であるという理由で幼児を扼殺した人間は無罪とされ、被害者の家族はまさしく非人間的な――聖人の如き――克己と忍耐を強要される。

人権に拠って眼前にある差別を論難することは、背後にある構造的な矛盾を看過することにつながり、人権にしたがって犯罪者に寛容になることは、被害者に過酷になることにつながる。人はこの人権の帰結に耐えられるのか、人権は（潜在的に）神を戴く西欧近代社会でのみ正しい理念ではないのか、と問われるゆえんがここにある。たしかに今、人権は社会的・法制的に正当化されているが、今後の人権教育においては人権理念の派生効果が社会学的に問われるだろう。そもそも眼前の子どもの人権を守りたいのなら、人権理念

に基づいて断罪したり教育したりするよりも、人権侵害を喚起する社会的なメカニズムを解明し、それを教示し、それを制御するほうが確実で迅速である。

こうしたリベラルな人権の問題にたいして、「第三世代の人権」は、まだそれ自体の問題性を示していないようである。むしろ、先進国による環境汚染が先進国の人々以上に発展途上国の人々の健康をむしばんでいるという奇妙な事態が生じていることを考えるなら、「第三世代の人権」は先進国にたいする発展途上国の抵抗権としてもっと有効に行使されるべきだろう。いずれにしても、人権のような理念的なものは、よかれあしかれ、政治的な武器として機能するものである。

[参考文献] Bentham, Jeremy, "Anarchical Fallacie," in Melden, A. I. (ed.), *Human Rights*, London 1970／Burke, E. *Reflections on the Revolution in France*, London 1979 (1790)／Luhman, N. *Grundrechts als Institution*, 1965 (今井弘道・大野達司訳『制度としての基本権』木鐸社)／Marx, K., *Zur Judenfrage*, 1844 (城塚登訳「ユダヤ人問題によせて」『ユダヤ人問題によせて／ヘーゲル法哲学批判序説』岩波書店 1977)／Paine, Th., "The Rights of man," *Thomas Paine Reader*, London 1987 (1791-2)／Tarrow, N. B. (ed.), *Human Rights Education*, New York 1987／佐藤直樹『〈責任〉のゆくえ――システムに刑法は追いつくか』青弓社 1995／第一東京弁護士会少年法部会編『子どもの権利と少年法』ぎょうせい 1991／高野雄一ほか編『国際人権法入門』三省堂 1983／東京大学社会科学研究所編『基本的人権1 総論』東京大学出版会 1968／東京大学社会科学研究所編『基本的人権3, 歴史II』東京大学出版会 1968／西尾幹二『自由の悲劇』講談社 1990
[関連項目] 教育権・学習権／国家／国民教育
(田中智志)

人口動態
英 demography, population change, population dynamics

▶ **語 義**　人口現象に関して、一定期間内に出生・結婚・離婚・死亡・移動などの変化傾向とその原因を構造的に把握すること、

また，把握された人口現象。人口動態は結婚率，出生率，死亡率の三つの変数によって大きく決定されるが，それぞれの変数は人々の価値観に左右されるため，人口動態分析はその価値観の側面ごとに，歴史人口学，経済人口学，社会人口学，生物人口学，家族人口学などに分類される。教育学において人口動態が問題になるのは，学校規模，クラス人数，教員採用数，あるいは受験者数の年次別の変化が教育活動にどのような影響を及ぼすかといった教育行政学，教育統計学，教育社会学的な関心においてばかりでなく，それぞれの時代や社会，文化のなかで子どもを産み・育てる家族がどのような価値観のもとに経済的な教育投資と，子どもに対する愛情という感情投資の総量を決めるのか，その家族戦略のイデオロギーを解明しようとする教育思想史学，教育哲学，家庭教育学においても大きな課題を引き受けることになる。

▶ 子ども数と教育　　人間の育児行動は，歴史的，社会的，文化的および生物学的環境の影響を受けながら展開されるが，その背後には常に「数の思想」，すなわち子どもの人数に対する戦略的思惑とも言うべき価値観がはたらいている。食糧生産の条件を決定する自然環境的な与件，衛生環境や医療水準といった医学・生物学的な与件，あるいは死生観や相続慣行といった社会・文化的な与件などによって，複雑な因果関係が織りなされていることを考えるなら，いわゆる少子化高齢社会の問題が，個々の家族の子ども観のレベル（親子関係）から，人口動態の基盤をゆるがす社会構造の変動要因としての子ども観のレベル（国家の福祉政策）に至るまで，きわめて複雑な様態を構成していることが理解できよう。その複雑さは，近年の子ども観史研究や家族史研究の成果がよく示しているところであり，育児能力と子どもに対する大人の価値感情は，人口動態の推移とともに，ある部分はそれに規制されながら，社会構造と文化の影響も受けながら，大きく変容する。ヨーロッパでは，子どもに対する親の育児意識は，

近代市民社会が登場する時期に人口動態が大きく変動し，それに伴って家族の感情的な絆が変質したことと通底している。このような，家族生活における親子関係と子育て意識に見られる心性の変化と人口動態の変化とのつながりに注目したフランスの家族史家アリエス（Ariès, Ph.）は，家族史の観点から見た育児の変化を明らかにすることを通じて，人々が子どもに対して抱く感情や育児意識が歴史的に不変でなく，社会・文化的にも普遍でなく，絶えず変化する部分があることを明らかにしようとした。それは，子どもを可愛いと感じ，その成長と，一人前に向けての社会化に重大な関心を持ち，教育意識を鋭く持つ現代の核家族の心性は，人口動態が大きく変容し，子ども数が少なくなりはじめる近代に特有のものであって，それ以前には希薄であったことを暗示している。子ども数が人々の子ども観を大きく規制していた事情は，前近代社会の人口動態と家族環境および子育ての様態を近代以降のそれらと比較することによっていっそう明らかとなる。

▶ 人口動態と子ども観　　人間社会における子育ての様態は，伝統的な人口転換理論に従えば，おおむね次の三つの人口動態のパターンと家族構造に応じて変化することが明らかになっている。そのパターンとは，多産多死型の開放的な血統家族，多産少死型の閉鎖的家父長型核家族，そして少産少死型の密閉的平等志向型核家族の三つである。これら三つのパターンは，歴史上，ある種の順次性をもって段階的に推移することもあれば，同時に三つのパターンが並存しながら，社会階層の家族戦略の動勢にさらされながら，社会や文化を変化させる引き金役を演じることもある。第一の，多産多死型の人口動態のもとでの「開放的な血統家族」における育児意識を特徴づけているのは高い死亡率であった。医学水準が低く，衛生観念が未熟であったことに加えて，食糧事情の悪さが母胎の健康状態を不安定にし，死産になることが非常に多かったことなどを背景に，子どもの出産死率は異

常なまでに高く，母親の産褥死率も高かった。このような高い死亡率は，現代社会では高い離婚率に置き換わっているが，今日の核家族とは大きく異なる影響を親子関係に及ぼしていた。その影響の第一は，子どもの誕生と死との間の心理的距離が非常に近かったことであった。死の可能性は，生まれた瞬間から現実的な恐怖であって，子どもの出産を控えた女性たちの心理は死に向かうそれに近く，遺言状を書くことさえあった。人々は人生のすべての時期にわたって死と共に生きていた。いついかなる時も死の影が弱まるときはなく，「死を忘れるな（memento mori）」の戒めが生活の隅々にまで浸透し，多数の「死の舞踏（dance macabre）」が描かれ続けた。影響の第二は，多産に対する親の両面感情（アンビヴァレンス）と関わっている。すなわち，一方では，子どもの生存率から計算して，親たちは後継者を確実に確保するために多数の子どもを産み続けていく必要があった。しかし他方では，彼らが，死んだ子どもと同じ名前を何度も新生児に与え続けたり，19世紀になるまで子どものお墓を作らなかったという事実は，後継者を確保しようとする親たちの強い意志の現れであると理解することもできるし，子どもに対する感情投資を控えることによって喪失感を最小限のものにするために「無関心」をよそおうという心理的統制をおこなっていたと理解することもできる。第三に，高い死亡率は，家庭生活と結婚生活がたびたび死によって破壊されていたことを意味した。相次ぐ子どもの死に加えて，妻や夫の死の確率の高さは，人々が常に配偶者を失うかも知れないという予想のもとに人生を送っていたことを意味しており，実際，再婚率は今日の数倍であった。これを，子どもの側から見れば，大人になるまでにかなりの人数の兄弟姉妹と，少なくとも片親を，時には両親を失って孤児になってしまうという可能性が高かったことを意味している。また，子どもたちが祖父母を知ることはかなり稀であり，たとえ知ることができてもそれほど長い期間ではなかった。このた

め，老人の希少性が高かった分，子どもや若者の存在感は薄かったといえよう。19世紀のかなりの時期に至るまで私生児をはじめとする捨て子や子殺しが多かった背景には，多産多死型の人口動態のもとで繰り広げられた不安定な家族生活があったのである。

▶ **近代におけるロマン主義恋愛**　マルサス主義的結婚システムの登場などを背景に，第二の人口動態である多産少死型のパターンのもとで，「閉鎖的な家父長型核家族」の子育て意識が欲望の体系のなかで覚醒すると，家族は共同体の影響をあまり受けなくなり，かつてのような相互扶助と相互干渉の熱いネットワークは弱まり，道徳的な権威を持つ「家長」（Paterfamilias）を中心に，核家族的なまとまりを形成する。また，近代の小児医学，産科学，予防医学などの進歩によって，子どもの誕生にかかわる医学的知識も手に入り，乳幼児死亡率が次第に改善されるようになると，子どもの生存の確かさに対するさまざまな見通しが立つようになった。こうして，家族にとっても国家にとっても，子ども数は家族戦略の重要な検討項目となった。子どもは家長の後継者として，その誕生から成人期に至るまで家長の保護と監督のもとに置かれ，かつてよりも大きな期待値と価値観のもとで育てられるようになった。家族が共同体の影響を受けなくなった分，家族関係の情緒部分が増大し，「感情共同体」としての家庭で，親自身が子どもの発達モデルとして子どもをしつけ，子どもの養育と教育に対する配慮と資本投下も増えるなど，家庭教育を重視する傾向が強まる。いっぽう，家の外側では，おもちゃ産業の登場，幼児教育制度の整備，児童文学や絵本などの教育メディアの商業的成功が見られるようになった。

第三の，少産少死型の人口動態のもとでの「閉鎖的な平等志向型核家族」の子育て意識は，現代の工業先進国に共通してみられるパターンで，「少なく生んでていねいに育てる」という言葉に示されているように，「子育ての失敗は許されない」「この子の身代わりは

他にはいない」といった強迫観念に追い立てられながら，ネオ・マルサス主義的な再生産イデオロギーを背景に，選択的，集中的，管理主義的な傾向を強めている。少子化社会は，一人ひとりの子どもに対する育児の時間を多く割くことができ，その分母親や父親が子どもと過ごす時間も多い。経済的な余裕ができるようになると，子どもに対する「愛情」の投下を物質的な指標で確かめるようになり，いわゆる過保護や溺愛，過干渉や一方的な支配の親子関係になりやすくなり，「試行錯誤」や「失敗」あるいは「挫折」が持つ教育的な意味を見失いがちになる。その結果，子ども数を不自然なまでに作為的に最小限度に押しとどめようとするこのような人口動態のもとでは，自我の未成熟な「精神的虚弱児」が増加し，子どものしつけや社会化に対する親や社会一般の責任感の希薄化・匿名化ともあいまって，「発達モデル」を見失い，「大人」概念の曖昧さのなかに成熟を求めざるを得なくなっている多くの「ヤングアダルト」を生み出している。

［参考文献］ Ariès, Ph., *L'Enfant et la vie familiale sous l'ancien régime*, 1960（杉山光信・恵美子訳『〈子供〉の誕生——アンシャン・レジーム期の子供と家族生活』みすず書房 1980）／Laslett, P., *The World We Have Lost: Further Explored*, 3rd edition, New York 1965, 1971, 1983（川北稔ほか訳『われら失いし世界——近代イギリス社会史』三嶺書房 1986）／Laslett, P., *The Traditional European Household: Variation by region and change over time*, Cambridge 1985（酒田利夫ほか訳『ヨーロッパの伝統的家族と世帯』リブロポート 1992）／Hollingsworth, T. H., *Historical Demography*, Ithaca, NY 1969／Stone, L., *The Family, Sex, and Marriage in England, 1500-1800*, 1977, abridged edn., Penguin Books 1979（北本正章訳『家族・性・結婚の社会史——1500〜1800年のイングランド』勁草書房 1991）／Macfarlane, A., *Love and Marriage in England, Modes of Reproduction 1300-1840*, Basil Blackwell 1986（北本正章訳『再生産の歴史人類学』勁草書房 1999）／斉藤修編著『家族と人口の歴史社会学——ケンブリッジ・グループ

の成果』リブロポート 1988
［関連項目］ 家族／子ども／アリエス
（北本正章）

新自由主義
英 neoliberalism

▶ **語 義**　新自由主義とは，自由市場のもとで個々人の企業活動の自由とその能力が無制約に発揮されることによって人類の富と福利が最も増大するという理論である。代表的な理論家としてフリードマン（Friedman, M.），ハイエク（Hayek, F. A.）などが挙げられる。新自由主義の由来であるスミス（Smith, A.）らの古典的自由主義は，「不況期には政府が積極的なマクロ経済政策を行うべき」というケインズ（Keynes, J. M.）の思想によって一度否定された。しかし，新自由主義は再び市場の自由を重視し，ケインズ政策がインフレと失業の併存という状況で政府の肥大化をもたらしたと批判した。新自由主義は，古典的自由主義の後のリベラリズムが次第に福祉の公正な配分を求める福祉国家を擁護するようになったのに対して，福祉国家による所得の再分配は自由に対する侵害であると批判した。

▶ **福祉国家批判**　フリードマンは，福祉国家が経済活動に介入することを以下の理由から批判する。①市場に備わる価格機構は需要と供給に関する情報を伝達するが，価格統制はその情報を歪めてしまう。②自由市場は個人のイニシアチブを高める。③経済的自由は政治的自由よりも重要である。というのは，多数決原理は意見の一致がないのに強制的に意見の一致を作り出すが，経済的自由に強制はないからである。④公共事業は本来負担を負うべきでない人の税金によって賄われ，その人と関係のない人に利益を与えてしまう。⑤福祉国家は官僚機構の肥大化をもたらす。というのは，官僚は他人の金を使って受益者の福祉を増大させるが，自分の金ではないので節約しようとする誘因がないからである。⑥福祉国家は，援助を受ける人の依存心を強

くさせ，自立を妨げる。⑦福祉国家は家族内の援助を不必要にすることで家族の絆を弱めるとともに，自発的な慈善活動を衰退させる。

▶ **教育バウチャー**　新自由主義の教育政策としては授業料クーポン制度（教育バウチャー）がある。政府が公立学校を直接運営するのではなく，授業料に相当するクーポン券を親に与え，親は自分が選ぶ学校にそれを渡す仕組みである。教育バウチャーは，①学校間競争を促し，②公立学校以外の多様な学校の設立を促し，③親の学校への関心を高めることによって，教育の質を向上させるとされる。また，私立学校に子どもを通わせる親が，公立学校を維持するための税金と自分の子どもの教育費を二重に取られることを防ぐ。新自由主義は，消費者としての親が子どもの教育を選ぶ自由と競争原理の導入を強調しており，その主張は学校選択制の正当化にもつながっている。

［**参考文献**］　Friedman, M & R., *Free to Choose: A Personal Statement*, New York 1980（西山千明訳『選択の自由』日本経済新聞社　2002／Harvey, D., *A Brief History of Neoliberalism*, Oxford　2005（渡辺治監訳『新自由主義——その歴史的展開と現在』作品社　2007）／Hayek, F. A., *The Constitution of Liberty*, London 1960（気賀健三・古賀勝次郎訳『自由の条件　Ⅰ—Ⅲ』春秋社　1986-1987）
［**関連項目**］　教師／自由／自由主義（リベラリズム）　　　　　　　　　　　（髙宮正貴）

身　体

英 body, flesh／独 Körper, Leib／仏 corps, chair

▶ **語　義**　われわれの「からだ」を表す言葉として，たとえばドイツ語には "Körper" および "Leib" の二つがあるが，一般的に言って，それぞれに「身体」および「肉体」として訳し分けられている。慣用的には，前者は「精神」（Geist）の対概念として用いられる場合が多く，後者は「心」（Seele）の対概念として用いられる場合が多い。"Leib" がゲルマン語を語源としており，"Leben"（独）あるいは "life"（英）等と同根であるこ

とから明らかなように，この言葉には生命活動の実体を指示するものとしての語感が伴われている。一方，"Körper" は，ラテン語からの借用語であり，"Leib" と同様に人間や動物の体（身体）を指す言葉であったが，現在でも物体を表す物理学的用語としても用いられており，より事物性の強い言葉である。

こうした語の意味からも明らかなように，われわれの「からだ」としての「身体」には二通りの存在契機，すなわち，「生命の基体としての身体」および「他の事物と同様な性質を持った物理的化学的事象の集合体としての身体」とがある。身体に関する観念の歴史もこの二つの契機を軸としながら展開してきたといえるが，このうちとりわけ近代以降に中心であったのは後者の身体の事物性を強調する思考様式であり，そこから人間の存在様式を精神と身体とに峻別して捉えるいわゆる心身の二元論も生じている。しかし，現在ではこの二元論を越えた地点で身体性を軸に据えた議論が盛んとなっている。身体論と呼ばれるものがそれである。

▶ **「身体」観の歴史**　二元論的な人間観にとって「近代」がエポックメイキングとなる時代であったとしても，その訪れはさほど唐突というわけでもない。たとえばプラトン（Platon）の対話篇『パイドン』においてソクラテス（Sokrates）は，「霊魂」を支配し，命令するものと規定する一方で，「身体」を隷属し，支配されるものであると規定している。ソクラテスは，「身体」は欲望，快楽，苦痛，恐怖によって「霊魂」を縛りつけているがゆえに，「身体がわれわれの墓である」と語るのである。またヨーロッパ社会のもう一つの伝統，すなわちキリスト教の教義，なかでもカトリックの教義もこうしたギリシャ的観念の影響下にあったことも併せて指摘しておきたい。

こうしたことを下敷きにした上で一般に「心身問題」と呼ばれる問題が，近代以降，とりわけデカルト（Descartes, R.）以降，哲学史のなかに登場することになった。真理認

識の方法に関する探求を自らの哲学の中心に据えたデカルトは、世界は二つのまったく異なる実体、すなわち精神と物体とからなっていると考えた。そして、精神には真理認識の主体となる「思惟」（cogito）が、身体には「延長」（extensio）が本質的な属性として割り当てられた。しかし、このように考えたデカルトにとっても気づかれていたようにそのまったく異なった二つの実体がじつは人間存在において共存していることは紛れもない現実であった。そこで発生したのがいわゆる「心身問題」である。つまり、精神が身体＝物体に対して、あるいは逆に身体＝物体が精神に対して働きかけるという事態がいかにして可能となっているのか、異なった二つの実体の間にある関係がここに問題となったのである。

しかし、20世紀の哲学にはこの「心身問題」という文脈とは異なった視角のなかに身体を捉えようとする試みも見いだすことができる。現象学の立場において身体は、精神によって認識される「対象」として客体的な世界に属する以前に、その対象的世界自体がそこに与えられるような「経験」の一構造契機として存在していることが繰り返し述べられている。たとえば、メルロ＝ポンティ（Merleau-Ponty, M.）においては、「対自」でもなく、「即自」でもない両義的なものとして身体が捉えられるのである。先に触れた身体論と呼ばれる立場をここに見ることができる。またその一方で、現在では科学的な立場から、たとえば心脳同一説のように、人間の「からだ」の事物性を徹底して追及することにより、機械のなかに人間の存在を再現させようとする唯物論的試み（人工知能研究）もあることは見逃せない動向であるといえる。

▶ **教育史のなかの身体**　身体を自覚的に教育と関わらせることの始まりは、ソクラテス＝プラトンの時代へと遡って捉えることができる。ソクラテスはゴルギアスとの対話において「身体のための技術」として体育術（ギュムナスティケー, gymnastike）の重要

性を主張し、『国家』においてもその教育的な機能を明確に位置づけている。そこには精神によって操られるはずの身体を頑強にすることや、さらにその精神に対する身体の従属関係を貫徹化させることが目指されていたのである。

身体に対するそういった眼差しは18世紀に入ると政治の技術としてさらに先鋭化していく。「従順な身体」を形成するための「規律・訓練」が身体に加えられることになるのである。そしてそのための管理の空間として学校が重要な役割を担ったことは、フーコー（Foucault, M.）が『監獄の誕生』のなかで明らかにしたとおりである。

一方で教育における「知」の形式に眼を転じてみても、精神を身体の上に置く二元論的な思考様式を見いだすことは容易である。古くは古代ギリシャの「自由教育」に端を発し、それから少なくとも19世紀の中期までの間は、古典語を中心としたいわゆる人文主義的な教養が教育における支配的な知の形式となっていた。身体の教育の位置づけはそのなかで相対的に低いものであった。

それに対し、19世紀の末期になると「新教育運動」と総称される教育改革の運動のなかで「知」に対する考え方が大きく変化することになる。よく知られているように、この時期には理性的精神の原理性・優先性を主張してきた近代思想に対して「身体の復権」がニーチェ等によって唱えられている。そうした背景のもとで、この新教育運動に特徴的であるのは、子どもの経験や具体的活動を重視し、それまでの知の形式を転換しようとした点であるといえる。すでにルソー、ペスタロッチ等によって子どもの生の自己目的性が主張されていたことを思えば、それが新教育運動に限られた独自な視点であるとは言い切れないが、とりわけ身体的な活動の教育的意義が強調されていた点においては、やはり、時代の趨勢との関わりもあり、新教育運動の持つ意味は大きい。

こうした新教育運動の基本的態度は、たと

えばデューイ（Dewey, J.）の立場，生徒の具体的実際的な活動を重視する「経験主義学習」といわれる立場に集約させることができる。

▶ 教育学における身体論の展開可能性　しかし今日ではこうしたデューイ等の立場も根底からもう一度問い直す必要がある。デューイの「経験」概念は，基本的には「他者」や「もの」との直接的対面的状況を前提として構想されていたのに対し，現在ではメディア・テクノロジーの発達により，日常的「経験」の大部分が直接的対面的な状況から構成されているとは言い難くなってきたからである。そしてまた今日の教育の問題はこの「経験」の質的変容のなかに多く起因していることは明らかである。そこで子どもの生をもう一度具体的に捉え直すことは大きな課題となっている。この時「世界との交通は身体を通じて（身体を道具として）開かれている」と考える身体論的な視座は不可欠なものとなる。そこから，拡大し質的にも変容した「経験」全体を射程に収め，存在の基底から現在の教育（学）的思考の再構成を企図していかねばならないのである。

［参考文献］ Kamper, D., Wulf, C., (Hrsg.) *Wiederkehr des Körpers*, Frankfurt 1982／デューイ, J.（宮原誠一訳）『学校と社会』岩波文庫 1957／デカルト, R.（野田又夫訳）「方法序説」『世界の名著 22, デカルト』中央公論社 1967／メルロ＝ポンティ, M.（木田元訳）『知覚の現象学』Ⅰ・Ⅱ, みすず書房 1967/74／プラトン（松永雄二訳）「パイドン」『プラトン全集』13, 岩波書店 1975／プラトン（藤沢令夫訳）「国家」『プラトン全集』11, 岩波書店 1976／フーコー, M.（田村俶訳）『監獄の誕生』新潮社 1977　　　　　　　（矢野博史）

神秘主義
英 mysticism／独 Mystizismus／仏 mysticisme

▶ 概念　mysticism という言葉は，もともと「秘密の，神秘的な」を意味するギリシャ語の形容詞 mystikos に由来している。神秘主義とは，神秘的合一といわれる主体と客体，自己と世界との無差別的な自己同一性にもとづく体験を基礎とした宗教性をさす。意志の立場に立つ信仰の宗教や，知識にもとづく宗教的な形而上学とは異なり，神秘主義は直接的な体験にもとづいており，すべての宗教現象に普遍的に見いだすことができる。また汎神論は神秘主義の概念を哲学的に言い表わしたものと考えることができる。

▶ 教育と神秘主義　教育と神秘主義との関係でいえば，近代以前の教育思想は宗教的思想に彩られていたわけであるから，そこでは神秘主義は大きな位置を占めていたといえる。たとえば，ドイツ語圏において教育を言い表わす中心的概念である Bildung という概念は，エックハルト（Eckhart, M. J.）にみられるように，神との同一化というキリスト教神秘主義に貫かれていた。また神秘主義は神と人間との本質的な同一性を主張するため，原罪的な教育観から子どもを解放し，さらには，新プラトン主義的視点から，始原に位置する子どものほうが大人よりも優れているというロマン主義的転回を可能にした要因の一つと考えることもできる。近代以降の教育は，合理的な企画と目的志向的な技術による統制によって人間を計算可能なものに置きかえたが，このような近代の潮流のなかでも，神秘主義はたえず近代教育の科学合理主義を批判し，ともすれば教育工場になりかねない学校教育の活性化に寄与してきた。ゲーテ（Goethe, J. W.），ロマン主義者フレーベル（Fröbel, F.），生の哲学を受け継いだ教育学者，そして，人智学のシュタイナー（Steiner, R.）をその代表者として数えることができる。彼らはいずれも宇宙との一体性，自我の溶解体験を重視し，合理的な計算が不可能な生の生成を中核的な人間観としてとらえている。そのために，彼らの教育思想においては遊び，ダンス，修業といった身体的表現が教育方法として重視される。また日本の武道あるいは華道・茶道・芸道といったものの修業（稽古）のなかに，同様の思想を発見することができる。今日では，神秘主義と結びついた教育学

の流れは，ニューサイエンス，トランスパーソナル心理学に影響を受けたホーリズムの教育思想などに受け継がれている。

[参考文献] Berman, M., *The Reenchantment of the World*, Ithaca 1981（柴田元幸訳『デカルトからベイトソン』国文社　1989）／Miller, J. P., *The Holistic Curriculum*, Toronto 1988（吉田敦彦・中川吉晴・手塚郁恵訳『ホリスティック教育』春秋社　1994）／西谷啓治「今日における神秘主義研究の意義」，上田閑照編『ドイツ神秘主義研究』創文社　1982

（矢野智司）

人文主義（ヒューマニズム）
英 humanism／独 Humanismus／仏 humanisme

▶ 語　義　ヨーロッパにおいて中世から近代への転換の呼び水として機能したルネサンス運動が，その拠って立つべき基盤として確立した思想的主柱を指し示す概念である。この概念はきわめて多義性に富んでいるが，ヨーロッパ中世における人間のあり方──神の創造物としての人間──から人間を解放し，人間の生（Leben）全般にわたる根本的な新生をめざした人間中心主義（ヒューマニズム）の運動という理解が，公約数的理解であろう。周知のようにルネサンス運動は，ヨーロッパ中世における神中心の世界（divinitas）を人間の本来のあり方を疎外する桎梏ととらえ，これにとって代わって人間中心の世界（humanitas）の実現を図る革新運動であった。この運動を担った推進者であるヒューマニスト（人文主義者）たちは，古代ギリシャ・ローマにおいて確立・隆盛をみた諸学芸──文学・哲学・歴史・論理学・修辞学など──のなかに自分たちがめざす人間中心の世界観の宝庫を見いだし，これら古代の諸学芸の研究（古典学）にいそしんだのである。この古代学芸の習得に不可欠であるという意味においてギリシャ語・ラテン語の教育（古典語教育）の徹底が図られた。古代学芸の修得を通して中世的・キリスト教的な人間観・世界観からの脱皮，すなわち人間的諸特性の尊重・拡充を内包する新たな人間観の発見・

定着をめざした点に人文主義教育の革新的意義を求めることができよう。しかしながら，この人文主義教育は，ルネサンス運動の衰退とともにその本来の使命の実現から逸脱し，古代文芸の単なる模倣にうつつをぬかす形式主義（キケロ主義）に陥ってしまったのである。

ルネサンス運動の退却によって歴史のわき道に追いやられた人文主義は，18世紀の半ばに主としてドイツで再興し，19世紀末に至るまでのドイツの中・高等教育に拭いがたい影響をおよぼした。この思想潮流は，教育史家パウルゼン（Paulsen, F.）によって新人文主義（Neuhumanismus）と命名された。

▶ 人文主義教育の展開　イタリアの商業都市に勃興したルネサンス運動は，15世紀前半に全盛期を迎えた。イタリア・ヒューマニストの幅広い活動は，フィレンツェのメディチ家に代表されるような都市の富裕市民層による保護・奨励に支えられて行われた。現世での生活の充実，原罪観的な人間観の否定，個々人の個性の解放と展開，コスモポリタン思想の披瀝，万能人の追求などを基本的な特徴とするイタリア・ヒューマニストの思想は，イタリア富裕層の意思・要求をいわば代弁するものであった。彼らの教育思想について言えば，イタリア富裕層の後継者である息子をそれにふさわしく家庭においてどのように教育するかというきわめて現実的な課題への対応であった。それは，商取引に長けているだけではなく，現世に生きる品性豊かな人間，すなわち教養人を育成することであった。この目的の達成をめざして，古代の学芸についての学習を重視する人文主義教育論がヒューマニストによって披瀝された。

16世紀を迎えるとイタリア・ルネサンスはその清新な気風を失って保守的傾向を強めて衰微し始め，それに代わって西ヨーロッパ諸国においてルネサンス運動が華々しく展開されるようになる（北方ルネサンス）。16世紀前半に全盛期を迎えた北方ルネサンスは，同時期に進行していた地理上の発見や宗教改

革・反宗教改革とあいまって力動的な展開を
みた。イタリア・ヒューマニストの関心が個
人の解放と自立に向けられていたのに対して，
北方ヒューマニストのそれは，個人の人間と
しての完成のみならず，社会，政治，経済，
宗教，学問，教育などの改革にも向けられて
いた。これは，当代の現実，すなわち絶対主
義化の道を辿りつつあった個別国家間の闘争，
「新世界」の発見にともなう通商圏の拡大や
価格革命，教会勢力の腐敗，科学・技術の発
達，国家的関心事としての学校教育への注目
などの諸動向への対応であった。要するに北
方ヒューマニストは，当代ヨーロッパの社会
を批判し，新たな社会の建設をめざす諸活動
に努めたのである。

　イタリア・ヒューマニストの教育論では家
庭教育論が主流であったのに対して，北方ヒ
ューマニストのそれは学校教育論の系譜に位
置づけられる。エラスムス（Erasmus, D.），
ヴィーヴェス（Vives, J. L.），メランヒトン
（Melanchton, P.）などは，いずれも学校教
育の必要性を論じ，世俗国家の進路をリード
しうる教養ある指導者を計画的に養成するこ
との重要性を力説した。そのカリキュラムは，
両古典語・論理学・数学・哲学など人文科学
的な教育内容を主体とするものであったが，
ヴィーヴェスのようにこれらに限らず歴史・
法律・自然科・技術など広く社会科学的・自
然科学的な内容の採用を説いて幅広い教養人
に理想的指導者を求めた人文主義者もいた。
彼らの学校教育論は，万人共通の人間性の啓
発を標榜しつつも，一定程度以上の富や社会
的地位を有する階層の子弟のための中・高等
教育論に限定されたものであるというアンビ
ヴァレントな性格を孕んでいた。

　人文主義教育は，17世紀以降厳しい批判
にさらされる。息のつまりそうな古典語文法
教育，キケロの文体の盲目的模倣，暗記中心
の授業，紋切り型の教科書など，要するに衒
学に堕落しきった教育への攻撃が加えられた。
また，古代ギリシャ・ローマの古典を教材に
した人文的学芸の修得にあまりにも傾斜がか

けられていた教育への批判も噴き出した。17
世紀における科学革命，実学主義教育の苗場
であった敬虔主義などを背景として事象をも
対象に加えて人間形成を論じる「実学的」ヒ
ューマニズムの潮流が出現し，コメニウス
（Comenius, J. A.）を集大成者とする一群の
教授学者の活動もこの潮流に棹さすものであ
ったといえよう。

▶ **新人文主義と実学主義**　　18世紀の半ば以
降ドイツの諸大学（ハレ，ゲッティンゲン，
ライプツィヒなど）を拠点に人文主義の再興
運動が展開された。ゲスナー（Gesner, M.），
エアネスティ（Ernesti, J. A.），ハイネ
（Heyne, Ch. G.）などによって再興されたこ
の運動は，ルネサンス・ヒューマニズムの単
なる復興を図ろうとするものではなかった。
古典古代に立ち返ることを強調する点にルネ
サンス・ヒューマニズムとの共通点が見られ
はするが，新人文主義運動は，以下のような
独自の特質を有していた。①啓蒙主義思想か
ら発する主知主義的・合理主義的思想への反
抗（＝反啓蒙主義），②知・情・意の調和
的・統一的な発展，③功利的・実利的な世界
観の忌避，④ラテン（フランス）文化ではな
く，ギリシャ文化への注目・心酔，⑤ギリ
シャ文化の精神を媒介にした新しい文化の創造，
⑥コスモポリタン意識ではなく，（ドイツ）
国民意識の発揚。これらの特質を有した新人
文主義は，19世紀前半のドイツの中・高等
教育の世界で隆盛を極めた。ヨーロッパ文化
の源泉たる古典古代，とりわけ古代ギリシャ
の学芸に精通し，その精神を媒介にして文化
的創造力を形成することが強調された。中・
高等教育機関において人文主義的な教養（文
化）を獲得した階層は，ドイツに特有な教養
市民層（Bildungsbürgertum）を形成し，ド
イツ社会において確固たる位置を占め続ける
ことになった。

　19世紀初頭よりフンボルト（Humboldt,
W. von），ジュフェルン（Süvern, J. W.），ニ
ートハンマー（Niethammer, F. I.），ティー
ルシュ（Thiersch, F.）などによって基礎固

めをされた新人文主義教育は，19世紀半ば以降厳しい試練に遭遇することになる。産業革命の発展に伴う産業社会への進展を追風とする実学主義教育による挑戦を受けたのである。新人文主義教育は当初は旧来の伝統的特権層への挑戦という革新的意義を有していたが，いったんエスタブリッシュされると他の新興勢力の排除に躍起になるという保守的機能を果たすことになるのである。新人文主義教育への実学主義教育の挑戦は，それまではギムナジウムに独占されていた大学入学資格授与権の獲得をめざすものであり，この実学主義教育の「同権性」獲得闘争は，1901年の教育法制改革によって一応終止符を打った（学校闘争 Schulkampf）。しかしながら，両者の「同権性」が法制上達成されたとはいえ，ドイツの中・高等教育の世界においてはエスタブリッシュメントとしての（新）人文主義教育へのアイデンティティはなお根強く残っており，「教養市民層」の再生産という社会的機能を果たしているといえよう。それは，「教養」の内実として人文的な内容に依然として傾斜がかけられ，これに教養層と非教養層とに峻別する役割を担わせていることを意味するのである。

［参考文献］ ガレン，E.（近藤恒一訳）『ヨーロッパの教育』サイマル出版会 1974／Ringer, F. K., *The Decline of the German Mandarins*, Hannover and London 1969（西村稔訳『読書人の没落』名古屋大学出版会 1991）／Schöler, W., *Geschichte des naturwissenschaftlichen Unterrichts im 17. bis 19. Jahrhundert*, Berlin 1970／Landfester, M., *Humanismus und Gesellschaft im 19. Jahrhundert*, Darmstadt 1988

［関連項目］ 一般教育／エラスムス／教養
（川瀬邦臣）

進 歩
英 progress／独 Fortschritt／仏 progrès

▶ **語義** 進歩という観念は，人類の歴史には一定の変化のパターンが存在しており，その変化は全体として，より好ましくない状態からよりよい状態へと向かう不可逆的変化であるということを内容として含んでいる。これは，近代ヨーロッパにおいて典型的に成立した時間概念である。このような時間観に対立するものとしては循環的時間，終末論的時間などが考えられる。多くの古代文明は生成と衰退と再生を無限に繰り返す循環的な時間の観念を有している。それは自然現象の観察から引き出された実感的な時間観であったといえる。それに対して，ユダヤ-キリスト教の世界観は新しい時間観をもたらした。それは無限に繰り返される自然のサイクルを断ち切った超越的な時間であり，神による世界の創造と人間の堕落，そしてふたたび神の審判によって終末を迎える直線的な時間である。アウグスティヌス（Augustinus, A.）の『神の園』において典型的に示されたキリスト教的時間は，一定の段階を追って前進する後戻りのできない一回限りの不可逆的な時間という観念，未来の時点における「神の国」の到来というユートピア的な観念，そして，そうした時間の運動に対する，「信仰」という形での人間の主体的な関与という観念など，後の近代的な進歩の観念にも通ずる重要な特徴を含んでいる。

進歩の観念の起源をどこに見るかについては，研究者によってさまざまである。この点に関する最も古典的な研究を残したビュアリ（Bury, J. B.）は，進歩の観念を古代とキリスト教の両方の世界観と決定的に対立するものとみなして，17世紀後半にその始まりを見ている。他方，比較的新しい研究は，古代ギリシャの哲学者たちやキリスト教教父たちのうちにすでにはっきりとした進歩の観念が見られると主張している。この場合に限らず「起源」の問題にはつねにこのような曖昧さがつきまとうが，進歩の問題そのものが明確に意識され論争の中心となった，いわゆる「古代・近代論争」が一つのエポックメイキングをなすという点では両者の評価は一致している。ルネサンス期に萌芽的にあらわれ，17世紀を通して論じられ続けてきた，ギリシャ・ラテンの古典と現代の作品との優劣を

めぐる論争は、17世紀末から18世紀にかけてフランスの文壇を二分する大きな論争に発展した。ボワロー（Boileau-Despreaux, N.）らの古代擁護派とペロー（Perrault, C.）、フォントネル（Fontenelle, B. B. de）らを中心とする近代派との間の華々しい論争は、今日では文学史の一エピソードに過ぎないものとなっているが、この論争のなかで進歩という観念がはじめてはっきりと自覚的に論じられたことの意義は大きい。近代派の論点はおよそ次の三点にあった。第一は、文化的な遺産の継承が進歩を保証するということ。「我々が最初の熟達者を凌駕することができるとしたら、それを可能にしてくれるのはまさに彼自身なのだ」とフォントネルは言う。第二は、進歩は科学的な知識の領域だけでなく、文学や芸術、あるいは道徳的な面においても同様に存在するという主張であり、そこに人間理性そのものの進歩という観念が想定されている。そして第三は、進歩は紆余曲折や一時的断絶を経るように見えても（たとえば中世という長い逸脱と断絶の時代）、深いところで一貫してとぎれることなく続いている、ということ。ペローはそれを表面上は枯れたように見えても深いところで流れ続け、ついには大河となって海に注ぐ大きな川の流れにたとえている。このような近代派の主張は、17世紀の「科学革命」と称される大きな科学上の刷新を背景にしていることが知られよう。実際彼らはしばしばデカルトを援用しているのである。

18世紀以降、進歩の観念は古代・近代論争のような文学的な論争の場から離れて、政治、文化、社会のすべての領域を貫く基本的な観念となっていく。18世紀の啓蒙思想はとりわけ進歩の思想史における中心的な位置を占めている。なかでもテュルゴー（Turgot, A. R. J.）とその年下の友人であるコンドルセ（Condorcet, J. A. N. de C.）の思想を中心にその特徴をあげてみよう。第一は、諸帝国、諸文明の興隆、衰退が繰り返されつつも、全体としての人類の普遍的な歴史は継続的に進歩していく、という考え方である。実際、普遍史（histoire universelle）という言葉は、テュルゴーの若いときの評論のタイトルでもあり、進歩史観においては重要な位置を占めている。人類はしばしば一つの人格と精神を持った巨大な人物になぞらえられる。このような思想は後にヘーゲルの世界精神の自己展開としての世界史という壮大な形而上学に流れ込むことになる。第二は人類の進歩は一定の法則性を持った段階を追って実現する、という考えである。コンドルセは、その著書『人間精神進歩の素描』のなかで、人類の歴史を10の段階にわたる連続的進歩として描き出した。そして第三に、これらの進歩のメルクマールは人間理性の働きの結果である科学的知識の発達に置かれているということである。コンドルセの10段階は、アルファベット文字の発明や、アラビアの科学の伝来、印刷術の発明やデカルトによる科学的刷新などによって区切られている。それはとりもなおさず、科学的知識が単に知的、技術的世界の進歩だけでなく、社会的、道徳的進歩をもたらす決定的な要因であるとみなされているからである。

以上のような啓蒙思想における進歩の観念は、科学革命をへて、市民革命や産業革命を経験しつつあった近代ヨーロッパ文明に対する信頼と自信に発するものであった。現在のヨーロッパこそ今日までの進歩の歴史の頂点に位置づくものであり、現在見られる革命の動乱や植民地の不幸などのさまざまな無秩序は、来るべき未来の時代において、ちょうど過去の野蛮が克服されてきたように克服されるであろうと考えられたのである。このような、人類の進歩をリードするヨーロッパ文明に対する信頼は、恐怖政治や帝政をもたらしたフランス革命に対する失望とロマン主義思潮の反動を経ながらも、19世紀を通して基本的には一貫して力を失わなかった。むしろ、18世紀においてはいまだ抽象的な観念に留まっていた「進歩」は、19世紀においては実証科学の発達を背景に、歴史的な検証に耐

えうる科学的事実とみなされるようになったのである。コント（Comte, A.）の実証哲学，マルクス（Marx, K.）の史的唯物論，あるいは，ダーウィン（Darwin, Ch.）の進化論と結びついて広がったスペンサー（Spencer, H.）の社会進化論などは，広い意味で進歩の思想，の系列に入れて考えることができよう。

▶ **教育思想から見た進歩**　進歩への信頼は，すでに見たように人間理性への信頼と結びついていた。そこで，カッシーラー（Cassirer, E.）の指摘するように理性に関する「心理学的分析は進歩思想の真の意味を最終的に決定するということになろう。したがって理性に対する働きかけとしての教育も，理性のとらえかたによって異なることになるだろう。啓蒙思想における理性には次の三つの性格が見られる。第一は，人間の普遍的な本性としての理性である。たとえばヴォルテール（Voltaire）は，歴史上の多様な習俗，慣習に注目しつつも，本質的な理性の法は同一であると考え，理性の実現を妨げる障害を一つずつ取り除くことこそが進歩への道であると考える。このような考え方においては，偏見に曇らされていない明晰な理性の持ち主である知識人が，蒙昧な民衆を導くという図式が成り立つ。第二は，理性そのものの後成性を強調する立場で，ロックの経験論を経てフランスの感覚論，さらにはイギリスの観念連合説にいたる考え方である。フランス感覚論の代表的な人物であるエルヴェシウス（Helvétius, C. A.）は，人間の精神の間に見られる個人差はすべて，誕生以来の環境と経験の差異に帰せられるとし，そうした経験一般を広く教育と呼ぶ。進歩は，従来偶然や偏見にまかされてきた教育を，公共の幸福と正義の原則のもとに組織された意図的で体系的な教育へと改革することによって（すなわち幼い頃から正しい感覚的経験を組織的に与えることによって）もたらされるだろう。教育万能論の思想とも言える。第三番目のものは，理性の両義的性格を強調するもので，典型的にはルソーに見られる。啓蒙思想家のなかでは例外的にルソーは理性に対して全面的な信頼を寄せてはいない。むしろ彼は人々が進歩とみなした科学の発達や習俗の洗練を自然的善からの堕落とみなす。この点で彼は，人間が知恵の実を食べて楽園から追放されたというキリスト教の原罪の物語を啓蒙の世紀の直中にあって継承している，ということができる。しかし同時に彼はこの同じ理性のなかに人間が自らを救済するための力をも見いだしている。この人間特有の力について，彼が「完成能力」という言葉で語っているのは興味深い。「それは自己を完成していく能力であり，環境の助けを借りてつぎつぎに他の能力を発展させ，われわれのあいだでは種の中にも個人の中にも存在するあの能力である」とルソーは言う。

完成能力（perfectibilité）という観念は，古代ギリシャの哲学やキリスト教神学においては，ごく少数の特殊な優れた人間が魂の飛躍による絶対者との合一を通して完全性を獲得する能力を指していた。しかし18世紀には，この能力は世代を通して漸進的な改良を重ねることによって無限に進歩していく人類の能力を指すようになっていた。ルソーはこの言葉を引き合いに出しつつ，それを「知識と誤謬，美徳と悪徳，幸と不幸」とを同時に生み出す両義的な能力として規定する。それゆえこの能力が進歩と結びつくことができるとしたら，それはこの両義性を自覚し，それを道徳的な実践能力として再構成することによってでなければならない。かくしてルソーは真理を認識する能力としての理性と真理を実践する能力としての道徳的能力との関係を正面から問題とする教育を論ぜざるを得なくなる。彼の教育論『エミール』が，当時の知的教育論の常識とはさまざまな点で異なるものとなったのはそのためである。

以上のように理性のとらえかたによって進歩と教育の関係のとらえかたもまた多様であるが，しかしそこには啓蒙思想に特有の共通の思惟様式もまた見て取ることができる。いずれの場合も，何が人間にとって真に幸福で

あるかということを知っていてそれを人々に教えることのできる人間が想定されているということである。神による救済ではなく、人間自身の力による進歩を唱える以上、それを神に求めることはできない。ヴォルテールやエルヴェシウスは結局それを哲学者の知恵を持った啓蒙専制君主という存在に求めた。あるいは、革命期のコンドルセは、国立学術院に集う最高の知識人たちのうちに求めた。ルソーの場合は、その徹底した民主主義思想と文明批判ゆえに、君主や知識人にそれを求めることはできなかったので、この存在はいわば宙に浮いたかたちとならざるを得ない。そしてそうなればなるほど、教育そのものの力が強調されていくというパラドックスが生ずる。他の啓蒙思想家たちが、啓蒙君主や知識人に求めた力を、ルソーは直接に子どもの教育にあたる教師その人に求めた。『エミール』における教師は個人としての子どものうちにある完成能力を正しく導くことを通して、人類の進歩に対して決定的な働きをなす存在とみなされるのである。さらに、この教師は子どもの知的能力に働きかけるだけでなく、その道徳的な実践能力としての意志そのものに働きかけ、それを支配するという意味でもいっそう決定的な力を持つ存在であると言えよう。

このように啓蒙思想においては、進歩の担い手として、政治的権力、知的権力、そして教育的権力が想定されているのだが、19世紀から20世紀と時代を経るにつれて、これら三つの権力の有機的な統合がいっそう進んでいくことになる。すなわち、国民国家のもとでの公教育制度と、そこでの、科学的知識教育と道徳教育こそが、進歩の鍵とみなされるようになったのである。この教育による進歩への信仰は、ヨーロッパの先進諸国との政治、経済、技術上のギャップに苦しみながら急速に近代化を遂げようとするアジア、アフリカの後発国においていっそう顕著に見られ、その歴史上最も成功した例の一つが他ならぬ日本の例であったとしばしば指摘されている。

▶ **今日における進歩と教育**　20世紀も後半となると、以上のような進歩の観念は歴史的な現実そのものによって相対化を余儀なくされてきた。科学技術の発達が人類の無限の進歩をではなく、人類の住処である地球そのものの破滅をもたらすであろうという見通しが、核兵器や産業公害の存在によって人々の目にはっきりと示されるようになった。一方でかつて進歩の証であった経済的な豊かさは、人々の間に幸福感の増大よりもいっそうの不平等感や飢餓感をもたらし社会的な絆の弛緩をもたらした。こうした状況のなかで進歩と教育に関しても新たな視点が提起されるようになった。その主なものは次の二つに要約される。一つは、現状の原因を科学的知的教育と道徳的精神的教育とのギャップのうちに見いだすものである。そこから、たとえば、従来の教育の「知育偏重」を批判し、失われた社会的絆を回復するための道徳教育を強化しようという保守派の動向が導き出される。あるいは、資本主義的な利己主義的道徳を克服し、社会主義的原理の上に道徳教育を打ち立てようとする運動も存在する。後者の場合には、資本主義から社会主義への必然的な進歩を認識する科学としての歴史の教育がセットになって考えられている。日本の戦後教育はこれら二つの立場が真っ向から対立し合ってきた不毛な論争の歴史を刻んでいる。これに対して第二のものは、教育による進歩という観念そのものの全面的な破棄を唱えるもので、1970年代のアメリカで興り、日本にもその後、思想的に大きな影響を及ぼした脱学校化論などがその例である。たとえばその代表的な論客であるイリイチ（Illich, I.）によれば、一般に進歩とみなされている近代以降の学校教育拡大の歴史は、不平等の拡大と人間の管理の徹底化をもたらしただけであるが、さらに重要なことは、そうしたことは、教育が人々の間に、進歩への期待を、すなわち「終わりのない消費」への、次々と高まり行く期待を生み出すことによって可能となったのである。彼は、教育と進歩という観念にかわっ

て，主体的な学習と（救いへの）希望という新たな観念を提起し，同時に，近代を担ってきたプロメテウス的人間からエピメテウス的人間へという人間観の転換を要請している。

いずれにせよ，現状を批判的にとらえその克服を展望しようとする限りにおいて，そしてまた，そこに教育というモメントを決定的に重要な要素として位置づけているという限りにおいて，これらは広く言えば，依然として進歩の思想の系譜にあると言えるかも知れない。

［参考文献］　Bury, J. B., *The Idea of Progress*, Westport, CT 1924／Nisbet, Robert, *History of the Idea of Progress*, New York 1980

（森田伸子）

進歩主義教育

英 progressive education

▶ 概　念　アメリカにおける新教育が一般に「進歩主義教育」と呼ばれる。歴史的にみて，新教育が国際的な教育革新運動として展開されたのと同じコンテクストで，進歩主義教育もまたアメリカの主要な教育革新運動として展開された。その運動期は，具体的には，1919 年の進歩主義教育協会（Progressive Education Association）の設立から，同協会の活動が停止された 1955 年までである。

進歩主義教育は，狭義において，進歩主義教育協会が指導した教育実践とその理論をさす。広義においてそれは，デューイ（Dewey, J.）の実験的経験主義教育の理論と実践（シカゴ実験室学校＝デューイ・スクールで実施されたもの）はもとより，デューイが「進歩主義教育運動の父」と称えたパーカー（Parker, F. W.）の教育理論と実践（1875 年に始まるクインシー運動 Quincy Movement）も含まれる。また，アメリカにおけるペスタロッチ主義教育の普及に尽力したシェルドン（Sheldon, E. A.）が指導したオスウィーゴー運動（Oswego Movement）も含まれる。さらに，デューイが「民主主義の哲学者」と称えたエマソン（Emerson, R. W.）の児童尊重

教育の思想も，進歩主義教育の確かな源流として含まれる。

以上の広義および狭義の進歩主義教育運動の概念に一貫している思想基盤はリベラリズムであり，それはアメリカの伝統的な生活様式を支配してきた理念（イデオロギー）である。アメリカ教育のイデオロギー的基盤を考察したビニアー（Benier, N. R.）とウィリアムズ（Williams, J. E.）は「プログレシヴィズムは，現代リベラリズムと最もよく意気の合うイデオロギーである」と述べている。

進歩主義教育を簡単に定義することは難しい。その理由は，進歩主義教育協会の会長（1939-43）の経験もあるウォシュバーン（Washburne, C. W.）の著書『進歩主義教育とは何か』（*What is Progressive Education?*）に適切に述べられている。「進歩主義教育を定義することは容易なことではない。その理由は簡単である。進歩主義教育それ自体の性質によって，進歩主義教育は変化しているからである。どのような種類のものにしろ，進歩的学校を記述したとしても，進歩的学校は直ちにその記述内容を越えて進展しているのである。広い意味で，進歩主義教育は，たえず進展している教育であるということができる。進歩主義教育はなんら固定した信条を持っていないので，進歩主義教育は，つねに適用されるべき一定の方法を持っていない。進歩主義教育は現在に生きつづけ成長しているのである」。この引用に述べられているように，進歩主義教育には一定の方法があったわけではないことは確かだが，その教育理念においては，総じて子どもの個性を尊重し，子どもの成長・発達を助成するという思想的基盤においては共通するものがあったということができる。

ホフスタッター（Hofstadter, R.）は，広範な革新運動としての「進歩主義運動」が「決して統一性や一貫性を持った運動ではなかったことは確かである。だがおそらくこのことが，この運動の失敗の原因であるとともに，またかなりの成功を収めた秘訣でもあろ

う」と述べ，その実態を明察している。この明察はそのまま教育における進歩主義運動にも当てはまる。

進歩主義期における広範な革新運動は，特定の階級や集団に敵対して立ち上がった特定の階級による闘争的・革命的な社会改革をめざすものではなかった。それは主として，中産階層を中軸とする幅広い階層の支持を背景としての，体制内改善の論理に与みしたものである。ホフスタッターは進歩主義の運動面からみた概念的な特徴を次のように述べている。それは「むしろ，社会のより広い層による，なにかはっきりと特定できにくい，自己改善を達成しようとする広範できわめて善意の努力であった」（『アメリカ現代史――改革の時代』）。

▶ 展開　進歩主義教育は，一般的にみて，一方で，子どもの個性を尊重するという個人主義的な側面を強調しながらも，他方で，社会的協同や社会改善をねらいとする市民教育をも視野に入れておこなわれた。このような両義性でのウエイトのおかれ方は，1920年代から始まった大恐慌を境に変わってくる。1920年代では児童中心的色彩の濃い進歩的学校の擁護論が大勢を占めていた。ところが1930年代には，社会的協同の視点から市民教育が強調されるようになった。

児童中心的な進歩的学校を指導した理念は，1919年に設立された進歩主義教育協会の運動綱領に窺うことができる。以下に列挙する。①自然に発達する自由（Freedom to Develop Naturally），②あらゆる課業の動機としての興味（Interest, the Motive of All Work），③厳しい監督者ではなくガイドとしての教師（The Teacher a Guide, not a Taskmaster），④生徒の発達の科学的研究（Scientific Study of Pupil Development），⑤子どもの身体の発達に影響するいっさいのものへの大いなる配慮（Greater Attention to All that Affects the Child's Physical Development），⑥子どもの生活要求に応える学校と家庭の協力（Cooperation between School and Home to Meet the Needs of Child Life），⑦教育運動のリーダーとしての進歩的学校（The Progressive School as a Leader in Educational Movements）。

1920年代の進歩的学校に広く採り入れられた有力な教育方法は，活動的経験による単元学習であった。とくにキルパトリック（Kilpatrick, W. H.）により，1918年に大成されたプロジェクト・メソッド（The Project Method）はその典型である。プロジェクト・メソッドは，1920年代の進歩的学校に積極的に採用され，この種の学校の普及に一役買っている。プロジェクト・メソッドの理論構成には，デューイの創造的思考につながる興味や思考の方法が援用されている。ところが，その援用にさいしてソーンダイク（Thorndike, E. L.）の「刺激―反応」（S-R結合）説を利用したこともあって，デューイ本来の創造的反省思考の方法がプロジェクト・メソッドには十分に適切に投影されていないのではとの疑念の生じることは否めない。プロジェクト・メソッドにおいての「目的（Purposing）→計画（Planning）→遂行（Executing）→判断（Judging）」という学習の展開は，比較的明確な方式であるといってよい。この学習理論の簡明さゆえに，プロジェクト・メソッドは教育現場で比較的容易に受け入れられ，進歩的学校の普及に寄与したと推測される。

プロジェクト・メソッドはまた，当時のカリキュラム改革における教科中心と活動中心の対立を調停する論理を，プロジェクト概念を核として提起した。社会的プロジェクトの追求を基礎とし，学習が教科を含めて主体的・総合的に展開される理論を確立したのである。その影響を受けて，当初教科の組織的体系を重視した個別的な教育方法として開発されたウィネトカ・プラン（The Winnetka Plan）やドルトン・プラン（The Dalton Plan）は，1930年代前後になると，プロジェクト・メソッドの理論に即して修正されることになる。

もともとデューイの実験的経験主義教育理論の構成要素には，児童中心的な側面だけでなく，社会（コミュニティ）中心的な側面も秘められていたはずである。この社会的側面が顕在化するのは，1920年代末からはじまった大恐慌を契機としてであった。カウンツ（Counts, G. S.）は，1932年の進歩主義教育協会の全国大会において，「進歩主義教育ははたして進歩的であるか」（Dare Progressive Education be Progressive?）という内部告発的な問いかけを行った。このカウンツの自己告発がきっかけとなり，『ソーシャル・フロンティア』（The Social Frontier）誌が発刊されることになった（1934）。この雑誌への起稿をとおして進歩主義教育運動の陣営は，社会改革論的な側面を強調する論調へと急進化していった。しかし1930年代の進歩主義教育運動は，全体としてはニューディール体制を支持し，その体制内での革新的教育改革を指向していた。

ところが，進歩主義教育は，1930年代後半からカウンツによるような同陣営からの内部（自己）批判とは別に，バグリ（Bagley, W. C.）をリーダーとする本質主義者（Essentialist）およびその後裔による攻撃の矢面に立たされることになった。進歩主義教育は反知性主義の典型として，とくに1940年代からは本質主義者による集中砲火に晒されることになった。1955年，進歩主義教育運動の推進母体であった進歩主義教育協会は，半世紀にわたる活動に終止符を打つことになった。

▶ 批判と課題　　否定的な意味で，進歩主義教育理論およびその運動に際だった評価を下したのは，本質主義者だけではなかった。リヴィジョニストによる批判的見解もまた，いま一つの否定的評価である。たとえば，1970年代ラディカル経済学の旗手として知られているボールズ（Bowles, S.）とギンタス（Gintis, H.）の二人が下した評価は，端的にいえば，進歩主義教育理論はアメリカ資本主義体制の維持・再生産につながる社会適応にすぎないという否定的なものであった（『資本主義アメリカにおける学校教育』）。このような否定的見解は主としてデューイをマークしてなされた批判であったが，それは1990年代に入ると，いわゆる「プラグマティズム・ルネサンス」と呼ばれるデューイ再評価の研究動向と共に色あせたものになった。同じリヴィジョニストと目されるカッツ（Katz, M. B.）は，「児童中心主義と社会改造主義は，進歩主義教育思想における重要な要素であった」と述べ，その点を評価しながらも，進歩主義教育は総じて官僚制による社会統制に適し，階級差別を助長したとみている。カッツはまた，進歩主義教育の歴史を好意的に叙述したクレミン（Cremin, L. A.）の著作『学校の変容』（Transformation of the School）を評価しなかった。クレミンが進歩主義の政治的な社会統制に関する側面に十分に関心を払っていないと考えたからである。政治改革なくしては教育改革はないというカッツの考え方からすると，クレミンの進歩主義教育解釈が評価されないのは当然である。

その後，クレミンは，三部作の一つ『アメリカの教育——大都市の経験 1876-1980年』（American Education: The Metropolitan Experience, 1876-1980）において，進歩的学校改革に一貫してみられる特質を次のように列挙している。「①健康，職業，家庭・コミュニティにおける生活の質に直接に関心を向けるように，学校の授業内容や質を拡大すること。②教室において，哲学，心理学，その他の社会科学における研究から得られた，より人間的で活動的で合理的な教育学的技法を適用すること。③教授を，学校の有する権限内で，学校に通ってくる子どもの特質や階層により直接に適合させること。④学校行政・経営にたいして，よりいっそう系統的に組織された合理的な手法を用いること」。

以上のような進歩主義教育の特質は，広く一般に受け入れられて「日常的な英知」（conventional wisdom）になってしまったという見方がある。カミンスキー（Kaminsky, J. S.）の見方で，進歩主義教育の思想が一般

化されることによって，その思想的影響力が
失われていったという見解である。

進歩主義教育を支えているデューイの経験
主義に一定の理解を示しながらも，その目的
論ないし価値の領域の問題になると，進歩主
義教育理論には与しないという立場がある。
知識の人間化を唱える側面を有する本質主義
者フェニックス（Phenix, P. H.）の立場であ
る。

フェニックスによると，教育は「価値の民
主主義」（Democracy of Worth）に奉仕する
ことを究極の目的とする。そして「人間の経
験において表れる価値は，結局は人間の意志
によって決定されるものではなく，人間の経
験に先行する潜在的可能性のなかに発見され
るもの」である。この「潜在的可能性」は普
遍的な価値であって，それらは先験的に設定
されている知性，創造性，良心，敬虔といっ
た卓越した理念的価値の別名である。これは，
教育的価値の位置（意味）づけが経験からで
はなく先験的になされる場合の進歩主義教育
批判の適例である。「プラグマティズムは価
値をプロセスのなかに解消してしまおうとす
る。……生活の方向づけや学習の指導のため
にわれわれが必要とするのは，人々や生活の
プロセスによって作り出されるものではなく，
それに仕えなければならない真理や善に対し
て信念をもって献身することである」（『コモ
ングッドへの教育』）。

進歩主義教育に対する保守派の立場からの
批判として，ラヴィッチ（Ravitch, D.）の見
解があげられる。彼女は，かつてコロンビア
大学ティーチャーズ・カレッジ付属の進歩的
学校であったリンカーン・スクールを例にと
って，「教育の退潮は，進歩主義教育のせい
ではなく，教科のもつ知的側面に敵対し，そ
れを愚弄し，科学や学問世界から孤立するこ
とになった『退歩主義教育』（regressive ed-
ucation)」に起因するという。進歩主義教育
に対する一つの批判形態である。進歩主義教
育の思想と方法が，デューイの経験主義に立
つかぎり，その理論構成において，知的側面

（創造的思考）を軽視するはずがないことを
再認識してもなおそういえるのだろうか。

このようにみてくると，進歩主義教育（運
動）の正当な評価は，まだ定まっていないと
いうことができよう。先にあげた，クレミン
からリヴィジョニストへとシフトした進歩主
義教育解釈の枠組みも，例外ではない。進歩
主義教育運動の改革を，クレミンは，伝統的
教育の桎梏から個を解放する人道的改革とし
て評価した。その解釈に批判的なリヴィジョ
ニストは，進歩主義教育を一部の階級の権益
に奉仕する非人道的改革と断定した。それに
対して，たとえばタイヤック（Tyack, D. B.）
は，進歩主義教育運動を，学校制度の官僚化
を推進するエリート主義的な改革として分析
しつつも，その運動は，子どもの成長に即し
た教育を求める自由論者や，学校を核として
新たな社会秩序の確立をめざす社会改造主義
者などからも推進されたと主張する。またリ
ース（Reese, W. J.）は，労働者，女性，親
などが構成する各コミュニティ・グループが
改革について果たした役割を明らかにしてい
る。そのような分析は，リヴィジョニストの
解釈を継承しつつも，それを越えて，進歩主
義教育の改革は，一部の指導者層の意向のみ
によって，恣意的に方向づけられたものでも
なかったことを示している。ホフスタッター
が指摘するようにその改革運動の多様性にあ
らためて留意しつつ，人道的／非人道的とい
う二分法を越えて進歩主義教育（運動）の解
釈を深めることは，今後の課題といえるだろ
う。

今日，高度技術化・情報化社会のシステム
が依拠せざるをえない効率主義に潜在する非
人間的な思考の側面が問題とされて久しい。
その問題解決に向けて，進歩主義教育に顕著
な両義性（個性化と社会化）を統合する理論
が改めて模索され，定立されることが緊要な
課題となろう。最近，すでにふれたように
1990年代に入ってのプラグマティズム・ル
ネサンスのもと，デューイの実験的経験主義
哲学が復活の兆しをみせている。これは，ラ

イアン（Ryan, A.）が，デューイは政治的革命主義者ではなく，その思想の本質はリベラルであって「イギリス流の前衛的リベラリズム（advanced liberalism）に類似したものである，と位置づけていることと無縁ではない。それは，あまりにも自分主義（me-ism）の利己的欲求が露わになるなかで，現代社会が要求しはじめた「共同体的転換」（communitarian turn）の思想と方法を，デューイの探求の理論のなかに再発見しようとする試みである。それは探求の自由と自由な探求によって，個性が生きる共同体を創出しようとしたデューイの構想力豊かでラディカルな哲学が，再検討に値するものとして顧慮されてきたことの証である。

さらにまた，デューイの伝記的研究の大作を刊行（1991）したロックフェラー（Rockefeller, S. C.）は，デューイの思想と方法についてのラディカルな社会的改革の側面にかかわる新しい解釈をくだしている。「道徳的価値づけについてデューイの道徳的相対主義とプラグマティックな方法は，保守的な利害関係が，経済的なものであろうが，階級的なものであろうが，人種的なものであろうが，あるいは宗教的なものであろうが，そのような保守的な利権と戦う有力な武器である」（『ジョン・デューイ──宗教的信念と民主的ヒューマニズム』）と。このデューイ新解釈とさきに取り上げたボールズ＝ギンタス「デューイの誤謬は，社会制度というものを民主的なものと規定したところにある」（『資本主義アメリカにおける学校教育』1976）というデューイ解釈と対比してみよう。このような二つの言説にみられるデューイ解釈の推移は，たんなる時代思潮との対応関係のみに解消されるものではない。むしろ，進歩主義教育理論の基底をなすプラグマティズムの本質理解にかかわる課題を，提示しているものとみなければならない。

［参考文献］ Cremin, L. A., *The Transformation of the School*, New York 1961／Cremin, L. A., *American Education: The Metropolitan Experience, 1876-1980*, New York 1988／Graham, P. A., *Progressive Education: From Arcady to Academe*, New York 1967／Kilpatrick, W. H., "The Project Method," *Teachers College Record*, 19 (4), 1918／Ravitch, D., *The Trabled Crusade*, New York 1983／Reese, W. J., *Power and the Promise of School Reform: Grassroots Movements during the Progressive Era*, New York 1986／Rockefeller, S. C., *John Dewey: Religious Faith and Democratic Humanism*, New York 1991／Ryan, A., *John Dewey and the High Tide of American Liberalism*, Boston 1995／Tanner, D., *Crusade of Democracy*, Albany, New York 1991／Tyack, D. B., *One Best System: A History of American Urban Education*, Cambridge, MA 1974／市村尚久「進歩主義教育」「プロジェクト・メソッド」『新教育大事典』第一法規　1990／市村尚久「新教育運動の教育史的位置──アメリカ」長尾十三二編『新教育運動の史的考察』明治図書　1988／ウォッシュバーン（赤井米吉訳）『新教育の生かし方』学芸図書　1953／カッツ（藤田英典ほか訳）『階級・官僚制と学校』有信堂　1989／キルパトリック（市村尚久訳）『プロジェクト法』明玄書房　1967／早川操「ラディカルな教育学者による進歩主義教育批判の再検討 I・II」『日本デューイ学会紀要』36/7巻　1995/6／フェニックス（岡本道雄・市村尚久訳）『コモングッドへの教育』玉川大学出版部　1995／ホーフスタッター（清水知久ほか訳）『アメリカ現代史──改革の時代』みすず書房　1967／毛利陽太郎「新教育運動の提起したもの──アメリカ」長尾十三二編『新教育の生起と展開』明治図書　1988／森田尚人「新教育理論の学問的基礎──アメリカ」長尾十三二編『新教育運動の理論』明治図書　1988

［関連項目］　経験／新教育／リヴィジョニスト
（市村尚久）

シンボル

英 symbol／独 Symbol

▶ **教育思想としてのシンボル**　一般的にシンボルは何らかの対象物をパッケージ化して指示する記号として理解される。しかし，カッシーラー（Cassirer, E.）が『シンボル形式の哲学』で端的に指摘したように，教育思想としてのシンボルの特徴は，1）表現形式

と対象物（内容）とが不可分の有機的関係にあり，2）特定の対象物（存在）をシンボル化する認識や思考の過程自体が当該の対象物の解釈・変容を伴う点にある。それゆえに，シンボルに基づく「教える―学ぶ」は，単なる記号による「指示」や「伝達」を超えた営みとして説明されうる。カッシーラーもその弟子であるランガー（Langer, S. K.）も「シンボル化」の能力は人間だけがもつとし，それは人間のあらゆる思考や精神活動，たとえば芸術，言語，神話，科学，歴史，宗教に共通するとしたのである。

▶ **シンボルの形式（Form）**　カッシーラーは「人間はシンボルの宇宙の中に住んでいる」といい，実在はシンボルとしてのみ主体に認識されるという。つまりシンボルは，何らかの内容を指し示すものではなく内容そのものである。この点についてランガーは，シンボルとサインとを区別することで説明を試みている。サインが対象物と記号とを一対一で指し示すのに対して，シンボルは対象物と適合する「表象」（conception）を主体にもたらす。主体にとってサインは対象物を置き換えたものであるが，シンボルは対象物が当の形式を得て新しい何かへと変じたものである。ゆえにシンボルにおいては対象物（内容）とその形式とが不可分であり，どのような形式をとるかという点が内容の質を変容させるのである。

▶ **シンボル化における創造性と教育**　カッシーラーやランガーのシンボル形式は，人間の認識や理解を対象物に対する能動的な関わりとして説明する。パノフスキー（Panofsky, E.）のイコノロジー，グッドマン（Goodman, N.）の世界の複数性，ガードナー（Gardner, H.）の美術教育論などがそれぞれに論じるように，人間にとってのシンボル化の過程は事物の世界を意味や表象の世界として再提示し新たに製作する創造の過程である。ゆえに当の議論は美学教育・芸術教育の枠組みにとどまることなく，人間の創造性をともなう美的活動の全般を解明する視点としての

可能性をもつ。さらには，教育の営みにおける伝達，思考，評価といった基本的概念を再構成する要素として，シンボルを巡る議論の範囲は拡大する様相を呈しているのである。

［**参考文献**］　Cassirer, E., *Die Philosophie der symbolischen Formen*, Berlin 1923〜1929（生松敬三・木田元ほか訳『シンボル形式の哲学1〜4』岩波書店　1989〜1997）／Dewey, J., *Art as Experience*, 1934（栗田修訳『経験としての芸術』晃洋書房　2010）／Gardner, H., *Art, Mind, And Brain*, New York 1982（仲瀬律久・森島慧訳『芸術，精神そして頭脳』黎明書房　1991）／Goodman, N., *Way of Worldmaking*, Hassocs 1978（菅野盾樹訳『世界制作の方法』筑摩書房　2008）／Langer, S. K., *Philosophy In A New Key*, Massachusetts 1942（矢野万里ほか訳『シンボルの哲学』岩波書店1960）／Langer, S. K., *Feeling and Form*, London 1953（大久保直幹ほか訳『感情の形式 I・II』太陽社　1970〜1971）

［**関連項目**］　カッシーラー／リード／意味／伝達／解釈／表象　　　　　（尾崎博美）

ジンメル

(Georg Simmel, 1858-1918)

ドイツの哲学者であり，また社会学者。1881年にベルリン大学においてカントに関する論文で学位を取得し，85年から同大学の私講師として哲学などの講義を行うも，大学正教授の職を得たのは晩年（1914年）であった。哲学，心理学，歴史学に関する研鑽を礎として，19・20世紀転換期の社会状況と人間の在り方をすぐれた観察眼によって考究した。

ジンメル思想の中心に位置していたのは，「社会」という謎の解明であった。彼は社会を心的な相互作用とみなしたうえで，その内容と形式とを峻別し，「分化」「闘争」「秘密」などをキーワードとして個々人を超えたところに「社会化（Vergesellschaftung）」が生じる際の諸形式を捉えようとした。後期になると，次第に人間の生と文化に関する考察が前面に押し出されるようになる。ジンメルによれば，人間の生はよりよき生を目指して多

様な文化を創造するが，そうした文化は自らの固有の価値と法則にしたがって進展していくがゆえにしばしば人間の生に対して抑圧的な作用を及ぼしてしまう。そのような生と文化の関係性を，ジンメルは「文化の悲劇」と呼んだ。

近代における文化の両義性を把捉しようとするジンメルの思考方法は，たとえば定評のある「大都市と精神生活」（1903 年）という小論にも看取される。「大都市」のように多くの見知らぬ人びとに依存しあう状況のなかで，個人は伝統的な共同体から切り離されて孤立するが，まさにそれゆえに共同体から解放されるのだと，ジンメルは述べた。「大都市」批判隆盛の時代において，彼は徹底的に自らが置かれた状況の両義性を観察しようとした。

1915／16 年冬学期，ジンメルは教育学講義を担当しており，その内容は没後（『学校教育学』1922 年）に出版された。教育に関するジンメルの直接的な論考について検討を行うことと同時に，彼の広範にわたる人間と文化に関する考察のうちに人間形成論への示唆を発見することも，教育学にとって有意義であろう。先述の「大都市」論も，近代の人工的な環境が人間をどのように変容させていくのかを解釈する一種の人間形成論として理解可能であるし，また感情，道徳，社交などのさまざまなキーワードによって彼の思想を人間形成の観点から再検討することも興味深い。今後さらに再読されるべき思想家のうちにジンメルは含まれる。

［参考文献］ Simmel, G.（1989ff.）: Gesamtausgabe in 24. Bänden. Frankfurt a. M.（『ジンメル著作集』全 12 巻（新装復刻版）白水社 2004）／ジンメル，G.（伊勢田耀子訳）『学校教育論』明治図書 1960／居安正『ジンメルの社会学』いなほ書房 2000／北川東子『ジンメル──生の形式』講談社 1997

［関連項目］ 都市と教育　　　　（山名淳）

神　話

英 myth, mythology／独 Mythos, Mythologie／仏 mythe, mythologie

▶ 概　念　神話はギリシャ語のミュートス（mutos）に由来する近代西洋語の myth（英），mythe（仏），Mythos（独）の訳語である。本来単に「言葉，話，物語，説話」を意味し，前 6〜前 5 世紀頃から「神について語られたもの」という今日的な意味で用いられるようになる。他方，「真実の話」としてのロゴス（logos）との対比で，「作りごと，虚偽の話」の意味でも用いられ，この語義もまたギリシャ以来の合理的思惟の伝統に立脚した近代社会に受け継がれている（吉田・松村）。

神話学はギリシャ語のミュートローギア（mutologia）に由来する近代西洋語の mythology（英），mythologie（仏），Mythologie（独）の訳語である。しかしギリシャにおいてミュートローギアは「物語を語ること，物語」を意味し，ミュートスとは明瞭に区別されていなかった。19 世紀に神話を対象とする学問分野が成立してはじめてミュートローギア系の語は神話学という意味で用いられ始める。現在では，ミュートス系の語は個々の神話を，ミュートローギア系の語は神話学と並んで一文化における神話体系を意味するに至っている（吉田・松村）。

▶ 神話概念の展開　ギリシャ以来の合理的思惟の立場に立脚する近代社会では，神話は必然的に「虚偽の話」の意味あいを帯びることになるが，他方で 19 世紀以降，民族学や人類学等の成果として神話をまさに「真実の話」として信ずる社会（伝統社会，未開社会，古社会）の存在が明らかにされてきた。神話学は，この「真実の話」としての神話を研究対象とする。現代神話学の立場からは，神話は一般に「世界や人間や文化の起源を語り，それによって今の世界のあり方を基礎づけ，人々には生き方のモデルを提供する神聖な物語」（吉田・松村）として定義され，儀礼とともに人類の思考の無意識の構造に基づく世

界像の表現とみなされている（大林ほか）。この意味での神話は、伝説や昔話に姿を変えその神聖性あるいは真実性を弱めつつも、なお近代社会のなかに生き続けている（吉田・松村）。観点をかえれば、近代的理性自体も、近代社会の発展を牽引してきた「真実の話」という意味で神話と見なしうるし、あるいは、今日すでにその牽引力を失いつつあるのだとすれば「虚偽の話」という意味で神話と見なすこともできる。

▶ **神話学の立場**　①印欧語族の比較言語学の成果をもとに、神話を特定の自然現象に還元する手法で比較神話研究を行った自然神話学派、②文化進化論に依拠しつつも、全世界の神話を広く比較研究し、とくに未開社会の神話の重要性にも着目した人類学派、③自然神話学派の限界の克服を試み、神話と儀礼の双方から一つの全体的世界像を描き出し、個々の神話や儀礼の意味はその一部として位置づけることによってはじめて正しく解釈できると主張した歴史民族学、④社会制度に正当性の根拠を与える憲章としての神話の性格を指摘した機能主義、⑤個々の神話要素ではなく、むしろこれらを結合する意識されざる構造ないし規則の解明を重視した構造主義、⑥夢のなかの登場人物と神話の登場人物との共通性に着目し、これらを汎人類的に存在する集合的無意識の現れと見なす精神分析学等の神話研究の立場がこれまでに現れた。今日これらの立場は相補的な関係にある（大林ほか）。

▶ **神話と教育**　戦後ドイツでは、国家社会主義による神話利用に対する反省から、神話を主題として学問的に取り上げること自体長い間タブーであった。しかし、1970年代中葉以降、ニューエイジの青年運動やフランスの構造主義およびポスト構造主義の影響下で、神話について冷静に学問的に論じようとする動向が生じ、80年代には教育学においても神話学的研究が試みられている（Lenzen）。

　わが国でも、明治以降、学校教育のなかで「記紀」神話が修身、歴史、国語のなかで取り上げられ、また紀元節などの学校行事とともに、皇国史観の形成に利用された。神話時代と歴史時代とを曖昧な形で結合している記紀神話の特殊性もまた、皇国史観の形成を促した一要因とも考えられる（丸山）。戦後、天皇中心の神話による歴史教育は、民主主義的な社会科教育によって払拭されることとなった。しかし、1968年の小学校学習指導要領においては神話復活の動きが現れ、以後、神話と史実との混同を危惧しこれを批判する立場との間の対立が見られる。しかし、現代教育学においては、関連領域における論究や断片的な論究は別として、肯定か否定かという二者択一を超えて神話と教育の関係について冷静に体系的に論究しようとするアプローチは少ない。

　［参考文献］　Lenzen, D., *Mythologie der Kindheit*, Hamburg 1985／大林太良・伊藤清司・吉田敦彦・松村一男編『世界神話事典』角川書店 1994／丸山眞男「歴史意識の古層」丸山眞男編『日本の思想 6 歴史思想集』筑摩書房　1972／吉田敦彦・松村一男『神話学とは何か』有斐閣新書　1987　　　　　　　　　（藤川信夫）

ス

崇 高

英 the sublime／独 das Erhabene／仏 le sublime

▶ **語義と語源**　西洋における美的カテゴリーのひとつ。一般には、巨大なものや恐ろしいもの、途方もないものに認められる性質、ないしはそれらを前にした時に主体が抱く感情を指す。この概念の西洋語はいずれも、古代ギリシャ語で「高さ」を表す形容詞 hyp-sous に起源をもつ。英仏語の sublime はラテン語の形容詞 sublīms（sub-＝～の下に＋līms＞lintel＝鴨居、まぐさ）、すなわち（鴨居に届くほど）「高い」に由来する。崇高の

概念には，語源的にみれば，より高次なものへの志向，さらには内的な精神世界の高揚感，止揚や浄化といった含意がある。

▶ **概念史**　崇高の概念は文学的概念として始まる。偽ロンギノス（pseudo-Longinus）による『崇高について』（Peri hypsous，1世紀後半）では精神の偉大さを表す文体が，また1674年にこの書を翻訳したボワロー（Boileau-Despréaux, N.）においては，悲劇の鑑賞の際などに生じる快と苦の混じり合った高揚感が，崇高と名づけられた。バーネット（Burnett, Th.）はこの概念を，自然界（アルプス山塊）の醜悪さが喚起する畏怖や崇敬の感情へと転用した。

バーク（Burke, E.）によって，美と並立する美的カテゴリーとしての崇高概念が確立された。その『崇高と美の観念の起源』（1757年）では，崇高は苦の不在としての快（歓喜 delight）と捉えられた。カントは，小論『美と崇高の感情にかんする観察』（1764年）を著した後，『判断力批判』（1790年）において体系的な崇高の分析論を展開した。そこでは，対象の法外な大きさや自然の圧倒的な力を前にした時，構想力の限界が経験されるが，その経験をとおして逆説的に理性理念への畏敬の感情が得られる場合に，崇高の体験が成立すると説かれている。

20世紀になると，崇高は，そこに含まれる構想力の限界，矛盾や逆説といった契機により，美学や芸術学の範囲を超えて科学技術や現代社会を批評する際の鍵概念として広く用いられるようになる。

▶ **教育学的意義**　近代美学の成立以降，人間形成に対する美の作用は，それが調和的，媒介的なものであれ，批判的，破壊的なものであれ，もっぱら「現実／仮象」「合理／非合理」などの弁証法的な二項図式を前提として論じられてきた。これに対して崇高は，「構想力の内部と外部」「表象可能なものと不可能なもの」といった二項図式が始動する前提となる存在論的なメカニズムを解明する手がかりを含む概念として注目されている。教

育学における崇高研究は散発的なものにとどまっているものの，その概念に含まれる非―弁証法的な論理には，教育における他者としての子ども理解や，人間形成過程における構想力の作用の様相，教育的関係の倫理的基礎などの解明に向けた重要な鍵が含まれている。

［**参考文献**］　桑島秀樹『崇高の美学』講談社2008／ドッギーほか（梅木達郎訳）『崇高とは何か』法政大学出版局　1999／野平慎二「教育の公共性と崇高なもの」『富山大学人間発達科学部紀要』60号　2006
［**関連項目**］　構想力・想像力／美・美的なるもの
（野平慎二）

ストア派

希：*Στωικισμός*

ヘレニズム時代の代表的な哲学派の一つ。学祖ゼノン（Zenon）が紀元前300年頃に哲学講義を始めた「ストア・ポイキレ（彩画列柱廊）」が学派名の由来。ゼノンは，キュニコス派から理性的存在という人間の自然（フュシス）を，ソクラテスから「首尾一貫して生きる」を，ヘラクレイトスから宇宙を秩序づけるロゴスという思想を，メガラ派から「存在の一元論」を取り入れた。彼の哲学は，クレアンテス（Kleanthes）を経て自然主義的傾向を強めながら，クリュシッポス（Chrysippos）によって極めて精緻に体系化された。ストア派は，万物の根拠である自然（宇宙的自然＝神）は世界の全存在に行き渡っており，それらに固有の場と役割を付与し，人間存在はこの自然を「ロゴス」として分有している，と考える。自然的事象と人間の行為は，共にロゴスがもたらすものである。宇宙的自然と人間は，理性的な作用者として相互に関係している。それゆえ，人間が，他の動物と共有する本能的な自己保存への「衝撃」を教育によってロゴスへと展開させ，ロゴスの支配のもと自発的に「自然と一致して生きる」ことが，人間存在の役割であり，その生の究極目的である。この目的を達成すべく，「論理学（ロギカ）」・「自然学（フュシカ）」・「倫理学（エーティカ）」の一体的な修得が

目指された。論理学はロゴスを主題とし，自然的諸事象の因果関係を思考と言語の次元で探求する。ストア派は，存在を物質に限定する。神という宇宙の種子的ロゴスが，「プネウマ」という物質を運び手として「質料」という物質に浸透し変化をもたらし，それらが構成する存在者（特に人間）に与える属性を探求するのが，自然を主題とする自然学（ピュシス）である。倫理学は，宇宙的自然（ピュシス）に一致した人間の生の内実と実現を探求する。紀元前2世紀に入ると，中期ストア派パナイティオス（Panaitios）は，ゼノンら初期ストア派の哲学を継承しつつも，宇宙的自然より人間の自然に強い関心を示し，ストア派倫理学の実践的側面を特に発展させた。そのような倫理学は，ローマ時代には，セネカ（Lucius Annaeus Seneca），エピクテトス（Epiktetos），マルクス・アウレリウス（Marcus Aurelius Antoninus）に継承され実践された。ストア哲学は，初期・中期の一次資料の大半が散失したため長らく正当に評価されなかったが，20世紀後半のヘレニズム哲学諸研究によって，近年ではその影響力の大きさ（スピノザやカントへの影響など）が指摘されている。アド（Hadot, P.）は，哲学を生の実践として描き直す試みの中でストア派の自然学を「霊的な訓練 exercices spirituels」として再評価し，フーコー（Foucault, M.）は晩年，アドを参照し，「生の技法」としてのストア派の自己実践に強い関心を寄せた。

[参考文献] Foucault, M., *L'Herméneutique du sujet: Cours au Collège de France, 1981-1982*, Seuil/Gallimard 2001（廣瀬浩司・原和之訳『主体の解釈学——コレージュ・ド・フランス講義 1981-1982年度』筑摩書房 2004）／Hadot, P., *Qu'est-ce que la philosophie antique?*, Gallimard 1995／中川純男ほか訳『初期ストア派断片集』全5巻 京都大学学術出版会 2000-2006／大西英文ほか訳『セネカ哲学全集』全6巻 岩波書店 2005-2006／内山勝利編『哲学の歴史』第2巻 中央公論新社 2007／ロング（金山弥平訳）『ヘレニズム哲学』京都大学学術出版会 2003

[関連項目] カント／自然主義／スピノザ／パ

トス／ロゴス （室井麗子）

スピノザ
（Baruch［Benedictus］de Spinoza, 1632-1677）

オランダの哲学者。ポルトガル系ユダヤ商人の子としてアムステルダムに生まれる。はじめユダヤ人学校でヘブライ語とユダヤ教聖典，さらにはカバラの教育を受け，また独力でユダヤ教注釈者や中世ユダヤ哲学者の思想を研究。またラテン語の学習を通して人文主義的教養を身に付け，数学，自然学，スコラ哲学，およびルネサンス以降の哲学，とりわけデカルト哲学を学び，人間を最高の完成へと導く独自の汎神論哲学を形成した。自由な信仰を求める団体コレギアントとも親交を持ち，1656年にユダヤ教会から破門の宣告を受ける。1660年，ライデン近郊のコレギアント派の本拠地の村に移住。ここで，後の主著『エティカ』の思想をほぼ含む『神，人間および人間の幸福に関する短論文』を纏めた。また生前に自らの名前を付して出された唯一の著作『デカルトの哲学原理／付録形而上学的思想』（1663）を公刊。匿名で公刊された『神学・政治論』（1670）では，親交のあった共和派の政治家ヤン・デ・ウィットの信教自由主義を擁護し，聖書の歴史的・批判的解釈方法を打ち立てた。1677年にハーグで生涯を閉じる。なお，1673年にはハイデルベルク大学の哲学正教授に招聘されたが辞退し，生涯を専ら思索の探求のみに当てた。

彼の哲学は人間の最高の完成を目指しており，そのために必要な条件として，十分に自然を理解すること，よき社会を形成すること，道徳哲学および児童教育学に力を注ぐこと，医学を整備すること，機械学を重視することを挙げ，なかでも必要なのは知性の改善であるとする。彼は神のみを唯一・無限の実体と見なし，神の様態である有限な人間の完成を，知的認識の完成に，つまり事物を「永遠の相の下に」みることに求めた。それは事物を神との必然的関係の下に直観することであり，

そのことにより自己保存の努力（コナトゥ
ス）を本質とする人間は，自己の本質性を開
示する。そしてそれは，人間が自由および幸
福を獲得することでもある。なお，こうした
考えが18世紀における自然に適う教育の思
潮に大きな影響を与えたという指摘もある。
幾何学的論証の方法により書かれた主著『エ
ティカ』（1675完成）は，死後友人たちの手
により『知性改善論』（未完），『政治論』（未
完）その他と共に『遺稿集』（1677）として
出版されるが，翌年には禁書となる。その哲
学はロマン主義の動向のなか，1780年代の
汎神論論争を契機に，ドイツにおいてふたた
び注目され，ドイツ観念論哲学やゲーテ
（Goethe, J. W.），シュライエルマッハー
（Schleiermacher），など多くの人物に影響を
与えた。さらに1960年代以降，フランスを
中心に構造主義の流れのなかでその哲学は注
目される。

［参考文献］ Spinoza, Baruch de, *Spinoza Opera*, im Auftrag der Heidelberger Akademie der Wissenschaften, hrsg. von Carl Gebhardt 1925（『エチカ』全2冊，『知性改善論』，『神，人間及び人間の幸福に関する短論文』，『デカルトの哲学原理』，『神学・政治論』全2冊，『国家論』，『スピノザ往復書簡集』いずれも畠中尚志訳，岩波文庫）／Rabenort, W. L., *Spinoza as educator*, New York 1911
［関連項目］ ロマン主義／ゲーテ／道徳
(中井裕之)

スピリチュアリティ

英 spirituality

▶ **語　義**　「霊性」とも訳されるスピリチ
ュアリティは，ラテン語で「息」を意味する
spiritus に由来し，「息をすること」＝「生
きること」を含意する。使用される文脈によ
って，宗教性，超越性，全体性，実存性，全
人格性など，スピリチュアリティの語に込め
られる意味は様々である。この概念が要請さ
れた背景には，既成の宗教に捉われず，従来
宗教が扱ってきた人生の意味や価値に関する
問題を扱おうとする機運の高まりがあった。

1960年代以降，アメリカやヨーロッパを中
心に広がり，80年代には一大勢力ともなっ
たニューエイジ運動においてこの語が大きく
取り上げられた。そして，1998年のWHO
（世界保健機関）執行理事会において，健康
の定義に新たに"spiritual"の語を加えるべく
改正案が出され，議論が展開した（改正案で
は健康が「完全な肉体的（physical），精神
的（mental），霊性的（spiritual）及び社会
的（social）福祉の動的な状態であり，単に
疾病又は病弱の存在しないことではない」と
定義づけられた）ことを皮切りに，医療，心
理療法，食，農業，環境，教育，大衆文化な
ど様々な分野で広く注目されるようになった。
たとえば終末医療の場面で，「死後，自分は
どうなるのか」「自分の存在の意味は何だっ
たのか」といった人間存在そのものに関わる
問いから生ずる痛み・不安・恐怖が「スピリ
チュアル・ペイン（spiritual pain）」と名づ
けられ，宗教が果たしてきた役割を担う緩和
医療として「スピリチュアル・ケア（spiritual care）」という概念が生まれた。

▶ **スピリチュアリティと教育**　教育の場面
では，宗教教育とスピリチュアリティの教育
は明確に区別される。前者は特定の宗教（宗
派）を背景として，教義，儀礼などを教える
ものだが，後者は必ずしも宗教を媒介とする
ものではない。それは実存的問い（「生きる
意味とは何か」など），宗教的問い（「神は存
在するか」など），形而上学的問い（「世界は
どのように始まったか」など）を扱うもので
あり，公教育の中でも遂行可能なものである。
ノディングズ（Noddings, N.）は盲目的な信
仰と盲目的な不信仰のいずれをも退け，宗教
的な問題に対し「知性的」であるべきだと述
べているが，スピリチュアリティの教育では
人生の中で直面せざるをえない上記のような
問いに対して，我々が開かれた態度で真摯に
思考し，向き合うための場となることが目指
されている。

［参考文献］ 林貴啓『問いとしてのスピリチュ
アリティ―「宗教なき時代」に生死を語る』京

都大学学術出版会 2011／Noddings, N., *Educating for Intelligence Belief or Unbelief*, New York: Teachers College, Columbia University 1993

[関連項目] ホリスティック教育 （井藤元）

スペンサー
Herbert Spencer, 1820-1903

▶ **生涯と時代** イギリスの思想家・哲学者。ダービーの，祖父の代から自営の教師をしていた家に生まれる。遠くボヘミア追放のフス派につながる典型的な非国教会派に属する一族で，そこから受け継いだ「規制の権威への無関心と正統に対して異議を唱える傾向」（『自伝』）は，19世紀中期以降のもっともラディカルな非干渉的自由主義の基調となった。ケンブリッジ大学進学予定にもかかわらず，ついに正規の学校教育を受けることがなかったのは，このエートスによるところが大きかったのである。

上昇期に特有な独立独歩の力行人にふさわしく，当代における自生的な知と技術の産出と公共的な討論の場であった非国教徒のサークルの一つであるダービー哲学文学会などでの切磋琢磨をとおして自己形成をおこなった。セルフ・ヘルプの典型。16～17歳にかけて，父の薦めでその友人の学校の助教になったが，教師に向かないと思い，父の跡継ぎを断念，折からブームの鉄道の測量技手（まもなく技師）にかわる。実務のなかで地質学や化石に興味を持ち，前ダーウィン期を代表する進化論に到達する。

不況で鉄道界を去ったスペンサーは，1848年に「エコノミスト」誌の副編集長に就任，19世紀前半の改革運動の発展のなかで体制化した主流的なラディカルズに対して取り残された地方的かつ非国教会派的なラディカルズの立場からなる国家的な規制も排除し，全人民的な基盤の上に同等自由の実現を追求する急進的な政治―社会改革運動の結集に努めた。彼の主張は，非干渉的自由主義の極北をいくものである。この間の成果は，1850年

の『社会静学』（*Social Statics*）になる。

1854年，彼は職を辞し，著述生活に専念するようになり，1864年からは同年にプランを公表した『綜合哲学』（*The Synthetic Philosophy*）体系の完成（1893）に従う。この体系の下に，宇宙の起源から人間の道徳までをすべて有機体進化という原理によって系統的に体系化するのがその意図であった。その努力のなかで，個別科学の確立が推進される。『生物学原理』（1870-77），『心理学原理』（1870-72），『社会学原理』（1876-96），『倫理学原理』（1879-93）など，当代のブルジョワ科学の成果が集大成され，イギリスのアリストテレス（Aristoteles）とたてまつられる。イギリスの行政国家的な転換とともに，スペンサーは，レッセ・フェールのもっとも因循姑息な後衛の役割を演じることになるが，1860年代を境に，初期のラディカリズムを修正した。これにより帝国主義との非常に微妙な関わりが生じたことは否めない。

▶ **非干渉的自由主義と公教育制度** あまり知られていないが，スペンサー教育論文の皮切りになるのは，『社会静学』段階での，教育への国家干渉に対する反対論である。ホイットブレッド（Whitbread, S.），ブルーアム（Brougham, H.）の議会活動や，1833年に始まる教育への国庫補助金政策に続くこの時期，機能論的に国家の正統性と見なされるまでになった政府による普遍的干渉は，教育についてもいっそう拡張されようとしていた。このような動向のなかで，1842年の『『ノンコンフォーミスト』誌への10の書簡」では，「国家による教育の制度は，政府権能の固有な領域から除外される。それは，（本来的な機能としての）政府の正義の執行のなかに含み得ないからである」とされ，立法による教育強制の裏に，画一性，支配階級の階級的な利己心，無限に異なる人民的な能力の自発的な発現の圧殺を見ている。

▶ **社会有機体進化と教育** 『社会静学』の「国民教育」の章では，「自然権としての自己保存 → 個人の諸能力行使の自由 → 個

人の欲求と能力の均衡した「完全な生活」
→ 幸福と上昇する人民擁護」という図式の
なかに教育が必須の与件として位置づけられ，
1861 年の教育論『知育・徳育・体育論』(*Education: Intellectual, Moral and Physical*) に
つながっていく。

改革の図式に即する限りでは，人民的な能
力の自由な行使，その前提としての能力の自
らによる形成を構想するラディカルな変革課
題を教育論が共有することは，自明のように
見える。しかし，同時に，教育は，「人生の
任務」に適応させることだとされるとき，教
育の機能は，あきらかに適応に転轍されたの
である。適応自体は，スペンサー進化論のラ
マルク的な側面から導かれている。しかし，
生物学以外への適用というタブーをおかした
スペンサーに特有な進化理論は，同質から分
化へという斉一的な変化の過程に宇宙・生
命・心・社会をすべて包摂するものであり，
エントロピー概念にもとづく物理学主義的な
考えを中核にしていた。社会有機体は，軍事
型社会から産業型社会へ進化する。今や開幕
したミド・ヴィクトリア社会は，産業社会型
へと先進的に到達していたのであり，またそ
の社会こそ適応という参照概念枠で問題にな
る環境にほかならなかったのである。

▶ **どのような知識が最も価値があるのか**　教
育の主要な機能は，適応に必要な諸知識の獲
得とされた。その課題から見て，1861 年の
『教育論』に収載された四つの論文のなかで
重要になるのは，第 1 論文の「どのような知
識が最も価値があるのか」である。その冒頭，
身の飾りを有用さに優位させていたとして徹
底的な教育の現状批判を試みる。おなじこと
を 17 世紀のホッブズ (Hobbes, T.) も言っ
たが，それよりももっと力強い。

教育の有用さは，現前する生活活動そのも
のから割り出さなくてはならない。その手続
きをスペンサーは，次のように定式化する。
まず，個人の生活を構成する主要な活動の領
域を分類し，個人の生活維持にかかわる直接
性・有用性の度合いからその価値の序列を決
定する。それらは，①直接的な自己保存に必
要な活動。②生活資料を確保することにより
間接的に自己保存を助ける活動。③子どもを
育て，しつけをする活動。④適切な社会的・
政治的関係を維持するために必要な活動。⑤
生活の余暇を満たして，趣味や感情の満足を
はかる活動。これら五つの領域は，カリキュ
ラムに正確に反映される。

次いでスペンサーは，教育内容として科学
の重要性をきわめて徹底的に強調する。科学
は，実証的で系統的な知識であること，精神
についても自然科学の方法と知識が引照され
ること，生活活動に予見を与え，日常生活を
指導することの三つのモメントを以て成立し
たものとされ，それが「綜合哲学」体系の教
育への適用であり，産業信仰を通した科学信
仰からの教育への賭であったことがわかる。
知育・徳育・体育については，子どもの扱い
で穏和なそれまでの方法的な知見の進化論的
な再解釈が主になっている。

▶ **影響関係**　産業社会に有用な教育理論と
して広く迎えられ，とくに功利主義では不可
能であった根拠を社会進歩に与える社会有機
体進化論とともにアメリカで流行した。20
世紀に入ってからアメリカで盛んになったボ
ビット (Bobbitt, J. F.) の「活動分析法」な
どの実証的なカリキュラム研究は，スペンサ
ーの影響である。わが国でも，明治 10 年代
に『教育論』が何種類か翻訳されるなど，受
容された。近年では，1970 年代にスペンサ
ー・ルネサンスといえる事態が突如として出
現した。国家と個人との関係でスペンサーが
再評価されるとともに，その教育論が見直さ
れた。

［**参考文献**］ Peel, J. D. Y., *Herbert Spencer,
the Evolution of a Socialist*, Heinemann 1971／
スペンサー（三笠乙彦訳）『知育・徳育・体育
論』明治図書　1969　　　　　　（三笠乙彦）

スポーツ

英 sport／独 Spiel, Sport／仏 sport

▶ **語 義**　　ベルナール・ジレ (Gillet, B.)

はスポーツを遊戯・闘争・激しい肉体活動という三要素を含む活動として定義した(1949)。ジレの三要素は東京オリンピック時(1964)の国際スポーツ体育協議会（ICSPE）による「プレイの性格を持ち，自分または他人との競争，あるいは自然の障害との対決を含む運動はすべてスポーツである」という定義，さらにグートマン（Guttmann, A.）の「遊びの要素に満ちた身体的競争」(1978)という定義に継承されている。「sport」はaway を意味する接頭語の de- と carry を意味する portare の結合したラテン語の depor-tare（運ぶ，持ち去る）に由来する。古仏語の desporter は「気分を転じさせる，楽しませる」の意味をもち，物理的，空間的な移動，転換の意味から，精神をある状態から異なる状態に移動，転換することによって得られる喜び，つまり労働や義務からの気分転換や楽しみ事を広く意味した。イギリスでは dis-port などの表記で用いられたが次第に接頭語を消失し sport と表記されるようになった。17-18 世紀には主に上流階級の戸外での狩猟的活動を意味し，18 世紀には競馬，賭競走，漕艇，拳闘，クリケットなどの活動を，19世紀の中葉になるとルールに沿って勝敗を決着つける運動競技を意味する用語となる。日本における最初の訳語は 1814 年の消暇（なぐさみ）で，以後，慰み，遊戯，遊猟などが一般的となり，明治末から大正にかけて競技，スポーツと訳されるようになった。

▶ ギュムナスティケーとスポーツ　古くから遊戯的・競技的身体活動は存在した。古代ギリシャで発達を遂げたギュムナスティケー（γυμναστικη：体操術）はよく知られている。競技はアゴン（αγων）やアトレイン（αθλειν）と呼ばれた。前者が苦悶（agony）の語源となり，後者が「賞を目指して競技する」を意味し今日の運動競技（athletics）の語源であることからも分かるように，ギュムナスティケーは遊戯的要素を強く意味するものではなかった。しかしギュムナスティケーを構成した走，跳，投，レスリング，ボクシ

ング，戦車競争や競馬等の古代的スポーツはローマ帝国崩壊後も形を変えて残存した。また今日の多くのスポーツは，さまざまな労働や戦闘の技術，古代ギリシャ・ローマやその他の国々の古代世界の祭礼や遊戯，また中世庶民の祭日スポーツや子どもの遊びに起源を有するものが多い。多くのスポーツは実用的技術が非実用的技術になることによって，祭礼が世俗化することによって遊戯や競技としての自律的性格を形成した。ギュムナスティケーは 18 世紀末にドイツのグーツムーツ（GutsMuths, J. C. F.）により近代的な学校教育の教材として再構成されて以来，19 世紀後葉には主に室内で行う非競技的で，科学的な身体形成のための運動体系を意味する体操（Gymnastik）に変化したが，前産業社会期のスポーツは産業社会への移行期に競技（athletic sports）に変質した。グートマンは近代スポーツの特質を①世俗化，②競争の機会と条件の平等化，③役割の専門化，④合理化，⑤官僚的組織化，⑥数量化，⑦記録万能主義に求めている。

▶ 近代スポーツの形成　イギリスのスポーツは 18 世紀に社交的なクラブを通じて，また貴族やジェントルマンをパトロンとするさまざまな民衆祭や賭競技を通じて組織化され始めた。競馬，クリケット，漕艇，賭競争，拳闘等は 18 世紀末には高度な組織化と商業化を遂げた。一方，伝統的な共同体の慣習，農耕暦や祭日を基盤とする民衆スポーツは，エンクロージャーにともなう農民の田園退去と都市集中化，産業革命期に中産階級が推進した福音主義的な風俗刷新運動，有力者の家父長的立場からの漸次的退却，工場制のもたらした新たな労働規律の強化という動向の中でその基盤を侵食されて衰微した。こうした跛行的な状況のなかで，中産階級の改良家達は新たな遊戯規律を創出する「合理的レクリエーション」の普及運動を展開した。近代スポーツはこうした 18 世紀の上流階級スポーツや商業スポーツ，民衆スポーツの改良と再編を通じて形成された。

486 スポーツ

▶ **スポーツ教育**　近代スポーツは産業社会の遊戯規律の創出と関連すると同時に当初から教育と深い関わりをもった。19世紀初頭に新興中産階級の子弟を受け入れ始めたイギリスのパブリックスクールでは，クリケット，フットボール，漕艇，陸上競技などのスポーツが学校生活の重要な一部となり，クラブ活動や課外体育の制度化を見た。19世紀における運動競技の興隆はアスレティシズム（athleticism）と呼ばれる。この動向には，遊戯や競技的身体運動は青少年の性格を形成すると主張する筋肉的キリスト教徒（muscular Christian）の言説が重要な役割を果した。19世紀中葉以後，パブリックスクールや大学やスポーツクラブで組織化された中産階級のスポーツは，次第に統轄団体を形成し，近代スポーツの特色であるアマチュアスポーツ体制を築き上げ，19世紀末から20世紀の前葉にかけて国際的なアマチュアスポーツのネットワークを完成させた。

▶ **オリンピズム**　パブリックスクールのアスレティシズムに影響を受けたクーベルタン（Coubertin, P. de）は，19世紀末のフランス中等教育改革の処方として競技教育（l'éducation athletique）を提示した。この考えは究極的に世界規模のスポーツ教育であるオリンピック競技会の創始を導いた。彼のオリンピズムの理念は「オリンピック運動の目的は，①スポーツの基盤である肉体的・道徳的資質の発達を推進すること，②スポーツを通じ，相互理解の促進と友好の精神に則って若人たちを教育し，それによってより良い，より平和な世界の建設に協力すること，③全世界にオリンピック原則をひろげ，それによって国際的親善を創り出すこと……」というオリンピック憲章の第一条に反映している。このようにイギリスの近代スポーツは19世紀末迄に大英帝国の拡張と共に世界に普及し，その教育イデオロギーはオリンピックというスポーツ教育運動によって全世界に浸透し始めた。

▶ **スポーツと大衆文化**　19世紀に発達を遂げた中産階級のスポーツは職工条項や商品条項などを設けたアマチュアリズムを信奉し，スポーツと商業主義，物質主義，プロフェショナリズム（職業・専門化）や政治との結び付きを忌避した。その理念は19世紀的リベラリズムと不可分の関係にあった。結果として労働者階級のスポーツ参加を困難にした。しかし19世紀末から20世紀にかけて，より広範な大衆を巻き込むスポーツのプロ化と商業化が進展した。イギリスのサッカー（1888）とラグビー（1895），アメリカの野球（1876），フットボール（1920），バスケット（1946，1949）などのプロリーグの創始である。このプロ化の動向は，スポーツを賃労働として捉えるか，専門技能・能力という商品として捉えるか，スポーツを営利追求の商業市場と捉えるかという問題を提起した。また，この動向は「見るスポーツ」と「するスポーツ」との分離を加速した。皮肉にも商業主義とマスメディアの支援を受けたスペクテータースポーツは，20世紀初期のヨーロッパ各国で国民的な大衆文化に成長した。しかしアマ・プロの論争は広い意味で，スポーツで生じた階級闘争の側面をもっていた。

▶ **スポーツの手段化**　近代スポーツは世界的規模の教育イデオロギーを獲得し，さまざまな国で大衆文化の重要な構成要素となった。しかしこのことはスポーツの手段化をもたらした。19世紀から20世紀前葉のイギリスの植民地政策で，スポーツは原住民を同化する重要な統治技術であった。スポーツは第一次大戦前後から近代戦向きの鍛錬形式と目され，1930年代に普及をみた各国の体力検定と並び，国民皆兵を支える軍事的活動であった。また，スポーツは若者を組織化する重要な手段であった。1844年にロンドンで結成され世界的に普及を見たYMCAは，とくにアメリカで青少年にスポーツを普及するなかからバスケットボール（1891）やバレーボール（1895）を開発した。1907年に結成され，やはり世界的に普及したベーデン・パウエル（Baden-Powell）のボーイスカウト（Boy Scouts）も野外活動やスポーツを導入して若

者をひきつけた。一方、国家もスポーツの統合機能に注目した。ファシズム期イタリアでは、1925年頃からドポ・ラヴォーロ（Dopo Lavoro: 労働の後の意）が展開され、ナチズム期ドイツではヒトラー・ユーゲント（Hitler Jugend）が1933年に結成され、共にスポーツを含む活動で青少年を動員し一元的に組織化、統制した。またスポーツはナチスの3S（screen, sex, sport）という大衆操作に利用された。共産主義・社会主義国家もスポーツに注目した。とくにロシアでは1918年にコムソモール（Komsomol）とその少年部であるピオニール（Pioneer）が組織され、1922年には軍事的活動に加えてスポーツ・教養活動を重視した。1920年以後、ヨーロッパの社会主義的な労働団体やコミンテルン系の団体は労働者スポーツやプロレタリア・スポーツを模索したが「ブルジョワスポーツ」に対抗する文化を形成することはなかった。とくにこうしたスポーツの手段化を考えるとき、近年の身体論から提起されている権力はさまざまな作用（身体訓練、軍事訓練、スポーツはその典型）を通じて人の身体や行動様式に注入されるとする視点は重要である。身体は巧妙化するスポーツの手段化に対抗する、最も根源的な意味で社会闘争の場なのである。

▶ **現代スポーツの諸問題**　1950年代末頃から欧米各国ではレジャー時代の到来に備えると同時に国民の健康と体力増強を意図するスポーツ政策を模索し始めた。1960年のイギリスのウォルフェンデン委員会報告書『スポーツとコミュニティ』（Sport and the Community），ドイツの『第二の道』（Zweiter Weg）や『ゴールデンプラン』（Der goldene Plan）はそうした先駆的な政策であった。1975年にはヨーロッパ・カンシル加盟国のスポーツ担当大臣たちはヨーロッパ・スポーツ・フォア・オール憲章を採択し、スポーツが万人の権利であることを宣言した。しかし、現実のスポーツは多くの問題を抱えている。イギリスが典型的に示すように、スポーツの

福祉路線は減速し、1980年代には従来の公共、民間セクターに加えて企業セクターに依存する混合システムが重視されるようになった。ふたたび、スポーツに階級差が拡大しつつある。教育運動としてのオリンピックは既に有名無実化し、東西対立に効果的に利用されたオリンピックは、社会主義国家崩壊後も各国の国威発揚とメダル獲得競争の場であることに変化なく、さらなる高度の商業主義化と勝利至上主義、競技者の幼年化と早期英才教育の制度化、競技エリートによるドーピングの常習化、競技者のポット・ハンターならぬマネー・ハンター化を導いている。東欧諸国に顕著であったステート・アマと競技エリート養成はむしろ姿を変えて世界各国で一般化している。またスポーツは圧倒的に男性文化であった。近年、スポーツにおける機会均等、性差撤廃を求めるジェンダー理論が提起され、1970年代にはアメリカでタイトルIXと呼ばれるスポーツでの男女差別を禁止する法律が制定された。しかしスポーツは依然として女性の挑戦領域である。またスポーツは消費文化に組み込まれた。受動的に文化操作として画一的に与えられる大衆文化のスポーツと異なり、消費文化におけるスポーツは個人の好みや快楽、性、年齢、職業、地位、人種等に応じて差異化され、消費者のニーズと選択による疑似個性化されたスポーツを志向する。トレンディなニュースポーツはこうした動向を反映する。消費文化のなかで進行するスポーツの多様化と商品化は、スポーツを流行的な消費行動の枠組みに構造化する。しかしスポーツは生活文化に根を持つ自律的な文化形成機能をもつ民衆文化でもある。歴史的・社会的・文化的領野としての生活にいかにスポーツを定位するのかが求められている。このほか、スポーツの助長する攻撃性、暴力、フーリガニズムの問題、スポーツとエコロジーの調和の問題、スポーツと人種差別の問題、近代スポーツ（普遍）と各民族スポーツ（固有）との乖離の問題等が生じている。はたしてオリンピズムが指摘するように、スポーツ

は国家，民族，政治，宗教を超越し，また階級，性，世代をも越えて人類に平和と融和をもたらす文化なのであろうか。スポーツが社会的，文化的に深く根ざした現象となるに従い，ふたたびスポーツと教育の関係が問われねばならない。スポーツがもつ無尽蔵の教育的価値を汲み取り顕在化させるのは他ならぬ今日のわれわれなのである。

［参考文献］McIntosh, P. C., *Sport in Society*, London 1987／Guttmann, A., *From Ritual to Record*, New York, 1978（清水哲男訳『スポーツと現代アメリカ』1981）／Thomas, R., *Histoire du sport*, Que sais-je？337（蔵持不三也訳『スポーツの歴史』白水社　1993）

［関連項目］余暇（レジャー）／体育

（阿部生雄）

3R's

英 three R's

▶ **語義**　読み・書き・計算（reading, 'riting, 'rithmetic）の三つを総称してスリー・アールズという。社会の文化コードを獲得するための道具として発展したが，その習得には長い訓練を要するため，特定の社会集団と結びついて文化権力として機能してきた。社会への浸透は，書き方や計算（とくにアラビア数字を使った計算）はずっと遅く，19世紀になるまで学校の正規のカリキュラムとして定着しなかった。現代では，人間が日常生活を営んでいく上で欠かすことのできない基本的な知識・技能とされ，教育内容のミニマム・エッセンスとみなされている。

3R's は時にわが国の「読み・書き・そろばん」と比肩されるけれども，音声をコード化したアルファベット文字は，観念をコード化した漢字などとは自ずと意味伝達の仕方が異なっているので，取り扱いには注意を要する。また 3R's の発展はこれまで主に産業の必要から把握され，学校教育の発展と結びつけて考えられてきたが，近年のリテラシーや読書に関する文化史的研究は，むしろ人々の意識や価値観の変化，さらに生活や文化様式の変容の問題としてアプローチすることの重要性を訴えている。また読み書きの普及が人類の進歩の無比の資源であったとする「文字の神話 literacy myth」にも，これを疑問視する傾向が現れている。これらの点に留意して，以下，3R's の歴史を概略することにする。

▶ **文字文化の誕生**　書物が教会に専有されていた中世にあっては，読み書きは宗教と結びついた活動の一つで，その学習は，神秘を把握し，神を賛美するためのものであった。このため文字の教育はもっぱら修道院に付設された学校で行われたが，アルファベットの場合，文字から意味が直接引き出されないため，また単語が数珠のように連続して書かれていたこともあって，読み書き能力の獲得（alphabetization）にあたっては，前段階として音声を確立することがとくに重視された。子どもたちは抑揚を付けて聖歌を唱和したり，各自が別々の一節を暗唱したりするなどして読み方を学習した。学校に通わない子どもや読むことができない民衆も，「夜の集い」などで他人が「声を出して読む」音や歌を聞くことを通して学んだ。

読むことは，話し言葉の文化の伝統に依存する共同行為として存在してきた。そしてそれは，読書を聖務とし，集合的な儀式を執り行う聖職者集団に長い間限定されてきた。こうした枠組みから読むことを解放し，万人のものとしていくのに力があったのは，近代に起こった三つの変化，つまり，ルネサンス，宗教改革，印刷術の発明であった。

国家有為の人材育成のために「新しい学問」を要求したルネサンスは，読み書きの宗教的独占を解体し，文化の世俗的解釈を生み出した。そしてプロテスタンティズムは，人間が救済されるためには神の意志を知り，それに従うことができなければならないとして，すべての者に聖書を読むことと，家族や社会を神の言葉に沿って再形成することを要求した。ルター（Luther, M.）やカルヴァン（Calvin, J.）はこのために聖書を母国語に翻訳し，さらにその教えを問答形式でやさしく解説し

たカテキズム（教理問答書）を作って，父親や教師が家庭や学校で教えることを強く訴えた。

この技術的な条件を拡大したのが，1450年頃に発明された印刷術であった。本の形をしたもち運び可能なテクストを大量にコピーすることで，印刷術は，読むことを，公的で集合的な行為から，個人的で内面的な行為へと転化させた。読むことは音を発して記憶することではなくなり，文字をみて理解することへと変わった。こうしてもたらされた音声文化から文字文化への移行によって，これまで話し言葉で結びつけられていた社会的結合様式も変化した。読み書きを介して新しい社会的諸関係を作りだしたり，人々の生活を規律づけて社会秩序を整序していく，新しい支配の技術が可能になってきたのだ。

近代に現れたこの技術を最初に体系化していったのは，教会であった。プロテスタントもカトリックも，幼いうちから確かな信仰を身に付けさせるべく教育活動に乗り出した。かくして，17世紀後半から，ヨーロッパ各地に「慈善学校」や「小さな学校」と呼ばれる民衆学校が発達していくことになった。

▶ **民衆学校と3R's**　学校のカリキュラムの第一位にランクされ，多くの時間を使って教えられたのは，読み方であった。教育が読み方に集中したのは，話し言葉が支配的であった民衆に，文字化された宗教の権威を強化するためであった。唯一のテクストであった教理問答書は，「汝の父母を尊敬せよ」「汝の親の権威に服従せよ」という戒律を基礎に，神の意志への服従や国王への従順・忠誠を説いていた。これらの規則を繰り返し暗誦させることで，教会は知識とともに信仰を広め，さらに信仰をバネにした規律の内面化によって，子どもを心の奥底から秩序に従うことができる人間へと作り変えていった。

書き方や計算は，一部の上級生を除けば，ほとんど教えられなかった。それどころか，マンデヴィルの批判にみられるように（「慈善および慈善学校論」『蜂の寓話』1723），書き方や計算の教育は犯罪（たとえば文書偽造）を助長し，額に汗して働くことが運命づけられている下層の人々に事務仕事への憧れをもたせ，ひいては社会の階層秩序を破壊することになるとして，根強い反対があった。

書くことは証書作成や財産管理のための記録保持と関連した技能で，公証人，代書人，会計士，能書家といった専門層の出現と結びついていた。それゆえ財産のある上流階層は，証書に署名ないし認印で裏書きすれば事は済んだので，文字が書けないことを恥とも何とも思わなかった。同様に財産のない百姓も，仮に教わっても使う機会はほとんどなかったので，書くことをとりたてて必要とはしなかった。メッセージは，多くの場合，口頭ないしはシンボル（たとえば，紋章）でアナウンスされた。計算も同様であった。簡単な計算は指の屈伸と腕の上げ下げで数を表現する指算で行われた。複雑な場合には計算盤（abacus）が使われたが，この技能も財産管理と結びついた仕事であったため，民衆の学校ではあまり教えられなかった。

3R'sが普遍的な知識として要求されてくるのは，知識による道徳化と秩序化を文明化の手段として要求した18世紀啓蒙思想においてであった。そして，ペンを使った書き方やアラビア数字による筆算が，学校カリキュラムの中核に位置するようになったのは，19世紀に入ってからであった。産業革命を通して出現した近代的な工場制度は，マネージャーや従業員に記録の保持や経理，それに注文伝票や明細書にもとづいた迅速な行動を要求していた。また1830年代に大量生産されるスティール製ペンの発明は，手書きの普及をこれまで阻害していた羽ペンやペンナイフに代わる新たな筆記形態の到来を告げていた。加えて，手形や領収書の生産は人々を現金関係へと巻き込み，算数教育の必要性をいっそう高めた。

こうした社会の発展と生活・文化様式の変容が，話し言葉から英数文字への変化と読み書き能力の普及を促し，3R'sを教育内容の

柱とする基礎教育を確立してくる。かくして19世紀後半，義務制の近代学校教育制度が一斉に出現するにいたる。そこから1世紀あまり経った現在，活字に代わるメディアとして登場したコンピュータが，コミュニケーションの様態を変化させ，次の新たなる時代の到来を告知している。

[参考文献] Furet, F. & Ozouf, J., *Reading and Writing*, New York 1977／Ong, W. J., *Orality and Literacy: The Technologizing the World*, New York 1982（桜井直文ほか訳『声の文化と文字の文化』藤原書店 1991）／Chartier, R., *Lectures et Lecteurs*, Paris 1982（長谷川輝夫・宮下志朗訳『読書と読者』みすず書房 1994）／Eisenstein, E. L., *The Printing Revolution in the Early Modern Europe*, New York 1983（別宮貞徳監訳『印刷革命』みすず書房 1987）／Chartier, R., *Pratiques de la Lecture*, Paris 1985（水林・泉・露崎訳『書物から読書へ』みすず書房 1992）／Graff, H., *The Labyrinths of literacy*, The Falmer Press 1987／Hamilton, D., *Leaning about Education: An Unfinished Curriculum*, Open University Press 1990.／Illich, I., *In the Vineyard of the Text*, Boston 1993（岡部佳世訳『テクストのぶどう畑で』法政大学出版局 1995）

[関連項目] 印刷術／知識／文明化

（安川哲夫）

セ

性

英 sex／独 Sex／仏 sexe

▶ **語 義** 　英語圏の場合，生物の雌雄の区別の意味で用いられた例が最も古く，その後，人の男女の差異にも用いられるようになる。今日の主流の用法である性行為をすることの意味で用いられるようになるのは，19世紀，20世紀になってからのことである。類語に，sexuality があるが，これは19世紀に作られた。sex の形容詞形である sexual は，sex の意味に関連して，17世紀以来多様な意味で使用されており，それらの特性を総合する語として sexuality という語が用いられるようになったものと推測される。このようなイギリス語文化圏における用法の変化は，ドイツ語の Sex, Sexualität，フランス語の sexe, sexualité に関してもほぼ並行して見いだされる。わが国でいう「性」は明治中期，sex に対する訳語として導入されたものであり，それ以前にあってセックスに該当する意味内包は「色」「淫」の語によって表されていた。

用例の最大公約数をとれば，性とは，男女の別というカテゴリー区分と性行為との双方の意味内包に関連するといえるだろうが，だが，そのような現在の用法例の意味内包がそのまま，性の本質の定義とはいえない。性は，あまりに日常的で自明であるがゆえに，その本質を捉えにくい現象の一つに属する。

▶ **性概念の変容** 　今日の社会においては人々は一般に，そのアイデンティティ自体，性を通して，つまり，男性か女性か，異性愛者か同性愛者か，性的に正常か異常かなどを通して獲得する。その際，性は自明の枠組みとして人々に経験される傾向がある。だが近年では，そのような性についての自明性は，以下の二つのレベルにおいて変容と異議申し立てを経験しつつある。

まず第一に，一般に，性行動についての規制が緩和され，性行動と性意識の多様化という現象面での変化が生じていること。アメリカにおけるそれに該当する変化に対しては，「性革命」という呼称が与えられている。

さらに第二に，性という日常的な用法の背後にある基本的な諸前提，つまり男女の性的欲求の間には生殖器に由来する越えることのできない相違があること，そして異性間の性器接触を頂点に，底辺に倒錯を配置する道徳的かつ科学的なピラミッド構造の存在などに対しても，近年，フェミニズム運動，レズビアン・ゲイ運動によって異議申し立てが進行しており，それらの異議申し立てを通して，

これらの一見「自然」な諸前提が性暴力を正当化し同性愛者に対する偏見を助長するなど、性領域に働いているさまざまな権力関係を正当化してきたことが明らかにされつつある。

なお、そのような異議申し立てを典型的に示す例として、セックスとジェンダーという、70年代に、フェミニズムによってもちこまれた概念区別をあげることができるだろう。ジェンダーはもともと言語学の用語だが、それを文化的心理的な男女の性差を意味する語として、生物学的な差異としてのセックスと区別することで、男女の間の差異の人為性を明確化し、「女は女に生まれるのではなく、女になる」(ボーヴォワール)ことを強調的に提示しようとしたのである。

▶ **性に関する諸研究**　これら社会的変化に深く影響されつつ、アカデミズムの世界においても、性に関する問題設定をめぐって基本的な変化が進行しつつある。

性についての最初の本格的な科学的研究は、19世紀後半、性科学の成立とともに開始された。そこにおいて性は生物学的実体と捉えられ、自然科学的な調査方法によって、性現象の正常と異常についての法則性が探究されたのである。

これに対して、1970年代以降、アナール派を中心とする性の歴史的研究の出現以降、性の歴史的社会科学的研究が、性科学と第二の性研究の領域として出現する。

第一局面において、性科学の諸研究の水準をこえて、今日に残る性的主体形成の課題を提示したのがフロイト(Frued, S.)であるとすると、第二局面においてフロイトに匹敵する位置をしめるのは、フーコー(Foucault, M.)である。

フーコー以前の性についての諸研究において一般に問題とされたのは、性活動と性意識の歴史的変化を、性の抑圧と解放という二項対立図式によって記述することである。結果的に大勢を占めたのは、性の抑圧仮説であった。つまり、中世社会においては人々は性について相対的な自由を享受していたのに対して、16, 17世紀以降徐々に抑圧が強化され、性は公的生活の裏面へと、秘密の領域へと追いやられるものの、19世紀後半の精神分析の性的啓蒙をへてふたたび解放の方向へ向かうというのがそれである。

フーコーは、この仮説を批判し、別の説をそれに対置させるかわりに、問題の水準をずらす。問題は性の抑圧の廃棄ではなく、性をめぐる「ポリティクス」を顕在化させることであると彼は主張する。性の存在の秘密を尋ね、性の真理を追求する、そのような現代人の性へのとらわれは、18世紀後半以降、「生─権力」と彼がなづけたところの、近代に固有の権力と知によって産出されたものである、というのである。

1990年代の今日、性にかかわる社会諸科学において、フーコーは、性についての社会構築主義的なアプローチの登場を印づけるものと目されている。社会構築主義は、「本質主義」と「社会構築主義」を対置させ、近代において社会的に構築された装置としての「セクシュアリティ」の形成過程こそが、性についての研究課題であると主張する。

このアプローチは、社会学や歴史社会学に多大な影響を与えているものの、他方では性をめぐる実践的な諸問題に対する貢献という点で、その限界も指摘されており、それがもたらす成果についての評価はまだ定まっていない。

▶ **性と教育学**　性研究の第二局面のもたらした社会史的知見の反響は、教育学領域にも見出すことができる。とりわけ、フーコーによって、性の歴史の領域の一つとして提示された汎愛派教育学の反マスターベーション論はその後、とりわけ反教育学的な観点から問題にされた(Rutschky, 1977; Ussel, 1977; Elschenbloich, 1980)。

とはいえ、全体として見るとき、教育学領域の、近年の性に関する諸研究に対する関心は積極的とはいえまい。問題は、二重であるように思われる。第一に教育学領域が、他領域における知見の成果を主体形成という教育

学的課題に媒介する装置となる構想を意識的に展開することを怠ったこと（その数少ない手がかりとしてはヘルマンの「歴史的社会化構想」Herrmann, 1984）。さらに第二に，主体形成という教育学的問題設定そのものに，もともと，子どもにとっての性の問題を受け入れる装置が欠落しているように思えることである。端的にいって教育学においてはこれまで，子どもは基本的に無性的な存在であり，家族は欲望とは無縁の装置，教育愛は性愛と無縁のものであると想定されてきた。男女の性行為からから死にいたるライフ・サイクルのなかで，子ども期の位置を，しかも歴史的な時間軸を考慮に入れて捉えるという，レンツェンの試みも，現在のところ，孤立した手がかりにとどまっている（Lenzen, 1985）。性を考慮して教育学の問題構成を再考すること，そしてさらに，教育学領域の独自性を維持しつつ，隣接諸領域との接合を図ることが要請される。

［参考文献］ Elschenbloich, D., *Kinder werden nicht geboren*, Bensheim 1980／Foucault, M., *L'Histoire de la sexualité, 1, La volonte de savoir*, 1976（渡辺守章訳『性の歴史１ 知への意志』新潮社 1986）／Heath, C., *Sexual fix*, 1982（川口喬一ほか訳『セクシュアリティ』勁草書房 1988）／Herrmann, U., "Neue Wege der Sozialgeschichte," *Pädagogische Rundschau* 38, 1984／Lenzen, D., *Mythologie der Kindheit*, Reinbek 1985／Rutschky, K. (Hrsg.), *Schwarze Pädagogik*, Frankfurt am M. 1977／Ussel, J. v., *Sexualunterdrückung, Geschichte der Sexualfeindschaft*, Giessen 1977／Weeks, J., *Sexuality*, 1986（上野千鶴子監訳『セクシュアリティ』河出書房新社 1996）／上野千鶴子他『岩波講座第11巻 ジェンダーの社会学』岩波書店 1995／上野千鶴子ほか『岩波講座第10巻 セクシュアリティの社会学』岩波書店 1996

［関連項目］ フェミニズム／フーコー

（鳥光美緒子）

生 活

英 life／仏 vie／独 Leben

▶ 概 念 「生活」は，多義的な内容を含む概念であるので，一義的な定義は難しい。しかし，一般には，公教育制度が普及して，知識の画一的な詰め込みが行われ，子どもの社会生活の現実からかけ離れた教育がなされることに対する批判原理として，「生活」の概念が用いられることが多い。それは，子どもが，教育計画および政策の単なる客体に過ぎないものでなく，それ自体においてつねに全体性をもち，能動的な社会的存在であることを強調する言葉である。

19世紀末から20世紀初頭にかけて展開された欧米の新教育運動において，〈子どもからの教育〉（Pädagogik vom Kinde aus）が主張されたが，子どもの経験や興味に沿った教育を要求する基底にあるものとして，子どもの「生活」が鍵概念とされた。それは，遊びや作業など，興味や欲求からなされる子どもの諸活動の全体を総称した言葉である。

▶ 歴 史 ルソー（Rousseau, J.-J.）は，『エミール』（1762）のなかで，こう述べている。「人は子どもの身を守ることばかり考えているが，それでは十分ではない。大人になった時に，自分の身を守ることを，富も貧困も意に介せず，必要とあればアイスランドの氷の中でも，マルタ島の焼けつく岩の上でも生活することを学ばせなければならない」と。ルソーは，子どもの五感の力や心身の諸力を開発することで，変動する社会環境のなかで，逞しく「生存する力」を養成する必要性を説いた。

ルソーが思考実験の書物のなかで説き明かしたことを，およそ30年後に，スイスの教育実践家，ペスタロッチ（Pestalozzi, J. H.）は，子どものなかに「生存する力」を育成する方法を，さらに具体的に実践してみせた。この時代は，マニュファクチュアの進出によって，農民の生活が大きく変貌し，その土地から追われる時期であった。そこで，ペスタロッチは，それまでの農民の農耕と家庭生活の機能を含めた一種の生活共同体学校（Lebensgemeinschaftsschule）を建設し，貧民の子弟たちとともに，労働や学習をともにし，

家族的な憩いの場を再生させようとした。彼の教育観の基本は、「生活が陶冶する」（Das Leben bildet）という言葉に集約されるように、労働を中心とした日常の共同生活そのものが、すでに重要な人間形成の機能を含むとするものであった。

前世紀末から今世紀初頭にかけて展開されたいわゆる新教育運動においても、「生活」は、鍵概念であった。そこでは、知識教授中心の学校に対して、学校の「生活接近（Lebensnähe）」の必要性が説かれ、子どもの本能や興味の解放、総じて「生活する力」の回復ということが、運動の共通のスローガンとなった。

たとえば、デューイ（Dewey, J.）は、1896年に、シカゴ大学附属実験学校を開設し、学校を子どもにとっての活動の場、いいかえると生活と学習を統一する場にしようと試みた。そこでは、子どもは、社会的本能、製作の本能、探求の本能、表現的衝動という四つの衝動をもつとされ、これらの衝動を生かしつつ、織物（衣）、調理（食）、木工作業（住）という「典型的な社会生活」の仕方を、「活動的作業（active occupation）」を通して、習得していくものとされた。このオキュペイションと呼ばれる作業活動の方法は、ドイツのケルシェンシュタイナー（Kerschensteiner, G.）の作業学校論にも取り入れられ、学校の生活化を大いに促進する原動力ともなった。

子どもの「生活」を重視するのは、むろん新教育運動の潮流ばかりではない。ドイツにおける精神科学的教育学においても「生（Leben）」は、重要な意味をもっている。ニーチェ（Nietzsche, F. W.）は、19世紀末葉にラディカルな文化批判を行い、当時の産業化された文明を担う「教養ある俗物」やギムナジウムにおける功利主義的学問観の浸透を徹底して批判した。そして産業化された文化や制度にまだ汚染されていない青少年の全体的な「生」に限りない期待を寄せた。それは、人間の自己活動の根源をなすエネルギーであり、身体的かつパトス的なものであった。

さらにディルタイ（Dilthey, W.）は、シュライエルマッヘル（Schleiermacher, F. E. D.）やヘーゲル（Hegel, G. W. F.）の研究を経て、歴史的、社会的に構成される現実を理解する手立てとして精神科学の方法を確立した。ここでも「生」は精神科学の中核的なカテゴリーであり、それを体験し、理解し、表現するところに、歴史化されつつ新たに自己増殖を遂げていく「生」の構造連関としての文化のダイナミックな運動を見い出した。

「生活」にせよ「生」にせよ、それは、いずれも有機的全体性を有する概念である。社会全体が生産性の論理で高度に組織化され、技術化されつつある時代に、人間の機械的断片化を批判し、その有機的全体性を擁護しようとして生まれ出た概念であるということができる。その意味では、高度産業社会における子どもたちの生活解体の危機への対抗概念として読み解くこともできるであろう。

▶ **高度消費社会における「生活」**　わが国でも、1970年代の高度経済成長期以後、子どもの「生活の危機」が叫ばれている。子どもと自然、事物、他者との直接的な交渉が減少し、逆に子どもと事物、他者との間に、映像や音などのメディアが皮膜のように介在するようになった。また、職住分離が日常的になり、労働の現場が子どもの目の届くところから引き離された。子どもは、大人たちの組織的な労働の現場から隔離され、学校や家庭などの消費の場に置かれるようになって久しい。こうして現在、子どもたちは、消費とメディアの世界のただなかに置かれるようになった。

小学校の低学年に、社会科と理科を統合した「生活科」がおかれるに至ったのは、社会認識や自然認識を育てる前に、子どもの多様な〈かかわり合い〉を通した直接経験の世界をまず回復しておくことが必要であると考えられたからである。それは、子どもと自然、事物、他者との直接的な〈かかわり合い〉を回復することで、子どものなかに自立性や活動力を育てようとするものである。

しかし、ボードリヤール（Baudrillard, J.）

も指摘するように，今日の高度情報社会は，「現実」の様相を多元化し，メディアと「現実」の境界もぼやけて，あらゆるものがボーダレスになりつつある時代である。メディアを抜きにした「現実」はもはやありえない。大人を含めて古典的な「生活」の輪郭が溶解し，人々の「生活」が消費社会とメディアのなかに呑み込まれつつある。まさにこうした文明状況下に，子どもは置かれている。こうしたなかで，学校の「生活科」だけで子どもの「生活」の再建を試みることは，ほとんど絶望に等しい営みでしかないといってよいであろう。

[参考文献] Krauth, G. *Leben, Arbeit und Projekt*, Peter Lang 1985／Hentig, H.von, *Das allmähliche Verschwinden der Wirklichkeit*, Hanser 1987／Oelkers, J., *Reformpädagogik*, Juventa 1989／Breß, H., *Erlebnispädagogik und ökologische Bildung*, Luchterhand 1994／清水博『生命と場所──意味を創出する関係科学』NTT出版 1992／メイヨー，K.C.，エドワード，A.C.（梅根悟・石原静子訳）『デューイ実験学校』明治図書 1978／ボードリヤール，J.（今村仁司・塚原史訳）『消費社会の神話と構造』紀伊国屋書店 1979

[関連項目] 作業（労作）／自発性 （高橋勝）

正　義
羅 justitia／英・仏 justice／独 Gerechtigkeit

▶ **正義の規範性と多元性**　　正義は，ものごとの善悪を判断する基準の一つであり，社会の運営システムの妥当性を問いただす基底的な基準である。この意味で，正義は倫理的な価値判断の究極の規範であるが，日常の社会生活が順調に推移しているとき，それの存在が意識されることはない。正義が問われるのは，人びとの間の共通の社会認識が失われ，もはや慣習への回帰や法規の適用だけでは，教育の望ましいあり方が再建できないときである。「正義」の名での裁定には，「ジャスティス」が正義とともに裁判官をも意味するように，客観性と中立性が想定されるものの，それが個人の判断基準を超える普遍性をもつ

かどうかの疑問は拭えない。「正義」の名での裁定にも多元性は免れず，思想史の観点からの解釈に委ねられる余地がある。その解釈の類型として，①自由と平等との均衡に正義を求め，不平等の解消を社会全体の課題として再分配政策を正当化するリベラリズム，②個人の所有権の絶対的不可侵性に正義を基礎づけ，政府による再分配政策を拒否するリバタリアニズム，③共同体への帰属性に正義の原点を求めるコミュニタリアニズムが挙げられる。ジョン・ロールズ，ロバート・ノージック，マイケル・サンデルがそれぞれの代表的な論者である。

▶ **正義の思想的源泉**　　リベラリズムの正義論は，近代の社会契約説に淵源がある。絶対王政から解放された人民が，新たに市民社会を構成するにあたり，おたがいに自身の利害や属性を配慮することなく，全体の幸福の実現のために互恵的な契約を交わす。ジャン＝ジャック・ルソーは，全体意思の上部に一般意思を想定することによって，特定の人びとに権力が握られることを回避しようとした。この権力の実体化を牽制するのが「正義」である。リバタリアニズムの正義論は，ジョン・ロックの労働価値説と所有論を引き継いでいる。ロックは，身体が自己所有に属するように，自然の無主物に労働を投下することによって得た財にも，所有権が発生するとみなし，自由意思による財の処分と交換も正義に基づくものだとした。コミュニタリアニズムの正義論は，人間を「ポリス的存在」とみなすアリストテレス主義を引き継ぎ，帰属する共同体から抽象して個人の価値判断の自律性を論じるのは，「負荷なき個人」という架空の存在を想定するものだとしている。

▶ **正義とケア**　　いずれの思想的源泉から導かれるにしろ，正義の倫理は客観的で超越的な価値基準であることを目ざし，公共空間での人びとの関係を律していく。これに対してフェミニズムの論者は，人びとが公／私の生活圏の境界を超えてケアしケアされる関係性のなかで生きていることに，倫理の根源をみ

る。1980，90年代以降，上述の正義論の思想対立に加えて，正義の倫理か，ケアの倫理かの論争も起きている。

[参考文献] ジョン・ロールズ（川本隆史・福間聡・神島裕子訳）『正義論　改訂版』紀伊國屋書店　2010／宮寺晃夫『教育の正義論　平等・公共性・統合』勁草書房　2014

[関連項目] 共同体／ケア／リベラリズム／ルソー／ロック　　　　　　　　　　（宮寺晃夫）

政治と教育

英 politics and education／独 Politik und Erziehung

▶ **教育学と政治学の交叉**　　歴史的に見れば政治学と教育学の関係は深い。その源流をさかのぼれば，プラトン（Platon）の『国家』第7巻における洞窟の比喩で有名な教育論は，国を守る「哲人王」が善のイデアを観想するためにこそ示されたものであったし，そもそも彼が築いたアカデメイアは理想的な統治者らを育成するという意味で多分に政治学校たる色合いを帯びたものであった。同様にアリストテレス（Aristoteles）は『政治学』第8巻にて，政治と教育とを結びつける地平で「国家全体の目的」に即した公教育の可能性をはじめて説いている。その後時代を下っても，政治について考究しながら教育について述べ，また教育を論じつつ政治を参照するといった思想家はじつに多く，とりわけ後世に大きな影響を与えた論者だけでも，ロック（Locke, J.）やルソー（Rousseau, J.-J.），シュライエルマッハー（Schleiermacher, F.），そしてアルチュセール（Althusser, L. P.），さらにはデューイ（Dewey, J.）など名だたる面々を数えることができる。とりわけ17世紀後半から18世紀にかけての啓蒙の時代には，道徳的・治安維持的な観点から労働者階級を対象とした義務的な公教育と資本家層への私教育の二層的な教育の制度導入を示唆したアダム・スミス（Smith, A.）や，人間の理性を遍く十全に発現させることを念頭に徹底した公教育の整備普及を政治家レベルで主張したコンドルセ（Condorcet, M. J. A. N. de C.）など，明確な国家観に基づきながら政治と教育についての思考を重ね合わせ，具体的な公教育のかたちを正面から展望する思想家らが現れた。

▶ **教育の脱政治化**　　けれども宮寺晃夫（2007）が指摘するように，このような政治と教育とを重ね論じようとする構想はある意味において近年「萎えて」しまっている。とくに第二次世界大戦後の日本においては特殊な状況が存在していた。すなわち左からは大戦前の国民教育への忌避感ゆえに，そして右からは日教組等の革新イデオロギーが浸潤してしまうことを恐れて，政治についてのさまざまな語りが教育の場からアレルギー的に長く退けられてきた。理論レベルにおいては，アメリカ発の政治的社会化に関する諸研究やマルクス主義的な国民統合装置としての学校理解の紹介・応用などが認められるが，政治と教育の直接のかかわり，さらに言えば政治教育の可能性について，この時期積極的に論じた思想家は──蠟山政道など少数の例外はいるにせよ──決して多くはなかった。なにより多分に解放的な側面を含み持っていたいわゆる戦後教育学にしても，「公儀」としては政治的中立を標榜し続けた。本来，教育基本法の第14条（旧法第8条）第1項に「良識ある公民として必要な政治的教養は，教育上尊重されなければならない」と謳われているとおり政治教育を論じることは何ら妨げられるところではないのだが，同条第2項で注意される政治的中立性の問題もあり，具体的な展開においては一定の難しさがあった。

▶ **現代日本における教育と政治**　　しかし現在，状況は変わりつつある。社会の多様な変化や「新しい学力観」をふまえて文部科学省は，イギリスにおけるクリック・レポート等で提案されたシティズンシップ教育にも範を得ながら，成熟した市民社会に対応するための公共的かつ主体的な力の涵養を重視しはじめている。また2015年，改正公職選挙法が成立し，選挙権付与対象の下限年齢が20歳

から18歳に引き下げられることとなると，合わせて『私たちが拓く日本の未来』（2015）の配布により参加主義的な内容が盛り込まれた新たな主権者教育のモデルがガイドラインとして示され，さらには新規必修科目として高等学校に「公共」が導入されることとなり（2022年度以降），政治的な主権者教育の機運はさらに高まりを見せることになった。こうした趨勢に対応するかたちで，新たに教育学の一分野として，政治と教育とが再び出会いなおす地平をめぐり理論的・実践的な考察を展開する「教育政治学」が立ち上がり，学際的な議論がいま展開されつつある。

［参考文献］ Crick, B., *Essays on Citizenship*, London, Continuum, 2000（関口正志監訳『シティズンシップ教育論──政治哲学と市民』法政大学出版局　2011）／小玉重夫『教育政治学を拓く──18歳選挙権の時代を見すえて』勁草書房　2016／長沼豊・大久保正弘編『社会を変える教育』キーステージ21　2012／日本政治学会編『年報政治学2016──政治と教育』木鐸社　2016／宮寺晃夫「政治学と教育学は出会えるか」『近代教育フォーラム』第16号　2007／森田尚人・森田伸子・今井康雄編『教育と政治──戦後教育史を読みなおす』勁草書房　2003

［関連項目］ 公共性（教育における）／シティズンシップ／戦後教育学　　　　（関根宏朗）

成　人（大人）

英 adult, adulthood

▶ 語　義　　成年に達した人，あるいは成年以上の人を成人と呼ぶ。わが国においては法的に満20歳を成年とするが（民法第3条），未成年者でも婚姻した場合成年と見なす。しかしながら，実際には成人を規定する明確な統一基準は出ていないといってよい。政治行為能力（選挙権，選挙運動をする資格）や刑法上の責任能力においては20歳以上が成人と見なされているが，風俗営業店への出入りは18歳未満の者は認められていないので，社会通念上，18歳以上を成人（大人）として取り扱うことも多い。その一方で，年齢上は成人であっても，その言動において成人と

は認めがたい人々が存在するのも事実である。ただ，成人と見なされた個人は精神的にも身体的にも成熟し，特定の社会的地位が与えられ，社会秩序を保持する能力がある者として取り扱われる。その成人に達したことを祝う儀式として成人式がある。成人式（女子の場合は成女式とも呼ぶ）は，子ども期に終わりを告げ，大人社会への参加あるいは加入（イニシエーション）を承認する成年儀礼の一つである。成年儀礼は，成年がそれまでの子どもの世界から大人の社会へと入っていくための人生の重要な通過点であり，どの民族においてもほぼ普遍的に行われている。その意味で，成年儀礼は一種の「通過儀礼」rites de passageであるが，民族を越えたその普遍性を指摘したのはヘネップ（Gennep, A. van）である。どの民族にも生涯において，出生，成人，結婚，死といったいくつかの節目がある。それらの節目では，それ以前の時期とは異なる社会的地位・役割の取得により，社会的諸関係（権利・義務）や社会的対人関係の急激な変化がもたらされ，それにともなう個人の生活態度や生活様式の急変は，人生における危機となる。そのために社会は，ある種の宗教的・呪術的な要素を含んだ伝統的儀礼によって，個人の心理的危機を和らげる環境を用意したり，逆に心理的危機を乗り越える環境を与えたりするのである。そのため成年儀礼が行われる場は，特殊な「境界的環境」（非日常的環境）であり，個人はそこでそれまでの日常的過去から切断されることになる。ブルデュー（Bourdieu, P.）も言うように，このような環境下で個人は，しばしば侵犯してはいけないことが許される。すなわち，個人は日常的過去から自らを切り離すために，日常的には認められない行為──したい放題の振る舞い，放火，盗み，暴力行為（割礼，乱切法，強制的隔離，体罰等々）──が容認される。

▶ 成年儀礼と教育　　成年儀礼は，各民族の法や道徳，伝統を教え込む手段でもあるため，それをつかさどる教導者が果たす役割も重要

である。そのため成年儀礼は，本質的に教育的な要素をもっており，歴史的に見れば学校教育も一つの成年儀礼的意味をもっていたと言うことができる。オング（Ong, W. J.）によれば，ルネサンス期における学校のラテン語教育には，教師の側にも生徒の側にも成年儀礼に特徴的な環境を誘発する傾向があったという。当時，ラテン語は，日常生活のなかでは決して使われることのない死語であったが，学問的言語として崇拝されたため，学問的あるいは文芸的書物のほとんどはラテン語で書かれるか，翻訳されるかした。そのためラテン語は学問や文芸の非日常的世界を，世俗的な日常世界から切断する言語的な敷居となった。そして青少年たちが，学校教育でラテン語を習得することは，俗語の世界から自らを分離して，ラテン語という秘密言語によってひらかれる境界的な世界に参入するための一種のイニシエーション儀礼となる。学校は，閉鎖性をより強め，学寮という形態をとることによって生徒たちを日常世界から厳重に隔離するようになる。しかも当時，学業外の生活とそこでのコミュニケーションがラテン語と大きく隔たっていたため，生徒がラテン語を習得するための手段として体罰が黙認される。こうして体罰とラテン語との結合により，ルネサンス期における学校のラテン語教育においては，教育活動に成年儀礼としての要素とそれにともなう特有の心性構造が，「文字文化」（リテラシー）を土台に形成されている成人（大人）世界と，俗語による民衆文化に立脚した子どもの世界との境界的環境になっていたと言われている。

▶ **現代の成人**　　現代の成人は，法的にその規準が一応存在するが，前近代に比べるとそのイメージ（観念）はきわめて曖昧である。これまで成人儀礼を経て成人（大人）世界に参加あるいは加入することは，個人が一定の社会単位のなかで自己の役割を明確に認識し，先行する世代によってその役割が承認されることを意味していた。青年期は，そのための準備期間であり，自己の社会的役割が何であ

るかに思い悩み，時には自己のアイデンティティを喪失してしまう時期でもあった。その際，青年期は，成人としての責任と義務をしばしば猶予される期間とされた。かくして，このような青年期を乗り越え，成熟した成人と認められた個人が，成人に許された発言や行動，知識や情報を獲得したのである。しかし，1960年代以降の産業社会の発展によってもたらされた生活の豊かさは，このようなライフ・サイクルを一変させる。ギリス（Gillis, J. R.）の指摘にもあるように，多くの青年たちがきわめて早い人生段階において社会的および性的成熟に到達し，従来成人だけが，あるいは成人になってはじめてその発言が許されるはずであった社会問題や政治問題に異議申し立てを行うようになる（脱青年期現象）。今日の青年は，成年儀礼が労働生産にたずさわる必須の条件であったかつての若者たちとは対照的に，あらゆる意味で——すなわち，性的，知的，政治的な意味で——すでに完全に成人（大人）であるといってよい。このため，これまで人生の重要な通過点としての意味と意義を持っていた成人式も，産業社会ではあくまでも慣習的な意味として行われる傾向が強くなっている。また，情報化社会の到来による映像文化の浸透は，一面で「文字文化」による成人（大人）世界と，子どもの世界との階層的区別を希薄にしつつある。とりわけコンピュータ・ゲーム等を主体とする独自の子ども世界の出現は，成人（大人）世界との乖離を際だたせていると言ってもよいであろう。また近年，残虐な犯罪を行う青少年が増加しているなかで，法的な責任能力をもつ成人の年齢基準（20歳）見直しの問題も指摘されている。このように，成人であることの社会的・文化的メルクマールはきわめて不明確なものになりつつあり，そのため今日われわれが社会的な成人（大人）の意味や，人間的な成人（大人）の意義をつかむことはきわめて困難になってきている。

［**参考文献**］ Gennep, A. van, *Les rites de passage*, 1909（綾部恒雄・綾部裕子訳『通過儀礼』

弘文堂 1977）／Bourdieu, P., *Le sens pratique*, Paris 1980（今村仁ほか訳『実践感覚』みすず書房 1990）／Ong, Walter J., "Latin Languages Study as Renaissance Puberty Rite," *Studies in Philology*, LIV, 1959（柿沼秀雄・里見実訳「ルネッサンス期の成年儀礼としてのラテン語教育」『叢書 産育と教育の社会史4 子どもの社会史／子どもの国家史』新評論 1984 所収）／Gillis, John R., *Youth and History*, New York 1979, 1981（北本正章訳『〈若者〉の社会史』新曜社 1985）

[関連項目] 子ども／青年／通過儀礼

（小川哲哉）

精神科学的教育学

独 Geisteswissenschaftliche Pädagogik

▶ 名 称　精神科学的教育学は、1900年代初頭から1960年頃までドイツで一大潮流を形成した教育学である。ディルタイ（Dilthey, W.）の精神科学、生の哲学の系譜に属するこの教育学の名称がドイツ語圏で最初に登場するのは、1932年刊行の『現代教育学事典』であり、シュピーラー（Spieler, J.）が執筆した「教育科学としての教育学」の事項の中で「実験的に厳密な教育学の実証主義的な傾向に対抗して、意味哲学的な立場をとる思想家たちは、精神科学的教育学を主張する」と記述されている。しかし、当時この「思想家たち」は自らを精神科学的教育学派とは名乗っていない。むしろ、実証主義的傾向や神学的観念論的傾向と差異化する視点として、あるいはこのような教育学の状況を振り返った後年からの視点としてこの名称が使用されたのである。

▶ 学 派　第一次世界大戦後、ディルタイの思想を継承する教育学者たちが総合大学や教員養成大学の教授職に就き、ドイツ教育学界で主要な位置を占めるようになる。代表的な人物としては、シュプランガー（Spranger, E. ベルリン大学1919～）、ノール（Nohl, H. ゲッティンゲン大学1919～）、リット（Litt, Th. ライプツィヒ大学1920～）、またノールに連なる人物としてフリットナー（Flittner, W.）、ヴェーニガー（Weniger, E.）の名があげられる。しかしながら、ラサーン（Lassahn, R.）によれば、その内実はきわめて多様で「何らかの完成された精神科学的教育学とか、一つのディルタイ学派なるものについて語ること」はできない、彼らを結びつけるものは思想の伝統のネットワーク、世代の共属感、多様な人的関係である（ラサーン、小笠原編著所収）とも指摘されている。さらに、彼らが一定の傾向性を有する教育学者集団と見なされた背景には、共通の教育学雑誌に拠って立ち、それぞれの教育学理論、教育学研究の成果を発信したことがある。フィッシャー（Fischer, A.）、リット、ノール、シュプランガー、フリットナーが中心となって企画編集した教育学雑誌『教育 Die Erziehung―文化と教育をつなぐ月刊誌』（1925-42年）は、教育改革運動の理論化をめざして Quelle & Meyer 社から刊行されたもので、多様性を内包しながらも精神科学的教育学の指導的機関紙、アカデミックな教員養成の理論的支柱となったものであった。

▶ 理 論　精神科学的教育学がその内部と外部の境界線を意識し、その理論的構成をより明確化したのは、1970年代ドイツにおける教育学の学理論論争においてである。この教育学の後継世代であるクラフキ（Klafki, W.）は、精神科学的教育学の特徴として次の4点をあげている。①教育の理論と実践は、理論が実践の中にある理論の萌芽を汲み取り、その反省から実践を方向づけるという循環的関係にある。②教育は理論と実践の双方において、独自の社会的文化的領域を構成しており、それらの影響を「子ども（の教育）」の観点から診断する相対的自律性を有している。③教育は歴史的現象であり、普遍妥当的な体系は存在しない。つねに歴史的経過の中でその妥当性を解釈し、具体化することが求められる。④解釈学を科学的認識の方法とし、歴史の中で展開される様々な教育のプログラムをテキストとして理解し解釈することによって、その妥当性や意義あるいは限界性を明ら

かにする。（クラフキ，小笠原編著所収）

ヴルフ（Wulf, Ch.）によれば，これらの特徴はまた精神科学的教育学の問題点を示すものでもある。精神科学的教育学がテキストとし解釈の対象とした教育の理論と実践は，限定的なもので社会的な条件や影響を捉えきれていない。また歴史的事象の中から現在と将来の教育の方向性を見いだそうとする立場は，すでにあるものを正当化してその事象自体の有する限界性を認識できない。このような批判を受け，クラフキやラサーンといった精神科学的教育学を自らの教育学研究の起点とする教育学者たちは，批判理論的視点を組み入れた批判的・構成的教育科学の構想や，教師や子どもたちの自伝をテキストとして人間生成の事象を読み解く研究へと現代的な展開を図っている。

▶ **ナチズムとの関係問題**　第二次世界大戦後のドイツ教育学において，ナチズムに対する精神科学的教育学者たちの責任問題は，学派の代表的人物たちがナチス支配期に大学教授職を辞したり，解職されたりしていたことにより，「内的亡命者」として免罪されてきた。しかし，当時の彼らの教育学論文，大学講義録等を個別に精査すると，ナチスの国民運動に幻惑されているかのような言辞が見いだされる。このようなナチス支配期の精神科学的教育学者たちの言動を個々に明らかにすることは，社会的時代的背景の中で教育学者としての彼らがどのような思考を展開し，教育学的発言を通して社会にいかなる影響作用を及ぼしえたのか，時代の中に生きた教育学者の特徴的な事例として現代に通ずる研究課題であり続けている。

[**参考文献**]　Dahmer, I.u. Klafki, W., "Geisteswissenschaftliche Pädagogik am Ausgang ihrer Epoche -Erich Weniger," Weinheim u. Berlin 1968／Klafki, W., "Geisteswissenschaftliche Pädagogik," Fernuniversität Hagen 1978／Wulf, Ch., "Theorien und Konzept der Erziehungswissenschaft," München 1977／小笠原道雄編著『精神科学的教育学の研究』玉川大学出版部　1999

[**関連項目**]　ディルタイ／ノール／シュプランガー　　　　　　　　　　　　　　（坂越正樹）

精神分析

独 Psychoanalyse／英 psychoanalysis／仏 psychanalyse

▶ **定義と展開**　ウィーンの神経科医ジクムント・フロイト（Freud, S.）が創始した無意識の心理を探求する方法。神経症の治療から生まれたが，後に人間の精神生活を解釈する手法として広く受容された。

「精神分析」という語の初出はフロイトが1896年2月5日に発送した二論文であり，発表は仏語論文「神経症の遺伝と病因」（同年3月）が独語の「防衛—神経精神病再論」（同年5月）に先立つ。

フロイトは当初，現実の性的外傷体験を神経症の病因としていたが，自己分析を通して，外傷場面は現実とは限らず幻想が混淆していると思い至り，1897年にエディプス・コンプレックスを発見する（「誘惑理論の放棄」）。その後，『夢判断』（1900）や『性理論三篇』（1905）等によって，精神分析は1910年までに欧米諸国に支持者を得ていった。ホール（Hall, G.S.）の招聘によるクラーク大学講演（1909）は，アメリカに精神分析を広めるきっかけとなった。フロイトは1939年に亡くなるまで理論展開を続け，組織と影響は国際的に拡大した。

精神分析には，国際精神分析協会に属する自我心理学（アンナ・フロイトら），クライン派，対象関係論（ウィニコットら），自己心理学（コフートら）以外にも，新フロイト派（ホーナイ，サリヴァンら），フロイト左派（フロム，ライヒ，マルクーゼら），ラカン派など多くの分派がある。

▶ **文化的影響**　その科学性や有効性に多くの批判があったとしても，精神分析が20世紀以降の世界に絶大な影響を与えたことは疑いない。精神医学や心理学の刷新はいうにおよばず，社会学・文化人類学・言語学，芸術とその批評，そして何より現代人の生のあり

ようを大きく変えた。自我や無意識，エディプス・コンプレックスやリビドー，アンビヴァレンツや防衛，退行，アイデンティティやモラトリアム（エリクソン），母親剥奪や愛着（ボウルビィ）などの用語は，広く人口に膾炙している。DSM-Ⅲ（1980）で導入されたPTSDも，フロイト初期の外傷理論の復活といえる。

理性の背後に無意識をみいだす精神分析は，現代思想やポストモダニズムの源泉ともなった。現象学，解釈学，実存主義，フランクフルト学派の批判理論，構造主義，ポスト構造主義，ポストコロニアリズムなどには，批判を含めその痕跡が認められる。

▶ 教育との関わり　フロイト自身がのべるように，教育は精神分析の応用のうちもっとも関心を集めた分野である。第1回国際精神分析学会（1908）ではフェレンツィ（Ferenczi, S.）が「精神分析と教育」の発表を行った。

精神分析は，新教育運動の理論的基盤にもなった。児童期体験が神経症の病因となるという説は，生命エネルギーを実体視する進化論生物学と相まって，児童中心主義的で自由な教育実践に根拠を与えた。レイン（Lane, H.）のザ・リトル・コモンウェルスや，ニイル（Neil, A.S.）のサマーヒル校，クライン派分析家アイザックス（Isaacs, S.）のモールティング・ハウス校はその例である。初期の協力者だったアドラー（Adler, A.）やユング（Jung, C.G.）も教育に関心を持ち，後に新教育連盟に参加した。

児童分析の開始と並行して「精神分析的教育学」も試みられ，1926年には『精神分析的教育学誌』（*Zeitschrift für psychoanalytische Pädagogik*）が創刊された（1937年休刊）。1960〜70年代にフロイトが近代批判の文脈で再読されると，教育による外傷を過度に強調する反教育学（Anti-Pädagogik）も生まれたが，1980年代には精神分析的教育学も再評価され，1991年に『精神分析的教育学年報』（*Jahrbuch für psychoanalytische Pädagogik*）が創刊された。

とはいえフロイトは精神分析と教育を明確に区分した。『精神分析入門』第28講等で精神分析を「事後教育（Nacherziehung）」と呼んだが，それは分析による過去の克服を意味し，「再教育（Wiedererziehung）」とは異なる。

精神分析は，幼少期がその後の人生にとって決定的に重要であり，教育の前提として子どもの心を理解する必要があるというパラダイムをつくった。私たちは，今なお精神分析の時代に生きている。

［参考文献］Freud, S. *Gesammelte Werke: Chronologisch Geordnet*（18 Bde.），Bde 1-17, London, Imago Publishing, 1940-52, Bd 18, Frankfurt, S. Fischer, 1968／Freud, S. *The Standard Edition of the Complete Psychological Works of Sigmund Freud*（24vols.），James Strachey（ed. & trans.），London, Hogarth Press, 1953-73／フロイト，S.『フロイト著作集（全11巻）』高橋義孝・小此木啓吾他編訳，人文書院 1968-84／フロイト，S.『フロイト全集（全22巻）』新宮一成他編訳，岩波書店 2006-2012／下司晶『〈精神分析的子ども〉の誕生—フロイト主義と教育言説』東京大学出版会 2006／ラプランシュ，J.＆ポンタリス，J. B.『精神分析用語辞典』村上仁監訳，みすず書房 1977／小此木啓吾編集代表『精神分析事典』岩崎学術出版社 2002／須川公央ほか「精神分析と教育」『近代教育フォーラム』15, 2006／Winer, J. A., & Anderson, J.W.（eds.），*Sigmund Freud and his Impact on the Modern World*, Analytic Press, NJ, 2001

［関連項目］フロイト／ユング／子ども／新教育／ニイル／フランクフルト学派／フロム／悪／ユダヤ　　　　　　　　　　（下司晶）

生成・生成変化
英 becoming／独 Werden／仏 devenir

生成とは時間における変化や移ろいを意味し，永遠に変わることのない存在と対置されてきた概念である。プラトンに代表されるように哲学は前者を排除して後者を真の存在として探求してきた。そのためニーチェ（Nietzsche, F. W.）の後期において，生成は価値の転倒を目指すうえで重要な意味をもって

いる。生成は「力への意志」と同義であり、作り出すことそして与えることに表される、不断に上昇する生の在り方を示している。さらに生成は存在と対立するものではなく、存在は生成の生成として解されることになる。それに対して、ベルクソン（Bergson, H.）は「愛」に由来する不断の創造のプロセスを「持続」として捉えたが、この持続の流れは生成を意味する。生成においては、過去を利用しつつも予測できないものが出現し未来を創造していく。「生の哲学」は実存哲学によって克服されたと見なされていたが、生成はドゥルーズ（Deleuze, G.）の差異の観念をもとに再解釈され、新たな哲学を切り拓くものとして再評価されている。ドゥルーズの「生成変化」はニーチェとベルクソンの生成の思想の今日的な表現と言える。

日本で教育思想の用語として生成を独自に意味づけて展開したのは森昭である。森は「生成の相の下」で人間を全体存在として包括的動的生成的に究明し、人間が生成してゆくという事実そのものに注目し、「人間は人間的生成へと課題づけられた存在である」と定義する。しかし、森は後に生成の立場を不十分なものとして自己批判し、人間を世界に開かれる者、自己に目覚める者、彼方に想いを馳せる者として捉え、教育を自己の「形成」を中心にして構想し直す。森の「生成」は人間の変容一般を表す用語として使用されており、「形成」は主体的の実存的な自己形成という観点で使用されている。

しかし、森の試みはニーチェやベルクソンの生成の思想を含み込んだ教育思想としては不十分である。従来の教育学は無自覚な前提として有用性の価値観に立脚してきたが、生成は社会的有能性の高次化という発達概念では言い表すことのできない生の変容の出来事である。具体的には、生成の体験は社会的有用性を超えた純粋贈与や歓待や蕩尽や遊戯として生起する。そして、この体験は交換を基調とする同胞への社会的道徳を超えた他者への倫理の道を拓く。この体験も結果として副次的に発達を生じさせるかもしれないが、その結果において重要なのではなく、有用性に回収できない過剰であることこそが重要である。生成の教育思想は、生成の本来の爆発力をもった思想として、概念的に定着させず動的に語ることが求められる。

[参考文献] 森昭『教育人間学——人間生成としての教育』黎明書房　1961／矢野智司『自己変容という物語——生成・贈与・教育』金子書房　2000　　　　　　　　　　（矢野智司）

青　年

英 adolescent, young／独 Adoleszent, Jugend／仏 adolescent, jeunesse

▶ **語　義**　「青年」という語は19世紀前半に曲亭馬琴が使用しているが、「としわかの」という形容詞的な用法であり、それにあまり一般的ではない。今日につながる用法が見られるのは明治になってからで、まず西洋的な近代精神に触れた新時代の若者が「青年」（せいねん）という語で表わされた。「基督教青年会」（YMCA）などの用法である。人生段階のカテゴリーとして「青年」が使われるのは、20世紀初頭、G・S・ホールの青年心理学が紹介されてからであり、adolescence が「青年期」、adolescent が「青年」と訳された。「青年」は、近代精神の普及とそれを支える近代学校制度の整備・普及とともに出現した、新しい存在だったのである。

▶ **歴　史**　それはヨーロッパでも同様であり、今日ではほとんど同意に用いられる adolescent や young（juvenile）の語源、ラテン語の adulescens（アドゥレースケーンス）、juventus（ユウェントゥース）／juvenis（ユウェニス）は、それぞれ、15歳～30歳までと30歳から45歳までを表していた。中世になると、そのように年齢を区分する意識は消滅したようである。職業集団が、一定の技能を習得するまでの見習い期間と遍歴修業の時期とを区別することはあったが、一般的には、人生段階や年齢が意識されることは少なかった。子どもが他家に見習い奉公に出るのは普

通であり，子どもも若者も大人も，労働はも
ちろん遊びも共にした。未熟さが特別な配慮
を必要とするものとは考えられていなかった
のである。

　今日的な青年のカテゴリーが成立するのは
18世紀以降である。ルソー（Rousseau, J.-J.）
は『エミール』（1762）で，青年という人生
段階を，人間に普遍的なものとして描き出し
た。青年期は性の発達とともに始まる情念の
高揚と激しい精神の動揺を伴う危機の時代で
あり，そこで人間は「第二の誕生」を経験す
るとして，教師の指導の必要性を論じた。

　そうした観念は19世紀にかけて定着して
ゆくのであるが，その背景の一つは，宗教改
革である。信仰における個人の責任が強調さ
れ，精神的な成長過程の中心に回心（コンヴ
ァージョン）が据えられた。そのために若者
教育の必要性が自覚されていったが，何より
も，自己の内面を見つめ，自己についての明
晰な表象を得ることが求められ，日記が有力
な手段とされた。

　背景の二つめは近代家族である。それは独
自の存在としての「子ども」を生み出したが，
発達しつつあった学校と連携しつつ子どもの
囲い込み期間を延長していった。それが，青
年というものを意識させることになったので
ある。15世紀に生まれた人文主義（ヒュー
マニズム）の学校は，古典教養による人間性
の育成を目指したが，中世以来の放蕩無頼の
学生の世界とは切り離された場を提供した。
生まれつつある近代家族は子弟をそこに委ね
たのである。この種の学校は，家族と宗教界
双方の期待を担って18世紀には中産階級だ
けでなく，自営農民や職人層の子弟にまで広
がっていった。その間，人文主義の理想とは
裏腹に，古典教育は生気を欠いた知育となり，
学校は多くの学生にとって規律訓練の場とな
っていったが，むしろ，それが，思春期以降
の子どもの教育に不安を抱いていた近代家族
が求めていたものかもしれない。こうして学
校は，青年を保護のために隔離し，規律化す
る場になっていくのである。

　三つめは近代国家である。18世紀末〜19
世紀に国家が，国益の観点から青年の教育に
関心を寄せるようになる。近代産業の発展と
戦争も含む国家間の競争の熾烈化のなかで，
その担い手としての青年が注目されたのだ。
そのため一方で人材を有効に利用するための
教育システムが整備された。エリートコース
も生まれ，青年の上昇志向は刺激された。他
方で，増大した大都市の若者たちが政治的に
も危険な存在とならないようにするとともに，
近代的な軍隊や工場で能力を充分に発揮させ
るための規律訓練のモデルが開発された。科
学的な青年期研究が始まったのも，こうした
流れのなかでである。

　その一つ，青年心理学の出発点になったの
が，ホール（Hall, G. S.）の『青年期』（1904）
である。これは，青年の心理を生理学，社会
学，性，犯罪，教育との関係において論じた
ものであるが，青年期を，ルソー同様第二の
誕生の時期，あるいは，18世紀末のゲーテ
やシラーの文学運動に見られるような，相反
する感情が葛藤する疾風怒濤（シュトルム・
ウント・ドラング）の時期と捉えた。そして
葛藤がより高い段階への発達をもたらすとい
うのだ。そしてそのために，青年の自主性を
尊重すべきだと主張したが，その一方で，青
年心理学は科学の名のもとに，青年が青年心
理学を規範とすることを要求していた。

　青年という存在が生まれていく過程には，
さまざまな若者の抵抗があった。それは，16
〜17世紀の若者集団の記録にも見ることが
できる。彼らは，身体間の共振性やミメーシ
スによって繋がり，祭りやシャリバリを通し
て共同体の秩序を再生し，維持していたが，
そうした世界が新しい精神によって否定され
たと感じたのだ。19世紀初頭のロマン主義，
同世紀末以降のワンダーフォーゲルや「自由
ドイツ青年」の運動も共通の流れであって，
そこには，近代の合理主義と機械的な世界観
への抵抗があり，感情や生命としての自然へ
の希求があった。またそれは，表象されえな
いもの，不合理なもの，無意識的なものの価

値を見いだそうとする運動でもあった。それらは，大局的には，青年のイメージのなかに取り込まれていったが，そのことによって何を失ったかは，今日改めて検討すべきことであろう。

　日本の青年の誕生は，このような動きに19世紀末に加わることから生じた。その際，青年が生まれることへの抵抗があったことは無視された。そして，とりわけ表象化を通じて自他を制御する能力が重視された。それが近代化の推進力となることが認められたからである。青年という観念を普及させたのは，一つには学校教育である。中等教育の就学者が増大し，生徒理解と教育法のための青年心理学が導入されるなかで，従来の若者とは異なる青年という存在のイメージが，実体的根拠をもつものと見なされるようになった。もう一つは新聞や雑誌などの近代的メディアである。青年という生活スタイルや内面が小説のテーマなどになった。こうして青年という存在が自明視され，青年らしく生きることが自然なことと観念されるようになった。他方で，立身出世の不成功や，さらに深層では近代的な知がもたらす身体や自然との乖離から，葛藤に苦しむ青年も生まれるようになったが，それに対しては，青年心理学が処方箋を与えるという構造が定着した。青年心理学は，学校教育ばかりでなく，家庭やさまざまな青年集団の指導原理となり，また，青年自身の自己理解の規範となったのである。総じて青年と青年論は，日本社会の近代化と国家の発展を課題視する意識と対応しながら普及してきた，と言える。

　そしてそれは，1970年代以降のエリクソン（Erikson, E. H.）の青年期理論の受容の仕方においても同じである。エリクソンのアイデンティティの概念がともすれば「主体性」と同義的に受け取られ，その確立の時期として青年期が位置づけられたが，そのような受け止め方は「近代的人間（国民）の形成」という近代日本創設以来の国家的課題に新たな表現が与えられたにすぎない。エリク

ソン自身は，青年という存在の歴史性を問題にはしなかったが，青年期に獲得されたアイデンティティを乗り越えることが大人の諸段階をもたらすとしていたのである。青年期だけをとりわけ重要なものとしてはいないのだ。

　青年とは近代が創出したものであり，青年論は現実の青年を研究したというより，あるべき青年像を規範として描くことにより，その創出を促したのであった。そこには青年であることに価値を付与するという志向が働いていた。それは少し前まで私たちの常識となっていた。しかし，青年らしさの価値が信じられた時代から大きく状況は変わっている。20世紀の中葉は欧米では中等教育への進学率が急増し，青年期が大衆化した。そして同時に高度な消費社会が生まれ始めた。生産と結びついた自己の規律化がもたらした青年の内面が変容し，家族が変化し，成熟した大人のイメージも希薄になった。青年という存在を成立させる条件自体が揺らいでしまったのだ。それは少し遅れて日本の現実ともなった。そうした変化に，青年心理学，およびそれに依拠する青年教育論はほとんど対応できないでいる。

　[参考文献] Levi, G., Schmitt, J.-C. (eds.), Translated by Naish, C., *A History of Young People*, 2 vols, Cambridge, MA 1997／Mitterauer, M., Translated by Dunphy, G., *A History of Youth*, Oxford 1992／アリエス，Ph.（中内敏夫・森田伸子編訳）『〈教育〉の誕生』新評論1983／ギリス，J. R.（北本正章訳）『〈若者〉の社会史』新曜社　1985／『歴史の中の若者たち』全8巻　三省堂　1987／北村三子『青年と近代　青年と青年をめぐる言説の系譜学』世織書房1998　　　　　　　　　　　　　　（北村三子）

説　話
英 narrative, talktale，／独 Erzählung, Ge-schichte, Märchen／仏 narration, récit, histoire, conte

▶ **概　念**　　説話は，広義には書承あるいは口承によって伝承された散文形式の言説（はなし）の総体を意味し狭義には口承のみを指す。後者は民俗学における「民間説話」

と同義であり「伝説」「昔話」「世間話」に下位区分される。明治中期、巌谷小波等により国内外の民間説話の再話や翻訳が子ども向けに行われ「おとぎ話」として紹介される。昭和20年代、木下順二は「夕鶴」をはじめ民間説話を下敷きにした創作劇を発表し「民話劇」と呼ぶ。これ以降、現代の民衆向けに文芸的脚色を施した「再話化された昔話」の呼称として「民話」が用いられるようになるが、この語はまた「民間説話」の同義語として用いられる場合もある。

▶ 説話と教育　　バスコム（Bascom, W. R.）によれば民間伝承（folklore）は①世界観や宇宙観の投影（projective system）、②儀礼や制度の正当化（justifying）、③教育（education）、④既存の生活様式の維持（maintaining）、以上四つの機能をもつとされるが、説話の教育的機能に関しては古代インドの『ジャータカ』『パンチャタントラ』、古代ギリシャにおける『イソップ寓話集』等からも窺えるように、宗教心の涵養や社会道徳の育成に有効な手段として早くから認められていたと考えられる。ソクラテスは、徳をめざしてできるだけ立派につくられた物語（mythos）を子守りや母親が子どもに語り聞かせ魂を造型することが、体育や知育に優先して最初に行うべき教育であると説く。ヨーロッパ中世社会においては聖書が教育的価値を内包する唯一の物語言説であり、説話は専らその娯楽性に存在意義を持つものと見なされた結果、後者は多元的な価値を内包する子ども―大人の共有物として伝承される。17世紀末以降フランスやイギリスにおいて大衆本（chapbook）が普及し説話集の編纂も行われるが、特定のイデオロギーや一元的な価値観の付与を目的とする改訂が加えられる。ペロー（Perrault, C）の説話集『過ぎし昔の物語』（1697）における「赤ずきんちゃん」は、大人の庇護を必要とし、無垢性と性的魅力を兼ね備えた「可愛い女の子」として描かれる。19世紀初頭ドイツにおいてグリム兄弟（Grimm, J. & W.）は、ヘルダー（Herder, J.

G.）やゲーテ等の提唱するドイツ国民としての感情覚醒への啓蒙運動に応え、説話を民謡と並ぶ「国民精神の揺籃」と位置づけて『子どもと家庭の童話』（初版1812）を収集・編纂するが、口承の説話に内在していた両義的な「野性」は数度の改訂を通じて削ぎ落とされ、家庭における教育読本としての体裁が整えられていく。19世紀後半ロシアにおいてトルストイは、真・善・美の調和的発達を促しこれを基底において支える「生への畏敬の念」を無意識裡に陶冶するものとして説話を評価し、ヤースナヤ・ポリャーナでの教育実践のなかで説話の語り聞かせを行うほか、自ら再話や創作を行い『初等読本』（1872）や『人はなんで生きるか』（1881）として発表する。20世紀前半、説話は世界各地において全体主義政治のプロパガンダとして利用される。ナチス政権下ドイツにおいて説話は「民族の血と言葉と文化と伝統が神秘的に結合したもの」としてその出版や研究が強力に推進され、一方旧ソビエト連邦では「過去の労働者階級の苦闘と希望の結晶体」として高く評価される。このような説話への政治的イデオロギーの付与とその利用は日本においても「桃太郎」話の軍国主義的あるいはプロレタリア文学的改作のなかに端的に見られる。以上のように説話は「意味付与と意味了解の達成を目標とする」（Danner, H.）教育の下でとくに近代以降削除や改訂による意味の一元化を余儀なくされ、特定の価値観やイデオロギーの付与に貢献してきたと言えるが、われわれは今一度その本来性に立ち戻り説話の内包する両義的・多元的価値の世界に子どもたちが触れることの人間形成論的意義を問い直す必要があろう。

▶ 子ども研究と説話　　説話に登場する「子ども像」の分析を通して子ども存在の特異性や象徴性を解明する研究が近年、ユング心理学、神話学、記号論、構造主義人類学、社会史心性史研究、フェミニズム批評等の分野において展開されている。そのなかで析出されたトリックスター・異人・（童児）神・社会

的周縁・マイノリティほかの属性は，近代的子ども観の修正・変更を迫るものとして注目される。

▶ **物語としての教育**　リオタール（Lyotard, J.-F.）によれば，近代性とは，理性と自由そして労働の解放，資本主義テクノサイエンスの進歩による人類全体の富裕化といった「人間性の解放」をイデーとし，これを普遍的なものとして正当化する機能を有する〈メタ物語（レシ）〉あるいは〈大きな物語〉として把捉されるが，近代教育もまたこの〈メタ物語〉群の一モティーフとして位置づけられよう。〈メタ物語〉の衰退・失墜が叫ばれる今日要請されるのは教育および教育学における新たな〈メタ物語〉を創出することではなく，リオタールの言を用いれば「日常生活の織物」を織り上げ続けていく「小さな，無数の物語＝歴史」を丹念に「聴き取ること」であるように思われる。

[参考文献]　Bascom, William R., "Four Functions of Folklore," *Journal of American Folklore*, vol. 67, 1954, pp. 333-349／Dorson, R. M., *Folklore and Folklife*, Chicago 1972／プラトン（藤沢令夫訳）『国家』岩波文庫　1979／リオタール（管啓次郎訳）『ポストモダン通信──子どもたちへの 10 の手紙』朝日出版社　1986／ランゲフェルト，ダンナー（山崎高哉監訳）『意味への教育』玉川大学出版部　1989／高橋健二『グリム兄弟──童話と生涯』小学館　1984／鳥越信『桃太郎の運命』NHK ブックス　1983

[関連項目]　意味／構造主義／社会史・心性史
（鵜野祐介）

戦後教育学
英 postwar pedagogy

▶ **定義**　第二次大戦の敗戦を契機に，戦前戦中の国家主義への反省を軸として形成された日本の進歩的教育学の総称。1950 年代に原型がつくられ，1990 年代初頭まで保守対革新，文部省対日教組という対立図式の一翼を担ってきた。主な理論としては国民教育論，国民の教育権論，教育的価値論，教育・教育学の自律論，教育行政の内外区分論，子

どもの権利論や発達論等が，代表者としては宗像誠也，宮原誠一，勝田守一，堀尾輝久らがあげられることが多い。

おおむね以下の特徴がある。教育と平和・国家体制の問題を関連させて論じる。戦前／戦後の断絶説に立ち，国家主義教育を批判し，民主主義教育・国民教育の実現を目指す。戦後初期の改革を評価し，1950 年代以降の政策転換を「逆コース」と位置づける。18 世紀市民社会の理念を称揚し 19 世紀以降の帝国主義を鋭く批判する，等。

▶ **形成とメディア**　戦後教育学は，講座派マルクス主義の強い影響下で形成された。教育学者に加えて清水幾太郎らが参加した『岩波講座　教育』(1952-53) は，教育と平和の問題を関連づけ，反動的な保守勢力に抗う民主的な進歩勢力という戦後教育学の枠組みを決定づけた（森田）。

戦後教育学は公儀としての中立的な教育学概念と，秘儀としての革新派の政治イデオロギーの二重性を有する（小玉）。したがってアカデミズムだけでなく関連する媒体を検討する必要がある。

戦後教育学は東大閥を中心に記述されることが多いが，高等師範の流れを汲む東京文理科大・東京教育大（梅根悟ら）と広島文理科大・広島大（長田新ら）の貢献を忘れてはならない。なお哲学的人間学の伝統を有する京都大は，戦後教育学の革新的動向とは一線を画していた（竹内）。

学会としては，日本教育学会が 1947 年に学会組織化され，初代会長の長田新のもと特定の学閥によらないメンバーが集った。1950 年代には教育二法制定や道徳特設に反対し，その後も政策提言を続けている。

教職員組合や民間教育運動，各種の研究会等も戦後教育学の重要な拠点だった。1951 年の日教組第一次全国教研集会では，宗像，宮原，勝田，梅根，周郷博，海後勝雄，大田堯，矢川徳光らが講師を務めた。上原専禄を初代所長とする国民教育研究所の設立（1957 年）と運営には梅根，宗像，宮原，勝田，海

後勝雄らが関わった。他にも教育科学研究会（勝田，宗像，宮原ら），教育史研究会（広岡亮蔵，海後勝雄ら），コア・カリキュラム連盟（後の日本生活教育連盟，梅根，石山脩平ら）等は，戦後教育学を考える上で欠かすことができない。

出版媒体も大きな役割を果たしている。岩波講座は『教育』全8巻（1952-53），『現代教育学』全18巻（1960-62），『子どもの発達と教育』全8巻（1979-1980）で戦後教育学の輪郭を形作った。また梅根・勝田監修の『世界教育学選集』（明治図書，全100巻＋別巻，1960-1983）は，戦後教育学の理念を思想史的に裏打ちし，研究対象たるテクスト群を構築した（矢野）。

家永三郎を原告とする教科書裁判第二次訴訟第一審（杉本判決）が，国民の教育権論（堀尾ら）に依拠して教科書検定を違法とし原告の全面勝訴となったことは，戦後教育学の成果といわれる（1970年7月17日）。ただし旭川学テ事件の最高裁判決では，国家の教育権論と国民の教育権論のいずれも全面的には採用できないとの折衷説が示された（1976年5月21日）。

▶ 変遷と終焉　戦後教育学は講座派マルクス主義や近代主義の影響から日本の前近代性を批判し，理念化された価値としての近代を実現目標とした。しかし1960-70年代の近代批判と，1970年代以降に知られるところとなったイリイチ（Illich, I.），フーコー（Foucault, M.），アリエス（Ariès, P.）らの仕事は，そうした近代像に再考を迫った。同時期に注目されるようになった校内暴力，いじめ，登校拒否（不登校）などの「教育問題」は，「よきものとしての教育」という戦後教育学の前提を揺るがせた（下司）。

1990年前後に東西冷戦と55年体制が終結すると，保守対革新という政治図式が瓦解し，戦後教育学は力を失っていく。こうしたなか，「近代教育学批判」を掲げ原聰介らによって1991年に創設された近代教育思想史研究会（現在の教育思想史学会）や，森田尚人らに

よって1992年に創刊された『教育学年報』（世織書房）は，教育学のパラダイム転換の象徴となった。

［参考文献］　海老原治善『戦後日本教育理論小史』国土社　1988／下司晶『教育思想のポストモダン』勁草書房　2016／Imai, Yasuo "From 'Postwar Pedagogy' to 'Post-Cold War Pedagogy'," *Educational Studies in Japan: International Yearbook,* 2, 2007／小玉重夫「政治」森田尚人・森田伸子編『教育思想史で読む現代教育』勁草書房　2013／松浦良充・堀尾輝久・藤田英典・佐藤学「教育改革における日本教育学会の役割」『教育学研究』76巻1号2009／森田尚人「戦後日本の知識人と平和をめぐる教育政治」森田尚人・森田伸子・今井康雄編『教育と政治』勁草書房　2003／竹内洋『革新幻想の戦後史』中央公論新社　2011／矢野智司「近代教育学を思想史研究として問うことは何を問うことだったのか」『教育思想史コメンタール』　2010

［関連項目］　上田薫／梅根悟／長田新／勝田守一／教育学／教育権・学習権／京都学派／近代教育／国家／デモクラシー　　　（下司晶）

潜在的カリキュラム

英 hidden curriculum, latent curriculum

▶ 語義　潜在的カリキュラムとは，文部省の決めた学習指導要領や学校教育の教科内容などの公的なカリキュラムの理念や目的に対して，学校教育が実際に果たしている役割を見ることから浮かび上がる，実際のカリキュラムの意味である。たとえば，協調と友愛の精神をうたう学校のカリキュラムが，上級学校の進学においては，競争と敵対の精神を培ったり，希望をもったり，希望を失ったりするための手段的な位置にとどまってしまう，というような矛盾を公的なカリキュラムは，常に抱えている。

潜在的カリキュラムの意味の広がりは，公のカリキュラムが生徒にとってもつ意味の範囲にとどまるのではない。それは，教師の文化についても裏側から観察するパラダイムを提供する。たとえば，神戸の高校生が校門の扉で頭をはさまれて亡くなった事件があった。

当該の教師は，このような事件とならなけれ
ば，職務に忠実な熱血漢の教師ということで
一生を終えたかもしれない。しかしながら，
それは，一つの個人的価値体系のなかでの意
味づけにすぎない。遅刻しない，規則や時間
に忠実であるという価値観は，一つの正統性
をもってはいるが，もしそれにのみ命をかけ
るような教師がいれば，それが一つのカリ
キュラムのごとく志向され，それに情熱を燃や
すという事態が生じている。このように命を
かけるにまでなってしまった校則そのものは，
生徒にとってではなく，教師にとって，情熱
を燃やす対象としての潜在的カリキュラムな
のである。

　このように，潜在的カリキュラムとは，表
面上に現れる目的や内容とは裏腹に，実際に
私たちが「志向」するレベルでのカリキュラ
ムにまつわる経験を概念化したものである。
この概念から導き出されるカリキュラムは，
私たちが通常学校のカリキュラムとして親し
んでいる，国語，算数，社会，理科のような
教科とは，大いに異なる。たとえば，子ども
たちの生活は，学校では，公的に便宜的に分
けられた教科毎に時間を区切られたりしてい
るが，実は一人ひとりの主観的体験のなかで
は，この時間は先生が厳しいとか，この時間
はリラックスできて楽しいとか，一連のつな
がりをもっており，決して途切れとぎれにカ
リキュラムを経験しているのではない。この
ことは，学校の外で子どもたちが何を経験し
ているのかを垣間みれば明らかである。子ど
もたちは，世界を国語的に，あるいは数学的
に体験しているのではなく，たとえば，マス
メディアの登場人物のように世界を見て解釈
しているのであり，その言葉遣いや考え方が
学校の枠組みよりも強い影響力を持っていた
りする。

▶ **潜在的カリキュラムの形態**　では，潜在
的カリキュラムには，どのようなものがあり，
そしてそれはどのようにして出てくるのであ
ろうか。

　第一に，潜在的カリキュラムは，近代学校
によって社会が学校化される以前はなかった
ものである。子どもたちのふだんの生活世界
がそのままカリキュラムを形成していた。近
代国家と産業社会の発展は，労働力として自
己を規制するカリキュラムの発達を促した。
潜在的カリキュラムが潜在的である所以は，
このように，近代国家の形成とそれにともな
う近代学校の成立と密接な関係がある。近代
国家の形成過程におけるカリキュラムの潜在
的機能についての分析は，アメリカのエリザ
ベス・ヴァランスが試みている。文化多元主
義を超えたアメリカ化という近代学校カリキ
ュラムの機能は，まさに社会の学校化によっ
て推進され，自明の如く，潜在化していった
のである。このように，潜在的カリキュラム
の概念には，社会的，国家的レベルで機能し
ているカリキュラムの働きを捉える場合もあ
る。たとえば，私たちが話す標準語は，いつ
の間にか潜在化している統一言語であり，方
言で語られる言葉の意味の理解も潜在化した
標準語によってのコミュニケーションが可能
になっているのである。日本語の統一化が他
の方言や民族語をつぶしていくプロセスを含
んでいたということを意識しなくなってしま
っているのは，まさに，カリキュラムのもつ
そのような言語統一化作用が潜在化している
からにほかならない。

　第二に，潜在的カリキュラムは，このよう
な一つの国家や言語形成機能にとどまらない。
現代においては，国家を超えるカリキュラム
が作り出されつつある。一国のアイデンティ
ティをもつという国家主義的なカリキュラム
も国際的な動きによって引き起こされるので
あり，国際化のインパクトがあってのちその
ような国家主義化が可能になるのである。た
とえば，環境教育，国際理解教育などは，一
つのグローバルなカリキュラムといえる。こ
のようなカリキュラム内容の国際化そのもの
が現代世界の学校のカリキュラム構成におい
て自明視され潜在化している。このようなグ
ローバル化も，カリキュラムに関わる潜在的
な働きとして理解できる。

第三に，潜在的カリキュラムには，子どもたちが興味をもち，自らが積極的に参加し，発展させようとする文化創造の側面を意味する場合がある。たとえば，若者の間ではやりのファッションや言葉遣い，音楽や歌，はやりのマンガなど，生活のありとあらゆる領域にはびこっているメディアにおいて，自発的に発展しているキャラクターや物から成る文化がある。このようなマスメディアが作り出す内容も潜在的なカリキュラムとして重要な位置にある。メディアの内容の盛衰は，学校のカリキュラムとはことなり，メッセージの「受け手」が決める自由市場である。このような観点から，メディアは，単純な垂れ流しではなく，受け手の自発的選択の働きが可能となる世界である。メディアにおけるこのような受け手の自発性を無視しては，メディアの潜在的な伝達機能は理解できない。

第四に，潜在的なカリキュラムには，対抗文化的な要素が含まれている場合もある。マスメディアの作り出す虚偽意識から離れ，公的な文化，公的なカリキュラムに対抗し，自発的な文化を発展生産するような力をもつものが潜在的なカリキュラムとして位置づく場合である。潜在的なカリキュラムに自生的な文化発展の創造力を見いだそうとする代表的な論者としては，アップル（Apple, M.）がいる。

▶ **潜在的カリキュラムの特徴**　以上からもわかるように，潜在的カリキュラムは，近代国家のナショナル・アイデンティティ形成のためのカリキュラムから，子どもの文化創造まで広範な領域にわたるカリキュラムの働きに着目するところから浮かび上がる文化現象である。それは，どのようにして発生するのであろうか，その特徴について検討してみよう。

この文化現象の特徴の第一は，社会の公的なシステムを超えたところで働く，非常に捕まえどころのない構造化しがたいシステムであるということである。このシステムは，表の文化の正統性を前提としていない。表の文化は，「読み替えられ」，潜在的カリキュラム構成の一つの材料にされてしまう。たとえば，点取り虫や教師の前で良い顔をする子が悪ふざけの対象になったりというように，隠れたコードをもって，表文化に対抗したり，表文化をあざ笑ったりして，自分たちの文化創造の材料に読み替えるというプロセスがある。

第二の特徴は，潜在的カリキュラムのもつ創造性である。潜在的カリキュラムは，知の枠組み，表現の形式にこだわらない。それは，単なる落書きであったり，叫びのような音楽であったり，何らかの美を表現しているものであったり，というように多様である。それは，視聴覚に訴えるメディアを表文化の形式性にこだわらずに自由自在に変換して使いこなすのである。このようなメディア変換の力は，一つの創造性として解釈することができるのである。

潜在的カリキュラムが近代を乗り越えるオールタナティヴを提示しうる可能性をもっているか否かは，今後このような形でのカリキュラム研究がどのような展開を示すかによる。近代を超える条件は，単に生活世界での働きや活動が潜在しているというだけでは十分ではない。しかしながら，潜在的カリキュラムの概念は，少なくとも，近代という時代的な背景から出てくるカリキュラムを対象化し，新しい資源を掘り起こす指針を与えていることは疑い得ない事実でもある。

[**参考文献**]　Vallance, E., "Hiding the Hidden Curriculum," *Curriculum Theory Nework* 74 (1) 1973／Apple, M., *Education and Power.* New York 1985（浅沼茂・松下晴彦訳『教育と権力』日本エディタースクール　1992）／Bussis, Anne M., et al. *Beyond Surface Curriculum.* Boulder, CO 1976／Cusick, P. A., *Inside High School.* New York 1973／Jackson, P. W., *Life in Classroom.* New York 1968／Manen, M. van, *Researching lived Experience.* Albany, NY. 1990／Stephens, J. M., *The Process of Schooling.* New York 1976／Willis, P., *Learning to Labour.* London 1977（熊沢誠・山田潤訳『ハマータウンの野郎ども』筑摩書房 1996）

[関連項目] アップル／価値 （浅沼茂）

ソ

贈与（としての教育）

英 gift／独 Gift／仏 don

▶ **贈与と交換**　交換は，貨幣経済に代表されるように，合理的秩序の下での双方向的なやり取りである。贈与は，交換とは異なり，見返りを求めることなく生起する行為である。互酬的贈与のように感謝や喜びなどが行きかう場合も，それが貨幣価値に還元されることはない。モース（Mauss, M.）の贈与論に示唆を得たバタイユ（Bataille, G）は，経済の根底に破壊と同義である消費（蕩尽）を位置づけ，至高の原理に駆動される純粋な贈与に着目した。いかなる有用性にも結び付かない蕩尽，すなわち純粋贈与は，贈与する主体の同一性を喪失させる内的体験（無我・脱自）であり，原理的には，贈る側と贈られる側双方に意識されることもない。この不可能な体験は，日常の時間軸を垂直に打ち破る法外な出来事なのだ。純粋贈与に教育の原理的な意味での起源を見出しているのが矢野智司の生成論である。

▶ **教育における贈与の問題圏**　狭義の教育学では，共同体の構成員を再生産する社会化の機能に教育の起源を見てきた。純粋贈与という観点は，社会化を超える人間の変容を捉えようとする。超越的存在との交わり（溶解体験）において共同体外部の価値を体現した世俗外個人が，再び共同体に帰還して新たな価値を語る無償の純粋贈与者となるとき，共同体は解体の危機にさらされる。Gift がその原義として贈り物と毒という両義的な意味を持つように，純粋贈与は，交換において保持されている共同体秩序を破壊する圧倒的暴力ともなるからだ。純粋贈与者たる「最初の教師」は，ソクラテスがそうであるように，社会化によって学ばれた知を無化させる。純粋贈与の究極の形は，師が自らの死を与えることだ。師の死は，贈られる側の生に否応なく変容をもたらし，弟子もまた純粋贈与者へと生成する。純粋贈与は，その性質上，教育カリキュラムとして技術化することで損なわれてしまう生成変容の出来事である。純粋贈与は，異質な出来事へのアプローチから既存の教育学的マトリクスを異化していくうえで中心的主題である。

[**参考文献**] Bataille, G., *La Part maudite*, Paris, Éditions de Minuit 1967 (1949) (中山元訳『呪われた部分』ちくま学芸文庫　2003)／Derrida, J., *Derrida au Japan* 1989 (高橋充昭編訳『他者の言語──デリダの日本公演』法政大学出版局　1989)／Mauss, M., "Essai sur le don. Forme et raison de l'échange dans les sociétés archaïques", *Sociologie et anthropologie*, Paris, Presses universitaires de France 1966 (1923-24) (有地亨他訳「贈与論」『社会学と人類学』I　弘文堂　1973)／矢野智司『贈与と交換の教育学──漱石，賢治と純粋贈与のレッスン』東京大学出版会　2008

[関連項目]　生成・生成変化／他者／超越／物語　　　　　　　　　　　　（辻敦子）

疎　外

英 alienation／独 Entfremdung／仏 alienation

▶ **語　義**　語源的には，外化（Entäußerung）という類語と同様に，ギリシャ語 allotriosiz，ラテン語 alienatio など，〈他者化，譲渡化〉を意味するドイツ語訳に淵源するものであり，すでに中世ドイツ語にも存在し，ルターの独訳聖書にも用例がみられる。この語は「他のものにする」ことが本義であるが，ここから転じて，主体的・能動的であるはずの人間がみずから生みだしたものと疎遠な関係になっている状態をいう。さらに一般的に，主体的なものが「非本来的な在り方」になっている状態を総称して「疎外」という言葉で呼ばれている。

▶ **疎外の思想**　疎外の思想はフィヒテ（Fichte, J. G.），ヘーゲル（Hegel, G. W. F.）

らのドイツ古典哲学から展開された。フィヒテは、先述のEntäußerungという語を用いて、神が自己を外化して人間のかたちになったという聖書の立論を逆転させ、人間が自分の内なるものを外化して神を定立するのだと説き、後述のフォイエルバッハ（Feuerbach, L. A.）の宗教批判の先鞭をつけたのであった。さらに、フィヒテのこの疎外論は、意識の自己外化によって絶対精神にいたるというヘーゲル哲学の先駆ともなっている。

ヘーゲルにおいては、Entäußerung（外化）とEntfremdung（疎外）は術語としては区別して用いられている。ヘーゲルがEntäußerungという語をはじめて用いたのは『イエナ実在哲学』においてであり、それは労働論の文脈で論じられている。つまり彼は人間の労働を〈此岸的な自己物化（外化）〉と規定したが、労働の場における外化と回復の論理構制を彼岸的な精神の自己外化（疎外）と自己獲得という普遍的な論理展開に活用する。ヘーゲルによれば、唯一の実在は精神・理念とされるが、この精神は、それ自体としては自立することができない。そこで自己の外部に本質を外化するが、やがて精神はこの外化された対象＝自己表現のなかに自己を承認しなくなる。このとき、外化された精神は本来の精神とはよそよそしい（fremd）関係にあるとされる。このような精神の活動の構図がヘーゲルにおける「疎外」（「外化」）である。しかしヘーゲルにとっては「疎外」（「外化」）は精神の発展のために超えなければならない過程、すなわち、精神がやがて自己を意識として自立的な自己になりゆくための不可欠な〈体験〉の一齣なのである。こうして疎外を克服した精神はついには「絶対精神」（absoluter Geist）に到達し、主・客の統一、融和を体現することとなる（『精神現象学』）。社会的レベルにおいても、愛の共同体である「家族」は人倫（Sittlichkeit）の疎外態としての「市民社会」を経過（疎外からの回復のプロセス）して、倫理の実現した「真の共同体」である「国家」にいたると説かれ

る（『法の哲学』）。

要するに、ヘーゲルの疎外論の要諦は、意識が対象として見いだす定在が意識自身の活動によって生成したもの、意識の疎外態にほかならないことを確認し、そのことにおいてその階梯での主・客の対立を、疎外を媒介して揚棄することにかかっているといえよう。たしかに、この論理構制は壮大であり、普遍性をもっているが、一方で臆見に陥っているという批判も免れない。つまり、彼は個別から出発して普遍への展開を説こうと努めながら、アポリアにいたると、個別はもともと普遍を内包していたのだというトートロジーに陥るのである。この難点の打開のためには、主体概念のとらえ返しを行いつつ、ヘーゲル疎外論の発展的な継承が必要になる。

この任務を引き受けたのはヘーゲル左派であった。その一番手シュトラウス（Strauß, D.）は、ヘーゲル哲学を一層押しすすめ、万人は神の受肉体であること、この受肉した存在以外に神なるものはありえないと主張した。これをうけて、やがて主語と述語とを完全に逆転させて神とは人間の本質であることを見抜いたのはフォイエルバッハ（Feuerbach, L. A.）であった。彼はヘーゲルの精神に感性的・自然的人間を対置する。この人間観のもとに、神とは人間自身の理念化したものであるのに、人間がその神を崇め跪いていると説く（『キリスト教の本質』）。「主」であるべき人間がみずから創り出したもの＝対象化したもの（神）が、逆に「主」となって人間を従属させているという構図、これが宗教における「人間の疎外」である。しかしこの場合、疎外が宗教（意識）の領域にとどまるかぎり、主体であるべき人間が疎外の構造（秘密）を自覚することによって疎外の回復は可能になる。しかし、ヘーゲル左派の思想的大枠をいえば、たんにフォイエルバッハ流の宗教批判だけでなく、この疎外の論理構制を政治・経済・社会の場面にも拡大していたのである。その面を積極的に押しすすめたのはマルクスであった。なお、ヘーゲル左派の殿将ともい

うべきシュティルナー（Stirner, M.）にいたると，神・国家・社会のみならず，フォイエルバッハの言う，主体としての〈類的人間〉もまた，真正なる実存的個体の疎外態であると捉えられることになる。

宗教（意識）における人間の自己疎外の論理構制を政治・社会批判に移して，つまり旧来の社会体制に対する社会主義的批判を疎外論と結合させようと志向したのは，ヘーゲル左派の一員である初期マルクスであった。彼の社会観は，まずヘーゲルの市民社会・国家論を継承することから出発した。その後，フォイエルバッハの唯物論および宗教批判の方法に学び，国家は人間の共同性の疎外態であることを喝破し，市民社会こそ人間が現実に生きる世界であることを洞察する。歴史は人間の対自然の協働関係＝労働によって生成されること，しかし市民社会においてはその労働が疎外され，人間の完全な喪失が一般化している事態を次のように論ずる。

マルクスによれば，人間はまず何よりも自然存在として捉えられる。すなわち，人間は一方で自然の秩序に属すると同時に，他の自然存在と異なり目的意識的に自然に働きかけ，自然を改変する（労働する）。その過程において人間は同時に自己の内なる自然をも変革し，諸能力を発展させていく。マルクスの人間観は，神の被造物としての精神的存在でもなく，まさに「人間的自然存在」なのである。これがマルクスにおける人間，自然，労働の本来的な在り方である。

ところで，現実の社会での人間の在りようはどうなっているのか。マルクスは「疎外された労働」（『経済学・哲学草稿』）において人間の現存をみずからの疎外論を集約しつつ展開する。

1）労働生産物からの疎外　私的所有を前提とする社会では，労働者がつくった生産物は労働者に属さない。彼は労働生産物をつくればつくるほど，みずからより安価な商品と化し，ますます窮乏化せざるをえない。2）労働からの疎外　労働生産物が他人の所有になると同時に労働者の生命発現としての活動も外的な強制的労働となり，彼はそこで不幸を感じる。すなわち労働者は自己を喪失する。3）類的存在からの疎外　人間は個体的な存在でありながら普遍を意識する。すなわち人間は類的存在なのであるが，この類的存在としての人間活動が疎外されているために，類的活動は個人生活の手段とされる。4）人間からの疎外　これは以上の三つの疎外の帰結として説かれる。労働者の自己疎外の事実はこの社会のあらゆる関係を規定し，資本家でさえもこの関係から逃れることはできないのである。

ところで，マルクスは遺稿『ドイツ・イデオロギー』（1845-47）以降，ヘーゲル左派流の疎外論を自己批判したという説がある（廣松渉）。この説によれば，疎外論はある本質（あるべき人間）を想定しそこからの逸脱を説くという構制であるが，そうした考え方は物象化された観念であって，現前に存在するものは個々の人間が分業という形態でたがいに協働しあう関係の連関態でしかない。あるべき本質とはその人間の協働関係が反照され物象化されたものにすぎないのだと説かれる。事実マルクスの中・後期の著作には，「疎外」という語は少なくともキー概念・術語としては用いられていない。初期マルクスの実体概念としての「疎外」論から中・後期の関係概念としての「物象化」論への転換説が提唱される所以である。たしかに，後期のマルクスが貨幣や私有財産を〈疎外〉論的発想で論じたり，共産主義の理念の本質の奪回という論理で説いたりはしなくなったが，しかし，その事実ははたしてマルクスが疎外論的論理構制そのものを捨て去ったことを意味するのか否かについては，現在なお解釈が分かれるところである。

現代において疎外が脚光をあびたのは1923年のルカーチ（Lukács, G.）の『歴史と階級意識』が刊行された時，そして1932年に『経済学・哲学草稿』の公刊の際であった。後者の場合には，マルクーゼ（Marcuse, H.）

がマルクスの疎外論に刮目してヘーゲルの労働論との関係に言及したことが注目される。その後、一方でスターリン時代が、他方でファシズム体制が続いたためもあって、疎外論研究は十分に進展したとはいえない。

大戦後にいたっても、ソ連のマルクス研究者や、その影響下のいわゆる「ロシア＝マルクス主義」の潮流のなかにあっては、疎外論研究は低迷をきわめた。ただし、ルカーチ、コルシュ（Korsch, K.）、あるいはフランクフルト学派に属するホルクハイマー（Horkheimer, M.）、アドルノ（Adorno, T. W.）ら、「西欧マルクス主義」と称される研究者の間ではマルクスの疎外論を重視する動きがみられた。ところが、1950年代後半以降、スターリン批判を機縁として「ロシア＝マルクス主義」の権威の低下もあって、疎外論研究は新しい段階を迎えるにいたった。すなわち、疎外論の論理構制がマルクスの全思想においていかなる位置と意義を占めるのかという問題が中心に論じられるようになったのである。すでに一端をのべたように、初期のマルクス疎外論こそが本来のマルクスの思想であって、後期の思想は一種の堕落であるという見解もあれば、初期のマルクスの疎外論は後期のマルクスにおいてはただちに乗りこえられた単なる過渡的なものにすぎないという説も、さまざまなヴァリアントをともないつつも依然として後をたたない。この二つの論点をめぐっては、現在にいたっても定見の確立をみていないというのが現状である。

ところで、近年ベルリンの壁に続いてソ連邦も崩壊し、マルクス主義の権威は一挙に瓦解したかのように見える。しかし、グローバルな環境問題、南北格差、民族紛争など世界各地で非人間化現象が拡がっている。支配・被支配の構造も階級一元論で説明できるほど単純ではなくなっているため、広い意味での疎外の問題の検討とその解決がいまこそ迫られていることは言をまたない。これに対応して、マルクス主義だけでなく、現代社会学においても、社会心理、社会病理、産業労働などの分野でも疎外概念が重要な意味をもち、それなりの蓄積もみられる。これらの蓄積がそれぞれの場面でどの程度に疎外からの回復に有効であるかは詳らかではない。現代社会の諸分野にまで拡散した疎外の準拠点は、すでにみたとおりヘーゲル、とりわけマルクスの思想とその疎外概念であった。昨今においてはそのマルクス主義文献においても〈疎外〉概念が複雑・多岐になっている一端もすでに考察したところである。したがって現代の疎外の概念を捉えるためには如上の複雑な状況を勘案しつつ、それぞれの思想的文脈に応じて含意を汲みとる知的営為が求められている。

［参考文献］　清水正徳『人間疎外論』紀伊国屋書店　1982／Hegel, G. W. F., *Phänomenologie des Geistes*, 1807（金子武蔵訳『精神の現象学』岩波書店　1946［改訳1971, 1979］, 樫山欽四郎訳「精神現象学」『ヘーゲル』河出書房　1966）／Hegel, G. W. F., *Grundlinien der Philosophie des Rechts oder Naturrecht und Staatswissenschaft im Grundrisse*, 1821（藤野渉・赤澤正敏訳「法の哲学」『ヘーゲル』中央公論社　1967）／Feuerbach, L. A., *Das Wesen des Christentums*, 1841（船山信一訳『キリスト教の本質』岩波書店　1937［改訳1965]）／Marx, K. H., *Ökonomisch-Philosophische Manuskripte aus dem Jahre 1844*, 1932（城塚登・田中吉六訳『経済学・哲学草稿』岩波書店　1964）／Blauner, R., *Alienation and Freedom: The Factory Worker and his Industry*, 1964（佐藤学幸監訳『労働における疎外と自由』新泉社　1971）／Finifter, A. W., *Alienation and the Social System*, London 1972／廣松渉『ヘーゲルそしてマルクス』青土社　1991／黒沢惟昭『疎外と教育』新評論　1980／黒沢惟昭『国家と道徳教育——物象化事象を読む』青弓社　1989
［関連項目］　ヘーゲル／マルクス／労働

（黒沢惟昭）

ソクラテス

(Socrates, B.C. 470/469-B.C. 399)

▶ 生　涯　　古代ギリシャの哲学者でアテナイの人。父ソプロニスコスは彫刻家、母パイナレテは助産婦であった。妻クサンティッ

ソクラテス　513

ペは悪妻伝説で有名だが，誇張された作り話であるといわれる。壮年期までのソクラテスについては知られていないことが多い。彼は著作をまったく残さなかったので，彼の思想についての主たる情報源はプラトン（Platon），クセノポン（Xenophōn）（『ソクラテスの想い出』），アリストパネス（Aristophanēs）（戯曲『雲』）およびアリストテレス（Aristotelēs）らの諸著作である。このうち最も重要なのはプラトンの対話篇で，なかでも初期対話篇はソクラテスの姿を生き生きと伝えている。しかし対話篇に描かれたソクラテスについては，史実の忠実な再現なのか，それともプラトンの思想をのべたものなのかが，問題とされてきた（「ソクラテス問題」）。史実とする説（バーネット−テイラー），プラトンの創作とする説（ギゴン），一部は史実，一部は創作とする中間的立場（シュライエルマッハー）に分かれる。

ソクラテスの前半生はアテナイの平和と繁栄の時代であった。しかし彼が40歳の頃ペロポネソス戦争（B.C. 431–B.C. 404）が始まり，断続的に30年近く続いた。この間ソクラテスも三度にわたって従軍し，戦場において驚嘆すべき忍耐心と沈着の勇を示した。しかしその時以外彼がアテナイの町を離れることはなかった。彼は街頭や体育場で対話の相手を見つけては，倫理的な問題について問いを発し，巧みな問答によって相手をアポリア（論理的窮地）に陥れた。ソクラテスにはまた「夢知らせ」を体験したり，「ダイモンの声」を聞いたりする特異な面があった。ダイモンの声は「いつでも，私が何かをしようとするのを差し止めるのであって，何かをなせと勧めることは，いかなる場合にもない」と彼はのべている。

ソクラテスの周りには彼を慕う青年たちが集まってきた。プラトンもそのひとりであった。しかし伝統的価値を重んずる大人たちは，ソクラテスとその仲間たちの活動を何かうさんくさいものとみた。アリストパネスはソクラテスを「新教育」の代弁者として皮肉っぽ

く描いている。礼儀作法と質実剛健を尊ぶ「旧教育」を嘲笑し，何にでも反対し，弱論強弁の術を教えるのが「新教育」だというのである。「新教育」の原理は，若者に自分で考えさせ，自分で善きものを発見させるということであったが，それが「旧教育」論者には危険思想とうつった。

ソクラテスによって論破された者のなかには，彼に反感をいだく者も少なくなかった。彼らは，ソクラテスが自らを無知と称するのを，彼一流の皮肉とみた。およそこのようなことが重なって，ソクラテスは告訴された。告発の理由は，ソクラテスが国家の認める神々を認めず，新しいダイモンの祭を導入したこと（不敬罪），および青年に有害な影響を及ぼしたこと（堕落罪）の二点であった。ソクラテスは，第一の点については誤解であると弁明したが，第二の点に関しては，みずからをアテナイという馬が眠りこけないように，しつこくつきまとう虻にたとえながら，自分の活動は神命に従うものだとして譲らなかった。

ソクラテスは裁判の結果，有罪になったが，量刑は必ずしも死罪ではなかった。量刑を確定する段階での彼自身の挑発的な言辞が，法廷の憤激を招き，当初予想されなかった死刑に決まったのである。ソクラテスの意図は，量刑を最小限にとどめることにはなく，自身の活動の倫理的正当性を主張することにあった。裁判の後，友人たちはソクラテスに脱獄を勧めたが，ソクラテスは応じなかった。長期にわたり国法によって護られてきた身が，最後になって都合が悪いからといってそれに背くのは一貫性がないとのべ，従容として毒杯を仰いだ。彼は自分の生命よりも国法を上においた。しかし，遵法が彼の究極の判断基準ではなく，それよりも上位においていたのは神命を全うすることであった。

▶ **思想と教説**　思想家としてのソクラテスの特徴については，二つの対照的な像が示されている。その一つは，アリストテレスが伝え，ニーチェ（Nietzsche, F. W.）が見た主

知主義者としての像である。いま一つは，ソクラテスの主要な関心は倫理の問題にあるとするもので，多くの研究者はこの立場をとっている。二つを併せて，倫理の問題を論理の問題と結びつけたところに，つまり，倫理の問題をできるだけ論理的に考えようとしたところに，ソクラテスの思想的特徴があったといえる。

▶ **帰納法と定義の問題**　ソクラテスの業績は帰納法と定義の論理的機能を発見したところにある，という説がある。その例として『ラケス』篇における，勇気をめぐる問答がしばしば挙げられる。アテナイの将軍ラケスとニキアスは，勇気とは何かというソクラテスの問いかけに，はじめ「戦列に踏みとどまり退却しないこと」と答える。それに対してソクラテスは，それは戦場における勇気をのべたものにすぎず，戦場においてさえ常に妥当するわけではないとした上で，自分が知りたいのは，ある特定の事柄についての勇気ではなく，すべての事柄について勇気と名づけられるものだと問い直す。この求めに応じて，ふたりの将軍は勇気の普遍的な定義を試みる。ソクラテスは彼らの提出する定義をそのつど吟味し，どの定義も狭すぎるか広すぎて，十分でないことを示す。結局，問答は答えのないまま終わり，ソクラテスは，私たちには勇気とは何かがわかっていなかったと結ぶ。

　ソクラテスは勇気の普遍的で本質的な特徴を問題にした。その前提は，個々の勇敢な行動や態度とはべつに，勇気そのものがあるということである。しかし，具体的に存在する個々の勇敢な態度や行動とはべつに，勇気それ自体があるわけではない。勇気の本質，つまりいろいろな種類の勇敢な態度・行動に共通する特徴とは，実は勇気という言葉の意味にすぎない。「勇気とは何か」というのは擬似問題である，と分析哲学者なら答えるであろう。また，ソクラテスを帰納法の発見者と見なすことには疑問の余地もある。なぜなら，もし彼が本当に帰納的に思考したのなら，歩兵の勇気，騎兵の勇気，知識人の勇気……と

問い続け，そこから共通の特徴を論じたはずである。けれども実際にソクラテスがしたことは，不完全な定義に一，二の反例を挙げたにとどまるからである。

▶ **無知の知**　「無知の知」はソクラテスの最も重要な教説の一つで，普通次のように説明される。ソクラテスの友人のカイレポンが，あるとき聖地デルポイへ行き，アポロンの神にソクラテス —— 彼はこのときすでに有名だったと推測される —— 以上の知者がいるかと尋ねたところ，神は巫女を通してそれを否定した。ソクラテスに優る知者はいないという神託を聞いて，ソクラテスは大いに驚き困惑した。彼は，世間で知者と評判の高い人を訪ねてみれば，自分以上の知者が存在することは証明されるだろうと考えた。しかしこの期待は空しかった。知者とされている人々も彼と同様に無知であることが判明したからである。しかし彼らにはその自覚がなかった。そこでソクラテスは，自分が無知だということをよく承知している点で，自分は彼らに優っているのだと考えた。

　「無知の知」はこのように説明されるが，田中美知太郎は，ここで問題とされている知（以下，〈知〉と表記する）の性質に注意すべきであるという。〈知〉は無限定な知一般を指すのではない。（何についての知でもよいのなら，ソピステスたちは決して無知ではなかった。）それは理論知・科学知・専門知ではない。ソクラテスに優る知者はいないとは，ソクラテスは誰よりも博識だという意味ではない。要するに，〈知〉とは「善美の事柄」に関する知なのである。

　無知とはまた，単に〈知〉の欠如をいうのではなく，知らないのに知っていると思い込んでいる状態をいう。したがって，神ならぬ身の人間にとって何よりも大事なのは，自分が知らないことを知らないとすることであり，そのことをソクラテスは無知の自覚とか，人間的な知恵と呼んだのである。無知の自覚はさらに，無知であるが故に〈知〉を愛し求めるべきことをも意味する。神託の真意はソク

ラテスに名を借りて，すべての人間に無知を自覚させることにある。そう考えたソクラテスは，以後の生涯をそのための活動に捧げることになる。

▶ **魂の世話**　〈知〉を愛し求めれば，手に入れられる，とはソクラテスは考えていない。人間に許されているのは飽くことなく〈知〉を求めることだけであって，獲得できる保証は何もない。だとしたら，それは空しいことではないのか。しかし人間は，ただ生きることを望むだけではなく，善く生きることを望む。「吟味なき生活は生きるに値しない」。なぜ善く生きることを望むのかといえば，そこにこそ幸福があるからである。このように，獲得できるかどうかに関係なく〈知〉を求め続けることは，人間の根源的な欲求なのだと説明される。〈知〉についての一種の不可知論と独特の幸福観とが結びついているのである。

以上の前提のもとに「魂の世話」という主張がのべられる。魂（プシュケー）はこれを精神といっても，自己といっても，生命といいかえてもよい。魂と対置されるのは金銭・評判・名誉・肉体などである。魂の世話をするとは，魂を善い状態に保つように努力することである。魂が善い状態にあるとは，外的評価にまどわされずに〈知〉を愛し求めることである。魂を可能なかぎり善くするように努めよ，なぜならそこにこそ真の幸福があるのだから，とソクラテスは説く。これを逆にいえば，魂は放置されると，〈知〉ではなく富や名誉を求めたがる。「世話」とは，欲望の方に顔を向けがちな魂を〈知〉の方に向け変えることである。「真の幸福」のための欲求禁圧の理論がここに見られる。

▶ **徳は知である**　アリストテレスは『エウデモス倫理学』（第1巻 第5章）および『ニコマコス倫理学』（第6巻 第13章）において，ソクラテスが「すべての徳はプロネーシスもしくは知識である」と主張した，とのべている。ソクラテスは道徳や倫理の問題を知識の問題に還元する主知主義者である，とい

う主張の有力な根拠はここにある。

「徳は知である」という命題は，ソクラテス研究者たちを悩まし続けてきた。なぜ徳が知であるのか。徳（アレテー）とは，一般に，ものの優秀性・卓越性・有能性を示す概念である。なぜ，これらの特性が知であるのか。そのままでは説明がつかないので，研究者たちは徳を「魂の徳」と解釈した。しかしそれでも，説明としては不十分である。そこで，魂の働きは知ることにあるとか，徳のうちにあって知は特別な地位を占めているといった注釈が加えられてきたが，いずれも苦しい説明である。知を知識一般ととらえるから，このような説明をしなければならなくなる。「徳は知である」の知を〈知〉（＝善美の事柄に関する知）と考えれば，ソクラテスがいったのは「人間の徳は〈知〉を求めることにある」というふうに解釈できる。ものにはそれぞれの美点があるけれども，人間（あるいは魂）の美点は，〈知〉を愛し求めるところにある。徳＝知の説がいっているのは，こういうことである。こう考えれば，この命題の意味は無理なく理解でき，「無知の知」や「魂の世話」との関連もはっきりする。

▶ **想起としての学習**　ソクラテスが教育的働きかけをおこなう独特のスタイルは，産婆（助産）術と呼ばれているが，その前提は独特の学習概念である。学ぶとは，ソクラテスによると，忘れていたことを想い出すことである。人間の肉体は有限だが，魂は不死であって，この世に生まれてくる前に過去の世界でさまざまな経験をしている。だから，魂は知らないことは何もないのだが，この世に生まれてくるときに，すべてを忘れてしまう。しかし，知らないのではなく，忘れているだけなのだから，何かのきっかけがあれば想い出すことができる。教育的働きかけとは，適切な質問をおこなうことによって，このきっかけを与えることだ，とソクラテスはいう。

学習は想起であるという説の証拠としてよく引かれるのは，『メノン』篇の，奴隷の少年が問いに導かれてピュタゴラス（Pythagoras）の定理を発見する話である。しかし，ここで重要なのは，学習者がみずから発見するということであって，それが想い出したからなのかどうかは副次的な問題である。想起という概念の前提は，既知と忘却にあるが，必ず知にいたることが確信されているのなら，必ずしも想起にこだわる必要はない。要は，適切な質問の繰り返しによって導かれるなら，学習者は俗見から解放されて真知にいたることができるという点にある。いずれにしても，学習者がみずから知を発見（産出）できることを前提として，産婆術は成立するから，「想起」説と産婆術は一対のものと考えられる。

▶ **産婆（助産）術**　ソクラテスにおいて知の獲得は，出産との類比で，つまり知の産出ととらえられる。人間はエロスに衝き動かされて知を産む。エロスは一般に価値への愛と理解されているが，その特徴は美しいもののなかに生産しようとするところにあるから，価値を生産することへの愛といった方が正確である。そして知はそのような価値あるものの一つである。エロスに衝き動かされて人間は価値を生産するが，それを単独でおこなうのではなく，共同でおこなうところにエロス的生産の特徴がある。エロス的生産において，生産される価値は知であり，知を生産するのは学習者であるが，そのほかに学習者の生産を助ける産婆役の教師が必要である。

　生産者と助産者の間での交わりのなかから知が産まれる。換言すれば，知は対話を通して獲得され，助産者の役割は対話をリードして知の生産へと導くところにある。学習者を助けて知を産ませる術としての産婆術は次の過程から成る。第一は，「陣痛」を起こさせる働きとしての〈論破〉であり，その目的は学習者を俗見（ドクサ）から解放するところにある。第二は，出産の助力としての狭義の〈助産〉であるが，さらに第三として，出産された知を吟味して真正のものだけをとりあげる〈吟味〉を加えるべきだとする意見もある。しかし，〈助産〉の仕事は見えにくく，

〈論破〉の仕事は目立ちやすい。ソクラテスが人々の反感を買い，死を招くこととなったのも，そのためである。村井実は「厳しいロゴスと激しいエロスとの稀に見る調和」という言葉でソクラテスの教育的個性を特徴づけている。

［**参考文献**］　稲富栄次郎『ソクラテスの教育的弁証法』福村出版　1973／岩田靖夫『ソクラテス』勁草書房　1995／ガスリー（式部久ほか訳）『ギリシャの哲学者たち』理想社　1973／北畠知量『ソクラテス研究』高文堂出版　1994／クセノフォーン（佐々木理訳）『ソークラテースの思い出』岩波書店　1978／コンフォード（大川瑞穂訳）『ソクラテス以前以後』以文社　1972／斎藤忍随『プラトン以前の哲学者たち』岩波書店　1987／ストーン，I.S.（永田康昭訳）『ソクラテス裁判』法政大学出版局　1994／スミス，B.（米沢茂・三島輝夫訳）『裁かれたソクラテス』東海大学出版会　1994／田中美知太郎『ソクラテス』岩波書店　1957／テイラー，A.E.（松浪信三郎訳）『ソクラテス』パンセ書院　1953／三木清「ソクラテス」1939，『三木清全集』第9巻，岩波書店所収　1967／村井実『ソクラテス』講談社　1977／プラトン（田中美知太郎・池田美恵訳）『ソークラテースの弁明・クリトーン・パイドーン』新潮社　1968／プラトン（久保勉訳）『饗宴』岩波書店　1978／プラトン（藤沢令夫訳）『プロタゴラス』岩波書店　1988／プラトン（藤沢令夫訳）『メノン』岩波書店　1994／プラトン（藤沢令夫訳）『国家』岩波書店　1981／マルティン，G.（久野昭訳）『ソクラテス』理想社　1968

（新井保幸）

タ

ダーウィン
(Charles Robert Darwin, 1809-82)

19世紀イギリスの博物学者，自然選択にもとづく進化を提唱して近代的進化論を確立した。19世紀末に教育学や心理学が学問として成立してくるとき，生物学は重要な理論的根拠を与えたが，そうした傾向はダーウィン進化論とともにはじまった。

▶ **生涯と業績**　非常に成功した医師ロバート・ダーウィンを父に，陶器業の創始者として有名なジョサイア・ウェッジウッド（Wedgwood, J.）の娘スザナーを母として，イングランドのシュールスベリーに生まれた。祖父は『ゾーノミア』の著者で進化論の先駆者として知られるエラズマス・ダーウィン。地方のパブリック・スクールの寄宿生として古典中心の教育を受けた後，医学を学ぶためにエディンバラ大学に入学した。しかし，医学には不向きだったので，神学を学ぶためにケンブリッジ大学に移った。そこでは植物学の教授ヘンスロー（Henslow, J.）のもとで，もっぱらナチュラリストとしての経験を積んだ。1831年，卒業間もないダーウィンは，ヘンスローの口添えで，軍艦ビーグル号に艦長フィッツロイ（Fitzroy, R.）の話し相手として乗船した。5年間にわたる南半球の航海のようすは『ビーグル号航海記』（1839）に詳しい。おびただしい化石や動植物の採集，さまざまな自然現象，あるいは未開社会とそこに住む人々の観察に，科学者としてのすぐれた資質がすでに現れている。とりわけ航海の途次に読んだライエル（Lyell, C.）の『地質学原理』は科学の方法論的革新に眼を開かせ，またガラパゴス諸島で観察した動物群の実態は，「種の安定性」への信念を揺るがすきっかけとなった。帰国後，採集品の整理にあたるなかで，地理的隔離による漸進的な新種形成と共通の祖先からの進化を信じるようになり，進化論の全体構想をノートに書きはじめる。1839年たまたまマルサス（Malthus, T.）の『人口論』を読んで，進化のメカニズムを「自然選択」に求める着想を得た。

1839年いとこのエマ・ウェッジウッドと結婚し，同年末ウィリアムが生まれた。ダーウィンはその直後から子どもの心理的発達の観察記録をつけるようになった。ほどなくしてダーウィンは病気に苦しむようになり，1842年家族はロンドン近郊のケント州ダウンに移った。1856年，それまでの十数年にわたる研究を集成すべく「種に関する大著」の執筆に取りかかった。完成前の1856年6月，マレー諸島で標本採集にあたっていたウォーレス（Wallace, A.R.）から，生存闘争と自然選択による進化を論じた論文を受け取った。驚いたダーウィンはライエルとフッカー（Hooker, J.）に相談した結果，同年7月ロンドンのリンネ協会の定例会で，この両者がウォーレスの原稿とダーウィンの原稿と手紙の抜粋を読み上げることになった。こうして進化学説が世に出るとともに，ダーウィンは大著の執筆を中止し，代わりに「要約」を1859年に出版した。それが『種の起源』である。この著書の衝撃は生物学の世界にとどまらず，自然における人間の位置をめぐって，宗教・倫理・社会思想の領域に及ぶ激しい論争を引き起こすことになった。ダーウィンの病名ははっきりしないが，生涯病気と闘いながら，1882年に死去するまで田舎の静かな生活のなかで研究に没頭し，フジツボや食虫植物，ミミズなどに関する生物学上の数多くのすぐれたモノグラフを書いた。『種の起源』で論じ残された問題は，『家畜と栽培植物の変異』『人間の由来』『人間と動物の表情について』などで論じられたが，それらは20世紀の生物学的人間観の原型となった。

▶ **ダーウィン進化論の本質**　ダーウィンの進化論は生物の種が神によって個別に創造さ

れたとする聖書の創世記の記述と根本的に対立するものであり，種の歴史的変遷を仮説形成と観察という過程を積み重ねる科学的方法を用いて論証したものである。だが，彼の進化論の本質をどう捉えるかについては，発表当時から今日に至るまで一致した見解に到達していない。『種の起源』出版百周年の頃から，「種の転成」に関するノートをはじめとする一次資料の公刊が続き，ダーウィン研究は「ダーウィン産業」という言葉が生まれたほど活況を呈してきた，にもかかわらずである。マイア（Mayr, E.）によれば，多様な解釈を生む最大の理由はダーウィン進化論それ自体のもつ複合的性格にある。それは自然選択説や遺伝に関するパンゲネシス説，また進化の過程における跳躍や断絶を否定する漸進説にとどまらない。ダーウィン理論には，生物進化が共通の祖先に由来し，時間的経過のなかで分岐していった過程とみなされるとともに，地理的に隔離された環境でより適応力ある個体が繁殖して新種が形成される過程とみなされるという，本質的に独立した二つの過程が含意されているのである。

とはいえ，自然選択の概念がダーウィニズムのもっともラディカルな側面を示していることはたしかであり，それは，生物が環境への適応を通して進化するメカニズムを指し示す概念であった。つまり，進化とは，生存闘争のもたらす圧力のもとで，局地的な環境諸条件によりよく適応した生物がより多く保存されるという偶発的な結果にすぎないのである。そこには種の発展の方向が予め生物に内在しているといった仮定も，あるいは神の計画といった超越的な力を前提とする必要もない。だが，ダーウィニズムの受容過程は紆余曲折したものであった。進化論から目的論が最終的に追放されて，ダーウィニズムの復権がなされるには，1940年代に集団遺伝学とナチュラリストの研究が結びついて進化の総合説が確立するまで待たねばならなかった。

▶ **ダーウィンの人間観**　『種の起源』では進化論がもたらすはずの新しい人間観について，ほとんど言及されていない。だが，ダーウィンは自分の進化論が心理学に新しい基礎づけを与え，「人間の起源と歴史に対して光明を投じる」ことになると確信していた。1838年頃から，ダーウィンは「M」「N」というラベルをもつ「人・心・唯物論」に関するノートをとりはじめる。人間が他の生物と同じ自然法則に従って進化するならば，生物の適応的変化の過程における知性の働きを研究する上で，人間の研究は格好の機会を提供するはずであった。『人間の由来』と『人間と動物の表情について』は人間の行動を他の動物との連続性において観察したものとして，実証科学としての心理学の成立に決定的な影響を与えることになる。人間の知的能力は下等動物と完全に異なるものでなく，漸進的発達を遂げたものであって，類人猿と人間との間よりヤツメウナギと類人猿との間の方がより大きな隔たりがあり，その隔たりの間には無数の段階が存在する，とダーウィンはいう。しかも，さまざまな感情から模倣，記憶，理性にいたる知的能力，あるいは道徳的性向は人間だけでなく，高等哺乳動物にもみられるのである。こうしたダーウィンの視点が心理学にもたらしたのは，かつての内観法に代えて，心の働きを行動のレベルで，つまり有機体と環境との適応としてとらえる方法的視点であり，それによって自然科学の方法を人間性の研究にも適用する道が拓かれたのである。

だが，新しく成立しつつあった発達心理学は，個人の発達のすじ道を予め遺伝的に決定された，直線的な発展モデルにそって解釈することになる。それは過去の進化の過程が個体の成長の方向を決定するという観点，つまり個体発生は系統発生を繰り返すという反復発生説がはやくからこの領域で影響をふるったことを示している。1877年に雑誌『マインド』に掲載されたダーウィンの論文「幼児の伝記的スケッチ」は，先にふれた長男の観察記録を37年後に発表したものだが，ダーウィン自身もまた心理発達を反復発生説の視点から観察していたことがそこからうかがえ

る。種レベルでの適応をとりあげる生物学と個人レベルでの適応を問題にする心理学との間の齟齬は，進化論の成立直後からあったのである。

いずれにしろデューイ（Dewey, J.）が述べているように，『種の起源』は2000年にわたって哲学を支配してきた固定したもの，完成されたものの優位を覆して，旧来の思惟様式に根底的な変革をもたらした。ダーウィン進化論のもたらした生成と変化の原理は発生論的・実験的方法を生みだし，しかもそれを精神・道徳・政治の領域に適用することを可能にした。スペンサー（Spencer, N.）やデューイ，エレン・ケイ（Kay, E.）あるいはフロイト（Freud, S.）をみればわかるように，20世紀の教育思想がダーウィンを思想的源泉の一つとしていることは疑えない。

［参考文献］ Bowler, P. J., *Charles Darwin: The Man and His Influence*, Cambridge 1996（横山輝雄訳『チャールズ・ダーウィン：生涯・学説・その影響』朝日新聞社 1997）／Darwin, C., *On the Origins of Species by Means of Natural Selection*, 1859（八杉龍一訳『種の起源』岩波文庫 1990）／Darwin, C., *The Descent of Man and Selection in Relation to Sex*, 1871（池田・伊谷訳『人類の起源』中央公論社 1967）／Darwin, C., "A Biographical Sketch of an Infant," *Mind: Quarterly Review of Psychology and Philosophy*, 2, 1877, pp. 285–294／Darwin, C., *The Autobiography of Charles Darwin*, ed. by N. Barlow, New York 1958（八杉・江上訳『ダーウィン自伝』筑摩書房 1972）／Dewey, J., *The Influence of Darwin on Philosophy and Other Essays in Contemporary Thought*, New York 1910／De Beer, Sir G., *Charles Darwin*, 1963（八杉貞雄訳『ダーウィンの生涯』東京図書 1978）／Ghiselim, M. T., *The Triumph of The Darwinian Method*, Berkeley 1969／Gould, S. J., *Ever Since Darwin*, New York 1977（浦本・寺田訳『ダーウィン以来』早川書房 1986）／Gruber, H. E. and P. H. Barrett, *Darwin on Man: A Psychological Study of Scientific Creativity*, New York 1974（江上生子ほか訳『ダーウィンの人間論』講談社 1977）／Mayr, E., *One Long Argument: Charles Darwin and the Genesis of Modern Evolutionary Thought*, Cambridge, MA 1991（養老孟司訳『ダーウィン進化論の現在』岩波書店 1994）　　　　（森田尚人）

体　育

英 physical education／独 Leibeserziehung／仏 éducation physique

▶ **語　義**　　知育・徳育と並ぶ教育の領域。人間形成の一環として身体へ向けられる教育的作用。教育目的の背景となる国家・社会体制あるいは習俗・思想などにより，その具体的方法は歴史上さまざまに展開されてきたが，基本的に，人間の自己保存に関わる身体のあり方を課題とし，健康への作用と運動技能への作用の両面がある。

▶ **歴　史**　　わが国では，伝統的教育のなかで「稽古」や「養生」の概念が成立していたが，幕末における Gymnastiek（蘭），Gymnastique（仏），Gymnastics（英）の導入期に，練件法，体術，体学，身体運動学，物体学など，さまざまな翻訳を経過し，明治期学制公布以降「体操」の訳語が学校教科の正式名として定められ，体育の中心的内容として第二次大戦後まで慣用された。「体育」は，明治9年，英語の直訳である「身体教育」を略した縮約語として生まれた用語であり，明治期をとおして，体操や運動競技など教育的身体訓練を指す大概念として定着し，学校体育，社会体育，女子体育，社会体育，国民体育などの用例を生み出し，戦後は教科名であった体操も保健体育と改称された。このように，わが国では体操から体育へと，学校教育を中心にして用語の変遷が見られたが，西欧では逆に，紀元前400年頃に現れた古代ギリシャの「ギュムナスティケー」が，軍事訓練，健康・医療術，競技，教育方法としての身体訓練の体系を指す概念として，ルネサンス期に文献上の復興を見せた。H・メルクリアリスの『ギムナスティカの術について』（*De arte gymnastica*, 1569）では，ギムナスティカはあらゆる運動の身体的効果と関連し，身体活動を通して健康を維持するために，ある

いは，身体の良好な状態を獲得したり保持するために，いろいろな運動を教える術である」と紹介されている。18世紀末のグーツムーツ（Guts Muths, J. F.）等による"Gymnastik"の実践化，理論化を経て，常に広義の「体育」の意味で用いられてきた。なおその際，ドイツでは，ヤーン（Jahn, F. L.）が創案した"Turnen"という用語が「体育」の意味で定着していった。しかし，19世紀の国民教育制度の成立展開期には，ドイツ，スイス，スウェーデン，デンマーク，フランスなど各国の独自な運動方法体系の開発が行われるにしたがい，運動内容の形式化・形骸化が進行し，特定の運動方法概念へと縮小化に陥る傾向を見せた。わが国に紹介された「体操」は，この時期のものである。"physical education"は，用語としては，教育の領域概念として18世紀の教育論に散見できるが，この語が積極的な意味を持ちはじめたのは19世紀末から20世紀初頭にかけてである。この時期には各国に体育改革の動きが見られ，"Gymnastics"，"Gymnastik"，"Gymnastique"の伝統的用語に替えて"physical education"が多用される。これには，遊戯運動，表現運動，"sport"といった自由な運動形式の教育的意義の重視，自然主義的体育方法の台頭，科学的身体トレーニングの台頭など，体育の基礎理論や内容の刷新運動が影響している。「体操」はこうして個々の運動方法の一つとなり，体育概念の外延は遊戯，運動競技，舞踊，野外活動などへと限りなく拡散し，その教育内容からの定義が困難となる。この動向は今日まで持続しており，体育に替わりうる名辞が模索されつつある。

▶ **教育学と体育**　近代教育は，規範的自然概念によって人間の完成可能性の最も顕在的表現である身体を捉え，身体形態ならびに運動機能の発育発達過程における十全性の追求を命題とする一つの教育を可能にした。これによって，身体は生物的環境における適応機能の場となる。すでに啓蒙主義の教育論は，人間の道徳的判断力の発達の条件として，身体と環境の相互過程における道徳的行動の育成の可能性に注目し，感覚器官の教育という領域を研究している。事実，グーツムーツ『青少年のギムナスティーク』（1793）には感官訓練が含まれていた。20世紀の体育概念は，一方では，身体運動の生物・機械論的な探究という19世紀的実証科学の展開の方向を示すと同時に，他方では，人間の意識との関わりから，身体運動の心理的内実や根源性の探究という，機能主義あるいは全体論的な傾向を示している。今日の教育学は，たとえば，身体技法（technique du corps）などの概念にみられるように，従来の認知科学的理論を打開すべく身体性を重視する傾向が見られるが，かりに今日の体育が，スポーツ科学を基礎として自立的領域をめざし，教育学から離れようとしているのだとすれば，教育学の側からの新たな体育概念の構築が求められなければならないであろう。

［参考文献］　Ulmam, J., *De la gymnastique aux sports modernes, histoire des doctrines de l'éducation physique*, Paris 1965（3e éd., 1982）／長尾十三二編『新教育運動の歴史的考察』明治図書　1988（第1章「教育学説史からみた新教育運動」，第4節「身体陶冶論」）／福島真人編『身体の構築学――社会的学習過程としての身体技法』ひつじ書房　1995
［関連項目］　身体／健康／スポーツ／技術・技能　　　　　　　　　　　　　　（清水重勇）

大　学

英 university／独 Universität／仏 université

▶ **起　源**　大学の起源は，一般に，中世のボローニャ大学やパリ大学であるとされている。その理由は，現在の大学に直接つながっている制度的原型だからである。しかし，その制度を支える理念としてのリベラル・エデュケーションの起源は，通常，ギリシャのパイデイアの理念に求められている。パイデイアとは，精神がじゅうぶんに発達してそのあらゆる素質を花開かせた状態のことを意味する。この理念は，ローマのフマニタスの理念に引き継がれるとともに，ヴァロー（Varro）が9自由科を論じ，マルティアヌス－カペラ（Martianus Capella）が「文学とマーキュリーの結婚」のなかで7自由科を論じ，以後，カシオドルス，イシドルス，フラバヌス－マウルスにより7自由科の理念として確立されていく。こうした伝統を背景に，中世の大学は，文法，修辞学，論理学の三学と代数，幾何，天文，音楽の四科を学習した後，医学，法学，神学，哲学といった上級の学習を行うという形で成立する。

▶ **語源**　大学の語源であるウニヴェルシタス（universitas）は，もともとは組合という意味であった。パリ大学は教師の組合として有名で，ボローニャ大学は学生の組合として有名であったが，ともあれ，学生や教師の団体が大学なのであった。他方，学校や場所を示す言葉として一般教育（studium generale）という言葉が用いられていた。ここでの一般は全ての科目を教えるというよりは，全ての地域から学生が集まるという意味であった。15世紀にはこの両者の区別はなくなりuniversitasは，今日に近い意味での大学をさすようになる。しかし，ヨーロッパの大学は街のなかのあちらこちらに建物が散らばっているのが普通で，特定の敷地に広いキャンパスを備えた大学が生まれるのは19世紀のアメリカにおいてのことである。

▶ **一般教育**　中世の7自由科の理念は，ルネサンスや新人文主義といった，ギリシャ・ローマ復興運動を経由して，現在の日本の一般教育／一般教養，英米のジェネラル・エデュケーション／リベラル・エデュケーション，ドイツの一般教育（allgemeine Bildung），フランスの一般教養（culture générale）として現在にまでつながっている。一般教育の制度的形態としては，ヨーロッパの場合には，リセやギムナジウム，パブリック・スクールといった高校に一般教育が移されていったのに対して，アメリカの場合は専門教育は大学院レベルとなり大学では一般教育を主に行うスタイルを取るようになる。日本は，両者の折衷で学士課程教育のなかで前半一般教育，

後半専門教育という形を戦後取っていた。1991年の設置基準の大綱化により両者は有機的に結合されることになった。

▶ **大学の理念の型**　大学を支える理念を論じた大学論においても，リベラル・エデュケーションの伝統は大きな役割を果たしているが，国によりいくつかの類型が生まれた。イギリスでは，ニューマン（Newman, J. H.）が，理想主義的な立場から純粋学問のための大学を論じた。イギリスでは，高校に当たるシックスス・フォームにおいても専門化が進んで行くが，全寮制やラグビーなどのスポーツを通して人間形成が確保される形を作り上げていく。大学においてカレッジを中心とした教育システムを取り，チューター制を採用しているのもそうした考え方の延長である。

ドイツでは，フンボルト（Humboldt, W. von）が，1810年のベルリン大学創設に当たって，研究と教育の統一，研究の自由，教授の自由，学習の自由を基本とする，新人文主義に基づく，大学理念を確立した。ベルリン大学は大成功を収め，ドイツは19世紀の世界の学問中心地となる。ドイツには世界から留学生が押し寄せ，彼らは故国にそのシステムを持ち帰ることになる。アメリカでは，大学院大学であるジョンズ・ホプキンス大学が創設され，リベラル・アーツ・カレッジとその上の大学院での専門教育といった新しいスタイルが生み出される。日本の戦前の大学システムもドイツの影響が強かった。

20世紀にナチスの台頭とも関連して，学問中心地がアメリカに移ると，アメリカの大学が世界の大学のモデルとなりはじめる。そのアメリカでは，早くから，大学の大衆化が進み，クラーク・カー（Kerr, C.）のいうマルティバーシティーが生み出され，大学はその統一性を失い，学部の集合体となっていく。そこでは，役に立つ学問が強調され，学生消費者主義が謳われ，大学の社会へのサービスが強調される。一言でいえば，実用主義的大学論が生まれてくる。1998年現在，世界の大学はアメリカ・モデルにシフトしはじめて

いる。ドイツでもフンボルト理念の終焉がいわれている。しかし，長期的な展望を持ち，地球規模でものごとを考え，優れた人間を形成することが大学の使命であることが忘れられてはならない。

[参考文献] Howard, Craig C., *Theories of General Education*, London 1992／ディルセー，S.（池端次郎訳）『大学史（上・下）』東洋館出版社 1988／リースマン，D.（喜多村和之他訳）『高等教育論』玉川大学出版部 1986／ヤーロスラフ・ペリカン（田口孝夫訳）『大学とは何か』法政大学出版局 1996

[関連項目] 一般教育／フンボルト

(今井重孝)

大学改革

英 reform of colleges and universities

▶ **大学史と改革** 大学史の起源は，12世紀末の中世ヨーロッパに遡る。大学は，最初現在のイタリアやフランス，イギリスなどで，神・法・医の専門職養成や資格認定とその基盤をなす学術的訓練や知識の習得のために学位を授与する組織として，自然発生的に成立し制度化されていった。そしてその機能や形態を多様に変容させながら，世界各地に伝播し今日に至っている。その800年を超える大学史は，大学改革の歴史でもあった。各々の時代や社会のさまざまな状況に適合すべく，大学は変革を求められたからである。

もとより大学は，知識を求める人々とそれを提供することができる人々との間に成立した自治的な組織であった。よって主体的・自律的な変革こそが，元来の大学改革のあり方である。しかし大学史のかなり早い時期から，大学の設立・運営は，教権および王や皇帝の権力から強い影響を受けることになった。さらに近代では，大学は国民国家の発展への寄与が求められ，公的な教育制度として位置づけられた。そのような状況下での大学改革は，外部環境から変革を迫られることが少なくない。特に大学がその法的根拠や財政的基盤を国家や政府に強く依存している場合には，社会や国家からの要請にもとづく他律的な改革を余儀なくされがちである。

▶ **大学改革の思想史** 大学改革はこのように，自律的な変革と他律的なそれに大別できる。もっとも実際には，自律か他律かの二者択一ではあり得ない。大学が社会制度の一翼を担う限り，国家や社会からの要請を無視できない。だからといって外部環境から迫られるままの変革は，大学の存在意義を危うくする。大学はその歴史を通して，知識の保存，継承，伝達，発見・生成や再構成などの知的活動に従事してきた。自らが直面する問題を認知してその構造を解明し，解決策を考察し変革の方向と方法を策定するのは，知的組織としての大学の重大な使命のひとつである。

こうした観点からすれば，大学は社会制度の一翼を担うとともに，すぐれて思想的な組織体であると捉えることができる。したがって大学史，すなわち大学改革の歴史についても，思想史的な考察が可能である。たとえば浩瀚な『大学史』を著したディルセーは，大学史はその大部分が思想史である，とした。孤立した観念が共同の思想として組織化され，そうした思想が顕現し制度化される現象として大学の歴史を捉えたのである。いわば大学という知的組織体が社会的に制度化される歴史的過程を，思想史と制度史の交差において描こうとしたのである。ディルセーの構想の是非はともかく，大学の改革の歴史を，それぞれの時代の知のあり方の変容と連動させて捉えることは可能である。もともと中世ヨーロッパにおける大学の発生は，東西交流によってイスラム圏経由で古代知が再発見されたことを契機としたものであった。また近代の大学は，科学的な方法による知の発見・創造と，国民国家の発展に即した文化・教養の形成という，二つの知的要請に直面して，研究と教育の統合と機能的分化というアンビバレントな改革課題に直面した。知性史という意味での思想史は，大学改革の歴史を考える視点として有効である。

▶ **現在の大学改革** 現在の，特に日本で展開している大学改革については，いわゆるグ

ローバル化に対応する人材養成や知的生産という観点から、社会制度としての大学という側面が強調される。そのため大学やその改革を社会的機能や効率性の観点から議論・考察する傾向が強い。それは外部環境から強く規定されるものとしての大学像に基づくものである。そこにおける大学「教育」概念は、人材養成目的のもとに達成度の測定と評価が可視的であるような学習成果を設定し、目的合理的・効率的にその達成をめざす傾向が強い。他方で現在の大学は、基本的には社会の指導層を育成する最終教育段階である。そして卒業後、予測困難な状況での国際的競争環境のなかで活躍するために、主体的に学習し行動する人材の輩出も求められる。学習者の主体性を核としながらも、所期の学習成果や人材養成を合理的・方法的に追求するという近代教育とその思想が、いまや大学の知にも強い影響を与えるようになっている。これからの大学像やその知のあり方を反省し今後を展望するためには、教育思想史的な観点からの再検討が不可欠となっている。

[参考文献] ステファン・ディルセー（池端次郎訳）『大学史』（上・下）東洋館出版社 1988／広田照幸ほか編『対話の向こうの大学像』（シリーズ大学7）岩波書店 2014
[関連項目] 大学／高等教育／学習

（松浦良充）

大正新教育（日本の新教育）

英 Taisho New Education

1910年代から1930年代前半の日本において展開された教育改造運動の総称。「大正自由教育」とも呼ばれる。19世紀末から20世紀初頭にかけて欧米を中心に展開した新教育運動の影響を受け、現象的には極めて多様な実践が百花繚乱的に展開した。この運動に共通していたのは、従来の画一主義、注入主義、暗記主義的な教育方法に対する批判と、子どもの個性、自発性尊重の主張である。新教育は、すでに明治末期に樋口勘次郎や谷本富らによって提唱され、新時代に即応した人材養成のために、新しい方法が模索されていた。

こうした明治末期における新教育の台頭は、大正期の自由主義的風潮と結びついて活発化した。その先駆となったのは、及川平治が主事を務める明石女子師範学校附属小学校の「分団式教育」であり、1912（大正元）年にはその実践理論を著した及川の『分団式動的教育法』が刊行された。第二次世界大戦後まで続く同校の実践は、ベルクソン（Bergson, H.）の生命哲学、デューイ（Dewey, J.）やドクロリー（Decroly, O.）の生活教育思想の受容によって形成された及川のカリキュラム論（生活単元論）を具現化する試みであった。この後、奈良女子高等師範学校附属小学校の主事木下竹次は「生活即学習」論に基づく「学習法」を提唱し、東京女子高等師範学校附属小学校でも主事北澤種一が作業主義に基づく労作教育を展開するなど、多くの師範学校附属小学校で新教育が始まり、実践研究の拠点となった。さらに、この時期の新教育を象徴する「八大教育主張」講演会が、1921（大正10）年に東京高等師範学校講堂で開催された。樋口長市、河野清丸、手塚岸衛、千葉命吉、稲毛金七、及川平治、小原國芳、片上伸はそれぞれに個性的な教育論を唱えた。及川の「分団式動的教育法」や、小原が成城学園で展開した「全人教育」、手塚が千葉県師範学校附属小学校で行った「自由教育」などは多くの教育者に影響を与えた。

また、大正期には特色ある私立学校が多く創設され、「自学」や「自治」を掲げて子どもの自由の尊重と個性の伸張を目指した。西山哲治の帝国小学校（1912）、中村春二の成蹊学園（1912）、澤柳政太郎の成城小学校（1917）、羽仁もと子の自由学園（1921）、野口援太郎らの児童の村小学校（1924）、赤井米吉らの明星学園（1924）、小原國芳の玉川学園（1929）は、「新教育」を標榜した新学校として有名である。この運動を特徴づける実践として有名な成城小学校では、「個性尊重の教育」、「自然と親しむ教育」、「心情の教育」、「科学的研究を基礎とする教育」の4つ

の方針を掲げ，一学級30名以内の少人数指導や子どもの発達段階を考慮したカリキュラム改革を行うなど，公立小学校ではみられないユニークな実践を展開した。

このような「新教育」の実践は私立学校や師範学校附属小学校などでは盛んとなったが，多くの公立学校では本格的な導入は難しかったといわれている。この運動が実践現場の教師達による自主的な取り組みであったため，その支持層の拡大は文部省や地方行政当局の警戒するところとなり，多くの公立学校においては国定教育を逸脱した新教育の弾圧が厳しく行われるようになった。1930年代に入ると，学校教育全体が軍国主義的国家統制に組み込まれ，新教育運動は衰退・停滞の傾向をみせる。

日本における「新教育」概念の多義性を指摘した中内敏夫によれば，非西洋主義に立つ運動家として，浄土真宗に新教育の概念を見出そうとした三浦修吾や野村芳兵衛，東井義雄の他に，神道による理論形成を試みた千葉，入澤宗寿らが位置づけられている。一方，欧米の「新教育」に拠ろうとする動きは，明治期の谷本についでデューイの影響を受けた西山，及川に始まり，第二次世界大戦後の新教育思想の主流となった。これに対して，手塚や小原らによる教育改造の主張は，オイケン（Eucken, R. C.）やナトルプ（Natorp, P.）などドイツ理想主義思想に連なるものであった（民間教育史料研究会ほか 1975）。

最近は，こうした西洋主義・非西洋主義という二項対立的な説明に留まらず，国際的な視野からその流動的性格や普遍性に注目しつつ新教育思想の再検討が試みられ，その基底にある「生命思想」の分析が行われている。今後は実践思想の事例研究が蓄積されることによって，大正新教育運動の思想構造の解明が期待される。

［参考文献］ 中野光『大正自由教育の研究』黎明書房 1968／民間教育史料研究会・大田堯・中内敏夫編『民間教育史研究事典』評論社 1975／橋本美保「及川平治の生涯と著作」『及川平治著作集』第5巻解説，日本図書センター 2012／橋本美保・田中智志編著『大正新教育の思想──生命の躍動』東信堂 2015
［関連項目］ 澤柳政太郎／谷本富／新教育／野村芳兵衛　　　　　　　　　　（橋本美保）

体　罰

英 physical［corporal］punishment／独 körperliche Strafe／仏 punition corporelle

▶ **語義と様態**　　学業上の過失や悪い行いを矯正するために身体に苦痛を与えるものを体罰という。なぐる，蹴るなどの暴力とは異なる。ヨーロッパの学校では，一般に，社会的身分に関係なく，樺の小枝を寄せ集めた枝むち（birch）や先が円形になった木製バットで生徒の剝き出しの尻や手を打つ方法が用いられた。物覚えの悪い者は耳をつままれたり，愚鈍や怠惰の象徴であるロバのキャップを付けさせられたりした。授業態度が悪く手に負えない子どもは，背中がとがった木馬に乗せられたり，三角木に正座させられた。こうした体罰は19世紀末まで残った。わが国では明治12年の「教育令」ではじめて体罰の禁止がうたわれ，戦後は「学校教育法」第11条に明記された。子どもの人権意識の高まった今日，その禁止規定の遵守がとくに厳しく要求されている。

▶ **二つの体罰史観**　　体罰の歴史は，近代教育の本質把握の問題とかかわって，二通りの方法で描かれてきた。伝統的な教育（史）書の多くは，体罰が古代，中世を通して一貫して行われてきたことを前提に，近代になってはじめて体罰否定の考えが一般的になったことを強調する。学校を「拷問所」と呼んで批判し，子どもは自由人らしく（子どもを表すラテン語 liberi は自由を意味する liber に由来するので），自由な方法で教育されなければならない，と主張したルネサンス期のエラスムスの教育論は，この観点からしばしばとりあげられる。かかる体罰否定論に，自由で人格的な存在としての子ども観や，全人的な人間形成という教育理念が生まれてくる端緒を

とらえる人々は、近代の教育思想の本質をヒューマニズムに求め、子どもの権利が法的および制度的に保障されていく過程を教育の近代化として把握する。

これに対し、デュルケーム、アリエス、ストーン（Stone, L.）、オング（Ong, W. J.）といった研究者たちは、体罰がむしろ近代に入って学校の正規の慣行として登場し、その適用範囲が拡大されていった点を強調する。彼らによれば、厳しいむち打ちは、中世以来の教育の伝統などではなく、「子ども」を発見し、彼らを「クラス」や「教育」といった新しい観念で社会的に囲い込んでいった近代の産物であった。ちなみに、教育用語「クラス」が最初に使用されたのは1521年で、「教育」は1527年である。

事実問題としてみた場合、体罰は近代以降強化されていったようだ。授業の様子を描いた図もこれを裏付けている。そうであるならば、教育思想史上で真っ先に問われなければならないのは、なにゆえに近代に入って体罰は増大したのか、近代のいかなる精神がこれに寄与したのか、という問題であろう。

▶ **近代と体罰**　15世紀末から16世紀前半にかけて、ヨーロッパでは近代国家（＝絶対王政）が確立し、国王ないし宮廷を頂点にした位階的な社会が形成された。この新しい社会的結合様式は、中世とは異なる洗練された社交形式を生み出し、社会的地位や威信を表象する「礼儀」（civility）の概念を誕生させた（エラスムス『少年礼儀作法書』1530）。人々はマナーに格別の注意を払い、目上の人に応対するときには正しい言葉使いをし、会合の席では最上の席を譲るなどした。上流社会に最初に登場したこうした敬意と服従のパターンは、やがてあらゆる階層や身分の行動規範となった。家庭での朝の食前の祈りでは子どもは両親の前に跪いたし、またオックスフォード大学（1636年のロード学則）では、下級生は上級生に、学士は修士に、修士は博士に敬虔の念を示すことが定められ、違反すれば容赦なく罰せられた。

既存の権威に反対し、道徳の刷新を求めたプロテスタンティズムも、結果的には、罰でもって権威に服従させる習慣の形成に役立った。プロテスタントが日常生活を律する際に依拠した聖書、とくに「箴言」には、彼らが原罪説を強化することで採用した厳格な子育てを是認する言葉がいくつも記されていた。たとえば、「むちを加えない者はその子を憎むのである。子を愛する者は、つとめてこれを懲らしめる」（13・24）。「望みのあるうちに自分の子を懲らせ」（19・18）。「子を懲らすことを差し控えてはならない。むちで彼を打っても死ぬことはない。もしむちで彼を打つならば、その命を陰府（よみ）から救うことができる」（23・13-14）など。

こうした聖句に根拠づけられながら、体罰は、新しい親子関係や近代的家族──「小教会、小国家」としての──の確立の手段として正当化されていった。また宗教改革にともなう宗教的、知的、政治的混乱も、社会の秩序を安定させるためには、高慢さや不従順の傾向をもつ子どもの情念を打ち砕き、早いうちから親の権威に従わせるべきだ、という認識の形成に貢献した。

社会の環境変化が近代における体罰の強化に寄与したすべてではなかった。この時期のカレッジや学校に起こった変化もまた、体罰を必要としていた。

▶ **近代学校と体罰**　中世の大学は学生たちの自由な自治共同体として成り立っていた。文法の基礎を教えるクラスでは、12歳以下の少年が大半であったため、体罰が用いられていたが、彼らが自由学芸を学び始める頃には規律は穏やかなものとなっていた。学校がやがて大学の予備部門として発達してくるが、起居を共にして学習するこの共同施設で違反者に一般に課せられた罰は、中世の大学と同じ罰金または破門（共同の食事からの排除や退寮）であった。

ところが15世紀以降、カレッジや学校に多数の外来の通学生が押しかけるに及んで、事情は一変した。生徒たちは同じ学力のグル

ープ毎に区分され，学校は位階的な組織となった。またこれと並行して，学校の規律も変化した。罰則は罰金から体罰に置き換えられ，むちが学校教師の権威の象徴，支配権の印となった。体罰を行う権利はかつてはカレッジや学寮の長しか有していなかったが，16世紀以降は学監や個人教師にさえも委託されるようになった。体罰の対象者も年長の生徒にまで拡大され，すべての子どもや青年は，学校の生徒であるかぎり，同一の規律に服さなければならなくなった。

むち打ちによる体罰は，皮肉なことに，ルネサンス期の改革者たちが要求した古典研究の普及とともに拡大した。体罰とラテン語教育との結合をとくに強調しているのはオングで，彼によれば，ラテン語が日常の生活ですでに死語と化していた時代に，古典の英雄とその栄光を称賛し，精神から粗野を追放するためには上品で正しい古典ラテン語こそが学ばれるべきだ，とする人文主義者たちの主張は，日常語の世界からの断絶を強く求め，むち打ちを，強い男の世界へ少年たちをイニシエートする手段として肯定した。学習の動機づけや記憶の補助装置として利用されてきた体罰は，ここにいたって新たな価値を付与され，ラテン語を通じた全人的な人間形成という教育の観念と結びついた。近代以降繰り返される批判にもかかわらず，体罰がなぜ中等の教育機関を長らく支配していったのか，その理論的根拠がここに見いだせる。

▶ **体罰の廃止**　　むち打ちによる体罰は，16世紀末から17世紀初めの時期が最も激しかったといわれる（ストーン）。以後次第に減少し，大学では17世紀後半になくなった。民衆学校では「教育の万能薬」として体罰は根強く支持されていたが，それでも徐々にその価値は減じられ，20世紀初頭の児童中心的な教育観の台頭のなかで学校から追放されていった。こうした体罰廃止の歴史は，近代の教育理念の勝利というよりはむしろ，体罰に代わる新たな教育システムにもとづいて学校が組織されるようになった結果を示している。

そもそも体罰批判で改革者たちが狙った目的の第一は，学習上の過失に対する体罰を完全になくすこと，そして第二に，言うことを聞かないとか嘘をつくなどの道徳的過失に対しては，体罰を最小限度に減らすことにあった（重大な道徳的過失に対する体罰は容認された）。こうした考えはロックの『教育論』（1693）に採用され，18世紀に一定程度の広まりを見せるけれども，学校の現実を変えるまでにはいたらなかった。なぜなら，改革者たちは一般に，ひとりの教師がひとりの生徒を教えることが理想の教育形態だと考えていたし（ルソーはこれを「自然の教育」と呼んだ），その理論を受け入れて，体罰は奴隷的精神を養い，人間を萎縮させ，品位を汚すと考えた裕福な親たちも，子どもを学校に送ることよりもむしろ，家庭で教師を雇って教育を与えることを優先させていたからである。では，学校での体罰の廃止は，いかなる歴史的・思想的コンテクストの下でなされていったのであろうか。

結論を先取りすれば，体罰の廃止は，学校組織や授業方法の改善を通じて試みられていった。体罰が「教育の万能薬」としてもてはやされた背景には，ひとりの教師が年齢も能力も異なる多数の子どもたちを一斉に教えていかなければならない事情が強く働いていた。生徒の熟達度がそれぞれ違うために，授業は，一般に，生徒一人ひとりが順番に教師の前に出てきて指導を受ける個別方式で行われた。この間，教師の注意は他の生徒たちには行き届かないため，学校はしばしば無指導，無秩序な状態におかれた。教育の効果を高めようとすれば，まずもって学校に秩序を確立しておくことが必要であった。体罰はその最も手っ取り早い，最も有効な方法として用いられた。静寂と学習は教師のむちとともにあった。彼がいるときには生徒たちはおとなしく勉強したが，いなくなると一斉に騒いだ。これが近代以前の学校の姿であった。こうした事態を改善するためには，教師の権威が，彼がた

とえ生徒の眼前にいなくとも，有効に作動するようなシステムを作り上げる必要があった。

18世紀後半に人間の身体や能力を権力の対象として発見した近代は，細部を合理的に組織していくことで規律的権力が作用する空間として学校を成り立たせた（フーコー）。これを可能にしたのは，19世紀初頭に考案されたモニトリアル・システムであった。最初に，雑多な生徒集団は能力や教科にしたがってクラスに分けられ，試験やコンテストによって絶えざる競争状態におかれた。次に，砂時計に代わってもち込まれた掛け時計によって，学校のすべての活動が時間系列に定められ，その時々の号令や合図に従って生徒たちがとるべき動作がマニュアルによって規定された。そして最後に，席次争いで第一位になった者は表彰されて褒美をもらい，敗者は見せしめのパレードで恥をかいた。こうした学校組織や授業形態の近代的再編のなかで，子どもを処罰して学校の秩序を維持したり，また恐怖心をあおりながら学習を促進する必要性はなくなった。学校が規律づけられ，さまざまな褒賞制度が導入されていくなかで，体罰は心理化されたのである。

現代では，体罰を正当化するいかなる論理も成り立たない。生徒たちの特質を理解し，システムの正しい運用にもとづいて彼らを適切に教育していくことが，学校の教師たちに求められるすべてである。

［参考文献］　和田修司「体罰」（天野・松島ほか編『現代教育問題史』明玄書房　1979）／Durkheim, É., *L'evolution pédagogique en France*, Paris 1938（小関藤一郎訳『フランス教育思想史』行路社　1981）／Ong, W. J., "Latin Language Study as Renaissance Puberty Rite"（柿沼秀雄・里見実訳「ルネッサンス期の成年儀礼としてのラテン語教育」『産育と教育の社会史4』新評論　1984に所収）／Ariès, Ph., *L'Enfant et la vie familiale sous l'Ancien régime*, Paris 1960（杉山光信・恵美子訳『〈子供〉の誕生』みすず書房　1980）／Stone, L., *The Family, Sex and Marriage in England 1500-1800*, London 1979（北本正章訳『家族・性・結婚の社会史』勁草書房　1991）／Foucault, M., *Surveiller et Punir*, Paris 1975（田村俶訳『監獄の誕生』新潮社　1977）

　［**関連項目**］　賞罰／競争／文明化　（安川哲夫）

対　話

英 dialogue／独 Dialog

▶ **語　義**　一般的には直接に向かい合って互いに話をすること，またその話。語る・聞（聴）く，あるいは問う・答えるという言語の活動からなる。多くの場合，二人の間でおこなわれるやりとりを指す。しかし哲学的には，一人でものを考えることも自分を相手におこなう自己内対話とみなすことができる。また，読むこと・書くこともテクストの語りに傾聴し，その問いに応答する実践と考えれば，テクストを相手にする対話（解釈学的対話）とみなすことができる。このような対話の起源は，ソクラテスの問答を真理探究のプロセスとして意識化し，哲学固有の方法としたプラトンにさかのぼる。ここでいう対話（ディアロゴス）とは，「（勇気・節制・正義・徳……）とは何であるか」という倫理的な主題について，その「何であるか」の真実・真理を知るための問答（ディアレゲスタイ）あるいはその方法・技術を意味する。それゆえ，哲学的問答術としての対話術（ディアレクティケー）は，説得をめざすあまり真実らしいことを真実そのものより優先させる弁論術や，ただ言葉じりをとらえて相手の矛盾をつくだけの討論技術とは区別される。

▶ **教育思想**　対話を人間存在の基盤であり言語の本質であるとみなし，教育思想の中心に位置づけたのは，20世紀を代表する宗教哲学者ブーバー（Buber, M.）や教育人間学者ボルノー（Bollnow, O. F.）である。ここでの対話は，互いに他者の他者性を自覚した教師と子どもの間の教育的関係を指している。いわく，私たちの成長過程には偶然の出来事，挫折，病，出会い，不安などの不確定な要素がある。ゆえに，教師の教育的意図や技術的操作は挫折する可能性がある。したがって，教育は他者の語りかけを聴き応答する責任を

負う関係，すなわち対話の関係に支えられる，と。さらに，対話によって自由と社会変革の実現を目指す教育思想は1960年代から70年代にかけて，モレンハウアー（Mollenhauer, K.）の「相互作用としての教育」論やフレイレ（Freire, P.）の「被抑圧者の教育学」によって展開される。1990年代後半から現代は，他者の他者性や世界の多元性を前提とした対話への関心から，レヴィナス（Levinas, E.）やアレント（Arendt, H.）の思想にも注目が集まっている。また，学校改革を目指す対話の思想としては，民主主義と公共性と卓越性の原理に支えられた「学びの共同体」（佐藤学）の試みが注目される。

［参考文献］　Bollnow, O. F., *Sprache und Erziehung*, Stuttgart 1966（森田孝訳『言語と教育』川島書店　1969）／Freire, P., *Pedagogy of the Oppressed*, London 1972（小沢有作ほか訳『被抑圧者の教育学』亜紀書房　1979）／Masschelein, J., Wimmer, M., *Alterität, Pluralität, Gerechtigkeit: Randgänge der Pädagogik*, Leuven 1996／佐藤学『学校改革の哲学』東京大学出版会　2012／藤澤令夫「ギリシア哲学におけるディアレクティケー」『藤澤令夫著作集』第Ⅲ巻，岩波書店　2000／吉田敦彦『ブーバー対話論とホリスティック教育——他者・呼びかけ・応答』勁草書房　2007

［関連項目］　教育関係／他者　　（大関達也）

高嶺秀夫

（たかみね　ひでお，1854-1910）

明治時代の教育者。明治初期にペスタロッチ主義教育を紹介し，師範教育の近代化を推進した。

会津若松に藩士の子として生まれ，8歳で藩校日新館に入学，1868（明治元）年藩主の近習役となる。1871年から3年間慶應義塾で英学を修める。1875年6月，文部省八等出仕に補せられ，師範学科取調のため当時官立愛知師範学校長であった伊沢修二らと共に米国留学の命を受ける。帰国後は，東京師範学校校長補心得に任ぜられ，14年に校長となった。この間，伊沢修二と共にアメリカ留学の成果を取り入れて，師範学校のカリキュラムや学校経営に関する改革を行った。1885年には留学中から親交のあったジョホノット（Johonnot, J.）の著書 *Principles and Practice of Teaching* を翻訳した『教育新論』を公刊し，ペスタロッチ主義の教授法原理や理論的背景を紹介した。高等師範学校教頭を経て，1891年に同校長となった。1897年には女子師範学校長に任ぜられ，死去するまで同職にあって師範教育の改革と充実に力を注いだ。米国留学中には生物学にも関心を寄せ，ダーウィンの新学説などを学んで，東京帝国大学予備門で動物学を教授したこともある。また，美術に対する造詣が深く，東京美術学校長，美術審査委員会委員などを歴任し，文部省美術展覧会の開催などに尽力した。

高嶺の最大の功績はペスタロッチ主義教育を紹介したことである。高嶺の留学先ニューヨーク州オスウィーゴー師範学校は，当時アメリカにおけるペスタロッチ主義運動の中心地であって，彼は校長シェルドン（Sheldon, E. A.）やクリュージー（Krüsi, H. Jr.）の影響を受けた。訳書『教育新論』の内容は，古典の暗記主義を克服して心性開発の実物教授への変革をめざすもので，当時の日本における高嶺自身の課題と重なるものであった。自らの留学体験から，開発教授法実践の条件は施設や備品の整備にあるのではなく，何よりも教師自身の学究的姿勢と熱情こそがその前提であると確信していた高嶺は，師範学校生徒にそれを説き，自身の学校改革と教育実践によってそれを証明した。

さらに，男尊女卑の弊風を矯め，社会における女子の地位向上にも尽力した。後年は女子高等師範学校において種々改革を行い，女子体育法の改善に努めた。また生涯，教育者として生徒に甚大な感化を与え続けた。

［参考文献］　高嶺秀夫先生記念事業会『高嶺秀夫先生伝』1913／東京文理科大学・東京師範学校編『創立六十年』1931　　（橋本美保）

他 者

英 other／独 andere／仏 autre

　哲学や思想，倫理学，社会学などの領域において，他者は単に他人を指すのではなく，人間以外の生き物や物，事象，自分の自己認識では理解できない部分など，自己とは異なるものと認識されるもの全般を示す用語としてある。その際他者の所以は，他者が自己認識では理解不能なふれられないものであること，すなわち外部性・超越性・非対称性などを有する点に求められ，この他者がもつ特性のことを特に「他者性（英：otherness　独：Anderssein　仏：altérité）」と言う。

▶ **教師としての他者**　生き物は自らの意志で生まれてくることのできない，自分に非ざる他者により規定される存在である。特に人間は他者から言語，文化を贈与され人間としての成長が可能となる生理的早産（ポルトマン）の特性を有しており，教育学領域では他者は人間形成を支える偉大な「教師」として捉えられてきた。教育哲学・思想領域ではブーバーやボルノーからの伝統で，他者との「実存的出会い」こそが自己現成をもたらす「賜物・恩寵」（ボルノー）と考えられ，映画鑑賞や偉大な他者に会わせ生徒に「出会い」を仕向ける教育方法が教育現場で採用されてきた。昨今では矢野智司らによって，他者との「出会い」には世界を溶解させる作用があり，必ずしも既存の教育的効果を発揮するとは限らない「生成」をもたらす点が注目され，新たな教育的可能性が探られている。

▶ **他者化される他者たち**　他方，ポストコロニアル理論，オリエンタリズム，フェミニズムなど社会学を中心とする領域では，白人に対する黒人や黄色人種，男性に対する女性，健常者に対する障碍者など，差別や搾取・排除の暴力に曝されてきた集団，個人のことを「他者」と呼んできた。この際の他者は「野蛮」，「狂人」，「子ども」など，文化の中心に位置づく「われわれ」から，文化的マジョリティには劣った存在として意味付与され，一方的に翻訳された，本来の「他者性」を奪われた存在であることが意図されている。これを他者化された他者と言う。他者化された他者は「われわれ／他者」の境界線をもたらし，「われわれ」を文化の中心にいる特権的存在として安定させる効果をもたらしてきた。

　倫理学の領域ではレヴィナスやシェレール，ジャネスに依拠し，他者化された他者を本来の他者として回復し尊重する作法追究が深められてきており，いじめや虐待など，他者の他者性が傷つけられる問題が山積する教育課題を乗り越える視点を提供している。

　[**参考文献**]　ボルノー，峰島旭雄訳『実存哲学と教育学』理想社　1966／レヴィナス，小林康雄訳『他者のユマニスム』水声社　1990／矢野智司「「パラドックス」と「他者」と「物語」の教育人間学」増淵幸男・森田尚人編『現代教育学の知恵平』南窓社　2001／髙橋舞『人間成長を阻害しないことに焦点化する教育学　いま必要な共生教育とは』ココ出版　2009
　[**関連用語**]　出会い／差別／いじめ／人権／暴力／共生／人間主義　　　　　　　　（髙橋舞）

脱構築

英 deconstruction／仏 déconstruction／独 Dekonstruktion

▶ **語源と展開**　西洋の伝統的な哲学につきまとう階層秩序的な二項対立を転倒させ解体する思想的・理論的営為。デリダ（Derrida, J.）によるテクスト読解の実践・分析に由来する。デリダは，ハイデガーによる西洋形而上学批判としての伝統的存在論の歴史の「解体」（Destruktion）の試みを継承し，言語に焦点を当てて「現前の形而上学」の批判を推し進めた。エクリチュール（書き言葉・文字）に対するパロール（話し言葉・音声）の形而上学的優位が前提としている「現前」の特権化の不可能性をあらわにして，同一性／差異，外部／内部といった二項対立を解体し，西洋哲学の伝統にひそむロゴス中心主義の問題を暴いた。

　1960年代に開始されたデリダの脱構築の試みは，1980年代から90年代にかけて思

想・哲学や文学の領域に大きなインパクトを与え，その影響力は倫理学，政治学，社会学，芸術，フェミニズム等々，多様な学問・文化領域に及んだ。その一方で，テクスト解釈の方法論として受容された脱構築は，言語の高踏的で意味消去的な弄びとして批判にさらされることもあった。けれども，脱構築は真理や意味の解体や無効化ではない。あくまでも真理や意味を西洋形而上学の拘束から解き放ち，非実体的な差異化の運動としての「差延」（différance）の中に位置づけ直すことである。実際にも倫理や政治の局面では，デリダ自身が脱構築をニヒリズムから区別し，脱構築としての正義や民主主義を提唱している。

▶ **教育学への影響**　脱構築の思想が教育学や教育思想に与えた影響は大きいとはいえない。既存の知識や価値を伝達する保守的な営みを基盤にしている教育に「差異の戯れ」はなじまない，と考えられたからであろう。しかし，意味や記号の際限なき連鎖の中から，他なるものとの関係の中で知識や価値が生成・変容していくことを考慮すれば，教育や学習の中身は大きく変わりうる。教育学による脱構築からの批判的摂取は，むしろこれからの課題だといえよう。

　［参考文献］　Culler, J. D., *On Deconstruction: Theory and Criticism After Structuralism*, Cornell University Press 1982（富山太佳夫・折島正司訳『ディコンストラクション（Ⅰ・Ⅱ）』岩波書店　1985）／Derrida, J., *De la grammatologie*, Minuit 1967（足立和浩訳『根源の彼方に——グラマトロジーについて（上・下）』現代思潮新社　1972）／Derrida, J., *Force de loi: Le "Fondement mystique de l'autorité"*, Galilée 1994（堅田研一訳『法の力』法政大学出版局　1999）

　［関連項目］　デリダ　　　　　　　（松下良平）

谷本　富

（たにもと　とめり，1867-1946）

　明治・大正期の教育学者。ドイツの教育思想，とくにヘルバルト主義教育学の紹介・普及に努めた。

　1867（慶応3）年高松に生まれる。高松医学校を卒業後，上京して中村正直の同人社で英学を学ぶ。東京大学文学部選科生として哲学を学び，1887（明治20）年教育学科特約生となってハウスクネヒト（Hausknecht, E.）に師事し，ヘルバルトの教育学説を学んだ。山口高等中学校教授を経て，高等師範学校教授となり文部省視学官を兼務した。1899年ヨーロッパに留学，帰国後京都帝国大学講師，さらに同大学教授となり教育学講座を担当した。1905年に教育学関係で最初の文学博士となった。1913（大正2）年にいわゆる沢柳事件により退職した後は，仏教大学（現竜谷大学）の教壇に立った。

　多数の著述と活発な講演活動によってヘルバルト教育学を紹介し，五段階教授法を普及させた功績は大きい。代表的な著作には『実用教育学及教授法』（1894），『科学的教育学講義』（1895）がある。これらの著作のなかで谷本は，ヘルバルトの五理念を「道念」と訳し，儒教の五倫五常と結びつけて解釈し，五理念と教育勅語の徳目とを対照した。谷本のこのような五理念の儒教主義的解釈は，当時興隆しつつあった国家主義的道徳の強化と理論化に貢献した。

　ヘルバルト教育学は国民道徳の高揚に資する教育学として非常な流行を示したが，明治30年代にその個人主義的性格が批判されたころ，谷本は『将来の教育学』（1898）でビルマンの学説によって国家的教育学の必要を主張した。谷本の「国家的教育学」は，「個人は国家を離れて存在せず」，同時に「国家の品位勢力は個人の品位勢力に属す」という考えにもとづき，常に国家と個人とを相互不可欠の関連において捕らえようとするものであった。この意味で谷本の「国家的教育学」は明治30年代に勃興する，いわゆる社会的教育学の先駆をなすものであった。

　さらに，1899（明治32）年のヨーロッパ留学は彼の教育思想に影響を与え，『新教育講義』（1906）や『系統的新教育学綱要』（1907）などで個別学習を奨励するなど新し

い教育理論を紹介した。谷本の新教育運動は大正新教育運動の先駆といわれるが，一方で彼がフランスのドモラン（Demolines, J. E.）の新教育運動をモデルとしながら，新教育は「活教育」であると主張し，世界で活躍できる「活人物」の養成を目的としたことは，日露戦争後急速に進展した帝国主義を支える人材育成の必要性とも結びつき，その要請に応える教育思想ともなった。

[参考文献] 池田進「谷本富教授の生涯と業績」『京都大学教育学部紀要IV』1958／堀松武一「谷本富における教育思想の変遷」『東京学芸大学紀要』第21集，1970
[関連項目] 大正新教育（日本の新教育）
（橋本美保）

多文化（主義）

英 multicultural（multiculturalism）

▶ **語　義**　簡潔にいうと「多文化」とは一つの空間に複数の文化が成立している状況をさす。この定義には二つの論点が織り込まれている。第一の論点は一つの空間を切り出す単位をどこに置くかである。その単位として小は家族や共同体から，大は人類や地球まで無数の水準が設定できる。従来の政治思想史では，19世紀西欧にはじまる近代国家の国民や領土がしばしば議論の舞台とされてきた。しかし現代ではそれぞれの国家でグローバル化とローカル化が同時に進みつつある。

第二の論点は異なる文化の間に境界線をどう引くかである。たとえば「日本文化」を過不足なく他文化から切り離すのは無理だろう。また取り出した「日本文化」を固定的・閉鎖的・全体的に考察しようとしても難しい。それに現代ではLGBTなどの性的少数者やインターネットによる文化活動も盛んになった。こうした文化のあり方は流動的・開放的・部分的に捉えるほうが現実に即している。

さらに「多文化主義」となると第三の論点が生じる。単純に二極化すると，多文化状況は記述の対象であり，文化人類学は現実の多様性を解釈し，文化相対主義を後押ししてき

た。かたや多文化主義は規範の主張となり，政治哲学は現実に普遍性を求め，単純な相対主義では解決できない問題に注目してきた。このように多文化（主義）は学際的な対象であり論争を招く観点でもある。

▶ **現代日本の事例**　多文化の視点から現代日本で興味深い事例を二つ紹介する。一つ目のミクロな事例は琉球國祭り太鼓である。1980年代に沖縄市の若者が立ち上げた創作エイサーは沖縄県で盛り上がり，移民のネットワークを通じて日本国内や南北アメリカで支部が設立されている。伝統的かつローカルだった舞踊を斬新かつグローバルに演出することで，琉球國祭り太鼓は人々が地域と世界を往還する活動になった。これはグローカリゼーションを体現する事例である。

二つ目のマクロな事例は移民政策である。今の日本の住民構成は，多数派の「日本人」，アイヌや琉球などの先住民族，コリアン・チャイニーズの多いオールドカマー，さらに多様なニューカマーなどからなる。もし日本政府が少子化対策として移民を受け入れるなら，国籍付与の基準が争点となろう。つまり明治以降の属人主義（血統主義）を保つか，属地主義（生地主義）で移民2世以降に日本国籍を認めるかである。属地主義を採れば義務教育制度はさらなる多文化化に対応を迫られ，戦後日本の国民教育思想は再構築されるだろう。

[参考文献] 小熊英二『〈日本人〉の境界』新曜社　1998／関根政美『エスニシティの政治社会学』名古屋大学出版会　1994／多文化社会研究会編訳『多文化主義』木鐸社　1997／チャールズ・テイラーほか著，佐々木毅ほか訳『マルチカルチュラリズム』岩波書店　1996／渡辺靖『〈文化〉を捉え直す』岩波書店　2015
[関連項目] グローバリゼーション／国民教育／文化／マイノリティ／民族　（松岡靖）

チ

知 恵
英 wisdom／独 Weisheit／仏 sagesse

▶ **語 義**　古代哲学にあって単なる知識とは異なり、知識のあり方として、すべての知識を統括する完全な知識の概念が求められた。そのような知識のあり方として、物事の道理をよくわきまえて、適切に処理するはたらきが重要視される。ただし、そこにはそのような知識のあり方を理論的英知的な形而上的能力に求める意味と実践的現実的な問題処理の能力としてとらえる意味が広く含まれる。アリストテレス（Aristoteles）にいたってそれまで多義的であったフロネーシスが道徳領域の実践的智恵（単なる個別的事項ではなくて、人間の生き方にとって善きことを具体的実践的に思量するはたらき）として、理論的智恵であるソフィアと分けられた。後に言うプルーデンスはアリストテレスのフロネーシスをうけており、さらに今日的意味の系譜に連なる。

▶ **教育問題**　近代的世界が形成されていく時期にあって、智恵は紳士階級の資質の重要な要件であった。モンテーニュ（Montaigne, M. E. de）はスコラ学のペダンティズムを批判して、学識よりも智恵を彼の求める教育的人間像の最も中核的な資質とし、くだってロック（Locke, J.）の教育論もまたそれを課題とした。しかし、教育的にそれを身につけさせることには難しい問題があり、その方法は容易ではない。

知識は知恵の十分条件ではないことに加えて、必要条件であるかについても疑義がある。アリストテレスのいうようにフロネーシスには技術の卓越性のような段階的卓越性はなく、それ自体が卓越性であるとすれば、訓練によって次第に高まっていくプロセスは予定されない。また、モンテーニュのいう智恵（判断力）も、それをもたない哲学者ともっている農夫が比較されることからわかるように、それが学識的基礎を必要としないことが示唆されてもいる。

古代にあって、すべての知的営為を統括する首座（「フロネーシス」の語も思考の座と見なされた横隔膜から来ていた）であった智恵から、スコラ主義の展開とともに学識の体系が分かれて優位に立ち、ルネサンスがそれを批判する役割を演じたが、モンテーニュは、そこになお、ギリシャの智恵を学識化する傾向があることを批判し、学識に対していっそうラディカルな批判的態度をとることになった。このように智恵を人間の理想的能力として描きながら、しかしながら、そこに至るプログラムは必ずしも容易でない。それは、陶冶論においてだけでなく、形而上学的にも、例えばカント（Kant, I.）の理想主義にあって合法則的に完全な実践的理性使用の理念としての智恵を人間に要求することは過大であるとされたことにもつながっている。

近代諸学と学校の発達はふたたび学識と智恵とを分け、そのことの反省を一つの契機とする新教育運動が起こった。デューイ（Dewey, J.）の問題解決能力としての知性あるいは社会的知性の概念は、その代表的な答えであると言えよう。しかし、諸科学の知識の集積と現代産業社会の要求する知の展開のもとにあって、智恵がその場を確保することはいよいよ困難になっている。学校知と生活知との関係として、なお今日の教育問題でありつづけている。

▶ **仏 教**　他方、知恵は、もと智慧と書き仏教からくる。すなわち、梵語プラジュニャー（パーニャー・般若）に当てられた智慧に通ずる語であり、般若波羅蜜多（智恵の完成）の要点を示したものが般若心経である。般若は法（ダールマ）を識別する能力であり、とりわけ人の心理的生理的欲求のなかであるべき法を分別する力である。大乗仏教では、

智恵に大きな意味を与え，智恵の完成（般若波羅密多）は他者へのいつくしみとしての普遍的な慈悲に向かわせる。wisdom と智慧は人の生き方にかかわる精神的能力としては同様の意味を持つが，wisdom は仏教の智慧のように規律や瞑想と組合わせの意味にはかならずしもない。どちらかと言えば，仏教の智慧が世俗的な執着を離れていく方向を目指すのに対して，西洋的智恵はもう一つ処世術などの世俗的意味にも開かれている。

[参考文献] アリストテレス『ニコマコス倫理学』／モンテーニュ『エセー』第 1 巻 25 章, 26 章

[関連項目] 知識／モンテーニュ／仏教

（原聰介）

力

英 ability, competence, faculty, force, power

「力」という言葉は，たとえば「能力」が心理学的な，「学力」が教育学的な背景をもち，測定可能であることを主張できる学術用語としての性格をもっているのとは違って，日常語に近く，その意味の広がりも極めて不定形である。仮に英語を想定すれば，faculty, ability, power, force, competence といった様々な言葉に対応する意味内容を，「力」という一語にこめることが可能である。

この曖昧で不定形な「力」という言葉が，教育に関わる近年の議論にはしばしば登場する（「人間力」「社会人基礎力」「生きる力」など）。現代的な労働環境では，定型的な仕事をこなすことよりも，臨機応変に状況に対応したり人間関係を調整したりできることが重視される。1980 年代以後の日本の教育政策は，特定の知識を持つことよりも知識を情報として活用する情報活用能力を教育目標に掲げてきた。特定の領域や対象を持たない形で人間の中に想定された力が，教育の焦点として浮上してきていると言える（本田 2007, 松下 2010）。

人間を力の担い手と見るような人間観の起源と目されるのはアリストテレス（Aristoteles）である。アリストテレスは，力を可能態（dynamis）として，つまりあらかじめ定められた道筋をたどって現実態（energeia）へと結実すべき潜在状態として見た。人間を不定形の力として見るような人間観は，こうした目的論的な枠組みを否定した近代的な思考様式と密接に結びついている。たとえばペスタロッチ（Pestalozzi, J. H.）に頻出する「諸力」（Kräfte）という言葉は，定型化された能力（faculty, Vermögen）とは異質な，不定形な自発性・自己活動性を意味している。教育は，そうした不定形な可能性に具体的な形を与える働きとして理解される。そのことによって潜在性（potentiality）としての力は可塑性（plasticity）として捉え直され，教育の対象となるのである（今井 2012）。

現代の教育論における力への注目は，こうした不定形な力の担い手という人間像を受け継ぎつつ，その力をメタレベルへと抽象化している。物事を処理する知識・技能を対象的なレベルでの能力とすれば，力の強調によって求められているのは，対象レベルの能力を柔軟に適用・変容させることができるようなメタレベルの能力なのである。このようなメタレベルの能力をいかに教育の対象とするかは，人間の可塑性に立脚するような教育の枠組みにとって難題とならざるをえない。潜在性を潜在性のままで対象化しようとするような哲学的枠組み（アガンベン 2005）が教育論においても注目されているのは，ここに一つの理由があると言えるだろう。

[参考文献] アガンベン『バートルビー――偶然性について』高桑和巳訳，月曜社　2005／今井康雄「教育はどのように語られるべきか――教育と福祉の関係を手がかりとして」『教育哲学研究』（105），2012／本田由紀『多元化する「能力」と日本社会――ハイパー・メリトクラシー化のなかで』NTT 出版　2005／松下佳代『〈新しい能力〉は教育を変えるか――学力・リテラシー・コンピテンシー』ミネルヴァ書房　2010

[関連項目] 能力／学力／教育可能性

（今井康雄）

知　識

英 knowledge, knowing／独 Wissen／仏 savoir

▶ **語義**　　知識とは何か，という問いに対する答えとしてしばしば引かれるのは，プラトン（Platon）の対話篇『テアイテトス』で語られる，「真実なる思いなしに言論を加えたものが知識」だという定義（もっとも，この定義もすぐ後に否定されることになるが）である。ここから，真理・信念・証拠という知識の3条件が抽出される。つまり，XがQを知っていると言いうるためには，①Qが真理である，②XはQを信じている，③XはQの適切な証拠を持っている，という三つの条件が必要だというのである。この定義は歴史的に見て広く通用してきた。哲学的な知識論の多くは，真理，証拠といった条件の意味を明確化しようとする試みだったと言える。しかし，この3条件で表現されるような知識の概念が，われわれが「知識」と呼んでいるものの全域をカバーしているか否かについては疑問がある。とくに，教育の文脈で知識の問題が問われるとき――教えるに値する知識とは何か，知識が身に付くとはどういうことか，等――，そこでの「知識」は，上述のような概念規定の範囲を越え出ていく可能性が大きい。そこで以下では，上述のような知識の定義を念頭に置きつつ，範囲をより広げて，教育思想の歴史のなかで「知識」がどのように問題にされてきたかを粗描してみたい。まず，古代ギリシャで形成された，知識と教育に関する原型的な考え方を整理する。次に，近代社会においてそのような原型的な考え方にいかなる変化がもたらされたかについて述べる。そして最後に，現代の理論状況のなかで知識と教育との関係がどのように考えられているかを示すことにしたい。

▶ **古代ギリシャにおける知識と教育**　「まさに知識であるところのもの，それはそもそも何であろうか」という『テアイテトス』におけるソクラテス（Sokrates）の問いは，知識を一種の道具として教える当時の職業教師ソフィストたちへの批判を含んでいた。知識に関する哲学的な問いは，その出発点において，教え学ぶに値する知識とは何かという教育学的な問いと不可分に結び付いていたのである。ソクラテスにとって，教え学ぶに値する知識とは善に関する知識であった。そして，善とは何かを知るということは，徳を持ち善く生きることに他ならなかった。ここには，知ることと人間形成との間の根源的な関係が表明されている。また，ソクラテスの教育活動が「無知の知」の自覚をめざしていたこと，そのための対話の方法を彼が自ら「産婆術」と呼んだことはよく知られている。ここには，ソフィストと比較してより複雑となった知識教授の思想が表明されている。ソクラテスに従えば，知識はもはや物の受け渡しのように知っている者が知らない者に単純に伝達するわけにはいかない。むしろ学習者自身の活動に働きかけるような教育者の活動が，知識教授にとって不可欠だと考えられているのである。

　知ることと人間形成との根源的関係というソクラテスの発想は，ソクラテスの高弟であったプラトンはもちろん，修辞学校を主催してプラトンのいわばライバルであったイソクラテス（Isokrates）にも受け継がれている。ただし，教え学ぶに値する知識の内容に関しては，両者の考え方は大きく異なっていた。

　まずプラトンの場合を見よう。中期の対話篇である『メノン』に，ソクラテスにはないプラトン独自の思想と言われる想起説が現われる。想起説は，ソクラテス的な産婆術の，理論的根拠づけとして解釈することもできる。実際，『メノン』のソクラテスは，ある正方形の2倍の面積を持つ正方形の作図に関する産婆術的対話をメノンの召使いと行うことによって，想起説を実証しようとしている。しかしそれにとどまらず，想起説はプラトンの根本思想であるイデア論と密接に結びついてもいる。およそ人間として生まれた以上，そ

の魂はイデアの世界を見ているはずであり、それを想起することが可能だとされる。想起は、知識一般というよりはイデアの可知性にこそ向けられていたのである。このように、プラトンにとって教え学ぶに値する知識とはイデアの世界についての知識であった。イデアの世界を想起することによってこそ、人間は「言葉のほんとうの意味において完全な人間」となることができるのである。そして、数論、幾何学、天文学、和声学のような科学はイデアの世界へと魂を向けさせる力を持つと考えられた。これら厳密な科学は、生成流転する世界を超えて常に不変のままに存在する世界に、つまりイデアの世界に関わっているからである。ただし、こうした科学の学習は「魂の向け変えの術」としての教育の準備段階にすぎない。教育の真の目標に、つまりイデアのなかのイデアたる善のイデアの認識に人を導くのは哲学的問答法の役目であった。プラトンの場合問答は、相手の説得や、まして対人関係の調整をめざしてなされるわけではなく、対話者を超えて存在するイデアをめざしてなされるのである。

　言論に関するイソクラテスの考え方はこれとは対照的である。イソクラテスにとって、真に教養ある人とは、永遠不変の学知（エピステーメ）を持つ人ではなく、日々出会う問題を、対人関係をそこなうことなく適切に処理し、なお精神の調和を保っているような人であった。学知を追究することではなく、実践的問題を適切に処理するための知、つまり実践知としての思慮（フロネーシス）を身に付けることが問題なのである。学知は、せいぜい思慮を身に付ける過程での思考訓練として役立つにすぎない。実践的な問題に対処するためには時機を逃さぬことが重要であり、その問題についての学知を一々追究しているわけにはいかない。永遠不変の学知ではなく、常に正しいとは言えずともたいていの場合に正しいような、健全な判断を可能にする思慮を身に付けることが重要なのである。そして、このような思慮は言論を磨くことによって形

成される、とイソクラテスは考えた。ソフィストの場合と違って言論は単なる道具ではなく、適切に言論を使うということが、すなわち思慮を持つことを意味する。またプラトンとは違って、言論は学知に至るための単なる方法ではない。言論を使用することこそが生きることなのであり、適切に言論を使うことは、思慮をもって善く生きることを意味する。このような適切な言論と思慮を形成するために、イソクラテスは弁論・修辞学（レートリケー）を教育の中心に据えたのであった。

　プラトンとイソクラテスの知識観は、「数学的哲学的教養」と「文学的修辞的教養」（廣川洋一）という相対立する伝統となって、その後の西洋教育思想を深く規定することになる。どちらも、人間形成にとっての知識の重要性についてのソクラテスの立場を受け継いでいる。しかし、プラトン的伝統が、人間から独立に存在する普遍的知識の獲得こそが人間形成に寄与すると考えるのに対して、イソクラテス的伝統では、人間関係のなかに生きて働く知識こそが人間形成に寄与すると考えられるのである。

▶ **アリストテレス**　　知識と教育に関するアリストテレスの思想は、ごく図式的に言えば、プラトンとイソクラテスをつなぐものとして、つまり、日常的な経験から出発して学知へと至る道程に教授と学習の意味を見出した思想として、位置づけることができる。『分析論後書』の冒頭で、アリストテレスは、「すべての教授、すべての学習は、どれもみな［学習者の内に］あらかじめ存在する知識から生まれてくる」と述べている。この「あらかじめ存在する知識」は、プラトンの想起説とは対照的に「経験」によって説明される。経験とは、同じ事柄についての多くの記憶から生じる知識である。たとえば、〈一点から等距離にある点の集合〉といった数学的定義を学ぶ以前から、われわれは「円」について、〈このテーブルは丸い〉〈この皿は丸い〉といった具合に日常生活のなかで何ほどかをすでに知っている。教授や学習の課題は、この経

験的知識を出発点にして円についての本来的な知識へと至ることにある。ここで重要なことは、経験的知識のなかには本来的知識が暗黙のうちにすでに含まれているということだ。たとえ個別的で不正確であったとしても、〈このテーブルは丸い〉という判断のなかには、「円」についての正しい観念が確かに含まれているのである。教授・学習の過程とは、個別的な経験的知識のなかに含まれるこの一般的で普遍的な観念を取り出し、意識化させることなのだ。アリストテレスは、この個別から一般への道を「帰納（エパゴーゲ）」と呼んだ。教授・学習の過程は、こうした意味での「帰納」の過程なのである。

▶ **ヨーロッパ近代における知識と教育**　知識と人間形成の根源的関係というソクラテスの思想を基盤として展開された、知識と教育に関する以上三つのモデル——プラトン的、イソクラテス的、アリストテレス的——は、その後のヨーロッパの教育思想の原型となったと言ってよい。イソクラテス的モデルは、キケロ（Cicero, M. T.）やクインティリアヌス（Quintilianus, M. F.）の「フマニタス」の教育理念へ、それを再発見したルネサンス人文主義（たとえばモンテーニュ（Montaigne, M. E. de））へと受け継がれる。博識を批判し実践的な知識やコミュニケーション能力を重視するこのモデルは、20世紀の新教育や、最近の「ポストモダン」を標榜する教育論にもその影響を認めることができる。他方プラトン的モデルは、「一般教育」や「自由教育」の理念のバックボーンとなってきた。もちろんこの理念は、とくに科学と技術の密接な関係が実証された産業革命以降、〈科学の有用性〉というソフィスト的現実主義によって侵食されてきた。しかし、真理を表象しているような何らかの記号体系の教授・学習が人間形成の基礎となる、という理念は、維持され続けたと言ってよかろう。たとえばコメニウス（Comenius, J. A.）の汎知主義の背後に、われわれはキリスト教的に変形されたプラトン的モデルを見ることができる。このモデルは、上述のイソクラテス的モデルによって絶えず批判されてきた。しかし逆にこのことが、現実の（とくに学術的な学校の）カリキュラムがいかに強力にプラトン的モデルによって規定されてきたかを示しているのである。近代の知識論は、合理論にせよ経験論にせよ、あるいはカント（Kant, I.）の場合にせよ、知識や知識を宿す精神を、世界を表象する鏡としてイメージしてきた。とすれば、精神は、世界を表象する客観的・科学的知識の獲得によって形成されるはずである。学知による人間形成というプラトン的モデルは、科学的知識の教授による精神形成という近代的なカリキュラムの理念のなかに生き続けてきたと言える。最後に、アリストテレス的モデルは、子どもの経験を重視する点で、経験論的な学習論や、17世紀に展開された教授学の教授方法論に結び付くように見える。しかしアリストテレスと近代の経験論や教授学の「経験」概念の間には決定的な断絶がある。日常経験から出発するアリストテレスの教授・学習観は、むしろ新人文主義的な人間形成（Bildung）概念のモデルとなっている点で重要である。

もちろん、ヨーロッパ近代の教育思想は、古代ギリシャのモデルを単に受け継いだのではない。そこには重大な差異もまた見られる。近代教育思想の特質ともなっているこの差異を、プラトン的モデルとアリストテレス的モデルについて見ておきたい。まず、上にも触れた「経験」概念の変化について。アリストテレス的な「帰納」は、個別的な生活経験が一般的なものを含み持っていることを前提にしていた。そこでは、生活経験から得られた知識が偏見や習慣に基づくその実特殊な意見（ベーコン（Bacon, F.）の言う「イドラ」）だったとしても、それをそのまま一般化する以外に道はないであろう。近代的帰納法はまさにこうしたイドラの支配の打破をめざした。そのために帰納法は、アリストテレスの場合とは逆に、一般的なものを何一つ含まない要素的な経験（感覚知覚）を出発点とする必要

があった。そのような経験を作りだすためには、経験の方法的な統制が、つまり実験が必要となる。実験は、要素的な経験を組織的に収集することによって、一般的なものへの確実な前進を保証するものと考えられた。経験が要素的であり万人に共通であればこそ、「経験による検証」も可能になるわけである。われわれは、こうした感覚知覚としての経験の観念を、経験論的な学習や17世紀の教授学にも見出すことができる。ロック（Locke, J.）にとって、学習の出発点は「あらかじめ存在する知識」ではなく「白紙」としての精神であったし、コメニウスにとって、経験は『世界図絵』のような装置によって統制されねばならなかった。アリストテレス的な経験概念の解体とともに、教育思想のレベルでも、生活と知識との分離、そしてその架橋という問題が浮上してきたと言える。

アリストテレス的な自然学にかわって、プラトン主義がルネサンス以降のヨーロッパの科学思想の支柱になったことはよく知られている。17世紀の科学革命は、世界の数学的表現というプラトン的理念に支えられていたと言われる。しかし、近代科学は、上に述べたように実験という新たな装置を組み込んでいるという点で、手仕事と科学的知識を別々の世界に分離するプラトンの観想的知識観から遠く隔たっている。最終的には永遠不変の数学的表現にたどり着くとしても、知識は実験を、つまり自然への手仕事的介入を必要とする。むしろ、手仕事的介入によって職人が身に付けているような現実的知識への注目が、科学革命の背後にあったとも考えられるのである。このような態度は、たとえば啓蒙主義のマニフェストたる『百科全書』の、職人の仕事場に赴いて彼らの知識を体系化するという編集方針に結実した。同様の手仕事への注目、〈作る〉という活動への注目はルソー（Rousseau, J.-J.）にも見られる。『エミール』第3篇で、ルソーは「人間とその判断についての知識」を「事物についての現実的な知識」に優先させる人文主義的・イソクラテス的な教育理念を批判し、「事物がそれ自体どういうものであるか」を教えるべきだと主張している。ただしそのための方法は、プラトン的な科学教授でも問答でもなく、道具を使う作業なのだ。「一時間の労働は一日の説明を聞いてかれが覚えるよりも多くのことをかれに教える」からである。物を作る作業による知識形成、それによる人間形成というこの考え方は、ルソーからペスタロッチ（Pestalozzi, J. H.）を経て新教育にまで受け継がれるものであり、知識と教育の古代的モデルに対する基本的な革新を示している。この考え方はまた、手仕事的な作業のなかに生活の核を見ることによって、生活と知識を架橋する展望をも与えた。しかしそれは同時に、生活を「労働」へと還元する近代的な生活観と軌を一にするものでもあった。新人文主義の人間形成概念を理論的に総括したヘーゲルの『精神現象学』は、生活経験から学知への上昇の過程を「人間形成の道程」と見ている点で、アリストテレス的モデルの近代版を示している。ただしそこでは、生活経験はそのまま一般化されるのではなく、否定的経験を経て絶対知へと上昇していく。このアリストテレス的モデルにおいても、決定的な場面で否定的経験を媒介するものは、名高い「主人と奴隷の弁証法」に見られるように、「労働」という契機なのである。

▶ **現代の教育思想における知識と教育**　ルネサンスから新教育に至るヨーロッパ近代の教育思想において、その知識観を最も強く規定したのはプラトン的モデルであった――イソクラテス的モデルからの批判は常にあり、また「作業」の組み込みという基本的革新が行われたとしても――と言える。知識は世界の表象と捉えられたし、実践的な思慮は、表象としてのこの本来の知識の埒外に置かれる傾向があったからである。これに対して、表象としての知識という知識観の批判、それに伴うイソクラテス的モデルやアリストテレス的モデルの復権を、現代の教育思想の一つの傾向として挙げることができる。たとえばデュ

ーイ（Dewey, J.）は，彼が「知識の傍観者理論（spectator theory of knowledge）」と呼ぶものを徹底的に批判した。知るということは，あらかじめ存在する実在をあるがままに見ることではない。知ることは世界（人間も含めた）との相互作用を合理的にコントロールしようとする行為の一要素なのである。ある種の観念は，このコントロールにおいてよく「働く」がゆえに知識として認められることになろう。──デューイのこうした知識観をソフィスト的モデルの枠内で解釈してはなるまい。デューイは，役立ちさえすれば真偽は問わないと言っているのではない。役立つことが真理の意味に他ならないと言っているのである。さらにまた，結果としてそうした真理が明らかになってくる相互作用の過程に，できるかぎり幅広く参加することが善く生きることにほかならないと言っているのである。ここから，彼の教育理論のなかで「作業」が担った中心的な意味も理解可能になる。デューイにとって，作業は，「事物がそれ自体どういうものであるか」を生き生きと教えるための単なる手段ではなく，むしろ人間が生きるという過程の，ひな形なのである。行為の一要素となっているという意味では，作業のなかで働く知識は，科学的知識や実生活上の知識と原理的に何ら異なるものではない。教育の目的は，より知的にコントロールされた相互作用へのより幅広い参加を可能にしていくことにあると考えられるが，これは人間の生活一般の目的でもある。この意味で「教育の過程は，それ自体を越えるいかなる目的ももっていない」ということができる。デューイの教育理論は，表象としての知識を批判し，生活経験と学知，思慮と学知を連続的に捉える独自の知識論に立脚していたといえる。

プラトン的モデルに対する批判・相対化の試みは現代の知識論や教育理論のなかに幅広く見られる。たとえばライル（Ryle, G.）は，命題的知識（knowing that）のみならず，命題化されず真偽を問いえないような方法的知識（knowing how）をも知識の領域として認めるべきことを主張した。方法的知識の側から知識を見ることによって，プラトン的モデルを転覆させ，教育と知識の関係を身体を中心として再編成する可能性が出てくる。また，最近の認知科学では，世界の表象として知識を捉える「表象主義」の限界が認識され，知識を行為の道具として捉える立場が現われている。レイヴ（Lave, J.）とウェンガー（Wenger, E.）は，こうした立場に立って，知識獲得のさまざまな実践的場面を分析している。時代は遡るが，厳密科学を今一度生活世界に帰着させた現象学の試みを想起することもできよう。日常的・実践的知識の復権をめざすこれらの試みは，カリキュラムの領域にも大きな変化をもたらす可能性がある。重要なことは，以上のような新たな理論傾向が，単なる〈知育中心主義〉批判とは一線を画していることだ。それは，知育・徳育・体育といった伝統的な枠組みそのものを疑問に付し，「知る」という働きの全体性の回復をめざしていると考えられる。

[参考文献] Buck, G., *Lernen und Erfahrung*, Darmstadt 1989／Dewey, J., *The Quest for Certainty*, in *The Later Works*, vol. 4, Carbondale 1984（植田清次訳『確実性の探究』春秋社 1963）／Dewey, J., *Democracy and Education*, in *The Middle Works*, vol. 9, Carbondale 1980（松野安男訳『民主主義と教育』上・下，岩波書店 1975）／Doll, W. E., *A Post-Modern Perspective on Curriculum*, New York 1993／Jaeger, W., *Paideia. Die Formung des griechischen Menschen*, Berlin 1989／Lave, J., Wenger, E., *Situated Learning*, Cambridge 1991（佐伯胖訳『状況に埋め込まれた学習』産業図書 1993）／Marrou, H.-I., *Histoire de l'éducation dans l'antiquité*, Paris 1948（横尾壮英・飯尾都人・岩村清太訳『古代教育文化史』岩波書店 1985）／Rorty, R., *Philosophy and the Mirror of Nature*, New Jersey 1979（野家啓一監訳『哲学と自然の鏡』産業図書 1993）／Rossi, P., *I Filosofie le Macchine 1400-1700*, Milano 1984（伊藤和行訳『哲学者と機械──近代初期における科学・技術・哲学』学術書房 1989）／Rousseau, J.-J., *Émile, ou de l'éducation*（今野一雄訳『エミール』上，岩波書店 1962）／

Ryle, G., *The Concept of Mind*, London 1949（坂本百大・宮下治子・服部裕幸訳『心の概念』みすず書房　1987）／Scheffler, I., *Conditions of Knowledge*, Chicago 1965（村井実監訳『知識の条件』東洋館出版　1987）／廣川洋一『プラトンの学園アカデメイア』岩波書店　1980／廣川洋一『イソクラテスの修辞学校』岩波書店 1984／生田久美子『「わざ」から知る』東大出版会　1987

[関連項目]　カリキュラム／経験／作業（労作）　　　　　　　　　　　　　（今井康雄）

知識基盤社会

英 knowledge based society

▶ **語　義**　知識社会（knowledge society）ともいう。社会・経済の発展において，「知識」が重要な駆動力になる社会状況を指す概念。とくに，情報技術の飛躍的発展によって実現される社会像を示す概念として，1990年代から用いられるようになった。「知識社会」は，広く社会的，倫理的，政治的な次元を包摂する概念である。ゆえに，技術的革新に焦点が当てられる「情報社会」とは区別して用いられる。

▶ **由　来**　知識社会論は，ダニエル・ベルやピーター・ドラッカーなどの「知識社会」や「知識基盤経済（knowledge-based economy）」の概念の影響を受けて展開した。そのなかで「知識社会」という概念は，「ポスト産業社会」あるいは「ポスト資本主義社会」といった新たな産業構造を捉えるための分析概念として用いられた。

▶ **教育への影響**　知識社会論では，高度な知を担う場としての高等教育の拡充，さらには将来にわたって知識を更新していくための生涯学習社会の構築が求められている。政策面では，経済協力開発機構（OECD）や欧州連合，UNESCO などにおいて，政策の基本的方向性を規定する概念として「知識社会」が用いられ，各国の教育改革に影響を与えてきた。たとえば，OECD では1996年，The Knowledge-Based Economy という報告書がまとめられ，その翌年から DeSeCo と PISA のプロジェクトが着手されている。「キー・コンピテンシー」についての議論も，知識基盤経済の概念が前提になって進められた。

　そうした「コンピテンシー」などの汎用的能力は，世界的に高等教育の学習や評価に影響を与えている。日本でも，2005年の文部科学省中央教育審議会答申「我が国の高等教育の将来像」において「知識基盤社会」の語が初めて政策文書に使用された。この答申の後，学習指導要領の改訂にあたっても，現代社会が「知識基盤社会」と位置づけられ，「生きる力」が「キー・コンピテンシー」の先取りであるとみなされた。

　「知識基盤社会」では，経済発展における「知識」の重要性への認識が高まるだけでなく，既存の知識をいかに有効に適用するかを知るための知識，いわゆる「メタ知識」が重視される。たとえばドラッカーは，そうした能力の育成にあたっては高度な専門教育が重要になり，伝統的なリベラル・エデュケイションは時代遅れになる，という見方を示している。こうした見方の妥当性については，大学教育論あるいはリベラル・エデュケイション論の観点から思想史を踏まえた考察が求められるだろう。

[参考文献]　Bell, D. *The Coming of Post-Industrial Society: A Venture in Social Forecasting*, Basic Books, 1973.／Drucker, P. F. *Post-Capitalist Society*, New York (Harper Buisiness) 1993.／OECD *The Knowledge-Based Economy*, General Distribution, 1996, (96) 102.／Valimaa, J. Hoffman, D. "Knowledge Society Discourse and Higher Education" *Higher Education*, 56, 2008

[関連項目]　高等教育／生涯教育　（藤本夕衣）

知　能

英 intelligence／独 Intelligenz／仏 intelligence

▶ **語　義**　知能の概念は，1905年にビネー（Binet, A.）とシモン（Simon, T.）が作成した知能テストによってはじめて出現し，それ以後，心理学者によってさまざまな定義

が与えられてきた。知能はつねに知能テストで測定されたものであって、多種多様な知能テストが存在する以上、一義的には定義できないからである。たとえば、1921年の知能とその測定というテーマでのシンポジウムのなかで、ターマン（Terman, L.）は抽象的思考能力、ディアボン（Dearborn, W. F.）は学習能力、ソーンダイク（Thorndike, E. L.）は真理や事実を見て正しく反応する能力、ピントナー（Pintner, R.）は新しい環境への適応能力などと、知能を定義している。これらの定義はそれぞれ今日でもなお影響力をもっており、決定的な定義は存在しないと言ってよい。

近代の教育思想を批判的に検討するためには、知能の定義の適否を検討するよりも、知能の概念が近代の教育思想のなかから提出されるにいたった背景と、その利用のされ方、そして、定義の多様性にもかかわらず、知能の概念が知能テストによって規定され、特定のイデオロギーに支えられていたことを明らかにする方が意味がある。なぜなら、知能テストの歴史をみれば、知能の概念があって、それを測定するために知能テストが作られたのではなくて、生徒の分類という社会的な要請に応じて知能テストを作ったことを契機として、知能の概念に関する検討が始まったという事情が明らかだからである。では、知能概念出現の社会的背景とそれが果たした社会的機能を見ていこう。

▶ **知能概念出現の背景**　人間の知的な能力を感覚と理性に区別したり（プラトン Platon）、認識能力と欲求能力に分類したりする（ヴォルフ Wolff, Ch.）ことは古くから行われてきたが、知能という概念が出現してくるのは知的な能力を科学的に測定しようとする近代思想のなかからであった。知的能力の測定への関心を高めることになった契機として、測定の思想と個人差の認識という二つを指摘することができる。人間の知的な能力を測定しようとする動きは、19世紀の半ばから心理学者の間で広がりつつあった。近代の自然

科学は、自然を観察し、法則を発見することによって急速な進歩を遂げた。進歩の原動力は疑いもなく人間の知的な能力であったから、それをも客観的に観察し、測定し、予測しようとする動きが生じていたのである。もちろん、知的能力は身体的な能力とは違って、実体として測定することは困難である。そこで、まず人間の知的能力は、感覚刺激に対する反応の速度として測定された。イギリスではゴルトン（Galton, F.）が、アメリカではキャッテル（Cattell, J. M.）が、個人の反応を測定し、それをもとに、人間の思考力や理解力を推定しようとしていた。測定された数値は、学業成績の予測に役立つわけでもなく、実際には人間の知的能力を示すものとしては妥当性を欠いていたけれども、具体的な測定値を示すことで、知的能力の実在性とそれへの関心を高めることになったのである。

二番目の契機は、学校教育のなかで知的能力の個人差が明瞭に示されたことである。1900年前後の先進諸国では、学校教育が普及し、共通の教材を一斉に教授するという近代的な教授法がすでに一般化していたが、それは同時に、生徒の能力の個人差を明瞭に示すことであった。資本主義経済の進展のなかでさらに教育の能率を上げるためには、生徒の能力の個人差に応じた教育が必要であった。そこで、個人の能力の分布状況を統計的、客観的に把握し、有効に活用するために、精神薄弱児や英才児のための特別学級を設置するなどの方法で、個人差に応じた教育が実施され始めたのである。教育の能率の向上を図るうえで、知的能力を客観的に測定し、予測して、その個人差に対応することが必要になったのである。

▶ **知能テストの普及**　知能概念の出現は、1905年にフランスで作成されたビネー・シモンの知能テストを抜きにしてはありえなかった。それはパリの小学校において潜在的な能力があるにもかかわらず学習不振である児童と、精神薄弱児との区別をして、特殊学級を編成するという実際的な要請に応ずるため

のものであった。ビネーは，知能を，感覚的な反応として分析的にとらえるのではなくて，理解力，工夫力，方向づけ，批判力などの複合体としてとらえ，年齢尺度を用いて数値化した。それは，発達の段階を示すものであり，また，発達の遅れた子どもへの配慮の仕方を検討することを当初の目的にしていた。

しかし，知能テストは，諸外国で翻訳・紹介されると，知能の質を判定し，人間を分類するという機能をもつことになった。また，テスト問題は日常の課題からとられ，実用的であったのでひろく利用されるようになった。たとえばアメリカにおいては，知能テストが紹介された当初は精神薄弱児を特定するための道具として使用されていたけれども，ターマンが1915年にスタンフォード改訂版を作成してからは，普通の子どもの知能の測定に利用され始めた。彼は暦年齢と精神年齢との比をとって知能指数を算出し，それが，生徒の将来の能力を客観的に予測していると見なした。つまり，知能指数は人間の潜在的能力の測定値であり，能力の限界を示していると解釈したのである。知能テストは第一次世界大戦の最中に，軍隊の分類のために大規模に用いられて，急速に普及することになった。戦後は学校教育の現場にも応用され，知能は生徒を分類するための指標となったのである。

▶ **知能観をめぐる論争の本質**　知能とは何かという議論が実際に始まるのは，1920年を過ぎてからである。生徒の分類という社会的要請に応じて，多種多様な知能テストが作成されたのち，知能に応じて生徒を分類することの是非が問題になったときからであった。この論争は，知能が遺伝によって決まっているのか環境のなかで作られるのかを焦点として，遺伝説をとるターマンを中心とするスタンフォード大学の心理学者と，環境説を主張するストッダード（Stoddard, G. D.）を中心とするアイオワ大学の心理学者との間で，激しく繰り返された。知能を測定する方法と知能の定義を操作すれば，いずれも説得力をもつものであるが，実は両者ともが暗黙の前提

としていた思考様式が存在していたことを，われわれは見逃してはならない。それはどのような知能観が社会的要請に能率的に応えることができるかという発想であった。人間の知的な能力を能率的に活用して，20世紀の管理社会を有効に機能させるためには，遺伝的に決まっている知能に応じて人材を配分することと，社会や環境に適応するような知能を作り出すこととは，いずれが有利であるかという選択肢であった。しかも，知能の概念は測定の方法しだいで，いかようにも解釈が可能であったから，知能観は時代の社会的要請を忠実に反映することになったのである。

この論争が続いていた1920年代には，アメリカの学校教育の現場では学校心理学者が採用され始めていた。彼らの指導のもとで，知能テストが実施され，知能に基づく能力別の学級編成が普及し，ハイスクールでは，高い知能の生徒には普通教育を，低い生徒には職業指導を徹底するという方向でのガイダンスがすすめられた。知能が遺伝と環境のいずれの影響をいっそう強く受けるかという激しい議論が行われていたなかでも，知能は社会的には人材の配分と選別という機能をもち続けたのである。生徒の知能の個人差に応ずることは一人ひとりの発達の保障であるという主張が，その一方では，知能の低さをもって教育から子どもを排除することを正当化する機能ももってきたのである。知能は生得的であるとする主張は，シリル・バート（Burt, C.），アイゼンク（Eysenck, H. J.），ジェンセン（Jensen, A. R.）などによって主張されており，今日でもしばしば論争の的となっている。

人間の知能は実体として存在するものではなく，測定という行為によって想定されたものに過ぎない。したがって，その性格はつねに測定の意図と方法に規定されており，その時代の文化と社会思想の反映であることを忘れてはならない。

[**参考文献**]　Eysenck, H. J. & Kamin, L., *Intelligence*, 1981（斎藤和明ほか訳『知能は測れる

のか』筑摩書房 1985)／Gould, S. J., *Mismeasure of Man*, 1981（鈴木善次・森脇靖子訳『人間の測りまちがい』河出書房新社 1989)／Gregory, R. J., *Psychological Testing*, New York 1992／Thorndike, E. L. et al., "Intelligence and Its Measurement: A Symposium," *The Journal of Educational Psychology*, Vol. 12, No. 3, 4, 5 (1921)／滝沢武久『知能指数』中央公論社 1971

[関連項目] ビネー／天才　　　　（宮本健市郎）

中等教育

英 secondary education／独 Sekundarschulerziehung／仏 enseignement secondaire

▶ **概　念**　初等教育と高等教育の中間階梯の教育を中等教育という。こうした階梯としての中等教育は近代公教育思想の誕生と共に生れ，実際に実現されたのは 20 世紀以降である。

長い歴史を有するヨーロッパにおいて，中等教育は，複線型教育体系の下で支配者階層の子弟を対象として，大学での専門教育のための準備教育なり人間形成のための一般教育なりを行うものとして存在してきた。それは，一般民衆の子弟のための初歩的な教育であった初等教育とは異なる起源，目的，内容，方法，教員を有していた。その後の中等教育の歴史は，特権的教育であったその教育が次第に全ての人のための「初等教育に続く普通教育の一階梯」として形成されていく過程であったといえる。

▶ **歴　史**　中等教育の前史といえる中世のエリート教育について見てみよう。それは，主として大学での専門教育準備のためのラテン語習得を目的とする古典教育であった。だが，その教育が組織的に行われるようになったのは，11 世紀に中世の大学が出現し専門教育準備のためにカレッジが人文学部に設けられてからである。

商業が発展し商人が台頭し始めたルネサンスの時代を迎えると，三学四科の七自由科からなるキリスト教的スコラ教育が批判され，それに代って市民の人間形成を目指す世俗的な人文主義の教育が主張される。それは，当時勃興しつつあった新上流階級の教育要求に応えるためのものであった。人文科と呼ばれるその教育は，洗練された古典ラテン語とギリシャ語の学習を通して貴族や大商人たち市民を古典古代世界の原典に触れさせ，ギリシャ古典古代社会の市民をモデルとした調和的な全人的人間形成を再興しようとした。そのため，修辞学が中心的な位置を占め，作品内容の説明によって古典古代社会の英雄の生き方を感じ取らせることに授業の重点が置かれた。こうした教養教育の理念的誕生は，単なる知識の付与でなく時間的に継続する人間形成を目指すために，直線的な教育の時間，すなわち学年制とカリキュラムを誕生させることになった。そしてヨーロッパ伝統の古典教育の場としてのラテン語学校のモデルが組織される。

宗教改革，反宗教改革に伴って，特権階級の子弟を対象に人間形成を目的として古典教養教育を行う教育機関として，イギリスのグラマースクール，ドイツのギムナジウム，フランスのコレージュなどが発展していく。最初，宗教的色彩の強かったそれらの学校において，聖職者養成のみでなく広く世俗的な富裕層の子弟の教育需要に応えていく必要があると次第に意識されるようになり，一般教育としての人文主義教育が普及したのである。だが，それは，ルネサンス時代の教育の理想とは異なり，形式化された人文主義の教育だった。当時人気を博したイエズス会コレージュの教育によって代表されるように，ラテン語を実際に用いることができるようにすることを目指した言語主義的教育であった。時代と共に進んでいくラテン語の死語化に伴って教育の形骸化が起こり，それは完全に遊びと化していった。原典でなく抜粋集や辞典を用い言葉の単なる暗記を強制することによって，エリートたちに生命のない優雅な形式的調和だけを学びとらせることになった。

時代が進み近代化のなかで社会状況が変化していくと共に，都市を中心として中産階級

が勃興し，新しい市民社会が誕生する。そこでは，古典古代社会の文学への憧憬にではなく眼前の世界の自然の姿に対して関心が抱かれ，コメニウス（Comenius, J. A.）らによる汎知学的教育が主張される。だが，衒学への反発に支えられたこの新しい教育は，科学および産業の発展を背景とした近代的なものでありながら，未だ自然など世界の認識を通して神（世界の秩序，調和）の認識に至ることを目指しており，教育の本質的な目的は人文主義的教育と同じ人間形成であった。この教育主張は当時の貴紳層の過渡期的性格を表していたと言えよう。

17，18世紀になると，市民社会の発展に伴って近代化の動きはいっそう加速され，知識の進歩に裏付けられた文明社会の進歩を目指した啓蒙主義が誕生し，各国の言葉による百科全書的教育の主張が展開される。新しい教育は，汎知学におけるように眼前の世界の自然の姿のみでなく，更に市民社会における人間にまた社会自体に対する関心に支えられて，自然科学的内容から社会科学的内容まで含んだ百科全書的なものへと拡大した。そして，そうした教科を教えるための新しい学校の構想が出現する。中産階級の成長が著しいイギリスでは，実業的中産階級のために，近代的な実業教育を行うアカデミーが，教養的中産階級むけのパブリックスクールやグラマースクールの傍らに，誕生し発展していった。

他方，市民革命によって近代的な民主的な国家が誕生したフランスでは，その国家の下で新しい教育の制度化へ向けての動きが始まった。コンドルセ（Condorcet, M. de）らによって，国家の下での国民の教育を内容とした公教育の主張が展開され，全国民に対して共通な教育を実施するための単線型学校教育体系が構想される。国民に対して普通教育を施すための階梯としての初等教育と中等教育という考えが誕生する。国民に必要な実際的知識を教える初等普通教育に続き，近代的な百科全書的教科を内容とした中等普通教育が構想されることになる。国民を対象とする中等教育として，市民と同時に職業人の養成を行うことも計画された。

こうした民主的な国民教育の構想は，市民革命以後の経済的な発展に後押しされながらヨーロッパ各国に国民教育の制度化へ向けての動きを生み出す。だが，普通教育としての中等教育の実現は，革命期の公教育思想を生んだフランスにおいてさえ容易ではなかった。

19世紀になると，イギリスでは，産業革命による社会変化に伴って中等学校の分化が見られるようになる。それは，階級的自覚をもつにいたった中産階級が中等教育へ向かうことの結果として生じた。特権的な中等教育が，全国的で上流階級向けのパブリックスクールと地方的で中流階級向けのグラマースクールとに分かれて整備されていくのである。

フランスでは，官僚養成のための教育機関として古典的中等教育の整備が進められる。規範的中等学校として官立リセが誕生し，独占的に高等教育への準備を行う。この中等学校の整備は，国家の官僚制度，資格制度の確立と深く連動しており，国家が必要とした官僚養成制度の誕生を意味した。この制度の確立によって，官僚の特権層は文化的再生産のための手段を，また非特権層は子弟の立身出世のための手段を手に入れることができ，国家の中枢を担う教養的市民層が養成されることになる。他方，この官立リセでの教育を模倣して，地方中産階級の子弟を対象として古典教育を行う公立コレージュが誕生する。

ドイツでも，中等教育は官僚養成のために高等教育への準備を行うギムナジウムとして組織され，教養的市民層が養成されていく。ドイツにおける教育の特徴は，他の国に比べて早くから実業人養成のためのレアレシューレが誕生し，発展したことである。

アメリカの場合は少し状況が異なる。19世紀前半にはイギリス的なグラマースクールでの古典教育に代わって新興実業階級の要求に応える実学的，世俗的な私立のアカデミーが発展し，更に，19世紀後半には全ての人に開放される大衆的，実際的な公立ハイスク

ールが急速に中心的な中等教育の場となっていく。伝統の浅いアメリカでは，ヨーロッパ諸国に先んじて単線型学校体系の中等普通教育の発展が見られることになる。

もちろん，ヨーロッパでも新しい動きが見られなかったわけではない。支配者層は革命と産業化の進展の下で急激に変化していく社会のなかで自らの子弟を託す中等教育はいかなるものであるべきかに関心を注ぎ，役に立たない物知りを造り出すだけの古典語の教育を批判したりした。しかし，このことは中等教育への実用的な近代教育の導入が求められたことを意味しない。古典中等教育のなかに一部実学教科が導入されることはあっても，古典教科に代わってそうした近代教科が中心教科として位置づけられるということはほとんどなかった。一般的な人間形成を目指して人文主義的な古典教育が行われ続けたのである。

ただ，ドイツにおいて比較的早く見られたように，古典的な中等教育のそばに実業人を対象に職業準備教育も含め行う実学的な中等教育が次第に創設されていく。実科中等教育である。このことは中等教育で実業的市民層の養成が計画的に始まったことを意味する。

その結果として，19世紀のヨーロッパには，古典教科による人間形成を目指した規範的教育である古典中等教育と，実学教科を大量に導入し職業準備も目指す実科中等教育の二種類の中等教育が存在し，両者の間に対立が生まれる。だが，保守化した中産階級も含め支配者階級内部での古典教科尊重の傾向は基本的には変らず，支配者階級の文化的伝統を受け継いだ古典中等教育は実科中等教育よりは程度の高い教育であると評価され続ける。中等教育の多様化に伴う序列化の存在である。

他方，民衆教育においては，19世紀末から20世紀初めにかけて帝国主義化と教育大衆化にともない，国家的要求と国民の要求に支えられながら高等小学校教育の充実，発展が始まる。いわゆる民衆的中等教育の誕生である。

この実際的かつ実業的な民衆的中等教育の発展にともない，従来の実科中等教育は，次第に教養教育化して近代教養教育へと性格を変えていく。その結果，中等教育レベルの教育は，従来の古典中等教育と新しい近代中等教育という二つの教養的な中等教育に加えて，実際的かつ実学的な初等後教育（高等小学校教育）の三本立てとなる。そして，それらの間に序列化が誕生する。

20世紀になると，教育の民主化の動きとして，統一小学校に続き，これら3種類の中等レベルの教育の統合化が求められていく。全ての人を対象とする統一学校の誕生に向けて学校制度の統合，教育内容の統合が追求され，フランス革命期に構想された階梯化された中等教育，つまり初等普通教育に続く中等普通教育の実現に向けて動き出すのである。

中等レベルの教育の統合化の実現は，フランスの場合，まず，1902年の古典中等教育と実科中等教育の統合として始まる。新しい中等教育として，前期課程と後期課程の二段階が設けられ，前期中等教育には古典と近代の2コースが，また後期中等教育にはそれらを組合わせた4コースが設けられる。中等教育の制度的統一化は実現されたが，コースが存在しその間に序列化が生まれる。そして，古典コースは正系の中等教育であり続ける。

ところで，注意を要するのは，以上の中等教育は男子中等教育のことであり，女子中等教育は，1925年の統合化までは（男子）中等教育とは異なる制度の下に置かれていたことである。それまでは，年限的にも内容的にも劣った教育として差別され続けた。

統一学校運動の下での前期中等教育（古典，近代）と高等小学校教育の統合は，中等教育予科と初等教育のカリキュラム上の統合化が成立した1926年から更に11年後の1937年に，カリキュラムの統合として開始される。「全ての人に中等教育を」のスローガンの実現への重要な一歩が踏み出された。だが，1941年に高等小学校が近代コレージュになった後も，前期中等教育には古典科と近代科

と移行クラスという3コースが存在し，1975年の統一コレージュの誕生までは全国民が同じ内容の前期中等普通教育を受けたわけではない。ところで，ヨーロッパには，現在でも，数は少ないが，古典教育，実科教育，初等延長教育という三本立ての前期中等教育を有する国が存在する。

近年になると，多くの国で，教育民主化の結果として，普通教育としての前期中等教育が誕生した。ところが，その結果，新たな問題が誕生する。教育のユニバーサル化に伴って，生徒の目的，能力，意欲等における多様化の存在が顕在化し，上からの教育（進学準備）と下からの教育（職業準備）のぶつかり合う場として，そこでは能力主義が支配することになった。生徒の間に序列化が生まれ，それが彼らの進路を決めていく。全ての生徒の成長と発達を保障する場という理念のもとで，実際には，彼らを競争させ，その競争の結果として社会の必要とする人材の育成，配分の場と機能する。そして，経済問題の深刻さが増していくに伴って，一段と能力主義が叫ばれ，一部では，教育の多様化，個別化の名のもとに，差異化教育の導入もなされている。

一方，前期中等教育の統合の後も，選ばれた者だけが教育を受ける場であると考えられてきた後期中等教育は，近年の進学率の高まりと共にマス化し，しだいに，ほとんど全ての人が教育を受ける場になっていく。それにともない，前期中等教育と同様に，多様な生徒が存在することになる。フランスの場合を例に取れば，従来の一般教育コースに加えて，技術教育コース，更には職業教育コースが創設され，生徒たちは，制度的に統合化された後期中等教育のもとで，学力に応じてそれらのコースの一つに振り分けられていく。そして彼らは，それぞれの能力と将来の進路に合った教育を受けるとの名目で前期中等教育の場合と違って明確な差異化教育を受けることになる。

このように，マス化あるいはユニバーサル化の進む中等教育には，青年たちが抱える社会的，個人的な諸問題が集約的に現れる。近年，ますます競争，選別の場としての性格を強めている中等教育に，それらの問題を解決する力は残されているのであろうか。

［参考文献］　デュルケーム，E.（小関藤一郎訳）『フランス教育思想史上・下』普遍社　1966／ガレン（近藤恒一訳）『ヨーロッパの教育』サイマル出版会　1974／ミュラー，P. ほか編（望田幸男監訳）『現代教育システムの形成』晃洋書房　1989／望田幸男編『国際比較・近代中等教育の構造と機能』名古屋大学出版会　1990
［関連項目］　初等教育／高等教育／古典／一般教育／普通教育／人文主義（ヒューマニズム）／国民教育／青年　　　　　　　　（荻路貫司）

超　越

英 transcendence／独 Transzendenz／仏 transcendance

▶ 超越／内在　　人間世界を超え出る存在との関係あるいはその超え方の問題として，内在（immanence）との関係で，神と超越，自己意識と超越の関係についての考察が行われてきた。

スコラ哲学においては，アリストテレス（Aristotle）が「一」「真」「善」などを超越と呼んだように，人間の世界を超越する純粋な自存者である神が理性によって想定された。仏教においては，修行による悟りがもたらす智慧によって超越が目指される。新プラトン主義の影響を受けたキリスト教の神は超越的他者とされるが，汎神論における神は内在的な神である。またヤスパース（Jaspers, K. T.）の実存主義においては，客観的に知ることが不可能で実存において交わるほかない神が超越者と呼ばれ，超越とは人間が信仰によって主体的な実存へと飛躍することを意味する。

自己意識と超越の関係においても世界と自己との在り方の関係が争点となる。認識論では意識内の表象や観念が内在とされ，意識を超えた外にある対象が超越とされる。カント（Kant, I.）は理性による把握を超えるという意味での「超越」と，経験的な認識の限界に

ついての認識を「超越論的」認識として区別した。フッサール（Husserl, E. G. A.）においては，自己の意識体験である内在に属さないものが超越とされる。実存主義においては，たとえばハイデガー（Heidegger, M.）は，動物のように環世界を生きていない人間は「世界内存在」としてすでに世界へと超越しているとする。

▶ **自己変容の契機としての超越**　教育思想における超越は，経験の蓄積による成長や発達といった有用な変化とは異なって，非連続の体験による自己変容の契機を意味する。それは必ずしも肯定的価値を持つものとは限らない。近代学校教育制度は，原理的には有用性の環の内でより良く機能することが目指されている。そのために，その環から超え出る遊びのような純目的的行為も教育への効用が強調されることになる。バタイユ（Bataille, G.）は，さらにラディカルに，超越の動きを徹底的な自己意識の侵犯として捉える。内的でありながら自己の外へと開かれる「内的体験」，二重の否定によって動物性と区別される「至高性」，生の極限としての「非-知」の概念，社会道徳とそれを規定する主体意識や有用性の侵犯として現れる「悪」などは，従来の教育言説をはるかに超え出る力として描き出される。同様に，「純粋贈与者」としての教師論や，レヴィナス（Lévinas, E.）の他者論や歓待の思想なども，教育に新たな超越概念をもたらしている。

［参考文献］Bataille G., *Œuvres complètes I-XII*, Paris: Gallimard, 1970-1988／相良亨編『超越の思想』東京大学出版会　1993／蜂屋慶編『教育と超越』玉川大学出版部　1985／矢野智司『贈与と交換の教育人間学』東京大学出版会　2008
［関連項目］悪　　　　　　　　（宮崎康子）

懲　戒

英 disciplinary punishment／独 Disziplinarstrafe

▶ **概　念**　懲戒は，現在大別して二つの関係において適用されている。一つは，一定の監督関係において，もう一つは，教育関係において行使される。監督関係における懲戒として，公務に携わる者の義務違反に対して一定の制裁を課すというものと，企業内の労働者が秩序を乱したり企業の利益を侵害した場合に行う制裁がある。ここでの制裁として具体的には，戒告，減給，出勤停止，解雇等の懲戒処分がある。同様の措置は，公立学校ないしは私立学校に勤務する教師に対しても，懲戒の対象となる場合には適応される。以上のような監督関係とは別に，教育関係における懲戒がある。現行法上「特別の身分的関係」における懲戒として，親の子に対する懲戒（民法822条），教師の生徒に対する懲戒（学校教育法11条），少年院長の収容者に対する懲戒（少年院法8条）が位置づけられている。これらにおける懲戒では，単なる監督関係における制裁処分を目的とする懲戒とは異なり，教育目的のもとで行われる処置であることが強調される。

この教育関係における懲戒に関しては，現在いくつかの疑問が示されている。その一つは，懲戒が極めて，身分的な支配／被支配関係においてなされる措置であることから，そもそも果して，これが教育関係に妥当するものであるのかどうか，という問題である。さらに，教育関係における懲戒では，それが教育目的と結び付きながら身体上への懲戒，すなわち体罰として行使される場合の問題が指摘されている。歴史的にはもともと身体に対する懲戒は，主人と奴隷，夫と妻，雇用者と被雇用者，など大人と大人の関係においても許容されていた。これが近代になると次第に法的に規制されるようになる。ところが，大人と子どもの関係においてはその法的禁止は大きく遅れ，はじめに年少労働者に対する身体への懲戒が，次に学校体罰が禁止されるようになってくる。現在では，「学校教育での法関係において，教員が，教育目的をもって，直接または間接に児童・生徒に肉体的苦痛を与える行為」（学校教育法11条）が禁止されている。しかしながら，他方，親の場合は，民法において身上監護権としての懲戒権が権

限として付与され，これは身体的・肉体的苦痛を加える制裁を意味すると解釈されている。加えて，教育関係における体罰を許容する社会意識の存在がこの体罰問題を複雑にしている。

▶ **身体への懲戒**　教育関係における身体への懲戒問題は，今日的な課題であるというより，近代教育以降の克服すべき課題であり続けた。古くは，エラスムス（Erasmus, D.）が「笞の教育」から「愛の教育」へと論じたように，身体への懲戒は近代以降批判の的となっていた。このような批判の背景には，学校において笞は欠くことのできない教育手段であったという現実があった。これに対して，近代のユマニストらから，教育は子どもに隷属的な服従を強要することでは成立しないという批判がなされたのである。ところが他方，「愛の笞」が強調されたのも近代であった。「子どもを愛することは，子どもを懲罰すること」という議論や，「服従なきところに教育なし」「子どもの自由意志は打ち壊されるべきである」という議論がなされる。このような議論は，たとえば，最終手段として身体への懲戒を認めたロック（Locke, J.）や，権威と愛を教育思想の中心に据えたドイツ汎愛派らの主張にみることができる。これらにおいては，子どもを隷属的に支配する手段としての懲戒は否定しつつも，子どものための懲戒を認めるという，いわば「愛」と身体への懲戒が結びつけられている。

このような近代における愛と懲戒の結合の背景には，近代家族の成立が深く関与している。近代家族は強い情緒的親子関係をその特徴とするものである。もはや近代の親は，古代ローマの生殺与奪権のような絶対的な支配権はもちえない，むしろそこで強調されるのは親の愛情である。しかしながら，他方で近代家族は伝統的・物質的な家の維持基盤を喪失した不安定な家族でもあった。愛をスローガンとする近代家族においては，その秩序を保持するために，伝統的な家支配の論理の刷新が不可欠となる。このことが，父の愛に感謝を捧げながら，「私の父は笞打ちの王であった」という近代の証言を可能にしている。このような近代的親子関係は，教師生徒関係にも影響を与える。教師の懲戒権の正当性を親の懲戒権の委託とみる「親代り論（in loco parentis）」もまた，この文脈上にある。「愛の教育」のなかにある，愛と教育関係における秩序維持の結合を分析することが，今日の体罰問題を検討するための一つの課題となっている。

　［**参考文献**］　利谷信義「親と教師の懲戒権」『日本教育法学会年報』第4号，1975／寺崎弘昭「体罰の歴史と思想：J. ロックの教育思想を中心に」『新しい子ども学』第2巻，海鳴社1986／牧柾名ほか編著『懲戒・体罰の法制と実態』学陽書房 1992
　［**関連項目**］　親権／教育権・学習権／体罰
　　　　　　　　　　　　　　　　　　　（小玉亮子）

張 之洞

（ちょう　しどう　Zhāng Zhī-dòng, 1837-1909）
　中国清末の開明的官僚，政治家，教育家。字は孝達・香濤。号は壺公。諡は文襄。直隷省（現在の河北省）南皮県の生まれ。1863年26歳で進士に合格し翰林院編修となり，以後十数年にわたり湖北学政，礼部侍郎などの学問・教育関係の官職を歴任。西太后の信頼をうけ，1882年山西巡撫（山西省省長）に，1884年両広総督（広東広西両省の長官）に抜擢された。そして1889年湖広総督（湖南湖北両省の長官）になり，以後武昌を中心に富強化政策を実施した。張は湖北機械局の機械製造工場や製鉄所，製紙工場などを設立し，また水師学堂（海軍学校）の設立や湖北槍砲廠（兵工廠）の建設により新式軍隊の編成も行った。さらに武昌自強学堂や湖北農務学堂などの学校の設立運営にも関与した。

　張は日清戦争後の康有為や梁啓超らによる変法自強運動に一定の理解を示していた。だが張は王朝体制の権威保持を考えていたため，康有為らの立憲君主制を求める思想に対しては批判的な立場を取るようになった。張は『勧学編』（1898）のなかで，教育振興のみな

らず民権や共和制を目指すものへと傾斜していく康有為らの論調を批判して儒教を伝統的な形で尊崇することを主張した。これにみられる張の思想は、「中体西用」論の立脚するものであった。この「中体西用」論とは清末の洋務運動を支えた基本思想であり、馮桂芬の『校邠廬抗議（こうひんろこうぎ）』（1864）において定式化されたといわれている。その思想的特徴は、中国の伝統的な政治・道徳・学問など精神・文化的なものを「体」（本幹）として、西洋の物質・技術的なものを「用」（枝葉）と見なした点である。体と用とに分けることで、用として西洋の科学技術の導入はおこなってもその基盤となっている西洋の思想や制度は拒否された。これによって経済発展に必要な西洋の科学・技術の導入は合理化された。『勧学編』もこの立場から教育改革が論じられ、張は中国の伝統的な道徳や政治の原理を「体」とし、それ以外の分野においてのみ西洋文化を導入しようとした。これにみられる張の思想は、西洋文化移入の方法概念としての日本における「和魂洋才」と比較されることがある。

その後張は両江総督劉坤一らとともに、義和団事件後の新政に関して科挙制度の改廃、近代学校制度の導入、日本への留学生の派遣などを清朝政府に建議した。1904年張は「奏定学堂章定」を起草して中国最初の近代学校制度成立に関与し、これによって以後中国では科挙制度が廃止され、小学堂から京師大学堂までの近代的な学校制度が普及することになった。だがこの制度の実態は初等、中等教育では「修身」「読経」「講経」の時間が全授業時数の4〜5割を占めていたり、また制度上女子教育は正当に位置づけられていなかった。つまり中国の伝統的な文化を維持することを前提として諸外国の教育制度および教育内容を模倣する考え方がみられる。ここには西洋文化の価値を認めながらも、王朝体制の維持強化のために中国文化を重視するという「中体西用」論を唱えていた張の態度があらわれている。

1907年以降は中枢に参画し、内閣大学士兼軍機大臣という最高の位を与えられ中央政府で教育行政を管理することになった。彼は清末の教育改革推進の中心的な人物の一人であるが、その思想には儒教倫理にもとづく清朝の体制を強化することで中国存亡の危機に対処しようとした傾向がみられる。

［参考文献］　張之洞『勧学編』両湖書局　1898（西順蔵編『原典中国近代思想史』岩波書店　1977　部分訳所収）／小野川秀美『清末政治思想研究』みすず書房　1969　　　（日暮トモ子）

直　観

英 intuition／独 Anschauung. Intuition／仏 intuition

▶ 意　義　　直観についての哲学上の解釈は多義である。一般的にいって、ある対象、外界の事象、真理、実在などを悟性や思惟の媒介によることなく、直接に把握する作用とその結果としての内容そのものを意味する。われわれが事物を認識するさいに、その知識は、概念や記号という媒体をとおして間接的に得られる場合のほかに、直観という認識方法を用いて得られる場合も少なくない。その事物の直観把握は、直観の語源であるラテン語 intueri が「ある物を見る」の意であることから類推されるように、主として視覚によることが多く、具体的であることを特質としている。

人が事物を直接に見るとき、それを了解的にわかったという印象をもつが、このような直接的な認識は、経験として了解しているのである。この種の経験は、教育学、哲学、心理学はもとより、あらゆる科学的・分析的な研究方法の前提にもなっている。

▶ 直観の類別　　直観は、(1) 感性的直観と(2) 超感性的直観とに大別される。前者は「感覚」とか「知覚」といわれるもので、時間的・空間的次元のなかに現れる事物や事象を身体的な感覚をとおして直接に認識する状況をさす。後者は、なんらかの理想的な観念をとらえようとする内面的で超感覚的な認識

の状況をさす。この後者の直観は「知的直観」とも呼ばれ、たとえばプラトン（Platon）が「イデア」（idea）を直観する能力と考えた「ノエシス」（noesis）が、これに相当する。しかし知的直観といえども感性的直観と無縁ではなく、むしろそれはイデア直観の契機となっている。

超感性的直観は、さらにさまざまな相に分けられる。

（1）内的直観：カント（Kant, I.）は直観を内と外に分別し、外的現象は空間関係において「外感」として把握されるが、内的現象は時間系列において「内的直観」として把握されるとした。そのさい、カントは直観の対象について、「それは空間中に表象されるときには外的対象と称され、まったく時間関係において表象される場合には、内的対象と称されるものであるが、空間及び時間はともにわれわれのうちにおいてのみ見いだされるものである」（『純粋理性批判』）という。だが、カントのいう直観は、独立した認識能力、つまり知的直観としてではなく、感性だけによって与えられる現象界だけにかぎって、しかも受動的に働くものであるとした。

（2）本質直観：フッサール（Husserl, E.）の「現象学」（Phänomenologie）の根本概念で、カントのいうような受動的な経験的直観とはちがって、事物や現象の本質とその形相を把握する自発的な直観である。この「本質直観」（Wesensanschauung）は「あらゆる理性的主張の究極的な正当性の源泉である」といわれる。フッサールによると、自然科学も精神科学も経験科学である以上、それらは「事実学」（Tatsachen-Wissenschaft）であり、その事実の本質は普遍かつ必然であるという。したがっていずれの個的的事実も本質をもち、この本質を把握する作用が「本質直観」と呼ばれる。ここにわれわれは、時間空間的変化にかかわらない恒常的な本質を直観的に認識することができる。

（3）超越主義直観：エマソン（Emerson, R. W.）は、カントから超越論にかかわるヒ

ントを得たが、カントのように直観を純粋直観と知的直観（内的直観）に分別するようなことはしなかった。つまり直観のはたらきを理性認識の発端（契機）的な位置に限定するようなことを入念に避けた。いいかえれば、エマソンは、カントのように世界（対象）の認識能力を感性、悟性、理性に分別し、純粋直観による感性認識を悟性や理性の認識に至る前段であるという考え方には与しなかった。

エマソンの超越主義（Transcendentalsm）思想を基底から支えている方法が「直観」である。しかもエマソンの直観は真理に至る有力な理性認識そのものである。真理は詩人の方法である想像力と同義でもある。詩人は「いっさいの現象にとらわれずに、真理を見つけ報告する」と讃えたエマソンは、現行の哲学を批判して、次のようにいう。「哲学は相変わらず無知であり、初歩的であると思う。そのことは、いつの日にか詩人によって教えられるであろう。詩人は自然の道理にもとづく態度をとる。すなわち、詩人は信じているのである。ところが哲学者は、ある種の必死の苦闘の末、信じるべき理由だけをもつにすぎない」。また「詩人は全体的に見て、分析を避ける」ともいう。エマソンがこのようにいうことができるのは、彼の直観概念には、理性が潜在的に含み込まれており、その位置づけが主／客を越えたところに求められているからである。

デューイ（Dewey, J.）は、エマソンの超越主義直観という認識方法の機能的な奥行きと幅をまさしく直観的に認識したにちがいなく、それに好意的な解釈を与えている。「もし哲学者たちが、エマソンの辛辣にして穏健な文芸のみを褒めそやして、エマソンの形而上学をけなすなら、そのこと自体が、エマソンがおそらくわれわれ哲学者の慣習的な定義以上の何か深いもの（something deeper）を知っていたことを認める反証になる」と。またデューイは「ラーフ・ウォルドー・エマソン」と題する論文で「私は哲学者と詩人との間に堅固な境界など設けようとは思わない。思考

上のアクセントと語り口のリズムについて若干の区別があるにすぎない」という。この言明を傍証しているといってよいであろうことは、デューイがエマソンを「民主主義の哲学者」(Philosopher of Democracy) と呼び、エマソンの超越主義直観による個性尊重教育の思想と方法を、とくに『民主主義と教育』に述べられた経験の再構成による成長理論の核心に援用していることにみられる。

▶ **直観と教育**　教育において直観が重視されるようになってくるのは、ルネサンス期以来のことである。このころから、中世スコラ主義による思弁的・暗唱的なものから、感覚を重んじる人文主義 (humanism) 的な様式へという、教授方法の転換が準備された。とくに 17 世紀に台頭してきたラトケ (Ratke) やコメニウス (Comenius, J. A.) たちの実学主義がはじまる。その実学主義成立の与件は感覚主義・事物主義である。近代教授学の定立者コメニウスは、教授理論において感性的感覚をいっさいの認識の出発点とした。そして、あらゆる教授に直観性を要求するという教育学上の原則が定立されたのは、コメニウスの代表作『大教授学』(Didactica Magna, 1638) においてである。この直観の方法という教授学上の大前提の必要をコメニウスみずからが実現したと目されるのが、『世界図絵』(Orbis Sensualium Pictus, 1658) である。学習者にとって直接的な直観的経験が不可能な場合には、事物そのものに代えて模写物（絵）が必要とされた。事物や事象を描画をもって視覚にうったえ、認識をより実感あるものにした世界最初の絵入り教科書が創出されたのである。

認識の契機として感覚的直観を措定する教育論は、こののち、ルソー (Rousseau, J.-J.) からペスタロッチ (Pestalozzi, J. H.) へと受け継がれていった。とくにペスタロッチは、人間の自己発展・自己活動を重視し、その方法論的な基底として「直観」(Anschauung) をとらえ、直観から概念へという認識の形式を教授の原理とした。ペスタロッチは、たとえば『ゲルトルート教育法』において、直観は生命活動の直接の表現であり、またあらゆる認識の基礎であるから、教授はすべて直観を原理として行われなければならないと主張している。

広い意味で、コメニウスからルソー、ペスタロッチへと受け継がれてきた感覚論教育思想の系譜は、デューイの実験的経験主義にも投影されている。とくにデューイの第一次経験の理論は、生物学的な感覚的認識を基礎として構成されて、直観の説明は、心理学的な側面からなされている。デューイはそこで、直観という行為をつうじて、実在するものを構成している関係性が感知される、といっている。このとき、デューイは、「直観」(intuition) というタームを、「自己」(self) の究極の全体的実体へのかかわりを説明する用語として用いている。「その真の自己関与は、自己と世界との、また理想と現実との有機的な統一でなければならない。そしてこのことが、神を知ることになるのである」(Psychology) と。このような超感性的な認識の方法は、まさに直観によるほかないであろう。

▶ **教育上の課題**　直観認識を子どもの経験や活動の基礎として重視する教育の方法原理は、20 世紀の新教育運動を支える教授＝学習理論のなかに受け入れられてきた。しかしながら、その受容のスタンスはおしなべて、コメニウス以来の近代教授学の方法に典型的に見られるように、直観的感性は理性へと高めなければならない低次元のものであるという暗黙の認識がぬぐい去られないまま、今日に至っている。すでに紹介したように、エマソンにみられる理性を含み込んだ感性理解の方法が開発されてしかるべきである。なぜなら、偏差値万能の現代の学校で、冷ややかなまなざしにさらされやすいのは、身体性豊かな個性であり、「個人的知識」(personal knowledge) だからである。

個性と個人的知識の最高表現形式は「感性としての直観」による認識である。学校教育の現場、教室において、感性的理解も理性的

理解も認識上，峻別されることなく，またそれによって個性が差別されることなく承認され，尊重される精神的状態が創出されることが急務である。

[参考文献] カント（高峯一愚訳）『純粋理性批判』河出書房 1965／田浦武雄「直観」奥田真丈・河野重男監修『現代学校教育大事典』ぎょうせい 1993／滝浦静雄「直観的方法」『岩波講座 哲学7』岩波書店 1995／山崎庸佑『超越論哲学』新曜社 1989／浜渦辰二『フッサール間主観性の現象学』創文社 1995

[関連項目] 経験／個性 （市村尚久）

ツ

通過儀礼
英 rites of passage／仏 les rites de passage

▶ **概 念** 誕生・成人・結婚・死などの人生の重要な節目にあたって，個人が新たな人生段階に入ることを表示する社会的儀礼。移行儀礼ないし推移儀礼とも呼ばれる。通過儀礼という用語は，ドイツ生まれのオランダ系の民俗学・民族学者で，フランスの民俗学の基礎を築いたといわれるファン・ヘネップ（van Gennep, A.）が用いて以来，人類学や民俗学あるいは政治学などにおいて広く注目されるようになった。ヘネップによると，通過儀礼は人間の個人の成長過程に行われる人生儀礼という側面ばかりでなく，その人が属している民族・宗教・政治などの文化のなかでその文化に固有の価値観や行動様式を獲得し，社会的諸関係を調整すると同時に社会の一員としての所属感・連帯感を再確認したり補強する機能を持つとされる。また彼は，通過儀礼には「分離期」「過渡期」「統合期」という三つの段階があることをはじめて図式化し，その過程で聖と俗の価値の転換がなされることを解明した。第1段階の「分離の儀礼（rites de séparation）」では，個人がそれまで属していた社会的身分や状態からの「分離」「離脱」を象徴するさまざまな儀礼行動が見られる。親元を離れて「禁欲生活」に入ったり，「旅」に出たり，「若者宿」「娘宿」といった場所に籠もったりするが，その際，それまでの自分とは違う人間になっていくためのさまざまな「別れの儀式」が行われる。髪の毛を切ったり，衣服を替えたり，それまで使っていたおもちゃや生活用品を破壊したり，川に流したり燃やしたりして廃棄し，両親や後見者など，それまで自分を保護養育してくれた者たちへの「別れの挨拶と儀礼」をし，もう二度と戻ってこないことを象徴する「橋落とし」の儀礼などをして過去の時間と空間から厳しく断絶する。これらの分離儀礼は心理的な「親殺し」であり，過去の自分との「死別」であって，それまでの成長とそれに関わる親子関係と社会的諸関係は，いわば「予告された死の記憶」となるのであった。第2段階の「過渡の儀礼（rites de marge）」では，個人はまだどこにも属さない未分化な過渡期的で無限定な状態であることが象徴的に表現される。この過渡期では，来たるべき新しい生活に対する準備として，さまざまなかたちで「学習」や「修業」や「試練」が行われる。これらは身体的な試練と精神的な試練が連動する形で課され，その基本的な単位は「文字」や「言葉」ではなく，「身体」を一つの記憶媒体として技法化する無言の「身振り」（身体技法）であり，世界の無言劇やパントマイム，路上演劇の伝統はここから発生した。最初は「胎児化」あるいは「幼児化」とでも呼ぶべき原初的回帰行動を通じて行われたり，「さかしまの祭り」や「シャリヴァリ（charivari）」「スキミントン（skimmington）」などの習俗が示しているように，男性の女装，女性の男装といった「中性化」，あるいは老若の「反転」や，社会的地位の「逆転」，司祭による聖なる王の罵倒といった「聖俗の価値の転倒」などを通じて行われた。これらの過渡儀礼は，境界状況におかれた人間の不安定な無限定状態をよく示しており，

「学習」「修業」「試練」がいかに大きな価値観の変動（＝自由）を経験するものであるか、いやむしろ人間の真の「学習」「修業」「試練」が、価値の転倒や、始源への精神的回帰を与件としていることを見て取ることができる。そして最後に、第3段階の「統合の儀礼（rites d'agrégation）」では、分離儀礼と過渡儀礼を「通過」した個人が、新しく「再生」し、新しい役割と責任のコード体系のなかに迎え入れられる儀礼であり、多くの場合、盛大な「祝祭」という形態になった。主として長老たちや経験者たちによって取り仕切られる祝宴では、「再生」に要した「学習」「修業」「試練」の成果と、それらを達成した新しい「再生者」が「披露」され、「仲間」として「加入」することが「承認（sanction）」される。

▶ **通過儀礼と教育**　このように、通過儀礼には、一連の儀礼を通過させて身分を変え、新しい責任と役割を達成させる社会化の機能や、それを祭りの構造のなかで承認させることで社会関係を調節したり、連帯感を強めたりする機能（強化儀礼）があるが、通過儀礼の分離・過渡・統合の三段階は、人間の精神発達の段階や学習の認知科学的な構造にも似て、教育作用の基本構造を考える上で示唆的である。伝統社会が共通に持っていた通過儀礼は、工業化の進展とともに解体霧散し、今日では学校文化を機軸にした皮相な儀礼空間が子ども・若者たちを取り巻いている。通過儀礼を持続させている社会における子どもの社会化と、それを持たない社会における社会化の達成感、教育作用の特質を解明し、人間的成熟に関する比較教育文化史的考察をすすめることは、教育の歴史人類学の重要な課題である。

[**参考文献**] Eliade, M., *Das Heilige und das Profane: Vom Wesen des Religiösen*, Rowohlt 1957（風間敏夫訳『聖と俗』法政大学出版局 1969）／Henderson, J. L., *Thresholds of Initiation*, Wesleyan University Press 1967（河合隼雄・浪花博訳『夢と神話の世界――通過儀礼の深層心理学的解明』新泉社 1974）／Robert Forster & Orest Ranum (eds.), *Ritual, Religion, and the Sacred*, The Johns Hopkins University Press 1982／Thompson, E. P., *Customs in Common*, London 1991／Turner, V., *The Ritual Process: Structure and Anti-structure*, Aldine 1969（冨倉光雄訳『儀礼の過程』思索社 1976）／van Gennep, A., *Les rites de passage*, Émile Nourry 1909（綾部恒雄・綾部裕子訳『通過儀礼』弘文堂 1995）／綾部恒雄編『新編 人間の一生』アカデミア出版会 1985／井之口章次編『人生儀礼』有精堂 1978／原ひろ子・我妻洋著『しつけ』弘文堂 1974

[**関連項目**]　年齢段階／習俗　　　（北本正章）

テ

ディースターヴェーク
(Friedrich Adolf Wilhelm Diesterweg, 1790-1866)

▶ **生　涯**　1790年ドイツのヴェストファリヤのジーゲンに生まれる。ヘルボルン、ハイデルベルク、チュービンゲンの各大学で数学、哲学、歴史等を学ぶ（1809-11）。ヴォルムスのギムナジウムの教師（1813-18）、エルバーフェルトのラテン語学校の副校長（1818-20）、メールズの師範学校長（1820-32）を経て、1832年、ベルリンの師範学校長となるが、1847年、宗教や政治についての批判的言動や革新的教員運動の指導的役割が文教当局により危険視され、その職を解任される。1858年、ベルリン市の下院議員に選出され、文教議会では、一般人間陶治や教育の世俗化の実現を目指して論陣を張った。

▶ **思想の内容――自律した国民の形成**　ディースターヴェークは、自律した国民（理性的国民）の形成とその国民に担われる民主主義市民国家の形成を希求した。ディースターヴェークの教育理念は次の三つの立場を包摂している。第一に、個人の理性にもとづく主体的思惟や判断および自由な自己決定を尊重し、

また，そうした自律的諸個人の不断の努力によりもたらされる文化および社会の進歩・発展を志向する立場。第二に，同じ人間という意識の下での共同・連帯・協調を志向する立場。第三に，基本的人権の尊重とそれを保障する民主的国家社会の形成を志向する立場。

▶ **教授学の確立と師範教育の改善**　ディースターヴェークは，自律的人間の形成と社会改革との動的相互関係を自覚しつつ，教育家として，ペスタロッチ（Pestalozzi, J. H.）がそうであったように，主として教育による社会改革を志向した。とりわけ，民衆教育とそれを担う教師の教育に力が注がれ，それは，学校教授学の確立と師範教育の改善への尽力という形になって表れた。教授理論において，子どもに事物の本質的理解をもたらさない教師主導の言語中心の形式的教授も，同じく事物の本質的認識に至らない児童中心の学習も退けられる。教材の内的論理と子どもの心理を顧慮しつつ，子どもの自己活動を知的・道徳的に展開させていく教師の指導に光が当てられる。この指導があって，子どもはその知的・道徳的能力を主体的に用い，伸ばしていける。しかし，こうした指導ができるのは自分の諸能力を自ら高めていこうと不断の研鑽に励む人のみである。ディースターヴェークは，師範教育において教授学への通暁はもちろんのこと，教師および教師たらんとする人に理性人としての資質を高める自己教育・自己修練を説くのである。

▶ **影響**　ディースターヴェークの著作は19世紀半ば以降，ドイツ・オーストリアはもとより，アメリカやロシア等の諸外国にも紹介された。そこには，教育実践に有効な方法の書とペスタロッチの理念を実践的教授法に移植した教授学者というイメージがあった。勿論，師範教育論，国民教育論，教育政策論，教育世俗化の理論と宗教教育論，大学論等も，教育改革や自己修練を志向する教育関係者の関心および思考の対象となった。そうしたなかで，ロシア革命以後のソビエトと東西冷戦期の東ドイツをはじめとする東欧諸国におけるディースターヴェーク思想からの影響はかなり特徴的である。つまり，国民教育，教育の世俗化，師範教育の改革の主唱者に対する「進歩的」・「民主的」という評価が社会主義の国家および教育の体制強化の視座から積極的に図られたのである。

▶ **位置づけ**　ディースターヴェークの同時代から現代にいたる彼についての先行研究および評価の整理と分析がシュレーダー（日本を含めた諸外国についても）やルップ（主にドイツ国内について）によって行われているので，詳しくは参照されたい。

位置づけには大きく二つのタイプがある。一つは，ディースターヴェークの理念や精神が現代の教育課題への取り組みに対して励ましと知見を与えてくれるという普遍的評価を伴った賛美的位置づけ。もう一つは，彼の思想を思想史の構造連関のなかで読み直し，相対的評価への可能性に委ねる位置づけ。そして，もし，彼の思想がこれからも啓蒙的エネルギーを有するとするならば，次のことが可能とならなくてはならない。即ち，彼の論理だけでは対応しきれないと思われるような現代の教育的諸問題の固有性に対応する形で，彼の論理が構造的に変容を遂げるか，もしくは，より大きな構造の内に組み入れられ，しかもなお，その論理の中心的理念が保持できるということ。彼の評価と位置づけは，もう一つこのことの如何にかかっている。

[**参考文献**] Diesterweg, F. A. W., *Sämtliche Werke*, Bd. 1-18, Berlin 1956／Diesterweg, F. A. W., *Wegweiser zur Bildung für deutsche Lehrer und andere didaktische Schriften*, Berlin 1962／Rupp, H. F., *Religion und ihre Didaktik bei Fr. A. W. Diesterweg*, Weinheim und Basel 1987／Schröder, W., *Adolf Diesterweg*, Frankfurt a. M. 1978／ディーステルヴェーク（長尾十三二訳）『市民社会の教育』明治図書 1963／対馬達雄『ディースターヴェーク研究』創文社 1984／吉本均『学校教授学の成立』明治図書 1986　　　　　　（大西勝也）

ディドロ

（Denis Diderot, 1713-1784)

▶ 生 涯　　フランスのラングル市で裕福な刃物造りの親方の家に生まれる。初等教育を家庭で受けた後、イエズス会のコレージュに通う。13歳頃、教会参事会員をしている伯父の後を継ごうと僧職に就くことを目指すが、パリに出た彼は宗教への情熱を失い、さまざまな学問に熱中する。パリ大学で古典と哲学の教授資格を得た後、法律事務所の仕事をしたり、家庭教師で食いつなぐ浮浪生活をしながら、多くの本を読みあさった。1730年代に入り、シャフツベリー（Shaftesbury, 3rd.) の著作の自由訳『真価と美徳に関する試論』を機に自由な思索をはじめ、『哲学断想』『盲人書簡』などで教会批判や不合理なものへの挑戦を行い、一時投獄される。また、生物学、解剖学、化学、実験物理学などを学び、豊富な知識を得た。30歳代から晩年にいたるまで『百科全書』の編纂にあたる。国王側のさまざまな弾圧にもめげず、26年の歳月を経て、1772年、最終11巻をもってこの事業は完結した。ディドロ59歳であった。40歳代になると彼は、演劇、美術批評、小説といったジャンルに手をつける。それらの作品のなかには、彼が行った真理探究プロセスがそのまま投影されているものも多い。善玉、悪玉という短絡的二分法をとらず、両側面を含む中間的で曖昧な部分を持つ現実の人間を彼は描こうとする。ディドロ独特の対話体小説（『ラモーの甥』『運命論者ジャック』など）には、彼自身のあらゆる思索が投影されている。

　晩年のディドロは、自然界の連続的生成過程を描いた『ダランベールの夢』、人為を自然によって批判した『ブーガンビル航海記補遺』を著す。また、ロシアのエカテリーナ2世に招かれ、『ロシア政府のための大学計画案』（以後『大学論』と記す）を執筆している。

▶ 教育思想　　生涯でわかるとおり、ディドロの思想全般は複雑多岐にわたるものである

ため、ここでは彼の啓蒙観の特徴を教育論および小説のなかから探ってみたい。まず、ディドロは、『エカテリーナ2世への覚え書き』と『大学論』のなかで、小学校から大学にいたる公教育について語っている。小学校では、読・書・算の3R's と教義問答書による道徳教育が考えられている。大学では、「啓発された有徳の士」（hommes éclairés et vertureux) と「才人」（talent）が形成目的とされ、古典の人文教科を減らし、自国語による自然科学や実用的教科がカリキュラムの主流となっている。また、容易なものから困難なものへ、万民に必要な知識から特定の職業にのみ必要な知識へと進む有益性を重んじた科目配列がなされている。公教育を終了することにより、公正適切な判断力を持った市民や、優れた実務能力を持った法律家や医師が形成される。『大学論』を中心とした教育論では、知識の伝達に力が注がれるが、伝達された知識の生きた使い方を対話体小説から知ることができる。

　ディドロの啓蒙の特徴を示すものに対話体小説がある。ディドロの頭のなかには、時に重なり合い、時に矛盾し合うさまざまな考えや意見がわき上ってくる。ディドロはそれらをコントの登場人物に語らせて議論をたたかわせる。そして、最後までいっても結論は書かれていない。このようなコントの読者は、その議論に参加し、結論を自分で出さなくてはならない。読者は自分の持っている知識を使いながら、ディドロと共にある問題を思索することになる。このコントの場面自体が真理生産プロセスの場面であると同時に、読者はそのプロセスに参画しなければならない。この真理生産プロセスへの参画こそ、ディドロの啓蒙の本質的特徴であると考えられると同時に、市民形成もこの段階で完成するものである。

▶ 歴史的位置づけと影響　　フランス革命以前に出てきた知的エリート層の代表格のひとりであるが、明確な革命思想を示しておらず、制限王政を主張する。貧しい人々のため奨学

金制度や給食を整え，王国の人材登用を考えている。素質論を基礎として，知識，能力のレベルに応じて人間を類別し，それぞれ異なった教育を考えている。すなわち，知識を使って想像的思索ができる人（天才を含む）と，まず受動的に知識を与えられなければならない人が明確に分けられているのである。人間の意識のダイナミックな弁証法的な発展に着目し，素質論にもとづいている点，ラ・メトリ（La Mettrie）の機械論的人間論とも，エルヴェシウス（Helvétius, C.）の環境決定論的教育論とも異なっている。絶えず新しい着想をどんどん生みだしていくディドロのプロセスは，体系的な著作とならず，断想や対話という形で表現されており，新しい発想を生む創造的コミュニケーションという視点からも見逃せない。ディドロは，理性，科学的知識と信念，芸術を両方とも重視し，双方に等しい価値をおいた。彼のなかでは統合されていたこの二つの要素は，別々の影響を後世に与えている。前者は，キリスト教的カリキュラムを改変し，科学的教科を増やす『大学論』に反映され，知識の普及によって社会の連続的進歩を目指すコンドルセ（Condorcet, M.）の知育主義的教育論につながっていく。一方，後者は，天才の想像力の問題に発展し，ドイツ・ロマン主義へとつながっていく面もある。

[参考文献] Mesrobien, A., *Les conceptions pédagogiques de Diderot.* 1913（rép 1972 Burt Franklin）／『思想』No. 724, 1984 年（特集ディドロ・近代のディレンマ）　　　　（田沼光明）

ディルタイ
（Wilhelm Dilthey, 1833-1911）

▶ 生　涯　ライン河畔ビーブリッヒの牧師の家庭に生まれる。ハイデルベルク大学とベルリン大学で哲学，神学を学び，論文『シュライエルマッハーの倫理学の原理について』（1864）によって学位を取得した後，バーゼル，キール，ブレスラウ大学教授を経て，1882 年ベルリン大学教授となる。1904 年まで教授活動の後，1911 年チロルへの避寒旅行途中，客死。

▶ ディルタイ像の変遷　ディルタイはその弟子たちによってさえ「謎の老人」（Misch, G. 1878-1965）と呼ばれるほど輪郭の曖昧な思想家であったとされる。その原因は，ディルタイの存命中に公刊された著作が，『シュライエルマッハー伝第 1 巻』（1870），『精神科学序説第 1 巻』（1883）等，きわめて少なかった反面，彼の思想的関心が哲学，歴史学，倫理学，心理学，教育学，政治学，社会学，文学，芸術学から生物学まであまりにも広範で，しかもこれらの分野に関する思索途上の膨大な遺稿が 1914 年から今日に至るまで全集として各巻ごとに異なる編者の手によって刊行されてきたことにある。ディルタイ思想の一般的な時期区分によれば，初期（1850年代から 1870 年）——神学研究およびシュライエルマッハー研究を通してのドイツ精神史家としての姿，中期（1870 年代から 1900年）——心理学を基礎として精神科学の方法的基礎づけをめざし，それを教育学や倫理学にも適用しようとする姿，後期（1900 年から 1911 年）——心理学から解釈学への方法論的転回によって精神科学の体系化，「生の哲学」の完成をはかる姿が提示される。「精神科学的教育学」として 1920 年代以降のドイツ教育学に多大な影響を及ぼしたディルタイの弟子たち（とりわけノール Nohl, H.）は，後期ディルタイに比重を置いて解釈学を自らの教育学の方法的基盤とした。他方，近年刊行された全集巻にもとづくディルタイ研究からは，ディルタイ思想が一貫して「人間の生をそれ自体として把捉」しようとしていたことが再確認され，このような観点で初期，中期ディルタイ像の再評価がなされている。

▶ ディルタイの哲学と教育学　生をそれ自体として把捉することをめざすディルタイの「生の哲学」の出発点は，何らかの規定的な拠り所ではなく，理論的分析に先立って存在している生きられた生の現実である。「生の哲学」はその現実に内包された意味の連関を

「理解」という方法によって解明しようとするのである。「理解」の技術学としての解釈学は、後期ディルタイにおいて自然科学に対する精神科学の独自性確保のために、文献学のテクスト解釈の方法が精神科学の方法へと発展させられたもので、生の表出の結晶化した精神的・歴史的世界の解釈とそれを通しての人間理解がめざされていた。

　ディルタイにとって教育学は、このような人間理解にもとづく人間形成の学であり、哲学の最高の課題とされる。教育学においても、教育の目的は生の目的からのみ導き出され、倫理学によって普遍妥当的に規定されえない。教育の具体的な目的や内容は、そのつどの時代や民族の具体的な生の内実から抽出されるのである。このようなディルタイ教育学の基本的特質は、(a) 倫理学的な教育目的の規定に対する生の優位性、ないし理論に対する実践の先行性、(b) 歴史的・社会的実践としての教育実践の把握、すなわちあらゆる時代と民族に妥当する普遍的教育学の断念、(c) 各々の教育的状況や教育的行為の一回性と特殊性の洞察、として整理される。教育学理論の課題は、歴史的で社会的な現実、すなわち特殊で個別的なものを把捉し、そこに見いだされる同形性や継続性を媒介として規則や目的を認識することである。それによって教育学理論は目下の実践を規則づけ、将来の実践を方向づけることができる。このように現に存在するものの分析から存在すべきものを導出することは、中期ディルタイの心理学によって根拠づけられる。つまりその前提には、すべての人間の精神生活は目的論的構造を有し合目的的であって、それはまた常に完全性を志向して発展の過程をたどる、という認識が存在するのである。

▶ **ディルタイ思想の位置**　ディルタイの思想の独自性は、自然科学の実証主義的方法を人間や社会にも適用しようとする時代潮流に対峙し、また超越的理念に基づく伝統的哲学にも与せず、精神科学の方法を基礎づけたことにある。新カント（西南ドイツ）学派も類似の思想的配置にあったが、ディルタイは単に文化科学・価値哲学と価値自由の科学とを区別するのではなく、両者を架橋し意味と目的を内包した人間の生の存在理解をめざしたことによって独自の位置を保持している。この特質は教育思想の上での位置づけにも連関している。ディルタイは、因果論的説明によって構成される実証主義的心理学を教育学の基礎とすることを斥けるとともに、歴史的状況によって変動することのない絶対的な理念に依拠するヘルバルト（Herbart, J.F.）の教育学を批判する。ディルタイの教育学は、歴史的・社会的状況によって可変的な規範を、そのつどの現実の記述分析と意味の理解を通して提示し、教育の実践を方向づけようとするものであった。このような彼の教育学構想は、「教育現実の解釈学」としてワイマール期以降のドイツ教育学において大きな位置を占めることとなった。

［参考文献］　Dilthey, W., *Gesammelte Schriften*, Bd.I-XXI, Stuttgart und Göttingen 1914-1997（白根孝之訳『教育史・教育学概論』理想社　1937／久野昭訳『解釈学の成立』以文社　1973／山本英一・上田武訳『精神科学序説』全2巻以文社　1979／日本ディルタイ協会訳『ディルタイ教育学論集』以文社　1987 ほか）／西村晧『ディルタイ』牧書店　1966／ボルノウ, O.F.（麻生建訳）『ディルタイ　その哲学への案内』未来社　1977　　　　　　（坂越正樹）

適　応

英 adaptation, adjustment

▶ **語　義**　　適応（adaptation）は、生物が変化する環境に適合するように形態や機能を変化させて生命を維持することであり、もともとは生物学の用語である。ダーウィニズムのインパクトのもとで社会学や心理学の主要な概念となり、さらに教育目的をめぐる論議に影響を与えることになった。しばしば指摘されるこの概念のあいまいさは、それが有機体が環境に適応していく過程と、適応過程の結果として到達した状態との、両方の意味を含んでいることに起因している。心理学や教

育学においては後者の意味で，つまり適応が個人と社会の調和のとれた関係ないし状態を示す場合には，〈adjustment〉が用いられることが多い。

生物の環境に対するさまざまな適応が示す自然界の驚くべき調和は，世界の創造が慈悲深い造物主の計画によることを証明するものとされてきた。たとえば自然神学者ペイリー（Paley, W.）は，哺乳類の眼の構造にみられる複雑さと完璧さは，生物の適応が偶然の所産でなく，神の手になる創造を示すものだと論じた。ダーウィン（Dawin, C.R.）は『種の起源』でこうした「完全な適応」の観念を転倒させ，適応が相対的な開かれた過程であること，つまり自然選択の過程にほかならないと論じた。こうしたダーウィンの適応概念は生物進化における偶然の役割を強調するとともに，それが長い歴史の所産であることを明らかにした。

スペンサー（Spencer, H.）は社会現象を包括的な理論体系のもとで捉えるにあたって生物進化のアナロジーを持ち込み，有機体の環境への適応の程度をもって，社会進歩や道徳性の発達を検証する基準の一つに据えた。だがスペンサーは，有機体が環境に適応するだけでなく，環境もまた有機体に対して適応するという適応の相互性にほとんど論及しなかったから，この概念は有機体が所与の変化しない環境に適応するという受動的な意味あいをもつようになった。ジェイムズ（James, W.）やデューイ（Dewey, J.）らのプラグマティズムは，一方で生を絶えざる適応の過程とするスペンサーの機能的視点を受け継ぎながら，他方で適応を有機体が自分の欲求や目的にそって環境をつくりかえる能動的な活動であることを強調することになった。ミード（Mead, G.H.）は，人間の行為が対象を取り込むことによって経験を再構成するダイナミックな適応の過程であると論じて，適応とは現在を決定づける過去の条件と，来るべき未来の事象との統合にほかならないと述べている。そうした過程はつねに新たな意味の創発

をともなう，本質的に能動的な性格もつというのである。デューイは教育を，個人が環境にもっとも効果的に適応できる諸条件を確保する過程であると定義したが，そこで適応は目的達成のために手段を統御するという能動的な意味に理解されるべきことを強調している。こうしたミードやデューイの議論の背後には，有機体と環境とを相互に切り離された二つの実体とみなす二元論的前提に対する批判がこめられている。「われわれ」という存在は環境から独立した実体ではなく，個人と社会の相互交渉から構成される関係そのもののなかに見いだされるからである。

20世紀に入って心理学者がその理論の実践的応用として学校や社会関係における日常的な問題を取り上げるようになったとき，適応概念は重要な位置づけを与えられた。だが，そこでは有機体と環境を別個の実体とみなす二元論を問い直すことにはならず，適応は，個人の欲求が環境的条件によって阻害されて生じた緊張を解消して，環境との調和をとりもどすにいたる行動の経過と定義されたのである。また暗がりのなかでしだいに物がおぼろげながら見えるようになるような生理的次元での行動の変化は順応（adaptation）と呼ばれたのに対して，適応（adjustment）は環境に適う行動を学習するなかで，自己の目標にそって環境に働きかけて変化を生じさせる意識的な行動と理解されることが多かった。だが，適応概念に含意される有機体と環境の均衡状態が強調されたことにともなって，緊張や不安の解消に失敗して精神的安定を得られない状態は不適応（maladjustment）と定義され，この対概念は正常／異常という心理学に固有な二分法と重ねて論じられるようになった。したがって，逸脱・逃避・反抗といった「不適応」行動は，個人と外部環境との間の不毛な対立とみなされて，治療や教育による矯正の対象とされるようになった。

教育界で適応ということばがもっともストレートに用いられたのは，第二次世界大戦前後にアメリカで展開された生活適応運動

(life adjustment movement) である。工業
化の進展と大量の移民の流入による都市の膨
張は中等教育の大衆化を促し，大学に進学し
ない若者の要求に応える教育改革の機運を生
み出した。ここでの適応の意味は，アカデミ
ックな教科の学習に対立するものであって，
職業教育や公民教育，健康教育などを通して
既存の社会の諸問題にうまく対処できるよう
な能力を身につけさせることであった。社会
協調と集団作業による社会統合がめざされた
のである。このような社会統制という意味で
の教育の適応的機能への着目は，すでに今世
紀初頭に出版されたオシア（O'shea, M. V.）
の『適応としての教育』にみることができる。
ちなみにオシアの経歴は心理学者としてスタ
ートしたのである。

　なお，適応概念が1960年代までアカデミ
ックな構想力をかき立てる概念であり続けた
ことは，社会学におけるパーソンズ（Par-
sons, T.）や心理学におけるピアジェ（Piag-
et, J.）の膨大な業績から知ることができよう。

［参考文献］Brandon, R. N., *Concepts and
Methods in Evolutionary Biology*, Cambridge,
MA 1984／Mayr, E., *Toward a New Philoso-
phy of Biology*, Cambridge, MA 1988（八杉・
新妻訳『進化論と生物哲学——進化学者の思
索』東京化学同人　1994）／Bristol, L. M., *So-
cial Adaptation*, Cambridge, MA 1921／Mead,
G. H., *The Philosophy of the Act*, Chicago 1938
／Dewey, J., *Democracy and Education*, New
York　1916（松野安男訳『民主主義と教育』岩
波文庫　1975）／O'Shea, M. V., *Education as
Adjustment*, New York 1908／Shaffer, L. F.,
The Psychology of Adjustment, Cambridge,
MA 1936／Sohen, D., "Two Concepts of Adap-
tation: Darwin's and Psychology's," *Journal of
the History of the Behavioral Sciences 12*, 1976,
pp. 367-75／森田尚人「ダーウィン進化論と発
達概念の転換・上」『教育学論集』（中央大学）
第34集　1992
［関連項目］進化論／デューイ　　（森田尚人）

テクスト
英 text／仏 texte

　いわゆる「テクスト論」は，クリステヴァ
（Kristeva, J.）やバルト（Barthes, R.）らに
よって提唱，実践された文学理論であるが，
その後すべての事象をテクスト（言語あるい
はより広い意味での記号によって構築された
ひとまとまりの意味するもの）としてとらえ
る方法論的立場が，人文科学，社会科学にお
いて広く採用されるに至った。これが広義に
テクスト論的立場と呼ばれるものであり，社
会史の方法および言説論と一体となって，従
来の歴史研究の領域を拡大，深化させてきた。
政治・経済史中心の伝統的な歴史学ではとか
く周辺的なものとして位置づけられてきた
「文化史」の意義をクローズアップさせたこ
との意義は大きい。

　この動向が教育思想史研究に対して与えた
インパクトは，以下の二点に要約できる。第
一は，史料の範囲の拡大である。従来の教育
思想史研究では，教育に関して明示的，体系
的，理論的に述べている文書のみを主として
取り上げてきたが，それだけでなく，たとえ
ば当時の文学作品から名もない庶民の私的な
手紙や日記，雑誌や新聞記事までをも含む多
様な文書類，さらには，当時の生活を描いた
版画や絵画などの図像や残された日用品の
数々にいたるまでのものが，教育思想を語る
テクストとして読解の対象となった。これは，
教育思想を，思想家個人の意識的に表明され
た言葉だけでなく，過去の人々の日常的な生
活感覚，それと意識化されないままに共有さ
れている心的態度（心性）のうちにも読み取
ろうとする新しい教育思想史研究に道を開い
た。第二は，従来教育思想のテクストとして
読まれてきた古典の読み直しをうながしたこ
とである。テクスト論の眼目の一つは，書か
れたものを，個人の「作品」としてではなく，
「作者」からは自立した客体としてとらえる
という点にある。客体としてのテクストは，
人々によって様々な文脈の中で読まれること
で，新たなテクストを生み出す。テクストは

こうしたひとつながりの織物である。たとえば『エミール』は，ルソー（Rousseau, J.-J.）という作家に特権的に所属する「作品」としてではなく，それ以前の教育思想のテクストの中に新たに織り込まれたもの，さらにその後『エミール』の読書を通して新たなテクストを紡ぎ続けてきた人々の「実践」をも織り込んだテクストとして読み直されなければならない。「実践」とは，意図的意識的なものであり，何らかの政治性と権力性を持つものである。『エミール』を，ルソーの天才が生み出した普遍的で真なる教育理念を表現した「古典」＝規範的な作品として読むのではなく，教育をめぐる様々な政治的実践の錯綜する複雑な構造を持つ歴史的社会的構築物として読み取ろうとするのが，テクスト論的な立場といえよう。「近代教育批判」と呼ばれてきたものは，こうした立場から実践されてきたテクスト読解の方法である。

［参考文献］　シャルティエ・ブルデュー・ダーントン「文化の歴史学をめぐって」福井憲彦訳『思想』岩波書店　1986. 2／ウンベルト・エコ（谷口勇訳）『テクストの概念──記号論・意味論・テクスト』而立書房　1993
［関連項目］　社会史・心性史／権力
　　　　　　　　　　　　　　　　（森田伸子）

デモクラシー（民主主義）

英 democracy

　語源は古代ギリシャ語で demos（人民，民衆）と kratia（力，支配）から生まれ，人民，民衆による支配という意味である。つまり理念としての民主主義は全人民，民衆の主体的参加による共同体の秩序形成とその維持，発展と定義できるであろう。

　この理念が最初に政治体制として実現したのはアテネに代表される古代ギリシャの都市国家・ポリスであった。そこでは小地主である成人男子が平等な市民権を持ち，民会で全員が議論を行い，ポリス全体の意志を決定して，その決議に従ってポリスの運営がなされたのであった。たしかに，奴隷，異邦人及び

女性は例外として市民から排除されていたが，アリストテレス（Aristoteles）によって「人間は政治的動物（ゾーオン・ポリティコン）である」と定義づけられたように，ポリスの市民はポリスという共同体の運営のために積極的に参加し，ポリスのためにその一員として自己形成することが人間の目的・徳性とされたのである。こうして，古代ギリシャは民主主義の理念の源流としてだけでなく，民主制のモデルとして後の時代の人々の称賛と憧憬の的となったのであった。

　しかし，ギリシャ時代にもその理念はともかく，民主主義は衆愚政治を生みだしたように制度的には様々な欠陥をはらむものであった。この点を民主制の幾つかの類型によって確かめてみよう。まず，現実の政治的決定をだれがどのように行うかによって，①直接民主制と②間接民主制に大別される。①はすでに見た古代ギリシャのポリスに典型的なように，全市民が一堂に会し，討論を重ねて意志決定を行う方式である。民主主義の原理としてはもっとも望ましい形態であるが，発達した近代国家の場合には古代ギリシャのような全面的な直接民主制の実施は不可能である。そこで考えられたのが②の間接民主制である。これは多くの近代国家に見られるように，個々の国民の意志を代行する者を投票によって選出し，その被選出者が議員として集会で討議して最終的には多数決によって国民全体の意志決定を行う方式である。この際の集会が，議会と呼ばれるところからこの方式は議会制民主主義ともいわれる。普通選挙法の実施などによる参政権の拡大，三権分立による権力の相互規制など，近代政治学の成果を取り入れることに各国は努力してきたが，間接民主制は間接なるがゆえに議会の決定と個々の民衆，国民との意志の隔離がしばしば生じ，形式民主主義という側面は否定できない。それどころか，近代国家はまずはブルジョワジー国家として成立，発展したために，議会制民主主義はブルジョワジー独裁の「隠れみの」という批判も後をたたない。このような

問題をはらみながらも、議会制民主主義は19世紀以降の欧米先進資本主義国において普遍的な体制原理として定着したといってよい。20世紀に入り、ロシア革命以後新しい民主主義の理念が制度化されることになった。社会主義的民主主義と総称される諸形態である。

まず、「プロレタリア独裁」（dictatorship of the proletariat）の考え方がある。これはフランスの社会主義者バブーフ（Babeuf, F. N.）に始まり、マルクス（Marx, K.）やレーニン（Lenin, V. I.）によって発展させられ、1917年のロシア革命後に出現した旧ソ連においてはじめて実現された。それはプロレタリア（労働者階級）と農民その他の勤労者との同盟による国家権力形態である。前述のブルジョワ国家が少数者（ブルジョワ）による多数者に対する独裁であるのに対して、プロレタリア独裁は国民の圧倒的多数による少数者に対する独裁でありより完全な民主主義の実現であるとされた。もう一つは「人民民主主義」（people's democracy）である。これは第二次世界大戦の末期に、旧ソ連によってナチス支配から解放された東欧諸国に成立した国家形態である。そこでは反ファシズム統一戦線の経験を踏まえ労働者階級のヘゲモニーのもとに農民や民主的諸党派の連合政権がつくられ、ブルジョワ民主主義国家とも、プロレタリア独裁とも異なる、いわば資本主義から社会主義への過渡期の国家形態が続いたために両者と区別して人民民主主義と呼称されたのである。広い意味でいえば、朝鮮民主主義人民共和国、中華人民共和国なども人民民主主義に含まれる。しかし、旧ソ連をはじめ社会主義的民主主義を宣揚した多くの国家が崩壊した現在、それらの国々の実情が果たして民主主義の名に値するものであったか多くの疑念が生じている。極論すればプロレタリア独裁、全人民の支配は現実には共産党の一党支配であり、それをになった一部の党中央官僚による人民に対する専制的支配であった事実は否定できないところである。

以上にみた、資本主義的民主主義と社会主義的民主主義の双方を批判するユニークな政治思想及び運動が社会民主主義である。いいかえれば、民主主義を中核にして社会主義を実現しようとする考え方といってもよいだろう。より具体的にみれば、暴力革命、プロレタリア独裁に強く反対し、議会制民主主義などの合法的、民主的な手段を通じて、平和的、漸進的に社会主義の実現を目ざすところに特徴がある。第一次大戦まではマルクス主義的社会主義政党の多くは社会民主主義を名乗っていたが、ロシア革命以後は、マルクス＝レーニン主義とは前述の特色によって区別される社会主義の流れを総称することになった。なお、第一次大戦に対して戦争協力の道を選んだ社会民主主義政党は、暴力革命とプロレタリア独裁を掲げたマルクス＝レーニン主義による各国共産党から激しく攻撃され、「右翼社民」と蔑称され、果てはファシズムの協力者とまでも目されるに至った。第二次世界大戦後、イギリス労働党に加えてドイツ社会民主党、イタリア社会党、フランス社会党など社民政党は政権に参加する部分が増えている。社会民主主義は冷戦の終焉後は共産主義に代わる革新の主役として注目を浴びているが、福祉国家を批判する新自由主義の台頭、及びエコロジーやフェミニズム運動などの「新しい社会運動」の出現によって重大な挑戦を受けているのが現状である。

日本には自由・公正・連帯という基本価値をスローガンとした西欧型の社民党の発展は見られなかった。1960年代の高度経済成長期に資本主義の「構造的革命」を唱える社会民主主義的運動が起こったが社会党主流からは改良主義として批判され大きな流れには展開しなかった。社会党は1986年の「新宣言」を契機に西欧社会民主主義を採択したが、すでに時期を逸していた感が強い。

古代ギリシャに源流する民主主義及びその現実態としての民主制は20世紀に入って全世界的に最高の理念として評価されるようになった。それだけに民主主義はさまざまに解

釈されるのであるが，基本的価値としては自由と平等の原理であることは異論がない。しかし，近代市民革命の理念である自由と平等は現実の在り方としては相互に矛盾する関係にある。自由に力点をおくか，平等に力点をおくかによって民主主義の理解も異なるのである。前述したブルジョワ民主主義，社会主義民主主義及びそれに基づく現実の国家形態も結局はその力点の違いに因るのである。したがって，自由を重視するにせよ，平等を重視するにせよ民主主義理念の完全な実現は不可能である。つまり，自由と平等のたえざる調整によって近代的な民主主義を実現しつつ，それを踏まえてより完全な民主主義の理念を求め続けることが肝要なのである。

日本も第二次大戦後，主権在民の新しい憲法を制定して民主主義の実現を目指した。しかし，米ソの対立の影響を受け国内政治も左右の対立・抗争が激しく，いわゆる55年体制が久しく続き戦後民主主義は多くの面で形骸化している。90年代に入って冷戦構造の崩壊とともに55年体制が終焉し，政権交替による議会制民主主義も理念通り機能することが期待された。たしかに，選挙法の改正による政党の離合集散，またさまざまな組み合わせによる連立政権の成立など新しい政治状況も現れているが，時の政権の決定がかならずしも民意を反映しないという代議制民主主義の危機を警告する論調も多い。重要な国政の決定には国民投票を実施するなどして，間接民主制の弊害を是正し，民主主義の語義である民衆の支配を少しでも実現する方向にむかうことが望まれる。

[参考文献]　福田歓一『現代政治と民主主義の原理』岩波書店　1972／加藤節『政治と人間』岩波書店　1993／西川正雄ほか『もう一つの選択肢』平凡社　1995
[関連項目]　自由主義（リベラリズム）
（黒沢惟昭）

デューイ
（John Dewey, 1859-1952）

アメリカを代表する哲学者，教育思想家。プラグマティズム哲学の創始者のひとりであり，心理学における機能主義学派のリーダーとして，また進歩主義教育運動（Progressivism）の理論的指導者として知られる。近年の「プラグマティズム・ルネサンス」のなかでデューイ哲学思想の再評価が著しく高まるなかで，教育の領域でも構築主義的アプローチによる学習理論の思想的源泉として注目されている。

▶ **生い立ちと学校体験**　　デューイはヴァーモント州バーリントンの成功した商店主の息子として生まれた。母親は熱心な会衆派信者であり，厳格なピューリタニズムの宗教的雰囲気に心理的抑圧を感じながら成長した。個人と社会，精神と肉体の二元的分裂を克服しようとするデューイの生涯にわたる学問的営為は，同世代の若者たちとともに，こうしたニューイングランドの宗教的風土への反抗からはじまったといえる。地元の公立学校に通ったのち，16歳でヴァーモント大学に入学。1879年に同大学を卒業後，二つのハイスクールで教職に就いた。内向的な性格は教師に適さず，大学時代の恩師トリー（Torrey, H. A. P.）の個人的指導を受けて哲学の研鑽に励んだ。1882年，哲学研究を生涯の仕事とすべく，ジョンズ・ホプキンス大学院に入学。当時哲学科の教授陣には論理学のパース（Peirce, C. S.）や心理学のホール（Hall, G. S.）がいたが，デューイが最も大きな影響を受けたのは新ヘーゲル主義者として知られたモリス（Morris, G. S.）であった。1884年，モリスの指導のもとで，「カントの心理学」という論文で学位を取得した。

▶ **プラグマティズムの哲学**　　1884年の秋，ミシガン大学に転じていたモリスの強い推薦で，デューイは同大学講師に就任した。ミネソタ大学教授に転出した1年を除く10年間を，ミシガン大学で過ごした。ここでの哲学研究は，実験的・生理学的心理学の知見をヘ

ーゲル主義のもとで統合することをめざす「新心理学」からはじまった。サンディカリストのフォード（Ford, F.）との出会いによって、社会改革に関心を向けるようになり、行為の理論としての倫理学を構想するに至った。1894 年、新設のシカゴ大学からの招聘に応じて、哲学・心理学科の主任として赴任した。この学科に教育学の講座がおかれていたことが、その申し出を受け入れた理由の一つであった。

　シカゴ時代のデューイはヘーゲルの絶対精神の概念を拒否し、代わって進化論の影響のもとで、観念を環境において直面する諸問題解決のための道具とみなす道具主義の立場を確立した。『論理学研究』（1903）はミード（Mead, G. H.）、エンジェル（Angel, J. R.）、タフツ（Tufts, J. H.）ら同僚とのほぼ 10 年にわたる共同研究の成果であり、プラグマティズムの新たな理論的展開を示すものとなった。彼らの仕事は「シカゴ学派」として知られるようになったが、デューイはそのリーダーとして、アメリカ最初の学派の名に値する思想的潮流をつくりあげたのである。

　1904 年、妻アリスの実験学校校長就任をめぐるトラブルがもとで、シカゴ大学を辞任した。同年コロンビア大学の教授に就任、1930 年著述に専念するため辞職を申し出るまで、その職にあった。第一次世界大戦を間にはさむこの四半世紀に、デューイはアメリカでもっとも名の知られた哲学教師になった。『人間性と行為』（1922）、『経験と自然』（1925）、『確実性の探求』（1929）など多くの著作をものし、伝統的な哲学への批判を通して、プラグマティズムの観点から真理、知識、道徳、教育、民主主義などの諸問題を論じた。

　辞職後も旺盛な執筆活動をつづけ、名誉教授として終生コロンビア大学との関係を保った。この期の代表的著作に『経験としての芸術』（1934）、『論理学：探求の理論』（1939）、『知るものと知られるもの』（1948）などがあり、自然科学におけるめざましい知的革新に対応した哲学のありようを求めて、最後まで

プラグマティズムの立場からの理論的探求に努めた。1952 年、冷戦のさなかに死去。

▶ **シカゴの実験学校**　　1896 年、シカゴ大学附属の小学校が開設された。それが「実験学校」と呼ばれたのは、デューイにとって、教育研究は哲学と心理学の理論を検証するための実験室だったからである。デューイは 3 年間にわたる実践の報告『学校と社会』（1899）のなかで、「このたびは子どもが太陽となり、……」と述べて、この試みが教育界にコペルニクス的転回をもたらすものだと自負している。それによって、彼の名は新教育運動の理論家として世界的に知られることになった。たしかに棉や羊毛を与えられた子どもが糸を紡ぐことからはじめて布にまで織り上げる活動や、原始的な穴居生活からはじめて発明や発見が産業発展に与えたインパクトをたどる歴史の授業は、子どもたちを社会生活でふつうにみられる作業形態への参加を通して学習させるものであった。

　しかしながら、それは子どもの活動それ自体を自己目的とするという生活体験カリキュラムを意味するものではなかった。デューイが実験学校で検証しようとした問題は、科学技術の進歩にともなって出現した産業社会において、個人的資質と社会的価値をいかに調和的に実現するかということにあったからである。実験学校における仕事（occupation）中心のカリキュラムは、伝統社会のなかに埋め込まれていた教育機能を新たな時代の学校教育のなかにいかにして取り戻すかという課題を担って構成されたのである。

▶ **進歩主義教育運動とデューイ**　　デューイは進歩主義と呼ばれるアメリカの新教育運動のなかで、最も影響力のある理論的指導者と目されてきた。だが、デューイは一貫してこの運動を特徴づける児童中心主義的偏向に対して、批判的な姿勢を崩さなかった。シカゴ時代に書かれた小冊子『子どもとカリキュラム』（1902）のなかで、デューイは教科中心カリキュラムを主張する旧教育派も、子どもの自己活動を自己目的化する新教育派も、子

どもとおとなとは質的に区別すべきだという固定観念にとらわれていると述べている。彼は，新旧両教育がともに個人と社会を対立させる二元論を共有していることをみてとったのである。それに対して，子どもの経験を成長のプロセスにおいてとらえるならば，個人的経験に影響を与える社会的要因を考慮しないわけにはいかない，とデューイは考えた。

1919年に進歩主義教育協会（Progressive Education Association）が結成されたとき，その主導権を握ったのは，児童中心主義のグループであった。初代名誉会長に推されたのはハーヴァード大学の学長エリオット（Eliot, C. W.）であった。デューイが名誉会長に推薦されたのは1928年になってからであり，その時の就任講演のなかでデューイはPEAの児童中心主義イデオロギーと教育プログラムに疑問を投げかけた。そして，最後の教育学著作となった『経験と教育』（1939）は，「あれか，これか」の哲学を斥けるという観点から，新旧両教育のいずれに対しても批判的に対峙するというデューイのスタンスがもっとも明確に述べられたものである。デューイはここで，子どもの成長と自己活動を絶対視するロマンティックな新教育は，伝統的教育と同じように，自らの原理的基盤への省察を欠いたドグマティックなものだ，と断じた。

▶ **職業教育論争**　20世紀アメリカの教育改革を方向づけたのは児童中心主義イデオロギーばかりではなかった。広義の政治・社会改革運動の一環として公教育制度の改革を担ったのは，行政官僚的革新主義者（administrative progressives）として括られる実業家，学校関係者，その他の専門職業家からなるエリート集団であった。彼らは，一方で地域ボスや政治家が教育政策に及ぼす影響を極力排除して，政策決定権を専門家の手に委ねることをめざしながら，他方で学校を社会統制と社会的効率という目的に適合するよう，企業をモデルに機能的に分化したヒエラルキカルな組織につくりかえようとした。それに対して，デューイの社会改革プログラムは，共同

生活に関わる政策決定への市民参加を可能にするように，民主主義を探求のコミュニティとしてつくりかえることであり，それによって専門家による市民の操作・統制に対抗しようとするものであった。

こうした改革に対する姿勢の違いが明らかなかたちをとったのは，第一次世界大戦前に交わされた職業教育をめぐる論争であった。教育の目的を社会的効率の達成にあると信じた行政官僚的革新主義のスポークスマンはスネッデン（Snedden, D.）であり，彼は実際的な職業人養成のための大衆教育と，高度な教養を身につけさせるエリート教育とからなる複線型学校システムを構想した。それに対して，デューイは複線型システムに反対する立場から，職業教育を産業社会の必要に応えた特殊な技能訓練という意味に矮小化することを繰り返し批判した。『学校と社会』で描かれたオキュペーションは，外的権威への服従を説いたスネッデンらとは鋭く対照的に，共同活動に自由に参加できる能力を陶冶するためのものであった。『民主主義と教育』のなかで，デューイは自由の実現のために労働者が生産の管理に直接参加する必要があると述べている。たしかに私的利潤が生産の動機となっている資本主義社会において，労働者の自由がどの程度実現できるかということについては懐疑的ではあったが。

▶ **社会改造主義とデューイ**　1929年のウォール・ストリートの株暴落に端を発した大恐慌は，アメリカ知識人の急進化をもたらした。それにともなって進歩主義教育運動のヘゲモニーを握ることになったのは社会改造主義者（social reconstructionist）と呼ばれたラディカルなグループであった。カウンツ（Counts, G. S.）によるマニフェスト「学校は新しい社会秩序を建設しうるか」（1932）は，マルクス主義的分析にもとづいて恐慌の原因を資本主義経済体制そのものに求めたから，民主主義が貧困と欠乏を克服して生き残るためには，アメリカの教師たちは社会主義国家の実現をめざして政治的なリーダーシップをとらねば

ならない，と訴えたのである。そして，カウンツはこうした目標を達成するために，子どもたちに資本主義の弊害について教え込む必要があることを強調した。

社会改造主義は，学校が社会改革の一翼を担うべきだと考えた点で，進歩主義教育運動のなかに児童中心主義に代わって，デューイの「教育による社会改革」思想を再生させたとみることもできる。たしかにデューイは30年代のラディカリズムの風潮のなかで，社会改造主義が掲げたコレクティヴィズムの理想に共感を示していた。だが，第一次世界大戦がはじまるまでに，デューイは教室の実践を通して社会改革をめざすことは現実的でないと自覚するようになっていた。ましてや，そうした目的のために教育を階級闘争の手段として，「教え込み」（indoctrination）を正当化するような教育論に対しては強く反対した。社会改造主義者が理論的根拠としたマルクス主義の経済還元主義は，デューイの実験主義の方法とまったく相容れないものであった。

▶ **マルクス主義とプラグマティズム**　デューイはスターリニズムに対してきびしい批判的態度をとったが，ロシア革命に対してはじめから敵対的であったわけではない。1928年のソビエト訪問でデューイは，この国の教育は新たな協同的な人間性を育てる壮大な社会的実験とみなすことができる，と好意的な印象を述べている。だが，30年代にはいると，デューイはソビエト共産党の専制的な独裁政治とマルクス・レーニン主義の一元的な経済決定論を繰り返し批判するようになった。こうした変化の背後に，国内的にはアメリカ共産党の労働運動や大衆運動に対する組織的な引き回しへの強い嫌悪があり，国際的には，トロツキー裁判，独ソ不可侵条約などスターリン主義が現実政治に与えた衝撃があった。とくにデューイは，アメリカの反スターリン主義の左翼知識人たちによって組織された「トロツキー擁護のためのアメリカ委員会」の議長として，モスクワ公開裁判に対抗して，

トロツキーに弁明の機会を与えるため設けられたメキシコでの対抗裁判を主宰した。こうした行動は，「人民戦線派」のモスクワ裁判への政治的配慮と鋭く対立することになった。だが，大衆の直接参加を可能にする民主主義政治を模索したデューイは，専門家による大衆操作・統制を批判して，歴史的真実は大衆の前にすべて明らかにされるべきだと考えたのである。

フック（Hook, S.）は非共産党マルクス主義者として，デューイと政治的行動をともにすることが多かったが，マルクス主義とプラグマティズムの共通性を強く主張しつづけた思想家であった。西欧マルクス主義の源流となったルカーチ（Lukács, G.）やコルシュ（Korsch, K.）の影響をうけたフックは，行為の哲学としてのデューイの思想のなかに，マルクスが革命的実践のために果たせなかった科学の進歩を踏まえた，反還元主義的な哲学の可能性を見出した。『新旧個人主義』（1930），『リベラリズムと社会行動』（1935），『自由と文化』（1939）など，デューイの政治論には資本主義経済が深刻な危機に直面し，マルクス主義が圧倒的な影響力をふるったアメリカの30年代が刻印されている。

▶ **ポストモダニズムのなかのデューイ**　ローティ（Rorty, R.）は20世紀を代表する哲学者として，ハイデガー（Heidegger, M.），ウィトゲンシュタイン（Wittgenstein, L.）とならんでデューイの名をあげている。彼らの仕事は，認識論を中核にすえた諸科学の基礎づけとしての近代哲学を解体するものであったというのである。たしかに哲学の諸概念を歴史的文脈のなかでとらえなおそうというデューイの反基礎づけ主義は，『民主主義と教育』のなかでデューイが提示した「教育はそれ自体を超える目的をもたない」とか，「環境が教育する」といったテーゼを理解する上できわめて重要な視点である。主観と客観の対立を前提とした近代的認識論をデューイは知識の傍観者理論と呼んで批判したが，それによってデューイの哲学はヴィゴツキー

（Vygotsky, L.S.）とともに，文脈主義ない
し構築主義の思想的先駆として位置づけられ
ることになった。

　デューイは学習活動を共同生活への参加と
して再定義したが，それは教師と生徒が教材
を媒介にして取り結ぶ関係とみなしてきた近
代的な学習観に対する根本的なアンチテーゼ
を含意している。学習とは他者とのコミュニ
ケーションを通じて，自らの行為が他者に及
ぼす結果を考慮しつつ行動するという社会的
実践のありようを学ぶことだとすれば，こう
した学習概念は，認知発達のモデルを徒弟制
に求めて，子どもが一定の指導の下で社会活
動に参加するなかでその文化に固有な道具の
使用を通して理解力や技能を身につけていく
プロセスに注目した，レイヴ（Lave, J.）と
ウェンガー（Wenger, E.）の「状況に埋め込
まれた学習」やロゴフ（Rogoff, B.）の「指
導された参加」などにみられる学習概念に近
い。そうだとすれば，『学校と社会』で述べ
られたオキュペーションを通しての学習とい
う実験学校の実践は，近代教育学の基本的発
想をのり超える契機をはらむものであったと
いえよう。

　デューイの全集は，*John Dewey: The
Early Works, 1882-1898*, 5 vols., *The Mid-
dle Works, 1899-1925*, 15 vols., *The Later
Works, 1926-1952*, 17 vols.（Carbondale:
Southern Illinois University Press）. CD-
ROM 版も出版されている。なお，書簡集が
CD-ROM で刊行中である。*John Dewey:
Correspondence*, 3 vols. また重要な研究論文
は，J. E. Tiles, *John Dewey: Critical Asses-
ments*, 5 vols.（London: Routledge, 1992）に
収録されている。

　[参考文献]　Bowers, C. A., *The Progressive
Educator and the Depression: The Radical
Years.*, New York 1969／Bullert, G. *The Poli-
tics of John Dewey*, Buffalo, NY 1983／Cremin,
Lawrence A., *The Transformation of the
School: Progressivism in American Education,
1876-1957*, New York 1961／Dykhuizen, G.,
The Life and Mind of John Dewey, Carbondale

1973／Feinberg, W., *Reason and Rhetoric:
The Intellectual Foundations of Twentieth
Century Liberal Educational Policy*, New York
1975／Garrison, Jim, "Deweyan Pragmatism
and the Epistemology of Contemporary Social
Constructivism," *American Education Research
Journal* 32（1995）／Hickman, L. A.（ed.）,
*Reading Dewey: Interpretations for a Postmod-
ern Generation*, Bloomington 1998／Mayhew,
K. C., and A. C. Edwards, *The Dewey School:
The Laboratory School of the University of
Chicago, 1896-1903*, New York 1936／Rorty,
R., *Consequences of Pragmatism*, Minneapolis
1982／Rucker, D., *The Chicago Pragmatists*,
Minneapolis 1969／Ryan, A., *John Dewey and
the High Tide of American Liberalism*, New
York 1995／Westbrook, R. B., *John Dewey and
American Democracy*, Ithaca 1991／Wirth,
A. G., *Education in the Technological Society:
The Vocational-Liberal Studies Controversy in
the Early Twentieth Century*, Scranton 1972／
早川操『デューイの探究教育哲学』名古屋大学
出版会　1994／森田尚人『デューイ教育思想の
形成』新曜社　1986／森田尚人「ジョン・デュ
ーイと未完の教育改革」原聡介他編『近代教育
思想を読みなおす』新曜社　1999
　[関連項目]　新教育／プラグマティズム／進歩
主義教育／児童中心主義　　　　（森田尚人）

デュルケーム
（Émile Durkheim, 1858-1917）

▶ 生　涯　フランスの社会学者。1858 年，
ロレーヌ地方の小都市である，ヴォージュ県
エピナル市に生まれる。父とその家系は，
代々，ユダヤ教の律法学者（ラビ）であった
ことから，デュルケーム自身も，10 歳のと
きにエコール・ラビニックに学び，家の伝統
を継ごうと心掛けていた。この宗教的野心は，
公立のコレージュに入学するころ，早くも捨
て去られるが，ラビとしての生い立ちは，そ
の後の社会学的著作に強い影響を及ぼすこと
になる。1879 年に高等師範学校（エコー
ル・ノルマル）入学を目指して，パリのリ
セ・ルイ・ル・グラン校に入学する。高等師
範学校では，実証主義者コント（Comte, A.）
の影響を受けるとともに，クーランジュ

(Coulanges, F.), ブートルー（Boutroux, E.）といった二人の師から学ぶ。また第三共和制期に支配的な影響を及ぼした新カント派の哲学者ルヌヴィエ（Renouvier, C.）から受けた影響も大きい。1882年、哲学の教授資格試験に合格した後5年間、リセの哲学教授を担当する。その間、給費留学生としてドイツへ留学し、社会哲学とその方法論を学ぶ（1885-1886）。公教育省高等教育局長にあったリアール（Liard, L.）の勧めにより、1887年にボルドー大学文学部の社会科学・教育学の講師を担当する。学位論文として『社会分業論』（1893）を完成させた後、ボルドー大学の正教授に着任する。1902年、文部大臣フェリー（Ferry, J.）のもとで活躍していたビュイッソン（Buisson, F.）の後任として、ソルボンヌ大学に教育学の講師として招かれ、1906年に「教育学および社会科学」の正教授に任命される。第一次大戦中は、市民のための啓蒙活動に従事したが、1917年『倫理学入門』を最後に、生涯を閉じる。

▶ **社会学者としての位置づけ**　デュルケームは、19世紀末当代における学問の制度化の趨勢のなかで、社会学をディシプリンをもった科学として成立させるために、社会学独自の方法の確立に努める。社会学を大学のアカデミズムのなかに定着化させようとする彼の努力のうちには、普仏戦争の敗北がまだ記憶に新しいなかで、祖国再建の熱意が読み取れる。

デュルケームの社会学的方法は、『社会学的方法の規準』（1895）にみられるように、「社会的事実」を「物」として客観的に考察することを特徴とする。「社会的事実」とは、すなわち個人の意識を越え、その外部に在る、ある種、独自の実在であるがゆえに、外部から客観的に観察することが可能な「物」である。彼の方法は、観察対象にまつわる先入見を排し、客観的な方法の確立を宣言するものであったが、「社会学主義」として批判にさらされることにもなった。デュルケームの「社会的事実」の概念は、観察者の視点の絶対化を招くとして、彼の甥で、人類学者であるマルセル・モース（Mauss, M.）から、同じく人類学者レヴィ＝ストロース（Lévi-Strauss, C.）に至るまで批判的に問い直されることになる。さらにまた、現象学的方法やエスノメソドロジーによって、事実そのものが、日常のなかで不断に行われる解釈を通じて構成されることが指摘されるにともない、デュルケームの方法論の限界が改めて明らかになった。

またデュルケームの社会学は、スペンサー（Spencer, H.）に代表される、単線的な社会進化説を批判しつつ、比較法として歴史的方法を重視した。彼の理論は、社会的事実の歴史的起源の探究をもって、本質的な機能の確定とみなす問題点を抱えてはいるが、今日、歴史社会学をはじめとして、デュルケームにおける歴史的方法の意義が改めて問い直されている。

デュルケームの社会学は、科学的方法の確立にとどまらず、近代社会の再組織化という実践的な関心にもとづくものであった。とりわけ『社会分業論』は、スペンサーの功利主義説を批判し、分業を経済の視点からではなく、人々を結びつける精神的かつ道徳的紐帯として位置づけようと試みるものであった。本著でデュルケームは、中世から近代社会への発展を「機械的連帯」から「有機的連帯」への移行として捉えた。それは、類似した同質的な個人によって結びついた社会から、分業にもとづいて、諸個人が専門の職務を遂行することによって結ばれた社会への移行を意味する。デュルケームは「有機的連帯」の時代である近代においては、分業の発展にともない個人の異質性が増すこと、それにより連帯の力は弱まるどころか、逆に個人間の相互依存が高まり、諸個人はよりいっそう緊密に結ばれていることを論証した。「有機的連帯」の概念には、アトム的かつ功利的な個人によらない、連帯を促すことの出来る新たな個人主義のあり方をフランスの近代社会に提起するという、彼の課題意識を見いだすことがで

きる。

▶ デュルケームにおける教育学の位置づけ

デュルケームは社会学者として研究を進める傍ら、教育学の講義を1887年から5年間、ボルドー大学の文学部で担当し、1902年にビュイッソンの後任としてパリ大学の文学部に移転してからは、14年間にわたり「教育の科学」の講義を担当した。『教育と社会学』、『道徳教育論』、『フランス教育思想史』など、今日、知られているデュルケームのテクストは、いずれも、彼がパリ大学で行った講義であり、彼の死後、弟子のフォンコネらが中心となってまとめたものである。そのうちの一つ、『道徳教育論』は初等教員を対象とするものであった。また『フランス教育思想史』は、ソルボンヌにおいて唯一、中等教育以上の高度の教授資格（アグレガシオン）を志望する者を対象とした講義であり、1906年に必修科目に設定された。

デュルケームの研究のなかで、教育学が占める割合は決して少なくはないにもかかわらず、一般的に、教育学はデュルケームの社会学全体のなかで周辺的なテーマとして扱われてきた。これまでの社会学による研究の多くは、社会的事実を「物」として捉えるという社会学的方法がいかに活用されているのかという観点から、教育学的著作にアプローチするものであった。

だが、近代教育に対するデュルケームの関心は、彼の確固とした科学的態度のうちにではなく、むしろ、十分に科学的とはいえないような実践的態度のなかに表れている。それは教育学、道徳教育の世俗化、教養の近代化といった領域にわたって、幾重にも危機意識を抱えたものであった。デュルケームは、近代社会の要求に忠実であろうとした。だがデュルケームからみれば、近代的な要求は、未だ伝統に変わりうるほど十分に制度化されてはいなかった。デュルケームは、伝統が未だ根強いなかで、近代社会の要求をどのように実現させるかという問題を思想的に解決しようと試みる。この努力は、たとえばデュルケームが教育学の科学化を図りつつ、教育学固有の在り方を反省的思索に求めたことのなかに表れている。同様に、デュルケームは「完全に合理的な教育は可能である」と宣言したが、それは、道徳から宗教的要素を排除することではまったくなかった。デュルケームは、伝統的な宗教の果たしていた機能を補完するものとして近代の世俗道徳を位置づけ、道徳教育の世俗化をめぐる問題の解決を図った。さらにまた、デュルケームは『社会分業論』で、古典人文教養を単なるディレッタンティズムとして批判した一方、『フランス教育思想史』では、近代の科学的教養を専門的教養としてではなく、古典人文教養に代わりうる新たな一般的教養として提示することで、教養の近代化をめぐる問題に一定の解決を与えようと試みた。デュルケームは、近代教育を伝統的教育に対置させることによって、見落されてしまうような、伝統の新しさをあえて見出そうとした。そのことにより、はじめて、現実に根差した改革が可能であるとデュルケームは考えた。

デュルケームにおける教育学の著作は、いずれも講義録であるため、社会学の著作のように体系化された論述であるとはいいがたい。このことが、デュルケームの教育学が社会学に比べて、二次的な扱いを受けてきた理由の一つを成してきたともいえる。だが、デュルケームの教育学が、将来の教師を対象とした講義として成り立つものであったことの意味は大きい。デュルケームの社会学が大学のなかで確固とした位置を占めることが出来たのも、教育学の講義を通じてであった。のみならず、デュルケーム自身は、教育学の教授としての自分の立場が、共和政を強化するのに重要な貢献を成しうると信じていた。デュルケームの教育学の講義は、将来の社会的行動者たる教師たちに、彼らの職務の課題が、近代的な意味での国民の形成にあるということを確信させるものであった。

▶ デュルケームによる教育学の構想

デュルケームは、それまで哲学の一分野として位置

づけられていた教育学を，社会学を支えとしつつ科学化しようと試みた。「教育の科学」の提唱は，その具体的な成果である。「教育の科学」は，社会学に依拠した，教育についてのアカデミックな研究であり，教育現実を再構成することを目的としている。デュルケームは，現実の教育実践は教育の科学的研究によって評価されるべきではないとして，「教育の科学」を固有の意味での「教育学」から明確に区別した。「教育の科学」と，教師の教育実践に反省の契機を促すような手だてを提供する「教育学」は，教育学をめぐる理論と実践の問題として二項対立的に位置づけられてはいるが，デュルケームにおいては密接に結びついていた。だが，デュルケームにおける「教育の科学」と「教育学」との関係については，教育学研究と教員養成との関係という観点から，新たに問い直されるべき問題を孕んでいる。

デュルケームにおいて「教育の科学」は，カント（Kant, I.）やミル（Mill, J.S.），ヘルバルト（Herbart, J.F.），スペンサーに代表される，近代の教育学説への批判を通じて成立した。デュルケームによれば，かつてのペダゴジーとしての教育学は，現にある教育の事実を探求しようとはせず，理論家それぞれの観点から，教育のあるべき姿を語ってきた。それゆえデュルケームは，教育を当為として語るのではなく，教育を成立させる歴史的かつ社会的諸条件から出発し，教育を社会的機能の観点から新たに捉え直そうと試みた。

デュルケームは，近代に固有の教育の有り方を「方法的社会化」と呼んだ。一般的に社会化そのものは，習慣形成や内面形成など，日常生活のなかで無自覚的に，かつ不断に行われる作用であるのに対し，近代における社会化は，多く場合，学校という特定の場で，一定のプランやカリキュラムをともなって行われる点に特徴がある。「方法的社会化」の目的は，国家のような「全体としての政治社会」や，個々の「特殊的環境」が必要とする態度や能力の形成にある。

近代社会における教育は，国民統合としての機能を持ちつつも，社会における分業の進展にともない，専門的であることが要請される。実際，19世紀末のフランスにおいては，科学技術の発展と急激な産業化を経験し，弁護士や医師，教授やジャーナリストなどの専門職の需要が一挙に高まり，専門的エリートの形成は以前にも増して重要になった。デュルケームは，近代教育が抱える一様性と多様性の問題を，国民としての共通の素質を形成する「共通教育」と，一定の職業へ備えさせるための「専門教育」として定式化した。

デュルケームの社会化概念は，「個人的存在」に「社会的存在」を付け加えるという前提に立ち，個人と社会とを二元的に捉えるがあまり，社会化そのものの過程を捉えることはできなかった。このことは，社会化を国民的な規範の注入や伝達といった，人為的な作用として説かざるをえないという，デュルケームの理論の時代制約性を示すとともに，後の解釈学的なアプローチを中心とした，社会化概念の批判的検討に道を開くことになった。

デュルケームは，『道徳教育論』と『フランス教育思想史』という，対象を異にする二つの公教育論を著した。『道徳教育論』は，一般大衆のための初等教育に，もう一方の『フランス教育思想史』は国民的エリートのための中等教育に向けられた教育論である。

デュルケームは『道徳教育論』において，伝統的に教権の支配下にあった教育制度を世俗化する共和主義者達の努力は認めつつも，1880年にはじまる教育の近代化は，宗教的教育を排除することに終始していると批判した。それゆえデュルケームは，宗教に代わりうる，新たな道徳を国民に根づかせるための理論的方策を具体的に示すことを課題とした。

デュルケームは，たしかに，神という超越的な契機を必要とせずに世俗道徳について語ろうとしたが，近代教育が，道徳的権威の問題を扱わなくてはならないほど，困難を抱えたものであることに，十分自覚的であった。であるからこそ，デュルケームは道徳を観察

可能な経験的事実としつつも，道徳的感情を鼓舞し，それを崇敬させるためには理性とは別の方策が必要であるとし，道徳の準宗教的性格を保持しようと努めた。デュルケームにあって，道徳は個人を越えたある種の超越性を持ち，かつ非人格的な存在であるところの「社会」に向けられた行為である。と同時に，世俗道徳の権威は合理的に説明可能なものであった。彼の世俗道徳論は，当代，さまざまな反響を呼んだ。唯心論哲学を標榜する哲学者たちからみれば，彼の理論はあまりにも科学的であり，また道徳の実践家達によれば，その理論は哲学的であり実践に適用できるほど十分に科学的ではなかったからである。

　一方『フランス教育思想史』において，デュルケームは中世から19世紀末当代に至るまでの，フランスにおける教育の制度と思想を歴史的に相対化しつつ，近代社会の関係において，それらに批判的見解を加え，近代的な教養のあり方を提起した。デュルケームは近代の科学的教養を，産業的要請とは別の視点から捉え，基本的には，伝統的な人文主義的教養を批判的に継承するものとして位置づけた。そこには，中等教育の近代化に対する彼の批判的見解とともに，自然科学のみならず，スコラ的な討論や歴史的見地にもとづく古典学習を要請する，デュルケームの教養観を見いだすことができる。

[主著] *De la division du travail social*, 1996 (1893)（田原音和訳『社会分業論』青木書店 1991）／*Les règles de la méthode sociologique*, 1987 (1897)（佐々木交賢訳『社会学的方法の規準』学文社 1992）／*Le suicide: étude de sociologie*, 1960 (1897)（宮島喬訳『自殺論』中央公論社 1994）／*L'éducation morale*, 1992 (1925)（麻生誠・山村健訳『道徳教育論』明治図書 1968）／*Education et sociologie*, 1995 (1922)（佐々木交賢訳『教育と社会学』誠信書房 1995）／*L'évolution pedagogique en France*, 1980 (1938)（小関藤一郎訳『フランス教育思想史』行路社 1981）.

[参考文献] La Capra, D., *Émile Durkheim: sociologist and philosopher*, Ithaca, NY 1972／Cardi, F., Plantier, J., *Durkheim, sociologue de*

l'éducation, Paris 1993／Filloux, J. C., *Durkheim et l'éducation, pédagogues et pédagogies*, Paris 1994／Lukes, S., *Émile Durkheim: his life and work*, Stanford 1985／Logue, W., *The Evolution of French liberalism 1870-1914*, 1983（南充彦ほか訳『フランス自由主義の展開 1870-1914——哲学から社会学へ』ミネルヴァ書房 1998）／ティリヤキアン，E. A.（高沢敦夫訳）『デュルケムの社会学』アカデミア出版会 1986／宮島喬『デュルケーム理論と現代』東京大学出版会 1987／宮島喬『デュルケーム社会理論の研究』東京大学出版会 1987

（綾井桜子）

デリダ
(Jacques, Derrida, 1930-2004)

　フランスの哲学者。仏領アルジェリアのアルジェに生まれ，社会科学高等研究院の教授(directeur d'études) を長く務めた。散種(dissémination)，エクリチュール (écriture)，脱構築 (deconstruction)，差延 (différance)，憑依 (hantant) などの概念を提唱した。代表的な著作は『グラマトロジーについて』『エクリチュールと差異』『マルクスの亡霊たち』など。その著作は，教育を主題としていないが，その議論は，教育を深く理解する方途である。

　デリダにとって，教育の本態は「代替」(supplément [代補]) である。生活のなかで自然とともに真理を「学ぶ」ことではなく，学校においてエクリチュール（書物の言葉）とともに真理の「代替」を「教わる」ことである。エクリチュールは，なるほど意味・価値を生みだすが，それらは真理の「代替」である。この「代替」を超える学びが「根源の代替」(supplément d'origine) である。それは，書物を追放し体験を重視する牧歌的な学びではなく，「絶対他者のエクリチュール」が「生者のパロールを触発し変容させる」ことである。それは，媒体の様態如何にかかわらず成立する「差延」(différance 隔たりながら向かうこと) である。すなわち，通念的な私から隔たり分かれ，理念的な私に向けて

備えることである。その理念に到達することは不可能であるが、それは、諦念の理由にならない。

「根源の代替」は、『マルクスの亡霊』の言葉でいいかえれば、人が「［絶対］他者」に「憑依されて」（hanté）学ぶことである。「憑依」とは、ある人の生が他のある者への想いに取り憑かれ、それに大いに方向づけられることである。すなわち「〈私が存在する〉は〈私は憑依されて存在する〉を意味する」。憑依は、媒体の如何（声か、文字か）にかかわらず、人に向かうべき真理を黙示し、学びを生みだす契機である。憑依する他者は「現前するものでも、不在のものでもない」。つまり、ギリシャ哲学が説く「真理」でも、「否定神学」が暗示する「神」でもない。それは、たとえば、イエス・キリストである。イエスの憑依は、アウグスティヌスが『師について』（教師論）で論じているように、師弟関係の根幹である。またそれは、人を弛むことなく〈よりよく生きようとする〉ことに誘う契機であり、「脱構築」を繰りかえし試みたデリダが最終的に暗示した「脱構築」不可能なものである。こうしたデリダの憑依論（hantologie）は、ハイデガー（Heidegger, M.）の存在論（Ontologie）の翻案であると考えられるが、詳細な検討はまだなされていない。

［参考文献］ Derrida, J. *L'Écriture et la différence*. Paris, 1967（若桑毅ほか訳『エクリチュールと差異』上／下 法政大学出版局 1977）／Derrida, J. *Spectres de Marx*. Paris, 1993（増田一夫訳『マルクスの亡霊たち』藤原書店 2007）／Derrida, J. *La voix et le phénomène*, 2e édn. Paris 1998
［関連項目］ 脱構築　　　　　（田中智志）

天　才
英 genius, giftedness／独 Genie／仏 génie

▶ **概　念**　　生まれつきの優れた才能、またはそのような才能を所有している人物。とくに偉大な創力を含むことが普通である。OED によると、genius は、もともとは人に付き添う守り神の意味で使われていた。しかし、18世紀に、天才という言葉は、英雄、聖人、普遍人などに代わって、最も優れたタイプの人間を意味するようになるとともに、近代的な二つの意味をもち始めた。一つは、人間の生まれつきの能力の意味である。この意味が強調された結果、天才は、能力を発揮するために訓練や教育を必要とせず、それらを必要とする才能（talent）とは厳しく区別されることになった。もう一つは、独創性である。たとえば芸術の分野では、西洋における個人主義の発展を背景に、模倣よりも独創性に価値が置かれるようになる。伝統から独立した自己自身の創造にこそ価値を見いだそうとしたのである。自然科学の分野でも、独創的な実験による新しい自然法則の発見が、物質的な成功を導きつつあり、独創性の価値が高まりつつあったのである。

▶ **学校天才の出現**　　生得性と独創性を本質とする限り、天才は教育によって発達させられるものではない。事実、家庭教育や学校教育のなかではまったく能力を示さなかったのに、のちに独学で偉大な仕事を成し遂げた天才は枚挙に暇がない。そもそも天才は普通の人には理解しがたい思考や行動をとることも多いもので、天才を狂気と結びつける見解は、古代から現代にいたるまで、しばしば提唱されてきた。19世紀末に活躍したイタリアの精神病学者、ロムブローゾ（Lombroso, C.）の主張はその代表的な例である。

しかし、19世紀末以来の帝国主義の時代には、天才の能力を把握し、社会的に有効に活用することが学校教育の課題となっていた。そのための能力測定の方法が普及すると、天才の概念は根本的に変化することになった。天才が知能として測定され始めると、それは正解をだす能力に他ならず、独創性は含むことができない。ターマン（Terman, L.）は知能指数140以上を天才と分類し、長期にわたる調査を行なって、天才は身体的にも社会的にも道徳的にも優れていることを示した。天才と普通児との差異を知能指数の高低によっ

て示すことは，実質的には学校教育が主たる目的とする認識能力の獲得の程度で，天才を決めるようになったことである。このような天才を，学校天才とレンズリ（Renzulli, J.S.）は呼び，創造的生産的天才と区別している。学校教育における英才教育は，学校天才を対象にするのが普通である。

［参考文献］ Murray, P., ed., *Genius: The History of an Idea*, Oxford 1989／Sternberg, R. J. & Davidson, J., eds., *Conceptions of Giftedness*, Cambridge 1986／宮城音弥『天才』岩波書店 1967／Chauvin, R., *Les Surdoués*, 1975（前田・西畑訳『英才児』朱鷺書房 1980）
［関連項目］ 知能 　　　　　　（宮本健市郎）

田園教育舎

独 Landerziehungheim

19・20 世紀転換期に展開したとされる新教育運動を代表する寄宿制の学校施設。田園教育舎では，都市部から離れた農村的な環境のなかで，寄宿生活を支える家族的な人間関係を結び，知育偏重の是正を志向して授業内外における身体への働きかけを重んじる調和的な人間形成が目指された。こうした方針は「田園」「教育」「舎」という名称そのものに反映している。創設者はヘルマン・リーツ（Lietz, H., 1868-1919）で，1898 年にイルゼンブルク校，1901 年にビーバーシュタイン校，1904 年にハウビンダ校を設立し，また1914 年には田園孤児院ヴェッケンシュテット校を開いた。リーツの死後，これらの学校はアンドレーゼン（Andreesen, A.）によって運営され，その数を増やしていった。

ハーン（Hahn, K.）のザーレム校のように，リーツが築いた教育舎系の学校を模範として類似した学校が設立されたこともあれば，彼との確執によって離反していった教師たちが自らの学校を創設した例も多くある。ヴィネケン（Wyneken, G.）のヴィッカースドルフ自由学校共同体，ゲヘープ（Geheeb, P.）のオーデンヴァルト校などがその例として挙げられよう。「田園教育舎」という語は，リーツが設立した学校を意味する固有名詞として

使用されていたが，1920 年代に入ると類似した学校施設を指すより上位の概念として用いられるようになった。それにともなって，リーツ系の学校は，他の類似施設と自らを区別するために「ヘルマン・リーツ学校」という名称を使うようになり，今日に至っている。

リーツの学校は，生活改革運動と呼ばれる自然志向のさまざまな活動から影響を受けていた。自然療法にもとづいた食事管理や衣服の選定，反飲酒・喫煙運動の励行，自然環境の重視，身体運動の尊重などは，生活改革との密接な関係から導き出された学校方針である。生活改革の諸実践に共通する特徴は，文化の外部を「自然」とみなしたうえで，自らのうちにその外部を取り込むような文化として形式を備えていることにある。そうした一種の文化批判としての文化は，環境を人工化することにともなって生じるさまざま弊害を緩和する方策であると同時に，そこで展開される営みに対するコントロールのし難さを文化の内部に取り込んでしまうという側面を有している。そうした曖昧さと折り合うという課題を意識的に引き受けるという点もまた，田園教育舎系の学校が有する大きな特徴といえる。

［参考文献］ Hansen-Schaberg, I.: *Landerziehungsheimpädagogik*. Stuttgart 2002／Koerrenz, R.: *Hermann Lietz*. Frankfurt a.M. 1989／リーツ　川瀬邦臣訳著『田園教育舎の理想』明治図書出版 1985／Oelkers, J.: *Reformpädagogik. Eine kritische Dogmengeschichte*. Weinheim 2005（4. Aufl.）／渡邊隆信『ドイツ自由学校共同体の研究』風間書房 2016／山名淳『ドイツ田園教育舎研究』風間書房 2000
［関連項目］ 新教育／都市と教育 　（山名淳）

伝　達

英 communication, transmission

▶ **語　義**　「伝達」という語は，コミュニケーション理論や記号論の文脈では「コミュニケーション」の訳語として使用されるが，「知識伝達」「文化伝達」といった用語法はそうした訳語としての「伝達」の範囲にはおさ

572 デントウ

まりきらない。以下では，この一般的な用語法での「伝達」の意味内容について述べることにする。

▶ 歴 史　伝達が教育学的考察の対象となるのは，伝達される事柄でなく，伝達の受け手たる人間の側が伝達の目的として意識されることによる。しかし，人間形成のための伝達が伝達の原初的な形態であったわけではない。古代日本の口承集団たる「語部」の存在が示しているように，神話を中核とする支配的文化の伝達は共同体の存続の不可欠の前提だったのであり，この目的のために特定の人間が使役されたのであった。文字が発明されて後も，書くことは特別の職業が従事すべき業務であり続けた。伝達の目的は伝達される事柄であって，人間の側には置かれていなかったのである。印刷術の発明や産業構造の変化によって，読み書き能力は人間一般の能力に組み込まれるに至る。しかしその後も，伝達は〈事柄 対 人間〉という目的設定の葛藤を免れない。とくに学校制度が整備された19世紀以降，伝達されるべき事柄が「古典」「文化財」といった形で教科書のなかに固定されると，伝達される事柄は客観的な堅固さをもつことになる。こうして，事物のように固定された知識や文化が教育を介して世代間に伝達される，というイメージが確立する。コミュニケーション理論においても，伝達のモデルとなってきたのは事物の受け渡しのイメージである。コミュニケーションの構成要素となるのは発信者・メッセージ・受信者の三者であり，発信者が持っているメッセージがメディアを介して受信者に送られるとされる。発信者のメッセージが同一のコードで解読され，変形されることなく受信者側に受け取られれば，それが理想的な伝達ということになる。最近では，こうした伝達の事物モデルに対する批判がコミュニケーション理論内部にも見られる。

▶ 教育思想と伝達　教育思想においては，知識内在の立場がルネサンス以降説得力を失った後も，伝達の事物モデルは繰り返し批判の対象となってきた。事物モデルに対する批判の立場が，近代の教育思想の特質をなしているとも言える。たとえばモンテーニュ（Montaigne, M. E. de）によれば，メッセージの根本的な変形なしには真の伝達は行われないのであり，しかもそのような伝達の最良の方法は実際にやってみることなのである。ルソー（Rousseau, J.-J.）やペスタロッチ（Pestalozzi, J. H.），あるいは新教育において，伝達における「作業」の重要性が強調されたことはよく知られている。デューイ（Dewey, J.）は，こうした教育思想の伝統をさらに徹底させ，知識や文化が事物のように受け渡しできるという観念を基本的に否定した。彼によれば，知識や文化は本来，問題解決という行為のレベルに存在するのであり，したがって伝達もまたそうした行為のレベルで，コミュニケーションへの参加を通してなされると考えるべきなのである。ヴィトゲンシュタイン（Wittgenstein, L.）の言語ゲーム理論は，デューイとは対照的にディス・コミュニケーションを強調する構造をもってはいるが，伝達の事物モデルをデューイ同様原理的に否定している。デューイやヴィトゲンシュタインの伝達のモデルは，〈事柄 対 人間〉という葛藤を克服する可能性を秘めているように思われる。

[参考文献]　Ong, W. J., *Orality and Literacy*, London 1982（桜井・林・糟谷訳『声の文化と文字の文化』藤原書店　1991）／佐藤毅『マスコミの受容理論』法政大学出版局　1989／小笠原道雄編著『文化伝達と教育』福村出版　1988
[関連項目]　コミュニケーション

（今井康雄）

伝 統
英 tradition／ 独 Tradition, Überlieferung／ 仏 tradition

▶ 概念とその歴史　伝統とは，長い歴史を持つ共同体などの社会集団において，古くから伝えられ，受け継がれてきた風俗，慣習などにおける様式や形式など，とくにそのうち

の精神的確信，または脈絡を意味する。歴史を人類社会の移り変わってきた過程と，そのなかでの出来事であると捉えるならば，伝統はそうした歴史のなかで変わらず一貫して価値あるものとして存続してきたものである。

伝統は，啓蒙思想の合理主義によって，一時脇に押しやられていた。フランス啓蒙思想の代表者であるコンドルセは，宗教的伝統や神話をあっさりと否定し，それに代わって，科学や技術を尊重した。その後，合理主義史観は，ドイツ・ロマン主義史観によって克服された。ドイツ・ロマン主義史観は，歴史の連続性を主張し，歴史発展の民族的な個別性をあるがままに把握しようとした。この史観が生んだ歴史学派の先駆者と考えられているヘルダー（Herder, J. D.）は，歴史的に伝え受け継がれてきた神話や，共有されたシンボルや価値基準，そして慣習などを，集団的なアイデンティティの感覚を作り出すための文化的な決定要因であると考えた。ただ，ヘルダーは，神話や慣習などの伝統を蓄積されたストックとしては捉えずに，今行われつつある世代間の伝達過程とみなした。伝統と進歩とを対立するものとして捉えなかったのである。両者は，相互作用しながら，一つの連続体として体現するものであると考えた。伝統の過程に，衝突や緊張が潜在的に内在していると考え，伝統のなかに進歩を組み込んだのである。

こうした見方は，現代アメリカの社会学者であるベラー（Bellah, R.）にも見られる。ベラーは伝統を「共同体が長い時間をかけて作り上げた理解と評価のパターンである」と定義する。彼は伝統をすべての人間行為の本来的次元であると考え，ある伝統をある別の見地から批判できたとしても，我々は伝統から抜け出すことはできないとしている。そこで，彼は伝統を批判的に検討することも必要なことであるが，同時に伝統のなかから今日の状況においても適用できるものを積極的に，創造的に見いだしていくことも必要であるとしている。

他方，現代ドイツの哲学者であるガダマー（Gadamar, H.-G.）は，伝統は人間の力によって支配できるものではなく，反対に人々の歴史的現在を支配している作用であるとしている。ただ，伝統は，自然に成立するものではない。そのままにしていたら，歴史的現在から忘れられてしまう。そのため，ガダマーは，啓蒙主義者とは異なり，伝統と理性（的自由）とを結びつけ，伝統の支配は，理性によって理解され，保持される必要があるとしている。しかし，このように伝統を批判することができないほど包括的な概念にしてしまうことに対しては，多くの論者が批判している。教育的位置づけ・伝統を幾世代にもわたって価値あるものとして受け継がれてきたものと捉え，教育を先代の人達によって価値あるものとして受け継がれてきたものを若い世代に伝達する営みであるとするならば，伝統と教育とは密接な関係があることになる。ただし，近代の学校は，その時代の社会体制によって創造されたものである。そのため，近代の学校は，社会体制が信奉する伝統的な価値を若い世代に伝達するためのものになった。その結果，歴史的に自由主義と社会主義とを問わず，近代の学校は現体制の護持に奉仕してきた。

教育史上，イエナの戦いに敗れたプロシヤが，ペスタロッチの教育をドイツの再建のために採用した事実がある。ところが，ペスタロッチの教育が若い世代に社会改造を要求する側面があることが露呈すると，統治者達はペスタロッチの教育を弾圧し始めたのである。弾圧するために利用されたのが，「伝統」であった。歴史的に，「伝統」が社会の進歩や改善の抑止力として利用されることはよく見られる。しかしながら，教育から伝統をすべて排除することはできないであろう。伝統を重んじる「旧教育」を批判し，「新教育」を推進したデューイでさえ，伝統をすべて排除することはなかった。デューイによれば，問題は，伝統そのものではなく，伝統の取り入れ方によるとしている。「伝統の尊重」とい

うスローガンのもとに，伝統そのものの伝達と保持が目的とされるならば，かえって伝統の衰退を招く。伝統の尊重には，時と状況に応じた伝統の修正，再創造が不可分なものとして結びついていなければならないとしている。伝統の修正，再創造の基準は，社会の福祉の寄与と個人の成長の増進である。

[参考文献] マッキンタイア，A.（篠崎栄訳）『美徳なき時代』みすず書房 1993／ベラー，R. N., et al.（島薗進・中村圭志訳）『心の習慣』みすず書房 1991／球村敏雄編『教育における伝統と創造』玉川大学出版部 1968／新田義弘他編『脱西欧の思想』岩波講座現代思想 15，岩波書店 1994
[関連項目] 歴史 （山室吉孝）

天 皇 制
英 emperor system

▶ 語 義　天皇制という語は，日本共産党が指導した政治運動のなかで，おそらく 1928 年の第 1 回普通選挙運動で「天皇制打倒」のスローガンとして使用されるようになり（それ以前は君主制），やがてコミンテルンの 31 年テーゼと 32 年テーゼを経て，近代日本の国家権力を集約する概念として用いられるようになった。とくに 32 年テーゼでドイツ語テキストの Monarchie が天皇制と訳され，日本の具体的情勢分析の「出発点とならなければならぬ第一のもの」として，その重要性が強調され，この影響のもと，近代日本における封建遺制の残存（前近代性）を強調する講座派マルクス主義において近代日本社会分析の基本概念となった。

　敗戦直後の天皇制存続をめぐる論議のなかで「天皇制」は一般にも使用されるようになった。講座派にとって天皇制は，封建的遺制に依拠する特殊日本的な支配機構の総体を意味したが，その成果を積極的に評価しながら，むしろその機構を支えた精神の構造を明らかにしようとしたのが丸山眞男らである。丸山によれば大日本帝国憲法制定によって，天皇は絶対的権力者になっただけではなく，ヨーロッパにおけるキリスト教のような精神的・

内面的「機軸」をも兼ねるという「巨大な使命」が託された。天皇は憲法の翌年発布された教育勅語によって道徳的な絶対者ともなり，「権力」と「権威」を合わせ体現することによって，「包容性」と「無限定性」を本質とする天皇制における「無責任の体系」の頂点に位置づけられ，これは底辺の共同体的構造の前近代性を維持し温存・利用することよって支えられた，とされる。

▶ 天皇制と教育　講座派と丸山眞男らの強い影響のもとにあった戦後の近代日本教育史研究において，「天皇制と教育」は重要な分析視角となった。講座派マルクス主義の強い影響のもと教育史の「科学的方法」に基づく研究をめざした教育史研究会（『近代教育史』1952〜56）に対して，教育の思想と実践の分析に重点をおくことを意図した岩波講座・現代教育学第 5 巻『日本近代教育史』(1962) では丸山学派の武田清子が「天皇制教育（と，その体制化）」の語を使用し，翌年刊行された宮原誠一編『教育史』では宮原が「天皇制教育体制」を使用した。やがて，帝国憲法と翌年の教育勅語，第二次小学校令によってこれが確立するとの見解が通説化することになった。しかしこれらの語は多用されているわりに明確な概念規定がなされているとは言いがたい。「明治（公）教育体制」「臣民教育体制」「教育勅語体制」「天皇制公教育体制」「天皇制国民教育制度」などとの異同も必ずしも明瞭ではない。

　いずれにせよ，戦前の教育は日本の近代国家構造の前近代性を支えるものとしてもっとも強力に機能した，との見解は，国民の教育権の確立，自立した国民の形成を希求した「戦後教育学」にとって，きわめて親和的なものであったといえよう。

▶ 天皇制論の現在　しかし戦後経済の発展とそれに基づく国民生活の変容は「封建遺制」や「前近代性」の克服という課題を風化させ，しかもなお天皇制は，象徴天皇制として存続しているのはなぜか，が問われることになる。昭和天皇の代替わりを主要な契機に

今日ふたたび天皇制論議が活発であるが，そのなかで，講座派と丸山眞男らの天皇制論は「時代の産物としての限定的性格をもっていた」(安丸良夫)との見解が一般的になりつつある。

このようななかで古代天皇制から現代の象徴天皇制までを連続性においてとらえてここに日本文化の固有の源泉をみ，明治初年の神道国教主義や昭和の超国家主義に見られる極端な非合理主義や全体主義はその特殊な形態にすぎないとする見解がある一方，その歴史的断絶性に注目し，とりわけ近代天皇制を「偽造された構築物」(安丸)と見てその歴史的条件を考察するもの，あるいは天皇制を支えた「共同体」に単なる停滞や温存ではなく，段階的に変化する「自生的な地域公共関係」(林宥一・大石嘉一郎)を見ようとするものなど，天皇制論は新たな展開をみせている。近代国民国家一般と天皇制との関連を問うこれらの見解は，「天皇制教育体制」論への批判とも共鳴しつつ近代日本教育史像の見直しを迫るものとなるであろう。

また近代天皇制と教育との関連をもっとも端的に示すものとして，従来から「御真影」と教育勅語が取り上げられてきたが，その成立・普及だけではなく，「動揺と補強」にも着目した最近の研究は，強固さと脆弱さを併せ持つ天皇制教育の歴史的意味を明らかにするものとして注目される。さらに今日，「日の丸」「君が代」の国旗・国歌法制化や学校現場への強制の問題は，あらためてナショナル・アイデンティティの問題として天皇制を熱い論争の焦点に引き出している。

[参考文献] 丸山眞男『日本の思想』岩波書店 1961／森川輝紀『近代天皇制と教育』梓出版社 1987／大石嘉一郎・西田美昭編著『近代日本の行政村』日本経済評論社 1991／安丸良夫『近代天皇像の形成』岩波書店 1992／鈴木正幸編『近代の天皇』吉川弘文館 1993／佐藤秀夫編『教育・御真影と教育勅語』1, 2, 続・現代史資料8, 9, みすず書房 1994, 1996

[関連項目] 権力／権威／ナショナリズム／国家　　　　　　　　　　　　　　(片桐芳雄)

ドイツ観念論
英 German idealism／独 der deutsche Idealismus／仏 le idéalisme allemande

ドイツにおける18世紀末から19世紀初にかけての思想運動。この思想運動は通常，フィヒテ(Fichte, J. G.)からシェリング(Schelling, F. W. J.)を経てヘーゲル(Hegel, G. W. F.)において完成したと説明されるが，それはヘーゲルが，絶対者の概念的把握という基準からこの時期の思想運動を整理したものに基づく。しかし現代では，自我の主観性を徹底的に考察する後期フィヒテの立場，理性の概念的把握能力の反省に基づく後期シェリングの立場，概念把握された絶対者に基づき，一切をその自己展開として説明するヘーゲルの立場の三つの完成形態があったと考えられている。

この思想運動の始まりは，フィヒテにある。フィヒテはカント(Kant, I.)の批判哲学を高く評価したが，そこでは，悟性，意志，判断力が並列されているとして，唯一の原理としてそれらに共通の根元を設定する。つまり『全知識学の基礎』によれば，それが絶対的自我であり，自我による端的な自己定立である。このことは，自己存在を定立する力を原理とするドイツ観念論に決定的な存在理解を定式化したものである。しかし現実の自我は常に非我に対立されるので，その都度，絶対的自我を理想として，非我を自己の中に回収していくべきであると考えられる。このようにフィヒテにおいてはさしあたり，絶対者は当為の彼方に垣間見られるだけだった。そして，自己定立に収斂される自由の徹底的な擁護を標榜するフィヒテの思想は，当時の若者たちを熱狂させたが，間もなく，端的な自己

定立の原理的不可能性と自然が非我としてしか把握されない狭さについて批判を受け，新たな思想展開が準備された。前者は主にドイツ・ロマン主義者の思想を醸成し，後者はシェリングの自然哲学の誕生を促した。フィヒテの絶対的自我を端的に絶対者とみなすシェリングによれば，自然は精神と同等の自己形成力を有する生ける有機体である。そしてシェリングは『超越論的観念論の体系』において，この自然と精神に共通する絶対者を把握する能力が知的直観であるとし，芸術家の美的直観においてそれが理想的に実現されると考えた。しかし，ヘーゲルは，万象の根底に絶対者があるというシェリングの主張には共感するものの，知的直観を方法論にすれば，絶対者そのものは理性による概念把握の彼方に置かれてしまい捉えることができなくなると批判した。そこでヘーゲルは，フィヒテの自我哲学を意識の形成過程として理解し直すことで，否定される経験を介して意識がより高い段階に自己を高めていき，「絶対知」に到達する人間形成過程を『精神現象学』において描き出した。そしてこの最終的な境地から，『法の哲学』や『歴史哲学講義』では，社会や歴史を貫いてそれを駆動させる絶対精神の姿を描出した。

ドイツ観念論は教育思想史にも大きな影響を与えている。フィヒテについては，『学者の使命』や『ドイツ国民に告ぐ』においてその教育観が開陳されている。後者では，ペスタロッチ（Pestalozzi, J. H.）との親和性が表明されている。また，ヘルバルト（Herbart, J. F. H.）においては，経験を捨象して自我を設定するフィヒテへの批判が表象心理学の誕生の母胎の一つとなっている。シェリングについては，その前期思想がフレーベル（Fröbel, F. W. A.）らのロマン主義的教育学の母胎となったことがつとに知られている。また，ヘーゲルの概念による絶対者把握を批判して，絶対者の現実性の把握を主張する後期シェリングの哲学は，絶対者の学という制約を孕みつつもキルケゴール（Kierkegaard, S. A.）

の実存哲学の誕生を促し，実存哲学に立脚する教育思想の源泉となった。ヘーゲルについては，対立項の間に中間項を発展的に発見しようとする弁証法や個を客観的な歴史世界へと導き入れることを教育目標とする発想は，精神科学派に属すリット（Litt, T.）の人間観や社会観に大きな影響を与えている。さらにフランクフルト学派において，アドルノ（Adorno, T. W.）は，ヘーゲル思想は精神に一切を包摂していく同一化思考の典型であることと，絶対精神が生存を旨とする経済原則と共犯関係にあることを批判する。だが同時に，ヘーゲル哲学が綻びを見せるところに非同一的なものの存在が垣間見られ，内在的な近代哲学批判にもなりえていると高く評価している。また解放教育学の出発点となったハーバマス（Habermas, J.）も，欲求の体系としての市民社会に関するヘーゲルの社会分析に，社会における労働の産物の共有と分配をめぐるコミュニケーション的行為の理論の萌芽があることを認めている。

このようにドイツ観念論は，旧態依然とした絶対者の学であることや，絶対者の完成を唯一の目標とみなす点で近代的性格を批判されながらも，意識や社会や自然などへの透徹した思考として思想史の展開に刺激を与え続けているのである。

［参考文献］　Hartmann, N, *Die Philosophie des deutschen Idealismus*, Teil 1 u. 2, Berlin 1974（村岡晋一監訳『ドイツ観念論の哲学　第Ⅰ部　フィヒテ，シェリング，ロマン主義』作品社 2004）／大橋良介『絶対者のゆくえ』ミネルヴァ書房　1993
［関連項目］　シェリング／自然／精神／フィヒテ／ヘーゲル／ロマン主義　　　　（池田全之）

ド ー ア

(Ronald P. Dore, 1925-　　　)

イギリスの社会学者。海外における日本研究の第一人者の一人。1925年，イギリス南部ハンプシャーのボーンマス Bournemouth に生まれ，1947年，ロンドン大学の The School of Oriental and African Studies を卒

業。1948年頃から日本研究に着手し、1950年、江戸時代の教育を研究するため東京大学に留学。この成果は『江戸時代の教育』(*Education in Tokugawa Japan*, 1965) として公刊された。本書においてドーアは、徳川時代のわが国の教育が、武士階級だけでなく農民や商工業者層などの庶民レベルにおいても、「向上心」を文化の構造として根付かせていた点を指摘し、このことが近代化を政策展開する上で必要な国民一般の知性と道徳の水準を高めていたとしている。武士階級の教育目的と内容についての解釈と評価の点では、わが国の当時の日本教育史研究の水準を必ずしも反映していないが、近代化以前のわが国の教育組織と教育慣行と既成秩序に対する社会学的なダイナミズムの分析視角は、比較教育学と教育社会学への大きな刺激となったばかりでなく、近代化と教育というテーマをイギリス人の立場から問題化した場合、社会発展と教育という、発展途上国に共通する問題領域の構成要素がどのようなものであるのかを明らかにしつつ、近代化理論そのものの実証を行った。1951年、都市の日本人を研究するため再度来日し、東京都内の下町に下宿生活を送ったが、この成果は、『都市の日本人』(*City Life in Japan*, 1958) として公刊された。さらに、1955年から56年にかけての来日の際は、山梨県や山形県の農村に住み込んで、日本の農地改革の現状を調査し、資料蒐集にあたり、その成果は、『日本の農地改革』(*Land Reform in Japan*, 1959) として公刊された。その後も日本とイギリスの比較社会調査のために、たびたび日本に留まって調査研究を精力的におこなった。1970年にはフランスのフォール元首相を団長とするOECD教育視察団の一員として来日し、視察の結果はOECD, *Reviews of National Policies for Education: Japan* (1971)〔深代惇郎訳『日本の教育政策』(朝日新聞社、1972)〕にまとめられている。この時期の問題意識は後年『学歴社会・新しい文明病』(*The Diploma Disease: Education, Qualification and Development*, 1976) として公にされた。本書では、近代化を推進するはずの教育が、必ずしも円満な結果を伴わない構造的な問題を発生せざるを得ないものであることを、国際比較の中で分析し、学歴社会の登場によってその病的な社会的停滞に悩んでいるのは日本だけでなく、本来の教育機能が、硬直した、選び直しのきかない選別機能によって抑圧され、名目としての卒業証書のために競争する教育の空洞化が世界的に進行しており、かつてヤング (Young, M.) が予言したように、受験型知性による反教育的な新しい文明病が蔓延しつつあるとしている。「悲しいことに、平等主義や、個人の尊厳の要求は、人間の才能の多様性と容易に調和することができない。……もし人類が恐竜の後を追って地球上から姿を消すとすれば、平等の欲求と能力の多様性との調和に失敗したことが、その大きな原因となるに違いない」と言う著者の教育的ペシミズムは、今もって解消されてはいない。この問題提起は、晩期資本主義社会における教育と不平等の問題をめぐってすすめられてきている、J・コールマン、C・ジェンクス、S・ボールズとH・ギンタス、B・バーンスタイン、I・イリイチ、P・ウィリスらの教育社会学的分析につながるものである。ロンドン大学 (1951〜55, 1961〜68)、カナダのブリティッシュ・コロンビア大学 (1956〜60)、サセックス大学 (1969〜) などで教鞭を執った。

[**参考文献**] Dore, R. P., *City Life in Japan*, 1958 (青井和夫・塚本哲人訳『都市の日本人』岩波書店 1962)／Dore, R. P., *Land Reform in Japan*, 1959 (並木正吉・高木郁子・蓮見音彦訳『日本の農地改革』岩波書店 1965)／Dore, R. P., *Education in Tokugawa Japan*, 1965 (松居弘道訳『江戸時代の教育』岩波書店 1970)／Dore, R. P. (ed), *Aspects of Social Change in Modern Japan*, 1965／Dore, R. P., *British Factory-Japanese Factory*, 1973／Dore, R. P., *The Diploma Disease: Education, Qualification and Development*, 1976 (松居弘道訳『学歴社会・新しい文明病』岩波書店 1978)

(北本正章)

討 議
独 Diskurs

▶ **語 義** コミュニケーションの進行のなかで事実の真理性や規範の正当性の理解に食い違いが生じた時，それぞれの主張の妥当性をめぐって根拠を示しながら話し合いが行われ，合意が目指される場合がある。このメタ・レベルでのコミュニケーションを「討議」(Diskurs) と呼ぶ。"Diskurs" の語源はラテン語の "discursus"（走り回ること，行ったり来たりする会話）であり，英語の "discourse"，仏語の "discours" も同根であるが，こちらには一般に「談話」ないしは「言説」という訳語が当てられる。なお，「熟議」と訳される "deliberation" に「討議」の訳が当てられることもある。

▶ **討議倫理学と熟議民主主義** 規範の正当性を討議によって基礎づけようとするハーバーマス (Habermas, J.) やアーペル (Apel, K.-O.) の立場は，討議倫理学 (Diskursethik) と呼ばれる。それによれば，討議は，それが多様な観点から自由かつ対等に行われるという条件によって，歪みのない合意を保証する。そして，この合意が規範の正当性，ならびに想定上の参加者もこの規範に同意して従うであろうという普遍化可能性の根拠となる。討議倫理学は，規範の基礎づけの可能性を対話の手続き的な条件の面から探るもので，カント倫理学の義務論，形式主義，普遍主義が踏襲されている。

政治学的には，熟議民主主義 (deliberative democracy) の一つの形態として，討議を核とする市民の公共的なコミュニケーションによって議会に代表される制度化された意思決定過程を補完し，よりよい民主主義を実現しようとする立場がある。

理性的な対話と合意形成を重視する討議理論に対しては，ポスト構造主義やフェミニズムの立場から，十分なコミュニケーション能力を持たない（持てない）者の排除につながるエリート主義や，討議を合意の十分条件と誤解したロゴス中心主義であるとして批判が向けられている。

▶ **教育学的意義** 1970 年代の西ドイツ（当時）の教育改革においては，伝承された古典的教養の習得に替えて，形式陶冶的な性格をもつ討議能力の育成が主要な教育目標として掲げられた。異質なものとの対話を通した共存はいつの時代にも求められるものであり，そのための討議能力の育成は今日なお重要な教育課題の一つである。また，熟議民主主義における教育の役割の探究は，教育の政治哲学の主題の一つに数えられる。今日の日本では，道徳教育の分野において，コールバーグ理論にもとづくオープンエンドのモラル・ディスカッションに替えて，討議と合意形成を核とする道徳授業を創造する試みが広がりを見せている。

［参考文献］ Habermas, J.: *Erläuterungen zur Diskursethik.* Ffm. (Suhrkamp) 1991（清水多吉ほか訳『討議倫理』（新装版），法政大学出版局 2013）／渡邉満ほか編『シリーズ 「特別の教科 道徳」を考える』全 3 巻，北大路書房，2016
［関連項目］ 言語行為論／コールバーグ／対話／ハーバーマス 　　　　　　　（野平慎二）

動機づけ
英 motivation

▶ **語 義** 動物の行動を喚起し，ある目標へ方向づけ，維持する過程。有機体の行動を喚起する内部的要因を動因，行動の対象となる外界の対象を誘因という。たとえば，空腹の状態は食物をもとめるという動因をつくり，食物は誘因となる。動因と誘因との相互関係のなかで，動物の行動はきまる。目的が達成されたとき，動因は低減する。

▶ **内発的動機づけ** 上記の説明は，動因低減説と呼ばれ，人間の行動を刺激（空腹）と反応（摂食）との関係から説明しようとする行動主義の立場からのものである。この説では，行動はつねに何らかの目的に対する手段である。しかし，人間の場合，刺激を自分なりに認知し，解釈して，反応の方向を選択す

ることがありうる。さらに，行動それ自体が目的であるということもしばしばある。これは内発的動機づけと呼ばれ，近年，研究がさかんに行われている。対象に興味を持っていると，たとえ報酬がなくても自発的，継続的に学習するのは，内発的動機づけができているからである。

▶ **内発的動機づけの理論**　学習において内発的動機づけを説明する理論はいくつかある。代表的なものは認知的動機説，帰属理論，自己効力感説である。認知的動機説によると，人間は新奇な刺激や情報を求める探索動機を幼児期からもっている。ところが新たに獲得した知識はしばしば既有の知識との間に矛盾をひきおこす。この矛盾を理解するために，解釈を加えたり，さらに新たな情報を探索したりして，矛盾を解決しようとする意欲が内発的動機づけなのである。この場合，興味や知的好奇心が探索動機になる。帰属理論によると，人間の失敗または成功の原因は，能力，努力，課題の困難さ，運，雰囲気，他人からの援助などいろいろな要因が考えられる。失敗の原因を自己の能力の不足とみる人は，自己への信頼を失い，行動への意欲をなくしがちであり，成功の原因を課題の容易さと見るひとも動機づけは弱い。それに対して，失敗の原因を課題の困難さや運と見る人や，成功の原因を自分の努力の結果と考える人は，内的動機づけが高まるとされる。どれを原因とみなすかは，本人の意志で行動の変更が可能かどうか，さらに周囲の人の感情的な反応などからも影響を受ける。

　自己効力感も内発的動機づけの要因の一つと考えられている。人間は，課題遂行にたいする自らの能力への信頼があれば，新しく，複雑な学習でも進んで取り組もうとする。したがって，困難な最終的な目標だけを示すのではなく，実行可能な小刻みな目標を立てて，一つひとつ成功を繰り返していくことが，積極的な将来への期待を高め，内発的動機づけになるのである。

▶ **近代教育と動機づけ**　近代の教育は，知識や文化を大人が子どもに伝達し，行動を統制することを目的としているととともに，子どもの自発的な活動を尊重することも，中心的な主張の一つとしている。言い換えると，子どもは受動的であり，かつ，自発的でもあるという，矛盾した要求を突き付けられている。この矛盾を解決する方法が，動機づけである。それは，子どもの心理状態を十分に読み取ったうえで，学習意欲を高め，自発的な活動を促すことであるし，同時に，目標に向かって子どもを導くことにもつながる。20世紀初頭の新教育運動のなかで，賞罰や競争によって学習へ子どもを動機づけるのではなく，子どもの興味や知的好奇心を尊重しようとしたのは，最近の内発的動機づけ研究の方向を示唆したものであったといえる。

　[**参考文献**]　Young, P. T., *Motivation and Emotion*, New York 1961／松山義則『人間のモチベーション』培風館　1981／浜治世編『現代基礎心理学 8, 動機・情緒・人格』東大出版会 1981／Weiner, B., *An Attributional Theory of Motivation and Emotion*, Springer-Verlag 1986／櫻井茂男『内発的動機づけのメカニズム──自己評価的動機づけモデルの実証的研究』風間書房　1990
　[**関連項目**]　行動主義／条件づけ／新教育
　　　　　　　　　　　　　　　　　　（宮本健市郎）

陶 行知

（とう　こうち，Táo Xíng-zhī, 1891-1946）

　中国安徽省の出身。ミッションスクール系の教育を受け，金陵大学を卒業後，3年間（1914-17）私費で渡米，イリノイ大学で政治学を，コロンビア大学で教育学（デューイに師事）を研究，政治学修士号と教育学修士号を取得して帰国した。王陽明の「知行合一」学説や，デューイの民主主義的教育思想に感銘を受け，中国での教育革命を志し，「民有」（民衆が教育をもつ），「民治」（民衆が教育を作る），「民享」（民衆が自分の必要によって教育をおこなう）という，中国的な民主主義にもとづく生活教育論を提唱した。

　1923年より陶行知は，それまで彼が務め

ていた社会的地位（たとえば，南京高等師範学校教授，教育学科主任，中華教育改進社主任幹事，『新教育』誌編集長など）をなげうち，南京，安徽，北京などに平民学校を創設するとともに，教科書『平民千字課』を編集し，平民教育の実践に専念することになる。1927年春には，まったく新たなタイプの農民の教員を養成するために，南京郊外に「実験郷村範学校（暁荘学校）」を創設する。付属幼稚園・小中学校をもつ同師範学校は，彼の生活教育論の実践の場であると同時に，そこから彼独特の生活教育思想が創出されることになった。1932年には，上海市内と郊外に，「山海工学団」，「晨更工学団」，「報童工学団」を設立，労働者，農民と彼らの子どもたちに識字教育を行う。また，1939年には，重慶に「育才学校」を創立する。同校は，芸術的才能を持つ難童（戦争による一家離散によって生みだされた孤児たち）の学校であり，子どもたちに，民主主義的生活教育にもとづく芸術作品を多数創出させることで人民の芸術家を養成するという理念を掲げていた。

陶行知の生活教育思想は，伝統的な旧教育を批判する「中国的，節約的，平民的」教育であった。官僚，地主，資本家などの頭脳労働者のために「小衆教育」ではなく，全国人口の80%を占める肉体労働者のための教育であった。その生活教育思想は，主に，「教学做合一」「在労力上労心」というふたつの教育論に結実している。

「教学做合一」では，教えること，学ぶこと，做すること（doing）は，一つのこととされる。教え，学ぶことは「做」を通じなければならないのである。「在労力上労心」では，思考力は肉体労働を通じて養われなければならないとする。以上の「做」と「労力」によって，大衆の生活力は活性化され，「民有」，「民治」，「民享」という民主主義的生活教育思想の着実な根源になりうるのである。

さらに，陶行知は，「小先生制」というユニークな教育実践を提唱した。これは，小さい子どもでも教師になりうるということであ

る。陶行知による「小先生」の発見は，陶行知の6歳の息子が文盲の老婆に文字を教えたこと，また，暁荘学校付属小学校の児童や，「山海工学団」，「晨更工学団」，「報童工学団」の子どもたちが，同輩・先輩に教えたという教育実践例から生みだされたものであった。

陶行知は，教育学者であると同時に民族解放運動の先駆者でもあった。1930年後半からの抗日戦争中，陶行知は積極的に民族の独立解放運動に努め，外国教育の視察の際にも，帝国主義反対，民族解放を訴える多くの演説をおこない，その影響力は，当時の欧米，東南アジアにまで広がっていった。

［参考文献］斉藤秋男『陶行知・生活教育理論の形成』明治図書 1983／牧野篤『中国近代教育の思想的展開と特質——陶行知「生活教育」思想の研究』日本図書センター 1993

（李 燕）

道 徳
moral 英／Moral, Sittlichkeit 独／morale 仏

▶ 語 義　人間の行為や性格を人間や他の生命体との諸関係のなかで「よい・わるい」「正しい・不正な」等として評価するときの規準（規則・原理），あるいはその規準をめぐる評価的言説や行動の総体。一般には倫理とほぼ同義に用いられる。ラテン語で習俗を意味するmoresからmoral（道徳的）という語が，ギリシャ語のethos（慣習）からethical（倫理的）の語が，ドイツ語のSitte（慣習）からsittlich（人倫的）の語が派生したように，道徳はもともと集団や社会によって承認された慣習としての規範を意味している。道徳の原初的形態は，血縁集団や家族共同体における政治・経済・宗教等々の実践のなかに埋め込まれており，その後社会的行為の規準が集団規範として対象化されるに至って，はじめて道徳に相当する人間的制度は成立する。だがその場合でも，慣習としての道徳は依然として，法，宗教，政治等の諸制度と未分化のまま一体化している。古代の道徳はこの慣習道徳であるが，それらはタ

ブー，儀式や祭典，詩歌・装飾などの言語的・芸術的表現形式，物理的力の行使，等々を通じて再生産された。ここに道徳教育の一つの原型（原初的形態・範型）を見ることができる。さらに個人の意識が慣習道徳と葛藤・対立し，慣習道徳が反省的思考の対象になるにつれて，道徳の制度は他の関連する諸制度から次第に分化するようになり，道徳についての反省的考察（倫理学・道徳哲学）も生まれるようになる。ここにおいてはじめて，他の領域から相対的に独立した「道徳」が成立することになる。

▶ **啓蒙主義と道徳・道徳教育**　近代以前の道徳は基本的に，共同体実践の所産としての慣習や習俗によって支えられていた。ところが近代になると，道徳は，慣習から切断され，歴史的に刻印づけられた共同体から引き離されるようになる。というのも，近代科学と近代資本主義の成立にともない，伝統的共同体とそれに支えられた慣習や習俗の解体が急速に進行したからであり，他方，その過程と並行して成立してきた個人主義や自由主義が，旧秩序への批判（封建的諸制度等からの解放）のために伝統に拠らない普遍的な根拠を要求するようになったからである。こうして近代西欧に生じた啓蒙主義は，共同体の維持と再生産のための道徳から自己統治や自律のための道徳への根本的転換を図るなかで，道徳を個人主義化あるいは脱文脈化し，道徳の普遍的・抽象的な道徳原理への還元およびその非歴史的な理性による正当化を志向するようになった。

たとえば，17世紀半ばにすでにホッブズ（Hobbes, T.）は，各人の自己保存のための普遍的な「自然権」を社会契約によって保障することに道徳の根拠を認め，利己主義と利他主義の調和に道徳を見る啓蒙主義特有の道徳観を提示するとともに，快や選好を究極的善とみなし「最大多数の最大幸福」を普遍的道徳原理とする功利主義（ベンサム，ミルら）の基礎を築いた。一方，こうした枠組みに対抗してカントが説いた「道徳性」（Mo-ralität）も，個人が普遍妥当的な道徳法則の命令に自らの意志で無条件に服する場合にのみ認められるものであり，そのような個人のもつ目的としての普遍的価値も抽象的に規定された人権にほかならない。まさしく，ヘーゲルのいう，近代市民社会における個人的・主観的倫理としてのカント的「道徳性」と共同体倫理としての「人倫」（Sittlichkeit）の分裂という事態，あるいはマッキンタイア（MacIntyre, A.）のいう，「徳」（virtue）の崩壊による近代の啓蒙主義道徳の出現といった事態が生じたのだった。

さて，このように道徳の中心に抽象的で普遍的な道徳原理が据えられるようになるにつれて，道徳教育も大きく変化する。啓蒙思想の浸透や国民国家の成立にともなって，フランス革命期に典型的に見られるように，教育（国民教育）は非合理的な伝統的慣習や宗教的価値の教育からの自律をめざし，同時に道徳教育も教育そのものから分化しはじめる。「教育（訓育）・教授」や「知育・徳育・体育」等々の二分法や三分法の成立である。それと並行して道徳教育それ自身も，さらに下位の概念に区分されるようになる。すなわち，慣習道徳を身につけたエトス（性格）の形成として，知的判断力と実践力の形成が未分化な形で融合していた伝統的な道徳教育は，抽象的・普遍的な道徳原理の「教授」と，その原理の行為化・習慣化のための「訓育」に分離されるようになったのだ（ただしデュルケームの道徳教育論は稀有の例外である。彼は伝統的な共同体倫理＝社会集団道徳と近代特有の個人の自律意識とを，抽象的な道徳原理を媒介させずに調停しようと試みた）。だが当然のことながら，脱文脈化された普遍的な道徳原理を"知る"ことは容易である一方，抽象的で自己に疎遠な原理の行為化・習慣化は困難である。その結果，道徳教育は，たとえばロックやカントやヘルバルトの教育論からもうかがえるように，行為能力・実践力の育成を固有に担当する教育として，感情・意志・態度の形成を主たる任務とするようにな

る。こうして啓蒙主義道徳に依拠した道徳教育は、野蛮を避けるという啓蒙道徳の趣旨に背くような非合理な鍛錬主義（体罰行使等）に、しばしば転落することになった。

▶ **情緒主義と道徳・道徳教育**　ところが、産業革命以降、自然科学とテクノロジーが飛躍的に進展し、また社会的交通の拡大が文化的相対主義の事実を暴露してくるのにともなって、このような啓蒙主義の道徳も次第に崩壊の兆しを見せはじめる。まず19世紀の後半になると西欧では、反形而上学を唱え科学的理性の優位を説く啓蒙思想の多くが、呪術的・神話的なものとしての因襲や権威からの解放に合理性や進歩を見る自らの理性観を、実証主義思想として純化するようになる。こうして1930年前後以降、とりわけ英米においては、啓蒙主義道徳思想の末裔ともいえるムーア（Moore, G. E.）らの「直観主義」に代わって、この実証主義思想と一体となった倫理学が次第に支配的になっていった。すなわち、ラッセルや前期ヴィトゲンシュタインの思想に導かれた論理実証主義の産物としての「情緒主義」（emotivism）倫理学の誕生である。この倫理学は、道徳判断を個人の感情や態度の表現・表出にすぎないとみなす。この思想を典型的に説いたエイヤー（Ayer, A. J.）によれば、価値判断や道徳判断は、科学判断のように事実という確実な証拠によって検証ができない、それゆえ真偽を問えない「無意味な」命題にすぎない。よって具体的な規範や実践への問いは学的考察の対象とはならない。こうして情緒主義に従えば、倫理学は、もっぱら道徳語の言語分析に従事する「メタ倫理学」に限定されてしまうことになった。

しかもこの情緒主義は、英米語圏の一倫理思想という枠を越えて、ヴェーバーの倫理思想をはじめとして、ニーチェのニヒリズムの思想や、サルトル（Sartre, J.-P.）ら実存主義の決断主義の倫理思想とも部分的に呼応することになる。それらはいずれも、道徳を各人の自由な決断（主観の表明）の問題とみな

し、価値相対主義を標榜して他人の道徳観には干渉しないことを唱える側面をもっているからである。こうしてこの広い意味での情緒主義道徳論は、個人の自由と相互尊重を標榜する民主主義の風潮ともマッチして、近代的理性が浸透した社会を広く席捲することになった。

決断主義と価値相対主義をメルクマールとするこの広義の情緒主義の影響下では、当然のことながら道徳教育は確たる存在根拠をもたないことになる。共同体倫理への馴致も普遍的道徳原理の伝達も迷妄として斥けられ、道徳教育の課題はせいぜい、状況の適切な分析の下で個人の自由な道徳的決断を促すことに限定されてしまうからである。

▶ **啓蒙主義道徳の再構成と道徳教育**　もっとも、この情緒主義に対しては啓蒙主義道徳の遺産を継承しようとする側からたえず批判が投げかけられ、啓蒙主義道徳の再構成も試みられている。そのなかには、情緒主義の価値相対主義への感情的反発から古典的啓蒙主義道徳への回帰を訴える素朴な反動家も数多く含まれるが、学問の方法論的・原理的な反省に立って情緒主義を批判しようとする者も少なくない。たとえば言語分析的な哲学の内部では、後期ヴィトゲンシュタインの思想の影響下にあるヘア（Hare, R. M.）が、道徳語の用法の論理的拘束からカント的な原理を導き出し、それを個人の自己決定の方法論的規則として定式化することを試みている。またハーバーマス（Habermas, J.）は、実証主義を支える道具的理性を批判したり、「道徳性」と「人倫」の統合の必要性を自覚するといった点で啓蒙思想の問題点をも見据えながら、カント的な原理を道徳的規範の合意形成のための批判的討議の形式的拘束として再構成しようとしている。時代をさかのぼるが、デューイも、事実と価値の認識論的・存在論的分断の理念を批判し、非実証主義的な「科学＝経験の方法」によって価値や道徳の問題の解決をめざす、非正統的な啓蒙思想によってこの情緒主義と対決した。

これらの現代版啓蒙主義道徳思想の影響を受けた道徳教育の多くは、個人の意思決定や選択のための方法論的規則や観点を適用する能力の形成や発達をめざすようになる。ただしその方法論的規則や観点が具体的に何であり、それらはいかにして獲得できるかについては幾多の論争がある。また慣習道徳の位置づけをめぐっては、英米の道徳教育論のなかで次のような対立がある。(a) 慣習道徳を拒否する非現実主義者の理論（価値明確化 values clarification アプローチなど）、(b) 慣習道徳をいわば必要悪として認める保守主義者の理論（ピーターズ Peters, R. S. など）、(c) 慣習道徳から普遍的・抽象的道徳原理への発達を説く正統的啓蒙主義者の理論（コールバーグ Kohlberg, L. など）。だが、これらはいずれも、近代の道徳観の特異な歴史的位置について自覚的であるとはいえない。

▶ **近代日本の道徳教育**　　近代以前の道徳と近代の啓蒙主義道徳・情緒主義道徳を対比させた上記の枠組みから、わが国の明治期以降の道徳教育を概括してみよう。学校以外では、今日においても、可視的・不可視的なサンクション（制裁・報奨）を通じて慣習道徳を伝達しようとすることが中心である。一方、学校における道徳教育は、第二次世界大戦の前後でかなり変貌している。戦前の道徳教育は、後進国の近代化という国家的課題、近代道徳の超克（共同体倫理の擁護）という思想史的課題、等々と複雑に絡み合っていた。すなわち、国民の国家主義的統合と（帝国主義的な）経済発展に寄与するような行為規範や性格特性の形成が要求される一方で、伝統的共同体の慣習道徳が〈啓蒙主義道徳や情緒主義道徳を古代ゲマインシャフト的な家長支配の道徳によって乗り越える〉といった学的関心によって正統化され、それらは天皇制道徳＝「修身」道徳として集約されて、基本的には伝統的な方法で伝達された。

他方、戦後は、道徳教育への不信や懐疑の傾向が他の国々と比べても際立つようになる。自由主義的近代諸国家で進歩的な考えとして

広まりつつあった情緒主義的道徳観の風潮のうえに（1980年代以降はそれにポストモダン的な道徳懐疑論の風潮が加わる）、戦前の「修身」道徳への反省や、依然として国家的課題に従属している道徳教育への批判という契機が加わったからである。そのため道徳教育論は、共同体倫理の擁護や啓蒙主義道徳への批判、情緒主義道徳への批判や啓蒙主義道徳の再構成といった課題と向き合うことがまれになる。通念としての道徳教育は、社会・学校・家族等の制度的矛盾が生み出した子どもたちの荒廃現象への対症療法や、人権教育に名を借りた古典的啓蒙主義道徳の復古の叫びに矮小化されてしまった。

▶ **近代批判と道徳・教育**　　ところで道徳思想のなかには、啓蒙主義、情緒主義、再構成された啓蒙主義のいずれの道徳観に対しても批判的な系譜も存在する。それらの道徳観に通底する近代の理性・合理性に懐疑的な系譜である。まずマルクスの思想からは、（利他主義や禁欲主義を説く）道徳とは、私的所有主体の自立（利己主義の成立）によって社会的紐帯が解体したことから生じる矛盾を糊塗するものにほかならず、資本主義体制の矛盾の噴出としての社会的荒廃の責任を個人に押しつけてその原因を隠蔽し、集団的連帯による社会変革の気勢を削ぐ内面からの管理装置や支配の道具にすぎない、とする道徳観が読み取れる。また晩年のニーチェは、幸福や自由を平等に保障しようとする近代西洋に典型的な道徳を、個々の人間の生の力動を抑圧し、人間を奴隷化するものと痛罵した。さらにホルクハイマー（Horkheimer, M.）とアドルノ（Adorno, T. W.）の啓蒙の理性批判の論理に従えば、啓蒙主義の道徳は一般に、他者や自然環境の支配と連続した、自己による自己の支配のための装置であり、さらに情緒主義の道徳は、もはや批判的態度を失った自己が全開した私的所有欲を満たそうとして、自己と他者と自然環境を管理下に置き、それらを支配し蹂躙することを支える装置としてみなすことができる。また近年ではポスト構造

主義や現象学が，これらの論者の主張とも呼応しつつ，近代の道徳のもつ同一性や合意への志向がはらむ暴力性・抑圧性を告発している。そのほか，諸生起の関係主義的・機能主義的な網目としての（社会的・心的）「システム」に道徳を位置づけるルーマンらのシステム論，共同体の観点から近代の自由主義的で個人主義的な道徳観を批判するマッキンタイアらの「共同体主義」（communitarianism）の思想，「自律」「個人」「権利」を優先させる男性道徳に抗して「配慮」「関係」「責任」の女性倫理を説くギリガン（Gilligan, C.）らのフェミニズム倫理学を，これらの系譜に位置づけることも可能である。

　もっとも，これらの人々による道徳批判が再構成された啓蒙主義道徳に対してどこまで妥当するのかについては，個々の事例ごとに慎重な検討が必要である。逆にその非古典的な啓蒙主義道徳は，反啓蒙主義者の全面化したイデオロギー批判の盲点を衝くこともできる。まさにこの両陣営の対決のなかに，今日の道徳論の根本的な争点があるといえよう。

　いずれにせよ，高度に管理化され，従来の生態系を地球規模で破壊しつつある資本主義の経済的─政治的システムのなかで，共同体倫理を批判的対話を介しながら形成すると同時に，そうした共同体倫理に解消されない異他的な他者の他者性を尊重することを可能にしてくれる道徳・倫理の探究が今日の課題であることは間違いない。またそれは同時に，近代以前に道徳教育が教育そのものと融合していたのとは別の意味で，道徳教育が教育そのものとして復権していく過程でもあると考えられる。

　［参考文献］　Ayer, A. J., *Language, Truth and Logic*, Rev. edn., Victor Gollancz 1946（吉田夏彦訳『言語・真理・論理』岩波書店　1955）／Dewey, J. and Tufts, J. M., *Ethics*, Rev. edn., Henry Holt 1932（久野収訳『社会倫理学』河出書房　1966）／Durkheim, É., *L'éducation morale* 1925（麻生誠・山村健訳『道徳教育論1・2』明治図書　1964）／Frankena W. K., *Ethics*, 2nd ed., Prentice-Hall 1973（杖下隆英訳『倫理

学［改訂版］』培風館　1975）／Gilligan, C., *In a Different Voice*, 1982（岩男寿美子監訳『もう一つの声』川島書店　1986）／Habermas, J., *Moralbewußtsein und kommunikatives Handeln*, Suhrkamp 1983（三島憲一ほか訳『道徳意識とコミュニケーション行為』岩波書店　1991）／Hare, R. M., *Freedom and Reason*, Oxford University Press 1963（山内友三郎訳『自由と理性』理想社　1982）／Horkheimer, M. und Adorno, T. W., *Dialektik der Aufklärung*, Querido 1947（徳永恂訳『啓蒙の弁証法』岩波書店 1990）／Kohlberg, L., *Essays on Moral Development*, Vol. I & Vol. II, Harper & Row 1981, 1984／MacIntyre, A., *After Virtue*, 2nd edn. University of Notre Dame Press 1984（篠崎榮訳『美徳なき時代』みすず書房　1993）／Nietzsche, F., *Zur Genealogie der Moral* 1887（信太正三訳『善悪の彼岸　道徳の系譜』ちくま学芸文庫　1993）／Peters, R. S., *Moral Development and Moral Education*, George Allen & Unwin 1981／Raths, L. E., Harmin, M., Simon, S. B., *Values and Teaching*, 2nd edn. Charles E. Merrill 1978（遠藤昭彦監訳『道徳教育の革新』ぎょうせい　1991）／Skillen, A., *Ruling Illusions*, The Harvester Press 1977／佐藤・中岡・中野（編著）『システムと共同性──新しい倫理の問題圏』昭和堂　1994

　［関連項目］　価値／訓育／しつけ／宗教教育／習俗／良心　　　　　　　　　　　　　　（松下良平）

陶　冶

独 Bildung

陶冶 Bildung（以下，Bildung と記す）概念については，従来，新人文主義の思想家フンボルト（Humboldt, W. von）の一般的人間陶冶 allgemeine Menschenbildung が，その典型とされてきた。しかしながら，その概念の成立と展開の過程をみると，「神の似姿」としての自己完成を意味内容とする概念使用がフンボルトよりもはるか以前からあり，また，フンボルト以降においても，それを狭い意味での教育概念，あるいはその反作用として，人間形成一般に使用するという傾向さえもみられる。

　今日の教育学において普通に使用される教育概念としての Bildung も，その起源を遡っ

てみると，一般にいわれるように18世紀なかばに突如として登場したというわけではなく，すでに16世紀の神秘主義における「神の似姿」としての人間の自己完成論にその一つの始点を認めることができる。ことば自体としては，さらに遠く13世紀から14世紀にかけての神秘主義者マイスター・エックハルト（Meister Eckhart）にまで遡ることが可能だ。神秘主義における「神の似姿」としての人間観においては，人間は神の被造物であり，Bildungとは，人間をこの「神の似姿」としての完全性にまで形成することを意味していた。神秘主義の影響が指摘されるコメニウスにおいても，それは同様だった。

近代のBildung概念は，人間の自己完成論の世俗化として，敬虔主義によって，なかば用意されたといってよい。しかしながら，外的な形態や造形を含意するものとしてのBildungを，精神的な領域に転用することは，啓蒙主義の本格的な登場をまたなくてはならなかった。つまり，18世紀の後半において，Bildungは，人間の外観に対してのみならず，内面性，たとえば知性や態度などを表現する概念としても使用されることになる。Bildungが神による人間の形成作用としての含意を否定されることによって，教育Erziehungがそれに取って代わる上位概念となり，Bildungは，ことに直観など，認識能力の形成や開発の意味を担う，いわば自己活動による自己発達の概念として考えられるようになる。

ヘルダー（Herder, J. G.）は，人間を形成するものは，人為的な教育作用ではなく，人間を取り囲む自然そのもの，あるいは自然としての民族であり，したがって，そこでの形成作用はすぐれて自然なものとして把握されなければならなかった。ヘルダーにとっては，Bildungは，Erziehungでもなく，ましてや教訓Lehreでもない。それは，自然を母とする，いわば自己形成Sich-Bildendとでもいうべきものであった。いっぽう，青年フンボルトにとって，言語はBildung概念の段階的

な形式を与えるものでもあった。一般的人間陶冶と把握されているフンボルトのBildung概念は，明らかに，言語を基本的な要素とする古典的なヒューマニズムを基盤としていた。このような，貴族的な人間性の理念にもとづいて，フンボルトは，個性の重視，すなわち個の多様性を基本として，その結果生じる個の対立を解消するために，ギリシャ的な普遍性を媒介として，個がこれを内面化することによる統一的な調和の実現をその意味内容として与えていた。ゲーテのBildung概念についても，『ウィルヘルム・マイスター』におけるように，普遍の個における内面化という原理は，ほぼ同様にみいだすことができる。これは，今日ではむしろ「教養」と訳され，教養小説Bildungsromanの系譜をかたちづくるが，ヘーゲルは，このBildung概念を，外化Entausserungとの弁証法において哲学的に抽象した。プロイセン改革期のフンボルトは，人間性の実現を国民原理の採用によって可能と考えることで，まったく新たな地平に立つことになる。プロイセン改革の教育事業でフンボルトの片腕的な存在だったジュフェルン（Süvern, J. W.）が，彼の起草した法案で，教育制度Bildungswesenという概念を使用している。フンボルトによってその基礎が据えられた一般陶冶概念は，こうして，政策的な色彩をつよめ，それによって，やがてBildungにかかわる多くの複合概念が「創造」されることになった。

19世紀のなかばの教養市民層Bildungsbürgertumは，ドイツに遅れてやってきた市民的公共性を体現していたが，それは，18世紀フランスのような体制批判的な方向性をもっていなかった。むしろ国家の主導による国民主義と容易に結びつくことで，Bildungのもっていた「教養」の含意は，マン（Mann, T.）の『ブッテンブローク』で描かれるように，その市民層の没落とともに，消極的なものとなっていく。このような事情に対応して，狭い意味での教育概念としてのBildungに，教育概念としての限界が確認さ

れたうえで，ふたたび人間形成の機能と内容が含意されるようになる。オットー・ウィルマンやケルシェンシュタイナー，さらには，フンボルトの人間形成論の理想化を構想するシュプランガーがその系譜上にあり，現代のドイツでは，Bildung は Erziehung に代わって教育を指示する一般的な概念となっている。

[参考文献] G. Dohmen, *Bildung und Schule*, 2 Bde, 1964／Schaarschmidt, I., "Der Bedeutungswandel der Begriffe "Bildung" und "bilden" in der Literaturepoche von Gottsched bis Herder", in Klafki, W., (Hrsg.), *Beiträge zur Geschichte des Bildungsbegriffs*, Bd. 33, 1965／Vierhaus, R., "Bildung," in *Geschichtliche Grundbegriffe*, Bd. 1, Stuttgart 1972／Weil, H., *Die Entstehung des deutschen Bildungsprinzips*, 1930／三輪貴美枝「Bildung 概念の成立と展開について」『教育学研究』61 (4) 1994　　　　　　　　　（三輪貴美枝）

ドゥルーズ（＝ガタリ）

(Gilles Deleuze, 1925-1995／Félix Guattari, 1930-1992)

　ドゥルーズはベルクソン（Bergson, H.），ニーチェ（Nietzsche, F.），スピノザ（Spinoza, B.）の肯定の思想を継ぐフランスの哲学者。重要な著作は主著『差異と反復』(1968)，フランスの精神分析家ガタリとの共著『アンチ・オイディプス』(1972)，『千のプラトー』(1980)。

　『差異と反復』は先験的経験論（empirisme transcendantal）の書。プラトン（Platon）以来の哲学を，差異（différence）を同一性の下での対立や矛盾や限定へと変質させ，反復（répétition）を同じものの回帰へと歪曲させる企図として批判し，差異と反復を同一性と同じものから解放するために先験的経験論を構築する。この理論では，所与以前の感じられることしか可能でないもの（＝差異）に強制され，それを感じ思い出し思考する（＝反復させる）という感性と記憶と思考の諸能力の超越的行使が，先験的なものとして捉えられる。そして，この反復回帰した差異が孕ん

だ多様体（＝潜在的なもの）が現実化したもの（＝所与）が，同一性と同じものであり，諸能力の経験的行使の対象とされる。

　『アンチ・オイディプス』は資本主義と分裂症の関係を解明する書。多様体の人間的形象を分裂者の中に見出し，その在り方を，有機体（＝諸器官の統一）と対照をなす器官なき身体（corps sans organes）（＝諸器官の離接）として捉える。このとき，器官なき身体における欲望機械（＝器官）による流れ（たとえば糞，尿の流れ）の生産である欲望的生産が欲望とされる。この欲望としての分裂症は，資本主義という脱領土化し脱コード化した社会的生産の極限的な在り方として位置づけられる。この理論に基づき，精神分析を，欲望をエディプス・コンプレックスとして父―母―私（＝有機体）の中に閉じ込める抑制的企てとして批判し，欲望の解放を唱える。

　『千のプラトー』は『アンチ・オイディプス』の続編。器官なき身体をリゾーム（rhizome）（＝諸微粒子の接続）として捉え直す。そして，それを，身体や言語におけるマジョリティとマイノリティの二項対立に対するマイナー性への生成変化（devenir）の中に見出し，その多様な表れ（たとえばチェコのユダヤ人としてドイツ語で書くカフカ（Kafka, F.）の文学に見られる，メジャー言語とマイナー言語の二項対立に対するメジャー言語のマイナー性への生成変化）と外部性とを示す。この理論は，これまで主題化されることがなかったノマド（＝国家の外部）の理論へと展開されるに至る。

[参考文献] Deleuze, G., *Différence et répétition*, Paris: PUF 1968（財津理訳『差異と反復』河出書房新社　2007 (1992)）／Deleuze, G. et Guattari, F., *L'anti-Œdipe*, Paris: Minuit 1973 (1972)（宇野邦一訳『アンチ・オイディプス』河出書房新社　2006)／Deleuze, G. et Guattari, F., *Mille plateaux*, Paris: Minuit 1980（宇野邦一ほか訳『千のプラトー』河出書房新社　2010 (1994)）

[関連項目] スピノザ／ニーチェ／プラトン／

ベルクソン （森田裕之）

ドクロリー
(Ovide Decroly, 1871-1932)

　1871 年，ベルギーのフランス語圏，東フランドル州のルネーに生まれる。神経生理病理学を専門とする医者であり，また心理学者としての業績も数多い。1921 年に結成された世界新教育連盟においては，フェリエール (Ferrière, A.)，ワロン (Wallon, H.)，ピアジェ (Piaget, J.) らとともに同連盟の機関紙『新時代』の編集に携わり，新教育運動の代表的な指導者となった。ドクロリーの教育思想は，とくに，ワロンにより評価され，戦後のフランスの教育改革に指針を与えることになる。

　同時代のイタリアのモンテッソーリ (Montessori, M.) とならび，ドクロリーは，障害児を対象として教育法を考案することから出発した。「ドクロリー法」と呼ばれる，その方法は子どもの興味の中心を軸とする「観念連合の教育内容案」，および観察，連合，表現の 3 段階から成る「活動的方法」を特色とする。「ドクロリー法」は，ブリュッセルの特殊教育学院において成功を収めたことにより，普通児のための学校においても適用され，ベルギーの初等教育改革を推進していった。

　19 世紀末から 20 世紀初頭にかけて，とくにブリュッセルでは，生理学者や医学者や心理学者のあいだで，実験的教育法による，「異常児」についての研究が進められていたなかで，ドクロリーはビネー (Binet, A.) による知能測定法を積極的に援用し，子どもの身体的かつ精神発達の遅れの度合いを客観的に測ろうと試みた。さらにドクロリーは，ビネーの知能測定法によっては，子どもの能力を決定づけるには不十分であるとし，意志を動かす動因として欲求や性向に注目し，子どもの情緒の発達を測るために，心理テストを次々に考案し活用していった。

　ドクロリーにおいて，個人の能力差への注目は，各人の能力に見合った環境や職業に向けて準備してゆくことを目的とする機能主義的な教育観に支えられていた。彼は文明と分業の進歩によって，さまざまな障害が生まれたことを批判的に指摘しつつも，逆に，分業社会では多様な能力を必要とされるがゆえに，障害児が自分に適した職業を得る機会はいっそう多くなるとし，障害児教育を近代社会のなかに有機的に位置づけようとした。

　ドクロリーは，伝統的な教育課程と方法への批判から出発しつつも，言語教育，とくに書きことばの教育に注目した。そのさい彼は，クラパレード (Claparède, E.) と同様，連合心理学の要素主義を批判し，対象を自分の興味に従ってひとまとめに把握するような認識の仕方に注目し，それを「全体化機能」と呼んだ。読みの学習法として考案した「全体法（グローバル・メソッド）」は文全体から意味を把握させるものであり，個々の音節や文字を順次組み合わせてゆく，要素構成法に基づいたフランス語学習を大きく転換させるものであった。「観念―視覚法」とも呼ばれる，その方法は子どもの思考のうちに読むべきテクストを求め，既存の文法によってではなく，生活の必要によって決定される順序に応じて言語を習得させる試みであった。

　[**参考文献**] Hamaide, A. La *méthode Decroly* 1927（斎藤佐和訳『ドクロリー・メソッド』明治図書 1977）／Médici, A. L'éducation nouvelle, P. U. F. 1977／Besse, J.-M., *Ovide Decroly psycologue et éducateur*, Paris 1982／斎藤佐和「ドクロリー――子どもの生活に根ざす教育を求めて」松島鈞・白石晃一編『現代に生きる教育思想 7』ぎょうせい 1982／斎藤佐和「ドクロリー教育法」伊藤隆二編『教育治療法ハンドブック』福村出版 1989 （綾井桜子）

都市と教育
英 city and education／独 Stadt und Erziehung／仏 cité et éducation

　都市とは，一般に政治や経済など広義の文化に属する制度や活動が集中するような比較的人口の多い地域を意味するが，歴史的にさまざまの都市形態があるために厳密な定義は

難しいとされる。都市（city）がラテン語の civilitas（礼儀作法）や civis（市民）に通じていることにすでに示唆されているように，都市は人間どうしの関係性が生み出す文化の力動性とそこに参入する営みに関する問いを集約するテーマとなりうる。人間形成や教育に関する問いもまたそこに含まれる。

　たとえばボルノウ（Bollnow, O.F.）は，「都市」を人間形成にとっての両義的な空間として解釈した。「都市」は，安らぎを感じられる空間——彼のいう「家屋」——の外部である。人びとはそこで無情や闘争にさらされる可能性がある。その一方で，彼はアレント（Arendt, H.）を引き合いに出しつつ，都市が他者との共同作業の世界であり，私的領域としての家屋に対する公共的領域の具体でもあるとしている。彼はそこで，ギリシャ語の「ポリス（polis）」が「政治的なるもの（Politisch）」と密接に結びついていることに注意を促している（ボルノー 1978：139）。

　近代教育学は，保護作用を有する空間（家屋）とその外部（都市）との緊張関係をめぐる思考としての側面を有している。とりわけ工業化の進行とともに出現した近代の大規模都市に対する不安と期待が表明されたときに，そのような傾向は顕著にみられた。ドイツを例にしていえば，リーツ（Lietz, H.）のように「大都市」批判を基盤として自然環境豊かな「田園」を教育の地として称揚する者もいれば，テフス（Tews, J.）のように「大都市」こそが近代人の郷土であるとして「大都市教育学（Großstadtpädagogik）」を打ち立てようとする者も現れた。都市現象は教育学的思考のいわば触媒としての性質を有しているといえる。

　教育学以外の領域における「大都市」論においても，都市という人工的な環境によって人間が形成され，またその人間が環境を形成するという相互作用，すなわち Bildung への問題関心がそこに内在している場合がある。「大都市」の謎を解き明かそうとする側面を有しているテンニース（Tönnies, F.），ジンメル（Simmel, G.），ヴェーバー（Weber, M.）などの論考を，そのような観点から再解釈することもできるだろう。

　［参考文献］　ボルノー，O.F.　森田孝・大塚恵一監訳『問いへの教育』川島書店　1978／山名淳『都市とアーキテクチャの教育思想』勁草書房　2015
　［関連項目］　近代化／空間／ジンメル／ボルノウ
　　　　　　　　　　　　　　　　　　　　（山名淳）

徒 弟 制
英 apprenticeship／独 Lehrlingswesen／仏 apprentissage

▶ **語　義**　徒弟制は，親方（master, Meister, Maestro）―徒弟（apprentice, Lehrling, apprenti）という，父子関係のような非対称の関係を前提にして，おもに年少者に職業上の知識・技能を会得させる制度である。ただし，このとき知識・技能が会得されるのは，権威者たる親方が正しい行為を言葉によって明示すること（つまり「教授」）によるというよりも，実際に徒弟が仕事に参加することによってである。また，歴史状況に即していうなら，徒弟制は，近代化以前の伝統的な社会において広くみられたが，18世紀から19世紀にはじまった経済の産業化，および教育の学校化とともに衰退し，「企業内教育」や「職業教育」に変質していった。

　徒弟制が明示的な教授をともなわないということは，それが伝統的な社会に広く見いだされたことと無関係ではない。まず，徒弟制においては，学校教育の基本である教授―学習という行為連関は成立していない。かわりにそこには，提示―模倣という行為連関が見いだせる。「わざを盗む」「身体でおぼえる」という言いまわしがあるように，徒弟は，親方の仕事ぶりをまねることで，その知識・技能を獲得していく。また，徒弟は，所与の構造化された環境（仕事の全体）に参加することによって，暗黙のうちにその構造を身体化（ハビトゥス化）していく。つまり，徒弟制においては，明示的な教授という行為がはっ

きりと分出しないまま，知識・技能が習得されていく。近年，注目されている認知科学が「認知的徒弟制」という用語で重視していることは，この事実である。

徒弟の語源も，明示的な教授行為が未分化である学びの形態を暗示している。英語のapprentice も，フランス語の apprenti も，「つかむ」「にぎる」を意味するラテン語の appre［he］ndere に由来するが，このラテン語から派生した英語の apprehend も，フランス語の apprendre も，「まなぶ」「おしえる」を意味している。また Lehrling の語根 Lehre は「おしえる」を意味するが，その語源である lore は，そこから英語の learn が派生したように，「まなぶ」も意味する言葉であった。

▶ 歴史　西欧の徒弟制は，同職ギルド（craft guild, Zunft, gilde）の発生とともに広まっていった。工芸に関する仕事に従事する職人が，その子弟に技能を提示―模倣の関係のなかで伝える慣行は，ルネサンス以前にも見いだせるが，子弟以外の年少者を徒弟とする徒弟制が一般化していったのは，中世都市の発達とともに商工業の同職ギルドが発達する 16 世紀である。英語の apprenticeship が最初に使われたのも，1612 年である。もっとも，イギリスでは 1261 年（公式文書における記録は 1279 年ないし 80 年）に徒弟制と思われる制度が記録されている。

16 世紀から 19 世紀にかけての徒弟制の基本的な機能は，同職者のあいだで労働力を育成し，ギルドを維持することである。親方と徒弟（その親・後見人）とのあいだには，相互の権利・義務をさだめる契約書（indenture）がとりかわされた。とりわけ重要な契約事項は年季期間であり，イギリスでは 7 年，フランスでは 3〜5 年であった。19 世紀初期になると，こうした年季期間を義務づけ，また徒弟を限定する法律が制定されていった。農業の衰退をまねく離村者を減らし，悪質な親方から徒弟を保護することが，そうした法律のおもな目的である。イギリスの場合，最

初のそれは，1802 年に制定された「徒弟の健康と道徳にかんする法」（The health and Morals of Apprentice Act）である。

日本でも，17 世紀から商家・工家に徒弟制が確立され，子どもが「丁稚・手代」（商家の場合），「徒弟・弟子・職人」（工家の場合）として，親方の家に住み込みながら，仕事に従事し，選抜淘汰されながら育成された。年季期間はさまざまだが，主家に同化した（「一人前」）とみなされると，「暖簾分け」され，親族分家に準じた奉公人分家を創設し，独立することができた。

しかし，19 世紀初期あたりから――国によって違いはあるものの――徒弟制は衰退していった。一つには，同職ギルドが，独立職人（journeyman, compagnon）の増大によって，つまるところ経済の産業化によって，衰退していったからである。経済の産業化を特徴づける工場制生産は，労働の分業化，仕事の職階化をおしすすめた。もう一つの契機は，19 世紀初期あたりから――これも国によって違いはあるものの――学校教育が整備されていったことである。つまり，徒弟制が担っていた商工業の知識・技能の伝達が，学校で「職業教育」として行われるようになったからである。ドイツでは，すでに 18 世紀初期にレアール・シューレ（実科学校）が設けられ，フランスでは，1794 年にコンセルヴァトワール・デ・ザール・メチエ（国立工芸院）が設立された。またイギリスでは，1823 年に最初のメカニック・インスティテュート（機械工講習所）が設立され，それはその後全国に普及していった。アメリカでは，1850 年代から，さまざまな職業ハイスクールをつうじて，職業教育が実施されていった。

19 世紀後期になると，仕事場の徒弟制を学校化する動きが活発になり，これにともない，前提になる社会関係が提示―模倣の関係から教授―学習の関係にシフトしていった。ドイツでは，1869 年に徒弟制条項をふくむ「営業令」（Gewerbeordnung）が成立し，また 1870 年代に実業専門学校，補習学校がつ

ぎつぎに設立されて，20世紀初頭には，現代ドイツにみられる職業教育の基本的な構造が成立した。ただしドイツの場合，こうした職業教育化の動勢にもかかわらず，マイスター（手工業者）の社会的な威信は高いままで，親方—徒弟の関係は維持されていった。これにたいして，アメリカでは，1880年代に公立学校に「手工訓練」（manual training）が導入され，勤勉性，規則正しさ，従順性の習慣を形成し，将来参加する職場，社会に備えさせるようになった。さらに，1937年に「全国徒弟法」（National Apprentice Act）が成立し，従来の徒弟制はハイスクール卒業後の職業教育プログラム（現職教育，教場教授，通信教育の三つの形態）として位置づけられるようになった。また，アメリカの場合，マスターを職業上の資格としなかったために，親方としてのマスターの権威は失墜し，この名は，教職上の名称（校長），学術的な資格（修士）を意味する言葉として残るだけになった。

　日本においても，明治以降，旧来の徒弟制は解体再編されていった。経済の産業化にともない，一方で，中小規模の企業においては，労働者がプロレタリア化することで，従来の徒弟制は衰退していった。1916年に実施された「工場法」は，親方の保護をうしない，劣悪な労働条件にあえぐようになった年少労働者の救済を目的とするものであった。しかし他方で，大企業においては，子飼いの労働者育成の動きも生じた。それは，工場制生産に適合した見習職工制の形成，それにつづく工場内技能養成制度（1899年に発足した三菱工業予備学校，1910年に発足した八幡製鉄所幼年職工養成所など）の形成，それにつづく戦後の企業内教育の形成である。ほかにも，徒弟学校，工業学校が設立されていった。ここでも，前提になる社会関係は教授—学習の関係にシフトしていった。

▶ **含　意**　　一般に，学校教育は，徒弟制にくらべて，教育的な伝達においてより効果的であり，より発達した機関であるとみなされている。しかし，徒弟制は，学校教育における学びの形態に還元されないようなべつの学びの形態を喚起し，また私たちが慣れ親しんでいる教育的な働きかけによってみえにくくなっている学びの根本的な契機をあらわにするものである。学校化された社会では，知識は，日常生活から無関係に，教室の教授—学習活動によって子どもに伝達されうる，と考えられてきた。この場合，知識は脱文脈的，実体的，記号的である。しかしながら，知る（わかる）という営為は，知るものが位置している文脈，全体性，諸行為連関の了解，そしてそうした状況への身体的な参入と不可分である。「認知的徒弟制論」「状況的認知論」が主張していることも，このような知の存立条件である。教育の学校化，そして社会の学校化とともに，このような知の在りようは軽視されてきたが，知の在りようそのものが変化したわけではない。知はあいかわらず文脈的，全体論的である。その齟齬が生みだす問題は，けっして軽微なものではないだろう。知の対象が脱文脈的，実体的であるなら，他者も自然も，おそらく自分自身すらも，完全な操作は不可能であるにもかかわらず，操作の対象にすぎなくなるからである。

　［**参考文献**］　Coy, M., *Anthropological Perspectives on Apprenticeship*, New York 1989／Dawson, J., "The Workshop and the Classroom," *History of Education Quarterly* 39 (2), 1999／Douglas, P., *American Apprenticeship and Industrial Education*, New York 1921／Lave, J. and Wenger, E., *Situated Learning: Legitimate Peripheral Participation*, New York 1991（佐伯胖訳『状況に埋め込まれた学習』産業図書　1993）／Snell, K. D., "The Apprenticeship System in British History," *History of Education* 25 (4), 1996／岩内亮一『日本の工業化と熟練形成』日本評論社　1989／中野卓『商家同族団の研究』未来社　1964／宮澤康人「イギリス産業資本段階における労使関係と技術教育」『日本の教育史学』11, 1968
　［**関連項目**］　学校化／学習　　　　（田中智志）

トーニー

(Richard Henry Tawney, 1880-1962)

イギリスの経済史家。イギリスの植民地であったインドの州立大学学長を父として、カルカッタに生まれる。パブリック・スクールの名門ラグビー校からオックスフォード大学ベイリオル・コレッジに進学し、社会問題、労働問題に関心を深める。グラスゴー大学（1906-08）、オックスフォード大学（1908-14）、ロンドン大学（1931-49）で教鞭を執るいっぽう、フェビアン社会主義の立場から労働問題、中国問題、児童労働問題を研究し、政治的には労働党員として時の労働党内閣の文部省教育諮問委員（1912-31）、石炭産業委員会（1919）、ロンドン教育庁諮問委員会（1936-39）、綿業調停委員会（1936-39）等の委員を歴任。1926年には経済史学会の会長に就任。労働者教育協会 Worker's Educational Association 執行委員（1905-32）、同会長（1928-44）を務め、労働党の教育政策として自ら執筆した『すべての者に中等教育を』（*Secondary Education For All*, 1921-22）や、小冊子『教育 —— 社会主義政策』（*Education: the Socialist Policy*, 1924, Independent Labour Party Publishing Department）に見られるように、社会福祉問題としての国民教育に取り組み、世界の中等教育改革に大きな指針をもたらした。『すべての者に中等教育を』は、1921年2月のイギリス労働党の教育諮問委員会の決定に基づいて、労働党の中等教育政策案としてトーニーによってまとめられ、中等教育における学校の規模、学級編成の基本原理、時間割の組み方、生活指導の在り方、学校行事、教材や教授法における教員の専門職的な自由裁量の範囲、評価方法などの「多様性」の実現と、義務教育年限の中等教育段階への延長（16歳まで就学させ、児童の雇用労働を禁止する）による機会均等の拡大とを実現しようとしたものである。この背景には、第1次世界大戦後の、労働者階級を中心とした国民大衆の生活要求に根ざした教育改革への大きな期待感があっ

た。イギリスでは、1902年の教育法によって初めて州と特別市とに公費による中等学校の設立と維持・管理権限が明記され、歴史上初めて公立の中等教育が政策化されたが、その教育内容は私立の有名なパブリック・スクールの伝統的なカリキュラムをモデルとしており、初等学校との接合性はなかった。1907年に、何らかの国庫補助を受けずに独自の財源によって経営される学校を除くすべての中等学校の入学定員の25パーセントを、無償で、初等段階の修了者に提供しなければならないとする「修正」がなされるが、結果的には厳しい入学者選抜制度を導入するところとなり、教育の機会均等は、実質的に棚上げされた。しかし、こうしてそれまできわめて分離主義的で差別的であった学校体系の二重構造の一部が崩れ、イギリス帝国主義政策の結果生じた国内的な矛盾を教育の分野で緩和する流れができ、1918年のフィッシャー教育法では、不十分なものではあったが義務就学期間の拡張がなされ、いくつかの棚上げがなされた後、1921年から14歳までの義務教育が施行された。『すべての者に中等教育を』は、このような背景の中で書かれたものであり、そこに盛られた政策課題としての中等教育改革は、実質的には第二次大戦後の1944年教育法の成立を受けた1947年以降の実施によって、中等教育の3分類制度（The Tripartite System）によって実現されることになるが、それでもトーニーが構想していた完全な機会均等と、民主性を持った学校体系とはほど遠く、工業先進国における伝統的な特権的教育制度と、新しい民主社会をめざすための開放的機会均等主義の中等教育改革との軋轢は、今もって20世紀における中等教育改革の基本課題として横たわっている。

[**参考文献**] Tawney, R. H., *English Economic History*, 1914／Tawney, R. H., *Secondary Education For All*, 1921-22（成田克也訳『すべての者に中等教育を』明治図書 1971）／Tawney, R. H., *The British Labour Movement*, 1925／Tawney, R. H., *Religion and the Rise of Capi-*

talism, 1926（出口勇蔵・越智武臣訳『宗教と資本主義の興隆　上・下』岩波文庫　1956-59）／Tawney, R. H., *Land and Labour in China*, 1932／Tawney, R. H., *Juvenile Employment and Education*, 1934　　　　　　　（北本正章）

留岡幸助
（とめおか　こうすけ，1864-1934）

キリスト教社会事業家。備中（岡山県）高梁に生まれ，留岡金助・勝子夫妻の養子となる。寺子屋に学んでいた頃，士族の子どもと口論の末けんかとなり，先方から商いの出入り差し止めを宣言され，町人出の父親に強くしかられた。この身分制度ゆえの不条理は強く心に刻まれ，神の前の平等を説くキリスト教に惹かれる動機となったとされる。

1882（明治15）年，高梁教会において受洗。1885（明治18）年，同志社英学校別科神学科に入学。同志社時代，イギリスの監獄改良家ハワード（Haward, J.）に関心を持つ。1888（明治21）年，同志社を卒業し，牧師として丹波第一教会に赴任する。1891（明治24）年，北海道・空知集治監に教誨師として赴く。ワインズ（Wines, E. C.）『開明国に於る監獄及救児事業』に影響を受け，アメリカにおいて監獄事業を学ぶことを決意。1894（明治27）年渡米，2年間監獄事業について学ぶ。各種施設の視察を通して，少年のための感化院に着目。帰国後，社会事業史上の名著と評価される『感化事業之発達』（1897），『慈善問題』（1898）を発表，「犯罪人を発生する根拠」としての「悪少年」を「保護教育する感化事業」の必要性を説いた。

1899（明治32）年，東京巣鴨にキリスト教精神に基く感化教育施設として，家庭学校を設立した。その著書『家庭学校』（1901）によれば，「家庭にして学校，学校にして家庭たるべき境遇」を実現しようとしたこの施設は，「家族制度」を取り入れ，15人ほどを「家族長」と「主婦」とで担当，とくに「主婦」を愛情に満ちた場の中核的役割と位置づけた。その一方で，実業教育を施し，とくに

「天然の教化力」に期待して，自然豊かな土地での農業を重視した。また，「感化教育に於て重んずべきは，其教訓を耳より入るゝにあらず，目より入るゝことなり」とし，「労働の必要を説かば，先づ教師自から鍬鋤を提げて田圃を耕さゞる可らず」と述べて，教師の行いによって子どもの行為を導くことを強調した。感化事業に携わる人材育成のため，家庭学校内に師範部を設けるなどし，わが国の感化事業の先駆的役割を果たした。子どもへの信頼をもとに塀を囲わないことを信条としていた家庭学校だが，東京府から代用感化院の指定を受けたのを機に，一部の家族舎に塀を設けることやむなきに至る。1914（大正3）年には北海道に分校・農場を，1923（大正12）年には神奈川県に茅ヶ崎分校をそれぞれ設立した。

一方，1900（明治33）年に内務省嘱託に着任，社会改良事業に関わる。各地を視察するなかで静岡県での報徳社事業に感銘を受け，二宮尊徳の報徳思想を研究。報徳思想を基礎に，農業の振興と社会改良とを唱えた。

留岡思想の研究における論点としては，そのキリスト教思想と報徳思想との関わりや，感化事業への視点と社会改良への視点との関わりなどをいかにとらえるかという問題がある。また，家庭学校の実践を支えた関係者に着目する研究（小林仁美「家庭学校と小塩塾に関する考察——感化教育における「家庭」と「学校」」『教育学研究』58巻2號，1991）は，留岡＝家庭學校という図式に疑問を投げかけ，家庭学校の実態により迫る視点を与えることとなった。この点においては，土井洋一『家庭学校の同行者たち〔付・家庭学校史関連人物事典〕』（大空社，1993）も重要。

[**参考文献**]　『留岡幸助著作集』（全5巻）同朋社　1978／高瀬善夫『一路白頭ニ到ル——留岡幸助の生涯』岩波書店　1982／小林（二井）仁美『近代日本感化教育史の研究——留岡幸助と家庭学校』奈良女子大学博士論文　1993／室田保夫『留岡幸助の研究』不二出版　1998／田澤薫『留岡幸助と感化教育　思想と実践』勁草書房　1999　　　　　　　（志村聡子）

ドモラン
(Edmond Demolins, 1852-1907)

▶ **生 涯**　フランスの社会学者。レディ (Reddie, C.) のアボッツホルムの学校の影響をうけ, 新学校の一つであるロッシュの学校 (L'Ecole des Roches) を設立した。マルセイユの医学者の子に生まれる。ジェズイットのコレージュ, モングレ (Mongré) 校を卒業後, ルプレ (Le Play, F.) の影響で歴史研究に関心をもち, 21歳でパリへ赴き, 古文書学校に通う。直接的観察を重視するルプレ派は, 社会意識の一般法則を想定するコント, デュルケム派と対立する社会学の方法論である。1897年,『アングロサクソン民族優越論』が大きな反響を呼ぶ。『新教育』(1898)では, イギリスにおける新学校の実態を紹介し, フランスの現行教育課程を批判して, 新学校創立の計画を示した。翌年, ロッシュの学校を設立。

▶ **思想の内容**　ロッシュの学校は, イギリスのアボッツホルム校やドイツの田園教育舎系学校と並ぶ新教育運動の先駆的新学校の一つである。ドモランは, 没年までその経営にあたった。彼は, フランス資本主義がイギリスに対して遅れをとった理由の一つが中等教育のあり方にあるとし, 自由な企画力と実行力のある産業人が必要であると考えた。新時代の指導者の資質形成には, 教科の種類, 教科教授法, 訓育方法の改革が必要であるとし, 古典語の授業時間を減らし, 機械学・工学・商業などの実科を新設して, 自然科学や現代外国語を重視した。また当時構想だけで具体化の遅れていた中等教育課程の前期一般課程と後期専門課程の区分を実現した。これは, 当時のフランスの複線的な中等学校制度を総合化し, 統一する意味でも先駆的であった。

▶ **影 響**　わが国では, ドモランの著作は, 慶應義塾訳『独立自営大国民』(1902),『続独立自営大国民』(1904) として, 早くから紹介されている。谷本富『新教育講義』はドモランの影響を強くうけており, また, 及川平治の明石女子師範学校附属小学校, 今井

恒郎の日本済美学校, 西山哲治の帝国小学校は, ドモラン的新学校とされる。なおフランスの新教育は, もっぱら社会学的に学校改革を方向づけようとしたドモランのイギリス系のものではなくて, むしろ, 児童心理学に基礎をおくベルギーのドクロリー (Decroly, O.) の影響を強くうけているといわれる。

▶ **位置づけ**　『新教育』により,「新教育」という概念が最も限定された歴史的意義をもつにいたったことから, わが国の教育史では, 先駆的新教育の一つとして, その創立が歴史的に評価される。しかし, 同時にこの種の新学校設立運動は帝国主義的植民地政策の担い手を育成する教育として歴史的反省の対象ともなっている。

　[**参考文献**]　Demolins, E., *A quoi tient la supériorité des Anglo-Saxons*, Paris 1897／Demolins, E., *A-t-on intérêt à s'emparer du pouvoir?*, Paris 1898／Demolins, E., *L'éducation nouvelle: L'Ecole des Roches*, Paris 1899 (原聡介訳『新教育——ロッシュの学校』明治図書 1978)　　　　　　　　　　(上原秀一)

トルストイ
(Lev Nikolaevich Tolstoi, 1828-1910)

▶ **生涯と思想**　ロシアの作家, 思想家, 教育家。ニコライ・トルストイ伯爵の四男として, トゥラの町の近くのヤースナヤ・ポリャーナ (ロシア語で「森のなかの明るい草地」の意) に生まれた。母の領地であった同地での生活はトルストイの精神形成に大きな影響を与え, ルソー (Rousseau, J.-J) に心酔する契機ともなった。彼の生涯は物質文明を退け, 自然人を志向する点でルソーの思想と共通するところが多い。幼少期に相次いで父母を失ったトルストイだが貴族として経済的には恵まれた生活を送り, 1844年に再試験でカザン大学に入学はしたものの2年足らずで中退し, その後は郷里での地主としての生活が始まった。

　1847年には自己鍛錬と農村経営に打ち込み, 一時挫折しながらもその後小規模農民

学校を開設するなど，農民教育に対する情熱はやむところがなかった。とはいえ，1856年，彼が28歳の時ヤースナヤ・ポリャーナの農民に提示した解放案が否決されてしまうなど，若きトルストイにとっては波瀾に満ちた時期であった。このような，雑階級青年への関心や共感，さらには違和感といったアンビヴァレントな心境のなかで，農民への共感や社会的義務感がしだいに育まれていく。この間の事情は，彼の自伝的中編小説『幼年時代』『少年時代』『青年時代』に詳しい。

1857年には自分の農奴を解放し，翌年には協同組合方式の農業経営を農民に提案して受け入れられるなど，文学・家庭・農事を自分の使命と考えるための素地もでき上がり，1859年には領地内に農民の子弟のための学校を開設した。日本の万延元年にあたる1860年に最初の教育論文『児童教育に関する覚え書きと資料』が書かれたが，脱稿後まもなく妹マリアとともに西欧教育施設を見学し，フレーベル（Fröbel, F.）やゲルツェン（Gertsen, A. I.）などに会って翌年帰国した。

この頃から彼は自由教育論にもとづいた教育実践を熱心に展開するようになり，1862年に教育雑誌『ヤースナヤ・ポリャーナ』の第1号が発行された。ヤースナヤ・ポリャーナの学校では，固定化された時間割や宿題，出欠といった，当時のロシアや西欧の学校において不可欠であった拘束条件がすべて退けられ，体罰を排した子どもの人格の徹底的尊重をモットーとした「自由な秩序」の教育が行われた。

1869年には大著『戦争と平和』が完成するが，それと並行して着手していた『初等教科書』は1872年に発行された。発表当初は同書が不評であったために間もなくこれを大幅に改訂し，国民学校図書として文部省に認可された。同時に刊行された4冊の『子どものための読本』も好評を博し，1874年にはモスクワで自身の教授法についての公開講座を開いた。またモスクワ初等教育委員会がトルストイの教授法について検討を加えた際に

は，文部大臣に手紙を書き送るなどこの間は盛んな教育活動を展開している。その後『アンナ・カレーニナ』執筆と児童教育に挺身し，以後『イワンのばか』『人間にはどれだけの土地が必要か』などを次々と発表し，1893年の『神の国は汝らのうちにあり』でトルストイ主義はほぼ完成の域に達した。

▶ 影響と位置づけ　　レーニン（Lenin, V. I.）は数篇のトルストイ論を書いたが，それはトルストイ観にとどまらず，弁証法的反映論の古典として社会主義リアリズムの典拠となった。トルストイの思想は，わが国の武者小路実篤や志賀直哉らを中心とする白樺派の教育運動にも大きな影響を与えたが，それは，彼らが学生時代に読んだトルストイの徹底した反戦論に感動したからだと言われている。日露戦争開戦直後に発表されたトルストイの論文『思い直せ』は，英・独・仏語に翻訳されて話題になり，ただちに幸徳秋水と堺利彦によって英語からの重訳が「平民新聞」に掲載された。当時のキリスト教的社会主義者の安部磯雄や歌人の与謝野晶子にもトルストイの絶対平和主義の影響は色濃く漂っており，その思想は現在，公教育や平和教育の根底を再検討する有効な視点として新たな展開が期待される。

［参考文献］　ジョンソン, P.（別宮貞徳訳）『インテレクチュアルズ』共同通信社　1990／ラブリン, J.（杉浦忠夫訳）『トルストイ』理想社　1972／トルストイ, L. N.（海老原遥訳）『ロシア国民教育論』明治図書　1969／トルストイ, L. N.（佐々木弘明訳）『トルストイ自由主義学校』明治図書　1980／川端香男里『トルストイ』講談社　1982／藤沼貴『トルストイの生涯』第三文明社　1993　　（森岡修一）

ナ

中江藤樹

（なかえ　とうじゅ，1608-1648）

　江戸時代初期の儒者で，日本における陽明学の始祖ともいわれる。その徳化は郷党におよび「近江聖人」といわれたが，藤樹の思想的重要性は教育者としての人格的偉大さという点もさることながら，その生涯にともなう思想的転回の軌跡にも示されている。

▶ **前　期**　彼は近江小川村に生まれた。祖父は武士だったが，父は仕官せず近江で百姓をしていた。元和2年（1616），父母のもとを離れ，祖父に養われ米子に行き，翌年伊予大州（愛媛）へ移った。元和8年祖父没し，後継として藤樹が大洲藩に仕える。寛永元年（1624）17歳のとき京都から来た禅僧による『論語』の講義を聞き儒学を志すようになり，ただちに四書についての朱子学的注釈書『四書大全』を求め独学で儒学を学びはじめた。この頃の儒学についての理解の仕方は，理想主義的に儒学（とくに朱子学）の諸規範そのものを遵奉し，そこからの教条的な実践を求めた（「専ラ朱学ヲ崇デ，格套ヲ以テ受用」『年譜』寛永4年の条）。同輩からも「孔子殿，キタリタマフ」と嘲笑されることもあった（『年譜』）。寛永8年，24歳のとき所与の現実の秩序（「国俗」）に妥協的に従った（と藤樹には思われた）林羅山のことを記憶力すぐれ「博物治聞」であるが，口を飾る「よく言うオウム」と非難し，「実学」こそが真の学問の姿であると主張した（『林氏剃髪受位弁』）。みずからの志向をそのままに実践しようとするこの真率な態度は周囲（藩）に対して非妥協的なもの（「圭角」）だった。自分の病気と郷里に住む老母への孝養とを理由にやがて致仕（辞職）を願い出たが許されず，27

歳，寛永11年のとき脱藩する。そして，武士の身分を捨てて母のいる郷里の近江に帰る。以後は酒の小売りなどで生計を立てつつ，老母を孝養し，民間の一儒者として著述し，藤樹書院をひらき門弟らの指導に専念した（その門下には熊沢蕃山という傑出した弟子がいたが，大野了左という父親から見限られた「愚魯鈍昧」な男もいた。寛永15年，この男，医書の句読を教えてほしいと藤樹に願い出た。その志しを憐れみ，彼は引き受けた。だが，「二三句ヲ教ルコト二百遍バカリ」，それでも了左は忘れてしまう。しかし藤樹は投げ出さず，みずからも医を学びつつ教科書（『捷径医筌』）を作り授けた。のちに了左は医をもって世を渡るほどになったが，この男のために藤樹はほとんど「精根ヲ尽」した。が，「カレ甚ダ愚昧ナリトイヘドモ，其ノ励勉ノ力ハ甚奇ナリ」と賛嘆した。この話は教育者としての藤樹の人格を伝えるものとして名高い）。その頃も朱子学の教える諸規範（「格法」）を堅く守っていた。

▶ **中　期**　しかしやがてその諸規範をそのままに実践することの「滞碍，行ガタキ」を感じ，「聖人ノ道，カクノゴトクナラバ，今ノ世ニ在テ，我輩ノ及ブ処ニアラズ」と自覚する（『年譜』寛永15年の条，31歳）。そして同17年，33歳のとき『翁問答』を著し，大洲藩に残した同士の求めに応じて武士のあるべき生き方（「士道」），とくに「学問」することが妨げになるどころか不可欠であって，「文盲なる諸士」は恥とする旨を説き，学問を通じての「心」と「跡」（「事」）との関係，すなわち，心の持ち方と道徳的行為そのもの——「親につかふる一事」のみならず天道・地道・人道をも貫くものとしての「孝」を主とする——との関係，とくに両者を識別した上でそれらが遊離せず調和することの重要性を指摘した。その場合，行為の具体的実践についても，「時と処と位」（時期と場所と身分地位）の諸条件に柔軟に対応する準則を求めた。

▶ **後　期**　しかし，そうした「心」と

「事」との課題の自覚を，正保元年（1644）37歳の頃には，「支離」としてみずから反省し，「心・事」を一体で不可分のものとする態度を根本とするにいたった（「心・事，元是一也。故ニ，事，善ニシテ，心，善ナラザル者ハ，イマダコレアラズ。心善ニシテ，事，善ナラザル者モ，亦イマダコレアラズ」『年譜』）。だがそのような根本態度は，外的に働きかける行為をあえて放棄し（「外を願う意念を全放下」），そしてとくに内的な省察（「自反慎独の工夫」「慎独誠意の工夫」）によって達成されると強調した。同じく正保元年『陽明全集』を入手して，没するまでの5年間はもっぱら陽明学を信奉した。しかし知と行とのそれぞれを重んじた上でその一体を求めた陽明の根本的な主張，すなわち「良知をいたす」という実践的行為への志向は，晩年の藤樹の思想のなかには認められなかった。むしろ「良知にいたる」という内面への志向を，藤樹はいっそう深めていった。「良知にいたる」とは，むろん『大学』の「格物致知」の致知の解釈にかかわる。「知ハ良知ナリ」として心に内在する本体と解しそれを「明徳」というのも，藤樹はたしかに陽明に倣った。しかし人間に内在するというその「良知」——その性質は寂然不動，純一無雑という——をもってどうするかが問題で，藤樹はこの点について，「良知ノ鏡」によって「意念」という惑いの根が残っていないかどうか照察し，究極的には「心の安楽」を得る，と自己の内面の純化をもたらす省察を重んじる理解を示した。そして他方，個人を外的に超越し，しかも普遍的であるような古典の価値規範によってあるべき自己へ現実の自己のありようを向上統御するという根本姿勢を，彼は意識的に排した（「書籍は本吾人の心性の註解」であって，「註解を読は本経を明らめんためなり。己か良知を見付ずして徒に経書を究るは，たとえば本経の文字読を不知して徒に註解の訓詁を講究するがごとし」と「与=小川仙=」に記す）。なによりも「心の安楽」を求める藤樹の「学問」の姿勢は，「色

念」についての少年の煩悶などにも書簡を通じて真正面から応答する性質のものだった（「答=佃叔=」）。しかしその試みは，「格套」という否定的な言葉とともに反動的に形式一般を拒否することにもとづいた，実は統御困難な直接的自証におちいることはなかったのか，その確保せんとする内的境界は，「知行合一」を重視する当の陽明学が否定する「妄想」とどれだけ隔たっていたか。そうした疑念が生じる（のちの徂徠『大学解』にいう「『意を誠にす』るを以て学を為すの法と為す。意は意念為り。而して必ず意念に就いて其の効を施すを欲す。殊にしらず心をもって心を治ること，猶ほ目を以って目を視るが如し」との直接性批判が注意される）。そしてこの疑念は，彼が受容した儒学という内容を越えて今日のわれわれの心性の一部（ある種の形式を拘束的なものと感ずる反撥が形式一般に対する拒絶へとただちに飛躍し，その反動として一切の直接的なものの表現を重んじる心的傾向）にも向けられる性質のものである。

[参考文献]　源了円『近世初期実学思想の研究』創文社　1980／斉藤太郎「中江藤樹に関する一考察」『東京農業大学　一般教育学術集報，7』1971／相良亨『近世日本における儒教運動の系譜』理想社　1965／尾藤正英『日本封建思想史研究』青木書店　1965／山住正己『中江藤樹』朝日新聞社　1977
[関連項目]　儒教／孔子／荻生徂徠

(河原国男)

ナショナリズム

英 nationalism／独 Nationalismus／仏 nationalisme

▶ **語 義**　「ナショナリズム」は，「国民主義」，「国家主義」，「民族主義」などと訳されており，それは「国民の精神状態」や近代国家の成立過程と関連する概念である。ナショナリズムの概念は多様な理念と内容を含んでいるが，その基本的思想は「民族」，「国民」あるいは「国家」の個性を認識することから出発し，各民族や国家の独立・発展をめざし，その政治・経済・文化的固有性を強調する。

各民族や国民は個性をもつ存在であるが、その個性は他の民族や国民にとっては、差異の認識となり、他民族は自民族とは異なる個性とそれに依拠した人格として意識される。したがって各民族や国民は、それ自身が国家的・社会的目的と理念の設定者であり、他民族や他国民による介入を拒否し、自民族固有の権利を主張し、その生命、自由、財産を維持するための自己決定を下して、干渉や強制に対する抵抗的な行動を起こす。自立的決定や自立的行動は、普遍的規範にもとづくものではなく、民族や国家の歴史的環境に適合する行動原理として、現実的な歴史過程のなかで形成されたものである。だが、その行動原理は単に歴史的かつ特殊的なものではなく、客観的な政治・経済的状況に対して流動的な形態をとり、各民族や各国家の持続的存在と拡大に適合したものでもある。この意味でナショナリズムは民族や国家の生存の功利的な合理性を基盤としているともいえる。したがってナショナリズムとは、民族の存立を一つの命題とした実践的行動原理であり、民族と国家の自由、独立、生存、統一および発展を志向する功利的にして合理的かつ理念的な行動の全体系を表現している。

ナショナリズムとしばしば同義的に使用される言葉としてパトリオティズム（愛国主義）があるが、これは祖国や故郷を愛するという感情の表現である。パトリオティズムは生まれ故郷に対する愛着として、古くから存在する民族的感情であるが、ナショナリズムはなによりも近代の現象であり、近代において生まれた概念である。しかし、ナショナリズムがある意味で民族と愛国心との精神的結合という要素をもつとみるなら、パトリオティズムはナショナリズムの重要な精神的要素でもある。パトリオティズムは本来は決して否定の対象と考えられるものではないが、それが過度に高揚すると、排他的な愛国主義と化し、非人道的な政治的行動原理となる。

ナショナリズムは民族国家の分立・国内統一の過程においてみられるが、イギリスにおける名誉革命をへて、アメリカの独立戦争、とくにフランス革命において思考的基盤を確立する。フランス革命は、個人の自由や権利を基礎づけ、新しい概念として国民の人格の尊厳と権利とを要求した国民的民主主義の創出であったが、そのさい個人の自由と政治的規制をいかに調和させるかが問題であった。たとえばルソー（Rousseau, J.-J.）は『社会契約論』において、その解決の道を「社会契約」と「一般意思」の理論に求めている。彼のいう「一般意思」とは、民衆の意思の総和や平均ではなく、それは各人の有する意思に優先する普遍的意思の存在を意味し、すべての人に共通する公共の福祉のためにすべての人が共通に所有すべき最大公約数的な意思の存在を確認しあうことであった。いいかえれば、それは国民国家としての共同体の自律的な運営を保障する原理でもある。このように国民国家の意識がナショナリズムという思想を生み出す契機となったのであるが、人民主義と人民の自決の権利を宣言したフランス革命のナショナリズムを、とくに民主的ナショナリズムと呼ぶこともある。

▶ **類型と展開**　フランス革命を契機として出現した民主的ナショナリズムの後、ジャコバン・ナショナリズムが出現する。ジャコバン・ナショナリズムの特徴は、①対立的な見解を排除する徹底的な不寛容の思想、②軍国主義的性格の強調、「国民皆兵」の創設、強い愛国主義の鼓舞、③宗教的かつ威嚇的な信仰の喚起である。やがてそれは軍国主義の道をたどり、恐怖政治を生み出し、ナポレオン（Napoleon Bonaparte）の強権的な政治の基盤となった。ナポレオンによるヨーロッパ遠征は、ヨーロッパ各地において激しい抵抗をひき起こした。とりわけドイツ国民の民族的感情を強く刺激し、ドイツにおいては民族的自由と民族統一を希求するナショナリズムが高揚した。

フランスにおけるナショナリズムが国民を政治的共同体の担い手として位置づけ、国民の自由と権利の確保をその目標としたのに対

し，ドイツにおいて国民は民族的文化共同体の担い手として位置づけられた。民族を文化的精神として把握する観念は，ヘルダー（Herder, J. G.）によって強調された。民族は地縁・血縁の自然的要因によって形成され，やがて民族は歴史的伝統を背景とした集団独自の言語・宗教・芸術・学問・法律・習慣・政治形態を発展させる。かくて民族は民族形成のための客観的条件を土台として，独特の性格をもつにいたり，固有の民族精神，民族意識を獲得していくと考えられた。このようなナショナリズムを文化的ナショナリズムと呼ぶこともできる。

19世紀から20世紀初頭にかけ，とくに経済的分野において展開されたのが自由主義的ナショナリズムである。自由主義的ナショナリズムは18世紀後半，イギリスのベンサムの思想にその萌芽を見いだすことができるが，当時イギリスではヨーロッパ大陸にさきがけて，産業革命が着実に進行した。この産業革命の進展とともに経済的自由の理論と実践とが支配的になっていった。この時代において国家に求められたことは，最大多数の最大幸福を実現する手だてとして愛国心の鼓舞，社会の進展と改革にともなう公益への献身の強調であった。

経済的な自由は，本来，反ナショナリズム的性格をもつものであるが，それは産業革命を成功させたイギリスをはじめ，欧米各国にとってナショナリズムの志向に背反するものではなかった。つまり国家の経済的発展が，経済的な国際主義を拡大することによって政治的ナショナリズムを刺激したのである。各国は自国の国家的な利益追求のために経済的ナショナリズムと政治的ナショナリズムを推進した。しかし，この経済的ナショナリズムの高まりは，第一次世界大戦勃発の契機ともなった。経済的ナショナリズムが先進国において高まる一方，植民地をもたない資源の乏しい経済的発展途上国では，全体主義的ナショナリズムが台頭してきた。

全体主義的ナショナリズムは民族を統制するための民族政策や国家の全体的利益を個人の利益に優先させるとともに，国家的・民族的な利益を人類の公共的利益に優先させることになった。全体主義的ナショナリズムは国家の近代化の過程で軍国主義を鼓吹し，やがて帝国主義へいたる。したがって全体主義的ナショナリズムは，自国民を政治的・経済的・文化的に抑圧し，自国民の人格を強奪し，他国や他民族に対しては殺戮を行い，脅威を与えることになる。こうした全体主義的ナショナリズムは，民族主義的独裁者の出現によってその脅威をまし，1920年代のイタリアの全体主義者，1930年代におけるドイツの国家社会主義者の台頭によって頂点に達した。

▶ **現状と問題点**　18世紀フランスに思想的な枠組みをもつナショナリズムの思想は，各国においてさまざまな形態と運動を展開してきた。たしかにナショナリズムは各民族と国家の独立・発展に寄与し，各民族と国家の世界的規模の交流を可能にしてきたことも事実であり，この意味でナショナリズムはきわめて重要な役割をはたしてきた。しかしナショナリズムは，全体主義ナショナリズムにみられるように，特定の民族の個性・目的・権利の主張によって，他民族の個性・自由・権利を無視し，あるいはそれらを蹂躙してしまう傾向性を根本的にもっている。ここにナショナリズムの構造的限界を指摘することができる。

現代においては民族や国家を越えて世界的規模の市場が成立し，情報が地球的規模で流通することで，国際的な政治・経済・文化が流動化し，それによって人々の心理的な不安が強まり，民族や国家への偏狭な回帰が生じるという傾向をみることもできる。各主権国家が相互協力のもとで，いかに国際社会的な諸問題を解決できるかにナショナリズムの明暗がたくされているといえよう。

[参考文献]　落合忠志『ナショナリズムの理論と展開』成文堂　1972
[関連項目]　国家／国民教育／ファシズム
（田代尚弘）

成瀬仁蔵

（なるせ　じんぞう，1858-1919）

　明治・大正期の女子高等教育の先駆者。キリスト教牧師，キリスト教主義女学校で実践の後，日本女子大学を創設して初代校長。

▶ **生涯と教育実践**　　長州藩士の長男として出生。藩校憲章館，山口県教員養成所に学ぶ。19歳で澤山保羅（ポーロ）より受洗（プロテスタント組合派）。大阪の梅花女学校教師，大和郡山教会，新潟第一基督教会の初代牧師，新潟英和女学校初代校長を経て1890年米国留学。アンドヴァー神学院，クラーク大学に学ぶ。村井知至や片山潜と共に全米キリスト教社会運動の指導者タッカー（Tucker, W. J.）に師事，その薫陶を受け社会事業，商経済，自然科学を含む女子総合大学設立を構想。滞米中ジェームズ（James, W.）と出会う。ボストンで *A Modern Paul in Japan*（澤山保羅伝）出版。1894年帰国し梅花女学校校長。1896年『女子教育』に「人として婦人として国民として」の女子高等教育論を発表。1901年麻生正蔵と共に日本女子大学校（家政学部，英文学部，国文学部，後に教育学部，社会事業学部）創立。ジェームズの *Pragmatism*（成瀬訳『主行主義』）の強いインパクトを受け，主体形成原理と「神の愛」による社会共同の原理に，また「印象・構成・発表」の学習法および宗教的生命の養成といった彼独自の方法論に応用。晩年には宗教的信念を根幹に個性と共同の原理の統合を目指す「信念徹底」「自発創生」「共同奉仕」の教育理念を結実させた。全学必修科目「実践倫理講義」を担当，平塚らいてう初め女性解放運動，社会事業，文学・ジャーナリズム，学者・教育者，政治家など多様な分野で社会を改良する活動的女性リーダーを育てた。1908年女子高等教育普及のため『女子大学講義』を発刊し通信教育事業開始。1910年より女性に国際的見地を拓く目的で浮田和民，新渡戸稲造と英文雑誌 *Life and Light* 刊行。12年渋沢栄一等と社会の連帯を志向する国際的学術文化団体・帰一協会（The Association Concordia）を設立。1912～13年欧米視察，米国帰一協会発足。1917年臨時教育会議委員。翌年生江孝之，留岡幸助等の協力を得て「社会事業講座」開講。『女子教育改善意見』で商経済学を含む家政系，社会事業を含む宗教系，薬学・医学系から成る女子総合大学を構想した。

▶ **教育思想**　　成瀬の思想の独自性は，キリスト教と多元的思考法・宗教を内包したジェームズ的プラグマティズムの統合にある。人間観はキリスト教の「自己否定」「愛他」に根差し，生涯を通した進歩性が特色である。従って教育の根本を主体的人間として生きる力を育む普遍的な宗教的生命（「信念」）においたが，教育実践は特定の宗派によらなかった。キリスト教を積極的な宗教として他宗教と識別しつつも，すべての宗教に寛容な多元性が特質である。だが，絶対を排し寛容を尊ぶ立場からか如何なる世界的宗教も等価値とする成瀬のアプローチは，日本の多神教的・汎神論的土壌では諸宗教の本質，神観，あるいは救いの意味など学生に掘り下げて考える機会を素通りさせることに繋がる問題点も残る。女性観は1916年の『新婦人訓』の「賢婦」像に明らかなように，女性の能力や人格性を鼓舞し，家庭変革を初め多様な分野の社会改革の担い手として女性を積極的に位置づけた。国家観・社会観の視座は日本の繁栄に据えながらも，神の下に利己性を排し人類社会全体の協調・平和の必要を説き普遍性がある。なお，実験学校や米国帰一協会でのデューイ（Dewey, J.）との関わり，生涯教育機関・桜楓会の実業教育など成瀬の経済観等の研究の深化が待たれる。

　[**参考文献**]　『成瀬仁蔵著作集』全3巻，日本女子大学　1974-1981／仁科節編『成瀬先生伝』桜楓会出版部　1942／Duke, B. C.（ed.）, *Ten Great Educators of Modern Japan*, Univ. of Tokyo Press, 1989／影山礼子『成瀬仁蔵の教育思想』風間書房　1994

　[**関連項目**]　女子教育　　　　　（影山礼子）

二

ニーチェ

(Friedrich Wilhelm Nietzsche, 1844-1900)

▶ 生涯　1844年10月15日ライプツィヒ近傍の小村レッケンにルター派の牧師の長男として生まれた。父を早く失ったためか内向的な性格となり、聖書の文句や賛美歌をよく暗誦していたことから「小さな牧師さん」と呼ばれた。名門プフォルタ学院に完全給費生として学び、厳しい古典語教育を通して古代ギリシャの世界に触れる。その後ボン大学、ライプツィヒ大学において神学と古典文献学を専攻するが、厳しい実証的な文献講読の訓練が彼のなかに宗教への懐疑を育んだ。「一体僕たちは、探究しながら安息と平和とを求めているのだろうか。いやいや、真理だけを求めているのだ。たとえそれがどんなに恐ろしく醜いものであろうとも」(書簡)。またショーペンハウアー (Schopenhauer, A.) の『意志と表象としての世界』から、ペシミスティックな世界観の影響を受ける。大学生のニーチェはオペラや演劇に親しみ、ワーグナー (Wagner, R.) の音楽に熱中して芸術運動にも参加するが、梅毒に感染してもいる。1869年には24歳の若さでスイスのバーゼル大学古典文献学教授に就任し、同時にライプツィヒ大学から学位を授与される。その後約10年間在職し研究・教育の両面で華々しい活躍を見せるが、普仏戦争が勃発すると看護兵として従軍する。ここでの体験は彼のペシミズムをいっそう深刻にした。その後勝利に浮つくドイツに対して厳しい文明批評を続けたが、1879年には病気の悪化と学究生活の嫌悪からバーゼル大学を退職。退職後はイタリアとスイスを往来しながら、恩給を頼りに孤独な文筆活動を続けた。その間病状は悪化の一途を辿った。1888年の末頃から精神錯乱の兆候が現れ始め、翌年1月にはトリノのアルベルト広場で昏倒し、発狂。ヴィルヘルムII世の銃殺も企てた。狂気はその後、死にいたるまでの10年間治癒することなく、1900年9月25日にワイマールでその生涯を閉じた (55歳)。

▶ 思想の内容　ニーチェの思想発展は、通常、以下の三期に区分される。

▶ 前期 (1871-1876年)　ショーペンハウアーの厭世思想、ワーグナーの音楽、悲惨な戦争体験の影響下に、古代ギリシャ文化に関する独創的な研究を展開(『悲劇の誕生』)。彫刻、絵画、文学といった輪郭の明確なアポロン的芸術と、音楽のような陶酔的かつ情感的なディオニュソス的芸術とを区別し、前者が第二次的間接的な芸術であるのに対し、後者は根源的直接的な芸術だと言う。そしてギリシャ悲劇の特殊性を、本来アポロン的でありながら音楽と共通のディオニュソス的精神を持つ点に見出す。しかしニーチェのこの処女作は、厳密な文献考証を重んじる当時の古典文献学界から著しい不評を買う。その後、当時の社会文化状況に対して厳しい批判を展開していく(『反時代的考察』)。

▶ 中期 (1876-1882年)　『人間的な、あまりに人間的な』『曙光』『悦ばしき知識』では、当時の宗教、道徳、形而上学に対する総体的な批判を展開する。習慣から何かを信じる「とらわれた精神」から脱して、真理探究に徹する「自由なる精神」により、あらゆる虚妄、偏見、錯誤の破壊を試みたのである。たとえば、それまで自明なものとみなされてきた道徳的価値そのものの価値が疑われる。「道徳への服従は、君主への服従と同じく、奴隷根性でも、虚栄でも、利己心でも、諦念でも……ありうる」(『曙光』97)。

▶ 後期 (1882-1888年)　ニヒリズムとの対決をテーマに『ツァラトゥストラはかく語りき』で頂点に達し、『善悪の彼岸』『道徳の系譜』『偶像の黄昏』『アンチキリスト』等で思想を展開。ニヒリズムの徹底はその最も

極端な形式,「同じものの永劫回帰」に行き着く。永劫回帰の問題はニーチェ解釈の試金石である。最もポピュラーな解釈は,一切はただまったく同じ状態で繰り返すだけだというニヒリズムの極致に耐えつつ,自己存在に向けて「決意」する時,それは「最高の肯定」に転換される,というハイデガー(Heidegger, M.)流の解釈である。

▶ **教育思想としての意味**　ニーチェが教育の問題を直接取り上げた唯一の資料は『反時代的考察』所収の「我々の教育施設について」である。そこでは,軍事・経済政策を優先するビスマルク体制のなか「教養」が世俗化され国家主義化されて変質したことに,さらにその結果不消化な知識の石を詰め込んだ「教養俗物」が生み出されたことに対して批判が展開される。しかしニーチェ思想を教育思想として見る場合,高橋も言うように「自己教育」の観点から捉えるべきであろう。その場合,自己が自己を超え出ていく人間の自己超越性を具象化した「超人(Übermensch)」概念が重要となる。この後期の中心概念の端緒は,すでに初期の『反時代的考察』中の次の箇所に見出される。ニーチェは若者に「個人としての君の生はいかにして最高の価値,最深の意義を獲得しうるか」と問い,次の示唆を与える。有象無象の寄り合いでしかない「人類」のために生きるなど論外である。「最高の価値を持つ稀な典型」すなわち偉人に傾倒すべきである。そうすることで人は「私は私の上に私自身より高いもの,より人間的なものを見る」境地にいたり,「自らを超えて直観し,どこかにまだ隠れているより高い自己を全力で求めんとする熱望」を獲得するからである。「超人」思想にはたしかにナチズムと繋がる面がある。しかし,自己の生の「最深の意義」を求めてやまない人間の自己教育に対して,貴重な示唆を含んでいる。

▶ **道徳批判とその教育学への示唆**　ニーチェによればキリスト教道徳とは,弱者たるユダヤ人がルサンチマン(怨恨)にもとづいて行った想像上の復讐,道徳上の奴隷一揆の末に捏造した虚偽である。元来価値評価の源泉は,高貴で力ある人間の自己肯定にあった。その貴族的価値評価様式では,「よい(gut)」は「劣悪(schlecht)」の対義語である「優良」という意味を持っていた。しかしキリスト教道徳において「よい」は,「悪(böse)」の対義語である「善」に変質してしまい,自己否定を重んじる僧侶的価値評価様式に取って代わられてしまう(『道徳の系譜』)。ニーチェはまた,道徳に関して従来の哲学者は,道徳への信仰に学術的形態を与えてそれを擁護するだけの,またそれにより道徳そのものの価値を問うことを禁圧する「徳のイデオローグ」であったと非難する。ニーチェアンのこうした批判の射程は,当然,教育学者にも及びうる。果して近代の(また今日の)教育学者は,教育的に価値ありと信じられているものに学術的形態を与えるだけの「徳のイデオローグ」でなかったと言えるだろうか。近代教育思想の根底からの批判・解体と再構築に向かう作業において,ニーチェの道徳批判には無視しえないものがあるのではないか。

▶ **現代思想への影響**　ニーチェの遠近法主義(Perspektivismus)によれば,認識とは「力への意志」が自らの力の増大を求めて遂行する「解釈」にほかならず,したがって不可避的に生の特定の視野に制約される。そうした制約を免れた「客観的真理」や「事実そのもの」など存在しない。ただ「解釈だけが存在する」(遺稿)。しかし解釈の差異が視野の差異にすぎないならば解釈の相対主義に行き着かざるをえない。ニーチェから発しポストモダン思想に手渡されたこの相対主義の問題は,現代思想の最大の難問の一つであろう。

[**参考文献**] Colli, G., Montinari, M. (Hrsg.), *Nietzsches Werke, Kritische Gesamtausgabe*, Berlin, 1967-(『ニーチェ全集』白水社　1979-)/ Nietzsche, F. W., *Der Wille zur Macht, Kroners Taschenausgabe*, Bd. 78, Stuttgart 1959/ 高橋勝「F. W. ニーチェ――『自己教育』思想の開拓者」大野正治編『現代に生きる教育思想5 ドイツ(2)』ぎょうせい　1981/ 永井均

『〈魂〉に対する態度』勁草書房　1991（とくに
1および2）。　　　　　　　　　　（諸富祥彦）

ニイル
(Alexander Sutherland Neill, 1883-1973)

▶ 生　涯　　イギリスの教育者。スコット
ランドのフォーファーに生まれ，みずからの
父親が校長を務めていた小学校で厳格な教育
を受ける。エディンバラ大学を卒業後，出版
業を経て，小学校の臨時校長となり，それま
で抱いてきた権威的な教育に対する疑問を最
初の作品 A Dominie's Log として著わす。
1918 年にアメリカの教育者であるレーン
(Lane, H. T.) が運営するザ・リトル・コモ
ンウェルスを参観し，自由な教育の実践，と
くに子どもたちが中心となってコミュニティ
を運営する自治に感銘を受ける。この後，ロ
ンドンの進歩主義の学校に勤めるが，子ども
本位の自治が実現できず退職する。1921 年，
ドイツのドレスデン郊外で新しい学園づくり
に参画し，国際学校を創立する。学園はその
後オーストリアに移るが，財政難等のため，
1924 年，イギリスのドーセット州のサマー
ヒルで新たに出発する。この時，学園名を
「サマーヒル・スクール」(Summerhill
School) とした。以来，日常生活に関するた
いていの事柄は子どもも大人も同等の一票を
有する自治会で決められ，授業の出欠の判断
も個々の子どもに委ねられるという自由主義
にもとづく教育をニイルは半世紀近くにわた
って実践した。学園はニイル亡き後も彼の妻
や娘によって運営され，現在にいたる。
▶ 思　想　　ニイルは新教育運動の教育者
のひとりとして考えられる傾向がある。しか
し，1921 年の世界新教育連盟の第一回世界
大会でのニイルの講演「権威を捨てよ」にお
いて，極端な自由主義を唱えたニイルは新教
育者たちから危険視されたという。サマーヒ
ルを創設する前後の彼の思想は，自由を絶対
視し，大人の権威を全面的に否定したという
点において，新教育運動のなかでも特異な位
置を占めていたといえよう。

レーンをとおしてフロイト（Freud, S.）の
思想を知ったニイルは，フロイトのいうイド
が抑圧されることによって生じる心理的障害
が問題児の反社会的行動の原因であると考え
た。その結果，「知識よりも感情」を重視し，
「感情の自由」を主張した。教育実践におい
ても，「プライベート・レッスン」と呼ばれ
る対話法を用い，問題児の感情の解放に努め
た。しかし，1930 年代後半からは精神分析
に以前ほど価値をおかなくなり，問題児の治
療にも「自由」が最重要視されるようになっ
た。

さらにニイルの自由観は自制（self-disci-
pline/self-control）を重視した自由へと発展
していく。当初，絶対的自由を希求していた
ニイルも，サマーヒルでの共同生活を通して
自由は制約を伴うことを認識し，自由と放縦
との識別を主張するにいたったのである。結
局，ニイルがたどり着いたのは，「自由とは，
他人の自由を侵害しないかぎりにおいて自分
の思うがままに振舞うことを意味する。つま
りそれは自制ということである」という他者
の権利をも考慮した上での個人の自由であっ
た。この自由観は，現在のサマーヒルでも
「黄金律」として機能している。

これまでのニイル研究では，ニイルの標榜
した自由は「放縦でない自由」であるとして
肯定的に評価されてきた。しかし，サマーヒ
ルのような自由学校で個人的自由ばかりが強
調される場合には，他者との関わりを顧みな
い，自己中心的な自我形成が促されることも
あろう。この点，ニイルが自由とは別に
「徳」の重要性を強調し，ことに「寛容の徳」
を「自由学校にふさわしい言葉」として言及
していたことは注目に値する。
▶ 影　響　　ニイルの思想や教育実践がイ
ギリス国内だけでなく，欧米諸国にも広範に
波及したのは 1960 年代以降である。とくに
1960 年の Summerhill: A Radical Approach
to Child-Rearing（邦訳題『人間育成の基
礎：サマーヒルの教育』）の出版後，アメリ
カにおけるフリースクール運動に対する影響

は大きい。当時のサマーヒルではアメリカ人の生徒が急増した一方，アメリカ国内にもサマーヒルの教育方針に則った自由主義の学園が次々と誕生した。

霜田静志により日本にニイルの著作が紹介されたのは1930年であった。それ以降，ニイルの思想は創造美育運動などに影響を与え続けてきた。また，1980年代に入って公立教育の管理体質が批判されるなか，ニイルの自由教育は関心を集め，1980年代後半にはサマーヒルの日本人生徒数も学園全体の3分の1を超えるなどの現象が見られた。

さらに，1980年代以降はアジア諸国への影響も見られる。韓国ではニイル研究会が発足し，定期的に機関誌を発行している。また，タイでは1979年にニイルの教育理念に基づき「ムーバンデック（子ども村学園）」が設立された。そこでは自治や授業参加の自由などのサマーヒルの教育方法が導入され，孤児等が共同生活を営んでいる。さらに日本では，1992年，「きのくに子どもの村学園」が和歌山県に設立され，ニイルの思想と方法を受け継ぎ，実践に生かしている。90年代に入ってから，サマーヒルでは，日本をはじめ韓国や台湾等のアジア諸国からの生徒が急増している。以上のように，時代と地域は異なっても，サマーヒル教育がオルタナティブな教育実践に影響を及ぼしてきたという事実から，ニイルの主張の多くが伝統的な学校教育に対するアンチテーゼとして位置づけられることが理解されよう。

[参考文献] Croall, J., *Neill of Summerhill*, London 1984／Hart, H.（ed.）, *Summerhill: For and Against*, New York, Hart, 1970（小泉正美訳『A. S. ニイル是か否か』黎明書房 1973）／Neill, A. S., *That Dreadful School*, London, Jenkins 1937（堀真一郎訳『恐るべき学校』黎明書房 1995）／Neill, A. S., *Summerhill: A Radical Approach to Child-Rearing*, New York, Hart 1960（霜田静志訳『人間育成の基礎』誠信書房 1962）／Neill, A. S., *Neill! Neill! Orange Peel! A Personal View of Ninety Years*, London, Weidenfeld and Nicolson 1973

（霜田静志・堀真一郎訳『ニルのおバカさん』黎明書房 1984）／Neill, A. S., *The New Summerhill*, London, Penguin 1993／永田佳之『自由教育をとらえ直す：ニイルの学園＝サマーヒルの実際から』世織書房 1996／堀真一郎『自由学校の設計：きのくに子どもの村の生活と学習』黎明書房 1997／山崎洋子『ニイル「新教育」思想の研究』大空社 1998 （永田佳之）

西 周
（にし あまね, 1829-1897）

明治維新期の学者（哲学・法学・軍事・言語など）。日本における近代西洋哲学の導入者。

石見国津和野藩（島根県鹿足郡津和野町）の藩医の家に生まれる。名は時懋（ときしげ），のちに魚人（なひと），修亮，周助など。天根，甘寐斎と号す。藩校養老館に入り儒学を学んだ。1853（嘉永6）年江戸に出て，野村春岱についてオランダ語を学ぶ。1854（安政元）年脱藩して洋学に専心。手塚律蔵・中浜万次郎に師事して英語を学び，1857年，幕府の洋学校蕃書調所の教授手伝並となる。1862（文久2）年津田真道とともに幕府海軍派遣留学生に選ばれて，オランダのライデンに留学して社会科学を中心に学んだ。帰国後，開成所教授となり，ライデン大学教授フィセリング（Vissering, S.）の講義を『万国公法』（1868）として翻訳した。1868（明治元）年徳川慶喜に請われて沼津兵学校頭取となり，同校のカリキュラムを作成した。1870年には明治新政府の命で兵部省少丞准席となり，学制取調掛を兼任する。同時に，私塾育英舎を開き，「百学連環」を講義する。1873年明六社に参加，1879年東京学士会院の会長に選ばれる。1880年「軍人勅諭案」を起草，翌年文部省御用掛，東京師範学校長となる。同1890年貴族院勅選議員となり，1897年没。

西のオランダ留学は日本人による西洋の人文社会諸科学正規課程最初の履修であった。朱子学，徂徠学，洋学という学問遍歴の結果，諸学の基礎学として西洋の「ヒロソヒ之学」すなわち「哲学」を中心に据えるにいたった。

当時のヨーロッパの哲学は，ミル（Mill, J. S.）の功利主義，コント（Comte, A.）の実証主義が全盛の時代であり，西の思想形成に大きな影響を与えた。西は，「百学連環」を講じて「公平正大之論」という概念を明らかにし，西洋の諸科学の全体像を描くことを試みた。「主観」「客観」「理性」「悟性」「帰納」「演繹」など現代でも使われている哲学用語は「哲学」とともに彼の翻訳紹介に始まる。

西が学んだ洋学は，哲学のみならず，性法学，万国公法学，国法学，経済学，国勢学など社会科学全般に及んでいた。陸軍省の官僚としての経歴も長く，学問的な関心も多様であり，富国強兵思想と「軍人勅諭」起草などの業績から，その活動の源泉が純粋の学問的な関心にあったのか否かは，評価が分かれるところである。

啓蒙思想家としての活動では，『明六雑誌』に，「教門論」「知説」「人生三宝説」などを発表した。また，著作には『百一新論』『致知啓蒙』（ともに 1874 年）がある。

[参考文献] 大久保利謙編『西周全集』1960-1981／森林太郎『西周伝』1898／蓮沼啓介『西周における哲学の成立』神戸法学双書；20 1987 　　　　　　　　　　　（橋本美保）

人　間

英 human being／独 Mensch／仏 homme

「人間とは何か」という問いは，従来より哲学的人間学が主張してきたような人類史を貫く普遍的な問いではなく，フーコー（Foucault, M.）のいうように近代の産物であり，歴史性をもった問いである。この問いを生みだした西欧思想は，文化と自然とを厳格に分け，この 2 つの範列に包摂して精神／身体，価値／事実，人間性／動物性などの対の思想を作りだし，人間をこのような対の関係の中で定義してきた。精神，意識，理性，主体，言語等を，非─人間から人間を区別する特徴として論じてきた。しかし，この西欧の文化／自然に基づく人間学に大きな変化が生じている。歴史的経験・経済のグローバリゼーシ

ョン・科学技術の発展・文化／自然の原理の問い直しが相互に連関しながら，従来の西欧中心主義的な人間学を相対化し，改めて非─人間（動物・モノ）との関係において人間は問いとなっている。

歴史的経験でいえば，世界大戦と強制収容所と原子爆弾の歴史の中で，近代の理念ともいうべきヒューマニズム（人間中心主義）は，尊厳を奪われ権利を剥奪された「剥き出しの生」を経験し，理念としての正当性を喪失している。また情報化と金融化を深化させた経済のグローバリゼーションは，人間を象ってきた宗教や文化や風土の差異を均し，人間の全領域を交換可能な商品世界の文脈へと変容させてきている。このことは，人間の形成において不可欠な自然の基盤というべきものが侵食されてきていることを意味する。

文化／自然の分割の原理の中で，人間の文化に関わる系列は人文学が，人間の自然に関わる系列は自然科学が担ってきた。しかし，経済発展と結合した科学技術の急速な発展は，この境界線を曖昧なものにしている。DNA 研究に基づく生命科学は，人間を被造物から生命の創造者，人間自身の創造者へとかえつつある。神経科学の進展は「人間の条件」と見なされてきたものの生理学的機序を解明し，脳への直接的介入によって，人間の変容を実現しようとしている。他方で，コンピューターの発明は自ら学習し思考する人工知能を生みだし，人間理解が人工知能の用語群で説明される事態になっている。経済と連動した情報技術は，情報処理や情報へのアクセスの能力を飛躍的に拡張させたが，人間が情報を制御するというより，人間は情報ネットワークの単なる結節点にすぎなくなっている。そのため人間と機械（非─人間）とが融合化したハイブリッドのサイボーグは SF の空想ではなく，もはやありふれた現実であり，着脱可能性を道具の特徴としてきた従来の身体／道具をも変容させている。こうして科学技術の発展によって，生物と機械の両方の側面において人間を象る境界線が不明瞭となり，「人

間の条件」が疑わしくなっている。このことは人文学の意味と価値とにこれまでにない振動を与えている。

これらのことは，西欧思想の文化／自然の原理を相対化する方向に進み，神話以来の人間／動物（非―人間）の境界線の在り方が新たに哲学的問いとなって表れている。例えば，デリダ（Derrida, J.）は，デカルト（Descartes, R.），カント（Kant, I.），ハイデガー（Heidegger, M.），レヴィナス（Lévinas, E.），ラカン（Lacan, J.）を俎上に載せ，思想の違いにもかかわらず，彼らがいずれも動物たちを応答性＝責任性がなく，「私」が欠落しているものとして捉えている点で共通しており，また動物たちの間の差異を考慮することなく動物一般としてひとまとめに捉え，動物たちの性差にも無頓着である点などで共通しているという。デリダは，動物たちへの暴力を容認する彼らの動物論を論難することによって，同時に動物との比較で描かれ確証されてきた西欧の人間学（人間ロゴス主義）を批判している。こうして，デリダは，「生けるものたちの異質的な多数性」をもとにした，動物たちと人間との新たな関係を語る言葉と文法を見いだそうとする。

教育学は，コメニウス（Comenius, J. A.）以来，人間と動物とを分割する境界線のグレーゾーンに立つ「野生児」の事例を好んでとりあげ，そこから教育の必要性と可能性とを論じてきたこと，そしてカントの『教育学講義』（1803）が動物との比較において人間の特性を捉え，動物性を克服し人間性を実現するという課題から教育の諸概念を練り上げたことを考慮するとき，文化／自然の原理，そして人間／動物をめぐる思想的課題がもつ教育学上の重要性が理解できるだろう。

［参考文献］Derrida, J., *L'animal que donc je suis*, Mallet, M.-L.（ed.）, Paris, 2006（マリ゠ルイーズ・マレ編・鵜飼哲訳『動物を追う，ゆえに私は（動物で）ある』筑摩書房 2014）
（矢野智司）

認識論・認知科学
英 Epistemology, Cognitive science, Theory of Knowledge

▶ **歴 史**　認識論および認知科学は，人間の知とは何かを明らかにする諸学問の総称である。プラトンから近代に至るまで，人間の認識は「真実なる思いなしに言論を加えたもの」（Justified True Belief）こそが「知識」であるとみなされてきた。特に 17 世紀にデカルト（Descartes, R）が提示した心身二元論では，精神と身体との明確な分離が前提され，認識や知識は精神の領域にのみ結びつけられることになった。その結果として，人間の「知」は，思考，自我，知性，知覚等々の全てが身体をもたない精神活動であるとされたのである。

▶ **認知科学のターニング・ポイント**　この身体から分離した「知」の在り方に一つのターニング・ポイントを提供したのが認知科学である。その端緒は 1950 年代における認知心理学の台頭である。それまでの行動主義的心理学が完全に自然科学の原則に基づき人間の思考・活動を外界からの支配下に置いてきたのに対して，認知心理学は人間を外界に積極的に働きかける存在として捉え直した。さらに 1980 年代には，人間の外界への働きかけは個人の内部の情報処理プロセスに還元されるのではなく個人が参加する状況や文脈に依存する，という「状況に依存した認識」論が提案された。ここにおいて人間の「知」は，精神活動や実験的環境のなかではなく，身体性と文脈性に基づく日常生活のなかでこそ考察可能なものとみなされるのである。

▶ **認識論・認知科学が示唆する「学び」論**
認知科学がもたらした「知」の転換は，教育学の問いが「教師はいかに教えるか」という問いから「学習者はいかに学ぶか」へと変容することを意味した。その結果として，「知」の探求は，必然的に心理学，コンピュータ・サイエンス，哲学，教育学，言語学等の諸学問の横断的研究とならざるをえなかった。それは，日常生活や教育現場において状況や環

境との相互作用によって展開する身体全体の活動としての「学び」への着目であった。この「学び」論は、一方では、アフォーダンス、共同体、徒弟制度、模倣、状況的学習、協同学習、IT、教育工学といった多様なキーワードを「教育」に取り込み、その質的転換と再構築を要請する。そして他方では、既存の静的な「教授―学習」という対立的図式を超えて、単なる learning の賞揚ではなく、あらためて teaching とは何であるかを問う探求へと昇華する可能性を有するのである。

［参考文献］　佐伯胖監修・渡部信一編『「学び」の認知科学事典』大修館　2010／生田久美子「認識問題の現在――新たな「知識観」の確立へ向けて」『近代教育フォーラム』7　1999
［関連項目］　行動主義／学習／学び／わざ／ケア（ケアリング）／状況的学習／ヴィゴツキー／メルロ＝ポンティ　　　　　（生田久美子）

認知科学
英 cognitive science

▶ 語義　　通常 cognition は認識と訳され、広い意味での知識ないしその獲得をいうが、より科学的なアプローチがなされる際には認知という訳語が好まれる。この場合、認知とは外界の情報を収集し処理することによって知識を得ることをさす。認知科学は、そうした認知の仕組みを明らかにするために、心理学、コンピュータ科学、言語学、哲学、神経科学、人類学、教育学等の諸分野が協同して研究を進める学際的な科学である。心（mind）の科学、知（intelligence）の科学とも呼ばれる。ただし、英語の mind と日本語の「こころ」との間には意味合いにずれがあることに注意する必要がある。mind は知覚や思考の場と考えられており、「こころ」ほど精神主義的な意味合いはない。認知とはそういう意味での心（mind）の働き全般をさす。したがって認知科学において扱われる具体的なトピックは、知識表現、言語、学習、思考、知覚、記憶、問題解決等である。

▶ 歴史と特徴　　「認知科学」という名称が使われ始めたのは1970年代に入ってのことである。認知のメカニズムを明らかにすることを目指した諸科学がこの頃になって一つの研究集団を形成する。米国を中心として、多領域に渡る研究者が1977年に雑誌 Cognitive Science を発行、翌々年には認知科学会第一回大会が開催されている。これに前後して諸財団からの研究援助や関連文献の出版が相次ぎ、今日、各地の大学が認知科学の研究施設や学位課程をもつにいたっている。わが国においても1983年に日本認知科学会が発足し、活発な研究活動が展開されている。

しかし認知科学の誕生はさらに遡って1950年代半ばであると言われる。心理学において、刺激と反応による行動主義的説明の不備が指摘され、生体内に情報の処理機構を想定することの利点が唱えられるようになる。こうした動きが、言語学におけるチョムスキー（Chomsky, N.）の登場、コンピュータ科学における理論と技術の躍進、神経科学における脳研究の進歩などと触れ合い、認知過程の解明に多くの研究者の関心が向けられることとなったのであった。

認知科学は歴史の浅い生まれたばかりの学問であるが、知るとはいかなることかという認知科学者に共通の問いは、ギリシャ時代より問われ続けてきた認識論の中心問題であり、認知科学は長い過去をもって誕生したと言える。他方、認知科学の新しさは、この古くからある問いに対し経験科学と実践科学の両方から答えようとしている点にある。実証データの蓄積から認知の仕組みを解明しようとする傾向と、理論の正しさを検証するために心の働きを人工知能として再現しようとする工学的関心に方向づけられているのである。ここで認知科学者らは認知過程を規則に従った、記号の計算処理過程と見なしている。心は、記号化された外界情報を、あらかじめ入力されている規則に従って処理していくコンピュータと同等の機構をもつものと想定されているのである。この心の記号処理モデルは表象主義と計算主義という二つの理論的態度に支

えられている。すなわち，われわれは外界を
その表象を通して認識し，表象を心のなかで
形式的に操作することで知識を得ると考えら
れているのである。こうした考え方自体はす
でに近代初期の哲学者によって唱えられてい
たものであり，認知科学はこの古い仮説を新
しい方法で実現しようとする試みであったと
言うことができよう。

当初この心の記号処理モデルによって，い
ずれ人間と同レベルの知能を人工的に作るこ
とができると信じられていたが，研究が進む
につれ，このモデルでは必ずしも十分には人
間の認知を説明できないことがはっきりする
ようになる。人工知能には原理的に実現不可
能に見えることを人間は簡単に実行してしま
うのであり，人間の認知能力の複雑さがあら
ためて示されることとなったのであった。ま
た，従来の直列型の情報処理ではなく，脳を
モデルとした並列分散型の情報処理の方が心
の働きを説明するうえで適しているという批
判があり，1980年代半ばには大きな勢力と
なる。この立場は，無数のユニットが階層的
に結合して情報処理を行うと考えることから
コネクショニズムと呼ばれる。この設計理念
にもとづく人工知能は，あいまいな文字の認
知のような従来型の人工知能には処理困難で
あった課題を遂行することができ，大きく注
目された。

1980年代から90年代にかけて，さらに別
の角度からの批判が情報処理モデルに向けら
れる。これまでは生体内部の処理機構のみが
注目されていたが，むしろ認知過程は外界と
の相互作用として理解されるとする状況論か
らの批判である。思想的にはヴィトゲンシュ
タイン（Wittgenstein, L.）やハイデガー
（Heidegger, M.）によって先取りされた立場
で，知覚研究者による活動と外界との依存関
係の研究や，人類学者が行った日常生活にお
ける思考研究によって発展されていった。と
りわけ記号処理モデルが奉じる表象主義を批
判するものであるため，激しい論争を呼んだ。
心の記号処理モデルはいまだに主流派であ

り続けているが，異なるアプローチを単なる
対立としてだけでなく，同じ認知研究として
統合していく努力も試みられている。いずれ
にせよ，歴史の浅い学問である認知科学は新
しい動向を積極的に摂取しようとする身軽さ
を兼ね備えた学問であると，今のところ言っ
てよいであろう。

▶ **認知科学と教育**　　　認知科学と教育との関
係は互いに補完し合う二つの立場に支えられ
ている。一つは認知科学の知見をいかに教育
に応用するかに関心をおく立場であり，もう
一つは認知の仕組みを解明するための資料を
教育に求めようとする立場である。前者の場
合，認知科学の提出する新しい知識観にもと
づいたカリキュラムや教育方法の開発・改善
が課題とされる。どの認知モデルを採用する
かで異なってくるが，学習者を認知主体と捉
え，主体内に理解や誤解を生じさせる機構が
あるものとして研究・教育が進められること
になる。ここでもコンピュータが大きな役割
を果たしており，学習者の認知活動を支援す
る道具としてのコンピュータの可能性を追求
するパパート（Papert, S.）の努力は注目さ
れる。一方，後者の立場からは人間の認知活
動を実際の教授学習過程に即して見ていこう
とする努力がなされる。たとえば，レイヴ
（Lave, J.）ら人類学者は学習を状況に埋め込
まれたものと見ることを通して，学習の社会
的意味を明らかにし，従来の学習観が学校制
度のなかで歪曲されたものであることを指摘
した。教育は理論と実際のフィードバックが
期待される，認知の実際場面なのである。

[**参考文献**]　Gardner, H., *The Mind's New
Science*. New York: Basic Books 1985（佐伯・
海保監訳『認知革命』産業図書　1987）/Lave,
J., Wenger, E., *Situated Learning*. Cambridge:
Cambridge University Press 1991（佐伯訳『状
況に埋め込まれた学習』産業図書　1993）/『認
知科学選書（全24巻）』東京大学出版会　1985-
92/『岩波講座認知科学（全9巻）』岩波書店
1994-95
[**関連項目**]　　学習/記憶/知識　　　（丸山恭司）

ネ

年齢段階

英 life-stages, age-stages, age-class, age-grade／
独 Altersklassen

▶ **概 念**　人の一生をいくつかの段階に
分けてその特性を表現する尺度または概念図。
人生段階ともいう。人間の一生を規制する生
物学的な加齢を基本に、心理学的側面や社会
的側面が結合して各側面の相互規定を受けな
がら一生の経過・経験・意味づけが展開する。
「人生における諸時期」についての思惟の様
式、あるいは人生をいくつかの段階に分ける
発想は古代ギリシャにも、中国の古代社会に
もあった。年齢段階のもっとも素朴で単純な
表現は「幼―老」「未熟―成熟」、あるいは
「子ども―大人」という二元論的あるいは対
抗関係的な機軸であったであろうが、ヨーロ
ッパの古典古代社会以降中世を貫いて多く見
られるのは、「思春期」(adolescenza)・「若
者期」(gioventue)・「壮年期」(senettute)・
「老年期」(senio) という4段階であった。
このような四つの段階に区切る根拠になった
のは、人体の生理学的あるいは身体医学的な
発想よりも、年齢段階を季節の変化に重ね合
わせようとする発想から生まれた「時禱書
(暦書)」の伝統であった。そこでは春夏秋冬
という四つの季節の変遷が人生段階に要求さ
れる社会文化的な役割として表現され、ひと
つのサイクルとしての自然循環的な人生観が
描かれていたが、16世紀を過ぎるまで、そ
のサイクルの一部に「思春期」以前の「子ど
も期」が想定されることはなかった。「子ど
も期」を想像させる用語法として、「子ども」
(enfance)、「小児」(puérilite)、「若者」(jeu-
nesse)、「青春期の少年」(adolescence)、「老
人」(senilité) などの言葉が断片的に観察さ

れるが、これらの言葉は広く民衆生活に根ざ
して使用されていたわけではなく、起源にお
いては紀元前6世紀のイオニアの哲学者にさ
かのぼる記述と身体的説明の体系に属してい
た。中世における古代思想の借用者たちがロ
ーマ帝国末期の文献群の中からそれを再び採
用し、さらに12世紀以降16世紀にかけての
時期に、学者たちの用語法として用いられて
いた。たとえば、13世紀のフリップ・ド・
ノヴァールは、1265年に、「自然界の4要
素」「人間の4種類の体液(気質)」という4
分類に並べて、「人間の年齢の四つの時期」
を20年刻みで区分している。また、1482年
の日付のある『人生の諸段階』と題された
フランスの版画でも、当時理解されていた人生
の7段階のうち最初の4段階を子ども時代と
して描いている。すなわち、産着にくるまれ
て揺りかごに縛り付けられている「乳児期」、
四つの車輪がついた手押し車につかまって歩
行訓練中の「子ども期」、木馬にまたがって
活発な運動性と冒険心を持つ子どもとして描
かれている「少年期」、そして、当時の学生
たちが着用していた長いローブをまとってい
る「若い学生」がそれである。そこでは年齢
段階に期待される役割は、それぞれの段階の
服装によって、年齢段階に対する役割期待と
して図像学的に表徴されている。16世紀末
に生きたトーマス・コガンは、1589年に公
刊した『健康の天国』(*Haven of Health*,
1589) で、人間の一生を「子ども期(child-
hood, 0～15歳)」「青年期(adolescence, 15
～25歳)」「元気旺盛な若者期(lusty juven-
tus, 25～35歳)」「中年期(middle age, 35～
49歳)」「老年期(old age, 50歳以降)」の五
つに区分しているが、この区分の規準になっ
ていたのは、ヨーロッパの医学的伝統の中で
長らく学問的な規準になっていたガレノスの
説であった。「人生における諸時期」に関す
る用語法が、学問的なカテゴリーから民衆言
語のカテゴリーに推移していたことを示す重
要な文献のひとつは、1556年に出版された
『万物の偉大なる所有主』(*Le Grand Propri-*

etaire de toutes choses, très utile et profitable pour tenir le corps en santé）であった。ここでは「人生における諸時期」は、占星術の伝統を強く反映させながら、自然学や博物学の記述、あるいはまた魔術的行為においても存在していた「数の象徴主義」が見られた。この第6巻では「人生における諸時期」を次のように描いている。まず、歯が生える時期として特徴づけられ、まだ上手にしゃべることができず、言葉を完全に形作ることができない、7歳までの「幼児期」（infans）、大事にしつけられ、養育される14歳までの「子ども期」（puer, pueritia）、成長してじゅうぶん子どもをもうけることができ、手足は柔軟で、まだ成長を続けており、自然界の熱気から体力とたくましさを受け取ることができ、自然が定めた大きさにまで成長することができる、28歳ないし35歳まで続く「青春期」（adolescence）、人生の中心的位置を占め、最強の状態をつくり、アリストテレスが言ったように、自分自身や他人へ力を与えるほどに身の内に体力を備え、45歳ないし50歳まで続く「青壮年期」（juvenis, jeunesse）、気質においても挙動においても鈍重になったことを自覚するため別名「鈍重期」（pesanteur）とも呼ばれる「壮年期」（vir, senecté）、そして、再び本能的な欲望が顕著にあらわれ、かつて持っていた良識を持たなくなって、座りがちな生活を、咳と痰と埃にまみれて、再び灰と塵に戻っていく日まで続ける「老年期」（senez, vieillesse）、そして「死期」という7段階に分けている。占星術と宗教上の理由から七つに区分する方法は「七つの美徳」「七つの悪徳」「七自由科」「七つの丘」「1週間は7日」「世界の七不思議」などの言葉にも示されているが、人生の諸時期を伝統的な生物学上の特性や、運命論的な占星術上の区分とは別に、人生における社会文化的な役割特性の面から表現する方法が現れてくる。W・シェイクスピアが、『お気に召すまま』第2幕第7場で、登場人物に次のように表現させているのはそうした社会文化的な年齢段

階意識の典型であった。「全世界がひとつの舞台、そこでは男女を問わぬ、人間はすべて役者に過ぎない、それぞれに出があり、引込みあり、しかも一人一人が生涯に色々な役を演じ分けるのだ。その筋は、全場七つの時代に分たれる。…まず第一に幼年期、乳母の胸に抱かれてびいびい泣いたり、戻したり、お次がおむずかりの学童時代、鞄をぶらさげ、朝日を顔に、蝸牛そっくり、のろのろ、いやいや学校通い、その次は恋人時代、溶鉱炉よろしくの大溜息で、惚れた女の目鼻称える小唄作りに現を抜かす、そのお後が兵隊時代、怪しげな誓い文句の大廉売り、豹のような髭を蓄え、名誉欲に取憑かれ、その上、無闇と喧嘩早く、大砲の筒先向けながら泡の如き世間の思惑が気に掛かって仕方がないというやつ、その後に来るのが裁判官時代、丸々肥えた鶏をたらふく詰め込んだ太鼓腹に、目附きばかりが厳めしく、髭は型通り刈込んで、もっともらしい格言や月並みの判例を並べたて、どうやら自分の役を演じおおす…6番目はいささか変わって、突掛け履いたひょろ長の耄碌時代、鼻には眼鏡、腰には巾着、大事に取っておいた若い頃の下ばきは、萎びたすねには大き過ぎ、男らしかった大声も今では子どもの黄色い声に逆戻り、びいびい、ひゅうひゅう震え戦く、…さて、最後の幕切れ、波乱に富める怪しの一代記に締めくくりをつけるのは、第二の幼年時代、つまり全き忘却、歯無し、目無し、味無し、何も無し」。アリエス（Ariès, Ph.）は、年齢段階を社会文化的に表徴するヨーロッパの「時禱書」の伝統に言及して、四季の労働の諸テーマが年齢区分と結びついてきたことを「子ども期」の自覚化に結びつけて次のように指摘している。「16世紀になって、新しい画材が暦の中に登場する。それは子どもである。（…中略…）このようにして、一年の月々の続き絵に、女、隣人仲間、そして最後に子どもという具合に新たな人物が登場してくるのである。子どもはまだ正確には家庭生活とまではいかないにしても、身近な生活や一家団欒という、かつ

ては認識されていなかった欲求に結びつけられるのである。（…中略…）この暦は，一年の月の流れを人生の諸時期のそれに対比させつつも，人生の諸時期をひとつの家族史の相のもとに描写しているのである。すなわち，その家族を築いた夫婦の青年期，その子どもたちとともに展開する壮年期，老年期，そして死，それは信仰の中の死であると同時に，やはり伝統的な主題である義しき人の死であり，さらにまた一堂に会した家族に見守られての家長のそれでもある」。このように年齢段階は，歴史の中で家族意識や人口動態の変化に伴って，次第に自覚され，戸籍制度，保険制度，学校制度，結婚制度などの整備とともに次第に先鋭化し，知能指数の算定に見られるように，いつ生まれたかということが個人のアイデンティティにとって重要な指標になっている。

▶ **年齢段階と教育**　「人生における諸時期」についての自覚は，個人の年齢意識の深化と連動している。年齢意識の深化は，個人がどのような年齢集団に所属するかによっても刺激を受けるが，個人が人生の各段階を何歳で迎えるか，あるいはそれぞれの段階を何歳で通過するかということは通過儀礼の習俗に見られる。人の一生において年齢段階は，地縁や血縁，文化や民族による類別の基本的指標として，性差や世代関係，生物学的年齢に応じて区分され，その区分に即応した教育の分類がなされる。周産期の発達，乳児期・哺乳期・離乳期・歩行開始期・少年期を通しての養育と教育，家庭教育，学校教育，社内教育，社会教育，生涯教育などさまざまな分類の背景には，年齢段階が想定されることが多い。シュルツ（Schurtz, H.）の指摘にあるように，工業化以前の社会では，性差に応じて年齢段階が広義の社会教育の制度として機能する際，男子と女子の間の差異が顕著になる。それは，女子の場合には，妊娠・出産・子育てといった生物学的に規制されやすい役割のために家族や親族の体系に縛られやすく，社会的な志向性が弱められ，年齢集団や年齢段階の自覚

そのものが弱められたからである。これに対して男子の場合には，青年期（未婚）＝軍事，中年期（既婚）＝政治，老年（長老）＝祭儀というように，重要な社会的な役割と責任が年齢と世代の上昇とともに段階的に分担され，各段階を通底して厳しい年長序列があって，それがさまざまな通過儀礼や祭礼の場での承認儀礼などによって強調されることが多かった。工業化とともにこうした性差に基づく年齢段階ごとのかたい枠組みは崩れ，同時にまた，生物学的な年齢段階に要求される役割と，社会文化的に要求される役割との間の段差があらわになっているが，基本的には，人生段階の規準になるのは，多くの場合，生物学的年齢であって，その規準の上にその社会が理想とし，標準とする社会的な成熟の尺度と役割が加味されて表現される。ルソー（Roussau, J.-J.）における素朴な発達5段階説から，エリクソン（Erickson, E. H.）における発達8段階説にいたるまでの発達観に見られるように，歴史上のさまざまな子どもの発達観や教育思想の背景に，常に年齢意識や年齢段階意識が潜んでおり，また，公教育の「学齢」段階や「学年」制，「学級」組織の背景にも常にその社会や時代が要請する年齢と役割期待がはたらいている。

[参考文献] Schurtz, H., *Altersklassen und Mannerbunde*, 1902／Gillis, J. R. *Youth and History: Tradition and Change in European Age Relations, 1770-Present*, 1974, 1980（北本正章訳『〈若者〉の社会史──ヨーロッパにおける家族と年齢集団の変貌』新曜社 1985）／Ariès, Ph., *L'Enfant et la vie familiale sous l'ancien regime*, 1960; *The Centuries of Childhood──A Social History of Family Life*, 1962; *Geschichte der Kindheit*, 1975（杉山光信・恵美子訳『〈子供〉の誕生──アンシャン・レジーム期の子供と家族生活』みすず書房 1980）／Sears, E., *The Ages of Man: Medieval Interpretations of the Life Cycle*, 1986／Burrow, J. A., *The Ages of Man: A Study in Medieval Writing and Thought*, 1986／Macfarlane, A., *Love and Marriage in England, Modes of Reproduction, 1300-1840*, 1986（北本正章訳

『再生産の歴史人類学——1300年～1840年・英国の恋愛・結婚・家族戦略』勁草書房　1999）／Goodich, M. E. *From Birth to Old Age: The Human Life Cycle in Medieval Thought, 1250-1350*, 1989／Abbott, M. *Life Cycles in England, 1560-1720: Cradle to Grave*, 1996
[関連項目]　通過儀礼／発達／成人（大人）
（北本正章）

ノ

能　力
英 faculty, ability／独 Vermögen, Fähigkeit／仏 faculté, capacité

▶ **語義**　日本語における能力の語は，英語では faculty と ability の二つに対応する。これらは日常語としてはともに「事をなしうる力」を意味するが，心理学術語としては下位概念への区分の方法の違いに応じて異なっている。前者では記述的な方法が用いられ，後者では操作的な方法が用いられる。つまり，個々の能力は，前者においては「なすべき事」の側から演繹的に定義され，後者においては「なすべき事」がなされた後にそこから帰納的に定義される。後者は，知能検査や創造性検査の結果を，因子分析などの統計的手法によって分析することによって定義されるのである。したがって，歴史的には，個人差を量的に測定する知能検査とその結果を統計的に処理する因子分析の登場を契機として前者から後者へ移行したと考えられる。ゆえに実体概念である faculty から，関係概念である ability への移行として概念史を記述できる。教育学での用法もこの歴史的展開に対応している。能力という概念は教育学においては一般に知能や学力という概念に置きかえられて説明される傾向があり，体力や運動能力の位置づけが不十分であるのが現状である。

▶ **翻訳語としての「能力」**　日本語における

能力の概念は教育学においては，faculty の訳語から ability の訳語へと変化した。日本語での最初の用例は，1878（明治11）年，西周の『渓般氏心理学』のなかで faculty の訳語として用いられたものであると言われる。これは，ドイツ哲学の影響下にあった初期のアメリカ心理学の代表的教科書，ヘヴン（Haven, I.）『精神哲学』（mental philosophy, 1869）の翻訳である。この訳語が1881（明治14）年の『哲學字彙』で採用され，能力という概念が一般に定着することとなる。その時 ability は「力量」と訳されていた。後述する能力心理学的な意味での能力概念はすでにヘルバルト（Herbart, J. F.）の教育理論の受容以来，古い概念であると説明されていたが，faculty にあてられた能力の理論の時期がしばらく続いた後に，能力と ability の対応が成立するにいたる。たとえば城戸幡太郎編『教育学辞典』（昭和11年）の「能力」の項目においては ability の言語があてられ，faculty は古い概念とされている。文部省実験学校新教育用語研究委員会編『新教育用語辞典』（昭和24年）においても同様の区分が成されている。

▶ **faculty から ability へ**　能力を諸々の下位概念に区分する試みは古くからあった。power とも faculty とも訳されるギリシャ語のディナミス（Dynamis）に関して，プラトン（Platon）は，それがかかわる対象とそれが何を成しとげるかによって区分するといい，アリストテレス（Aristoteles）は理性的能力と非理性的能力とに区分する。このような記述的分類は近代に入ってヴォルフ（Wolff, Ch.）が能力心理学（Vermögenspsychologie）を樹立するにいたって完成されることとなる。ヴォルフによれば精神能力は認識能力と欲望能力とに二大別され，これらはそれぞれ高等と下等とに二分される。高等認識能力として，注意，反省，理解，推理，下等認識能力には感覚，記憶，想像があげられる。高等欲望能力として意志，下等欲望能力として快・不快，嫌悪，衝動がある。これらの諸

能力は実体として扱われた。ヴォルフの分類はテーテンス（Tetens, J. N.）の知情意三分説を経てカント（Kant, I.）に影響を与えた。ヘルバルトは，能力心理学が，心的過程の記述的な分類概念にすぎない能力を，実在と考えて説明概念として用いる点を批判し，表象相互の力学的関係から心を統一的に説明しようとする表象力学説を唱えた。そこでは数学の利用が主張されたが，いまだそれは実験的測定や統計的処理と結びついたものではなかった。能力の分析に実験的・統計的手法をはじめて用いたのはゴールトン（Galton, S. F.）である。彼は質問紙や計測器具による測定方法を開発し，また統計的方法によって能力の遺伝を証明しようとした。能力という語に関してゴールトンでは faculty が用いられているが，このことが意味するのは，統計的処理に先だって能力区分の枠組みが設定されていたということであり，能力の経験的分析の萌芽ではあるが，操作的に定義されるものとしての能力概念ではなかったということであろう。1905 年ビネー（Binet, A.）が知能検査を開発した。知能検査は多数の被験者に実施された後それを標準化したものである。ここには未だ能力の下位概念への分析というねらいはないが，精神年齢と暦年齢で定義される知能指数によって個人差が数量的に示されるにいたった。1920 年代以降，ability としての能力概念が成立するが，これは知能検査に加えてそれを統計的に処理する手法が完成したことを意味する。これによって能力の操作的な定義の試みがあらわれる。ゴールトンの著作から示唆を得たスピアマン（Spearman, C. E.）は，学科成績と感覚的弁別との相関の研究から，能力を，すべての作業に共通な一般因子（G）と，それぞれの作業に特有な特殊因子（S）とに二分した。この考えによれば G は一つで S は無数にある。サーストン（Thurstone, L. L.）は，因子分析の手法を開発して，知能成分を言語，語の流暢，記憶，数，空間，推理，知覚の 7 因子に分析した。1958 年ギルフォード（Guilford, J. P.）は，

知能との間に統計上の相関関係をあまりもたない能力として創造性（creativity）を析出し，そのために創造性検査を作った。

▶ 能力主義　　日本語で当初「力量」と訳されていた ability が faculty に代わって能力の対応語とされるにいたった事実は，数量的差異によって示される能力概念が一般化したことをあらわしている。そしてさらに能力という語がもはや翻訳語と意識されなくなった 1960 年代には能力主義という概念が登場する。この概念は欧語の meritocracy に相当する概念としてしばしば説明される。したがってそれは faculty でも ability でもなく「業績」（merit）としての能力概念である。能力主義とは，世襲的な帰属による社会的地位決定にかわって，能力（業績）を地位決定の要因とすることである。しかし，1960 年代末のヤング（Young, M.）を先駆として，欧米において，メリトクラシーに対する社会学的批判が行われている。ブルデュー（Bourdieu, P.）をはじめとする文化的再生産理論は，能力主義が純粋に能力に対する評価だけによって地位の配分を行っているとはかぎらず，そこでは文化に対する評価が暗黙のうちに含まれているため，地位の世代間再生産が生じていると指摘する。1960 年代以降展開する能力主義をめぐる日本の状況は，欧米のメリトクラシーに比して独自なものである。それは，日本の能力主義が当初から単に帰属原理に対する批判としてのみならず，画一主義に対する批判としての課題ももっていたからである。そのため戦後日本の教育学の主要な課題を成してきた能力主義政策批判は，一方で近代に固有の業績原理を前近代的な帰属原理に対置して積極的に評価しつつ，同時にそこから派生した競争主義的な教育政策を批判するという困難な課題であった。

［参考文献］ Bourdieu, P. et Passeron, J.-C., *La reproduction*, Paris 1970（宮島喬訳『再生産』藤原書店　1991）／アリストテレス『形而上学』岩波書店　1961／今田恵『心理学史』岩波書店 1962／黒崎勲『現代日本の教育と能力主義――

共通教育から新しい多様化へ』岩波書店　1995
／プラトン『国家』岩波書店　1979／竹内洋
『日本のメリトクラシー──構造と心性』東京
大学出版会　1995

［関連項目］　学力／教育心理学／再生産論／知
能　　　　　　　　　　　　　　　　（上原秀一）

ノール

(Hermann Nohl, 1879-1960)

▶ 生涯　　ベルリンでギムナジウム教師
の子として生まれる。ベルリン大学でパウル
ゼン (Paulsen, F.), 後にディルタイ (Dil-
they, W. 1833-1911) のもとで哲学を学び，
論文『ソクラテスと倫理学』によって学位を
取得，ディルタイの助手を務める。イエナ大
学私講師のときに第一次世界大戦に従軍し，
そこでドイツ国民の精神的危機を体験したこ
とから，帰還後危機克服の方途を教育に求め，
教育学に転換する。この時期，イエナに社会
教育のための「民衆大学」を組織し自らも指
導にあたっている。1920 年ゲッティンゲン
大学に招聘され，1922 年新設された教育学
講座の正教授となる。このポストはプロイセ
ンではじめてのものであり，教育学がアカデ
ミズムの場で自立した地位を占める嚆矢とな
った。ノール学派と呼ばれる多くの弟子たち
を育成し，教師養成機関を始めとしたさまざ
まな分野での彼らの活動を通してドイツの教
育界に大きな影響を及ぼした。しかし 1937
年彼の教育学の自由主義的性格がナチス政権
に忌避されるところとなり，講壇を追われる。
1945 年再び正教授として復帰した後，1953
年まで教授活動を行い，1960 年に没す。

▶ 思想　　［教育現実の解釈学］　ノール
はディルタイの生の解釈学に倣い，教育的生
の事実すなわち教育現実の解釈をその教育学
の出発点とする。教育現実には，教育に関わ
る個人の意識や行為の体験から，組織や制度，
理論として歴史的に表出され結晶化されたも
のまでが包含されており，解釈され，意味づ
けられねばならないテクストと見なされる。
教育学の理論にとってとりわけ有意味なのは，

歴史的に客観化されたテクストであり，そこ
から教育固有の本質，法則，構造，さらに教
育理念の連続的発展性が汲み取られるのであ
る。これらの歴史のなかで保持され続けてき
たもののみが，目下の実践を教育的に判定し，
将来の実践を方向づける機能を果たすとされ
る。

　［教育運動とその理論］　ノールは「教育現
実の解釈学」を自らがその渦中にあったドイ
ツの新教育運動に適用する。個別的にまた多
様に展開されていた当時の改革教育運動に共
通の基盤を見いだし，それを理論化しようと
する彼の試みは，主著『ドイツにおける教育
運動とその理論』(1935 年) において結実す
る。テクストとしての教育運動の解釈から抽
出されるのは，教育学は客観的課題への奉仕
から子どもの主観的生命性の尊重へと歴史的
に転換することによって固有の本質とエネル
ギーを獲得した，しかし主観の生命性はその
表現である客観的形式を受容することによっ
てのみ達成される，という両極的構造である。
したがって教育学は，一方で客観的なもの
（文化）の教育に対する要求を受容し，同時
に他方でそれが主観（子ども）の成長と発達
にとっていかなる意味をもちうるのか，絶え
ず問い直さねばならない。教育をとりまく客
観的な文化や社会的諸勢力と批判的に対峙し
うる基準を教育学が保持することは，教育学
の自律と解放の過程として捉えられる。

▶ ノール教育学の意義　　学としての教育学
の成立過程において，ノールはディルタイの
直系として，精神科学的教育学をその対象，
方法，視点の独自性に基づいて確立した。ま
た，実践的教育学の領域でも，成熟した大人
が未成熟の子どものために「愛と権威」をも
ってとり結ぶ「教育的関係」の理論を，青少
年活動，青少年更生施設の教育にまで拡張し
たことから，彼は「社会的教育学の父祖」と
も称せられる。1920 年代から 1960 年代まで
のドイツ教育学に占めるノール教育学の位置
はきわめて大きい。このような評価は，ノー
ル自身が彼の教育学によってめざしたことと

合致し，実現された彼の意図の意義づけと見なされる。他方，彼自身が意図しなかった作用も見落とされえない。ノールは教育運動の体系的理論化をめざすが，それは同時に多方向に充溢する改革エネルギーの沈静化でもあった。このような冷却作用は，まったくの「子どもからの教育」を批判し，主観のバランサーとして客観的なものを対置する彼の「文化教育学」的立場からも見てとれる。同時に教育運動の理論化は，輪郭の不明瞭な改革への志向に統一性を付与し，「改革教育（Reform-pädagogik）」として再構成することによって，それをドイツ教育史の確固たる遺産に同列化する機能をも果たした。以後の「改革教育」研究の多くは，ノールの構成を継承するにせよ批判するにせよ，起点とすることとなった。さらに，「ドイツ的精神」「民族共同体」といったノール教育学の諸概念がナチズムのスローガンとの親近性を示すことによって，改革教育運動とナチズム教育とを意図せず架橋するノールの姿が浮かび上がってくるが，ナチズムとノールの関係については現在なお論議が継続している。

［参考文献］ Blochmann, E., *Hermann Nohl 1897-1960*, Göttingen 1969／Nohl, H., *Die pädagogische Bewegung in Deutschland und ihre Theorie*, Frankfurt a. M. 1933, 1935（平野正久ほか著訳『ドイツの新教育運動』明治図書 1987）／林忠幸「H. ノール」天野正治編『現代に生きる教育思想5』ぎょうせい 1982

（坂越正樹）

野村芳兵衛

（のむら よしべえ，1896-1986）

大正・昭和時代の教育者であり，大正新教育・生活綴方運動の運動家。岐阜県の農家に生まれ，1918（大正7）年に岐阜県師範学校を卒業，母校の附属小学校訓導を経て，翌年岐阜県女子師範学校附属小学校訓導となる。教育雑誌に投稿した教育意見が，「教育の世紀社」同人の志垣寛の眼にとまり，同氏の推薦により1924年に池袋児童の村小学校の訓導となった。同校は，校長野口援太郎の自宅で開校された当初，教室や教育課程，教師，時間割などをいっさい定めない徹底した自由教育を行っていたが，やがて野村は新しい生活教育の形態を創造していく中心人物となった。野村は，教職意識を捨てて「同行者」として教師と子どもが学び合うという教育観を見いだし，学校や学級を社会組織や家庭に見立てた「協働自治」を提唱した。「協働自治」に満ちた社会，すなわち「協働体社会」を具現化するための彼の生活教育は，人間の本態を「吾と彼とを共に救うてくれる宇宙内在の命」と考える生命論に基礎づけられていた。このような野村の生活教育思想は，幼児期からの浄土真宗信仰による仏教思想が基盤にあると言われてきたが，最近の研究ではその非教団主義的性格に加え，西洋の教育思想およびキリスト教哲学との近似性が指摘されている。野村の思想形成過程を実証的に明らかにすることにより，その思想構造の解明が待たれる。

1928（昭和3）年の『教育時論』誌上における啓明会第二次宣言の評価をめぐる青年教育家たちとの論争を皮切りに，日本教育労働者組合結成を目指した教師たちと「教育の政治化問題論争」を繰り広げた。1929年に創刊された雑誌『綴方生活』の編集に参加，1935年1月には池袋児童の村小学校の機関誌『生活学校』を創刊した。1930年代の教育課題に対して民間教育運動の立場から発信された野村の思想と実践理論が，教育界に与えた影響は大きい。戦後は故郷の岐阜に戻り，岐阜市の公立小学校長，岐阜大学附属中学校主事，聖徳学園女子短期大学教授などを務めた。晩年には，幼児教育の理論と実践の研究に力を注いだ。主要な著作は『野村芳兵衛著作集』全8巻に収められている。

［参考文献］『野村芳兵衛著作集』黎明書房 1973-1974／中野光『大正デモクラシーと教育』新評論 1977／民間教育史料研究会編『教育の世紀社の総合的研究』一光社 1984／橋本美保・田中智志「「協働自治」に向かうカリキュラム──野村芳兵衛の生活教育論」田中智志・

橋本美保『プロジェクト活動——知と生を結ぶ学び』東京大学出版会　2012／木下慎「野村芳兵衛の教育思想——愛と功利の生活教育」橋本美保・田中智志編著『大正新教育の思想——生命の躍動』東信堂　2015
[**関連項目**]　大正新教育　　　　　（橋本美保）

八

ハーバーマス

（Jürgen Habermas, 1929-　　）

▶ 経歴　1929年，ドイツ連邦共和国の
デュッセルドルフに生まれる。1949年以降，
ゲッティンゲン，チューリヒ，ボンの各大学
でドイツ文学，心理学，社会学，哲学を修め，
1954年，「絶対者と歴史──シェリングの思
想における分裂について」と題される博士論
文をボン大学のロータッカー（Rothacker,
E.）に提出。1956年にはフランクフルト社
会研究所の助手となる。1962年，マールブ
ルク大学のアーベントロート（Abendroth,
W.）のもとに教授資格請求論文「公共性の
構造転換」を提出後，ハイデルベルク大学に
招かれ，1964年にはフランクフルト大学に
移る。1971年からは，ミュンヘン郊外のシ
ュタルンベルク湖畔にある，科学技術の世界
における生活条件の研究を目的とするマック
ス・プランク研究所の所長となる。1981年，
その思想の一応の集大成とも呼べる大著『コ
ミュニケイション的行為の理論』を発表。
1982年以降はふたたびフランクフルトに戻
り，哲学・社会学のホルクハイマー記念講座
の教授を務めている。

▶ 思想の内容　ハーバーマスは，いわゆる
フランクフルト学派の第二世代に属し，現代
ドイツを代表する哲学者である。公共の場で
の論争を通してたえず自らの思想を吟味しつ
つ深めてゆく姿勢に，彼の思想家としての特
質が認められる。

　その思想形成の出発点は，ドイツ古典哲学
とマルクス（Marx, K.）の実践的な意図に立
つ歴史哲学を批判的に取り入れ，社会の批判
理論の構築を目指すことにあった。1960年
代，ガーダマー（Gadamer, H.-G.）との解釈

学論争，アルバート（Albert, H.）との実証
主義論争などを通して，言語性の観念論や技
術的合理性に限定されない包括的な科学論と
社会理論を追究。この時期の構想では，認識
を導く関心の3区分（技術的，実践的，解放
的関心）や，社会連関が複雑化した今日では
労働が必ずしも主体の解放をもたらさないと
いう洞察から導かれた〈労働と相互行為〉と
いう対概念がよく知られている。

　1960年代末より，ホルクハイマー（Hork-
heimer, M.），アドルノ（Adorno, T. W.）ら
に代表される学派の第一世代から距離を取り
始める。前期批判理論が結局は意識哲学の枠
組みを脱しえなかったのに対し，ハーバー
マスは，英米の言語哲学において提起された言
語行為論を自らの思想に摂取，批判理論のコ
ミュニケーション論的転回を図ることになる。

　主著『コミュニケイション的行為の理論』
では，文化的価値諸領域（科学，法＝道徳，
芸術）とそれに対応する合理性の各基準（真
理性，正当性，誠実性）が分化してくる過程
として，近代化を捉える。また，近代社会を
生活世界とシステムという二重位相で捉え，
科学的ないしシステム的な合理性のみが生活
世界をも支配する点に，近代社会の病理の根
源を見出した。このような事態に対し，ハー
バーマスは，各合理性の同等な相互媒介を可
能にするコミュニケーション的行為（各合理
性について対話者が掲げあう妥当要求を──
必要とあればメタコミュニケーションである
ディスクルスにおいて──相互に承認しあう
ことで成立する，言語に媒介された相互行
為）のモデルを提示する。このモデルにおい
て，他者との共存の要件である，相互行為を
正当に方向づける規範的な力が生み出される
起源が明示された（なお，この点に関して，
ハーバーマスは，規範の問題を扱えないルー
マンのシステム理論を一貫して批判する）。

　1980年代中葉以降は，ヘンリッヒ（Hen-
rich, D.）との形而上学論争，リオタール
（Lyotard, J. F.），フーコー（Foucault, M.），
ローティ（Rorty, R.），デリダ（Derrida, J.）

などに向けられたポストモダン論争，ナチズム支配に対する新保守主義的知識人の態度をめぐってノルテ（Nolte, E.）らと交わされた歴史家論争などを通して，近代の規範的内容を全面的に放棄する立場を批判しつつ，理性による啓蒙の理念の可能性を探究するとともに，現代資本主義の政治的正当化形式と対決している。

▶ **教育学への影響**　ハーバーマスの理論は，1970年代前半，当時の西ドイツを席捲した批判的教育学（ないしは解放的教育学）の出現を促し，授業における教師と生徒の間のコミュニケーション分析というミクロなレベルから，教育改革とその理論的基礎づけというマクロなレベルにいたるまで，幅広い受容を見た。

方法論的に見ると，批判的教育学は，ハーバーマスの提議した「認識を主導する関心」の3類型にもとづいて，当時の教育学界において対抗する関係にあった他の二つの立場——精神科学的教育学と経験科学的教育学——を，ともにイデオロギーの再生産に加担するものとして批判した。その上で，教育および教育理論と，経済的，社会的，政治的，文化的構造や社会の歴史的発展過程との関係を主題化し，自己決定と共同決定，あるいは支配的諸関係からの解放を理念とする教育理論を展開した。クラフキー（Klafki, W.）は，イデオロギー批判という方法を中心に精神科学的および経験科学的な立場の統合を試みている。

また，教育における解放という理念に関して，ハーバーマスの論文「コミュニケイション的能力のための予備的考察」（1971）——ディスクルスを通して行為の合理性を議論し，それによって確立された規範に従って行為する主体の能力をコミュニケーション能力として定式化したもの——は，従来の教育学に見られた実質的な教育目標規定に代えて，コミュニケーション能力の獲得を可能にする教育的関係の確立自体を教育目標として規定するための理論の基礎を提供した（これについて

は Mollenhauer 1972 を参照）。

批判的教育学が主導した教育改革が，政治的，社会的等々の要因のために挫折した1970年代後半以降は，とくにハーバーマスの理論に依拠した教育学の立場は現れていない。このことはまた，科学の社会批判的性格という批判理論の主張が常識として浸透したことの裏返しでもある。

1980年代後半になると，ポストモダンの思想による根底的な近代批判や理性批判を受けて，近代教育学が前提としてきた理性による啓蒙や主体の形成という基本的な考え方にも懐疑の目が向けられてくる。そのようななかで，合理性概念を分節化して吟味し，近代を否定し去るのではなく，いわば別の近代のあり方を追究するハーバーマスの思想は，教育学という営為の基底自体を再検討するレベルにおいて，今日再びその意義が注目されている。

[**参考文献**]　Masschelein, J., *Kommunikatives Handeln und pädagogisches Handeln*, Weinheim 1991／Mollenhauer, K., *Theorien zum Erziehungsprozeß*, München 1972／ハーバーマス（奥山次良ほか訳）『認識と関心』未来社1981／ハーバーマス（佐藤嘉一ほか訳）『批判理論と社会システム理論』全2巻，木鐸社1984，1986／ハーバーマス（細谷貞雄訳）『晩期資本主義における正統化の諸問題』岩波書店1979／ハーバーマス（川上倫逸ほか訳）『コミュニケイション的行為の理論』全3巻，未来社1985-87／クラフキー（小笠原道雄監訳）『批判的・構成的教育科学』黎明書房　1984

（野平慎二）

ハイデガー
（Martin Heidegger, 1889-1976）

20世紀ドイツの哲学者。南ドイツのバーデン州メスキルヒに生まれ，フライブルク大学やマールブルク大学で教鞭をとる。主著『存在と時間』（1927）は後の人文諸科学に多大な影響を与えた未完の大著。

▶ **思　想**　存在者から区別された「存在」（Sein）を主題とする存在論（Ontologie）を提唱。『存在と時間』においてはディルタイ

（Dilthey, W.）の解釈学やフッサール（Husserl, E.）の現象学を存在論の方法原理として独自に発展させ、「存在の意味」の探求の前提となる基礎存在論——すなわち存在理解をもつ存在者としての人間＝現存在（Dasein）の分析論——に取り組む。だがこれは主体としての人間の実存に重きをおいた実存主義の思想として解釈されることも多かった。このため1930年代後半以降には、生前未刊行の草稿『哲学への寄与論稿』（1989）などを出発点として、存在がみずからを覆い隠しながら立ち現われる「存在の真理」へと向かう思索に取り組み、存在の歴史としての西洋形而上学の歴史の再解釈や、真理の生成としての芸術作品の釈義にも力を注いだ。

▶ **教育学への影響**　ハイデガーの思想から大小の影響をこうむった教育思想は多くあるが、直接に深い影響を受けたものにかぎってみれば、おもに二つの観点から整理することができる。第一に、もっぱら『存在と時間』周辺における実存論的分析論を典拠として、ハイデガー哲学の実存主義的‐人間学的側面を強調することで、ここから人間形成の理論への示唆を得ようとするもの。例えば、実存主義の思想にもとづいて教育学の射程を拡張するべきことを説くと同時に、絶望や不安に重きをおいた実存主義の限界を明らかにして希望や被護性の重要性を唱えた、ボルノウ（Bollnow, O. F.）による人間学的教育学などがこれにあたる。第二に、存在の意味や真理への探求というハイデガー哲学本来の趣旨を受け継ぎながら、主体としての人間の形成を課題とする近現代の教育／教育学が人間を含めたあらゆる存在者の搾取と疎外に加担しているという問題を浮かびあがらせ、存在忘却のニヒリズムと人間中心主義を克服するべく存在論の思索を範とする新たな教育／教育学を構想しようとするもの。あらゆる存在者を「人間形成の原材料」とみなす教育／教育学の伝統を転換するべく、「我々ではないもの」の代弁者・擁護者・仲介者であることとしての人間性あるいは没我性の実現を教育の課題

に掲げた、バラウフ（Ballauff, Th.）の思想がこの筆頭にあげられる。

［参考文献］　Ballauff, Th., *Systematische Pädagogik: eine Grundlegung*, Heidelberg 1962／ハイデッガー『ハイデッガー全集』創文社 1985-／ボルノー（浜田正秀訳）『人間学的に見た教育学』玉川大学出版部 1969
［関連項目］　解釈学／現象学／実存主義／ボルノウ　　　　　　　　　　　　　　　　（井谷信彦）

バウハウス

独 Bauhaus

バウハウスは、第一次大戦後の混乱の続く1919年、建築家グロピウス（Gropius, W.）のイニシアティヴによってドイツのワイマールに設立された州立の美術大学である。グロピウスは建築を頂点とした諸芸術の統合をめざし、美術と手仕事、美術と工業技術の結合をバウハウスにおいて実現しようとした。前者はバウハウス教育の柱となる工房での教育に結実し、後者は工場生産向けにプロトタイプを発案する工業デザインの考え方に結実していく。バウハウスは1925年にはデッサウへ、1932年にはベルリンへと校舎を移して活動を続けるが、1933年、ナチス政権の圧迫によって閉鎖に追い込まれた。このように活動期間は短かったものの、バウハウスは装飾を排し機能に徹した「モダン」な建築様式の発祥の地となった。またそれだけでなく、クレー（Klee, P.）、カンディンスキー（Kandinsky, W.）をはじめ20世紀を代表する芸術家を教授陣に擁し、様々な工房での実験的な試みによってその後に大きな影響を与えた。その範囲は、絵画や写真から家具やタイポグラフィにまで及ぶ。教育もまた影響を受けた領域の一つと言える。

バウハウス教育の影響は、美術家、建築家、デザイナーなどの職業的な養成教育にとどまらない。とりわけイッテン（Itten, J.）が主導した予備課程での教育は普通学校の美術教育にも影響を与えた。予備課程は、工房教育に先立って全員が履修する半期のコースであり、その目的は、学生たちを因習的な知覚様

式から解放すること，そして造形の初歩を学生たちに理解させることにあった。この両者，つまり因習からの解放と造形法則の教授を，素材との関わりを通して同時に実現しようとした点にイッテンの予備課程の特徴を見ることができる。

イッテンの予備課程を支えた思想的基盤として，子どもの自発性や創造性を重視する新教育の教育思想の存在が指摘される（Wick 1982）。これに対して，イッテンを引き継いで1925年から予備課程を担当したモホイ＝ナジ（Moholy-Nagy, L.）の実践には，新教育の枠に収まらない要素が多く見られる。イッテンが制作において個々の学生の個性的・独創的表現を重視したのに対して，モホイが重視したのは知覚経験の共有を可能にするための媒介物としての作品の制作であり，コミュニケーションを可能にするためのメディアの構築という意味では，芸術的な活動と教育的な活動とはモホイにとって一体であった（今井 2015）。芸術と教育との相互浸透によるこうした教育概念の変容はバウハウスが教育にもたらした重要な貢献であり，思想史的な観点からさらに解明される必要があろう。

[参考文献] 今井康雄「バウハウスの教育思想・試論──イッテンとモホイ＝ナジ」『メディア・美・教育──現代ドイツ教育思想史の試み』東京大学出版会　2015，201-237／鈴木幹雄『ドイツにおける芸術教育学成立過程の研究』風間書房　2001／利光功『バウハウス──歴史と理念』美術出版社　1988／Wick, R. K., *Bauhaus-Pädagogik*, Köln, 1982

[関連項目] 芸術／新教育　　　（今井康雄）

バゼドウ

(Johann Bernhard Basedow, 1724-1790)

▶ **教育改革家としての出発**　　1770年代のドイツでは，中産的生産者や上層農民の階層が啓蒙主義の時代思潮に乗って，領邦的な絶対主義の身分制を打破し，重商主義・初期ブルジョワ国家を目指すべく新しい国民教育を求めていた。このとき，バゼドウが登場し，博愛平等と児童愛護の汎愛主義により学校教育を改革しようとした。

1724年，ハンブルクに貧しいかつら作り師の子として生まれた。ギムナジウム時代にヴォルフ（Wolff, C.）の啓蒙主義などを学び，46年にライプツィヒ大学神学部に進んだ。大学は途中で止め，48年には名門貴族の家庭教師となり，独特の教育方法を試み奏功した。これをまとめて，52年にキール大学から直観教授によるラテン語教授法に関する研究で学位を得た。

翌年，デンマークのソレーのリッター・アカデミーで道徳と雄弁術，後に神学の教授を務め，61年にアルトナのギムナジウムで宗教を教えたが，その方法論を巡り教会権力と対立して，68年には同校を去った。バゼドウが自己の教育改革論を展開したのはこれ以降である。

▶ **学校制度改革論**　　学校制度改革論として『博愛家および資産家に対する提言──学校と学問機関ならびにそれらの公共の福祉へ与える影響について』を著した。それによると，初等学校は重商主義下の階層を背景に，民衆子弟のための無償の「多数学校」と貴族や有産市民の子弟のための有償の「少数学校」の二つが用意される。「少数学校」から学問を志す者は，ギムナジウム，アカデミー（大学）へと進む。

どの学校・学問機関も教会の支配から解放し，国家の新たな学務委員会により管理されるべきである。それは，国家の福祉が国民の幸福と不可分であり，国民の幸福が国家の責任ある教育に依存しなければならないからだ。その教育は有効な教科書と有能な教師によって行われるので，教科書出版と教師養成が焦眉の急となる。こうした提言は反響を呼んだ。

『提言』に即して，まず1770年に教科書の使用法を示した『家庭および国民の父母に対する方法書』が，74年には改訂を重ねて子どもやその親・家庭教師用の『基礎教科書』全4巻が刊行された。とくに，『基礎教科書』は，100枚の銅版画で示される具体的な事項と道徳・自然・社会などにおける国民として

の有益で必要な知識で編集され，当時の評価はすこぶる高かった。コメニウス（Comenius, J. A.）以来初のさし絵入りの教科書とあって，ドイツの上流・中流の各家庭に備えられたほどである。

▶ **汎愛学舎**　次の急務は，『基礎教科書』を使いこなせる教師をどう養成するかであった。1774年，それに応えてベルリン南方のデッサウに汎愛学舎（Philanthropinum）を創設。

学校は，開校寄付金も思うように集まらず，バゼドウ自身の子ども2人を含むわずか3人で生徒も集まらず寂しく出発した。その後も生徒はあまり入学して来なかったため，バゼドウは76年5月に公開授業を敢行した。そのとき，彼が自分の娘エミールをうまく使って，ラテン語・フランス語授業を会話風に遊戯的に展開したので，授業は成功を収めた。教授法の新鮮さが好評を博して，生徒数も増えた。教科は有用性を基準にして，フランス・ドイツ語，博物，地理，数学，ダンス，労働など近代語や実科を内容とした。しかし，学校は世の人々には自分の子どもに知識を効果的に教授する程度しか評価されず，学校改革の先駆的例にはなりえなかった。

バゼドウは仕方なく，76年12月に教師養成を主眼とする汎愛学舎を一度閉じ，学校を「デッサウ教育・寄宿学校」と命名して存続させることにした。学校経営権はカンペ（Campe, J. H.）に委ね，彼の経営的手腕により学校は大学進学向けの予備教育を主目的にして好転した。バゼドウは一教師，後ふたたび校長としてしばし留まったが，他の教師らとの確執が深まり，78年についに退いた。学校は多くの教師の入れ代りと教会からの激しい攻勢のため，93年に閉鎖された。

▶ **影響・位置づけ**　汎愛学舎はルソー（Rousseau, J.-J.）のいう子どもの自然＝自発性に従い，人間愛に基づくことを標語に掲げて始まったが，永続せず成功しなかった。だが，バゼドウが学校改革を論じ，コメニウスやロック（Locke, J.）以来の，実物や標本・

模型などにより楽しくという直観的・遊戯的方法を実際に試みた点は大きな影響を残した。

たとえば，プロイセンの高等宗務局長ツェドリッツ（Zedlitz, K. A. von）は彼の学校改革論を傾聴した。デッサウ汎愛学舎でかつて指導したカンペはハンブルクに，ザルツマンもシュネップフェンタールに別に汎愛学舎を開いた。トラップ（Trapp, E. C.）は1779年，汎愛学舎での教育体験を基にハレ大学でプロイセン史上初の教育学正教授となった。ロホョウ（Rochow, F. E. von）は73年にレカーンに類似の学校を農民向けに設けた。このように，バゼドウは汎愛派の礎を築いたといえる。

半面，彼の学校改革論は興隆途上の有産市民階級とその国家に対して希望を抱かせたが，現実の絶対主義国家に対しては理想論と化した。86年にプロイセンで新設された学務委員会が90年，わずか5年間で反動勢力によって葬り去られたのはその好例であろう。

［**参考文献**］Herrmann, U., "Basedow", Scheuerl, H. (Hrsg.), *Klassiker der Pädagogik, I*, München 1979／バゼドウ・トラップ（金子茂訳）『国家と教育』明治図書　1969／石井正司『民衆教育と国民教育』福村出版　1970　　（関川悦雄）

パトス／ロゴス

希 *πάθος*／*λόγος*

これら二つのギリシャ語はもともと日常的な言葉であり，パトスは「苦しみ」，ロゴスは「言葉」といった意味を持っていた。しかし紀元前6世紀前半になると，両者はまったく異なった分野でキーワードとなった。

アイスキュロス（Aischylos）の悲劇『アガメムノン』176-178行では，ゼウスが人間に対して「パトス（苦しみ）を通じて学ぶ」という法を課したと言われている。死すべき存在としての人間は，苦しみを通じてしか学ぶことができない。アイスキュロスの悲劇は，この残酷な現実をまざまざと示していた。

他方，ロゴスは，ほぼ同時期に書かれたパルメニデス（Parmenides）の詩の中で重要

な意味を獲得する。そこでは，存在を開示する真理の女神の言葉として，「ロゴスによって判断し（分かち）なさい」という表現が出てくる。死すべき人間の世界を超えた永遠の存在の領域は，ロゴスによって開示される。後の時代における形而上学と論理学が，ここでは原初的なしかたで織り成されていた。

パトスとロゴスの対立は，プラトン（Platon）において定型化した。『国家』第4巻において，プラトンは人間の魂を三つの部分に分けた。ロゴスを有する理性的な部分，怒りに関係する気概の部分，そして様々な欲望の元である欲望的部分である。その際，パトスは理性以外の部分，とりわけ欲望的部分に割り当てられた。この部分は，まさに不条理な部分であり，ソフィストやデマゴーグはこの部分に働きかけ，様々な感情（パトス）に訴えることで大衆を扇動する。だからこそ，欲望は理性によって，パトスはロゴスによって支配されなければならないのである。このことは，理想の国家から悲劇作家とソフィストが追放されたことと通底している。

もっとも，プラトンのパトス論には，例外もある。『饗宴』において論じられたエロスである。ここでエロスは，美のイデアを希求する人間の根源的情動（パトス）として描かれている。

とはいえ，理性対欲望，ロゴス対パトスという二元論が歴史の中で強まっていくにつれ，エロスの位相は希薄になった。結果として，アパテイア（パトスの不在）を究極の理想とする思想がストア哲学において確立された。

パトスに対するロゴスの優先は，傾向として現代に至るまで続いている。このことは，教育（思想）の世界においても，例外ではない。ゲーテ（Goethe）のファウスト博士ならずとも，大学の講義の陰鬱な雰囲気に幻滅し，「感情がすべてだ」とうそぶきたくなるわけである（『ファウスト』第1部3456行以下）。とはいえ，ロゴスとパトスの根本的な関係を再構築しないかぎりは，ロゴスに対するパトス的反動（ロマン主義・実存主義）こ

そあれ，事態は変わらないだろう。この再構築の試みの足がかりは，ハイデガー（Heidegger, M.）の『存在と時間』におけるStimmung（気分）論にあるかもしれない。また，プラトン『国家』の批判的・創造（想像）的読み直しも必要になるだろう。

[参考文献] プラトン（藤沢令夫訳）『国家』岩波文庫 1979
[関連項目] プラトン／理性 （加藤守通）

バトラー

（Judith Butler, 1956-　　　）

▶ 経歴　カリフォルニア大学バークレー校教授。1984年，イェール大学にて博士号を取得。テーマはフランスにおけるヘーゲル哲学受容と影響関係についてであり，後に『欲望の主体』（1987）として出版されている。その後のバトラーの仕事は，精神分析，フェミニズム，ポスト構造主義などの諸理論を駆使しつつ，後述のようにアイデンティティと主体形成の連関の解明から政治への関与，映画や文学など表象作品へのアプローチなど多岐にわたる。

▶ 位置づけと影響　1990年に世に出た著作『ジェンダー・トラブル』は，その後のフェミニズムやジェンダー研究を大きく塗り替え，社会学・政治学・哲学等多方面に影響を与えた。その要点は，ジェンダーのみならず，セックスやセクシュアリティまでもが社会的構築物であることを明瞭に指摘したことにある。バトラーにとってジェンダー・アイデンティティは自然なものではなく，社会によって構築され維持されている言説の産物である。それゆえバトラーは，ジェンダーの二分法を行為（perform）しながらその意味の範囲をずらす行為遂行性（performativity）概念に可能性を見出す。精神分析とフーコーの言説理論を駆使しつつジェンダーの二分法を徹底的に解体してみせた本書は，それ以降の彼女の批評的な立ち位置を十二分に示している。ジェンダーの系譜学ともいえる上記テーマは，『問題なのは身体だ』（1993）における身体が

「所与の物質」とみなされていくプロセスの検討，および『権力の心的な生』（1997）における権力による主体形成分析などの仕事にも引き継がれる。またヘイトスピーチなどを扱った『触発する言葉』（1997）では，本質主義を否定した先にある政治運動と解放の可能性について検討がなされ，アイデンティティを纏う所与の存在としての「主体」に代わり，引用の動作主としての行為体（agency）概念が提示されている。さらに『ジェンダー・トラブル』では扱われなかったトランスジェンダーやインターセックス，セクシュアル・マイノリティが直面する同性婚といったテーマを扱いつつ，社会的規範の強制力のもとで個人の生存可能性を問う『ジェンダーをほどく』（2004）や，権力によって基礎づけられた主体の責任の可能性を問う『自分自身を説明すること』（2005）などでは，主体と規範の関係，および倫理のテーマが色濃く打ち出されている。

［参考文献］　Butler, J., *Subjects of Desire*, 1987／Butler, J., *Gender Trouble* 1990（竹村和子訳『ジェンダー・トラブル』青土社　1999）／Butler, J., *Excitable Speech* 1997（竹村和子訳『触発する言葉』岩波書店　2004）／Butler, J., *Giving an Account of Oneself* 2005（佐藤嘉幸他訳『自分自身を説明すること』月曜社 2008）

［関連項目］　ジェンダー／性／フェミニズム／フーコー　　　　　　　　　　（奥野佐矢子）

発　達

英 development／独 Entwicklung／仏 développement

▶　**語　義**　development はフランス語の développement が英語に移植されたものであり，ドイツ語の Entwicklung と同じく，語源的には巻物を拡げるように，内にもともと存在するものをあらわにするという意味をもっている。このことばのもつ前成的含意は，進化（evolution）にも共通しており，いまでは種や社会レヴェルの変化をさす進化ももともとは個体の発生を記述するのに用いられ

た。胚のなかに完全なかたちで形成されている成体が包みを開くように展開するという発達の前成的観念をもっともよく具象化しているのは，蕾の開花のイメージであろう。古代ギリシャのペルセポネーにまつわる神話やコレー神信仰にみられるように，神話的世界において娘が女へと成長する過程は蕾の否定としての開花になぞらえられたが，女性の本質は蕾のなかにあらかじめ含まれていると考えられたのである。

古代ギリシャにはじまった哲学にとって，事物の生成・変化をいかなる論理でもって説明するかは基本的なテーマの一つであった。有機体の発達は偶然的な変化の累積にすぎぬものでなく，その目的が成体というかたちであらかじめ与えられていることに特徴がある。アナクサゴラス（Anaxagoras）やヒポクラテス（Hippokrates）派などの前成説論者はそうした発達のメカニズムを，微小な粒子が結合や分離を繰り返して量的に拡大する過程として機械論的に説明しえた。それに対して，アリストテレス（Aristoteles）は生物の発生に関するすぐれた観察にもとづいて，有機体の胚は成長するにしたがってつぎつぎと新しい器官を累加させるという後成説の観点を打ち出している。だが，発達は所与の目的に向かって進む過程だから，後成説はこの過程を論理的に説明するために，何らかの目的論的要因を持ち込まざるをえなかった。それゆえ，アリストテレスは発達の過程に，可能態としての幼形の諸段階が現実態としての完全な成体に向かって進行するという目的論的な説明を与えた。子どもの成長の目的はおとなに体現されている人間としての本質（形相）にほかならず，このことは子どものなかにその目的がはじめから内在していることによって可能になる，というのである。

▶　**前成説と後成説**　17，18 世紀のいわゆる古典主義の時代に，発達をめぐる議論を引き続き支配したのは前成説と後成説の論争であった。この論争は近代科学の勃興を背景に，主として発生学の領域で行われたが，当然に

哲学者の議論にも影響を及ぼすことになった。デカルト（Descartes, R.）は後成説と機械論哲学の統合を試みて、有機体の発生を時計の歯車の動きになぞらえたが、器官の形成を運動法則のみにもとづいて説明することはそもそも不可能であり、惨めな失敗に終わった。それ以来機械論哲学と結びついたのは、諸組織があらかじめ胚のなかに実在するものとし、成長をたんに諸組織の量的な増大の過程とみなす前成説であった。しかも、前成的な発達概念にもともと含意されていた目的論的性格は神学的教義とも両立しえた。マールブランシュ（Malebranche, N.）の「入れ子説」は有機体の完成された構造が受胎の瞬間ではなく、天地創造の時以来存在するとみなすことによって、聖書の原罪の記述に科学的な根拠を与えるものと受け取られた。同様にライプニッツ（Leibniz, G. W.）は生気的な力を仮定することなしに有機体の産出を説明するために、神の配置をあらわす胚の前成という観念をつけ加えた。それゆえ、ライプニッツにとって発達の概念は機械的なプロセスであるとともに、主体の持続という目的論的原理とも両立するものであった。17世紀に発明された顕微鏡は今日の水準からみてもきわめて精度の高いものであったと言われるが、レーウェンフック（Leeuwenhoek, A.）やマルピーギ（Malpighi, M.）らのいわゆる顕微鏡学者は、前成の観念によって導かれて、胚のなかに成体のミニチュアが実在することを観察しえたとして、前成説に科学的根拠を与えたのである。そして、ニュートン（Newton, I.）の機械論的世界観の勝利した18世紀は、ハラー（Haller, A.）やボネ（Bonnet, C.）などの有力な前成説論者を生み出すことになった。ジャコブ（Jacob, F.）は古典主義時代において、生物は眼に見える構造によってのみ認識されたから、機械論に依拠した前成説がそうしたアプローチと折り合うことのできた唯一の法則であったと論じている。だが他方で、この時代を通じて後成説もまた有力な主張を生み出しており、前成説との間できびしい論争がかわされていた。血液循環の発見者として知られるハーヴィー（Harvey, W.）は、生物の発生が胚の均質な状態から段階的な分化をへて、複雑な組織をもつにいたる後成的な過程であることを観察した。こうした近代発生学の「後成説」は、ハーヴィーによってメタモルフォーゼに代わる概念として提起されたものだが、重要なことは、後成説がアリストテレス主義の伝統をうけついで、発達を引き起こす内発的な力の存在を生物内部に仮定しなければならなかったことである。ハーヴィーはそれを〈形成力〉という生気論的概念でもって呼んだ。また18世紀にハラーとヴォルフ（Wolff, C. F.）の間でかわされた前成説と後成説の論争は前世紀の機械論と生気論の対立を引きずっていたが、対立の構図はあいまいになった。ヴォルフは胚の発生を引き起こす力として〈本質力〉という生気論的概念を持ち込んでいたが、そうした発生の過程そのものを説明するにあたっては分泌―結晶作用という因果的枠組を用いていたからである。

▶ **ドイツ観念論の発達観**　　こうした機械論と生気論の対立のあいまいさは、前成説と後成説の境界を不分明なものにした。両者ともに目的論という共通の認識論的土台を共有していたからである。カント（Kant, I.）は有機体の生命現象を説明するにあたって、機械論と目的論の調停を試みているが、ヴォルフからフォン・ベーア（Baer, K. E. von）にいたるドイツの発生学者が前成説を否定して、最終的に後成説を勝利に導くにあたって、カント哲学の目的論的な有機体観が大きな影響を及ぼした。ヘルダー（Herder, J. G.）、シェリング（Schelling, F. W. J.）、ヘーゲル（Hegel, G. W. F.）などのドイツ・ロマン主義のなかで、発展の概念は人類の歴史を特徴づけるものとして、絶対者によって決定された精神的目標に向かうという倫理的・目的論的な性格が与えられた。だが、そうした歴史の発展が諸個人にとって外在的でないのは、目的がはじめから歴史に内在しているからであ

る。そこでは個体の成長において最終目標は
はじめから胚のなかに内在しているという発
展図式が，人類の歴史の発展モデルとされた
のである。ヘーゲルにとって，発展の観念は
すでに潜在していたものを顕在させる過程に
ほかならず，それが前成説と異なるのは，た
だ観念的に含まれるのであって，成体のミニ
チュアが胚のなかに実在しているわけではな
いというにすぎない。

　だが，ヘーゲルにとって，個人の発達は精
神が自己を実現する運動と同様に，否定の契
機によって媒介された弁証法的な性格をもつ
ものでもあった。幼児の心は自然にとらわれ
るとともに，それと調和している。少年期へ
移行して外界の現実性と対立するようになる
と，少年の心は自己の肉体性を否定して，他
者に対して自覚的になる。青年期にはそれま
での世界との平和な生活が破られ，自我は他
者に対する関係から，自己の内部に反省する
ことによって自己意識をもつようになる。そ
して，おとなになることは主観的な理想生活
を脱して市民社会へと移行することであり，
自己自身を世界の維持と改造のしごとのなか
に見いだすことになる。こうしたロマン主義
の自我形成を軸とする発達段階の観念は，精
神分析からプラグマティズムまで大きな影響
を与えて，今日にいたる発達の概念の原型と
なったといえるだろう。

▶ **ダーウィニズムと発達心理学**　19世紀末
に心理学が経験科学の方法をそなえた学問分
野として哲学から独立して以来，発達につい
ての研究はもっぱらこの新興の学問が担うよ
うになった。伝統的な心理学が内観を重視し
て，主体としての意識がいかなる要素から構
成されるかに主たる関心を向けたのに対して，
新しい心理学は意識の働きを環境に対する適
応行動を通して理解しようとした。そうした
主題の転換にあたって決定的な影響を及ぼし
たのが，ダーウィン（Darwin, C.）の進化論
であった。その影響は第一に，人間とその他
の自然事象とを統合してとらえる視点をもた
らしたことである。人間と他の動物との間に

質的な断絶を認めないダーウィニズムの一元
的発想は，最下等の動物から人間までの間に
漸進的な進化の段階を見いだすことになった。
それは，鉱物から，植物，動物，人間をへて
神へいたる〈存在の階梯〉において，諸段階
ごとの断絶を強調したキリスト教の伝統に決
定的に対立するものであった。第二に，こう
したダーウィニズムの視点は人間の行動を動
物の行動になぞらえて説明することに理論的
根拠を与えて，実証科学の方法を心理学研究
に持ち込むことに道を拓いた。実験において
人間を被験者として扱うことには法的・倫理
的な制約がともなったから，心理学者たちは
動物実験から得られた知見を人間の心的作用
の理解に応用することになった。そして第三
に，ダーウィンの理論は行動を環境に対する
有機体の適応過程としてとらえる視点を心理
学にもたらしたことである。進化は環境によ
りよく適応した特徴をもつ個体が子孫を繁殖
させた結果であるとする自然選択のメカニズ
ムは，行動の発達を個人の社会的・自然的環
境への適応，つまり，両項の函数（機能）と
してとらえる視点を生んだのである。

　その結果，それまで「前成説対後成説」と
いう対立軸で行われていた発達をめぐる議論
は，「遺伝か環境か」，ないし「氏か育ちか」
（nature-nurture）という論争的枠組でもっ
て置き換えられることになった。nature-nur-
ture という語呂のいい対句が，ダーウィン
の甥ゴールトン（Galton, F.）の造語になる
という事情は示唆的である。ゴールトンは優
生学の創始者として知られるように，極端な
遺伝決定論を主張したが，ダーウィニズムは
必ずしも発達を規定する要因を生得的資質の
みに求めたわけでない。人間の行動を有機体
の環境への適応の一形態とみなす観点からす
れば，環境的要因を強調する立場も当然あり
うるからである。実際ワトソンの環境決定論
もダーウィニズムの影響下にあった。その意
味で「遺伝か環境か」という枠組はダーウィ
ニズムの持ち込んだ発達観のパラダイムとい
えるものであり，逆に言えば発達理論のほと

んどがダーウィン進化論という理論的母胎から生まれたのである。第二次世界大戦後に遺伝説と環境説の不毛な対立をのり超えるべく相互作用説が有力視されるようになっても、この概念的枠組は依然として受け継がれたといえる。相互作用説もまた発達という事象を環境的影響と生得的資質という二つの要因の関係において理解するものであり、その意味でダーウィニズムのパラダイムのもとにあったからである。その結果、発達の定義それ自体に、「生得的要因と環境的要因の相互作用の結果」とか「成長と学習の二要因を含む」ということばが組み込まれることさえ生じたのである。

▶ **発達理論の諸類型**　こうした事情が示唆するのは、発達という概念が客観的な事象の記述からなる経験的概念であるというより、実証的調査や実験をプランニングするための理論概念にほかならないことである。実際、発達心理学の諸理論を教育実践や改革との関連で歴史的にとらえたとき、それらはすこぶるイデオロギー的な性格を帯びていたことが知られるであろう。遺伝説、環境説、相互作用説の順にみておこう。

発達心理学はホール（Hall, G.S.）の児童研究運動とともにはじまり、新教育に理論的基礎づけを与えた。それは遺伝決定論に強く傾斜したものであり、そうした観点はレディネスの観念で有名なゲゼル（Gesell, A.）の成熟説や個人差への関心から知能テストの開発に貢献したターマン（Terman, L.M.）の発達観に受け継がれた。そもそもホールの子どもへの関心は反復発生説に対する理論的関心から生まれたものであり、子ども期の研究は人類の歴史的過去を明るみに出すための鍵となるものであった。ホールは、系統発生の諸段階が現代の子どもに微かな痕跡となって伝えられていることを観察して、子どもの精神的能力は環境の影響を受けることなく、遺伝的に受け継がれていると結論づけた。新教育のめざした個性や自発性を尊重する教育実践を支えたのは、こうした遺伝的要因を強調

する発達観であった。

それに対して、ワトソン（Watson, J.B.）やソーンダイク（Thorndike, E.L.）の発達観は成熟よりも学習を、遺伝的資質よりも環境からの働きかけによる行動の統制を子どもの発達要因として強調した。彼らは動物行動の実験的研究から心理学のモデルを導き出した。それは行動を有機体の適応の過程とみなして、刺激と反応の機械的な因果作用に還元しうる不変の法則を発見することをめざすものであった。だが、こうした環境優位の発達観の内実は遺伝決定論の裏返しとしての環境決定論にすぎなかったといえるだろう。心のメカニズムの客観的認識は、それによって行動の統制を可能にするはずだったからである。実際ソーンダイクの教育関心は、子どもの本性の科学的研究を学習理論と結びつけることによって教育の効率化をはかることにあった。ワトソンの行動主義もまた人間行動の予見と統制を通して社会改革をめざすものであったが、改革の内容は効率を至上価値とする新たな産業社会のあり方と深くかかわっていたのである。

第二次世界大戦後、発達を生物学的要因と環境要因の相互作用の結果とみなす相互作用説が台頭した。ヘッブ（Hebb, D.O.）の初期経験についての洞察など、相互作用説はたしかに動物の行動観察から得た知見に負うところが多い。だが、重要なことは、この立場が人間の適応行動を刺激―反応の束に還元することに対する批判を意図していたことであり、行動を媒介する中枢過程に心理学者の関心が向かうようになったことを示している。そうしたなかで、認知活動を主体が認識枠組（シェマ）を現実に当てはめる操作によって媒介されるという観点から理論化したピアジェ（Piaget, J.）の理論が、独自な発達段階論とともに広く受け入れられるようになった。ピアジェはカントの先験的主体にあたるものを、生物組織に内在する普遍的な構造として再発見しようとしたのである。ピアジェの教育的関心は、ホールやゲゼルと同じように、

子どもの発達段階に適合する教育という主張につながった点で、新教育の系譜のなかに位置づけられることがある。だが、生得説が発達段階をもっぱら内的成熟によって達成されるものとみなしたのに対して、ピアジェは発達段階に達する年齢は社会環境や学習の度合いによって異なることを強調した。しかしながら、ピアジェの相互作用説はあくまでダーウィニズムのパラダイムのなかにとどまるものであった。そこで環境的要因はあくまで単独な生を生きる個人の外部に客観的に存在するものであり、その上で両要因の相互作用が問われたからである。そして、子どもが感覚運動から形式的操作へいたる四つの段階を経て成長する過程は、本質的に個人の内的構造に由来する自発的な性格をもつもの、しかもつねに一定の連続した順序のもとに現れるとされたのである。1960年代のヘッドスタート計画は、リベラルな社会改革の風潮のなかで、早期からの教育の働きかけによって貧困な環境にある子どもの知的達成を援助しようとしたが、その試みはこうした相互作用説的発達観の一つの実践的帰結を示すものであった。

▶ **文化・社会のなかの発達** 70年代の後半にダーウィニズムの発達観をのり越えようとする動きがみられるようになった。新しい発達観の枠組をコールは図のように示している。上の三つの枠組は生得説、環境説、相互作用説に対応しており、固有な内的資質をもつ個人が外在する環境世界に適応する過程として発達をとらえるダーウィニズムのパラダイムを示している。それに対して文化的・文脈的視点は、人間が生物的であると同時に文化的でもある二重の世界に生きており、生物としての人間と環境との相互交渉はつねに特定の歴史的、文化的な状況によって媒介されていること示すものである。もちろんダーウィニズムを克服する試みがそれまでになかったわけではない。ユング派のノイマン(Neumann, E.)によれば、発達は誕生に先立ってわれわれの内部に与えられている〈全体性一自己〉を実現する個性化の過程にほかならず、それは前成の観念の現代的復権ともいうべき試みであった。また、フランスではワロン(Wallon, H.)がピアジェとの論争を通じて、発達のすじ道は開かれた存在として社会的影響のもとにある子どもが、他者との関係性を通して主体としての自我を形成していくプロセスであることを論じていた。

アメリカにおいて、こうした動きはリーゲル(Riegel, K.)の弁証法心理学からはじまった。リーゲルは、ピアジェ心理学が均衡を重視して、変化のダイナミズムにほとんど注意を払わなかったことを批判する。ピアジェは個人と社会の弁証法的関係、つまり認知活動の根柢をなす人間存在の社会的基盤を見逃しているというのである。リーゲルの問題提起のなかから、学際的アプローチを謳った生涯発達心理学という研究分野が成立した。そこでは個人の成長を歴史的、社会的文脈のなかでとらえるとともに、発達をたえず新たな

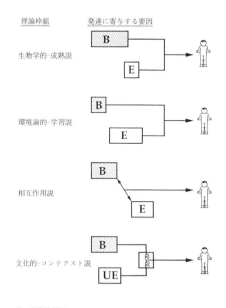

B=生物的要因
E=環境的要因
UE=環境の一般的特徴
𝓁𝓁𝓁=文化(環境の歴史的に限定された特徴) (Cole, 1992)

環境世界をつくりあげていく主体的な過程としてとらえることがめざされた。こうした動きを含めて、今日の発達心理学や教育研究のパラダイムに根柢的な転換をもたらしつつある理論動向は、文脈主義（contextualism）ないし構築主義（constructivism）と呼ばれることが多い。その直接的きっかけとなったのはヴィゴツキー（Vygotsky, L. S.）の再発見であり、さらにその思想的源流としてデューイ（Dewey, J.）やミード（Mead, G. H.）にまで遡って論じられることもある。

ロゴフ（Rogoff, B.）やレイヴ（Lave, J.）の発達理論は人類学のフィールドワークを踏まえた、徒弟制をモデルにしたものである。徒弟が親方や仲間の指導のもとで実際の仕事への参加を通して、社会で必要とする技能を身につけていくように、子どもの思考は特定の文化＝社会的状況において、仲間や熟練した成員の助けを借りて、その文化によって定義された問題を解決することを通して発達する。それは、ピアジェの認知発達理論が孤立した子どもをモデルに、その心理発達を普遍的に妥当するものとして描き出したことへのアンチ・テーゼにほかならない。近代科学に特有な普遍的なタームで子どもの発達過程を説明することは、既成の社会秩序に含まれる性差別や階級差別の結果もたらされた諸個人の能力を自然的なものとして正当化することになりかねない。というより、近代科学の言説が学校制度と密接にかかわりながらノーマルな子どもの観念をつくりあげたのであり、個々の子どもはその尺度にもとづいて選別されてきたのである。ウォーカーダイン（Walkerdine, V.）は、女性の数学的能力が低いのはそうした言説によって社会＝歴史的に構成されたからだという。発達心理学は正常な発達のすじ道を普遍的に妥当するものとして描き出すことによって、子どもの規範化（ノーマライゼーション）をもたらしてきたのである。それに対して、新しい発達心理学は、子どもと社会の関係は相互主観的な過程であるという。子どもの発達が社会への参加を通して達成されるということは、同時に子どもがコミュニティの問題解決のために技能を獲得して、社会そのものに働きかける過程でもあるからである。

［参考文献］ Cole, M., "Culture in Development," Bornstein, M. H., Lamb, M. E., *Developmental Psychology: An Advanced Textbook*, 3rd ed., Hillsdale, NJ, 1992／Cowan, R. S., "Nature and Nurture: The Interplay of Biology and Politics in the Work of Francis Galton", W. Coleman and C. Limoges eds., *Studies in History of Biology*, vol. 1, Baltimore: Johns Hopkins Up. 1977／Glass, B., O. Temkin, Straus, W. L. (eds.), *Forerunners of Darwin*, Baltimore 1968（谷秀雄ほか訳『進化の胎動』大陸書房 1988）／Gottlieb, G., *Individual Development and Evolution: The Genesis of Novel Behavior*, New York: Oxford UP. 1992／Gould, S. J., *Ontogeny and Philogeny*, Cambridge, MA 1977（仁木・渡辺訳『個体発生と系統発生』工作舎 1987）／Jacob, F., *La logique du vivant: une histoire de l'heredite*, Paris: Gallimard 1970（島原武ほか訳『生命の論理』みすず書房 1977）／Lenoir, T., *The Strategy of Life: Teleology and Mechanics in Niteenth-Century German Biology*, Dordrecht: D. Riedel 1982／Lerner, R. M., *Concepts and Theories of Human development*, 2nd ed., New York 1986／Morss, J. R., *The Biologising of Childhood: Developmental Psychology and the Darwinian Myth*, Hillsdale: Lawrence Erlbaum 1990／Morss, J. R., *Growing Critical: Alternatives to Developmental Psychology*, London 1996／Neumann, E., *Das Kind: Struktur und Dynamik der werdenden Persönlichkeit*, Zürich: Rhein 1963／北村晋ほか訳『こども：人格形成の構造と力学』文化書房博文社 1993／Piaget, J., *La psychologie de l'intelligence*, Paris: A. Colin 1949（波多野完治ほか訳『知能の心理学』みすず書房 1967）／Riegel, K., "The Dialectics of Human development," *American Psychologist*, 31 (1976) 689-700／Roe, S., *Matter, Life and Generation: 18th-Century Embryology and the Haller-Wolff Debate*, Cambridge 1981／Roger, J., *The Life Sciences in Eighteenth-Century French Thought*, Stanford UP 1997／Rogoff, B., *Apprenticeship in Thinking*, New York 1990／Walkerdine, V., "Developmental Psychology and the Child-Centered Pedagogy: the Insertion of Piaget into Early Education," in Henriques, J. et al. eds., *Changing the Subject: Psychology, Social Regulation and Subjectivity*, London: Methuen 1984.／中村和夫『ヴィゴツキーの発達論：文化——歴史的理論の形成と展開』東京大学出版会 1998／浜田寿美男『ピアジェとワロン：個的発想と類的発想』ミネルヴァ書房 1994／森田尚人「ヘーゲルの発達観と教育論・上」季刊『教育学』第4号，むぎ書房 1974／森田尚人「近代教育学における発達観の系譜」『近代教育フォーラム』第4号，1995／森田尚人「発達観の歴史的構成」森田尚人ほか編『教育のなかの政治：教育学年報3』世織書房 1994

［関連項目］ 教育心理学／ダーウィン／ピアジェ　　　　　　　　　　　　　　　（森田尚人）

ハッチンズ

（Robert Maynard Hutchins, 1899-1977）

元シカゴ大学学長・総長。大学改革およびアカデミック・フリーダムの擁護に活躍したアメリカの思想家。進歩主義教育の批判者。

ニューヨーク・ブルックリンで長老派教会牧師の子として生まれる。オベリン・カレッジを経て，イェール・カレッジを卒業後，同ロー・スクールに進学，LL. B. 学位を取得。在学中に学長秘書・法人事務局長となる。1927年同ロー・スクール正教授，翌年同部長。イェールでは，法学研究に社会諸科学の手法をとりいれた学際的研究の運営に尽力した。

1929年，30歳でシカゴ大学学長に抜擢され，45年総長。51年の退任まで計22年間，大学行政の最高責任者であった。学士課程カレッジの一般教育をはじめとして，当時の反知性主義的趨勢や学問の専門分化傾向に抵抗して，高等教育を知的に活性化するための改革をめざした。特にカレッジの一般教育を確立するために，入学および学士号授与年齢を引き下げ，かつ一般教育担当専任教員組織を独立させるなど大胆な改革を試みたが，学内外から強い批判を受けた。またアドラー（Adler, M. J.）の協力のもとで，カレッジや付設高校，成人教育のクラスなどで，自ら古典的名著 Great Books をテクストとした討論セミナーを実践した。1945年以降は，世界憲法作成委員長，ブリタニカ編集委員長，出版の自由に関する十三人委員会代表を歴任した。1951年，フォード財団副理事長に就任。その後同財団共和国基金会長となり，さらに1959年，同民主制度研究センター（カリファルニア州サンタ・バーバラ）所長となり，アカデミック・フリーダムや市民的自由擁護の運動を支援した。

初期の著作，特に『アメリカの高等教育』*The Higher Learning in America*（1936）において，形而上学的世界観に基づく古典的名著の学習を主張した。ここにはアドラーの影響が見られ，アリストテレスやトマス・アクィナスの思想が参照されている。このため彼の思想は，古典主義やペレニアリズム perennialism と評価されることが多い。しかし『教育における葛藤』*The Conflict in Education*（1953）や『学習社会』*The Learning Society*（1968）など後期の著作では，真理や価値を絶対化しない永遠の批判的対話を継続することの必要性を説くようになる。それが，民主社会における自主的判断力の形成をめざす，学習社会構想とリベラル・エデュケイションの思想として結実している。

［参考文献］ Ashmore, H. S., *Unseasonable Truths: The Life of Robert Maynard Hutchins*, Boston: Little, Brown and Company 1989／Dzuback, M. A., *Robert M. Hutchins: Portrait of an Educator*, Chicago: The University of Chicago Press 1991／McNeill, W. H., *Hutchins' University: A Memoir of the University of Chicago 1929-1950*, Chicago: The University of Chicago Press 1991

［関連項目］ 一般教育／教養／進歩主義教育／デューイ／アリストテレス　　　　（松浦良充）

発　問

英 questioning／独 Frage／仏 question

▶ **語　義**　発問とは，授業中に生徒に向けてなされる教師の問いかけをさす。それは，

「質問」と混同されがちであるが，同じではない。質問は，分からないことや知りたい事柄について，相手に問いただす，という意味である。こうしたことは，日常会話でいくらでも行われている。見知らぬ駅に下り立った時に，駅の案内所で，目的地までの道順を聞くことがある。電話で，航空機の予約の空席状況を聞く。いずれも知りたいことを相手に尋ねる「質問」である。しかし，これらは，言うまでもなく発問ではない。

発問とは，不明，未知の事柄を相手に尋ねる行為ではない。それは，学校の授業場面に独特の用語であり，授業のねらいに即して，教材に対する子どもの思考活動を活発化させていくことを目的として行われる高度に戦略的な行為である。したがって，それは，知識の有無を試すための質問とは明らかに性格が異なっている。

▶ 歴史　発問は，歴史的には，二つの起源を有する。その一つは，古代ギリシャにおけるソクラテスの「対話法（dialogos）」である。彼は「対話」を，ロゴス（言葉）に導かれつつロゴスを分有するディアレクティーク（弁証法的）な過程であると考え，その内容を，①消極的な反語法（相手の論理的矛盾をアイロニカルに指摘する）と②積極的な助産術（相手が正確な知識を生み出すのを援助する）とに区別した。

もう一つの発問の起源は，活字印刷術が一般化して以降，教会附属の教場において教理問答書（Katechismus）を用いて，民衆の子弟に宗教教育を施した問答法（カテケーゼ）である。そこでは，教師がラテン語で書かれた教理を読み，生徒がその意味もよく分からずに復唱し，記憶するという講義方式が行われた。たとえば，「馬とは何か」と教師が問うと，生徒は，「馬とは，四本足の草食獣である。馬の歯は 40 本で，その内訳は 24 の臼歯，4 本の犬歯，12 本の前歯である…」といった言葉を，教科書の定義通りに復唱することが求められた。

コメニウス（Comenius, J. A.）以来の近代教授学においては，直観主義の立場から，こうした言語主義（verbalism）の授業は批判されてきた。しかし，19 世紀半ば以降，公教育制度が整備され，習得すべき知識内容が標準化されるに従って，授業が形式化され，教会のカテケーゼに近い発問が教師からなされるようになった。ヘルバルト学派による五段階教授法の流行が，教師による知識定着のための発問を流布したことは否定できない。

▶ 課題　授業は，既成の知識を暗記させ，定着させるためのものではなく，子どもの思考力や問題解決の力を育むための場である。本来，発問とは，子どもが自問し自答しながら，問題解決に取り組んでゆく力を養成するためになされる相互行為の一つである。教師と子どもの対話は，子どもがある問題をめぐって多面的な角度から思いをめぐらし，理性的な自己内対話ができる力を身につけるために行われるものである。したがって，教師の発問も，こうしたねらいのもとで，個々の子どもの自己内対話をさまざまに誘発するような仕方で行われることが望ましいのである。

[参考文献]　ボルノー，O. F.（浜田正秀ほか訳）『対話への教育』玉川大学出版部　1973 年／ボルノー，O. F.（森田孝・大塚恵一訳編）『問いへの教育』川島書店　1982／田中美知太郎ほか訳『プラトン全集』全 15 巻，岩波書店 1975／稲垣忠彦『明治教授理論史研究』評論社 1982／豊田久亀『明治期発問の研究』ミネルヴァ書房　1988
[関連項目]　教授／教授学　　　　（高橋勝）

バフチン

(Mikhail Mikhailovich Bakhtin, 1895-1975)

▶ 生涯　帝政ロシア時代にモスクワの南，オリョール市で生まれる。12 歳ごろからカント（Kant, I.）などの思想に親しみ，大学入学後は「バフチン・サークル」と呼ばれる哲学研究会で研究，講義に励み，『ドストエフスキーの創作の諸問題』（1929）や言語論の論文などを執筆していたと言われる。だが社会統制が強まるスターリン主義の時代

にあって，逮捕，流刑の憂き目に会い，本人名義の著書も数少なく，40歳にして大学で職を得るが，晩年まで地方で不遇であった。しかしドストエフスキー論の再版（1963）や，クリステヴァ（Cristeva, J.）が取り上げたこともあって彼の思想は国際的に流布する。現在では単なる紹介期は終わり，その理論の包括的な検討や諸実践，授業での言説研究などへの適用がなされようとしている。

▶ **思想**　初期のバフチンは当時ロシアで支配的だった新カント派の理論枠組みを借りながらも独自の存在論を構想していた。彼にとって行為はそれ自体独立してあるものではなく，何らかの行為に応える具体的な唯一の出来事である。それぞれの登場人物が独自の声を出来事として響かせ，作者とも渡り合うようなドストエフスキー（Dostoevskii, F. M.）の作品がその存在論のモチーフである。言語も抽象的・論理的な要因を表すものではなく，具体的な他者への責任として応答する出来事と考えられる。その存在＝言語論の極みとも言うべきカーニヴァル論は晩年の『フランソワ・ラブレーの作品と中世・ルネッサンスの民衆文化』（1965）で展開されている。ラブレーの作品に典型的に表れるカーニヴァル的生とはフットライトなしの，演技者と観客の区別のない見世物であり，そこには近代社会が見出しえず，理想化し恋い焦がれるような中世的な民衆の生の全一性や充溢がある。だが，カーニヴァル論は単に現在の生活を補完するものではなく，現実生活に中世的なカーニヴァルをそのまま復活させることを説くものでもない。あくまでも彼はカーニヴァル的生の欠片をあらゆる場面で見いだし，つなぎ合わすべく，初期から一貫して自己と他者をつなぐダイアローグをその理論の根底に置く。

▶ **人間変容論へ**　バフチンの生涯にわたる思想は，自己と他者の間の一致することのない同一性をいかにして摑まえていくか，つまり中心と中心でないすべてのものとの間の差異的関係をいかにして同時に摑まえていくか

を探究するものであった。自己とは，認識論上の要請であり，神秘化された特権ではなく，他者とはただ今立っている地平が異なるだけである。そこでは自己は視座としての唯一無二の自らの身体へ還元されるが，自己は他者の眼ざしによって形成され，また他者を形成しているのは自己なのである。バフチンのいうダイアローグからはこのような個々人相互の変容とその関係の変容が見いだせよう。

［**参考文献**］『ミハイル・バフチン著作集』全8巻，新時代社　1979-1988／『ミハイル・バフチン全著作』全7巻，水声社　1999- 刊行中／Бахтин, М. М., *Творчество Франсуа Рабле и народная культура средневековья и ренессанса*, Москва　1965（川端香男里訳『フランソワ・ラブレーの作品と中世・ルネッサンスの民衆文化』せりか書房　1973）／Clark, K. & Holquist, M., *Mikhail Bakhtin*, Cambridge　1984（川端香男里・鈴木晶訳『ミハイル・バフチーンの世界』せりか書房　1990）／Wertsch, J. V., *Voices of the mind*, Cambridge　1991（田島信元ほか訳）『心の声』福村出版　1995／弘田陽介「祭りの人間形成論」『関西教育学会紀要』22号，1998　　　　　　　　　　（弘田陽介）

バーンスタイン

（Basil Bernstein, 1924-　　）

　イギリスの社会言語学者，教育社会学者。ロンドン大学の教育研究所で教育社会学を担当。社会言語学からカリキュラム研究に転じ，言語発達の社会階級区分の分析を通じて，学校教育における文化的再生産，社会統制機能が具体的な教育伝達のメカニズムとしてどのように機能しているのかを分析し，文化伝達に関する壮大な「言語コード理論」を構想している。彼が基本概念としている「コード（code）」とは，ひとびとが直接目で見て確認することはできないけれども，自己が存在する社会構造と認識構造を連結する機構となって，個人のなかに解釈手続きとして存在する，人を社会化させ，潜在的に統制する構造のことである。最初は家庭で，次いで学校教育の過程で，子どもに伝達される象徴秩序体系の形式と内容に，どのように社会統制が加

えられるかをテーマにしてフィールドワークし、社会・言語コードの研究と社会統制の担い手としての教育の社会機能の分析をおこない、共用言語と公式言語の定式を発展させ、教育の言語コード論、文化伝達に関する一般理論を構築しようとしている。彼は、貧困層の子どもと富裕層の子どもの間で対照的に見られる言語使用の様式の体系的差異を、伝統思考的な「地位家族（positional family）」と近代思考的な「個性志向家族（person-oriented family）」という二つの家族類型に対照させながら、「制限コード（restricted code）」と「精密コード（elaborated code）」に分けて、その違いを次のように分析している。

労働者階級の子どもの話し言葉は、話し手が、相手は承知しているものだと思いこみ、明言しない数多くの暗黙の前提からなる言語使用の様式、すなわち「制限コード」に従っている。このコードは、下層社会や下層居住地域の文化的状況に埋め込まれて機能している話し言葉の類型（イリイチ Illich, I. の言う vernacular な言語空間）を構成しており、労働者階級のひとびとの多くは、家族や近隣社会が作るそうした強固な文化に密着して暮らしているので、価値や規範を当然視して、わざわざ言葉で表現したりはしない。親は、子どもの行動を正すために、禁止事項と奨励事項を単純に報償や叱責と連動させながら直接社会化する傾向がある。制限されたコードによる言語活動は、抽象的な観念やことがら、関係性について論じるよりも、実際の出来事や経験をリアルに伝達するのに適している。したがって、制限されたコードによる発話は、労働者階級の家庭で成長する子どもたちや、そうした子どもたちが一緒の時を過ごす同輩集団に特徴的に見られる共時感性の鋭さにあらわれ、言語空間の固い「なわばり」が形成される。しかし当の子どもたちは、自分が「なぜ」そうした行動様式に従っているのか、「なぜ」そうした「なわばり」のなかにいると存在が認められるのか簡単に説明できず、納得できないままに、集団の規範を志向する

発話の共同体に留まるのである。

これとは対照的に、中産階級の子どもの言語発達では、言葉の意味を特定の状況の要求に合うように、「個別的に明示」できる「精密コード」に基づいた話し方を修得するよう教育される。この階級の子どもたちが言語を学ぶ際のモードは、こまごまとした特定の具体的な文脈に縛られることがなく、法則的で類推可能な言語の機能を学ぶので、容易に一般化したり抽象的な観念を言語で表現できるようになる。中産階級の母親たちは、子どもの何らかの行動を規制しようとする場合、その子どもの行動をなぜ母親として反対し、規制するのか、その根拠や理由を「丁寧な言葉」で説明する。こうして、話し言葉の精密なコードに慣れ親しんだ子どもは、制限されたコードに留まっている子どもよりも、純粋にアカデミックな学校教育の要求にうまく対処できることになり、制限コードに留まっている子どもたちの言語思考的価値と学校教育とは対立していくことになる。学校教師の語る言葉の語法そのものが労働者階級の子どもたちの言語コードと異なっているために、中産階級型の学校の知的、道徳的、情感的規律という一般的行動原理の要請に応じるには、異質な言語コードを一度自らの言語コードに「翻訳」しなくてはならず、教育関係の原初的なギャップを生じている。バーンスタインによれば、労働者階級の子どもたちが身につけている「制限コード」は、中産階級の子どもたちが身につけたり、中産階級をモデルとして構成されている学校で伝達される「精密コード」の習得において評価されるとき、「失敗」したと見なされるという。中産階級型の学校では、カリキュラム、教授法、評価のすべてを通底してこれを統制している組織構造と、教育の受け手の行動・性格・態度を規定し、統制する組織構造の間に、カテゴリー間の諸関係における「分類化（classification）」という権力と、それを具現するコントロールがカテゴリー内で「枠付け（framing）」としてなされる。それが、階級諸関係

を見えなくし，学習の過程で受容・再生産されるという。

このような言語コード理論は，階級間の顕著な文化的差異を確認することができたイギリス社会をモデルにしており，これを一般的に論じるには慎重であらねばならないが，大衆の普通教育を目指した公教育体制において，社会経済的に低い階層の出身の子どもたちが，なぜ学校で「知能程度よりも低い学業成績をおさめる生徒」になりがちなのか，普通教育が階級間の文化的差異を縮小するのではなく，なぜ拡大するようになっているのか，大衆民主制に支えられた現代の公教育は，多くのひとびとに自らの能力や適性を高める機会をもたらし，社会を平等化する重要な手段であったはずなのに，結果的には，既存の不平等を修正する作用をする部分よりも，むしろ新たな不平等を創出し，それを追認する作用の部分を拡大するのはなぜなのか，といった教育と不平等の問題について，現代教育の本質を照射すると共に，公教育の文化剥奪機能に有力な理論的支柱を提供している。

［参考文献・主著］Bernstein, B., *Class, Codes and Control: Theoretical Studies towards a Sociology of Language*, 3 vols, 1975-77（vol. 1 萩原元昭編訳『言語社会化論』明治図書 1981, Vol. 2 萩原元昭編訳『教育伝達の社会学』明治図書 1985, Vol. 3 1975）, Vol. 4, *Structuring of Pedagogic Discourse*, 1990／Bernstein, B., *Pedagogy, Symbolic Control and Identity: Theory, Research, Critique*, 1996／Sadvnik, A. R. *Knowledge and Pedagogy: The Sociology of Basil Bernstein*, 1995　　　　（北本正章）

判 断 力
英 judgement／独 Urteilskraft

▶ 語義と概念史　　一般にはものを認識したり評価したりする思惟能力を指すが，古くは古代ギリシャ哲学にまで遡る。アリストテレス（Aristoteles）は人間の知的活動を理論，制作，実践の三つに分け，それぞれの活動に関わる知を学問知，制作知，実践知と呼んだ。実践知（phronesis フロネーシス）はそれ以

外の仕方においてもありうる行為に関わり，人間にとっての善と悪に関してのことわりに即した真の行為可能状態であるという。賢慮とも訳されるフロネーシスは，実践において行為を可能にする熟慮ないし判断力として経験によって磨かれていくという。受動知性である学問知に対して，能動知性とも称される実践知は雄弁術（レトリック）を駆使する知として，ローマ時代にも政治家や法律家養成の主眼とされていた他，その後，中世にいたるまでフマニタス（人文主義）の自由学芸の伝統のなかで重要視されていた。近世哲学における受動知性への傾倒にともない，能動知性やその養成のための理論的基礎を提供していたレトリック自体も形骸化してくると，行為判断能力としての実践知は軽視されるようになっていった。しかし，そうした傾向に対して批判的な立場から実践知の重要性を説いたのはヴィーコ（Vico, G.）とスピノザ（Spinoza, B. de）である。ヴィーコは『われらの時代の学問方法について』のなかで，思慮と雄弁について論じ，レトリック的認識の能力としての判断力の働きに注目した。またスピノザは『神学政治論』および『政治論』において判断力の自由について考察している。

啓蒙近代に入ると，神の絶対権力からの人間の独立が唱えられ，知的活動における能動性が再び注目されるようになると，能動知性の働きを説明するものとして判断力の概念が復権された。ホッブズ（Hobbes, T.）は『リヴァイアサン』のなかで，判断力と熟慮の関係を吟味しており，ロック（Locke, J.）は『人間知性論』において認識能力が知識と判断力からなると述べている。シャフツベリー（Shaftsbury, A. A. C.）やヒューム（Hume, D.），バーク（Burke, E.）などイギリス18世紀の経験主義の立場でも，判断力は趣味や情感と関連づけて論じられた。情意能力を含めた能動知性としての判断力のもつ普遍性を証明したのはカント（Kant, I.）である。彼は判断力をその働きによって，規定的判断力と反省的判断力の二つに区分した。前者は，

普遍が与えられたとき特殊をその普遍に包摂する判断力であり，後者は，特殊が与えられたとき普遍を見出だす判断力である。また，反省的判断力は自然の合目的性を原理とし，一方で対象の形式的・主観的な合目的性を快・不快の感情によって判断する美的判断力（趣味）であり，他方でまた自然自体の実在的・客観的な合目的性を悟性や理性によって判断する目的論的判断力でもある。対象の形式が主観的認識能力に対して合目的的である，つまり調和しているときに生じる快の感情は対象についての趣味判断として，その認識主体はもとより人間一般に妥当する主観的普遍性をもつ。その普遍性の基礎としてカントは共通感覚を掲げ，判断力を公共性の文脈で捉える契機を提示した。カントの判断力理論を政治的文脈において精密化したアーレント（Arendt, H.）は，判断力の政治性や道徳性に論及している。

▶ **判断力の養成**　実践知としての判断力は実践においてその判断力を駆使する経験の蓄積を通して磨かれていく。雄弁の術を駆使する判断力の働きに注目した古代ギリシャやローマでは，言語を介した訓練法としてレトリックの学習が重要視され，法律家や政治家の養成における実地演習にも採用されていた。近代以降，レトリックを始めとするフマニタスの伝統は合理主義的精神と相容れないものとして軽視される傾向が強まるなかで，ドイツ語圏においては広義の美的活動を通して深められていく人間の陶冶という新たな人間学的関心が高まりをみせた。人間性に最も深く関わる活動として美的活動を捉えたシラー（Schiller, F. von）は，人間教育の中心に美的教育を据え，美的判断力の養成こそ人間性を豊かにすると主張した。カントが論及した美的判断力の共通感覚としての普遍性を道徳教育の基礎としたヘルバルト（Herbart, J.F.）は，美的判断力ないし趣味が，経験を通した訓練を通して道徳的な行動様式となり，さらには道徳的性格の形成に結びついていく過程を理論化した。彼の教育学は道徳的趣味

の養成，つまり判断力の養成を主眼として展開されたものである。

[**参考文献**]　Beiner, R., *Political Judgement*, London 1983（浜田義文監訳『政治的判断力』法政大学出版局　1988）／Kant, I., *Kritik der Urteilskraft*, 1790（原佑訳『判断力批判』理想社　1966）／鈴木晶子『判断力養成論研究序説──ヘルバルトの教育的タクトを軸に』風間書房　1990

[**関連項目**]　趣味／美・美的なるもの／カント／経験　　　　　　　　　　　　　（鈴木晶子）

ヒ

ピアジェ

（Jean Piaget, 1896-1980）

▶ **生涯と作品**　スイスのヌーシャテルで生まれる。幼い頃から動植物に関心が強く，10代ですでに生物学の研究者として知られるようになった。ベルグソン哲学に触れたことをきっかけに哲学，とくに認識論の問題に強い興味を抱くようにもなった。ヌーシャテルの大学では理学部に進み生物学で学位を得た。その後心理学への接近を求めて，ブロイラー（Bleuler, E.）の精神医学診療所を訪ね，フロイト（Freud, S.）の理論に関心を示したりもしている。パリのソルボンヌで病理心理学や論理学，科学哲学などを学んでいるときに，ビネー（Binet, A.）の実験学校で子どもの推理テストを改良する仕事に携わる機会を得た。彼は子どもにいろいろな質問をして彼らの推理作用の特徴を分析し，それによって，論理の働きが生得的なものではなく，より大きな均衡に向かって少しずつ発達していくものであることに気づいた。こうして彼は認識の発生論的研究という，年来の哲学的関心と生物学的関心とをつなぐ研究領域を見いだすことができたのである。この時にまとめられた論文のうちの一つを，クラパレード（Claparède,

E.）に送ったことがきっかけとなって，1921年にジュネーヴの心理学と教育学の研究所である「ジャン・ジャック・ルソー研究所」の主任研究員として迎えられることになった。ピアジェの心理学研究の初期のものは，この研究所付属の「子どもの家」の子ども達を対象に，研究員たちの協力のもとで行われたものが中心となっている。この時期の主な著作は，『子どもにおける言語と思考』（1923），『子どもにおける判断と推理』（1924），『子どもにおける世界観』（1926）などがある。研究所の研究員のひとりであったバレンティーヌ・シャトネイと結婚し，1925年に長女が生まれる。三人のわが子の誕生直後からのつぶさな観察は研究に大きな転機をもたらし中期ピアジェを特徴づけることになった。この時期は『子どもにおける知能の誕生』（1936）あたりから1950年前後までのきわめて多産な時期にあたる。ピアジェの当初の予定では子どもの研究は5年ほどでまとめ，その後その結論をもとに発生的認識論の研究に向かうつもりであったと言うが，彼がジュネーヴに「発生的認識論国際研究センター」を創設し，その所長に就任したのは1956年のことであった。児童心理学の著作と並んで社会学や文化人類学にまで及ぶ広範な領域に渡る学際的な研究を通して発生的認識論の構築に精力的に取り組んだ晩年までが後期ピアジェということができよう。この時期の代表作は1950年の大著『発生的認識論序説』である。

▶ **発達理論の特徴**　　初期の『子どもにおける言語と思考』の頃のピアジェは，人間の思考を，自閉的思考の段階から自己中心的思考の段階を経て論理的思考の段階へと発達するもの，と考えていた。自閉的思考という概念は本来ブロイラーから借用された精神分析学の概念であった。それは，目的が意識化されていないこと，現実に適応するかわりに想像の世界を作り上げること，客観的な真理の確立には向かわずに欲望の満足にのみ向かい，それゆえ，純粋に個人的なものに留まっており，言語によって伝達することが不可能であ

る，という特徴によって，知的論理的思考と対照的な思考の型とみなされている。ピアジェの当時の研究対象であった3歳くらいから7，8歳の子どもの思考は，一方である程度の現実的な適応の方向を示し，かつ言語化されてはいるが，依然として自己の視点にとらわれており，その言語は独白的であって，社会化されたコミュニケーションとはなっていないという意味で，自閉的思考と大人の論理的思考の中間的な形態にあると彼は考え，それを自己中心的思考と名付けたのである。後にピアジェはこの時期の研究を，思考の発達の内的な契機を見ることができずに，もっぱら言語活動と社会的側面から見ていたと自己批判している。

後期のピアジェは，発達を言語と社会化のレベルで考える視点から，適応の行為の構造的な進化としてとらえる視点へと大きく変化した。この視点の変化は，誕生間もないわが子の観察によってもたらされたとピアジェは振り返っている。新生児が乳房を吸う行動と大人の高度な論理的思考との間に，ピアジェは，外界への適応の行動としての機能的な連続性と同時に，単純で生得的な行動図式（シェマ）から学習によって獲得された複雑に分化したシェマへの段階的な発達を見いだすことができたのである。自閉的で幻想的な世界から客観的現実的外界へ，という『言語と思考』の時代の発達観はこうして廃棄され，かわって，「同化」（外界を自分のなかに取り込む：手持ちの行動パターン－シェマをあらゆる対象に当てはめてみる）と「調節」（外界に合わせて自分のシェマを新たに組み替える）という生物学的概念が乳児から大人までの知能の一貫した機能を表すものとして導入された。同時に，知能の構造の変化は，感覚運動的段階，前操作的段階，具体的操作の段階，形式的操作の段階という四つの段階にわたって，シェマの分化と統合を繰り返しつつ次第に複雑化し完成に向かっていく過程として分析された。ここでは自己中心性という概念は，社会性との関係ではなく，認識過程に

おいて自己の知覚や経験にとらわれる（中心化される）といった意味で考えられており、したがって発達とは、段階的な脱中心化を繰り返しながら、最終的に形式操作の段階で客観的な論理構造にまでいたる過程と考えられる。

▶ **ピアジェと近代教育**　このようなピアジェの発達観は、子どもを大人の文化へ性急に強引に同化させようとしてきた伝統的な教育のあり方を批判し、教育の出発点を子どもに置くことを主張した、新教育運動以来の児童中心主義的な教育に科学的根拠を与えるものとして今日にいたるまで広い支持を受け、大きな影響を与えてきた。それは何よりも、ピアジェの発達理論が、子どもというものがそれぞれの年齢に固有の思考や行動の仕方を持つ存在であるということを、きわめて精緻にかつ明確に示してくれたからである。ピアジェ自ら、自分が提供する子どもについての科学的事実から、教師達は多くの新しい教育法を発見することができるはずだ、と語っている。ピアジェの発達観に問題点が指摘されうるとすれば、まさにこうした科学観そのもののうちに見いだされるだろう。彼は、人間の認知的発達には普遍的な特徴があり、それは人間の神経系の生理学的構造によって基礎づけられているという仮説を持っていた。彼は発達における成熟優位説に反対して学習や文化の力を強調したが、それはあくまでもこうした普遍的な発達の枠組みの範囲内でのことであった。そしてその枠組みというのが、近代科学の枠組みであったことは、明らかである。だからこそ、無文字社会のコンゴーの子どもとジュネーヴの子どもを比べて、両者においては発達段階の順序は同じだが、後者の方に発達の加速現象が見られるはずだ、と断定することができたのである。このように、ピアジェの発生的認識論への関心は、認識の発達過程の各段階を相対化することを可能にし、子どもの固有性を明らかにしたが、その相対性とは、完成された普遍的な構造へと統合されることが前提となった相対性であった。

さらにこうした普遍的構造の存在への確信は、それを外部から客観的にとらえることのできる科学者の眼への楽観的な信頼と結びついてもいた。先に見た科学と教育実践との二元的なとらえ方のうちにそれは見て取ることができる。

かつてヴィゴツキー（Vygotskii, L. S.）はピアジェの「自閉的思考」の観念を批判した。ピアジェはそれを、適応行動としての知能という考えによって乗り越ええたと語っている。しかし、今日の目から見れば、最も単純な認識も社会的文脈から逃れることはできないというヴィゴツキーの立場とピアジェのそれとの間の対立は、より本質的な対立としてとらえ直すことが必要であろう。

[**参考文献**]　エヴァンズ（宇津木保訳）『ピアジェとの対話』誠信書房　1975／ピアジェ（波多野完治他訳）『知能の心理学』みすず書房　1967／ピアジェ（岸田秀他訳）『哲学の知恵と幻想』みすず書房　1971／浜田寿美男『ピアジェとワロン』ミネルヴァ書房　1994

（森田伸子）

ビネー
（Alfred Binet, 1857-1911）

▶ **生涯**　知能検査法で著名な心理学者。ニースに医師の家系のひとり息子として生まれる。15歳になった時、母とともにパリに移って、リセを卒業。数年の間将来の進路について悩んだ後、1880年頃から国立国会図書館に通い独学で心理学の勉強を始める。催眠術の研究で著名なシャルコー（Charcot, J.-M.）の知遇を得てサルペトリエール病院内の彼の研究室に入り浸ってヒステリー患者を被験者とする実験に従事し、シャルコーに対立するナンシー学派との論戦に加わった。しかし1891年頃から一転し、ボーニス（Beaunis, H.）に接近してソルボンヌの彼の実験室のスタッフになり、1894年以降は研究室長として客観的な測定値をとる実験心理学に没頭する。さまざまなテーマに取り組むが、自分のふたりの娘達を被験者にして継続的に実験・測定する論文を1890年以降発表してい

る。1899年に学校関係者からなる「子ども
の心理学的研究のための自由協会」への参加
を依頼され，多くの学童を被験者として得ら
れるようになる。1904年，通常の学校教育
についていけない子どもたちのために教育制
度を再検討する目的で政府が設置した委員会
に加わり，翌1905年，医師のシモン（Simon,
Th.）とともに『異常児の知的水準を診断す
るための新しい方法』を発表。続いて一般の
子どもに適応できる知能の測定尺度の作成を
めざして，『子どもにおける知能の発達』
(1908)，『ビネ知能検査法の原点』(1911) を
発表。さらに，知能の測定が教育に関しても
つ意義を『新しい児童観』(1911) に述べた。
ビネーは裕福ではあったが正規の教育を受け
ずに独学で心理学の分野に入り紆余曲折しな
がらの研究生活をした。大学教授の地位を切
望してかなえられなかったが，1894年にボ
ーニスとともに創刊したフランス最初の心理
学雑誌『心理学年報』の，編集・執筆の中心
的役割を果たしていた。

▶ **思想の内容と影響**　当時，知能を測定す
る試みは他にもあったが，それらはおおむね
ヴント（Wundt, W.）流の心理学の影響下に
あり感覚・運動的能力の測定を中心とするも
のであった。これに反してビネーは，知能を
いく種類かの思考能力の束としてとらえるこ
とによって直接的に測定できるものと考えた。
その発想のもとに彼は，易しい問題から難し
い問題までを選びだして子どもたちに与えて
実験し，同年齢の子どもたちの75%が解け
る問題をその年齢に相当の問題として並べ，
これを知能尺度とした。そして，ある子ども
が自分の年齢相当の問題よりも多く答えられ
れば知能が優れ，少なくしか答えられなけれ
ば劣っているとする，という見方をたてた。
これは，知能を，身体発達と同様に，標準的
な完成状態をめざして一定の方向に発達する
客観的に測定可能なものとしてみたことであ
り，彼が自分のふたりの娘を継続的に測定し
た研究にもとづいている。このようなビネー
の知能観と臨床的な研究方法とは，その後ピ

アジェ（Piaget, J.）に引き継がれて，さらに
展開されることとなった。

▶ **教育学的な位置づけ**　ビネーの知能テス
トは世界各国で翻案されて使用されるが，と
りわけ高く評価されていち早く導入されたの
は，産業資本化の急速な進展期にあったアメ
リカであった。同国では，ビネーの知能テス
トの改訂版を用いてなされた実験結果が知能
の生得性・固定性を示すものとされた。そこ
で知能テストは，人間を分類して効率よく教
育するために有用な道具として認められ，軍
隊の新兵の人材配分にも応用された。ビネー
自身は子どもたちの知能の固定性を主張して
いたわけではないが，それでも，彼の発想の
なかに選抜の肯定があったことは否めないだ
ろう。ビネーは，「個人のその環境への適応」
を推進することが教育の目的であり，知能の
測定とは，それぞれの子どもに適切な教育を
保障し，また教師の教育方法の反省を促す意
義をもつ，と言う。だが問題は「環境への適
応」として彼が何をイメージしていたかであ
る。彼のテストで大きな比重を占めたのは，
学力的な要素（計算問題など）や生活経験的
な要素（日付など）である。すなわち測られ
るのは産業化社会に生きてその進展に寄与し
うる能力であり，この能力に優れることが社
会的な適応だと考えられているのである。実
際の生活世界ではそれぞれが生きるありよう
は千差万別であるにもかかわらず，ある生存
の状態を優位と決めて具体的な生活の差異を
切り捨てることによって，「標準的」な知能
尺度をたてる試みはなりたつ。そうしたテス
トによって個的な差異をあらわす分類は必然
的に選抜である。ビネーに代表されるような
知能テストは新教育運動の一つである教育測
定運動によって思想的にフォローされて，各
国に能力別の学級編成が促進されることとな
った。新教育運動とは「子どもから」のスロ
ーガンのもとに教育の方法が問い直された今
世紀の世界的な潮流である。そのなかで教育
測定運動は，それぞれの子どもの能力にあっ
た教育の保障という論を展開したが，子ども

たちの現に生きているありようをみようとする視点を欠いていた。さらには，社会的な状況（環境）を「子どもから」の判断力によってよりよく変えられていく対象とみる認識も希薄であり，一方向的に適応していくべき固定的な対象としてとらえていたのである。

[**参考文献**] Wolf, T. H., *Alfred Binet I*, The University of Chicago Press 1973（宇津木保訳『ビネの生涯——知能検査のはじまり』誠信書房 1979）／Binet, A., Simon, T., *La mesure du developpement de l'intelligence chez les jeunes enfants*, Librairie Almand Colin 1954（大井清吉ほか訳『ビネ知能検査法の原典』日本文化科学社 1977）／Binet, A., *Les idees modernes sur enfants*, Flammarion 1910（波多野完治監訳『新しい児童観』明治図書 1961）
[**関連項目**] 知能／新教育 （西岡けいこ）

批判的教育学
英 critical pedagogy

批判的教育学とは，アメリカで1970年代以降に展開された教育理論で，代表的な論者にアップル（Apple, M. W.）と，ジルー（Giroux, H. A.）がいる。

アップルはイギリスの知識社会学の知見を踏まえたカリキュラム批評を展開し，学校教育をポリティカルな視点から分析することで，「潜在的カリキュラム」という優れた概念枠組みを提出する。学校には公式のカリキュラムとは別に，子どもたちの思考や行動の形成に暗黙のうちに作用する力が存在しており，それが社会の支配的なイデオロギーと密接な関連を有しているとして，学校教育の政治的「非—中立性」を多様な視点から描き出した。

また彼は，『オフィシャル・ノレッジ批判』では，教科書会社や企業による学校教育やカリキュラムへの統制の実態を鋭く指摘し，さらに『デモクラティック・スクール』では，自らの批判的教育研究と実際の学校教育との結実点として「民主的な学校」の重要性を強調している。

ジルーの批判的教育学の特徴は，学校と社会との関係に関わるデューイ（Dewey, J.）

の遺産をベースに，ドイツの批判理論，ブルデューの再生産論やボールズ（Bowles, S.）とギンティス（Gintis, H.）らの対応理論，グラムシ（Gramsci, A.）のヘゲモニー論，そしてフレイレ（Freire, P.）の識字教育など，多彩な思想的成果をアメリカの公教育という文脈にアレンジして，学校教育に関する批判と可能性の両側面を描いた点にある。ジルーによれば，再生産論が指摘するように学校は確かに支配的なイデオロギーが優勢な場所で，社会的・経済的な不平等を再生産する装置として機能している。しかしジルーは同時に，社会的マイノリティの抑圧された現状を変革するための公共領域として学校を再構築することを主張し，そのために教師に変革的知識人としての役割を求める。変革的知識人としての教師は，公共領域としての学校における教育の目的に即して，抑圧的な社会構造に対する批判的な認識と，こうした社会構造を変革する民主的な市民意識を生徒に獲得させる手助けをおこなうとされる（『変革的知識人としての教師』）。

また，ジルーの批判的教育学の特徴として，ポストモダニズムの積極的な受容が挙げられる。1990年代に入ると，ジルーの批判的教育学はポストモダニズムの影響を強く帯びて，他者との差異を「境界」（border）として捉え，そこに働く独自の認識的限界を意識し，その境界を越えること，つまり「越境」（border crossing）の必要性を強調した「境界教育学」を提唱するのである。

[**参考文献**] Giroux, H. A., *Border Crossings*, New York: Routledge 1993
[**関連項目**] アップル／ジルー （上地完治）

美・美的なるもの
独 Das Schöne

▶ **美の探究** 美ないし美的なるものを取り扱う哲学は近世以降は美学と呼ばれるようになるが，美ないし美的なるものについての省察は古代ギリシャ・ローマにまで遡る。プラトン（Platon）は『饗宴』のなかで，美しい

ものへの恋や憧れ，美の追求を通して，美そのものへいたる道程を示し，その道程のなかで人間は自らの魂の本性を回復すると述べた。アリストテレス（Aristoteles）は美のなかでも詩作を通した芸術哲学をその学問体系のなかに制作学として位置づけた。彼の『詩学』は15世紀末にはビザンチンから西欧世界に伝えられ，またルネサンス期にはキケロ（Cicero, M. T.）やクインティリアヌス（Quintilianus, M. F.）らの修辞学とともに芸術の哲学を代表する領域と考えられた。近世以前における美の探究に共通していたのは，芸術作品そのものに内在する美を対象として論じることであった。それに対し，近世になると，美の探究は，その美を感ずる人間の側の探究へとその関心を移していく。そして美についての探究は18世紀にバウムガルテン（Baumgarten, A. G.）やカント（Kant, I.）らによって学問としての体裁を整えた。

▶ 近代美学にみる人間学的・教育学的関心
近代において美ないし美的なるものを独立した研究領域として構築する契機となったのは，17世紀末までに専門用語として確立してきた趣味の概念である。文学や芸術作品との出会いを通した美的経験の確かさを基礎づけるために働くものとしての趣味の概念によって，美ないし美的なるものをめぐる考察は，そうした美ないし美的なるものの表象を主観的に構想することを意味するようになった。美学という名称で美に関わる学問をはじめて提示してみせたのは，バウムガルテンである。彼の美学は理性など上級の認識能力と対応するような下級認識能力である感性の学を意味していた。これは芸術作品自体のもつ調和の法則やイデアの問題として美を探究してきたそれまでの思索形式からの大きな転換である。イギリスでもシャフツベリー（Shaftesbury, A. A. C.）は，美ないし美的なるものをイデアの世界の一部，すなわち超主観的なものではなく，美を表象する人間の側の心の働きとして捉えた。美の探究はその美を感ずる人間の基本能力の問題と考えられるようになったの

である。こうして美の探究は人間性の根源に関わる能力の問題として，善や倫理への教育の問題とも関連づけられていった。美は善にむかって教育されなければならないというシャフツベリーの要求は，その後，ドイツにおける美の探究に大きな影響を及ぼしていった。

カントは，『判断力批判』において美を趣味判断の問題と結びつけた。趣味判断は悟性によってではなく共通感覚から必然的に生じるものであり，主観的必然性に相応するものだという。なぜなら趣味は概念ではなく目的から自由な快の感覚つまり感情に結びついているからである。美ないし美的であるということは必然的な快の対象を概念なしに認識することだという。趣味を構想力の自由な合法則性を提示するものとして捉えることにより，カントは美学を自然世界の合法則性と実践理性の絶対的な要求との間の移行を保証するものだと考えた。美によって自然と道徳が媒介されるというカントの構想は，他律的人間が自らが自らの主人として命令を下すような道徳的人間へと変容していく過程，すなわち近代啓蒙市民としての自律の過程を教育として捉える近代教育の基本構想でもあった。美的判断力の養成が人間に共通する感覚の錬磨を通した近代市民の形成をめざすものであるという捉え方は，美的教育が単なる感性の育成だけでなく，市民としての基礎的かつ共通の感覚の育成でもあると主張したことで，カントの美学は人間形成や教育を基礎づける学問であったといえる。だが，こうしたカントの構想はやはり認識論的すぎると批判したシラー（Schiller, F. von）によれば美的教育は，人間を調和へと誘うことであり，美的なるものを倫理へと結びつけるために，決して人間性を抑圧したり疎外するような方法をとってはならないという。美は人間性を拡大するものであり，生き生きとした遊びの衝動において，感覚的世界と知的世界とは統合され，人間はその本来のアイデンティティの感覚を経験することができるという。そこでは趣味の養成や美への教育とは，人間性を全体として

捉える道徳性への教育であると考えることにより、美は人間形成の中心概念となっていた。美のもつ人間形成への意味に注目したドイツ観念論やロマン主義の美学は、教育学においては芸術教育など芸術関連科目の教育方法といった観点ではなく、むしろ人間形成における経験の問題といった、人間の発達や変容のメカニズムを説明するための理論的基礎を提供した。カントの趣味概念にみる自然と道徳の媒介機能に注目したヘルバルト（Herbart, J.F.）は、美的経験における人間の本性における根本的な変容を通して、人間の性格が道徳的な方向に向かって形成されていくメカニズムを解明しようとした。彼が案出した道徳的趣味の養成という概念は、世界の美的な把握という美的経験を通して、人間がその行動様式に道徳的傾向性を身につけていくことを意味していた。ヘルバルトを含めて、カントが提示した美の人間学的意味は、美的経験における人間の変容を心理学的に説明する方向へと向かっていくことになる。イギリス経験論やフランス感覚論の影響を受けながらも、下級認識能力である感性の学として体系化され、道徳や政治の問題を美の観点から論じようとしたドイツ近代美学は、ドイツ観念論哲学と同様に、ドイツの思想風土を極めて如実に反映しているといえる。

　美学を人間諸科学の基礎に据えようという以上のような一連の動きに対して、ヘーゲル（Hegel, G. W. F.）はシラーがカントの抽象的思考を具体的かつ人間的なものにしたとその功績は認めたものの、美学を他の諸学問に対して過大に評価することには批判的であった。ヘーゲルによれば、宗教を通して絶対的なるものがはじめて芸術という対象から主観の内面性へと入っていくのだという。芸術の機能のもつ歴史性に着目し、ドイツ観念論やロマン主義の美学における人間学的意味づけを相対化しようとしたヘーゲルの視点は、美や美的なるものを過度に崇拝するような思想傾向に対する批判に根拠を与えるものとして、1960年代後半からのポストモダン思潮にみ

られる美的なるものへの傾斜に批判的な立場からは評価されている。また、主観中心的理性を厳しく批判したニーチェ（Nietzsche, F. W.）は、哲学的理性の理念に代わるものとして、近代芸術とその美的世界を提示し、それによって近代の抱える分裂を克服しようと考えた。シラーが美しき魂の調和のとれた働きに人間性の基礎や人間の道徳性への可能性を模索したのに対し、ニーチェは純粋でオリジナルな自己創出を問題とした。自己の創出とは生を自らの権限におさめることであり、生は創出的で芸術的な行為となるべきだというのである。人間は自らを芸術作品として創出するというニーチェの思想はいわゆる広義のポストモダン的な思想流行において、近代的主体の批判と克服をめざす思潮傾向に大きな影響を与えている。さらに、ヘーゲルの弁証法を受け継ぎつつも、それを非同一性の原理によって基礎づけ、非同一的な自然との関係をミメーシスによって回復しうるとして、批判的な自己反省を芸術の真正なる経験、美的経験を通して可能にすることを訴えたアドルノ（Adorno, T. W.）、またアドルノとの論争を通して、芸術作品と自己との関係性を大衆の問題として捉え、さまざまなメディアを介して変容する感覚知覚を糸口にして独自の美学を展開してみせたベンヤミン（Benjamin, W.）も、近代再考をめぐる現代の論議において重要な論点を提供し続けている。

▶ **教育と美的なるもの**　　美的なるものへの教育を求める論議は近代自然科学的な合理主義への反省という文脈で、とりわけ1980年代に入って、教育学の領域で論議が高まっている。それは教育の仕事という具体的諸場面における教育状況の把握における理論的、反省的基礎を提供する学問として、教育学がそれまで用意してきた理論的成果の不備に対する反省の現われとみることもできる。それは目的合理的な教育行為の積み重ねを教育の仕事として理解するようないわゆる教育成果至上主義の尺度で人間を理解することへの反省、あるいはまた理性による啓蒙や自然支配によ

ってよりよき生活を確保できるという近代の楽観主義への懐疑である。このような近代教育学の諸傾向は，道具的理性への傾斜や道徳的地平における意味の喪失，それにともなう個人のアイデンティティの揺らぎといった，それまで教育の基本枠組みとして自明な事柄とされてきた近代教育の諸概念，自律や成熟，主体の確立などを見なおすべき時機にいたったことを暗示している。

　美的なるものを教育に復権しようとする動きは，近代において排除されてきた非概念的なものや感性的なものを教育の現場や理論に取り戻そうというものである。美的なるものを人間性の復権や人間形成の全体のなかに再び位置付けようという試みは，すでに 18 世紀半ばに成立した近代美学の人間主義的ともいえる陶冶概念に現われていた。とりわけドイツ古典主義や新人文主義，ロマン主義の美学においては，美と自然，美と倫理，美と政治の関係の内に美的教育が論じられていた。たとえばシラーにおいては，美的教育は啓蒙やフランス革命といった歴史的文脈において，絶対主義的な国家権威からの解放を意図していた。だが彼のロマン主義の詩的な芸術国家という理想は道徳的感情の形成という路線での政治的意味に留まっていた。それは自然的・倫理的・政治的な教育概念を美的なるものにおいて調和的に連関させることを意図していたのである。それに比べると，19 世紀末から 20 世紀初めにかけての一連の世界的な新教育運動のなかで強調された舞踏や音楽，絵画などを通した芸術教育重視の姿勢は，芸術活動を通した人間変容など美的経験のもつ教育的意味を問題にするものであった。そこでは芸術は教育におけるコミュニケーションの問題として捉え，もはや国家の形成論理や道徳感情の育成のための美的なるものの役割や責任といった問題地平は姿を消してしまっていた。美や芸術のもつ責任倫理はもはや問われないまま，美的なるものへの探究はその後もっぱら，教科教授学の観点からの芸術教育の方法論として論じられてくる傾向が強ま

ってきていたのである。

　そうした 20 世紀の教育における美的なるものへの関心とは対照的に，近代再考のなかで再び注目されている美的なるものは，近代的な教育理念そのものの見直しをするための人間学的な基礎を提供しうるものだと考えられている。現代ドイツにおける美的なるものの探究を近代教育学再考の手がかりとして注目している思想家としては，モレンハウアー（Mollenhauer, K.）とレンツェン（Lenzen, D.）をあげることができる。モレンハウアーは美的経験が教育の本質的要素をなすという前提から出発しつつも，美的経験を語ることの困難さを十分に自覚し，あえてそれを論述的談話の形式ではなく，イロニーやメタファーによって仮構のものとして叙述する新たな形式を教育学に導入することを提案する。そして，バウハウスの民衆教育構想の分析を通して，彼は美的な自我のイロニー的な戯れに美的経験のもつ人間形成の意義を見いだそうとしている。また，自らをポストモダンと称するレンツェンは，フーコー（Foucault, M.）やボードリヤール（Baudrillard, J.）などのポスト構造主義の立場がいうところの記号と記号化されたものとの対応関係の断絶を，教育学に対する捉え方に応用する。彼によれば教育学は教育学という記号の体系によって産み出されたハイパーリアリティにすぎないという。そして教育学はその学問としての成立以来，教育の科学であると同時に教育の美学であったと見立てることにより，彼は教育や人間形成の思想における科学や芸術のメタファーを読み取ることを通して，人間形成をめぐる語りにみられる科学や芸術による抑圧的契機を摘発しようとする。そのような抑圧から自由な人間形成の契機として彼は，プラトンのメテクシス（分有）概念に淵源する教育学的メテクシスを提示する。それは模倣的な行為のようにある人間が他の人間に模倣を強いるといった抑圧的な関係ではなく，ある人間が他の人間のイデアを分有する，つまりある人間が他の人間を，人間のイデアの分有ないし再現

として受け入れるような誠実な関係性を人間形成に取り戻す契機だというのである。思想界一般における美的なるものへの注目は、その他にも、崇高なるものにおける人間変容の可能性や、美的なるもののイデオロギー性を通した新たな美と政治性との関係性の確立といった多岐にわたる問題領域に及ぶ展開をみせているが、教育学の領域における美的なるものをめぐる論議は、美的なものによる教育学の再生というあまりに切迫した実践的関心にもとづくあまり、未だ教育と美の連関における超越性の問題やイデオロギーの問題にまで深く踏み込むにはいたってるとはいえない状況である。

[参考文献] Ehrenspeck, Y., *Versprechungen des Ästhetischen. Die Entstehung eines modernen Bildungsprojekts*, Opladen 1998／Lenzen, D. (Hrsg.), *Kunst und Pädagogik: Erziehungswissenschaft auf dem Wege zur Ästhetik?*, Darmstadt 1990／Mollenhauer, K., *Vergessene Zusammenhänge*, München 1983（今井康雄訳『忘れられた連関』みすず書房 1987）／今井康雄『ベンヤミンの教育思想』世織書房 1998／岩城見一編『感性論——認識機械論としての〈美学〉の今日的課題』晃洋書房 1997／佐々木健一『美学事典』東京大学出版会 1995／藤川信夫「80年代ドイツ教育学におけるポスト・モダンの受容——その概観、評価、展望」『教育学研究』60巻4号、1993／「シンポジウム：美と教育」『近代教育フォーラム』8号、1999

[関連項目] 趣味／鑑賞／判断力 （鈴木晶子）

評 価
英 evaluation

▶ 語 義　評価とは、なんらかの価値的な判断を下すことであり、人間が日常的に行っていることである。こうした日常的な営みが意識化され、手法化されたものがここでいう「評価」という概念である。評価はしたがって、教育評価にとどまらず、環境アセスメントや、経営学での計画（Plan）→実施（Do）→評価（See）→計画（Plan）のサイクルにおける評価などさまざまな分野に見ら

れる。とはいえ、教育評価と他の分野の評価の本質的な違いは、前者の場合は、子どもの発達へのプラスのフィードバックが目標とされている点にある。

▶ 評価の対象　教育評価が問題になる場合、能力を評価するのか、あるいは学力を評価するのか、あるいは新学力観のように、「関心、意欲、態度」まで含めて評価するのか、という評価対象の問題がある。知能テストは一般に能力一般を評価するテストと考えられている。学校で行われているテストは基本的に知能テストではなく学力テストである。学習した成果をテストするわけである。とはいえ、知能と学力の境はあいまいである。学力以外の品行や行状の評価、あるいは「関心、意欲、態度」の評価は、テストによるよりは教師の日常的な生徒の観察にもとづくものが多いだけに、教師の主観に依拠しすぎるという難点がある。

▶ 教育評価の歴史　教育における評価の問題に限定すれば、評価の歴史は試験の歴史とともに古い。しかし、教育評価ということが、正面から問題にされたのは、1900年ころアメリカで起こった教育測定運動においてであった。ソーンダイク（Thorndike, E.L.）らに指導されたこの運動は、論文テストの評価が採点者によりまちまちであることを問題にし、数量的に測定できる客観テストの開発に努めた。ソーンダイクの「すべて存在するものは、何らかの量において存在する」という言葉は有名である。彼は、評価の客観性の根拠を、集団内における個人の相対的な地位に置いたため、相対評価が客観性の維持とセットに導入されることになった。こうした測定運動の流れのなかで、知能テストの標準化も完成する。

1930年代に入り、進歩主義教育運動が高まる。この運動は、客観テストを、客観性を追求するあまり、要素的な評価に傾き、子どもの経験を含めた全体的な評価がなされないと批判した。新しい評価のあり方としては、集団における相対的位置の評価でなく生徒自

642　ヒョウカ

身の成長に即して評価を行うこと，学習結果よりもむしろ学習の過程を評価することの重要性等が強調された。

1933年から40年にかけて進歩主義教育協会は，新教育と伝統的教育の実証的比較研究である「8年研究」を行った。この研究のなかでタイラー（Tyler, R. W.）らは教育目的を明確にした上で，その目的に照らして生徒に望ましい行動変容が生じたかどうかを問題にする，行動教育目標に基づく評価方法を提起した。集団内の相対的位置関係ではなく，望ましい行動変容こそが教育にとって大切であるとの認識からである。

▶ 1960年代以降の教育評価論　1960年代以降は，さまざまな新しい評価の試みが現れてくる。ブルーム（Bloom, B. S.）やタバ（Taba, H.）は，教育目標を行動目標として明細化していき目標のヒエラルキー構造を作る試みを行った。またブルームらにより，全員に到達目標を達成させようとするマスタリー・ラーニングの考え方が提起された。こうした流れは，行動目標の明細化あるいは目標に準拠する到達度評価の流れに位置している。

他方また，生徒が勉強したかどうかを評価するにとどまらず，教師の教育方法が適切であったかどうか，教える内容が適切であったかどうか，あるいはカリキュラム全体が適切に構成されているかどうかを評価しなければならないという考え方が生まれてきた。加えて，クロンバック（Cronbach, L. J.）により，学習者の適性にもとづいて教育的措置を最適化するATI（適性処遇交互作用）の考え方が提起された。また，社会に対して学校が責任を果たしているかどうかを教育成果の評価によって確かめようというアカウンタビリティの考え方も，評価のあり方に関わって提起されてくる。

さらにスクライヴン（Scriven, M.）による形成的評価と総括的評価の区別により，期末テストなどの総括的な評価と並んで，教育途上における教育方法・内容へのフィードバックを目指した形成的評価の重要性が指摘され

た。スクライヴンはまた，目標にとらわれない評価といった新しい評価概念を提起した。目標にとらわれない評価とは，立てられた目標以外のさまざまな成果についても評価をしようとするものである。

▶ 相対評価と絶対評価　実際の評価として一番目立つのは，入学試験や，期末試験，あるいは折に触れてなされる小テストまた学期末に渡される通知票である。一般に通知票は，相対評価でなされることが多い。通知票で一般に採用されている五段階相対評価とは，一定の集団内の成績が正規分布すると仮定して，3が38%，4と2がそれぞれ24%，5と1がそれぞれ7%になるように，成績をつけるものである。したがって，いくら努力しても他の生徒が同様に努力すれば，成績は上がらないという事態が生じる。この問題は，とりわけ，1970年代以降，日本において多くの議論がなされた。そこから，相対評価に代わるものとして，到達度評価が主張されるようになってくる。到達度評価とは，集団内の相対的な位置に関わりなく，目標達成との関連でその達成度を評価する絶対評価である。この評価によれば，全員が5ということもありえるわけである。

▶ 評価の今日的課題　最近は，新学力観ということがいわれ，「関心・意欲・態度」や「思考力・判断力」を育てることが強調されている。こうした側面は，なかなか，量的に測定できないものであるから，あらためて，スクライヴンのいう「目標にとらわれない」評価が必要となっていると見られる。

上級学校への進学が，他者との競争という圧力下でなされる以上，相対評価の圧力はなかなかなくならないであろうが，教育における評価は本来，選別のための評価ではなく，その子どもの成長に寄与するような評価でなくてはならない。世界で600校を超えるシュタイナー学校では，テストがなく，通知票も文章でその子に適したコメントを書くという方式を実際に取っているが，それでも進学率が高く成績もよいわけだから，学校は，もう

少し選抜にとらわれない評価をすべきであろう。

［参考文献］橋本重治『新・教育評価法総説』上下，金子書房　1976／梶田叡一『教育評価』有斐閣　1983／ブルーム，ヘイスティングス，マドゥス（梶田叡一ほか訳）『教育評価法ハンドブック』第一法規出版　1973／天野正輝『教育評価史研究』東信堂　1993／梶田叡一『教育における評価の理論』I, II, III, 金子書房　1994
（今井重孝）

表　象
羅 repraesentatio／英 representation／仏 représentation／独 Vorstellung

▶ **語　義**　表象は，主に representation, Vorstellung の訳語であり，何かをその代わりや代理として示す意をもつ。英語の representation（仏語の représentation）の語源としてラテン語の repraesentatio を例に取ろう。これは動詞 repraesentare から成り，再現する，描写する，表現する，上演する，代表・代理するという意味をもつ。代表するということはその背後にある代表されるべき何かの代わりであり，それはすでに代表されるべき何かそれ自体ではない。また，劇が人生の悲喜こもごもや出来事をいかに巧みに表現しようとも，それは人生そのものではない。

表象という言葉はまた，様々なものについて適用される言葉である。例えば，言語表象，イメージ表象，知覚表象や，また文化や芸術に至るまで，実際私たちは様々な表象との関わりのなかで生きている。表象は広範な言説領域を構成してきたし，しているといえる。

表象文化研究者の小林康夫は表象を論じることの難しさを簡潔に二点指摘する。第一に，表象が認識論的な関係概念でありつつ，主体にとっての対象与件として存在論的な意味を持たざるをえないこと，第二に，表象があまりにも一般的な射程の広い概念であること。

敷衍するならば，表象は概ね以下の二つの文脈において論じられてきたといえる。第一に，人間の内的な認識や意識，現象，知覚や心の働きについてと，それらと対象との関係

性に係る観点から。この場合 phantasia, idea (ideé), perception の訳語としても使用される。第二に，社会・文化がどのように表わされうるのか，また，そこで何らかの形をとって行われる人間の表現活動そのものに関わる観点から。この二つの交差する部分に教育における表象の問題は関わる。

第一の観点をあえて通史的に概観すれば以下のようになるだろう。表象を人間の特性として記述したアリストテレスの『霊魂論』では，表象 phantasia は現実態にある感覚から生じた運動とされる。中世においてはトマス・アクィナスが，知性認識を可能にするものとして表象像 phantasia を知覚との関連で論じている。初期近代においてロックは人間の知性がもつ対象として表象・観念 idea を論じ，デカルトは明晰判明な表象・観念を確実性の基礎に置いた。ここでは認識をめぐって，対象と内的機制が問題化される中で表象が論じられ，超越的な意味で使用されてきた idea は内的な観念・表象に読み替えられる。すなわち，人間とは別に存在する外的事物と，人間の内的な心や精神がもつ観念や表象とがどういった関係にあるのかが問題とされる。代表的な立場として，認識を主観から独立した外的事物の表象（模写）と捉える実在論と，認識を観念あるいは表象から説明しようとする観念論がある。人間の認識の限界を内的な表象 Vorstellung の問題として論じたカントの『純粋理性批判』は，対象を主観の働きによって構築される現象として捉えたものとして，近代以降代表的な表象に関する議論の底流をなす。その後，ショーペンハウアーはカントを批判的に継承しつつ主観と客観の相関性として表象 Vorstellung を捉えた。また，現代においてはボルツァーノが，主観的表象と区別される表象する主体を必要としない「表象自体 Vorstellung an sich」という概念を論理学において提起し，また，心理学においてブレンターノが表象を対象への志向性をもつ働きである精神現象の根本的基礎とした。こうした流れは意識に現れるものを問題とし

たフッサールの現象学にいたるまで，表象についての議論として解釈できる。

　教育思想として考えるならば，上記は特に知識観との関わりで重要である。精神に映し出された（あるいはそこにおいて構成される）事物・事柄＝表象が人間形成を促すのであれば，知の獲得（人間がどのように世界と関わりうるか）や人間形成（人間の内的な精神の形成）に表象は関わらざるを得ない。

　また，第二の観点についていえば，社会や文化といった，人間が学ぶべき・到達すべき「何か」にアクセスすることはそれについての言葉やイメージや像といった表象を経ることになる。表象は表象である限りにおいて，すべての人間にとって（措定される何らかの）真理と等距離にあるがゆえに，人間にとって共有可能なものである。

　ドイツの教育学者 K. モレンハウアーによれば，伝統的社会においては，子どもへの生活形式の直接的「提示」（Präsentation）に重心があったが，近代に入り社会関係が複雑化するにつれ，生活形式や経験の「表象（再提示・代表的提示）」（Repräsentation）が固有の教育学的領域を構成するようになるという。17世紀のコメニウスの『世界図絵』は，子どもの感覚に図絵として世界の写像を提供すると同時に，個別的な事柄が150の項目に区分され，関連する物事とともに秩序だって提供される。「これが世界である」と示されるものは，子どものために大人が選び取った伝達される価値のある「世界像」に他ならない。近代以降教育において示される世界は概ね「もう一度の世界」すなわち表象なのである。

　[参考文献]　K. モレンハウアー『忘れられた連関』今井康雄訳，みすず書房　1987／松下晴彦『表象としての言語と知識』風間書房　1999／フーコー『言葉と物』渡辺一民他訳，新潮社　1974／永井均，小林康夫他著『事典哲学の木』講談社　2002
　[関連項目]　意味／記号／言語／知識
　　　　　　　　　　　　　　　　（北詰裕子）

平　等
英 equality／独 Gleichheit／仏 égalité

▶ **教育と平等**　　人間において完全に等しい二つの個体が存在しない以上，「人間の平等」という観念の成立には，必然的に選択的な価値判断が含まれる。つまり，個体間に存在するもろもろの等しさのうち，「人間」としての等しさを排他的に選択する判断が前提される。「AとBは等しく人間であるので，等しく扱われるべきだ」という判断の前段（「等しく人間である」）で「人間」という語が選択されている点に，近代的な価値判断が含まれている。「等しいものは，等しく扱われるべきだ」という意味での平等の理念は古代から存在する。しかしながらこの場合の平等は，同身分の中での平等を意味する。そこで，平等という観念が人間一般に拡大してきた経緯，また，それが教育の平等といかなる関係にあるかが，教育の近代化とのかかわりで問題となる。「人間の平等」の観念に対応する「教育の平等」という観念は，そこに発達段階とのかかわりが含まれるため，「法の前の権利の平等」以上に複雑な問題をはらむ。つまり「人間の平等」が生涯のうちのどの時点での等しさとして解釈されるのか，仮に素質が平等であるとして，それへの働きかけとしての教育の平等は，どこまでの範囲と解釈されるのかということである。したがって，近代以降の理論的問題として機会の平等と結果の平等のいずれを人間の平等の解釈として正当化するかという問題が生じる。

▶ **歴　史**　　古代ギリシャにおいては，市民は自由の享有に関して平等であったが，市民とは住民の一部でしかなかった。プラトン（Platon）は，教育の機会についてはすべての人に等しく認めるという考えをもっていたが，理想国家の構成員全体のあいだでの身分の平等を考えていたわけではない。彼は理想国家を三つの階級に分かれたものとして構想していた。しかし，それは世襲されるものではなく，素質にもとづくものであった。とはいえ，素質が顕在化するのは教育の結果だと

考えられたので教育機会は全員に与えられたのである。万人救済説を唱えたパウロ（Paulos）以来のキリスト教社会において、神の前の平等の観念が広がる。いっぽう、アウグスティヌス（Augustinus, A.）は予定説を唱え救済可能性は平等ではないと考えたが、それは人間の手を超えて、神にのみゆだねられているとした。中世を通じてキリスト教は封建的な身分制を支えたが、宗教改革期には、ルター（Luther, M.）が、万人が等しく信仰生活を送ることで救済されるとし、僧侶階級と民衆とのあいだの「身分」の違いを否定した。

平等の観念が人間一般の権利の問題として登場するのは近代にいたってのことである。その先駆者であるロック（Locke, J.）は、しかし、教育については紳士階級の教育と労働者階級の教育を区別した。とはいえ、その白紙説的認識論は先天的能力の平等を主張するきっかけとなる。ロックの認識論はフランスの啓蒙運動に引き継がれ、コンディヤック（Condillac, E. B. de）の感覚論を経て、エルヴェシウス（Helvétius, C. A.）の環境決定論にいたって素質の平等の主張につながる。同時代のルソー（Rousseau, J.-J.）は、個別意志によって進展する近代社会において自由と平等が達成されることは困難と考えた。そのため『エミール』では、エゴイズムの回避が最も重要な課題とされた。フランス革命期において啓蒙主義的思想を展開したコンドルセ（Condorcet, M. J. A. N. C. de）は、「精神的能力」faculte moral の不平等によって権利の平等が脅かされてはならないとのべ、初等教育の普及を国民に対する社会の義務と考えた。この考えは、専制を批判する基礎的な知的能力の獲得を国民に平等に保障することにつながったが、しかしいっぽうで、公教育を知育（instruction）に限定したことの根拠の一つになったように、基本的に進学機会の不平等の正当化に導く論理をもっていた。ルペルシエ（Lepelletier, M.）は、これに反対して、現実に知育限定が一部の知識階級に利す

るものであることを指摘し、公教育が教育（éducation）をも担うべきだとした。そして、近代公教育を導いた原理として、平等実現を指導原理とした社会主義がある一方で、実際にその後の公教育を方向づけてきたのは、コンドルセ的な自由主義的立場であった。

▶ **自由主義と教育の平等**　近代公教育における平等原則が基本的に「教育機会の均等」という形で確立してきたことを考えるならば、それは自由主義における平等の保証のあり方の展開と考えられる。そこで、自由主義における平等の解釈の幅を問題にしなくてはならない。自由主義に導かれた近代公教育においては、最も厳密な意味での平等は避けられ、平等は「機会の均等」として考えられる。とはいえ、そうした機会均等をいかなる範囲において考えるか、をめぐって、リバタリアニズム（自由至上主義）、功利主義、自由主義的平等主義の三つの立場が考えられる。リバタリアニズムは、個人の自由に最大の価値をおく。そこでは「小さな政府」が構想され、平等実現のための資産の再配分を政府は行うべきではないとされる。すなわち自由を犠牲にする平等は最小限になる。機会均等の最小限の保障を越えた試みは、私的な教育選択への政府の不当な干渉として排除される。ベンサム（Bentham, J.）やミル（Mill, J. S.）によって確立された功利主義においては、最大多数の最大幸福という原理に適合するかどうかで、政策の是非が判断される。そこでは、最大多数の幸福への貢献を根拠に、干渉が正当化されうる。それはたとえば、経済的に恵まれない才能ある子どもが、社会全体の幸福を増進するという役割を果たすかぎりにおいて、平等主義的な干渉が許される、ということである。ロールズ（Rawls, J.）を代表とする自由主義的平等主義は、これら二つの立場以上に平等に価値をおく。ロールズの正義論においては、自然的ないし社会的な偶然によってもたらされた不利な条件に対して個人は責任を負っていない。したがって、不利な偶然を和らげるための干渉が積極的に要求され

646　ファシズム

ることになる。これら三つの立場が互いに対立する形で，今日の自由主義における教育の平等に関わる政策論争をかたちづくっている。

▶ **教育の機会均等とメリトクラシー**　「能力に応じて等しく」教育を保障するという考えは，社会的地位達成のしくみを帰属原理から業績原理に転換するメリトクラシーの原則に対応している。これは身分差の否定という点で平等を意味するが，能力による不平等の正当化という側面も持っているがゆえに，複雑な問題をはらむ。そして，教育の機会均等がメリトクラシーを正当化するいっぽうで，出発点での不利の背景にある社会階層の影響が見過ごされるという批判が存在する。こうした主張においては，教育の平等の達成以前に，こうした不平等の源泉の除去が要求される。また，近年，ブルデュー（Bourdieu, P.）を中心とする文化的再生産論においては，社会階層にみられる経済的条件に加えて，文化的条件を不平等の源泉として指摘する研究が広く行われている。1960年代以降，日本の教育界で争点となった能力主義は，画一主義批判という側面をもっていたために，平等の主張と平等への批判とが混在するという独自の性質を帯びている。

［参考文献］Howe, K. R., "Equality", *Philosophy of Education・An Encyclopedia*, New York & London 1996／Rawls, J., *A Theory of Justice*, Cambridge 1971（矢島鈞次監訳『正義論』紀伊國屋書店　1979）／Rubinstein, D. (ed.), *Education and equality*, London 1979／パーマー（布田勉訳）「平等」『西洋思想大事典』平凡社　1990
［関連項目］再生産論／自由／能力

（上原秀一）

フ

ファシズム
英 fascism／独 Faschismus

　ファシズムとは，とりわけ1920年代後半から第二次世界大戦の終結までイタリア，ドイツ，日本において出現した政治の運動と思想の総称である。ファシズムの思想的特徴は，急進的ナショナリズムを背景に，各国の歴史的・文化的・政治的条件を反映している点にある。ファシズムは元来イタリア・ファシスト党の政権掌握によって現れ，それはドイツ，日本に波及し，とくに第二次世界大戦中に急速な高まりをみせた。

　一般的にファシズムの思想は，国民国家の政治的・経済的危機を，ナショナリズムによる国民一体感と「指導者」の強力な指導力によって克服しようとするものである。だが，ファシズムは単なる保守主義的思想や「指導者」崇拝とは異なり，政治的・社会的没落の危機に瀕した中間諸階層の危機意識を反映している。この意味で，ファシズムは既成の伝統的支配層にとってかわり，広範な国民的支持を背景にして，「新しい国家」を構想する一面をもっている。

　ファシズムの発現，形態，思想には，各国の国情の違いがあるが，ファシズムの思想的な共通性は第一に，「民族性」の強調と「民族共同体」の構築，「指導者原理」による国家と社会の再構築であり，自民族の生存を図るための戦争の肯定と戦争の賛美である。第二に，反マルクス主義，反自由主義，反議会主義，反国際主義を標榜し，「資本主義」を前提とする既成の思想を全面的に否定してみせる。第三の共通性は，心情でロマン主義的な非合理的運動を支持するとともに，社会的差別を合理化する「社会ダーウィン主義」

の立場に立つことである。

イタリア，ドイツおよび日本におけるファシズムの発生は，国家と社会の近代化のプロセスと第一次世界大戦後の経済的混乱とを主因とし，とくに1929年以降の世界恐慌を契機にしている。イタリア，ドイツおよび日本に共通の経済的基盤は，資本主義の形成が米・英・仏に比べて半世紀以上も遅れて始まり，資源も乏しく経済的な混乱に対する危機感がきわめて強かったことである。つまり，ファシズムは第一次世界大戦後の米・英・仏に代表される先進諸国の国際協調主義に対する日・独・伊などの後発国家の挑戦という文脈のなかに位置づけることもできる。また，ソビエト社会主義国家の成立もファシズム発生の重要な要因であった。社会主義国家の登場は，各国における労働者階級を勇気づけ，経済恐慌に直面した階級間の闘争を激化させた。国家の指導者やブルジョアジーは社会主義・共産主義の脅威を説き，それらの運動を弾圧することで思想的統一を強化し，国家内部の分裂を防ぎ，同時に国民の目を対外侵略にむけようとした。こうした点からいえば，ファシズムの発生要因は資本主義社会の政治・社会・文化的危機の深化，社会主義国家の誕生とそれによる各国の社会主義運動の高揚にあったといえる。

政治運動としてのファシズムは「指導者原理」を中核とし，武装組織を不可欠の要素として大衆運動を展開した。イタリアのファシズムも，ドイツのナチズムも「指導者原理」を組織原理としており，政治的暴力の専門部隊を配置して大衆運動を展開した。しかもファシズムは大衆運動の支持基盤を，巨大資本と社会主義的労働運動とに挟撃された広義の社会的中間層に見いだした。民衆を政治的支持基盤とするファシズムは，カリスマ的な「国民的英雄」もしくは「救世主」への崇拝を民衆の心理的統合の中核においたが，それは多かれ少なかれ「下から」の反権威主義を標榜する大衆自身の社会運動となんらかの形で結合していたのである。

ファシズムは政治的支配層から国民大衆までをも巻き込んだ国家的行動によって，自由と民主主義に敵対し，自民族の優秀性を主張し，他民族の抹殺や他国への侵攻を正当化して侵略戦争へと突き進んだ点で，世界史上に例をみない悲劇的な政治的・思想的運動であったが，1945年の第二次世界大戦の終結とともに多大な犠牲を出して幕を閉じた。ファシズムの政治体制下において青少年は「国家の青少年」として国家に囲い込まれ，教育は，「指導者原理」の称揚と軍事教練を中心として展開された。

第二次世界大戦の終焉とともにファシズムは過去のものとなったかのようにみえるが，民主主義を破壊しようとする動きはいたるところに残存している。国際政治の変化によって，国内の政治的・経済的・文化的危機的状況が増幅されるならば，ファシズムは形態を変えて出現しないともかぎらない。実際，1980年代に入ってから，ヨーロッパ諸国において，「ネオ・ナチズム」や「ネオ・ファシズム」とよばれる新しい右翼勢力の台頭が顕著になっている。

[参考文献] 山口定『ファシズム』有斐閣1979
[関連項目] 国家／国民教育／ナショナリズム
(田代尚弘)

不 安

(認識論上の不安) 英 uneasiness／独 Unruhe／仏 inquiétude
(実存の不安) 英 anxiety／独 Angst／仏 anxiété, angoisse

▶ 概念　不安の欧語（Angst, anxiety, anxiété, angoisse）はラテン語の angustus（狭い，両側から押されている）の派生語の angustia から来る。隘路，狭い通路という語源的意味から動悸や圧迫感，絞殺感をともなう苦痛よりなる恐怖状態を指す。心配，恐怖とならんで精神分析によって多く取り出される不快感情であるが，不安は最も頻度が高いとされる。他の二つ（心配，恐怖）が対象によ

って規定されるのに対して，不安は対象のない状態において発生し，明確に定義されない危険や不幸の恐怖のなかにその起因がある感情的状況である。

哲学では，実存主義の基本的概念の一つであり，人間の存在のあり方を把握するための契機となる概念である。キルケゴール（Kierkegaard, S.）は不安が無から生まれるとし，対象の無い状況におけるどうしようもない不確定な気分として不安の概念を捉えた。そして，無を前にした不安からそれを突き詰めさせて信仰へ飛躍させることによって，人を神の前に立たせようとした。ハイデガー（Heidegger, M.）は，同じく対象のない恐れとして，世界内に存在する自己に対して抱く不安を把握した。さらにサルトル（Sartre, J.-P.）は，自由でしかありえない，あるいは宿命として自由である存在が自らの自由を意識するとともに，そこにどのような手がかりをも摑みえない状況のなかに不安を捉えた。

不安の概念には，これに先立って，ややこれと異なる系列がある。認識論におけるもので，ロック（Locke, J.）が試みた不安概念（uneasiness）に基点を持つ。ロックは人が生活条件を変えようとする動機は何らかの不安（uneasiness）の感情であるとして，それを「心を行動に向かわせる基本的動因」であるとした。それは欲望の感情と結びつき，不安の大小は欲望の大小に対応するものであり，現在持っている幸福よりさらに大きな幸福へと人間を追い立てるものである。

ロックに先立っては，アウグスチヌス（Augustinus, A.）が，「不安」を，幸福を見いだせないところでそれを求めようとする魂の不満足とし，パスカル（Pascal, B.）は無神論者に対する話しかけの手段として「不安」を用いた。ロックの「不安」は幸福へ向う動因の意味をもちながら，こうした護教論から離れたことになる。

ロックの「不安」はライプニッツ（Leibniz, G. W.）およびコンディヤック（Condillac, E. B. de）の「不安」（inquiétude）に受け継がれ，ライプニッツにおいて人間が現在持っていない幸福へ向かう絶えざる進歩の要素となり，コンディヤックにおいてはロックの不安が強弱の二段階に分けられその強度の不安を指すことになるが，活動の源泉とりわけ新しい認識へと向かう動因であった。

実存の不安はロックのいう uneasiness（不安定感情）がコンディヤックを経て主体の観念形成の動機に関わる認識論上の意味であるのに対して，主体の存在そのものが理由を失っている状況において発生する精神的恐怖をともなう気分を意味する。ただし，恐怖が対象を持っているとすれば，この場合には対象がない。すなわち，対象なき恐怖である。近代における存在の個別化（インディヴィデュアリゼーション）にはこのような危機が原理的に内在しているが，18世紀における理性への信頼は，不安（inquiétude）をむしろ幸福への進路へ向かう契機とした。「啓蒙の世紀は不安の世紀である」（アザール）という場合の不安の意味はこれである。ただし，すでに当時，不安（inquiétude）は医学用語にも用いられ，そこには胸部圧迫，動悸（anxiété, angoisse）の意味が含まれていた。18世紀にあって理性によって支えられていた主体の存在理由が，やがて19世紀後半になって，戦争や階級闘争，欲望の全面展開のなかで，理性に対する不信とともに不明確になり，対象なき恐怖の危機が現実のものとなっていく時，胸部圧迫，動悸（anxiété, angoisse）の概念がおもての意味になっていった。この不安は理性に頼れないと同時に，集団にも頼れないところに出てくる。孤独と不安はこの状況において人が抱く感情の基本的タームとなる。

▶ **現代教育と不安**　認識論上の不安と実存の不安は理性に対する信頼と不信という発生理由を異にするが，この両者の結びつきを教育思想の上で検討する時期に来ている。ロックからコンディヤックへの系譜はヘルバルト（Herbart, J. F.）の不安（Unruhe）に繋がっているとみてよいだろう（ライプニッツは

inquiétude に対応するドイツ語として，この語を示した）。ただし，ヘルバルトにあって，それは人の学習行動にとって否定的な意味になる。子どもの注意力を陶冶対象に向かわせようとするとき，不安（Unruhe）が邪魔になる。注意力の陶冶，あるいは望ましい学習の制御にとって，それは悪しき要因であり，取り除かれなければならない。ここに，子どもを安心世界のなかに保護するとともに学習の制御理論としての近代教育学の特徴の一つが示されている。

現代の子どもは安心世界のなかに囲い込まれ，少しずつ自信を与えられて操作され，管理されている。このような場合，不安は学習の動機づけとなっていない。むしろ不安のなかで活力を失い，あるいは攻撃的になっている。子どもにとって孤独や不安は負の意味しか持っていない。教育学上でも，不安は課題性を失ったように見える。

とくに戦後教育にあって，社会性の育成が幼児教育にはじまる教育目標に大きな位置を占めてきたが，孤独と不安に向き合い，それと闘いそれに耐える力の形成はその裏側に隠されたままになってきた。社会的適応障害が広く見られるにいたった今日，こういった教育観を反省し，不安のもつ意味を捉え直すべき状況にあると言える。

[参考文献] Kierkegaard, S., *Der Begriff der Angst*, 1844（齋藤信治訳『不安の概念』岩波書店 1951）／Heidegger, M., *Sein und Zeit*, 1927／Sartre, J.-P., *L'etre et le neant*, Paris 1943（松浪信三郎訳『存在と無——現象学的存在論の試み』人文書院 1956-1960）／Sartre, J.-P., *L'existentialisme est un humanisme*, Paris 1945（伊吹武彦訳『実存主義とは何か——実存主義はヒューマニズムである』人文書院 1955）／Deprun, J., *La Philosophie de L'inquiétude en France au XVIII siécle*, Paris 1979
[関連項目] 実存主義 　　　　　（原聡介）

フィヒテ
（Johann Gottlieb Fichte, 1762-1814）

▶ 生　涯　ザクセン侯国オーバーラウジッツの小村ランメナウに，貧しい職人の長男として生まれる。幼少の頃より神童の誉高く，貴族の援助を得てプフォルタ校に入学し学問を志す。イエナ大学にて神学を，ライプツィヒ大学にて哲学や法律を学ぶが，パトロンの死により，貧窮を余儀なくされる。1791 年にカント哲学と出会い，それまでの決定論的思想を克服する契機をつかむ。『啓示批判』（1792）などによって著述家としての名声を得，1794 年にはイエナ大学に着任し，カント哲学の後継として，『全知識学の基礎』（1794）などにはじまる「学の学」としての知識学（Wissenschaftslehre）の構築をはかる。しかし 1799 年，無神論論争によりイエナを追われ，ベルリンに移り『人間の使命』『封鎖商業国家論』（1800）などを著す。フランス占領下にあっては連続講演『ドイツ国民に告ぐ』（1807-8）を行い国民教育の必要性を訴え，プロイセンにおけるペスタロッチ主義の導入に寄与する。またベルリン大学の開設についての計画書を提出，大学開学の翌1811 年に初代総長に選ばれる。対仏戦争再発にあたり篤志看護婦として勤務する夫人がチフスに感染し，看病中に自らも感染し没する。

▶ 教育思想　　国家主義者，社会主義者などさまざまなレッテルが与えられるフィヒテだが，彼が終生一貫して抱いていた課題とは，カント（Kant, I.）によって理論的に開示され，フランス革命によって具体性を与えられた人間の自由を，体系的に基礎づけつつ，その実現を時代状況のなかで実践的に目指すことにあった。この思想の実践的性格のゆえに，フィヒテは，教育に，人間が完全な自由すなわち「意志と理性法則との完全な一致」を獲得するための過程として重要な位置を与える。ここで人間の自由実現の過渡的手段とされた国家は，やがて知識学の主題が自我（主体）の定立から超越者の探求へと展開することによって，彼の自然法論で規定された家族内における道徳的義務としての教育を包摂する契機をえる。『ドイツ国民に告ぐ』のなかで，

フィヒテは，超越者の現れとしての民族国家に対する祖国愛を子どもの自己活動のうちに喚起し，この祖国愛を通じて永遠性を認識させることにより，地上世界での理性と道徳性のたゆまざる進歩を実現しようとするのである。

[参考文献]『フィヒテ全集』哲書房　1995-／Fichte, J. G. F., *Reden an die Deutsche Nation*, 1808（椎名萬吉訳『ドイツ国民教育論』明治図書　1970）／務台理作『フィヒテ』岩波書店　1938　　　　　　　　　　　（山内規嗣）

フーコー

(Michel Foucault, 1926-1984)

▶ **生涯と著作**　1926 年，フランスのポアチエに，著名な外科医の息子として生まれる。1946 年にエコール・ノルマル・スペリウール（高等師範学校）に入学，1950 年にアグレカシオン（教授資格試験）の準備中にアルチュセール（Althusser, L.）と知りあい影響をうけ，共産党に入党するもしばらくして脱党。1953 年にリール大学の心理学助手に就任し，この年の夏からニーチェ，ハイデガーに親しむ。1954 年に『精神疾患と人格』（のちに『精神疾患と心理学』に改題）を出版する。1960 年にクレルモン・フェラン大学の心理学講師に就任する。1961 年にヘーゲル研究者イポリット（Hyppolite, J.），科学史研究者カンギレム（Canguilhem, G.）を指導教授として『古典主義時代における狂気の歴史』を書き，文学博士号（国家博士）を取得するも，なぜかガリマール社から出版を拒否され，アリエス（Ariès, P.）の紹介で同書をプロン社から出版する。1963 年に『レーモン・ルーセル』および『臨床医学の誕生』を，1966 年に『言葉と物』を出版する。1968 年にヴァンセンヌ大学の哲学正教授に就任し，1969 年に『知の考古学』を出版する。1970 年にコレージュ・ド・フランスの「思考システムの歴史」講座教授に就任する。1971 年『言説の秩序』（邦題『言語表現の秩序』），1973 年『これはパイプではない』，1975 年『監視と処罰』（邦題『監獄の誕生』），1976 年『性の歴史Ⅰ ── 知への意志』，1984 年『性の歴史Ⅱ ── 快楽の活用』，『性の歴史Ⅲ ── 自己への配慮』をあらわす。1984 年 6 月 25 日，『性の歴史Ⅳ ── 肉体の告白』の刊行準備中（いまだに未刊）にパリの病院で死亡する。ホモセクシャルを自認していたため，エイズではないかと噂されたが，死因は脳腫瘍（ただし直接の死因は敗血症）。1988 年に，1982 年度のアメリカのヴァーモント大学での公開講義を収録した『自己のテクノロジー』（L. H. マーチンほか編）が出版される。なお上記の著作すべては，邦訳されている。

▶ **考古学と系譜学**　フーコーの方法原理は，構造主義と解釈学を極限まで押し進めたうえで，その外部にたつことである。かれの主題である西欧近代は，（解釈学に結実する）主体による解釈，（構造主義に結実する）構造による形式化という，二重の地平の交錯・離反である。このような西欧近代の在りようをとらえるために，彼は考古学・系譜学（archeologie/genealogie）という方法を編みだした。それは，言語（言説）のなかの意味関係だけではなく，言語（言説）を外部から支える・換えるさまざまな権力関係（rapports de forces）も示すことで，言語（言説）の現れ方，語り口，分布の様といった地理的・時間的に条件づけられた言語（言説）の在りよう（être）を立体的に示すことである。

この考古学・系譜学の方法は，いわゆる思想史の方法から区別される。歴史的な現象としての知（思想・哲学・科学など）を扱うこれまで思想史（科学史）は，一つの領域の理論・概念・体系の形成・発展・没落を連続的に扱い，たとえそこに不連続があっても，それは連続する地平のなかでの葛藤・矛盾とみなした。たとえば，近代哲学史は，デカルトからカント（Kant, I.），ヘーゲル（Hegel, G. W. F.），フッサール（Husserl, E.）にいたるまで，各思想家の差異を強調しながらも，基本的に連続的に進化する道程を描く。しかし考古学・系譜学は，すべての知は解読される

べき史料であると考え，複数の領域にわたり，史料の表層から消えさった深層構造を掘りおこそうとする。たとえば，西欧の18世紀に経済学・文献学・植物分類学などが生まれたが，考古学・系譜学は，こうした一見異なる学問のあいだに共通する思考様式を発見する。それは，「台座」(dispositif)ないし「エピステーメー」(episteme)とよばれ，超歴史的なものではなく，特定の時代に固有のものである。前の時代の台座と後の時代の台座とのあいだは「断層」しているから，中世と現代とにおいて，かりに同じことばが使われていても，その意味は異なる。思想史と違い，考古学・系譜学はこの違いにこだわる。

▶ **言説・権力・自己**　　フーコーの分析対象は，およそ次の四つにまとめられる。①人間諸科学のような，分裂し対立する複雑な言語が織りなす言説システム（そしてその形成プロセスである言説編制 discour formation），②規律・訓練のような，この言説システムの外部にうずまき言説システムをつむぎだす力の在りよう，すなわち権力関係（そしてその定式化装置である権力技術），③これら言説システムと権力関係との連関するところ（「知／権力」(savoir/pouvoir)と表記されるもの），すなわち身体・装置（実践・技術），④自己が自己に働きかけ自己を錬成すること，美学的＝倫理的な自己関係（そしてその定式化装置である生の技法）である。

　まず，言説分析のさい，フーコーにとって大哲学者の言説も無名の作家の言説も，おなじくらい重要な史料である。その言説の同列さを強調して，フーコーは，すべての史料を「アルシーブ」という。また権力分析のさい，フーコーにとってすべての権力は，知に対立するものではなく，知に内在するものであり，また強制的なものではなく，自発的なものである。また知／権力の関係を分析するさい，フーコーは，『狂気の歴史』『臨床医学の誕生』『監視と処罰』『性の歴史Ⅰ──知への意志』に示されているように，病院（医療）・監獄（監視）・学校（教育）を人を「自由な

主体」として形成する（主体化する）権力装置とみなしている。フーコーがもっとも典型的な権力装置としてとりあげたものは，ベンサムが流布させた囚人収容の建築デザインである「一望監視装置」(panopticon)という制度，キリスト教社会の「セクシュアリテ」(sexualité 性にかかわる考え方・やり方の総体)を生みだした「告白」(aveu, confession)という制度であるが，フーコーは，一望監視装置は，監獄にとどまらず学校・工場・軍隊・病院に適用され，また告白制度は，教会にとどまらず医療・精神分析・裁判・教育実践に適用され，近代社会の権力諸装置の全称的な範型をなしているという。また自己関係の分析は，未完成のままだが，フーコーは，『性の歴史Ⅱ・Ⅲ』『自己のテクノロジー』において，古代の「養生法」，近世の「ポリス」を主体化の装置としてとりあげている。

　なおフーコーの議論は，教育社会学者によってしばしば援用されている。たとえば，イギリスのボール(Ball, S.)，アメリカのホーガン(Hogan, D.)など。しかしまだフーコーの規律・訓練論をエラボレートするものがほとんどであり，教育学のエピステーメ論，教育の生－権力論など展開されるべき論題はかず多い。

[**参考文献**]　Ball, S. J. (ed.), *Foucault and Education*, London 1990／Eribon, D., *Michel Foucault（1926-1984）*, Paris: Flammarion 1989／Foucault, M., *Les Mots et Les Chese*, Paris 1966（渡辺一民・佐々木明訳『言葉と物』新潮社 1974）／Foucault, M., *L'archéologie du savoir*, Paris 1969／Foucault, M., *Historie de la Folie.* 2nd edn., Paris 1972（田村俶訳『狂気の歴史』新潮社 1975）／Foucault, M., *Surveiller et punir*, Paris 1975（田村俶訳『監獄の誕生』新潮社 1977）／Foucault, M., *Histoire de la sexualité, l*: la volonte de savoir, Paris 1976（渡辺守章訳『性の歴史Ⅰ──知への意志』新潮社 1986）／Foucault, M., *L'usage des plaisirs: histoire de la sexualité t. 2*, Paris 1984（田村俶訳『性の歴史Ⅱ──快楽の活用』新潮社 1986）／Foucault, M., *Le souci de soi: histoire de la sexualité, t. 3.*, Paris 1984（田村俶訳『性の歴史

III——自己への配慮』新潮社　1986)／Martin,
L. H., et al. (eds.), *Technologies of the Self*,
Amherst　1988（田村俶ほか訳『自己のテクノ
ロジー』岩波書店　1990)／蓮見重彦・渡辺守
章編『ミッシェル・フーコーの世紀』筑摩書房
1993　　　　　　　　　　　　　　　（田中智志）

ブーバー
(Martin Buber, 1878-1965)

▶ **生涯**　　ユダヤ人思想家。ウィーンに
生まれる。ベルリン大学でディルタイとジン
メルの哲学を聴講。1904年ウィーン大学で
神秘主義の研究において哲学博士の学位取得。
その後ユダヤ教内部の革新的な神秘主義的宗
教運動であるハシディズムの研究に没頭。
1923年主著『我と汝』(Ich und Du) を出版，
フランクフルト大学教授となり，ユダヤ宗教
学・ユダヤ倫理学を講じる。ナチスの台頭に
より退職，ユダヤ成人教育センターの責任者
として，ユダヤ人に精神的支柱を与えようと
努力。1938年エルサレムに移り，ヘブライ
大学の社会哲学教授に就任。第二次世界大戦
後，欧米に数回旅行し，各地で講演，影響が
広がる。1960年イスラエル国立科学アカデ
ミーの初代総裁となる。1965年エルサレム
で死去。

▶ **「我─汝」の思想**　　世界は人間のとる態
度によって二つとなる。根源語の一つは「我
─汝」(Ich-Du) の対応語であり，他は「我
─それ」(Ich-Es) である。「我」は「汝」と
関係に入ることによって「我」となる。「汝」
との関係は直接的であり，相互的である。愛
は「我と汝」の間にあり，「汝」に対する
「我」の責任である。「我─汝」は関係の世界
を成り立たせているが，関係の世界をつくっ
ている領域は，自然と交わる生活，人間と人
間の交わる生活，精神的存在と交わる生活，
の三つの領域である。「我」はそれぞれの三
つの領域において，「永遠の汝」，すなわち神
を感じとる。そして対話とは関係そのもので
ある。対話的なものは人間相互の交わりに制
限されず，相互に人間が向かい合う態度であ

る。したがってすべて真の生とは「出会い」
(Begegnung) である。人間存在は単に個人
としてあるいは全体としてあるのではなく，
個人主義と集団主義とのいずれにも還元され
ない「間の領域」にある。「我─汝」の関係
を基礎とする真の共同体は，すべての人々が
「永遠の汝」に対していきいきとした相互関
係をもち，人々の間で相互に生きた関係をも
つ。つまり「我─汝」の関係は，「永遠の汝」
との出会いによって完成される。

▶ **教育思想**　　教育に関する論文には，『教
育論』(1925)，『教養と世界観』(1935)，『性
格教育論』(1939) がある。教育とは，作用
している世界を，人間を通して選びとること
を意味する。世界は，教育者においてはじめ
て教育という作用の真の主体となる。ブーバ
ーは，旧教育と新教育に対して第三の新しい
立場を示すが，それは真の自由とは「出会
い」への自由だからである。教育思想の中核
となる概念は「抱擁」(Umfassung) である。
抱擁とは，教師は教える者であり，生徒は教
えられる者であるという一方的な教育関係で
ある。なぜなら，作用しつつある世界の選択
が教育者によってなされる以上，教育者と被
教育者とは同等な立場に立ちえないからであ
る。抱擁は，教育者と被教育者が「我─汝」
の関係において出会う時に可能となる。抱擁
は対話的関係であり，それを成就するものは
相互の信頼である。すなわち抱擁は，教育的
関係の一つの本質的あり方である。それゆえ，
その名に値いする教育とは，本質的には性格
教育である。生徒の全体性に真に影響力を行
使するのは，教師の全体性のみである。性格
教育を成功に導く教育者の側の条件は，教育
者の謙虚さ，教育者における被教育者の全人
格に働きかけようとする自覚と教育的責任感，
教育者と被教育者の間の信頼，である。教育
者の究極的な目的は「偉大な性格」の形成に
ある。そして真の性格教育は，共同体への真
の教育である。ブーバーの教育思想を，特殊
な思想としてではなく，現代に生きる普遍的
人間教育の思想として評価する人もある。

▶ **影響** 「我―汝」の思想により、現代の哲学、神学、宗教学、社会学、教育学、精神療法等に深い影響を与えた。特徴的な業績として、哲学的人間学への寄与、ハシディズムの研究と紹介、旧約聖書の研究とドイツ語訳の仕事があげられる。教育学説史的には、その「出会い」の概念が、ボルノウの著書『実存哲学と教育学』(1959)の「教育の非連続的形式」に影響を与えている。

▶ **思想史的意義** ブーバーの思想は、広い意味で哲学的人間学および実存主義に近い位置にあるが、その思想の特徴は、ユダヤ教、とくにハシディズムにあり、それを「我―汝」の思想によって普遍思想として発展させた点に独自の立場が認められる。その際、彼が東洋思想、とくに仏教思想に強い関心を示していたことは注目される。また彼の教育思想は、同時代の新教育運動、とくにケルシェンシュタイナーやデューイの影響も見られるが、新教育の立場には立ちえなかった。なぜなら、彼の思想の前提には常にハシディズムの神があったからである。ブーバーの教育思想は、「我―汝」の関係を根拠として、普遍的人間教育の思想の要素をもっている。

[参考文献] Buber, M., *Werke*, 3Bde., Kösel-Verlag, Verlag Lambert Schneider 1962-64／Buber, M., *Reden über Erziehung*, Verlag Lambert Schneider 1953, 1986／Buber, M., *Das Dialogische Prinzip*, Verlag Lambert Schneider, 1962, 1992／『ブーバー著作集』全10巻、みすず書房 1967-70／植田重雄訳『我と汝・対話』岩波書店 1979／稲村秀一『ブーバーの人間学』教文館 1987／小林政吉『ブーバー研究』創文社 1978／齋藤昭『ブーバー教育思想の研究』風間書房 1993／平石善司『マルチン・ブーバー――人と思想』創文社 1991／山本誠作『マルティン・ブーバーの研究』理想社 1969　　　　　　　　（豊泉清浩）

フェヌロン

(François de Salignac de La Mothe Fénelon, 1651-1715)

フランスのカトリックの聖職者、アカデミーフランセーズ会員。処女作『女子教育論』(1687) の名声により、ルイ14世の孫で当時7歳のブルゴーニュ公の師傅に推薦される。ボシュエとの神学論争のもとになる『内面生活に関する諸聖人の箴言解説』(1697) の出版によって弾劾され、『寓話集』、『死者との対話』と共に王子教育の教材として執筆したとされる『テレマックの冒険』(1699) もルイ大王批判を含むとみなされて宮廷を追われ、晩年は著述と司牧者の生活を送る。

思想家としてのテーマは、立憲君主制や社会主義の萌芽、人権思想や自然の命題まで広範に亘る。古代ギリシャ・ローマを手本に習俗純化を訴え、当時の近代人の利己的な理性の用い方を批判しつつ、第二次新旧論争 (1713-1716) では当初、調停に努めた。自らは、デカルト研究から得た合理的かつ懐疑的な哲学的思考とキリスト教の超越的な絶対者への信仰とを一致させるべく苦悶し、次第に静寂主義へと傾くが、神秘体験にはいたらなかった。

『女子教育論』の約二分の一では、早期の宗教教育も含め幼児教育が扱われ、「自然に従い自然を助ける」こと、「勉強を楽しくする」こと、厳格な権威によらない養育掛と子どもの信頼関係などの教育方法原理が示されている。女子教育の領域では、家庭の母親としての徳育的な教育機能が強調される。同時に、読み書き、計算、言葉による自己表現ができ、家産管理の役割をはたす、妻・女主人としての知的な能力の養成が求められている。これらはマントノン夫人（Maintenon, manquise de）のサン・シール女子学校やロランらの女子教育論にも影響を与えた。日本では大正期に紹介され、ルソー（Rousseau, J.-J.）の『エミール』第5編の女子教育論と共に良妻賢母教育のバイブルとして扱われた。

他方、物語形式の『テレマックの冒険』は幼児教育の延長として、また女子教育に対応する青年期の教育論とみることができる。第一に主人公の若者テレマックの固有の人格への注目、第二にその人間像のなかに時代の教育課題が具現化されているからである。情念

654 フェミニズム

の抑制と解放の均衡を保ち，自己統治しうる青年を理想とし，「理性的で徳のある人間」を描き出すことを試みた。テレマックは旅の体験から，自由，平等，平和の観念を獲得し，それらの実践によって人類愛を知るにいたる。ルソーやゲーテ（Goethe, J. W.）への深い影響が指摘され，教育小説の祖として論じられる。モラリストの理想とした「オネットム」や啓蒙主義の思想家ディドロ（Didrot, D.）の「啓発された有徳の士」の人間像等との比較検討を通して，フランス近代の教育思想史全体のなかで位置づけられることが今後の課題である。

[参考文献] Fénelon, *OEuvres complètes*, 1-10 vol., Genève, Slatkine Reprints 1971／Granderoute, R., *Le roman pédagogique de Fénelon à Rousseau*, Genève, Slatkine 1985

（細川たかみ）

フェミニズム
英 feminism

▶ **語 義**　英語の feminism は，ラテン語で女性を意味する femina から派生した語で，もともとは「女性の特質」を意味していた。その後，1890 年代になって，女性の権利を主張する運動をさして，ウーマニズム womanism に代わって用いられるようになった。類語に「女性解放」women's liberation があるが，これは，1960 年代，アメリカで，新左翼運動のなかから，それを批判して後にラディカル・フェミニズムと呼ばれるようになるフェミニストが登場したとき，彼女たちが自分たちの運動を称して使った用法である。解放の用語は，第三世界や黒人の解放と，女性のそれを同一視することから，生まれた。当時，解放という語が，絶大な支持をえていたことから一般に浸透したが，今日では，フェミニズムという言い方の方が一般的である。

多くの辞書で一般に，フェミニズムは，「男女平等の信念にもとづいて女性の権利を主張すること」と定義されているが，実際にはフェミニズムとは何かという定義自体が，

さまざまなフェミニズム理論の諸立場の綱領的宣言という意味をもっており，合意が成立しているわけではない。

▶ **歴史と理論**　歴史的には，フェミニズムは，18 世紀に登場し組織的な運動としては1890 年代から 1920 年代にかけて頂点を迎える第一次フェミニズムと，1960 年代以降の，アメリカの女性解放運動を主要契機として展開された第二次フェミニズムとの二局面に区分されて論じられることが通例である。

理論的には，西欧の市民革命以降の人権思想の影響下において培養され，高等教育の機会均等，参政権の獲得など男性と同等の市民的権利の獲得を目標として掲げた第一次フェミニズムに対して，第二次フェミニズムの功績はとりわけ，以下の三点にある。

まず第一に，性差別という分析カテゴリーを提示したこと。私的領域における権力関係，つまり，性愛，家庭や職場での性役割分業など，従来男女の「自然な性差」にもとづくがゆえに自明であるとみなされていた日常的事象に働く「ポリティクス」が問題として提起され，そのような「性差別」こそが，女性の抑圧の主要な原因であることとされた。

第二に，第一次フェミニズムにおいては，自由主義とマルクス主義という二大思潮に理論的正当性を求めてきたのに対して，女性の抑圧の要因の分析と解放のビジョン，戦略を提示する，いわば自前のフェミニズム理論の形成をみたこと。

現在，ラディカル・フェミニズムからリベラル・フェミニズム，マルクス主義フェミニズム，カルチュラル・フェミニズムから近年のポストモダン・フェミニズムまで，分析方法も解放のビジョンもまったくさまざまな諸理論が展開されている。ごくおおまかには，男女の性差の解消の方略の模索から，男女の二項対立図式を前提としたうえでの女性文化と女性性の価値の称揚へ，さらにはポストモダン理論の影響下における二項対立図式の脱構築の企図へと，諸理論の変化傾向をたどることができるが，現在なお論争が進行中であ

り，明確な合意は得られていない。

さらに第三に，法的な権利獲得のための政治運動として展開された第一次フェミニズムに対して，第二次フェミニズムの運動面での特徴として，出版や論争，女性による女性のためのさまざまな自己援助集団の形成など独自の文化運動を展開したこと。

▶ **女性学と教育学**　女性学の提唱と浸透も，そのような文化運動の成果の一つと見ることができる。女性学と既存のアカデミズムとの関係には微妙なものを残しつつも，フェミニスト研究者のアカデミズムへの進出が一般化する一方，アカデミズム自体も，ジェンダーやセクシュアリティなどフェミニズム由来の諸テーマを自己の研究領域に取り込んでいった。このような展開はとりわけ，歴史学，社会学，精神分析学，文学批評などの諸領域に著しい。

これに対して教育学に関するフェミニストの功績は次の二点に認められる。まず第一に，学校教育現場における性差別の問題提起とカリキュラムや教室実践の実践的改革のための努力，第二には，大学・短大の女性学講座における教育実践を背景とする，フェミニズム「教育学」の模索。他の社会・人文諸科学に見られるようなジェンダー視点にもとづく教育学理論の分析に関しては，いくつかの企図が散見される（Martin, Luke/Gore など）ものの，なお今後の課題として残されている。

［参考文献］Luke, C., Gore, J. (ed.), *Feminism and Critical Pedagogy*, New York, London 1992／Martin, J. R. *Reclaiming a Conversation*, New Haven, London 1985／Tuttle, L., *Encyclopedia of Feminism*, Halow 1986（渡辺和子監訳『フェミニズム事典』明石書店 1991）／上野千鶴子ほか『岩波講座現代社会学11 ジェンダーの社会学』岩波書店 1995／大越愛子『フェミニズム入門』筑摩書房 1996
［関連項目］性　　　　　　　　（鳥光美緒子）

福沢諭吉
（ふくざわ ゆきち, 1834-1901）

▶ **生　涯**　1834（天保5）年大阪の中津藩蔵屋敷で廻米方を勤める百助の次男として生まれる（一兄三姉あり）。諭吉の名は父が多年所望していてこの日たまたま購入できた明律の上諭條例の書名に因むという。1歳の時父病死により母子6人ともに豊前（大分県）中津に帰る。14・5歳のころより漢学を学び始め，他方内職して家計を助ける。わが子を僧職につけたかったという亡父の心を察し，しだいに「門閥制度は親の敵」と期するようになる。1854（安政1）年兄の勧めで蘭学を志し長崎に赴き，さらに翌年大阪に出て緒方洪庵の適塾に入門する。1856年兄病死のため帰郷，家督を継ぐも再遊の念やみ難く再び上阪，適塾の内塾生となり，翌年塾長となる。

1858（安政5）年藩命により江戸に下り，築地鉄砲州の中津藩邸内に蘭学塾を開く（慶応義塾の起源）。翌年，横浜に遊び蘭学が実際に役立たぬことを知り英学への転向を決意，独力で学ぶ。

1860（万延1）年1月最初の幕府遣米使節護衛艦咸臨丸に軍艦奉行木村摂津守の従者として乗り組み渡米，帰国後幕府の翻訳方に雇わる。翌1861（文久1）年12月からまる1年間幕府の遣欧使節に随行してフランス，イギリス，オランダ，プロシャ，ロシア，スペイン，ポルトガルの6か国をつぶさに見聞し，これらの見聞をもとに1866（慶應2）年『西洋事情・初篇』を刊行，ベストセラーになった。さらに1867年には幕府の軍艦受取委員の随員として再度渡米した。1868年には芝新銭座に塾を移し年号に因み慶應義塾と名づけた（1871年三田に移転）。

明治維新後，新政府に招かれるも辞退，生涯官途につかず。他方，1868年『究理図解』，1869年『世界国尽』，1871年『啓蒙手習之文』など多くの著作を刊行し教科書としても広く使用された。とくに1872年から1876年にかけて17篇が刊行された『学問のすゝめ』は1884（明治17）年までに実売部数70万部に達する大ベストセラーになった。ここに込められた思想は72（明治5）年の学制序文にも影響を与え，新政府の教育政策への影響力

の大きさによって「文部省は竹橋に在り，文部卿は三田に在り」と評された。

1873（明治6）年明六社の結成に参加，同年慶應義塾医学所および大阪に義塾分校を設置（75年徳島に移転），翌年幼稚舎および京都に義塾分校を設置，三田演説会を発会するなど（翌年三田演説館を開館），啓蒙思想家としてめざましい活躍をする一方『文明論之概略』の執筆にとりかかり翌1875年刊行した。この頃より国際環境や国内政治への状況判断から徐々に福沢の思想が変化した，と一般にはとらえられる。

1878（明治11）年東京府会議員に選出され，翌年東京学士会院（日本学士院の前身）の設立に参加し初代会長に選ばれた。80年には伊藤博文，井上馨，大隈重信らに政府機関紙発行の引き受けを求められこれに同意，しかし翌年のいわゆる明治14年の政変によって裏切られ翌82年独自に『時事新報』を創刊することになった。自由民権運動の高まりのもとにこの頃より「内安外競」「官民調和」をはっきりと説くようになった。1884年甲申事変によってかねて支援していた金玉均ら朝鮮開化派が敗北すると翌年「脱亜論」を著し「脱亜入欧」を説くようになり，1894（明治27）年の日清戦争では軍資拠金の運動を起こすなど積極的に支援・協力し，『福翁自伝』（1897）にはその勝利を「愉快とも有難いとも云ひやうがない」と記した。なお1890（明治23）年に慶應義塾大学部を設置し，文学・法律・理財の3科を置いた。1901（明治34）年脳溢血のため66歳で死去。

福沢は終生にわたり活発な言論・著作活動を展開したが，これらはすべて『福澤諭吉全集』全21巻（岩波書店）におさめられている。

▶ 思想と評価　福沢諭吉は日本の思想家のなかで最も研究されている者のひとりであるが，彼の思想に対する評価はおおよそ次の四つに分かれ，その評価は定まってはいない。①は一貫する啓蒙主義者・民主主義者ととらえる小泉信三，河野健二，ライシャワーらの

見解，②はこれとはまったく逆に一貫する国権論者ととらえる安川寿之輔の見解，③は福沢の思想は前期の啓蒙主義者から後期の国権主義者・帝国主義者へと2度あるいは3度「変化」（「転回」）したととらえる遠山茂樹やひろたまさきらの見解，そして④はとくに福沢の思想の方法に注目し，思想内容の時代状況に応ずる変化にもかかわらず，価値判断の相対性の主張や実験的精神，あるいは複眼的思考といった近代的な思考方法において一貫しているとする丸山眞男らの見解，である。

教育学研究の立場からも福沢諭吉はしばしば論及され，その教育思想は積極的に評価される場合が多いが，そのひとり山住正己によれば，福沢の教育思想の重要な点は次の三つに要約される。第一は教育内容の科学性・系統性の重視であり，これは福沢の「実学」の主張に由来する。「実学」は単なる実用の学ではなく，物理学（窮理学）を典型とする実験的精神に基づく科学（サイエンス）そのものを意味する。福沢が『学問のすゝめ』で奨励したのはこのような意味での実学にほかならず，これを通して国民が科学的・合理的精神の持主として「一身の独立」を果すことが期待された。第二は徳育の教育全体のなかでの位置づけである。福沢は1880年頃からのいわゆる儒教主義復活の動向を強く批判するとともに，道徳の問題を社会全体の問題として学校教育にのみその責任を求めず，「徳育余論」（1882）では学校の役割を知育に限定するなど近代的な公教育観を展開した。なお福沢は教育勅語に対して何の発言もしていないが，それは勅語批判放棄を意味しない。第三は政治に対する教育・学問の独立を主張し，政治と教育との関係を明確にするとともに，教育・学問への政府の介入を一貫して排除し，このような考えにもとづく教育行政のあり方を追求した。

このような山住の見解に対して全面的に批判するのは安川である。安川は日本の近代化とアジア侵略は一体であったという事実認識に立つならば，福沢の前期啓蒙主義と後期脱

亜論（帝国主義）とは切り離しえないと主張する。第一に「実学」の主張も、学問を立身出世の手段として個人主義的功利性においてとらえたということを意味するにほかならず、それにもとづく「一身の独立」も結局は「一国の独立」に従属せしめられた。第二に福沢は儒教主義を日本の資本主義的発展に役立たないかぎりにおいて批判したのであり、モラルとしての儒教主義を原則として否定したわけではない。それは教育勅語への批判放棄や「教育と宗教の衝突論争」への沈黙などに表われている。第三に福沢の教育・学問独立論は自由民権運動に対する対抗策として、学者や教員が政治に関係することを否定するところに力点があったのであって、むしろ教育・学問が間接的に政治に奉仕をすることにねらいがあった。このように福沢諭吉の（教育）思想に対してはまったく相反するものを含むさまざまの評価がなされて、その間で熱い論争が繰り広げられたが、それはとりもなおさず福沢の思想の「複合的性格」の反映でもあった。

　近年、安西敏三のように、福沢の西洋思想の摂取過程を手沢本への書き込み等の検討によって明らかにし、これを通してその思想の本質に迫ろうとする研究が現れた。また井田進也のように『福澤諭吉全集』に収録された『時事新報』論説を福沢自身のものとするかどうかの認定作業があらためて必要だとする指摘もある。このような、福沢についての実証的文献研究の深化は、従来の福沢像の変更を迫るものになるかも知れず、福沢研究は日本近代史像をめぐる議論とも連動しながら、依然として重要な課題だと言えよう。

　［参考文献］　安西敏三『福沢諭吉と西欧思想』名古屋大学出版会　1995／井田進也「福沢諭吉『時事新報』論説の真贋」『図書』564, 1996・6／片桐芳雄「福沢諭吉における「授業料の精神」」『教育学年報』5, 世織書房　1996／上沼八郎「解説」『福沢諭吉教育論集』明治図書1981／小泉信三『福沢諭吉』岩波書店　1966／河野健二『福沢諭吉』講談社　1967／『福澤諭吉全集』全21巻, 岩波書店　1958-64, 別巻

1971／遠山茂樹『福沢諭吉』東京大学出版会1970／ひろたまさき『福沢諭吉研究』東京大学出版会　1976／安川寿之輔『増補・日本近代教育の思想構造』新評論　1979／山住正己「解説」『福沢諭吉選集』第3巻, 岩波書店　1980／丸山眞男『『文明論之概略』を読む』上・中・下, 岩波書店　1986／安川寿之輔「学問のすすめ＝福沢諭吉」金子茂・三笠乙彦編著『教育名著の愉しみ』時事通信社　1991／山住正己「解説」『福沢諭吉教育論集』岩波書店　1991
　　　　　　　　　　　　　　　　（片桐芳雄）

福　祉
英 welfare, well-being

　福祉の第一義は「幸福」である。英語の「welfare」を分解すると、「well」は「よい・安楽な」という意味であり、「fare」は「状態にあること」「暮らすこと」を意味している。すなわち「welfare」は「良い状態で暮らすこと」という意味をもつ合成語である。また、健康で安楽な状態、「幸福」な状態をさす言葉として「well-being」という熟語が用いられることがあり、これを福祉と訳すこともある。

　福祉は、狭義には、児童や高齢者、障害者や貧困者など、特定の社会的弱者を対象とした、身体的・精神的援助の意味で用いられている。いわゆる「社会福祉」に関連する事柄として用いられることが多い。

　福祉思想は、原始キリスト教の「慈善（charity, caritas）」とギリシャの「博愛（philanthropy）」に始まる。日本においては儒教や仏教の影響が大きい。

　宗教的な慈善事業や人道主義的な博愛事業は、共同体から排除された人びとに対する救済活動として行われていた。とりわけ近代以降の福祉事業は、多くの貧窮者たちが生活するスラム街や農村、病院や監獄の制度的改良と、児童や貧窮者などの生活習慣や能力の教化、という2つの方向性を持っていた。「社会の改良」と「個人の改善」という二つの方向性は、福祉を考える際の重要な視点である。

　慈善事業や博愛事業は、国家や貴族といっ

た権威・権力を持つものからの民衆に対する施し、という関係性の上に成り立っていた。その後、宗教改革や近代国家の成立、市民革命による人権意識の高まり、社会主義運動、フェミニズムなどの影響を受け、福祉事業は主体的な個人（市民）が主導する公共的な相互扶助、社会事業へと世俗化していく。

19世紀末にイギリスとアメリカで興隆したセツルメント運動（settlement movement）は、その後の社会福祉事業の発展に大きな影響を与えた。セツルメントは本来「定着」「移住」という意味であるが、福祉領域におけるセツルメントとは、宗教家や学生といった知識人がスラム街に定住し、貧しい労働者たちと人格的に交流しながら援助を与え、労働者の自力による更生や社会活動への参加を行わせるための活動のことをさす。

経済格差の拡大に伴い、教育機会から排除された膨大な数の貧困者・労働者が生み出された。そこで、イギリスの経済学者、A.トインビー（Arnold Toynbee）を中心として、ケンブリッジやオックスフォードの大学生がロンドンのイースト・エンドに定住し、貧しい労働者たちを対象とした生活改善・教育活動を行ったことが、セツルメント運動の起源とされている。セツルメント運動は世界的に広まり、日本においても1925年に東京帝国大学の学生セツルメントが誕生している。セツルメントは、貧困者の自己改革と結びつくような教育的内容を持っている点が、その核心的な特徴である。

ニューヨークのセツルメント・ハウスでの活動を起源として、「スクール・ソーシャルワーク」の取り組みが登場する。貧困や虐待といった生活上の問題により学校（教育機会）から排除されている子どもたちを対象として、子ども自らの力量を高めるとともに、教師や保護者、地域との連携によって問題を解決することを目指す取り組みである。日本においても、スクール・ソーシャルワーカーの配置が進められつつある。

近代以降の福祉思想は、個人の幸福を自由に追求する権利を保障すること（個人主義）と、国家・社会の統合や秩序維持を実現すること（ナショナリズム）とのバランスにおいて展開してきた。しかし、経済格差の不可逆的拡大が顕在化するにつれて「自立した個人による自由な自己決定」という観念に疑念が生じ、また、社会保障や福祉サービス、雇用などを一国家の責任において供給する「福祉国家」の限界も指摘されている。

個人が「幸福」を自由に追求する権利を最大限に尊重しつつ、多様な諸個人が共生可能な「より良い社会」を実現すること。そのための方略は、具体的な他者との相互関係である教育関係の中に見出されるはずである。福祉社会・共生社会の実現に向けて、教育（学）の果たすべき役割は大きいが、福祉と教育をめぐる議論は緒に就いたばかりである。

［参考文献］ Marshall, T.H., "The right to welfare: and other essays," *Heinemann Educational Books* 1981（岡田藤太郎訳『福祉国家・福祉社会の基礎理論——「福祉に対する権利」他論集』相川書房 1996／吉田久一、岡田英己子著『社会福祉思想史入門』勁草書房 2000
［関連項目］ 公共性／人権 （森岡次郎）

普通教育

英 general（universal）education／独 allgemeine Bildung

近代ヨーロッパの言語においてこのことばの指示する意味は、ただちに中世初期、さらには古代ギリシャにまでさかのぼることができる。プラトンやイソクラテスによって伝えられる教育（パイデイア）は徳の教育であり、その徳は、医者としての卓越性でも大工としての優秀性でもなく、人間一般としての卓越性にほかならない。このようなわけで、彼らのいうパイデイアとは、人間一般の卓越性を目的とした教育、すなわち「一般教育」であり、「普遍教育」であったといってよい。もちろん、その「普遍教育」も、それが人間の魂を配慮する技術であって、それは政治の技術にほかならない、と『ゴルギアス』篇のプ

ラトンはいう。ちなみに，プラトンの普遍教育論は，人間一般ということにおいて，身体の配慮は体育と医術があてられている。この系譜は，古代ローマにおいて，もっと明確なかたちで継受される。すでにラテン人は，紀元前 2，3 世紀には「自由学芸」artes liberales という表現を獲得していたという説もあるが，キケロ（Cicero）は，「自由人に相応しい学芸」として，哲学，数学，音楽，文学，修辞学，幾何学，天文学の七つをあげている。それらは，学問として体系を整えるにいたったものの，教養の分割もそれゆえにかえって進行し，「人間教育」，さらには「普遍教育」としての統合性は決定的に弛緩するにいたった。

それにあらたな統合をあたえたのは，教父とよばれるキリスト教の神学者たちであった。なかでも，アウグスティヌス（Augustinus）は，7 学芸のわくをまもりつつも，あらたに文法学や弁証法をくわえたりして，人間の英知において学問の統一性をもとめている。それを聖書の引用をもって（たとえば，「知恵の家をささえる 7 本の柱」『箴言』）7 学芸として定着させたのは，カッシオドルス（Cassiodorus）においてであり，それを 3 学 4 芸と分割するもとをつくったのは，ボエチウス（Boetius）であった。

イタリアにおける文芸復興（ルネサンス）においては，直接には古代ギリシャ・ローマの文芸が知を媒介したが，それは「より人間的な教養」（studia humaniora）とよばれていたように，都市文化の実利主義とスコラの形式主義に対抗して，ひとつのあらたな教育理念をつくりだした。つまり，パイデイアのルネサンス版である自由教育（institutio liberalis）がそれである。パドヴァのヴェルジェリオ（Vergerio）の『天賦の道徳と自由教育』やローマ法王の秘書をつとめたこともあるロジのヴェジオ（Vegio）の『児童の教育とその美徳』などが，その代表としてあげられる。ヴェルジェリオは，こういう。「私は自由人に相応しい教養を自由な教養という。

それは，それによって，私が智と徳とを獲得し，自由人として行動する教養だからである」。彼らに共通するのは，ギリシャの場合と同様に，人間教育の普遍性を「徳」（virtus）にもとめていることである。しかしながら，その「徳」の内容はおおきく変容していた。あきらかに，都市文明に賢明に対応する知恵と作法がそれには含意されていたのである。

ルターがここで登場するのは，ルネサンスと宗教改革という連続性においてではない。宗教改革はむしろキリスト教原理主義の性格をもっており，「神は子どもを与え，これに糧を与えられたが，それはあなただけがかれらを好きなように扱い，あるいは，この世の華美に向けて教育するため」ではなく，「あなたがかれらを神奉仕へ向けて教育することが，真剣にあなたに命じられているのである」というルターにおいては，人間教育，神の普遍に直接全存在をゆだねる（「神奉仕」）ことでえられる人間としての平安がその目的としてあたえられている。それにしても，ルターはしたたかである。ルネサンスの人文主義者のような姿勢をとって，たとえ現実の職務をもっていなくとも，その教養は十分役立つはずだとして，つぎのようにもいっている。「学識があり，家にいて自分であらゆる種類のものを読み，学識ある人々と語り，交際し，外国を旅行し，取引きができるというのは，なんとすばらしい楽しみであることか」。

コメニウスは，『大教授学』の第 9 章で「すべての人が，いたるところに神を見，いたるところで神をほめたたえ，いたるところで神と抱きあうことを，学ぶのですし，こうして苦悩にみちた・現世の生活をもっと楽しくすごしいっそう大きなあこがれと希望とを抱いて永遠の生活を待ちこがれることを，尊ぶのであります」と述べて，第 10 章『学校での教育は，普遍的（universalis）でなくてはならないこと』で，つぎのようにいっている。教育の思想史において，まさにそのことば universal education が最も端的に指示さ

れているといってよい。それは，すでに標題の別名で指示されていた「あらゆる人にあらゆる事柄を教授する」という確信（「いかなるキリスト教王国のであれそれの集落すなわち都市および村落のすべてにわたり，男女両性の全青少年が，ひとりも無視されることなく，学問を教えられ徳行を磨かれ，敬神の心を養われ，かくして青年期までの年月の間に，現世と来世との生命に属する・あらゆる事柄を僅かな労力で愉快に着実に教わること」）の再確認である。（訳文は鈴木秀勇によるもの）

「学校で教えられまた学ばれなければならぬ・あの・すべての事柄とは，なんであろうか。1. さてここで，学校では，あらゆる者が（omnes）あらゆる事柄を（ominia）教わらなければならない，ということを申し上げなくてはなりません。ただし，私たちがなにか，あらゆる人にあらゆる知識・技術の（とりわけ完全無欠な）習得を要求しているとお考えになってはいけません。申すまでもなく，そんなことは本来なんの役にも立たないのですし，また私たち人間の一生の短かさを考えれば誰にもできはしないのです。……ですから，ずばぬけてすぐれた知能の持主でも，観察と実験とにうち込むつもりならば，これに一生をかけることになりかねません。……しかしながら，人間が地上に送られてまいりますのは，ただの観察者（spectatores）であるためではなく，やがて行為者（actores）となるためでありますし，したがって，すべての人が，現世と来世とで出合う・重要な事柄のすべてについてそれの基礎，根拠，目的をはっきりとつかむことを，学んでほしいのであります。いいかえれば，およそこの・地上の住家に現われるもので，認識されないものもなければ適切な判断が下せないものもなく危険な過失を犯さずにじょうずに間違いなく利用できないものも一つもないようにしてほしいのです」。

そして，コメニウスからは，「普通教育」の理念が教育対象（子ども）と教育内容（知識）の共通性としてパラフレーズされ，その理念的な系譜が追跡される。つぎに普通教育の理念に出会うのは，そのあいだに，たとえば古典古代のパイデイアにひとつの教育範型をもとめるルソーをおいてみることもできようが，19世紀のはじめにプロイセンの教育改革を主導した新人文主義の一般的（普通）人間陶冶論の展開においてである。フンボルト（Humboldt, W. v.）の一般的人間陶冶（allgemeine Menschenbildung），あるいは彼の政策立案にあたっての参謀的な存在だったジュフェルン（Süvern, J. W.）の「プロイセン一般学校法案」（1819）の第1部は「公普通学校」（öffentliche allgemeine Schule）の思想と活動において，それはあらわれている。フンボルトは，有名な『国家機能限定論』（1792）で，こういっている。「いずれにしても，教育は，特定のすなわち人間にあたえられる市民的形式を考慮することなしに，人間を形成しなければならない。……自由なひとのもとではすべての（市民社会における）職業も栄える」。

19世紀のはじめに到達した「普通教育」のこのような地平は，まさに「近代教育理念」として絶対化されてきた。ことにフンボルトのそれは，一方ではジュフェルンの法案におけるように民衆教育レベルにおける「基礎」教育を分離，系統化させながら，他方では大学やギムナジウムなどの「教養」ないしは「一般」教育においてそれなりの実効性をもってきたが，その「解体」と「脱構築」がさけばれるにおよび，かえってその研究上の必要性も生じさせてきている。その方向性は，その理念の歴史的な再検討にもとづいたあらたな人間形成論への展望の可能性そのものと重なり合うであろう。

日本における「普通教育」についても若干ふれておく。ヨーロッパの「普通教育」とは概念のうえでおおきなへだたりがあり，それを簡単には投影できないからである。

普通教育の概念が最初に現れたのは，1879（明治12）年のいわゆる「改正教育令」の

「小学校ハ普通ノ教育ヲ児童ニ授クル所ニシテ」という文言で、それはつづいて「其学科ヲ読書、修辞、算術、地理、歴史、修身等ノ初歩トス」と規定されていた。やがて学校体系が小学校、中学校ならびに高等女学校、さらに高等学校と整備されるにともない、普通教育は、職業教育ないしは専門教育ではないとの了解を含みながら、教育内容の段階に対応して、初等普通教育は尋常および高等小学校、中等普通教育は中学校ならびに高等女学校、高等普通教育は高等学校が担当した。戦後は、「憲法」において普通教育の義務制が規定され、「教育基本法」においては9年間の普通義務教育が規定され、さらに「学校教育法」では、小学校は初等普通教育、中学校は中等普通教育を施すことを目的とし、高等学校は高等普通教育および専門教育を施すことを目的としている。ちなみに、「憲法」の英語訳では、「普通教育」は、ordinary education となっている。

[参考文献] 廣川洋一『ギリシア人の教育』岩波新書 1990／ガレン（近藤恒一訳）『ヨーロッパの教育』サイマル・インターナショナル 1974／上智大学中世思想研究所編『中世の教育思想 上』東洋館 1984／コメニウス（鈴木秀勇訳）『大教授学I』明治図書 1973／フンボルト（小笠原道雄ほか訳）『人間形成と言語』以文社 1989／山内芳文『ドイツ近代教育概念成立史研究』亜紀書房 1994／März, F., *Problemgeschichte der Pädagogik.* Bd. 1: *Pädagogische Anthropologie.* Teil 1. 1978

[関連項目] 人文主義／陶冶／キリスト教／教養／義務教育／高等教育　　　（山内芳文）

仏　教

英 buddhism／独 Buddhismus／仏 bouddhisme

▶ 概　念　　仏教とは、紀元前5世紀頃にヒマラヤ山麓の釈迦国に生まれ、29歳にて出家し、35歳にて悟りを得たブッダが人々に説いた、人間の生活と社会とに関する悟りを得るための教えである。そしてそれは、後に、ことに紀元前後の頃に大乗仏教が成立して以降に、その教えを信奉するあらゆる人々に、階級・地域・民族の相違を越えて平等に開かれていったことから、あらゆる人々が、悟りを得た人、すなわちブッダとなるための教えということもできる。

▶ 歴　史　　35歳のブッダは、ガンジス川中流域のブッダガヤーの菩提樹の下で、悟りを得て覚者（ブッダ）となり、そうしてその後、人々に自らが悟った真理を説いた。それは、人々をとりまくあらゆる現象・事物は、ひとときも留まることなく生滅、遷流する無常の存在であること。しかもそのことに加えて、それらが相互につながりを持ちつつ、相互に依存しつつある相依の存在であること。さらに、この無常であり、かつ相依の存在であることによって、あらゆる現象と事物とは、縁起の存在であるということである。縁起の存在とは、世界にみられるあらゆる現象と事物とが、それぞれが単独に独立して存在しているのでは決してなく、相互に依存する支えあう関係にあることから、他との関係が縁となって必ず生起し、そして相互に影響しあい、関係しあいながら、必ず生滅、遷流していくということを意味する。このような、人間をとりまく世界の実相に立脚して提示された真理を受けとめて、一般に人々にみられる自己に対する、そして対象・事物に対する執着から自由になったときに、人々は執着から生起する苦悩から解放され、涅槃ないしは解脱と称される心の平安に到達することが約束される。このような根本理念を掲げて、ブッダはガンジス川中流域の各地を遊行者として遍歴し、人々にその教えを説いた。

ブッダの活動は80歳にしてクシナガラの地にて没するまで続けられたが、ブッダの出現した紀元前5世紀頃は、インドにおける思想史上の転換期にあたっていた。それまで、強固なカースト制度の下で、第一階級（貴族）として物質的、精神的な支配を及ぼしてきたバラモンに対抗する、反バラモンの立場を鮮明にした自由思想家の群が登場したからである。彼らは、ガンジス川中流域の地方で、次第に現実社会での実権を掌握しつつあった

第二階級（武士・王族）のクシャトリヤ，第三階級（商工民）のヴァイシャなどの勢力の台頭を基盤としていた。ブッダもそのような自由思想家のひとりということもできるが，唯物論，道徳否定論，物心二元論などの多様な主張を，反バラモンの立場から繰り広げる在来の自由思想家を批判し，併せてバラモン思想をも批判し，両者を止揚するところから，ブッダの思想すなわち仏教は生まれている。

こうして仏教の歴史が始まり，やがてブッダを中心に形成された人々の集団は教団の成立へと向かった。ブッダの没後，門弟らによってその教説がしだいに教典として，また同時に，教典の注釈書である論書もまとめられた。さらには教団の秩序維持のための規範である戒律も定められたことにより，経律論の三蔵がそろい，聖典がととのえられた。その後，紀元前3世紀頃のマウリヤ朝のアショーカ王の代に，仏教はインドのほぼ全域に浸透した。しかし同時期に，基本的立場の相違による分裂がおき，上座部と大衆部との二分裂に始まり，紀元前1世紀頃までに20の部派に分かれていった。また紀元前後の頃には在来の仏教に対する革新運動が興り，その結果，在家の信徒を基盤とする大乗仏教が成立し，その教線を拡大していった。7世紀頃には密教が興隆したが，1203年，イスラム教徒の侵攻によって仏教誕生の地インドから仏教は消滅した。しかし，すでに紀元前3世紀にスリランカに伝えられた上座仏教の一派が，その後東南アジア一帯に南伝仏教として拡まり，また，6世紀末と8世紀とに密教の一派金剛乗がインドからチベットに入っていたが，それは中央アジア一帯にラマ教として拡まった。さらに，北インドから西域を経て，中国に1世紀までに伝わっていた北伝仏教は，大乗仏教を主としつつも，密教，小乗をも併せて，4世紀に朝鮮に，そして6世紀には日本にも伝えられた。

▶ **日本仏教と教育思想**　日本に仏教が伝来した当初，仏像，儀礼をともなって伝来した仏教は，効能の多い呪術として受容されたにすぎず，インド・中国にて構築された高度な哲学，ないしは仏教的教育思想というべき人間形成に関する思想として理解されたものではない。6世紀末期から7世紀初頭にかけて活躍した，わが国最初の教育思想家であった聖徳太子も，教育思想としては儒教を採り，教育と仏教教化とを中央集権的な古代専制国家を構築するための手段として利用したにすぎない。

8世紀に入って，儒教と仏教との思想的対決が始まったなかで，仏教に人間形成の原理を見い出していこうとする動きが現れた。それらのなかで最も注目するべきは，行基の活動である。瑜伽論の説に依拠しつつ，行基は被支配者としての民衆が直面する苦しい現実を乗り越えていく，力強い生き方の提示を，生産・技術教育と結合させていった。その結果，共同体の枠をこえた農民結合が生まれ，行基と農民との手になる社会事業活動も展開された。行基の仏教思想そのものというべき実践活動が，本質的に教育活動としての機能を果たしていたといえる。仏教思想を僧院の外に開放し，仏教者としての純粋な生き方をなしえた行基において，仏教伝来以後，はじめて仏教的教育思想の成立をみることができた。

このような仏教の，しかも教育思想としての仏教の現実社会への開放が行われたことの延長上に，その後の9世紀から10世紀にかけての，儒教から仏教へという教育思想の主流の移行が，次第に進んでいった。そのことを象徴するのが，9世紀以降に仏教思想がその教育への影響を強めつつあった，古代学校を代表する大学寮で，964年から仏教行事である勧学会が行われるようになったことである。このことによって，それまでの古代儒教のみを「学」とみとめる学問観が否定され，仏教を学ぶことが「学」として勧められるようになった。やがて大学寮の学生のなかには，儒教を仏教信仰表白の手段視する傾向もみられるようになった。

このように，教育思想の流れが仏教へと傾

斜していく状況が一層に進みゆくなかで、古代儒教の「学」の殿堂であった大学寮そのものに対する否定論ともいうべき根本的な批判も登場した。それは、中世の初等教科書の先駆である『続千字文』の作者としても知られる、大学寮教官算博士の三善為康という、大学寮教育の中枢にあった人物によってなされた。為康は仏教的無常観の立場から、大学寮に巣喰う歪んだ教養主義や立身主義に対する批判を加えていった。

こうして、古代末期の儒教から仏教へという教育思想史上の転換を経て、中世に入ると、中世儒教が登場するまでの数世紀の間、仏教は教育思想の主流となった。そのために、中世の仏教教育思想については少なからずの論著があり、親鸞・道元・日蓮などを中心にその分析が行われているが、それらは、羽渓了諦の次のような指摘に収斂されるように思われる。羽渓は仏教教育の根幹が、人格価値の創造を主眼として、絶対人格すなわち仏格の完成を期することと、「国土荘厳」「浄土建立」の理想を目標とする、人生社会の文化価値を増進することとに存在するという。

近世以降の仏教は、封建制補完装置としての機能を十分に果たした。したがってわずかに、近代の天皇制宗教というべき天皇制教育を否定した清沢満之などの存在を除いて、教育思想史上にみるべきものは乏しい。

[参考文献] 羽渓了諦『仏教教育学』（仏教思想大系 8）大東出版社 1936／久木幸男『大学寮と古代儒教』サイマル出版会 1968／日本仏教学会編『仏教と教育の諸問題』平楽寺書店 1971／一枝充悳『仏教入門』岩波書店 1990
[関連項目] 儒教／天皇制／遍歴 （大戸安弘）

プラグマティズム
英 pragmatism

▶ **概念と系譜** プラグマティズムは、19世紀後半から 20 世紀前半にかけて主にアメリカで発生し展開された、行動・実践を重視する思想学派である。プラグマティズムという呼称は、事物・行為・出来事を意味するギ

リシャ語 pragmata（単数形 pragma）から派生したものである。この学派を代表する思想家としては、パース（Peirce, C. S.）、ジェイムズ（James, W.）、ミード（Mead, G. H.）、デューイ（Dewey, J.）などが知られている。この思想的立場を継承する現代のプラグマティストには、クワイン（Quine, V. C.）、パットナム（Putnum, H.）、デイヴィッドソン（Davidson, R.）、ローティ（Rorty, R.）などがいる。

プラグマティズムは、その語源が示すように、思想史上では経験や行動を重視する哲学であり、イギリス経験論とドイツ観念論の系譜を継承しながらも、両者の哲学的伝統をアメリカ的文化背景のなかで再構築した学派である。その発端はパースがマサチューセッツ州ケンブリッジで始めた「形而上学クラブ」という私的な集会にあり、そこではダーウィンの進化論が当時の科学や思想に与えた影響などについて論じあっていた。プラグマティズムという言葉が論文にはじめて登場したのは、1878 年に出版されたパースの論文「我々の観念をいかに明晰にするか（How to Make Our Ideas Clear）」であった。パースは、幼い頃から数学者であった父親による家庭教育を受け、実験室で鍛え上げられた論理学者であった。彼は間違いのない真理は存在しないという「可謬主義（fallibilism）」の考え方を提唱したことによって、カール・ポパー（Popper, K.）の先駆をなすと考えられている。パースに続いてこの思想を普及させたのは、ジェイムズであった。ジェイムズの思想には、自らが経験した科学的訓練と宗教心の葛藤が反映されており、個人の自由意志を尊重することによってそれを解決しようとした。彼は、「意識の流れ」との関連で純粋経験や純粋自我の概念を考案し、人間が自らの自由意志を信じて各自の世界制作に取り組む「多元的経験論」の哲学を展開した。

この両者についでプラグマティズムをさらに展開させたのが、ミードとデューイである。ミードは、独自のコミュニケーション論・社

会的自我論を展開することにより，現代の社会学者に影響を与えた。彼の理論によれば，人間の自我は，自らが属する共同体や社会の役割・態度を理解しそれらを採り入れることができる「一般化された他者」の立場に立つことによって形成される。彼の理論は，社会学では「象徴的相互作用論（symbolic interactionism）」と呼ばれ，シンボルを媒介にした意味付与作用の社会的機能を研究することによって，「ラベリング（レッテル貼り）」研究などが展開されている。デューイはこれら三者の思想から影響を受けながらも，独自の自然主義的な経験哲学を構築した。彼は，パースの哲学からは「探究理論」を，ジェイムズからは「経験」の考えを，そしてミードからは「コミュニケーション論」や「精神の創発論」などを継承し，それらを自らの「実験主義」哲学に統合した。デューイは，コモン・マンの立場から日常の諸問題にも関心を抱き，民主主義哲学の構築に取り組んだ。民主主義の理想を実現する手段として彼が提唱し続けたのが「教育」である。デューイにとって，教育は成長と同義であり，民主的な社会はあらゆる構成員の成長を促進することをめざすため，教育と民主主義は共通の目的をもつことになる。しかも哲学は人間の諸特性に関する総合的研究であるため，教育の綜合理論に他ならないと主張した。デューイのプラグマティズムは 20 世紀前半のアメリカ教育に多大な影響を与え，「進歩主義教育（Progressive Education）」の理論的指導者や実践家たちは，自らの理論的根拠をデューイに求めた。とりわけ彼の提唱した「経験を通じての学習」や「反省的思考（探究）の方法」は経験学習や問題解決学習として全米に広まり，アメリカにおける「新教育」の方法として採用されていった。

▶ **進歩主義教育** ［児童中心主義］ 経験主義哲学に立脚したデューイの教育観は，教授・学習方法・カリキュラムの編成などに新たな視点をもたらした。20 世紀初頭のアメリカでは，あらゆる子どもに義務教育を与え

るという国民的課題が達成され，画一的な学校制度が普及していた。教室では，ひとりの教師が 40 人から 50 人の子どもたちに読・書・算を中心に，地理・歴史・文法などの基礎知識を教えていた。一日の教育活動は時間割によって分割され，各時間には教科書中心の授業が展開されていた。子どもは授業中には教室を出ることは認められず，話すことも動くことも禁止されていた。それは教師と教科書を中心とした「旧教育」であった。それに対し，「新教育」はあらゆる教育活動が子どもの経験や活動から出発しそこに帰するという点で，児童を教育の中心に置こうとした挑発的な革新主義であった。それは「児童中心主義教育」とも呼ばれたが，その背後には子どもの創造的衝動や関心を引き出すために，こどもが自由に活動し自己表現できるような環境を準備すべきであるという信念がみられた。そこには教科書や教師の権威を重視する立場から，子どもの興味・関心や経験・活動を重視する立場へのコペルニクス的転回がみられた。このような教育観の変化には，プラグマティズム思想とりわけデューイの思想の影響が強くみられた。

このような先駆者的な学校としては，「進歩主義教育の父」と呼ばれるパーカー（Parker, F. W.）がイリノイ州クック郡で取り組んだ「実習学校」，デューイによるシカゴ大学附属の「実験室学校」，マリエッタ・ジョンソン（Johnson, M. P.）によるアラバマ州の「オーガニック・スクール」などがある。これらの学校の特徴としては，子どもの直接体験を重視したこと，子どもの成長を中心に教材を編成したこと，芸術や実践的技能を創造的表現の方法として採用したこと，学校を理想的な共同体にしようとしたことなどが指摘できる。1910 年代には，革新的な学校の創設が全米へと広がり，1919 年には「進歩主義教育協会」が設立された。同協会は，子どもの個性の育成を目標として，そのための教育方針として，自然に発達する自由，興味の重視，ガイドとしての教師，発達の科学的研

究，発達条件への配慮，子どもの要求に応えるための家庭と学校の協力体制，教育革新の先駆者としての学校，という7項目を掲げた。このような革新的な学校は子どもの経験に焦点を当て，彼らのイニシャティヴや興味に基づいた自由な探究活動を奨励し，その過程を通じて創造的個性を育成することをめざした。

▶ 問題解決学習　　子どもの創造的個性を育成するための教育方法のモデルとなったのが，デューイの「反省的思考の方法」であった。それは「問題解決の方法」や「探究の方法」とも呼ばれ，子どもが自らの観察や推論に基づいて練り上げた仮説を実験・検証・確証することによって，独自の知識・意味体系を構築するという「実験的」な学習方法であった。具体的には，問題状況の発生，問題の発見と観察，アイデアの連想，仮説の練り上げ，行動による仮説の実験，新たな状況の構築という諸局面を経験することによって，参加・協働・実験を中心とした学習活動が展開された。子どもが取り組む問題状況にはさまざまな要因が含まれているため，複数の教科領域にわたる学習が要求され，合科的総合的な学習形態をとることもしばしばみられた。このような学習観には，子どもが自らの問題や課題として興味をもって取り組むことにより自律的学習態度が促進されること，自発的な思考や探究によって獲得された知識や信念は自己のアイデンティティ形成と密接な関係があること，学校で育成された探究学習の方法は他の問題状況においても応用できる学習方法であること，などの考えが含まれていた。理念的には，問題解決学習は，総合性・創造性・協働性・応用可能性などの点で優れた効果を発揮することが期待されたが，実際には，この方法が普及するにともなって，創造的個性的な学習活動が固定的な型にはまったルーティーン活動になってしまうという弊害も多くみられた。

▶ 批判と評価　　子どもの経験を尊重した児童中心主義教育に対しては，その最盛期においてさえ，連続性ある教育計画の欠如，科学

的成果の応用不足，アーティストとしての教師養成の失敗，自己批判の欠如などの問題点が指摘されていた。旧教育の画一性や抑圧的傾向を克服しようとするあまり，自由が「放縦」に，児童の興味重視が「無計画」に，活動中心の学習が「反知性主義」に，そして創造的個性の表現が「強情とわがまま」になることもしばしばみられた。

　1930年代初期には大恐慌のさなか，児童中心の進歩主義教育の無力さが批判され，学校も経済不況や貧困などの社会危機に対応する教育を行う必要性が強調されるようになった。進歩主義「左派」と呼ばれたカウンツ（Counts, G. S.）らは，人々に奉仕する集産主義的経済を確立することによって社会変革をめざそうとし，学校はそれに献身する情熱と忠誠心を子どもに注ぎ込む手段となるべきだという「社会改革主義」の教育を提唱した。1940年代には，社会問題改善のために学校教育が貢献するという目的で，プロッサー（Prosser, C. A.）らによって中等教育における「生活適応教育」が提唱されたが，あまりにも実利的な職業準備教育であると批判された。1950年代以降においては，進歩主義教育の影響力は急速に衰えていった。

　さまざまな発展をとげる過程において，進歩主義教育は，個性・創造性・成長・自尊心の育成という人間中心的な教育のイメージを生み出すとともに，1970年代にはリヴィジョニストたちによってそれと相反するような役割を果たしたことも指摘された。そのような批判のなかには，進歩主義教育は，画一的標準化の強化・効率の重視・秩序維持の強調などによって学校を「官僚的な制度」に変貌させたという見解や，職業教育の導入，選別のための能力別クラス編成やガイダンスの導入などによって学校を「社会的選別装置」に変えてしまったという見解も含まれていた。このような批判にもかかわらず，経験を重視するプラグマティックな教育観は，アメリカ文化の基調をなす個人の成長への信頼と合流することによって，主要な教育思潮の一つと

666 プラトン

して今後も新たな解釈と批判を通じて継承されていくであろう。

［参考文献］ Childs, J. L., *American Pragmatism and Education*, New York 1956／Cremin, L. A., *The Transformation of the School: Progressivism in American Education, 1876–1957*, New York 1961／Katz, M. B., *Class, Bureaucracy, and Schools*, New York 1975（藤田英典ほか訳『階級・官僚制と学校：アメリカ教育社会史入門』有信堂　1989）／Kuklick, B., *Churchmen and Philosophers: From Jonathan Edwards to John Dewey*, New Haven 1985／Mead, H., *Mind, Self, and Society*, Chicago 1934（稲葉三千男ほか訳『精神・自我・社会』青木書店　1973）／Mills, C. W., *Sociology and Pragmatism: Higer Learning in America*, New York 1964（本間康平訳『社会学とプラグマティズム』紀伊國屋書店　1969）／Tyack, D. B., *The One Best System*, Cambridge, Mass. 1974／鶴見俊輔『アメリカ哲学』講談社　1986
［関連項目］ デューイ／進歩主義教育

(早川操)

プラトン

(Platon, B. C. 427–B. C. 347)

「ヨーロッパの哲学伝統の一般的かつ最も安全な性格づけは、それがプラトンへの一連の脚注からなるという点である」（ホワイトヘッド『過程と実在』）と語られるまでに、広くかつ深く、ヨーロッパの思想全体に影響を及ぼしたギリシャの代表的哲学者。

▶ 生　涯　　前 427 年、アテナイに生まれる。民主派系の名門の子弟として、詩への誘惑と国家有為の人物となる夢の乖離に悩みつつ勉学にいそしんでいたプラトンは、ソクラテス（Socrates）を介して哲学の精神に触れ、さらには、時の政権によるソクラテスの裁判と死刑（前 399 年）を目のあたりにして、詩の断念と政治不信という形で、大きくその夢に変更を加えざるを得なくなる（以上は、28 歳までの青少年期）。

メガラやシケリアを遍歴ののちアテナイに戻ったプラトンは、『弁明』『クリトン』等の初期対話篇を次々と公表する。ありし日のソクラテスをそのままに描いて、一方では、師に対する世人の誤解を除き去るとともに、他方では、師のもつ意味をあらためて自らに問い直そうとしたのである（以上、40 歳までの遍歴期）。

ついにその答えを、哲学と政治の合一（哲人政治）の内に見いだしたプラトンは、その実現に向けて、自らの哲学を世に問う著作活動と、アカデメイア（Academeia）を中心とした青年たちの教育活動に着手する。『国家』『パイドン』等の中期対話篇が公表され、独自の哲学ともいうべきイデア（Idea）論と霊魂（Psyche）論が、徐々に形を整えていった（以上は、60 歳までの学頭期）。

哲人政治の理想を実現するべく、請われて試みた 2 度のシケリア渡航（前 367 年と 361 年）はみじめな失敗に終わった。だが、教育活動と著作活動は続行され、『法律』『ティマイオス』等の後期対話篇が公表される。前 347 年、80 歳でこの世を去る。「書きながら死んだ」（Cicero）とも伝えられている（以上は、80 歳までの晩年期）。

▶ 思想の内容　　プラトンの思想は、彼の年齢的な成熟に応じて当然に変化する。そうした変化の実際は、初期対話篇（『エウチュプロン』『ラケス』『プロタゴラス』『メノン』『ゴルギアス』など）、中期対話篇（『饗宴』『パイドン』『国家』『パイドロス』『テアイテトス』など）、後期対話篇（『ソピステス』『政治家』『ピレボス』『ティマイオス』『法律』『書簡集』など）の精読を介しておのずと把握されるだろう。ここではしかし、思想の発展過程によりはその構造に目を向けて、固有の特徴と思われる点をごく大まかに綴ってみる。

周知のようにソクラテスは、正義、勇気、節制、敬虔といった諸徳の何であるかを人々に問いかけ、ついにはアポリア（袋小路）に追い込んで、これらへの無知を思い知らせた上で、「自らの魂にもっと配慮すべきこと」を執拗に訴えた。こうした師の哲学的精神を継承したプラトンは、徳の定義という前者の

方向を「イデア論」の形で，また，魂への配慮という後者の方向を「霊魂論」の形でそれぞれに展開し，独自の哲学を築き上げた。ここにいうイデア論と霊魂論の中身については，プラトンの代表作である『国家』にわけても詳しい。

たとえば，われわれの知る具体的な正義は，人・時・処に応じて異なった形態をとらざるを得ない。けれども，異なった形態の各々に，われわれはなぜ「正義」という共通名を与えるのであろうか。それらの内に共有された「正義それ自体（つまりは正義のイデア）」に着目して，と答える他にあるまい。徳と不徳，ひいては人生の幸と不幸も，基本において，こうした徳のイデアに対する知と無知に由来するといって過言ではない。そして，諸々のイデアを文字どおりに“善きもの”たらしめるイデアのなかのイデア，つまりは「善のイデア」こそ「学ばれるべき最大の事柄（メギストン・マテーマ）」（国家505A）と形容されている。

ところで，こうしたイデアを把握すべき主体としてのわれわれの魂は，どうした構造をもつのであろうか。それは実に，賢者に喩えられる「理知的部分（ロギスティコン）」，獅子に喩えられる「気概的部分（テュモエイデス）」，ヒュードラに喩えられる「欲望的部分（エピテュメーティコン）」から構成された三者の複合体に他ならない。これら三者はそれぞれに固有の機能を有し，それゆえ三者に必要なのは，各自の機能分野を固く守って，いたずらに内政干渉を企てぬことである。結果としてそこには，理知を御者に，気概と欲望を二頭の馬に位置づける「馬車」に喩えてのヒエラルキーを維持した，三者間の機能上の調和（つまりは「魂の健康としての正義」＝調和としての善）が導き出される。

イデア自体は，こうした「魂の健康＝正義」を維持した魂によって，その理知的部分を介して把握される。それゆえ，われわれの魂をこの種の健康状態に導く具体的な教育カリキュラムが考案されなくてはならない。真

の統治者である「哲人王」を育て上げるべく紹介された，算数，幾何学，天文学，音楽理論などの数学的諸学科から，これらを予備学問（プロ・パイデイア）としてその上に展開されるべき「哲学的問答法（ディアレクティケー）」にまで及ぶ一連の教育行程は，イデアの把握に向けた教育プログラムの具体例に他ならない。こうした教育行程はさらに「洞窟の比喩」という形で，すなわち，暗い洞窟の壁面に向けて鎖で固定され，壁面に映る影しか目にできなかった囚人が，自己のいましめを解き放たれて洞窟を逆上り，ついには出口にたどり着いて白日の外界をわが目で眺めた結果，これまで現実と信じて疑わなかった世界が，あろうことか実在ならぬ仮象でしかなかった点に目覚めるプロセスとしても描き示されている。

とはいえ，「学ばれるべき最大の事柄」と形容された「善のイデア」は，この種の教育カリキュラムを経ていうならば自然に，われわれの魂に開示されるわけではない。それは，こうした魂のパイデイアに自らの生涯を捧げるなかで，幸いにして神が許すなら，「まさに突如として，あたかも飛び火によって点ぜられた火のように，われわれの魂の内に生み出されてくる」（第7書簡341D）にすぎない。善のイデアの知は，その意味では文字どおりに「神からの恵み（テイア・モイラ）」と呼ばれるべきかもしれない。

▶ **影響**　プラトンは，考察するに足る哲学テーマの何であるか，それらを考察する方法のいかにあるべきかを，一方では，旺盛な著作活動を介して世の人々に，いわゆる「対話篇」という形で間接的に示すとともに，他方では，自らの創設した学園アカデメイアでの教育活動を介して，そこに学ぶ人々に直接に教え示したといえる。かれの指摘した哲学テーマとして，われわれは，上にも触れた「理知」「気概」「欲望」といった魂の3区分，「太陽」「線分」「洞窟」といった「善のイデア」をめぐる三つの比喩，「哲人王」の理想，「魂の転換」と「イデアへの上昇」をはかる

ユニークな教育カリキュラム，哲学的問答法の性格と内容，魂の健康としての正義論，エルが報告するあの世のミュートス等々をあげることができるだろう。さらには，知識（エピステーメー）と思惑（ドクサ）の峻別，知性による認識（ノエーシス）と悟性による認識（ディアノイア）の区分，「学習＝想起」説，壮大なエロース論，魂の不死についての証明等も加え入れることができるかもしれない。プラトンの偉大さはしかし，こうしたテーマの提示によりはむしろ，なぜこれらがテーマたらざるを得ないかのゆえんを，「対話篇」という形で——すなわち具体的な舞台設定のなかで，具体的なコンテクストに位置づけて——リアルかつビジュアルに語り示す点に求められるのではないだろうか。というのも，個々の対話篇を介してわれわれは，プラトンの思考の過程——つまりは真の意味での「愛知」の過程——にほぼ直接に参加できるからである。かれの思想の影響は，「対話篇」というユニークな表現スタイルと，そうした対話篇のほぼ完全な（今日までの）残存に負うところが大きい。

▶ **位置づけ**　ラファエロの描く『アテナイの学堂』の中央には，居並ぶ当代の学者たちを圧して，老齢のプラトンと壮齢のアリストテレスが，一方は天を，他方は地を指さす姿で共に歩みを進めている様が描かれているけれども，この構図は，学問の領域におけるプラトンの位置を何よりも暗示してはいないであろうか。その著作活動と教育活動を介して展開されたプラトンの「愛知」の姿勢は，その後，高等教育機関としての大学の内に，一方では自由教育（リベラル・エデュケーション）の中心理念という形で，他方では，この自由教育の具体的カリキュラムという形で，すなわち，三学（文法，修辞，弁証法ないし哲学的問答法）と四科（算術，幾何，音楽，天文）からなる自由学芸（リベラル・アーツ）の形で大きく継承されていったからである。

［参考文献］　田中美知太郎，藤沢令夫監訳『プ

ラトン全集』全15巻，岩波書店　1975-78／Jaeger. W., *Paideia*, Berlin, New York, 1973／田中美知太郎『プラトン』全4巻，岩波書店　1979-84
（村島義彦）

フランクフルト学派

英 Frankfurt School／独 Frankfurter Schule

　フランクフルト大学の社会研究所（Institut für Sozialforschung）を拠点とした思想家集団。ホルクハイマー（Horkheimer, M.），アドルノ（Adorno, T. W.），マルクーゼ（Marcuse, H.）のほか，後期のベンヤミン（Benjamin, W.）や初期のフロム（Fromm, E.），また学派の第二世代としてハーバーマス（Habermas, J.），第三世代としてホネット（Honneth, A.）が挙げられる。西欧マルクス主義的な社会哲学を背景とした学際性を特徴とする。初期のフランクフルト学派はマルクス（Marx, K.）とフロイト（Freud, S.）に依拠した学際的唯物論を掲げ，資本主義体制からの解放をめざしていた。しかし，ナチズムの勃興と第二次世界大戦による亡命と離散を経験し，反ユダヤ主義・ファシズム・大量殺戮といった現代の「野蛮」を人類史の帰結として理解するに至った。大戦後の彼らは同時代に潜む「野蛮」の社会的啓蒙に力を注ぎ，哲学・社会学・芸術・大衆文化から政治的時局までを「道具的理性」「文化産業」「権威主義的パーソナリティ」の概念を駆使して批判し，1960年代の「過去の克服」と学生運動の潮流の中で批判的知識人として注目を集めた。ユダヤ的な図像化禁止に比せられるホルクハイマーとアドルノのペシミズムは批判の的となったが，ハーバーマスはコミュニケーション論的転回とともにその克服を試み，ホネットも先行世代の批判と再評価によって新たな社会理論の構築を進めている。

　教育学において彼らの思想は教育の現状や教育思想を批判するための観点として参照されてきた。モレンハウアー（Mollenhauer, K.）やクラフキ（Klafki, W.）らの解放的教育学から批判的教育科学への動向，またジル

ー（Giroux, H.）の初期の批判的教育学には、イデオロギー批判あるいは批判理論としてのフランクフルト学派の受容が認められる。他方で1980年代以降の教育人間学・人間形成論の再構築の動向においては、ミメーシス・模倣（ベンヤミン・アドルノ）、美（アドルノ）、メディア（ベンヤミン）、コミュニケーション（ハーバーマス）、承認（ホネット）といった概念が注目を集めている。

[参考文献] Demirović, A., *Der nonkonformistische Intellektuelle. Die Entwicklung der Kritischen Theorie zur Frankfurter Schule*, Frankfurt am Main 1999（仲正昌樹編集『非体制順応的知識人——批判理論のフランクフルト学派への発展』（全4冊）御茶ノ水書房 2009-11／Wiggershaus, R., *Die Frankfurter Schule. Geschichte, Theoretische Entwicklung, Politische Bedeutung*, München 1988

[関連項目] アドルノ／クラフキ／権威／承認／ジルー／精神分析／ハーバーマス／美・美的なるもの／批判的教育学・批判理論／フロイト／フロム／ベンヤミン／マルクス／マルクス主義／メディア／模倣／モレンハウアー／ユダヤ

（白銀夏樹）

フランクリン
（Benjamin Franklin, 1706-1790）

アメリカの政治家、著述家、科学者、教育家、ペンシルベニア大学の創立者。

▶ 生 涯　フランクリンは、もっとも古いアメリカ人のシンボル、自律的人間（self-made man）の体現者といわれている。かれはボストンの蠟燭職人の息子として生まれた。兄ジェームスの印刷所における徒弟奉公で、印刷技術、文章作法を学ぶ。1723年に独立するためにフィラデルフィアに向う。その後ロンドンにわたり、出版業につく。1726年にフィラデルフィアにもどり、出版社を開業、新聞「ペンシルベニア・ガゼット」（*The Pennsylvania Gazette*）を発行する。1732年から自分も、「勤勉」「正直」「倹約」といった標語をかかげた『貧しいリチャードの暦』（*Poor Richard's Almanack*）を毎年、25年間にわたり出版した。この書は年間1万部売れ、彼の啓蒙思想家としての名声を高めた。

出版業で充分な富をえたフランクリンは、1748年、実務からしりぞき、政治活動、科学実験、教育活動に専念する。すでに1743年に「アメリカ哲学会」（American Philosophical Society）を設立するために、『有用な知識の普及のための提案』（*Proposal for Promoting Useful Knowledge among the British Plantations in America*）を公表（同学会の下地になった「ジャントー」（junto）という読書・討論クラブは、1727年にフランクリンによってつくられた）。また1749年に「コモンマン」全体の教育をめざして、「ペンシルベニアにおける年少者の教育にかんする提案」（*Proposals Relating to the Education of Youth in Pennsylvania*）を公表。ただしこのコモンマンは、一定の財産をもつ白人男性である。同提案においてかれは、コモンマンの子どもたちが学校にかよい、将来つく職業に必要な実務的な知識と教養を習得することを論じる。1751年、フランクリンはいわゆる「フランクリン・アカデミー」「フィラデルフィア・アカデミー」を創立。同校は1791年に「ペンシルベニア大学」と改称した。1776年、フランス大使としてフランスにわたり、ヴォルテールら啓蒙思想家と親交をむすんだ。1785年帰国したフランクリンは、連邦憲法制定議会（1787）に元老として参加したが、3年後に死去。

▶ 思 想　フランクリンの教育思想の基礎は、独立、自由、勤勉といったモダンな価値観であり、その起源は、ヴェーバー（Weber, M.）が指摘しているように、「リベラル化」（理神論化）されたプロテスタンティズムであり、そこにモダンな社会をフォーマットしている資本主義の精神をみいだせる。ベラー（Bellah, R.）によれば、フランクリンは「救われるためにわたしはいったいどうすればよいのか」という問題に悩むことがなかった。かれは、「アメリカ的な一回生（once born）の人間」という、長いアメリカ的な伝統の最初をかざる人物である。「一回生れ

の人間」は，再生の必要をほとんど感じない。自分の義務に一心に献身し，自分の成功を子どものように喜び，ごくまれにしか苦い思いを味わうことがない。フランクリンは，1730年代に「いかなるときも，いかなる過失にもかかわらないままに」生きること，すなわち「道徳的な完全性に到達するための堅実で困難な計画を企てた」と述べている。このとき，かれは完全性のレベルを宇宙論から現実論に引き下げることによって，完成されない存在を完成可能な存在に読み替えたのである。かれにとって，「もっとも完全なヴァーチュは，自己否定からではなく，人間にそなわったヴァーチュオスな自然から生まれるものである」。こうしたフランクリンの完成可能性の観念は，アメリカの教育思想の前提命題として長く息づいていった。

［参考文献］ Anderson, D., *The Radical Enlightenments of Benjamin Franklin*, Baltimore 1997／Franklin, B., *The Autobiography of Benjamin Franklin*, Philadelphia 1964（松本慎一・西川正身訳『フランクリン自伝』岩波書店 1957）／Franklin, B., *The Papers of Benjamin Franklin*, Vol. 20-, L. W. Labaree, et al. eds., New Haven 1959-／May, H. F., *The Enlightenment in America*, New York 1976

（田中智志）

フランクル
（Viktor Emil Frankl, 1905-1997）

　ウィーンの精神科医にして「ロゴテラピー・実存分析」の創始者。「意味」と「受苦」の思想家。母はプラハに中世から続くユダヤのリオン家（16世紀にラビ・レーヴ（Loew, J.）を輩出）の出身。父母と兄，そして最初の妻を奪うことになるナチス強制収容所―その自己体験を綴った『夜と霧』（邦訳名）では，死の意味すら剝奪される状況を何とか生き抜こうとする人々の心術を語り，物質的豊かさにも拘らず「実存的空虚」に陥りがちな現代に啓示の光を投げかけている。その人独自の「意味（Sinn）」の再発見に奉仕する彼の臨床上・学術上・言論上の諸活動は，20

世紀における臨床哲学の貴重な遺産である。彼は精神療法をフロイト（Freud, G.）とアドラー（Adler, A.）に学び，シェーラー（Scheler, M.），ブーバー（Buber, M.），ヤスパース（Jaspers, K.），ハイデガー（Heidegger, M.）など同時代の思想から多くの影響を受けつつ，生きられた現実との往還を通して独自の理論を練り上げた。その「次元存在論」の立場から還元主義的人間理解（心理学主義・社会学主義）を「学問上のニヒリズム」として厳しく批判する。

　〈人生に何かを期待するのではなく，人生から何を期待されているかを聴き取り，具体的な行為で応答せよ〉という「視点のコペルニクス的転回」を促そうとする彼は，近代化の中で能動性・自律性のみに偏向して矮小化した「ホモ・サピエンス（理性の人）」に，勝れて受動的・応答的な「ホモ・パティエンス（受苦する人）」の在り方を覚醒させようとした。どんな状況においても，その時，その人を待っている唯一無二の可能性の実現を通じて，その人格が唯一無二の贈与であることが証しされるという確信のもと，彼は「日常（時間）」が「永遠（無限）」に接するところを「意味」の座とし，これをもって人間学の「人間中心主義」への凋落をくい留めようとする。同時に「神」を「一切にして無なる働き」と表象し，内在即超越・超越即内在という逆対応の切実性を示す。これはユダヤ敬虔主義が示してきた生き方の哲学の語り直しともとれるが，彼は，むしろそこを土台に特定の民族や宗教の違いを超えた何かを見据えようとした。

　日本では60年代初頭に霜山徳爾，宮本忠雄，木村敏ら精神医学関係者による翻訳で著作集が編まれ，教育学における受容はフランクルと同世代の正木正や下程勇吉らを皮切りに教育心理学，教育人間学研究として展開した。西田幾多郎らの京都哲学やレヴィナス（Lévinas, E.）らユダヤ思想家との異同に着目する研究もある。90年代以降は，新たな時代の局面を迎えて，山田邦男らによって新

訳書が続々と出版され，21世紀に読み継がれている。

[参考文献] Frankl, V. E., *Ärztliche Seelsorge* (1946)., 10. ergänzte Auflage, Wien 1982（霜山徳爾訳『死と愛』みすず書房 1983（第6版：1952の翻訳）／山田邦男監訳 岡本哲雄・雨宮徹・今井伸和訳『人間とは何か──実存的精神療法』春秋社 2011）／Frankl, V. E., *... trotzdem Ja zum Leben sagen. -Ein Psychologe erlebt das Konzentrationslager* (1947)., Ungekürzte Ausgabe, 7. Aufl. München 1988（霜山徳爾訳『夜と霧』みすず書房 1961（初版の翻訳）／池田香代子訳『夜と霧 新版』みすず書房 2002）／*Der leidende Mensch* (Der Unbedingte Mensch 1949/Homo patiens 1950), *Druchgesehene Neuausgabe*, München 1990（山田邦男監訳『制約されざる人間』春秋社 2000）／真行寺功訳『苦悩の存在論』新泉社，新装第二版 1988／山田邦男・松田美佳訳『苦悩する人間』春秋社 2004）） （岡本哲雄）

ブランケルツ
(Herwig Blankertz, 1927-1983)

　旧西ドイツの教育学者。フランクフルト学派の影響を受けた解放的教育学の代表者の一人として知られる。第二次大戦後，織物産業の分野で労働を経験し，技師養成所を卒業。1952年に，ヴィルヘルムスハーフェン実業学校教員養成大学で研究を開始。この頃，並行して当地の大学で社会科学を学ぶ。実業学校教員養成課程の修了後ゲッチンゲン大学に進み，1958年に，精神科学的教育学の代表者の一人ヴェーニガー（Weniger, E.）のもとで，『新カント主義における教育学の概念』(1959) によって博士号を取得。その後，1962年に，新カント主義者リッツェル（Ritzel, W.）のもとで，経済規範に依拠することで一般教育学に対する自らの独自性を基礎づけようとしていた経済教育学の代表者たちの抵抗に会いながらも，一般陶冶と職業陶冶の統合に関する論文『職業陶冶と功利主義』(1963) によって教授資格を獲得。

　ブランケルツは，上述の新カント主義教育学との取り組みのなかで，一方では新カント主義から所与の現実を超え出てゆく体系的思考の長所を受けとり，他方では精神科学的教育学における教育の歴史性認識を継承する。彼のこうした立場は，60年代以降，批判的社会理論における「身分と搾取のない人類」（アドルノ）の状態を求める革命的展望とも結合し，次のような認識へといたる。すなわち，大人が所与の維持を望む場合でさえ伝達された内容の解釈や受容や維持は被教育者自身の自発性に依存するのであるから，被教育者の自律性ないし成人性（そしてその方法としての解放）は，教育行為そのものの構造によって教育目的として基礎づけられるという認識である (1982)。

　他方，教授資格取得論文は，一方では，彼自身が経験した，いわゆる「第二の陶冶の道」すなわち職業訓練過程を経由して大学へといたる陶冶過程の問題を理論的に反省する機会となり，他方では，その後ノルトライン・ヴェストファーレン州で行われたコレーク段階実験の理論的基礎ともなった。この論文の中で彼は，「個人が決してたんに手段としてではなく，つねにまた目的として扱われねばならないとすれば，道徳性は，あらゆる相互行為パートナーの個性に対する顧慮をも意味する」とし，新カント主義のパラダイムの内部で，人間を類としてのみ見なす古き新カント主義の限界を克服しようとしていたリッツェルの個性倫理学を継承しつつ，こうした立場から一般陶冶概念の歴史を次のように再解釈している。すなわち，一般陶冶（それは成人性と同義である）は形式的カテゴリーにすぎず，この概念を教育ないし学習の目標として操作化したり，それ自体から陶冶内容を演繹することはできない，むしろ職業陶冶をも含めてすべての特殊な陶冶内容の伝達はそれが解放の基準を満足させるかぎりにおいて一般陶冶たりうる，と。こうした見解は，とりわけケルシェンシュタイナー（Kerschensteiner, G.）からシュプランガー（Spranger, E.）やアロイス・フィッシャー（Fischer, A.）を経てテオドール・リットにいたる，一

般陶冶と職業陶冶の関係を巡る問題史のなかで独特の地位を占めるものとなった。

こうした理論にもとづき、彼は、とりわけ70年以降、教育改革家として、上述のコレーク段階実験の立案、設置、評価において中心的な役割を果たした。この実験は、伝統的に分離されてきたギムナジウムにおける一般陶冶過程と二元体系のもとでの職業訓練過程を制度的に統合し、かつ上述の一般陶冶概念の具体化としての「教授学的構造格子」(専門的人材養成を求める社会的要求を陶冶内容へと転換するフィルター)によって両者をカリキュラム的にも統合しようと試みるものであった。

また彼はドイツ教育審議会のメンバーでもあり、教育政策の方針の変化のためノルトライン・ヴェストファーレン州の外部では具体化されることはなかったが、彼の思想はコレーク段階の計画書『ノルトライン・ヴェストファーレン州コレーク段階』(1972)やドイツ教育議会勧告『後期中等教育の新秩序について』(1974)に色濃く反映されている。さらに彼は、『教育学雑誌』の共同編者として、またドイツ教育科学会の役員、また会長(1974-78)として、旧西ドイツの教育学界をリードした。出版物を通じての影響も大きく、中でも実証主義的教授プラン理論、精神科学的教授プラン理論、そして批判的社会理論を独自の仕方で統合する『教授学の理論とモデル』(1969)は広範な読者を獲得した。なお、彼は、ミュンスター大学で教授職を獲得して後、多くの研究者を世に送りだしている。

[参考文献] Blankertz, H., *Der Begriff der Pädagogik im Neukantianismus*, Weinheim/Berlin 1959／Blankertz, H., *Berufsbildung und Utilitarismus-Problemgeschichtliche Untersuchungen*, Düsseldorf 1963／Blankertz, H., *Theorie und Modelle der Didaktik*, München 1969／Blankertz, H., *Die Geschichte der Pädagogik—Von der Aufklärung bis zur Gegenwart*, Wetzlar 1982／Kutscha G., (Hrsg.), *Bildung unter dem Anspruch von Aufklärung-Zur Pädagogik von Herwig Blankertz*, Weinheim/Basel 1989／

藤川信夫「H. ブランケルツの「一般陶冶」概念の特質」『教育哲学研究』第59号，1989

(藤川信夫)

フリットナー
(Wilhelm Flitner, 1889-1990)

ドイツの教育学者。中等学校の教師を勤め、イエナで成人学校の設立に携わり、校長を歴任後、キール大学教授を経て、1929年、ハンブルク大学の教育学教授となり、1954年、同大学名誉教授。1990年1月21日、「教師の中の教師」としてドイツ教育学界において多大な尊敬を集め、満百歳と5ヶ月の長寿をまっとうし、チュービンゲンで没。

第一次大戦後、新しい成人教育の設立とその発展を指導するとともに、教員養成の改革に尽力する一方、ドイツおよびヨーロッパの文化に共通する基盤を探求し、それとの関連において、ヨーロッパ的教養と人間形成の問題を解明した。特に、1945年以降のドイツにおける教育制度の再編と新方向を、数多くの審議会の委員として示した。とりわけ、ハンブルクの学校委員として、ドイツ委員会や西ドイツ学長会議を先導した第一次「チュチンガー勧告」(Tutzinger Empfehlungen)を作成し、教育制度、教科基準、上級段階および大学入学資格等の改革を指導した。また、教育学の科学的(学問的)性格を方法論的視点から「解釈学的・実践的科学」と名付けた。これは第一次大戦後における教育学の諸派の対立の中で、教育学研究における合意形成の可能性の探求でもあった。フリットナーによれば、教育学は、「事実性、経験性と価値性、規範性が弁証法的に結びあった世界」、いわゆる、学問の中間領域、「中間世界」に立脚するもので、他の精神科学および自然科学に対して、固有な方法的基礎の上に立ち、独自の科学的立場なのである、と規定した。

1925年創刊の学術誌『教育』(*Die Erziehung*)の編集を、シュプランガー(Spranger, E.)、ノール(Nohl, H.)、リット(Litt, T.)等とともに担い、ドイツの科学的教育学の発

展に寄与した。著名なゲーテ研究者（1963年ハンザ同盟都市のゲーテ賞受賞）でもあるが、ディルタイの解釈学を基礎に、シュプランガーの文化理論、ノールの改革教育運動論を自己の教育理論に内在化し、『一般教育学』（Allgemeine Pädagogik）の樹立を図った。

主著に『一般教育学』（1950年2版。これは1933年刊行の『体系的教育学』の改訂版であるが、1960年代まで、ドイツの一般教育学の標準的テキストとして評価されてきた），『晩年の作品におけるゲーテ』（1947年），『現代における教育科学の自己理解』（1957年），『ヨーロッパ的教養』（1961年），『根本的な精神陶冶』（1961）等。『ヴィルヘルム・フリットナー全集』（全11巻，1982-86）がある。なお，フリットナー（Flitner, A. チュービンゲン大学名誉教授）はその子息。

[参考文献] 小笠原道雄『現代ドイツ教育学説史研究序説── ウイルヘルム・フリットナー教育学の研究』福村出版　1974／Flitner, W., *Allgemeine Pädagogik*, Stuttgart 1950（島田・石川共訳『一般教育学』玉川大学出版部　1988）
[関連項目] 教育学／教育科学　（小笠原道雄）

ブルーナー

(Jerome S. Bruner, 1915-2016)

認知発達心理学とそれにもとづく教授理論の研究者として世界的に著名である。またヴィゴツキー（Vigotskii, L. S.）に代表されるソビエト心理学の考え方を取り入れて，文化と認知発達や教育との関連性に関する研究についても早くから取り組んできた。実験心理学分野での代表的な著作である『思考の研究』（Bruner 他 1956）は，それまで行動主義的心理学が支配的だった米国の研究風土のなかで，実験心理学の手法による認知発達研究に道を拓いた業績として歴史的意義をもつ。とくにそこで提起された思考の方略（strategy）という概念は，その後の情報処理アプローチによる認知研究の流れにつながるものであった。

一方教授理論の分野では，スプートニクショックに触発された「教育内容の現代化運動（新カリキュラム運動）」の旗手として知られ，運動の起点であるウッズホール会議の報告書として出版された『教育の過程』（1960）はあまりにも有名である。彼はそのなかで「どの教科でも，知的性格をそのままに保って，発達のどの段階のどの子どもにでも効果的に教授することができる（"Any subject could be taught to any child at any age in some form that is honest."）」という仮説を展開し，学習者の認知発達のさまざまな水準に合わせて教科内容を適切な形に「翻案」して繰り返し学習させるという螺旋型カリキュラム（spiral curriculum）を提案した。これは，旧来のレディネス観に立脚した「発達を待つ教育」から「発達を作り出していく教育」への転換であり，同時に「生活適応教育」から「学問中心教育」への転換であった。このような主張はともすると早期教育の信奉者とか知育偏重とのイメージを招きがちだが，彼の本意は安易な（表層的な行動レベルの）生活適応よりも，文化としての学問内容の理解を重んじたところにある。

ブルーナーが主導した教育内容の現代化の考え方を要約すると，①科学の各分野の基本的概念を抽出し，それを中核として教科内容を構造化する。②それを学習者の認知発達に合わせて「翻案」した形で提示する。③しかも学習過程は，学習者自身による主体的・自発的な「探究」と「発見」を通して進行する，というものであった。彼はこのような教授─学習過程を通して，子どもたちに学問の本質的内容を，広範な転移を期待して，しかも内発的動機づけの下で理解・習得させようとしたのである。

彼はまた自らアフリカへ出かけていって実地調査を行い，それまで人類共通の一般的方向性を持つと思われていた認知発達が社会文化的な影響──それもとくに学校教育の影響──を強く受けていることを明らかにした。最近は，ソビエト心理学や文化人類学の影響

を受けた新しいパラダイムである状況論（状況的認知理論および状況的学習理論）の隆盛を意識しつつ，ますます文化の問題への傾倒を深め，心理学，文化人類学，教育学などを統合する研究を模索している。

[参考文献] Bruner, J.S., Goodnow, J.J. & Austin, G. A., *A Study of Thinking*, New York 1956（岸田弘ほか訳『思考の研究』明治図書 1974）／Bruner, J.S., *The Process of Education*, Harvard University Press 1960（鈴木祥蔵・佐藤三郎訳『教育の過程』岩波書店 1963）／Bruner, J.S., Olver, R., Greenfield, P. M., *Studies in Cognitive Growth*, New York 1966（岡本夏木ほか訳『認識能力の成長』上・下，明治図書 1968, 1969）／Greenfield, P. M., Bruner, J.S., *Culture and Cognitive Growth*, D. A. 1969／Goslin（ed.），*Handbook of Socialization Theory and Research*, Chicago 1969／Bruner, J.S., *The Culture of Education*, Cambridge, Mass. 1996

[関連項目] カリキュラム （生田久美子）

ブルデュー
(Pierre Bourdieu, 1930-2002)

「ハビトゥス（habitus）」，「文化資本（capital culturel）」などの概念装置を用いて，教育，宗教，芸術，言語などにまつわる「象徴的支配（maitrise symbolique）」の構造を分析した学際的研究で有名なフランスの社会学者。小さな村の郵便局職員の家庭に生まれ，高等師範学校を卒業，アルジェリア戦争に徴兵された後，アルジェ大学助手となり，民族学的研究を開始。1964 年，社会科学高等研究院教授となり，教育文化社会学センター（現ヨーロッパ社会学センター）を主宰して精力的に共同研究を組織，独自の術語をちりばめた極めて難解な著作を多数発表。1981 年，コレージュ・ド・フランス教授に就任。

▶ **文化的再生産論** パスロン（Passeron, J.-C.）との共著『遺産相続者たち』（*Les héritiers*, 1964）と『再生産』（*La reproduction*, 1970）を通じて，競争試験によって特徴づけられるフランスの学校教育体系に隠された選別・排除の過程に光をあて，高等教育への進学率上昇が，教養の平等な享受を実現する手段となるどころか，実際には支配的な階級と被支配的な階級の間の文化的不平等を構造的に再生産する機能を果たしていると論じた。その際，家庭や社会環境を通じて習得された「ハビトゥス」（知覚，評価，行動などへの態度性向）と学校で価値を置かれている「ハビトゥス」との類似が大きいほど，学業で成功する確率が高くなることが統計に照らして指摘される。たとえば，抽象度の高い洗練された言語を自在に操る能力は，同国の学校教育で最も重視される事項であるが，この能力は特権階級の「ハビトゥス」となじみ深く，民衆のそれとは大きく異なっている。支配的階級の子どもたちは，社会環境のなかで習得した行動のパターン，教養，言語能力を，学校における競争のなかで元手（「文化資本」）として利用できる。この「相続財産」を自らの才能とみなす誤認が特権階級のイデオロギーであり，一見，各人の努力次第で万人に平等に開かれているように見える学歴資格取得の道は，すでに文化資本を保持している階層に有利な形で構造化されていると指摘される。隠された（象徴的な）支配のメカニズムを暴こうという試みは以後の著作でも生かされ，名門校卒のエリート（「国家貴族」）から庶民にいたる現代人の日常的な行動の分析へと作業領域が広げられている。

[参考文献] Bourdieu, P., Passeron, J.-C., *Les héritiers*, Paris 1964（石井洋二郎監訳『遺産相続者たち』藤原書店 1997）／Bourdieu, P., Passeron, J.-C., *La reproduction*, Paris 1970（宮島喬訳『再生産』藤原書店 1991）／ハーカ，R. ほか編『ブルデュー入門』（滝本往人・柳和樹訳）昭和堂 1993／宮島喬『文化的再生産の社会学 —— ブルデュー理論からの展開』藤原書店 1994 （坂倉裕治）

フレイレ
(Paulo Freire, 1921-1997)

ブラジルの東北部レシフェで軍人の子として，4 人きょうだいの末っ子に生まれる。東北部は砂糖きび栽培が盛んな地であるが，大

土地所有制による収奪のためもあって今日でも貧困地帯として知られる。しかし幸いにもフレイレは幼い頃から父に文字を教えてもらい，母からは信仰の尊さを学びカトリックの信者として育った。だが，29年の世界恐慌の余波を受け，31年，彼の一家も零落し他の地に移住を余儀なくされた。13歳の時に父を喪う不幸も重なり学校の勉強が遅れ，レシフェ大学法学部に入学したのは20歳過ぎであった。法律とともに哲学・言語心理学の勉強にも励んだが，卒業後弁護士の職には就かず，ポルトガル語教師となる。

44年に，小学校教師で識字教育者でもあったエルザ・マイア・コスタ・デ・オリベイラと結婚，5人の子どもをもうけた。その後，成人の識字教育の実践とその方法の研究に携わり，46年から54年までの8年間，ペルナンブコ州「産業社会事業団」の「教育文化局」に勤務しつつ，労働者大衆と「対話」を学び，彼らが自前の言葉を通じてどのように世界を把握するかを理解した。常に実践の中で考え教育者になったのである。59年レシフェ大学に教育哲学の学位論文を提出，教育史・教育哲学の教授となった。しかし，その後も，民衆との「対話」による文化運動を展開した。

63年からブラジル教育省はフレイレの方法を採用しながら識字キャンペーンを繰り広げ民衆意識の覚醒・向上政策を進めたが，64年にクーデターが起こりフレイレはチリに亡命。新しい地でも識字活動を続け，チリ大学などで教えながら，その間『自由の実践としての教育』（67年），『伝達か対話か』（68年）を刊行した。69年にはアメリカに渡り，ハーバード大学の「教育開発研究センター」の客員教授となり，この時期にまとめられたのがフレイレの名を高めた『自由のための文化行動』と『被抑圧者の教育学』（いずれも70年刊）である。70年，ジュネーブの「世界教会協議会」の特別顧問に就任し，以後活動の場をアフリカへ移す。80年に母国ブラジルへの帰国が許され，サンパウロ・カトリッ

ク大学でセミナーを開くなどしたが，86年に妻エルザと死別，88年に教え子アナ・マリアと再婚と身辺多事が続く。89年にはサンパウロ市の教育長に任命され91年まで務めた。この期には，学校評議会と生徒会を創設し，学校自治を実施したことはその後のサンパウロ市の教育改革への画期となった。99年心不全のため同市で死去。享年75歳。

彼は教育の本質を抑圧と貧困からの解放にあると捉え，方法としては，教師が生徒に知識を注入する「銀行型教育」を批判し，両者が水平的関係の中でともに認識を深めあい，行動に展開していく「課題提起教育」を提唱した。ここで求められるのは「世界を読む力」であり，これによって非人間的な現実に介入する主体形成を強調した。この方法が具体的に適用され彫琢されたのは識字教育においてであったが，彼の思想形成の根元には故国ブラジル，とくに生地東北部での貧困の原体験が秘められている。その教育思想は，今日途上国だけではなく日本をはじめ教育の「病理」に苦しむ先進諸国にも多く示唆を与えている。

[参考文献] ガドッチ，M.（里見実・野元弘幸訳）『パウロ・フレイレを読む』亜紀書房1993／フレイレ，P.（里見実訳）『伝達か対話か』亜紀書房　1982／フレイレ，P.（小沢有作ほか訳）『被抑圧者の教育学』亜紀書房　1979
（黒沢惟昭）

フレーベル

(Friedrich Wilhelm August Fröbel, 1782-1852)

▶ 生涯　　フリードリヒ・ヴィルヘルム・アウグスト・フレーベルは，1782年4月21日，シュヴァルツブルク゠ルードルシュタットのチューリンゲン公国にあるオーベルヴァイスバッハ（現ドイツ・チューリンゲン州）に牧師の6番目の子として誕生。彼の母は，その時の困難な出産の後遺症から6ヶ月後にこの世を去った。その後，幼いフレーベルは放任された。彼の継母は彼にまったく関心を示さなかった。のちにフレーベルは，

その時の経験を「人生初期の悲惨な始まり」と語ることになる。放任されるという彼の経験は、のちに彼の反抗的で自己中心的な態度に反映された。父はフレーベルに対して教会の礼拝への出席を強制したが、彼はいつもひとりで聖物納室に閉じ込もっていた。そして、生まれ故郷の森や牧草地を歩き回りながら聖書の言葉の意味や自然の謎について熟考し、独学する大人の態度を身につけるようになった。「絶え間ない自己観察、自己省察、自己教育は、幼い頃から私の人生の基本的な特徴でした」とフレーベルは記している。

このようにフレーベルの幼年時代と少年期前期は、母の喪失、自然への愛、キリスト教によって刻印づけられる。こうした観点はその後の彼の人生に影響を及ぼすことになる。すなわち、彼の教育理論はキリスト教的な、しかし非ドグマ的な基礎を有している。幼稚園のための彼の教育理論の一部である遊戯は、遊びにおける大人と子どもの連帯を強調すると同時に、物質や「自然の事物」のもつ自己教育機能をも強調した。教育者フレーベルは、一生を通じて、自然科学の知識に対して、とりわけ鉱物学と結晶学の学問分野に対して不断の関心を抱き続けたのである。

オーベルヴァイスバッハの初等学校に通った後、彼の叔父の地方監督官ホフマンが彼をシュタットイルムの自宅に引き取っていった。ここでフレーベルは市立の初等学校に通った。彼が受けた正規の学校教育は1796年の彼の堅信礼をもって終了したが、それは彼に非常に深い感銘を残し、彼の宗教的信念をいっそう強めることになった。フレーベルは高等教育の課程に進学しなかった。彼はある林務官のもとで測量技師としての見習いを開始するがわずか2年で断念した。しかしながら、数学と自然科学に対する彼の関心が目覚めさせられていた。1799年、彼はイエナ大学で自然科学の勉強を始めた。しかし経済的な理由から彼は1801年の夏学期にその課程を断念せねばならなくなった。そして彼は、1802年2月に父が亡くなるまで、重病の父の公務

を手伝うことになる。

受難の幼・少年時代ののち、フレーベルは、自己に適した職業の探究という徒弟と遍歴の時代を迎える。彼は決して「生まれながらの教育者」ではなかった。幼年時代に獲得された彼の自然理解は、イエナでの断片的な研究によってさらに深化した。1802年、フレーベルはバンベルク近郊のバウナッハにおいて、後にはバンベルクの地で、税務・山林・十分の一税局の測量技師となった。この時期に彼はシェリングの著作に出会い、『世界精神について』(1788)、『ブルーノー、あるいはもろもろの事物の自然的な原理と神的な原理について』(1802)を読んだ。彼はこの時までに、自然に関する彼の最初の哲学的な考えを獲得していた。1802年に出版されたノヴァーリスの著作とアルントの『ゲルマニアとヨーロッパ』とは、理想主義的な主観性とドイツ民族の歴史とに関する本質的な観念をフレーベルに与えた。

1803年、フレーベルはノイブランデンブルクに近いグロス＝ミルヒョウ農園の私設秘書の職に就く。その折、小さな田園の城の計画を示し、建築家になろうと志していた。その後フレーベルは、建築の職に就こうとし、フランクフルト・アム・マインに移った。建築家への道は失敗するが、1805年6月、彼はペスタロッチ(Pestalozzi, J. H.)の教育原理によって運営されているフランクフルトの「模範学校」に職を見いだす。フランクフルトにおける有力貴族フォン・ホルツハウゼン家との接触によって、フレーベルは1806年の秋、ペスタロッチの教育施設に精通するために、スイスのイヴェルドンへと赴いた。夫人のカロリーネ・フォン・ホルツハウゼン(Holzhausen, C. von)はフレーベルに子どもたちの家庭教師になるよう依頼。1808年から10年にかけて、フレーベルは彼が預かった3人の幼い子どもと共にイヴェルドンで暮らした。そこで彼は、ペスタロッチの基礎的メトーデのさらなる訓練を行うとともに、ホルツハウゼン家の子どもたちに最善の教育を

与えようと努力した。

フレーベルが1808年にイヴェルドンに赴いた頃は、ペスタロッチの施設の国際的名声が最も高い時期であった。しかし、9年から10年にかけて、ペスタロッチの主要な同僚であるニーデラー（Niederer, J.）とシュミット（Schmid, J.）の対立、緊張が高まり、それによってこの施設は次第に世間の注目を浴びることがなくなっていった。フレーベルはニーデラーとペスタロッチとに対抗するシュミットの側に与していたが、1810年秋、彼が世話する子ども達と共に施設を去ることで、この対決から逃れた。フレーベルは、イエナで断念せざるをえなかった自然科学の研究を再開するために1811年6月にゲッティンゲンへと引っ越すが、それまでの間彼はフランクフルト・アム・マインで預かっていた3人の子どもの面倒を見続けた。

だが、フレーベルがフランクフルトを離れたのは、ただ単に彼の職業訓練を遂行するためだけではなく、個人的な理由によるものでもあった。彼が預かっていた子どもの母親であり、また多くの場合彼自身のパトロンであったカロリーネ・フォン・ホルツハウゼンとの関係があまりに熱烈なものとなった結果、フレーベルはむしろこの絆から逃れることを望んだのである。

ゲッティンゲンでフレーベルは、自己の教育哲学、すなわち同時に彼の科学理論でもあり彼の形而上学でもある「球体」（Sphäre）の哲学を打ち立てた。「球体、それは宇宙における、すなわち心的な世界におけると同様に物理的世界における、知的世界におけると同様道徳の世界における、思考の世界におけると同様に経験の世界における原理なのです」。

フレーベルの遍歴の時代には、1812年11月のベルリンへの移動が含まれる。それは、結晶学の創始者クリスチャン・サミエル・ヴァイス（Weiss, C. S.）教授が講ずる結晶学の講義を聴講するための旅であった。ベルリンでフレーベルは、フィヒテ（Fichte, J. G.）

の講義にも出席した。反ナポレオン戦争が1813年3月に勃発し、フレーベルはリュッツォー・ライフル部隊で働くことを志願し、1814年3月まで参戦した。戦争のなかで彼は、かつてシュライエルマッハー（Schleiermacher, F. D. E.）の聴講生であり、後に彼の同僚となる2人の神学研究者に出会った。ミッデンドルフ（Middendorf, W.）とランゲタール（Langethal, H.）である。1814年6月に、彼は自ら志願した兵役を辞し、同年8月、ヴァイス教授のもとでベルリン大学鉱物学研究所の助手となる。1813年12月、フレーベルがとても慕っていた兄クリストフが、コレラのためこの世を去った。フレーベルは亡き兄に対して責務を感じ、3人の甥の教育の面倒を見るために、1816年4月、大学職を辞した。彼らの教育は、最初グリースハイムで、1817年以降はカイルハウにおいて行われた。彼は自己の私立学校を「一般ドイツ教育施設」と名づけた。

『わがドイツ民族に寄せる』（1820）と題されたフレーベルの最初のカイルハウ学校案内は次のような言葉で始まっている。「無名の一地点、すなわち、われらが共通の祖国の小さな人知れぬ谷間から、すべてがドイツ人である、ごくわずかの家族からなる小さな人々の集団が君たちに語る」。したがってカイルハウは、教育的家庭を中心に展開した。ここでは家庭的雰囲気のなかで授業がなされ、年長、年少の生徒が同じように育てられ教育された。

1818年のフレーベルのヘンリエッテ（Hofmeister, Hennriette Wilhelmine ベルリン軍事顧問官の娘）との結婚、ミッデンドルフとランゲタールの協力、フレーベルの兄クリスチャンのカイルハウへの転入、そしてカイルハウの良い評判。これらすべてによって、学校はうまくいっていた。しかし同時に、多額の借金も抱えていた。1825年11月、カイルハウには56人の生徒が在籍しており、施設は盛況であったが、同時にそれは衰退への道を歩み始めていた。1829年には生徒は5人

しか残っておらず，施設は崩壊寸前となる。こうした不幸な状況は，1815年以降のメッテルニヒ（Metternich, K. W. L.）の政策と結びついていた。ドイツにおける民族的，民主主義的風潮は，保守的な反対傾向（神聖同盟，カールスバート決議，諸協会の禁止，1819年後の「民衆扇動家の迫害」）によって妨げられた。カイルハウは，こうした展開を回避することができなかった。というのも，カイルハウは自由で民族的な施設であるという評判をうけていたし，一般民衆の間には，カイルハウは「民衆扇動家の巣窟」であるという噂が広まった。そのため親たちは，自分の子どもをその寄宿学校から退学させてしまったのである。

フレーベルは，ザクセン＝マイニンゲンのドゥッヒーに近いヘルバに「国民教育施設」——養育施設，初等学校施設，職業中等学校，学問的なカイルハウ一般ドイツ教育施設——という一種の累積的な統合学校を構想し，設立を試みるが，結局，実現されなかった。カイルハウの衰退，ヘルバ計画の挫折，フレーベルは，自己の教育活動をどこか別の場所で行うことを決心した。1831年5月，フレーベルは，スイス人，クサフェル・シュニーダー・フォン・ヴァルテンゼーに出会った。シュニーダーは，フレーベルに，スイスで私立の教育施設を開くよう勧めた。

スイスのヴァルテンゼー教育施設は1831年8月に開設された。それは寄宿施設としては実現されず，全日制学校のままであった。1833年，施設はヴィリザウに移された。プロテスタントのフレーベルはカトリックの団体や，またペスタロッチの生徒（ニーデラーとフェレンベルク Fellenberg, P. E.）の攻撃にさらされた。他方，ベルン州が貧民孤児院の創設を計画していることを知って，フレーベルは四つの別々の計画を立てた。これらの諸計画は，ヴァルテンゼーとヴィリザウのためのシラバス同様，挫折したヘルバの構想を引きずるものであった。今や「創造的活動」が全面に出され，午前中の教授の後に午後の農場実習や手工的作業が続いた。しかしながら，この貧民学校も日の目を見ることがなかった。

フレーベルはベルン州議会に数人の後援者を抱えていたので，1834年4月，4人の将来の教師（師範学校生徒）の訓練と，初等学校教師の継続教育コースの指導とを委託された。さらに同年，フレーベルはベルン州政府が彼にブルクドルフにある既存の孤児院の指導を任せる計画を持っているのを知り，ヘルバ計画の中心部分，いわゆる国民教育施設を実践しようと考えた。1834年3月，ベルン州議員シュテーリ（Stähli, G. R.）に宛てた書簡のなかで，フレーベルは，ブルクドルフ孤児院，貧民教育施設，教師教育施設，国民大学からなる一つの施設を作る計画を詳説している。それは理論的教授と生活，指導と実践的活動を結合する「創造的活動」に力点をおいた国民教育施設を中心とする教育諸施設の総体系であった。だが，この構想もまた実現されなかった。だが，フレーベルは1834年半ばにブルクドルフ孤児院とその附属初等学校の校長となった。

ブルクドルフ初等学校のための教育計画は1837年と1838年から始まる。それらは，フレーベルが去った後で，その学校と孤児院を指導していたランゲタールによって立案されたのである。計画は，4-6歳，6-8歳，8-10歳という3クラス用のコースを提示していた。第2クラスと第3クラス用のコースが『人間の教育』で述べられた考えと大部分一致している一方で，その後のすべての教科教授の基礎としての第一クラス用のシラバスでは，今や遊戯に焦点が当てられていた。こうして遊戯を通しての幼児教育を中心とする，フレーベルの人生の次なる段階へと，橋が架けられたのである。

1835年暮れ，フレーベルは『新しい年1836年は生命の革新を要求する』と題する出版物を著した。それは「すべてのものにおいて，また自分と他人のあらゆる生命現象を通じて，きわめて高くきわめて明確に私の耳

に響いてくるもの，それは新しい生命の春を，人類の春を予告し告げる声である」という言葉で始まる。「黄金の時代」は，家庭が再び「聖」家庭の形で神聖なものとなるのを見る。その家庭は，改善された雰囲気を通して，共同の遊びを通して，両親と子どもの関係や兄弟間の関係を浄化する。今やフレーベルは，学校での教授を利用するという彼本来の計画から離れることになる。彼は今や目を家族に向け，家庭における教育的雰囲気を改善するための遊具を創り出し，そして，遊びの経験を通して他者に刺激を与えようとする両親たちの協会の設立を望んだのである。

幼稚園の創造は，こうしたフレーベルの人生の最終段階における最初の一歩ではなく，実際，彼がまったく求めていなかった成果を生むことになった。フレーベルは，家庭を個人の教育の焦点にするために，家庭を変革しようとした。彼は，新しい「人生の春」を告げる幼年期の初期の段階から，「球体的」教育を促進したいと考えた。この幼児および就学前児童の球体的教育は，フレーベルによって創り出された遊具を使用しながら行われた。こうしたプログラムは後に幼稚園となり，そこでは幼稚園保母が，遊びを行う小さな子どもたちの保育にあたった。

1836年にフレーベルがドイツに戻った時，彼はすでにいくつもの遊具を旅行鞄のなかに入れていた。彼はその遊具を「恩物」と呼んだ。1836年，彼は，バート・ブランケンブルクに「幼児と青少年期の作業衝動を育成するための施設」を創設した。それは実際には，おもちゃ工場であった。

フレーベルの妻，ヘンリエッテ・ヴィルヘルミーネは1839年5月にこの世を去った。1840年6月28日，「一般ドイツ幼稚園」がグーテンベルク記念祝典の一環として，ブランケンブルクの市庁舎において開設された。

1844年以降，フレーベルは再びカイルハウで生活を営んでいたが，48年に彼はバート・リーベンシュタインへと移住した。彼はそこで，「発達的・教育的人間陶冶による全面的な生の合一のための施設」を開いた。1850年，フレーベルは，シュヴァイナ近くのマリーエンタールに移住した。そこで彼は，1851年6月に二人目の妻，ルイーゼ（Luise, Levin）と再婚し，そして1852年6月21日，その地で息を引き取った。

この間，フレーベルは1848年の三月革命を歓迎し，その革命によって政治的刷新がもたらされるのみならず彼の幼稚園の普及が促進されることを期待した。それを見込んで彼は，さまざまな来客に1848年8月のルードルシュタットでの教師集会に参加するよう要請した。ここでは，幼稚園と初等学校との教育的な関係や，学校制度におけるフレーベルの遊具の重要な役割が議論された。この会議は，フレーベルの幼稚園を導入することを要求する提議を，フランクフルト国民議会に対して行った。革命の失敗は同時に，就学前施設，「幼い子どもたちのための学校」，全日制保育施設を幼稚園ないしは教育機関へと転換するというフレーベルの意図を粉砕することになる。

フレーベルが自由思想サークルと接触していたこと，彼の幼稚園では宗教に対して教義にとらわれない非正統的な注意しか払われていなかったということ，これらの理由から，プロイセン政府は1851年8月，領土内でのこうした施設を禁止するにいたった。

▶ 影　響　フレーベルが1852年にこの世を去ったとき，彼のライフワークは失敗に終わったかに思われた。プロイセンにおける幼稚園の禁止は，最初，ドイツにおけるフレーベルの教育的遊戯のさらなる普及を妨げた。彼の教育学的体系が世界的意義を獲得したのは，ベルタ・フォン・マーレンホルツ＝ビューロー（Marenholtz-Bülow, B. von）に負うところが少なくない。彼女は，ディースターヴェーク（Diesterweg, A.）と同様，晩年のフレーベルと親交を結び，フレーベルの死後も，幼稚園禁止令の解除（1860）に尽力し，幼稚園教育学に関するフレーベルの体系を講演と展示によって他の西ヨーロッパ，たとえ

ばベルギー，フランス，イタリア，オランダ，スイス，イギリスにおいて紹介した。

強力なフレーベル運動が起こったのは，オランダとスイスにおいてであった。そこでの運動は，フレーベル幼稚園が次々と普及するのを促した。イギリスでは，独立した国家的なフレーベル運動がフレーベル協会へと発展し，ロンゲ夫妻，アデーレ・フォン・ポルトガル（Portugall, A. v.），ミハエリス（Michaelis, E.），ヘールヴァルト（Heerwart, E.）らによって指導された。彼女らは，フレーベル遊戯に関する教科書を出版し，幼稚園教師の養成センターを設立した。アメリカでは，ピーボディー（Peabody, E.），クリーゲ（Kriege, M.），クラウス＝ベルテ（Boelte, K. M.）がフレーベルの思想を普及させた。1880〜90年代には，北アメリカのフレーベル運動の影響で，日本に幼稚園が導入された。

マーレンホルツ＝ビューローの最も卓越した生徒のヘンリエッテ・シュラーダー＝ブライマン（Breymann, H.）は，1873年，ベルリンにペスタロッチ＝フレーベル・ハウスを設立し，ペスタロッチとフレーベルの理論のさまざまな面を結合した，独自の幼稚園教育学の考えを発展させた。ドイツ・フレーベル運動は，19世紀後半，スペイン，ポルトガルと並んで，ポーランド，ブルガリア，ボヘミア，ハンガリー，ロシアにおける制度的な就学前教育に対して影響を及ぼした。

幼稚園のための教育プログラムが国際的に成功した要因は，産業化過程の結果として就学前児童を教育的に保育することへの要請が徐々に高まりつつあったことに求められる。フレーベルが示した，活動をともなう遊戯を通しての基礎的な「人間の教育」は，子どものあらゆる諸力に対してはっきりと訴えかけたのであり，それは社会のニーズにより適していると思われた。フレーベルの幼稚園教育学は，保育の社会的側面と遊戯を通しての初等教育とを結びつけるものであり，それゆえに，いかなる過度な知的負担もかけることなく，連続的な正規の教育への道を開いたので

ある。

20世紀においても幼稚園は，依然としてフレーベルの名前と結びついた施設であると言えるが，それは多くの異なった影響にさらされてきた。ドイツ・フレーベル運動が衰退して以来（およそ1945年），幼稚園は著しい集団心理学的，社会教育的な目標をもった，幼児教育と就学前教育のための施設になってしまった。そのようなものとしての幼稚園は，もはやフレーベル本来の幼稚園教育学の観点によっては規定されえなくなっている。それにもかかわらず，信頼すべき遊具を用いた遊戯を含む，幼稚園でのフレーベルの基礎教育は，就学前教育に対して重要な貢献をなしている。

▶ **特 徴**　フレーベルの教育思想の特徴は，敬虔主義から啓蒙主義，ロマン主義をへてシェリング（Schelling, F. W. J. von）の自然哲学やヘーゲルの弁証法体系にいたるまでの，あの市民的思考の精神的自己解放過程が個人の形成過程のなかに認められ，しかもその程度たるや，最終的には，市民社会の限界をこえでていくようなライフワークを残すほどのものであった。にもかかわらず，次に続く世代，とりわけ新しい時代，新しい社会を形成している世代にとってこの作品（『人間の教育』）に近づくのが困難になっているのは，フレーベルにおいては，あらゆる新しい認識が，子ども時代に獲得された深い宗教性と独特の仕方で結びついている，という事実による。

▶ **位 置**　このような精神的態度をもったフレーベルは，古典的な市民的教育学──その代表者は彼の先駆者または同時代人たるコメニウス（Comenius, J. A.），ルソー（Rousseau, J.-J.），バセドウ（Basedow, J. B.），ペスタロッチ，ヘルバルト（Herbart, J. F.），ディースターヴェーク等である──の発展のほとんど最後に位置している。

　［**参考文献**］　小笠原道雄『フレーベルとその時代』玉川大学出版部　1994／小原・荘司監修『フレーベル全集』全5巻，玉川大学出版部

1977-81／Fröbel, F., *Die Menschenerziehung*, 1826（荒井武訳『人間の教育』全2巻，岩波書店　1964）／Bollnow, O. F., *Die Pädagogik der deutschen Romantik*: *von Arndt bis Fröbel*, Stuttgart 1967（岡本英明訳『フレーベルの教育学』理想社　1973）／Spranger, E., *Augst Friedrich Fröbels Gedankenwelt*, Heidelberg 1953（2版）（小笠原ほか訳『フレーベルの思想界より』玉川大学出版部　1983）／Heiland, H., *Friedrich Fröbel in Selbstzeugnissen und Bilddokumenten*, Reinbek 1982（小笠原ほか訳『フレーベル入門』玉川大学出版部　1991）／Boldt, R., Eichler, W., *Friedrich Wilhelm August Fröbel*, Köln 1982

［関連項目］　ロマン主義　　　　　（小笠原道雄）

フロイト

（Sigmund Freud, 1856-1939）

▶ **生　涯**　ウィーンの精神科医であり，精神分析学の創始者。当時のオーストリア領の小都市フライブルク（現在のプリボール）に，ユダヤ人織物商の三男として生まれた。4歳のときに家族とともにウィーンに移り住み，長じてウィーン大学医学部で脳解剖学・神経生理学を学んだ。1896-97年に「エディプス・コンプレックス」の発見とともに，「精神分析学」（Psycho-analyse）という言葉をはじめて用いた。旺盛な臨床活動・著述活動をつうじて，この精神分析学の展開につとめ，1902年にウィーン大学医学部員外教授に就任，1919年には同正教授に就任した。第二次大戦直前に，ナチスに追われて亡命したロンドンで死亡した。享年83歳，死因は口蓋癌である。

▶ **思　想**　フロイト精神分析学の展開は，心＝精神（psycho）の構造をあばくプロセスだった。1900年の『夢判断』においては，無意識／前意識／意識という心の三層構造論が示され，「幼児性欲」論で有名な1905年の『性愛学説三論』においては，「欲動」（Trieb/drive）概念が示された。このとき，意識の認識できないもの，つまり残余変数としての「無意識」が，意識によってコントロールできない力動性，つまり主要変数としての「欲動」に置き換えられた。さらに1920年の『快楽原則の彼岸』においては，この欲動がエロス／タナトスにわけられ，前者は快楽・母なるものをめざす欲動，後者は無機物・死の安定性に回帰しようとする欲動と定義された。そして1923年の『自我とエス』においては，心の構造はエス／自我／超自我の三層構造に再規定され，得体のしれないエスつまり欲動から自我を守るメカニズム（防衛機制）が論じられるようになった。このとき，だれかになるという自己形成がだれでもないものに溶解するという自己無化と表裏一体であること，人はたえず明確な〈私〉を探しながらその〈私〉の溶解に魅了される危うい存在であることが示された。

フロイトが発見したとされる「欲動」については，これまでさまざまに論じられてきた。欲動を性欲と同一視し，フロイトを「汎性欲説」者に還元することは論外であるとしても――フロイトにとって，性欲は情愛的かつ体感的（sensual）な欲動であり，またそれは欲動の一部にすぎない（たとえば，フロイトの『性愛学説三論』第四版の序文を参照）――しばしば，かれの欲動は無定型で・原初的で・生成的な心の流れであり，これを縛るものが文化であると論じられてきた。しかし1960年代以降，たとえば，ルネ・ジラールの「欲望」（desir）論が暗示しているように，欲動はそのような心の流れでありながら生命を生みだす力ではなく，むしろ文化がその心の流れに干渉した結果生みだされた派生物であり，社会的に制度化された装置である，という見方も示されるようになった。

▶ **教育関係論にとっての含意**　いまのべたフロイトの欲動論は，近代心理学によくみられるリニアな発達をモデルとした発達理論にかわって，人間の在りように肉薄した成育理論になる可能性を秘めている。しかしより教育という関係性にかかわるものは，フロイト自身が「精神分析療法は一種の再教育である」（『精神分析入門』第28章，角川書店1970）とのべているように，かれの療法論で

ある。

フロイトの精神分析療法の核心は、「実験法」のように、患者を客観的に観察し、それを系統的・数量的に記述するという方法ではない。またそれは、「内観法」のように、解釈をつうじて、患者の行動の背後になんらかの一般的な動機やパターンを発見するという方法でもない。それは、「自由連想」といわれるものであり、基本的にそれは分析者（医者）と患者との対話である。この対話は、つねに分析者と患者との交わり（＝親密性）を経由しつつも、同時に両者の隔たり（距離）を要請するものである。この背反的な二重性は、『精神分析入門』で論じられている「転移」（Übertragung/transference）にたいするフロイト自身の態度に端的に示されている。

フロイトのいう「転移」とは、精神分析治療にさいして、患者が分析者を自分の幼少期に重要な意味をもった人物の再来とみなし、その人物にたいしてもっていた強い感情（おもに愛着・崇拝）を分析者にたいしていだくことである。この感情にたいしてしばしば治療者は、いわば「情にほだされて」、その人物になりきろうと努める（これを「逆転移」という）。フロイトは、この転移（と逆転移）によって生みだされた交わりのみで隔たりを欠いた分析者／患者の関係は、しばらくのあいだ治療効果を高めるけれども、しだいに治療を難しくするとのべている。すくなくとも転移は、相手にたいする子どもじみた依存心をはらみ、しだいにそれを顕現させていくからである。フロイトは、そのときにこそ分析者は患者から距離をとり、転移のメカニズムを示さなければならないという。

この転移（逆転移）現象は、精神治療の場面だけでなく、教育関係の場面でもみられる。「自分をわかってくれる人がだれもいない」というような生徒、つまり疎外されてきた生徒が献身的な教師を理想化し心酔し、その教師が、自己愛にもとづくものであれ、教育的信念にもとづくものであれ、生徒の期待に応えようとしてますます献身的であろうとする

ことである。この教育における転移は、精神分析の場合とおなじように、いい結果をもたらすとはかぎらない。しばしば、その生徒の無理難題は、「なんでもわかってくれる先生」ゆえにますますエスカレートし、ついにその常軌を逸した生徒の要求に教師が応えられなくなるからであり、その結果、生徒が「先生に裏切られた」と思い幻滅し、その落差に耐えられず暴れだし、教師がそうした生徒にたいして「あんなに親身になってやったのに恩を仇で返した」と思い、激しい怒りを感じるようになるからである。

教育関係において教育者が生徒にたいして、精神分析において分析者が患者にたいするときのように、交わるとともに距離をとることは、むろん「教育的な熱意」や「教育的な献身」をこえたなんらかの機知（エスプリ）を必要としている。しかしその機知が具体的にどのようなものか、まだ明らかではない。フロイト自身は「教育者という職業に望ましいただ一つの準備は徹底的な精神分析的な訓練である」（『精神分析入門・続』）とのべているが、教育者がもつべき機知は、はたして治療関係において精神分析医がもつべき知識、つまり転移（逆転移）メカニズムの知識と同じものだろうか。

ちなみに、公刊されたフロイトの書簡は数千通におよび、たとえば、はじめてエディプス・コンプレックスが論じられた「ヴィルヘルム・フリースへの手紙」（フリース Fließ, W. はウィーンの耳鼻科医）のように、フロイトの理論の多くは、往復書簡つまり対話のなかで形成されたといわれている。もっとも、プライバシー保護のためにフロイト・アーカイブ（フロイト関係の資料室）が 2020 年まで封印されているため、どのような対話によってどのように精神分析学の理論が形成されていったのか、その本格的な分析は、20 年以上のちの研究課題ということになるだろう。

［参考文献］ Freud, S. *Gesammelte Werke*. London: Imago.（『フロイト著作集』全 11 巻, 人文書院　1968-84）/『フロイド選集〈改定

版）』全 17 巻，日本教文社　1969-70／Gay, P. *Freud: A Life for Our Time*, New York: Norton 1988（坂口明徳・大島由起夫訳『フロイトを読む』法政大学出版局　1995）／上山安敏『フロイトとユング』岩波書店　1989／滝川一廣『家庭のなかの子ども　学校のなかの子ども』岩波書店　1994／毛利猛「教育における転移と逆転移」『教育哲学研究』76 号，1997
　[関連項目]　精神分析　　　　　（田中智志）

フロム

（Erich Seligmann Fromm, 1900-1980）
　20 世紀にドイツ・アメリカ・メキシコ等で活躍した精神分析家，社会心理学者。
　1900 年，フランクフルトのラビの家系に生まれる。ハイデルベルク大学で社会学を学び，ユダヤ教の戒律についての研究で学位を取得。その後ベルリン精神分析研究所を経てフランクフルト社会研究所に参加し，ホルクハイマー（Horkheimer, M.）らとともに初期批判理論の中核的な役割を担った。社会研究所では『権威と家族に関する研究』（1936）などの学際的研究を主導し，また『年誌』に発表した論文「分析的社会心理学の方法と課題」（1932）で「社会のリビドー的構造」を問題化して精神分析とマルクス思想の理論的な結合を図った。ナチスを逃れて渡米後に公刊した『自由からの逃走』（1941）では，「自由」でいることの不安からナチズムや文化産業による支配状態へと自ら進んで入り込む大衆心理を分析し，20 世紀の社会理論に大きな影響を与えることとなる。
　第二次世界大戦後は臨床活動の傍らニューヨーク大学，メキシコ国立大学で教鞭をとるとともに，旺盛な執筆活動を展開。英語圏への初期マルクス思想の紹介に尽力しつつ，かつて示した「社会のリビドー的構造」の説明をさらに脱性愛化させて「社会的性格」という概念を描出するなど，精神分析の幼児期決定説にたいして後発の社会や文化からの影響を相対的に重視するという修正的立場を強め，いわゆる新フロイト派の中心とされた。こうした修正の是非をめぐり，社会研究所のかつ

ての同僚マルクーゼ（Marcuse, H.）とのあいだに論戦を交わすが，のちに一定の和解をする。またアメリカで実践倫理への傾倒を強めたフロムは，『愛することの技』（1956）に代表される啓蒙的なエッセーの出版に加えて，民主党左派や社会党その他さまざまな政治団体とも熱心にかかわりを持ってゆく。晩年は「悪」についての人間学的な研究を重ね，またそれまでの仕事を統合するかたちで主著『持つべきか在るべきか』（1976）およびその続編構想を纏める。1980 年，療養先のスイスにて歿。
　教育学分野においてフロムはしばしば倫理的能動主義を説いた「自己実現」の思想家として一面でのみ受容されてきたが，その複合的な思想的出自や後年の政治活動の位置づけを含めた多層的な読み直しの必要性と可能性がいまだ残されている。
　[参考文献]　Burston, D., *The Legacy of Erich Fromm*, Cambridge, Harvard University Press 1991（佐野哲郎・佐野五郎訳『フロムの遺産』紀伊国屋書店　1996）／Friedman, L., *The Lives of Erich Fromm: Love's Prophet*, New York, Columbia University Press 2013／Fromm, E., *Gesamtausgabe Bd. I-X11*, Düsseldorf, Deutscher Taschenbuch Verlag 1999　　　　（関根宏朗）

文　化

英・仏 culture／独 Kultur
▶ 語源的説明　　英語の culture は，養育・礼拝・耕作などを意味する colere, cultus, cultura というラテン語に由来する。もともとは耕作を意味したこれらの言葉が，転じて心を耕すという意味になった。それに対して civilization は，ラテン語の civis（市民）や civitas（都市）に由来する。文明が都市と結びつくのに対して，文化は農耕に結びつく言葉である。
▶ 文化と文明の概念史　　文化と文明は，近代ヨーロッパに双生児のような形で誕生し，当初はほとんど区別なく用いられた。しかし18 世紀以降，culture は主として個人の形成・陶冶という意味で用いられるようになる。

フランス語の civilisation は 16-17 世紀頃から用いられ，18 世紀には頻繁に使われている。フランス人にとってそれは包括的な人類の文明を意味し，その中心に主たる担い手としてフランスがあった。文明という言葉はフランス人にとって一種神聖な響きをもっている。英語の civilization も，18 世紀後半には広く用いられるようになった。英仏では「文明」の語が広く受け入れられたのに対し，「文化」は第二義的な地位を占めるにとどまった。

ドイツでは，18 世紀後半にフランスから Kultur，Zivilisation の語が移入され使われ始めている。カント（Kant，I.）は『人間学』（1798）で Kultur を，「自然」や「野蛮」と対比された「洗練」「教化」の意味で用いている。ドイツでは個人の陶冶を意味する Kultur の方が重視された。Zivilisation は Kultur とほぼ同時期に，当初は同じ意味の言葉として入ってきたが，Kultur は内面的なもので，Zivilisation は外面的なものという図式が徐々にできあがっていった。フランス革命やナポレオンによるドイツ占領を契機として，文化は文明の対抗概念として意識されるようになったのである。

Kultur は伝統的に個人の陶冶された状態を指し，Bildung と同様の意味で用いられ，エリート教育の場で論じられることが多かったが，ブルクハルト（Burckhardt，J.C.）が精神史的な文化概念を展開して以来，一時代，一国民の全精神状態を意味するようになった。19 世紀半ば以降のドイツで，文化と文明の対立は尖鋭化してゆく。その端緒となったのはテンニース（Toennies，F.）の『ゲマインシャフトとゲゼルシャフト』（1887）である。ゲマインシャフトに文化を，ゲゼルシャフトに文明を対応させる対立図式は，後進国ドイツの先進文明諸国に対する自己主張を背後に秘め，19 世紀末から 20 世紀初頭にかけてのドイツの哲学や社会思想に広く受容された。ニーチェ（Nietzsche，F.）にとって文明は動物の調教を意味した。チェンバレン（Cham-berlain，H.S.）は文化の民族的性格に文明の国際的性格を対置した。『非政治的人間の考察』（1918）のトーマス・マン（Mann，T.）にも類似の主張——ただし彼は後年その主張を撤回したのであるが——が見いだされる。シュペングラー（Spengler，O.）は『西欧の没落』（1918-22）において独自の文化・文明論を展開した。それによると，文化は自己完結的で超個人的な有機体であり，誕生から衰亡まで幼年期・青年期・壮年期・老年期を経る。老年期の文化は「文明」という外面的・技術的な段階であり，西欧「文化」は今や「文明」の段階に足を踏み入れつつある。文明とは没落であるという彼の主張は，ルサンチマンからの回復という第一次大戦直後のドイツ社会の要請に即応するものであった。しかしシュペングラーの独断的な文化・文明論に対しては，トインビー（Toynbee，A.J.）やヴェーバー（Weber，A.）をはじめ多くの論者から批判が加えられた。

要するに，文化と文明は，西欧文化圏（英・米・仏）では区別されることが少なく，ドイツ文化圏では伝統的に峻別されてきた。西欧では，文化も文明も自然に対立する概念である。しいて違いをあげるなら，①文明が普遍的であるのに対し，文化は地域的・個別的である，②文化は個人の教養という意味で使われることが多いのに対し，文明は社会的広がりという文脈で使われる，という点を指摘できる。それに対してドイツ文化圏では，文化は自然よりも文明と対比される。文化と文明の関係は，土着性と外来性，精神性と物質性，内面性と外面性の関係として語られ，文化の方が価値的に高いとされる。このとき文明は西欧を，文化はドイツを象徴しているから，文明に対する文化の優越とは，実は西欧に対するドイツの優越を意味する。文明の蔑視は先進国に対する後進国の劣等感の屈折した表現なのである。文化も文明も近代国家における国民統合のイデオロギー，すなわち，文明は先進国の，文化は後進国のイデオロギーととらえられるのである。

文化と文明を截然と区別することは困難であり，どちらが価値的に高いかを問題にすることは無意味である。しかし，文化的要素（ソフトウェア）と文明的要素（ハードウェア）を相対的に区別することにはそれなりの意味がある。両者の包摂関係については，二つの正反対の見解がある。つまり，文明が文化に含まれるとする見解と，逆に文化が文明に含まれるとする見解とがある。文明を「科学・技術文明」を意味するものとし，文化を社会科学におけるそれとして広くとらえるならば，文化の方が文明よりも広く，文明は文化の一部であるということになる。社会科学における文化の概念は，①科学・技術文明的部分（装置系），②社会的諸制度（制度系），③精神文化的部分（観念系）の三つの系から成り立っている。しかし梅棹忠夫は逆に，〈制度〉〈装置〉〈観念〉の総体を文明と呼び，そのようなものとしての文明を研究する学問としての文明学を提唱している。この場合には逆に，〈制度〉や〈観念〉としての文化が包括的な文明の一部であることになる。このように，文化や文明の概念をどう定義するかによって，包摂関係は異なってくる。しかし，いずれにしても，文化と文明の区別をことさらに強調しないのが近年の傾向である。

▶ **文化の概念**　文化の概念は，文化圏によっても異なるが，学問分野によっても異なる。同じく文化という言葉が使われていても，哲学，ことにドイツ哲学における文化の概念と，文化人類学や社会学等の社会科学におけるそれとでは，意味がかなり異なる。社会科学における文化の概念は広く，哲学におけるそれは狭い。また，社会科学における文化の概念は西欧文化圏におけるそれに，哲学における文化の概念はドイツ文化圏におけるそれに，ほぼ対応する。文化人類学や社会学は主として西欧で発達し，哲学はドイツで盛んだったからである。

文化人類学等の社会科学においては，文化は，集団の成員によって獲得され，集団に伝播し，世代を超えて伝承される生活様式と定義される。簡単にいえば，文化とは，人間が後天的に作りだしたもののすべてである。この意味での文化は，社会とほとんど同義である。社会と文化は実体的には区別できず，同じものが見方によって文化と呼ばれたり，社会と呼ばれたりするのである。これに対してドイツ哲学でいう文化とは，学問・芸術・道徳・宗教等の価値ある精神財のことである。ドイツ哲学における文化の指示範囲は狭い（人間精神の精華）のに対し，社会科学におけるそれは著しく広く（人間の作品の総体）かつ価値中立的である。

▶ **文化と教育**

（1）**生存の条件としての文化**　教育という見地から文化の意味を考察する場合，最初に指摘されるのは，人間にとって文化は生存の不可欠の条件だということである。動物は自己と種の保存のためのノウ・ハウを本能によって得ている。動物は本能の命ずるままに行動すればよい。ところが人間は本能をきわめてわずかしかもっていない。人間が他の動物といかに異なる成育過程をたどるかを明らかにしたものとしては，A・ポルトマンの「生理的早産」という概念が有名である。また精神分析学者の岸田秀は，人間を「本能の壊れた動物」と定義している。いずれにしても，人間は生存のための本能をきわめてわずかしか賦与されずに誕生してくるため，とくに生後の数年間は独力では生きてゆけない「欠陥動物」（ゲーレン，Gehlen, A.）である。しかしその代わりに人間は文化を作り上げ，またそれを学習する能力を備えている。本能が欠如しているがゆえに人間は文化を発達させたのか，それとも文化を発達させたから本能が必要でなくなって退化したのか，はよくはわからないが，いずれにしても文化は人間が生きてゆくための不可欠の条件であり，よくいわれるように「第二の自然」である。自然によって与えられた行動のプログラムである本能を，人間はわずかしかもたない代わりに，プログラム化されない行動をなしうる自由を獲得した。定型化されない思考と行動の

自由が環境条件の変化に適応することを可能にし，そのようにして獲得され蓄積されてきた文化を，後続世代に伝承する営みとしての教育が，後の文明生活をもたらしたのである。

（2）文化教育学　人間と文化の密接な関係は，「人間は人間社会のなかでのみ人間になることができる」（カント，Kant, I.）とか，個人は成育過程において人類のたどってきた文明化の過程をくりかえすという「開化史的段階説」などで部分的にのべられてはいたが，文化と教育の関係を主題とする本格的考察を展開したのは，20世紀前半のドイツにおける文化教育学（Kulturpädagogik）であり，その代表的論者はノール（Nohl, H.），リット（Litt, T.），シュプランガー（Spranger, E.），フリットナー（Flitner, W.）等である。それによると，文化とは人間の精神活動が外化されたものであり，客観的精神（ないし客観化された精神）と規定される。客観的精神としての文化は，人間精神のすべての所産という広義の文化の定義を満たすけれども，しかし主として考えられているのはやはり学問・芸術・法・道徳・宗教等の精神文化である。文化過程には，新たな文化を創造していく過程と，既存の文化を後続世代に伝達していく過程とが区別される。文化教育学は教育を文化活動の一環ととらえるのである。文化のなかに生まれてくる個人は，広大な文化的価値の世界へ導き入れられ，その基礎的なものを理解・習得しなければならない。そのようにして個人は文化の担い手となるが，優れた個人は単に既存の文化を習得し維持するにとどまらず，新たなる文化をも創り出す。すなわち客観的精神を修得することによってみずから精神的な存在（主観的精神）となりゆく個人が，やがては何物かを創造することによって，客観的精神をいっそう豊饒化してゆくという循環関係を指摘したところに，文化教育学の特質がある。この循環関係において客観的精神を主観的精神に修得させる過程，内面化の過程が教育ということになる。教育とは，文化を個人に伝達し，個人を文化の担

い手とすることなのである。このように文化と教育の間には密接不可分の関係がある。

（3）抑圧する文化　文化は，本来，人間が厳しい自然条件を克服して生きてゆくために，人間自身の手によって産み出されたものであるが，いったん産み出された文化は，あたかも固有の意志をもつ存在であるかのように，自己増殖を続けていく。人間の幸福な生のために産み出されたはずの文化が，人間の意志を離れて人間に対立するにいたるパラドックスは，すでに20世紀の前半に意識されるようになり，「文化の悲劇」（ジンメル，Simmel, G.）とか「文化の不快」（フロイト，Freud, S.）と表現されていた。いわゆる科学・技術文明の発展が生活を便利で快適にしたことは評価されるべきであるにしても，文化がとめどもなく肥大化し，もはや統御不能になっているのではないかとの不安も大きい。と同時に，この巨大化した文化をどのように伝達したらよいかという問題が出現することになった。現代文化の水準を維持・発展させてゆくという課題が，次代を担う子どもたちの肩に重くのしかかるのである。要するに（文明をも含む）文化は，今日，人間的生を促進するというよりもむしろ，人間にのしかかる重圧と感じられているのである。

（4）文化的相対主義と多文化教育　文化はただ一つではないという意識，あるいは，近代ヨーロッパ文化だけが文化の基準ではないという意識は，20世紀前半にすでに見られた。文化が一つではないということ，つまり異文化の存在を知ることは，自文化のなかに存在する価値体系を相対化することである。価値体系は文化ごとに相対的であり，またそうであってよいという立場は，一般に文化的相対主義（cultural relativism）と呼ばれる。文化的相対主義に対する態度は，それを克服すべき対象とみるか，それとも，与えられた条件もしくは積極的資産として位置づけるかの二通りに分かれる。文化的相対性を超えて普遍的な価値の基準を追求した道徳教育の研究者コールバーグ（Kohlberg, L.）は前者の

例である。それに対して今日一般に多文化教育（multicultural education）と呼ばれている教育実践を支えている考え方は，文化的相対性自体を一つの価値として積極的に引き受けていこうとする立場，つまり異文化を固有の価値をもつものとして認め尊重しつつ，「異質なものとの共存」を図っていこうとする立場である。

（5）文化的再生産論　近年，ブルデュー（Bourdieu, P.）の「文化的再生産」（cultural reproduction）論が注目されている。それは，社会の階層構造が「文化資本」（cultural capital）の継承を通じて維持・再生産されるという理論である。教育の機会均等によって階層間の移動が活発化すると期待されたが，現実には階層構造はむしろ逆に固定化される傾向にあり，変わっていないという意味で再生産されている。それはなぜなのか。文化的再生産論はこの事実を次のように説明する。

現代社会では，上層階級に位置するためには，高い学業成績をあげ，高学歴を取得することが必要である。高い学業成績をあげる子どもが上層階級に多いのは，彼らの階級が経済資本だけでなく，「文化資本」をもっているからである。「文化資本」には，①〈身体化〉された形で存在するもの（ハビトゥスや言語能力），②〈客体化〉された形で存在するもの（書物や芸術作品），③〈制度化〉された形で存在するもの（学歴や資格）がある。親がこれらの文化資本を多く所有していることは，高い学業成績をあげる上で有利なのである。なぜなら，これらの文化資本に囲まれて育つ子どもは，この階級に固有のハビトゥスを身につけ，このハビトゥスは学校教育との親和性が高いからである。ハビトゥスとは，一定の文化環境のもとで獲得され内面化された，持続的な性向の体系である。ハビトゥスは文化体系によって形成され，それを再生産する機能を果たす。ある階級の文化体系が心意化されたものがハビトゥスである。

文化資本——その中心をなすのは言語能力ないし言語資本である——は，経済資本のように直接譲渡されない。そこで文化資本を蓄積し継承させる機関として学校が重要な存在となる。学校で伝達される文化は，決して普遍的でもなければ中立的でもなく，上層階級の文化と親和的である。

［参考文献］Linton, R., *Cultural Background of Personality*, Routledge and Keagan Paul 1947（清水幾太郎・犬養康彦訳『文化人類学入門』創元社 1952）／Malinowski, B., *A Scientific Theory of Culture*, Oxford Univ. Press 1944（姫岡勤・上子武次訳『文化の科学的理論』岩波書店 1958）／Spranger, E., *Lebensformen*, 1921（伊勢田耀子訳『文化と性格の諸類型』I, II, 明治図書 1970）／鶴見俊輔・生松敬三編『岩波講座　哲学，第13巻　文化』1971／Benedict, R., *Patterns of Culture*, Houghton Mifflin 1934（米山俊直訳『文化の型』社会思想社 1973）／加藤周一『雑種文化』講談社 1974／梅棹忠夫『文明の生態史観』中央公論社 1974／Radcliffe-Brown, A., *Structure and Function in Primitive Society*, Cohen and West 1952（青柳真智子訳『未開社会における構造と機能』新泉社 1975／平井正編著『文化と文明の哲学』北樹出版 1976）／Simmel, G., *Philosophische Kultur*, 1911（円子修平・大久保健治訳『ジンメル著作集7, 文化の哲学』白水社 1976）／Elias, N., *Über den Prozess der Zivilisation*, 2 Bde, 2. Aufl., Frankfurt a. M. 1969（1939）（波田節夫他訳『文明化の過程』法政大学出版局 1978）／梅棹忠夫編『文明学の構築のために』中央公論社 1981／カラベル, J., ハルゼー, A. H. 編（潮木・天野・藤田編訳）『教育と社会変動』上・下，東京大学出版会 1980／中野収「文化」『現代社会学辞典』有信堂 1984／宮島喬・藤田英典編『文化と社会』有信堂 1991／ブルデュー, P., パスロン, J. C.（宮島喬訳）『再生産』藤原書店 1991／西川長夫「国家イデオロギーとしての文明と文化」『思想』1993・5

［関連項目］ブルデュー／価値　　（新井保幸）

分析哲学
英 analytic philosophy

▶ **分析哲学の起源**　通時的観点からごく原初的な意味を取りだせば，分析哲学とは，厳密な言語の使用にこだわり，できるだけ一つ

一つの概念を明確にしていこうとする「方法」を指す。分析哲学がねらいとするのは、人々の議論を透明なものにしていき、おたがいの間の見解の相違を、たとえ解消はできないとしても、理解し合っていこうとするところにある。その際、言語と概念の意味の確定を、「分析」の名のもとで進めていく。それによりたがいの考えの通い合いが、それぞれの思想や立場を超えて成り立つ、と見なされる。そうした分析哲学は、基本的には経験論の流れをくみながらも、科学の方法論をモデルとする論理実証主義に立ち、「科学の時代」としての20世紀にふさわしい哲学として迎え入れられた。しかし、こうした原初的な理解をはるかに超えて、今日分析哲学は、クワイン（Quine, W. V. O.）の「自然化された認識論」やローティ（Rorty, R.）の「プラグマティズムの再評価」、そしてアーペル（Apel, K. O.）の「分析哲学と超越論哲学との架橋」などの議論により、複雑な展開を見せ、事物や存在の根源に迫る哲学として自立しようとしている。

　かつて近代の哲学を切り開いたカント（Kant, I.）は、三つの問いをみずからに投げかけた。「わたしは何を知りうるか」・「わたしは何を為しうるか」・「わたしは何を望みうるか」がそれである。このようにカントは、真理や行為や欲求の世界について、いきなり「あれはこうだ」という判断を下す前に、まず「わたし」自身の能力をふりかえり、「わたし」の能力の形式（カテゴリー）の側から実在の世界を構成していこうとした。世界の見方に関するこうした方略の転換は、「認識論的転回」と呼ばれる。世界を見る人々の認識は、少なくともその認識の形式においては経験を超えており、そこにおいて、すべての人々は共通の基盤の上に立っているはずだ、とカントは考えたのである。

　しかし認識の形式のレヴェルでの共通性は、必ずしも、考え方の対立の解消を保証してくれない。そこで、思考の道具としての言語のレヴェルに下降して、そこに再度共通基盤を見いだそうという傾向が20世紀初頭に現れた。「言語論的転回」がそれであり、これを推進したのが分析哲学である。言語は人々がものごとを考えていくときの共通の道具であるから、それの使用のルールが発見されれば、人々の間での共通理解が容易になる、と考えられたのである。

▶ **分析哲学と教育理論**　　分析哲学の手法を用いて教育理論の分析をした最初の試みは、1940年代の始め、オーストラリアの教育哲学者ハーディー（Hardie, C. D.）の『教育理論における真実と虚偽』（*Truth and Fallacy in Educational Theory*, 1942）にさかのぼることができる。本書でハーディーはこう言う。「ムーア（Moore, G. E.）、ブロード（Broad, C. D.）、ヴィトゲンシュタイン（Wittgenstein, L.）によって主導されているケンブリッジ分析哲学派は、さまざまな命題を分析して、哲学者の間での見解の不一致が、事実に関する不一致なのか、言葉の使用についての不一致なのか、あるいは、しばしばそうであるように、たんに感情的な不一致なのかを明らかにするように、努めてきている」。同じこの分析の手法を用いて、ハーディーは教育理論家の間での見解の不一致についても、それが「事実に関するもの」か、「言語に関するもの」か、「感情的なもの」かを明らかにしていく必要があるとして、そのための実例として、合自然の教育理論、ヘルバルト（Herbart, J. F.）の教育理論、デューイ（Dewey, J.）の教育理論、学習心理学者の教育理論などを取り上げた。

　ハーディーの試みが示しているように、教育理論にとって分析哲学は、理論家の間での不一致の本質を明らかにする「方法」に過ぎず、その不一致を取り除いたり、新たな一致点を提案したりする「哲学」ではなかった。だから、「分析哲学による教育理論」は、分析哲学の登場の時点では存在していなかったことになる。

▶ **分析的教育哲学者の登場**　　ところが、第二次大戦後、1950年代後半から60年代の前

半にかけて，「分析哲学」の名のもとで独自の主張を展開する一群の教育理論家たちが，アメリカとイギリスで同時に登場するようになった。「分析的教育哲学者」(analytic philosophers of education) がそれである。彼らもまた，従来の教育哲学の「諸類型」——進歩主義・本質主義・永遠主義など——の間の不一致を取り上げ，その不一致の本質の明確化に取り組むが，同時に彼らは，「教育爆発の時代」に対応すべく，国家的・政治的・経済的な方面からの教育要求に対して，教育本来の固有領域を積極的に擁護していくような教育理論を，構築していこうとしたのである。アメリカではシェフラー (Scheffler, I.)，イギリスではピーターズ (Peters, R. S.) が，それぞれのリーダー格である。シェフラーの『教育学言語論』(The Language of Education, 1960) は，この分野での画期的著作である。ここでシェフラーが展開したのは，教育理論そのものというより，教育理論に含まれる「言明」(statement) についての理論，つまりメタ教育理論である。実際に取り上げられたのは，「定義言明」・「スローガン言明」・「メタファー言明」の三種類であるが，このそれぞれについて，シェフラーは教育言明の特徴と機能を明らかにしている。「教育は……である」という形で，同じような表現をとっていても，それがどの種類の言明かによって，意味が違ってくる。その違いを見抜くことが，おたがいの間での正確な意味の伝達を期するために重要なのである。このように，シェフラーは特定の立場から独自の教育理論を繰り広げているわけではなく，ただ「教育学言語」の分析をしているだけであるが，しかしここで依拠されているのが，科学的な合理主義の立場であるのは明らかである。科学的な明証性が成り立ってはじめて，人々の間での合意の形成が可能になる，とシェフラーは考えていたのである。

シェフラーの著書が刊行されたすぐ後から，アメリカの教育哲学界では，堰を切ったように，「教授」(teaching)・「学習」(learning)などの教育学言語の分析が活発となった。遅くとも 70 年代までのアメリカにおける分析的教育哲学は，たとえば，‘teach that……’と‘teach to……’との相違の分析などに表れているように，言葉の用法の分析，つまり「言語分析」(linguistic analysis) に傾いているのが特徴であるが，そのモデルを示したのはシェフラーであった。

一方イギリスでは，ピーターズが『倫理学と教育学』(Ethics and Education, 1966) によって示したのは，「概念分析」(conceptual analysis) のモデルである。ピーターズは，「教授」や「学習」のような技術的な教育学言語よりも，「教育」というような，多かれ少なかれ人々の価値観に関わりのある教育学言語を，分析の対象にした。「教育」の意味は，たんなる言葉の用法の分析だけでは解明できず，さらに，言葉の使用それ自体を支配している概念にまで遡ることが必要である，とピーターズは考えたのである。その際ピーターズは，「教育」の名に値するものとそうではないものとを区別する「規準」(criteria) を明らかにしようとする。ピーターズが示したのは次のような三つの規準である。①「教育」は価値あるものの伝達を意味する。②「教育」は，それがなされることにより，ものの見方が拡大されるようになるはたらきを意味する。③「教育」は学習者の側の意識に訴え，それを仲立ちにしてなされるはたらきを意味する。

これらはそれぞれ，①教育の内容の規準，②教育の結果の規準，③教育の方法の規準を指しているが，これら三つの規準を充たさないかぎり，「教育」とは呼べないことになる。要するに，ピーターズが示そうとしたのは「教育の概念」の規準である。

▶ **教育思想としての分析哲学**　アメリカとイギリスの分析的教育哲学は，言語分析と概念分析という手法上の相違を含みながらも，1960 年代から 70 年代にかけて，ほぼ 20 年間英語圏の教育哲学の傾向を完全に支配した。しかしその間，分析という「方法」の中立性

（neutrality）が疑われ，分析的教育哲学の「思想」性が問いただされたことも事実である。

たとえばイギリスのマルクス主義の教育哲学者ハリス（Harris, K.）はこう言う。「（シェフラー，ピーターズによって主導されてきた）研究方法の問題点は，分析主義者が，『教育』（という言葉）に関する問題を問いながら，あまりにしばしば純粋に『言語的』ないし『概念的』な分析を飛び越えてイデオロギーの分野に踏み込んでしまっているが，そのことを意識できないでいることである」と。その意識せざるイデオロギーを，同じイギリスのマルクス主義の教育哲学者マシューズ（Matthews, M. R.）ははっきりと，「分析的教育哲学はリベラル合理主義の世界観の教育面での代弁者であり，それ自体一定の政治的・経済的・文化的マニフェストをもっている」と言い表している。ここで言う「リベラル合理主義」（liberal-rationalism）とは，現実の教育問題に自らコミットしていくという立場ではなく，むしろそうしたファースト・オーダーでの見解の多様性をそのままにした上で，セカンド・オーダーの概念のレヴェルで，「合理性」（rationality）を示していこうという立場を指している。マルクス主義の側からの批判は，このように，分析的教育哲学が現実からの遊離（detachedness）を「合理性」の名のもとで正当化している点に向けられている。分析的教育哲学は，検討すべき問題の次元をセカンド・オーダーの概念のレヴェルに移し，そのことによって，結局社会の現状（status quo）の維持に加担している。そこに分析的教育哲学のイデオロギー性が指摘されたのである。

こうした批判には，「外面的な批判」の名で一蹴してしまうことができない論点が含まれている。マシューズは，「概念の分析は，ある特定の理論の内部（within）でなされるときにのみ所を得るのであって，すべての理論にわたって（across）なされるときには大抵意味がない」という見方から，「概念分析」者に対して，つねに「あなたが分析しているのは一体誰の概念ですか」という問いかけをすべきである，と言う。分析的教育哲学が「リベラル合理主義」と言われるのも，「概念」を人々の主観的な「観念」——マシューズの言う「理論」——の次元から区別して，それを独自の世界——ポパー（Popper, K.）の言う「世界3」のような客観的精神の世界——に位置づけるような想定がなされているからである。「概念」が，はたして現実の文脈や「理論」から切り離されて客観的・一般的に規定しうるものかどうかの検討はともかく，少なくとも，「概念の明確化」によって，人々のファースト・オーダーでの見解の多様性がどこまで調整されるかどうかは，概念分析にたずさわる以上避けて通ることのできない検討課題のはずである。

［参考文献］　Broudy, H. S., "Philosophy of education between yearbooks", *Teachers College Record*, 81（2）1979／Dearden, R. F., "Philosophy of education, 1952-1982", *British Journal of Educational Studies*, Vol. XXX（1）1982／Harris, K., *Education and Knowledge: the structured misrepresentation of reality*, New York 1979／Kaminsky, J. S., *A New History of Educational Philosophy*, Westport 1993／Matthews, M. R., *The Marxist Theory of Schooling: A study of epistemology and education*, Brighton 1980／Peters, R. S., "Philosophy of education", Hirst, P. H.（ed.）, *Educational Theory and its Foundation Disciplines*, New York 1983／Pratte, R., "Analytic philosophy of education: a historical perspective", *Teachers College Record*, 81（2）1979／Soltis, J. F., "Philosophy of education: retrospect and prospect", in: *The Proceedings of the Philosophy of Education Society*, 1975（Also in: *Educational Theory*, 25（4））／杉浦宏編『アメリカ教育哲学の展望』清水弘文堂　1981／杉浦宏編著『アメリカ教育哲学の動向』晃洋書房　1995／宮寺晃夫『現代イギリス教育哲学の展開——多元的社会への教育』勁草書房　1997

［関連項目］　学習／合理主義・非合理主義

（宮寺晃夫）

フンボルト
(Wilhelm von Humboldt, 1767-1835)

▶ 生　涯　　プロイセンの軍人出身の宮内官僚の子として生まれたフンボルトは，啓蒙主義思想家カンペ（Campe, J. H.）などの家庭教師のもとで勉学ののち，フランクフルト大学で法律学の，ゲッティンゲン大学で古典学・歴史学・哲学の研鑽を積んだ。ゲーテ（Goethe, J. W.），シラー（Schiller, F.），ヴォルフ（Wolf, F. A.）などとの親交を深め，古典学研究に専念。その間，著名な『国家権能限定論』（1792）を執筆し，自由主義政治思想を開陳した。

1801年以降ローマ教皇庁公使に在任ののち，対仏戦争敗北後の内政改革（＝プロイセン改革）の推進者シュタイン（Stein, F. von）の要請をうけて内務省宗務公教育局長に就任（1809-10）。局長在任中の主な功績は，新人文主義的教育理念に基づく教育制度改革の基礎固めとベルリン大学の創設である。14ヶ月という短期間の公教育局長在任ののち，外交官（オーストリア，イギリス），内務大臣を歴任。政界引退（1819）後，ライフ・ワークとして言語学研究に没頭。

▶ 陶冶論　　フンボルトは，短期間であったとはいえ，プロイセン公教育局長として教育改革に敏腕をふるったが，その改革が拠って立つべき論拠は，彼の「一般的人間陶冶」論であった。彼によれば「陶冶」とは，内面的に自由な活動主体である諸個人の「自己活動」を本質的契機として営為される，諸個人の内的世界と客観的な外的世界との相互作用であり，また絶対的・固定的に究極点をあらかじめ指定しえない「メンシュハイト」の理念を志向して間断なく営為される自己更新的な活動である。この「陶冶」論は，プロイセン絶対主義体制の堅持のための福祉後見政策の一環として実施されていた合身分制的教育政策にとって代わって，独立して自由に自己活動にうちこめる自立的市民を広範に育成することをめざす近代的教育政策のための理論的アパラートであった。

身分内個人の自立的人間（市民）への解放を政策意図としたプロイセン内政改革になによりも必要なことは，フンボルトによれば，個々人の属性（とくに生業）に必要な知識や技術の獲得ではなく，個々人の来るべき職業のすべてにあまねく必要な一般的・形式的諸能力を十全に展開することであった。彼はこの「一般的人間陶冶」論を論拠として，基礎学校—古典語学校ないしギムナジウム—大学という三階梯単線型の統一的学校体系を構想した。これは，言語的（ギリシャ語・ラテン語）・歴史的・数学的な教材を通して形式的な諸能力を最も有効に訓練するという新人文主義的学校観の法制化構想であった。この学校観を具体的に法制化しようとしたのが「ジュフェルン教育法案」（1819）である。新人文主義的学校観，とりわけ人文主義優位（実学主義軽視）の中等学校観は，フンボルト–ジュフェルンによって基礎固めされ（たとえば，「中等学校教職志願者検定勅令」（1810）や「古典語学校卒業試験規程」の改正（1812）など），基本的に19世紀プロイセンの中等教育史を特徴づけていたのである（学校闘争 Schulkampf）。

19世紀にかぎらず，今日においてもドイツの中等教育において依然として首座を占めるギムナジウムは，（19世紀におけるほどではないにせよ）人文主義的な教育内容に比重をかけた教育を継続している。今日のドイツのギムナジウムにおいてフンボルトの精神が，そのエリート性，独善性への批判をうけつつも，生き続けているのである。

▶ 大学論　　次に，ベルリン大学の創設者であるフンボルトは，大学の使命をいかに考えていたのか。まず，大学は学問研究の場である。大学は，「出来あがった解決済みの知識のみを取り扱い，それを教える」学校と峻別され，「学問をいまだ完全には発見されていないものおよび決して完全には解明し尽くされえないものと見なし，学問をかかるものとして不断に探求する」場なのである。つまり，哲学的・形式的な学問——たとえば，哲

学・数学・言語学・歴史学などをあげている
――の創造・拡充を使命とする研究機関である。また大学は，学生が形式的な学問を不断に研究する活動に参加することによって「学問的陶冶」を促進する教育機関でもある。要するに，大学は，学問の研究を媒体とする教授と学生との共同体として構想されていたのである。このような大学観は，「神学の婢」として従属的位置に甘んじていた当代の哲学部の地位向上に一定の貢献を果たしたという歴史的評価を与えられうるであろう。

19世紀後半以降，産業化社会の進展にともなう科学技術・技術革新の要請に応えるべく，実用主義的学問観に立脚する研究領域が大学にも進出・拡大するに及ぶにつれ，フンボルト的大学観は相対的に後退を余儀なくされることになった。とはいえ，専門科学のとどまるところを知らぬ個別化・細分化の場と化している大学を，その科学なり技術なりを人間社会の全体性・統一性の観点から批判的に考察する必要性が認められるとするならば，そこにフンボルト的大学観の意義を見いだすこともまた可能であろう。

[参考文献] Flitner, A., Giel, K. (Hrsg.), *W. v. Humboldts Werke*, 5 Bde., Stuttgart 1960-1986／Spranger, E., *W. v. Humboldt und die Reform des Bildungswesens*, Tübingen 1910 (3. Aufl. 1965)／Menze, C., *W. v. Humboldts Lehre und Bild vom Menschen*, Hannover 1965／亀山健吉『フンボルト』中央公論社 1978／西村貞二『フンボルト』清水書院 1990／フンボルト（ルーメル・小笠原・江島訳）『人間形成と言語』以文社 1989

[関連項目] 一般教育／教養／人文主義／陶冶
(川瀬邦臣)

文 明 化

英 civilization／独 Zivilisation／仏 civilisation

▶ **語 義** 名詞「文明（化）」は，「文明化する」という動詞から派生した過程に関する概念と，「文明化された」という分詞から派生した状態に関する概念とが結びついて，18世紀後半（フェーブルによれば1766年）に創り出された近代語である。

概念の発生の上からみるならば，動詞が名詞に先行している。「市民の」「市民らしい」を意味する中世ラテン語 civilis から出た動詞は，16世紀フランスにおいてまず成立し，17世紀初期に英語化された。刑事事件を民事事件にするというのが元来の意味であるが，そこから拡大して，野蛮な状態から脱して都市生活にふさわしい行動様式や礼儀作法を身につけるという近代的意味を獲得した。分詞は，17世紀末以降，「未開な」「野蛮な」に対立するものとして幅広く使用された。

文明の語の誕生地はフランスで，その後スコットランドを経由してイングランドに(1772)，また少し遅れてドイツに輸入された(1775)。辞書に掲載されたのは，英語では1775年のアシュ（Ash, J.）の『新英語大辞典』が最初で，当時最も権威があったアカデミー・フランセーズの『仏語辞典』への集録は1798年。わが国最初の翻訳は，福沢諭吉が著した『西洋事情』(1866)の「文明開化」である。

▶ **礼儀と文明** 「文明」は，近代の教育思想の変遷と特質を理解するための重要なキー概念の一つである。文明という語が生み出される以前にこれに関係した名詞として一般に用いられていたのは，「共同体」を意味するラテン語 civilitas から派生した「礼儀」(civilité; civility)であった。この語はエラスムスの『少年礼儀作法書』(1530)に起源をもち，その書の広範な普及を通じて中世の「礼節」(courtoisie; courtesy)にとって代わった。当初は外的な上品さを表すだけであったが，やがて社会の秩序と市民の内面的資質を表す政治的・道徳的意味を有するようになった。したがって文明の語が最初にイギリスに導入されたとき，それは礼儀の概念としばしば競合した。「野蛮」(barbarity)の反対語としては「文明」の方が適切だというボズウェル（Boswell, J.）と，その意味は「礼儀」で充分表現されると主張したジョンソン（Johnson, S.）との対話は，これを鮮明に物

語るエピソードとしてとくに有名である（ボズウェル『サミュエル・ジョンソン伝』1791）。

「礼儀」および18世紀に使用頻度が高まった「上品さ」（politesse; politeness）は、宮廷貴族をはじめとする上流階層が、自分たちの地位や威信を誇示したり、下位の階層との区分を際立たせるために作り出した概念であった。すでにルソー（Rousseau, J.-J.）は、初期の作品で、「たえず上品さが強要され、礼儀作法が守られます。…人々はもはや、あえてありのままの姿をあらわそうとはしません。…あの画一的で不実なお上品さのおおいの下に、現代の知識のおかげであるあの誇らしげなみやびやかさの下に、疑惑、猜疑、恐怖、冷淡、遠慮、憎悪、裏切り、といったものがつねに隠されています」（前川訳『学問芸術論』1750）とのべて、上流社交界の価値規範がもっていた抑圧的で欺瞞的な性格を暴き出していたが、18世紀後半に「文明」が新たな時代精神を表す言葉として創り出されていく背後には、「上品な」礼儀やマナーが一種の象徴的権力、支配の道具として機能していた時代や社会体制に対する批判があった。

▶ 啓蒙と文明　こうした批判を鋭く展開していたのは、ニュートン（Newton, I.）の科学とロック（Locke, J.）の哲学で理論武装した、当時「フィロゾーフ」と呼ばれるフランスの啓蒙思想家たちであった。ルソーと啓蒙主義者たちは、フランスの政治や社会の改善という歴史課題は共有していたが、改善のための戦略や目指すべき方向はまったく異なっていた。

ルソーは、所有権の確立をテコにした文明の進歩に人類の堕落をみ、人々が無垢で素朴で善良であった自然状態を一つの理想とした（『人間不平等起源論』1755）。『エミール』（1762）で彼が提唱した、子ども時代には知識は一切教えないという「消極教育」は、支配的な文化（行動様式や価値観）を教え込むことに熱心であった当時の教育に対するアン

チ・テーゼであった。と同時にそれはまた、文明の進行のなかで仮面と素顔に分裂した近代人が、本来の自己を取り戻すための政治的で社会的な方法的戦略の一つでもあった。

これに対し、啓蒙主義者たちは、「文明化された社会」、つまり、科学的で合理的な理性が支配する社会の実現を目指し、これを指導的な君主や「無知蒙昧」な国民を啓蒙することで達成しようとしていた。たとえば、『百科全書』の編集者のひとりディドロ（Diderot, D.）は、ロシアの女帝（Catherine II）の要請に応じて書いた『ロシア大学教育論』（1776）でこういう。「国民を教育することは、彼らを文明化することである。国民から知識を奪うことは、彼らを野蛮な原始状態に連れ戻すことである。もし教育が与えられないならば、たとえ人口が多く勢力が盛んであろうとも、この国民は野蛮である」。さらにルソー批判を念頭においてこう続ける。「わたしは、国民のもっとも幸福な状態は野蛮のそれであり、啓蒙され文明化されるに応じて、あるいは所有権の神聖視が進むにつれて、国民は不幸になるなどとは考えることができない」と。

文明の概念はかかる歴史的・思想的コンテクストのなかで誕生した。そしてその成立は近代教育思想の展開にまことに重大な転換をもたらした。「オネトム」や「ジェントルマン」といった"礼儀正しい"人間理想と、"マナーが人間を作る"という信念の下で発展してきた近代教育は、18世紀後半を境にして、理性の使用を可能とするような知識の教育へと大きくシフトし、また、これまで慈善の対象として周辺におかれていた貧民＝国民の教育を、社会の文明化を推進していく国家装置として、政治の前面に押し上げていくことになるからである。

▶ 文明と国民教育　「すべての人々に学校を」（Schools for all）というスローガンの下で展開された19世紀前半の国民教育制度樹立の運動は、前世紀のアダム・スミス（Smith, A.）の「文明・商業社会」の哲学に

その理論的支えを見いだしていた。スミスの議論は次の二点で重要であった。一つは、虚栄心、すなわち「他の人々の尊重と称賛を得たいという欲求」を、道徳的にも善なる人間の支配的な情念として認めた上で、知識がこの欲望を増大させて競争心を喚起し、個人の自己改善と社会の進歩を促進することができると主張したこと。「教育の偉大な秘訣は、虚栄心を適切な対象に向けていくことである」という一文は、ここから導き出されてくる（『道徳感情論』1759）。もう一つは、「教育のある知的な国民は、無知で愚昧な国民よりも常により慎み深く、秩序を重んじる」として、知識が社会の秩序と調和の維持に不可欠な要素であることを強調したこと。スミスにあっては、それゆえに、分業による社会の文明化によって引き起こされる弊害、たとえば、「知的、社会的、軍事的美徳」の衰退も、政府が準備する「公教育」（public instruction）によってある程度防止することができるものであった（『国富論』1776）。

スミスのこうした文明化論にもとづかせて、19世紀の改革者たちは、産業革命の進行にともなって重要な課題となっていた社会秩序の再建を国民教育に期待した。たとえば、イギリスで最初の義務教育法案を提出したホイットブレッド（Whitbred, S.）は、1807年の下院議会で次のように演説して、普遍的な学校教育制度の必要性を訴えた。「人間が、あの野蛮な状態から、一歩一歩、文明社会において最高度に磨かれた洗練さに到達するまでの歩みをたどってみよ。そうすれば、文明に向けてのあらゆるステップが、その進歩には確かに偶発的な有害さはともなっているが、徳性と秩序に向けての第一歩だと諸君は告白せざるを得ないであろう。諸君！ 政治上の観点においても、国民の統治に確固たる安定性を与えることができるのは、国民の教育以外にはありえないのだ」。

事情はフランスでも同様であった。たとえばギゾー（Guizot, F.）は、1828年にソルボンヌ大学で行った講義のなかで、文明を、「他の一切の事実と同じように研究され、叙述され、物語ることのできる一つの事実」と定義し、そして社会の進歩・発達と人間性（ユマニテ）の進歩・発達を文明の不可欠な二要素として描き出した。講義は後に『ヨーロッパ文明史』としてまとめられ、福沢諭吉の『文明論之概略』（1875）にも大きな影響を与えていったが、ここで重要なのは、文明史観を築き上げたギゾーその人が、フランス教育史上有名な1833年の初等教育法の制定者でもあったという事実である。文明化と国民教育は18世紀近代が生み出した双子の兄弟であった。

▶ ドイツにおける文明と文化の対立　ところが、国家が領邦に分割され、経済的に立ち後れていたドイツは、イギリスやフランスとは異なった道を歩んだ。ドイツの中流階層の知識人たちが自国の支配階層を批判するに際して依拠したのは、「文化」であった。

この語も「文明」と同時期に生まれた新しい概念であった（ドイツでの最初の使用は1760年）。イギリスやフランスでは文明が文化の概念を包摂する形で定着していったのに対して、活動の基盤が大学にあったドイツの改革者たちは――学者が、文字どおり、知識人として改革のオピニオン・リーダーであった――両者を明確に区分して、文明は物質的で外的な発達過程を、文化は精神的で内的な発達過程を意味するものとして一般に使用した。この対立的区分の最初の使用例は、カントの『世界市民的見地から見た一般史考』（1784）のなかに見いだされる。カントはそこで、後のドイツの教育思想の展開にとっては重大な意味をもつことになる一つの価値規範を付け加えた。つまり、人類の発達にあっては、内面的洗練さの方が、うわべだけの「文明化」（Zivilisierung）よりもはるかに重要であり、「文化にはさらに道徳性という理念が加わらなければならない」と要求したのである。

このカント的図式は後年のペスタロッチ（Pestalozzi, J. H.）でも繰り返された。彼は

いう。現代は「文明の一面性」の時代で，「文化なき文明」の進行によって，個人も国家も自主性や自由，親心や純真さ，正義や公共性を喪失して，「野蛮人」と堕してしまった。かかる文明の堕落から人類を救済するには，「文明陶冶」を「人間陶冶」に従属させ，人々を人間らしさ，国民の文化に向けて教育していく以外に方法はない，と（『純真者に訴える』1815）。ペスタロッチはここで，かつて『ゲルトルート児童教授法』（1801）で自らが打ち立てた“直観をともなった知育”という立場を修正し，“徳育”へと舵を切り替えていく。ドイツ近代教育が後に文化主義や精神主義を強めていく端緒の一つが，ここにある。

▶ **文明と教養**　文化を文明に優先させる傾向は，文明化の弊害が自覚され始めた1830年代のイギリスでも徐々に台頭しつつあった。たとえばコールリッジ（Coleridge, S. T.）は，「文明は……それ自体（悪の）入り混じった善でしかない。……だからきわめて上品な国民は，洗練された人々というよりも，うわべを飾った人々と呼ばれる方がふさわしい。そのような国民にあっては文明は，教養Cultivation に基礎づけられておらず，人間性を特徴づけている諸資質や諸能力の調和的発達にももとづいていない」と告発し（『教会と国家の構造について』1830），また若きミル（Mill, J. S.）も，個人が群衆に埋没して無力化していく点を，文明化の弱点として指弾した（「文明論」1836）。

こうした問題を克服しながら，なおも歴史の運動としての文明化をいかに推し進めていくか——これが19世紀中葉以降のイギリスの改革者たちの歴史課題であった。この課題遂行を，コールリッジは教養の担い手たる教会知識人たちに期待し，ミルは大学改革にその方途を模索した。しかし，実現されないままに時は流れた。1860年代末，アーノルド（Arnold, M.）は『教養と無秩序』（1869）のなかで再びこの問題をとりあげた。そして彼は，文化・教養を，道徳的な自己完成に向けて努力する内的活動として把握し，それを文明に代わる新たな社会統合原理として提唱した。

ただし，国民教育の分野にあっては，文明化の戦略の明らかな書き直しが行われた。つまり，1840年代を境に，知識を与えて国民を文明化することから，知識の理解と教師の道徳的感化力に力点をおいて，文明化の影響をできるだけ確保することへと変更された。教育の方法と形態においてこれを裏付けていったのが，モニトリアル・システムから一斉教授方式への移行であった。

▶ **エピローグ**　18世紀後半に中流市民階層の価値観や自意識の表現として誕生し，社会改革のイデオロギーとして機能してきた文明は，こうして19世紀，学校教育制度の発展と密接に結びついて各国の国民的性格を形成していった。そして国内の文明化が一段落した19世紀末から20世紀初頭，今度は衣装を変えて，文明はヨーロッパ各国の植民地獲得とその支配を正当化していく理論的根拠を準備することになった。

現代では，文明はもはや単一の連続した進歩の過程とはみなされてはいない。それは複数形で表現され，古代文明，科学技術文明などの比較的中立的な意味で用いられることが多い。しかし，文明の概念が生成段階にもっていた規範的意味は，薄められたとはいえ，今なお失われていない。

［**参考文献**］Barnard, F. M., "Culture and Civilization in Modern Times", *Dictionary of the History of Ideas*, vol. 1, 1968／Elias, N., *Über den Prozeß der Zivilisation*, 2 Bde. 2. Aufl., Frankfurt a. M. 1969 (1939)（赤井慧爾ほか訳『文明化の過程』法政大学出版局 1977/78）／Febvre, L. (ed.), *Civilisation : Le Mot et l'idée*, Paris 1930／Rothblatt, S., *Tradition and Change in English Liberal Education*, London 1976／Williams, R., *Keywords. A Vocabulary of Culture and Society*, 1976（岡崎康一訳『キイワード辞典』晶文社 1980）／生松敬三『「文化」の概念の哲学史』岩波講座『哲学』XIII 1968

［**関連項目**］文化　　　　　　（安川哲夫）

平和
英 peace

▶ **平和の概念**　伝統的には，人間集団のあいだに争いまたは戦争のない状態を平和という。豊かで安らぎにみちたアダムとイブの楽園というように，人類の始源の神話的なイメージには，平和が充満している。これは，太古から人々のなかにいつも暴力や戦争が存在したことの裏返しとなるユートピアの表明ともみられる。価値としてみれば，平和は普遍的な価値，戦争は反価値なのである。これは道徳の問題になるから，戦争を人間の本能にある攻撃性や敵愾心にもとづく自然現象とみなすことはできない。

戦争は，平和のうちに胚胎し，結果として新たな平和に移行する。生起した戦争の目的や役割は，先行する平和の様態を照らし出し，その後の平和のあり方を決定する。重要なのは，平和が戦争の対概念であり，戦争との関係性において考察する必要があるということである。普遍的な価値としての平和のみの洞察は，それ自体，完結しないといえよう。平和と戦争との関連的な用法が確定し，平和と戦争とのあいだに明確な線が引けるようになるのは，近代国家においてである。主権国家が戦争手段を独占するにつれて，戦争は，国家間，あるいは国家対植民地の武力使用の指示連関となり，国内の争乱は，戦争の定義から除外される。このような平和と戦争の概念空間が通念化するのにともない，平和は，国家間に武力衝突のない状態である国際平和を主として意味するようになる。しかし，フランス革命のように，内乱が対外戦争に転化する場合があり，国内平和も無視できない。さらに，国家的な枠組みを超えて，戦争の発動を抑止しようという立場から世界平和を指向する動向も強まってきた。このように，平和には，国内平和・国際平和・世界平和が区別可能であるけれども，時代がすすむとともに，これら三つの平和の相互的な関係は，ますます複雑に入り組むようになり，現在では，その再構造化が課題となっている。

▶ **平和思想と教育との歴史**　平和概念の形成までには長い歴史がある。ギリシャ的な伝統の草創期のホメロスには平和概念は，ほとんど見あたらない。ちなみに，19世紀のパブリック・スクールなど中等教育改革によるホメロスの国民化は，エリート層の暴力や好戦性の涵養につながることに注意。しかし，古典期になると，奴隷制がもたらす社会的な緊張により，戦争は，現実には不可避であるにしても，プラトンのように理想国家としては平和が望ましいとか，アリストテレス（Aristoteles）のように基本的な倫理や教育の役割を戦争よりも平和や徳の追求におくようになった。

ローマでは，山上の垂訓を忠実に守る原始キリスト教やアタラクシアを追求するストア派は，万人同胞の愛と非戦を内容とする平和の理想主義的な探求の流れをつくったが，キリスト教の国教化によりその生命を失い，それにかわって帝国に一極的に集中した軍事力により世界に平和を強制しようとするパクス・ローマーナの理念が実現することになった。帝国解体後，それは，中世世界に精神的に君臨したローマ教会による「教会の平和」となる。中世をとおして，アウグスティヌスやトマス・アクィナスは，宗教的に戦争制限の努力をはらう一方，正義の戦争・不正義の戦争を区別した。

平和の問題が新たに展開をみせるのは，16世紀から17世紀にかけてである。新大陸の発見・宗教改革・絶対主義国家の出現は，数多くの征服戦争・宗教戦争を引き起こした。その間，国家主権と国家理性にもとづく戦争の正統化がはかられる反面，「勢力均衡」による現実的な平和の確立という考えも広まっ

た。また，エラスムス，モア，ラブレー，モンテーニュなどのヒューマニストたちは，それぞれの立場から平和思想を深め，そのなかで教育にもふれた。30年戦争の惨禍のなかで，グロティウスは，宗教のかわりにローマの「万民法」と慣習法との結合をもとに国際的な紛争処理の合理的な裁定基準を示した『戦争と平和の法』(1625)をあらわし，国際法に礎石をおく。このような同時代の平和の課題は，教育にも反映する。ラトケ(Ratke, W.)，ヴィヴェス(Vives, J.L.)，コメニウスなどの教授学者たちが史上はじめての体系的かつ普遍的な教育計画を構想するのは，教育をとおして平和を実現しようとしたためであり，のちの教育の思想に大きな影響を与えた。

平和のための国際的な機構を構想したサン＝ピエール(St.-Pierre)の『ヨーロッパ恒久平和草案』(1713)をはじめとして，百科全書派など，18世紀には，どのような戦争も進歩を妨げる悪であり，また，適当な手段で完全に廃絶できるという考えが出てくる。サン＝ピエールの理念は，ルソーに受けつがれ，カントの『永久平和論』(1795)では，恒久平和のための国際機構として世界連邦案が示された。同時期の自由貿易にたつベンサムの平和論も重要である。いずれの平和組織も教育機関としての機能が期待された。

スペンサーの軍事型社会から産業型社会へという社会有機体進化の図式さながらにパクス・ブリタニカを謳歌した19世紀中葉をすぎると，歴史の段階は，帝国主義へと転化し，社会ダーウィニズムの優勝劣敗にもとづく列強の対外競争が激化し，平和は危機にさらされた。70年代から主要な国で全面化する国民教育制度は，盲目的な愛国心を鼓吹するジンゴイズムのメディアとして利用された。

19世紀における国家と社会のこのような動向への根底的な批判も多様に展開されるが，そのなかで，マルクスは，平和の基本的な阻害要因が階級対立にあることを見出し，平和への新しい視点を確立し，アナーキストのクロポトキン，隣人愛と無抵抗のトルストイや

ガンジーの平和思想も大きな反響をよんだ。

20世紀は，2回の世界大戦を経験したもっとも暴力的な世紀であり，戦争の形態も総力戦体制へと高度化して，その惨害は，はかりしれないものとなり，平和は人類の死活にかかわるにいたった。第1次世界大戦の教訓から国際的な平和機構として結成された国際連盟は，しかし，戦後の現状を維持するようにはたらき(E・H・カー)，第2次世界大戦を防止することができなかった。とはいえ，国際連盟は，平和教育・国際相互理解教育に力を入れ，国際新教育連盟など戦間期新教育運動が平和を掲げたのとあいまって，ある程度まで各国の公教育に影響を与えるような成果をあげたことは，事実であろう。戦争がまたおきたが，その理想は，今日の平和教育につながっている。

第2次世界大戦後は，核兵器の逆説によって，第3次世界大戦にはいたらなかったものの，その平和は，パクス・アメリカーナとロシア帝国主義の支配のもとで従属・非従属などさまざまな基本的な矛盾を抑圧してきたものにしかすぎず，そのほころびからは，なんども戦争が発生してきた。世界構造としての東西冷戦体制が崩壊し，グローバリズムが拡大する現在，かえって貧困・人口過剰・民族対立などが歯止めを失って表面化し，さらに戦争が繰り返される「野蛮な時代」が現出しそうな傾向がでてきた。かつて，デューイは，戦争原因は，複合的で，平和のなかに埋め込まれているといったように，今後，平和研究は，多角的に行われる必要があり，平和教育もそれをふまえることが要請されている。

[**参考文献**] コメニウス(鈴木秀勇訳)『大教授学』明治図書 1962／カント(宇都宮芳明訳)『永久平和の為に』岩波書店 1949／ラッセル(鈴木祥蔵訳)『教育と社会体制』明治図書 1960／カー，E. H.(井上茂訳)『危機の二十年』岩波書店 1952／ブートゥール，G.(宇佐美攻治訳)『幼児殺しの世界』みすず書房 1970／ハワード，M.(奥村房夫ほか訳)『戦争と知識人』原書房 1978 　　(三笠乙彦)

ヘーゲル
(Georg Wilhelm Friedrich Hegel, 1770-1831)

▶ 生 涯 　ドイツ南西部ヴュルテンベルク公国（のちに王国）の首府シュトゥットガルトに生まれ，同地のギムナジウムを卒業したのち，チュービンゲン大学で神学と哲学を学び，シュティフト（神学寮）の同級生のヘルダーリンやシェリングと親交を結んだ。その後，ベルン（スイス）やフランクフルト（マイン）で家庭教師を続けながら，原始キリスト教の研究を進めた，さらにはヴュルテンベルク公国の国会と代議制度，ドイツ憲法問題などの論考も発表し始める。1801年，イエナに移り（私講師，ワイマール公国の宰相ゲーテの推薦，のちに員外教授），フィヒテ批判から本格的に哲学の研究に入り，『精神現象学』を完成，しかし，この間イエナはナポレオン軍によって占領され，その公刊は，大学の閉鎖後となった。バイエルン王国の中央学務委員だった友人のニートハンマー（Niethammer, F. I.）の世話で，はじめはバンベルクの新聞編集人，のちにニュルンベルクのギムナジウムの校長兼教授となり，『論理学』（全3巻）の完成に集中した。1816年再開されたハイデルベルク大学教授に就任，『哲学的諸学問のエンチュクロペディ』（通称『エンチュクロペディ』）を完成させ，翌年の暮，フィヒテの後任として，ベルリン大学教授に就任，死ぬまでその職にあった。1821年には，『法の哲学』を公刊したが，絶対精神への認識論的な基礎づけをコアとして体系化された彼の哲学は狭い意味での哲学の世界を越えて多くの人々を惹きつけ，プロイセン国家公認の学問となっていった。コレラによる急逝の翌年より，友人や弟子による『ヘーゲル全集』（全18巻）の刊行が始まった。

▶ 教育思想 　ヘーゲルの「教育」への関心は，すでにシュトゥットガルトのギムナジウムの生徒の時代に芽生えていた。ルソーの『エミール』の影響は，ドイツにおいても，いくつかの紹介や反論，さらには翻訳も登場させていたが，その普及版の一つ，匿名の（ゲッチンゲン大学教授フェーダーによるものと少年ヘーゲルにさえもわかっていた）『新・エミール』について，ギムナジウムの生徒であったヘーゲルが読書ノートをのこしている。「教育の重要なこつは，なにも作用していないようで，実はすべてに作用しているということなのだ」と，『エミール』のライト・モチーフを確実に把握している。ギムナジウムの卒業生総代としての演説は，国民教育の重要性についてのものであり，チュービンゲンに入ってからも，『エミール』への関心は持続されていた。そして，それは，やがて，ルソーにおける自然が道徳性から生ずる繊細な感覚を埋没させてきたとして，道徳的理念と感情のための実効ある受容性をどうつくるかという関心へと移行し，それはイエスに最高の教師をみる宗教というかたちをとった教育の問題として再構成されるのである。

　ヘーゲルがギムナジウムの校長として行った入学式や卒業式の式辞などには，教育思想上の見識がちりばめられている。そこでは，ルソー，さらにはバゼドーなどの啓蒙主義（汎愛派）の教育論への批判がベースとなっている。そして，ここにも否定性を媒介とした発展というヘーゲルの弁証法をみいだすことができる。ヘーゲルは，そのいくつかの演説のなかで，学校を，家庭生活から子どもを自立させ，社会生活に向けて準備する制度としてとらえている。ヘーゲルにおける教育が家族に対して否定の契機をもつ（子どもの教育は家族の解体を目指して行われるというパラドックス）というその基本線は，後に『エンチュクロペディ』を経て，『法哲学』に受け継がれる。ヘーゲルは，ギリシャ，ラテンの古典にもとづく人文主義的教養の重要性を指摘し，ギムナジウムの教育目標として，一方では，自由な個人として，正しく判断し，推理する能力を育成すること，他方では，共同社会の良き一員として道徳的な人間となることを目指していた。ここには，市民社会における個人主義の蔓延によって道徳的な全体性が見失われてしまっている事態に対するヘ

ーゲルの社会批判が媒介されている。

『法哲学』において，「子どもが生まれることに自然に結びついている人倫関係は，子どもの第二の誕生，精神的な誕生，いいかえれば子どもを独立の人格に教育することになって実現される。このような自立性によって子どもたちは，自分が所属していた家族の具体的な生命ある姿から抜け出て，自立的になっている。しかし，新しいけれども前のと同じ現実的な家族をつくるよう規定されている」（岩崎武雄訳，中央公論版『世界の名著』35，1967）。ヘーゲルは，それにつづいて，「こと教育に関しては，市民社会が，それが社会の成員となる能力にかかわるかぎりは，両親の恣意と偶然性を排して，教育を監督し左右する権利をもっている」（同上）とまでいい切っている。教養の再生が市民社会の倫理においてのみ可能だとすれば，その育成にかかわる教育の態様は，市民社会，そして国家，さらには人間性一般において考えられなくてはならない。

「教養」の理論的な純化は，『精神現象学』（序論）において，すでに，こう展開されていた。「教養をうるということは，つぎのようなものであることになる。個人の側からみれば，それは，個人が自分のまえにあるものを獲得し，無機的自然を消費して自分にとりこみ，自分の所有にすることである。しかし，実体であるところの一般的精神の側からみれば，このことは実体がみずから自己意識をもつようになり，自分の生成と自分への帰還とを実現してゆくことにほかならない」（同上）。こうして，ヘーゲルの「教養」には「疎外」（あるいは「外化」）との弁証法が，哲学の問題として含意されることになった。

[参考文献] ドイツ語では，すでに各種の全集がある。現在では，ハンブルクの書肆 Phelix Meiner が 1991 年より出しているニコリン編集の全集が決定版とされている。さらに，最近では，学生がとった講義のノートなども含めて，関連の資料が公刊されている。ここで引用し，あるいは言及したヘーゲルの著作には，ギムナジウムの生徒時代のものをのぞいて，中央公論

版『世界の名著』，河出書房版『世界の大思想』などに収められている邦訳がある。上妻精編訳『ヘーゲル教育論集』国文社　1988／Thaulow, G., *Hegels Ansichten über Erziehung und Unterricht*, 4 Bde. 1853／山内芳文『ドイツ近代教育概念成立史研究』亜紀書房　1994

（山内芳文）

ペスタロッチ
(Johann Heinrich Pestalozzi, 1746-1827)

18 世紀後半から 19 世紀初頭の近代社会成立期に近代の教育思想と学校における初等教育の基盤を築いた教育思想家，教育実践家。

▶生　涯　　近代の教育思想と教育実践に多大の功績を残し，「人類の教育者」とも呼ばれたヨハン・ハインリッヒ・ペスタロッチは，1746 年，スイスのチューリヒに外科医の 3 人目の子どもとして生まれた。未だ 5 歳の時に父を失い，幼いハインリッヒは兄妹と共に母の手によって育てられた。この父の早逝は，彼と家族に生活の困窮を強いたが，信仰深く賢明な母と忠実な使用人バベリとに囲まれ，貧しいながらも敬虔で慈愛のこもった幼年時代を過ごした。また，チューリヒ近郊には祖父アンドレアスが牧師として働いており，少年ペスタロッチはしばしば祖父の下を訪れ，地方の美しい自然に親しむと共に，地方の人々の苦しい生活の現実を知ることとなる。

やがて，彼はラテン語学校を経て，1761年コレギウム・フマニタティス，さらに1763 年祖父のように牧師になるべくコレギウム・カロリヌームへと進み，ここで多感な青春時代を過ごした。この頃のチューリヒの大学は，活気にあふれ，ライプニッツ（Leibniz, G. W.），ヴォルフ（Wolff, C.），そしてルソーの影響を受けた多くの有能な学者が多彩な活動を展開していた。そこはまさしく啓蒙主義の全盛時代にあった。彼はここでとくにルソーの諸著作を読み，牧師から法律家へと志望を変更し，学生団体による政治活動にも参加して，当時 18 世紀の政治的・社会的諸問題に積極的に取り組むこととなる。

しかし，1767年政治事件に関わったため投獄され，友人の忠告もあって官職に就くことを断念したペスタロッチは，新妻アンナと共に営農家を志して，翌年ノイホーフに農場を設立した。ところがこれも初めの計画通りには運ばず，1774年には貧民院を開き，貧児の労働学校に専心することになった。この貧民院は数年で閉鎖されたのであるが，そこでの活動と経験は『隠者の夕暮』（1780，以下『夕暮』），『リーンハルトとゲルトルート』（1781-87，以下『小説』），『スイス週報』（1782），『立法と嬰児殺し』（1783）等の初期の諸著作となって結実する。この時期は農作業のかたわら，多くの著名な知識人を含む友人たちと交わり，また農業，経済，税制，法律そして教育等々の広範に及ぶ時代の社会的諸問題について熟考し，著作活動を展開して，初期の思想的基盤を作り上げる実り大きな時期となった。

1789年のフランスにおける革命の勃発は，全ヨーロッパに多大の衝撃を与えたが，ペスタロッチも例外ではなかった。このフランス革命の影響力の大きさは，スイス革命への積極的関与や，フランス革命を論じた草稿『然りか否か』（1793）とこの当時の彼の主著である『探究』（1797）によって明らかである。1798年，折しも革命政府は戦乱によって生じた孤児たちを収容する施設をシュタンツに建設することとなり，仕事がペスタロッチに委ねられた。わずか半年の間ではあったが，彼は教師としての体験と教育に関する具体的な思索を行うことができた。このときの実践の記録は，『シュタンツ便り』（1799）として残されているが，ここには荒廃した社会の現実のなかに放逐された子どもたちをいかにして教育しうるのかという基本的な問題から出発しながら，悪戦苦闘するペスタロッチの姿が生き生きと描かれている。また，『小説』で家庭教育として示された主要な諸思想が学校教育という観点から統合され，孤児院のうちに家庭の親密な関係にもとづく一種の社会的関係の場（情調）を作り出し，その上で人間的諸能力を単純な要素から出発し連続的に発展させるという新たな思想として深められる。

このシュタンツの孤児院の戦乱の悪化による不意の閉鎖は，ペスタロッチに大きな打撃を与えた。しかし，やがて彼は疲労困憊のなかでシュタンツにおける活動を振り返りながら，そこでの取り組みが教育に関して人類が数百年もの間追い求めてきたものであるという確信を抱くにいたり，「私は教師になろう」という決意を固める。シュタンツの思索と試みは，ブルックドルフの学校へと継承され，『ゲルトルートはいかにしてその子を教えるか』（1801，以下『ゲルトルート』）となって結実する。ここにコメニウス以来近代教育思想の基本的原理となる直観教授は，数・形・語を基礎とする教授法（「メトーデ」）となって発展させられ，それ以後の学校改革に決定的な影響を与えることとなる。

彼はその後もミュンヘンブーフゼー，そしてイヴェルドンへと次々に学校を移しながらも，このメトーデの改良と具体化のために思索と実験を続け，それを「基礎陶冶の理念」として確立しようと努めた。また同時に，彼と彼の教授法を慕って訪れるヨーロッパ諸国の多くの教師に「メトーデ」を実際に手を取って教え，彼の行くところはいずれも教師たちの巡礼の地となった。しかし，ペスタロッチ教授法の名声が高まる一方で，ノイホーフ以来彼の教育活動の根底に存していた貧民教育とそれが依拠する生活教育の思想は，身分の差異を越えた教育を追求する「基礎的メトーデ」と齟齬を来すこととなり，学園における「基礎陶冶の理念」をめぐって教師たちの間に対立を生むことにもなる。この教師間の対立は，イヴェルドンの学園それ自体の崩壊を招くにいたる。

彼は最晩年に『白鳥の歌』（1825）および『わが生涯の運命』（1826）を著して，長い生涯と事業を回顧しているが，まさしくその生涯は「人類の教育者」としての悪戦苦闘の歴史であった。1827年2月7日，ノイホーフ

近郊のブルックで81年の生涯を閉じたが、死の瞬間まで彼の胸中から人類の教育への思いは消えることはなかった。

▶ **思想**　ペスタロッチの教育思想の特質は、いくつかの避けがたいアンビヴァレンツによって特徴づけられる。このことが生前から彼の教育思想に多様な解釈と理解を生む最も大きな原因にもなった。

まず彼の時代がすでに避けがたいアンビヴァレンツの内にあった。彼の生きた18世紀後半から19世紀初めは、近代市民社会の形成期にあたるが、それは古い社会の崩壊と未だ不明確な新たな社会の生成期にあたる。新たな社会の到来は単に身分的制約からの解放としてのみは捉えられない。それはかつて存在していた思考と行動の確固たる準拠枠の崩壊でもある。また、農業から工業への産業形態の転換は、経済的豊かさの増大という側面でのみは捉えられない。それは多くの脱落（堕落）を生み出すことでもある。そこには古い時代を特徴づける内的世界と外的世界の一致は、もはや存在しないのである。人間存在を内的基盤において把握しようとするペスタロッチにとって、この時代は軟弱な地盤の上に立つ楼閣に過ぎないのである。ペスタロッチのノイホーフ時代の活動は、この時代の現実認識に焦点づけられているといっても過言ではない。

しかし、ペスタロッチ自身の思想的基盤も決して例外ではない。彼の精神的世界の支柱の一つは宗教である。しかも、彼がそのなかで育った宗教は、心情を基盤にする敬虔派（Pietismus）のそれである。一方、人生の最も多感な時代を啓蒙主義のなかで過ごした。ライプニッツ、ヴォルフそしてフランスの啓蒙思想は、彼の師や友人たちの関心の中心をなしていた。この敬虔主義と啓蒙主義とは、ペスタロッチのうちで人間把握をめぐる基本的方向として併存することとなるのである。人間における超越と内在、心情と知性の対立は、『夕暮』においては、「神と子」、家庭における「父と子」そして国家における「君主と臣民」の調和的関係を基盤とする思想として理想主義的に総合されるのであるが、その後も彼の思想の基本的なモチーフを構成する。

『探究』は、フランス革命とスイス革命の体験のなかで獲得した人間と社会の現実主義的把握を基盤にして、この時代のアンビヴァレンツからの脱出の方途を探究する困難な試みであった。自然的状態、社会的状態そして道徳的状態という人間と社会の複層的把握は、ルソーの「自然思想」に学びながら、さらにそれを改編し、自然それ自体を外的なもの（利己心）と内的なもの（好意）の両側面から捉えながら、現実としての社会的状態のなかで、内的なもの（好意）の外的なもの（利己心）に対する超克としての道徳的状態への飛躍（サルト・モルターレ）という展望へ到達する。これによって『夕暮』の人間と社会の理想主義的把握は、現実主義的把握へ転換され、堕落した社会的現実を超え出る端緒が、この好意へ定位しながら「地上の塩」としての宗教、とりわけイエス・キリスト像をモデルとしながら示されることとなる。しかし、道徳的状態が依然として内的なものに止まるということには変わりないのであり、外的な世界の改変の道は開かれないままに止まらざるを得ない。ペスタロッチが道徳的状態を「個人的なもの」と断言するのは、この彼の思想に内在するアンビヴァレンツにつなげてはじめて理解される。

シュタンツ以後本格的に開始される教育への取り組みは、『探究』において発見された人間の内在的基盤としての好意を発展させる方策の探究として把握できる。ここにおいても宗教が手がかりであることに変わりはない。シュタンツにおける孤児院の教育が、家庭における親と子の関係の場を築くことから始まっているのは、『夕暮』における「神と子」「父と子」との関係の人間存在の基盤としての把握につながる。『小説』や『ゲルトルート』において母親と子どもとの関係が、すべての教育の基点とされているのも、同様である。これは、古い時代における外的なものと

内的なものの一致の崩壊の認識に基づいている。この一致の喪失こそ近代における教育の根本的問題なのであり，これは，認識論的観点でいえば，事物と語の間にかつて存在していた一致の喪失でもある。換言すれば，それは事物を意味づける「意味連関」の喪失である。両者を再び結合する端緒を，ペスタロッチは「神と子」，「母と子」との関係，すなわち，かつての「家庭の幸福」の源泉としての「愛」という心情的関係に求めるのである。

　この心情的関係においてペスタロッチの教授原理の中心をなす直観ははじめて意義深いものとなる。直観はこの心情的関係と類縁的な世界の諸関係の把握のための唯一の方法なのである。教育の課題は，この直観を子どもの内に発展させることとされる。そのために，ペスタロッチは認識を要素に分解し，そして最も単純な構成要素（数・形・語，直観のABC）から一歩一歩事物の表象を再構成する方法的道筋を提唱し，それを「メトーデ」と呼ぶのである。このように考えるなら，もはや教育はさまざまな知識（言葉）を強制的に子どもに伝達することではなく，その知識を構成する基礎的能力の形成として把握されることとなる。これがペスタロッチ教授法という名称で画期的な教授法としてヨーロッパ諸国へ広められたのである。しかし，直観が数・形・語という要素のみに還元されるなら，機械的という決定的な問題を生じさせることとなり，道徳的陶冶および身体的陶冶との連関を見失い，知的陶冶偏重という印象を免れない。19世紀初頭におけるペスタロッチ教授法への賛否両論の評価は，この問題に由来するのであるが，イヴェルドンの学園における教師間の対立も，この問題に関わるのであり，ペスタロッチがイヴェルドンにおいて「メトーデ」ではなく，むしろ「基礎陶冶の理念」という呼称を好んで使用するのは，依然としてこの問題の解決に苦心していたことの表れである。

　ペスタロッチとイヴェルドンの学園が抱えていたもう一つのアンビヴァレンツは，貧民教育と一般的国民教育との対立にあった。国民教育制度樹立への時代の展開のなかで，「メトーデ」あるいは「基礎陶冶」は，フィヒテ（Fichte, J. G.）に見られるように国民教育の新たな教授法として注目されるが，反面，生活の現実からはますます遊離することとなる。イヴェルドンの実際は，ペスタロッチ教育思想の基底に常に存在していた貧民教育への強力な関心から離れていくのである。『白鳥の歌』において「生活が陶冶する」という原則が彼自身の最終的な到達点として示されるが，それはこれらのアンビヴァレンツに対するペスタロッチ自身の最後の応答であったといわなければならない。

▶ **影響と位置づけ**　ペスタロッチの教育思想の同時代人による受け取られ方もアンビヴァレンツを免れなかった。『小説』は民衆にあてて書かれたにもかかわらず，むしろ教養ある同時代人に絶賛された。また，『ゲルトルート』は母親のために書かれたが，むしろ多くの教師に読まれ，「メトーデ」の知的陶冶の技術的部分のみが注目された。フィヒテが『ドイツ国民に告ぐ』（1807年）においてナポレオン戦争敗北後の国家復興の基礎としての学校教育の教授法として「メトーデ」を取り上げて以来，プロイセンをはじめとするドイツ諸国には，ペスタロッチ教授法を取り入れる動きが盛んに見られた。また，フレーベル（Fröbel, F. W. A.），ヘルバルト（Herbart, J. F.）そしてディースターヴェーク（Diesterweg, F. A. W.）等多くの教育思想家によって教育学や教授学の基本的原理として継承された。現代におけるペスタロッチ教育思想の理解も，今世紀初頭の「新教育」を経由しながら，これら教育思想家の把握の延長上にあるといってもよかろう。しかし，すでにペスタロッチ自身が晩年においても取り組まざるを得なかったように，彼の教育思想にはアンビヴァレツな問題が含まれていることを見逃してはならない。たとえば，シュライエルマッハーがその『教育学講義』で「メトーデ」における要素化の機械的性格を批判しな

がらも，それには一般の理解とは異なる「別の価値」が含まれていると指摘しているように，従来の近代教育思想史とは別の文脈から，あらためてペスタロッチの教育思想を読み解く必要があるように思われる。

[参考文献] *Pestalozzis sämtliche Werke*, 28 Bde., hrsg. von A. Buchenau, E. Spranger und H. Stettbacher, Berlin, Zürich 1927／Delekat, F., *Johann Heinrich Pestalozzi*, Leipzig 1968／Hinz, R., *Pestalozzi und Preußen*, Hamburg 1991／長田新校閲『ペスタロッチー全集』全13巻，平凡社　1959-1962／村井実『ペスタロッチーとその時代』玉川大学出版部　1986
[関連項目] 直観　　　　　　　　　　（渡邉満）

ベック

(Ulrich Beck, 1944-2015)

　チェルノブイリ事故の年に刊行され世界でベストセラーとなり，福島第一原発事故の後再び注目を集めている主著『危険社会』の中で，ベックは，近代を単純な近代と自己内省的近代に区分し，それぞれに産業社会と危険社会という社会のあり方を対応させる。しかし，二つの近代，二つの社会は独立したものではない。むしろ，単純な近代における産業社会が最高度の発展を遂げることで連続的に自己内省的近代における危険社会へと移行する。産業社会においては，産業が生み出す富の公平な分配が課題とされるが，危険社会においては，それに加えて，産業システムが生み出す危険の認知・処理・分配が重要な課題となる。産業社会における危険は，直接知覚可能である限り，産業システム外部の自然や富の公平な分配のプロセスから取り残された特定の地域や集団に転嫁されてきたが，危険社会に特徴的な危険は，有害化学物質や放射能のように科学の助けなしにはそもそも危険として知覚・認識されず，また国家，地域，階級等の境界を超えて植物，動物，そして人間の生命に等しく影響を及ぼす。近代の進展とともに危険は知覚・認知の網の目をくぐり拡大・拡散し続けるが，危険社会においては，大事故や科学による自己批判を通じて危険が広く人々に知られ，産業システムの発展は頭打ちとなる。こうして近代が生み出す危険に近代自らが向き合い処理することが大きな政治的課題となる。

　危険社会における危険は，さらに産業社会が生み出した社会構成や生活様式の変化（階級の不明瞭化や核家族の崩壊），産業社会が前提としてきた雇用形態の変化（部分就業），人間の存在様式の変化（個人化），議会制民主主義の機能喪失（経済・科学・技術などのサブ政治による直接的社会支配）としても現れる。危険社会におけるこれらの変化は両義的であり，一方で解放や進歩や民主化としての側面も持つが，他方では，かつて階級，男女，自然と社会を分け隔てる分割線に則して不平等に分配されてきた危険が，これらの境界を越えて社会全体に拡散した結果と見なすこともできる。

　こうした時代分析からベックは，個人化した大衆による新しい社会運動，諸科学間での相互統制を可能にする学際的取り組みや，大衆の側に立ち科学的知識を基盤に危険を生み出す科学に対峙するもう一つのサブ政治としての対抗科学の重要性を指摘する。

　教育学においてベックの社会分析は，ホルンシュタイン（Hornstein, W.）によるポストモダン論議の補完，クラウセン（Claußen, B.）による新たな政治教育課題の提示，レンツェン（Lenzen, D.）による自己内省的教育科学構想等に影響を与えている。

[参考文献] Beck, U., *Risikogesellschaft*, Frankfurt a. M. 1986（東廉ほか訳『危険社会』法政大学出版局　1998）／Claußen, B., Politische Bildung in der Risikogesellschaft, in: Beck, U. (Hrsg.), *Politik in der Risikogesellschaft*, Frankfurt a. M. 1991／Hornstein, W., Sozialwissnschaftliche Gegenwartsdiagnose und Pädagogik, in: *Zeitschrift für Pädagogik*, 34, 1988／Lenzen, D., *Pädagogisches Risikowissen*, in: *Zeitschrift für Pädagogik*, 27. Beiheft 1991
　　　　　　　　　　　　　　　（藤川信夫）

ベルクソン

(Henri-Louis Bergson, 1859-1941)

フランスの哲学者。パリに生まれ，コレージュ・ド・フランスの教授を長く務めた。持続（durée），イマージュ（image），生命の躍動（élan vital），閉じた／開いた道徳，静的／動的宗教，愛の躍動（élan d'amour）などの概念を提唱した。おもな著書は『物質と記憶』『思考と運動』『創造的進化』『道徳と宗教の二源泉』など。ベルクソンに教育にかんする小論はあるが，著書はない。しかし，その思想はフランスの新教育，日本の大正新教育を支える基礎となった。たとえば，フェリエール（Ferrière, A.）は『活動的な学校』において，ベルクソンの「生命の飛躍」は子どもが本来的にもつ「自発的活動性」であり「教育の基礎」であると述べている。また，日本でも及川平治が『動的教育論』において，ベルクソンにふれつつ「生きるとは連続的増成である。持続である」と述べている。

『道徳と宗教の二源泉』『思考と運動』を踏まえつつ約言すれば，ベルクソンにとっての教育は，子どもが「戒律のような命令」すなわち閉じた道徳に従うことではなく，「探求者であり創発者である」子どもの「自発的自由」（libre initiative）が護られ助けられることである。それは「真理」に通じる営みである。多くの場合，教育は社会の規範（「利益追求」）に支配されているが，本来のそれは「真理」に向かう営みである。その端緒を，ペスタロッチの教育方法に見いだされる「手の教育」（l'éducation de la main）である。手の教育は知性を醸成する。その意味で，人はホモ・ファーベル（homo faber 作る人）である。ペスタロッチ（Pestalozzi, J. H.）の教育方法に追加すべきものは，子どもたち自身が一人ひとり，いのちの特異な生成すなわち「創造的進化」を遂げるような教育方法である。それは，たとえば，一人ひとりが自分自身が感受した美，すなわち美のイマージュを，かたちにすることである。この美のイマージュは，真理に通じる。真理は，永遠不変のものではなく，一人ひとりの固有な意識のなかに構成される。その基礎となるのは，だれにも共通な等質時間（クロノス）ではなく，一人ひとりに固有な時間感覚（カイロス）としての持続である。この持続のなかで生命の躍動が生じる。宗教も例外ではない。生命の躍動に満ちた宗教は動的宗教と形容され，逆の場合は静的宗教と形容される。たとえば，アガペーとしての愛，愛の躍動を説くキリスト教は動的宗教で，律法遵守を説くユダヤ教は静的宗教である。

［参考文献］ Bergson, H. *L'evolution créatrice.* Paris 1998（合田正人・松井久訳『創造的進化』筑摩書房 2010）／Bergson, H. *Les deux sources de la morale et de la religion.* Paris 2008（森口美都男訳『道徳と宗教の二源泉』I・II，中央公論社 2003）／Bergson, H. *La pensée et le mouvant.* Paris 2009（宇波彰訳『思考と運動』上・下，第三文明社 2000）

（田中智志）

ヘルダー

(Johann Gottfried Herder, 1744-1803)

ドイツの哲学者，文学者。ヴァイマールの教会監督長兼説教師。ケーニヒスベルク大学で医学，神学，哲学を学び，カント（Kant, I.）の講義も受けている。しかし，ヘルダーはのちにカント哲学について，理性を言語から，美的感情を感性から捨象し，経験や歴史を顧みず意識の超越論的構造のみを扱っていることを批判している。『言語起源論』によれば，このようなカント批判の根底には，言語とは個人の，究極的には民族精神の内面から発生するものであり，言語こそが人間の歴史を可能にするとの言語観があった。この言語に精神性の発現を看取する姿勢は，後の解釈学に繋がるものである。そして，各民族にはそれぞれ固有性があると考え，民族精神の表現として民謡を収集した。そのうえで，民謡への一種の感情移入により，民族精神を追体験できると考えた。すると，ヘルダー自身の帰属する民族精神と他のそれとの間に連続性が想定されることになる。ヘルダーはこの連

続性の根拠を，自然の生起と人類の歴史を
〈神〉の連続的で階層的現れとみなしうるこ
とに置いた。このような自然と歴史を通底す
る〈神〉のモデルとなったのは，当時再評価
されたスピノザ（Spinoza, B.）の汎神論的な
神観であった。『神についての対話』によれ
ば，〈神〉は静止的な存在なのではなく，自
己を有機的に形成していく自然の力そのもの
である。スピノザ自身は個物の本質を無時間
的な永遠の層において知解しようとしたが，
〈神〉の生起を歴史理解に応用したことはヘ
ルダーの創意であり，体系形成期のヘーゲル
（Hegel, G. W. F.）も評価している。この意味
でそれは，ドイツ観念論に結実する世界観を
準備したと考えることもできる。

　教育観としては，『旅日記』において学校
構想が展開されている。それによれば，学校
は実科クラスと言語クラスによって構成され
る。この二つのクラスは連動しており，それ
ぞれ三領域からなる三段階から構成される。
いずれのクラスにおいても，身近な具体的な
生きた事物から言語（特に母国語であるドイ
ツ語）や自然科学的知識を学ぶことから徐々
に抽象度を増した教授がなされる計画になっ
ている。

　ヘルダーの思想は，根源的自然の生成を原
理とするシェリング（Schelling, F. W. J.）の
自然哲学を先取りしているともいえる。だが，
自然と精神（歴史）の親和性が強調されるあ
まり，異質なものとの邂逅の有する人間形成
的意味の理解が看過されている。ヘーゲルが
定式化した〈否定〉を介しての意識生成の力
動という知見にどのようにこの思想が応える
のかは，われわれに開かれた問いである。ま
た，各民族固有の精神を尊重する姿勢は文化
の多元性への気づきに繋がる方向もある反面，
母国語を特権視する自文化中心主義に陥る危
険もあることへも注意が必要である。

　[参考文献] 登坂正實編『ヘルダー，ゲーテ』
（世界の名著38）中央公論社　1979／濱田真
『ヘルダーのビルドゥング思想』鳥影社　2014
　　　　　　　　　　　　　　　　（池田全之）

ヘルバルト

（Johann Friedrich Herbart, 1776-1841）

▶ 生涯と思想　　　北ドイツのオルデンブルク
に生まれ，ギムナジウム修了後，イエナ大学
に学ぶ。ギムナジウム時代よりすでにカント
（Kant, I.）に傾倒し，国家の安全と繁栄を国
民の道徳性によって支えられていると考えて
いた。フランス革命以降，絶対主義的世界秩
序が崩壊し始める状況下にあったとはいえ，
フランス革命がもたらしたさまざまな流血事
件や社会的混乱を通して，フランス革命に対
して懐疑的になっていた彼は，古代ギリシャ
を範とする道徳的で安定した国家像を支持し，
そうした国家のために国民の教育がどうある
べきかを考察していた。大学ではヘルダー
（Herder, F. G.）やゲーテ（Geothe, F. W.），
シェリング（Schelling, F. W. von），シラー
（Schiller, F. von），フィヒテ（Fichte, F. G）
など先行哲学の影響を受けながらも，観念論
哲学をはじめとする先行の哲学では人間の成
長発達を基礎づけることはできないと批判し，
人間の成長可能性を把握できるような新しい
哲学を自律しようと模索，数学の研究に没頭
した。

　1797年より3年間，スイスのベルン州知
事シュタイガー（Steiger）の子息3人の家
庭教師となり，教育実践体験を積むとともに，
ブルクドルフのペスタロッチ（Pestalozzi,
J. H.）のもとを何度か訪ね，ペスタロッチ教
育学の理論と実践に触れる機会を得た。また，
フランス革命の波及から起きたスイス市民戦
争を眼のあたりにし，さらにフランスを範と
するヘルヴェチア共和国の成立にいたる社会
的混乱に遭遇することを通して，彼は啓蒙合
理主義に基づく国家のもつ影の部分に対し，
批判的になっていった。

　その後，ブレーメンに住む親友スミット
（Smidt, J.）家に2年間あまり寄寓し，後に
ブレーメン市長になる同氏の紹介で，母親向
けの講話をしたり，ペスタロッチ教育学への
関心が高まる同地の教育関係者を相手に講演
などを行った。1802年，ゲッティンゲン大

学で教授資格を取得し，私講師となり，教育学を講じた（『最初の教育学講義』）他，同年には処女出版『ペスタロッチの直観のABCの理念』をなした。1804年には，その第2版付録として，『教育の主要任務としての世界の美的表現』を刊行し，美学に基礎を置く倫理学の可能性について論じ，その教育および教育学に対する意義を強調した。1805年には，員外教授となり，1809年に同地を去るまでの間に，いわゆる初期の主要3部作『一般教育学』，『一般実践哲学』，『形而上学の主要点』を著した。トポス論的結合術によって構成された教師向け手引書としての性格をもつ『一般教育学』では，教育学の実践的科学としてのあり方を提起したほか，他の哲学の著作では，カントら観念論哲学によっては把握しきれない人間の成長発達や成長可能性を新しい論理によって基礎づけた，いわば「成長発達の哲学」を展開した。また，1806年に古いドイツ帝国はナポレオンの率いるフランス軍により崩壊し，プロイセンもその支配下に置かれると，ゲッティンゲンもナポレオンの弟ジェロームの統治によるヴェストファーレン王国に属することになった。こうした時勢の影響は彼の国家観・教育観にも反映している。

1809年，プロイセン統治下のケーニッヒスベルク大学から正教授として招聘され，カントの講座を引き継いだ。ナポレオンのドイツ進攻によってプロイセン国王の避難場となっていた同地で，彼は1833年に再びゲッティンゲン大学に戻るまでの24年間に，プロイセンにおける改革の理念にもとづいた新しい学校教育制度整備への助言や研究を進めた他，教育学講座を大学に新設し，教育理論研究の体制を整えたり，教員養成のための理論と実践を研究するための実習学校も開設するなど，大学改革を推進した。また，教育方法の理論化に不可欠な心理学研究を進め，経験だけでなく形而上学および数学にも基礎を置く新しい科学としての心理学の可能性を追究した。1813年，同地を発端とするナポレオンに対する解放戦争が展開され，ナポレオンが敗北。新しいウィーン体制への反抗と動揺から自由主義運動や国民主義運動がさかんになるにつれ，国家権力の大学への介入も目立つようになっていった頃，彼は詩人コッツェブー殺人事件を端とする国家権力の大学への介入に対し大学の自由を守るため，哲学の社会に対する意義について弁明した。

ゲッティンゲン大学に復帰した後，哲学部長の職にあった1837年，同大学でおきた「7教授事件」に際して彼は，ハノーファー王アウグストに抗議して国外追放となったグリム（Grimm）兄弟らを含む7人の教授とは共に行動せず，一線を画した。そのため，伝統的な絶対主義国家を支持する彼の国家観に対しては，リベラルな新しい社会秩序の建設を目指す立場から厳しい批判が寄せられた。教育領域への介入をあえて自主規制するような国家モデルにもとづき，国家構成員の道徳的精錬すなわち教育を国家権力からの独立した働きとみなす彼の立場は，時代の要請に見合うものではなくなりつつあったが，1841年，その64歳の生涯を閉じるまで，変ることはなかった。

▶ **彼の意図した教育学**　ヘルバルトが生きた18世紀後半から19世紀前半にかけては，近代科学革命の余波を受けて，教育学が近代科学としての基準を充たす「近代的教育学」として自律しようとしていた時代である。それまで子育てや教授の術であった教育誌を近代的教育学へと変えていくこと，それは教育実践を対象とし，その実践への寄与をも課題としている実践的学問としての教育学にとって大きな難題であった。なぜなら近代的科学水準の導入は，人間に関する事象を要素へと還元し，その普遍性を分析するが，人間の個別性を捨象し，ひいては教育の多様な実践への眼を排除してしまうことになりかねないからである。科学としての教育学の自律という主題は，近代的文脈で言い換えるならば，理論科学としての教育学と実践科学としての教育学をどのように統合していくかということ

であった。より具体的にいえば，人間の成長発達をめぐる多様な現象のなかから，普遍的・一般的原理を分析する方向と，人間の個別性・特殊性や人間の多様なあり方を解明する方向との統合である。それは，人間のもつ両義的性格，すなわち人間としての普遍性と個人としての個別性，人間の不変性と可変性，存在と生成，合理性と非合理性，理性と感情，など両極端の間を揺れ動く人間を解明する科学，人間科学に共通する難題だといえる。

この二つの方向性はヘルバルトの思想形成において，大まかにいって，人間の成長可能性を基礎づける哲学の構築という理論的関心と，その成長過程を観察・記録するための表象の言説体制を構築するという実践的関心となって現われている。

彼の理論的関心は，スピノザ（Spinoza, B. de）やシェリング，カント，フィヒテなど先駆の哲学との対決を通して自我の成長可能性を哲学的に基礎づける試みへと結びついていった。人間の成長可能性は存在と生成，空間と時間の接点においてはじめて説明可能なものだとするヘルバルトは，スピノザの決定論や，人間のア・プリオリな本性を神の予定的調和に求めたライプニッツ（Leibniz, G. W.），あるいはまた，そのア・プリオリな本性を超越論の領野に追いやり不可知論的な解決を図ったカント，絶対我の論理で経験の領域を説明しようとしたフィヒテ，さらに主観と客観の同一性によってあらゆる認識の完全性を保障しようとしたシェリングなどの先験哲学を受け入れることはできなかった。

彼はカントの認識論は受け入れながらも，その二元論的世界観を否定した。そして真の実在としての実有が所与の世界に潜むとして，その実有を見いだすために認識の形式を改善させていく過程を人間の成長発達と捉えた。さらに，彼は真の実在である自我の認識を主観と客観の同一性によって説明するフィヒテやシェリングを否定した。そして，真の自我を表象として映し出すもうひとりの自我を設定することにより，真の自我にいたる過程を

自我についての表象の生産過程，言い換えれば表象の生産としての経験蓄積の過程として説明した。認識論を超越論的枠組みを用いずに基礎づけようとして，彼は，経験という概念を登場させ，表象の言説体制のなかに留まろうとした。これは完全なる表象の原理を基礎にした当時の近代美学によって可能となる。ヘルバルトは認識の最高形式として美的判断力ないし趣味をあげ，美学によって人間の成長発達ばかりか，教育学をも基礎づけようとした。美学の基礎づけによって表象の言説体制の内に留まろうとした彼の意図は，その実践的関心に深く関わっている。

ヘルバルトの実践的関心は人間の成長発達過程を観察・記録するような表象の言説体制を体系として提示することであった。この背景には，18世紀から19世紀にかけて博物学や臨床医学の分野で系統分類学的方法が成熟の条件を整えてきていたことがある。子どもへの観察の眼差しが強まる18世紀ごろより，子どもの観察記録を基にした寓話的内容の教育誌は量的に増大する傾向にあった。それらを分解し，そのなかから可視化しうるものを限定し，その物の表象でありうる記号で書き表わすことを目的とする新たな系統分類学的方法が考えられていった。それは対象を視ることと知ること，語ることに同時に可能性を与える実践学的方法である。臨床医学で患者の状態を記録するように，教師が生徒を観察し記録するような方法論は，汎愛派の学校でもすでに実践されていた。まず，眼の前にある事実についての表象を分析によって要素に分解・還元する。分解された表象の諸要素は記号による名付けが施され，要素間の系統・関連づけが行われて分類表の形式をとった一覧図としてまとめられる。そして，事実の把握は，この表象の諸要素を組合せによって行われるのである。そしてこの組み合せを可能にする能力が古くは直観であり，近代美学でいう美的直観ないし美的判断力や構想力であった。この方法は古代ギリシャ以来，中世においてもレトリックやトポス論の方法として

雄弁家の養成における記憶術の訓練などに取り入れられていたほか，記憶術に関心を寄せていたライプニッツにおいては数学によって基礎づけられた結合法として記号論の体系をなすものであった。

ペスタロッチがすでにこの方法を子どもの認識過程を説明するものとして採用し，その直観教授法において方法化していたことを受けて，ヘルバルトはそれをさらに道徳性の陶冶を含めた人間形成全体の方法論として発展させようとした。彼の構想は，子どもの成長過程とその過程に適切な教師の働きかけとしての教授過程を分類体系として一覧するような教育地図の作成への取り組みとして結実する。ペスタロッチの直観教授法にみる分類体系法に共感し（『ペスタロッチの直観のABC』1802），さらに，その体系法を支える美的直観をさらに教育の最高目的である道徳性の陶冶にまで高めることを力説した（『教育の主要任務としての世界の美的表現』1804）ヘルバルトは，1806 年の『一般教育学』において，その教育事象を要素に分解した一覧表を提示した。これが教授における多面的興味の育成と道徳的趣味の訓練を通した性格形成を目標とする彼の教育学の構想である。教授の 4 段階として提示された指示・結合・教授・哲学は，子どもが認識にいたる過程における明瞭・連合・系統・方法の 4 段階にそれぞれ重ね合わされている。教師が教授の状況をどのように把握し，生徒の状態を見極めるか，そのための視点を提供するものとしてこの一覧表は教師の道案内の役目をするのである。そして，この一覧表の要素を縫合する美的判断力として彼は「教育的タクト」を教師に要請した。

▶ **その功績と影響**　存在の学であると同時に生成の学である教育学の構築を目指したヘルバルトは，人間の成長発達の事実を前提として過去から現在への，また現在から未来への人間の変遷を，分類系統学的な諸現象相互のダイナミックな働き合いの結果として捉えた。そして，その働き合いの原理を心理学に

よって解明していけば，成長発達のメカニズムを明らかにすることができると考えたのである。ここから人間的自然を有機体的な実体とみなすロマン主義につながる発想が生まれるとともに，教育学が人間形成の学として隣接諸科学をも包摂するような総合的学問として成立しうることを主張したといえる。ヘルバルトが目指した教育学の革新は，現代の教育学が引き受けるべき課題そのものであった。しかし，彼の試みにおける二つの流れのうち，第一の経験の哲学としての認識論にもとづく成長発達論は，ドイツではヘーゲル（Hegel, G. W. F.）に代表される観念論哲学の優勢に押されて忘れ去られ，第三の分類体系のみが，ツィラー（Ziller, T.）らヘルバルト派によって，さらに操作に安易な技術論として方法化され，5 段階教授法としてドイツをはじめとするヨーロッパはもちろん，アメリカや日本の授業実践にまで広く敷衍していくことになる。

▶ **ヘルバルト研究の状況**　ヘルバルトに関する文献学的研究としては，戦前には，その未公刊書簡を含めた全集を編んだケーアバッハ（Kehrbach, K.）の業績，また戦後には，アスムス（Asmus, W.）の伝記研究がある。存在と生成，理論と実践を統合するような教育学を目指したヘルバルトの学理論的立場については，実証主義的傾向を強める戦後の教育学の風潮のなかで，相異なる二つの性格をもつ教育学として，その二重性が指摘されてきた（Asmus, W., Wolff, A., Wagner, K. D., Klafki, W. など）。しかし，ヘルバルトの哲学・形而上学的意味を実践哲学や解釈学と関連づけて理解しようとする研究（G. Buck）や，その分類体系法のトポス論的性格に注目する立場（Blass, J. L.）からは，ヘルバルトの教育学の学理論的基礎における一貫性が指摘されている。また，1960 年代以降，実践哲学復権の動きを受けて，ヘルバルトの「教育的タクト」概念は，古代ギリシャ以来のフロネーシスやプルーデンテイアの思想系譜にあるものとして注目され，合理主義や実証主

義に偏向しがちであった近代科学を乗り越える試みが模索されるなかで，そのタクト養成の方法として展開されたヘルバルトの教育学や哲学，形而上学，数学などを新たに見直そうとする動きもある。

[参考文献] ［ヘルバルト一次文献］Kehrbach, K., Flügel, O., Fritsch, T. (Hrsg.), *Johann Friedrich Herbarts Sämtliche Werke*, 19 Bde., Langensalza 1887-1912. 1964／Asmus. W. (Hrsg.), *Pädagogische Schriften*, 3 Bde., Düsseldorf/München 1964/65／是常正美訳『一般教育学』玉川大学出版部 1968／是常正美訳『教育学講義綱要』協同出版 1974／是常正美監訳『ペスタロッチの直観の ABC』玉川大学出版部 1982／三枝孝弘訳『一般教育学』明治図書 1960／高久清音訳『世界の美的表現』明治図書 1972
［二次文献］Asmus, W., *Johann Friedrich Herbart. Eine pädagogische Biographie*, Heidelberg 1968/1970／Wolff, A., Herbart und die Erziehungswissenschaft, in *Schule und Nation*, 5. Jg.／Wagner, K.D.: Zur Frage des Doppelcharakters der Pädagogik Herbarts, in *Schule und Nation*, 3. Jg., 1956/57／Klafki. W., Der zweifache Ansatz Herbarts zur Begründung der Pädagogik als Wissenschaft, in *Pädagogische Blätter*, Ratingen 1967／Blass, J. L., *Herbarts pädagogische Denkform oder Allgemeine Pädagogik und Topik*, Wuppertal 1968／Blass, J. L., *Pädagogische Theoriebildung bei Johann Friedrich Herbart*, Meisenheim am Glan 1972／Buck, C., *Herbarts Grundlegung der Pädagogik. Vorgelegt am 19. Mai 1984 durch H.-C, Gadamer*, Heidelberg, 1985／稲富栄次郎『ヘルバルトの哲学と教育学』玉川大学出版部 1972／是常正美『ヘルバルト研究』牧書店 1966／三枝孝弘『ヘルバルト「一般教育学」入門』明治図書 1982／庄司他人男『ヘルバルト主義教授理論の展開』風間書房 1985／鈴木晶子『判断力養成論研究序説——ヘルバルトの教育的タクトを軸に』風間書房 1990／高久清吉『ヘルバルトとその時代』玉川大学出版部 1984

[関連項目] 谷本富／ライン／フィヒテ／教授
(鈴木晶子)

偏見
英 prejudice

▶ **語義**　人種・民族・文化・階層・職業・性・年齢などの属性や，身体的特徴・見栄え・ファッションなどの外見，あるいは方言・性的嗜好・趣味・振る舞いなどの行動の特徴などにもとづいて，特定の集団，個人に対して抱かれる偏った見方や歪められた見方を偏見という。また広義には，学歴主義，能力主義などの特定の社会観を無批判に信じるのも偏見である。偏見は差別を生み，差別が偏見を生んできた。

偏見の第一の特徴として，偏見を持つ者は根拠となる情報が不十分であったり歪んでいることを認識していない。第二に，偏見の原因に情報認知や情報処理の仕方が偏ったり歪んだりしていることもある。すなわち部分的に情報を受け取ったり，色眼鏡で情報を歪めて受け取ったり，情報の解釈の方法を歪めたりする。社会が産出する偏見では社会構造がこうした偏りや歪みを生み出す。第三に，偏見には価値判断が含まれ，多くの場合，反感，敵意，嫌悪，軽蔑，恐れなどの否定的な感情や情動をともなっている。第四に，偏見は個人が抱く個人的偏見と，個人を越え集団内で共通に抱かれる集団的偏見・社会的偏見がある。集団的偏見は社会の所産であるし，また社会を維持・更新するものでもある。

▶ **隠れたカリキュラム**　これまで人種，民族，階層，職業，性などの属性に基づく集団的・社会的偏見が教育問題化してきた。学校教育は義務教育が実施された後も長い間，差別や偏見，不平等の再生産の機能を果たしている。現代社会では，学校教育は偏見や差別を無くし国民の統合と社会的出自による不平等の打破を目指すようになるが，それはうまくいかなかった。ボールズ（Bowles, S.）とギンタス（Gintis, H.）は『アメリカ資本主義と学校教育Ⅰ・Ⅱ』において，アメリカの学校教育は，実は隠れたカリキュラム（ヒドゥン・カリキュラム）においては偏見や差別を再生産していると告発した。また，イギリ

スでも新しい教育社会学の研究者たちが言語や教師の日常的指導などのヒドゥン・カリキュラムに階層や性にもとづいた偏見や差別の再生産の構造を見いだした。さらに，葛藤論的アプローチからの研究では，なにが正しい知識か，誰がエリートとしてふさわしいか，どの社会観が正しいかなど，学校教育は差別や偏見を正当化する機能を果たしてきたことが告発されている。

▶ いじめ　　日本ではいじめが社会問題化しているが，その原因の一つに，教師や教室の構造が偏見を作り出している。すなわち，教師がいじめと結びつく特定のラベルを用意したり，みずから特定の子どもに対してそのラベルを貼っている。また，今日の教室の社会構造が，優柔不断であったり，動作が緩慢であったり，清潔でなかったりなどの特定の外見や行動をとる子どもを低く見せたり否定的に見せたりしている。偏見は，特定の社会的背景を持つものに対して抱かれるだけでなく，このように特定の社会構造のもとで，ある外見や行動特性が社会的な意味を持ち，社会的偏見の対象となるのである。

（樋田大二郎）

ベンサム

（Jeremy Bentham, 1748-1832）

▶ 生　涯　　(1) 成人まで　　ロンドンの事務弁護士の家庭に生まれたベンサムは，3歳でラテン語を始め，7歳で名門パブリック・スクールであるウエストミンスター校に，12歳でオックスフォード大学クイーンズ・カレッジに入学した。1763年，父の希望でもあった法廷弁護士の資格を取るために，ロンドンのリンカーン法学院で法律の修習をするかたわら，オックスフォード大学最初の英法教授ブラックストーン（Blackstone, W.）の講義を受ける。だが，自然法を理論的支柱とし，現行のイギリスのコモン・ローを賛美するブラックストーンの講義は，ベンサムを納得させるものではなく，後に彼は『政府論断片』『コメント・オン・コメンタリーズ』などでブラックストーン批判を展開することになる。

(2) 立法改革者としてのベンサム　　1769年に弁護士資格を取得したが，この時期，エルヴェシウス（Helvétius, C. A.），プリーストリ（Priestley, J.），ベッカリーア（Beccaria, C. B.）などの著作から立法の重要性を学び，「最大多数の最大幸福」の原理を思想的に確立しつつあったベンサムは，法律の実務にはほとんど携わらず，最大幸福原理にもとづく立法の改革についての研究に専念する。ブラックストーン批判の書や『道徳と立法の原理序説』などはその成果である。この時期のベンサムは，こうした立法改革の実現主体として啓蒙専制君主に大きな期待を寄せていた。1785年に弟サミュエルのいるロシアを訪ねる頃から，『パノプティコン』や救貧法問題などを論じるようになる。また，フランス革命に際しては，議事手続きや司法組織などについての提案をパリに送っている。

(3) 急進主義への転換　　フランス革命期の未発表の諸著作にその萌芽は見られるが，ベンサムが国民主権の原理にもとづく議会改革論を本格的に展開し，急進主義者として立ち現れるのは，政治改革の機運が高まりつつあった1808〜09年以降である。このベンサムの急進化については，ミル（Mill, J.）との親交や，パノプティコン原理に基づく監獄建設運動の挫折などが影響しているという見方もある。ミルを中心としてベンサムの思想に共鳴した若き急進主義者たちが集まり，「哲学的急進主義者」と呼ばれるようになる。その理論的支柱として，ベンサムは議会改革論に精力的に取り組む一方，『憲法典』を執筆し，最大幸福原理に基づく国家構造の根底的改革を志向する。また，1824年には，自ら出資して急進派の機関誌『ウエストミンスター・レヴュー』を創刊する。ベンサムの議会改革論の中心をなしていたのは，普通選挙・秘密投票・平等選挙区・毎年改選といった原理に基づく選挙制度改革であったが，それらの原理を部分的に実現する1832年の第一次

選挙法改正案が議会を通過した直後に，ベンサムはその生涯を閉じるのである。

▶ **教育論**　ベンサムには体系的な教育論はない。だが，教育の問題は，ベンサムの思想においてさまざまな形で重要な位置を占めている。

（1）**立法と教育**　ベンサムの最大幸福原理は，個々人の自己優先の原理を前提とした上で，個々人の総体としての社会全体の幸福を実現しようとするものである。心理学的快楽主義に基づくベンサムの功利主義思想においては，個人の利益と社会の利益は予定調和的に一致するものではなく，それゆえ，この両者を人為的に一致させるものとして立法が重要になってくる。すなわち，ベンサムの立法論の課題は，利己的個人を社会全体の幸福に資するよう方向づけることにあったのであり，その意味で教育論的であった。だがさらに，ベンサムは，『道徳と立法の原理序説』においては，未成年状態にある人々の行為を導く技術として，また刑法の原理に含まれる「間接的立法論」においては，犯罪を事前に予防し市民社会の統治を貫徹させる方法として，教育を積極的に位置づけている。

（2）**市民形成の装置としてのパノプティコン**　快苦計算をなしえない非理性的存在を前提とした教育論は，『パノプティコン』において展開される。これは，監獄・懲治監・拘置所・工場・精神病院など，監視を必要とする施設についての建築と運営のプランである。ここには学校も含まれている。フーコーが後にこのパノプティコンを規律・訓練の装置としたように，学校は社会の規律化を推し進めるための重要な装置の一つとして位置づけられているのである。ベンサムにとって，未だ市民ならざる子どもは，市民社会の範疇から逸脱した犯罪者・生活不能者・精神病者などと同様であり，それゆえ，子どもの逸脱をあらかじめ防ぎ市民へと形成することが教育論の根幹となるのである。

（3）**『クレストマティア』**　ベンサムは，1813年から1817年にかけて，『クレストマ

ティア』という学校構想を書いている。これは，当時J・ミルやプレース（Place, F.）などを中心として，中産階級子弟のための新しい中等学校設立運動が起こっており，そこで採用されるべきカリキュラムや学校管理原理を構想したものである。科学と技術に比重を置いた近代的カリキュラムが体系化され，モニトリアル・システムとパノプティコンによって学校の管理＝運営が図られる。『クレストマティア』は，パノプティコン原理にもとづく学校の具体化であり，高度な学習領域にモニトリアル・システムを適用しようとする試みだったのである。

（4）**晩年の思想における教育論**　ベンサムの晩年の思想は，議会改革論と『憲法典』を中心にして展開される。普通選挙を主張する彼の論理からすれば，選挙権を行使しうる政治的能力の形成が，教育の具体的内容として組み込まれることになる。また，『憲法典』では，教育大臣や国・地域・個人団体レベルの教育局の設置など，教育行政機構の確立が構想されている。この普通選挙の主張と教育行政機構の確立の構想は，1833年に議会に提出されるローバック（Roebuck, J. A.）の国民教育法案に道を拓くものと言えよう。

▶ **影響**　ベンサムの思想は，現実的問題についての改革案を中心としていたにもかかわらず，実現することはまれであった。その立法論は，1820年代に相次いで独立する中南米諸国の法典作成に影響を与えたと言われているが，イギリスの法体系は改革されないままであった。また，パノプティコン原理にもとづく監獄建設運動の挫折に加えて，クレストマティア学校設立計画も立ち消えになる。だが，ベンサムの信奉者たちの教育との関わりには，彼の思想が色濃く影を落としている。ローバックの国民教育法案もそうであるが，クレストマティア学校を計画したミルやプレース，そしてブルーアム（Brougham, H. P.）は，ランカスター（Lancaster, J.）によるモニトリアル・システムの実践を支援し，

近代的カリキュラムを取り入れたロンドン大学の創設に力を尽くした。また，チャドウィック（Chadwick, E.）やスミス（Smith, T. S.）は，1833年の工場法の成立に大きな役割を果たした。

▶ ベンサム教育論の性格　　ベンサムの思想は，既存の制度や法の不備を徹底的に批判し，それに代わる新たな制度や法を作り上げようとするものであった。その教育論は，専ら彼が目指した市民社会の秩序を維持・発展させるためのシステムづくりに向けられており，それゆえ社会を構成する個々人の人間形成も，社会のシステム形成と連動させて考えられている。まさに，ベンサムにとって教育とは，新しい統治の型を貫徹させるための駆動力となるものだったのである。

［参考文献］世界の名著『ベンサム，J・S・ミル』（中央公論社 1987）／宮澤康人「ベンタミズムの『公教育』概念」『教育学研究』第28巻第1号 1961／Foucault, M., *Surveiller et punir: naissance de la prison*, Paris 1975（田村俶訳『監獄の誕生』新潮社 1977）／永井義雄『人類の知的遺産44，ベンサム』中央公論社 1982／西尾孝司『ジェレミ・ベンサムの政治思想』八千代出版 1987／Dinwiddy, J., *Bentham*, Oxford, 1989（永井義雄・近藤加代子訳『ベンサム』日本経済評論社 1993）／土星恵一郎『ベンサムという男』青土社 1993／船木亨『ランド・オブ・フィクション』（木鐸社 1998）／児美川佳代子「J・ベンサムにおける統治術と教育術」『日本の教育史学』第37集 1994

［関連項目］功利主義／ミル　　（小松佳代子）

ヘンティッヒ

(Hartmut von Hentig, 1925- 　　)

▶ 経　歴　　ゲッチンゲン大学とシカゴ大学で古典語を学ぶ。古代ギリシャの歴史家ツキジデスに関する研究で，哲学博士の学位を取得する。その後，ビルクレホーフの田園教育舎（Landerziehungsheim）で，教師をする。1963年より，ゲッチンゲン大学の教育学講座主任教授を務める。1968年にビーレフェルド大学に招聘され，教育学，哲学，心理学を含む教育学部の新設に関わり，同大学附属実験学校（Laborschule）の開設およびカリキュラム編成に主導的な役割を果たした。その後，実験学校での実践を踏まえて，教育学はもとより，哲学，文学，美学，政治学にいたる脱領域的な研究活動を行い，自ら編集委員を務める *Neue Sammlung* 誌上で，多数の論文を発表する。1987年より，ノルトライン・ヴェストファールン州の高等専門学校の上級段階のカリキュラム作成の指導者であり，現代ドイツにおいて，学校現場に大きな影響力を有する数少ない教育学者のひとりである。

▶ 経験の空間としての学校　　ヘンティッヒの教育思想は，実験学校での実践を踏まえたものであるが，それは，1970年代以降の産業社会の効率的再編と高度の情報化・消費化によって，学校も一つの機能的なシステム社会になりつつある現実への強い危機意識に支えられている。現代社会は，彼の著書のタイトルをそのまま引用して言えば，「現実が徐々に消滅していく」（*Das allmähliche Verschwinden der Wirklichkeit*, 1984）社会である。高度の情報化と消費化の進展は，子どもと「現実」との間に，情報というフィルターを介在させ，その記号を通して，欲望が刺激され，消費行動が誘発される社会をもたらした。こうして，直接経験から得た洞察よりも，情報というフィルターを通して加工された「現実」の方にリアリティを感ずる青少年の心的傾向が強められる。

ビルクレホーフの田園教育舎の教師を務めていたヘンティヒにとって，子どもが自然や他者，事物との関わり（Umgang）を欠落させ，情報や消費の世界に呑み込まれていく現実にどう対応するかが教育の課題となった。その著書『経験の空間としての学校』（*Schule als Erfahrungsraum?*, 1973）のなかで，ヘンティヒは，ルソー（Rousseau, J.-J.），ディースターヴェーク（Diesterweg, F. A. W.），デューイ（Dewey, J.），ハーン（Hahn, K.），ニール（Neill, A.）などの生活経験による教育を紹介しながら，子どもが自然や事物，他

者と直接関わり合いながら学ぶことの重要性を力説している。彼にとって，学校とは，第一に，子どもが，自然や事物，他者と直接「関わり合い」（Umgang）ながら，リアリティとアイデンティティを獲得していく空間であり，第二に，子どもたちが，そうした活発な相互交渉を重ねながら，「市民性」（Civilitas）や「ポリス生活の技法」（politiké techné）をごく自然に獲得してゆける空間である。そこでは，"Currere"（走路）という「カリキュラム」の語源が示すような，直線的でデジタルな等質時間が支配するのではなく，子どもが自然，事物，他者と出会い，試行錯誤の作業に没頭し，自己のからだや文化を新たに発見し直す場所（トポス）である。そこでは，操作的ではなく，むしろ受苦的な性格を有する経験のもつ意味が重視されている。

[参考文献] Hentig, H. v., *Schule als Erfahrungsraum?*, Stuttgart 1973／Hentig, H. v., *Was ist humane Schule?*, München 1976／Hentig, H. v., *Aufgeräumte Erfahrung*, München 1983／Hentig, H. v., *Das allmähliche Verschwinden der Wirklichkeit*, München 1984／Hentig, H. v., *Ergötzen, Belehren, Befreien*, München 1985／Hentig, H. v., *Die Schule neu Denken*, München 1993／高橋勝『『経験の空間』としての学校』『学校のパラダイム転換』川島書店 1997 所収

[関連項目] 空間　　　　　　　　　（高橋勝）

ベンヤミン
（Walter Benjamin, 1892-1940）

ドイツの批評家。ベルリンの富裕なユダヤ人家庭に生まれ，当初大学教師となることをめざしたが，教授資格請求論文『ドイツ悲劇の根源』（1925年執筆，28年刊）が大学から受理を拒否され，以後フリーの批評家として活動した。マルクス主義の影響を強く受け，それをユダヤ神秘主義の思考と結合して独特の歴史観を育んだ。文芸批評を中心として，哲学，美学，歴史研究，都市論，メディア論へと広がる脱領域的な批評活動で知られる。

その批評活動は教育の領域にもおよび，子どもの経験のあり方にベンヤミンは強い理論的関心を抱き続けた。これは偶然ではなく，日常のありふれた事物のなかに新しい意味を発見していく子どもの経験のあり方はベンヤミンが追究した反二元論的経験の一つのモデルともなった。

反二元論的な経験概念は，師と仰いだ急進的な学校改革論者ヴィネケン（Wyneken, G.）の影響圏からベンヤミンが次第に離脱し，それとともに，〈子どもの活動対教師のコントロール〉という形で教育を捉える新教育的な教育観から離脱する過程で形成された（1914/15年頃）。〈子どもの活動対教師のコントロール〉の対置に代わって前面に出てくるのが，両者の間にあって両者を規定し媒介する，たとえば伝統という媒体＝メディアである。そうしたメディアの原型として言語が捉え直され（「言語一般，あるいは人間の言語について」1916），さらにこの言語というメディアが，主観・客観の二元論における主観の能力に代わって，経験と認識を規定する力として捉えられる（「来たるべき哲学のプログラム」1917-18）。

子どもをめぐるベンヤミンのエッセイは，以上のような独自の経験理論のいわば応用編であり，おもちゃや絵本において子どもが何を経験するのかを論じる。子どもの経験を教育的にコントロールすることに対してベンヤミンは総じて批判的である。とくに，子どもの心理を科学的に解明し，その知見に基づいて子どもを目的合理的にコントロールしようとするような，一見進歩的で子ども重視の新教育的な教育論をベンヤミンは徹底して拒絶する。新教育的なコントロールは，子どもの経験を隅々まで科学的に解明し大人のコントロールに組み入れることによって，子どもの独自の経験の可能性を無限に狭める方向に進んでしまうからである。しかし教育的コントロール一般が拒否されたわけではない。教育的なコントロールが子どもの経験を展開させるための枠となるような世代関係のあり方を

ベンヤミンは構想しており（「プロレタリア子ども劇場のプログラム」1928-29），こうした構想を「子どもの支配」に対置して「世代関係の支配」と呼んだ（「プラネタリウム」『一方通行路』1928）。

20年代末以降，ベンヤミンのメディア概念はマスメディア領域へと拡大し，現代的メディア論の古典とされる「複製技術の時代における芸術作品」（1936）を生み出す。複製技術が浸透しアウラ的経験が成立しがたくなった現代的状況においてなお経験を可能にする技法として，ベンヤミンはシュルレアリスムを高く評価するが，同様の可能性を彼は子どもの経験にも認めていた（「建築現場」『一方通行路』）。1930年代，ナチスの手を逃れてのフランス亡命の期間に主に書かれた子ども時代の回想「1900年前後のベルリンの子ども時代」（1932-38）は，こうした子どもの経験様式を大人の現在のなかに蘇らせる試みであった。個人の生活史におけるこうした過去と現在との垂直的連結と同様の構造を，ベンヤミンは歴史認識においても構想した。1940年，ベンヤミンはヨーロッパ脱出の途上で自殺するが，彼の絶筆となった「歴史哲学テーゼ」は，過去を不動の事実と想定する歴史主義や過去から未来への歴史の発展を想定する進歩史観を徹底的に批判する。歴史認識とは，過去をあったとおりに認識することではなく「危機の瞬間にひらめくような回想を捉えること」であり，そのような「過去に関する経験」を提示することなのである。ここには，新教育的な教育論が自明の前提にしているような，発達論的な時間意識に対する根本的な批判が示されていると言える。

以上のように，ベンヤミンの思想は，私たち自身の自明性の地平ともなっている新教育的教育観を根本から揺るがせるようなさまざまな契機を含んでいるが，その解明はいまだ緒についたばかりである。

［参考文献］Benjamin, W., *Gesammelte Schriften*, 7 Bde., Frankfurt a. M. 1972-85／Benjamin, W., *Briefe*, 2 Bde., Frankfurt a. M. 1978／『ベンヤミン著作集』全15巻，晶文社　1969-81／『ベンヤミン・コレクション』全3巻，ちくま書房　1995-97／Benjamin, W., *Über Kinder, Jugend und Erziehung*, Frankfurt a. M. 1969（丘澤静也訳『教育としての遊び』晶文社1981）／今井康雄『ヴァルター・ベンヤミンの教育思想——メディアのなかの教育』世織書房1998　　　　　　　　　　　　（今井康雄）

遍　歴
英 wanderings／独 Wanderung

▶ **概　念**　日常の生活場所を離れ，広く諸国を巡り歩くこと。また，とくに心理学や文学の世界では，地理的な移動をともなわない精神の放浪を示すことばとしても用いられる。遍歴は非定住と定住の中間に位置するもので，常に居所を変える移動性の高い狩猟民や遊牧民にとっては，一般的な問題にはなりえない。遍歴を特殊なパターンであると認識するのは，それがむしろ，通常の居住形態とは異なる定住社会独自の特徴であろう。この意味で遍歴の問題は，定住化が進んだ近代社会というものを，その深層において捉える可能性をはらんだ一つの鍵概念となる。さらに人間の成長という側面から見れば，遍歴の体験は人間の自己形成の過程と不可分の関係にあり，教育の問題を考える上でも見逃すことのできない重要な視点である。それは，今日なお読み継がれている紀行文学や教養小説が物語るところでもあろう。

▶ **知的体験としての遍歴の歴史**　ヨーロッパでは植民，侵略，宗教，交易，冒険，探検のほかにも学術研究，修養などを目的として，古くから知的な旅が行われてきた。古代ギリシャ時代，ソフィストの周辺に集まった若者は，みな学問をするために集まってきた学生であった。「12世紀ルネサンス」としてヨーロッパでの独自の学問を開花させ，初期の大学の成立をみた中世においては，都市の大学の教師の名声がヨーロッパ各地から多くの学生を引き寄せていた。のちにパリで教鞭を執ることになるトマス・アクィナス（Thomas Aquinas）は，アルベルトゥス・マグヌス

（Albertus Magnus）の後について旅をした遍歴学生のひとりである。また当時は徒弟制によって，身体が一人前になった子どもは，通常7年間から9年間におよぶ奉公ないしは修業見習いとして，他家に預けられるのが常であった。上流階級の子どもは王室や大修道院長の家へ，乗馬，馬上試合，狩猟，ダンス，音楽およびマナーや礼節などを修得するために，また一般家庭の子どもは，その動機や目的は実にさまざまであったが，学問や職業能力を身につけるために生家を離れた。このような教育的慣習は，ヨーロッパ各国で18世紀まで行われていたようである。16世紀から18世紀にかけて，とくにイギリスでは，上流階級子弟の伝統的慣習であるグランドツアーが盛んに行われた。ロック（Locke, J.）は『教育に関する考察』（1693）のなかで，青年期に海外旅行をすることが，教育の仕上げと紳士教育の完成にとって必要であることを認めている。知的な刺激を求めて，旅を試みた知識人や文人は多数存在した。たとえばアダム・スミス（Smith, A.）は，みずから家庭教師としてグランドツアーに同行し，各国の知識人と交流することを楽しみにしていたというし，ゲーテ（Goethe, J. W.）は旅を題材に自伝文学を書き残す一方で，『ヴィルヘルム・マイスター』の主人公を人生修行へ旅立たせることを企図している。しかし，こうした知的体験としての旅の伝統はやがて，ヨーロッパの近代教育史における中等学校成立の過程には，まず貴族階級の子どもたちの間で，寄宿学校型のカルチャーに取って代わられるようになる。そして以後，学校教育中心の文化のなかでは，ワンダーフォーゲルが青年自身の要求に基づく自主的な旅行活動であったことを除けば，旅は単に擬似的な体験——今日見られる修学旅行はその残滓形態として考えられるのだが——としてカリキュラムに組み込まれ，学校という場が徒弟制の形態に代わる人間形成的な役割を果たすようになっていることは，私たちもよく知るところである。

▶ **旅の教育学**　「かわいい子には旅をさせよ」とは，旅が憂いもの辛いものであった時代に最も良いとされていた家庭教育の指針で，愛する子には旅の辛苦を経験させて，世の中の真相に触れさせることが重要であるということを説いた諺である。これはまず第一に，旅の当事者にとって旅をすることが，常に修養の意味を持っていたことを示していよう。住み慣れた土地を離れ，衣食住をめぐってその観察領域を変えることによって，異文化の理解とともに，自文化の理解を一層深めることが期待されていた。また旅は，とくに未婚の若者にとっては，世帯を構える前に経験しなければならない通過儀礼の一つとして機能し，しかもそれが将来の職業を実地で体験する絶好の機会を提供する場でもあった。第二に，当事者はもちろんその家族にとっても，旅は生物的，社会的，心理的分離を意味していた。それにもかかわらず，親が子どもを受け入れ先の家長あるいは付随の年長者に委ねたのは，家庭内にとどまっているよりは，いくらか条件の良い生育環境を子どもに用意することができたからであろうし，またそれをなしえた人々が，修学や徒弟制という形態をとりうる社会的靭帯に支えられて生きていたからでもあろう。子どもの教育をめぐるこうした意識的な戦略のなかに，近代家族における情愛的諸関係の高まりの一つの頂点を見いだすことも可能である。そして第三に，旅はそれが持つ流動性によって，社会的には文化，習俗を伝播する重要な役割を果たした。都市機能が未発達な社会においては，さまざまな物理的制約のなかで，人間は移動することを通して何かを修得していたし，言語など共通の文化資本の存在が，またそれを可能にもしていた。旅人たちは，この物理的制約のゆえに人間の限界を深く知り，人間の存在の基盤を今日以上にリアルに認識して，旅の価値を認めていたということができよう。つまり，旅をすることによってはじめて得ることのできる実存的価値と尊厳の何たるかを語っているのである。

716 ポイエーシス

[参考文献] Gillis, J. R., *Youth and History*, New York 1974（北本正章訳『若者の社会史』新曜社 1985）／Laquer, W. Z., *Young Germany*, New York 1962（西村稔訳『ドイツ青年運動』人文書院 1985）／Leed, E. J., *The Mind of Traveler*, New York 1991（伊藤誓訳『旅の思想史』法政大学出版局 1993）／Platter, T. und Platter F., *Zwei Auto-biographien*, 1840（阿部謹也訳『放浪学生プラッターの手記』平凡社 1985）／Mitterauer, M., *Sozialgeschichte der Jugend*, Frankfurt a. M., 1986／本城靖久『グランドツアー』中央公論社 1983／安川哲夫『ジェントルマンと近代教育——〈学校教育〉の誕生』勁草書房 1995／柳田国男『青年と学問』岩波書店 1976
[関連項目] ゲーテ／修養／通過儀礼／徒弟制
（緑川ゆかり）

ホ

ポイエーシス
希 Poiesis

　ポイエーシスはもともとはギリシャ語で，作るという意味である。英語で詩のことをポエム（poem）というが，作られたものという意味から来ている。プラトン（Platon）は，詩を作るなどの制作は，神による自然の創造に比べると，単なる自然の模倣に過ぎないという意味で，低く評価していた。アリストテレス（Aristoteles）の場合は，実践的行為（プラクシス），理論的行為（テオリア）と対比して，ものづくりなどの目的に結びついた行為をポイエーシスと呼んだ。こうした見方の影響で，ポイエーシスは，ハイデガー（Heideggar, M.）に代表されるように技術などにも関係づけられた。ハイデガーは，プラトンの「現前していないものを現前化させる」のがポイエーシスであるという見方を技術にあてはめ，技術の始原的な意味を問うことにより，現代技術のはらむ問題性を明らかにしよ

うとした。また，三木清は，『構想力の論理』の中で，動的な論理を追及しつつポイエーシスにも注目し，構想力と関連づけようとした。

　近年では，生物学者のマトゥラーナ（Maturana, H. R.）とヴァレラ（Varela, F. J.）によって，生命の特質として，オートポイエーシス（autopoiesis）という概念が提起され，この概念は，ルーマン（Luhmann, N.）のシステム理論を媒介として教育学の分野でも取り上げられるようになってきている。オートポイエーシスという言葉は，自己創出，自己塑性などと訳されている。この考え方によると，例えば，教育技術は存在しえない，教育には技術は欠如している，という主張がなされることになる。なぜならば，技術というものは基本的に特定のインプットに対して決まったアウトプットが出てくるということによって成立するものであるのに対し，生徒一人ひとりの心は，それぞれが自立しておりオートポイエーシスなので，教師の働きかけ（インプット）に対して多様な生徒の学び（アウトプット）がなされるため，教育の技術化は不可能ということになるのである。

[参考文献] Heidegger, M. V*orträge und Aufsätze*, Verlag Günter Neske 1954（関口浩訳『技術への問い』平凡社 2013）／Maturana, H. R. and Varela, F. J. *Autopoiesis and Cognition: The Realization of the Living*, D. Reidel Publishing Company 1980（河本英夫訳『オートポイエーシス——生命システムとはなにか』国文社 1991）／三木清『三木清全集第八巻』岩波書店 1985／石戸教嗣・今井重孝編著『システムとしての教育を探る——自己創出する人間と社会』勁草書房 2011
[関連項目] オートポイエーシス（自己創出）／ハイデガー／プラトン／ルーマン
（今井重孝）

保　育
英 early childhood care and education

▶ **保育の現代的定義**　保育という用語は，明治期において記されるようになった造語である。その定義は，「乳児，幼児を対象とし

て，その生存を保障する『養護』と心身の健全な成長・発達を助長する『教育』が一体となった働きかけ」とされている（森上・柏女 2013）。乳幼児を対象とした養護（ケア）と教育（エデュケーション）が一体となった営みが，保育と考えるのが一般的である。

▶ 保育の概念史① 江戸時代の乳幼児への関心
保育の制度的な始点は明治期にあるが，保育を広義に捉え，養護と教育の観点を含み込んだ子どもへの関わり（関心）と捉えるならば，その成立はさらに時代を遡る。

近年の研究からは，子どもを大切に保護し子育てしていこうとする「子宝」意識は，江戸時代に入ってから成立したとされている（柴田 2013）。中世までは，堕胎，捨て子，子殺しが横行し，子どもはいわば，替えの効く存在として，無頓着に扱われていた。江戸時代においても貧困を理由に捨て子は行われていたが，元禄期に「捨子禁令」が出されるようになり，「捨子を悪とする見方」が広がっていった。江戸後期には，諸藩が，捨て子を養子として保護していく仕組み，「養育米」支給制度など，捨子のためのセーフティーネットを整備していった。

江戸中期以降は，庶民の子育てへの関心が高まっていく。「お食い初め」「七五三」などの子育て行事は，この時期から庶民に広まっていった行事である（中江 2007）。また，この時期から，数々の育児書も出版されるようになった。貝原益軒『和俗童子訓』（1710年），脇坂義堂『撫育草』（1803年）などが有名である。庶民の子どもの多くが通った「寺子屋」は，江戸末期には，確認されているだけで 11,237 施設，一説には一村に1〜2はあったとされている（高橋 2007）。

▶ 保育の概念史② 保育＝幼稚園教育　歴史上初めて「保育」という用語が，表記されたのは，1877 年の「東京女子師範学校附属幼稚園規則」においてである。この規則の中には，「園ニ在テハ保姆小児保育ノ責ニ任ス」とある。その二年後には，教育令（太政官布告第 40 号）が布告され，国としても「保育」

という用語を使用し始める。この「保育＝幼稚園教育」という定義は，行政レベルでは終戦まで根強く残っていった。1942 年には，全国に多く設置されてきた厚生省所管の「託児所」について，文部省に無断で「託児所」の活動を「保育」で表しているとして，文部省が厚生省に対して嫌悪感を示すほどであった。

他方で，「保育」の概念が学術的に定義されたのは，中村五六『保育法』（1906）とされている。その中では，「幼児の保護養育するの意にして幼児教育の義に外ならず」として，「保育＝保護養育＝幼児教育」と捉えようとしている。保育を養護と教育の両面から捉えたこの中村の定義は，東基吉『教育大事典』（1918）においても踏襲され，教育学の中においても引き継がれていった。

▶ 保育の概念史③ 保育＝養護＋教育　戦後の混乱期の中で，学校教育の中に幼稚園が位置づけられた際，「保育」という言葉は，「教育」もしくは「幼児教育」として置き換えられることなく，重要な概念として守られた。そこには，1947 年の「学校教育法」において，「幼稚園は，幼児を保育し，適当な環境を与えて，その心身の発達を助長することを目的とする」（第 77 条）「教諭は幼児の保育をつかさどる」（第 81 条）と明記された。この「学校教育法」の条文作成には，当時，教育刷新委員会の委員であった倉橋惣三の意向が強く働いたとされている。他方で，「児童福祉法」（1947 年）の制定に伴い，厚生省は託児所に替わり保育所を正式名称とし，児童福祉事業に対して「保育」という言葉を用いるようになった。

1963 年，文部省初等中等教育・厚生省児童局長連名通達として出された「幼稚園と保育所との関係について」では，「保育所のもつ機能のうち，教育に関するものは，幼稚園教育要領に準ずることが望ましい」とされ，幼稚園と保育所とのカリキュラム上の整合性が図られる。ここにおいて，冒頭で示したような「保育＝養護＋教育」という定義が，理

念上も制度上も確立していく。

しかし、この定義は、2012年に改正された「認定こども園法」によって、転機を迎える。新設された「幼保連携型認定こども園」においては、保育から「教育」が分離した形をとるようになったのである（3歳児以上）。幼稚園と保育所で共有されていた「保育＝養護＋教育」という理念が、新しい制度の中で今後どのように変化していくのか注視していく必要がある（山内2014）。

［参考文献］　森上史朗・柏女霊峰編『保育用語事典』ミネルヴァ書房　2013／中江克己『江戸の躾と子育て』祥伝社　2007／柴田純『日本幼児史』吉川弘文館　2013／高橋敏『江戸の教育力』ちくま書房　2007／山内紀幸「『子ども・子育て支援新制度』がもたらす『保育』概念の瓦解」日本教育学会編『教育学研究』第81巻第4号　2014
［関連項目］　幼児教育／幼稚園　　（山内紀幸）

暴　力

英・仏 violence／独 Gewalt

暴力はフランス語・英語では violence、ドイツ語では Gewalt に相当する、明治期に輸入された翻訳語である。violence はラテン語を語源とし、統御を超える強い力がほとばしる様を語義とするが（酒井2004）、Gewalt は「管理・統括する」の意の walten という動詞を語源とし（上野2006）、日本語の暴力は、コントロール不可能な力とコントロールする力という一見相矛盾する、violence と power（力・権力）をまたぐ語として存在している（酒井2004）。必ずしも身体的暴力を伴わない共依存問題などを考えれば、暴力は power に近い、目に見えづらい暴力をも言い当てられる用語と言える。

▶ 見える暴力と見えない暴力　　暴力は喧嘩、虐待、いじめ、体罰、差別など身体的精神的に人を傷つけたり傷つけられたりする他者との相互関係で規定される他、社会的コンテクストによっても規定されている。例えば、体罰は今日では違法な処罰対象になっているが、小説『トムソーヤの冒険』では日常風景とし

て教師によるむち打ちシーンが登場するように、教育的権力行為と認識されていた時代もあった。性暴力や校内暴力など暴力の用語が付与された行為は、あくまでも今日の社会で人々に受け入れられない非合法的暴力行為なのであり、必ずしも古来より暴力と認識されていたわけではない。このように暴力と力・権力を隔てるものは、政治的恣意性をまとった時代や社会によって異なる言説、言説から形成された法律、文化によるところが大きく、この権力の恣意性を見出したベンヤミンは、法律を成立させることを「法措定的暴力」、警察権力など法を維持するための権力を「法維持的暴力」とし、それぞれ暴力の名で呼んだ。ベンヤミンが示唆する法（＝権力）内部に存在する暴力は、人々を統制する Gewalt の暴力と言えるが、この法の内側にある暴力は通常正義とみなされ人々に気づかれにくいため、見えない・見えにくい暴力といえよう。

他方、アレント（Arendt, H.）は20世紀を「暴力の世紀」と呼び、暴力を乗り越える力として権力を思い描き、全ての暴力を権力によってコントロールする社会を夢見た。しかし、暴力を含まない権力が存在する社会実現には、暴力と権力を明確に原理的に切り分けることが不可欠になる。教育思想はいかにして、近代が「狂人」や「野蛮人」などを切り分け他者として締め出し「人間」概念を形成していったのとは異なった形で、権力から暴力を切り分けることができるだろうか。例えば、権力によって暴力主体として監獄・刑務所に収監された他者たちが誰であったかの批判的再考は、そのヒントをくれるかもしれない。

［参考文献］　ベンヤミン（野村修編訳）『暴力批判論　他十編』岩波文庫　1994／アーレント（山田正行訳）『暴力について』みすず書房2000／上野成利『思考のフロンティア　暴力』岩波書店　2006／酒井隆史『シリーズ道徳の系譜　暴力の哲学』河出書房新社　2004
［関連項目］　権力／力／体罰／児童虐待

（髙橋舞）

ホーム

英 home／伊 casa

▶ 家族の生活・共同の場としてのホーム

ホームは第一に，生物学的な社会的な家族関係にある者同士の共同・生活の場・場所，すなわち家庭とほぼ同義の領域としてみなされる。このホームにおける教育は，家族及びそれに類する個人的関係と不可分な教育としての特徴をもつ。プラトンは理想国家の国民を家庭ではなく国家に委ね，ルソーはエミール少年を家族の手元から一人の教師へと移した。また，ペスタロッチの『ゲルトルートはいかにその子を教えたか』やフレーベルの『母の歌と愛撫の歌』のように，家庭における親子関係，特に母親の教育がもつ特徴に着目する思想もある。

▶ 公教育・学校教育の対概念としてのホーム

ホームは第二に，家庭的と呼ばれる諸要素，たとえば愛情，情緒，信頼などによって特徴づけられ，基本的な生活習慣や倫理観を養い職業観や人生観の基礎を構築する場としてみなされる。このホームは近代的な社会及び学校教育の成立とともに生じ，私教育と公教育，私的領域と公的領域の分離を前提している。ホルト（Holt, J. C.）らの「ホームスクール」（homeschooling）論は，学校教育に対するオルタナティブとしてホームの教育への注目を促し，レアード（Laird, S.）らはフェミニズムの見地から，ホームの教育が学校教育の補助や公的世界の教育への準備として限定的に位置づけられてきた点を批判した。いずれの場合もホームの教育は公教育・学校教育に対する教育として認識され論じられる傾向がある。

▶ 共同体・公共性の構成要素としてのホーム

ホームは第三に，身体，感覚，環境，共同などに基づく独自の思考・活動様式によって特徴付けられ，従来の共同体や公共性の在り方を問い直す視点としてみなされる。モンテッソーリ（Montessori, M.）は「子どもの家」（Casa dei Bambini）の教育実践を通してホームの諸要素と知的発達との関係性に着目し

た。また，マーティン（Martin, J. R.）はホームの諸要素を学校教育の基本原理に組み込む必要性を提唱した。これらの主張は，新しいホームの提唱というよりはむしろ，たとえばデューイ（Dewey, J.）が指摘したような，伝統的な家庭や生活空間における諸経験がもつ教育的意義を再検討する試みとして位置付けられる。

単なる個人的関係や私的領域を超えて想定されるホームは，「公―私」，「家庭―学校」，「社会―個人」を分断し固定化する図式そのものを批判し，新たな社会やその基盤となる公共性の在り方を模索する視点として論じられている。

[参考文献] Dewey, J., *School and Society*, 1899（宮原誠一訳『学校と社会』岩波書店 1957）／小山静子『子どもたちの近代――学校教育と家庭教育』吉川弘文館 2002／Noddings, N., *Starting at Home*, California 2002

[関連項目] 家庭／家庭教育／しつけ／共同体／公共性／ケア（ケアリング） （尾崎博美）

ホール, G・S

(Granville Stanley Hall, 1844-1924)

▶ 生涯

マサチューセッツ州に生まれる。聖職者をめざす途上で，ヘーゲル哲学の洗礼を受け，やがては生理学的な心理学への関心を深めた。第一回ドイツ留学（1869-70年）を経て観念論哲学と自然科学との統一を志向し，ジェイムズ（James, W.）らの下で全米初の心理学の Ph. D. 学位（1878年）を得る。第二回ドイツ留学（1878-80年）では，生理学実験に心する が，他方で精密科学の専横に対抗したヘッケル（Haeckel, E. H.）の思想にも触れ，反復説に共鳴する。帰国後，ジョンズ・ホプキンズ大学（1882-89年）を経て，クラーク大学の初代総長（1889-1920年）を務める。1880年代以降，彼は *Journal of American Psychology* 誌の創刊（1887），アメリカ心理学会の初代会長（1892年就任），『青年期』の著作（1904），フロイト（Freud, S.）らの招聘（1909）など，アメリカの心理学研究の基礎を築いてゆく。教育界との関連

では，著名な質問紙調査「新入学児の心的内容」（1880年開始，公表は1883年）に始まり，*Pedagogical Seminary* 誌の創刊（1891），夏期講座などを通した児童研究の推奨，アメリカ児童研究協会の初代会長（1893年就任）など，児童研究運動の指導者として重要な役割を果たした。

▶ **思想の内容**　　1880年頃までのジグザグな思想形成の軌跡を反映し，ホールは質問紙調査など科学的な方法を駆使して子どもの本性を帰納的・実証的に把握する一方で，反復説（個体発生は系統発生を繰り返す）の仮定の下，データの解釈にあたっては想像力を発揮して進化史との符合を見いだし，その符合に規範性を付与した。そして，人工的な都市産業社会での生活を通して言わば奇形化しつつあった当時の人間を，種の進化史が示す不可欠な基盤の上に復帰させるとともに，反転してその道筋の延長線上に展望される人類進化のいっそう高次な段階に向けて備えようとした。彼の教育論における①子どもの情動への強い関心，②身体，とくに筋肉へのこだわり，③早期言語教育や厳格な公民教育の提唱，④青年期の美化・崇拝，⑤老年期や死の問題への関心，といった多彩な諸側面も，以上のような彼の思想上の課題に照らせば理解可能となる。すなわち，まず①情動も，②筋肉作用も，意識や知性，視聴覚作用に先立って進化史の古層に位置する貴重な遺産＝「痕跡」器官であり，それらの保全のために，自然のなかでの生活や神話などを通した始原的な感情の表現や追体験，大筋肉から小筋肉へという発達＝進化の順序にかなった身体活動などが重視された。彼が遺伝決定論に傾斜した本意は，こうした系統発生の痕跡の保全にあったと見るべきであろう。以上が，ホールの思想における言わば「過去志向」の側面であり，そのかぎりで「先祖返り」とも形容され得るが，他方で，ラマルク（Lamarck, J. B.）的な「獲得形質の遺伝」を思わせる「未来志向」の側面も見落とせない。すなわち，③「先祖返り」の一方で，その基盤の上に，や

がて言語や公民性など人間独自の高度な諸資質＝「人間の王国」の継承・発展が厳しく要請されてくる。時期的に必ずしも斉一ではないが，④青年期こそ，安定した遺産の基盤から，より不確定で二次的な諸資質を武器に飛躍する，人類の本領が試される根本的な画期，「過去」から「未来」への個体発生史上最大の曲がり角であったがゆえに，格段に重視されたのであろう。⑤また老年期は，個の生をふり返りつつ種の進化史のなかに位置づけ，未来の個体発生への継承を展望して，勝利感をすら持って死に臨む時期だとされていたのである。

▶ **影響と位置づけ**　　彼の思想は児童研究運動とあいまって，フレーベル主義幼稚園批判，初等段階を主とした児童中心学校，青年期の理論を背景とした中等教育改革など，多様な影響を及ぼした。そして，彼の描く決定論的な発達の経路が個人の自己関与によって外れ難い「閉ざされた」過程であり，人種的・民族的偏見，優生学的な発想も色濃いなど，その保守性はあらためて強調される必要がある。しかし，そうした社会的機能や影響史の研究とともに，世紀末の思想地図のなかで，自然諸科学や進化論の諸潮流，民族・神話学，精神分析など，多様なモチーフを多様に交錯させた「新教育」思想の生成を位置づけていく作業にとっても，ホールは重要な研究対象の一つとして見直される可能性を持っている。

［**参考文献**］Hall, G. S., *Adolescence* (New York, 1904); Strickland, Burgess, Ch. & Ch. (eds). *Health, Growth, and Heredity*, New York 1965／Ross, D., *G. Stanley Hall*, Chicago 1972／ホール, G. S.（岸本弘・岸本紀子共編訳）『子どもの心理と教育』明治図書 1968／古川忠次郎『ホール』牧書店 1957

（菅野文彦）

ホール，S・R
(Samuel Reed Hall, 1795-1877)

1820年代の末から30年代にかけて，アメリカでは，ロック（Locke, J.），ルソー（Rousseau, J.-J.），ペスタロッチ（Pestalozzi, J. H.）

などの教育思想に影響を受けた「ニューイングランド・ペダゴジー」（New England Pedagogy）と呼ばれる一群の教育者たちが登場した。彼らは、愛による教育こそが子どもたちに権威の内面化と「良心」（conscience）を形成し、そのことが子ども自身による「理性的な服従」（rational obedience）と「自己統治」（self-government）の能力を発展させることを主張し、愛にもとづく教師─生徒の教育関係を提唱した。

とりわけ、ホールは、1823年にアメリカで最初の教員養成のセミナリー（コンコード・アカデミー）を創設しただけでなく、『学校管理講義』（*Lectures on School-Keeping*, 1829）と『女性教師のための学校管理講義』（*Lectures on School-Keeping for Female Teachers*, 1832）によって、専門的な教員養成に関する本格的な書物を出版し、アメリカの教員養成の発展に大きく貢献した。さらに、ホールは、1830年から37年までフィリップス・アカデミー（アンドーバー）における教員養成の実践に携わったり、1832年に結成された「アメリカ学校運営協会」（American School Agents Society）の副会長にも就任し、専門的な教員養成の必要性を広く訴えた。こうしたホールの活動は、アメリカにおける本格的な教員養成の起源となるものであり、マン（Mann, H.）は、このホールの思想と実践に影響を受けて、後にマサチューセッツの州立師範学校（State Normal School）を設立することになる。

ホールの基本的な考え方は、子どもの自律的な人格を形成すること、自己統治によって従属や抑制の習慣を形成すること、「愛あふれる教育」（affectionate education）によって教師─生徒の教育関係を愛と信頼の関係に包み込むことをめざすものであった。とりわけ、この「愛あふれる教育」こそが子どもの内面に超越的な審級を形成する方法であり、言い換えれば、子どもの内面に形成された愛や信頼によって、子どもを自己準拠させる方法であった。愛を基本とする教師─生徒の教

育関係は、体罰や試験といった外在的な作用にもとづくものではなく、まさに教師─生徒間の相互の内在的な作用によって成立するものであった。そして、ひとたび生徒の内面に教師の愛や信頼が形成されれば、いついかなるときでも、生徒は自らの自発的な服従と自己統治によって、自らの行動を抑制し、規則に服従するようになるとされた。

しかしながら、ホールの教師─生徒の愛と信頼による教育関係は、権威の内面化をはかろうとするものでもあった。ホールは、子どもの人格形成こそが「群れの維持＝学区管理（school-keeping）の極意」であり、統治者の権力にかわる自己統治という内在的な権力となりうると明言している。要するに、ホールの愛と信頼による教師─生徒の教育関係は、教師の視線を生徒に内在化し、生徒の自律化・主体化によって、生徒の自発的な臣従化を確立するモダンな生徒管理の淵源となるものであった。

［参考文献］ Hall, S. R., *Lectures on School-Keeping*, New York 1969（1829）／Hall, S. R., *Lectures on School-Keeping for Female Teachers*, New York 1969（1832）／Hogan, D. 1990, "Modes of Discipline: Affective Individualism and Pedagogical Reform in New England, 1820-1850", *American Journal of Education*, Vol. 99（1）, 1990／田中智志編『ペダゴジーの誕生──アメリカにおける教育の言説とテクノロジー』多賀出版 1999 （北野秋男）

ポストモダン
英 postmodern／独 Postmoderne／仏 postmoderne

▶ **語 義** 「ポストモダン」（ポストモダニティ）は、語義上、モダンのあとの状態を意味するが、モダンの定義が一様ではないために一義的に規定しにくい。たとえば、「消費社会」をモダンな社会と考えれば、たんに差異化志向・多様性志向を意味する「ポストモダン」は、ハイパーモダンにほかならない。しかし、「ポストモダニズム」と呼ばれる言説の語るポストモダンは、必ずしもこうした消費社会の特徴に還元されない。ポストモダ

ンの特徴は、①自律性（主体性）よりも豊かな差異を賛美する態度、②表象（representation）よりもアイロニーやパスティシュ（諧謔なきパロディ）を肯定すること、③俗流ニヒリズムに陥ることなく進歩主義的な〈進歩〉、ユートピア的な〈夢〉を放棄すること、④恣意性・偶然性・非連続を承認すること（基礎づけの否定ないし脱文脈化の肯定）である。

「ポストモダン」も「ポスト構造主義」も1960年代から使われはじめた言葉であり、内容も大きく重複するが、「ポスト構造主義」がおもに哲学・社会学の領域で使われはじめたのに対して、「ポストモダン」はおもに芸術論（建築学）の領域で使われはじめた。芸術論におけるポストモダンは、アヴァンギャルドのようなモダニズム——芸術による社会批判、表象する主体——を否定し、また記号よりも実在を重視する態度を否定する。すなわち、作品の意味・指し示す作用を括弧に入れ、作品を実在するなにかを表象（再現前）するものではなく、他の記号につながるだけの記号とみなす。そうした考えにもとづく作風を「ブリコラージュ」という。ブリコラージュは、もともとレヴィ＝ストロースが神話的思考の構造としてとりだした概念で、かぎられた道具と材料を用い、ありあわせのやり方でアレンジ（再構成）することである。この方法によって、本物／偽物、オリジナル／コピーという区別（および優劣関係）が破壊され、意味が基礎づけられ理念化・神聖化される過程が暴かれる。

こうした芸術論におけるポストモダニズムの出現に相即するかたちで、1970年代から、フランスのリオタール（Lyotard, J.-F.）、ドゥルーズ（Deleuze, G.）、アメリカのジェイムソン（Jameson, F.）、ローティ（Rorty, R.）などが、哲学思想のポストモダンとして登場した。なかでも、ドイツ批判理論の大家ハーバーマス（Harbermas, J.）を批判したリオタールが有名である。

▶ ハーバーマスとリオタール　　ハーバーマスは、社会批判・ユートピア指向を欠いた芸術文化のポストモダニズムはモダン（モデルネ）を誤解しているだけでなく、高度資本主義社会（消費社会）のさまざまな矛盾を隠蔽するものだ、という。ハーバーマスによれば、moderneとは、5世紀後期にキリスト教が公認され、ローマ的な異教の世界が過去のものになった時期に生まれたことばであり、そののち、その語の意味するところはいろいろ変わったけれども、基本的に「みずからを古典古代という過去に関係づけ、みずからを古いものから新しいものへと移行させる結果生まれたものであるとみなす、時代意識をあくことなく表しつづけている」という。したがってハーバーマスにとって、たとえば、ルネサンスいらい古典主義（古代ギリシャ・ローマに範を求める態度）がくりかえし現れたことも、フランス啓蒙思想が19世紀にロマン主義という中世指向を生みだしたことも、ロマン主義が産業資本主義の拡大のなかで破綻し、19世紀後半から進歩主義が生まれたことも、すべてモデルネである。こうしたハーバーマスのいうモデルネの原理は、理論／イデオロギー、普遍的な妥当性／権力を区別し、理論ないし普遍的な妥当性にもとづいてイデオロギー・権力を批判し、「理想的な市民社会」の到来を願って「みずからを特定の歴史的な軛から解き放つ」こと、つまり啓蒙である。

これに対してリオタールは、ハーバーマスは理論や妥当性によって正当化された「解放」の理想を提出しようとしているが、科学者の理論・妥当性と政治家の主張・説得力とのあいだに認識論的な違いはなく、その違いを捏造し、「解放」という〈大きな物語〉によっておのれを正当化することこそモダンである、という。彼にとってポストモダンとは、モダンな思想を基礎づける「精神の弁証法」「意味の解釈学」「人間の進歩（フランス革命の理念）」「労働者の解放（マルクス主義の夢）」といった〈大きな物語〉の壮大な普遍性・統一性 totalité をしりぞけ、規模においても影響力においても、はるかに小さい「小

さな物語」を讃えることである。その全体的な様相は、ヴィトゲンシュタイン（Wittgenstein, L.）のいう相互依存する多種多様の言語ゲームの総体である。言語ゲームは、「共同体」という統一性も前提にしていない。ムラのような共同体を前提にするかぎり、言語は差異を受容することなく、それを「べつの共同体の成員（要素）」として排除するからである。したがって生き方としてみれば、ポストモダンは、なんらかの統一性・普遍性を前提に生きることではなく、多様な言語ゲームのなかで相互の差異に敏感に反応する能力を会得し、裁判官のような第三の調停者のいないままで「抗争」する（defférend）こと、そのために自己がパラロジー（異種共在）状態にあることの承認である。

▶ **教育研究への含意**　ポストモダニズムがリオタールのいう〈大きな物語〉――目的論をビルトインされた歴史像――の統一性・普遍性を否定する言説であるかぎり、現在の多くの教育学（近代教育学）は、このポストモダニズムに背反するものである。現在の多くの教育学が前提にしている命題、①主体形成・人間形成、②自己同一性 identity、③独創・個性について、確認しておこう。

　高度資本主義社会のポストモダン状況において、知はことごとく刹那的な実効性に回収される（つまりその場かぎりの手段になる）。それにともない〈大きな物語〉を支えていた理念（真理・自由・解放）も溶解していく。このとき、リオタール流のポストモダニズムを是とするなら、教育学の語ってきた「主体形成」「人間形成」は不可能になる。社会／個人の対立、大人／子どもの対立を媒介するものは、解放の歴史であれ、発達の過程であれ、〈大きな物語〉だからである。

　また、高度資本主義社会のポストモダン的な状況のなかでポストモダニズムを実践することは、近代教育学の求めてきたアイデンティティ（自己同一性）を放棄することにほかならない。アイデンティティは、パラロジーの否定のうえに成り立つからである。このア

イデンティティの放棄とともに、コミュニケーションは困難になり、人々の生きざまも刷新される。とりわけ、軽やかに生きるということは浅はかに生きることとどう違うのか、美的な感性に賭けるということはナルシシズムに浸ることとどう違うのか、が問題になる。むろんポストモダニズムを実践するかぎり、これらの問いに答えるべき者は、きわめて困難なコミュニケーション関係にある当人以外のだれでもない。

　ポストモダニズムのいう創造性は、ポイエーシスではなくブリコラージュである。それは、カタログ化されランダム・アクセスできるように整理されたものから、さまざまなイメージ（全体に還元できない断片としての）を引用し、文脈をずらし、事態を読みかえ、統一性のない共存状態をつくることである。それはつまり、人々の帰属意識・所有意識を抹消し自分を中立化する戦略の一つである。これに対して、教育学のいう創造性はポイエーシスにある。それは、個人の独創・個性に由来する著者性（＝権威 authority）を前提にした概念であり、行為・作品を主体＝個人に帰属させ所有させ、そうすることで、人の内部にアイデンティティなるものを創出し、人をそれに依存させることである。

　しかし、ポストモダン教育学をとなえる教育学者は、いまだ少ない。アメリカのジルー（Giroux, H.）は、その数少ない「ポストモダン教育学」をとなえるひとりである。彼は、「批判的教育学」（critical pedagogy）、「境界教育学」（border pedagogy）の名のもとに、教育者が、支配的な文化からはずれたものとしての「多様性」を、はずれるべき支配的な文化をもたない「差異」として讃えること、そのために、互いに覇権を求めて闘争しあっている個々の文化、とりわけそれらを基礎づけている深層命題を理解する「多元的な知性」を形成すること、そして学校知のような支配的な言説によって構造化された生を相対化するために、たえず文化の枠を「越境」（border crossing）し、それを変革すること

をとなえている。しかし皮肉にも，そうしたポストモダン教育（「越境」教育）のなかにジルーが設定するものは，「変革主体」というハーバーマス的なアイデンティティをもつ人間である。しかもこの変革主体は，「越境」するための教育方法に熟達した教育者（教育環境）によって用意される，「越境」や変革志向に従順な主体であり，さらにこの「越境教育学」を志向するポストモダン教育者は，ジルーのような「変革的な知識人」によって用意される，この変革的な知識人や変革志向に従順な主体である。

〈大きな物語〉を前提にしてきた近代の教育学は，ポストモダニズムを前にして，自己解体の危険をはらんだ根本的な自己反省を強いられている。教育学的に自明なことは，ポストモダニズムにとってまったく自明ではないからである。しかも，ポストモダニズムは，軽やかさでもなければ，美的な感性でもなく，また従順な主体でもなければ，変革の主体でもなく，いまだかつてなかった強靱さ，よるべなき生をパーソナルに（個体的に）生きる耐性を人々に要求している。にもかかわらず，「ポストモダン教育学」をとなえるジルーがモダンに回帰してしまっているように，教育とポストモダニズムとの根本的な矛盾が，教育研究において厳密に理解されているとはいいがたい。「ポストモダン教育学」は根本的に自己矛盾した概念である。この自己矛盾，つまり操作（配慮）と生成（越境）との根本的な矛盾を看過するリアリティのなかにおいてではなく，それに苦悩するリアリティのなかにおいてこそ，ジルーのようなポストモダン教育学のポストがはじまる。

[参考文献] Aronowitz, S. and Giroux, H., *Postmodern Education*, Minneapolis: University of Minnesota Press 1991／Deleuze, G., *Différance et répétition*, Paris: PUF, 1968（財津理訳『差異と反復』河出書房新社 1992）／Lyotard, Jean-F., *La condition postmoderne*, Paris: Minuit, 1979（小林康夫訳『ポストモダンの条件』書肆風の薔薇 1986）／Lyotard, J.-F., *Le defférend*, Paris: Minuit 1983（陸井四郎ほか訳『文の抗争』法政大学出版局 1989）／Lyotard, J.-F., *Toward the Postmodern*, New York Humanities Press 1993／Harbermas, J. "Modernity: An Incomplete Project", Foster, H.（ed.）, *The Anti-Aesthetics: Essays on Postmodern Culture*, Washington: The Bay Press, 1983（室井尚ほか訳「近代——未完成のプロジェクト」『反美学』勁草書房 1987）／Rorty, R., "Habermas and Lyotard on Postmodernity", Bernstein, R. J.（ed.）, *Habermas and Modernity*, London: Blackwell, 1985／Wallis, B. and Tucker, M.（eds.）, *Art after Modernism*, Boston: D. R. Godine 1984／今井康雄「ドイツ教育学の現在——ポストモダンのあとに」森田尚人ほか編『教育学年報1』世織書房 1992

[関連項目] ヴィトゲンシュタイン／言語／主体／ハーバーマス　　　　　　　（田中智志）

ホスピタリズム

英 hospitalism

▶ **語　義**　「ホスピタリズム」は，当初は病院や施設の組織面での不備による衛生上の欠陥などを指したが，やがて長期収容が乳幼児の心身に及ぼす否定的影響を示す言葉となった。かねてから関係者たちには長期間隔離された乳幼児の罹病率・死亡率の高さや発育不良が経験的に知られていたが，これをはじめて公的に報告されたのは，20世紀初頭合衆国においてであった。これをきっかけとして施設の看護体制が改善され里親制度なども導入されて，組織上の不備は大幅に改善された。こうして1930年代には，問題の焦点は，生理身体的・医学的なレベルから知的・情緒的・社会的な発達障害のレベルに移った。1940年代には，世界大戦下での大規模な学童疎開や大量の戦災孤児の出現などを受けて，国際連合社会委員会が，家庭のない子どもの研究の必要性を決議し，世界保健機構がこれをボウルビー（Bowlby, J.）に委託した。その報告書が『乳幼児の精神衛生』であるが，ここでは，母性的養育の乳幼児にとっての不可欠性が実証的に説かれたので，これをきっかけとして，保育者や保育方法のあり方，家族との接触やリハビリテーションのあり方な

どが，実践的に検討されることになった。またこれは，「ホスピタリズム」が「母性剥奪」（maternal deprivation）という用語にすりかえられるきっかけともなった。ホスピタリズムは制度や施設そのものが引き起こすわけではなく，制度内での母性的養育の欠如に起因するから，この原因を明示する用語が使用されるべきだとされたのである。

▶ **ホスピタリズムと母性剥奪**　母性剥奪論は，施設病ばかりではなく，一般家庭での病的な母子関係なども対象として，多くのきめ細かな議論を展開してきた。ホスピタリズムから母性剥奪への用語の変化は，一見すると無規定な現象記述から特殊な原因論への移行であるが，この変化は実は，制度とのかかわりを議論から欠落させるなど，内容豊かな事態を惨めに切り詰めるものである。『乳幼児の精神衛生』では，母子関係の持続性などの量的側面は強調されるが，瞬間性や飛躍性などの質的側面はほとんど顧慮されない。理論的視野の大半は，一方的に乳幼児の側に制約され，母親の問題，その未成熟の問題，相互形成の問題，制度連関の問題などは，実質的にはほとんど論じられていない。発症の原因をもっぱら母性の欠如に求める理論的視野狭窄によって，これらの理論は，実践に対しても母性の付与という単純な処方箋を提示して，母親や母親的なものに過剰な負荷を負わせる。母性剥奪論の特質は，鈍重な単純さと視野狭窄にある。ホスピタリズムは，精神疾患の分類上のユニットではなく，多くの疾患を包摂する複雑でしかもユニークな統一性をもつ人間的現象である。乳幼児の生命力の減退や不適応行動などは，自分を受容しない制度に対抗する自己破壊的な形而上学的意味模索であり，乳幼児なりの居場所探しである。ホスピタリズムは，子どもの全存在的な呼びかけと制度の側の応答が織りなす出来事であるから，実存的人格的な視座から深く個人の内面に目を据え，広く社会文化的・歴史的文脈において相互行為論的に把握されるべきである。

▶ **ホスピタリズムと近代教育**　ホスピタリズムは，近代以後の教育の制度化と理論化の双方にとって重大な契機である。分業で効率的に大量生産する工場まがいのコメニウス（Comenius, J. A.）の教授学構想が示すように，養育と教育の制度が（全成員を機能要件として物象化的に配置する）システムとして組織されたのは，近代以後のことである。しかし子どもの成長は異世代間の相互性（エリクソン Erikson, E. H.）に支えられるから，今日の巨大な養育と教育の制度ではつねに，効率的な物象化的システム化と非能率な相互性との間で，せめぎあいが繰り返されることになる。つまり，どんな場合にも免れることのできないシステム化の不備が，受け入れを訴えかける子どもの自己破壊的投企を誘発し，「相互性を保障するか，さもなければ高度なシステム化を達成するか」の択一を迫る。新たな制度化は，いずれ新たな制度化を進める契機であるホスピタリズムを生み出す。こうして，ホスピタリズムと教育の制度化は際限なく循環的に規定し合うのである。他方，近代以後の時代を画したコメニウス，ペスタロッチ（Pestalozzi, J. H.），マカレンコ（Makarenko, A. S.），ランゲフェルト（Langeveld, M. J.）らの教育理論の背後には，つねに戦災孤児の影がつきまとっている。たとえば孤児についてのペスタロッチとマカレンコの時代を隔てた記述を比較してみると，その内容は大きく一致しており，ともに定型的なホスピタリズムの症状を記録している。彼らの理論はホスピタリズムへの応答として構築されたのであり，一般的にいって，教育理論の生成過程では，理論化とホスピタリズムとの間にも密接な相互規定的な循環が認められるのである。ホスピタリズムは，近代以降の教育の制度化と理論化の両者にとって，重要な構成的契機であり続けてきたのである。

▶ **ホスピタリズムの教育理論上の意義**
ホスピタリズムは，近代以後，養育と教育の制度が不可避的に肥大し「きめ細かく」ならざるをえないメカニズムをあらわにする。しかし，そればかりではない。それは，人間形

成の基本構造をも浮き彫りにする。ホワイト（White, R. W.）の「コンピテンスの感覚」やランゲフェルトの「プロジェクション」などがいうように，子どもの活動性は，自分の居場所を探し存在意義を求める形而上学的な意味模索の性格をもつ。この活動性は，異世代間の相互性によって支えられる。ボルノウ（Bollnow, O. F.）のいう「被包性」やハーロウ（Harllow, H. F.）の「子どもの冒険のためのベースキャンプとしての母」という考え方などが示しているとおりである。エリクソンは相互性を，「赤ん坊は家族から支配されると同時にその家族を支配し育て」ており，逆に「家族は赤ん坊によって育てられながら赤ん坊を育てる」と説明する。このように相互性は，異世代間の相互的形成連関であるから，年長の世代は，子どもたちの意味模索への自己形成を助成することによって，自分たち自身も成長する。ホスピタリズムは，このような相互形成連関の悲劇的な破綻——大人たちの相互性の欠如と子どもたちの自傷的活動性——を示すことによって，逆に，相互形成連関の本来のあり方を浮き彫りにするのである。〈自己形成への冒険を支える相互性による異世代間の相互形成〉という人間形成の基本的な構図は，幼い子どもたちの〈大人への独り立ちの冒険への成熟〉に際しても，老いて死につつある人たちの〈死への一人発ちの冒険への成熟〉に際しても，共通してみられる。ホスピタリズムは，生涯を通して変わらない人間形成の相互形成的な構図を示すのである。

［参考文献］田中毎実・鷹尾雅裕「制度化と相互性——ホスピタリズムとその一事例に関する人間形成論的研究」愛媛大学教育学部『教育学論集』13号，1991／田中毎実ほか「フォーラム2（ホスピタリズムと教育における近代）」『近代教育フォーラム』2号，1993
［関連項目］愛／親子関係／母性愛

(田中毎実)

母 性 愛
英 maternal love／独 Mutterliebe／仏 maternité

▶ **語 義**　母性愛とは子どもを育む母親の愛情および母親的愛情をいう。一般には子どもとふれあうなかで母親の内に育つとされるが，教育においては子どもの成長に有益な文化的諸内容の用意や実践に際して意図的に働く受容的愛情をも含めて用いられる。

▶ **概念の歴史**　母性愛への明確な教育的注目は，乳幼児期をも教育の相の下に捉えたコメニウス（Comenius, J. A.）の「母親学校」からであろう。爾来，ルソー（Rousseau, J.-J.）を経てペスタロッチ（Pestalozzi, J. H.）では母性愛にもとづく「居間の教育」が重視されている。

フレーベル（Fröbel, F.）にいたりキンダーガルテンが創出され，同時に幼稚園教師も養成された。ここにはじめて，母性愛の果す教育的役割は具体的な体系的目標，内容，方法等を備えて実践化された。また幼稚園教師の出現は，母性愛を家庭および母親という枠組みから解放し教師の磨くべき資質に位置づけることになった。

近代日本教育史上，母性愛に関わり注目すべきは1945年まで女子教育の大目標とされた「良妻賢母」であろう。深谷昌志によれば，1895年頃から高唱され定着した「良妻賢母」とは，天皇と国民とを親子関係とする国体思想に即し，視野を社会に向けず家庭内に限定した家父長に従順な妻女という点で近世女訓を踏襲し，国家に忠良な子女の育成を家庭で担う母親という点で，国家と家庭とを分ける欧米や東洋諸国と異なっており，日本ナショナリズムの産物であったという。

この「良妻賢母」は，とくに軍国主義下に本然の母性愛との相克を個々の母親に強い，その非人間性を際立たせた。しかし近年においても，たとえば女子臨時労働の一般化，在宅福祉問題等に母性愛の国家的利用は認められる。現在の女性学は，このように功利的に理想化された女性像と現実の女性との乖離を明らかにする段階にあるといえよう。

▶ **教育学的意味**　教育における母性愛は子どもの性別教育目標としてではなく，子どもの成長に直接関わる大人の磨くべき資質として問われるべきであろう。

フレーベルによれば母性愛は人間形成のために父性愛と相補し，母性愛が子どもを周囲の世界の認知から愛や信頼へと導くのに対し，父性愛は子どもを周囲の世界それ自体に存在する諸特性，諸法則性等の経験へと導くという。また彼は，両愛とも子どもとのふれあいで育つがそれだけでなく，神による検証と指導を信頼してはじめて成熟すると考えている。

今日，深層心理学の立場から成人男女とも心の内に異性性を有しており，その開発は人間性の成熟に関わるということがいわれる。個々の教師の母性愛は，この意味でその人の父性愛とともにその内容を問われ開発されつつ，子どもとの場面場面に活きることが求められるだろう。

[**参考文献**]　バダンテール，E.（鈴木晶訳）『母性という神話』筑摩書房　1991／深谷昌志著『良妻賢母主義の教育』黎明書房　1966／フレーベル（荘司雅子訳）「母の歌と愛撫の歌」『フレーベル全集』第5巻，玉川大学出版部　1981　　　　　　　　　　　（児玉衣子）

ホリスティック教育
英 Holistic Education

「ホリスティック」は「全体論的」とも訳され，「すべて，完全に，完結した」などを意味するギリシア語のホロス（holos）を語源とする（なお，ホロスの対義語はアトム（Atom）である）。whole（全体），health（健康），heal（癒し），holy（神聖な）などもホロスからの派生語であるゆえ，ホリスティックはこれらの派生語と内的連関を有している。その根幹には，この宇宙はひとつのまとまりをもった全体をなしており，その中ですべての存在が分かち難くつながりあっているという考え方がある。この語が普及する端緒となったのは，J・C・スマッツ（Smuts, J.C.）の『ホーリズムと進化 *Holism and Evolu-*

tion』（1926年）であった。そこでは「全体は部分の総和よりもはるかに大きなものだ」という主張のもと，全体性に立ち返る視点が提示された。ここで注意すべきは，ホリスティックな考え方が全体主義的（totalitarian）なものと異なるという点である。後者が，ある特定の世界とのつながりを絶対化するものであるのに対し，前者は個と全体との連関を支配=被支配の関係ではなく，個の存立がつねに全体と共鳴しあい，そうした全体がまた絶えず個へと響いてゆくような有機的な関係とみなすのである。1970年代頃からは還元主義的・機械論的パラダイムからの転換を図るものとして「ホリスティック」の語が様々な分野の語と結びついていくことになる。たとえば医療分野においては，人間を機械論的に捉える近代医学の代案としてホリスティック医学が登場した。

この流れに与するものとして，近代教育システムを問い直すべく北米の教育者たちを中心に打ち出されたのがホリスティック教育である。ホリスティック教育は一義的に定められるものではないが，代表的論者であるジョン・ミラー（Miller, J.）の定義によれば，ホリスティック教育は「つながり」を深める教育である。そこでは，論理的思考と直観，心と身体，教科と教科，個人と社会，人間と地球，自我と〈自己〉という近代において分断されてしまった六つの次元のつながりの回復が目指される。

ホリスティック教育は，定式化されたカリキュラムや方法論をもつというよりは，一つのコンセプトとみなされるべきものである。そのコンセプトが共通地平となり，シュタイナー教育やトランスパーソナル教育といった様々な教育理論同士，あるいは多種多様なメソッド（ボディワーク，イメージワークなど）同士のネットワークが形成されている。

[**参考文献**]　ホリスティック教育研究会編『ホリスティック教育入門』柏樹社　1995／中川吉晴『ホリスティック臨床教育学——教育・心理療法・スピリチュアリティ』せせらぎ出版

2005／吉田敦彦『ホリスティック教育論——日本の動向と思想の地平』日本評論社　1999
[**関連項目**]　スピリチュアリティ／シュタイナー
（井藤元）

ボルノウ
（Otto Friedrich Bollnow, 1903-1991）

▶ **生　涯**　ドイツの哲学者，教育哲学者。北ドイツ，ポメルン地方の都市シュテッテーン（現在ポーランド領）に生まれる。当初彼は数学と物理学を研究し，1925 年にゲッティンゲン大学にて物理学の研究で博士の学位を取得した。しかしゲヘープ（Geheeb, P.）によって創設されたオーデンヴァルト・シューレでの教師体験が彼にとって大きな転機となり，物理学から転じて哲学と教育学の研究に本格的にとりくむことになる。1926 年にベルリン大学のシュプランガー（Spranger, E.）のもとで哲学を学んだ後，ミッシュ（Misch, G.）とノール（Nohl, H.）のもとで学ぶためにゲッティンゲン大学に戻る。しかし 1927 年に出版されたハイデガー（Heidegger, M.）の『存在と時間』に強い影響を受け，マールブルグ大学とフライブルグ大学にハイデガーを追い彼に師事した。その後，再びゲッティンゲンに戻り，ミッシュとノールのもとで哲学と教育学における彼独自の立場を形成していった。1931 年に教授資格を得，その後ギーセン大学とマインツ大学の教授を経て，1953 年よりシュプランガーの後任としてテュービンゲン大学教授となる。1970 年以降同大学名誉教授となり，1991 年に没する。

▶ **希望の哲学**　ボルノウは，ハイデガーの日常性を突破する「実存」の鋭い指摘に共感しつつも，本質構造が根源的なものであり事実性はこの根源的なものからのみ把握されるとするハイデガーの存在論に反対し，その哲学の一面性を主にミッシュによって媒介されたディルタイ（Dilthey, W.）の歴史的生の哲学によって補完しようとする。その際彼は，自然な言葉の使用から出発して現象そのもの

を分析しようとするリップス（Lipps, H.）に学んだ現象学，生の諸現象のもつ意味を人間の生の連関全体のなかで正しく解釈し理解するための解釈学的理解の方法，さらにプレスナー（Plessner, H.）の哲学的人間学の内容および方法論などによって人間学的考察法を方法論的に練りあげ，人間の生の一切の諸現象を原則的に同等な権利を有するものとして取り上げる。彼は人間の生の諸現象を可能な限り忠実に「記述」（Beschreibung）しながら的確に解釈しようとし，人間の全体性を人間の諸現象から，またこれらの諸現象を人間の全体性から理解しようとする。こうしてボルノウは，生と実存の緊張関係のなかで人間の生のより根源的な把握に向けて探求を進め，「希望の哲学」を提唱するにいたる。人間は実存的諸経験に抗し，「信頼」「希望」「感謝」などの徳性によって絶えず新たに自らの生の基盤を獲得していく必要があることを提起している。

▶ **人間学的教育学**　教育を生に奉仕する一つの機能とみるボルノウは，教育を人間によって生きられる生全体の連関のなかに位置づけ，教育において示される人間の現実から理解しようとする。彼はこのような人間学的視点から教育事象全体に照明をあて，そこから教育理論の展開を試みるが，自らの立場をいわゆる広義の「教育人間学」から区別して「人間学的教育学」（ないし「教育学における人間学的見方」）と規定し，これまで回避すべきものとされたり見落とされて取りあげられることのなかった諸現象の教育学的意義を解明しようとした。従来の伝統的教育学が教育を連続的な過程として（「つくる」過程や「成長にゆだねる」過程として）把握しているのに対してボルノウは，実存哲学が問題にした非連続的な生の形式の人間存在の全体性における意味を問い，伝統的教育観では等閑に付されてきた「危機」「覚醒」「出会い」「挫折」などの人間形成論的意味を明らかにした点は特筆すべきである。さらに教師と子どもとの教育的関係を人間学的に問うなかで

両者の間に成立する「教育的雰囲気」の意義を解明し、また空間の人間学的考察では、敵対的な外部の世界から自己を守り安らぎを与える「家の領域」を築き「住まうこと」を学ぶべきこと、時間の人間学的考察では、運命の打撃・脅威を直視し運命に身を委ねて未来への信頼としての「希望」という徳性を見いだすべきことを明らかにしている。そして言語の人間学的考察においては、対話の能力と意志を育てる教育の必要性を説いた。こうしてボルノウは人間の全体性を教育という視点から問い深めると同時に、教育学の基礎そのものをより深く洞察しその視野を拡大していった。

▶ **教育思想の影響と意義**　ボルノウの思想の問題領域は哲学・教育学、さらに言語学・文学・芸術など広範にわたった。また人間によって生きられた生をそれ以上背後にさかのぼることのできない最終的な所与として捉えて根源的な生の洞察を遂行したがゆえに、彼の教育思想の展開は豊かさと深さをえた。人間（とくに子ども）と世界との関係における前合理的でありながらも教育学的に意義深い諸構造に対する研ぎ澄まされた眼差しを提出し、これまで等閑に付されてきた教育学研究の領域を切り開いた点は彼の重要な功績である。彼の著作は、フランス、スペイン、ポルトガル、ノルウェー、韓国、日本などの国々で翻訳され、諸外国にも影響を与えたが、とくに日本においては彼の40冊の著作のうち28冊が翻訳され、彼の思想の影響の大きさを如実に物語っている。また彼は日独の学術交流にも尽力し、1959年以来都合6度来日して各地で講演を行い、日本の思想界・教育界に大きな影響を与えた。彼は、ディルタイ―ノールの思想的系譜に属する「精神科学的教育学」を継承し、現代ドイツにおけるこの派の中心的位置を占めた。またテュービンゲン大学における教育活動をとおして多数の弟子を育てて、独自の一学派（テュービンゲン学派）を形成した。しかしボルノウをはじめとした精神科学的教育学派における方法論で

ある解釈学的方法に対して、結論を検証する手続きの不備や政治・社会・経済的連関に対する研究の不十分さなどの点について、60年代の半ば頃から経験科学的方法やイデオロギー批判的方法の立場から厳しい批判が加えられた。これに対してボルノウは、一定の歴史的条件のもとで生じ一面性を保持する「精神科学的教育学」の概念を1918年から1933年までの時代に限定するとともに、「精神科学的教育学」において効果的であることが証明された解釈学の概念を導入して「解釈学的教育学」という呼び名を用い、その有効性を次の点にみた。すなわちこの教育学は前科学的理解（vorwissenschaftliches Verstandnis）から出発する点で、教育学が使用する諸概念を発展させ研究が行われる連関をきわだたせて研究の前提となる作業仮説の設定などにおいて有効であること、また研究結果の歴史的・社会的連関のなかでの意味づけなどの作業において有効であること、したがって他の諸方法と結びついて固有の機能を果しうることを彼は主張した。ボルノウは晩年、自然を理解することをも考慮した「解釈学的哲学」の可能性をさぐって精力的に作業に取り組んだが、この哲学的作業はキュンメル（Kümmel, F.）などの高弟たちに受け継がれている。今後、ボルノウの哲学・教育学における遺産の継承と発展が期待されるところである。

[**参考文献**] Bollnow, O. F., *Das Wesen der Stimmungen*, Frankfurt a. M. 1941（藤縄千艸訳『気分の本質』筑摩書房　1973）／Bollnow, O. F., *Neue Geborgenheit: Das Problem einer Überwindung des Existentialismus*, Stuttgart 1955（須田秀幸訳『実存主義克服の問題』未来社　1969）／Bollnow, O. F., *Existenzphilosophie und Pädagogik*, Stuttgart 1959.（峰島旭雄訳『実存哲学と教育学』理想社　1969）／Bollnow, O. F., *Die pädagogische Atmosphäre*, Heidelberg 1964（森昭・岡田渥美訳『教育を支えるもの』黎明書房　1969）／Göbbeler, H. P. und Lessing, H. U., Hrsg., *Otto Friedrich Bollnow im Gesprach*, Freiburg 1983（石橋哲哉『思索と生涯を語る』玉川大学出版部　1991）／岡本英明『ボルノウの教育人間学』サイマル出版会

／森田孝「O.F. ボルノー」天野正治編『現代に生きる教育思想』第5巻，ぎょうせい　1982／川森康喜『ボルノウ教育学の研究』ミネルヴァ書房　1990

[**関連項目**]　解釈学／教育人間学／実存主義

（高橋浩）

マ

マイノリティ
英 minority

▶ **概念**　一つの単位として認められる社会の内部で，民族・文化・人種・言語・宗教などの領域における差異を根拠に，政治・経済・社会などの面で不利な立場に置かれている人々。より広義には日本語の「社会的弱者」にあたる。この場合には，男性に対する女性，成人に対する子どもや老人，健常者に対する障害者なども合意する。より狭義には「少数民族」という日本語に訳される。ただしこの訳は語義を限定しすぎるゆえに，現代社会を分析する概念として不便な傾向がある。

　以下では広義・狭義ではなく最初の定義について説明する。第一に近代以後の世界では，国民国家（nation state）が政治的単位の強力なモデルとされてきた。そのため，マジョリティとマイノリティとの葛藤が顕在化する舞台は，国民を母集団とした国家という単位であることが多い。ときにはその衝突が従来の国家的枠組みの変更，つまり分離・独立などをめぐる紛争にまでつながる。第二にグローバリゼイション（grobalization）が急速に進みつつある現代では，民族・文化・人種・言語・宗教などの領域で，個々の特徴を区分しているはずの差異がますます流動化している。たとえば「人種」という概念が生物学的に成立せず，社会的に構成されたカテゴリーでしかないことはもはや明らかであろう。また「民族」という概念にしても，複数の民族からなると想定されるヒトの群れを，どのように民族という下位集団へと分類すればよいのか。このパズルを一義的に画定することは難しい。第三にマイノリティの概念は，単純に人数が少ない集団をさすのではなく，政治

的発言力・経済状況・社会的地位などの指標において不利であることを成立条件としている。そこで想定される権力関係のもとでは，マジョリティであることが〈正統〉〈無徴〉，マイノリティであることは〈異端〉〈有徴〉と解釈される。この概念は主流派と対をなす関係にあり，その意味で「マイノリティ問題」とは裏を返せば「マジョリティ問題」である。

▶ **歴史**　マイノリティということばを世界史のなかに探れば，ある意味ではすでに古代に見出しうる。当時においても民族・文化・人種・言語・宗教などの異なる複数の集団が接触する地域で，排他的で自文化中心主義的（ethnocentric）な世界観を奉じる集団が存在した。けれども少なくとも先に規定した意味でのマイノリティは近代以降の産物である。19世紀にヨーロッパで国民国家が社会の単位として成立すると，民族自決の理念と同化主義（assimilationism）の政策とが正当化されるにいたる。国民統合の過程とならんで，各国列強は非ヨーロッパ世界を植民地化していったが，第二次大戦後にはアジア・アフリカの旧植民地が近代国家として独立する。国民国家制度が地球を覆うにつれて，広義の意味でのマイノリティ問題が世界的に注目を集めはじめた。1960年代から活性化したアメリカでの黒人公民権運動，欧米での女性解放運動，さらには新興諸国での少数民族による抵抗運動などがその例である。この局面においてマイノリティの組織化が進むとともに，これらの集団が自らの政府に異議を申し立てはじめた。楽観的な同化政策が疑問視されている現在，理念的にも現実的にも多文化主義（multiculturalism）が世界の各地域で採用されつつある。ここでいう多文化主義とは，少なくともマイノリティ集団の文化と自己決定権とを尊重する態度を，さらにはマジョリティ集団との格差を是正する努力をも意味している。

▶ **教育との関連**　以上のように，各国の政策や歴史的・社会的な背景がマイノリティを

構成する個々人に影響している。この事態は教育という領域においても同様であり，マイノリティと教育との接点には無数の問題が絡み合っている。こうした問題群は学校教育を類型化するふたつの軸によって整理できよう。一つは分離教育（segregated education）か，統合教育（desegregated education）かという軸である。マイノリティの子どもが支配的な教育制度から排除されたり，より劣悪な教育環境に置かれているかどうかが，この指標の基準になる。もう一つは同化教育（assimilative education）か，多文化教育（multicultural education）かという軸である。マイノリティの子どもたちの多様な文化的背景が，学校のカリキュラムに反映されているかどうかが，この指標の基準になる。歴史的趨勢としては分離教育から統合教育へ，さらには同化教育から多文化教育へと推移してきたとはいえ，経済的・社会的格差の解消と文化的多様性の尊重との両立は現代社会の困難な課題といえよう。

　また注意すべき論点として，「平等」の理念を掲げる近代教育が能力と文化との間に矛盾をはらむことがある。なぜなら，能力を評価するには一定の能力観が欠かせず，それは既存の文化を前提に設定されざるをえない。基本的には併存する価値観のなかから主流派のそれが採用されるとともに，非主流派は学歴獲得競争の場でハンディを負わされる。この構図は教育言語や公用語の選択に際して端的に見て取れる。つまり合理的なはずの近代教育システムに非合理的な要素が入り込んでしまうのである。この事情は新たな自文化中心主義の制度化という側面を物語る。近年しばしば論議されるアファーマティブ・アクション（affirmative action）は，ある意味での「結果の平等」を追求する一手段といえる。しかし，マイノリティと教育とを結びつける視点は，さらにひろい視野から「平等」の理念を捉え直す課題を提起している。

▶ **国内外の事例**　　マイノリティの教育をめぐる世界の現状は多様であるから，世界と日本と両者の間とにそれぞれみられる事例に触れておこう。第一に世界的視野からみると，まず南北問題に言及しなければならない。なぜなら，南北格差は移民・難民の教育問題を生み出し，第三世界における教育の貧困を招いているからである。次にヨーロッパ諸国・移民国家・社会主義国・第三世界諸国などの政治的・経済的条件によって，その教育の様相は大きく異なる。そこでマイノリティ問題が現実の社会でも研究の領域でも注目されてきたアメリカ合州国の場合のみを紹介する。西欧からの入植によって成立したアメリカには，いわゆるインディアン・アフリカ系・ヒスパニック系などがマイノリティとして存在する。歴史的には1950年代から黒人差別と教育との関連が表面化しはじめ，分離教育から統合教育への転換が始まった。1960年代に「教育の機会均等」などを盛り込んだ公民権法が成立すると同時に，白人・マイノリティ間の子どもの学力格差を解消しようと，ヘッド・スタート計画による補償教育（compensatory education）が開始されたが成功しなかった。そこで『コールマン・レポート』が統合教育を提唱し，その推進によって学力格差がある程度は縮小された。さらに1970年代からはマイノリティの子どもたちの自尊心を高めるため，母語と英語とを学ぶ二言語教育（bilingual education）などが導入されている。

　第二に日本と国際社会との関係から生じるマイノリティは，在日外国人と在外日本人とに大別できる。在日外国人を構成するのは，オールドカマーと呼ばれる在日コリアン・チャイニーズ，ニューカマーと呼ばれる中国人・フィリピン人・日系ブラジル人などである。こうした親をもつ子どもの多くは国立・公立・私立学校に通っているが，朝鮮学校・韓国学校・中華学校などの外国人学校に通う子どもも少なくない。つぎに在外日本人は必ずしもマイノリティといえないが，その子どもつまり「海外子女」の教育は，各地の日本人学校などで行われている。また外国での日

系移民の教育は受け入れ国によってきわめて多様である。なお「帰国子女」という範疇は、海外勤務者と中国帰国孤児の子どもなどを含み、その教育は国立大学付属学校などで取り組まれている。こうした事例の共通点は、生徒の日本語能力の程度が重要視されていることである。

第三に日本国民として日本社会に生きるマイノリティに、被差別部落出身者・沖縄県出身者（ウチナンチュ）・アイヌ民族・日本国籍取得者（帰化者）などがいる。まず被差別部落出身者は一般市民との差異がきわめて小さい。いわゆる同和教育は相互に関連する二側面、つまり全ての子どもに社会的偏見を克服させるなどの実践と、部落の子どもに自尊心・学力・進路を保障するなどの実践とに大別される。つぎに沖縄県は「本土」と比べると歴史的・言語的な差異が目立ち、このことは日本史の教科書記述の問題や「国語」と「方言」をめぐる論争などにも表れている。そしてアイヌ民族の場合には先住権問題が議論を呼んでいる。この問題と教育との接点は直接的には小さいが、経済状況の改善やアイヌ文化の継承や偏見の解消については教育施策の効果が期待される。最後に日本国籍取得者の教育については、社会の関心も研究の蓄積もとぼしいようである。

▶ **今後の展望**　1989年に国連総会で採択された「子どもの権利条約」第30条はこう規定している。「民族的・宗教的・言語的マイノリティまたは先住民が存在する国においては、当該マイノリティまたは先住民に属する子どもは、自己の集団の構成員とともに、自己の文化を享受し、自己の宗教を信仰しかつ実践し、または自己の言語を使用する権利を否定されない」。実質的にこの権利を保障するには、集団的自決権の尊重や経済的格差の縮小や社会的偏見の解消といった課題を避けることはできない。この論点を多数派が軽視してきた現実を前に、これまで少数派は沈黙してきた。しかしいまや相手の声に耳を傾け、自らの正統性を相対化するよう求められ

ているのはマジョリティの側である。さらには現代世界におけるクレオール化現象を考慮するなら、「マイノリティ／マジョリティ」という単純で固定的な二分法じたいも問い直されるべきであろう。

[**参考文献**]　Giroux, H., *Border Crossings; Cultural Workers and the Politics of Education*, Routledge 1992／Minority Rights Group (ed.), *World Dictionary of Minorities*, Longman 1990／Ogbu, J. U., *Minority Education and Caste; The American System in Cross Cultural Perspective*, Aademic Press 1978／Tyack, D. B., *The One Best System; A History of American Urban Education*, Harvard University Press 1974／青木保ほか編『異文化の共存』岩波書店　1997／江淵一公『異文化間教育学序説』九州大学出版会　1994／井上役ほか編『民族・国家・エスニシティ』岩波書店 1996／マイノリティ事典翻訳委員会訳『世界のマイノリティ事典』明石書店　1996

[**関連項目**]　国民教育／ナショナリズム／民族
（松岡靖）

マカレンコ

（Anton Semyonovich Makarenko, 1888-1939）

▶ **生　涯**　旧ソ連邦・ロシア領の教育者。ウクライナのベロポーリェの鉄道工場塗装工の家庭に4人兄弟の長男として生まれる。1904年にクレメンチュークの市立学校を卒業後、同校付設の師範科に学び、1905年の第1次ロシア革命の年に卒業してクリュコフ鉄道学校の教師となった。この頃からゴーリキー（Gor'kii, A. M.）への傾倒を深め、革命を告知した『海つばめの歌』や労働者の逞しさや誇りを謳いあげた『チェルカッシ』などの作品から、現世肯定的世界観、楽天主義、人間への信頼を学びとっていった。

10月革命の勃発した1917年、マカレンコはポルタヴァ高等師範学校（のちのポルタヴァ教育大学）を金メダルで卒業し、クリュコフでの高等小学校の視学官を経て、1919年にはポルタヴァの小学校長に任命されるが、翌20年に県国民教育部の提案でポルタヴァ郊外の未成年法律違反者のためのコローニャ

所長となった。同コローニャは1922年からゴーリキー名称コローニャとなったが，マカレンコはウクライナ共和国教育人民委員部との意見の対立から，1928年に同所長の職を退き，それまで兼任していたジェルジンスキー・コムーナの所長の業務に専念することになった。マカレンコの同コムーナでの活動は1935年まで続けられ，この間にゴーリキーの援助によって彼の代表作『教育詩』が発表されて大きな反響を呼び，ソビエト作家同盟への加入が許された。

1935年にジェルジンスキー・コムーナ所長の職を辞し，ウクライナ共和国内務人民委員部労働コローニャ課長補佐としてキエフに移り，さらには1937年にモスクワに移ってからも彼の旺盛な執筆活動は続けられた。新聞や雑誌への寄稿，講演を精力的にこなすかたわら『塔の上の旗』『親のための本』『子どもの教育について』などを次々に発表したが，1939年に心臓病で急死した。

1930年代の当時の児童学への批判は，スターリン的イデオロギーに基づく諸科学の再編成の一環として，科学の他の分野における批判と連動するものであるが，非ロシア人であったマカレンコが彼のコローニャでロシア語とウクライナ語を用い，ロシア文学に心酔していたことについては，スターリン自身が非ロシア人であったことを考えるとなおさら興味深い。

▶ **思想**　制服や軍隊的規律はマカレンコによって大ロシアより数年も早く導入されたが，それはハンス（Hans, N.）の指摘によればスターリン（Stalin, I. V.）の影響が大きく，学校組織は以下の三つの特徴をそなえていた。①個人を集団的意志に従わせる集団的訓練。②軍隊的規律。③工場や農場における生産労働。

マカレンコは児童学が教育の方法を子どもの研究から引き出そうとしたとして批判し，非行少年の再教育という困難な状況下にあっては「いかなる学問もいかなる理論もここでは役に立たない」と確信するにいたった。その結果彼のとった方法は，まず訓育と陶冶を相対的に独立させ，人格形成にかかわる前者の独自の論理を容認し，それに第一次的な意義を付与することであった。身体的鍛錬，道徳的訓練という点から見て，軍隊の規律はまさにその要求にこたえるものであったといえよう。その意味で，訓育の領域を教育のカテゴリーに収めることを峻拒したトルストイ（Tolstoi, L. N.）と好対照をなす。

▶ **影響**　前述したように，マカレンコの教育論の特徴としてゴーリキーの影響を看過することはできないが，その一端は「人間に対する最大の要求と人間に対する最大の尊敬」というテーゼに窺われる。「要求すると同時に尊敬する」「尊敬するからこそ要求する」といったマカレンコの言説は，ゴーリキーの人間観と通底しながら集団づくりの重要な原則となった。彼の「規律」と「レジム」のソビエト的規律の公式の本質はこの点にあったとみてよい。

さらに集団を組織的・機能的・目的志向的人間関係の総体と捉えたマカレンコは，個々の成員が，実務・友情・日常生活・イデオロギー的に，不変な統一を保持しているような集団として「基礎集団」を構想した。そのために彼は個人に対する直接的教育作用ではなく，基礎集団としての隊だけを対象とする「個人に対する働きかけの形式」を平行的教育作用として定式化したが，その解釈については内外のさまざまなマカレンコ研究者の間でも意見の一致を見ていない。

▶ **位置づけ**　集団を発展させると同時に個々人の発達を保障するものとしてマカレンコが提唱したものは「見通し」の概念であった。彼にとって教育とは，明日の喜びが横たわっている見通し路線を子どものなかに敷設することと同義であった。しかし，ソ連邦の崩壊でCISが誕生したものの，若者におけるアスピレーションの著しい低下が問題となっている今，国家が「明日の喜び」をいかに若者に対して与えうるかが急務となっており，マカレンコ理論そのものにも根本的な再検討

が迫られている。

[参考文献] Макаренко, А. С., *Сочинения, Т'1-7*, М., 1957-58（矢川徳光ほか訳『マカレンコ全集』明治図書 1964-65）／Ярмаченко, Н. Д., *Педагогическая деятельность и творческоенаследие А. С. Макаренко*, Киев, 1989／Павлова, М. П., Карманов, В. Ф., *Педагогическаясистема А. С. Макаренко и комунистическоевоспитание учащихся*, М., 1988／Гордин, Л. Ю., *Педагогическое наследие А. С. Макаренко исовременная школа*, Кишинев, 1987／Hans, N., The *Russian tradition in education*, Westport 1977／Макаренко, А. С., *Сочинения*, Т. 5（藤井敏彦・岩崎正吾訳『科学的訓育論の基礎』明治図書 1988）／藤井敏彦「マカレンコ——集団主義教育のパイオニア」川野辺敏ほか『現代に生きる教育思想——ロシア・ソビエト』6，ぎょうせい 1981／森重義彰「ソビエト児童学の台頭と〈児童学批判〉」『新しい子ども学』3 海鳴社 1986
(森岡修一)

松本亦太郎

(まつもと またたろう，1865-1943)

心理学者。恩師元良勇次郎とともに，日本に実験心理学の基礎を築いた。

1865（慶応元）年，高崎藩（現群馬県高崎市）藩士飯野家の次男として生まれる。1879（明治12）年，15歳のときに，倉賀野の旧家松本勘十郎の養子となる。同志社英学校，京都府立第一中学校を経て，東京第一高等中学校，1890年，帝国大学文科大学に入学。心理学を専攻，元良勇次郎に師事，大学院に進学する。1896年，米国イェール大学に留学。同大学教授ラッド（Ladd, G. T.）の紹介により，スクリプチュア（Scripture, E. W.）教授に師事，のち博士号を取得。1897年，イェール大学助手となるが，同年7月よりドイツに官費留学の命を受け，ライプツィッヒ大学のヴント（Wundt, W.）のもとで学ぶ。1900年，ドイツより帰朝後，高等師範学校教授，女子高等師範学校教授を兼任。1901年，東京帝国大学文科大学講師嘱託を経て，1906年には，京都帝国大学文科大学に創設された我が国初の心理学講座の教授に迎えられる。1910

年京都市立絵画専門学校長兼京都市立美術工芸学校長。1913（大正2）年，元良勇次郎の後を受けて，東京帝国大学文科大学教授となる。1926（昭和元）年に定年のため退職後，日本女子大学教授，日本大学等の教壇に立つ。1927年から1941年まで日本心理学会理事。78歳で没する。

松本は，自ら多彩な活動を展開するとともに多くの弟子を輩出し，多方面に実験心理学の応用分野を開拓する役割を果たした。とりわけ，教育学の関連領域との関係は深い。ヴントの実験心理学は，ホール（Hall, G. S.）による児童研究運動や，モイマン（Meumann, E.）やライ（Lay, W. A.）の実験教育学説へとつながっていったが，松本の場合には，人間の知能への関心という形で弟子たちに継承されていくことになる。主著『知能心理学』（1925）のなかで彼は，心理学の対象が精神身体的な存在である人間であり，科学的考察を行う場合には知能を扱うことが重要であると述べている。こうした松本の志向が，弟子の楢崎浅太郎や田中寛一らによる知能検査や産業能率研究等の成果を生み出したといえる。大正期以後，教育分野でもその科学化が標榜されるなかで，これらの研究は脚光を浴び，その成果は，さまざまな事業をとおして広く普及した。

[参考文献] 古賀行義編著『現代心理学の群像——人とその業績』協同出版 1974／唐沢富太郎編著『図説教育人名事典——日本教育史のなかの教育者群像』中巻，ぎょうせい 1989／佐藤達哉・溝口元編著『通史日本の心理学』北大路書房 1997
(村田恵子)

学 び

英 learning／独 das Lernen／仏 apprendre

▶ 語 義　広義には環境との相互作用を通して新しい行動様式を身につけていく過程を指す。一般的には「学習」とほぼ同意義で用いられることもあるが，日本の教育学研究においては1990年代頃から区別されて用いられている。教育学研究において学習概念は心

理学とりわけ行動主義心理学の影響を受けながら、教授＝学習理論のなかでその研究が長らく行われてきた。それらの多くは学習を教授などの操作対象と見なし、学習とは何かをその外側から明らかにしようとしてきたため、学習という行為が学習者においてどういった意義をもつのかなどはあまり問われないでいた。そこで学習という行為を「学び手の内側に広がる活動世界として理解する」（佐藤1999）ため、「学習」にかわって「学び」という概念が日本の教育学研究において用いられるようになったのである。

体験学習やアクティブラーニングの提唱、「学びの共同体」論、状況的学習論など、これまで多様な「学び」論が展開されてきた。しかしそこで説明される「学び」の意味は実に多様であり、その意味を一概に定義づけることは難しい。むしろ、「学び」は従来の学習観を変えるための戦略的概念として捉えるべきであり、その意味を定義づけようとするならば個々の「学び」論が対峙する学習観からそれぞれ導き出す必要がある。

▶ **ラーニングの分離と「学び」の隘路**　「学び」と「学習」がそれぞれ独自のニュアンスを持っているとしても、英訳すればともにラーニング（learning）となる。ラーニングという言葉は古英語において9世紀末には確認されており、教育学（pedagogy）や教育（education）という言葉が現れる前から存在していた。また、ラーニングはかつて教える（teaching）の意味もあわせもっており、フランス語のapprendreは現在も両方の意味を有している。さらに、ソールズベリーのヨハネスが12世紀に「〈読書〉という語は、曖昧である。それは、教える行為と教えられる行為、さらに自分で書物を学ぶ行為をも指す」（ヨハネス2002）と述べるように、当時の読むことが音読によるものであったことを踏まえるならば、読むこととしてのラーニングは共同性を帯びた活動であったともいえよう。すなわち、神―人間という究極的な教育関係を前提とした内発的な学習を強調し、か

つ人間が人間を教育することの危険性を強調する中世の学習論は、教えることと教えられることが未分化な状態に近かったこと、そして学び／学習が共同性を帯びた活動であったことという歴史的背景とともに成立していたのである。

ところが、中世の学習観は近代教育の誕生により次第に消失し、ラーニングは「教授―学習」という近代教育が前提とする二項関係に分離していく。そして教育という場面において教師―子どもという教育的関係が成立するとき、ラーニングがかつてもっていた共同性は教育の視野から見えなくなってしまい、学習する主体としての子どもという姿が立ち現れたのである。

以上のようなラーニングの分離という歴史に目を向けるとき、現代の「学び」論が孕む一つの隘路が浮かび上がってくる。従来の「学習」概念への批判から登場してきた「学び」論は、それまでの学習論が教師による教授を強調してきたことに対し、主体的学びや自律的学びといった子どもの学習つまり学習者の視点を強調する。こうした現代の「学び」論は画一的な教授にかえて個性的な学びを、強制された学習にかえて自発的な学びを提示するが故に、表面的にはそれまでの学習論を乗り越えたかのように見える。しかしその背後では「教授―学習」という近代教育の二言論的枠組みを丸ごと維持したまま、また自律と他律のパラドックスを未解決のまま残してしまっている。その結果、教師の権威を学びの中にひそかに忍び込ませてしまうか、あるいは学びが目的を失い自己目的化してしまうかという隘路に陥る可能性を現代の「学び」論は自らの中に引き込んでしまうのである。

［**参考文献**］佐藤学『学びの快楽――ダイアローグへ』世織書房　1999／ソールズベリーのヨハネス（甚野尚志・中澤務・F. ペレス訳）「メタロギコン」上智大学中世思想研究所『中世思想原典集成　8. シャルトル学派』平凡社　2002／松浦良充「Learning の思想史・序説」『近代

教育フォーラム』13　2004／森田伸子「学習概念の変容：コメニウス以前以後」『近代教育フォーラム』12　2003／山口匡「教育学批判と〈学び〉論」増淵幸男・森田尚人編『現代教育学の地平』南窓社　2001

[関連項目]　学習／教育／状況的学習

(國崎大恩)

マルクス
(Karl Marx, 1818-1883)

ドイツ，ライン州トリアー市のユダヤ人弁護士の子として生まれる。ボン大学およびベルリン大学で法学を学び，1841 年にイエナ大学で哲学博士の学位を取得。ヘーゲル左派の一員となり，おりしも反動の風潮が強まったため，教職に就くことを断念。『ライン新聞』編集者の道を選んだが，同紙が弾圧のため廃刊後，クロイツナハでヘーゲルの『法の哲学』の内在的研究を開始した。そのころ，ヴェストファーレン家の令嬢イエンニーと結婚。その後パリに移って労働運動，共産主義運動に接近，ルイ・ブラン，プルードンなどとも知り合い，44 年に『経済学・哲学草稿』を執筆。このころ，終生の友エンゲルスとも交友を結び，45 年にブリュッセルに亡命，エンゲルスやヘスと『ドイツ・イデオロギー』を執筆，46 年以後，実践運動に参加，「共産主義者同盟」の創設につとめ，その綱領的な文書『共産党宣言』（1848 年）を起草した。同年の革命期にはドイツにもどり『新ライン新聞』を創刊，革命の挫折後ロンドンに亡命。

50 年代からはエンゲルスの協力の下に経済学研究に没頭，59 年に『経済学批判』第 1分冊を，67 年には『資本論』第 1巻を刊行した。他方で，ラッサール派，バクーニン派なども糾合した第一インターナショナルの指導者となって革命的な国際労働者組織の育成に努力した。その後，第一インターは 71 年のパリ・コミューンへの対応をめぐって 74年に解体したが，世界各地にマルクスの思想，それにもとづく組織が漸次広まった。1883年，『資本論』第 2・第 3・第 4 巻の未定稿を遺して，肝臓ガンのためロンドンで死去。

マルクス主義は，社会主義の到来を資本主義の矛盾を科学的に分析することによって予見し，論証したことから科学的社会主義といわれる。中核に位置する経済学はイギリスの古典派経済学を批判的に摂取したものであり，資本主義社会の矛盾の把握は，ヘーゲル左派の弁証法の適用によって行われた。また社会主義革命の主体の発見はフランス社会主義思想から学びとったものである。

マルクスは人間形成が労働と不可分の関係にあることを洞察し，教育を生産的労働と結びつけることを教育論の核心に据えた。つまり，精神労働と肉体労働の統合による人間の全面的発達を目指したのである。たしかに，資本制大工業はマニュファクチュア的分業の過程で開始された精神労働と肉体労働との分離を完成させ，労働者たちを機械の付属物に変える傾向をもつ。しかし他方で，大工業は資本を絶えず一つの生産部門から他の部門へと移行させ，同時に労働の社会的配分を変え，また技術的進歩を促すことによって企業内の労働配分も随時変更せざるをえない。これは労働者の不断の労働の転換を要求する。この要求は先の労働の分離・固定化の傾向と矛盾する。この矛盾こそが「全面的に発達した個人」の形成を資本制大工業にとって「死活の問題」たらしめる。マルクスはこの具体的解決を「工業法」の教育条項に見出し，この条項こそはじめて教育と筋肉労働の結合の可能性を証明し，この可能性のなかに，「将来の教育の萌芽」があることを見定めたのである。すなわち，現存社会の矛盾のなかに将来社会の人間形成の可能性を発見したことにマルクスの意想の特徴がある。

[参考文献]　マクレラン（西牟田久雄訳）『マルクス伝』ミネルヴァ書房　1976／廣松渉『青年マルクス』平凡社　1971／黒沢惟昭『疎外と教育』新評論　1981／城塚登『若きマルクスの思想』勁草書房　1970　　　　（黒沢惟昭）

マルクス主義

英 Marxism

▶ **語義**　マルクス（Marx, K.）とエンゲルス（Engels, F.）の思想を基礎として構築された思想体系。マルクス自身は、エンゲルスの協力を得つつマルクス主義の核となる思想（史的唯物論、資本主義分析、社会主義革命論、等）を提出したとはいえ、自らの方法や思想に関する体系的叙述を残さなかった。マルクス「主義」の成立にあたっては、マルクスの死後彼の思想の体系化に努力したエンゲルスや、マルクス主義政党として第一次大戦前にドイツ帝国議会の第一党にまで勢力を拡大した社会民主党の果たした役割が大きい。しかし、さらに大きな、決定的な影響をマルクス主義の体系化に与えたのは、ロシア革命を成功に導いたレーニン（Lenin, V. I.）の思想と、革命後のロシアにおける国家原理としてのマルクス主義の確立である。

▶ **「正統派」マルクス主義**　そのようにして体系化された「正統派」のマルクス主義理解（マルクス＝レーニン主義とも呼ばれる）に従えば、マルクス主義とは、(1) 哲学における弁証法的唯物論ないし史的唯物論、(2) 社会科学におけるマルクス主義経済学、それらから導かれる (3) 実践論としての科学的社会主義から成る、包括的な科学的・実践的世界観である。

(1) まず、弁証法的唯物論はこの世界の一般的な法則性を明らかにする。世界は物質から成り立っており、物質相互の弁証法的運動によって低次の段階から高次の段階へと発展していく、とされる。人間の意識はこの発展の反映である。史的唯物論は、弁証法的唯物論の人間社会の領域への適用であり（このようなスターリン的図式を批判して、史的唯物論を第一義的と考える主張もある）、歴史の発展を物質的生産を基礎として把握する。人間は、生産力の一定の発達段階において一定の生産関係を取り結ぶにいたるが、生産力の発展とともに生産関係は発展の桎梏となり、この生産力と生産関係の矛盾から、ついには新たな生産関係が成立する。人間の歴史は、このような弁証法的な発展の歴史なのである。

(2) 『資本論』に代表されるマルクス主義経済学は、資本主義社会という発展段階における社会の基本矛盾を科学的に解明する。資本主義社会においては、生産の社会的性格と生産物の私的性格の間の矛盾ゆえに、繰り返される恐慌、それを通しての資本の集中と労働者階級の窮乏化は避けられない。資本家階級（ブルジョアジー）と労働者階級（プロレタリアート）の間の階級闘争は激化し、ついにはプロレタリア革命によってプロレタリアートを主体とする新たな生産関係が登場することになる、とされる。

(3) 科学的社会主義は、このような資本主義社会の現状と未来に関する科学的な分析や見通しに基づいて、プロレタリアートを組織し、社会主義革命の成功に向けてプロレタリアートの階級闘争に指針を与える。また、社会主義革命の実現後は、来たるべき共産主義社会の実現のためにプロレタリアート独裁の支えとなる。

▶ **西欧マルクス主義、その他**　以上は、プロレタリア革命を現実に成功に導いたことによって権威を獲得し、第二次大戦後は東欧社会主義諸国の国是ともなった、「正統派」マルクス主義あるいはロシア・マルクス主義によるマルクス主義理解であるが、マルクス主義理解をめぐってはさまざまな論争がある。マルクス自身がマルクス主義の体系を完成させていたわけではなかったから、エンゲルスやレーニンをはじめとする権威が体系化する以前のマルクスのテキストに帰ることによって、新たなマルクス主義像を描くことが常に可能なのである（マルクス主義文献が訓詁学的になる理由の一つがここにある）。1926年に『ドイツ・イデオロギー』が、1932年に『経済学・哲学草稿』が公開・活字化され、エンゲルスが体系化したマルクスに比べてよりヘーゲル的で哲学的な「初期」マルクスの思索が明らかになったことによって、新たな解釈の可能性はさらに広がることになった。

もっとも、マルクスの思想をより哲学的に解釈するという試みは、西洋哲学の深い素養を持ちつつマルクス主義の実践に身を投じた知識人よって、すでに初期著作の公刊以前からなされていた。コルシュ（Korsch, K.）の『マルクス主義と哲学』(1923)、ルカーチ（Lukács, G.）の『歴史と階級意識』(1923)が代表的であり、これにグラムシ（Gramsci, A.）の『獄中ノート』(1929-37)を加えることもできる。とくにルカーチの『歴史と階級意識』が及ぼした影響は大きい。ルカーチは、エンゲルスの体系化によって、マルクスの思想の核心にある主体と客体の弁証法が忘れ去られ、世界は物質からなるとする唯物論と、認識はその客観的に存在する世界の模写だとする模写説にマルクス主義が平板化されてしまったと批判する。商品の物神性というマルクスの経済分析のカテゴリーを、ルカーチは認識論的問題に適用した。つまり、人間の活動が人間から独立した法則性をもって人間を支配するという商品生産の物象化のメカニズムが、客観的な認識を追究する近代科学や近代哲学を背後で支えているというのである。この結果、主体の側は、合理的であろうとすればするほど、物象化された法則の支配下に甘んじ、静観主義的な態度を強いられることになる。このような疎外状況を打破しうるのは、ルカーチによれば、物象化された現実そのものであるような主体、つまり主体＝客体としてのプロレタリアートしかないのである。

『歴史と階級意識』は、マルクス主義を、経済分析や政治実践に結び付けるよりは一つの哲学思想として理解し研究しようとする、「西欧マルクス主義」の潮流の出発点となった。ホルクハイマー（Horkheimer, M.）、アドルノ（Adorno, T. W.）、マルクーゼ（Marcuse, H.）ら「フランクフルト学派」の「批判理論」、サルトル（Sartre, J.-P.）の実存主義的なマルクス主義、アルチュセール（Althusser, L.）の構造主義的なマルクス主義が、西欧マルクス主義の代表的な事例である。西欧マルクス主義は、マルクス主義を教条主義から救い出し、現代の社会・文化を批判的に考察するためのアクチュアルな可能性をマルクスの思想から読み取るという点で大きな役割を果たしてきたが、マルクス主義の重要な要素であった政治的実践との関係はほとんど失われることになった。

資本主義の発展の極点で革命が生じると考えたマルクスの見通しとは裏腹に、マルクス主義を奉じる勢力が現実に権力を握ったのは、資本主義の発展が未熟な諸国においてであった。まずロシアで革命が成功し、第二次大戦後は東欧や中国に社会主義国が成立した。政治的実践のレベルでは、マルクス主義はアジア、アフリカ、ラテンアメリカといった第三世界において重要な意味を持つことになった。それらの国々では、毛沢東主義をはじめ、各国の事情に対応したさまざまな「マルクス主義」が展開された。現実政治においては、マルクス主義は「開発独裁」の支えとなって非西欧諸国や第三世界の工業化を促進する役割を果たしたと見ることもできる。

しかし、1980年代後半からのソビエト連邦や東欧諸国における社会主義政権の崩壊、中国社会の実質的な資本主義化、等によって、科学的・客観的な世界観として誤りなく実践を指導することを誇った「正統派」マルクス主義の挫折は誰の目にも明らかになった。エコロジーの立場からは、産業の無限の発展と、そのための自然支配の増大を来たるべき社会の基盤と見るマルクス主義のユートピア的傾向に対する根本的批判が提出されてもいる。今後マルクス主義は、包括的な世界観としてではなく、現実を批判的に分析するための、豊かなアイデアの源泉として意味を持つことになると思われる。

▶ **マルクス主義教育学**　「マルクス主義」を標榜する教育学は、ほとんどもっぱら、「正統派」マルクス主義の影響下で構想されてきた。マルクス、エンゲルスのテキストの「正統派」的解釈、それにレーニン、クルプスカヤ（Krupskaya, N. K.）、マカレンコ（Makarenko, A. S.）らが展開した、革命後

のロシアにおける教育政策や教育実践が，マルクス主義教育学の典拠になっている。ソビエト連邦や旧東ドイツで展開されたアカデミズム教育学としてのマルクス主義教育学は，戦後日本の教育学に大きな影響を与えた。そうした「正統派」的なマルクス主義教育学の特質として，次の3点をあげることができる。(1) 教育理解の基礎としての教育の階級性，(2) 教育目標・教育理念としての全面発達，(3) 全面発達を実現する方策としての教育と労働の結合，その実現形態としての総合技術教育（ポリテフニズム），である。

　(1) マルクス主義教育学は，教育を「人格の完成」「価値ある文化の継承」等々，普遍的とされる理念から捉える立場を「ブルジョア的」として批判し，教育を社会的な現象として，階級闘争の一部として捉える。マルクスは『資本論』第1巻のなかで，資本主義社会，たとえば産業革命期のイギリスにおいて，労働者階級の子弟の教育機会がいかに資本主義的な利害によって左右されてきたかを詳細に描いている。レーニンはより明確に，歴史上教育は常に支配階級の利害に奉仕してきたのであり，社会主義社会においても学校は階級学校であるが，このたびは労働者階級の利害に奉仕する階級学校となるのだ，と主張した。革命後のロシアにおいて展開されたマルクス主義教育学においては，教育を「階級闘争の道具および形態」と捉えることが教育学の基本原理となった。

　(2)(3)　もっとも，マルクス自身は，資本主義的な利害と教育との関係をより繊細に分析している。大工業とテクノロジーの発展は，一方で熟練労働を無用化し，熟練の過程が持っていた人間形成的な機能を破壊してしまった。子どもが単純労働に駆り出され，彼らの精神的・肉体的荒廃を招いている。しかし他方，熟練労働を無用化する代わりに，大工業は，労働者が資本の要求に応じてさまざまな部署で働きうることを要請し，またそのための技術的前提を作り上げたのである。「大工業は……一つの社会的細部機能の担い手でしかない部分個人の代わりに，いろいろな社会的機能を自分のいろいろな活動様式としてかわるがわる行うような全面的に発達した個人をもってくることを，一つの死活問題にする」[『資本論』第1巻，512頁]。しかも，労働者の要求に対する譲歩と大工業そのものの利害から生まれた工場法の教育条項は，たとえそれがどれほど貧弱であっても，教育と肉体労働との結合の可能性を示したのであった。マルクスにとって，目的合理的な労働こそが人間を他の動物から分かつ最も重要なメルクマールであった。労働と教育を結合し，そのことを通して「全面的に発達した個人」を形成する可能性が，資本主義の発展によって作り出された。ただし，この可能性を現実化するためには，資本主義的な搾取関係を廃棄せねばならないのである。──資本主義的な生産関係を廃棄した社会主義社会において，「全面的に発達した個人」を現実に形成するための手立てとして革命後のロシアで構想されたのが総合技術教育である。これは，現代産業を支えている科学と技術の原理を，生産労働との密接な結び付きのなかで教えようという構想であった。こうした総合技術教育によって，個々の技術に縛られずあらゆる生産部門で活動する能力をもった「全面的に発達した個人」が形成され，またそのような個人が，来たるべき共産主義社会建設の基礎になるとも考えられた。レーニンは，とくに電気の理論と応用について教えることを総合技術教育の中心に据えている。これは彼の，「共産主義はソビエト権力プラス全国の電化である」という有名な定式に対応している。

▶ **現代教育学におけるマルクス主義的モメント**
マルクス主義教育学は，教育の社会科学的な分析に道を開いたという点で重要な歴史的意味を持っている。とくに，教育の階級性の主張は現代教育学にも大きなインパクトを与えている。しかし，マルクス主義教育学内部においては，この教育の階級性の主張は，批判的原理として働くかわりに，社会主義諸国の教育実践におけるイデオロギー的注入を正当

化する原理として機能してしまったように思われる。また，生産労働と教育との結合，それを通しての全面発達という構想も，現実の産業政策の枠内で解釈され，「全面発達」という壮大なユートピアは，社会主義国家の工業化に最適の人間——「正統派」マルクス主義のイデオロギーの枠内で最も目的合理的にふるまえる人間——の形成という現実主義に切り下げられてしまう。教育学におけるマルクス主義の批判的潜在力は，むしろ社会主義諸国以外の国々において活性化されてきた。教育の階級性の考え方をより精緻に展開して，平等主義を装いながら巧みに不平等を再生産する教育システムのメカニズムを明らかにした再生産理論はその目覚ましい一例である。また，何らかの意味での人間の「解放」が教育によって目指される場合も，マルクスの思想に支えが求められてきた。ラテン・アメリカで活躍するフレイレ（Freire, P.）がそうであり，60 年代後半から旧西ドイツで展開された「解放的教育学」がそうであった。「解放的教育学」はフランクフルト学派の思想をベースにしており，西欧マルクス主義の教育学的展開として注目すべきものである。しかし，教育の階級性の思想が教育学の基盤の一部に組み込まれているのに対して，労働と教育の結合，全面発達といった概念にこめられたマルクスの思想を解読する作業は十分になされているとは言い難い。「正統派」マルクス主義や「マルクス主義教育学」の重石がはずれた今こそ，労働と自然，技術と人間，人間と余暇，等々に関するマルクスの教育思想が，豊かに読み解かれねばならないと思われる。

[**参考文献**] Bowles, S., Gintis, H., *Schooling in Capitalist America*, New York 1976（宇沢弘文訳『アメリカ資本主義と学校教育』I, II, 岩波書店 1986）／Freire, P., *Pedagogia do oprimido*, Rio de Janeiro 1970（小沢有作訳『被抑圧者の教育学』亜紀書房 1979）／Jonas, H., *Das Prinzip Verantwortung*, Frankfurt a. M. 1984／Krapp, G., *Marx und Engels über die Verbindung des Unterrichts mit produktiver Arbeit und die Polytechnische Bildung*, Berlin 1960（大橋精夫訳『マルクス主義の教育思想』御茶の水書房 1961）／Lukács, G., *Geschichte und Klassenbewußtsein*, 1923（城塚登, 古田光訳『歴史と階級意識』白水社 1975）／McLellan, D., *Marxism After Marx*, London 1979（重田晃一ほか訳『アフター・マルクス』新評論 1985）／Sarup, M., *Marxism and Education*, London 1978／ヘルンレ, 五十嵐顕訳『プロレタリア教育の根本問題』明治図書 1972／マルクス・エンゲルス, 大橋精夫訳『マルクス・エンゲルス教育論』1, 2, 明治図書 1968／持田栄一編『講座マルクス主義, 6 教育』日本評論社 1969／大橋精夫『マルクス主義の発達観と教育』青木書店 1978／スパトコーフスキー・メディンスキー（倉内史郎・鈴木秀一訳）『マルクス主義教育学の方法論』明治図書 1968／矢川徳光『ソヴェト教育学の展開』春秋社 1955／矢川徳光『マルクス主義教育学試論』明治図書 1971

[**関連項目**] 社会主義／集団主義／再生産論

（今井康雄）

マン

(Horace Mann, 1796-1859)

　19 世紀前半，アメリカで活躍した政治家，教育行政家。1830 年代から 50 年代にかけて，マサチューセッツ州の公立学校制度の基礎を築いた。

▶ **生　涯**　1796 年 5 月 4 日，マサチューセッツ州ノーフォーク郡フランクリンの貧しい農家に生まれた。ピューリタニズムが息づく家庭で刻苦勉励の精神を培う一方で，教区牧師が説く原罪説，運命予定説には疑念と反感を抱いていた。町立図書館を利用して自己教育に励むかたわら巡回牧師の指導を仰ぎ，19 歳でブラウン大学の 2 年次に編入した。在学中は学問に非凡な能力を示し，自由主義的キリスト教思想であるユニテリアニズム（Unitarianism）に感化されつつ，人道主義的・博愛主義的精神を育んでいった。1819 年，大学を主席で卒業後，法律事務所に勤務するが，数か月で母校に呼び戻され，ラテン語，ギリシャ語の講師を務めた。1821 年，コネティカット州リッチフィールドの法律学校に入学，2 年後に弁護士資格を取得した。

その後，マサチューセッツに戻り，デーダムに法律事務所を開設，以後14年間，法律家として活躍した。その間，マサチューセッツ州下院議員，上院議員，上院議長などを歴任。東部上流中産階級の利益を代表するリパブリカン（Republican）に所属して，信仰の自由をめぐる問題，公立精神病院の設立，鉄道建設，禁酒運動，奴隷解放運動などに精力的に取り組んだ。その一方で，社会の根源的改善は法律の制定よりも教育の力によるという確信を深め，教育委員会（the State Board of Education）の創設に情熱を傾けていった。1837年に教育委員会が発足すると，その行政的手腕と経験をかわれて教育委員会委員長に任命された（1837-49）。保守派，教会関係者，私立学校の経営者たちの執拗な反対を抑え，世俗的な公立学校の確立，師範学校の設立，教授改革，公立図書館の普及などに尽力した。1848年，教育長を辞任し，アメリカ合衆国下院議員となるが，1852年にはオハイオ州に創設されたアンティオック・カレジの初代学長に迎えられ，高等教育改革に乗り出した。1859年8月2日，志なかばで没した。

▶ 思 想　　19世紀前半のニュー・イングランドは，都市化，工業化，移民の増大などに起因する急激な社会変動に直面していた。貧困，無知，怠惰，階級間の緊張状態が顕著であった当時，教育長としてのマンの課題は，教育の力によってアメリカ建国の理想である自由・平等・共和主義の精神を堅持していくことであった。彼は，万人に開かれた「共通」の学校教育，すなわち「コモン・スクール（Common School）」の整備・拡充こそが，民衆を啓蒙して民主的・道徳的な社会秩序を形成していくうえで不可欠であるとみなしていた。『コモン・スクール雑誌（Common School Journal）』の発行や講演活動，郡教育会議の開催など啓蒙活動を展開しながら，「12年報」として知られる年次報告書（Annual Report）を州議会に提出。内外の教育事情を紹介するかたわら，自らの教育論を敷衍して公教育の普及・拡充についてさまざまな提言を行った。

マンは，教育とは人間の善性・無限の可能性を開花させるための営為であり，共和国全市民に教育を受ける権利が保証されなければならないと考えていた。また，教育の普及は，自由で公平な社会を実現するための政治的課題であるともみなしていた。こうして，義務就学・無償・共通の（宗教的に中立な）公教育体系の確立が構想されたのである。

マンにとっての当面の課題は，公立学校の財政基盤を確立することであった。彼は，裕福な中産階級を説得して租税収入を確保するために，功利主義的教育論を唱えていった。すなわち，道徳性・知的能力を備えた有能な労働者を育成することが，生産性の向上と社会の安定をもたらし，その帰結として資本家の財産を増大させると説いていったのである。こうして教育の市場価値が強調される一方で，学校教育の普及は，労働への盲従・隷属状態から人々を解放し，経済的・社会的不平等を解消すると主張したのである。

功利主義と啓蒙主義，理想主義と楽観主義とが錯綜するマンの教育思想の基盤には，ユニテリアニズムと骨相学（Phrenology）が存在していた。ユニテリアニズムとは，当時のニュー・イングランドの宗教界，思想界を席巻した自由主義神学であり，キリスト教正統派の「三位一体説」を否定して神の単一性（Unity）とイエスの人間性を強調する思想であった。ユニテリアン（Unitarian）は，カルヴィニズム（Calvinism）の限定贖罪説を批判して万人救済説を唱え，神は怒りや復讐の神ではなく慈悲深い存在であり，人間は自由の主体として業＝行為によって救われると教えていた。ユニテリアニズムを信奉するマンは，教育改革による知識の普及により人間の性善性・改善性が開花し，個人と社会が救済されると確信していたのである。他方，骨相学は，19世紀前半にスコットランド人クーム（Combe, G.）によって提唱された，頭蓋骨の形状から個々人の精神的能力・性格を

測定しようとする擬似科学であった。マンは人間の教育可能性の科学的根拠を骨相学に求め，さまざまな教育プログラムを案出していったのである。

マンに対する評価は，彼をして「アメリカ公教育の父」と称するように，概して肯定的である。しかし，急進的リヴィジョニストたちは，マンの政治的・行政的戦略が結果として資本家階級のヘゲモニーを強化し，公立学校システムを民衆統制機構，階級構造の再生産装置として機能させたことを批判している。こうした意図と結果のパラドックスを視野に入れながら，マンの教育思想の再検討が迫られていると言えよう。

[参考文献] Bowles, S., and Gintis, H., *Schooling in Capitalist America: Educational Reform and the Contradictions of Economic Life*, London 1976（宇沢弘文訳『アメリカ資本主義と学校教育——教育改革と経済制度の矛盾』I, II, 岩波書店 1986）／Cremin, L. A. (ed.), *The Republic and the School*, New York 1957／Katz, M. B., *Class, Bureaucracy, and Schools: The Illusion of Educational Change in America*, New York 1971（藤田英典ほか訳『階級・官僚制と学校——アメリカ教育社会史入門』有信堂 1989）／マン（川崎源訳）『十九世紀ヨーロッパの教育』理想社 1958／マン（久保養三訳）『民衆教育論』明治図書 1969／Messerli, J., *Horace Mann: A Biography*, New York 1972／川崎源『ホレース・マン研究』理想社 1959／渡部晶『ホーレス・マン教育思想の研究』学芸図書 1981／南新秀一『アメリカ公教育の成立——19世紀マサチューセッツにおける思想と制度』ミネルヴァ書房 1999 （佐藤哲也）

三

身分・階級・階層
英 status, social class, social starata

身分，階級，階層は，いずれも，序列化さ

れた組織構造を有する社会における地位及びその地位を同様にする人々の集合を指す表現である。想定されている社会秩序によって，これらの語は使い分けられており，その意味は思想的理論的立場によって大きく異なる。一般的には，身分は封建制などの前近代社会における社会的地位とそれを共有する集団に用いられるのに対し，階級・階層は法的平等を原則とする近代社会における社会的地位やそれを共有する集団に対して用いられることが多い。また，日本ではマルクス主義の立場に立つ者が「階級」の語を好んで用い，それ以外の立場に立つ者が「階層」の語を用いる傾向があると指摘される。

以上はあくまで一般的な傾向であり，有力な思想・理論であっても妥当しないものもある。たとえば，ドイツの社会学者ウェーバー（Weber, M.）は，共同体内部における権力を経済的利害を基礎とする経済力，社会的名誉を基礎とする威信，政治的影響力を基礎とする政治力の三つに区別した上で，それらの権力の分配によって区別される人間集団をそれぞれ階級，身分，党派と定義する。この場合，身分と階級は近代社会に併存する。

原・盛山（1999）は，階級及び階層の語を「主体としての階級」と「達成としての階層」に区分し，更に前者を三つの要素概念，後者を四つのイメージに分類整理している。

主体としての階級は，①本来的利害対立，②政治的主体，③歴史的主体，の三つの要素概念からなる。①本来的利害対立とは，本来的に敵対する利害関係を有する排他的な集団としての階級という想念である。労働者と資本家の関係の本質を資本家による剰余価値の搾取とみなすマルクス（Marx, K.）の剰余価値論はこの理論的根拠でもっとも有力なものである。②政治的主体とは，マクロな政治過程における主要な行為主体としての階級という想念である。この想念のもとでは，諸階級の利害調整として政治は捉えられる。③歴史的主体とは，歴史の展開を担う登場主体としての階級という想念である。「全ての歴史

は階級闘争の歴史」とする唯物史観はこの典型である。階級の概念化においては，この三つが一体化して強大な意味作用をもたらした。資本家階級と労働者階級の搾取─被搾取を社会の「土台」とし，その上部構造として国家における階級政治を強調しつつ，その政治の最終的な到達点を労働者階級の勝利による階級関係そのものの廃絶に設定するマルクス主義は，その最も有力な理論的根拠であった。

これに対し，達成としての階層はさまざまなイメージでとらえられる。収入，資産，職業的地位，教育，社会的地位，名誉など社会的財の享受機会の連続的不平等をさす④生活機会における不平等がある。そして，この不平等が⑤単一的ハイアラーキーをなすという想定がある。また連続的なハイアラーキーではなく⑥集群としての階層という想定や，人々が自身や他者を社会的に主観的な評価スケールとして⑦威信としての階層も実証研究で扱われてきた。

階級・階層と教育との関係をめぐる議論も盛んに行われてきた。それらは，教育の階級性という観点と社会移動と教育という観点の二つに整理できる。教育の階級性の観点からは，政治的主体・歴史的主体としての階級の形成に教育がどのように寄与しているのかが論じられてきた。つまり，教育がイデオロギー装置として被支配階級を順応させる機能を果たしていることが批判的に分析される一方，被支配階級の立場から政治的主体・歴史的主体の形成が教育の目標とされねばならないと論じられてきた。また，教育社会学の実証研究の中心となってきたのが，社会移動と教育の関係，とりわけ子供が親とは違う階級・階層を達成することを意味する世代間移動に対する教育の影響である。教育は世代間移動を促進しているのか，それとも世代間移動を抑制し親の階級・階層を子どもに継承させる機能を果たしているのか，ということが盛んに論じられてきた。1980年代頃までは資本主義の高度経済成長の達成とその恩恵による労働者階級の富裕化を反映して前者の立場が主流を占めて「階級の終焉」なども唱えられたが，後者の立場を理論化する再生産論がブルデュー（Bourdieu, P.）らによっても展開された。1990年代以降，経済のグローバル化によって，貧困や格差が先進諸国で再び問題となり，階級・階層への関心が高まりつつある。

[参考文献] 原純輔・盛山和夫『社会階層──豊かさの中の不平等』東京大学出版会 1999／渡辺雅男『階級！──社会認識の概念装置』彩流社 2004
[関連項目] マルクス／ブルデュー

（青柳宏幸）

ミル父子

▶ **ジェイムズ・ミル**（James Mill, 1773-1836）
スコットランド出身のイギリスの哲学者，経済学者，教育改革者。エディンバラ大学卒業後ロンドンに出て文筆活動を行い，各種の雑誌や評論に寄稿する。『英領インド史』（1817）によって東インド会社の職を得るが（1819），この間にベンサム（Bentham, J.）と出会い（1808），彼の最も有能な弟子として功利主義理論の普及に大きな役割を演じた（『統治論』1824／25；『政治経済学綱要』1821）。ハートリ（Hartley, D.）の観念連合説を発展させた『人間精神現象の分析』（1829）は，その理論の心理学的基盤をなす。スコットランド啓蒙思想の影響を受けた彼は，終始一貫して中産階級の役割を重視して，商工業の発展が人類を自由にし，歴史の進歩をもたらすとの立場をとった（『商業擁護論』1808）。

ミルの教育思想は，上述の功利主義理論，観念連合心理学，古典派経済学を土台に形成された。『ブリタニカ百科事典』第五版（1818）所収の「教育」は，彼の教育理論のエッセンスを開陳したものである。彼はそこで教育を科学として確立することの必要性を訴えながら，道徳に付随する観念の連鎖を形

成することが教育の課題であるとした。

彼は教育の実際的な問題にも多大の関心を寄せ、『博愛主義者』や『エディンバラ評論』などで民衆教育の必要性を訴えた。とくにモニトリアル・システムの考案者のひとりであるランカスター（Lancaster, J.）を支持して出版された「すべての者に学校を」（Schools for All, 1812）は、イギリスの統治原理に対する厳しい批判を前提に、教育の宗教からの解放と普通教育を柱にした単一型学校教育制度を訴えた教育史上画期的なものであった。「すべての者に学校を」は、その後の中産階級の教育改革のモットーにもなった。彼はさらにベンサムの教育論『クレストメイシア』（1816）にも深く関与し、オウエンの性格形成論にも注目した。後の有用知識普及協会やロンドン大学の創設への参加は、初期のこうした理論的関心の実践的帰結であった。

▶ **ジョン・スチュアート・ミル**（John Stuart Mill, 1806-1873）　ジェイムズ・ミルの長男で、イギリスを代表する哲学者、経済学者。『論理学体系』（1843）、『政治経済学原理』（1848）、『自由論』（1859）、『功利主義』（1863）、『婦人の隷従』（1869）、『ミル自伝』（1873）などの著作はとくに有名。教育に対する関心は、父親から受けた早期の英才教育に対する反省と、人類の進歩に果たす教育の意義と役割に対する確固たる信念に起因している。

自伝で詳述しているように、ジョンは、「分析の能力や実行が、個人の進歩にも社会の進歩にも不可欠の条件である」、と信ずる父親から、古典語と論理学の早期教育を受けた。功利主義の申し子として育てられた彼はこうして初期に「知識の有用性」（1823）、「完成可能性」（1828）、「文明論」（1836）などの論稿を著していく。しかし、1826年秋からベンサム主義に対する深い反省と懐疑にとらわれていったジョンは、やがてこの「精神的危機」をロマン派文学への傾倒によって克服し、諸能力間に正当なバランスを維持していくことの重要さと、感情や想像力のもつ

人間形成上の役割を強調していくことになる。

彼はまた、文明化の観点から民衆教育に関心を寄せていった父とは対照的に、文明の進歩や民主主義の発達がもたらす弊害（たとえば、世論の専制や個人の埋没・無力化）をいち早く問題として把握し、人類の進歩に果たす教育の役割は、国民をリードできる精神的に卓越した偉大な個人ないし個性を形成することにあると説いた。このために彼は大学改革を提唱し、専門的な職業人よりも有能な教養人を形成することの意義を説いた（たとえば「文明論」）。ミルの大学教育論として有名なセント・アンドリューズ大学名誉学長就任演説（1867）は、これを敷衍したものである。

［**参考文献**］　Mazlish, B., *James and John Stuart Mill*, New York 1975／Burston, W. H. (ed.), *James Mill on Education*, London 1969／Burston, W. H., *James Mill on Philosophy and Education*, London 1973／Garforth, F. W., *John Stuart Mill's Theory of Education*, Oxford 1979／Garforth, F. W., *Educative Democracy: John Stuart Mill on Education in Society*, Oxford, New York 1980

［**関連項目**］　ベンサム／功利主義／文明化
　　　　　　　　　　　　　　　　　（安川哲夫）

ミルトン
（John Milton, 1608-1674）

17世紀イギリスの詩人。ロンドンで公証人をし、音楽の才能もあわせもっていた同名の父（1563-1647）の子として比較的裕福な中産階級に生まれた。少年時代は、熱心なピューリタンでもなければ反王制派でもなく、感受性の豊かな、父親の期待によくこたえる勉学熱心な子どもであった。ケンブリッジ大学クライスト・コレッジに進学したのは、国教会の聖職者になって欲しいと願う父親の希望を入れてのことであった。在学時は、その端麗な容貌と清らかな心情によって"クライストの淑女 Lady of Christ"と呼ばれ、英語、ラテン語、イタリア語などで詩作を始め、神に仕える「詩人」の仕事を自らの天職と定めることになるが、同時に父親の希望である聖

職に就くという人生選択も捨てがたいものであった。この時期以降、外面的なものよりは内面的なものを、制度的なものよりは精神的なものを、伝統的なものよりは聖書的なものを、指向する傾向がいっそうすすむ。青年期のミルトンにとって「詩人」と「聖職者」のふたつは、彼の自己形成の両面を色濃く構成する繊細で人間的な感性をいっそう鋭くさせ、時に両者は対立しさえするが、かえってこのことは彼が生涯目指すことになる「内なる円熟」にとっては幸いであった。大学を卒業後、父親の別荘があったホートンやその他の別邸に籠もって、読書と思索と創作に打ち込んだのは、両者の対立の中でいや増す魂の清浄化と聖化への願望と、神の摂理とは何かを問い、人間とは何かを問う想像力の導きによるものであった。仮面劇『コーマス』(*Comus*, 1634) や、友人の死を弔うエレジー『リシダス』(*Lycidas*, 1637) にはそのような青年期の純粋な心情が吐露されている。1638 年から 39 年にかけて、ミルトンが 29 歳の時、フランス、イタリア訪問の際、グロチウスに会い、ガリレオを獄中に見舞ったことは、当時の知識階級の教育の締めくくりとしてのグランド・ツアーであったが、とくに後者との出会いはミルトンのその後の宇宙観に大きな影響を及ぼした。帰国後、ロンドンで私塾を開き、ピューリタン的精神に基づいて一連のパンフレットを書いてピューリタン革命を養護し、信仰の内面性についての省察を深めた経緯から、監督教会制度に反対した。1642 年 33 歳の時、17 歳のメアリー・パウェルと結婚するが、まもなく別居し、数年後に和解した後、離婚する。この経験から『離婚の教理と規律 (離婚論)』(*The Doctrine and Disciple of Divorce*, 1643) を書き、他方では、言論の自由を論じた『アレオパジティカ』(*Areopagitica*, 1644) を公表した。1649 年の革命政府では、クロムウェルのラテン語秘書官を務めた。1653 年、43 歳の頃、過労のため両眼を失明。1663 年、54 歳の時、3 度目の結婚をして、ようやく家庭の平和を得、失明の苦

悩の中で詩作に没頭する毎日を送り、妻の助けもあって、畢生の大業『失楽園』(*Paradise Lost*, 10 vols, 1667) をはじめ、『楽園回復』(*Paradise Regained*, 1671)、『闘士サムソン』(*Samson Agonistes*, 1671) を代表とする多くの詩作品を完成させ、構想の雄大さ、洗練された文学的表現力、ギリシャ悲劇の伝統に連なる劇的な展開、深い宗教的洞察に満ちた登場人物の設定など、イギリス文学の最高傑作に数えられる作品群を残した。

ミルトンの教育に関する思想的表現として体系的に構想されたものはないが、ピューリタン革命期の教育改革者の一人で、J・A・コメニウスとも親交のあったサミュエル・ハートリブの強い要請を受けて書かれた、数頁の短い論文が『教育論』(*Of Education. To Master Samuel Hartlib*, 1644) として残されている。『教育論』が執筆されたのは、上記の『離婚の教理と規律』の執筆時期と重なり、ピューリタン的神学イメージが色濃く反映している。このことは、「学問の目的は、神を再び正しく知ることができるようになって、わたしたちの最初の親が犯した堕罪を回復することである。その知識によって、神を愛し、神に習い、できうる限り神に近いものとなるために、わたしたちの魂に真の美徳を有せしめて、それが信仰という天からの恵みと結合して最高の完全を形成することである」ということばに端的に示されている。この『教育論』では、ミルトンが理想とする社会体制、政治体制、宗教体制などを背景にして、時に現実の政治家や、神学者、知識人などを批判しつつ、学問の目的、よりよい教育の本質、言語教育の課題、古典教養と実学教養の規準と教科区分などについて論じている。

[**参考文献**] Edward E. Morris (ed), *Tractate of Education by John Milton*, 1918／Oliver M. Ainsworth (ed), *Milton on Education*, 1928／Arthur E. Barker, *Milton and the Puritan Dilemma, 1641-1660*, 1942／Ernest Sirluck (ed), *Complete Prose Works of John Milton*, 1959／Christopher Hill *Milton and the English Revolution*, 1977／平井正穂編『ミルトンとその時

代』研究社　1974／原田純『イギリス革命の理念』小学館　1976／私市元弘・黒田健二郎訳『教育論』未来社　1984　　　　（北本正章）

民　族

英 nation, ethnic group

▶ **ネーションとしての民族**　　日本語の民族という語は，国民国家（nation state）の主体としてのネーションの意味と，国民国家に直接には規定されないエスニック・グループの意味を併せ持っており，西洋の諸言語と明確に対応しない語である。ただし民族の問題が基本的に国民国家と民族との関係・矛盾の問題であることから，日本語の民族の把握にあたっても，国民国家の主体としてのネーションについての把握が前提となる。ネーションとは，生まれ出るという意味のラテン語 nasci から派生した語であり，元来，共通の場に生まれた人々の集団という意味を持つ語だった。ネーションに国民国家の主体としての意味を与え，その後のネーション概念を規定したのが，フランス革命とナポレオン戦争を契機として 19 世紀ヨーロッパに成立した国民国家の歴史だった。戦後日本の社会科学では，フランス革命が生み出したネーションに対して，トライバリズムの延長としての非合理的・本能的側面を認めつつ，それを超えた「高度の自律的な契機」（丸山眞男）を持つことを重視してきた。フランスにおいても，ルナン（Renan, E.）の 1882 年のソルボンヌにおける講演「国民とは何か」が，「国民（nation）とは日々の人民投票である」と述べ，人々の共同生活への合意をネーション確立の条件としており，種族・言語・利害・宗教的類縁性・地理・軍事的必要といった要因でネーションを形成することは出来ないと断言している。ルナンの教説は，フランスではネーションについての半公式文書としての地位を獲得し，デュルケーム（Durkheim, É.）はじめ広範な知識人に支持されてきた。

　しかし近年，ネーションの合理的側面よりも非合理的側面に焦点を当てた把握が多くみ

られるようになった。たとえば同じ西欧でも，ナポレオン戦争によるフランス軍支配下のベルリンでフィヒテ（Fichte, J. G.）が 1807-08 年に行った講演「ドイツ国民に告ぐ」においては，「始源的な人間としてのドイツ人」のみが一つの民族を有しており，ネーションに対する「本来的で理性にかなった愛」を抱くことが出来ると説くなど，ルナンとは対照的なネーション把握も行われてきたことが改めて注目されている。またアンダーソン（Anderson, B.）は，ネーションの世界史的な形成過程の分析を通じてネーション把握の相対化を進めており，民衆的ナショナリズムに対する王族・貴族集団の側の「応戦」としての「公定ナショナリズム」への着目を行っている。さらに鵜飼哲によれば，合理的なネーション論の典型とされてきたルナンにあっても，フランスこそが人間の人間性を最もよく代表するネーション（国民）であるという確固たる前提があり，国民共同体からの個人の離脱の可能性はまったく考慮されていなかったという。加えて，ルナンとフィヒテのネーション論は，それぞれ，第一次世界大戦に大きな思想的責任を負っており，両者はいずれも反ユダヤ主義だったことが指摘されている。このように近年の研究の進展により，欧米のネーションを一面的に価値化するのではなく，その内実の歴史的文脈のなかでの把握の可能性が生まれつつある。

▶ **日本における民族と教育**　　しかし，欧米のネーションについての研究の進展が，日本におけるネーションとしての民族の把握の深化に必ずしも直結しているとは言いがたい。ネーションや民族が歴史的状況と切り離して論じることが不可能な概念であるにもかかわらず，民族という語が日本史のなかで持った意味が依然として明らかにされていないことが一因である。ようやくその解明に着手した尹健次によると，そもそも日本では，天皇統治の正統性と神権性を高めるため，皇室を「民族の宗家」とする「日本民族」（穂積八束）という観念が成立し，1890 年の教育勅語発

布に始まる1890年代以降，教育を通じて半世紀にわたり普及された。さらに日本の教育では，対外侵略政策の進展に規定され，アジア諸民族を日本民族の下位に位置づける序列的な民族意識の形成が1945年敗戦まで継続した。日本語の民族という語には，天皇制イデオロギーとアジア蔑視の観念が歴史的に抜きがたく刻印されており，その再把握・再構成なしに民族を論じることは不可能である。このため現在でも，日本の教育学では民族が確定的な位置を占める語となっていない。

▶ **戦後日本教育の民族把握**　ただし日本でも教育思潮と個々の教育理論のレベルでは，これまで主に三つの観点から民族の問題が論じられてきた。

第一は，1950年代の安保体制を背景とした「民族独立の教育」の主張である。たとえば矢川徳光は，安保体制下の教育を米国への日本民族の従属をはかるものと把握し，日本民族の独立を教育の主眼とした。背景には，同時期に反米・民族解放民主主義革命路線を掲げていた共産党の動向があった。矢川の民族の独立論が，対米従属からの独立に重心が置かれていたのに対して，独立後の国家と民族のあり方を問う視点を提出したのが上原専禄の「国民教育論」だった。上原は，民族の独立を担う主権者としての国民へとまず「私たち自身」の自己形成をはかることを主張し，政治的抑圧機構としての国家に従属する国民ではなく，国民国家の自主的な主体としてのネーションの形成を，教育の課題とした。

第二は，1960年代半ば以降の「民族解放と教育」という分析枠組みであり，植民地民衆の民族独立と解放のための教育の解明を行ってきた。社会変革と人間解放の不可欠の課題として民族に着目した点は，1950年代の民族論とも同様だったが，民族の捉え方には二つの違いがあった。民族を自明のものとするのではなく，斉藤秋男・新島淳良が中国教育史に着手したように，アジアにおける民族解放教育の歴史的経験から立論したこと，小沢有作が日本帝国主義の朝鮮民族支配と植民地教育政策の史的分析を進めたように，アジアへの視線をふまえた民族的責任の解明を通じて，民族を論じるようになったことである。

第三に，「ナショナリズムと教育」という久保義三の分析枠組みがあり（1969），ネーションとしての民族の形成を一面的に価値化したり否定するのではなく，二つの異質な文脈による歴史的展開として把握してきた。一つめの典型である「フランス革命やアメリカ革命におけるナショナリズム」においては，国家と人民を同一視したルソー（Rousseau, J.-J.）のネーション把握がその根底にあり，高度の自発性と主体性をもった人民の育成が目指されたとした。フランス革命期に提出された，タレイラン（Talleyrand, C. M.），コンドルセ（Condorcet, M. J. A. N. de C.）らの教育計画案も，そのような「ネーション興隆のための公教育という基本線」について合意があったとした。二つめは「作為による権力的なイデオロギー教育」の文脈であり，国民国家形成後の「資本主義国家のナショナリズム」においては，欧米においても，ナショナリズムの内実に変化がみられ，階級対立や社会主義思想を緩和・抑圧するためのイデオロギー的手段にまで変質し，国民教育制度がその教化組織になるとした。日本における天皇制ナショナリズム教育はドイツと並んで後者の文脈の典型とされ，二つの異質な文脈への分岐は，ナショナリズムが人民主権ないし民主主義原則とどのようにかかわっているかによって決定されるとした。

その後，上の三つの観点からの民族およびネーションについての議論は，1950年代の民族的危機意識の退潮，第三世界の民族解放闘争の内部矛盾の顕在化により，深められることなく放置されてきた。さらに1960・1970年代以降，民族紛争が世界各地で発生したことを受けて，民族は常にネガティブなものだとする一面的な意識が日本を含めた先進国に広がっている（徐京植）。たしかに民族という概念は，多数派の側から主張されるときには異質を排除・抑圧する可能性を内包

するが，尹健次が在日朝鮮人の現実からあらためて明らかにしてきたように，弱者の立場，抵抗する立場から主張されるときには，社会変革・人間解放の課題を明確にする重要な概念となる可能性を持つ．多数派の民族の歪みを検証する作業を，民族の一面的な否定に帰結させるのではなく，抵抗する立場から主張されている民族の可能性に合流する方向で進めることが，日本における民族の再把握の課題と思われる．

[参考文献] Rustow, D. A., "Nation", *International Encyclopedia of the Social Sciences*, New York 1968／ルナン，E., フィヒテ，J.G., ロマン，J., バリバール，E., 鵜飼哲『国民とは何か』インスクリプト 1997／尹健次「民族幻想の磁鉄」『思想』第834号，1993／『久保義三教育学著作集 第1巻』エムティ出版 1995／徐京植『「民族」を読む』日本エディタースクール出版部 1994／尹健次『日本国民論』筑摩書房 1997

[関連項目] ナショナリズム／国民教育／天皇制
　　　　　　　　　　　　　　　（大森直樹）

メタファー
英 metaphor／独 Metapher／仏 métaphore

▶ **語　義**　メタファーとは，これまで結び合わされることのなかった意味の領域を相互に連結することである．その結果，メタファーは，言葉の既成の意味の一義性を揺さぶり，従来の世界との日常的な暗黙の関係の仕方を明らかにし，さらに現実の新しい意味の次元を発見する働きをもつ．

▶ **概念の歴史**　メタファー（隠喩）は，もともとギリシャ語 metaphora（移し変える）と metaphorein（［意味を］転じてもつ）から派生した言葉からなる．アリストテレス（Aristotels）に端を発する古典的レトリックにおいて，メタファーは「異質の名詞の転用」と定義された．すなわちメタファーとは〈類似〉の機能をもとにした語の置きかえであり，装飾的・修辞的な価値しかもたず，どのような新しい意味も付け加えることはないととらえられる（代置理論）．レトリックにおいて，メタファーはメトニミーとならんで「ひねり trope」の代表格として取り上げられ中心テーマであり続けた．近代におけるレトリックの衰退のなかでも，ヘルダー（Herder, J.G.）やジャン・パウル（Jean Paul）らによって，メタファーは独創的思惟の様式として評価されたが，この概念がふたたび哲学の重要なテーマとなったのは，比較的近年のことである．

▶ **今日のメタファー理論**　メタファーがもつ意味生成の問題を，広い領域に置きもどしてみると，それはレトリックがもつ意味生成の問題だといえよう．数学的明晰さを追求する近代科学を範とする人間諸科学において追放された，レトリックという問題圏は，近年のデカルト的知への批判の高まりのなか，言語学の進展と合い携えて，新しい問題圏を再生している．ソシュール（Saussure, F. de）の言語学を発展させた構造主義言語学者ヤコブソン（Jakobson, R. O.）は，論文「言語の二側面と失語症の二形態」において，ソシュールの連辞軸と連合軸という二分法を，結合の軸と選択の軸という二分法へと変換し，その原理を近接性と類似性としてとらえた．そして，この区分に対応する形で，メタファー（隠喩）／メトニミー（換喩）の二分法によって，さまざまな記号世界・文化事象を分類してみせ，構造主義的文化人類学・精神分析学・文学理論等に，大きな影響を与えた．またブラック（Black, M.）らによると，メタファーは語の単なる置きかえではなく，文全体の次元における，字義通りの解釈と他方でのメタファー的な解釈の二つの解釈の間の緊張が，意味の本当の創造をひき起こすというのである（相互作用理論）．しかも，メタファーは単に意味の創造をもたらすにとどまら

ず，翻って現実を〈再記述〉することを可能
にする。いいかえれば，メタファーとは発見
的機能をもっているのである。また，リクー
ル（Ricœur, P.）は，意味生成の事象として
のメタファー問題について，記号学・解釈学
の成果をもとにメタファーがもつ可能性を展
開している。

▶ **教育とメタファー**　メタファー論の展開
を教育学に引き寄せて考えると，次のような
課題をみいだすことができる。学習論からみ
たとき，学習者に対して与えられるさまざま
な例示やモデルは，メタファーとして機能し，
学習者の発見や創造性と深く結びついている。
しかし，これは学習者の問題にとどまらない。
教育思想のテキスト群をふり返るとき，ペス
タロッチ（Pestalozzi, J. H.）やフレーベル
（Fröbel, F.）にみられるように，近年までの
テキストは，レトリックの多用や小説の形式
をとることによって，子どもや教育について
の読者の認識の枠組みの変容を目指して書か
れてきたといってよい。たとえば，子どもに
ついての認識の歴史を，メタファーの変遷と
してみなおすならば，子どもは「動物」「野
蛮人」「無垢なる者」といったさまざまなメ
タファーによって彩られてきたことがわかる。
そして，フレーベルが一連の植物のメタファ
ー群を選択することによって，読者と子ども
との関係を新たなものに変容させることを目
指していたように，テキストの作者がどのよ
うなメタファーを選択するかは，彼らの教育
思想にとって重要な意味合いをもつものであ
った。さらにまた，リクールのメタファー論
を手がかりに，教育問題を教育者の意味生成
を遂げる契機としてとらえるという提案が，
臨床教育学においてなされている。

［参考文献］Ortony, A. (ed.), *Metaphor and
thought*, New York 1979／Ricœur, P., *La Méta-
phore vive*, Paris 1975（久米博訳『生きた隠
喩』岩波書店 1984）／菅野盾樹『メタファー
の記号学』勁草書房 1985／皇紀夫「臨床教育
学の展開」『京都大学教育学部紀要』40号，
1994／山梨正明『比喩と理解』東京大学出版会
1988

［関連項目］解釈学／意味　　（矢野智司）

メディア
英 media（medium の複数形）

▶ **語　義**　メディアに対応するラテン語
medium は，中世以来，一般に，中間にある
もの，中位のもの，といった意味で使用され
た。medium は，両極端の中庸や，作用者と
被作用者を結びつける道具・手段などを意味
した。このような一般的な意味でのメディア
概念は物理学にも転用され，中間にあって作
用を伝達する物体が medium（媒質）と呼ば
れた（たとえば光の波動を伝達するとされた
「エーテル」）。さらに，現実の彼方と現実と
を結びつける能力を持つような人間も medi-
um（霊媒）と呼ばれる。しかし，「マルチメ
ディア」「メディアの影響力」等々，media
という複数形で使用される現代的な意味での
メディア概念は，今世紀に生まれたコミュニ
ケーション理論に由来するものである。

▶ **コミュニケーション理論，メディア理論にお
けるメディア概念**　コミュニケーション理
論は〈送信者─メッセージ─受信者〉という
モデルでコミュニケーションを捉える。この
モデルにおいて，メディアは，送信者と受信
者とをつないでメッセージの伝達を可能にす
る伝達路として位置づけられる。しかしメデ
ィアは単なる伝達路ではない。話された言葉
を電信で送るためにはモールス信号に変換し
なければならないように，メディアはメッセ
ージそのものにも深く影響することになる。
メッセージへのメディアの影響は，受信者が
不特定多数になるようなメディア，つまりマ
スメディアにおいて顕著に現われる。このよ
うなメッセージに対するメディア独自の影響
は，ベンヤミン（Benjamin, W.），アドルノ
（Adorno, T. W.），マクルーハン（McLuhan,
M.）らの，社会哲学的なメディア理論によ
って主題的に論じられた。ベンヤミンとアド
ルノは，フィルムやレコードといった機械的
な複製技術メディアが，単なる伝達路の革新
にとどまらず人間の知覚に深い影響を与える

ことを明確に認識した最初の理論家であった。マクルーハンはこうした考え方をさらに推し進め、「メディアはメッセージである」と主張した。

▶ **理論社会学におけるメディア概念**　メディア概念は、パーソンズ（Parsons, T.）やルーマン（Luhmann, N.）の理論社会学の構想においても重要な役割を演じている。パーソンズは、社会秩序を可能にする社会的コントロールの様式として、政治、経済、社会、文化の四つを考え、その各々に対して、権力、貨幣、影響力、価値コミットメントをコントロールのメディアと捉えた。この場合、貨幣を除く三つのメディアは、物質的性質を持たない象徴的なメディアである。これらは、経済において交換を媒介する貨幣というメディアのアナロジーで構想されている。ルーマンは、こうしたパーソンズのメディア概念をさらに拡張し、コミュニケーション・メディアへと一般化した。ルーマンは社会の構成単位をコミュニケーションと捉えるが、このコミュニケーションを可能にしているのがコミュニケーション・メディアなのである。たとえば、経済というコミュニケーションを可能にしているのは貨幣というメディアであり、科学というコミュニケーションを可能にしているのは真理というメディアだとされる。ルーマンの場合、メディアは物質的なアナロジーを必要としない。コミュニケーション・メディアは二分的なコードの一種であり、貨幣は所有／非所有、真理は真／偽という選択を伝達することによってコミュニケーションを可能にする。科学において、人はもっぱら真／偽を問題として議論することになるが、このような非日常的なコミュニケーションを可能にしているのが真理というメディアなのである。

▶ **教育におけるメディア概念**　メディアの概念は、〈中間にあるもの〉という元々の意味を保持しつつ、現代社会を考察するための一つの鍵概念としての位置を獲得してきた。教育学もまた、こうした理論的概念としてのメディア概念を受容している。教育に関して

メディア概念が登場する文脈は、(1) 青少年へのマスメディアの影響、(2) メディアリテラシー、(3) 教授メディアの三つにほぼ区別できる。

(1)　**マスメディアの影響**　マスメディアの影響力については、1930年代以降、社会学や社会心理学における実証研究が積み上げられてきた。しかしそのような実証研究とは別に、教育の領域では、映画、テレビ、漫画から最近のテレビゲームまで、新しいメディアの青少年への悪影響が繰り返し批判の対象になってきた。

新しいメディアへの、教育の側からのこのような防衛的な反応と並行して、新しいメディアを積極的に教育に取り入れようとする試みも当初から存在した。この試みは二つの方向を含んでいる。一つは伝達の手段としてメディアを捉える方向であり、教授メディアの概念につながるもの、もう一つはメディア自身を教育内容と捉える方向で、メディアリテラシーの考えにつながるものである。

(2)　**メディアリテラシー**　リテラシーはもともと読み書き能力を意味するが、現代社会においては、言語以外のさまざまなメディアを理解し使いこなす能力を持たなければ十分なコミュニケーションの能力を持ったことにならない、とするところからメディアリテラシーの概念が生まれた。メディアリテラシーが目指す能力は、テレビ、映画、ラジオ、新聞等のマスメディアの情報を批判的に理解する能力と、コンピュータを中心として新しいメディアを使いこなす能力とに大別できる。

(3)　**教授メディア**　教授メディアは、伝統的には「教材・教具」と呼ばれてきたものにあたる。黒板やチョークを始め、テレビ、OHP、スライド、コンピュータ等、教師や教育内容と生徒との〈中間〉にあって教授を効率的にするものを、より統一的・体系的に捉えるために、最近ではメディアという用語が使われる傾向にある。

以上のように、最近では教育の領域でもますます頻繁にメディアという用語が使われる

傾向にある。しかし、とくに教授メディアをめぐっては、単なる伝達路としてメディアが捉えられており、メッセージに対するメディアの影響が十分に考慮されていないように思われる。〈中間にあるもの〉がいかにその両端を、つまり教師や教育内容、あるいは生徒を規定しているかの探究がなされるべきであろう。また、理論社会学において展開されたメディア概念は教育の領域にはほとんど導入されていない。しかし、教育というコミュニケーションを可能にしているメディアの考察は教育の理論的探究にとって重要な意味を持つことになろう。この点で、「子ども」を教育的コミュニケーションのメディアとして捉えるルーマンの試みは、未だ未完成ながら興味深いものである。

［参考文献］ Benjamin, W., "Das Kunstwerk im Zeitalter seiner technischen Reproduzierbarkeit", *Gesammelte Schriften*, Bd. 1, Frankfurt a. M. 1974（高木久雄・高原宏平訳「複製技術の時代における芸術作品」『ベンヤミン著作集2』晶文社 1970）／Gerlach, V. S., Ely, D. P., *Teaching and Media. A Systematic Approach*, Englewood Cliffs, NJ 1971（町田隆哉訳『授業とメディア』平凡社 1975）／Luhmann, N., "Kind als Medium der Erziehung", *Zeitschrift ür Pädagogik*, 37, 1991／McLuhan, M., *Understanding Media. The Extensions of Man*, New York 1964（栗原裕, 河本仲聖訳『メディア論』みすず書房 1987）／McQuail, D., *Mass Communication Theory: An Introduction*, London 1983（竹内郁郎ほか訳『マス・コミュニケーションの理論』新曜社 1985）／Schanze, H., "Zum Begriff des Mediums", Knoll, J. H. (Hrsg.), *Medienpädagogik*, München 1976

［関連項目］ 情報／コミュニケーション

（今井康雄）

メランヒトン

(Philipp Melanchthon, 1497-1560)

ドイツの宗教改革者、人文主義者。プファルツのブレッテンに生まれる。著名な人文学者にしてヘブライ語学者であるロイヒリン (Reuchlin, J.) とは親戚関係にあり、本名 Schwartzerdt（黒い土地）のギリシャ語訳名であるメランヒトンを授けられた。幼少よりラテン語やギリシャ語をはじめとする人文主義に基づく教育を受け、1509年にハイデルベルク大学に入学。1512年にはテュービンゲン大学に移り、1514年17歳で学芸修士となるとともに同大学で早くもウェルギリウス (Vergilius, P.)、テレンティウス (Terentius, P.)、キケロ (Cicero, M. T.) といった古典作家についての講義を開始し、「ドイツの教師」(Praeceptor Germaniae) と後に称される履歴の第一歩を記した。1518年21歳のときロイヒリンの推薦を受けてヴィッテンベルク大学学芸学部のギリシャ語教授として招聘される。ここにルター (Luther, M.) との運命的な出会いが待ち受けていた。彼はルターから神学をも学んだ。「信仰のみ」の立場の下、翌19年には神学学士となる。以降はルターとともに終生この大学に留まり、ギリシャ語や古典文芸、さらには道徳哲学や自然哲学はもちろんのこと、ルターによる福音主義に基づく神学の研究および教育にも幅広く本格的に取り組むことになる。1521年の『神学要覧』(Loci communes rerum theologicarum)、通称『ロキ』はルター派によるプロテスタント神学最初の体系的教義学書とされ、メランヒトンはこれを晩年に至るまで改訂し続けた。ここにメランヒトン教育思想の基底となる人間観の変化を読み取ることができる。それは人間の「罪」(peccatum) を見据えつつも、とくに自由意志の力を肯定的に捉えようとする見方に集約されている。ここにはルターとは異なり親交を保ち続けたエラスムスとの親近性が観取され、ルターの弟子たちからは後に妥協的な「フィリップ主義」(Philippismus) と非難を受けることになる。メランヒトンは経歴からしても生粋の人文主義者であり、哲学においてはアリストテレス (Aristoteles) を批判的に受容しながら、神学においてはルターの福音主義に基づいて、いわば福音的人文主義によるギムナジウムおよび大学の設立そして改革に携わった。

さらに数多くの教科書も執筆した。その研究範囲は，古代ギリシャ・ローマの古典作家たちはもちろん，道徳および解剖学や医学，数学や天文学まで含む自然哲学，さらに神学へと極めて広範に及んでいる。彼の生涯を通じて変わらぬ願いは平和と寛容であり，ルター派，改革派，カトリック教会等とのあいだでの調整に尽力した生涯でもあった。

[**参考文献**] 全集 Opera quae supersunt omnia (Corpus Reformatorum 1-28), 1834-60／菱刈晃夫『ルターとメランヒトンの教育思想研究序説』渓水社 2001／ユング，M. H.（菱刈晃夫訳）『メランヒトンとその時代──ドイツの教師の生涯』知泉書館 2012／ユング，M. H.（菱刈晃夫・木村あすか訳）『宗教改革を生きた人々──神学者から芸術家まで』知泉書館 2017

[**関連項目**] ルター／キケロ／エラスムス／アリストテレス　　　　　　　　　　（菱刈晃夫）

メルロ＝ポンティ
(Maurice Merleau-Ponty, 1908-1961)

▶ **生涯** 20世紀中頃の現象学的思考傾向を代表する哲学者のひとり。1908年，フランスに生まれる。高等師範学校卒。リセの哲学教師を勤めた後，1945年からリヨン大学で哲学を講じ，1949年から1951年までパリ大学文学部で児童心理学・教育学講座の主任教授。1952年以降はフランスのアカデミスムの最高峰であるコレージュ・ド・フランスの哲学教授。1961年，急逝。主な著作は，『行動の構造』(1942)，『知覚の現象学』(1945)，『眼と精神』(1960)，遺稿集『見えるものと見えないもの』(1964)。

▶ **思想の内容** デカルト（Descartes, R.）以降の主客二元論の完全否定である，人間の実存にせまる身体論を展開した。哲学者としてのデビュー時には，最先端の心理学・生理学を援用して，「象徴的形態」の水準で行動する人間にとって世界は人間的秩序のゲシュタルトで現れることを指摘し，人間を，外部空間と相互に含みあって共同する実践的システムである「身体図式」として提示したこと

で，脚光を浴びた。だが彼の関心は当初から，「自己の身体」が，この世界に前反省的に帰属する根源的様相を開示することにあった。探求の軸足を移していく経緯で重点を置いて論じたのは，人間の身体の使用が，「意味をもっていなかったものに意味を注ぎ込む働き」としてすでに第1次的表現であり，ひとつの「制度化」の開始であること，そうした「制度化」の働きを増幅させて，絵画的表現，言語的表現が展開されていくことであった。人間の「制度化」について彼は，「自己の身体」が諸々のモノや他者たちから「見られるものとして見るもの」であり，見えるものを見えるものにする見えない「奥行き」による「反転可能性」として，モノと同じ「織地」でこの世界に「住み着いている」ありさまとして，叙述した。そして，人間の身体をそう在らしめる世界全体のポテンシャルを，「生の存在」，「肉」，「自然」等の新概念を駆使して論じる企て半ば，急逝した。「身体図式」の議論に比較すると，メルロ＝ポンティが独自の用語を開発して語り起した後期思想は，一見，難解である。だが注目すべきは，彼が，後期思想への転換を控えて児童心理学・教育学を講じたことである。彼の後期思想の射程は，この世界に主客未分化な乳児が迎えられて言語表現できる身体になり新たな世界が現れる，というごく日常的な出来事に重なる。今後の教育思想分野での咀嚼が大いに期待される。

[**参考文献**] Slatman, J., *L'expression au-delà de la représentation-sur l'aisthêsis et l'esthétique chez Merleau-Ponty*, Peeters Vrin 2003／廣瀬浩司「次元の開けとしての制度化」『メルロ＝ポンティ研究』第18号 2014／西岡けいこ「『絵画の媒体性』と『まなざしの歴史性』」『メルロ＝ポンティ研究』第19号 2015

（西岡けいこ）

モ

孟子

（もうし，Mèng zǐ, B. C. 372 ?-B. C. 289 ?）

名は軻。孟子の子は古代の思想家に対し用いられた尊称。中国戦国時代鄒国出身の思想家。孔子の孫・子思の門人に師事し，孔子の儒学を継承・発展させた。「人間は天性の資質に従えば善をなすことができる」「同情心は善に属し，羞恥心は義に属し，恭敬の心は礼に属し，是非の心は智に属する」（『孟子』「告子上」，以下引用は『孟子』の各項より）とし，仁義礼智を貴びつつ理想世界を追究する儒学におけるひとつの学統を築いた。「志は気をまとめて率いる」（「公孫丑上」）と，高邁な志を目指す人間のありかたを求め，道徳性の向上による社会の前進と「心を奮い立たせ，忍耐強く」（「告子下」）あることを通しての人間の成長を唱えた。

庶民生活の維持，社会の安定のための教育の重要性を説き，教育の目的を「人と人の間のさまざまな道徳観念を教える」（「滕文公上」）こととした。「父子の間には骨肉の親があり，君臣の間には支配服従の義があり，夫婦の間には分別があり，長幼の間には序列があり，朋友の間に信がある」（同上）とする孟子の道徳主義的思想形成の背景には，戦国時代の政治・経済権力秩序の再編とそれによる社会の混乱があった。

孔子の唱えた人間存在を尊ぶ仁の思想の流れにありながら，「すべての人には他人に対する同情心がある」（「公孫丑上」）と，仁を人間の心に本来備わるものと捉え，仁愛に立脚した仁政・王道に代表される理想政治に期待するとともに「人間の行くべき正しい道」（「離婁上」）を義とし，「富貴にもたぶらかされず，貧賤にも揺がされず，権威や武力にも屈服させられぬ」（「滕文公下」）人格を追究した。こうした思想は朱子（1130-1200年）など後世の思想家にも影響を与えた。

「心性の修養には物質的欲望を節するのが最良の方法」（「尽心下」）とし，反省精神，羞恥心などを人間成長に不可欠な要素とした。「優れた大工は腕の立たぬ弟子のために物差を改廃しない」（「尽心上」）と，教育には一定の原則が必要であるとするとともに「程良いときに雨が万物を霑すように感化する法，徳性を涵養する法，才能を開花させる法，質問に応える法，方式にこだわらず自ら学習する者を指導する法」（同上）など教育方法についても論じた。

平和で安定した世界を求め諸国を遊説したが，政策としてとりあげられることはなかった。晩年は郷里で後進の指導に専念。言論集『孟子』は後漢の趙岐による注釈のほか，南宋の朱子の『孟子集注』がよく知られている。「教育」「学校」という言葉の語源も『孟子』にある。

[参考文献] 『中国古典文学大系3』平凡社1970/『筑摩世界文学大系5』筑摩書房 1972/王炳照，閻国華主編『中国教育思想通史1』湖南教育出版社 1994/孫培青，李国鈞主編『中国教育思想史1』華東師範大学出版社1995 （朱浩東）

本居宣長

（もとおり　のりなが，1730-1801）

18世紀後半に活躍した国学の大成者。通称ははじめ弥四郎，後に健蔵，号は春庵，鈴屋。1730（享保15）年5月7日，伊勢国飯高郡松坂（三重県松阪市）の木綿問屋小津定利の長男として生まれる。幼児から書物に親しみ学者肌であった宣長の資質にふさわしい進路を勧める母の影響もあって，23歳の時に医学を学ぶために京都に上った。京都では，まず堀景山について儒学と国学を学んだ。景山は朱子学派ながら，荻生徂徠の学問に通じており，その古文辞学の方法は後の宣長の古典研究の方法的基礎を築いた。また景山の影

響で宣長は契沖系統の国学を学ぶようになった。34歳のときには松坂に立ち寄った賀茂真淵に面会し、翌年に書状で入門を果たしたことも彼の生涯に大きな影響を与えた。

彼は、学問は自らの楽しみで行うことを徹底させていたので、生計は医業で立てていた。1764（明和元）年35歳のときに『古事記伝』の執筆にとりかかり、『万葉集』『古今集』『源氏物語』『新古今集』などの古典研究を本格化させた。教育活動としては、1758（宝暦8）年、29歳の時に『源氏物語』を講じ始めている。毎月9回の日を決めて約8年間講じ続け、1回すんだらまた巻頭に戻って講じ始めることを4回繰り返している。このほかに『万葉集』の講義も知られている。1792（寛政4）年には和歌山藩に松坂在住のまま召し抱えられて、講義活動を行った。

彼の思想を、教育の面から見れば、その知見は分類上、修養論・学習論・研究論として位置づけられる。その思想内容を三つの側面から紹介すると、まず第一には文学論が注目される。すなわち、古来の日本の文学や読書が教訓や道徳を学びとることを主目的としたのに対して、宣長の説は「もののあはれを知る」心、すなわち素直に事物を鑑賞できるような情意の涵養を重んじた。第二に、言語論においては、古典の徹底したテキスト分析による古語の意味・用例に関する実証的な研究方法が確立された。ことにわが国の人間が千年来、無批判・無意識の中華崇拝に陥っている点が古典の解釈をゆがめているとの認識は、海外情報の受容によって政治や教育の仕組みを整えてきた日本の歴史を省みるとき、いまなお意識されなくてはならない問題を含んでいる。第三には、「古道説」である。これは仏教や儒教の影響が少ない日本の古代文学に見られる「たかくなおき心」などの心情の純粋性を称賛するものであるが、言語論では十分に発揮された彼の方法論の緻密さに対して、ここでは万事神のはからいとして客観的な追究はあっさり放棄されている。このような宣長の幅広い思想は、その弟子たちによって分

割されて継承されたが、ことに最後の古道論は平田篤胤に引き継がれて近代の国粋主義教育を支える役割を果たす結果となった。

　　［参考文献］　城福勇『本居宣長』吉川弘文館1980／松本滋『本居宣長の思想と心理』東京大学出版会　1981　　　　　　（橋本美保）

元田永孚
（もとだ　ながざね, 1818-1891）

　幕末・明治前期の儒学者。明治天皇の侍講として明治10年代から20年代にかけて儒教的色彩の天皇制教育施策を推進した中心人物。

　肥後国熊本藩の中級武士の家に生まれる。藩校時習館に学び、塾長横井小楠・下津休也らの感化を受けて実学派に傾倒した。1871（明治4）年、藩命により上京し、大久保利通の推挙を得て明治天皇の侍読となる。以来、1891年に死去するまでの20年間天皇の側近として君徳輔導と天皇の教学思想形成とに重要な役割を果たした。

　天皇・皇后への進講の範囲を越えて中央政界に元田の名が知られるのは、1879（明治12）年の伊藤博文との教育議論争においてである。それは単に教育の目的をめぐる論争ではなく、政情不安のなかでの明治政権確立をめぐる路線対立にかかわるものであった。元田は天皇の意向を背景に明治10年代の儒教主義的徳育強化の教育施策を指導する。1879年7月の「教学聖旨」起草、それへの伊藤の反論である「教育議」に対する「教育議附議」執筆、同年に始まり1881年に完成する「幼学綱要」の編纂、そして1880年秋の「国憲大綱」における国憲論の主張など、教育問題について国教主義の立場からたびたび自説を主張した。これらを貫く元田の教学思想は、「祖宗ノ訓典」に基づき祭政教学一致の立場から、仁義忠孝を明らかにすることが教育の課題でなければならないとする伝統主義にもとづいており、皇室への尊崇を機軸として儒学に体系化された国教の確立をめざすものであった。

　伊藤は天皇機関説の立場にある森有礼を初

代文部大臣に登用したが，元田は，森の教育改革に対する「勅令師範学校条目中意見具上案」，「森文相に対する教育意見書」などを出してこれを牽制した。伊藤は，元田らの天皇親政論を府中と宮中の分離により断ち切り，その上で宮中の教育への関与を認めざるをえなかった。

元田の国教主義は憲法制定からは排除されたが，教育勅語の発布によって結実した。1890（明治23）年の地方長官会議では，「立憲制」移行を前に内務官僚の声を反映した「徳育確定」の主張が強くなされ，それを受けて政府を代表する井上毅とともに，宮中を代表して元田が「教育勅語」の起草・実現に協力したのである。教育勅語は天皇機関説派と政教一致派との不安定な妥協の上に成り立ったのであり，一見その対立は解消したかのように思われた。しかし，やがて政体が体制的危機に対応しきれなくなる昭和期には，ふたたび政教一致路線が機関説を排撃することとなる。元田のいう徳育＝政治とする儒学的思想，そして徳育内容を構成するものとしての天皇の位置づけは，戦前の天皇制国家の理論的支柱となっていった。

［参考文献］　海後宗臣『元田永孚』文教書院1942／海後宗臣『教育勅語成立史の研究』東京大学出版会　1965／稲田正次『教育勅語成立過程の研究』講談社　1971　　　　（橋本美保）

模　倣
希 mimesis／英・仏 imitation／独 Nachahmung

▶ **語　義**　模倣とは，最も広義の意味に解するときには，ある事象や人物をモデルとして他のマトリクス（身体・画布・音）に決まった一定の規則にもとづいて，再現することである。教育学の文脈にいいかえるなら，模倣とはモデルの行動・形態・世界観・欲望等を，意図的あるいは無意図に，現実的あるいは象徴的に，観察者が自身において再現することを意味する。

▶ **概念の歴史**　模倣の概念は，西欧においては mimesis と imitation, Nachahmung の二つの系譜に区分することができる。現在では，この両者はしばしば混同して使用されている。ミメーシス mimesis はギリシャ語 mimesis に由来する。プラトン（Platon）は，イデアの理論にもとづき，人間のさまざまな創作活動をイデアの模倣（ミメーシス）としてとらえた。したがって，模倣はオリジナルであるイデアのコピーであり，模倣はオリジナルに比較して価値の劣るものにすぎない。プラトンは遊びを模倣としてとらえ，子どもは遊びによって勉学に導かれるべきだと述べた。それに対して，アリストテレス（Aristoteles）は悲劇は行動の模倣であるとし，ミメーシスを単にイデアの模倣ではなく，より積極的にモデルの本質をとらえる営みとして定義した。このアリストテレスのミメーシス理論は，美的活動の本質を表わす理論として，以降の西欧芸術論において中心的な理論となった。しかし，18世紀も終りになり，自律した領域としての美を扱う学としての美学が登場するに及んで，ミメーシス理論はその座をおりることとなる。このミメーシス理論は，近代の教育学においては，ほとんど重要な位置を占めなかった。

他方，imitation は，ラテン語 imitātiō をその語源としている。近代以降の模倣概念（imitation, Nachahmung）の歴史は，主に心理学・社会学・生物学によって担われてきており，その成果が教育学に導入されることになる。

18世紀後期に登場した経験的な心理学においては，模倣をアリストテレスに倣って，衝動や本能といった自然に付与された態度傾向としてとらえられた。ティーデマン（Tiedemann, D.）等によって，子どもの模倣事象に対する観察が行われるようになった。19世紀の前半には，フリーズ（Fries, J. F.）等によってさらに観察が深められるが，進化論の登場は，模倣の新たな概念展開を生みだすこととなった。さらに生物学的社会学としてスペンサーはこの進化論を社会学の基礎にすえたが，模倣を社会学の基本概念として展開

したのはタルド（Tarde, J. G.）であった。またボールドウィン（Baldwin, J. M.）は、発生論的心理学研究において模倣概念を深化させた。

これに対して、模倣を学習との関係でとらえる理論が登場するのは19世紀ベイン（Bain, A.）の心理学理論においてである。とくに学習理論として模倣事象を解釈してみせたのは心理学のミラー（Miller, N. E.）等であった。さらにこの流れにおいて、バンデュラ（Bandura, A.）等は模倣の代わりにモデリングという用語を採用し、観察者による観察学習として模倣の学習プロセス（モデリング過程）を明らかにし社会的学習理論を展開している。

さらに、内的心理過程に対する外からの形成の機能として模倣をとらえる流れに、模倣の発達的説明理論を提唱したピアジェ（Piaget, J.）がおり、模倣の前提の認知的分析にゲシュタルト心理学のコフカ（Koffka, K.）がいる。また、模倣の情緒的な前提を問題としたのは精神分析学で、フロイト（Freud, S.）は模倣を同一化の過程として基礎づけた。

▶ **今日の模倣理論**　以上に述べた模倣概念とは別の領域で、模倣＝ミメーシス理論の新たな展開がなされている。近代を射程にいれた現代思想は、同一性にもとづく従来の形而上学を、ミメーシス概念によって異化しようとしている。アドルノ（Adorno, T. W.）やベンヤミン（Benjamin, W.）らは、ミメーシスを救済と解放のユートピア的契機としてとらえている。またデリダ（Derrida, J.）は、ミメーシスをロゴス中心主義の前提を危うくさせ、ディコンストラクトする契機となりうるとして、自身のエクリチュールにおいて実践している。ドゥルーズ（Deleuze, G.）は、プラトンに代表されるイデアの模倣理論を批判し、生成の多種多様さを肯定する差異にもとづく理論を主張している。またリクール（Ricœur, P.）は、時間経験とそれを物語る行為との間の相関関係をミメーシスとしてとらえ、アリストテレスの論を発展させようとする。

彼らとは反対に、ミメーシスという言葉のうちに暴力を読みとるのは、ジラール（Girard, R.）である。ジラールによると、欲望はモデルとなる他者の欲望を模倣することによって発生する。したがって、欲望主体はモデルとなる他者の欲望対象と同一の物を欲望することになるところから、欲望主体がこの欲望を貫徹しようとするならば、モデルはこの同一物を欲望する競争者（ライバル）に変わる。欲望模倣はモデル＝ライバルを生み出すが、この関係の拡大反復は、相互暴力を引き起こすことにもなる。いじめのような学級の病理も、この欲望の模倣説から解釈することができる。

▶ **教育における模倣**　人間が本能の壊れた生物だとするなら、人間を形づくるのは生まれた後のモデルの模倣であり、それはまずもって意識以前における模倣から出発する。このことの重要性は、従来より指摘されてはきたが、しかし、教育学において模倣の原理的考察は、教授理論としても深められることはなく、ミメーシス概念の含意を継承することなく発展してきた心理学や社会学といった隣接領域でなされて研究成果にしたがってきたといえる。しかし、模倣（ミメーシス）を再考するならば、人間の形成理論において、模倣は中心テーマの一つであることがわかる。ミメーシス概念は、美的経験としての意味生成をとらえる原理である。ミメーシスとは、本能の破壊ゆえに、宇宙に対し自己を開き自己のうちに宇宙を写しだすことができる人間のあり方を示している。すなわち、人間はミメーシスによって自己の存在を変革し、高次の存在性を獲得することができる。学ぶとはまねぶことであり、学習が成立するときには、ミメーシスによる意味の生成が生じているのである。また今日の模倣理論とのかかわりで付け加えるなら、特権的な起源としてのモデルを否定し、鏡の国における模倣の反復を肯定する原理から、主に再現前化の原理にもとづいて展開されてきた教育学の問題点が見え

てくるはずである。

[参考文献] Adorno, T. W., *Ästhetische Theorie*, Frankfurt am Main 1970（大久保健治訳『美の理論』河出書房新社 1988）／Bandura, A., *Social Learning Theory*, Morristown 1977（原野広太郎監訳『社会的学習理論』金子書房 1979）／Benjamin, W., *Über das mimetische Vermögen*, 1933（佐藤康彦訳「模倣の能力について」『言語と社会』晶文社 1981）／Deleuze, G., *Différence et Répétition*, Paris 1968（財津理訳『差異と反復』河出書房新社 1992）／市川浩編『コピー』岩波書店 1990／亀山佳明『子どもの嘘と秘密』筑摩書房 1990／Ricœur, P., *Temps et Récit*, Paris 1983（久米博訳『時間と物語』全3巻 新曜社 1987-1990）

[関連項目] 遊び／好奇心　　　　（矢野智司）

モノ

羅 res／英 thing／独 Ding／仏 chose

「もの」という言葉の日常的な用語法には，日本語においてもヨーロッパ諸語においても，広狭二つの意味を認めることができる。そしてこの広狭の意味の重なりは哲学的な用語法にも反映している。狭義では，モノは抽象的・空想的な観念から区別され，手で触って確かめることもできる物質的な何か，つまり「諸性質の個別的・物質的基体」（Flasch 1972）を指す。モノと呼べるのは，厚みや手触りを持った物質としてのこの本であって，この本が伝えようとする観念ではない。しかし広義には，モノは抽象的・空想的な観念も含んだ世界の森羅万象を指示しうる。たとえば「もののあはれ」というときの「もの」，「物思いにふける」「物怖じする」といったときの「物」がそれである。この場合，モノは「触発の原因」（Flasch 1972）を意味している。こうした広狭の意味の重なりないしズレは，教育論においても意味を持ってくる可能性がある。

しかし，近代以降の教育思想においてはこの両方の意味でのモノを労働という活動において統合しようとする傾向が顕著に見られる。活動的作業を通して万人を科学的知識と労働の世界へと導き入れるという，ルソー（Rousseau, J.-J.）からペスタロッチ（Pestalozzi, J.H.）を経てデューイ（Dewey, J.）へと受け継がれて洗練・具体化されていく教育論の構図は，科学技術によって生産力を増大させようとする近代社会の趨勢と必要にぴったりと即応していた。この構図は，19世紀末から20世紀初頭にかけて展開された「新教育」の教育論に組み込まれてグローバルな通用力を獲得していく。

近年の「キャリア教育」「アクティブ・ラーニング」といったスローガンに見られるように，新教育的な教育論は現代においてその通用力をますます拡大・深化させている。しかし，モノの処理とモノの認識を一体化させた新教育的な教育論の構図は，モノのもつ「諸性質の個別的・物質的基体」としての側面を捨象するという危険をはらんでいる。モノは子どもの興味・関心を引くための手段へと，つまり「触発の原因」へと還元され，意図どおりに処理されるべき何ものかへと平板化されてしまう。モノとの関わりが目的合理的な処理という構図にあらかじめ限定されてしまうのである。そうした限定によって，個々人の変容をもたらすような学習や人間形成の過程が認識の対象からこぼれ落ちてしまうのではないか──学習や人間形成の過程にとって「諸性質の個別的・物質的基体」との，つまり狭義のモノとの関わりが不可欠だとすれば──という危惧は当然生じるであろう。モノを主題化しようとする近年の教育論に見られる動向（Nohl 2011, Nohl/Wulf 2013, 今井 2014）は，こうした危惧を背景にしているように思われる。

[参考文献] 今井康雄「学習の経験とメディアの物質性」『教育哲学研究』（109），2014／Flasch, K., Ding, *Historisches Wörterbuch der Philosophie*, Vol. 2, Basel/Stuttgarat 1972／Nohl, A.-M., *Pädagogik der Dinge*, Bad Heilbrunn 2011／Nohl, A.-M./Wulf, Ch. (eds.), *Mensch und Ding*, Wiesbaden 2013

[関連項目] 労働／新教育　　　（今井康雄）

物 語

英 narrative

▶ **語義**　人文・社会科学の用語としての「物語」には未だ統一した定義があるとはいえないが，さしあたり簡潔な定義を挙げるならば，それは「自己の生を，あるいは世界における一連の経験を，始まり／中間／終わりという時間の流れのなかに筋立てて捉えること」（毛利猛）である。「物語」という名詞的表記と「物語り」という動名詞的表記との使い分けについては，物語るという行為の遂行的機能を際立たせる際には後者を，その所産としての構造体を意味する際には前者を用いる，という区別が提唱されている（野家啓一）。「物語り論」（ナラトロジー）という用語は，最初は文学理論においてフィクションの構造や機能を分析する研究を意味していたが，A. ダントの『物語としての歴史』（1965）や H. ホワイトの『メタヒストリー』（1973）などの歴史哲学研究を契機として，今日では文学理論の枠組みを越え，歴史学，社会学，心理学，教育学，医学・看護学などの方法論や基礎理論を意味する概念となっている。これらの「物語り論」的研究が前提としているのは，人間の根本的な存在様態に関する以下のような理解である。すなわち，人間は自分が生きていることの意味を求め，それを理解せずには生きられない存在であるが，その意味づけは，自らの生を一連の「筋立て」で「物語る」ことによって初めて可能になる。生きるということは，何らかの「物語」を生きることに他ならない，と。このように人間を「物語る存在」として捉えるが故に，「物語り論」の研究対象は，狭義の文学的テクストから，「およそ世界における出来事が絶えざる解釈へと開かれるべく意味的に織り合わされたもの」（鳶野克己）としての多種多様なテクストへと拡大される。従って，この意味でのテクストには，教育の思想や理論のみならず，教育の実践や現実も含まれることになる。

▶ 言語論的転回，構築主義，解釈学的臨床教育学　「物語（り）」概念が広く受け入れられるようになった背景には，言語こそが人間の意識を，さらには主体そのものを，構成するのであり，真理や存在の成立にとって不可欠の契機である，とする 20 世紀の哲学の「言語論的転回」（R. ローティ）の趨勢がある。また，我々の現実は社会的に構成されている，と見る社会構築（構成）主義の隆盛も，その「構成」は言語を通じてこそ行われるが故に，物語り論と不可分の関係にある。これらの思想的趨勢を背景としつつ，教育学における物語り論の受容は，まず解釈学的な臨床教育学において具体化した。臨床教育学にはいくつかの流儀が見られるが，そのうち皇紀夫が主導した解釈学的な臨床教育学は，その方法論的基礎を物語り論においている。すなわちそれは，たとえばいじめや不登校といった教育問題に対して，それらが「問題」であることを前提として「解決」や「治療」を求めるのではなく，むしろそれらの出来事を「問題」たらしめているコンテクストを問い直す契機として受けとめ，教師や親がそれらを異なった筋立てで「語り直す」ことを求める。そのようにして，教育的日常を支えている通常の物語を異化し，新しい筋立てをつくりだすことを，皇の臨床教育学は目指すものであった。

▶ **教育研究における物語り論の展開**　この皇も含め，物語り論的な諸科学が自らの理論的基礎づけを試みる際にしばしば依拠しているのが，P. リクールの『時間と物語』（1983-85）における「三重のミメーシス」論である。この理論的フレームに則って物語り論的な教育研究の展望を示すならば，以下のようになる。すなわち，教師の日常的な実践は，語られる以前に前言語的に分節化され，理解されており，教師がそれまでに出会ってきた様々な教育言説が，この先行理解を規定している（ミメーシスⅢ→Ⅰ）。たとえば授業研究において自らの実践を言語化，テクスト化し，それを「テクスト世界」として「ミメーシス的」に再構成する（語り直す）ことを通じて，教師は自らの先行理解を批判的に相対化する

ことができる。と同時に，他の教師や研究者による異なる筋立て，異なる語り口，異なる物語りに出会うことにより，それまで気づかなかった意味世界を自らの実践に発現させることも可能になる（ミメーシスI→II）。この「語り直し」の営みは，教師の日常的な実践を規定する筋立てのパラダイムを変容させ，教育行為が方向づけ直される（ミメーシスII→III）。そして，教育の思想や理論は，この「語り直し」の契機としてこそ，実践にとって意味をもつことになるのである。

[参考文献] 香川大学教育学研究室編『教育という「物語」』世織書房 1999／矢野智司・鳶野克己編『物語の臨界——「物語ること」の教育学』世織書房 2003／皇紀夫編『「人間と教育」を語り直す——教育研究へのいざない』ミネルヴァ書房 2012／西村拓生『教育哲学の現場——物語りの此岸から』東京大学出版会 2013

[関連項目] 言語論的転回／社会構築主義／臨床／テクスト　　　　　　　（西村拓生）

モラトリアム

英 moratorium

猶予，凍結を意味し，大きく二つの文脈において使用されている。

第一は，政治的あるいは経済的文脈において，法令や政策施行の一時凍結，債務の支払延期などを意味する語として使用される。たとえば，「核実験についてモラトリアムを表明」などといわれる。

第二は，精神発達に関する用語としての使用である。

精神分析学者エリクソン（Erickson, E.）は，人間の精神発達を可能にする一定の準備期間を意味する用語として，心理社会的モラトリアム（psycho-social moratorium）を提示した。心理社会的モラトリアムとは，性的，肉体的，知的には一定の成熟を遂げた青年期の個体が社会のなかに自己の位置付けを発見し自分に適した自己定義を行うことが可能になるための準備期間であり，社会は制度化された心理社会的モラトリアムを青年に提供する。エリクソンは他に，心理的性モラトリアム（psycho-sexual moratorium），歴史的モラトリアム（historical moratorium）についても言及している。心理的性モラトリアムは，幼児期に高まった小児性愛が抑圧され，思春期に入るまで心理的性の成熟が延期される期間をいい，歴史的モラトリアムは，特定の集団同一性が形成されるまでの準備期間をいう。

心理社会的モラトリアムの認知拡大に貢献し，加えてそれが日本社会全体にも妥当するものとして積極的な議論を展開したのが，精神病理学者の小此木啓吾である。当初，小此木は，モラトリアムにある青年および社会を否定的に論じていたが，後に肯定的に論じるようになった。すなわち，1970年代には，自我を確立しようとしない青年やそれを許す社会，あるいは自我を確立しない者からなる日本社会に対して，批判の目を向けていた。しかし，80年代になると，自己定義や自己限定を早々に行うのではなく，心理社会的モラトリアム期間を受容し，自己の多様な可能性を前提として新しい自己を次々に模索していく姿勢は，変容の激しい今日の社会においては望ましいものであると主張するようになった。

このような捉え方は，新たな価値獲得が段階的に想定されている点において大きく異なるものの，絶対的価値を否定する点において，今日のポストモダニズム論にも通ずるものといえる。

[参考文献] 小此木啓吾「モラトリアム」『新教育学大事典』第一法規 1990／小此木啓吾「モラトリアム人間の時代」『中央公論』 1977／小此木啓吾「モラトリアム人間を考える」『中央公論』1985 10月号

[関連項目] エリクソン／青年　（本図愛実）

森 有礼

（もり　ありのり，1847-1889）

幼名は助五郎のち金之丞。沢井鉄馬とも称した。明治政府の行政官僚で初代文部大臣。日本国家の建設に強い使命感を抱き，わが国

の近代教育制度を確立した。外交官, 啓蒙思想家としても知られる。

▶ 生涯　薩摩藩士の五男として鹿児島城下に出生。藩校造士館, 開成所に学ぶ。1865 年, 17 歳の時, 藩命でロンドン大学留学, 海軍測量術を学んだ。1867 年渡米, 神秘的宗教家ハリス（Harris, T. L.）のコロニィ「新生社」に参加, その社会改良主義的キリスト教の影響を受ける。1868（明治元）年帰国。学校取調をはじめ数多くの要職につき斬新な国制改革事業に着手。「廃刀案」建議で一時辞職するが 1870 年再渡米。少弁務使のち代理公使。1873 年の帰国直後に福沢諭吉らと欧米式学術結社である明六社を結成, 社長となる。翌年から『明六雑誌』刊行, 同誌に日本最初の一夫一婦論である「妻妾論」等を発表, 当時の封建思想の打破に努めた。1875 年私案の婚姻法に基づき広瀬阿常と結婚（のち協議離婚）。同年渋沢栄一らと商法講習所を設立し商業教育の端緒を開く。1875-78 年駐清公使。1879 年より駐英公使。1884 年の帰国後は文部省御用掛など教育行政家の道を歩んだ。1885 年の内閣制移行にともない第一次伊藤博文内閣文部大臣。1886 年諸学校令を公布し近代教育制度の全面的整備に着手。1889 年 2 月 11 日の大日本帝国憲法発布当日, 文相官邸玄関にて国粋主義者に刺され翌日死去。41 歳。墓地は東京青山。

▶ 教育思想と実践　森の思想や思考法の主な特質としては, ①合理的機能的な国家観を土台に日本国家の自立を求めた国家主義が生涯一貫して流れている　②思想の実践的関心が婚姻制度や教育制度など法的制度のレベルに凝集されている　③人生の大半を海外で生活したゆえ常に世界的（西欧的）観点から日本を対象化した比較的補完的な観点などが, あげられよう。まず彼の教育思想の土台となる人間観については, 基本的には力点の置き方が時期によって異なるが, 近代的個人主義的な人間観と国家（本位）主義的な人間観の併存が連続して見られるように思われる。英米留学期より英国公使時代頃までの森の思想

は, 西欧の自由かつ合理的思想, キリスト教思想の影響を受け個人の人権を強調。宗教観については, 1872 年米国で *Religious Freedom in Japan* を出版, 個人の良心や信仰の自由は人間生得の権利であり国家権力の介入は法的に規制すべきと考えていたと見られる。また結婚を人格的関係, 法的に対等の義務と権利を相互に負う関係と規定した彼の結婚観は, 今日の民法の先駆ともいえる。このような宗教観・結婚観を通してみる森の人間観は明らかに近代的個人主義に根ざしている。彼自身の結婚の様式はその思想の実践であり, のちの彼の教育と宗教の分離政策をみる時, そこには根本的な連続性が見られる。次に国家観としては, 民主的な自由主義を基盤とした米国にその範を求めたが, 英国公使在任中に欧州が帝国主義を膨張させるなかで日本も天皇制絶対主義国家建設の準備期に入ると, 結局は国民の教義と徳義を高めると共に富国強兵によって日本を先進諸国と対等の位置に高めようとする国家の建設を構想した。彼の現実重視のスタンスや個人と国家の未分化な把握の仕方が, 当時の状況下で国家本位へと力点を移させたのではなかったか。だが, 彼の国家主義は元田永孚らの儒教中心, 皇国史観に基づく国教主義のそれとは一線を画したと思われる。文相就任の際の元田の反対, 教育の政治的宗教的中立の主張, 国粋主義者による暗殺はそれを裏付けてもいよう。彼の死によって 1890 年教育勅語が発布され教学一致の方針へと転換がなされたと推測できる。さらに, 森は *Education in Japan*（1873）を出版するなど早くから教育を国家発展の基礎として認識。文相として一層教育の国家的観点を強化, 学校教育全体の教育目的を「国家ノ須要ニ応ズル」と定めた。彼の教育観には教学一致打破の進歩性が認められるが, 他方, 学問と教育を区別したため学問の成果が初等教育の内容に反映されないという重大な影響も与えた。彼はこの区別を, ①高等教育と師範教育を別系統に　②小学校を義務化し教科書検定制度を導入　③国民教育の担い手とし

て師範教育を重視，そこでの「順良・信愛・威重」の訓育，軍隊式訓練法，給付制の実施などで徹底した。その結果，国家の権力や権威をまとった画一的師範タイプの教師像が生みだされたともいわれる。なお，森の評価には主に国家主義者論と自由主義者論があるが，近年ではプラグマティズムの視点，制度レベルを分析視点に加えるものなど新しい試みが見られる。

［参考文献］　大久保利謙編『森有礼全集』全3巻，宣文堂　1972／武田清子『人間観の相剋』弘文堂新社　1959／林竹二『森有礼』筑摩書房　1986／園田英弘『西洋化の構造』思文閣出版　1993／Hall, I. P. *Mori Arinori*, Cambridge, MA 1973／Swale, A. *The Political Thought of Mori-Arinori: A Study of Meiji Conservatism*, Japan Library-UK 1999

［関連項目］　近代教育　　　　　　（影山礼子）

モレンハウアー
(Klaus Mollenhauer, 1928-1998)

　ドイツの教育学者。1928年ベルリンに生まれる。2年間小学校の教師をつとめた後，ハンブルクとゲッティンゲンの両大学で教育学，歴史学，文学，心理学を学び，1958年，ゲッティンゲン大学のヴェーニガー（Weniger, E.）のもとで，論文『産業社会における社会教育の起源』によって博士号を取得。ベルリン自由大学，キール大学，フランクフルト大学を経て1972年から1997年の定年退官までゲッティンゲン大学で教えた。博士論文のテーマとなった社会教育は，社会と教育の関係を理論的に考察するための通路となった。60年代を通して，モレンハウアーは，フランクフルト学派の批判的社会理論を教育学の領域に導入して教育学を批判的社会科学として再構成することを試みた。そうした試みの成果が『教育と解放』（1968）である。この論文集は，60年代後半から70年代前半にかけてドイツ教育学を席捲した「解放的教育学」の綱領の表現とみなされた。しかし，「解放」を教育目標化することや教育を社会変革に直結させることにモレンハウアーは一貫して慎重であった。第一の主著『教育過程の理論』（1972）で，モレンハウアーは教育を政治的目標に従属させることを批判し，教育という相互行為の内部構造をシンボリック相互作用論を駆使して分析した。また，この『教育過程の理論』を第1巻としてモレンハウアーが編集した全14巻のシリーズ「教育科学の根本問題」は，60年代後半以降経験科学化・社会科学化を進めてきたドイツ教育学の成果を集大成したものとして高い評価を得た。

　目的・手段関係にはおさまりきらない複雑な教育現実へのモレンハウアーの関心は，第二の主著『忘れられた連関』（1983）へと結実する。モレンハウアーはそこで，近代教育の基本的構造がいかなる歴史的・文化的前提の上に成立しているかを，自伝や絵画作品を含むさまざまなドキュメントの解釈を通して明るみに出そうとした。それはまた，当時流行しつつあった「反教育学」に対抗して，教育というプロジェクトの歴史的・文化的必然性——われわれは「教育」を否応なく引き受けざるをえないということ——を示そうとする試みでもあった。美的なドキュメントへの関心は『忘れられた連関』にも顕著に見られるが，その後モレンハウアーは美的経験の人間形成的な意味を主題的に問うていく。その成果が最後の，第三の主著である『美的教育の根本問題』（1996）である。モレンハウアーにとって美的経験の意味は，それが自己との反省的関係を要素的な知覚のレベルにおいて可能にする点にあった。教育における「近代」を，「ポストモダン」的状況のなかでなお救い出すための最終的な拠り所が，モレンハウアーにとっては美的経験だったということができるかもしれない。しかし同時に，ウーレンドルフ（Uhlendorff, U.）との共著『社会教育的診断』Ⅰ（1992），Ⅱ（1995）に見られるように，社会と教育の関係への関心をモレンハウアーは最後まで失わなかった。

　［参考文献］　Mollenhauer, K., *Der Ursprung der Sozialpädagogik in der industriellen Ge-*

sellschaft, Weinheim 1959／Mollenhauer, K., *Erziehung und Emanzipation*, München 1968／Mollenhauer, K., *Theorien zum Erziehungsprozeß*, München 1972／Mollenhauer, K., *Vergessene Zusammenhänge*, München 1983（今井康雄訳『忘れられた連関』みすず書房 1987)／Mollenhauer, K., *Sozialpädagogische Diagnosen*（mit Uwe Uhlendorff), I, II, Weinheim, München 1992, 1995／Mollenhauer, K., *Grundfragen ästhetischer Bildung*, Weinheim, München 1996　　　　　　　　　　（今井康雄）

モンテーニュ

(Michel Eyquem de Montaigne, 1533-1592)

　古典文芸を広範に摂取したフランス・ルネサンス期の代表的人文主義者（ユマニスト）。

▶ **生涯と著作**　曾祖父の代に貴族となった裕福な商家の家系に生まれ，子どもの人格を重んじるイタリア人文主義に感化された父親の意向により，幼年期からエラスムス（Erasmus, D.）の『子どもの教育について』に倣ってラテン語による家庭教師の教育を受けた後，ギリシャやラテンの古典語と文芸を重んじる人文主義の風潮のなかで 1533 年に創設されたギュイエンヌ学院に学ぶ。その後，法学を修めてボルドー高等法院参議を勤める（1557-70）間，ストア的徳を備えたラ・ボエシ（La Boétie, E. de）を知り，多大な影響を受けるが，親友の急死は生涯慰められず，彼の遺稿を出版（1570-71）。また，父親の遺志に従ってスボン著『自然神学』を仏訳（1569）。家督を継いで公職を退き，所領の城館に隠遁（1571)，アミョ（Amyot, J.）が仏訳したプルタルコス（Ploutarchos）の『英雄伝』（1559）や『倫理論集』（1572）を枕頭の書としつつ，主著『エセー』を執筆（初版 1580, 全 2 巻）。また持病の腎臓結石の治療のためドイツ，イタリアの温泉地を巡る。その記録は後に発見され，『イタリア旅日記』として出版される（1774）。宗教戦争の最中にボルドー市長を務め（1581-85)，旧教に忠誠を誓いつつも新教派のナヴァール王アンリの信頼を得て，新旧両勢力の調停にあたる。

1589 年にフランス王位を継承して宗教戦争を終結させたアンリ四世の招聘も辞して再び隠遁，『エセー』の増補版（全 3 巻）を刊行（1588）。この版にさらに加筆しつつ城館で没。今日，文学ジャンルの名称として定着した「エッセイ」の語源である「エセー」は元来「試し」の語義を持つ。確証のない独断の累積がおぞましい混乱を生み出すことをみたモンテーニュは，生活のあらゆる場面で理性を試す。ストア主義，懐疑主義，エピクロス主義など多様な古典が自在に参照される『エセー』において，特定の体系や主義にとらわれずに，人間性の普遍性の信念に基づいて著者自身を素材に人間が研究され，全体を通じて，その語の最も広い意味で，人間の生き方としての倫理が考察されている。

▶ **教育思想**　『エセー』第 1 巻 25 章「衒学主義について」および 26 章「子どもの教育について」にまとまった考察があるほか，同書の随所に教育に関する記述がみられる。「書物に対する嫌悪」しか与えない学校に「青春を閉じ込める牢獄」をみたモンテーニュは，豊富な知識や優美な文体で生徒を飾りたてることに没頭し，生活の直接の欲求に応じる能力の準備を省みない現実の教育を批判する。知識は人間の魂の不完全な状態を改善する道具であり，他人の知識によって博学な学者になることではなく，自己の知恵によって有能な賢者たることが問題である。無用な学問を，節度のない傲慢に由来する，病める人間理性の現れとみて，「人間のペスト」とさえ呼ぶ。しかし，学問自体を悪とするのではない。上の衒学主義批判は，直接的には，論理のための論理を振り回すスコラ学に向けられており，装飾的な偽学問が，人間の自然性を奪い，狂信や戦乱を招いたという。人間の知識はみな相対的であり，普遍的で永遠の絶対的真理は神に求めるしかない。しかし，万人に通ずる何らかの普遍的基準があり，人は理性を正しく用いることによって，ある程度の確実性に達しうるという。健全な判断力の行使が「懐疑」である。モンテーニュの標

語として有名な「私は何を知るか（Que sais-je?）」は、「私は知っている」や「私は知らない」という双方の表現に含まれる断定を避け、伝統や習慣への妄信に惑わされない判断力のあり方を表現したものである。自己をその「正しい自然的な限界内に制限すること」を学び、神の恩寵を得るための「絶対服従の掟」に従うべく、自己の無知の認識が要請される。①学問に先立つ初歩的な無知と②学問の後にくる博学な無知が区別され、①を失った人間は、ソクラテスに倣って②を求めなければならないという。絶対的真理の探究を断念し、懐疑を通じて実践的指針を求めるモンテーニュは、現実の宗教、政治、社会は偶然に与えられたものとして重視せず、革新のために生じる混乱と破壊の危険を訴える保守的立場から、国教である旧教を支持する。多様な人々との交際と会話、古戦場や遺跡などの旅行からなる「実物による指導」、世界における自己の位置を相対化する歴史や、「自己を知り、立派に生きるための教説」としての哲学を通じて、従来認められてきた判断に逆らわず、無力な個人の恣意的な独断を規制する術の習得をめざす。教育は「無知」の自覚を通じて、人間が失った自然性を服従という形で回復するための技術と位置づけられる。その眼目は、世界を統べる普遍的法則の認識ではなく、事物の多様性を鑑み、特定の地域や時代の通念や慣習を絶対視することを避けて、常に主観的で断片的でしかない人知を相対化できる、融通のきく柔軟な精神を涵養することであった。良識ある行動のうちに、あるがままの自己を肯定し、その全面的享受をめざすことが、有能な人間の理想とされる。

▶ 歴史的位置　あらかじめ定められた道徳的法則に基づいて現実を評価するのではなく、具体的な事実の観察に基づいて人間の行為の原動力を分析し、個別的な事例にも何らかの教訓を求める態度を堅持して、人間の人間たる所以（人間の境涯）や人間の普遍的な理想像を探究するモンテーニュは、風俗、慣習、品性を観察して人間の心理、情念、生き方を

探究するフランス・モラリストの祖とされる。また、北米の原住民の習俗への共感とヨーロッパ人の残虐行為への批判に窺えるように、国境、民族、宗教を越える意識をもって価値観の多様性を認め、既成の権威にとらわれずに柔軟に思考するモンテーニュにおいて、フランス人文主義は最高点に達したと評価される。当時の西欧に知られていた唯一の異教文化である古典文芸を尊重する立場として現れた人文主義は、人間本性を悪とするキリスト教の神中心主義に抗して、あるがままの人間を肯定し、その諸能力の全面的開花をめざした。狂信に対して理性の吟味を求め、しかも理性を絶対視せずに、教条主義によって歪められていない人間性を擁護する立場は、個人の尊厳を認める近代的人間観の確立に寄与した。『エセー』は17世紀には古典としての地位を獲得し、その率直な文体と、ギリシャ、ローマの古典からの豊富な引用とによって、セネカ（Seneca, L. A.）やプルタルコスとともに良家の子弟の教材に採られた。また、体罰や強制による知識の詰め込みを批判し、判断力の形成を重んじる温和な教育思想は、ロック（Locke, J.）やルソー（Rousseau, J.-J.）への影響もみられ、個人主義的教育観や児童中心主義の草分けとして注目されることもある。

[参考文献] 関根秀雄ほか訳『モンテーニュ全集』全9巻、白水社 1982-83／Château, J., *Montaigne psychologue et pédagogue*, Paris 1964／Fleuret, C., *Rousseau et Montaigne*, Paris 1980／Pire, G., *Stoïsme et pédagogie, de Zénonà Marc-Auràre, de Sénèqueà Mantaigne et à J.-J. Rousseau*, Paris 1958／Trinquet, R., *La jeunesse de Montaigne*, Paris 1972／石堂常世「モンテーニュ」『ルネサンスの教育思想（下）』東洋館出版 1986／オーロット, R.（荒木昭太郎訳）『モンテーニュとエセー』白水社 1992／関根秀雄『モンテーニュとその時代』白水社 1976／原聡介「モンテーニュ」筧田ほか編著『教育学群像①』アカデミア出版会 1990

(坂倉裕治)

モンテッソーリ
(Maria Montessori, 1870-1952)

▶ **生 涯** イタリア統一の完成した1870年，アンコナ地方（Ancona）キエラヴァレ（Chiaravalle）において，軍人を経て官吏となった父アレッサンドロと，熱心なカトリック信者で，名門の出の母レニルデとの間のひとり娘として誕生した。1890年，ローマ大学に入学し，医学を志す。保守的な価値観のなかで女性が臨床医学に進むことの数々の困難に直面しながらも，1896年，イタリアで最初の女性医学博士となる。ローマ大学卒業後，助手として勤めた医学部附属精神病院の仕事を通して，精神薄弱児の治療に関心を持つと同時にイタール（Itard, J. M. G.）とセガン（Seguin, E.）の研究の影響を受け，知的障害児の教育的治療に目をむけるようになる。1897年からローマ大学の聴講生として教育学のコースに出席し，ルソー（Rousseau, J.-J.），ペスタロッチ（Pestalozzi, J. H.）等の近代教育の思想と実践，イタール，セガンの治療的教育方法の研究成果，さらに人類学者セルギ（Sergi, G.）の影響を受け，独自の理論を構築させていく。

1898年，チューリンの教育会議で開催されたモンテッソーリの講演の影響で，1899年にローマ国立特殊児童学校が設立される。ここでの指導の責任を負ったモンテッソーリは，精力的に知的障害児の観察，実験，指導をすすめ，目をみはる教育成果をあげる。同時にセガンが知的障害児の教育のために開発した教具にモンテッソーリなりの修正を加え，独自の教具を完成させる。それが後のモンテッソーリ教具である。

19世紀末のイタリア社会は，革新政府ソンニーノ内閣の下での急激な近代化政策による資本主義の発展のなかで，極めて不安定な状況下にあり，ローマで最もスラム化した街サン・ロレンゾ地区には，失業者，犯罪者，売春婦などが集まり，社会問題となっていた。「ローマ住宅改善協会」は，これらの人々を収容すべく，共同住宅を設立し，さらに，アパートの一棟に昼間仕事をしている母親の児童を預かるための施設を設立した。この施設は，「子どもの家」（Casa dei Bambini）と名付けられ，これまでの研究の実験の機会を求めていたモンテッソーリがここでの指導を委託される。

モンテッソーリは，かつての障害児教育において考案した教材を「子どもの家」の子どもたちに利用し，系統的な言語練習，感覚訓練，実際生活訓練を実践する。ここでの教育成果を『"子どもの家"に適用された科学的教育法』(*Il metodo della pedagogia scientifica applicato all'educatione infantile nelle casa dei bambini*) として著し，この理論が「モンテッソーリ・メソッド」として各国に紹介され，フレーベルに次ぐ新しい理論として幼児教育の歴史に一つの時代を築くことになる。

▶ **モンテッソーリ・メソッド** 医学と人類学における実証的研究方法を踏襲しながら，人間の発達の法則を科学的に明らかにしようとしたモンテッソーリは，「子どもの家」での実践を通して，独自の理論を構築する。子どもは，自然の生命の計画にそって十分発達をとげる自由をもたなければならないとするモンテッソーリは，自立した人間を形成する上で，子どもの自己活動を重視する。したがって，教師の強制や働きかけを否定し，子どもの自己活動が外的な対象物との関わり通して発展することをめざす。そのために，モンテッソーリは，環境や教具の構成に配慮する。「子どもの家」においては，子どもの自由な活動を保証するために，固定された机や椅子を廃し，設備や道具のすべてを子どものサイズにあわせて用意した。それは，子どもの身体が単に大人のそれを縮小したものではないことを科学的に測定した結果から導き出されたものであった。さらに，モンテッソーリは，幼児期を「感覚期」（Sensitive Period）ととらえ，感覚運動能力の育成こそ，人間のあらゆる能力の発達の基礎であるとし，感覚訓練を重視する。モンテッソーリ教具の多くは，こうした感覚訓練を目的としたものである。

「子どもの家」においては，社会生活への準備，現実の世界への導入を目的とした活動も用意された。実生活訓練がその一つであり，衣服の着脱，身体の清潔，部屋の整理整頓等，玩具では経験できない活動を通して，子どもの自立と自治をめざすものであった。また，文字や数字を現実の世界へ導く鍵と捉えるモンテッソーリは，3R's の教授も感覚訓練の発展形態として系統的に行った。

こうした「子どもの家」での実践とモンテッソーリ・メソッドの構築は，教育人類学的視点から出発したモンテッソーリの学問基盤，および強い宗教心とヒューマニズムにもとづいているといえる。モンテッソーリが幼い子どもや障害児に強い関心を持つと同時に，女性解放，平和教育などに精力的な活動を展開したことからも彼女の人間観をみることができる。

▶ **影　響**　「子どもの家」の成果は，各国の幼児教育関係者の関心を引き，『モンテッソーリ・メソッド』は，20 数ヶ国語に翻訳された。さらに，1925 年に始まる国際モンテッソーリ会議の開催，各国におけるモンテッソーリ協会やモンテッソーリ・スクールの設立など，モンテッソーリ教育は，20 世紀初頭に一つの幼児教育運動として展開していく。それは，神秘主義，恩物主義に陥っていたフレーベル主義の幼稚園の問題性に直面していた幼児教育界が，待ち望んでいた新しい理論の登場であったともいえる。しかし，その一方で，厳しいモンテッソーリ批判も展開された。キルパトリック（Kilpatrick, W. H.），ノール（Nohl, H.），ワロン（Wallon, H.）等は，主知主義的な色彩の濃い教育方法や「自由」の概念の限界，感覚教育の抽象性や想像力の軽視などの問題性を鋭く批判した。20世紀初頭に世界的なブームを巻き起こしたモンテッソーリ運動は，これらの批判の強まりとともに一度その幕をおろすことになる。しかし，半世紀を経て，ハント（Hunt, J. M.）らの研究に端を発して，アメリカ幼児教育界で再びモンテッソーリ理論の再検討が進めら

れ，以後今日においても幼児教育の一翼を担う理論として実践と検証が進められている。

［**参考文献**］　Montessori, M., *The Montessori Method*, New York 1913（阿部真美子・白川蓉子訳『モンテッソーリ・メソッド』明治図書 1974）／Standing, E. M., *Maria Montessori. Her Life and Work*, New York 1957／Kramer, R., *Maria Montessori. A Biography*, New York 1976　　　　　　　　　　（磯部裕子）

ヤ

役　割
英 role

▶ **語　義**　役割とは，諸個人が社会構造上に占める位置や，社会的地位との関連において生起する，一連の行為様式に関する概念である。思想史的には，人間存在の共同性を把握する際の概念として用いられてきた。たとえばレーヴィット（Löwith, K.）は，人間存在を「ペルソナ」というあり方をしている個体としてとらえ，共同世界的な「役割」の相において実存するものであるとした。この把握にみられるように，役割概念は，社会を演劇の舞台にみたてて，社会の成員の行為を，舞台で俳優が演じる役柄とのアナロジーで把握しようという発想を内に含んでいる。

▶ **役割概念の意義**　デカルト（Descartes, R.）以来の近代の意識哲学においては，個々の人間主体の内面に形成される意識を分析の出発点として，社会や他者との関係性の問題が議論されてきた。そこでは，他者との関係性やそれを含む社会的実践の存立メカニズムは，自己意識の同心円的な拡大として，独我論（モノローグ）的に構成される。しかしその場合，他者の存在はあくまでも自己意識において了解可能な範囲内で事後的に追構成されるにすぎず，自己にとって了解不可能な異質な他者の存在を社会的実践の存立要件として導入することができないという問題が生じる。これに対して，社会を演劇の舞台にみたてる役割論の発想では，役割遂行としての社会的行為（役割行為）が，個々人の意識形成よりも論理的に先行する。意識に対する行為の先行性をいうことによって，意識哲学の独我論的な性格にはらまれている上述の問題を解決し，他者性の問題を視野にいれた社会的

実践の存立メカニズムの分析に向かおうというのが，役割論のモチーフである。このように，役割論的な発想は，西欧近代思想の主流を形成してきた意識哲学に対する批判としての意義をもっている。

▶ **役割論の諸相**　役割をどのようなものとして考えるかは，役割論の諸潮流によって異なる。そこで一つの論点となるのは，社会的地位と役割との関係である。タルコット・パーソンズ（Parsons, T.）に代表される構造＝機能主義的社会学の潮流では，社会構造上の位置や社会的地位があらかじめ与えられていて，そこから役割が導出されるという立論がとられる。したがって，社会的行為が意識に対して先行しているといっても，当の社会的行為それ自体は，所与の社会構造上の位置によって決定されている。演劇の比喩になぞらえれば，あらかじめ脚本が与えられていて，演じるべき役柄はこのすでにある脚本によって決められているということになる。この構造＝機能主義的役割概念は，個々人の役割獲得とそれを通じての社会化の過程の分析概念として発展した。これに対して，自己と他者との間での間主体的な関係における役割行為が，社会的な地位や位置に先だってまず存在すると考える立場もある。この立場からは，地位や位置は，役割行為の結果その役柄が物象化することによって形成されるものとされる。この立場は，構造＝機能主義が社会化を社会の側から一方向的に把握している点への批判を含んでいる。構造機能主義的役割概念に対するこのような批判は，ネーデル（Nadel, S. F.）やゴッフマン（Goffman, E.）らをはじめ，文化人類学や現象学，象徴的相互作用論などの潮流に広く共有されている。

▶ **役割概念と教育分析**　教育分析において役割概念は，その諸相に応じてさまざまな導入の可能性をもっている。たとえば構造＝機能主義的な役割概念は，上述のように社会化論における分析概念としてのはたらきを担っている。そこでは，多様な集団への所属や準拠という媒介を経て役割獲得にいたる過程が，

分析の対象となる。他方，社会的地位に対する役割行為の先行性を認める現象学などの立場からは，学校における教師と生徒の関係や，家族での親子関係を把握する際に，役割概念が援用される。そこでは，教師―生徒関係や親子関係を形成する日々の役割行為それ自体が，学校を学校たらしめ，家族を家族たらしめる原基であるとみなされる。この見方は，学校教育が，公式に明示されている顕在的カリキュラムを通じてだけではなく，教師―生徒間での日々の関係行為を通じても行われるという，ヒドゥン（潜在的）カリキュラム論を導く。

▶ 役割論の問題点　役割行為は，所与の演劇的な舞台において他者からの役割期待に促されて行為するという，受動的性格をはらんでいる。ここから，役割論がなにものにも規定されない行為の先行性を唱えたとしても，結局は，対他性を基調とした関係性によって社会的行為が規定されているという決定論的な論理構成が残るのではないかという問題が生じる。ここに，行為者の自由意志や能動性を基調とした行為論が役割論に対する批判として出される，一つの理由がある。たとえばブルデュー（Bourdieu, P.）のハビトゥス論は，このような役割論批判を含む概念構成の一例である。

[参考文献] ブルデュー，P.（加藤晴久編）『ピエール・ブルデュー――超領域の人間学』藤原書店 1990／Goffman, E., *Encounters*, Bobbs-Merrill, New York 1961（佐藤毅・折橋徹彦訳『出会い』誠信書房 1985）／廣松渉「役割理論の再構築のために(1)―(9)」『思想』No. 743, 744, 745, 749, 750, 753, 758, 760, 765., 1986-1988／Löwith, K., *Das Individuum in der Rollle des Mitmenschen*, München, Drei Masken Verlag 1928（佐々木一義訳『人間存在の倫理』理想社 1967）／Nadel, S. F., *The Theory of Social Structure*, London, Cohen & West, 1957（斉藤吉雄訳『社会構造の理論――役割理論の展開』恒星社厚生閣 1978）

[関連項目] カリキュラム／行為／社会化／再生産論／潜在的カリキュラム　（小玉重夫）

ヤスパース
(Karl Jaspers, 1883-1969)

▶ 生涯　1883 年 2 月 23 日北西ドイツオルデンブルグに市議会議長と銀行頭取を務めた父の子として生まれ，裕福かつ教養に満ちた家庭で育った。父は批判的精神を失わない自由な人物であり，その影響かヤスパースは少年期から不合理を嫌悪し，軍国主義的なギムナジウムの教育に反発。友人や教師から孤立した生活を送った。この孤独や気管支の持病が後の実存哲学形成に影響を与えたと言われる。最初法学を学んだが興味を持てず，哲学や心理学への関心を満たすと同時に生活の糧にもなると考えて精神医学に転向，ベルリン大学，ゲッティンゲン大学，ハイデルベルク大学で学んだ。1910 年，互いに批判しあいながら切磋琢磨できる親友エルンストの姉，ゲルトルート・マイヤーと結婚し，生涯固い愛情で結ばれる。この二人との絆が「愛しながらの闘争」「実存的交わり」等の概念に繋がったと言われる。医学時代の『精神病理学総論』は，了解心理学の方法論を導入した古典として高く評価された。1916 年ハイデルベルク大学心理学員外教授となったが，第一次大戦後『世界観の心理学』を著して哲学正教授に転身。40 歳近くにして本格的哲学研究の道を歩み始めた。約 10 年間の沈黙の後，1932 年に主著『哲学』三巻を刊行して実存哲学を体系的かつ包括的に論じた。第二次大戦中は夫人がユダヤ人であったためナチスに追われたが，戦後ハイデルベルク大学に戻り大学改革に参加，『大学の理念』を著す。1948 年バーゼル大学の招聘に応じてスイスに移住。多くの大著を刊行した後，1969 年 2 月 26 日に死去。

▶ 思想の内容　『真理について』(1947) の包越者（あらゆる対象を包み越えた存在全体）論では次のような自己生成論を展開した。包越者は「世界そのものである包越者」（その内在的様態は世界であり超越的様態は超越者である）と「我々である包越者」に区分される。そして後者の内在的様態として，①環

境と直接に繋がりながら欲望の充足を求める「現存在」，②科学的認識のように普遍的なものを対象的に把握する「意識一般」，③多様な現象のなかに連関や構造を生み出し全体性を捉える内的な力である「精神」（理念）の三つがあげられる。しかし人間はこの三つの様態のいずれにも不満を感じざるをえず，とりわけ死や苦悩や闘争や負い目といった限界状況に直面するならば自己の限界を自覚せざるをえない。このような時人は，自己存在の一切をその根底で支えている超越者に触れ，それに支えられて，④本来の自己存在である「実存」という超越的様態への飛躍を決意する。人間は「可能的実存」として実存の実現を課題としており，絶えずその実現に向かう「途上に」いる存在なのである。なお本来的な人間存在の実現は，これらの様態の多元性においてのみ可能であり，いずれか一つの様態を絶対視してはならないと考えられている。

▶ **実存思想における位置づけ**　他の実存思想との相違は，人間の自己実現は他者との「実存的交わり（die existentielle Kommunikation）」においてだけ可能になる，とされている点にある。実存的交わりは，自己自身であろうとする二人の人間が互いに容赦なく向かいあう「愛しながらの闘い」であり，相手を愛するがゆえの切磋琢磨である。しかも実存的交わりにおいては，自己を絶対化することなく他者の声を聞き入れる「理性」が必要とされるから，それは「実存的かつ理性的な交わり」とも呼ばれる。実存思想はしばしば，大衆に埋没しない個を強調するあまり「他者との連帯や共同」の視点を忘却しているとか，激情を重視する反面「理性」を軽視していると批判されてきた。この点，交わりや理性にも着目し，それに重要な位置を与えるヤスパースの思想は，諸々の実存思想のなかでもかなり均衡の取れた思想になっている。またその分，他者との共同性や理性の問題を無視しえない教育学にとって，受容しやすい性格を備えていると言うこともできるだろう。

▶ **ヤスパースの教育思想**　哲学することを個人的体験と結びついた「内的行為」とみなす彼の著作には，いたる所に教育学的思惟が見いだされる。たとえば，上述の自己生成論そのものが一つの自己教育論とみなしうるものであり，この「個」としての自己存在への覚醒の問題に加えて，ヤスパースにおいてはとくに，実存的共同性が強調される。彼の思想から導出される教育の論理は，増淵の公式化に従えば，「全体に埋没した個（没個性）」―「個の取り戻し（実存）」―「取り戻した個から成る全体（実存的共同性）」への展開である。ヤスパースが教育の問題に直接言及したのは，『大学の理念』（1961）においてであり，そこでは，教育の基本形式を，①知識を伝達する「スコラ的教育」，②権威を持つ教師に対して尊敬と愛が向けられる「マイスター的教育」，③教師は生徒が自ら主体的に真理獲得に向かうための助産婦となる「ソクラテス的教育」の三者に区分する。実存的交わりと言えるのはソクラテス的教育のみであり，ヤスパースはここに成人が対象である大学教育の本質を見いだしている。しかし実存の次元での同等性は成人たる教師と子どもたる生徒の間にも見いだされるから，増淵も言うように，広く教育関係一般の問題として捉え直されるべきであろう。

[**参考文献**] ザラムン，K.（増淵幸男訳）『カール・ヤスパース』以文社　1993／増淵幸男『ヤスパースの教育哲学研究』以文社　1989／ヤスパース，K.（鈴木三郎ほか訳）『ヤスパース選集』理想社／ヤスパース，K.（武藤光朗ほか訳）『哲学』全3巻，創文社／ヤスパース，K.（増淵幸男訳）『教育の哲学的省察』以文社　1983　　　　　　　　　　　　（諸富祥彦）

柳田国男
（やなぎた　くにお，1875-1962）

　日本における民俗学の創始者。東京帝国大学卒業後，農商務省に入り，農政官僚を経て，貴族院の書記官長を務めた。1935年に民間伝承の会を創設し，雑誌『民間伝承』を公刊した。ここに学問としての民俗学の事実上の創設を見ることができる。ただし柳田は制度

770 ユートピア

化された学問として民俗学を創設することを
あくまで忌避し，学会ではなく同好の士の集
まりとして「民間伝承の会」を立ち上げるこ
とになった。民間伝承の会には多くの小学
校・高等女学校の教師が参加した。その中に
は，若き日の宮本常一（後に民俗学者），竹
内好美（後に農村社会学者）がいる。

柳田国男が主な対象とした「民間伝承」は，
平均的な日本人としての「常民の間に見られる
知識および技術の伝承」（柳田国男監修『民
俗学辞典』，東京堂出版，1951年，577頁）
を指す。文字化されない知識や技術の世代間
継承を問題にしているという点で，柳田の考
える民俗学は，広義の教育を対象とした学問
と見ることもできる。事実，柳田の著作には
教育に関する言及が多い。例えば，歴史教育
への言及として『青年と学問』（1928年），
『国史と民俗学』（1944年）などが，国語教
育への言及として「昔の国語教育」（1937
年），『国語の将来』（1939年）などがある。

柳田の問題関心は，村の現実の中に，近代
的な学校教育と，村人の間で伝承されてきた
子育て習俗（「前代教育」）との対抗という
「教育群の分裂」を読み取り，そこから学校
教育を対照化しようとする点にあった。また，
戦後になると，柳田国男は社会科と国語に戦
後教育再建の期待を寄せる。柳田は成城学園
初等学校の教師たちと一年以上に及ぶ勉強会
を持ち，1949年に成城小の教師たちは民俗
学の成果を小学校六年間の社会科カリキュラ
ムへと体系的に整理したプランを発表した。
この社会科プラン作りは教科書作りに発展し，
柳田国男監修により小学校社会科教科書『日
本の社会』（実業之日本社，1953-59年）が
出版されている。また，小中学校国語教科書
として柳田国男編の『新しい国語』（東京書
籍，1950-62年）も出版された。

1970年代以降，近代の行き詰まりが意識
される中で，柳田国男の思想を学び，新たな
教育を構想しようとする動きが展開された。
例えば後藤総一郎は，柳田国男の常民史学の
方法を用いて村民が村の歴史をより深く知る

場として「遠山常民大学」を1977年に立ち
上げた。遠山での実践は反響を呼び，1980
年代には10以上の常民大学が各地で作られ
ることになった。また，教育学では1970年
代に大田堯を中心として各地の農村調査を行
い，民衆の子育て習俗を理念化し，それを手
掛かりとして近代学校批判を展開した。

［参考文献］　柳田国男著；長浜功編『柳田国男
教育論集』新泉社　1983／小国喜弘『民俗学運
動と学校教育』東京大学出版会　2001
（小国喜弘）

ユ

ユートピア

英 utopia／独 Utopie／仏 utopie

▶ **概念と変遷史**　　ユートピアは，ギリシャ
語の〈ou 無〉と〈topos 場〉とを合成した
「どこにもない場所」を意味する造語（ただ
し〈eu-topos〉，すなわち「よい場所」をも
意味する）で，モア（More, T.）による同名
の著作にその端緒があるとされる。

ユートピアを鍵概念として社会的事象につ
いて言及する者は，しばしばこの概念に独自
の意味付与を施すことがある。たとえば，社
会階級の存在や社会革命の必然性などを認め
ない者を〈空想＝ユートピア〉とみなし，
〈科学〉的な社会主義と区別したエンゲルス
（Engels, F.）。ユートピア概念をイデオロギ
ー概念と対比して，その「現実変革機能」を
強調したマンハイム（Mannheim, K.）。ある
いは，人間の内なる「希望」について語るな
かで，新しい未来に向かう緊張をユートピア
の特徴としたブロッホ（Bloch, E.）などがあ
げられよう。だが，一般には，ユートピアは
「思考のなかで構築された人間の共同生活に
関する理想状態」として理解され，個人と社
会との関係を非現実のなかで推論・演繹する

ことで結論を導くことに特徴が認められる。カッシーラー（Cassirer, E.）によれば、ユートピアは、まさに「どこにもない」ということによってあらゆる批判・検証の尺度たりえたのだとされる。

ユートピア思想の源泉は、プラトン（Platon）、あるいはさらに遡ってヘシオドス（Hesiodos）の〈黄金時代〉の描写に求められることもある。その後のユートピアの変遷については、研究者の視点によってさまざまな整理が試みられている。少なくとも、モア後の代表的なユートピア作品としては、カンパネッラ（Campanella, T.）、ベーコン（Bacon, F.）の著作などがあげられる。また19世紀に入ると、フランス革命の影響および産業発展などを背景として、過酷な現状を打開するための社会改革案と結びついた社会主義的なユートピアが隆盛を極めるようになる。いわゆるユートピア的社会主義思想家と呼ばれるサン・シモン（Saint-Siom, C, H. de）、フーリエ（Fourier, F. M. C.）、オーウェン（Owen, R.）らの著作がこれに属し、また19世紀後半にはベラミー（Bellamy, E.）の著作が登場した。

ユートピアの諸テキストの文学形式は、空想旅行記、対話篇、冒険小説、空想科学読物など多岐にわたり、またその内容も必ずしも画一的ではない。だが、リュイエ（Ruyer, R.）は、ユートピア作品の多様性にもかかわらず、そこに繰り返しあらわれるモチーフを指摘することができるとしている。彼によれば、シンメトリーの愛好、一律性、教育に対するフェティシズム、計画性、集団性、自給自足性と孤立性などがユートピアの特徴としてあげられる。

▶ **ユートピアと近代**　ユートピアの系譜を近代との関わりで概観する場合にしばしば指摘されることが、「空間的ユートピア」から「時間的ユートピア」への移行である（コゼレック Kosellek, R., 川端）。伝統的ユートピア作品とみなされるモアやカンパネッラらの著作においては、理想郷はいまだ発見されていない遠くの場所に置かれていたが、18世紀を境として次第に未来に設定されることが多くなる。川端によれば、その背景として①地理上の発見がほぼ終了し、見知らぬ土地に見果てぬ夢を託すことが困難になったこと、また②産業革命とともに「進歩」の教説が発展し、未来を志向する強力な願望が空間的夢想を圧倒したことが考えられるという。だが、他方では、近代においてはユートピア思想に対する懸念も増大することになった。このことを象徴しているのは、「反ユートピア」というジャンルの隆盛である。「反ユートピア」は、過去のユートピアンたちが描いてみせた社会が実現するとき、どのような悪夢が待ち受けているかを描出するものである。バトラー（Butler, S.）、ハクスリー（Huxley, A.）、オーウェル（Orwell, G.）などが、その代表的な著者としてあげられる。

▶ **ユートピアと近代教育**　教育によって「よりよき人間」を形成し、そこで育まれた人材を通して「よりよき国」をつくりだそうとする発想は、古来ユートピアの根本的な特徴の一つである。プラトンはその代表的な古典であり、またモアやカンパネッラなどの代表的なユートピア記述においても、教育は重要な営みとして詳細に言及されている。

社会の理想状態を実現する手段としての教育は、とりわけ近代に「時間的ユートピア」が主流になると、その重要性をますます高めるようになる。エマソン（Emerson, R. L.）によれば、18, 19世紀のユートピア思想は「進歩」に対する信仰とともに人間性の可鍛性・完成可能性についての信奉によって支えられており、教育の成果に大いに期待した記述を生み出した。教育を媒介として個人の発達と人類の発展とを同時進行させることを夢想したカント（Kant, I.）をはじめとして、多くの近代教育学的著作は、そのような意味における広義のユートピア群に属すといえよう。

▶ **「ユートピア的理性」批判と教育学**　ユートピアと教育の関係について考察する場合に

772　ユダヤ

看過してならないのは，プラトンから新教育運動の推進者たちにいたるまで，理想的教育の基調として，優生学的傾向，全体主義的な統制，「主体に対する規格化および強度の情動規制」（フォスカンプ Vosskamp, W.）が，しばしば暗黙のうちに認められているという点である。一見理想状態にみえる社会の描写を裏側から支えている不合理な側面（エリアス Elius, N. のいう「ユートピアの暴力性」）の存在がユートピアの伝統に属するとすれば，そうした伝統が教育思想，とりわけ理想世界の実現のためにますます教育に比重を置くようになった近代の教育学的思考とどのように交錯しているのかを検討することが重要である。この方向でのユートピアと教育に関する考察の豊饒さは，たとえばドイツの教育学における「ユートピア的理性」に関する議論（エルカース Oelkers, J., テノルト Tenorth, H.-E.）が示唆しているとおりである。

［参考文献］ Elias, N. *Eine kurze Notiz zum Begriff der Utopie und den Aufgaben der Utopieforschung*, Manuskript Bielefeld 1981／Koselleck, R., "Die Verzeitlichung der Utopie", Vosskamp, W. (Hrsg.), *Utopieforschung. Intersdisziplinäre Studien zur neuzeitlichen Utopie*. Bd. 3. Frankfurt a. M. 1985／Oelkers, J., "Utopie und Wirklichkeit", *Zeitschrift für Pädagogik*, 36, 1990／Tenorth, H.-E., "Kritik alter Vision-Ende der Utopie?", *Zeitschrift für Pädagogik*, 38, 1992／Wiener, Ph. P. (ed.), *Dictionary of the History of Ideas. Studies of Selected Privotal Ideas*. 1968, 1973／エマソンほか（桜井万里子ほか訳）『進歩とユートピア』平凡社 1987／川端香男里『ユートピアの幻想』講談社 1993／寺崎弘昭「モア──ユートピアと教育」宮澤康人編『近代の教育思想』放送大学教育振興会 1993

［関連項目］ 近代化／近代教育　　　（山名淳）

ユダヤ

英 Judaism／Jews／Jewish thought

▶ 思想　ユダヤ教は，唯一神がアブラハムに現れ，イスラエルの民を選んで契約し，シナイ山でモーセに啓示を与えた出来事を信じてトーラーを実践する宗教である。その特質は神と人間の人格的・対話的関係を基礎とするが，神の超越性は人格的関係を超えるがゆえに汎神論や神秘主義も含む。聖書と戒律をめぐるラビたちの膨大な議論は，倫理，自由，責任，正義，愛など宗教的・哲学的諸概念に関する独自の洞察を生み出してきたが，他方，世界各地に離散したユダヤ人の「複数形の伝統」は「ユダヤ」の一語で括れない多様さを持つ。ヘレニズム期，タルムード期，中世イスラーム世界を経て「解放と同化」の近代，ショア／ホロコースト以後の現代に至るまで，ギリシア・ローマ以来の西欧形而上学とキリスト教・イスラームの思想を摂取しつつも，それとは異なる原理を対置してきた。マイモニデス（Maimonides），スピノザ（Spinoza, B）からブーバー（Buber, M.），レヴィナス（Lévinas, E.），デリダ（Derrida, J.）まで，ユダヤ思想は「ユダヤとは何か」を問う中で自らの特殊性と普遍性を審問する試みの歴史的蓄積である。

▶ 教育　聖書自身「教えよ」（申命記第6章など）と命じており，トーラー（律法）の語義は「指示」「教え」，聖典タルムードは「学習」，カバラーは「伝承」の意であって，ユダヤ教の中心には教育がある。義務教育の提唱（紀元前75年），成人教育（第二神殿期の教育機関ベイト・ハ・ミドラシュ），6〜7歳での通学開始（紀元64年）や1クラス最大25名（バビロニア・タルムード）の規定など，ユダヤの教育は近代教育思想の遠い光源と言えなくもない。「答え」よりもユニークな「問い」を重んじる聖書解釈とタルムード学習の多元的対話の伝統は，キリスト教やイスラームにも影響を与えた。11世紀サレルノ大学でユダヤ起源のアラビア語文献が翻訳紹介され，のちの人文主義と宗教改革の時代にキリスト教徒の間でヘブライ・ルネサンスが生まれる。メンデルスゾーン（Mendelssohn, M.）らに始まるハスカラー（ユダヤ啓蒙）運動は，夥しい数の教育論・実践を生み出し，ヴェルトハイマー（Wertheimer, J.

von）など多くのユダヤ人が汎愛派を担った。障碍者教育施設，職人学校，女子教育，教員養成機関，アメリカの黒人学校などの創設や支援に多くのユダヤ人が関与した。フランス初のろうあ教育の教師ペレイル（ペレイラ）（Pereira, J. R.）はモンテッソーリ（Montessori, M.）やセガン（Séguin, É. O.）に影響を与え，ヤコブソン（Jacobson, I.）の宗派混合学校（Simultanschule）は宗派間対話教育の先駆けとなった。20世紀以降の主なユダヤ系理論家・実践家に，フロイト（Freud, S.），アドラー（Adler, A.），デュルケーム（Durkheim, É），教育学者ピストラク（Pistrak, M. M.），野外体験学校創設者ハーン（Hahn, K.），精神分析家・青年教育運動家ベルンフェルト（Bernfeld, S.），教育哲学者シェフラー（Scheffler, I.），心理学者のシュテルン（Stern, W.），ルビンシュテイン（Rubinstein, S.），ルリヤ（Luria, A. R.），アイザックス（Isaacs, S.），ブルーム（Bloom, B.），レヴィン（Lewin, K.），コールバーグ（Kohlberg, L.）らがいる。

[参考文献] Lohmann, I. et al. (hg.) *Jüdische Bildungsgeschichte in Deutschland*, Band 1-8, Münster, 2001-2014／Skolnik, F. et al. (eds.) *Encyclopaedia Judaica* 2ⁿᵈ edition, Vol. 1-22, Detroit, 2007 （小野文生）

ユング

(Carl Gustav Jung, 1875-1961)

▶ 生涯　スイスの精神医学者，思想家。バーゼル近郊の小村に牧師の子として生まれる。バーゼル大学で精神医学を専攻し，チューリヒの病院でブロイラー（Bleuler, E.）の助手を務める。言語連想法や精神分裂病の研究を通じてフロイトの精神分析理論に接近し，1907年の最初の対面に前後して精神分析学派の主要メンバーのひとりと目されるようになるが，その後，理論的にも感情的にも齟齬が生じ，1913年，両者は決裂する。その契機となったのが『リビドーの変容と象徴』（*Wandlungen und Symbole der Libido*, 1912）

である。フロイトとの訣別により深刻な精神的危機に見舞われるが，その危機と克服の体験を通じて独自の深層心理学（ユングはそれを「分析心理学」Analytical Psychology と称している）を確立する。著書としては『心理学的類型』（*Psychologische Typen*, 1921）が，その画期とされる。その後は1961年に没するまでキュスナハトにて分析治療と著述の生活を送ったが，自らの理論の裏づけを求める思想的渉猟は，神話の比較研究からグノーシス主義や錬金術，中国の易にまで及ぶ。心理療法に関しては彼を中心としてユング派が形成される一方，「集合的（普遍的）無意識」や「元型」の概念を提起した彼の著作は，心理学・精神医学の範囲を越えて，芸術論，宗教学，精神史等，広範な思想領域において影響を及ぼしている。

▶ 思想内容　膨大かつ難解なユングの著作は多様な解釈の可能性を秘めているが，ストー（Storr, A.）や河合隼雄によれば，彼の思想の核心は「個性化」（individuation）ないし「自己実現」（self-realization）の過程における意識と無意識とのダイナミックな相互作用への着目にある。すなわちユングによれば，人間の心は「自我」（ego）を中心とした意識のレベルにおいて一定の安定性・統合性を保っているが，その安定性は無意識に由来する要因によって破られ（言語連想法を用いた初期の研究で彼が心理学にはじめて導入した「コンプレックス」の概念は，この攪乱要因を表すものである），より高次の統合性へと向かう傾向をもつ。そこには「自我」を超えて，無意識をも含んだ心の全体性を志向する機能が働いており，その統合の中心を，彼は「自我」とは区別して「自己」（self）と呼ぶ。したがって彼の言う「自己実現」とは，この心の全体性の実現の謂である。「外向―内向」という一般的態度に思考―感情，感覚―直観という四つの心理機能を組み合わせて八つの基本類型を示すユングのタイプ論も，パーソナリティの類別ということ以上に，意識レベルにおいて支配的な「主機能」と，無意識に

おいて未分化な「劣等機能」との――「自己実現」に向けての――相補的作用の解明をこそ主眼としたものである。

ユングにおいては、この「自己実現」こそが人間の生の究極目的である。「自己実現」や「個性化」という用語は、それが個的な自我の充実や拡張を意味するかのように誤解されやすい語感を持つが、むしろユングの意図は逆であることは、彼が無意識を、「コンプレックス」を内容とする「個人的無意識」（personal unconscious）と「集合的（普遍的）無意識」（collective unconscious）とに区別して、後者の存在を重視している点からも明らかである（なお collective は直訳すると「集合的」であるが、ユングが次第にそのア・プリオリ性を強調するようになったことを斟酌して、「普遍的」と訳されることも多い）。「普遍的無意識」の内容が、「影」や「アニマ・アニムス」、「グレートマザー」や「老賢者」等の「元型」（archetypes）である。「元型」とは、個人的な経験を超えた生得的な表象の可能性や行動の傾向と定義されており、それらが意識のレベルに作用する時には、夢や神話における象徴的イメージ（元型的イメージ）として表現される。「個性化」の過程とは、これらの無意識における諸要素との対決を通じて「自我」が自らの絶対化から離れ、心の全体性を志向する過程である。この過程には静止した到達点はありえず、いわば無限の彼方の到達点たる「自己」を象徴する元型的イメージが、グノーシス的に解釈された神のイメージであり、或いは仏教のマンダラであるとされる。

▶ **位置づけと影響**　「内向─外向」や「コンプレックス」等、彼の提起した概念のいくつかは教育心理学における必須事項となっており、とりわけ日本では河合隼雄の著作を通じてカウンセリング理論としては広く受容されているが、ユング思想の核心部分の教育（学）一般に対する影響は、その他の思想領域に対する影響力の大きさに比すると、未だ未知数にとどまっている。彼の「自己実現」概念は、自我の上向的な確立過程と同一視されがちだった従来の発達概念に、引退や老い、死といった人生後半の課題をも視野に入れた、新たな視角を開く可能性を孕んでいる（この点に関しては、エリクソンのライフサイクル論に対するユングの影響も指摘されている）。また、人間性の深奥に超個人的・普遍的な存在を見いだす「普遍的無意識」や「元型」の理論は、リード（Read, H.）の芸術教育論や近年の「ホリスティック教育」（holistic education）運動等、近代批判的な傾向をもつオルターナティブ教育思想・運動において、しばしば重要な拠り所とされている。

[**参考文献**]　全集（独語版）*Die Gesammelten Werke von C. G. Jung*, Olten 1958-83,（英語版）*The Collected Works of C. G. Jung*, Princeton 1953-79／『ユング心理学資料集（1990年度版）』山王出版　1990／河合隼雄『ユング心理学入門』培風館　1967／ストー, A.（河合隼雄訳）『ユング』岩波書店　1990／サミュエルズ（村本詔司・邦子訳）『ユングとポストユンギアン』創元社　1990／ミラー（吉田敦彦ほか訳）『ホリスティック教育』春秋社　1994／西平直『魂のライフサイクル――ユング・ウィルバー・シュタイナー』東京大学出版会　1997
（西村拓生）

ヨ

養　育
英 nurture／独 Ernährung

子どもの養育について、それが思想家の課題となったのは、きわめて古い。思想家という限定をもうけないならば、それは、おそらく人類史とともにさらにさかのぼることができよう。また、動物の世界においても、それぞれの種に固有の養育のすがたがみられるとすれば、その実態による類推は、際限なく、思想の抽出を拒むことになるだろう。

この意味で，人間に固有の問題として，養育の重要性に注目したのは，古代ギリシャの思想家たちだった。人間を社会（ポリス）的な存在として，人間形成（パイデイア）の基礎的な機能として，これをとらえていた。クセノフォン（Xenophon）は家政論のなかで，ごく簡単に「もし神々がわれわれに将来子どもたちを授けられるとすれば，われわれは，いかにすれば子どもたちを最もよく養育しうるか相談するだろう」とソクラテスとの対話でイスコスマスにいわせているだけである。クセノフォンにおける子の養育は，年老いたさいの彼ら夫婦の扶養への期待と対応していた。このような論理は，はるか後代のルターやアダム・スミス（『グラスゴウ大学講義』）にまで影響を及ぼしている。

プラトンの教育への関心は，それをひとの誕生以前に求め，生涯にわたることで貫かれている。『国家』では，「優秀な種族を生ませるための工夫」から考察される。明らかにリュクルグスの古代スパルタをモデルとしている。不良な嬰児は棄て，優秀な子どものみを，実の母親から離して選ばれた乳母の手で育てる。ポリス至上主義のもとに，「教育とは養育なのだ」と，プラトンは対話の当事者にいわせている。しかしながら，プラトンは，その後期の『法律』では，教育（パイデイア）はあくまで人間としての徳（アレテー）の形成をめざすべきであって，たんなる養育（トロペー）をもってそれととりちがえることのないように戒めている。アリストテレスは，『政治学』（ポリス論）で，子どもが5歳になるまでは，体力に合わせて食物を配慮すべきであり，また運動を重視し，寒気に対しても慣れさせるべきだといっている。5年経過したときに，はじめて，7歳までの2年間，子どもたちが将来自分で学ばなければならない学習への方向づけが与えられ，教育への移行がおこなわれる。アリストテレスが『家政学』で夫に教育，妻に養育の役割を指定したのは，明らかに養育のポリス的原理と矛盾していたが，それがアリストテレスの著作では

ないということがわかったのは，18世紀になってからのことである。

古代ローマにおいては，それはおそらく，はじめは，大カトー（Cato, M. P.）の『童子訓』やプルターク（Ploutarchos）の『英雄伝』が理想としていたような家庭での父親によるものであった。農耕社会として発達してきたローマでは，社会生活におけるのと同様，子どもの教育に関しても，父親の権威が強く支配していた。そのもとで，母親は，家政において，子どもを保護・養育する責任を負わされていた。父は子に対して絶対的な権利をもっていた。十二銅板法の「父権」（patria potestas）の規定によれば，障害をもった新生児を直ちに殺す権利を有し，また子の生涯を通じて，いわば子に対する生殺与奪権をもつ父は，同時に，子の養育と教育の担当者でもあった。しかしながら，それが頻繁に行使されたという記録はない。むしろ，初代皇帝アウグトゥスやネロの父がそうであったように，日常的にわが子の養育に悩むすがたさえもみられる。共和制の時代，父親に家長としての包括的な権利が与えられてはいたものの，家庭教育の実際的な中心は母親であった。子どもに健全な道徳的な感情を養い，正しく堅実な生活態度の育成に期待されたのは，直接的には母親であって，「母の膝下に教育せられること」は，ローマの教育の常道であった。しかしながら，帝制時代の道徳的退廃はまず家族生活にあらわれた。家族の中心である母親たちは家政と育児を奴隷の手に委ね，自らは享楽に熱中した。帝制期ローマの歴史家タキトゥスの描くゲルマンの子の養育における夫婦伴侶主義のすがたは，ローマの堕落した家族生活への批判を含んではいるが，ゲルマンの部族共同体での子の養育の実態は，むしろ，部族長老の管理のもとでの女性たちによる共同の仕事なのであった。

古典古代のそのような事態を大きく変えたのは，キリスト教の一般化だった。キリスト教は，父としての神，それに子としてのイエスの父子関係を本来のものとして，のちにこ

れに母マリアが加わり，やがて絶対不可視な存在としての神によって，子の養育は，この聖母子関係において理想化される神聖な営みとされていた。英語で今日の breeding の用例を包括的に指示する養育 nurture がラテン語の養育 educatio と対応するものとして登場するのは，すでに 14 世紀の前半においてである。「nature か nurture か」という素質・養育論争は，はるか後代の環境決定論者によって仕立てあげられたスローガンなのであった。授乳する聖母は，中世においては好んで画材とされるが，ルネサンス期を境として，これはすがたを消し，かえって，王冠をつけた聖母子像が絵画や彫刻の世界を彩る。新教は，むしろ，このような聖母子における子の養育をふたたび父権の包括的支配のもとにおこうとする。ルターは，ローマの法の継受という環境のもとで，家父長の絶対的優位を保証し，家長の役割は，家族を秩序のもとにおき，子どもを養育し，妻を指揮することに，家族の理想型を見いだしていた。この理想は，絶対主義にも受け継がれ，養育を指示する〈educatio〉の概念は，きわめて包括的で，ドイツでは〈Auf-erziehung〉と訳され，家政のプラクチカルなノウ・ハウの伝達は〈Unterricht〉といわれた。〈educatio〉や〈Auferziehung〉については，17 世紀では，たとえば Erziehung でさえもアヒルの飼育に用いられたりして，必ずしも人間の子の養育に限定されてはいなかった。

しかしながら，それは，家父と家母の関係が感受性領域の夫婦と子の関係へと移行する近代的な家族において，はじめて，訓育 Erziehung と知育 Unterricht が区別され，前者は家族に，後者は学校へと機能移譲されていく。ヘーゲルが『法哲学』でいうように，訓育に限定された養育は家族を解体し，子どもを市民的公共の世界に送り出すための機能でしかないのかもしれない。知育を主要機能とする学校がその目的を訓育とするとき，伝統的な養育は，すでに概念的には成立せず，権利義務関係として，法に規定されなくてはならなくなった。ヨーロッパの近代法は，例外なく「親の子に対する養育の権利義務と子の親に対する畏敬と恭順の義務」をさだめている。

およそヨーロッパとは異なった伝統をもつ近世以前の日本における「子育て」や「産育」の思想については，ここでは，取り扱っていない。

ここで，引用されているプラトン，クセノフォン，アリストテレスなどの古典には，そのほとんどすべてに邦訳がある。

［参考文献］　廣川洋一『ギリシア人の教育』岩波新書　1990／国原吉之助「古代ローマの子供たち」『古代文化』10-3，1963／山内芳文『ドイツ近代教育概念成立史研究』亜紀書房　1994
［関連項目］　プラトン／教育　　　　（山内芳文）

幼児教育

英 early childhood education, preschool education
▶ 語　義　　幼児教育をどのようなものとして定義するかについては，わが国ではこれまで，次の二つの定義が支配的だった。一つは幼児教育を，幼稚園・保育所で行われる教育として捉える定義，第二に，規範的定義で，そのような定義として今日，概説書においてしばしば見られるのが，幼児教育を「保育」として規定する定義である。その際「保育」は，とりわけ，学校教育との対比において特徴づけられる。すなわち，知識教授中心主義的で教化的な学校「教育」に対して，元来は教育自体の原理である自発性や自己活動の尊重において，保育は特徴づけられる。

これら二つの定義は，相対立するというよりも相補的であって，規範的定義は，幼稚園・保育所で行われている教育に意味と正当化を付与するものとして機能していた。

だがこれに対して，近年，幼児教育を，幼稚園・保育所における教育に限定的に捉えることに批判的な観点から，広く発達の初期段階における教育として幼児教育を定義すべきであるとの見解が，とりわけ発達心理学者を中心に提起されている（藤永 1990，無藤

1998）。このような定義の主張者は，情緒中心主義的な「保育」と知育中心的な教育とを区別することに対しても批判的で，むしろ心理学的な発達理論にもとづいて，子どもの発達過程を捉えることの重要性を強調する。

このような発達心理学者の見解は，アメリカの幼児教育界において支配的な幼児教育観を反映したものといえるだろう。だが，これをもって幼児教育の定義とすることは，心理学的な発達理論とは無縁の文化圏における子どもの成長過程の把握を困難にする一方，心理学的な発達理論というこの定義の前提を取り外せば逆に，対象領域が拡散してその境界を確定することが不可能になる。

アメリカの幼児教育関係の文献を見るかぎり，幼児教育の定義が明示的に提示されることは少ないが，実質的には，広狭二つの概念が使い分けられているように思われる。広義の幼児教育としては，発達の初期段階を担当する教育の全体が念頭に置かれるが，ただし実際に，幼児教育学の対象領域を確定する場合には，たとえば，「何らかの一貫した教育哲学にもとづくコントロールされた幼児の経験のプログラム」（White & Buka, 1987）といった狭義での幼児教育の定義が，とりわけ歴史的な記述を旨とする文献においては多く採用されている。その際，このような狭定義を採用することの利点は，従来の歴史記述に往々に見られる，制度史（幼稚園・保育所の歴史）と思想史（幼児教育理念の歴史）との二極分化に陥ることなく，プログラムの歴史として，統合的に幼児教育史を記述することができることである。

▶ 幼児教育プログラムの成立　そのような狭義の規定を採用すると，幼児教育の歴史は，コントロールされた経験のプログラムとしての幼児教育プログラムの出現と伝搬の歴史として，およそ以下のように概略できる。

その出現は，19世紀の初頭のヨーロッパ文化圏にさかのぼる。

その際それは，次の二つの契機の総合として捉えることができるだろう。第一には幼児を対象とする教育施設が，18世紀末から19世紀初頭にかけて，たとえば，オーベルラン（Oberlin, J.F.）の『編み物学校』（1779），オウエン（Owen, R.）による『性格形成学院』（1816）の幼児学校として，ほぼ同時発生的に出現したこと。幼児を対象とする施設の成立はいやおうなく，単なる経験則をこえた知見を幼児教育者に要求し，幼児教育者の日々の活動を援助するための技術学としての幼児教育プログラムの成立を促す。

第二に，ロック（Locke, J.）やルソー（Rousseau, J.-J.）の思想的営為を基盤として，人間の主体形成過程の解明を主題とする教育思想が成立したこと。17世紀から18世紀にかけて，それまでもっぱら，神と王権をめぐって展開されていた思想が，宗教，経済，道徳などの諸領域へと分化しはじめるが，それにやや遅れて，それら諸思想を，主体形成という観点へと統合することによって，教育思想が成立する。

これら二つの契機の総合は，先駆的にはオウエンに見いだされるが，本格的にはフレーベル（Fröbel, F.）の幼稚園教育学において結実する。その際，フレーベルにとっての第一の問題関心は，幼児教育施設における教育経験の援助ではなく，むしろ，教育をとおして人間をその本来の使命へと導くための教育のあり方を明らかにすることであった。乳幼児期にとりわけふさわしい教育的援助のあり方とはどのようなものか。この問いに対して彼が見出した解答が，恩物を用いた遊びだったのである。

遊び指導のためのプログラムは，フレーベルにあっては，教育の根拠づけと目的設定に関わる彼の哲学的な思弁と切り放しがたく結びついていた。おそらくそのままの形では，幼児の教育に携わる人々の援助となることは不可能であっただろう。

遊び指導のプログラムを，フレーベル独自の思弁から切り放し，それによって多様な場と設定に接続可能なものにする役割を果たしたのは，フレーベルの弟子であるフレーベル

主義者である。

　結果として，彼の恩物遊び指導のプログラムは，今日にいたるまで最も影響力の大きなプログラムの一つであることが判明した。それは，幼児教育の発生の地であるヨーロッパ文化圏を越えて，アメリカ合衆国へ，さらには世界各国へと幼児教育の概念を浸透させていく，重要な契機となった。

▶ **幼児教育プログラムの伝搬**　その後，今日にいたるまでの幼児教育プログラムの変容と伝搬のプロセスはおおよそ，次の三つの局面に分けて捉えることができる。

　第一局面　　これはすでに述べた局面で，ヨーロッパにおける展開を中心とする局面。時期的には18世紀の末から20世紀の初頭。

　第二局面　　世紀転換期以降。アメリカでの展開が，重要な情報発信源として機能し始める時期。当初，欧米圏の情報の受容者としての位置にあったアメリカの幼児教育界は，ドイツのペスタロッチ・フレーベル協会やイギリスのナーサリー・スクール運動の刺激を吸収しつつ，独自の幼児教育諸プログラムを発展させ，しだいに，さまざまな国々に影響力を発揮するようになる。その際，幼児教育プログラムの内的構造の変容にかかわって重要なのは，観念論的な思弁にかわって科学，とりわけ心理学理論が，幼児教育プログラムの基礎理論を構成することである。一方に，ゲゼル（Gesell, A. L.）の成熟説やフロイト（Freud, S.）の精神分析理論，デューイ（Dewey, J.）の進歩主義教育の諸理論の影響のもとに構成された児童中心主義的な幼児教育プログラム，他方にはソーンダイク（Thorndike, E. L.），スキナー（Skinner, B. F.）の流れを組む行動主義理論にもとづく幼児教育プログラムという，二つの異なるタイプのプログラムの間で緊張関係が続いたが，基本的には，前者の児童中心主義的なプログラムが主流を形成していく。なお，そのプログラムは，倉橋惣三をとおしてわが国の幼児教育界にも持ち込まれ，大正期から昭和期にかけて多大な影響力をもった。

　第三局面　　1960年代後半以降。依然として幼児教育プログラムの中心的な情報の発信源はアメリカであるが，その展開における世界的同時性の傾向が強まる。

　この局面の開始を特徴づけるのは，欧米，とくにアメリカにおいて本格的に遂行された補償教育計画である。その一貫として，学齢期以前の子どもの教育が中心的な課題となり，幼児教育改革が，各地で国家的規模で遂行された。そのもっとも著名な例が，アメリカのヘッド・スタート計画である。この計画の遂行は，とりわけ以下の三点に関わって，幼児教育界に大きな影響を及ぼした。

　第一に，幼児教育プログラムの教授学的質の変更。ヘッド・スタート計画において主流をしめたのは，補償教育計画の一貫として，知的発達の促進を重視するプログラムであり，それは，社会性と情緒性の発達を重視する，遊び中心の従来のナーサリー・スクールのそれとはまったく異質のものだった。第二に，プログラムの基礎理論を提供するのは，もはやゲゼルでもデューイでもなく，行動主義理論かピアジェ（Piaget, J.）の認知発達理論であり，第三に，このような基礎理論の変更に対応して，幼児教育の正当化の論拠も変化した。今や幼児教育の意味は，将来の人間的発達に対するあいまいな期待においてではなく，実証的な知見にもとづく有効性の保障に基礎づけられるのであり，「刷り込み」現象や「臨界期」など，動物生態学に由来する概念が，発達に対する環境・教育要因の科学的有効性を保障する概念として，広く一般にも浸透した。

　ヘッド・スタート計画はアメリカの幼児教育界にとって，諸刃の剣であったと見ることができるかもしれない。一方において，幼児教育界は連邦単位で推進された資本投下によって，長年の悲願であった，幼児教育の不可欠性についての社会的認知を獲得した。だが社会的に認知されたのは，彼女らが長年認知させようとしたのとはまったく質の異なるプログラムであり，しかもそれは異なる正当化

論理にもとづいて認知されたからである。

▶ **幼児教育理論の課題**　1960 年代後半から 70 年代前半にかけての世界的な幼児教育改革動向を経て，今日，欧米圏を中心とする幼児教育の先進地域においては，就園率も大幅に上昇し，幼児教育は実質的に学校教育の基礎段階としての位置を確立しつつある。しかし，200 年に及ぶその歴史において幼児教育界がはじめて享受するこの事態は，同時に，新しい課題をももたらした。第一に幼児教育の全体としての質の向上が，そして第二に，幼児教育の正当化論理の再構築が，緊急の課題として浮上した。

幼児教育の質の向上はなによりもまず，幼児教育カリキュラムの開発と整備として推進されたが，今日では，カリキュラムの整備を通しての画一的な教育水準の確保という方策の限界も指摘され，幼児教育教員の資質の向上とカリキュラムの向上の問題を，どう統合的に推進するのかが，教員養成や現職教育の問題も含めて議論されている。

他方，この間，もっとも一貫した正当化の論理を提供したのは，コールバーク（Kohlberg, L.）である。コールバークはピアジェの認知発達理論に教育の基礎理論を見出し，ピアジェ理論の有効性を，第一にそれが認知発達の普遍的目的を提示していること，そして第二に不可逆的な発達段階を提示していることにおいて基礎づけている。今日，ピアジェ理論は広く各国で，幼児教育領域の基礎理論として採用されていて，それは，幼年期を「前操作的段階」として，学齢期と異なる教育様式を推奨することによって，幼児教育の学校化に対する歯止めの機能をも果たしている。

とはいえ 1990 年代以降においては，このように幼児教育の基礎を心理学的な発達理論に求めることそのものに対する批判もまた提起されている。

第一に心理学的知見の蓄積と幼児教育領域へのその適用のもたらす困難がある。心理学研究の動向は当然ながら幼児教育界の要請と

は無縁のところで推移し，ピアジェ派，ネオ・ピアジェ派，ヴィゴツキー派，ネオ・ヴィゴツキー派，さらには情報処理理論など，さまざまな理論とその知見を，誠実に幼児教育カリキュラムや教員養成カリキュラムに取り込もうとする努力は，往々にして，多様な知見の寄せ集めに帰着する。結局のところ，実践に有効なものとして残るのは，長年変化しない実践的な経験則のみということにもなりかねない。

第二に，コールバークによって正当な目的として擁護されたピアジェの認知発達理論の示す目的も，西欧中心主義という批判を受け，結局のところ，発達理論は，普遍妥当的な目的を提示することはできないという認識が広まりつつある。その場合，目的の提示は，社会的，道徳的要請という，いわば理論外在的諸要因の調整に求められるしかない。かつて，フレーベルにあっては，主体の発達の構想のなかに切り放しがたく埋め込まれていた教授学的構想は，ここでは，教育の目的設定と正当化に関する議論との有機的な連関を失ったままにとどまることになる。目的設定自体を，フレーベルの思想内容に求めることはもはや不可能だろう。だが，フレーベルが当時の諸思潮を受容しつつ，主体の発達と教授法とを統合する思想を構築すべく行ったのと同様の努力が，今日，幼児教育関係者にも求められている。

▶ **今後の展望**　わが国の幼児教育界は，明治期におけるその発足以来一貫して，ここでたどってきたような幼児教育界の世界的動向，とりわけアメリカのそれを，言説形成の参照枠としてきた。とはいえ，長年の歴史的推移のなかでわが国独自の状況が形成されてきたこともまた確かである。

特徴的と思われるのは，発達心理学領域と幼児教育学領域との離反ともいうべき事態である。結果として，幼児教育学関係者の視野からは，カリキュラム形成や発達心理学的知見の幼児教育領域への受容という課題は欠落し，その関心は，保育者に向けてその行為の

正当性を提示することにもっぱら向けられがちであり，他方，このような幼児教育関係者の傾向に対して，幼児教育に関心をよせる少数の発達心理学者は往々にして，基礎理論としての発達理論という，アメリカの幼児教育界の動向をわが国にも導入しようと精力的な努力をすることに向かいがちである。

とはいえ，アメリカの動向を参照することは同時に，その抱える問題点をも同時に抱え込むことになる。このような状況にあって求められているのは，直截にアメリカのモデルを導入することではなく，むしろ，わが国の幼児教育界の状況を世界的動向のなかで捉え直すことであり，そのうえであらためてわが国が独自に抱える課題を定義し直すことであると思われる。

[参考文献] Bredekamp, S., Copple, C. (ed.), *Developmentally Appropriate Practice in Early Childhood Programs*. Revised Edition, National Association for the Education of Young Children, Washington, D. C. 1997／藤永保「幼児教育を考える」岩波新書 1990／倉橋惣三「就学前の教育」，『教育科学』第 6 巻所収，岩波書店 1931／Kohlberg, L., Mayer, R., "Development as the Aim of Education", *Harvard Educational Review*, Vol. 42, 1972／無藤隆『早期教育を考える』NHK ブックス 1998／Spodek, B. (ed.), *Handbook of Research in Early Childhood Education*, New York, London 1982／Spodek, B. (ed.), *Handbook of Research on Education of Young Children*, New York 1993／White, S. H., Buka, S. L., "Early Education: Programs, Traditions, and Policies", *Review of Research in Education*, xxiv 1987／Zimmer, J. (Hrsg.), *Enzyklopaedie Erziehungswissenschaft, Bd. 6. Erziehung in früher Kindheit*, Stuttgart 1984
[関連項目] ピアジェ （鳥光美緒子）

幼 稚 園
英 kindergarten／独 Kindergarten

▶ **幼稚園の誕生とその時代** 幼稚園という呼称は，フレーベル（Fröbel, F.）が 1840 年に設立した教育施設の総称として彼自身が名付けた Kindergarten（子どもの庭）に対する訳語である。当初，彼の計画した「一般ド

イツ幼稚園（Der Allgemeine Deutsche Kindergarten）」は，恩物（Gabe）の考案，製作のための施設である「幼児期および青少年期の作業衝動を育てるための施設」とその普及のための幼児保育者養成施設，その付属実習施設である「遊びと作業の施設」，さらに雑誌『日曜誌』を刊行する出版社を結合した壮大な施設であり，彼にとって，子どもの保育施設である「遊びと作業の施設」は「狭義の幼稚園」でしかなかった。この時代のドイツは急速な産業化にともない，共同体が崩壊し，「家庭」のなかでの親子関係が変化しつつあった。とりわけ，母と子の関係が疎遠化していくことは，フレーベルにとって，子どもと社会つまり祖国ドイツの危機と考えられたのである。幼稚園（Kindergarten）の構想は，こうした危機的状況からドイツ国民を救済するための構想であり，キンダーガルテンは単に子どもの保育施設としての庭ではなく，子どもが健やかに成長する環境としての家庭を意味する庭であり，それらが拡大することで出来うる理想的な国家ドイツを意味する庭であったのである。

▶ **先駆的保育施設と幼稚園の理論** フレーベルの幼稚園以前にも，先駆的な幼児教育施設を見ることができる。最も代表的な教育施設としては，フランスのプロテスタント派牧師オーベルリン（Oberlin, F.）によって 1770 年に設立された「編み物学校（Ecole a tricoter）」やイギリスのオウエン（Owen, R.）が設立した「性格形成学院（The Institute for the Formation of Character）」などがあげられる。それらの施設は，18 世紀後半の産業革命の結果，労働者の窮乏，婦人労働，児童労働の一般化による子どもたちの劣悪な生活環境から彼らを救済することを目的として設立された。こうした幼児期への関心の高まりと社会的要請によって，ヨーロッパ各国に，多くの幼児学校が制度化され，協会の設立や幼児の指導のための手引き書などが著されるようになる。しかし，これらの施設は，あくまで貧民階級の子どもたちを収容すること

目的とした「託児所」であり，断片的知識を強制的に伝授する「学校」でしかなかった。

こうした時代の要請に応える手段として，フレーベルもまた，新しい施設の構想をうちたて，これまでの託児所あるいは幼児学校とは根元的に異なる「幼稚園」での実践に着手するのである。

では，フレーベルにとって，幼稚園とは何であったのか。フレーベルは，人間（子ども）を神的本質を具有する存在ととらえ，人間の堕落の原因を生誕後の社会的影響とこれまでの誤った教育にみた。また，人間の発達を連続的なものと捉え，それぞれの発達段階の固有な価値を尊重するフレーベルは，乳幼児期の充実した生活こそ，豊かな成人期をもたらす上で重要な時期ととらえた。そこで，彼らの神的本質が最も損なわれていない乳幼児期の教育原理として，伝統的な学校，あるいは幼児学校においてもその主要原理であった命令的・規定的・干渉的教育を否定し，受動的・追随的教育の原理を主張したのである。「幼稚園」は，こうした彼の子ども観と教育観をもとにうちたてられた理論の具体的実践の場であり，園丁が庭の植物を育てるような教育の実践を保育者に求めたフレーベルにとって，新しい教育実践は，「学校」ではなく，「幼稚園（Kinder-Garten）」においてこそ実現出来うるものであったのである。

▶ **一般ドイツ幼稚園の意味**　フレーベルは，「一般ドイツ幼稚園」を「ドイツ婦女子による教育事業実施のための組合」の株式事業として運営する計画をたてる。この計画は，実際には，挫折することにはなるのだが，フレーベルのこの当初の企画に彼の幼稚園の意味を見ることができよう。この時代の母と子の関係に国家ドイツの危機を見たフレーベルにとって，母親あるいは今後母親になるであろう若い女性たちの教育は，最大の関心事であった。彼女たちを純真で母親的感覚をもち，宗教心に富む女性に育成することは，フレーベルが理想とする子どもたちにとって最良の環境である崇高な家庭をつくる種を蒔くこと

であり，その種が，やがて全ドイツに拡大することで理想的な国家を築くことにもなると考えられたからである。したがって，フレーベルにとって一般ドイツ幼稚園の意味は，狭義の幼稚園での実践にとどまるものではなく，より多くのドイツの女性たちに呼びかけ，そこで，精神的にも道徳的にも十分陶冶された適切な保育者を育成することで，国家ドイツを理想的な「キンダーガルテン」にするということにあったのである。「さあ，われわれの子どもに生きようではないか」というフレーベルのモットーは，子どもの保育を通して，つまり幼稚園の運動を通して，子ども，婦人そして全ドイツ国民の人間性の回復をめざそうとするメッセージでもあったのである。

▶ **幼稚園の世界的展開**　フレーベルが，その後に子どものための保育施設，遊戯および作業施設等の単独の施設にも「幼稚園」という呼称を使用したことで，この新しい子どもの保育施設の名称が定着し，1847年にはドイツ国内に10園の幼稚園が開設される。1851年に，これらの施設が無神論と社会主義施設という理由からプロイセン政府によって「幼稚園禁止令」がだされるが，このことが契機となって，フレーベルの熱心な弟子たちが普及活動を展開し，幼稚園という新しい施設とその理論が世界各国で紹介されることになる。それによって，イギリス，アメリカ等で，フレーベル運動が展開し，今日の幼稚園教育制度の基盤を築いていくのである。

しかし，フレーベル主義の幼稚園もその展開の過程で，形式主義化，あるいは歪曲化されていき，進歩主義理論やモンテッソーリ（Montessori, M.）の登場によって，20世紀初頭には，衰退していく。その後も，幼稚園教育の理論に関しては，フレーベルかモンテッソーリかといった論争，またそれぞれの思想の変容や復興，またシュタイナー（Steiner, R.）の理論や集団主義理論などの論争が世界的に展開されていく。そして，今日，幼稚園教育が制度として定着していく一方，その教育内容においては，多様な実践が展開さ

れているといえよう。

[参考文献] 岩崎次男編『幼児教育史』明治図書　1979／小笠原道雄『フレーベルとその時代』玉川大学出版部　1994／小原國芳，荘司雅子監修『フレーベル全集』玉川大学出版部　1981／Forest, I., *Preschool Education: A Historical and Critical Study*, Macmillan 1927／Raymont, T., *A History of the Education of Young Children*, Longmans 1937

[関連項目] 幼児教育　　　　　（磯部裕子）

余　暇（レジャー）

英 leisure／独 Freizeit, Muße／仏 loisir

▶ **語義**　レジャーの語源はラテン語の licere（許可されている）で，古仏語の leisir を経て英語の leisure となり，フランス語の loisir と殆ど同様の意味を形成した。leisure は 13 世紀頃には自由にできる時間，拘束されていない時間を意味していた。日本では遅くとも 1839 年には「いとま，ひま」と訳されていたが，次第に「余暇」と訳されるようになった。外来語としての「レジャー」が普及したのは，1960 年の経済企画庁の『国民経済白書』に用いられた頃からである。

▶ **定義**　ニューメイヤー（Neumeyer, M. H.）らは『レジャーとレクリエーション』（1936）のなかで「レジャーとは一日の生活時間から睡眠や労働，さらには洗面，食事，身支度，入浴などの生活必需時間を差し引いた後の自由時間である」としている。余暇社会学の権威デュマズディエ（Dumazedier, J.）は『余暇文明へ向かって』のなかで「レジャーとは，個人が職場や家庭，社会から課せられた義務から解放されたときに，休息のため，気晴らしのため，あるいは利得とは無関係な知識や能力の養成，自発的な社会的参加，自由な創造力の発揮のために，まったく随意に行う活動の総体である」と定義し，休息，気晴らし，自己開発の三つの機能を持つものとした。このようにレジャーは仕事・義務や生活必要時間から解放された自由な時間，そこでの活動，行為者の意識という三つの次元から定義される。こうしたレジャーの定義

と属性は，ホイジンガ（Huizinga, J.）が『ホモ・ルーデンス』で指摘した①すべての遊びは何よりもまず一つの自由な活動である，②遊びは「日常の」あるいは「本来の」生ではなく非功利的な活動である，③遊びはそれが行われる日常生活から区別される，④遊びは一つの秩序づけられた世界である，⑤遊戯とは自発的な行為である，⑥遊戯の目的は行為そのもののなかにある，といった遊びの属性と強い類似性をもっている。

▶ **レジャーと教育**　ギリシャ語の「スコレ」（σχολη 暇）がラテン語の schola（講義，学校）を経て英語の school となり，ラテン語の ludus（遊び）が学校の意味を併せもっていたことから理解できるように，古代ギリシャ・ローマにおいて「暇」と「遊び」は教育の重要な基盤であった。アリストテレス（Aristoteles）は「目的としての余暇」を説き，アスコリア（仕事）はスコレ（閑暇）のためにあるとした。モア（More, T.）は『ユートピア』（1627）で，男女共働の 6 時間労働制を前提として「公共生活に必要な職業と仕事から少しでも割きうる余暇があれば，市民はその全ての時間を肉体的な奉仕から自由な活動と余暇と教養にあてなければならない」とした。モアは余暇が人間形成と教育の本質的部分となる社会制度を構想していた。しかし全ての労働を奴隷に任せていた古代の自由民や農奴制に立脚していた中世貴族の特権的な暇は，産業社会の制度的なレジャーと区別される。したがって近代においても，有閑階級が社会的地位を求めて披瀝する衒示的消費を明らかにしたヴェブレン（Veblen, T. B.）の『有閑階級の理論』（1899）で分析されたレジャーとも異なる。デュマズディエがいうように「有閑は労働を否定するものであり，レジャーとは労働を前提とする」からである。レジャーはかつての自然の天候や農耕暦，宗教的祭日等の自然的，宗教的にもたらされる「休日」と異なり，機制大工業の進展のなかで達成されてくる労働時間の短縮がもたらす労働者の自由時間や有給休暇の増

大，社会制度に保障された自由時間における世俗的活動と個人の自由選択の増大を特色としている。デュマズディエはレジャーを近代の産業社会に固有の制度としている。レジャーの創出は19世紀初期からの労働時間短縮の動向と密接に関連していた。1840年代に10時間労働が一般化し始め，1919年のILO（国際労働機構）の第1号条約で一日8時間，週48時間労働の原則が確立され，以後，その原則が各国で制度化された。この過程で，暇や遊びを罪悪視するプロテスタント倫理はジョーレ（Jaures, J.）が主張したように，しだいに「労働者が常に労働時間短縮を要求してきたのは，肉体的活力の維持のためばかりでなく，豊かな家庭生活，読書，勉学，真の人間形成のためである」という考え方に変化した。レジャーは近代市民が真の人間形成を遂げるために保障されるべき権利として自覚されはじめた。1929年にはILO第6回総会で「労働者のレジャーとレクリエーションに関する勧告」が採択され，レジャーのための環境整備を重要な社会政策課題として位置づけた。レジャーは明らかに現代生活がもたらす人間疎外のアンチドーテ（解毒剤），自己充足と自己実現のバイパスと見なされ始めた。こうした動向のなかで，レジャー教育の必要性は次第に国際的なものとなった。1929年，英国とその連邦諸国の教育会議は日本を含む数ヶ国を招いてそのテーマに「教育とレジャー」を据えた。1932年には国際的なレクリエーション運動の組織である世界レクリエーション会議（第二次世界大戦で活動を停止し，1956年に国際レクリエーション協会として復活，1973年に世界レジャー・レクリエーション協会と改称）が結成され，離学青少年や成人の教育的活動や余暇の組織化を世界的に普及する活動に取り組み始めた。

　一方，近代のレジャーの性格を社会統制から捉える立場もある。産業革命期において自由時間は支配階級や社会改良家の恐怖でもあった。ベイリー（Bailey, P.）は『ヴィクトリア朝イングランドのレジャーと階級』

（1978）のなかで，労働者階級は工場規律によって監視できたが，工場外の自由な「中立地帯」（レジャーなどの非労働時間）における彼らの行動こそが支配階級の最大関心事になったとする。労働者階級に「レスペクタビリティー」（中産階級的行動様式）を身につけさせるために，支配階級や中産階級の改良家は労働者の社会不安をもたらす行動や低俗娯楽に対して「対抗娯楽」や「合理的レクリエーション」の普及と組織化という社会統制の戦略を展開したことを明らかにしている。イギリスでは，こうした戦略の上で19世紀初期から20世紀初期にかけて労働者クラブ，労働者大学，さまざまな宗教団体や青少年教育組織による余暇の組織化が進展した。戦間期になると国家が人々の余暇を組織化する傾向が顕著にみられた。アメリカでは公共レクリエーションの振興がニューディール政策の一環として取り組まれ，イギリスでは1937年にレジャーに対する最初の国家関与である身体訓練レクリエーション法が制定され，ナチズム興隆期ドイツでは1933年にKdF運動（Kraft durch Freude 喜びを通じて力を）が組織され，ファシズム興隆期イタリアでは1925年頃からドポ・ラボーロ運動（Dopo Lavoro 労働の後の意）が促進された。社会統制論はこうしたレジャー政策が国家効率と人的資源の面で最も重要な政策課題の一つとなった経緯を明らかにしてくれる。

　第二次大戦後，社会統制としてのレジャーと同時に，商業セクターによるレジャーの組織化も進展した。1950年代になると大衆のための「マス・レジャー」研究が飛躍的に進展した。アメリカでは1956年にフォード財団の支援のもとにリースマン（Riesman, D）を所長とするレジャー研究センターがシカゴ大学につくられ，レジャー研究が本格化した。しかし，レジャーが本来的に個人の自発的な活動であるという指摘にもかかわらず，大衆社会のなかでレジャーはますます商業主義の浸透する領分となった。マスメディアを通じてレジャーの欲望を刺激され，レジャー産業

によってその欲望が大規模に組織化され，それを大衆が大量に消費するというレジャー時代が出現した。しかし，今日，レジャーを市民の側に奪還し，商業主義のヘゲモニーを抑止し，レジャーと地球環境の保全を調和させるレジャー教育が求められている。1970年に国際レクリエーション協会によって採択された「レジャー憲章」は，全ての人がレジャーの権利を有し，完全な自由の下でレジャーを享受する権利を有すること，レジャー施設・資源の整備と保護，全ての人が年齢，性，教育程度にかかわらずレジャー時のあらゆるレクリエーションへの参加と教育を受ける権利を有すること等を明記した。同時にわれわれは，レジャーが文化創造の場である点を想起すべきであろう。イギリスのバーミンガム大学の現代文化研究センター（CCCS）の近年の研究はレジャーを従来の大衆文化論のように画一的で受動的な大量消費の領域と捉えるのではなく，また初期マルクス主義のように資本主義によって強制された領域と捉えるのでもなく，標準化と商品化に抵抗を示す抗争領域として把握しようとする視点を提起している。レジャーは単に既存文化と定型化された活動を伝承する場ではなく，時として清濁併せ持つ「遊び」の混沌のなかから新たな文化と活動形態を生み出す文化創造の場でもある。レジャーは休息や気晴らし，人間疎外からの回復という補償的側面だけでなく，新たな文化と価値を形成していく一つの重要な生活の領分なのである。

［参考文献］ Dumazedier, J., *Vers une Civilisation du Loisir*, 1962（中島巌訳『余暇文明へ向かって』東京創元社 1972）／Huizinga, J., *Homo Ludens*, 1938（高橋英夫訳『ホモ・ルーデンス――人類文化と遊戯』中央公論社 1963）／石川弘義編『レジャーの思想と行動』日本経済新聞社 1973

［関連項目］ スポーツ／遊び （阿部生雄）

吉田熊次

（よしだ くまじ，1874-1964）

明治から昭和時代にかけての教育学者。

1874（明治7）年山形県に農家の長男として生まれる。小学校卒業後，親の希望に反して中学校に進学，第一高等学校，東京帝国大学へと進み，実践哲学について研究を重ねた。ドイツの哲学，倫理学を学ぶが，儒教主義的な忠孝道徳ないし，国民道徳への傾斜は，生涯続いた。1900（明治33）年から1年間哲学館と浄土宗高等学院において教育学，倫理学，西洋倫理学史を講義し，1901年から修身教科書編纂に携わる。1904年，女子高等師範学校教授兼東京高等師範学校教授としてドイツに留学，哲学史，論理学，倫理学，教育学を学び，フランス，イギリスにも滞在した。留学中，反ヘルバルト主義の実験教育学を研究した。また，ドイツでは国際倫理協会連合の会議に出席するとともに，「教育勅語」を独訳してドイツ倫理教化協会において講演し，日本の道徳教育の理念を紹介した。帰国後，東京帝国大学文科大学の助教授を兼任し教育学講座を担当した。1913（大正2）年アメリカ，ヨーロッパを約1年歴訪し，1916年教授に昇任，1920年に定年退官。1917年臨時教育会議幹事，1924年文政審議会幹事として学制改革に携わった。1932（昭和7）年国民精神文化研究所員となったほか文部省の諸委員を兼務した。

吉田は，新カント派の批判的教育学や大正新教育運動などに対しては批判的立場にあった。ドイツ教育学のなかでもベルゲマン流の生物学的社会観を取り入れ，国家主義的な社会観を展開した。また，教育学を単なる学説史ではなく独自の領域を持つ学問ととらえ，その発展を強調した。彼は，人格の修養と品性の陶冶のためには訓練に関する理論の明確化が必要と考え『教育的倫理学』や『訓練論』（ともに1910年）を著した。また，女子教育の理論を論じ，社会教育の理論の必要性を説いた。さらには，西洋教育思想家の教育学説の概説史を研究して『西洋教育史概説』（1919）などを著したほか，「教育問題は教育学によって解説されるべきである」という理念を一貫して主張し続け，教育学を総合的な

学問として確立させようとした。

　著訳書は 60 冊以上におよぶ。このほか主な著作に，『ベルゲマン氏社会教育学及進化論的倫理学』(1900)，『社会的教育学講義』(1904)，『実験教育学の進歩』(1908)，『系統的教育学』(1909)，『国民道徳と教育』(1911)，『社会教育』(1913)，『独逸の教育』(1915)，『現今教育思潮批判』(1915)，『ドルトン・プランの批判』(1925) などがある。

　[**参考文献**]　吉田熊次「余の六十年」『教育思潮研究』第 8 巻第 2 輯，1934／「吉田熊次博士追悼」『教育哲学研究』11，1965／平田諭治「吉田熊次の道徳教育論形成過程における留学体験の意味」『広島大学教育学部紀要』40 号 1991
　　　　　　　　　　　　　　　（橋本美保）

ラ

ライン
(Wilhelm Rein, 1847-1929)

▶ 生 涯　ヘルバルト派の代表的教育学者。中部ドイツの小都市アイゼナッハにギムナジウム教授の息子として生まれる。シュトイ（Stoy, K. V.）およびチラー（Ziller, T.）の下で教育学を修め，ギムナジウムや師範学校での教育実践を積んだ後，86年シュトイ教授の後任としてイエナ大学で教育学を講じることになる。それより先，アイゼナッハ師範学校長時代にピッケルおよびシェラーとの共著で『ヘルバルトの原理に基づく民衆学校教授の理論と実践』（全8巻第1版 1878-85 第9版 1926）を出し，とくにそこで定式化された5段教授法を通して，この派の代表的理論家と目されるようになった。彼の83年間におよぶ永い人生で展開されたさまざまな思想と活動は，教育学に学問世界における市民権を獲得させるための戦いであったという視点から解釈されなければならない。大学教員としての主な業績は，『教育学概論』（90），多数の教育研究者を結集して完成させた『教育学百科事典』（全7巻 94-99 改訂版全10巻 1903-10），その成果をふまえた主著『体系的教育学』（全2巻 1902-6 改訂版全3巻 11-12）がある。

▶ 思想と活動　ラインの名を高からしめたものは，何と言っても，イエナ大学を拠点として彼が開設したゼミナール（大学在学生に教職教養と実践経験を与える目的をもつ）であり，それに付属している実習（民衆）学校であった。ここでの実践と研究は世界の研究者の注目するところとなり，各国から研修者を引きつけた。そこから世界に向けて発信されたのが5段教授法である。この方法は，ラインがチラーのものを受け継いだのだ，とされている。つまり，チラーがヘルバルトの『一般教育学』（1806）に見られるところの「明瞭・連合・体系・方法」の4段階において教授過程を捉えるという考えに注目し，「明瞭」の段階を「分析」と「総合」の2段階に分けて学校実践へ適用する道を開き，さらにラインがこれに「予備・提示・結合・総括・応用」という名称を与えることによって具体化したものだとされている。そのうえ，この段階説は，すべての教科，すべての授業時間に適用されなければならないと受け取られることによって，学校教育そのものを形式化し，図式化させる元凶となり，やがて新教育運動の手ひどい反撃にあうことになったというのが，これまでの通説である。しかしながら，ラインの主張を時間の経過を追いながら子細に検討してみるならば，たしかに文言上は一貫して5段教授法を主張し続けてはいるが，その内実は類化から抽象化の2段階説であり，重点は新しく教える教材を受け入れるための準備を生徒に十分つけさせることと教材の提示の仕方におかれていたことが明らかになる。このことは，5段教授法の原典となった『第1学年』（先の『理論と実践』の第1巻）の第6版（1893）になると，彼自身が3段，4段，5段といったことはただ外面的なことに過ぎず，「事柄自体においては本質的違いはない」と断言していることからもわかるのである。また，形式主義，図式主義にしたところで，チラー・ライン主義の「教授」とならぶ教育活動のもう一つの重要な領域である「訓育」をみるならば，園芸地や工作場での共同作業，学校祭，遠足，修学旅行，学校礼拝などに大きな役割を振り当て，生徒の自主的活動の重要性を強調していることが明らかになるはずである。ところが，ラインの教育思想を問題にした人々は，彼の教授技術論だけに焦点をあてていたところにむしろ問題があるのではなかろうか。

たしかに，ラインの永い活動期間を通じて，彼の活動には民衆大学，大学拡張といった社

会教育分野での活動や統一学校運動のような教育政策・制度面での活動，学術研究雑誌の発行など総体としての教育にかかわる注目すべき働きがあったことは疑うことはできない。だが，彼の初期の活動を特色づけた教授論が一定のライン像を強固に形づくっていることも否定できない事実である。虚像としての5段階説と他方ではその劇的な崩壊という二重の神話が教育現実に対してもっている意味は，今後も吟味されなければならないであろう。

[参考文献] 金子茂「W. ライン」『現代に生きる教育思想』第4巻ぎょうせい 1981／竹中暉雄『ヘルバルト主義教育学』勁草書房 1987／山内芳文「イエナ大学における教育学研究システムの確立について」『日本の教育史学』第13集 講談社 1970 （金子茂）

ラッシュ
(Benjamin Rush, 1745-1813)

アメリカの医者，政治家，独立宣言の署名者であり，公教育の提唱者。アメリカ精神医学の父。

フィラデルフィアに生まれ，カレッジ・オブ・ニュージャージー（現在のプリンストン大学）で教育を受ける。医学博士号を取得したあと，6年間フィラデルフィアで医師見習いとして医療にたずさわり，そののち2年間，スコットランドのエディンバラ大学に留学した。1768年に帰国，23歳でカレッジ・オブ・フィラデルフィア（現在のペンシルベニア大学）で，最初の化学の教授に就任した。ジョン・アダムズ，ジョージ・ワシントン，トマス・ペインと親交を結び，パトリック・ヘンリーと種痘をめぐって敵対する。独立後，陸軍病院の改善，コモンスクール（全州規模の無償公立初等学校）の設立，連邦大学の設立，監獄の改革，黒人教会の設立，女子教育の実施，死刑の廃止，郵便局の設置，新聞の無料配達制度の実施に取り組んだ。主著は，アメリカで最初の精神病研究書である『精神病にかんする医学的探究と観察』（*Medical Inquiries and Observations upon the Disease of the Mind*）。

ラッシュは，人間の治癒可能性，完成可能性を信じ，それにもとづいて社会改革をすすめようとしていた。ラッシュは，当時一般的だった，徳のある統治者／徳のない被統治者という二分法，またピューリタン的な，救われる者／救われない者という二分法を否定し，徳のない者も徳のある者になれると考え，その方途として，公教育と懲治監を提案した。とりわけ公教育は，子どもを「共和的機械」（republican machine）にする制度，つまり自分を自分で統治する自己統治者にする装置と考えていた。このような公教育で行われることは，知識教授とともに，身体規律であり，食事制限，生活習慣，遊び，労働などの，身体に対する働きかけをつうじて精神を成形しようとする試みだった。彼の死後，1830年代にようやくアメリカ最初のコモンスクールがペンシルベニアに設立された。

[参考文献] *Dictionary of American Biography*, 10 vols. New York: Charles Scribner's Sons 1936／Dumm, T. L., *Democracy and Punishment*, Madison, WN: University of Wisconsin Press 1987／Goodman, N. G., *Benjamin Rush: Physician and Citizen, 1746-1813*, Philadelphia: University of Pennsylvania Press 1934／Rush, B., *The Autobiography of Benjamin Rush*, Cambridge, MA: Harvard University Press 1948／田中智志編『ペダゴジーの誕生』多賀出版 1999 （田中智志）

ラッセル
(Bertrand Arthur William Russell, 3rd Earl Russell, 1872-1970)

イギリスの数学者，哲学者，評論家。厳密な数理哲学者，理性の情熱的な提唱者，宗教的ドグマや独断的・情緒的な思想の批判者，活動的な平和主義者。1950年78歳の時，ノーベル文学賞を受賞する。初代ジョン・ラッセル公の孫としてウェールズのトレレック（Trelleck）で，名門貴族の次男として生まれた。父親のジョン・ラッセルは自由党を率いて2回にわたって首相を務め，両親はとも

にミル（Mill, J.S.）の友人で，産児制限や婦人参政権を主張する自由思想家として知られていたが，2歳の時に母親と姉がジフテリアに罹って亡くなり，4歳の時に父親も病気で亡くなった。このためロンドン郊外のペンブローク・ロッジにあった祖父母のところに引き取られて養育された。祖母のラッセル卿夫人は清廉なピューリタニズムと自由主義とをあわせもつ人柄で，このことが少年時代のラッセルに大きな影響を及ぼしたとされている。厳格であると同時に快活で，何事にも積極的に取り組み，常に服装を整え，礼儀正しく時間に正確な人間として，言行一致の実践倫理を身につけることをしつけられたのはこの祖母からであった。祖母がパブリック・スクールでの教育を嫌ったため，主として家庭教師を通じて自学自習し，学校教育を受けなかったことで内向的で極端な恥ずかしがり屋の性格となったことが知られている。奨学金を得て18歳でケンブリッジ大学のトリニティー・コレッジに入学し，数学を専攻した。在学中に哲学のホワイトヘッド（Whitehead, A.N.），倫理学のG・E・ムーア，トレヴェリアン3兄弟と知り合っていくうちに数学から哲学へと関心を推移させている。卒業後，1895年にトリニティー・コレッジの特別研究員に就く。『自叙伝回想』のなかで，「わたくしの人生を支配してきたのは，単純ではあるが，圧倒的に強い三つの情熱である——それは，愛への情熱，知識に対する探究の情熱，そして，人類の苦悩を見るに忍びず，そのために注ぐ無限の同情である」と彼自ら書いているように，これら三つの情熱に導かれたラッセルの生涯にわたる活動範囲は，数学，哲学，記号論理学，経験論，実在論と現象論，科学論，性道徳論，社会思想，権力論，核兵器問題，国際平和活動，宗教倫理など多岐にわたっている。生涯で3回離婚し，4回結婚することになるが，22歳の時，祖母の猛烈な反対を押し切って5歳年上の女性と最初の結婚をし，新婚旅行でドイツを周遊する中でドイツ社会主義を研究する契機を得，帰国後

はフェビアン協会に属する人々と交わって，ウエッブ夫妻と親しくなるなど，社会階級，権力，戦争と平和などの諸問題に目を向けるようになった。平和主義の立場から第一次世界大戦に反対したため，ケンブリッジ大学講師（1910-16）の職を失う。ラッセルにとって第一次世界大戦がきわめて大きな意味を持っていたことは，「わたしの生涯は第一次世界大戦の勃発の前と後という二つの時期に分かれる。この戦争はわたしから多くの偏見を振り落とし，新たに多くの基本的問題について考えさせた」ということばに示されている。（『自伝的回想』）以後，中国，ソ連，アメリカを旅行し，日本も訪問した（1920）。数学と哲学との融合は，その大著『数学原理』（*Principia Mathematica*, 3 vols, 1910-13, ホワイトヘッドとの共著）にまとめられ，これによって数理哲学および記号論理学に貢献した。哲学者としては，物質でも精神でもない中性的な実在を想定する新実在論または中性的一元論を代表し，マッハ主義の立場に近い。晩年は，核兵器廃絶運動やヴェトナム戦争反対運動などの平和運動に身を投じ，1961年には核兵器反対の座り込みに参加したかどで逮捕拘留されたが，このとき89歳であったラッセルの言行一致の毅然たる平和志向の姿勢は，全世界の理想主義者に勇気を与えた。

教育問題については，自らの体験に基づいたいくつかの著作を残している。とりわけ，1926年に公刊された『教育論』（*On Education*, 1926）では，主として幼年期の教育問題を扱いながら，ラッセルの人生観や知識観をちりばめながら，一般向けに，独自の教育論を開陳している。また，『教育と社会体制』（*Education and the Social Order*, 1932）では，平和主義思想を背景に，国際比較の中での教育問題を幅広く扱っている。これらの文献に見られるラッセルの教育論の骨子は，次の命題群にまとめることができる。(1) 教育の営みは国家を偉大にするためではなく，個人がより確かな知識を探究し，それによってより幸福な世界を創造するためである。(2)

人間の性格教育の基本は子供の誕生と共に始まるので，適切な早期教育を行うべきである。(3) 言語の教育は，このような性格教育の一環として早期に行うべきであり，外国語の教育も早教育の課題になるべきである。(4) 性教育は思春期になってからではなく，それ以前にさまざまな類推を通じて行うのがよい。(5) 体罰は愛情の欠如に他ならないので絶対に避けるべきであり，それによって失うであろう教育の信頼はいかなる努力によっても回復できないので，常に子どもの内側から愛情が解放されるような家庭教育が重要である。(6) 子どもの発達の諸側面を外的な権威やドグマで管理するのではなく，自発的な好奇心を刺激し，知的な冒険の精神を植え付けるようにすべきである。(7) 人間が本来的に持っているかも知れない闘争心は，戦争とかその他の暴力的なことに向けるのではなく，病気とか貧困といった社会に通底する戦いに向けられるべきである。(8) 教育の場では，男女，貧富，民族，習俗，慣習，宗教，職業など，いかなる差別もしてはならない。知識はすべての者が所有して初めてその価値を増すからである。この背景になっているのは彼自身の子ども時代の体験であるが，ラッセルの知行合一の精神は自らを教育実践者へと駆り立て，1927 年，新しい実験学校としてビーコン・ヒル・スクールを妻と共に開校している。しかし，この学校では子どもの自由を最大限に尊重していたので，生徒の生活は混乱し，結果的には成功しなかった。このためラッセルは，後年，子どもを完全な自由状態にしておいては教育はできないので，少なくとも約束を守らせ，清潔にさせ，他人の財産を尊重させ，規則正しい日課が必要であるとして，子どもの自由を発達段階や学習段階に応じて「制限」する必要性を説いている。

[参考文献] *Philosophy of Leipniz*, 1900／*The Principles of Mathematics*, 1903／*The Problems of Philosophy*, 1911／*Our Knowledge of External World*, 1914／*Justice in War-Time*, 1916／*Mysticism and Logic*, 1918／*Roads to Freedom*, 1918／*Introduction to Mathematical Philosophy*, 1919／*The Analysis of Mind*, 1921／*On Education*, 1926（堀秀彦訳『教育論』角川文庫 1954，安藤貞雄訳『ラッセル教育論』岩波文庫 1990）／*The Analysis of Matter*, 1927／*Sceptical Essays*, 1928／*The Scientific Outlook*, 1931／*Education and the Social Order*, 1932（鈴木祥蔵訳『教育と社会体制』明治図書 1960）／*A History of Western Philosophy*, 1946／*Human Knowledge, its Scope and Limits*, 1948／*Unpopular Essays*, 1950／*New Hopes for a Changing World*, 1951／*Satan in Suburbs*, 1953／Alan Dorward, *Bertrand Russell*, 1951／*The Collected Papers of Bertrand Russell*, 1983-／Pears, D., *Bertrand Russell and the British Tradition in Philosophy*, 1967／Ayer, A. J., *Russell*, 1972　　　　（北本正章）

ランゲフェルト

(Martinus Jan Langeveld, 1905-1989)

▶ 生 涯 「子どもの人間学」の創始者として，オランダの国際性を体現した学者であるとともに，教育者をもって自任する臨床家でもあった。教師であった父親の影響で非凡な語学力と芸術的感性をもち，アムステルダム大学で教育学を，またドイツでハイデガー，カッシーラーらに哲学，シュテルンに心理学，リットに哲学と教育学を学ぶ。大学卒業後，ギムナジウムの教師になるとともに，臨床家として教育相談を行う。1939 年よりユトレヒト大学の助教授となり，同大学に教育学研究所を設立。1946 年から 1971 年まで同大学教授。英仏独蘭語で書かれた著書，学術論文が多数ある。

▶ 思 想 学際的な知見を背景に教育の現象学を展開した，教育学における人間学的転換期の代表者である。彼は実証主義的な科学の機械論的発達観を批判し，意味探索の道程として人間の発達を規定する。自己形成は意味付与を通じて世界形成と表裏一体のものであり，その意味で発達は他者や世界との対話的関係における創造的過程である。しかもこのような発達は教育者の援助を必要とする。彼の発達観に表れている，教育学的に練り直

された世界内存在としての人間観は、「教育されねばならない動物（animal educandum）」という定式に集約される。この定式は人間が教育可能な存在であることを前提として含み、教育によってしか自らの本質を発揮できない存在という意味で、教育の必要性をも表現している。と同時に、「教育せねばならない」存在でもあるという意味で、大人の責任性をも指示しているのである。この点で、教育という現象を通して明らかとなる「大人」とは、自己独自の価値判断にもとづいて行為しうるとともに、その責任をもみずから引き受けうる、しかも子どもやその他社会的弱者の「代理の責任」を担いうる具体的な一個の「人格」である。したがって教育とは、このような人格にまで子どもが自己形成しうるよう援助することである。彼の教育学の特徴は、このように規範性を必然的にともなう教育という事象を、絶対的な規範や法則からではなく、あくまで生活世界における具体的な人間の行為そのものから、そこに潜在化している人間についての理念を露呈しつつ分析する点にあり、行為へと方向づけられた主観的・客観的データの総体である「教育的状況」を対象とする、現象学的分析（内在的還元）によって展開される。ただし、このような人間学的方向性において、従来のさまざまな人間学が、人間存在において独自の価値をもった「子ども」という存在形式を無視している点を批判し、発生的観点から「子どもの人間学」の必要性を強調した。

［参考文献］Langeveld, M. J., *Einführung in die theoretishe Pädagogik*, 7. Aufl., Stuttgart 1969／Langeveld, M. J., *Studien zur Anthropologie des Kindes*, 3. Aufl., Tübingen 1968
［関連項目］リット／教育人間学／子ども
（荒井聡史）

リ

リード
(Herbert Read, 1893-1968)

▶ 生涯　英国の詩人、思想家。ヨークシャーの農家に生まれ、リーズ大学在学中に第一次大戦に従軍。戦後、T・S・エリオット（Eliot, T. S.）等と共に文芸誌『クライテリオン』を創刊して詩人、評論家として頭角を現す一方、ヴィクトリア・アルバート博物館に勤務して美術史研究に従事する。エディンバラ大学の美術史講座教授を経て、バーリントン・マガジン（王立美術院の機関誌）編集長。当時の最新思潮であった精神分析理論の文芸・美術評論への先駆的導入者のひとりとしても知られる。いわゆるリバータリアンとしてのアナキズム的社会思想を背景として芸術教育にも関心を抱き、第二次大戦中に『芸術による教育』（*Education through Art*, 1943）を執筆。これは『平和のための教育』（*Education for Peace*, 1949）と共に世界的に読まれ、戦後の芸術教育運動に指導的役割を果たした。また戦後、ユング（Jung, C. G.）と親交を結び、英語版ユング全集の編者やエラノス会議の講師を務めた。多領域にわたる著書は 80 数冊に及ぶ。

▶ 思想内容と位置づけ　教育論上の主著とされる『芸術による教育』は、子どもの自発的・個性的な表現活動を尊重するという、新教育における美術教育の新たな潮流を総括し、それを心理学をはじめとする諸科学によって基礎づけようと試みた著作であり、その教育史的意義は、19 世紀末以来の芸術教育運動の成果を戦後に媒介し、各国の美術教育の方法に強い影響を与えた点にある。しかしリード自身は、この著作に込められた次のようなラディカルな真意は理解されることが少なか

った，と述懐している。すなわち，教育論の
みならず彼の思想全体の根底にあったのは，
宇宙全体が美的な原理に打ち貫かれていると
いう詩的直観である。彼にとっては人間の生
のあり方も ── 道徳的行為の秩序にせよ社会
秩序にせよ ── 本来はすべて「美的なるも
の」(the aesthetic) という根源的ダイナミ
ズムの一つの位相にほかならない。このよう
な形而上学的な理念にもとづきリードは，道徳
的陶冶も社会的形成も，すべて美的経験によ
ってこそ可能となる，という意味で「芸術を
あらゆる教育の基礎とすべし」と主張したの
である。1950年代以降，円熟期の芸術論・
教育論 (*The Forms of Things Unknown*,
1960 ほか) においては，彼はこのような自
らの理念に対する支持をユングの「普遍的無
意識」や「元型」の理論に見いだし，ユング
に強く傾倒している。またそれと並行して，
カッシーラー (Cassirer, E.) の「シンボル
形式の哲学」等に依拠して，芸術活動の本質
を「現実の美的な認識」であるとする立場か
ら芸術教育の哲学的基礎づけを試みており
(*Icon and Idea*, 1955 ほか)，この理論的方向
は現代アメリカの記号論的色彩の強い芸術教
育理論に継承されている。

[参考文献] リード (植村鷹千代・水沢孝策
訳)『芸術による教育』美術出版社 1953／リ
ード (宇佐美英治訳)『イコンとイデア』みす
ず書房 1957／リード (長谷川鑛平訳)『見え
ざるものの形』法政大学出版局 1973／Wood-
cock, G., *Herbert Read: The Stream and the
Source*, London 1972／Thistlewood, D., *Herbert
Read: Formlessness and Form*, London 1984
(西村拓生)

リヴィジョニスト
英 Revisionist

▶ **語義** 狭義のリヴィジョニストとは，
一般に「修正主義」を意味するが，教育史に
おいては1970年代におもにニューレフト史
学の台頭に呼応して登場したアメリカ教育史
学者をさしている。カッツ (Katz, M. B.)，
スプリング (Spring, J.)，カリアー (Karri-

er, C. J.)，ラザーソン (Lazerson, M.)，ボー
ルズ = ギンタス (Bowles, S., Gintis, H.) など
である。なお，あまり一般的ではないが，こ
の言葉はすこしひろい意味でも使われる。す
なわち，リヴィジョニストは「普遍的な公教
育が諸階級・諸民族のへだたりをこえてすべ
ての人々に恩恵を与えてきた」というカバリ
ー流のホイッグ教育史像を批判的に超克しよ
うとした教育史家全体をさすこともある。そ
の場合，カッツらの前者は「ラディカル・リ
ヴィジョニスト」とよばれ，後者のベイリン
(Bailyn, B.) やクレミン (Cremin, L.) は
「文化的なリヴィジョニスト」とよばれる。

ラディカル派も文化派も，ホイッグ的な教
育史像を否定するという点では一致している
が，次のような違いがある。一方で文化派は，
進歩主義的な教育史学を批判し，アメリカ文
化の広義の「教育作用」(educative effects)
のなかで学校の果たした役割はたいして大き
くないと考え，教育概念を世代間の文化伝達
にまで拡大し，「教育文化史」を提案した。
また文化派は，教育をヒューマニズム追求の
営みとみなしている。他方でラディカル派は，
学校の果たした「社会化」(socialization) の
機能は大きいが，それはアメリカ社会を不平
等な方向に導いたと批判している。とりわけ，
①学校改革の主導者は支配的なエリートの利
害を反映した政策を展開し，②労働者階級や
非プロテスタント系移民，非白人移民の公立
学校にたいする批判は，政治過程においてエ
リートによって懐柔されるために，③現実の
学校は白人プロテスタントの上層中産階級の
高い社会的位置を世代間にわたり再生産し，
労働者階級や非白人移民の低い社会的位置も
世代間にわたり再生産してきた，と論じてい
る。

たとえば，クレミンにとっては，アメリカ
の進歩主義教育運動は産業経済の構造変化と
ともに多様化しつつあったハイスクールの就
学人口や生活形態にたいする対応であり，デ
ューイやアダムズの教育思想は，この対応策
として学校を多面的に活用することを主張し，

かつ出自の多様な個々の子どもの適性に合った教育方法を提案するものであった。これに対して、たとえばカッツにとっては、アメリカの進歩主義教育運動はエリートの政治経済的な利害（階級利害）を反映した「社会統制」であり、デューイやアダムズの教育思想は、学校の官僚制化や効率志向を加速するものであり、産業教育・ガイダンス・能力別編成などの新しい教育方法は、大挙して押し寄せた非白人プロテスタントのハイスクール進学者をクーリングアウトし、その多くをマニュアル労働従事者に位置づける方法だった。

▶ **リヴィジョニストの方法論**　リヴィジョニストは、これまでにないほど広範な領域（学校教育のみならず、家族形態・労働形態・生活様式・階級構造）の記述的かつ計量的な史料を活用したという意味で、アメリカにおける教育社会史の最初の試みであった。しかしリヴィジョニスト、とりわけ狭義のリヴィジョニストの新しさは、その視界の広さよりも、その批判的な方法論である。

　第一にリヴィジョニストは現在から過去をみるという方法をとっている。カッツは、「いかなる歴史家も、現在の世界について考えるときのカテゴリーと過去について研究するときのカテゴリーとを完全に切断できない。歴史家の抱いている関心は、歴史叙述に必要な主題を形成し、実質的に無限に供給される〈事実〉なるものからなにを選ぶかを決定する。……私の関心は……現在の都市部の教育を改革するうえで役に立つ視界を人々に提供することである」とのべている。

　第二に、とりわけ狭義のリヴィジョニストは、しばしば強力な社会理論を援用している。彼らにとって社会理論を歴史叙述に援用することは、教育史学に「説明科学」を導入することであり、これまでの歴史概念、つまり物語的な歴史を「趣味の世界」においやることを意図していた（カッツ）。

　第三に、狭義のリヴィジョニストは、過去の教育政策決定者のイデオロギーを析出し、それを告発することをめざした。史料にある言葉は疑われるべきレトリックであり、それを文字どおり真に受けることは、過去の人々に同じようにそのイデオロギーにとらわれることであった。

▶ **リヴィジョニスト批判の含意**　1980年代にはいると、狭義のリヴィジョニストに対する批判が喧しくなった。ラヴィッチ（Ravitch, D.）やコーエン（Cohen, S.）は、リヴィジョニストはイデオロギーに目隠しされて、「政治的な中立性」を欠き、したがって「歴史的な客観性」を欠いている、と非難した。つまり、リヴィジョニストは自分のイデオロギーに合致した歴史像に歴史叙述を適合させるために、つごうのわるい史料を意図的に（ないし無意図的に）看過している、と論じたのである。

　イデオロギー批判をめざしたリヴィジョニストがイデオロギーに毒されていると批判されたことは、皮肉なことである。しかし、ラヴィッチらのリヴィジョニスト批判は、彼女ら自身にも向けられるべきである。彼女らもまた、自分たちの中立性・実証性というイデオロギーに符合する史料・方法を（無意識のうちに）選んでいると考えられるからである。また、リヴィジョニストの歴史叙述の特徴は、たんに彼らの政治的な立場（イデオロギー）にもとづくものというよりも、教育理念の内容よりもその（逆）機能を重視し、また「歴史的な客観性」なるものが一義的に保証されるものではないという解釈学的な理解概念を重視する、という方法論的な立場に由来している。

　つまりリヴィジョニストも、その政治的な目的と社会理論によって歴史的な想像力を矯め、自家撞着におちいる可能性をもつだろうが、リヴィジョニスト批判者もまた、その中立性と実証主義というイデオロギーによって歴史的な想像力を矯め、自家撞着に陥る可能性をもっている。ようするに、リヴィジョニストもリヴィジョニスト批判者も、同質の方法論的な問題をかかえている。

　［**参考文献**］　Cremin, L. A., *American Educa-*

tion, New York 1988／Feinberg, W., *Understanding Education*, New York 1983／Karier, C. J., Violas, P., Spring, J., *Roots of Crisis*, Chicago 1973／Katz, M. B., *Class, Bureaucracy, and Schools* 1975（藤田英典ほか訳『階級・官僚制と学校』有信堂　1989）／Ravitch, D., *The Revisionist Revised*, New York 1978／森田尚人『デューイ教育思想の形成』新曜社　1986
［関連項目］　進歩主義教育　　　　（田中智志）

理　解
英 understanding／独 Verstehen

▶ 語　義　　一般的には，言葉や事柄の意味を把捉することをさす。理解を精神科学の独自の方法として主題的に論じたディルタイ（Dilthey, W.）は，「感覚的に与えられた精神的な生の表現（すなわち言語，身振り，芸術，制度その他いっさいの文化や歴史的世界）」から，この精神的な生が認識されるにいたる過程を「理解」と定義する。「永続的に固定された生の表現」を技術的に理解することが「解釈」であり，この「理解の技術論」が「解釈学」と呼ばれる。西欧の知的伝統のなかで，理解の技術は，古代ギリシャにおいてホメロスの詩やデルフォイの神託を解釈するために必要とされて以来，古典的著作，聖書，法典といったテクストを理解する技術，すなわち文献学，神学，法学の基礎学，「特殊解釈学」として成立してきた。17世紀には，あらゆるテクストに適用可能な，理解の原則や規則を体系化しようとする「一般的解釈学」の構想が現れるが，この構想は19世紀以降，シュライエルマッハー（Schleiermacher, F. E. D.）を嚆矢とする近代の解釈学によってはじめて体系的理論への道が開かれる。

▶ 解釈学における理解　　［ディルタイ以前］シュライエルマッハーは，「理解」や「解釈」の営みそれ自体に注目して，学としての解釈学の理論構築をめざした最初の人物といえる。彼は，テクストの意味の自明性を前提として自ずから生じる日常的な理解と，そのような理解が行き詰まったときに求められる技巧的なよりよい理解とを区別し，この厳密な理解

のための一般的技術論を解釈学と呼ぶ。解釈学的な理解には，テクストを言葉とその形態から客観的に理解しようとする「文法的解釈」と，テクストを著者の思考における事実として再構成し，主観的に理解しようとする「技術的解釈」の二つの方法がある。両者は相互補完的であって，「技術的解釈」のめざす「著者を著者自身よりもよりよく理解する」ことも「文法的解釈」に基づいてのみ可能となる。シュライエルマッハーの他に，ディルタイへといたる19世紀の「理解」論の系譜として，文献学をある時代の民族の生活を歴史的に再構成する方法として位置づけたベック（Böckh, A.），歴史学の方法原理としての「理解」を自然科学の「説明」と峻別したドロイゼン（Droysen, J. G.）の名があげられる。

［ディルタイ］　　ディルタイは，ドロイゼンの方的二元論を踏襲し，「理解」を精神科学の独自の方法として基礎づける。彼によれば，人間の生の全体性は，自然現象からいくつかの要素を抽出し，仮説や推論によってそれらの要素の因果連関を構成しようとする自然科学の認識方法，すなわち「説明」によっては捉えられず，生動する生を分節化し，あるまとまりとして一体性を形成する「意味」の連関において，すなわち「理解」によって把捉されるのである。では，このような理解や解釈はいかにして可能となるのか。人間は常にすでに自己の生を生きており，自己の生を「体験」している。この主観的な内的体験は，意識的，無意識的に外的な「表現」として客観化され，このような表現に即して体験が「理解」される。したがって，理解は「追体験」でもある。追体験としての理解は疑似的原体験であると同時に，創造的再現の体験でもある。ここに体験―表現―理解という円還的な解釈の運動が成立する。また，ディルタイにおいて理解は基本的形式と高次の形式とに区分される。理解の基本的形式は「個々の生の表現を解釈する」ことであり，生の表現とそこに表現された意味との間の規

則的な関係を媒介にしながら遂行される，生の同形性を前提とした類比推理である。理解の高次の形式は「与えられた表現から帰納推理の形で全体の連関を理解する」ことをめざす。それは生の表現とその意味とが齟齬し，基本的形式の理解が停滞する場合でも，それぞれの表現の根底にある人間的生の普遍的連関を理解しようとするものである。ここにおいて部分と全体の「解釈学的循環」が生じる。個々の生つまり部分の固有の意味を規定するには，全体の生の意味連関を予想せねばならず，逆に全体の意味連関を確定するには，部分の意味規定をまたねばならないのである。理解は部分の意味規定と全体の意味確定との循環的運動によって遂行される。

　［ディルタイ以降の展開］　解釈学的循環の問題を積極的に引き受け，理解を「存在理解」へと展開したのは，ハイデガー（Heidegger, M.）である。人間がある道具を使用できるのは，彼がこの道具の「存在」を「－として」あらかじめ理解しているからである。そしてこのことは同時に人間が自己自身の「存在」をも理解していることを意味する。人間的存在者すなわち現存在はそこにおいて他の存在者（道具）が存在する場であり，そのように他の存在者を存在させることによって，人間的存在者もまた存在する。現存在は常に事実として何らかの「存在理解」のなかで生きており，この先行する理解を手がかりにしそれを仕上げることが，『存在と時間』（1927 年）における「現存在の解釈学」の意図であった。「解釈において理解は何か他のものになるのではなく，それ自身になる」のである。

　ハイデガーにしたがってガダマー（Gadamer, H-G.）は，理解を歴史的に形成された有限な状況のなかに常にすでに投げ出された人間の存在の仕方と見なしている。ガダマーにとって理解は，自己の有限性を知り世界観の変更を促すような他者との出会いの経験ないし対話にもとづくものである。このような理解はその対象である他者を他者として認め，

ある事柄についての他者の見解と「われわれの見解と思い込み」すなわち「先入見」とを対決させることによって生じる。それゆえに他者の見解とわれわれの見解との共通性はむしろ理解の妨げとなる。理解とは，自己と異なる他者の見解と出会うことによって引き起こされる自己の先入見の修正に他ならない。それは両者の地平（ないし視界）の弁証法的「溶融」の過程であり，ここで他者を理解することは他者との「了解（Verständigung）」となる。今日，理解の学としての解釈学は狭義の哲学思想にとどまらず，きわめて広範な知的領域に浸透し，現代思想の大きな潮流となっている。

▶ **教育における理解**　教育の実践的場面において理解は，一方で教育者の課題として，他方で学習者の課題として捉えられる。教育者は被教育者である子どもについて理解することを求められる。この理解は解釈学における他者の生の理解につながるものであるが，発達の途上にある子どもたちを彼らの主観的個人的状況のなかで理解すること，子どもの側へと視点を転換し彼らを「受け入れ」「是認する」ことをより強く含意する。ドイツ語圏での「教育的理解」の語はこの意味で用いられることが多い。また，今日の日本においても教育者に求められる共感的理解，カウンセリング・マインド等として，教師教育上の課題となっている。

　学習者には与えられた学習課題について理解することが求められる。学習者が「国語を正確に理解」すること，数量，図形などの「概念や原理・法則の理解」を深めることは教育の目標である。ここでは教育者が学習者の理解をいかに支援するか，また学習課題について理解するとはいかなることかが問われる。この問題は近年，認知科学的立場での「理解」研究として佐伯胖等によって展開されている。佐伯によれば，学習者の課題としての理解すなわち「わかること」は，単にある課題の解き方を知ることではなく，ものごとの意味や理由，さらに現実世界でのその意

義を自らの経験を通して実感していることをさしている。このような「理解」研究の方向は、人間の内的な認知過程を情報処理システムとして解明することを一つのねらいとしており、先にみた解釈学における理解とは文脈を異にしている。しかし、認知科学的研究の成果である「理解が状況に依存する」という洞察は、全体的状況のなかでのあるものの「意味」の理解という点において「個と全体の解釈学的循環」と無縁のものではなく、ともに学習者の理解の在り様を提示している。また、認知心理学において近年注目されている「メンタルモデル」は、理解や誤解の背後に常にすでに存在する、無意識的に構成された外界の事象についてのイメージ、「思いこみ」であり、解釈学の鍵概念である「先入見」から敷衍するならば、既存の「メンタルモデル」の齟齬に直面してこれを組み替えることが、学習課題のよりよい理解につながるといえる。認知科学と解釈学における理解の基点は異なるが、解釈学的理解を学習者が遂行する理解の行為ないし認知の過程として教育的に読み解くことは双方の立場にとって必要で可能な試みであろう。

［参考文献］ Dilthey, W., *Gesammelte Schriften*, Bd. V, Stuttgart 1957（三枝博音・江塚幸夫訳『記述的分析的心理学』モナス　1932、久野昭訳『解釈学の成立』以文社　1973）／ボルノウ, O.F.（小笠原道雄、田代尚弘訳）『理解するということ』以文社　1978／梅原猛・竹市明弘編『解釈学の課題と展開』晃洋書房　1981／佐伯胖編『理解とは何か』東京大学出版会　1985

［関連項目］　解釈学／シュライエルマッハー／ディルタイ　　　　　　　　（坂越正樹）

理　性
羅 ratio／英 reason／独 Vernunft／仏 raison

▶ 語　義　　感覚的認識能力に対する高度な精神的認識能力として、真理、事物の本質を把握する能力である。一般的には論理的思考能力を指し、知性、悟性、理解、判断、推理等と類似の意味を持つ。しかし、西欧語の

たとえば reason には日本語の理由の意味も含まれていることから、事物に内在する理由（事物の本質）を直観する能力や、行為論的には衝動的行動を反省し、制御する道徳的能力にまで拡大する場合もある。広義には、理性は、良識、知性、悟性、に同義となる。日本語の理性には古くは「性をおさめる」意味もあるが、明治期以降は西欧語に応ずる語として用いられてきた。

西欧語はラテン語の ratio に基があるが、それは計算、整頓、組織の意味を持ち、さらにはそれらの働きを達成する能力およびその結果を含む。ラテン語の ratio はギリシャ語の logos の訳語に当てられたが、logos は筋の通った普遍的な言説一般およびその言説によって導かれた真理を指し、伝承的啓示の言説である神話 mythos や、聞き手を喜ばせ誘惑する雄弁家の言説であるレトリックに対置される意味を持った。しかし、神話と合理的言説はかならずしも単純な対立関係にはない。神話はすでに経験の整頓されたものであり、神話のなかには前科学的宇宙論が隠れていた。ratio は logos の概念全体に対する用語であるが、そのなかの神学的意味の部分には例外として Verbe（み言葉）が当てられた（「初めにロゴスありき」は「初めに言葉ありき」となった）。

理性的言説は宗教的予言に対置される。後者が時間を超えて特異に未来を見た者による独断的な性格を持つのに対して、前者は共時的存在であるわれわれを相互に交換できる思考へ、すなわち複数者に共通する思考の論理法則へ方向づける。もっとも、この共通性は必ずしもそのまま一致する融合的思考を意味せず、われわれの間に論争を生み出す端緒であるかもしれない。それでもここには論争の可能性が担保されているわけだから、その意味で共通性は確保されている。普遍的認識への接近は相互規制、抵抗、あるいは承認によってなされる。もっとも、一致は相手を喜ばす追従的言説によって得られるかもしれないから、その場合は、レトリックとなっていて、

796 リセイ

ロゴスに反することになる。また，思いこま
せようとする要素は神話のなかにもあり，そ
こにはなんらかの理性の見かけが存在する。
こうして理性を支える共通性から神話やレト
リックを排除することは現実には難しい。

▶ **理性と良識あるいは常識**　デカルトが
『方法序説』の冒頭に示したことでよく知ら
れているように，理性と良識はシノニムであ
り，正しく判断し，真と偽を区別する力とし
て，人間と動物とを分けるものとされる。し
かしながら，現代語としては，良識は論理的
学的反省を経ていないという意味で無学の理
性を指すとも言えるし，社会的に共通する知
識という意味では常識にも近くなる。ただし，
常識は社会的現実によって根拠づけられてい
るものであって，価値的に劣っているもので
はなく，そこにいわゆる常識哲学を生みだす
理由を持っている。

▶ **理性と知性**　古代における理性と知性の
対立（ギリシャ語で logos と nous，ラテン
語で ratio と intellectus）は，中世思想のな
かで，とくにアリストテレス注釈者によって
強められた。ここで狭義の理性は既知の原理
から正しい帰結を引き出す論証的能力である。
それは推論的であり，一つの命題を他の命題
によって理由づけすることによって論証的知
を構成する。しかるに，論証は推論の遡源的
連鎖のなかに出発点をもたなければならない
が，その最初の諸原理はそれ自体演繹されな
い。それは感覚的摘出か啓示的な閃きか，あ
るいは直接知によって得られることになる。
それを理性に与える権能をもつのが知性であ
る。アリストテレスにあって，思弁的智恵
（sophia）は理性の所産である論証的科学
（episteme）と，それ自体において知られた
初発の原理から成る。英知界は観想的な直観
能力（nous）の対象である。「知性は英知界
を把握することによってみずからを思考す
る」。この思考はすぐれて聖なる思考であり，
思考の思考であると言える。

古代思想において，論証的に対するものは
必ずしも不条理とか感情的の意味における非

合理的なるものではない。また，予言者的啓
示でもない。それは外的正当化を求めない最
終の理由である。もし理性が知性と区別され
るとすれば，運動と安らぎの別としてである。
このような理性と知性の区別は中世の教父学
や神学のなかで見直され強調された。中世の
教父学や神学は理性の可変的，時間的性格，
および，知性の直接性と不変性を強化した。
理性は人間のもので，知性は神のものであっ
て，知性の行為の一部が人間に伝達される。

理性と知性の区別は近代哲学では解消する
傾向にある。それは，信仰に対する理性の概
念が認識における首座を占めるにつれて，カ
ントによって代表されるような理性概念の批
判的整備が進み，理性と別にあえて知性概念
を必要としなくなったこと，さらに理性を超
えようとする思考の働きを非合理なるものと
して処理する傾向によるであろう。知性のも
っていた直観的役割は，内的直観とか知的直
観，あるいは良心などの非合理的直接知の概
念によって代わられている。知性は，哲学的
考察の対象となることも少なく，言葉として
も，とくに日本語にあって，哲学用語である
よりもむしろ日常語となっている。

▶ **理性と悟性**　悟性の欧語（understand-
ing, Verstand, entendement）は 12 世紀頃に
現れる。当時の耳の文化に相応しく，伝聞言
説を理解することが原義にあるが，そこから
事物の本性を理解して知識を形成することに
転用されたようだ。ラテン語の intellectus
（知性）の用法の一部に当てられたが，悟性
は知性よりも，良識的言説への準拠という意
味では理性（ratio）に近い。近代哲学にお
いても，悟性は直観と演繹の働きを持ってお
り，人間にとって唯一の科学能力である（デ
カルト）とされた。この意味で，悟性は，理
性と基本的には異ならない。18 世紀におい
ても，悟性と理性は同じ用いられ方をした。

理性と悟性との区別はカントによって明確
な意味になる。二つの機能は非感覚的認識能
力，すなわち感覚的直観においてしか与えら
れない対象に間接的にのみ到達できる能力と

して共通するが，悟性が感覚的表象を規則に沿って概念化する働きであるのに対して，理性は悟性使用との関係において上位の総合機能となり，すべての認識を一つの体系に結びつける能力となる。それは，悟性認識を整理して知の統一を確かめることであり，かつ，定義の連鎖を無制約にまで遡ることである。

理性と悟性の区別はヘーゲルにも見られるが，さらに新しい形になっている。悟性は部分的契機および局面を知るだけである。そのようなものとして，それは抽象的であり，対立物を克服することはできないし，それに対して理性は絶対的和解の可能性を持っている。

▶ **理性と理由**　ところで，理性は単に思考の形式であるだけでなく，実在そのものでもあるということになる。ここに事物の理性（理由）の問題がある。ギリシャ思想の初めから，ロゴスは真の言説であると同時に，この言説が明らかにするべき事物の本質であった。プラグマティックな計算以上に，理性（理由）は事物の「存在理由」，英知性，本質であった。可変的な，廃れた，一貫性のないもの，また，真の言説の対象となりえないものは，何物でもないし，存在しない。哲学はこのような可変的で矛盾的な現象を英知的原理（イデーまたは形相）に関係づけて，思考可能なものにする事を試みた。感覚的諸事物は，それらの法則や本質を受け入れることによって，英知を模倣する度合いに応じて一定の存在である。事物の理性（理由）は，同時に，事物を存在させるものであり，事物を知ることを可能ならしめるものである。英知が分離している（プラトン）にせよ，自然的事物に内在している（アリストテレス）にせよ，それは真の言説の内容であることによって現在するものであり，また逆に，言説はそれが事物の存在理由に符合するかぎりにおいて真となる。

思考の法則と事物の本質の間の結びつきは，しばしば神学的であってきた。神学的思考のなかでは，神の理性（ratio より知性 nous に近い）は創造主の行いによって自然に法を与え，この法の認識を人間に伝える。近代科学の最初の成果はこの基礎の上に達せられた。デカルトは科学の妥当性を神の誠実さの上に基礎づけた。体系は異なっていても，古典時代の大哲学の基底には，後にカントが否定するところの，神の理性，人間の理性，事物の理性という三者関係が見られる。

▶ **理性の危機**　理性の危機はつねに周期的に生み出されてきた。理性が行動の必要や感情の要求に直面するときに，外観上の危機がある。考えることと行うこと，考えることと愛することとの葛藤は常にあると言ってよい。また，それ以上に，理性が作り上げてきた諸概念が他ならぬ理性そのものによって疑われるとき，内的な危機となる。このような危機は，生存主体が個別化する近代以降においてとりわけ深まった。しかし，理性は理性によって批判されるものでありながら，それをまた批判する能力でもあることによって，しぶとく生き延びてきていることも確かである。

現代における理性に対する批判は，科学技術に対する疑念や美の世界からの挑戦の他に，それが男性主義的概念であるとするフェミニズムや近代主義的概念であるとするポストモダンの立場などからも試みられている。理性がこれらの部分的，消極的な批判に対して，正面から逆に挑戦してそれを克服することはたいして難しいことではないだろう。しかしそれは，克服であると同時に克服ではない。

▶ **教育における理性**　教育と理性の関係においては，第一に理性を超える能力を教育的価値とするかどうか，第二に理性能力を学習にどのように用いるか，さらに第三に理性能力をどのように形成するか，という問題があるが，これらは教育学の上で必ずしも截然とは論じられていない。

理性あるいは合理性は，教育が実現すべき理念として古くから多くの教育思想家が共通して掲げてきたものである。しかしながら，しばしばそれは大人の理性使用に関する指導を意味した。ソクラテスやプラトンにおいて，またデカルトやカントにおいてそうであった。

それは必ずしも教育固有の問題として，子ども
もの学習・発達過程における理性能力の形成
の議論ではなかった。

理性が理念的にどのような概念で捉えられ
ようと，そのまま現実の教育がひきうけてい
くことは困難であり，それはいずれ生存主体
の個別化と競争にもとづく近代原理のなかに
取り込まれていく。近代の教育思想は，考え
る力としての理性が現実には私的利益追求の
能力となることによって理性自身を破綻させ
るという近代世界における理性の自己矛盾と
の闘いにおいて，一言で言えば理性のもつ近
代問題との闘いにおいて展開すると言うこと
ができる。

理性のもつ近代問題に教育上どのように対
処するか。理性の自由闘争に委ねるか，理性
の自己支配能力に信頼するか，さらには，理
性が則るべき上位の準則を設けるか，のいず
れかであるとすれば，近代教育思想における
第一の場合の例がスペンサーであり，第二の
例がデューイであり，第三の例がルソーであ
る。近代社会の進展にともなう現実世界の混
乱，情念の渦から身を守るための理性と，そ
の現実をできるだけ学び取るための理性との
間に近代教育は苦しんできた。この苦悩から
抜け出て新しい理性教育の可能性を手に入れ
ることにはまだなっていない。

［参考文献］　*Philosophy of Education, An En-
cyclopedia*, "Reason and Rationality" 1996／Jo-
libert, B., Raison et *education*, Paris 1987／En-
cyclope*die philsophique universelle*, "raison",
Paris 1989／グランジェ（山室直資訳）『理性』
白水社　1956
［関連項目］　知恵／合理主義／近代教育
（原聰介）

リット

(Theodor Litt, 1880-1962)

▶ 生　涯　　シュプランガー，ノール，フ
リットナー，ヴェーニガーとともに，「精神
科学的教育学」を代表する学者のひとりであ
るリットは，1880 年 12 月 27 日デュッセル
ドルフでギムナジウム教師の息子として生ま

れた。ボン大学とベルリン大学で古典語，歴
史，哲学を学んだ後，1918 年までボンとケ
ルンでギムナジウムの教師を務め，ボン大学
の教育学員外教授を経て，1920 年シュプラ
ンガーの後任としてライプツィヒ大学で哲学
と教育学の教授となった。1925 年，ノール，
シュプランガー，フィッシャー，フリットナ
ーとともに雑誌『教育』を創刊し，1931-32
年にはライプツィヒ大学総長を務めた。ヴァ
イマール共和制に対しては好意的態度をとっ
た。ナチス期には講演活動を禁じられ，1937
年自発的に退職したが，「国民社会主義国家
における精神科学の地位」「哲学と時代精神」
「人種論的歴史観の思想的基礎とプロテスタ
ントの歴史意識」などの論説で公然とナチズ
ムを批判した。第二次大戦中は積極的政治的
抵抗こそおこなわなかったものの，保守派の
抵抗勢力やライプツィヒ市長ゲルデラーと親
交をもち，ライプツィヒ「水曜会」にも属し
た。1945 年ライプツィヒ大学の教授として
復職したが，ソ連側と対立してボン大学に移
り，1962 年 7 月 16 日に亡くなるまで旺盛な
研究・教育活動を続けた。

▶ 著作と思想　　はじめ「教育的思考の方法
論」という題で発表され，のちに「教育的思
考の本質」と改題されて『指導か放任か』
(1927) に収載された論文で彼は，教育行為
を説明するモデルとして，「芸術」「技術」
「成長の世話」という三つを順次検討した上
で，そのいずれによっても教育行為の特質は
十分に説明されないとして，教育および教育
理論の相対的自律性を説く。『指導か放任か』
では，教育は子どもに特定の生の形式を付与
することでも，子どもの自然な成長にまかせ
ることでもなく，客観的精神の世界に導き入
れることであると説いて，改革教育運動の児
童中心主義的側面を批判した。

人間存在の歴史的理解と歴史的意識の涵養
をめざす歴史教育の問題は，処女作『歴史と
生』(1918) 以来一貫して彼の関心の中心で
あった。『公民教育の哲学的基礎』(1924) か
ら『ドイツ国民の政治的自己教育』(1954)

まで，政治教育もリット教育学の一貫したテーマであるが，ヴァイマール期の「公民教育」論では民主主義支持の態度が必ずしも明確ではなかったのに対し，第2次大戦後にはナチズム体験や東西陣営の対立を背景として，民主主義に定位した政治教育の立場がはっきりと打ち出されている。

リット晩年のもっとも主要な関心事は，自然科学と技術によって規定される現代の労働世界における陶冶の課題と可能性であり，これは『ドイツ古典期の陶冶理想と現代の労働世界』（1955）や『技術的思考と人間陶冶』（1957）などで論じられる。古典的な陶冶概念は内面世界の「調和」を重視するあまり，科学・技術・労働などの外的世界を排除してきたが，それらも人間精神の所産であることに変わりはなく，現代における陶冶の課題は人間的生のアンチノミーを引き受けて「全体性」を実現することであるとする。

［参考文献］ Litt. T., *Führen oder Wachsenlassen*, B. G. Teubner, 1927（石原鉄雄訳『教育の根本問題——指導か放任か』明治図書 1971）／Litt. T., *Das Bildungsideal der deutschen Klassik und die moderne Arbeitswelt*, 1955（荒井武・前田幹訳『現代社会と教育の理念』福村出版 1988）／Litt. T., *Technisches Denken und menschliche Bildung*, 1957（小笠原道雄訳『技術的思考と人間陶冶』Quelle & Meyer, 玉川大学出版部 1996）／Klafki. W., *Die Pädagogik Theodor Litts. Eine kritische Vergegenwärtigung*, Scriptor 1982 　　　　（新井保幸）

リテラシー
英 literacy

　文字 letter に由来し，文字の読み書き能力，さらに広く書き言葉の使用能力全体を指す。識字とも表現される。リテラシーが教育の問題としてクローズアップされるのは，文字が少数の専門家によってのみ担われ，上流階層も含めてほとんどの人々がもっぱら話し言葉の文化を生きていた時代から，文字文化が一般化した時代への移行期においてである。ヨーロッパでは中世から近代初期に到るまで，諸地域で話されていた言葉はいまだ書き言葉としての完成を見ず，宗教や法律や学問など公的な世界では，死語（日常的な話し言葉としてはもはや生きていない）となって久しい古典ラテン語が用いられていた。この時代には読み書きができるということはラテン語ができるということを意味していた。やがて土地の言葉が正書法や文法を整備し，書き言葉として成立し，同時に諸地域が政治的なひとまとまりの集団として統合されていく中で，今日のヨーロッパ諸国語が成立した。宗教改革者ルターによるラテン語聖書のドイツ語訳という大事業と，領邦国家による庶民に対するドイツ語の読み書き教育への取り組みは，近代のリテラシーの始まりを象徴するものである。17, 18 世紀を通して，宗教教育を通しての民衆のリテラシー教育は，プロテスタント諸国のみならず，カトリック諸国においても広く展開されたが，多くの場合，教理問答書などの特定の文章を暗誦させる「読み」のみの，部分的かつ受動的な「半識字」と呼ばれるリテラシーであった。これに対して，読み書き共に自在な全体的かつ主体的なリテラシーを普及させることは，国民という「主体」をその不可欠の存立基盤としなければならない国民国家にとって喫緊の課題であった。それは同時に，多様な地域の話し言葉を，文字を媒介として一つの「国語」として統合していく過程でもある。その国の識字率は，そのまま民衆の国民化をあらわす指標であり，同時に国の近代化と民主化を測る基準ともされてきた。リテラシーによって生み出された国民主体が持つ，自律と服従，自由と抑圧の二面性については多くの議論が展開されている。とりわけ，リテラシーをイデオロギー支配の具から民衆の「意識化」の手段として位置づけることで，抑圧からの解放につなごうとするフレイレ（Freire, P.）識字教育の実践と理論はいまなお重要である。21 世紀では，文字の読み書き能力とは異なる，多様な情報の読み取り能力としてのリテラシーが新しい学力観との関係で関心を集めている。

800 リョウケイチョウ

[参考文献] Furet, F. et Ozouf J., Lire et ecrire, l'alphabetisation des francaises de Calvin a Jules Ferry, Paris 1977／パウロ・フレイレ『被抑圧者の教育学』三砂ちづる訳 亜紀書房 2011／リチャード・ホガート『読み書き能力の効用』晶文社 1986
[関連項目] 国民教育／主体 （森田伸子）

梁 啓超
（りょうけいちょう, Liáng Qǐ-chāo, 1873-1929）

中国の清朝末期・民国の啓蒙思想家，政治家，ジャーナリスト。広東省新会県の人。字は卓如，号は任公。自らを哀時客，中国之新民，飲冰室主人と称していた。

16歳で科挙の挙人に合格。その後康有為に師事し，陸王心学，史学，西学の概観を知り，陳千秋とともに万木草堂で公羊学を学んだ。清朝の公羊学は康有為にいたって集大成され，その説では大同の世を理想社会とみなし，その理想社会の第一歩である共和政体を前提として立憲君主制を採用することを論じていた。当時梁は師である康有為の『新学偽経考』（1891）や『孔子改制考』（1898）などの著作の編集，執筆に協力している。

日清戦争の敗北（1985）を契機に中国では中堅士大夫層による政治改革活動が活発化していた。そのなかで康有為は政治制度変革の基盤は「興学」「人材の育成」「民智の啓発」であると論じ教育改革の必要性を唱えていた。梁も師である康有為の影響を受けながら1895年強学会の書記になり，1896年には上海で雑誌『時務報』を公刊するなどの啓蒙活動に従事し，同誌上に「学校総論」「科挙論」「師範論」「女学論」「幼学論」で構成された「変法通議」（1896-1898）を発表した。ここでは万物が変転してやまないことを第一原理として民衆の啓蒙を唱え，教育振興が中国の富強化のための課題とされた。だが梁は民衆を啓蒙するためにはまず官僚および郷紳階級を啓蒙すべきだとしていた。つまり梁の啓蒙活動の対象は支配者層であり，彼は人民一人ひとりの主体的な活動に対してではなく，主として知識人を啓蒙することに関心があったと考えられている。

康有為とともに立憲君主制を唱えた梁は，1898年の戊戌新政で中心的役割を果たす。だが清朝政府の弾圧によりこの新政は失敗し日本へ亡命した。亡命後梁は横浜で雑誌『清議報』（1898）『新民叢報』（1902）を創刊し，日本語の翻訳書や解説書を用いて西洋近代の哲学，経済学，社会学を中国人に紹介していた。とくに梁は福沢諭吉や加藤弘之の国家観の影響を強く受け，帝国主義による中国分割の危機に対し中国が独立するためには，人民一人ひとりの自己改造が必要であると認識するようになった。このことが梁に中国における近代的国民すなわち「新民」の創出を唱えさせた。梁はこの「新民」を創出するために国民教育論を提唱する。また「十種徳性相反相成義」（1900）では，独立と合群，自由と制裁，自信と虚心，利己と愛他，破壊と成立という2対ずつ10種の徳目を並べてそれらの相互関係性を説き，この10種の徳目をもとに形成された新たな倫理観を人民が教育によって身につけるべきだとも説いている。このように梁が民衆一般を対象に啓蒙活動を行うようになった点は日本亡命前における支配者層を対象とした啓蒙活動から大きく変化しており，彼の思想的特徴ともされる。だが梁のいう「新民」がもつ権利の一つである自由は，社会進化論の影響により，競争のなかで勝ち残った強者のみが獲得できるものだった。そのため梁の国民教育論も強者としての「新民」を合理的に創出するためのものであり，強者という新たな支配者層を対象とする教育論であったとも考えられる。

[参考文献] 梁啓超（小野和子訳）『清代学術概論』平凡社 1974／阿部洋「梁啓超の教育思想とその活動」『九州大学教育学部紀要』第6号 1958／小野川秀美『清末政治思想研究』みすず書房 1960／狭間直樹編『共同研究 梁啓超』みすず書房 1999 （日暮トモ子）

良 心

希 syneidesis／羅 conscientia／英・仏 conscience
／独 Gewissen

▶ 概 念 「良心」の語は『孟子』告子篇に由来し，正直，慈悲など，人間に固有な善への傾向性として，「良能」，「良知」とともに，孟子の性善説にかかわる概念であったが，明治初期に conscience, Gewissen などの西洋語の訳語として定着した。広義には「意識」を意味するこれらの西洋語は，「他と共に知ること」，殊に「神と共に知ること」の意識ないし自覚を意味するラテン語 conscientia に由来するもの，あるいはその訳語である。このラテン語は，聖書の翻訳を通じて，syneidesis の訳語として定着したものである。上述のギリシャ語，ラテン語は，ストア哲学において，宇宙の合法則性（秩序）と人間の理性との照応関係を前提とした，倫理性を帯びた自己意識という程の意味で，しばしば用いられていた。これらの語と同系の動詞は再帰的に用いられて「私自身が知る」を意味し，個人に内面化した道徳意識という良心の含意はここに由来すると推測される。自らの行為を裁き，悔悟し，改心へと向かわせる，人間の精神を規制する高次の法廷としての自己意識は，罪人に対する神の怒りの意識として，キリスト教倫理のなかで洗練された。罪責感を基底とする道徳意識としての良心の最も顕著な現象形態が，人目に隠れた罪をも罰する「疚しい良心（mala conscientia）」，「良心の呵責（compunctio）」である。スコラ哲学において，良心の可謬性の有無が盛んに論じられた際，神に由来する心の素質として誤ることのない synteresis と，実践的な心の働きとして誤りうる conscientia とに，良心概念が区別された。とくに前者を理性と意志のどちらに位置づけるべきか，後者との関連をどうみるべきか，などが係争点とされた。syntersis を退けたルターは，conscientia を行為ではなく判断にかかわる徳と規定し，信仰を通じて良心の呵責から解放された「疚しくない良心」にも注目した。悪を制止させる「人間の内なる法廷」としての良心の意義は，ドイツの神秘主義を経て，プロテスタンティズム，とりわけカルヴァン派において強調され，神に対する正しい態度を促す「神的で経験的な感覚」と位置づけられた。西洋近代には，対象意識と自己意識の根源的統一を道徳意識としての良心に求める考え方が生じた。善悪正邪を認識し，これに価値判断を加えるという知的要素，悔恨の情に顕著に現れる感情的要素，善を促し悪を退ける意志的要素のいずれを重視するかによって，良心の概念規定，発生，妥当性は多様に議論され，現象学，実存哲学，精神分析学，史的唯物論などの立場から別個に研究されたまま，良心概念の統一された定義は得られていない。

▶ 近代思想における良心 封建的共同体の慣習の拘束を離れて，自律的行為主体としての個人を確立しようとした近代思想は，一定の秩序を創出・維持すべく，個人の判断や行為が従うべき基準を樹立する必要に迫られた。行為の原因を個人の欲求と思考に帰する立場から，この基準は各個人の内面的な意識に根ざした規範として探究されたので，良心は倫理思想の中心的概念の一つとして重視されるようになった。殊に市民社会の成熟が早かった英国では，利己的人間の内にあって，損得を計算して最大限の利益を追求する理性と区別された，善悪美醜に対する直観的な感情，自己の行為を審査し，是認・否認を与える能力として道徳感覚（moral sense）の存在を主張する哲学者たちによって，道徳の感情的基底として良心概念が洗練された。この立場の批判的継承者であるアダム・スミス（Smith, A.）に顕著なように，「公平な傍観者」に代表される世論の同感を得られるか否かを考慮することによって，その是認否認感情を内面化することが良心の覚醒に深く関わっているとされ，良心概念は世俗化された。また，良心は自己の行為や存在の否認感情として働くとともに，それらの是認感情としても働くことが強調され，「疚しくない良心」の意義に光が当てられた。ここに，普通に生

活する万人が生得的にもつ能力として道徳原理が摘出される一方，道徳意識と知的反省との関係が不明確になり，義務の意識としての良心の性格が薄れたことも否定し難い。他方，良心を「我々の行為の道徳性を判断する能力」と規定し，判断の行われる状況に応じて，良心の現象形態を詳細に分類したヴォルフ（Wolff, Ch.）以来，カントらドイツ観念論哲学においては，善悪の客観的な基準を具体的な状況に適用する主観的な判断として，良心は実践理性の現象形態の一つとされる。カントによれば，自由な叡智的存在としての自己の尊重の意識は，「卑劣な堕落した衝動が心に進入するのを心から遠ざける監視者」としての良心に結びつく。行為の善悪を規則に照らして判断するのは悟性であるが，この判断は誤りうる。良心は，こうした判断が「十分に慎重に」なされたか否かという自己に対する判断であり，誤ることがない。外的なものに左右されず，自己の内部にあって自己自身を審判する判断力と規定された良心は，人格の統一の現象形態として，近代的自我の自律という問題系を形成する主要な要素の一つとなる。これに対して，ヘーゲルは良心を理性的国家において愛国心として具現する「形式的で主観的な自己意識」とし，人間の類的存在性をも重視した。また，原罪を前提とするキリスト教の文脈で良心の本質と解されてきた，自己否認に導く「疚しい良心」を，ニーチェは病理現象とみなした。以来，主として心理学者によって，良心を正当な精神現象として捉え直そうとする試みが重ねられ，自己是認に導く「疚しくない良心」の人間形成上の意義を顧慮した議論も蓄積されてきている。

▶ **良心の覚醒と道徳教育**　良心の覚醒の手順についても諸説があるが，社会化にかかわる問題として，道徳教育の枠組みに位置づけることができよう。たとえば，「願望欲動の拒否の内面的知覚」として，良心があくまで経験的に形成されるとみるフロイトは，父親や教師などが代表する社会的権威の命令や禁止が超自我（Über-Ich）に強く残り，これが自我の行為との間に生じさせる緊張，罪責感が良心を発達させるとする。罪責感や後悔の意識を生じさせる「良心の疚しさ」（呵責）が働くためには，それに先立って，道徳的善悪の客観的な（あるいは客観的だと信じられた）基準が設定されていなければならない。この基準については，人間の自然的理性ないし自然的感受性の一環として生得的に与えられているとする説，神による啓示によって与えられるとする説，当人の自主的な選択によるとする説，種々の心的要素の複合体として後天的な社会的産物として獲得されるとする説がある。この基準をどこに求めるかに応じて，良心が絶対的なのか相対的なのか，自律的なのか他律的なのか，良心の覚醒にかかわる経験を個人と集団のどちらに重きを置いて考察すべきか，といった係争点が生じる。良心が生得的に備わっているとみる立場からは良心の無謬性が主張される傾向が強く，良心が経験的に獲得されるとする立場からは，良心が歴史的社会的文脈に依存して形態変化することが強調され，良心も誤りうるとされることが多い。殊に後者の立場からは環境改善として教育の問題が重視される。

［参考文献］　金子武蔵編『良心』日本倫理学会論集 12　1977／シュトーカー，H.G.（三輪健司訳）『良心』共学館　1959／クーン，H.（斉藤博・玉井治訳）『存在との出会い』東海大学出版会　1978／中村正雄『良心の自由』晃洋書房　1994／Jankélévitch, V., *La mauvaise conscience,* Aubier-Montaigne 1966
［関連項目］　自由／社会化　　　　（坂倉裕治）

臨床・臨床教育学・臨床知

英 clinic／clinical pedagogy／clinical knowledge

　「臨床」は，"clinic" の訳語であり，寝台を意味するギリシャ語が語源である。医学領域では，「臨床医学」は，患者を扱う実用的学問であり，「基礎医学」と対比される。「臨床」が特定の分科名に付された場合には，この語は，基礎に対する応用，理論に対する実践，実験的に対する日常的ないし生態的などを示す。たとえば「臨床」が「現場」ないし

「現場の重視」を含意するなら，その分科は，「非現場的分科」へ対抗させられている。臨床心理学，臨床社会学，臨床教育学などの「臨床」はすべて，既存の分科への対抗を含意している。

日本心理臨床学会が設立されたのは，1982年である。産業社会の急速な高度化にともない蔓延する適応障害や心的障害は，当時開発された抗精神病薬などによって，見かけの上では軽快化した。さらに，戦後体制の終わりにあたって解体された「大きな物語」からは種々の「小さな物語」が湧き出し，それに便乗して「心理学」がブームとなった。臨床心理学は，アカデミックで実験的な心理学の現実乖離に抗し，伝統的な医療システムの権威性を脱して，軽快なディレッタント風のスタイルで，登場したのである。

社会学の臨床化は，1980年代前後の欧米にみられた。合衆国では西海岸を中心に，企業化された大規模調査がブラックボックス化した「日常的現場」に立ち入る調査が多くあらわれ，イギリスでもたとえば「新しい教育社会学」の名の下に，ビデオを担いだ研究者たちが，現場との生身の接触を取り戻そうとした。これらを支えたのは，人類学のフィールドワークや現象・解釈学などの調査技法であり，ビデオなどの技術的補助手段の開発であった。わが国ではたとえば，1998年の日本社会学会企画などをきっかけとするが，これは欧米に追随したものであった。

京都大学に臨床教育学講座が設置されたのは，1988年のことである。臨床教育学，臨床人格心理学を基幹とする大学院独立専攻講座である。1994年には武庫川女子大学に，教育学，心理学，福祉学の三領域からなる大学院臨床教育学研究科が設置された。組織の中核は，教育社会学の教育病理研究であった。当時は，巨大な高度大衆教育システムとして制度化された学校複合体が不登校，校内暴力，学力不振などの問題を自生的に多発させており，これへの対応が期待されたのである。

臨床的諸分科には，既存の分科への対抗といういう共通の発生基盤がある。中村雄二郎は既存の「科学の知」がもつ普遍性・論理性・客観性に，コスモロジー・シンボリズム・パフォーマンスを対抗させるが，これはこの対抗的分科の理論的所産の特質である。

臨床的諸分科をわが国の学問系譜に位置づけることもできる。木村素衞（1895-1946）を端緒とし森昭（1915-1976）を末尾とする京都学派の直接の影響のもとにある教育学の流れにあっては，理論構成を駆動したのは，人間学志向と臨床性志向の交互的規定である。木村の「一打の鑿」（1933）にみられる臨床性志向は，遺著『国家に於ける文化と教育』（1946）における人間学 —— 正確にいえば「パイースとパイダゴッゴスとを二つの焦点とする人間学」としての「教育学」—— 志向によって突破される。逆に，森昭の主著『教育人間学 —— 人間生成としての教育』（1961）から未完の遺著『人間形成原論』（1977）へ到る理論展開は，人間学志向による理論の全体化統合化への一次的突破が臨床性へ向けて二次的に突破される運動そのものである。

臨床教育学もまた，人間学志向と臨床志向の交互的突破のもたらす循環運動の成果である。この循環運動は，教育理論を質的にも量的にも拡張ししかも状況的課題に応答する統合論的臨床的分科へと不断に再構築するのである。

「臨床」の向き合う「ここと今」の「日常性」にあるのは，「永遠の今」において「絶対」に直面する「相対」としての「パトス的存在」としての人間である。つまり，様々な規定への情熱的応答を強いられている受苦的存在である。「臨床」とは，理論生成的な日常性へ向かうことであり，パトス的存在の棲む「ここと今」へ立ち返ることである。この立ち返りによって，臨床的理論が生成し，理論を生成する人々と関係する人々の自省と生成がすすむ。臨床的な理論の生成と人々の相互生成とは，同時に進む。これは本来，教育の理論が招き寄せるべき事態であるはずである。

[**参考文献**] 小笠原道雄，田中毎実，森田尚人，

矢野智司『日本教育学の系譜——吉田熊次・篠原助市・長田新・森昭』勁草書房　2014／木村素衞「一打の鑿」（『表現愛』こぶし文庫　1997）1933／同『国家に於ける文化と教育』岩波書店　1946／皇紀夫編『臨床教育学の生成』玉川大学出版部　2003／田中毎実『臨床的人間形成論の構築——臨床的人間形成論第2部』東信堂　2012／田中毎実編『教育人間学——臨床と超越』東京大学出版会　2012／中村雄二郎『臨床の知とは何か』岩波書店　1992／森昭『教育人間学——人間生成としての教育』（著作集第四，五巻）黎明書房　1961／同　『人間形成原論』（著作集第六巻）黎明書房　1977

（田中毎実）

ル

ルソー

（Jean-Jacques Rousseau, 1712-1778）

　啓蒙時代のフランスで活躍した思想家。社会制度や政治の問題を追究する一方，人間本性に関心を寄せたモラリストとして，また，想像力豊かな作家として歴史的評価も高い。独自の「自然」概念によって既存の社会や文明の悪癖を問い，悪の起源と基礎を探究した。

▶ **生涯と著作**　宗教的迫害を避けてフランスから移住したユグノーの家系を継ぐ時計職人の子としてジュネーヴに誕生，産褥熱によって母親を喪う。気まぐれな父親から，母親の思い出を聞かされて涙したり，17世紀の感傷的な恋愛小説やプルタルコスなどを読み聞かされて夜明かしするうち，「誇り高くしかも優しい心，女性的でしかも不屈の性格」が形成され，生涯，絶えざる自己矛盾に苦しむ。また，参政権を持つ「ジュネーヴ公民」であることを誇りとした父の影響もあって，古代共和国にみた理想を重ね合わせながら，後にルソーはしばしばその著作にこの称号を記す。父親の失踪後，叔父の元で田園生活を楽しむも束の間，粗野で横柄な親方の元に徒弟に出され，16歳にして祖国を捨て，放浪生活を送る。アヌシーのヴァランス夫人（Mme. de Warens）の手引きでカトリックに改宗，自己教育にいそしみ，音楽家として身を立てるべくパリに上京。啓蒙思想家と親交を深める。無神論的な思想を咎められて投獄された友人ディドロ（Diderot, D.）に面会に行く途中，偶然手にしていた雑誌にディジョン・アカデミーの懸賞課題「学芸の復興は習俗の純化に寄与したか」を目にして，「別の世界を見，別の人間に」なる。「私自身が何をなすべきか，私と同じ人間についてどう考えるべきか」を明らかにしたというこの課題に，否と答えた『学問芸術論』（1751）が金賞を受賞し，思想界にデビュー。同論文が引き起こした激しい論争の後，再度同アカデミーの懸賞課題に答えて，人類の歴史を悪弊と堕落が累積する過程とした『不平等論』（1755）を執筆，思想家としての足場を固める。社会秩序や政治に対する関心があらためて自覚される一方，共和主義的熱狂に駆られて祖国への愛着にめざめ，カルヴィニズムに再改宗し，ジュネーヴの公民権を回復する。オペラ『村の占い師』（1752）によって音楽家としても評価されていたルソーは，ディドロ，ダランベール（d'Alembert, J. L. R.）の『百科全書』に音楽関係項目（『音楽事典』として再編，1767）と「経済」（『政治経済論』として単独刊行，1758）を寄稿する。しかし，基本的な思想戦略が異なっていたため，『演劇に関するダランベールへの手紙』（1757）によって百科全書派と訣別。パリ北郊のモンモランシに隠棲，森の静寂のなかで主要著作を完成させる。大自然に囲まれたアルプスの麓を舞台に愛と徳の相剋を描いた書簡体恋愛小説『新エロイーズ』（1761），公法論『社会契約論』（1762），教育論『エミール』（1762）の三著である。『エミール』第四編に挿入された「サヴォワ助任司祭の信仰告白」は教会の伝統的な教義や儀式を否定して理神論的な心の礼拝を説いたものだったため，当局の弾圧を招き，パリ高等法院による『エミール』

の焚書処分により逃亡生活を強いられる。迫害は欧州全域に及び，祖国ジュネーヴの政府が『社会契約論』と『エミール』を焚書としたのを機に，同国の公民権を放棄。プロイセン統治下のヌーシャテル領内に避難，さらに英国に赴くが，仲介者ヒューム（Hume, D.）との仲違いからフランスに戻り，1770年以降パリに落ちつく。この間，自説を弁護すべく『ボーモンへの手紙』（1763）と『山からの手紙』（1764）を著し，求めに応じて統治論『コルシカ憲法草案』と『ポーランド統治論』を執筆。また，迫害によってつのる被害妄想のなかで自己弁護の必要に迫られ，自伝的著作『告白』，『ルソー，ジャン＝ジャックを裁く，対話』（以上いずれも死後出版）を執筆，『孤独な散歩者の夢想』を未完のまま没。最後の住居，エルムノンヴィルの城館を望むポプラの下に埋葬された遺骸は，フランス革命期に「偉人の殿堂」パンテオンに移される（1794）。

▶ **思 想**　ルソーの思想は，現実の人間社会に存在する悪や不幸を認識し，その起源を探究することを出発点とする。「人々は邪悪である」とは，論証の必要すらない事実であるが，それは人間本来の姿が歪められた姿にすぎない。「人間は自然本性的に善良である」と，彼はその著作に繰り返し記す。現実の人々の邪悪に対する，自己の内心の唱える本源的善性の原理を軸として，彼の人間学は展開される。現に学問，芸術は習俗を堕落させている。しかし，これは人類が誤った道を進んできた結果である。これを見るとき，彼の人間学は歴史哲学となり，その克服のための政治哲学を要請する。また，ひとりの人間の精神の歴史を辿れば，人間本性に帰されているあらゆる悪徳が，実はことごとく外部から入り込んだものであることが証明できる。このとき，彼の人間学は教育哲学となる。さらに，上述の思想の展開には，彼自身の体験が反映している。彼は自己の魂の歴史のうちに，三度人間の本源的善性を立証する。そのとき，彼の人間学は自伝となる。人間に関わ

るあらゆる領域で，あらゆる角度から，人間の本源的善性の証明が試みられる。この試みによって原罪を否定した彼は，人々が取り結ぶ人為的な精神的＝道徳的諸関係に悪の原因を求め，弁神論（神義論）問題の解決を試みる。彼の文明批判は，諸関係のゼロ地点としての「自然」概念を援用しつつ，所与の社会における諸関係の累積構造化のあり方を問い直している。

ルソーの著作は，所与と当為の対比を通じて，前者が含む問題点を明らかにするべく構成されている。「現にある人々」と「ありうべき法」を想定した『社会契約論』では，いかなる政治体も堕落を免れないとされ，その原因は，所与とされた利己的な人々に帰せられる。所与の社会のなかにあって，理想的な教師の下で行われる『エミール』の教育が遭遇する幾多の困難は，所与の社会が抱える矛盾の所在と構造を照らし出す。『エミール』は単なる教育方法論ではなく，人間本性に適った人間形成の過程を基準として，所与の人為的諸制度の矛盾を問う思考実験の書でもある。社会から隔離した特別の教育空間で生徒が孤独の内に育てられるという設定も，この思考実験のための前提条件である。さらに，自己の不幸を綴った自伝では，その悲惨の原因と共犯関係にある社会と人々のあり方が問われる。このように，問題の立て方と問題の所在が提示される一方，問題の解決は読者に委ねられる。ルソーが折にふれて読者に注意深くあるように求める所以である。

▶ **教育思想**　ルソーの教育思想は，その理解にあたってしばしば掲げられる「人間の形成か公民の形成か」という二者択一にみられるように，両立不可能な二つの目標に引き裂かれ，「個人主義か全体主義か」というように，両極端に解釈されてきた。往々にして彼に個人主義的教育の理想が帰されたために，ルソーの政治思想は国家主義的なものとして，彼の教育思想とは相容れないとされることが多い。しかし，上述のルソーの著作の構成にもとづいて思想産出の原理に注目すれば，彼

の思想の構造には一貫性が認められる。

『エミール』の「体系的部分」とされる「自然の歩み」は、生徒の知的発達の段階を基準に、①感覚の段階、②感覚的理性（子どもの理性、感覚の綜合により単純観念をつくる能力）の段階、③知的理性（大人の理性、単純観念の綜合により複合観念をつくる能力）の段階に大別される。ルソーによれば、人間はそれぞれの段階に応じて以下のものを判断の基準におく。あるものや行為が、①快いかどうか、②自分の利益になるかどうか、③理性によって与えられた幸福または完全性という観念に照らしてどのような価値を持つか。生徒の発達段階に適合した教育を与えるべく『エミール』が構成される。第一編：純粋に感覚の段階にある子どもの心身の自由な活動の確保、第二編：感官の訓練としっかりした感覚を基礎とした感覚的理性の形成、第三編：感覚的理性を基礎とした知的理性の形成の準備、第四編：他者との道徳的関係、友情を通じた知的理性の形成、第五編：恋愛、同胞との公民的関係を通じた知的理性の形成。すなわち、第一編は①の段階を、第二編は①から②への移行を、第三編は②の段階の完成を、第四編と第五編は②から③への移行を扱っており、各々の発達段階の充実が、同時に次の段階の最も確かな準備とする立場が貫かれている。『エミール』には、生徒の堕落を防いで善良な存在に留めつつ、能うかぎり生徒の幸福を確保しようとする「初期の教育」（第三編まで）と、他者との関係を正しく統御する能力の習得によって、生徒を道徳的存在へと導く「真の教育」（第四編以降）の間に質的な断絶があり、前者は後者の準備教育とされる。従来ルソーの教育方法として掲げられることの多かった「消極的教育（l'éducation négative）」も、道徳的人間の形成に先立って、その基礎となる器官の発達を確保するための準備教育と位置づけられる。身体的段階から精神的＝道徳的段階への移行がルソーの人間形成論の眼目となっている。

『エミール』は「人間の本源的善性論の原理にもとづく多分に哲学的な著作」であり、人間の魂の歴史のなかに、あらゆる悪の起源が辿られる。その条件として、一方で人間の魂に有害な情念が生成する原因を示し、他方で悪徳が入り込んでくる通路を遮断するべく、教育のための特別の時空が提示される。ここで問われるのは理性の発達とならんで、それに不可避的に付随する情念の発達でもある。自己の境涯を認識し、自己の能力の限界内に止まる術をわきまえて、自己の能力と欲求の均衡をとることによって、可能なかぎりの幸福を享受する能力を獲得していくことが求められる。人間形成の課題は人々が取り結ぶ他者とのさまざまな関係を適切に統御することにある。同書では、生徒の発達に応じて、(1) 他の存在者との物的諸関係、(2) 他の人々との精神的＝道徳的諸関係、(3) 同胞たちとの公民的諸関係といった多様な関係を慎重に重層化していく過程が描かれる。「自然の歩み」にそくしてみると、(1) の関係は①感覚の段階と②感覚的理性の形成期に相当し、(2) の関係は②感覚的理性の完成期と③知的理性の形成期に相当し、(3) の関係では③知的理性における人間関係を国家の構成員として調整することが問題となる。教師が支配する教育環境のなかで、生徒は常にその発達段階に適合した諸関係のなかに置かれる。「真の教育」は人々との関係において「自己を研究すること」であり、これには一生を費やさなければならないという。人間を通して社会を研究し、社会を通して人間を研究することを求め、政治学と倫理学を別々に扱うことを避けたルソーは、人間が置かれるさまざまな関係の累積構造化のあり方に、人間のさまざまな情念の起源を認め、また、情念の発達が関係を複雑なものにすると見る。ルソーの統治論の本質的要素の一つとして『政治経済論』や『ポーランド統治論』などで展開された公民形成論では、各人の自己保存と幸福への欲求を、当該国家の構成員全体の幸福追求の欲求（祖国愛）に変容させることによって、利己的な情念が持つ排他性の克服が試みられ

ており，『エミール』の情念指導論と同じ構造が認められる。ルソーの教育思想は，人間の知的発達にともなって複雑になる外部との関係を適切に統御することを通じて，悪を生み出す情念が生徒の魂に生じてこないように，あらゆる手段を講ずるための思索とも理解できる。ここには，理性の発達や生産性の向上による物質的潤沢と身体的快楽が人間を幸福にするという立場から，各人の多様な利害を量的に緩和する「幸福の合理的追求」をもって徳とした啓蒙主義の理性崇拝に対する深い危機意識がみられる。

▶ **影響と意義**　拘束と管理の下に徳目を強制的に注入する教育への批判，不確かな将来のために現在を犠牲にすることへの批判，子どもの興味と活動性に訴える教育の提唱を『エミール』に認めた人々は，同書を「児童の福音書」と称賛した。ペスタロッチ (Pestalozzi, J.H.)，フレーベル (Fröbel, F.)，汎愛学派などのロマン主義的な教育思想や実践への影響が指摘されている。同様のルソー理解は新教育運動の指導者達によって自説の論拠に用いられ，日本でも大正自由教育期に同書が広く読まれた。また，発達論的子ども観とこれに応じる教育方法論の探究に影響を与えたことから，ルソーは「子どもの発見者」と呼ばれ，大人と子どもの間の質的な差異，子どもに特有の感受性や思考法の観察，発達の諸段階に固有の意味と各段階に最適な教育のあり方への着眼などが注目された。しかし，「自然にかえれ」というルソーが一度も用いなかった言葉によって彼の思想を要約し，社会に背を向けて子どもの発達の助成に徹する個人主義的教育の提唱として同書を理解する立場からは，彼の思想の構造は十分に理解されなかった。理性による自律を眼目とする近代的自我の確立に付随して不可避的に生じる利己的情念を統御し，その克服しがたい排他性と対決したルソーは，上述の通俗的理解とは異なった教師と生徒の関係を前提としている。生徒に気づかれずに教師の意志が支配する空間で，生徒は見かけは自由であり

ながら教師に完全に服従している。生徒の発達段階に適合した学習課題を与え，これに生徒が自ら進んで取り組むようにしむける教師の術策には，自律的主体を形成するために生徒を管理し，雑多な現実社会の人間関係から生徒を隔離するという，近代的な教育的配慮が色濃く現れており，そこで生徒の操作可能性が理念として極めて徹底した形で追究されているとも捉えられる。

[**参考文献**] 『ルソー全集』全14巻・別巻2 小林善彦・樋口謹一監修　白水社　1979-85／吉沢昇・西川長夫・宮島喬・原好男・海老澤敏『ルソー』有斐閣新書　1979／桑原武夫編『ルソー研究（第二版）』岩波書店　1968／坂倉裕治『ルソーの教育思想』風間書房　1998／林信弘『「エミール」を読む』法律文化社　1987／沼田裕之『ルソーの人間観』風間書房　1980／森田伸子『子どもの時代』新曜社　1986／吉岡知哉『ジャン＝ジャック・ルソー論』東京大学出版会　1988年／Vargas, Y., *Introduction à l'Emile de J.-J. Rousseau*, Paris 1995／Ravier, A., *L'éducation de l'homme nouveau*, 2 vols. Paris 1941／Château, J., *J.-J. Rousseau sa philosophie de l'éducation*, Paris 1965／Trousson, R. & Eigeldinger, F.S. (dir.), *Dictionnaire de J.-J. Rousseau*, Paris/Genève 1996（坂倉裕治）

ルター

(Martin Luther, 1483-1546)

▶ **生涯**　ドイツ，ザクセンのマンスフェルト伯領アイスレーベンに鉱夫の子として生まれた。生まれた家は必ずしも豊かではなかったが，宗教的な雰囲気のうちに幼少年期をすごした。マグデブルクとアイゼナッハで自由学芸を修め，さらにエルフルトの大学に進み，法学を学び始めたが，ほどなくエルフルトのアウグスティヌス修道会にはいることとなった（1505）。修道士としてのルターは，「塔の経験」といわれる精神の内面での葛藤に苦しんだが，一方では忠実に戒律を守り，祈り，働き，学業に精励した。1508年，ルターは，ヴィッテンベルク大学で私講師として開講を許され，1512年には博士号を獲得して教授に任用されたが，その直前には

(1510-11)，アウグスティヌス修道会からローマをおとずれ，総本山サン・ピエトロ教会の長い階段の膝行を強いられたことは，彼の法皇至上主義に対する懐疑を決定的なものにさせたといわれている。ルターは，人間はいかにして義認されるかという問題に苦悩していたが，大学での聖書講義，とくに使徒パウロの「ローマ人への手紙」によって，きわめて堅固な信仰〈義人は信仰によりて生くべし〉を得た。1517 年 10 月 31 日，ルターは，ヴィッテンベルク大学の掲示板として使用されていた「城教会」の門扉に 95 箇条の提題を掲げ，それが宗教改革の発端となったことはあまりにも有名である。その後，ローマ教会との戦いがつづくことになるが，1521 年 4 月，彼はウォルムスの神聖ローマ帝国の議会に召喚され，ここでローマ法皇庁と決定的に決裂し，翌月ザクセン選帝侯によってワルトブルグ城に約 10 ヶ月のあいだ保護され，旧・新約聖書のドイツ語訳のしごとに従事した。カタリナ・ボーラと結婚した年の 1525 年に勃発した南部および中部ドイツの農民戦争では，ルターは，再洗礼派のトマス・ミュンツァー（Müntzer, T.）の指揮する一揆に断固対決し，彼此両世界の統治において，貴族・都市市民・農民の秩序ある共同を求めた。ルターは，1546 年 2 月 18 日郷里への旅の途中に亡くなったが，その各層から惜しまれつつ，ヴィッテンベルク城教会の墓地に埋葬された。

▶ **教育思想**　ルターが教育の問題を重視したことはよく知られている。ヴィッテンベルクの城門に 95 箇条のカトリック教会弾劾文を貼り付けてからまもなく，彼は，『結婚生活についての説教』（1519）において，結婚生活を祝福し，若き男女に対して，「汝らが神とキリスト教徒と全世界と汝ら自身ならびに汝らの子どものために為すことのできる貢献は，汝らの子どもをよく教育することに優るものはない」と説示し，子どもを神への奉仕と神の栄光とのために教育することは結婚する者の最大の義務であると主張している。

また，『キリスト教身分の改善についてドイツ国のキリスト教者貴族に告ぐ』（1520）では，学校の徹底的な改革を要求し，聖書をもって，大学やラテン語学校，さらにドイツ語学校の教育の基本となすべきことを求めている。「大学は一大刷新を必要とする。そこでは"自由な生活"が営まれており，聖書やキリスト教の信仰はほとんど教えられていない。そこではただ異端の学者アリストテレスのみが，キリストを尻目にかけて幅を利かせている。それゆえに余の忠告は，次のとおりである。アリストテレスの自然学，形而上学，心理学，倫理学など，これまで最上の書物とされてきたもののすべてを追放せよ。余はあえて言う。陶工でもこれらの書に記されていることよりもはるかに多くの自然に関する知識を持っているはずである。かかる憂うるべき，高慢なる，質の悪い異端の徒が，その誤った言説で，多くの善良なキリスト者を誤らせ，愚昧にしてしまったことは返すがえすも残念千万なことである」。次に，『キリスト教的学校を設立維持すべきことについて全ドイツ都市参事会員に告ぐ』（1524）では，宗教改革によって修道院学校や本山学校さらには祈唱堂学校などが解体された結果，教育がきわめて憂慮すべき状態にあるとの認識から，都市の参事会員たちにすみやかに学校を設立すべきことを申し入れている。「まず上級および下級の学校では聖書をもって最上の，かつ最も普通の課業とし，少年には福音書をもってこれにあてよ。それから神はすべての都市が，女子の学校を設け，そこで毎日少女たちに 1 時間づつ，ドイツ語で，またはラテン語で，福音書を読んできかせるようにすることを欲したもう。すべてのキリスト者が，9 歳ないし 10 歳で，すでにすべての聖なる福音を知り尽くすことは，まことに好ましいことではなかろうか」。そして，『子どもを学校に就学させるべきことについての説教』（1530）では，もはや家庭での教育にはどうしようもない限界があるとして，学校教育の必要性を説き，就学を怠らせていることより生ずる禍根

について，主として親たちに忠告している。「われわれは，今日のドイツで，人々がいたるところで学校を衰微させていること，大学は衰え，修道院の学校は減っていることを目のあたりにしている。物欲ばかりの民衆は，今日ではもはや自分の息子や娘を，修道院や本山の学校に入れることによって，うちの財産を食いつぶさぬようにして家から出し，他人の財物に寄食させてはならないと教えられ，またそうするわけにゆかなくなったことを知っている。そこでだれも，もはや息子や娘を学校に入れて学問をさせようとはしなくなった。彼らはいう。神父にも修道僧にも修道女にもなれないなら，一体何のために学問なんかさせるのか，学問なんかさせるより，食うことの勉強でもさせたほうがよっぽどましだ，と」。さらに，つづけて，こうもいっている。「私は政府には人々を強制して彼らの子どもを，とくにうえにのべたような子どもを学校に就学させるようにする責任があると考える。なぜなら政府は真に身分，すなわち説教師，法官，教区長，書記，医師，教師などを維持する責任をもっているからである。もし政府に，戦争に際して人民に槍や鉄砲をかつがせ，城壁をよじ登らせることを強制する権限があるなら，政府にはそれ以上に，人々をしてその子弟を学校に就学させるように強制する権限があるはずである。それゆえに監視する立場にある人は，監視せよ。政府が，有能な子どもを見つけたら，それを学校に入れるように監視せよ。親が貧しかったら寺院の財産をもって援助せよ」。そして最後の『小教理問答書』（小カテキズム，1529）の「家訓」では，新約聖書の「エペソ人への手紙」の一節が引かれて，家庭における親子関係の基本が親の子への愛と子の親への畏敬と服従にあることが強調されている。「父たる者よ，子どもを怒らせないで，主の薫陶と訓戒によって彼らを教育しなさい。子たる者よ，主にあって，両親に従いなさい」。ルターの教育思想をその神学において確認することはそれなりに可能だとしても，彼が課題とした教育の問題が彼が主体的に活動した時期と密接なかかわりをもっているがゆえに，教育思想の全体像を描きだすことはきわめて困難である。しかしながら，いずれにしても，アリストテレスで補強された教会哲学への批判，都市生活の堕落を予感させる不安定な状況における親の責任の遂行への不満が公権力による就学強制を不可避と擬制する論理は，やがて，貴族や一部の豊かな市民の家族における家庭教師による教育と，庶民に対する義務（＝強制）教育の並立という，その後のドイツの教育構造を思想的に支配することになる。

イタリア・ルネサンスの北方への導入に貢献したロイヒリン（Reuchlin）を大伯父にもつヒューマニスト，メランヒトン（Melanchthon, P.）の都市学校改革やブーゲンハーゲン（Bugenhagen, J.）の北ドイツ民衆学校整備の努力は，ルターによって脚本が書かれ，演出されたものだった。メランヒトンは，なかば中世以来の伝統を尊重しながらも，それに大伯父から受け継いだルネサンスの人文主義，さらにルターが目指した方向性において構想したもので，したがってルターよりもはるかに柔軟な構えで教育改革事業にあたった。メランヒトンがかかわったのは，ほとんどが都市の学校設立事業であったが，そのプランは実際の教育に適用しやすいものであった。それゆえ，ルターがその地で開催された帝国議会で弾劾されたライン河畔の町ウォルムスに建つルターの銅像の右後ろに控え目に立っているメランヒトンは，今日でも，「ドイツの教師」（Praeceptor Germaniae）などと呼ばれている。

[参考文献] ワイマール版ルター全集（D. Martin Luther, *Werke, Kritische Ausgabe,* 1883 ff.）／ルター著作集（聖文社版 1963以降刊）／金子晴勇『ルターとその時代』玉川大学出版部 1985／山内芳文『ドイツ近代教育概念成立史研究』亜紀書房 1994／Asheim, I. *Glaube und Erziehung bei Luther,* 1961

（山内芳文）

ルーマン
(Niklas Luhmann, 1927-1998)

ハーバーマスと並び称される，ドイツの思想家，社会学者。システム論に基づいた機能構造主義により，法，家族，経済，教育，学問等多様な領域において分析を展開している。

▶ 経 歴　1927 年 12 月 8 日にリューネブルクに生まれた。15 歳のときに空軍に戦時召集される。17 歳のときアメリカ軍の捕虜となる。1946 年から 49 年までフライブルク大学で法律学を学ぶ。1954 年にリューネブルクの上級行政裁判所の行政官となる。1955年から 62 年までニーダーザクセン州の文部省で州議会担当官を務める。1960 年から 61年にかけてハーバード大学のパーソンズ（Parsons, T.）のところに留学。1962 年から65 年までシュパイヤーの行政学研究所の研究員となる。1965 年にはシェルスキー（Schelsky, H.）に呼ばれてドルトムントの社会研究所の部長となる。1966 年，ミュンスター大学で，博士論文『公式組織の機能とその派生的問題』と教授資格論文『行政における法とオートメイション』が受理された。1967 年「社会学的啓蒙」のテーマでミュンスター大学の就任講演がなされた。1968 年新設のビーレフェルト大学の社会学の教授となり活発な著作活動を展開し 1998 年 11 月死去。

▶ 思 想　ルーマンのシステム論の骨格は，すでに 1964 年に出版された『公式組織の機能とその派生的問題』において示されている。しかし，一般にルーマンのシステム論は，ほぼ 1982 年を区切りとして，システム・環境図式にのっとり複雑性の縮減を鍵概念とする前期ルーマンの段階から，マチュラナ／ヴァレラ（Maturana, H. R., Varela, F. J.）の影響でオートポイエーシスに則ったシステム論を展開する後期ルーマンの段階に，区分される。

▶ 前期ルーマン　ルーマンが博士論文を書いた頃の行政組織の研究は，部分・全体図式によるシステムの捉え方が一般的で，部分な

る個人の総和が全体である組織を形作るという見方が取られていたが，サイモン（Simon, H.）らによりこうした見方の限界が指摘され，むしろシステム・環境という図式により組織の動きを把捉すべきであるとの見方が提出され始めていた。ルーマンはこの考え方の革新性を見抜き，システム・環境図式に基づいた公的組織の分析枠組みを提示することになる。新しいシステム・環境図式に基づきルーマンは，因果関係と目的手段関係による自然科学をモデルとした分析の手法に対して，行為における原因は無数にあり特定することができない，原因や目的は環境における複雑性を縮減するための心的システムの方便にすぎない，目的手段関係も原因結果関係もいずれも同じ複雑性の縮減に寄与している，という見方を提示した。

社会システムは，複雑性の増大に対処するために，未開社会のような環節型社会から中世のような層化社会を経て，17，8 世紀から進展する機能的に分化した社会へと変化するとされる。こうした，社会の機能分化が各システム内で反省され，それぞれのシステムの意味世界が構築されることになる。かくて，経済，法律，教育，家族，学問といった部分システムは機能的分化とその反省という観点から新たな分析がなされることになる。

こうした社会システムの発展段階論の背後には，2 人が相対した場合お互いに相手の反応を予期できないというコミュニケーションの二重の不確定性にも関わらずいかにして社会秩序は可能となるかというルーマンの問題意識がある。この不確定性を克服するものとして生み出されたものが，象徴として一般化されたコミュニケーション・メディアである，とされる。たとえば，貨幣というメディアが成立することにより，貨幣を媒介するコミュニケーションはすべて経済的コミュニケーションであるという形で経済システムの分化が促進されることになる。このように，いわば経済機能により経済システムの分化，経済構造の変化が生じると考えるところから，パー

ソンズらの構造機能主義に対して機能構造主義と呼ばれる。

▶ 後期ルーマン 　ルーマンは，コミュニケーションを社会システムの構成要素であるとすることにより，マチュラナ／ヴァレラのオートポイエーシス論を社会システムへ適用する道を開いた。オートポイエーシスとは，システムがみずからの構成素をみずから産出することにより関係のネットワークを産出し自己を維持する閉鎖システムのことをいう。社会の構成素を個人ではなくコミュニケーションと考えれば，コミュニケーションがコミュニケーションを生み出すことにより社会が存立しているということになる。個人の意識は社会システムではなくて心的システムとして社会システムの環境となる。ここに従来の主観，客観という二元図式を越えた新たな分析枠組みが提起されることになった。

▶ 教育システム論 　教育についての論稿は，大学関係も含めれば30近くもある。そのなかでさまざまなことが語られているが，前期ルーマンの基本はなんといっても『教育システムの反省問題』(1979)に示されている。ここでは，教育システムの分化が教育学，教育思想にいかに反省されてきたかが，教育システムの自律性の名のもとに分析され，次に教育技術をめぐる問題，換言すれば，生徒は一人ひとりが自己準拠システムである以上，技術の対象とはなりえないという技術欠如の事態を教育思想がどう反省してきたがが扱われ，次に教育システムは全体社会への機能として，できる・できないという二区分コードによる選抜機能を果たすことが述べられこの選別の様態が分析されている。

　オートポイエーシスの立場に立てば，教育的コミュニケーションの構成素は何かということになるが，1991年の論文では，子どもという概念がメディアとしての役割を果たしているのではないかとの考え方が提起されるにいたっている。

　教育関係の論文としては，ドイツの教育改革について改革が失敗せざるをえないことを論じたもの，技術欠如について論じたもの，アイデンティティについて論じたもの，があり，前者においては，因果地図という重要な概念が教授学習過程を導くものとして提起されており，後者においては心的システムの教育にとって重要な意味をもちうる，アイデンティティの問題に貴重な示唆を与えている。教育システム論は，制度のみならず心的システムの分析にも力を発揮できるという点が重要である。

▶ 影響 　ルーマンの影響は，法社会学，宗教学，社会学，教育学等多岐に及んでいるが，教育システム論としてはドイツ以外ではまだ影響は大きいとは言えない。ドイツでは，テノルト(Tenorth, H.-E.)，ハルナイ(Harney, K.)，シュリーヴァー(Schriewer, J.)，ディーデリヒ(Diederich, J.)，マルコヴィッツ(Markowitz, J.)等がシステム論的分析を歴史分析，継続教育，職業教育，大学，教授学等に応用しようとしている。

▶ 位置づけ 　実にパワフルな理論であり，今後教育学にパラダイム転換を迫る有力な理論である。教育システム論に関しては，教育学の外部からなされた批判であり教育学の内在的批判になっていないとの声もあるが，ディーデリヒやマルコヴィッツの仕事に見られるように，教授学としても展開できる射程を備えている。

　[参考文献] Kiss, G., *Grundzüge und Entwicklung der Luhmannschen Systemtheorie, Neu bearbeitete Auflage,* Stuttgart 1990／Reese-Schäfer, W., *Luhmann zur Einführung,* Hamburg 1992／Fuchs, P., *Niklas Luhmann beobachtet, Eine Einführung in die Systemtheorie,* Opladen 1992／Niklas Luhmann, *Archimedes und wir,* Berlin 1987 　　　（今井重孝）

レ

レヴィナス
(Emmanuel Levinas, 1906-1995)

　フランスのユダヤ系哲学者。リトアニアのカウナスにて書籍商を営む家庭に生まれる。1923年、フランスに返還後間もないストラスブール大学に入学し、哲学を学ぶ。後に現象学研究に傾斜し、1928年から翌年までドイツ南西部のフライブルク大学に留学、フッサール (Husserl, E.)、ハイデガー (Heidegger, M.) の講義を受講する。1930年、『フッサール現象学における直観理論』により第三課程博士号を取得後、パリに拠点を移し、翌年にはフランスに帰化する。1939年にドイツ語・ロシア語の通訳兵として召集、ドイツ軍パリ侵攻後捕虜となり、5年におよぶ捕虜生活を送る。復員後の1946年、世界イスラエル同盟の附属機関である東方イスラエル師範学校の校長に就任、人材と物資が不足するなか、妻とともに住み込みで学校の再生に尽力する。1961年に『全体性と無限』で国家博士号を取得、ソルボンヌ大学などで教鞭をとる。フランス語圏ユダヤ知識人会議で定期的にタルムード講話を行ったほか、ユダヤ教に関する論考も数多く発表している。

　現象学とユダヤ教を主たる着想源としながら倫理をめぐる独創的な思考を展開した者として知られるレヴィナスではあるが、彼の思想と教育との関係は実はきわめて密接である。①レヴィナスは、早くも捕虜収容所時代から1950年代にかけて、「教え（enseignement）」を範例として私と他者との関係を構想していた。この時期の思索はやがて主著のひとつ、『全体性と無限』に結実する。同書では、他者の「顔（visage）」を前に私が問い質される「倫理」の経験が、私が他者によって教えられるという「教え」の経験でもあることが主張されている。②また、師範学校の校長として、レヴィナスは多くのユダヤ教育論を発表しており、その一部は「ユダヤ教についての試論」を副題とする『困難な自由』に収められている。その内容は多岐にわたるが、教えの受容と継承をユダヤ教の本質として定位することが基調となっている。③さらに、タルムード講話では、単なる「文書（document）」とは異なる「書物（livre）」を「教えるもの」とする解釈学的原理に基づき、書物の読解、および、先行する師たちとの文字を介した対話による教えが主題化されている。

　［参考文献］　Levinas, E., *Totalité et infini: Essai sur l'extériorité*, La Haye 1961（合田正人訳『全体性と無限——外部性についての試論』国文社　1989／Levinas, E., *Difficile liberté: Essais sur le judaïsme*, Paris 1963/1976（合田正人監訳『困難な自由』法政大学出版局　2008）／Malka, S., *Emmanuel Lévinas: La vie et la trace*, Paris 2002（斎藤慶典ほか訳『評伝レヴィナス——生と痕跡』慶應義塾大学出版会 2016）

　［関連項目］　ハイデガー／現象学／他者／ユダヤ
（平石晃樹）

歴　史
英 history／独 Geschichte／仏 histoire

▶ **語　義**　「歴史」という語は、広義には事物の生成・変化・消滅の時間的過程を指すものとして、通常極めて多様な用いられ方をしている。しかし、学問としての歴史学ではこの語は一般に、人間の生活に関わりをもつ過去の出来事と、その出来事についての叙述という二重の意味を担ってきた。

▶ **歴史と歴史観**　過去の出来事といっても、ここでは人間を含む森羅万象の時間経過にともなう変化それ自体は未だ歴史ではない。その変化が人間の生活にどのような影響を及ぼしたかという視点に立つときはじめて研究対象としての歴史的出来事となるのである。また歴史的出来事は過ぎ去ったこととして、もはや直接にはそれを経験することができない。

その出来事に関する諸々の記録が残されているだけである。したがってこれらの記録そのものの信憑性も含めて，対象となる歴史的出来事の事実的全体像が問われなければならないことになる。ランケ（Ranke, L. von）を祖として19世紀に成立した近代歴史学では，こういった歴史的出来事に関する主に文字による記録としての史料を綿密に吟味していくこと（史料批判）によって，その出来事の因果関係や意味を事実に即して客観的実証的に叙述することが目指されてきた。しかし，歴史が人間に関わる過去の出来事の「叙述」であるとされるとき，その「叙述」が原理的にいって出来事の細大漏らさぬ忠実な「再現」や脈絡の欠如した「羅列」ではありえないことを考えるなら，その出来事を問題にし叙述する視点は，人間の生活を成り立たせ変化させていく諸要因を根本的にどう捉え，どの方向へむけて関係づけるのかについて研究者が依拠している立場によって多様であろう。そしてこの立場は，自身の生きている時代についての研究者の認識のあり方と結びついている。それゆえ，同一の出来事を取りあげてもその歴史的意味づけは異なりうるし，そもそも過去における人間の生活のどの領域に関心を注ぐのかに応じて，どの出来事が叙述に値する歴史的出来事として選択されるかも変わってくる。これまであまり顧みられることのなかった出来事に，人間の生活についての異なる視点から光があてられ，その歴史的意味が新たに脚光を浴びることがあるのは，たとえば近年の教育史研究における社会史的視点からの諸成果などにも明らかである。それぞれの出来事の歴史的性格の濃淡は，過去の人間の生活へと向けられる研究者の眼差しに先だってあらかじめ一義的客観的に確定しているわけではない。むしろ，人間の生活における変化の過程を統合的に把握しようとする研究者の歴史観に則って，過去の諸々の出来事は，一定のまとまりと方向性を有する流れへと整序されるのである。

▶ **歴史叙述と物語**　　このように考えてくる

と，ダント（Danto, A. C.），ヴェーヌ（Veyne, P.），ホワイト（White, H.）らの「歴史における物語性」をめぐる議論の意義も理解されよう。すなわち，過去における出来事の叙述としての歴史は，出来事の変化の過程を筋道立てつつまとめあげて語ることとして，「物語」の問題と通底しているのである。バルト（Barthes, R.）のように，「物語」を語りの構造分析の対象として捉えるにせよ，リオタール（Lyotard, J.-F.）のように，それぞれの時代や社会における世界観や人間観の正当化の機能を有する言説として捉えるにせよ，語ることが出来事を取捨選択しつつ構成することであるかぎり，歴史叙述もまたストーリーであることを免れない。歴史叙述は事実としての出来事と架空の事柄とを峻別するといっても，叙述に取り入れられる事実が選択され，相互に関連づけられ意味づけられることにおいて，出来事を語ることそれ自体の仮構性が浮彫されざるをえないのである。しかしこのことは決して歴史叙述一般の価値が貶められることを意味しない。語ることが人間にとって根源的な営みであることを見据え，自らの物語性を自覚的に戦略化しきった歴史叙述はむしろ，禁欲的な事実信仰と不徹底な思弁性とを同時に乗り越えつつ過去を「創造」的に語ることを通じて，人間の生活の未来に向けて現在を切り開く比類のない力となると言うべきである。

▶ **歴史教育の基底**　　以上のことから歴史教育における「歴史意識の涵養」という問題に接近する糸口もまた見いだすことができよう。すなわち，歴史意識は，全ての語られる歴史的出来事のもつ仮構性に対する批判意識として，と同時に，現代を生きる学習者が自己の生き方の未来に向けて過去を語りだすことを可能にする意識として，「歴史における物語性」の認識を通じてこそ培われるのである。

［**参考文献**］　Carr, E. H., *What Is History?*, London 1961（清水幾太郎訳『歴史とは何か』岩波書店 1962）／斉藤孝『歴史学へのいざない』新曜社 1993／Danto, A. C., *Analytical Phi-*

losophy of History, Cambridge 1965（河本英夫訳『物語としての歴史——歴史の分析哲学』国文社　1989）／Veyne, P., *Comment on écrit l'histoire, Essai d'épistémologie*, Paris 1971（大津真作訳『歴史をどう書くか』法政大学出版局 1982）／White, H., *Metahistory: The Historical Imagination in Nineteenth-Century Europe*, Baltimore 1973

　[関連項目]　社会史・心性史　　　（鳶野克己）

歴史的人間学

独 Historische Anthropologie

　今日，人間学は，かつての生物学や哲学的人間学のように「人間とは何か」「ヒトとは何か」という問いに対し包括的・普遍的な回答を見出すことはもはやできない。むしろそれは，個別学問分野やそれを包摂するパラダイムの違い，そしてそれを育んできた歴史や文化の違いから生じる人間学的知識の多様性の増大を目指す歴史的人間学として，あるいは歴史的・文化的人間学として再定義される。それは，単一の閉じた学問分野ではなく，未来に開かれた，多様な学問諸分野間での相互作用の暫定的到達点と見なされる。

　1993 年にドイツのベルリン自由大学に創設された歴史的人間学学際センターにおいてレンツェン（Lenzen, D.），ゲバウアー（Gebauer, G.）らとともにヨーロッパにおける歴史的人間学研究を主導してきた研究者の一人であるヴルフ（Wulf, Ch.）は，歴史的人間学において参照されるパラダイムとして以下の 4 つを挙げている。①ダーウィン（Darwin, Ch.）以来，現生人類にまでいたる発生プロセスを解明してきた進化論と人類発生史。このパラダイムにおいて，ヒト（とくにその身体）は，生態系，遺伝，大脳，社会，文化といった諸要因間の相互作用から生まれた多次元的形態発生の結果と見なされる。②ドイツの哲学的人間学。ここでは，主に人間と動物の身体の比較によって，世界開放性，脱中心的位置性，欠如存在といった人間の条件が示された。③フランスのアナール学派の心性史に始まり，構造史を経て，フランスのポス

ト・アナール学派の文化史をはじめ，ドイツやイタリアなどの新たな歴史学へと展開していった歴史人類学である。ここでは，さまざまな歴史的条件のもとに置かれた人間の姿が通時的比較研究の観点から解釈学的・テクスト批判的方法によって解明されてきた。④アメリカとヨーロッパにおける文化人類学と民族学。文化人類学は，さまざまな異文化を研究するなかで，本来大きな変動の幅をもつはずの人間の生得的能力が限定された特殊な行為レパートリーへと縮減されていくメカニズムを解明し，また，民族学研究にも差異化された眼差しで自文化に向き合う姿勢をもたらしてきた。このパラダイムにおいては，文化ごとに異なる生活条件のなかに置かれた人間の姿が，共時的比較研究の観点から質的・量的方法を用いたフィールド研究によって解明されてきた。上記の①および②のパラダイムは，人間に関する普遍的言明を目指す傾向にあり，③および④のパラダイムは，通時的比較あるいは共時的比較によって明らかになる人間の歴史的・文化的多様性を強調する傾向にある。歴史的人間学は，これらのパラダイムに属する研究成果や研究方法を参照しつつ，第 5 のパラダイムとして，多様な人間学的知識の間の類似性と差異性の解明を目指している。

　[参考文献]　Wulf, Ch. (Hrsg.), *Vom Menschen: Handbuch Historische Anthropologie*, Weinheim u. Basel 1997（藤川信夫監訳『歴史的人間学事典 1〜3』勉誠書房　2005〜2008）／Wulf, Ch., *Anthropology: A Continental Perspective*, Chicago 2013

　[関連項目]　人間　　　　　　（藤川信夫）

レッジョ・エミリア

伊 Reggio Emilia

▶ 歴史　レッジョ・エミリアとは，北イタリアの人口 14 万ほどの小都市であるレッジョ・エミリア市を中心に展開されている幼児教育システムの略称である。そのシステムは，「レッジョ・エミリア・アプローチ」とも呼ばれる。

レッジョ・エミリアの幼児教育は，第二次大戦後にヴィラ・チェラという村で始まる。「優れた人を育てるには，乳幼児から」という信念のもと，農民たちが自主運営の「自分たちの学校」を作っていった。その数はやがて，市内で8カ所の「乳児保育所」(0～2歳)設立へと発展していった。1963年に，レッジョ・エミリア市によって，それらのいくつかが公立化され，「乳児保育所」「幼児学校」(3～6歳)として，整備されていった。これは，イタリア初の公立の「保育所」「幼稚園」であった。

レッジョ・エミリアが，世界にその名が知られるようになったきっかけは，1991年に『ニューズ・ウィーク』誌で，世界でもっとも優れた幼児学校として紹介されたことにある。そこでの子どもの作品を紹介した「子どもたちの100の言葉」展(後に「驚くべき学びの世界」展へ)は，全世界で開催されてきた。

▶ 思想と教育実践　レッジョ・エミリアの幼児教育実践を語る上で，欠かせない人物に，ローリス・マラグッツィ (Malaguzzi, L. 1920-1994)がいる。彼は，レッジョ・エミリアの幼児教育の創設期から，その幼児教育を理論面でも行政面でもサポートし，中心的な役割を果たしてきた。彼は，デューイ，ピアジェ，ヴィゴツキー，ブルーナー，ガードナーといった，20世紀の最先端の教育理論や発達理論を創造的に統合しつつ，仲間との交流の中で，独自の教育思想と教育システムを発展させてきた。

彼は，知識をさまざまな学問(教育学，美学，哲学，心理学，建築学，音楽，視覚芸術，生物学，作詩法)が結びついたものとして捉える。子どもが行為することで知識が構成されていくという構成主義の考えに基づき，さまざまなメディアをつかった表現活動を重視してきた。こうした子どもの活動を支援するための学習環境として，幼児学校や乳児保育所には，必ずアトリエが設けられ，絵具，筆，紙，木の実，ねじ，釘など100を超える素材や，光と影を映す「ライトテーブル」やOHPなどが設置されている。組織上の特徴としては，保育者に加えて，大学や専門学校で音楽や美術を専攻した「アトリエリスタ」(芸術家)と大学で教育学を専攻した「ペダゴジスタ」(教育学者)が配置されている。

子どもたちの活動は，「噴水」「恐竜」「ライオン」などのテーマを有した「プロジェクタツィオーネ」(「プロジェクト」)と呼ばれる単元で構成される。その活動は，「ドキュメンテーション」としてビデオやノートに詳細に記録され，頻繁に行われるスタッフ間のミーティングで活用したり，保育者と保護者を繋ぐ資料として利用されたりしている。

[参考文献]　佐藤学監修・ワタリウム美術館編『驚くべき学びの世界』東京カレンダー　2011
[関連項目]　ヴィゴツキー／デューイ／ピアジェ／ブルーナー　　　　　　　(山内紀幸)

レトリック
英 rhetoric

レトリックとは，ギリシャ語で「話術」といった意味を持つ。公の場で雄弁に語ることは，古代ギリシャではすでにホメロスの時代から評価されていた。雄弁への熱情は，紀元前6世紀にアテナイにおいて民主制が導入されると，さらに激しいものになった。このような熱情に応えたのがプロタゴラス (Protagoras)やゴルギアス (Gorgias)といったソフィストたちであった。彼らは，レトリックを組織化し，彼らの教育の根幹に置いたのである。

もっともソフィストたちの著作は残念ながら残っておらず，その理論についても断片的な証言があるのみである。それにもかかわらず，われわれが学問としてのレトリックの全貌を知ることができるのは，アリストテレス (Aristoteles)の同名の著作による。アリストテレスが本書の執筆の際にソフィストたちの著作を参照したであろうことは，疑いない。もっとも，彼は単なる収集家ではなく，レトリックの根底にある言語観までをも明るみに

出すことに成功している。とりわけ注目に値するのは，レトリックを話し手・聞き手・話の内容の三つの観点から総合的に捉え，話し手のエートス（性格），聞き手のパトス（情念），内容の論理的整合性（狭義のロゴス）を重視していることである。このことは，レトリックが倫理学や論理学の初期形成過程に深く関わっていたことを示唆している。

しかし，このような広がりを持っていたにもかかわらず，レトリックはしばしば，パトスを扇動する危険なものとみなされてきた。このような偏見は，プラトン（Platon）の『ゴルギアス』によって生み出された。この書において，主人公ソクラテスはゴルギアスと彼の追随者たちと激しく対立する。この対立は，哲学的な生き方とレトリック的な生き方をめぐるものであり，レトリックは大衆操作の手段として厳しい批判に晒されることになった。要するに，プラトンは自らの哲学的立場を確立するために，レトリックを貶めたのである。このことの背景には，紀元前4世紀前半のアテナイにおけるプラトンのアカデメイアとイソクラテスの学校との間の教育をめぐる熾烈な論争があった。イソクラテスはゴルギアスの弟子であったことを考えると，プラトンのレトリック批判の真のターゲットが誰であったかが見えてくる。

このように強いバイアスがかかっていたにもかかわらず，『ゴルギアス』は甚大な影響を後世に及ぼし，レトリックは，長きにわたって，知識を伴わない言葉の術として，哲学と対立することになった。結果として，アリストテレスのレトリック論に見られる豊穣なレトリック理解は——それが部分的にはキケロやルネサンスのヒューマニストたちによって継承されたとはいえ——傍に押しやられることになった。そして，哲学対レトリック，知識対言葉，ロゴス対パトスといった不毛なトポスが（教育）思想史を長く支配することになったのである。

［参考文献］　アリストテレス（戸塚七郎訳）『弁論術』岩波文庫　1992

［関連項目］　アリストテレス／イソクラテス／プラトン　　　　　　　　　　　　　（加藤守通）

練 習
英 drill

▶ **語 義**　「ドリル」の原義は，何度も錐（きり）もみをすることで板に穴をあけること，つまり「穿孔」である。転じて，兵士の訓練法（練兵）を指して「ドリル」と言われた。教育用語としては，比較的単純な作業を繰り返し課することにより，一定の知識や技能を身に付けさせることの意味で使われる。教育方法としてのドリル型の練習の特徴は，「反復」（repetition）による「記銘」（retention）にある。内容の理解は，それにともなって得られることである，と見なされる。

▶ **歴 史**　印刷術が開発される以前は，テキストを用いた指導ができないため，生徒たちの頭のなかに，一定の内容を正確に記銘させるより他なかった。宗派の教義を一律に徹底させるカテキズム（教問問答）は，教師一生徒間の問答そのものを，すべて決められたとおりに記憶させるものであった。わが国の藩校の「講義」法も，漢籍の素読・暗唱が主たる学習方法であった。学習させる内容が定まっていて，学習の過程も画一化されている領域については，今日でもドリル型練習が可能である。学習をドリル化することにより，教師は学習の範囲を指定するだけですむことになる。いったんドリル化に成功すれば，子どもは自らの頭に自らの手で錐もみをすることをいとわなくなる。

ドリル型練習に対する批難は，新教育の理論家の間では常識化している。デューイ（Dewey, J.）は『民主主義と教育』（Democracy and Education, 1916）でくりかえしドリルの難点にふれている。「一人ひとりの感じ方を犠牲にして機械的な技能（automatic skill）の定着を図るドリル」・「考えることから切り離され，目的をもってするよりも，機械的な技能を造り出すためのドリル」といったデューイの言葉からは，つねに反知性的な

方法の典型として登場するドリルが浮かび上がってくる。そのため、「ドリル」は「インドクトリネーション」と同じように、「けなし言葉」としての用語法が出来上がってしまっている。

▶ **技能の学習**　それにもかかわらず、ドリル型の練習が不可欠の分野がある。技能学習の分野がそうである。たとえばポラニー（Polanyi, M.）は、技能の習得過程を分析して、二つの過程を区別した。すなわち、(1) 一つ一つ筋肉を動かして一つ一つの活動をすること（たとえば「ペダルを踏むこと」・「ハンドルを動かすこと」）と、(2) それらの活動を協応させて一定の行為を遂行すること（「自転車に乗ること」）である。初心者は何よりも、(1) に属する一つ一つの活動に習熟することからはじめなければならない。それらが身に付いて、(2) が実際にできるようになると、(1) の諸活動は「暗黙知」となって意識させないようになる。しかし、そのような習熟の段階に入る前には、どうしても一定の活動の反復練習が必要不可欠なのである。

　またヴィトゲンシュタイン（Wittgenstein, L.）は、人々の日常生活を支える基底部分に、かつて大人からの訓練（discipline）によって獲得された基礎的技能がある、として、それを「生活の形式」と呼んだ。これらのドリル型練習は、教育の方法としての難点にもかかわらず、人々の社会生活を根底で支える基本的機能をなしているのである。

　［参考文献］　デューイ, J.（松野安男訳）『民主主義と教育　上・下』岩波文庫　1975／ポラニー, M.（佐藤敬三訳）『暗黙知の次元 —— 言語から非言語へ』紀伊国屋書店　1980／ヴィトゲンシュタイン, L.（藤本隆志訳）『哲学探求』大修館書店　1976
　［関連項目］　訓練／教授　　　　　（宮寺晃夫）

老　人
英 the aged

▶ **学ぶ老人**　今日の生涯教育論や学習社会論は、高齢化の急速な進行に対応して、老人も学習主体であるという。この学習とは、新たな知識や技術を学ぶことであり、さらに、衰えてゆくさまざまな能力を代償し補充することである。しかしどの学習も、衰えの着実な進行によっていずれ無意味になる。老人にとってもっとも本質的な学習は、老いと死の受容を可能にする人格的成熟への学習である。死の受容についてはキュブラー＝ロス（Kubler-Ross, E.）の理論が、そして老いの受容についてはユング（Jung, C.G.）の自己実現論があるが、まとめれば、老いと死の受容とは「自分はどこから来てどこへ行こうとしているのか」という問いに対して、自分なりのコスモロジーを体得することによって、全存在的に応答することである。どんな老人でも、夢の生活や宗教生活を通してごく日常的に、この全存在的応答をある程度達成する。老人の成熟は、これによってもたらされるのである。

▶ **教える老人**　老人は、生殖から疎外された特権的な存在であるが、かといって教育を含めた「生み出す連関」から完全に解放されるわけではない。今日の老いはかなり長期にわたるから、老人の多くは孫など後続する世代の養育や教育に携わる。伝統的社会では老人は、後続する世代に対して日常的機能的教育やイニシエーション儀礼を通して、共同体の神話を内容とする宗教的叡知や共同体を維持する知的技術的ストックを伝達した。しかしこのような老人の英知は、共同体そのものの漸次的解体とともにすっかり色褪せてしまっ

た。今日，語ることのできる老人の英知は，エリクソン（Erikson, E. H.）の規定に見られるように，広い見識や利害からの超越に裏付けられた公正な判断力といった人格的資質であるにとどまる。ただしこのような英知もまた，老人との共同生活によって，後続する世代へ確実に伝達されるとも考えられる。

▶ **老人をめぐる相互形成連関**　老人と生活する孫たちが，やさしさやいたわりを学習することは良く知られた事実である。今日では，変化にうまく「ノル」ことのできない老人の存在そのものが正確な文明批判であるから，彼らとの共同生活は，同調を維持するための軽躁状態から「オリテ」いることの深い安息を教える。老いと死の看取りが，看取る世代の深い人格的成熟を可能にすることもまた疑いない。こうして，老人の老いと死の受容過程に助成的につきあうことによって，後続世代の人格的成熟が可能となる。ここには，老人を結節点とする相互形成連関が認められるのである。

　［参考文献］ 岡田渥美編『老いと死 —— 人間形成論的考察』玉川大学出版会　1994
　［関連文献］ ホスピタリズム　　　（田中毎実）

労　働
英 labor／独 Arbeit／仏 travail

▶ **語　義**　人間が自らの生命を維持し，再生産するために，人間と自然との物質代謝を媒介する行為をいう。労働に対する位置づけは，時代によって変化してきた。古代ギリシャにおいては，労働は私的領域において営まれ，それ自体は目的的な価値をもたない手段的な行為としてとらえられていた。そしてそれは，公的領域において営まれる自由人の政治活動や，余暇とは区別されていた。

▶ **近代の労働観**　アダム・スミス（Smith, A.）は，社会的分業のもとで交換される商品の価値をその生産に投下される労働にもとめる，労働価値説を展開した。そこで労働は，社会的分業と商品交換によって存立する近代市民社会における，根本的な価値を生み出す源泉としてとらえられた。さらにマルクスは，スミスの労働価値説を発展させて，人間の労働力にも価値規定をおよぼし，労働力の商品化のメカニズムを把握しようとした。彼によれば，商品としての労働力は交換価値と使用価値を有し，他の商品と同じように市場で交換される。その場合，個々の生産の場面での労働は，具体的有用性をもつ使用価値の発現としてとらえられる。しかし個々の労働をうみだす労働力は，普遍的な性格を有するものとされる。そして，生産場面でそうした労働力の普遍的な本質が発揮されていない現実が，資本主義社会における労働の疎外として概念化された。かくして近代の労働価値説において，労働は古典古代におけるような単なる手段的な性格をもつものではなく，そこでこそ人間の自由が実現する普遍的な性格を有する，目的的行為としてとらえなおされる。

▶ **労働と教育**　「閑暇」（スコレー）というギリシャ語が示すように，古典古代には，学校（スクール）は生命の維持と再生産の営みである労働から人間を分離し，自由な知的営みを行わせる場として考えられていた。そこでは労働と教育は対立的な関係にあった。しかし，労働に人間の自由の実現の場を求める近代の労働価値説の思想は，労働と教育を対立的にとらえる見方を根本的に転換した。たとえば20世紀の総合技術教育の思想や人的資本論は，主張や立場の違いをもちながらも，次の点では共通の発想にたっていた。それは，学校や家族での教育のなかに含まれている労働力の再生産としての機能を十分に発揮させることによって，職業への準備教育と人間能力の普遍的な発達とが同時に果たされるという発想である。この発想は，体制の違いを超えて，20世紀の教育計画論を支える共通の思想的前提となった。

　しかしながら，20世紀の後半以降，こうした発想に対する批判と，根本的な再検討が加えられるようになっていく。たとえばアメリカで1970年代以降の再生産論を主導したボールズ（Bowles, S.），ギンタス（Gintis,

H.）らのラディカル・エコノミストたちは，労働価値説において，市場で交換される労働力商品が生産場面で使用価値として働くことが自明の前提とされている点を批判した。彼らによれば，労働力が使用価値としての労働に転化するかどうかは，労働価値説において考えられているほど自明ではなく，むしろそこには，コンフリクトが介在しているという。そして労働力を再生産する学校や家族のはたらきは，このコンフリクトを解決し，労働のインセンティヴを調達するための政治的なメカニズムを不可避的にともなっているという。したがって，学校や家族での労働力の再生産には，政治的な権力関係が組み込まれているとされた。彼らの労働価値説批判は，労働力の再生産が必ずしも人間の自由や主体性の育成をもたらすものではないという点を指摘するものであった。

▶ **労働観のとらえなおし**　労働価値説への批判は，余暇や遊びとの関連で近代の勤労観を相対化する方向性を示唆しているが，それは，近代の労働観そのものの思想的問い直しを内に含んでいる。この点について，たとえば20世紀の全体主義に対する批判から出発したハンナ・アレント（Arendt, H.）は，近代における労働の優位が全体主義の思想的基礎をなしているという。彼女は，労働の優位を相対化するための視点として，労働とは区別される，生命の維持と再生産とは無関係な制作行為である「仕事（work）」や，異質なもの同士が競合する政治的な言論行為である「活動（action）」に，固有の意義を見いだした。このうちアレントがとくに強調するのは後者であるが，前者の「仕事（work）」との関連でいえば，労働から切り離されているという学校の特性を生かしつつ，そこに手仕事による作業を導入する筋で，作業教育の系譜を現代に継承しようとするフレネ派の思想と実践が注目される。また，後者の「活動（action）」については，再生産装置としての学校に組み込まれている政治的権力関係の分析をふまえたうえで，そこに労働力形成とは区別された政治的，公民的資質の訓練の可能性をどのように見いだしていくかが，現代的課題として問われている。

［**参考文献**］　Arendt, H., *The Human Condition*, University of Chicago Press 1958（志水速雄訳『人間の条件』筑摩書房 1994）／Bowles, S., Gintis, H., "Structure and Practice in the Labor Theory of Value", *Review of Radical Political Economics*, 12（4）, Winter, 1981／里見実『学校を非学校化する』太郎次郎社 1994
［**関連項目**］　遊び／技術・技能／教育計画／権力／再生産論／作業（労作）／疎外／マルクス／余暇（レジャー）　　　　　　（小玉重夫）

ローティ

（Richard Mckay Rorty, 1931-2007）

　現代アメリカの哲学者。分析哲学における「言語論的転回」を代表する哲学者であると同時に，クワイン（Quine, W. V. O.），セラーズ（Sellars, W. S.），デイヴィッドソン（Davidson, D. H.）に影響を受けたネオ・プラグマティズムの哲学者としても知られる。

　ローティは，伝統的な西洋哲学が，客観的実在を正確に写し取る「自然の鏡」として精神を位置づける認識論（「表象主義」）であったこと，さらに，哲学こそが認識の確実な基礎を発見し確証する学問だと主張してきたこと（「基礎づけ主義」）を批判する。真理と呼ばれるものは，客観的実在への認識の到達であるかのように語られるべき事柄ではない。伝統的な西洋哲学を批判した先駆者としてローティが高く評価するハイデガー（Heidegger, M.），ウィトゲンシュタイン（Wittgenstein, L. J. J.），デューイ（Dewey, J.）が共通して論じていることは，真理とは歴史に根ざしたものであり，強制を伴わない説得のような「会話」や社会実践を通して産み出されるものだということである。こうして，真理の特徴である客観性は「連帯」に還元されるものとして再定義される。これは伝統的な意味での「哲学の終焉」を意味するが，哲学は文芸批評となって「啓発」の役割，特権的な一つの語彙よりも多様な語彙の可能性を提

示する役割を果たすことになる。

ただし、このような哲学は、認識の相対主義を表しているわけではない。人は何らかの共同体に偶然に生まれ、その共同体における真理から出発せざるをえない以上、「自文化中心主義」的であらざるをえないとローティは言う。この文脈で彼は、具体的な自文化、すなわち、現代民主主義社会を「リベラル・アイロニスト」の共同体と表現し、公的領域では残酷さの軽減や他者への寛容といった、リベラルな価値観が共通して求められるが、私的領域では自由で多様な自己創造やアイロニーの重要性が認められる共同体だと説く。また、公教育に関しては、初等中等教育の主な役割を、自文化における真理とは何かを知る社会化にあるとし、高等教育では逆に、その社会化への疑いを持つことが認められる個性化にこそ意義があると主張している。晩年に、ローティは、保守ともラディカルとも、また、アイデンティティの政治に傾注する「文化左翼」とも自らを区別し、ホイットマン（Whitman, W.）とデューイを起点とする「改良主義左翼」の系譜に自らを位置づけている。この観点からローティの思想全体を眺め直すと、彼の思想は、保革の対立枠組みの有効性が失われた冷戦後教育学において左翼教育思想はどのようにありうるのか、という問いに対する一つの答えであると言える。

[参考文献] Rorty, R., *Philosophy and the Mirror of Nature*, Princeton, 1979（野家啓一監訳『哲学と自然の鏡』産業図書 1993）／Rorty, R., *Consequences of Pragmatism*, Minneapolis, 1982（室井尚ほか訳『哲学の脱構築』御茶の水書房 1985）／Rorty, R., *Contingency, Irony, and Solidarity*, Cambridge, 1989（齋藤純一・山岡龍一・大川正彦訳『偶然性・アイロニー・連帯』岩波書店 2000）／Rorty, R., *Achieving Our Country*, Cambridge, 1998（小澤照彦訳『アメリカ 未完のプロジェクト』晃洋書房 2000）
[関連項目] 言語論的転回／デューイ／プラグマティズム／分析哲学／ポストモダン
(古屋恵太)

ロジャーズ
(Carl Ransom Rogers, 1902-1987)

ロジャーズは、心理療法の世界で豊かな実践を蓄積し、具体的な状況のなかで生きる具体的な人間のありようや、人間たちの織り成す複雑な人間関係のありようについて、つきつめた理論を提出してきた。この実践と理論は、我が国の教育の世界にも、意外に深く広く決定的な影響を及ぼしている。しかし、この影響力は、そのカウンセリング理論や教育理論を正確に受容することからきているわけではない。それはむしろ、ロジャーズの議論の底にある特殊な人間観、人間関係観を固有の（歪んだ）仕方で（恣意的に）受容してきたことに、由来しているのである。

▶ パターナリズムとの抗争——理論と実践の基本的性格　ロジャーズは今世紀初頭、シカゴ郊外で、保守的で熱心なプロテスタント農民の両親のもと、6人兄弟の第4子として生まれた。大学では最初農学をめざしたが、やがて牧師志望に転向、さらに史学へ向かった。世界キリスト教学生会議代表としてアジアへ旅行した後、結婚し、ユニオン神学校へ進んだ（1922）。宗教活動において個人とかかわるために、コロンビア大学で臨床心理学を学んだが、これが彼の職業的人生を決めた。ニューヨーク・ロチェスターの児童虐待防止協会の研究部に就職し（1928）、大人との面接を重ね、オットー・ランク（Rang, O.）のセミナーへ参加したりして、セラピーをじょじょにクライエントのイニシアティブを重視する方向に転回させた。組織改組でロチェスター児童相談所の初代所長となり（1938）、『カウンセリングと心理療法』（1942）では、ケースを逐語録の形で公刊した。1945年にはシカゴ大学カウンセリングセンターに移り、12年間を過ごした後、ウィスコンシン大学で、精神医学と心理学の併任教授となった。しかしここでは、積極的に取り組んだ分裂病患者への面接にはっきりした成果がえられず、批判を受けることになった。1964年にカリフォルニアのラ・ホイアに移った後、実践と

理論の対象を健康な一般人に定め，1968 年には人間科学センターを設立した。

ロジャーズは，誰にでもこころを健全に成長させる潜在力があるとする信念から，「自己実現」を理論と実践の中核的目標に据えた。初期のカウンセリング理論で彼はすでに，クライエントの自力での問題解決を重視し，成熟した態度への成長の助成をめざして，在来の指示的カウンセリングに対抗して，「非指示的カウンセリング」を標榜した。しかしこれは，治療者の特殊なテクニックであるとか，治療者が活動しないことだとかと誤解されがちであったので，以後は，「クライエント中心療法」とか「パーソン中心療法」などの言葉が用いられた。クライエントの自己実現は，セラピストの一定の姿勢（自己との一致，共感，価値の肯定）によって支えられた「あたたかい援助関係」において促進される。1960 年代後半以降，このような自己実現を志向する人間関係は，心理療法におけるカップルになった関係からエンカウンター・グループの集団の関係にもちこまれ，さらには個人間レベルを超えて，教育，家族，地域，組織，国際関係の促進法にまで拡大された。

合衆国では，彼の理論と実践は，世俗化されたプロテスタンティズムの権威主義的パターナリズムと戦った。心理療法の世界にかぎっていえば，彼は，精神分析の父権制的支配と抗争したのである。父権との軋轢（エディプスコンプレックス）を問題にする精神分析は，合衆国という（カソリックのような贖罪と受容の社会的装置をもたない）無惨な競争的社会において，父権制社会への適応を促進する父権制的な代替的受容機能を果たしてきた。ロジャーズの理論と実践は，この（抵抗分析や感情転移操作などを多用する）操作的で場合によっては攻撃的な父権制的精神分析へ対抗して，母権制的・民主主義的な受容機能をもつ人間関係のありようを，目に見える仕方で示したのである。

▶ 同化装置としての援用——我が国におけるロジャーズの理論と実践　　合衆国とは異なった文脈にある我が国では，事情はこれとはまったく別である。ロジャーズの理論と実践は，我が国では，現にあるものへ拮抗するものであるよりも，むしろ新たなもの（象徴的にいえば戦後世界に入り込んできた合衆国の特殊文化，たとえば目標としての，過程としての民主主義など）を，現にある対人関係や人間観（甘え，ムラ，談合，世俗化された悉皆仏性的人間観など）にうまく馴染ませ同化させるものとして，援用され受容されたのである。まず彼の心理療法が紹介され，次いで 1970 年代以降では，彼に直接学んだ人たちによって，エンカウンター・グループの実践が導入された。その際，奇妙なことではあるが，彼の理論と実践は，精神分析から距離化するものとしてではなく，むしろ精神分析を我が国の既存の知的世界に導入するのに好適な〈緩衝材〉として，用立てられたのである。このことが，このようにして導入された精神分析にも，受容された彼のカウンセリングの理論と実践にも，さらにはその影響を受けた教育の実践と理論にも，深い否定的な刻印を与えてきたものとみて良い。

我が国におけるロジャーズの理論と実践の紹介の多くは，それを合衆国の深刻な抗争の文脈からあっさりと切断し抽象化しているので，ただひたすらに母性的で受容的である。これらの紹介では，ロジャーズの戦闘性も，その理論に色濃く漂っている形而上学的な希求といった色彩も，すべて脱色されている。暖かく，調和的で，世俗的である。この平板な自己実現論・自己受容論においては，人間存在の内的な悪や超越の問題とかかわる回路は，すべてあらかじめ断たれている。教育の世界をみてみよう。戦後の教育の世界もまた，新たに導入される合衆国の理論と実践を既存の基盤に同化させ，次々に骨抜きにしてきた。ロジャーズの理論と実践は，文脈性や戦闘性をすっかり脱色されて，このような同化機能を見事に担うものとして，巧妙に用立てられてきたのである。

[参考文献]『ロージァズ全集』岩崎学術出版

社
[関連項目] カウンセリング／フロイト

（田中毎実）

ロック

(John Locke, 1632-1704)

▶ 生 涯　ジョン・ロックは，弁護士を営む厳格なピューリタンで小地主であった父の３人の息子の長男として生まれた。最後はマシャム家の邸宅で 70 年余の独身の生涯を閉じる。謙虚，常識，思慮深さ，ユーモア感覚など実務的性格特徴を持ち，喘息など病気を抱えながらも健康保持に努め，激務に耐えつつ長寿を全うした。

名門校ウエストミンスター文法学校に議会軍の将校であり父の上司であったポパム氏の推薦で奨学生（キングズ・スカラー）となった。この経歴によって王政復古後，聖職者への道を断たれる。学校からほど遠くないホワイト・ホールで国王チャールズ I 世の処刑（1649）が執行されたとき，17 歳のロックは学校のチャペルに閉じこめられて祈りをあげていた。校長のバズビー博士は 1638 年から 1695 年まで革命と復古の激動を厳正中立を貫くことで校長職を努めた。彼の王党派的気質はロックに強い影響を与えた。また宗教的熱狂に対するロックの強い嫌悪感は校長の影響を受けて作り出された。1652 年当時としては高い年齢でオックスフォードのクライスト・チャーチに進むが，父の経歴が障害となり聖職者の道を断念する。当時の大学を支配していたアリストテレス哲学にもなじめず，密かに医学を研究し免許を取る。実験と観察の研究方法に興味を示した。1667 年から 83 年にかけて政界の大人物，シャフツベリー伯爵（Earl of Shaftesbury 3rd）の医療，教育，外交等のアドバイザーとなった。彼の教育論は，この時期の経験を下敷きにしている。伯爵の政治的失脚にともないロックにも身の危険がおよび，オランダに逃亡した。この間に彼の主著『人間悟性論』『政府二論』は書かれた。1689 年以降，帰国して立憲君主制の

国家の植民地政策の立案に携わった。労働学校設立の提案はその過程でなされた。

▶ 教育論の内容　『教育に関する若干の考察』(*Some Thoughts concerning Education*, 1693) は，最初匿名で出版，好評で生存中に四版を重ね，教育論の研究者アクステル（Axtell, James L.）のリスト（1968）によれば，英語版で 46，フランス語版で 23，ドイツ語版で 10 の版元からそれぞれ刊行されており，テーマ，構成，書き方等，後の教育論のスタイルに大きな影響を与えた。

友人に家庭教育について忠告する私的書簡であるとしながら，新しい市民社会の担い手たる中産階級に，新しい社会においては身分や血統ではなく，教育による人間形成がいかに重要であるか，またそれが教育の技術によって容易に可能であるかを示そうとした。後の学校教育風の体系だった教育学があらわれる以前にまずこのような私的エッセイの形式で教育は語られたのである。それまで教育の本質と目的は国教会体制の外において論じられることはなかった。この時期，政府は依然として出版物検閲の制度を持っていたことを考えると，ロックの教育論がいかに革新的であったかが理解されるであろう。

第一の主題であると同時に全体の主題でもある有名な "A Sound Mind in a Sound Body." は何を意味しているのであろうか。普通に「健全なる精神は健全なる身体に宿る」と格言のように理解されてきた。もしそうであるとすると，身体が不健全であると不健全な精神が宿ることになり差別的格言となりはしまいか。この原典はローマの風刺作家ユベナリウス（Juvenal）の "*Mens sana in corpore sano.*" である。この文脈に即しても，ロックの教育論の文脈に即しても，これは「人生の幸福は，この健全な身体と精神の二つさえあればいいのであって他は何もいらない」という意味に解釈しておきたい。財産，身分，名誉，権益等これまで受け継いだ特権の無効宣言なのである。個人の身柄だけが自分のものであり，また他の人々にも平等に分配されているのだ

から，あとは身体と精神の働かせ方しだいであり，教育はその決め手となるものである。まず身体の教育から始まりロックの臨床医の経験から述べられる方法は格別の注目を浴びた。健康は人為的な過保護を避けて，身体の性質に即して戸外で自然に接する中で鍛錬すべきであって，これまでの原罪観に立った体罰をも含む厳しい訓練主義は否定された。

第二の主題は，家庭における幼児教育の原則が述べられている。よい性格の基礎は早期に家庭において作られること。親の甘やかし，または無原則の厳しい扱いが子どもの性格を歪めてしまうものである。子どもの性質をよく観察してそれに適合する方法を採るべきである。第三の主題は，親と子の関係を扱っている。親の権威は絶対的なものではなく，子どもが理性をもって独り立ちをすれば解消する。幼いときはけじめのある明確な態度で接し，成長するにつれて友人の態度で接することが大切である。第四の主題は訓育の問題である。体罰は子どもの強情とわがままにのみ必要である。乱用すると子どもの活気と進取の気性を挫き，奴隷根性を育てることになる。それよりも周囲の大人の評判と承認を得ることを誇りと思わせるようにしむけたらよい。社会で承認されている意見を尊重するようにする。第五の主題は訓育の方法論である。言葉による説教は役に立たず，実践において実物を示し，反復して習慣化することが大切である。第六の主題は家庭教師論である。教師は，親が教育権を委ねる人なのであるから単に知識の教授でこと足れりとするのではなく，子どもの礼儀作法の模範となり，訓育の重要性を熟知した人，その技術を持った人でなくてはならない。財産を残してやるよりも立派な教育を先行投資しておくほうが後になって役立つ。不動産を買い増すつもりで費用を惜しんではならない。第七の主題は性格形成の一般的意義について論じられている。徳，分別，良い育ち，知識，のうち徳が最も重要なものであり，知識はそれ以下のものである。第八の主題は知育であり，最後はカリキュラ

ムを論じている。全体216節のうち，健康教育と徳育に140節があてられている。最後は子どもの心は，白紙または蜜蠟のようなもので，外からの力によって，いかようにも形成されることが論じられている。

労働学校案は貧民の子どもを対象としたものである。従来のワーク・ハウスが，大人と子どもをひとまとめに収容していたのに対し，足手まといの子どもは，貧民の親から引き離される。これは一種の託児所でもあり，親は外で稼げるように，子どもは学校で糸紡ぎをしながら，いくらかの収入をあげ，食事を支給され，合間に集団で教会に通えるようにする計画であった。子どもが歩けるようになったら，その通学可能な距離のところに教区の費用で労働学校が設立されることが提案された。近代社会においては怠惰な貧民の存在は許されない。彼らはすべて労働して自立して生活できるよう教区の税金で学校を組織する案であった。現実にはこの方向で民衆学校は組織されていくことになった。

▶ 影 響　17世紀の1640年代に荒れ狂ったピューリタン革命の熱狂の余震は基本的には1690年代の立憲君主制国家の確立まで続いた。アングリカン，ピューリタン，カトリックの三つの宗教勢力がそれぞれの大義に固執して相争う内乱の状態，それがロックの生きた時代であった。そこには人間の持つ狂気が王の身体さえも切り刻んでしまう恐怖感の余韻と，新しい啓蒙の理性の時代への希望の予感が交錯していた時代であった。いわゆるロックの思想の二重性の問題である。国家の専制に抵抗する市民の自由の主張としてのロックの教育思想を位置づけることは可能である。近代の公教育は原則として私事に優先するものではなく，あくまでも私事の共同化であることを示す根拠としてロックの教育思想は理解された。人間の陶冶可能性は，あたかもテーブルの上に垂らされた一滴の水を方向付けるがごとき容易さで，いかなる方向にも向けることができる。人間は教育によって，いま，存在しているがままの人間になったの

である。教育がそのようなものであるならば，それを歪めてしまう，あらゆる前近代的な抑圧の障害を取り除くことが，歴史の課題となる。昭和30年代に始まるわが国の教育の右旋回のなかで国民教育の中立性の根拠としてロックの教育論は読み込まれていった。淡々とした書簡体のエッセイにもかかわらず，そのなかに抵抗の論理を読みとるのは，さほど困難なことではない。生得観念の束縛から解放されないかぎり新しい人間の形成はない。観念の生得性を認めないタブラ・ラサ説は抵抗の原理であった。しかし，こうした視角からする解放のみではロックの全体像は捉えにくい。彼が形成をめざした究極の人間とはどのようなものであったのか，それが明らかにされなければならない。

▶ **近代の人間像**　　『人間悟性論』のなかの人間は，教育論のなかの子どもとは違って大人の姿で描かれている。人間は暗闇のなかで一本の蠟燭を手にして自分の身の回りだけを照らしている。あるいは，行く先も知らずにただ荒れ狂う荒海に揺られて，海図もないまま，ただ自分の船の寸法と水深を測る綱の長さだけしか知らない船乗りに喩えられるのである（序論）。蠟燭が消えてしまえば一転暗闇，一度吹き荒れれば座礁が待ち受けている荒涼たる世界のただ中に人間は存在している。そこから生ずる不安（uneasiness）の感情がこの人間を動かす起動力なのである。それはホッブズの抱いていたような万人の闘争のように，ボディとマインドまるごとの身柄が消し去られる恐怖の感情とは違っていた。善と悪との絶対的基準が生得的に，また伝統的にできあがっていて，その不動の基準をもって人間を裁断してしまう社会を全否定してしまえば，それに代わる基準はどこに求められるのであろうか。それは，各個人それぞれの経験にしか求められないことになる。経験は皮膚感覚をもって外界と接触する。人にはそれぞれの感覚がある。何をもって快とするか，不快とするかに絶対的基準はない。ロックは言う。「味覚」にとって何が快であるかは，

物自体ではなく各人の舌の感覚なのである，と（21章　力について）。人間にとって快の不在そのものが，不安な感覚なのである。ここから生じる「不安」感から脱出できる手段を持ち，かつ外的な障壁が取り除かれているとき，人間は自由なのである。市民社会における他人の承認と評判を得られることは楽しい感覚である。自分の精神と身体，つまり身柄を総動員して勝ちえた他者からの信用なのであるから。意志し，判断し，決断し，実行する，この一連の流れの根源にあるものは「不安」脱出のエネルギーなのである。新しい人間の自由とは，この流れをただ一方的に究極の目的へと前進させるのではなく，一時停止して検討する力（power of suspend）にある。感覚を受容する力（perception），推理力，判断力，比較する力等，能力が練習によって鍛えられねばならない。究極の目的（テロス）から離脱した問題に満ちた社会には，あらゆる不測の事態が錯綜している。教育論においては，比較的小さな子どもの習慣化を通した徳性の形成が問題であったが，子どもが大きくなるにしたがって，これを補完するものとして，形式陶冶が必要になる。この課題にこたえて『悟性の指導』（*Of the Conduct of Understanding*, 1706，死後刊行）が書かれた。

「われわれはほとんどいかなることをも成しうる能力と力を備えてこの世に生まれてきた。……しかし，この能力を練習（exercise）しなければ，何もなしえず，完成に到達することはできない（4節）。足を使用しなさい，それが足を持つという意味である。人間は試してみないうちは能力の何たるかを知らない。教師の役割は，知りうるすべてのことを教えるというよりも，正しく知る方法（the right way of knowing），意識して自分を改善していく方法を教えていくことなのであった」。ロックの教育思想を総括する定説として，モンロー（Monroe, P.）の教育史は，「訓練主義的教育思想」「形式陶冶説」をもってロック教育論を総括した。この訓練主義の

内発的動機は，人間の不安からの脱出にあった。不安の種類は各人各様であるが，市民社会の最小限度共通な不安は，各人の身柄の安全なのである。そのところを『政府二論』は明確に次のように述べている。「人間が社会を形成する偉大な目的は，平和と安全のなかで人間の所有物を享受することにある。社会を形成するのは，ただ各人が自身と自由と所有物をよりよく保有しようとする意志だけなのである」「わたしは，政治権力を死刑のみならず，所有物を規制し，保守するための比較的軽い刑罰をも含めた法を作る力と考えている。この法の執行にあたり共同体の強制力を用い，外国からの侵略に対し共和国の防衛のために強制力を行使できる権利が政治権力である。すべては公共の善のためにのみ（only for the public good）行われるのである」。

政治権力は人権からのみ発想されているのではない。最小限，個人の私有財産の保全に関して共通な感覚（センス）を持てる者だけが市民社会の正規のメンバーとなれる。洗練された味覚を持った者は，集まる。同じように政治のセンスを共有する者が結集すれば，政治の権力を持つことができるのである。こうして権力を共同化した多数派が，怠惰な貧民の子どもの学校には公費をあて，自分の子どもには不動産投資に等しい教育資金を家庭教師に投じるのも決して辻褄の合わないことではなくなった。近代以前の伝統的な文法学校は，無償（フリー）であり，貧しい者のみならず，富める者にも共通に一本化して開かれていたのであった。17世紀後半における文法学校の衰退，そして，階級による学校分裂は，もともとロックの思想のなかに仕組まれていたものであった。世間の評判に敏感な子どもを育成することは，社会の悪に染まるリスクもあえてしなければならない。厳しい訓練を受けてもなお，悪そのものを排除できない。ロックはあからさまに，「人間はすべて一種のカメレオンである（We are all a sort of chameleons）」（教育論67節）と述べ

ている。ロックによって切り開かれた社会に生きる人間とは，社交的文明の段階でのカメレオン的人間の陶冶可能性に過ぎなかったのである。次の世紀，ルソー（Rousseau, J. J.）は，「自然の教育」と「事物の教育」をもって文明社会の悪を断ち切ろうとした。カントは，「文明化」と「道徳化」の段階を区別した人類はまだ「道徳化」の段階に達していないことを示し，教育によるこの段階への移行の可能性を考えた。

20世紀民主主義の教育思想家デューイ（Dewey, J.）は，『我々はいかに思考するか』（1933）において，ロックの『悟性の指導論』を細かに引用して，「問題解決学習」の理論構成の拠り所としている。教科目が複雑になり，細分化していくなかで生徒の自己決断力を育成するためにあらゆる不測の事態に生きて働く問題解決力の形式陶冶の根拠としてロックは新たに位置づけられたのである。しかし「いかに」を問題にせざるを得なかった近代の教育思想は，結局は文明社会の人間の教育に関するものであった。ロックの教育思想を現代に生かすには，民主主義社会の理想をめざした偉大なる先覚者像ではなく，彼の等身大の像を見つめ直す作業が大切である。

[**参考文献**] Locke, J., *Some Thoughts concerning Education*, 1693（梅崎光生訳『教育論』明治図書 1960）／Yolton, John W., Jean, S., *John Locke: Some Thoughts concerning Education*, J. W. Adamson, Cambridge 1922/1989／Garforth, F. W., *John Locke's Of the Conduct of the Understanding*, edited by Thomas Fowler, Oxford Clarendon Press 1881/1966／Macpherson, C. B., *The Political Theory of Possessive Individualism, Hobbes to Locke*, London 1962（藤野渉・将積茂・瀬沼長一郎訳『所有的個人主義の政治理論』合同出版 1980）／Kendall, W., *John Locke and the Doctorine of Majority-Rule*, Illinois 1965／白石晃一・三笠乙彦編集『現代に生きる教育思想』ぎょうせい 1982

（斎藤新治）

ロマン主義

英 romanticism／独 Romantik／仏 romantisme

▶ **語 義** 18世紀末から19世紀初頭までヨーロッパに展開された文学上・芸術上・思想上の態度・運動の一つで，古典主義・啓蒙主義・合理主義に反抗し，感情・空想・主観・個性を重視し，表現・形式の自由を標榜する。ただ，同じヨーロッパといっても，フランス，イギリス，ドイツのそれぞれの文化圏のなかでは，ロマン主義の呼称も当時の社会的，政治的状況と関連して，その意味内容はそれぞれ異なっていたし，また同じ文化圏においてさえ，たとえばドイツの場合，その運動が展開した地方によって微妙な差がある。さらに，個々の思想家間にも，根本的な違いが存する点にも注意する必要がある。

▶ **概念の背景と展開** ロマン主義という名称は元来，文学上の一つの様式に与えられたものである。「ロマンティック」(roman-tique）という用語の歴史は古く，最初，古フランス語の"romanz"という「（ラテン語に対立する）ロマン語（南フランスで発達したラテン語の方言）」で書かれた中世の伝説や冒険譚を表すものであった。ロマンティックといった語の出現を見るのはイギリスにおいてであって，英語では romantic（1650年以降），ドイツ語では romantisch（1700年以降）となった。つまり古典的（ラテン語）によって書かれたギリシャ・ローマの詩や劇ではなく，中世の物語や冒険譚を扱ったロマン語で書かれた非古典的な文学が「ロマン的」と呼ばれたのであり，やがてこれらに題材を得て書かれたルネサンス期の作品も「ロマン的」とされた。このようにこの語に付随する「大げさな」とか「空想に富む」，また「非現実的，夢想的な」といった意味合いは，内容的には中世の伝説や冒険譚のことを意味したこの語に求められる。

やがて17世紀のフランスの古典主義的文学，たとえばコルネーユ（Corneille, P.）やラシーヌ（Racine, J.）の劇，さらには18世紀フランスの新古典主義文学，たとえばヴォルテール（Voltaire）の劇や物語などに見られる形式主義に対する意識的な反発や批判としてロマン主義が標榜されることによって，ここに古典主義対ロマン主義という対比が明確になる。このようにロマン主義はその歴史的成立の初期の文学運動としては古典主義との厳しい対立のなかに出現したが，哲学上の運動としては，いわゆる啓蒙主義との対立，それらの克服を課題として展開される。

ドイツにおいてはこの運動の時期（段階）とそれぞれの運動の中心地名と結びつけて以下のように分類できる。初期のいわゆるイエナ・ロマン主義は，シュレーゲル（Schlegel, F.）を最大の理論家として，「古典的」対「ロマン的」という文学史上の対概念を明確化した。このシュレーゲルと交友のあった詩人ノヴァーリス（Novalis, 本名 Hardenberg, F. L. F. von）やティーク（Tieck, L.）などがこのロマン主義を代表する作家であった。またこのグループには，「無神論論争」(1799)以降の哲学者フィヒテ（Fichte, J. G.），ロマン主義の哲学者としてのシェリング（Schelling, F. W. J.），感情のなかに宗教を基づけ，宗教に独自の領域を与えた哲学者であり同時に神学者であったシュライエルマッハー（Schleiermacher, F. E. D.）が属していた。彼らは雑誌『アテネーウム』(*Athenäum* 1798-1800）を刊行し活躍した。その後1808年以降のハイデルベルクに，いわゆる後期ロマン主義と呼ばれる第二のグループが出現する。ブレンターノ（Brentano, C.），アルニム（Arnim, L. J. von），アイヒェンドルフ（Eichen-dorff, J. F. von），ゲレス（Görres, J. von），グリム兄弟（Grimm, J., Grimm, W.）などであり，彼らは『隠者新聞（*Zeitschrift für Ein-siedler*)』(1808-09）を刊行した。同時期，ドレスデンでは，雑誌『太陽（Phobus)』を中心として文学者のクライスト（Kleist, H. von 1777-1811），政治学者ミュラー（Mül-ler, A. H. von），自然学者であり，『夢の象徴学』(1814)，『魂の歴史』(1830）の著者でもあるシューベルト（Schubert, G. H.）などが

集い，さらに1801年以降，モト＝フケー（F. de la Motte-Fouqué），シャミソ（Chamisso, A. von），ホフマン（Hoffmann, E. T. A.），そしてアイヒェンドルフなどがベルリンに集い『詩神年鑑』（*Musenalmunach* 1804-06）を発行した。また，南ドイツにおいては，ウーラント（Uhland, J. L.）やハウフ（Hauff, W.）などが活躍し，シュヴァーベン・ロマン主義と呼ばれた。北方，フォアポメルン地方にはアルント（Arndt, E. M.），ドレスデンではフリードリヒ（Friedrich, C. D.）やルンゲ（Runge, Ph. O.）がサークルを形成し，ドイツ・ロマン派を代表する風景画，宗教画，寓意画を描いた。

このようにロマン主義はドイツにおいて18世紀末から19世紀初頭にかけて多彩に展開したが，それはロマン主義が単に文学史上の狭い意味に限定されず，思想史や哲学史の上でも多様な機能を果たしたことを示している。具体的には，17世紀末頃までに形成されてきた近世的な科学的力学的自然と結びついて成立した啓蒙主義の考え方に反対し，それへの批判的対立のなかで発展してきた。

▶ **ロマン主義対啓蒙主義**　啓蒙主義を科学的自然観と自由主義の社会哲学に立脚するものとすれば，これに対立したロマン主義は，非科学的の生命的自然観と保守的伝統主義の社会哲学に根差すとする見方が成立する。さらに啓蒙主義が古典的ギリシャ・ローマを範形としたのに対して，ロマン主義は中世への憧憬によって特色づけが付加される。だがロマン主義と保守主義，ないし伝統主義との結びつきより，本質的には，浅薄な合理主義に対する徹底的な批判によって，より根源的なものへの回帰こそがロマン主義の本領であった。とりわけその自然観により根本的な特徴を見ることができる。結論的にいえば，いわゆる「機械的」自然観を排斥し，「有機的」自然観の立場から，自然と精神との根底的な融合を志向する自然観である。

▶ **諸学とロマン主義**　ロマン主義的思考が学問として展開する方向として，①自然哲学および自然科学の領域があり，そこでは，外的自然を究極的には精神的な出来事と理解する。同様に隠された根源へと向かう努力から神話と宗教に対する新たな，より深い理解があらわれ，同時に文学の象徴的性格に対する理解が生まれ，また民謡とメルヘンへの関心とともにロマン主義的言語学が展開してくる。②「内部への道」は心理学のなかで，魂の内部へといたる道として現れ無意識的な心的生における創造的諸力が発見され，最後に，③宗教を一切の合理的形而上学および一切の道徳から厳しく分離し，宗教を「宇宙の直観と感情」として独自な，非合理的な領域として規定したシュライエルマッハーがあげられる。

▶ **教育学とロマン主義**　上記の学問の展開と連関しながら，独自なロマン主義の教育学が成立する。主要な代表者はジャン・パウル（Jean Paul, F. R.）とアルント，そしてドイツ語圏から現れた最も重要な教育者フレーベル（Fröbel, F. W. A.）である。フレーベルは，独自の幼児教育学の先駆者として，とりわけ幼稚園（Kindergarten）の創始者として全世界的な名声を得た。

主著『人間の教育』（1826）にみられる幼児期，学童期の教育から出発しそのために開発された「遊具」を経て，『母の歌と愛撫の歌』（1844）における生後最初期の教育にいたるフレーベル教育（学）の展開と傾倒は，まさに人間教育における根源へと向かうロマン主義的転回を象徴的に示している。また小さな子どもが世界の深い法則的な秩序，美の秩序を知るのも，この秩序を遊戯的なかかわりのなかで予感しなくてはならないのであり，まず全体を一つの意味のある形象物として捉える，まだあいまいな把握，すなわち予感しつつ把握されたものを明確化することによるのである。最後に，フレーベルのモットーである「われらをして子どもらに生かしめよ！」から，われわれ大人は，子どもたちとの正しい交わりのなかで自分たちの表面化した現存在から引き離されて，ふたたび真正にして根源的な生のなかへと戻らなくてはなら

ないのである。このように教育は，根源への帰還というロマン主義的要求が最も純粋に実現される場なのである。

[参考文献] アンジェロス（野中・池部訳）『ドイツ・ロマン主義』白水社　1978／石井靖夫『ドイツ・ロマン派運動の本質』南江堂　1978／神林恒道編『ドイツ・ロマン主義の世界』法律文化社　1990／ジェイナ（川端豊彦訳）『グリム兄弟とロマン派の人々』国書刊行会　1985／シェンク（生松・塚本訳）『ロマン主義の精神』みすず書房　1975／薗田・深見編『ドイツ・ロマン派論考』国書刊行会　1984／長井・森田・市村・小笠原編『ロマン主義教育再興』東洋館出版社　1986／西川・松宮・末川編『ロマン主義の比較研究』有斐閣　1989／ボルノー（岡本英明訳）『フレーベルの教育学──ドイツ・ロマン派教育の華』理想社　1973

[関連項目] フレーベル　　　　（小笠原道雄）

ワ

わ　ざ
英 Waza

▶ **用語**　「わざ」とは，独自の卓越性と伝承プロセスを伴う行為と思考を包括した営みの一様式である。「わざ」という用語に関して，日本語には技，業，伎，ワザ，技術，技能，技芸と近接する用語が多数存在し，英語にも skill, technique, craftsmanship, art 等の用語がある。しかし，「わざ」という用語の特徴は，これらのいずれにも還元できない「包括性」にこそある。それゆえに「わざ」の対象となる領域は，伝統芸能，職工，スポーツ，看護，学校教育，企業活動等の多岐にわたるのである。

▶ **教育学における「わざ」研究**　「わざ」という用語及び領域がもつ「包括性」は，教育学に多様な視点を提供してきた。世阿弥の稽古論やヘリゲル（Herrigel, E.）の武道研究は，伝統芸能という特定領域での技術・技能・技芸の伝承過程がもつ特徴を指摘し，西洋的な段階的教授プロセスのオルタナティブを示した。また，レイヴとウェンガー（Lave & Wenger）による状況的学習理論は，「わざ」の「教える─学ぶ」営みの特徴的要素として関係性及び文脈依存性を抽出したと言える。さらに，デューイ（Dewey, J），ライル（Ryle, G），ショーン（Schön, D）と続く省察論は，「わざ」の習熟を単なる「技術的熟達者」（Technical Expert）ではなく「反省的実践家」（Reflective practitioner）へ至る過程として描くことを可能にし，加えて，ノディングズ（Noddings, N.）のケアリング論は，「わざ」の伝承を成立させる条件としての「教える─学ぶ」関係を，一方向的な関係から互恵的なケアリング関係へと転換させ

た。

▶ **「わざ」から「教育」を問うことの意義**
「わざ」から「教育」を問うことの意義 「わざ」研究の諸成果は，従来は身体性や個別性が過度に強調されることによって「知識」の問題とは切り離されてきた「わざ」を，独自の体系をもつ「知」の一様式として明示しようとしている。近代的な知識観や記述主義に基づく「教育」は当の様式を見落としていたが故に，「わざ」の伝承を「ぬすむ」「教えない」「勘やコツ」といった何か神秘的なワードで覆わざるをえなかった。それゆえに，「わざ」から「教育」を問うことは，ポランニー（Polanyi, M）の暗黙知，ハワード（Howard, V）の task-achievement 論，チクセントミハイ（Csikszentmihalyi, M）のフロー概念といった，心理学や認知科学の成果を包括する教育のことばを構築する試みに他ならない。当該の理論は，教授と学習，身体と精神，主観と客観，思考と感覚といった二元論を超えた事象が展開する営みとして「教育」を説明し，当の実践を共有可能にするのである。

[**参考文献**] 生田久美子・北村勝朗編著『わざ言語——感覚の共有を通しての「学び」へ』慶應義塾大学出版会 2011／生田久美子『わざから知る（新装版）』東京大学出版会 1987＝2007

[**関連項目**] 技術・技能／知識／認識論・認知科学／ケア（ケアリング）／状況的学習
　　　　　　　　　　　　　　　　（生田久美子）

笑 い
英 laughter／独 Lachen／仏 rire

▶ **人間学的現象としての笑いとその理論**　　笑いは，日常生活におけるきわめて身近な現象である。しかし，ある事柄の身近さは，その事柄の自明性を意味しない。むしろ一見慣れ親しいありふれた日常的現象にこそ，人間学的な探究の可能性が豊かに胚胎している。笑いについてもそれが当てはまる。

現に，西洋の思想的伝統において，笑いの本質や機制をめぐる理論的関心は古く永きにわたる。「おかしみ（le comique）」に関するベルクソン（Bergson, H.）の考察をはじめ，「優越（superiority）の理論」（アリストテレス（Aristoteles），ホッブズ（Hobbes, Th.）など），「不一致（incongruity）の理論」（カント（Kant, I.），ショーペンハウアー（Schopenhauer, A.）など），「放出（relief）の理論」（スペンサー（Spencer, H.），フロイト（Freud, S.）など）といった分類はよく知られている（Morreall 1983）。また近年では，笑いによって難病を克服できたとするカズンズ（Cousins, N.）の報告など，笑いの実際的効用への関心から，生活の中にさまざまな形で笑いを活かそうとする学際的研究や社会的活動が諸々に見られる。

▶ **教育における笑いへの関心と教育思想研究にとっての笑い**　　こうした効用への関心と結びついて，笑いを教育方法や授業技術に役立てようとする研究や実践も今日注目されつつある。だが，教育思想研究にとっての笑いの問題は，方法や技術の次元における教育現場への笑いの導入や応用といった視野には収まらないだろう。

「生の楽しさを測る尺度」（柳田）とされ，また生の極限としての「非-知（non-savoir）」（Bataille）の体験ともされる笑い。それに面して激しく傷つくこともあれば，深く癒やされることもある笑い。笑いは，身近で日常的でありながら，われわれが生きていることの謎の核心に触れる人間存在の根本現象であると位置づけることができる。共に生きる存在への鋭い攻撃にも柔らかな抱擁にもなるこうした笑いの全容に迫ることは，人間学的な教育思想研究にとって魅力的な重要課題の一つであるといえよう。

[**参考文献**] Bataille, G., *Conférences 1951-1953*（*Œuvres complètes, Tome Ⅷ*）, Paris 1976（西谷修訳『［新訂増補］非-知——閉ざされる思考』平凡社 1999）／ Bergson, H., *Le rire*, Paris 1900（林達夫訳『笑い』岩波書店 1976）／ Cousins, N., *Anatomy of an Illness as Perceived by the Patient*, New York 1979（松田銑訳『笑いと治癒力』岩波書店 2001）／

Morreall, J., *Taking Laughter Seriously*, New York 1983（森下伸也訳『ユーモア社会をもとめて——笑いの人間学』新曜社 1995)／柳田國男『笑の本願』養徳社 1946（『柳田國男全集』第 15 巻所収，筑摩書房 1998)

［関連項目］　ベルクソン／柳田國男

（薗野克己）

ワロン
(Henri Wallon, 1879-1962)

▶ 生　涯　　発達心理学者。1879 年，パリに生まれる。高等師範学校に学んで哲学の教授資格を取得した後，パリ大学医学部で精神医学を中心に学んで医学博士号を得る。1922 年からは，精神的な障害をもつ子ども達の状態を把握し治療する診察室を開設する。またその一方で，教育実践研究の組織であったフランス教育会（La Societe française de Pédagogie）の 1918 年の活動開始時点からの常連として毎週の会合に参加して 1937 年以降は会長を勤めたし，1921 年の世界新教育連盟フランス支部結成時の主要メンバーでもあって，教育の時事問題に対する発言を続けた。第 2 次世界大戦後には，国会議員として教育制度の改革に尽力し，戦後のフランスの教育制度改革を方向づけたとされる「ランジュバン・ワロン・プラン」を起案している。ワロンは 40 歳を越えてから発達心理学研究を世に問うた。文学博士論文である『人を騒がす子ども・運動発達と精神発達の遅滞と異常に関する研究』(1925)。1919 年からのソルボンヌ（パリ大学文学部）での講義録であり 0 〜3 歳児に関する『子どもにおける人格の起源』(1934)。1937 年からのコレージュ・ド・フランスでの講義録および講義予定内容であり 5〜9 歳に関する『子どもにおける思考の起源』(1945)。その他重要な著述として『子どもの精神的発達』(1941)，『行為から思考へ』(1942) がある。雑誌『幼年期』(*Enfance*) を創刊した。

▶ 思想の内容　　現在の発達心理学は，専門的に細分化し数量的なデーターを駆使してよ

り客観的とみなされることがらの提示に眼目をおく傾向にある。それに対して，哲学・精神医学・生理学・生物学などの幅広い素養のうえに，障害児治療の臨床で個別の子どもを観ることと教育問題への関与を同時的に継続したワロンは，個別的でありつつも社会的に規定される両義的・総合的な現象として，子どもの発達をとらえようとした。その姿勢に一貫するのは，子どもを，それ自身で存在しうる閉鎖的で個的な存在としてではなく，周囲の他者（とりわけ大人）との相互的関係において生きる存在としてみることである。この視点はワロンにおいて徹底されており，観察し分析する者としての自分自身もまた被観察者である子どもとの相互的関係内にあるという自覚をもっていた。すなわち，およそ観察は客観的・中立的などではありえず，被観察者と観察者との諸関係に規定されて選択される何らかの視点によってなりたつことを，彼はくりかえし述べている。

▶ 影響および位置づけ　　現象学的な哲学者，メルロ＝ポンティ（Merleau-Ponty, M.) はワロンの子どものみかたを高く評価しており，彼がソルボンヌで児童心理学と教育学を講じた際に，発達を論じるための全体的な枠組みとして採用したのがワロンである。発達とは終始他者との間に生きられる関係からなりたち，他者との関係を取り結ぶための一つの様式が知能である，という見解が，ワロンの叙述の検討を通して示されている。メルロ＝ポンティの現象学の展開にはワロンの影響を指摘することが可能である。しかしながら彼の没後に「客観性」追求の方向に展開することとなった発達心理学の分野では，彼の論敵であったピアジェ（Piaget, J.) が時代の寵児となった影で，欧米においては殆ど省みられない存在となっていった。ワロンの直接の弟子たちのなかには，ワロンとピアジェとの論の融和を模索する向きも生じる。それに連動する形で，わが国の発達心理学へのワロンの紹介はなされている。さらにわが国の教育学研究におけるワロンへの注目は，彼がファシズ

ムへのレジスタンス活動をコミュニストの立場で展開し戦後は教育問題への政治的発言力を有した経歴に触発された，教育科学研究会に関連の研究者を中心としてなされた。そのようなワロン研究が一時の流行をもって衰退した後，70年代後半になって，メルロ＝ポンティに造詣の深い発達心理学者である浜田寿美男が，ピアジェの「個体能力主義」それに対するワロンの「関係論」という対比で，ワロン再評価を提言した。浜田の提言は教育学研究者にワロン再読の機運を生じさせはしたものの，未だ十分には消化されずに，現在にいたっている。

［**参考文献**］ 浜田寿美男訳編『ワロン／身体・自我・社会』ミネルヴァ書房 1983／西岡けいこ「H.ワロンの『子どもにおける思考の起源』の子どものみかた──「対」の概念による「対話」分析の検討を通して」『教育哲学研究』第68号 1993／西岡けいこ「我が国の教育学におけるワロン評価の特色と今後の研究の可能性・子ども観の観点から」『フランス教育学会紀要』第6号 1994

［**関連項目**］ ピアジェ 　　　　　（西岡けいこ）

人名索引　833

人名索引 （見出し項目の該当頁は太字で示す）

ア 行

アーベル （Apel, Karl-Otto　1922-2017）　578,
688
相川春喜 （1909-1953）　126, 127
アイゼンク （Eysenck, Hans Jurgen　1916-
1997）　541
アウグスティヌス （Augustinus, Aurelius　354-
430）　**5**, 116, 123, 243, 307, 355, 409, 468,
570, 645, 659, 696
アガンベン （Agamben, Giorgio　1942-）　**8**,
533
アグリコラ （Agricola, Rudolf　1443-1485）
126, 241
芦田恵之助 （1873-1951）　404, 451
アダムズ, ジェーン （Adams, Jane　1860-
1935）　**13**
アダムズ, ジョン （Adams, John　1735-1826）
13, 787
アップル （Apple, Michel W.　1942-）　**14**, 104,
443, 508, 637
アドラー （Adler, Max　1873-1937）　500,
628, 670, 773
アドルノ （Adorno, Theodor Wiesengrund
1903-1969）　**15**, 273, 274, 512, 576, 583, 616,
639, 668, 671, 739, 750, 757
阿部重孝 （1890-1939）　**17**, 143
アラン （Alain, Emile-Auguste Chartier　1868-
1951）　**18**
アリエス （Ariès, Philippe　1914-1984）　**19**,
53, 65, 84, 94, 239, 297, 348, 460, 506, 525, 609,
650
アリストテレス （Aristoteles　前384-前322）
8, **20**, 77, 78, 107, 111, 116, 123, 130, 131, 140,
188, 216, 222, 258, 263, 283, 294, 316, 319, 352,
355, 369, 390, 393, 446, 494, 495, 513, 515, 532,
535-537, 545, 559, 611, 622, 623, 628, 632, 638,
643, 668, 696, 716, 749, 752, 756, 775, 782, 796,
797, 808, 815, 829
アリストパネス （Aristphanes　前445-前385）
513
アルステット （Alsted, Johan Heinrich　1588-
1638）　217
アルチュセール （Althusser, Louis　1918-1990）

289, 293, 320, 338-341, 352, 409, 411, 495, 650,
739
アルント （Arndt, Ernst Moritz　1769-1860）
676, 827
アレント （Arendt, Hannah　1906-1975）　8,
22, 273, 290, 369, 528, 588, 718, 819
アンダーソン （Anderson, Benedict　1936-
2015）　222, 320, 747
伊沢修二 （1851-1917）　**23**, 146, 528
石井十次 （1865-1914）　**25**, 231
石田梅岩 （1685-1744）　**26**
石山脩平 （1899-1960）　169, 506
イソクラテス （Isokrates　前436-前338）
27, 123, 534, 658, 816
イタール （Itard, Jean Marie Gaspard　1775-
1838）　335, 765
伊藤博文 （1841-1909）　35, 656, 755
稲富栄次郎 （1897-1975）　160, 516
井上円了 （1858-1919）　159
井上毅 （1843-1895）　**35**, 756
イリイチ （Illich, Ivan　1926-2002）　**38**, 94,
104, 278, 326, 351, 471, 506, 577, 631
入沢宗寿 （1885-1945）　160
尹健次 （1944-）　747, 749
ヴァイス （Weiss, Christian Samuel　1774-
1853）　677
ヴィーヴェス （Vives, Juaw Luis　1492-1540）
140, 213, 467
ウィーナー （Wiener, Norbert　1894-1964）
358, 429
ヴィゴツキー （Vygotskii, Lev Semyonovich
1896-1934）　**41**, 168, 195, 277, 388, 424, 564,
606, 627, 635, 673, 779, 815
ヴィトゲンシュタイン （Wittgenstein, Ludwig
Josef Johann　1889-1951）　7, 36, **43**, 67,
68, 197, 277, 284, 572, 582, 607, 688, 723, 817
ウィトルウィウス （Vitruvius, Marcus Pollio
前1世紀）　126
ヴィネケン （Wyneken, Gustav　1875-1964）
44, 270, 571, 713
ウィリス （Willis, Paul　1945-）　341, 577
ヴィルマン （Willmann, Otto　1839-1920）
184, 217
ヴィンデルバント （Windelband, Wilhelm

1848-1915）　441, 450

ヴェーニガー （Weniger, Erich 1894-）　171, 245, 498, 671, 762, 798

ヴェーヌ （Veyne, Paul 1930-）　813

ヴェーバー （Weber, Max 1864-1920）　36, **45**, 106, 232, 235, 284, 378, 381, 395, 405, 415, 450, 582, 588, 669, 684

上田薫 （1920-）　**45**, 506

ウェッブ夫妻 （Webb, Sidney 1859-1947, Webb, Beatrice 1858-1943）　788

上原専禄 （1899-1975）　505, 748

ヴェブレン （Veblen, Thorstein Bude 1857-1929）　782

ウォーレス （Wallace, Alfred Russel 1823-1913）　517

ウォシュバーン （Washburne, Carleton Wolsey 1889-1968）　472

ヴォルテール （Voltaire, François Marie Arouet 1694-1778）　265, 268, 335, 470, 669

ヴォルフ （Wolff, Christian 1679-1754）　265, 294, 418, 540, 611, 619, 623, 691, 699, 701, 802

ウシンスキー （Ushinskii, Konstantin Demitrievich 1823-1870）　**47**

梅棹忠夫 （1920-2010）　685

梅根悟 （1903-1980）　**48**, 134, 136, 212, 251, 333, 344, 408, 419, 440, 494, 505

ヴント （Wundt, Wilhelm M 1832-1920）　166, 293, 302, 363, 636, 735

エイヤー （Ayer, Alfred Jules 1910-1989）　582

エーコ （Eco, Umberto 1932-2016）　113, 216

エストライヒ （Oestreich, Paul 1878-1959）　232, 343

エマソン （Emerson, Ralph Waldo 1803-1882）　**51**, 316, 396, 472, 549, 771

エラスムス （Erasmus, Desiderius 1466-1536）　10, **52**, 70, 177, 213, 220, 241, 390, 395, 428, 441, 467, 524, 547, 692, 697, 752, 763

エリオット （Eliot, Thomas Stearns 1888-1965）　322, 563, 790

エリクソン （Erickson, Erik Homburger 1902-1994）　4, 12, 29, **56**, 382, 500, 503, 610, 725, 760, 774, 818

エルヴェシウス （Helvétius, Claude-Adrien 1715-1771）　**57**, 108, 139, 149, 334, 470, 555, 645, 710

エルンスト・デァ・フロンメ （Ernst der Fromme 1601-1675）　134, 232

エンゲルス （Engels, Friedrich 1820-1895）　385, 387, 737, 741, 770

エンジェル （Angell, James Rowland 1869-1949）　302, 562

及川平治 （1875-1939）　523, 593, 704

オウエン （Owen, Robert 1771-1858）　**58**, 110, 221, 385, 745, 777, 780

大隈重信 （1838-1922）　656

大杉栄 （1885-1923）　160

オースティン （Austin, John Langshaw 1911-1960）　36, 277, 279

大瀬甚太郎 （1865-1944）　161

緒方洪庵 （1810-1863）　655

荻生徂徠 （1666-1728）　**60**, 62, 72, 291, 345, 406, 596, 754

オグデン （Ogden, Charles Kay 1889-1957）　36

オコン （Okon, Wincenty 1914-2011）　218

長田新 （1887-1961）　**62**, 160, 173, 216, 223, 224, 278, 505, 703, 804

乙竹岩造 （1875-1953）　**63**

オルコット （Alcott, Acott Bronson 1799-1888）　52

オルテガ （Ortega, y Gasset José 1883-1955）　56

オング （Ong, Walter Jackson 1912-2003）　40, 497, 525

カ 行

カー （Kerr, Clark 1911-2003）　521

カーライル （Carlyle, Thomas 1795-1888）　51

貝原益軒 （1630-1714）　**71**, 403, 717

ガウディヒ （Gaudig, Hugo 1860-1923）　343

カウンツ （Counts, George Sylvester 1889-1974）　**75**, 205, 370, 474, 563, 665

ガダマー （Gadamer, Hans-Georg 1900-2002）　12, 66, **85**, 195, 301, 573, 794

カッシーラー （Cassirer, Ernst 1874-1945）　**99**, 113, 118, 265, 450, 470, 476, 771, 789

勝田守一 （1908-1969）　**99**, 224, 803

カッツ （Katz, Michael B 1939-）　**100**, 101, 439, 474, 791

亀山佳明 （1947-）　17, 758

賀茂真淵 （1697-1769）　755

ガリレオ （Galileo Galilei 1564-1642）　111, 746

カルヴァン （Calvin, Jean 1509-1564）　92, 101, **105**, 230, 243, 314, 488, 801

人名索引　835

ガレノス（Galenos, Klaudios　129頃-199頃）
426, 608

河合隼雄（1929-2007）　75, 552, 773, 774

ガンジー（Gandhi, Mohandas Karemchand
1869-1948）　697

カント（Kant, Immanuel　1724-1804）　10,
25, 29, 99, 109, **116**, 126, 129, 136, 148, 151, 170,
214, 241, 258, 266, 273, 284, 294, 295, 300, 314,
338, 352, 367, 374, 390, 392, 394, 409, 410, 417,
440, 444, 450, 477, 480, 532, 536, 545, 549, 568,
575, 581, 605, 612, 623, 625, 629, 632, 638, 639,
643, 649, 650, 684, 686, 688, 694, 697, 705, 771,
796, 802, 825

カンペ（Campe, Juachim Heinrich　1746-1818）
313, 433, 620, 691

ギアツ（Geertz, Clifford　1926-2006）　67

キケロ（Cicero, Marcus Tullius　前106-前43）
6, 10, 20, 28, 54, 101, **122**, 240, 369, 466, 467,
536, 638, 659, 752, 816

岸田秀（1933-）　635, 685

ギゾー（Guizot, François　1787-1874）　694

ギデンス（Giddens, Anthony　1938-）　294

城戸幡太郎（1893-1985）　**128**, 143, 209, 224,
389, 611

木下竹次（1872-1946）　81, 523

ギブソン（Gibson, James Jerome　1904-1979）
112

木村素衞（1895-1946）　**136**

キャッテル（Cattell, James Mckeen　1860-
1944）　142, 540

キルケゴール（Kierkegaard, Søren Aabye
1813-1855）　9, 243, 309, 366, 576, 648

キルパトリック（Kilpatrick, William Heard
1871-1965）　75, **234**, 473, 766

ギルフォード（Guilford, Joy Paul　1897-1987）
612

ギンタス（Gintis, Herbert　1940-）　14, 104,
197, 290, 294, 338, 444, 474, 577, 709, 791, 818

クインティリアヌス（Quintilianus, Marcus
Fabius　35頃-100頃）　**239**, 536, 638

グーツムーツ（GutsMuths, Johann Christoph
Friedrich　1759-1839）　346, 485, 520

グーテンベルク（Gutenberg, Johannes　1397頃
-1468）　39, 326, 679

クーム（Combe, George　1788-1858）　742

グールド（Gould, Stephen Jay　1941-2002）
449

クーン（Kuhn, Thomas Samuel　1922-1996）
67, 802

クセノフォン（Xenophon　前430-前354頃）
775, 776

グディ（Goody, Jack　1919-2015）　40

久保義三（1927-2014）　178, 748, 749

クライスト（Kleist, Heinrich von　1777-1811）
826

倉橋惣三（1882-1955）　231, **244**, 717, 778, 780

クラフキ（Klafki, Wolfgang　1927-2016）
153, 173, **244**, 498, 499, 617, 668, 669

グラムシ（Gramsci, Antonio　1891-1937）
320, 637, 739

クリーク（Krieck, Ernst　1882-1947）　139,
142, 146, 162, 389

グリム兄弟（Grimm, Jacob　1785-1863, Grimm,
Wilhelm　1786-1859）　504, 826, 828

クループスカヤ（Krupskaya, Nadezhda
Konstantinovna　1869-1939）　163, **246**,
388, 401

クレミン（Cremin, Lawrence Arthur　1925-
1990）　**247**, 474, 475, 791

グロティウス（Grotius, Hugo　1583-1645）
697

クロポトキン（Kropotkin, Pyotr Alekseevich
1842-1921）　697

クロムウェル（Cromwell, Oliver　1599-1658）
746

クワイン（Quine, Willard van Orman　1908-
2000）　36, 198, 260, 663, 688, 819

ケイ（Key, Ellen　1849-1926）　**255**, 370, 451,
454, 519

ゲーテ（Goethe, Johann Wolfgang　1749-1832）
227, **269**, 314, 334, 412, 440, 465, 482, 502, 585,
621, 654, 673, 691, 698, 705, 715

ケーニッヒ（König, Rene　1906-1992）　173,
312, 706

ゲーレン（Gehlen, Arnold　1904-1976）　685

ゲゼル（Gesell, Arnold Lucius　1880-1961）
167, 222, 298, 625, 684, 778

ゲヘープ（Geheeb, Paul　1870-1961）　44,
270, 571, 728

ケルシェンシュタイナー（Kerschensteiner,
Georg　1854-1932）　11, 137, 194, 209, 212,
271, 305, 343, 433, 451, 493, 586, 653, 671

ゲルナー（Gerner, Berthold　1925-）　150,
174, 320

ゲレス（Görres, Johann Joseph von　1776-
1848）　826

孔子（前552/1-前479）　61, 72, **290**, 404, 419,
754

836　人名索引

コーエン（Cohen, Hermann 1842-1918）
449

コールバーグ（Kohlberg, Lawrence 1927-
1987）　254, **311**, 578, 583, 686, 773

コールマン（Coleman, James Samuel 1926-
1995）　165, 577, 732

コールリッジ（Coleridge, Samuel Taylor
1772-1834）　51, 695

コーン（Cohn, Jonas 1859-1947）　450

ゴッフマン（Goffman, Erving 1922-1982）
767

小西重直（1875-1948）　62, 160, 344

小林澄兄（1886-1971）　344

コメニウス（Comenius, Johann Amos 1592-
1670）　48, 50, 63, 70, 89, 102, 107, 134, 144,
149, 156, 185, 201, 206, 213, 217, 231, 238, 257,
275, 310, 327, **330**, 360, 395, 419, 452, 467, 536,
543, 550, 605, 620, 629, 644, 659, 680, 697, 725,
726

ゴルギアス（Gorgias 前483頃-前376）　27,
464, 815

コルシュ（Korsch, Karl 1886-1961）　512,
564, 739

ゴルトン（Galton, Francis 1822-1911）　34,
540

コルネーユ（Corneille, Pierre 1606-1684）
826

コンディヤック（Condillac, Etienne Bonnot de
1715-1780）　108, 267, **334**, 352, 645, 648

コント（Comte, Isidore Auguste Marie Fran-
çois Xavier 1798-1857）　256, 337, 364,
470, 565, 593, 604

コンドルセ（Condorcet, Marie Jean Antoine
Nicolas Caritat Marquis de 1743-1794）
76, 93, 135, 140, 177, 250, 287, 304, 309, 312,
335, 435, 469, 495, 543, 555, 573, 645, 748

コンペーレ（Compeyré, Gabriel 1843-1913）
161

サ 行

サーストン（Thurstone, Louis Leon 1887-
1955）　612

蔡元培（1868-1940）　**338**

作田啓一（1922-2016）　16

佐藤信淵（1769-1850）　**344**

サピア（Sapir, Edward 1884-1939）　340

サムナー（Sumner, William Graham 1840-
1910）　132, 400, 447

ザルツマン（Salzmann, Christian Gotthilf

1744-1811）　**345**, 620

サルトル（Sartre, Jean-Paul 1905-1980）　9,
36, 292, 295, 366, 582, 648, 739

沢柳政太郎（1865-1927）　**346**, 403, 451

サン・シモン（Saint-Simon, Claude Henri de
Rouvroy Comte de 1760-1825）　337, 771

サント・ブーヴ（Sainte-Beuve, Charles
Augustin 1804-1869）　322

サン＝ピエール（Saint-Pierre, Charles Irenee
Castel Abbe de 1658-1743）　697

シェイクスピア（Shakespeare, William 1564-
1616）　609

ジェイムソン（Jameson, Fredric 1934-）
722

ジェームズ（James, William 1842-1910）
4, 166, 302, 599

シェーラー（Scheler, Max 1874-1928）　174,
281, 670

ジェファソン（Jefferson, Thomas 1734-1826）
135, 177, **349**

シェフラー（Scheffler, Harold Walter 1932-）
198, 431, 689, 773

シェリング（Schelling, Friedrich Wilhelm Jo-
seph von 1775-1854）　9, 100, 301, 366,
417, 575, 623, 676, 680, 698, 705, 826

シェルスキー（Shelsky, Helmut 1912-1984）
810

シェルドン（Sheldon, William Herbert 1899-
1977）　142, 472, 528

ジェルピ・エットール（Gelpi, Ettore 1933-
2002）　422

ジェンクス（Jencks, Charles 1939-）　577

ジェンセン（Jensen, Arthur 1923-2012）
541

シジウィック（Sidgewick, Henry 1838-1900）
307

篠原助市（1876-1957）　25, 48, 129, 223, **374**

下田次郎（1872-1938）　160

下中弥三郎（1878-1961）　**378**

シャノン（Shannon, Claude Elwood 1916-
2001）　358, 429

シャフツベリー（Shaftesbury, 3rd Early of
1671-1713）　263, 440, 554, 632, 638

シャミソ（Chamisso, Adelbert von 1781-
1838）　827

ジャン・パウル（Jean Paul 1763-1825）　10,
749, 827

シューベルト（Schubert, Gotthilf Heinrich von
1780-1860）　826

人名索引　837

朱熹（朱子）（1130-1200）　403, **404**

シュタイナー（Steiner, Rudolf 1861-1925）
270, 309, 334, **412**, 465, 727, 781

シュップ（Schupp, Johann Balthasar 1610-
1661）　217

シュティルナー（Stirner, Max 1806-1856）
511

シュトラウス（Strauss, David Friedrich 1808-
74）　510

シュプランガー（Spranger, Eduard 1882-
1963）　63, 67, 86, 132, 146, 148, 171, 200,
270, 272, 301, 353, 367, 389, **414**, 433, 498, 586,
671, 673, 686, 728, 798

シュペングラー（Spengler, Oswald 1880-
1936）　415, 684

シュライエルマッハー（Schleiermacher, Fried-
rich Ernst Daniel 1768-1834）　66, 230,
300, 390, 395, **418**, 495, 513, 677, 702, 793, 826

シュレーゲル（Schlegel, Friedrich 1772-1829）
418, 826

ショウペンハウアー（Schopenhauer,
Arthur 1788-1860）　25

舒新城（1893-1960）　**436**

シラー（Schiller, Johann Christoph Friedrich
1759-1805）　10, 113, 263, 330, **440**, 502, 633,
638, 691, 705

ジルー（Giroux, Henry 1943-）　104, 197,
341, **443**, 637, 668, 723

ジンメル（Simmel, Georg 1858-1918）　391,
477, 588, 652, 686

スキナー（Skinner, Burrhus Frederick 1904-
1990）　80, 168, 187, 195, 303, 425, 778

ストーン（Stone, Lawrence 1919-1999）
525

ストッダード（Stoddard, George 1897-1981）
541

スピアマン（Spearman, Charles Edward
1863-1945）　612

スピノザ（Spinoza, Baruch de 1632-1677）
8, 310, **481**, 586, 632, 705, 707, 772

スペウシッポス（Speusippos 前407-前339）
20

スペンサー（Spencer, Herbert 1820-1903）
11, 77, 102, 110, 253, 256, 264, 365, 447, 470,
483, 519, 557, 566, 697, 756, 798, 829

世阿弥（1363-1443）　262, 828

セガン（Séguin, Édouard Onesimus 1812-
1880）　335, 423, 765, 773

ソーンダイク（Thorndike, Edward Lee 1874-

1949）　79, 82, 145, 167, 180, 195, 302, 425,
436, 448, 473, 540, 625, 641, 778

ソクラテス（Sokrates 前470-前399）　18,
24, 28, 130, 188, 307, 347, 352, 368, 407, 431,
463, 480, 504, **512**, 527, 534, 629, 666, 764, 775,
797, 816

ソシュール（Saussure, Ferdinand de 1859-
1913）　36, 124, 275, 280, 293, 749

ソロー（Thoreau, Henry David 1817-1862）
52, 396

タ　行

ダーウィン, C.（Darwin, Charles Robert
1809-1882）　77, 90, 256, 325, 446, 470, **517**,
528, 557, 624, 663, 814

ターマン（Terman, Lewis Madison 1877-
1956）　167, 540, 570, 625

高島善哉（1904-1990）　160

高嶺秀夫（1854-1910）　528

武谷三男（1911-2000）　126

谷本富（1867-1946）　63, 414, 523, **530**, 593,
709

ダランベール（d'Alembert, Jean Le Rond
1717-1783）　126, 335, 804

タレイラン（Talleyrand, Charles Maurice de
1754-1838）　748

ダント（Danto, Arthur Coleman 1924-2013）
284, 759, 813

張之洞（1837-1909）　547

チョムスキー（Chomsky, Noam 1928-）　80,
275, 293, 606

ツィラー（Ziller, Tuiskon 1817-1882）　120,
215, 708

ツェドリッツ（Zedlitz, Karl Abraham von
1731-1793）　620

ディースターヴェーク（Diesterweg, Friedrich
Adolf 1790-1866）　388, **552**, 679, 702, 712

ティールシュ（Thiersch, Friedrich Wilhelm
1784-1860）　467

ディドロ（Didorot, Denis 1713-1784）　126,
265, 312, 334, **554**, 654, 693, 804

ディルタイ（Dilthey, Wilhelm 1833-1911）
37, 66, 99, 146, 153, 172, 269, 309, 365, 396, 414,
418, 493, 498, **555**, 613, 618, 652, 673, 728, 793

テーテンス（Tetens, Johann Nicolas 1736-
1807）　612

テオプラストス（Theophrastos 前372-前
287）　20

デカルト（Descartes, René 1596-1650）　3,

24, 131, 213, 243, 258, 266, 310, 331, 352, 364,
409, 417, 463, 469, 605, 623, 643, 650, 653, 753,
767, 796
手島堵庵 （1718-1786）　27
手塚岸衛 （1880-1936）　90, 374, 451, 523
デューイ （Dewey, John 1859-1952）　11, 13,
52, 75, 77, 108, 137, 145, 162, 166, 169, 189, 197,
203, 209, 215, 218, 224, 225, 230, 234, 255, 259,
271, 285, 289, 316, 327, 343, 363, 370, 393, 420,
424, 435, 443, 451, 465, 472, 493, 523, 532, 538,
549, 557, **561**, 572, 573, 579, 582, 599, 627, 637,
653, 663, 688, 697, 712, 719, 758, 778, 791, 798,
815, 816, 825, 828
デュマズディエ （Dumazedier, Joffre 1915-
2002）　782
デュルケーム （Durkheim, Émile 1858-1917）
11, 16, 29, 36, 139, 141, 146, 164, 166, 196, 202,
232, 260, 299, 352, 358, 366, 379, 381, 389, 395,
400, 442, 453, 525, **565**, 581, 747, 773
テュルゴー （Turgot, Anne Robert Jacques
1727-1781）　335, 469
デリダ （Derrida, Jacques 1930-2004）　67,
86, 125, 294, 380, 529, **569**, 605, 616, 757, 772
デルボラフ （Derbolav, Josef 1912-1987）
174
テンニース （Tönnies, Ferdinand 1855-1936）
222, 588, 684
トインビー （Toynbee, Arnold Joseph 1889-
1975）　658, 684
陶行知 （1891-1946）　436, **579**
ドゥルーズ （Deleuze, Gilles 1925-1995）
294, 501, **586**, 722, 757
ドーア （Dore, Ronald Philip 1925-）　235,
291, 406, **576**
トーニー （Tawney, Richard Henry 1880-
1962）　136, **591**
トールマン （Tolman, Edward Chace 1886-
1959）　79, 303
ドクロリー （Decroly, Ovide 1871-1932）
523, **587**, 593
戸坂潤 （1900-1945）　126, 223
ドベス （Debesse, Maurice 1903-1998）　186
トマス・アクィナス （Thomas Aquinas 1225
頃-1274）　7, 10, 116, 243, 258, 294, 300, 307,
360, 393, 441, 628, 643, 696, 714
留岡清男 （1898-1977）　129, 143
留岡幸助 （1864-1934）　219, 231, **592**, 599
ドモラン （Demolins, Edmond 1852-1907）
451, 531, **593**

トラップ （Trapp, Ernst Christian 1745-1818）
345, 620
トルストイ （Tolstoi, Lev Nikolaevich 1828-
1910）　110, 246, 504, **593**, 697, 734

ナ 行

中江藤樹 （1608-1648）　62, 292, 405, **595**
中村春二 （1877-1924）　404, 523
中村正直 （1832-1891）　35, 159, 231, 403, 435,
530
長与専斉 （1838-1902）　49
夏目漱石 （1867-1916）　318
ナトルプ （Natorp, Paul Gerhard 1854-1910）
25, 133, 146, 374, 388, 450, 524
成瀬仁蔵 （1858-1919）　231, 435, **599**
新島淳良 （1928-2002）　748
ニーチェ （Nietzsche, Friedrich Wilhelm
1844-1900）　9, 25, 87, 227, 243, 256, 269,
366, 409, 464, 493, 500, 513, 582, 586, **600**, 639,
684, 802
ニートハンマー （Niethammer, Friedrich
Immanuel 1766-1848）　467, 698
ニイル （Neill, Alexander Sutherland 1883-
1973）　115, 309, 500, **602**
西周 （1829-1897）　160, 226, 603, 611
西田幾多郎 （1870-1945）　45, 136, 223, 260,
410, 670
新渡戸稲造 （1862-1933）　231, 403, 435, 599
ニュートン （Newton, Isaac 1643-1727）　77,
116, 241, 265, 269, 623, 693
ニューマン （Newman, John Henry 1801-
1890）　301, 521
ネーデル （Nadel, Siegfried Frederick 1903-
1956）　767
ノイマン （Neumann, Johann Von 1903-1957）
358, 429, 626
ノヴァーリス （Novalis, Philipp Friedrich Frei-
herr von Handenberg 1772-1801）　418,
676, 826
ノール （Nohl, Hermann 1879-1960）　67,
146, 153, 171, 264, 389, 498, 555, **613**, 672, 686,
728, 766, 798
野口援太郎 （1868-1941）　378, 523, 614
野村芳兵衛 （1896-1986）　251, 524, **614**

ハ 行

パーカー （Parker, Francis Wayland 1837-
1902）　203, 234, 472, 664
パーカースト （Parkhurst, Helen 1887-1973）

52

バーク（Burke, Edmund 1729-1797） 459,
480, 632

パーソンズ（Parsons, Talcott 1902-1979）
16, 64, 195, 197, 292, 328, 358, 379, 558, 751,
767, 810

ハーディー（Hardy, Thomas 1840-1928）
688

ハートリ（Hartley, David 1705-1757） 110,
744

バーナード（Barnard, Henrry 1811-1900）
98, 142

ハーバーマス（Habermas, Jürgen 1929-）
67, 86, 154, 171, 198, 263, 277, 284, 288, 290,
311, 321, 328, 340, 443, 578, 582, **616**, 668, 722,
810

ハーロウ（Harlow, Harry Frederick 1905-
1981） 726

ハーン（Hahn, Kurt 1886-1974） 571, 712,
773

バーンスタイン（Bernstein, Basil 1924-）
150, 338, 577, **630**

ハイデガー（Heidegger, Martin 1889-1976）
8, 9, 12, 15, 22, 66, 85, 99, 195, 223, 243, 255,
281, 352, 366, 409, 451, 529, 546, 564, 570, 601,
605, 607, **617**, 621, 648, 650, 670, 716, 728, 794,
812, 819

ハウスクネヒト（Hausknecht, Emil 1853-
1927） 146, 530

ハウフ（Hauff, Wilhelm 1802-1827） 827

バウムガルテン（Baumgarten, Alexander
Gottlieb 1714-1762） 263, 417, 638

バウルゼン（Paulsen, Friedrich 1846-1908）
414, 466, 613

バウロ（Paulos ?-62/65） 8, 645, 808

バグリ（Bagley, William Chander 1874-1946）
474

パスカル（Pascal, Blaise 1623-1662） 266,
310, 393, 430, 648

パスロン（Passeron, Jean-Claude 1930-）
125, 150, 294, 339, 674

バゼドウ（Basedow, Johann Bernhard 1724-
1790） 117, 312, 345, **619**

ハチソン（Hutcheson, Francis 1694-1746）
410

ハッチンズ（Hutchins, Robert Maynard 1899-
1977） **628**

バトラー（Butler, Judith 1956-） 351, 428,
621

パノフスキー（Panofsky, Erwin 1892-1968）
99, 355, 477

バフチン（Bakhtin, Mikhail Mikhailivich
1895-1975） 42, **629**

パブロフ（Pavlov, Ivan Petrovich 1849-1936）
143, 302, 425

ハリス（Harris, Walter Edgar 1915-2011）
426, 690, 761

バルト, K.（Barth, Karl 1886-1968） 308

バルト, R.（Barthes, Roland 1915-1980）
558, 813

パレート（Pareto, Vilfredo 1848-1923） 56

ピアジェ（Piaget, Jean 1896-1980） 12, 42,
108, 131, 168, 195, 277, 293, 311, 325, 353, 558,
587, 625, **633**, 757, 778, 815, 830

ピーターズ（Peters, Richard Staniey 1919-
2011） 44, 87, 190, 583, 689

ピーボディー（Peabody, Elizabeth Palmer
1804-1894） 680

ビネー（Binet, Alfred 1857-1911） 167, 325,
539, 587, 612, 633, **635**

ヒューム（Hume, David 1711-1776） 109,
115, 117, 131, 294, 315, 352, 632, 805

ビュフォン（Buffon, Georges Louis Leclerc
1707-1788） 447

フィッシャー（Fischer, Aloys 1880-1937）
145, 498, 671, 798

フィヒテ（Fichte, Johann Gottlieb 1762-1814）
137, 223, 290, 300, 313, 352, 418, 427, 509, 575,
649, 677, 698, 702, 705, 747, 826

フーコー（Foucault, Michel 1926-1984） 8,
19, 39, 49, 67, 175, 177, 197, 232, 250, 253, 255,
278, 282, 293, 326, 352, 380, 409, 464, 481, 491,
506, 527, 604, 616, 621, 640, **650**, 711

ブーバー（Buber, Martin 1878-1965） 230,
328, 368, 527, 529, **652**, 670, 772

プーランザス（Poulantzas, Nicos Ar. 1936-
1979） 282, 320

フェーヴル（Febvre, Lucian Paul Victor
1878-1956） 382

フェニックス（Phenix, Philip Henry 1915-
2002） 88, 475

フェヌロン（Fénelon, François de Salignac de
la Mothe 1651-1715） 435, **653**

フェレンベルク（Fellenbeng, Philipp Emanuel
von 1771-1844） 678

フォイエルバッハ（Feuerbach, Ludwig
Andreas 1775-1833） 510

福沢諭吉（1834-1901） 61, 406, 435, **655**, 692,

840　人名索引

761, 800

藤原喜代蔵（1883-1959）　160

フッサール（Husserl, Edmund 1859-1938）
110, 241, 281, 352, 546, 549, 618, 644, 650

ブハーリン（Bukharin, Nikolai Ivanoyich
1886-1938）　126

プラトン（Platon 前427-前347）　1, 3, 9, 12,
20, 27, 36, 50, 78, 116, 121, 125, 147, 188, 263,
308, 310, 319, 328, 360, 385, 435, 463, 495, 500,
513, 527, 534, 540, 549, 586, 605, 611, 621, 637,
644, 658, **666**, 696, 716, 719, 756, 771, 775, 797,
816

ブラメルド（Brameld, Theodore Burghard
Hurt 1904-1987）　170

フランクリン（Franklin, Benjamin 1706-1790）
669

フランクル（Frankl, Viktor Emil 1905-1997）
670

ブランケルツ（Blankertz, Herwig 1927-1983）
432, **671**

フリットナー, A.（Flitner, Andreas 1922-
2016）　174, 242

フリットナー, W.（Flitner, Wilhelm 1889-
1990）　67, 146, 150, 171, 198, 414, 498, **672**,
686, 798

ブルーアム（Brougham, Henry Peter 1778-
1868）　483, 711

ブルーナー（Bruner, Jerome Seymore 1915-
2016）　168, 260, **673**, 815

ブルクハルト（Burckhardt, Jacob Christoph
1818-1897）　107, 684

ブルデュー（Bourdieu, Pierre 1930-2002）
104, 125, 150, 165, 197, 239, 294, 338, 409, 417,
444, 496, 559, 612, 637, 646, **674**, 687, 744, 768

フレイレ（Freire, Paulo 1921-1997）　38, 96,
277, 443, 528, 637, **674**, 741, 799

フレーゲ（Frege, Friedrich Ludwig Gottlob
1848-1925）　36

フレーベル（Fröbel, Friedrich Wilhelm August
1782-1852）　10, 215, 231, 244, 360, 370, 376,
396, 397, 414, 465, 576, 594, **675**, 702, 719, 726,
750, 765, 777, 807, 827

プレスナー（Plesner, Helmut 1892-1985）
175, 728

ブレツィンカ（Brezinka, Wolfgang 1928-）
133, 142, 195, 197, 285

フロイト（Freud, Sigmund 1856-1939）　4,
9, 12, 25, 37, 57, 85, 115, 132, 273, 293, 352, 376,
379, 381, 448, 491, 499, 519, 602, 633, 668, 670,

681, 686, 719, 757, 773, 778, 802, 822, 829

ブローデル（Braudel, Fernand 1902-1985）
383

ブロック（Bloch, Marc 1886-1944）　19, 382

ブロッホ（Bloch, Ernst 1885-1977）　770

フロム（Fromm, Erich Seligmann 1900-1980）
9, 273, 442, 668, **683**

ブロンスキー（Blonski, Pavel Petowtsch 1884-
1941）　246, 271, 343

フンボルト（Humboldt, Karl Wilhelm von
1767-1835）　109, 272, 300, 414, 418, 433,
467, 521, 584, 660, **691**

ヘア（Hare, Richrd Mervyn 1919-2002）
582

ベイトソン（Bateson, Gregory 1904-1980）
12, 176, 408

ペイン（Paine, Thomas 1737-1809）　457,
787

ヘーゲル（Hegel, Georg Wilhelm Friedrich
1770-1831）　8, 9, 116, 132, 222, 243, 352,
409, 417, 427, 428, 441, 469, 493, 509, 537, 562,
575, 581, 585, 623, 639, 650, 680, **698**, 705, 737,
776, 797, 802

ベーコン（Bacon, Francis 1561-1626）　108,
131, 213, 217, 275, 364, 536, 771

ペーターゼン（Petersen, Peter 1884-1952）
103, 142, 145

ベーデン=パウエル（Baden-Powell, Lord
1857-1941）　486

ヘーニヒスヴァルト（Hönigswald, Richard
1875-1947）　146, 450

ペスタロッチ（Pestalozzi, Johann Heinrich
1746-1827）　62, 70, 104, 108, 144, 153, 163,
186, 209, 212, 214, 225, 231, 238, 250, 267, 276,
295, 335, 343, 360, 376, 433, 435, 464, 492, 533,
537, 550, 553, 572, 573, 576, 676, 694, **699**, 704,
705, 719, 720, 725, 726, 750, 758, 765, 807

ベック（Beck, Ulrich 1944-2015）　**703**

ヘッケル（Haeckl, Ernst Heinrich 1834-1919）
109, 269, 448, 719

ヘネップ（Gennep, Arnold van 1873-1957）
496, 551

ベル, A.（Bell, Andrew 1753-1838）　90,
220, 407

ベルクソン（Bergson, Henri 1859-1941）
241, 633, **704**

ベルゲマン（Bergemann, Paul 1862-1946）
388, 784

ヘルダー（Herder, Johann Gottfried 1744-

1803）　109, 504, 573, 585, 598, 623, **704**, 749

ベル，D.（Bell, Daniel 1919-2011）　430, 539

ヘルバルト（Herbart, Johann Friedrich 1776-
1841）　25, 104, 108, 116, 118, 133, 140, 145,
149, 153, 166, 170, 185, 214, 217, 225, 231, 250,
252, 264, 284, 295, 309, 353, 389, 394, 417, 453,
530, 556, 568, 576, 581, 611, 633, 639, 648, 680,
688, 702, **705**, 784

ベルンフェルト（Bernfeld, Siegfried 1892-
1953）　44, 773

ベンサム（Bentham, Jeremy 1748-1832）
306, 408, 457, 581, 598, 645, 651, 697, **710**, 744

ヘンティッヒ（Hentig, Hartmut von 1925-）
712

ベンヤミン（Benjamin, Walter 1892-1940）
8, 15, 44, 125, 278, 639, 668, **713**, 718, 750, 757

ホイジンガ（Huizinga, Johan 1872-1945）
10, 782

ボウルビー（Bowlby, John 1907-1990）　724

ボードリヤール（Baudrillard, Jean 1929-2007）
493, 640

ホール，G. S.（Hall, Granville Stanley 1844-
1924）　11, 142, 167, 325, 448, 499, 501, 561,
625, **719**, 735

ホール，S. R.（Hall, Sammuel Read 1795-
1877）　**720**

ボールズ（Bowles, Samuel 1939-）　104, 197,
294, 338, 444, 474, 577, 637, 709, 791, 818

ポストマン（Postman, Neil）　41, 326

ホッブズ（Hobbes, Thomas 1588-1679）
107, 221, 285, 410, 484, 581, 632, 824, 829

穂積八束（1860-1912）　454, 747

ポパー（Popper, Karl Raimund 1902-1994）
15, 131, 194, 366, 663, 690

ボビット（Bobbitt, Franklin 1876-1956）
103, 181, 484

ホメロス（Homeros 前9世紀）　66, 696,
793, 815

ポランニー（Polanyi, Michel 1891-1976）
199, 318

ホルクハイマー（Horkheimer, Max 1895-
1973）　15, 273, 274, 512, 583, 616, 668, 683,
739

ポルトマン（Portmann, Adolf 1897-1982）
273, 529, 685

ボルノウ（Bollnow, Otto-Friedrich 1903-
1991）　67, 146, 171, 174, 175, 198, 241, 242,
243, 276, 309, 328, 353, 367, 368, 556, 588, 619,
653, 726, **728**, 795

ホワイト（White, John）　190, 327, 726, 759,
788, 813

ホワイトヘッド（Whitehead, Alfred North
1861-1947）　666, 788

マ　行

マートン（Merton, Robert King 1910-2003）
16, 29

マカレンコ（Makarenko, Anton Semyonovich
1888-1939）　388, 401, 725, **733**, 739

マクルーハン（McLuhan, Herbert Marshall
1911-1980）　41, 750

松本亦太郎（1865-1943）　735

マルクーゼ（Marcuse, Herbert 1898-1979）
442, 499, 511, 668, 683, 739

マルクス（Marx, Karl 1818-1883）　9, 222,
320, 339, 352, 365, 377, 385, 409, 458, 510, 560,
564, 583, 616, 668, 683, 697, **737**, 818

マルサス（Malthus, Thomas Robert 1766-
1834）　447, 461, 517

マルセル（Marcel, Gabriel 1889-1973）　366

丸山眞男（1914-1996）　281, 406, 479, 574, 656

マン，H.（Mann, Horace 1796-1859）　178

マン，T.（Mann, Thomas 1875-1955）　93,
177, 219, 585, 684, 721, 741

マンデヴィル（Mandevill, Bernard 1670-
1733）　489

マンハイム（Mannheim, Karl 1893-1947）
770

ミアラレ（Mialaret, Gaston 1918-2016）
143

ミード（Mead, George Herbert 1863-1931）
284, 379, 557, 562, 627, 663

三木清（1897-1945）　100, 127, 129, 224, 295,
516, 716

ミシュレ（Michelet, Jules 1798-1874）　382

三宅雪嶺（1860-1945）　159

ミュラー（Müller, Adam Heinrich von 1779-
1829）　826

ミル，J.（Mill, James 1773-1836）　710, **744**

ミル，J. S.（Mill, John Stuart 1806-1873）
110, 131, 177, 306, 314, 365, 442, 568, 581, 604,
645, 695, **744**

ミルトン（Milton, John 1608-1674）　**745**

ミンコフスキー（Minkowski, Eugène 1885-
1972）　242

ムーア（Moor, George Edward 1873-1958）
307, 582, 688, 788

メッテルニヒ（Metternich, Klemens Wenzel

Lothar　1773-1859）　678

メランヒトン　（Melanchthon, Philipp　1497-1560）　213, 467, **752**, 809

メルロ゠ポンティ　（Merleau-Ponty, Maurice　1908-1961）　241, 281, 353, 366, 445, 464, 606, **753**, 830

モア　（More, Thomas　1478-1535）　53, 156, 385, 697, 770, 782

モイマン　（Meumann, Ernst　1862-1915）　63, 133, 145, 166, 363, 414, 735

孟子　（前372?-前289）　8, 140, 406, **754**, 801

モーペルテュイ　（Maupertuis, Pierre Louis Moreau de　1698-1759）　447

本居宣長　（1730-1801）　**754**

元田永孚　（1818-1891）　35, **755**, 761

元良勇次郎　（1858-1912）　244, 735

森昭　（1915-1979）　172, 176, 224, 368, 501, 803

森有礼　（1847-1889）　35, 292, 435, 755, **760**

モリス　（Morris, Charles William　1901-1978）　36, 124, 561

モレンハウアー　（Mollenhauer, Klaus　1928-1998）　154, 197, 265, 285, 389, 417, 528, 640, 644, 668, **762**

モンテーニュ　（Montaigne, Michel Eyquem de　1533-1592）　140, 256, 393, 532, 536, 572, 697, **763**

モンテスキュー　（Montesquieu, Charles-Louis de Secondat, Baron de la Brède et de　1689-1755）　14, 109, 222, 399, 457

モンテッソーリ　（Montessori, Maria　1870-1952）　57, 108, 109, 249, 452, 587, 719, **765**, 773, 781

ヤ 行

ヤーン　（Jahn, Friedrich Ludwig　1778-1852）　520

矢川徳光　（1900-1982）　505, 748

ヤスパース　（Jaspers, Karl　1883-1969）　22, 86, 224, 301, 328, 366, 545, 670, **768**

ヤッハマン　（Jachmann, Reinhold Bernhard　1767-1843）　313

柳田国男　（1875-1962）　**769**, 829

山本鼎　（1882-1946）　392, 451

ヤング　（Young, Michel Durlop　1915-2002）　104, 577, 612

由良哲次　（1897-1979）　160

ユング　（Jung, Carl Gustav　1875-1961）　352, 500, 504, **772**, 790, 817

吉田熊次　（1874-1964）　203, 224, 414, 784

ラ 行

ラ・サール　（La Salle, Jean Baptiste de　1651-1719）　220

ラ・シャロッテ　（La Chalotais, Louis-René de Caradeuc de　1701-1785）　312, 336

ライ　（Lay, Wilhelm August　1862-1926）　63, 145, 363, 735

ライヒ　（Reich, Wilhelm　1897-1957）　376, 499

ライプニッツ　（Leibniz, Gottfried Wilhelm　1646-1716）　3, 8, 116, 243, 265, 295, 375, 623, 648, 699, 701, 707

ライン　（Rein, Wilhelm　1847-1927）　120, 270, 709, **786**

ラカプラ　（La Capra, Dominick　1939-）　163

ラカン　（Lacan, Jacques　1901-1981）　293, 352, 499, 605

ラシーヌ　（Racine, Jean　1639-1699）　826

ラスク　（Lask, Emil　1875-1915）　450

ラッシュ　（Rush, Benjamin　1745-1813）　135, **787**

ラッセル　（Russell, Bertrand Arthur William　1872-1970）　43, 365, 582, **787**

ラトケ　（Ratke, Wolfgang von　1571-1635）　134, 213, 217, 346, 550, 697

ラブレー　（Rabelais, François　1494-1553）　10, 630, 697

ラマルク　（Lamarck, Jean-Baptiste Pièrre Antoine de Monet Chevalier de　1744-1829）　447, 484, 720

ランカスター　（Lancaster, Joseph　1778-1838）　90, 98, 220, 233, 407, 428, 711, 745

ランケ　（Ranke, Leopold von　1795-1886）　813

ランゲフェルト　（Langeveld, Martinus Jan　1905-1989）　146, 171, 175, 368, 725, 726, **789**

リースマン　（Riesman, David　1909-2002）　16, 783

リーツ　（Lietz, Hermann　1868-1919）　44, 140, 270, 451, 571, 588

リード　（Reid, Thomas　1710-1796）　264, 391, 477, **790**

リオタール　（Lyotard, Jean-François　1924-1998）　197, 294, 505, 616, 722, 813

リクール　（Ricœur, Paul　1913-2005）　67, 115, 750, 757, 759

リチャーズ　（Richards, Ivor Armstrong　1893-

人名索引　843

1979)　36

リッケルト（Rickert, Heinrich 1863-1936）
272

リット（Litt, Theodor 1880-1962）　63, 67,
146, 153, 171, 245, 498, 576, 671, 686, 789, **798**

リヒトヴァルク（Lichtenberg, Georg Christoph
1742-1799）　113

梁啓超（1873-1929）　547, **800**

ルーマン（Luhmann, Niklas 1927-1999）
37, 104, 112, 190, 196, 208, 283, 328, 358, 387,
584, 616, 716, 751, **810**

ルカーチ（Lukács, Györg 1885-1971）　511,
564, 739

ルソー（Rousseau, Jean-Jacques 1712-1778）
9, 25, 65, 84, 108, 114, 116, 139, 144, 153, 157,
166, 177, 186, 188, 209, 221, 225, 231, 267, 273,
276, 278, 304, 309, 312, 314, 320, 324, 334, 343,
346, 353, 355, 358, 360, 369, 370, 375, 392, 394,
410, 433, 435, 457, 464, 470, 492, 494, 495, 502,
526, 537, 550, 559, 572, 593, 597, 610, 620, 645,
653, 680, 693, 697-699, 701, 712, 719, 720, 726,
748, 758, 764, 765, 777, 798, **804**, 825

ルター（Luther, Martin 1483-1546）　8, 92,
105, 134, 230, 286, 309, 314, 395, 409, 432, 441,
488, 509, 645, 659, 752, 775, 799, 801, **807**

ルナン（Renan, Joseph Ernest 1823-1892）
747

ルペルチェ（Lepeletier, de Saint-Fargeau Louis
Michel 1760-1893）　135, 312

ルンゲ（Runge, Philipp Otto 1777-1810）
827

レヴィ＝ストロース（Lévi-Strauss, Claude
1908-2009）　115, 292, 340, 352, 566, 722

レヴィ＝ブリュール（Lévy-Bruhl, Lucien
1857-1939）　399

レーヴィット（Löwith, Karl 1897-1973）

767

レヴィナス（Levinas, Emmanuel 1906-1995）
528, 529, 546, 605, 670, 772, **812**

レーゼヴィッツ（Resewitz, Friedrich Gabriel
1715-1805）　312

レーニン（Lenin, Vladimir Ilich 1870-1924）
246, 385, 560, 594, 738

レディ（Reddie, Cecil 1858-1932）　451, 593

レンツェン（Lenzen, Dicter 1947-）　265,
373, 492, 640, 703, 814

ローティ（Rorty, Richard 1931-2007）　67,
261, 280, 564, 616, 663, 688, 722, 759, **819**

ロート（Roth, Heinrich 1906-1983）　150,
174

ロールズ（Rawls, John Bordley 1921-2002）
248, 307, 311, 494, 645

ロジャーズ（Rogers, Cari Ransom 1902-1987）
73, 137, 197, **820**

ロック（Locke, John 1632-1704）　9, 10, 36,
57, 85, 108, 109, 121, 124, 148, 153, 166, 177,
209, 225, 231, 250, 258, 266, 278, 285, 294, 304,
306, 308, 315, 324, 334, 360, 375, 394, 417, 457,
470, 494, 495, 526, 532, 537, 547, 581, 620, 632,
643, 645, 648, 693, 715, 720, 764, 777, **822**

ロッホナー（Lochner, Rudolf 1895-1978）
133, 142

ロヒョウ（Rochow, Friedrich Eberhard von
1734-1805）　620

ロムブローゾ（Lombroso, Cesare 1836-1909）
570

ワ行

ワトソン（Watson, John Broadus 1878-1958）
195, 302, 624

ワロン（Wallon, Henri 1879-1962）　325,
587, 626, 766, **830**

事項索引 （見出し項目の該当頁は太字で示す）

ア 行

愛 **1**
愛あふれる教育 721
愛情 54, 59, 64, 84, 462, 547, 592, 719, 726, 789
アイデンティティ **3**, 30, 54, 57, 121, 183, 212, 222, 289, 351, 369, 381, 411, 500, 503, 610, 665
アカウンタビリティ 210
アカデミー・フランセーズ 692
アカデミック・フリーダム 628
アカデメイア 20, 27, 495, 666
アガペ 1, 137
悪 **8**
アゴン 11, 485
アスレティシズム 486
遊 び **9**, 176, 192, 242, 244, 361, 373, 397, 465, 485, 492, 502, 546, 638, 676, 679, 756, 777, 780, 782, 787
アタラクシア 696
新しい教育社会学 94, 104, 165, 341, 803
アナーキスト 697
アナール学派 381, 814
アノミー **16**, 31
アビトゥア 357
アフリカ 400, 457, 471, 674, 739
アボツホルムの学校 451
アポリア 8, 68, 87, 169, 176, 265, 422, 510, 513, 667
アマチュアリズム 486
アンドラゴジー 147
暗黙知 181, 199, 817, 829
イヴェルドン 676, 700
イエズス会 89, 92, 97, 220, 230, 428, 542, 554
イエナ・プラン 90
イエナ大学 440, 613, 649, 676, 705, 737, 786
医学 49, 278, 521, 753, 802
イギリス労働党 560, 591
育児行動 460
育児能力 460
移行儀礼 551
意志 **24**, 113, 581, 601, 801
意識 295, 302, 352, 381, 427, 545, 604, 643, 681, 704
意識適用説 126

意識哲学 616, 767
意志形成論 25
い じ め 192, 371, 402, 453, 459, 506, 529, 710, 718, 757, 759
イスラム教 50, 395
依存 **29**
依存性 29, 195, 280, 299, 353
一望監視装置 411, 651
一斉教授 90, 98, 233, 238, 436, 695
一斉指導 186, 407
逸脱 16, 17, **29**, 81, 192, 193, 219, 379, 381, 400, 466, 469, 511, 557, 711
一般教育 **31**, 102, 228, 229, 392, 432, 433, 468, 521, 522, 536, 542, 545, 628, 659, 692
一般教養 31, 164, 521
一般的国民教育 702
一般ドイツ教育施設 677, 678
一般ドイツ幼稚園 679, 780, 781
一般陶冶 585, 671, 672
イ デ ア 1, 9, 12, 20, 50, 137, 138, 263, 275, 310, 410, 495, 535, 549, 621, 638, 640, 666, 756, 757
イデア論 20, 50, 263, 310, 534, 667
イデオロギー 67, 104, 133, 204, 320, 339, 341, 370, 386, 411, 444, 462, 472, 504, 617, 637, 641, 674, 685, 690, 695, 722, 729, 740, 748, 770, 792
イデオロギー装置 197, 282, 289, 320, 339, 411, 438, 744
イデオロギー批判 65, 86, 103, 154, 245, 365, 411, 584, 617, 669, 729, 792
遺伝か環境か 34, 624
遺伝・遺伝学 **34**, 427, 448, 518
遺伝決定論 34, 166, 624, 720
遺伝説 166, 541, 625
意図的教育 138, 162
イニシエーション（加入礼） 101, 356, 373, 496, 817
居場所 241, 725, 726
意味 **36**
意味生成 11, 124, 168, 176, 197, 281, 286, 749, 750, 757
意味の創発 557
移 民 13, 101, 248, 290, 369, 531, 558, 732, 742, 791
医療改革 426

事項索引　845

入れ子説　623
イロニー　265, 640
因果プラン　329
因果論　284, 556
印刷術　**39**, 149, 295, 327, 469, 488, 572, 629, 816
印刷文化　40, 266
因子分析　611
インドクトリネーション　45, 203
ヴァージニア・プラン　48, 156
ヴァルテンゼー教育施設　678
ヴァルドルフ学校　413
ヴィッカースドルフ自由学校共同体　270, 571
ウィネトカ・プラン　473
ウーマニズム　654
運動競技　485, 519
永遠主義　170, 689
AGIL モデル　358
衛生学　**49**, 142
衛生観念　349, 427, 460
映像　**50**, 70, 108, 124, 326, 493, 497
映像文化　50
英知　474, 532, 659, 797
ATI（適性処遇交互作用）　642
エートス　17, 22, 46, 222, 235, 272, 343, 381, 398,
　483, 816
エコロジー　222, 487, 560, 739
エス　681
エスノグラフィー　165, 341
エディプス・コンプレックス　499, 586, 681
NPO　422
エピステーメ　28, 126, 352, 535, 651, 668
エリート　14, **55**, 202, 221, 324, 347, 403, 416,
　451, 554, 563, 568, 578, 674, 691, 710, 791
エリート教育　34, 55, 287, 321, 357, 542, 563,
　684
エリート周流理論　56
エロス　1, 137, 516, 621, 681
エンカウンター・グループ　821
遠近法主義　601
老い　151, 349, 726, 774, 775, 817
往来物　40, 206
OECD（経済開発協力機構）　155
オーデンヴァルト校　44, 270, 571
オートポイエーシス　294, 716, 810
オープンスクール　233, 369
オキュペーション　563, 565
オネトム　693
オペラント条件づけ　303, 425, 426
おもちゃ　373, 461, 551, 679, 713

親子関係　**64**, 154, 360, 382, 455, 460, 525, 547,
　551, 719, 726, 768, 780, 809
親子関係史　384
親殺し　551
オリンピズム　486, 487
音声文化　489
恩物　11, 244, 396, 679, 766, 777, 780

カ　行

カーニヴァル　630
カールスバート決議　678
外化　16, 181, 509, 510, 585, 686, 699
改革教育　256, 269, 414, 614
改革教育運動　264, 414, 416, 613, 614, 673, 798
開化史的段階説　686
階級　339, 495, 630, 644, 647, 674, 687, 738, **743**,
　825
階級闘争　251, 320, 486, 564, 648, 738, 744
外言　42, 277
介護　426
解釈　66, 123, 146, 194, 793
解釈学　**66**, 171, 245, 793
解釈学的教育学　729
解釈学的循環　66, 794
解釈学的方法　146, 171, 245, 729
ガイダンス　73, 541, 666, 792
解読　123, 572, 651
概念　**68**
開発教授法　206, 528
解放教育　103, 277, 458, 576, 748
解放的教育学　16, 245, 274, 617, 669, 671, 741,
　762
概論科目　33
カウンセラー　73
カウンセリング　**73**, 137, 210, 254, 309, 774, 794,
　820, 821, 822
カウンセリング理論　774, 820, 821
科学革命　40, 102, 213, 227, 235, 265, 310, 467,
　469, 537, 706
科学教育　**76**
科学主義　45, 66, 67, 143, 349, 360, 365, 366
科学論　47, 67, 131, 147, 173, 412, 450, 616, 788
過干渉　462
科挙　356, 404, 548, 800
核家族　64, 65, 361, 460, 461, 703
学習　**78**
学習指導　184, 407
学習指導要領　45, 82, 83, 101, 112, 158, 251, 299,
　431, 479, 506, 539

846　事項索引

学習社会　81, 421, 440, 539, 628, 817
学習段階　200, 789
革新主義　13, 302, 303, 563, 664
覚醒　328, 368, 416, 461, 504, 670, 675, 729, 769, 801, 802
獲得形質の遺伝　256, 447, 720
学年　89, 90, 91, 98, 206, 317, 322, 355, 409, 413, 440, 451, 493, 500, 506, 542, 610, 628, 636, 657, 724, 786
学寮　19, 56, 105, 497, 526, 662, 663, 698
学力　68, **81**, 92, 103, 158, 180, 210, 246, 250, 328, 356, 495, 525, 533, 545, 611, 613, 636, 641, 732, 803
学力問題　**82**
学齢　135, 149, 380, 610, 778
学歴　46, 56, 100, 164, 192, 235, 289, 347, 358, 421, 577, 674, 687, 709, 732
学歴社会　165, 358, 421, 577
仮象　440
家族　**83**, 323
家族意識　610
家族国家　406, 436
家族史　49, 64, 65, 382, 384, 460, 610
家族人口学　460
家族戦略　460, 611
家族類型　631
価値　**86**
価値観教育　179
価値相対主義　582
価値体系　264, 275, 288, 361, 507, 686
価値多元主義社会　133
価値の民主主義　475
学級　**88**, 94, 97, 99, 119, 192, 213, 238, 402, 424, 524, 540, 591, 610, 614, 636, 757
学校　**91**, 823, 825, 828, 830
学校化　19, 38, **94**, 192, 221, 300, 326, 438, 439, 471, 507, 588, 590, 779, 819
学校化された社会　221, 590
学校カリキュラム　111, 489, 507
学校教育　81, 85, 90, 94, 137, 165, 178, 191, 193, 212, 237, 289, 331, 339, 349, 354, 370, 389, 404, 420, 426, 434, 437, 452, 467, 471, 543, 570, 630, 637, 665, 674, 700, 709, 719, 742, 761, 768
学校教育法　32, 96, 233, 354, 524, 546, 661, 717
学校行事　251, 479, 591
学校教授学　553
学校規律　232, 297, 298
学校建築　91, 94, **96**, 97, 98, 207, 208, 209, 253
学校制度　17, 93, 102, 135, 145, 237, 276, 313, 333, 340, 345, 356, 384, 414, 420, 432, 439, 452, 475, 501, 544, 548, 572, 593, 607, 610, 619, 627, 664, 679, 741
学校選択　176, 211, 290, 463
学校体系（複線・単線）　35, 94, 202, 235, 334, 336, 544, 591, 661, 691
学校体罰　546
学校闘争　468, 691
学校文化　208, 443, 552
活字人間　41
活字文化　326
活動分析法　484
活版印刷　39, 40
家庭　136, 244, 255, 272, 273, 435, 437, 461, 473, 679, 719, 726, 780
家庭学校　592
家庭教育　25, 85, 176, 244, 288, 345, 380, 389, 460, 461, 467, 570, 610, 663, 700, 715, 719, 775, 789, 822
カテキズム　→教義問答，教理問答書
カトリック　6, 19, 26, 38, 89, 97, 106, 116, 217, 230, 330, 332, 396, 435, 463, 489, 653, 675, 678, 753, 765, 799, 804, 808, 823
可能態　22, 157, 533, 622
家父長　64, 455, 460, 485, 726, 776
過保護　64, 462, 823
神　1, 7, 106, 229
神の法　267
カラチ・プラン　155
カリキュラム　48, **101**, 149, 506
カルヴィニズム　14, 107, 235, 432, 742, 804
カレッジ　32, 33, 34, 75, 97, 161, 234, 247, 349, 475, 521, 525, 526, 542, 628, 710, 742, 787
カロカガティア　263, 278
川口プラン　156
感化　194, 202, 219, 244, 263, 346, 435, 440, 528, 592, 695, 741, 754, 755, 763
感化教育　592
感覚　**107**, 254, 257, 263, 267, 275, 294, 298, 303, 308, 310, 315, 333, 342, 348, 349, 352, 362, 367, 382, 394, 396, 399, 410, 412, 416, 445, 470, 498, 520, 536, 540, 548, 550, 558, 573, 611, 626, 633, 636, 638, 643, 698, 704, 719, 726, 765, 773, 781, 793, 795, 801, 806, 822, 824, 825, 829
官学　354, 405
感覚器官　267, 303, 520
感覚能力　267
感覚論　258, 334, 470, 550, 639, 645
感化事業　592

事項索引　847

環境　59, **109**, 810
環境決定論　34, 57, 58, 110, 302, 333, 555, 624, 625, 645, 776
環境説　166, 541, 625, 626
玩具　5, 10, 11, 19, 57, 362, 372, 414, 766
還元主義　269, 281, 284, 339, 564, 670, 727
観察　21, **111**, 213, 217, 271, 283, 285, 295, 301, 302, 303, 324, 334, 346, 360, 362, 363, 364, 365, 366, 382, 396, 399, 405, 468, 477, 478, 480, 506, 517, 518, 540, 566, 568, 587, 593, 608, 622, 623, 625, 634, 641, 660, 665, 676, 682, 707, 715, 756, 764, 765, 787, 807, 822, 823, 830
監視（surveillance）　19, 119, 178, 182, 220, 232, 233, 251, 298, 362, 369, 408, 411, 412, 650, 651, 711, 783, 802, 809
慣習　9, 51, 132, 145, 181, 182, 186, 274, 279, 292, 296, 311, 339, 341, 363, 393, 397, 399, 400, 442, 470, 485, 494, 497, 549, 572, 573, 580, 581, 583, 697, 715, 764, 789, 801
慣習法　181, 399, 697
鑑賞　**112**, 264, 265, 480, 529, 641, 755
感情　**113**, 460, 477, 484, 502, 504, 518, 569, 579, 581, 597
関心　224
感性　25, 70, 117, 118, 257, 258, 259, 263, 264, 294, 295, 325, 334, 381, 394, 404, 416, 417, 440, 441, 510, 548, 549, 550, 586, 631, 638, 639, 640, 641, 704, 723, 724, 746, 789
完成　**115**
完成可能性　61, 116, 350, 391, 406, 520, 670, 745, 771, 787
観念学派　335
観念連合説　470, 744
観念論　18, 109, 117, 137, 263, 281, 313, 347, 352, 367, 374, 415, 427, 449, 482, 498, 575, 576, 616, 623, 639, 643, 663, 705, 706, 708, 719, 778, 802
寛容　55, 60, 76, 88, 105, 106, 179, 183, 218, 239, 266, 396, 398, 406, 459, 597, 599, 602, 753, 820
管理　**118**, 147, 159, 178, 180, 192, 206, 213, 232, 452, 454, 462, 464, 471, 489, 541, 548, 563, 571, 583, 591, 603, 619, 649, 653, 711, 718, 721, 775, 789, 807
記憶　40, 71, 80, 89, 108, **121**, 176, 213, 258, 327, 334, 355, 356, 369, 419, 489, 518, 526, 535, 551, 566, 586, 595, 606, 607, 611, 612, 629
記憶術　294, 295, 394, 708
機会均等　165, 210, 238, 239, 369, 378, 434, 487, 591, 645, 646, 654, 687, 732
機械的自然観　394

機械論　77, 115, 126, 213, 243, 358, 520, 555, 622, 623, 641, 727
危機　76, 87, 94, 101, 110, 147, 158, 172, 175, 192, 236, 247, 255, 281, 301, 326, 335, 340, 365, 367, 385, 415, 422, 436, 437, 439, 493, 496, 502, 509, 548, 561, 564, 613, 647, 648, 665, 697, 698, 714, 729, 745, 756, 773, 780, 781, 797, 800
危機意識　29, 129, 299, 305, 372, 382, 400, 567, 646, 712, 748, 807
キケロ主義　466
記号　7, 12, 42, 115, **123**, 168, 196, 265, 275, 277, 295, 328, 334, 365, 424, 476, 504, 530, 536, 548, 558, 571, 590, 606, 640, 644, 707, 712, 722, 749, 788, 791
記号学　36, 123, 750
記号内容　36, 123, 124
記号表現　36, 123, 124
記号論　12, 36, 115, 123, 265, 295, 504, 571, 708
記号論理学　365, 788
儀式化　5, 57
擬似種族化　5
疑似体験　348
気質　61, 119, 225, 404, 406, 608, 609, 822
寄宿学校　85, 620, 678, 715
技術・技能　**125**
記述的教育学　142, 145
技術論争　125, 126, 128
基礎陶冶　144, 240, 700, 702
規定の判断力　632
帰納　69, 71, 130, 152, 170, 194, 213, 217, 388, 514, 536, 604, 611, 720, 794
機能構造主義　359, 810, 811
機能主義　8, 78, 189, 197, 242, 284, 292, 302, 341, 359, 379, 382, 479, 520, 561, 584, 587, 767, 811
帰納と演繹　**130**
帰納法　217, 388, 514, 536
規範　**131**
規範科学　133, 164
規範的教育学　133, 146, 284
希望　368, 444, 472, 504, 506, 619, 620, 659, 710, 728, 729, 745, 770, 784, 823
義務　118, **133**, 177, 178, 181, 235, 238, 254, 259, 272, 284, 286, 288, 315, 321, 368, 369, 386, 412, 416, 442, 454, 455, 456, 485, 490, 495, 496, 497, 546, 578, 589, 594, 645, 650, 664, 670, 742, 761, 776, 782, 802, 808, 809
義務教育　47, 94, **133**, 158, 201, 202, 232, 239, 336, 346, 355, 421, 438, 452, 591, 661, 664, 694, 709, 772

義務教育制度　136, 230, 289, 326, 531
義務制　238, 321, 490, 661
義務論　136, 284, 578
逆転移　682, 683
客観性　46, 47, 132, 348, 356, 357, 367, 494, 641,
　792, 803, 819, 830
客観テスト　356, 357, 641
キャリア教育　**137**
旧 教 育　371, 451, 452, 513, 562, 573, 580, 652,
　664, 665
ギュムナスティケー　464, 485, 519
教育　**138**
教育愛　3, 194, 209, 210, 492
教育委員会　93, 98, 290, 298, 335, 378, 419, 594,
　742
教 育 改 革　17, 34, 48, 75, 76, 83, 103, 106, 107,
　128, 129, 134, 165, 166, 167, 191, 192, 210, 211,
　212, 245, 264, 290, 306, 312, 316, 369, 370, 371,
　387, 418, 421, 431, 451, 454, 464, 474, 486, 498,
　506, 539, 548, 553, 558, 563, 565, 578, 587, 591,
　617, 619, 660, 672, 675, 691, 696, 720, 742, 743,
　744, 745, 746, 756, 778, 779, 800, 809, 811
教育概念　34, 44, 58, 139, 140, 159, 195, 233, 250,
　251, 262, 584, 585, 618, 640, 661, 699, 776, 791,
　809
教育科学　133, 139, **141**, 160, 169, 198, 244, 252,
　309, 366, 372, 389, 401, 414, 456, 498, 499, 617,
　669, 672, 673, 703, 762, 780
教育科学運動　17, 128, 143
教育科学研究会　45, 100, 129, 143, 506, 831
教育科学理論　144, 173
教育科学論争　147
教育学　**144**, 162
教 育 課 程　24, 31, 32, 33, 44, 83, 105, 155, 200,
　201, 229, 246, 318, 366, 587, 593, 614
教育可能性　34, 35, **147**, 238, 310, 324, 360, 423,
　533, 743
教育関係　112, 115, 150, **152**, 158, 164, 181, 184,
　191, 203, 262, 273, 274, 283, 319, 332, 372, 373,
　528, 546, 547, 553, 631, 652, 658, 681, 682, 706,
　721, 736, 766, 769, 777, 779, 780, 811
教育慣行　173, 577
教育議　35, 672, 755
教育機会　148, 149, 165, 183, 290, 340, 378, 452,
　645, 658, 740
教育技術　143, 150, 329, 423, 716, 811
教育議附議　755
教育基本法　**154**, 209
教育行政学　144, 147, 460

教育議論争　755
教育空間　110, 361, 375, 376, 384, 805
教育計画　111, **155**, 201, 236, 304, 335, 336, 492,
　665, 678, 697, 748, 778, 818, 819
教育経済学　143, 196, 236, 339
教 育 権 ・学 習 権　**157**, 178, 424, 456, 459, 506,
　547
教育工学　36, 144, 147, 150, 164, 168, 187, 358,
　606
教育裁判　157, 158
教育作用　114, 118, 119, 153, 172, 206, 252, 374,
　400, 450, 552, 585, 734, 791
教育システム　17, 104, 112, 157, 193, 197, 200,
　221, 235, 236, 238, 350, 353, 356, 358, 359, 387,
　388, 429, 440, 452, 502, 521, 526, 545, 727, 732,
　741, 803, 811, 814, 815
教育思想　**159**
教育思想史　6, 28, 55, 62, 70, 84, 100, 106, 160,
　161, 162, 163, 166, 189, 196, 202, 209, 216, 224,
　310, 323, 334, 344, 355, 360, 375, 383, 384, 398,
　405, 435, 436, 460, 506, 523, 525, 527, 545, 558,
　567, 568, 569, 576, 618, 654, 663, 703, 754
教育実践　82, 100, 108, 116, 143, 146, 147, 148,
　149, 150, **162**, 166, 172, 195, 197, 199, 204, 210,
　219, 231, 242, 246, 270, 274, 299, 312, 331, 343,
　346, 366, 376, 409, 418, 423, 445, 446, 453, 472,
　492, 500, 504, 528
教育社会学　44, 46, 47, 75, 94, 104, 143, 144, 147,
　164, 193, 196, 197, 200, 341, 342, 374, 389, 417,
　444, 460, 577, 630, 651, 710, 744, 803
教育小説　186, 654
教育心理学　35, 41, 143, 144, 147, **166**, 195, 200,
　304, 319, 426, 448, 613, 628, 671, 774
教育人類学　143, 173, 196, 766
教 育 政 策　35, 45, 200, 211, 213, 224, 232, 305,
　321, 339, 360, 371, 422, 434, 445, 446, 463, 533,
　553, 563, 577, 591, 612, 656, 672, 691, 740, 748,
　787, 792
教 育 制 度　52, 56, 85, 94, 98, 100, 102, 134, 136,
　139, 147, 157, 164, 166, 172, 178, 188, 192, 194,
　201, 202, 213, 214, 230, 235, 249, 252, 256, 286,
　287, 289, 313, 317, 320, 326, 336, 339, 349, 354,
　362, 396, 423, 432, 433, 437, 438, 461, 471, 483,
　490, 492, 520, 522, 531, 546, 548, 563, 568, 574,
　585, 591, 629, 636, 672, 691, 694, 695, 697
教育測定運動　82, 636, 641
教育組織　577, 783
教 育 勅 語　35, 154, 224, 347, 406, 530, 574, 575,
　656, 657, 747, 756, 761, 784

事項索引　　849

教育的教授　　25, 140, 185, 214, 284
教育的事実研究　　145
教育的状況　　556, 790
教育的タクト　　214, 262, 633, 708, 709
教育的配慮　　151, 152, 349, 807
教育哲学　　133, 137, 138, 143, 144, 147, 160, 161,
　　162, 163, **169**, 176, 189, 196, 198, 200, 203, 216,
　　219, 224, 230, 234, 260, 309, 364
教育伝達　　278, 342, 361, 384, 630, 632
教育統計学　　460
教育投資　　155, 235, 236, 460
教育投資論　　235, 236
教育人間学　　148, 150, 152, 171, **173**, 198, 200,
　　224, 368, 373, 671, 728, 730, 790
教育の空洞化　　577
教育の現象学　　789
教育の自由　　143, 157, 158, 159, **176**, 336, 337,
　　440
教育の世紀　　345, 378, 614
教育の世俗化　　552, 553, 567
教育の多様化　　33, 354, 544, 545
教育の中立性　　**178**, 191, 193, 396, 824
教育の民主化　　544
教育のユニバーサル化　　545
教育の歴史人類学　　552
教育万能論　　58, 148, 149, 151, 470
教育評価と教育測定　　**180**
教育病理　　166, 193, 803
教育法　　26, 32, 57, 71, 72, 96, 115, 134, 168, **181**,
　　195, 209, 233, 276, 287, 295, 313, 345, 346, 354,
　　375, 407, 423, 434, 468, 503, 523, 524, 546, 547,
　　550, 587, 591, 635, 661, 691, 694, 711, 712, 717,
　　765
教育法, 1902 年の　　591
教育法, 1944 年の　　591
教育方法　　10, 52, 68, 82, 105, 108, 110, 133, 143,
　　144, 147, 156, 164, **184**, 191, 195, 203, 204, 217,
　　218, 225, 235, 238, 264, 267, 285, 291, 295, 302,
　　303, 310, 318, 319, 331, 357, 361, 363, 405, 409,
　　414, 417, 451, 465, 473, 519, 523, 529, 603, 607,
　　619, 636, 639, 642, 653, 665, 704, 706, 724, 754,
　　765, 766, 792, 805, 806, 807, 816, 829
教育メディア　　206, 461
教育目的　　10, 24, 25, 28, 102, 131, 133, 164, 172,
　　185, 186, **187**, 196, 197, 201, 214, 244, 259, 264,
　　311, 346, 353, 371, 395, 404, 519, 546, 556, 577,
　　642, 671, 761
教育目的論　　172, 185, 186, 188, 189, 190, 404
教育目標　　59, 101, 103, 155, 180, 181, 187, 208,

316, 418, 434, 533, 576, 578, 617, 642, 649, 699,
　　727, 740, 762
教育問題　　17, 142, 164, 166, 167, 170, 172, 173,
　　178, **191**, 200, 255, 280, 363, 371, 421, 437, 440,
　　453, 506, 527, 532, 690, 709, 732, 750, 755, 759,
　　784, 788, 830, 831
教育理論　　14, 24, 47, 54, 120, 140, 144, 146, 147,
　　150, 151, 153, 162, 166, 169, 172, 187, **193**, 221,
　　230, 231, 234, 238, 244, 245, 247, 254, 265, 303,
　　309, 318, 329, 353, 360, 363, 374, 375, 390, 432,
　　434, 451, 472, 531, 538, 580, 611, 617, 637, 688
教育令　　94, 134, 136, 524, 661, 717
教育を受ける権利　　177, 286, 325, 337, 424, 458,
　　742, 784
教員養成　　35, 129, 164, 166, **199**, 234, 305, 370,
　　416, 498, 568, 599, 671, 672, 706, 721, 773, 779
教科　　**200**
教化　　75, 76, 140, 177, 179, **202**, 250, 345, 403,
　　592, 658, 662, 684, 696, 748, 776, 784
教学聖旨　　755
教科指導　　250, 420
教科書　　**205**
共感　　220, 221, 240, 256, 376, 413, 564, 576, 594,
　　708, 728, 764, 821
共感的理解　　74, 794
狂気　　233, 234, 349, 412, 570, 600, 650, 651, 823
競技教育　　486
教義問答　　395, 554, 816
教材・教具　　**207**
教師　　**209**
行事　　203, 251, 301, 361, 373, 385, 479
教室　　88, 92, 94, 97, 98, 614, 655, 664, 710
教授　　120, **212**
教授・学習過程　　76
教授学　　47, 48, 50, 62, 63, 92, 103, 105, 134, 140,
　　143, 144, 184, 185, 187, 208, 214, **216**, 245, 257,
　　258, 261, 311, 327, 331, 332, 333, 334, 363, 409,
　　467, 536, 537, 550, 553, 607, 629, 640, 659, 661,
　　672, 697, 702, 725, 778, 779, 811
教授内容　　208, 217, 218, 225
教授法　　18, 47, 63, 90, 98, 122, 134, 137, 185, 203,
　　206, 213, 214, 215, 216, 231, 233, 235, 250, 275,
　　295, 331, 345, 346, 395, 436, 452, 528, 530, 540,
　　553, 591, 593, 594, 619, 620, 629, 631, 695, 700,
　　702, 708, 779, 786
教授理論　　108, 110, 167, 168, 187, 213, 214, 216,
　　334, 402, 550, 553, 629, 673, 709, 757
共生　　**218**
矯正　　23, **219**, 233, 426, 437, 524, 557

850　　事項索引

業　績　7, 16, 17, 41, 56, 100, 101, 122, 128, 148, 173, 210, 248, 297, 335, 347, 429, 448, 514, 517, 531, 558, 587, 604, 612, 646, 653, 673, 708, 735, 786

競争　11, 17, 54, 60, 88, 92, 94, 101, 102, 149, 178, 192, 211, **219**, 235, 236, 237, 238, 299, 320, 356, 371, 386, 402, 408, 413, 420, 428, 429, 442, 447, 452, 463, 485, 487, 502, 506, 523, 527, 545, 577, 579, 612, 642, 674, 694, 697, 732, 757, 798, 800, 821

共通感覚　214, 349, 417, 633, 638

共同性　3, 8, 54, 129, 222, 253, 280, 354, 511, 584, 736, 767, 769

共同体　**222**

共同体主義　155, 223, 249, 398, 584

郷土科　416

京都学派　223

恐　怖　59, 106, 119, 266, 267, 335, 349, 461, 463, 469, 482, 527, 597, 647, 648, 693, 783, 823, 824

教父学　796

興味　43, 48, 54, 65, 102, 104, 121, 169, 176, 185, 186, 187, 203, 207, 213, **224**, 235, 267, 285, 345, 360, 375, 390, 402, 414, 431, 449, 451, 452, 453, 470, 473, 478, 483, 492, 493, 508, 531, 579, 587, 633, 664, 665, 708, 734, 752, 758, 768, 807, 822

教養　**226**, 652, 659, 660, 661, 663, 669, 672, 673, 674, 684, 692, 695, 699, 702, 714, 745, 746, 761, 768, 782, 786

教養市民層　227, 467, 468, 585

教養小説　7, 227, 269, 585, 714

教養俗物　227, 269, 601

教理問答書　345, 489, 629, 799, 809

虚栄心　220, 221, 392, 694

キリスト教　2, 7, 10, 24, 25, 26, 50, 54, 91, 102, 105, 116, 135, 183, 220, 226, **229**, 230, 231, 232, 233, 243, 244, 256, 266, 267, 268, 314, 324, 330, 332, 348, 359, 367, 395, 409, 411, 412, 414, 418, 428, 432, 435, 437, 441, 444, 447, 463, 465, 470, 486, 510, 512, 536, 542, 545, 574, 592, 594, 599, 601, 614, 624, 645, 651, 653, 657, 659, 660, 676, 696, 698, 704, 722, 741, 761, 764, 772, 775, 801, 808, 820

キリスト教学校兄弟会　220, 428

規律・訓練　221, **231**, 250, 251, 252, 279, 299, 412, 429, 464, 651, 711

規律化　220, 232, 233, 253, 439, 502, 503, 711

規律的権力　527

儀礼　12, 64, 92, 231, 252, 253, 348, 349, 362, 395, 396, 398, 400, 478, 479, 482, 496, 497, 498, 504, 527, 551, 552, 610, 611, 662, 715, 716, 817

儀礼空間　552

近代　199, 218

近代化　**235**

近代科学　3, 28, 33, 110, 195, 213, 214, 281, 295, 344, 393, 537, 581, 622, 627, 635, 706, 709, 739, 749, 797

近代家族　49, 65, 83, 84, 85, 321, 324, 436, 455, 502, 547, 715

近代学校　11, 40, 41, 85, 88, 94, 152, 194, 219, 221, 275, 276, 296, 363, 404, 420, 439, 440, 452, 490, 501, 507, 525, 546, 548, 770

近代教育　19, 20, 35, 50, **236**, 273, 352, 414, 423, 505

近代教育学　19, 25, 34, 144, 150, 151, 152, 166, 199, 215, 232, 267, 275, 276, 352, 417, 419, 506, 565, 588, 617, 628, 640, 649, 723, 771

近代教育思想　57, 85, 107, 109, 116, 160, 161, 162, 209, 218, 224, 239, 253, 275, 308, 309, 414, 436, 506, 536, 565, 601, 693, 700, 703, 772, 798

近代教育制度　761

近代教科　201, 202, 238, 544

近代公教育　101, 106, 178, 179, 238, 268, 354, 542, 645

近代合理主義　25, 294, 309, 318

近代国家　139, 157, 176, 206, 209, 232, 282, 304, 305, 321, 339, 354, 399, 436, 455, 458, 502, 507, 508, 525, 531, 559, 574, 596, 658, 685, 696, 731

近代市民社会　29, 106, 107, 139, 157, 250, 286, 378, 442, 460, 581, 701, 818

近代人　19, 20, 84, 237, 376, 395, 441, 588, 653, 693

近代体操　346

近代地理学　346

近代的子ども観　427, 505

近代的自我　4, 353, 802, 807

近代的なもの　61, 543

近代法　182, 455, 776

近代問題　798

吟　味　22, 40, 41, 86, 88, 89, 157, 158, 170, 171, 173, 194, 203, 204, 212, 214, 215, 228, 322, 341, 356, 434, 435, 441, 514, 515, 516, 616, 617, 632, 764, 787, 813

勤務評定　158, 251

クインシー運動　472

空間　84, 90, 97, 98, 110, 111, 117, 139, 152, 216, 220, 233, **241**, 248, 253, 257, 261, 274, 277, 281, 314, 361, 373, 375, 383, 384, 464, 485, 494, 527, 531, 548, 588, 612, 631, 696, 707, 719, 729, 753,

771, 805, 807

偶然　**243**, 645

空想的社会主義　58, 110, 111, 385

偶発性　449

クライエント　73, 74, 381, 820, 821

クラス　→学級　89

グランド・ツアー　746

グローバリズム　697

グローバリゼーション　**248**, 369

訓育　47, 140, 179, 185, **249**, 363, 581, 584, 593, 734, 735, 762, 776, 786, 823

訓育的教授　→教育的教授　250

訓戒　251, 368, 809

軍国主義　251, 262, 301, 504, 524, 597, 598, 727, 768

訓練　**252**

ケア（ケアリング）　29, **253**

慶應義塾　528, 593, 655, 812, 829

経験　**257**

経験科学　11, 67, 104, 133, 164, 167, 170, 245, 308, 388, 414, 549, 606, 624, 729, 762

経験科学的教育学　146, 617

経験カリキュラム　103, 104

敬虔主義　116, 136, 231, 418, 432, 467, 585, 670, 680, 701

経験主義　34, 45, 48, 117, 257, 258, 260, 308, 318, 359, 394, 465, 472, 474, 475, 550, 632, 664

経験的教育学　142, 145

経験的合理主義　72

経験の再構成　259, 317, 394, 550

経験論　79, 80, 131, 196, 234, 258, 259, 260, 261, 266, 275, 308, 310, 315, 324, 334, 352, 364, 365, 375, 470, 536, 537, 586, 639, 663, 664, 688, 788

稽古　194, **262**

経済決定論　564

経済審議会答申　156

経済人口学　460

計算　201, 221, 232, 275, 307, 315, 392, 430, 439, 461, 465, 488, 489, 606, 636, 653, 711, 795, 797, 801

形式一般に対する拒絶　596

形式陶冶　102, 108, 167, 578, 824, 825

芸術　9, 10, 11, 12, 16, 18, 21, 50, 57, 67, 99, 112, 113, 137, 138, 140, 228, 249, 262, 263, 264, 265, 269, 294, 295, 317, 322, 323, 359, 370, 372, 373, 394, 413, 414, 415, 417, 420, 440, 441, 452, 469, 477, 480, 499, 530, 555, 562, 570, 576, 580, 581, 598, 600, 616, 617, 618, 638, 639, 640, 643, 664, 668, 674, 685, 686, 687, 693, 714, 722, 729, 752,

753, 756, 773, 774, 789, 790, 791, 793, 798, 804, 805, 815, 826

芸術教育　16, 50, 112, 113, 264, 265, 295, 441, 477, 618, 639, 640, 774, 790, 791

芸術教育運動　50, 113, 264, 790

形成的評価　168, 642

形相　21, 440, 549, 622

KdF 運動　783

芸道　262, 263, 465

系統発生　370, 448, 518, 625, 627, 720

系譜学　198, 503, 621, 650, 651

啓明会　378, 614

啓蒙　**265**

啓蒙思想　148, 149, 177, 231, 257, 265, 266, 267, 312, 314, 324, 335, 336, 337, 350, 364, 442, 444, 445, 469, 470, 471, 489, 573, 581, 582, 604, 656, 669, 693, 701, 722, 744, 761, 800, 804

啓蒙主義　10, 33, 79, 81, 114, 117, 135, 136, 151, 201, 214, 238, 250, 251, 263, 269, 288, 294, 308, 310, 312, 313, 314, 320, 325, 335, 336, 346, 395, 426, 427, 432, 443, 467, 520, 537, 543, 573, 581, 582, 583, 584, 585, 619, 645, 654, 656, 657, 680, 691, 693, 698, 700, 701, 742, 807, 826, 827

啓蒙主義医学　426

血族　56, 64, 222, 323, 401, 580, 598, 610

結婚　65, 84, 85, 256, 370, 383, 435, 455, 459, 460, 461, 462, 496, 517, 521, 527, 551, 610, 611, 634, 675, 677, 737, 746, 761, 768, 788, 808, 820

結婚率　460

結晶学　676, 677

決定論　34, 35, 57, 58, 110, 166, 167, 168, 302, 316, 333, 341, 352, 449, 555, 564, 624, 625, 645, 649, 707, 720, 768, 776

ゲマインシャフト　222, 250, 251, 270, 298, 583, 684

権威　**273**

元型　773, 774, 791

言語　**274**

健康　**278**

健康教育　558, 823

言語学　8, 36, 41, 43, 44, 70, 80, 99, 108, 123, 125, 207, 279, 280, 293, 295, 340, 350, 367, 380, 382, 383, 479, 491, 499, 605, 606, 630, 691, 692, 729, 749, 827

言語教育　123, 275, 276, 587, 720, 732, 746

言語ゲーム　43, 44, 197, 277, 279, 280, 572, 723

言語行為論　38, 125, 277, **279**, 284, 285, 578, 616

言語コード理論　340, 630, 632

言語主義　70, 201, 213, 251, 275, 278, 542, 629

852　事項索引

言語論的転回　275, **280**, 380, 688, 759, 819
原罪　8, 9, 229, 230, 266, 324, 465, 466, 470, 525,
　623, 741, 802, 805, 823
現実態　22, 312, 313, 533, 560, 622, 643
現象学　36, 104, 142, 145, 171, 241, **281**, 295, 352,
　380, 464, 549, 584, 618, 753, 789, 801, 803, 812,
　830
検証可能性　194
原初的回帰行動　551
現世主義　266
言説編制　651
現代文化研究センター（CCCS）　784
現代法　182
権利　13, 38, 93, 132, 137, 158, 176, 177, 178, 181,
　182, 183, 211, 251, 254, 255, 256, 286, 287, 288,
　296, 297, 298, 304, 307, 314, 315, 325, 326, 336,
　337, 349, 350, 368, 369, 371, 378, 391, 392, 397,
　402, 411, 422, 423, 424, 428, 434, 435, 437, 454,
　455, 456, 457, 458, 459, 487, 496, 505, 525, 526,
　584, 589, 597, 598, 602, 604, 644, 645, 654, 655,
　658, 699, 728, 733, 742, 761, 775, 776, 783, 784,
　800, 825
権力　**281**, 286, 287, 288, 289, 296, 298, 299, 300
権力関係　37, 195, 282, 283, 296, 326, 382, 443,
　491, 650, 651, 654, 731, 819
言論の自由　177, 746
孝　5, 17, 18, 57, 105, 118, 120, 133, 137, 143, 165,
　231, 236, 260, 278, 279, 304, 330, 358, 359, 364,
　384, 398, 400, 405, 406, 423, 426, 443, 454, 500,
　522, 528, 547, 556, 574, 588, 595, 599, 629, 643,
　709, 712, 716, 717, 730, 755, 784, 791, 811, 813
好意　28, 78, 221, 474, 549, 564, 701, 798
行為　**283**, 295
行為研究　171
好奇心　115, 225, **285**, 375, 579, 758, 789
講義法　407
公教育　**286**
公教育制度　48, 52, 85, 100, 157, 166, 178, 249,
　252, 286, 289, 336, 337, 349, 354, 423, 438, 471,
　483, 492, 563, 629
公教育論　268, 335, 568
公共性（教育における）　23, 84, 155, 190, 288,
　289, 316, 321, 349, 354, 355, 528, 633, 719
考古学　198, 383, 650, 651
皇国史観　479, 761
講座派マルクス主義　505, 506, 574
講釈（受講）　27, 61
構成主義　293, 302, 815
構成心理学　293

後成説　622, 623, 624
構造―機能主義　292
構造主義　67, 115, **292**, 320, 339, 340, 342, 351,
　359, 367, 380, 382, 409, 479, 482, 500, 504, 505,
　578, 583, 621, 640, 650, 722, 739, 749, 810, 811
構想力・想像力　265, **294**, 480
校則　**296**, 507
構築主義　169, 193, 280, 281, 380, 381, 491, 561,
　565, 627, 759, 760
交通形態　399
高等教育　13, 27, 31, 32, 33, 34, 35, 76, 91, 92, 94,
　99, 106, 131, 156, 164, 165, 185, 226, 227, 249,
　268, **300**, 346, 347, 403, 434, 435, 437, 452, 466,
　467, 468, 522, 523, 539, 542, 543, 545, 566, 599,
　628, 654, 661, 668, 674, 676, 742, 761, 820
高等師範学校（エコール・ノルマル）　18, 565
行動主義　25, 78, 81, 101, 168, 171, 196, **301**, 365,
　366, 425, 426, 578, 579, 605, 606, 625, 673, 736,
　778
行動様式　132, 138, 231, 252, 276, 282, 296, 316,
　360, 361, 379, 393, 399, 487, 551, 631, 633, 639,
　692, 693, 735, 783
校内暴力　183, 192, 296, 453, 506, 718, 803
後発国　94, 235, 471, 647
幸福　9, 16, 18, 22, 25, 53, 58, 59, 60, 139, 190,
　237, 266, 272, 288, 305, 306, 307, 325, 336, 345,
　346, 350, 392, 394, 397, 470, 471, 481, 482, 484,
　494, 515, 581, 583, 598, 619, 645, 648, 657, 658,
　686, 693, 702, 710, 711, 788, 806, 807, 822
公民教育　100, 179, 180, 271, 272, 289, **304**, 369,
　433, 558, 720, 798, 799
公民教育論　272, 305
合目的性　118, 633
功利主義　51, 58, 59, 102, 264, 284, **306**, 312, 364,
　366, 408, 429, 484, 493, 566, 581, 604, 645, 671,
　711, 712, 742, 744, 745
合理主義・非合理主義　**307**, 396, 691
功利性　227, 343, 346, 657
合理性　15, 100, 129, 157, 191, 232, 284, 315, 328,
　407, 442, 582, 583, 597, 616, 617, 690, 707, 797
効率化　167, 187, 235, 289, 387, 410, 625
合理論　18, 79, 80, 117, 130, 131, 133, 188, 266,
　308, **310**, 365, 366, 449, 536, 664
コード　14, 37, 52, 104, 105, 123, 124, 199, 328,
　339, 340, 359, 399, 488, 508, 552, 572, 586, 630,
　631, 632, 721, 750, 751, 811
コギト　310, 409
国学　83, 180, 212, 338, 345, 732, 754, 755
国際化　191, 239, 354, 371, 507

事項索引　853

国際新教育連盟　697
国際法　182, 183, 457, 697
告白　6, 7, 395, 411, 412, 650, 651, 694, 804, 805
黒板　90, 208, 751
国防教育法　168
国民　24, 49, 51
国民教育　**312**
国民教育制度　94, 98, 136, 235, 237, 256, 287, 289, 313, 396, 520, 574, 694, 697, 702, 748
国民教育論　47, 268, 312, 313, 336, 505, 553, 594, 650, 748, 800
国民高等学校　255
国民国家　85, 182, 222, 237, 268, 275, 287, 289, 290, 305, 312, 313, 319, 320, 321, 438, 471, 522, 575, 581, 597, 646, 731, 747, 748, 799
国民所得倍増計画　156
国民統合　49, 179, 238, 319, 404, 438, 495, 568, 685, 731
国民の教育権　158, 287, 288, 321, 440, 505, 506, 574
子殺し　65, 461, 717
孤児院　26, 389, 427, 571, 678, 700, 702
五常の徳　405
個人　314
個人差　82, 119, 166, 167, 187, 213, 238, 470, 540, 541, 611, 612, 625
個人主義　**314**
個人的教育学　389, 450
個人的知識　318, 319, 550
コスモポリタニズム　222, 249, 267, 268, 369
コスモロジー　803, 817
個性　3, 18, 27, 45, 51, 54, 61, 90, 94, 98, 125, 129, 172, 177, 180, 192, 214, 238, 260, 264, 269, 291, 297, 298, 299, 305, **316**, 348, 361, 369, 379, 390, 396, 397, 406, 407, 418, 422, 433, 436, 451, 466, 472, 473, 475, 476, 487, 516, 523, 550, 585, 596, 618, 625, 631, 665, 671, 723, 736, 745, 769, 773
悟性　24, 25, 29, 70, 108, 109, 122, 213, 218, 294, 295, 417, 548, 549, 575, 604, 633, 638, 668, 795, 796, 797, 802, 822, 824, 825
個性化　90, 129, 192, 214, 239, 371, 379, 422, 475, 487, 626, 773, 774, 820
個性教育　125, 316, 317, 318
子育て　19, 65, 115, 256, 382, 383, 384, 426, 460, 461, 525, 610, 706, 717, 718, 770, 776
個体　24, 34, 37, 38, 61, 72, 129, 138, 214, 237, 278, 316, 347, 427, 447, 448, 449, 511, 518, 622, 624, 627, 644, 720, 724, 760, 767, 831
古代・近代論争　468, 469

古代思想　608, 796
個体発生　427, 448, 518, 627, 720
五段階教授法　452, 530, 629
国家　**319**
国家権力　107, 132, 138, 157, 177, 178, 182, 251, 276, 287, 288, 289, 301, 397, 411, 419, 432, 457, 458, 560, 574, 706, 761
国家主義教育　23, 24, 505
国家主権　697
国家総動員体制　129
国家的教育学　530
国家の教育権　321, 506
国家有機体説　272
国家理性　697
国家論　272, 282, 320, 392, 482, 511, 649
骨相学　742, 743
古典　**322**, 355, 364, 375, 384, 392
古典教育　123, 502, 542, 543, 544, 545
古典教養　202, 502, 542, 746
古典語　76, 102, 104, 200, 267, 275, 322, 375, 464, 466, 467, 544, 593, 600, 691, 712, 745, 763, 798
古典主義　268, 269, 440, 622, 623, 628, 640, 650, 722, 826
古典的教養　291, 578
古典的条件づけ　425
言葉遣い　140, 361, 362, 507, 508
子ども　**323**, 458
子ども観　10, 19, 24, 84, 239, 297, 298, 324, 325, 326, 383, 384, 424, 426, 427, 460, 505, 524, 781, 807, 831
子ども期　19, 384, 426, 492, 496, 608, 609, 625
子ども組　361, 362
子どもの家　634, 719, 765, 766
子どもの観念　627
子どもの規範化　627
子どもの権利　158, 182, 297, 325, 326, 371, 423, 458, 505, 525, 733
子どもの権利条約　158, 182, 297, 423, 458, 733
子どもの人間学　175, 789, 790
子どもの発見　157, 324, 326, 335, 807
諺　362, 363, 715
個別化　25, 187, 237, 282, 308, 387, 388, 545, 648, 692, 797, 798
コペルニクス的転回　117, 370, 451, 562, 664, 670
コミュニケーション　12, 42, 69, 124, 143, 192, 196, 240, 275, 278, 280, 283, **326**, 344, 399, 429, 432, 490, 497, 507, 536, 555, 565, 578, 584, 634, 640, 669, 723, 751, 752, 810, 811

854　事項索引

コミュニケーション的行為　154, 277, 284, 328, 329, 576, 616
コミュニケーション理論　171, 329, 571, 572, 750
コミュニケーション論　9, 176, 196, 279, 326, 327, 328, 329, 330, 616, 664, 668
コミュニティ　110, 111, 156, 168, 223, 249, 311, 343, 369, 371, 474, 475, 487, 563, 602, 627
コミュニティ・スクール　156
コムソモール　487
コモン・スクール　93, 742
語用論　36, 279
五倫　405, 530
コレージュ・ド・フランス　481, 650, 674, 704, 753, 830
コレクティヴィズム　564
根源悪　9, 117
コンピテンス　194, 726
コンピュータ　51, 96, 168, 187, 208, 215, 238, 303, 358, 429, 430, 431, 432, 490, 497, 604, 605, 606, 607, 751
コンピュータ・ゲーム　51, 497
コンプレックス　48, 246, 499, 500, 586, 681, 682, 773, 774, 821
コンプレックス・システム　48, 246

サ 行

才　6, 58, 61, 93, 140, 166, 264, 268, 291, 331, 335, 336, 394, 401, 403, 417, 433, 452, 487, 540, 542, 548, 554, 555, 559, 570, 571, 577, 580, 645, 674, 745, 754
差異化　83, 198, 220, 274, 487, 498, 530, 545, 722, 814
祭儀　291, 610
サイクル　5, 56, 57, 151, 382, 383, 384, 438, 468, 492, 497, 608, 641, 774
サイコヒストリー　381, 382
再 生　2, 14, 15, 30, 41, 46, 54, 68, 94, 104, 125, 150, 158, 165, 166, 191, 197, 203, 239, 255, 276, 281, 283, 289, 290, 294, 295, 309, 320, 324, 338, 351, 380, 386, 409, 411, 412, 424, 434, 435, 436, 439, 440, 443, 444, 462, 468, 474, 493, 502, 509, 543, 552, 564, 581, 611, 612, 613, 617, 630, 632, 637, 641, 646, 674, 687, 699, 709, 710, 741, 743, 744, 749, 768, 791, 812, 818, 819
再生産論　94, 158, 283, 290, 294, **338**, 443, 444, 613, 637, 646, 674, 687, 741, 744, 768, 818, 819
罪責感　801, 802
最大多数の最大幸福　306, 307, 581, 598, 645,

710
最適者生存　447
才 能　58, 93, 268, 291, 335, 336, 401, 433, 570, 577, 580, 645, 674, 745, 754
サイバネティックス　103, 328, 358, 429
祭礼　361, 485, 610
作業　**342**
作業学校　343
雑誌『教育』　129, 143, 798
差 別　2, 5, 39, 101, 169, 182, 183, 211, 218, 248, 313, 350, 351, 423, 434, 458, 459, 465, 474, 487, 529, 544, 551, 591, 627, 646, 654, 655, 709, 710, 718, 719, 732, 733, 789, 822
サマーヒル学園　115, 376
三月革命　679
産業革命　93, 227, 235, 286, 364, 377, 390, 437, 468, 485, 543, 582, 598, 694, 740, 771, 780, 783
産業型社会　484, 697
サンクション　131, 379, 583
産婆術（助産術）　291, 516, 534, 629
死　**347**
CAI　187, 208, 235, 303, 358
シェマ　239, 625, 634
ジェルジンスキー・コムーナ　734
ジェンダー　39, 165, 254, **350**, 381, 383, 434, 487, 491, 621, 655
ジェントルマン　485, 693
自 我　4, 328, **351**, 379, 417, 442, 444, 462, 465, 500, 575, 605, 624, 649, 664, 681, 707, 727, 760, 773, 802
私学　**354**
資格試験　356, 566
自我同一性　284, 382
時間　**355**
識 字　40, 182, 235, 277, 437, 443, 452, 580, 637, 675, 799
しきたり　398
私教育　84, 157, 321, 495, 719
刺激と反応　167, 302, 425, 606, 625
試験　82, 88, 92, 178, 181, 189, 222, 301, 303, **356**, 418, 527, 566, 641, 674, 721
自 己 意 識　54, 74, 348, 409, 427, 545, 624, 699, 767, 801
試行錯誤　79, 462, 713
志向論　284
自 己 活 動　24, 186, 214, 264, 309, 343, 346, 360, 374, 425, 451, 493, 533, 550, 553, 562, 585, 650, 691, 765, 776
自己教育　134, 150, 198, 348, 405, 420, 553, 601,

事項索引　855

676
自己形成　66, 148, 178, 227, 250, 269, 291, 404, 501, 559, 585, 681, 714, 726, 746, 789
自己実現　254, 353, 391, 683, 769, 773, 783, 817, 821
自己準拠　329, 358, 721, 811
自己信頼　51
死後生　348
自己創出　639, 716
自己中心的言語　42, 277
自己中心的思考　634
自己統治　14, 177, 350, 409, 581, 654, 721, 787
自己認識　7, 382, 529
自己表現　107, 113, 167, 264, 298, 343, 369, 370, 376, 510, 653, 664
自己保存　15, 77, 177, 237, 253, 308, 376, 392, 480, 482, 519, 581, 806
自殺　17, 240, 348, 569, 714
自恃　51, 317
死者儀礼　348
思春期　502, 608, 760, 789
四書五経　205, 405
システム　104, 109, 112, 125, 138, 141, 148, 190, 193, 196, 236, 237, 278, 294, 298, 309, 329, 333, 353, 358, 387, 428, 446, 508, 527, 584, 616, 716, 810
システム論　104, 125, 190, 197, 236, 330, **358**, 584, 810
私生活　19, 84
死生観　460
自然　237, 359, 802, 805, 819
自然科学　131, 143, 146, 201, 217, 227, 247, 269, 275, 301, 348, 359, 364, 399, 412, 449, 484, 518, 549, 556, 562, 582, 599, 604, 719
自然学　383, 480, 537, 609, 808
慈善学校　200, 407, 489
自然権　176, 251, 287, 349, 391, 397, 456, 483, 581
自然宗教　307
自然主義　318, **359**, 480, 520, 664
自然主義教育　346
自然選択　77, 447, 517, 557, 624
自然的教育　118, 186
自然淘汰　256
自然の理性化　25, 129
自然罰　360
自然法　122, 177, 182, 259, 267, 287, 359, 455, 650, 710
自然法則　46, 127, 131, 392, 449, 518, 570

思想　→教育思想
視聴覚教育　50, 108
実科　35, 43, 76, 102, 217, 238, 346, 432, 544, 589, 620, 705
実学　102, 201, 543, 549, 595, 656, 746, 755
実学主義　76, 107, 227, 467, 550, 691
実業教育　543, 592, 599
実業補習学校　35, 271, 416, 433
しつけ　251, 259, **360**, 384, 400, 461, 484, 584, 719
実験　**363**
実験科学　166
実験学校　142, 242, 363, 370, 414, 451, 493, 562, 599, 611, 633, 712, 789
実験教育学　17, 63, 145, 166, 363, 735, 784
実験主義　147, 234, 259, 363, 564, 664
実験心理学　82, 145, 166, 281, 363, 635, 673, 735
実在論　165, 194, 643, 788
実質陶冶　102, 167
実証科学　87, 145, 199, 469, 518, 624
実証主義　111, 131, 145, 165, 169, 182, 213, 245, 256, 269, 280, 324, 359, **364**, 382, 396, 415, 498, 556, 565, 582, 604, 616, 672, 688, 708
叱責　279, 327, 362, 631
実践知（フローネーシス）　28, 200, 535, 632
実存　**366**, 728
実存主義　9, 174, 198, 243, 292, 309, 328, 353, **366**, 545, 546, 582, 618, 619, 621, 648, 653, 730, 739
実存的交わり　768, 769
実存的教育学　368
実存哲学　170, 174, 352, 367, 416, 501, 529, 576, 653, 729, 768, 801
実物教授　59, 213, 238, 528
質問紙　167, 370, 612, 720
師弟関係　232, 262, 291, 384, 570
シティズンシップ　23, 138, 155, 223, 249, 290, **368**, 495
史的唯物論　126, 738, 801
児童学　12, 41, 734, 765
児童虐待　65, 325, 456, 820
児童研究　78, 129, 370, 448, 720
児童研究運動　11, 167, 186, 370, 448, 625, 720, 735
児童心理学　11, 41, 43, 186, 325, 445, 593, 634, 753, 830
児童中心主義　75, 81, 203, 214, 225, 244, 264, 274, 325, 353, **369**, 407, 436, 451, 452, 453, 474, 500, 562, 635, 664, 764, 778, 798

事項索引

児童の権利宣言　325
児童文化　**372**
児童労働　13, 135, 287, 386, 591, 780
死の飛躍（サルト・モルターレ）　701
自発性　52, 76, 81, 118, 167, 177, 244, 285, 291,
　299, 346, 371, **375**, 391, 398, 401, 418, 422, 425,
　436, 494, 508, 523, 533, 618, 620, 625, 671, 748,
　776
自発的同調　353
自発的な活動　203, 303, 369, 376, 579, 783
師範学校　17, 210, 528, 530, 742
師範教育　23, 63, 528, 553, 761, 762
指標　83, 124, 181, 321, 349, 357, 462, 541, 610,
　731, 799
死亡率　85, 324, 460, 461, 724
資本主義　45, 94, 148, 196, 248, 293, 312, 320,
　340, **377**, 385, 397, 447, 471, 563, 577, 581, 586,
　617, 646, 657, 668, 722, 738, 744, 784, 818
市民革命　235, 250, 266, 286, 290, 319, 364, 457,
　469, 543, 654, 658
市民社会　201, 253, 275, 287, 304, 391, 422, 494,
　510, 543, 576, 624, 680, 698, 711, 722, 801, 818,
　822
市民的自由　158, 176, 321, 628
社会化　163, 197, **378**, 630
社会科　420, 493
社会改造主義　474, 563
社会科学　32, 44, 63, 95, 111, 141, 171, 197, 247,
　275, 358, 474, 558, 685, 747, 759
社会科学高等研究院　19, 382, 569, 674
社会学　164, 194
社会規範　5, 133, 400, 443
社会教育　144, 153, 202, 244, 313, 361, 380, 388,
　389, 403, 422, 610, 613, 680, 762, 784, 785, 786
社会経済史　381, 382
社会契約　96, 188, 230, 320, 358, 391, 494, 581,
　597, 804, 805
社会言語学　630
社会構築主義　280, **380**, 491
社会史・心性史　19, 20, 41, 49, 65, 85, 101, 165,
　181, 326, 349, 357, **381**, 399, 427, 438, 440, 462,
　491, 498, 503, 527, 558, 610, 666, 716, 743, 792,
　813, 814
社会事業　25, 231, 592, 599, 658, 662, 675
社会システム　30, 112, 197, 329, 330, 358, 359,
　399, 459, 617, 810, 811
社会思想　55, 106, 160, 218, 385, 399, 446, 517,
　541, 684, 788
社会集団　55, 64, 131, 181, 191, 361, 379, 393,

398, 417, 442, 488, 572, 581
社会主義　160, 222, 235, 304, 378, **384**, 401, 471,
　479, 487, 511, 553, 560, 645, 653, 658, 732, 741,
　770
社会人口学　460
社会ダーウィニズム　360, 447, 697
社会秩序　75, 441, 447, 475, 489, 496, 563, 627,
　694, 706, 742, 751, 791
社会的教育学　25, 129, **388**, 530, 613, 785
社会的再構築　75
社会的事実　141, 146, 379, 399, 566
社会的分業　321, 818
社会統制　30, 100, 167, 353, 371, 378, 447, 474,
　558, 563, 629, 783, 792
社会福祉　591, 657
社会有機体　483, 697
社交性　60, 84, 360, **390**
シャリヴァリ　400, 551
自由　**391**
自由画教育　392, 451
就学　92, 97, 134, 155, 389, 437, 452, 503, 591
就学義務　93, 136, 272
自由学芸（リベラル・アーツ）　668
就学前教育　389, 680
自由学校　270, 376, 571, 602
自由学校共同体（ヴィッカースドルフ）　44,
　270, 571
習慣　**393**, 764
宗教　394, 400, 413
自由教育（リベラル・エデュケーション）　668
宗教意識　382
宗教改革　40, 55, 66, 89, 92, 97, 102, 105, 201,
　213, 230, 237, 286, 300, 342, 349, 391, 395, 441,
　466, 467, 488, 502, 525, 542, 645, 658, 697, 752,
　772, 799, 808
宗教教育　179, 201, 230, 231, 244, 276, **394**, 414,
　482, 553, 584, 629, 653, 799
宗教教育運動　230
宗教戦争　107, 697, 763
宗教的寛容　179, 266
集合的（普遍的）無意識　773, 774
集合表象　379, 381, 382
修辞学（レトリック）　6, 27, 33, 102, 201, 226,
　240, 400, 466, 521, 534, 539, 542, 638, 659
修辞学校　27, 28, 240, 534, 539
自由至上主義　→リバタリアニズム
自由主義　88, 155, 160, 223, 248, 312, 314, 336,
　391, **396**, 407, 442, 481, 523, 569, 573, 581, 602,
　613, 645, 654, 761, 788, 827

事項索引　857

自由主義的教育思想　450
重商主義　233, 313, 397, 432, 619
修 身　61, 233, 251, 292, 338, 420, 451, 479, 548,
　　583, 661, 784
自由人　115, 177, 226, 323, 391, 524, 659
習俗　132, 231, 361, 382, 383, **398**, 447, 470, 519,
　　551, 580, 610, 653, 715, 764, 770
習俗科学　399
集団遺伝学　448, 518
集団主義　168, 187, 251, 252, 388, **400**
集団道徳　133, 581
自由ドイツ青年大会　44
修道院　6, 43, 88, 97, 216, 241, 252, 300, 437, 488,
　　715
修道院学校　88, 808
自由七科　392
12 年報　742
自由放任主義　299, 335, 400, 447
終末論　468
修 養　76, 244, 347, **403**, 714, 754, 784
習律　132
自由恋愛論　255
儒学　27, 60, 71, 226, 292, 338, 344, 405, 595, 603,
　　754
主観性　132, 348, 551, 575
主観的精神　415, 686
修業　85, 194, 269, 465, 501, 551, 715
儒教　8, 61, 72, 202, 235, 290, 346, **405**, 435, 530,
　　548, 596, 656, 662, 755, 761, 784
授業　**407**
受験　102, 239, 250, 356, 371, 421, 460, 577
手工訓練　590
朱子学　61, 71, 405, 595, 603, 754
呪術　395, 426, 496, 582, 662
主人と奴隷の弁証法　537
主体　66, **409**, 651
主体化　178, 321, 411, 412, 651, 721
主体形成　62, 198, 250, 253, 347, 373, 405, 409,
　　411, 491, 599, 621, 675, 723, 777
主体性　3, 4, 57, 119, 129, 151, 189, 203, 214, 221,
　　229, 262, 294, 298, 328, 353, 367, 376, 394, 410,
　　503, 722, 748, 819
シュタイナー学校　249, 642
出産率　85
出生率　324, 460
ジュネーブ宣言　325
ジュフェルン教育法案　691
趣味　113, 214, 315, **416**, 484, 632, 638, 707, 792
受容美学　113

純粋教育科学　142, 146, 163
純粋理性　117, 258, 266, 549, 643
順応　557, 669, 744
唱歌　134
生涯学習　81, 164, 249, 316, 371, 422, 434
生涯学習社会　81, 440, 539
生涯教育　164, **419**, 434, 539, 599, 610, 817
障害児教育の思想　**423**
生涯発達心理学　626
状況的学習　424, 606, 736, 828
状況的認知論　590
消極教育　353, 693
条件づけ　303, **425**, 579
少子化　462, 531
常識　169, 417, 431, 503, 796
情操教育　114, 264, 395
象徴　→シンボル
象徴的暴力　125, 197
情緒主義　582
情動　114, 212, 294, 380, 621, 709, 720
小児医学　279, **426**, 461
承認　361, **427**, 496, 551, 669, 795, 823
賞罰　131, 222, 225, 251, 306, **428**, 527, 579
上品さ　692
情報　41, 326, **429**, 533, 751, 799
情報科学　429
情報化社会　3, 421, 430, 475, 497
情報処理能力　431
情報理論　326, 358, 429
召命　411
昭和研究会　129
職業教育　**432**, 563, 588, 661, 665
職業陶冶　272, 416, 671
植 民 地　218, 236, 400, 457, 486, 593, 598, 695,
　　731, 748
女子教育　231, 244, 347, **434**, 548, 599, 653, 726,
　　773, 784, 787
初等学校　93, 98, 313, 371, 591, 619, 678, 787
初等教育　35, 47, 63, 91, 106, 135, 155, 200, 210,
　　268, 325, 346, 416, **437**, 452, 542, 568, 645, 699,
　　761
自律性　9, 16, 151, 157, 172, 176, 211, 214, 221,
　　288, 298, 307, 314, 341, 352, 375, 392, 410, **441**,
　　450, 456, 494, 498, 670, 722, 798, 811
思慮（フロネーシス）　28, 118, 269, 535, 538,
　　632
試練　333, 551
人格　**444**
人格形成　85, 139, 234, 249, 409, 445, 721, 734

858　事項索引

進学率　102, 192, 356, 421, 503, 545, 642, 674

新学力観　82, 641

新学校　332, 451, 523, 593

進化論　11, 77, 90, 256, 352, 370, **446**, 470, 483, 517, 558, 562, 624, 663, 720, 756, 814

進化論的生物学　427

新カント派　25, 114, 223, 374, **449**, 566, 630, 784

新教育　225, 252, 264, 355, 370, 374, 407, **451**, 472, 500, 513, 530, 536, 563, 565, 571, 579, 593, 625, 637, 642, 652, 664, 702, 704, 713, 720, 758, 790, 816

新教育運動　111, 122, 140, 156, 167, 186, 215, 225, 238, 257, 264, 267, 270, 274, 285, 295, 309, 316, 325, 353, 369, 392, 448, 464, 492, 500, 531, 550, 562, 571, 602, 613, 635, 640, 653, 772, 807

親権　157, 177, **454**

人権　**456**

人権教育　458, 583

人権宣言　93, 423, 456

ジンゴイズム　697

信仰　468

人口　49, 93, 98, 143, 459, 610, 693, 697

新行動主義　303

人口動態　85, 323, 382, **459**, 610

真実在　1

新自由主義　248, 391, **462**, 560

心情　70, 118, 250, 349, 360, 376, 396, 523, 646, 701, 745, 755

新人文主義　28, 227, 263, 269, 272, 313, 343, 433, 441, 466, 521, 536, 584, 640, 660, 691

人生段階　362, 497, 608

人生の年齢段階　323

深層心理学　727

身体　39, 49, 54, 107, 113, 128, 148, 198, 209, 219, 231, 233, 241, 250, 252, 259, 267, 277, 284, 294, 302, 310, 348, 350, 352, 367, 380, 392, 393, 403, 409, 413, 424, **463**, 473, 485, 494, 519, 524, 527, 538, 546, 550, 551, 571, 586, 604, 621, 630, 753, 829

身体技法　363, 520, 551

身体教育　11, 519

身体的陶冶　702

身体論　286, 463, 487, 753

人智学　270, 412, 465

神道　27, 202, 345, 524, 575

神秘主義　13, 231, 308, 334, 365, 413, **465**, 585, 652, 713, 766, 772, 801

人文主義（ヒューマニズム）　76, 78, 92, 102, 106, 123, 201, 213, 227, 229, 240, 263, 269, 272,

310, 322, 343, 391, 415, 433, 441, 464, **466**, 481, 502, 521, 526, 536, 542, 550, 569, 584, 632, 640, 659, 691, 699, 752, 772

新ヘーゲル主義　561

進歩　75, 77, 79, 164, 201, **468**, 472, 771

進歩史観　288, 335, 355, 365, 469, 714

進歩思想　335, 364, 470

進歩主義　13, 100, 170, 203, 234, 365, 382, 602, 689, 722, 781

進歩主義教育　13, 51, 57, 113, 234, 247, 257, 261, 264, 304, 319, 366, **472**, 561, 564, 628, 664, 778

進歩主義教育協会　75, 370, 472, 563, 642, 665

進歩主義教育連盟　451

シンボリック相互作用論　171, 328, 762

シンボル　36, 99, 124, 171, 222, 284, 328, 359, **476**, 489, 664

人民戦線派　564

信頼性　357

真理　59, 66, 93, 199, 268, 293, 307, 364, 367, 527, 538, 569, 570, 600, 618, 704, 751, 763, 819

心理学　166

心理的統制　461

人倫　71, 106, 132, 133, 428, 510, 580, 581, 582, 699

人類　109

人類愛　1, 654

人類学　195, 222, 292, 350, 361, 367, 372, 378, 382, 399, 409, 462, 478, 499, 504, 509, 531, 551, 566, 606, 607, 611, 627, 634, 674, 685, 749, 765, 803, 814

神話　104, 279, 352, 431, 477, **478**, 488, 494, 572, 605, 622, 696, 722, 727, 773, 787, 795, 817, 827

神話学　99, 352, 383, 478, 504, 720

随意選題綴方　451

スイス革命　700

随年教法　72

水平化　367

水曜会　798

数・形・語　700, 702

崇高　**479**, 641

数理哲学　20, 787, 788

スキミントン　551

スコープス裁判　448

スコットランド啓蒙思想　744

スコットランド道徳哲学　410

スコラ的教育　769

スコラ哲学　107, 232, 258, 308, 334, 393, 481, 545, 801

スコレ　782, 818

事項索引　859

図像　19, 124, 558, 608, 668
スターリニズム　564
ストア派　123, **480**, 696
スピリチュアリティ　**482**, 728
スペクテータースポーツ　486
スポーツ　10, 13, 239, 299, 401, **484**, 520, 521, 784, 828
3R's　**488**
3S（screen, sex, sport）　487
生　348, 393, 406, 555
性　**490**, 654
西欧マルクス主義　512, 564, 668, 738
性格　59
性格教育　652, 789
性格形成　214, 394, 708
性格形成原理　58
性革命　490
生活　**492**
生活科　104, 108, 420, 493
生活技術　208, 360
生活教育　48, 251, 343, 506, 523, 579, 614, 700
生活訓練　211, 251, 765, 766
生活指導（生徒指導）　184
生活世界　197, 281, 438, 507, 538, 616, 636, 790
生活綴方　129, 251, 276, 614
生活適応運動　557
正義　52, 116, 255, 288, 311, 359, 393, 470, **494**, 530, 666, 695, 696, 718, 772
正規分布　642
性教育　789
政教分離　106, 230
生気論　623
整形外科（オーソペディクス）　427
成蹊実務学校　451
制限コード　104, 631
生‐権力　411, 491
性差　350, 362, 381, 434, 458, 487, 491, 605, 610, 627, 654
性差別　350, 351, 434, 458, 627, 654
生産学校　343
生産関係　14, 320, 738
生産力　129, 235, 247, 361, 377, 434, 738, 758
生産労働　342, 361, 734, 740
政治教育　16, 137, 305, 416, 495, 703, 799
誠実　272, 367, 616, 641
政治的社会化　138, 237, 495
政治哲学　23, 223, 280, 399, 496, 531, 578, 805
政治と教育　63, **495**, 656
成熟説　625, 778

青春期　608
聖書　6, 40, 54, 102, 106, 116, 230, 275, 293, 300, 307, 322, 447, 481, 488, 504, 509, 518, 525, 600, 623, 653, 659, 676, 746, 772, 793, 799, 808
正常／異常　557
成城小学校　62, 346, 451, 523
聖職者　92, 107, 217, 268, 392, 395, 423, 432, 435, 488, 542, 653, 719, 745
精神　463
成人（大人）　59, 71, **496**
精神科学　66, 103, 129, 133, 146, 171, 198, 245, 269, 275, 301, 309, 365, 412, 418, 451, 493, 498, 549, 555, 576, 613, 617, 671, 729, 793, 798
精神科学的教育学　67, 133, 146, 171, 245, 309, 414, 418, 451, 492, **498**, 555, 613, 617, 671, 729, 798
成人教育　31, 33, 111, 156, 389, 419, 421, 628, 652, 672, 772
成人式　496, 497
成人性　16, 671
精神薄弱児教育　335
精神発達　42, 552, 587, 760, 830
精神分析　4, 7, 12, 29, 56, 57, 85, 114, 115, 273, 274, 285, 293, 352, 367, 376, 382, 448, 479, 491, **499**, 586, 602, 621, 634, 647, 651, 669, 681, 720, 749, 757, 773, 778, 801, 821
生成・生成変化　**500**
生成文法　275, 279, 293
生存闘争　517, 518
成長　115, 622
成長過程　64, 115, 214, 502, 527, 551, 707, 708, 777
正当化　189
正統性　158, 206, 282, 320, 339, 483, 507, 733, 747
正統的周辺参加　158, 168, 424
制度化　38, 132, 242, 354, 687, 753
生得観念　108, 131, 258, 334, 824
生得観念説　334
生得説　626
聖と俗　551
青年　**501**
青年期　4, 57, 122, 231, 270, 332, 366, 380, 415, 497, 501, 608, 610, 624, 654, 660, 684, 715, 720, 746, 760
成年儀礼　496, 527
青年心理学　414, 501
生の哲学　153, 170, 219, 309, 352, 450, 465, 498, 501, 555, 728

生物学 77, 109, 148, 171, 218, 227, 257, 271, 273, 278, 279, 302, 316, 325, 351, 358, 364, 368, 378, 381, 383, 384, 389, 399, 427, 434, 446, 447, 448, 449, 460, 483, 484, 491, 500, 517, 519, 528, 550, 554, 555, 556, 608, 609, 610, 625, 633, 634

生物人口学 460

生命 1, 12, 77, 84, 171, 215, 228, 256, 288, 332, 347, 350, 420, 426, 440, 447, 455, 463, 484, 502, 513, 515, 556, 597, 604, 704

生理学 109, 121, 143, 195, 227, 271, 302, 358, 423, 502, 587, 604, 608, 635, 681, 719, 753, 830

生理学的心理学 561

世界観 77, 100, 160, 189, 215, 243, 246, 250, 263, 269, 276, 338, 352, 359, 378, 392, 405, 412, 441, 448, 466

世界システム論 236

世界精神 469

世界内存在 546, 790

世界レジャー・レクリエーション協会 783

責任 29, 134

石門心学 26, 406

世俗主義 266

世俗性 238, 349

世代関係 152, 362, 383, 610, 714

絶対王政 319, 397, 494, 525

絶対主義 54, 134, 237, 300, 312, 336, 345, 455, 467, 619, 640, 691, 697, 705

絶対主義国家 49, 230, 286, 319, 347, 411, 620, 697

絶対精神 510, 562, 576, 698

絶対評価 642

説明理論 195

セツルメント 13, 658

説話 419, 478, **503**, 504

善 9, 581, 801

先験的主体 625

戦後教育 100, 165, 224, 471, 495, 496, 505, 574, 649, 770, 820

戦後教育学 **505**

全国徒弟法 590

潜在意識 379, 383

潜在的カリキュラム（隠れたカリキュラム，ヒデュン・カリキュラム） 96, 101, 104, 204, 215, 342, 434, 443, **506**, 637, 768

漸進主義 449

漸進説 518

占星術 609

前成説 622

先入見 66, 67, 86, 566, 794, 795

善のイデア 263, 410, 495, 535, 667, 668

選抜制度 591

選別機能 236, 577

全面発達 246, 247, 740, 741

専門教育 31, 392, 432, 435, 521, 539, 568

専門職 33, 38, 166, 177, 193, 210, 226, 228, 356, 522, 563, 568, 591

前理解 284, 349

宋学 291

早期教育 54, 72, 673, 745, 780, 789

想起説 78, 534, 535

総合科目 32, 104

総合技術教育（ポリテフニズム） 247, 740

相互行為 29, 30, 148, 150, 152, 213, 215, 277, 279, 283, 329, 344, 616, 629, 671, 725, 762

相互了解 450

操作性 150, 151, 349

創造性 10, 262, 264, 394, 430, 475, 477, 508, 611, 612, 618, 665, 723, 750

創造説 447, 448

創造的進化 393, 704

想像力 10, 18, 52, 265, 294, 348, 480, 549, 555, 720, 745, 766, 792, 804

相対主義 45, 68, 133, 219, 415, 476, 531, 582, 601, 686, 687, 820

相対的自律性 153, 172, 498, 798

相対評価 641, 642

壮年期 513, 608, 684

贈与（としての教育） **509**

疎外 27, 192, 442, 458, 466, **509**, 699

ソクラテス的教育 769

ソクラテス問題 513

祖国愛 268, 305, 650

ソビエト 142, 147, 168, 185, 235, 247, 250, 251, 387, 388, 401, 402, 407, 504, 553, 564, 647, 673, 734, 739

ソビエト教育学 111, 142, 147, 185, 250, 387, 407

ソビエト共産党 564

ソフィスト 27, 122, 125, 209, 534, 535, 538, 621, 714, 815

存在の連鎖（階梯） 70, 200, 268, 300, 323, 364, 447, 510, 542, 543, 624, 691

タ 行

ダーウィニズム 167, 360, 425, 447, 518, 556, 624, 697

ダーウィン産業 518

体育 142, 229, 252, 263, 346, 424, 437, 464, 484,

488, 504, 513, **519**, 528, 538, 581, 659

大学　**520**

大学改革　**522**

大学拡張　786

大学教育学会　32, 48

体験　→経験

第三世界　95, 385, 422, 654, 732, 739, 748

胎児化　551

大衆化　33, 34, 148, 167, 185, 262, 353, 354, 503, 521, 544, 558

大衆教育　563, 803

対象化　40, 41, 50, 139, 150, 162, 195, 232, 243, 282, 344, 375, 508, 510, 533, 580, 761

大正自由教育　223, 264, 393, 454, 523, 807

大正新教育（日本の新教育）　252, 344, 346, 374, 451, **523**, 615

大正デモクラシー　450, 614

対象理論　195

対症療法　426, 583

大政翼賛会　129, 378

体操　23, 102, 253, 346, 485, 519, 520

体罰　26, 183, 222, 297, 298, 362, 429, 440, 456, 496, 497, **524**, 546, 582, 594, 718, 721, 764, 789, 823

対話（会話）　67, **527**

対話法　407, 602, 629

他者　**529**

脱イデオロギー　382

脱学校論　94, 104, 238, 242, 351

脱工業社会　430, 431

脱構築　**529**

達成テスト　81, 82

脱青年期現象　497

妥当性　130, 146, 170, 207, 286, 309, 317, 357, 417, 428, 494, 498, 539, 540, 578, 722

タナトス　681

旅　346, 714

タブー　101, 349, 398, 479, 484, 580

タブラ・ラサ　109, 258, 824

多文化（主義）　**531**

多文化教育　686, 732

魂の世話　515

多面的興味　708

段階教授法　214, 215, 295, 452, 530, 629, 708

単線型学校体系（学校教育体系）　235, 544

単独者　309, 367

知　→エピステーメ

治安維持法違反　130

知育　19, 24, 53, 78, 140, 177, 185, 187, 249, 287,

336, 471, 484, 502, 519, 538, 555, 571, 581, 645, 656, 673, 695, 776

小さな学校　268, 308, 489

知恵　144, 196, 333, 368, 393, 470, 514, 529, **532**

智慧（ソフィア）　126

力（ちから）　**533**

力への意志　88, 501, 601

知行合一　579, 596, 789

知／権力　651

知識　**534**

知識階級　322, 645, 746

知識観　285, 535, 537

知識基盤社会　**539**

知識人　301, 310, 331, 406, 421, 444, 470, 506, 514, 563, 564

知・情・意　113, 264, 467

知性　24, 56, 77, 87, 107, 113, 128, 201, 258, 261, 309, 325, 343, 392, 393, 403, 448, 474, 481, 482, 518, 532, 535, 577, 585, 605, 628, 632, 643, 665, 668, 701, 704, 720, 724, 795

父親　65

知能　127, 148, 167, 196, 213, 356, 431, 464, **539**, 570, 587, 604, 610, 625, 627, 632, 641, 660, 735, 830

知能指数　167, 541, 542, 570, 610, 612

知能テスト（知能検査）　82, 167, 168, 356, 539, 540, 541, 611, 612, 625, 635, 636, 637, 641, 735

忠　24, 406

中央教育審議会　48, 318, 539

中間者　1, 318, 319

中産階級　370, 390, 435, 485, 502, 542, 631

中心統合法　215

中世思想　28, 216, 661, 736, 796

中体西用　548

中等教育　31, 76, 111, 136, 167, 200, 210, 220, 230, 245, 290, 296, 304, 346, 356, 421, 435, 437, 486, 503, **542**, 548, 558, 567, 568, 591, 665, 672, 691, 696

中立性　88, 178, 191, 193, 238, 287, 289, 365, 396, 398, 494, 637, 690, 792, 824

超越　**545**

超越主義　51, 260, 318, 359, 549, 550

超越的アイデンティティ　5

超越論　117, 198, 273, 281, 284, 295, 352, 396, 409, 546, 576, 688, 704, 707

超越論的自我　352, 353

懲戒　298, 454, 455, 456, **546**

懲戒権　454, 547

調教　233, 425, 428, 684

超自我　132, 379, 681, 802
超人　106, 256, 295, 601
直接経験　260, 261, 281, 493, 712
直知（ヌース）　126
直観　50, 52, 69, 109, 171, 213, 223, 261, 276, 294, 308, 346, 360, 376, 459, 481, **548**, 576, 582
直観教育　295
直観教授　108, 214, 264, 276, 346, 619, 700, 708
直観主義　238, 582, 629
直観的方法　171, 238, 551
直観の ABC　702, 706
追体験　66, 348, 705, 720, 793
通過儀礼　252, 362, 400, 496, **551**, 610, 715
出会い　175, 309, 368, 529, 652, 728
ティーチング・マシーン　303, 426
定言命法　375, 392
帝国主義　238, 387, 452, 483, 505, 531, 544, 570, 580, 591, 598, 656, 697
溺愛　64, 462
適応　109, **556**
適応理論　256
適塾　655
テクスト　23, 41, 66, 86, 110, 168, 171, 279, 284, 293, 320, 323, 329, 408, 424, 426, 472, 489, 506, 526, 529, 556, **558**, 567, 587, 613, 628, 668, 693, 718, 759, 793, 814
テクネ（テクネー）　125, 144, 263, 343
哲学　3, 121
哲学的教育学　133, 170
哲学的人間学　174, 394, 450, 505, 604, 653, 728, 814
哲学的問答法（ディアレクティケー）　667
デッサウ教育・寄宿学校　620
デッサウ汎愛学舎　345, 620
哲人政治　666
デモクラシー　75, 202, 222, 369, 378, 450, 506, **559**, 614
寺子屋　40, 63, 235, 406, 439, 592, 717
テレビ文化　326
テロス　107
転移　167, 233, 254, 673, 682
田園　360, 571, 588, 676
田園教育舎　44, 140, 270, 451, **571**, 593, 712
天才　166, 264, 417, 452, 542, 555, 559, 570
伝承　34, 40, 66, 127, 361, 382, 400, 450, 503, 578, 685, 769, 772, 784, 795, 828
伝達　74, 91, 125, 139, 173, **571**
伝統　**572**
伝統社会　361, 363, 437, 478, 552, 562

伝統文化　363, 400
天　皇　制　202, 231, 251, 435, **574**, 583, 663, 748, 755, 761
ドイツ観念論（哲学）　415, 449, 482, **575**, 639, 802
ドイツ古典主義　440, 640
ドイツ青年運動　44, 45, 716
ドイツ民俗学　400
ドイツ・ロマン主義　555, 573, 576, 623, 828
統一学校　94, 414, 416, 544, 787
同　一　性　4, 15, 57, 243, 269, 284, 290, 347, 382, 465, 509, 529, 584, 630, 639, 707, 723, 757, 760
同化教育　732
統覚　108, 110, 352
同化主義　218, 731
討議　369, **578**
動機　210, 220, 225, 238, 254, 267, 283, 306, 375, 402, 408, 426, 428, 442, 473, 526, 578, 592, 648, 649, 673, 682, 715, 825
動機づけ　83, 210, 220, 238, 285, 375, 426, 429, 526, **578**, 649, 673
洞窟の比喩　50, 495, 667
道具的条件づけ　425
統合教育　732
統合的人間学　174, 175
同職ギルド　589
到達度評価　181, 642
統　治　56, 106, 138, 158, 177, 181, 232, 237, 297, 306, 312, 315, 319, 350, 397, 409, 439, 486, 495, 573, 581, 654, 667, 694, 706, 711, 721, 744, 747, 787, 805
道徳　**580**
道徳感覚　410, 417, 801
道徳教育　581
道徳的状態　701
道徳性　117, 139
道徳的感情　118, 569, 640
道徳的趣味　214, 417, 633, 639, 708
道徳的性格　118, 185, 633
道徳の科学　399
同輩集団　362, 631
陶冶　118, 140, 170, 185, 212, 226, 249, 272, 322, **584**, 661　→教養
陶冶可能性　→教育可能性
陶冶財　217, 226, 322
陶冶性　→教育可能性
陶冶内容　450, 671
トートロジー　37, 87, 199, 510
徳　580, 602, 667

事項索引　　863

徳　育　　24, 140, 233, 251, 424, 484, 519, 538, 581, 653, 656, 695, 755, 823
ドクサ　　28, 516, 668
読　書　　71, 255, 403, 405, 488, 559, 661, 736, 755, 783
独創性　　18, 119, 314, 356, 570
ドグマ　　199, 458
徳目主義　　251
都市と教育　　**587**
独立職人　　589
徒弟関係　　152
徒 弟 制　　168, 324, 424, 432, 439, 565, **588**, 606, 627, 715
徒弟奉公　　85
トピカ　　21, 295
トポス　　294, 706
努力万能主義　　149
ドルトン・プラン　　90, 156, 436, 473
トロツキー裁判　　564

ナ　行

ナーサリー・スクール運動　　778
内観　　302, 624
内観法　　79, 518, 682
内言　　42, 277
内在的価値　　87
内在的還元　　790
内在論　　141, 360
内的世界　　691, 701
内発的動機づけ　　285, 578, 673
ナショナリズム　　222, 238, 249, 268, 276, 305, 319, 369, 398, 575, **596**, 646, 647, 658, 733, 747
ナチズム　　57, 246, 487, 499, 601, 614, 647, 668, 683, 783, 798
七自由科　　76, 102　→自由七科
なわばり　　631
二元論　　66, 128, 225, 250, 260, 280, 354, 393, 403, 413, 463, 557, 563, 605, 621, 662, 707, 713, 753, 793
日常言語学派　　36, 43, 70, 279
日教組　　297, 321, 495, 505
ニヒリズム　　87, 309, 530, 582, 600, 619, 670, 722
日本教育学会　　161, 251, 252
日本教育史研究　　63, 574
日本済美学校　　451, 593
乳幼児死亡率　　85, 324, 461
人間（一般）　　**604**
人 間 学　　310, 356, 368, 373, 390, 444, 450, 501, 527, 546, 604, 619, 633, 638, 653, 669, 670, 671,

683, 728, 768, 789, 803, 814, 829
人間学的教育学　　368, 619, 728
人間学的転回　　174
人間学的問い　　174
人間観　　74, 174, 182, 231, 306, 324, 336, 347, 365, 394, 426, 444, 463, 465, 472, 510, 517, 533, 576, 585, 599, 761, 790, 813, 820
人間形成　　45, 53, 61, 87, 147, 149, 151, 155, 164, 171, 176, 186, 190, 201, 219, 226, 245, 262, 263, 277, 281, 295, 349, 467, 480, 519, 524, 534, 537, 542, 556, 571, 588, 640, 662, 672, 708, 723, 737, 775, 782, 805, 822
人間形成論　　45, 67, 137, 138, 151, 152, 373, 478, 504, 586, 630, 660, 669, 726, 729, 804, 806, 818
人間主義　　383, 441, 529, 640
人 間 性　　117, 229, 231, 250, 295, 304, 312, 313, 314, 322, 328, 378, 392, 404, 406, 440, 458, 467, 502, 518, 562, 564
人間生成　　172, 176, 368, 499, 501, 803
人 間 像　　152, 172, 206, 224, 238, 291, 322, 396, 446, 532
人間中心主義　　352, 466, 604, 619, 670
人間陶冶　　450, 552, 584, 585, 660, 679, 691, 695, 799
人間とは何か　　117, 174, 604, 671, 746
人間理解　　310, 322, 365
人間理性　　267, 335, 469, 763
人間類型　　107, 415
認識論・認知科学　　67, 109, 112, **605**
認識論的転回　　688
妊娠　　610
認知科学　　68, 69, 80, 112, 121, 131, 158, 168, 275, 304, 425, 520, 538, 552, 589, 605, **606**, 794
認知革命　　168, 607
認知心理学　　122, 131, 168, 261, 303, 795
認知の構成的作用　　168
認知発達　　108, 311, 565, 673, 778
認知発達理論　　627, 778
ネーション　　747
ネオ・マルクス主義　　104
ネオ・マルサス主義　　462
年中行事　　361
年齢　　135
年齢意識　　610
年齢集団　　361, 610
年齢段階　　131, 323, 362, 382, 419, 552, **608**
ノイホーフ　　163, 700
農耕文化　　361
能力　　167, 540, 549, **611**

864 事項索引

能力主義　101, 545, 646, 709
能力心理学　108, 167, 611
ノエシス　549

ハ　行

場　→トピカ，トポス
ハーヴァード大学　563
パーソナリティ　73, 273, 316, 379, 445, 773
パーソンセンタード・アプローチ　73
バーデン（西南ドイツ）学派　450
パイデイア　123, 140, 226, 520, 658, 667, 775
バウハウス　**618**
バカロレア　357
白紙説　57
博物学　399, 517, 609, 707
恥　428, 489
パターナリズム　392
罰　333, 362, 383, 428, 525
発語行為　279
発語内行為　279
発語媒介行為　279
発生学　622
発生的構造　353
発生的認識論　634
発生的認識論国際研究センター　634
発生論　757
発達　151, 195, 355, **622**
発達観　24, 72, 78, 167, 426, 448, 610, 623, 624, 634, 741, 789
発達心理学　44, 99, 167, 311, 355, 448, 518, 624, 625, 626, 627, 673
発達段階　10, 72, 104, 168, 175, 196, 212, 311, 325, 369, 426, 453, 524, 624, 626, 635, 644, 738, 779, 789
発達の最近接領域　42
発達モデル　311, 461, 462
発展　468, 623, 721
発問　279, **628**
パトス／ロゴス　**620**
パトリオティズム　268, 597
パノプティコン　178, 408, 710
母親　65, 89, 115, 121, 244, 435, 461, 500, 504, 631, 653, 701
ハビトゥス　197, 339, 588, 674, 687, 768
パブリック・スクール　287, 437, 517, 521, 591, 696, 710, 788
パラダイム　67, 168, 260, 280, 506, 624, 671, 674
パラドックス　9, 210, 214, 228, 273, 412, 471, 686, 698, 736, 743

パラロジー（異種共在）　723
ハル・ハウス　13
パロール　124, 529, 569
反基礎づけ主義　564
反教育学　198, 274, 762
パンゲネシス説　518
反照　195, 511
反証可能性　194
反進化論法　448
汎神論哲学　481
反省　810
反省的思考　261, 581, 664
反省的判断力　117, 632
判断力　**632**
汎知主義　419, 536
範疇陶冶　245
反復　128, 393, 399, 586, 757, 816
反復発生説（反復説）　11, 167, 269, 370, 448, 518, 625, 719
反ヘルバルト主義　784
範例学習　103
美・美的なるもの　**637**
ピオニール　487
比較　142, 210
美学　15, 263, 295, 338, 416, 440, 451, 477, 593, 637, 651, 706, 712, 756
比較教育学　143, 147, 577
非干渉的自由主義　483
被護性　368, 619
非国教会派　483
非指示的　73, 821
美術教育　477, 618, 790
必然性　118, 129, 130, 142, 349, 395, 638, 762, 770
美的教育　10, 113, 263, 440, 633, 638, 762
美的経験　113, 265, 417, 441, 638, 757, 762, 791
美的認識　113, 265, 309
美的判断力　214, 295, 417, 633, 638, 707
ヒトラーユーゲント　487
避妊　84
批判意識　389, 813
批判主義　374, 449
批判の教育学・批判理論　198, 443, 617, **637**, 669, 723, 784
批判的教育社会学　197
批判的合理主義　142, 172, 194, 198, 284
批判的認識論　266
批判哲学　117, 575
批判理論　67, 198, 285, 443, 499, 616, 637, 669,

事項索引　865

683, 722

被包性　726

百 科 全 書　7, 102, 126, 201, 265, 335, 364, 537, 543, 554, 693

百科全書派　697, 804

ヒューマニスト　53, 227, 395, 466, 697

ヒューマニズム　13, 34, 55, 76, 78, 143, 222, 224, 229, 230, 322, 346, 347, 466, 467, 476, 502, 525, 545, 585, 604, 649, 766, 791

ピューリタニズム　231, 343, 561, 741, 788

ピューリタン　230, 331, 397, 745, 787, 822

評価　**641**

表 象　25, 96, 124, 194, 206, 214, 248, 294, 309, 325, 352, 379, 381, 410, 424, 477, 480, 502, 525, 536, 545, 549, 576, 600, 612, 621, 638, **643**, 670, 702, 707, 722, 774, 797, 819

平等　336, 339, 397, 408, 411, 422, 434, 444, 457, 494, 559, 561, 583, 592, **644**, 654, 732, 742, 822

平等主義　17, 165, 221, 306, 320, 577, 645, 741

病理学　41, 99, 242, 426, 427, 587, 760, 768

開かれた問いの原理　175

貧民院　700

貧民教育　287, 678, 700, 702

貧民孤児院　678

ファシズム　15, 142, 222, 273, 274, 378, 487, 512, 560, 598, **646**, 668, 783, 830

不安　2, 73, 93, 114, 191, 221, 236, 253, 308, 327, 340, 348, 356, 367, 377, 383, 429, 460, 482, 502, 547, 557, 598, 619, **647**, 824

ファンダメンタリスト　448

フィッシャー法, 1918 年の　145, 149, 198, 498, 591, 671, 798

フィロゾーフ　693

風習　393, 399

風俗　130, 140, 192, 399, 485, 496, 572, 764

フーリガニズム　487

フェビアン協会　788

フェビアン社会主義　591

フェミニズム　254, 257, 283, 342, 350, 434, 490, 504, 529, 560, 578, 584, 621, **654**, 719, 797

フォール報告書　421

福祉　**657**

福祉国家　157, 158, 210, 272, 305, 340, 368, 391, 447, 462, 560, 658

福祉政策　460

複線型学校体系　202, 235

複線型教育体系　542

プシュケー　515

付随学習　234

普 通 教 育　23, 31, 135, 167, 200, 201, 219, 237, 387, 432, 434, 437, 541, 632, **658**, 660, 661, 745

仏 教　27, 50, 183, 202, 203, 205, 262, 346, 347, 395, 403, 414, 530, 532, 533, 545, 614, 653, 657, **661**, 755, 774

物 象 化　124, 149, 150, 151, 353, 367, 511, 512, 725, 739, 767

不適応　81, 557, 725

不平等　14, 100, 164, 165, 166, 177, 191, 192, 210, 289, 290, 314, 336, 339, 340, 341, 377, 378, 380, 387, 409, 418, 438, 443, 471, 494, 577, 632, 637, 645, 646, 674, 693, 703, 709, 741, 742, 744, 791, 804

普遍主義　175, 266, 268, 284, 578

フマニタス　54, 141, 322, 520, 536, 632

プラクシス　137, 263, 283, 716

プラグマティズム　45, 67, 162, 169, 189, 198, 260, 284, 302, 393, 474, 475, 476, 557, 561, 599, 624, **663**, 688, 762, 819

プラグマティズム・ルネサンス　474, 475, 561

プラティック　163

プラトニスト　22

プラトン主義　6, 294, 465, 537, 545

フランクフルト学派　15, 67, 198, 428, 500, 512, 576, 616, **668**, 671, 739, 741, 762

フランクフルト国民議会　679

フランス革命　59, 76, 93, 135, 136, 140, 156, 252, 266, 268, 269, 300, 312, 314, 335, 336, 337, 390, 397, 433, 457, 459, 469, 544, 554, 581, 597, 640, 645, 649, 684, 696, 700, 701, 705, 710, 722, 747, 748, 771, 805

フリースクール運動　602

ブルジョワ　19, 84, 85, 265, 266, 286, 312, 313, 335, 346, 386, 387, 483, 487, 559, 560, 561, 619

ブルバキ　293

振る舞い　361, 362, 404, 496, 709

フレーベル協会　680, 778

フレーベル主義　24, 244, 720, 766, 777, 781

プログラム学習　103, 168, 215, 303, 358, 426

プロジェクション　726

プロジェクト・メソッド　76, 108, 215, 234, 235, 436, 473, 476

プロテスタンティズム　10, 46, 106, 235, 396, 415, 488, 525, 669, 801, 821

プロテスタント　40, 106, 107, 116, 230, 231, 440, 489, 525, 599, 678, 752, 780, 783, 791, 792, 798, 799, 820

文化　**683**

文化科学　46, 47, 109, 130, 137, 450, 556, 637

文化教育学　63, 225, 272, 388, 389, 416, 614, 686
文化権力　488
文化財　41, 212, 215, 373, 415, 572
文化資本　56, 104, 197, 340, 674, 687, 715
文化主義　168, 219, 222, 223, 239, 444, 458, 531, 695, 731
文化人類学　4, 12, 67, 171, 173, 175, 361, 372, 373, 378, 382, 499, 531, 634, 673, 674, 685, 687, 749, 767, 814
文化大革命　386
文化的再生産　46, 409, 543, 612, 630, 646, 674, 687
文化的相対主義　582, 686
文化的多元主義　507
文化哲学　99, 415
文化伝達　173, 274, 415, 571, 630, 631, 791
文化剥奪　632
文化批判　227, 264, 359, 441, 493, 571
文化様式　488, 489
分析　192, 214
分析的教育哲学　133, 190, 309, 688, 689, 690
分析哲学　43, 67, 170, 172, 198, 273, 280, 366, 456, 514, **687**, 814, 819, 820
分析理論　4, 195, 352, 773, 778, 790
文脈主義　565, 627
文明　→文明化
文明化　267, 350, 363, 390, 489, 527, 686, 692, 693, 745, 825
文明開化　692
文明史観　694
文明批判　333, 471, 805, 818
分離期　551
分離教育　732
平和　**696**
平和運動　13, 62, 788
平和教育　594, 697, 766
ヘゲモニー　100, 206, 282, 320, 560, 563, 637, 743, 784
ペスタロッチ教授法　700, 702
ペスタロッチ主義　24, 313, 335, 472, 528, 649
ペスタロッチ・フレーベル協会　778
ヘッド・スタート計画　168, 732, 778
ペリパトス学派　20
ヘルバルト派　90, 120, 145, 164, 185, 215, 250, 433, 452, 708, 786
ベル＝ランカスター教授法　98
ペロポネソス戦争　188, 513
偏見　**709**
弁証法　102, 127, 128, 137, 138, 171, 201, 226,

284, 418, 422, 441, 480, 516, 537, 555, 576, 584, 594, 624, 629, 639, 659, 668, 672, 680, 698, 722, 737
弁証法的唯物論　738
遍歴　374, 501, 603, **714**
弁論家　27, 33, 123, 239, 240
ポイエーシス　263, 283, 294, 343, **716**, 723, 810
保育　**716**
保育問題研究会　129
法　→教育法
包越者　768
法規範　182, 298
冒険　119
封建領主　265
報賞　16, 132, 631
法則性　126, 127, 166, 218, 265, 308, 360, 390, 418, 469, 491, 638, 727
法哲学　399, 459, 698, 776
方法的知識　538
暴力　125, 132, 192, 197, 233, 273, 453, 455, 459, 487, 491, 506, 524, 560, 584, 605, 647, 696, **718**
ボーイスカウト　486
ホーム　**719**
母語　5, 47, 276, 732
母国語　89, 92, 102, 107, 201, 238, 267, 275, 332, 488, 705
母子関係史　384
補償教育　339, 434, 732, 778
ポスト構造主義　67, 294, 351, 380, 409, 479, 500, 578, 583, 621, 640, 722
ポストモダニズム　198, 444, 500, 564, 637, 721, 760
ポストモダン（ポスト近代）　83, 198, 239, 260, 265, 326, 352, 412, 444, 505, 506, 536, 583, 601, 617, 639, 654, 703, **721**, 762, 797, 820
ホスピタリズム　**724**, 818
母性　65, 255, 257, 724, 821
母性愛　3, 65, 726, 727
母性剥奪　725
ホモ・エドゥカンドゥス　39
ボランティア　309, 369, 422
ポリス　91, 140, 188, 222, 252, 319, 494, 559, 588, 651, 713, 775
ホリスティック教育　466, 483, 528, **727**, 774
ポリッツァイ　232
汎愛学院　345
汎愛派　160, 214, 267, 345, 394, 432, 491, 547, 620, 698, 707, 773
本郷プラン　156

事項索引　867

本質主義　170, 189, 339, 381, 474, 491, 622, 689
本質直観　142, 549
本能　4, 11, 79, 256, 303, 315, 392, 480, 493, 609,
　638, 685, 696, 747, 756, 757

マ 行

マールブルク学派　99, 146, 449
マイスター　194, 227, 269, 585, 590, 715, 769
マイスナー宣言　44
マイノリティ　219, 290, 434, 505, 531, 586, 622,
　637, **731**
マス・メディア　327, 348, 431
マス・レジャー　783
マッハ主義　788
マナー　390, 525, 693, 715
学び　**735**
マルクス主義　14, 45, 46, 104, 170, 198, 223, 235,
　246, 314, 320, 343, 367, 382, 385, 388, 401, 409,
　495, 505, 512, 560, 563, 574, 646, 654, 668, 690,
　713, 722, 737, **738**, 743, 784
マルクス・レーニン主義　564
マンパワー理論（マンパワーアプローチ）　155,
　156, 236
未開社会　173, 293, 349, 400, 478, 479, 517, 687,
　810
ミニマム・エッセンシャルズ　103
身分・階層・階級　46, 85, 92, 93, 97, 102, 134,
　148, 149, 188, 197, 232, 268, 315, 323, 356, 391,
　396, 406, 432, 524, 546, 551, 592, 619, 644, 671,
　691, **743**, 808
ミメーシス　225, 263, 285, 502, 639, 669, 756
民間療法　426
民衆　395, 408, 438, 489, 559, 561
民衆教育論　178, 267, 268, 743
民衆言語　608
民衆大学　613, 786
民主主義　→デモクラシー
民生教育　129
民族　13, 596, **747**, 764, 789, 791, 793, 814
民族解放　580, 748
民俗学　361, 383, 399, 400, 503, 551, 769, 770
民族学　99, 174, 383, 478, 479, 551, 674, 814
無意図的教育　162
昔話　363, 479, 504
無垢　221, 325, 333, 504, 693, 750
無償性　178
無神論　367, 648, 649, 781, 804, 826
娘組　362
娘宿　551

むち打ち　525, 526, 718
無知の知　514, 515, 534
無文字社会　363, 635
命題的知識　538
命令　118, 232, 251, 279, 353, 368, 377, 408, 420,
　441, 463, 581, 638, 704, 781, 802
明六社　406, 603, 656, 761
メタファー　64, 176, 255, 640, 689, **749**
メタモルフォーゼ　270, 413, 623
メタ理論　144, 173, 195
メタ倫理学　311, 582
メディア　41, 45, 51, 103, 205, 215, 276, 283, 327,
　344, 348, 359, 431, 454, 461, 465, 486, 493, 503,
　505, 572, 618, 639, 669, 697, 713, **750**, 758, 783,
　810, 815
メディアリテラシー　751
メディア理論　750
メテクシス（分有）　640
メトーデ　63, 676, 700
メリトクラシー　533, 612, 646
免疫　427
モーレス　398, 400
目的論　→教育目的論
文字の文化　40, 490, 572
モナド　375
モナドロジー　375
モニトリアル・システム（助教制）　90, 220,
　408, 527, 695, 711, 745
モノ　36, 41, 208, 241, 344, 604, 753, **758**
物語　501, 504, **759**
模範　18, 62, 123, 260, 273, 278, 292, 322, 323,
　404, 571, 676, 823
模倣　9, 12, 17, 18, 61, 89, 107, 116, 140, 149, 194,
　213, 225, 262, 285, 334, 349, 361, 392, 436, 466,
　518, 543, 548, 570, 588, **756**
モラトリアム　57, 500, **760**
モラリスト　18, 65, 266, 654, 764, 804
モラル　107, 191, 193, 251, 311, 362, 401, 578,
　657
問題解決学習　108, 215, 664, 665, 825
モンテッソーリ・メソッド　765, 766
問答法　535, 629, 667, 668
文部省　96, 100, 321, 374, 403, 431, 591, 594

ヤ 行

役割　**767**
役割期待　379, 608, 610, 768
野蛮　15, 213, 267, 314, 350, 399, 469, 529, 582,
　668, 684, 692, 695, 697

ヤングアダルト　462

唯物論　4, 45, 57, 126, 127, 246, 313, 359, 385, 413, 447, 464, 511, 662, 668, 738, 801

遊戯　9, 54, 251, 285, 331, 362, 373, 440, 485, 501, 520, 620, 676, 678, 781

有機体　74, 215, 222, 243, 269, 272, 303, 352, 360, 397, 415, 446, 453, 483, 484, 518, 556, 576, 586, 622, 684, 697, 708

遊戯理論　11

遊具　11, 207, 679, 680, 827

優生学　34, 166, 256, 370, 624, 720, 772

ユートピア　92, 110, 129, 156, 221, 385, 425, 430, 468, 696, 722, 739, 757, **770**, 782

雄弁術（レトリック）　632

誘惑術　151, 353

ユダヤ（教）　50, 481, 565, 652, 683, 704, **772**, 812

ユニテリアニズム　741, 742

UNESCO（ユネスコ）　155

養育　26, 29, 64, 65, 83, 140, 148, 183, 212, 237, 426, 454, 461, 551, 609, 653, 678, 683, 717, 724, **774**, 788, 817

養育書　426, 427

幼児（期）　4, 29, 42, 49, 70, 84, 108, 115, 129, 256, 278, 324, 349, 376, 396, 423, 445, 459, 518, 579, 609, 624, 697, 716, 724, 754, 760, **776**

幼児化　551

幼児教育　53, 57, 60, 147, 169, 177, 231, 244, 372, 373, 389, 461, 614, 649, 653, 678, 717, 765, **776**, 814, 823, 827

幼児性欲論　85

養生法　49, 403, 426, 651

幼稚園　96, 244, 256, 362, 370, 376, 413, 580, 676, 679, 717, 720, 726, 766, 776, **780**, 815, 827

余暇（レジャー）　264, 421, 484, 488, 741, **782**, 818

抑圧　114, 491, 583

抑圧装置　320

欲動　37, 681, 802

欲望　16, 176, 221, 225, 232, 259, 306, 315, 333, 360, 375, 392, 398, 440, 443, 461, 492, 515, 586, 609, 611, 621, 634, 648, 667, 681, 694, 712, 754

予言　150, 317, 330, 577, 795

予定説　106, 645, 741

読み書き能力　40, 102, 395, 488, 489, 572, 751, 799, 800

ラ　行

ライシテ　396

ライフ・サイクル　492, 497

ライフサイクル論　56, 774

ラディカルズ　483

ラテン語教育　497, 526

ラング　124, 263, 293, 419, 502, 554

リーダーシップ　327, 402, 563

リヴィジョニスト　100, 248, 474, 665, 743, **791**

理解　66, 556, **793**

利害関心　57, 282

陸軍知能テスト　167

利己主義　315, 471, 581, 583

利己心　59, 221, 483, 600, 701

離婚　57, 454, 459, 746, 761, 788

離婚率　461

リセ　18, 336, 521, 543, 565, 635, 753

理性　**795**

理性年齢　334

理性能力　310, 395, 396, 797, 798

理想主義　13, 25, 117, 174, 240, 312, 359, 367, 374, 521, 532, 595, 676, 696, 701, 742, 788

利他主義　190, 581, 583

リッター・アカデミー　619

リテラシー（文字文化）　50, 83, 211, 290, 437, 439, 488, 497, 533, 751, **799**

リバタリアニズム（自由至上主義）　645

リベラリズム　88, 133, 176, 223, 238, 248, 254, 311, 393, 396, 457, 462, 472, 476, 486, 494, 561, 564

リベラル・アーツ　32, 114, 521, 668

リベラル・エデュケーション　520, 521, 668

リュケイオン　20, 21

領域人間学　174, 175

了解　37, 52, 70, 86, 123, 195, 313, 329, 410, 415, 450, 453, 459, 504, 548, 590, 661, 767, 794

了解可能性　195

良識　18, 310, 417, 495, 609, 764, 795

良心　**801**

良心の覚醒　416, 801, 802

理論と実践　→教育理論, 教育実践

臨時教育審議会　178, 297, 316, 422, 431

臨床　29, 73, 122, 165, 172, 214, 278, 279, 309, 427, 636, 650, 651, 670, 681, 683, 707, 727, 750, 759, 760, 765, 789, 802, 803, 804, 820, 823, 830

臨床・臨床教育学・臨床知　802

臨床医学　214, 278, 279, 427, 650, 651, 707, 765, 802

臨床教育学　122, 727, 750, 759, 802, 803, 804

隣人愛　1, 54, 59, 60, 135, 697

倫理　581

類推　359, 548

事項索引　869

ルサンチマン　9, 601, 684
ルネサンス　28, 40, 66, 92, 107, 144, 201, 213, 227, 240, 314, 322, 349, 466, 519, 638, 659, 763
礼儀　405, 693, 788
礼儀作法　54, 55, 360, 390, 437, 513, 525, 588, 692, 823
礼節　28, 692, 715
歴史　**812**
歴史学　19, 38, 75, 94, 100, 222, 326, 338, 351, 377, 381, 440, 477, 555, 573, 655, 691, 759, 793
歴史人口学　460
歴史心理学　381, 384
歴史人類学　382, 462, 552, 611, 814
歴史的相対主義　415
歴史的人間学　814
レジスタンス運動　420
レジャー憲章　784
レッジョ＝エミリア　814
レッセ・フェール　483
レディネス　149, 150, 167, 625, 673
レトリック　815
練習　12, 79, 213, 262, 276, 394, 765, **816**, 824
労作教育　11, 344, 523
老人　57, 151, 461, 555, 608, 731, **817**

労働　**818**
労働価値説　46, 340, 494, 818, 819
労働学校案　823
労働者教育協会　591
労働手段説　126, 127
老年期　57, 608, 609, 610, 684, 720
ローマ教会　696, 808
ロゴス　124, 243, 275, 344, 478, 480, 481, 516, 527, 578, 605, 620, 629, 757, 795, 816
ロシア革命　247, 553, 560, 564, 733, 738
ロシアフォルマリズム　42
ロッシュの学校　451, 593
ロマン主義　10, 215, 222, 265, 269, 308, 314, 320, 324, 325, 353, 418, 461, 469, 482, 502, 555, 573, 621, 639, 646, 680, 708, 722, 807, **826**
論理実証主義　36, 43, 44, 280, 364, 365, 582, 688

ワ 行

YMCA　486, 501
若者　→青年
若者組　362
わざ　**828**
笑い　**829**
我―汝関係　328

教育思想事典　[増補改訂版]

2000 年 5 月 25 日　第 1 版第 1 刷発行
2017 年 9 月 30 日　増補改訂版第 1 刷発行

編　者　教育思想史学会

発行者　井　村　寿　人

発行所　株式会社　勁　草　書　房
112-0005　東京都文京区水道 2-1-1 振替 00150-2-175253
（編集）電話 03-3815-5277　FAX 03-3814-6968
（営業）電話 03-3814-6861　FAX 03-3814-6854
精興社・牧製本

© KYOIKUSHISŌSHI GAKKAI 2017

ISBN978-4-326-25122-3　　Printed in Japan

JCOPY 〈(社)出版者著作権管理機構　委託出版物〉
本書の無断複写は著作権法上での例外を除き禁じられています。
複写される場合は、そのつど事前に、(社)出版者著作権管理機構
（電話 03-3513-6969、FAX 03-3513-6979、e-mail: info@jcopy.or.jp）
の許諾を得てください。

＊落丁本・乱丁本はお取替いたします。
　　　　　http://www.keisoshobo.co.jp

田中智志	他者の喪失から感受へ 近代の教育装置を超えて	〔教育思想双書1〕 四六判 2400円
松下良平	知ることの力 心情主義の道徳教育を超えて	〔教育思想双書2〕 オンデマンド版 3000円
田中毎実	臨床的人間形成論へ ライフサイクルと相互形成	〔教育思想双書3〕 四六判 2800円
石戸教嗣	教育現象のシステム論	〔教育思想双書4〕 四六判 2700円
遠藤孝夫	管理から自律へ 戦後ドイツの学校改革	〔教育思想双書5〕 四六判 2500円
西岡けいこ	教室の生成のために メルロ＝ポンティとワロンに導かれて	〔教育思想双書6〕 四六判 2500円
樋口聡	身体教育の思想	〔教育思想双書7〕 四六判 2500円
吉田敦彦	ブーバー対話論とホリスティック教育 他者・呼びかけ・応答	〔教育思想双書8〕 四六判 2500円
高橋勝	経験のメタモルフォーゼ 〈自己変成〉の教育人間学	〔教育思想双書9〕 四六判 2500円
山名淳	都市とアーキテクチャの教育思想 保護と人間形成のあいだ	〔教育思想双書10〕 四六判 2800円
下司晶	教育思想のポストモダン 戦後教育学を超えて	〔教育思想双書Ⅱ-1〕 四六判 2800円
綾井桜子	教養の揺らぎとフランス近代 知の教育をめぐる思想	〔教育思想双書Ⅱ-2〕 四六判 2800円
森田尚人 森田伸子 編著	教育思想史で読む現代教育	A5判 3800円
小玉重夫	教育政治学を拓く 18歳選挙権の時代を見すえて	四六判 2900円
山名淳 矢野智司 編著	災害と厄災の記憶を伝える 教育学は何ができるのか	A5判 4000円
小笠原道雄・田中毎実 森田尚人・矢野智司	日本教育学の系譜 吉田熊次・篠原助市・長田新・森昭	A5判 4600円

＊表示価格は2017年9月現在。消費税は含まれておりません。